◆藏傳佛教TV11302

現觀辨析（上）

ཕར་ཕྱིན་མཐའ་དཔྱོད།

依理清晰闡述《心要莊嚴疏》義——再顯般若義之燈

རྣམ་བཤད་སྙིང་པོ་རྒྱན་གྱི་དོན་རིགས་ལམ་བཞིན་དུ་གསལ་བར་འཆད་པའི་ཡུམ་དོན་ཡང་གསལ་སྒྲོན་མེ་ཞེས་བྱ་བ་བཞུགས་སོ།།

福稱◆著
佛子、獅子吼◆譯

作者簡介

尊貴的 福稱

福稱論師，第 15 世甘丹赤巴，為澤當附近朗巴蘭麗之子，生於第 8 勝生地狗年（西元 1478 年）。

16 歲，至色拉大乘林聽法時，依止全知頓羽班登為上師。之後，依止涅頓班糾珠等諸多善知識。

31 歲，進入上密院，依止大住持具法洛綏巴為上師。

34 歲，任上密院堪布之職。

36 歲，著《密集生起、圓滿導引文——奪智意》。

37 歲，任哲蚌洛色林住持一年多，其間撰寫《現觀總義》。之後，擔任甘丹東頂扎倉住持，同時管理兩個扎倉。

51 歲，著《中觀總義——顯明深義之燈》。

52 歲，就任甘丹赤巴之位並撰寫《噶登新舊法源——意之美莊嚴》。

53~57 歲，著有《戒律注疏——教理日光》、《中觀辨析——再顯深義明燈》、《釋量廣論要釋——善顯密意疏》。

58 歲，卸任甘丹赤巴，將法座交給加拉卻瓊加措。

61 歲，撰寫《新紅史》（或稱《歷史幻鑰》）。

66 歲，依哲蚌寺請求，擔任住持四年。

69 歲，應色拉寺希求，任其寺的住持；期間並著有《續部總相》與《集量論釋》。

77 歲，圓寂，遺體縮小至約一肘長。荼毗後留下的許多殊勝舍利，被供奉於哲蚌寺所蓋的銀塔中。

譯者簡介

班智達翻譯小組（佛子、獅子吼）

2008 年創設班智達翻譯小組

2010 年設立班智達「達蘭莎拉」翻譯小組、

班智達「洛色林」翻譯小組。

2011 年成立班智達「莎拉」中文譯經小組。

宗旨：教授、翻譯與審定藏傳佛教僧伽教材。

目的：將藏傳佛教與辯經系統傳播至華人社會。

已出版的翻譯作品：

《攝類學》《心類學》《建立心類學》《因類學》《現觀總義》

班智達翻譯小組網站 http://www.panditatranslation.org/

請跟隨具格上師

種敦巴尊者百思不解地向阿底峽尊者請問：「西藏有很多修行者，卻沒有人獲得成就，這是什麼原因？」

阿底峽尊者答：「獲多少大乘功德，全仰賴上師。西藏人僅將上師視為凡夫，這哪能獲得功德？」

五濁惡世末法時代，上師難遇，非常難以尋獲一位具格上師。若能跟著具資格的上師，照他的話實踐，無論距離多麼遙遠，皆能得到加持，內心快速成長，最終成佛無庸置疑。

如經論所說般，必須長時間觀察上師。觀世音尊者是位具格的上師，越是觀察、檢驗他，對尊者的信心越是日益彌增。

尊者具備十種功德

如《大乘莊嚴經論》中說：「知識調伏靜近靜，德增具勤教富饒，善達實性具巧說，悲憫離厭應依止。」此中談到了十種功德，尊者也具備十種功德。

1. 偈頌中「調伏」指持戒功德，在此是指別解脫戒。尊者本身持戒清淨，一般持守戒律裡提到五種方法，其中一個是時常提醒自己的受戒身份。尊者曾經開示：「在夢中，始終記得自己是位比丘。」如果一個人可在夢中仍不忘自己身為比丘、是一個確確實實的比丘，持戒已達渾然天成的境界，不須刻意持守，因已成為他的一部分。尊者應邀遠赴世界各地，不辭辛勞講經說法，不分眾生的種族、膚色、語言，解決眾生身、心上的痛苦。尊者晚上不吃晚餐，堅守「過午不食」的出家戒。為利益眾生，他必須資養色身，因此，

有時因應無助眾生渴求，時間到了比較晚，肚子會餓，尊者會請求世尊原諒，然後吃一塊餅乾。

2.「靜」指息滅沉沒、掉舉，已獲奢摩他的禪定功德。法王一上法座，傳授佛法約四、五個小時，未曾有疲態，這是一種已獲身、心輕安的徵兆。從事任何善的行為時，可隨心所欲操控身、心，不厭倦、不疲憊。尊者不論從事任何活動：講經、下屬報告皆格外專注，並且周遭一花一草、一舉一動、一言一語等絕不離他的觀察內。

3.「近靜」指大、小乘宗義共通的粗品無我智慧，可暫時止息粗品煩惱。尊者曾在敘述自己一生的修行經驗，提到三十五歲時，對空性有十分深刻的體驗。從那時開始，就一直覺得沒有一個「我」。但尊者認為，所空掉的那種「我」是「能獨立之實體我」，可見尊者已通達粗品無我的道理。

4.「德增」指優點多過弟子。身、語、意的功德，聞、思、修的功德，以及戒、定、慧的功德等都超過弟子。

5.「具勤」指努力。尊者片刻不浪費，無時無刻為眾生。每日清晨三點起床直到八點，以拜佛、禪修、閱藏等方式利眾；從上午八點到下午五點，正式利益眾生，以演講、授課、開示、會晤的型式滿眾生願；晚上五點到八點，則又再次修行利眾。帶著歡喜心行持，時時心繫眾生、想的唯有眾生、為的只是眾生。

6.「教富饒」指滿腹墨水。尊者說法時，不時引用佛經、論典、典故，聽者往往覺得以管窺天。從尊者的開示中，可見他遍覽三藏十二部，貫徹通達且了然於心。針對任何問題，立即從頭到尾掃描藏經一遍，繼而做出非常詳盡的解釋。每次說法或會見信眾時，旁徵博引，不時引經、舉論，彷彿手持經、論直接朗誦而出，不是背誦，而是自然流露。

7.「善達實性」指通達空性。尊者在詮釋空性時，皆以緣起性空互相輔佐的角度解釋。將緣起現為性空、性空現為緣起，對其中一者有領會時，立即對另一者產生堅定認知。不僅如此，更強調所謂「空性」、「無自性」，並非僅僅「尋找不到」而已。因龍樹菩薩《中觀寶鬘論》云：「士夫非地水，非火風非空，非識非一切，異此無士夫。」在這之後，龍樹菩薩還刻意加上：「如六界集故……」等文，說明緣起性空、分別心安立，顯然可知，「不能找到」並非究竟空性。

8.「具巧說」指說話非常善巧。說者無意，聽者有心，往往傷及不少人；有些人語無倫次，不懂說話時機，該講時不說、不該說時，反而口若懸河。尊者沒有這些缺點，他應眾生需求，宣說有益的話語。不論是來問問題或踢館者，每位都被他恰如其分的短短幾句話說服得五體投地。據說，有位寫大量文章批評尊者的人，有次晉見尊者、與尊者談話時，痛哭流涕，哭得無法自拔，當面告白、懺悔之前做的錯事。

9.「悲憫」指有菩薩的慈悲心腸。尊者擁有許多別人供養他的東西，只要對眾生有利，他都會慷慨布施。這舉動發自於對眾生的愛，像母親哪有什麼不給孩子？只要對孩子有幫助的，即使是生命，她也會犧牲。有一天，某位秘書長帶了一位來自內地的僧人面見尊者。那位僧人向尊者請求賜予一個學中文的環境，尊者想了幾個地方都不合適，其後，就交代秘書長說：「將這位僧人送往台灣好了。」其實，尊者一心一意想要幫助僧人，滿他的心願，完全沒有考慮到身為一個內地僧人該如何前去台灣？是否可辦得到簽證？純粹想盡自己所有的能力利他。

10.「離厭」指從來不喊累，內心持有歡喜心。尊者分分秒秒

想著眾生，時時刻刻為著眾生，將畢生奉獻給眾生，只要對眾生有益，未曾推辭且樂於其中。尊者說：「這輩子最有意義的事就是利益眾生，沒有什麼比此更有意義。」

尊者具備八異熟功德

尊者也具備了八異熟功德。

1. 壽量圓滿（住樂趣）：尊者長壽，現今已八十八高齡。

2. 形色圓滿（身）：尊者相貌莊嚴，年輕時，也是位帥哥。尊者五根具全，人見人愛。

3. 族姓圓滿（生）：指於貴族中出生。尊者為什麼不選擇出生貴族的原因，可從傳記中知曉。在傳記中提到：「當我看見我祖先的村莊和我的家時，我油然產生了一股自豪之感。我意識到，假如我來自一個富庶或貴族人家，我便不會珍惜西藏的低下階層的感情和思想。然而，由於我本人卑微的出身，我可以理解他們，明白他們的思想。那就是我何以對他們有如此強烈的感情，並致力於改善他們生活的原因。」菩薩度化不同眾生，示現不同形象，因此，尊者出生卑微，這應該也是一種示現。他有能力出生在貴族中，但沒有示現這個相。

4. 自在圓滿（財位僚屬）：尊者擁有財富，有很多人將自己一輩子的收藏品、金錢、佛像供養尊者。尊者也有眾多的親朋好友。

5. 信言圓滿（世間量則）：由尊者口中所出，大家皆視為真言，不會懷疑他說的是假的。二〇一三年，尊者在西藏兒童村（Tibetan Children’s Villages）傳授他五十年前寫的一本書時說：之前的看法至今仍舊如此，沒有改變。可見他的見解有多麼堅固；由此可知，

尊者的話可信度之高。

6. 大勢名稱（彼所有名稱）：尊者美譽遍揚五大洲，連五、六歲的小孩都知道他是誰。有時，尊者自己開玩笑說：「以名氣而言，可能連世尊也沒有像我這樣。」

7. 丈夫性（一切功德之器）：指尊者是男性，不僅如此，還是位比丘。

8. 大力具足（諸所應作勢力具足）：尊者少病，幾年感冒一次，幾乎無病，非常健康，體力超乎常人，每天行程緊湊。雖已年長，但不見其體力不支。二〇〇八年，開刀取出膽囊時，復癒能力迅速驚人。

其實，尊者的三身祕密功德無量無邊，並非凡夫與言詞能表達。在此描述的僅是譯者粗略觀察所寫下，希望讀者閱讀之後，對尊者生起虔誠依止的心。

乃至有虛空，
以及眾生住，
願吾住世間，
盡除眾生苦。

譯序

以辯經方式學習現觀的第一本教科書——現觀辨析

一、緣起

七、八年前，西藏的菩提上師曾鼓勵我說：「回台灣後，你應該成立一個翻譯小組。」之後，又常聽到觀世音尊者提及：「桑耶寺多年前設立了『譯師班智達洲』，專門翻譯佛法。」這是我成立「班智達翻譯小組」的緣起。

推廣佛法應以培育僧才為基礎，進而利益社會大眾。藏傳佛教格魯派僧伽教育，是擁有傳承與完整的五部大論之教育體系，其中的因明系統來自陳那、法稱論師。之後，西藏先賢祖師，將佛經內涵以活潑、深入的「辯經理路」方式，建立嚴整的思考模式，訓練日後廣大僧眾具備更敏銳、清晰、正確的思惟。

因此，我決定遵循藏傳僧伽教育的順序，先翻譯《攝類學》，其次《心類學》《因類學》，最後再將三大寺的五部大論教科書陸續譯出。這需要多年的努力與眾人的支持、合作，非我一人能獨立完成，故於二〇一一年，在北印度開辦翻譯培訓班，祈望能早日成就。

二、班智達翻譯小組五部大論教材翻譯計畫

書名	作者	冊數	出版
基礎教材			
（洛色林學院）攝類學 全稱：攝集攝類學諸涵義之學者喜宴善說	蔣貝赤理雲丹嘉措大師	一	2011 年、2013 年增訂版
心類學 全稱：建立大理路心類學必備集錦	洛桑嘉措院長	一	2012 年
（洛色林學院）建立心類學 全稱：建立心類學——所需總攝	蔣悲桑佩格西	一	2021 年
（洛色林學院）因類學 全稱：建立因類學顯映萬法之鏡	戒勝大格西	一	2013 年
般若方面的教科書及參考書			
八事七十義	福稱論師	一	預定 2024 年
現觀總義 全稱：般若波羅蜜多教授現觀莊嚴論俱釋心要莊嚴疏義善說——顯明般若義之燈	福稱論師	三	2022 年
現觀辨析 全稱：依理清晰闡述心要莊嚴疏義——再顯般若義之燈	福稱論師	三	2024 年
青蓮花鬘	福稱論師	一	預定 2025 年
開慧增喜心摩尼	堪蘇蓮花勝幢大師	三	預定 2026 年
末那識與阿賴耶識釋難論	宗喀巴大師	一	預定 2029 年
二十僧明慧梯	宗喀巴大師		預定 2029 年
量理方面的教科書及參考書			
釋量論明解脫道疏	賈曹傑大師	二	預定 2028 年
釋量論善顯密意疏	福稱論師	二	預定 2032 年
除意闇日光釋	堪蘇蓮花勝幢大師	一	預定 2033 年
中觀方面的教科書及參考書			
中觀總義 全稱：顯明入中論善顯密意疏之意趣——明深義之燈	福稱論師	一	預定 2025 年
中觀辨析	福稱論師	一	預定 2026 年
開啟深義眼之金匙	堪蘇蓮花勝幢大師	二	預定 2027 年
俱舍方面的教科書			
阿毘達磨俱舍莊嚴釋	欽文殊大師	三	預定 2030 年
阿毘達磨俱舍論之明解脫道疏	僧成大師	一	預定 2031 年

三、感謝與祝福

完全以分析、辯論方式呈現的《現觀辨析》為搭配《現觀總義》一起學習的最重要的課本，本書得以問世，承蒙許多人的協助與支持。首先，感謝學習現觀時的老師群：Gen Lobsang Gyaltso、Gen Dhamchoe Gyaltsen、Gen Gyaltso、Gen Konchok Wangdu，及 Geshe Lobsang Tenpa。感謝翻譯本書時請益的師長們：南印度甘丹寺夏則扎倉住持堪仁波切（Khenpo Junchup Sangye）、Geshe Ngawang Kalsang、南印度洛色林 Geshe Lobsang Tenpa、果芒學院老師 Geshe Lobsang Khechok、果芒學院老師 Geshe Lobsang Rinchen。

感謝哲蚌寺洛色林學院（Drepung Loseling Monastery）、洛色林圖書館（Drepung Loseling Library Society）、洛色林歷任住持及歷任管家（Changzoe Khang），其中要特別感謝洛色林圖書館館長 Geshe Khenrab Choegyal，從他以前擔任洛色林管家之時，至今一直以來，持續給予許多支持；感謝班智達翻譯小組印度負責人 Geshe Phegyal，及洛色林圖書館教科書翻譯部門等，協助藏文校對及審閱。

感謝達瓦慈仁格西開示列舉現觀中較重要的段落：〈第一品〉二十僧、自性種性、加行道、靜慮；〈第二品〉道相智的支分；〈第三品〉觀待世俗與勝義的有邊、寂邊；〈第四品〉行相、二十加行、性相名相、不退轉相；〈第五品〉十二緣起、滅盡定、超越等至；〈第八品〉四身、事業。

《現觀辨析》篇幅極多，全稿透過雲端譯經會審定，再整合各方讀者的建議後，最終定案。在此，深深致謝。本書的編輯群及譯經會暨護持群：圖滇給千格西、自來法師、性利法師、

性喜法師、性輔法師、性提法師、性如法師、蔣悲洛桑、徐經蘭、陳紹穎、蔡正松、蘇財元、姜森岳、黃清仁、陳嫻、王成富、廖孟鴻、蘇哲賢、蘇盟超、蔣宛真、李萍娟、古瑞玉、吳逸仙、許靜娜、Sara Huang、丁威志、葉修足、邱玉珠、伍光彥、Lobsang Gendun、林育樓、陳彩鳳、江昕蓁、宋淑瑜、蔡惠杏、滇津拉格、三寶弟子、白瑪德央、施惠娜、張淑媛、賴玥蓉、廖千瑩、廖苡辰、古容翠、汪秀華、妙佳、李若琦、洪敏哲、林麗珍、鄭詠心、仁增旺嫫、莊智年……等，透由眾人的努力，才終於得以完成。

由衷感謝上師觀世音尊者、劉文釧居士、劉金釵居士及殷琪居士、滇津羅桑蔣丘等大德的善款支持，讓此殊勝之翻譯事業順利開展並持續運作；衷心感謝允諾護持三年的會員群——智慧群、般若群、文殊群、語自在群、深見群、善慧群、妙音群、菩提心群、慈悲群、廣行群、道相智群、一切智群、漸次加行群、剎那加行群、果法身群、自性身群、報身群、智慧法身群、化身群、新新妙音群、新新文殊發心群、新新善慧群、智法身與成辦事業群、新道相智群、新漸次加行群、大乘教授群、大乘順決擇分群、大乘正行所依自性住種性群，以及台灣與世界各地不定期隨喜等大德的善款支持。

翻譯本書的功德，祈願諸位上師長久住世，功德主事事圓滿、順心，一切眾生早日脫離苦海，成就無上菩提。

本書若有任何錯誤，敬請十方大德海涵；若大眾對譯文有任何建議，請賜予您寶貴的意見，或寫信至 panditatranslation@gmail.com 留言，無盡感激！

ཕར་ཕྱིན་མཐའ་དཔྱོད་ཀྱི་གླེང་བརྗོད།

སངས་རྒྱས་བཅོམ་ལྡན་འདས་ཀྱིས་ཤེས་རབ་ཀྱི་ཕ་རོལ་ཏུ་ཕྱིན་པའི་མདོ་སྡེ་རིན་པོ་ཆེ་བཀའ་བསྩལ་པ་ནས་བཟུང་། ད་ལྟའི་བར་དུ་འཛིག་རྟེན་གྱི་ཁྱོན་ཡོངས་སུ་ཐེག་པ་ཆེན་པོའི་ལམ་ལ་སློབ་པའི་མཁས་པ་དང་གྲུབ་པའི་སྐྱེས་བུ་ཇི་སྙེད་ཅིག་བྱོན་པ་ཐམས་ཅད་དངོས་སམ་བརྒྱུད་པས་ཤེར་ཕྱིན་གྱི་མདོ་སྡེ་འདི་ཉིད་ལ་བརྟེན་ཅིང་། འདི་ལ་བརྟེན་ནས་ཉམས་རྟོགས་ཀྱི་སྨྱུ་གུ་འབྲུངས་པ་ཤ་སྟག་ཡིན། མདོ་སྡེ་རིན་པོ་ཆེ་འདི་ལ་བརྗོད་བྱའི་ཆ་ནས་དངོས་བསྟན་སྟོང་ཉིད་ཀྱི་རིམ་པ་དང་སྦས་དོན་མངོན་རྟོགས་ཀྱི་རིམ་པ་གཉིས་ཞེས་ཡོངས་སུ་གྲགས་པ་ལྟར་བརྗོད་བྱ་ཕྱོགས་གཉིས་སུ་གནས་ཡོད། སྤྱི་མ་ལ་དབུ་སེམས་ཀྱི་མཁས་པ་མང་པོས་རང་རང་གིས་གོ་ཚོད་དང་མཐུན་པའི་དོན་བཀྲལ་ཡོད་མོད། གངས་ཅན་གྱི་མཁས་པ་ཀུན་གྱིས་དཔལ་མགོན་འཕགས་པ་ཀླུ་སྒྲུབ་ཞབས་ཀྱིས་དགོངས་པ་བཀྲལ་བ་ཉིད་ཚད་མར་བྱས་ཤིང་གནད་ཆེ་བར་བརྩིས། མངོན་རྟོགས་ལམ་གྱི་རིམ་པའི་རྣམ་གཞག་གི་སྐོར་ལ་ནི་དབུ་མ་རིན་ཆེན་ཕྲེང་བ་ཙམ་མ་གཏོགས་ཀླུ་སྒྲུབ་ཀྱིས་མཛད་པ་ཉུང་ཞིང་། བྱམས་ཆོས་དང་ཐོགས་མེད་སྐུ་མཆེད་ཀྱི་གཞུང་ཕ་ཅང་རྒྱ་ཆེ་བ་ཙམ་མ་ཟད། ཞིབ་ཚགས་པོའི་འགྲེལ་བཤད་ཀྱང་དེ་དག་ཏུ་གསལ། འོན་ཀྱང་བྱང་ཆུབ་སེམས་སྤྱོད་གི་སྐོར་ལ་སློབ་དཔོན་ཞི་བ་ལྷའི་སྤྱོད་འཇུག་ཟབ་ཞོས་ཡིན་པ་དེའང་ངེས་པར་དུ་ཤེས་དགོས་པའི་གནད་དོན་ཞིག་ཡིན།

ཐོགས་མེད་སྐུ་མཆེད་ཀྱིས་ཤེར་ཕྱིན་གྱི་མདོའི་དགོངས་འགྲེལ་བརྩམས་པར་རྒྱན་སྣང་དུ་གསུངས་ཀྱང་བོད་དུ་མ་འགྱུར་ཞིང་། དེའང་མདོ་རྐྱང་པའི་འགྲེལ་པ་ཡིན་པ་ལས་མདོ་དང་རྒྱན་སྦྱར་བའི་འགྲེལ་པ་མིན་པར་གསུངས། མདོ་དང་རྒྱན་སྦྱར་བའི་འགྲེལ་པའི་ཐོག་མ་ནི་འཕགས་པ་རྣམ་གྲོལ་སྡེའི་ཉི་ཁྲི་སྣང་བ་ཡིན། དེ་ནས་སློབ་དཔོན་སེང་གེ་བཟང་པོས་ (དུས་རབས་ ༨ པ།?) འཕགས་པའི་རྗེས་སུ་འབྲངས་ནས་རྒྱན་ཉི་ཁྲི་དང་ཤིན་ཏུ་ཞིབ་པར་སྦྱར་བའི་བསྡུས་དོན་འགྲེལ་པ་ལེའུ་བརྒྱད་མ་མཛད། བརྒྱད་སྟོང་དང་སྦྱར་བའི་འགྲེལ་ཆེན་རྒྱན་སྣང་དང་། སྡུད་པ་དང་སྦྱར་བའི་སྡུད་འགྲེལ་རྟོགས་སླ་ཞེས་པ་མཛད། ཁྱད་པར་དུ་རྒྱན་ཡུམ་གསུམ་གའི་རྒྱན་དུ་བཀྲལ་བའི་འགྲེལ་

現觀辨析引言

從佛世尊開示般若波羅蜜多經寶，直至現今在整個世界，所有學習大乘道之智者以及有成就之士夫，全部都是直接或間接依賴此般若波羅蜜多經，且依此生起證悟之苗芽。此經寶就所詮之分，眾所皆知有直接顯示空性次第以及隱義現觀次第兩方面所詮。前者，諸多中觀、唯識智者，以與各自理解程度相符之義來作解釋，所有雪域智者，以吉祥怙主聖者龍樹足解釋的意趣作為標準，且視為大扼要。除《中觀寶鬘論》外，龍樹於現觀道次之安立所著不多，而慈氏之論著及無著兄弟之典籍不僅非常廣泛，且亦能從彼等清楚了解詳細的解釋，但關於學習菩提心，阿闍黎寂天的《入行論》是最為甚深，亦是必須了解之扼要義。

雖於《莊嚴光明釋》中說無著兄弟有著作般若經之釋論，但未譯成藏文，彼唯是經之釋本，而不是經與《現觀莊嚴論》結合之釋本。最初結合經與《現觀莊嚴論》的解釋，乃聖解脫軍之《二萬頌光明釋》。彼之後，阿闍黎獅子賢（約第八世紀）跟隨聖者之後，著作極為詳細結合《現觀莊嚴論》與《般若二萬頌》的攝義——《二萬頌八品釋》；與《般若八千頌》結合之廣釋——《莊嚴光明釋》；與《般若攝頌》結合之《易了攝頌釋》；特別是將《現觀莊嚴論》

ཆུང་དོན་གསལ་ཞེས་ཡོངས་སུ་གྲགས་པ་འདི་མཛད་དེ། དེ་ཚུན་ཆད་ཨ་བྷྱ་ཀ་ར་ལྟ་བུའི་མཁས་པ་ཉུང་ཤས་མ་གཏོགས་འཕགས་ཡུལ་གྱི་འགྲེལ་མཛད་ཕལ་མོ་ཆེ་དེའི་རྗེས་སུ་འབྲང་ངོ་། །

གངས་ཅན་གྱི་ལྗོངས་སུ་ཕར་ཕྱིན་གྱི་འཆད་ཉན་དར་ཚུལ་ཡང་། གསེར་ཕྲེང་ལས། "ཕྱི་མ་འདི་འཕང་ཐང་གི་དཀར་ཆག་ཏུ་བཙན་པོ་ཁྲི་སྲོང་ལྡེ་བཙན་(༧༤༢-༨༠༠) གྱིས་མཛད་པ་འཕགས་པ་ཤེས་རབ་ཀྱི་ཕ་རོལ་ཏུ་ཕྱིན་པ་འབུམ་གྱི་རྒྱ་ཆེར་འགྲེལ་ཞེས་འབྱུང་བས་རྒྱལ་པོས་མཛད་པ་ཡིན་ནོ། །" ཞེས་གསུངས་པ་ལྟར་ན། བསྟན་པ་སྔ་དར་སྐབས་བཙན་པོ་ཁྲི་སྲོང་གིས་འབུམ་གྱི་གནོད་འཇོམས་མཛད་པ་ཡིན་པས། བོད་འགྲེལ་ལ་སྔ་བ་ནི་འདི་འཛོག་དགོས་ཤིང་། དེའི་ཤུགས་ཀྱིས་བོད་ཀྱི་བཙན་པོའི་ནང་ཆོས་ཀྱི་ཤེས་ཚད་ཀྱང་གསལ་བར་མཚོན་ཐུབ། ཕྱི་དར་སྐབས་ཐོག་མར་ལོ་ཆེན་དང་འབྲི་ཨར་སོགས་འཆད་ཉན་རྒྱ་ཆེར་མཛད་པ་མ་ཟད་ལེགས་པར་བཤད་པའང་ཇི་སྙེད་ཅིག་མཛད། ཕྱིས་སུ་མཁས་པ་བུ་ཉ་དང་གཡག་རོང་སོགས་ཀྱིས་ཕར་ཊཱི་ཀ་མཛད་ཅིང་། ལྷག་པར་དུ་རྗེ་ཙོང་ཁ་པ་ཆེན་པོས་(༡༣༥༧-༡༤༡༩) འཕགས་སེང་གཉིས་ཀྱི་བཞེད་པ་དང་མཐུན་པར་ཡུམ་དང་རྒྱན་གྱི་དགོངས་པ་བཀྲལ་ཞིང་། གཙོ་བོར་ཡུམ་ཉི་ཁྲི་དང་སྦྱར། དེ་དང་མཉམ་དུ་རྒྱ་འགྲེལ་ཉི་ཤུ་རྩ་གཅིག་པོ་ཆ་ཚང་བའི་དཀའ་གནས་ལ་མཐིལ་ཕྱིན་པའི་ཞིབ་འཇུག་དང་འཐད་ཕྱོགས་རྣམས་གྲུབ་དོན་མཐའ་སྒོམ་དུ་བཀོད་པའི་ 'ལེགས་པར་བཤད་པ་གསེར་གྱི་ཕྲེང་བ།' ཞེས་ངེས་པ་དོན་གྱི་ལེགས་བཤད་འདི་ཉིད་ཕྱིས་རབས་གདུལ་བྱ་རྣམས་ཀྱི་གོ་སྐལ་དུ་འཛོག་པའི་བཀའ་དྲིན་མཛད་དོ། །ཡང་རྗེ་བླ་མས་སྐུ་ཚེ་སྨད་ལ་ཕར་ཕྱིན་གྱི་དཔེ་ཁྲིད་རྒྱས་པ་ཞིག་གནང་ཞིང་། དེ་སྐབས་སྔར་གྱི་གསུང་བགྲོས་དང་མི་འདྲ་བ་འགའ་ཞིག་འབྱུང་བ་ལ། སློབ་མ་རྣམས་ཀྱིས་ཡང་ཊཱི་ཀྐ་རྩོམ་པར་བསྐུལ་བ་ན། བླ་མ་དཀའ་བཅུ་པས་ཟིན་བྲིས་ཐོབས་ལ་ཊཱི་ཀྐ་རྩོམས་ཤིག་པའི་བཀའི་གནང་བ་ཐོབ་པ་བཞིན། རྒྱལ་ཚབ་ཆོས་རྗེས་ (༡༣༦༤-༡༤༣༢) རྗེ་བླ་མའི་རང་ལུགས་གསལ་བར་ཐོན་པའི་རྒྱན་འགྲེལ་པ་དང་བཅས་པའི་ 'རྣམ་བཤད་སྙིང་པོ་རྒྱན།' ཞེས་པ་མཛད་དེ། དེ་ནི་ཕྱིས་འབྱུང་དགེ་ལྡན་པའི་མཁས་གྲུབ་ཀུན་གྱིས་རང་ལུགས་སུ་མཛད་ཅིང་། གྲྭ་ཚང་སོ་སོའི་ཡིག་ཆ་མཛད་པ་པོ་རྣམས་ཀྱང་གཞུང་འདི་ཉིད་ཁྲིད་གཞུང་དུ་མཛད་ནས་གསེར་ཕྲེང་ནས་བླང་དོར་རྣམས་ཀྱིས་ཟུར་བརྒྱན་ཏེ་ཁྲིད་པ

釋為三佛母之莊嚴而撰寫著名之略釋——《明義釋》，後世除了少數智者如無畏論師以外，聖域之著釋者大部份追隨其後。

於雪域般若波羅蜜多講聞盛行之理，若以《金鬘疏善說》所說：「後者，《旁唐目錄》標為贊普赤松德贊（西元 742 ～ 800 年）所著《聖般若波羅蜜多十萬頌廣疏》，是故應為國王所著。」來看，教法前弘期，贊普赤松著《十萬頌斷諍論》，故最早西藏釋本須安立為此，以彼之力，亦能表現出西藏贊普之佛法水準。於後弘初期，大譯師及哲、阿等，不僅作廣大講聞，而且也著作諸多善說。之後智者普、囊、亞及榮等，著作般若波羅蜜多釋，特別是宗喀巴大師（西元 1357 ～ 1419 年），與聖、獅二者之主張相符而解釋佛母和《現觀莊嚴論》之意趣，且主要與《般若二萬頌》結合，同時將二十一部印度釋論所有之難處作徹底細察，及總結諸合理立宗為所成義而著《金鬘疏善說》，此了義善說，是特為諸後世所化之福份所留下之恩德。復次，至尊上師下半生廣大講授般若波羅蜜多之課程，彼時，有一些與之前所說不同，眾弟子請求著釋，賈曹傑大師（西元 1364 ～ 1432 年）獲得上師十難論師開許：「應作筆記來著釋！」撰寫清晰闡明至尊上師自宗之《現觀莊嚴論》及釋本之大疏，名為《心要莊嚴疏》，它被後世所有格魯賢哲作為自宗，且各札倉的教科書作者們都是以此典籍作為教授本，並將《金鬘疏善說》適合提出的部份作為莊嚴而作講授。

༡ སྔག་ཏུ་མཛོད་ནོ། །

དེ་ལྟར་རྣམ་བཤད་ཀྱི་དོན་འགྲེལ་བའི་བསྟན་བཅོས་མང་དུ་ཡོད་པ་ལས། སྐབས་བབས་ཀྱི་གཞུང་འདིའི་མཛད་པ་པོ་པཎ་ཆེན་བསོད་ནམས་གྲགས་པ་མཆོག་ནི། རབ་བྱུང་བརྒྱད་པའི་ས་ཕྲེའི་(༡༤༧༨) ལོར་བོད་དབུས་གཙང་གི་ལྷོ་ཁ་རྩེད་ཐང་དུ་སྐུ་འཁྲུངས། ན་ཆོད་ཆུང་ངུའི་དུས་ཉིད་དུ་ལས་ཆེན་ཕྱུ་ཏིའི་དྲུང་ནས་དགེ་བསྙེན་གྱི་སྡོམ་པ་མནོས་ཏེ་མཚན་ཡང་བསོད་ནམས་གྲགས་པའི་དཔལ་དུ་གསོལ། ཆོས་གྲྭ་ཆེན་པོ་རྩེ་ཐང་དུ་ཞུགས་ཏེ་པར་ཚད་ལ་སྦྱངས། དགུང་ལོ་བཅུ་དྲུག་པ་ལ་ཆོས་གྲྭ་ཆེན་པོ་སེ་ར་ཐེག་ཆེན་གླིང་སོགས་སུ་ཞུགས། ཡོངས་འཛིན་ཆེན་པོ་འཇམ་དབྱངས་དོན་ཡོད་དཔལ་ལྡན་དང་། ཆོས་རྗེ་དཔལ་འབྱོར་ལྷུན་གྲུབ། ཐམས་ཅད་མཁྱེན་པ་དགེ་འདུན་རྒྱ་མཚོ། ལས་ཆེན་ཀུན་དགའ་རྒྱལ་མཚན། མཁས་བཙུན་ཡོན་ཏན་རྒྱ་མཚོ་སོགས་སྤྱི་ཕྱིར་བླ་མ་མང་པོ་བསྟེན་ནས། མདོ་རྒྱུད་དགོངས་འགྲེལ་དང་བཅས་པའི་གཞུང་ལུགས་རྒྱ་མཚོར་གསན་བསམ་མཐར་ཕྱིན་པ་མཛད། དེ་ནས་རིམ་པས་དབུས་ཀྱི་སྟོད་རྒྱུད་དང་མཁས་མང་བློ་གསལ་གླིང་གི་མཁན་པོ་མཛད། དགུང་ལོ་ང་ལྔ་པར་ཕེབས་པ་དགའ་ལྡན་གསེར་ཁྲིར་ཕེབས་ཏེ། ཁྲི་ཐོག་བཅོ་ལྔ་པ་ཡིན། སྤྱི་ཕྱིར་གདན་ས་ཆེན་པོ་འབྲས་སྤུངས་དང་སེ་ར། སྐྱོར་མོ་ལུང་གི་ཁྲི་པ་ཡང་མཛད་དེ་ཞྭ་སེར་ཅོད་པན་འཆང་བའི་མདོ་རྒྱུད་བཤད་སྒྲུབ་ཀྱི་བསྟན་པ་འཆད་ཉན་གྱི་སྒོ་ནས་བླ་ནས་བླར་བཏེགས། ལེགས་བཤད་གསུང་རྩོམ་ལ། གཞུང་ཆེན་བཀའ་པོད་ལྔ་དང་། གསང་སྔགས། རྒྱལ་རབས། ཆོས་འབྱུང་། ལུགས་ཀྱི་བསྟན་བཅོས་སོགས་གསུང་རྩོམ་པོད་བཅུ་གཅིག་ལྷག་མཛད་ཅིང་། ད་ལྟའི་བར་བློ་གསལ་གླིང་དང་། ཤར་རྩེ། རྒྱུད་སྟོད། གཞན་ཡང་གངས་ཅན་མཐའ་དབུས་སོག་ཡུལ་དང་བཅས་པའི་དགོན་སྡེ་ཆེ་ཆུང་མང་པོས་སློབ་གཉེར་གྱི་ཡིག་ཆ་མཛད་བཞིན་འཆད་ཁྲིད་ཀྱི་རྒྱུན་མ་ཉམས་པར་བཞུགས་ཡོད། སློབ་མ་ཡང་ཐམས་ཅད་མཁྱེན་པ་བསོད་ནམས་རྒྱ་མཚོ་སོགས་མང་དུ་བྱོན། མཐར་དགུང་ལོ་དོན་བདུན་པ་རབ་བྱུང་དགུ་པའི་ཤིང་སྟག་ (༡༥༥༤) ལོར་གཟུགས་སྐུའི་བཀོད་པ་ཆོས་དབྱིངས་སུ་ཐིམ་ཚུལ་བསྟན་ཏོ། །

'ཡུམ་དོན་ཡང་གསལ་སྒྲོན་མེ' འམ་ཡོངས་གྲགས་བསྡུས་མིང་ལ་ 'ཕར་ཕྱིན་མཐའ་དཔྱོད'

如是，有眾多解釋《心要莊嚴疏》之論典中，當前此文之作者，福稱大班智達，在第八勝生戊戌年（西元 1478 年），生於西藏衛藏之山南澤塘，年幼時，在累千布尼座前受優婆塞戒，賜名吉祥福稱，住於澤塘大經院學習《現觀莊嚴論》、《釋量論》，十六歲，住於色拉大經院大乘林等處。前後依止大經教師蔣央敦越班登、班覺潤珠法王、遍智根敦嘉措、累千滾嘎給千、賢尊雲登嘉措等許多上師，而究竟聞思顯密經典及釋論海。其後依次擔任衛藏上密院及多智洛色林之住持。到了五十五歲，位至甘丹金座，為第十五任法座。前後亦擔任哲蚌、色拉、覺摩隆大寺的法座，將黃帽之顯密講修之教法以講聞之門，令其愈來愈增盛。善說著作：有五部大論、密咒、歷史、法源、世間論典等，撰寫超過十一函，而且直至現今洛色林、東頂、上密院，甚至雪域邊衛及蒙區之諸多大小寺院，都以此作為學習的教科書，講授之風氣至今猶在未失，亦有一切遍智福海等許多弟子。最終於七十七歲，第九勝生甲寅年（西元 1554 年）示現色身融入法界。

此論《再顯般若義之燈》一般簡稱為《現觀辨析》，米納格西

ཅེས་པའི་གཞུང་འདི་ནི། པཎ་ཆེན་མཆོག་བློ་གསལ་གླིང་གི་འཆད་ཉན་པ་གནང་སྐབས་ཆོས་གྲྭའི་བརྩི་བཞག་ཏུ་གསུང་ཞིང་། སྐྱོར་དཔོན་མང་པོས་ཟིན་བྲིས་སུ་བཏབ་པ་རྣམས་ཕྱིས་ཕྱོགས་བསྒྲིགས་བྱས་པ་ཞིག་ཡིན་པར་མི་ཉག་དགེ་བཤེས་ཚུལ་ཁྲིམས་རྣམ་རྒྱལ་གྱིས་གསུངས། གཞུང་འདིའི་དབུ་ཞབས་ཀུན་ཏུ་མངོན་རྟོགས་རྒྱན་དང་འགྲེལ་པ་དོན་གསལ་གྱི་དཀའ་གནད་གང་ཡིན་གྱི་ཚིག་སྣ་འགངས་ཆེ་བ་རྣམས་བཏུས་ཤིང་། སྦྱོར་བ་དང་མཐའ་དཔྱད་པའི་ས་བཅད་གཉིས་སུ་ཕྱེ་ནས། ཐོག་མར་སྦྱོར་དག་གི་ལམ་ནས་ཚིག་དོན་གྱི་སྙིང་པོ་གསལ་བར་བྱས་ཤིང་། གཉིས་པར་གཞུང་ཚིག་འདི་དང་འབྲེལ་བའི་དོན་གནད་ལ་ཕུ་ཐག་ཆོད་པའི་དཔྱད་པ་མཐིལ་ཕྱིན་པ་གནང་ཡོད། དེ་ཡང་བོད་ཀྱི་རིགས་པ་སྨྲ་བ་ཕལ་ཆེ་བའི་སྤྱི་སྲོལ་ལྟར་དགག་གཞག་སྤོང་གསུམ་གྱིས་པཎ་ཆེན་ཉིད་ཀྱི་དགོངས་ཚུལ་གསལ་པོ་བརྗོད་ཡོད། རིགས་ལམ་རྙིང་ངར་ཀྱི་ཆ་ལ་གཞིག་ན། དོན་ནོར་བ་རྣམས་ལྟ་ཅི་སྨོས། ཚིག་སྐྱོན་ཕྲ་མོ་ཡན་ཆད་ལ་ལུང་རིགས་རྙིང་ངར་གྱིས་སུན་འབྱིན་པའི་མཐར་ཚིག་དོན་གཉིས་ཀའི་ཆ་ལ་སྐྱོན་མེད་པའི་རང་ལུགས་བཞག་ཅིང་། དེ་ལ་ཕ་རོལ་པོས་སྐྱོན་འཕངས་པ་ལ་ཐལ་བ་དེ་དག་མི་འཇུག་པའི་ཚུལ་དང་། སྐབས་འགའ་ཞིག་ཏུ་ནི་རྩོད་ལན་མང་དག་ཞིག་བཀོད་ནས་དཔྱད་གཞིར་བཞག་པ་དང་། སྐབས་རེར་སློབ་གཉེར་བས་གང་བདེ་བྱ་ཚོག་པ་མཛད་ཡོད། དེ་བཞིན་ལུང་འདྲེན་མཛད་ལྟངས་ལ་མཚོན་ནའང་། ལུང་གཙོ་ཆེ་བ་གང་ཡིན་པ་དྲངས་ཤིང་། གཞན་རྣམས་ཞལ་འཕངས་ཙམ་མམ་བཏང་སྙོམས་སུ་བཞག་པར་མཛད་པ་ལས་ལུང་འདྲེན་རྒྱ་ཆེན་པོ་མཛད་མེད། དེ་ཡང་ལུང་དོན་རིགས་པས་སྒྲུབ་པ་གཙོ་བོར་མཛད་བཞེད་པ་ཡིན་གྱི་གཞུང་རབ་འབྱམས་མ་འདྲིས་པར་གཞུང་རྩོམ་པ་ལྟ་བུ་ནི་གཏན་མ་ཡིན་ཏེ། དེ་ནི་གཟུར་གནས་བློ་ལྡན་རྣམས་ཀྱིས་གསུང་རྩོམ་རྣམས་ཞིབ་ཚགས་པོས་འཛལ་ན་ཤེས་པའི་ཕྱིར་དང་། ཚིག་ཟུར་ཙམ་ལའང་གཞུང་དོན་འགངས་ཆེན་པོ་བསྡུས་པ་ཤིན་ཏུ་མང་བ་སྦྱོང་བས་གྲུབ་པའི་ཕྱིར་རོ། །རྣམ་པ་གཅིག་ཏུ་ན། གཞུང་འདི་དག་ནི་རྗེ་ཡབ་སྲས་ཀྱི་གཞུང་དང་འཕགས་སེང་གི་གཞུང་ལ་ཐོས་བསམ་འཇུག་པའི་བབ་སྟེགས་ལྟ་བུ་ཡིན་པའི་ཕྱིར་ན། དབང་རྣོན་རྣམས་ཀྱིས་རྒྱས་པར་གཞུང་དེ་དག་ལས་ཤེས་པར་བྱ་དགོས་ལ། དབང་རྟུལ་ཡིན་ནའང་གཞུང་འདི་ཙམ་ལ་བརྟེན་ནས་གཞུང་དོན་སྙིང་པོའི་གོ་བ་ལོན་པ་ཞིག་ངེས་པར་

楚成南給說是尊貴大班智達在洛色林之講聞時，對經院的分配所說，而由許多複誦師所作筆記後來匯集而成。此書籍從頭至尾匯集所有《現觀莊嚴論》及《明義釋》之各種重大難處之詞，而且分為論式及辨析之二種科判。最初以論式方式顯明字義精華，第二，與此正文相關之要義，徹底究竟觀察。彼又如大部份西藏說理路師的慣例，以破、立、斷三者清楚展現大班智達之想法。若以銳利理路觀察，小至微細詞過，皆以犀利教理破斥，遑論意思錯誤，最後於詞、義這兩個部份，安立無過之自宗，且對方所問難的過失，並不趣入其中之理；有時候列出許多辯諍後，安立為觀察處；有時候讓學習者看何者為佳。同樣地，以引據教言的方式來說，亦是引所有主要的教言，而其他則僅以另參別處或保留來處理，不作廣泛的引證。復次，主張主要以理路來證成經義，絕非不諳廣大典籍而造論，因若是諸正直具慧者詳細衡量諸論著則可了知，以及即便僅是簡單詞句，亦是集合非常多的重要經論義，此從親身閱讀可知故。從另一角度來看，此等典籍，如同是趣入聞思宗大師父子論典及聖、獅論典之階梯。諸利根者，須由彼等典籍更加廣知，即使鈍根，唯依此論必能領悟到文義精粹之內涵，一般皆稱，班欽（福稱論師）以理證成、袞堅（妙音笑大師）以教證成，如此看似接近真實情況。

ཡོད་པས། ནཱ་ལེནྡྲ་སློབ་ལ། པཎ་ཆེན་རིགས་སྨྲ། ཀུན་མཁྱེན་ལུང་སྨྲ། ཅེས་གྲགས་པ་ལྟར་དོན་ལ་འཐད་ཅིང་ཟད་ཉེ་བར་སྣང་ངོ་། །

མདོར་ན་པར་ཕྱིན་མཐའ་དཔྱོད་འདིས་མཚོན་པའི་པཎ་ཆེན་མཆོག་གི་གསུང་ཆོས་རྣམས་ལུང་རིགས་ཀྱི་ལམ་ནས་དགག་བཞག་གི་སྦྱོར་བ་རྒྱས་བསྡུས་འཚམས་ཤིང་། བློ་རབ་འབྲིང་ཐ་མ་གསུམ་འཇུག་ལ་ཡང་བློར་ཆུན་པ་ཞིག་ཡོད་པས། དེང་སྐབས་འདུ་འཛིའི་ལོ་ལང་ཤིན་ཏུ་ཆེ་བའི་དུས་སྐབས་འདི་འདྲར་སློབ་དེབ་ཤིན་ཏུ་ལེགས་པ་ཞིག་རེད་ཅེས་མཁས་པ་དུ་མས་གཅིག་མཐུན་དུ་གསུངས་དང་གསུང་བཞིན་པ་ནི་དོན་ལ་གནས་པ་ཡིན་ནོ། ། །།

དབྱངས་ཅན་འབངས། 2020.05.02

總之，此《現觀辨析》所代表的尊貴班欽諸文集，以教、理之方式開演破立乃廣略合宜，且凡上、中、下根研閱者，悉皆入心，因此諸多智者共同稱許於現今紛亂之時代，此乃極善之修學典籍，實乃不虛。

妙音民 2020.05.02

凡例說明

本書翻譯所依據之藏文版本：

福稱論師（བསོད་ནམས་གྲགས་པ།）著，依理清晰闡述《心要莊嚴疏》義——再顯般若義之燈（རྣམ་བཤད་སྙིང་པོ་རྒྱན་གྱི་དོན་རིགས་ལམ་བཞིན་དུ་གསལ་བར་འཆད་པའི་ཡུམ་དོན་ཡང་གསལ་སྒྲོན་མེ་ཞེས་བྱ་བ་བཞུགས་སོ།།），簡稱《現觀辨析》（ཕར་ཕྱིན་མཐའ་དཔྱོད།），南印度：哲蚌寺洛色林佛學院圖書館（Drepung Loseling Library Society）出版之木刻版（1982-1990 印刷）掃描檔為主，其中若印刷不清楚之處則參考哲蚌寺洛色林佛學院圖書館 2015 年出版之電子書。

引用

1. 原著所引用之經典，若已有中文譯本，則沿用之，主要參考之中譯本如下：

(1) 彌勒菩薩造，《現觀莊嚴論》，以法尊法師《現觀莊嚴論略釋》譯本為主，敬請參見：楊德能、胡繼歐主編，《法尊法師全集：全 14 冊》北京：中國藏學出版社，2017，第一版之第 1 冊（繁體字排印本），或 CBETA， B09， no. 31。

(2) 獅子賢造，《明義釋》，以及賈曹傑造，《心要莊嚴疏》，以滇津顙摩的譯本為主，敬請參見：彌勒怙主造論，獅子賢尊者作釋，賈曹傑尊者作疏，滇津顙摩中譯，《般若波羅蜜多要訣現觀莊嚴論釋心要莊嚴疏合集》，台北：大千出版社，2007，初版。

(3) 上述所引用之譯本，若遇有與藏文不同處，仍將依藏文的文意譯出，並將所引用之譯本附注於註腳，以便參考。

(4) 若遇特定法相名詞，主要沿用玄奘大師之中譯。

(5) 若遇中文《大藏經》未收錄之藏文經論，主要採用法尊法

師之中譯。

2. 中文《大藏經》主要是採用「中華電子佛典協會」（Chinese Buddhist Electronic Text Association，簡稱 CBETA）的電子佛典線上版（網址：http://cbetaonline.dila.edu.tw）。引用《大正新脩大藏經》出處是依冊數、經號、頁數、欄數、行數之順序紀錄，例如：CBETA，T30，no. 1579，pp. 279a7-280b26。

3. 所引用的佛典將適度地加上新式標點符號，如：《俱舍論本頌》原無句讀，為利讀者明辨，故另行增加標點符號。

增字

藏文原書所無，為方便讀者清楚了解、辨別，或為完整表述中文文義、段落、科判而加。

1. 為讓讀者清楚了解，增加「問」、「答」、「駁云」等字。

2. 〔 〕裡的字代表加字。

3. 為使文字通順，在字詞後加上詞頭或詞尾，如：「斷」加上「德」字，成為「斷德」。

因應中文習慣用法，稍有省略、變化

1. 藏文中有「與」、「以及」或兩個以上的「以及」，中譯會依狀況予以增減、省略，有時以標點符號代替。

2. 「表」、「明」、「顯」、「示」皆為「揭示」之義，視修辭需要輪替使用，若有類似狀況亦可同此。

3. 「乃」、「即」、「是」皆為「是」之義，視修辭需要輪替使用，若有類似狀況亦可同此。

4. 凡藏文的引文之後有「等」字，而引文尚未結束，則於引文後加「……」與「等」字表之，如：「施者受者……」等。

5. 為令讀者易於理解藏文中的「爾」（藏文ཁྱོད）或「彼」（藏文དེ）字，有時在譯文中不寫出「爾」與「彼」，而是將其所代表的內容直接表述。

6. 有時文中之「初者」、「次者」，原藏文書為「第一」、「第二」，若易與其他數字混淆，則以「初者」、「次者」代替。

7. 「覩史多天」為玄奘大師的譯詞，但鳩摩羅什大師所譯「兜率天」較為人熟知，故以「覩史多天（兜率天）」顯示之，若有類似狀況亦同此。

特殊句型

1. 本書中常出現「因……故」的句型，此屬因明論式，意為：因為……的緣故。為明確標出可成立所主張之理由，在理由之前加上「因」字，最後以「故」結語。

有關人名

1. 藏文中提及人名時，有時不加「菩薩」、「論師」、「大師」等尊稱，本書依藏文慣例也未添加。

編輯

1. 本書參照藏文書之目錄編排。為利於讀者閱讀，將目錄各單元名稱插入於內文各段落前，為藏文紙本書所沒有的。

2. 本書前面的作者簡介、譯序、引言、小喇嘛圖示，以及附錄

之性相名相表為特別企畫，專為現代讀者量身訂做，是藏文原書中所沒有的。

目次

སྐབས་དང་པོ།

རྣམ་བཤད་སྙིང་པོ་རྒྱན་གྱི་དོན་རིགས་ལམ་བཞིན་དུ་གསལ་བར་
འཆད་པའི་ཡུམ་དོན་ཡང་གསལ་སྒྲོན་མེ་ཞེས་བྱ་བ་ལས་
སྐབས་དང་པོའི་མཐའ་དཔྱོད་བཞུགས་སོ། །

འགྲེལ་པའི་མཆོད་བརྗོད་དང་བརྩམ་པར་དམ་བཅའ་བ།

༄ སྟོབས་བཅུ་མངའ་བ་ཐུབ་པའི་དབང་པོ་ཆོས་ཀྱི་རྒྱལ་ཚབ་མི་ཕམ་མགོན། །
ཐོགས་མེད་སྐུ་མཆེད་གྲོལ་སྡེ་གཉིས་དང་མཁས་མཆོག་རྒྱལ་སྲས་བཟང་པོའི་ཞབས། །
འཇམ་དབྱངས་རྣམ་འཕྲུལ་རྗེ་བཙུན་ཙོང་ཁ་ཐུགས་སྲས་ཀུན་མཁྱེན་དར་མ་སོགས། །
ཕྱག་འོས་བསྟོད་ནས་རྣམ་བཤད་སྙིང་རྒྱན་རིགས་ལམ་བཞིན་དུ་གསལ་བར་བྱ། །

ཤེས་རབ་ཕ་རོལ་ཕྱིན་པ་ལ། །ཞེས་སོགས་ཀྱི་སྐབས་སུ། སྤྱིར་བ་དང་། མཐའ་དཔྱད་པའོ། །

དང་པོ་ནི། སློབ་དཔོན་སེངྒེ་བཟང་པོ་ཆོས་ཅན། འགྲེལ་པ་དོན་གསལ་རྩོམ་པའི་ཐོག་མར་གཞུང་ལམ་འབྲས་བུའི་ཤེར་ཕྱིན་གསུམ་ལ་ཕྱག་འཚལ་བ་ཡིན་ཏེ། དེ་ལ་སྒོ་གསུམ་གུས་པའི་ཚུལ་གྱིས་འདུད་པའི་ཕྱིར།

དེ་ཆོས་ཅན། རྒྱན་གྱི་འགྲེལ་པ་རྩོམ་རིགས་ཏེ། རྒྱན་ཡུམ་རྒྱས་འབྲིང་བསྡུས་པ་གསུམ་ཀའི་རྒྱན་དུ་འགྲེལ་བའི་ཕྱིར་དུ་འགྲེལ་པ་མཛད་པའི་ཕྱིར། སྐབས་འདིའི་མཆོད་བརྗོད་ཡུལ་དུ་གྱུར་པའི་ཤེར་ཕྱིན་ལ་གཞུང་ལམ་འབྲས་བུའི་ཤེར་ཕྱིན་གསུམ་ཀ་ཡོད་དེ། གཞུང་ཤེར་ཕྱིན་དེ་ཡིན་ཅིང་ལམ་ཤེར་ཕྱིན་དང་འབྲས་བུ་ཤེར་ཕྱིན་ཀྱང་དེ་ཡིན་པའི་ཕྱིར། དང་པོ་གྲུབ་སྟེ། ཁྱབ་པ་འདུ་བྱེད་ཀྱི་སྡུག་བསྔལ་ཉེ་བར་ཞི་བའི་ཉེར་ཞི་དེ་དེ་དག་གི་ཡང་དག་པའི་མཐའ་མངོན་སུམ་དུ་མི་བྱེད། །ཞེས་པའི་

第一品

依理清晰闡述《心要莊嚴疏》義——再顯般若義之燈・第一品辨析

1《明義釋》之禮讚文與造論誓言

具足十力能仁之王法王補處阿逸多，

無著兄弟二解脫軍賢聖佛子獅賢足，

文殊化身至尊宗喀心子遍智賈曹等，

禮敬應禮依理清晰闡述心要莊嚴疏。

「般若波羅蜜……」等文時有論式與辨析。

初者，獅子賢阿闍黎為有法，撰寫《明義釋》之最初，禮拜文字、道、果般若波羅蜜多三者，因以三門恭敬之理禮敬彼故。

彼為有法，造《現觀莊嚴論》釋合理，因為了將《現觀莊嚴論》解釋為廣、中、略三佛母之莊嚴而造釋論故。今此，禮讚境之般若有文字、道、果般若波羅蜜多三者，因文字般若波羅蜜多是彼，道般若波羅蜜多與果般若波羅蜜多亦是彼故。初者成立，因盡滅遍行苦之寂滅是宣說「彼等不可現起實際」時所揭示之實際故。第二以

སྐབས་ནས་བསྟན་པའི་ཡང་དག་མཐའ་ཡིན་པའི་ཕྱིར། གཉིས་པ་དེས་འགྲོ།

ཁ་ཅིག ཤེས་རབ་ཕ་རོལ་ཕྱིན་པ་ལ། །ཞེས་སོགས་རྐང་པ་བཞི་པོ་དེ། དོན་གསལ་གྱི་མཆོད་བརྗོད་ཀྱི་གཞུང་དང་རྩོམ་པར་དམ་བཅའི་གཞུང་གཉིས་ཀ་ཡིན་ཟེར། འོ་ན། ཤེས་རབ་ཕ་རོལ་ཕྱིན་པ་ལ་གུས་ཕྱག་འཚལ། ཞེས་པའི་གཞུང་དེ་དོན་གསལ་གྱི་རྩོམ་པར་དམ་བཅའི་གཞུང་ཡིན་པར་ཐལ། རྐང་པ་བཞི་ཀ་དེ་ཡིན་པའི་ཕྱིར། འདོད་ན། གཞུང་དེ་ལས་འཕགས་སུ། ཀུན་གྱི་རྒྱན་དུ་འགྱུར་བ་ནི། །རྣམ་པར་དབྱེ་ཕྱིར། ཞེས་སྨོས་པ་དོན་མེད་པར་ཐལ་ལོ། །

གཞན་ཡང་། གཞུང་ཕྱི་མ་འགྲེལ་པའི་མཆོད་བརྗོད་ཀྱི་གཞུང་ཡིན་པར་ཐལ། རྐང་པ་བཞི་ཀ་དེ་ཡིན་པའི་ཕྱིར། འདོད་ན། ཕྱི་མ་ལས་འཕགས་སུ་སྔ་མ་སྨོས་པ་དོན་མེད་པར་ཐལ་ལོ། །

རང་ལུགས་ནི། རྐང་པ་བཞི་པོ་འདིས་འགྲེལ་པའི་མཆོད་བརྗོད་དང་། རྩོམ་པར་དམ་བཅའ་གཉིས་ཀ་བསྟན་ཏེ། དྲངས་མ་ཐག་པའི་གཞུང་སྔ་མས་མཆོད་བརྗོད་དང་། ཕྱི་མས་རྩོམ་པར་དམ་བཅའ་བསྟན་པའི་ཕྱིར།

此類推。

有云：「『般若波羅蜜……』等四句是《明義釋》之禮讚文與造論誓言二者。」那麼，「禮敬般若波羅蜜」之文理應是《明義釋》之造論誓言，因四句是彼故。若許，則除前文外，多言「彼莊嚴偈頌，為一切莊嚴」應成無意義。

再者，後文理應是《明義釋》之禮讚文，因四句是彼故。若許，則除後文外，言前文應成無意義。

自宗：此四句揭示《明義釋》之禮讚與造論誓言二者，因方才引用之前文揭示禮讚與後文揭示造論誓言故。

བཤད་བྱ་རྩ་བའི་མདོ་ངོས་འཛིན་ཚུལ།

གཉིས་པ་མཐའ་དཔྱད་པ་ལ། ཁ་ཅིག ཀྲུན་གྱི་བཤད་བྱའི་མདོ་ཡིན་ན་དེའི་བཤད་བྱ་རྩ་བའི་མདོ་ཡིན་པས་ཁྱབ་ཟེར། དེ་ལ་ཁ་ཅིག འདུལ་བ་ལུང་སྡེ་བཞི་ཆོས་ཅན། དེར་ཐལ། དེའི་ཕྱིར། དེར་ཐལ། མདོ་ཡིན་པའི་ཕྱིར། ཁྱབ་སྟེ། བྱང་ཆུབ་གསུམ་པོ་གང་རུང་ཡིན་ན་རྒྱུད་ཀྱི་བསྟན་དོན་ཡིན་དགོས་པའི་ཕྱིར་ན་མ་ཁྱབ།

འོ་ན། ཁོ་རང་ལ་རྒྱུད་དེ་ལུང་སྡེ་བཞི་འཆད་བྱེད་ཀྱི་བསྟན་བཅོས་ཡིན་པར་ཐལ། ལུང་སྡེ་བཞི་དེ་རྒྱུད་ཀྱི་བཤད་བྱའི་མདོ་ཡིན་པའི་ཕྱིར། འདོད་ན། དེ་དེའི་དགོངས་འགྲེལ་གྱི་བསྟན་བཅོས་ཡིན་པར་ཐལ། འདོད་པའི་ཕྱིར། འདོད་ན། དེ་རང་གི་འགྲེལ་བྱར་གྱུར་པའི་ཐེག་དམན་གྱི་མདོའི་དགོངས་འགྲེལ་གྱི་བསྟན་བཅོས་ཡིན་པར་ཐལ། འདོད་པའི་ཕྱིར། འདོད་ན། ཐེག་ཆེན་གྱི་བསྟན་བཅོས་ཡིན་ན་དེ་ལྟར་ཡིན་དགོས་པར་ཐལ། འདོད་པའི་ཕྱིར། འདོད་ན། ཐེག་དམན་གྱི་བསྟན་བཅོས་ཡིན་ན་རང་གི་འགྲེལ་བྱར་གྱུར་པའི་ཐེག་ཆེན་གྱི་མདོའི་དགོངས་འགྲེལ་གྱི་བསྟན་བཅོས་ཡིན་དགོས་པར་ཐལ། འདོད་པའི་ཕྱིར། འདོད་ན། ཐེག་ཆེན་གྱི་བཀའ་མི་འདོད་པའི་ཉན་ཐོས་སྡེ་པས་བརྩམས་པའི་ཐེག་དམན་གྱི་བསྟན་བཅོས་ཆོས་ཅན། དེར་ཐལ། དེའི་ཕྱིར།

རང་ལུགས་ཀྱི་སྐྱོན་ནི། ཁྲི་བརྒྱད་སྟོང་པ་དང་མདོ་སྡུད་པ་སོགས་ཆོས་ཅན། རྒྱུད་ཀྱི་བཤད་བྱ་རྩ་བའི་མདོར་ཐལ། རྟགས་དེའི་ཕྱིར། དེར་ཐལ། དངོས་བརྒྱད་དོན་བདུན་ཅུ་ཚང་བར་སྟོན་པའི་ཤེར་ཕྱོགས་ཀྱི་མདོ་ཡིན་པའི་ཕྱིར། རྩ་བར་འདོད་ན། དེའི་བཤད་བྱ་རྩ་བའི་མདོ་ལ་ཡུམ་རྒྱས་འབྲིང་བསྡུས་གསུམ་དུ་གྲངས་མ་ངེས་པར་ཐལ། འདོད་པའི་ཕྱིར། འདོད་ན། འགྲེལ་པར། རྒྱལ་བའི་ཡུམ་རྣམ་པ་གསུམ་ཅར་ལས་ཀྱང་། ཞེས་པ་དང་། རྣམ་བཤད་ལས། ཡུམ་གསུམ་པོ་ཀུན་གྱི་རྒྱུད་དུ་འགྱུར་བ་ནི། ཞེས་གསུངས་པ་མི་འཐད་པར་ཐལ་ལོ། །

2 認知所詮釋之根本經之理

第二、辨析，有云：「若是《現觀莊嚴論》之所詮釋之經，周遍是其所詮釋之根本經。」對此，有云：「四種毘奈耶①為有法，理應如是，因如是故。理應如是，因是經故。周遍，因若是三菩提隨一周遍是《現觀莊嚴論》所揭示義故。」不周遍。

然則，於彼駁云：「《現觀莊嚴論》理應是解釋四種律典之論，因四種律典是《現觀莊嚴論》所詮釋經故。若許，彼理應是解釋四種律典意趣之論，因許故。若許，彼理應是解釋『自所釋小乘經意趣』之論，因許故。若許，若是大乘論典理應須如是，因許故。若許，若是小乘論典理應須是解釋『自所釋大乘經意趣』之論典，因許故。若許，不承許大乘教言之聲聞部師所造之小乘論典為有法，理應如是，因如是故。

自宗〔指出彼〕之過失：《般若一萬八千頌》與《般若攝頌》等為有法，理應是《現觀莊嚴論》所詮釋之根本經，因彼因故。理應如是，因是完整宣說八事七十義之般若品經②故。若許根本，其所詮釋之根本經理應不定數為廣、中、略三佛母，因許故。若許，則《明義釋》云：『三種佛母亦……』與《心要莊嚴疏》云：『為諸三佛母之莊嚴。[1]』應成不應理。

---

① 四種律典、四部毘奈耶。釋迦牟尼佛所說小乘律藏四部：律分別、律本事、律雜事和律上分。

② 般若品經：指般若部的經典。

དེ་ལ་ཁོ་ན་རེ། རྒྱན་གྱི་བཤད་བྱ་རྩ་བའི་མདོ་ལ་དེ་གསུམ་དུ་གྲངས་མ་ངེས་པར་ཐལ། ཁྲི་བརྒྱད་སྟོང་པ་དང་། མདོ་སྡུད་པ་གཉིས་དེའི་བཤད་བྱ་རྩ་བའི་མདོ་ཡིན་པའི་ཕྱིར། དེར་ཐལ། དེ་གཉིས་དང་རྒྱན་སྦྱར་བའི་འགྲེལ་པ་ཚད་ལྡན་ཡོད་པའི་ཕྱིར་ན། འདིར་མ་ཁྱབ། དེར་ཐལ། ཡུམ་གསུམ་དོན་བརྒྱད་དང་མཐུན་པར་སྦྱར་བའི་འགྲེལ་པ་དང་། སྡུད་འགྲེལ་རྟོགས་སླ་གཉིས་ཡོད་པའི་ཕྱིར་ཟེར་ན། མདོ་དེ་གཉིས་ཆོས་ཅན། ཀུན་གྱི་རྒྱན་དུ་འགྱུར་བ་ནི། །ཞེས་པའི་རྒྱན་གཞིའི་མདོ་ཡིན་པར་ཐལ། རྒྱན་གྱི་བཤད་བྱ་རྩ་བའི་མདོ་ཡིན་པའི་ཕྱིར། རྟགས་ཁས།

ཁ་ཅིག མདོ་སྡུད་པ་ཁྲི་བརྒྱད་སྟོང་པའི་ལེའུ་གྲྭ་བཞི་པ་ཡིན་པ་ལ་བསམས་ནས་ཁྲི་བརྒྱད་སྟོང་པ་ཡིན་ཟེར། འོ་ན། བསྟན་བཅོས་མངོན་རྟོགས་རྒྱན་གྱི་སྐབས་གཉིས་པ་བསྟན་བཅོས་མངོན་རྟོགས་རྒྱན་ཡིན་པར་ཐལ། དམ་བཅའ་དེའི་ཕྱིར། འདོད་ན། དེའི་བརྗོད་བྱ་ལ་དངོས་བརྒྱད་དོན་བདུན་ཅུ་ཚང་བར་ཐལ། འདོད་པའི་ཕྱིར།

ཁོ་ན་རེ། དེ་བསྟན་བཅོས་མངོན་རྟོགས་རྒྱན་ཡིན་པར་ཐལ། དེ་དེའི་གཞུང་ཚིག་ཡིན་པའི་ཕྱིར་ན་མ་ཁྱབ། འོ་ན། དེ་དངོས་བརྒྱད་དོན་བདུན་ཅུ་ཚང་བར་སྟོན་པའི་བསྟན་བཅོས་མངོན་རྟོགས་རྒྱན་ཡིན་པར་ཐལ། དེ་དེའི་གཞུང་ཚིག་ཡིན་པའི་ཕྱིར། འཁོར་གསུམ།

ཁ་ཅིག མདོ་སྡུད་པ་ཁྲི་བརྒྱད་སྟོང་པའི་ལེའུ་གྲྭ་བཞི་པ་ཡིན་ཀྱང་དེ་དང་རྒྱན་སྦྱར་བའི་འགྲེལ་པ་ཡིན་ན་ཁྲི་བརྒྱད་སྟོང་པའི་ལེའུ་གྲྭ་བཞི་པ་དང་རྒྱན་སྦྱར་བའི་འགྲེལ་པ་ཡིན་མི་དགོས་ཏེ། སྡུད་འགྲེལ་རྟོགས་སླ་དེ། དེའི་ལེའུ་གྲྭ་བཞི་པ་དང་རྒྱན་སྦྱར་བའི་འགྲེལ་པ་མ་ཡིན་པའི་ཕྱིར་ཟེར་ན། མ་གྲུབ་སྟེ། སྡུད་འགྲེལ་རྟོགས་སླ་ཆོས་ཅན། རྒྱན་དང་ཁྲི་བརྒྱད་སྟོང་པའི་ལེའུ་གྲྭ་བཞི་པ་སྦྱར་བའི་འགྲེལ་པ་ཡིན་པར་ཐལ། རང་གི་བཤད་བྱར་གྱུར་པའི་དེ་གཉིས་སྦྱར་བའི་འགྲེལ་པ་ཡིན་པའི་ཕྱིར། དེར་ཐལ། རང་གིས་རྒྱན་དང་སྦྱར་ནས་བཤད་པའི་ཁྲི་བརྒྱད་སྟོང་པའི་ལེའུ་གྲྭ་བཞི་པ་ཡོད་པའི་ཕྱིར། དེར་ཐལ། མདོ་སྡུད་པ་དེ་དེ་ཡིན་པའི་ཕྱིར། སོམས་ཤིག

對彼有云：「《現觀莊嚴論》所詮釋之根本經理應非定數為廣、中、略三者，因《般若一萬八千頌》與《般若攝頌》二者是其所詮釋之根本經故。理應如是，因有將彼二者與《現觀莊嚴論》結合之具量釋本故。」今此不周遍③。「理應如是，因有《三佛母相順八義之結合釋》與《易了攝頌釋》故。」彼二經為有法，理應是「為諸三佛母之莊嚴」所謂所莊嚴事之經，因是《現觀莊嚴論》所詮釋之根本經故。因已許。

有作是思惟：「《般若攝頌》為《般若一萬八千頌》第八十四品，而說是《般若一萬八千頌》。」那麼，《現觀莊嚴論》第二品理應是《現觀莊嚴論》，因許彼宗故。若許，其所詮理應齊備八事七十義，因許故。

有云：「彼理應是《現觀莊嚴論》，因彼是《現觀莊嚴論》之文句故。」不周遍。那麼，彼理應是完整宣說八事七十義之《現觀莊嚴論》，因彼是《現觀莊嚴論》之文句故。三輪④！

有云：「《般若攝頌》為《般若一萬八千頌》第八十四品，然若是彼與《現觀莊嚴論》結合之釋本，不須是《般若一萬八千頌》第八十四品與《現觀莊嚴論》結合之釋本，因《易了攝頌釋》並非《現觀莊嚴論》與彼之第八十四品結合之釋本故。」因不成，因《易了攝頌釋》為有法，理應是《現觀莊嚴論》與《一萬八千頌》

③ 今此不周遍：在此處講到的「根本經」是依循聖、獅而言，所以只有廣中略的三部般若經。對於結合《一萬八千頌》和《般若攝頌》的論著而言是根本經，不遍是此處的根本經。根本經之名雖同但義不同，故回答「今此不周遍」。

④ 三輪：指的是回答者在此時不論回答承許、因不成、不遍都會產生自相矛盾的過失。

之第八十四品結合之釋本，因是結合自所釋之彼二者之釋本故。理應如是，因自結合《現觀莊嚴論》而解釋之《般若一萬八千頌》第八十四品存在故，理應如是，因《般若攝頌》是彼故。應思！

ཤིང་རྟའི་སྲོལ་འབྱེད།

ཁ་ཅིག རྗེ་བཙུན་བྱམས་མགོན་ཤིང་རྟའི་སྲོལ་འབྱེད་ཡིན་ཏེ། ཤེར་ཕྱིན་གྱི་མདོའི་སྦས་དོན་མངོན་རྟོགས་ཀྱི་རིམ་པ་ཐོག་མར་སྲོལ་བཏོད་ནས་འཆད་པའི་གང་ཟག་ཡིན་པའི་ཕྱིར་ཟེར། འོ་ན། དེ་ཆོས་ཅན། དབུ་མ་པའི་ཤིང་རྟའི་སྲོལ་འབྱེད་ཡིན་པར་ཐལ། ཐེག་ཆེན་གྱི་ཤིང་རྟའི་སྲོལ་འབྱེད་གང་ཞིག ཁྱོད་དེ་ཡིན་ན་ཁྱོད་དབུ་མ་པའི་དེ་ཡིན་དགོས་པའི་ཕྱིར། འདོད་ན། མངོན་རྟོགས་རྒྱན་དེ་དབུ་མ་པའི་ཤིང་རྟའི་སྲོལ་འབྱེད་ཀྱི་བསྟན་བཅོས་ཡིན་པར་ཐལ། འདོད་པའི་ཕྱིར། འདོད་ན། མདོ་སྡེ་རྒྱན་དང་འབྱེད་རྣམ་གཉིས་སེམས་ཙམ་པའི་ཤིང་རྟའི་སྲོལ་འབྱེད་ཀྱི་བསྟན་བཅོས་ཡིན་པར་ཐལ། མངོན་རྟོགས་རྒྱན་དང་རྒྱུད་བླ་མ་གཉིས་དབུ་མ་པའི་ཤིང་རྟའི་སྲོལ་འབྱེད་ཀྱི་བསྟན་བཅོས་ཡིན་པའི་ཕྱིར། འདོད་ན། རྗེ་བཙུན་སེམས་ཙམ་པའི་ཤིང་རྟའི་སྲོལ་འབྱེད་ཀྱི་གང་ཟག་ཡིན་པར་ཐལ། འདོད་པའི་ཕྱིར། འདོད་ན། དེ་ཆོས་ཅན། དེ་མ་ཡིན་པར་ཐལ། དབུ་མ་པའི་ཤིང་རྟའི་སྲོལ་འབྱེད་ཀྱི་གང་ཟག་ཡིན་པའི་ཕྱིར། རྟགས་ཁས།

གཞན་ཡང་རྗེ་བཙུན་བྱམས་མགོན་ཆོས་ཅན། བློ་གྲོས་མི་ཟད་པས་བསྟན་པའི་མདོ་དང་ཏིང་ངེ་འཛིན་རྒྱལ་པོའི་མདོའི་རྗེས་སུ་འབྲངས་ནས་མདོའི་དྲང་ངེས་འབྱེད་པའི་སྐྱེས་བུ་ཡིན་པར་ཐལ། དབུ་མ་པའི་ཤིང་རྟའི་སྲོལ་འབྱེད་ཀྱི་གང་ཟག་ཡིན་པའི་ཕྱིར། འདོད་ན། མངོན་རྟོགས་རྒྱན་དང་རྒྱུད་བླ་མ་གཉིས་དེ་ལྟར་འབྱེད་པའི་བསྟན་བཅོས་ཡིན་པར་ཐལ། འདོད་པའི་ཕྱིར། འདོད་ན། མངོན་རྟོགས་རྒྱན་དེ་དངོས་བསྟན་སྟོང་ཉིད་ཀྱི་རིམ་པ་དངོས་ཀྱི་བརྗོད་བྱར་བྱེད་པའི་བསྟན་བཅོས་ཡིན་པར་ཐལ། འདོད་པའི་ཕྱིར།

རང་ལུགས། རྗེ་བཙུན་ཡུམ་གྱི་མདོའི་སྦས་དོན་མངོན་རྟོགས་ཀྱི་རིམ་པ་དང་པོར་སྲོལ་བཏོད་ནས་འཆད་པ་པོ་ཡིན་ཀྱང་། དེ་ཙམ་གྱིས་ཤིང་རྟའི་སྲོལ་འབྱེད་དུ་མི་འགྱུར་ཏེ། དཔེར་ན་སློབ་དཔོན་ལེགས་ལྡན་འབྱེད་རང་རྒྱུད་པའི་ཤིང་རྟའི་སྲོལ་འབྱེད་དང་། ཞི་བ་འཚོ་རྣལ་འབྱོར་སྤྱོད་པའི་རང་རྒྱུད་

3 創軌師

有云：「至尊慈氏依怙是創軌師，因是最先開創般若經之隱義現觀次第軌理而宣說之補特伽羅故。」那麼，彼為有法，理應是中觀宗創軌師，因是大乘創軌師，且若爾是彼，則爾須是中觀宗創軌師故。若許，則《現觀莊嚴論》理應是開創中觀軌理之論，因許故。若許，《大乘莊嚴經論》、《辨中邊論》以及《辨法法性論》理應是開創唯識軌理之論，因《現觀莊嚴論》與《寶性論》二者是開創中觀軌理之論故。若許，至尊⑤理應是開創唯識軌理之補特伽羅，因許故。若許，彼為有法，理應非彼，因是開創中觀軌理之補特伽羅故。承許因。

另外，至尊慈氏依怙為有法，理應是依隨《無盡慧經》與《三摩地王經》分辨經之了不了義的士夫，因是開創中觀軌理之補特伽羅故。若許，《現觀莊嚴論》與《大乘寶性論》二本理應是如此開創之論典，因許故。若許，《現觀莊嚴論》理應是以直顯空性次第作直接所詮之論，因許故。

自宗：至尊雖是首位開創佛母經之隱義現觀次第軌理而宣說者，然僅此尚不成創軌師，例如：清辨阿闍黎是自續派之創軌師與靜命

⑤ 至尊：此處至尊是指至尊慈氏的簡稱。

པའི་ཤིང་རྟའི་སྲོལ་འབྱེད་ཡིན་ཀྱང་། སྤྱིར་ཤིང་རྟའི་སྲོལ་འབྱེད་དུ་མི་འོས་པའི་ཕྱིར། དེས་ན་ཤིང་རྟའི་སྲོལ་འབྱེད་ལ་ཀླུ་སྒྲུབ་དང་། ཐོགས་མེད་གཉིས་སུ་གྲངས་ངེས་ཏེ་དེ་གཉིས་ཤིང་རྟའི་སྲོལ་འབྱེད་དུ་རྒྱལ་བས་ལུང་བསྟན། རྗེ་བཙུན་སོགས་ལ་དེ་ལྟར་ལུང་བསྟན་པ་མེད་པའི་ཕྱིར།

འོ་ན་མངོན་རྟོགས་རྣམས་ཡུམ་གྱི་མདོས་སྦས་དོན་དུ་བྱེད་ཚུལ་ཇི་ལྟར་ཡིན་ཞེ་ན། སྤྱིར་སྦས་དོན་དུ་བྱེད་ཚུལ་ལ་གཉིས་ཡོད་དེ། མ་བསྟན་པར་སྦས་པ་གཅིག་དང་། བསྟན་ཡང་མི་མངོན་པར་སྦས་པ་གཅིག་དང་གཉིས་སུ་ཡོད་པའི་ཕྱིར། འདིར་ནི་ཕྱི་མ་ལྟར་ཡིན་ཏེ། མངོན་རྟོགས་བརྒྱད་ཀྱི་མཚན་ཉིད་གཞི་ལྡོག་རྣམས་ཡུམ་གྱི་མདོས་མི་མངོན་པའི་ཚུལ་གྱིས་བསྟན་པའི་ཕྱིར། མངོན་རྟོགས་བརྒྱད་ཀྱི་རང་ལྡོག་ཡུམ་གྱི་མདོས་དེ་ལྟར་བསྟན་པ་མ་ཡིན་ཏེ། དེ་བརྒྱད་ཀྱི་རང་ལྡོག་དེས་དངོས་སུ་བསྟན་པའི་ཕྱིར། དེར་ཐལ། དེ་བརྒྱད་དངོས་སུ་སྟོན་པའི་ཡུམ་གྱི་མདོ་གཅིག་ཡོད་པའི་ཕྱིར།

འགྲོ་ལ་ཆགས་པ་ཀུན་ཆགས་མཛད། །ཞེས་སོགས་ཀྱི་སྐབས་སུ། སྦྱོར་བ་དང་། མཐའ་དཔྱད་པའོ། །

དང་པོ་ནི། བསམ་སྦྱོར་ཕུན་ཚོགས་གཉིས་དང་ལྡན་པའི་འཕགས་པ་ཐོགས་མེད་ཆོས་ཅན། ཤེར་ཕྱིན་གྱི་མདོའི་རྣམ་བཤད་མཛད་རིགས་ཏེ། རྗེ་བཙུན་ལ་ཡུམ་གྱི་མདོའི་ཚིག་དོན་རྫོགས་པར་གསན་ནས་ཐུགས་སུ་ཆུད་པའི་མཁས་པ་ཡིན་པའི་ཕྱིར།

〔論師〕是瑜伽行自續派之創軌師，然一般而言不堪為創軌師故。是故，創軌師定數為龍樹與無著二者，因彼二者被勝者授記為創軌師，至尊等未得如此授記故。

那麼，佛母經將諸現觀作為隱義之理為何？一般而言，作為隱義之理有二：一種是未揭示而隱藏、一種是揭示卻不顯露地隱藏。此處乃如後者，因佛母經不明顯地顯示八現觀之性相的基返體故。佛母經非如是顯示八現觀之自返體，因佛母經直接顯示八現觀之自返體故。理應如是，因有一直接顯示八現觀之佛母經故。

「愛眾極珍愛……」等文時有論式與辨析。

初者，具足意樂加行二圓滿之無著聖者為有法，可造般若經之釋論，因是從至尊完整聽聞佛母經之文義而通達之學者故。

བཀའ་དང་བསྟན་བཅོས་སྐོར།

གཉིས་པ་ལ་གསུམ། བཀའ་བསྟན་བཅོས་ཀྱི་ངོ་བོ་ལ་དཔྱད་པ། འགལ་མི་འགལ་ལ་དཔྱད་པ། བྱེ་བྲག་ཏུ་བསྟན་བཅོས་ཆེན་པོའི་རྣམ་བཤད་མཛད་ཅེས་པའི་བསྟན་བཅོས་ངོས་བཟུང་བའོ། །དང་པོ་ལ་གསུམ། གཞན་ལུགས་དགག་པ། རང་ལུགས་གཞག་པ། དེ་ལ་རྩོད་པ་སྤོང་བའོ། །

དང་པོ་ནི། ཁ་ཅིག བཀའ་ཐམས་ཅད་གདུལ་བྱའི་རྒྱུད་ཀྱི་ཤེས་པ་ཡིན་ཞིང་། བསྟན་བཅོས་ཀྱང་ཤེས་པ་ཡིན་ཞེས་ཟེར། འོ་ན། སངས་རྒྱས་རང་རྒྱུད་ཀྱིས་བསྡུས་པའི་བཀའ་མེད་པར་ཐལ། དམ་བཅའ་དེའི་ཕྱིར། འདོད་མི་ནུས་ཏེ། སངས་རྒྱས་རང་རྒྱུད་ཀྱིས་བསྡུས་པའི་གསུང་དབྱངས་ཡན་ལག་དྲུག་ཅུ་ཡོད་པའི་ཕྱིར།

གཞན་ཡང་བཀའ་དང་བསྟན་བཅོས་ཐོས་པའི་གདུལ་བྱའི་རྒྱུད་ཀྱི་ཉན་ཤེས་མེད་པར་ཐལ། བཀའ་དང་བསྟན་བཅོས་ཤེས་པ་ཡིན་པའི་ཕྱིར། འདོད་ན། ཐོས་བྱུང་གི་ཤེས་རབ་རྒྱུན་ཆད་པར་འགྱུར་རོ། །

ཁ་ཅིག མིང་ཚིག་ཡི་གེ་གསུམ་དངོས་མེད་ཡིན་ཏེ། རྣམ་འགྲེལ་ལས། ཚིག་སོགས་ཀུན་བརྟགས་དངོས་མེད་ལ། །ཞེས་གསུངས་པའི་ཕྱིར་ན་མ་ཁྱབ་སྟེ། ལུང་དེས་མིང་ཚིག་ཡི་གེ་གསུམ་གྱི་དོན་བརྗོད་བྱར་བྱེད་པའི་ཆ་དེ། དངོས་མེད་དུ་བསྟན་པའི་ཕྱིར་དང་། ཁྱོད་ཀྱིས་འཆད་པ་པོའི་བརྗོད་པ་ལྟེ་ཀན་སོགས་ལས་ཡི་གེའི་ཆ་ཤས་རྣམས་ཀུན་སློང་གི་རིམ་པ་ཇི་ལྟ་བ་བཞིན་དུ་སྐྱེ་བར་བཤད་པ་དང་ནང་འགལ་བའི་ཕྱིར།

གཞན་ཡང་། དམ་བཅའ་དེ་མི་འཐད་པར་ཐལ། རྣམ་འགྲེལ་ལས། ཡི་གེ་དངོས་རྒྱུའི་གོ་རིམས་དང་། དངོས་འབྲས་ཀྱི་གོ་རིམས་དང་། རྒྱུད་འབྲས་ཀྱི་གོ་རིམས་དང་། རང་རྒྱུ་སྐྱེས་བུས་བྱས་པ་སོགས་སུ་བཤད་པའི་ཕྱིར།

4 有關教言與論典

第二有三：觀擇教言與論典之體性、觀擇相違與否、特別辨認「後作大論釋」所指之論。觀擇教言與論典之體性有三：破他宗、立自宗、於彼斷諍。

初者，有云：「一切教言皆是所化相續之知覺，論亦是知覺。」那麼，理應無佛自相續所攝之教言，因許彼宗故。不能許，因有佛自相續所攝之六十美妙支音故。

再者，理應無聽聞教言與論典之所化相續的耳知，因教言與論典是知覺故。若許，聞所成慧之續流應成斷滅。

有云：「名、句、字三者是無事，因《釋量論》云：『句遍計無事……[2]』等故。」不周遍，因彼文揭示「名、句、字三者之內涵作為所詮之分為無事」，以及與汝闡述「由宣說者之語、舌、上顎等，依動機之次第生起諸字的支分⑥」之說自語相違故。

復次，此宗理應不應理，因《釋量論》述說字之直接因之次第、直接果之次第、間接⑦果之次第，與由自因士夫造作等故。

⑥ 譬如照著想說「瓶子」、「桌子」的動機，從口中說出「瓶子」、「桌子」。

⑦ 此處藏文可能有誤，རྒྱུད།應為བརྒྱུད།。

ཁ་ཅིག སྤོབས་པ་བཞི་ལྡན་གྱི་གསུང་རབ། བཀའི་མཚན་ཉིད་དུ་འཇོག་པ་མི་འཐད་དེ། བསྟན་བཅོས་རྩ་བ་ཤེས་རབ་མཚན་ཉིད་དེ་ཡིན་པའི་ཕྱིར།

ཡང་ཁ་ཅིག གསུང་བ་པོ་སྟོན་པ་གཞན་གྱི་རྗེས་སུ་མ་འབྲངས་པར་གདུལ་བྱའི་དོན་དུ་རང་སྤོབས་ཀྱིས་བརྩམས་པའི་གསུང་རབ་དེ། བཀའི་མཚན་ཉིད་ཟེར་བ་མི་འཐད་དེ། ཤཱ་རིའི་བུ་དང་། སྤྱན་རས་གཟིགས་གཉིས་ཀྱིས་དྲི་བ་དྲིས་ལན་མཛད་པའི་ཤེས་རབ་སྙིང་པོའི་མདོ་ཚིག་དེ། གསུང་བ་པོ་སྟོན་པ་སངས་རྒྱས་ཀྱི་རྗེས་སུ་འབྲངས་ནས་གསུངས་པའི་ཕྱིར། དེར་ཐལ། གང་ཟག་གཉིས་པོ་དེ། སྟོན་པ་སངས་རྒྱས་ཀྱི་གདུལ་བྱ་ཡིན་པའི་ཕྱིར།

ཁ་ཅིག དེ་འདྲའི་མདོ་ཚིག་དེ་བཀའ་ཡིན་ཀྱང་སངས་རྒྱས་ཀྱི་གསུང་མ་ཡིན་ཏེ། ཞལ་ནས་གསུངས་པའི་བཀའ་མ་ཡིན་པའི་ཕྱིར་ཏེ། བྱིན་གྱིས་བརླབས་པའི་བཀའ་ཡིན་པའི་ཕྱིར་ཟེར་ན་སྔ་མ་ལ་མ་ཁྱབ་སྟེ། སངས་རྒྱས་ཀྱི་གསུང་ཡིན་ན། སངས་རྒྱས་ཀྱི་ཞལ་ནས་གསུངས་པས་མ་ཁྱབ་པའི་ཕྱིར་ཏེ། སངས་རྒྱས་ཀྱི་བཀའ་ཡིན་ན། སངས་རྒྱས་ཀྱི་ཞལ་ནས་བཀའ་སྩལ་བས་མ་ཁྱབ་པའི་ཕྱིར།

ཁ་ཅིག སྤོབས་པ་བཞི་ལྡན་གྱི་གསུང་རབ་མཐར་ཐུག་དེ། བཀའི་མཚན་ཉིད་ཟེར། ཁ་ཅིག་གིས་དེ་མི་འཐད་དེ། རྩ་བ་ཤེས་རབ་དེ་མཚན་ཉིད་དེ་ཡིན་པའི་ཕྱིར་ཏེ། དེ་སྤོབས་པ་བཞི་ལྡན་གང་ཞིག གསུང་རབ་མཐར་ཐུག་ཡིན་པའི་ཕྱིར། ཕྱི་མ་གྲུབ་སྟེ། ནང་པ་སངས་རྒྱས་པའི་བསྟན་བཅོས་མཐར་ཐུག་ཡིན་པའི་ཕྱིར་ན་འདིར་མ་ཁྱབ། ཁྱབ་སྟེ། ནང་པ་སངས་རྒྱས་པའི་བསྟན་བཅོས་ཡིན་ན། གསུང་རབ་ཡིན་པས་ཁྱབ་པའི་ཕྱིར་ནའང་མ་ཁྱབ། འོ་ན་མགོན་པོ་ཀླུ་སྒྲུབ་གསུང་བ་པོ་མཐར་ཐུག་ཡིན་པར་ཐལ། རྩ་བ་ཤེས་རབ་གསུང་རབ་མཐར་ཐུག་ཡིན་པའི་ཕྱིར། འདོད་ན། དེ་ཆོས་ཅན། ཁྱོད་ལས་ལྷག་པའི་གསུང་བ་པོ་མེད་པར་ཐལ། འདོད་པའི་ཕྱིར། འདོད་མི་ནུས་ཏེ། ཁྱོད་བྱང་ཆུབ་སེམས་དཔའ་ཡིན་པའི་ཕྱིར།

ཡང་ཁ་ཅིག སངས་རྒྱས་ཀྱི་བཀའ་ཡིན་ན། སངས་རྒྱས་རང་རྒྱུད་ཀྱིས་བསྡུས་པའི་བཀའ་ཡིན་པས་ཁྱབ་ཟེར་བ་ཡང་མི་འཐད་དེ། རབ་འབྱོར་རང་རྒྱུད་ཀྱིས་བསྡུས་པའི་ཤེར་ཕྱིན་གྱི་མདོ་ཡོད་

有安立云：「具足四無礙解之至言是教言之性相。」不應理，因《中論》是彼性相故。

又有云：「不追隨宣說者——其他導師而為所化自力演說之至言，是教言之性相。」不應理，因舍利子與觀世音二者進行問答之《般若心經》經文，是追隨宣說者——導師佛而宣說故。理應如是，因彼二補特伽羅是導師佛之所化故。

有云：「此經文是教言，但非佛言故，因非親說之教言故，因是加持之教言故。」於前問答不周遍，因若是佛言不周遍是佛親說故，因佛之教言不周遍是佛親口宣說故。

有云：「具足四無礙解之究竟至言是教言之性相。」有云：「彼不應理，因《中論》是彼性相故，因彼具足四無礙解，且是究竟至言故。後者成立，因是內道之究竟論典故。」今此不周遍。周遍，因若是內道之論典周遍是至言故。也不周遍。那麼，龍樹依怙理應是究竟宣說者，因《中論》是究竟至言故。若許，彼為有法，理應無勝爾之宣說者，因許故。不能許，因爾是菩薩故。

復有云：「若是佛之教言周遍是佛自相續所攝之教言。」也不應理，因有善現自相續所攝之般若經故。

པའི་ཕྱིར།

ཁ་ཅིག འཆོས་སྐྱོབ་ཀྱི་ཡོན་ཏན་གཉིས་དང་ལྡན་པའི་ངག་དེ། བསྟན་བཅོས་ཀྱི་མཚན་ཉིད་དུ་འཇོག་པ་མི་འཐད་དེ། ཕྱི་རོལ་པའི་བསྟན་བཅོས་བསྟན་བཅོས་ཡིན་པའི་ཕྱིར་ཏེ། ཕྱི་རོལ་པའི་བསྟན་པ་དེ་བསྟན་པ་ཡིན་པའི་ཕྱིར་ཏེ། ཕྱི་རོལ་པའི་སྟོན་པ་དེ་སྟོན་པ་ཡིན་པའི་ཕྱིར། མ་གྲུབ་ན། སྟོན་པ་ཡིན་ན་ལྟ་བ་བཀའ་རྟགས་ཀྱི་ཕྱག་རྒྱ་བཞི་སྟོན་པ་པོ་ཡིན་དགོས་པར་ཐལ། མ་གྲུབ་པ་དེའི་ཕྱིར། འདོད་ན། འཆད་པ་པོ་ཡིན་ན་དེ་བཞི་འཆད་པ་པོ་ཡིན་དགོས་པར་ཐལ། འདོད་པའི་ཕྱིར། འདོད་ན། ཕྱི་རོལ་པའི་འཆད་པ་པོ་དེ་འཆད་པ་པོ་མ་ཡིན་པར་ཐལ། འདོད་པའི་ཕྱིར། འདོད་ན། ཕྱི་རོལ་པའི་ཉན་པ་པོ་དེ་ཉན་པ་པོ་མ་ཡིན་པར་ཐལ་ལོ། །

ཡང་ཁ་ཅིག འཆོས་སྐྱོབ་ཀྱི་ཡོན་ཏན་གཉིས་དང་ལྡན་པའི་ངག་དེ། བསྟན་བཅོས་རྣམ་དག་གི་མཚན་ཉིད་ཟེར། ཁ་ཅིག དེ་མི་འཐད་དེ། མངོན་མཐོའི་གོ་འཕང་ཡོད་པར་ཚད་མས་གྲུབ་པའི་ཕྱི་རོལ་པས་བརྩམས་པའི་མངོན་མཐོའི་གོ་འཕང་ཡོད་པར་སྟོན་པའི་བསྟན་བཅོས་དེ། བསྟན་བཅོས་རྣམ་དག་ཡིན་པའི་ཕྱིར་ཏེ། མངོན་མཐོའི་གོ་འཕང་ཡོད་པར་ཚད་མས་གྲུབ་པའི་ཕྱི་རོལ་པས་མངོན་མཐོའི་གོ་འཕང་ཡོད་པར་དམ་བཅས་པའི་དམ་བཅའ་དེ། དམ་བཅའ་ཡང་དག་ཡིན་པའི་ཕྱིར་ན་འདིར་མ་ཁྱབ། མ་གྲུབ་ན། དེ་འདྲའི་དམ་བཅའ་ཆོས་ཅན། དེར་ཐལ། རང་གི་ཞེན་དོན་རང་དམ་བཅའ་བ་པོས་ཚད་མས་གྲུབ་པའི་དམ་བཅའ་ཡིན་པའི་ཕྱིར་ཟེར་ན། མི་འཐད་དེ། དེ་འདྲའི་བསྟན་བཅོས་བསྟན་བཅོས་རྣམ་དག་མ་ཡིན་པའི་ཕྱིར།

ཡང་ཁ་ཅིག དབང་བྱུས་རྣམ་གཡེངས་མེད་ཡིད་ཅན་གྱིས་བཤད། །ཞེས་པའི་དོན་དུ་བསམས་ནས། ནང་པ་སངས་རྒྱས་པའི་བསྟན་བཅོས་རྣམ་དག་ཡིན་ན་རྩོམ་པ་པོ་རྣམ་གཡེངས་མེད་པའི་ཡིད་ཅན་གྱིས་བཀའི་དགོངས་འགྲེལ་དུ་བརྩམས་པས་ཁྱབ་ཟེར། ཁ་ཅིག དེ་མི་འཐད་དེ། རྣམ་གཡེངས་རྒྱུད་ལྡན་གྱི་བྱང་སེམས་ཚོགས་ལམ་པས་བརྩམས་པའི་བསྟན་བཅོས་ཡོད་པའི་ཕྱིར་ཟེར་ཏེ་དཔྱད་དོ། །

有云：「安立具足治救二德之語為論之性相。」不應理，因外道論是論故，因外道教法是教法故，因外道導師是導師故。若不成，則若是導師理應須是〔宣說〕四法印之導師，因前之不成故。若許，則若是宣說者理應須是彼四者之宣說者，因許故。若許，外道之宣說者理應非宣說者，因許故。若許，則外道之聽聞者應成非聽聞者。

復有云：「具足治救二德之語是清淨論之性相。」有云：「彼不應理，因以量成立有增上生果位之外道所造宣說有增上生果位的論，是清淨論故，因以量成立有增上生果位之外道承許有增上生果位之立宗，是清淨立宗故。」今此不周遍[8]。「若不成，此立宗為有法，理應如是，因是承許自宗者以量成立自耽著義之立宗故。」不應理，因此類論著理應不是清淨論故。

復有云：「『無散意所說』之義：若是內道佛家之清淨論，周遍是由無散亂意作者為解釋教言密意而造。」有云：「彼不應理，因有相續中具有散亂之資糧道菩薩所造之論故。」當探究！

⑧ 今此不周遍：一般就佛教徒而言，可僅以所詮是否正確來判定是否為清淨論，但外道須加上皈依作為意樂，故今此不周遍。

གཉིས་པ་རང་ལུགས་བཞག་པ་ནི། གདུལ་བྱའི་ཉོན་མོངས་སྤོང་དོན་དུ་སྟོན་པས་གསུངས་པའི་གསུང་རབ་མཐར་ཐུག་དེ་བཀའི་མཚན་ཉིད། མདོ་གང་ཡང་རུང་བའི་དགོངས་འགྲེལ་དུ་གདུལ་བྱས་བརྩམས་པའི་སེམས་ཅན་གྱི་ངག་དེ་ནང་པ་སངས་རྒྱས་པའི་བསྟན་བཅོས་རྣམ་དག་གི་མཚན་ཉིད་ཡིན་ནོ། །

གསུམ་པ་དེ་ལ་རྩོད་པ་སྤོང་བ་ནི། ཁ་ཅིག་ན་རེ། བཀའི་མཚན་ཉིད་དེ་མི་འཐད་པར་ཐལ། ཉོན་སྒྲིབ་སྤངས་པའི་བྱང་སེམས་འཕགས་པ་ཁོན་ལ་གསུངས་པའི་མདོ་དེ། མཚན་ཉིད་དེ་མ་ཡིན་པའི་ཕྱིར་ཏེ། དེའི་ཆེད་དུ་བྱ་བའི་གདུལ་བྱར་གྱུར་པའི་ཉོན་མོངས་སྤོང་དགོས་ཀྱི་སེམས་ཅན་མེད་པའི་ཕྱིར་ཏེ། དེ་ཆོས་ཅན་དེ་ཡིན་པའི་ཕྱིར་ན་འདིར་མ་ཁྱབ་སྟེ། དེའི་ཆེད་དུ་བྱ་བའི་གདུལ་བྱར་གྱུར་པའི་ཐེག་ཆེན་རིགས་ངེས་ཀྱི་གང་ཟག་ཡོད་པ་གང་ཞིག དེ་ཡིན་ན། ཉོན་སྒྲིབ་མ་སྤངས་པས་ཁྱབ་པའི་ཕྱིར། ཕྱི་མ་འབུད། དང་པོ་དེར་ཐལ། དེ་ཐེག་ཆེན་གྱི་མདོ་ཡིན་པའི་ཕྱིར་ཏེ། དེ་མདོ་གང་ཞིག ཐེག་དམན་གྱི་མདོ་མ་ཡིན་པའི་ཕྱིར། ཕྱི་མ་མ་གྲུབ་ན་དེའི་ཆེད་དུ་བྱ་བའི་གདུལ་བྱར་གྱུར་པའི་ཐེག་དམན་རིགས་ངེས་ཀྱི་ཐེག་དམན་སློབ་པ་ཡོད་པར་ཐལ། མ་གྲུབ་པ་དེའི་ཕྱིར། འདོད་ན། དེའི་ཆེད་དུ་བྱ་བའི་གདུལ་བྱར་གྱུར་པའི་ཉོན་མོངས་སྤོང་དགོས་ཀྱི་གང་ཟག་ཡོད་པར་ཐལ། འདོད་པའི་ཕྱིར། འདོད་ན་དངོས།

གཉིས་པ་འགལ་མི་འགལ་ལ་དཔྱད་པ་ནི། ཁ་ཅིག བཀའ་དང་བསྟན་བཅོས་མི་འགལ་ཏེ། བཀའ་ཡིན་ན་བསྟན་བཅོས་ཡིན་དགོས་པའི་ཕྱིར་ཏེ། སྡེ་སྣོད་གསུམ་བསྟན་བཅོས་ཡིན་པའི་ཕྱིར་ཏེ། འདུལ་བ་བསྡོད་པ་ལས། རྒྱལ་བ་སྟོན་པ་དེ་ཡི་བསྟན་བཅོས་དག །མདོ་དང་ཆོས་མངོན་ཡིན་གསུངས་འདུལ་བ་ནི། །སྟོན་དང་བསྟན་བཅོས་དངོས་ཡིན་དེ་ཡིན་ཕྱིར། །གཉིས་གྱུར་ཐུག་བྱའི་སངས་རྒྱས་ཆོས་གཅིག་བཞིན། །ཞེས་དང་། རྣམ་བཤད་རིག་པར། དོན་དམ་པར་སངས་རྒྱས་ཀྱི་གསུང་ཉིད་བསྟན་བཅོས་ཀྱི་མཚན་ཉིད་དུ་འཐད་དོ། །ཞེས་གསུངས་པའི་ཕྱིར་ན་མ་ཁྱབ་སྟེ། བསྟན་

第二、立自宗，「導師為斷所化之煩惱而宣說之究竟至言」，是教言之性相。「所化所撰解釋任何一經意趣之有情語」，是內道佛家清淨論之性相。

第三、於彼斷諍，有云：「彼教言之性相理應不應理，因唯向斷煩惱障菩薩聖者所說之經非彼性相故，因無屬其特意所化之須斷煩惱之有情故，因是彼有法故。」今此不周遍。因有屬其特意所化之大乘決定種性的補特伽羅，且若是彼，周遍未斷煩惱障故。後項已清楚，初項理應如是，因是大乘經故，因彼是經，且非小乘經故。若後項不成立，理應有屬其特意所化之小乘決定種性的有學小乘者，因〔後項〕不成故。若許，理應有屬其特意所化之須斷煩惱之補特伽羅，因許故。若許則直接相違。

第二、觀擇相違與否，有云：「教言與論典不相違，因若是教言定是論典故，因三藏是論典故，因《律讚》云：『勝利導師與彼論，言其是經對法藏，戒為導師教法故，應禮二如一佛法。』《釋正理論》云：『勝義佛語乃論典之性相，應理也。』故。」不周遍，因慮及〔符合〕論典之釋名〔之理由〕故。若非如是，若〔符合〕論典之釋名〔之理由〕理應須是論典，因《明句疏》云「以釋名故

བཅོས་ཀྱི་སྒྲ་བཤད་དུ་ཡོད་པ་ལ་དགོངས་པའི་ཕྱིར། དེ་ལྟར་མ་ཡིན་ན། བསྟན་བཅོས་ཀྱི་སྒྲ་བཤད་དུ་ཡོད་ན། བསྟན་བཅོས་ཡིན་དགོས་པར་ཐལ། ཚིག་གསལ་ལས། ངེས་པའི་ཚིག་གི་ཚུལ་གྱིས་ན་བསྟན་བཅོས་ཏེ། ཞེས་གསུངས་པ་གང་ཞིག རྒྱས་འབྲིང་བསྡུས་གསུམ་ལྟ་བུ་བསྟན་བཅོས་ཡིན་པའི་ཕྱིར། འདོད་ན། འཆོས་སྐྱོབ་ཀྱི་ཡོན་ཏན་གཉིས་དང་ལྡན་ན། བསྟན་བཅོས་ཡིན་དགོས་པར་ཐལ། འདོད་པའི་ཕྱིར། འདོད་མི་ནུས་ཏེ། འཆོས་སྐྱོབ་ཀྱི་ཡོན་ཏན་གཉིས་དང་ལྡན་པའི་འཕགས་པ་ཡོད་པའི་ཕྱིར།

རང་ལུགས་ནི། བཀའ་དང་བསྟན་བཅོས་འགལ་བ་ཁོན་ཡིན་ཏེ། སངས་རྒྱས་ཀྱི་གསུང་དང་སེམས་ཅན་གྱི་ངག་གཉིས་འགལ་བའི་ཕྱིར་དང་། རྗེ་བཙུན་གྱིས་བཀའ་དང་བསྟན་བཅོས་ཀྱི་ངོས་འཛིན་སོ་སོར་མཛད་པའི་ཕྱིར།

གསུམ་པ་ནི། རོང་ཊཱི་ཀ་པ་ན་རེ། བསྟན་བཅོས་ཆེན་པོའི་རྣམ་བཤད་མཛད། །ཅེས་པའི་བསྟན་བཅོས་དེ་མངོན་རྟོགས་རྒྱན་ལ་བྱེད་གསུངས་པ་མི་འཐད་དེ། འཕགས་པ་ཐོགས་མེད་ཀྱིས་མདོ་རྒྱན་སྦྱར་བའི་འགྲེལ་པ་མ་མཛད་པའི་ཕྱིར་ཏེ། དེ་ལྟར་མ་མཛད་པར་ཤེར་འབྱུང་བློ་གྲོས་ཀྱིས་དངོས་སུ་གསུངས་པའི་ཕྱིར་དང་། ཉི་ཁྲི་སྣང་བ་དེ་མདོ་རྒྱན་སྦྱར་བའི་འགྲེལ་པའི་ཐོག་མ་ཡིན་པའི་ཕྱིར།

ཡང་རང་ཕྱོགས་ཀྱི་མཁས་པ་ཁ་ཅིག བསྟན་བཅོས་ཆེན་པོའི་རྣམ་བཤད་མཛད། །ཅེས་པའི་བསྟན་བཅོས་ལ་མདོ་རྒྱན་གཉིས་ཀ་ཡོད་པར་འདོད་པ་མི་རིགས་ཏེ། ཉེས་པ་སྔ་མ་དེ་ཉིད་སོན་གནས་པའི་ཕྱིར།

རང་ལུགས་ནི། ཡུམ་རྒྱས་འབྲིང་བསྡུས་གསུམ་པོ་དེ་བསྟན་བཅོས་ཆེན་པོའི་རྣམ་བཤད་མཛད། ཅེས་པའི་བསྟན་བཅོས་ཡིན་ཏེ། ཚིག་གསལ་ལས་ངེས་པའི་ཚིག་གི་ཚུལ་གྱིས་ན་བསྟན་བཅོས་ཏེ། དེ་ཡང་ཁྱད་པར་ཅན་རྒྱལ་བའི་ཡུམ་རྣམས་སོ། །ཞེས་དང་། རྣམ་བཤད་ལས། སྒྲ་

為論」，且如般若廣、中、略三本是論典故。若許，若具足治救二德理應須是論典，因許故。不能許，因有具足治救二德之聖者故。

自宗：教言與論典唯是相違，因佛言與有情語二者相違，以及至尊（慈氏）各別辨識教言與論典故。

第三，榮澤巴云：「『後作大論釋』所指之論是《現觀莊嚴論》。」不應理，因無著聖者未造結合經與《現觀莊嚴論》之釋故，因慧源智慧〔論師〕直接提及未如此造釋，以及《二萬頌光明釋》是結合經與《現觀莊嚴論》之最初釋本故。

另有自方學者承許云：「『後作大論釋』所指之論有經與《現觀莊嚴論》二者。」不合理，因上述過失依然存在故。

自宗：廣、中、略佛母三者是『後作大論釋』所指之論，因《明句疏》云：「以釋名故為論，亦是具殊勝之諸佛母。」與《心要莊嚴疏》云：「因訓釋字義，故大論經。[3]」同理，「未見論所有」

བཤད་དུ་ཡོད་པས་བསྟན་བཅོས་ཆེན་པོ་མདོའི་ཞེས་གསུངས་པའི་ཕྱིར། དེས་མཚོན་ནས་བསྟན་བཅོས་མཐའ་དག་མ་རྟེན་པར། །ཞེས་པའི་བསྟན་བཅོས་དང་། བསྟན་བཅོས་མཐའ་དག་འདི་དེ་ལྟར་ཞེས་པའི་བསྟན་བཅོས་ཀྱང་དེ་བཞིན་དུ་ཤེས་པར་བྱའོ། །

དེ་ལ་ཁོན་རེ། འཕགས་པ་ཐོགས་མེད་ཀྱིས་ཡུམ་གསུམ་ཀའི་འགྲེལ་པ་མཛད་པར་ཐལ། དམ་བཅའ་དེའི་ཕྱིར། འདོད་ན། དེས་མཛད་པའི་ཏི་ཀྲི་དེ་ཉིད་རྣམ་ངེས་དེ་ཡུམ་གསུམ་ཀའི་འགྲེལ་པ་ཡིན་པར་ཐལ། འདོད་པའི་ཕྱིར། འདོད་མི་ནུས་ཏེ། དེ་ཏི་ཀྲི་ཁོན་འའི་འགྲེལ་པ་ཡིན་པའི་ཕྱིར་ཏེ། དེ་ལ་ཏི་ཀྲི་དེ་ཉིད་རྣམ་ངེས་ཞེས་གྲགས་པའི་ཕྱིར་ན། སྐྱོན་མེད་དེ། གསེར་ཕྲེང་ལས། འདི་ལ་ཏི་ཀྲི་དེ་ཉིད་རྣམ་ངེས་ཟེར་བ་ནི་བརྟག་དགོས་སོ། །ཞེས་གསུངས་པའི་ཕྱིར། དེ་ལྟར་མ་ཡིན་ན། བསྟན་བཅོས་མཐའ་དག་མ་རྟེན་པར། །ཞེས་པ་དང་། བསྟན་བཅོས་མཐའ་དག་འདི་དེ་ལྟར། །ཞེས་པ་དང་། དེ་ཡང་ཁྱད་པར་ཅན་རྒྱལ་བའི་ཡུམ་རྣམས་སོ། །ཞེས་མང་ཚིག་སྨོས་པ་དོན་མེད་པར་ཐལ། རྒྱས་འབྲིང་བསྡུས་གསུམ་གྱི་ནང་ནས་འབྲིང་ཁོན་བསྟན་བཅོས་ཆེན་པོའི་རྣམ་བཤད་མཛད། ཅེས་པའི་བསྟན་བཅོས་སུ་བྱེད་རིགས་པའི་ཕྱིར། རྟགས་ཁས།

◆現觀辨析（上）

所指之論與「如是此全論」所指之論，亦應當如此了知。

對此有云：「無著聖者理應造三佛母之釋本，因許彼宗故。若許，則彼所造之《定唯二萬頌釋》[9]理應是三佛母之釋本，因許故。不能許，因唯是二萬頌之釋故，因普稱此是《定唯二萬頌釋》故。」無過，因《金鬘疏善說》：「稱此為《定唯二萬頌釋》，仍須觀擇。」故。若非如此，「未見論所有」、「如是此全論」與「亦是具殊勝之諸佛母」言及複詞[10]理應無意義，因唯般若廣、中、略之中本是「後作大論釋」所指之論是為合理故。承許因。

⑨ 此處的《定唯二萬頌釋》是《二萬頌釋》的別名。

⑩ 複詞：多數詞，此處指「諸」字。

བྱམས་གཞུང་།

འཕགས་པ་བྱམས་པ་རང་ཉིད་དམ་པའི་སྤྱོད་པ་དང་མཐུན་པར་རབ་ཏུ་སྟོན་པས་ཞེས་སོགས་ཀྱི་སྐབས་སུ། སྤྱོར་བ་དང་། མཐའ་དཔྱད་པ་གཉིས།

དང་པོ་ནི། རྗེ་བཙུན་བྱམས་མགོན་ཆོས་ཅན། ཁྱོད་ཀྱིས་བསྟན་བཅོས་རྩོམ་པའི་ཐོག་མར་ཡུམ་ལ་ཕྱག་འཚལ་བ་ལ་རང་དོན་གྱི་དགོས་པ་ཡོད་དེ། རང་ཉིད་སྐྱེས་བུ་དམ་པར་རྟོགས་པའི་ཆེད་དུ་ཁྱོད་ཀྱིས་དེ་ལ་ཕྱག་འཚལ་བ་ཡིན་པའི་ཕྱིར།

དེ་ཆོས་ཅན། ཁྱོད་ཀྱིས་བསྟན་བཅོས་རྩོམ་པའི་ཐོག་མར་ཡུམ་ལ་ཕྱག་འཚལ་བ་ལ་གཞན་དོན་གྱི་དགོས་པ་ཡོད་དེ། ཁྱོད་ཀྱིས་དེ་ལྟར་ཕྱག་འཚལ་བ་ལ་བརྟེན་ནས་རྒྱུན་གྱི་ཆེད་དུ་བྱ་བའི་གདུལ་བྱས་ཡུམ་ལ་དང་བ་སྐྱེ། དང་བ་ལ་བརྟེན་ནས་དོན་གཉེར་གྱི་འདུན་པ་སྐྱེ། དེ་ལ་བརྟེན་ནས་ཡུམ་ལ་ཐོས་བསམ་སྒོམ་གསུམ་རིམ་གྱིས་ཞུགས་ནས་མཐར་ལེགས་པའི་མཆོག་ཐོབ་པར་འགྱུར་བའི་ཕྱིར།

གཉིས་པ་ནི། རོང་ཊཱིཀ་པ་ན་རེ། མཆོད་བརྗོད་རང་དོན་གྱི་དགོས་པར་སྦྱོར་བ་མི་འཐད་དེ། རྗེ་བཙུན་ལ་རང་དོན་དོན་གཉེར་གྱི་བློ་མེད་པའི་ཕྱིར། ཞེས་ཟེར། དེ་ལ་རང་དོན་དོན་གཉེར་གྱི་བློ་ཡོད་པར་ཐལ། དེ་ལ་རང་དོན་ཆོས་སྐུ་དོན་གཉེར་གྱི་བློ་ཡོད་པའི་ཕྱིར། དེར་ཐལ། དེ་བྱང་ཆུབ་སེམས་དཔའ་ཡིན་པའི་ཕྱིར། དེར་ཐལ། དེ་བྱང་སེམས་ས་བཅུ་པ་བ་ཡིན་པའི་ཕྱིར་ཏེ། གླིང་གཞིའི་མདོ་ལས། བྱང་ཆུབ་སེམས་དཔའ་སེམས་དཔའ་ཆེན་པོ་བྱམས་པ་དང་། ཞེས་དང་། སྲིད་ཞི་མཉམ་ཉིད་ཀྱི་མདོར། བྱམས་པ་ནི་སྐྱེ་བ་གཅིག་གིས་ཐོགས་པ་སྟེ། ཞེས་གསུངས་པའི་ཕྱིར།

གཞན་ཡང་། དེ་བྱང་ཆུབ་སེམས་དཔའ་ཡིན་པར་ཐལ། དེ་བྱང་ཆུབ་སེམས་དཔའ་དང་སངས་རྒྱས་གང་རུང་གང་ཞིག དེ་སངས་རྒྱས་མ་ཡིན་པའི་ཕྱིར། ཕྱི་མ་མ་གྲུབ་ན། ཐུན་མོང་མ་ཡིན་པ་ཐེག་པ་ཐེག་པའི་སྐབས་སུ་རྗེ་བཙུན་སངས་རྒྱས་སུ་བཤད་པ་དེ་སྐབས་འདིར་རང་ལུགས་སུ་ཁས་ལེན་རིགས་པར་ཐལ། དེ་སངས་རྒྱས་གང་ཞིག་ཐུན་མོང་བ་པར་ཕྱིན་ཐེག་པའི་སྐབས་སུ་དེ་བྱང་ཆུབ་སེམས་དཔའ་ཡིན་པར་གོང་གི་མདོ་ཚིག་གཉིས་ཀྱིས་གྲུབ་པའི་ཕྱིར། འདོད་ན། ཕ་རོལ་པོ་ཁྱོད

5 慈氏

「聖彌勒極力表明自己乃順應聖行……」等時有二：論式和辨析。

初者，至尊慈氏依怙為有法，於造論之初，爾禮讚佛母有自利所為，因爾禮讚彼，為令了知自是正士夫故。

彼為有法，於造論之初，爾頂禮佛母有他利所為，因《現觀莊嚴論》特意所化依爾如是禮讚而於佛母生信，依信生起希求欲，依此而次第趣入聞思修佛母，最後得殊勝果位故。

第二，榮澤巴云：「禮讚文含自利所為不應理，因至尊無希求自利之覺知故。」彼理應有希求自利之覺知，因彼有希求自利法身之覺知故。理應如是，因彼是菩薩故。理應如是，因彼是十地菩薩故，因序云：「慈氏菩薩摩訶薩」，及《有寂平等經》〔亦〕云：「慈氏一生補處」故。

再者，彼理應是菩薩，因彼是菩薩與佛任一，且彼非佛故。若後項不成立，則不共密乘時，至尊是佛的說法，今承許為自宗是合理，因彼是佛，且以上〔所引〕二經文可成立於共波羅蜜多乘時彼是菩薩故。若許，則汝應成不區分共不共時，因許故。

ཀྱིས་ཐུན་མོང་བ་དང་ཐུན་མོང་མ་ཡིན་པའི་སྐབས་མ་ཕྱེད་པར་ཐལ། འདོད་པའི་ཕྱིར།

རང་ཕྱོགས་ཀྱི་མཁས་པ་ཁ་ཅིག རྗེ་བཙུན་སངས་རྒྱས་ཡིན་ཀྱང་དེའི་རྒྱུད་ལ་རང་དོན་དོན་གཉེར་གྱི་བློ་ཡོད་ཅེས་ཟེར། འོ་ན། སྟོན་པ་ཤཱཀྱ་ཐུབ་པའི་ཐུགས་རྒྱུད་ལ་རང་དོན་དོན་གཉེར་གྱི་བློ་ཡོད་པར་ཐལ། དམ་བཅའ་དེའི་ཕྱིར། འདོད་ན། དེའི་རྒྱུད་ལ་རང་དོན་ཆོས་སྐུ་དོན་གཉེར་གྱི་བློ་ཡོད་པར་ཐལ། འདོད་པའི་ཕྱིར། འདོད་ན།དེའི་རྒྱུད་ལ་ཐེག་ཆེན་གྱི་ཐར་པ་དོན་གཉེར་གྱི་བློ་ཡོད་པར་ཐལ། འདོད་པའི་ཕྱིར། འདོད་ན། དེ་ཐར་པ་དོན་གཉེར་གྱི་གང་ཟག་ཡིན་པར་ཐལ། འདོད་པའི་ཕྱིར། འདོད་ན། དེ་ཐར་འདོད་ཀྱི་སྐྱེས་བུར་ཐལ་ལོ། །

དེ་ལ་ཁོན་རེ། དེའི་རྒྱུད་ལ་རང་དོན་ཆོས་སྐུ་དོན་གཉེར་གྱི་བློ་ཡོད་པར་ཐལ། དེའི་རྒྱུད་ལ་རང་དོན་ཆོས་སྐུ་ལ་དམིགས་པའི་འདུན་པ་ཡོད་པའི་ཕྱིར་ན་འདིར་མ་ཁྱབ། དེར་ཐལ། དེའི་རྒྱུད་ལ་དེ་ལ་དམིགས་པའི་གཙོ་བོ་སེམས་ཡོད་པ་གང་ཞིག དེའི་འཁོར་དུ་བྱུང་བའི་འདུན་པས་དེ་ལ་དམིགས་པའི་ཕྱིར། ཕྱི་མ་དེར་ཐལ། དེས་ཆོས་ཐམས་ཅད་ལ་དམིགས་པའི་ཕྱིར་ཟེར་ན། མ་ཁྱབ་མཚམས་སྦྱོ། དེའི་རྒྱུད་ལ་འཁོར་བ་དོན་གཉེར་གྱི་བློ་ཡོད་པར་ཐལ། དེའི་རྒྱུད་ལ་འཁོར་བ་ལ་དམིགས་པའི་འདུན་པ་ཡོད་པའི་ཕྱིར། ཁྱབ་པ་ཁས། རྟགས་དེར་ཐལ། དེའི་རྒྱུད་ལ་དེ་ལ་དམིགས་པའི་གཙོ་སེམས་ཡོད་པ་གང་ཞིག དེའི་འཁོར་དུ་བྱུང་བའི་འདུན་པས་དེ་ལ་དམིགས་པའི་ཕྱིར། ཕྱི་མ་དེར་ཐལ། དེས་ཆོས་ཐམས་ཅད་ལ་དམིགས་པའི་ཕྱིར། ལན་མེད་པར་བྱས་སོ། །

དེ་ལ་ཁོན་རེ། རྗེ་བཙུན་བྱམས་མགོན་སངས་རྒྱས་ཡིན་པར་ཐལ། འགྲེལ་པར། སངས་རྒྱས་དབང་གིས་རྙེད་པ་ནི། །ཞེས་དང་། བཅོམ་ལྡན་འདས་འཕགས་པ་མ་རྒྱལ་བ་ལས་རྒྱལ་བས་ཞེས་པ་དང་། ཊཱིཀྐར། བཅོམ་ལྡན་འདས་ཀྱི་རྫུ་འཕྲུལ་ལ་བརྟེན་ནས་དགའ་ལྡན་དུ་ཕྱིན་ཏེ་ཆོས་གསན་པས་ཞེས་པ་དང་། ཐུབ་པའི་གསུང་གི་གསང་བ་ཐམས་ཅད་ལ་ཕྲོག་ཏུ་མ་གྱུར་པའི་སྤྲིན་མངའ་བ་ཞེས་གསུངས་པའི་ཕྱིར་ན། མ་ཁྱབ་སྟེ།བསྟན་བཅོས་ཆེན་པོའི་རྣམ་བཤད་མཛད། །ཅེས་སོགས་མིང་གིས་བསྟན་པ་བཞིན་དུ། ལུང་དེ་རྣམས་ཀྱིས་ཀྱང་རྗེ་བཙུན་ལ་སངས་རྒྱས་དང་བཅོམ་ལྡན་འདས་ཀྱི་མིང་གིས་བསྟན་པའི་ཕྱིར། དེ་བཞིན་དུ། རྒྱུད་བླ་མར། སྐྱེ་བ་མངོན་པར་སྐྱེ་བ་དང་། །ཞེས་སོགས་

吾方某學者云：「至尊是佛，然其相續中有希求自利之覺知。」那麼，導師釋迦能仁心相續⑪理應有希求自利之覺知，因許彼宗故。若許，其相續理應有希求自利法身之覺知，因許故。若許，其相續理應有希求大乘解脫之覺知，因許故。若許，彼理應是希求解脫之補特伽羅，因許故。若許，彼應成欲求解脫之士夫。

對此有云：「其相續理應有希求自利法身之覺知，因其相續有緣自利法身之欲故。」今此不周遍。理應如是，因其相續有緣彼之心王，且其心王眷屬之欲〔心所〕緣彼故。後項理應如是，因彼緣一切法故。於不周遍處，其心相續理應有希求輪迴之覺知，因其相續有緣輪迴之欲故。承許周遍，彼因理應如是，因其相續有緣彼之心王，且其心王眷屬之欲緣彼故。後項理應如是，因彼緣一切法故。則汝詞窮。

有人駁此云：「至尊依怙慈氏理應是佛，因《明義釋》『何幸承佛力』『聖難能勝薄伽梵』，《心要莊嚴疏》云：『依佛神足力，赴兜率聞法。[4]』又曰：『具足通達諸能仁密法之眼。[5]』故。」不周遍，因如「後作大論釋……」等如是取名，諸典亦於至尊取「佛」及「薄伽梵」名故。如是《大乘寶性論》云：「誕生……」等文，如《大乘寶性論疏》云：「為攝受若干共所化，而如是講說，此非

⑪ 心相續：指的是心的續流。

དང་། རྒྱུད་བླ་མའི་ཊཱི་ཀྐར། གདུལ་བྱ་ཐུན་མོང་བ་འགའ་ཞིག་ཇེ་ས་སུ་བཟུང་བའི་ཕྱིར་དུ་དེ་ལྟར་གསུངས་ཀྱི་ངེས་པའི་དོན་དུ་ནི་མ་ཡིན་ཏེ། བཅོམ་ལྡན་འདས་བྱམས་པ་ཉིད་ཆོས་ཀྱི་སྐུར་མངོན་པར་རྫོགས་པར་སངས་རྒྱས་ཟིན་པའི་ཕྱིར་རོ། །ཞེས་གསུངས་པས་ཀྱང་མི་གནོད་དེ། རྩ་བར་གསུངས་པ་ནི་སྤྲུལ་སྐུ་སྤྱིའི་དབང་དུ་མཛད་པ་དང་། ཊཱི་ཀྐར་གསུངས་པ་ནི། ཐུན་མོང་མ་ཡིན་པའི་ཆ་ཤས་པར་ཤོར་བ་ལྟ་བུ་ཡིན་པའི་ཕྱིར་ཏེ། རྩ་བར། དེ་ལྟར་ཡིད་ཆེས་ལུང་དང་རིགས་པ་ལ། །བརྟེན་ནས་བདག་ཉིད་འབའ་ཞིག་དག་ཕྱིར་དང་། །ཞེས་སོགས་གསུངས་པས་གྲུབ་པའི་ཕྱིར།

ཡང་ཁོ་ན་རེ། དགའ་ལྡན་ན་བཞུགས་པའི་རྗེ་བཙུན་བྱམས་མགོན་སངས་རྒྱས་ཡིན་པར་ཐལ། ལྷའི་བུ་དམ་པ་ཏོག་དཀར་པོ་སངས་རྒྱས་ཡིན་པའི་ཕྱིར་ན། འདིར་མ་ཁྱབ། རྟགས་དེར་ཐལ། དེ་སྐྱེ་བ་སྤྲུལ་སྐུ་ཡིན་པའི་ཕྱིར་ཏེ། རྒྱུད་བླ་མའི་ཊཱི་ཀྐ་ལས། འདོད་པའི་ཁམས་སུ་ཐོག་མར་སྐྱེ་བའི་ཚུལ་བསྟན་པ་ལྷའི་བུ་དམ་པ་ཏོག་དཀར་པོ་ལྟ་བུར་མངོན་པར་སྐྱེ་བ་དང་། ཞེས་གསུངས་པའི་ཕྱིར། མ་ཁྱབ་མཚམས་སུ། གོང་གི་འོག་མིན་གྱི་རྟེན་ལ་ཆོས་སྐུ་མངོན་དུ་བྱས་ནས་དགའ་ལྡན་དུ་རྗེ་བཙུན་བྱམས་པར་གྱུར་པའི་ལུང་ཁུངས་ཚད་ལྡན་ཡོད་པར་ཐལ། གོང་གི་འོག་མིན་གྱི་རྟེན་ལ་ཆོས་སྐུ་མངོན་དུ་བྱས་ནས་དགའ་ལྡན་དུ་ལྷའི་བུ་དམ་པ་ཏོག་དཀར་པོར་གྱུར་བའི་ལུང་ཁུངས་ཚད་ལྡན་ཡོད་པའི་ཕྱིར། ཁྱབ་པ་ཁས།

ཡང་ཁོ་ན་རེ། རྗེ་བཙུན་སངས་རྒྱས་ཡིན་པར་ཐལ། དེ་སངས་རྒྱས་སྟོང་པོ་གང་རུང་ཡིན་པའི་ཕྱིར། དེར་ཐལ། སངས་རྒྱས་སྟོང་པོ་ཡོད་པའི་ཕྱིན་ན་མ་ཁྱབ་སྟེ། དེ་ཉེ་བའི་སྲས་བརྒྱད་གང་རུང་ཡིན་པར་ཐལ། ཉེ་བའི་སྲས་བརྒྱད་ཡོད་པའི་ཕྱིར། ཁྱབ་པ་ཁས།

ཡང་ཁོ་ན་རེ། དེ་སངས་རྒྱས་ཡིན་པར་ཐལ། དེ་མ་འོངས་པའི་སངས་རྒྱས་ཡིན་པའི་ཕྱིར་ཏེ། མ་འོངས་པའི་སངས་རྒྱས་ཡོད་པའི་ཕྱིར། དེར་ཐལ། མ་འོངས་པའི་དུས་ཀྱི་སངས་རྒྱས་ཡོད་པའི་ཕྱིར་ཏེ། དུས་གསུམ་གྱི་སངས་རྒྱས་ཡོད་པའི་ཕྱིར་ན་མ་ཁྱབ། འོ་ན། རྗེ་བཙུན་བྱམས་མགོན་མ་འོངས་པའི་དུས་ཀྱི་སངས་རྒྱས་འཕགས་པ་ཡིན་པར་ཐལ། དེ་ཡོད་པའི་ཕྱིར། རྟགས་ཁས། འདོད་ན། དེ་ཆོས་ཅན། དེ་མ་ཡིན་པར་ཐལ། ད་ལྟར་བའི་དུས་ཀྱི་སངས་རྒྱས་འཕགས་པ་ཡིན་པའི་ཕྱིར་ཏེ།

了義，因慈氏薄伽梵已圓滿成佛證得法身故。」雖如是說亦不違害。根本文所言是依總體化身而說，釋論所說即無意說出的不共之說，因根本文云：「如是依信教理，唯為清淨……」等文能成立故。

復有云：「住覩史多天（兜率天）之至尊理應是佛，因天子白幢是佛故。」今此不周遍[⑫]。因理應如是，因其是生化身故，如《大乘寶性論疏》云：「示現初投生欲界，如天子白幢誕生。」於不周遍處，理應有於上之色究竟天所依身證法身後，於覩史多天成為至尊之具量依據，因有於上之色究竟天所依身證法身後，於覩史多天成為天子白幢之具量依據故。承許周遍。

復有云：「至尊理應是佛，因彼是千佛隨一故。理應如是，因有千佛故。」不周遍，因彼理應是八大菩薩隨一，因有八大菩薩故。承許周遍。

又有云：「彼理應是佛，因彼是未來佛故，因有未來佛故。理應如是，因有未來世之佛故，因有三世佛故。」不周遍。那麼，至尊慈氏依怙理應是未來世之佛聖者，因彼存在故。承許因。若許，

⑫ 今此不周遍：一般而言天子白幢是佛的狀況下，灌頂慈氏成紹勝尊的話，慈氏理應也是佛，但此處天子白幢是受生化身的緣故，所以不能就一般狀況論。

དེ་ད་ལྟར་བའི་བྱེ་བྲག་ཏུ་གྱུར་པའི་སངས་རྒྱས་འཕགས་པ་ཡིན་པའི་ཕྱིར། ཁྱབ་པ་ཚད་མས་གྲུབ་ཅིང་། རྟགས་ཁྱོད་རང་གིས་ཁས་བླངས་སོ། །

གཞན་ཡང་། སྟོན་པ་འོད་སྲུང་འདས་པའི་སངས་རྒྱས་ཡིན་པར་ཐལ། རྗེ་བཙུན་བྱམས་མགོན་མ་འོངས་པའི་སངས་རྒྱས་ཡིན་པའི་ཕྱིར། འདོད་ན། འཇིག་རྟེན་དུ་མྱ་ངན་ལས་འདས་པའི་ཚུལ་བསྟན་ཟིན་པའི་སངས་རྒྱས་ཡིན་ན་འདས་པའི་སངས་རྒྱས་ཡིན་དགོས་པར་ཐལ། འདོད་པའི་ཕྱིར། འདོད་ན། སྟོན་པ་ཤཱཀྱ་ཐུབ་པས་མ་ངེས་སོ། །

གཞན་ཡང་མངོན་རྟོགས་རྒྱན་དེ་མ་འོངས་པའི་གསུང་རབ་ཡིན་པར་ཐལ། རྗེ་བཙུན་བྱམས་མགོན་མ་འོངས་པའི་སངས་རྒྱས་ཡིན་པའི་ཕྱིར། འདོད་ན། ཡུམ་རྒྱས་འབྲིང་བསྡུས་གསུམ་གྱི་དགོངས་འགྲེལ་དུ་གྱུར་པའི་མངོན་རྟོགས་རྒྱན་དེ་དེ་ཡིན་པར་ཐལ། འདོད་པའི་ཕྱིར། འདོད་ན། ཡུམ་རྒྱས་འབྲིང་བསྡུས་གསུམ་མ་འོངས་པའི་བཀའ་ཡིན་པར་ཐལ་ལོ། །

ཉན་ཐོས་ཞི་བ་འཚོལ་རྣམས། ཞེས་སོགས་ཀྱི་སྐབས་སུ། སྤྱིར་བ་དང་། མཐའ་དཔྱད་པ་གཉིས།

དང་པོ་ནི། ཉན་རང་སློབ་པ་འཕགས་པ་ཆོས་ཅན། ཁྱོད་ཀྱིས་མྱང་འདས་གཉིས་ཐོབ་པར་བྱེད་པའི་ཐབས་མེད་པ་མ་ཡིན་ཏེ། ཁྱོད་ཀྱིས་ཐབས་གཞི་ཤེས་ལ་བརྟེན་ནས་མྱང་འདས་གཉིས་ཐོབ་པར་བྱེད་པའི་ཕྱིར།

བྱང་སེམས་འཕགས་པ་ཆོས་ཅན། ཁྱོད་ཀྱིས་གདུལ་བྱ་རིགས་ཅན་གསུམ་གྱི་དོན་སྒྲུབ་པར་བྱེད་པའི་ཐབས་མེད་པ་མ་ཡིན་ཏེ། ཁྱོད་ཀྱིས་ཐབས་ལམ་ཤེས་ལ་བརྟེན་ནས་རིགས་ཅན་གསུམ་གྱི་དོན་སྒྲུབ་པར་བྱེད་པའི་ཕྱིར།

སངས་རྒྱས་འཕགས་པ་ཆོས་ཅན། ཁྱོད་ཀྱིས་ཆོས་འཁོར་བསྐོར་བར་བྱེད་པའི་ཐབས་མེད་པ་མ་ཡིན་ཏེ། ཁྱོད་ཀྱིས་ཐབས་རྣམ་མཁྱེན་ལ་བརྟེན་ནས་ཆོས་འཁོར་བསྐོར་བར་བྱེད་པའི་ཕྱིར།

彼為有法，理應不是彼，因是現在世之佛聖者故，因彼是屬現在之別之佛聖者故。以量成立周遍，且汝已承許因。

此復，導師迦葉理應是過去佛，因至尊慈氏依怙是未來佛故。若許，若是於世間已示現涅槃之佛須是過去佛，因許故。若許，導師釋迦能仁不定[13]。

此復，《現觀莊嚴論》理應是未來至言，因至尊慈氏依怙是未來佛故。若許，解釋廣、中、略三佛母意趣之《現觀莊嚴論》理應是彼，因許故，若許，廣、中、略三佛母則應成是未來教言。

「求寂聲聞……」等時，有二：論式與辨析。

初者，聲緣有學聖者為有法，爾非無獲得二涅槃之方便，因爾依靠基智之方便獲得二涅槃故。

菩薩聖者為有法，爾非無成辦三種性所化利益之方便，因爾依靠道相智之方便成辦三種性之利益故。

佛聖者為有法，爾非無轉法輪之方便，因爾依靠一切相智之方便轉法輪故。

⑬ 導師釋迦能仁不定：此處乃是指導師釋迦能仁作為不遍的事例。

རྗེ་བཙུན་བྱམས་མགོན་ཆོས་ཅན། ཡུམ་མཁྱེན་པ་གསུམ་ལ་ཕྱག་འཚལ་བ་ཡིན་ཏེ། དེ་ལ་སྒོ་གསུམ་གུས་པའི་ཚུལ་གྱིས་འདུད་པའི་ཕྱིར།

至尊慈氏依怙為有法，是禮拜三智佛母，因以三門恭敬之理禮敬彼故。

མཆོད་བརྗོད་ཀྱི་སྐབས་འདིར་མཐའ་དཔྱད་པ་ལ་ས་བཅད་བཞིས་འཆད་ཚུལ།

གཉིས་པ་ལ་བཞི། གོ་རིམས་ངེས་པ་དང་། གྲངས་ངེས་པ་དང་། ཡུམ་སྲས་ཀྱི་དོན་བཤད་པ་དང་། བསྟོད་ཡུལ་གྱི་ཡུམ་ངོས་བཟུང་བའོ། །

དང་པོ་ནི། ཁ་ཅིག མཆོད་བརྗོད་ཀྱི་སྐབས་སུ་དང་པོར་གཞི་ཤེས། དེ་རྗེས་ལམ་ཤེས། དེ་རྗེས་རྣམ་མཁྱེན་ལ་བསྟོད་པ་དེ། མདོའི་གླེང་གཞིའི་གོ་རིམས་དང་མཐུན་པར་བསྟོད་པ་ཡིན་ཟེར་བ། མི་འཐད་དེ། མཆོད་བརྗོད་གླེང་གཞིའི་འགྲེལ་པ་མ་ཡིན་པའི་ཕྱིར་ཏེ། འཕགས་སེང་གཉིས་ཀྱིས་མཆོད་བརྗོད་གླེང་གཞི་དང་སྦྱར་ནས་མ་བཤད་ཅིང་། ཁྱད་པར་སློབ་དཔོན་གྱི་གླེང་གཞིའི་བཤད་པ་དགོས་འགྲེལ་གྱི་མཇུག་ཏུ་མཛད་པ་ལ་རྒྱུ་མཚན་དང་དགོས་པ་ཡོད་པའི་ཕྱིར། དེར་ཐལ། མཆོད་བརྗོད་གླེང་གཞིའི་འགྲེལ་པ་ཡིན་ནམ་སྙམ་པའི་ལོག་རྟོག་འབྱུང་བས་དེ་དགག་པའི་ཆེད་དུ་དེ་ལྟར་མཛད་པའི་ཕྱིར།

ཁ་ཅིག གདུལ་བྱ་ཉན་ཐོས་ཀྱི་རིགས་ཅན་ཐེག་པ་གསུམ་ལ་རིམ་གྱིས་འཇུག་པའི་ཆེད་དུ་དང་པོར་གཞི་ཤེས་ལ་བསྟོད་པ་སོགས་ཡིན་ཟེར་བ་དང་། ཁ་ཅིག གདུལ་བྱ་ཐེག་པ་གསུམ་ལ་རིམ་གྱིས་འཇུག་པའི་ཕྱིར་དུ་དང་པོར་གཞི་ཤེས་ལ་བསྟོད་པ་ཡིན་ཟེར་བ་གཉིས་ཀ་མི་འཐད་དེ། རྒྱན་གྱི་ཆེད་དུ་བྱ་བའི་གདུལ་བྱར་གྱུར་པའི་ཐེག་དམན་གྱི་རིགས་ཅན་མེད་པའི་ཕྱིར་དང་། དང་པོར་ཉན་ཐོས་ཀྱི་ལམ་ནས་འཇུག་ཚུལ་མཆོད་བརྗོད་ཀྱི་སྐབས་སུ་བསྟན་པ་ལ་དགོས་པ་མེད་པའི་ཕྱིར། དང་པོ་གྲུབ་སྟེ། དེ་ཐེག་ཆེན་གྱི་བསྟན་བཅོས་ཡིན་པའི་ཕྱིར།

ཡང་ཁ་ཅིག ལམ་ཤེས་ཐོབ་པ་ལ་གཞི་ཤེས་ཐོབ་པ་སྔོན་དུ་འགྲོ་དགོས་པའི་རྒྱུ་མཚན་གྱིས་དེ་ལྟར་བསྟོད་པ་ཡིན་ཟེར་བ་དང་། ཁ་ཅིག ལམ་ཤེས་ཐོབ་པ་ལ་སྐྱེས་བུ་འབྲིང་དང་ཐུན་མོང་བའི་ལམ་རིམ་གྱིས་བསྡུས་པའི་མི་རྟག་སོགས་བཅུ་དྲུག་མངོན་སུམ་དུ་རྟོགས་པའི་ཡེ་ཤེས་ཐོབ་པ་སྔོན་དུ་འགྲོ་དགོས་པའི་རྒྱུ་མཚན་གྱིས་དེ་ལྟར་བསྟོད་པ་ཡིན་ཟེར་བ་གཉིས་ཀ་མི་འཐད་དེ། དམན་ལམ་སྔོན་དུ་མ་སོང་བའི་ཐེག་ཆེན་གྱི་སྦྱོར་ལམ་ཆོས་མཆོག་ཆེན་པོ་ལ་གནས་པའི་སེམས་དཔའ་དེས། གཞི་ཤེས་

6 今此辨析禮讚文時，以四科判闡述之理

第二有四：次第決定、定數、述說母子義、明辨禮讚境佛母。

初者，有云：「禮讚時，初讚基智，次道相智，後一切相智，乃相順經之序〔品〕次第而讚。」不應理，因禮讚文非序〔品〕之解釋故，因聖、獅二者並未將禮讚文結合序品而作解說，尤其阿闍黎於旨趣相屬文後解說序品，有其目的與理由故。理應如是，因有認為「禮讚文或許是序品之解釋」的顛倒分別，為遮彼而如是造故。

有云：「為令聲聞種性所化，依次趣入三乘而首先讚基智等故。」有云：「為令所化，依次趣入三乘而首先讚基智。」二者皆不應理，因無屬於《現觀莊嚴論》之特意所化的小乘種性，以及於禮讚文時揭示「首先由聲聞道趣入之理」無旨趣故。初者成立，因彼是大乘論典故。

又有云：「由於獲得道相智需先獲得基智的原因，而如是讚。」有云：「由於獲得道相智需先獲得共中士道次第所攝現證無常等十六本智之理由，而如是讚。」二者皆不應理，因未曾入劣道之住大乘加行道世第一法之菩薩，未得基智與現證無常等十六之本智隨一故，因彼是異生故。

དང་། མི་རྟག་སོགས་བཅུ་དྲུག་མངོན་སུམ་དུ་རྟོགས་པའི་ཡེ་ཤེས་གང་ཡང་མ་ཐོབ་པའི་ཕྱིར་ཏེ། དེ་སོ་སྐྱེ་ཡིན་པའི་ཕྱིར།

ཡང་ཁ་ཅིག སྐྱེས་བུ་ཆེན་པོའི་ལམ་རིམ་རྒྱུད་ལ་སྐྱེ་བ་ལ་སྐྱེས་བུ་འབྲིང་གི་ལམ་ལ་བློ་སྦྱངས་པ་སྔོན་དུ་འགྲོ་དགོས་པར་ཤེས་པའི་ཆེད་དུ་དེ་ལྟར་བསྟོད་པ་ཡིན་ཟེར་བ་མི་འཐད་དེ། སྐྱེས་བུ་ཆེན་པོའི་བསམ་པ་སྐྱེད་པ་ལ། སྐྱེས་བུ་འབྲིང་དང་ཐུན་མོང་བའི་ལམ་རིམ་ལ་བློ་སྦྱངས་པ་སྔོན་དུ་འགྲོ་དགོས་ཀྱང་སྐྱེས་བུ་འབྲིང་གི་ལམ་ལ་བློ་སྦྱངས་པ་སྔོན་དུ་འགྲོ་མི་དགོས་པའི་ཕྱིར། ཕྱི་མ་དེར་ཐལ། སྐྱེས་བུ་འབྲིང་གི་བསམ་པ་དེ། རང་ཉིད་གཅིག་པུའི་ཆེད་དུ་ཐར་པ་དོན་དུ་གཉེར་བའི་བློ་ཞིག་ལ་བཞག་དགོས་པའི་ཕྱིར། དེས་མཚོན་ནས་སྐྱེས་བུ་ཆུང་ངུའི་ལམ་རིམ་དང་། དེ་དང་ཐུན་མོང་བའི་ལམ་རིམ་གྱི་ཁྱད་པར་ཡང་ཤེས་དགོས་སོ། །

རང་ལུགས་ནི། རྒྱན་གྱི་ཆེད་དུ་བྱ་བའི་གདུལ་བྱ་ལམ་ལ་འཇུག་པའི་རིམ་པ་དང་མཐུན་པར་དང་པོར་གཞི་ཤེས་ལ་བསྟོད་པ་སོགས་ཡིན་ཏེ། སྐྱེས་བུ་འབྲིང་དང་ཐུན་མོང་བའི་ལམ་ལ་བློ་མ་སྦྱངས་པར་སྙིང་རྗེ་ཆེན་པོ་རང་རྒྱུད་ལ་མི་སྐྱེ། དེ་མ་སྐྱེས་པར་ཐེག་ཆེན་སེམས་བསྐྱེད་མི་སྐྱེ། དེ་མ་སྐྱེས་པར་ལམ་ཤེས་མི་སྐྱེ། དེ་མ་སྐྱེས་པར་རྣམ་མཁྱེན་མི་ཐོབ་པའི་རྒྱུ་མཚན་གྱིས་དེ་ལྟར་བསྟོད་པའི་ཕྱིར།

གཉིས་པ་གྲངས་ངེས་ལ་ཁ་ཅིག སྐབས་འདིའི་མཚོད་བརྗོད་ཡུལ་དུ་གྱུར་པའི་ཡུམ་ལ་མཁྱེན་པ་གསུམ་དུ་གྲངས་ངེས་ཟེར་བ་མི་འཐད་དེ། དོན་མངོན་པར་རྟོགས་པ་བརྒྱད་ཀ་མཚོད་བརྗོད་ཡུལ་དུ་གྱུར་པའི་ཡུམ་ཡིན་པའི་ཕྱིར་དང་། སྦྱོར་བཞི་གང་རུང་ཡིན་ན་མཁྱེན་གསུམ་གང་རུང་ཡིན་མི་དགོས་པའི་ཕྱིར། དང་པོ་དེར་ཐལ། འགྲེལ་པ་ལས། དེ་ལ་ཐམས་ཅད་མཁྱེན་པ་ཉིད་གསུམ་གྱིས་ནི་དོན་བརྒྱད་བསྡུས་ལ་དེ་དག་ཀྱང་ཤེས་རབ་ཀྱི་ཕ་རོལ་ཏུ་ཕྱིན་པ་ཡིན་ཞིང་། ཞེས་གསུངས་པའི་ཕྱིར། ཕྱི་མ་དེར་ཐལ། མཁྱེན་གསུམ་གང་རུང་ཡིན་ན། འཕགས་པའི་མངོན་རྟོགས་ཡིན་དགོས་པའི་ཕྱིར

又有云：「是為了知於相續中生起上士夫道次，需先修中士夫之道而如是讚。」不應理，因生起上士夫意樂，雖需先修共中士夫之道次，然無需先修中士道故。後項理應如是，因須安立中士夫之意樂乃僅為自己希求解脫之覺知故。同理當知下士夫之道次與共下士之道次的差異。

自宗：相順於《現觀莊嚴論》特意所化趣入道次第，而首讚基智等，因未修共中士道，相續中不生大悲，未生大悲不生大乘發心，未生大乘發心不生道相智，未生道相智不獲得一切相智的原因，而如是讚故。

第二、定數，有云：「今此禮讚境之佛母定數為三智。」不應理，因八現觀義皆是禮讚境之佛母，以及若是四加行隨一不須是三智隨一故。初者理應如是，《明義釋》云：「三智所含攝之彼等八事亦是般若波羅蜜多。[6]」後項理應如是，因若是三智隨一須是聖者之現觀故，因《二萬頌光明釋》云：「就一切聖者補特伽羅先撰述三智之不共功德，禮敬般若波羅蜜多。」故。

ཏེ། ཉི་སྣང་ལས། འཕགས་པའི་གང་ཟག་ཐམས་ཅད་ཀྱི་དབང་དུ་མཛད་ནས་ཐམས་ཅད་མཁྱེན་པ་ཉིད་གསུམ་གྱི་ཐུན་མོང་མ་ཡིན་པའི་ཡོན་ཏན་ཉེ་བར་དགོད་པ་སྔོན་དུ་འགྲོ་བས་ཤེས་རབ་ཀྱི་ཕ་རོལ་ཏུ་ཕྱིན་པ་ལ་ཕྱག་འཚལ་ལོ། །ཞེས་གསུངས་པའི་ཕྱིར།

ཁ་ཅིག དངོས་པོ་བརྒྱད་རྒྱན་གྱི་མཆོད་བརྗོད་ཡུལ་དུ་གྱུར་པའི་ཡུམ་དུ་སྨྲ་བ་མི་རིགས་ཏེ། འབྲས་བུ་ཆོས་སྐུ་དེ་དེ་མ་ཡིན་པའི་ཕྱིར། དེར་ཐལ། དེ་རྟག་པ་ཡིན་པའི་ཕྱིར་ཏེ། སངས་རྒྱས་རྟག་པ་ཡིན་པའི་ཕྱིར།

རང་གི་ལུགས་ནི། སྐབས་འདིར་དངོས་སུ་བསྟན་པའི་མཆོད་བརྗོད་ཡུལ་དུ་གྱུར་པའི་ཡུམ་ལ་མཁྱེན་པ་གསུམ་དུ་གྲངས་ངེས་ཏེ། དེ་ལ་མཁྱེན་པ་གསུམ་དུ་དབྱེར་ཡོད། དེ་ལས་གྲངས་མང་མི་དགོས་ཤིང་ཉུང་ན་མི་འདུ་བའི་ཕྱིར།

ཁོན་རེ། མཁྱེན་གསུམ་གང་རུང་ཡིན་ན། སྐབས་འདིར་དངོས་སུ་བསྟན་པའི་མཆོད་བརྗོད་ཡུལ་དུ་གྱུར་པའི་ཡུམ་ཡིན་དགོས་པར་ཐལ། དམ་བཅའ་དེའི་ཕྱིར་ན་འདིར་མ་ཁྱབ། འདོད་ན། རང་རྒྱལ་གྱི་གཞི་ཤེས་ཆོས་ཅན། དེར་ཐལ། དེའི་ཕྱིར། འདོད་མི་ནུས་ཏེ། སྐབས་འདིར་ཞུགས་ལ་བསྟན་པའི་མཆོད་བརྗོད་ཡུལ་དུ་གྱུར་པའི་ཡུམ་ཡིན་པའི་ཕྱིར་ཏེ། འགྲེལ་པར། ཉན་ཐོས་དང་དེའི་ཕྱོགས་སུ་སྣང་པ་རྣམ་པར་ཐར་པ་ཙམ་ཞིག་གིས་ལྷག་པ་རིམ་པ་གཅིག་གིས་བསྟན་པ་རང་སངས་རྒྱས་ཀྱང་སྟེ། ཞེས་གསུངས་པའི་ཕྱིར་ཟེར་ན། མ་ཁྱབ་མཚམས་སུ། མངོན་རྟོགས་གང་རུང་ཡིན་ན། ཚད་མ་ཡིན་དགོས་པར་ཐལ། ཚད་མ་ལ་དེ་གཉིས་སུ་གྲངས་ངེས་པའི་ཕྱིར། ཁྱབ་པ་ཁས།

ཡང་ཁོན་རེ། སྐབས་འདིར་དངོས་སུ་བསྟན་པའི་མཆོད་བརྗོད་ཡུལ་དུ་གྱུར་པའི་ཡུམ་ཡིན་ན་མཁྱེན་གསུམ་གང་རུང་ཡིན་དགོས་པར་ཐལ། དེ་ལ་དེ་གསུམ་དུ་གྲངས་ངེས་པའི་ཕྱིར། འདོད་ན། འཕགས་རྒྱུད་ཀྱི་མཁྱེན་པ་ཆོས་ཅན་དུ་བཟུང་ནས་འཕེན་པ་ནི་རྫས་སྤྱི་མ་ཡིན་པས་སྙིང་པོ་མེད་དོ། །

དེ་བཞིན་དུ་ཉན་ཐོས་མཐོང་ལམ་པའི་ཡུམ་འཕེན་པའང་རྫས་སྤྱི་མ་ཡིན་ཏེ། ཉན་ཐོས་འཕགས་པའི་བཞེད་དོན་སྒྲུབ་བྱེད་ཀྱི་ཉན་ཐོས་འཕགས་པ་རང་རྒྱུད་ཀྱིས་བསྡུས་པའི་ཡུམ་དེ། སྐབས་འདིར་

有云：「八事乃《現觀莊嚴論》禮讚境之佛母。」不合理，因果法身非彼故。理應如是，因果法身是常故，因佛是常故。

自宗：此處直接揭示之禮讚境之佛母定數為三智，因彼分為三智，不需更多，若少則不能攝故。

有云：「若是三智隨一，須是此處直接揭示之禮讚境佛母，因彼宗故。」今此不周遍。若許，則獨覺基智為有法，理應如是，因如是故。不能許，因是此處順帶揭示之禮讚境之佛母故，因《明義釋》云：「諸凡聲聞，以及以一次第作說明（之）併入（聲聞）其類屬——以微少解脫德超勝之獨覺。」故。於不周遍處，若是現、比隨一理應須是量，因量定數為彼二者故。承許周遍。

又有云：「若是此處直接揭示之禮讚境佛母理應須是三智隨一，因彼定數為三智故。」若許，若以聖者相續之智作為有法而反駁，是質總有法⑭故無義。

同理，以聲聞見道者之佛母反駁亦是質總有法，因成辨聲聞聖

⑭ 質總有法：指的是總體有法本身可以成為不遍的事例。

དངོས་སུ་བསྟན་པའི་ཡུལ་ཡིན་ཀྱང་། ཉན་ཐོས་མཐོང་ལམ་པའི་ཡུལ་ཙམ་དེར་བཞག་དཀའ་བའི་ཕྱིར། ཕྱི་མ་དེར་ཐལ། ཉན་ཐོས་ཀྱི་སྦྱོར་ལམ་ཆོས་མཆོག་དེ། དེའི་ཡུལ་ཡིན་པའི་ཕྱིར།

ཁ་ཅིག སྐབས་འདིར་དངོས་སུ་བསྟན་པའི་མཚོན་བརྗོད་ཡུལ་དུ་གྱུར་པའི་ཡུལ་ཡིན་ན། སྐབས་འདིར་བསྟན་བྱའི་གཙོ་བོར་བྱས་ནས་བསྟན་པའི་དེ་ཡིན་པས་ཁྱབ་ཟེར་བ་མི་འཐད་དེ། སྐབས་འདིར་དངོས་སུ་བསྟན་པའི་མཚོན་བརྗོད་ཡུལ་དུ་གྱུར་པའི་ཡུལ་ལ་ཐེག་དམན་གྱི་གཞི་ཤེས་ཡོད། སྐབས་འདིར་བསྟན་བྱའི་གཙོ་བོར་གྱུར་པའི་གཞི་ཤེས་ཡིན་ན། གཉེན་པོ་ཕྱོགས་ཀྱི་གཞི་ཤེས་ཡིན་དགོས་པའི་ཕྱིར། ཕྱི་མ་དེར་ཐལ། དེ་ཡིན་ན་སྐབས་གསུམ་པའི་བསྟན་བྱའི་གཙོ་བོར་གྱུར་པའི་གཞི་ཤེས་ཡིན་དགོས་པ་གང་ཞིག དེ་ཡིན་ན་གཉེན་པོ་ཕྱོགས་ཀྱི་གཞི་ཤེས་ཡིན་དགོས་པའི་ཕྱིར་ཏེ། སྐབས་གཉིས་པའི་བསྟན་བྱའི་གཙོ་བོར་གྱུར་པའི་ལམ་ཤེས་ཡིན་ན་རྒྱུ་ལམ་ཤེས་ཡིན་དགོས་པའི་ཕྱིར།

དེ་ལ་ཁ་ཅིག གཞི་ཤེས་དང་ལམ་ཤེས་ཆོས་ཅན་དུ་བཟུང་ནས་སྐྱོན་འཛིན་པ་ཡོད་ཀྱང་སྤང་བཤད་པ་ལྟར་རྟས་སླ་མར་ཤེས་པར་བྱའོ། །

གསུམ་པ་ཡུལ་སྦྲས་ཀྱི་དོན་བཤད་པ་ནི། སངས་རྒྱས་འཕགས་པའི་ཡུལ་དེ་ལ་སྒྲས་བརྗོད་རིགས་ཀྱི་སྒོ་ནས་དབྱེ་ན། སངས་རྒྱས་འཕགས་པ་སྐྱེད་བྱེད་ཀྱི་ཡུལ་དང་། སངས་རྒྱས་འཕགས་པའི་བཞེད་དོན་སྒྲུབ་བྱེད་ཀྱི་ཡུལ་གཉིས་སུ་ཡོད། ཕྱི་མ་ལ་ཡང་སངས་རྒྱས་འཕགས་པ་སྐྱེད་པར་བྱེད་མི་བྱེད་གཉིས་སུ་ཡོད་དེ། ས་བཅུ་པའི་ཡེ་ཤེས་དེ་སངས་རྒྱས་འཕགས་པ་སྐྱེད་བྱེད་དང་། དེའི་བཞེད་དོན་སྒྲུབ་པར་བྱེད་པའི་ཡུལ་གཉིས་ཀ་ཡིན། རྣམ་མཁྱེན་དེ་དེ་སྐྱེད་པར་མི་བྱེད་པའི་དེའི་བཞེད་དོན་ཕུན་ཚོགས་སྒྲུབ་བྱེད་ཀྱི་ཡུལ་ཡིན་པའི་ཕྱིར།

者心願之聲聞聖者自相續所攝之佛母，雖是此處直接揭示之佛母，然僅聲聞見道者之佛母難以安立是彼故。後項理應如是，因聲聞加行道世第一法，是彼之佛母故。

有云：「若是屬於此處直接揭示之禮讚境之佛母，周遍是此處作為主要所示而揭示之彼。」不應理，因屬於此處直接揭示之禮讚境之佛母有小乘基智，〔且〕若是屬於此處主要所示之基智，須是能治品基智故。後項理應如是，因若是彼，須是屬於第三品主要所示之基智，且若是彼，須是能治品基智故，因若是第二品主要所示之道相智，須是因道相智故。

對此，雖有以基智與道相智作為有法而引出過失，然應知如上述是質總有法。

第三、述說母子義，佛聖者之佛母堪以聲詮之門可分為：能生佛聖者之佛母與成辦佛聖者心願之佛母二者。後者亦可分為能生佛聖者與否二者。十地本智是能生佛聖者與成辦其心願之佛母二者，一切相智不生彼，而是成辦其圓滿心願之佛母。

དེས་ན་སངས་རྒྱས་འཕགས་པའི་ཡུམ་ཡིན་ན་དེའི་རྒྱུ་ཡིན་དགོས་པ་དང་། རྣམ་མཁྱེན་གྱི་སྲས་ཡིན་ན་དེའི་འབྲས་བུ་ཡིན་དགོས་ཏེ། འགྲེལ་པ་ལས། སངས་རྒྱས་ལ་སོགས་པ་བསྐྱུན་པར་མཛད་པ་ནི་གདོན་མི་ཟ་བར་སྲིད་པ་ཉིད་དེ། ཞེས་པ་དང་། མཁྱེན་པ་སྔ་མས་འཕགས་པ་ཕྱི་མ་བསྐྱེད་ཅིང་ཉེར་ཞི་ལ་སོགས་པའི་བཞེད་དོན་སྒྲུབ་པར་བྱེད་པས་ཡུམ་དང་སྲས་ནི་བསྐྱེད་བྱ་སྐྱེད་བྱེད་དུ་ཤེས་པར་བྱའོ། །ཞེས་གསུངས་པའི་ཕྱིར།

དེ་ལ་ཁོ་ན་རེ། རྣམ་མཁྱེན་ཆོས་ཅན། སངས་རྒྱས་འཕགས་པའི་རྒྱུ་ཡིན་པར་ཐལ། དེའི་ཡུམ་ཡིན་པའི་ཕྱིར། དེར་ཐལ། རང་སྲས་སངས་རྒྱས་འཕགས་པའི་ཡུམ་ཡིན་པའི་ཕྱིར་ཟེར་ན། དེ་ཆོས་ཅན། སངས་རྒྱས་འཕགས་པའི་རྒྱུ་ཡིན་པར་ཐལ། རང་སྲས་དེའི་རྒྱུ་ཡིན་པའི་ཕྱིར། ཡང་སངས་རྒྱས་འཕགས་པ་ཆོས་ཅན། རྣམ་མཁྱེན་གྱི་འབྲས་བུར་ཐལ། དེའི་སྲས་ཡིན་པའི་ཕྱིར། དེར་ཐལ། རང་རྒྱུ་རྣམ་མཁྱེན་གྱི་སྲས་ཡིན་པའི་ཕྱིར་ཟེར་ན། དེ་ཆོས་ཅན། རྣམ་མཁྱེན་གྱི་འབྲས་བུར་ཐལ། རང་རྒྱུ་རྣམ་མཁྱེན་གྱི་འབྲས་བུ་ཡིན་པའི་ཕྱིར། རྣམ་པ་ཀུན་ཏུ་མཚུངས་སོ། །

ཡང་རྣམ་མཁྱེན་ཆོས་ཅན། སངས་རྒྱས་འཕགས་པའི་ཡུམ་ཡིན་པར་ཐལ། དེའི་བཞེད་དོན་སྒྲུབ་པར་བྱེད་པའི་ཡུམ་ཡིན་པའི་ཕྱིར་ན། མ་ཁྱབ་པར་བཤད་ཟིན་ཏོ། །

ཡང་ཁོ་ན་རེ། རྒྱལ་བའི་སྲས་ཡིན་ན་དེའི་འབྲས་བུ་ཡིན་དགོས་པར་ཐལ། རྣམ་མཁྱེན་ལ་དེ་ལྟར་དགོས་པའི་ཕྱིར། འདོད་ན། རྒྱལ་བ་དང་དུས་མཉམ་དུ་གྲུབ་པའི་བྱང་འཕགས་ཆོས་ཅན། དེར་ཐལ། དེའི་ཕྱིར། དེར་ཐལ། རྒྱལ་སྲས་ཡིན་པའི་ཕྱིར་ན། མ་ཁྱབ་སྟེ། འོ་ན། སྐམ་ལས་སྐྱེས་པའི་པདྨ་ཆོས་ཅན། མཚོ་ལས་སྐྱེས་པར་ཐལ། མཚོ་སྐྱེས་ཡིན་པའི་ཕྱིར། ཁྱབ་པ་ཁས། དེ་བཞིན་དུ་རྒྱལ་བའི་སྲས་ཡིན་ན། རྒྱལ་སྲས་ཡིན་མི་དགོས་ཏེ། རྒྱལ་བའི་སྲས་སུ་གྱུར་པའི་ཉན་ཐོས་འཕགས་པ་ཡོད་པའི་ཕྱིར་ཏེ། རྣམ་མཁྱེན་གྱི་སྲས་སུ་གྱུར་པའི་དེ་ཡོད་པའི་ཕྱིར། དེར་ཐལ། དེས་སྐྱེད་པའི་ཉན་རང་འཕགས་པ་ཡོད་པའི་ཕྱིར་ཏེ། དེས་སྐྱེད་པའི་དེའི་མངོན་རྟོགས་ཡོད་པའི་ཕྱིར། དེར་ཐལ། དེའི་མངོན་རྟོགས་དེ་རང་རྒྱུ་རྣམ་མཁྱེན་ལས་བྱུང་བའི་རྣམ་དཀར་གྱི་ཡོན་ཏན་ཡིན་པའི་ཕྱིར། དེར་ཐལ། དེ་ཡེ་ཤེས་ཆོས་སྐུའི་འཕྲིན་ལས་ཡིན་པའི་ཕྱིར།

是故若是佛聖者之佛母須是彼之因，與若是一切相智之子須是彼之果故，因釋云：「能成辦佛陀等，乃具必然性。」與「前智產生後聖者，且能成辦寂滅等願望，是故應知母子即是能生與所生。[7]」故。

對此有云：「一切相智為有法，理應是佛聖者之因，因是彼之佛母故。理應如是，因是自子佛聖者之佛母故。」彼為有法，理應是佛聖者之因，因是自子之因故。又佛聖者為有法，理應是一切相智之果，因是彼之子故。理應如是，因是自因一切相智之子故。彼為有法，理應是一切相智之果，因是自因一切相智之果故。全然相同！

又一切相智為有法，理應是佛聖者之佛母，因是成辦其心願之佛母故。已說是不周遍。

又有云：「若是佛之子理應須是彼之果，因一切相智須如此故。若許，與勝者[15]同時形成之菩薩聖者為有法，理應如是，因如是故。理應如是，因是佛子故。」不周遍。那麼，從乾地所生蓮花為有法，理應是從湖而生，因是湖生[16]故。承許周遍。同理，若是佛之子，無須是佛子，因有屬於佛之子之聲聞聖者故，因有屬一切相智之子之聲聞聖者故。理應如是，因有彼所生之聲緣聖者故，因有彼所生之彼之現觀故。理應如是，因彼之現觀是自因一切相智所生之白功

⑮ 勝者：戰勝四魔等的補特伽羅，亦即佛聖者。

⑯ 湖生：為蓮花之異名。

གཞན་ཡང་། རྒྱལ་བའི་སྲས་སུ་གྱུར་པའི་ཉན་རང་འཕགས་པ་ཡོད་པར་ཐལ། འཇུག་པ་ལས། ཉན་ཐོས་སངས་རྒྱས་འབྲིང་རྣམས་ཐུབ་དབང་སྐྱེས། །ཞེས་ཉན་རང་ཐུབ་དབང་གི་གསུང་ལས་སྐྱེས་པར་གསུངས་པའི་ཕྱིར།

བཞི་པ་བསྟོད་ཡུལ་གྱི་ཡུམ་ངོས་བཟུང་བ་ནི། ཁ་ཅིག རང་སྲས་འཕགས་པ་སྐྱེད་པའི་ཡོན་ཏན་དང་ལྡན་པའི་ཆ་ནས་རྒྱན་མཛད་པ་པོའི་བསྟོད་ཕྱག་གི་ཡུལ་དུ་དམིགས་པ་དེ། རྒྱན་གྱི་མཆོད་བརྗོད་ཡུལ་དུ་གྱུར་པའི་ཡུམ་གྱི་མཚན་ཉིད་ཟེར་ན། སྟོན་པ་ཤཱཀྱ་ཐུབ་པས་མ་ངེས་སོ། །

ཁ་ཅིག རྒྱན་གྱི་མཆོད་བརྗོད་ཡུལ་དུ་གྱུར་པའི་ཡུམ་ཡིན་ན། མཁྱེན་པ་ཡིན་དགོས་ཀྱང་། སྤྱིར་མཆོད་བརྗོད་ཡུལ་དུ་གྱུར་པའི་ཡུམ་ལ་དེས་མ་ཁྱབ་སྟེ། སྙིང་རྗེ་ཆེན་པོ་དེ་མཆོད་བརྗོད་ཡུལ་དུ་གྱུར་པའི་ཡུམ་ཡིན་པའི་ཕྱིར་ཏེ། དེ་དབུ་མ་འཇུག་པའི་མཆོད་བརྗོད་ཡུལ་དུ་གྱུར་པའི་ཡུམ་ཡིན་པའི་ཕྱིར་ན། རྟགས་མ་གྲུབ་པ་ཡིན་ཏེ། འཇུག་པ་རྩ་འགྲེལ་གང་དུ་ཡང་སྙིང་རྗེ་ཆེན་པོ་ལ་ཡུམ་ཞེས་བརྗོད་པ་ཟུར་ཙམ་ཡང་མེད་པའི་ཕྱིར།

ཡང་ཁ་ཅིག ཡུམ་ཡིན་ན་ཤེས་པ་ཡིན་པས་མ་ཁྱབ་སྟེ། ཡུམ་སྒྱུ་མ་ལྷ་མཛེས་ཡུམ་ཡིན་པའི་ཕྱིར། དེར་ཐལ། དེ་རྒྱལ་བའི་ཡུམ་ཡིན་པའི་ཕྱིར། དེར་ཐལ། དེ་རྒྱལ་བ་ཤཱཀྱ་ཐུབ་པའི་ཡུམ་ཡིན་པའི་ཕྱིར། ཁ་ཅིག འདིར་མ་ཁྱབ་ཟེར། འོ་ན་དེ་ཡུམ་ཡིན་པར་ཐལ། དེ་རང་གི་སྲས་སུ་གྱུར་པའི་རྒྱལ་བའི་ཡུམ་ཡིན་པའི་ཕྱིར། མ་གྲུབ་ན། དེར་ཐལ། དེས་ཡུམ་བྱས་པའི་རྒྱལ་བ་ཡོད་པའི་ཕྱིར། སོགས་ཤིག ཁོ་བོས་རྟགས་མ་གྲུབ་བྱས་པ་ལ། དེར་ཐལ། དེ་ལྟར་འཇིག་རྟེན་ན་གྲགས་པའི་ཕྱིར་ན་མ་ཁྱབ། འོ་ན་དེ་ཡུམ་ཡིན་པར་ཐལ། དེ་ལྟར་འཇིག་རྟེན་ན་གྲགས་པའི་ཕྱིར། ཁྱབ་པ་ཁས།

德[17]故，理應如是，因彼是智慧法身之事業故。

再者，理應有屬於佛之子之聲緣聖者，因《入中論》云「聲聞中佛能王[18]生[8]」謂聲緣由能王語所生故。

第四、明辨禮讚境佛母，有云：「以具足生起自子聖者之功德分而成為被〔量〕緣為《現觀莊嚴論》作者之禮讚境，是《現觀莊嚴論》禮讚文之禮讚境佛母之性相。」導師釋迦牟尼不定。

有云：「若是《現觀莊嚴論》禮讚文之禮讚境佛母須是智，但一般禮讚文之禮讚境佛母不周遍是智，因大悲是禮讚文之禮讚境佛母，因是《入中論》禮讚文之禮讚境佛母故。」因不成，因任何《入中論》根本頌與其疏中均未稱大悲為母故。

又有云：「若是母不周遍是知覺，因母親摩訶摩耶夫人是母故。理應如是，因彼是佛之母故。理應如是，因彼是釋迦牟尼佛之母故。」有云：「今此不周遍。」那麼，彼理應是母，因彼是自子佛之母故。若不成，理應如是，因有將彼作為母之佛故。應思！對於我答的因不成，於此有云：「理應如是，因於世間如此傳故。」不周遍。那麼，彼理應是佛母，於世間如此傳故。承許周遍。

⑰ 白功德：善法的功德。

⑱ 能王：能仁之王，佛的尊稱之一。

རང་ལུགས་ནི། རང་སྲས་འཕགས་པའི་བཞེད་དོན་ཕུན་ཚོགས་སྒྲུབ་བྱེད་ཀྱི་ལམ་ཞུགས་ཀྱི་མཁྱེན་པ་དེ་འདིར་བསྟན་མཚོན་བརྗོད་ཡུལ་དུ་གྱུར་པའི་ཡུམ་གྱི་མཚན་ཉིད། རང་སྲས་འཕགས་པའི་བཞེད་དོན་ཕུན་ཚོགས་སྒྲུབ་བྱེད་ཀྱི་སྐབས་འདིར་དངོས་སུ་བསྟན་པའི་འཕགས་རྒྱུད་ཀྱི་མཁྱེན་པ་དེ། སྐབས་འདིར་དངོས་སུ་བསྟན་པའི་མཚོན་བརྗོད་ཡུལ་དུ་གྱུར་པའི་ཡུམ་གྱི་མཚན་ཉིད་ཡིན་ནོ། །

དེ་ལ་ཁོ་ན་རེ། དམན་ལམ་སྔོན་དུ་མ་སོང་བའི་བྱང་སེམས་ཀྱི་ཚོགས་ལམ་ཆོས་ཅན། མཚན་ཉིད་སྔ་མ་དེར་ཐལ། མཚོན་བྱ་དེའི་ཕྱིར། དེར་ཐལ། དོན་མངོན་པར་རྟོགས་པ་བརྒྱད་པོ་གང་རུང་ཡིན་པའི་ཕྱིར། གོང་དུ་འདོད་ན། དེ་མ་ཡིན་པར་ཐལ། ཁྱོད་ཀྱི་སྲས་སུ་གྱུར་པའི་འཕགས་པ་མེད་པའི་ཕྱིར་ཏེ། དམན་ལམ་སྔོན་དུ་མ་སོང་བའི་བྱང་སེམས་ཀྱི་ཚོགས་ལམ་ལ་གནས་པའི་འཕགས་པ་མེད་པའི་ཕྱིར་ན་འདིར་མ་ཁྱབ། འོ་ན་མཁྱེན་པ་སྔ་མས་འཕགས་པ་ཕྱི་མའི་བཞེད་དོན་སྒྲུབ་པ་མེད་པར་ཐལ། ཁྱོད་ཀྱི་དེ་ལ་ཁྱབ་པ་ཡོད་པའི་ཕྱིར། འདོད་ན། ཊཱིཀྐར། མཁྱེན་པ་སྔ་མས་འཕགས་པ་ཕྱི་མ་སྐྱེད་ཅིང་ཉེར་ཞི་ལ་སོགས་པའི་ཞེས་སོགས་གསུངས་པ་མི་འཐད་པར་ཐལ་ལོ། །

ཡང་ཁོ་ན་རེ། རྣམ་མཁྱེན་སྐད་ཅིག་ཐ་མ་ཆོས་ཅན། མཚན་ཉིད་སྔ་མ་དེར་ཐལ། མཚོན་བྱ་དེའི་ཕྱིར། འདོད་མི་ནུས་ཏེ། དེའི་སྲས་སུ་གྱུར་པའི་འཕགས་པ་མེད་པའི་ཕྱིར། དེར་ཐལ། དེའི་རིགས་འདྲ་ཕྱི་མར་གྱུར་པའི་འཕགས་པའི་མཁྱེན་པ་མེད་པའི་ཕྱིར་ཏེ། དེ་ཆོས་ཅན་དེ་ཡིན་པའི་ཕྱིར་ཟེར་ན། འོ་ན་དེ་དུས་མཐའི་སྐད་ཅིག་མ་ཡིན་པར་ཐལ། དེ་རང་གི་རིགས་འདྲ་སྔ་ཕྱི་མེད་པའི་ཤེས་པ་ཡིན་པའི་ཕྱིར། འདོད་ན། ས་བཅུ་རྒྱུན་གྱི་ཐ་མ་དེ་དེ་ཡིན་པར་ཐལ། འདོད་པའི་ཕྱིར།

ཁ་ཅིག དུས་མཐའི་སྐད་ཅིག་མའི་ཤེས་པ་ལ་ཡང་རིགས་འདྲ་སྔ་ཕྱི་ཡོད་དོ། །ཞེ་ན་མི་འཐད་དེ། སློབ་དཔོན་ཆོས་མཆོག་གིས་སོ་སོ་སྐྱེ་བོའི་རྒྱུད་ཀྱི་གཟུགས་འཛིན་ཡིད་མངོན་གྱི་རིགས་འདྲ་སྔ་ཕྱི་མེད་པར་གསུངས་པའི་ཕྱིར་ཏེ། དེ་ཉིད་ཀྱིས། དེ་ཉིད་དེ་ཡི་ལྷན་ཅིག་བྱེད་པ་ཅན་ཡིན་གྱིས་བོགས་འབྱིན་པར་བྱེད་པ་ནི་མ་ཡིན་ཏེ། སྐད་ཅིག་གི་རྫས་ལ་བོགས་འབྱིན་པར་བྱེད་པ་མི་འཐད་པའི་ཕྱིར་རོ། །ཞེས་གསུངས་པའི་ཕྱིར།

◆現觀辨析（上）

自宗：「能成辦自子聖者圓滿心願之入道智」是此示禮讚文之禮讚境佛母之性相。「能成辦自子聖者圓滿心願之此處直接顯示的聖者相續智」，是此處直接顯示禮讚文之禮讚境佛母之性相。

於此，有云：「未曾入劣道之菩薩資糧道為有法，理應是前性相，因是彼名相故。理應如是，因是八現觀義隨一故。若許上述，理應非彼，因無屬爾之子之聖者故，因住未曾入劣道之菩薩資糧道之聖者不存在故。」今此不周遍。那麼，理應無前智成辦後聖者之心願，因汝之主張有周遍故。若許，《心要莊嚴疏》所云「前智產生後聖，能成辦寂滅等願望」則成不應理。

又有云：「一切相智最後剎那為有法，理應是前性相，因是彼名相故。不能許，因無屬於其子之聖者故。理應如是，因無其『後同類』之聖者智故，因彼是彼有法故。」那麼，彼理應是時邊際剎那⑲，因彼是無自之前後同類之知覺故。若許，十地最後流理應是彼，因許故。

有云：「時邊際剎那知覺亦有前後同類。」不應理，因法上阿闍黎說異生相續中執色意現前無前後同類故，因法上阿闍黎云：「彼乃其俱生〔緣〕，然非產生效益，因剎那之事產生效益不應理故。」故。

⑲ 時邊際剎那：時間最短的剎那單位。

ཆོས་ཀྱི་རྗེས་སུ་འབྲང་བ་རྣམས་ཀྱང་ཞེས་སོགས་སྐབས་ཀྱི་སྒྲོར་བ།

ཆོས་ཀྱི་རྗེས་སུ་འབྲང་བ་རྣམས་ཀྱང་། ཞེས་སོགས་ཀྱི་སྐབས་སུ། སྒྲོར་བ་དང་། མཐའ་དཔྱད་པའོ། །

དང་པོ་ནི། རྒྱུན་གྱི་ཆེད་དུ་བྱ་བའི་གདུལ་བྱ་དབང་རྣོན་ཆོས་ཅན། ཡུམ་གྱི་ངོ་བོ་ལ་དང་བ་སྐྱེ་ཚུལ་དང་ལྡན་ཏེ། མཁྱེན་གསུམ་ཡོད་པར་ཚད་མས་གྲུབ་ནས་ཡུམ་ལ་དང་བ་སྐྱེ་བའི་ཕྱིར།

དེ་ཆོས་ཅན། ཡུམ་གྱི་ནུས་པ་ལ་དང་བ་སྐྱེ་ཚུལ་དང་ལྡན་ཏེ། མཁྱེན་གསུམ་རང་སྟེས་འཕགས་པའི་བཞེད་དོན་ཕུན་ཚོགས་སྒྲུབ་ནུས་སུ་ཚད་མས་གྲུབ་ནས་ཡུམ་ལ་དང་བ་སྐྱེ་བའི་ཕྱིར།

གཞི་ལམ་རྣམ་གསུམ་ཆོས་ཅན། བདག་གཉིས་གང་རུང་དུ་གྲུབ་པའི་སྐྱེ་བ་མེད་དེ། དེར་གྲུབ་པའི་གཅིག་དང་དེར་གྲུབ་པའི་ཐ་དད་གང་རུང་དུ་མེད་པའི་ཕྱིར།

ཁ་ཅིག དེ་ཆོས་ཅན། བདེན་པར་མེད་དེ། བདེན་པར་གྲུབ་པའི་གཅིག་དང་བདེན་པར་གྲུབ་པའི་དུ་མ་གང་རུང་དུ་མེད་པའི་ཕྱིར་ཞེས་པ། གཞུང་འདིའི་དངོས་བསྟན་གྱི་སྦྱོར་བར་འགོད་པ་མི་འཐད་དེ། གཞི་སྐྱེ་བ་མེད་པར་ཡོངས་སུ་ཤེས་ཞེས་པ། གཞི་བདེན་པའི་སྐྱེ་མེད་ལ་འཆད་མི་རིགས་པའི་ཕྱིར་ཏེ། གཞི་གང་ཟག་གི་བདག་གི་སྐྱེ་བ་མེད་པ་ལ་འཆད་པར་རྣམ་བཤད་ལས་གསུངས་པའི་ཕྱིར།

གཞན་ཡང་། ཆོས་ཀྱི་བདག་མེད་ཕྲ་མོ་རྟོགས་པའི་གཞི་ཤེས་སྐབས་འདིར་དངོས་སུ་བསྟན་པར་ཐལ། དམ་བཅའ་དེའི་ཕྱིར། འདོད་མི་ནུས་ཏེ། ཡུམ་གྱི་ལྡོག་པ་ངོས་བཟུང་བའི་ཆེད་དུ་གང་ཟག་གི་བདག་མེད་ཕྲ་མོ་རྟོགས་པའི་གཞི་ཤེས་སྐབས་འདིར་དངོས་སུ་བསྟན་པའི་ཕྱིར།

ཁོ་ན་རེ། ཆོས་ཀྱི་བདག་མེད་ཕྲ་མོ་རྟོགས་པའི་གཞི་ཤེས་ཡིན་ན་སྐབས་འདིར་དངོས་སུ་མ་བསྟན་དགོས་པར་ཐལ། དམ་བཅའ་དེའི་ཕྱིར་ཟེར་ན། མ་ཁྱབ་སྟེ། གང་ཟག་གི་བདག་མེད་ཕྲ་མོ་རྟོགས་པའི་རྣམ་མཁྱེན་སྐབས་འདིར་དངོས་སུ་བསྟན་པའི་ཕྱིར།

ཁ་ཅིག ཆོས་ཀྱི་བདག་མེད་ཕྲ་མོ་རྟོགས་པའི་གཞི་ཤེས་ཐེག་དམན་གྱི་རྟོགས་པས་བསྡུས་པ

7「諸隨法行者亦……」等時之論式

「諸隨法行者亦……」等時有論式與辨析。

初者，《現觀莊嚴論》之利根特意所化為有法，具有於佛母體性生信之理，因以量成立有三智而於佛母生信故。

彼為有法，具有於佛母能力生信之理，因以量成立三智能成辦自子聖者圓滿心願後，於佛母生信故。

基、道、相三者為有法，無成立為二我隨一之生，因非「成立為彼之一與成立為彼之異」隨一故。

有云：「『彼為有法，理應無諦實，因非諦實成立一與諦實成立異隨一故』如此立此文直接顯示之論式。」不應理，因解釋「完全了知基無生[9]」為基無諦實生不合理，因《心要莊嚴疏》將〔彼〕釋為基無補特伽羅我之生故。

復次，通達細分法無我之基智理應於此處直接顯示，因彼宗故。不能許，因於此處直接顯示通達細分補特伽羅無我之基智，乃為辨明佛母之返體故。

有云：「若是通達細分法無我之基智理應須於此處不直接顯示，因彼宗故。」不周遍，因通達細分補特伽羅無我之一切相智於此處直接顯示故。

有云：「有通達細分法無我之基智為小乘證量所攝，乃此處之

ཡོད་པ་སྐབས་འདིའི་རྣམ་བཤད་ཀྱི་དགོངས་པར་བྱེད་པ་ཡང་མི་འཐད་དེ། སྐབས་འདིར་དངོས་སུ་མ་བསྟན་ན་ཡོད་མི་དགོས་པའི་ཕྱིར།

རོང་ཊཱིཀ་ལས། ཉན་ཐོས་ཞི་བ་ཚོལ་རྣམས། ཞེས་སོགས་ཀྱི་སྐབས་ནས་དངོས་སུ་བསྟན་པའི་གཞི་ཤེས་ཡིན་ན། ཐེག་དམན་གྱི་གཞི་ཤེས་ཡིན་པས་ཁྱབ་ཅེང་། སྐབས་འདིར་བཤད་པ་དང་ཁྱད་པར་མེད་པར་འདོད་བཞིན་དུ་གཅིག་དུ་བྲལ་གྱི་རྟགས་ཀྱིས་གཞི་བདེན་པའི་སྐྱེ་མེད་ཀྱི་དོན་དུ་འཆད་པ་དང་། ཐེག་དམན་འཕགས་པ་ལ་ཆོས་ཀྱི་བདག་མེད་རྟོགས་པ་གཏན་མེད་པའི་གསུམ་ཚོགས་ཁས་ལེན་པ་མི་འཐད་དེ། རང་གི་སྟེང་དུ་འགལ་བའི་ཁུར་ཤིན་ཏུ་ལྕི་བས་ནོན་པ་མི་ཤེས་པའི་སྐྱོན་ཡིན་པའི་ཕྱིར།

ཇི་ལྟར་ན། ཉན་ཐོས་ཞི་བ་ཚོལ་རྣམས། ཞེས་སོགས་ཀྱི་སྐབས་ནས་དངོས་སུ་བསྟན་པའི་གཞི་བདེན་པའི་སྐྱེ་མེད་རྟོགས་པའི་གཞི་ཤེས་ཡོད་པར་ཐལ། གཞི་སྐྱེ་བ་མེད་པར་ཞེས་པའི་དོན་གཞི་བདེན་པའི་སྐྱེ་མེད་ལ་འཆད་རིགས་པ་གང་ཞིག ཉན་ཐོས་ཞི་བ་ཚོལ་རྣམས་ཞེས་སོགས་ཀྱི་སྐབས་ནས་དངོས་སུ་བསྟན་པའི་གཞི་ཤེས་དང་། གཞི་སྐྱེ་བ་མེད་པ་ཞེས་པའི་སྐབས་ནས་དངོས་སུ་བསྟན་པའི་གཞི་ཤེས་གཉིས་དོན་གཅིག་པའི་ཕྱིར། འདོད་ན། དེ་ཆོས་ཅན། ཐེག་དམན་གྱི་གཞི་ཤེས་ཡིན་པར་ཐལ། མཆོད་བརྗོད་ཀྱི་ཚིག་རྐང་དང་པོས་དངོས་སུ་བསྟན་པའི་གཞི་ཤེས་ཡིན་པའི་ཕྱིར། རྟགས་ཁས། འདོད་ན། ཐེག་དམན་འཕགས་པ་ལ་ཆོས་ཀྱི་བདག་མེད་རྟོགས་པ་ཡོད་པར་ཐལ། འདོད་པའི་ཕྱིར།

འོ་ན་འགྲེལ་པར། དབང་རྟུལ་དང་བ་སྐྱེ་ཚུལ་གྱི་སྐབས་སུ་འདི་ཞེས་དང་། དབང་རྣོན་དང་བ་སྐྱེ་ཚུལ་སྐབས་སུ་དེ་ཞེས་སྨོས་པའི་རྒྱུ་མཚན་གང་ཡིན་ཞེ་ན། ཁ་ཅིག དེའི་རྒྱུ་མཚན་ཡོད་དེ། རྒྱན་གྱི་ཆེད་དུ་བྱ་བའི་གདུལ་བྱ་དབང་རྟུལ་ཡུམ་ལ་དང་བ་སྐྱེ་སླ་ཞིང་དབང་རྣོན་ཡུམ་ལ་དང་བ་སྐྱེ་དཀའ་བའི་རྒྱུ་མཚན་གྱིས་དེ་ལྟར་སྨོས་པའི་ཕྱིར། ཟེར་བ་མི་འཐད་དེ། རྒྱན་གྱི་ཆེད་དུ་བྱ་བའི་གདུལ་བྱ་དབང་རྟུལ་ཡུམ་ལ་དང་བ་སྐྱེ་དཀའ་བ་ཞིག་ཀྱང་ཡོད་པའི་ཕྱིར། མཆོད་བརྗོད་ཀྱི་རྩ་ཚིག་ལ་ཉེ་རིང་གིས་ཡིན་པ་འཐད་པའི་ཕྱིར།

《心要莊嚴疏》意趣。」亦不應理，因若於此處未直接顯示則不須有故。

榮澤巴主張：若是「求寂聲聞……」等文時直接顯示之基智，周遍是小乘基智，且與此處所說無異；又以離一異因解釋基法為無實生之義；小乘聖者絕無通達法無我三者。不應理，因是未察自身為極沈重、相違之包袱所壓之失故。

當作何解？理應有於「求寂聲聞……」等文時直接顯示之通達基法無實生之基智，因「基無生」之義可解釋為基法無實生，且「求寂聲聞……」等文時直接顯示之基智，與「基無生」時直接顯示之基智二者同義故。若許，彼為有法，理應是小乘基智，因是禮讚文第一句直接顯示之基智故。承許因。若許，則小乘聖者理應有通達法無我，因許故。

那麼，《明義釋》於鈍根生信之理時謂「此[10]」，利根生信之理時謂「彼[11]」之理由為何？有云：「其理由乃《現觀莊嚴論》之鈍根特意所化於佛母容易生信，而利根於佛母難以生信，故如是言。」不應理，因亦有於佛母難以生信之《現觀莊嚴論》鈍根特意所化故。因理當是由距離禮讚文之本文遠近而如是故。

ཁ་ཅིག ཀྱུན་གྱི་ཆེད་དུ་བྱ་བའི་གདུལ་བྱ་དབང་རྣོན་ཡུམ་ལ་དང་བ་སྐྱེ་བའི་རྒྱུ་མཚན་ཡོད་དེ། གཞི་དང་ལམ་དང་རྣམ་པ་སྐྱེ་བ་མེད་པ་ཞེས་མཆོད་བརྗོད་དུ་མཁྱེན་གསུམ་སྐྱེ་མེད་ཀྱི་རྣམ་པ་ཅན་དུ་བཤད་པའི་ཕྱིར་ཞེ་ན། དེ་ལྟ་བུའི་སྦྱོར་བ་འགོད་མི་རིགས་པར་ཐལ། དབང་རྣོན་ལུང་དོན་ལ་དཔྱད་པས་དག་ནས་ཤིན་ཏུ་ལྐོག་གྱུར་གྱི་གནས་ལ་ལུང་སྒྲུབ་བྱེད་དུ་ཁས་ལེན་པ་གང་ཞིག སྐབས་འདིར་མཆོད་བརྗོད་ཀྱི་ལུང་དོན་ལ་དཔྱད་པ་བྱེད་པའི་སྐབས་ཡིན་གྱི་དཔྱད་པས་དག་ཟིན་པའི་སྐབས་མ་ཡིན་པའི་ཕྱིར། ཕྱི་མ་དེར་ཐལ། དེ་སྐབས་འདིར་ཅུང་ཟད་ལྐོག་གྱུར་ལ་དཔྱོད་པའི་སྐབས་ཡིན་གྱི། ཤིན་ཏུ་ལྐོག་གྱུར་ལ་དཔྱོད་པའི་སྐབས་མ་ཡིན་པའི་ཕྱིར་ཏེ། མཁྱེན་གསུམ་ཤིན་ཏུ་ལྐོག་གྱུར་མ་ཡིན་པའི་ཕྱིར། དེར་ཐལ། ཐར་པ་དང་ཐམས་ཅད་མཁྱེན་པ་ཤིན་ཏུ་ལྐོག་གྱུར་མ་ཡིན་པའི་ཕྱིར་ཏེ། ཚད་མ་གྲུབ་པའི་ལེའུར་ཐར་པ་དང་ཐམས་ཅད་མཁྱེན་པ་དངོས་སྟོབས་ཀྱི་རིགས་པས་སྒྲུབ་པའི་ཕྱིར་རོ། །

ཡང་ཁ་ཅིག སྐབས་འདིར་ཀྱུན་གྱི་ཆེད་དུ་བྱ་བའི་གདུལ་བྱ་དབང་རྣོན་ཡུམ་ལ་དང་བ་སྐྱེ་ཚུལ་བསྟན་པ་ཡིན་གྱི། དད་པ་སྐྱེ་བའི་རྒྱུ་མཚན་མ་བསྟན་ཟེར་ན། རྒྱུ་མཚན་མ་བསྟན་པ་མི་འཐད་དེ། དེ་འདྲའི་རྒྱུ་མཚན་མེད་ནས་མ་བསྟན་པ་ཡང་མི་འཐད། ཡོད་ཀྱང་མ་བསྟན་པ་ཡང་མི་འཐད་པའི་ཕྱིར། དང་པོ་དེར་ཐལ། ཀྱུན་གྱི་ཆེད་དུ་བྱ་བའི་གདུལ་བྱ་དབང་རྣོན་ཡུམ་ལ་དང་བ་སྐྱེས་པའི་རྒྱུ་མཚན་ཡོད་པའི་ཕྱིར། དེར་ཐལ། དེ་ཡུམ་ལ་དང་བ་སྐྱེ་བ་གང་ཞིག རྒྱུ་མེད་རྐྱེན་མེད་དུ་དང་བ་སྐྱེ་བ་མི་འཐད་པའི་ཕྱིར། རྩ་རྟགས་གཉིས་པ་དེར་ཐལ། ཀྱུན་གྱི་ཆེད་དུ་བྱ་བའི་གདུལ་བྱ་དབང་རྣོན་ཡུམ་ལ་དང་བ་སྐྱེ་བའི་རྒྱུ་མཚན་ཞིག་ཡོད་ན་དང་བ་སྐྱེ་ཚུལ་སྟོན་པའི་སྐབས་འདིར་སྟོན་པ་སྐབས་སུ་བབ་པའི་ཕྱིར།

ཁོན་རེ། སྐབས་འདིར་དེ་འདྲའི་རྒྱུ་མཚན་མ་བསྟན་པར་ཐལ། སྐབས་འདིར་ཀྱུན་གྱི་གདུལ་བྱ་དབང་རྣོན་གྱིས་ཡུམ་ལ་གནོད་པ་ཡོད་མེད་བརྟགས་པའི་ཚེ་གནོད་པ་མ་མཐོང་བ་དང་། སྒྲུབ་བྱེད་ཚད་མས་ངེས་པ་གཉིས་མ་བསྟན་པའི་ཕྱིར་ཏེ། སྐབས་འདིར་གཞི་ལམ་རྣམ་གསུམ་བདེན་པའི་སྐྱེ་མེད་དུ་ཚད་མས་གྲུབ་པའི་དམ་བཅའི་དོན་སྒོམ་པ་ལ་བརྟེན་ནས། བདེན་པའི་སྐྱེ་མེད་མངོན་སུམ་

有云：「有《現觀莊嚴論》之利根特意所化於佛母生信之理由，因以『基、道、相無生』解釋禮讚文中三智為具無生之行相故。」立如此論式理應不合理，因利根於典義超越觀擇後，承許以教典證明極隱蔽分處，且此時乃觀擇禮讚文義理之時，並非已超越觀擇之時故。後項理應如是，因是彼於此時觀擇略隱蔽分之時並非觀擇極隱蔽分之時故，因三智非極隱蔽分故。理應如是，因解脫與一切相智非極隱蔽分故，因於〈成量品〉以事勢理成立解脫與一切相智故。

又有云：「此處顯示《現觀莊嚴論》利根特意所化於佛母生信之理，然未顯示生信之理由。」未顯示理由不應理，因無如此理由而未顯示亦不應理，有理由然未顯示亦不應理故。初者理應如是，因有《現觀莊嚴論》利根特意所化於佛母生信之理由故。理應如是，因彼於佛母生信，且無因無緣生信不應理故。第二根本因理應如是，因若有一《現觀莊嚴論》利根特意所化於佛母生信之理由，於顯示如何生信之此時而作顯示乃應時故。

有云：「此時理應未顯示如此理由，因此時未顯示《現觀莊嚴論》利根所化於佛母觀察有無違害時，不見違害與以量決定能立故，因以量成立『依靠修承許以量成立基道相三者無實生之內容，生起現證無實生之聖者果位之因果相屬』的《現觀莊嚴論》利根所

དུ་རྟོགས་པའི་འཕགས་པའི་གོ་འཕང་འབྱུང་བའི་རྒྱུ་འབྲས་ཀྱི་འབྲེལ་བ་ཚད་མས་གྲུབ་པའི་རྒྱུད་ཀྱི་གདུལ་བྱ་དབང་རྣོན་མ་བསྟན་པའི་ཕྱིར། མ་གྲུབ་ན། དེ་འདྲའི་གདུལ་བྱ་དབང་རྣོན་དེས་ཡུམ་ལ་དང་བ་སྐྱེས་པ་ལ་བརྟེན་ནས། དེ་ལ་ཐོས་བསམ་སྒོམ་གསུམ་གྱིས་རིམ་གྱི་འཇུག་པ་མ་ཡིན་པར་ཐལ། དེ་ཆོས་ཅན་དེ་ཡིན་པའི་ཕྱིར་ཟེར་ན།

འོ་ན་བདེན་གྲུབ་ཀྱི་གཅིག་དང་བདེན་གྲུབ་ཀྱི་དུ་མ་གང་རུང་དུ་མ་གྲུབ་པའི་རྟགས་ཀྱིས་གཞི་ལམ་རྣམ་གསུམ་བདེན་པའི་སྐྱེ་མེད་དུ་སྒྲུབ་པར་བྱེད་པའི་ཕྱོགས་ཁྱབ་ཚད་མས་གྲུབ་ཅིང་། དེའི་དོན་སྒོམ་པ་ལས། གསལ་སྣང་འབྱུང་བར་སྒྲུབ་ནུས་པའི་འཕགས་པའི་གོ་འཕང་འབྱུང་བའི་རྒྱུ་འབྲས་ཀྱི་འབྲེལ་བ་ཚད་མས་གྲུབ་པའི་གང་ཟག་ཡིན་ན། མངོན་རྟོགས་རྒྱན་གྱི་དོན་ལེགས་པར་ཤེས་པས་ཁྱབ་པར་ཐལ། ཁྱོད་ཀྱི་དེ་ལ་ཁྱབ་པ་ཡོད་པའི་ཕྱིར། འདོད་ན། བདེན་གྲུབ་ཀྱི་གཅིག་དང་བདེན་གྲུབ་ཀྱི་དུ་མ་གང་རུང་དུ་མ་གྲུབ་པའི་རྟགས་ཀྱིས་གཞི་ལམ་རྣམ་གསུམ་བདེན་མེད་དུ་སྒྲུབ་པར་བྱེད་པའི་སྤྱི་གོལ་རྣམ་དག་ཏུ་གྱུར་པའི་ཉན་ཐོས་ཚོགས་ལམ་པ་ཆོས་ཅན། དེར་ཐལ། དེའི་ཕྱིར། དེར་ཐལ། སྦྱོར་བ་སྐོར་གཅིག་པོ་དེའི་སྤྱི་གོལ་རྣམ་དག་ཡིན་པའི་ཕྱིར། དེར་ཐལ། དེ་ཡོད་པའི་ཕྱིར། དེར་ཐལ། ཐེག་དམན་ལ་ཆོས་ཀྱི་བདག་མེད་རྟོགས་པ་ཡོད་པའི་ཕྱིར།

དེ་ལ་ཁོ་ན་རེ། ཇི་སྐད་བཤད་པ་མི་འཐད་པར་ཐལ། འདིའི་ཕྱོགས་སྔ་སྨྲ་བ་པོ་རང་ཉེ་ཀ་པ་ཡིན་ཅིང་། དེ་ལ་ཆོས་ཅན་དེ་མ་གྲུབ་པའི་ཕྱིར་ཏེ། དེས་ཐེག་དམན་ལ་ཆོས་ཀྱི་བདག་མེད་ཕྲ་མོ་རྟོགས་པ་མེད་པར་ཁས་བླངས་པའི་ཕྱིར་ཟེར་ན། སྐྱོན་མེད་དེ། རང་ཉེ་ཀ་པའི་རྩ་བའི་གྲུབ་མཐའ་དེ་ལྟར་ཡིན་ཀྱང་། སྐབས་འདིར་གཅིག་དུ་བྲལ་གྱི་རྟགས་ལས་གཞི་བདེན་པའི་སྐྱེ་མེད་ཀྱི་དོན་དུ་ཁས་བླངས་པའི་ཕྱིར་དང་། གཙོ་བོར་རྣམ་བཤད་རང་ལུགས་ཀྱི་གྲུབ་མཐའ་དང་བསྟུན་ནས་ཕ་རོལ་པོ་ལ་གནོད་པ་བརྗོད་པའང་མི་འཐད་པའི་སྐྱོན་མེད་པའི་ཕྱིར།

སྐབས་འདིར་རྣམ་བཤད་ལས། ཐེག་ཆེན་གྱི་ཚོགས་ལམ་གྱི་སྐབས་སུ་སྟོང་ཉིད་སྔར་མ་རྟོགས་གསར་དུ་རྟོགས་དགོས་ཀྱི་རྒྱུད་ཀྱི་གདུལ་བྱ་དབང་རྣོན་བཤད་པ་ལ། ཁ་ཅིག དེ་སྒྲ་ཇི་བཞིན་པ་མ་ཡིན་ཏེ། དེ་འདྲའི་གདུལ་བྱ་དབང་རྣོན་གྱིས་བྱང་ཆུབ་མཆོག་ཏུ་སེམས་བསྐྱེད་པའི་སྔ་རོལ་ཏུ་སྟོང་

化，此時未顯示故。若不成，如此利根所化理應非依於佛母生信後，以聞思修三者次第趣入於彼，因彼有法是彼故。」

那麼，以量成立由不成立為諦實成立一與諦實成立異隨一之因，成立基、道、相三者無實生之宗法與周遍，且若是以量成立「成立由修彼義能產生明現之能生聖者果位之因果相屬」的補特伽羅，理應周遍善知《現觀莊嚴論》之義，因汝所說有周遍故。若許，以不成立為諦實成立一與諦實成立異隨一之因成立基、道、相三者無諦實之正立論者聲聞資糧道者為有法，理應如是，因如是故。理應如是，因是彼一輪論式之正立論者故。理應如是，因彼存在故。理應如是，因小乘有通達法無我故。

對此有云：「如是述說理應不應理，因此之原立者是榮澤巴，且對於榮澤巴而言，彼有法不成立故。因彼主張小乘無通達細分法無我故。」無過，因榮澤巴之根本宗義雖如是，但此處由離一異因，而承許基為無實生之義，與主要依順《心要莊嚴疏》自宗之宗義，而反駁對方亦無不應理之過故。

此時《心要莊嚴疏》中〔闡述〕大乘資糧道時，講說有昔未證空性需新證之《現觀莊嚴論》利根所化，對此有云：「彼非依文〔可承許〕，因如此利根所化發勝菩提心之前，於自相續中生起通達空

ཉིད་རྟོགས་པའི་ལྟ་བ་རང་རྒྱུད་ལ་སྐྱེད་པར་བྱེད་པའི་ཕྱིར་ཏེ། དབུ་མ་རྒྱན་ལས། ཡང་དག་ཤེས་ཚོལ་སྒོན་བཏང་སྟེ། །ཞེས་སོགས་འབྱུང་བའི་ཕྱིར་ཞེས་ཟེར།

རང་ལུགས་ནི། དེ་ལྟར་རྟོགས་དགོས་ཀྱི་རྒྱན་གྱི་གདུལ་བྱ་དབང་རྣོན་ཡོད་པར་ཐལ། ལམ་མ་ཞུགས་ཀྱི་རྒྱན་གྱི་གདུལ་བྱ་དབང་རྣོན་དེ། དེ་ལྟར་རྟོགས་དགོས་ཡིན་པའི་ཕྱིར། དེར་ཐལ། དེ་ཐེག་ཆེན་ཚོགས་ལམ་གྱི་སྐབས་སུ་སྟོང་ཉིད་སྤྱར་མ་རྟོགས་གསར་དུ་རྟོགས་པའི་ཡེ་ཤེས་གསར་དུ་རྒྱུད་ལ་སྐྱེ་དགོས་ཡིན་པའི་ཕྱིར། མ་གྲུབ་ན། དེ་ཆོས་ཅན། དེར་ཐལ། ཐེག་ཆེན་གྱི་ཚོགས་ལམ་རྒྱུད་ལ་སྐྱེ་དགོས་གང་ཞིག དེའི་སྐབས་ཀྱི་སྟོང་ཉིད་སྔར་མ་རྟོགས་གསར་དུ་རྟོགས་པའི་ཐེག་ཆེན་གྱི་ཡེ་ཤེས་དེ། ཐེག་ཆེན་གྱི་ཚོགས་ལམ་ཡིན་པའི་ཕྱིར། ཕྱི་མ་དེར་ཐལ། དེ་ཡོད་པའི་ཕྱིར་ཏེ། དེའི་སྐབས་སུ་སྟོང་ཉིད་ལ་ཚད་མར་སོང་བའི་ཐེག་ཆེན་གྱི་ཚོགས་ལམ་གསར་དུ་སྐྱེ་བ་ཡོད་པའི་ཕྱིར།

དེ་ལ་ཁོ་ན་རེ། ལམ་མ་ཞུགས་ཀྱི་རྒྱན་གྱི་གདུལ་བྱ་དབང་རྣོན་ཆོས་ཅན། ཐེག་ཆེན་གྱི་ཚོགས་ལམ་གྱི་སྔ་རོལ་ཏུ་སྟོང་ཉིད་རྟོགས་པ་མ་ཡིན་པར་ཐལ། ཐེག་ཆེན་གྱི་ཚོགས་ལམ་གྱི་སྐབས་སུ་སྟོང་ཉིད་སྔར་མ་རྟོགས་གསར་དུ་རྟོགས་དགོས་ཀྱི་གང་ཟག་ཡིན་པའི་ཕྱིར་ཟེར་ན་མ་ཁྱབ། འོ་ན། དེ་ཆོས་ཅན། ཐེག་ཆེན་གྱི་ཚོགས་ལམ་གྱི་སྔ་རོལ་ཏུ་ཡོན་ཏན་མ་ཐོབ་པར་ཐལ། ཐེག་ཆེན་གྱི་ཚོགས་ལམ་གྱི་སྐབས་སུ་ཡོན་ཏན་གསར་དུ་ཐོབ་དགོས་ཡིན་པའི་ཕྱིར། ཁྱབ་པ་ཁས། མ་གྲུབ་ན། དེས་ཐེག་ཆེན་གྱི་ཚོགས་ལམ་གྱི་སྐབས་སུ་ཡོན་ཏན་གསར་དུ་ཐོབ་རྒྱུ་མེད་པར་ཐལ། མ་གྲུབ་པ་དེའི་ཕྱིར། འདོད་ན། དེས་ཐེག་ཆེན་གྱི་ཚོགས་ལམ་འབད་ནས་བསྐྱེད་པ་དོན་མེད་པར་ཐལ། འདོད་པའི་ཕྱིར།

གཞན་ཡང་། དེ་ཆོས་ཅན། ཁྱོད་ཐེག་ཆེན་གྱི་ཚོགས་ལམ་གྱི་གནས་སྐབས་སུ་སྟོང་ཉིད་སྤྱར་མ་རྟོགས་གསར་དུ་རྟོགས་པའི་ཡེ་ཤེས་རྒྱུད་ལ་སྐྱེ་དགོས་ཀྱི་གང་ཟག་ཡིན་པར་ཐལ། ཁྱོད་ཆོས་ཅན་དེ་གང་ཞིག ཁྱོད་ཀྱིས་ཐེག་ཆེན་གྱི་ཚོགས་ལམ་གྱི་གནས་སྐབས་སུ་སྔར་སྟོང་ཉིད་རྟོགས་མ་མྱོང་བའི་ཕྱིར།

ཁ་ཅིག རྣམ་བཤད་ལས་དེ་ལྟར་གསུངས་པའི་ཐེག་ཆེན་གྱི་ཚོགས་ལམ་དེ། ཐེག་ཆེན་གྱི་

性之見故，因《中觀莊嚴論》云：『先尋正慧後……』等故。」

自宗：理應有需如此通達之《現觀莊嚴論》利根所化，因未入道之《現觀莊嚴論》利根所化需如此通達故。理應如是，因彼於大乘資糧道時，在相續中需新生起昔未證新證空性之本智故，若不成，彼為有法，理應如是，因於相續中需生起大乘資糧道，且爾時之未證新證空性之大乘本智是大乘資糧道故。後項理應如是，因有彼故，因彼時有新生起於空性是量之大乘資糧道故。

對此有云：「未入道之《現觀莊嚴論》利根所化為有法，理應於大乘資糧道前不證空性，因是於大乘資糧道時，需新證昔所未證空性之補特伽羅故。」不周遍。那麼，彼為有法，於大乘資糧道前理應未獲功德，因於大乘資糧道時需新獲功德故。承許周遍。若不成，彼於大乘資糧道時，理應無新功德可獲，因前之不成故。若許，彼精勤而生起大乘資糧道理應無意義，因許故。

再者，彼為有法，爾理應是於大乘資糧道時，相續中需生起新證昔未證空性本智之補特伽羅故，因爾是彼有法，且爾於大乘資糧道之前未曾證空性故。

有云：「《心要莊嚴疏》如是所述之大乘資糧道，以是假名之

ཚོགས་ལམ་བཏགས་པ་བ་ཡིན་པའི་སྒོ་ནས་སྐྱོན་སྤོང་བྱེད་པ་མི་འཐད་དེ། དེ་ལྟར་ན། དེའི་ཐད་ཀྱི་རྣམ་བཤད་ལས་ལམ་ཤེས་དང་རྣམ་མཁྱེན་ཐོབ་པར་འགྱུར་བ་ཡིན་ན། ཞེས་པའི་ལམ་ཤེས་དང་རྣམ་མཁྱེན་ཡང་བཏགས་པ་བར་ཁས་ལེན་དགོས་པའི་ཕྱིར་དང་། སྐབས་གཉིས་པའི་རྣམ་བཤད་དུ་གཟུང་འཛིན་རྫས་གཞན་གྱིས་སྟོང་པར་རྟོགས་པའི་ཡེ་ཤེས་དང་པོར་ཚོགས་ལམ་གྱི་སྐབས་སུ་བསྐྱེད་པར་གསུངས་པའི་ཚོགས་ལམ་ཡང་། ཚོགས་ལམ་བཏགས་པ་བར་ཁས་ལེན་དགོས་པའི་ཕྱིར། ཞིབ་ཏུ་དཔྱོད་མཛོད་ཅིག

現觀辨析（上）

大乘資糧道之門而斷過失[20]。」不應理，因若如是，則須承許此處《心要莊嚴疏》「若將獲得道相智與一切相智」所述之道相智與一切相智亦是假名者，以及於第二品之《心要莊嚴疏》中所述通達能取所取異質空之本智，最初於資糧道時生起，所指之資糧道亦須承許為假名之資糧道故。應仔細觀擇。

⑳ 斷過失：化解反駁。

སློབ་དཔོན་གྱིས་བཞེད་པའི་རྟགས་ཀྱི་དགག་བྱའི་ཆོས་ངོས་བཟུང་བ།

གཉིས་པ་ལ། སློབ་དཔོན་གྱིས་བཞེད་པའི་རྟགས་ཀྱི་དགག་བྱའི་ཆོས་ངོས་བཟུང་བ་དང་། དེ་གཞི་གཞན་གྱི་སྟེང་དུ་འགོག་པའི་གཏན་ཚིགས་བཤད་པ་གཉིས།

དང་པོ་ལ་ཁ་ཅིག རང་གི་མཚན་ཉིད་ཀྱིས་གྲུབ་པའི་དངོས་པོ་དེ། གཞི་ལམ་རྣམ་གསུམ་བདེན་མེད་དུ་སྒྲུབ་པར་བྱེད་པའི་དགག་བྱའི་ཆོས་ཡིན་ཟེར་བ་མི་འཐད་དེ། དེ་ཡོད་པའི་ཕྱིར་ཏེ། རང་རྒྱུད་ཀྱི་རྟགས་ཡང་དག་ཏུ་གྱུར་པའི་དངོས་པོ་ཡོད་པའི་ཕྱིར་དང་། དེ་དབུ་མ་པས་ཀུན་རྫོབ་ཏུ་ཡོད་པར་འདོད་པའི་ཕྱིར། ཕྱི་མ་དེར་ཐལ། དེ་མདོ་སྡེ་པས་དོན་དམ་དུ་ཡོད་པར་འདོད་པ་དང་། དབུ་མ་པས་ཀུན་རྫོབ་ཏུ་ཡོད་པར་འདོད་པའི་གཞི་མཐུན་ཡིན་པའི་ཕྱིར་ཏེ། འཇུག་འགྲེལ་ལས། དེའི་ཕྱིར་ཁ་ཅིག་གིས་མདོ་སྡེ་པ་རྣམས་ཀྱི་ལུགས་ལ་དོན་དམ་པར་སྨྲས་པ་གང་ཡིན་པ་དེ་ཉིད་དབུ་མ་པ་རྣམས་ཀྱིས་ཀུན་རྫོབ་ཏུ་འདོད་དོ། །ཞེས་པའི་ཁ་ཅིག་དེ་དབུ་མ་རང་རྒྱུད་པ་ལ་བྱེད་རིགས་པའི་ཕྱིར།

ཁ་ཅིག རང་གི་མཚན་ཉིད་ཀྱིས་ཡོད་པའི་ཆོས་དེ། མདོ་སྡེ་པས་དོན་དམ་དུ་ཡོད་པ་དང་དབུ་མ་པས་ཀུན་རྫོབ་ཏུ་ཡོད་པར་འདོད་པའི་གཞི་མཐུན་ཡིན་ཟེར་བ་མི་འཐད་དེ། དེ་མདོ་སྡེ་པས་དོན་དམ་དུ་ཡོད་པར་མི་འདོད་པའི་ཕྱིར་ཏེ། དེ་དེས་རང་མཚན་དུ་མི་འདོད་པའི་ཕྱིར། དེར་ཐལ། མདོ་སྡེ་པས་ནམ་མཁའ་རང་གི་མཚན་ཉིད་ཀྱིས་གྲུབ་པར་འདོད་པའི་ཕྱིར། སྒྲུབ་བྱེད་རྒྱས་པར་འོག་ཏུ་འཆད།

ཁ་ཅིག རྟོག་པའི་དབང་གིས་བཞག་ཙམ་མ་ཡིན་པའི་ཡོད་པ་དེ། གཞི་ལམ་རྣམ་གསུམ་བདེན་མེད་དུ་སྒྲུབ་པའི་དགག་བྱའི་ཆོས་ཡིན་ཟེར་བ་མི་འཐད་དེ། དེ་ཡོད་པའི་ཕྱིར། དེར་ཐལ། གཟུགས་སོགས་རྟོག་པའི་དབང་གིས་བཞག་ཙམ་མ་ཡིན་པའི་ཕྱིར། དེར་ཐལ། གཟུགས་སོགས་འཛིན་པའི་རྟོག་པ་གཟུགས་སོགས་སྒྲུབ་བྱེད་ཀྱི་ཚད་མ་མ་ཡིན་པའི་ཕྱིར།

གཞན་ཡང་། དབུ་མ་ཐལ་རང་གཉིས་གཞི་ལམ་རྣམ་གསུམ་བདེན་མེད་དུ་སྒྲུབ་པའི་དགག་བྱའི་ཆོས་ངོས་འཛིན་ཚུལ་ལ་ཁྱད་པར་མེད་པར་ཐལ། འདོད་པའི་ཕྱིར། འདོད་ན། དེ་གཉིས་གཟུགས་སོགས་རྟོག་པའི་དབང་གིས་འཛོག་ཚུལ་ལ་ཁྱད་པར་མེད་པར་ཐལ། འདོད་པའི་ཕྱིར།

◆現觀辨析（上）

8 辨明阿闍黎所許因之所破

第二有二：辨明阿闍黎所許因之所破法、講說彼於他事上破斥之因。

初者，有云：「自性相成立之事物是成立基、道、相三者為無諦實之所破法。」不應理，因彼存在故，因有自續正因之事物，及中觀師承許彼為世俗有故。後項理應如是，因彼是經部師承許為勝義有，與中觀師承許為世俗有之同位故，因《入中論自釋》中「是故有說，經部所說勝義，即中觀師所許世俗[12]」所說之對象可說是中觀自續師故。

有云：「自性相有之法，是經部師承許為勝義有與中觀師承許為世俗有之同位。」不應理，因經部師不承許彼為勝義有故，因經部師不承許彼為自相故。理應如是，因經部師承許虛空自性相成立故。能立將詳細述說。

有云：「非唯以分別之力安立而存在，是成立基道相三者為無諦實之所破法。」不應理，因彼存在故。理應如是，因色等非唯以分別之力安立故。理應如是，因執色等分別非成立色等之量故。

此復，中觀應成自續二師對成立基、道、相三者為無諦實之所破法辨別方式，理應無差異，因許故。若許，則二師對色等由分別之力所安立之理，理應無差異，因許故。

དེ་ལ་ཁོ་ན་རེ། གཟུགས་སོགས་རྟོག་པའི་དབང་གིས་བཞག་ཙམ་ཡིན་པར་ཐལ། རིན་ཆེན་འཕྲེང་བ་ལས། གཟུགས་ཀྱི་དངོས་པོ་མིང་ཙམ་ཕྱིར། །ནམ་མཁའ་ཡང་ནི་མིང་ཙམ་མོ། །ཞེས་དང་། ཐལ་རང་གཉིས་ཤེར་ཕྱིན་གྱི་མདོར་གཟུགས་སོགས་མིང་དང་བརྡ་ཙམ་གྱིས་བཞག་པར་གསུངས་པའི་ཙམ་ཟླས་གང་གཙོད་ལ་མི་མཐུན་པར་དྲང་ངེས་རྣམ་འབྱེད་ལས་གསུངས་པའི་ཕྱིར་ཟེར་ན། སྐྱོན་མེད་དེ། རིན་ཆེན་འཕྲེང་བར་གསུངས་པ་ནི། ཤེར་ཕྱིན་གྱི་མདོ་ལས་དེ་ལྟར་གསུངས་པའི་དགོངས་པ་འཆད་པར་བཞེད་པ་ཡིན་ལ། ཤེར་ཕྱིན་གྱི་མདོའི་ཙམ་ཟླས་གཟུགས་སོགས་དོན་དམ་པར་ཡོད་པ་འགོག་ཅེས་བཤད་པས་ཚིག་གི་གཟུགས་སོགས་མིང་དང་བརྡ་ཙམ་གྱིས་བཞག་པར་མ་བསྟན་པའི་ཕྱིར།

རང་ལུགས་ནི། བློ་གནོད་མེད་ལ་སྣང་བའི་དབང་གིས་བཞག་པ་མ་ཡིན་པར་ཡུལ་རང་གི་ཐུན་མོང་མ་ཡིན་པའི་སྡོད་ལུགས་ཀྱི་ངོས་ནས་གྲུབ་པ་དེ། དེའི་དགག་བྱའི་ཆོས་ཡིན་ཏེ། དབུ་མ་སྣང་བ་ལས། དངོས་རྣམས་སྐྱེ་བ་ཀུན་རྫོབ་ཏུ། །དམ་པའི་དོན་དུ་རང་བཞིན་མེད། །རང་བཞིན་མེད་ལ་འཁྲུལ་བ་གང་། །དེ་ནི་ཡང་དག་ཀུན་རྫོབ་འདོད། །ཅེས་པའི་མདོ་ཁུངས་སུ་དྲངས་ནས་གསལ་བར་གསུངས་པའི་ཕྱིར། སྐབས་འདིའི་བློ་གནོད་མེད་ལ་ཡང་རང་གི་འཇུག་ཡུལ་ལ་མ་འཁྲུལ་བ་ཞིག་དགོས་ཏེ། རང་གི་འཇུག་ཡུལ་ལ་འཁྲུལ་བའི་ཤེས་པ་ཡིན་ན། ལོག་ཤེས་ཡིན་པས་ཁྱབ་པའི་ཕྱིར། རང་གི་འཇུག་ཡུལ་ལ་མ་འཁྲུལ་བའི་བློ་གནོད་མེད་དེ་ལ། རྟོག་པ་དང་རྟོག་མེད་ཀྱི་ཤེས་པ་གཉིས་ཀ་ཡོད་དེ། དབུ་མ་སྣང་བ་ལས། དེའི་ཕྱིར། དེ་དག་གི་བསམ་པའི་དབང་གིས་ཞེས་པའི་བསམ་པ་ལ་རྟོག་པ་དང་རྟོག་མེད་ཀྱི་ཤེས་པ་གཉིས་ཀ་ཡོད་པར་འཇུག་པའི་རྣམ་བཤད་ལས་གསུངས་པའི་ཕྱིར།

དེ་ལ་ཁོ་ན་རེ། རྟོག་པའི་དབང་གིས་བཞག་པ་མ་ཡིན་པར་ཡུལ་རང་གི་ཐུན་མོང་མ་ཡིན་པའི་སྡོད་ལུགས་ཀྱི་ངོས་ནས་གྲུབ་པ་དེ། དེའི་དགག་བྱའི་ཆོས་སུ་བྱེད་རིགས་པར་ཐལ། རྩ་བའི་དམ་བཅའ་དེ་འཐད་པ་གང་ཞིག སྐབས་འདིའི་བློ་གནོད་མེད་དུ་གྱུར་པའི་རྟོག་པ་ཡང་ཡོད་པའི་ཕྱིར།

對此有云：「色等理應是唯分別之力安立，因《中觀寶鬘論》云：『色體唯名故，虛空亦唯名。[13]』與《辨了不了義善說藏論》中說應成、自續二師對於般若經中所說『色等唯由名與言安立』之『唯』字所遮不同故。」無過，因主張《中觀寶鬘論》中所言，乃闡述般若經如是宣說之意趣，般若經之「唯」字，可說是遮色等勝義有，並未顯示色等由名與言安立故。

自宗：非由無違害覺知以顯現之力所安立，而從境本自不共存在之方成立，乃彼之所破法，因《中觀光明論》依據「法生世俗有，勝義無自性，於無性錯亂，許為真世俗。[14]」之經文而明述故。此處無違害覺知亦須於自趣入境不錯亂，因若是於自趣入境錯亂之知覺，周遍是顛倒知故。於自趣入境無錯亂之無違害覺知有分別與無分別知覺二者，因《中觀光明論》「故由彼等意樂之力」〔文中〕之「意樂」有分別與無分別知覺二者，乃《入中論善顯密意疏》所說故。

對此，有云：「非由分別之力所安立，而從境本自不共存在之方成立，是其所破法，理應合理，因根本宗應理，且亦有屬於此處無違害覺知之分別故。若許，非唯由分別之力所安立，而從境本自

འདོད་ན། རྟོག་པའི་དབང་གིས་བཞག་ཙམ་མ་ཡིན་པར་ཡུལ་རང་གི་ཐུན་མོང་མ་ཡིན་པའི་སྡོད་ལུགས་ཀྱི་ངོས་ནས་གྲུབ་པ་དེ། དེའི་དགག་བྱའི་ཚོས་སུ་བྱེད་རིགས་པར་ཐལ། འདོད་པའི་ཕྱིར་ན་མ་ཁྱབ་སྟེ། གཞི་གྲུབ་ན་རྟོག་པས་བཞག་པས་ཁྱབ་ཀྱང་། རྟོག་པའི་དབང་གིས་བཞག་ཙམ་ཡིན་པས་མ་ཁྱབ་པར་ནལ་ཟིན་པའི་ཕྱིར།

不共存在之方成立，是其所破法，理應合理，因許故。」不周遍，因已述若是基成，周遍是分別所安立，然不周遍是唯分別之力所安立故。

དེ་གཞི་གཞན་གྱི་སྟེང་དུ་འགོག་པའི་གཏན་ཚིགས།

གཉིས་པ་དེ་གཞི་གཞན་གྱི་སྟེང་དུ་འགོག་པའི་གཏན་ཚིགས་བཤད་པ་ལ། རྟགས་འགོད་པ་དང་། ཚུལ་སྒྲུབ་པ་གཉིས།

དང་པོ་ནི། གང་བདེན་པར་གྲུབ་པའི་གཅིག་དང་བདེན་པར་གྲུབ་པའི་དུ་མ་གང་རུང་དུ་མ་གྲུབ་ན། བདེན་པར་མེད་པས་ཁྱབ། དཔེར་ན་མེ་ལོང་ནང་གི་བྱད་བཞིན་གྱི་གཟུགས་བརྙན་བཞིན། གཞི་ལམ་རྣམ་གསུམ་ཡང་བདེན་པར་གྲུབ་པའི་གཅིག་དང་། བདེན་པར་གྲུབ་པའི་དུ་མ་གང་རུང་དུ་མ་གྲུབ་པ་ཡིན་ནོ། །

གཉིས་པ་ལ། ཕྱོགས་ཆོས་སྒྲུབ་པ་དང་། ཁྱབ་པ་སྒྲུབ་པའོ། །དང་པོ་ལ་གཉིས་བདེན་གྲུབ་ཀྱི་གཅིག་བྲལ་དུ་སྒྲུབ་པ་དང་། བདེན་གྲུབ་ཀྱི་དུ་བྲལ་དུ་སྒྲུབ་པའོ། །

དང་པོ་ནི། གཞི་ལམ་རྣམ་གསུམ་ཆོས་ཅན། བདེན་པར་གྲུབ་པའི་གཅིག་ཏུ་མ་གྲུབ་སྟེ། ཆ་བཅས་ཡིན་པའི་ཕྱིར། དེར་ཐལ། ཤེས་བྱ་གང་ཞིག ཆ་བཅས་ཆ་མེད་དང་དངོས་འགལ་ཡིན། ཆ་མེད་ཤེས་བྱ་ལ་མི་སྲིད་པའི་ཕྱིར།

ཁ་ཅིག དེ་ཆོས་ཅན། བདེན་པའི་གཅིག་མ་ཡིན་ཏེ། ཆ་བཅས་ཡིན་པའི་ཕྱིར། ཟེར་བ་མི་འཐད་དེ། བདེན་པའི་ཆོས་ཉིད་བདེན་པའི་གཅིག་ཡིན་པའི་ཕྱིར་ཏེ། བདེན་པའི་གཅིག་ཡོད་པའི་ཕྱིར། དེར་ཐལ། བདེན་པའི་ལྡོག་པ་ཡོད་པའི་ཕྱིར་ཏེ། བདེན་པ་ཡོད་པའི་ཕྱིར།

གཉིས་པ་ནི། དེ་ཆོས་ཅན། བདེན་པར་གྲུབ་པའི་དུ་མར་མ་གྲུབ་སྟེ། བདེན་པར་གྲུབ་པའི་གཅིག་ཁེགས་པའི་ཕྱིར།

ཁ་ཅིག དེ་ཆོས་ཅན། བདེན་པའི་དུ་མ་མ་ཡིན་ཏེ། བདེན་པར་གྲུབ་པའི་གཅིག་ཁེགས་པའི་ཕྱིར། ཟེར་བ་མི་འཐད་དེ། བུམ་པའི་ཆོས་ཉིད་དང་ཀ་བའི་ཆོས་ཉིད་གཉིས་བདེན་པའི་དུ་མ་ཡིན་པའི་ཕྱིར། དེར་ཐལ། བདེན་པའི་དུ་མ་ཡོད་པའི་ཕྱིར་ཏེ། བདེན་པའི་གཅིག་ཡོད་པའི་ཕྱིར།

9 彼於他事上破斥之因

第二，講說彼於他事上破斥之因有二：立因與成立三支。

初者，若不成立為諦實成立之一與諦實成立之異隨一，則周遍是無諦實，如：鏡中臉之影像，基、道、相三者亦不成立為諦實成立之一、異隨一。

第二，有成立宗法與成立周遍。初者有二：成立離諦實成立之一與成立離諦實成立之異。

初者，基、道、相三者為有法，非諦實成立之一，因是有分故。理應如是，因是所知，且有分與無分直接相違，於所知中不可能有無分故。

有云：「彼為有法，非諦實之一，因是有分故。」不應理，因諦實之法性是諦實之一故，因有諦實之一故。理應如是，因有諦實之返體故，因有諦實故。

第二，彼為有法，非諦實成立之異，因無成立諦實成立之一故。

有云：「彼為有法，非諦實之異，因無諦實成立之一故。」不應理，因瓶之法性與柱之法性二者是諦實之異故。理應如是，因有諦實之異故，因有諦實之一故。

གཉིས་པ་ཁྱབ་པ་སྒྲུབ་པ་ནི། བདེན་པར་གྲུབ་པའི་གཅིག་དང་བདེན་པར་གྲུབ་པའི་དུ་མ་གང་རུང་དུ་མ་གྲུབ་ན། བདེན་པར་མེད་པས་ཁྱབ་སྟེ། བདེན་པར་གྲུབ་ན། བདེན་པར་གྲུབ་པའི་གཅིག་དང་བདེན་པར་གྲུབ་པའི་དུ་མ་གང་རུང་དུ་གྲུབ་པས་ཁྱབ་པའི་ཕྱིར་ཏེ། ཡོད་ན་གཅིག་དང་དུ་མ་གང་རུང་དུ་ཡོད་པས་ཁྱབ་པའི་ཕྱིར།

རོང་ཊཱིཀ་ལས། ཡོད་ན་གཅིག་དང་དུ་མ་གང་རུང་ཡིན་པས་ཁྱབ་པ་འཇལ་བའི་ཚད་མ་དེས་བདེན་པར་ཡོད་ན། བདེན་པར་གྲུབ་པའི་གཅིག་དང་། བདེན་པར་གྲུབ་པའི་དུ་མ་གང་རུང་དུ་གྲུབ་པས་མ་ཁྱབ་པར་འཛིན་པའི་སྒྲོ་འདོགས་གཅོད་པ་ཡིན་ཟེར་བ་མི་འཐད་དེ། བྱས་ན་མི་རྟག་པས་ཁྱབ་པ་འཇལ་བའི་ཚད་མ་དེས་སྒྲ་བྱས་ན་སྒྲ་མི་རྟག་པས་མ་ཁྱབ་པར་འཛིན་པའི་སྒྲོ་འདོགས་མི་གཅོད་པའི་ཕྱིར་ཏེ། དེས་སྒྲ་ལ་རྟག་འཛིན་གྱི་སྒྲོ་འདོགས་མི་གཅོད་པའི་ཕྱིར། དེར་ཐལ། སྒྲ་མི་རྟག་རྟོགས་ཀྱི་རྗེས་དཔག་གིས་སྒྲ་ལ་རྟག་འཛིན་གྱི་སྒྲོ་འདོགས་གསར་དུ་གཅོད་པའི་ཕྱིར་ཏེ། དེ་སྒྲ་མི་རྟག་པ་ལ་ཚད་མ་ཡིན་པའི་ཕྱིར།

འོ་ན་ཐར་ལམ་གསལ་བྱེད་ལས། བྱས་ན་མི་རྟག་པས་ཁྱབ་པ་འཇལ་བའི་ཚད་མ་དེས། སྒྲ་ལ་རྟག་འཛིན་གྱི་སྒྲོ་འདོགས་གཅོད་པར་གསུངས་པས། རྣམ་བཤད་གཉིས་ཀྱི་གསུང་མི་མཐུན་ནོ་ཞེ་ན།

ཁ་ཅིག འདིའི་འགལ་སྤོང་ལ། བྱས་ན་མི་རྟག་པས་ཁྱབ་པ་འཇལ་བའི་ཚད་མ་དེས། སྒྲ་ལ་རྟག་འཛིན་གྱི་སྒྲོ་འདོགས་གཅོད་ཀྱང་། སྒྲ་བྱས་ན་སྒྲ་མི་རྟག་པས་མ་ཁྱབ་པར་འཛིན་པའི་སྒྲོ་འདོགས་མི་གཅོད་པ་ཡིན་ནོ་ཞེ་ན། མི་འཐད་དེ། སྒྲ་མི་རྟག་རྟོགས་ཀྱི་རྗེས་དཔག་གིས་སྒྲ་ལ་རྟག་འཛིན་གྱི་སྒྲོ་འདོགས་གསར་དུ་མི་གཅོད་ལ། སྒྲ་བྱས་ན་སྒྲ་མི་རྟག་པས་མ་ཁྱབ་པར་འཛིན་པའི་སྒྲོ་འདོགས་གསར་དུ་གཅོད་པའི་ཁྱད་པར་མི་འཐད་པའི་ཕྱིར།

རང་གི་ལུགས་ནི། རྣམ་བཤད་སྙིང་པོའི་རྒྱན་ལས་གསུངས་པ་འདི་ཤིན་འཐད་པ་ཡིན་ཏེ། ཊཱི་ཀ་ཆེན་ལས་འདི་དཔེར་བརྗོད་ན། སྒྲ་མི་རྟག་པར་སྒྲུབ་པའི་ཚུལ་གསུམ་ངེས་པའི་ཚད་མ་སྐྱེས་པ་ན། བར་དུ་ཚད་མ་གཞན་རྒྱུད་པ་ལ་མི་ལྟོས་པར་དེའི་མཐུ་ལ་བརྟེན་ནས་སྒྲ་ལ་རྟག་འཛིན་གྱི་སྒྲོ་

第二、成立周遍，若不成立為諦實成立之一與諦實成立之異隨一，則周遍是無諦實，因若諦實成立，周遍是諦實成立之一與諦實成立之異隨一故，因若存在，周遍是一、異隨一故。

榮澤巴云：「通達若『存在』周遍是一、異隨一之量，則斷除執持若是諦實有不周遍是諦實成立之一、異隨一之增益。」不應理，因通達若是所作性周遍是無常之量，未斷除執持聲是所作性不周遍聲是無常之增益故，因彼未於聲斷除執常之增益故。理應如是，因通達聲無常之比度於聲新斷除執常之增益故，因彼對聲無常是量故。

那麼，《明解脫道疏》所云通達所作性周遍是無常之量，於聲斷除執常之增益，故兩本釋論說法不相順？

為解其矛盾，有云：「通達所作性周遍是無常之量，於聲雖斷除執常之增益，但未斷除聲是所作性不周遍聲是無常之增益。」不應理，因通達聲無常之比度於聲未新斷除執常之增益，而新斷除執持聲是所作性不周遍聲是無常之增益，此差別不應理故。

自宗：此《心要莊嚴疏》所言唯是應理，因與《中論大疏正理海》「例如：生起決定成立聲是無常三支之量時，其間不觀待透過餘量，依其力能生起與執聲常之增益執式直接相違之覺知，然非前

འདོགས་དང་འཛིན་སྟངས་དངོས་སུ་འགལ་བའི་བློ་སྐྱེ་ནུས་ཀྱང་། སྒྲ་མི་རྟག་པར་ཚད་མ་སྔ་མས་ཞུགས་ལ་གྲུབ་པ་དང་། སྒྲ་རྟག་འཛིན་གྱི་སྒྲོ་འདོགས་ཚད་མ་སྔ་མས་བཅད་པ་མིན་པ་བཞིན་ནོ། །ཞེས་གསུངས་པ་དང་ཤིན་ཏུ་མཐུན་པའི་ཕྱིར།

ཡང་རང་ཕྱོགས་ཀྱི་མཁས་པ་ཁ་ཅིག གཞི་གཟུགས་བརྙན་གྱི་སྟེང་དུ་གཅིག་དང་དུ་མ་ཕན་ཚུན་སྤྲངས་འགལ་གྱི་དངོས་འགལ་དུ་ངེས་པའི་ཚད་མ་དེས། གཞི་གཟུགས་བརྙན་གྱི་སྟེང་དུ་བདེན་གྲུབ་ཀྱི་གཅིག་དང་། བདེན་གྲུབ་ཀྱི་དུ་མ་གང་རུང་མ་ཡིན་པའི་བདེན་གྲུབ་མེད་པར་ངེས་པ་ཡིན་ཟེར་བ་མི་འཐད་དེ། དེ་ལྟར་ན་རོང་ཊཱི་ཀ་པའི་གྲུབ་མཐའ་དེ་ཉིད་སླར་ཡང་འོངས་པའི་ཕྱིར། འོ་ན་རྣམ་བཤད་ལས་དེ་ལྟར་བཤད་པ་དང་འགལ་ལོ་ཞེ་ན། སྐྱོན་མེད་དེ། གཞི་གཟུགས་བརྙན་གྱི་སྟེང་དུ་དེ་ལྟར་ངེས་པའི་ཚད་མ་དེའི་བྱེད་པ་ལ་བརྟེན་ནས། དེའི་སྟེང་དུ་བདེན་གྲུབ་ཀྱི་གཅིག་དང་བདེན་གྲུབ་ཀྱི་དུ་མ་གང་རུང་དང་བྲལ་བའི་བདེན་གྲུབ་འགོག་ནུས་ཞེས་པའི་དོན་ཡིན་པའི་ཕྱིར།

འོ་ན་བདེན་གྲུབ་ཀྱི་གཅིག་དང་བདེན་གྲུབ་ཀྱི་དུ་མ་གང་རུང་དུ་མ་གྲུབ་པའི་རྟགས་ཀྱིས་གཞི་ལམ་རྣམ་གསུམ་བདེན་མེད་དུ་སྒྲུབ་པར་བྱེད་པའི་ཕྱི་རྒོལ་ཡང་དག་དེས། དེ་གང་རུང་དང་བྲལ་བའི་བདེན་སྟོང་དང་། མེ་ལོང་ནང་གི་བྱད་བཞིན་གྱི་གཟུགས་བརྙན་བདེན་སྟོང་དུ་རྟོགས་སམ་མ་རྟོགས་ཞེ་ན།

ཁ་ཅིག་དེ་རྟོགས་པ་ཡིན་ཏེ། གང་རྟེན་འབྲེལ་ཡིན་ན་བདེན་སྟོང་ཡིན་པས་ཁྱབ། དཔེར་ན་མེ་ལོང་ནང་གི་བྱད་བཞིན་གྱི་གཟུགས་བརྙན་བཞིན། མྱུ་གུ་ཡང་རྟེན་འབྲེལ་ཡིན་ནོ་ཞེས་པའི་སྒྲུབ་ངག་ཡང་དག་འགོད་པ་སྐབས་སུ་བབ་པའི་ཕྱི་རྒོལ་ཡང་དག་དེས། རྟེན་འབྲེལ་དང་གཟུགས་བརྙན་བདེན་མེད་དུ་རྟོགས་པའི་ཕྱིར། དེར་ཐལ། དེས་རྟེན་འབྲེལ་ཡིན་ན་བདེན་མེད་ཡིན་པས་ཁྱབ་པ་གཟུགས་བརྙན་གྱི་སྟེང་དུ་རྟོགས་པའི་ཕྱིར་ན། འདིར་མ་ཁྱབ། འོ་ན་དེ་འདྲའི་སྒྲུབ་ངག་ཡང་དག་འགོད་པ་སྐབས་སུ་བབ་པའི་ཕྱི་རྒོལ་རྣམ་དག་གི་ངོ་བོར་མྱུ་གུ་བདེན་མེད་དུ་སྒྲུབ་པའི་རྟགས་ཡང་དག་འགོད་མི་དགོས་པར་ཐལ། དེ་རྟེན་འབྲེལ་དང་གཟུགས་བརྙན་བདེན་མེད་དུ་ཚད་མས་གྲུབ་པའི་གང་ཟག་ཡིན་པའི་ཕྱིར། ཁྱབ་པར་ཐལ། ཆོས་གཅིག་བདེན་མེད་དུ་ཚད་མས་གྲུབ་ན་དེའི་ཕྱོགས་ཁྱབ་དྲན་

量順帶成立聲是無常，〔亦〕非前量斷除聲常執之增益」所言極其吻合故。

又有自方學者云：「於基法影像上，決定一、異是互排相違之直接相違之量，於基法影像上，決定無非諦實成立一與諦實成立異隨一之諦實成立。」不應理，因若如是，榮澤巴之說法又重現故。那麼，則與《心要莊嚴疏》如是述說相違？無過，因〔彼〕乃「依於基法影像上如是決定之量之作用，於其上能破離諦實成立一與諦實成立異隨一之諦實成立」之義故。

那麼，以不成立為諦實成立之一與諦實成立之異隨一因，證成基、道、相三者為無諦實之正敵論者，通達離其隨一之諦實空與鏡中臉之影像諦實空與否？

有云：「是通達彼，因立『若是緣起周遍是諦實空，如：鏡中臉之影像，苗亦是緣起』此正能立語時之正敵論者，通達緣起與影像為無諦實故，理應如是，因彼於影像上通達若是緣起周遍是無諦實故。」今此不周遍。那麼，如此立正能立語時之正敵論者前，理應不須立成立苗無諦實之正因，因彼是以量成立緣起與影像無諦實之補特伽羅故。理應周遍，因若於一法以量成立無諦實，依憶念彼之宗法與周遍，周遍能通達其他法為無諦實故，因聖天云：「任於一法得見真實〔義〕，由彼即見一切法真實。[15]」等義乃如《心要

པར་བྱས་པ་ལ་བརྟེན་ནས། ཆོས་གཞན་བདེན་མེད་དུ་རྟོགས་ནུས་པས་ཁྱབ་པའི་ཕྱིར་ཏེ། འཕགས་པ་ལྷས། གང་གིས་དངོས་གཅིག་དེ་བཞིན་ཉིད་མཐོང་བ། །དེ་ཡིས་དངོས་ཀུན་དེ་བཞིན་ཉིད་དུ་མཐོང་། །ཞེས་གསུངས་པའི་དོན་རྣམ་བཤད་ལས་བཀྲལ་བ་ལྟར་ཡིན་པའི་ཕྱིར།

གཞན་ཡང་། རྟེན་འབྲེལ་གྱི་རྟགས་ཀྱིས་གང་ཟག་བདེན་མེད་དུ་སྒྲུབ་པར་བྱེད་པའི་ཕྱི་རྒོལ་རྣམ་དག་དེས། རྟེན་འབྲེལ་བདེན་མེད་དུ་ཚད་མས་ངེས་པར་ཐལ། རྩ་བའི་དམ་བཅའ་དེའི་ཕྱིར། འདོད་ན། དེས་ཆོས་ཀྱི་བདག་མེད་རྟོགས་པར་ཐལ། འདོད་པའི་ཕྱིར། འདོད་ན། དེས་གང་ཟག་གི་བདག་མེད་རྟོགས་པར་ཐལ། འདོད་པའི་ཕྱིར། འདོད་ན། ཐལ་རང་གཉིས་ཀས་དེ་ལྟར་འདོད་པར་ཐལ། འདོད་པའི་ཕྱིར། འདོད་ན། ཐལ་འགྱུར་བས་དེས་གང་ཟག་གི་བདག་མེད་རྟོགས་པར་འདོད་པར་ཐལ། འདོད་པ་གང་ཞིག ཐལ་འགྱུར་བའི་ལུགས་ལ་གང་ཟག་བདེན་འཛིན་གང་ཟག་གི་བདག་འཛིན་ཡིན་པའི་ཕྱིར།

འོ་ན་ལམ་རིམ་ལས། དཔེར་ན་ཆོས་ཀྱི་བདག་མེད་མིག་སྣ་སོགས་ཀྱི་སྟེང་དུ་ངེས་དཀའ་ཞིང་། གཟུགས་བརྙན་སོགས་ཀྱི་སྟེང་དུ་ངེས་སླ་བས། དེ་རྣམས་སྒྱུ་མའི་སྟེང་དུ་བདེན་མེད་གཏན་ལ་འབེབས་པའི་དཔེར་འཇོག་པ་བཞིན་ནོ། །ཞེས་གསུངས་པས་གནོད་དོ་ཞེ་ན། མི་གནོད་དེ། གཞི་གཞན་གྱི་སྟེང་དུ་བདེན་མེད་རྟོགས་པ་ལས་བྱད་བཞིན་གྱི་གཟུགས་བརྙན་བྱད་བཞིན་དུ་མི་བདེན་པར་རྟོགས་སླ་ཞེས་པའི་དོན་ཡིན་པའི་ཕྱིར།

ཁ་ཅིག གཟུགས་བརྙན་བདེན་མེད་དུ་རྟོགས་པའི་གང་ཟག་ཡིན་ན། སྨྱུ་གུ་བདེན་མེད་དུ་རྟོགས་པས་ཁྱབ་ཟེར་བ་མི་འཐད་དེ། ཆོས་གཅིག་གི་གནས་ལུགས་རྟོགས་ན་དེའི་ཕྱོགས་ཁྱབ་དྲན་པར་བྱས་ནས་རིགས་པ་ཁ་སྐྱོར་བར་གསུངས་ཀྱི་ཆོས་གཅིག་བདེན་མེད་དུ་རྟོགས་ཙམ་ནས་ཆོས་ཐམས་ཅད་བདེན་མེད་དུ་རྟོགས་པར་མ་གསུངས་པའི་ཕྱིར།

ཕ་རོལ་པོའི་འདོད་པ་དེ་ལ་ཁ་ཅིག རྟེན་འབྲེལ་གྱི་རྟགས་ཀྱིས་སྨྱུ་གུ་བདེན་མེད་དུ་སྒྲུབ་པའི་ཕྱི་རྒོལ་ཡང་དག་ཆོས་ཅན། དབུ་མ་པ་ཡིན་པར་ཐལ། རྟེན་འབྲེལ་བདེན་མེད་དུ་ཚད་མས་གྲུབ་པའི་གང་ཟག་ཡིན་པའི་ཕྱིར་ཟེར་ན། གནོད་བྱེད་ཡང་དག་ཁོ་ནར་མི་འགྱུར་ཏེ། དེ་ལྟར་ན་ཕ་རོལ་པོས་

莊嚴疏》所釋故。

此復，以緣起因成立補特伽羅無諦實之正敵論者，理應以量決定緣起為無諦實，因根本宗故。若許，彼理應通達法無我，因許故。若許，彼理應通達補特伽羅無我，因許故。若許，應成自續二師皆理應如此承許，因許故。若許，應成師理應承許彼通達補特伽羅無我，因承許，且應成派視補特伽羅實執是補特伽羅我執故。

那麼，道次第言「如法無我，於眼鼻[21]等上難了達，於影像等上易了達，故安立彼等於前者上通達無我之喻」，故有違害？無違害，因彼文義乃通達臉之影像非真實臉，較餘基法上通達無諦實更容易故。

有云：「若是通達影像為無諦實之補特伽羅，周遍通達苗為無諦實。」不應理，因是說若通達一法之實相，憶念其宗法與周遍後，同理類推〔於其他法〕，然未說僅通達一法為無諦實，就能通達一切法為無諦實故。

針對彼主張，有云：「以緣起因成立苗為無諦實之正敵論者為有法，理應是中觀師，因是以量成立緣起為無諦實之補特伽羅故。」

㉑ 此處藏文可能有誤，「鼻（སྣ།）」似應為「耳（རྣ།）」。

བྱས་རྟགས་ཀྱིས་སྒྲ་མི་རྟག་པར་སྒྲུབ་པའི་ཕྱི་རྒོལ་ཡང་དག་ཆོས་ཅན། སངས་རྒྱས་པ་ཡིན་པར་ཐལ། འདུས་བྱས་མི་རྟག་པར་ཚད་མས་གྲུབ་པའི་གང་ཟག་ཡིན་པའི་ཕྱིར། ཞེས་སྨྲས་ན་ལན་གདབ་པར་དཀའ་བའི་ཕྱིར།

ཡང་ཁ་ཅིག བདེན་གྲུབ་འགོག་པའི་ལུགས་སུ་བྱས་ནས། སྣང་བ་ལྟར་གྲུབ་པའི་ཆོས་ཁས་ལེན་པ་མི་འཐད་དེ། ཡོད་ན་སྣང་བ་ལྟར་མ་གྲུབ་དགོས་པའི་ཕྱིར། དེར་ཐལ། ཡོད་ན་རང་འཛིན་རྟོག་པ་ལ་སྣང་བ་ལྟར་མ་གྲུབ་དགོས་པའི་ཕྱིར།

དེ་ལ་ཁ་ཅིག རྣམ་མཁྱེན་ལ་སྣང་བ་ཆོས་ཅན། སྣང་བ་ལྟར་མ་གྲུབ་པར་ཐལ། ཡོད་པའི་ཕྱིར་ཞེ་ན། ཆོས་ཅན་སྐྱོན་ཅན་ནོ། །

ཁ་ཅིག དེའི་སྐྱོན་ནས་ལན་མི་འདེབས་པར། རྣམ་མཁྱེན་ལ་སྣང་བ་སྣང་བ་ལྟར་མ་གྲུབ་པར་ཐལ། རྣམ་མཁྱེན་ལ་སྣང་བ་བདེན་པར་སྣང་བའི་ཕྱིར། མ་གྲུབ་ན། དེ་ལ་སྣང་བ་ཆོས་ཅན། ཁྱོད་བདེན་པར་སྣང་བ་ཐལ། ཁྱོད་བདེན་པར་སྣང་བའི་བློ་ཡོད་པ་གང་ཞིག རྣེའུ་ཤིང་རྟ་གླང་དུ་སྣང་བའི་བློ་ལ་རྣེའུ་ཤིང་རྟ་གླང་དུ་སྣང་ན། ཕྱིར་རྣེའུ་ཤིང་རྟ་གླང་དུ་སྣང་དགོས་པའི་ཕྱིར། ཟེར་བ་མི་འཐད་དེ། འོ་ན་རྣམ་མཁྱེན་ལ་མངོན་སུམ་བདེན་པར་སྣང་བར་ཐལ། རྣམ་མཁྱེན་ལ་སྣང་བ་བདེན་པར་སྣང་བ་གང་ཞིག མཚུངས་པའི་ཕྱིར། འདོད་ན། རྣམ་མཁྱེན་ཆོས་ཅན། ཁྱོད་ལ་མངོན་སུམ་བདེན་པར་མི་སྣང་བར་ཐལ། ཁྱོད་མངོན་སུམ་བདེན་པར་མི་སྣང་བའི་ཤེས་པ་ཡིན་པའི་ཕྱིར་ཏེ། འཁྲུལ་པ་ཟད་པར་སྤངས་པའི་ཤེས་པ་ཡིན་པའི་ཕྱིར། ལན་མེད་དོ། །

不成正違害，若如是，對方反駁言：「以所作性因成立聲是無常之正敵論者為有法，理應是佛弟子，因是以量成立行是無常之補特伽羅故。」則難以作答故。

又有云：「於破諦實成立之宗，主張如所顯現般成立之法。」不應理，因若是存在須非如顯現而成立故。理應如是，因若是存在須非如執自分別顯現而成立故。

對此有云：「一切相智所顯現為有法，理應非如顯現而成立，因存在故。」瑕疵有法[22]。

有不以此門答覆而云:「一切相智所顯現理應非如顯現而成立，因將『一切相智所顯現』顯現為諦實成立故。若不成，彼所顯現為有法，爾理應顯現為諦實，因有顯現爾為諦實之覺知，且顯現小木石為象馬之覺知，若顯現小木石為象馬，則一般須顯現小木石為象馬故。」不應理，那麼，一切相智理應顯現現前分為諦實，因顯現一切相智所顯現為諦實，且〔二者〕相同故。若許，一切相智為有法，爾未顯現現前分為諦實，因爾是不顯現現前分為諦實之知覺故，因是盡斷錯亂之知覺故。無法回答。

㉒ 瑕疵有法：指有法本身具有敘述不明確或只敘述一半等過失。

མཁྱེན་གསུམ་གྱི་དོན་བརྒྱད་བསྡུས་ཚུལ།

དེ་ལ་ཐམས་ཅད་མཁྱེན་པ་ཉིད་གསུམ་གྱིས་ནི་དོན་བརྒྱད་བསྡུས་ལ། ཞེས་སོགས་ཀྱི་སྐབས་སུ། སྤྱིར་བ་དང་། མཐའ་དཔྱད་པ་གཉིས།

དང་པོ་ནི། རྗེ་བཙུན་གྱིས་མཁྱེན་གསུམ་གྱི་སྒོ་ནས་ཡུམ་ལ་བསྟོད་པ་ལ་བསྟོད་གྲངས་མང་ཉུང་གི་སྐྱོན་མེད་དེ། དེ་ལྟར་བསྟོད་པ་ལ་རྒྱུ་མཚན་དང་དགོས་པ་ཁྱད་པར་ཅན་གཉིས་ཡོད་པའི་ཕྱིར། དང་པོ་ཡོད་དེ། མཁྱེན་གསུམ་གྱིས་དོན་མངོན་པར་རྟོགས་པ་བརྒྱད་བསྡུས་པའི་རྒྱུ་མཚན་གྱིས་དེ་ལྟར་བསྟོད་པའི་ཕྱིར། གཉིས་པ་ཡོད་དེ། དོན་མངོན་པར་རྟོགས་པ་བརྒྱད་ཀ་རྒྱན་གྱི་མཆོད་བརྗོད་ཡུལ་དུ་གྱུར་པའི་ཡུམ་ཡིན་ནོ་ཞེས་ཤེས་པའི་ཆེད་ཡིན་པའི་ཕྱིར།

གཉིས་པ་ལ་ཁ་ཅིག ཐེག་པ་གསུམ་པོ་གང་རུང་གི་མངོན་རྟོགས་ཡིན་ན། མཁྱེན་གསུམ་གང་རུང་ཡིན་པས་ཁྱབ་པ་དེ། མཁྱེན་གསུམ་གྱིས་དོན་མངོན་པར་རྟོགས་པ་བརྒྱད་བསྡུས་པའི་དོན་ཡིན་ཟེར་བ་དང་། ཡང་དོན་མངོན་པར་རྟོགས་པ་བརྒྱད་པོ་གང་རུང་ཡིན་ན། དེ་གསུམ་གང་རུང་ཡིན་པས་ཁྱབ་པ་དེ། དེའི་དོན་ཡིན་ཟེར་བ་གཉིས་ཀ་མི་འཐད་དེ། མཁྱེན་གསུམ་གང་རུང་ཡིན་ན། འཕགས་རྒྱུད་ཀྱི་མཁྱེན་པ་ཡིན་དགོས་པའི་ཕྱིར། ཁྱབ་པར་ཐལ། ཐེག་པ་གསུམ་པོ་གང་རུང་གི་མངོན་རྟོགས་དང་སོ་སྐྱེའི་མངོན་རྟོགས་ཀྱི་གཞི་མཐུན་ཡོད། རྣམ་རྫོགས་སྦྱོར་བ་སོགས་སྦྱོར་བ་དང་པོ་གསུམ་དང་སོ་སྐྱེའི་མངོན་རྟོགས་ཀྱི་གཞི་མཐུན་ཡོད་པའི་ཕྱིར།

ཡང་ཁ་ཅིག འཕགས་རྒྱུད་ཀྱི་དོན་མངོན་པར་རྟོགས་པ་བརྒྱད་པོ་གང་རུང་ཡིན་ན། མཁྱེན་གསུམ་གང་རུང་ཡིན་པས་ཁྱབ་པ་དེ། དེའི་དོན་ཡིན་ཟེར་བ་མི་འཐད་དེ། ཉན་ཐོས་དགྲ་བཅོམ་པའི་རྟོགས་པ་སྔོན་དུ་སོང་བའི་བྱང་སེམས་ཚོགས་ལམ་པའི་རྒྱུད་ཀྱི་སྙིང་རྗེ་ཆེན་པོ་དེ། རྣམ་རྫོགས་སྦྱོར་བ་ཡིན་ཞིང་། མཁྱེན་གསུམ་གང་རུང་མ་ཡིན་པའི་ཕྱིར། ཕྱི་མ་དེར་ཐལ། དེ་ལམ་ཤེས་མ་ཡིན་པའི་ཕྱིར་ཏེ། ལམ་ཤེས་ཐོབ་པ་ལ་ཐེག་ཆེན་གྱི་སྦྱོར་ལམ་དྲོད་སོགས་བཞི་ཐོབ་པ་སྔོན་དུ་འགྲོ་དགོས་པའི་ཕྱིར།

10 以三智含攝八義之理

「以三智含攝八義⋯⋯」等時，有二：論式與辨析。

初者，至尊以三智門禮讚佛母，無所禮讚數目過多過少之失，因如此禮讚有特殊理由與所為二者故。初者乃三智攝八現觀義，故如是禮讚。次者乃令了知八現觀義是《現觀莊嚴論》禮讚境佛母故。

第二，有云：「若是三乘隨一之現觀，周遍是三智隨一，乃三智攝八現觀義之義。」又云：「若是八現觀義隨一，周遍是三智隨一，是其義。」二者皆不應理，因若是三智隨一，須是聖者相續之智故。理應周遍，因三乘隨一之現觀與異生之現觀有同位，圓滿加行等前三加行與異生之現觀有同位故。

又有云：「若是聖者相續中八現觀義隨一，周遍是三智隨一，是其義。」不應理，因曾有聲聞阿羅漢證量之資糧道菩薩相續中之大悲是圓滿加行，然非三智隨一故。後項理應如是，因彼非道相智故，因得道相智前須獲大乘煖等四加行道故。

རྫོང་ཊཻ་ཀ་པས། འཕགས་བཞིའི་མངོན་རྟོགས་ལ་མཁྱེན་གསུམ་དུ་བཞག་པ་ནི། མཁྱེན་གསུམ་སྤྱིར་བསྡུས་ལ། སྦྱོར་བཞི་ལམ་ཤེས་ཀྱིས་བསྡུས། ཆོས་སྐུ་རྣམ་མཁྱེན་གྱིས་བསྡུས་པ་དེ། མཁྱེན་གསུམ་གྱིས་དོན་མངོན་པར་རྟོགས་པ་བརྒྱད་བསྡུས་པའི་དོན་ཡིན་ཟེར་བ་མི་འཐད་དེ། མཁྱེན་གསུམ་གྱིས་དེ་བརྒྱད་བསྡུས་པ་དེ། དེས་དེ་བརྒྱད་བསྡུས་པའི་དོན་དུ་སོང་བས་གོ་བ་མེད་པའི་ཕྱིར།

གཞན་ཡང་། འདི་ལྟར་ཁས་ལེན་པ་དང་མཚོད་བརྗོད་ཀྱི་ཚིག་རྐང་སྔ་མས་དངོས་སུ་བསྟན་པའི་གཞི་ཤེས་ཐེག་དམན་གྱི་མཁྱེན་པ་ཁོ་ནར་འདོད་པ་ནང་འགལ་བ་ཡིན་ཏེ། མཚོད་བརྗོད་ཀྱི་ཚིག་རྐང་སྔ་མས་དངོས་སུ་བསྟན་པའི་གཞི་ཤེས་ཐེག་དམན་གྱི་གཞི་ཤེས་ཡིན་ན། བསྡུ་བྱེད་ཀྱི་མཁྱེན་གསུམ་གྱིས་མངོན་པར་རྟོགས་པ་བརྒྱད་མ་བསྡུས་དགོས་པའི་ཕྱིར། དེར་ཐལ། དེ་དེ་ཡིན་ན་རྒྱུན་གྱི་ཆེད་དུ་བྱ་བའི་གདུལ་བྱས་མཚོད་བརྗོད་ཀྱི་སྐབས་ནས་དངོས་སུ་བསྟན་པའི་གཞི་ཤེས་ཉམས་སུ་མི་ལེན་པས་ཁྱབ་པའི་ཕྱིར། དེར་ཐལ། དེ་དེ་ཡིན་ན་མཚོད་བརྗོད་ཀྱི་སྐབས་འདིར་དངོས་སུ་བསྟན་པའི་གཞི་ཤེས་ཐེག་དམན་གྱི་གཞི་ཤེས་ཡིན་དགོས་པའི་ཕྱིར།

སྔ་རབས་པ་ཁ་ཅིག མཁྱེན་གསུམ་མཚོན་བྱེད་ཀྱི་ཆོས་སུམ་ཅུས་མངོན་པར་རྟོགས་པ་བརྒྱད་བསྡུས་པ་དེ། མཁྱེན་གསུམ་གྱིས་དེ་བརྒྱད་བསྡུས་པའི་དོན་དུ་མཛད་པ་མི་འཐད་དེ། དེ་སུམ་ཅུ་བསྡུ་བྱེད་ཀྱི་མཁྱེན་གསུམ་མ་ཡིན་པའི་ཕྱིར།

རང་ལུགས་ནི། དོན་མངོན་པར་རྟོགས་པ་བརྒྱད་པོ་གང་རུང་ཡིན་ན། མཁྱེན་གསུམ་གང་རུང་གི་སྒོམ་བྱའི་རྣམ་པ་ཡིན་པས་ཁྱབ། ཚུལ་དེ་ལྟར་རྒྱུན་གྱི་གདུལ་བྱས་ཉམས་སུ་ལེན་པ་དེ། དེ་གསུམ་གྱིས་དེ་བརྒྱད་བསྡུས་པའི་དོན་ཡིན་ནོ། །

དེ་ལ་ཁོན་རེ། དེ་མི་འཐད་པར་ཐལ། དེ་གསུམ་གྱིས་དེ་བརྒྱད་མ་བསྡུས་པའི་ཕྱིར། དེར་ཐལ། འཕགས་རྒྱུད་ཀྱི་མཁྱེན་པས་དེ་བརྒྱད་མ་བསྡུས་པའི་ཕྱིར། དེར་ཐལ། དེས་དེ་བརྒྱད་ཉམས་ལེན་གྱི་ཚུལ་གྱིས་མ་བསྡུས་པའི་ཕྱིར། དེར་ཐལ། རྣམ་རྫོགས་སྦྱོར་བ་ཉམས་སུ་ལེན་པའི་བྱང་སེམས་ཚོགས་ལམ་པས། དེ་བརྒྱད་ཉམས་སུ་མི་ལེན་པའི་ཕྱིར། དེར་ཐལ། དེ་འདྲའི་བྱང་སེམས་

榮澤巴云：「安立四聖者現觀為三智，乃三智總攝、道相智攝四加行、一切相智攝法身，彼是三智攝八現觀義之義。」不應理，因三智攝八現觀義，乃彼攝八現觀義之義，故無可領會㉓故。

再者，如此主張與「承許禮讚文前句直接顯示之基智唯是小乘智」矛盾，因若禮讚文前句直接顯示之基智是小乘基智，則能攝之三智須不攝八現觀故。理應如是，因彼若是彼，《現觀莊嚴論》之特意所化周遍不修禮讚文時直接顯示之基智故。理應如是，因彼若是彼，禮讚文時直接顯示之基智須是小乘基智故。

前期學者有云：「表徵三智之三十法攝八現觀，是三智攝八現觀之義。」不應理，因彼非能攝三十之三智故。

自宗：若是八現觀義隨一，周遍是三智隨一之所修行相，如此之理，由《現觀莊嚴論》所化修持，乃彼三攝八現觀之義。

對此有云：「彼理應不應理，因三智未攝八現觀義故。理應如是，因聖者相續之智未攝八現觀義故。理應如是，因三智未以修持之理攝八現觀義故。理應如是，因修持圓滿加行之資糧道菩薩不

㉓ 無可領會：無義。

ཀྱི་ཚོགས་ལམ་དེ། དེ་ཉམས་སུ་ལེན་པའི་ཉམས་ལེན་མ་ཡིན་པའི་ཕྱིར། མ་གྲུབ་ན། དེ་ཆོས་ཅན། འཕགས་རྒྱུད་ཀྱི་ཉམས་ལེན་ཡིན་པར་ཐལ། མ་གྲུབ་པ་དེའི་ཕྱིར་ན། མ་ཁྱབ་སྟེ། སངས་རྒྱས་འཕགས་པའི་ཐུགས་རྒྱུད་ཀྱི་རྣམ་མཁྱེན་ཉམས་སུ་ལེན་པའི་ཉམས་ལེན་ཡིན་ན། དེའི་རྒྱུད་ཀྱི་ཉམས་ལེན་ཡིན་མི་དགོས་པའི་ཕྱིར་ཏེ། དེ་འདྲའི་ཉམས་ལེན་ས་བཅུ་པའི་གནས་སྐབས་ན་ཡོད་པའི་ཕྱིར་དང་། སངས་རྒྱས་འཕགས་པ་དེ་རྣམ་མཁྱེན་ཉམས་སུ་ལེན་པ་པོ་མ་ཡིན་པའི་ཕྱིར། ཕྱི་མ་དེར་ཐལ། དེ་རྣམ་མཁྱེན་སྒོམ་པ་པོ་མ་ཡིན་པའི་ཕྱིར་ཏེ། དེ་དེ་སྒོམ་བཞིན་པ་མ་ཡིན་པའི་ཕྱིར་ཏེ། དེ་དེ་སྒོམ་པ་མཐར་ཕྱིན་པའི་གང་ཟག་ཡིན་པའི་ཕྱིར། ཡང་ན་རྩ་བའི་ཐལ་འགྱུར་གཉིས་པ་ལ་མ་ཁྱབ་སྟེ། མཁྱེན་གསུམ་གང་རུང་ཡིན་ན། འཕགས་རྒྱུད་ཀྱི་མཁྱེན་པ་ཡིན་དགོས་ཀྱང་། དེ་གསུམ་གང་རུང་གི་ཉམས་ལེན་ཡིན་ན་འཕགས་རྒྱུད་ཀྱི་ཉམས་ལེན་ཡིན་མི་དགོས་པའི་ཕྱིར། ཕྱི་མ་ཅུང་ཟད་ལེགས་སོ། །

◆現觀辨析（上）

修持八現觀義故。理應如是，因如此菩薩資糧道非修持八現觀義之修持故。若不成，彼為有法，理應是聖者相續之修持，因前之不成故。」不周遍，因若是修持佛聖者相續中一切相智之修持，不須是其相續之修持故，因十地時有如是修持，及佛聖者非修持一切相智者故。後項理應如是，因佛聖者非修一切相智者故，因佛聖者非正在修一切相智故，因佛聖者是修一切相智究竟之補特伽羅故。或於第二根本應成，不周遍，因若是三智隨一須是聖者相續之智，然若是三智隨一之修持，無須是聖者相續之修持故。後者稍善。

སྦྱང་འདས།

ཉན་ཐོས་དང་དེའི་ཕྱོགས་སུ་བསླན་པ། ཞེས་སོགས་ཀྱི་སྐབས་སུ། སྤྱིར་བ་དང་། མཐའ་དཔྱད་པ་གཉིས།

དང་པོ་ནི། ཉན་རང་སློབ་པ་འཕགས་པ་ཆོས་ཅན། ཁྱོད་ཀྱིས་སྦྱང་འདས་གཉིས་ཐོབ་པར་བྱེད་པའི་ཐབས་མེད་པ་མ་ཡིན་ཏེ། ཁྱོད་ཀྱིས་ཐབས་གཞི་ཤེས་ལ་བརྟེན་ནས་སྦྱང་འདས་གཉིས་ཐོབ་པར་བྱེད་པའི་ཕྱིར། ཉན་ཐོས་དང་ཞེས་སོགས་ཀྱི་སྐབས་ནས་དངོས་སུ་བསྟན་པའི་རྟེན་གྱི་གང་ཟག་ཡིན་ན། ཐེག་དམན་གྱི་གང་ཟག་ཡིན་པས་ཁྱབ་སྟེ། དེ་ཡིན་ན་གཞི་ཤེས་ཀྱི་རྣམ་གཞག་གི་རྟེན་གྱི་གང་ཟག་ཡིན་པས་ཁྱབ་པའི་ཕྱིར། དེ་ལྟར་ནའང་གཞི་ཐམས་ཅད་སྐྱེ་བ་མེད་པར་ཡོངས་སུ་ཤེས་པ། ཞེས་པའི་སྐབས་ནས་དངོས་སུ་བསྟན་པའི་གཞི་ཤེས་ཡིན་ན། ཐེག་དམན་གྱི་གཞི་ཤེས་ཡིན་པས་མ་ཁྱབ་སྟེ། རྩ་བའི་ཀུན་ཤེས་ཉིད་ཀྱི་ཞེས་པའི་སྐབས་ནས་དངོས་སུ་བསྟན་པའི་གཞི་ཤེས་ལ་དེས་མ་ཁྱབ་པར་བཤད་ཟིན་པ་གང་ཞིག གཞི་ཤེས་དེ་གཉིས་དོན་གཅིག་པའི་ཕྱིར། འགྲེལ་ཚིག་འདིའི་བསྟན་བྱའི་གཙོ་བོར་གྱུར་པའི་གཞི་ཤེས་ཡིན་ན། བྱང་སེམས་ཀྱི་གཞི་ཤེས་ཡིན་པས་ཁྱབ་སྟེ། རྩ་བ་ལ་དེ་ལྟར་དགོས་པ་གང་ཞིག དེ་གཉིས་ཀྱང་དོན་གཅིག་པའི་ཕྱིར།

གཉིས་པ་མཐའ་དཔྱད་པ་ལ་མཚན་ཉིད། དབྱེ་བ། ལྷག་བཅས་ལྷག་མེད་ཀྱི་སྦྱང་འདས་བྱེ་བྲག་ཏུ་བཤད་པའོ། །

དང་པོ་ནི། ཉོན་སྒྲིབ་སྤངས་པའི་སོ་སོར་བརྟགས་འགོག་སྦྱང་འདས་ཀྱི་མཚན་ཉིད།

གཉིས་པ་ནི་སྦྱང་འདས་ལ་སྒྲས་བརྗོད་རིགས་ཀྱི་སྒོ་ནས་དབྱེ་ན། རང་བཞིན་གྱི་སྦྱང་འདས། མི་གནས་པའི་སྦྱང་འདས། ལྷག་བཅས་སྦྱང་འདས། ལྷག་མེད་སྦྱང་འདས་དང་བཞི་ཡོད། དང་པོ་ནི། བུམ་པ་བདེན་སྟོང་ལྟ་བུ་ལ་འཇོག་པ་ཡིན་ཏེ། འདིར་འདའ་རྒྱུའི་སྦྱང་རྣ་བདེན་གྲུབ་ལ་བྱས་ནས་དེ་དེ་བཀག་པའི་སྟོང་ཉིད་ཡིན་པའི་ཕྱིར།

11 涅槃

「諸凡聲聞……」等時，有二：論式與辨析。

初者，有學聲緣聖者為有法，爾非無證得二涅槃之方便，因爾依基智方便證得二涅槃故。若是「諸凡聲聞……」等時直接顯示之所依補特伽羅，周遍是小乘補特伽羅，因若是彼周遍是安立基智之所依補特伽羅故。雖如是，若是「了知一切基無生」時直接顯示之基智，不周遍是小乘基智，因已述根本頌「由遍智」時直接顯示之基智不為小乘基智所遍，且彼二基智同義故。若是此釋文主要所示之基智，周遍是菩薩基智，因根本頌須如此，且彼二者亦同義故。

第二、辨析，有性相、分類、別說有餘無餘涅槃。

初者，「斷煩惱障之擇滅」乃涅槃之性相。

第二，涅槃堪以聲詮之門可分為：自性涅槃、無住涅槃、有餘涅槃、無餘涅槃四種。初者，例如：安立瓶子諦實空，因在此應超越之憂惱乃「諦實成立」，自性涅槃乃破諦實成立之空性故。

ཁ་ཅིག ཐལ་འགྱུར་བའི་ལུགས་ལ་དེ་མྱང་འདས་མཚན་ཉིད་པ་ཡིན་ཟེར་བ་མི་འཐད་དེ། དེའི་ལུགས་ལ་རང་བཞིན་རྣམ་དག་གི་ཆར་གྱུར་པའི་ངོ་བོ་ཉིད་སྐུ་མྱང་འདས་མ་ཡིན་པའི་ཕྱིར་ཏེ། དེ་མི་གནས་པའི་མྱང་འདས་མ་ཡིན་པའི་ཕྱིར་ཏེ། དེ་མངོན་སུམ་དུ་རྟོགས་པའི་བྱང་འཕགས་ཡོད་པའི་ཕྱིར་དང་། མི་གནས་པའི་མྱང་འདས་མངོན་སུམ་དུ་རྟོགས་པའི་བྱང་འཕགས་མེད་པའི་ཕྱིར།

ཁ་ཅིག བྱང་འཕགས་ཀྱི་རྒྱུད་ཀྱི་མྱང་འདས་མི་གནས་པའི་མྱང་འདས་ཡིན་ཏེ། དེ་སྲིད་ཞིའི་མཐའ་ལ་མི་གནས་པའི་མྱང་འདས་ཡིན་པའི་ཕྱིར། ཞེས་སྨྲ་བ་མི་འཐད་དེ། དེ་སྲིད་ཞིའི་མཐའ་ལ་མི་གནས་པའི་ལམ་སྒོམ་སྟོབས་ཀྱིས་ཐོབ་པའི་སྤངས་པ་མཐར་ཐུག་མ་ཡིན་པའི་ཕྱིར་དང་། དེ་ཐེག་ཆེན་གྱི་མྱང་འདས་མ་ཡིན་པའི་ཕྱིར། ཕྱི་མ་དེར་ཐལ། དེ་རྒྱུད་ལྡན་གྱི་བྱང་འཕགས་ཐེག་ཆེན་གྱི་མྱང་འདས་ལ་གནས་པ་མ་ཡིན་པའི་ཕྱིར། དེར་ཐལ། དེས་ཐེག་ཆེན་གྱི་མྱ་ངན་མ་བཅོམ་པའི་ཕྱིར་ཏེ། དེས་ཐེག་ཆེན་གྱི་དགྲ་མ་བཅོམ་པའི་ཕྱིར་ཏེ། དེས་ཤེས་སྒྲིབ་མ་བཅོམ་པའི་ཕྱིར།

གསུམ་པ་ལ་ཁ་ཅིག ཀུན་འབྱུང་སྤངས་པ་གཞིར་བཅས་ལ། སྡུག་བསྔལ་ཟད་པར་མ་སྤངས་པ་དང་དེ་ཟད་པར་སྤངས་པའི་ཆ་ནས་མྱང་འདས་གཉིས་ཀྱི་འཇོག་བྱེད་སྨྲ་བ་མི་འཐད་དེ། ཀུན་འབྱུང་ཟད་པར་སྤངས་ན་སྡུག་བསྔལ་ཟད་པར་སྤངས་དགོས་པའི་ཕྱིར་དང་། ལྷག་བཅས་མྱང་འདས་ལ་གནས་པའི་ཉན་ཐོས་དགྲ་བཅོམ་པས་ཀུན་འབྱུང་ཟད་པར་མ་སྤངས་པའི་ཕྱིར། ཕྱི་མ་དེར་ཐལ། དེས་ལས་ཀྱི་ཀུན་འབྱུང་མ་སྤངས་པའི་ཕྱིར་ཏེ། དེ་བརྩེ་བའམ་ལས་ཀྱི་དབང་གིས་འཁོར་བར་གནས་པའི་ཕྱིར་ཏེ། རྣམ་འགྲེལ་ལས། འདོད་ཆགས་བྲལ་བའི་གནས་པ་ནི། །བརྩེ་བའམ་ཡང་ན་ལས་ཀྱི་ཡིན། །ཞེས་གསུངས་པའི་ཕྱིར།

གཞན་ཡང་དེའི་རྒྱུད་ལ་ལས་ཀྱི་ཀུན་འབྱུང་ཡོད་པར་ཐལ། དེའི་རྒྱུད་ལ་འཕེན་བྱེད་ཀྱི་ལས་ཡོད་ཀྱང་། དེ་ལྷན་ཅིག་བྱེད་རྐྱེན་ཉོན་མོངས་ཟད་པའི་དབང་གིས་ཡང་སྲིད་དུ་སྐྱེ་བ་མི་ལེན་པའི་ཕྱིར་ཏེ། རྣམ་འགྲེལ་ལས། སྲིད་པའི་སྲེད་ལས་རྣམ་གྲོལ་བའི། །ལས་གཞན་འཕེན་ནུས་མ་ཡིན་ཏེ། །ལྷན་ཅིག་བྱེད་པ་ཟད་ཕྱིར་རོ། །ཞེས་གསུངས་པའི་ཕྱིར།

ཁ་ཅིག ཉོན་སྒྲིབ་ཟད་པར་སྤངས་པ་གཞིར་བཅས་ལ། ཕུང་པོ་ལྷག་མ་དང་བཅས་མ་བཅས་

有云：「於應成派彼是真實涅槃。」不應理，因於應成派屬自性清淨分之自性身非涅槃故，因彼非無住涅槃故，因有現證彼之菩薩聖者，及無現證無住涅槃之菩薩聖者故。

有云：「菩薩聖者相續之涅槃是無住涅槃，因是不住有、寂邊之涅槃故。」不應理，因彼非依修不住有、寂邊道之力獲得之究竟斷德，以及彼非大乘涅槃故。後項理應如是，因相續具足彼之菩薩聖者非住大乘涅槃者故。理應如是，因彼未毀大乘憂惱故，因彼未毀大乘之怨敵故，因彼未毀所知障故。

第三，對此有云：「同是斷集，以未盡斷苦與否之分主張為二涅槃之能安立。」不應理，因盡斷集須盡斷苦，及住有餘涅槃之聲聞阿羅漢未盡斷集故。後者理應如是，因彼未斷業集故，因彼因悲或業力住輪迴故，因《釋量論》云：「離貪安住者，由悲或由業。[16]」故。

再者，其相續中理應有業集，因其相續中有能引業，然彼由盡俱生緣煩惱之力不投生後世故，因《釋量論》云：「已越有愛者，非餘所能引，俱有已盡故。[17]」故。

有云：「同是盡斷煩惱障，以有、無餘蘊門主張為彼二之能安

ཀྱི་སྒོ་ནས་དེ་གཉིས་ཀྱི་འཇོག་བྱེད་སྨྲ་བ་ཡང་མི་འཐད་དེ། ལྷག་མེད་མྱང་འདས་ལ་གནས་པའི་ཉན་ཐོས་དགྲ་བཅོམ་པའི་རྒྱུད་ལ་ཕུང་པོ་ཡོད་པའི་ཕྱིར། དེར་ཐལ། དེའི་རྒྱུད་ལ་རྣམ་ཤེས་ཀྱི་ཕུང་པོ་ཡོད་པའི་ཕྱིར་ཏེ། དེའི་རྒྱུད་ལ་གཙོ་སེམས་ཡོད་པའི་ཕྱིར།

ཡང་ཁ་ཅིག ཉོན་སྒྲིབ་སྤྱངས་པ་གཞིར་བཅས་ལ་འཁོར་བར་འཆིང་བྱེད་ཀྱི་ཕུང་པོའི་ལྷག་མ་ཡོད་མེད་ཀྱི་ཆ་ནས་དེ་གཉིས་ཀྱི་འཇོག་བྱེད་སྨྲ་བ་མི་འཐད་དེ། ལྷག་བཅས་མྱང་འདས་ལ་གནས་པའི་ཉན་ཐོས་དགྲ་བཅོམ་པའི་རྒྱུད་ལ་འཁོར་བར་འཆིང་བྱེད་ཀྱི་ཕུང་པོའི་ལྷག་མ་མེད་པའི་ཕྱིར་ཏེ། དེས་འཁོར་བར་འཆིང་བྱེད་ཀྱི་ཉོན་སྒྲིབ་ཟད་པར་སྤྱངས་པའི་ཕྱིར།

ཡང་ཁ་ཅིག ཉོན་སྒྲིབ་སྤྱངས་པ་གཞིར་བཅས་ལ། ཟག་པ་དང་བཅས་པའི་ཕུང་པོ་སྤྱངས་མ་སྤྱངས་ཀྱི་སྒོ་ནས་དེ་གཉིས་ཀྱི་འཇོག་བྱེད་སྨྲ་བ་མི་འཐད་དེ། ལྷག་མེད་མྱང་འདས་ལ་གནས་པའི་ཉན་ཐོས་དགྲ་བཅོམ་པའི་རྒྱུད་ལ་ཟག་བཅས་ཀྱི་ཕུང་པོ་ཡོད་པའི་ཕྱིར་ཏེ། དེའི་རྟོགས་པ་སྔོན་དུ་སོང་བའི་བྱང་སེམས་ས་གཉིས་པ་བའི་རྒྱུད་ལ་ཟག་བཅས་ཀྱི་ཕུང་པོ་ཡོད་པའི་ཕྱིར་ཏེ། དེའི་རྒྱུད་ཀྱི་མོས་པ་སྒོམ་ལམ་དེ་ཟག་བཅས་ཀྱི་ཕུང་པོ་ཡིན་པའི་ཕྱིར་ཏེ། དེ་ཟག་བཅས་ཀྱིས་ཤེས་པ་ཡིན་པའི་ཕྱིར་ཏེ། དེ་ཟག་བཅས་ཀྱི་ལམ་ཡིན་པའི་ཕྱིར་ཏེ། དེ་ཟག་བཅས་སྒོམ་ལམ་ཡིན་པའི་ཕྱིར།

ཡང་ཁ་ཅིག ཉོན་སྒྲིབ་སྤྱངས་པ་གཞིར་བཅས་ལ། སྔ་མའི་ལས་ཉོན་གྱིས་འཕངས་པའི་སྡུག་བསྔལ་གྱི་ཕུང་པོ་དང་བཅས་པའི་དམན་པའི་སོ་སོར་བརྟགས་འགོག་དང་། དེ་དང་བྲལ་བའི་དམན་པའི་སོ་སོར་བརྟགས་འགོག་རིམ་པ་བཞིན། དམན་པའི་ལྷག་བཅས་མྱང་འདས་དང་། དམན་པའི་ལྷག་མེད་མྱང་འདས་ཀྱི་མཚན་ཉིད་དུ་སྨྲ་བ་མི་འཐད་དེ། དམན་པའི་ལྷག་བཅས་མྱང་འདས་དེ། སྔ་མའི་ལས་ཉོན་གྱིས་འཕངས་པའི་སྡུག་བསྔལ་གྱི་ཕུང་པོ་དང་བཅས་པའི་དམན་པའི་སོ་སོར་བརྟགས་འགོག་མ་ཡིན་པའི་ཕྱིར། དེར་ཐལ། དེ་སྔ་མའི་ལས་ཉོན་གྱིས་འཕངས་པའི་སྡུག་བསྔལ་གྱི་ཕུང་པོ་དང་བཅས་པ་མ་ཡིན་པའི་ཕྱིར་ཏེ། དེ་ཟག་བཅས་མ་ཡིན་པའི་ཕྱིར་ཏེ། དེ་ཟག་མེད་ཡིན་པའི་ཕྱིར་ཏེ། དེ་འགོག་བདེན་ཡིན་པའི་ཕྱིར།

立。」不應理，因住無餘涅槃之聲聞阿羅漢相續中有蘊故。理應如是，因其相續中有識蘊故，因其相續中有心王故。

又有云：「同是斷煩惱障，以有無繫於輪迴餘蘊之分，主張為彼二之能安立。」不應理，因住有餘涅槃之聲聞阿羅漢相續中無能繫於輪迴之餘蘊故，因彼盡斷能繫於輪迴之煩惱障故。

又有云：「同是斷煩惱障，以是否斷有漏蘊門，主張為彼二之能安立。」不應理，因住無餘涅槃之聲聞阿羅漢相續中有有漏蘊故，因曾有其證量之二地菩薩相續中有有漏蘊故，因其相續之勝解修道是有漏蘊故，因彼是有漏知覺故㉔，因彼是有漏道故，因彼是有漏修道故。

又有云：「同是斷煩惱障，具前業煩惱所牽引之苦蘊的小乘擇滅與離此的小乘擇滅，依次為小乘有餘涅槃與小乘無餘涅槃之性相。」不應理，因小乘有餘涅槃非具前業煩惱所牽引之苦蘊的小乘擇滅故。理應如是，因不具前業煩惱所牽引之苦蘊故，因彼非有漏故，因彼是無漏故，因彼是滅諦故。

㉔ 此處藏文有誤，གྱིས།應為གྱི།。

ཡང་ཁ་ཅིག སྐུ་ཚེའི་འདུ་བྱེད་མ་བཏང་བའི་དགྲ་བཅོམ་པའི་རྒྱུད་ཀྱི་མྱང་འདས་ལྷག་བཅས་མྱང་འདས་དང་། སྐུ་ཚེའི་འདུ་བྱེད་བཏང་བའི་དགྲ་བཅོམ་པའི་རྒྱུད་ཀྱི་མྱང་འདས་ལྷག་མེད་མྱང་འདས་སུ་སྨྲ་བ་མི་འཐད་དེ། སྐུ་ཚེའི་འདུ་བྱེད་བཏང་བའི་དགྲ་བཅོམ་པ་མེད་པའི་ཕྱིར་ཏེ། སྲོག་དབང་དང་མི་ལྡན་པའི་དགྲ་བཅོམ་པ་མེད་པའི་ཕྱིར་ཏེ། དགྲ་བཅོམ་པ་ཡིན་ན་སྲོག་དབང་དང་ལྡན་པས་ཁྱབ་པའི་ཕྱིར། དེ་བཞིན་དུ་སེམས་ཅན་ཤི་བ་ཡོད་ཀྱང་ཤི་བའི་སེམས་ཅན་མེད་དེ། སེམས་ཅན་ཡིན་ན་མ་ཤི་བས་ཁྱབ་པའི་ཕྱིར།

འདི་ལ་དཔགས་ནས་ཁ་ཅིག སེམས་ཅན་འདས་པ་ཡོད་ཀྱང་སེམས་ཅན་ཤི་བ་མེད་དེ། ལོངས་སྐུ་འདས་པ་ཡོད་ཀྱང་ལོངས་སྐུ་ཤི་བ་མེད་པའི་ཕྱིར་ཞེས་གསུངས་པ་མི་འཐད་དེ། སེམས་ཅན་ཚེ་འདིའི་ཕུང་པོ་འདོར་བ་ཡོད་ཀྱང་། ལོངས་སྐུ་ཚེ་འདིའི་ཕུང་པོ་འདོར་བ་མེད་པའི་ཕྱིར།

རང་ལུགས་ནི། ཐལ་རང་གཉིས་ཀ་ཐུན་མོང་དུ། ཉོན་སྒྲིབ་ཟད་པར་སྤངས་ཤིང་། སྔ་མའི་ལས་ཉོན་གྱིས་འཕངས་པའི་སྡུག་བསྔལ་གྱི་ཕུང་པོའི་ལྷག་མ་དང་བཅས་པའི་དམན་པའི་རྒྱུད་ཀྱི་བྲལ་བ། དམན་པའི་ལྷག་བཅས་མྱང་འདས་ཀྱི་མཚན་ཉིད། ཉོན་སྒྲིབ་ཟད་པར་སྤངས་ཤིང་། སྔ་མའི་ལས་ཉོན་གྱིས་འཕངས་པའི་སྡུག་བསྔལ་གྱི་ཕུང་པོ་དང་མ་བཅས་པའི་དམན་པའི་རྒྱུད་ཀྱི་བྲལ་བ་དེ། དམན་པའི་ལྷག་མེད་མྱང་འདས་ཀྱི་མཚན་ཉིད།

ཁ་ཅིག དམན་པའི་མྱང་འདས་ཞེས་ཞིབ་ཆ་མི་སྟོན་པར་ལྷག་བཅས་མྱང་འདས་དང་། ལྷག་མེད་མྱང་འདས་གང་རུང་ཡིན་ན། དམན་པའི་མྱང་འདས་ཡིན་པས་ཁྱབ་ཟེར་བ་མི་འཐད་དེ། ཐེག་ཆེན་གྱི་མྱང་འདས་ཡིན་ན། ལྷག་མེད་མྱང་འདས་ཡིན་པས་ཁྱབ་པའི་ཕྱིར་དང་། བྱང་སེམས་ཚོགས་ལམ་པའི་རྒྱུད་ཀྱི་ལྷག་བཅས་མྱང་འདས་ཡོད་པའི་ཕྱིར། ཕྱི་མ་དེར་ཐལ། ལྷག་མེད་མངོན་དུ་མ་བྱས་པའི་ཉན་ཐོས་ལྷག་བཅས་པའི་རྟོགས་པ་སྔོན་དུ་སོང་བའི་བྱང་སེམས་ཚོགས་ལམ་པའི་རྒྱུད་ཀྱི་ལྷག་བཅས་མྱང་འདས་ཡོད་པའི་ཕྱིར་ཏེ། དེ་འདྲའི་བྱང་སེམས་ཚོགས་ལམ་པ་ཡོད་པའི་ཕྱིར།

又有云：「未捨壽行[25]之阿羅漢相續之涅槃是有餘涅槃，已捨壽行之阿羅漢相續之涅槃是無餘涅槃。」不應理，因無已捨壽行之阿羅漢故，因無不具命根之阿羅漢故，因若是阿羅漢周遍具命根故。同樣的，「有情死亡」存在，但無「死亡之有情」，因若是有情周遍未死故。

有以此推測云：「有有情已逝，但無有情死亡，因有報身已逝，然無報身死亡故。」不應理，因有情有捨此世身體，但報身無捨此世身體故。

自宗：應成自續二師皆〔言〕,「盡斷煩惱障，且具『前業煩惱所牽引苦餘蘊』之小乘相續之離法」，乃小乘有餘涅槃之性相；「盡斷煩惱障，且不具『前業煩惱所牽引苦蘊』之小乘相續之離法」，乃小乘無餘涅槃之性相。

有未加「小乘涅槃」細節而云：「若是有餘涅槃與無餘涅槃隨一，周遍是小乘涅槃。」不應理，因若是大乘涅槃周遍是無餘涅槃，及有資糧道菩薩相續之有餘涅槃故。後項理應如是，因未現起無餘之聲聞有餘證量先行的資糧道菩薩相續的有餘涅槃存在故。因有如此資糧道菩薩故。

㉕ 捨壽行：亦即捨壽，死亡的別名。

དེ་ལ་ཁོ་ན་རེ། དེ་བྱང་སེམས་ཀྱི་སྦྱང་འདས་ཡིན་པར་ཐལ། དེ་བྱང་སེམས་ཚོགས་ལམ་པའི་རྒྱུད་ཀྱི་སྦྱང་འདས་ཡིན་པའི་ཕྱིར་ཟེར་ན། འོ་ན་དེ་ཐེག་ཆེན་གྱི་སྦྱང་འདས་ཡིན་པར་ཐལ། དེ་ཐེག་ཆེན་གང་ཟག་གི་རྒྱུད་ཀྱི་སྦྱང་འདས་ཡིན་པའི་ཕྱིར། ཁྱབ་པ་ཁས།

ཁ་ཅིག སེམས་ཙམ་པའི་ལུགས་ལ། ལྷག་མེད་སྦྱང་འདས་ཀྱི་ཚེ་འདུ་བྱེད་ཀྱི་འཇུག་པ་རྒྱུན་ཆད་པར་འདོད་བཞིན་དུ་ལྷག་མེད་སྦྱང་འདས་ལ་གནས་པའི་དགྲ་བཅོམ་པ་ཁས་ལེན་པ་མི་འཐད་དེ། དེ་དགྲ་བཅོམ་པ་ཡིན་ན་འདུས་བྱས་ཡིན་དགོས་པའི་ཕྱིར།

ཡང་ཁ་ཅིག གཟུགས་སྐུ་གཉིས་ཐེག་ཆེན་གྱི་ལྷག་བཅས་སྦྱང་འདས་དང་། ཆོས་སྐུ་ཐེག་ཆེན་གྱི་ལྷག་མེད་སྦྱང་འདས་སུ་འདོད་པ་ཡང་མི་འཐད་དེ། སྦྱང་འདས་ཡིན་ན་འདུས་མ་བྱས་ཡིན་དགོས་པའི་ཕྱིར། དེར་ཐལ། རྩ་ཤེ་ལས། མྱ་ངན་འདས་པ་འདུས་མ་བྱས། །ཞེས་གསུངས་པའི་ཕྱིར།

ཡང་ཁ་ཅིག དགྲ་བཅོམ་པ་ཡིན་ན་འཁོར་བ་སྤངས་པས་ཁྱབ་ཟེར་བ་མི་འཐད་དེ། ལྷག་བཅས་སྦྱང་འདས་ལ་གནས་པའི་ཉན་ཐོས་དགྲ་བཅོམ་པས་འཁོར་བ་མ་སྤངས་པའི་ཕྱིར་ཏེ། དེ་འཁོར་བ་ལ་གནས་པའི་ཕྱིར། ཁྱབ་པར་ཐལ། ལས་ཉོན་གྱིས་ལག་རྗེས་བཞག་པའི་འཁོར་བ་ལ་གནས་ན། དེ་མ་སྤངས་དགོས་པའི་ཕྱིར། དེར་ཐལ། ལས་དང་ཉོན་མོངས་ཀྱི་དབང་གིས་འཁོར་བ་ལ་གནས་ན་དེ་མ་སྤངས་དགོས་པའི་ཕྱིར།

ཡང་ཁ་ཅིག དམན་པའི་སྦྱང་འདས་ཀྱིས་སྦྱང་འདས་ཀྱི་གོ་མི་ཆོད་དེ། སངས་རྒྱས་མ་ཐོབ་པར་སྦྱང་འདས་མི་ཐོབ་པའི་ཕྱིར་ཏེ། རྒྱུད་བླ་མར། དེས་ན་སངས་རྒྱས་མ་ཐོབ་པར། །མྱ་ངན་འདས་པ་མི་ཐོབ་སྟེ། །འོད་དང་འོད་ཟེར་སྤངས་ནས་ནི། །ཉི་མ་ལྟ་བར་མི་ནུས་བཞིན། །ཞེས་གསུངས་པའི་ཕྱིར་ན། མ་ཁྱབ་སྟེ། སངས་རྒྱས་མ་ཐོབ་པར་མཐར་ཐུག་གི་སྦྱང་འདས་མི་ཐོབ་ཅེས་པའི་དོན་ཡིན་པའི་ཕྱིར། དེ་ལྟར་མ་ཡིན་ན་དགྲ་བཅོམ་བསད་པའི་མཚམས་མེད་ཀྱི་ལས་མེད་པར་ཐལ། ཐེག་དམན་དགྲ་བཅོམ་དགྲ་བཅོམ་མ་ཡིན་པ་གང་ཞིག ཐེག་ཆེན་དགྲ་བཅོམ་བསོད་པར་མི་ནུས་པའི་ཕྱིར། དང་པོ་དེར་ཐལ། དམན་པའི་སྦྱང་འདས་སྦྱང་འདས་མ་ཡིན་པའི་ཕྱིར། འདོད་ན། མཚམས་མེད་ལྔ་མེད་པར་འགྱུར་རོ། །

對此有云：「彼理應是菩薩之涅槃，因彼是資糧道菩薩相續之涅槃故。」那麼，彼理應是大乘涅槃，因彼是大乘補特伽羅相續之涅槃故。承許周遍。

有云：「唯識宗承許無餘涅槃時，行之作用續流斷滅，仍主張住無餘涅槃之阿羅漢。」不應理，因彼若是阿羅漢，則須是有為故。

又有主張云：「二種色身是大乘有餘涅槃，法身是大乘無餘涅槃。」亦不應理，因若是涅槃須是無為故。理應如是，因《中論》云：「涅槃名無為。[18]」故。

又有云：「若是阿羅漢周遍斷輪迴。」不應理，因住有餘涅槃之聲聞阿羅漢未斷輪迴故，因彼住輪迴故。理應周遍，因若住業煩惱留下手跡之輪迴定不斷彼故。理應如是，因若以業煩惱之力住輪迴定不斷彼故。

又有云：「小乘涅槃不算是涅槃，因未成佛不證涅槃故，因《大乘寶性論》云：『是故未成佛，即不得涅槃，如離光芒等，無法見太陽。[19]』故。」不周遍，因〔此〕乃未成佛則不得究竟涅槃之義故。若非如此，理應無殺阿羅漢之無間業，因小乘阿羅漢非阿羅漢，且大乘阿羅漢無法殺故。初者理應如是，因小乘涅槃非涅槃故。若許，則成無五無間〔罪〕。

ཆོས་འཁོར།

རྣམ་པ་ཐམས་ཅད་སྐྱེ་བ་མེད་པར་ཐུགས་སུ་ཆུད་པ། ཞེས་སོགས་ཀྱི་སྐབས་སུ། སྤྱིར་བ་དང་། མཐའ་དཔྱད་པའོ། །

དང་པོ་ནི། སངས་རྒྱས་འཕགས་པ་ཆོས་ཅན། ཁྱོད་ཀྱིས་ཆོས་འཁོར་བསྐོར་བའི་ཐབས་མེད་པ་མ་ཡིན་ཏེ། ཁྱོད་ཀྱིས་ཐབས་རྣམ་མཁྱེན་ལ་བརྟེན་ནས་ཆོས་འཁོར་བསྐོར་བའི་ཕྱིར།

གཉིས་པ་ལ། ཆོས་འཁོར་གྱི་མཚན་ཉིད། དབྱེ་བ། སྒྲ་དོན། ལུང་གི་ཆོས་འཁོར་བྱེ་བྲག་ཏུ་བཤད་པ་དང་བཞི།

དང་པོ་ནི། ཁ་ཅིག སྟོན་པས་གསུངས་པའི་དམ་ཆོས་གང་ཞིག མི་མཐུན་ཕྱོགས་འཇོམས་ནུས་དེ། ཆོས་འཁོར་གྱི་མཚན་ཉིད་ཟེར་ན། བསླབ་པ་གསུམ་ཆོས་ཅན། མཚོན་བྱ་དེར་ཐལ། མཚན་ཉིད་དེའི་ཕྱིར། དང་པོ་དེར་ཐལ། སྟོན་པས་གསུངས་པ་གང་ཞིག དམ་ཆོས་ཡིན་པའི་ཕྱིར། དང་པོ་མ་གྲུབ་ན། བསླབ་པ་གསུམ་སྟོན་པས་གསུངས་པར་ཐལ། སྟོན་པས་དེ་གསུངས་པའི་ཕྱིར། མ་གྲུབ་ན། སྟོན་པས་བརྗོད་བྱ་བསླབ་པ་གསུམ་གསུངས་པར་ཐལ། དེས་རྗོད་བྱེད་སྡེ་སྣོད་གསུམ་གསུངས་པའི་ཕྱིར། རྟགས་གཉིས་པ་དེར་ཐལ། དེ་སྒྲིབ་པ་སྤོང་ནུས་ཡིན་པའི་ཕྱིར་ཏེ། དེ་རང་ཉམས་སུ་ལེན་པ་པོའི་གང་ཟག་གི་སྒྲིབ་པ་སྤོང་ནུས་ཡིན་པའི་ཕྱིར་ཏེ། དེས་དེ་ཉམས་སུ་བླངས་པ་ལས་སྒྲིབ་པ་སྤོང་ནུས་པའི་ཕྱིར་ཏེ། དེས་དེ་ཉམས་སུ་བླངས་པ་ལས་ཐར་པ་ཐོབ་ནུས་པའི་ཕྱིར་ཏེ། དེས་དེ་ཉམས་སུ་བླངས་པ་ལ་མཐར་ཐུག་གི་དགོས་པ་ཡོད་པའི་ཕྱིར། རྩ་བར་འདོད་ན། དེ་རྟོགས་པའི་ཆོས་འཁོར་ཡིན་པར་ཐལ། འདོད་པའི་ཕྱིར། འདོད་ན། དེ་ལམ་ཞུགས་ཀྱི་མངོན་རྟོགས་སུ་ཐལ། འདོད་པའི་ཕྱིར། འདོད་མི་ནུས་ཏེ། ལམ་མ་ཞུགས་ན་དེ་གསུམ་ཡོད་པའི་ཕྱིར།

ཁ་ཅིག སྟོན་པས་གསུངས་པའི་དམ་ཆོས་གང་ཞིག མི་མཐུན་ཕྱོགས་འཇོམས་བྱེད་གཅོད་བྱེད་གཅོད་ནུས་རྣམས། ཆོས་འཁོར་གྱི་མཚན་ཉིད་དུ་སྨྲ་བ་ལ་ཡང་སྐྱོན་སྔ་མ་འཕེན་ནོ། །

དེ་ལ་ཁོན་རེ། འདུལ་བ་མདོ་རྩ་བ་སྟོན་པས་གསུངས་པར་ཐལ། ལྷག་པ་ཚུལ་ཁྲིམས་ཀྱི་

12 法輪

「了悟一切行相無生……」等時，有二：論式與辨析。

初者，佛聖者為有法，爾非無轉法輪之方便，因爾依一切相智方便而轉法輪故。

第二有四：法輪之性相、分類、釋名、別說教法輪。

初者，有云：「是導師所說之妙法，且能摧逆品，乃法輪之性相。」三學為有法，理應是彼名相，因是彼性相故。初者理應如是，因是導師所說，且是妙法故。若初者不成立，三學理應由導師所說，因導師說彼故。若不成，導師理應宣說所詮之三學，因彼宣說能詮之三藏故。第二因理應如是，因彼能斷障礙故，因彼能斷修持自之補特伽羅之障礙故，因彼由修持彼而能斷障礙故，因彼由修持彼能獲得解脫故，因彼修持彼有究竟所為故。若許根本，彼理應是證法輪，因許故。若許，彼理應是入道之現觀，因許故。不能許，因未入道有彼三者故。

有云：「是導師所說妙法，且能摧或斷除或能斷逆品，是法輪之性相。」於此亦以前過反駁。

對此有云：「《律經》理應導師所宣說，因增上戒學是導師所

བསླབ་པ་སྟོན་པས་གསུངས་པའི་ཕྱིར། རྟགས་ཁས་ཟེར་ན། འདིར་མ་ཁྱབ། འདོད་ན། སྟོན་པས་དེ་གསུངས་པར་ཐལ། འདོད་པའི་ཕྱིར། འདོད་ན། སྟོན་པ་དེ་གསུང་བ་པོ་ཡིན་པར་ཐལ། འདོད་པའི་ཕྱིར། འདོད་ན། སྟོན་པ་བསྟན་བཅོས་གསུང་བ་པོ་ཡིན་པར་ཐལ། འདོད་པའི་ཕྱིར། འདོད་ན། དེ་དེ་རྩོམ་པ་པོ་ཡིན་པར་ཐལ་ལོ། །མ་ཁྱབ་མཚམས་སུ། མདོ་རྒྱ་བ་སྟོན་པས་ཞལ་ནས་གསུངས་པར་ཐལ། ལྷག་པ་ཚུལ་ཁྲིམས་ཀྱི་བསླབ་པ་སྟོན་པས་ཞལ་ནས་གསུངས་པའི་ཕྱིར། ཁྱབ་པ་ཁས། རྟགས་དེར་ཐལ། དེ་བརྗོད་བྱར་བྱེད་པའི་འདུལ་བའི་མདོ་སྟོན་པས་ཞལ་ནས་གསུངས་པའི་ཕྱིར། འདོད་ན། དེ་དེའི་ཞལ་ནས་གསུངས་པའི་ལུང་ཡིན་པར་ཐལ་ལོ། །

ཡང་ཁ་ཅིག མདོ་རྩ་བ་སྟོན་པས་གསུངས་ཀྱང་སྟོན་པས་མདོ་རྩ་བ་མ་གསུངས་ཟེར་བ་མི་འཐད་དེ། སྟོན་པས་དེ་གསུངས་པའི་ཕྱིར། དེར་ཐལ། སྟོན་པས་མ་གསུངས་པའི་དེ་མེད་པའི་ཕྱིར། མ་གྲུབ་ན། མདོ་རྩ་བ་དེ་དེ་ཡིན་པར་ཐལ། དེ་ཡོད་གཞན་དོན་འཛིན་རྒྱུ་མི་འདུག་པའི་ཕྱིར། འདོད་ན། འགལ་ལོ། །

ཡང་ཁ་ཅིག ལུང་རྟོགས་གང་རུང་གིས་བསྡུས་པའི་དམ་ཆོས། ཆོས་འཁོར་གྱི་མཚན་ཉིད་ཟེར་ན། འགྲེལ་པ་དོན་གསལ་ཆོས་ཅན། མཚོན་བྱ་དེར་ཐལ། མཚན་ཉིད་དེའི་ཕྱིར། དེར་ཐལ། ནང་པ་སངས་རྒྱས་པའི་བསྟན་བཅོས་རྣམ་དག་ཡིན་པའི་ཕྱིར། འདོད་ན། དེ་ལུང་གི་ཆོས་འཁོར་ཡིན་པར་ཐལ། དེ་ཆོས་འཁོར་གང་ཞིག དེ་དེ་ཡིན་ན་དེ་ལུང་གི་ཆོས་འཁོར་ཡིན་དགོས་པའི་ཕྱིར། འདོད་ན། དེ་བཀའ་ཡིན་པར་ཐལ་ལོ། །

གཞན་ཡང་། སློབ་དཔོན་སེངྒེ་བཟང་པོ་དེ་ཆོས་འཁོར་བསྐོར་བ་པོ་ཡིན་པར་ཐལ། འགྲེལ་པ་དོན་གསལ་ལུང་གི་ཆོས་འཁོར་ཡིན་པའི་ཕྱིར། འདོད་ན། དེ་ཆོས་འཁོར་རིམ་པ་གསུམ་དུ་བསྐོར་བ་པོ་ཡིན་པར་ཐལ། འདོད་པའི་ཕྱིར། འདོད་ན། དེ་གདུལ་བྱ་རིགས་ཅན་གསུམ་གྱི་ཆེད་དུ་ཆོས་འཁོར་རིམ་པ་གསུམ་དུ་བསྐོར་བ་པོ་ཡིན་པར་ཐལ། འདོད་པའི་ཕྱིར། འདོད་ན། སློབ་དཔོན་གྱིས་བརྩམས་པའི་ཐེག་དམན་གྱི་སྡེ་སྣོད་ཡོད་པར་ཐལ་ལོ། །

གཞན་ཡང་། ལུང་རྟོགས་གང་རུང་གིས་བསྡུས་པའི་དམ་ཆོས། ཆོས་འཁོར་གྱི་མཚན་ཉིད་

◆現觀辨析（上）

宣說故。承許因。」今此不周遍。若許，導師理應宣說彼，因許故。若許，導師理應是彼之宣說者，因許故。若許，導師理應是論典之宣說者，因許故。若許，彼應成是彼之作者。於不周遍處，《律經》理應是導師親口宣說，因增上戒學是導師親口宣說故。承許周遍，彼因理應如是，因將彼作為所詮之《律經》是導師親口宣說故。若許，彼應成彼親口宣說之教言。

又有云：「《律經》是導師所宣說，然導師未宣說《律經》。」不應理，因導師宣說彼故。理應如是，因無導師未宣說之彼故。若不成，《律經》理應是彼，因彼存在，無其他事例故。若許，則相違。

又有云：「教證隨一所攝之妙法，乃法輪之性相。」《明義釋》為有法，彼名相理應是彼名相，因是彼性相故。理應如是，因是內道清淨論典故。若許，彼理應是教法輪，因彼是法輪，且若彼是法輪須是教法輪故。若許，彼應成教言。

再者，獅子賢阿闍黎理應是轉法輪者，因《明義釋》是教法輪故。若許，彼理應是轉三次第法輪者，因許故。若許，彼理應是為三種性所化轉三次第法輪者，因許故。若許，應成有獅子賢阿闍黎所造之小乘藏。

再者，教證隨一所攝之妙法理應非法輪之性相，因彼非法輪

མ་ཡིན་པར་ཐལ། དེ་ཆོས་འཁོར་མ་ཡིན་པའི་ཕྱིར། དེར་ཐལ། རྟོགས་པས་བསྡུས་པའི་དམ་ཆོས་རྟོགས་པའི་ཆོས་འཁོར་མ་ཡིན་པའི་ཕྱིར་ཏེ། ལམ་མ་ཞུགས་ན་དེ་ཡོད་པའི་ཕྱིར།

ཡང་ཁ་ཅིག སྟོན་པས་གསུངས་པའི་དམ་ཆོས་གང་ཞིག ཟཤད་པས་གདུལ་བྱའི་རྒྱུད་ལ་འཕོ་བྱ་དང་འཕོ་བྱེད་གང་རུང་དུ་གྱུར་པ། ཆོས་འཁོར་གྱི་མཚན་ཉིད་ཟེར་ན། སྟོན་པ་ཤཱཀྱ་ཐུབ་པའི་ཐུགས་རྒྱུད་ཀྱི་རྣམ་མཁྱེན་ཆོས་ཅན། མཚན་ཉིད་ཀྱི་ཟུར་ཕྱི་མ་དེར་ཐལ། མཚོན་བྱ་དེའི་ཕྱིར། འདོད་མི་ནུས་ཏེ། མདོ་ལས། ཐུབ་རྣམས་སྡིག་པ་ཆུ་ཡིས་མི་འཁྲུ་ཞིང་། །འགྲོ་བའི་སྡུག་བསྔལ་ཕྱག་གིས་མི་སེལ་ལ། །ཉིད་ཀྱི་རྟོགས་པ་གཞན་ལ་སྤོ་མིན་ཏེ། །ཆོས་ཉིད་བདེན་པ་བསྟན་པས་གྲོལ་བར་འགྱུར། །ཞེས་གསུངས་པའི་ཕྱིར།

རང་ལུགས་ནི། སངས་རྒྱས་ཀྱི་གསུངས་རབ་དང་ལམ་ཞུགས་ཀྱི་རྟོགས་པའི་ཡོན་ཏན་གང་རུང་གིས་བསྡུས་པའི་རྣམ་དཀར་གྱི་ཡོན་ཏན་དེ། ཆོས་འཁོར་གྱི་མཚན་ཉིད།

གཉིས་པ་ནི། ཆོས་འཁོར་ལ་དབྱེ་ན་ལུང་གི་ཆོས་འཁོར་དང་། རྟོགས་པའི་ཆོས་འཁོར་གཉིས། སངས་རྒྱས་ཀྱི་གསུང་རབ་ཀྱིས་བསྡུས་པའི་རྣམ་དཀར་གྱི་ཡོན་ཏན་དེ། ལུང་གི་ཆོས་འཁོར་གྱི་མཚན་ཉིད། ལམ་ཞུགས་ཀྱི་རྟོགས་པའི་ཡོན་ཏན་གྱིས་བསྡུས་པའི་རྣམ་དཀར་གྱི་ཡོན་ཏན་དེ། རྟོགས་པའི་ཆོས་འཁོར་གྱི་མཚན་ཉིད།

དེ་ལ་ཁོ་ན་རེ། འགོག་བདེན་ཆོས་ཅན། མཚན་ཉིད་དེར་ཐལ། ཆོས་འཁོར་ཡིན་པའི་ཕྱིར། དེར་ཐལ། ཆོས་དཀོན་མཆོག་ཡིན་པའི་ཕྱིར་ན་མ་ཁྱབ། འོ་ན། སྟོན་པའི་དམ་ཆོས་རྣམ་གཉིས་ཏེ། །ལུང་དང་རྟོགས་པའི་བདག་ཉིད་དོ། །ཞེས་གསུངས་པ་མི་འཐད་པར་ཐལ། ལུང་རྟོགས་གང་རུང་གི་ཆོས་འཁོར་མ་ཡིན་པའི་སྤངས་པའི་ཆོས་འཁོར་ཞིག་ཡོད་པའི་ཕྱིར། དེ་ཐལ། འགོག་བདེན་ཆོས་འཁོར་ཡིན་པའི་ཕྱིར།

ཁོ་ན་རེ། འགོག་བདེན་རྟོགས་པའི་ཆོས་འཁོར་ཡིན་ནོ་ཞེ་ན། དེ་བས་ཀྱང་མི་འཐད་དེ། དེ་རྟོགས་པའི་ཡོན་ཏན་མ་ཡིན་པའི་ཕྱིར་ཏེ། དེ་སྤངས་པའི་ཡོན་ཏན་ཡིན་པའི་ཕྱིར།

故。理應如是，因證量所攝之妙法非證法輪故，因未入道有彼故。

又有云：「是導師所說妙法，且由宣說能轉於所化相續中或於所化相續中所轉隨一，乃法輪之性相。」導師釋迦能仁心續之一切相智為有法，理應是彼性相之後項，因是彼名相故。不能許，因經云：「諸佛非以水洗罪，非以手除眾生苦，非移自證於餘者，示法性諦令解脫。[20]」故。

自宗：「佛之至言與入道證德隨一所攝之白功德」，乃法輪之性相。

第二，法輪可分為二：教法輪與證法輪。「佛之至言所攝之白功德」，乃教法輪之性相。「入道證德所攝之白功德」，即證法輪之性相。

對此有云：「滅諦為有法，理應是彼性相，因是法輪故。理應如是，因是法寶故。」不周遍。那麼，謂「佛正法有二，謂教證為體[21]」理應不應理，因有一非教證隨一法輪之斷法輪故。理應是彼，因滅諦是法輪故。

有云：「滅諦是證法輪。」更不應理，因彼非證德故，因彼是斷德故。

སེམས་ཙམ་པའི་ལུགས་ཀྱི་དྲང་ངེས་འབྱེད་ཚུལ།

བཞི་པ་ལུང་གི་ཆོས་འཁོར་བྱེ་བྲག་ཏུ་བཤད་པ་ལ་གཉིས། མདོ་སྡེ་དགོངས་འགྲེལ་ལས་གསུངས་པའི་ཚུལ་བཤད་པ་དང་། གཟུངས་ཀྱི་དབང་ཕྱུག་རྒྱལ་པོས་ཞུས་པའི་མདོ་ལས་འབྱུང་བའི་ཚུལ་བཤད་པའོ། །དང་པོ་ལ་གཉིས། སེམས་ཙམ་པའི་ལུགས་བཤད་པ་དང་། དབུ་མ་པའི་ལུགས་བཤད་པའོ། །

དང་པོ་ནི། ཁ་ཅིག བདེན་བཞི་དངོས་བསྟན་བསྟན་བྱའི་གཙོ་བོར་བྱས་ནས་སྟོན་པའི་མདོ། བཀའ་དང་པོ་བདེན་བཞིའི་ཆོས་འཁོར་གྱི་མཚན་ཉིད། སྟོང་ཉིད་ཕྲ་མོ་དངོས་བསྟན་བསྟན་བྱའི་གཙོ་བོར་བྱས་ནས་སྟོན་པའི་མདོ། བཀའ་བར་པ་མཚན་ཉིད་མེད་པའི་ཆོས་འཁོར་གྱི་མཚན་ཉིད། གཟུང་འཛིན་གཉིས་སྟོང་དངོས་བསྟན་བསྟན་བྱའི་གཙོ་བོར་བྱས་ནས་སྟོན་པའི་མདོ། བཀའ་ཐ་མ་ལེགས་པར་རྣམ་པར་ཕྱེ་བའི་ཆོས་འཁོར་གྱི་མཚན་ཉིད་ཟེར་ན། མཚན་ཉིད་དང་པོ་དེ་མི་འཐད་པར་ཐལ། འཕགས་པའི་བདེན་པ་བཞི་དག་གི །རྣམ་པ་ཞེས་པའི་བཤད་བྱ་རྩ་བའི་མདོ་དེ་བདེན་བཞི་དངོས་བསྟན་བསྟན་བྱའི་གཙོ་བོར་བྱས་ནས་སྟོན་པའི་མདོ་ཡིན་པའི་ཕྱིར།

མཚན་ཉིད་བར་པ་དེ་མི་འཐད་པར་ཐལ། སྟོང་ཉིད་ཕྲ་མོ་དངོས་བསྟན་བསྟན་བྱའི་གཙོ་བོར་བྱས་ནས་སྟོན་པའི་འཁོར་ལོ་ཐ་མའི་མདོ་ཡོད་པའི་ཕྱིར། དེར་ཐལ། གཟུགས་གཟུགས་ཞེས་པའི་སྒྲ་འཇུག་པའི་འཇུག་གཞིར་རང་གི་མཚན་ཉིད་ཀྱིས་མ་གྲུབ་པ། དངོས་བསྟན་བསྟན་བྱའི་གཙོ་བོར་བྱས་ནས་སྟོན་པའི་འཁོར་ལོ་ཐ་མའི་མདོ་ཡོད་པའི་ཕྱིར་ཏེ། མདོ་སྡེ་དགོངས་འགྲེལ་གྱིས་དེ་ལྟར་བསྟན་པའི་ཕྱིར།

མཚན་ཉིད་གསུམ་པ་ཡང་མི་འཐད་པར་ཐལ། བཀའ་བར་པ་མཚན་ཉིད་མེད་པའི་ཆོས་འཁོར་གྱིས་གཟུང་འཛིན་གཉིས་སྟོང་དངོས་བསྟན་བསྟན་བྱའི་གཙོ་བོར་བྱས་ནས་བསྟན་པའི་ཕྱིར། དེར་ཐལ། ངེས་འགྱུར་མེད་ཡོངས་གྲུབ་དངོས་བསྟན་བསྟན་བྱའི་གཙོ་བོར་བྱས་ནས་བསྟན་པ་གང་ཞིག དངོས་པོ་བདེན་སྟོང་འགྱུར་མེད་ཡོངས་གྲུབ་ཏུ་མི་འཐད་པའི་ཕྱིར། དང་པོ་དེར་ཐལ། ངེས་འགྱུར་

13 辨別唯識宗了不了義之理

第四、別說教法輪，有二：闡述《解深密經》所說之理與闡述《陀羅尼自在王請問經》所說之理。闡述《解深密經》所說之理有二：講說唯識宗與講說中觀宗。

初者，有云：「以四諦作直接顯示主要所詮而宣說之經，乃初教言四諦法輪之性相；以細分空性作直接顯示主要所詮而宣說之經，即中教言無相法輪之性相；以二取空作直接顯示主要所詮而宣說之經，是後教言善辨法輪之性相。」第一性相理應不應理，因「由諸四聖諦，行相」所詮釋之根本經，是以四諦作直接顯示主要所詮而宣說之經故。

中間性相理應不應理，因有以細分空性作直接顯示主要所詮而宣說之後轉法輪經故。理應如是，因有以「色於說色聲之所趣入處，非自性相成立」作直接顯示主要所詮而揭示之後轉法輪經故，因《解深密經》如此顯示故。

第三性相亦理應不應理，因中教言無相法輪以二取空作直接顯示主要所詮而顯示故。理應如是，因彼以不變圓成實作直接顯示主要所詮而顯示，且事物諦實空是不變圓成實不應理故。初者理應如是，因彼以不變圓成實作直接顯示主要所詮而廣說故。

མེད་ཡོངས་གྲུབ་དངོས་བསྟན་བསྟན་བྱའི་གཙོ་བོར་བྱས་ནས་རྒྱས་པར་བསྟན་པའི་ཕྱིར།

རང་ལུགས་ནི། རང་གི་ཆེད་དུ་བྱ་བའི་གདུལ་བྱ་ཐེག་དམན་གྱི་རིགས་ཅན་གྱི་ཆེད་དུ་བདེན་བཞི་དངོས་བསྟན་བསྟན་བྱའི་གཙོ་བོར་བྱས་ནས་བསྟན་པའི་ཐེག་དམན་གྱི་མདོ། གྲུབ་དོན་དང་པོའི་སྐབས་ནས་བསྟན་པའི་བཀའ་དང་པོ་བདེན་བཞིའི་ཆོས་འཁོར་གྱི་མཚན་ཉིད། དཔེར་ན། འདི་ནི་སྡུག་བསྔལ་འཕགས་པའི་བདེན་པའོ། །འདི་ནི་ཀུན་འབྱུང་འཕགས་པའི་བདེན་པའོ། །འདི་ནི་འགོག་པ་འཕགས་པའི་བདེན་པའོ། །འདི་ནི་ལམ་འཕགས་པའི་བདེན་པའོ། །ཞེས་སོགས་ཀྱི་མདོ་ལྟ་བུའོ། །

རང་གི་ཆེད་དུ་བྱ་བའི་གདུལ་བྱ་སེམས་ཙམ་པ་དབང་རྣོན་རྗེས་སུ་བཟུང་བའི་ཆེད་དུ་སྒྲས་ཟིན་ལ་གཞན་དབང་དང་ཡོངས་གྲུབ་རང་གི་མཚན་ཉིད་ཀྱིས་མ་གྲུབ་པར་གསུངས་ཤིང་། འགྱུར་མེད་ཡོངས་གྲུབ་རྒྱས་པར་དངོས་བསྟན་བསྟན་བྱའི་གཙོ་བོར་བྱས་ནས་བསྟན་པའི་ཐེག་ཆེན་གྱི་མདོ། གྲུབ་དོན་གཉིས་པའི་སྐབས་ནས་དངོས་སུ་བསྟན་པའི་བཀའ་བར་བ་མཚན་ཉིད་མེད་པའི་ཆོས་འཁོར་གྱི་མཚན་ཉིད། དཔེར་ན། ཡུམ་རྒྱས་འབྲིང་བསྡུས་གསུམ་ལྟ་བུ། རང་གི་ཆེད་དུ་བྱ་བའི་གདུལ་བྱ་སེམས་ཙམ་པ་དབང་རྟུལ་རྗེས་སུ་བཟུང་བའི་ཆེད་དུ་གསུངས་ཤིང་། ཀུན་བཏགས་རང་གི་མཚན་ཉིད་ཀྱིས་མ་གྲུབ་པ་དང་། གཞན་དབང་དང་ཡོངས་གྲུབ་རང་གི་མཚན་ཉིད་ཀྱིས་གྲུབ་པའི་ཁྱད་པར་གསལ་བར་ཕྱེ་ནས་སྒྲས་ཟིན་ལ་བསྟན་པའི་ཐེག་ཆེན་གྱི་མདོ། གྲུབ་དོན་གསུམ་པའི་སྐབས་ནས་དངོས་སུ་བསྟན་པའི་བཀའ་ཐ་མ་ལེགས་པར་རྣམ་པར་ཕྱེ་བའི་ཆོས་འཁོར་གྱི་མཚན་ཉིད། དཔེར་ན། དོན་དམ་ཡང་དག་འཕགས་ཞུས་ཀྱི་དགོངས་འགྲེལ་གྱི་ལེའུར་གསུངས་པའི་དོན་དམ་ཡང་དག་འཕགས་ངས། ཞེས་སོགས་ཀྱི་མདོ་ལྟ་བུའོ། །

དེ་ལ་ཁོ་ན་རེ། མཚན་ཉིད་དང་པོ་མི་འཐད་པར་ཐལ། བདེན་བཞི་དང་ཕྱི་དོན་ཡོད་པར་སྟོན་པའི་འཁོར་ལོ་དང་པོའི་མདོ། མཚན་ཉིད་དེ་མ་ཡིན་པ་གང་ཞིག བདེན་བཞིའི་ཆོས་འཁོར་ཡིན་པའི་ཕྱིར། དང་པོ་དེར་ཐལ། དེ་སྒྲ་ཇི་བཞིན་པ་མ་ཡིན་པའི་ཕྱིར་ན། འདིར་མ་ཁྱབ། གཉིས་པ་དེར་ཐལ། དེ་ཡོད་པའི་ཕྱིར་ཟེར་ན། འོ་ན་བདེན་བཞིའི་ཆོས་འཁོར་མ་ཡིན་པར་ཐལ། དེ་སྒྲ་ཇི་བཞིན་པ་མ་

自宗：「為自特意所化小乘種性，以四諦作直接顯示主要所詮而顯示之小乘經」，乃初所成義時所示之初教言四諦法輪的性相。例如：「此是苦聖諦，此是集聖諦，此是滅聖諦，此是道聖諦……」等經。「為攝受自特意所化利根唯識師，表面說依他起與圓成實非自性相成立，以不變圓成實作廣大直接顯示主要所詮而顯示之大乘經」，乃次所成義時直接顯示之中教言無相法輪的性相。例如：廣、中、略三佛母。「為攝受自特意所化鈍根唯識師而宣說，於表面明辨遍計所執非自性相成立，依他起與圓成實自性相成立之差別而顯示之大乘經」，是第三所成義時直接顯示之後教言善辨法輪的性相。例如：勝義生請問之《解深密經》之品中所言「勝義生當知，我……[22]」等經。

對此有云：「第一性相理應不應理，因宣說『四諦』與『有外境』之初轉法輪經非彼性相，且是四諦法輪故。初者理應如是，因彼非〔可〕依文〔而主張〕故。」今此不周遍。若云：「第二理應如是，因有彼故。」那麼，理應非四諦法輪，因彼非〔可〕依文〔而

ཡིན་པའི་ཕྱིར། ཁྱབ་བསམ་གཉིས་ཀ་ཁས། ཡང་དགོངས་འགྲེལ་ནས་བཤད་པའི་འཁོར་ལོ་དང་པོ་ཡིན་ན། བདེན་བཞིའི་ཆོས་འཁོར་ཡིན་དགོས་པར་ཐལ། བདེན་བཞིའི་ཆོས་འཁོར་ཡིན་ན། བདེན་བཞི་དངོས་ཀྱི་བརྗོད་བྱར་བྱེད་པས་མ་ཁྱབ་པའི་ཕྱིར། འདོད་ན་ཁས་བླངས་སོ། །

ཡང་ཁོན་རེ། འཁོར་ལོ་བར་པའི་མཚན་ཉིད་དེ་མི་འཐད་པར་ཐལ། འདུས་བྱས་མི་རྟག་པར་སྟོན་པའི་བཀའ་བར་པ་མཚན་ཉིད་མེད་པའི་ཆོས་འཁོར་ཡོད་པ་གང་ཞིག དེ་མཚན་ཉིད་དེ་མ་ཡིན་པའི་ཕྱིར། དང་པོ་དེར་ཐལ། འདུས་བྱས་མི་རྟག་པར་སྟོན་པའི་བཀའ་བར་པ་མཚན་ཉིད་མེད་པའི་ཆོས་འཁོར་གྱི་མདོ་ཚིག་ཡོད་པའི་ཕྱིར་ན། མ་ཁྱབ་སྟེ། བཀའ་བར་བ་མཚན་ཉིད་མེད་པའི་ཆོས་འཁོར་གྱི་མདོ་ཚིག་ཡིན་ན། དེ་ཡིན་པས་མ་ཁྱབ་པའི་ཕྱིར། དེར་ཐལ། ཤེར་ཕྱིན་འབུམ་པའི་མདོ་ཚིག་ཡིན་ན། དེ་ཡིན་པས་མ་ཁྱབ་ཅིང་། ཉི་ཁྲིའི་མདོ་ཚིག་ཡིན་ནའང་དེ་ཡིན་པས་མ་ཁྱབ་པའི་ཕྱིར། རྟགས་གཉིས་ཀ་དེར་ཐལ། རང་ཉིད་ཤེར་ཕྱིན་འབུམ་པ་ཡིན་ན་རང་ཉིད་ལ་ཤློ་ཀ་འབུམ་ཡོད་པས་ཁྱབ་ཅིང་། རང་ཉིད་ཉི་ཁྲི་ཡིན་ནའང་རང་ཉིད་ལ་ཤློ་ཀ་ཉི་ཁྲི་ཡོད་པས་ཁྱབ་པའི་ཕྱིར།

ཡང་ཁ་ཅིག བཀའ་དང་པོ་བདེན་བཞིའི་ཆོས་འཁོར་གྱི་ཆེད་དུ་བྱ་བའི་གདུལ་བྱ་ཡིན་ན། བྱེ་བྲག་སྨྲ་བ་ཡིན་པས་ཁྱབ་སྟེ། དེར་གྲུར་པའི་མདོ་སྡེ་པ་མེད་པའི་ཕྱིར། དེར་ཐལ། དེས་སྤྱི་མཚན་རང་གི་མཚན་ཉིད་ཀྱིས་མ་གྲུབ་པར་འདོད་པ་གང་ཞིག མདོ་དེས་གཟུགས་ནས་རྣམ་མཁྱེན་གྱི་བར་གྱི་ཆོས་ཐམས་ཅད་རང་གི་མཚན་ཉིད་ཀྱིས་གྲུབ་པར་སྒྲས་ཟིན་ལ་བསྟན་པའི་ཕྱིར། ཟེར་ན་མི་འཐད་དེ། མདོ་ཡིན་ན་རང་གི་ཆེད་དུ་བྱ་བའི་གདུལ་བྱར་གྱུར་པའི་མདོ་སྡེ་པ་མེད་པས་མ་ཁྱབ་པའི་ཕྱིར་དང་། མདོ་སྡེ་པས་ནམ་མཁའ་ནམ་མཁའ་འཛིན་པའི་རྟོག་པའི་ཞེན་གཞིར་རང་གི་མཚན་ཉིད་ཀྱིས་གྲུབ་པར་ཁས་ལེན་པའི་ཕྱིར། རྒྱ་མཚན་འོག་ཏུ་འཆད།

ཁོན་རེ། བདེན་བཞིའི་ཆོས་འཁོར་གྱིས་གཟུགས་ནས་རྣམ་མཁྱེན་གྱི་བར་གྱི་ཆོས་ཐམས་ཅད་རང་གི་མཚན་ཉིད་ཀྱིས་གྲུབ་པར་སྒྲས་ཟིན་ལ་མ་བསྟན་ཏེ། འདུས་བྱས་ཀྱི་ཆོས་རྣམས་དེར་གྲུབ་པར་སྟོན་པའི་འཁོར་ལོ་དང་པོའི་མདོ། ངེས་དོན་གྱི་མདོ་ཡིན་པའི་ཕྱིར་ན་མ་ཁྱབ་སྟེ། འདུས་མ་བྱས་ཀུན་བཏགས་ཀྱི་ཆོས་རྣམས་དེར་གྲུབ་པར་སྒྲས་ཟིན་ལ་བསྟན་པའི་ཚནས་དྲང་དོན་དུ་འགྲེལ་བའི་ཕྱིར།

◆現觀辨析（上）

主張〕故。承許周遍、遣法二者。又若是《解深密經》所言之初轉法輪理應須是四諦法輪，因若是四諦法輪，不周遍以四諦作直接所詮故。若許則承許㉖。

又有云：「彼中轉法輪之性相理應不應理，因有演說有為是無常之中教言無相法輪，且彼非彼性相故。初者理應如是，因有演說有為是無常之中教言無相法輪之經文故。」不周遍，因若是中教言無相法輪之經文，不周遍是彼故。理應如是，因若是《般若十萬頌》之經文不周遍是彼，且若是《般若二萬頌》之經文亦不周遍是彼故。彼二因理應如是，因若自是《般若十萬頌》，自周遍有十萬偈，且若自是《般若二萬頌》，自周遍有二萬偈故。

又有云：「若是初教言四諦法輪之特意所化周遍是毘婆沙師，因無屬彼之經部師故。理應如是，因彼承許共相非自性相成立，且彼經表面顯示色乃至一切相智之一切法自性相成立故。」不應理，因「若是經不周遍無屬自特意所化之經部師」以及「經部主張虛空於執虛空分別之所耽著處，自性相成立」故。理由於後述。

有云：「四諦法輪表面上不顯示色乃至一切相智之一切法自性相成立，因演說諸有為法自性相成立之初轉法輪經，是了義經故。」

㉖ 若許則承許：若許則承許勝義生菩薩請問之《解深密經》品中所言「勝義生當知，我……」等經非四諦法輪。

ཁ་ཅིག བཀའ་བར་པ་མཚན་ཉིད་མེད་པའི་ཆོས་འཁོར་གྱི་ཆེད་དུ་བྱ་བའི་གདུལ་བྱར་གྱུར་པའི་ངོ་བོ་ཉིད་མེད་པར་སྨྲ་བ་ཡོད་ཟེར་བ་མི་འཐད་དེ། དེའི་ཆེད་དུ་བྱ་བའི་གདུལ་བྱ་ཡིན་ན་ཀུན་བཏགས་བདེན་པར་མེད་ཅིང་། གཞན་དབང་དང་ཡོངས་གྲུབ་བདེན་གྲུབ་ཏུ་འདོད་པས་ཁྱབ་པའི་ཕྱིར། དེར་ཐལ། མདོ་དེས་དེ་ལྟར་བསྟན་པའི་ཕྱིར། དེར་ཐལ། ལེགས་ཕྱེའི་ཆོས་འཁོར་གྱིས་དེ་ལྟར་བསྟན་པ་གང་ཞིག འཁོར་ལོ་ཐ་མ་གཉིས་དགོངས་པ་གཅིག་པར་རྗེ་ཡབ་སྲས་གཉིས་ཀས་གསུངས་པའི་ཕྱིར། དེ་ལ་བརྟེན་ནས་བཀའ་བར་པ་མཚན་ཉིད་མེད་པའི་ཆོས་འཁོར་གྱིས་གཞན་དབང་དང་ཡོངས་གྲུབ་བདེན་མེད་དུ་དངོས་སུ་བསྟན་ཟེར་བ་ཡང་ཁེགས་ཏེ། དེས་གཞན་དབང་དང་ཡོངས་གྲུབ་བདེན་མེད་དུ་མ་བསྟན་པའི་ཕྱིར་ཏེ། དེས་དེ་བདེན་གྲུབ་ཏུ་བསྟན་པའི་ཕྱིར། འོན་ཀྱང་སྒྲས་ཟིན་ལ་བདེན་མེད་དུ་བསྟན་པར་ཁས་ལེན་ནོ། །

དེ་ལ་ཁོ་ན་རེ། མཚན་ཉིད་མེད་པའི་ཆོས་འཁོར་གྱིས་ཀུན་བཏགས་རང་གི་མཚན་ཉིད་ཀྱིས་མ་གྲུབ་པར་སྒྲས་ཟིན་ལ་བསྟན་པ་བསྟན་པ་ལྟར་དུ་མ་གྲུབ་པར་ཐལ། མདོ་དེ་སྒྲ་ཇི་བཞིན་པ་མ་ཡིན་པའི་ཕྱིར་ཞེ་ན། མ་ཁྱབ་སྟེ། དེས་གཞན་དབང་དང་ཡོངས་གྲུབ་རང་གི་མཚན་ཉིད་ཀྱིས་མ་གྲུབ་པར་སྒྲས་ཟིན་ལ་བསྟན་པའི་ཆ་ནས་སྒྲ་ཇི་བཞིན་པ་མ་ཡིན་པར་འགྲེལ་བའི་ཕྱིར།

ཁ་ཅིག ཆོས་ཀྱི་བདག་མེད་ཕྲ་མོ་སྟོན་པའི་སྣོད་རུང་དུ་གྱུར་པའི་བདེན་བཞིའི་ཆོས་འཁོར་གྱི་ཆེད་དུ་བྱ་བའི་གདུལ་བྱ་ཡོད་དེ། དེའི་ཆེད་དུ་བྱ་བའི་གདུལ་བྱར་གྱུར་པའི་རང་རྒྱལ་དེ་དེ་སྟོན་པའི་སྣོད་རུང་ཡིན་པའི་ཕྱིར། དེར་ཐལ། དེ་གཟུང་འཛིན་གཉིས་སྟོང་སྟོན་པའི་སྣོད་རུང་ཡིན་པའི་ཕྱིར། དེར་ཐལ། དེས་གཟུང་འཛིན་གཉིས་སྟོང་བསྒོམ་བྱའི་གཙོ་བོར་བྱས་ནས་སྒོམ་པའི་ཕྱིར་ཏེ། དེ་ལྟར་སྒོམ་པའམ་གང་ཟག་གི་བདག་མེད་བསྒོམ་བྱའི་གཙོ་བོར་བྱས་ནས་སྒོམ་པ་གང་རུང་གང་ཞིག ཕྱི་མ་མ་ཡིན་པའི་ཕྱིར། ཕྱི་མ་དེར་ཐལ། དེ་ཉན་ཐོས་དང་ལྟ་བ་མི་མཐུངས་པའི་ཕྱིར། དེར་ཐལ། དེ་ཐེག་པ་འབྲིང་པོའི་གང་ཟག་ཡིན་པའི་ཕྱིར་ན། མ་ཁྱབ་སྟེ། སྲིད་པ་ཐ་མ་པའི་ཚེ་སློབ་དཔོན་གཞན་གྱིས་

不周遍，因以表面顯示無為遍計所執之諸法自性相成立之分而釋為不了義故。

有云：「中教言無相法輪之特意所化有『說無自性師』。」不應理，因若是彼之特意所化周遍承許遍計所執無諦實、依他起與圓成實諦實成立故。理應如是，因彼經如是顯示故。理應如是，因善辨法輪如此宣說，且宗大師父子二者皆說後二轉法輪之意趣相同故。依此亦能遮止「中教言無相法輪直接顯示依他起與圓成實為無諦實」，因彼未顯示依他起與圓成實為無諦實故，因彼顯示彼（依他起與圓成實）為諦實成立故。然主張表面顯示〔彼〕為無諦實。

對此有云：「理應非如同無相法輪表面顯示遍計所執非自性相成立而成立，因彼經非〔可〕依文〔而主張〕故。」不周遍，因彼以表面顯示依他起與圓成實非自性相成立之分而釋〔其〕為非〔可〕依文〔而主張〕故。

有云：「有堪為演說細分法無我之器的四諦法輪之特意所化，因其特意所化之獨覺乃堪為演說彼之器故。理應如是，因彼乃堪為演說二取空之器故。理應如是，因彼以二取空為主要所修而修故，因是如此修或以補特伽羅無我為主要所修而修隨一，且非後者故。後項理應如是，因彼與聲聞見不同故。理應如是，因彼是中乘之補特伽羅故。」不周遍，因最後有時，不觀待餘阿闍黎揭示教授能證自菩提，與證得阿羅漢時，以無聲身態之門於所化演說法等方式被

གདམས་ངག་བསྟན་པ་ལ་མི་ལྟོས་པར་རང་གི་བྱང་ཆུབ་མངོན་དུ་བྱེད་ནུས་པ་དང་། དགྲ་བཅོམ་ཐོབ་པའི་ཚེ་སྒྲ་མེད་ལུས་ཀྱི་རྣམ་འགྱུར་གྱི་སྒོ་ནས་གདུལ་བྱ་ལ་ཆོས་སྟོན་པ་སོགས་ཀྱི་སྒོ་ནས་ཐེག་པ་འབྲིང་པོའི་གང་ཟག་ཏུ་འཇོག་པའི་ཕྱིར།

ཡང་ཁོ་ན་རེ། དེ་འདྲའི་རང་རྒྱལ་དེས་གཟུང་འཛིན་གཉིས་སྟོང་གི་ལྟ་བ་བསྒོམ་བྱའི་གཙོ་བོར་བྱེད་པར་ཐལ། རང་སངས་རྒྱས་དང་སེམས་ཙམ་པ་ལྟ་བ་མཚུངས་པའི་ཕྱིར་ཏེ། དེ་ལྟར་རྣམ་བཤད་ལས་གསུངས་པའི་ཕྱིར་ན། མ་ཁྱབ་སྟེ། དེ་ནི་དབུ་མ་རང་རྒྱུད་པའི་གྲུབ་མཐའི་དབང་དུ་མཛད་པའི་ཕྱིར། དེ་ལྟར་མ་ཡིན་ན། ཐར་ལམ་གསལ་བྱེད་ལས། ཉན་ཐོས་དང་རང་སངས་རྒྱས་རྣམས་ཀྱིའང་སྤྱོད་ཡུལ་དུ་མ་གྱུར་པའི་གཉིས་སྟོང་གི་དེ་ཁོ་ན་ཉིད་ནི་ཟབ་མོ་ཡིན་ལ། ཞེས་གསུངས་པ་མི་འཐད་པར་ཐལ། གཟུང་འཛིན་གཉིས་སྟོང་མངོན་སུམ་དུ་རྟོགས་པའི་རང་རྒྱལ་ཡོད་པའི་ཕྱིར། རྟགས་ཁས།

གཞན་ཡང་། གཟུང་འཛིན་རྫས་གཞན་དུ་འཛིན་པའི་འཛིན་པ་སྤངས་པའི་རང་རྒྱལ་དགྲ་བཅོམ་ཡོད་པར་ཐལ། གཟུང་འཛིན་གཉིས་སྟོང་བསྒོམ་བྱའི་གཙོ་བོར་བྱས་ནས་སྒོམ་པའི་རང་རྒྱལ་སློབ་པ་ཡོད་པའི་ཕྱིར། རྟགས་ཁས། འདོད་ན། ཆོས་ཀྱི་བདག་འཛིན་ཕྲ་མོ་སྤངས་པའི་རང་རྒྱལ་དགྲ་བཅོམ་ཡོད་པར་ཐལ། འདོད་པའི་ཕྱིར། འདོད་ན། ཤེས་སྒྲིབ་ཕྲ་མོ་སྤངས་པའི་རང་རྒྱལ་དགྲ་བཅོམ་ཡོད་པར་ཐལ། འདོད་པའི་ཕྱིར།

ཁོ་ན་རེ། འདིའི་སྔ་མ་དེ་ལ་མ་ཁྱབ་སྟེ། རང་རྒྱལ་དགྲ་བཅོམ་པས་གཟུགས་གཟུགས་འཛིན་རྟོག་པའི་ཞེན་གཞིར་རང་གི་མཚན་ཉིད་ཀྱིས་གྲུབ་པར་འཛིན་པའི་འཛིན་པ་མ་སྤངས་པའི་ཕྱིར། ཟེར་བ་མི་འཐད་དེ། སྡེ་བདུན་མདོ་དང་བཅས་པ་ནས་བཤད་པའི་ཤེས་སྒྲིབ་སྤངས་པའི་གང་ཟག་ཡིན་ན། གཟུགས་གཟུགས་འཛིན་རྟོག་པའི་ཞེན་གཞིར་རང་གི་མཚན་ཉིད་ཀྱིས་གྲུབ་པར་འཛིན་པའི་འཛིན་པ་སྤངས་པའི་གང་ཟག་ཡིན་པས་ཁྱབ་པའི་ཕྱིར། དེར་ཐལ། དེ་ནས་བཤད་པའི་ཤེས་སྒྲིབ་སྤངས་པའི་གང་ཟག་སངས་རྒྱས་འཕགས་པ་ཡིན་པའི་ཕྱིར། དེར་ཐལ། དེ་ནས་བཤད་པའི་སངས་རྒྱས་འཕགས་པ་ཡོད་པའི་ཕྱིར།

安立為中乘之補特伽羅故。

又有云：「如此獨覺理應以二取空之見為主要所修，因獨覺與唯識師，見相同故，因《心要莊嚴疏》如是說故。」不周遍，因此乃依中觀自續派宗義而言故。若非如此，《明解脫道疏》所言「亦非聲聞與獨覺行境之二空之真實性乃甚深」理應不應理，因有現證二取空之獨覺故。承許因。

再者，理應有斷執能取所取為異質之執著之獨覺阿羅漢，因有以二取空為主要所修而熏修之有學獨覺故。承許因。若許，理應有斷細分法我執之獨覺阿羅漢，因許故。若許，理應有斷細分所知障之獨覺阿羅漢，因許故。

有云：「對此之前者，不周遍，因獨覺阿羅漢未斷執色於執色分別耽著處自性相成立之執著故。」不應理，因若是七部量論與其經所說之斷所知障之補特伽羅，周遍是斷執色於執色分別耽著處自性相成立之執著之補特伽羅故。理應如是，因彼所說之斷所知障之補特伽羅是佛聖者故。理應如是，因有彼所說之佛聖者故。

དེ་ལ་ཁོ་ན་རེ། གཟུང་འཛིན་གཉིས་སྟོང་བསྒོམ་བྱའི་གཙོ་བོར་བྱེད་པའི་རང་རྒྱལ་སློབ་པ་ཡོད་ཀྱང་། གཟུང་འཛིན་རྫས་གཞན་དུ་འཛིན་པའི་འཛིན་པ་སྤྱངས་པའི་རང་རྒྱལ་དགྲ་བཅོམ་ཁས་མི་ལེན་ནོ་ཞེ་ན། འོ་ན། རང་རྒྱལ་གྱི་སྒོམ་ལམ་རྡོ་རྗེ་ལྟ་བུའི་ཏིང་ངེ་འཛིན་དེས་གཟུང་འཛིན་རྫས་གཞན་དུ་འཛིན་པའི་སྒྲིབ་པའི་དངོས་གཉེན་མི་བྱེད་པར་ཐལ། རང་རྒྱལ་དགྲ་བཅོམ་པས་དེ་མ་སྤྱངས་པའི་ཕྱིར། འདོད་ན། དེས་གང་ཟག་གི་བདག་འཛིན་ཁོན་འི་དངོས་གཉེན་བྱེད་པར་ཐལ། འདོད་པའི་ཕྱིར། འདོད་ན་སོང་། དེ་ལ་གནས་པའི་གང་ཟག་དེས་གང་ཟག་གི་བདག་མེད་དང་གཟུང་འཛིན་གཉིས་སྟོང་གཉིས་ཀྱི་ནང་ནས་གང་ཟག་གི་བདག་མེད་བསྒོམ་བྱའི་གཙོ་བོར་བྱེད་པར་ཐལ། བར་ཆད་མེད་ལམ་དེས་གཟུང་འཛིན་རྫས་གཞན་དུ་འཛིན་པའི་སྒྲིབ་པ་དང་། གང་ཟག་གི་བདག་འཛིན་གཉིས་ཀྱི་ནང་ནས་གང་ཟག་གི་བདག་འཛིན་ཁོན་འི་དངོས་གཉེན་བྱེད་པའི་ཕྱིར། བསལ་བ་ཁས།

གཞན་ཡང་། ཆོས་ཀྱི་བདག་མེད་ཕྲ་མོ་བསྟན་བྱའི་གཙོ་བོར་བྱས་ནས་སྟོན་པའི་ཐེག་དམན་གྱི་སྡེ་སྣོད་ཡོད་པར་ཐལ། དེ་བསྒོམ་བྱའི་གཙོ་བོར་བྱས་ནས་བསྒོམ་པའི་ཐེག་དམན་གྱི་གང་ཟག་ཡོད་པའི་ཕྱིར། འདོད་ན། ཉན་ཐོས་ཀྱི་སྡེ་སྣོད་དེ་དེ་ཡིན་པར་ཐལ། འདོད་པ་གང་ཞིག ཉན་ཐོས་ཀྱི་སྡེ་སྣོད་མ་ཡིན་པའི་རང་རྒྱལ་གྱི་སྡེ་སྣོད་མེད་པའི་ཕྱིར། ཕྱི་མ་དེར་ཐལ། མཆོག་གི་སྤྲུལ་སྐུའི་འཁོར་དུ་གྱུར་པའི་རང་རྒྱལ་མེད་པའི་ཕྱིར་དང་། རང་རྒྱལ་རྣམས་ཀྱང་ཉན་ཐོས་ཀྱི་སྡེ་སྣོད་ལ་དམིགས་པར་གསུངས་པའི་ཕྱིར། འོ་ན་སྡེ་སྣོད་གསུམ་མེད་པར་ཐལ་ལོ་ཞེ་ན། སྐྱོན་མེད་དེ། ཉན་ཐོས་ཀྱི་སྡེ་སྣོད་དེ་ཉན་ཐོས་ཀྱི་སྡེ་སྣོད་དང་རང་རྒྱལ་གྱི་སྡེ་སྣོད་གཉིས་ཀ་ཡིན་པའི་ཕྱིར།

ཁོ་ན་རེ། ཐེག་དམན་གྱི་སྡེ་སྣོད་ལས་ཆོས་ཀྱི་བདག་མེད་བསྟན་པར་ཐལ། སྲིད་པ་འཕོ་བའི་མདོ་ལས། མིང་ནི་གང་དང་གང་གིས་སུ། །ཆོས་རྣམས་གང་དང་གང་བརྗོད་པ། །ཞེས་སོགས་ཉན་ཐོས་སྡེ་པ་རང་ལ་གྲགས་པའི་མདོ་གསུམ་གྱིས་ཆོས་ཀྱི་བདག་མེད་བསྟན་པའི་ཕྱིར། དེར་ཐལ། དེས་གཟུགས་གཟུགས་འཛིན་རྟོག་པའི་ཞེན་གཞིར་རང་གི་མཚན་ཉིད་ཀྱིས་མ་གྲུབ་པར་བསྟན་པའི་ཕྱིར། དེར་ཐལ། ཉན་ཐོས་སྡེ་པས་དེ་དེ་འཛིན་པའི་རྟོག་པའི་ཞེན་གཞིར་རང་གི་མཚན་ཉིད་ཀྱིས་གྲུབ་པར་ཁས་བླངས་པ་ལ་ཉན་ཐོས་སྡེ་པ་རང་ལ་གྲགས་པའི་ལུང་གསུམ་གྱིས་དེ་བཀག་པར་དྲང་ངེས་རྣམ་

對此有云：「雖有以二取空作主要所修之有學獨覺，然不主張斷執能取所取為異質之執著之獨覺阿羅漢。」那麼，獨覺修道金剛喻定理應不作執能取所取為異質之障礙的正對治，因獨覺阿羅漢不斷彼故。若許，彼理應唯作補特伽羅我執之正對治，因許故。若許則成相違。住彼之補特伽羅理應於補特伽羅無我與二取空二者中，以補特伽羅無我為主要所修，因彼無間道於執能取所取為異質之障與補特伽羅我執二者中，唯作補特伽羅我執之正對治故。承許遣法。

再者，理應有以細分法無我為主要所詮而宣說之小乘藏，因有以彼為主要所修而修之小乘補特伽羅故。若許，聲聞藏理應是彼，因承許〔前因〕，且非聲聞藏之獨覺藏不存在故。後項理應如是，因無屬殊勝化身眷屬之獨覺，以及云諸獨覺亦緣聲聞藏故。那麼，應成無三藏。無過，因聲聞藏是聲聞藏與獨覺藏二者故。

有云：「小乘藏理應宣說法無我，因《佛說大乘流轉諸有經》云：『皆以別別名，詮彼種種法……[23]』等聲聞部自共許之三部經，宣說法無我故。理應如是，因彼宣說色於執色分別之耽著處，非自性相成立故。理應如是，因《辨了不了義善說藏論》說，對聲聞部師主張彼於執彼分別之耽著處自性相成立，以聲聞部師自共許之三經破斥故。」不周遍，因其義指：彼三經宣說「如聲聞部師所承許

འབྱེད་ལས་གསུངས་པའི་ཕྱིར་ཞེ་ན། མ་ཁྱབ་སྟེ། ལུང་གསུམ་པོ་དེས་ཉན་ཐོས་སྡེ་པས་འདོད་པ་ལྟར་གྱི་གཟུགས་གཟུགས་འཛིན་རྟོག་པའི་ཞེན་གཞི་ཡིན་པའི་རང་ལྡོག་དོན་དམ་པར་མ་གྲུབ་པར་བསྟན་ཅིང་། ཉན་ཐོས་སྡེ་པས་ཁས་བླངས་ཞེས་པའི་དོན་ཡིན་པའི་ཕྱིར།

འོ་ན་འཁོར་ལོ་ཐ་མའི་ཆེད་དུ་བྱ་བའི་གདུལ་བྱ་ཐེག་པ་ཐམས་ཅད་ལ་ཡང་དག་པར་ཞུགས་པ། ཞེས་སྨོས་པའི་དོན་གང་ཡིན་ཞེ་ན།

ཁ་ཅིག དེའི་ཆེད་དུ་བྱ་བའི་གདུལ་བྱ་རིགས་ཅན་གསུམ་ཀ་ཡོད་པ་དེ་དེའི་དོན་ཡིན་ནོ་ཞེ་ན། འོ་ན་དེ་ཐེག་ཆེན་གྱི་སྡེ་སྣོད་དང་ཐེག་དམན་གྱི་སྡེ་སྣོད་གཉིས་ཀ་ཡིན་པར་ཐལ། དམ་བཅའ་དེའི་ཕྱིར། ཁྱབ་པར་ཐལ། ཐེག་པ་ཆེ་ཆུང་གི་སྡེ་སྣོད་གཉིས་རང་གི་ཆེད་དུ་བྱ་བའི་གདུལ་བྱའི་ངོས་ནས་འབྱེད་པར་གསུངས་པའི་ཕྱིར། འདོད་ན་ཐེག་དམན་གྱི་སྡེ་སྣོད་ལས་ཆོས་ཀྱི་བདག་མེད་གསུངས་པར་ཐལ་ལོ། །

རང་ལུགས་ནི། ཡང་དག་པར་ཞུགས་པ། ཞེས་གསུངས་པའི་དོན་ཡོད་དེ། བརྗོད་བྱེད་སྒྲའི་ཐེག་པ་འཁོར་ལོ་དང་པོ་གཉིས་ཀྱི་བརྗོད་བྱ་ལ་དགོས་པ་ཡང་དག་པར་ཞུགས་པ་ཞིག་ལ་འཇོག་པའི་ཕྱིར།

འོ་ན་འདི་པའི་ལུགས་ཀྱི་མཚན་ཉིད་གསུམ་གྱི་རྣམ་གཞག་འཇོག་ཚུལ་ཇི་ལྟ་བུ་ཞེ་ན།

ཁ་ཅིག ཀུན་བཏགས་ཡིན་ན། རྟོག་པས་བཏགས་ཙམ་ཡིན་པས་ཁྱབ་ཟེར་བ་མི་འཐད་དེ། བདག་གཉིས་ལྟ་བུ་མཚན་ཉིད་ཡོངས་སུ་ཆད་པའི་ཀུན་བཏགས་ཡིན་ཡང་། རྟོག་པས་བཏགས་ཙམ་མ་ཡིན་པའི་ཕྱིར། ཕྱི་མ་དེར་ཐལ། དེ་རྟོག་པའི་ཡུལ་མ་ཡིན་པའི་ཕྱིར་ཏེ། དེ་བློའི་ཡུལ་མ་ཡིན་པའི་ཕྱིར།

ཁ་ཅིག གང་ཟག་གི་བདག་མེད་ཡོངས་གྲུབ་ཡིན་ཏེ། གང་ཟག་གི་བདག་མེད་ཀྱི་དབང་དུ་བྱས་པའི་ཡོངས་གྲུབ་ཡིན་པའི་ཕྱིར། ཟེར་བ་མི་འཐད་དེ། གང་ཟག་གི་བདག་མེད་དེ། རང་ཉིད་ལ་དམིགས་ཏེ་སྒོམ་པས་ཤེས་སྒྲིབ་ཟད་པར་འགྱུར་བའི་དམིགས་པ་མཐར་ཐུག་མ་ཡིན་པའི་ཕྱིར། མ་

『色是執色分別之耽著處之自返體』勝義不成立」，且聲聞部師承許故。

那麼，於後轉法輪之特意所化，謂「普為諸正入一切乘者[24]」之義為何？

有云：「彼之特意所化有三種性，乃彼〔文〕之義。」那麼，彼理應是大乘藏與小乘藏二者，因彼宗故。理應周遍，因云大小乘藏二者由自特意所化而區分故。若許，則成小乘藏宣說法無我。

自宗：所謂「正入」之義，乃安立為一個對能詮聲之乘——初二法輪之所詮正確地懷疑故。

那麼，如何安立建立此派之三性？

有云：「若是遍計所執周遍是唯分別所安立。」不應理，因如二我雖是斷相遍計所執，然非唯分別所安立故。後項理應如是，因彼非分別之境故，因彼非覺知之境故。

有云：「補特伽羅無我是圓成實，因是就補特伽羅無我而言之圓成實故。」不應理，因補特伽羅無我非緣自修習能盡斷所知障之究竟所緣故。若不成，聲聞阿羅漢應成盡斷所知障。

གྲུབ་ན། ཉན་ཐོས་དགྲ་བཅོམ་པས་ཤེས་སྒྲིབ་ཟད་པར་སྤངས་པར་ཐལ་ལོ། །

རང་གི་ལུགས་ནི། རང་འཛིན་རྟོག་པས་བཏགས་ཙམ་ཀུན་བཏགས་ཀྱི་མཚན་ཉིད། རང་གི་རྒྱུ་རྐྱེན་ལས་སྐྱེས་པ་གཞན་དབང་གི་མཚན་ཉིད། རང་ཉིད་ལ་དམིགས་ཏེ་སྒོམ་པས་ཤེས་སྒྲིབ་ཟད་པར་འགྱུར་བའི་དམིགས་པ་མཐར་ཐུག་ཡོངས་གྲུབ་ཀྱི་མཚན་ཉིད། གཞི་གྲུབ་ན་ཀུན་བཏགས་གཞན་དབང་ཡོངས་གྲུབ་གསུམ་པོ་གང་རུང་ཡིན་པས་ཁྱབ་སྟེ། རང་མཚན་ཡིན་ན་གཞན་དབང་དང་ཡོངས་གྲུབ་གང་རུང་ཡིན་པས་ཁྱབ། སྤྱི་མཚན་ཡིན་ན་ཀུན་བཏགས་ཡིན་པས་ཁྱབ་པའི་ཕྱིར།

ཁོ་ན་རེ། རང་མཚན་དང་བདེན་གྲུབ་རང་གི་མཚན་ཉིད་ཀྱིས་གྲུབ་པ་སོགས་ཆོས་ཅན། གཞན་དབང་དང་ཡོངས་གྲུབ་གང་རུང་ཡིན་པར་ཐལ། རང་མཚན་ཡིན་པའི་ཕྱིར། ཞེས་པ་ནི་རྟས་སྐྱི་མ་ཡིན་པས་སྐྱོན་པོ་མེད་དོ། །

མཚན་ཉིད་གསུམ་ལ་ངོ་བོ་ཉིད་མེད་ཚུལ་ཡོད་དེ། ཀུན་བཏགས་མཚན་ཉིད་ངོ་བོ་ཉིད་མེད་པ་དང་། གཞན་དབང་སྐྱེ་བ་ངོ་བོ་ཉིད་མེད་པ་དང་། ཡོངས་གྲུབ་དོན་དམ་པ་ངོ་བོ་ཉིད་མེད་པར་འཇོག་པའི་ཕྱིར། ཀུན་བཏགས་མཚན་ཉིད་ངོ་བོ་ཉིད་མེད་པར་འཇོག་སྟེ། ཀུན་བཏགས་ཡིན་ན་རང་འདོགས་བྱེད་ཀྱི་མིང་དང་། བརྡ་ཙམ་གྱིས་བཞག་པས་ཁྱབ་པའི་ཕྱིར་ཏེ། དགོངས་འགྲེལ་ལས། དེ་ནི་མིང་དང་བརྡས་རྣམ་པར་བཞག་པའི་མཚན་ཉིད་ཡིན་གྱི། ཞེས་གསུངས་པའི་ཕྱིར།

◆現觀辨析（上）

自宗：「唯執自分別所安立」，乃遍計所執之性相。「由自因緣而生起」，乃依他起之性相。「緣自修習能盡所知障之究竟所緣」，乃圓成實之性相。若是基成，周遍是遍計所執、依他起與圓成實三者隨一，因若是自相周遍是依他起與圓成實隨一；若是共相周遍是遍計所執故。

有云：「自相、諦實成立與自性相成立等為有法，理應是依他起與圓成實隨一，因是自相故。」此說乃質總有法，故無意義。

有三性相無自性性[27]之理：安立遍計所執相無自性性[28]，依他起生無自性性[29]，圓成實勝義無自性性[30]。安立遍計所執相無自性性，因若是遍計所執周遍是唯取自之名與言所安立，因《解深密經》云：「此由名與言安立為相。[25]」故。

㉗ མཚན་ཉིད་ངོ་བོ་ཉིད་མེད། 按玄奘大師譯法譯為「相無自性性」，然法尊法師將其與མཚན་ཉིད་ངོ་བོ་ཉིད་མེད་པ་ཉིད། 的譯法區別，前者譯為「相無自性」，後者譯為「相無自性性」。

㉘ ཀུན་བཏགས་མཚན་ཉིད་ངོ་བོ་ཉིད་མེད་པ། 按玄奘大師譯法譯為「遍計所執無自性性」，然法尊法師將其與ཀུན་བཏགས་མཚན་ཉིད་ངོ་བོ་ཉིད་མེད་པ་ཉིད། 的譯法區別，前者譯為「遍計所執相無自性」，後者譯為「遍計所執相無自性性」。

㉙ གཞན་དབང་སྐྱེ་བ་ངོ་བོ་ཉིད་མེད་པ། 按玄奘大師譯法譯為「依他起生無自性性」，然法尊法師將其與གཞན་དབང་སྐྱེ་བ་ངོ་བོ་ཉིད་མེད་པ་ཉིད། 的譯法區別，前者譯為「依他起生無自性」，後者譯為「依他起生無自性性」。

㉚ ཡོངས་གྲུབ་དོན་དམ་པ་ངོ་བོ་ཉིད་མེད་པ། 按玄奘大師譯法譯為「圓成實勝義無自性性」，然法尊法師將其與ཡོངས་གྲུབ་དོན་དམ་པ་ངོ་བོ་ཉིད་མེད་པ་ཉིད། 的譯法區別，前者譯為「圓成實勝義無自性」，後者譯為「圓成實勝義無自性性」。

དེ་ལ་ཁོ་ན་རེ། འོ་ན་དྲང་ངེས་རྣམ་འབྱེད་ལས། ཉེར་ལེན་གྱི་ཕུང་པོ་གང་ཟག་གི་བདག་མེད་དང་། སྒྲ་རྟག་སྟོང་སོགས་མིང་དང་བརྡས་འཇོག་མི་ནུས་པའི་ཀུན་བཏགས་སུ་བཤད་པ་དང་འགལ་ལོ་ཞེ་ན། མི་འགལ་ཏེ། ཀུན་བཏགས་ཐམས་ཅད་མིང་དང་བརྡ་ཙམ་གྱིས་བཞག་པར་གསུངས་པའི་མིང་བརྡ་བརྗོད་བྱེད་ཀྱི་སྒྲ་དང་རྟོག་པ་ལ་བྱེད། སྒྲ་རྟག་སྟོང་སོགས་མིང་དང་བརྡས་འཇོག་མི་ནུས་པར་གསུངས་པའི་མིང་བརྡ་འཇིག་རྟེན་གྱི་བརྡ་དང་གྲགས་པ་ལ་བྱེད་པའི་ཕྱིར། སྒྲ་རྟག་སྟོང་འཇིག་རྟེན་གྱི་བརྡ་དང་གྲགས་པས་འཇོག་མི་ནུས་ཏེ། དེ་སྒྲ་བྱུང་གྲགས་པ་མ་ཡིན་པའི་ཕྱིར་ཏེ། དེ་གྲགས་པའི་རྗེས་དཔག་ཚད་མར་སོང་བའི་གཞལ་བྱ་མ་ཡིན་པའི་ཕྱིར་ཏེ། དེ་དངོས་སྟོབས་རྗེས་དཔག་ཚད་མར་སོང་བའི་གཞལ་བྱ་ཡིན་པའི་ཕྱིར་ཏེ། བྱས་པ་སྒྲ་རྟག་སྟོང་དུ་སྒྲུབ་པའི་དངོས་སྟོབས་ཀྱི་རྟགས་ཡང་དག་ཡིན་པའི་ཕྱིར།

འཇིག་རྟེན་གྱི་བརྡ་དང་གྲགས་པས་ཀྱང་འཇོག་ནུས་པའི་ཀུན་བཏགས་ཡོད་དེ། རི་བོང་ཅན་གྲགས་དབང་གིས་ཟླ་བ་ཞེས་པའི་སྒྲས་བརྗོད་རུང་དེ། དེ་ཡིན་པའི་ཕྱིར་ཏེ། དེ་སྒྲ་བྱུང་གྲགས་པ་ཡིན་པའི་ཕྱིར་ཏེ། དེ་གྲགས་པའི་རྗེས་དཔག་ཚད་མར་སོང་བའི་གཞལ་བྱ་ཡིན་པའི་ཕྱིར་ཏེ། རྟོག་ཡུལ་ན་ཡོད་པ་དེ། རི་བོང་ཅན་གྲགས་དབང་གིས་ཟླ་བ་ཞེས་པའི་སྒྲས་བརྗོད་རུང་དུ་སྒྲུབ་པའི་གྲགས་རྟགས་ཡང་དག་ཡིན་པའི་ཕྱིར།

གཞན་དབང་སྐྱེ་བ་ངོ་བོ་ཉིད་མེད་པར་འཇོག་སྟེ། དེ་རང་དང་ངོ་བོ་ཐ་དད་དུ་གྱུར་པའི་རང་རྒྱུ་ལས་བྱུང་གི་རང་དང་ངོ་བོ་གཅིག་ཏུ་གྱུར་པའི་རང་རྒྱུ་ལས་མ་བྱུང་བའི་ཕྱིར། འདི་ལ་བརྟེན་ནས་གཞན་དབང་སྐྱེ་བ་ངོ་བོ་ཉིད་མེད་པ་དོན་དམ་བདེན་པ་ཡིན་ཟེར་བ་ཡང་ལེགས་ཏེ། དེ་རང་དང་ངོ་བོ་ཐ་དད་དུ་གྱུར་པའི་རང་རྒྱུ་ལས་སྐྱེས་པར་མདོ་སྡེ་པས་ཀྱང་རྟོགས་པའི་ཕྱིར།

གསུམ་པ་ཡོངས་གྲུབ་དོན་དམ་པ་ངོ་བོ་ཉིད་མེད་ཚུལ་ནི་གོ་སླའོ། །

ཡང་མཚན་ཉིད་གསུམ་གཞི་ལ་སྦྱར་ནས་བཤད་པ་ལ། ཁ་ཅིག གཟུགས་འཛིན་རྟོག་པ་གཟུགས་ཀྱི་གཞན་དབང་དུ་འདོད་པ་མི་འཐད་དེ། དེ་གཟུགས་དང་རྫས་གཞན་ཡིན་པའི་ཕྱིར་ཏེ། དེ་གཟུགས་ཀྱི་འབྲས་བུ་ཡིན་པའི་ཕྱིར་ཏེ། དེ་གཟུགས་འཛིན་ཚད་མའི་འབྲས་བུ་ཡིན་པའི་ཕྱིར་ཏེ།

對此有云：「那麼，與《辨了不了義善說藏論》所言近取蘊補特伽羅無我與聲常空等，是不能以名與言安立之遍計所執，相違否？」不相違，因所言「一切遍計所執唯名與言安立」之「名言」指能詮之聲與分別；所言「聲常空等名與言不能安立」之「名言」指世間語言與共許故。聲常空不能由世間語言與共許安立，因彼非聲起共稱故，因彼非與極成比量相應之所量故，因彼是與事勢比量相應之所量故，因所作性乃成立聲是常空之事勢正因故。

有世間語言與共許亦能安立之遍計所執，懷兔由共許之力堪以月亮聲稱呼，是彼故，因彼是聲起共稱故，因彼是與極成比量相應之所量故，因分別境中有，乃成立懷兔由共許之力堪以月亮聲稱呼之極成正因故。

安立依他起生無自性性，因彼從與自異體之自因而生起，不從與自同體之自因而生起故。依此亦可遮「依他起生無自性性是勝義諦」之說，因經部師亦通達彼從與自異體之自因而生起故。

第三圓成實勝義無自性性之理乃易領會。

又三性若結合基法說明，有承許云：「執色分別是色之依他起。」不應理，因彼與色是異質故，因彼是色之果故，因彼是執色量之果故，因彼於色是再決知故。

དེ་གཟུགས་ལ་དཔྱད་ཞེས་ཡིན་པའི་ཕྱིར།

རང་ལུགས་ནི། གཟུགས་གཟུགས་ཀྱི་གཞན་དབང་། གཟུགས་གཟུགས་འཛིན་རྟོག་པའི་ཞེན་གཞིར་རང་གི་མཚན་ཉིད་ཀྱིས་གྲུབ་པའམ། གྲུབ་པར་སྒྲོ་བཏགས་པ་གཟུགས་ཀྱི་ཀུན་བཏགས། དེ་དེར་གྲུབ་པས་སྟོང་པ་དེའི་ཡོངས་གྲུབ་ཡིན།

ཁ་ཅིག ནམ་མཁའ་ནམ་མཁའི་གཞན་དབང་ཡིན་ཟེར་ན། འོ་ན་ནམ་མཁའ་ཆོས་ཅན། ནམ་མཁའི་ཡོངས་གྲུབ་ཀྱི་སྟོང་གཞི་ཆོས་ཅན་དུ་གྱུར་པའི་གཞན་དབང་ཡིན་པར་ཐལ། ནམ་མཁའི་གཞན་དབང་ཡིན་པའི་ཕྱིར། འདོད་ན། དེ་མ་ཡིན་པར་ཐལ། དེར་གྱུར་པའི་ཀུན་བཏགས་ཡིན་པའི་ཕྱིར། དེར་ཐལ། དེར་གྱུར་པའི་ཀུན་བཏགས་ཡོད་པའི་ཕྱིར། དེར་ཐལ། དེའི་སྟོང་གཞི་ཆོས་ཅན་དང་ཀུན་བཏགས་ཀྱི་གཞི་མཐུན་ཡོད་པའི་ཕྱིར་ཏེ། ནམ་མཁའ་དེ་དེ་ཡིན་པའི་ཕྱིར།

གཞན་ཡང་། འདུས་མ་བྱས་སྟོང་པ་ཉིད་སྟོང་པ་ཉིད་མ་ཡིན་པར་ཐལ། ནམ་མཁའི་ཡོངས་གྲུབ་ཡོངས་གྲུབ་མ་ཡིན་པའི་ཕྱིར་ཏེ། དེའི་ཡོངས་གྲུབ་བདེན་པར་མ་གྲུབ་པའི་ཕྱིར། དེར་ཐལ། ནམ་མཁའི་གཞན་དབང་བདེན་པར་མ་གྲུབ་པའི་ཕྱིར། རྟགས་ཁས། ཁྱབ་པར་ཐལ། མདོ་ལས། གཟུགས་ཉིད་ཀྱང་མི་དམིགས་ན་གཟུགས་ཀྱི་དེ་བཞིན་ཉིད་དམིགས་པར་ལྟ་ག་ལ་འགྱུར། ཞེས་དང་། རྩ་ཤེ་ལས། འདུས་བྱས་རབ་ཏུ་མ་གྲུབ་པས། །འདུས་མ་བྱས་ནི་ཇི་ལྟར་འགྲུབ། །ཅེས་སོགས་ཀྱི་དགོངས་པ་དྲང་ངེས་རྣམ་འབྱེད་དུ་བཀྲལ་བས་ཐོན་པའི་ཕྱིར། ལེགས་པར་གཟིགས་ཤིག

རྩ་བར་འདོད་ན། འདུས་མ་བྱས་སྟོང་པ་ཉིད་སྟོང་པ་ཉིད་ཡིན་པར་ཐལ། དེ་བདེན་པར་གྲུབ་པའི་ཕྱིར། མ་གྲུབ་ན། འདུས་མ་བྱས་བདེན་པར་མ་གྲུབ་ན། དེའི་སྟོང་ཉིད་བདེན་པར་མ་གྲུབ་དགོས་པར་ཐལ། མ་གྲུབ་པ་དེའི་ཕྱིར། འདོད་ན། ཆོས་དེ་བདེན་པར་མ་གྲུབ་ན་ཆོས་དེའི་སྟོང་ཉིད་བདེན་པར་མ་གྲུབ་དགོས་པར་ཐལ། འདོད་པའི་ཕྱིར། འདོད་ན། ཁྱབ་པའི་སྟོང་ཉིད་བདེན་པར་མ་གྲུབ་པར་ཐལ། ཁྱབ་པ་བདེན་པར་མ་གྲུབ་པའི་ཕྱིར། ཁྱབ་པ་ཁས།

གཞན་ཡང་། སྟོང་པ་ཉིད་བདེན་པར་མེད་པར་ཐལ། སྟོང་པ་ཉིད་སྟོང་པ་ཉིད་བདེན་པར་མེད་

自宗：色乃色之依他起，色於執色分別之耽著處自性相成立或增益成立是色之遍計所執；彼以彼空乃是色之圓成實。

有云：「虛空是虛空之依他起。」那麼，虛空為有法，理應是屬虛空圓成實之空基有法之依他起，因是虛空之依他起故。若許，理應非彼，因是屬彼之遍計所執故。理應如是，因有屬彼之遍計所執故。理應如是，因有彼之空基有法與遍計所執之同位故，因虛空是彼故。

復次，無為空理應非空性，因虛空之圓成實非圓成實故，因彼之圓成實非諦實成立故。理應如是，因虛空之依他起非諦實成立故。承許因。理應周遍，因經云：「若色不可得，豈可得色之真如？[26]」《中論》云：「有為不成故，無為如何成。[27]」等意趣於《辨了不了義善說藏論》中解釋而顯明故。當善讀之。

若許根本，無為空理應是空性，因彼是諦實成立故，若不成，無為若非諦實成立，彼之空性理應須非諦實成立，因前之不成故。若許，此法若非諦實成立，此法之空性理應須非諦實成立，因許故。若許，「周遍」之空性理應非諦實成立，因「周遍」非諦實成立故。承許周遍。

復次，空性理應無諦實，因空空無諦實故。若不成，理應如是，

པའི་ཕྱིར། མ་གྲུབ་ན། དེར་ཐལ། སྟོང་པ་ཉིད་ཀྱི་གཞན་དབང་བདེན་པར་མེད་པའི་ཕྱིར། མ་གྲུབ་ན་སོང་། དེར་ཐལ། སྟོང་ཉིད་འཛིན་པའི་ཚད་མ་དེའི་གཞན་དབང་མ་ཡིན་པ་གང་ཞིག སྟོང་པ་ཉིད་དེ་སྟོང་པ་ཉིད་ཀྱི་གཞན་དབང་མ་ཡིན་པའི་ཕྱིར། ཕྱི་མ་དེར་ཐལ། དེ་དེའི་ཡོངས་གྲུབ་ཀྱི་སྟོང་གཞི་ཆོས་ཅན་དུ་གྱུར་པའི་གཞན་དབང་མ་ཡིན་པའི་ཕྱིར་ཏེ། དེ་དེའི་སྟོང་གཞི་ཆོས་ཅན་དུ་གྱུར་པའི་ཡོངས་གྲུབ་ཡིན་པའི་ཕྱིར། དེར་ཐལ། དེར་གྱུར་པའི་ཡོངས་གྲུབ་ཡོད་པའི་ཕྱིར་ཏེ། དེ་དང་ཡོངས་གྲུབ་ཀྱི་གཞི་མཐུན་ཡོད་པའི་ཕྱིར།

གཞན་ཡང་། དྲང་ངེས་རྣམ་འབྱེད་ལས་གཟུགས་ནས་རྣམ་མཁྱེན་གྱི་བར་གྱི་ཆོས་ཐམས་ཅད་ཀྱི་སྟེང་དུ་མཚན་ཉིད་གསུམ་གསུམ་དང་། དེ་ལ་ངོ་བོ་ཉིད་མེད་ཚུལ་གསུམ་གསུམ་དུ་ཕྱེ་ནས་གསུངས་པ་མི་འཐད་པར་ཐལ། ནམ་མཁའི་གཞན་དབང་ལ་སྐྱེ་བ་ངོ་བོ་ཉིད་མེད་ཚུལ་འཆད་མི་རིགས་པའི་ཕྱིར། མ་གྲུབ་ན་སོང་། དེ་ནི་རྐྱེན་གཞན་གྱི་སྟོབས་ཀྱིས་བྱུང་བ་ཡིན་གྱི་བདག་ཉིད་ཀྱིས་མ་ཡིན་པས་དེའི་ཕྱིར་དེ་ནི་སྐྱེ་བ་ངོ་བོ་ཉིད་མེད་པ་ཉིད། ཅེས་པའི་མདོ་ཚིག་དེ་ནམ་མཁའི་གཞན་དབང་ལ་སྐྱེ་བ་ངོ་བོ་ཉིད་མེད་ཚུལ་འཆད་བྱེད་ཡིན་པར་ཐལ། མ་གྲུབ་པ་དེའི་ཕྱིར། འདོད་ན། ནམ་མཁའི་གཞན་དབང་རང་གི་རྒྱུ་རྐྱེན་ལས་སྐྱེས་པར་ཐལ། འདོད་པའི་ཕྱིར། འདོད་ན། ནམ་མཁའ་ནམ་མཁའི་གཞན་དབང་མ་ཡིན་པར་ཐལ། འདོད་པའི་ཕྱིར།

རང་ལུགས་ནི། ནམ་མཁའ་འཛིན་པའི་ཚད་མ་ནམ་མཁའི་གཞན་དབང་། ནམ་མཁའ་འཛིན་པའི་ཚད་མ་ནམ་མཁའ་འཛིན་པའི་ཚད་མ་ཞེས་པའི་སྒྲ་འཇུག་པའི་འཇུག་གཞིར་རང་གི་མཚན་ཉིད་ཀྱིས་གྲུབ་པའམ་གྲུབ་པར་སྒྲོ་བཏགས་པ་ནམ་མཁའི་ཀུན་བཏགས། དེ་དེར་གྲུབ་པས་སྟོང་པ་ནམ་མཁའི་ཡོངས་གྲུབ་ཡིན། ཡང་ན། ནམ་མཁའ་ནམ་མཁའ་འཛིན་པའི་རྟོག་པའི་ཞེན་གཞིར་རང་གི་མཚན་ཉིད་ཀྱིས་མ་གྲུབ་པ་ནམ་མཁའི་ཡོངས་གྲུབ་ཏུ་ཁས་བླངས་པས་ཀྱང་ཆོག་བྱས་པ་ལ།

ཁོ་ན་རེ། ཕྱི་མ་དེ་མི་འཐད་པར་ཐལ། མདོ་སྡེ་པས་དེ་རྟོགས་པའི་ཕྱིར། དེར་ཐལ། མདོ་སྡེ་པས་ནམ་མཁའ་དང་དེ་འཛིན་པའི་ཚད་མ་རྫས་གཞན་གྱིས་སྟོང་པར་རྟོགས་པའི་ཕྱིར་ན། འདིར་

因空性之依他起無諦實故。若不成則成相違。理應如是，因執空性之量非彼之依他起，且空性非空性之依他起故。後項理應如是，因彼非屬彼之圓成實之空基有法的依他起故，因彼是屬彼之空基有法之圓成實故。理應如是，因有屬彼之圓成實故，因有彼與圓成實之同位故。

復次，《辨了不了義善說藏論》中云色乃至一切相智之一切法之上各有三性與彼各分三無性性，理應不應理，因於虛空之依他起闡述生無自性性之理不合理故。若不成則成相違。「彼依他緣力而有，非以自體而有，是故說名生無自性性[28]」之經文，理應對虛空之依他起闡述生無性性之理，因前之不成故。若許，虛空之依他起理應從自因緣而生起，因許故。若許，虛空理應非虛空之依他起，因許故。

自宗：執虛空量乃虛空之依他起；執虛空量於說執虛空量之聲所趣入處自性相成立或增益成立，即虛空之遍計所執；彼以彼空乃是虛空之圓成實。或亦可主張虛空於執虛空分別耽著處非自性相成立，是虛空之圓成實。

對此有云：「後項理應不應理，因經部師通達彼故。理應如是，因經部師通達虛空與執彼之量異質空故。」今此不周遍。理應如是，

མ་ཁྱབ། དེར་ཐལ། མདོ་སྡེ་པས་ནམ་མཁའ་རྫས་སུ་མ་གྲུབ་པར་རྟོགས་པའི་ཕྱིར་ཏེ། དེས་དེ་དངོས་མེད་དུ་རྟོགས་པའི་ཕྱིར་ཞེ་ན། མ་ཁྱབ་མཚམས་སུ་མ་ཁྱབ་པར་ཐལ། མདོ་སྡེ་པས་ནམ་མཁའ་ཁོ་རང་འཛིན་པའི་རྟོག་པའི་ཞེན་གཞིར་རང་གི་མཚན་ཉིད་ཀྱིས་གྲུབ་པར་འདོད་པའི་ཕྱིར་ཏེ། མདོ་སྡེ་པས་ནམ་མཁའ་ཁོ་རང་འཛིན་པའི་རྟོག་པའི་ཞེན་གཞིར་ཡོད་པར་འདོད་པ་གང་ཞིག དེས་ཡོད་ན་རང་གི་མཚན་ཉིད་ཀྱིས་གྲུབ་པས་ཁྱབ་པ་ཁས་ལེན་པའི་ཕྱིར།

ཡང་ཁོན་རེ། ནམ་མཁའི་སྟོང་ཉིད་ནམ་མཁའ་འཛིན་པའི་ཚད་མའི་སྟོང་ཉིད་དང་། ནམ་མཁའ་འཛིན་པའི་ཚད་མའི་སྟོང་ཉིད་ནམ་མཁའི་སྟོང་ཉིད་དུ་ཁས་ལེན་རིགས་པར་ཐལ། ནམ་མཁའ་འཛིན་པའི་ཚད་མ་ནམ་མཁའི་གཞན་དབང་ཡིན་པའི་ཕྱིར། རྟགས་ཁས། འདོད་ན། ནམ་མཁའི་སྟོང་ཉིད་འདུས་བྱས་སྟོང་པ་ཉིད་དང་། ནམ་མཁའ་འཛིན་པའི་ཚད་མའི་སྟོང་ཉིད་འདུས་མ་བྱས་སྟོང་པ་ཉིད་ཡིན་པར་ཐལ། འདོད་པའི་ཕྱིར། འདོད་ན། འདུས་བྱས་སྟོང་པ་ཉིད་དང་འདུས་མ་བྱས་སྟོང་པ་ཉིད་མི་འགལ་བར་ཐལ་ལོ་ཞེ་ན། འདོད་པ་ཡིན་ནོ། །འོ་ན་ནམ་མཁའ་འཛིན་པའི་ཚད་མའི་སྟོང་ཉིད་དང་ནམ་མཁའི་སྟོང་ཉིད་ཀྱི་གཞི་མཐུན་མེད་པར་ཐལ། ནམ་མཁའ་འཛིན་པའི་ཚད་མ་ནམ་མཁའི་གཞན་དབང་མ་ཡིན་པའི་ཕྱིར། འདོད་མི་ནུས་ཏེ། གཟུགས་འཛིན་ཚད་མའི་སྟོང་ཉིད་དང་གཟུགས་ཀྱི་སྟོང་ཉིད་ཀྱི་གཞི་མཐུན་ཡོད་པའི་ཕྱིར། དེར་ཐལ། གཟུགས་དང་གཟུགས་འཛིན་ཚད་མ་རྫས་གཞན་གྱིས་སྟོང་པ་དེ་དེའི་གཞི་མཐུན་ཡིན་པའི་ཕྱིར་ཏེ། རྣམ་འགྲེལ་ལས། དེ་ཕྱིར་གཉིས་སྟོང་གང་ཡིན་པ། །དེ་ནི་དེ་ཡིའང་དེ་ཉིད་ཡིན། །ཞེས་གསུངས་པའི་ཕྱིར།

དེ་ལ་ཁོན་རེ། སྐྱེས་བུ་ལྷས་བྱིན་གྱི་གཟུགས་དང་དེ་འཛིན་པའི་རྣམ་མཁྱེན་རྫས་གཞན་གྱིས་སྟོང་པ་དེ། དེ་འཛིན་པའི་རྣམ་མཁྱེན་གྱི་སྟོང་ཉིད་ཡིན་པར་ཐལ། གཟུགས་དང་གཟུགས་འཛིན་ཚད་མ་རྫས་གཞན་གྱིས་སྟོང་པ་དེ། གཟུགས་འཛིན་ཚད་མའི་སྟོང་ཉིད་ཡིན་པའི་ཕྱིར། རྟགས་ཁས། འདོད་མི་ནུས་ཏེ། དེ་འཛིན་པའི་རྣམ་མཁྱེན་གྱི་སྟོང་ཉིད་ངོ་བོ་ཉིད་སྐུ་ཡིན་པའི་ཕྱིར། དེར་ཐལ། དེ་ཡོད་པ་གང་ཞིག རང་བཞིན་རྣམ་དག་གི་ཆར་གྱུར་པའི་ངོ་བོ་ཉིད་སྐུ་ཁས་ལེན་དགོས་པའི་ཕྱིར་ཞེ་ན། རྟགས་ཕྱི་མ་མ་གྲུབ་པ་ཁོན་དོ། །

因經部師通達虛空非實質成立故，因彼通達彼為無事故。於不周遍處，理應不周遍，因經部師承許虛空於執自分別之耽著處自性相成立故，因經部師承許虛空於執自分別之耽著處有，且彼主張若有彼周遍自性相成立故。

又有云：「主張虛空之空性是執虛空量的空性、執虛空量的空性是虛空之空性理應合理，因執虛空量是虛空之依他起故。承許因。若許，虛空之空性是有為空，執虛空量之空性理應是無為空，因許故，若許，有為空與無為空應成不相違。」承許。那麼，理應無執虛空量之空性與虛空之空性之同位，因執虛空量非虛空之依他起故。不能許，因有執色量之空性與色之空性之同位故。理應如是，因色與執色量異質空是彼之同位故，因《釋量論》云：「是故彼二空，亦是彼實性。[29]」故。

對此有云：「天授士夫之色與執彼之一切相智異質空，理應是執彼之一切相智之空性，因色與執色量異質空，是執色量之空性故。承許因。不能許，因執彼之一切相智之空性是自性身故。理應如是，因彼有，且須承許有屬自性清淨分之自性身故。」唯後項因不成立。

འོ་ན་སྐྱེས་བུ་ལྷས་བྱིན་གྱི་གཟུགས་དང་དེ་འཛིན་པའི་རྣམ་མཁྱེན་རྫས་གཞན་གྱིས་སྟོང་པ་དེ། དེའི་སྟོང་ཉིད་ཡིན་པར་ཐལ། དེའི་སྟོང་ཉིད་ཡོད་པ་གང་ཞིག རྣམ་མཁྱེན་སྐྱེས་བུ་ལྷས་བྱིན་གྱི་གཟུགས་དང་རྫས་གཞན་གྱིས་སྟོང་པ་དེ་དེའི་སྟོང་ཉིད་མ་ཡིན་པའི་ཕྱིར། ཕྱི་མ་མ་གྲུབ་ན། འོ་ན་སྐྱེས་བུ་ལྷས་བྱིན་གྱི་གཟུགས་ཀྱི་སྟོང་ཉིད་རྟོགས་པའི་གང་ཟག་ཡིན་ན། ངོ་བོ་ཉིད་སྐུ་ཚད་མས་རྟོགས་པའི་གང་ཟག་ཡིན་དགོས་པར་ཐལ། དེ་ཡིན་ན་སྐྱེས་བུ་ལྷས་བྱིན་གྱི་གཟུགས་འཛིན་པའི་རྣམ་མཁྱེན། སྐྱེས་བུ་ལྷས་བྱིན་གྱི་གཟུགས་དང་རྫས་གཞན་མ་ཡིན་པར་རྟོགས་པའི་གང་ཟག་ཡིན་དགོས། དེ་ཡིན་ན་ངོ་བོ་ཉིད་སྐུ་ཚད་མས་རྟོགས་པའི་གང་ཟག་ཡིན་དགོས་པའི་ཕྱིར།

ཕྱི་མ་དེར་ཐལ། དེ་དེ་དང་རྫས་གཞན་གྱིས་སྟོང་པ་དེ་ངོ་བོ་ཉིད་སྐུ་ཡིན་པའི་ཕྱིར་ཏེ། དེ་དེ་འཛིན་པའི་རྣམ་མཁྱེན་གྱི་སྟོང་ཉིད་ཡིན་པའི་ཕྱིར། རྟགས་ཁྱབ་ཁས། དང་པོ་དེར་ཐལ། དེ་ཡིན་ན་སྐྱེས་བུ་ལྷས་བྱིན་གྱི་གཟུགས། དེ་འཛིན་པའི་རྣམ་མཁྱེན་དང་རྫས་གཞན་མ་ཡིན་པར་རྟོགས་པའི་གང་ཟག་ཡིན་དགོས། དེ་ཡིན་ན་སྐྱེས་བུ་ལྷས་བྱིན་གྱི་གཟུགས་འཛིན་པའི་རྣམ་མཁྱེན། སྐྱེས་བུ་ལྷས་བྱིན་གྱི་གཟུགས་དང་རྫས་གཞན་མ་ཡིན་པར་རྟོགས་པའི་གང་ཟག་ཡིན་དགོས་པའི་ཕྱིར། ཕྱི་མ་དེར་ཐལ། ཕྱི་རོལ་ཡུལ་ལ་ལྟོས་པའི་གཟུང་འཛིན་རྫས་གཞན་ཁེགས་པའི་གང་ཟག་ཡིན་ན། ནང་ཤེས་པ་ལ་ལྟོས་པའི་གཟུང་འཛིན་རྫས་གཞན་ཁེགས་པའི་གང་ཟག་ཡིན་དགོས་པའི་ཕྱིར།

ཡང་ཁོ་ན་རེ། གཟུགས་གཟུགས་འཛིན་རྟོག་པའི་ཞེན་གཞིར་རང་གི་མཚན་ཉིད་ཀྱིས་མ་གྲུབ་པ། གཟུགས་ཀྱི་ཡོངས་གྲུབ་ཡིན་པ་མི་འཐད་པར་ཐལ། དེ་དེ་འཛིན་པའི་རྟོག་པའི་ཞེན་གཞིར་རང་གི་མཚན་ཉིད་ཀྱིས་གྲུབ་པའི་ཕྱིར། མ་གྲུབ་ན། དེ་ཆོས་ཅན། དེར་ཐལ། དེ་འཛིན་པའི་རྟོག་པའི་ཞེན་གཞིར་མི་རྟག་པ་ཡིན་པའི་ཕྱིར། དེར་ཐལ། དེར་ཡོད། དེར་རྟག་པ་མ་ཡིན་པའི་ཕྱིར། དང་པོ་དེར་ཐལ། དེར་ཚད་མས་གྲུབ་པའི་ཕྱིར། དེར་ཐལ། རྟོག་པ་དེའི་ཞེན་གཞི་ཡིན་པའི་ཕྱིར། ཕྱི་མ་མ་གྲུབ་ན། དེ་རྟག་པ་ཡིན་པར་ཐལ། མ་གྲུབ་པ་དེའི་ཕྱིར་ན། མ་ཁྱབ།

ཁ་ཅིག གཟུགས་གཟུགས་འཛིན་རྟོག་པའི་ཞེན་གཞིར་མ་གྲུབ་སྟེ། གཟུགས་འཛིན་རྟོག་པའི་ཞེན་གཞིར་གཟུགས་མ་གྲུབ་པའི་ཕྱིར་ན། འདིར་མ་ཁྱབ། དེར་ཐལ། གཟུགས་འཛིན་རྟོག་པའི་

那麼，天授士夫之色與執彼之一切相智異質空，理應是彼之空性，因有彼之空性，且一切相智與天授士夫之色異質空非彼之空性故。若後項不成立，那麼，若是通達天授士夫色之空性的補特伽羅，理應須是以量通達自性身之補特伽羅，因若是彼，須是通達執天授士夫色之一切相智與天授士夫色非異質之補特伽羅，若是彼，須是以量通達自性身之補特伽羅故。

後項理應如是，因彼與彼異質空是自性身故。因彼是執彼一切相智之空性故。承許周遍與因。初者理應如是，因若是彼須是通達天授士夫之色與執彼之一切相智非異質之補特伽羅，若是彼須是通達執天授士夫色之一切相智與天授士夫色非異質之補特伽羅故。後項理應如是，因若是遮觀待外境之能取所取異質之補特伽羅，須是遮觀待內知覺之能取所取異質之補特伽羅故。

又有云：「色於執色分別之耽著處非自性相成立，是色之圓成實理應不應理，因彼於執彼分別之耽著處自性相成立故。若不成，則彼為有法，理應如是，因於執彼分別之耽著處是無常故。理應如是，因彼有，於彼非常故。初者理應如是，因於彼以量成立故。理應如是，因是彼分別之耽著處故。若後項不成立，彼理應是常，因前之不成故。」不周遍。

有云：「色於執色分別之耽著處不成立，因於執色分別之耽著處色不成立故。」今此不周遍。理應如是，因於執色分別之耽著處

ཞེན་གཞིར་གཟུགས་ཡིན་པ་མ་གྲུབ་པའི་ཕྱིར། དེར་ཐལ། གཟུགས་ཡིན་ན་རྟོག་པའི་ཞེན་གཞིར་གཟུགས་མ་ཡིན་དགོས་པའི་ཕྱིར།

ཁོ་ན་རེ། དེ་འཛིན་པའི་རྟོག་པའི་ཞེན་གཞིར་གཟུགས་ཡོད་པར་ཐལ། དེ་འཛིན་པའི་རྟོག་པའི་ཞེན་གཞིར་རྟག་དངོས་ཀྱི་སྟོང་པའི་གཟུགས་ཡོད་པའི་ཕྱིར། དེར་ཐལ། དེའི་ཞེན་གཞིར་རྟག་དངོས་ཀྱིས་སྟོང་པ་དང་གཟུགས་ཀྱི་གཞི་མཐུན་ཡོད་པའི་ཕྱིར། དེར་ཐལ། གཟུགས་དེ་དེ་འདྲའི་གཞི་མཐུན་ཡིན་པའི་ཕྱིར་ན། མ་ཁྱབ།

རྒྱ་བའི་ཁས་ལེན་ལ། འོ་ན་གཟུགས་གཟུགས་འཛིན་རྟོག་པའི་ཞེན་གཞིར་དོན་དམ་པར་གྲུབ་པར་ཐལ། རྒྱ་བའི་ཁས་ལེན་དེའི་ཕྱིར། འདོད་ན། གཟུགས་དོན་དམ་པར་གཟུགས་འཛིན་རྟོག་པའི་ཞེན་གཞིར་གྲུབ་པར་ཐལ། འདོད་པའི་ཕྱིར། འདོད་ན། གཟུགས་དོན་དམ་པར་གཟུགས་འཛིན་རྟོག་པའི་ཞེན་ཡུལ་དུ་གྲུབ་པར་ཐལ། འདོད་པའི་ཕྱིར། འདོད་ན། དེ་དོན་དམ་པར་གཟུགས་ཞེས་པའི་སྒྲའི་བརྗོད་བྱ་ཡིན་པར་ཐལ། འདོད་པའི་ཕྱིར། འདོད་ན། དེ་དངོས་པོ་མ་ཡིན་པར་ཐལ། འདོད་པའི་ཕྱིར། ཁྱབ་སྟེ། རྣམ་འགྲེལ་ལས། བརྗོད་བྱ་ཉིད་ཕྱིར་དེ་དངོས་མིན། །ཞེས་གསུངས་པའི་ཕྱིར།

ཁ་ཅིག སེམས་ཙམ་པ་བཞིན་དུ་མདོ་སྡེ་པའི་ལུགས་ལའང་རང་གི་མཚན་ཉིད་ཀྱིས་གྲུབ་ན། དོན་དམ་པར་གྲུབ་པས་ཁྱབ་ཟེར་བ་མི་འཐད་དེ། མདོ་སྡེ་པས་ནམ་མཁའ་རང་གི་མཚན་ཉིད་ཀྱིས་གྲུབ་པར་འདོད་པའི་ཕྱིར་ཏེ། དེས་དེ་ཁོ་རང་འཛིན་པའི་རྟོག་པའི་ཞེན་གཞིར་རང་གི་མཚན་ཉིད་ཀྱིས་གྲུབ་པར་འདོད་པའི་ཕྱིར་ཏེ། དྲང་ངེས་རྣམ་འབྱེད་ལས། དོན་སྨྲ་གཉིས་ཀྱིས་གཟུགས་སོགས་རྟོག་པའི་ཞེན་གཞི་དང་བརྡ་འདོགས་པའི་གནས་སུ་རང་མཚན་གྱིས་གྲུབ་པ་ཁེགས་ན་དེ་དག་ཡོད་པར་འཛོག་མི་ཤེས་ཏེ་ཚད་མ་པ་ལ་གྲགས་པའི་རང་མཚན་ནི་མིན་ནོ། །ཞེས་གསུངས་པའི་ཕྱིར།

ཁོ་ན་རེ། སྐྱོན་མེད་དེ། ནམ་མཁའ་ལྟ་བུ་ཁོ་རང་འཛིན་པའི་རྟོག་པའི་ཞེན་གཞིར་རང་ངོས་ནས་མ་གྲུབ་ན་དེ་མེད་དགོས་པའི་དོན་དུ་སྟོང་ཐུན་ལས་གསུངས་པ་ལྟར་ཡིན་པའི་ཕྱིར་ཞེ་ན། འོ་ན་དོན་སྨྲ་གཉིས་ཀྱིས་འདོད་པར་དམིགས་ཀྱི་བསལ་ནས་གསུངས་པ་མི་འཐད་པར་ཐལ། སེམས་ཙམ་པ་རང་ལུགས་ལའང་དེ་ལྟར་དགོས་པའི་ཕྱིར། དེར་ཐལ། རང་ལུགས་ལ། ནམ་མཁའ་ཞེན་གཞི་དེར་རང་

「是色」不成立故。理應如是，因若是色須於分別之耽著處非色故。

有云：「於執彼分別之耽著處理應有色，因執彼分別之耽著處有以常事物空之色故。理應如是，因於彼之耽著處，有以常事物空與色之同位故。理應如是，因色乃是如此之同位故。」不周遍。

對根本之主張，那麼，色理應於執色分別之耽著處勝義成立，因彼根本之主張故。若許，色理應勝義成立為執色分別之耽著處，因許故。若許，色理應勝義成立為執色分別之耽著境，因許故。若許，彼理應勝義為說「色」聲之所詮，因許故。若許，彼理應非事物，因許故。周遍，因《釋量論》：「所詮故非事。[30]」故。

有云：「如唯識師，於經部宗亦〔承認〕若自性相成立，周遍勝義成立。」不應理，因經部師承許虛空自性相成立故，因彼承許於執彼自身分別之耽著處自性相成立故，因《辨了不了義善說藏論》云：「實事二師，若破色等於分別耽著處與取名言之處自相成立，則不能安立彼等為有。此非量師共許之自相。[31]」故。

有云：「無過，因『如虛空，若於執自分別之耽著處非自方成立，須是無』之義，乃如《精要千義》所說故。」那麼，針對實事二師之主張而說理應不應理，因唯識師自宗亦須如此故。理應如是，因自宗〔主張〕虛空於彼耽著處自方有故，因彼（虛空）於彼

ངོས་ནས་ཡོད་པའི་ཕྱིར་ཏེ། དེ་དེར་ཡོད་པའི་ཕྱིར། ཁྱབ་སྟེ། ཡོད་ན་རང་ངོས་ནས་ཡོད་དགོས་པའི་ཕྱིར་ཏེ། རྟགས་ཡང་དག་ཡིན་ན་རང་རྒྱུད་ཀྱི་རྟགས་ཡང་དག་ཡིན་དགོས་པའི་ཕྱིར།

གཞན་ཡང་། ཉན་ཐོས་སྡེ་གཉིས་ཀྱིས་ནམ་མཁའ་རང་གི་མཚན་ཉིད་ཀྱིས་གྲུབ་པར་འདོད་པར་ཐལ། དྲང་ངེས་རྣམ་འབྱེད་ལས། གང་ལ་བརྟ་འདོགས་པའི་དངོས་ཀྱི་ཡུལ་དེ་དོན་དེའི་ངོ་བོར་རང་མཚན་གྱིས་གྲུབ་ན་བརྟ་འབྲེལ་བྱས་པ་ལ་མི་ལྟོས་པར་མིང་གི་བློ་སྐྱེ་བ་སོགས་ཀྱི་སྐྱོན་ཡོད་མོད་ཀྱང་། གཟུགས་སོགས་བརྟ་འདོགས་པའི་གནས་དང་རྟོག་པའི་ཞེན་གཞི་ཡིན་པ་དེ་རང་གི་མཚན་ཉིད་ཀྱིས་གྲུབ་པ་ལ་སྐྱོན་དེར་མི་འགྱུར་རོ། །ཞེས་ཉན་ཐོས་སྡེ་པ་དག་སྨྲ་མོད་ཀྱང་འདྲའོ། །ཞེས་གཟུགས་གཟུགས་འཛིན་རྟོག་པའི་ཞེན་གཞི་ཡིན་པ་རང་གི་མཚན་ཉིད་ཀྱིས་གྲུབ་པར་འདོད་པར་གསུངས་པའི་ཕྱིར། བྱེ་བྲག་སྨྲ་བའི་དབང་དུ་བྱས་སོ། །ཞེ་ན་མི་འཐད་དེ། ཉན་ཐོས་སྡེ་པ་དག་ཅེས་གཉིས་ཚིག་སྨོས་པ་དང་འགལ་བའི་ཕྱིར།

ཡང་ཁ་ཅིག ནམ་མཁའ་ཁོ་རང་འཛིན་པའི་རྟོག་པའི་ཞེན་གཞིར་རྟོག་པས་བཏགས་ཙམ་མ་ཡིན་པའི་ཡོད་པ་ཡིན་པ་ཁེགས་ན། ནམ་མཁའ་འཇོག་མི་ཤེས་པའི་དོན་ཡིན་ནོ་ཞེ་ན། དེ་བས་ཀྱང་མི་འཐད་དེ། མདོ་སྡེ་པས་ནམ་མཁའ་ཁོ་རང་འཛིན་པའི་རྟོག་པའི་ཞེན་གཞི་རྟོག་པས་བཏགས་ཙམ་མ་ཡིན་པའི་ཡོད་པར་མི་འདོད་པའི་ཕྱིར་ཏེ། དེས་ནམ་མཁའ་ཞེན་གཞི་དེར་རྟོག་པས་བཏགས་ཙམ་དུ་འདོད་པའི་ཕྱིར་ཏེ། དེས་ནམ་མཁའ་ཞེན་གཞི་དེར་སྤྱི་མཚན་དུ་འདོད་པ་གང་ཞིག དེས་སྤྱི་མཚན་ཡིན་ན་རྟོག་པས་བཏགས་ཙམ་ཡིན་པས་ཁྱབ་པ་ཁས་ལེན་པའི་ཕྱིར། དང་པོ་དེར་ཐལ། དེས་ནམ་མཁའ་ཞེན་གཞི་དེར་ཡོད་པར་འདོད་པ་གང་ཞིག དེས་ནམ་མཁའ་ཞེན་གཞི་དེར་རང་མཚན་དུ་མི་འདོད་པའི་ཕྱིར། ཞིབ་མོར་དཔྱོད་ཅིག

འོ་ན་སྟོན་པས་ཆོས་འཁོར་གསུམ་ལེགས་པར་བསྐོར་བ་འཁོར་གྱི་འདུ་ཤེས་པས་དང་། སྟོན་པའི་སྐུ་ཚེའི་ཚིགས་དང་བརྗོད་བྱའི་ངོས་ནས་ཕྱེ་བ་གང་ཡིན་ཞེ་ན། དེའི་ཚུལ་ཡོད་དེ། དགོངས་འགྲེལ་ལས་གསུངས་པ་ལྟ་བུ་བརྗོད་བྱའི་ངོས་ནས་ཕྱེ་བ་དང་། གཞན་གཉིས་ཀྱི་སྒོ་ནས་ཕྱེ་བ་ཅི་རིགས་ཡོད་པའི་ཕྱིར་རོ། །

有故。周遍，因若有則須自方而有故，因若是正因須是自續正因故。

再者，聲聞二部理應承許虛空自性相成立，因《辨了不了義善說藏論》云：「聲聞二部雖作是說：『取名言之直接境 於彼義之體性若自相成立，則有不待語言介紹生起名覺等過失，然「色等是取名言之處與分別耽著處」自性相成立，則無彼過。』然過相同。[32]」此言承許「色是執色分別耽著處」自性相成立故。有謂：「是就毘婆沙師而言。」不應理，因與「聲聞二部」中提及「二」詞相違故。

又有云：「彼義即，若破虛空於執自身分別之耽著處乃『非唯分別安立之存在』，則不知如何安立虛空。」此更不應理，因經部師不承許虛空於執自身分別之耽著處非唯分別安立之存在故，因彼承許虛空於彼耽著處唯分別安立故，因彼承許虛空於彼耽著處是共相，且彼主張若是共相周遍是唯分別安立故。初者理應如是，因彼承許虛空於彼耽著處存在，且彼不承許虛空於彼耽著處是自相故。當細觀擇。

那麼，導師善轉三法輪，由眷屬集會、導師年壽與所詮方面何者而分？有彼之理，因如《解深密經》所說乃由所詮方面來區分，以及以餘二者門區分等種種故。

དབུ་མ་པའི་ལུགས་ཀྱི་དྲང་ངེས་འབྱེད་ཚུལ།

གཉིས་པ་དབུ་མ་པའི་ལུགས་ལ་གཉིས། རང་རྒྱུད་པའི་ལུགས་དང་། ཐལ་འགྱུར་བའི་ལུགས་སོ། །

དང་པོ་ནི། ཁ་ཅིག དོན་དམ་ཡང་དག་འཕགས་ངས་ཆོས་རྣམས་ཀྱི་ངོ་བོ་ཉིད་མེད་པ། ཞེས་སོགས་འཁོར་ལོ་ཐ་མའི་མདོས། སེམས་ཙམ་པས་འདོད་པ་ལྟར་གྱི་ཀུན་བཏགས་རང་གི་མཚན་ཉིད་ཀྱིས་མ་གྲུབ་ཅིང་། གཞན་དབང་དང་ཡོངས་གྲུབ་རང་གི་མཚན་ཉིད་ཀྱིས་གྲུབ་པར་གསལ་བར་བསྟན་པ་ཡིན་ནོ། །ཞེས་ཟེར་བ་མི་འཐད་དེ། ཀུན་བཏགས་རང་གི་མཚན་ཉིད་ཀྱིས་གྲུབ་པའི་ཕྱིར། དེར་ཐལ། ཀུན་བཏགས་རང་གི་མཚན་ཉིད་ཀྱིས་མ་གྲུབ་ན། ཀུན་བཏགས་ལ་སྐྱུར་བ་བཏབ་པར་ལེགས་ལྡན་འབྱེད་དང་ཞི་འཚོ་དཔོན་སློབ་མཐུན་པར་གསལ་བར་བཞེད་པའི་ཕྱིར།

ཁ་ཅིག མདོ་དེས་ཀུན་བཏགས་བདེན་པར་མེད་ཅིང་གཞན་དབང་དང་ཡོངས་གྲུབ་བདེན་གྲུབ་ཏུ་གསལ་བར་བསྟན་པ་ཡིན་ནོ། །ཟེར་བ་མི་འཐད་དེ། དེས་ཀུན་བཏགས་དོན་དམ་པར་མཚན་ཉིད་ངོ་བོ་ཉིད་མེད་པ་དང་། གཞན་དབང་དོན་དམ་པར་སྐྱེ་བ་ངོ་བོ་ཉིད་མེད་པ་དང་། ཡོངས་གྲུབ་དོན་དམ་པར་ངོ་བོ་ཉིད་མེད་པར་གསལ་བར་བསྟན་པའི་ཕྱིར། དེར་ཐལ། དེས་བཀའ་བར་པ་མཚན་ཉིད་མེད་པའི་ཆོས་འཁོར་གྱི་དགོངས་པར་གསལ་བར་བསྟན་པའི་ཕྱིར། དེར་ཐལ། དབུ་མ་སྣང་བ་ལས། དེའི་དོན་དུ་བཅོམ་ལྡན་འདས་ཀྱིས་སྐྱེ་བ་མེད་པ་ལ་སོགས་པ་བསྟན་པ་དོན་དམ་པའི་དབང་དུ་མཛད་པ་ཁོ་ནར་བརྗོད་ཅིང་། ངོ་བོ་ཉིད་མེད་པ་རྣམ་པ་གསུམ་གྱི་དགོངས་པ་བསྟན་པས་དབུ་མའི་ལམ་མཐའ་གཉིས་དང་བྲལ་བ་རབ་ཏུ་བསྟན་པའི་ཕྱིར་ངེས་པའི་དོན་ཁོ་ན་གཞུང་འཇུག་པར་མཛད་པ་ཡིན་ནོ། །ཞེས་གསུངས་པའི་ཕྱིར།

14 辨別中觀宗之了不了義之理

第二、中觀宗，有二：自續派與應成派。

初者，有云：「『勝義生當知，我依三種無自性性密意……[33]』等後轉法輪經，明示如唯識師所承許之遍計所執非自性相成立，依他起與圓成實自性相成立。」不應理，因遍計所執自性相成立故。理應如是，因遍計所執若非自性相成立，則損減遍計所執，〔此點〕清辨論師與靜命師徒看法一致並明確主張故。

有云：「彼經明示遍計所執無諦實，依他起與圓成實諦實成立。」不應理，因彼明示遍計所執勝義相無自性性㉛，依他起勝義生無自性性㉜與圓成實勝義無自性性㉝故。理應如是，因彼明示中教言無相法輪之意趣故。理應如是，因《中觀光明論》云：「為此，薄伽梵宣說無生等，乃僅依勝義而說，且顯示三無性性之意趣，為詳示中道離二邊故，強調唯是了義。[34]」故。

㉛ 此處「相無自性性」一詞，法尊法師譯作「相無自性」，此處依玄奘大師譯法。

㉜ 此處「生無自性性」一詞，法尊法師譯作「生無自性」，此處依玄奘大師譯法。

㉝ 此處「勝義無自性性」一詞，法尊法師譯作「勝義無自性」，此處依玄奘大師譯法。

ཁོ་ན་རེ། མདོ་དེ་ལེགས་བྱེའི་ཆོས་འཁོར་མ་ཡིན་པར་ཐལ། དེ་མཚན་ཉིད་གསུམ་ཀ་བདེན་མེད་དུ་གསལ་བར་བསྟན་པའི་མདོ་ཡིན་པའི་ཕྱིར་ཟེར་ན། མ་ཁྱབ་སྟེ། དེས་འཁོར་ལོ་བར་པའི་མཚན་གཞིར་གྱུར་པའི་ཤེས་རབ་སྙིང་པོ་ལྟ་བུའི་མདོར། གཟུགས་སོགས་ཆོས་ཐམས་ཅད་རང་བཞིན་ནམ་རང་གི་མཚན་ཉིད་ཀྱིས་མ་གྲུབ་པར་སྨྲས་ཟིན་ལ་བསྟན་པའི་དགོངས་པ་ཀུན་བཏགས་དོན་དམ་པར་རང་གི་མཚན་ཉིད་ཀྱིས་མེད་པ་དང་། གཞན་དབང་དོན་དམ་པར་སྐྱེ་བ་མེད་པ་དང་། ཡོངས་གྲུབ་དོན་དམ་པར་མ་གྲུབ་པོ། །ཞེས་གསལ་བ་བསྟན་པས་ལེགས་བྱེའི་ཆོས་འཁོར་དུ་བཞག་པའི་ཕྱིར།

ཡང་ཁོ་ན་རེ། གྲུབ་དོན་གྱི་མདོར་འཁོར་ལོ་བར་པ་ལ་དེ་ཡང་བླ་ན་མཆིས་པ། སྐབས་མཆིས་པ། ཞེས་སོགས་གསུངས་པ་དོན་མེད་པར་ཐལ། དོན་དམ་ཡང་དག་འཕགས་དེས། ཞེས་སོགས་འཁོར་ལོ་ཐ་མའི་མདོས་འཁོར་ལོ་བར་པ་ངེས་དོན་དུ་གཞུང་བཙུགས་ནས་བསྒྲུབ་པའི་ཕྱིར་ཞེ་ན། སྐྱོན་མེད་དེ། དེས་ངེས་དོན་དུ་གཞུང་བཙུགས་ནས་བསྒྲུབ་པའི་འཁོར་ལོ་བར་པའི་མདོ་གཅིག་དང་། དེས་དྲང་དོན་དུ་འགྲེལ་བའི་འཁོར་ལོ་བར་པའི་མདོ་གཅིག་དང་གཉིས་ཡོད་པའི་ཕྱིར། དེར་ཐལ། ཤེས་རབ་སྙིང་པོ་ལྟ་བུའི་གཟུགས་མེད་ཞེས་སོགས་ཀྱི་མདོ། དེས་དྲང་དོན་དུ་འགྲེལ་ཞིང་། ཤེར་ཕྱིན་འབུམ་པ་ལྟ་བུའི་གཟུགས་མེད་ཞེས་སོགས་ཀྱི་མདོ། དེས་ངེས་དོན་དུ་འགྲེལ་བར་བྱེད་པའི་ཕྱིར། དེར་ཐལ། ཤེས་རབ་སྙིང་པོ་ལྟ་བུའི་གཟུགས་མེད་ཅེས་སོགས་ཀྱི་མདོ་དྲང་དོན་གྱི་མདོ་ཡིན། ཤེར་ཕྱིན་འབུམ་པ་ལྟ་བུའི་གཟུགས་མེད་ཅེས་སོགས་ཀྱི་མདོ་ངེས་དོན་གྱི་མདོ་ཡིན་པའི་ཕྱིར།

དང་པོ་དེར་ཐལ། མདོ་དེ་ལས། ཕུང་པོ་ལྔ་པོ་དེ་དག་ཀྱང་རང་བཞིན་གྱིས་སྟོང་པ་རྣམ་པར་ཡང་དག་པར་རྗེས་སུ་ལྟའོ། །ཞེས་ཕུང་པོ་ལྔ་པོ་རང་བཞིན་གྱིས་མ་གྲུབ་པར་སྨྲས་ཟིན་ལ་བསྟན་པ་མ་གཏོགས་དགག་བྱ་ལ་དོན་དམ་གྱི་ཁྱད་པར་སྦྱར་ནས་མ་གསུངས་པའི་ཕྱིར། ཕྱི་མ་དེར་ཐལ། མདོ་དེ་ལས། དེ་ཡང་འཇིག་རྟེན་གྱི་ཐ་སྙད་ཀྱི་དབང་གིས་ཡིན་གྱི་དོན་དམ་པར་ནི་མ་ཡིན་ནོ། །ཞེས་གཟུགས་སོགས་ལ་བདེན་གྲུབ་བཀག་སྐབས་དགག་བྱ་ལ་དོན་དམ་གྱི་ཁྱད་པར་སྦྱར་ནས་གསུངས་པའི་ཕྱིར།

有云：「彼經理應非善辨法輪，因彼是清楚顯示三性皆無實有之經故。」不周遍，因彼因清楚顯示，如中轉法輪事相之《般若心經》表面上宣說色等一切法非自性或自性相成立之意趣，乃遍計所執勝義無自性相、依他起勝義無生與圓成實勝義不成立，故安立為善辨法輪故。

又有云：「所成義經宣說中轉法輪『亦是有上、有容……[35]』等理應無意義，因『勝義生當知，我……』等後轉法輪經刻意成立中轉法輪為了義故。」無過，因有一彼刻意成立為了義之中轉法輪經，與一解釋成不了義之中轉法輪經共二故。理應如是，因彼將如《般若心經》之「無色……」等經〔文〕釋為不了義，將如《般若十萬頌》之「無色……」等經〔文〕釋為了義故。理應如是，因如《般若心經》之「無色……」等經〔文〕是不了義經，如《般若十萬頌》之「無色……」等經〔文〕是了義經故。

初者理應如是，因彼經云：「照見五蘊皆空。[36]」表面上除顯示五蘊自性不成立，並未對所破加「勝義簡別」而宣說故。後項理應如是，因彼經云：「此復，乃世間名言之力，然非勝義。」對色等破諦實成立，對所破加「勝義簡別」而宣說故。

ཁ་ཅིག ཤེར་ཕྱིན་འབུམ་པའི་ནང་ཚན་གྱི་གཟུགས་མེད་ཅེས་སོགས་ཀྱི་མདོ་འདི་དགག་བྱ་ལ་དོན་དམ་གྱི་ཁྱད་པར་དངོས་སུ་སྦྱར་བའི་མདོ་ཡིན་ཟེར་བ་མི་འཐད་དེ། དེ་དགག་བྱ་ལ་དོན་དམ་གྱི་ཁྱད་པར་དོན་གྱིས་སྦྱར་བའི་མདོ་ཡིན་པའི་ཕྱིར། དེར་ཐལ། དེ་ཡང་འཇིག་རྟེན་གྱི་ཐ་སྙད་ཀྱི་དབང་གིས་ཡིན་གྱི་དོན་དམ་པར་ནི་མ་ཡིན་ནོ། །ཞེས་དགག་བྱ་ལ་དོན་དམ་གྱི་ཁྱད་པར་དངོས་སུ་སྦྱར་བ་ཉིད་ཀྱིས་སྦྱར་དགོས་ཀུན་ལ་དོན་གྱིས་སྦྱར་བར་གསུངས་པའི་ཕྱིར།

ཁ་ཅིག ཤེས་རབ་སྙིང་པོའི་ནང་ཚན་གྱི་གཟུགས་མེད་ཅེས་སོགས་ཀྱི་མདོ་དེས། གཟུགས་རང་བཞིན་མེད་པར་དངོས་སུ་བསྟན་ཟེར་བ་མི་འཐད་དེ། གཟུགས་རང་བཞིན་མེད་པ་མདོ་དེའི་དངོས་བསྟན་བསྟན་བྱའི་གཙོ་བོ་མ་ཡིན་པའི་ཕྱིར། དེར་ཐལ། གཟུགས་སོགས་མེད་པ་དེ་དེ་མ་ཡིན་པའི་ཕྱིར། དེར་ཐལ། གཟུགས་སོགས་མེད་པ་དེ་མདོ་དེའི་བསྟན་བྱའི་གཙོ་བོ་མ་ཡིན་པའི་ཕྱིར། དེར་ཐལ། གཟུགས་སོགས་དོན་དམ་པར་མེད་པ་དེ་མདོ་དེའི་བསྟན་བྱའི་གཙོ་བོ་ཡིན་པའི་ཕྱིར། དེར་ཐལ། དེ་མདོ་དེའི་དགོངས་པ་ཡིན་པའི་ཕྱིར། དེར་ཐལ། དེ་མདོ་དེའི་དགོངས་གཞི་ཡིན་པའི་ཕྱིར།

ཁྱབ་པར་ཐལ། མདོ་དེར་གཟུགས་སོགས་རང་བཞིན་མེད་པར་གསུངས་པའི་དགོངས་པ་དང་དགོངས་གཞི་གཉིས་དོན་གཅིག་པའི་ཕྱིར། དེར་ཐལ། དེ་ལྟར་དུ་དབུ་མ་པས་འདོད་པའི་ཕྱིར། དེར་ཐལ། དེ་ལྟར་གཞན་དབང་བདེན་གྲུབ་ཏུ་འདོད་པའི་སེམས་ཙམ་པས་འདོད་པ་གང་ཞིག དེས་དེ་ལྟར་འདོད་ན་དབུ་མ་པས་དེ་ལྟར་འདོད་པ་ལྟ་ཅི་སྨོས་པའི་ཕྱིར། དང་པོ་དེར་ཐལ། དེ་ལྟར་དྲང་ངེས་རྣམ་འབྱེད་ལས་གསུངས་སོ་ཞེས་བརྗོད་ཟིན་པའི་ཕྱིར།

གཞན་ཡང་། ཤེས་རབ་སྙིང་པོའི་ནང་ཚན་གྱི་གཟུགས་མེད་ཅེས་སོགས་ཀྱི་མདོས་གཟུགས་རང་བཞིན་མེད་པར་དངོས་སུ་མ་བསྟན་པར་ཐལ། དེས་གཟུགས་བདེན་མེད་དུ་དངོས་སུ་བསྟན་པའི་ཕྱིར། དེར་ཐལ། དེ་དོན་དམ་བདེན་པ་དངོས་བསྟན་བསྟན་བྱའི་གཙོ་བོར་བྱས་ནས་བསྟན་པའི་མདོ་ཡིན་པའི་ཕྱིར། མ་གྲུབ་ན། དོན་དམ་བདེན་པ་དངོས་བསྟན་བསྟན་བྱའི་གཙོ་བོར་བྱས་ནས་བསྟན་པའི་མདོ་ཙམ་གྱིས། ངེས་དོན་གྱི་མདོའི་མཚན་ཉིད་ཡོངས་སུ་རྫོགས་པར་ཐལ། མ་གྲུབ་པ་དེའི་ཕྱིར། འདོད་ན། དབུ་མ་སྣང་བ་ལས། ངེས་པའི་དོན་ཀྱང་གང་ལ་བྱ་ཞེ་ན། ཚད་མ་དང་བཅས་པ་དང་དོན་

有云：「此《般若十萬頌》中之『無色……』等經〔文〕是對所破直接加『勝義簡別』之經。」不應理，因彼是對所破間接加「勝義簡別」之經故。理應如是，因「此復，世間名言之力，非勝義」謂對所破直接加「勝義簡別」之力，間接對一切必須加上者加〔勝義簡別〕故。

有云：「《般若心經》中之『無色……』等經〔文〕直接顯示色無自性。」不應理，因色無自性非彼經之直接顯示主要所示故。理應如是，因無色等非彼故。理應如是，因無色等非彼經之主要所示故。理應如是，因色等勝義無是彼經之主要所示故。理應如是，因彼是彼經之意趣故。理應如是，因彼是彼經之意趣處故。

理應周遍，因彼經中所宣說之色等無自性之意趣與意趣處二者同義故。理應如是，因中觀師如是承許故。理應如是，因承許依他起是諦實成立之唯識師如此承許，且彼若如此承許，更不消說中觀師如此承許故。初者理應如是，因已述說「如此於《辨了不了義善說藏論》宣說」故。

此復，《般若心經》中之「無色……」等經〔文〕理應非直接顯示色無自性，因彼直接顯示色為無諦實故。理應如是，因彼是以勝義諦作直接顯示主要所詮而顯示之經故。若不成，則僅是將勝義諦作為直接顯示主要所詮而顯示之經，理應是完整之了義經之性相，因前之不成故。若許，《中觀光明論》云：「何等名為了義？謂有正量依於勝義增上而說，此義除此，餘人不能向餘引故。[37]」

དམ་པའི་དབང་དུ་མཛད་ནས་བཤད་པ་གང་ཡིན་པ་སྟེ། དེ་ནི་དེ་ལས་ལོགས་ཤིག་ཏུ་གཞན་གྱིས་གང་དུ་ཡང་དྲང་བར་མི་ནུས་པའི་ཕྱིར་རོ། །ཞེས་གསུངས་པར་མི་འཐད་པར་ཐལ། ངེས་དོན་གྱི་མདོའི་མཚན་ཉིད་ཀྱི་ཟུར་དུ་སྒྲ་ཇི་བཞིན་པ་ཞེས་སྨོས་མི་དགོས་པའི་ཕྱིར། དེར་ཐལ། སྔ་སོར་འདོད་པ་དེའི་ཕྱིར།

དེ་ལ་ཁོ་ན་རེ། མདོ་དེས་གཟུགས་སོགས་བདེན་མེད་དུ་སྒྲས་ཟིན་ལ་བསྟན་པར་ཐལ། དེས་དེ་ལྟར་དངོས་སུ་བསྟན་པའི་ཕྱིར་ཞེ་ན། མ་ཁྱབ་སྟེ། གཟུགས་བདེན་མེད་དུ་དངོས་བསྟན་བསྟན་བྱའི་གཙོ་བོར་བྱས་ནས་བསྟན་པའི་མདོ་ཡིན་ན། སྒྲ་ཇི་བཞིན་པའི་མདོ་ཡིན་པས་མ་ཁྱབ་པར་བཤད་ཟིན་པའི་ཕྱིར།

ཡང་ཁོ་ན་རེ། མདོ་དེས་གཟུགས་རང་བཞིན་མེད་པར་བསྟན་པར་ཐལ། དེས་གཟུགས་རང་བཞིན་མེད་པར་སྒྲས་ཟིན་ལ་བསྟན་པའི་ཕྱིར་ཞེ་ན། ཡང་མ་ཁྱབ་སྟེ། མདོ་དེའི་སྒྲས་ཟིན་གྱི་བསྟན་ཚོད་དང་། དགོངས་པའི་བསྟན་ཚོད་ཁྱད་པར་ཤིན་ཏུ་ཆེ་བའི་ཕྱིར། དེར་ཐལ། མདོ་དེ་རང་གི་དགོངས་པ་ཚད་མས་གྲུབ་པའི་དྲང་དོན་དུ་འགྲེལ་བའི་མདོ་ཡིན་པའི་ཕྱིར།

ཁོ་ན་རེ། ཤེས་རབ་སྙིང་པོའི་ནང་ཚན་གྱི་གཟུགས་མེད་ཅེས་སོགས་ཀྱི་མདོས་གཟུགས་བདེན་མེད་དུ་དངོས་སུ་བསྟན་ན། དེས་གཟུགས་བདེན་མེད་དུ་སྒྲས་ཟིན་ལ་བསྟན་དགོས་པར་ཐལ། སྤྱིར་གཟུགས་བདེན་མེད་དུ་དངོས་སུ་བསྟན་པའི་མདོ་ཡིན་ན། གཟུགས་བདེན་མེད་དུ་སྒྲས་ཟིན་ལ་བསྟན་པའི་མདོ་ཡིན་པས་ཁྱབ་པའི་ཕྱིར། དེར་ཐལ། དགག་བྱ་ལ་དོན་དམ་གྱི་ཁྱད་པར་དངོས་སུ་སྦྱར་བའི་མདོ་ཡིན་ན། དགག་བྱ་ལ་དོན་དམ་གྱི་ཁྱད་པར་སྒྲས་ཟིན་ལ་སྦྱར་བའི་མདོ་ཡིན་པས་ཁྱབ་པའི་ཕྱིར་ན། འདིར་མ་ཁྱབ། དེར་ཐལ། ཤེར་ཕྱིན་འབུམ་པའི་ནང་ཚན་གྱི་གཟུགས་མེད་ཅེས་སོགས་ཀྱི་མདོ། དགག་བྱ་ལ་དོན་དམ་གྱི་ཁྱད་པར་དངོས་སུ་སྦྱར་བའི་མདོ་མ་ཡིན་པ་ལ་རྒྱུ་མཚན་ཡང་དག་ཡོད་པའི་ཕྱིར་ཞེ་ན། སྐྱོན་མེད་དེ། འདིའི་ཐལ་འགྱུར་སྔ་མ་དེ་ལ་མ་ཁྱབ་པའམ། ཡང་ན་མདོ་དེའི་དགག་བྱ་ལ་དོན་དམ་གྱི་ཁྱད་པར་དངོས་སུ་སྦྱར་བའི་མདོར་ཁས་བླངས་པས་ཀྱང་ཆོག་པའི་ཕྱིར། གོང་དུ་བཤད་པ་དང་གང་བདེ་བྱའོ། །

理應不應理，因了義經之性相中不需言「依文」故。理應如是，因仍許前〔宗〕故。

對此有云：「彼經表面上理應顯示色等為無諦實，因彼如此直接顯示故。」不周遍，因若是已述之以色無諦實作直接顯示主要所詮而顯示之經，不周遍是依文經故。

復有云：「彼經理應顯示色無自性，因彼表面上顯示色無自性故。」亦不周遍，因彼經之表面顯示與意趣顯示有極大差異故。理應如是，因是以量成立彼經自意趣而釋為不了義之經故。

有云：「《般若心經》中之『無色……』等經〔文〕若直接顯示色無諦實，彼表面上理應須顯示色無諦實，因一般而言，若是直接顯示色無諦實之經，周遍是表面上顯示色無諦實之經故。理應如是，因若是對所破直接加『勝義簡別』之經，周遍是對所破表面上加『勝義簡別』之經故。」今此不周遍。理應如是，因《般若十萬頌》中之「無色……」等經〔文〕非對所破直接加「勝義簡別」之經，〔此〕有正確理由故。無過，因對此前之應成答不周遍，或亦可承許〔其〕為對彼經之所破直接加「勝義簡別」之經故。上述〔二者〕當擇合適者。

ཁ་ཅིག དོན་དམ་ཡང་དག་འཕགས་ངས་ཞེས་སོགས་འཁོར་ལོ་ཐ་མའི་མདོས། བཀའ་དང་པོ་བདེན་བཞིའི་ཆོས་འཁོར་དང་། འཁོར་ལོ་བར་པའི་མཚན་གཞི་ཤེས་རབ་སྙིང་པོའི་མདོ་ལྟ་བུ་དྲང་དོན་གྱི་མདོར་འགྲེལ་བར་འདྲ་བ་ལ་བསམས་ནས་འགྲེལ་ཚུལ་འདྲ་བར་འདོད་པ་མི་འཐད་དེ། དེས་བཀའ་དང་པོ་བདེན་བཞིའི་ཆོས་འཁོར་གྱིས་ཕུང་སོགས་ཀྱི་ཆོས་རྣམས་རང་གི་མཚན་ཉིད་ཀྱིས་དོན་དམ་པར་ཡོད་པར་གསུངས་པའི་དགོངས་གཞི་དང་། དགོངས་པ་འགལ་བར་བསྟན་པའི་སྒོ་ནས་དྲང་དོན་གྱི་མདོར་འགྲེལ། འཁོར་ལོ་བར་པའི་མཚན་གཞི་ཤེས་རབ་སྙིང་པོའི་ནང་ཚན་གྱི་གཟུགས་མེད་ཅེས་སོགས་ཀྱི་དགོངས་གཞི་དང་དགོངས་པ་དོན་གཅིག་ཏུ་བསྟན་པའི་སྒོ་ནས་དྲང་དོན་དུ་འགྲེལ་བའི་ཕྱིར།

དང་པོ་དེར་ཐལ། མདོ་དེའི་དགོངས་གཞི་དང་དགོངས་པ་འགལ་བའི་ཕྱིར། དེར་ཐལ། གཟུགས་ནས་རྣམ་མཁྱེན་གྱི་བར་གྱི་ཆོས་ཐམས་ཅད་རང་གི་མཚན་ཉིད་ཀྱིས་དོན་དམ་པར་ཡོད་པ་དེ་མདོ་དེའི་དགོངས་པ་ཡིན་ཡང་། དགོངས་གཞི་མ་ཡིན། གཟུགས་ནས་རྣམ་མཁྱེན་གྱི་བར་གྱི་ཆོས་ཐམས་ཅད་ཡོད་པ་དེ་མདོ་དེའི་དགོངས་གཞི་ཡིན་ཡང་དགོངས་པ་མ་ཡིན་པའི་ཕྱིར།

ཁོ་ན་རེ། དེ་དེའི་དགོངས་པ་ཡིན་པར་ཐལ། དེ་དེའི་བསྟན་དོན་ཡིན་པའི་ཕྱིར། དེར་ཐལ། མདོ་དེས་དེ་ལྟར་བསྟན་པའི་ཕྱིར། དེར་ཐལ། དེས་གཟུགས་ནས་རྣམ་མཁྱེན་གྱི་བར་གྱི་ཆོས་ཐམས་ཅད་རང་གི་མཚན་ཉིད་ཀྱིས་དོན་དམ་པར་ཡོད་པར་བསྟན་པའི་ཕྱིར་ཟེར་ན། འདྲ་མོར་འདུག་པས་ཞིབ་ཆ་བསྟན་པར་བྱ་སྟེ། གཟུགས་ནས་རྣམ་མཁྱེན་གྱི་བར་གྱི་ཆོས་ཐམས་ཅད་ཡོད་ཙམ་དེ་མདོ་དེའི་དགོངས་གཞི་ཡིན་ཡང་དགོངས་པ་མ་ཡིན་པའི་ཕྱིར། ཞེས་སྨྲོ། །

ཁོ་ན་རེ། ཡོད་ཙམ་དེ་ཡང་དེའི་དགོངས་པ་ཡིན་པར་ཐལ། མདོ་དེས་དེ་ལྟར་བསྟན་པའི་ཕྱིར། དེར་ཐལ། མདོ་དེས་གཟུགས་ནས་རྣམ་མཁྱེན་གྱི་བར་གྱི་ཆོས་ཐམས་ཅད་རང་གི་མཚན་ཉིད་ཀྱིས་དོན་དམ་པར་ཡོད་ཙམ་དུ་བསྟན་པའི་ཕྱིར་ཞེ་ན། མ་ཁྱབ་བོ། །

གཞན་ཡང་། བཀའ་དང་པོ་བདེན་བཞིའི་ཆོས་འཁོར་གྱི་དགོངས་གཞི་དང་དགོངས་པ་འགལ་བར་ཐལ། ཕྱི་དོན་ཡོད་པར་སྟོན་པའི་འཁོར་ལོ་དང་པོའི་དགོངས་གཞི་དང་དགོངས་པ་འགལ་བའི་

有思「勝義生當知，我……」等後轉法輪經，將初教言四諦法輪與中轉法輪之事相，如《般若心經》，一同釋為不了義經，而許「釋法相同」。不應理，因彼以顯示初教言四諦法輪宣說蘊等諸法自性相勝義有之意趣處與意趣相違之門，而釋為不了義經，而顯示中轉法輪事相《般若心經》中之「無色……」等經〔文〕之意趣處與意趣同義之門而釋為不了義故。

初者理應如是，因彼經之意趣處與意趣相違故。理應如是，因色乃至一切相智之一切法自性相勝義有乃彼經之意趣，然非意趣處；色乃至一切相智之一切法存在即彼經之意趣處，然非意趣故。

有云：「彼理應是彼〔經〕之意趣，因彼是彼〔經〕之顯示義故。理應如是，因彼經如是顯示故。理應如是，因彼顯示色乃至一切相智之一切法自性相勝義有故。」因為相似，所以應當添加細節：「因色乃至一切相智之一切法唯有，是彼經之意趣處，然非意趣故」。

有云：「『唯有』理應亦是彼之意趣，因彼經如此顯示故。理應如是，因彼經顯示色乃至一切相智之一切法唯自性相勝義有故。」不周遍。

此復，初教言四諦法輪之意趣處與意趣理應相違，因顯示有外境之初轉法輪之意趣處與意趣相違故。理應如是，因生起顯現外境

ཕྱིར། དེར་ཐལ། ཕྱི་རོལ་དོན་སྣང་གི་ཤེས་པ་སྐྱེ་བ་དེ་མདོ་དེའི་དགོངས་གཞི་ཡིན་ཞིང་དགོངས་པ་མ་ཡིན། ཕྱི་རོལ་གྱི་དོན་ཡོད་པ་དེ་མདོ་དེའི་དགོངས་པ་ཡིན་ཞིང་དགོངས་གཞི་མ་ཡིན་པའི་ཕྱིར།

དང་པོ་དེར་ཐལ། རྣམ་འགྲེལ་ལས། མ་རིག་གིས་བསླད་བདག་ཉིད་ལ། །ཇི་ལྟའི་རང་རྐྱེན་ལ་ལྟོས་ནས། །རྣམ་རིག་དེ་བཞིན་མིན་རྣམ་པ། །སྐྱེ་འགྱུར་རབ་རིབ་ལ་སོགས་བཞིན། །ཞེས་དང་། ཉི་ཤུ་པ་ལས། རང་གི་ས་བོན་གང་ལས་སུ། །རྣམ་རིག་སྣང་བ་གང་འབྱུང་བ། །དེ་དང་དེ་ཡི་སྐྱེ་མཆེད་ནི། །རྣམ་པ་གཉིས་སུ་ཐུབ་པས་གསུངས། །ཞེས་གསུངས་པའི་ཕྱིར། ཕྱི་མ་དེར་ཐལ། ཕྱི་དོན་ཡོད་པར་སྟོན་པའི་འཁོར་ལོ་དང་པོའི་མདོའི་དགོངས་པ་ཉན་ཐོས་སྡེ་པའི་འདོད་པ་ལྟར་གནས་ཀྱང་། དགོངས་གཞི་དབུ་མ་པ་རང་ལུགས་ལའང་ཁས་བླངས་ཚོག་པ་ཞིག་དགོས་པའི་ཕྱིར།

ཁོན་རེ། མདོ་དེའི་དགོངས་པ་མེད་པར་ཐལ། ཕྱི་རོལ་དོན་སྣང་གི་ཤེས་པ་སྐྱེ་བ་དེ་དེའི་དགོངས་པ་མ་ཡིན་པར་ཕྱི་རོལ་གྱི་དོན་ཡོད་པ་དེ་དེའི་དགོངས་པ་ཡིན་པའི་ཁྱད་པར་འཐད་པའི་ཕྱིར། འདོད་ན། མདོ་དེའི་བསྟན་དོན་མེད་པར་ཐལ། འདོད་པའི་ཕྱིར། འདོད་ན། མདོ་དེའི་བརྗོད་བྱའི་དོན་མེད་པར་ཐལ། འདོད་པའི་ཕྱིར། འདོད་ན། མདོ་དེའི་རང་རྒྱུ་མི་ཤེས་པས་ཀུན་ནས་བསླངས་ཏེ་སྨྲས་པའི་ངག་ཡིན་པར་ཐལ། དེ་རང་གི་བརྗོད་བྱའི་དོན་གྱིས་སྟོང་པའི་རྗོད་བྱེད་ཀྱི་ངག་ཡིན་པའི་ཕྱིར། ཁྱབ་སྟེ། རྣམ་འགྲེལ་ལས། བརྗོད་བྱ་སྟོང་པ་བརྗོད་རྣམས་ཀྱི། །འདི་དེ་མི་ཤེས་ཀྱིས་བསླངས་ཡིན། །ཞེས་གསུངས་པའི་ཕྱིར་ཞེ་ན། ཐལ་འགྱུར་གཉིས་པ་ལ་མ་ཁྱབ་སྟེ། ཕྱི་རོལ་དོན་གྱི་དོན་སྤྱི་དེ་མདོ་དེའི་བསྟན་དོན་ཡིན་ཡང་དགོངས་པ་མ་ཡིན་པའི་ཕྱིར། དང་པོ་དེར་ཐལ། དེ་ཕྱི་རོལ་གྱི་དོན་ཞེས་པའི་སྒྲའི་བརྗོད་བྱའི་དོན་ཡིན་པའི་ཕྱིར། དེར་ཐལ། དེ་ཕྱི་དོན་འཛིན་པའི་རྟོག་པའི་སྣང་ཡུལ་ཡིན་པའི་ཕྱིར། རྟགས་གཉིས་པ་དེར་ཐལ། ཕྱི་རོལ་དོན་གྱི་དོན་སྤྱི་དེ་ཕྱི་རོལ་གྱི་དོན་ཞེས་པའི་སྒྲའི་ཞེན་པའི་བརྗོད་བྱ་མ་ཡིན་པའི་ཕྱིར་ཏེ། དེ་ཕྱི་དོན་འཛིན་པའི་རྟོག་པའི་ཞེན་ཡུལ་མ་ཡིན་པའི་ཕྱིར།

ཡང་ན་ཕྱི་རོལ་དོན་གྱི་དོན་སྤྱི་དེ་མདོ་དེའི་བརྗོད་བྱ་དང་བསྟན་བྱ་ཡིན་ཡང་། བརྗོད་བྱའི་དོན་དང་བསྟན་དོན་མ་ཡིན་པར་ཁས་བླངས་པར་བྱ་ལ། རྣམ་འགྲེལ་གྱི་ལུང་དང་མི་འགལ་ཏེ་རང་གི་བརྗོད་བྱ་མེད་པའི་ངག་ཡིན་ན། རང་རྒྱུ་མི་ཤེས་པས་ཀུན་ནས་བསླངས་དགོས་ཞེས་པའི་དོན་ཡིན་

之知覺乃彼經之意趣處，然非意趣；有外境是彼經之意趣，然非意趣處故。

初者理應如是，因《釋量論》云：「無明所染體，觀待如自緣，生識非真如，如有眩翳等。[38]」《唯識二十頌》云：「識從自種生，似境相而轉，為成內外處，故佛說為二。[39]」故。後者理應如是，因顯示有外境之初轉法輪經之意趣雖如聲聞部師所承許，然意趣處必須中觀師自宗亦能承許故。

有云：「理應無彼經之意趣，因『生起顯現外境之知覺非彼經之意趣、有外境是彼經之意趣』之差異是為應理故。若許，理應無彼經之顯示義，因許故。若許，理應無彼經之所詮義，因許故。若許，理應是彼經之自因無知等起而說之語，因彼是以自所詮義空之能詮語故。周遍，因《釋量論》云：『諸說所詮空，是無知所起。[40]』故。」對第二應成答不周遍，因外境之義總雖是彼經之顯示義，然非意趣故。初者理應如是，因彼是「外境」聲之所詮義故。理應如是，因彼是執外境分別之顯現境故。第二因理應如是，因外境之義總非「外境」聲之耽著所詮故，因彼非執外境分別之耽著境故。

又，主張外境之義總雖是彼經之所詮與所示，然非所詮義與顯示義。與《釋量論》不相違，因是「若是無自所詮之語，須由自因無知等起」之義故。

པའི་ཕྱིར། ཞེས་སྨྲའོ། །

ཁོ་ན་རེ། ལུང་དོན་དེ་མི་འཐད་དེ། རང་གི་བརྗོད་བྱ་མེད་པའི་དག་མེད་པས་དོགས་པ་མེད་པའི་ཕྱིར་ཟེར་ན། གང་བདེ་དཔྱད་པར་བྱའོ། །

རྩ་རྟགས་གཉིས་པ། དོན་དམ་ཡང་དག་འཕགས་ངས་ཆོས་རྣམས་ཀྱི། ཞེས་སོགས་འཁོར་ལོ་ཐ་མའི་མདོས། འཁོར་ལོ་བར་པའི་མཚན་གཞི་ཤེས་རབ་སྙིང་པོ་ལྟ་བུའི་གཟུགས་མེད་ཅེས་སོགས་ཀྱི་དགོངས་གཞི་དང་དགོངས་པ་དོན་གཅིག་ཏུ་བསྟན་པའི་སྒོ་ནས་དྲང་དོན་གྱི་མདོར་འགྲེལ་བར་ཐལ། མདོ་དེའི་དགོངས་གཞི་དང་དགོངས་པ་དོན་གཅིག་པའི་ཕྱིར། དེར་ཐལ། མདོ་དེའི་དགོངས་གཞི་ཡིན་ལ་དགོངས་པ་མ་ཡིན་པ་དང་། དགོངས་པ་ཡིན་ལ་དགོངས་གཞི་མ་ཡིན་པའི་མཚན་གཞི་ངོས་འཛིན་རྒྱུ་མེད་པའི་ཕྱིར། དེར་ཐལ། མདོ་དེའི་དགོངས་གཞི་དབུ་མ་པ་རང་ལུགས་ལ་ཚད་མས་གྲུབ་ཅིང་། མདོ་དེའི་དགོངས་པ་བཅོམ་ལྡན་འདས་ཀྱི་དགོངས་པ་ཡིན་པའི་ཕྱིར། དེར་ཐལ། དེ་ལྟར་ཡིན་པར་ཆོས་ཀྱི་བདག་མེད་ཕྲ་མོ་སྟོན་པའི་སྣོད་དུ་མི་རུང་བའི་སེམས་ཅན་པས་འདོད་པ་གང་ཞིག དེས་དེ་ལྟར་འདོད་ན་དབུ་མ་པས་དེ་ལྟར་འདོད་པ་ལྟ་ཅི་སྨོས་པའི་ཕྱིར། དང་པོ་བསྒྲུབས་ཟིན།

ཁ་ཅིག དོན་དམ་ཡང་དག་འཕགས་ངས་ཆོས་རྣམས་ཀྱི་ངོ་བོ་ཉིད་མེད་པ། ཞེས་སོགས་ཀྱི་མདོ་འཁོར་ལོ་ཐ་མའི་མདོར་འདོད་པ་ལ་དབུ་སེམས་འདྲ་ཡང་། བཀའ་བར་པ་མཚན་ཉིད་མེད་པའི་ཆོས་འཁོར་ངེས་དོན་གྱི་མདོར་འདོད་པ་དང་། དྲང་དོན་གྱི་མདོར་འདོད་པའི་ཁྱད་པར་ཡོད་པས། ལུགས་འདི་ལ་མདོ་སྡེ་ལ་འགལ་སྤོང་གི་དྲི་བ་དང་། འགལ་བ་དེ་སྤོང་གི་ལན་དང་། དེ་དག་གི་གྲུབ་པའི་དོན་ཞུས་པ་སོགས་ཀྱི་རྣམ་གཞག་བྱར་མི་རུང་ངོ་ཞེ་ན། དེ་མི་འཐད་པར་ཐལ། འཁོར་ལོ་དང་པོ་ལ་འདྲི་ཚུལ་སེམས་ཙམ་པ་དང་འདྲ་ཞིང་། བར་པ་ལ་ཤེས་རབ་སྙིང་པོ་ལྟ་བུའི་མདོར་གཟུགས་སོགས་ཆོས་ཐམས་ཅད་རང་བཞིན་ནམ་རང་གི་མཚན་ཉིད་ཀྱིས་མ་གྲུབ་པར་སྨྲས་ཟིན་ལ་བསྟན་པའི་དོན་གང་ཡིན་ཞེས་དྲི་བ་བྱས་པ་གང་ཞིག འགལ་བ་དེ་སྤོང་གི་ལན་དང་། གྲུབ་དོན་གྱི་མདོ་ཡང་སེམས་ཙམ་པ་ལྟར་ཡིན་པའི་ཕྱིར།

འོ་ན། དོན་དམ་ཡང་དག་འཕགས་ངས་ཆོས་རྣམས་ཀྱི། ཞེས་སོགས་མདོར་བསྟན་རྒྱུས་

有云：「彼文義不應理，因無無自所詮之語，所以無〔此〕懷疑故。」當觀擇何恰當。

第二根本因，「勝義生當知，我……」等後轉法輪經，理應由顯示中轉法輪事相「如《般若心經》之『無色……』等經〔文〕」之意趣處與意趣同義之門，而釋〔彼〕為不了義經，因彼經之意趣處與意趣同義故。理應如是，因無法指出是彼經之意趣處然非意趣，與是意趣然非意趣處之事相故。理應如是，因彼經之意趣處於中觀師自宗以量成立，且彼經之意趣是世尊之意趣故。理應如是，因不堪為宣說細分法無我之器之唯識師如是承許，且若彼如是承許，中觀師如是承許不消說故。初者已成立。

有云：「『勝義生當知，我……』等經文，中觀、唯識師雖同承許為後轉法輪，但有承許中教言無相法輪為了義經與不了義經之差異，故於此宗應不可建立能解經中相違之提問、斷除彼相違之回答、啟白彼等所成之義等。」彼不應理，因於初轉法輪之問法同唯識師，又於中轉法輪問如《般若心經》之經〔文〕表面上顯示色等一切法非自性或自性相成立之義為何，且斷除彼相違的回答與所成義經亦同唯識師故。

那麼，若主張「勝義生當知，我……」等略述與廣說之經〔文〕

བཤད་ཀྱི་མདོ། འདི་ནི་ཟླ་ན་མ་མཆིས་པ། ཞེས་ཉེ་ཚིག་སྨོས་པའི་ངེས་དོན་གྱི་མདོར་ཁས་ལེན་ན། རྣམ་བཤད་ལས་མཚན་ཉིད་གསུམ་ལ་རང་གི་མཚན་ཉིད་ཀྱིས་གྲུབ་མ་གྲུབ་གསལ་བར་ཕྱེ་ནས་སྟོན་པའི་དགོངས་འགྲེལ་གྱི་མདོ། མཚན་ཉིད་ལ་ལྡེམ་དགོངས་ཀྱི་མདོར་བཤད་པ་དང་འགལ་ལོ་ཞེ་ན།

འདི་ལ་ཁ་ཅིག དེ་ལྟར་ཕྱེ་ནས་གསལ་བར་སྟོན་པའི་ཡོན་ཏན་འབྱུང་གནས་ཀྱིས་ཞུས་པའི་ལེའུའི་མདོ་ཚིག་ལྟ་བུ་མཚན་ཉིད་ལ་ལྡེམ་དགོངས་ཀྱི་མདོ་ཡིན་པ་ལ་དགོངས་སོ་ཞེ་ན། འོ་ན་དེ་སེམས་ཙམ་པས་བཀའ་ཐ་མ་ལེགས་པར་རྣམ་པར་ཕྱེ་བའི་ཆོས་འཁོར་དུ་འདོད་པར་ཐལ། དམ་བཅའ་དེའི་ཕྱིར། འདོད་ན་སེམས་ཙམ་པས་དེ། འདི་ནི་ཟླ་ན་མ་མཆིས་པ། ཞེས་ཉེ་ཚིག་སྨོས་པའི་མཚན་གཞིར་འདོད་པར་ཐལ། འདོད་པའི་ཕྱིར། འདོད་ན། རྣམ་བཤད་ལས། དྲིས་ལན་གཞན་རྣམས་འདིའི་མཚན་གཞིར་འབྲེལ་བ་མེད་པའི་ཕྱིར་རོ། །ཞེས་གསུངས་པ་མི་འཐད་པར་ཐལ་ལོ། །

ཁ་ཅིག ཐལ་འགྱུར་དང་པོ་ལ་མ་ཁྱབ་ཟེར་ཏེ་དཔྱད་གཞིའོ། །

ཡང་ཁ་ཅིག དོན་དམ་ཡང་དག་འཕགས་ཞུས་ཀྱི་ལེའུ་ལས་གསུངས་པའི་ངའི་དགོངས་ཏེ་བཤད་པ་ཟབ་མོ་ཡང་དག་པ་ཇི་ལྟ་བ་བཞིན། ཞེས་སོགས་ཀྱི་མདོ་འདི་རྣམ་བཤད་ལས་གསུངས་པའི་མཚན་ཉིད་ལ་ལྡེམ་དགོངས་ཀྱི་མདོ་ཡིན་ནོ་ཞེ་ན། འོ་ན། དེ་སེམས་ཙམ་པས་བཀའ་ཐ་མ་ལེགས་ཕྱེའི་ཆོས་འཁོར་དུ་འདོད་པར་ཐལ། དམ་བཅའ་དེའི་ཕྱིར། འདོད་ན། སེམས་ཙམ་པས་དེ། འདི་ནི་ཟླ་ན་མ་མཆིས་པ། ཞེས་ཉེ་ཚིག་སྨོས་པའི་མཚན་གཞིར་འདོད་པར་ཐལ། འདོད་པའི་ཕྱིར། འདོད་ན། སེམས་ཙམ་པས་དེ་འགལ་བ་དེ་སྤོང་གི་ལན་གྱི་མདོའི་གཙོ་བོར་ཁས་ལེན་པར་ཐལ། འདོད་པའི་ཕྱིར། འདོད་མི་ནུས་ཏེ། སེམས་ཙམ་པས་དོན་དམ་ཡང་དག་འཕགས་ངས་ཆོས་རྣམས་ཀྱི། ཞེས་སོགས་ཀྱི་མདོ་ལན་གྱི་མདོའི་གཙོ་བོར་བཞེད་པའི་ཕྱིར་དང་། ངའི་དགོངས་ཏེ་བཤད་པ་ཞེས་སོགས་ཀྱི་མདོ་དེ། ཤེར་ཕྱིན་གྱི་མདོར་གཟུགས་སོགས་རང་གི་མཚན་ཉིད་ཀྱིས་མ་གྲུབ་པར་གསུངས་པའི་སྒྲ་ཇི་བཞིན་པ་ལ་ཞེན་ན། མཚན་ཉིད་གསུམ་ལ་སྐུར་པ་བཏབ་པར་འགྱུར་ཚུལ་སྟོན་པའི་མདོ་ཙམ་དུ་བཞེད་པའི་ཕྱིར།

為「此是無上[41]」中，近詞㉞所說之了義經，與《心要莊嚴疏》闡述清楚分辨三性是否自性相成立而宣說之《解深密經》是相祕密意經相違？

於此，有云：「慮及如是分辨而清楚宣說之〈德本請問品〉㉟之經文是相祕密意經，〔而如是說〕。」那麼，唯識師理應承許彼是後教言善辨法輪，因彼宗故。若許，唯識師理應承許彼是「此是無上」中，近詞所說之事相，因許故。若許，則《心要莊嚴疏》所言「諸餘問答與此之事相無相屬故」應成不應理。

有云：「對初應成答不周遍。」乃可觀察之處。

又有云：「〈勝義生請問品〉中『於我甚深密意言說，如實解了……[42]』等經〔文〕乃《心要莊嚴疏》所說之相祕密意經。」那麼，唯識師理應承許彼是後教言善辨法輪，因彼宗故。若許，唯識師理應承許彼是「此是無上」中，近詞所說之事相，因許故。若許，唯識師理應主張彼是斷除彼相違之回答之主要經，因許故。不能許，因唯識師主張「勝義生當知，我……」等經文是回答之主要經，以及「於我甚深密意言說……」等經僅是宣說「若耽著般若經宣說色等自性相不成立可依文主張，則成損減三性之道理」之經故。

㉞ 近詞：代詞中所代指者與該代詞相近的代詞，此處指「此」字。

㉟《解深密經》藏譯本是用請問的菩薩名區分品名，〈德本請問品〉對應到漢譯本的第四品〈一切法相品〉，〈勝義生請問品〉對應到漢譯本的第五品〈無自性相品〉。

དེ་ལ་ཁོན་རེ། འོ་ན་དྲང་ངེས་རྣམ་འབྱེད་ལས་གལ་ཏེ་རྣལ་འབྱོར་སྤྱོད་པ་བའི་མཚན་ཉིད་གསུམ་གྱི་འཇོག་ལུགས་མདོ་འདིའི་དོན་མིན་ན་མདོ་གང་གི་ཡང་དོན་མིན་པར་བཞེད་དམ་སྙམ་ན་དབུ་མ་སྣང་བ་ལས་དགོངས་འགྲེལ་དང་ལང་གཤེགས་དང་རྒྱན་སྟུག་པོ་བཀོད་པ་སོགས་ལས་ཕྱི་རོལ་བཀག་ནས་སེམས་ཙམ་གྱི་ལུགས་སུ་བསྒྲུབ་པའི་སྐབས་འགའ་ཞིག་ཏུ་སེམས་ལ་རང་བཞིན་མ་བཀག་པ་ནི། ཆོས་ཐམས་ཅད་རང་བཞིན་མེད་པར་ཅིག་ཅར་དུ་རྟོགས་མི་ནུས་པ་རིམ་གྱིས་བཀྲི་དགོས་པ་རྣམས་ཀྱི་བསམ་པ་དང་མཐུན་པར་བསྟན་པ་ཡིན་ནོ། །ཞེས་གསུངས་པས་མདོ་དེ་དག་ལས་ཅིག་ཅར་དུ་ཆོས་ཐམས་ཅད་རང་བཞིན་མེད་པར་རྟོགས་ནུས་པའི་གདུལ་བྱ་ལ་བཤད་པ་དང་སྔ་མ་གཉིས་ཀ་ཡོད་པས་ཆ་ཕྱེ་ནས་མདོའི་དོན་དུ་འཇོག་གོ །ཞེས་གསུངས་པ་མི་འཐད་པར་ཐལ། དགོངས་འགྲེལ་གྱི་མདོ་ལས་སེམས་ཙམ་པས་འདོད་པ་ལྟར་གྱི་མཚན་ཉིད་གསུམ་གྱི་རྣམ་གཞག་གསལ་བར་སྟོན་པ་དང་། དབུ་མ་པས་འདོད་པ་ལྟར་གྱི་མཚན་ཉིད་གསུམ་གྱི་རྣམ་གཞག་གསལ་བར་སྟོན་པའི་མདོ་གཉིས་མེད་པའི་ཕྱིར། དེར་ཐལ། མདོ་དེ་ལས་སེམས་ཙམ་པས་འདོད་པ་ལྟར་གྱི་མཚན་ཉིད་གསུམ་གྱི་རྣམ་གཞག་གསལ་བར་སྟོན་པའི་མདོ་ཞིག་མ་བྱུང་བའི་ཕྱིར། དེར་ཐལ། མདོ་དེ་ལས་མཚན་ཉིད་གསུམ་ལ་རང་གི་མཚན་ཉིད་ཀྱིས་གྲུབ་མ་གྲུབ་གསལ་བར་ཕྱེ་ནས་སྟོན་པའི་མདོ་ཞིག་མེད་པའི་ཕྱིར་ན། འདིར་མ་ཁྱབ།

དེར་ཐལ། དེ་འདྲའི་ཡོན་ཏན་འབྱུང་གནས་ཀྱི་ལེའུའི་མདོ་ཚིག་ཀྱང་མེད། ངའི་དགོངས་ཏེ་བཤད་པ་ཟབ་མོ། ཞེས་སོགས་དོན་དམ་ཡང་དག་འཕགས་ཞུས་ཀྱི་ལེའུའི་མདོ་ཚིག་ཀྱང་དེ་མ་ཡིན་པའི་ཕྱིར་ཞེ་ན། མ་ཁྱབ་མཚམས་སུ་མ་ཁྱབ་པར་ཐལ། སེམས་ཙམ་པས་འདོད་པ་ལྟར་གྱི་མཚན་ཉིད་གསུམ་གྱི་རྣམ་གཞག་གསལ་བར་སྟོན་པའི་མདོ་ཡིན་ན། མཚན་ཉིད་གསུམ་ལ་རང་གི་མཚན་ཉིད་ཀྱིས་གྲུབ་མ་གྲུབ་གསལ་བར་ཕྱེ་ནས་སྟོན་པའི་མདོ་ཡིན་པས་མ་ཁྱབ་པའི་ཕྱིར།

དེར་ཐལ། སེམས་ཙམ་པས་འདོད་པ་ལྟར་གྱི་མཚན་ཉིད་གསུམ་གྱི་རྣམ་གཞག་གསལ་བར་སྟོན་པའི་ལང་གཤེགས་ཀྱི་མདོ་ཚིག་ཡོད་པ་གང་ཞིག དེ་མཚན་ཉིད་གསུམ་ལ་རང་གི་མཚན་ཉིད་ཀྱིས་གྲུབ་མ་གྲུབ་གསལ་བར་ཕྱེ་ནས་སྟོན་པའི་མདོ་མ་ཡིན་པའི་ཕྱིར། དང་པོ་དེར་ཐལ། གཟུགས་

對此有云：「《辨了不了義善說藏論》言：『若作是思，諸瑜伽師所立三相，若非此經之義，豈許全非任何經義耶？《中觀明論》（蓮華戒造）云：「《解深密經》、《入楞伽經》、《厚嚴經》㊱等，遮遣外境成立唯心，有時不破心自性者，是為隨順未能頓證一切諸法皆無自性，須漸導者意樂而說。」謂彼經中共有二機，為能頓證一切諸法皆無自性所化而說，及為前機，故須分別立彼經義。[43]』理應不應理，因無《解深密經》中清楚宣說建立如唯識師承許之三性與清楚宣說建立如中觀師所承許之三性的二經故。理應如是，因彼經中無清楚宣說建立如唯識師承許之三性之經故。理應如是，因彼經中無明辨宣說三性自性相成立與否之經故。」今此不周遍。

理應如是，因亦無這種〈德本請問品〉之經文，「於我甚深密意言說……」等〈勝義生請問品〉之經文亦非彼故。於不周遍處，理應不周遍，因若是清楚宣說建立如唯識師承許之三性之經，不周遍是明辨宣說三性自性相成立與否之經故。

理應如是，因有清楚宣說建立如唯識師承許之三性之《入楞伽經》經文，且彼非清楚宣說三性自性相成立與否之經故。初者理應

㊱《厚嚴經》，即《大乘密嚴經》。

ཕྱི་རོལ་དོན་གྱིས་སྟོང་པ་གསལ་བར་སྟོན་པའི་ལང་གཤེགས་ཀྱི་མདོ་ཚིག་ཡོད་པའི་ཕྱིར། དེར་ཐལ། དེ་ཡོད་པར་དབུ་མ་སྣང་བ་ལས་གསུངས་པ་དྲངས་མ་ཐག་པ་དེའི་ཕྱིར། རྟགས་ཕྱི་མ་དེར་ཐལ། དེ་འདྲའི་མདོ་ཚིག་དེ། མཚན་ཉིད་གསུམ་ལ་རང་གི་མཚན་ཉིད་ཀྱིས་གྲུབ་མ་གྲུབ་གསལ་བར་ཕྱེ་ནས་སྟོན་པའི་འཁོར་ལོ་ཐ་མའི་མདོ་མ་ཡིན་པའི་ཕྱིར། མ་གྲུབ་ན། དེ་བཀའ་ཐ་མ་ལེགས་པར་རྣམ་པར་ཕྱེ་བའི་ཆོས་འཁོར་ཡིན་པར་ཐལ་ལོ། །

གཞན་ཡང་སེམས་ཙམ་པའི་ལྟ་བ་སྟོན་པའི་མདོ་ཡིན་ན། མཚན་ཉིད་གསུམ་ལ་རང་གི་མཚན་ཉིད་ཀྱིས་གྲུབ་མ་གྲུབ་གསལ་བར་ཕྱེ་ནས་སྟོན་པའི་མདོ་ཡིན་དགོས་པར་ཐལ། སེམས་ཙམ་པས་འདོད་པ་ལྟར་གྱི་མཚན་ཉིད་གསུམ་གྱི་རྣམ་གཞག་སྟོན་པའི་མདོ་ལ་དེས་ཁྱབ་པའི་ཕྱིར། འདོད་ན། རང་བྱུང་བདག་ཉིད་རྟོགས་པའི་ཕྱིར། ཞེས་སོགས་ཀྱི་བཤད་བྱ་རྩ་བའི་མདོར་གྱུར་པའི་གཟུགས་ནི་ཟབ་པ་མ་ཡིན་ཐྲ་བ་མ་ཡིན། ཞེས་སོགས་ཀྱི་ཡུམ་གྱི་མདོ་ཚིག་ཆོས་ཅན། དེར་ཐལ། དེའི་ཕྱིར། མ་གྲུབ་ན། དེར་ཐལ། རང་སངས་རྒྱས་ཀྱི་ལྟ་བ་སྟོན་པའི་མདོ་ཚིག་ཡིན་པ་གང་ཞིག དེ་གཉིས་ལྟ་བ་མཚུངས་པའི་ཕྱིར། དང་པོ་དེར་ཐལ། དེ་རྩ་འགྲེལ་གཉིས་ཀྱིས་གཉིས་སྟོང་རྟོགས་པའི་རང་རྒྱལ་གྱི་ལམ་བསྟན་པའི་ཕྱིར།

ཡང་ཁ་ཅིག འཕགས་སེང་གཉིས་ཀྱིས་མདོའི་དྲང་ངེས་འབྱེད་ཚུལ་ཞི་འཚོ་ཡབ་སྲས་དང་མཐུན་མི་དགོས་པས། དོན་དམ་ཡང་དག་འཕགས་ངས་ཆོས་རྣམས་ཀྱི། ཞེས་སོགས་ཀྱི་འཁོར་ལོ་ཐ་མའི་མདོ་རྣམ་བཤད་ལས་གསུངས་པའི་མཚན་ཉིད་ལ་ལྡེམ་དགོངས་ཀྱི་མདོ་ཡིན་ཏེ། དེ་ལྟར་མ་ཡིན་ན། ཡོན་ཏན་འབྱུང་གནས་ཀྱི་ལེའུ་དང་། ངའི་དགོངས་ཏེ་བཤད་པ་ཟབ་མོ་ཞེས་སོགས་དེར་འཇོག་པར་རིགས་པས་མི་འཐད་པའི་ཕྱིར་ཞེས་ཟེར། དེ་མི་འཐད་པར་ཐལ། དྲང་ངེས་རྣམ་འབྱེད་ལས་ལེགས་ལྡན་འབྱེད་དང་ཞི་འཚོ་དཔོན་སློབ་ཀྱི་ལུགས་ཀྱི་དྲང་ངེས་འབྱེད་ཚུལ་གསལ་བར་བཤད་ནས། དེའི་རྗེས་སུ། འཕགས་སེང་གི་བཞེད་པ་མ་བཀོད་པ་ལ་རྒྱུ་མཚན་ཡང་དག་ཡོད་པའི་ཕྱིར། དེར་ཐལ། དེ་ལྟར་མ་བཀོད་པ་དེས་འཕགས་སེང་གཉིས་ཀྱིས་དྲང་ངེས་འབྱེད་ཚུལ་ཞི་འཚོ་དཔོན་སློབ་དང་མཐུན་ནོ། །ཞེས་ཤེས་པར་བྱ་བའི་ཆེད་ཡིན་པའི་ཕྱིར།

如是，因有清楚宣說色以外境空之《入楞伽經》之經文故。理應如是，因方才所引《中觀光明論》說有彼故。後因理應如是，因如此之經文非清楚宣說三性自性相成立與否之後轉法輪經故。若不成，彼應成後教言善辨法輪。

此復，若是宣說唯識見之經，理應須是清楚宣說三性自性相成立與否之經，因宣說建立如唯識師所許之三性之經周遍是彼故。若許，「自覺自證故」所詮釋之根本經之「色非深非細……[44]」等佛母經文為有法，理應如是，因如是故。若不成，理應如是，因是宣說獨覺見之經文，且彼二見地相同故。初者理應如是，因彼根本頌與釋論顯示通達二取空之獨覺道故。

又有云:「聖、獅二者分辨經之了不了義無須與靜命父子相同，故『勝義生當知，我……』等後轉法輪經是《心要莊嚴疏》所述之相祕密意經，若非如是，〈德本請問品〉與『於我甚深密意言說……』等應可安立為彼，然不應理故。」彼不應理，因《辨了不了義善說藏論》明述清辨與靜命阿闍黎師徒宗之辨了不了義法，隨後未述聖、獅之主張有正確理由故。理應如是，因未如此敘述乃為令了知聖、獅二者之辨了不了義之理相順靜命阿闍黎師徒故。

ཁ་ཅིག འཕགས་སེང་གཉིས་ཀྱིས་མདོ་རྒྱན་སྣང་བའི་འགྲེལ་པ་མཛད་པ་མ་གཏོགས་དྲང་ངེས་འབྱེད་པའི་བསྟན་བཅོས་བྱར་པ་མ་མཛད་པས་མ་བཀོད་པ་ཡིན་ནོ་ཞེ་ན། མི་འཐད་དེ། མདོ་རྒྱན་སྣང་བའི་འགྲེལ་པ་གཉིས་ལ་བརྟེན་ནས་འཕགས་སེང་གཉིས་ཀྱི་བཞེད་པ་འགོད་པ་སྐབས་སུ་བབ་ན། དྲང་ངེས་རྣམ་འབྱེད་དུ་ལེགས་པར་འགོད་ནུས་པའི་ཕྱིར་ཏེ། གཞན་དུ་འགྲེལ་པ་གཉིས་ལས་གསལ་ཆ་ཆེ་བའི་བཤད་པ་མེད་པ་འགའ་ཞིག་གི་ལུང་རྣམས་ཀྱང་དྲང་ངེས་རྣམ་འབྱེད་དུ་དྲངས་པས་བསམ་པར་བྱོས་ཤིག

གཞན་ཡང་། འཕགས་སེང་གི་ལུགས་ལ། དེ་ཡང་བླ་ན་མཆིས་པ་སྐབས་མཆིས་པ་དྲང་བའི་དོན། ཞེས་སོགས་ཀྱི་སྐབས་ནས་དངོས་སུ་བསྟན་པའི་དྲང་དོན་གྱི་མདོ་མེད་པར་ཐལ། འདི་ནི་བླ་ན་མ་མཆིས་པ་སྐབས་མ་མཆིས། ཞེས་སོགས་ཀྱི་སྐབས་ནས་བསྟན་པའི་ངེས་དོན་གྱི་མདོ་མེད་པའི་ཕྱིར། དེར་ཐལ། དོན་དམ་ཡང་དག་འཕགས་ངས་ཆོས་རྣམས་ཀྱི་ཞེས་སོགས་ཀྱི་མདོ་དེ་དེ་མ་ཡིན་པའི་ཕྱིར། རྟགས་ཁས། རྩ་བར་འདོད་ན། དེ་ཡོད་པར་ཐལ། ཤེས་རབ་སྙིང་པོའི་ནང་ཚན་དུ་གྱུར་པའི་གཟུགས་མེད་ཅེས་སོགས་ཀྱི་མདོ་དེ་དེ་ཡིན་པའི་ཕྱིར། དེར་ཐལ། དེ་དྲང་དོན་གྱི་མདོ་ཡིན་པའི་ཕྱིར། དེར་ཐལ། དེ་མདོ་གཉིས་པོ་གང་རུང་གང་ཞིག ངེས་དོན་གྱི་མདོ་མ་ཡིན་པའི་ཕྱིར། ཕྱི་མ་མ་གྲུབ་ན། སྔ་རྡེ་བཞིན་པར་ཐལ་ལོ། །

གཞན་ཡང་ཤེས་རབ་སྙིང་པོའི་ནང་ཚན་དུ་གྱུར་པའི་གཟུགས་མེད་ཅེས་སོགས་ཀྱི་མདོ་དྲང་དོན་དུ་འགྲེལ་བྱེད་ཀྱི་མདོ་མེད་པར་ཐལ། དེའི་དགོངས་གཞི་དང་དགོངས་པ་དོན་གཅིག་ཏུ་བསྟན་པའི་སྒོ་ནས་དེ་དྲང་དོན་དུ་འགྲེལ་བའི་མདོ་མེད་པའི་ཕྱིར། དེར་ཐལ། དོན་དམ་ཡང་དག་འཕགས་ངས། ཞེས་སོགས་ཀྱི་མདོ་དེ་དེ་མ་ཡིན། དེ་ལས་གཞན་དུ་གྱུར་པ་ཡང་དཀའ་བའི་ཕྱིར། དང་པོ་དེར་ཐལ། མདོ་དེས་ཤེས་རབ་སྙིང་པོའི་ནང་ཚན་དུ་གྱུར་པའི་གཟུགས་མེད་ཅེས་སོགས་ཀྱི་མདོའི་དགོངས་གཞི་དང་དགོངས་པ་དོན་གཅིག་ཏུ་མ་བསྟན་པའི་ཕྱིར། དེས་དེའི་དགོངས་པ་མ་བསྟན་པའི་ཕྱིར་ཏེ། དེས་ཀུན་བཏགས་དོན་དམ་པར་མཚན་ཉིད་ངོ་བོ་ཉིད་མེད་པ་དང་། གཞན་དབང་དོན་དམ་པར་སྐྱེ་བ་ངོ་བོ་ཉིད་མེད་པ་དང་། ཡོངས་གྲུབ་དོན་དམ་པར་ངོ་བོ་ཉིད་མེད་པ་མ་བསྟན་པ་གང་ཞིག དེ་

有云：「因為聖、獅二者除了造經與《現觀莊嚴論》結合之釋本之外，未造餘辨了不了義之論，故未述。」不應理，因若正值依經與《現觀莊嚴論》結合之二釋本而述說聖、獅二者之主張時，則於《辨了不了義善說藏論》能善述故，若非如此，若干較於二釋本解說不明晰之文，亦引用於《辨了不了義善說藏論》中，故當思！

此復，於聖、獅宗，理應無「亦是有上、有容、是未了義……」等時直接顯示之不了義經，因無「此是無上、無容……」等時顯示之了義經故。理應如是，因「勝義生當知，我……」等經非彼故。承許因。若許根本，理應有彼，因《般若心經》中之「無色……」等經是彼故。理應如是，因彼是不了義經故。理應如是，因彼是二經任一，且非了義經故。若後者不成，則成依文〔經〕。

又復，理應無解釋《般若心經》中之「無色……」等經文為不了義之經，因無以彼之意趣處與意趣同義門而解釋彼為不了義之經故。理應如是，因「勝義生當知，我……」等經文非彼，此外亦難〔以安立〕故。初者理應如是，因彼經未示《般若心經》中「無色……」等經之意趣處與意趣同義故。彼未顯示彼之意趣故，因彼未顯示遍計所執勝義相無自性性、依他起勝義生無自性性、圓成實勝義無自性性，且彼三者乃《般若心經》之意趣故。初者理應如是，因彼是相祕密經故。

གསུམ་ཞེར་སྙིང་གི་མདོ་དེའི་དགོངས་པ་ཡིན་པའི་ཕྱིར། དང་པོ་དེར་ཐལ། དེ་མཚན་ཉིད་ལ་ལྡེམ་པོར་དགོངས་པའི་མདོ་ཡིན་པའི་ཕྱིར།

རང་གི་བསམ་དོན་ནི། སེམས་ཙམ་པ་རང་གི་འདོད་པ་ལྟར་གྱི་མཚན་ཉིད་གསུམ་ལ་རང་གི་མཚན་ཉིད་ཀྱིས་གྲུབ་མ་གྲུབ་གསལ་བར་ཕྱེ་ནས་སྟོན་པའི་མདོའི་མཚན་གཞིར། དོན་དམ་ཡང་དག་འཕགས་ངས་ཆོས་རྣམས་ཀྱི་ཞེས་སོགས་ཀྱི་མདོ་འདི་འདོད་ལ། ལུགས་འདི་ལ། དེས་དེ་ལྟར་གསལ་བར་མ་བསྟན་མོད་བསྟན་ན་མཚན་ཉིད་ལ་ལྡེམ་དགོངས་ཀྱི་མདོ་ཡིན་ཞེས་བརྟག་པ་མཐའ་བཟུང་གི་སྒོ་ནས་ངོས་འཛིན་པ་རྣམ་བཤད་ཀྱི་དགོངས་པ་ཡིན་ནམ་དཔྱད་པར་བྱ་སྟེ་ཐུགས་རྟོག་འཇུག་པ་དཀོན་པར་སྣང་ངོ། །

དེ་ལ་ཕྱོགས་སྔ་སྨྲ་བ་པོ་ན་རེ། མཚན་ཉིད་ལ་ལྡེམ་དགོངས་ཀྱི་མདོའི་མཚན་གཞི་མེད་པར་ཐལ། དེ་འདྲའི་འཁོར་ལོ་གསུམ་པོ་གང་གི་ཡང་མདོ་ཚིག་མེད་པའི་ཕྱིར། མ་གྲུབ་ན་ངོས་ཟུངས་ཤིག ཅེས་སུན་འབྱིན་པ་ནི་ཁྱོད་རང་ལའང་མཚུངས་ཏེ། འོ་ན་ཞི་འཚོ་དཔོན་སློབ་ཀྱི་ལུགས་ལ་མཚན་ཉིད་ལ་ལྡེམ་དགོངས་ཀྱི་མདོའི་མཚན་གཞི་མེད་པར་ཐལ། དེ་འདྲའི་འཁོར་ལོ་གསུམ་གང་གི་ཡང་མདོ་ཚིག་མེད་པའི་ཕྱིར། དེར་ཐལ། ཡོན་ཏན་འབྱུང་གནས་ཀྱིས་ཞུས་པའི་ལེའུ་དང་། ངའི་དགོངས་ཏེ་བཤད་པ་ཟབ་མོ་ཞེས་སོགས་ཀྱི་མདོ། མཚན་ཉིད་ལ་ལྡེམ་དགོངས་ཀྱི་མདོ་མ་ཡིན་པར་ཁྱེད་རང་གིས་སྨྲས་པ་གང་ཞིག དེ་ལས་ལོགས་སུ་ངོས་འཛིན་རྒྱུ་མེད་པའི་ཕྱིར། མ་གྲུབ་ན་ངོས་ཟུངས་ཤིག

ཁ་ཅིག རྣམ་བཤད་ལས་གསུངས་པའི་མཚན་ཉིད་ལ་ལྡེམ་དགོངས་ཀྱི་མདོ་དང་། མཚན་ཉིད་ལྡེམ་པོར་དགོངས་པ་དང་། ཞེས་པའི་ལྡེམ་དགོངས་ཀྱི་མདོ་གཉིས་དོན་གཅིག་ཏུ་འདོད་པ་མི་འཐད་དེ། རྣམ་བཤད་ལས་གསུངས་པ་དེ་དབུ་མ་པས་འདོད་པ་ལྟར་གྱི་མཚན་ཉིད་ལ་ལྡེམ་དགོངས་ཀྱི་དབང་དུ་བྱས། ཕྱི་མ་སེམས་ཙམ་པས་འདོད་པ་ལྟར་གྱི་མཚན་ཉིད་ལ་ལྡེམ་དགོངས་ཀྱི་དབང་དུ་བྱས་པའི་ཕྱིར།

མཁས་པ་ཁ་ཅིག བཀའ་བར་པ་མཚན་ཉིད་མེད་པའི་ཆོས་འཁོར་གྱི་ཆེད་དུ་བྱ་བའི་གདུལ་བྱར་གྱུར་པའི་སེམས་ཙམ་པ་ཡོད་པར་འདོད་པ་མི་འཐད་དེ། ཆོས་འཁོར་དེའི་དགོངས་པ་ཁས་ལེན་པའི་

吾作是念，承許「勝義生當知，我……」等經是清楚分辨且宣說如唯識師自所承許之三性自性相成立與否之經的事相。於此宗，彼雖未如此清楚宣說，然若宣說則是相祕密意經，如是以假設之門辨識，應當觀擇是否為《心要莊嚴疏》之意趣，然少有探究者。

於此，對方駁云：「理應無相祕密意經之事相，因於三法輪中皆無如此之經文故。若不成，請指出〔事相〕。」如此破斥，於汝亦同，反問：於靜命阿闍黎師徒宗，理應無相祕密意經之事相，因於三法輪中皆無如此之經文故。理應如是，因汝主張〈德本請問品〉與「於我甚深密意言說……」等經，非相祕密意經，除此無例可舉故。若不成，請指出。

有主張云：「《心要莊嚴疏》所言之相祕密意經與『性相祕密意[45]』所言之祕密意經二者為同義。」不應理，因《心要莊嚴疏》所述說乃依中觀師承許之相祕密意而言，後者乃依唯識師主張之相祕密意而言故。

有學者承許云：「有中教言無相法輪特意所化之唯識師。」不應理，因無承許彼法輪意趣之唯識師故，因無承許依他起勝義無

སེམས་ཙམ་པ་མེད་པའི་ཕྱིར་ཏེ། གཞན་དབང་དོན་དམ་པར་སྐྱེ་མེད་སོགས་ཁས་ལེན་པའི་སེམས་ཙམ་པ་མེད་པའི་ཕྱིར། བཀའ་ཐ་མ་ལེགས་ཕྱེའི་ཆོས་འཁོར་གྱི་ཆེད་དུ་བྱ་བའི་གདུལ་བྱར་གྱུར་པའི་སེམས་ཙམ་པ་འདོད་པ་ཡང་མི་འཐད་དེ། རྟགས་སྔ་མ་བཞིན་ནོ། །

བཀའ་བར་པ་མཚན་ཉིད་མེད་པའི་ཆོས་འཁོར་དང་བཀའ་ཐ་མ་ལེགས་ཕྱེའི་ཆོས་འཁོར་གྱི་ཆེད་དུ་བྱ་བའི་གདུལ་བྱར་གྱུར་པའི་དབུ་མ་ཐལ་འགྱུར་བ་ཡང་མེད་དེ། ཐལ་འགྱུར་བས་འཁོར་ལོ་བར་པར་གཟུགས་སོགས་རང་བཞིན་མེད་པར་གསུངས་པའི་སྒྲས་ཟིན་ལྟར་འདོད་པའི་ཕྱིར་ཏེ། དེས་རང་བཞིན་གྱིས་གྲུབ་ན་བདེན་པར་གྲུབ་པས་ཁྱབ་པ་ཞལ་གྱིས་བཞེས་པའི་ཕྱིར།

དེས་ན་དགོངས་འགྲེལ་ལས་གསུངས་པའི་འཁོར་ལོ་གསུམ་པོ་གང་རུང་གང་ཞིག རང་གི་ཆེད་དུ་བྱ་བའི་གདུལ་བྱ་ཐེག་དམན་གྱི་རིགས་ཅན་གྱི་ཆེད་དུ་བདེན་བཞི་དངོས་སུ་སྟོན་པའི་ཐེག་དམན་གྱི་མདོ། དགོངས་འགྲེལ་ནས་བཤད་པའི་བཀའ་དང་པོ་བདེན་བཞིའི་ཆོས་འཁོར་གྱི་མཚན་ཉིད། མཚན་གཞི་ནི་སེམས་ཙམ་པས་འདོད་པ་ལྟར་རོ། །

དགོངས་འགྲེལ་ནས་བཤད་པའི་འཁོར་ལོ་གསུམ་པོ་གང་རུང་གང་ཞིག རང་གི་ཆེད་དུ་བྱ་བའི་གདུལ་བྱ་དབུ་མ་པ་དབང་རྣོན་གྱི་ཆེད་དུ་སྟོང་ཉིད་ཕྲ་མོ་རྒྱས་པར་སྟོན་པའི་ཐེག་ཆེན་གྱི་མདོ། དགོངས་འགྲེལ་ནས་བཤད་པའི་བཀའ་བར་པ་མཚན་ཉིད་མེད་པའི་ཆོས་འཁོར་གྱི་མཚན་ཉིད། དཔེར་ན་ཡུམ་རྒྱས་འབྲིང་བསྡུས་གསུམ་ལྟ་བུའོ། །

དགོངས་འགྲེལ་ནས་གསུངས་པའི་འཁོར་ལོ་གསུམ་པོ་གང་རུང་གང་ཞིག་རང་གི་ཆེད་དུ་བྱ་བའི་གདུལ་བྱ་དབུ་མ་པ་དབང་རྟུལ་གྱི་ཆེད་དུ་ཀུན་བཏགས་དོན་དམ་པར་མཚན་ཉིད་ངོ་བོ་ཉིད་མེད་པ་དང་། གཞན་དབང་དོན་དམ་པར་སྐྱེ་བ་ངོ་བོ་ཉིད་མེད་པ་དང་། ཡོངས་གྲུབ་དོན་དམ་པར་ངོ་བོ་ཉིད་མེད་པ་གསུམ་གསལ་བར་སྟོན་པའི་ཐེག་ཆེན་གྱི་མདོ་དེ། དགོངས་འགྲེལ་ནས་བཤད་པའི་བཀའ་ཐ་མ་ལེགས་པར་རྣམ་པར་ཕྱེ་བའི་ཆོས་འཁོར་གྱི་མཚན་ཉིད། དཔེར་ན་དོན་དམ་ཡང་དག་འཕགས་ངས་ཆོས་རྣམས་ཀྱི། ཞེས་སོགས་ཀྱི་མདོར་བསྟན་རྒྱས་བཤད་ཀྱི་མདོ་ལྟ་བུའོ། །

生等之唯識師故。承許有後教言善辨法輪特意所化之唯識師亦不應理，因如前。

亦無中教言無相法輪與後教言善辨法輪特意所化之中觀應成師，因應成師依中轉法輪表面上所宣說承許色等無自性故，因彼主張若自性成立則周遍是諦實成立故。

是故，「是《解深密經》所言之三轉法輪隨一，且為自特意所化小乘種性直接宣說四諦之小乘經」，乃《解深密經》所言之初教言四諦法輪之性相。事相：如唯識師所許。

「是《解深密經》所言之三轉法輪隨一，且為自特意所化利根中觀師廣說細分空性之大乘經」，即《解深密經》所言之中教言無相法輪之性相。例如：廣、中、略三佛母。

「是《解深密經》所言之三轉法輪隨一，且為自特意所化鈍根中觀師清楚宣說遍計所執勝義相無自性性、依他起勝義生無自性性、圓成實勝義無自性性之大乘經」，是《解深密經》所言之後教言善辨法輪之性相。例如：「勝義生當知，我……」等略述與廣說之經〔文〕。

བཀའ་དང་པོ་བདེན་བཞིའི་ཆོས་འཁོར་གྱི་མདོ་ཆིག་ཡིན་ན། དེ་ཡིན་པས་མ་ཁྱབ་པ་དང་། བཀའ་བར་པ་མཚན་ཉིད་མེད་པའི་ཆོས་འཁོར་གྱི་མདོ་ཆིག་ཡིན་ན་དེ་ཡིན་པས་མ་ཁྱབ་པ་དང་། བཀའ་ཐ་མ་ལེགས་ཕྱེའི་ཆོས་འཁོར་གྱི་མདོ་ཆིག་ཡིན་ན། དེ་ཡིན་པས་མ་ཁྱབ་པའི་ཚུལ་ནི་སེམས་ཙམ་པའི་སྐབས་སུ་ཆཤད་ཟིན་ཏོ། །

བཀའ་ཐ་མ་ལེགས་ཕྱེའི་ཆོས་འཁོར་གྱིས་གཟུགས་གཞན་དབང་། གཟུགས་གཟུགས་ཞེས་པའི་སྒྲ་འཇུག་པའི་འཇུག་གཞིར་རང་གི་མཚན་ཉིད་ཀྱིས་གྲུབ་པ་ཀུན་བཏགས། དེ་དེར་གྲུབ་པས་སྟོང་པ་ཡོངས་གྲུབ་ཏུ་བྱས་པའི་མཚན་ཉིད་གསུམ་གྱི་རྣམ་བཞག་ཡུམ་གྱི་མདོའི་དོན་དུ་མི་འགྲེལ་བར། གཟུགས་གཞན་དབང་དེ་བདེན་པར་གྲུབ་པ་ཀུན་བཏགས་དེ་དེར་གྲུབ་པས་སྟོང་པ་ཡོངས་གྲུབ་ཏུ་བྱས་པའི་མཚན་ཉིད་གསུམ་གྱི་རྣམ་གཞག་ཡུམ་གྱི་མདོ་དོན་དུ་དངོས་སུ་བཀྲལ་བའི་ཤུགས་ལ་གཟུགས་གཞན་དབང་དེ་གང་ཟག་གི་བདག་ཏུ་གྲུབ་པ་ཀུན་བཏགས། དེ་དེར་གྲུབ་པས་སྟོང་པ་ཡོངས་གྲུབ་ཏུ་བྱས་པའི་མཚན་ཉིད་གསུམ་གྱི་རྣམ་གཞག་འཁོར་ལོ་དང་པོའི་དགོངས་པར་འགྲེལ་བ་ཡིན་ཏེ། ཐར་མདོ་སྡེ་ལ་འགལ་སྤོང་གི་དྲི་བ་བྱས་པའི་སྐབས་སུ་འཁོར་ལོ་དང་པོ་ལ་དོན་གྱིས་དྲིས་པ་བཞིན་དུ་ལན་གྱི་སྐབས་སུ་ཡང་དེའི་དོན་སྟོན་པ་སྐབས་སུ་བབ་པའི་ཕྱིར།

འདུས་མ་བྱས་ཀྱི་སྟེང་དུ་མཚན་ཉིད་གསུམ་གྱི་རྣམ་གཞག་འཇོག་ཚུལ་ལ། ཁ་ཅིག ནམ་མཁའ་ནམ་མཁའི་གཞན་དབང་དུ་འདོད་པ་མི་འཐད་དེ། སེམས་ཙམ་པའི་སྐབས་སུ་ཆཤད་པ་ལྟར་གྱི་གནོད་བྱེད་འཇུག་པའི་ཕྱིར། ནམ་མཁའ་འཛིན་པའི་ཚད་མ་ནམ་མཁའི་གཞན་དབང་དུ་འདོད་པ་ཡང་མི་འཐད་དེ། ནམ་མཁའི་སྟོང་ཉིད་དང་ནམ་མཁའ་འཛིན་པའི་ཚད་མའི་སྟོང་ཉིད་གཉིས་དོན་མི་གཅིག་པའི་ཕྱིར། དེར་ཐལ། སྐྱེས་བུ་ལྷས་བྱིན་གྱི་གཟུགས་ཀྱི་སྟོང་ཉིད་དང་སྐྱེས་བུ་ལྷས་བྱིན་གྱི་གཟུགས་འཛིན་པའི་རྣམ་མཁྱེན་གྱི་སྟོང་ཉིད་གཉིས་དོན་མི་གཅིག་པའི་ཕྱིར། དེར་ཐལ། སྐྱེས་བུ་ལྷས་བྱིན་གྱི་གཟུགས་འཛིན་པའི་རྣམ་མཁྱེན་གྱི་སྟོང་ཉིད་ཡིན་ན། རང་བཞིན་རྣམ་དག་གི་ཆར་གྱུར་པའི་ངོ་བོ་ཉིད་སྐུ་ཡིན་དགོས་པའི་ཕྱིར།

若是初教言四諦法輪之經文不周遍是彼；若是中教言無相法輪之經文不周遍是彼；若是後教言善辨法輪之經文不周遍是彼之道理，已於唯識時明說。

後教言善辨法輪未將建立色乃依他起、色於說色聲之所趣入處自性相成立即遍計所執，與彼以彼空是圓成實而成之三性釋為佛母經之義理，直接將建立色乃依他起、彼諦實成立即遍計所執與彼以彼空是圓成實而〔組〕成之三性釋為佛母經之義理，順帶將建立色乃依他起、彼補特伽羅我成立即遍計所執、彼以彼空是圓成實所成之三性釋為初轉法輪之意趣，因如前能解經中相違之提問時，間接問初轉法輪，回答時亦該顯示彼義故。

於無為上安立建立三性之理，有許云：「虛空是虛空之依他起。」不應理，因如唯識時所述而有違害故。承許執虛空量是虛空之依他起，亦不應理，因虛空之空性與執虛空量之空性二者非同義故。理應如是，因天授士夫色之空性與執天授士夫色之一切相智之空性二者非同義故。理應如是，因若是執天授士夫色之一切相智之空性，須是屬自性清淨分之自性身故。

རང་ལུགས་ནི། བྱམས་ཞུས་ཀྱི་ལེའུ་སོགས་ནས་གསུངས་པ་ལྟར་རྣམ་པར་བརྟགས་པའི་ནམ་མཁའ། ཀུན་བརྟགས་པའི་ནམ་མཁའ། ཆོས་ཉིད་ཀྱི་ནམ་མཁའ་གསུམ་དུ་བྱས་ནས། ནམ་མཁའ་ནི་རྣམ་པར་བརྟགས་པའི་ནམ་མཁའ། ནམ་མཁའ་བདེན་པར་གྲུབ་པ་ཀུན་བརྟགས་པའི་ནམ་མཁའ། ནམ་མཁའ་བདེན་པར་གྲུབ་པས་སྟོང་པ་ཆོས་ཉིད་ཀྱི་ནམ་མཁའ་ཞེས་འཇོག་གོ །ཡང་ན་ནམ་མཁའ་ལ་ནམ་མཁའི་གཞན་དབང་ཞེས་མིང་བཏགས་པ་ལ་འགལ་བ་མེད་པར་སེམས་སོ། །

ཁ་ཅིག སེམས་ཙམ་པ་ལྟར་རང་གི་མཚན་ཉིད་ཀྱིས་གྲུབ་ན། རང་མཚན་ཡིན་པས་ཁྱབ་ཟེར་བ་མི་འཐད་དེ། སྤྱི་མཚན་ཡོད་པའི་ཕྱིར། དེར་ཐལ། རང་མཚན་ཡོད་པ་གང་ཞིག དེ་ཡོད་ན་དེའི་འགལ་ཟླ་སྤྱི་མཚན་ཡང་ཡོད་དགོས་པའི་ཕྱིར། དཔེར་ན་དོན་བྱེད་ནུས་པ་ཡོད་པས་དེའི་འགལ་ཟླ་དོན་བྱེད་མི་ནུས་པ་ཡོད་པ་བཞིན་ནོ། །

གཉིས་པ་དབུ་མ་ཐལ་འགྱུར་བའི་ལུགས་ནི། དགོངས་འགྲེལ་ནས་བཤད་པའི་འཁོར་ལོ་དང་པོའི་མདོ་ལ་ངེས་དོན་གྱི་མདོ་ཡོད་དེ། དེ་ལ་སྟོང་ཉིད་ཕྲ་མོ་དངོས་བསྟན་བསྟན་བྱའི་གཙོ་བོར་བྱེད་པ་ཅིག་ཡོད་པ་གང་ཞིག སྟོང་ཉིད་ཕྲ་མོ་དངོས་བསྟན་བསྟན་བྱའི་གཙོ་བོར་བྱས་ནས་སྟོན་པའི་མདོས། ངེས་དོན་གྱི་མདོའི་མཚན་ཉིད་ཚོགས་པའི་ཕྱིར། དང་པོ་དེར་ཐལ། ཆོས་ཀྱི་འཁོར་ལོ་དང་པོ་བསྐོར་བ་ལ་བརྟེན་ནས་ལྔ་བརྒྱད་ཁྲིས་ཆོས་ཀྱི་བདག་མེད་རྟོགས་པར་བཤད་པའི་ཕྱིར། དགོངས་འགྲེལ་ནས་བཤད་པའི་འཁོར་ལོ་ཐམ་ལ་ངེས་དོན་གྱི་མདོ་མེད་དེ། དེ་ལ་སྟོང་ཉིད་ཕྲ་མོ་དངོས་བསྟན་བསྟན་བྱའི་གཙོ་བོར་བྱེད་པ་མེད་པའི་ཕྱིར་ཏེ། དེ་ཚེད་དུ་བྱ་བའི་གདུལ་བྱ་སེམས་ཙམ་པའི་དབང་དུ་བྱས་ནས་གསུངས་པའི་ཕྱིར།

དེ་ལ་ཁོ་ན་རེ། དགོངས་འགྲེལ་གྱི་ཀུན་བརྟགས་རང་གི་མཚན་ཉིད་ཀྱིས་མ་གྲུབ་ཅིང་གཞན་དབང་དང་ཡོངས་གྲུབ་རང་གི་མཚན་ཉིད་ཀྱིས་གྲུབ་པར་དངོས་བསྟན་བསྟན་བྱའི་གཙོ་བོར་བྱེད་པར་ཐལ། དེ་དྲང་དོན་དུ་འགྲེལ་བའི་ཕྱིར་ན། མ་ཁྱབ། འདོད་མི་ནུས་ཏེ། དེས་ཀུན་བརྟགས་རང་གི་མཚན་ཉིད་ཀྱིས་མ་གྲུབ་པར་དངོས་སུ་མ་བསྟན་པའི་ཕྱིར་ཏེ། དེ་རང་གི་མཚན་ཉིད་ཀྱིས་མ་གྲུབ་པ་དེའི་གནས་ལུགས་མཐར་ཐུག་ཡིན་པའི་ཕྱིར།

自宗：如〈彌勒請問品〉等所言之假立之虛空、遍計所執之虛空與法性之虛空三者，而安立虛空乃假立之虛空、虛空諦實成立即遍計所執之虛空與虛空以諦實成立空是法性之虛空。或於虛空取「虛空之依他起」之名，吾思不相違。

有云：「如唯識師〔所言〕，若自性相成立，周遍是自相。」不應理，因有共相故。理應如是，因有自相，且若有彼亦須有彼之相違品共相故。例如：因有具有作用者，故有彼之相違品無有作用者。

第二中觀應成派，《解深密經》所言之初轉法輪經有了義經，因彼有一以細微空性作直接顯示主要所詮者，且以細微空性作直接顯示主要所詮而宣說之經，乃完整之了義經性相故。初者理應如是，因宣說八萬天人依轉初法輪證悟法無我故。《解深密經》所言之後轉法輪中無了義經，因彼中無以細微空性作直接顯示主要所詮者故，因彼依特意所化唯識師而宣說故。

對此有云：「《解深密經》理應以[37]遍計所執非自性相成立、依他起與圓成實自性相成立作直接顯示主要所詮，因彼被釋為不了義故。」不周遍。不能許，因彼未直接顯示遍計所執非自性相成立故，因彼非自性相成立乃彼之究竟實相故。

㊲ 此處藏文可能有誤，ཀྱི།應為ཀྱིས།。

འཁོར་ལོ་བར་པའི་མཚན་གཞི་ཤེས་རབ་སྙིང་པོའི་ནང་ཚན་གྱི་གཟུགས་མེད་ཅེས་སོགས་ཀྱི་མདོ་ངེས་དོན་གྱི་མདོ་ཡིན་ཏེ། དེ་དགག་བྱ་ལ་དོན་དམ་གྱི་ཁྱད་པར་དངོས་སུ་སྦྱར་བའི་མདོ་ཡིན་པའི་ཕྱིར། དེར་ཐལ། མདོ་དེ་ལས། ཕུང་པོ་ལྔ་པོ་དེ་དག་ཀྱང་རང་བཞིན་གྱིས་སྟོང་པ་རྣམ་པར་ཡང་དག་པར་རྗེས་སུ་བལྟའོ། །ཞེས་གསུངས་པ་གང་ཞིག ཕུང་སོགས་རང་བཞིན་གྱིས་མེད་པ་ཕུང་སོགས་ཀྱི་སྟོང་ཉིད་ཕྲ་མོ་ཡིན་པའི་ཕྱིར།

ཁ་ཅིག བཀའ་བར་པ་མཚན་ཉིད་མེད་པའི་ཆོས་འཁོར་གྱི་ཆེད་དུ་བྱ་བའི་གདུལ་བྱ་དབུ་མ་རང་རྒྱུད་པ་ཡོད་པར་འདོད་པ་མི་འཐད་དེ། ཆོས་འཁོར་དེའི་དགོངས་པ་རྟོགས་པའི་རང་རྒྱུད་པ་མེད་པའི་ཕྱིར། དེར་ཐལ། གཞན་དབང་རང་བཞིན་མེད་པར་རྟོགས་པའི་རང་རྒྱུད་པ་མེད་པའི་ཕྱིར།

གཉིས་པ་གཟུངས་རྒྱལ་ནས་འབྱུང་བའི་རིམ་པ་གསུམ་གྱི་རྣམ་གཞག་བཤད་པ་ནི། ཁ་ཅིག དེ་ནས་བཤད་པའི་འཁོར་ལོ་གསུམ་གྱི་རྣམ་གཞག་མི་བྱེད་ཟེར་བ་མི་འཐད་དེ། སྦྱོད་འཇུག་ཊཱི་ཀཱར། དེ་ལ་འཁོར་ལོ་གསུམ་གྱི་ཐ་སྙད་དངོས་སུ་གསུངས་པའི་ཕྱིར་དང་། དེ་ནས་བཤད་པའི་རིམ་པ་གསུམ་གྱི་ནང་ཚན་དུ་གྱུར་པའི་ཆོས་འཁོར་དང་། རིམ་པ་གསུམ་པའི་གཞི་མཐུན་ཡིན་ན། དེ་ནས་བཤད་པའི་འཁོར་ལོ་གསུམ་པ་ཡིན་དགོས་པའི་ཕྱིར།

འོ་ན་རྣམ་བཤད་ལས་དེ་ལ་འཁོར་ལོ་གསུམ་གྱི་ཐ་སྙད་མ་གསུངས་པར་བཤད་པ་དང་འགལ་ལོ་ཞེ་ན། མི་འགལ་ཏེ། དེའི་ཐ་སྙད་དགོངས་འགྲེལ་བཞིན་དུ་མ་གསུངས་པ་ལ་དགོངས་པའི་ཕྱིར།

ཁ་ཅིག དགོངས་འགྲེལ་ནས་བཤད་པའི་བདེན་བཞིའི་ཆོས་འཁོར་དེ། གཟུངས་རྒྱལ་ནས་བཤད་པའི་རིམ་པ་དང་པོའི་མདོ་ཡིན་ཟེར་བ་མི་འཐད་དེ། གཟུངས་རྒྱལ་ནས་བཤད་པའི་རིམ་པ་དང་པོའི་མདོ་ཡིན་ན། ཐེག་ཆེན་གྱི་མདོ་ཡིན་དགོས་པའི་ཕྱིར། དེར་ཐལ། དེ་ནས་བཤད་པའི་རིམ་པ་དང་པོའི་མདོ་དེ། ཐེག་ཆེན་གྱི་མདོ་ཡིན་པའི་ཕྱིར། དེར་ཐལ། དེའི་ཆེད་དུ་བྱ་བའི་གདུལ་བྱ་ཐེག་ཆེན་གྱི་རིགས་ཅན་དབང་རྣོན་ཡོད་པའི་ཕྱིར། དེར་ཐལ། དེ་ནས་བཤད་པའི་རིམ་པ་ཕྱི་མ་གཉིས་ཀྱི་མདོའི་ཆེད་དུ་བྱ་བའི་གདུལ་བྱ་ཐེག་ཆེན་གྱི་རིགས་ཅན་དབང་རྣོན་ཡོད་པ་གང་ཞིག །དེ་ནས་བཤད་པའི་རིམ་པ་གསུམ་པོ་དེ་ཆེད་དུ་བྱ་བའི་གདུལ་བྱ་རྒྱུད་གཅིག་གི་དབང་དུ་བྱས་ནས་གསུངས་པའི་ཕྱིར།

中轉法輪之事相《般若心經》中「無色……」等經〔文〕是了義經，因彼是對所破直接加「勝義簡別」之經故。理應如是，因彼經云：「照見五蘊皆空」，且蘊等無自性乃蘊等之細微空性故。

有云：「承許有中教言無相法輪之特意所化中觀自續師。」不應理，因無通達彼法輪意趣之自續師故。理應如是，因無通達依他起無自性之自續師故。

第二、講說建立《陀羅尼自在王請問經》所說三次第，有云：「無建立彼所說之三轉法輪。」不應理，因《入行論廣釋》中於彼直接宣說三轉法輪之名言，以及若是彼所說三次第中之法輪與第三次第之同位，須是彼所說之第三法輪故。

問：則與《心要莊嚴疏》中所說，彼未說三轉法輪之名言相違？不相違，因慮及彼之名言未如《解深密經》所言故。

有云：「《解深密經》所言之四諦法輪，是《陀羅尼自在王請問經》所說第一次第經。」不應理，因若是《陀羅尼自在王請問經》所說第一次第經，須是大乘經故。理應如是，因彼所說第一次第經是大乘經故。理應如是，因有彼之特意所化利根大乘種性故。理應如是，因有彼所說後二次第經之特意所化利根大乘種性，且彼所說三次第經是就特意所化同一相續而宣說故。後者理應如是，因宣說「一所治珠寶以三種不同能治而淨治」之喻故。

ཕྱི་མ་དེར་ཐལ། སྦྱོང་བྱ་ནོར་བུ་གཅིག་ཉིད་སྦྱོང་བྱེད་མི་འདྲ་བ་གསུམ་གྱི་སྒོ་ནས་སྦྱོང་བའི་དཔེ་གསུངས་པའི་ཕྱིར།

གཞན་ཡང་། རིམ་པ་གསུམ་པོ་འདིའི་ཆེད་དུ་བྱ་བའི་གདུལ་བྱ་ཐེག་ཆེན་གྱི་རིགས་ཅན་དབང་རྣོན་ཡོད་པར་ཐལ། རྣམ་བཤད་ལས། རིམ་པ་འདི་ཡང་གཙོ་བོའི་གདུལ་བྱའི་དབང་དུ་བྱས་ནས་གསུངས་པའི་ཕྱིར་རོ། །ཞེས་པས་གྲུབ་པའི་ཕྱིར།

ཡང་ཁ་ཅིག དགོངས་འགྲེལ་ནས་བཤད་པའི་འཁོར་ལོ་བར་པ་ཡིན་ན། གཟུངས་རྒྱལ་ནས་བཤད་པའི་རིམ་པ་གཉིས་པའི་མདོ་ཡིན་པས་ཁྱབ་ཟེར་བ་མི་འཐད་དེ། དེ་བཞིན་གཤེགས་པའི་སྙིང་པོའི་མདོ་དེ། དགོངས་འགྲེལ་ནས་བཤད་པའི་འཁོར་ལོ་བར་པ་ཡིན་པ་གང་ཞིག གཟུངས་རྒྱལ་ནས་བཤད་པའི་རིམ་པ་གཉིས་པའི་མདོ་མ་ཡིན་པའི་ཕྱིར། དང་པོ་དེར་ཐལ། དེ་ནས་བཤད་པའི་འཁོར་ལོ་གསུམ་པོ་གང་རུང་གང་ཞིག འཁོར་ལོ་ཐོག་མཐའ་གཉིས་གང་ཡང་མ་ཡིན་པའི་ཕྱིར། ཕྱི་མ་དེར་ཐལ། དེ་དེ་ནས་བཤད་པའི་རིམ་པ་གསུམ་པའི་མདོ་ཡིན་པའི་ཕྱིར་ཏེ། རྣམ་བཤད་ལས། འདིའི་ལྟར་ན། དེ་བཞིན་གཤེགས་པའི་སྙིང་པོའི་མདོ་ཡང་རིམ་པ་གསུམ་པ་འདིའི་མཚན་གཞིར་བཟུང་བར་བྱ་སྟེ། ཞེས་གསུངས་པའི་ཕྱིར།

ཁོ་ན་རེ། གཟུངས་རྒྱལ་ནས་བཤད་པའི་རིམ་པ་ཕྱི་མ་གཉིས་མི་འགལ་ཞེ་ན། འོ་ན་དེ་ནས་བཤད་པའི་རིམ་པ་གསུམ་པའི་མདོ་ཡིན་ན། དེ་ནས་བཤད་པའི་རིམ་པ་གཉིས་པའི་མདོ་ཡིན་པས་ཁྱབ་པར་ཐལ། དེ་གཉིས་མི་འགལ་བ་ལ་ཤེས་བྱེད་ཡང་དག་ཡོད་པའི་ཕྱིར། འདོད་ན། རིམ་པ་གཉིས་པ་ལས་ལོགས་སུ་གསུམ་པ་གསུངས་པ་དོན་མེད་པར་ཐལ་ལོ། །

དེས་ན་དགོངས་འགྲེལ་ནས་བཤད་པའི་ངེས་དོན་གྱི་བཀའ་བར་པ་མཚན་ཉིད་མེད་པའི་ཆོས་འཁོར་ཡིན་ན། གཟུངས་རྒྱལ་ནས་བཤད་པའི་རིམ་པ་ཕྱི་མ་གཉིས་གང་རུང་གི་མདོ་ཡིན་དགོས་ཤིང་། རིམ་པ་དེ་གཉིས་གང་རུང་ཡིན་ན། དགོངས་འགྲེལ་ནས་བཤད་པའི་འཁོར་ལོ་བར་པ་ཡིན་པས་ཁྱབ་ལ། མཚན་ཉིད་མེད་པའི་ཆོས་འཁོར་གྱི་མདོ་ཞིག་ཡིན་ན། དེ་གཉིས་གང་རུང་ཡིན་པས་མ་ཁྱབ་སྟེ། འཁོར་ལོ་བར་པའི་ནང་ཚན་གྱི་སྐྱེས་བུ་འབྲིང་དང་ཐུན་མོང་བའི་ལམ་རིམ་གྱི་སྒོ་ནས་

此復，理應有三次第之特意所化利根大乘種性，因由《心要莊嚴疏》所言「此次第亦就主要所化而宣說之故[46]」成立故。

又有云：「若是《解深密經》所言之中轉法輪，周遍是《陀羅尼自在王請問經》所說第二次第經。」不應理，因《如來藏經》是《解深密經》所說之中轉法輪，且非《陀羅尼自在王請問經》所說第二次第經故。初者理應如是，因是彼中所說之三轉法輪隨一，且非初後轉二者隨一故。後者理應如是，因彼是彼中所說之第三次第經故，因《心要莊嚴疏》云：「如是，《如來藏經》亦應認取為此第三次第之事相。」故。

有云:「《陀羅尼自在王請問經》所說後二次第不相違。」那麼，若是彼中所說之第三次第經，理應周遍是彼中所說第二次第經，因有彼二者不相違之正確理由故。若許，則應成除第二次第以外，宣說第三〔次第〕無有意義。

是故，若是《解深密經》所說之了義中教言無相法輪，須是《陀羅尼自在王請問經》所說之後二次第經隨一，且若是彼二次第隨一，周遍是《解深密經》所說之中轉法輪，若是無相法輪之經文不周遍是彼二者隨一，因安立中轉法輪中，一本以共中士道門，而宣說淨化相續理之大乘經，是《陀羅尼自在王請問經》所說第一次第

རྒྱུད་སྦྱོང་ཚུལ་སྟོན་པའི་ཐེག་ཆེན་གྱི་མདོ་ཞིག་གཟུངས་རྒྱལ་ནས་བཤད་པའི་རིམ་པ་དང་པོའི་མདོར་འདོག་པའི་ཕྱིར། ཐུགས་རྟོག་འཇུག་པ་དཀོན་པར་སྣང་ངོ། །

སྨྲས་པ།

ཕུལ་བྱུང་རྣམ་དཔྱོད་ཟབ་ཅིང་ཕྲ་བ་ཡིན། །རིགས་ལམ་ཕྲ་མོར་ངལ་བ་བསྟེན་པ་ཞིག །
དེ་སྐད་སྨྲ་ཡི་བློ་གསལ་གདུལ་བྱའི་ཚོགས། །ལེགས་པར་དཔྱོད་ཅིག་གོང་འཕེལ་ཡོད་དོ་ཀྱེ།
ཞེས་བྱ་བ་ནི་བར་སྐབས་ཀྱི་གཏམ་མོ། །

經故。罕見探究者。

頌言：

勤學絕倫深細慧，細微理路者所述，

明慧諸位所化機，應善觀析將增長。

གཞི་གཉེན་རྣམ་གསུམ།

དེ་ལྟར་ཕྱག་འཚལ་བ་དང་། ཞེས་སོགས་ཀྱི་སྐབས་སུ། བསྟན་བཅོས་མངོན་རྟོགས་རྒྱན་ཆོས་ཅན། ཁྱོད་ཀྱིས་གཞི་གཉེན་རྣམ་པ་གསུམ་གང་རུང་རེ་རེ་ཁོན་བརྗོད་བྱར་བྱས་པའི་སྐྱོན་མེད་དང་ཉོན་པའི་སྐྱོན་མེད་དེ། མཁྱེན་གསུམ་མཚོན་པའི་ཕྱིར་དུ་གཞི་གཉེན་རྣམ་པ་གསུམ་ཀ་བརྗོད་བྱར་བྱེད་པའི་ཕྱིར།

མཚོན་ཚུལ་ལ། ཁ་ཅིག གཞིས་གཞི་ཤེས་ཁོན། གཉེན་པོས་ལམ་ཤེས་ཁོན། རྣམ་པས་རྣམ་མཁྱེན་ཁོན་མཚོན་ཟེར་བ་མི་འཐད་དེ། གཞི་གཉེན་རྣམ་པ་གསུམ་ཀས་གཞི་ཤེས་སོགས་རེ་རེ་ནས་མཚོན་པའི་ཕྱིར། གཞིས་གཞི་ཤེས་མཚོན་པར་ཐལ། གཞི་ལ་བཀར་ན་གཞི་བདེན་པ་བཞི། རྣམ་པ་དེའི་སྟེང་གི་ཁྱད་ཆོས། གཉེན་པོ་དེ་རྟོགས་པའི་གཞི་ཤེས་ཞེས་མཚོན་པའི་ཕྱིར། ལམ་ཤེས་མཚོན་པར་ཐལ། གཞི་དང་པོ་ལྟར་ལ་རྣམ་པ་བདེན་བཞིའི་སྟེང་གི་ཆོས་ཀྱི་བདག་མེད། གཉེན་པོ་དེ་རྟོགས་པའི་ལམ་ཤེས་ཞེས་མཚོན་པའི་ཕྱིར། རྣམ་མཁྱེན་ལ་ཡང་དེས་རིགས་འགྲེ།

ཁ་ཅིག གཞི་བདེན་བཞི་ཁོན་རྒྱན་གྱི་བརྗོད་བྱ་ཡིན་ཟེར་བ་མི་འཐད་དེ། གཉེན་པོ་དང་རྣམ་པ་སོགས་ཀྱང་དེའི་བརྗོད་བྱ་ཡིན་པའི་ཕྱིར། ཁྱབ་པར་ཐལ། གཞི་བདེན་བཞི་ཁོན་རྒྱན་གྱི་བརྗོད་བྱ་ཡིན་ཞེས་པའི་ངག་དེ། གཞན་ལྡན་རྣམ་གཅོད་ཀྱི་ངག་ཡིན་པའི་ཕྱིར་ཏེ། སྲིད་སྒྲུབ་ཁོན་འཕོངས་སྐྱོན་ཞེས་པའི་ངག་དེ། དེ་ཡིན་པའི་ཕྱིར། བདེན་བཞིའི་རྣམ་པ་དང་གཉེན་པོ་ཁོན་རྒྱན་གྱི་བརྗོད་བྱ་ཡིན་ཟེར་བ་ལ་ཡང་དེས་འགྲེ།

ཁ་ཅིག གཞི་ཁོན་དང་རྣམ་པ་ཁོན་རྒྱན་གྱི་བརྗོད་བྱ་ཡིན་པར་ཐལ། གཞི་གྲུབ་ན་གཞི་དང་རྣམ་པ་གཉིས་ཀ་ཡིན་དགོས་པའི་ཕྱིར་ན། འདོད་པ་ཡིན་ནོ། །

རབ་འབྱོར་བྱང་ཆུབ་སེམས་དཔའ་རྣམས་ཀྱིས། ཞེས་སོགས་ཀྱི་སྐབས་སུ། སྦྱོར་བ་དང་། མཐའ་དཔྱད་པའོ། །

15 基法、對治、行相三者

「如是頂禮……」等時，《現觀莊嚴論》為有法，爾無「以單一基法、對治或行相三者隨一為所詮之門，而造成與經重複」之過，因為了表徵三智，而將基法、對治與行相三者皆作所詮故。

於表徵之理，有云：「基法唯表徵基智、對治唯表徵道相智、行相唯表徵一切相智。」不應理，因基法、對治與行相三者皆表徵基智等各各故。基法理應表徵基智，因若結合事例，基法表徵四諦、行相表徵彼上之差別法、對治表徵通達彼之基智故。理應表徵道相智，因基法如初者，行相表徵四諦上之法無我、對治表徵通達彼之道相智故。一切相智亦以此類推。

有云：「唯基法四諦是《現觀莊嚴論》所詮。」不應理，因對治與行相等亦是彼之所詮故。理應周遍，因謂「唯基法四諦是《現觀莊嚴論》所詮」之語，乃否定他有[38]之語故，因說「唯攝珠[39] 善射」之語是彼故。對於謂：「唯四諦之行相與對治為《現觀莊嚴論》所詮。」之說法，亦以此類推。

有云：「唯基法與唯行相理應為《現觀莊嚴論》所詮，因若是基成須是基法與行相二者故。」承許。

「善現！諸菩薩對……」等時，有論式與辨析。

㊳ 否定他有：斷除他有、餘有、別有。

㊴ 攝珠：人名。

དང་པོ་ནི། བྱང་སེམས་འཕགས་པའི་མངོན་རྟོགས་ཆོས་ཅན། ལམ་ཤེས་ཡིན་ཏེ། ཐབས་ཤེས་ཁྱད་པར་ཅན་གཉིས་ཀྱིས་ཟིན་པའི་ཐེག་ཆེན་འཕགས་པའི་མཁྱེན་པ་ཡིན་པའི་ཕྱིར།

བྱང་སེམས་འཕགས་པ་ཆོས་ཅན། ཤེས་རབ་ཁྱད་པར་ཅན་དང་ལྡན་ཏེ། ལམ་གསུམ་གྱི་སྤངས་རྟོགས་ཀྱི་རིགས་རང་རྒྱུད་ལ་བསྐྱེད་པ་ལ་མཁས་པའི་སེམས་དཔའ་ཡིན་པའི་ཕྱིར།

དེ་ཆོས་ཅན། ཐབས་ཁྱད་པར་ཅན་དང་ལྡན་ཏེ། དུས་མ་ཡིན་པར་འདིར་བསྟན་ཡང་དག་མཐའ་མངོན་དུ་མི་བྱེད་པའི་རྒྱལ་སྲས་འཕགས་པ་ཡིན་པའི་ཕྱིར།

初者，菩薩聖者現觀為有法，是道相智，因是由殊勝方便智慧二者所攝持之大乘聖者現觀故。

菩薩聖者為有法，具有殊勝智慧，因是善巧於自相續生起三道之斷證類之菩薩故。

彼為有法，具有殊勝方便，因是於非時不現起「此示實際」之佛子聖者故。

ཤེས་བསྐྱེད་ཀྱི་ལམ་གསུམ་ལ་དཔྱད་པ།

གཉིས་པ་ལ། ལམ་གསུམ་ལ་དཔྱད་པ། སྤྱིར་བཏང་དམིགས་བསལ་གྱི་དོན་ངོས་བཟུང་བ། ཉན་རང་གི་སྤྱངས་རྟོགས་ཀྱི་རིགས་ལམ་གང་ནས་རྫོགས་དཔྱད་པ། རྫོགས་སྨིན་སྦྱངས་གསུམ་བྱས་པའི་ཚད་བཤད་པ། འདིར་བསྟན་ཡང་དག་མཐའ་ངོས་བཟུང་ནས་དེ་མངོན་དུ་བྱེད་པའི་ཚུལ་ལོ། །

དང་པོ་ལ་ཁ་ཅིག གང་ཟག་གི་བདག་མེད་རྟོགས་པའི་ཡེ་ཤེས་དང་། གཟུང་འཛིན་རྫས་གཞན་གྱིས་སྟོང་པར་རྟོགས་པའི་ཡེ་ཤེས་དང་། ཆོས་ཐམས་ཅད་བདེན་སྟོང་དུ་རྟོགས་པའི་ཡེ་ཤེས་རྣམས་རིམ་པ་བཞིན་དུ་ཉན་ཐོས་ཀྱི་ལམ་དང་། རང་རྒྱལ་གྱི་ལམ་དང་། སངས་རྒྱས་ཀྱི་ལམ་ཡིན་ཟེར་བ་མི་འཐད་དེ། ཉན་ཐོས་ཀྱི་ལམ་ཡིན་ན། ཉན་ཐོས་རང་རྒྱུད་ཀྱིས་བསྡུས་པའི་ལམ་ཡིན་དགོས་ཤིང་། ཕྱི་མ་གཉིས་ལའང་དེ་ལྟར་དགོས་པའི་ཕྱིར། དང་པོ་དེར་ཐལ། དེའི་མངོན་རྟོགས་ཡིན་ན། དེ་རང་རྒྱུད་ཀྱིས་བསྡུས་པའི་མངོན་རྟོགས་ཡིན་དགོས་པའི་ཕྱིར་ཏེ། དེའི་ཐེག་པ་ཡིན་ན། དེ་རང་རྒྱུད་ཀྱིས་བསྡུས་པའི་ཐེག་པ་ཡིན་དགོས་པའི་ཕྱིར། མ་གྲུབ་ན། དེའི་རྟོགས་རིགས་སུ་གནས་པའི་ཐེག་པ་ཡིན་ན། དེའི་ཐེག་པ་ཡིན་དགོས་པར་ཐལ། མ་གྲུབ་པ་དེའི་ཕྱིར། འདོད་ན། གང་ཟག་གི་བདག་མེད་མངོན་སུམ་དུ་རྟོགས་པའི་རྣམ་མཁྱེན་ཆོས་ཅན། དེར་ཐལ། དེའི་ཕྱིར། འདོད་ན། མཐར་ཐུག་ཉན་ཐོས་ཀྱི་ཐེག་པ་ཡོད་པར་ཐལ། འདོད་པའི་ཕྱིར། འདོད་ན། མཐར་ཐུག་ཐེག་པ་གསུམ་དུ་གྲུབ་པར་ཐལ་ལོ། །

ཁ་ཅིག གང་ཟག་གི་བདག་མེད་མངོན་སུམ་དུ་རྟོགས་པའི་བྱང་སེམས་ཀྱི་མཐོང་ལམ་དང་། གཟུང་འཛིན་རྫས་གཞན་གྱིས་སྟོང་པར་མངོན་སུམ་དུ་རྟོགས་པའི་བྱང་སེམས་ཀྱི་མཐོང་ལམ་དང་། ཆོས་ཐམས་ཅད་བདེན་སྟོང་དུ་མངོན་སུམ་དུ་རྟོགས་པའི་བྱང་སེམས་ཀྱི་མཐོང་ལམ་གསུམ་རིམ་པ་བཞིན། འདིར་བསྟན་ཉན་ཐོས་ཀྱི་རྟོགས་རིགས་སུ་གནས་པའི་ལམ་དང་། རང་རྒྱལ་གྱི་རྟོགས་རིགས་སུ་གནས་པའི་ལམ་དང་། སངས་རྒྱས་སུ་བགྲོད་པར་བྱེད་པའི་ལམ་ཡིན་ཡང་། འདིར་བསྟན་ཉན་ཐོས་ཀྱི་ལམ་སོགས་མ་ཡིན་ཟེར་ན། འོ་ན་འདིར་བསྟན་ཉན་ཐོས་ཀྱི་ལམ་སོགས་གསུམ་པོ་གང་

16 探討知、生之三道

第二（辨析）有：探究三道、辨明一般與特例之理、辨析聲緣之斷證類從何道圓滿、講說現起圓成淨三者之量、辨明「此示實際」後如何現起彼之理。

初者，有云：「通達補特伽羅無我之本智、通達能取所取異質空之本智與通達一切法諦實空之本智，依次為聲聞道、獨覺道與佛道。」不應理，因若是聲聞道須是聲聞自相續所攝之道，且後二者亦須如是故。初者理應如是，因若是彼之現觀，彼須是自相續所攝之現觀故，因若是彼之乘，彼須是自相續所攝之乘故。若不成，若是住於其證類之乘，理應須是彼之乘，因前之不成故。若許，現證補特伽羅無我之一切相智為有法，理應如是，因如是故。若許，理應有究竟聲聞乘，因許故。若許，則成究竟三乘。

有云：「現證補特伽羅無我之菩薩見道、現證能取所取異質空之菩薩見道與現證一切法諦實空之菩薩見道，依次為住於此示聲聞證類之道、住於獨覺證類之道與趣佛之道，然非此示聲聞道等。」那麼，若是此示聲聞道等三者隨一，理應須是聲聞道等三者隨一，因立宗應理故。若許，若是「此示實際」理應須是實際，因許故。若許，於下破斥。

རྫུ་ཡིན་ན། ཉན་ཐོས་ཀྱི་ལམ་སོགས་གསུམ་པོ་གང་རུང་ཡིན་དགོས་པར་ཐལ། དམ་བཅའ་འཐད་པའི་ཕྱིར། འདོད་ན། འདིར་བསྟན་ཡང་དག་མཐའ་ཡིན་ན། ཡང་དག་མཐའ་ཡིན་དགོས་པར་ཐལ། འདོད་པའི་ཕྱིར། འདོད་ན། འོག་ཏུ་འགོག་གོ །

གཞན་ཡང་། གཟུང་འཛིན་རྫས་གཞན་གྱིས་སྟོང་པར་མངོན་སུམ་དུ་རྟོགས་པའི་བྱང་སེམས་ཀྱི་མཐོང་ལམ་དེ། རྣམ་གཞག་གི་རྟེན་རང་སངས་རྒྱས་ལ་རྣམ་པར་འཇོག་ཅིང་བྱང་ཆུབ་སེམས་དཔའི་རྒྱུད་ལ་འང་སྐྱེ་བ་ཅིག་ཡིན་པར་ཐལ། དེ་འདིར་བསྟན་ཤེས་བསྐྱེད་བྱ་རྒྱུའི་རང་རྒྱལ་གྱི་ལམ་ཡིན་པའི་ཕྱིར། རྟགས་ཁས། ཁྱབ་པར་ཐལ། བྱང་སེམས་འཕགས་པས་རང་སངས་རྒྱས་ཀྱི་ལམ་ཤེས་ཚུལ་མིག་གིས་གཟུགས་ལ་བལྟ་བ་ལྟར་མི་བྱེད་པའི་ཕྱིར། གོང་དུ་འདོད་མི་ནུས་ཏེ། བྱང་སེམས་ཀྱི་མཐོང་ལམ་ཡིན་པའི་ཕྱིར།

གཞན་ཡང་། དེ་བྱང་ཆུབ་སེམས་དཔས་ལམ་དང་པོ་གསུམ་གྱི་གནས་སྐབས་སུ་རྒྱུད་ལ་བསྐྱེད་པར་བྱེད་པར་ཐལ། དེ་འདིར་བསྟན་ཤེས་བསྐྱེད་བྱ་རྒྱུའི་རང་རྒྱལ་གྱི་ལམ་ཡིན་པའི་ཕྱིར། འདོད་མི་ནུས་ཏེ། བྱང་སེམས་ཀྱི་མཐོང་ལམ་ཡིན་པའི་ཕྱིར།

རང་ལུགས་ནི། གང་ཟག་གི་བདག་མེད་རྟོགས་པའི་ཡེ་ཤེས་སམ་མཁྱེན་པ་དང་། གཟུང་འཛིན་རྫས་གཞན་གྱིས་སྟོང་པར་རྟོགས་པའི་ཡེ་ཤེས་སམ་མཁྱེན་པ་དང་། ཆོས་ཐམས་ཅད་བདེན་སྟོང་དུ་རྟོགས་པའི་ཡེ་ཤེས་སམ་མཁྱེན་པ་གསུམ་རིམ་པ་བཞིན། འདིར་བསྟན་ཉན་ཐོས་ཀྱི་ལམ་སོགས་གསུམ་དུ་རྣམ་བཤད་ལས་གསུངས་པ་ལྟར་བྱ་སྟེ། དེ་ལྟར་བཞག་པ་ལ་ལུང་རིགས་ཀྱིས་གནོད་པ་མེད་པའི་ཕྱིར།

此復，現證能取所取異質空之菩薩見道，理應安立其建立之所依為獨覺，且亦是一於菩薩相續中生起，因彼是此示應知、應生之獨覺道故。承許因，理應周遍，因菩薩聖者了知獨覺道之理非如眼知見色故。以上不能許，因是菩薩見道故。

復次，彼理應是菩薩於初三道時，令彼於相續中生起，因彼是此示應知、應生之獨覺道故。不能許，因是菩薩見道故。

自宗：如《心要莊嚴疏》所言通達補特伽羅無我之本智或智、通達能取所取異質空之本智或智與通達一切法諦實空之本智或智，依次為此示聲聞道等三者，因如此安立無教理之違害故。

ཕྱིར་བཏང་དང་དམིགས་བསལ་གྱི་དོན་དང་སྤང་རྟོག་རིགས་རྫོགས་ཚུལ།

གཉིས་པ་ཕྱིར་བཏང་དམིགས་བསལ་གྱི་དོན་ཡོད་དེ། གསེར་འཕྲེང་སོགས་སུ་ལམ་གྱི་བྱ་བ་བྱེད་པ་དང་། དམིགས་བསལ་གསུམ་མ་རྫོགས་ཀྱི་བར་དུ་འདིར་བསྟན་ཡང་དག་མཐའ་མངོན་དུ་མི་བྱེད་པ་ཕྱིར་བཏང་དང་། ཆོས་གསུམ་རྫོགས་ནས་དེ་མངོན་དུ་བྱེད་པ་དམིགས་བསལ་དུ་གསུངས་པ་ལྟར་མི་སྦྱོར་བར། དམིགས་བསལ་ཀྱང་སྐབས་ཟིན་ལ་སྦྱོར་བའི་ཕྱིར། དེ་སྦྱོར་བར་ཐལ། དེ་དག་གི་ལམ་གྱི་བྱ་བ་ཡང་བྱ་ལ། ཞེས་པ་ཕྱིར་བཏང་དང་། ཆོས་གསུམ་མ་རྫོགས་པར་ཡང་དག་མཐའ་མངོན་དུ་མི་བྱའོ་ཞེས་པ་དམིགས་བསལ་དུ་སྦྱོར་བའི་ཕྱིར།

གསུམ་པ་ལ་ཁ་ཅིག ཉན་རང་གི་སྤངས་རྟོགས་ཀྱི་རིགས་ས་དང་པོ་ནས་རྫོགས་ཏེ། ཉོན་སྒྲིབ་ལ་འཁོར་བར་འཆིང་བྱེད་ཀྱི་ཉོན་སྒྲིབ་དང་བག་ལ་ཉལ་གྱི་ཉོན་སྒྲིབ་གཉིས་ལས། དང་པོ་ས་དང་པོ་ནས་སྤངས་ཤིང་། གཉིས་པ་ཉན་རང་དགྲ་བཅོམ་པས་ཀྱང་མ་སྤངས་པའི་ཕྱིར་ཏེ། ཉན་རང་དགྲ་བཅོམ་མ་རིག་བག་ཆགས་ཀྱི་རྒྱུ་ལས་ཡིད་ཀྱི་རང་བཞིན་གྱི་ལུས་ལེན་པའི་ཕྱིར་ཞེས་ཟེར། འོ་ན་ཉན་ཐོས་མཐོང་ལམ་རྣམ་གྲོལ་ལམ་ལ་གནས་པའི་འཕགས་པ་རྣམས་དགེ་འདུན་དཀོན་མཆོག་མ་ཡིན་པར་ཐལ། དེས་སྐྱབས་གནས་ཡང་དག་ལ་ཐེ་ཚོམ་ཟ་བའི་ཐེ་ཚོམ་ཟད་པར་མ་སྤངས་པའི་ཕྱིར། དེར་ཐལ། དེས་ཉོན་སྒྲིབ་ཀུན་བཏགས་ཟད་པར་མ་སྤངས་པའི་ཕྱིར། དེར་ཐལ། ཉན་ཐོས་དགྲ་བཅོམ་པས་ཉོན་སྒྲིབ་ལྷན་སྐྱེས་ཟད་པར་མ་སྤངས་པའི་ཕྱིར་ཏེ། དེས་བག་ལ་ཉལ་གྱི་ཉོན་སྒྲིབ་ཟད་པར་མ་སྤངས་པའི་ཕྱིར། རྟགས་ཁས།

གཞན་ཡང་། ཉན་རང་དགྲ་བཅོམ་པས་བག་ལ་ཉལ་གྱི་ཉོན་སྒྲིབ་མ་སྤངས་པའི་ཤེས་བྱེད་དུ་མ་རིག་བག་ཆགས་ཀྱི་རྒྱུ་ལས་ཡིད་ལུས་ལེན་པ་འགོད་པ་འབྲེལ་མེད་ཡིན་ཏེ། མ་རིག་བག་ཆགས་ཀྱི་ས་ཞེས་པ་ཤིང་རྟ་ཆེན་པོ་རྣམས་ཀྱིས་ཤེས་སྒྲིབ་ཏུ་མཛད་ཅིང་། ཉོན་སྒྲིབ་ཏུ་མ་མཛད་པའི་ཕྱིར།

ཁོ་བོ་ཅག་ཀྱང་བག་ལ་ཉལ་གྱི་ཉོན་སྒྲིབ་ཤེས་སྒྲིབ་ཏུ་འདོད་དོ་ཞེ་ན། དེ་བས་ཀྱང་མི་འཐད་དེ། ས་དང་པོ་ནས་ཉན་རང་གི་སྤངས་རྟོགས་ཀྱི་རིགས་རྫོགས་མ་རྫོགས་དཔྱོད་པའི་སྤངས་བྱར་ཤེས

17 一般與特例之義與圓滿斷證類之理

第二、有辨明一般與特例之理，因未如《金鬘疏善說》「作道事與未圓滿三特例不現起此示實際為一般，三法圓滿後現起彼為特例」所說而作結合，而特例亦結合字面上故。理應結合彼，因結合「亦作彼等道事」為一般，「未圓滿三法不現起實際」為特例故。

第三（辨析聲緣之斷證類從何道圓滿），有云：「聲緣之斷證類從初地圓滿，因煩惱障有繫縛於輪迴之煩惱障與隨眠之煩惱障二者，初者，自初地斷，次者，聲緣阿羅漢亦未斷故，因聲緣阿羅漢以無明習氣之因取意生身故。」那麼，住聲聞見道解脫道之聖者眾理應非僧寶，因彼未斷盡懷疑〔三寶〕是否為正確歸依處之疑故。理應如是，因彼未斷盡分別煩惱障故。理應如是，因聲聞阿羅漢未斷盡俱生煩惱障故，因彼未斷盡隨眠煩惱障故。承許因。

此復，以無明習氣之因受取意生身，作為聲緣阿羅漢未斷隨眠煩惱障之理由，〔於此〕了無關聯，因諸大車軌師將「無明習氣之地」列為所知障，並未言其是煩惱障故。

謂：「吾等亦承許隨眠煩惱障是所知障。」更不應理，因所知障絕不堪作為辨析「自初地起是否圓滿聲緣斷證類」之所斷故。粗

སྒྲིབ་ཕྲ་མོ་རྣམ་པ་ཐམས་ཅད་དུ་མི་རུང་བའི་ཕྱིར། ཤེས་སྒྲིབ་རགས་པ་རང་རྒྱལ་གྱི་སྤྱངས་རྟོགས་ཀྱི་རིགས་གང་ནས་རྫོགས་དཔྱད་པའི་སྤང་བྱར་རུང་སྟེ། རང་རྒྱལ་སློབ་པས་ཤེས་སྒྲིབ་རགས་པ་སྤང་བྱའི་གཙོ་བོར་བྱེད་པའི་ཕྱིར། རང་ཕྱོགས་ཀྱི་མཁས་པ་ཁ་ཅིག བག་ལ་ཉལ་གྱི་ཉོན་སྒྲིབ་ཤེས་སྒྲིབ་ཡིན་ཟེར་བ་མི་འཐད་དེ། དེ་དང་ས་བོན་གྱི་ཉོན་སྒྲིབ་དོན་གཅིག་པར་རྒྱུད་བླ་ཊཱི་ཀ་ཆེན་སོགས་སུ་གསུངས་པའི་ཕྱིར།

ཁ་ཅིག བག་ལ་ཉལ་གྱི་ཉོན་སྒྲིབ་ཉོན་སྒྲིབ་ཡིན་ཡང་། ཉོན་སྒྲིབ་ཀྱི་བག་ལ་ཉལ་ཤེས་སྒྲིབ་ཏུ་འདོད་པ་མི་འཐད་དེ། ཉོན་སྒྲིབ་ཀྱི་བག་ཆགས་ཤེས་སྒྲིབ་ཡིན་ན། བག་ཆགས་ཀྱི་ཉོན་སྒྲིབ་ཤེས་སྒྲིབ་ཡིན་དགོས་པའི་ཕྱིར།

འོ་ན་མ་རིག་བག་ཆགས་ཀྱི་ས་དང་ཟག་མེད་ཀྱི་ལས་ལ་བརྟེན་ནས་ཡིད་ལུས་ལེན་པར་གསུངས་ན། དེ་དག་ཇི་ལྟ་བུ་ཞེ་ན། ཡོད་དེ། ཉན་རང་ལྷག་མེད་པ་དང་དག་ས་ལ་གནས་པའི་སེམས་དཔའི་རྒྱུད་ཀྱི་གནས་ངན་ལེན་གྱི་དྲི་མ་ཕྲ་མོ་དེ། མ་རིག་བག་ཆགས་ཀྱི་ས་དང་། དེ་རྣམས་ཀྱི་རྒྱུད་ཀྱི་ཡིད་ལུས་ལེན་པར་འདོད་པའི་ཀུན་སློང་གི་རྩོལ་བ་ཕྲ་མོར་གྱུར་པའི་སེམས་བྱུང་སེམས་པ་དེ། ཟག་མེད་ཀྱི་ལས་ཡིན་པའི་ཕྱིར།

ཁོན་རེ། དེ་ཟག་མེད་ཀྱི་ལས་མ་ཡིན་པར་ཐལ། དེ་ཟག་བཅས་ཀྱི་ལས་ཡིན་པའི་ཕྱིར། དེར་ཐལ། དེ་ཟག་བཅས་གང་ཞིག ལས་ཡིན་པའི་ཕྱིར་ན། མ་ཁྱབ། དང་པོ་དེར་ཐལ། ཤེས་སྒྲིབ་ཀྱི་ཟག་པ་དང་བཅས་པའི་ཕྱིར་ཞེ་ན། འོ་ན་ཀུན་མཁྱེན་ཡེ་ཤེས་ཆོས་ཅན། མི་སློབ་པའི་རིག་པ་མ་ཡིན་པར་ཐལ། སློབ་པའི་རིག་པ་ཡིན་པའི་ཕྱིར། དེར་ཐལ། སློབ་པ་གང་ཞིག རིག་པ་ཡིན་པའི་ཕྱིར། ཁྱབ་པ་ཁས། དང་པོ་དེར་ཐལ། འདུས་བྱས་ཡིན་པའི་ཕྱིར། རིམ་པ་བཞིན་ཁས་བླངས།

གཞན་ཡང་། ཐེག་དམན་དགྲ་བཅོམ་པའི་རྒྱུད་ཀྱི་ཟག་མེད་ཀྱི་མངོན་ཤེས་ཆོས་ཅན། ཟག་མེད་ཀྱི་མངོན་ཤེས་མ་ཡིན་པར་ཐལ། ཟག་བཅས་ཀྱི་མངོན་ཤེས་ཡིན་པའི་ཕྱིར། དེར་ཐལ། ཟག་བཅས་གང་ཞིག མངོན་ཤེས་ཡིན་པའི་ཕྱིར། ཁྱབ་པ་ཁས། དང་པོ་དེར་ཐལ། ཤེས་སྒྲིབ་ཀྱི་ཟག་པ་དང་བཅས་པའི་ཕྱིར།

分所知障可作為辨析「獨覺之斷證類從何時圓滿」之所斷，因有學獨覺以粗分所知障作為主要所斷故。有自方學者云：「隨眠煩惱障是所知障。」不應理，因《大乘寶性論疏》等說彼與種子煩惱障同義故。

有許云：「隨眠煩惱障是煩惱障，然煩惱障之隨眠是所知障。」不應理，因煩惱障之習氣若是所知障，習氣之煩惱障須是所知障故。那麼，若云依無明習氣地與無漏業受取意生身，何謂彼等？

有彼，因此即聲緣無餘者與住清淨地之菩薩相續之細分粗重垢染，乃無明習氣之地，彼等相續中欲受取意生身之細分等起勤勉之思心所，是無漏業故。

有云：「彼理應非無漏業，因彼是有漏業故。理應如是，因是有漏，且是業故。」不周遍。有謂：「初者理應如是，因有所知障之漏故。」那麼，遍智本智為有法，理應非不欺誑了知，因是欺誑了知故。理應如是，因是欺誑，且是了知故。承許周遍。初者理應如是，因是有為故。依次承許。

此復，小乘阿羅漢相續之無漏智證通為有法，理應非無漏智證通，因是有漏智證通故。理應如是，因是有漏，且是智證通故。承許周遍，初者理應如是，因有所知障之漏故。

གཞན་ཡང་། རྒྱ་བའི་དམ་བཅའ་ལ། བྱང་འཕགས་ཡིན་ན་ཉོན་སྒྲིབ་སྤངས་པས་ཁྱབ་པར་ཐལ། ཉན་རང་གི་སྤངས་རྟོགས་ཀྱི་རིགས་ས་དང་པོ་ནས་རྫོགས་པའི་ཕྱིར། འདོད་མི་ནུས་ཏེ། དམན་ལམ་སྔོན་མ་སོང་གི་བྱང་འཕགས་ཀྱིས་སྒྲིབ་གཉིས་ཅིག་ཅར་དུ་སྤོང་བའི་ཕྱིར། དེར་ཐལ། ཀུན་བཏུས་ལས། དེས་བྱང་ཆུབ་ཐོབ་པ་ན་ཉོན་མོངས་པ་དང་ཤེས་བྱའི་སྒྲིབ་པ་ཅིག་ཅར་དུ་སྤོང་ངོ་། །ཅིག་ཅར་དགྲ་བཅོམ་པ་དང་དེ་བཞིན་གཤེགས་པར་འགྱུར་རོ། །དེས་ཉོན་མོངས་མ་སྤངས་སུ་ཟིན་ཀྱང་སྔགས་དང་སྨན་གྱིས་བསད་པའི་དུག་ལྟ་བུ་དང་། དེ་དཔེར་ན་སྤངས་པའི་དགྲ་བཅོམ་པ་ལྟར་ས་ཐམས་ཅད་དུ་ཉོན་མོངས་པའི་ཉེས་པ་མི་བསྐྱེད་དོ། །ཞེས་གསུངས་པའི་ཕྱིར།

ཁོན་རེ། དེའི་དོན་བྱང་འཕགས་ཀྱིས་ཉོན་མོངས་ཀྱི་བག་ཆགས་དང་ཤེས་སྒྲིབ་ཅིག་ཅར་དུ་སྤོང་བའི་དོན་ཡིན་ནོ་ཞེ་ན། འོ་ན་ཉན་རང་དགྲ་བཅོམ་པས་ཉོན་མོངས་ཀྱི་བག་ཆགས་སྤངས་པར་ཐལ། དམ་བཅའ་དེ་འཐད་པ་གང་ཞིག ནྲངས་མ་ཐག་པའི་ལུང་དུ། དཔེར་ན་སྤངས་པའི་དགྲ་བཅོམ་པ་ལྟར། ཞེས་འབྱུང་བའི་ཕྱིར།

གཞན་ཡང་། ས་དང་པོར་གང་ཟག་གི་བདག་འཛིན་དང་གཟུང་བ་ཕྱི་རོལ་དོན་དུ་འཛིན་པའི་རྟོག་པ་སྤངས་པས་ཁྱད་པར་དུ་བྱས་པའི་གང་ཟག་གི་བདག་མེད་དང་གཟུང་བ་ཕྱི་རོལ་དོན་གྱིས་སྟོང་པར་རྟོགས་པའི་རྟོགས་རིགས་རྫོགས་པར་ཐལ། རྒྱ་བའི་དམ་བཅའ་དེའི་ཕྱིར། འདོད་མི་ནུས་ཏེ། ཉི་སྣང་ལས། རྟོགས་པའི་ཚད་འདི་ཙམ་མ་ཡིན་ནོ། །ཞེས་བྱ་བ་ནི་རྣམ་གྲངས་གཞན་ཡིན་ནོ། །ཞེས་གསུངས་པའི་ཕྱིར།

གཞན་ཡང་། བྱང་འཕགས་ཡིན་ན་ཉོན་སྒྲིབ་སྤངས་པས་མ་ཁྱབ་པར་ཐལ། ཐེག་ཆེན་གྱི་སྒོམ་སྤངས་ཉོན་མོངས་ཡོད་པའི་ཕྱིར། དེར་ཐལ། འགྲེལ་ཆེན་ལས། སྒོམ་སྤངས་ཉོན་མོངས་ལ་བཅུ་དྲུག་གི་དབྱེ་བ་མཛད་ནས། དེའི་རྗེས་སུ་མཐོང་བ་དང་སྒོམ་པའི་ལམ་ལ་ཡོངས་སུ་སྦྱོང་བའི་ཆོས་ཀྱི་དབྱེ་བས་རབ་ཏུ་དགའ་བ་ལ་སོགས་པའི་ས་བཅུར་རྣམ་པར་བཞག་གོ །ཞེས་གསུངས་པའི་ཕྱིར།

གཞན་ཡང་། ཁྱེད་ཀྱི་ལུགས་དེ་མི་འཐད་པར་ཐལ། ཁས་བླངས་ནང་འགལ་བའི་སྐྱོན་ཡོད་པའི་ཕྱིར། དེར་ཐལ། ཁྱོད་ཀྱིས་བྱང་ཆུབ་ཏུ་སེམས་བསྐྱེད་པ་ནི། ཞེས་སོགས་ཀྱི་སྐབས་སུ། ཉོན་

復次，對於根本宗，若是菩薩聖者理應周遍斷煩惱障，因聲緣斷證類從初地圓滿故。不能許，因未曾入劣道之菩薩聖者頓斷二障故。理應如是，因《集論》云：「若彼得菩提〔時〕，頓斷煩惱障與所知障，頓成阿羅漢與如來，彼未斷煩惱，然猶如咒、藥所伏諸毒，如已斷阿羅漢，一切地中不起煩惱過失。[47]」故。

有云：「其義乃菩薩聖者頓斷煩惱習氣與所知障。」那麼，聲緣阿羅漢理應斷煩惱習氣，因彼宗應理，且方才引用之論中言「如已斷阿羅漢」故。

復次，於初地，以「斷補特伽羅我執與執所取是外境之分別」作為差別之通達補特伽羅無我與所取以外境空之證類理應圓滿，因根本宗故。不能許，因《二萬頌光明釋》云：「云『證之量非僅此』，〔此〕乃他類。」故。

此復，若是菩薩聖者理應不周遍斷煩惱障，因有大乘修所斷煩惱故。理應如是，因《莊嚴光明釋》於修斷煩惱分別十六後，云：「以見道、修道之遍淨法分類安立歡喜等十地。」故。

復次，汝宗理應不應理，因有所許自相矛盾之過失故。理應如是，因汝於「發心……」等時，闡述乃至十地有染污意，與「勝解

ཡིད་ས་བཅུ་པའི་བར་དུ་ཡོད་པར་བཤད་པ་དང་། མོས་པ་རང་གི་དོན་དང་ནི། །ཞེས་སོགས་ཀྱི་སྐབས་སུ་མ་དག་ས་བདུན་གྱི་རྗེས་ཐོབ་ཀྱི་གནས་སྐབས་སུ་ཉོན་ཡིད་ཡོད་པར་བཤད་པ་གང་ཞིག ཉོན་སྒྲིབ་སྤངས་པའི་གང་ཟག་ཡིན་ན། ཉོན་ཡིད་སྤངས་པའི་གང་ཟག་ཡིན་དགོས་པའི་ཕྱིར། ཕྱི་མ་དེར་ཐལ། ཉོན་ཡིད་ཡོད་པའི་ཕྱིར། རྟགས་ཁས།

རང་ལུགས་ནི། དམན་ལམ་སྔོན་མ་སོང་གི་བྱང་ཆུབ་སེམས་དཔས། ཉན་རང་གི་སྤངས་རྟོགས་ཀྱི་རིགས་རྫོགས་པ་དང་སངས་རྒྱས་ཐོབ་པ་དུས་མཉམ་པ་ཡིན་ཏེ། དེས་གང་ཟག་གི་བདག་འཛིན་དང་གཟུང་བ་ཕྱི་རོལ་དོན་དུ་འཛིན་པའི་རྟོག་པ་སྤངས་པའི་སྤངས་རིགས་རྫོགས་ཤིང་། སྤངས་པ་དེ་གཉིས་ཀྱིས་ཁྱད་པར་དུ་བྱས་པའི་གང་ཟག་གི་བདག་མེད་དང་གཟུང་བ་ཕྱི་རོལ་དོན་གྱིས་སྟོང་པར་རྟོགས་པའི་རྟོགས་རིགས་རྫོགས་པ་དང་། སངས་རྒྱས་ཐོབ་པ་དུས་མཉམ་པའི་ཕྱིར། དམན་ལམ་སྔོན་མ་སོང་གི་བྱང་ཆུབ་སེམས་དཔའ་ཡིན་ན། དེ་གཉིས་དུས་མཉམ་པས་མ་ཁྱབ་སྟེ། དེ་འདྲའི་བྱང་ཆུབ་སེམས་དཔའ་ཐེག་དམན་ལམ་དུ་ཞུགས་ནས་རང་རྒྱལ་དགྲ་བཅོམ་དུ་གྱུར་པ་ཞིག་ཡོད་པའི་ཕྱིར།

ཁ་ཅིག དེ་འདྲའི་བྱང་ཆུབ་སེམས་དཔས་ཉན་རང་གི་སྤངས་རྟོགས་རྫོགས་པ་དང་སངས་རྒྱས་ཐོབ་པ་དུས་མཉམ་ཟེར་བ་མི་འཐད་དེ། སངས་རྒྱས་ཀྱི་སར་ཉན་རང་གི་སྤངས་རྟོགས་རྫོགས་པ་མེད་པའི་ཕྱིར། དེར་ཐལ། དེར་དེའི་སྤངས་རྟོགས་མེད་པའི་ཕྱིར།

ཁ་ཅིག ཉོན་སྒྲིབ་སྤངས་ཤིང་གང་ཟག་གི་བདག་མེད་རྟོགས་པའི་གང་ཟག་ཡིན་ན། ཉན་རང་གི་སྤངས་རྟོགས་ཀྱི་རིགས་རྫོགས་པས་ཁྱབ་ཟེར་བ་མི་འཐད་དེ། དེ་ཡིན་ན་རང་རྒྱལ་གྱི་སྤངས་རྟོགས་ཀྱི་རིགས་རྫོགས་པས་མ་ཁྱབ་པའི་ཕྱིར། དེར་ཐལ། དེ་ཡིན་ན། གཟུང་བ་ཕྱི་རོལ་དོན་དུ་འཛིན་པའི་རྟོག་པ་སྤངས་པས་མ་ཁྱབ་པའི་ཕྱིར། གཟུང་བ་ཕྱི་རོལ་དོན་དུ་འཛིན་པའི་རྟོག་པ་སྤངས་པའི་གང་ཟག་ཡིན་ན། ཉན་རང་གི་སྤངས་རྟོགས་ཀྱི་རིགས་རྫོགས་པས་ཁྱབ་སྟེ། དེ་ཡིན་ན་གང་ཟག་གི་བདག་འཛིན་སྤངས་པས་ཁྱབ་པའི་ཕྱིར།

謂自利……」等時，闡述七不淨地之後得時有染污意，且若是斷煩惱障之補特伽羅，須是斷染污意之補特伽羅故。後者理應如是，因有染污意故。承許因。

自宗：未曾入劣道之菩薩，圓滿聲緣之斷證類與成佛同時，因彼〔已〕圓滿斷除補特伽羅我執與執所取是外境之分別之斷類[40]，且圓滿以彼二斷德作為差別之通達補特伽羅無我與通達所取以外境空之證類[41]，與成佛同時故。若是未曾入劣道之菩薩不周遍彼二者同時，因有如此一菩薩入劣乘道後而成為獨覺阿羅漢故。

有云：「如此菩薩，圓滿聲緣斷證與成佛同時。」不應理，因於佛地無圓滿聲緣斷證故。理應如是，因彼無彼之斷證故。

有云：「若是斷煩惱障，且是通達補特伽羅無我之補特伽羅周遍圓滿聲緣斷證類。」不應理，因若是彼不周遍圓滿獨覺斷證類故。理應如是，因若是彼不周遍斷執所取是外境之分別故。若是斷執所取是外境之分別之補特伽羅，周遍圓滿聲緣斷證類，因若是彼周遍

---

⑩ 斷類：所斷或與所斷同類的法。

⑪ 證類：所證或與所證同類的法。

ཁ་ཅིག ཉན་ཐོས་ཀྱི་རྟོགས་རིགས་ཇོགས་པའི་གང་ཟག་ཡིན་ན། དེའི་སྤྱངས་རིགས་ཇོགས་པའི་གང་ཟག་ཡིན་མི་དགོས་ཏེ། གང་ཟག་གི་བདག་མེད་ཇོགས་པར་རྟོགས་པའི་གང་ཟག་ཡིན་ན། ཉོན་སྒྲིབ་སྤྱངས་པས་མ་ཁྱབ་པའི་ཕྱིར་ན། འདིར་མ་ཁྱབ། དེར་ཐལ། དེ་ཇོགས་པར་རྟོགས་པའི་དམན་ལམ་སློན་མ་སོང་གི་བྱང་སེམས་ཡོད་པའི་ཕྱིར་ཏེ། དེ་རིགས་པའི་རྣམ་གྲངས་མཐའ་ཡས་པའི་སྒོ་ནས་རྟོགས་པའི་དེ་ཡོད་པའི་ཕྱིར་ཞེ་ན། མ་ཁྱབ་མཚམས་སུ་མ་ཁྱབ་པར་ཐལ། ཉན་ཐོས་ཀྱི་རྟོགས་རིགས་ཇོགས་པའི་གང་ཟག་ཡིན་ན། ཉོན་སྒྲིབ་སྤྱངས་པས་ཁྱད་པར་དུ་བྱས་པའི་རྟོགས་རིགས་ཇོགས་དགོས་པའི་ཕྱིར། རང་རྒྱལ་ལ་དེས་འགྲེ།

現觀辨析（上）

斷補特伽羅我執故。

有云：「若是圓滿聲聞證類之補特伽羅，不須是圓滿彼之斷類之補特伽羅，因若是圓滿通達補特伽羅無我之補特伽羅，不周遍斷煩惱障故。」今此不周遍。有謂：「理應如是，因有圓滿通達彼之未曾入劣道之菩薩故，因有以無邊正理異門通達彼之未曾入劣道之菩薩故。」於不周遍處，理應不周遍，因若是圓滿聲聞證類之補特伽羅須圓滿以斷煩惱障作為差別之證類故。以此類推於獨覺。

རྟོགས་སྦྱོར་སྦྱངས་གསུམ་བྱས་པའི་ཚད།

བཞི་པ་ལ་ཁ་ཅིག ཆོས་ཉིད་ལ་མཉམ་པར་བཞག་བཞིན་པའི་ངང་ནས་གཞན་དོན་འབད་མེད་ལྷུན་གྲུབ་ཏུ་བྱེད་ནུས་པ་དེ། སྦྱོར་ལམ་རྟོགས་པའི་ཚད་དང་། དེ་བཞིན་ཉིད་འདིར་བསྟན་ཡང་དག་མཐར་བྱེད་དོ་ཞེ་ན། འོ་ན་མཆོག་གི་སྤྲུལ་སྐུས་དམན་ལམ་སྤོན་མ་སོང་གི་བྱང་འཕགས་ལ། ཆོས་སྐུ་མ་ཐོབ་པར་དུ་ཆོས་སྐུ་མངོན་དུ་མི་བྱའོ་ཞེས་གདམས་རིགས་པར་ཐལ། དེས་དེ་ལ་རྟོགས་སྦྱོར་སྦྱངས་གསུམ་མ་བྱས་པར་འདིར་བསྟན་ཡང་དག་མཐའ་མངོན་དུ་མི་བྱའོ། །ཞེས་གདམས་རིགས་པ་གང་ཞིག རྟོགས་སྦྱོར་སྦྱངས་གསུམ་བྱས་པའི་གང་ཟག་ཡིན་ན་ཆོས་སྐུ་ཐོབ་པའི་གང་ཟག་ཡིན་པས་ཁྱབ། འདིར་བསྟན་ཡང་དག་མཐའ་མངོན་དུ་བྱས་པའི་གང་ཟག་ཡིན་ནའང་དེ་ཐོབ་པས་ཁྱབ་པའི་ཕྱིར།

གཉིས་པ་དེར་ཐལ། དེ་ཡིན་ན་ཆོས་ཉིད་ལ་མཉམ་པར་བཞག་བཞིན་པའི་ངང་ནས་གཞན་དོན་འབད་མེད་ལྷུན་གྲུབ་ཏུ་བྱེད་ནུས་པས་ཁྱབ་པ་གང་ཞིག དེ་ནུས་པའི་གང་ཟག་ཡིན་ན། ཆོས་སྐུ་ཐོབ་པའི་གང་ཟག་ཡིན་དགོས་པའི་ཕྱིར། དང་པོ་གྲུབ་སྟེ། ཁྱོད་ཀྱི་སྦྱོར་ལམ་རྟོགས་པའི་ཚད་དེ་འཐད་པའི་ཕྱིར། གཉིས་པ་འབྱུང་། རྟགས་གསུམ་པ་དེར་ཐལ། དེ་ཡིན་ན་དེ་བཞིན་ཉིད་མངོན་དུ་བྱས་པས་ཁྱབ་པ་གང་ཞིག དེ་མངོན་དུ་བྱས་ན་ཆོས་སྐུ་ཐོབ་པས་ཁྱབ་པའི་ཕྱིར། དང་པོ་དེར་ཐལ། དེ་བཞིན་ཉིད་འདིར་བསྟན་ཡང་དག་མཐའ་ཡིན་པའི་ཕྱིར། རྟགས་ཁས། གཉིས་པ་འབྱུང་།

ཁོ་ན་རེ། བྱང་འཕགས་ཆོས་ཅན། ཆོས་སྐུ་ཐོབ་པར་ཐལ། དེ་བཞིན་ཉིད་མངོན་དུ་བྱས་པའི་ཕྱིར། དེར་ཐལ། དེས་མངོན་སུམ་དུ་རྟོགས་པའི་ཕྱིར་ཞེས་ཟེར། དེ་ལ་ཁ་ཅིག འདིར་མ་ཁྱབ་སྟེ། ལོངས་སྐུ་མངོན་སུམ་དུ་རྟོགས་ན། ལོངས་སྐུ་མངོན་དུ་བྱས་པས་མ་ཁྱབ་པའི་ཕྱིར་ཏེ། དེའི་འཁོར་དུ་གྱུར་པའི་བྱང་འཕགས་ཀྱིས་དེ་མངོན་སུམ་དུ་རྟོགས་པའི་ཕྱིར། ཟེར་བ་ཡང་མི་འཐད་པར་ཐལ། ལོངས་སྐུའི་གཟུགས་ཕུང་མངོན་སུམ་དུ་རྟོགས་ན། ལོངས་སྐུ་མངོན་སུམ་དུ་རྟོགས་པས་མ་ཁྱབ་པའི་ཕྱིར། དེར་ཐལ། ལོངས་སྐུའི་ཡིད་ཀྱི་རྣམ་པར་ཤེས་པ་ལོངས་སྐུ་ཡིན་པའི་ཕྱིར། དེར་ཐལ། ལོངས་

18 現起圓、成、淨三者之量

第四（講說現起圓成淨三者之量），有云：「正入定於法性中能以無功用行利他，是圓滿本願之量，承許真如是此示實際。」那麼，殊勝化身理應可對未曾入劣道之菩薩聖者教誡：「乃至未證得法身，不可現起法身。」因彼可對彼教誡：「乃至未現起圓、成、淨三者，不可現起此示實際。」且若是現起圓、成、淨三者之補特伽羅周遍是證得法身之補特伽羅，若是現起此示實際之補特伽羅亦周遍證得彼故。

次者理應如是，因若是彼周遍正入定於法性中能以無功用行利他，且若是能如此之補特伽羅周遍是證得法身之補特伽羅故。初者成立，因汝之圓滿本願之量應理故。第二已清楚。第三因理應如是，因若是彼周遍現起真如，且若現起彼周遍證得法身故。初者理應如是，因真如是此示實際故。承許因。第二已清楚。

有云：「菩薩聖者為有法，理應證得法身，因現起真如故。理應如是，因彼現證故。」對此有云：「今此不周遍，因若現證報身不周遍現起報身故，因其眷屬之菩薩聖者現證彼故。」亦理應不應理，因現證報身色蘊不周遍現證報身故。理應如是，因報身之意識是報身故。理應如是，因尋找假立報身名言之假立義時可尋獲，且不承許阿賴耶故。

སྐུའི་ཐ་སྙད་བཏགས་པའི་བཏགས་དོན་བཅའ་བའི་ཆེན་རྙེད་པ་གང་ཞིག ཀུན་གཞི་མི་འདོད་པའི་ཕྱིར།

རང་ལུགས་ཀྱི་སྐྱོན་ནི། དེ་བཞིན་ཉིད་མངོན་སུམ་དུ་རྟོགས་ན། དེ་མངོན་དུ་བྱས་པས་མ་ཁྱབ་པར་ཐལ། རང་བཞིན་རྣམ་དག་གི་ཆར་གྱུར་པའི་ངོ་བོ་ཉིད་སྐུ་མངོན་སུམ་དུ་རྟོགས་ན། དེ་མངོན་དུ་བྱས་པས་མ་ཁྱབ་པའི་ཕྱིར། དེར་ཐལ། དེ་མངོན་སུམ་དུ་རྟོགས་པའི་བྱང་འཕགས་ཡོད་པའི་ཕྱིར།

ཁ་ཅིག རྣམ་བཤད་ཀྱི་དོན་ སྔར་བཤད་པ་ལྟར་མི་བྱེད་པར་སློབ་ལམ་རྫོགས་པའི་ཚད་ཀྱི་ཕྱོགས་སྔ་རྒྱང་པ་འགོག་པའི་དབང་དུ་བྱས་ནས། མཆོག་གི་སྤྲུལ་སྐུས་དམན་ལམ་སྔོན་མ་སོང་གི་བྱང་འཕགས་ལ། ཆོས་སྐུ་མ་ཐོབ་བར་དུ་ཆོས་སྐུ་མངོན་དུ་མི་བྱའོ་ཞེས་གདམས་རིགས་པར་ཐལ། དེས་དེ་ལ་རྫོགས་སྨིན་སྦྱངས་གསུམ་མ་བྱས་བར་དུ་འདིར་བསྟན་ཡང་དག་མཐའ་མངོན་དུ་མི་བྱའོ་ཞེས་གདམས་རིགས་པ་གང་ཞིག རྫོགས་སྨིན་སྦྱངས་གསུམ་བྱས་པའི་གང་ཟག་ཡིན་ན། ཆོས་སྐུ་ཐོབ་པས་ཁྱབ། འདིར་བསྟན་ཡང་དག་མཐའ་མངོན་དུ་བྱས་པའི་གང་ཟག་ཡིན་ན། དེ་ཐོབ་པས་ཁྱབ་པའི་ཕྱིར། རྟགས་བར་པ་དམ་བཅའི་སྐབས་སུ་ཐེབས་སོ། །ཕྱི་མ་ཚད་མས་འགྲུབ་ཟེར།

འོ་ན་རྟགས་དང་པོ་གང་དུ་འགྲོ་མཚམས་ཡོད་ན་བརྗོད་པར་མཛོད་ཅིག

ཚད་སྒྲུབ་བྱེད་དོ་ཞེ་ན། མི་རིགས་པར་ཐལ། ཆོས་གསུམ་མ་རྫོགས་བར་དུ་འདིར་བསྟན་ཡང་དག་མཐའ་མངོན་དུ་བྱེད་ནུས་པ་མེད་པ་གང་ཞིག དེ་མེད་ན་དེས་དེ་ལྟར་གདམས་པ་ལ་དགོས་པ་མེད་པའི་ཕྱིར། དང་པོ་དེར་ཐལ། འདིར་བསྟན་ཡང་དག་མཐའ་མངོན་དུ་བྱས་པའི་སེམས་ཅན་མེད་པའི་ཕྱིར།

ཁ་ཅིག རྫོགས་སྨིན་སྦྱངས་གསུམ་བྱས་པའི་གང་ཟག་ཡིན་ན། སངས་རྒྱས་ཡིན་དགོས་ཏེ། གཞན་དོན་དུ་སངས་རྒྱས་ཐོབ་པར་གྱུར་ཅིག་སྙམ་པའི་སྨོན་ལམ་འགྲུབ་པ་དེ། དང་པོའི་ཚད་དང་། རང་གི་སྐུ་དངོས་ཀྱི་གདུལ་བྱ་རྣམས་སྨིན་པ་དངོས་སུ་སྤྱོད་རུང་དང་། གཉེན་པོ་དངོས་སུ་སྐྱེ་རུང་དུ་བྱས་པ་དེ། གཉིས་པའི་ཚད་དང་། སངས་རྒྱས་རང་སྣང་ལ་ཞིང་དག་པ་རབ་འབྱམས་འབའ་ཞིག་ཏུ་སྣང་བ་དེ། གསུམ་པའི་ཚད་ཡིན་པའི་ཕྱིར། ཟེར་བ་མི་འཐད་དེ། རྫོགས་སྨིན་སྦྱངས་གསུམ་བྱས་པའི་སེམས་ཅན་ཡོད་པའི་ཕྱིར། དེར་ཐལ། རྣམ་མཁྱེན་གྱི་དངོས་རྒྱུ་གྲངས་ཚང་ཐོབ་པའི་སེམས་

◆現觀辨析（上）

自宗〔指出彼〕之過失：若現證真如理應不周遍現起彼，因若現證屬自性清淨分之自性身，不周遍現起彼故。理應如是，因有現證彼之菩薩聖者故。

有人將《心要莊嚴疏》之義理不依前解釋，就「僅破斥本願圓滿之量的敵論者」而云：「殊勝化身理應可對未入劣道之菩薩聖者教誡：『乃至未證得法身，不可現起法身』，因彼可對未入劣道之菩薩聖者教誡:『乃至未現起圓、成、淨三者，不可現起此示實際。』且若是現起圓、成、淨三者之補特伽羅周遍證得法身，若是現起此示實際之補特伽羅周遍證得彼故。已許中因。後者為量所遣除。」

那麼，初因以何為界限，若有請言之。

若謂：量是能成立，理應不合理，因乃至未圓滿三法無能現起此示實際，且若無彼則彼（殊勝化身）無須如此教誡故。初者理應如是，因無現起此示實際之有情故。

有云：「若是現起圓、成、淨三者之補特伽羅須是佛，因成就『為了利他願成佛』之本願，乃初者之量，令自之身之直接所化眾，堪能直接斷除障礙與堪能直接生起對治即二者之量，佛自顯現中唯顯現無邊淨土，是三者之量故。」不應理，因有現起圓、成、淨三者之有情故。理應如是，因有齊備一切相智直接因之有情故。

ཅན་ཡོད་པའི་ཕྱིར།

གཞན་ཡང་། མཆོག་གི་སྤྲུལ་སྐུས་དམན་ལམ་སྔོན་མ་སོང་གི་བྱང་འཕགས་ལ་རྫོགས་སྨིན་སྦྱངས་གསུམ་མ་བྱས་པར་འདིར་བསྟན་ཡང་དག་མཐའ་མངོན་དུ་མི་བྱའོ་ཞེས་དངོས་སུ་གདམས་པའི་ཤུགས་ལ་དེ་གསུམ་རྫོགས་རྗེས་སུ་དེ་མངོན་དུ་བྱེད་པར་མ་བསྟན་པར་ཐལ། རྫོགས་སྨིན་སྦྱངས་གསུམ་བྱས་པའི་གང་ཟག་ཡིན་ན། འདིར་བསྟན་ཡང་དག་མཐའ་མངོན་དུ་བྱས་པའི་གང་ཟག་ཡིན་པས་ཁྱབ་པའི་ཕྱིར། མ་གྲུབ་ན་སོང་། དེར་ཐལ། དེ་ཡིན་ན་སངས་རྒྱས་འཕགས་པ་ཡིན་པས་ཁྱབ་པའི་ཕྱིར།

གཞན་ཡང་། སངས་རྒྱས་ཀྱི་ཡེ་ཤེས་ལ་མ་དག་པའི་ཞིང་མི་སྣང་བར་ཐལ། དེ་ལ་ཞིང་དག་པ་འབའ་ཞིག་སྣང་བའི་ཕྱིར། རྟགས་ཁས། འདོད་ན། མ་དག་པའི་ཞིང་མེད་པར་ཐལ། འདོད་པའི་ཕྱིར། ཁྱབ་སྟེ། རྣམ་བཤད་ལས། ཐམས་ཅད་མཁྱེན་པའི་གཟིགས་པ་ལོག་པ་ནི་ཐམས་ཅད་དུ་མེད་པ་གོ་བར་བྱེད་དོ། །ཞེས་གསུངས་པའི་ཕྱིར།

རང་ལུགས་ནི། ལོངས་སྐུའི་ཞིང་ཁྱད་པར་ཅན་གྱི་གདུལ་བྱའི་ཆེད་དུ་དམ་བཅས་པའི་སྨོན་ལམ་གྱི་རྒྱུའི་དགེ་བའི་རྩ་བའི་ནུས་པ་ཡོངས་སུ་རྫོགས་པ་དེ། ལོངས་སྐུའི་ཞིང་ཁྱད་པར་ཅན་གྱི་གདུལ་བྱའི་ཆེད་དུ་དམ་བཅས་བའི་སྨོན་ལམ་རྫོགས་པའི་ཚད་དང་། སྤྲུལ་སྐུའི་ཞིང་ཁྱད་པར་ཅན་གྱི་གདུལ་བྱའི་ཆེད་དུ་དམ་བཅས་པའི་སྨོན་ལམ་གྱི་རྒྱུའི་དགེ་བའི་རྩ་བའི་ནུས་པ་ཡོངས་སུ་རྫོགས་པ་དེ། སྤྲུལ་སྐུའི་ཞིང་ཁྱད་པར་ཅན་གྱི་གདུལ་བྱའི་ཆེད་དུ་དམ་བཅས་པའི་སྨོན་ལམ་རྫོགས་པའི་ཚད་དང་། ཞིང་བྱེ་བ་ཕྲག་བརྒྱར་སྐུའི་བཀོད་པ་གྲངས་དེ་སྙེད་དང་སྐུ་རེ་རེའི་འཁོར་དུ་སེམས་ཅན་དཔག་ཏུ་མེད་པ་ལ་ཆོས་ཚིགས་སུ་བཅད་པ་རེ་རེ་བསྟན་པས་སྨིན་གྲོལ་གྱི་ལམ་ལ་འགོད་ནུས་པའི་རྒྱུའི་དགེ་བའི་རྩ་བ་བསགས་ཟིན་པ་དེ། སེམས་ཅན་ཡོངས་སུ་སྨིན་པར་བྱས་པའི་ཚད་དང་། རང་ཉིད་གང་དུ་འཚང་རྒྱ་འགྱུར་གྱི་ལོངས་སྤྲུལ་གཉིས་ཀྱི་ཞིང་ཁྱད་པར་ཅན་འགྲུབ་པའི་རྒྱུའི་དགེ་བའི་རྩ་བ་བསགས་ཟིན་པ་དེ། སངས་རྒྱས་ཀྱི་ཞིང་ཡོངས་སུ་སྦྱངས་པའི་ཚད་ཡིན་ནོ། །

此復，殊勝化身對未入劣道之菩薩聖者直接教誡：「未現起圓、成、淨三者，不可現起此示實際。」理應未順帶顯示圓滿彼三者後現起彼，因若是現起圓、成、淨三者之補特伽羅，周遍是現起此示實際之補特伽羅故。若不成則成相違。理應如是，因若是彼周遍是佛聖者故。

此復，佛本智理應不顯現不淨剎土，因彼唯顯現淨土故。承許因，若許，理應無有不淨剎土，因許故。周遍，因《心要莊嚴疏》：「凡非一切相智之所見，當知於一切皆不存在。[48]」故。

自宗：為了報身殊土所化而立誓願之因之善根能力圓滿，是為了報身殊土所化而發之願圓滿之量。為了化身殊土所化而立誓願之因之善根能力圓滿，是為了化身殊土所化而發之願圓滿之量。於百俱胝剎土中化現等彼身數量，且為一一〔佛〕身眷屬之無邊有情，宣說一一法偈，則能安置其於成熟解脫道之因，其「善根」〔悉〕已累積，乃是成熟有情之量，已累積成就未來自將成佛之報、化二殊土因之善根，乃嚴淨佛土之量。

འདིར་བསྟན་ཡང་དག་མཐའ་དོན་བཟུང་བ།

ལྟ་བ་ལ་ཁ་ཅིག དེ་བཞིན་ཉིད་འདིར་བསྟན་ཡང་དག་མཐའ་དང་། དེ་ལ་སླར་མི་ལྡང་བའི་ཚུལ་གྱིས་མཉམ་པར་བཞག་པ་དེ། དེ་མངོན་དུ་བྱས་པའི་ཚད་ཡིན་ཟེར་བ་མི་འཐད་དེ། ཆོས་གསུམ་མ་རྫོགས་པར་དེ་བཞིན་ཉིད་ལ་སླར་མི་ལྡང་བའི་ཚུལ་གྱི་མཉམ་པར་གཞག་པའི་གང་ཟག་མེད་པའི་ཕྱིར། དེར་ཐལ། དེ་ལ་དེ་ལྟར་མཉམ་པར་གཞག་པའི་སེམས་ཅན་མེད་པའི་ཕྱིར།

ཁོན་རེ། དེ་ཡོད་པར་ཐལ། བྱང་སེམས་རྒྱུན་མཐའ་བ་དེ་དེ་ཡིན་པའི་ཕྱིར། དེར་ཐལ། དེ་དེ་བཞིན་ཉིད་ལ་མཉམ་པར་གཞག་པའི་མཉམ་གཞག་ལས་ལྡང་མི་སྲིད་པའི་ཕྱིར་ན། མ་ཁྱབ་སྟེ། དེ་བཞིན་ཉིད་མངོན་དུ་བྱས་པའི་བྱང་སེམས་རྒྱུན་མཐའ་བ་མེད་པའི་ཕྱིར།

ཁ་ཅིག གློ་བུར་དྲི་བྲལ་གྱི་ཆོས་ཉིད་འདིར་བསྟན་ཡང་དག་མཐའ་དང་། དེ་ཐོབ་པ་འདིར་བསྟན་ཡང་དག་མཐའ་མངོན་དུ་བྱས་པའི་ཚད་ཡིན་ཟེར་ན། དེ་ཆོས་ཅན། དམན་ལམ་སྔོན་དུ་མ་སོང་བའི་བྱང་སེམས་འཕགས་པས་རྫོགས་སྨིན་སྦྱངས་གསུམ་མ་བྱས་པའི་སྔ་རོལ་ཏུ་ཁྱོད་མངོན་དུ་བྱེད་ནུས་པར་ཐལ། ཁྱོད་འདིར་བསྟན་ཡང་དག་མཐའ་ཡིན་པའི་ཕྱིར། འདོད་མི་ནུས་ཏེ། ཆོས་ཅན་དེ་ཡིན་པའི་ཕྱིར།

གཞན་ཡང་། དེ་ཆོས་ཅན། ཁྱོད་མངོན་དུ་བྱས་པའི་ཐེག་དམན་ལྷག་མེད་པ་ཡོད་པར་ཐལ། རྟགས་དེའི་ཕྱིར།

ཡང་ཁ་ཅིག ཚད་པའི་མྱང་འདས་དེ་འདིར་བསྟན་ཡང་དག་མཐའ་ཡིན་ཟེར་ན། འོ་ན་དེ་ཆོས་ཅན། དམན་ལམ་སྔོན་དུ་མ་སོང་བའི་བྱང་འཕགས་ཀྱིས། རྫོགས་སྨིན་སྦྱངས་གསུམ་བྱས་རྗེས་སུ་ཁྱོད་མངོན་དུ་བྱེད་པར་ཐལ། རྟགས་དེའི་ཕྱིར།

ཁ་ཅིག ཉོན་སྒྲིབ་སྤངས་པའི་སྤངས་པ་དེ། ཉན་ཐོས་ཀྱི་ལམ་གང་ཡིན་པ་དང་། ཞེས་པའི་སྐབས་ནས་བསྟན་པའི་ཡང་དག་མཐའ་དང་། གཟུགས་ཕྱི་རོལ་དོན་དུ་འཛིན་པའི་རྟོག་པ་སྤངས་པའི་སྤངས་པ་དེ། རང་སངས་རྒྱས་ཀྱི་ལམ་གང་ཡིན་པ་དང་། ཞེས་པའི་སྐབས་ནས་བསྟན་པའི་ཡང་

19 辨明「此示實際」

第五（辨明「此示實際」後如何現起彼之理），於此有云：「真如是此示實際，以不再出定方式而入定於真如，是現起此示實際之量。」不應理，因無「未圓滿三法而以不再出定方式入定於真如之補特伽羅」故，理應如是，因無如此入定於真如之有情故。

有云：「理應有彼，因最後流菩薩是彼故。理應如是，因彼不可能從入定於真如之根本定再出定故。」不周遍，因無現起真如之最後流菩薩故。

有云：「遠離客塵染污之法性，是此示實際，得彼乃現起此示實際之量。」彼為有法，未曾入劣道之菩薩聖者未現起圓、成、淨三者前，理應能現起爾，因爾是此示實際故。不能許，因是彼有法故。

此復，彼為有法，理應有現起爾之小乘無餘者，因彼因故。

又有云：「斷滅涅槃是此示實際。」那麼，彼為有法，未曾入劣道之菩薩聖者理應於現起圓、成、淨三者後，現起爾，因彼因故。

有云：「斷煩惱障之斷德乃『凡聲聞道』時所示之實際，斷執色為外境分別之斷德即『獨覺道』時所示之實際，斷所知障之斷德是『佛道』時所示之實際。」不應理，因彼等一一皆非此示實際故。

དག་མཐའ་དང་། ཤེས་སྒྲིབ་སྤངས་པའི་སྤངས་པ་དེ། སངས་རྒྱས་ཀྱི་ལམ་གང་ཡིན་པ། ཞེས་པའི་སྐབས་ནས་བསྟན་པའི་ཡང་དག་མཐའ་ཡིན་ཟེར་བ་མི་འཐད་དེ། དེ་རྣམས་རེ་རེ་ནས་འདིར་བསྟན་ཡང་དག་མཐའ་མ་ཡིན་པའི་ཕྱིར། དེར་ཐལ། འདིར་བསྟན་ཡང་དག་མཐའ་ཡིན་ན། རང་ཉིད་མངོན་དུ་བྱས་པའི་ཐེག་དམན་ལྷག་བཅས་པ་མེད་དགོས་པའི་ཕྱིར་དང་། ཆོས་གསུམ་མ་རྫོགས་པར་རང་ཉིད་མངོན་དུ་བྱེད་ནུས་པའི་གང་ཟག་ཡོད་དགོས་པའི་ཕྱིར།

གཞན་ཡང་། གང་ཟག་གི་བདག་འཛིན་སྤངས་པའི་སྤངས་པ་ཆོས་ཅན། ཁྱོད་མངོན་དུ་བྱས་པའི་གང་ཟག་ཡིན་ན། འདིར་བསྟན་ཡང་དག་མཐའ་མངོན་དུ་བྱས་པའི་གང་ཟག་ཡིན་དགོས་པར་ཐལ། ཁྱོད་འདིར་བསྟན་ཡང་དག་མཐའ་ཡིན་པའི་ཕྱིར། མ་ཁྱབ་ན། ཉན་ཐོས་དགྲ་བཅོམ་པའི་གོ་འཕང་ཐོབ་མ་ཐག་པའི་གང་ཟག་དེ། འདིར་བསྟན་ཡང་དག་མཐའ་མངོན་དུ་བྱས་པའི་གང་ཟག་མ་ཡིན་པར་ཐལ། གང་ཟག་གི་བདག་འཛིན་སྤངས་པའི་སྤངས་པ་མངོན་དུ་བྱས་པའི་གང་ཟག་ཡིན་ན། འདིར་བསྟན་ཡང་དག་མཐའ་མངོན་དུ་བྱས་པས་མ་ཁྱབ་པའི་ཕྱིར། རྟགས་ཁས། འདོད་ན་སོང་།

དེ་འདྲའི་གང་ཟག་ཆོས་ཅན། འདིར་བསྟན་ཡང་དག་མཐའ་མངོན་དུ་བྱས་པའི་གང་ཟག་ཡིན་པར་ཐལ། རང་གིས་མངོན་དུ་བྱས་པའི་དེ་མངོན་དུ་བྱས་པའི་གང་ཟག་ཡིན་པའི་ཕྱིར། དེར་ཐལ། རང་གིས་མངོན་དུ་བྱས་པའི་དེ་ཡོད་པའི་ཕྱིར། དེར་ཐལ། རང་གིས་མངོན་དུ་བྱས་པ་དང་དེའི་གཞི་མཐུན་ཡོད་པའི་ཕྱིར། མ་གྲུབ་ན་སོང་། དེར་ཐལ། གང་ཟག་གི་བདག་འཛིན་སྤངས་པའི་སྤངས་པ་དེ་དེ་ཡིན་པའི་ཕྱིར། དངོས་འགལ་ཡིན་མིན་སོམས་ཤིག

དེ་ལ་ཁོ་ན་རེ། གང་ཟག་གི་བདག་འཛིན་སྤངས་པའི་སྤངས་པ་དེ། འདིར་བསྟན་ཡང་དག་མཐའ་ཡིན་པར་ཐལ། དེ་ཚིག་གསལ་ལས། དེ་ཁོ་ན་ཉིད་ནི་གང་ཟག་ལ་བདག་མེད་པའི་མཐའ་ཞི་བ་ཉིད་དེ། ཞེས་པའི་སྐབས་ནས་བསྟན་པའི་དེ་ཁོ་ན་ཉིད་ཡིན་པའི་ཕྱིར། ཁྱབ་སྟེ། འདིར་བསྟན་ཡང་དག་མཐའ་ངོས་འཛིན་དུ་ཆོས་ཀྱི་བཤེས་གཉེན་གྱི་བཤད་པ་ལ་ཊཱི་ཀཱར་བདེན་ཁ་གནང་བའི་ཕྱིར་ཞེ་ན། སྐྱོན་མེད་དེ། གང་ཟག་གི་བདག་འཛིན་སྤངས་པ་གཞིར་བཅས་ལ་ཁྱབ་པ་འདུ་བྱེད་ཀྱི་སྡུག་བསྔལ་ཉེ་བར་ཞི་བའི་ཉེར་ཞི་དེ། འདིར་བསྟན་ཡང་དག་མཐའ་ཡིན་པ། ཞི་བ་ཞེས་པའི་ཚིག་གི་དུས་

理應如是，因若是此示實際須無現起自之小乘有餘者，以及須有三法未圓滿時能現起自之補特伽羅故。

此復，斷補特伽羅我執之斷德為有法，若是現起爾之補特伽羅，理應須是現起此示實際之補特伽羅，因爾是此示實際故。若不周遍。方證聲聞阿羅漢果位之補特伽羅，理應非現起此示實際之補特伽羅，因若是現起斷補特伽羅我執之斷德之補特伽羅，不周遍現起此示實際故。承許因。若許則成相違。

如此之補特伽羅為有法，理應是現起此示實際之補特伽羅，因是現起自所現起彼之補特伽羅故。理應如是，因有自所現起之彼故。理應如是，因有自所現起與彼之同位故。若不成則成相違。理應如是，因斷補特伽羅我執之斷德是彼故。應思直接相違否！

對此有云：「斷補特伽羅我執之斷德理應是此示實際，因彼是《明句疏》云：『真實乃補特伽羅無我之邊際，是寂靜。』時所顯示之真實故。周遍，因釋論支持法友對辨認此示實際之說法故。」無過，因慮及「寂靜」之語詞能表達「以斷補特伽羅我執為前提，盡滅遍行苦之寂滅是此示實際」故。

པས་ཡིན་པ་ལ་དགོངས་པའི་ཕྱིར།

དེ་ལ་ཁོ་ན་རེ། གང་ཟག་གི་བདག་འཛིན་སྤངས་པའི་སྤངས་པ་དེ། འདིར་བསྟན་ཡང་དག་མཐའ་ཡིན་པར་ཐལ། གང་ཟག་ལ་བདག་མེད་པའི་མཐའ་ཞེས་གསུངས་པའི་མཐའ་དེ་གང་ཟག་གི་བདག་འཛིན་དང་། ཞི་བ་ཞེས་པ་དེ་སྤངས་པའི་སྤངས་པ་ལ་བྱེད་པའི་ཕྱིར་ཞེ་ན། རྟགས་མ་གྲུབ་སྟེ། འདིར་བསྟན་ཡང་དག་མཐའ་ཞེས་པའི་མཐའ་གང་ཟག་གི་བདག་འཛིན་ལ་མི་བྱེད་པའི་ཕྱིར། དེར་ཐལ། ཡང་དག་མཐའ་ཞེས་པའི་མཐའ་བདེན་འཛིན་ལ་མི་བྱེད་པའི་ཕྱིར་ཏེ། ཡང་དག་མཐའ་ཡིན་ན་བདེན་གྲུབ་བཀག་པའི་སྟོང་ཉིད་ཡིན་དགོས་པའི་ཕྱིར།

རང་ལུགས་ལ། འདིར་བསྟན་ཡང་དག་མཐའ་མངོན་དུ་བྱས་པའི་ཚད་ཡོད་དེ། ཐེག་དམན་ལྷག་མེད་པས་རང་གི་བསམ་ངོ་ལ་ལྟོས་ཏེ་ཁྲབ་པ་འདུ་བྱེད་ཀྱི་སྡུག་བསྔལ་ཉེ་བར་ཞི་བའི་ཉེར་ཞི་ལ་སླར་མི་ལྡང་བའི་ཚུལ་གྱིས་མཉམ་པར་གཞག་པ་དེ། ཐེག་དམན་གྱི་དབང་དུ་བྱས་པའི་འདིར་བསྟན་ཡང་དག་མཐའ་མངོན་དུ་བྱས་པའི་ཚད་དང་། སངས་རྒྱས་འཕགས་པས་དེ་ལ་སླར་མི་ལྡང་བའི་ཚུལ་གྱིས་མཉམ་པར་གཞག་པ་དེ། ཐེག་ཆེན་གྱི་དབང་དུ་བྱས་པའི་དེ་མངོན་དུ་བྱས་པའི་ཚད་ཡིན་པའི་ཕྱིར། དེ་ལྟར་ན་ཐེག་དམན་ལྷག་མེད་པ་ཡིན་ན། རང་གི་བསམ་ངོ་ལ་ལྟོས་ཏེ་དེ་ལ་མཉམ་པར་གཞག་པས་མ་ཁྱབ་སྟེ། དེ་ཡིན་ན་མཉམ་གཞག་ལ་གནས་པས་མ་ཁྱབ་པའི་ཕྱིར་ཏེ། རྗེས་ཐོབ་ལ་གནས་པའི་དེ་ཡོད་པའི་ཕྱིར། ཐེག་ཆེན་གྱི་རྟེན་ལ་འདིར་བསྟན་ཡང་དག་མཐའ་མངོན་དུ་བྱས་པའི་གང་ཟག་ཡིན་ནའང་། ཐེག་ཆེན་གྱི་དབང་དུ་བྱས་པའི་དེ་མངོན་དུ་བྱས་པས་མ་ཁྱབ་སྟེ། བྱང་སེམས་ཚོགས་ལམ་གྱི་རྟེན་ལ་ལྷག་མེད་མྱང་འདས་མངོན་དུ་བྱས་པའི་གང་ཟག་ཡོད་པའི་ཕྱིར། དེར་ཐལ། ལྷག་བཅས་མྱང་འདས་ལ་གནས་པའི་ཉན་ཐོས་དགྲ་བཅོམ་པ་བྱང་སེམས་ཚོགས་ལམ་གྱི་རྟེན་ལ་རྣམ་སྨིན་གྱི་ཕུང་པོ་བོར་བ་ཡོད་པའི་ཕྱིར།

ཁོ་ན་རེ། ཐེག་ཆེན་གྱི་རྟེན་ལ་ལྷག་མེད་མྱང་འདས་མངོན་དུ་བྱས་ན། དེའི་རྟེན་ལ་འདིར་བསྟན་ཡང་དག་མཐའ་མངོན་དུ་བྱས་པས་མ་ཁྱབ་པོ་ཞེ་ན། འོ་ན་དེའི་རྟེན་ལ་ལྷག་མེད་མྱང་འདས་མངོན་དུ་

對此有云：「斷補特伽羅我執之斷德，理應是此示實際，因『補特伽羅無我之邊際』所謂之『邊際』是補特伽羅我執，『寂靜』乃斷彼之斷德故。」因不成，因「此示實際」所謂之「際」非補特伽羅我執故。理應如是，因「實際」所謂之「際」非實執故，因若是實際須是破諦實成立之空性故。

自宗：現起此示實際之量，乃小乘無餘者就自心所設，以不再出定而入盡滅遍行苦之寂滅定，是就小乘而言，現起此示實際之量；佛聖者以不再出定的方式而入此定，是就大乘而言，現起此示實際之量。若如是，若是小乘無餘者不周遍觀待自心所想而入此定，因若是彼不周遍住根本定故，因有住後得位之彼故。於大乘所依，雖是現起此示實際之補特伽羅，然不周遍就大乘而言現起彼，因有於資糧道菩薩之所依現起無餘涅槃之補特伽羅故。理應如是，因有住有餘涅槃之聲聞阿羅漢於資糧道菩薩之所依捨異熟蘊故。

有云：「若於大乘所依現起無餘涅槃，不周遍於彼所依現起此示實際。」那麼，若於彼所依現起無餘涅槃，理應周遍就大乘而言，

བྱས་ན། ཐེག་ཆེན་གྱི་དབང་དུ་བྱས་པའི་དེ་མངོན་དུ་བྱས་པས་ཁྱབ་པར་ཐལ། ཐེག་ཆེན་གྱི་རྗེན་ལ་འདིར་བསྟན་ཡང་དག་མཐའ་མངོན་དུ་བྱས་ན། ཐེག་ཆེན་གྱི་དབང་དུ་བྱས་པའི་དེ་མངོན་དུ་བྱས་པས་ཁྱབ་པའི་ཕྱིར། རྟགས་མཚུངས་སོ། །

དེ་ལྟར་གོང་དུ་འདིར་བསྟན་ཡང་དག་མཐའི་ངོས་འཛིན་དང་། དེ་ཁྱད་ཆོས་གསུམ་མམ་བཞི་ལྡན་དུ་བཤད་པ་ལ། ཁོ་ན་རེ། འདིར་བསྟན་ཡང་དག་མཐའ་རྒྱུད་ལྡན་གྱི་གང་ཟག་མེད་པར་ཐལ། དེ་འདྲའི་ཐེག་ཆེན་གྱི་གང་ཟག་མེད་པ་གང་ཞིག ཐེག་དམན་གྱི་གང་ཟག་ཀྱང་མེད་པའི་ཕྱིར། དང་པོ་དེར་ཐལ། དེ་འདྲའི་གང་ཟག་དེའི་རྒྱུད་ཀྱི་འདིར་བསྟན་ཡང་དག་མཐའ་དེ། དེ་མ་ཡིན་པའི་ཕྱིར་ན། འདིར་མ་ཁྱབ། མ་གྲུབ་ན། དེ་ཆོས་ཅན། ཁྱོད་མངོན་དུ་བྱས་པའི་ཐེག་དམན་ལྷག་མེད་པ་ཡོད་པར་ཐལ། རྟགས་དེའི་ཕྱིར། རྟགས་ཕྱི་མ་མ་གྲུབ་ན། དེར་ཐལ། དེ་འདྲའི་གང་ཟག་དེའི་རྒྱུད་ཀྱི་དེ་དེ་མ་ཡིན་པའི་ཕྱིར་ན། མ་ཁྱབ། མ་གྲུབ་ན། དེ་ཆོས་ཅན། དམན་ལམ་སྔོན་དུ་མ་སོང་བའི་བྱང་འཕགས་ཀྱིས་རྟོགས་སྒྲིབ་སྤྲངས་གསུམ་བྱས་ནས་ཁྱོད་མངོན་དུ་བྱེད་པར་ཐལ། རྟགས་དེའི་ཕྱིར་ཞེ་ན།

འོ་ན་རང་ཉིད་ཐོབ་ན་འཕགས་ལམ་ཐོབ་པར་འཇོག་ནུས། རང་ཉིད་མ་ཐོབ་ན་འཕགས་ལམ་མ་ཐོབ་པར་འཇོག་ནུས་པའི་ལམ་བདེན་རྒྱུད་ལྡན་གྱི་གང་ཟག་མེད་པར་ཐལ། དེ་འདྲའི་ཐེག་ཆེན་གྱི་གང་ཟག་ཀྱང་མེད། དེ་འདྲའི་ཐེག་དམན་གྱི་གང་ཟག་ཀྱང་མེད་པའི་ཕྱིར། དང་པོ་དེར་ཐལ། དེ་འདྲའི་གང་ཟག་དེའི་རྒྱུད་ཀྱི་དེ་འདྲའི་ལམ་བདེན་དེ་དེ་མ་ཡིན་པའི་ཕྱིར། ཁྱབ་པ་ཁས། མ་གྲུབ་ན་སོང་། དེ་ཆོས་ཅན། རང་ཉིད་མ་ཐོབ་ན་འཕགས་ལམ་མ་ཐོབ་པས་ཁྱབ་པར་ཐལ། རྟགས་དེའི་ཕྱིར། འདོད་ན། ཐེག་དམན་དགྲ་བཅོམ་པ་ཆོས་ཅན། དེར་ཐལ། དེའི་ཕྱིར། རྟགས་ཕྱི་མའང་དེས་འགྲེ།

ཁ་ཅིག འདིར་བསྟན་ཡང་དག་མཐའ་ཁྱད་ཆོས་གསུམ་མམ་བཞི་ལྡན་དུ་སྒྲུབ་པའི་དབང་དུ་བྱས་ནས། སངས་རྒྱས་འཕགས་པའི་ཐུགས་རྒྱུད་ཀྱི་འདིར་བསྟན་ཡང་དག་མཐའ་མེད་པར་འདོད་བཞིན་དུ་དེས་མངོན་དུ་བྱས་པའི་འདིར་བསྟན་ཡང་དག་མཐའ་ཡོད་པར་འདོད་པ་ནང་འགལ་བ་ཡིན་ཏེ། དེས་མངོན་དུ་བྱས་པའི་འདིར་བསྟན་ཡང་དག་མཐའ་ཆོས་ཅན། ཁྱོད་མངོན་དུ་བྱས་པའི་ཐེག་དམན་དགྲ་བཅོམ་ཡོད་པར་ཐལ། ཁྱོད་འདིར་བསྟན་ཡང་དག་མཐའ་ཡིན་པའི་ཕྱིར། དེར་ཐལ། དེ་

現起彼，因若於大乘所依現起此示實際，周遍就大乘而言，現起彼故。因同！

對於如是以上認知此示實際與講解彼具三或四差別法，有云：「理應無相續中具此示實際之補特伽羅，因無如此之大乘補特伽羅，且亦無〔如此之〕小乘補特伽羅故。初者理應如是，因如此之補特伽羅相續之此示實際非彼故。」今此不周遍。若不成，彼為有法，理應有現起爾之小乘無餘者，因彼因故。後因若不成，理應如是，因如此之補特伽羅相續之彼非彼故。不周遍。若不成，彼為有法，未曾入劣道之菩薩聖者理應現起圓、成、淨三者後，現起爾，因彼因故。

那麼，理應無相續中具有「若得自則能安立得聖道，若未得自則未能安立得聖道之道諦」之補特伽羅，因亦無如此之大乘補特伽羅，亦無如此之小乘補特伽羅故。初者理應如是，因如此補特伽羅相續之如此道諦非彼故。承許周遍。若不成則成相違。彼為有法，若未得自理應周遍未得聖道，因彼因故。若許，小乘阿羅漢為有法，理應如是，因如是故。後因亦以此類推。

有依據成立此示實際具三或四差別法，而承許佛聖者心相續中無此示實際，又承許有彼現起之此示實際。是自相矛盾，因彼現起之此示實際為有法，理應有現起爾之小乘阿羅漢，因爾是此示實際故。理應如是，因有彼故。理應周遍，因若有佛聖者心相續中之彼，則彼之相續之彼須是此示實際故。理應如是，因無彼故。承許因。

ཡོད་པའི་ཕྱིར། ཁྱབ་པར་ཐལ། སངས་རྒྱས་འཕགས་པའི་ཐུགས་རྒྱུད་ཀྱི་དེ་ཡོད་ན། དེའི་རྒྱུད་ཀྱི་དེ་འདིར་བསྟན་ཡང་དག་མཐའ་ཡིན་དགོས་པའི་ཕྱིར། དེར་ཐལ། དེ་མེད་པའི་ཕྱིར། རྟགས་ཁས། འདོད་མི་ནུས་ཏེ། སངས་རྒྱས་འཕགས་པས་མངོན་དུ་བྱས་པའི་སྒྲུབ་འདས་མངོན་དུ་བྱས་པའི་ཐེག་དམན་གྱི་གང་ཟག་མེད་པའི་ཕྱིར་ཏེ། དེ་མི་གནས་པའི་སྒྲུབ་འདས་ཡིན་པའི་ཕྱིར།

ཁོ་ན་རེ། དེ་ཡིན་ན་མི་གནས་པའི་སྒྲུབ་འདས་ཡིན་དགོས་པར་ཐལ། དེ་མི་གནས་པའི་སྒྲུབ་འདས་ཡིན་པའི་ཕྱིར་ན་མ་ཁྱབ། འོ་ན་རྣམ་མཁྱེན་བདེན་སྟོང་ཡིན་ན། ངོ་བོ་ཉིད་སྐུ་ཡིན་དགོས་པར་ཐལ། དེ་དེ་ཡིན་པའི་ཕྱིར། ཁྱབ་པ་ཁས།

ཡང་ཁ་ཅིག ཆོས་གསུམ་མ་རྫོགས་བར་དུ་འདིར་བསྟན་ཡང་དག་མཐའ་མངོན་དུ་མི་བྱའོ་ཞེས་གདམས་ཡུལ་གྱི་གདུལ་བྱ་ལ། གཙོ་བོ་ཐེག་ཆེན་དུ་རིགས་ངེས་པ་དང་། ཕལ་པ་ཐེག་དམན་གྱི་རྟོགས་པ་སྔོན་སོང་གི་བྱང་སེམས་ཡོད་པ་ལ་བསམས་ནས་འདིར་བསྟན་གདམས་དོན་གཙོ་བོར་གྱུར་པའི་ཡང་དག་མཐའ་དང་། འདིར་བསྟན་གདམས་དོན་ཕལ་པར་གྱུར་པའི་ཡང་དག་མཐའ་གཉིས་སུ་འབྱེད་པ་མི་འཐད་དེ། གདམས་ངག་འདི་གཙོ་ཕལ་གཉིས་ཀ་ལ་གདམས་པའི་ཕྱིར། དེར་མ་ཟད་འདིར་བསྟན་གདམས་ཡུལ་དུ་གྱུར་པའི་ཡང་དག་མཐའ་ཞེས་སྦྱོར་བ་ཡང་མི་ལེགས་ཏེ། གོ་རྒྱ་ཆེར་མི་འདུག་པའི་ཕྱིར།

ཁ་ཅིག རྣམ་བཤད་ཀྱི་དགོངས་པར་བྱས་ནས་དབུ་མ་ཐལ་འགྱུར་བའི་ལུགས་ལ། ཁྱབ་པ་འདུ་བྱེད་ཀྱི་སྡུག་བསྔལ་ཉེ་བར་ཞི་བའི་ཉེར་ཞི་དེ་འདིར་བསྟན་ཡང་དག་མཐའ་དང་དོན་དམ་བདེན་པའི་གཞི་མཐུན་ཡིན་ནོ་ཞེ་ན། འོ་ན་ཐལ་འགྱུར་བའི་ལུགས་ལ་ཉེར་ཞི་དེ་དེ་བཞིན་ཉིད་ཡིན་པར་ཐལ། དམ་བཅའ་དེ་གང་ཞིག རྣམ་བཤད་ལས་དེ་བཞིན་ཉིད་འདིར་བསྟན་ཡང་དག་མཐར་བཤད་པའི་ཕྱིར། འདོད་ན། དེའི་ལུགས་ལ་ཉེར་ཞི་དེ་ཆོས་ཉིད་ཡིན་པར་ཐལ། འདོད་པའི་ཕྱིར། འདོད་ན། དེའི་ལུགས་ལ་མི་གནས་པའི་སྒྲུབ་འདས་ཆོས་ཉིད་ཡིན་པར་ཐལ། འདོད་པའི་ཕྱིར། འདོད་ན། དེའི་ལུགས་ལ་དེ་རང་བཞིན་རྣམ་དག་གི་ཆར་གྱུར་པའི་ངོ་བོ་ཉིད་སྐུ་ཡིན་པར་ཐལ། འདོད་པའི་ཕྱིར། འདོད་ན། དེའི་ལུགས་ལ་དེ་མངོན་སུམ་དུ་རྟོགས་པའི་བྱང་འཕགས་ཡོད་པར་ཐལ་ལོ། །

◆現觀辨析（上）

不能許，因現起「佛聖者現起之涅槃」之小乘補特伽羅不存在故，因彼是無住涅槃故。

有云：「若是彼理應須是無住涅槃，因彼是無住涅槃故。」不周遍。那麼，若是一切相智諦實空理應須是自性身，因彼是彼故。承許周遍。

又有思惟，「未圓滿三法，不可現起此示實際。」如是教誡境之所化主要有大乘決定種性，次要有曾有小乘證量之菩薩，而云可分為此示主要教誡內容之實際與此示次要教誡內容之實際二者。不應理，因此教授教誡主次二〔所化〕故。況且結合「此示所教誡境之實際」亦不善，因無法帶來更深的領悟故。

有云：「就《心要莊嚴疏》意趣，於中觀應成派盡滅遍行苦之寂滅是此示實際與勝義諦之同位。」那麼，在應成派彼寂滅理應是真如，因是彼宗，且《心要莊嚴疏》宣說真如是此示實際故。若許，在彼派，彼寂滅理應是法性，因許故。若許，在彼派無住涅槃理應是法性，因許故。若許，在彼派彼理應是屬自性清淨分之自性身，因許故。若許，在彼派應成有現證彼之菩薩聖者。

གཞན་ཡང་། ཐལ་འགྱུར་བའི་ལུགས་ལ་ཆོས་ཉིད་དང་འགོག་བདེན་འགལ་བར་ཐལ། དེ་ས་བཅུའི་མཉམ་གཞག་ལ་ཆོས་ཉིད་མཐོང་བ་ལ་ཁྱད་པར་མེད་ཅིང་། ཆོས་སྐུ་མཐོང་བ་ལ་ཁྱད་པར་ཡོད་པར་བཞེད་པའི་མཁས་པ་ཡིན་པའི་ཕྱིར། འདོད་ན་འགལ་ལོ། །

གཞན་ཡང་། ཐལ་འགྱུར་བའི་ལུགས་ལ་ཉེར་ཞི་དེ་དགོངས་པ་ཅན་གྱི་སྒྱུང་འདས་ཡིན་པར་ཐལ། དམ་བཅའ་དེའི་ཕྱིར། འདོད་ན། དེའི་ལུགས་ལ་དགོངས་པ་ཅན་གྱི་སྒྱུང་འདས་སྒྱུང་འདས་མཚན་ཉིད་པ་ཡིན་པར་ཐལ། འདོད་པའི་ཕྱིར། འདོད་ན། དེའི་ལུགས་ལ་རང་བཞིན་གྱི་སྒྱུང་འདས་སྒྱུང་འདས་མཚན་ཉིད་པ་ཡིན་པར་ཐལ་ལོ། །ཞེས་པར་འདོད་ན་ཚིམ་མི་སླ་བར་ཞིབ་ཏུ་དཔྱོད་དགོས་པ་ཡོད་དོ། །

現觀辨析（上）

復次，在應成派法性與滅諦理應相違，因彼是承許於十地之根本定見法性無差別、見法身有差別之學者故。若許則相違。

復次，在應成派彼寂滅理應是具意趣涅槃，因彼宗故。若許，在彼派具意趣涅槃理應是真實涅槃，因許故。若許，在彼派，自性涅槃應成是真實涅槃。若欲曉知，不應輕易滿足，仍須仔細探究。

དགོས་སོགས་ཆོས་བཞི།

རྣམ་པ་ཐམས་ཅད་མཁྱེན་ཉིད་ལམ། །ཞེས་སོགས་ཀྱི་སྐབས་སུ། བསྟན་བཅོས་མངོན་རྟོགས་རྒྱན་ཆོས་ཅན། ཁྱོད་ཀྱི་བརྗོད་བྱ་ཡོད་དེ། དོན་མངོན་པར་རྟོགས་པ་བརྒྱད་པོ་དེ་ཁྱོད་ཀྱི་བརྗོད་བྱ་ཡིན་པའི་ཕྱིར། དགོས་པ་ཡོད་དེ། ཁྱོད་ལ་བརྟེན་ནས་ཡུམ་གྱི་མདོ་དོན་བདེ་བླག་ཏུ་རྟོགས་པ་དེ་ཁྱོད་ཀྱི་དགོས་པ་ཡིན་པའི་ཕྱིར། ཉིང་དགོས་ཡོད་དེ། ཁྱོད་ཀྱི་ཆེད་དུ་བྱ་བའི་གདུལ་བྱས་ཡུམ་གྱི་མདོ་དོན་ཉམས་སུ་བླངས་པ་ལ་བརྟེན་ནས་མཐར་རྣམ་མཁྱེན་ཐོབ་པ་དེ་དེ་ཡིན་པའི་ཕྱིར། འབྲེལ་བ་ཡོད་དེ། ཁྱོད་ཀྱི་ཉིང་དགོས་དགོས་པ་ལ་འབྲེལ། དགོས་པ་བརྗོད་བྱ་ལ་འབྲེལ། བརྗོད་བྱ་བསྟན་བཅོས་རང་ཉིད་ལ་འབྲེལ་བ་དེ་དེ་ཡིན་པའི་ཕྱིར།

ཁ་ཅིག རྒྱན་གྱི་ཉིང་དགོས་ཡིན་ན་རྒྱན་གྱི་ཆེད་དུ་བྱ་བའི་གདུལ་བྱའི་ཐོབ་བྱ་མཐར་ཐུག་ཡིན་མི་དགོས་ཏེ། རྒྱན་གྱི་ཆེད་དུ་བྱ་བའི་གདུལ་བྱས་དེ་ལ་ཐོས་བསམ་བྱས་པ་ལ་བརྟེན་ནས་རྣམ་མཁྱེན་འཐོབ་པ་དེའི་ཉིང་དགོས་ཡིན་པ་གང་ཞིག གདུལ་བྱ་དེའི་ཐོབ་བྱ་མཐར་ཐུག་མ་ཡིན་པའི་ཕྱིར། དང་པོ་དེར་ཐལ། དེས་དེ་ལ་བརྟེན་ནས་རྣམ་མཁྱེན་ཐོབ་པའམ་ཐོབ་ཟིན་པ་དེ་དེ་ཡིན་པའི་ཕྱིར་ན། མ་ཁྱབ་སྟེ། དེས་དེ་ལ་བརྟེན་ནས་རྣམ་མཁྱེན་འཐོབ་པ་གདུལ་བྱ་དེའི་དུས་སུ་ཡོད། དེས་དེ་ཐོབ་པའམ་ཐོབ་ཟིན་པ་དེ་དེའི་དུས་སུ་མེད་པའི་ཕྱིར།

ཁོན་རེ། དེས་དེ་ཐོབ་པ་དེ་དེའི་དུས་སུ་ཡོད་དོ་ཞེ་ན། འོ་ན་གདུལ་བྱ་དེས་རང་དུས་སུ་རྣམ་མཁྱེན་ཐོབ་པར་ཐལ། འདོད་པའི་ཕྱིར། འདོད་ན། དེས་རྣམ་མཁྱེན་ཐོབ་པར་ཐལ། འདོད་པའི་ཕྱིར། འདོད་ན། དེས་སངས་རྒྱས་ཐོབ་པར་ཐལ་ལོ། །

གཞན་ཡང་། གདུལ་བྱ་དེའི་རྒྱུད་ལ་རྣམ་མཁྱེན་འབྱུང་ན་དེའི་རྒྱུད་ལ་རྣམ་མཁྱེན་བྱུང་བས་ཁྱབ་པར་ཐལ། དེས་རྣམ་མཁྱེན་འཐོབ་ན་དེས་རྣམ་མཁྱེན་ཐོབ་པས་ཁྱབ་པའི་ཕྱིར། རྟགས་ཁས།

གཞན་ཡང་། བསམ་གཏན་གྱི་དངོས་གཞིའི་སྙོམས་འཇུག་འཐོབ་པའི་གང་ཟག་ཡིན་ན། དེ་

20 旨趣等四法

「一切相智道……」等時，《現觀莊嚴論》為有法，有爾之所詮，因八現觀義乃爾之所詮故。有旨趣，因依爾易了達佛母經義是爾之旨趣故。有主要旨趣，因爾之特意所化依熏修佛母經義而究竟獲得一切相智，是彼故。有相屬，因爾之主要旨趣與旨趣相屬，旨趣與所詮相屬，所詮與論自身相屬是彼故。

有云：「若是《現觀莊嚴論》之主要旨趣不須是《現觀莊嚴論》特意所化之究竟所得，因《現觀莊嚴論》特意所化依聞思彼後獲得一切相智是彼之主要旨趣，且非彼所化之究竟所得故。初者理應如是，因彼依聞思彼後獲得或已得一切相智是彼故。」不周遍，因彼依聞思彼後將獲得一切相智，於彼所化之時有，彼獲得或已得一切相智於彼之時無故。

有云：「彼獲得一切相智於彼之時有。」那麼，彼所化於自時理應獲得一切相智，因許故。若許，彼理應獲得一切相智，因許故。若許，彼應成獲得佛〔位〕。

復次，若一切相智於彼所化相續將生起，理應周遍一切相智於彼相續已生起，因若彼將獲得一切相智，周遍彼獲得一切相智故。承許因。

此復，若是將獲得根本靜慮等至之補特伽羅，理應須是獲得彼

ཐོབ་པའི་གང་ཟག་ཡིན་དགོས་པར་ཐལ། རྣམ་མཁྱེན་ལ་དེ་ལྟར་དགོས་པའི་ཕྱིར། རྟགས་ཁས། འདོད་ན། བསམ་གཏན་གྱི་དངོས་གཞིའི་སྙོམས་འཇུག་ཐོབ་ཁ་མའི་འདོད་པའི་གང་ཟག་ཆོས་ཅན། དེར་ཐལ། དེའི་ཕྱིར། བློ་གྲོས་ཕྲ་བ་ཞིག་གལ་ཆེ་བ་འདུག་གོ།

之補特伽羅，因一切相智須如此故。承許因。若許，即將獲得根本靜慮等至之欲界補特伽羅為有法，理應如是，因如是故。有細緻智慧極為重要。

ཤེར་ཕྱིན་དངོས་བརྟགས་འཇོག་ཚུལ།

ཤེས་རབ་ཕ་རོལ་ཕྱིན་པ་ནི། །ཞེས་སོགས་ཀྱི་སྐབས་སུ། སྤྱོར་བ་དང་། མཐའ་དཔྱད་པའོ། །

དང་པོ་ནི། བསྟན་བཅོས་མངོན་རྟོགས་རྒྱན་ཆོས་ཅན། ཁྱེད་ཀྱིས་ཡུམ་རྒྱས་འབྲིང་བསྡུས་གསུམ་ཡང་དག་པར་ནའཤད་པ་ཡིན་ཏེ། རྗོད་བྱེད་སྐབས་བརྒྱད་དང་། བརྗོད་བྱ་དངོས་པོ་བརྒྱད་དུ་ཕྱེ་བའི་སྒོ་ནས་ཡང་དག་པར་ནའཤད་པའི་ཕྱིར།

དེ་ལ་ཁ་ཅིག རྗེ་བཙུན་གྱིས་ཡུམ་རྒྱས་འབྲིང་བསྡུས་གསུམ་གྱི་བརྗོད་བྱ་ཡང་དག་པར་རྟོགས་པར་ཐལ། སྦྱོར་བ་དེ་འཐད་པའི་ཕྱིར། འདོད་ན། དེ་གསུམ་གྱི་བརྗོད་བྱ་ཡང་དག་པར་གྲུབ་པར་ཐལ་ལོ་ཞེ་ན། མ་ཁྱབ་སྟེ། གོང་གི་ཡང་དག་པར་ཞེས་པའི་ཡང་དག་པ་དང་ཡང་དག་པར་གྲུབ་མ་གྲུབ་ཅེས་པའི་ཡང་དག་པ་གཉིས་མིང་འདྲ་ཡང་དོན་མི་གཅིག་པའི་ཕྱིར། དེར་ཐལ། སྒྱུ་མ་ཕྱིན་ཅི་མ་ལོག་པ་ལ་བྱེད་ཕྱི་མ་བདེན་པ་ལ་བྱེད་པའི་ཕྱིར།

ཁ་ཅིག དེ་ཆོས་ཅན། གཞུང་ཤེར་ཕྱིན་ཡང་དག་པར་ནའཤད་དེ། ཞེས་བཀོད་པ་མི་འཐད་དེ། གཞུང་ཤེར་ཕྱིན་དེ་རྒྱན་གྱི་ནའཤད་བྱ་རྩ་བའི་མདོ་མ་ཡིན་པའི་ཕྱིར། དེར་ཐལ། དེའི་ནའཤད་བྱ་རྩ་བའི་མདོ་ལ་ཡུམ་རྒྱས་འབྲིང་བསྡུས་གསུམ་དུ་གྲངས་ངེས་པར་ནའཤད་ཟིན་པའི་ཕྱིར།

གཉིས་པ་མཐའ་དཔྱད་པ་ལ། ཁ་ཅིག ཆོས་རབ་ཏུ་རྣམ་འབྱེད་ཀྱི་བློ་གང་ཞིག སྲིད་ཞིའི་ཕ་རོལ་ཏུ་ཕྱིན་པའམ་ཕྱིན་བྱེད་གང་རུང་དེ། ཤེར་ཕྱིན་གྱི་མཚན་ཉིད་ཟེར་ན། ཐེག་ཆེན་གྱི་མཐོང་ལམ་བར་ཆད་མེད་ལམ་ཆོས་ཅན། མཚོན་བྱ་དེར་ཐལ། མཚན་ཉིད་དེའི་ཕྱིར། དང་པོ་དེར་ཐལ། སྟོང་ཉིད་མངོན་སུམ་དུ་རྟོགས་པའི་སློབ་པའི་ཡེ་ཤེས་ཡིན་པའི་ཕྱིར། ཁྱབ་པར་ཐལ། ཆོས་རབ་ཏུ་རྣམ་འབྱེད་ཀྱི་བློ་ཡིན་ན་ཤེས་རབ་ཡིན་པས་མ་ཁྱབ་པའི་ཕྱིར་ཏེ། ཆོས་རབ་ཏུ་རྣམ་འབྱེད་ཀྱི་ཤེས་རབ་འཁོར་དུ་ལྡན་པའི་གཙོ་སེམས་དེ། དེ་འདྲའི་བློ་ཡིན་པའི་ཕྱིར། རྩ་རྟགས་ཕྱི་མ་དེར་ཐལ། དེ་སྲིད་ཞིའི་ཕ་རོལ་ཏུ་ཕྱིན་བྱེད་ཡིན་པའི་ཕྱིར། རྩ་བར་འདོད་མི་ནུས་ཏེ། དེ་རྣམ་མཁྱེན་མ་ཡིན་པའི་ཕྱིར།

21 真實與假名之般若波羅蜜多

「般若波羅蜜……」等時，有二：論式與辨析。

初者，《現觀莊嚴論》為有法，爾正確闡述廣、中、略三佛母，因以分別「能詮八品與所詮八事」之門而正確闡述故。

於此有云：「至尊理應正確通達廣、中、略三佛母之所詮，因彼論式應理故。若許，彼三者之所詮應成真實成立。」不周遍，因上述之「正確」所言之正確與「真實成立與否」所言之真實二者，〔藏文中〕名雖相同但義非一故。理應如是，因前者謂不顛倒，後者指諦實故。

有云：「彼為有法，正確闡述文字般若波羅蜜多」。如是立〔論式〕不應理，因文字般若波羅蜜多非《現觀莊嚴論》所詮釋之根本經故。理應如是，因已說其所詮釋之根本經為廣、中、略三佛母數量決定故。

第二、辨析，有云：「是擇法之覺知，且是已到或能到有寂彼岸隨一，是般若波羅蜜多之性相。」大乘見道無間道為有法，理應是彼名相，因是彼性相故。初者理應如是，因是現證空性之有學本智故。理應周遍，因若是擇法之覺知不周遍是慧故，因具擇法慧眷屬之心王是如此之覺知故。理應是後根本因，因是能令到有寂彼岸故。不能許根本，因彼非一切相智故。

ཁ་ཅིག ཆོས་རབ་ཏུ་རྣམ་འབྱེད་ཀྱི་བློ་གང་ཞིག སྲིད་ཞིའི་ཕ་རོལ་ཏུ་སོན་པ། ཤེར་ཕྱིན་གྱི་མཚན་ཉིད་ཟེར་ན། སངས་རྒྱས་འཕགས་པའི་ཐུགས་རྒྱུད་ཀྱི་ཀུན་རྫོབ་སེམས་བསྐྱེད་ཆོས་ཅན། རྟགས་ཟུར་དང་པོ་དེར་ཐལ། ཤེར་ཕྱིན་ཡིན་པའི་ཕྱིར། དེར་ཐལ། རྣམ་མཁྱེན་ཡིན་པའི་ཕྱིར་ཏེ། སངས་རྒྱས་འཕགས་པའི་མཁྱེན་པ་ཡིན་པའི་ཕྱིར་ཏེ། ཆོས་ཅན་དེ་ཡིན་པའི་ཕྱིར། འོན་ཀྱང་སངས་རྒྱས་འཕགས་པའི་ཐུགས་རྒྱུད་ཀྱི་ཤེས་པ་ཡིན་ན། རྣམ་མཁྱེན་ཡིན་པས་མ་ཁྱབ་སྟེ། དེའི་རྒྱུད་ཀྱི་རང་རིག་དང་དབང་ཤེས་སོགས་རྣམ་མཁྱེན་མ་ཡིན་པའི་ཕྱིར། རྩ་བར་འདོད་མི་ནུས་ཏེ། ཐེག་ཆེན་གྱི་ཤེས་རབ་ཀྱི་རྟོགས་རིགས་སུ་མི་གནས་པའི་ཕྱིར་ཏེ། ཐེག་ཆེན་སེམས་བསྐྱེད་ཡིན་པའི་ཕྱིར།

རང་ལུགས་ནི། ཁྱད་ཆོས་གསུམ་གྱིས་ཁྱད་པར་དུ་བྱས་པའི་མཐར་ཐུག་པའི་ཡེ་ཤེས། ཤེར་ཕྱིན་གྱི་མཚན་ཉིད་ཡིན་བྱས་པ་ལ།

ཁོ་ན་རེ། རྣམ་མཁྱེན་ཆོས་ཅན། མཚན་ཉིད་དེར་ཐལ། མཚོན་བྱ་དེའི་ཕྱིར། འདོད་ན། སངས་རྒྱས་འཕགས་པ་ཁོ་ནའི་རྒྱུད་ལ་ཡོད་པར་ཐལ། འདོད་པའི་ཕྱིར། འདོད་ན། དེ་ཆོས་ཅན། ཁྱོད་རྒྱུད་ལྡན་གྱི་གང་ཟག་ཡིན་ན། སངས་རྒྱས་འཕགས་པ་ཡིན་དགོས་པར་ཐལ། འདོད་པའི་ཕྱིར། འདོད་ན། ཐེག་ཆེན་འཕགས་པ་ཆོས་ཅན། དེར་ཐལ། དེའི་ཕྱིར། རྟགས་དེར་ཐལ། གང་ཟག་གང་ཞིག རྣམ་མཁྱེན་ཁྱེད་ཀྱི་མངོན་རྟོགས་ཡིན་པའི་ཕྱིར་ན། མ་ཁྱབ་ཅིང་ཆོས་ཅན་ཛས་སྦྱི་མའང་ཡིན་ནོ། ། འོ་ན་འཕགས་པ་ཆོས་ཅན། རང་ཉིད་གཅིག་པུའི་ཆེད་དུ་ཞི་བདེ་དོན་གཉེར་གྱི་བློ་རྒྱུད་ལྡན་གྱི་གང་ཟག་མ་ཡིན་པར་ཐལ། ཆེད་དུ་བྱ་བ་སེམས་ཅན་ཐམས་ཅད་ཀྱི་ཕྱིར་དུ་རྫོགས་པའི་བྱང་ཆུབ་འདོད་པའི་སེམས་བསྐྱེད་རྒྱུད་ལྡན་གྱི་གང་ཟག་ཡིན་པའི་ཕྱིར། སོམས་ཤིག

ཁྱད་ཆོས་བཞིས་ཁྱད་པར་དུ་བྱས་པའི་མཐར་ཐུག་པའི་ཡེ་ཤེས། འབྲས་བུའི་ཤེར་ཕྱིན་གྱི་མཚན་ཉིད། ཐེག་ཆེན་གྱི་ལམ་འབྲས་གང་རུང་བརྗོད་བྱའི་གཙོ་བོར་བྱེད་པའི་ཤེར་ཕྱིན་གྱི་རྒྱལ་བའི་གསུང་རབ་གཞུང་ཤེར་ཕྱིན་གྱི་མཚན་ཉིད། དོན་གཉིས་ཕུན་ཚོགས་སྒྲུབ་བྱེད་ཀྱི་སེམས་དཔའི་རྣལ་

有云：「是擇法之覺知，且到有寂之彼岸，是般若波羅蜜多之性相。」佛聖者心相續之世俗發心為有法，理應是因之前項，因是般若波羅蜜多故。理應如是，因是一切相智故，因是佛聖者智故，因是彼有法故。然而若是佛聖者心相續之知覺，不周遍是一切相智，因其相續之自證分與根知等非一切相智故。不能許根本，因不住於大乘慧之證類故，因是大乘發心故。

自宗：「以三差別法作為差別之究竟本智」，是般若波羅蜜多之性相。

於此有云：「一切相智為有法，理應是彼性相，因是彼名相故。若許，理應唯於佛聖者相續中有，因許故。若許，彼為有法，若是相續具爾之補特伽羅，理應必是佛聖者，因許故。若許，大乘聖者為有法，理應如是，因如是故。彼因理應如是，因是補特伽羅，且一切相智是爾之現觀故。」不周遍，亦是質總有法。那麼，聖者為有法，理應非相續具有唯為自己希求寂靜安樂之覺知之補特伽羅，因是相續具有為一切有情發欲求圓滿菩提心之補特伽羅故。當思！

「以四差別法作為差別之究竟本智」，是果般若波羅蜜多之性相。「以大乘道、果隨一作主要所詮之般若波羅蜜多之佛至言」，是文字般若波羅蜜多之性相。「成辦圓滿二利之菩薩瑜伽」，是道

འགྱུར། ལམ་ཤེར་ཕྱིན་གྱི་མཚན་ཉིད་ཡིན་བྱས་པ་ལ།

ཁོ་ན་རེ། འཁོར་ལོ་ཐ་མའི་མདོ་ཆོས་ཅན། ཤེར་ཕྱིན་གྱི་རྒྱལ་བའི་གསུངས་རབ་ཡིན་པར་ཐལ། གཞུང་ཤེར་ཕྱིན་ཡིན་པའི་ཕྱིར། དེར་ཐལ། ཐེག་ཆེན་གྱི་མདོ་ཡིན་པའི་ཕྱིར་ན་འདིར་མ་ཁྱབ། འོ་ན་དེ་ཆོས་ཅན། མཚན་ཉིད་དེར་ཐལ། ཐེག་ཆེན་གྱི་མདོ་ཡིན་པའི་ཕྱིར། ཁྱབ་པ་ཁས།

ཡང་ཁོ་ན་རེ། བྱང་སེམས་ཀྱི་སྦྱོར་ལམ་ཆོས་ཅན། ལམ་ཤེར་ཕྱིན་ཡིན་པར་ཐལ། མཚན་ཉིད་དེའི་ཕྱིར། འདོད་ན། དེའི་མ་མཐའི་ས་མཚམས་ཐེག་ཆེན་གྱི་མཐོང་ལམ་ནས་འཛིན་མི་རིགས་པར་ཐལ། འདོད་པའི་ཕྱིར། འདོད་ན། རྒྱན་སྣང་ལས། མཐོང་བ་ལ་སོགས་པའི་མཚན་ཉིད་ཅན་གྱི་ལམ་ལ་ཡང་ཤེས་རབ་ཀྱི་ཕ་རོལ་ཏུ་ཕྱིན་པ་ཞེས་བྱ་བ་ནི་བཏགས་པའོ། །ཞེས་གསུངས་པ་མི་འཐད་པར་ཐལ་ལོ། །ཞེ་ན་མ་ཁྱབ་སྟེ། དེ་མཚོན་པ་ཙམ་ཡིན་པའི་ཕྱིར་ཏེ། སྤུད་འགྲེལ་རྟོགས་སླ་ར། དང་པོ་སྦྱོར་བ་ལ་སོགས་པའི་མཚན་ཉིད་ཀྱི་ལམ་དེ་དེའི་དོན་དུ་སྦྱོར་བ་ཉིད་ཀྱི་གཙོ་བོ་མ་ཡིན་པའི་ཤེས་རབ་ཀྱི་ཕ་རོལ་ཏུ་ཕྱིན་པ། ཞེས་གསུངས་པའི་ཕྱིར་དང་། སྦྱོར་ལམ་ནས་འཛོག་ན་ཚོགས་ལམ་ནས་ཀྱང་འཛོག་དགོས་པའི་ཕྱིར།

ཡང་ཁོ་ན་རེ། ཤེར་ཕྱིན་གྱི་མཚན་ཉིད་དེ་མི་འཐད་པར་ཐལ། སློབ་ལམ་ན་ཤེར་ཕྱིན་ཡོད་པའི་ཕྱིར། དེར་ཐལ། སློབ་ལམ་གྱི་ཤེར་ཕྱིན་ཡོད་པའི་ཕྱིར་ན་འདིར་མ་ཁྱབ། དེར་ཐལ། ལམ་ཤེར་ཕྱིན་ཡོད་པའི་ཕྱིར་ཟེར་ན། མ་ཁྱབ་མཚམས་སུ་མ་ཁྱབ་པར་ཐལ། རྨི་ལམ་གྱི་གླང་པོ་ཡོད་ན་རྨི་ལམ་ན་གླང་པོ་ཡོད་མི་དགོས་པའི་ཕྱིར།

ཁོ་ན་རེ། སློབ་ལམ་ན་ཤེར་ཕྱིན་ཡོད་པར་ཐལ། སློབ་ལམ་ན་ཕར་ཕྱིན་བཅུ་ཡོད་པའི་ཕྱིར། དེར་ཐལ། དེ་ལྟར་འཇུག་པ་ལས་གསུངས་པའི་ཕྱིར་ན། མ་ཁྱབ་སྟེ། དེ་ན་དེའི་ཉམས་ལེན་ཡོད་པ་ལ་དགོངས་པའི་ཕྱིར།

ཡང་ཁ་ཅིག སློབ་ལམ་ན་ཕར་ཕྱིན་བཅུ་ཡོད་པར་ཐལ། བྱང་ཆུབ་སེམས་དཔའི་རྒྱུད་ཀྱི་ཕར་ཕྱིན་བཅུ་སངས་རྒྱས་སུ་བགྲོད་པར་བྱེད་པའི་ལམ་ཡིན་པའི་ཕྱིར་ཏེ། སངས་རྒྱས་ཉིད་ཀྱི་ལམ་ལ་

般若波羅蜜多之性相。

於此有云：「後轉法輪經為有法，理應是般若波羅蜜多之佛至言，因是文字般若波羅蜜多故。理應如是，因是大乘經故。」今此不周遍。那麼，彼為有法，理應是彼性相，因是大乘經故。承許周遍。

又有云：「菩薩加行道為有法，理應是道般若波羅蜜多，因是彼性相故。若許，彼之最低界限理應不可執為大乘見道，因許故。若許，《莊嚴光明釋》所言『與見等性之道，亦假立名為般若波羅蜜多』應成不應理。」不周遍，因僅是舉例說明故，因《易了攝頌釋》云：「初加行等性之道，為了彼而作加行，故非主要之般若波羅蜜多。」與若從加行道安立，亦須從資糧道安立故。

又有云：「彼般若波羅蜜多之性相理應不應理，因有學道有般若波羅蜜多故。理應如是，因有有學道之般若波羅蜜多。」今此不周遍。理應如是，因有道般若波羅蜜多故。於不周遍處，理應不周遍，因若有夢中象，夢中不須有象故。

有云：「有學道有般若波羅蜜多，因有學道有十波羅蜜多故。理應如是，因於《入中論》如此說故。」不周遍，因慮及於彼（有學道）有彼之修持故。

又有云：「有學道理應有十波羅蜜多，因菩薩相續中之十波羅蜜多乃趣佛之道故，因『佛道：佈施等十種波羅蜜多』釋文之顯示

སྦྱིན་པ་ལ་སོགས་པའི་ཕ་རོལ་ཏུ་ཕྱིན་པ་བཅུ་སྟེ། ཞེས་པའི་འགྲེལ་ཚིག་གི་བསྟན་དོན་གྲུབ་པའི་ཕྱིར་ན། འདིར་མ་ཁྱབ་སྟེ། དེའི་ཉམས་ལེན་ལ་དགོངས་པའི་ཕྱིར།

ཡང་ཁོ་ན་རེ། སློབ་ལམ་ན་ཕར་ཕྱིན་བཅུ་ཡོད་པར་ཐལ། སངས་རྒྱས་འཕགས་པའི་ཐུགས་རྒྱུད་ཀྱི་ཕར་ཕྱིན་བཅུའི་སྤྱི་ཚན་མཚན་ཉིད་པ་འཕགས་པ་འོག་མའི་རྒྱུད་ལ་ཡོད་པའི་ཕྱིར། དེར་ཐལ། དེ་ཐུན་མོང་བའི་རྣམ་མཁྱེན་གྱི་རྣམ་པ་ཡིན་པའི་ཕྱིར། ཟེར་བ་ཡང་མ་ཁྱབ་སྟེ། དེའི་རིགས་འདྲ་མཚན་ཉིད་པ་འཕགས་པ་འོག་མའི་རྒྱུད་ལ་ཡོད་པའི་ཆ་ནས་དེ་ཐུན་མོང་བའི་རྣམ་མཁྱེན་གྱི་རྣམ་པར་གཞག་པའི་ཕྱིར།

ཁ་ཅིག སློབ་ལམ་ན་ཤེས་རབ་ཀྱི་ཕར་ཕྱིན་ཡོད་ཀྱང་ཤེར་ཕྱིན་མེད་ཅེས་ཟེར། འོ་ན་སློབ་ལམ་ན་འབྲས་དུས་ཀྱི་ཤེས་རབ་ཀྱི་ཕར་ཕྱིན་ཡོད་པར་ཐལ། དེ་ན་ཤེས་རབ་ཀྱི་ཕར་ཕྱིན་ཡོད་པའི་ཕྱིར། ཁྱབ་པར་ཐལ། དེ་ན་ཤེར་ཕྱིན་ཡོད་ན་དེ་ན་འབྲས་དུས་ཀྱི་ཤེར་ཕྱིན་ཡོད་དགོས་པའི་ཕྱིར། དེར་ཐལ། དེ་ན་ཤེར་ཕྱིན་མེད་པའི་ཕྱིར། རྟགས་ཁས།

ཡང་ཁོ་ན་རེ། ལམ་ཤེར་ཕྱིན་ཤེར་ཕྱིན་ཡིན་པར་ཐལ། ཡུམ་རྒྱས་འབྲིང་བསྡུས་གསུམ་ཤེར་ཕྱིན་ཡིན་པའི་ཕྱིར། དེར་ཐལ། ཤེས་རབ་ཕ་རོལ་ཕྱིན་པ་ནི། །ཞེས་པའི་སྐབས་ནས་བསྟན་པའི་ཤེར་ཕྱིན་མཚན་ཉིད་པ་ཅིག་ཡོད་པའི་ཕྱིར་ན་མ་ཁྱབ། དེར་ཐལ། ཡུམ་རྒྱས་འབྲིང་བསྡུས་གསུམ་དེའི་སྐབས་ནས་བསྟན་པའི་ཤེར་ཕྱིན་མཚན་ཉིད་པ་ཡིན་པའི་ཕྱིར། དེར་ཐལ། དེ་དེའི་སྐབས་ནས་བསྟན་པའི་ཤེར་ཕྱིན་ཡིན་པའི་ཕྱིར།

ཡང་ཁོ་ན་རེ། གཞུང་དེའི་སྐབས་ནས་བསྟན་པའི་ཤེར་ཕྱིན་ཡིན་ན་ཤེར་ཕྱིན་དངོས་གནས་པ་ཡིན་དགོས་པར་ཐལ། གཞུང་དེའི་སྐབས་ནས་བསྟན་པའི་ཤེར་ཕྱིན་བཏགས་པ་བ་མེད་པའི་ཕྱིར་ཟེར་ན། ཕལ་ཆེར་ལན་གདབ་པར་དཀའ་ནའང་ཁོ་བོ་ནི་ཁྱབ་མེད་ཀྱི་ལན་འདེབས་སོ། ། སྤྱི་ཕྱི་གཉིས་ཀ་ལ་འོ་ན། ས་བཅུ་པའི་ཡེ་ཤེས་ཆོས་ཅན། གང་གི་སངས་རྒྱས་སར་གནས་པ། །ཞེས་པའི་སྐབས་ནས་བསྟན་པའི་སངས་རྒྱས་ཀྱི་ས་མཚན་ཉིད་པ་ཡིན་པར་ཐལ། དེའི་སྐབས་ནས་བསྟན་པའི་སངས་རྒྱས་ཀྱི་ས་ཡིན་པའི་ཕྱིར། འདོད་ན་སོང་། དེའི་སྐབས་ནས་བསྟན་པའི་སངས་རྒྱས་ཀྱི་ས་མཚན་

現觀辨析（上）

義成立故。」今此不周遍，因慮及彼之修持故。

又有云：「有學道理應有十波羅蜜多，因佛聖者心相續之十波羅蜜多之真實群組於下聖者相續中有故。理應如是，因彼是共之一切相智行相故。」亦不周遍，因由彼之真實同類於下聖者相續中有之分，安立彼為共之一切相智行相故。

有云：「有學道有『般若到彼岸』，然無般若波羅蜜多。」若爾，有學道理應有果位時之『般若到彼岸』，因於彼有『般若到彼岸』故。理應周遍，因於彼若有般若波羅蜜多，則須有果位時之般若波羅蜜多故。理應如是，因於彼無般若波羅蜜多故。承許因。

復有云：「道般若波羅蜜多理應是般若波羅蜜多，因廣、中、略三佛母是般若波羅蜜多故。理應如是，因有『般若波羅蜜』時所示之真實般若波羅蜜多故。」不周遍。理應如是，因廣、中、略三佛母是彼時所示之真實般若波羅蜜多故。理應如是，因彼是彼時所示之般若波羅蜜多故。

又有云：「若是彼文時所示之般若波羅蜜多須是真實般若波羅蜜多，因無彼文時所示之假名之般若波羅蜜多故。」大抵難以作答，然吾答「不周遍」。於前後二者，那麼，十地本智為有法，理應是「若智住佛地」時所示之真實佛地，因是彼時所示之佛地故。若許則成相違。理應有彼時所示之真實佛地，因許故。若許，十地本智理應是真實佛地，因許故。三輪！

ཉིད་པ་ཡོད་པར་ཐལ། འདོད་པའི་ཕྱིར། འདོད་ན། ས་བཅུ་པའི་ཡེ་ཤེས་དེ་སངས་རྒྱས་ཀྱི་ས་མཚན་ཉིད་པ་ཡིན་པར་ཐལ། འདོད་པའི་ཕྱིར། འཁོར་གསུམ།

གཞན་ཡང་། གཞུང་དེའི་སྐབས་ནས་བསྟན་པའི་སངས་རྒྱས་ཀྱི་ས་ཡིན་ན། སངས་རྒྱས་ཀྱི་ས་དངོས་གནས་པ་ཡིན་དགོས་པར་ཐལ། གཞུང་དེའི་སྐབས་ནས་བསྟན་པའི་སངས་རྒྱས་ཀྱི་ས་བཏགས་པ་བ་མེད་པའི་ཕྱིར། འཁོར་གསུམ།

ཡང་ཁོ་ན་རེ། སློབ་ལམ་ན་ཕར་ཕྱིན་བཅུ་ཡོད་པར་ཐལ། སློབ་ལམ་ན་དེ་བཅུ་དང་མཚུངས་ལྡན་གྱི་སེམས་བསྐྱེད་བཅུ་ཡོད་པའི་ཕྱིར་ཞེས་ཟེར། དེ་ལ་ཁ་ཅིག དེ་ན་ཆོས་སྐུ་ཡོད་པར་ཐལ། དེ་ན་ཆོས་སྐུ་དང་མཚུངས་ལྡན་གྱི་སེམས་བསྐྱེད་ཡོད་པའི་ཕྱིར། དེར་ཐལ། དེ་ན་སྤྲིན་ལྟ་བུའི་སེམས་བསྐྱེད་ཡོད་པ་གང་ཞིག དེ་ཡིན་ན་ཆོས་སྐུ་དང་མཚུངས་ལྡན་ཡིན་དགོས་པའི་ཕྱིར། དང་པོ་དེར་ཐལ། མདོ་སྡེ་རྒྱན་ལས། རྒྱལ་སྲས་རྣམས་ཀྱི་སེམས་བསྐྱེད་པ། །སྤྲིན་དང་འདྲ་བར་བསྟན་པ་ཡིན། །ཞེས་གསུངས་པའི་ཕྱིར་ཞེས་དམ་བཅའ་ཡང་། སློབ་ལམ་ན་ཆོས་སྐུ་དང་མཚུངས་ལྡན་གྱི་སེམས་བསྐྱེད་ཡོད་པ་ལ་ངེས་པ་མ་རྙེད་དོ། །

རང་ལུགས་ནི། གཞུང་ཤེར་ཕྱིན་དང་ལམ་ཤེར་ཕྱིན་གཉིས་ཤེར་ཕྱིན་བཏགས་པ་བ་དང་། འབྲས་བུའི་ཤེར་ཕྱིན་ཤེར་ཕྱིན་དངོས་ཡིན་པའི་ཁྱད་པར་འཐད་དེ། བརྒྱད་སྟོང་དོན་བསྡུས་ལས། ཤེས་རབ་ཕ་རོལ་ཕྱིན་གཉིས་མེད། །ཡེ་ཤེས་དེ་ནི་དེ་བཞིན་གཤེགས། །བསྒྲུབ་བྱ་དོན་དེ་དང་ལྡན་པས། །གཞུང་ལམ་དག་ལ་དེ་སྒྲ་ཡིན། །ཞེས་ལུང་དྲངས་ནས་འགྲེལ་ཆེན་ལས་གསལ་བར་གསུངས་པའི་ཕྱིར། ཐེག་དམན་གྱི་གཞུང་ལམ་འབྲས་གསུམ་ཤེར་ཕྱིན་གྱི་གཟུགས་བརྙན་ཡིན་གྱི་ཤེར་ཕྱིན་བཏགས་པ་བ་མ་ཡིན་ཏེ། དེ་ལ་ཤེར་ཕྱིན་ཞེས་འདོགས་པའི་ཆོས་གསུམ་མ་ཚང་བའི་ཕྱིར།

ཁ་ཅིག གཙོ་བོ་ལས་དབང་དུ་བྱས་པའི་ཕྱིར། ཞེས་པའི་འགྲེལ་ཆེན་གྱི་གསུང་ལ་བརྟེན་ནས་བཀའ་བརྒྱད་སྟོང་པས་ཤེར་ཕྱིན་གསུམ་གྱི་ནང་ནས་འབྲས་བུའི་ཤེར་ཕྱིན་བསྟན་བྱའི་གཙོ་བོར་བྱས་

再者，若是彼文時所示之佛地，理應須是真實佛地，因無彼文時所示之假名之佛地故。三輪！

又有云：「有學道理應有十波羅蜜多，因有學道有與十波羅蜜多相應之十發心故。」於此有云：「於彼理應有法身，因於彼有與法身相應之發心故。理應如是，因於彼有如雲發心，且若是彼須與法身相應故。初者理應如是，因《大乘莊嚴經論》云：『諸佛子發心，示相似於雲。』故。」雖如此主張，然未定解於有學道有與法身相應之發心。

自宗：文字般若波羅蜜多與道般若波羅蜜多二者是假名之般若波羅蜜多，果般若波羅蜜多是真實般若波羅蜜多之差異是為應理，因引《佛母般若波羅蜜多圓集要義論》『般若無二智，如來所成義，與彼相應故，典道得其名。[49]』而於《莊嚴光明釋》明述故。小乘之文字、道、果三者乃般若波羅蜜多之影像，非假立之般若波羅蜜多，因彼未齊備假立之般若波羅蜜多之三法故。

有據《莊嚴光明釋》所言之「乃依主要而言」而云：「《般若八千頌》教言主要以三般若波羅蜜多中之果般若波羅蜜多作主要顯

ནས་བསྟན་ཟེར་བ་མི་འཐད་དེ། དེས་ཐེག་ཆེན་གྱི་ཤེར་ཕྱིན་གསུམ་ཀ་གཙོ་བོར་བསྟན་ཅིང་ཐེག་དམན་གྱི་ཤེར་ཕྱིན་གསུམ་ཞར་བྱུང་གི་ཚུལ་གྱིས་བསྟན་པའི་ཕྱིར་ཏེ། མདོ་ལས། ཉན་ཐོས་ཀྱི་ས་ལ་སློབ་པར་འདོད་པས་ཀྱང་ཤེས་རབ་ཀྱི་ཕ་རོལ་ཏུ་ཕྱིན་པ་ལ་བསླབ་པར་བྱའོ། །ཞེས་གསུངས་པའི་ཕྱིར།

ཁ་ཅིག བཀའ་བརྒྱད་སྟོང་པས་འབྲས་བུའི་ཤེར་ཕྱིན་བསྟན་བྱའི་གཙོ་བོར་བྱས་ནས་མ་བསྟན་ཟེར་བ་མི་འཐད་དེ། དེས་ཐམས་ཅད་མཁྱེན་པ་བསྟན་བྱའི་གཙོ་བོར་བྱས་ནས་བསྟན་པའི་ཕྱིར། དེར་ཐལ། དེའི་ཆེད་དུ་བྱ་བའི་གདུལ་བྱས་དེ་དོན་དུ་གཉེར་བྱའི་གཙོ་བོར་བྱེད་པའི་ཕྱིར།

དེ་ལྟར་བསྡུས་པའི་དོན་ཀུན་བསྟན་ནས་ཞེས་སོགས་ཀྱི་སྐབས་སུ་དངག་དོན་ནི། སྐབས་བརྒྱད་ཀྱི་དང་པོར་རྣམ་མཁྱེན་འཆད་རིགས་ཏེ། དེའི་ཆེད་དུ་གཉེར་བྱའི་འབྲས་བུའི་གཙོ་བོ་ཡིན་པའི་ཕྱིར།

སེམས་བསྐྱེད་སོགས་ཆོས་བཅུ་བསྟན་པའི་སྒོ་ནས་རྣམ་མཁྱེན་འཆད་པ་ལ་ཆོས་ཅན། དགོས་པ་ཡོད་དེ། སེམས་བསྐྱེད་སོགས་ཆོས་བཅུ་མངོན་སུམ་དུ་རྟོགས་པའི་མཐར་ཐུག་པའི་ཡེ་ཤེས་རྣམ་མཁྱེན་གྱི་མཚན་ཉིད་དུ་ཤེས་པའི་ཆེད་ཡིན་པའི་ཕྱིར།

རྩེལ་གྱི་དྲིལ་ན། སྐབས་བརྒྱད་ཀྱི་དང་པོར་རྣམ་མཁྱེན་འཆད་རིགས་ཏེ། གདུལ་བྱ་འབྲས་བུ་ལ་སྤྲོ་བ་བསྐྱེད་པའི་ཆེད་དུ་ཡིན་པའི་ཕྱིར། རྒྱན་གྱི་སྐབས་དང་པོས་རྣམ་མཁྱེན་དང་། རབ་འབྱོར་གྱི་ལེའུའི་བསྟན་བྱའི་གཙོ་བོར་གྱུར་པའི་རྣམ་མཁྱེན་གཙོ་བོར་བསྟན་ཀྱང་། དེ་དག་རྒྱན་གྱི་སྐབས་དང་པོའི་བསྟན་བྱའི་གཙོ་བོར་གྱུར་པའི་རྣམ་མཁྱེན་མ་ཡིན་ཏེ། དེའི་བསྟན་བྱའི་གཙོ་བོར་གྱུར་པའི་རྣམ་མཁྱེན་ཡིན་ན། རྒྱན་གྱི་ཆེད་དུ་བྱ་བའི་གདུལ་བྱའི་འབྲས་བུ་མཐར་ཐུག་ཡིན་དགོས་པའི་ཕྱིར། དེར་ཐལ། མཆོད་བརྗོད་ཀྱི་ཚིག་རྐང་གསུམ་པའི་བསྟན་བྱའི་གཙོ་བོར་གྱུར་པའི་རྣམ་མཁྱེན་ཡིན་ན། དེ་ལྟར་དགོས་པའི་ཕྱིར།

現觀辨析（上）

示而宣說。」不應理，因彼主要顯示大乘之三般若波羅蜜多，且以附帶方式顯示小乘之三般若波羅蜜多故。因經云：「欲修學聲聞地，亦應聽聞此般若波羅蜜多。」故。

有云：「《般若八千頌》教言不以果般若波羅蜜多作主要顯示而宣說。」不應理，因彼以一切相智作主要顯示而宣說故。理應如是，因其特意所化將彼作為主要所求故。

「如是將總攝義全部宣說後……」等時之語意，乃八品之初闡述一切相智是為合理，因是彼所刻意追求之主要果故。

以顯示發心等十法之門闡述一切相智為有法，有旨趣，因是為了知現證發心等十法之究竟本智乃一切相智之性相故。

總之，於八品之初闡述一切相智合理，因是為令所化於果生起歡喜故。《現觀莊嚴論》第一品雖主要顯示一切相智與〈須菩提品〉主要顯示之一切相智，然彼等非《現觀莊嚴論》第一品主要顯示之一切相智，因若是其主要顯示之一切相智定是《現觀莊嚴論》特意所化之究竟果故。理應如是，因若是禮讚文第三句之主要顯示之一切相智須如是故。

ཐེག་པ་ཆེན་པོའི་ལམ་གྱི་འཇུག་སྒོ་སེམས་བསྐྱེད།

སེམས་བསྐྱེད་པ་ནི་གཞན་དོན་ཕྱིར། །ཞེས་སོགས་ཀྱི་སྐབས་སུ། གཞུང་དོན་དང་། མཐའ་དཔྱོད་པའོ། །

དང་པོ་ནི། གཞན་དོན་དུ་རྫོགས་བྱང་ལ་དམིགས་ཤིང་རང་གི་གྲོགས་སུ་གྱུར་པའི་འདོད་པ་དང་མཚུངས་ལྡན་དུ་གྱུར་པའི་ཐེག་ཆེན་ལམ་གྱི་འཇུག་སྒོར་གྱུར་པའི་གཙོ་བོར་ཡིད་ཀྱི་རྣམ་རིག་ཁྱད་པར་ཅན་ཆོས་ཅན། ཐེག་ཆེན་སེམས་བསྐྱེད་ཀྱི་མཚན་ཉིད་ཡིན་ཏེ། དེའི་འཇོག་བྱེད་ཡིན་པའི་ཕྱིར།

སངས་རྒྱས་སུ་གྲུབ་ནས་ཞེས་སོགས་ལ། འདིར་བསྟན་སེམས་བསྐྱེད་ཆོས་ཅན། ཁྱོད་ལ་གཉིས་སུ་ཡོད་དེ། ཁྱོད་ལ་སྨོན་པ་སེམས་བསྐྱེད་དང་། འཇུག་པ་སེམས་བསྐྱེད་གཉིས་སུ་ཡོད་པའི་ཕྱིར།

དེ་ལྟར་སེམས་བསྐྱེད་ཀྱི་མཚན་ཉིད་བསྟན་པ་ལ་རྩོད་པ་བྱུང་ཚུལ་ནི། ཡང་དག་པར་རྫོགས་པའི་ཞེས་པ་ནས། ཞེ་ན་ཅེས་པའི་བར་གྱིས་བསྟན་ལ། ཚུལ་ནི། ཁོ་ན་རེ། བྱང་ཆུབ་འདོད་པ་ཆོས་ཅན། ཐེག་ཆེན་སེམས་བསྐྱེད་མ་ཡིན་པར་ཐལ། དགེ་བའི་ཆོས་ལ་འདུན་པའི་འདུན་པ་ཡིན་པའི་ཕྱིར། ཁྱབ་སྟེ། སེམས་བསྐྱེད་ནི་ཡུལ་ཁྱད་པར་ཅན་དོན་གཉིས་འབྱུང་བའི་གཙོ་བོ་སེམས་གང་ཞིག འདུན་པ་ཡུལ་ངེས་ལྔའི་ནང་ཚན་གྱི་སེམས་བྱུང་ཡིན་པའི་ཕྱིར། ཞེས་ཟེར།

དེ་ལ་ཁོ་ན་རེ། སེམས་བསྐྱེད་འདོད་པར་བཞག་པ་ལ་འདོད་པ་སེམས་བསྐྱེད་མ་ཡིན་པར་ཐལ་བ་འཕེན་པ་ཁས་ལེན་མེད་པའོ། །ཞེས་སྨྲ་བ་མི་འཐད་དེ། དེ་ལྟར་རྩོད་པ་པོས། གཞན་དོན་ཕྱིར། ཡང་དག་རྫོགས་པའི་བྱང་ཆུབ་འདོད། །ཅེས་འདོད་པ་སེམས་བསྐྱེད་ཀྱི་མིང་དུ་བསྟན་འདུག་སྙམ་ནས་རྩོད་པ་ཡིན་ལ། དེ་ལྟར་རྩོད་པ་ནི་སེམས་བསྐྱེད་ཀྱི་མཚན་ཉིད་གང་ལ་ཞུགས་པའི་འདོད་པ་སེམས་བསྐྱེད་དུ་ཁས་ལེན་དགོས་སྙམ་པ་རྟོག་ལྡན་ཡིན་ན་སྐྱེ་རིགས་པའི་ཕྱིར།

དེ་ལ་ཁོ་ན་རེ། ཐེག་ཆེན་སེམས་བསྐྱེད་དང་དེ་དང་མཚུངས་ལྡན་གྱི་འདོད་པ་གཉིས་རྫས་ཐ་དང་

22 大乘道之入門發心

「發心為利他……」等時，有二：論義與辨析。

初者，「為利他而緣圓滿菩提，且與自助伴欲相應之大乘道入門之殊勝主意了別」為有法，是大乘發心之性相，因是彼之能安立故。

「成佛後……」等時，此示發心為有法，爾有二，因爾有願心與行心二者故。

於如此顯示發心之性相辯駁之理，由「希求正等覺」乃至「發心？」顯示，其理如下，有云：「欲求菩提為有法，理應非大乘發心，因是希求善法之欲故。理應周遍，因發心乃生殊勝境二利之心王，且欲是五別境中之心所故。」

於此有答云：「不承許有『安立發心是欲求，卻反駁欲求非發心』。」不應理，因如此問難者乃思「為利他，求正等菩提」謂於「欲求」取發心之名而辯駁，如此諍論是認為必須承許發心性相中之欲為發心，若是智者則可〔如此〕生起故。

於此有云：「大乘發心及與彼相應之欲二者理應是異質，因彼

ཡིན་པར་ཐལ། དེ་གཉིས་འགལ་བ་ཡིན་པའི་ཕྱིར། དེར་ཐལ། དེ་འདྲའི་འདོད་པ་སེམས་བསྐྱེད་མ་ཡིན་པའི་ཕྱིར་སེམས་བསྐྱེད་ཀྱང་དེ་འདྲའི་འདོད་པ་མ་ཡིན་པའི་ཕྱིར་ཞེ་ན། ཐལ་འགྱུར་དང་པོ་ལ་མ་ཁྱབ་སྟེ། དེ་གཉིས་འགལ་ན་དེ་གཉིས་རྫས་ཐ་དད་ཀྱིས་ཁྱབ་པ་དབང་ཆེ་བ་ཚངས་པས་ཀྱང་སྨྲ་བ་མི་ནུས་པའི་ཕྱིར་ཏེ། དེ་གཉིས་རྫས་མཚུངས་པའི་ཕྱིར་ཏེ། དེ་གཉིས་མཚུངས་ལྡན་རྣམ་པ་ལྔ་མཚུངས་ཡིན་པའི་ཕྱིར།

འོ་ན། སློབ་དཔོན་བློ་བརྟན་གྱིས། སེམས་དང་སེམས་ལས་བྱུང་བ་འདི་དག་གནས་དང་དམིགས་པ་དང་དུས་དང་རྫས་མཚུངས་པ་ཉིད་ཀྱིས་མཚུངས་པར་ལྡན་པ་ཡིན་གྱི་རྣམ་པར་ཤེས་པ་དང་ཁྱད་མེད་དུ་ཐལ་བར་འགྱུར་བའི་ཕྱིར། རྣམ་པ་མཚུངས་པ་ནི་མ་ཡིན་ནོ། །ཞེས་གསུངས་པ་མི་འཐད་པར་ཐལ། དེ་གཉིས་མཚུངས་ལྡན་རྣམ་པ་ལྔ་མཚུངས་ཡིན་པའི་ཕྱིར་ཞེ་ན། མ་ཁྱབ་སྟེ། གཟུགས་འཛིན་མིག་གི་རྣམ་ཤེས་ལྟ་བུས་མྱོང་བར་བྱེད་པ་དང་མཚན་མར་འཛིན་པ་སོགས་མི་བྱེད་པར་གཟུགས་ཀྱི་རྣམ་པ་ཤར་བ་ཙམ་གྱིས་རབ་ཏུ་ཕྱེ་བའི་བྱེད་ལས་དང་ལྡན། དེའི་འཁོར་གྱི་ཚོར་བས་མྱོང་བར་བྱེད། འདུ་ཤེས་ཀྱིས་མཚན་མར་འཛིན་པ་སོགས་ཀྱི་བྱེད་ལས་སྒྲུབ་པའི་རྣམ་པ་མི་མཚུངས་པར་བཤད་པ་ཡིན་གྱི། དེ་གཉིས་གཟུང་རྣམ་འཆར་ཚུལ་མི་འདྲ་བའི་དོན་མ་ཡིན་པའི་ཕྱིར།

དེ་ལྟར་ན། ཐེག་ཆེན་སེམས་བསྐྱེད་དང་དེའི་འཁོར་གྱི་འདོད་པ་གཉིས་གནས་སམ་རྟེན་མཚུངས་པ་ཡིན་ཏེ། གཅིག་གི་ཐུན་མོང་མ་ཡིན་པའི་བདག་རྐྱེན་ཡིན་ན། གཅིག་ཤོས་ཀྱི་དེ་ཡིན་དགོས། གཅིག་ཤོས་ཀྱི་དེ་ཡིན་ནའང་། ཚུར་ལ་དེ་ལྟར་དགོས་པའི་ཕྱིར། དེ་གཉིས་དམིགས་པ་མཚུངས་ཏེ། གཅིག་གིས་དམིགས་ན། གཅིག་ཤོས་ཀྱིས་དམིགས་དགོས། གཅིག་ཤོས་ཀྱིས་དམིགས་ནའང་ཚུར་ལ་དེ་ལྟར་དགོས་པའི་ཕྱིར། དེ་གཉིས་རྣམ་པ་མཚུངས་ཏེ། གཅིག་ལ་རང་ཉིད་ཀྱི་རྣམ་པ་ཤར་ན། གཅིག་ཤོས་ལ་རང་ཉིད་ཀྱི་རྣམ་པ་ཤར་དགོས། གཅིག་ཤོས་ལ་རྣམ་པ་ཤར་ནའང་དེ་ལྟར་དགོས་པའི་ཕྱིར། དེ་གཉིས་དུས་མཚུངས་ཏེ། གཅིག་གྲུབ་པའི་དུས་ཡིན་ན། གཅིག་ཤོས་གྲུབ་པའི་དུས་ཡིན་དགོས། གཅིག་ཤོས་གྲུབ་པའི་དུས་ཡིན་ནའང་དེ་ལྟར་དགོས་པའི་ཕྱིར། དེ་གཉིས་རྫས་

二是相違故。理應如是，因如此之欲求非發心故；發心亦非如此之欲求故。」於第一應成答不周遍，因有大權威之梵天亦無能成立若彼二者相違周遍是異質故，因彼二者質相應故，因彼二者是五相相應故。

那麼，安慧阿闍黎所言「心與心所，此等以處、所緣、時、質相應而相應；行相並非相應，否則應成與識無差異故。」理應不應理，因彼二者是五相相應故。不周遍，因闡述如執色眼識不作領納與執相等，具有唯顯現色之行相之作用，以彼之眷屬之受作領納、想作執相等成辦作用的行相不同，並非彼二者顯現所取行相之理不同之義故。

若如是，大乘發心與彼眷屬之欲求二者，處所或所依相應，因若是一者之不共增上緣，須是另一者之彼，縱然是另一者之彼，反之亦如是故。彼二者所緣相應，因若一者所緣及，另一者須緣及，反之亦如是故。彼二者行相相應，因若有一者顯現此行相，另一者亦須顯現此行相，反之亦如是故。彼二者時相應，因若是一者成立之時，須是另一者成立之時，反之亦如是故。彼二者質相應，因每一個主發心質之眷屬中，亦唯生起一個菩提欲求，不可能同時生起二個異質故。

མཚུངས་ཏེ། གཙོ་བོ་སེམས་བསྐྱེད་རྫས་རེ་རེའི་འཁོར་དུ་བྱང་ཆུབ་འདོད་པའང་རྫས་རེ་རེ་ཁོན་འབྱུང་གི་རྫས་ཐ་དད་པ་གཉིས་ཅིག་ཅར་དུ་འབྱུང་བ་མི་སྲིད་པའི་ཕྱིར།

རང་ཕྱོགས་མཁས་པ་ཁ་ཅིག དེ་གཉིས་རྫས་གཅིག་པ་དེ་གཉིས་རྫས་མཚུངས་པའི་དོན་དུ་མཛད་པ་མི་ལེགས་ཤིང་། ཡང་མཁས་པ་ཁ་ཅིག སེམས་སེམས་བྱུང་གཉིས་རྣམ་པ་མི་མཚུངས་པར་གསུངས་པ་ཀུན་གཞི་ཁས་ལེན་པའི་དབང་དུ་བྱས་གསུངས་པ་མི་ལེགས་ཏེ། ཀུན་བཏུས་ཊཱི་ཀར་གོང་བཞིན་དུ་གསུངས་པའི་ཕྱིར། རྒྱ་བའི་རྟོད་པ་དེའི་ལན་དངོས་ནི་བདེན་མོད་ཀྱི་ཞེས་སོགས་ཀྱིས་འཆད་ལ། དེ་ཡང་སེམས་བསྐྱེད་ཡིན་ན་སེམས་བྱུང་མ་ཡིན་དགོས་པ་བདེན་མོད་ཀྱང་། འདོད་པ་དེ་ལྟར་ཁས་བླངས་པའི་སྐྱོན་མེད་དེ། དེའི་མིང་སེམས་བསྐྱེད་ལ་བཏགས་པའི་ཕྱིར་ཏེ། དེ་ལྟར་འདོགས་པའི་ཆོས་གསུམ་ཚང་བའི་ཕྱིར། ཞེས་པའོ། །དེ་ལ་བརྟེན་ནས་དེ་ལ་གཞན་དོན་དོན་གཉེར་གྱི་འདུན་པའི་མིང་གི་བཏགས་པའང་ཤེས་པར་བྱའོ། །བྱང་ཆུབ་འདོད་པ་དང་གཞན་དོན་འདོད་པ་གཉིས་དུས་མཉམ་དུ་འབྱུང་བ་མ་ཡིན་ཏེ། ཕྱི་མས་རྒྱུ་བྱས་པ་ལས་སྔ་མ་འབྱུང་དགོས་པའི་ཕྱིར།

གཉིས་པ་མཐའ་དཔྱད་པ་ལ། སེམས་བསྐྱེད་སྐྱེ་བའི་རྟེན་དང་། བརྟེན་པ་སེམས་བསྐྱེད་བཤད་པའོ། །དང་པོ་ལ་གཉིས། ལུས་རྟེན་དང་། སེམས་རྟེན་ནོ། །

དང་པོ་ལ་ཁ་ཅིག སྨོན་སེམས་དངོས་སུ་གསར་དུ་སྐྱེ་བའི་ལུས་རྟེན་ཅན་ཡིན་ན། བདེ་འགྲོ་བ་ཡིན་དགོས། འཇུག་སེམས་དངོས་སུ་གསར་དུ་སྐྱེ་བའི་དེ་ཡིན་ན་སོ་ཐར་གྱི་སྡོམ་པ་རྒྱུད་ལྡན་ཡིན་དགོས་ཟེར་ན། དང་པོ་མི་འཐད་པར་ཐལ། དུད་འགྲོ་དང་དམྱལ་བ་པའི་རྟེན་ལ་སྨོན་སེམས་དངོས་སུ་གསར་དུ་སྐྱེ་བ་ཡོད་པའི་ཕྱིར། དེར་ཐལ། དུད་འགྲོ་དང་བྱང་ཆུབ་སེམས་དཔའི་གཞི་མཐུན་ཡོད་ཅིང་དམྱལ་བ་པ་དང་བྱང་ཆུབ་སེམས་དཔའི་གཞི་མཐུན་ཡོད་པའི་ཕྱིར། དེར་ཐལ། དེ་ཡོད་པར་རྒྱན་སོགས་ལས་གསུངས་པའི་ཕྱིར།

ཁོན་རེ། དེ་འདྲའི་གཞི་མཐུན་མེད་པར་ཐལ། དམྱལ་བ་པའི་རྟེན་ལ་ཐེག་ཆེན་སེམས་བསྐྱེད་ནས་སྐྱེས་པའི་ཚེ་དེ་བདེ་འགྲོ་བར་སོང་བའི་ཕྱིར། ཟེར་བ་མི་འཐད་དེ། དེ་ལྟར་ན། དེའི་ངན་འགྲོའི་གཟུགས་ཕུང་དང་བདེ་འགྲོའི་གཟུགས་ཕུང་གཉིས་འཕེན་བྱེད་ཀྱི་ལས་གཅིག་གིས་འཕངས་དགོས

有自方學者主張云：「彼二者同質是彼二者質相應之義。」非善也！又有學者云：「心心所二者行相不相應，乃依承許阿賴耶而說。」不善，因《集論釋》如上而闡述故。根本辯駁之直接回答，乃由「雖為正確……」等宣說，謂：「若是發心，須不是心所固然正確；然而如其主張而承許並無過失，因於發心假立彼之名故，因為具足如是安立之三法故。」依此亦當了知於彼取希求利他欲之名。欲求菩提與欲求利他二者非同時產生，因須由後者作因生起前者故。

第二、辨析有：生起發心之所依與講說能依之發心。生起發心之所依有二：身所依與心所依。

初者，有云：「若是具直接新生起願心之身所依須是善趣，若是直接新生起行心之身所依，相續中須具有別解脫律儀。」初者理應不應理，因有於傍生與地獄所依直接新生起願心故。理應如是，因有傍生與菩薩之同位，且有地獄者與菩薩之同位故。理應如是，因《大乘莊嚴經論》等言有彼故。

有云：「理應無如此之同位，因於地獄者之所依生起大乘發心時，彼已轉成善趣者故。」不應理，因若如是，彼之惡趣色蘊與善趣色蘊二者須由一能引業所牽引，故福業與非福業二者應成不相

པས་བསོད་ནམས་ཀྱི་ལས་དང་། བསོད་ནམས་མ་ཡིན་པའི་ལས་གཉིས་མི་འགལ་བར་ཐལ་བའི་ཕྱིར། རྩ་བའི་དམ་བཅའ་གཉིས་པ་ཡང་མི་འཐད་པར་ཐལ། འདོད་གཟུགས་ཀྱི་ལྷའི་རྟེན་ལ་འཇུག་སེམས་དངོས་སུ་གསར་དུ་སྐྱེ་བ་ཡོད་པའི་ཕྱིར། དེར་ཐལ། དེའི་རྟེན་ལ་འཇུག་སྒོམ་དངོས་སུ་གསར་དུ་སྐྱེ་བ་ཡོད་པའི་ཕྱིར་ཏེ། དེའི་རྟེན་ཅན་གྱི་འཇུག་སྒོམ་རྒྱུད་ལྡན་གྱི་བྱང་སེམས་ཡོད་པའི་ཕྱིར་ཏེ། དེའི་རྟེན་ཅན་གྱི་བྱང་འཕགས་ཡོད་པའི་ཕྱིར།

ཁ་ཅིག ལམ་མ་ཞུགས་ན་འཇུག་སྒོམ་ཡོད་ཟེར་བ་མི་འཐད་དེ། དེ་ན་འཇུག་སེམས་མེད་པའི་ཕྱིར། ཁྱབ་པར་ཐལ། འཇུག་སེམས་ལེན་པའི་ཆོག་དང་འཇུག་སྒོམ་ལེན་པའི་ཆོག་གཉིས་དོན་གཅིག་པར་གསུངས་པ་ལྟར་འཐད་པའི་ཕྱིར། དེ་ལ་འདིར་མ་ཁྱབ་ན། ལམ་མ་ཞུགས་ཀྱི་འཇུག་སྒོམ་དེ་འཇུག་སེམས་ལེན་པའི་ཆོག་ལས་བྱུང་བར་ཐལ་ལོ། །གཞན་ཡང་། ལམ་མ་ཞུགས་ན་ཐེག་ཆེན་གྱི་སྨོན་སེམས་ཡོད་པར་ཐལ། དེ་ན་ཐེག་ཆེན་གྱི་སྡོམ་པ་ཡོད་པའི་ཕྱིར། འདོད་ན། དེ་ན་ཐེག་ཆེན་གྱི་སེམས་ཡོད་པར་ཐལ། འདོད་པའི་ཕྱིར།

ཁ་ཅིག ངན་འགྲོ་བ་དང་བྱང་ཆུབ་སེམས་དཔའི་གཞི་མཐུན་ཡོད་ཀྱང་ངན་འགྲོའི་རྟེན་ཅན་ཡིན་ན་ངན་འགྲོ་བ་ཡིན་མི་དགོས་ཏེ། བདེ་འགྲོའི་རྟེན་ཅན་ཡིན་ན་བདེ་འགྲོ་བ་ཡིན་མི་དགོས་པའི་ཕྱིར་ཏེ། དེའི་རྟེན་ཅན་གྱི་སངས་རྒྱས་འཕགས་པ་དེ་བདེ་འགྲོ་བ་མ་ཡིན་པའི་ཕྱིར་ཟེར་བ་མི་འཐད་དེ། སྟོན་པ་ཤཱཀྱ་ཐུབ་པ་དེ་བདེ་འགྲོ་བ་ཡིན་པའི་ཕྱིར། དེར་ཐལ། དེ་མི་ཡིན་པའི་ཕྱིར་ཏེ། དེ་སོ་ཐར་གྱི་སྡོམ་པ་རྒྱུད་ལྡན་ཡིན་པའི་ཕྱིར།

གཞན་ཡང་། ངན་འགྲོའི་རྟེན་ཅན་ཡིན་ན་ངན་འགྲོ་བ་ཡིན་དགོས་པར་ཐལ། རི་དྭགས་རུ་རུའི་གཟུགས་བརྙན་ཅན་གྱི་བྱང་འཕགས་དེ་དུད་འགྲོའི་རྟེན་ཅན་མ་ཡིན་པའི་ཕྱིར། དེར་ཐལ། དེ་དེའི་རྟེན་ལ་མི་གནས་པའི་ཕྱིར་ཏེ། དེའི་སྔོན་དུས་ཀྱི་སྲིད་པའི་རྟེན་ལ་མི་གནས་པའི་ཕྱིར་ཏེ། དེ་དུད་འགྲོ་མ་ཡིན་པའི་ཕྱིར།

གཞན་ཡང་། དེ་དེའི་རྟེན་ལ་མི་གནས་པར་ཐལ། དེ་དེའི་གཟུགས་ཕུང་ལ་མི་གནས་པའི་ཕྱིར་ཏེ། དེས་དེ་སྤྲུངས་པའི་ཕྱིར་ཏེ། དེ་མཐོང་སྤྲུངས་ཡིན་པའི་ཕྱིར།

違故。第二根本宗理應亦不應理，因欲色天之所依有直接新生起行心故。理應如是，因彼之所依有直接新生起行心律儀故，因有具彼之所依相續中具有行心律儀之菩薩故，因有具彼之所依之菩薩聖者故。

有云：「未入道有行心律儀。」不應理，因彼無行心故。理應周遍，因就如宣說「受行心儀軌」與「受行心律儀儀軌」二者同義般是應理故。於彼，若答今此不周遍，則成未入道之行心律儀從受行心儀軌而生。再者，未入道理應有大乘之斷心，因於彼有大乘律儀故。若許，於彼理應有大乘心，因許故。

有云：「雖有惡趣者與菩薩之同位，但若是具惡趣所依不須是惡趣者，因若是具善趣所依不須是善趣者故，因具彼之所依之佛聖者非善趣者故。」不應理，因導師釋迦牟尼是善趣者故。理應如是，因彼是人故，因彼相續中具別解脫律儀故。

再者，若是具惡趣所依理應須是惡趣者，因具有動物斑鹿之影像的菩薩聖者非具傍生所依故。理應如是，因彼不住彼之所依故，因彼不住彼之本有所依故，因彼非傍生故。

再者，彼理應不住彼之所依，因彼不住彼之色蘊故，因彼斷彼故，因彼是見斷故。

གཉིས་པ་ལ། ཁ་ཅིག ཐེག་ཆེན་སེམས་བསྐྱེད་ཀྱི་སེམས་རྟེན་དུ་གཞན་དོན་དུ་རྫོགས་བྱང་དོན་གཉེར་གྱི་བློ་སོགས་རིགས་ཀྱི་སྙིང་རྗེ་ཆེན་པོ་དང་དད་པ་སོགས་མི་རིགས་ཏེ། དེ་དག་དང་སེམས་བསྐྱེད་ཀྱི་གཞི་མཐུན་མེད་པའི་ཕྱིར། ཁྱབ་སྟེ། སེམས་བསྐྱེད་ཀྱི་རྟེན་དང་བརྟེན་པའི་དོན། གཞན་མ་ཡིན་པར་བརྟེན་པ་རྟེན་དེའི་ངོ་བོར་སོང་བ་ཅིག་ལ་བྱེད་དགོས་པའི་ཕྱིར་གསུངས་པ་མི་འཐད་དེ། སྤྱིར་ཁམས་གསུམ་གང་ཡང་རུང་བའི་སེམས་ཀྱི་སེམས་རྟེན་བྱས་པ་ལ་དེ་ལྟར་དགོས་པའི་དབང་དུ་མཛད་ཀྱི་སྙིང་རྗེ་ཆེན་པོ་དང་དད་པ་སོགས་དེའི་སེམས་རྟེན་དུ་ཁས་བླངས་པ་ལ་ཉེས་པ་མེད་པའི་ཕྱིར།

གཉིས་པ་བརྟེན་པ་སེམས་བསྐྱེད་ རབ་ཕྱེ་ ལ། ངོ་བོ་ རབ་ཕྱེ་ དང་། དབྱེ་བ་ རབ་ཕྱེ་ གཉིས།

དང་པོ་ལ་ཁ་ཅིག གཞན་དོན་དུ་རྫོགས་བྱང་ཐོབ་པར་འདོད་པའི་འདོད་པ་དང་མཚུངས་ལྡན་དུ་གྱུར་པའི་སེམས་ཁྱད་པར་ཅན་དེ། ཐེག་ཆེན་སེམས་བསྐྱེད་ཀྱི་མཚན་ཉིད་ཟེར་བ་མི་འཐད་དེ། བྱང་སེམས་ཚོགས་ལམ་པའི་རྒྱུད་ཀྱི་ཐེག་ཆེན་སེམས་བསྐྱེད་ལྟ་བུ་གཞན་དོན་དུ་རྫོགས་བྱང་ཐོབ་པར་འདོད་པའི་འདོད་པ་དང་མཚུངས་ལྡན་མ་ཡིན་པའི་ཕྱིར་ཏེ། དེ་དང་མཚུངས་ལྡན་རྣམ་པ་ལྔ་མཚུངས་མ་ཡིན་པའི་ཕྱིར། དེར་ཐལ། དེ་འདྲའི་འདོད་པའི་བདག་རྐྱེན་ཡིན་ན། དེའི་རྒྱུད་ཀྱི་ཐེག་ཆེན་སེམས་བསྐྱེད་ཀྱི་བདག་རྐྱེན་ཡིན་མི་དགོས་པའི་ཕྱིར་ཏེ། དེ་འདྲའི་འདོད་པའི་བདག་རྐྱེན་དང་བྱང་སེམས་སྦྱོར་ལམ་པའི་རྒྱུད་ཀྱི་ཐེག་ཆེན་སེམས་བསྐྱེད་ཀྱི་བདག་རྐྱེན་གྱི་གཞི་མཐུན་ཁྱེད་ཀྱིས་ཁས་བླངས་པའི་ཕྱིར་ཏེ། ཁྱོད་ཀྱི་རྩ་བའི་མཚན་ཉིད་དེ་འཐད་པའི་ཕྱིར།

ཁ་ཅིག གཞན་དོན་དུ་རྫོགས་བྱང་ལ་དམིགས་ཤིང་རང་གི་གྲོགས་སུ་གྱུར་པའི་འདོད་པ་དང་མཚུངས་ལྡན་དུ་གྱུར་པའི་སེམས་ཁྱད་པར་ཅན་དེ། ཐེག་ཆེན་སེམས་བསྐྱེད་ཀྱི་མཚན་ཉིད་ཟེར་བ་མི་འཐད་དེ། སངས་རྒྱས་འཕགས་པའི་ཐུགས་རྒྱུད་ཀྱི་མིག་གི་རྣམ་པར་ཤེས་པ་སོགས་ཀྱིས་མ་ངེས་པའི་ཕྱིར་དང་། ལམ་མ་ཞུགས་ན་མཚན་ཉིད་དེ་ཡོད་པའི་ཕྱིར།

ཡང་ཁ་ཅིག རང་རྒྱུ་གཞན་དོན་དོན་གཉེར་གྱི་འདུན་པ་ལས་བྱུང་ཞིང་རང་གི་གྲོགས་བྱང་ཆུབ་འདུན་པ་དང་མཚུངས་ལྡན་དུ་བྱུང་བའི་ཐེག་ཆེན་གྱི་ལམ་དུ་གྱུར་པའི་གཙོ་བོ་ཡིད་ཀྱི་རྣམ་རིག ཐེག་

第二，有云：「為利他追求圓滿菩提之覺知等是大乘發心之心所依合理，大悲與信等不合理，因無彼等與發心之同位故。周遍，因承許發心之所依與能依之義，即〔二者〕非異而能依必須轉成所依之體性故。」不應理，因〔彼〕指一般作三界隨一心之心所依須如此而言，主張大悲與信等為彼之心所依無過故。

第二、講說能依之發心，有講說體性與講說分類二者。

初者，有云：「與為利他希求獲得圓滿菩提之欲求相應之特殊心，乃大乘發心之性相。」不應理，因如資糧道菩薩相續之大乘發心，非與為利他希求圓滿菩提之欲求相應故，因非與彼五相相應故。理應如是，因若是如此欲求之增上緣不須是彼之相續大乘發心之增上緣故，因汝承許如此欲求之增上緣與加行道菩薩相續大乘發心之增上緣的同位故，因汝之根本性相應理故。

有云：「為利他緣圓滿菩提，且與自助伴欲求相應之特殊心，是大乘發心之性相。」不應理，因佛聖者心相續之眼識等不定，以及未入道有彼性相故。

又有云：「由自因追求利他之欲而生起，且與自助伴菩提欲相應之大乘道之主要意了別，是大乘發心之性相。」不應理，因佛聖

ཆེན་སེམས་བསྐྱེད་ཀྱི་མཚན་ཉིད་ཟེར་བ་མི་འཐད་དེ། སངས་རྒྱས་འཕགས་པའི་ཐུགས་རྒྱུད་ཀྱི་གང་ཟག་གི་བདག་མེད་མངོན་སུམ་དུ་རྟོགས་པའི་ཡིད་ཀྱི་རྣམ་པར་ཤེས་པ་དེ་མཚན་ཉིད་དེ་གང་ཞིག ཐེག་ཆེན་སེམས་བསྐྱེད་མ་ཡིན་པའི་ཕྱིར། ཕྱི་མ་དེར་ཐལ། དེ་ཐེག་ཆེན་གྱི་རྟོགས་རིགས་སུ་མི་གནས་པའི་ཕྱིར།

དེ་ལ་ཁོན་རེ། མ་ཁྱབ་སྟེ། གང་ཟག་གི་བདག་མེད་མངོན་སུམ་དུ་རྟོགས་པའི་ཐེག་ཆེན་སེམས་བསྐྱེད་དེ་ཐེག་ཆེན་གྱི་རྟོགས་རིགས་སུ་མི་གནས་པའི་ཕྱིར། དེར་ཐལ། དེ་ཉན་ཐོས་ཀྱི་རྟོགས་རིགས་སུ་གནས་པའི་ཕྱིར། དེར་ཐལ། དེ་ཡོད་པ་གང་ཞིག གང་ཟག་གི་བདག་མེད་མངོན་སུམ་དུ་རྟོགས་པའི་ཡེ་ཤེས་དེ་ཉན་ཐོས་ཀྱི་རྟོགས་རིགས་སུ་གནས་པའི་ཕྱིར། ཟེར་ན་མ་ཁྱབ་སྟེ། གང་ཟག་གི་བདག་མེད་མངོན་སུམ་དུ་རྟོགས་པའི་ཐེག་ཆེན་སེམས་བསྐྱེད་དེ་ཉན་ཐོས་ཀྱི་རྟོགས་རིགས་སུ་མི་གནས་པའི་ཕྱིར། དེར་ཐལ། དེ་ཐེག་ཆེན་གྱི་རྟོགས་རིགས་སུ་གནས་པའི་ཕྱིར། དེར་ཐལ། དེ་ཡོད་པའི་ཕྱིར་ཏེ། སངས་རྒྱས་འཕགས་པའི་ཐུགས་རྒྱུད་ཀྱི་ཐེག་ཆེན་སེམས་བསྐྱེད་དེ་དེ་ཡིན་པའི་ཕྱིར།

ཁ་ཅིག སྨོན་པའི་རྟེན་གྱི་ཐེག་ཆེན་སེམས་བསྐྱེད་དང་། ཐེག་ཆེན་ཀུན་རྫོབ་སེམས་བསྐྱེད་གཉིས་དོན་མི་གཅིག་སྟེ། དང་པོ་དེ་ཡིན་ན་རང་གི་དམིགས་ཡུལ་དུ་གྱུར་པའི་གཟུགས་སྐུ་ཡོད་པས་མ་ཁྱབ་ཅིང་། གཉིས་པ་དེ་ཡིན་ན་དེ་ཡོད་པས་ཁྱབ་པའི་ཕྱིར་ཟེར་ན། དང་པོ་དེ་ཁྱབ་པར་ཐལ། བྱང་ཆུབ་སེམས་དཔའ་ཡིན་ན། རང་གི་དོན་དུ་གཉེར་བྱའི་གཙོ་བོར་གྱུར་པའི་གཟུགས་སྐུ་ཡོད་པས་ཁྱབ་པའི་ཕྱིར། དེར་ཐལ། བྱང་ཆུབ་སེམས་དཔའ་ཡིན་ན། ཆོས་གཟུགས་ཀྱི་སྐུ་གཉིས་ཀྱི་ནང་ནས། གཟུགས་སྐུ་དོན་དུ་གཉེར་བྱའི་གཙོ་བོར་བྱེད་པས་ཁྱབ་པར་རྗེའི་གསུང་ལས་འབྱུང་བའི་ཕྱིར།

རང་ལུགས་ཀྱི་མཚན་ཉིད་དེ་ལ་ཁ་ཅིག སངས་རྒྱས་འཕགས་པའི་ཐུགས་རྒྱུད་ཀྱི་ཐེག་ཆེན་སེམས་བསྐྱེད་ཆོས་ཅན། ཐེག་ཆེན་ལམ་གྱི་འཇུག་སྒོ་ཡིན་པར་ཐལ། ཐེག་ཆེན་སེམས་བསྐྱེད་ཡིན་པའི་ཕྱིར་ཟེར་ན། འདོད་པ་ཡིན་ཏེ། དེའི་ཐུགས་རྒྱུད་ལ་ཐེག་ཆེན་ལམ་གྱི་འཇུག་སྒོ་ཡོད་པའི་ཕྱིར། དེར་ཐལ། དེའི་རྒྱུད་ལ་ཐེག་ཆེན་ལམ་གྱི་རྩ་བ་ཡོད་པའི་ཕྱིར་ཏེ། དེའི་ཐུགས་རྒྱུད་ལ་དགེ་བའི་རྩ་བ་ཡོད་པའི་ཕྱིར།

者心相續之現證補特伽羅無我之意識是彼性相，且非大乘發心故。後項理應如是，因彼不住大乘證類故。

於彼有云：「不周遍，因現證補特伽羅無我之大乘發心不住大乘證類故。理應如是，因彼住聲聞證類故。理應如是，因彼存在，且現證補特伽羅無我之本智住聲聞證類故。」不周遍，因現證補特伽羅無我之大乘發心不住聲聞證類故。理應如是，因彼住大乘證類故。理應如是，因彼存在故，因佛聖者心相續之大乘發心是彼故。

有云：「行為所依之大乘發心與大乘世俗發心二者不同義，因若是初者不周遍有自所緣境之色身，且若是第二周遍有彼故。」初者理應周遍，因若是菩薩周遍有自主要所求之色身故。理應如是，因宗大師著作中言，若是菩薩周遍將法色二身中色身作為主要所求故。

對自宗之性相，有云：「佛聖者心相續之大乘發心為有法，理應是大乘道之入門，因是大乘發心故。」承許，因彼之心相續有大乘道之入門故。理應如是，因彼之相續有大乘道之根本故，因彼之相續有善根故。

གཞན་ཡང་། ལམ་རིམ་ལས། ཐེག་པ་ཆེན་པོའི་འཇུག་སྒོ་སེམས་བསྐྱེད་དུ་བསྟན་པ། ཞེས་དང་། རྣམ་བཤད་ལས། ཐེག་པ་ཆེན་པོའི་འཇུག་སྒོ་ཐེག་པ་ཆེན་པོའི་སེམས་བསྐྱེད་དུ་ཤེས་པའི་ཆེད་དུ། ཞེས་གསུངས་པ་མི་འཐད་པར་ཐལ། ཐེག་ཆེན་སེམས་བསྐྱེད་ཡིན་ན། ཐེག་ཆེན་ལམ་གྱི་འཇུག་སྒོ་ཡིན་པས་མ་ཁྱབ་པའི་ཕྱིར།

ཁ་ཅིག ཐོགས་མེད་སྐུ་མཆེད་ཀྱི་ལུགས་ལ་ཐེག་ཆེན་སེམས་བསྐྱེད་སེམས་བྱུང་ཡིན་པར་ཐལ། བྱང་ས་ལས། བྱང་ཆུབ་སེམས་དཔའ་རྣམས་ཀྱི་སྨོན་ལམ་གྱི་མཆོག་ནི་སེམས་བསྐྱེད་པའོ། །ཞེས་དང་། མདོ་སྡེའི་རྒྱན་གྱི་འགྲེལ་པ་ལས། ཡོན་ཏན་གསུམ་དང་གཉིས་ལ་དམིགས་པ་དང་ལྡན་པའི་སེམས་པ་ནི་སེམས་བསྐྱེད་པ་ཞེས་བྱའོ། ཞེས་དང་། མདོ་སྡེའི་རྒྱན་རྩ་བར། བརྟན་པ་རྣམས་ཀྱི་སྨོན་ལམ་ནི། །སེམས་པ་འདུན་དང་བཅས་པ་སྟེ། །ཞེས་གསུངས་པའི་ཕྱིར་ན། མ་ཁྱབ་སྟེ། ལུང་དེ་རྣམས་ཀྱིས་ཐེག་ཆེན་སེམས་བསྐྱེད་ལ་སྨོན་ལམ་དང་སེམས་པའི་མིང་གིས་བཏགས་ནས་བཤད་པའི་ཕྱིར། དེ་ལྟར་མ་ཡིན་ན། མདོ་སྡེའི་རྒྱན་རྩ་འགྲེལ་གྱི་ལུགས་ལ། ཐེག་ཆེན་སེམས་བསྐྱེད་སེམས་བྱུང་ཡིན་པ་མི་འཐད་པར་ཐལ། མདོ་སྡེ་རྒྱན་ལས། སྤྲོ་བ་ཆེ་དང་རྩོམ་པ་ཆེ། །དོན་ཆེ་བ་དང་འབྱུང་བ་ཆེ། །བྱང་ཆུབ་སེམས་དཔའི་སེམས་པ་སྟེ། །དོན་གཉིས་ལྡན་པའི་སེམས་འབྱུང་བ། །ཞེས་པས་ཐེག་ཆེན་སེམས་བསྐྱེད་གཙོ་བོ་སེམས་སུ་བསྟན་པར་འགྲེལ་ཆེན་ལས་གསུངས་པའི་ཕྱིར།

གཞན་ཡང་། མངོན་རྟོགས་རྒྱན་རྩ་འགྲེལ་གྱི་ལུགས་ལ། ཐེག་ཆེན་སེམས་བསྐྱེད་སེམས་བྱུང་ཡིན་པར་ཐལ། དེ་ལས་ཐེག་ཆེན་སེམས་བསྐྱེད་ལ་སྨོན་ལམ་དང་འདོད་པའི་མིང་གིས་གསུངས་པ་ཡོད་པའི་ཕྱིར། ཁྱབ་པ་ཁས། འདོད་མི་ནུས་ཏེ། ཉི་སྣང་ལས། སེམས་བསྐྱེད་པ་ཞེས་བྱ་བ་ལ་སེམས་ནི་རྣམ་པར་ཤེས་པ་སྟེ་རྣམ་པར་རིག་པའོ། །རྣམ་པར་ཤེས་པ་གང་ཡིན་ཞེ་ན། ཡིད་ཀྱི་རྣམ་པར་ཤེས་པ་སྟེ་དཀར་པོའི་ཆོས་ཐམས་ཅད་ལ་དམིགས་པ་ནི་དེ་ལ་སྲིད་པའི་ཕྱིར་རོ། །ཞེས་དང་། འགྲེལ་པ་འདིར་ཡང་། བདེན་མོད་ཀྱི་འོན་ཀྱང་འདིར་དགེ་བའི་ཆོས་ལ་འདུན་པའི་མཚན་ཉིད། ཅེས་གསུངས་པའི་ཕྱིར།

གཉིས་པ་དབྱེ་བ་ནི། ཐེག་ཆེན་སེམས་བསྐྱེད་ལ་སྒྲས་བརྗོད་རིགས་ཀྱི་སྒོ་ནས་དབྱེ་ན། དོན་

◆現觀辨析（上）

再者，道次第云：「顯示入大乘門是發心。」與《心要莊嚴疏》云：「為了知大乘之入門是大乘發心。[50]」理應不應理，因若是大乘發心，不周遍是大乘道之入門故。

有云：「於無著兄弟宗，大乘發心理應是心所，因〈菩薩地〉云：『菩薩等勝願乃是發心。』與《大乘莊嚴經論釋》云：『具有緣二與三德之思乃是發心。』以及《大乘莊嚴經論》根本頌云：『諸善士之願，即具欲求思。』故。」不周遍，因彼等論對大乘發心取「願」或「思」名而闡述故。若非如此，於《大乘莊嚴經論》根本頌與論釋宗，大乘發心理應非心所，因《大乘莊嚴經論》云：「勇猛及方便，利益及出離，四大三功德，二義故心起。[51]」如是顯示大乘發心是心王，即《莊嚴光明釋》所說故。

再者，於《現觀莊嚴論》根本頌與釋論宗，大乘發心理應是心所，因彼有云大乘發心用「願」與「欲求」之名故。承許周遍，不能許，因《二萬頌光明釋》云：「所謂發心，心乃識、了別；何謂識？乃意識，〔其〕緣一切白法，於此有故。」《明義釋》亦云：「無誤，然此為欲善法性。」故。

第二、分類，大乘發心堪以聲詮之門可分為二：勝義發心與世

དམ་སེམས་བསྐྱེད་དང་། ཀུན་རྫོབ་སེམས་བསྐྱེད་གཉིས།

དང་པོ་ལ་ཁ་ཅིག རྫོགས་པའི་བྱང་ཆུབ་ཀྱི་གནས་ལུགས་ལ་གཉིས་སྣང་ཉུབ་པའི་ཐེག་ཆེན་གྱི་གཙོ་བོ་ཡིད་ཀྱི་རྣམ་རིག་དེ། དོན་དམ་སེམས་བསྐྱེད་ཀྱི་མཚན་ཉིད་ཟེར་བ་མི་འཐད་དེ། སངས་རྒྱས་འཕགས་པའི་ཐུགས་རྒྱུད་ཀྱི་ཀུན་རྫོབ་སེམས་བསྐྱེད་དེ་མཚན་ཉིད་དེ་གང་ཞིག དོན་དམ་སེམས་བསྐྱེད་མ་ཡིན་པའི་ཕྱིར། ཕྱི་མ་དེར་ཐལ། དེ་ཐེག་ཆེན་གྱི་ཤེས་རབ་ཀྱི་རྟོགས་རིགས་སུ་མི་གནས་པའི་ཕྱིར་ཏེ། དེ་ཐེག་ཆེན་གྱི་ཐབས་ཀྱི་རྟོགས་རིགས་སུ་གནས་པའི་ཕྱིར།

རང་ལུགས་ནི། རྫོགས་པའི་བྱང་ཆུབ་ཀྱི་གནས་ལུགས་ལ་གཉིས་སྣང་ཉུབ་ཅིང་ཐེག་ཆེན་གྱི་ཤེས་རབ་ཀྱི་རྟོགས་རིགས་སུ་གནས་པའི་ཐེག་ཆེན་འཕགས་པའི་གཙོ་བོ་ཡིད་ཀྱི་རྣམ་རིག་དེ། དོན་དམ་སེམས་བསྐྱེད་ཀྱི་མཚན་ཉིད།

ཁ་ཅིག བྱང་སེམས་སྦྱོར་ལམ་པའི་རྒྱུད་ཀྱི་སྟོང་ཉིད་མངོན་སུམ་དུ་རྟོགས་པའི་སེམས་དེ་དོན་དམ་སེམས་བསྐྱེད་ཡིན་ཟེར་བ་མི་འཐད་དེ། དེ་ལ་གནས་པའི་དོན་དམ་པའི་བྱང་ཆུབ་སེམས་དཔའ་མེད་པའི་ཕྱིར། དེར་ཐལ། འཇུག་པ་ལས། དེ་ནས་བཟུང་སྟེ་དེ་ནི་ཐོབ་པར་གྱུར་པ་ཡི། །བྱང་ཆུབ་སེམས་དཔའ་ཞེས་བྱའི་སྒྲ་ཉིད་ཀྱིས་བསྙད་དོ། །ཞེས་དོན་དམ་པའི་བྱང་ཆུབ་སེམས་དཔའི་མ་མཐའི་ས་མཚམས་ས་དང་པོ་ནས་བཟུང་བའི་ཕྱིར།

ཁ་ཅིག དོན་དམ་སེམས་བསྐྱེད་ཀྱིས་ཐེག་ཆེན་སེམས་བསྐྱེད་ཀྱི་གོ་ཆོད་ཟེར་བ་མི་འཐད་དེ། དེ་མི་ཆོད་པར་སྤྱོད་འཇུག་ཊཱི་ཀྐ་ལས་གསུངས་པའི་ཕྱིར་ཏེ། ཐེག་ཆེན་སེམས་བསྐྱེད་དང་ཐེག་ཆེན་ཀུན་རྫོབ་སེམས་བསྐྱེད་གཉིས་དོན་གཅིག་པར་གསུངས་པའི་ཕྱིར།

ཡང་ཐེག་ཆེན་སེམས་བསྐྱེད་ལ་དབྱེ་ན། སྨོན་སེམས་དང་། འཇུག་སེམས་གཉིས།

ཁ་ཅིག ཐེག་ཆེན་སེམས་བསྐྱེད་གཞིར་བྱས་ལ་ཚོགས་མ་བླངས་པ་དང་བླངས་པའི་སྒོ་ནས་དེ་གཉིས་ཀྱི་འཇོག་བྱེད་སྨྲ་བ་མི་འཐད་དེ། སྨོན་སེམས་ལེན་པའི་ཆོ་ག་ཡོད་པའི་ཕྱིར་ཏེ། སངས་རྒྱས་ཆོས་དང་ཚོགས་ཀྱི་མཆོག་རྣམས་ལ། །ཞེས་སོགས་དེ་དེ་ཡིན་པའི་ཕྱིར།

俗發心。

初者，有云：「於圓滿菩提之實相二現隱沒之大乘主要意了別，是勝義發心之性相。」不應理，因佛聖者心相續之世俗發心是彼性相，且非勝義發心故。後項理應如是，因彼不住大乘智慧證類故，因彼住大乘方便證類故。

自宗：「對圓滿菩提之實相二現隱沒，且住大乘智慧證類之大乘聖者之主要意了別」，是勝義發心之性相。

有云：「加行道菩薩相續之現證空性之心是勝義發心。」不應理，因無住彼之勝義菩薩故。理應如是，因《入中論》云：「從此由得彼心故，唯以菩薩名稱說。[52]」如此識別勝義菩薩之最底界限從初地故。

有云：「勝義發心能充當大乘發心。」不應理，因《入行論廣釋》言彼不能故，因有宣說大乘發心與大乘世俗發心二者同義故。

又大乘發心可分為二：願心與行心。

有云：「同是大乘發心，以由儀軌受與否之門承許為彼二者之能安立。」不應理，因有受願心之儀軌故，因「諸佛正法眾中尊……[53]」等文是彼故。

ཁ་ཅིག དེ་གཞིར་བྱས་ལ་རྣམ་མཁྱེན་དོན་གཉེར་གྱི་དྲན་འདུན་དུ་རེ་བས་དངོས་སུ་མ་ཟིན་པ་དང་ཟིན་པའི་སྐོར་ནས་དེ་གཉིས་ཀྱི་འཇོག་བྱེད་སྨྲ་བ་མི་འཐད་དེ། ཐེག་ཆེན་སེམས་བསྐྱེད་ཡིན་ན་རང་གི་གྲོགས་སུ་གྱུར་པའི་རྣམ་མཁྱེན་དོན་གཉེར་གྱི་དྲན་འདུན་དུ་རེ་བ་དང་མཚུངས་ལྡན་ཡིན་དགོས་པའི་ཕྱིར། དེར་ཐལ། དེ་ཡིན་ན་རང་གི་གྲོགས་སུ་གྱུར་པའི་བྱང་ཆུབ་དོན་གཉེར་གྱི་འདུན་པ་དང་མཚུངས་ལྡན་ཡིན་དགོས་པའི་ཕྱིར།

ཡོད་དེ། རྟགས་མ་གྲུབ་སྟེ། ཐེག་ཆེན་མཐོང་ལམ་བར་ཆད་མེད་ལམ་ལ་གནས་པའི་སེམས་དཔའི་རྒྱུད་ཀྱི་ཐེག་ཆེན་སེམས་བསྐྱེད་རྣམ་མཁྱེན་དོན་གཉེར་གྱི་དྲན་འདུན་དུ་རེ་བས་དངོས་སུ་མ་ཟིན་པའི་ཕྱིར་ཞེ་ན། ཁས་བླངས་ནང་འགལ་བས་མི་འཐད་དེ། དེའི་རྒྱུད་ལ་ཐེག་ཆེན་སེམས་བསྐྱེད་དང་རྣམ་མཁྱེན་དོན་གཉེར་གྱི་དྲན་འདུན་དུ་རེ་བ་གཉིས་ཀ་མངོན་གྱུར་དུ་ཡོད་པའི་ཕྱིར། དེར་ཐལ། དེའི་རྒྱུད་ལ་དེ་གཉིས་ཀ་དངོས་སུ་ཡོད་པའི་ཕྱིར་ཏེ། དེའི་རྒྱུད་ལ་དེ་གཉིས་ཀ་ཡོད་པར་ཁྱོད་རང་གིས་ཁས་བླངས་པའི་ཕྱིར།

ཁ་ཅིག དེ་གཞིར་བྱས་ལ་སྦྱོར་བ་ཉམས་ལེན་གྱི་བྱ་བས་མ་ཟིན་པ་དང་ཟིན་པའི་སྐོར་ནས་དེ་གཉིས་ཀྱི་འཇོག་བྱེད་སྨྲ་བ་ཡང་མི་འཐད་དེ། ཐེག་ཆེན་སེམས་བསྐྱེད་ཡིན་ན་སྦྱོར་བ་ཉམས་ལེན་གྱི་བྱ་བས་ཟིན་པས་ཁྱབ་པའི་ཕྱིར་ཏེ། གོ་སྒྲུབ་ཡིན་ན་དེས་ཟིན་པས་ཁྱབ་པའི་ཕྱིར་ཏེ། དེ་ཡིན་ན་ཕར་ཕྱིན་གྱི་ཉམས་ལེན་གྱི་བྱ་བས་ཟིན་པས་ཁྱབ་པའི་ཕྱིར།

ཡང་ཁ་ཅིག འཇུག་སྡོམ་མ་ཐོབ་པའི་གང་ཟག་གི་རྒྱུད་ཀྱི་ཐེག་ཆེན་སེམས་བསྐྱེད་དང་དེ་ཐོབ་པའི་གང་ཟག་གི་རྒྱུད་ཀྱི་ཐེག་ཆེན་སེམས་བསྐྱེད་གཉིས་རིམ་པ་བཞིན་དུ་དེ་གཉིས་ཀྱི་འཇོག་བྱེད་དུ་སྨྲ་བ་མི་འཐད་དེ། འཇུག་སྡོམ་ཐོབ་ནས་ཀྱང་སྨོན་སེམས་ཡོད་པའི་ཕྱིར་ཏེ། ས་རབ་དགའ་ཐོབ་ནས་ཀྱང་སྨོན་སེམས་ཡོད་པའི་ཕྱིར། དེར་ཐལ། རྣམ་བཤད་ལས། སྨོན་སེམས་ནི་ཚོགས་ལམ་ནས་བཟུང་སྟེ་ས་ཐོབ་ནས་ཀྱང་ཁས་བླངས་པ་ལ་ཉེས་པ་མེད་པར་མངོན་ཏེ། ས་ཐོབ་ནས་སྟོང་པ་ཉིད་ཀྱི་དོན་མངོན་སུམ་དུ་རྟོགས་ཀྱང་། དེས་དངོས་སུ་མ་ཟིན་པའི་སེམས་བསྐྱེད་སྐབས་དུ་མར་འབྱུང་བའི་ཕྱིར་རོ། ཞེས་གསུངས་པའི་ཕྱིར།

有云：「同是大乘發心，以憶念追求一切相智之持續希求直接攝持與不攝持門而承許彼二者之能安立。」不應理，因若是大乘發心，須與自助伴之憶念追求一切相智之持續希求相應故。理應如是，因若是彼須與自助伴追求菩提之欲相應故。

有云：「因不成，因住大乘見道無間道之菩薩相續之大乘發心，未被憶念追求一切相智之持續希求直接攝持故。」彼主張自相矛盾，故不應理，因彼之相續有大乘發心與憶念追求一切相智之持續希求二者現行故。理應如是，因彼之相續確實有彼二者故，因汝承許彼之相續有彼二者故。

有云：「同是大乘發心，以受修持行為之動作所攝持與不攝持之門承許彼二者之能安立。」不應理，因若是大乘發心周遍受修持行為之動作所攝持故，因若是擐甲正行周遍被彼攝持故，因若是彼周遍被修持般若波羅蜜多之動作所攝持故。

又有云：「未得行心律儀之補特伽羅相續之大乘發心與得彼之補特伽羅相續之大乘發心二者，依次為彼二者之能安立。」不應理，因縱得行心律儀仍有願心故，因縱得歡喜地仍有願心故。理應如是，因《心要莊嚴疏》云：「顯見願心始自資糧道，而主張登地後亦有，並無過失。因登地後雖現證空性義，然而多時生起彼未直接攝持之發心故。[54]」

གསུང་འདིའི་དོན་ལ་ཁ་ཅིག ས་ཐོབ་པ་ཡན་ཆད་ཀྱི་སྟོང་ཉིད་མངོན་སུམ་དུ་རྟོགས་པའི་ཤེས་རབ་ཀྱིས་དངོས་སུ་མ་ཟིན་པའི་སེམས་བསྐྱེད་ཡིན་ན། སྨོན་སེམས་ཡིན་པས་ཁྱབ་པར་བཞེད་པ་མི་འཐད་དེ། དེ་ཡན་ཆད་ཀྱི་འཇུག་སེམས་ཡིན་ན་ཤེས་རབ་དེས་དངོས་སུ་ཟིན་པས་མ་ཁྱབ་པའི་ཕྱིར། དེར་ཐལ། དེ་ཡན་ཆད་ཀྱི་ཕར་ཕྱིན་དང་པོ་ལྔའི་ཉམས་ལེན་གྱི་བྱ་བས་དངོས་སུ་ཟིན་པའི་སེམས་བསྐྱེད་ཡིན་ན། ཤེས་རབ་ཀྱི་ཕར་ཕྱིན་གྱི་ཉམས་ལེན་གྱི་བྱ་བས་དངོས་སུ་ཟིན་པས་མ་ཁྱབ་པའི་ཕྱིར།

གཞན་ཡང་། བྱང་སེམས་ས་གཉིས་པ་བའི་རྒྱུད་ཀྱི་ཐེག་ཆེན་སེམས་བསྐྱེད་ཡིན་ན། དེའི་རྒྱུད་ཀྱི་སྟོང་ཉིད་མངོན་སུམ་དུ་རྟོགས་པའི་ཤེས་རབ་ཀྱིས་དངོས་སུ་ཟིན་པས་ཁྱབ་པར་ཐལ། བྱང་སེམས་ས་གཉིས་པ་བ་ཡིན་ན་སྟོང་ཉིད་མངོན་སུམ་དུ་རྟོགས་པས་ཁྱབ་པའི་ཕྱིར། མ་གྲུབ་ན་སོང་། དེར་ཐལ། ས་གཉིས་པའི་རྗེས་ཐོབ་ལ་གནས་པའི་སེམས་དཔའ་ཡིན་ན། དེ་མངོན་སུམ་དུ་མ་རྟོགས་པས་མ་ཁྱབ་པའི་ཕྱིར། མ་གྲུབ་ན་སོང་། དེར་ཐལ། དེ་ལ་གནས་པའི་སེམས་དཔའི་རྒྱུད་ཀྱི་ཐེག་ཆེན་སེམས་བསྐྱེད་ཡིན་ན། དེས་དངོས་སུ་མ་ཟིན་པའི་སེམས་བསྐྱེད་ཡིན་མི་དགོས་པའི་ཕྱིར། མ་གྲུབ་ན་སོང་། དེར་ཐལ། དེ་ཡིན་ན་སྨོན་སེམས་ཡིན་མི་དགོས་པ་གང་ཞིག ས་ཐོབ་པ་ཡན་ཆད་དུ་ཤེས་རབ་དེས་དངོས་སུ་མ་ཟིན་པའི་སེམས་བསྐྱེད་ཡིན་ན། སྨོན་སེམས་ཡིན་པས་ཁྱབ་པའི་ཕྱིར། ཕྱི་མ་ཁས།

དང་པོ་དེར་ཐལ། དེ་ལ་གནས་པའི་སེམས་དཔའི་རྒྱུད་ལ་འཇུག་སེམས་ཡོད་པའི་ཕྱིར་ཏེ། དེའི་རྒྱུད་ལ་འཇུག་སྡོམ་ཡོད་པའི་ཕྱིར། ཁྱབ་པར་ཐལ། འཇུག་སེམས་དང་འཇུག་སྡོམ་གཉིས་གཙོ་འཁོར་ཡིན་པའི་ཕྱིར། རྩ་བར་འདོད་ན། འོ་ན་བྱང་སེམས་ས་གཉིས་པ་བའི་རྒྱུད་ཀྱི་ཐེག་ཆེན་སེམས་བསྐྱེད་ཡིན་ན། སྨོན་སེམས་མ་ཡིན་དགོས་པར་ཐལ། འདོད་པ་གང་ཞིག ས་ཐོབ་པ་ཡན་ཆད་དུ་ཤེས་རབ་དེས་དངོས་སུ་ཟིན་པའི་སེམས་བསྐྱེད་ཡིན་ན། སྨོན་སེམས་མ་ཡིན་དགོས་པའི་ཕྱིར། དང་པོ་ཁས། འདོད་ན། ས་ཐོབ་ནས་སྨོན་སེམས་མེད་པར་ཐལ་ལོ། །

ཁ་ཅིག ས་དང་པོ་ནས་ས་བཅུ་པའི་བར་གྱི་བར་ཆད་མེད་ལམ་པའི་རྒྱུད་ཀྱི་ཐེག་ཆེན་སེམས་བསྐྱེད་ཡོད་ཅིང་དེ་ཡིན་ན། སྨོན་སེམས་ཡིན་པས་ཁྱབ་ཟེར་བ་མི་འཐད་དེ། དེའི་རྒྱུད་ལ་འཇུག་སེམས་ཡོད་པའི་ཕྱིར། དེར་ཐལ། དེའི་རྒྱུད་ལ་འཇུག་སྡོམ་ཡོད་པའི་ཕྱིར་ཏེ། དེའི་རྒྱུད་ལ་བྱང་སྡོམ་

於所說之理，有主張云：「若是登地以上之現證空性慧未直接攝持之發心，周遍是願心。」不應理，因若是彼以上之行心不周遍被彼慧所直接攝持故。理應如是，因若是彼以上之修持前五波羅蜜多之動作所直接攝持之發心，不周遍被修持般若波羅蜜多之動作所直接攝持故。

復次，若是二地菩薩相續之大乘發心，理應周遍被其相續之現證空性慧所直接攝持，因若是二地菩薩周遍現證空性故。若不成則成相違。理應如是，因若是住二地後得位之菩薩，不周遍不現證彼故。若不成則成相違。理應如是，因若是住其菩薩相續之大乘發心，不須是彼不直接攝持之發心故。若不成則成相違。理應如是，因若是彼不須是願心，且若是登地以上彼慧未直接攝持之發心，周遍是願心故。承許後者。

初者理應如是，因住彼之菩薩相續有行心故，因其相續有行心律儀故。理應周遍，因行心與行心律儀二者是王與眷屬故。若許根本，那麼，若是二地菩薩相續之大乘發心，理應須非願心，因承許，且若是登地以上彼慧所直接攝持之發心，須非願心故。承許初者。若許，登地後則成無願心。

有云：「有從初地乃至十地無間道者相續之大乘發心，若是彼周遍是願心。」不應理，因其相續有行心故。理應如是，因其相續有行心律儀故，因其相續有菩薩律儀故，因其相續有大乘發心故。

ཡོད་པའི་ཕྱིར་ཏེ། དེའི་རྒྱུད་ལ་ཐེག་ཆེན་སེམས་བསྐྱེད་ཡོད་པའི་ཕྱིར། རྟགས་ཁས།

ཁ་ཅིག ས་ཐོབ་ནས་སྟོང་ཉིད་མངོན་སུམ་དུ་རྟོགས་པའི་ཤེས་རབ་ཀྱིས་དངོས་སུ་མ་ཟིན་པའི་སེམས་བསྐྱེད་ཡོད་པར་གསུངས་པ་ལྟར་ཁས་ལེན་པ་དང་། རང་རྒྱུད་ལྡན་གྱི་གང་ཟག་དེའི་རྒྱུད་ཀྱི་སྟོང་ཉིད་མངོན་སུམ་དུ་རྟོགས་པའི་ཤེས་རབ་ཀྱིས་ཟིན་པའི་ཐེག་པ་ཆེན་པོའི་གང་ཟག་གི་མངོན་རྟོགས། ལམ་ཤེས་ཀྱི་མཚན་ཉིད་དུ་གསུངས་པ་སྒྲ་ཇི་བཞིན་དུ་འདོད་པ་ཡང་ནང་འགལ་ཡིན་ཏེ། ཉེས་པ་སྔ་མ་བཞིན་དུ་འགྱུར་བའི་ཕྱིར།

ཁ་ཅིག གོང་དུ་བཤད་པ་ལྟར་ས་ཐོབ་པ་ཡན་ཆད་དུ་སྟོང་ཉིད་མངོན་སུམ་དུ་རྟོགས་པའི་ཤེས་རབ་ཀྱིས་དངོས་སུ་མ་ཟིན་པའི་སེམས་བསྐྱེད་ཡིན་ན། སྨོན་སེམས་ཡིན་པས་ཁྱབ་པར་སྨྲ་བ་དང་། བར་ཆད་མེད་ལམ་ལ་གནས་པའི་སེམས་དཔའི་རྒྱུད་ལ་ཐེག་ཆེན་སེམས་བསྐྱེད་མེད་པར་འདོད་པ་ཡང་ནང་འགལ་བ་ཡིན་ཏེ། དེ་ལྟར་ན་ས་ཐོབ་ནས་འཇུག་སེམས་མེད་པར་ཐལ་བའི་སྐྱོན་ཡོད་པའི་ཕྱིར།

ཡང་རྣམ་བཤད་ཀྱི་དོན་སྤྱར་བཤད་པ་ལྟར་ཁས་ལེན་པ་དང་། བདེན་འཛིན་མངོན་འགྱུར་བ་རྒྱུད་ལྡན་གྱི་ས་གཉིས་པ་བའི་རྒྱུད་ལ་ཐེག་ཆེན་སེམས་བསྐྱེད་མེད་པར་འདོད་པ་ཡང་ནང་འགལ་བ་ཡིན་ཏེ། དེའི་རྒྱུད་ལ་ཐེག་ཆེན་སེམས་བསྐྱེད་མེད་ན། ས་ཐོབ་ནས་སྟོང་ཉིད་མངོན་སུམ་དུ་རྟོགས་པའི་ཤེས་རབ་ཀྱིས་དངོས་སུ་མ་ཟིན་པའི་སེམས་བསྐྱེད་མེད་དགོས། དེ་མེད་ན་ས་ཐོབ་ནས་སྨོན་སེམས་མེད་དགོས་པའི་ཕྱིར། རྟགས་གཉིས་པ་འབུད།

དང་པོ་དེར་ཐལ། སྟོང་ཉིད་རྟོགས་པའི་ས་གཉིས་པའི་རྗེས་ཐོབ་ཡེ་ཤེས་ཡོད་པ་གང་ཞིག བདེན་འཛིན་མངོན་གྱུར་བ་རྒྱུད་ལྡན་གྱི་ས་གཉིས་པའི་རྗེས་ཐོབ་ཡེ་ཤེས་ལ་གནས་པའི་སེམས་དཔའི་རྒྱུད་ཀྱི་ཐེག་ཆེན་སེམས་བསྐྱེད་ཡིན་ན། སྟོང་ཉིད་རྟོགས་པའི་ཤེས་རབ་ཀྱིས་དངོས་སུ་མ་ཟིན་དགོས་པའི་ཕྱིར། དང་པོ་དེར་ཐལ། ས་གཉིས་པའི་རྗེས་ཐོབ་ཡེ་ཤེས་ལ་གནས་པའི་སེམས་དཔའི་རྒྱུད་ཀྱི་སྟོང་ཉིད་རྟོགས་པའི་ཤེས་རབ་ཡོད་པའི་ཕྱིར། དེར་ཐལ། སྦྱིན་པའི་ཕར་ཕྱིན་གྱི་ཉམས་ལེན་རྒྱུད་ལྡན་གྱི་བྱང་འཕགས་དང་ཤེས་རབ་ཀྱི་ཕར་ཕྱིན་གྱི་ཉམས་ལེན་རྒྱུད་ལྡན་གྱི་བྱང་འཕགས་གཉིས་མི་འགལ་

承許因。

有云：「如從登地後有現證空性智慧未直接攝持之發心所說而承許，與依言承許相續具自之補特伽羅，彼相續現證空性慧所攝持之大乘補特伽羅之現觀，是道相智之性相。」亦是自相矛盾，因成如前之過失故。

有云：「如上述而承許若是登地以上現證空性慧未直接攝持之發心周遍是願心，與主張住無間道菩薩相續無大乘發心。」亦是自相矛盾，因若如是，有則成登地後無行心之過故。

又有主張《心要莊嚴疏》義同上述，與主張相續中具有實執現行之二地者相續無大乘發心是自相矛盾，因其相續若無大乘發心，則登地後定無現證空性慧未直接攝持之發心，若無彼登地後定無願心故。第二因已清楚。

初者理應如是，因有證悟空性之二地後得智，且若是相續中具有實執現行之住二地後得智菩薩相續之大乘發心，須不被證悟空性慧所直接攝持故。初者理應如是，因有住二地後得智菩薩相續之證悟空性之慧故。理應如是，因相續具有布施波羅蜜多修持之菩薩聖者，與相續具有般若波羅蜜多修持之菩薩聖者二者不相違故。理應如是，因有一相續具有方便智慧二者之菩薩聖者故。

བའི་ཕྱིར། དེར་ཐལ། ཐབས་ཤེས་གཉིས་ཀ་རྒྱུད་ལྡན་གྱི་བྱང་འཕགས་གཅིག་ཡོད་པའི་ཕྱིར།

ཁོ་ན་རེ། བདེན་འཛིན་མངོན་གྱུར་བ་རྒྱུད་ལྡན་གྱི་བྱང་འཕགས་ཀྱི་རྒྱུད་ཀྱི་ཐེག་ཆེན་སེམས་བསྐྱེད་ཡིན་ན། སྨོན་སེམས་ཡིན་དགོས་པར་ཐལ། དེ་ཡིན་ན་སྟོང་ཉིད་རྟོགས་པའི་ཤེས་རབ་ཀྱིས་དངོས་སུ་མ་ཟིན་དགོས་པའི་ཕྱིར་ན་མ་ཁྱབ་སྟེ། ཕར་ཕྱིན་གཞན་གྱི་ཉམས་ལེན་གྱི་བྱ་བས་དངོས་སུ་ཟིན་པ་ཡོད་པའི་ཕྱིར།

ཁ་ཅིག བདེན་འཛིན་མངོན་གྱུར་བ་རྒྱུད་ལྡན་གྱི་བྱང་འཕགས་ཀྱི་རྒྱུད་ལ་ཐེག་ཆེན་སེམས་བསྐྱེད་མེད་ཟེར་བ་མི་འཐད་དེ། དེའི་རྒྱུད་ལ་ལམ་ཡོད་པའི་ཕྱིར། དེར་ཐལ། ཤེས་པ་བདེན་པར་འཛིན་པའི་བདེན་འཛིན་རྒྱུད་ལྡན་གྱི་རང་སངས་རྒྱས་ཀྱི་རྒྱུད་ལ་གཟུགས་ཕྱི་རོལ་དོན་གྱིས་སྟོང་པར་རྟོགས་པའི་ཡེ་ཤེས་ཡོད་པའི་ཕྱིར། གཟུང་དོན་རྟོག་པ་སྤོང་ཕྱིར་དང་། །ཞེས་པའི་དོན་གྲུབ་པའི་ཕྱིར།

གཞན་ཡང་། སྔ་མ་དེ་ཡོད་པར་ཐལ། སེམས་ཙམ་པར་གྱུར་པའི་བྱང་ཆུབ་སེམས་དཔའི་རྒྱུད་ལ་བདེན་འཛིན་ཀུན་བཏགས་དང་ཐེག་ཆེན་སེམས་བསྐྱེད་གཉིས་ཀ་ཡོད་པའི་ཕྱིར། དང་པོ་དེར་ཐལ། དེ་གཟུགས་བདེན་གྲུབ་ཏུ་བདེན་ཞེན་གྱི་དམ་བཅའ་བའི་གང་ཟག་ཡིན་པའི་ཕྱིར། ཕྱི་མ་དེར་ཐལ། སེམས་ཙམ་པར་གྱུར་པའི་བྱང་ཆུབ་སེམས་དཔའ་ཡིན་ན། དེའི་རྒྱུད་ལ་སེམས་བསྐྱེད་མེད་པས་མ་ཁྱབ་པའི་ཕྱིར།

ཁོ་ན་རེ། གང་ཟག་གཅིག་གི་རྒྱུད་ལ་ཡིད་ཀྱི་རྣམ་ཤེས་རྫས་ཐ་དད་པ་གཉིས་ཅིག་ཅར་དུ་འབྱུང་སྲིད་པར་ཐལ། བདེན་འཛིན་མངོན་གྱུར་བ་རྒྱུད་ལྡན་གྱི་བྱང་འཕགས་ཀྱི་རྒྱུད་ལ་སེམས་བསྐྱེད་ཡོད་པའི་ཕྱིར། འདོད་ན། མདོ་ལས། སེམས་ཅན་རྣམས་ཀྱི་རྣམ་པར་ཤེས་པ་ནི་རྒྱུད་རེ་རེ་བའོ། །ཞེས་གསུངས་པ་མི་འཐད་པར་ཐལ་ལོ། །ཞེ་ན་མ་ཁྱབ་སྟེ། གང་ཟག་གཅིག་གི་རྒྱུད་ལ་ཡིད་ཀྱི་རྣམ་ཤེས་རིགས་མཐུན་རྫས་ཐ་དད་པ་གཉིས་ཅིག་ཅར་དུ་མི་འབྱུང་བ་ལ་དགོངས་པའི་ཕྱིར།

ཡང་ཁ་ཅིག ས་བརྒྱད་པ་ཡན་ཆད་དུ་སྨོན་སེམས་ཡོད་དེ། དེ་ཡན་ཆད་དུ་སྟོང་ཉིད་མངོན་སུམ་དུ་རྟོགས་པའི་ཤེས་རབ་ཀྱིས་དངོས་སུ་མ་ཟིན་པའི་སེམས་བསྐྱེད་ཡོད་པའི་ཕྱིར་ཟེར། འོ་ན་དེ་ཡན་

◆現觀辨析（上）

有云：「若是相續具有實執現行之菩薩聖者相續之大乘發心理應須是願心，因若是彼須是未被證悟空性慧直接攝持故。」不周遍，因有被修持其他波羅蜜多之動作直接攝持故。

有云：「相續具有實執現行之菩薩聖者相續無大乘發心。」不應理，因其相續有道故。理應如是，因相續具有執持知覺為諦實之實執之獨覺，其相續有通達色以外境空之本智故。因「遠所取分別」之義成立故。

再者，理應有前者，因屬唯識師之菩薩相續有分別實執與大乘發心二者故。初者理應如是，因彼是立「諦實耽著色為諦實成立」宗之補特伽羅故。後者理應如是，因若是唯識師之菩薩，其相續不周遍無發心故。

有云：「一個補特伽羅相續理應可能同時產生二個異質意識，因相續具有實執現行之菩薩聖者相續有發心故。若許，經云：『諸有情識皆是一一續。』所云則成不應理。」不周遍，因慮及一個補特伽羅相續中不同時產生二個異質同類意識故。

又有云：「八地以上有願心，因彼以上有現證空性慧未直接攝持之發心故。」那麼，八地以上，若是現證空性慧未直接攝持之發

ཚད་དུ་སྟོང་ཉིད་མངོན་སུམ་དུ་རྟོགས་པའི་ཤེས་རབ་ཀྱིས་དངོས་སུ་མ་ཟིན་པའི་སེམས་བསྐྱེད་ཡིན་ན། སྨོན་སེམས་ཡིན་དགོས་པར་ཐལ། ཁྱོད་ཀྱི་དེ་ལ་ཁྱབ་འབྲེལ་ཡོད་པའི་ཕྱིར། འདོད་ན། དག་པའི་རྗེས་ཐོབ་ལ་གནས་པའི་སེམས་དཔའི་རྒྱུད་ཀྱི་སེམས་བསྐྱེད་ཡིན་ན། སྨོན་སེམས་ཡིན་དགོས་པར་ཐལ། འདོད་པ་གང་ཞིག དེ་ཡིན་ན་ཤེས་རབ་དེས་དངོས་སུ་མ་ཟིན་དགོས་པའི་ཕྱིར། ཕྱི་མ་དེར་ཐལ། དེ་ལ་གནས་པའི་སེམས་དཔའ་ཡིན་ན་སྟོང་ཉིད་མངོན་སུམ་དུ་མ་རྟོགས་དགོས་པའི་ཕྱིར།

རྩ་བར་འདོད་ན། ས་བརྒྱད་པ་ཡན་ཚད་ཀྱི་སེམས་བསྐྱེད་ཡིན་ན་སྨོན་སེམས་ཡིན་དགོས་པར་ཐལ། འདོད་པ་གང་ཞིག དེ་ཡན་ཚད་དུ་སྟོང་ཉིད་མངོན་སུམ་དུ་རྟོགས་པའི་ཤེས་རབ་ཀྱིས་དངོས་སུ་ཟིན་པའི་སེམས་བསྐྱེད་མེད་པའི་ཕྱིར། ཕྱི་མ་དེར་ཐལ། དག་སའི་མཉམ་གཞག་ལ་གནས་པའི་སེམས་དཔའི་རྒྱུད་ལ་སེམས་བསྐྱེད་མེད་པའི་ཕྱིར།

གཞན་ཡང་། ས་བརྒྱད་པ་ཡན་ཚད་དུ་སྨོན་སེམས་ཡོད་པ་མི་འཐད་པར་ཐལ། དེ་ཡན་ཚད་དུ་སྟོང་ཉིད་རྟོགས་པའི་ཤེས་རབ་ཀྱིས་དངོས་སུ་མ་ཟིན་པའི་སེམས་བསྐྱེད་མེད་པའི་ཕྱིར། དེར་ཐལ། དེ་ཡན་ཚད་དུ་བདེན་འཛིན་མངོན་གྱུར་བ་སྐྱེ་བའི་གོ་སྐབས་ཟད་པར་བཅོམ་པའི་ཕྱིར།

གཞན་ཡང་དེ་ཡན་ཚད་དུ་ཤེས་རབ་དེས་དངོས་སུ་མ་ཟིན་པའི་སེམས་བསྐྱེད་མེད་པར་ཐལ། དག་ས་ལ་གནས་པའི་སེམས་དཔའ་ཡིན་ན། སྟོང་ཉིད་རྟོགས་པས་ཁྱབ་པའི་ཕྱིར། དེར་ཐལ། དག་སའི་མཉམ་གཞག་ལ་གནས་པའི་སེམས་དཔའ་ཡིན་ན། སྟོང་ཉིད་མངོན་སུམ་དུ་རྟོགས་པས་ཁྱབ། དག་སའི་རྗེས་ཐོབ་ལ་གནས་པའི་སེམས་དཔའ་ཡིན་ན། སྟོང་ཉིད་དོན་སྤྱིའི་ཚུལ་གྱིས་རྟོགས་པས་ཁྱབ་པའི་ཕྱིར། ཕྱི་མ་དེར་ཐལ། དག་སའི་རྗེས་ཐོབ་ན་བདེན་འཛིན་མངོན་གྱུར་བ་མེད་པའི་ཕྱིར།

ཁ་ཅིག ས་ཐོབ་ནས་སྟོང་ཉིད་རྟོགས་པའི་ཤེས་རབ་ཀྱིས་དངོས་སུ་ཟིན་པའི་སེམས་བསྐྱེད་ཡོད་པར་འདོད་པ་དང་། སྟོང་ཉིད་ལ་མཉམ་པར་གཞག་པའི་བྱང་སེམས་སྦྱོར་ལམ་པའི་རྒྱུད་ལ་ཐེག་ཆེན་སེམས་བསྐྱེད་མེད་པར་འདོད་པ་ནང་འགལ་བ་ཡིན་ཏེ། ཕྱི་མ་ལྟར་ན། སྟོང་ཉིད་དོན་སྤྱིའི་ཚུལ་གྱིས་རྟོགས་པའི་བྱང་སེམས་ཀྱི་རྒྱུད་ལ་ཐེག་ཆེན་སེམས་བསྐྱེད་མེད་དགོས། དེ་མེད་ན་ས་ཐོབ་ནས་སྟོང་ཉིད་རྟོགས་པའི་ཤེས་རབ་ཀྱིས་དངོས་སུ་ཟིན་པའི་སེམས་བསྐྱེད་མེད་དགོས་པའི་ཕྱིར།

心，理應須是願心，因汝所言有周遍相屬故。若許，若是住淨地後得位菩薩相續之發心理應須是願心，因許如是，且若是彼須是彼慧未直接攝持故。後者理應如是，因若是住彼之菩薩，須未現證空性故。

若許根本，若是八地以上之發心，理應須是願心，因許，且八地以上無現證空性慧直接攝持之發心故。後者理應如是，因住淨地根本定菩薩相續中無發心故。

再者，八地以上有願心理應不應理，因八地以上無證空性慧未直接攝持之發心故。理應如是，因八地以上盡滅生起實執現行之機會故。

再者，八地以上理應無證空性慧未直接攝持之發心，因若是住清淨地之菩薩周遍證悟空性故。理應如是，因若是住清淨地根本定之菩薩周遍現證空性，若是住清淨地後得位之菩薩周遍以義總方式通達空性故。後者理應如是，因於清淨地後得位，無實執現行故。

有承許云：「登地後有證空性慧直接攝持之發心與入定於空性之加行道菩薩相續中無大乘發心。」自相矛盾，因若如後者，以義總方式通達空性之菩薩相續中須無大乘發心，若無此，則登地後須無證空慧直接攝持之發心故。

ཁ་ཅིག སྟོང་ཉིད་ལ་མཉམ་པར་གཞག་པའི་བྱང་སེམས་ཀྱི་སྦྱོར་ལམ་དེ་མཉམ་གཞག་ཡེ་ཤེས་ཡིན་ཟེར་བ་མི་འཐད་དེ། སྟོང་ཉིད་རྟོགས་པའི་སེམས་དཔའི་རྣལ་འབྱོར་ཡིན་ན། སྟོང་ཉིད་ལ་མཉམ་པར་གཞག་པའི་མཉམ་གཞག་ཡེ་ཤེས་ཡིན་པས་མ་ཁྱབ་པའི་ཕྱིར། མ་གྲུབ་ན། སྟོང་ཉིད་རྟོགས་པའི་ས་གཉིས་པའི་རྗེས་ཐོབ་ཡེ་ཤེས་ཆོས་ཅན། དེར་ཐལ། དེའི་ཕྱིར། འདོད་ན། དེ་ཆོས་ཅན། མཉམ་གཞག་ཡེ་ཤེས་ཡིན་པར་ཐལ། འདོད་པའི་ཕྱིར། འདོད་ན། མ་ཡིན་པར་ཐལ། རྗེས་ཐོབ་ཡེ་ཤེས་ཡིན་པ་གང་ཞིག སློབ་ལམ་ཡིན་པའི་ཕྱིར།

དེ་ལ་ཁོན་རེ། ཆོས་ཉིད་ལ་དོན་སྤྱིའི་ཚུལ་གྱིས་མཉམ་པར་གཞག་པའི་མཉམ་གཞག་ཡེ་ཤེས་མེད་པར་ཐལ། དེ་ལ་མཉམ་པར་གཞག་པའི་བྱང་སེམས་ཀྱི་སྦྱོར་ལམ་དེ་མཉམ་གཞག་ཡེ་ཤེས་མ་ཡིན་པའི་ཕྱིར། འདོད་ན། སྟོང་ཉིད་རྟོགས་པའི་བློ་ལ་དེ་དོན་སྤྱིའི་ཚུལ་གྱིས་རྟོགས་པའི་བློ་དང་། དེ་མངོན་སུམ་དུ་རྟོགས་པའི་བློ་གཉིས་དབྱེ་མི་རིགས་པར་ཐལ། དེ་ལ་མཉམ་པར་གཞག་པའི་མཉམ་གཞག་ཡེ་ཤེས་ལ་སྟོང་ཉིད་ལ་དོན་སྤྱིའི་ཚུལ་གྱིས་མཉམ་པར་གཞག་པའི་མཉམ་གཞག་ཡེ་ཤེས་དང་། དེ་ལ་མངོན་སུམ་དུ་མཉམ་པར་གཞག་པའི་མཉམ་གཞག་ཡེ་ཤེས་གཉིས་སུ་དབྱེ་མི་རིགས་པའི་ཕྱིར། རྟགས་ཁས་ཟེར་ན། གང་བདེ་བྱེད། །

ཡང་ཁོན་རེ། ས་ཐོབ་པ་ཡན་ཆད་དུ་འཇུག་སྟོམ་རྒྱུད་ལ་མི་ལྡན་པའི་རྗེས་ཐོབ་པ་ཡོད་པར་ཐལ། དེ་ཡན་ཆད་དུ་འཇུག་སྟོམ་གྱི་བསླབ་བྱ་ལ་མི་སློབ་པའི་རྗེས་ཐོབ་པ་ཡོད་པའི་ཕྱིར། དེར་ཐལ། དེ་ཡན་ཆད་དུ་ཕར་ཕྱིན་དྲུག་གི་ཉམས་ལེན་གྱི་བྱ་བ་གང་རུང་གཅིག་ལ་ཡང་མི་སློབ་པའི་དེ་ཡོད་པའི་ཕྱིར། དེར་ཐལ། དེ་ཡན་ཆད་དུ་དེ་དྲུག་པོ་གང་རུང་གི་ཉམས་ལེན་གྱི་བྱ་བས་དངོས་སུ་མ་ཟིན་པའི་རྗེས་ཐོབ་ལ་གནས་པའི་སེམས་དཔའི་རྒྱུད་ཀྱི་སེམས་བསྐྱེད་ཡོད་པའི་ཕྱིར། ཞེས་ཀྱང་ཟེར་རོ། །

འོ་ན། རྣམ་བཤད་ཀྱི་གསུང་དེའི་དགོངས་པ་ཇི་ལྟར་ཡིན་ཞེ་ན། དེ་བཤད་ན་ས་ཐོབ་ནས་སྔོན་སེམས་ཁས་བླངས་པ་ལ་ཉེས་པ་མེད་དེ། ས་ཐོབ་ནས་སྦྱིན་སོགས་ཕར་ཕྱིན་དྲུག་པོ་གང་རུང་གི་ཉམས་ལེན་གྱི་བྱ་བས་དངོས་སུ་མ་ཟིན་པའི་སེམས་བསྐྱེད་ཡོད་པའི་ཕྱིར།

ཁོན་རེ། རྟགས་མ་གྲུབ་སྟེ། ས་དང་པོ་ནས་དྲུག་པའི་བར་དུ་རིམ་པ་བཞིན་ཕར་ཕྱིན་དྲུག་གི

有云：「入定於空性之菩薩加行道是根本智。」不應理，因若是證空性之菩薩瑜伽，不周遍是入定於空性之根本智故。若不成，證空性之二地後得智為有法，理應如是，因如是故。若許，彼為有法，理應是根本智，因許故。若許，理應非如是，因是後得智，且是有學道故。

對此有云：「理應無以義總方式入定於空性之根本智，因入定於彼之菩薩加行道非根本智故。若許，則證空性之覺知理應不可分為以義總方式證空性之覺知與現證空性之覺知二者，因入定於彼之根本智不可分為以義總方式入定於空性之根本智與以現前入定於空性之根本智二者故。承許因。」當觀何者為宜。

復有云：「登地以上，理應有相續中不具行心律儀之後得位者，因彼以上有不學行心律儀學處之後得位者故。理應如是，因彼以上有不學任一修持六波羅蜜多動作之後得者故。理應如是，因彼以上有未被任一修持六波羅蜜多動作所直接攝持之住後得位菩薩相續中之發心故。」

那麼，何為《心要莊嚴疏》宣說之意趣？講說其意趣為承許登地後有願心，無過，因登地後有未被修持施等六波羅蜜多任一之動作所直接攝持之發心故。

有云：「因不成，因從初地乃至六地，依次有六波羅蜜多之超

ཉམས་ལེན་ཚེས་ལྷག་པ་ཡོད་པའི་ཕྱིར། ཟེར་ན་མ་ཁྱབ་སྟེ། ས་ཐོབ་ནས་སྟོང་ཉིད་མངོན་སུམ་དུ་རྟོགས་ཀྱང་ངེས་དངོས་སུ་མ་ཟིན་པའི་སེམས་བསྐྱེད་སྐབས་དུ་མར་འབྱུང་བའི་ཕྱིར། ཕྱི་མ་དེར་ཐལ། ས་དང་པོ་ནས་བདུན་པའི་བར་གྱི་རྗེས་ཐོབ་ལ་གནས་པའི་སེམས་དཔའི་རྒྱུད་ཀྱི་སེམས་བསྐྱེད་མཐའ་དག་སྟོང་ཉིད་མངོན་སུམ་དུ་རྟོགས་པའི་ཤེས་རབ་ཀྱིས་དངོས་སུ་མ་ཟིན་པའི་སེམས་བསྐྱེད་ཡིན་པའི་ཕྱིར། ཞེས་པའོ། །དེས་ན་རྣམ་བཤད་ཀྱི་གསུང་དེ་མཚོན་པ་ཙམ་གྱི་དཔེར་བརྗོད་དུ་མཁྱེན་པར་མཛོད་ཅིག་འདི་མ་རྟོགས་པར་རྗེས་འབྲངས་ཁ་ཅིག་རྣམ་བཤད་ཀྱི་གསུང་འདིའི་ཤུས་པས་ས་ཐོབ་ནས་སྟོང་ཉིད་མངོན་སུམ་དུ་རྟོགས་པའི་ཤེས་རབ་ཀྱིས་དངོས་སུ་ཟིན་པའི་སེམས་བསྐྱེད་ཡོད་པར་འདོད་པ་དང་། ཐེག་ཆེན་གྱི་མཐོང་ལམ་མཉམ་གཞག་ཡེ་ཤེས་ལ་གནས་པའི་སེམས་དཔའི་རྒྱུད་ལ་སེམས་བསྐྱེད་མེད་པར་འདོད་པ་ནང་འགལ་ཞིང་།

ཁ་ཅིག བྱང་འཕགས་ཡིན་ན། སྟོང་ཉིད་མངོན་སུམ་དུ་རྟོགས་པས་ཁྱབ་པར་སླ་བ་ཡང་གསུང་འདི་དང་འགལ་བ་ཡིན་ནོ། །

ཁ་ཅིག ཐེག་ཆེན་སེམས་བསྐྱེད་གཞིར་བྱས་ལ་སྤྱོད་པ་ཉམས་ལེན་གྱི་བྱ་བས་དངོས་སུ་ཟིན་པ་ནི། འཇུག་སེམས་ཀྱི་མཚན་ཉིད། དེ་གཞིར་བྱས་ལ་ངེས་དངོས་སུ་མ་ཟིན་པ་དེ། སྨོན་སེམས་ཀྱི་མཚན་ཉིད་ཟེར་བ་མི་འཐད་དེ། བྱང་སེམས་ཀྱི་ཚོགས་ལམ་ཐོབ་མ་ཐག་པའི་བྱང་སེམས་ཀྱི་རྒྱུད་ཀྱི་སེམས་བསྐྱེད་དེ་སྤྱོད་པ་ཉམས་ལེན་གྱི་བྱ་བས་དངོས་སུ་ཟིན་པ་གང་ཞིག འཇུག་སེམས་མ་ཡིན་པའི་ཕྱིར། དང་པོ་དེར་ཐལ། དེ་ཕྱིན་དྲུག་གི་ཉམས་ལེན་གྱི་བྱ་བས་དངོས་སུ་ཟིན་པའི་ཕྱིར་ཏེ། དེ་ཚོགས་ལམ་གྱིས་བསྡུས་པའི་གོ་སྒྲུབ་ཡིན་པའི་ཕྱིར། གཉིས་པ་དེར་ཐལ། སྨོན་སེམས་ཡིན་པའི་ཕྱིར་ཏེ། འཇུག་སེམས་ཀྱི་སྔོན་དུ་སྨོན་སེམས་འགྲོ་དགོས་པའི་ཕྱིར།

གཞན་ཡང་། མཚན་ཉིད་དེ་མི་འཐད་པར་ཐལ། ཤེར་ཕྱིན་གྱི་ཉམས་ལེན་གྱི་བྱ་བས་དངོས་སུ་ཟིན་པའི་སྨོན་སེམས་ཡོད་པའི་ཕྱིར། དེར་ཐལ། སྟོང་ཉིད་རྟོགས་པའི་ཤེས་རབ་ཀྱིས་དངོས་སུ་ཟིན་པའི་སྨོན་སེམས་ཡོད་པའི་ཕྱིར། དེར་ཐལ། སྟོང་ཉིད་རྟོགས་པའི་བྱང་སེམས་ཀྱི་ཚོགས་ལམ་ཐོབ་མ་ཐག་པའི་སེམས་དཔའི་རྒྱུད་ཀྱི་སེམས་བསྐྱེད་དེ་དེ་ཡིན་པའི་ཕྱིར། མ་གྲུབ་ན། དེ་ཆོས་ཅན། དེར་

勝修持故。」「不周遍，因登地後雖現證空性，然有諸多彼未直接攝持的發心之時故。後者理應如是，因住初地乃至七地之後得位菩薩相續之發心皆是現證空性慧未直接攝持的發心故。」是故當知《心要莊嚴疏》所言僅是表徵之譬喻，有未解此之追隨者依《心要莊嚴疏》此文之作用而承許「登地後有現證空性慧直接攝持之發心，與住大乘見道根本智菩薩相續無發心」是自相矛盾。

且有云：「若是菩薩聖者周遍現證空性。」亦與此說相違。

有云：「同是大乘發心，修持行為之動作直接攝持，乃行心之性相。同是大乘發心，彼不直接攝持即願心之性相。」不應理，因剛證菩薩資糧道之菩薩相續之發心，是修持行為之動作直接攝持，且非行心故。初者理應如是，因彼由修持六波羅蜜多動作直接攝持故，因彼是資糧道所攝之擐甲正行故。次者理應如是，因是願心故，因行心之前須有願心故。

再者，彼性相理應不應理，因有修持般若波羅蜜多動作直接攝持之願心故。理應如是，因有證空性慧直接攝持之願心故。理應如是，因剛獲證空性之菩薩資糧道菩薩相續之發心是彼故。若不成，彼為有法，理應如是，因是相續具自之菩薩相續之證空慧直接攝持

ཐལ། རང་རྒྱུད་ལྡན་གྱི་སེམས་དཔའི་རྒྱུད་ཀྱི་སྟོང་ཉིད་རྟོགས་པའི་ཤེས་རབ་ཀྱིས་དངོས་སུ་ཟིན་པའི་སེམས་བསྐྱེད་ཡིན་པའི་ཕྱིར། དེར་ཐལ། དེའི་རྒྱུད་ལ་སྟོང་ཉིད་རྟོགས་པའི་ཤེས་རབ་དང་སེམས་བསྐྱེད་གཉིས་ཀ་མངོན་གྱུར་དུ་དུས་མཉམ་དུ་ཡོད་པའི་ཕྱིར།

དེ་ལ་ཁོ་ན་རེ། ས་ཐོབ་པ་ཡན་ཆད་དུ་སྟོང་ཉིད་རྟོགས་པའི་ཤེས་རབ་ཀྱིས་དངོས་སུ་ཟིན་པའི་སེམས་བསྐྱེད་ཡིན་ན། འཇུག་སེམས་ཡིན་མི་དགོས་པར་ཐལ། ཚོགས་ལམ་གྱི་སྐབས་སུ་སྟོང་ཉིད་རྟོགས་པའི་ཤེས་རབ་ཀྱིས་དངོས་སུ་ཟིན་པའི་སེམས་བསྐྱེད་ཡིན་ན། འཇུག་སེམས་ཡིན་མི་དགོས་པའི་ཕྱིར། རྟགས་བསལ་གཉིས་ཀ་ཁས་ཟེར་ན། མ་ཁྱབ་སྟེ། ཐེག་ཆེན་སོ་སྐྱེའི་སྐབས་སུ་སྟོང་ཉིད་རྟོགས་པའི་ཤེས་རབ་ཀྱིས་དངོས་སུ་ཟིན་པའི་སྨོན་སེམས་ཡོད་ན། ཐེག་ཆེན་འཕགས་པའི་སྐབས་སུ་སྟོང་ཉིད་རྟོགས་པའི་ཤེས་རབ་ཀྱིས་དངོས་སུ་ཟིན་པའི་སྨོན་སེམས་ཡོད་པས་མ་ཁྱབ་པའི་ཕྱིར།

དེར་ཐལ། བྱ་རྫོགས་ཀྱི་སྐད་ཅིག་མའི་ཐུང་མཐའ་གཅིག་ལ་ཆོས་ཉིད་ལ་འཇུག་ལྡང་གཉིས་ཀ་ནུས་པའི་བྱང་སེམས་སྦྱོར་ལམ་པ་ཡོད་ན། དེ་ལྟར་ནུས་པའི་ས་དང་པོའི་མཉམ་གཞག་ལ་གནས་པའི་སེམས་དཔའ་ཡོད་པས་མ་ཁྱབ་པའི་ཕྱིར། ལམ་རིམ་ཆེ་ཆུང་དང་གསེར་འཕྲེང་ལྟར་ན། སྨོན་སེམས་ཐེག་ཆེན་གྱི་ཚོགས་ལམ་ཁོ་ན་དང་། འཇུག་སེམས་ཚོགས་ལམ་ནས་སངས་རྒྱས་ཀྱི་སའི་བར་དུ་ཡོད་པར་བཤད། རྣམ་བཤད་ལས་སྔར་བཤད་པ་ལྟར་ཡིན་ཞིང་། དེ་གཉིས་ལས་ལམ་རིམ་སོགས་ནས་བཤད་པ་རྗེ་ཡབ་སྲས་གཉིས་ཀའི་ཐུགས་ཀྱི་བཞེད་པར་གོའོ། །

མཚན་ཉིད་འཇོག་པ་ན། ཕྱོགས་གཉིས་ཐུན་མོང་དུ། འཇུག་སྡོམ་གྱི་བསླབ་བྱ་བསྡུས་པའི་སྦྱིན་སོགས་པར་ཕྱིན་དྲུག་པོ་གང་རུང་གི་ཉམས་ལེན་གྱི་བྱ་བས་དངོས་སུ་ཟིན་པའི་སེམས་བསྐྱེད། འཇུག་སེམས་ཀྱི་མཚན་ཉིད་དང་། དེས་དངོས་སུ་མ་ཟིན་པའི་སེམས་བསྐྱེད་སྨོན་སེམས་ཀྱི་མཚན་ཉིད་དུ་སྦྲོའོ། །

的發心故。理應如是，因其相續同時有證空慧與發心二者現行故。

對此有云：「登地以上，若是證空慧直接攝持之發心理應不須是行心，因資糧道時若是證空慧直接攝持之發心不須是行心故。承許因遣法二者。」不周遍，因若於大乘異生時有證空慧直接攝持之願心，不周遍於大乘聖者時有證空慧直接攝持之願心故。

理應如是，因若有能於一最短成事剎那，入出定於法性之加行道菩薩，不周遍有能如此之住初地根本定之菩薩故。若如《菩提道次第廣論》《菩提道次第略論》與《金鬘疏善說》所言願心唯於大乘資糧道，行心從資糧道乃至佛地，乃如《心要莊嚴疏》先前所述般，當知彼二中，道次等所說，乃宗大師父子二者之究竟主張。

安立性相時，二方共同言「被行心律儀學處所攝施等六波羅蜜多任一之修持動作直接攝持的發心」乃行心之性相；「彼不直接攝持之發心」即願心之性相。

ཁོ་བོས་ལེགས་པར་བསྡངས་པའི་རིགས་པའི་མདའ། །

འཕངས་པའི་ཚེ་ན་གུར་ཀུམ་མདོག་ཅན་ཡང་། །ཟུག་པ་བཞིན་དུ་ཙུང་ཟད་འཁྱོགས་པ་ན། །

གངས་ཅན་པ་རྣམས་ཅིའི་ཕྱིར་ཐལ་མོ་གདབ། །ཅེས་བྱ་བ་ནི་བར་སྐབས་ཀྱི་ཚིགས་སུ་བཅད་པའོ། །

中間頌言：

吾善調之正理箭，箭出文殊似受之，

微微於左一傾身，諸雪域眾何擊掌？

སྒྲུབ་པ་ཉམས་སུ་ལེན་ཚུལ་སྟོན་པའི་གདམས་ངག

དབྱེ་བ་ཞར་ལ་བརྗོད་ནས། ཞེས་སོགས་ཀྱི་སྐབས་སུ་སྦྱོར་བ་དང་། མཐའ་དཔྱད་པའོ། །

དང་པོ་ནི། མཆོག་གི་སྤྲུལ་སྐུས་རང་གི་གདུལ་བྱ་བྱང་སེམས་ཚོགས་ལམ་པ་ལ་འདིར་བསྟན་གདམས་ངག་བཅུ་གསུངས་པ་ཆོས་ཅན། དགོས་པ་ཡོད་དེ། དེ་འདྲའི་བྱང་སེམས་ཚོགས་ལམ་པས་སྔར་མ་ཐོབ་པའི་ཡོན་ཏན་གསར་དུ་ཐོབ་པ་དང་ཐོབ་ཟིན་གྱི་ཡོན་ཏན་རྣམས་མི་ཉམས་ཤིང་འཕེལ་བ་སོགས་ཀྱི་དགོས་པ་ཡོད་པའི་ཕྱིར།

གཉིས་པ་ལ། ཁ་ཅིག ཐེག་ཆེན་སེམས་བསྐྱེད་ཀྱི་ཆེད་དུ་གཉེར་བྱ་ཐོབ་པའི་ཐབས་མ་ནོར་བར་འདོམས་པའི་རྗོད་བྱེད་དེ། སྤྱིར་གདམས་ངག་གི་མཚན་ཉིད་ཟེར་བ་མི་འཐད་དེ། ཐེག་དམན་གྱི་གདམས་ངག་ཡོད་པའི་ཕྱིར། དེར་ཐལ། ཐེག་དམན་གྱི་མདོ་ཡིན་ན། ཐེག་དམན་གྱི་གདམས་ངག་ཡིན་དགོས། ཐེག་དམན་གྱི་བསྟན་བཅོས་ཡིན་ནའང་ཐེག་དམན་གྱི་གདམས་ངག་ཡིན་དགོས་པའི་ཕྱིར།

ཁ་ཅིག དེ་འདྲའི་ཐབས་མ་ནོར་བར་འདོམས་པའི་རྗོད་བྱེད་རྣམ་དག་དེ། ཐེག་ཆེན་གྱི་གདམས་ངག་གི་མཚན་ཉིད་ཟེར། ཁ་ཅིག དེ་མི་འཐད་དེ། གཞན་དབང་བདེན་གྲུབ་ཏུ་སྟོན་པའི་སེམས་ཙམ་པའི་བསྟན་བཅོས་དེ་ཐེག་ཆེན་གྱི་གདམས་ངག་གང་ཞིག མཚན་ཉིད་དེ་མ་ཡིན་པའི་ཕྱིར། དང་པོ་དེར་ཐལ། ཐེག་ཆེན་གྱི་བསྟན་བཅོས་ཡིན་ན་ཐེག་ཆེན་གྱི་གདམས་ངག་ཡིན་དགོས་པའི་ཕྱིར། ཕྱི་མ་མ་གྲུབ་ན། གཞན་དབང་བདེན་པར་གྲུབ་པར་ཐལ་ལོ། །ཞེ་ན་མ་ཁྱབ་སྟེ། མདོ་སྡེ་དགོངས་འགྲེལ་གྱི་ལེའུ་དགུས་དེ་འདྲའི་ཐབས་མ་ནོར་བར་བསྟན་པའི་ཕྱིར།

ཡང་ཁ་ཅིག སངས་རྒྱས་ཐོབ་བྱེད་ཀྱི་ཐབས་ཚང་ལ་མ་ནོར་བར་འདོམས་པའི་ཐེག་ཆེན་གྱི་རྗོད་བྱེད་རྣམ་དག་དེ། ཐེག་ཆེན་གྱི་གདམས་ངག་གི་མཚན་ཉིད་ཟེར། ཁ་ཅིག དེ་མི་འཐད་དེ། ཤེར་ཕྱིན་འབུམ་པའི་ནང་ཚན་གྱི་གཟུགས་མེད་ཅེས་པའི་མདོ་ཚིག་དེ་ཐེག་ཆེན་གྱི་གདམས་ངག་གང་ཞིག མཚན་ཉིད་དེ་མ་ཡིན་པའི་ཕྱིར། ཕྱི་མ་དེར་ཐལ། སྟོང་ཉིད་རྟོགས་པའི་ལམ་ཙམ་གྱིས་སངས་

23 開示修持正行方式之教授

「附帶詮釋分類後……」等時，有二：論式與辨析。

初者，殊勝化身對自所化資糧道菩薩開示此示十教授為有法，有目的，因有令此資糧道菩薩新證前所未證功德與令已證諸功德不衰退且增長等目的故。

第二，有云：「無誤教授獲得大乘發心刻意所求之方便之能詮，乃一般而言，教授之性相。」不應理，因有小乘教授故。理應如是，因若是小乘經須是小乘教授，縱是小乘論亦須是小乘教授故。

有云：「無誤教授如此方便之清淨能詮，是大乘教授之性相。」有云：「彼不應理，因宣說依他起諦實成立之唯識論是大乘教授，且非彼性相故。初者理應如是，因若是大乘論須是大乘教授故。若後者不成，依他起應成諦實成立。」不周遍，因《解深密經》九品皆無誤宣說如此方便故。

又有云：「完整無誤教授證得佛之方便之大乘清淨能詮，即大乘教授之性相。」有云：「彼不應理，因《般若十萬頌》中之『無色……』等經文是大乘教授，且非彼性相故。後者理應如是，因僅以證空性之道不能成佛故。」不應理，因彼宣說方便智慧二者故。

རྒྱུས་ཐོབ་མི་ནུས་པའི་ཕྱིར་ཞེ་ན། མི་འཐད་དེ། དེས་ཐབས་ཤེས་གཉིས་ཀ་བསྟན་པའི་ཕྱིར།

ཁ་ཅིག ཐེག་ཆེན་གྱི་གདམས་ངག་ཡིན་ན། སྐབས་འདིར་དངོས་སུ་བསྟན་པའི་ཐེག་ཆེན་གྱི་གདམས་ངག་ཡིན་པས་ཁྱབ་ཟེར་བ་མི་འཐད་དེ། བསྟན་བཅོས་མངོན་རྟོགས་རྒྱན་དེ་ཐེག་ཆེན་གྱི་གདམས་ངག་གང་ཞིག སྐབས་འདིར་དངོས་སུ་བསྟན་པའི་གདམས་ངག་ཡིན་ན། བཀའ་ཡིན་པས་ཁྱབ་པའི་ཕྱིར།

ཁ་ཅིག གདམས་ངོན་བཅུ་པོ་དེ་གདམས་ངག་ཏུ་བྱེད་པ་མི་འཐད་དེ། གདམས་ངག་ཡིན་ན་ངག་ཡིན་དགོས་པའི་ཕྱིར་ཏེ། ཤཱཀྱ་པས། བརྗོད་པ་ནི་གདམས་ངག་སྟེ། ཞེས་དང་། འགྲེལ་པར། འདོམས་པ་ནི་གདམས་ངག་སྟེ། ཞེས་དང་། དོན་བསྡུས་སྒྲོན་མེ་ལས། གདམས་ངག་རྣམ་པ་བཅུ་ཡིན་ཏེ། །ངོ་བོ་ངག་གི་འཁོར་ལོ་ཡིན། །ཞེས་གསུངས་པའི་ཕྱིར།

ཁོན་རེ། སྒྲ་མེད་དུ་གདམས་ངག་སྟོན་པ་མེད་པར་ཐལ། གདམས་ངག་ཡིན་ན་ངག་ཡིན་དགོས་པའི་ཕྱིར། འདོད་ན། སྒྲ་མེད་དུ་ཆོས་སྟོན་པ་མེད་པར་ཐལ་ལོ། །ཞེ་ན་མ་ཁྱབ་སྟེ། གདམས་ངག་མེད་པར་ལུས་ཀྱི་སྒོ་ནས་ཆོས་སྟོན་པ་ཡོད་པའི་ཕྱིར།

ཡང་ཁོན་རེ། ལྷའི་རྔ་བོ་ཆེ་ལས་བྱུང་བའི་ཆོས་ཀྱི་སྡོམ་བཞི་སྟོན་པའི་མདོ་དང་། གཙུག་ཏོར་གདུགས་དཀར་གྱི་མདོ་སོགས་ཆོས་ཅན། ངག་ཡིན་པར་ཐལ། གདམས་ངག་ཡིན་པའི་ཕྱིར། འདོད་ན། རང་རྒྱུ་སྐྱེས་བུའི་བརྗོད་པ་ལྟེ་ཀན་ལས་བྱུང་བར་ཐལ་ལོ། །ཟེར་ན་མ་ཁྱབ་སྙམ་སྟེ་དཔྱད་པར་བྱའོ། །

རང་ལུགས་ནི། ཐེག་ཆེན་སེམས་བསྐྱེད་ཀྱི་ཆེད་དུ་གཉེར་བྱ་ཐོབ་པའི་ཐབས་སྟོན་པའི་ཐེག་ཆེན་གྱི་ངག་དེ། ཐེག་ཆེན་གྱི་གདམས་ངག་གི་མཚན་ཉིད། དེ་ལ་དབྱེ་ན་ཐེག་ཆེན་གྱི་འདོམས་པའི་གདམས་ངག་དང་། ཐེག་ཆེན་གྱི་རྗེས་བསྟན་གྱི་གདམས་ངག་གཉིས། ཐོབ་ཟིན་གྱི་ཡོན་ཏན་མི་ཉམས་པའི་ཕྱིར་དུ་འདོམས་པའི་ཐེག་ཆེན་གྱི་ངག་དེ། དང་པོའི་མཚན་ཉིད། ཡོན་ཏན་སྔར་མ་ཐོབ་པ་གསར་དུ་ཐོབ་པའི་ཕྱིར་དུ་འདོམས་པའི་ཐེག་ཆེན་གྱི་རྗོད་བྱེད་རྣམ་དག་དེ། གཉིས་པའི་མཚན་ཉིད།

有云：「若是大乘教授，周遍是今此直接顯示之大乘教授。」不應理，因《現觀莊嚴論》是大乘教授，且若是今此直接顯示之教授周遍是教言故。

有云：「十教授義乃是教授。」不應理，因若是教授須是語故。因寂靜云：「詮說，是教授。」與《明義釋》云：「教誨是教授。」《攝義炬論》〔又〕云：「教授十種相，體性為語輪。[55]」故。

有云：「理應無無聲開示教授，因若是教授須是語故。若許，則成無無聲示法。」不周遍，因有「無教授而以身門示法」故。

又有云：「天鼓所出四法印之經與頂髻白傘蓋經等為有法，理應是語，因是教授故。若許，則成從自因士夫說話、舌與上顎而生。」思不周遍，當觀擇。

自宗：「宣說獲得大乘發心刻意所求之方便之大乘語」，乃大乘教授之性相。彼可分二：大乘之教誨教授與大乘之隨示教授。「為令已得功德不衰退而教誨之大乘語」，即初者之性相。「為令新獲得先前未曾得之功德，而教誨之大乘清淨能詮」，是次者之性相。彼二者不相違，因若是大乘教授，須是彼二者故。

དེ་གཉིས་འགལ་བ་མ་ཡིན་ཏེ། ཐེག་ཆེན་གྱི་གདམས་ངག་ཡིན་ན་དེ་གཉིས་ཀ་ཡིན་དགོས་པའི་ཕྱིར།

ཁོ་ན་རེ། ཤཱ་རིའི་བུས་དྲི་བའི་ཚུལ་དུ་ཞུས་པའི་ཡུམ་གྱི་མདོ་ཚིག་ཆོས་ཅན། ཐེག་ཆེན་གྱི་ངག་ཏུ་ཐལ། ཐེག་ཆེན་གྱི་གདམས་ངག་ཡིན་པའི་ཕྱིར་ཏེ། ཐེག་ཆེན་གྱི་མདོ་ཡིན་པའི་ཕྱིར། འདོད་ན། དེ་མ་ཡིན་པར་ཐལ། ཐེག་དམན་གྱི་ངག་ཡིན་པའི་ཕྱིར་ཏེ། ཉན་ཐོས་ཤཱ་རིའི་བུའི་ངག་ཡིན་པའི་ཕྱིར་ན་མ་ཁྱབ། འོ་ན་དེ་ཆོས་ཅན། ཐེག་དམན་གྱི་གདམས་ངག་ཏུ་ཐལ། ཉན་ཐོས་ཤཱ་རིའི་བུའི་ངག་ཡིན་པའི་ཕྱིར། ཁྱབ་པ་ཁས།

གཞན་ཡང་། སྟོན་པ་ཤཱཀྱ་ཐུབ་པའི་ཞལ་ནས་གསུངས་པའི་ཐེག་དམན་གྱི་མདོ་ཆོས་ཅན། ཐེག་ཆེན་གྱི་བཀའ་ཡིན་པར་ཐལ། སྟོན་པ་ཤཱཀྱ་ཐུབ་པའི་བཀའ་ཡིན་པའི་ཕྱིར། ཁྱབ་པ་ཁས། འདོད་མི་ནུས་ཏེ། ཐེག་ཆེན་གྱི་མདོ་མ་ཡིན་པའི་ཕྱིར་ཏེ། ཐེག་དམན་གྱི་མདོ་ཡིན་པའི་ཕྱིར།

ས་མཚམས་ལ་ཁ་ཅིག ཐེག་ཆེན་གྱི་གདམས་ངག་ཉན་པ་ལ་ཆོས་རྒྱུན་གྱི་ཏིང་ངེ་འཛིན་ཐོབ་དགོས་ཏེ། རྒྱན་ལས། དེ་ཚེ་ཆོས་ཀྱི་རྒྱུན་ལས་ནི། །ཞེས་གསུངས་པའི་ཕྱིར་ཟེར་བ་མི་འཐད་དེ། དེ་ཉན་པ་ལ་ཐེག་ཆེན་གྱི་ཚོགས་ལམ་ཆེན་པོ་ཐོབ་མི་དགོས་པའི་ཕྱིར། དེར་ཐལ། དེ་འདྲའི་ཐེག་ཆེན་གྱི་ཚོགས་ལམ་ཆུང་ངུ་ལ་གནས་པའི་སེམས་དཔའ་ཡོད་པའི་ཕྱིར་ཏེ། འགྲེལ་པར། དེ་ལྟར་བྱང་ཆུབ་ཀྱི་སེམས་དང་པོ་ལ་སོགས་པ་བསྐྱེད་པའི་བྱང་ཆུབ་སེམས་དཔའ། ཞེས་གསུངས་པའི་ཕྱིར།

གཞན་ཡང་། དམ་བཅའ་དེ་མི་འཐད་པར་ཐལ། ཐེག་ཆེན་གྱི་གདམས་ངག་ཉན་པའི་ལམ་མ་ཞུགས་ཀྱི་གང་ཟག་ཡོད་པའི་ཕྱིར་ཏེ། མདོ་ལས། ལྷའི་བུ་གང་དག་གིས་བླ་ན་མེད་པ་ཡང་དག་པར་རྫོགས་པའི་བྱང་ཆུབ་ཏུ་སེམས་མ་བསྐྱེད་པ་དེ་དག་གིས་ཀྱང་བླ་ན་མེད་པ་ཡང་དག་པར་རྫོགས་པའི་བྱང་ཆུབ་ཏུ་སེམས་བསྐྱེད་པར་བྱའོ། །ཞེས་གསུངས་པའི་ཕྱིར།

ཁ་ཅིག སངས་རྒྱས་ཀྱི་ས་ན་ཐེག་ཆེན་གྱི་གདམས་ངག་ཉན་པ་མེད་ཟེར་བ་མི་འཐད་དེ། དེ་ན་དེ་ཉན་པའི་ཉན་ཤེས་ཡོད་པའི་ཕྱིར་ཏེ། དེ་ན་དེ་ཐོས་པའི་ཐོས་ཤེས་ཡོད་པའི་ཕྱིར་ཏེ། དེ་ན་འཇིག་རྟེན་གྱི་ཁམས་ཀྱི་སྒྲ་ཐྲ་རགས་ཐོས་པའི་ཐོས་ཤེས་ཡོད་པའི་ཕྱིར།

有云：「舍利子以問者角色請問之佛母的經文為有法，理應是大乘語，因是大乘教授故，因是大乘經故。若許，理應非彼，因是小乘語故，因是聲聞舍利子之語故。」不周遍。那麼，彼為有法，理應是小乘教授，因是聲聞舍利子之語故。承許周遍。

復次，導師釋迦能仁親口宣說之小乘經為有法，理應是大乘教言，因是導師釋迦能仁之教言故。承許周遍，不能許，因非大乘經故，因是小乘經故。

於界限，有云：「聽聞大乘教授須得法流三摩地，因《大乘莊嚴經論》云：『彼時依法流。[56]』故。」不應理，因聽聞彼不須得大乘上品資糧道故。理應如是，因有住如此大乘下品資糧道之菩薩故。因《明義釋》云：「如此初發心菩薩。[57]」故。

再者，彼宗理應不應理，因有聞大乘教授之未入道補特伽羅故。經云：「未發無上正等菩提心之天子，彼等亦當發起無上正等菩提心。[58]」

有云：「於佛地無聽聞大乘教授。」不應理，因於彼有聽聞彼之聞知故，因於彼有聽聞彼之聽知故，因於彼有聽世間界粗細聲之聽知故。

སྒྲུབ་པའི་ངོ་བོ་བདེན་གཉིས།

སྒྲུབ་དང་བདེན་པ་རྣམས་དང་ནི། །ཞེས་སོགས་ལ། འདིར་བསྟན་ཐེག་ཆེན་གྱི་གདམས་ངག་ལ་སྒྲུབ་པ་རང་གི་ངོ་བོ་ལ་འདོམས་པའི་གདམས་ངག་སོགས་བཅུར་གྲངས་ངེས་ཏེ། དེ་ལ་དེ་བཅུར་དབྱེར་ཡོད། དེ་ལས་མང་ན་མི་དགོས་ཤིང་ཉུང་ན་མི་འདུ་བའི་ཕྱིར། རྒྱ་བར་སྒྲུབ་དང་ཞེས་པ་དང་། འགྲེལ་པར། བྱང་ཆུབ་ཀྱི་སེམས་ཀྱི་རབ་ཏུ་དབྱེ་བ། ཞེས་སོགས་ཀྱི་སྐབས་སུ། སྦྱོར་བ་དང་། མཐའ་དཔྱད་པའོ།

དང་པོ་ནི། ཤཱ་རིའི་བུ་འདི་ལ་བྱང་ཆུབ་སེམས་དཔའ་སེམས་དཔའ་ཆེན་པོས་ཤེས་རབ་ཀྱི་ཕ་རོལ་ཏུ་ཕྱིན་པ་ལ་སྤྱོད་པའི་ཚེ་བྱང་ཆུབ་སེམས་དཔའ་ཉིད་ཡོད་བཞིན་དུ་བྱང་ཆུབ་སེམས་དཔའ་ཉིད་ཡང་དག་པར་རྗེས་སུ་མི་མཐོང་ངོ་། །ཞེས་སོགས་ཀྱི་ཡུམ་བར་མའི་མདོ་ཚིག་ཆོས་ཅན། སྒྲུབ་པ་རང་གི་ངོ་བོ་ལ་འདོམས་པའི་གདམས་ངག་ཡིན་ཏེ། སྒྲུབ་པ་རང་གི་ངོ་བོ་ཡུལ་བདེན་པ་གཉིས་ལས་མི་འདའ་བར་ཡུལ་ཅན་ཐབས་ཤེས་ཟུང་འབྲེལ་དུ་ཉམས་སུ་ལོངས་ཤིག ཅེས་འདོམས་པའི་མདོ་ཚིག་ཡིན་པའི་ཕྱིར།

ཤཱ་རིའི་བུ་གལ་ཏེ་འཛམ་བུའི་གླིང་འདི་དགེ་སློང་ཤཱ་རིའི་བུ་དང་། མོའུ་འགལ་གྱི་བུ་ལྟ་བུ་ཤ་སྟག་གིས་གང་བ་འདི་ལྟ་སྟེ། དཔེར་ན། འདམ་བུའི་ཚལ་ལམ། ཞེས་སོགས་ཀྱི་མདོ་ཚིག་ཆོས་ཅན། སྒྲུབ་པའི་ཁྱད་པར་གྱི་ཆོས་སམ་མཐུ་ཐུན་མོང་མ་ཡིན་པ་ལ་འདོམས་པ་ཡིན་ཏེ། རང་ཉིད་འབའ་ཞིག་གི་ཆེད་དུ་ཐེག་པ་དམན་པ་ཉིད་ལ་བསྟན་པར་མི་བྱའོ་ཞེས་འདོམས་པའི་མདོ་ཚིག་ཡིན་པའི་ཕྱིར།

སྐབས་འདིའི་མདོ་ལས། བྱང་ཆུབ་སེམས་དཔའི་ཤེས་རབ་ཀྱིས་དགེ་སློང་ཤཱ་རིའི་བུ་ལྟ་བུའི་ཉན་ཐོས་འཛམ་བུའི་གླིང་འདི་གང་བའི་ཤེས་རབ་ཟིལ་གྱིས་གནོན་པར་གསུངས་པའི་རྒྱུ་མཚན་གང་ཡིན་ཞེ་ན། དེ་ཡོད་དེ། སྔ་མ་རང་དོན་རྐྱང་པའི་ཆེད་དུ་མ་ཡིན་པར་སེམས་ཅན་ཐམས་ཅད་ཀྱི་ཆེད་དུ་ཡིན་ལ། ཕྱི་མ་རང་དོན་རྐྱང་པའི་ཆེད་དུ་ཡིན་པའི་ཕྱིར། དེ་འདྲའི་བྱང་ཆུབ་སེམས་དཔའ་དེ་ཡང་སེམས་དང་པོ་བསྐྱེད་པའི་བྱང་ཆུབ་སེམས་དཔའ་ཡིན་གྱི། སྤྱོད་པ་ལ་ཞུགས་པ་དང་ཕྱིར་མི་ལྡོག་པ་

24 正行體性二諦

於「修行及諸諦」等，此示大乘教授，有教誨正行自體性之教授等十，數量決定，因彼可分為十，不需更多，若少則不能攝故。根本頌有云：「修行」，與《明義釋》云：「菩提心之詳細分類」等時，有二：論式與辨析。

初者，「舍利子！菩薩摩訶薩行持般若波羅蜜多時，雖有菩薩，然不真實隨見菩薩……[59]」等中品佛母之經文為有法，是教誨正行自體性之教授，因是教誨正行自體性境——不逾越二諦而有境——雙修方便與智慧之經文故。

「舍利子！若此贍部洲遍滿唯似比丘舍利子及目犍連者，比喻：如蘆葦叢……[60]」等經文為有法，乃教誨正行差別之法或不共能力，因是教授不應僅為自己而只對於劣乘宣說之經文故。

今此之經所言「菩薩慧映蔽遍滿此贍部洲似比丘舍利子之聲聞慧」之理由為何？有彼，因前者非僅為自利，乃為一切有情；後者乃僅為自利故。如此菩薩是初發心之菩薩，然亦非入行者或不退轉或一生所繫三者隨一，因於初者時，以知見觀見而超越小乘道，次者時，禁止現起具意趣涅槃，第三時，彼於後得，利他方式隨順「與

དང་སྐྱེ་བ་གཅིག་གིས་ཐོགས་པ་གསུམ་པོ་གང་ཡང་མ་ཡིན་ཏེ། དང་པོའི་སྐབས་སུ་ཐེག་དམན་གྱི་ལམ་ལ་ཞེས་མཐོང་གིས་བལྟས་ནས་འདའ་བར་བྱེད་ཅིང་། གཉིས་པའི་སྐབས་སུ་དགོངས་པ་ཅན་གྱི་མྱང་འདས་མངོན་དུ་བྱེད་པ་བཀག་པ་དང་། གསུམ་པའི་སྐབས་སུ་རྗེས་ཐོབ་ཏུ་གཞན་དོན་བྱེད་ཚུལ་སངས་རྒྱས་དང་མཉམ་པ་རྗེས་མཐུན་པ་ཐོབ་པས་དོགས་པའི་གནས་མེད་པའི་ཕྱིར།

འོ་ན། དགོངས་པ་ཅན་གྱི་མྱང་འདས་དེ་གང་ཡིན། ས་བརྒྱད་པར་དེ་མངོན་དུ་བྱེད་པ་འགོག་ཚུལ་ཇི་ལྟར་ཡིན་ཞེ་ན། ཁ་ཅིག ཁྱབ་པ་འདུ་བྱེད་ཀྱི་སྡུག་བསྔལ་ཉེ་བར་ཞི་བའི་ཉེར་ཞི་དེ་དགོངས་པ་ཅན་གྱི་མྱང་འདས་སུ་བྱེད་པ་མི་འཐད་དེ། དེ་རང་བཞིན་གྱི་མྱང་འདས་མ་ཡིན་པའི་ཕྱིར་ཏེ། དེ་ཆོས་ཉིད་མ་ཡིན་པའི་ཕྱིར།

གཞན་ཡང་། དེ་མྱང་འདས་མཚན་ཉིད་པ་མ་ཡིན་པར་ཐལ། དམ་བཅའ་དེའི་ཕྱིར།

གཞན་ཡང་། དམ་བཅའ་དེ་མི་འཐད་པར་ཐལ། དམན་ལམ་སྔོན་མ་སོང་གི་ས་བརྒྱད་པ་བ་ལ་དེ་མངོན་དུ་བྱེད་པ་དགག་མི་དགོས་པའི་ཕྱིར། དེར་ཐལ། དེས་དེ་མ་ཐོབ་པའི་ཕྱིར། དེར་ཐལ། དེས་ཉོན་སྒྲིབ་སྤངས་པའི་སྤངས་པ་མ་ཐོབ་པའི་ཕྱིར།

རང་ལུགས་ནི། ཆོས་ཉིད་དེ་དགོངས་པ་ཅན་གྱི་མྱང་འདས་སུ་བྱ་སྟེ། རང་གི་ངོ་བོ་ལ་དྲི་མའི་བསླད་པ་མ་ཞུགས་པས་མྱང་འདས་ཞེས་བརྗོད་པའི་ཕྱིར། ས་བརྒྱད་པ་བ་ལ་དེ་མངོན་དུ་བྱེད་པ་འགོག་ཚུལ་ཡོད་དེ། དེས་ཆོས་ཉིད་ལ་མངོན་སུམ་དུ་མཉམ་པར་བཞག་པ་ན་སངས་རྒྱས་རྣམས་ཀྱིས་དེ་ལས་བསླངས་ནས་རྗེས་ཐོབ་ཏུ་བསོད་ནམས་ཀྱི་ཚོགས་བསོག་པ་ལ་བསྐུལ་བའི་ཕྱིར།

ཁ་ཅིག ས་བཅུ་པ་བས་རྗེས་ཐོབ་ཏུ་གཞན་དོན་བྱེད་ཚུལ་སངས་རྒྱས་དང་མཉམ་པ་ཐོབ་ཟེར་བ་མི་འཐད་དེ། དེས་གཞན་དོན་བྱེད་ཚུལ་སངས་རྒྱས་དང་མཉམ་པ་མ་ཐོབ་པའི་ཕྱིར། ཁྱབ་པར་ཐལ། དེས་མཉམ་གཞག་གི་ངང་ནས་གཞན་དོན་བྱེད་མི་ནུས་པའི་ཕྱིར། རྩ་རྟགས་དེར་ཐལ། དེ་སངས་རྒྱས་དང་འཕྲིན་ལས་མི་མཉམ་པའི་ཕྱིར་ཏེ། དེ་སེམས་ཅན་ཡིན་པའི་ཕྱིར།

གཉིས་པ་མཐའ་དཔྱད་པ་ལ། ངོ་བོ་བཤད་པ། དབྱེ་བ་བཤད་པ། ཡང་ལོག་གི་ཁྱད་པར་བཤད་

佛同等」，非起疑之處故。

那麼，具意趣涅槃為何？於八地禁止現起彼之理為何？有云：「盡滅遍行苦之寂滅是具意趣涅槃。」不應理，因彼非自性涅槃故，因彼非法性故。

再者，彼理應非真實涅槃，因彼宗故。

再者，彼宗理應不應理，因未曾入劣道之八地者不須禁止現起彼故。理應如是，因彼未得彼故。理應如是，因彼未得斷煩惱障之斷德故。

自宗：承許法性是具意趣涅槃，因自體性未受到污垢所染，故稱「涅槃」故。禁止於八地者現起彼之理，乃彼現前入定於法性時，諸佛勸導「從彼出定後，於後得位當積福德資糧」。

有云：「十地者於後得位作利他方式與佛相等」。不應理，因彼利他方式與佛不相等故。理應周遍，因彼於定中不能利他故。根本因理應如是，因彼與佛，事業不相等故，因彼是有情故。

第二、辨析，有講說體性、講說分類與講說正倒之差別。

པའོ། །

དང་པོ་ལ་ལུགས་མང་དུ་ཡོད་པ་ལས། བྱེ་བྲག་སྨྲ་བས་འདུས་བྱས་ཁོ་ནའི་སྟེང་ནས་བདེན་པ་གཉིས་འཇོག་ལ། དེ་ཡང་རང་ཉིད་བཅོམ་པའམ་ཞིག་པ་ན་རང་འཛིན་གྱི་བློ་མི་འཇུག་པའི་ཆོས་དེ་ཀུན་རྫོབ་བདེན་པ་ཡིན་ཏེ། དཔེར་ན། བུམ་པ་ལྟ་བུ། རང་གི་སྟེང་དུ་ཆོས་གཞན་བསལ་ཀྱང་རང་འཛིན་གྱི་བློ་མི་འདོར་བའི་ཆོས་དེ་དོན་དམ་བདེན་པ་ཡིན་ཏེ། དཔེར་ན། བུམ་པའི་སྟེང་གི་མི་རྟག་པ་ལྟ་བུ་སྟེ། མཛོད་ལས། གང་ལ་བཅོམ་དང་བློ་ཡིས་གཞན། །བསལ་ན་དེ་བློ་མི་འཇུག་པ། །བུམ་ཆུ་བཞིན་དུ་ཀུན་རྫོབ་ཏུ། །ཡོད་དེ་དོན་དམ་ཡོད་གཞན་ནོ། །ཞེས་གསུངས་པའི་ཕྱིར།

མདོ་སྡེ་པས། དོན་དམ་པར་དོན་བྱེད་ནུས་པ་དང་མི་ནུས་པའི་ཆོས། དོན་དམ་བདེན་པ་དང་ཀུན་རྫོབ་བདེན་པའི་འཇོག་བྱེད་དུ་སྨྲ་ཞིང་། དོན་དམ་བདེན་པ་དངོས་པོ་རང་མཚན་རྣམས་དོན་གཅིག་པ་དང་། ཀུན་རྫོབ་བདེན་པ་རྟག་པ་སྤྱི་མཚན་རྣམས་དོན་གཅིག་པ་ཡིན་ཏེ། རྣམ་འགྲེལ་ལས། དོན་དམ་དོན་བྱེད་ནུས་པ་གང་། །དེ་འདིར་དོན་དམ་ཡོད་པ་ཡིན། །གཞན་ནི་ཀུན་རྫོབ་ཡོད་པ་སྟེ། །དེ་དག་རང་སྤྱིའི་མཚན་ཉིད་བཤད། །ཅེས་གསུངས་པའི་ཕྱིར།

སེམས་ཙམ་པས་ནི་སྔ་མ་ལྟར་མི་བཞེད་དེ། དེས་དངོས་པོ་ལ་ཀུན་རྫོབ་བདེན་པས་ཁྱབ་པ་དང་། དོན་དམ་བདེན་པ་ལ་མེད་དགག་གིས་ཁྱབ་པ་བཞེད་པའི་ཕྱིར།

དབུ་མ་པ་རང་ལུགས་འཇོག་པ་ན། ཁ་ཅིག མཐར་ཐུག་དཔྱོད་པའི་རིགས་ཤེས་ཚད་མའི་རྙེད་དོན་དེ། དོན་དམ་བདེན་པའི་འཇོག་བྱེད་དང་། ཐ་སྙད་དཔྱོད་བྱེད་ཀྱི་ཚད་མའི་རྙེད་དོན་དེ། ཀུན་རྫོབ་བདེན་པའི་འཇོག་བྱེད་ཡིན་ཟེར་བ་མི་འཐད་དེ། གཞི་གྲུབ་ན་མཚན་ཉིད་སྔ་མ་དེ་ཡིན་དགོས་པ་གང་ཞིག ཕྱི་མ་དེ་ཡང་ཡིན་དགོས་པའི་ཕྱིར། དང་པོ་དེར་ཐལ། དེ་ཡིན་ན་ཇི་ལྟ་བ་རྟོགས་པའི་རྣམ་མཁྱེན་གྱི་རྙེད་དོན་ཡིན་དགོས་པའི་ཕྱིར། ཕྱི་མ་དེར་ཐལ། དེ་ཡིན་ན་ཇི་སྙེད་པ་རྟོགས་པའི་རྣམ་མཁྱེན་གྱི་རྙེད་དོན་ཡིན་དགོས་པའི་ཕྱིར།

ཁོ་ན་རེ། མ་ཁྱབ་སྟེ། ཇི་ལྟ་བ་རྟོགས་པའི་རྣམ་མཁྱེན་གྱི་རྙེད་དོན་ཡིན་ན། མཐར་ཐུག་དཔྱོད་པའི་རིགས་ཤེས་ཀྱི་རྙེད་དོན་ཡིན་མི་དགོས་པའི་ཕྱིར་དང་། ཕྱི་མ་ལ་ཡང་དེ་ལྟར་ཡིན་མི་དགོས་

初者，有許多宗，其中毘婆沙師唯於有為上安立二諦，此復，「摧壞或毀壞自己時，無執自之覺知之法」，乃世俗諦，例如：瓶子。「於自之上遣除餘法，然不捨棄執自之覺知之法」，乃勝義諦，例如：瓶子之上的無常。《俱舍論》云：「彼覺破便無，慧析餘亦爾，如瓶水世俗，異此名勝義。[61]」

經部師主張「勝義具有作用者與無有作用者之法」，乃勝義諦與世俗諦之能安立，且勝義諦、事物、自相同義，世俗諦、常、共相同義，因《釋量論》云：「勝義能作義，是此勝義有，餘為世俗有，說為自共相。[62]」故。

唯識師則不如前而主張，因彼主張事物被世俗諦周遍，勝義諦被無遮周遍故。

安立中觀師自宗時，有云：「觀察究竟之理智量之獲得義，是勝義諦之能安立；觀察名言量之獲得義，是世俗諦之能安立。」不應理，因若是基成須是前性相，且亦須是後者故。初者理應如是，因若是彼須是通達如所有性之一切相智之獲得義故。後者理應如是，因若是彼須是通達盡所有性之一切相智之獲得義故。

有云：「不周遍，因若是通達如所有性之一切相智之獲得義，不須是觀察究竟之理智之獲得義，以及後者亦不須如此故。初者理

པའི་ཕྱིར། དང་པོ་དེར་ཐལ། སངས་རྒྱས་འཕགས་པའི་མིག་ཤེས་ཀྱི་གཟུང་བྱ་ཡིན་ན། མིག་ཤེས་ཀྱི་གཟུང་བྱ་ཡིན་མི་དགོས་པའི་ཕྱིར་ན་མ་ཁྱབ། འོ་ན། མཐར་ཐུག་དཔྱོད་པའི་མངོན་སུམ་ཚད་མའི་རྙེད་དོན་ཡིན་ན། སློབ་པའི་དེའི་རྙེད་དོན་ཡིན་དགོས་པར་ཐལ། མིག་ཤེས་ཀྱི་གཟུང་བྱ་ཡིན་ན། སློབ་པའི་མིག་ཤེས་ཀྱི་གཟུང་བྱ་ཡིན་དགོས་པའི་ཕྱིར། ཁྱབ་པ་ཁས། འདོད་ན། གློ་བུར་རྣམ་དག་གི་ཆར་གྱུར་པའི་ངོ་བོ་ཉིད་སྐུས་མ་ངེས་སོ། །

སྔ་རབས་པ་ཁ་ཅིག མཐར་ཐུག་དཔྱོད་པའི་རིགས་ཤེས་ཀྱི་རྙེད་དོན་ཡིན་ན། དེའི་དཔྱད་བཟོད་ཡིན་པས་ཁྱབ་པ་མི་འཐད་དེ། དེའི་དཔྱད་བཟོད་ཚད་མས་ཁེགས་པའི་ཕྱིར། ཡང་རྒྱ་ཤེ་ཊཱི་ཀ་ཆེན་སོགས་སུ། མཐར་ཐུག་དཔྱོད་པའི་རིགས་ཤེས་ཚད་མའི་རྙེད་དོན་གང་ཞིག དེ་རང་ཉིད་ལ་ལྟོས་ཏེ་མཐར་ཐུག་དཔྱོད་པའི་རིགས་ཤེས་ཚད་མར་སོང་བ། རང་ཉིད་དོན་དམ་བདེན་པའི་འཇོག་བྱེད་དང་། ཀུན་རྫོབ་བདེན་པ་ལ་ཐ་སྙད་དཔྱོད་བྱེད་ཅེས་སྦྱར་ནས་སྟོང་པ་བཞིན་དུ་འཇོག་གསུངས་པ་ལ།

ཁ་ཅིག སྟོང་པ་ལ་བུམ་པ་ཆོས་ཅན། མཚོན་བྱ་དེར་ཐལ། མཚན་ཉིད་དེའི་ཕྱིར། གཉིས་པ་དེར་ཐལ། དེ་རང་ཉིད་ལ་ལྟོས་ཏེ་བུམ་པའི་ཆོས་ཉིད་དཔྱོད་བྱེད་ཀྱི་རིགས་ཤེས་ཚད་མར་སོང་བའི་ཕྱིར་ན་མ་ཁྱབ་སྟེ། འོ་ན། བུམ་པ་གནས་ལུགས་མཐར་ཐུག་ཡིན་པར་ཐལ། དེའི་ཆོས་ཉིད་གནས་ལུགས་མཐར་ཐུག་ཡིན་པའི་ཕྱིར། ཁྱབ་པ་ཁས། ཕྱི་མ་ལ་ཡང་རྩོད་ལན་དེས་འགྲེ།

ཡང་ཁ་ཅིག མཚན་ཉིད་སྟོང་པ་དེ་མི་འཐད་པར་ཐལ། མཐར་ཐུག་དཔྱོད་པའི་རིགས་ཤེས་ཚད་མ་དེ་རང་གི་རྒྱུ་ལ་ལྟོས་ཏེ་དེར་སོང་བའི་ཕྱིར་ཏེ། དེ་དེ་ལ་ལྟོས་ཏེ་དེར་སྐྱེས་པའི་ཕྱིར་ཏེ། དེ་དེ་ལ་ལྟོས་ཏེ་ཚད་མར་སྐྱེས་པའི་ཕྱིར་ན་མ་ཁྱབ། ཡང་མཚན་ཉིད་ཕྱི་མ་དེ་མི་འཐད་པར་ཐལ། ཐ་སྙད་དཔྱོད་བྱེད་ཀྱི་ཚད་མ་དེ་རང་གི་འབྲས་བུ་ལ་ལྟོས་ཏེ་དེར་མ་སོང་བའི་ཕྱིར་ཏེ། དེ་རང་གི་འབྲས་བུ་ལ་མ་ལྟོས་པའི་ཕྱིར་ན་འང་མ་ཁྱབ་པའི་ལན་སྔར་བཞིན་གདབ་བོ། །

ཡང་ཁ་ཅིག རང་མངོན་སུམ་དུ་རྟོགས་པའི་མངོན་སུམ་ཚད་མས་གཉིས་སྣང་ནུབ་པའི་ཚུལ་གྱིས་རྟོགས་པར་བྱ་བ་དེ། རང་ཉིད་དོན་དམ་བདེན་པའི་མཚན་ཉིད་ཟེར་བ་མི་འཐད་དེ། མཚན་ཉིད་དེ་སྒྲུབ་པ་ཡིན་པའི་ཕྱིར། དེར་ཐལ། དེ་ཡོད་པ་གང་ཞིག བུམ་པའི་ཆོས་ཉིད་མངོན་སུམ་དུ་རྟོགས་

應如是，因若是佛聖者眼知所取不須是眼知所取故。」不周遍。然則，若是觀察究竟之現量之獲得義，理應須是有學觀察究竟現量之獲得義，因若是眼知所取須是有學眼知所取故。承許周遍，若許，則屬客塵清淨分之自性身不定。

前期論師有云：「若是觀察究竟之理智之獲得義周遍堪忍觀察究竟之理智所觀察。」不應理，因以量破除堪忍觀察究竟之理智所觀察故。又《中論大疏正理海》等言「是觀察究竟之理智量之獲得義，且彼觀待自是觀察究竟之理智量」，乃自是勝義諦之能安立；於世俗諦，以「觀察名言」結合後如前而安立。

對前者，有云：「瓶子為有法，理應是彼名相，因是彼性相故。次者理應如是，因彼觀待自是觀察瓶子法性之理智量故。」不周遍。那麼，瓶子理應是究竟實相，因彼之法性是究竟實相故。承許周遍。對後者也以彼諍辯類推。

又有云：「前性相理應不應理，因觀察究竟之理智量觀待自因是彼故，因彼（觀察究竟之理智量）觀待彼（自因）而生為彼故，因彼觀待彼而生為量故。」不周遍。又後性相理應不應理，因觀察名言之量，觀待自果非是彼故，因彼不觀待自果故。亦如前答不周遍。

又有云：「現證自之現量以二現隱沒方式所通達，乃自是勝義諦之性相。」不應理，因彼性相是成立法故。理應如是，因彼存在，且現證瓶子法性之現量以二現隱沒方式通達是成立法故，因彼現證

པའི་མངོན་སུམ་ཚད་མས་དེ་གཉིས་སྣང་ནུབ་པའི་ཚུལ་གྱིས་རྟོགས་པ་དེ་སྒྲུབ་པ་ཡིན་པའི་ཕྱིར་ཏེ། དེས་དེ་མངོན་སུམ་དུ་རྟོགས་པ་དེ་སྒྲུབ་པ་ཡིན་པའི་ཕྱིར།

ཁོན་རེ། མཚན་ཉིད་དེ་འཐད་པར་ཐལ། དེ་ཡིན་ན་དོན་དམ་བདེན་པ་ཡིན་པས་ཁྱབ་པའི་ཕྱིར་ན་མ་ཁྱབ།

ཁ་ཅིག རྟགས་མ་གྲུབ་སྟེ། སྔོན་སྣང་དབང་ཤེས་དེ་རང་མངོན་སུམ་དུ་རྟོགས་པའི་མངོན་སུམ་ཚད་མས་གཉིས་སྣང་ནུབ་པའི་ཚུལ་གྱིས་རྟོགས་པའི་ཕྱིར་ཏེ། དེ་རང་མངོན་སུམ་དུ་རྟོགས་པའི་རང་རིག་མངོན་སུམ་གྱིས་དེ་ལྟར་རྟོགས་པའི་ཕྱིར་ན་མ་ཁྱབ་སྟེ། རང་རིག་གཉིས་སྣང་བཅས་ནུབ་དགོད་པའི་གཉིས་སྣང་དང་། དེ་ལས་གཞན་པའི་མངོན་སུམ་གཉིས་སྣང་བཅས་ནུབ་དགོད་པའི་གཉིས་སྣང་གཉིས་དོན་མི་གཅིག་པའི་ཕྱིར་ཏེ། སྔ་མ་ཤེས་པ་ལས་གཞན་པའི་ཡུལ་གྱི་སྣང་བ་ལ་བྱེད། ཕྱི་མ་ཀུན་རྫོབ་པའི་སྣང་བ་ལ་བྱེད་པའི་ཕྱིར། འདི་རྟོགས་པ་གལ་ཆེའོ། །

ཕྱོགས་སྔ་སྨྲ་བ་པོ་དེ་ལ་དོན་དམ་བདེན་པའི་མཚན་ཉིད་དྲིས་པས། སྔོན་སྣང་དབང་ཤེས་ལྟ་བུ་དོན་དམ་བདེན་པ་ཡིན་པ་བཅད་པའི་ཆེད་དུ། རང་མངོན་སུམ་དུ་རྟོགས་པའི་མངོན་སུམ་ཚད་མས་གཉིས་སྣང་ནུབ་པའི་ཚུལ་གྱིས་རྟོགས་པར་བྱ་བ་གང་ཞིག སྒྲུབ་པའི་རྣམ་པར་རྟོགས་བྱ་མ་ཡིན་པ། ཞེས་ཟུར་གཉིས་ལྡན་དུ་བྱེད་ཟེར་ན་ཁས་བླངས་ནང་འགལ་བ་ཡིན་ཏེ། སྔོན་སྣང་དབང་ཤེས་མ་ཡིན་པ་ལས་ལོག་པ་འཕངས་པའི་ཚེ་ལན་གདབ་པར་མི་ནུས་པའི་ཕྱིར།

གཞན་ཡང་། རྣམ་བཤད་ལས་འདི་ལྟར་གསུངས་པའི་ཟུར་གཉིས་པ་སྒྲུབ་པའི་རྣམ་པར་རྟོགས་བྱ་མ་ཡིན་པ་ཞེས་པའི་སྒྲུབ་པ་དེ། དགག་སྒྲུབ་གཉིས་སུ་ཕྱེ་བའི་སྒྲུབ་པ་ལ་བྱེད་རིགས་པར་ཐལ། དམ་བཅའ་དེའི་ཕྱིར། འདོད་མི་ནུས་ཏེ། དེ་ཀུན་རྫོབ་པའི་རྣམ་པར་རྟོགས་བྱ་ལ་བྱེད་རིགས་པའི་ཕྱིར། དེར་ཐལ། དེ་གཉིས་སྣང་དང་བཅས་པའི་ཚུལ་གྱིས་རྟོགས་པར་བྱ་བ་ལ་བྱེད་རིགས་པའི་ཕྱིར་ཏེ། སྤྱོད་འཇུག་རྣམ་བཤད་ལས། རང་མངོན་སུམ་དུ་རྟོགས་པའི་མངོན་སུམ་ཚད་མས་གཉིས་སྣང་དང་བཅས་པའི་ཚུལ་གྱིས་རྟོགས་པར་བྱ་བ་མ་ཡིན་པར་དེས་རྟོགས་པར་བྱ་བ། དོན་དམ་བདེན་པའི་མཚན་ཉིད་དུ་གསུངས་པ་དང་གནད་གཅིག་པའི་ཕྱིར།

彼是成立法故。

有云：「彼性相理應應理，因若是彼周遍是勝義諦故。」不周遍。

有云：「因不成，因顯現青色之根知，由現證自之現量以二現隱沒方式通達故，因彼由現證自之自證現前如是通達故。」不周遍，因觀察自證分二現具有或隱沒之二現，與觀察此外之現前二現具有或隱沒之二現，二者非同義故，因前者指除知覺以外之境之顯現，後者指世俗之顯現故。通達此極為切要。

於對方問勝義諦之性相，若答為了遮除顯現青色之根知是勝義諦，而加上「是現證自之現量以二現隱沒方式所通達，且非所通達之成立行相」二項，則自相矛盾，因以「反非顯現青色之根知」反駁時，無能作答故。

再者，《心要莊嚴疏》如此宣說之第二項「非所通達之成立行相」所言之「成立」理應可承許是成立法與遮遣法分類中之成立法，因彼宗故。不能許，因可承許彼是所通達之世俗行相故。理應如是，因可承許彼是以具二現方式所通達故，因與《入行論廣釋》所云「現證自之現量非以具二現方式所通達，而是彼所通達，乃勝義諦之性相」同一關鍵故。

ཡང་རྣམ་བཤད་ལས་དོན་དམ་བདེན་པའི་མཚན་ཉིད་དུ་གསུངས་པའི་ཟུར་གཉིས་པ་དང་། ཀུན་རྫོབ་བདེན་པའི་མཚན་ཉིད་དུ་རང་མངོན་སུམ་དུ་རྟོགས་པའི་མངོན་སུམ་གྱི་ཚད་མས་གཉིས་སྣང་དང་བཅས་པའི་ཚུལ་གྱིས་རྟོགས་པར་བྱ་བའི་རིགས་སུ་གནས་པ། ཞེས་འབྱུང་བ་པར་མ་དག་པ་ཡིན་གསུངས།

སྔ་མ་སྤྱོད་འཇུག་ཊཱི་ཀྐ་དང་མཐུན་པས་པར་དག་པར་བྱེད་དགོས་ཤིང་། ཕྱི་མ་ཡང་པར་དག་པར་བྱས་པ་ལ་འགལ་བ་མེད་དེ། རྣམ་མཁྱེན་དེ་རྣམ་མཁྱེན་གྱིས་གཉིས་སྣང་དང་བཅས་པའི་ཚུལ་གྱིས་རྟོགས་པར་བྱ་བ་མ་ཡིན་ཡང་། དེ་དེའི་རིགས་གནས་སུ་གོ་བའི་ཆེད་དུ་སྨོས་པའི་ཕྱིར་ཏེ། ཇི་ལྟ་བ་རྟོགས་པའི་རྣམ་མཁྱེན་གྱིས་གཉིས་སྣང་དང་བཅས་པའི་ཚུལ་གྱིས་རྟོགས་པར་བྱ་བ་མ་ཡིན་པར་དེས་གཉིས་སྣང་ནུབ་པའི་ཚུལ་གྱིས་རྟོགས་པར་བྱ་བ། དོན་དམ་བདེན་པའི་མཚན་ཉིད་དང་། ཇི་སྙེད་པ་རྟོགས་པའི་རྣམ་མཁྱེན་གྱིས་གཉིས་སྣང་དང་བཅས་པའི་ཚུལ་གྱིས་རྟོགས་པར་བྱ་བའི་རིགས་སུ་གནས་པ། ཀུན་རྫོབ་བདེན་པའི་མཚན་ཉིད་དུ་བཞེད་པའི་ཕྱིར། རྣམ་མཁྱེན་དེས་རྣམ་མཁྱེན་གཉིས་སྣང་དང་བཅས་པའི་ཚུལ་གྱིས་མ་རྟོགས་ཏེ། དེས་དེ་ཐ་དད་པའི་ཚུལ་གྱིས་མ་རྟོགས་པའི་ཕྱིར་ཏེ། དེ་དེ་དང་ཐ་དད་མ་ཡིན་པའི་ཕྱིར།

གཞན་ཡང་། རྟགས་སྔ་མ་དེར་ཐལ། རྣམ་མཁྱེན་ལ་རྣམ་མཁྱེན་མི་སྣང་བའི་ཕྱིར་ཏེ། དེ་ལ་དེའི་རྣམ་པ་མ་ཤར་བའི་ཕྱིར།

དེ་ལ་ཁོ་ན་རེ། སངས་རྒྱས་འཕགས་པའི་མིག་གི་རྣམ་པར་ཤེས་པ་དང་། དེའི་འཁོར་དུ་བྱུང་བའི་ཚོར་བ་གཉིས་རྣམ་པ་མི་མཚུངས་པར་ཐལ། དེ་ལྟ་བུའི་ཚོར་བ་ལ་སྣང་ན། དེའི་མིག་གི་རྣམ་ཤེས་ལ་སྣང་བས་མ་ཁྱབ་པའི་ཕྱིར། མ་གྲུབ་ན། དེར་ཐལ། དེའི་མིག་གི་རྣམ་ཤེས་དེ་ཁོ་རང་ལ་མི་སྣང་བའི་ཕྱིར། དེར་ཐལ། རྣམ་མཁྱེན་ལ་རྣམ་མཁྱེན་མི་སྣང་བའི་ཕྱིར། རྟགས་ཁས་ཞེ་ན། ཐལ་འགྱུར་དང་པོ་ལ་མ་ཁྱབ་སྟེ། དེའི་མིག་གི་རྣམ་ཤེས་དང་ཐ་དད་གང་ཞིག དེ་འདྲའི་ཚོར་བ་ལ་སྣང་ན་དེའི་མིག་གི་རྣམ་ཤེས་ལ་སྣང་བས་ཁྱབ་པ་དེ་གཉིས་རྣམ་པ་མཚུངས་པའི་དོན་ཡིན་པའི་ཕྱིར། རྣམ་

◆現觀辨析（上）

又有言《心要莊嚴疏》所述勝義諦之性相之第二項，與世俗諦性相中「現證自之現量以具二現方式所通達之住類」，是錯誤的版本。

前者與《入行論廣釋》吻合，故應是正確版本，後者亦視為正確版本是不相違，因主張一切相智非以具二現方式通達一切相智，然為理解彼是彼之住類而加上故，因主張「通達如所有性之一切相智非以具二現方式所通達，而以二現隱沒方式所通達」，是勝義諦之性相，「通達盡所有性之一切相智以具二現方式所通達之住類」，是世俗諦之性相故。一切相智非以具二現方式通達一切相智，因彼非以相異之方式通達彼故，因彼非與彼為異故。

再者，前因理應如是，因一切相智不顯現一切相智故，因彼不顯現彼之相故。

對此有云:「佛聖者之眼識與其眷屬之受二者理應非行相相應，因若於如此之受顯現，不周遍於彼之眼識顯現故。若不成，理應如是，因彼之眼識於自身不顯現故。理應如是，因一切相智不顯現一切相智故。承許因。」於第一應成，不周遍，因與彼之眼識為異，且若於如此之受顯現，周遍於彼之眼識顯現，乃彼二者行相相應之義故。《心要莊嚴疏》與此相順，《入行論廣釋》亦如是說。然則，

ཆ་ཤད་འདི་དང་མཐུན་པར་སྤྱོད་འཇུག་ཊཱི་ཀྐར་ཡང་དེ་ལྟར་གསུངས། འོན་ཀྱང་གཉིས་སྣང་བཅས་ཉུབ་གཅིག་དང་ཐ་དད་ཀྱི་སྣང་བ་ལ་མཛད་པ་ཙུང་ཟད་འགྲིག་དཀའ་བས་འཇུག་པའི་རྣམ་ཆ་ཤད་ཀྱི་ལུགས་བཞིན་དུ་བྱེད་དགོས་སམ་ཞིབ་ཏུ་དཔྱད་པར་བྱའོ། །

ཁ་ཅིག དོན་དམ་བདེན་པ་ཞེས་པའི་དོན་དམ་དང་། དོན་དམ་དུ་ཡོད་མེད་དཔྱོད་པའི་དོན་དམ་གཉིས་དོན་གཅིག་ཟེར་བ་མི་འཐད་དེ། སྔ་མ་ཆོས་ཉིད་ལ་མངོན་སུམ་དུ་མཉམ་པར་བཞག་པའི་མཉམ་གཞག་ཡེ་ཤེས་ལ་བྱེད། ཕྱི་མ་བློ་གནོད་མེད་ལ་སྣང་བའི་དབང་གིས་བཞག་པ་མ་ཡིན་པར་ཡུལ་རང་གི་ཐུན་མོང་མ་ཡིན་པའི་སྡོད་ལུགས་ཀྱི་ངོས་ནས་གྲུབ་པ་ལ་བྱེད་པའི་ཕྱིར། ཡང་ཀུན་རྫོབ་བདེན་པ་ཞེས་པའི་ཀུན་རྫོབ་དང་། ཀུན་རྫོབ་ཏུ་ཡོད་མེད་དཔྱོད་པའི་ཀུན་རྫོབ་གཉིས་དོན་གཅིག་ཟེར་བ་མི་འཐད་དེ། སྔ་མ་བདེན་འཛིན་ལ་བྱེད། ཕྱི་མ་ཐ་སྙད་པའི་ཚད་མ་ལ་བྱེད་པའི་ཕྱིར། དེ་ལྟར་བྱས་ན་དོན་དམ་བདེན་པ་ཡིན་པ་དང་དོན་དམ་བདེན་པར་གྲུབ་པ་གཉིས་དོན་མི་གཅིག་སྟེ། དོན་དམ་བདེན་པ་ཡིན་ན་དེར་མ་གྲུབ་དགོས་པའི་ཕྱིར། དེ་བཞིན་དུ་ཀུན་རྫོབ་བདེན་པ་ཡིན་པ་དང་དེར་གྲུབ་པ་གཉིས་དོན་མི་གཅིག་སྟེ། དོན་དམ་བདེན་པ་ཡིན་ན་ཀུན་རྫོབ་བདེན་པར་གྲུབ་དགོས་པའི་ཕྱིར།

ཁ་ཅིག ཆོས་དེ་ཀུན་རྫོབ་བདེན་པ་མ་ཡིན་པར་ཚད་མས་གྲུབ་པའི་གང་ཟག་ཡིན་ན། ཆོས་དེ་དོན་དམ་བདེན་པར་ཚད་མས་གྲུབ་པའི་གང་ཟག་ཡིན་དགོས་ཏེ། དེ་གཉིས་དངོས་འགལ་ཡིན་པའི་ཕྱིར་ཟེར་བ་མི་འཐད་དེ། བུམ་པའི་ཆོས་ཉིད་དོན་དམ་བདེན་པར་ཚད་མས་གྲུབ་པའི་གང་ཟག་མེད་པའི་ཕྱིར་ཏེ། དེ་དེར་མ་གྲུབ་པའི་ཕྱིར་ཏེ། དེ་བདེན་པར་མ་གྲུབ་པའི་ཕྱིར།

ཁ་ཅིག བུམ་པ་བདེན་མེད་དུ་རྟོགས་པའི་གང་ཟག་དང་བུམ་པ་ཀུན་རྫོབ་ཏུ་རྟོགས་པའི་གང་ཟག་དོན་གཅིག་ཟེར་བ་མི་འཐད་དེ། བུམ་པ་ཀུན་རྫོབ་ཏུ་རྟོགས་པ་ལ་བུམ་པ་བདེན་མེད་དུ་རྟོགས་པ་སྔོན་དུ་འགྲོ་དགོས་པའི་ཕྱིར་ཏེ། དེ་ལྟར་འཇུག་པའི་ཊཱི་ཀྐ་ལས་གསུངས་པའི་ཕྱིར།

ཁ་ཅིག ལས་འབྲས་བདེན། བདེན་པ་མིན་ཞེས་ཁྱད་པར་འབྱེད་པ་ནི་ཚིག་ལ་བརྟེན་པ་སྟེ། འོ་ན་ལས་འབྲས་མི་བདེན་པར་ཐལ། དེ་མི་བདེན་པ་ཡིན་པའི་ཕྱིར། རྟགས་བསལ་ཁས།

ཁ་ཅིག སྣང་ཚུལ་དང་གནས་ཚུལ་མི་མཐུན་པའི་ཆོས་ཡིན་ན། རྫུན་པ་ཡིན་པས་ཁྱབ་ཟེར་

主張具足、隱沒二現，為一、異之顯現，稍難以成立，故思惟是否依循《入中論善顯密意疏》宗，當細察之。

有云：「『勝義諦』之勝義與『觀擇於勝義有無』之勝義二者同義。」不應理，因前者乃現前入定於法性之根本智，後者指非由無違害覺知以顯現之力所安立，而從境本自不共存在之方成立故。又有云：「『世俗諦』之世俗與『觀擇於世俗有無』之世俗二者同義。」不應理，因前者乃實執，後者即名言量故。若如是，則「是勝義諦」與「於勝義諦成立」二者不同義，因若是勝義諦須於勝義諦不成立故。如是，「是世俗諦」與「於世俗諦成立」二者不同義，因若是勝義諦須於世俗諦成立故。

有云：「若是以量成立彼法非世俗諦之補特伽羅，定是以量成立彼法是勝義諦實成立之補特伽羅，因彼二者是直接相違故。」不應理，因以量成立瓶子之法性是勝義諦實成立之補特伽羅不存在故，因彼於彼不成立故，因彼非諦實成立故。

有云：「證瓶為無諦實之補特伽羅與證瓶為世俗之補特伽羅同義。」不應理，因證瓶為世俗之前，須證瓶為無諦實故，因《入中論善顯密意疏》如是說故。

有云：「業果真，非諦實。」此乃依於詞而區別，然則，業果理應非真，因彼非諦實故。承許因與遣法。

有云：「若是顯現方式與存在方式不符合之法，周遍是虛妄。」

བ་མི་འཐད་དེ། གཞི་གྲུབ་ན་དེ་ལྟར་མི་མཐུན་པའི་ཆོས་ཡིན་དགོས་པའི་ཕྱིར་ཏེ། གཞི་གྲུབ་ན་རང་འཛིན་རྟོག་པ་ལ་སྣང་ཚུལ་དང་གནས་ཚུལ་མི་མཐུན་དགོས་པའི་ཕྱིར་ཏེ། དེ་ཡིན་ན་རང་འཛིན་རྟོག་པ་ལ་སྣང་བ་ལྟར་དུ་མ་གྲུབ་དགོས་པའི་ཕྱིར།

གཉིས་པ་དབྱེ་བ་ནི་ཤད་པ་ལ་ཁ་ཅིག དོན་དམ་བདེན་པ་ལ་དབྱེ་ན། ཡུལ་དོན་དམ་བདེན་པ་དང་ཡུལ་ཅན་དོན་དམ་བདེན་པ་གཉིས་ཡོད་ཟེར་བ་མི་འཐད་དེ། ཡུལ་ཅན་དོན་དམ་བདེན་པ་ཡིན་ན་དོན་དམ་བདེན་པ་མ་ཡིན་དགོས་པའི་ཕྱིར།

རང་ལུགས་ནི། དོན་དམ་བདེན་པ་ལ་སྒྲས་བརྗོད་རིགས་ཀྱི་སྒོ་ནས་དེ་གཉིས་སུ་དབྱེའོ། །ཡིན་ཚུལ་གྱི་སྒོ་ནས་སྟོང་ཉིད་ཉི་ཤུ་དང་བཅུ་དྲུག་སོགས་སུ་དབྱེ་ཞིང་། དེ་ཡང་ལྡོག་ཆས་ཕྱེ་བའི་དབྱེ་བ་ཡིན་གྱི། ངོ་བོ་མི་འདྲ་བའི་དབྱེ་བར་མི་བྱེད་དེ། དོན་དམ་བདེན་པ་ཡིན་ན། རང་དང་ངོ་བོ་ཐ་དད་མེད་དགོས་པའི་ཕྱིར་ཏེ། རྟག་པ་ཡིན་ན་རང་དང་ངོ་བོ་ཐ་དད་མེད་དགོས་པའི་ཕྱིར། ཡང་དབུས་མཐའ་ལས། དོན་དང་ཐོབ་དང་སྒྲུབ་པ་ནི། །དོན་དམ་རྣམ་པ་གསུམ་དུ་འདོད། །ཅེས་གསུངས་པ་ལྟར་སྒྲས་བརྗོད་རིགས་ཀྱི་སྒོ་ནས། དོན་དོན་དམ་པ་དང་ཐོབ་པ་དོན་དམ་པ་དང་སྒྲུབ་པ་དོན་དམ་པ་གསུམ་མོ། །

ཀུན་རྫོབ་ལ་ཡང་སྒྲས་བརྗོད་རིགས་ཀྱི་སྒོ་ནས་དབྱེ་ན། བཏགས་པ་དང་ནི་ཤེས་པ་དང་། །དེ་བཞིན་བརྗོད་པ་རགས་པའོ། །ཞེས་གསུངས་པ་ལྟར། བཏགས་པའི་ཀུན་རྫོབ། ཤེས་པའི་ཀུན་རྫོབ། བརྗོད་པའི་ཀུན་རྫོབ་དང་གསུམ་མོ། །

ཁ་ཅིག ཀུན་རྫོབ་ལ་ཡང་དག་ཀུན་རྫོབ་དང་། ལོག་པའི་ཀུན་རྫོབ་གཉིས་སུ་དབྱེ་བ་མི་འཐད་དེ། ལོག་པའི་ཀུན་རྫོབ་ཡིན་ན་ཀུན་རྫོབ་ཡིན་མི་དགོས་པའི་ཕྱིར་ཏེ། གང་ཟག་གི་བདག་དང་། ཟླ་གཅིག་ཟླ་གཉིས་ཡིན་པ་སོགས་ལོག་པའི་ཀུན་རྫོབ་ཏུ་རྒྱལ་ཚབ་ཆོས་ཀྱི་རྗེས་གསུངས་པའི་ཕྱིར།

ཁོ་ན་རེ། དེ་གཉིས་ལོག་པའི་ཀུན་རྫོབ་བདེན་པ་ཡིན་པར་ཐལ། དམ་བཅའ་དེའི་ཕྱིར་ན་མ་ཁྱབ། ཀུན་རྫོབ་བདེན་པ་ལ་ཡིན་ཚུལ་གྱི་སྒོ་ནས་དབྱེ་ན། ཡང་དག་ཀུན་རྫོབ་བདེན་པ་དང་། ལོག་པའི་ཀུན་

不應理，因若是基成須是如此不符合之法故，因若是基成，須於執自分別中顯現方式與存在方式不符合故，因若是彼，須如執自分別所顯現般不成立故。

第二、講說分類，有云：「勝義諦可分為境勝義諦與有境勝義諦二者。」不應理，因若是有境勝義諦須非勝義諦故。

自宗：勝義諦堪以聲詮之門可分為彼二。以屬性門可分為二十空與十六空等，此亦是以返體分區別之分類，但非是不同體性之分類，因若是勝義諦定無與自異體〔之法〕故，因若是常定無與自異體〔之法〕故。又如《辨中邊論》云：「勝義諦亦三，謂義、得、正行。[63]」所言堪以聲詮之門可分為義勝義、得勝義與正行勝義三者。

世俗堪以聲詮之門亦可分為「應知世俗諦，差別有三種，謂假、行、顯了，如次依本三。[64]」所謂之假世俗、行世俗與顯了世俗三者。

有云：「世俗分為正世俗與倒世俗二者。」不應理，因若是倒世俗不須是世俗故，因賈曹傑說補特伽羅我與一月是二月等是倒世俗故。

有云：「彼二者理應是倒世俗諦，因彼宗故。」不周遍。世俗諦以屬性門可分為正世俗諦與倒世俗諦二者。

རྫོབ་བདེན་པ་གཉིས་ཡོད་དོ། །

གསུམ་པ་ཡང་ལོག་གི་ཁྱད་པར་ནི་བཤད་པ་ལ། ཁ་ཅིག ཀུན་རྫོབ་བདེན་པ་གཞིར་བྱས་ལ། སོ་སྐྱེའི་མངོན་སུམ་ལ་སྣང་བ་ལྟར་དོན་བྱེད་ནུས་པ་དང་མི་ནུས་པའི་ཆོས་གཉིས་རིམ་པ་བཞིན། ཡང་དག་ཀུན་རྫོབ་བདེན་པ་དང་། ལོག་པའི་ཀུན་རྫོབ་བདེན་པའི་མཚན་ཉིད་དུ་བྱེད་པ་མི་རིགས་ཏེ། ལོངས་སྐུ་ལྟ་བུ་ཡང་དག་ཀུན་རྫོབ་བདེན་པ་གང་ཞིག སོ་སྐྱེའི་མངོན་སུམ་ལ་སྣང་བ་ལྟར་དོན་བྱེད་ནུས་པ་མ་ཡིན་པའི་ཕྱིར། ཕྱི་མ་དེར་ཐལ། དེ་སོ་སྐྱེའི་མངོན་སུམ་ལ་མི་སྣང་བའི་ཕྱིར།

ཡང་ཀུན་རྫོབ་བདེན་པ་གཞིར་བྱས་ལ། སྣང་བ་ལྟར་དོན་བྱེད་ནུས་མི་ནུས་ཀྱི་སྒོ་ནས་དེ་གཉིས་ཀྱི་ཁྱད་པར་འབྱེད་པ་མི་འཐད་དེ། གང་ཟག་གི་བདག་མེད་ཡང་དག་ཀུན་རྫོབ་བདེན་པ་ཡིན་པའི་ཕྱིར། ཡང་དེ་གཞིར་བྱས་ལ། སྣང་བ་ལྟར་གྲུབ་མ་གྲུབ་ཀྱི་སྒོ་ནས་དེ་གཉིས་ཀྱི་ཁྱད་པར་འབྱེད་པ་མི་འཐད་དེ། གཞི་གྲུབ་ན་སྣང་བ་ལྟར་མ་གྲུབ་དགོས་པའི་ཕྱིར།

ཡང་ཁ་ཅིག དེ་གཞིར་བྱས་ལ། རང་སྣང་ཡུལ་དུ་བྱེད་པའི་བློ་ལ་ཇི་ལྟར་སྣང་བ་སྣང་བ་ལྟར་མ་གྲུབ་པར་འཇིག་རྟེན་རང་དགའ་བས་རྟོགས་མི་ནུས་པ་དེ། ཡང་དག་ཀུན་རྫོབ་བདེན་པའི་མཚན་ཉིད། རང་སྣང་ཡུལ་དུ་བྱེད་པའི་བློ་ལ་ཇི་ལྟར་སྣང་བ་སྣང་བ་ལྟར་མ་གྲུབ་པར་འཇིག་རྟེན་རང་དགའ་བས་རྟོགས་ནུས་པ་དེ། ལོག་པའི་ཀུན་རྫོབ་བདེན་པའི་མཚན་ཉིད། སྔ་མ་ནི་བུམ་པ་ལྟ་བུ། ཕྱི་མ་ནི་མེ་ལོང་ནང་གི་བྱད་བཞིན་གྱི་གཟུགས་བརྙན་ལྟ་བུ་སྟེ། བདེན་གཉིས་ལས། སྣང་དུ་འདྲ་ཡང་དོན་བྱེད་དག །ནུས་པའི་ཕྱིར་དང་མི་ནུས་ཕྱིར། །ཡང་དག་ཡང་དག་མ་ཡིན་པའི། །ཀུན་རྫོབ་ཀྱི་ནི་དབྱེ་བ་བྱས། །ཞེས་གསུངས་པའི་ཕྱིར།

འོ་ན། མེ་ལོང་ནང་གི་བྱད་བཞིན་གྱི་གཟུགས་བརྙན་ཆོས་ཅན། མཚོན་བྱ་སྔ་མ་དེར་ཐལ། མཚན་ཉིད་དེའི་ཕྱིར། ཟུར་ཕྱི་མ་དེར་ཐལ། རང་སྣང་ཡུལ་དུ་བྱེད་པའི་བློ་ལ་ཕྱི་རོལ་དོན་དུ་ཇི་ལྟར་སྣང་བ་ལྟར་མ་གྲུབ་པར་འཇིག་རྟེན་རང་དགའ་བས་རྟོགས་མི་ནུས་པའི་ཕྱིར། དེར་ཐལ། གཟུགས་བརྙན་ཕྱི་རོལ་དོན་གྱིས་སྟོང་པ་དེ་འཇིག་རྟེན་རང་དགའ་བས་རྟོགས་མི་ནུས་པའི་ཕྱིར། དེར་ཐལ། རང་སངས་རྒྱས་དང་སེམས་ཅན་པའི་ལྟ་བ་རྟོགས་པའི་འཇིག་རྟེན་རང་དགའ་བ་མེད་པའི་ཕྱིར། ཕྱི་

第三、講說正倒之差別，有云：「同是世俗諦，如異生現前顯現般具有作用與無有作用之法，依次為正世俗諦與倒世俗諦之性相。」不合理，因如報身是正世俗諦，且非如異生現前顯現般具有作用故。後者理應如是，因彼於異生現前不顯現故。

復同是世俗諦，如所顯現般具有作用與無有作用之門區分彼二者之差異不應理，因補特伽羅無我是正世俗諦故。又同是彼，以如所顯現般成立不成立之門區分彼二者之差異不應理，因若是基成須如所顯現般不成立故。

又有云：「同是彼，世俗凡庸不能通達，以自作顯現境之覺知中如何顯現，如所顯現般不成立，乃正世俗諦之性相；世俗凡庸能通達，以自作顯現境之覺知中如何顯現，如所顯現般不成立，即倒世俗諦之性相。前者如瓶子。後者如鏡中臉的影像。因《二諦論》云：『雖同為顯現，有無作用[42]故，如是分類為，正倒之世俗。』故。」

那麼，鏡中臉之影像為有法，理應是前名相，因是彼性相故。理應是後項，因世俗凡庸不能通達，以自作顯現境之覺知如所顯現般外境不成立故。理應如是，因世俗凡庸不能通達影像外境空故。理應如是，因無通達獨覺與唯識見之世俗凡庸故。復於後項，色為

[42] 有無作用：有作用與無作用的意思。

མ་ལའང་གཟུགས་ཆོས་ཅན། མཚན་ཉིད་དེར་ཐལ། མཚོན་བྱ་དེའི་ཕྱིར། སྒྲུབ་བྱེད་སྔར་ལས་ཤེས་སོ། །

གཞན་ཡང་། ལུང་དོན་འབྱེད་ཚུལ་དེ་མི་འཐད་པར་ཐལ། ཡང་དག་ཡང་དག་མ་ཡིན་པའི། །ཞེས་པའི་ཡང་དག་དང་། ནུས་པའི་ཕྱིར། ཞེས་པ་སྦྱོར། ཡང་དག་མ་ཡིན་པའི་ཞེས་པ་དང་མི་ནུས་ཕྱིར་ཞེས་པ་སྦྱོར་དགོས་རྒྱུ་ལ། ཁྱོད་ཀྱི་དེ་ལས་གོ་ལྡོག་སྟེ་སྨྲས་པའི་ཕྱིར།

མདོ་སྡེ་སྤྱོད་པའི་དབུ་མ་པའི་ལུགས་ལ། བུམ་པ་རང་སྣང་ཡུལ་དུ་བྱེད་པའི་བློ་ལ་སྣང་བ་སྣང་བ་ལྟར་གྲུབ་པ་ཡིན་ཏེ། དེའི་ལུགས་ལ་དེ་འདྲའི་བློ་དེ་མ་འཁྲུལ་བའི་ཤེས་པ་ཡིན་པའི་ཕྱིར་ཏེ། དེའི་ལུགས་ལ་བློ་དེ་ལ་བུམ་པ་ཕྱི་རོལ་དོན་དུ་སྣང་བ་གང་ཞིག བུམ་པ་ཕྱི་དོན་ཡིན་པའི་ཕྱིར། ཕྱི་མ་དེར་ཐལ། སློབ་དཔོན་ཡེ་ཤེས་སྙིང་པོ་དེ་བུམ་པ་ཕྱི་རོལ་གྱི་དོན་དུ་ཞལ་གྱི་བཞེས་པའི་དབུ་མ་པ་ཡིན་པའི་ཕྱིར། སློབ་དཔོན་སེང་གེ་བཟང་པོ་དེ་ལྟར་མི་བཞེད་དེ། དེས་ཐ་སྙད་འཇོག་ཚུལ་སེམས་ཙམ་པ་དང་མཐུན་པར་བཞེད་པའི་ཕྱིར་ཏེ། དེས་ཐ་སྙད་འཇོག་ཚུལ་རྣམ་བདེན་པ་དང་མཐུན་པར་བཞེད་པའི་ཕྱིར་ཏེ། ཞི་འཚོ་ཡབ་སྲས་དེ་ལྟར་བཞེད་པའི་དབུ་མ་པ་ཡིན་པའི་ཕྱིར་ཏེ། དེ་ལྟར་བྱང་ངེས་རྣམ་འབྱེད་ལས་གསུངས་པའི་ཕྱིར།

དེ་ལ་ཁོ་ན་རེ། སློབ་དཔོན་གྱི་ལུགས་ལ། ཚུར་མཐོང་གི་རྒྱུད་ཀྱི་ཁྲ་འཛིན་དབང་ཤེས་ལ་ཁྲ་བོ་རགས་པར་སྣང་བ་སྣང་བ་ལྟར་གྲུབ་པར་ཐལ། རྣམ་བདེན་པའི་ལུགས་ལ་དེ་ལྟར་གྲུབ་པ་གང་ཞིག སློབ་དཔོན་རྣམ་བདེན་པ་དང་རྗེས་སུ་མཐུན་པའི་དབུ་མ་པ་ཡིན་པའི་ཕྱིར་ན། འདིར་མ་ཁྱབ། འདོད་ན། ཁྲ་བོ་ཕྱི་དོན་ཡིན་པར་ཐལ། འདོད་པ་གང་ཞིག དབང་ཤེས་དེ་ལ་ཁྲ་བོ་ཕྱི་རོལ་དོན་གྱི་རགས་པར་སྣང་བའི་ཕྱིར། ཕྱི་མ་དེར་ཐལ། དབང་ཤེས་དེ་འཁྲུལ་ཤེས་ཡིན་པའི་ཕྱིར།

མ་ཁྱབ་མཚམས་སུ་མ་ཁྱབ་པར་ཐལ། སློབ་དཔོན་རྣམ་བདེན་པ་དང་རྗེས་སུ་མཐུན་པའི་དབུ་མ་པ་ཡིན་ཡང་། རྣམ་པ་ཐམས་ཅད་དུ་ཐ་སྙད་འཇོག་ཚུལ་རྣམ་བདེན་པ་དང་མཐུན་མི་དགོས་པའི་ཕྱིར། དེར་ཐལ། རྣམ་བདེན་པས་དབང་ཤེས་དེ་ལ་ཁྲ་བོ་རགས་པར་སྣང་བ་སྣང་བ་ལྟར་གྲུབ་པ་དང་། དབང་ཤེས་དེ་ལ། དེའི་ཕྱི་རོལ་དོན་གྱི་རགས་པར་སྣང་བ་གཉིས་ཀ་ཁས་བླངས་པ་གྲུབ་མཐའི་ནང་

有法，理應是彼性相，因是彼名相故。由前能立可知。

再者，彼辨別論義之理理應不應理，因「正倒之世俗」之「正」須釋為「有作用故」，「倒」須釋為「無作用故」，而汝卻相反解釋之故。

於經部行中觀宗，瓶於以自作顯現境之覺知顯現，是如其顯現般成立，因於彼宗如此之覺知是無錯亂知覺故，因於彼宗，彼覺知顯現瓶為外境，且瓶子是外境故。後者理應如是，因耶西寧波阿闍黎是主張瓶為外境之中觀師故。獅子賢阿闍黎不如此主張，因彼安立名言之理與唯識師相順而主張故，因彼安立名言之理與實相師相順而主張故，因靜命父子是如此承許之中觀師故，因《辨了不了義善說藏論》如是說故。

對此有云：「於阿闍黎宗，觀現世者相續之執雜色根知顯現粗分雜色，理應如顯現般成立，因於實相宗如此成立，且阿闍黎乃與實相師相順之中觀師故。」今此不周遍。若許，雜色理應是外境，因承許，且於彼根知顯現雜色為外境之粗分故。後者理應如是，因彼根知是錯亂知故。

於不周遍處，理應不周遍，因阿闍黎雖是與實相師相順之中觀師，但安立名言之理不須完全與實相師相順故。理應如是，因實相師主張彼根知將雜色顯現為粗分，如顯現般成立，與主張於彼根知顯現彼之外境之粗分二者是宗義內部過失故。那麼，《辨了不了義

སྐྱོན་ཡིན་པའི་ཕྱིར། འོ་ན་དྲང་ངེས་རྣམ་འབྱེད་ལས། ཞི་འཚོ་ཡབ་སྲས་སྦྱོ་སེར་ལ་སོགས་པའི་རྣམ་པ་དངོས་པོར་བཞེད་པར་གསུངས་པས་ཇི་ལྟར་ཡིན་ཞེ་ན། དེའི་དགོངས་པ་ཡོད་དེ། ཞི་འཚོ་ཡབ་སྲས་ཚུར་མཐོང་གི་རྒྱུད་ཀྱི་ཁྲ་འཛིན་དབང་ཤེས་ལ་ཁྲ་བོ་རགས་པའི་དངོས་པོར་སྣང་བ་སྣང་བ་ལྟར་གྲུབ་པར་ཁས་ལེན་པའི་རིགས་ཅན་ཡིན་པ་ལ་དགོངས་པའི་ཕྱིར།

རང་ལུགས་ནི། ཀུན་རྫོབ་བདེན་པ་གང་ཞིག རང་སྣང་ཡུལ་དུ་བྱེད་པའི་བློ་ལ་ཇི་ལྟར་སྣང་བ་སྣང་བ་ལྟར་གྲུབ་པའི་རིགས་སུ་གནས་པ་དེ། ཡང་དག་ཀུན་རྫོབ་བདེན་པའི་མཚན་ཉིད། དཔེར་ན་བུམ་པ་ལྟ་བུ། ཀུན་རྫོབ་བདེན་པ་གང་ཞིག རང་སྣང་ཡུལ་དུ་བྱེད་པའི་བློ་ལ་ཇི་ལྟར་སྣང་བ་སྣང་བ་ལྟར་མ་གྲུབ་པའི་རིགས་སུ་གནས་པ་དེ། ལོག་པའི་ཀུན་རྫོབ་བདེན་པའི་མཚན་ཉིད། དཔེར་ན་མེ་ལོང་ནང་གི་བྱད་བཞིན་གྱི་གཟུགས་བརྙན་ལྟ་བུའོ། །

སྨྲས་པ།

སྲིད་པར་གཞོན་ནུའི་ལྟེ་རྩེ་བརྒྱད་པ་ཡི། །གང་བྱུང་གཏམ་ཚོགས་མང་པོ་དོར་ནས་ནི། །
དཀའ་བའི་གནས་ལ་ལེགས་པར་དཔྱོད་དོ་ཀྱེ། །གཞུང་བཞིན་ཤེས་པར་འདོད་ན་ཉམས་སུ་ལོངས། །
ཞེས་བྱ་བ་འདི་ཉམས་དགའ་བའི་གཏམ་མོ། །

善說藏論》言靜命父子主張青黃等相是事物，其理為何？彼之意趣乃慮及靜命父子是主張觀現世者相續之執雜色根知，顯現雜色為粗分事物，如顯現般成立之品類故。

自宗：「是世俗諦，且以自作顯現境之覺知中如何顯現，如所顯現般成立之住類」，乃正世俗諦之性相，如瓶。「是世俗諦，且以自作顯現境之覺知中如何顯現，如所顯現般不成立之住類」，乃倒世俗諦之性相，如鏡中臉之影像。

歡愉而頌曰：

輪迴捨棄由童子，舌尖隨意話語後，

已於難處善觀擇，欲知典義當受持。

སྐབས་པའི་དམིགས་པ་བདེན་བཞི།

རྩ་བར། བདེན་པ་རྣམས་དང་ནི། ཞེས་བདེན་བཞི་གསུངས་པའི་དང་པོ་སྡུག་བསྔལ་བདེན་པ་འཆད་པ་ལ། འགྲེལ་པར། སྡུག་བསྔལ་ལ་གཟུགས་ལ་སོགས་པ་འབྲས་བུར་གྱུར་པའི་སྟོང་པ་ཉིད། ཅེས་སོགས་དང་། གཉིས་པ་འཆད་པ་ལ། ཀུན་འབྱུང་བ་ལ་སྟོང་པ་ཉིད། ཅེས་སོགས་དང་། གསུམ་པ་འཆད་པ་ལ། འགོག་པ་ལ་སྟོང་པ་ཉིད། ཅེས་སོགས་དང་། བཞི་པ་འཆད་པ་ལ། ལམ་ལ་སྦྱིན་པ་ལ་སོགས་པའི་ཕ་རོལ་ཏུ་ཕྱིན་པ་དང་། ཞེས་སོགས་ཀྱི་སྐབས་སུ། སྦྱོར་བ་དང་། མཐའ་དཔྱོད་པའོ།

དང་པོ་ནི། རིམ་པ་བཞིན། ཤཱ་རིའི་བུ་འདི་ལ་བྱང་ཆུབ་སེམས་དཔའ་སེམས་དཔའ་ཆེན་པོ་གཟུགས་སྟོང་པ་ཉིད་ལ་བརྩོན་ན་བརྩོན་ཞེས་བྱའོ། །ཞེས་སོགས་ཀྱི་མདོ་ཚིག་ཆོས་ཅན། སྡུག་བསྔལ་བདེན་པ་ལ་འདོམས་པ་ཡིན་ཏེ། དེ་ལ་ཤེས་བྱར་བདེན་ཞེན་དགག་པའི་ཕྱིར་དུ་འདོམས་པའི་མདོ་ཚིག་ཡིན་པའི་ཕྱིར།

གཟུགས་སྐྱེ་བའི་ཆོས་ཅན་ནམ། འགག་པའི་ཆོས་ཅན་དུ་ཡང་དག་པར་རྗེས་སུ་མི་མཐོང་། ཞེས་སོགས་ཀྱི་མདོ་ཚིག་ཆོས་ཅན། ཀུན་འབྱུང་བདེན་པ་ལ་འདོམས་པ་ཡིན་ཏེ། དེ་ལ་སྤང་བྱར་བདེན་ཞེན་དགག་པའི་ཕྱིར་དུ་འདོམས་པའི་མདོ་ཚིག་ཡིན་པའི་ཕྱིར།

ཤཱ་རིའི་བུ་སྟོང་པ་ཉིད་མི་སྐྱེ་མི་འགག་ཅིང་། ཀུན་ནས་ཉོན་མོངས་པ་མ་ཡིན། རྣམ་པར་བྱང་བ་མ་ཡིན། ཞེས་སོགས་ཀྱི་མདོ་ཚིག་ཆོས་ཅན། འགོག་བདེན་ལ་འདོམས་པ་ཡིན་ཏེ། དེ་ལ་མངོན་དུ་བྱ་བར་བདེན་ཞེན་དགག་པའི་ཕྱིར་དུ་འདོམས་པའི་མདོ་ཚིག་ཡིན་པའི་ཕྱིར།

ཤཱ་རིའི་བུ་བྱང་ཆེན་ཕར་ཕྱིན་ལ་སྤྱོད་པའི་ཚེ། བདག་ཉིད་སྦྱིན་པ་ལ་བརྩོན་ཞེས་པའམ། མི་བརྩོན་ཞེས་བྱ་བར་ཡང་དག་པར་རྗེས་སུ་མི་མཐོང་། ཞེས་སོགས་ཀྱི་མདོ་ཚིག་ཆོས་ཅན། ལམ་བདེན་ལ་འདོམས་པ་ཡིན་ཏེ། དེ་རྒྱུད་ལ་བསྐྱེད་བྱར་བདེན་ཞེན་དགག་པའི་ཕྱིར་དུ་འདོམས་པའི་མདོ་ཚིག་ཡིན་པའི་ཕྱིར།

གཉིས་པ་བདེན་བཞིའི་མཐའ་དཔྱོད་པ་ལ་གཉིས། གཞན་ལུགས་དགག་པ། རང་ལུགས་

◆現觀辨析（上）

25 正行所緣四諦

闡述根本頌中「諸諦」所言四諦之第一苦諦，《明義釋》云：「對於苦，言：『色等為果之空性……』」，為闡述第二「於集，言：『空性……』」，為闡述第三「於滅，言：『空性……』」，為闡述第四「對於道，言：『於布施等波羅蜜……』」等時，有二：論式與辨析。

初者，依次，「舍利子！菩薩摩訶薩精勤於色空性否？……[65]」等經文為有法，是教誨苦諦，因是為了破耽執此為諦實所知而教誨之經文故。

「不真實隨見色為生法或滅法……[66]」等經文為有法，是教誨集諦，因是為了破耽執此為諦實所斷而教誨之經文故。

「舍利子！空性不生不滅不垢不淨……[67]」等經文為有法，是教誨滅諦，因是為了破耽執此為諦實所現起而教誨之經文故。

「不見己真實勤於布施或不勤於布施……[68]」等經文為有法，是教誨道諦，因是為了破耽執彼於自相續中是諦實所依而教誨之經文故。

第二、辨析四諦，有二：破他宗與立自宗。

བཞག་པའོ། །

དང་པོ་ནི། སྔ་མ་ཁ་ཅིག ཟག་བཅས་འབྲས་དུས་ཀྱི་ཆར་གྱུར་པ། སྡུག་བསྔལ་བདེན་པའི་མཚན་ཉིད། ཟག་བཅས་རྒྱུ་དུས་ཀྱི་ཆར་གྱུར་པ། ཀུན་འབྱུང་བདེན་པའི་མཚན་ཉིད། ཟག་མེད་འབྲས་དུས་ཀྱི་ཆར་གྱུར་པ། འགོག་བདེན་གྱི་མཚན་ཉིད། ཟག་མེད་རྒྱུ་དུས་ཀྱི་ཆར་གྱུར་པ་ལམ་བདེན་གྱི་མཚན་ཉིད་ཟེར་ན། མཚན་ཉིད་དང་པོ་གཉིས་མི་འཐད་པར་ཐལ། སོས་པ་སྒོམ་ལམ་དེ་མཚན་ཉིད་དེ་གཉིས་རེ་རེ་ནས་ཡིན་པ་གང་ཞིག མཚོན་བྱ་དེ་གཉིས་གང་ཡང་མ་ཡིན་པའི་ཕྱིར། དང་པོ་དེར་ཐལ། དེ་ཟག་བཅས་གང་ཞིག རྒྱུ་འབྲས་གཉིས་ཀ་ཡིན་པའི་ཕྱིར། དང་པོ་དེར་ཐལ། དེ་ཟག་བཅས་ཀྱི་ཤེས་པ་ཡིན་པའི་ཕྱིར་ཏེ། དེ་ཟག་བཅས་ཀྱི་ལམ་ཡིན་པའི་ཕྱིར་ཏེ། དེ་ཟག་བཅས་སྒོམ་ལམ་ཡིན་པའི་ཕྱིར། མཚན་ཉིད་གསུམ་པ་དེ་ཡང་མི་འཐད་པར་ཐལ། རྣམ་མཁྱེན་དེ་མཚན་ཉིད་དེ་གང་ཞིག མཚོན་བྱ་དེ་མ་ཡིན་པའི་ཕྱིར། དང་པོ་དེར་ཐལ། དེ་ཟག་མེད་གང་ཞིག འབྲས་བུ་ཡིན་པའི་ཕྱིར། མཚན་ཉིད་བཞི་པ་དེ་ཡང་མི་འཐད་པར་ཐལ། སངས་རྒྱས་འཕགས་པ་དེ་མཚན་ཉིད་དེ་གང་ཞིག ལམ་བདེན་མ་ཡིན་པའི་ཕྱིར། དང་པོ་དེར་ཐལ། དེ་ཟག་མེད་གང་ཞིག རྒྱུ་ཡིན་པའི་ཕྱིར།

ཁ་ཅིག རང་རྒྱུ་ཀུན་འབྱུང་བདེན་པའི་རྣམ་སྨིན་གྱི་འབྲས་བུར་གྱུར་པའི་ཟག་བཅས་དེ། སྡུག་བསྔལ་བདེན་པའི་མཚན་ཉིད། རང་འབྲས་སྡུག་བསྔལ་བདེན་པའི་རྣམ་སྨིན་གྱི་རྒྱུར་གྱུར་པའི་ཟག་བཅས་དེ། ཀུན་འབྱུང་བདེན་པའི་མཚན་ཉིད། ལམ་བདེན་གྱི་བྲལ་འབྲས་སུ་གྱུར་པའི་སོ་སོར་བརྟགས་འགོག འགོག་བདེན་གྱི་མཚན་ཉིད། འགོག་བདེན་གྱི་བྲལ་རྒྱུར་གྱུར་པའི་འཕགས་པའི་རྣམ་བྱང་བདེན་པ། ལམ་བདེན་གྱི་མཚན་ཉིད་ཟེར་ན། དང་པོ་མི་འཐད་པར་ཐལ། མ་དག་པའི་སྣོད་ཀྱི་འཇིག་རྟེན་མཚོན་བྱ་དེ་གང་ཞིག མཚན་ཉིད་དེ་མ་ཡིན་པའི་ཕྱིར། དང་པོ་དེར་ཐལ། ཀུན་བཏུས་ལས། དེ་ལ་སྡུག་བསྔལ་གྱི་བདེན་པ་གང་ཞེ་ན། དེ་ནི་སེམས་ཅན་སྐྱེ་བ་དང་། སྐྱེ་བའི་གནས་ཀྱིས་ཀྱང་རིག་པར་བྱའོ། །ཞེས་གསུངས་པའི་ཕྱིར། གཉིས་པ་དེར་ཐལ། དེ་རྣམ་སྨིན་གྱི་འབྲས་བུ་མ་ཡིན་པའི་ཕྱིར། དེར་ཐལ། དེ་སྐྱེས་བུའི་རྒྱུད་ཀྱིས་མ་བསྡུས་པའི་ཕྱིར། ཁྱབ་པར་ཐལ། མཛོད་ལས། སེམས་ཅན་བརྗོད། ཅེས་གསུངས་པའི་ཕྱིར།

初者，昔有云：「屬有漏果時之分，是苦諦之性相；屬有漏因時之分，是集諦之性相；屬無漏果時之分，是滅諦之性相；屬無漏因時之分，是道諦之性相。」前二性相理應不應理，因勝解修道是彼二性相，且非彼二名相任一故。初者理應如是，因彼是有漏，且是因果二者故。初者理應如是，因彼是有漏知覺故，因彼是有漏道故，因彼是有漏修道故。第三性相理應亦不應理，因一切相智是彼性相，且非彼名相故。初者理應如是，因彼是無漏，且是果故。第四性相理應亦不應理，因佛聖者是彼性相，且非道諦故。初者理應如是，因彼是無漏，且是因故。

有云：「屬於自因集諦之異熟果的有漏，是苦諦之性相；屬於自果苦諦異熟之因的有漏，是集諦之性相；屬於道諦之離繫果的擇滅，是滅諦之性相；屬於滅諦之離繫因之聖者清淨諦，是道諦之性相。」初者理應不應理，不淨器世間是彼名相，且非彼性相故。初者理應如是，因《集論》云：「云何苦諦。謂有情生及生所依處。[69]」故。次者理應如是，因彼非異熟果故。理應如是，因士夫相續未攝彼故。理應周遍，因《俱舍論》云：「有情。[70]」故。

གཞན་ཡང་། མཚན་ཉིད་དེ་མི་འཐད་པར་ཐལ། མི་དགེ་བའི་ལས་དེ་མཚོན་བྱ་དེ་ཡིན་པ་གང་ཞིག མཚན་ཉིད་དེ་མ་ཡིན་པའི་ཕྱིར། དང་པོ་དེར་ཐལ། དེ་ཀུན་འབྱུང་བདེན་པ་ཡིན་པའི་ཕྱིར། དེར་ཐལ། དེ་ལས་ཀྱི་ཀུན་འབྱུང་ཡིན་པའི་ཕྱིར་ཏེ། དེ་འཁོར་བས་བསྡུས་པའི་ལས་ཡིན་པའི་ཕྱིར། ཕྱི་མ་དེར་ཐལ། དེ་རྣམ་སྨིན་གྱི་འབྲས་བུ་མ་ཡིན་པའི་ཕྱིར་ཏེ། དེ་ལུང་མ་བསྟན་མ་ཡིན་པའི་ཕྱིར། ཁྱབ་པར་ཐལ། མཛོད་ལས། རྣམ་སྨིན་ལུང་དུ་མ་བསྟན་ཆོས། །ཞེས་གསུངས་པའི་ཕྱིར། མཚན་ཉིད་གཉིས་པ་མི་འཐད་པར་ཐལ། ཁམས་གོང་གི་སྐྱེ་བ་འགྲུབ་བྱེད་ཀྱི་སྲིད་པ་དེ་མཚོན་བྱ་དེ་ཡིན་པ་གང་ཞིག མཚན་ཉིད་དེ་མ་ཡིན་པའི་ཕྱིར། དང་པོ་དེར་ཐལ། དེ་ཉོན་མོངས་པའི་ཀུན་འབྱུང་ཡིན་པའི་ཕྱིར། ཕྱི་མ་དེར་ཐལ། དེ་རྣམ་སྨིན་གྱི་རྒྱུ་མ་ཡིན་པའི་ཕྱིར། དེར་ཐལ། དེ་མི་དགེ་བ་དང་དགེ་བ་ཟག་བཅས་གང་རུང་མ་ཡིན་པའི་ཕྱིར། ཁྱབ་སྟེ། མཛོད་ལས། རྣམ་སྨིན་རྒྱུ་ནི་མི་དགེ་དང་། །དགེ་བ་ཟག་བཅས་རྣམས་ཁོ་ན། །ཞེས་གསུངས་པའི་ཕྱིར། གོང་གི་རྟགས་དེར་ཐལ། དེ་ལུང་མ་བསྟན་ཡིན་པའི་ཕྱིར་ཏེ། དེ་ཁམས་གོང་གི་སེམས་བསྡུས་ཀྱི་ཉོན་མོངས་ཡིན་པའི་ཕྱིར། ཁྱབ་སྟེ། མཛོད་ལས། གོང་མ་ཐམས་ཅད་ལུང་མ་བསྟན། །ཞེས་གསུངས་པའི་ཕྱིར།

ཁོ་ན་རེ། ཁམས་གོང་གི་སེམས་བསྡུས་ཀྱི་མི་དགེ་བ་མེད་པར་ཐལ། དེའི་སེམས་བསྡུས་ཀྱི་ཉོན་མོངས་ཡིན་ན་ལུང་མ་བསྟན་ཡིན་དགོས་པའི་ཕྱིར། རྟགས་ཁས། འདོད་མི་ནུས་ཏེ། དེའི་སེམས་བསྡུས་ཀྱི་ཚངས་ཆེན་འགྲོ་བའི་རྒྱུར་འཛིན་པའི་ལོག་ལྟ་ཡོད་པའི་ཕྱིར་ན། མ་ཁྱབ་སྟེ། མི་དགེ་བཅུའི་ནང་ཚན་གྱི་ལོག་ལྟ་ཡིན་ན་སྐུར་འདེབས་ཀྱི་ལོག་ལྟ་ཡིན་དགོས། དེ་སྒྲོ་འདོགས་ཀྱི་ལོག་ལྟ་ཡིན་པའི་ཕྱིར། མཚན་ཉིད་གསུམ་པ་དེ་མི་འཐད་པར་ཐལ། ལམ་བདེན་དང་དུས་མཉམ་དུ་གྲུབ་པའི་འགོག་བདེན་གྱིས་མ་ངེས་པའི་ཕྱིར། བཞི་པ་མི་འཐད་པར་ཐལ། འགོག་བདེན་དང་དུས་མཉམ་དུ་གྲུབ་པའི་ལམ་བདེན་གྱིས་མ་ངེས་པའི་ཕྱིར།

གཞན་ཡང་། བཞི་པ་དེ་མི་འཐད་པར་ཐལ། རྣམ་མཁྱེན་ཡིན་ན་འགོག་བདེན་གྱི་བྲལ་རྒྱུ་མ་ཡིན་དགོས་པའི་ཕྱིར་ཏེ། འགོག་བདེན་ཡིན་ན་རང་ཐོབ་བྱེད་རྣམ་མཁྱེན་གྱིས་ཐོབ་པ་མ་ཡིན་དགོས་པའི་ཕྱིར།

再者，彼性相理應不應理，因不善業是彼名相，且非彼性相故。初者理應如是，因彼是集諦故。理應如是，因彼是業集故，因彼是輪迴所攝之業故。後者理應如是，因彼非異熟果故，因彼非無記故。理應周遍，因《俱舍論》云：「異熟無記法。[71]」故。第二性相理應不應理，因成辦投生上界之愛是彼名相，且非彼性相故。初者理應如是，因彼是煩惱集故。後者理應如是，因彼非異熟因故。理應如是，因彼非有漏善與不善隨一故。周遍，因《俱舍論》云：「異熟因不善，及善唯有漏。[72]」故。上述之因理應如是，因彼是無記故，因彼是上界地攝之煩惱故。周遍，因《俱舍論》云：「上界皆無記。[73]」故。

有云：「理應無上界地攝之不善，因若是彼地攝之煩惱須是無記故。承許因，不能許，因有其地攝之執大梵天為眾生之因的邪見故。」不周遍，因若是十不善中之邪見須是損減之邪見，彼是增益之邪見故。第三性相理應不應理，因與道諦同時形成之滅諦不定故。第四性相理應不應理，因與滅諦同時形成之道諦不定故。

復次，第四理應不應理，因若是一切相智須非滅諦之離繫因故，因若是滅諦須非由能證自之一切相智所證故。

ཡང་ཁ་ཅིག རང་རྒྱུ་ལས་ཉོན་གྱི་འབྲས་བུར་གྱུར་པའི་ཟག་བཅས་ཀྱི་ཕུང་པོ། སྡུག་བསྔལ་བདེན་པའི་མཚན་ཉིད། རང་འབྲས་རྣམ་སྨིན་སྡུག་བསྔལ་འབྱིན་བྱེད་ཀྱི་ཕུང་པོ་དེ། ཀུན་འབྱུང་བདེན་པའི་མཚན་ཉིད་ཟེར། དང་པོ་མི་འཐད་པར་ཐལ། ལྷག་བཅས་མྱང་འདས་ལ་གནས་པའི་ཉན་ཐོས་དགྲ་བཅོམ་པ་དེ་མཚན་ཉིད་དེ་གང་ཞིག མཚོན་བྱ་དེ་མ་ཡིན་པའི་ཕྱིར། དང་པོ་དེར་ཐལ། དེའི་གཟུགས་ཕུང་དེ་དེ་ཡིན་པ་གང་ཞིག དེ་གཉིས་ཀྱི་དངོས་རྒྱུ་དོན་གཅིག་པའི་ཕྱིར། ཕྱི་མ་དེར་ཐལ། དེ་དགྲ་བཅོམ་པ་ཡིན་པའི་ཕྱིར། མཚན་ཉིད་གཉིས་པ་མི་འཐད་པར་ཐལ། འདོད་ལྷའི་ཕུང་པོ་འཕེན་བྱེད་ཀྱི་ལས་དེ་མཚོན་བྱ་དེ་ཡིན་པ་གང་ཞིག མཚན་ཉིད་དེ་མ་ཡིན་པའི་ཕྱིར། དང་པོ་དེར་ཐལ། དེ་ལས་ཀྱི་ཀུན་འབྱུང་ཡིན་པའི་ཕྱིར་ཏེ། དེ་འཁོར་བས་བསྡུས་པའི་ལས་ཡིན་པའི་ཕྱིར་ཏེ། དེ་དེས་བསྡུས་པའི་བསོད་ནམས་ཀྱི་ལས་ཡིན་པའི་ཕྱིར། ཕྱི་མ་དེར་ཐལ། དེ་དགེ་བ་ཡིན་པའི་ཕྱིར།

ཁ་ཅིག ལས་ཡིན་ན་ལས་ཀྱི་ཀུན་འབྱུང་ཡིན་པས་ཁྱབ་ཟེར་བ་མི་འཐད་དེ། སངས་རྒྱས་འཕགས་པའི་ཐུགས་རྒྱུད་ལ་ལས་ཡོད་པའི་ཕྱིར། དེར་ཐལ། དེའི་ཐུགས་རྒྱུད་ལ་སེམས་པའི་ལས་ཡོད་པའི་ཕྱིར། དེར་ཐལ། གཙོ་སེམས་ཡིན་ན་རང་གི་འཁོར་དུ་བྱུང་བའི་སེམས་པའི་ལས་ཡོད་པས་ཁྱབ་པའི་ཕྱིར།

ཁོན་རེ། དབང་ཤེས་དང་ལས་ཀྱི་གཞི་མཐུན་ཡོད་པར་ཐལ། དམ་བཅའ་དེའི་ཕྱིར་ཞེ་ན། འདོད་པ་ཡིན་ནོ། །

ཡང་ཁ་ཅིག མི་རྟག་སྡུག་བསྔལ་སྟོང་བདག་མེད་བཞིའི་ཚོགས་དོན་དེ། སྡུག་བསྔལ་བདེན་པའི་མཚན་ཉིད། རྒྱུ་ཀུན་འབྱུང་རབ་སྐྱེ་རྐྱེན་བཞིའི་ཚོགས་དོན་དེ། ཀུན་འབྱུང་བདེན་པའི་མཚན་ཉིད། འགོག་པ་ཞི་བ་གྱ་ནོམ་པ་ངེས་འབྱུང་བཞིའི་ཚོགས་དོན་དེ། འགོག་བདེན་གྱི་མཚན་ཉིད། ལམ་རིགས་པ་སྒྲུབ་པ་ངེས་འབྱིན་བཞིའི་ཚོགས་དོན་དེ། ལམ་བདེན་གྱི་མཚན་ཉིད་ཟེར་ན། དང་པོ་མི་འཐད་པར་ཐལ། ལྷག་བཅས་མྱང་འདས་ལ་གནས་པའི་ཉན་ཐོས་དགྲ་བཅོམ་པ་དེ། མཚན་ཉིད་དེ་གང་ཞིག མཚོན་བྱ་དེ་མ་ཡིན་པའི་ཕྱིར། དང་པོ་དེར་ཐལ། དེ་དེ་བཞི་དང་ལྡན་པའི་སྐྱེས་བུ་ཡིན་པའི་ཕྱིར།

又有云：「自因業煩惱之果的有漏蘊，是苦諦之性相；能感自果苦異熟之蘊，乃集諦之性相。」初者理應不應理，因住有餘涅槃之聲聞阿羅漢是彼性相，且非彼名相故。初者理應如是，因彼之色蘊是彼，且彼二者之直接因同義故。後者理應如是，因彼是阿羅漢故。第二性相理應不應理，因能牽引欲天蘊之業是彼名相，且非彼性相故。初者理應如是，因彼是業集故，因彼是輪迴所攝業故，因彼是彼所攝之福業故。後者理應如是，因彼是善故。

有云：「若是業周遍是業集。」不應理，因佛聖者心相續有業故。理應如是，因其心相續有思業故。理應如是，因若是心王周遍有自眷屬之思業故。

有云：「理應有根知與業之同位，因彼宗故。」承許。

又有云：「無常、苦、空、無我四者之聚合義，是苦諦之性相；因、集、生、緣四者之聚合義，是集諦之性相；滅、靜、妙、離四者之聚合義，是滅諦之性相；道、如、行、出四者之聚合義，是道諦之性相。」初者理應不應理，因住有餘涅槃之聲聞阿羅漢，是彼性相，且非彼名相故。初者理應如是，因彼是具彼四者之士夫故。

མཚན་ཉིད་གཉིས་པ་དེ་མི་འཐད་པར་ཐལ། སོ་སྐྱེ་ལྷ་སྦྱིན་མཚན་ཉིད་དེ་གང་ཞིག མཚོན་བྱ་དེ་མ་ཡིན་པའི་ཕྱིར། དང་པོ་དེར་ཐལ། དེ་དེ་བཞི་དང་ལྡན་པའི་སྐྱེས་བུ་ཡིན་པའི་ཕྱིར། ཕྱི་མ་དེར་ཐལ། དེ་ཉོན་མོངས་པའི་ཀུན་འབྱུང་དང་ལས་ཀྱི་ཀུན་འབྱུང་གང་ཡང་མ་ཡིན་ཞིང་། དེ་གཉིས་ལས་གཞན་པའི་ཀུན་འབྱུང་ཡང་མ་ཡིན་པའི་ཕྱིར། མཚན་ཉིད་ཕྱི་མ་གཉིས་ཀྱང་མི་འཐད་པར་ཐལ། སངས་རྒྱས་འཕགས་པ་མཚན་ཉིད་དེ་གཉིས་ཡིན་པ་གང་ཞིག མཚོན་བྱ་གཉིས་གང་ཡང་མ་ཡིན་པའི་ཕྱིར། དང་པོ་དེར་ཐལ། དེ་དེ་རྣམས་དང་ལྡན་པའི་སྐྱེས་བུ་ཡིན་པའི་ཕྱིར།

གཞན་ཡང་། མཚན་ཉིད་འཇོག་ཚུལ་དེ་རྣམས་མི་འཐད་པར་ཐལ། ཆོས་ཅན་ཡན་གར་བ་དང་ཆོས་དང་ཆོས་ཅན་གྱི་ཚོགས་དོན་འགལ་བའི་ཕྱིར།

ཁོན་རེ། སྐྱོན་མེད་དེ། གཞི་གཅིག་ལ་མཚོན་ན། མི་རྟག་སྡུག་བསྔལ་སྟོང་བདག་མེད་བཞིའི་གཞི་མཐུན་ཡིན་ན། དེ་བཞིའི་ཚོགས་དོན་ཡིན་དགོས་པའི་ཕྱིར་ན། མ་གྲུབ་སྟེ། སྒྲ་དང་མི་རྟག་པའི་གཞི་མཐུན་ཡིན་ན་དེའི་ཚོགས་དོན་ཡིན་མི་དགོས་པའི་ཕྱིར་ཏེ། སྒྲ་དེ་སྒྲ་དང་མི་རྟག་པའི་ཚོགས་དོན་མ་ཡིན་པའི་ཕྱིར་ཏེ། དེ་སྒྲ་མི་རྟག་པར་སྒྲུབ་པའི་རྩོད་གཞི་ཆོས་ཅན་སྐྱོན་མེད་ཡིན་པའི་ཕྱིར།

ཁ་ཅིག ཀུན་ནས་ཉོན་མོངས་ཕྱོགས་ཀྱི་བདེན་པ་གང་ཞིག གྲོལ་བ་དོན་གཉེར་གྱི་སྐྱེས་བུས་ནད་དང་འདྲ་བར་ཤེས་བྱར་མདོ་ལས་གསུངས་པ། སྡུག་བསྔལ་བདེན་པའི་མཚན་ཉིད། དེ་གང་ཞིག གྲོལ་བ་དོན་གཉེར་གྱི་སྐྱེས་བུས་ནད་ཀྱི་རྒྱུ་དང་འདྲ་བར་སྤང་བྱར་མདོ་ལས་གསུངས་པ། ཀུན་འབྱུང་བདེན་པའི་མཚན་ཉིད། རྣམ་བྱང་ཕྱོགས་ཀྱི་བདེན་པ་གང་ཞིག གྲོལ་བ་དོན་གཉེར་གྱི་སྐྱེས་བུས་ནད་དང་བྲལ་བ་ལྟར་མངོན་དུ་བྱ་བར་མདོ་ལས་གསུངས་པ། འགོག་བདེན་གྱི་མཚན་ཉིད། དེ་གང་ཞིག གྲོལ་བ་དོན་གཉེར་གྱི་སྐྱེས་བུས་སྨན་དང་འདྲ་བར་བསྟེན་བྱར་མདོ་ལས་གསུངས་པ། ལམ་བདེན་གྱི་མཚན་ཉིད་ཟེར་ན།

མཚན་ཉིད་དང་པོ་མི་འཐད་པར་ཐལ། ལྷག་བཅས་མྱང་འདས་ལ་གནས་པའི་ཉན་ཐོས་དགྲ་བཅོམ་པའི་རྒྱུད་ཀྱི་ཉེར་ལེན་གྱི་ཕུང་པོ་དེ། མཚོན་བྱ་དེ་ཡིན་པ་གང་ཞིག ཀུན་ནས་ཉོན་མོངས་ཕྱོགས་ཀྱི་བདེན་པ་མ་ཡིན་པའི་ཕྱིར། དང་པོ་དེར་ཐལ། དེའི་རྒྱུད་ལ་སྡུག་བསྔལ་བདེན་པ་ཡོད་པའི་

第二性相理應不應理，因天授異生是彼性相，且非彼名相故。初者理應如是，因彼是具彼四者之士夫故。後者理應如是，因彼非任何煩惱集與業集，且亦非彼二者之外的集故。後二性相亦理應不應理，因佛聖者是彼二性相，且非二名相任一故。初者理應如是，因彼是具彼等之士夫故。

此復，彼等安立性相之理理應不應理，因「單獨有法」與「法與有法之聚合義」相違故。

有云：「無過，因就一基法而言，若是無常、苦、空、無我四者之同位，須是彼四者之聚合義故。」不成，因若是聲與無常之同位不須是彼之聚合義故，因聲非聲與無常之聚合義故，因彼是成立聲是無常之無過諍事有法故。

有云：「是染污品諦，且經言求脫士夫視彼如病，是所知，乃苦諦之性相；是彼，且經言求脫士夫視彼如病因，是所斷，乃集諦之性相；是清淨品諦，且經言求脫士夫視彼如離病，是所證，乃滅諦之性相；是彼，且經言求脫士夫視彼如藥，是所修，乃道諦之性相。」

第一性相理應不應理，因住有餘涅槃之聲聞阿羅漢相續之近取蘊，是彼名相，且非染污品諦故。初者理應如是，因其相續有苦諦故。理應如是，因其相續有輪迴所攝之業故。理應如是，因彼由業

ཕྱིར། དེར་ཐལ། དེའི་རྒྱུད་ལ་འཁོར་བས་བསྐྱུས་པའི་ལས་ཡོད་པའི་ཕྱིར། དེར་ཐལ། དེ་ལས་དབང་གིས་འཁོར་བར་གནས་པ་ཡོད་པའི་ཕྱིར་ཏེ། དེ་ལྟར་རྣམ་འགྲེལ་ལས་གསུངས་པའི་ཕྱིར། རྩ་རྟགས་གཉིས་པ་དེར་ཐལ། དགྲ་བཅོམ་པ་དེའི་རྒྱུད་ལ་ཀུན་ནས་ཉོན་མོངས་ཕྱོགས་ཀྱི་བདེན་པ་མེད་པའི་ཕྱིར་ཏེ། དེས་ཉོན་སྒྲིབ་ཟད་པར་སྤངས་པའི་ཕྱིར།

ཁོ་ན་རེ། མ་ཁྱབ་སྟེ། ཉོན་མོངས་ཕྱོགས་ཀྱི་བདེན་པ་ཡིན་ན། ཉོན་སྒྲིབ་ཡིན་པས་མ་ཁྱབ་པའི་ཕྱིར། དེར་ཐལ། ཉོན་མོངས་དང་ཕྱོགས་མཐུན་ན་ཉོན་སྒྲིབ་ཡིན་པས་མ་ཁྱབ་པའི་ཕྱིར་ཏེ། དེ་དང་རིགས་མཐུན་ན་ཉོན་སྒྲིབ་ཡིན་པས་མ་ཁྱབ་པའི་ཕྱིར། དེར་ཐལ། གཟུགས་ཕྱི་རོལ་དོན་དུ་འཛིན་པའི་རྟོག་པ་དེ་དང་རིགས་མཐུན་ཡིན་པའི་ཕྱིར། དེར་ཐལ། དེ་གཉིས་སྒྲིབ་པ་རིགས་མཐུན་ཡིན་པའི་ཕྱིར། དེར་ཐལ། ཉན་རང་གཉིས་ལམ་ཞུགས་ཀྱི་གང་ཟག་རིགས་མཐུན་ཡིན་པའི་ཕྱིར་ཏེ། དེ་གཉིས་རང་ཉིད་འབའ་ཞིག་གི་ཆེད་དུ་ཐར་པ་དོན་དུ་གཉེར་བྱའི་གཙོ་བོར་བྱེད་པར་མཚུངས་པའི་ཕྱིར་ཟེར་བས་དཔྱད་པར་བྱའོ། །

གཞན་ཡང་། རྩ་བའི་མཚན་ཉིད་དེ་མི་འཐད་པར་ཐལ། སྡུག་བསྔལ་བདེན་པར་གྱུར་པའི་དད་པའི་དབང་པོ་ཡོད་པ་གང་ཞིག དེ་ཀུན་ནས་ཉོན་མོངས་ཕྱོགས་ཀྱི་བདེན་པ་མ་ཡིན་པའི་ཕྱིར། ཕྱི་མ་དེར་ཐལ། དེ་རྣམ་བྱང་ཕྱོགས་ཀྱི་བདེན་པ་ཡིན་པའི་ཕྱིར་ཏེ། དེ་རྣམ་བྱང་གི་དབང་པོ་ཡིན་པའི་ཕྱིར་ཏེ། དེ་དད་པའི་དབང་པོ་ཡིན་པའི་ཕྱིར། རྩ་རྟགས་དང་པོ་དེར་ཐལ། ཀུན་འབྱུང་བདེན་པར་གྱུར་པའི་དད་པའི་དབང་པོ་ཡོད་པའི་ཕྱིར། དེར་ཐལ། དེར་གྱུར་པའི་བསོད་ནམས་ཀྱི་ལས་འཁོར་དུ་ལྡན་པའི་གཙོ་བོ་སེམས་ཀྱི་འཁོར་དུ་བྱུང་བའི་དད་པའི་དབང་པོ་ཡོད་པའི་ཕྱིར། མ་གྲུབ་ན། དེ་འདྲའི་གཙོ་བོ་སེམས་ཆོས་ཅན། ཁྱོད་ཀྱི་འཁོར་དུ་བྱུང་བའི་དད་པའི་དབང་པོ་ཡོད་པར་ཐལ། ཁྱོད་དགེ་སེམས་ཡིན་པའི་ཕྱིར། ཁྱབ་པར་ཐལ། མཛོད་ལས། དད་དང་བག་ཡོད་ཤིན་ཏུ་སྦྱངས། །བཏང་སྙོམས་ངོ་ཚ་ཤེས་ཁྲེལ་ཡོད། །རྩ་བ་གཉིས་རྣམ་མི་འཚེ་དང་། །བརྩོན་འགྲུས་རྟག་ཏུ་དགེ་ལ་འབྱུང་། །ཞེས་པའི་ལུང་དོན་གྲུབ་པའི་ཕྱིར།

ཁོ་ན་རེ། དགེ་སེམས་ཡིན་ན། རང་གི་འཁོར་དུ་བྱུང་བའི་ཤིན་སྦྱངས་ཡོད་པས་ཁྱབ་པར་ཐལ།

力住輪迴故，因《釋量論》如是說故。第二根本因理應如是，因彼阿羅漢之相續無染污品諦故，因彼盡斷煩惱障故。

有云：「不周遍，因若是染污品諦，不周遍是煩惱障故。理應如是，因與煩惱相順不周遍是煩惱障故，因與彼是同類不周遍是煩惱障故。理應如是，因執色為外境之分別與彼是同類故。理應如是，因彼二者是同類障礙故。理應如是，因聲緣二者是同類之入道補特伽羅故，因彼二者同是僅為自己將解脫作主要所追求故。」當觀擇！

復次，彼根本性相理應不應理，因有屬苦諦之信根，且彼非染污品諦故。後者理應如是，因彼是清淨品諦故，因彼是清淨根故，因彼是信根故。第一根本因理應如是，因有屬集諦之信根故。理應如是，因有具屬彼之福業眷屬的心王眷屬之信根故。若不成，如此心王為有法，理應有爾眷屬之信根，因爾是善心故。理應周遍，因《俱舍論》云：「信及不放逸，輕安捨慚愧，二根及不害，勤唯遍善心。[74]」之論義成立故。

有云：「若是善心，理應周遍有自眷屬之輕安，因彼論義成立

ལུང་དེའི་དོན་གྲུབ་པའི་ཕྱིར། ཁྱབ་པ་ཁས། འདོད་ན། ཞི་གནས་མ་ཐོབ་ཅིང་མཉམ་འཇོག་གི་ཏིང་ངེ་འཛིན་རྒྱུད་ལྡན་གྱི་གང་ཟག་གི་རྒྱུད་ཀྱི་དགེ་སེམས་ཆོས་ཅན། དེར་ཐལ། དེའི་ཕྱིར། འདོད་ན། དེའི་རྒྱུད་ཀྱི་མཉམ་འཇོག་གི་ཏིང་ངེ་འཛིན་དེ་ཤིན་སྦྱངས་ཀྱིས་ཟིན་པར་ཐལ། འདོད་པའི་ཕྱིར། འདོད་ན། དེས་ཞི་གནས་ཐོབ་པར་ཐལ། དེས་ཤིན་སྦྱངས་ཀྱིས་ཟིན་པའི་མཉམ་འཇོག་གི་ཏིང་ངེ་འཛིན་ཐོབ་པའི་ཕྱིར། ཟེར་བ་ཡང་དཔྱད་པར་བྱའོ། །

གོང་དུ་ཀུན་འབྱུང་བདེན་པའི་མཚན་ཉིད་བཞག་པ་དེ་མི་འཐད་པར་ཐལ། ཚངས་རིས་ཀྱི་སྐྱེ་བ་འཕེན་བྱེད་ཀྱི་ལས་དེ། མཚོན་བྱ་དེ་གང་ཞིག མཚན་ཉིད་ཀྱི་ཟུར་ཕྱི་མ་དེ་མ་ཡིན་པའི་ཕྱིར། དང་པོ་དེར་ཐལ། དེ་ལས་ཀྱི་ཀུན་འབྱུང་ཡིན་པའི་ཕྱིར། དེར་ཐལ། དེ་འཁོར་བས་བསྡུས་པའི་མི་གཡོ་བའི་ལས་ཡིན་པའི་ཕྱིར་ཏེ། ཆོས་ཅན་དེ་ཡིན་པའི་ཕྱིར། རྩ་རྟགས་གཉིས་པ་དེར་ཐལ། དེ་སྲུང་བྱ་མ་ཡིན་པའི་ཕྱིར། དེར་ཐལ། དེ་དགེ་བ་ཡིན་པའི་ཕྱིར། མི་གཡོ་བའི་ལས་ཡིན་པའི་ཕྱིར།

ཁ་ཅིག སྡུག་བསྔལ་བདེན་པ་དང་ཀུན་འབྱུང་བདེན་པ་གཉིས་དོན་གཅིག་ཟེར་བ་མི་འཐད་དེ། མ་དག་པའི་སྣོད་ཀྱི་འཇིག་རྟེན་སྡུག་བསྔལ་བདེན་པ་ཡིན་པར་གོང་དུ་ལུང་དྲངས་ནས་བསྒྲུབ་པ་གང་ཞིག དེ་ཀུན་འབྱུང་བདེན་པ་མ་ཡིན་པའི་ཕྱིར། ཕྱི་མ་དེར་ཐལ། དེ་ཀུན་འབྱུང་གཉིས་པོ་གང་རུང་མ་ཡིན་པ་གང་ཞིག ཀུན་འབྱུང་གིས་བསྡུས་པའི་གཟུགས་ཕུང་སོགས་ཀྱང་མ་ཡིན་པའི་ཕྱིར་ཏེ། ཆོས་ཅན་དེ་ཡིན་པའི་ཕྱིར། དེར་མ་ཟད། ལས་ཉོན་གྱིས་སྐྱེས་པའི་སྐྱེས་བུ་ཡིན་ནའང་སྡུག་བསྔལ་བདེན་པ་ཡིན་པས་ཁྱབ་སྟེ། གོང་དུ་དྲངས་པའི་སེམས་ཅན་སྐྱེ་བ་དང་། ཞེས་པའི་ལུང་དོན་གྲུབ་པའི་ཕྱིར།

ཁོན་རེ། སྲིད་པ་ཐ་མ་པའི་ཉན་ཐོས་སློབ་ལམ་པ་ཆོས་ཅན། དེར་ཐལ། དེའི་ཕྱིར། འདོད་ན། དེ་ཆོས་ཅན། འཁོར་བ་ཡིན་པར་ཐལ། འདོད་པའི་ཕྱིར། འདོད་ན། འཁོར་བ་པ་ཡིན་པར་ཐལ། འདོད་པ་གང་ཞིག སྐྱེས་བུ་ཡིན་པའི་ཕྱིར་ན་མ་ཁྱབ། འདོད་ན། དེ་ལས་ཉོན་གྱི་དབང་གིས་སྐྱེ་བ་ལེན་པའི་གང་ཟག་ཏུ་ཐལ། འདོད་པའི་ཕྱིར། འདོད་ན། དེ་མ་ཡིན་པར་ཐལ། ཚེ་དེ་ལ་མྱང་འདས་མངོན་དུ་བྱེད་ངེས་ཀྱི་གང་ཟག་ཡིན་པའི་ཕྱིར་ཏེ། སྲིད་པ་ཐ་མ་པའི་འཕགས་པ་ཡིན་པའི་ཕྱིར་ཟེར། མ་ཁྱབ་མཚམས་སུ། དེ་འདྲའི་སློབ་ལམ་པ་དེ་འཁོར་བ་པ་ཡིན་པར་ཐལ། དེ་ལས་ཉོན་གྱིས་སྐྱེས་

故。承許周遍，若許，未得奢摩他，且相續中具平等攝持定之補特伽羅相續之善心為有法，理應如是，因如是故。若許，彼之相續之平等攝持定理應被輕安所攝持，因許故。若許，彼理應得奢摩他，因彼得輕安所攝之平等攝持定故。」亦當觀擇。

以上安立之集諦性相理應不應理，因受生梵天之能引業，是彼名相，且非彼性相之後項故。初者理應如是，因彼是業集故。理應如是，因彼是輪迴所攝之不動業故，因是彼有法故。根本第二因理應如是，因彼非所斷故。理應如是，因彼是善故。因是不動業故。

有云：「苦諦與集諦二者同義。」不應理，因前已引述證明不淨器世間是苦諦，且彼非集諦故。後者理應如是，因彼非二集隨一，且亦非集所攝之色蘊等故，因是彼有法故。不僅如此，即使是業煩惱所生之士夫亦周遍是苦諦，因前所引「有情生」之論義成立故。

有云：「最後有之聲聞修道者為有法，理應如是，因如是故，若許，彼為有法，理應是輪迴，因許故，若許，理應是輪迴者，因許，且是士夫故。」不周遍。若許，彼理應是由業煩惱力受生之補特伽羅，因許故，若許，理應非彼，因是確定於今世證涅槃之補特伽羅故，因彼是最後有之聖者故。於不周遍處，如此之修道者，理應是輪迴者，因彼是由業煩惱所生之士夫故。承許周遍。

པའི་སྐྱེས་བུ་ཡིན་པའི་ཕྱིར། ཁྱབ་པ་ཁས།

ཡང་ཁ་ཅིག་དེ་འཁོར་བ་པ་ཡིན་པར་ཐལ། དེ་འཁོར་བ་ལ་གནས་པའི་གང་ཟག་ཡིན་པའི་ཕྱིར་ན་མ་ཁྱབ་སྟེ། འོ་ན། ལྷག་བཅས་མྱང་འདས་ལ་གནས་པའི་ཉན་ཐོས་དགྲ་བཅོམ་པ་ཆོས་ཅན། དེར་ཐལ། དེའི་ཕྱིར།

ཡང་ཁོན་རེ། དེ་འདྲའི་སྒོམ་ལམ་པ་ཆོས་ཅན། སྡུག་བདེན་མ་ཡིན་ཏེ། དགེ་འདུན་དཀོན་མཆོག་ཡིན་པའི་ཕྱིར། ཁྱབ་པར་ཐལ། ཆོས་དཀོན་མཆོག་ཡིན་ན་དེ་མ་ཡིན་དགོས་པའི་ཕྱིར་ན། སྔ་ཕྱི་གཉིས་ཀ་ལ་མ་ཁྱབ་སྟེ། འོ་ན། དགེ་འདུན་དཀོན་མཆོག་ཡིན་ན་ཟག་པ་རྒྱུས་སུ་བྱུང་བའི་ཟག་བཅས་ཀྱི་ཕུང་པོ་མ་ཡིན་དགོས་པར་ཐལ། ཆོས་དཀོན་མཆོག་ཡིན་ན་དེ་མ་ཡིན་དགོས་པའི་ཕྱིར། ཁྱབ་པ་ཁས། འདོད་ན། རྒྱུན་ཞུགས་སྲིད་པ་ལན་བདུན་པ་བ་སོགས་ཀྱིས་མ་ངེས་སོ། །

སྡུག་བདེན་གྱི་མཚན་ཉིད་འདི་ལྟར་བཤད་པ་ལ་བརྟེན་ནས། སྡུག་བདེན་ཡིན་ན་སྡུག་བསྔལ་ཡིན་པས་མ་ཁྱབ་པར་གྲུབ་སྟེ། སྡུག་བསྔལ་ཡིན་ན་སེམས་བྱུང་ཡིན་དགོས་པའི་ཕྱིར། དེར་ཐལ། དེ་ཡིན་ན་ཚོར་བ་སྡུག་བསྔལ་ཡིན་དགོས་པའི་ཕྱིར།

གཞན་ཡང་། སྔ་མ་དེ་མ་ཁྱབ་པར་ཐལ། ཁྱབ་པ་འདུ་བྱེད་ཀྱི་སྡུག་བསྔལ་ཡིན་ན་སྡུག་བསྔལ་ཡིན་པས་མ་ཁྱབ་པའི་ཕྱིར། དེར་ཐལ། ཟག་བཅས་ཉེར་ལེན་གྱི་ཕུང་པོ་ལྔ་ཀ་འདུ་བྱེད་ཀྱི་སྡུག་བསྔལ་གང་ཞིག སྡུག་བསྔལ་མ་ཡིན་པའི་ཕྱིར། དང་པོ་དེར་ཐལ། རྣམ་འགྲེལ་ལས། སྡུག་བསྔལ་འཁོར་བ་ཅན་ཕུང་པོ། །ཞེས་གསུངས་པའི་ཕྱིར། ཕྱི་མ་དེར་ཐལ། ཚོར་བ་སྡུག་བསྔལ་མ་ཡིན་པའི་ཕྱིར།

དེ་ལ་ཁོན་རེ། ཉན་ཐོས་ཀྱི་སྒོམ་ལམ་རྡོ་རྗེ་ལྟ་བུའི་ཏིང་ངེ་འཛིན་ལ་གནས་པའི་ཉན་ཐོས་ཀྱི་རྒྱུད་ཀྱི་ཡིད་ཀྱི་རྣམ་པར་ཤེས་པ་སྡུག་བདེན་དུ་ཐལ། དེ་འདྲའི་ཉན་ཐོས་དེ་དེ་ཡིན་པ་གང་ཞིག དེ་ཉན་ཐོས་དེའི་བདག་ཡིན་པའི་ཕྱིར། རྟགས་དང་པོ་ཁས། འདོད་ན། ཉན་ཐོས་ཀྱི་བར་ཆད་མེད་ལམ་སྡུག་བདེན་དུ་ཐལ། འདོད་པ་གང་ཞིག དེ་འདྲའི་ཉན་ཐོས་ཀྱི་ཡིད་ཀྱི་རྣམ་ཤེས་དེ་ཉན་ཐོས་ཀྱི་བར་ཆད་མེད་ལམ་ཡིན་པའི་ཕྱིར། ཕྱི་མ་དེརཐལ། ཐེག་ཆེན་གྱི་མཐོང་ལམ་བར་ཆད་མེད་ལམ་ལ་གནས་པའི་

又有云：「彼理應是輪迴者，因彼是住輪迴之補特伽羅故。」不周遍。那麼，住有餘涅槃之聲聞阿羅漢為有法，理應如是，因如是故。

又有云：「如此之修道者為有法，非苦諦，因是僧寶故。理應周遍，因若是法寶定非彼故。」於前後二者，不周遍。那麼，若是僧寶理應須非堪能增長漏之有漏蘊，因若是法寶須非彼故。承許周遍，若許，預流七返等不定。

由於述說如是苦諦之性相，成立若是苦諦不周遍是苦，因若是苦須是心所故。理應如是，因若是彼須是苦受故。

此復，於前者理應不周遍，因若是行苦不周遍是苦故。理應如是，因有漏近取五蘊皆是行苦，且非苦故。初者理應如是，因《釋量論》云：「苦流轉諸蘊。[75]」故。後者理應如是，因非苦受故。

對此有云：「住聲聞修道金剛喻定之聲聞相續之意識理應是苦諦，因如此之聲聞是彼，且彼是彼聲聞之我故。承許第一因，若許，聲聞無間道理應是苦諦，因許，且如此聲聞意識是聲聞之無間道故。理應是後項，因住大乘見道無間道之菩薩相續之意識，是菩薩之無間道故，理應如是，因其相續無具世俗相之意識故，因其相續

སེམས་དཔའི་རྒྱུད་ཀྱི་ཡིད་ཀྱི་རྣམ་ཤེས་དེ། བྱང་སེམས་ཀྱི་བར་ཆད་མེད་ལམ་ཡིན་པའི་ཕྱིར། དེར་ཐལ། དེའི་རྒྱུད་ལ་ཀུན་རྟོབ་པའི་རྣམ་པ་ཅན་གྱི་ཡིད་ཀྱི་རྣམ་ཤེས་མེད་པའི་ཕྱིར་ཏེ། དེའི་རྒྱུད་ལ་རྟོག་པ་མེད་པའི་ཕྱིར། རྩ་བར་འདོད་མི་ནུས་ཏེ། དེ་ལམ་བདེན་ཡིན་པའི་ཕྱིར་ཟེར།

ཡང་ཁོ་ན་རེ། ཉན་ཐོས་ཀྱི་སློམ་ལམ་རྡོ་རྗེ་ལྟ་བུའི་ཏིང་ངེ་འཛིན་ལ་གནས་པའི་ཉན་ཐོས་ཀྱི་ཕུང་པོ་ལྔ་སྡུག་བདེན་ཡིན་པར་ཐལ། དེ་འདྲའི་ཉན་ཐོས་སྡུག་བདེན་ཡིན་པའི་ཕྱིར། ཁྱབ་སྟེ། རྒྱུན་ཞུགས་སྲིད་པ་ལན་བདུན་པ་བ་སྡུག་བདེན་ཡིན་ན། དེའི་ཕུང་པོ་ལྔ་སྡུག་བདེན་ཡིན་དགོས་པའི་ཕྱིར་ཏེ། དེའི་ཕུང་པོ་ལྔ་སྡུག་བདེན་ཡིན་པའི་ཕྱིར་ཏེ། དེ་ལྔ་ལས་ཉོན་གྱི་དབང་གིས་བྱུང་བའི་ཟག་བཅས་ཀྱི་ཕུང་པོ་ཡིན་པའི་ཕྱིར། རྩ་བར་འདོད་ན། གོང་དུ་བཀག་ཟིན་ཏོ་ཞེས་པའང་དཔྱད་གཞིའོ། །

ཁ་ཅིག སྡུག་བསྔལ་བདེན་པ་དང་ཀུན་འབྱུང་བདེན་པ་འགལ་ཟེར་བ་མི་འཐད་དེ། ཀུན་འབྱུང་བདེན་པ་ཡིན་ན་སྡུག་བསྔལ་བདེན་པ་ཡིན་དགོས་པའི་ཕྱིར། དེར་ཐལ། ལས་ཀྱི་ཀུན་འབྱུང་ཡིན་ན་དེ་ཡིན་དགོས། ཉོན་མོངས་པའི་ཀུན་འབྱུང་ཡིན་ནའང་དེ་ཡིན་དགོས་པའི་ཕྱིར། རྟགས་གཉིས་ཀ་དེར་ཐལ། དེ་གཉིས་གང་རུང་ཡིན་ན་རང་རྒྱུ་ཀུན་འབྱུང་བདེན་པ་ལས་བྱུང་བའི་འཁོར་བས་བསྡུས་པ་ཡིན་དགོས་པའི་ཕྱིར། དེར་ཐལ། དེ་གཉིས་གང་རུང་ཡིན་ན། རང་གི་རྒྱུར་གྱུར་པའི་ཀུན་འབྱུང་བདེན་པ་ཡོད་དགོས་པའི་ཕྱིར།

གཞན་ཡང་། དེ་གཉིས་མི་འགལ་བར་ཐལ། ཟག་བཅས་ཉེར་ལེན་གྱི་ཕུང་པོ་ལྔ་དེ་གཉིས་ཀ་ཡིན་པའི་ཕྱིར།

ཁ་ཅིག ཉོན་སྒྲིབ་ཡིན་ན་ཉོན་མོངས་པའི་ཀུན་འབྱུང་ཡིན་པས་ཁྱབ་ཟེར་བ་མི་འཐད་དེ། ཉོན་སྒྲིབ་ཀྱི་ས་བོན་ཉོན་སྒྲིབ་ཡིན་པ་གང་ཞིག ཉོན་མོངས་པའི་ཀུན་འབྱུང་མ་ཡིན་པའི་ཕྱིར། ཕྱི་མ་དེར་ཐལ། དེ་ཤེས་པ་མ་ཡིན་པའི་ཕྱིར། དེར་ཐལ། དེ་བློ་མངོན་གྱུར་བ་མ་ཡིན་པའི་ཕྱིར་ཏེ། ཆོས་ཅན་དེ་ཡིན་པའི་ཕྱིར།

ཁ་ཅིག ཀུན་འབྱུང་བདེན་པ་ཡིན་ན། ལས་ཀྱི་ཀུན་འབྱུང་དང་ཉོན་མོངས་པའི་ཀུན་འབྱུང་གང་རུང་ཡིན་པས་ཁྱབ་ཟེར་བ་མི་འཐད་དེ། ཀུན་འབྱུང་བདེན་པར་གྱུར་པའི་ཕུང་པོ་ལྔ་ཀ་ཡོད་པ

無「分別」故。不能許根本，因彼是道諦故。」

又有云：「住聲聞修道金剛喻定之聲聞五蘊理應是苦諦，因如此之聲聞是苦諦故。周遍，因預流七返若是苦諦，彼之五蘊須是苦諦故，因彼之五蘊是苦諦故，因彼五是由業煩惱力所生之有漏蘊故。若許根本，前已破。」亦是探究之處。

有云：「苦諦與集諦相違。」不應理，因若是集諦須是苦諦故。理應如是，因若是業集須是彼，若是煩惱集亦須是彼故。彼二因理應如是，因若是彼二者隨一，須是自因集諦所生之輪迴所攝故。理應如是，因若是彼二者隨一，須有屬自因之集諦故。

此復，彼二者理應不相違，因有漏近取五蘊是彼二者故。

有云：「若是煩惱障，周遍是煩惱集。」不應理，因煩惱障之種子是煩惱障，且非煩惱集故。後項理應如是，因彼非知覺故。理應如是，因彼非現行覺知故。因是彼有法故。

有云：「若是集諦，周遍是業集與煩惱集隨一。」不應理，因有屬集諦之五蘊，且若是業集須是行蘊，是煩惱集亦須如此故。初

གང་ཞིག ལས་ཀྱི་ཀུན་འབྱུང་ཡིན་ན་འདུ་བྱེད་ཀྱི་ཕུང་པོ་ཡིན་དགོས། ཉོན་མོངས་པའི་ཀུན་འབྱུང་ཡིན་ནའང་དེ་ལྟར་ཡིན་དགོས་པའི་ཕྱིར། དང་པོ་དེར་ཐལ། འགྲེལ་པར། ཀུན་འབྱུང་བ་ལ་སྟོང་པ་ཉིད་དང་གཟུགས་ལ་སོགས་པ་རྒྱུར་གྱུར་པ་དག་ཐ་མི་དད་པ་ཉིད་ཀྱིས། ཞེས་གསུངས་པའི་ཕྱིར།

ཁ་ཅིག ལས་ཀྱི་ཀུན་འབྱུང་དང་ཉོན་མོངས་པའི་ཀུན་འབྱུང་མི་འགལ་ཟེར་བ་མི་འཐད་དེ། ལས་དང་ཉོན་མོངས་འགལ་བའི་ཕྱིར་ཏེ། དེ་གཉིས་སེམས་བྱུང་སོ་སོ་བ་ཡིན་པའི་ཕྱིར།

དེ་ལ་ཁོ་ན་རེ། ལས་འབྲས་ལ་སྐུར་འདེབས་ཀྱི་ལོག་ལྟ་ཆོས་ཅན། ལྟ་བ་ཉོན་མོངས་ཅན་མ་ཡིན་པར་ཐལ། ལས་ཡིན་པའི་ཕྱིར། ཁྱབ་པ་ཁས། མ་གྲུབ་ན། དེར་ཐལ། དེ་མི་དགེ་བའི་ལས་ཡིན་པའི་ཕྱིར། དེར་ཐལ། དེ་ཡིད་ཀྱི་མི་དགེ་བའི་ལས་ཡིན་པའི་ཕྱིར། དེར་ཐལ། མི་དགེ་བ་བཅུའི་ལས་ཡོད་པའི་ཕྱིར་ཏེ། མི་དགེ་བ་བཅུའི་ལས་ལམ་ཡོད་པའི་ཕྱིར་ན་མ་ཁྱབ་སྟེ། མི་དགེ་བའི་ལས་དང་དེའི་ལས་ལམ་དོན་མི་གཅིག་པའི་ཕྱིར། དེར་ཐལ། བརྣབ་སེམས་གནོད་སེམས་ལོག་ལྟ་གསུམ་མི་དགེ་བའི་ལས་ལམ་ཡིན་ཅིང་དེའི་ལས་མ་ཡིན་པ་དང་། སྲོག་གཅོད་མ་བྱིན་ལེན་མི་ཚངས་སྤྱོད་དེ་ལུས་ཀྱི་ལས་གསུམ་དང་། བརྫུན་ཕྲ་མ་ཚིག་རྩུབ་ངག་ཀྱལ་ཏེ་ངག་གི་ལས་བཞི་དང་བདུན་ནི་མི་དགེ་བའི་ལས་དང་ལས་ལམ་གཉིས་ཀ་ཡིན་པའི་ཁྱད་པར་འཐད་པའི་ཕྱིར་ཏེ། མཛོད་ལས། གསུམ་ལམ་བདུན་ནི་ལས་ཀྱང་ཡིན། ཞེས་པའི་དོན་གྲུབ་པའི་ཕྱིར།

སྤྱིར་ལས་དེ་གཉིས་སུ་འདུས་ཏེ། སེམས་པའི་ལས་དང་། དེས་བསྐྱེད་པའི་བསམ་པའི་ལས་གཉིས་སུ་འདུ་བའི་ཕྱིར། གཉིས་ཀྱང་སོ་སོར་བཞག་ཏུ་ཡོད་དེ། དང་པོ་ཡིད་ལས་དང་། གཉིས་པ་ལུས་ངག་གི་ལས་གང་རུང་ལ་འཇོག་པའི་ཕྱིར་ཏེ། མཛོད་ལས། ལས་ལས་འཇིག་རྟེན་སྣ་ཚོགས་སྐྱེས། །དེ་ནི་སེམས་པ་དང་དེས་བྱས། །སེམས་པ་ཡིད་ཀྱི་ལས་ཡིན་ནོ། །དེས་བསྐྱེད་ལུས་དང་ངག་གི་ལས། །ཅེས་གསུངས་པའི་ཕྱིར།

འདིས་ཡིད་ལས་ཡིན་ན་ཡིད་ཤེས་ཡིན་པས་ཁྱབ་ཟེར་བ་ཁེགས་ཏེ། སེམས་པའི་ལས་སུ་གྱུར་པའི་དབང་ཤེས་ཡོད་པའི་ཕྱིར། དེར་ཐལ། གཟུགས་འཛིན་མིག་གི་རྣམ་པར་ཤེས་པའི་འཁོར་དུ་བྱུང་བའི་སེམས་དཔའི་ལས་དེ་དབང་ཤེས་ཡིན་པའི་ཕྱིར་ཏེ། དེ་མིག་ཤེས་ཡིན་པའི་ཕྱིར་ཏེ། དེ་ཡོད་

者理應如是，因《明義釋》云：「於集，言：『空性以及色等所成因，二者無差別性。』」故。

有云：「業集與煩惱集二者不相違。」不應理，因業與煩惱相違故，因彼二者是各別心所故。

對此有云：「損減業果之邪見為有法，理應非染見，因是業故。承許周遍。若不成，理應如是，因彼是不善業故。理應如是，因彼是意之不善業故。理應如是，因有十不善業故，因有十不善業道故。」不周遍，因不善業與其業道不同義故。理應如是，因貪欲、損心、邪見三者是不善業道，且非彼之業，殺生、不與取、不淨行乃三種身業，與虛誑語、離間語、麁惡語、雜穢語（綺語）四種語業七者是不善業與業道二者之差別是為應理故，因《俱舍論》所言「此中三唯道，七業亦道故[76]」之義成立故。

一般而言，業亦攝為彼二，因攝為思業與彼所生之思已業故。二者亦可各自安立，因初者安立為意業，次者安立為身語業隨一故，因《俱舍論》云：「世別由業生，思及思所作，思即是意業，所作謂身語。[77]」故。

由此可遮除若是意業周遍是意知，因有屬於思業之根知故，理應如是，因執色眼識眷屬之思業是根知故，因彼是眼知故，因彼存在故。理應如是，因若是心王自眷屬中周遍有受、想、思、觸、作

པའི་ཕྱིར། དེར་ཐལ། གཙོ་བོ་སེམས་ཡིན་ན་རང་གི་འཁོར་དུ་ཚོར་བ་འདུ་ཤེས་སེམས་པ་རེག་པ་ཡིད་ལ་བྱེད་པ་སྟེ་ལྔ་ཀ་འབྱུང་བས་ཁྱབ་པའི་ཕྱིར་ཏེ། དེ་ལྔ་སེམས་བྱུང་ཀུན་འགྲོ་ཡིན་པའི་ཕྱིར། བྱེ་བྲག་སྨྲ་བ་དང་། དབུ་མ་ཐལ་འགྱུར་བ་གཉིས། ལས་དང་གཟུགས་ཅན་གྱི་གཞི་མཐུན་བཞེད་ཀྱང་། སྐབས་འདིར་ལས་ཡིན་ན་ཤེས་པ་ཡིན་པས་ཁྱབ་པ་ཁས་ལེན་ནོ། །

ཁ་ཅིག ཟག་བཅས་ཀྱི་སྤང་བྱ་ཡིན་ན་འཁོར་བས་བསྡུས་པས་ཁྱབ་ཟེར་བ་མི་འཐད་དེ། བདེན་འཛིན་ཡིན་ན་ཟག་བཅས་ཀྱི་སྤང་བྱ་ཡིན་དགོས་པ་གང་ཞིག འཁོར་བས་མ་བསྡུས་དགོས་པའི་ཕྱིར། དང་པོ་འབུད། ཕྱི་མ་དེར་ཐལ། དེ་ཡིན་ན། སྡུག་ཀུན་གང་རུང་མ་ཡིན་དགོས་པའི་ཕྱིར། མ་ཁྱབ་ན། བདེན་འཛིན་ཆོས་ཅན། ཀུན་འབྱུང་བདེན་པར་ཐལ། རང་འབྲས་སྡུག་བསྔལ་བདེན་པ་སྐྱེད་བྱེད་ཀྱི་འཁོར་བས་བསྡུས་པ་ཡིན་པའི་ཕྱིར་ཏེ། རང་འབྲས་དེ་སྐྱེད་བྱེད་གང་ཞིག འཁོར་བས་བསྡུས་པའི་ཕྱིར། ཕྱི་མ་ཁས། དང་པོ་དེར་ཐལ། དེ་རང་འབྲས་འཁོར་བ་སྐྱེད་བྱེད་ཡིན་པའི་ཕྱིར། དེར་ཐལ། དེ་འཁོར་བའི་གཞི་རྩ་མཐར་ཐུག་ཡིན་པའི་ཕྱིར་ཏེ། དེ་ལྟར་དྲང་ངེས་རྣམ་འབྱེད་ལས་གསུངས་པའི་ཕྱིར། རྩ་རྟགས་དེར་ཐལ། ཉན་རང་ལྷག་མེད་པའི་རྒྱུད་ལ་བདེན་འཛིན་འཇུག་ཅིང་སྡུག་ཀུན་མི་འཇུག་པའི་ཕྱིར།

ཁ་ཅིག འགོག་པ་ཡིན་ན་འགོག་བདེན་ཡིན་པས་ཁྱབ་ཟེར་བ་མི་འཐད་དེ། འགོག་པ་ལ་སོ་སོར་བརྟགས་འགོག་དང་སོ་སོར་བརྟགས་མིན་གྱི་འགོག་པ་གཉིས་སུ་ཡོད་པའི་ཕྱིར་དང་། ལམ་ཡིན་ན་ལམ་བདེན་ཡིན་པས་མ་ཁྱབ་པའི་ཕྱིར། ཕྱི་མ་དེར་ཐལ། ལམ་བདེན་ཡིན་ན་འཕགས་པའི་མངོན་རྟོགས་ཡིན་དགོས་པའི་ཕྱིར།

ཡང་ཁ་ཅིག སྐབས་འདིར་བདེན་བཞི་ལ་ཕྲ་རགས་འབྱེད་ཟེར་བ་མི་འཐད་དེ། ཐེག་ཆེན་འཕགས་པའི་འགོག་བདེན་དང་། ཐེག་དམན་འཕགས་པའི་འགོག་བདེན་ལ་ཕྲ་རགས་མེད་པའི་ཕྱིར་དང་། ཕུང་པོའི་བདུད་ཕྲ་མོ་ཡིན་ན་སྡུག་བདེན་ཕྲ་མོ་ཡིན་མི་དགོས་པའི་ཕྱིར། དང་པོ་དེར་ཐལ། ཐེག་དམན་འཕགས་པའི་འགོག་བདེན་འགོག་བདེན་རགས་པ་མ་ཡིན་པའི་ཕྱིར་ཏེ། དེ་སོ་སོར་བརྟགས་འགོག་ཡིན་པའི་ཕྱིར།

意五者故，因彼五者是遍行心所故。毘婆沙師與中觀應成師二者雖承許業與「有色」之同位，然此時主張若是業周遍是知覺故。

有云：「若是有漏所斷，周遍是輪迴所攝。」不應理，因若是實執須是有漏所斷，且須非輪迴所攝故。初者已清楚。後項理應如是，因若是彼須非苦集隨一故。若不周遍，實執為有法，理應是集諦，因是能生自果苦諦之輪迴所攝故，因能生彼自果，且為輪迴所攝故。承許後者，初者理應如是，因彼是能生自果輪迴故。理應如是，因彼是究竟之輪迴根基故，因《辨了不了義善說藏論》如是說故。彼根本因理應如是，因聲緣無餘者相續有實執，無苦集故。

有云：「若是滅周遍是滅諦。」不應理，因滅有擇滅與非擇滅二者，以及若是道不周遍是道諦故。後者理應如是，因若是道諦須是聖者之現觀故。

又有云：「此時區分四諦粗細。」不應理，因大乘聖者之滅諦與小乘聖者之滅諦無粗細〔之分〕，以及若是細分蘊魔不須是細分苦諦故。初者理應如是，因小乘聖者之滅諦非粗分滅諦故，因彼是擇滅故。

གཞན་ཡང་། དེ་དེ་མ་ཡིན་པར་ཐལ། དེའི་མྱང་འདས་མྱང་འདས་རགས་པ་མ་ཡིན་པའི་ཕྱིར། དེར་ཐལ། དེ་ཉོན་སྒྲིབ་ཕྲ་མོ་སྤངས་པའི་མྱང་འདས་ཡིན་པའི་ཕྱིར།

གཞན་ཡང་། གང་ཟག་གི་བདག་མེད་ཕྲ་མོ་མངོན་སུམ་དུ་རྟོགས་པའི་ཉན་ཐོས་ཀྱི་མཐོང་ལམ་ལམ་བདེན་རགས་པ་ཡིན་པར་ཐལ། དམ་བཅའ་འཐད་པའི་ཕྱིར། འདོད་ན། དེ་ལམ་རགས་པ་ཡིན་པར་ཐལ། འདོད་པའི་ཕྱིར། འདོད་མི་ནུས་ཏེ། འཕགས་ལམ་ཡིན་པའི་ཕྱིར། རྩ་རྟགས་གཉིས་པ། ཕུང་པོའི་བདུད་ཕྲ་མོ་ཡིན་ན་སྡུག་བདེན་ཕྲ་མོ་ཡིན་མི་དགོས་པར་ཐལ། ཉན་རང་ལྷག་མེད་པའི་རྒྱུད་ལ་ཕུང་པོའི་བདུད་ཕྲ་མོ་ཡོད་པ་གང་ཞིག སྡུག་བདེན་ཕྲ་མོ་མེད་པའི་ཕྱིར། དང་པོ་དེར་ཐལ། དེས་མ་རིག་བག་ཆགས་ཀྱི་ས་དང་ཟག་པ་མེད་པའི་ལས་ལ་བརྟེན་ནས་ཡིད་ལུས་ལེན་པའི་ཕྱིར། གཉིས་པ་དེར་ཐལ། དེའི་རྒྱུད་ལ་སྡུག་བདེན་མེད་པའི་ཕྱིར། དེར་ཐལ། དེས་དེ་ཟད་པར་སྤངས་པའི་ཕྱིར་ཏེ། དེས་འཁོར་བ་ཟད་པར་སྤངས་པའི་ཕྱིར་ཏེ། དེ་དགྲ་བཅོམ་ལྷག་མེད་པ་ཡིན་པའི་ཕྱིར།

ཁོན་རེ། འཁོར་བ་དང་སྡུག་བསྔལ་བདེན་པ་གཉིས་སྤང་བྱ་ཡིན་པར་ཐལ། ཉན་རང་ལྷག་མེད་པས་དེ་གཉིས་ཟད་པར་སྤངས་པའི་ཕྱིར། འདོད་ན། དེ་གཉིས་གང་རུང་ཡིན་ན་སྤང་བྱ་ཡིན་དགོས་པར་ཐལ། འདོད་པའི་ཕྱིར་ན་མ་ཁྱབ་སྙམ།

གཉིས་པ་རང་ལུགས་བཞག་པ་ལ། རང་རྒྱུ་ཀུན་འབྱུང་བདེན་པ་ལས་བྱུང་བའི་འཁོར་བས་བསྡུས་པ་དེ། སྡུག་བསྔལ་བདེན་པའི་མཚན་ཉིད། དབྱེ་ན་མ་དག་པའི་སྣོད་བཅུད་གཉིས་ཡོད། བདེ་བ་ཅན་སོགས་དག་པའི་སྣོད་བཅུད་རྣམས་སྡུག་བདེན་དུ་མི་འཇོག་སྟེ། ཀུན་བཏུས་ལས། དེ་ལྟར་མ་བཞག་པའི་ཕྱིར།

ཁ་ཅིག ཞིང་བཀོད་ཀྱི་མདོའི་ཚིག་ལ་བརྟེན་ནས་བདེ་བ་ཅན་གྱི་རྟེན་ཅན་གྱི་རྒྱུན་ཞུགས་སོགས་ཡོད་པར་འདོད་པ་མི་འཐད་དེ། འོད་དཔག་མེད་ཀྱི་འཁོར་དུ་གྱུར་པའི་དེའི་རྟེན་ཅན་གྱི་གང་ཟག་ཡིན་ན། བསམ་གཏན་གྱི་དངོས་གཞི་ཐོབ་དགོས་པའི་ཕྱིར་ཏེ། དེ་ཡིན་ན་མངོན་ཤེས་དང་ལྡན་དགོས་པ་རྣམ་བཤད་ཀྱི་དགོངས་པ་ཡིན་པའི་ཕྱིར།

復次，彼理應非彼，因彼之涅槃非粗分涅槃故。理應如是，因彼是斷細分煩惱障之涅槃故。

復次，現證細分補特伽羅無我之聲聞見道理應是粗分道諦，因宗應理故。若許，彼理應是粗分道，因許故。不能許，因是聖道故。第二根本因，若是細分蘊魔，理應不須是細分苦諦，因聲緣無餘者相續中有細微蘊魔，且無細分苦諦故。初者理應如是，因彼依無明習氣地與無漏業受取意生身故。次者理應如是，因彼之相續無苦諦故。理應如是，因彼盡斷彼故，因彼盡斷輪迴故，因彼是無餘阿羅漢故。

有云：「輪迴與苦諦二者理應是所斷，因無餘聲緣盡斷彼二者故。若許，若是彼二者隨一理應須是所斷，因許故。」或思不周遍。

第二、立自宗，「由自因集諦所生之輪迴所攝」，乃苦諦之性相。可分為：不淨情、器二者。不安立極樂等清淨情、器等是苦諦，因《集論》未如此安立故。

有依阿彌陀經文主張云：「有具極樂所依之預流等。」不應理，因若是無量光佛眷屬之具極樂所依補特伽羅，須證根本靜慮故，因若是彼，須具智證通，乃《心要莊嚴疏》之意趣故。

ཁོ་ན་རེ། འདིར་མ་ཁྱབ་སྟེ། ཞིང་སྟོབས་ཀྱིས་མངོན་ཤེས་ཐོབ་པ་ལ་དགོངས་པའི་ཕྱིར་ཟེར་ན། འོ་ན་དེ་ཁྱབ་པར་ཐལ། ཞིང་སྟོབས་ཀྱིས་མངོན་ཤེས་ཐོབ་ན། མངོན་ཤེས་ཐོབ་པས་ཁྱབ་པའི་ཕྱིར་ཏེ། ཞིང་སྟོབས་ཀྱིས་བསམ་གཏན་གྱི་དངོས་གཞི་ཐོབ་ན་བསམ་གཏན་གྱི་དངོས་གཞི་ཐོབ་པས་ཁྱབ་པའི་ཕྱིར། ཞིང་སྟོབས་ཀྱིས་བསམ་གཏན་གྱི་དངོས་གཞི་ཐོབ་པ་ཡོད་པའི་ཕྱིར།

གཞན་ཡང་། དེ་མེད་པར་ཐལ། དེ་ཡིན་ན་སྔ་མའི་ལས་ཉོན་གྱིས་འཕངས་པའི་སྡུག་བསྔལ་གྱི་ཕུང་པོ་དང་མ་བཅས་དགོས་པའི་ཕྱིར། དེར་ཐལ། བདེ་བ་ཅན་ན་སྡུག་བསྔལ་བདེན་པ་མེད་པའི་ཕྱིར། དེར་ཐལ། དེ་སྡུག་བསྔལ་བདེན་པས་དག་པའི་ཞིང་ཡིན་པས་དག་པའི་ཞིང་ཞེས་སྒྲ་བཤད་བྱེད་པའི་ཕྱིར།

ཁོ་ན་རེ། དེའི་རྟེན་ཅན་གྱི་ཉན་ཐོས་མེད་པར་ཐལ། དེའི་རྟེན་ཅན་གྱི་ཉན་ཐོས་སློབ་པ་མེད་པ་གང་ཞིག མི་སློབ་པ་ཡང་མེད་པའི་ཕྱིར། དང་པོ་དེར་ཐལ། དེའི་རྟེན་ཅན་གྱི་ཉན་ཐོས་སོ་སྐྱེ་མེད་པ་གང་ཞིག སློབ་པ་འཕགས་པ་མེད་པའི་ཕྱིར། དང་པོ་དེར་ཐལ། མངོན་ཤེས་ཐོབ་པའི་ཉན་ཐོས་སོ་སྐྱེས་མེད་པའི་ཕྱིར། གཉིས་པ་དེར་ཐལ། དེའི་རྟེན་ཅན་གྱི་རྒྱུན་ཞུགས་དང་ཕྱིར་འོང་མེད་པ་གང་ཞིག ཕྱིར་མི་འོང་ཡང་མེད་པའི་ཕྱིར། དང་པོ་དེར་ཐལ། མངོན་ཤེས་ཐོབ་པའི་དེ་གཉིས་མེད་པའི་ཕྱིར། གཉིས་པ་དེར་ཐལ། དེའི་རྟེན་ཅན་གྱི་འབྲས་བུ་རིམ་གྱིས་པའི་ཕྱིར་མི་འོང་ཡང་མེད། ཆགས་བྲལ་སྔོན་སོང་གི་ཕྱིར་མི་འོང་ཡང་མེད་པའི་ཕྱིར།

རྟགས་གཉིས་ཀ་དེར་ཐལ། དེའི་རྟེན་ཅན་གྱི་ཕྱིར་མི་འོང་ལུས་མངོན་བྱེད་མེད་པའི་ཕྱིར། མ་གྲུབ་ན། དེ་འདྲ་བའི་ཕྱིར་མི་འོང་ལུས་མངོན་བྱེད་དེས་ཚེ་དེ་ལ་དགྲ་བཅོམ་པའི་འབྲས་བུ་མངོན་དུ་བྱེད་པར་ཐལ། དེས་དེ་མངོན་དུ་བྱེད་པ་གང་ཞིག དེ་ཁམས་གསུམ་གང་དུ་ཡང་ལས་ཉོན་གྱིས་སྐྱེ་བ་མི་ལེན་པའི་ཕྱིར་ཏེ། དེ་འགོག་སྙོམས་ཐོབ་ལ་མ་ཉམས་པའི་ཕྱིར་མི་འོང་ཡིན་པའི་ཕྱིར། གོང་དུ་འདོད་ན། དེས་ཚེ་དེ་ལ་ལྷག་བཅས་མྱང་འདས་མངོན་དུ་བྱེད་པར་ཐལ། འདོད་པ་གང་ཞིག ཐེག་དམན་གྱི་ལྷག་མེད་མྱང་འདས་ཐོབ་པ་ལ་ལྷག་བཅས་མྱང་འདས་ཐོབ་པ་སྔོན་དུ་འགྲོ་དགོས་པའི་ཕྱིར། འདོད་ན། འགལ་ལོ། །

有云：「今此不周遍，因慮及依剎土力證得智證通故。」然則，彼理應周遍，因若依剎土力證得智證通周遍證得智證通故，因若依剎土力證得根本靜慮周遍證根本靜慮故，因有依剎土力證得根本靜慮故。

復次，理應無彼，因若是彼須不具昔業、煩惱所引之苦蘊故。理應如是，因極樂〔世界〕中無苦諦故。理應如是，因彼是苦諦清淨之剎土，而釋名為「淨土」故。

有云：「理應無具其所依之聲聞，因無具其所依之有學聲聞，且亦無無學者故。初者理應如是，因無具其所依之異生聲聞，且無有學聖者故。初者理應如是，因無證智證通之異生聲聞故。次者理應如是，因無具其所依之預流與一來，且亦無不還故。初者理應如是，因無證智證通之彼二者故。次者理應如是，因亦無具其所依之次第證不還，亦無先離貪之不還故。

彼二因理應如是，因無具其所依之不還身證故。若不成，如此不還身證理應於彼世證阿羅漢果，因彼證彼，且彼不由業煩惱受生於三界隨一故，因彼是證滅盡定，而未退之不還故。前處若許，彼於彼世理應證有餘涅槃，因承許，且證小乘無餘涅槃須先證有餘涅槃故。若許，則相違。

ཟ་རྟགས་གཉིས་པ་དེའི་རྟེན་ཅན་གྱི་ཉན་ཐོས་མི་སློབ་པ་མེད་པ་མ་གྲུབ་ན། དེར་ཐལ། དེ་འདྲ་བའི་ལྷག་བཅས་མྱང་འདས་ལ་གནས་པའི་དགྲ་བཅོམ་པ་མེད་པ་གང་ཞིག ལྷག་མེད་མྱང་འདས་ལ་གནས་པའི་དགྲ་བཅོམ་པའང་མེད་པའི་ཕྱིར་ཟེར་ན། ཕྱི་མ་མ་གྲུབ་ཅེས་ལན་གདབ་ཅིང་། གཞན་རྣམས་ནི་དཔྱད་གཞིའོ། །ཡང་སྡུག་བསྔལ་བདེན་པ་ལ་དབྱེ་ན། སྡུག་བསྔལ་གྱི་སྡུག་བསྔལ། འགྱུར་བའི་སྡུག་བསྔལ། ཁྱབ་པ་འདུ་བྱེད་ཀྱི་སྡུག་བསྔལ་དང་གསུམ་མོ། །

རང་འབྲས་སྡུག་བསྔལ་བདེན་པ་སྐྱེད་བྱེད་ཀྱི་འཁོར་བས་བསྡུས་པ། ཀུན་འབྱུང་བདེན་པའི་མཚན་ཉིད། དབྱེ་ན་གཉིས།

རང་ཐོབ་བྱེད་བར་ཆད་མེད་ལམ་གྱི་ངོ་སྐལ་གྱི་སྒྲིབ་པ་སྤངས་པའི་བྲལ་བ། འགོག་བདེན་གྱི་མཚན་ཉིད། དབྱེ་ན། ཉན་ཐོས་ཀྱི་འགོག་བདེན། རང་རྒྱལ་གྱི་འགོག་བདེན། ཐེག་ཆེན་གྱི་འགོག་བདེན་དང་གསུམ།

ཁ་ཅིག རང་རྒྱལ་གྱི་རྒྱུད་ཀྱི་འགོག་བདེན་ཡིན་ན་རང་རྒྱལ་གྱི་འགོག་བདེན་ཡིན་དགོས་པ་དང་། བྱང་སེམས་ཀྱི་རྒྱུད་ཀྱི་འགོག་བདེན་ཡིན་ན་བྱང་སེམས་ཀྱི་འགོག་བདེན་ཡིན་དགོས་ཏེ་ཉན་ཐོས་ཀྱི་རྒྱུད་ཀྱི་འགོག་བདེན་ཡིན་ན་ཉན་ཐོས་ཀྱི་འགོག་བདེན་ཡིན་དགོས་པའི་ཕྱིར་ཟེར་ན། འདིར་མ་ཁྱབ། འདོད་མི་ནུས་ཏེ། ཉན་ཐོས་འཕགས་པའི་རྟོགས་པ་སྔོན་དུ་སོང་བའི་རང་རྒྱལ་ཚོགས་སྦྱོར་བའི་རྒྱུད་ཀྱི་འགོག་བདེན་རང་རྒྱལ་གྱི་འགོག་བདེན་མ་ཡིན་པ་གང་ཞིག ཉན་ཐོས་འཕགས་པའི་རྟོགས་པ་སྔོན་དུ་སོང་བའི་བྱང་སེམས་ཚོགས་སྦྱོར་བའི་རྒྱུད་ཀྱི་འགོག་བདེན་བྱང་སེམས་ཀྱི་འགོག་བདེན་མ་ཡིན་པའི་ཕྱིར། དང་པོ་དེར་ཐལ། རང་རྒྱལ་གྱི་འགོག་བདེན་ཐོབ་པ་ལ་དེའི་ལམ་བདེན་ཐོབ་པ་སྔོན་དུ་འགྲོ་དགོས་པ་གང་ཞིག དེ་འདྲ་བའི་རང་རྒྱལ་ཚོགས་སྦྱོར་བས་རང་རྒྱལ་གྱི་ལམ་བདེན་མ་ཐོབ་པའི་ཕྱིར་ཏེ། རང་རྒྱལ་གྱི་འཕགས་ལམ་མ་ཐོབ་པའི་ཕྱིར། ཕྱི་མ་དེར་ཐལ། བྱང་སེམས་ཀྱི་འགོག་བདེན་ཐོབ་པ་ལ་དེའི་ལམ་བདེན་ཐོབ་པ་སྔོན་དུ་འགྲོ་དགོས་པ་གང་ཞིག དེ་འདྲ་བའི་བྱང་སེམས་ཚོགས་སྦྱོར་བས་བྱང་སེམས་ཀྱི་ལམ་བདེན་མ་ཐོབ་པའི་ཕྱིར་ཏེ། དེས་དེའི་འཕགས་ལམ་མ་

根本第二因——具其所依之無學聲聞若不成立，理應如是，因無如此住有餘涅槃之阿羅漢，且亦無住無餘涅槃之阿羅漢故。」答：後者不成。其他等乃探究之處。又苦諦分三：苦苦、壞苦、遍行苦。

「能生自果苦諦之輪迴所攝」，乃集諦之性相。〔彼〕可分為二。

「斷能證自無間道應斷之障的離法」，即滅諦之性相。分三：聲聞滅諦、獨覺滅諦與大乘滅諦。

有云：「若是獨覺相續之滅諦須是獨覺之滅諦，若是菩薩相續之滅諦須是菩薩之滅諦，因若是聲聞相續之滅諦須是聲聞之滅諦故。」今此不周遍。不能許，因曾有聲聞聖者證量之獨覺資加者相續之滅諦非「獨覺之滅諦」，且曾有聲聞聖者證量之菩薩資加者相續之滅諦非「菩薩之滅諦」故。初者理應如是，因證獨覺之滅諦須先證其道諦，且如此獨覺資加者未證獨覺之道諦故，因未證獨覺之聖道故。後者理應如是，因證菩薩滅諦須先證彼之道諦，且如此之菩薩資加者未證菩薩之道諦故，因彼未證其聖道故。

ཐོབ་པའི་ཕྱིར།

རང་གི་བྲལ་འབྲས་འགོག་བདེན་ཐོབ་བྱེད་ཀྱི་རིགས་སུ་གནས་པའི་འཕགས་པའི་མངོན་རྟོགས། ལམ་བདེན་གྱི་མཚན་ཉིད། དབྱེ་ན་སྔར་བཞིན་གསུམ། ཉན་ཐོས་ཀྱི་རྒྱུད་ཀྱི་ལམ་བདེན་ཡིན་ན་ཉན་ཐོས་ཀྱི་ལམ་བདེན་ཡིན་པས་ཁྱབ་ཀྱང་། རང་རྒྱལ་དང་བྱང་སེམས་ལ་མ་ཁྱབ་པའི་ཚུལ་སྔར་བཞིན་ནོ། །དེ་ལྟར་བདེན་པ་བཞི་ལས་བརྩམས་པའི་གཏམ་རགས་པ་ཙམ་ཞིག་ཐལ་ལོ། །

◆現觀辨析（上）

「能證自離繫果滅諦之住類之聖者現觀」，即道諦之性相。〔道諦〕如前可分為三。若是聲聞相續之道諦周遍是聲聞道諦，然於獨覺與菩薩不周遍之理如前，如是則成建立四諦之略述。

སྒྲུབ་པའི་རྟེན་སྐྱབས་གསུམ།

རྩ་བར། སངས་རྒྱས་ལ་སོགས་དཀོན་མཆོག་གསུམ། །ཅེས་པ་དང་། འགྲེལ་པར། སངས་རྒྱས་ལ་སངས་རྒྱས་དང་བྱང་ཆུབ་དག ཅེས་སོགས་དང་། ཆོས་ལ་ཐམས་ཅད་མཁྱེན་པ་ཉིད་གསུམ་གྱིས། ཞེས་སོགས་དང་། དགེ་འདུན་ལ་སངས་རྒྱས་དཀོན་མཆོག་གི་ཡོངས་སུ་གདོགས་པ་ཉིད་ཀྱིས། ཞེས་སོགས་ལ་རིམ་པ་བཞིན།

བྱང་ཆེན་ཤེར་ཕྱིན་ལ་སྤྱོད་པའི་ཚེ། གཟུགས་ལ་རྣམ་མཁྱེན་ཉིད་སྦྱོར་བར་མི་བྱེད་དེ། གཟུགས་ཉིད་ཡང་དག་པར་རྗེས་སུ་མི་མཐོང་ཞེས་སོགས་ཀྱི་མདོ་ཚིག་ཆོས་ཅན། སངས་རྒྱས་དཀོན་མཆོག་ལ་འདོམས་པ་ཡིན་ཏེ། དེ་ལ་སྐྱབས་གནས་ཡང་དག་ཏུ་བདེན་ཞེན་དགག་པའི་ཆེད་དུ་འདོམས་པའི་མདོ་ཚིག་ཡིན་པའི་ཕྱིར།

གཟུགས་དངོས་པོ་ཡོད་ཅེས་བྱ་བར་མི་སྦྱོར་ཞེས་སོགས་ཀྱི་མདོ་ཚིག་ཆོས་ཅན། ཆོས་དཀོན་མཆོག་ལ་འདོམས་པ་ཡིན་ཏེ། དེ་ལ་ཐོབ་བྱར་བདེན་ཞེན་དགག་པའི་ཆེད་དུ་འདོམས་པའི་མདོ་ཚིག་ཡིན་པའི་ཕྱིར།

བྱང་ཆུབ་སེམས་དཔའ་འཕགས་པ་སློབ་པ་ཕྱིར་མི་ལྡོག་པ་རྣམས་ལ་སྐྱེ་བ་མེད་པ་ཉིད་དུ་འཇུག་པར་བྱའོ། །ཞེས་སོགས་ཀྱི་མདོ་ཚིག་ཆོས་ཅན། དགེ་འདུན་དཀོན་མཆོག་ལ་འདོམས་པ་ཡིན་ཏེ། དེ་ལ་ལམ་སྒྲུབ་པའི་གྲོགས་སུ་བདེན་ཞེན་དགག་པའི་ཕྱིར་དུ་འདོམས་པའི་མདོ་ཚིག་ཡིན་པའི་ཕྱིར།

དཀོན་མཆོག་གསུམ་གྱི་མཐའ་དཔྱད་པ་ལ། གཞན་ལུགས་དགག་པ། རང་ལུགས་བཞག་པའོ། །

དང་པོ་ནི། ཁ་ཅིག འདུས་མ་བྱས་ལ་སོགས་པའི་ཡོན་ཏན་བརྒྱད་རང་གི་ཡོན་ཏན་དུ་ཡོད་པའི་སྐྱབས་གནས། སངས་རྒྱས་དཀོན་མཆོག་གི་མཚན་ཉིད། བསམ་དུ་མེད་པ་ལ་སོགས་པའི་ཡོན་ཏན་བརྒྱད་དང་ལྡན་པའི་ཐེག་ཆེན་གྱི་རྣམ་བྱང་བདེན་པ། ཐེག་ཆེན་གྱི་ཆོས་དཀོན་མཆོག་གི་མཚན་ཉིད། རིགས་གྲོལ་གྱི་ཡོན་ཏན་བརྒྱད་དང་ལྡན་པའི་རྒྱལ་སྲས་འཕགས་པ། ཐེག་ཆེན་གྱི་དགེ་འདུན་དཀོན་མཆོག་གི་མཚན་ཉིད་ཟེར་ན།

26 正行所依三歸依

根本文云：「佛陀等三寶」，《明義釋》云：「於佛陀，言『因為佛陀以及菩提二者……』」等，與「於法，言：『匯聚三智……』」等，以及「於僧眾，傳授經教曰：『除了歸屬於佛寶中之阿羅漢……』」依次為

「菩薩摩訶薩行般若波羅蜜多時，一切相智於色不合、〔不分〕，不真實見色……[78]」等經文為有法，是教誨佛寶，因是為了遮止耽著彼為諦實正歸依處而教誨之經文故。

「不結合色為有事物……[79]」等經文為有法，是教誨法寶，因是為了遮止耽著彼為諦實所得而教誨之經文故。

「諸不退轉菩薩有學聖者當趣入無生……」等經文為有法，是教誨僧寶，因是為了遮止耽著彼為諦實成辦道之助伴而教誨之經文故。

辨析三寶有破他宗、立自宗。

初者，有云：「自功德中有無為等八功德之歸依處，乃佛寶之性相；具不思議等八功德之大乘清淨諦，是大乘法寶之性相；具有了知、解脫八功德之佛子聖者，是大乘僧寶之性相。」

དང་པོ་མི་འཐད་པར་ཐལ། ཐེག་ཆེན་འཕགས་པ་མཚོན་བྱ་དེ་མ་ཡིན་པ་གང་ཞིག མཚན་ཉིད་དེ་ཡིན་པའི་ཕྱིར། ཕྱི་མ་དེར་ཐལ། འདུས་མ་བྱས་སོགས་ཡོན་ཏན་བརྒྱད་པོ་དེ། ཐེག་ཆེན་འཕགས་པའི་ཡོན་ཏན་ཡིན་པའི་ཕྱིར། དེར་ཐལ། དེ་སངས་རྒྱས་འཕགས་པའི་ཡོན་ཏན་ཡིན་པའི་ཕྱིར། གཉིས་པ་མི་འཐད་པར་ཐལ། དམན་ལམ་སྔོན་མ་སོང་གི་ཐེག་ཆེན་གྱི་མཐོང་ལམ་སྡུག་བསྔལ་ཆོས་བཟོད་དེ་བསམ་དུ་མེད་པ་སོགས་ཡོན་ཏན་བརྒྱད་དང་མི་ལྡན་པའི་ཕྱིར་ཏེ། དེ་འགོག་བདེན་གྱི་ཡོན་ཏན་དང་མི་ལྡན་པའི་ཕྱིར་ཏེ། དེའི་དུས་སུ་འགོག་བདེན་མ་ཐོབ་པའི་ཕྱིར། གསུམ་པ་མི་འཐད་པར་ཐལ། སངས་རྒྱས་འཕགས་པ་ཐེག་ཆེན་གྱི་དགེ་འདུན་དཀོན་མཆོག་ཡིན་པའི་ཕྱིར། དེར་ཐལ། དེ་ཐེག་ཆེན་འཕགས་པ་ཡིན་པའི་ཕྱིར།

ཁོན་རེ། དེ་དགེ་འདུན་དཀོན་མཆོག་མ་ཡིན་པར་ཐལ། དེ་ཐེག་ཆེན་དགྲ་བཅོམ་པ་ཡིན་པའི་ཕྱིར། ཁྱབ་སྟེ། འགྲེལ་པར། དགེ་འདུན་ལ་སངས་རྒྱས་དཀོན་མཆོག་གི་ཁོངས་སུ་གཏོགས་པ་ཉིད་ཀྱིས་དགྲ་བཅོམ་པ་མ་གཏོགས་པ་ཞེས་གསུངས་པའི་ཕྱིར་ན། མ་ཁྱབ་སྟེ། དེ་སྐབས་འདིར་དཀོན་མཆོག་གསུམ་གྱི་ནང་ནས་དགེ་འདུན་དཀོན་མཆོག་ཏུ་དངོས་སུ་མ་བསྟན་པ་ལ་དགོངས་པའི་ཕྱིར།

གཞན་ཡང་། མཚན་ཉིད་གསུམ་པ་མི་འཐད་པར་ཐལ། དམན་ལམ་སྔོན་མ་སོང་གི་ཐེག་ཆེན་མཐོང་ལམ་སྡུག་བསྔལ་ཆོས་བཟོད་ལ་གནས་པའི་སེམས་དཔའ་དེ་གྲོལ་བའི་ཡོན་ཏན་དང་མི་ལྡན་པའི་ཕྱིར་ཏེ། དེ་འགོག་བདེན་གྱི་ཡོན་ཏན་དང་མི་ལྡན་པའི་ཕྱིར།

ཡང་ཁ་ཅིག སྤྲང་ས་ཕྱིར་སློ་བའི་ཆོས་ཅན་ཕྱིར། །མེད་ཕྱིར། ཞེས་པའི་དགོངས་པར་བསམས་ནས། ལུང་གི་ཆོས་འཁོར་དང་། རྟེན་པ་སློ་བའི་ཆོས་ཅན་དང་། མེད་དགག་རྣམས་ལ་དོན་དམ་པའི་སྐྱབས་མ་ཡིན་པས་ཁྱབ་ཟེར། དང་པོ་མ་ཁྱབ་པར་ཐལ། སངས་རྒྱས་རང་རྒྱུད་ཀྱིས་བསྡུས་པའི་བཀས་མ་ངེས་པའི་ཕྱིར། གཉིས་པ་མ་ཁྱབ་པར་ཐལ། གཟུགས་སྐུ་གཉིས་རྟེན་པ་སློ་བའི་ཆོས་ཅན་ཡིན་ཞིང་། དོན་དམ་པའི་སྐྱབས་ཀྱང་ཡིན་པའི་ཕྱིར། དང་པོ་དེར་ཐལ། དེ་འདུས་བྱས་ཡིན་པའི་ཕྱིར། གསུམ་པ་མ་ཁྱབ་པར་ཐལ། ངོ་བོ་ཉིད་སྐུ་མེད་དགག་ཡིན་ཞིང་། དོན་དམ་པའི་སྐྱབས་ཀྱང་ཡིན་པའི་ཕྱིར།

初者理應不應理，因大乘聖者非彼名相，且是彼性相故。後者理應如是，因「無為等八功德」，是大乘聖者之功德故。理應如是，因彼是佛聖者之功德故。第二理應不應理，因未曾入劣道之大乘見道苦法忍，不具不思議等八功德故。因彼不具滅諦之功德故，因爾時未得滅諦故。第三理應不應理，因佛聖者是大乘僧寶故。理應如是，因彼是大乘聖者故。

有云：「彼理應非僧寶，因彼是大乘阿羅漢故。周遍，因《明義釋》云：『於僧眾，傳授經教曰：「除了歸屬於佛寶中之阿羅漢。」』故。」不周遍，因慮及未直接顯示彼為此時三寶中之僧寶故。

復次，第三性相理應不應理，因住未曾入劣道之大乘見道苦法忍之菩薩不具解脫功德故，因彼不具滅諦之功德故。

又有慮及「棄故欺誑故，無故[80]」而云：「教法輪、虛妄欺誑之有法與無遮等周遍非勝義歸依處。」初者理應不周遍，因佛自相續所攝之教言不定故。第二理應不周遍，因二色身是虛妄欺誑之有法，且亦是勝義歸依故。初者理應如是，因彼是有為故。第三理應不周遍，因自性身是無遮，且亦是勝義歸依故。

ཁོན་རེ། གཟུགས་སྐུ་གཉིས་དོན་དམ་པའི་སྐྱབས་མ་ཡིན་པར་ཐལ། དེ་གཉིས་ཀུན་རྫོབ་པའི་སྐྱབས་ཡིན་པའི་ཕྱིར། དེར་ཐལ། དེ་ཀུན་རྫོབ་པའི་སྐུ་ཡིན་པའི་ཕྱིར་ན། འདིར་མ་ཁྱབ། དེར་ཐལ། དེ་གཞན་དོན་གཟུགས་སྐུ་ཡིན་པའི་ཕྱིར་ཟེར་ན། མ་ཁྱབ་མཚམས་སུ་མ་ཁྱབ་པར་ཐལ། ཀུན་རྫོབ་པའི་སྐྱབས་ཞེས་པའི་ཀུན་རྫོབ་དང་། ཀུན་རྫོབ་པའི་སྐུ་ཞེས་པའི་ཀུན་རྫོབ་གཉིས་དོན་མི་གཅིག་པའི་ཕྱིར། དེར་ཐལ། སྔ་མ་དངོས་པོའི་གནས་ཚོད་ལ་ལམ་གྱི་བགྲོད་པ་མཐར་མ་ཕྱིན་པ་ལ་བྱེད། ཕྱི་མ་གདུལ་བྱ་ལ་དངོས་སུ་སྣང་བ་ལ་བྱེད་པའི་ཕྱིར།

གཞན་ཡང་། དེ་གཉིས་དོན་མི་གཅིག་པར་ཐལ། དོན་དམ་པའི་སྐྱབས་ཞེས་པའི་དོན་དམ་དང་། དོན་དམ་པའི་སྐུ་ཞེས་པའི་དོན་དམ་གཉིས་དོན་མི་གཅིག་པའི་ཕྱིར། དེར་ཐལ། སྔ་མ་དངོས་པོའི་གནས་ཚོད་ལ་ལམ་གྱི་བགྲོད་པ་མཐར་ཕྱིན་པ་ལ་བྱེད། ཕྱི་མ་གདུལ་བྱ་ལ་དངོས་སུ་མི་སྣང་བ་ལ་བྱེད་པའི་ཕྱིར།

ཡང་ཁོན་རེ། ལམ་འབྲས་རྫུན་པ་སླུ་བའི་ཆོས་ཅན་ཡིན་པར་ཐལ། ལམ་འབྲས་འདུས་བྱས་ཡིན་པའི་ཕྱིར། ཁྱབ་པ་གོང་དུ་འགྲིག་ཟེར། དེ་གཉིས་མི་མཚུངས་པར་ཐལ། ལམ་འབྲས་བདེན་རྫུན་དཔྱོད་པའི་བདེན་རྫུན་དང་། གཟུགས་སྐུ་བདེན་རྫུན་དཔྱོད་པའི་བདེན་རྫུན་གཉིས་དོན་མི་གཅིག་པའི་ཕྱིར་ཏེ། སྔ་མ་དངོས་པོའི་གནས་ཚོད་ཡིན་མིན་ལ་བྱེད། ཕྱི་མ་གཞི་བདེན་པ་གཉིས་ལ་བྱེད་པའི་ཕྱིར།

དེ་ལྟར་མ་ཡིན་ན། གཞི་གྲུབ་ན་ལམ་འབྲས་བདེན་པ་མ་ཡིན་དགོས་པར་ཐལ། ཁྱོད་ཀྱི་ཁས་ལེན་འཐད་པའི་ཕྱིར། འདོད་ན། ཚུལ་ཁྲིམས་སྲུང་བ་ལ་བརྟེན་ནས་ལྷར་སྐྱེ་བ་ཆོས་ཅན། དེར་ཐལ། དེའི་ཕྱིར། འདོད་ན། དེ་ཆོས་ཅན་ལམ་འབྲས་བདེན་པ་ཡིན་པར་ཐལ། ཁྱོད་ལམ་འབྲས་བདེན་པ་ཡིན་པའི་ཕྱིར། དེར་ཐལ། ཁྱོད་རྒྱུ་འབྲས་བདེན་པ་ཡིན་པའི་ཕྱིར། དེར་ཐལ། ཁྱོད་རྒྱུ་འབྲས་མི་སླུ་བ་ཡིན་པའི་ཕྱིར། མ་གྲུབ་ན། དེར་ཐལ། དེ་རྟེན་འབྲེལ་མི་སླུ་བ་ཡིན་པའི་ཕྱིར་ཏེ། དེ་རྟེན་འབྲེལ་སླུ་བ་མེད་པ་ཡིན་པའི་ཕྱིར། གནད་འདི་རྣམས་མ་རྟོགས་པས། ལམ་འབྲས་བདེན། དེ་བདེན་པ་མ་ཡིན་ཞེས་པ་སོགས་བློ་གྲོས་གསར་བུའི་གཏམ་རྣམས་སྨྲ་དགོས་པ་བྱུང་ངོ་། །

有云：「二色身理應非勝義歸依，因彼二者是世俗歸依故。理應如是，因彼是世俗身故。」今此不周遍。理應如是，因彼是利他色身故。於不周遍處，理應不周遍，「世俗歸依」所謂之世俗，與「世俗身」所謂之世俗二者不同義故。理應如是，因前者為實際上行道未至究竟，後者乃於所化直接顯現故。

復次，彼二者理應不同義，因「勝義歸依」所謂之勝義，與「勝義身」所謂之勝義不同義故。理應如是，因前者為實際上行道至究竟，後者乃於所化不直接顯現故。

復有云：「業果理應是虛妄欺誑之有法，因業果是有為故，已於上許可周遍。」彼二者理應不同，因「觀察業果諦實欺誑」之諦實欺誑與「觀察色身諦實欺誑」之諦實欺誑不同義故，因前者指實際上與否，後者乃指基二諦故。

若非如是，若是基成，理應須非業果諦實，因汝之承許應理故。若許，由持戒投生天為有法，理應如是，因如是故。若許，彼為有法，理應是業果諦實，因爾是業果諦實故。理應如是，因爾是因果諦實故。理應如是，因爾是因果不欺誑故。若不成，理應如是，因彼是緣起不欺誑故，因彼是緣起無欺誑故。有未了知此等關要，而致新慧者不得不言業果真，非諦實等語。

སྨྲས་པ།

ཁོ་བོ་ཐོས་པས་རྒྱས་པ་ཞིག །གསར་བུའི་དབྱངས་ལ་མི་དགའ་བས། །
རྒན་པོའི་ཚོས་སྐད་འདི་ལོངས་ལ། །ཆཞེས་གཉེན་རྒན་པོ་རྣམས་དང་འཐོབ། །
ཅེས་བྱ་བ་ནི་ཉམས་དགའོ། །

ཁ་ཅིག ཆོས་དཀོན་མཆོག་ལ་ཀུན་རྫོབ་པའི་ཆོས་དཀོན་མཆོག་དང་། དོན་དམ་པའི་ཆོས་དཀོན་མཆོག་གཉིས་སུ་དབྱེ་བ་མི་འཐད་དེ། དེ་འདྲ་བའི་ཐ་སྙད་འཐད་པར་དཀའ་ཞིང་། འཐད་ན་བཏྲར་བཏགས་པའི་ཆོས་དཀོན་མཆོག་ཡིན་ན་ཀུན་རྫོབ་པའི་ཆོས་དཀོན་མཆོག་ཡིན་དགོས་པས། ཆོས་དཀོན་མཆོག་བཏགས་པ་བར་འཇོག་དགོས་པའི་ཕྱིར།

ཡང་ཁ་ཅིག དགེ་འདུན་དཀོན་མཆོག་ལ་ཀུན་རྫོབ་པ་དང་དོན་དམ་པའི་དགེ་འདུན་དཀོན་མཆོག་གཉིས་སུ་བྱས་ནས། ཐེག་དམན་འཕགས་པ་ཡིན་ན་སྔ་མ་དང་། ཐེག་ཆེན་འཕགས་པ་ཡིན་ན་ཕྱི་མ་དེ་ཡིན་པས་ཁྱབ་ཟེར་བ་མི་འཐད་དེ། དེའི་ཡང་ཐ་སྙད་འཐད་པར་དཀའ་ཞིང་། འཐད་ན་བྱང་སེམས་ས་དང་པོ་བ་དོན་དམ་པའི་དགེ་འདུན་དཀོན་མཆོག་ཏུ་མི་རིགས་པའི་ཕྱིར།

མ་གྲུབ་ན། འོ་ན། དེ་དོན་དམ་པའི་བྱང་ཆུབ་སེམས་དཔའ་ཡིན་པའི་རྒྱུ་མཚན་གྱིས་དོན་དམ་པའི་དགེ་འདུན་དཀོན་མཆོག་ཏུ་སོང་བར་ཐལ། མ་གྲུབ་པ་དེའི་ཕྱིར། འདོད་ན། དོན་དམ་པའི་དགེ་འདུན་དཀོན་མཆོག་ཅེས་པའི་དོན་དམ་དེ་དོན་དམ་སེམས་བསྐྱེད་ལ་བྱེད་རིགས་པར་ཐལ། འདོད་པའི་ཕྱིར། འདོད་ན། དོན་དམ་པའི་དཀོན་མཆོག་གསུམ་ཞེས་པའི་དོན་དམ་དེ་དེ་ལ་བྱེད་རིགས་པར་ཐལ། འདོད་པའི་ཕྱིར། འདོད་ན། དོན་དམ་པའི་སྐྱབས་ཞེས་པའི་དོན་དམ་དེ་དེ་ལ་བྱེད་རིགས་པར་ཐལ། འདོད་པ་གང་ཞིག དོན་དམ་པའི་སྐྱབས་ཡིན་ན། དོན་དམ་པའི་དཀོན་མཆོག་གསུམ་པོ་གང་རུང་ཡིན་པས་ཁྱབ། དེ་གསུམ་པོ་གང་རུང་ཡིན་ནའང་དོན་དམ་པའི་སྐྱབས་ཡིན་པས་ཁྱབ་པའི་ཕྱིར།

དང་པོ་དེར་ཐལ། དེ་ཡིན་ན་དོན་དམ་པའི་སངས་རྒྱས་དཀོན་མཆོག་ཡིན་པས་ཁྱབ་པའི་ཕྱིར། དེར་ཐལ། དེ་ཡིན་ན་དོན་དམ་པའི་སྐྱབས་ཡུལ་དུ་གྱུར་པའི་སངས་རྒྱས་དཀོན་མཆོག་ཡིན་པས་ཁྱབ་

歡愉而云：

我聽聞而老，不喜新音聲，

當取老法語，與諸老友辯。

有云：「法寶可分為世俗法寶與勝義法寶二者。」不應理，因如此名言難成應理，若成應理，若是取名之法寶須是世俗法寶，所以須安立為假名之法寶故。

又有云：「僧寶可分為世俗與勝義僧寶二者，若是小乘聖者周遍是前者，若是大乘聖者周遍是後者。」不應理，因彼之所許名言亦難成應理，且若應理，初地菩薩不可以是勝義僧寶故。

若不成，那麼，彼理應以是勝義菩薩之由，而成為勝義僧寶，因前之不成故。若許，「勝義僧寶」所言之勝義理應可以承許是勝義發心，因許故。若許，「勝義三寶」所指之「勝義」理應可以承許是彼，因許故。若許，「勝義歸依」所指之「勝義」理應可以說是彼，因許，且若是勝義歸依理應周遍是勝義三寶隨一，若是彼三者隨一，亦周遍是勝義歸依故。

初者理應如是，因若是彼周遍是勝義佛寶故。理應如是，因若是彼周遍是屬勝義歸依境之佛寶故。理應如是，因二色身是屬彼之

པའི་ཕྱིར། དེར་ཐལ། གཟུགས་སྐུ་གཉིས་དེར་གྱུར་པའི་སངས་རྒྱས་དཀོན་མཆོག་ཡིན་པའི་ཕྱིར། མ་གྲུབ་ན། དེར་ཐལ། དེ་གཉིས་དེར་གྱུར་པའི་གཟུགས་སྐུ་ཡིན་པའི་ཕྱིར་ཏེ། དངོས་པོའི་གནས་ཚོད་ལ་ལམ་གྱི་བགྲོད་པ་མཐར་ཕྱུག་པའི་གཟུགས་སྐུ་ཡིན་པའི་ཕྱིར།

རྩ་རྟགས་གཉིས་པ། དོན་དམ་པའི་དཀོན་མཆོག་གསུམ་པོ་གང་རུང་ཡིན་ན་དོན་དམ་པའི་སྐྱབས་ཡིན་པས་ཁྱབ་པར་ཐལ། དེ་ཡིན་ན་དོན་དམ་པའི་སྐྱབས་ཡུལ་དུ་གྱུར་པའི་དཀོན་མཆོག་གསུམ་པོ་གང་རུང་ཡིན་པས་ཁྱབ། དེ་ཡིན་ན་དོན་དམ་པའི་སྐྱབས་ཡིན་པས་ཁྱབ་པའི་ཕྱིར། དང་པོ་དེར་ཐལ། དཀོན་མཆོག་གསུམ་པོ་གང་རུང་ཡིན་ན་སྐྱབས་ཡུལ་དཀོན་མཆོག་གསུམ་པོ་གང་རུང་ཡིན་པས་ཁྱབ་པའི་ཕྱིར།

ཁོན་རེ། གཟུགས་སྐུ་གཉིས་དོན་དམ་པའི་སངས་རྒྱས་ཀྱི་སྐུ་ཡིན་པར་ཐལ། དེ་དོན་དམ་པའི་སངས་རྒྱས་དཀོན་མཆོག་ཡིན་པའི་ཕྱིར་ན། མ་ཁྱབ། འོ་ན། བསལ་བ་དེར་ཐལ། དེ་དོན་དམ་པའི་སྐྱབས་གནས་མཐར་ཕྱུག་ཡིན་པའི་ཕྱིར། ཁྱབ་པ་ཁས།

ཁ་ཅིག འཕགས་པ་ཡིན་ན་ཀུན་རྫོབ་པའི་དགེ་འདུན་དཀོན་མཆོག་ཡིན་པས་ཁྱབ་ཟེར་བ་མི་འཐད་དེ། སངས་རྒྱས་འཕགས་པ་ཀུན་རྫོབ་པའི་དགེ་འདུན་དཀོན་མཆོག་མ་ཡིན་པའི་ཕྱིར། དེར་ཐལ། དེ་ཀུན་རྫོབ་པའི་སྐྱབས་ཡུལ་དུ་གྱུར་པའི་དགེ་འདུན་དཀོན་མཆོག་མ་ཡིན་པའི་ཕྱིར་ཏེ། དེ་ཀུན་རྫོབ་པའི་སྐྱབས་ཡུལ་མ་ཡིན་པའི་ཕྱིར།

གཞན་ཡང་། ཀུན་རྫོབ་པའི་དཀོན་མཆོག་དང་དོན་དམ་པའི་དཀོན་མཆོག་གཉིས་མི་འགལ་བར་ཐལ། ཁྱོད་ཀྱི་དམ་བཅའ་འཐད་པའི་ཕྱིར། འདོད་ན། ཀུན་རྫོབ་པའི་སྐྱབས་དང་དོན་དམ་པའི་སྐྱབས་མི་འགལ་བར་ཐལ། འདོད་པའི་ཕྱིར།

ཁ་ཅིག ཆོས་དཀོན་མཆོག་དང་དགེ་འདུན་དཀོན་མཆོག་མི་འགལ་ཏེ། སངས་རྒྱས་འཕགས་པའི་ཡིད་ཀྱི་རྣམ་པར་ཤེས་པ་དེ་ཆོས་དཀོན་མཆོག་ཡིན་པ་གང་ཞིག དགེ་འདུན་དཀོན་མཆོག་ཡིན་པའི་ཕྱིར། དང་པོ་སླ། ཕྱི་མ་དེར་ཐལ། དེ་སངས་རྒྱས་འཕགས་པ་ཡིན་པའི་ཕྱིར་ཏེ། རྟོག་གེ་འབར་བ་ལས། ཁོ་བོ་ཅག་ཐ་སྙད་དུ་རྣམ་པར་ཤེས་པ་ལ་བདག་གི་སྒྲ་དངོས་སུ་འདོགས་ཏེ། ཞེས་གསུངས་

佛寶故。若不成，理應如是，因彼二者是屬彼之色身故。因實際上是趣道至究竟之色身故。

根本第二因，若是勝義三寶隨一，理應周遍是勝義歸依，因若是彼周遍是屬勝義歸依境之三寶隨一，若是彼周遍是勝義歸依故。初者理應如是，因若是三寶任一，周遍是歸依境三寶隨一故。

有云：「二色身理應是勝義佛身，因彼是勝義佛寶故。」不周遍。那麼，彼遣法理應如是，因彼是究竟勝義歸依處故。承許周遍。

有云：「若是聖者周遍是世俗僧寶。」不應理，因佛聖者非世俗僧寶故。理應如是，因彼非屬世俗歸依境之僧寶故，因彼非世俗歸依境故。

復次，世俗寶與勝義寶二者理應不相違，因汝宗應理故。若許，世俗歸依與勝義歸依理應不相違，因許故。

有云：「法寶與僧寶不相違，因佛聖者之意識是法寶，且是僧寶故。初者易。後者理應如是，因彼是佛聖者故，因《分別熾燃論》云：『吾等於名言，對識直接取名「我」聲。』故。」無過，因佛聖者之自返體雖是僧寶，彼之事相有法寶，不相違故。承許於第八

པའི་ཕྱིར་ན། སྐྱོན་མེད་དེ། སངས་རྒྱས་འཕགས་པའི་རང་ལྡོག་དགེ་འདུན་དཀོན་མཆོག་ཡིན་ཀྱང་། དེའི་མཚན་གཞིར་ཆོས་དཀོན་མཆོག་ཡོད་པ་མི་འགལ་བའི་ཕྱིར། འདི་གསལ་བར་སྐབས་བརྒྱད་པར་འཆད་པར་འདོད་དོ། །

རྒྱུ་སྐྱབས་དང་འབྲས་སྐྱབས་ཀྱི་ཁྱད་པར་ལ། ཁ་ཅིག དེ་གཉིས་འགལ་ཟེར་བ་མི་འཐད་དེ། སངས་རྒྱས་འཕགས་པ་ཡིན་ན་རྒྱུ་སྐྱབས་ཡིན་པས་ཁྱབ་པ་གང་ཞིག སྟོན་པ་ཤཱཀྱ་ཐུབ་པ་རང་དང་རྒྱུད་གཅིག་ཏུ་གྱུར་པའི་སེམས་ཅན་གྱི་འབྲས་སྐྱབས་ཡིན་པའི་ཕྱིར།

ཁ་ཅིག བྱང་སེམས་རྒྱུན་མཐའ་བའི་རྒྱུད་ལ་འབྱུང་རུང་གི་རྣམ་མཁྱེན་དེ་བྱང་སེམས་རྒྱུན་མཐའ་བའི་འབྲས་སྐྱབས་མ་ཡིན་ཟེར་བ་མི་འཐད་དེ། དེ་དེའི་འབྲས་བུ་ཡིན་པའི་ཕྱིར། དེར་ཐལ། དེ་ལས་སྐྱེ་བཞིན་པའི་རྣམ་མཁྱེན་དེ་དེའི་འབྲས་བུ་ཡིན་པའི་ཕྱིར། དེར་ཐལ། དེ་ཡོད་པའི་ཕྱིར། དེར་ཐལ། དེ་ལས་སྐྱེས་པའི་དེ་ཡོད་པའི་ཕྱིར་ཏེ། རང་རྒྱུ་ལས་སྐྱེས་པའི་དངོས་པོ་ཡོད་པའི་ཕྱིར།

ཁོ་ན་རེ། བྱང་སེམས་རྒྱུན་མཐའ་བ་ལས་སྐྱེ་བཞིན་པའི་རྣམ་མཁྱེན་དེ་བྱང་སེམས་རྒྱུན་མཐའ་བའི་དུས་སུ་ཡོད་པར་ཐལ། དེ་ཡོད་པ་གང་ཞིག དེ་རྣམ་མཁྱེན་གྱི་དུས་སུ་མེད་པའི་ཕྱིར་ཞེ་ན། ཕྱི་མ་མ་གྲུབ་བོ། །

དེ་ལ་ཡང་ཁོ་ན་རེ། དེ་བྱང་སེམས་རྒྱུན་མཐའ་བ་ལས་སྐྱེ་བཞིན་པ་མ་ཡིན་པར་ཐལ། དེ་དེ་ལས་སྐྱེས་ཟིན་པའི་ཕྱིར། ཞེས་པ་ནི་རྟེངས་པ་ཡིན་ཏེ། དེའི་དུས་སུ་སྐྱེས་ཟིན་ན་དེའི་དུས་སུ་སྐྱེས་བཞིན་པ་མ་ཡིན་པས་ཁྱབ་པ་དང་གཅིག་ཏུ་འབྲེལ་འདུག་པའི་ཕྱིར།

ཡང་ཁ་ཅིག བྱང་སེམས་ཚོགས་ལམ་པ་དང་རྒྱུད་ཐ་དད་དུ་གྱུར་པའི་སངས་རྒྱས་འཕགས་པ་དེ། བྱང་སེམས་ཚོགས་ལམ་པའི་རྒྱུའི་སྐྱབས་ཡིན་ཟེར་བ་མི་འཐད་དེ། དེ་འདྲ་མེད་པའི་ཕྱིར། དེར་ཐལ། སངས་རྒྱས་འཕགས་པ་ཡིན་ན་བྱང་སེམས་ཚོགས་ལམ་པ་དང་རྒྱུད་གཅིག་ཡིན་དགོས་པའི་ཕྱིར། དེར་ཐལ། དེ་ཡིན་ན་དེའི་རྟོགས་པ་སྔོན་སོང་ཡིན་དགོས་པའི་ཕྱིར།

གཞན་ཡང་། སྔ་མ་དེ་མེད་པར་ཐལ། སངས་རྒྱས་འཕགས་པ་དང་རྒྱུད་ཐ་དད་དུ་གྱུར་པའི་བྱང་སེམས་ཚོགས་ལམ་པ་མེད་པའི་ཕྱིར། དེར་ཐལ། དེ་དང་རྒྱུད་ཐ་དད་དུ་གྱུར་པའི་སེམས་ཅན་

品有清楚闡述此。

於因歸依與果歸依之差別，有云：「彼二者相違。」不應理，因若是佛聖者周遍是因歸依，且導師釋迦能仁是與自相續為一之有情的果歸依故。

有云：「最後流菩薩相續中堪能生起之一切相智非最後流菩薩之果歸依。」不應理，因彼是彼之果故。理應如是，因正由彼生起之一切相智是彼之果故。理應如是，因彼存在故。理應如是，因有由彼生起之彼故，因有由自因生起之事物故。

有云：「正由最後流菩薩生起之一切相智，理應於最後流菩薩時有，因彼存在，且彼於一切相智之時不存在故。」後者不成立。

於此又有云：「彼理應非正由最後流菩薩生起，因彼已由彼生起故。」此乃粗略，因與「若爾時已生起周遍非爾時正生起」混為一談故。

又有云：「與資糧道菩薩相續為異之佛聖者是資糧道菩薩之因歸依。」不應理，因無如此故。理應如是，因若是佛聖者須與資糧道菩薩相續為一故。理應如是，因若是彼須曾有其證量故。

復次，理應無前者，因無與佛聖者相續為異之資糧道菩薩故。理應如是，因無與彼相續為異之有情故，因若是有情，佛聖者須是

མེད་པའི་ཕྱིར་ཏེ། སེམས་ཅན་ཡིན་ན་སངས་རྒྱས་འཕགས་པ་དེ་རང་ཉིད་ཀྱི་ཐོབ་བྱ་མཐར་ཐུག་ཡིན་དགོས་པའི་ཕྱིར།

རང་ལུགས་ནི། དོན་གཉིས་མཐར་ཕྱིན་པའི་སྐྱབས་གནས། སངས་རྒྱས་དཀོན་མཆོག་གི་མཚན་ཉིད། ཡང་ན། འདུས་མ་བྱས་སོགས་ཡོན་ཏན་བརྒྱད་དང་ལྡན་པའི་སྐྱབས་གནས། དེའི་མཚན་ཉིད། འགོག་ལམ་གང་རུང་གིས་བསྡུས་པའི་འཕགས་པའི་རྣམ་བྱང་བདེན་པ། ཆོས་དཀོན་མཆོག་གི་མཚན་ཉིད། རིགས་གྲོལ་གང་རུང་གི་ཡོན་ཏན་དང་ལྡན་པའི་འཕགས་པའི་གང་ཟག དགེ་འདུན་དཀོན་མཆོག་གི་མཚན་ཉིད། དངོས་པོའི་གནས་ཚོད་ལ་ལམ་གྱི་བགྲོད་པ་མཐར་ཐུག་པའི་སྐྱབས་གནས། དོན་དམ་པའི་སྐྱབས་ཀྱི་མཚན་ཉིད། དངོས་པོའི་གནས་ཚོད་ལ་ལམ་གྱི་བགྲོད་པ་མཐར་མ་ཐུག་པའི་སྐྱབས་གནས། ཀུན་རྫོབ་པའི་སྐྱབས་ཀྱི་མཚན་ཉིད་ཡིན།

དེ་ལ་ཁོ་ན་རེ། ངོ་བོ་ཉིད་སྐུ་དེ། འདུས་མ་བྱས་སོགས་ཡོན་ཏན་བརྒྱད་ལྡན་ཡིན་པར་ཐལ། སངས་རྒྱས་དཀོན་མཆོག་གི་མཚན་ཉིད་འཐད་པའི་ཕྱིར། འདོད་མི་རིགས་ཏེ། དེ་མཁྱེན་པའི་ཡོན་ཏན་དང་མི་ལྡན་པའི་ཕྱིར། དེར་ཐལ། དེ་མཁྱེན་པ་དང་མི་ལྡན་པའི་ཕྱིར་ཏེ། དེ་སྤྲངས་པ་ཡིན་པའི་ཕྱིར་ན། མ་ཁྱབ་སྟེ། དེ་ཆོས་ཅན། མཁྱེན་པའི་ཡོན་ཏན་དང་ལྡན་པར་ཐལ། སངས་རྒྱས་ཀྱི་སའི་ཟག་མེད་ཡེ་ཤེས་སྡེ་ཚན་ཉེར་གཅིག་དང་ལྡན་པའི་ཕྱིར། དེར་ཐལ། ཟག་པ་མེད་པའི་ཆོས་གང་དག །ཐོབ་གྱུར། ཞེས་གསུངས་པའི་ཕྱིར།

ཡང་ཁོ་ན་རེ། སངས་རྒྱས་རང་རྒྱུད་ཀྱིས་བསྡུས་པའི་གསུང་དབྱངས་ཡན་ལག་དྲུག་ཅུ་ཆོས་ཅན། སངས་རྒྱས་དཀོན་མཆོག་ཡིན་པར་ཐལ། མཚན་ཉིད་དང་པོ་དེའི་ཕྱིར། འདོད་ན། དེ་མ་ཡིན་པར་ཐལ། ངག་ཡིན་པའི་ཕྱིར་ན། མ་ཁྱབ། འོ་ན་དེ་མཚན་ཉིད་དེ་མ་ཡིན་པར་ཐལ། དེ་ངག་ཡིན་པའི་ཕྱིར། ཁྱབ་པ་ཁས།

ཡང་ཁོ་ན་རེ། ལོངས་སྐུའི་མཚན་དང་དཔེ་བྱད་ཆོས་ཅན། སངས་རྒྱས་དཀོན་མཆོག་ཡིན་པར་ཐལ། མཚན་ཉིད་དང་པོ་དེའི་ཕྱིར། འདོད་ན། དེ་མ་ཡིན་པར་ཐལ། བེམ་པོ་ཡིན་པའི་ཕྱིར་ན།

自之究竟所得故。

自宗：「二利究竟之歸依處」，乃佛寶之性相，或者「具有無為等八功德之歸依處」，即彼之性相。「滅、道隨一所攝之聖者清淨諦」，是法寶之性相。「具有證知與解脫隨一功德之聖補特伽羅」，乃僧寶之性相。「實際上行道至究竟之歸依處」，乃勝義歸依之性相。「實際上行道未至究竟之歸依處」，是世俗歸依之性相。

對此有云：「自性身理應是具無為等八功德，因佛寶之性相應理故。不能許，因彼不具智功德故。理應如是，因彼不具智故，因彼是斷德故。」不周遍，彼為有法，理應具智功德，因具佛地二十一聚無漏智故。理應如是，因有云「得諸無漏法」故。

又有云：「佛自相續所攝之六十美妙支音為有法，理應是佛寶，因是第一性相故。若許，理應非彼，因是語故。」不周遍。然則，彼理應非彼性相，因彼是語故。承許周遍。

又有云：「報身之相好為有法，理應是佛寶，因是第一性相故。若許，理應非彼，因是塵聚故。」不成立，因佛地無塵聚故。理應

མ་གྲུབ་སྟེ། སངས་རྒྱས་ཀྱི་སར་བེམ་པོ་མེད་པའི་ཕྱིར། དེར་ཐལ། དེར་རྟུལ་ཕྲ་རགས་བསགས་པའི་ལུས་མེད་པར་རྣམ་བཤད་ལས་གསུངས་པའི་ཕྱིར།

ཡང་དེ་སངས་རྒྱས་དཀོན་མཆོག་མ་ཡིན་པར་ཐལ། དེ་གཟུགས་ཀྱི་སྐྱེ་མཆེད་ཡིན་པའི་ཕྱིར་ན། མ་ཁྱབ། འོ་ན་དེ་མཚན་ཉིད་དེ་མ་ཡིན་པར་ཐལ། དེ་གཟུགས་ཀྱི་སྐྱེ་མཆེད་ཡིན་པའི་ཕྱིར། ཁྱབ་པ་ཁས།

གྲུབ་ཟིན་གྱི་སྟོན་པ་ཤཱཀྱ་ཐུབ་པ། མདུན་གྱི་སྐྱེས་བུ་ལན་འདེབས་པ་པོའི་རྒྱུའི་སྐབས་དང་། མདུན་གྱི་སྐྱེས་བུ་ལན་འདེབས་པ་པོ་དང་རྒྱུད་གཅིག་ཏུ་གྱུར་པའི་སངས་རྒྱས་འཕགས་པ་མདུན་གྱི་སྐྱེས་བུ་ལན་འདེབས་པ་པོའི་འབྲས་སྐབས་ཡིན་ནོ། །

ཁ་ཅིག དེ་འདྲ་བའི་སངས་འཕགས་དེ་ད་ལྟར་བའི་དུས་སུ་མདུན་གྱི་སྐྱེས་བུ་ལན་འདེབས་པ་པོ་ཡིན་ཟེར་ན། འོ་ན་དེ་ད་ལྟར་བའི་དུས་སུ་སངས་རྒྱས་འཕགས་པ་མ་ཡིན་པར་ཐལ། དམ་བཅའ་དེའི་ཕྱིར། འདོད་ན། དེ་ད་ལྟར་བའི་དུས་སུ་མེད་པར་ཐལ། འདོད་པའི་ཕྱིར། འདོད་མི་ནུས་ཏེ། དེ་ད་ལྟར་བའི་བྱེ་བྲག་ཡིན་པའི་ཕྱིར་ཏེ། དངོས་པོ་ཡིན་པའི་ཕྱིར། འོན་ཀྱང་དེ་མདུན་གྱི་སྐྱེས་བུ་ལན་འདེབས་པ་པོའི་དུས་སུ་མདུན་གྱི་སྐྱེས་བུ་ལན་འདེབས་པ་པོ་ཡིན་ཏེ། བདག་ཅག་གི་སྟོན་པ་ཤཱཀྱ་ཐུབ་པ་རྒྱལ་པོ་ང་ལས་ནུའི་དུས་སུ་རྒྱལ་པོ་ང་ལས་ནུ་ཡིན་པའི་ཕྱིར། དེར་ཐལ། རྒྱལ་པོ་ང་ལས་ནུ་སྟོན་པ་ཤཱཀྱ་ཐུབ་པའི་དུས་སུ་སྟོན་པ་ཤཱཀྱ་ཐུབ་པ་ཡིན་པའི་ཕྱིར། དེར་ཐལ། དེ་རྒྱལ་པོ་ང་ལས་ནུའི་དུས་སུ་སྟོན་པ་ཤཱཀྱ་ཐུབ་པའི་རྒྱུ་ཡིན་པའི་ཕྱིར། མ་གྲུབ་ན་སོང་། དེ་ཆོས་ཅན། རང་དུས་སུ་སྟོན་པ་ཤཱཀྱ་ཐུབ་པའི་རྒྱུ་ཡིན་པར་ཐལ། དེའི་རྒྱུ་ཡིན་པའི་ཕྱིར།

ཁ་ཅིག རྒྱལ་པོ་ང་ལས་ནུའི་དུས་སུ་སྟོན་པ་ཤཱཀྱ་ཐུབ་པ་དེ་རྒྱལ་པོ་ང་ལས་ནུ་ཡིན་ཟེར་བ་ནི་ཙང་ཟད་རྟིངས་པའོ། །དཀོན་མཆོག་གསུམ་རིགས་ལམ་བཞིན་དུ་གསལ་བར་བཤད་ཟིན་ཏོ། །

如是，因《心要莊嚴疏》說於彼無極微塵[43] 積聚之身故。

又「彼理應非佛寶，因彼是色處故。」不周遍。若爾，彼理應非彼性相，因彼是色處故。承許周遍。

已成之導師釋迦能仁是前方回答者士夫之因歸依，與前方回答者士夫同一相續之佛聖者是前方回答者士夫之果歸依。

有云：「如此佛聖者乃現在時前方回答者士夫。」若爾，彼現在時理應非佛聖者，因如是立宗故。若許，彼理應於現在時無，因許故。不能許，因彼乃現在之別故，因是事物故。然則，彼於前方回答者士夫時乃前方回答者士夫，因吾等導師釋迦能仁於自乳王時是自乳王故。理應如是，因自乳王於導師釋迦能仁時是導師釋迦能仁故。理應如是，因彼於自乳王時是導師釋迦能仁之因故。若不成則成相違。彼為有法，於自時理應是導師釋迦能仁之因，因是彼之因故。

有云：「於自乳王時，導師釋迦能仁是自乳王。」稍顯粗略，已依理路清晰闡述三寶。

㊸ 此處藏文有誤，རྡུལ་ཕྲ་རགས།應為རྡུལ་ཕྲ་རབ། 。

སྐབས་པ་ལ་རང་དབང་དུ་འཇུག་པའི་ཆེད་སྤྱན་ལྔ།

རྩ་བར། སྤྱན་ལྔ་དང་ནི། ཞེས་པ་དང་། འགྲེལ་པར། ཤའི་དང་རྣམ་པར་སྨིན་པ་ལས་བྱུང་བའི་ལྷའི་དང་། ཞེས་སོགས་ཀྱི་སྐབས་སུ། གཉིས་ལས། དང་པོ་ནི། ཤཱ་རིའི་བུ་བྱང་ཆུབ་སེམས་དཔའ་སེམས་དཔའ་ཆེན་པོའི་ཤའི་མིག་གིས་དཔག་ཚད་བརྒྱ་མཐོང་བ་ཡོད་དོ། །ཞེས་སོགས་ཀྱི་མདོ་ཚིག་ཆོས་ཅན། སྤྱན་ལྔ་ལ་འདོམས་པ་ཡིན་ཏེ། དེ་ལྔ་ལ་དོན་དམ་པར་བདེན་ཞེན་བཀག་པའི་སྒོ་ནས་ཐ་སྙད་དུ་དེ་ལྔས་ཡུལ་གཟིགས་པའི་ནུས་མཐུ་སྟོན་པའི་མདོ་ཚིག་ཡིན་པའི་ཕྱིར།

གཉིས་པ་ནི། ཁ་ཅིག རང་གི་བདག་རྐྱེན་དུ་གྱུར་པའི་བསམ་གཏན་གྱི་དངོས་གཞི་ལ་བརྟེན་ནས་དཔག་ཚད་བརྒྱ་ནས་སྟོང་གསུམ་ཚུན་ཆད་ཀྱི་གཟུགས་ཕྲ་རགས་རྣམས་མངོན་སུམ་དུ་མཐོང་བའི་ཡུལ་ཅན། ཤའི་སྤྱན་གྱི་མཚན་ཉིད། རང་གི་བདག་རྐྱེན་དུ་གྱུར་པའི་བསམ་གཏན་གྱི་དངོས་གཞི་ལ་བརྟེན་ནས་སེམས་ཅན་ཐམས་ཅད་ཀྱི་འཆི་འཕོ་བ་དང་སྐྱེ་བ་ཇི་ལྟ་བ་བཞིན་དུ་ཤེས་པའི་ཡུལ་ཅན། ལྷའི་སྤྱན་གྱི་མཚན་ཉིད། རང་གི་བདག་རྐྱེན་དུ་གྱུར་པའི་བསམ་གཏན་གྱི་དངོས་གཞི་ལ་བརྟེན་ནས་ཆོས་ཐམས་ཅད་བདེན་སྟོང་དུ་མངོན་སུམ་དུ་རྟོགས་པའི་ཡུལ་ཅན། ཤེས་རབ་ཀྱི་སྤྱན་གྱི་མཚན་ཉིད། རང་གི་བདག་རྐྱེན་དུ་གྱུར་པའི་བསམ་གཏན་གྱི་དངོས་གཞི་ལ་བརྟེན་ནས་རང་དང་རྒྱུད་མཚུངས་པའི་འཕགས་པའི་གང་ཟག་གི་དབང་པོ་རྣོ་རྟུལ་ཇི་ལྟ་བ་བཞིན་དུ་རྟོགས་པའི་ཡུལ་ཅན། ཆོས་ཀྱི་སྤྱན་གྱི་མཚན་ཉིད། རང་གི་བདག་རྐྱེན་དུ་གྱུར་པའི་བསམ་གཏན་གྱི་དངོས་གཞི་ལ་བརྟེན་ནས་ཆོས་ཐམས་ཅད་མངོན་སུམ་དུ་རྟོགས་པ་མཐར་ཐུག་པའི་ཡུལ་ཅན་སངས་རྒྱས་ཀྱི་སྤྱན་གྱི་མཚན་ཉིད་ཟེར་ན།

མཚན་ཉིད་དང་པོ་མི་འཐད་པར་ཐལ། དཔག་ཚད་བརྒྱ་ཚུན་ཆད་ཀྱི་གཟུགས་ཕྲ་རགས་མངོན་སུམ་དུ་མཐོང་ཞིང་དེ་ཕན་ཆད་ཀྱི་གཟུགས་ཕྲ་རགས་མངོན་སུམ་དུ་མི་མཐོང་བའི་ཤའི་སྤྱན་ཡོད་པའི་ཕྱིར། དེར་ཐལ། མདོ་ལས། བྱང་ཆུབ་སེམས་དཔའ་སེམས་དཔའ་ཆེན་པོའི་ཤའི་མིག་གིས་དཔག་ཚད་བརྒྱ་མཐོང་བ་ཡོད་དོ། །ཉིས་བརྒྱ་མཐོང་བ་ཡོད་དོ། ཞེས་གསུངས་པའི་ཕྱིར།

27 為了正行自在趣入——五眼

根本頌云：「五眼」，《明義釋》：「肉眼」與「異熟所生天眼……」等文時有二。初者，「舍利子，菩薩摩訶薩以肉眼可見一百踰繕那……[81]」等經文為有法，乃教誨五眼，因是顯示於勝義以遮止諦實耽著彼五者門，名言中五眼觀境之勢力之經文故。

第二，有云：「依自增上緣根本靜慮而現前觀見百踰繕那乃至三千世界內之粗、細色等之有境，乃肉眼之性相；依自增上緣根本靜慮而如實了知一切有情死歿與投生之有境，天眼之性相；依自增上緣根本靜慮而現前通達一切法諦實空之有境，即慧眼之性相；依自增上緣根本靜慮而如實通達與自相續程度相等之聖補特伽羅之利、鈍根之有境，是法眼之性相。依自增上緣根本靜慮而現前通達一切法之究竟有境，乃佛眼之性相。」

第一性相理應不應理，因有僅現前觀見百踰繕那內粗細色而不現前觀見超越此外粗細色之肉眼故。理應如是，因經云：「有菩薩摩訶薩以肉眼見一百踰繕那、見二百。[82]」故。

གཉིས་པ་མི་འཐད་པར་ཐལ། ལྷའི་སྤྱན་ལ་ཡང་ནུས་མཐུ་ཆེ་ཆུང་ཡོད་པའི་ཕྱིར།

གསུམ་པ་མི་འཐད་པར་ཐལ། སངས་རྒྱས་འཕགས་པ་མཚན་ཉིད་དེ་གང་ཞིག མཚོན་བྱ་དེ་མ་ཡིན་པའི་ཕྱིར། དང་པོ་དེར་ཐལ། དེ་རང་གི་བདག་རྐྱེན་དུ་གྱུར་པའི་བསམ་གཏན་གྱི་དངོས་གཞི་ལ་བརྟེན་པ་གང་ཞིག ཆོས་ཐམས་ཅད་བདེན་སྟོང་དུ་མངོན་སུམ་དུ་རྟོགས་པའི་ཡུལ་ཅན་ཡིན་པའི་ཕྱིར།

བཞི་པ་མི་འཐད་པར་ཐལ། སངས་རྒྱས་འཕགས་པའི་ཐུགས་རྒྱུད་ཀྱི་ཆོས་ཀྱི་སྤྱན་དེ། རང་དང་རྒྱུད་ཚོད་མཉམ་པའི་འཕགས་པའི་གང་ཟག་གི་དབང་པོ་རྣོ་རྟུལ་རྟོགས་པའི་ཡུལ་ཅན་མ་ཡིན་པའི་ཕྱིར། དེར་ཐལ། སངས་རྒྱས་འཕགས་པ་དང་རྒྱུད་ཚོད་མཉམ་པའི་འཕགས་པ་དབང་རྟུལ་མེད་པའི་ཕྱིར།

ལྔ་པ་ཡང་མི་འཐད་པར་ཐལ། སངས་རྒྱས་འཕགས་པས་མ་ངེས་པའི་ཕྱིར།

གཞན་ཡང་། གོང་གི་མཚན་ཉིད་གསུམ་པ་མི་འཐད་པར་ཐལ། གང་ཟག་གི་བདག་མེད་མངོན་སུམ་དུ་རྟོགས་པའི་ཉན་ཐོས་ཀྱི་མཐོང་ལམ་དེ་ཤེས་རབ་ཀྱི་སྤྱན་ཡིན་པའི་ཕྱིར། དེར་ཐལ། ཉན་ཐོས་མཐོང་ལམ་པའི་རྒྱུད་ཀྱི་ཤེས་རབ་ཀྱི་སྤྱན་ཡོད་པའི་ཕྱིར། དེ་ལ་ཁ་ཅིག མ་ཁྱབ་སྟེ། ཉན་ཐོས་མཐོང་ལམ་པའི་རྒྱུད་ཀྱི་སྟོང་ཉིད་མངོན་སུམ་དུ་རྟོགས་པའི་མཁྱེན་པ་དེ་ཤེས་རབ་ཀྱི་སྤྱན་དུ་བྱེད་པའི་ཕྱིར། ཟེར་བ་ཡང་གང་བདེ་བརྟག

ཁ་ཅིག ཤའི་སྤྱན་ཡིན་ན་མིག་དབང་ཡིན་པས་ཁྱབ་ཟེར་བ་མི་འཐད་དེ། མིག་གིས་གཟུགས་མི་མཐོང་བའི་ཕྱིར། དེར་ཐལ། བྱེ་བྲག་སྨྲ་བས་མིག་གིས་གཟུགས་མཐོང་ཞིང་། མིག་ཤེས་ཀྱིས་གཟུགས་མི་མཐོང་བར་ཁས་བླངས་པ་ལ། མིག་གི་གཟུགས་རྣམས་མཐོང་རྟེན་བཅས། །དེ་ལ་བརྟེན་པའི་རྣམ་ཤེས་མིན། །གང་ཕྱིར་བར་དུ་ཆོད་པ་ཡི། །གཟུགས་ནི་མཐོང་བ་མིན་ཕྱིར་ལོ། །ཞེས་མདོ་སྡེ་པས་མ་རངས་པའི་ཚིག་སྨྲས་པའི་ཕྱིར་དང་། དེ་ལྟར་དུ་གྲུབ་མཐའ་གོང་མས་ཀྱང་འདོད་དགོས་པའི་ཕྱིར།

གཞན་ཡང་། ཤའི་དེ་ཡུལ་ཅན་མ་ཡིན་པར་ཐལ། དེ་གཟུགས་ཡིན་པའི་ཕྱིར། རྟགས་ཁས། མ་ཁྱབ་ན། དངོས་པོ་ཡིན་ན་ཡུལ་ཅན་ཡིན་པས་ཁྱབ་པ་ཁས་བླངས་པ་ལ་ཉེས་པ་མེད་པར་འགྱུར་རོ། །

第二理應不應理，因天眼亦有勢力大小故。

第三理應不應理，因佛聖者是彼性相，且非彼名相故。初者理應如是，因彼依自增上緣根本靜慮，且是現前通達一切法諦實空之有境故。

第四理應不應理，因佛聖者心相續之法眼，不是通達與自相續程度相等之聖者補特伽羅之利鈍根的有境故。理應如是，因無與佛聖者相續程度相等之鈍根聖者故。

第五理應亦不應理，因佛聖者不定故。

復次，上述之第三性相理應不應理，因現前通達補特伽羅無我之聲聞見道是慧眼故。理應如是，因有聲聞見道者相續之慧眼故。於此亦有云：「不周遍，因聲聞見道者相續之現前通達空性之智是慧眼故。」觀擇何者恰當。

有云：「是肉眼周遍是眼根。」不應理，因眼不見色故。理應如是，因毘婆沙師雖主張眼見色，眼知不見色，然對此，經部宗不同意說：「眼見色同分，非彼能依識，傳說不能觀，彼障諸色故。[83]」故。以及上部宗義亦須如是承許故。

再者，肉眼理應不是有境，因彼是色故。承許因。若不周遍，則成主張凡是事物周遍是有境無有過失。若許，彼為有法，理應是

འདོད་ན། དེ་ཆོས་ཅན། ཡུལ་ཅན་ཡིན་པར་ཐལ། དཔག་ཚད་བརྒྱ་ལ་སོགས་པའི་གཟུགས་མཐོང་བའི་ཡུལ་ཅན་ཡིན་པའི་ཕྱིར། རྟགས་ཁས།

ཁོ་ན་རེ། མིག་གིས་གཟུགས་མཐོང་བར་ཐལ། དེ་ལྟར་འཇིག་རྟེན་ན་གྲགས་པའི་ཕྱིར་ཞེ་ན། འོ་ན། སའི་ཁ་དོག་ས་ཡིན་པར་ཐལ། དེ་ལྟར་འཇིག་རྟེན་ན་གྲགས་པའི་ཕྱིར། ཁྱབ་པ་ཁས། འདོད་ན། དེ་ཆོས་ཅན། རེག་བྱའི་སྐྱེ་མཆེད་ཡིན་པར་ཐལ། འདོད་པའི་ཕྱིར། ཁྱབ་སྟེ། མེ་ཡིན་ན་རེག་བྱའི་སྐྱེ་མཆེད་ཡིན་དགོས་པའི་ཕྱིར། དེར་ཐལ། དེ་ཡིན་ན་ཚ་ཞིང་བསྲེག་པ་ཡིན་དགོས་པའི་ཕྱིར་ཏེ། རྣམ་འགྲེལ་ལས། དཔེར་ན་སྲེག་པར་བྱེད་མིན་ཕྱིར། །མེ་མ་ཡིན་ཞེས་བྱ་བ་བཞིན། །ཞེས་གསུངས་པའི་ཕྱིར།

ཁོ་ན་རེ། ༼ཤ༽འི་སྤྱན་མིག་དབང་གཟུགས་ཅན་པ་ཡིན་པར་ཐལ། ལྷའི་སྤྱན་དེ་ཡིན་པའི་ཕྱིར། དེར་ཐལ། ལྷའི་མིག་དེ་ཡིན་པའི་ཕྱིར། དེར་ཐལ། རྣམ་བཤད་ལས། ལྷའི་མིག་ནི། བསྐལ་བ་དང་མ་བསྐལ་བའི་གཟུགས་ཕྲ་རགས་ཐམས་ཅད་མཐོང་བ་བསྒོམ་པ་ལས་བྱུང་བའི་མཉམ་པར་གཞག་པའི་སས་བསྡུས་པའི་གཟུགས་ཅན་དང་བ་ཡིན་ལ། མངོན་ཤེས་ནི་དེའི་བདག་རྐྱེན་ལ་བརྟེན་པ་ཆོས་གཉིས་དང་མཚུངས་པར་ལྡན་པའི་ཡིད་ཀྱི་ཤེས་པའོ། །ཞེས་གསུངས་པའི་ཕྱིར་ན། མ་ཁྱབ་སྟེ། རེ་ཞིག་གསུང་དེ་དྲང་དོན་དུ་འགྲེལ་པའི་ཕྱིར།

ཁ་ཅིག ལྷའི་སྤྱན་དང་ལྷའི་མིག་གཉིས་དོན་མི་གཅིག་པས་སྐྱོན་མེད་ཅེས་ལན་འདེབས་པ་མི་འཐད་དེ། མདོ་ལས། བྱང་ཆུབ་སེམས་དཔའ་སེམས་དཔའ་ཆེན་པོའི་ལྷའི་མིག་གིས། ཞེས་གསུངས་པའི་ཕྱིར་དང་། ཉི་སྣང་ལས། ལྷའི་མིག་དང་ལྷའི་མིག་གི་མངོན་ཤེས་ཀྱི་ཁྱད་པར་གསུངས་པའི་ལྷའི་མིག ལྷའི་སྤྱན་ལ་དགོངས་པའི་ཕྱིར།

ཡང་ཁོ་ན་རེ། མིག་གིས་གཟུགས་མཐོང་བར་ཐལ། དེས་གཟུགས་ལ་བལྟ་བའི་ཕྱིར། དེར་ཐལ། ཤེས་རབ་སྒྲོན་མ་ལས། མིག་ཆོས་ཅན། དོན་དམ་པར་གཟུགས་ལ་མི་བལྟ་སྟེ། དབང་པོ་ཡིན་པའི་ཕྱིར། དཔེར་ན། རྣ་བའི་དབང་པོ་བཞིན་ཞེས་པའི་རྟགས་སྦྱོར་འགོད་པ་ན། དོན་དམ་པར་ཞེས་པའི་ཚིག་སྦྱར་བ་ལ་དགོས་པ་ཡོད་པའི་ཕྱིར་ཞེ་ན། སྐྱོན་མེད་དེ། གསུང་ཟིན་ལ་དེ་ཙམ་ལས

有境，因是觀見百踰繕那等色之有境故。承許因。

有云：「眼理應見色，因世間上如是共許故。」那麼，地之顏色理應是地，因世間如是共許故。承許周遍。若許，彼為有法，理應是觸處，因承許故。有周遍，因是火必是觸處故。理應如是，因是彼必是熱焚故，因《釋量論》云：「如非能燒故，說名非是火。[84]」故。

有云：「肉眼理應是有色眼根，因天眼是彼故。理應如是，因天之眼是彼故。理應如是，因《心要莊嚴疏》云：『天之眼乃由修習觀見隱蔽與不隱蔽一切粗細色所生之等持地攝之清澈有色，智證通則依於彼之增上緣，與二法相應之意識。[85]』故。」不周遍，因此說被釋為不了義故。

有答云：「天眼與天之眼二者非同義，故無過。」不應理，因經云：「菩薩摩訶薩以天之眼。」，以及由《二萬頌光明釋》說天之眼與天眼智證通之差異，其天之眼乃指天眼故。

又有云：「眼理應見色，因彼觀色故。理應如是，因《般若燈論》立因論式云：『眼為有法，勝義中不觀色，因是根故。譬如：耳根。[86]』時，加『勝義』之詞有目的故。」無過，因表面雖僅如此，然理上主張：「眼識為有法，勝義中不觀色，因是根知故。例如：

མ་བྱུང་ཡང་། དོན་ལ། མིག་གི་རྣམ་པར་ཤེས་པ་ཆོས་ཅན། དོན་དམ་པར་གཟུགས་ལ་མི་བལྟ་སྟེ། དབང་ཤེས་ཡིན་པའི་ཕྱིར། དཔེར་ན། རྣ་བའི་རྣམ་པར་ཤེས་པ་བཞིན། ཞེས་པའི་རྟགས་སྦྱོར་འགོད་པར་བཞེད་པའི་ཕྱིར།

ཡང་ཁ་ཅིག ཤའི་སྤྱན་དབང་ཤེས་སུ་འདོད་པ་མི་འཐད་དེ། དེ་ཡིད་ཤེས་ཡིན་པའི་ཕྱིར། དེར་ཐལ། ལྷའི་སྤྱན་ཡིད་ཤེས་ཡིན་པའི་ཕྱིར། དེར་ཐལ། ལྷའི་མིག་གི་མངོན་ཤེས་དེ་ཡིད་ཤེས་ཡིན་པའི་ཕྱིར་ཏེ། དེ་ལྟར་དྲངས་མ་ཐག་པའི་རྣམ་བཤད་ཀྱི་གསུང་གིས་བསྟན་པ་ལྟར་འཐད་པའི་ཕྱིར།

གཞན་ཡང་། བར་དུ་ཆོད་པའི་གཟུགས་མཐོང་བའི་སོ་སྐྱེའི་དབང་ཤེས་ཡོད་པར་ཐལ། སོ་སྐྱེའི་ཤའི་སྤྱན་དབང་ཤེས་ཡིན་པའི་ཕྱིར། རྟགས་ཁས། འདོད་མི་ནུས་ཏེ། རྣམ་འགྲེལ་ལས། བར་ཆད་ལ་སོགས་ཡོད་ན་ཡང་། །དབང་ཤེས་བློ་ནི་སྐྱེ་བར་འགྱུར། ཞེས་གསུངས་པའི་ཕྱིར།

ཁོ་ན་རེ། ལྷའི་མིག་ཡིན་ན། དེའི་སྤྱན་ཡིན་པས་མ་ཁྱབ་པར་ཐལ། འདོད་ལྷའི་སྐྱེས་བུ་རེ་རེ་བའི་མིག་དབང་གཟུགས་ཅན་པ་ལྷའི་མིག་ཡིན་པའི་ཕྱིར། དེར་ཐལ་དེ་འདོད་ལྷའི་སྐྱེས་བུའི་མིག་ཡིན་པའི་ཕྱིར་ན། མ་ཁྱབ། འོ་ན། དེ་ལྷའི་སྤྱན་ཡིན་པར་ཐལ། དེ་འདོད་ལྷའི་སྐྱེས་བུའི་སྤྱན་ཡིན་པའི་ཕྱིར། ཁྱབ་པ་ཁས། རྟགས་དེར་ཐལ། དེའི་སྤྱན་ཡོད་པའི་ཕྱིར། དེར་ཐལ། འདོད་ལྷའི་དབང་པོའི་སྤྱན་ཡོད་པའི་ཕྱིར།

ཁོ་ན་རེ། སངས་རྒྱས་ཀྱི་མིག་ཡིན་ན་སངས་རྒྱས་ཀྱི་སྤྱན་ཡིན་དགོས་པར་ཐལ། ལྷའི་མིག་ཡིན་ན་ལྷའི་སྤྱན་ཡིན་དགོས་པའི་ཕྱིར། རྟགས་ཁས། འདོད་ན། སྟོན་པ་ཤཱཀྱ་ཐུབ་པའི་མིག་དབང་གཟུགས་ཅན་པས་མ་ངེས་སོ་ཞེ་ན། ལན་སྔར་བཞིན་གདབ་བོ།

ཡང་ཁ་ཅིག ལྷའི་སྤྱན་གྱི་མཚན་ཉིད་ཀྱི་ཟུར་དུ་སེམས་ཅན་ཐམས་ཅད་ཀྱི་འཆི་འཕོ་བ་དང་སྐྱེ་བ་ཤེས་པ་ཞེས་སྦྱོར་བ་མི་འཐད་པར་ཐལ། སེམས་ཅན་ཐམས་ཅད་འཆི་འཕོ་བ་མེད་པའི་ཕྱིར། དེར་ཐལ། བྱང་སེམས་རྒྱུན་མཐའ་བ་འཆི་འཕོ་བ་མེད་པའི་ཕྱིར། ཟེར་བ་ལ་མི་འཐད་དེ། འོ་ན། སངས་རྒྱས་འཕགས་པ་དེ་སེམས་ཅན་ཐམས་ཅད་སྡུག་བསྔལ་དང་བྲལ་འདོད་ཀྱི་སྙིང་རྗེ་ཅན་མ་ཡིན་པར་ཐལ། སེམས་ཅན་ཐམས་ཅད་སྡུག་བསྔལ་དང་མི་ལྡན་པའི་ཕྱིར། ཁྱབ་པ་ཁས། རྟགས་དེར་ཐལ།

耳識。」如此而立因論式故。

又有主張：「肉眼是根知。」不應理，因彼是意知故。理應如是，因天眼是意知故。理應如是，因天眼智證通是意知故，因就如方才所引《心要莊嚴疏》之文所宣說是為應理故。

再者，理應有看見被障礙之色之異生根知，因異生肉眼是根知故。承許因，不能許，因《釋量論》云：「於有障隔等，根覺亦應生。」故。

有云：「若是天之眼，理應不周遍是彼眼，因諸欲天士夫之有色眼根是天之眼故。理應如是，因彼是欲天士夫之眼故。」不周遍。那麼，彼理應是天眼，彼是欲天士夫之眼故。承許周遍，彼因理應如是，因有彼眼故。理應如是，因有欲天之眼根故。

有云：「若是佛之眼理應必是佛眼，因若是天之眼必是天眼故。承許因，若許，則導師釋迦能仁之有色眼根不定。」回答如前。

又有云：「天眼之性相中加上了知一切眾生之死歿與投生。不應理，因一切眾生無死歿故。理應如是，因最後流菩薩無死歿故。」不應理，那麼，佛聖者理應非具有欲想一切有情遠離痛苦之悲，因一切有情不具痛苦故。承許周遍。彼因理應如是，因無餘聲緣斷盡痛苦故。相同。

ཉན་རང་ལྷག་མེད་པས་སྤྱུག་བསྐལ་ཟད་པར་སྤྱངས་པའི་ཕྱིར། མཚུངས་སོ། །

ཁ་ཅིག རང་གི་ཐུན་མོང་མ་ཡིན་པའི་བདག་རྐྱེན་དུ་གྱུར་པའི་མིག་དབང་གཟུགས་ཅན་པ་དང་། རང་གི་ཐུན་མོང་མ་ཡིན་པའི་བདག་རྐྱེན་དུ་གྱུར་པའི་བསམ་གཏན་གྱི་དངོས་གཞི་ལ་བརྟེན་ནས་རང་གི་ཡུལ་དུ་གྱུར་པའི་སྟོང་གསུམ་ཚུན་ཆད་ཀྱི་གཟུགས་ཕྲ་རགས་མངོན་སུམ་དུ་མཐོང་བའི་ཤེས་པ་དེ། ལྷའི་སྤྱན་གྱི་མཚན་ཉིད་དུ་བྱེད་པ་མི་འཐད་དེ། དབང་ཤེས་དང་ཡིད་ཤེས་གཉིས་འགལ་བའི་ཕྱིར། ཁྱབ་སྟེ། ཐུན་མོང་མ་ཡིན་པའི་བདག་རྐྱེན་སྣ་མ་ལས་བྱུང་བའི་ཤེས་པ་ཡིན་ན། དབང་ཤེས་ཡིན་དགོས། ཐུན་མོང་མ་ཡིན་པའི་བདག་རྐྱེན་ཕྱི་མ་ལས་བྱུང་བའི་ཤེས་པ་ཡིན་ན། ཡིད་ཤེས་ཡིན་དགོས་པའི་ཕྱིར།

རང་ལུགས་ཀྱི་མཚན་ཉིད་ནི། སྤྱན་ལྔ་པོ་གང་རུང་ཡང་ཡིན། རང་ཡུལ་དུ་གྱུར་པའི་དཔག་ཚད་བརྒྱ་ནས་སྟོང་གསུམ་ཚུན་ཆད་ཀྱི་གཟུགས་ཅི་རིགས་པ་མཐོང་བ་ཡང་ཡིན་པའི་གཞི་མཐུན་པར་གྱུར་པའི་ཡོད་ནོ། ཤའི་སྤྱན་གྱི་མཚན་ཉིད། དེ་ལྔ་པོ་གང་རུང་ཡང་ཡིན། རང་ཡུལ་དུ་གྱུར་པའི་སེམས་ཅན་འཆི་འཕོ་བ་དང་སྐྱེ་བ་ཅི་རིགས་པ་མཐོང་བ་ཡང་ཡིན་པའི་གཞི་མཐུན་པར་གྱུར་པའི་ཡོད་ནོ། ལྷའི་སྤྱན་གྱི་མཚན་ཉིད། དེ་ལྔ་པོ་གང་རུང་ཡང་ཡིན། རང་ཡུལ་དུ་གྱུར་པའི་བདག་མེད་རགས་པ་མངོན་སུམ་དུ་རྟོགས་པའམ་བདག་མེད་ཕྲ་མོ་མངོན་སུམ་དུ་རྟོགས་པ་གང་རུང་དུ་གྱུར་པའི་ཡོད་ནོ། ཤེས་རབ་ཀྱི་སྤྱན་གྱི་མཚན་ཉིད། ཁ་ཅིག སྟོང་ཉིད་མངོན་སུམ་དུ་རྟོགས་པ་ཞེས་ཀྱང་ཟེར།

དེ་ལྔ་པོ་གང་རུང་ཡང་ཡིན། རང་ཡུལ་དུ་གྱུར་པའི་འཕགས་པའི་གང་ཟག་གི་དབང་པོའི་རིམ་པ་མངོན་སུམ་དུ་རྟོགས་པ་ཡང་ཡིན་པའི་གཞི་མཐུན་པར་གྱུར་པའི་འཕགས་པའི་མཁྱེན་པ། ཆོས་ཀྱི་སྤྱན་གྱི་མཚན་ཉིད། དེ་ལྔ་པོ་གང་རུང་ཡང་ཡིན། ཆོས་ཐམས་ཅད་མངོན་སུམ་དུ་རྟོགས་པ་མཐར་ཕྱིན་པ་ཡང་ཡིན་པའི་གཞི་མཐུན་པར་གྱུར་པའི་ཡོད་ཤེས། སངས་རྒྱས་ཀྱི་སྤྱན་གྱི་མཚན་ཉིད་ཡིན། སྤྱན་ལྔ་པོ་འདི་དག་ལ་སློབ་ལམ་ན་ཡུལ་སོ་སོར་ངེས་པར་བཤད་ཀྱང་། སངས་རྒྱས་ཀྱི་སར་ཤེས་རབ་ཀྱི་སྤྱན་གཅིག་ཉིད་སྤྱན་ལྔ་ཀར་འཇོག་པ་ཡིན་ཏེ། སོ་སོའི་མཚན་ཉིད་ཚང་བའི་ཕྱིར།

有主張：「依自不共增上緣有色眼根，與自不共增上緣根本靜慮而現前觀見自境之三千〔世界〕內粗細色之知覺，是天眼之性相。」不應理，因根知與意知二者相違故。周遍，因若是由前不共增上緣發起之知覺須是根知，及若是依後不共增上緣發起之知覺須是意知故。

自宗性相：「是五眼隨一，又是觀見自境一百踰繕那乃至三千世界內種種色之同位的意覺」，乃肉眼之性相。「是五眼隨一，又是觀見自境有情之種種死歿與投生之同位的意覺」，乃天眼之性相。「是五眼隨一，又是現前通達自境粗分無我或細分無我隨一之意覺」，乃慧眼之性相。亦有云：「現前通達空性。」

「是五眼隨一，又是現前通達自境聖者補特伽羅之根〔器〕層級之同位的聖者智」，乃是法眼之性相。「是五眼隨一，又是究竟現前通達一切法之同位之意知」，乃佛眼之性相。雖說彼等五眼於有學道境各別決定，然佛地中，唯一慧眼安立為五眼，因齊備各別性相故。

ས་མཚམས་ལ། ཁ་ཅིག ཤའི་སྤྱན་གྱི་ས་མཐའི་ས་མཚམས་ཐེག་ཆེན་གྱི་ཚོགས་ལམ་ནས་དང་། ལྷའི་སྤྱན་སྦྱོར་ལམ་ནས་དང་། ཤེས་རབ་ཀྱི་སྤྱན་མཐོང་ལམ་མཉམ་གཞག་ནས་དང་། ཆོས་ཀྱི་སྤྱན་མཐོང་ལམ་རྗེས་ཐོབ་ནས་དང་། སངས་རྒྱས་ཀྱི་སྤྱན་སངས་རྒྱས་ཀྱི་ས་དང་། རྗེས་མཐུན་པ་ས་བརྒྱད་པ་ནས་ཡོད་དེ། རྣམ་བཤད་ལས་དེ་ལྟར་གསུངས་པའི་ཕྱིར་ཞེ་ན། ས་མཚམས་དང་པོ་གཉིས་མི་འཐད་པར་ཐལ། ལམ་མ་ཞུགས་ན་དེ་གཉིས་ཐོབ་པ་ཡོད་པའི་ཕྱིར། དེར་ཐལ། དེ་ན་བསམ་གཏན་གྱི་དངོས་གཞི་ཐོབ་པ་ཡོད་པའི་ཕྱིར།

ཁ་ཅིག དེ་གཉིས་ཐོབ་པའི་ཕྱི་རོལ་པ་ཡོད་ཅེས་ཟེར་བ་ལ་ཡང་འགལ་བ་མེད་དེ། མངོན་ཤེས་དང་པོ་ལྔ་རྒྱུད་ལྡན་གྱི་ཕྱི་རོལ་པ་ཡོད་པའི་ཕྱིར། ས་མཚམས་བར་པ་གཉིས་ཀྱང་མི་འཐད་པར་ཐལ། ཉན་ཐོས་ཀྱི་མཐོང་ལམ་མཉམ་གཞག་ནས་ཤེས་རབ་ཀྱི་སྤྱན་དང་། རྗེས་ཐོབ་ནས་ཆོས་ཀྱི་སྤྱན་ཐོབ་པར་འཇོག་པའི་ཕྱིར། དང་པོ་དེར་ཐལ། དེ་ནས་གང་ཟག་གི་བདག་མེད་མངོན་སུམ་དུ་རྟོགས་པའི་མཁྱེན་པ་ཐོབ་པའི་ཕྱིར།

ཁ་ཅིག ཤེས་རབ་ཀྱི་སྤྱན་ཡིན་ན་སྟོང་ཉིད་མངོན་སུམ་དུ་རྟོགས་པས་ཁྱབ་པར་སྨྲ་བ་དང་། ཤེས་རབ་ཀྱི་སྤྱན་ཉན་ཐོས་ཀྱི་མཐོང་ལམ་མཉམ་གཞག་ནས་ཐོབ་པར་ཁས་ལེན་པ་ནང་འགལ་བ་ཡིན་ཏེ། ཉན་ཐོས་ཀྱི་མཐོང་ལམ་མཉམ་གཞག་ཡེ་ཤེས་ལ་གནས་པའི་གང་ཟག་གི་རྒྱུད་ལ་སྟོང་ཉིད་མངོན་སུམ་དུ་རྟོགས་པའི་ཤེས་རབ་མེད་པའི་ཕྱིར། དེར་ཐལ། དེ་ཡོད་ན། དེ་ཉན་ཐོས་ཀྱི་མཐོང་ལམ་མཉམ་གཞག་ཡེ་ཤེས་ཡིན་དགོས་པ་ལ། དེ་མ་ཡིན་པའི་ཕྱིར། དང་པོ་དེར་ཐལ། དེ་ལ་གནས་པའི་ཉན་ཐོས་ཀྱི་རྒྱུད་ཀྱི་མཁྱེན་པ་ཡིན་ན། དེ་འདྲའི་མཉམ་གཞག་ཡེ་ཤེས་ཡིན་དགོས་པའི་ཕྱིར། དེར་ཐལ། བྱང་སེམས་ཀྱི་མཐོང་ལམ་བར་ཆད་མེད་ལམ་ལ་གནས་པའི་སེམས་དཔའི་རྒྱུད་ཀྱི་མཁྱེན་པ་ཡིན་ན། བྱང་སེམས་ཀྱི་མཐོང་ལམ་མཉམ་གཞག་ཡེ་ཤེས་ཡིན་དགོས་པའི་ཕྱིར། ཕྱི་མ་མ་གྲུབ་ན། དེ་ཆོས་ཅན། གང་ཟག་གི་བདག་མེད་ལ་མཉམ་པར་གཞག་པའི་མཉམ་གཞག་ཡེ་ཤེས་ཡིན་པར་ཐལ། མ་གྲུབ་པ་དེའི་ཕྱིར།

ཁོ་ན་རེ། ཉན་ཐོས་ཀྱི་མཐོང་ལམ་རྗེས་ཐོབ་ནས་ཤེས་རབ་ཀྱི་སྤྱན་ཐོབ་པ་ཡིན་ནོ་ཞེ་ན། འོ་

於界限有云：「肉眼最底界限，從大乘資糧道；天眼從加行道；慧眼從見道根本定；法眼從見道後得位；佛眼於佛地；隨順者從八地有，因《心要莊嚴疏》如是說故。」前二界限理應不應理，因尚未入道有證得彼二者故。理應如是，因於彼有證得根本靜慮故。

有云：「有證得彼二者之外道。」亦無相違，因有相續具前五通之外道故。中二界限亦理應不應理，因安立從聲聞見道根本定證得慧眼，從後得位證得法眼故。初者理應如是，因從此證得現前通達補特伽羅無我之智故。

有云：「若是慧眼周遍現前通達空性。」與承許：「慧眼從聲聞見道根本定證得。」乃是自相矛盾，因住於聲聞見道根本智之補特伽羅相續中無現前通達空性智慧故。理應如是，因若有彼，彼須是聲聞見道根本智，然彼不是故。初者理應如是，因若是住於彼之聲聞相續之智，須是此根本智故。理應如是，因若是住於菩薩見道無間道之菩薩相續之智，須是菩薩見道根本智故。若後者不成立，彼為有法，理應是入定於補特伽羅無我之根本智，因前之不成故。

有云：「從聲聞見道後得位證得慧眼。」那麼，住於聲聞見道

ན། ཉན་ཐོས་ཀྱི་མཐོང་ལམ་རྗེས་ཐོབ་ལ་གནས་པའི་ཉན་ཐོས་ཀྱི་རྒྱུད་ལ་གང་ཟག་གི་བདག་མེད་མངོན་སུམ་དུ་རྟོགས་པའི་ཤེས་རབ་ཡོད་པར་ཐལ། དེའི་རྒྱུད་ལ་ཆོས་ཀྱི་བདག་མེད་མངོན་སུམ་དུ་རྟོགས་པའི་ཤེས་རབ་ཡོད་པའི་ཕྱིར། རྟགས་ཁས། འདོད་ན། བྱང་སེམས་ཀྱི་མཐོང་ལམ་རྗེས་ཐོབ་ལ་གནས་པའི་སེམས་དཔའི་རྒྱུད་ལ་ཆོས་ཀྱི་བདག་མེད་མངོན་སུམ་དུ་རྟོགས་པའི་ཤེས་རབ་ཡོད་པར་ཐལ། འདོད་པའི་ཕྱིར།

ཁོ་ན་རེ། སྟོང་ཉིད་མངོན་སུམ་དུ་རྟོགས་པའི་ཉན་ཐོས་འཕགས་པ་མེད་པར་ཐལ། དེ་འདྲའི་ཉན་ཐོས་མཉམ་གཞག་པ་དང་རྗེས་ཐོབ་པ་གང་ཡང་མེད་པའི་ཕྱིར། ཞེས་ཟེར་བྱུང་ན། ཐུགས་རྟོག་ཞིབ་ཏུ་འཇུག་དགོས་པར་སྣང་ངོ་། །

ཁ་ཅིག སངས་རྒྱས་ཀྱི་སྤྱན་རྗེས་མཐུན་པ་ས་བརྒྱད་པ་ནས་འཇོག་པ་མི་འཐད་པར་ཐལ། གསེར་འཕྲེང་ལས། དེ་ས་བདུན་པ་ནས་འཇོག་པར་གསུངས་པའི་ཕྱིར་ཞེ་ན། མ་ཁྱབ་སྟེ། རྣམ་བཤད་དང་། གསེར་འཕྲེང་གཉིས་ལས། རྣམ་བཤད་ཀྱི་ལུགས་ཉིད་རྗེ་ཐམས་ཅད་མཁྱེན་པས་བཞེད་པར་འཐད་པའི་ཕྱིར། དེ་ཡང་ཡིན་ཏེ། ས་བརྒྱད་པ་ནས་མཉམ་རྗེས་གང་དུ་ཡང་བདེན་འཛིན་མངོན་གྱུར་བ་སྐྱེ་བའི་གོ་སྐབས་དང་བྲལ་བའི་སྒོ་ནས་ཡུལ་གཟིགས་པའི་ནུས་པ་ཐོབ་པས། སངས་རྒྱས་ཀྱི་སྤྱན་རྗེས་མཐུན་པ་ཐོབ་པར་འཇོག་པའི་ཕྱིར། འོ་ན། རྣམ་བཤད་ལས། ས་མཚམས་སྔར་ལྟར་བཤད་པ་དེའི་དགོངས་པ་གང་ཡིན་ཞེ་ན། ཡོད་དེ། བྱང་སེམས་ཀྱི་ཚོགས་ལམ་ནས་ཤའི་སྤྱན་ཐོབ་པ་ཡོད་པ་དང་། སྦྱོར་ལམ་ནས་ལྷའི་སྤྱན་ཐོབ་པ་ཡོད་པ་སོགས་ལ་དགོངས་ནས་གསུངས་པའི་ཕྱིར།

ཁ་ཅིག བྱང་སེམས་ཚོགས་ལམ་པ་ཡིན་ན་ཤའི་སྤྱན་ཐོབ་པས་ཁྱབ་པ། ཊཱི་ཀཱའི་དོན་དུ་བྱེད་པ་མི་འཐད་དེ། བྱང་སེམས་ཚོགས་ལམ་པ་ཡིན་ན་བསམ་གཏན་གྱི་དངོས་གཞི་ཐོབ་པས་མ་ཁྱབ་པ་གང་ཞིག ཤའི་སྤྱན་ཐོབ་ན་དེ་ཐོབ་པས་ཁྱབ་པའི་ཕྱིར་ཏེ། ལྷའི་སྤྱན་ཐོབ་ན་དེ་ཐོབ་པས་ཁྱབ་པའི་ཕྱིར། དེར་ཐལ། ལྷའི་མིག་གི་མངོན་ཤེས་ཐོབ་ན་དེ་ཐོབ་པས་ཁྱབ་པའི་ཕྱིར།

ཁོ་ན་རེ། རྟགས་མ་གྲུབ་སྟེ། བདེ་བ་ཅན་གྱི་རྟེན་ཅན་གྱི་རྒྱུན་ཞུགས་ཀྱིས་ལྷའི་མིག་གི་མངོན་ཤེས་ཐོབ་པ་གང་ཞིག ཅིག་ཤོས་མ་ཐོབ་པའི་ཕྱིར། དང་པོ་དེར་ཐལ། ཞིང་སྟོབས་ཀྱིས་མངོན་ཤེས་

後得位之聲聞相續，理應有現前通達補特伽羅無我之慧，因其相續有現前通達法無我之慧故。承許因。若許，住於菩薩見道後得位之菩薩相續，理應有現前通達法無我之慧，因許故。

有云：「理應無現前通達空性之聲聞聖者，因無任何此類聲聞根本定者與後得位者故。」可見須細擇。

有云：「安立隨順佛眼從八地起，理應不應理，因《金鬘疏善說》言彼從七地安立故。」不周遍，因《心要莊嚴疏》與《金鬘疏善說》二者中，唯《心要莊嚴疏》宗乃宗大師之主張，是為應理故。再者，是彼，因自八地起，無論根本定或後得中，以遠離生起現前實執之機會之門，而得見境之能力，故安立證得隨順佛眼故。那麼，《心要莊嚴疏》如前解釋界限之意趣為何？有彼，因慮及從菩薩資糧道有證得肉眼與從加行道有證得天眼等而宣說故。

有承許云：「若是資糧道菩薩周遍證得肉眼，是疏之義。」不應理，因若是資糧道菩薩不周遍證得根本靜慮，且證得肉眼周遍證得彼故。因若證得天眼周遍證得彼故。理應如是，因證得天眼智證通，周遍證得彼故。

有云：「因不成，因具極樂所依之預流有證得天眼智證通，且未證另一者故。初者理應如是，因有靠剎土力證得智證通故。」此

ཐོབ་པ་ཡོད་པའི་ཕྱིར། ཞེས་པ་ནི་སྔར་བཀག་ཟིན་ཏོ། །

གཞན་ཡང་། བྱང་ཆུབ་སེམས་དཔའ་རྟག་ཏུ་ངུ་བྱང་ཆུབ་སེམས་དཔའ་ཆོས་འཕགས་ཚོལ་བ་ལ་ཞུགས་པའི་དུས་དེར་ཤའི་སྤྱན་ཐོབ་པའི་གང་ཟག་ཡིན་པར་ཐལ། བྱང་སེམས་ཚོགས་ལམ་པ་ཡིན་ན་དེ་ཐོབ་པས་ཁྱབ་པའི་ཕྱིར། རྟགས་ཁས། འདོད་ན། རྟག་ཏུ་ངུས་དུས་དེར་བྱང་ཆུབ་སེམས་དཔའ་ཆོས་འཕགས་གང་ན་བཞུགས་དང་ཚོང་དཔོན་གྱི་བུ་མོས་རིན་པོ་ཆེ་སྣེར་བ་སོགས་སྤྱན་དེས་མཐོང་བར་ཐལ། འདོད་པའི་ཕྱིར། འདོད་ན། ཤར་ཕྱོགས་སུ་སོང་ཞིག་ཅེས་པའི་སྒྲའི་རྗེས་སུ་འབྲངས་པ་དང་། བརྒྱ་བྱིན་བྲམ་ཟེའི་གཟུགས་སུ་བསྒྱུར་བ་ལ་ལུས་བཙོངས་བར་གསུངས་པ་སོགས་དང་འགལ་ལོ། །སྤྱན་ལྔའི་མཐའ་ལེགས་པར་དཔྱད་ཟིན་ཏོ། །

說前已破。

再者，常啼菩薩尋求法聖菩薩[44]之時，理應是證得肉眼之補特伽羅，因若是資糧道菩薩周遍證得彼故。承許因。若許，常啼於彼時，眼理應見法聖菩薩於何處與商主之女兒布施財寶等，因許故。若許，則與隨「去東方」之聲，以及賣身給帝釋天所變之婆羅門等相違。已善擇五眼。

㊹ 法聖菩薩，即法涌菩薩。

སྒྲུབ་པ་མྱུར་དུ་རྫོགས་པའི་ཐབས་མངོན་ཤེས།

རྒྱ་བར། མངོན་ཤེས་ཀྱི། ཡོན་ཏན་དྲུག་དང་། ཞེས་པ་དང་། འགྲེལ་པར། རྫུ་འཕྲུལ་དང་། ལྷའི་རྣ་བ་དང་། གཞན་གྱི་སེམས་ཤེས་པ་དང་། ཞེས་སོགས་ཀྱི་སྐབས་སུ། གཉིས་ལས།

དང་པོ་ནི། ཤེར་ཕྱིན་ལ་སྦྱོད་པའི་བྱང་ཆེན་མངོན་ཤེས་ཀྱི་ཕ་རོལ་ཏུ་ཕྱིན་པ་ཐོབ་སྟེ་རྫུ་འཕྲུལ་གྱི་རྣམ་པ་དུ་མ་ཉམས་སུ་མྱོང་བར་བྱེད་དོ། །ཞེས་སོགས་ཀྱི་མདོ་ཚིག་ཆོས་ཅན། མངོན་ཤེས་དྲུག་ལ་འདོམས་པ་ཡིན་ཏེ། དེ་དྲུག་ཐ་སྙད་དུ་རང་རྒྱུད་ལ་འབྱུང་ཚུལ་དང་དོན་དམ་པར་མེད་དོ་ཞེས་འདོམས་པའི་མདོ་ཚིག་ཡིན་པའི་ཕྱིར།

གཉིས་པ་ལ། ཁ་ཅིག བསམ་གཏན་གྱི་དངོས་གཞི་ལ་བརྟེན་ནས་སྤྲུལ་སྒྱུར་སྣ་ཚོགས་ལ་འཇུག་པའི་རིག་པ། རྫུ་འཕྲུལ་གྱི་མངོན་ཤེས་ཀྱི་མཚན་ཉིད་ཟེར་བ་མི་འཐད་དེ། མཚན་ཉིད་དེར་གྱུར་པའི་རྟོག་པ་དང་དབང་ཤེས་ཡོད་པ་གང་ཞིག མངོན་ཤེས་དྲུག་པོ་གང་རུང་ཡིན་ན། ཡིད་ཀྱི་མངོན་སུམ་ཡིན་དགོས་པའི་ཕྱིར།

ཁ་ཅིག རང་གི་བདག་རྐྱེན་བསམ་གཏན་གྱི་དངོས་གཞི་ལ་བརྟེན་པ་གཞིར་བྱས་ལ། ས་གཡོ་བ་དང་། གཅིག་ཏུ་གྱུར་ཅིང་དུ་མ་སྤྲུལ་པ་སོགས་བྱེད་ནུས་པའི་ཏིང་ངེ་འཛིན་ཤེས་རབ་མཚུངས་ལྡན་དང་བཅས་པ། རྫུ་འཕྲུལ་གྱི་མངོན་ཤེས་ཀྱི་མཚན་ཉིད། དེ་གཞིར་བྱས་ལ། འཇིག་རྟེན་གྱི་ཁམས་ཀྱི་སྒྲ་ཕྲ་རགས་ཇི་ལྟ་བ་བཞིན་དུ་ཤེས་པའི་ཏིང་ངེ་འཛིན་ཤེས་རབ་མཚུངས་ལྡན་དང་བཅས་པ། ལྷའི་རྣ་བའི་མངོན་ཤེས་ཀྱི་མཚན་ཉིད། དེ་གཞིར་བྱས་ལ། གཞན་གྱི་སེམས་འདོད་ཆགས་དང་བཅས་པ་དང་བྲལ་བ་སོགས་མངོན་སུམ་དུ་ཤེས་པའི་ཏིང་ངེ་འཛིན་ཤེས་རབ་མཚུངས་ལྡན་དང་བཅས་པ། གཞན་གྱི་སེམས་ཤེས་པའི་མངོན་ཤེས་ཀྱི་མཚན་ཉིད། དེ་གཞིར་བྱས་ལ། རང་དང་གཞན་གྱི་ཚེ་རབས་བརྒྱ་དང་སྟོང་ལ་སོགས་པ་དྲན་པའི་ཏིང་ངེ་འཛིན་ཤེས་རབ་མཚུངས་ལྡན་དང་བཅས་པ། སྔོན་གྱི་གནས་རྗེས་སུ་དྲན་པའི་མངོན་ཤེས་ཀྱི་མཚན་ཉིད། དེ་གཞིར་བྱས་ལ། འཇིག་རྟེན་གྱི་ཁམས་ཀྱི་གཟུགས་ཕྲ་རགས་མངོན་སུམ་དུ་མཐོང་བའི་ཏིང་ངེ་འཛིན་ཤེས་རབ་མཚུངས་ལྡན་དང་བཅས་པ།

現觀辨析（上）

28 迅速圓滿正行之方便——智證通

根本頌云：「六通德」與《明義釋》云：「神境智證通、天耳智證通、他心智證通……[87]」等時有二。

初者，「行般若波羅蜜多之菩薩摩訶薩證得智證通（神通）波羅蜜多，且熟諳眾多神變……」等經文為有法，乃教誨六智證通，因是教誨彼六者名言中於自相續生起之理與勝義無之經文故。

第二，有云：「依根本靜慮，作多種變化之了知，是神境智證通之性相。」不應理，因有屬彼性相之分別與根知，且若是六智證通隨一須是意現前故。

有云：「同是依自增上緣根本靜慮，與能作撼動大地、變一為多、變多為一等變化之定慧及與其相應者，乃神境智證通之性相；同是彼，與如實了知世界粗細聲之定慧及與其相應者，即天耳智證通之性相；同是彼，與現前了知他心具有或遠離貪等之定慧及與其相應者即他心智證通之性相；同是彼，與憶念自他之百千世等之定慧及與其相應者，是宿住隨念智證通之性相；同是彼，與現前觀見世界之粗細色之定慧及與其相應者，是天眼智證通之性相。同是彼，與現前通達斷二障之方便與已斷之離法隨一之定慧及與其相應者，是漏盡智證通之性相。」

ལྷའི་མིག་གི་མངོན་ཤེས་ཀྱི་མཚན་ཉིད། དེ་གཞིར་བྱས་ལ། སྒྲིབ་གཉིས་སྤོང་བར་བྱེད་པའི་ཐབས་དང་སྤྱངས་པའི་བྲལ་བ་གང་རུང་མངོན་སུམ་དུ་ཤེས་པའི་ཏིང་ངེ་འཛིན་ཤེས་རབ་མཚུངས་ལྡན་དང་བཅས་པ། ཟག་ཟད་ཀྱི་མངོན་ཤེས་ཀྱི་མཚན་ཉིད་ཟེར་ན།

མཚན་ཉིད་དང་པོ་མི་འཐད་པར་ཐལ། རྫུ་འཕྲུལ་གྱི་མངོན་ཤེས་སུ་གྱུར་པའི་ཤེས་རབ་ཡོད་པ་གང་ཞིག ཤེས་རབ་ཡིན་ན་རང་དང་མཚུངས་ལྡན་གྱི་ཤེས་རབ་མེད་དགོས་པའི་ཕྱིར།

གཞན་ཡང་། དེ་མི་འཐད་པར་ཐལ། རྫུ་འཕྲུལ་གྱི་མངོན་ཤེས་འཁོར་དུ་ལྡན་པའི་གཙོ་བོ་སེམས་དེ་མཚན་ཉིད་དེ་གང་ཞིག མཚོན་བྱ་དེ་མ་ཡིན་པའི་ཕྱིར། དང་པོ་དེར་ཐལ། རྫུ་འཕྲུལ་གྱི་མངོན་ཤེས་དེ་དེ་ཡིན་པ་གང་ཞིག དེ་གཉིས་མཚུངས་ལྡན་རྣམ་པ་ལྔ་མཚུངས་ཡིན་པའི་ཕྱིར། དང་པོ་ཁས་བླངས། རྩ་རྟགས་ཕྱི་མ་དེར་ཐལ། དེ་སེམས་བྱུང་མ་ཡིན་པའི་ཕྱིར། དེར་ཐལ། དེ་གཙོ་སེམས་ཡིན་པའི་ཕྱིར། དེས་འོག་མ་བཞི་ལ་ཡང་རིགས་འགྲེ། མངོན་ཤེས་དྲུག་པའི་མཚན་ཉིད་དེ་ཡང་མི་འཐད་པར་ཐལ། ཟག་ཟད་ཀྱི་མངོན་ཤེས་སུ་གྱུར་པའི་ཤེས་རབ་ཀྱིས་མ་ངེས་པ་སྔར་དང་འདྲ་ཞིང་ཉན་ཐོས་དགྲ་བཅོམ་པའི་རྒྱུད་ཀྱི་ཟག་ཟད་ཀྱི་མངོན་ཤེས་ཀྱིས་ཀྱང་མ་ངེས་པའི་ཕྱིར། ཕྱི་མ་དེར་ཐལ། དེས་སྒྲིབ་གཉིས་སྤོང་བའི་ཐབས་དང་སྤྱངས་པའི་བྲལ་བ་གང་ཡང་མངོན་སུམ་དུ་མ་རྟོགས་པའི་ཕྱིར། དེར་ཐལ། དེས་ཐེག་ཆེན་གྱི་ལམ་བདེན་དང་འགོག་བདེན་གང་ཡང་མངོན་སུམ་དུ་མ་རྟོགས་པའི་ཕྱིར།

ཁ་ཅིག གོང་གི་མཚན་ཉིད་དེ་རྣམས་མི་འཐད་པར་ཐལ། མངོན་ཤེས་དྲུག་པོ་གང་རུང་ཐོབ་ན། བསམ་གཏན་གྱི་དངོས་གཞི་ཐོབ་པས་མ་ཁྱབ་པའི་ཕྱིར། ཟེར་བ་ནི་གོང་དུ་བཀག་ཟིན།

ཁ་ཅིག ལྷའི་རྣ་བའི་མངོན་ཤེས་ཀྱི་ཐུན་མོང་མ་ཡིན་པའི་བདག་རྐྱེན་དུ་གྱུར་པའི་རྣ་བའི་དབང་པོ་གཟུགས་ཅན་པ་ཡོད་ཟེར་ན། དེ་མི་འཐད་དེ། དེ་རྣ་བའི་ཤེས་པ་མ་ཡིན་པའི་ཕྱིར། དེར་ཐལ། དེ་དབང་ཤེས་མ་ཡིན་པའི་ཕྱིར་ཏེ། མངོན་ཤེས་ཡིན་པའི་ཕྱིར།

གཞན་ཡང་། དེ་དབང་ཤེས་མ་ཡིན་པར་ཐལ། དེ་ཡིད་ཤེས་ཡིན་པའི་ཕྱིར། མ་གྲུབ་ན། དེ་ཆོས་ཅན། དེར་ཐལ། རང་གི་ཐུན་མོང་མ་ཡིན་པའི་བདག་རྐྱེན་དུ་གྱུར་པའི་ཡིད་དབང་ལས་བྱུང་བའི་ཤེས་པ་ཡིན་པའི་ཕྱིར། མ་གྲུབ་ན། དེར་ཐལ། དེའི་ཐུན་མོང་མ་ཡིན་པའི་བདག་རྐྱེན་དུ་གྱུར་

第一性相理應不應理，因有屬神境智證通之慧，且若是慧須無與自相應之慧故。

復次，彼理應不應理，因具有神境智證通眷屬之心王，是彼性相，且非彼名相故。初者理應如是，因神境智證通是彼，且彼二者五相相應故。許初者。第二根本因理應如是，因彼非心所故。理應如是，因彼是心王故。以此類推於下四者。第六智證通之性相理應亦不應理，因屬漏盡智證通之慧不定，與前相似，聲聞阿羅漢相續之漏盡智證通亦不定故。後者理應如是，因彼皆未現證斷二障之方便與已斷之離法故。理應如是，因彼皆未現證大乘道諦與滅諦故。

有云：「上述彼等性相理應不應理，因若得六智證通隨一，不周遍得根本靜慮故。」前已破斥。

有云：「有天耳智證通之不共增上緣之有色耳根。」彼不應理，因彼非耳知故。理應如是，因彼非根知故，因是智證通故。

復次，彼理應非根知，因彼是意知故。若不成，彼為有法，理應如是，因是從自不共增上緣意根而生起之知覺故。若不成，理應如是，因有屬彼之不共增上緣之意根故，因有屬彼之意知故，因有

པའི་ཡིད་དབང་ཡོད་པའི་ཕྱིར་ཏེ། དེར་གྱུར་པའི་ཡིད་ཤེས་ཡོད་པའི་ཕྱིར་ཏེ། དེར་གྱུར་པའི་བསམ་གཏན་གྱི་དངོས་གཞི་ཡོད་པའི་ཕྱིར།

ཁ་ཅིག གཞན་སེམས་ཤེས་པའི་མངོན་ཤེས་ཡིན་ན། གཞན་གྱི་སེམས་ལ་ཅི་མངོན་ཤེས་པས་ཁྱབ་ཟེར། ཁ་ཅིག དེ་མི་འཐད་དེ། དེ་ཡིན་ན། གཞན་གྱི་སེམས་ལ་མངོན་ཚད་ཤེས་པས་མ་ཁྱབ་པའི་ཕྱིར། དེར་ཐལ། དེ་ཡིན་ན་གཞན་གྱི་སེམས་ལ་བསམ་ཚད་ཤེས་པས་མ་ཁྱབ་པའི་ཕྱིར། དེར་ཐལ། དེ་ཡིན་ན་གཞན་གྱི་སེམས་ལ་བསམ་པ་ཐམས་ཅད་ཤེས་པས་མ་ཁྱབ་པའི་ཕྱིར། དེར་ཐལ། དེ་ཐམས་ཅད་ཤེས་ན། སངས་རྒྱས་འཕགས་པའི་ཐུགས་ལ་བསམ་ཚད་ཤེས་དགོས་པ་གང་ཞིག དེ་ཤེས་པའི་སེམས་ཅན་གྱི་རྒྱུད་ཀྱི་མངོན་ཤེས་མེད་པའི་ཕྱིར།

ཁ་ཅིག གཟུགས་མེད་ཀྱི་དངོས་གཞིས་བསྡུས་པའི་མངོན་ཤེས་དྲུག་ཡོད་ཟེར་བ་མི་འཐད་དེ། མངོན་ཤེས་དྲུག་པོ་གང་རུང་ཡིན་ན། བསམ་གཏན་གྱི་དངོས་གཞི་ཡིན་དགོས་པའི་ཕྱིར། དེར་ཐལ། དེ་ཡིན་ན་རང་གི་སེམས་རྟེན་དུ་གྱུར་པའི་བསམ་གཏན་གྱི་དངོས་གཞི་ཡོད་པས་ཁྱབ་པའི་ཕྱིར། དེར་ཐལ། ཀུན་ལས་བཏུས་ལས། ཕྱི་རོལ་པའམ། ཉན་ཐོས་སམ། བྱང་ཆུབ་སེམས་དཔའ་འམ། དེ་བཞིན་གཤེགས་པ་ཡང་རུང་སྟེ། དག་པའི་བསམ་གཏན་བཞི་ལ་བརྟེན་ནས་ཚད་མེད་པ་རྣམས་མངོན་པར་བསྒྲུབ་བོ། །ཚད་མེད་པ་རྣམས་ཇི་ལྟ་བར་མངོན་པར་ཤེས་པ་ལྔ་ཡང་དེ་བཞིན་ནོ། །ཞེས་གསུངས་པའི་ཕྱིར།

ཁ་ཅིག མངོན་ཤེས་དྲུག་པོ་གང་རུང་གི་སེམས་རྟེན་ཡིན་ན། བསམ་གཏན་བཞི་པའི་དངོས་གཞི་ཡིན་པས་ཁྱབ་སྟེ། མདོ་སྡེའི་རྒྱན་ལས། བསམ་གཏན་བཞི་པ་ཤིན་ཏུ་དག་ཐོབ་ནས། །ཞེས་གསུངས་པའི་ཕྱིར་ཟེར་ན། མ་ཁྱབ་སྟེ། བསམ་གཏན་བཞི་པ་ཞེས་པ་གཙོ་ཆེ་བ་ལ་དགོངས་པའི་ཕྱིར་ཏེ། ཀུན་བཏུས་ལས། དག་པའི་བསམ་གཏན་བཞི་ལ་ཞེས་གསུངས་པ་དང་མཐུན་དགོས་པའི་ཕྱིར།

ཡང་ཁ་ཅིག ཟག་ཟད་ཀྱི་མངོན་ཤེས་མ་ཐོབ་པའི་དགྲ་བཅོམ་པ་མེད་ཟེར་བ་མི་འཐད་དེ། དགྲ་བཅོམ་པ་ལ་མངོན་ཤེས་ཐོབ་མ་ཐོབ་གཉིས་ཡོད་པའི་ཕྱིར་ཏེ། དེ་ལ་རྒྱན་ཅན་དང་རྒྱན་མེད་གཉིས་ཡོད་པའི་ཕྱིར།

屬彼之根本靜慮故。

有云：「若是他心智證通，周遍了知任何他心中所呈現。[45]」有云：「彼不應理，因若是彼，不周遍了知所有他心中所呈現故。理應如是，因若是彼，不周遍了知所有他心所思故。理應如是，因若是彼，不周遍了知一切他心所思故。理應如是，因若了知彼一切須了知所有佛聖者心所思，且無了知彼之有情相續之智證通故。」

有云：「有根本無色所攝之六智證通。」不應理，因若是六智證通隨一，須是根本靜慮故。理應如是，因若是彼，周遍有屬自之心所依根本靜慮故。理應如是，因《集論》云：「若外道、若聲聞、若菩薩、若如來，依止清淨四靜慮，引發〔四〕無量。如〔四〕無量般，五神通亦爾。[88]」故。

有云：「若是六智證通隨一之心所依，周遍是第四根本靜慮，因《大乘莊嚴經論》云：『第四極淨禪。[89]』故。」不周遍，因「第四靜慮」謂慮及主要故，因須與《集論》所言「清淨四靜慮」吻合故。

又有云：「無未得漏盡智證通之阿羅漢。」不應理，因阿羅漢有得不得智證通二者故，因彼有具莊嚴與無莊嚴二者故。

㊺ 藏文的智證通直譯為「了知所呈現的」。

མངོན་ཤེས་དང་པོ་ལྔ་རྒྱུད་ལྡན་གྱི་ཕྱི་རོལ་པ་ཡོད་ཅེས་ཁས་བླངས་པ་ལ། ཁ་ཅིག གཞན་སེམས་ཤེས་པའི་མངོན་ཤེས་རྒྱུད་ལྡན་གྱི་རྒྱང་འཕེན་པ་ཡོད་པར་ཐལ། དམ་བཅའ་དེའི་ཕྱིར། འདོད་ན། རྒྱང་འཕེན་པའི་རྒྱུད་ལ་ནང་པ་སངས་རྒྱས་པའི་རྒྱུད་ཀྱི་ལྟ་བ་བཀའ་རྟགས་ཀྱི་ཕྱག་རྒྱ་བཞི་རྟོགས་པའི་ཡང་དག་པའི་ལྟ་བ་ཡོད་པར་ཤེས་པའི་མངོན་ཤེས་ཡོད་པར་ཐལ། འདོད་པའི་ཕྱིར། འདོད་ན། དེ་བདེན་ཞེན་གྱིས་ཤེས་བཞིན་དུ་འདུས་བྱས་རྟག་པ་སོགས་སུ་ཁས་ལེན་པ་མི་འཐད་པར་ཐལ་ལོ། །

གཞན་ཡང་། སྔོན་གནས་རྗེས་དྲན་གྱི་མངོན་ཤེས་རྒྱུད་ལྡན་གྱི་རྒྱང་འཕེན་པ་ཡོད་པར་ཐལ། དམ་བཅའ་དེའི་ཕྱིར། འདོད་ན། རང་གི་སྐྱེ་བ་སྔ་མ་མངོན་སུམ་དུ་ཤེས་པའི་མངོན་ཤེས་རྒྱུད་ལྡན་གྱི་དེ་ཡོད་པར་ཐལ། འདོད་པའི་ཕྱིར། འདོད་ན། རང་གི་སྐྱེ་བ་སྔ་ཕྱི་ཁས་ལེན་པའི་རྒྱང་འཕེན་པ་ཡོད་པར་ཐལ། འདོད་པའི་ཕྱིར་ཞེས་ཟེར་ན། སྐྱོན་མེད་དེ། རྒྱང་འཕེན་པ་མངོན་སུམ་ལ་བསྐྱོན་པའི་རྨོངས་པ་ཡིན་པའི་ཕྱིར་རམ། ཡང་ན། མངོན་ཤེས་མ་ཐོབ་པའི་རྒྱང་འཕེན་པ་ལ་དགོངས་པའི་ཕྱིར།

རང་ལུགས་ནི། མངོན་ཤེས་དྲུག་གི་ནང་ཚན་གང་ཞིག ས་གཡོ་བ་སོགས་བྱེད་ནུས་པ་དེ། རྫུ་འཕྲུལ་གྱི་མངོན་ཤེས་ཀྱི་མཚན་ཉིད། དེ་གང་ཞིག རང་གི་བདག་རྐྱེན་དུ་གྱུར་པའི་རྣ་བའི་དབང་པོ་ལ་བརྟེན་ནས་འཇིག་རྟེན་གྱི་ཁམས་ཀྱི་སྒྲ་ཕྲ་རགས་ཤེས་པ་དེ། ལྷའི་རྣ་བའི་མངོན་ཤེས་ཀྱི་མཚན་ཉིད། དེ་གང་ཞིག རང་ཡུལ་དུ་གྱུར་པའི་གཞན་གྱི་སེམས་ལ་ཅི་མངོན་ཤེས་པ་དེ་གཞན་སེམས་ཤེས་པའི་མངོན་ཤེས་ཀྱི་མཚན་ཉིད། དེ་གང་ཞིག རང་གི་ཚེ་རབས་སྔ་མ་རྗེས་སུ་དྲན་པ་དེ། སྔོན་གྱི་གནས་རྗེས་སུ་དྲན་པའི་མངོན་ཤེས་ཀྱི་མཚན་ཉིད། དེ་གང་ཞིག རང་གི་བདག་རྐྱེན་དུ་གྱུར་པའི་མིག་དབང་ལ་བརྟེན་ནས་འཇིག་རྟེན་གྱི་ཁམས་ཀྱི་གཟུགས་ཕྲ་རགས་ཤེས་པ་དེ། ལྷའི་མིག་གི་མངོན་ཤེས་ཀྱི་མཚན་ཉིད། དེ་གང་ཞིག ཉོན་སྒྲིབ་སྤངས་པ་དེ། ཟག་ཟད་ཀྱི་མངོན་ཤེས་ཀྱི་མཚན་ཉིད་ཡིན་នོ། །
མངོན་ཤེས་དྲུག་གི་མཐའ་དཔྱོད་དེ་ཙམ་མོ། །

對主張有相續中具有前五智證通之外道，有云：「理應有相續中具有他心智證通之順世師，因彼宗故。若許，順世師相續中理應有了知『有內道佛教徒相續之通達四法印之正見』的智證通，因許故。若許，彼雖諦實耽著了知仍主張有為是常等應成不應理。

復次，理應有相續中具宿住隨念智證通之順世師，因彼宗故。若許，理應有相續中具現前了知自前世之智證通之彼，因許故。若許，理應有主張自前後世之順世師，因許故。」無過，因順世師是否認親眼所見之諍論者故，抑或慮及未得智證通之順世師故。

自宗：「是六智證通之一，且能作撼動大地等」，乃神境智證通之性相；「是彼，且依自增上緣耳根，而了知世界粗細聲」，即天耳智證通之性相；「是彼，且了知所有屬自境之他心所呈現」，是他心智證通之性相；「是彼，且憶念自前世」乃宿住隨念智證通之性相；「是彼，且依自增上緣眼根，而了知世界粗細色」即天眼智證通之性相；「是彼，且斷煩惱障」，是漏盡智證通之性相。辨析六智證通僅此。

དགེ་འདུན་དཀོན་མཆོག་བྱེ་བྲག་ཏུ་བཤད་པ།

དབང་པོ་རྒྱལ་དང་རྣོན་པོ་དག །ཅེས་སོགས་ཀྱི་སྐབས་སུ། སྤྱིར་བ་དང་། མཐའ་དཔྱད་པ་གཉིས།

དང་པོ་ནི། སྐབས་འདིའི་མཚོན་བྱ་དོན་གྱི་དགེ་འདུན་ལ་ཉི་ཤུ་ཡོད་དེ། དེ་ལ་རྒྱུན་ཞུགས་ཞུགས་པ་དབང་རྒྱལ་གྱི་མིང་ཅན་གྱི་བྱང་སེམས་ནས། བསེ་རུ་རང་སངས་རྒྱས་ཀྱི་མིང་ཅན་གྱི་བྱང་སེམས་ཀྱི་བར་ཡོད་པའི་ཕྱིར།

29 別說僧寶

「諸鈍根利根……」等時，有二：論式與辨析。

初者，有此時所表義之二十僧，因彼有鈍根預流向名者之菩薩乃至麟喻獨覺名者之菩薩故。

རྒྱུན་ཞུགས་སྐོར་བཤད་པ།

གཉིས་པ་ལ་བཞི། རྒྱུན་ཞུགས་ཀྱི་སྐོར་དང་། ཕྱིར་འོང་གི་སྐོར་དང་། ཕྱིར་མི་འོང་གི་སྐོར་དང་། དགྲ་བཅོམ་གྱི་སྐོར་རོ། །དང་པོ་ལ། རྒྱུན་ཞུགས་ཞུགས་པའི་སྐོར་དང་། རྒྱུན་ཞུགས་འབྲས་གནས་ཀྱི་སྐོར་རོ། །

དང་པོ་ནི། ཁ་ཅིག ཀུན་སྦྱོར་གསུམ་སྤངས་པས་རབ་ཏུ་ཕྱེ་བའི་དགེ་སྦྱོང་ཚུལ་གྱི་འབྲས་བུ་ཐོབ་ཕྱིར་དུ་བརྩོན་པའི་གང་ཟག རྒྱུན་ཞུགས་ཞུགས་པའི་མཚན་ཉིད་ཟེར་བ་མི་འཐད་དེ། རྒྱུན་ཞུགས་འབྲས་གནས་ཡིན་ན། ཀུན་སྦྱོར་གསུམ་མ་སྤངས་པས་ཁྱབ་པའི་ཕྱིར། དེར་ཐལ། དེ་ཡིན་ན་འཇིག་ལྟ་ཀུན་སྦྱོར་མ་སྤངས་པས་ཁྱབ་པའི་ཕྱིར། དེར་ཐལ། དེ་ཡིན་ན་འཇིག་ལྟ་ལྷན་སྐྱེས་མ་སྤངས་པས་ཁྱབ་པའི་ཕྱིར་ཏེ། རྣམ་འགྲེལ་ལས། ལྷན་ཅིག་སྐྱེས་པ་མ་སྤངས་ཕྱིར། །སྤངས་ནའང་སྲིད་པ་ག་ལ་ཡོད། །ཅེས་གསུངས་པའི་ཕྱིར།

ཁ་ཅིག མཐོང་སྤངས་ཀུན་སྦྱོར་གསུམ་སྤངས་པས་རབ་ཏུ་ཕྱེ་བའི་དགེ་སྦྱོར་ཚུལ་གྱི་འབྲས་བུ་ཐོབ་ཕྱིར་དུ་བརྩོན་བཞིན་པའི་གང་ཟག དེའི་མཚན་ཉིད་ཟེར་བ་མི་འཐད་དེ། དེ་ཐོབ་ཕྱིར་དུ་བརྩོན་བཞིན་པའི་ཉན་ཐོས་ཚོགས་ལམ་པ་ཡོད་པའི་ཕྱིར། དེར་ཐལ། རྒྱུན་ཞུགས་ཀྱི་འབྲས་བུ་ཐོབ་ཕྱིར་དུ་བརྩོན་བཞིན་པའི་ཉན་ཐོས་ཚོགས་ལམ་པ་ཡོད་པའི་ཕྱིར།

ཁ་ཅིག དེ་ཐོབ་ཕྱིར་དུ་བརྩོན་བཞིན་པའི་ཉན་ཐོས་ཀྱི་སྦྱོར་ལམ་སྐད་གཅིག་པ་ཐོབ་པའི་གང་ཟག་དེ། འདིའི་མཚན་ཉིད་ཟེར་བ་མི་འཐད་དེ། རྒྱུན་ཞུགས་ཞུགས་པ་ཡིན་ན། འཕགས་པ་ཡིན་དགོས་པའི་ཕྱིར། དེར་ཐལ། དེའི་མིང་ཅན་གྱི་བྱང་སེམས་ཡིན་ན། བྱང་སེམས་འཕགས་པ་ཡིན་དགོས་པའི་ཕྱིར། དེར་ཐལ། དེ་ཡིན་ན་ལམ་ཤེས་ཀྱིས་བསྡུས་པའི་མངོན་རྟོགས་ཐོབ་པས་ཁྱབ་པའི་ཕྱིར། དེར་ཐལ། འགྲེལ་པར། འཆད་པར་འགྱུར་བའི་ལམ་ཤེས་པ་ཉིད་ཀྱིས་བསྡུས་པ་མཐོང་བའི་ལམ་སྐད་ཅིག་མ་བཅུ་དྲུག་ལ་བརྟེན་ནས་དད་པ་དང་། ཆོས་ཀྱི་རྗེས་སུ་འབྲང་བའི་བྱེ་བྲག་གིས་འབྲས་བུ་དང་པོ་ལ་ཞུགས་པ་རྣམ་པ་གཉིས་སོ། །ཞེས་གསུངས་པའི་ཕྱིར།

30 講說有關預流

第二（辨析）有四：有關預流、有關一來、有關不還、有關阿羅漢。初者有：有關預流向、有關住預流果。

初者，有云：「為得唯斷三結之沙門性果，而精勤之補特伽羅，乃預流向之性相。」不應理，因若是住預流果周遍不斷三結故。理應如是，因若是彼，周遍不斷薩迦耶見結故。理應如是，因若是彼，周遍不斷俱生薩迦耶見故，因《釋量論》云：「未斷俱生故。若斷豈有有？[90]」故。

有云：「為得唯斷見斷三結之沙門性果，而正在精勤之補特伽羅，乃彼之性相。」不應理，因有為得彼而正在精勤之聲聞資糧道者故。理應如是，因有為得預流果而正在精勤之聲聞資糧道者故。

有云：「有為得彼而正在精勤之已得聲聞加行道一座者之補特伽羅，是此之性相。」不應理，因若是預流向須是聖者故。理應如是，因若是彼之名者之菩薩須是菩薩聖者故。理應如是，因若是彼，周遍得道相智所攝之現觀故。理應如是，因《明義釋》云：「為將說明之道智所含攝，依據見道十六剎那，以隨信與隨法行之差別，而有二種第一果向。」故。

གཞན་ཡང་། དེ་ཡིན་ན་འཕགས་པ་ཡིན་པས་ཁྱབ་པར་ཐལ། དེ་འཕགས་པ་ཡིན་པའི་ཕྱིར། དེར་ཐལ། དེ་དགྲ་བཅོམ་འབྲས་གནས་ནས་ཡར་བགྲངས་པའི་འཕགས་པ་བརྒྱད་པ་ཡིན་པའི་ཕྱིར་ཏེ། འཇུག་པ་ལས། འདི་ནི་འཕགས་པ་བརྒྱད་པ་ཇི་ལྟ་དེ་ལྟར་ཉེ་བར་བསྟན། ཞེས་གསུངས་པའི་ཕྱིར་དང་། མཛོད་འགྲེལ་ལས་ཀྱང་། ཞུགས་པ་དང་འབྲས་བུ་ལ་གནས་པའི་གང་ཟག་དེ་དག་ནི་འཕགས་པ་མ་ཡིན་ནོ་ཞེས་བརྗོད་པར་མི་བྱའོ། །ཞེས་གསུངས་པའི་ཕྱིར།

གཞན་ཡང་། རྒྱུན་ཞུགས་ཞུགས་པའི་མིང་ཅན་གྱི་བྱང་སེམས་དང་། བྱང་སེམས་སྦྱོར་ལམ་པའི་གཞི་མཐུན་ཡོད་པར་ཐལ། རྒྱུན་ཞུགས་ཞུགས་པ་དང་ཉན་ཐོས་སྦྱོར་ལམ་པའི་གཞི་མཐུན་ཡོད་པའི་ཕྱིར། རྟགས་ཁས། གཞན་ཡང་ཉན་ཐོས་ཀྱི་སྦྱོར་ལམ་སྐད་གཅིག་པ་ལ་གནས་པའི་ཉན་ཐོས་ཀྱི་མཁྱེན་པ་དེ་བརྒྱད་པའི་ས་ཡིན་པར་ཐལ། ཁྱོད་ཀྱི་དམ་བཅའ་འཐད་པའི་ཕྱིར། འདོད་ན། དེ་ཆོས་ཅན། དེ་མ་ཡིན་པར་ཐལ། རིགས་ཀྱི་ས་ཡིན་པའི་ཕྱིར། དེར་ཐལ། ཉན་ཐོས་ཀྱི་སྦྱོར་ལམ་ཡིན་པའི་ཕྱིར། གཞན་ཡང་། དེ་འཕགས་པ་ཡིན་པར་ཐལ། དེ་དགེ་འདུན་དཀོན་མཆོག་ཡིན་པའི་ཕྱིར། དེར་ཐལ། འགྲེལ་པར། འབྲས་བུ་ལ་གནས་པ་དང་ཞུགས་པའི་བྱེ་བྲག་གིས་སྐྱེས་བུ་ཆེན་པོ་བདུན་པོ། ཞེས་གསུངས་པའི་ཕྱིར།

གཞན་ཡང་། དེ་དགེ་འདུན་དཀོན་མཆོག་ཡིན་པར་ཐལ། དེ་དབང་རྟུལ་དེ་དགེ་འདུན་དཀོན་མཆོག་ཡིན་པའི་ཕྱིར། དེར་ཐལ། དེ་མཚོན་བྱེད་དཔེའི་དགེ་འདུན་ཉི་ཤུའི་ནང་ཚན་ཡིན་པའི་ཕྱིར། དེར་ཐལ། དེ་དེ་ཉི་ཤུའི་ཐོག་མ་ཡིན་པའི་ཕྱིར་ཏེ། དེའི་ཐོག་མ་ཡོད་པའི་ཕྱིར།

ཁོ་ན་རེ། རང་སངས་རྒྱས་ཡིན་ན་འཕགས་པ་ཡིན་དགོས་པར་ཐལ། དེ་འཕགས་པ་ཡིན་པའི་ཕྱིར། དེར་ཐལ། དེའི་མིང་ཅན་གྱི་བྱང་སེམས་དེ་དེ་ཡིན་པའི་ཕྱིར་ཏེ། དེའི་འོག་ཏུ་རང་སངས་རྒྱས་ཏེ་ཉི་ཤུའོ། །ཞེས་གསུངས་པའི་ཕྱིར།

གཞན་ཡང་། དེ་འཕགས་པ་ཡིན་པར་ཐལ། དེ་དགེ་འདུན་དཀོན་མཆོག་ཡིན་པའི་ཕྱིར་ཏེ། རང་སངས་རྒྱས་དང་ལྷན་ཅིག་བརྒྱད་པ། ཞེས་གསུངས་པའི་ཕྱིར་ཞེ་ན། མི་མཚུངས་ཏེ། རྒྱུན་ཞུགས་ཞུགས་པ་འཕགས་པ་ཡིན་པར་འཇུག་པ་དང་མཛོད་འགྲེལ་སོགས་ལས་བཤད་ཅིང་། རང་

現觀辨析（上）

復次，若是彼，理應周遍是聖者，因彼是聖者故。理應如是，因彼是從住阿羅漢果往上數之第八聖者㊻故，因《入中論》云：「如第八聖此亦爾。[91]」以及《俱舍論釋》：「不應言：住向與住果補特伽羅非聖者。」故。

復次，理應有預流向名者之菩薩與加行道菩薩之同位，因有預流向與加行道聲聞之同位故。承許因。復次，住聲聞加行道一座者之聲聞智，理應是八地，因汝宗應理故。若許，彼為有法，理應非彼，因是種性地故。理應如是，因是聲聞加行道故。復次，彼理應是聖者，因彼是僧寶故。理應如是，因《明義釋》云：「以住果與向果之差別而為七種上士。」故。

復次，彼理應是僧寶，因彼鈍根是僧寶故。理應如是，因彼是能表喻二十僧之一故。理應如是，因彼是二十僧之初者故，因有彼之初者故。

有云：「若是獨覺，理應須是聖者，因彼是聖者故。理應如是，因彼之名者之菩薩是彼故，因云『其後，是為獨覺：共二十』故。

復次，彼理應是聖者，因彼是僧寶故，因云『加上獨覺第八

㊻ 從住阿羅漢果往上數之第八聖者：指從住阿羅漢、阿羅漢向、住不還、不還向、住一來、一來向、住預流、預流向中第八的預流向聖者。

སངས་རྒྱས་འཕགས་པར་མཁས་པ་སུས་ཀྱང་མ་རྙེད་པའི་ཕྱིར་དང་། མཚོན་བྱེད་དཔེའི་དགེ་འདུན་ཉི་ཤུའི་ནང་ཚན་གྱི་རང་སངས་རྒྱས་ཡིན་ན། འཕགས་པ་ཡིན་པས་ཁྱབ་པའི་ཕྱིར། ཕྱི་མ་དེར་ཐལ། རང་སངས་རྒྱས་ཡིན་ན་དེའི་ནང་ཚན་གྱི་རང་སངས་རྒྱས་ཡིན་པས་མ་ཁྱབ་པའི་ཕྱིར། དེར་ཐལ། ཉན་ཐོས་ཀྱི་ས་ཡིན་ན་དམན་པ་ས་བརྒྱད་ཀྱི་ནང་ཚན་གྱི་ཉན་ཐོས་ཀྱི་ས་ཡིན་པས་མ་ཁྱབ་པའི་ཕྱིར། མ་གྲུབ་ན་སླ།

ཁ་ཅིག མཐོང་སྤངས་ཀུན་སྦྱོར་གསུམ་སྤངས་པས་རབ་ཏུ་ཕྱེ་བའི་དགེ་སྦྱོང་ཚུལ་གྱི་འབྲས་བུ་ཐོབ་ཕྱིར་དུ་བརྩོན་བཞིན་པའི་ཞུགས་པའི་གང་ཟག རྒྱུན་ཞུགས་ཞུགས་པའི་མཚན་ཉིད་ཟེར། དེ་ལ་ཁ་ཅིག རང་རྒྱལ་གྱི་རྒྱུན་ཞུགས་ཞུགས་པ་ཆོས་ཅན། མཚན་ཉིད་དེར་ཐལ། མཚོན་བྱ་དེའི་ཕྱིར། དེར་ཐལ། དེ་ཡོད་པའི་ཕྱིར། དེར་ཐལ། རང་རྒྱལ་ལ་ཞུགས་གནས་བརྒྱད་ཀྱི་རྣམ་བཞག་འཐད་པའི་ཕྱིར། དེར་ཐལ། རང་རྒྱལ་དགྲ་བཅོམ་དགྲ་བཅོམ་འབྲས་གནས་ཡིན་པའི་ཕྱིར། དེར་ཐལ། དེ་དགྲ་བཅོམ་ཡིན་པའི་ཕྱིར་ན་མ་ཁྱབ། གོང་དུ་འདོད་མི་ནུས་ཏེ། གང་ཟག་གི་བདག་འཛིན་ཀུན་བཏགས་སྤངས་བྱའི་གཙོ་བོར་མི་བྱེད་པའི་ཕྱིར། ཟེར་བ་མི་འཐད་དེ། རང་རྒྱལ་ལ་ཞུགས་གནས་བརྒྱད་ཀྱི་རྣམ་བཞག་སུས་ཀྱང་རྙེད་པ་མེད་པའི་ཕྱིར།

ཁ་ཅིག རང་རྒྱལ་ལ་ཞུགས་གནས་ཀྱི་རྣམ་བཞག་མི་བྱེད་ཟེར་བ་མི་འཐད་དེ། རང་རྒྱལ་གྱི་མཐོང་ལམ་བར་ཆད་མེད་ལམ་དང་། རང་རྒྱལ་གྱི་སྒོམ་ལམ་རྡོ་རྗེ་ལྟ་བུའི་ཏིང་ངེ་འཛིན་ལ་གནས་པའི་གང་ཟག་རྣམས། དགེ་སྦྱོང་ཚུལ་གྱི་འབྲས་བུ་ལ་ཞུགས་པ་དང་། རང་རྒྱལ་གྱི་མཐོང་ལམ་རྣམ་གྲོལ་ལམ་ལ་གནས་པའི་གང་ཟག་དང་། རང་རྒྱལ་དགྲ་བཅོམ་རྣམས་དགེ་སྦྱོང་ཚུལ་གྱི་འབྲས་བུ་ལ་གནས་པའི་གང་ཟག་ཡིན་པའི་ཕྱིར། རྟགས་དེར་ཐལ། ཐེག་ཆེན་གྱི་མཐོང་ལམ་བར་ཆད་མེད་ལམ་དང་། རྒྱུན་མཐའི་བར་ཆད་མེད་ལམ་ལ་གནས་པའི་གང་ཟག་རྣམས། དགེ་སྦྱོང་ཚུལ་གྱི་འབྲས་བུ་ལ་ཞུགས་པ་དང་། ཐེག་ཆེན་གྱི་མཐོང་ལམ་རྣམ་གྲོལ་ལམ་དང་། རྣམ་མཁྱེན་ལ་གནས་པའི་གང་ཟག་རྣམས། དགེ་སྦྱོང་ཚུལ་གྱི་འབྲས་བུ་ལ་གནས་པ་ཡིན་པའི་ཕྱིར་ཏེ། རྣམ་བཤད་ལས། དེ་ཡང་བཟོད་པ་ལ་གནས་པའི་ཚེ་ཞུགས་པ་དང་། ཤེས་པ་ལ་གནས་པའི་ཚེ་འབྲས་གནས་ཀྱི་རྣམ་བཞག

種』故。」不同，因《入中論》與《俱舍論釋》等宣說預流向是聖者，且任何智者亦未宣說獨覺是聖者，以及若是能表喻二十僧中之獨覺，周遍是聖者故。後者理應如是，因若是獨覺，不周遍是其中之獨覺故。理應如是，因若是聲聞地不周遍是小乘八地中之聲聞地故。若不成則易。

有云：「為得唯斷見所斷三結之沙門性果，而正在精勤之補特伽羅，乃預流向之性相。」對此有云：「獨覺預流向為有法，理應是彼性相，因是彼名相故。理應如是，因彼存在故。理應如是，因於獨覺建立八向住應理故。理應如是，因獨覺阿羅漢是住阿羅漢果故。理應如是，因彼是阿羅漢故。」不周遍。以上不能許，因不以分別補特伽羅我執為主要所斷故。不應理，因任誰亦未宣說建立獨覺之八向住故。

有云：「無建立獨覺之向住。」不應理，因住獨覺見道無間道與獨覺修道金剛喻定之補特伽羅眾，是向沙門性果之補特伽羅；住獨覺見道解脫道之補特伽羅與獨覺阿羅漢眾，是住沙門性果之補特伽羅故。彼因理應如是，因住大乘見道無間道與最後流無間道之補特伽羅眾，是向沙門性果；住大乘見道解脫道與一切相智之補特伽羅眾，是住沙門性果故，因《心要莊嚴疏》云：「復次，住忍時為向，住智時為住果之論述亦為應理。[92]」如是直接說見道，亦類推於其他故。

ཀྱང་འཐད་ལ། ཞེས་མཐོང་ལམ་ལ་དངོས་སུ་གསུངས་པས་གཞན་རྣམས་ལ་ཡང་རིགས་འགྲེ་བའི་ཕྱིར།

གཞན་ཡང་། རང་རྒྱལ་དང་ཐེག་ཆེན་ལ་ཞུགས་གནས་ཀྱི་རྣམ་བཞག་འཐད་པར་ཐལ། རང་རྒྱལ་དང་ཐེག་ཆེན་གྱི་བར་ཆད་མེད་ལམ་རྣམས། དགེ་སྦྱོང་གི་ཚུལ་དང་། དེ་དག་གི་རྣམ་གྲོལ་ལམ་རྣམས་དགེ་སྦྱོང་ཚུལ་གྱི་འབྲས་བུ་ཡིན་པའི་ཕྱིར་ཏེ། མཛོད་ལས། དགེ་སྦྱོང་ཚུལ་ནི་དྲི་མེད་ལམ། །འབྲས་བུ་འདུས་བྱས་འདུས་མ་བྱས། །ཞེས་གསུངས་པའི་ཕྱིར།

ཕ་རོལ་པོས་སྨྲས་པའི་མཚན་ཉིད་དེ་ལ། རང་ལུགས་ཀྱི་སྐྱོན་ནི། ཉན་ཐོས་མཐོང་ལམ་བར་ཆད་མེད་ལམ་པ་ཆོས་ཅན། མཚོན་བྱ་དེར་ཐལ། མཚན་ཉིད་དེའི་ཕྱིར། དེར་ཐལ། གང་ཟག་གི་བདག་འཛིན་ཀུན་བཏགས་སྤངས་པའི་སྤངས་པ་ཐོབ་ཕྱིར་དུ་བརྩོན་བཞིན་པའི་ཞུགས་པ་ཡིན་པའི་ཕྱིར། འདོད་མི་ནུས་ཏེ། ཕྱོད་དུ་གྱུར་པའི་ཕྱིར་འོང་ཞུགས་པ་སོགས་ཡོད་པའི་ཕྱིར།

གཞན་ཡང་། རྒྱུན་ཞུགས་འབྲས་གནས་ཡིན་ན། མཐོང་སྤངས་ཀུན་སྦྱོར་གསུམ་སྤངས་པས་རབ་ཏུ་ཕྱེ་བ་ཡིན་དགོས་པར་ཐལ། ཞུགས་པའི་མཚན་ཉིད་དེ་འཐད་པའི་ཕྱིར། འདོད་ན། འོག་ཏུ་འགོག

རང་ལུགས་ནི། མཐོང་སྤངས་ཀུན་སྦྱོར་གསུམ་སྤངས་པས་རབ་ཏུ་ཕྱེ་བའི་རིགས་སུ་གནས་པའི་དགེ་སྦྱོང་ཚུལ་གྱི་འབྲས་བུ་ཐོབ་ཕྱིར་དུ་བརྩོན་བཞིན་པ་ཡང་ཡིན། ཞུགས་པ་བཞིའི་ནང་ཚན་ཡང་ཡིན་པའི་གཞི་མཐུན་པར་གྱུར་པའི་གང་ཟག་དེ། རྒྱུན་ཞུགས་ཞུགས་པའི་མཚན་ཉིད། དེ་ལ་དབང་པོའི་སྒོ་ནས་དབྱེ་ན། རྒྱུན་ཞུགས་ཞུགས་པ་དབང་པོ་རྣོ་རྟུལ་གཉིས། སྤང་བྱ་སྤང་ཚུལ་གྱི་སྒོ་ནས་དབྱེ་ན། སྤང་བྱ་རིམ་གྱིས་པའི་རྒྱུན་ཞུགས་ཞུགས་པ་དང་། སྤང་བྱ་ཅིག་ཆར་བའི་རྒྱུན་ཞུགས་ཞུགས་པ་གཉིས་ཡོད།

ཁ་ཅིག དེ་མི་འཐད་པར་ཐལ། ཀུན་བཏུས་ལས། འདི་ནི་རྒྱུན་དུ་ཞུགས་པའི་འབྲས་བུ་དང་དགྲ་བཅོམ་པའི་འབྲས་བུ་གཉིས་ལ་གདགས་སོ། །ཞེས་འབྲས་གནས་གཉིས་ལས་གཞན་མ་

復次，建立獨覺與大乘之向住理應應理，因諸獨覺與大乘無間道乃沙門性；彼等之解脫道等是沙門性果故，因《俱舍論》云：「淨道沙門性，有為無為果。[93]」故。

於對方所說之性相，自宗〔指出彼〕之過失：聲聞見道無間道者為有法，理應是彼名相，因是彼性相故。理應如是，因是為得斷分別補特伽羅我執之斷德而正在精勤之向故。不能許，因有屬爾之一來向等故。

復次，若是住預流果，理應須是唯斷見所斷三結，因彼向之性相應理故。若許，於下破斥。

自宗：「既是為了證得唯斷見所斷三結住類之沙門性果而正精勤者，又是四向之一之同位的補特伽羅」，乃預流向之性相。彼以根門可分為：預流向利根、鈍根二者。以斷除所斷方式之門可分為：漸斷預流向與頓斷預流向二者。

有云：「彼理應不應理，因《集論》云：『此即假名於預流果及阿羅漢果二者。』如是僅說二住果故。」無過，因《金鬘疏善說》

གསུངས་པའི་ཕྱིར་ཞེ་ན། སྐྱོན་མེད་དེ། ཞུགས་པ་གཉིས་ཀྱང་སྔར་རྟུང་བ་གསེར་འཕྲེང་ལས་གསུངས་པ་དེ་ལྟར་འཐད་པའི་ཕྱིར།

ས་མཚམས་ལ་ཁ་ཅིག ཉན་ཐོས་ཀྱི་སྦྱོར་ལམ་སྟན་གཅིག་པ་ནས། མཐོང་ལམ་བཅོ་ལྔ་པ་ལས་རྗེས་བཟོད་ཀྱི་བར་དུ་ཡོད་དེ། ཀུན་བཏུས་ལས། རྒྱུན་དུ་ཞུགས་པའི་འབྲས་བུ་ལ་ཞུགས་པ་གང་ཞེ་ན། གང་ངེས་པར་འབྱེད་པའི་ཆ་དང་མཐུན་པ་ནས་མཐོང་བའི་ལམ་གྱི་སེམས་ཀྱི་སྐད་ཅིག་བཅོ་ལྔ་ལ་གནས་པའི་གང་ཟག་གོ །ཞེས་དང་། རྒྱལ་སྲས་མ་ལས། ངེས་པར་འབྱེད་པའི་ཆ་དང་མཐུན་པ་སྟན་གཅིག་པ་ནས་བཟུང་སྟེ་དང་པོའི་འབྲས་བུ་མ་ཐོབ་པའི་བར་དུའོ། །ཞེས་གསུངས་པའི་ཕྱིར་ཞེ་ན། འོ་ན། ཉན་ཐོས་ཀྱི་མཐོང་ལམ་ཤེས་པ་དང་པོ་བདུན་ཐོབ་ཅིང་། བརྒྱད་པ་མ་ཐོབ་པའི་རྒྱུན་ཞུགས་ཞུགས་པ་ཡོད་པར་ཐལ། དམ་བཅའ་འཐད་པའི་ཕྱིར། འདོད་ན། ཉན་ཐོས་ཀྱི་མཐོང་ལམ་རྣམ་གྲོལ་ལམ་ཐོབ་པའི་དེ་ཡོད་པར་ཐལ། འདོད་པའི་ཕྱིར། འདོད་ན། གང་ཟག་གི་བདག་འཛིན་ཀུན་བཏགས་སྤངས་པའི་སྤངས་པ་ཐོབ་པའི་རྒྱུན་ཞུགས་ཞུགས་པ་ཡོད་པར་ཐལ། འདོད་པའི་ཕྱིར།

གཞན་ཡང་དམ་བཅའ་དེ་མི་འཐད་པར་ཐལ། ཉན་ཐོས་ཀྱི་མཐོང་ལམ་སྡུག་བསྔལ་ཆོས་ཤེས་ཡིན་ན། ཤེས་པ་ཕྱི་མ་བདུན་ཡིན་དགོས་པའི་ཕྱིར། དེར་ཐལ། ཉན་ཐོས་ཀྱི་མཐོང་ལམ་ཤེས་པ་བརྒྱད་ཅིག་ཅར་དུ་སྐྱེ་བའི་ཕྱིར་ཏེ། ཐེག་ཆེན་གྱི་དེ་བརྒྱད་ཅིག་ཅར་དུ་སྐྱེ་བ་གང་ཞིག རིགས་པ་མཚུངས་པའི་ཕྱིར། མ་མཐའི་ས་མཚམས་བཞག་པ་དེ་ཡང་མི་འཐད་པར་ཐལ། གནོད་བྱེད་སྔར་བརྗོད་ཟིན་པ་ལྟར་ཡིན་ཞིང་། རྣམ་བཤད་ལས་དེ་ལྟར་བཞག་པ་ནི་ཀུན་བཏུས་པའི་ལུགས་བཀོད་པ་ཙམ་ཡིན་པའི་ཕྱིར།

རང་ལུགས་ནི། ཉན་ཐོས་ཀྱི་མཐོང་ལམ་བཟོད་པ་བརྒྱད་ཐོབ་པ་ནས། ཤེས་པ་བརྒྱད་མ་ཐོབ་པའི་བར་དུ་ཡོད།

ཁོ་ན་རེ། རྒྱུན་ཞུགས་ཞུགས་པ་ཡིན་ན། ཉན་ཐོས་ཀྱི་མཐོང་ལམ་བར་ཆད་མེད་ལམ་ལ་གནས་པས་ཁྱབ་པར་ཐལ། ས་མཚམས་དེ་འཐད་པའི་ཕྱིར། འདོད་ན། རྒྱུན་ཞུགས་ཞུགས་པས་ཉན་ཐོས་

宣說亦可推用於二向，如此應理故。

於界限，有云：「聲聞加行道一座者乃至見道第十五道類忍，因《集論》說：『何等為預流向？謂從住順決擇分一座者，乃至住見道十五心剎那位之補特伽羅。[94]』《王子疏抄》云：『從住順決擇分一座者，乃至未得初果。』故。」那麼，理應有證得聲聞見道初七智，且未證得第八之預流向，因宗應理故。若許，理應有證得聲聞見道解脫道之彼，因許故。若許，理應有證得斷除分別補特伽羅我執之斷德之預流向，因許故。

復次，彼宗理應不應理，因若是聲聞見道苦法智須是後七智故。理應如是，因聲聞見道八智一起生起故，因大乘八者一起生起，且理同故。安立此最下限界限理應亦不應理，因能違害如前所述，《心要莊嚴疏》如此安立，乃僅述說《集論》宗故。

自宗：從得聲聞見道八忍乃至未得八智之間有。

有云：「若是預流向理應周遍住聲聞見道無間道，因彼界限應理故。若許，預流向證聲聞見道苦法智與證預流果理應同時，因

ཀྱི་མཐོང་ལམ་སྡུག་བསྔལ་ཆོས་ཤེས་ཐོབ་པ་དང་། རྒྱུན་ཞུགས་ཀྱི་འབྲས་བུ་ཐོབ་པ་དུས་མཉམ་པར་ཐལ། འདོད་པའི་ཕྱིར། འདོད་མི་ནུས་ཏེ། དེས་ཉན་ཐོས་ཀྱི་མཐོང་ལམ་ཤེས་པ་དང་པོ་བདུན་ཐོབ་པའི་ཕྱིར་ཏེ། དེས་ལམ་བཅུ་དྲུག་གི་ནང་ནས་ལམ་རྗེས་ཤེས་ཐོབ་པ་དང་། རྒྱུན་ཞུགས་ཀྱི་འབྲས་བུ་ཐོབ་པ་དུས་མཉམ་པའི་ཕྱིར་ཏེ། མཛོད་ལས། གང་ཞིག་གང་ལ་ཞུགས་པ་ནི། །བཅུ་དྲུག་པ་ལ་དེ་འབྲས་གནས། །ཞེས་གསུངས་པའི་ཕྱིར་ན། མ་ཁྱབ་སྟེ། དེ་གཉིས་ནང་འགལ་མི་གཅིག་པའི་ཕྱིར་ཏེ། ལུགས་དེ་ལ་བཅུ་དྲུག་པ་ལམ་རྗེས་ཤེས་སྒོམ་ལམ་དུ་འཆད་པ་ལྟ་བུ་ཡིན་པའི་ཕྱིར།

གཉིས་པ་རྒྱུན་ཞུགས་འབྲས་གནས་ཀྱི་རྣམ་གཞག་བཤད་པ་ལ། ཁ་ཅིག ཀུན་སྦྱོར་གསུམ་སྤངས་པས་རབ་ཏུ་ཕྱེ་བའི་དགེ་སྦྱོང་ཚུལ་གྱི་འབྲས་བུ་ལ་གནས་པའི་གང་ཟག རྒྱུན་ཞུགས་འབྲས་གནས་ཀྱི་མཚན་ཉིད་ཟེར་བ་མི་འཐད་དེ། རྒྱུན་ཞུགས་སྲིད་པ་ལན་བདུན་པ་བས་འཇིག་ལྟ་ཀུན་སྦྱོར་མ་སྤངས་པའི་ཕྱིར་ཏེ། དེས་དེ་ལྟན་སྐྱེས་མ་སྤངས་པའི་ཕྱིར་ཏེ། དེས་གང་ཟག་གི་བདག་འཛིན་ལྷན་སྐྱེས་མ་སྤངས་པའི་ཕྱིར།

ཡང་མཐོང་སྤངས་ཀུན་སྦྱོར་གསུམ་སྤངས་པས་རབ་ཏུ་ཕྱེ་བའི་དགེ་སྦྱོང་ཚུལ་གྱི་འབྲས་བུ་ལ་གནས་པའི་གང་ཟག རྒྱུན་ཞུགས་འབྲས་གནས་ཀྱི་མཚན་ཉིད་ཟེར་བ་མི་འཐད་དེ། སྲིད་ཉོན་བརྒྱད་པ་སྤངས་པའི་རྒྱུན་ཞུགས་དེ། མཐོང་སྤངས་ཀུན་སྦྱོར་གསུམ་སྤངས་པས་རབ་ཏུ་ཕྱེ་བ་མ་ཡིན་པའི་ཕྱིར། དེར་ཐལ། དེས་སྤང་བྱ་དེ་ལས་ཕྲ་བའི་སྲིད་ཉོན་བརྒྱད་པ་སྤངས་པའི་ཕྱིར། དེར་ཐལ། དེ་ཡོད་པའི་ཕྱིར་ཏེ། སྲིད་ཉོན་དགུ་པའི་དངོས་གཉེན་ལ་གནས་པའི་རྒྱུན་ཞུགས་ཡོད་པའི་ཕྱིར་ཏེ། སྤང་བྱ་ཅིག་ཆར་བའི་རྒྱུན་ཞུགས་འབྲས་གནས་ཁྱད་པར་ཅན་ཡོད་པའི་ཕྱིར།

ཡང་ཁ་ཅིག སློབ་པ་འབྲས་གནས་གང་ཞིག འདོད་ཉོན་དྲུག་པ་མ་སྤངས་པ་དེ། དེའི་མཚན་ཉིད་ཟེར་བ་མི་འཐད་དེ། སྲིད་ཉོན་བརྒྱད་པ་སྤངས་པའི་རྒྱུན་ཞུགས་དེས་འདོད་ཉོན་དྲུག་པ་སྤངས་པའི་ཕྱིར་ཏེ། དེས་འདོད་ཉོན་བརྒྱད་པ་སྤངས་པའི་ཕྱིར་ཏེ། དེ་འདོད་ཉོན་དགུ་པའི་དངོས་གཉེན་ལ་གནས་པའི་ཕྱིར། དེར་ཐལ། དེ་སྲིད་ཉོན་དགུ་པའི་དངོས་གཉེན་ལ་གནས་པ་གང་ཞིག སྤང་བྱ་ཅིག་ཆར་བའི་འབྲས་གནས་ཁྱད་པར་ཅན་ཡིན་པའི་ཕྱིར།

許故。不能許，因彼證聲聞道初七智故，因彼證十六道中之道類智與證預流果同時故，因《俱舍論》云：『至第十六心，隨三向住果。[95]』故。」不周遍，因二者說法不同故，因如彼宗闡述第十六類智為修道故。

第二、講說建立住預流果，有云：「安住於『唯斷三結之沙門性果』之補特伽羅，是住預流果之性相。」不應理，因預流七返未斷薩迦耶見結故，因彼未斷俱生彼故，因彼未斷俱生補特伽羅我執故。

又「安住於『唯斷見所斷三結之沙門性果』之補特伽羅，乃住預流果之性相。」不應理，因斷第八有頂煩惱之預流，非唯斷見所斷三結故。理應如是，因彼斷除較彼所斷更細之第八有頂煩惱故。理應如是，因彼存在故，因有住第九有頂煩惱正對治之預流故，因有頓斷住預流果勝進者故。

又有云：「是有學住果，且未斷第六欲界煩惱，是彼之性相。」不應理，因斷第八有頂煩惱之預流〔已〕斷第六欲界煩惱故，因彼斷第八欲界煩惱故，因彼住第九欲界煩惱之正對治故。理應如是，因彼住第九品有頂煩惱之正對治，且是頓斷住果勝進者故。

རང་ལུགས་ནི། མཐོང་སྤངས་ཀུན་སྦྱོར་གསུམ་སྤངས་པས་རབ་ཏུ་ཕྱེ་བའི་རིགས་སུ་གནས་པའི་དགེ་སྦྱོང་ཚུལ་གྱི་འབྲས་བུ་ལ་གནས་པའི་གང་ཟག རྒྱུན་ཞུགས་འབྲས་གནས་ཀྱི་མཚན་ཉིད། དེ་ལ་སྤང་བྱ་སྤོང་ཚུལ་གྱི་སྒོ་ནས་དབྱེ་ན། སྤང་བྱ་རིམ་གྱིས་པའི་རྒྱུན་ཞུགས་དང་། སྤང་བྱ་ཅིག་ཆར་བའི་རྒྱུན་ཞུགས་གཉིས།

དང་པོ་ལ་ཁ་ཅིག རྒྱུན་ཞུགས་འབྲས་གནས་གང་ཞིག ཁམས་གསུམ་གྱི་སྒོམ་སྤངས་ཉོན་མོངས་རིམ་གྱིས་སྤོང་བ་དེ། སྤང་བྱ་རིམ་གྱིས་པའི་རྒྱུན་ཞུགས་ཀྱི་མཚན་ཉིད་ཟེར་བ་མི་འཐད་དེ། སྤང་བྱ་རིམ་གྱིས་པའི་རྒྱུན་ཞུགས་དེས་ཁམས་གསུམ་གྱི་སྒོམ་སྤངས་ཉོན་མོངས་ཅིག་ཆར་དུ་སྤོང་བའི་ཕྱིར། དེར་ཐལ། དེས་འདོད་པའི་སེམས་བསྡུས་ཀྱི་ཉོན་མོངས་ཀྱི་དངོས་གཉེན་དང་། གཟུགས་ཀྱི་སེམས་བསྡུས་ཀྱི་དེ་དང་། གཟུགས་མེད་ཀྱི་སེམས་བསྡུས་ཀྱི་དེའི་དངོས་གཉེན་གསུམ་ཅིག་ཆར་དུ་རྒྱུད་ལ་བསྐྱེད་པའི་ཕྱིར། དེར་ཐལ། དངོས་གཉེན་དེ་གསུམ་ཡིན་ཁྱབ་མཉམ་ཡིན་པའི་ཕྱིར། དེར་ཐལ། འདོད་པའི་སེམས་བསྡུས་ཀྱི་ཉོན་མོངས་སྤངས་པའི་གང་ཟག་ཡིན་ན། སྲིད་ཉོན་སྤངས་པའི་གང་ཟག་ཡིན་དགོས་པའི་ཕྱིར། དེར་ཐལ། འདོད་པའི་སེམས་བསྡུས་ཀྱི་གང་ཟག་གི་བདག་འཛིན་སྤངས་པའི་གང་ཟག་ཡིན་ན། སྲིད་ཉོན་སྤངས་པའི་གང་ཟག་ཡིན་པས་ཁྱབ་པའི་ཕྱིར། དེར་ཐལ། དེ་ཡིན་ན་གང་ཟག་གི་བདག་འཛིན་སྤངས་པའི་གང་ཟག་ཡིན་པས་ཁྱབ་པའི་ཕྱིར།

གཞན་ཡང་། སྲིད་རྩེའི་སེམས་བསྡུས་ཀྱི་རྟེན་འབྲེལ་ཡན་ལག་བཅུ་གཉིས་ཀྱི་ཐོག་མའི་མ་རིག་པ་ཡོད་པར་ཐལ། ཡན་ལག་བཅུ་གཉིས་ཀྱི་ཐོག་མའི་མ་རིག་པ་ཡིན་ན། ཅི་ཡང་མེད་མན་ཆད་ཀྱིས་སེམས་བསྡུས་པས་མ་ཁྱབ་པའི་ཕྱིར། མ་གྲུབ་ན་སོང་། དེར་ཐལ། ཅི་ཡང་མེད་མན་ཆད་ཀྱི་སེམས་བསྡུས་པའི་ཉོན་མོངས་སྤངས་པའི་གང་ཟག་ཡིན་ན། ཡན་ལག་བཅུ་གཉིས་ཀྱི་ཐོག་མའི་མ་རིག་པ་སྤངས་པས་མ་ཁྱབ་པའི་ཕྱིར། དེར་ཐལ། དེ་ཡིན་ན་དགྲ་བཅོམ་པ་ཡིན་པས་མ་ཁྱབ་པའི་ཕྱིར་ཏེ། དེ་ཡིན་ན་སྲིད་ཉོན་སྤངས་པས་མ་ཁྱབ་པའི་ཕྱིར། རྟགས་ཁས།

རང་ལུགས་ནི། རྒྱུན་ཞུགས་འབྲས་གནས་གང་ཞིག འཇིག་རྟེན་པའི་སྒོམ་ལམ་གྱིས་རང་གི་

自宗：「安住於『唯斷見所斷三結住類之沙門性果』之補特伽羅」，是住預流果之性相。彼以斷所斷門可分為：漸斷住預流果與頓斷住預流果二者。

對前者有云：「是住預流果，且漸次斷除三界修所斷煩惱，是漸斷住預流果之性相。」不應理，因漸斷住預流果頓斷三界修所斷煩惱故。理應如是，因彼於相續中一起生起欲界地攝之煩惱之正對治與色界地攝之彼，以及無色界地攝之彼之正對治三者故。理應如是，因彼三正對治是「是等遍」故。理應如是，因若是斷欲界地攝煩惱之補特伽羅，須是斷有頂煩惱之補特伽羅故。理應如是，因若是斷欲界地攝之補特伽羅我執的補特伽羅周遍是斷有頂煩惱之補特伽羅故。理應如是，因若是彼，周遍是斷補特伽羅我執之補特伽羅故。

復次，理應有有頂地攝之十二緣起支之最初無明，因若是十二緣起支之首無明，不周遍被無所有處以下地攝故。若不成則成相違。理應如是，因若是斷無所有處以下地攝煩惱之補特伽羅不周遍斷十二緣起支之最初無明故。理應如是，因若是彼不周遍是阿羅漢故，因若是彼，不周遍斷有頂煩惱故。承許因。

自宗：「是住預流果，且先以世間修道於自所應斷之世間修所

ངོ་སྐལ་གྱི་སྣང་བྱར་གྱུར་པའི་འཇིག་རྟེན་པའི་སྒོམ་སྤངས་ལ་ཆགས་བྲལ་སྔོན་དུ་བྱས་ནས། འཇིག་རྟེན་ལས་འདས་པའི་ལམ་ལ་བརྟེན་ནས་ཁམས་གསུམ་གྱི་ཉོན་མོངས་སྤོང་བ། སྤང་བྱ་རིམ་གྱིས་པའི་རྒྱུན་ཞུགས་ཀྱི་མཚན་ཉིད། དེ་ལ་སྐྱེ་བ་ལེན་ཚུལ་གྱི་སྒོ་ནས་དབྱེ་ན། རྒྱུན་ཞུགས་སྲིད་པ་ལན་བདུན་པ་བ་དང་། རྒྱུན་ཞུགས་རིགས་ནས་རིགས་སྐྱེ་གཉིས།

དང་པོ་ནི། ཁ་ཅིག རྟོགས་པའི་ཁྱད་པར་རྒྱུན་ཞུགས་ཀྱི་འབྲས་བུ་ལ་གནས་པ། སྤངས་པའི་ཁྱད་པར་འདོད་པའི་སྒོམ་སྤངས་སུ་གྱུར་པའི་ཉོན་མོངས་ཅུང་ཟད་ཀྱང་མ་སྤངས་པ། སྐྱེ་བའི་ཁྱད་པར་འདོད་པར་རིགས་མཐུན་གྱི་སྐྱེ་སྲིད་ལན་བདུན་ལེན་པར་ངེས་པ་དེ། རྒྱུན་ཞུགས་སྲིད་པ་ལན་བདུན་པ་བའི་མཚན་ཉིད་ཟེར་བ་མི་འཐད་དེ། འདོད་པར་རིགས་མཐུན་གྱི་སྐྱེ་སྲིད་ལན་བདུན་ལེན་པར་མ་ངེས་པའི་རྒྱུན་ཞུགས་སྲིད་པ་ལན་བདུན་པ་བ་ཡོད་པའི་ཕྱིར་ཏེ། མ་ངེས་པའི་རྒྱུན་ཞུགས་སྲིད་པ་ལན་བདུན་པ་བ་ཡོད་པའི་ཕྱིར་ཏེ། མཛོད་ལས། རེ་ལྟར་ཐོགས་ན་ལན་བདུན་པ། །ཞེས་པའི་འགྲེལ་པར། མཆོག་ཏུ་ཐོགས་ན་ལན་བདུན་པ་གཞན་ཡང་ཡོད་མོད་ཀྱིས་མ་ངེས་པས་མ་བརྗོད་ཅེས་གསུངས་པའི་ཕྱིར།

ཡང་དེ། ངེས་པའི་རྒྱུན་ཞུགས་སྲིད་པ་ལན་བདུན་པ་བའི་མཚན་ཉིད་ཟེར་ན།

འོ་ན། ངེས་པའི་རྒྱུན་ཞུགས་སྲིད་པ་ལན་བདུན་པ་བ་འཆི་འཕོས་མ་ཐག བར་སྲིད་གྲུབ་པའི་འདོད་པའི་བར་སྲིད་ཀྱི་རྟེན་ཅན་གྱི་རྒྱུན་ཞུགས་ཆོས་ཅན། མཚོན་བྱ་དེར་ཐལ། མཚན་ཉིད་དེའི་ཕྱིར། རྟགས་ཟུར་གསུམ་པ་དེར་ཐལ། ངེས་པའི་རྒྱུན་ཞུགས་སྲིད་པ་ལན་བདུན་པ་བ་དེ་དེ་ཡིན་པའི་ཕྱིར། འདོད་ན། དེ་ཆོས་ཅན། རྒྱུན་ཞུགས་ཀྱི་འབྲས་བུ་གསར་དུ་ཐོབ་པའི་རྒྱུན་ཞུགས་ཡིན་པར་ཐལ། འདོད་པའི་ཕྱིར། འདོད་མི་ནུས་ཏེ། ངེས་པའི་རྒྱུན་ཞུགས་སྲིད་པ་ལན་བདུན་པ་བའི་རྟོགས་པ་སྔོན་དུ་སོང་བའི་འདོད་པའི་བར་སྲིད་ཀྱི་རྟེན་ཅན་ཡིན་པའི་ཕྱིར།

ཁ་ཅིག ངེས་པའི་རྒྱུན་ཞུགས་སྲིད་པ་ལན་བདུན་པ་བ་དེས། འདོད་པར་རིགས་མཐུན་གྱི་སྐྱེ་སྲིད་བཅུ་བཞི་ལེན་ཏེ། དེས་འདོད་པའི་ལྷར་སྐྱེ་སྲིད་བདུན་དང་། མིར་སྐྱེ་སྲིད་བདུན་ལེན་པ་གང་ཞིག སྐྱེ་སྲིད་བདུན་ཚན་གཉིས་པོ་དེ་འདོད་པའི་སྐྱེ་སྲིད་དུ་རིགས་མཐུན་པའི་ཕྱིར་ཞེ་ན། མ་ཁྱབ་སྟེ། འོ་ན།

斷離貪，後依出世道正在斷除三界煩惱」，乃漸斷預流之性相。彼以投生門可分為：預流七返與預流家家二者。

初者，有云：「證量之差別住預流果，斷德之差別絲毫未斷除欲界修所斷煩惱，生起之差別決定受取七種欲界同類生有，乃預流七返之性相。」不應理，因有未決定受取七種欲界同類生有之預流七返故，因有預流不定七返故，因《俱舍論》云：「住果極七返。[96]」釋云：「餘位亦有極七返生。然非決定。是故不說。[97]」故。

又云：「彼是預流決定七返之性相。」

那麼，預流決定七返剛死歿，具形成中有之欲界中有所依之預流為有法，理應是彼名相，因是彼性相故。因之第三項理應如是，因預流決定七返是彼故。若許，彼為有法，理應是新證預流果之預流，因許故。不能許，因是曾有預流決定七返證量之具欲界中有所依故。

有云：「預流決定七返於欲界受取十四同類生有，因彼於欲天受取七次生有與於人七次生有，且二組生有同是欲界生有故。」不周遍。那麼，彼預流理應於欲界受取十四同類生有，因彼於欲界如

རྒྱུན་ཞུགས་དེས་འདོད་པའི་ཁམས་སུ་རིགས་མཐུན་གྱི་སྐྱེ་སྲིད་བཅུ་བཞི་ལེན་པར་ཐལ། དེས་འདོད་པར་དེ་ལྟར་ལེན་པའི་ཕྱིར། རྟགས་ཁས། འདོད་ན། དེས་རིགས་མཐུན་གྱི་སྐྱེ་སྲིད་བཅུ་བཞི་ལེན་པར་ཐལ། འདོད་པའི་ཕྱིར། འདོད་ན། འདོད་པའི་ལྷའི་སྐྱེ་སྲིད་དང་མིའི་སྐྱེ་སྲིད་གཉིས་རིགས་མཐུན་ཡིན་པར་ཐལ། འདོད་པའི་ཕྱིར། འདོད་ན། འདོད་པའི་འགྲོ་བ་ལྷ་མི་གཉིས་འགྲོ་བ་རིགས་མཐུན་ཡིན་པར་ཐལ། འདོད་པའི་ཕྱིར། འདོད་ན། འདོད་པའི་འགྲོ་བ་ཐམས་ཅད་འགྲོ་བ་རིགས་མཐུན་ཡིན་པར་ཐལ་ལོ། །

གཞན་ཡང་། དམ་བཅའ་དེ་མི་འཐད་པར་ཐལ། འདོད་པར་རིགས་མཐུན་གྱི་སྐྱེ་སྲིད་བདུན་ལས་ལྷག་པ་བརྒྱད་ཕྱིན་ཆད་ལེན་པའི་རྒྱུན་ཞུགས་འབྲས་གནས་མེད་པའི་ཕྱིར། དེར་ཐལ། མཛོད་འགྲེལ་ལས། གང་ཟག་ལྟ་བ་ཕུན་སུམ་ཚོགས་པ་སྲིད་པ་བརྒྱད་པ་མངོན་པར་འགྲུབ་པའི་སྐབས་མེད་དོ། །ཞེས་གསུངས་པའི་ཕྱིར་དང་། སྤྲུལ་གོམ་པ་བདུན་པའི་དཔེས་གསུངས་པའི་ཕྱིར།

ཁ་ཅིག འདོད་པར་སྐྱེ་སྲིད་བརྒྱད་ལེན་པའི་མ་ངེས་པའི་རྒྱུན་ཞུགས་སྲིད་པ་ལན་བདུན་པ་བ་མེད་ཟེར་བ་མི་འཐད་དེ། འདོད་པའི་ལྷ་མི་སྤོམ་པའི་ནང་དུ་སྐྱེ་སྲིད་བཅུ་ཙམ་ལེན་པའི་མ་ངེས་པའི་རྒྱུན་ཞུགས་སྲིད་པ་ལན་བདུན་པ་བ་ཁས་བླངས་པ་ལ་ཉེས་པ་མེད་པའི་ཕྱིར།

ཁོ་ན་རེ། འདོད་པར་སྐྱེ་སྲིད་བཅུ་བཞི་ལེན་པའི་མ་ངེས་པའི་རྒྱུན་ཞུགས་སྲིད་པ་ལན་བདུན་པ་བ་ཡོད་པར་ཐལ། འདོད་པར་སྐྱེ་སྲིད་བཅུ་གཉིས་དང་བཅུ་གསུམ་ལེན་པའི་དེ་ཡོད་པའི་ཕྱིར། དེར་ཐལ། འདོད་པར་སྐྱེ་སྲིད་བཅུ་དང་བཅུ་གཅིག་ལེན་པའི་དེ་ཡོད་པའི་ཕྱིར་ན། མ་ཁྱབ་སྙམ། ཡང་ན། འདོད་པར་སྐྱེ་སྲིད་བཅུ་བཞི་ལེན་པའི་དེ་ཡོད་ཀྱང་། རིགས་མཐུན་གྱི་སྐྱེ་སྲིད་བཅུ་བཞི་ལེན་པའི་དེ་མེད་པར་བྱ་སྟེ། འཇོག་མཚམས་དཀའ་བར་སྣང་ངོ། །

ཡང་ཁ་ཅིག འདོད་པར་རིགས་མཐུན་གྱི་སྲིད་པ་བཅོ་ལྔ་ཕན་ཆད་ལེན་པའི་ངེས་པའི་རྒྱུན་ཞུགས་སྲིད་པ་ལན་བདུན་པ་བ་མེད་ཟེར་བ་མི་འཐད་དེ། འདོད་པར་རིགས་མཐུན་གྱི་བར་སྲིད་བདུན། སྐྱེ་སྲིད་བདུན། སྔོན་དུས་ཀྱི་སྲིད་པ་བདུན། འཆི་སྲིད་བདུན་ཏེ། སྲིད་པ་ཉི་ཤུ་རྩ་བརྒྱད་ལེན་པའི་ངེས་པའི་རྒྱུན་ཞུགས་སྲིད་པ་ལན་བདུན་པ་བ་ཡོད་པའི་ཕྱིར།

是受取故。承許因。若許，彼理應受取十四同類生有，因許故。若許，欲天之生有與人之生有二者理應是同類，因許故。若許，欲界趣之天、人二者理應是同類眾生，因許故。若許，則一切欲界趣應成同類眾生。

復次，彼宗理應不應理，因於欲界無超過七同類生有，而受取第八之住預流果故。理應如是，因《俱舍論自釋》云：「補特伽羅見圓滿者無受第八有之機會。[98]」以及說七步蛇喻故。

有云：「無於欲界受取八生有之預流不定七返。」不應理，因「欲界天、人加起來共僅受取十生有之預流不定七返」之承許無過故。

有云：「理應有於欲界受取十四生有之預流不定七返，因有於欲界受取十二與十三生有之彼故。理應如是，因有於欲界受取十與十一生有之彼故。」思或不周遍。抑或有於欲界受取十四生有之彼，然主張無於欲界受取十四同類生有之彼，顯見難以安立界限。

又有云：「無於欲界受取超過十五同類有之預流決定七返。」不應理，因有於欲界受取七同類中有、七生有、七本有、七死有，二十八有之預流決定七返故。

ཁ་ཅིག རྒྱུན་ཞུགས་སྲིད་པ་ལན་བདུན་པ་བ་ཡིན་ན། རྒྱུན་ཞུགས་འབྲས་གནས་ཙམ་པོ་བ་ཡིན་པས་ཁྱབ་ཟེར་བ་མི་འཐད་དེ། དེ་དང་རྒྱུན་ཞུགས་འབྲས་གནས་ཁྱད་པར་ཅན་གྱི་གཞི་མཐུན་ཡོད་པའི་ཕྱིར། དེར་ཐལ། འདོད་པའི་སྒོམ་སྤངས་ཉོན་མོངས་དང་པོའི་དངོས་གཉེན་བར་ཆད་མེད་ལམ་ལ་གནས་པའི་ངེས་པའི་རྒྱུན་ཞུགས་སྲིད་པ་ལན་བདུན་པ་བ་ཡོད་པའི་ཕྱིར་ཏེ། འབྲས་གནས་སྒོམ་སྤང་བྱ་མ་ཟད། །ཅེས་གསུངས་ཀྱི། བྱ་མི་བརྩོན་ཞེས་མ་གསུངས་པའི་ཕྱིར། དེས་རྒྱུན་ཞུགས་སྲིད་པ་ལན་བདུན་པ་བ་ཡིན་ན། ཉན་ཐོས་མཐོང་ལམ་པ་ཡིན་པས་ཁྱབ་ཟེར་བ་ཁེགས་ཏེ། འདོད་པའི་སྒོམ་སྤངས་ཉོན་མོངས་དང་པོའི་དངོས་གཉེན་བར་ཆད་མེད་ལམ་ཡིན་ན། སྒོམ་ལམ་བར་ཆད་མེད་ལམ་ཡིན་པས་ཁྱབ་པའི་ཕྱིར།

རང་ལུགས་ནི། རྒྱུན་ཞུགས་ཀྱི་འབྲས་བུ་གསར་དུ་ཐོབ་པའི་རྒྱུན་ཞུགས་གང་ཞིག འདོད་པར་རིགས་མཐུན་གྱི་སྐྱེ་སྲིད་བདུན་ལེན་པའི་རིགས་ཅན་དེ། རྒྱུན་ཞུགས་སྲིད་པ་ལན་བདུན་པ་བའི་མཚན་ཉིད། དབྱེ་ན། ངེས་པའི་རྒྱུན་ཞུགས་སྲིད་པ་ལན་བདུན་པ་བ་དང་། མ་ངེས་པའི་རྒྱུན་ཞུགས་སྲིད་པ་ལན་བདུན་པ་བ་གཉིས། རྒྱུན་ཞུགས་སྲིད་པ་ལན་བདུན་པ་བ་གང་ཞིག སྔོན་སོ་སྐྱེའི་དུས་སུ་འཕགས་ལམ་ཐོབ་ནས་ཀྱང་འདོད་པར་རིགས་མཐུན་གྱི་ལྷའི་སྐྱེ་སྲིད་བདུན་དང་། མིའི་སྐྱེ་སྲིད་བདུན་ཏེ་སྐྱེ་སྲིད་བཅུ་བཞི་ལེན་པའི་ལས་བསགས་ཤིང་བསགས་པ་ལྟར་ལེན་པར་ངེས་པ། ངེས་པའི་རྒྱུན་ཞུགས་སྲིད་པ་ལན་བདུན་པ་བའི་མཚན་ཉིད། དབྱེ་ན། འདོད་ལྷའི་རྟེན་ཅན་གྱི་དེ་དང་། མིའི་རྟེན་ཅན་གྱི་དེ་གཉིས།

དང་པོ་སྐྱེ་བ་ལེན་ཚུལ་ལ། གསེར་འཕྲེང་དུ། འདོད་ལྷར་སྐྱེ་སྲིད་ལན་དྲུག་དང་། མིར་ལན་བདུན་བླངས་ནས་མཐར་ལྷའི་རྟེན་ལ་མྱང་འདས་མངོན་དུ་བྱེད་ཅིང་། གཉིས་པ་ལ་དེས་རིགས་འགྲེ་བར་བཤད་ཀྱང་། ཀུན་བཏུས་ཊཱི་ཀར། རེ་རེ་ཞིང་ཡན་མན་དུ་སྤེལ་ནས་སྐྱེ་སྲིད་བཅུ་བཞི་ལེན་པར་བཤད་པ་ལྟར་ལེགས་ཏེ། ཀུན་བཏུས་རྩ་བར། ལྷ་དང་མི་རྣམས་སུ་ཡན་མན་དུ་སྲིད་པར་འཁོར་བར་བྱས་ནས། ཞེས་གསུངས་པའི་ཕྱིར། རྒྱུན་ཞུགས་སྲིད་པ་ལན་བདུན་པ་བ་གང་ཞིག འདོད་པར་

有云：「若是預流七返周遍是住預流果但住者。」不應理，因有彼與住預流果勝進者之同位故。理應如是，因有住欲界修所斷煩惱第一品之正對治無間道之預流決定七返故，因云「未斷修斷失」而未云「未勤」故。彼能遮若是預流七返周遍是聲聞見道者，因若是欲界修所斷煩惱第一品之正對治無間道周遍是修道無間道故。

自宗：「是新證預流果之預流，且於欲界受取七次同類生有之品類」，乃預流七返之性相。可分為：預流決定七返與預流不定七返二者。「是預流七返，且昔於異生時，累積得聖道後仍於欲界決定受取七次同類天之生有與七次同類人之生有，共十四生有之業，如其所累積而決定受取者」，乃預流決定七返之性相，可分為具欲天所依預流決定七返與具人所依預流決定七返二者。

於前者受生之理，《金鬘疏善說》雖云於欲天受取六次生有、於人受取七次生有，最後於天所依證涅槃，次者亦以此類推。然《集論釋》所云「於一一上下間雜受取十四生有」為善，因《集論》本文中說：「於人天生往來雜受。[99]」故。「是預流七返，且於欲界不決定受取十四生有」，是預流不定七返之性相，或加上「不決定

སྐྱེ་སྲིད་བཅུ་བཞི་ལེན་པར་མ་ངེས་པ། མ་ངེས་པའི་རྒྱུན་ཞུགས་སྲིད་པ་ལན་བདུན་པ་བའི་མཚན་ཉིད། ཡང་ན། དེ་ལྟར་ལེན་པར་མ་ངེས་པའི་རིགས་ཅན་ཞེས་སྦྱར་རོ། །

མཁས་པ་ཁ་ཅིག རྒྱུན་ཞུགས་སྲིད་པ་ལན་བདུན་པ་བ་ཡིན་ན། ངེས་པའི་རྒྱུན་ཞུགས་སྲིད་པ་ལན་བདུན་པ་ཡིན་པས་ཁྱབ་ཟེར་བ་མི་འཐད་དེ། དེ་ལ་དེ་ལྟར་ལེན་པར་ངེས་མ་ངེས་གཉིས་སུ་དབྱེ་རིགས་པའི་ཕྱིར། དེར་ཐལ། རྗེའི་གསུངས་རབ་ལས། ལན་བདུན་པ་ལ་སྐྱེ་འཕགས་གཉིས། །འཕགས་པ་ལ་ཡང་ངེས་མ་ངེས་ཞེས་གསུངས་པའི་ཕྱིར།

ཁ་ཅིག འཇིག་རྟེན་པའི་སྒོམ་སྤང་སུ་གྱུར་པའི་འདོད་ཉོན་གསུམ་པ་དང་བཞི་པ་གང་རུང་སྤངས་པའི་རྒྱུན་ཞུགས་འབྲས་གནས་ཁྱད་པར་ཅན་གང་ཞིག འདོད་པར་རིགས་མཐུན་གྱི་སྐྱེ་སྲིད་བཞི་པ་མི་ལེན་པ་དེ། རྒྱུན་ཞུགས་རིགས་ནས་རིགས་སྐྱེའི་མཚན་ཉིད་ཟེར་བ་མི་འཐད་དེ། དེ་ཡིན་ན་འཇིག་རྟེན་པའི་སྒོམ་སྤང་སུ་གྱུར་པའི་འདོད་ཉོན་བཞི་པ་སྤངས་པས་མ་ཁྱབ་པ་གང་ཞིག དེ་མ་སྤངས་ན་འཇིག་རྟེན་པའི་སྒོམ་སྤང་སུ་གྱུར་པའི་འདོད་ཉོན་གསུམ་པ་དང་བཞི་པ་གང་རུང་མ་སྤངས་དགོས་པའི་ཕྱིར། དང་པོ་དེར་ཐལ། མཛོད་ལས། ཉམ་གསུམ་ཉམ་བཞི་ལས་གྲོལ་བ། །ཞེས་འཇིག་རྟེན་པའི་སྒོམ་སྤང་སུ་གྱུར་པའི་འདོད་ཉོན་གསུམ་པ་སྤངས་པས་ཁྱབ་ཀྱང་། འཇིག་རྟེན་པའི་སྒོམ་སྤང་སུ་གྱུར་པའི་འདོད་ཉོན་བཞི་པ་སྤངས་མ་སྤངས་གཉིས་ཀ་ཡོད་པར་གསུངས་པའི་ཕྱིར།

ཁ་ཅིག འདོད་པར་རིགས་མཐུན་གྱི་སྐྱེ་སྲིད་བཞི་ལེན་པའི་རྒྱུན་ཞུགས་རིགས་ནས་རིགས་སྐྱེ་ཡོད་ཟེར་བ་མི་འཐད་དེ། དེ་ཡིན་ན་འདོད་པར་རིགས་མཐུན་གྱི་སྐྱེ་སྲིད་གསུམ་ལེན་པས་མ་ཁྱབ་པའི་ཕྱིར། དེར་ཐལ། ཚེ་གཉིས་གསུམ་དུ་རིགས་ནས་རིགས། །ཞེས་འདོད་པར་རིགས་མཐུན་གྱི་སྐྱེ་སྲིད་གཉིས་ལེན་པས་ཁྱབ་ཀྱང་གསུམ་ལེན་མི་ལེན་གཉིས་ཀ་ཡོད་པར་གསུངས་པའི་ཕྱིར།

དེ་ལ་ཁོ་ན་རེ། དེ་ཡོད་པར་ཐལ། རྒྱལ་ཆེན་རིགས་བཞི་པའི་རྟེན་ལ་སྐྱེ་སྲིད་གསུམ་བླངས་ནས་སུམ་ཅུ་རྩ་གསུམ་པའི་སྔོན་དུས་ཀྱི་སྲིད་པའི་རྟེན་ལ་མྱང་འདས་མངོན་དུ་བྱེད་པའི་རྒྱུན་ཞུགས་ལྷའི་རིགས་ནས་རིགས་སྐྱེ་ཡོད་པའི་ཕྱིར། དེར་ཐལ། མཛོད་འགྲེལ་ལས། ལྷའི་རིགས་ནས་རིགས་སུ་སྐྱེ་

如此受取之品類」。

有學者云：「若是預流七返周遍是預流決定七返。」不應理，因彼可以分為如是定不定受取二者故。理應如是，因宗大師著作中「七返凡聖二，聖者定不定。[100]」故。

有云：「是斷除世間修所斷欲界煩惱第三品或第四品隨一之住預流果勝進者，且於欲界不受取第四同類生有，乃預流家家之性相。」不應理，因若是彼，不周遍斷世間修所斷欲界煩惱第四品，且若不斷彼須不斷世間修所斷欲界煩惱第三品或第四品隨一故。初者理應如是，因《俱舍論》云：「斷欲三四品。[101]」此說周遍斷除世間修所斷欲界煩惱第三品，然有斷不斷除世間修所斷欲界煩惱第四品二者故。

有云：「有於欲界受取四同類生有之預流家家。」不應理，因若是彼，不周遍於欲界受取三同類生有故。理應如是，因「三二生家家[102]」闡述雖周遍於欲界受取二同類生有，然有受取不受取三〔同類生有〕二者故。

對此有云：「理應有彼，因有於四天王天之所依受取三生有後，於三十三天之本有所依證涅槃之預流天家家故。理應如是，因《俱舍論自釋》云：『天家家乃是所有於諸天中流轉二或三家後，於彼

བ་ནི་གང་ཞིག་ལྷ་དག་གི་ནང་དུ་རིགས་གཉིས་སམ་གསུམ་འཁོར་ནས། ལྷའི་རིགས་དེའམ་གཞན་དུ་ཡོངས་སུ་མྱ་ངན་ལས་འདའ་བ་གང་ཡིན་པའོ། ། ཞེས་གསུངས་པའི་ཕྱིར་དང་། དེའི་འགྲེལ་ཆ་ཤས་ཀྱང་གསལ་བར་གསུངས་པའི་ཕྱིར།

ཡང་དེ་ཡོད་པར་ཐལ། འཛམ་བུ་གླིང་གི་རྟེན་ལ་སྐྱེ་སྲིད་གསུམ་བླངས་ནས། ལུས་འཕགས་གླིང་གི་སྔོན་དུས་ཀྱི་སྲིད་པའི་རྟེན་ལ་མྱང་འདས་མངོན་དུ་བྱེད་པའི་རྒྱུན་ཞུགས་མིའི་རིགས་ནས་རིགས་སྐྱེ་ཡོད་པའི་ཕྱིར་ཞེ་ན། སྐྱོན་མེད་དེ། ལུང་དེའི་དོན་ནི། སུམ་ཅུ་རྩ་གསུམ་དུ་སྐྱེ་སྲིད་གསུམ་བླངས་ན། དེའི་རྟེན་ལ་ངེས་པར་མྱང་འདས་མངོན་དུ་བྱེད་པ་དང་། དེར་སྐྱེ་སྲིད་གཉིས་བླངས་ན། དེའི་རྟེན་ནམ་རྒྱལ་ཆེན་རིགས་བཞི་པའི་རྟེན་ལ་མྱང་འདས་མངོན་དུ་བྱེད་པ་ཡོད་ཅེས་པའི་དོན་ཡིན་པའི་ཕྱིར།

རང་ལུགས་ནི། འཇིག་རྟེན་པའི་སྒོམ་སྤངས་སུ་གྱུར་པའི་འདོད་ཉོན་གསུམ་པ་སྤངས་པའི་རྒྱུན་ཞུགས་ཀྱི་འབྲས་བུ་གསར་དུ་ཐོབ་པའི་རྒྱུན་ཞུགས་འབྲས་གནས་ཁྱད་པར་ཅན་གང་ཞིག འདོད་པར་རིགས་མཐུན་གྱི་སྐྱེ་སྲིད་གཉིས་སམ་གསུམ་ལེན་ཞིང་། བཞི་མི་ལེན་པ་དེ། རྒྱུན་ཞུགས་རིགས་ནས་རིགས་སྐྱེའི་མཚན་ཉིད། དབྱེ་ན་གཉིས། ཡང་སྤང་བྱ་རིམ་གྱིས་པའི་རྒྱུན་ཞུགས་ལ་དབྱེ་ན། སྤང་བྱ་རིམ་གྱིས་པའི་རྒྱུན་ཞུགས་འབྲས་གནས་ཙམ་པོ་བ་དང་། ཁྱད་པར་ཅན་གཉིས།

དེ་གཉིས་ཀྱི་ཁྱད་པར་ལ་ཁ་ཅིག སྤང་བྱ་རིམ་གྱིས་པའི་རྒྱུན་ཞུགས་འབྲས་གནས་གཞིར་བྱས་ལ། རང་གི་གོང་མའི་འབྲས་བུ་ཐོབ་ཕྱིར་དུ་བརྩོན་པ་དང་། མི་བརྩོན་པ་ལ་བྱེད་པ་མི་རིགས་ཏེ། རང་གི་གོང་མའི་འབྲས་བུ་ཐོབ་ཕྱིར་དུ་བརྩོན་བཞིན་པའི་རྒྱུན་ཞུགས་འབྲས་གནས་ཙམ་པོ་བ་ཡོད་པའི་ཕྱིར། དེར་ཐལ། དགྲ་བཅོམ་པའི་འབྲས་བུ་ཐོབ་ཕྱིར་དུ་བརྩོན་བཞིན་པའི་དེ་ཡོད་པའི་ཕྱིར་ཏེ། ཐར་པ་ཐོབ་ཕྱིར་དུ་བརྩོན་བཞིན་པའི་དེ་ཡོད་པའི་ཕྱིར།

རང་ལུགས་ནི། སྤང་བྱ་རིམ་གྱིས་པའི་རྒྱུན་ཞུགས་གང་ཞིག རང་གི་གོང་མའི་འབྲས་བུ་ཐོབ་

天家或餘〔處〕涅槃。[103]』以及彼之釋亦明說故。」

又有云：「彼理應有，因有於〔南〕贍部洲所依受取三生有後，於〔東〕勝神洲之本有所依證涅槃之預流人家家故。」無過，因彼釋之義乃有「若於三十三天受取三生有後，則決定於其所依證涅槃」與「若於彼受取二生有，則於其所依或四天王天之所依證涅槃」之義故。

自宗：「是斷世間修所斷欲界煩惱第三品之新證預流果之住預流果勝進者，且於欲界受取二或三同類生有，不受取第四」，乃預流家家之性相，可分為二。又漸斷預流可分為漸斷住預流果但住者與勝進者二者。

對彼二者之差別，有云：「同是漸斷住預流果，為證自上果而精勤與不精勤。」不合理，因有為證自上果而正在精勤之住預流果但住者故。理應如是，因有為證阿羅漢果而正在精勤之彼故，因有為證解脫而正在精勤之彼故。

自宗：「是漸斷預流，且正安住於為證自上果而正在精勤之無

ཕྱིར་དུ་བརྟོན་བཞིན་པའི་བར་ཆད་མེད་ལམ་ལ་གནས་བཞིན་པ་དེ། སྤྱང་བྱེ་རིམ་གྱིས་པའི་རྒྱུན་ཞུགས་འབྲས་གནས་ཁྱད་པར་ཅན་གྱི་མཚན་ཉིད། དཔེར་ན། འདོད་ཉོན་དང་པོའི་དངོས་གཉེན་ལ་གནས་པའི་སྤྱང་བྱེ་རིམ་གྱིས་པའི་རྒྱུན་ཞུགས་ལྟ་བུ། སྤྱང་བྱེ་རིམ་གྱིས་པའི་རྒྱུན་ཞུགས་འབྲས་གནས་ཙམ་པོ་བ་དང་། ཁྱད་པར་ཅན་གང་རུང་གང་ཞིག རང་གི་གོང་མའི་འབྲས་བུ་ཐོབ་ཕྱིར་དུ་བརྟོན་བཞིན་པའི་བར་ཆད་མེད་ལམ་ལ་གནས་བཞིན་པ་མ་ཡིན་པའི་གང་ཟག་དེ། སྤྱང་བྱེ་རིམ་གྱིས་པའི་རྒྱུན་ཞུགས་འབྲས་གནས་ཙམ་པོ་བའི་མཚན་ཉིད། དཔེར་ན། འདོད་ཉོན་དང་པོ་སྤྱངས་པའི་རྣམ་གྲོལ་ལམ་ལ་གནས་བཞིན་པའི་སྤྱང་བྱེ་རིམ་གྱིས་པའི་རྒྱུན་ཞུགས་ལྟ་བུ།

རྒྱུན་ཞུགས་སྲིད་པ་ལན་བདུན་པ་བ་ལ་རྒྱུན་ཞུགས་འབྲས་གནས་ཙམ་ཁྱད་གཉིས་ཀ་ཡོད་ཀྱང་། རྒྱུན་ཞུགས་རིགས་ནས་རིགས་སྐྱེ་ཡིན་ན། རྒྱུན་ཞུགས་འབྲས་གནས་ཁྱད་པར་ཅན་ཡིན་དགོས་ཏེ། དཀྲིག་གཉེན་གྱིས། ཇི་སྲིད་དུ་འབྲས་བུ་ཁྱད་པར་ཅན་གྱི་ལམ་མངོན་དུ་མ་བྱས་པ་དེ་སྲིད་དུ་རིགས་ནས་རིགས་སུ་སྐྱེ་བའམ་བར་ཆད་གཅིག་པ་མ་ཡིན་ནོ། །ཞེས་གསུངས་པའི་ཕྱིར།

སྤྱང་བྱེ་རིམ་གྱིས་པའི་རྒྱུན་ཞུགས་འབྲས་གནས་ཡིན་ན། འབྲས་བུ་རིམ་གྱིས་པའི་རྒྱུན་ཞུགས་འབྲས་གནས་ཡིན་པས་ཁྱབ་སྟེ། དེ་ཡིན་ན་འབྲས་བུ་ཕྱི་མ་གསུམ་མངོན་དུ་བྱེད་པས་ཁྱབ་པའི་ཕྱིར། དེར་ཐལ། སྤྱང་བྱེ་རིམ་གྱིས་པའི་རྒྱུན་ཞུགས་འབྲས་གནས་ཙམ་པོ་བ་ཡིན་ན། དེ་གསུམ་མངོན་དུ་བྱེད་པས་ཁྱབ། སྤྱང་བྱེ་རིམ་གྱིས་པའི་རྒྱུན་ཞུགས་འབྲས་གནས་ཁྱད་པར་ཅན་ཡིན་ནའང་། དེ་གསུམ་མངོན་དུ་བྱེད་པས་ཁྱབ་པའི་ཕྱིར། དང་པོ་དེར་ཐལ། སྤྱང་བྱེ་རིམ་གྱིས་པའི་རྒྱུན་ཞུགས་འབྲས་གནས་ཙམ་པོ་བ་རང་རྒྱལ་དུ་འགྱུར་བར་མ་བཤད་པའི་ཕྱིར། ཕྱི་མ་དེར་ཐལ། དེ་ཡིན་ན་འབྲས་བུ་རིམ་གྱིས་པའི་ཕྱིར་འོང་ཞུགས་པ་ཡིན་པས་ཁྱབ་པའི་ཕྱིར། སྤྱང་བྱེ་རིམ་གྱིས་པའི་རྒྱུན་ཞུགས་ཀྱིས་ས་མཚམས་ཡོད་དེ། ཉན་ཐོས་ཀྱི་མཐོང་ལམ་རྣམ་གྲོལ་ལམ་ནས། འཇིག་རྟེན་པའི་སྒོམ་སྤྱང་འདོད་ཉོན་དྲུག་པ་སྤོང་བའི་བར་ཆད་མེད་ལམ་ལ་གནས་པའི་བར་དུ་ཡོད་པའི་ཕྱིར།

སྤྱང་བྱེ་ཅིག་ཆར་པའི་རྒྱུན་ཞུགས་ལ་ཁ་ཅིག རྒྱུན་ཞུགས་འབྲས་གནས་གང་ཞིག བསམ་གཏན་དང་པོའི་ཉེར་བསྡོགས་མི་ལྕོགས་མེད་ལ་བརྟེན་ནས་ཁམས་གསུམ་གྱི་སྒོམ་སྤྱངས་ཉོན་མོངས་

間道」，是漸斷住預流果勝進者之性相。例如：住第一欲界煩惱之正對治之漸斷預流。「是漸斷住預流果但住者與勝進者隨一，且非正安住於為證自上果而正在精勤之無間道之補特伽羅」，是漸斷住預流果但住者之性相。例如：正住於斷欲界第一品煩惱之解脫道之漸斷預流。

預流七返雖有住預流果但住者與勝進者二者，然若是預流家家須是住預流果勝進者，因世親云：「乃至未證殊勝果道，非家家或一間。[104]」故。

若是漸斷住預流果，周遍是次第證住預流果，因若是彼，周遍現起後三果故。理應如是，因若是漸斷住預流果但住者周遍證彼三者，即使是漸斷住預流果勝進者亦周遍證彼三者故。初者理應如是，因未有云漸斷住預流果但住者轉成獨覺故。後者理應如是，因若是彼周遍是次第證一來向故。有漸斷預流之界限，因自聲聞見道解脫道乃至安住於正斷世間修所斷欲界煩惱第六品之無間道之間有故。

對於頓斷預流，有云：「是住預流果，且依初靜慮近分未至定頓斷三界修所斷煩惱，是彼之性相。」不應理，因漸斷預流頓斷三

ཅིག་ཅར་སྤོང་བ་དེ། དེའི་མཚན་ཉིད་ཟེར་བ་མི་འཐད་དེ། སྤང་བྱ་རིམ་གྱིས་པའི་རྒྱུན་ཞུགས་དེས་ཁམས་གསུམ་གྱི་སྒོམ་སྤངས་ཉོན་མོངས་གསུམ་ཅིག་ཆར་སྤོང་བའི་ཕྱིར། རྟགས་བསྒྲུབས་ཟིན།

དེ་ལ་ཁོ་ན་རེ། དེས་ཁམས་གསུམ་གྱི་ཉོན་མོངས་རྣམས་ཅིག་ཆར་དུ་དངོས་སུ་སྤོང་བར་ཐལ། དམ་བཅའ་འཐད་པའི་ཕྱིར། འདོད་ན། དེས་ཁམས་གསུམ་གྱི་སྒོམ་སྤངས་ཉོན་མོངས་ཆུང་འབྲིང་ཆེ་སོགས་དགུ་ཅིག་ཆར་དུ་དངོས་སུ་སྤང་བར་ཐལ། འདོད་པའི་ཕྱིར་ན། མ་ཁྱབ།

རང་ལུགས་ནི། རྒྱུན་ཞུགས་འབྲས་གནས་གང་ཞིག གོང་སའི་སྙོམས་འཇུག་གིས་འཇིག་རྟེན་པའི་སྒོམ་སྤངས་སུ་གྱུར་པའི་འདོད་ཉོན་ལ་ཆགས་བྲལ་སྔོན་དུ་མ་བཏང་བར། བསམ་གཏན་དང་པོའི་ཉེར་བསྡོགས་མི་ལྕོགས་མེད་ལ་བརྟེན་ནས་ཁམས་གསུམ་གྱི་སྒོམ་སྤངས་ཉོན་མོངས་གསུམ་གྱི་ས་བོན་ཅིག་ཆར་སྤོང་བ། སྤང་བྱ་ཅིག་ཆར་བའི་རྒྱུན་ཞུགས་ཀྱི་མཚན་ཉིད། དབྱེ་ན། སྤང་བྱ་ཅིག་ཆར་བའི་རྒྱུན་ཞུགས་འབྲས་གནས་ཙམ་པོ་བ་དང་། སྤང་བྱ་ཅིག་ཆར་བའི་རྒྱུན་ཞུགས་འབྲས་གནས་ཁྱད་པར་ཅན་གཉིས། ཕྱི་མ་དང་སྤང་བྱ་ཅིག་ཆར་བའི་དགྲ་བཅོམ་ཞུགས་པ་གཉིས་དོན་གཅིག ས་མཚམས་ཡོད་དེ། ཉན་ཐོས་ཀྱི་མཐོང་ལམ་རྣམ་གྲོལ་ལམ་ནས། ཁམས་གསུམ་གྱི་སྒོམ་སྤངས་ཉོན་མོངས་ཆུང་ངུའི་ཆུང་ངུ་གསུམ་གྱི་དངོས་གཉེན་བར་ཆད་མེད་ལམ་ལ་གནས་པའི་བར་དུ་ཡོད་པའི་ཕྱིར།

ཁ་ཅིག རྒྱུན་ཞུགས་མཐོང་ཆོས་ཞི་དང་། བར་འདའ་བ་དང་། སྐྱེས་འདའ་བ་སོགས་མེད་ཟེར་བ་མི་འཐད་དེ། ཀུན་བཏུས་ལས། ཕལ་ཆེར་ནི་མཐོང་བའི་ཆོས་སམ། ཞེས་པས་མཐོང་ཆོས་ཞི་དང་། འཆི་བའི་དུས་ཀྱི་ཚེ་ཀུན་ཤེས་པ་ཐོབ་པར་བྱེད་དོ། །ཞེས་པས་བར་འདའ་བ་དང་། འདོད་པའི་ཁམས་ཉིད་དུ་སྐྱེ་སྟེ། ཞེས་པས་སྐྱེས་འདའ་བ་བསྟན་པའི་ཕྱིར།

ཁོ་ན་རེ། སྐྱོན་མེད་དེ། མཐོང་བའི་ཆོས་འཆི་བའི་དུས་དེར་མྱང་འདས་མངོན་དུ་བྱེད་པའི་རྒྱུན་ཞུགས་ཡོད་པ་ལ་དགོངས་པའི་ཕྱིར་ཞེ་ན། མི་འཐད་པར་ཐལ། གང་ཟག་གི་བདག་མེད་ལ་མཉམ་པར་བཞག་བཞིན་པའི་ཉན་ཐོས་ཀྱི་རྒྱུད་ལ་འཆི་སེམས་མངོན་གྱུར་དུ་མེད་པའི་ཕྱིར་ཏེ། རྩ་གཅིག

◆現觀辨析（上）

界之三修所斷煩惱故。因已證成。

對此有云：「彼理應直接頓斷三界諸煩惱，因彼宗應理故。若許，彼理應直接頓斷三界修所斷下、中、上品等九煩惱，因許故。」不周遍。

自宗：「是住預流果，且未先由上地等至於世間修所斷欲界煩惱離貪，依第一靜慮近分未至定，頓斷三界修所斷煩惱三者之種子」，乃頓斷預流之性相，可分為頓斷住預流果但住者與頓斷住預流果勝進者二者。後者與頓斷阿羅漢向二者同義。有界限，因自聲聞見道解脫道乃至安住於下下品三界修所斷煩惱三者之正對治無間道之間有故。

有云：「無預流現法寂滅、中般、生般等。」不應理，因《集論》[105]云：「多於現法或」顯示現法寂滅，「臨終時，得具知根」顯示中般，「還生欲界」顯示生般故。

有云：「無過，因慮及有於現法臨終之彼時證涅槃之預流故。」理應不應理，因正入定於補特伽羅無我之聲聞相續中死心不現起故，因云：「非定無心二。[106]」故。

སེམས་མེད་ལ་དེ་མེད། །ཅེས་གསུངས་པའི་ཕྱིར།

གཞན་ཡང་། དེ་མི་འཐད་པར་ཐལ། མཐོང་བའི་ཆོས་སམ་ཞེས། ཐ་དད་དུ་གསུངས་པའི་ཕྱིར།

གཞན་ཡང་། རྒྱུན་ཞུགས་མཐོང་ཆོས་ཞི་ཡོད་པར་ཐལ་འཆི་སྲིད་ཀྱི་སྔོན་ལ་མྱང་འདས་མངོན་དུ་བྱེད་པའི་སྤྱང་བྱ་ཅིག་ཆར་བའི་རྒྱུན་ཞུགས་ཡིན་ན། རྒྱུན་ཞུགས་མཐོང་ཆོས་ཞི་ཡིན་དགོས་པའི་ཕྱིར།

ཁ་ཅིག སྤྱང་བྱ་ཅིག་ཆར་བའི་རྒྱུན་ཞུགས་དེས་ཕྱིར་འོང་དང་ཕྱིར་མི་འོང་གི་འབྲས་བུ་མངོན་དུ་མི་བྱེད་ཀྱང་དེ་ཡིན་ན་ཉན་ཐོས་དགྲ་བཅོམ་པའི་འབྲས་བུ་མངོན་དུ་བྱེད་པས་ཁྱབ་པར་སྨྲ་བ་མི་འཐད་དེ། ཀུན་བཏུས་ལས། སངས་རྒྱས་འབྱུང་བ་མེད་པ་ན་རང་རྒྱལ་བར་འགྱུར་རོ། །ཞེས་སངས་རྒྱས་དང་ཐད་ན་ཉན་ཐོས་དགྲ་བཅོམ་དུ་འགྱུར་ཞིང་། མ་ཐད་ན་རང་རྒྱལ་དུ་འགྱུར་བའི་སྤྱང་བྱ་ཅིག་ཆར་བའི་རྒྱུན་ཞུགས་གསུངས་པའི་ཕྱིར།

ཁ་ཅིག རྒྱུན་ཞུགས་ཡིན་ན། འབྲས་བུ་རིམ་གྱིས་པ་དང་འབྲས་བུ་ཐོད་རྒལ་བ་གང་རུང་ཡིན་པས་ཁྱབ་ཟེར་བ་མི་འཐད་དེ། སྤྱང་བྱ་ཅིག་ཆར་བའི་རྒྱུན་ཞུགས་དེ་འབྲས་བུ་རིམ་གྱིས་པ་མ་ཡིན་པ་གང་ཞིག འབྲས་བུ་ཐོད་རྒལ་བ་ཡང་མ་ཡིན་པའི་ཕྱིར། དང་པོ་དེར་ཐལ། དེས་འབྲས་བུ་བར་པ་གཉིས་མངོན་དུ་མི་བྱེད་པའི་ཕྱིར། མ་གྲུབ་ན། དེའི་རྟོགས་པ་སྔོན་སོང་གི་ཕྱིར་མི་འོང་དེ་འབྲས་བུ་རིམ་གྱིས་པའི་ཕྱིར་མི་འོང་ཡིན་པར་ཐལ། མ་གྲུབ་པ་དེའི་ཕྱིར། འདོད་ན། དེ་བསམ་གཏན་གྱི་དངོས་གཞིའི་སྙོམས་འཇུག་ཐོབ་པའི་གང་ཟག་ཏུ་ཐལ། འདོད་པའི་ཕྱིར།

འདོད་ན། སྤྱང་བྱ་ཅིག་ཆར་བའི་རྒྱུན་ཞུགས་དེ་སྤྱང་བྱ་རིམ་གྱིས་པ་ཡིན་པར་ཐལ། དེ་གོང་མའི་སྙོམས་འཇུག་གིས་འཇིག་རྟེན་པའི་སྒོམ་སྤངས་སུ་གྱུར་པའི་འདོད་ཉོན་ལ་ཆགས་བྲལ་སྔོན་དུ་བཏང་ནས། འཇིག་རྟེན་ལས་འདས་པའི་ལམ་ལ་བརྟེན་ཏེ་ཁམས་གསུམ་གྱི་ཉོན་མོངས་ཀྱི་ས་བོན་སྤོང་བའི་ཕྱིར། རྩ་རྟགས་གཉིས་པ་དེ་འབྲས་བུ་ཐོད་རྒལ་བ་མ་ཡིན་པ་མ་གྲུབ་ན། དེར་ཐལ། དེ་རྒྱུན་ཞུགས་ཀྱི་འབྲས་བུའི་སྔོན་དུ་ཐོབ་རྒྱུའི་དགེ་སྦྱོང་ཚུལ་གྱི་འབྲས་བུ་ལས་རྒལ་ནས་རྒྱུན་ཞུགས་ཀྱི་འབྲས་བུ་ཐོབ་པ་མ་ཡིན་པའི་ཕྱིར། དེར་ཐལ། རྒྱུན་ཞུགས་ཀྱི་འབྲས་བུ་དེ་དགེ་སྦྱོང་ཚུལ་གྱི་

◆現觀辨析（上）

再者，彼理應不應理，因「現法或」另說故。

再者，理應有預流現法寂滅，因若是於死有前證涅槃之頓斷預流，須是預流現法寂滅故。

有云：「頓斷預流雖不證一來與不還果，然若是彼周遍證聲聞阿羅漢果。」不應理，因《集論》「出無佛世，成為獨覺[107]」云若值遇佛成聲聞阿羅漢，若不遇成獨覺之頓斷預流故。

有云：「若是預流周遍是次第證與超證隨一。」不應理，因頓斷預流非次第證者，且亦非超證故。初者理應如是，因彼不證中間二果故。若不成，曾有彼之證量之不還理應是次第證不還，因前之不成故。若許，彼理應是證根本靜慮等至之補特伽羅，因許故。

若許，頓斷預流理應是漸斷者，因彼先以上地等至於世間修所斷欲界煩惱離貪，再依出世道斷三界煩惱之種子故。第二根本因——彼非超證——若不成，理應如是，因彼非於預流果前超越將得之沙門性果而證預流果故。理應如是，因預流果是沙門性果之首故。

འབྲས་བུའི་ཐོག་མ་ཡིན་པའི་ཕྱིར།

ཁོ་ན་རེ། དེ་འབྲས་བུ་ཐོད་རྒྱལ་བ་ཡིན་པར་ཐལ། དེ་འབྲས་བུ་བར་པ་གཉིས་མངོན་དུ་མ་བྱས་པར་དགྲ་བཅོམ་པའི་འབྲས་བུ་མངོན་དུ་བྱེད་པའི་འབྲས་གནས་ཡིན་པའི་ཕྱིར་ན། མ་ཁྱབ། འོ་ན། སྤང་བྱ་ཅིག་ཆར་བའི་དགྲ་བཅོམ་འབྲས་གནས་དེ་འབྲས་བུ་ཐོད་རྒྱལ་བ་ཡིན་པར་ཐལ། དེ་འབྲས་བུ་བར་པ་གཉིས་མངོན་དུ་མ་བྱས་པར་དགྲ་བཅོམ་པའི་འབྲས་བུ་མངོན་དུ་བྱས་པའི་དགྲ་བཅོམ་ཡིན་པའི་ཕྱིར། ཁྱབ་པ་ཁས། འདོད་ན། དེས་དགྲ་བཅོམ་པའི་འབྲས་བུའི་སྔོན་དུ་ཐོབ་རྒྱུའི་དགེ་སྦྱོང་ཚུལ་གྱི་འབྲས་བུ་མངོན་དུ་མ་བྱས་པར་ཐལ། འདོད་པའི་ཕྱིར། འདོད་ན། དེས་རྒྱུན་ཞུགས་ཀྱི་འབྲས་བུ་མངོན་དུ་མ་བྱས་པར་ཐལ་ལོ། །

ཁ་ཅིག ཆགས་བྲལ་སྔོན་སོང་གི་རྒྱུན་ཞུགས་ཡོད་དེ། མཐོང་ལམ་གྱི་སྔ་རོལ་དུ་ཞི་རགས་ཀྱི་རྣམ་པ་ཅན་གྱི་འཇིག་རྟེན་པའི་ལམ་ལ་བརྟེན་ནས་འཇིག་རྟེན་པའི་སྒོམ་སྤངས་སུ་གྱུར་པའི་འདོད་ཉོན་བཞི་པ་ལ་ཆགས་པ་དང་བྲལ་བའི་རྒྱུན་ཞུགས་ཡོད་པའི་ཕྱིར་ན། མ་ཁྱབ། རྟགས་དེར་ཐལ། མཐོང་ལམ་གྱི་སྔ་རོལ་དུ་ཞི་རགས་ཀྱི་རྣམ་པ་ཅན་གྱི་འཇིག་རྟེན་པའི་ལམ་ལ་བརྟེན་ནས་འཇིག་རྟེན་པའི་སྒོམ་སྤངས་སུ་གྱུར་པའི་འདོད་ཉོན་དྲུག་པ་ལ་ཆགས་པ་དང་བྲལ་བའི་ཕྱིར་འོང་ཡོད་པའི་ཕྱིར། དེར་ཐལ། དེའི་སྔ་རོལ་དུ་དེ་ལ་བརྟེན་ནས་འཇིག་རྟེན་པའི་སྒོམ་སྤངས་སུ་གྱུར་པའི་འདོད་ཉོན་དགུ་པ་ལ་ཆགས་པ་དང་བྲལ་བའི་ཕྱིར་མི་འོང་ཡོད་པའི་ཕྱིར། དེར་ཐལ། ཆགས་བྲལ་སྔོན་སོང་གི་ཕྱིར་མི་འོང་ཡོད་པའི་ཕྱིར་ན། མ་ཁྱབ་མཚམས་སུ་མ་ཁྱབ་པར་ཐལ། འཇིག་རྟེན་པའི་སྒོམ་སྤངས་འདོད་ཉོན་བཞི་པ་དེ་རྒྱུན་ཞུགས་ཀྱི་འབྲས་བུ་ཐོབ་པ་ལ་གེགས་བྱེད་ཀྱི་གཙོ་བོ་མ་ཡིན་པའི་ཕྱིར། དེར་ཐལ། མཐོང་སྤངས་ཀུན་སྦྱོར་གསུམ་པོ་དེ་དེ་ཡིན་པའི་ཕྱིར།

གཞན་ཡང་། མཐོང་ལམ་གྱི་སྔ་རོལ་དུ་མཐོང་སྤངས་ཀུན་སྦྱོར་གསུམ་སྤངས་པའི་རྒྱུན་ཞུགས་ཡོད་པར་ཐལ། ཆགས་བྲལ་སྔོན་སོང་གི་རྒྱུན་ཞུགས་ཡོད་པའི་ཕྱིར། རྟགས་ཁས། འདོད་མི་ནུས་ཏེ། མཐོང་ལམ་གྱི་སྔ་རོལ་དུ་མཐོང་ལམ་རྣམ་གྲོལ་ལམ་མེད་པའི་ཕྱིར།

ཁ་ཅིག སྤང་བྱ་རིམ་གྱིས་པའི་རྒྱུན་ཞུགས་དེ་འབྲས་བུ་རིམ་གྱིས་པའི་རྒྱུན་ཞུགས་མ་ཡིན་

有云：「彼理應是超證，因彼是未證中間二果而證阿羅漢果之住果故。」不周遍。那麼，頓斷住阿羅漢果理應是超證，因彼是未證中間二果而證阿羅漢果之阿羅漢故。承許周遍。若許，彼證阿羅漢果前，理應不證將證之沙門性果，因許故。若許，彼應成不證預流果。

有云：「有先離貪預流，因有於見道前依粗靜行相之世間道而於世間修所斷欲界第四品煩惱離貪之預流故。」不周遍。彼因理應如是，因有於見道前依粗靜行相之世間道而於世間修所斷欲界第六品煩惱離貪之一來故。理應如是，因有於彼之前依彼於世間修所斷欲界第九品煩惱離貪之不還故。理應如是，因有先離貪之不還故。於不周遍處，理應不周遍，因世間修所斷欲界第四品煩惱非證預流果之主要障礙故。理應如是，因見斷三結是彼故。

再者，於見道前理應有斷見斷三結之預流，因有先離貪預流故。承許因。不能許，因於見道前無見道解脫道故。

有云：「漸斷預流非次第證預流。」不應理，因彼於阿羅漢果

ཟེར་བ་མི་འཐད་དེ། དེས་དགྲ་བཅོམ་པའི་འབྲས་བུའི་སྔ་རོལ་དུ་འབྲས་བུ་བར་པ་གཉིས་མངོན་དུ་བྱེད་པའི་ཕྱིར། དེར་ཐལ། དེས་དེའི་སྔ་རོལ་ཏུ་བསམ་གཏན་གྱི་དངོས་གཞི་རྒྱུད་ལ་བསྐྱེད་པའི་ཕྱིར། མ་ཁྱབ་ན། འབྲས་བུ་བར་པ་གཉིས་མ་ཐོབ་ཅིང་། སྔར་བྱ་རིམ་གྱིས་པའི་རྒྱུན་ཞུགས་ཀྱིས་བསྡུས་པའི་དགྲ་བཅོམ་ཞུགས་པ་དེས་བསམ་གཏན་གྱི་དངོས་གཞི་ཐོབ་པར་ཐལ། མ་ཁྱབ་པ་དེའི་ཕྱིར། རྩ་རྟགས་དེར་ཐལ། དེས་དེའི་སྔ་རོལ་དུ་འཇིག་རྟེན་པའི་སྒོམ་སྤངས་སུ་གྱུར་པའི་འདོད་ཉོན་ལ་ཆགས་བྲལ་བྱེད་པའི་ཕྱིར། དེར་ཐལ། དེ་སྔར་བྱ་རིམ་གྱིས་པའི་རྒྱུན་ཞུགས་ཡིན་པའི་ཕྱིར། གོ་དོན་འདི་ལེགས་པར་སེམས་ཤིག་དང་གལ་ཆེ་བར་སྣང་ངོ། །

ཡང་འབྲས་བུ་རིམ་གྱིས་པའི་རྒྱུན་ཞུགས་སྔར་བྱ་རིམ་གྱིས་པ་མ་ཡིན་ཟེར་བའང་མི་འཐད་དེ། དེས་དགྲ་བཅོམ་པའི་འབྲས་བུའི་སྔ་རོལ་དུ་བསམ་གཏན་གྱི་དངོས་གཞི་རྒྱུད་ལ་བསྐྱེད་པའི་ཕྱིར། དེར་ཐལ། དེས་དེའི་སྔ་རོལ་དུ་ཕྱིར་མི་འོང་གི་འབྲས་བུ་མངོན་དུ་བྱེད་པ་གང་ཞིག ཕྱིར་མི་འོང་ཡིན་ན་བསམ་གཏན་གྱི་དངོས་གཞི་ཐོབ་པས་ཁྱབ་པའི་ཕྱིར། དང་པོ་དེར་ཐལ། དེ་འབྲས་བུ་རིམ་གྱིས་པའི་རྒྱུན་ཞུགས་ཡིན་པའི་ཕྱིར།

དེ་ལ་ཁ་ཅིག་ན་རེ། འབྲས་བུ་རིམ་གྱིས་པའི་རྒྱུན་ཞུགས་ཉན་ཐོས་ཀྱི་བྱང་ཆུབ་མངོན་དུ་མ་བྱས་པར་ཐེག་ཆེན་ལམ་དུ་འཇུག་པ་མེད་པར་ཐལ། དེ་ཡིན་ན་འབྲས་བུ་ཕྱི་མ་གསུམ་མངོན་དུ་བྱེད་པས་ཁྱབ་པའི་ཕྱིར་རྟགས་ཁས། འདོད་ན། སྔར་བྱ་ཅིག་ཆར་བའི་རྒྱུན་ཞུགས་ཉན་ཐོས་ཀྱི་བྱང་ཆུབ་མངོན་དུ་མ་བྱས་པར་ཐེག་ཆེན་ལམ་དུ་འཇུག་པ་མེད་པར་ཐལ། འདོད་པའི་ཕྱིར། འདོད་མི་ནུས་ཏེ། དེས་ཉན་ཐོས་ཀྱི་བྱང་ཆུབ་མངོན་དུ་མ་བྱས་པར་རང་རྒྱལ་ལམ་དུ་འཇུག་པ་ཡོད་པའི་ཕྱིར་ཟེར་ན། འདིའི་སྔ་མ་ལ་མ་ཁྱབ།

གཞན་ཡང་། ཐེག་དམན་འཕགས་པའི་རྟོགས་པ་སྔོན་སོང་གི་བྱང་སེམས་ཡིན་ན། ཐེག་དམན་དགྲ་བཅོམ་གྱི་རྟོགས་པ་སྔོན་སོང་ཡིན་དགོས་པར་ཐལ། འདོད་པའི་ཕྱིར། འདོད་ན། སྔར་བྱ་ཅིག་ཆར་བའི་རྒྱུན་ཞུགས་རང་རྒྱལ་ལམ་དུ་ཞུགས་པའི་རང་རྒྱལ་ཚོགས་ལམ་པའི་རྟོགས་པ་སྔོན་སོང་གི་བྱང་སེམས་ཡིན་ན། རང་རྒྱལ་གྱི་བྱང་ཆུབ་མངོན་དུ་བྱས་པས་ཁྱབ་པར་ཐལ། འདོད་པའི་ཕྱིར།

前證中間二果故。理應如是，因彼於彼前於相續中生起根本靜慮故。若不周遍，未證中間二果，且漸斷預流所攝之阿羅漢向，理應證根本靜慮，因前之不周遍故。根本因理應如是，因彼於彼前於世間修所斷欲界煩惱離貪故。理應如是，因彼是漸斷預流故。應善思惟此理，顯見重要。

又云：「次第證預流非漸斷。」亦不應理，因彼於阿羅漢果前於相續中生起根本靜慮故。理應如是，因彼於彼前證不還果，且若是不還周遍證得根本靜慮故。初者理應如是，因彼是次第證預流故。

對此有云：「理應無次第證預流不證聲聞菩提而入大乘道者，因若是彼，周遍證後三果故。承許因。若許，理應無頓斷預流不證聲聞菩提而入大乘道者，因許故。不能許，因彼有不證聲聞菩提而入獨覺道故。」對此之前者不周遍。

再者，若是曾有小乘聖者證量之菩薩，理應須曾有小乘阿羅漢證量，因許故。若許，若是曾有頓斷預流入獨覺道之獨覺資糧道證量之菩薩，理應周遍證獨覺菩提，因許故。若許，如此資糧道獨覺理應無未證獨覺阿羅漢而入大乘道，因許故。若許，資糧道獨覺理

འདོད་ན། དེ་འདྲའི་རང་རྒྱལ་ཚོགས་ལམ་པས་རང་རྒྱལ་དགྲ་བཅོམ་མངོན་དུ་མ་བྱས་པར་ཐེག་ཆེན་ལམ་དུ་འཇུག་པ་མེད་པར་ཐལ། འདོད་པའི་ཕྱིར། འདོད་ན། རང་རྒྱལ་ཚོགས་ལམ་པ་དེ་ལྟར་འཇུག་པ་མེད་པར་ཐལ། འདོད་པའི་ཕྱིར་ན། མ་ཁྱབ།

གཞན་ཡང་། ཉན་ཐོས་འཕགས་པའི་རྟོགས་པ་སྔོན་སོང་གི་བྱང་སེམས་ཡིན་ན། ཉན་ཐོས་དགྲ་བཅོམ་གྱི་རྟོགས་པ་སྔོན་སོང་ཡིན་དགོས་པར་ཐལ། ཐེག་དམན་འཕགས་པ་ལ་དེ་ལྟར་དགོས་པའི་ཕྱིར་ཟེར་ན། འདིར་མ་ཁྱབ། འདོད་ན། སྤང་བྱ་ཅིག་ཆར་བའི་རྒྱུད་ཞུགས་རང་རྒྱལ་ལམ་དུ་ཞུགས་པའི་རང་རྒྱལ་དགྲ་བཅོམ་གྱི་རྟོགས་པ་སྔོན་སོང་གི་བྱང་སེམས་མེད་པར་ཐལ། འདོད་པའི་ཕྱིར་ཟེར།

འོ་ན། རྒྱུན་ཞུགས་སྲིད་པ་ལན་བདུན་པ་བ་ཡིན་ན། ཉན་ཐོས་ཀྱི་བྱང་ཆུབ་མངོན་དུ་བྱེད་པས་མ་ཁྱབ་པར་ཐལ། འབྲས་བུ་རིམ་གྱིས་པའི་རྒྱུན་ཞུགས་ལ་དེས་མ་ཁྱབ་པའི་ཕྱིར། རྟགས་ཁས། འདོད་མི་ནུས་ཏེ། ངེས་པའི་རྒྱུན་ཞུགས་སྲིད་པ་ལན་བདུན་པ་བ་ཡིན་ན། དེ་མངོན་དུ་བྱེད་པས་ཁྱབ། མ་ངེས་པའི་རྒྱུན་ཞུགས་སྲིད་པ་ལན་བདུན་པ་བ་ཡིན་ནའང་། དེ་མངོན་དུ་བྱེད་པས་ཁྱབ་པའི་ཕྱིར། དང་པོ་དེར་ཐལ། དེ་ཡིན་ན་འདོད་པར་ལས་ཉོན་གྱིས་སྐྱེ་སྲིད་བཅུ་བཞི་བླངས་ནས་དེ་མངོན་དུ་བྱེད་པས་ཁྱབ་པའི་ཕྱིར། གཉིས་པ་དེར་ཐལ། དེ་ཡིན་ན་འདོད་པར་ལས་ཉོན་གྱིས་སྐྱེ་སྲིད་བཅུ་བཞི་མ་བླངས་པར་མྱང་འདས་མངོན་དུ་བྱེད་པས་ཁྱབ་པའི་ཕྱིར།

གཞན་ཡང་། རྒྱུན་ཞུགས་རིགས་ནས་རིགས་སྐྱེ་ཡིན་ན། ཉན་ཐོས་ཀྱི་བྱང་ཆུབ་མངོན་དུ་བྱེད་པས་མ་ཁྱབ་པར་ཐལ། འབྲས་བུ་རིམ་གྱིས་པའི་རྒྱུན་ཞུགས་ལ་དེས་མ་ཁྱབ་པའི་ཕྱིར། འདོད་མི་ནུས་ཏེ། དེ་ཡིན་ན་འདོད་པར་རིགས་མཐུན་གྱི་སྐྱེ་སྲིད་གཉིས་སམ་གསུམ་བླངས་ནས་མྱང་འདས་མངོན་དུ་བྱེད་པས་ཁྱབ་པའི་ཕྱིར། གནས་འདི་རྣམས་ལ་དོགས་པའི་གཞི་ཆེ་བར་འདུག་པས་ཞིབ་ཏུ་དཔྱད་པར་བྱའོ། །

應無如此趣入，因許故。不周遍。

再者，若是曾有聲聞聖者證量之菩薩，理應須曾有聲聞阿羅漢證量，因小乘聖者須如此故。今此不周遍。若許，理應無曾有頓斷預流入獨覺道之獨覺阿羅漢證量之菩薩，因許故。

那麼，若是預流七返理應不周遍證聲聞菩提，因次第證預流不被彼所周遍故。承許因，不能許，因若是預流決定七返，周遍證彼，即使是預流不定七返亦周遍證彼故。初者理應如是，因若是彼，周遍於欲界由業煩惱受取十四生有而證彼故。第二理應如是，因若是彼，周遍於欲界由業煩惱不受取十四生有而證涅槃故。

再者，若是預流家家理應不周遍證聲聞菩提，因次第證預流亦不被彼所周遍故。不能許，因若是彼，周遍於欲界受取二或三同類生有而證涅槃故。此等扼要處有多疑點，當細觀擇。

སྨྲས་པ།

ཤེས་རབ་འདི་འདྲ་ཡོད་བཞིན་དུ། །རལ་པའི་ཟུར་ཕུད་རབ་དོར་ཞིང་། །

གླེགས་བམ་རལ་གྲི་མ་བསྣུན་གྱི། །གྲོགས་དག་ཟུག་དུ་མ་ལྷུང་ཞིག །

ཅེས་བྱ་བ་ནི་བར་སྐབས་ཀྱི་ཚིགས་སུ་བཅད་པའོ། །

中間頌曰：

有此類智慧，仍捨髮頂髻，

未示劍經函，故友勿嫉妒[47]。

---

⑰ 此處藏文可能有誤，དུ།應為ད།。

ཕྱིར་འོང་གི་སྐོར་བཤད་པ།

གཉིས་པ་ཕྱིར་འོང་གི་སྐོར་བཤད་པ་ལ། ཕྱིར་འོང་ཞུགས་པ་བཤད་པ་དང་། ཕྱིར་འོང་འབྲས་གནས་བཤད་པའོ། །

དང་པོ་ལ་ཁ་ཅིག ཐ་མའི་ཆ་མཐུན་ལྔ་སྤངས་པས་རབ་ཏུ་ཕྱེ་བའི་དགེ་སྦྱོང་ཚུལ་གྱི་འབྲས་བུ་ཐོབ་ཕྱིར་དུ་བརྩོན་བཞིན་པའི་གང་ཟག ཕྱིར་འོང་ཞུགས་པའི་མཚན་ཉིད་ཟེར་བ་མི་འཐད་དེ། དེ་ཐོབ་ཕྱིར་དུ་བརྩོན་བཞིན་པའི་ཉན་ཐོས་ཚོགས་ལམ་པ་ཡོད་པའི་ཕྱིར།

ཁ་ཅིག དེ་ཐོབ་ཕྱིར་དུ་བརྩོན་བཞིན་པའི་ཉན་ཐོས་ཀྱི་སྦྱོར་ལམ་སྐད་གཅིག་པ་ཐོབ་པའི་གང་ཟག་དེ། དེའི་མཚན་ཉིད་ཟེར་བ་མི་འཐད་དེ། ཕྱིར་འོང་ཞུགས་པ་ཡིན་ན། འཕགས་པ་ཡིན་དགོས་པའི་ཕྱིར་ཏེ། དེའི་མིང་ཅན་གྱི་བྱང་སེམས་ཡིན་ན། བྱང་འཕགས་ཡིན་དགོས་པའི་ཕྱིར།

ཁོན་རེ། དེ་ཉན་ཐོས་ཀྱི་སྦྱོར་ལམ་སྐད་གཅིག་པ་ནས་འཛོག་རིགས་པར་ཐལ། རྣམ་བཤད་ལས། ཐོད་རྒལ་བའི་ཞུགས་པ་ནི་རྒྱུན་ཞུགས་ལྟར་ཏེ་ཞེས་གསུངས་པ་གང་ཞིག རྒྱུན་ཞུགས་ཞུགས་པའི་ས་མཐའི་ས་མཚམས་སྦྱོར་ལམ་སྐད་གཅིག་པ་ནས་འཛོག་པར་བཤད་པའི་ཕྱིར་ཞེ་ན། མ་ཁྱབ་སྟེ། དེ་ནི་ཀུན་བཏུས་པའི་ལུགས་བཀོད་པ་ཙམ་ཡིན་པའི་ཕྱིར།

ཁ་ཅིག འདོད་ཉོན་དྲུག་པ་སྤངས་པས་རབ་ཏུ་ཕྱེ་བའི་དགེ་སྦྱོང་ཚུལ་གྱི་འབྲས་བུ་ཐོབ་ཕྱིར་དུ་བརྩོན་བཞིན་པའི་འཕགས་པའི་གང་ཟག དེའི་མཚན་ཉིད་ཟེར་བ་མི་འཐད་དེ། ཕྱིར་འོང་འབྲས་གནས་ཡིན་ན། འདོད་ཉོན་དྲུག་པ་སྤངས་པས་མ་ཁྱབ་པའི་ཕྱིར།

རང་ལུགས་ནི། ཐ་མའི་ཆ་མཐུན་ལྔ་ཕལ་ཆེར་སྤངས་པས་རབ་ཏུ་ཕྱེ་བའི་རིགས་སུ་གནས་པའི་དགེ་སྦྱོང་ཚུལ་གྱི་འབྲས་བུ་ཐོབ་ཕྱིར་དུ་བརྩོན་བཞིན་པའི་གང་ཟག་ཀྱང་ཡིན། ཞུགས་པ་བཞིའི་ནང་ཚན་ཡང་ཡིན་པ་དེ། ཕྱིར་འོང་ཞུགས་པའི་མཚན་ཉིད། དབྱེ་ན། འབྲས་བུ་རིམ་གྱིས་པའི་ཕྱིར་འོང་ཞུགས་པ་དང་། འབྲས་བུ་ཐོད་རྒལ་བའི་ཕྱིར་འོང་ཞུགས་པ་གཉིས། དང་པོ་དང་འབྲས་བུ་རིམ་

31 講說有關一來

第二、講說有關一來：講說一來向與講說住一來果。

於初者，有云：「為了證唯斷五順下分結之沙門性果而正精勤之補特伽羅，乃一來向之性相。」不應理，因有為證彼而正在精勤之資糧道聲聞故。

有云：「為證得彼而正在精勤之獲得聲聞加行道一座者之補特伽羅，是彼之性相。」不應理，因若是一來向必是聖者故，因若是彼之名者菩薩，必是菩薩聖者故。

有云：「彼理應可從聲聞加行道一座者安立，因《心要莊嚴疏》云：『超證向，如預流。』且說預流向之最下界限，從加行道一座者安立故。」不周遍，因彼僅敘述《集論》宗故。

有云：「為了證得唯斷欲界第六品煩惱之沙門性果而正精勤之聖者補特伽羅，是彼之性相。」不應理，因若是住一來果不周遍斷欲界第六品煩惱故。

自宗：「是為了證得唯斷大多數五順下分結住類之沙門性果而正精勤之補特伽羅，又是四向之一」，乃一來向之性相。可分為二：次第證一來向與超證一來向。初者與次第證住預流果勝進者同義。

གྱིས་པའི་རྒྱུན་ཞུགས་འབྲས་གནས་ཁྱད་པར་ཅན་དོན་གཅིག

གཙོ་བོར་ཕྱིར་འོང་གི་འབྲས་བུ་ཐོབ་ཕྱིར་དུ་བརྩོན་བཞིན་པའི་རྒྱུན་ཞུགས་སུ་དམིགས་པ་དེ། འབྲས་བུ་རིམ་གྱིས་པའི་ཕྱིར་འོང་ཞུགས་པའི་མཚན་ཉིད་ཡིན། ཡང་དེ་ལ་དབྱེ་ན། མཐོང་ལམ་གྱི་སྔ་རོལ་དུ་ཕལ་ཆེར་ལ་འདོད་ཆགས་དང་བྲལ་བའི་ཕྱིར་འོང་ཞུགས་པ་དང་། མ་བྲལ་བའི་ཕྱིར་འོང་ཞུགས་པ་གཉིས། དང་པོ་དང་མཐོང་ལམ་གྱི་སྔ་རོལ་ཏུ་འཇིག་རྟེན་པའི་སྒོམ་སྤྱངས་སུ་གྱུར་པའི་འདོད་ཉོན་དྲུག་པ་ལ་ཆགས་པ་དང་བྲལ་བའི་ཕྱིར་འོང་ཞུགས་པ་དང་། འབྲས་བུ་ཐོད་རྒལ་བའི་ཕྱིར་འོང་ཞུགས་པ་རྣམས་དོན་གཅིག གཉིས་པ་དང་རྒྱུན་ཞུགས་སུ་གྱུར་པའི་ཕྱིར་འོང་ཞུགས་པ་གཉིས་དོན་གཅིག

གཉིས་པ་ཕྱིར་འོང་འབྲས་གནས་བཤད་པ་ལ། ཁ་ཅིག ཐ་མའི་ཆ་མཐུན་ལྔ་ཕལ་ཆེར་སྤྱངས་པས་རབ་ཏུ་ཕྱེ་བའི་དགེ་སྦྱོང་ཚུལ་གྱི་འབྲས་བུ་ལ་གནས་པའི་གང་ཟག ཕྱིར་འོང་འབྲས་གནས་ཀྱི་མཚན་ཉིད་ཟེར་བ་མི་འཐད་དེ། ཕྱིར་འོང་འབྲས་གནས་ཡིན་ན། ཐ་མའི་ཆ་མཐུན་ལྔ་ཕལ་ཆེར་སྤྱངས་པས་མ་ཁྱབ་པའི་ཕྱིར། དེར་ཐལ། དེ་ཡིན་ན་འདོད་ཉོན་དྲུག་པ་སྤྱངས་པས་མ་ཁྱབ་པའི་ཕྱིར། དེར་ཐལ། འདོད་ཉོན་དྲུག་པ་སྤྱངས་པའི་ཕྱིར་འོང་ཡིན་ན། ཉན་ཐོས་སྒོམ་ལམ་པ་ཡིན་དགོས་པ་གང་ཞིག ཉན་ཐོས་མཐོང་ལམ་པར་གྱུར་པའི་ཕྱིར་འོང་ཡོད་པའི་ཕྱིར། ཕྱི་མ་དེར་ཐལ། ཉན་ཐོས་ཀྱི་མཐོང་ལམ་ཤེས་པ་བརྒྱད་ལ་གནས་པའི་ཕྱིར་འོང་ཡོད་པའི་ཕྱིར། དེར་ཐལ། ཉན་ཐོས་ཀྱི་མཐོང་ལམ་བཟོད་པ་བརྒྱད་ལ་གནས་པའི་ཕྱིར་འོང་ཞུགས་པ་ཡོད་པའི་ཕྱིར། དེར་ཐལ། འབྲས་བུ་ཐོད་རྒལ་བའི་ཕྱིར་འོང་ཞུགས་པ་ཡོད་པའི་ཕྱིར།

ཡང་འདོད་ཉོན་དྲུག་པ་སྤྱངས་པས་རབ་ཏུ་ཕྱེ་བའི་དགེ་སྦྱོང་ཚུལ་གྱི་འབྲས་བུ་ལ་གནས་པའི་གང་ཟག དེའི་མཚན་ཉིད་ཟེར་བའང་སྔར་བཞིན་དགག

རང་ལུགས་ནི། ཐ་མའི་ཆ་མཐུན་ལྔ་ཕར་ཆེར་སྤྱངས་པས་རབ་ཏུ་ཕྱེ་བའི་རིགས་སུ་གནས་པའི་དགེ་སྦྱོང་ཚུལ་གྱི་འབྲས་བུ་ལ་གནས་པའི་གང་ཟག ཕྱིར་འོང་འབྲས་གནས་ཀྱི་མཚན་ཉིད།

「被緣為主要為證一來果而正在精勤之預流」，乃次第證一來向之性相。又彼可分為見道前於多數離貪之一來向與未離一來向二者。初者與見道前於世間修所斷欲界煩惱第六品離貪之一來向與超證一來向同義，第二與屬預流之一來向同義。

第二、講說住一來果，有云：「住於唯斷大多數五順下分結之沙門性果之補特伽羅，乃住一來果之性相。」不應理，因若是住一來果，不周遍斷大多數五順下分結故。理應如是，因若是彼，不周遍斷欲界第六品煩惱故。理應如是，因若是斷欲界第六品煩惱之一來，須是修道聲聞，且有屬見道聲聞之一來故。後者理應如是，因有住聲聞見道八智之一來故。理應如是，因有住聲聞見道八忍之一來向故。理應如是，因有超證一來向故。

又云：「住於唯斷欲界第六品煩惱之沙門性果之補特伽羅，是彼之性相。」亦如前破斥。

自宗：「住於唯斷大多數五順下分結住類之沙門性果之補特伽羅」，乃住一來果之性相。可分為次第證住一來果與超證住一來果

དབྱེ་ན། འབྲས་བུ་རིམ་གྱིས་པའི་ཕྱིར་འོང་འབྲས་གནས་དང་། འབྲས་བུ་ཐོད་རྒྱལ་བའི་ཕྱིར་འོང་འབྲས་གནས་གཉིས།

ཕྱིར་འོང་ཡིན་ན། འབྲས་བུ་ཕྱི་མ་གཉིས་མངོན་དུ་བྱེད་པའི་ཕྱིར་འོང་འབྲས་གནས་ཡིན་པས་ཁྱབ་བྱས་པ་ལ། ཁོ་ན་རེ། དེ་མི་འཐད་པར་ཐལ། ཉན་ཐོས་དགྲ་བཅོམ་གྱི་གོ་འཕང་མངོན་དུ་མི་བྱེད་པའི་ཕྱིར་འོང་ཡོད་པའི་ཕྱིར། དེར་ཐལ། ཡོངས་སུ་བསྒྱུར་བ་པོའི་ཕྱིར་འོང་ཉན་ཐོས་དགྲ་བཅོམ་གྱི་གོ་འཕང་མངོན་དུ་མ་བྱས་པར་ཐེག་ཆེན་ལམ་དུ་འཇུག་པ་ཡོད་པའི་ཕྱིར། དེར་ཐལ། དེ་འདྲའི་ཕྱིར་འོང་ཡོད་པའི་ཕྱིར། དེར་ཐལ། ཡོངས་སུ་བསྒྱུར་བ་པོའི་ཉན་ཐོས་ཡོད་པའི་ཕྱིར་ན། མ་ཁྱབ་པར་ཐལ། དེ་འདྲའི་ཉན་ཐོས་སོ་སྐྱེ་ཡོད་པའི་ཕྱིར་དང་། གཙོ་བོར་ཉན་ཐོས་ཀྱི་ལྷག་མེད་མྱང་འདས་མངོན་དུ་མི་བྱེད་པའི་ཉན་ཐོས་ལ་་བཤད་པའི་ཕྱིར།

ཡང་ཁོ་ན་རེ། ཉན་ཐོས་མཐོང་ལམ་པ་ཐེག་ཆེན་ལམ་དུ་མི་འཇུག་པར་གསུངས་པའི་མདོ་དྲང་དོན་དུ་བཀྲལ་བ་མི་འཐད་པར་ཐལ། དེ་ཐེག་ཆེན་ལམ་དུ་མི་འཇུག་པའི་ཕྱིར་ཞེ་ན། རྟགས་མ་གྲུབ་སྟེ། དེ་ཐེག་དམན་དགྲ་བཅོམ་མངོན་དུ་བྱས་རྗེས་སུ་ཐེག་ཆེན་ལམ་དུ་འཇུག་པའི་ཕྱིར། དེ་ལྟ་མ་ཡིན་ན། གནས་སྐབས་ཐེག་དམན་དུ་རིགས་ངེས་པའི་ཉན་ཐོས་མེད་པར་ཐལ། ཉན་ཐོས་མཐོང་ལམ་པ་དེ་དེ་མ་ཡིན་པའི་ཕྱིར། དེར་ཐལ། དེ་ལམ་དེ་ནས་ཐེག་ཆེན་ལམ་དུ་འཇུག་པ་ཡོད་པའི་ཕྱིར། དེར་ཐལ། དེ་ལམ་དེ་ནས་ཐེག་ཆེན་ལམ་དུ་ཞུགས་པའི་བྱང་སེམས་ཚོགས་ལམ་པ་ཡོད་པའི་ཕྱིར། དེར་ཐལ། ཐེག་དམན་དགྲ་བཅོམ་གྱི་གོ་འཕང་མངོན་དུ་མི་བྱེད་པའི་ཉན་ཐོས་མཐོང་ལམ་པ་ཡོད་པའི་ཕྱིར།

འབྲས་བུ་རིམ་གྱིས་པའི་ཕྱིར་འོང་དང་། རྒྱུན་ཞུགས་ཀྱི་རྟོགས་པ་སྔོན་དུ་སོང་བའི་ཕྱིར་འོང་དོན་གཅིག འབྲས་བུ་ཐོད་རྒྱལ་བའི་ཕྱིར་འོང་དང་། རྒྱུན་ཞུགས་ཀྱི་རྟོགས་པ་སྔོན་དུ་མ་སོང་བའི་ཕྱིར་འོང་དོན་གཅིག ཡང་དེ་ལ་དབྱེ་ན། མཐོང་ལམ་གྱི་སྔ་རོལ་ཏུ་འཇིག་རྟེན་པའི་སྒོམ་སྤངས་སུ་གྱུར་པའི་འདོད་ཉོན་དྲུག་པ་ལ་ཆགས་པ་དང་བྲལ་བའི་ཕྱིར་འོང་དང་། དེ་དང་མ་བྲལ་བའི་ཕྱིར་འོང་གཉིས་ཡོད།

དང་པོ་ཆགས་བྲལ་སྔོན་སོང་དུ་འདོད་པ་མི་འཐད་དེ། ཆགས་བྲལ་སྔོན་སོང་ཞེས་པའི་ཆགས་

二者。

有主張云：「若是一來周遍是證後二果之住一來果。」於此有云：「彼理應不應理，因有不證聲聞阿羅漢果位之一來故。理應如是，因有迴向一來不證聲聞阿羅漢果位而入大乘道者故。理應如是，因有如此一來故。理應如是，因有迴向聲聞故。」理應不周遍，因有如此異生聲聞，及主要指不證聲聞無餘涅槃之聲聞故。

又有云：「將宣說見道聲聞不入大乘道之經釋為不了義，理應不應理，因彼不入大乘道故。」因不成，因彼證小乘阿羅漢後，入大乘道故。若非如此，理應無暫時小乘決定種性之聲聞，因見道聲聞非彼故。理應如是，因有彼從彼道（聲聞見道）入大乘道者故。理應如是，因有彼從彼道入大乘道之資糧道菩薩故。理應如是，因有不證小乘阿羅漢果位之見道聲聞故。

次第證一來與曾有預流證量之一來同義，超證一來與不曾有預流證量之一來同義。又彼可分為：見道前於世間修所斷欲界第六品煩惱離貪之一來，與未離彼之一來二者。

承許初者為「先離貪」不應理，因所謂「先離貪」中之貪，一

པ་དེ། སྲིད་འདོད་པའི་སེམས་བསྐུས་ཀྱི་འདོད་ཆགས་དང་། ཁྱད་པར་འཇིག་རྟེན་པའི་སྒོམ་སྤངས་སུ་གྱུར་པའི་འདོད་པའི་སེམས་བསྐུས་ཀྱི་འདོད་ཆགས་ལ་བྱེད་པ་གང་ཞིག མཐོང་ལམ་གྱི་སྔ་རོལ་ཏུ་འཇིག་རྟེན་པའི་སྒོམ་སྤངས་སུ་གྱུར་པའི་འདོད་པའི་སེམས་བསྐུས་ཀྱི་འདོད་ཆགས་སྤངས་པའི་ཕྱིར་འོང་མེད་པའི་ཕྱིར། དེར་ཐལ། དེའི་སྔ་རོལ་ཏུ་བསམ་གཏན་གྱི་དངོས་གཞི་ཐོབ་པའི་ཕྱིར་འོང་མེད་པའི་ཕྱིར། དེར་ཐལ། ཕྱིར་འོང་ཡིན་ན་བསམ་གཏན་གྱི་དངོས་གཞི་མ་ཐོབ་པས་ཁྱབ་པའི་ཕྱིར།

ཁ་ཅིག མཐོང་ལམ་གྱི་སྔ་རོལ་དུ་འདོད་ཉོན་དྲུག་པ་སྤངས་པའི་ཕྱིར་འོང་དེ་ཆགས་བྲལ་སྔོན་སོང་གི་ཕྱིར་འོང་དུ་འདོད་པ་མི་འཐད་དེ། དེ་འདྲ་མེད་པའི་ཕྱིར། དེར་ཐལ། མཐོང་ལམ་གྱི་སྔ་རོལ་དུ་སྒོམ་ལམ་ཐོབ་པ་མེད་པའི་ཕྱིར།

ཁོ་ན་རེ། མཐོང་ལམ་གྱི་སྔ་རོལ་དུ་འདོད་ཉོན་དྲུག་པ་སྤངས་པའི་ཕྱིར་འོང་ཡོད་པ་ཐལ། དེའི་སྔ་རོལ་དུ་འཇིག་རྟེན་པའི་སྒོམ་སྤངས་སུ་གྱུར་པའི་འདོད་ཉོན་དྲུག་པ་སྤངས་པའི་དེ་ཡོད་པའི་ཕྱིར་ཟེར་ན། མ་ཁྱབ་སྟེ། འཇིག་རྟེན་པའི་སྒོམ་སྤངས་སུ་གྱུར་པའི་འདོད་ཉོན་དྲུག་པ་སྤངས་ན། འདོད་ཉོན་དྲུག་པ་སྤངས་པས་མ་ཁྱབ་པའི་ཕྱིར། དེར་ཐལ། འཇིག་རྟེན་པའི་སྒོམ་ལམ་ཐོབ་ན། སྒོམ་ལམ་ཐོབ་པས་མ་ཁྱབ་པའི་ཕྱིར། དེར་ཐལ། འཇིག་རྟེན་པའི་སྒོམ་ལམ་ཐོབ་པའི་ཕྱི་རོལ་པ་ཡོད་པའི་ཕྱིར། དེར་ཐལ། བསམ་གཏན་གྱི་དངོས་གཞི་ཐོབ་པའི་ཕྱི་རོལ་པ་ཡོད་པའི་ཕྱིར།

གཞན་ཡང་། སྔ་མ་དེ་མ་ཁྱབ་པར་ཐལ། འདོད་ཉོན་དྲུག་པ་སྤངས་པའི་ཉན་ཐོས་ཡིན་ན། སྲིད་ཉོན་དྲུག་པ་སྤངས་པའི་གང་ཟག་ཡིན་དགོས་པའི་ཕྱིར། དེར་ཐལ། དེ་ཡིན་ན་ཉན་ཐོས་ཀྱི་སྒོམ་ལམ་འབྲིང་གི་ཆེན་པོའི་རྣམ་གྲོལ་ལམ་ཐོབ་པའི་གང་ཟག་ཡིན་དགོས། དེ་ཡིན་ན་སྲིད་ཉོན་དྲུག་པ་སྤངས་པས་ཁྱབ་པའི་ཕྱིར། དང་པོ་དེར་ཐལ། དེ་ཡིན་ན་འདོད་པའི་སེམས་བསྐུས་ཀྱི་གང་ཟག་གི་བདག་འཛིན་འབྲིང་གི་ཆུང་ངུ་སྤངས་དགོས། དེ་ཡིན་ན་གང་ཟག་གི་བདག་འཛིན་འབྲིང་གི་ཆུང་ངུ་སྤངས་དགོས། དེ་ཡིན་ན་དེ་འདྲའི་རྣམ་གྲོལ་ལམ་ཐོབ་དགོས་པའི་ཕྱིར། རྩ་རྟགས་ཕྱི་མ་དེར་ཐལ། དེ་ཐོབ་པའི་གང་ཟག་ཡིན་ན། གང་ཟག་གི་བདག་འཛིན་འབྲིང་གི་ཆུང་ངུ་སྤངས་དགོས། དེ་སྤངས་ན་སྲིད་ཉོན་དྲུག་པ་སྤངས་དགོས་པའི་ཕྱིར།

般而言是欲地攝貪，尤其可闡述為世間修所斷欲地攝貪，且見道前無斷世間修所斷欲地攝貪之一來故。理應如是，因見道前無證得根本靜慮之一來故。理應如是，因若是一來，周遍未證根本靜慮故。

有承許云：「於見道前斷欲界第六品煩惱之一來是先離貪一來。」不應理，因無如此故。理應如是，因見道前無證修道故。

對此有云：「見道前理應有斷欲界第六品煩惱之一來，因彼之前有斷世間修所斷欲界第六品煩惱之一來故。」不周遍，因若斷世間修所斷欲界第六品煩惱，不周遍斷欲界第六品煩惱故。理應如是，因證世間修道不周遍證修道故。理應如是，因有證世間修道之外道故。理應如是，因有證根本靜慮之外道故。

再者，前者理應不周遍，因若是斷欲界第六品煩惱之聲聞，周遍是斷有頂第六品煩惱之補特伽羅故。理應如是，因若是彼須是獲得聲聞修道中上品解脫道之補特伽羅，若是彼周遍斷有頂第六品煩惱故。初者理應如是，因若是彼，須斷欲地攝補特伽羅我執中下品，若是彼，須斷補特伽羅我執中下品，若是彼，須證如此之解脫道故。根本因後項理應如是，因證彼之補特伽羅須斷補特伽羅我執中下品，若斷彼須斷有頂第六品煩惱故。

དེ་ལ་ཁོ་ན་རེ། རྒྱུན་ཞུགས་རིགས་ནས་རིགས་སྐྱེ་ཡིན་ན། འདོད་ཉོན་གསུམ་པ་སྤངས་པས་མ་ཁྱབ་པར་ཐལ། འདོད་ཉོན་གསུམ་པ་སྤངས་ན། སྲིད་ཉོན་གསུམ་པ་སྤངས་དགོས་པའི་ཕྱིར། མ་གྲུབ་ན་སོང་། དེར་ཐལ། འདོད་ཉོན་དྲུག་པ་སྤངས་ན། སྲིད་ཉོན་དྲུག་པ་སྤངས་དགོས་པའི་ཕྱིར། རྟགས་ཁས། རྩ་བར་འདོད་མི་རིགས་ཏེ། རྣམ་གསུམ་རྣམ་བཞི་ལས་གྲོལ་བ། །ཞེས་གསུངས་པའི་ཕྱིར་ན། མ་ཁྱབ་སྟེ། འཇིག་རྟེན་པའི་སྒོམ་སྤངས་སུ་གྱུར་པའི་འདོད་ཉོན་གསུམ་པ་སྤངས་པ་ལ་དགོངས་པའི་ཕྱིར། དེ་ལྟ་མ་ཡིན་ན། ཉན་ཐོས་མཐོང་ལམ་པར་གྱུར་པའི་རྒྱུན་ཞུགས་རིགས་ནས་རིགས་སྐྱེ་མེད་པར་ཐལ། དམ་བཅའ་གང་ཞིག འདོད་ཉོན་གསུམ་པ་སྤངས་པའི་ཉན་ཐོས་ཡིན་ན། ཉན་ཐོས་ཀྱི་སྒོམ་ལམ་ཆུང་ངུའི་ཆེན་པོ་ཐོབ་པའི་གང་ཟག་ཡིན་དགོས་པའི་ཕྱིར།

འདོད་མི་ནུས་ཏེ། དེ་ཡིན་ན་རྒྱུན་ཞུགས་ཀྱི་འབྲས་བུ་གསར་དུ་ཐོབ་པའི་རྒྱུན་ཞུགས་ཡིན་དགོས་པ་གང་ཞིག རྒྱུན་ཞུགས་སྲིད་པ་ལན་བདུན་པ་བ་ཡིན་པའི་ཉན་ཐོས་མཐོང་ལམ་པ་ཡོད་པའི་ཕྱིར། དེར་ཐལ། དེ་ཡིན་ན་ཉན་ཐོས་སྒོམ་ལམ་པ་ཡིན་པས་མ་ཁྱབ་པའི་ཕྱིར། དེར་ཐལ། དེ་ཡིན་ན་ཉན་ཐོས་ཀྱི་སྒོམ་ལམ་བར་ཆད་མེད་ལམ་ལ་གནས་པས་མ་ཁྱབ་ཅིང་། རྣམ་གྲོལ་ལམ་ཡང་མ་ཐོབ་དགོས་པའི་ཕྱིར། དང་པོ་དེར་ཐལ། དེར་གྱུར་པའི་རྒྱུན་ཞུགས་འབྲས་གནས་ཙམ་པོ་བ་ཡོད་པའི་ཕྱིར།

ཡང་ཕྱིར་འོང་འབྲས་གནས་ལ་དབྱེ་ན། ཕྱིར་འོང་འབྲས་གནས་ཙམ་པོ་བ་དང་། ཕྱིར་འོང་འབྲས་གནས་ཁྱད་པར་ཅན་གཉིས། དང་པོའི་མཚན་གཞི་ཡོད་དེ། འདོད་ཉོན་དང་པོ་ལས་དངོས་སུ་གྲོལ་བའི་རྣམ་གྲོལ་ལམ་ལ་གནས་པའི་ཕྱིར་འོང་ལྟ་བུ་ཡིན་པའི་ཕྱིར། ཕྱི་མ་ལ་དབྱེ་ན། འབྲས་བུ་རིམ་གྱིས་པའི་ཕྱིར་འོང་འབྲས་གནས་ཁྱད་པར་ཅན་དང་། འབྲས་བུ་ཐོད་རྒལ་བའི་ཕྱིར་འོང་འབྲས་གནས་ཁྱད་པར་ཅན་གཉིས། དང་པོ་དང་འབྲས་བུ་རིམ་གྱིས་པའི་ཕྱིར་མི་འོང་ཞུགས་པ་དོན་གཅིག

ཁ་ཅིག ཕྱིར་འོང་འབྲས་གནས་ཁྱད་པར་ཅན་ཚེ་གཅིག་བར་ཆད་གཅིག་པ་ཡིན་ན། འདོད་ཉོན་བདུན་པ་སྤངས་པས་ཁྱབ་ཟེར་བ་མི་འཐད་དེ། དེ་ཡིན་ན། གང་ཟག་གི་བདག་འཛིན་ཆུང་ངུའི་ཆེན་པོ་སྤངས་པས་མ་ཁྱབ་པའི་ཕྱིར། དེར་ཐལ། གང་ཟག་གི་བདག་འཛིན་ཆུང་ངུའི་འབྲིང་སྤངས་པའི་

對此有云：「若是預流家家理應不周遍斷欲界第三品煩惱，因若斷欲界第三品煩惱須斷有頂第三品煩惱故。若不成則成相違。理應如是，因若斷欲界第六品煩惱，須斷有頂第六品煩惱故。承許因。不可以許根本，因云『斷欲三四品[108]』故。」不周遍，因慮及斷世間修所斷欲界第三品煩惱故。若非如此，理應無見道聲聞之預流家家，因承許，且若是斷欲界第三品煩惱之聲聞，須是證得聲聞修道下上品之補特伽羅故。

不能許，因若是彼須是新證預流果之預流，且有是預流七返之見道聲聞故。理應如是，因若是彼，不周遍是修道聲聞故。理應如是，因若是彼不周遍住聲聞修道無間道，亦須未證解脫道故。初者理應如是，因有屬彼之住預流果但住者故。

又，住一來果可分為：住一來果但住者與住一來果勝進者二者。有初者之事相，因如：住直接從欲界第一品煩惱解脫之解脫道之一來故。後者可分為：次第證住一來果勝進者與超證住一來果勝進者二者。初者與次第證不還向同義。

有云：「若是住一來果勝進者一生一間，周遍斷欲界煩惱第七品。」不應理，因若是彼，不周遍斷補特伽羅我執下上品故。理應如是，因無斷補特伽羅我執下中品之一來故。理應如是，因無住補

ཕྱིར་འོང་མེད་པའི་ཕྱིར། དེར་ཐལ། གང་ཟག་གི་བདག་འཛིན་ཆུང་ངུའི་ཆུང་ངུའི་དངོས་གཉེན་ལ་གནས་པའི་ཕྱིར་འོང་མེད་པའི་ཕྱིར་ཏེ། དེ་ཆུང་ངུའི་ཆུང་ངུ་སྤྱངས་པའི་ཕྱིར་མི་འོང་འབྲས་གནས་མེད་པའི་ཕྱིར།

གཞན་ཡང་། རྒྱ་བའི་དམ་བཅའ་དེ་མི་འཐད་པར་ཐལ། ཕྱིར་འོང་འབྲས་གནས་ཁྱད་པར་ཅན་ཚེ་གཅིག་བར་ཆད་གཅིག་པ་ཡིན་ན། སྲིད་ཉོན་བདུན་པ་མ་སྤྱངས་དགོས་པའི་ཕྱིར།

རང་ལུགས་ནི། ཕྱིར་འོང་འབྲས་གནས་ཁྱད་པར་ཅན་ཚེ་གཅིག་བར་ཆད་གཅིག་པ་ཡིན་ན། འཇིག་རྟེན་པའི་སྒོམ་སྤྱངས་སུ་གྱུར་པའི་འདོད་ཉོན་བདུན་པ་སྤྱངས་ཤིང་། འདོད་ལྷར་སྐྱེ་བ་ལན་གཅིག་བླངས་ནས་མྱང་འདས་མངོན་དུ་བྱེད་པས་ཁྱབ་སྟེ། མཛོད་ལས། ཉེས་ཆ་བདུན་ནམ་བརྒྱད་ཟད་པ། །ཚེ་གཅིག་བར་ཆད་གཅིག་པ་དང་། །གསུམ་པ་ལ་ནི་ཞུགས་པའང་ཡིན། །ཞེས་གསུངས་པའི་ཕྱིར། ལུང་འདི་ལ་བརྟེན་ནས་ཕྱིར་འོང་འབྲས་གནས་ཁྱད་པར་ཅན་ཚེ་གཅིག་བར་ཆད་གཅིག་པ་ཡིན་ན། འཇིག་རྟེན་པའི་སྒོམ་སྤྱངས་སུ་གྱུར་པའི་འདོད་ཉོན་བརྒྱད་པ་སྤྱངས་པས་མ་ཁྱབ་པ་དང་། དེ་སྤྱངས་པའི་ཕྱིར་འོང་འབྲས་གནས་ཁྱད་པར་ཅན་ཚེ་གཅིག་བར་ཆད་གཅིག་པ་ཡོད་པར་གྲུབ་སྟེ། ཉེས་ཆ་བདུན་ནམ་བརྒྱད་ཟད་པ། །ཞེས་པའི་གདམ་ངའི་ཚིག་གསུངས་པའི་ཕྱིར།

ཁོ་ན་རེ། འཇིག་རྟེན་པའི་སྒོམ་སྤྱངས་སུ་གྱུར་པའི་འདོད་ཉོན་དགུ་པ་སྤྱངས་པའི་ཕྱིར་འོང་འབྲས་གནས་ཁྱད་པར་ཅན་ཚེ་གཅིག་བར་ཆད་གཅིག་པ་ཡོད་པར་ཐལ། བརྒྱད་པ་སྤྱངས་པའི་དེ་ཡོད་པའི་ཕྱིར། ཁྱབ་པར་ཐལ། འཇིག་རྟེན་པའི་སྒོམ་སྤྱངས་སུ་གྱུར་པའི་འདོད་ཉོན་ལྔ་པ་སྤྱངས་པའི་རྒྱུན་ཞུགས་རིགས་ནས་རིགས་སྐྱེ་ཡོད་ན། དེ་དྲུག་པ་སྤྱངས་པའི་རྒྱུན་ཞུགས་རིགས་ནས་རིགས་སྐྱེ་ཡོད་དགོས་པའི་ཕྱིར་ཟེར་ན། འདིར་མ་ཁྱབ། རྟགས་དེར་ཐལ། མཛོད་འགྲེལ་ལས། ཅིའི་ཕྱིར་རྣམ་པ་ལྔ་སྤྱངས་པའི་ཕྱིར་མ་ཡིན་ཞེ་ན། དེ་སྤྱངས་ན་དྲུག་པའང་གཉེན་མི་ཟ་བར་སྤོང་བའི་ཕྱིར། ཞེས་དང་། ཁམས་ལས་མི་འདའ་བའི་ཕྱིར་རོ། །ཞེས་གསུངས་པའི་ཕྱིར་ན།

མ་ཁྱབ་མཚམས་སུ་མ་ཁྱབ་པར་ཐལ། འཇིག་རྟེན་པའི་སྒོམ་སྤྱངས་འདོད་ཉོན་དྲུག་པ་སྤོང་བ་

特伽羅我執下下品正對治之一來故，因無住斷彼下下品之住不還果故。

再者，根本宗理應不應理，因若是住一來果勝進者一生一間，須不斷有頂煩惱第七品故。

自宗：若是住一來果勝進者一生一間，周遍斷世間修所斷之欲界第七品煩惱，且於欲天受生一次而證涅槃，因如《俱舍論》云：「斷七或八品，一生名一間，此即第三向。[109]」故。依此文可成立：若是住一來果勝進者一生一間，不周遍斷世間修所斷欲界第八品煩惱，與有斷彼之住一來果勝進者一生一間，因「斷七或八品」使用選擇連詞故。

有云：「理應有斷世間修所斷欲界第九品煩惱之住一來果勝進者一生一間，因有斷第八品之彼故。理應有周遍，因若有斷世間修所斷欲界第五品煩惱之預流家家，須有斷彼第六品之預流家家故。」今此不周遍，彼因理應如是，因《俱舍論自釋》云：「何緣此無斷五品者？以斷第五必斷第六。」與「未越界故。」[110]故。

於不周遍處，理應不周遍，因斷世間修所斷欲界第六品煩惱不

ལ་འདོད་ཁམས་ལས་འདའ་མི་དགོས། འཇིག་རྟེན་པའི་སྒོམ་སྤང་ས་འདོད་ཉོན་དགུ་པ་སྤོང་བ་ལ་འདོད་ཁམས་ལས་འདའ་དགོས་པའི་ཕྱིར། རྟགས་གཉིས་ཀ་དེར་ཐལ། འཇིག་རྟེན་པའི་སྒོམ་སྤང་ས་འདོད་ཉོན་དྲུག་པ་སྤངས་པའི་ཉན་ཐོས་འདོད་པར་ལས་ཉོན་གྱིས་སྐྱེ་བ་ལེན་པ་ཡོད། དེ་དགུ་པ་སྤངས་པའི་ཉན་ཐོས་དེ་ལྟར་སྐྱེ་བ་ལེན་པ་མེད་པའི་ཕྱིར།

འདིའི་ས་མཚམས་བཞག་ཏུ་ཡོད་དེ། འཇིག་རྟེན་པའི་སྒོམ་སྤང་ས་སུ་གྱུར་པའི་འདོད་ཉོན་བདུན་པ་སྤངས་པ་ནས། དགུ་པ་དངོས་སུ་སྤོང་པའི་སྔ་ལོགས་ཀྱི་བར་ཡོད་ཀྱི། དེ་དགུ་པའི་དངོས་གཉེན་ལ་གནས་པའི་ཚེ། ཕྱིར་འོང་ཚེ་གཅིག་བར་ཆད་གཅིག་པར་མི་རུང་སྟེ། དེའི་དངོས་གཉེན་བར་ཆད་མེད་ལམ་ལ་གནས་ན། ཕྱིར་འོང་གི་རྟེན་ལ་འདོད་པར་ལས་ཉོན་གྱིས་སྐྱེ་བ་མི་ལེན་དགོས་པའི་ཕྱིར། སྤྱིར་ཕྱིར་འོང་ཡིན་ན། འདོད་པར་ལས་ཉོན་གྱིས་སྐྱེ་བ་ལེན་པས་མ་ཁྱབ་སྟེ། ཕྱིར་འོང་གི་རྟེན་ལ་ཕྱིར་མི་འོང་གི་འབྲས་བུ་མངོན་དུ་བྱེད་པ་ཡོད་པའི་ཕྱིར། འདོད་པར་ལས་ཉོན་གྱིས་སྐྱེ་བ་ལེན་པའི་ཕྱིར་འོང་ཡིན་ན། འདོད་པར་ལས་ཉོན་གྱིས་སྐྱེ་བ་ལན་གཅིག་ཁོ་ན་ལེན་པས་མ་ཁྱབ་སྟེ། འདོད་པའི་ལྷར་སྐྱེ་སྲིད་ལན་གཅིག་དང་མིར་སྐྱེ་སྲིད་ལན་གཅིག་སྟེ། གཉིས་ལེན་པའི་ཕྱིར་འོང་ཡོད་པར་གསུངས་པའི་ཕྱིར།

現觀辨析（上）

須超越欲界，斷世間修所斷欲界第九品煩惱須超越欲界故。二根本因理應如是，因有斷世間修所斷欲界第六品煩惱之聲聞由業煩惱於欲界受生，斷彼第九品之聲聞無如此受生故。

有安立此之界限，因從斷世間修所斷欲界第七品煩惱乃至直接斷第九品之間有故。彼於住第九品之正對治時，不可以是一來一生一間，因若住彼之正對治之無間道，於一來所依須不由業煩惱受生於欲界故。一般而言，若是一來，不周遍由業煩惱受生於欲界，因有於一來所依證不還果故。若是由業煩惱受生於欲界之一來，不周遍由業煩惱僅受生於欲界一次，因有於欲界天受取一次生有與於人一次生有，共二次之一來故。

ཕྱིར་མི་འོང་གི་སྐོར་བཤད་པ།

གསུམ་པ་ཕྱིར་མི་འོང་གི་སྐོར་བཤད་པ་ལ། ཕྱིར་མི་འོང་ཞུགས་པའི་སྐོར་དང་། ཕྱིར་མི་འོང་འབྲས་གནས་ཀྱི་སྐོར་རོ། །

དང་པོ་ནི། ཁ་ཅིག ཐ་མའི་ཆ་མཐུན་ལྔ་སྤངས་པས་རབ་ཏུ་ཕྱེ་བའི་དགེ་སྦྱོང་ཚུལ་གྱི་འབྲས་བུ་ཐོབ་ཕྱིར་དུ་བརྩོན་བཞིན་པའི་གང་ཟག ཕྱིར་མི་འོང་ཞུགས་པའི་མཚན་ཉིད་ཟེར་བ་མི་འཐད་དེ། དེ་ཐོབ་ཕྱིར་དུ་བརྩོན་བཞིན་པའི་ཉན་ཐོས་ཚོགས་ལམ་པ་ཡོད་པའི་ཕྱིར།

ཁ་ཅིག ཐ་མའི་ཆ་མཐུན་ལྔ་སྤངས་པས་རབ་ཏུ་ཕྱེ་བའི་དགེ་སྦྱོང་ཚུལ་གྱི་འབྲས་བུ་ཐོབ་ཕྱིར་དུ་བརྩོན་བཞིན་པའི་འཕགས་པའི་གང་ཟག དེའི་མཚན་ཉིད་ཟེར་བ་མི་འཐད་དེ། དེ་འདྲའི་རྒྱུན་ཞུགས་ཡོད་པའི་ཕྱིར་དང་། རྒྱུན་ཞུགས་ཡིན་ན། ཕྱིར་མི་འོང་ཞུགས་པ་མ་ཡིན་དགོས་པའི་ཕྱིར།

གཞན་ཡང་། མཚན་ཉིད་དེ་མི་འཐད་པར་ཐལ། ཕྱིར་མི་འོང་ཡིན་ན། ཐ་མའི་ཆ་མཐུན་ལྔ་སྤངས་པས་མ་ཁྱབ་པའི་ཕྱིར། དེར་ཐལ། ཐ་མའི་ཆ་མཐུན་ལྔ་ཞེས་པ། མཐོང་སྤངས་ཀུན་སྦྱོར་གསུམ་དང་། འདོད་པ་ལ་འདུན་པའི་འདོད་ཆགས་དང་། གནོད་སེམས་ཏེ་ལྔ་ལ་བྱེད་པ་གང་ཞིག འདོད་པ་ལ་འདུན་པའི་འདོད་ཆགས་སྤངས་པའི་ཕྱིར་མི་འོང་མེད་པའི་ཕྱིར། དེར་ཐལ། དེའི་ས་བོན་སྤངས་པའི་ཕྱིར་མི་འོང་མེད་པའི་ཕྱིར།

རང་ལུགས་ནི། ཞུགས་པ་བཞིའི་ནང་ཚན་ཡང་ཡིན། གཙོ་བོར་ཕྱིར་མི་འོང་གི་འབྲས་བུ་ཐོབ་ཕྱིར་དུ་བརྩོན་བཞིན་པའི་གང་ཟག་ཀྱང་ཡིན་པ་དེ། ཕྱིར་མི་འོང་ཞུགས་པའི་མཚན་ཉིད། དབྱེ་ན། ཆགས་བྲལ་སྔོན་སོང་གི་ཕྱིར་མི་འོང་ཞུགས་པ་དང་། འབྲས་བུ་རིམ་གྱིས་པའི་ཕྱིར་མི་འོང་ཞུགས་པ་གཉིས། དང་པོ་དང་མཐོང་ལམ་གྱི་སྒྲ་རོལ་དུ་འཇིག་རྟེན་པའི་སྒོམ་སྤངས་སུ་གྱུར་པའི་འདོད་ཉོན་དགུ་པ་སྤངས་པའི་ཕྱིར་མི་འོང་ཞུགས་པ་དོན་གཅིག གཉིས་པ་དང་རྒྱུན་ཞུགས་ཀྱི་རྟོགས་པ་སྔོན་སོང་གི་ཕྱིར་མི་འོང་ཞུགས་པ་དོན་གཅིག་བྱས་པ་ལ།

32 講說有關不還

第三、講說有關不還：有關不還向與有關住不還果。

初者，有云：「為了證得唯斷五順下分結之沙門性果而正精勤之補特伽羅，是不還向之性相。」不應理，因有為證得其果而正精進的資糧道聲聞故。

有云：「為了證得唯斷五順下分結之沙門性果而正精勤之聖者補特伽羅，是彼之性相。」不應理，因有如此之預流，以及若是預流須非不還向故。

再者，彼性相理應不應理，因若是不還不周遍斷五順下分結故。理應如是，因「五順下分結」是指見所斷三結、欲貪、損心五者，且無斷欲貪之不還故。理應如是，因無斷其種子之不還故。

自宗：「是四向之一，亦是主要為證得不還果而正在精勤之補特伽羅」，是不還向之性相，可分為：先離貪之不還向與次第證不還向二者。初者與見道前斷世間修所斷欲界第九品煩惱之不還向同義。次者與曾有預流證量之不還向同義。

ཁོ་ན་རེ། མཐོང་ལམ་གྱི་སྐབས་དང་པོར་འཇིག་རྟེན་པའི་སྒོམ་སྤངས་སུ་གྱུར་པའི་འདོད་ཉོན་དྲུག་པ་ལ་ཆགས་བྲལ་སྔོན་དུ་སོང་བའི་ཕྱིར་འོང་འབྲས་གནས་ཁྱད་པར་ཅན་དེ། རྒྱུན་ཞུགས་ཀྱི་རྟོགས་པ་སྔོན་སོང་ཡིན་པར་ཐལ། དེ་འབྲས་བུ་རིམ་གྱིས་པའི་ཕྱིར་མི་འོང་ཞུགས་པ་ཡིན་པའི་ཕྱིར། ཁྱབ་པ་ཁས། དེར་ཐལ། དེ་དེ་དང་འབྲས་བུ་ཐོད་རྒལ་བའི་ཕྱིར་མི་འོང་ཞུགས་པ་གང་རུང་གང་ཞིག ཕྱི་མ་མ་ཡིན་པའི་ཕྱིར། དང་པོ་དེར་ཐལ། དེ་ཕྱིར་མི་འོང་ཞུགས་པ་ཡིན་པའི་ཕྱིར་ན། འདིར་མ་ཁྱབ། ཕྱི་མ་མ་གྲུབ་ན། དེ་ཆགས་བྲལ་སྔོན་སོང་གི་ཕྱིར་མི་འོང་ཞུགས་པར་ཐལ། མ་གྲུབ་པ་དེའི་ཕྱིར། འདོད་ན། དེས་རྒྱུན་ཞུགས་དང་ཕྱིར་འོང་གང་རུང་གི་རྟོགས་པ་ཐོབ་མ་མྱོང་བར་ཐལ། འདོད་པའི་ཕྱིར།

གཞན་ཡང་། དེ་མི་འཐད་པར་ཐལ། དེས་མཐོང་ལམ་གྱི་སྐབས་དང་པོར་འཇིག་རྟེན་པའི་སྒོམ་སྤངས་སུ་གྱུར་པའི་འདོད་ཉོན་ལ་ཆགས་བྲལ་མ་ཐོབ་པའི་ཕྱིར་ཏེ། དེས་དེའི་སྐབས་དང་པོར་བསམ་གཏན་གྱི་དངོས་གཞི་མ་ཐོབ་པའི་ཕྱིར་ཞེ་ན། མ་ཁྱབ་མཚམས་སུ་མ་ཁྱབ་པར་ཐལ། འབྲས་བུ་ཐོད་རྒལ་བའི་ཕྱིར་འོང་འབྲས་གནས་ཁྱད་པར་ཅན་དེ། འབྲས་བུ་ཐོད་རྒལ་བའི་ཕྱིར་མི་འོང་ཞུགས་པ་དང་། འབྲས་བུ་རིམ་གྱིས་པའི་ཕྱིར་མི་འོང་ཞུགས་པ་གང་རུང་མ་ཡིན་པ་གང་ཞིག ཕྱིར་མི་འོང་ཞུགས་པ་ཡིན་པའི་ཕྱིར། དང་པོ་དེར་ཐལ། དེ་འབྲས་བུ་ཐོད་རྒལ་བའི་ཕྱིར་མི་འོང་ཞུགས་པ་མ་ཡིན། རིམ་གྱིས་པའི་དེ་ཡང་མ་ཡིན་པའི་ཕྱིར། དང་པོ་དེར་ཐལ། དེ་ཆགས་བྲལ་སྔོན་སོང་གི་ཕྱིར་མི་འོང་ཞུགས་པ་མ་ཡིན་པའི་ཕྱིར་ཏེ། དེ་མཐོང་ལམ་གྱི་སྐབས་དང་པོར་འཇིག་རྟེན་པའི་སྒོམ་སྤངས་སུ་གྱུར་པའི་འདོད་ཉོན་ལ་ཆགས་བྲལ་གྱི་གོང་སའི་དངོས་གཞིའི་སྙོམས་འཇུག་ཐོབ་པའི་ཕྱིར་མི་འོང་ཞུགས་པ་མ་ཡིན་པའི་ཕྱིར་ཏེ། དེས་བསམ་གཏན་གྱི་དངོས་གཞི་མ་ཐོབ་པའི་ཕྱིར་ཏེ། དེ་ཕྱིར་འོང་ཡིན་པའི་ཕྱིར། ཅ་རྟགས་ཕྱི་མ་དེར་ཐལ། དེ་རྒྱུན་ཞུགས་ཀྱི་རྟོགས་པ་སྔོན་སོང་མ་ཡིན་པའི་ཕྱིར།

ཁོ་ན་རེ། འབྲས་བུ་ཐོད་རྒལ་བའི་ཕྱིར་འོང་འབྲས་གནས་ཁྱད་པར་ཅན་དེ། འབྲས་བུ་ཐོད་རྒལ་བའི་ཕྱིར་མི་འོང་ཞུགས་པ་ཡིན་པར་ཐལ། དེ་འབྲས་བུ་ཐོད་རྒལ་བ་དང་། ཕྱིར་མི་འོང་ཞུགས་པའི་གཞི་མཐུན་ཡིན་པའི་ཕྱིར་ཟེར་ན། མི་འཐད་དེ། ཁྱབ་མེད་ཀྱི་ལན་གདབ་ཅིང་། ཁྱེད་རང་གིས་ཆགས་བྲལ་སྔོན་སོང་གི་ཕྱིར་འོང་འབྲས་གནས་ཁྱད་པར་ཅན་ཁས་བླངས་པ་དང་ནང་འགལ་

對此有云：「見道前於世間修所斷欲界第六品煩惱先離貪之住一來果勝進者，理應曾有預流證量，因彼是次第證不還向故。承許周遍，理應如是，因彼是彼（次第證不還向）或超證不還向隨一，且非後者故。初者理應如是，因彼是不還向故。」今此不周遍，若後者不成，彼理應是先離貪之不還向，因前之不成故。若許，彼理應未曾得預流或一來隨一之證量，因許故。

再者，彼理應不應理，因彼於見道前於世間修所斷欲界煩惱未得離貪故，因彼於彼（見道）之前未得根本靜慮故。於不周遍處，理應不周遍，因超證住一來果勝進者非超證不還向或次第證不還向隨一，且是不還向故。初者理應如是，因彼非超證不還向，亦非次第證之彼故。初者理應如是，因彼非先離貪不還向故，因彼非於見道前證「於世間修所斷欲界煩惱離貪之上地根本等至」之不還向故，因彼未證根本靜慮故，因彼是一來故。根本因後項理應如是，因彼非曾有預流證量故。

有云：「超證住一來果勝進者，理應是超證不還向，因彼是超證與不還向之同位故。」不應理，因〔須〕答不周遍，且與汝主張先離貪住一來果勝進者自相矛盾故。

བའི་ཕྱིར།

ཡང་ཁོ་ན་རེ། དེ་འབྲས་བུ་རིམ་གྱིས་པའི་ཕྱིར་མི་འོང་ཞུགས་པ་ཡིན་པར་ཐལ། དེ་ཕྱིར་མི་འོང་དང་དགྲ་བཅོམ་པའི་འབྲས་བུ་རིམ་གྱིས་མངོན་དུ་བྱེད་པའི་ཕྱིར་མི་འོང་ཞུགས་པ་ཡིན་པའི་ཕྱིར་ཟེར་ན། འོ་ན། ཕྱིར་མི་འོང་ཞུགས་པ་ཡིན་ན། འབྲས་བུ་རིམ་གྱིས་པའི་ཕྱིར་མི་འོང་ཞུགས་པ་ཡིན་དགོས་པར་ཐལ། དེ་ཡིན་ན་འབྲས་བུ་དེ་གཉིས་རིམ་གྱིས་མངོན་དུ་བྱེད་པས་ཁྱབ་པའི་ཕྱིར། ཁྱབ་པ་ཁས། འདོད་ན། འབྲས་བུ་ཐོད་རྒལ་བའི་ཕྱིར་མི་འོང་ཞུགས་པ་མེད་པར་ཐལ་ལོ། །

ཡང་ཁོ་ན་རེ། ཕྱིར་མི་འོང་ཞུགས་པ་ཡིན་ན། འབྲས་བུ་ཐོད་རྒལ་བའི་ཕྱིར་མི་འོང་ཞུགས་པ་དང་། འབྲས་བུ་རིམ་གྱིས་པའི་ཕྱིར་མི་འོང་ཞུགས་པ་གང་རུང་ཡིན་དགོས་པར་ཐལ། ཕྱིར་འོང་ཞུགས་པ་ཡིན་ན། དེ་ལྟར་ཡིན་དགོས་པའི་ཕྱིར་ན། མ་ཁྱབ། དེར་ཐལ། ཕྱིར་འོང་འབྲས་གནས་ལ་དེ་ལྟར་དགོས་པའི་ཕྱིར། དེར་ཐལ། དེ་ཡིན་ན། རྒྱུན་ཞུགས་ཀྱི་རྟོགས་པ་སྔོན་དུ་སོང་བའི་ཕྱིར་འོང་འབྲས་གནས་དང་། དེའི་རྟོགས་པ་སྔོན་དུ་མ་སོང་བའི་ཕྱིར་འོང་འབྲས་གནས་གང་རུང་ཡིན་དགོས་པའི་ཕྱིར་ཞེས་ཟེར།

འོ་ན། འདོད་པར་ཚེ་ཡོངས་གྱུར་གྱི་ཕྱིར་མི་འོང་ཞུགས་པ་དང་། འདོད་པར་ཚེ་ཡོངས་སུ་མ་གྱུར་པའི་ཕྱིར་མི་འོང་ཞུགས་པའི་རྣམ་གཞག་བྱེད་དམ་མི་བྱེད་ཅེ་ན། བྱེད་པ་ཡིན་ཏེ། དང་པོ་གྲུབ་པ་གང་ཞིག ཕྱི་མ་གྲུབ་པའི་ཕྱིར། དང་པོ་དེར་ཐལ། འདོད་པར་འཕགས་ལམ་སྐྱེ་བ་བརྒྱུད་མར་བསྐྱེན་པའི་ཕྱིར་མི་འོང་ཞུགས་པ་གྲུབ་པའི་ཕྱིར། དེར་ཐལ། རྒྱུན་ཞུགས་རིགས་ནས་རིགས་སྐྱེ་དང་རྒྱུད་གཅིག་ཏུ་གྱུར་པའི་ཕྱིར་མི་འོང་ཞུགས་པ་ཡོད་ཅིང་། རྒྱུན་ཞུགས་སྲིད་པ་ལན་བདུན་པ་བ་དང་རྒྱུད་གཅིག་ཏུ་གྱུར་པའི་ཕྱིར་མི་འོང་ཞུགས་པ་གྲུབ་པའི་ཕྱིར། ཙ་རྟགས་ཕྱི་མ་དེར་ཐལ། འདོད་པར་འཕགས་ལམ་སྐྱེ་བ་བརྒྱུད་མར་མ་བསྐྱེན་པའི་ཕྱིར་མི་འོང་ཞུགས་པ་གྲུབ་པའི་ཕྱིར། དེར་ཐལ། མཐོང་ལམ་ཐོབ་པའི་ཚེ་དེ་ལ་ཕྱིར་མི་འོང་གི་འབྲས་བུ་མངོན་དུ་བྱེད་པའི་ཕྱིར་མི་འོང་ཞུགས་པ་གྲུབ་པའི་ཕྱིར།

ཁོ་ན་རེ། གཟུགས་སུ་ཉེར་འགྲོའི་ཕྱིར་མི་འོང་ཞུགས་པ་གྲུབ་པར་ཐལ། འདོད་པར་ཚེ་ཡོངས

又有云：「彼理應是次第證不還向，因彼是次第證不還與阿羅漢果之不還向故。」那麼，若是不還向，理應須是次第證不還向，因若是彼周遍次第證彼二果故。承許周遍，若許，則成無超證不還向。

又有云：「若是不還向理應須是超證不還向與次第證不還向隨一，因若是一來向，須如是故。」不周遍。理應如是，因住一來果必須如此故。理應如是，因若是彼，須是曾有預流證量之住一來果與不曾有彼之證量之住一來果隨一故。

那麼，是否建立經欲界生不還向及不經欲界生之不還向？建立，因前者成立，且後者成立故。初者理應如是，因於欲界依聖道歷經多生之不還向成立故。理應如是，因有與預流家家同一相續之不還向，且與預流七返同一相續之不還向成立故。根本因後項理應如是，因於欲界依聖道不歷經多生之不還向成立故。理應如是，因於證見道該世證得不還果之不還向成立故。

有云：「理應成立行色界不還向，因不經欲界生之不還向成立，

སུ་མ་གྲུར་པའི་ཕྱིར་མི་འོང་ཞུགས་པ་གྲུབ་པ་གང་ཞིག ཕྱིར་མི་འོང་གི་འབྲས་བུ་སྔོན་དུ་ཐོབ་ནས་གཟུགས་ཀྱི་རྟེན་ལ་མྱང་འདས་མངོན་དུ་བྱེད་པའི་ཕྱིར་མི་འོང་ཞུགས་པ་གྲུབ་པའི་ཕྱིར། ཞེ་ན། མ་ཁྱབ་པར་ཐལ། ལུས་མངོན་བྱེད་ཀྱི་ཕྱིར་མི་འོང་ཞུགས་པ་མེད་པའི་ཕྱིར་ཏེ། ལུས་མངོན་བྱེད་ཀྱི་འཕགས་པ་ཡིན་ན། འགོག་སྙོམས་ཐོབ་པས་ཁྱབ་པའི་ཕྱིར།

གཉིས་པ་ཕྱིར་མི་འོང་འབྲས་གནས་ཀྱི་སྐོར་ཆ་ཤས་པ་ལ། ཁ་ཅིག འདོད་ཉོན་དགུ་པ་སྤངས་པས་རབ་ཏུ་ཕྱེ་བའི་དགེ་སྦྱོང་ཚུལ་གྱི་འབྲས་བུ་ལ་གནས་པའི་གང་ཟག ཕྱིར་མི་འོང་འབྲས་གནས་ཀྱི་མཚན་ཉིད་ཟེར་བ་མི་འཐད་དེ། ཉན་ཐོས་ཀྱི་མཐོང་ལམ་རྣམ་གྲོལ་ལམ་ལ་གནས་པའི་ཕྱིར་མི་འོང་འབྲས་གནས་ཡོད་པ་གང་ཞིག འདོད་ཉོན་དགུ་པ་སྤངས་པའི་གང་ཟག་ཡིན་ན། སྒོམ་ལམ་བར་ཆད་མེད་ལམ་ཐོབ་མྱོང་ཡིན་དགོས་པའི་ཕྱིར།

ཁ་ཅིག ཐ་མའི་ཆ་མཐུན་ལྔ་མ་ལུས་པར་སྤངས་པས་རབ་ཏུ་ཕྱེ་བའི་དགེ་སྦྱོང་ཚུལ་གྱི་འབྲས་བུ་ལ་གནས་པའི་གང་ཟག ཕྱིར་མི་འོང་འབྲས་གནས་ཀྱི་མཚན་ཉིད་ཟེར་བ་མི་འཐད་དེ། ཕྱིར་མི་འོང་འབྲས་གནས་ཡིན་ན། འདོད་པ་ལ་འདུན་པའི་འདོད་ཆགས་སྤངས་པས་མ་ཁྱབ་པའི་ཕྱིར།

རང་ལུགས་ནི། ཐ་མའི་ཆ་མཐུན་ལྔ་སྤངས་པས་རབ་ཏུ་ཕྱེ་བའི་རིགས་སུ་གནས་པའི་དགེ་སྦྱོང་ཚུལ་གྱི་འབྲས་བུ་ལ་གནས་པའི་གང་ཟག་དེ། ཕྱིར་མི་འོང་འབྲས་གནས་ཀྱི་མཚན་ཉིད། དབྱེ་ན། ཕྱིར་མི་འོང་འབྲས་གནས་ཙམ་པོ་བ་དང་། ཕྱིར་མི་འོང་འབྲས་གནས་ཁྱད་པར་ཅན་གཉིས། དེ་གཉིས་ཀྱི་ཁྱད་པར་ཡོད་དེ། ཕྱིར་མི་འོང་འབྲས་གནས་ཡིན་པ་གཞིར་བྱས་ལ། རང་གི་གོང་མའི་འབྲས་བུ་ཐོབ་ཕྱིར་དུ་བརྩོན་བཞིན་པའི་བར་ཆད་མེད་ལམ་ལ་གནས་པ་དང་། མི་གནས་པའི་སྒོ་ནས་དེ་གཉིས་ཀྱི་ཁྱད་པར་འཇོག་པའི་ཕྱིར། ཡང་དེ་ལ་དབྱེ་ན། འབྲས་བུ་རིམ་གྱིས་པའི་ཕྱིར་མི་འོང་འབྲས་གནས་དང་། འབྲས་བུ་ཐོད་རྒལ་བའི་ཕྱིར་མི་འོང་འབྲས་གནས་གཉིས། དང་པོ་དང་རྒྱུན་ཞུགས་ཀྱི་རྟོགས་པ་སྔོན་སོང་གི་ཕྱིར་མི་འོང་དོན་གཅིག

ཁ་ཅིག ཕྱིར་འོང་གི་རྟོགས་པ་སྔོན་སོང་གི་ཕྱིར་མི་འོང་འབྲས་གནས་ཡིན་ན། འབྲས་བུ་རིམ་

且前證不還果後，於色所依證涅槃之不還向成立故。」理應不周遍，因無身證不還向故，因若是身證聖者，周遍證滅盡定故。

第二、講說有關住不還果，有云：「住唯斷第九品欲界煩惱沙門性果之補特伽羅，是住不還果之性相。」不應理，因有住聲聞見道解脫道之住不還果，且若是斷第九品欲界煩惱之補特伽羅，須曾證修道無間道故。

有云：「住唯斷無餘五順下分結沙門性果之補特伽羅，是住不還果之性相。」不應理，因若是住不還果，不周遍斷欲貪故。

自宗：「住唯斷五順下分結住類之沙門性果之補特伽羅」，乃住不還果之性相，可分為：住不還果但住者、住不還果勝進者二者。有此二者之差別，因同是住不還果，以為證自上果而住正在精勤之無間道與否之門而安立此二者之差別故。彼復可分為：次第證住不還果與超證住不還果二者。初者與曾有預流證量之不還同義。

有云：「若是曾有一來證量之住不還果，周遍是次第證住不還

གྱིས་པའི་ཕྱིར་མི་འོང་འབྲས་གནས་ཡིན་པས་ཁྱབ་ཟེར་བ་མི་འཐད་དེ། འབྲས་བུ་ཐོད་རྒལ་བའི་ཕྱིར་འོང་གི་རྟོགས་པ་སྔོན་སོང་གི་ཕྱིར་མི་འོང་དེ་འབྲས་བུ་རིམ་གྱིས་པའི་ཕྱིར་མི་འོང་མ་ཡིན་པའི་ཕྱིར། མ་གྲུབ་ན། དེ་ཆོས་ཅན། རྒྱུན་ཞུགས་ཀྱི་རྟོགས་པ་སྔོན་སོང་ཡིན་པར་ཐལ། མ་གྲུབ་པ་དེའི་ཕྱིར།

ཁོན་རེ། འབྲས་བུ་ཐོད་རྒལ་བའི་ཕྱིར་འོང་དེས་ཕྱིར་མི་འོང་གི་འབྲས་བུ་མངོན་དུ་མི་བྱེད་དོ་ཞེ་ན། འོ་ན། དེ་སྣང་བྱ་ཅིག་ཆར་བའི་འབྲས་གནས་ཡིན་པར་ཐལ། དེས་སྲིད་ཉོན་འཇིག་རྟེན་ལས་འདས་པའི་ལམ་གྱི་དངོས་སུ་སྤོང་བའི་སྤྱ་རོལ་དུ་འཇིག་རྟེན་པའི་སྒོམ་སྤང་སུ་གྱུར་པའི་འདོད་ཉོན་ལ་འཇིག་རྟེན་པའི་ལམ་གྱིས་ཆགས་བྲལ་བྱེད་པ་མ་ཡིན་པའི་ཕྱིར། མ་གྲུབ་ན་སོང་། དེར་ཐལ། དེས་དགྲ་བཅོམ་པའི་འབྲས་བུའི་སྔ་རོལ་དུ་ཕྱིར་མི་འོང་གི་འབྲས་བུ་མངོན་དུ་མི་བྱེད་པའི་ཕྱིར། དེར་ཐལ། དམ་བཅའ་འཐད་པའི་ཕྱིར། རྩ་བར་འདོད་ན། སྣང་བྱ་ཅིག་ཆར་བ་འབྲས་བུ་བར་པ་གཉིས་ལ་མི་འཇོག་པར་བཤད་པ་མི་འཐད་པར་ཐལ། འདོད་པའི་ཕྱིར།

འབྲས་བུ་ཐོད་རྒལ་བའི་ཕྱིར་མི་འོང་འབྲས་གནས་དང་། ཆགས་བྲལ་སྔོན་སོང་གི་ཕྱིར་མི་འོང་འབྲས་གནས་དང་། མཐོང་ལམ་གྱི་སྔ་རོལ་དུ་བསམ་གཏན་གྱི་དངོས་གཞི་ཐོབ་པའི་ཕྱིར་མི་འོང་དང་། མཐོང་ལམ་གྱི་སྔ་རོལ་དུ་འཇིག་རྟེན་པའི་སྒོམ་སྤང་སུ་གྱུར་པའི་འདོད་ཉོན་དགུ་པ་སྤངས་པའི་ཕྱིར་མི་འོང་རྣམས་དོན་གཅིག་པ་ཡིན་ནོ།

དེ་ལ་ཁོན་རེ། འབྲས་བུ་ཐོད་རྒལ་བའི་ཕྱིར་འོང་གི་རྟོགས་པ་སྔོན་དུ་སོང་བའི་ཕྱིར་མི་འོང་ཆོས་ཅན། ཆགས་བྲལ་སྔོན་སོང་གི་ཕྱིར་མི་འོང་ཡིན་པར་ཐལ། འབྲས་བུ་ཐོད་རྒལ་བའི་ཕྱིར་མི་འོང་ཡིན་པའི་ཕྱིར། ཁྱབ་པ་ཁས། རྟགས་དེར་ཐལ། དེ་རྒྱུན་ཞུགས་ཀྱི་རྟོགས་པ་སྔོན་དུ་མ་སོང་བའི་ཕྱིར་མི་འོང་ཡིན་པའི་ཕྱིར་ན། མ་ཁྱབ། ཁྱབ་པར་ཐལ། རྒྱུན་ཞུགས་ཀྱི་རྟོགས་པ་སྔོན་སོང་གི་ཕྱིར་མི་འོང་ཡིན་ན། འབྲས་བུ་རིམ་གྱིས་པའི་ཕྱིར་མི་འོང་ཡིན་དགོས་པའི་ཕྱིར་ན། ཡང་མ་ཁྱབ། རྩ་བར་འདོད་ན། དེ་མཐོང་ལམ་གྱི་སྔ་རོལ་དུ་བསམ་གཏན་གྱི་དངོས་གཞི་ཐོབ་པའི་ཕྱིར་མི་འོང་ཡིན་པར་ཐལ། འདོད་པའི་ཕྱིར། འདོད་ན། བསམ་གཏན་གྱི་དངོས་གཞི་ཐོབ་པའི་ཕྱིར་མི་འོང་ཞུགས་པ་དང་།

果。」不應理，因曾有超證一來證量之不還非次第證不還故。若不成，彼為有法，理應是曾有預流證量，因前之不成故。

有云：「超證一來不證不還果。」那麼，彼理應是頓斷住果，因彼非於以出世間道直接斷有頂煩惱前，以世間道於世間修所斷欲界煩惱離貪故。若不成則成相違，理應如是，因彼於阿羅漢果前不證不還果故。理應如是，因宗應理故。若許根本，宣說於中間二果不安立頓斷，理應不應理，因許故。

超證住不還果與先離貪住不還果與見道前證根本靜慮之不還與見道前斷除世間修所斷欲界煩惱第九品之不還同義。

對此有云：「曾有超證一來證量之不還為有法，理應是先離貪不還，因是超證不還故。承許周遍。彼因理應如是，因彼是不曾有預流證量之不還故。」不周遍。理應周遍，因若是曾有預流證量之不還，須是次第證不還故。也不周遍。若許根本，彼理應是於見道前證根本靜慮之不還，因許故。若許，理應有證根本靜慮之不還向與住一來果之同位，因許故。

ཕྱིར་འོང་འབྲས་གནས་ཀྱི་གཞི་མཐུན་ཡོད་པར་ཐལ། འདོད་པའི་ཕྱིར་ཟེར།

ཡང་དེ་ལ་དབྱེ་ན། འདོད་པར་ཚེ་ཡོངས་གྱུར་གྱི་ཕྱིར་མི་འོང་དང་། འདོད་པར་ཚེ་ཡོངས་སུ་མ་གྱུར་པའི་ཕྱིར་མི་འོང་གཉིས།

ཁ་ཅིག འདོད་པའི་རྟེན་ལ་འཕགས་ལམ་བརྟེན་ནས་ཕྱིར་མི་འོང་ཐོབ་པའི་ཕྱིར་མི་འོང་དེ། འདོད་པར་ཚེ་ཡོངས་གྱུར་གྱི་ཕྱིར་མི་འོང་གི་མཚན་ཉིད་ཟེར་བ་མི་འཐད་དེ། གཟུགས་སུ་ཉེར་འགྲོའི་ཕྱིར་མི་འོང་བར་འདའ་བའི་རྟོགས་པ་སྔོན་སོང་གི་གཟུགས་ཀྱི་བར་སྲིད་ཀྱི་རྟེན་ཅན་གྱི་ཕྱིར་མི་འོང་དེ་མཚན་ཉིད་དེ་ཡིན་པ་གང་ཞིག མཚོན་བྱ་དེ་མ་ཡིན་པའི་ཕྱིར། གཉིས་པ་དེར་ཐལ། མཛོད་ལས། འདོད་པར་ཚེ་ཡོངས་གྱུར་པའི་འཕགས། །ཁམས་གཞན་དུ་ནི་འགྲོ་བ་མེད། །ཅེས་གསུངས་པའི་ཕྱིར། དང་པོ་དེར་ཐལ། དེ་འདོད་པའི་རྟེན་ལ་ཕྱིར་མི་འོང་གི་འབྲས་བུ་ཐོབ་པའི་ཕྱིར་མི་འོང་ཡིན་པའི་ཕྱིར། དེར་ཐལ། དེ་མཐོང་ལམ་ཐོབ་པའི་ཚེ་དེ་ལ་ཕྱིར་མི་འོང་ཐོབ་པའི་ཕྱིར་མི་འོང་ཡིན་པའི་ཕྱིར་ཏེ། འདོད་པར་ཚེ་ཡོངས་སུ་མ་གྱུར་པའི་ཕྱིར་མི་འོང་དེ་དེ་ཡིན་པའི་ཕྱིར་ཏེ། གཟུགས་སུ་ཉེར་འགྲོའི་ཕྱིར་མི་འོང་བར་འདའ་བ་དེ་དེ་ཡིན་པའི་ཕྱིར།

ཁ་ཅིག འདོད་པར་འཕགས་ལམ་བརྟེན་ནས་ཕྱིར་མི་འོང་ཐོབ་པའི་ཐ་མའི་ཆ་འཐུན་ལྔ་སྤངས་པས་རབ་ཏུ་ཕྱེ་བའི་རིགས་སུ་གནས་པའི་དགེ་སྦྱོང་ཚུལ་གྱི་འབྲས་བུ་ལ་གནས་པའི་གང་ཟག་དེ། འདོད་པར་ཚེ་ཡོངས་སུ་གྱུར་པའི་ཕྱིར་མི་འོང་གི་མཚན་ཉིད་ཟེར་བ་མི་འཐད་དེ། གཟུགས་སུ་ཉེར་འགྲོའི་ཕྱིར་མི་འོང་བར་འདའ་བས་མ་ངེས་པའི་ཕྱིར།

ཁོ་ན་རེ། གཟུགས་སུ་ཉེར་འགྲོའི་ཕྱིར་མི་འོང་བར་འདའ་བའི་རྟོགས་པ་སྔོན་དུ་སོང་བའི་གཟུགས་ཀྱི་བར་སྲིད་ཀྱི་རྟེན་ཅན་གྱི་ཕྱིར་མི་འོང་ཆོས་ཅན། འདོད་པར་འཕགས་ལམ་བརྟེན་པའི་ཕྱིར་མི་འོང་ཡིན་པར་ཐལ། འདོད་པར་འཕགས་ལམ་བརྟེན་ནས་ཕྱིར་མི་འོང་ཐོབ་པའི་ཕྱིར་མི་འོང་ཡིན་པའི་ཕྱིར་ཞེ་ན། མ་ཁྱབ་སྟེ། འདོད་པར་འཕགས་ལམ་བརྟེན་པའི་གཟུགས་ཀྱི་རྟེན་ཅན་གྱི་ཕྱིར་མི་འོང་མེད་པའི་ཕྱིར་ཏེ། དེ་ལྟར་བརྟེན་ཟིན་པའི་ཕྱིར་མི་འོང་ཡོད་ན། དེ་ལྟར་བརྟེན་པའི་ཕྱིར་མི་འོང་ཡོད་མི་དགོས་པའི་ཕྱིར་ཏེ། འདོད་པར་སྐྱེ་བ་བླངས་པའི་ཕྱིར་མི་འོང་ཡོད་ན། དེར་སྐྱེ་བ་ལེན་པའི་

又彼可分為：經欲界生之不還及不經欲界生之不還二者。

有云：「於欲界所依依聖道證不還之不還，是經欲界生之不還之性相。」不應理，因曾有行色界不還中般證量之具色界中有所依之不還，是彼性相，且非彼名相故。第二理應如是，因《俱舍論》云：「經欲界生聖，不往餘界生。[111]」故。初者理應如是，因彼是於欲界所依證不還果之不還故。理應如是，因彼是於證見道該世證得不還之不還故，因不經欲界生之不還是彼故，因行色界不還中般是彼故。

有云：「安住於欲界依聖道證不還之唯斷五順下分結住類之沙門性果的補特伽羅，是經欲界生之不還之性相。」不應理，因行色界不還中般不定故。

有云：「曾有行色界不還中般證量之具色界中有所依不還為有法，理應是於欲界依聖道之不還，因是於欲界依聖道證不還之不還故。」不周遍，因無於欲界依聖道之具色界所依不還故，因若有已如此依之不還，不須有如此依之不還故，因若有已於欲界受生之不還，不須有於彼受生之不還故。若不成，理應有於彼受生之不還，因有已於彼受生之不還故，理應如是，因有已於彼受生之阿羅漢

ཕྱིར་མི་འོང་ཡོད་མི་དགོས་པའི་ཕྱིར། མ་གྲུབ་ན། དེར་སྐྱེ་བ་ལེན་པའི་ཕྱིར་མི་འོང་ཡོད་པར་ཐལ། དེར་སྐྱེ་བ་བླངས་པའི་ཕྱིར་མི་འོང་ཡོད་པའི་ཕྱིར། དེར་ཐལ། དེར་སྐྱེ་བ་བླངས་པའི་དགྲ་བཅོམ་པ་ཡོད་པའི་ཕྱིར། འདོད་མི་ནུས་སོ། །

རང་ལུགས་ནི། འདོད་པར་འཕགས་ལམ་སྐྱེ་བ་བརྒྱུད་མར་བརྟེན་ནས་ཕྱིར་མི་འོང་ཐོབ་པའི་འདོད་པའི་རྟེན་ཅན་གྱི་ཐ་མའི་ཆ་མཐུན་ལྔ་སྤངས་པས་རབ་ཏུ་ཕྱེ་བའི་རིགས་སུ་གནས་པའི་དགེ་སྦྱོང་ཚུལ་གྱི་འབྲས་བུ་ལ་གནས་པའི་གང་ཟག་དེ། འདོད་པར་ཚེ་ཡོངས་སུ་གྱུར་པའི་ཕྱིར་མི་འོང་གི་མཚན་ཉིད།

ཁ་ཅིག འདོད་པར་ཚེ་ཡོངས་སུ་གྱུར་པའི་ཕྱིར་མི་འོང་ཡིན་ན། ཕྱིར་མི་འོང་མཐོང་ཆོས་ཞི་ཡིན་པས་ཁྱབ་ཟེར་བ་མི་འཐད་དེ། ཕྱིར་མི་འོང་ཐོབ་པའི་ཚེ་དེ་ལ་མྱང་འདས་མངོན་དུ་བྱེད་པའི་ཕྱིར་མི་འོང་ཡིན་ན། མཐོང་ལམ་ཐོབ་པའི་ཚེ་དེ་ལ་མྱང་འདས་མངོན་དུ་བྱེད་པའི་ཕྱིར་མི་འོང་ཡིན་པས་མ་ཁྱབ་པའི་ཕྱིར། དེར་ཐལ། དེ་ཡིན་ན། མཐོང་ལམ་ཐོབ་པའི་ཚེ་དེ་ལ་ཕྱིར་མི་འོང་ཐོབ་པས་མ་ཁྱབ་པའི་ཕྱིར། མ་གྲུབ་ན། ངེས་པའི་རྒྱུན་ཞུགས་སྲིད་པ་ལན་བདུན་པ་བའི་རྟོགས་པ་སྔོན་དུ་སོང་བའི་ཕྱིར་མི་འོང་ཆོས་ཅན། དེར་ཐལ། དེའི་ཕྱིར། མ་གྲུབ་ན། དེར་ཐལ། ངེས་པའི་རྒྱུན་ཞུགས་སྲིད་པ་ལན་བདུན་པ་བ་དེས་སྐྱེ་སྲིད་བཅུ་བཞི་པའི་རྟེན་ལ་ཕྱིར་མི་འོང་དང་། དགྲ་བཅོམ་པ་གཉིས་ཀའི་འབྲས་བུ་མངོན་དུ་བྱེད་པའི་ཕྱིར།

ཁོ་ན་རེ། ངེས་པའི་རྒྱུན་ཞུགས་སྲིད་པ་ལན་བདུན་པ་བའི་རྟོགས་པ་སྔོན་དུ་སོང་བའི་ཕྱིར་མི་འོང་ཆོས་ཅན། ཚེ་དང་པོ་ལ་རྒྱུན་ཞུགས་དང་ཕྱིར་འོང་གང་རུང་གི་འབྲས་བུ་ཐོབ་ནས། ཚེ་གཉིས་པ་ལ་ཕྱིར་མི་འོང་དུ་གྱུར་པའི་ཕྱིར་མི་འོང་ཡིན་པར་ཐལ། འདོད་པར་ཚེ་ཡོངས་སུ་གྱུར་པའི་ཕྱིར་མི་འོང་ཡིན་པའི་ཕྱིར། ཁྱབ་པར་ཐལ། རྒྱལ་པོ་སྲས་ལས། ཕྱིར་མི་འོང་ཚེ་ཡོངས་སུ་གྱུར་པ་ནི་གང་གི་ཚེ་དང་པོ་ལ་རྒྱུན་དུ་ཞུགས་པའམ་ལན་གཅིག་ཕྱིར་འོང་བའི་འབྲས་བུ་ཐོབ་ནས། ཚེ་གཉིས་པ་ལ་ཕྱིར་མི་འོང་བར་གྱུར་པ་ཡིན་ནོ། །ཞེས་གསུངས་པའི་ཕྱིར་ཟེར་ན།

故。不能許。

自宗：「於欲界依聖道歷經多生而證不還之具欲界所依，且安住於唯斷五順下分結住類之沙門性果之補特伽羅」，乃經欲界生之不還之性相。

有云：「若是經欲界生之不還，周遍是不還現法寂滅。」不應理，因若是證得不還該世證涅槃之不還，不周遍是證得見道該世證涅槃之不還故。理應如是，因若是彼，不周遍證得見道該世證不還故。若不成，曾有預流決定七返證量之不還為有法，理應如是，因如是故。若不成，理應如是，因預流決定七返在第十四生有所依證不還與阿羅漢二果故。

有云：「曾有預流決定七返證量之不還為有法，理應是於第一世證得預流或一來果後，於第二世成為不還之不還，因是經欲界生之不還故。理應有周遍，因《王子疏抄》云：『經〔欲〕界生之不還，爾時第一世證預流或一來果，隨後於第二世轉為不還。』故。」

མ་ཁྱབ་སྟེ། ལུང་དེས་འདོད་པར་ཚེ་ཡོངས་གྱུར་གྱི་ཕྱིར་མི་འོང་ཡིན་ན། འདོད་པར་འཕགས་ལམ་སྐྱེ་བ་བརྒྱུད་མར་བརྟེན་ནས་ཕྱིར་མི་འོང་ཐོབ་དགོས་པའི་སྐྱེ་བའི་ཉུང་མཐའ་ངོས་བཟུང་བ་ཡིན་པའི་ཕྱིར། དེ་ལྟ་མ་ཡིན་ན། རྒྱུན་ཞུགས་སྲིད་པ་ལན་བདུན་པ་བའི་རྟོགས་པ་སྔོན་སོང་གི་ཕྱིར་མི་འོང་ཆོས་ཅན། མཐོང་ལམ་ཐོབ་པའི་ཚེ་དེ་ལ་ཕྱིར་མི་འོང་ཐོབ་པའི་ཕྱིར་མི་འོང་ཡིན་པར་ཐལ། འདོད་པར་ཚེ་ཡོངས་སུ་མ་གྱུར་པའི་ཕྱིར་མི་འོང་ཡིན་པའི་ཕྱིར། མ་གྲུབ་ན་སོང་། དེར་ཐལ། དེ་དེ་དང་འདོད་པར་ཚེ་ཡོངས་གྱུར་གྱི་ཕྱིར་མི་འོང་གང་རུང་གང་ཞིག ཕྱི་མ་མ་ཡིན་པའི་ཕྱིར། འདོད་ན། དེ་ཕྱིར་མི་འོང་མཐོང་ཆོས་ཞི་ཡིན་པར་ཐལ་ལོ། །

ཁོན་རེ། གཟུགས་སུ་ཚེ་ཡོངས་སུ་གྱུར་པའི་ཕྱིར་མི་འོང་ཡིན་ན། གཟུགས་མེད་དུ་སྐྱེ་བ་མི་ལེན་པས་ཁྱབ་པར་ཐལ། འདོད་པར་ཚེ་ཡོངས་གྱུར་གྱི་ཕྱིར་མི་འོང་ཡིན་ན། ཁམས་གོང་དུ་སྐྱེ་བ་མི་ལེན་པས་ཁྱབ་པའི་ཕྱིར་ན། མ་ཁྱབ་སྟེ། སྲིད་རྩེའི་མཐར་ཐུག་འགྲོའི་གཟུགས་སུ་ཉེར་འགྲོའི་ཕྱིར་མི་འོང་གོང་འཕོ་བ་གཟུགས་མེད་དུ་སྐྱེ་བ་ལེན་པའི་ཕྱིར་ཏེ། མཛོད་འགྲེལ་ལས། གཟུགས་ཀྱི་ཁམས་སུ་ཚེ་ཡོངས་སུ་གྱུར་པ་ནི་གལ་ཏེ་ན་གཟུགས་མེད་པའི་ཁམས་དག་ཏུ་ཡང་འཇུག་སྟེ། ཞེས་གསུངས་པའི་ཕྱིར།

ཁ་ཅིག མཐོང་ལམ་ཐོབ་པའི་ཚེ་དེ་ལ་ཕྱིར་མི་འོང་ཐོབ་པའི་ཐ་མའི་ཆ་འཐུན་ལྔ་སྤྱངས་པས་རབ་ཏུ་ཕྱེ་བའི་རིགས་སུ་གནས་པའི་དགེ་སློང་ཚུལ་གྱི་འབྲས་བུ་ལ་གནས་པའི་གང་ཟག་དེ། འདོད་པར་ཚེ་ཡོངས་སུ་མ་གྱུར་པའི་ཕྱིར་མི་འོང་གི་མཚན་ཉིད་ཟེར་བ་མི་འཐད་དེ། གཟུགས་སུ་ཉེར་འགྲོའི་ཕྱིར་མི་འོང་གི་རྟོགས་པ་སྔོན་སོང་གི་གཟུགས་ཀྱི་བར་སྲིད་ཀྱི་རྟེན་ཅན་གྱི་ཕྱིར་མི་འོང་དེ་མཚན་ཉིད་དེ་ཡིན་པ་གང་ཞིག མཚོན་བྱ་དེ་མ་ཡིན་པའི་ཕྱིར། དང་པོ་དེར་ཐལ། དེས་མཐོང་ལམ་ཐོབ་པའི་ཚེ་དེ་ལ་ཕྱིར་མི་འོང་ཐོབ་པའི་ཕྱིར་ཏེ། དེས་མཐོང་ལམ་ཐོབ་པའི་ཚེ་དེ་ལ་ཕྱིར་མི་འོང་ཐོབ་ཟིན་པའི་ཕྱིར།

རང་ལུགས་ནི། མཐོང་ལམ་ཐོབ་པའི་ཚེ་དེ་ལ་ཕྱིར་མི་འོང་ཐོབ་པའི་ཐ་མའི་ཆ་མཐུན་ལྔ་སྤྱངས་པས་རབ་ཏུ་ཕྱེ་བའི་རིགས་སུ་གནས་པའི་དགེ་སློང་ཚུལ་གྱི་འབྲས་བུ་ལ་གནས་པའི་འདོད་པའི་རྟེན་

不周遍，因彼文乃指出若是經欲界生之不還，須於欲界依聖道歷經多生而證不還之最少生故。若非如此，曾有預流七返證量之不還為有法，理應是於證見道該世證得不還之不還，因是不經欲界生之不還故。若不成則成相違。理應如是，因彼是彼與經欲界生之不還隨一，且非後者故。若許，彼則成不還現法寂滅故。

有云：「若是經色界生之不還理應周遍不受生於無色界，因若是經欲界生之不還，周遍不受生於上界故。」不周遍，因行有頂究竟之行色界不還上流受生於無色界故，因《俱舍論自釋》云：「倘若經色界生，亦入諸無色界。[112]」故。

有云：「住於證得見道該世獲得不還之唯斷五順下分結住類之沙門性果的補特伽羅，是不經欲界生之不還之性相。」不應理，因曾有行色界不還證量之具色界中有所依之不還，是彼性相，且非彼名相故。初者理應如是，因彼於證得見道該世證不還故，因彼於證得見道該世已證不還故。

自宗：「證得見道該世獲得不還果之唯斷五順下分結住類之沙門性果，住於其果之具欲界所依補特伽羅」，是不經欲界生之不還

ཅན་གྱི་གང་ཟག་དེ། འདོད་པར་ཆེ་ཡོངས་སུ་མ་གྱུར་པའི་ཕྱིར་མི་འོང་གི་མཚན་ཉིད། དེ་ལ་དབྱེ་ན། གཟུགས་སུ་ཉེར་འགྲོའི་ཕྱིར་མི་འོང་། གཟུགས་མེད་ཉེར་འགྲོའི་ཕྱིར་མི་འོང་། ཕྱིར་མི་འོང་མཐོང་ཆོས་ཞི། ཕྱིར་མི་འོང་ལུས་མངོན་བྱེད་དང་བཞི།

དང་པོ་ནི། ཁ་ཅིག མཐོང་ལམ་ཐོབ་པའི་ཚེ་དེ་ལ་ཕྱིར་མི་འོང་ཐོབ་པའི་ཕྱིར་མི་འོང་གང་ཞིག གཟུགས་སུ་ཉིང་མཚམས་སྦྱོར་བ་དེ། གཟུགས་སུ་ཉེར་འགྲོའི་ཕྱིར་མི་འོང་གི་མཚན་ཉིད་ཟེར་བ་མི་འཐད་དེ། གཟུགས་སུ་ཉེར་འགྲོའི་ཕྱིར་མི་འོང་གི་རྟོགས་པ་སྔོན་སོང་གི་འོག་མིན་གྱི་རྟེན་ལ་མྱང་འདས་མངོན་དུ་བྱེད་ངེས་ཀྱི་ཚངས་རིས་ཀྱི་རྟེན་ཅན་གྱི་ཕྱིར་མི་འོང་དེ་མཚན་ཉིད་དེ་ཡིན་པ་གང་ཞིག མཚོན་བྱ་དེ་མ་ཡིན་པའི་ཕྱིར། མཚན་ཉིད་ཀྱི་ཟུར་དང་པོ་དེར་ཐལ། དེ་མཐོང་ལམ་ཐོབ་པའི་ཚེ་དེ་ལ་ཕྱིར་མི་འོང་ཐོབ་ཟིན་པའི་ཕྱིར་མི་འོང་ཡིན་པའི་ཕྱིར། མཚན་ཉིད་ཀྱི་ཟུར་ཕྱི་མ་དེར་ཐལ། དེ་འོག་མིན་གྱི་རྟེན་ལ་མྱང་འདས་མངོན་དུ་བྱེད་ངེས་ཀྱི་ཚངས་རིས་ཀྱི་རྟེན་ཅན་གྱི་ཕྱིར་མི་འོང་ཡིན་པའི་ཕྱིར། རྩ་རྟགས་ཕྱི་མ་དེར་ཐལ། དེ་འདོད་པའི་རྟེན་ཅན་མ་ཡིན་པའི་ཕྱིར།

ཁ་ཅིག འདོད་པའི་རྟེན་ཅན་གྱི་ཕྱིར་མི་འོང་གང་ཞིག གཟུགས་ཀྱི་རྟེན་ལ་མྱང་འདས་མངོན་དུ་བྱེད་ངེས་དེ། དེའི་མཚན་ཉིད་ཟེར་བ་མི་འཐད་དེ། སྲིད་རྩེའི་མཐར་ཐུག་འགྲོའི་གཟུགས་སུ་ཉེར་འགྲོའི་ཕྱིར་མི་འོང་གོང་འཕོ་བ་ཡིན་པའི་གཟུགས་ཀྱི་རྟེན་ལ་མྱང་འདས་མངོན་དུ་མི་བྱེད་པ་ཡོད་པའི་ཕྱིར་ཏེ། གཟུགས་མེད་ཀྱི་རྟེན་ལ་མྱང་འདས་མངོན་དུ་བྱེད་པའི་དེ་ཡོད་པའི་ཕྱིར།

ཁ་ཅིག ཤི་འཕོས་མ་ཐག་གཟུགས་ཁམས་སུ་སྐྱེ་བ་ལེན་པའི་ཕྱིར་མི་འོང་དེ། དེའི་མཚན་ཉིད་ཟེར་བ་མི་འཐད་དེ། ཉེས་པ་སྔ་མ་དེ་ཉིད་སོན་གནས་པའི་ཕྱིར།

རང་ལུགས་ནི། འདོད་པའི་རྟེན་ཅན་གྱི་ཕྱིར་མི་འོང་གང་ཞིག གཟུགས་སུ་ཉིང་མཚམས་སྦྱོར་བ་དེ། གཟུགས་སུ་ཉེར་འགྲོའི་ཕྱིར་མི་འོང་གི་མཚན་ཉིད་ཡིན།

དེ་ལ་ཁོན་རེ། གཟུགས་མེད་ཉེར་འགྲོའི་ཕྱིར་མི་འོང་ཆོས་ཅན། མཚོན་བྱ་དེར་ཐལ། མཚན་ཉིད་དེའི་ཕྱིར། ཕྱི་མ་གྲུབ་སྟེ། དེ་གཟུགས་སུ་སྐྱེ་བ་ལེན་པའི་ཕྱིར། དེར་ཐལ། དེའི་རྟོགས་པ་སྔོན་

之性相。此可分為：行色界不還、行無色不還、不還現法寂滅，及不還身證四者。

初者，有云：「是證得見道該世證得不還之不還，且結生於色界，是行色界不還之性相。」不應理，因曾有行色界不還證量，且決定於色究竟天所依證涅槃之具梵眾天所依之不還，是彼性相，且非彼名相故。性相之前項理應如是，因彼是於證得見道該世已證不還之不還故。性相之後項理應如是，因彼是決定於色究竟天所依證涅槃之具梵眾天所依之不還故。根本因後項理應如是，因彼非具欲界所依故。

有云：「是具欲界所依之不還，且決定於色界所依證涅槃，是彼之性相。」不應理，因有於「是行有頂究竟之行色界不還上流的色界所依」不證涅槃故，因有於無色所依證涅槃之彼故。

有云：「死歿立即受生於色界之不還，是彼之性相。」不應理，因仍犯前過故。

自宗：「是具欲界所依之不還，且結生於色界」，是行色界不還之性相。

對此有云：「行無色不還為有法，理應是彼名相，因是彼性相故。後者成立，因彼受生於色界故。理應如是，因曾有彼之證量之

སོང་གི་བྱང་འཕགས་གཟུགས་སུ་སྐྱེ་བ་ལེན་པའི་ཕྱིར་ཟེར། འོ་ན། དེ་སྙིང་རྗེ་དང་སྨོན་ལམ་གྱི་དབང་གིས་གཟུགས་སུ་སྐྱེ་བ་ལེན་པར་ཐལ། དེའི་རྟོགས་པ་སྔོན་སོང་གི་བྱང་འཕགས་དེས་དེ་ལྟར་སྐྱེ་བ་ལེན་པའི་ཕྱིར། ཁྱབ་པ་ཁས། འདོད་མི་རིགས་ཏེ། ཉན་ཐོས་མཐོང་ལམ་པ་དེ་ལྟར་སྐྱེ་བ་མི་ལེན་པའི་ཕྱིར་ཏེ། དེ་ཡང་དག་པའི་སྐྱོན་མེད་པ་ལ་ཞུགས་པའི་ཐེག་དམན་འཕགས་པ་ཡིན་པའི་ཕྱིར། གཟུགས་སུ་ཉེར་འགྲོའི་ཕྱིར་མི་འོང་ལ་དབྱེ་ན། གཟུགས་སུ་ཉེར་འགྲོའི་ཕྱིར་མི་འོང་བར་འདའ་བ། སྐྱེས་འདའ་བ། འདུ་བྱེད་དང་བཅས་ཏེ་འདའ་བ། འདུ་བྱེད་མེད་པར་འདའ་བ། གཟུགས་སུ་ཉེར་འགྲོའི་ཕྱིར་མི་འོང་གོང་འཕོ་བ་དང་ལྔ།

ཁ་ཅིག གཟུགས་སུ་ཉེར་འགྲོའི་ཕྱིར་མི་འོང་གང་ཞིག གཟུགས་ཀྱི་བར་སྲིད་ཀྱི་རྟེན་ལ་མྱང་འདས་མངོན་དུ་བྱེད་པ་དེ། གཟུགས་སུ་ཉེར་འགྲོའི་ཕྱིར་མི་འོང་བར་འདའ་བའི་མཚན་ཉིད་ཟེར་བ་མི་འཐད་དེ། འོག་མིན་གྱི་བར་སྲིད་ཀྱི་རྟེན་ལ་མྱང་འདས་མངོན་དུ་བྱེད་པའི་གཟུགས་སུ་ཉེར་འགྲོའི་ཕྱིར་མི་འོང་གོང་འཕོ་བ་ཡོད་པའི་ཕྱིར།

ཁ་ཅིག གཟུགས་སུ་ཉེར་འགྲོའི་ཕྱིར་མི་འོང་གང་ཞིག ཤི་འཕོས་མ་ཐག་གཟུགས་ཀྱི་བར་སྲིད་གཅིག་ཁོན་བླངས་ནས་རྟེན་དེ་ལ་མྱང་འདས་མངོན་དུ་བྱེད་པ་དེ། དེའི་མཚན་ཉིད་ཟེར་བ་མི་འཐད་དེ། ཤི་འཕོས་མ་ཐག་ཏུ་ཚངས་རིས་ཀྱི་བར་སྲིད་དུ་སྐྱེ་བ་བླངས། དེའི་སྐྱེ་སྲིད་དུ་སྐྱེ་བ་མ་བླངས་པར་ཚངས་པ་མདུན་ན་འདོན་གྱི་བར་སྲིད་ཀྱི་རྟེན་ལ་མྱང་འདས་མངོན་དུ་བྱེད་པའི་གཟུགས་སུ་ཉེར་འགྲོའི་ཕྱིར་མི་འོང་བར་འདའ་བ་ཡོད་པའི་ཕྱིར། དེར་ཐལ། དེ་འདྲའི་ཕྱིར་མི་འོང་ཡོད་པ་གང་ཞིག དེ་འདྲའི་སྐྱེས་འདའ་བ་སོགས་མེད་པའི་ཕྱིར། ཕྱི་མ་དེར་ཐལ། གཟུགས་སུ་ཉེར་འགྲོའི་ཕྱིར་མི་འོང་སྐྱེས་འདའ་བ་ཡིན་ན། ཚངས་རིས་ཀྱི་བར་སྲིད་ཀྱི་དེ་མ་ཐག་ཚངས་རིས་ཀྱི་སྐྱེ་སྲིད་མ་བླངས་པར་ཚངས་པ་མདུན་ན་འདོན་གྱི་བར་སྲིད་དུ་སྐྱེ་བ་མི་ལེན་པས་ཁྱབ་པའི་ཕྱིར།

ཡང་ཁ་ཅིག གཟུགས་སུ་ཉེར་འགྲོའི་ཕྱིར་མི་འོང་གང་ཞིག གཟུགས་སུ་སྐྱེ་བའི་ཀུན་སྦྱོར་སྤངས། གཟུགས་སུ་མངོན་པར་འགྲུབ་པའི་ཀུན་སྦྱོར་མ་སྤངས་པས་གཟུགས་ཀྱི་བར་སྲིད་ཀྱི་རྟེན་ལ་མྱང་འདས་མངོན་དུ་བྱེད་པའི་རིགས་ཅན་དེ། དེའི་མཚན་ཉིད་ཟེར་བ་མི་འཐད་དེ། དེ་ཡིན་ན་

菩薩聖者受生於色界故。」那麼，彼理應由悲與願力受生於色界，因曾有彼之證量之菩薩聖者如此受生故。承許周遍，不可以許，因見道聲聞不如此受生故，因是趣入正性離生之小乘聖者故。行色界不還可分為五：行色界不還中般、生般、有行般、無行般，與行色界不還上流。

有云：「是行色界不還，且於色界中有所依證涅槃，是行色界不還中般之性相。」不應理，因有於色究竟天中有所依證涅槃之行色界不還上流故。

有云：「是行色界不還，且死歿立即僅受取一色界中有，於彼所依證涅槃，是彼之性相。」不應理，因有死歿立即受取梵眾天之中有，不受取彼之生有，而於梵輔天之中有所依證涅槃之行色界不還中般故。理應如是，因有如此不還，且無如此之生般等故。後者理應如是，因若是行色界不還生般，周遍於梵眾天之中有，不立即受取梵眾天生有，不受取梵輔天中有故。

又有云：「是行色界不還，且是斷受生色界之結，然未斷色界中有結，於色界之中有所依證涅槃之品類，是彼之性相。」不應理，因若是彼，須不斷受生色界之結故。理應如是，因若是彼，須不斷

གཟུགས་སུ་སྐྱེ་བའི་ཀུན་སྦྱོར་མ་སྤངས་དགོས་པའི་ཕྱིར། དེར་ཐལ། དེ་ཡིན་ན་དེར་སྐྱེ་བའི་ཉོན་མོངས་མ་སྤངས་དགོས་པའི་ཕྱིར་ཏེ། དེ་ཡིན་ན་དེར་ལས་ཉོན་གྱིས་སྐྱེ་བ་ལེན་པས་ཁྱབ་པའི་ཕྱིར།

ཁོ་ན་རེ། མ་ཁྱབ་སྟེ། གཟུགས་སུ་སྐྱེ་བའི་ཀུན་སྦྱོར་ཡིན་ན། གཟུགས་ཀྱི་སྐྱེ་སྲིད་དུ་སྐྱེ་བའི་ཀུན་སྦྱོར་ཡིན་དགོས་པའི་ཕྱིར་ཏེ། གཟུགས་སུ་སྐྱེ་བའི་ཀུན་སྦྱོར་ཡིན་ན། གཟུགས་སུ་མངོན་པར་འགྲུབ་པའི་ཀུན་སྦྱོར་མ་ཡིན་དགོས་པའི་ཕྱིར་ཟེར་ན། མ་གྲུབ་སྟེ། གང་ཟག་དེ་གཟུགས་སུ་སྐྱེ་བའི་ཀུན་སྦྱོར་ཡིན་ན། དེ་དེའི་སྐྱེ་སྲིད་དུ་སྐྱེ་བའི་ཀུན་སྦྱོར་ཡིན་མི་དགོས་པའི་ཕྱིར། དེར་ཐལ། གང་ཟག་དེ་གཟུགས་སུ་སྐྱེ་བ་ལེན་པའི་རྒྱུ་ཡིན་ན། གང་ཟག་དེ་གཟུགས་ཀྱི་སྐྱེ་སྲིད་དུ་སྐྱེ་བ་ལེན་པའི་རྒྱུ་ཡིན་མི་དགོས་པའི་ཕྱིར། མ་གྲུབ་ན། གཟུགས་སུ་ཉེར་འགྲོའི་ཕྱིར་མི་འོང་བར་འདའ་བ་གཟུགས་སུ་སྐྱེ་བ་ལེན་པའི་རྒྱུས་མ་ངེས་སོ། །

དེ་ལ་ཁོ་ན་རེ། གཟུགས་སུ་ཉེར་འགྲོའི་ཕྱིར་མི་འོང་བར་འདའ་བའི་རྟོགས་པ་སྔོན་སོང་གི་ཚངས་རིས་ཀྱི་བར་སྲིད་ཀྱི་རྟེན་ཅན་གྱི་ཕྱིར་མི་འོང་དེ། གཟུགས་སུ་སྐྱེ་བ་བླངས་པའི་གང་ཟག་ཏུ་ཐལ། གཟུགས་སུ་སྐྱེ་བ་ལེན་ན། དེའི་སྐྱེ་སྲིད་དུ་སྐྱེ་བ་ལེན་པས་མ་ཁྱབ་པའི་ཕྱིར། རྟགས་ཁས། འདོད་ན། དེ་གཟུགས་ཀྱི་འགྲོ་བ་པ་ཡིན་པར་ཐལ། འདོད་པའི་ཕྱིར། འདོད་ན། དེ་ལྷའི་འགྲོ་བ་པ་ཡིན་པར་ཐལ། འདོད་པའི་ཕྱིར། འདོད་མི་རིགས་ཏེ། ལྷའི་བར་སྲིད་པ་ལྷའི་འགྲོ་བར་མ་གཏོགས་པའི་ཕྱིར། དེར་ཐལ། ལུང་ལས། སྲིད་པ་བཞིས་འགྲོ་བ་ལྔ་བསྡུས་ཤིང་། འགྲོ་བ་ལྔས་སྲིད་པ་བཞི་མ་བསྡུས་པར་གསུངས་པའི་ཕྱིར་ཞེ་ན། ཐལ་འགྱུར་གཉིས་པ་ལ་མ་ཁྱབ་བོ། །

ཁ་ཅིག གཟུགས་སུ་སྐྱེ་ན། གཟུགས་སུ་སྐྱེ་བའི་ཀུན་སྦྱོར་མ་སྤངས་པས་ཁྱབ་ཟེར་བ་མི་འཐད་དེ། ཉན་ཐོས་དགྲ་བཅོམ་གྱི་རྟོགས་པ་སྔོན་དུ་སོང་བའི་བྱང་འཕགས་ཀྱིས་མ་ངེས་པའི་ཕྱིར།

རང་ལུགས་ནི། གཟུགས་སུ་ཉེར་འགྲོའི་ཕྱིར་མི་འོང་གང་ཞིག གཟུགས་ཀྱི་སྐྱེ་སྲིད་དུ་སྐྱེ་བའི་ཀུན་སྦྱོར་སྤངས། གཟུགས་སུ་མངོན་པར་འགྲུབ་པའི་ཀུན་སྦྱོར་མ་སྤངས་པས་གཟུགས་ཀྱི་བར་སྲིད་ཀྱི་རྟེན་ལ་སྒྲུབ་འདས་མངོན་དུ་བྱེད་པའི་རིགས་ཅན་དེ། གཟུགས་སུ་ཉེར་འགྲོའི་ཕྱིར་མི་འོང་

受生彼之煩惱故，因若是彼，周遍以業煩惱投生彼故。

有云：「不周遍，因受生色界之結須是受生色界生有之結故，因受生色界之結定非受生色界中有之結故。」不成立，因若是彼補特伽羅受生色界之結，彼不須是受生彼之生有之結故。理應如是，因若是彼補特伽羅受生色界之因，不須是彼補特伽羅受生於色界生有之因故。若不成，則行色界不還中般受生色界之因不定。

對此有云：「曾有行色界不還中般證量之具梵眾天中有所依之不還，理應是受生於色界之補特伽羅，因若受生於色界，不周遍受生彼之生有故。承許因，若許，彼理應是色界之眾生，因許故。若許，彼理應是天道之眾生，因許故。不能許，因天之中有者非包含在天道之眾生故。理應如是，因契經云：『四有攝五趣眾生，五趣眾生不攝四有。』故。」於第二應成不周遍。

有云：「若生於色界，周遍不斷投生於色界之結。」不應理，因曾有聲聞阿羅漢證量之菩薩聖者不定故。

自宗：「是行色界不還，且斷投生色界生有之結，然未斷色界中有結，於色界之中有所依證涅槃之品類」，是行色界不還中般之性相。

བར་འདའ་བའི་མཚན་ཉིད།

ཁ་ཅིག བསམ་གཏན་གྱི་སྤྱིལ་སྒོམ་ལྷ་ཐོབ་པའི་དེ་འདྲ་བའི་ཕྱིར་མི་འོང་བར་འདའ་བ་མེད་ཟེར་བ་མི་འཐད་དེ། ཚངས་ཆེན་མ་གཏོགས་པའི་གཟུགས་ཁམས་གནས་རིགས་བཅུ་དྲུག་གི་བར་སྲིད་ཀྱི་རྟེན་ལ་མྱང་འདས་མངོན་དུ་བྱེད་པའི་གཟུགས་སུ་ཉེར་འགྲོའི་ཕྱིར་མི་འོང་བར་འདའ་བ་ཡོད་པའི་ཕྱིར།

འོ་ན། གཟུགས་སུ་བར་སྲིད་བཅུ་དྲུག་ཚང་བར་ལེན་པའི་དེ་འདྲའི་ཕྱིར་མི་འོང་བར་འདའ་བ་ཡོད་དམ་ཞེ་ན། བར་སྲིད་ལན་གཅིག་ལས་ལྷག་པ་གཉིས་གསུམ་ལེན་པ་མང་པོ་ཞིག་བཞེད་པར་འདུག་པས། བཅུ་དྲུག་ཚང་བར་ལེན་པ་ལ་ཡང་འགལ་བ་མེད་དམ་སྙམ་སྟེ། དཔྱད་པར་བྱའོ། །

ཡོན་རེ། ཚངས་རིས་ཀྱི་བར་སྲིད་གྲུབ་ནས་དེའི་སྐྱེ་སྲིད་མ་བླངས་པར། ཚངས་པ་མདུན་ན་འདོན་གྱི་བར་སྲིད་གྲུབ་པ་མི་འཐད་པར་ཐལ། མཛོད་ལས། མི་ལྡོག་དེ་ནི་དྲི་ཟའོ། །ཞེས་གསུངས་པའི་ཕྱིར་ན། མ་ཁྱབ་སྟེ། མཛོད་ལས་དེ་ལྟར་གསུངས་ཀྱང་། ཀུན་བཏུས་ལས། ཅི་སྟེན་ལྡོག་གོ །དེ་ན་གནས་པ་ཡང་ལས་གསོག་གོ །ཞེས་གསུངས་པའི་ཕྱིར།

ཁ་ཅིག མཛོད་པའི་ལུགས་ལ། གཟུགས་ཀྱི་བར་སྲིད་ལ་གནས་པའི་གང་ཟག་ཡིན་ན། གཟུགས་ཀྱི་སྐྱེ་སྲིད་དུ་སྐྱེ་བ་ལེན་པས་ཁྱབ་ཟེར་བ་མི་འཐད་དེ། དེའི་ལུགས་ལ། གཟུགས་སུ་ཉེར་འགྲོའི་ཕྱིར་མི་འོང་བར་འདའ་བ་ཡོད་པའི་ཕྱིར་ཏེ། དེའི་ལུགས་ལ་ཕྱིར་མི་འོང་ལྔར་བཤད་པའི་ཕྱིར་ཏེ། ལྔར་གསུངས་འགྲོ་མདོ་ལས་ཀྱང་གྲུབ། །ཅེས་གསུངས་པའི་ཕྱིར།

ཁ་ཅིག གཟུགས་སུ་ཉེར་འགྲོའི་ཕྱིར་མི་འོང་བར་འདའ་བ་དེས་མྱང་འདས་གཉིས་ཀྱི་ནང་ནས། དང་པོར་ལྷག་མེད་མྱང་འདས་མངོན་དུ་བྱེད་པ་ཡིན་ཏེ། དེ་ལྷག་མེད་དུ་འདའ་བར་ལུང་ལས་བཤད་པའི་ཕྱིར། ཟེར་བ་མི་འཐད་དེ། དེ་ཤི་བ་དང་ལྷག་མེད་མྱང་འདས་ཐོབ་པ་དུས་མི་མཉམ་པའི་ཕྱིར་ཏེ། གང་ཟག་གི་བདག་མེད་ལ་རྩེ་གཅིག་ཏུ་མཉམ་པར་གཞག་པའི་ཉན་ཐོས་ཀྱི་རྒྱུད་ལ་འཆི་སེམས་མངོན་གྱུར་བ་མེད་པའི་ཕྱིར་ཏེ། རྩེ་གཅིག་སེམས་མེད་ལ་དེ་མེད། །ཅེས་གསུངས་པའི་ཕྱིར། ལྷག་མེད་དུ་འདའ་བར་བཤད་པས་མི་གནོད་དེ། གཟུགས་སུ་སྐྱེ་སྲིད་མི་ལེན་པར་མྱང་འདས་མངོན་དུ་བྱེད་པ་ལ་

有云：「無證得五雜修靜慮之如此不還中般。」不應理，因有於除大梵天外之色界十六天處中有所依證涅槃之行色界不還中般故。

那麼，是否有受取全部色界十六中有之如此不還中般？有許多主張逾一次中有而受取二、三，故作是念：受取全部十六亦不相違，當觀擇！

有云：「形成梵眾天中有後，不受取彼之生有而形成梵輔天之中有理應不應理，因《俱舍論》云：『無對不可轉，食香非久住。[113]』故。」不周遍，因《俱舍論》雖如是宣說，然《集論》云：「或時移轉。住中有中亦能集諸業。[114]」故。

有云：「《俱舍論》宗〔主張〕若是住色界中有之補特伽羅周遍受生色之生有。」不應理，因《俱舍論》宗〔主張〕有行色界不還中般故，因《俱舍論》宗宣說五種不還故，因云：「及五七經故。[115]」故。

有云：「行色界不還中般，於二涅槃中先證無餘涅槃，因契經宣說彼無餘而證涅槃故。」不應理，因彼死歿與證無餘涅槃不同時故，因一心入定於補特伽羅無我之聲聞相續中，死心不現前故，因云：「非定無心二。[116]」故。不受闡述〔彼〕無餘而證涅槃之違害，因慮及不於色界受取生有而證涅槃故。

དགོངས་པའི་ཕྱིར།

དེས་ན་དེས་དང་པོར་ལྷག་བཅས་མྱང་འདས་མངོན་དུ་བྱེད་པ་ཡིན་ཏེ། གང་ཟག་དེས་རང་རྒྱུད་ཀྱི་ཉོན་སྒྲིབ་དང་ སྔ་མའི་ལས་ཉོན་གྱིས་འཕངས་པའི་རང་གི་ཕུང་པོ་གཉིས་སྣང་དཀའ་སླ་ཡོད་པའི་ཕྱིར། དེར་ཐལ། གཟུགས་སུ་ཉེར་འགྲོའི་ཕྱིར་མི་འོང་སྐྱེས་འདའ་བ་དེས་རང་རྒྱུད་ཀྱི་ཉོན་མོངས་དང་སྔ་མའི་ལས་ཉོན་གྱིས་འཕངས་པའི་རང་གི་ཕུང་པོ་གཉིས་སྣང་དཀའ་སླ་ཡོད་པའི་ཕྱིར། མ་ཁྱབ་ན། གཟུགས་སུ་ཉེར་འགྲོའི་ཕྱིར་མི་འོང་བར་འདའ་བའི་ཕུང་པོ་ལས་སྐྱེས་འདའ་བའི་ཕུང་པོ་ཕྲ་བར་ཐལ། མ་ཁྱབ་པ་དེའི་ཕྱིར།

ཁ་ཅིག གཟུགས་སུ་ཉེར་འགྲོའི་ཕྱིར་མི་འོང་བར་འདའ་བ་དེས། བར་དོའི་རྟེན་ལ་དང་པོར་མངོན་དུ་བྱས་པའི་མྱང་འདས་དེ་ལྷག་བཅས་མྱང་འདས་ཡིན་ཟེར། ཁ་ཅིག དེ་ལྷག་མེད་མྱང་འདས་ཡིན་ཟེར། གཉིས་ག་མི་འཐད་དེ། དེ་མེད་པའི་ཕྱིར། དེར་ཐལ། དེས་ཐོབ་པའི་མྱང་འདས་མེད་པའི་ཕྱིར་ཏེ། མྱང་འདས་ཡིན་ན་དེས་མ་ཐོབ་དགོས་པའི་ཕྱིར།

གཞན་ཡང་། དེ་མེད་པར་ཐལ། དེས་ཐོབ་པའི་སངས་རྒྱས་མེད་པའི་ཕྱིར་ཏེ། དེ་དང་རྒྱུད་གཅིག་ཏུ་གྱུར་པའི་སངས་རྒྱས་འཕགས་པ་དེ། དེས་ཐོབ་པའི་སངས་རྒྱས་མ་ཡིན་པའི་ཕྱིར་ཏེ། དེས་དེ་མ་འོངས་པ་ན་ཐོབ་པར་འགྱུར་བའི་ཕྱིར།

གཟུགས་སུ་ཉེར་འགྲོའི་ཕྱིར་མི་འོང་བར་འདའ་བ་ལ་དབྱེ་ན། གཟུགས་ཀྱི་བར་སྲིད་གྲུབ་མ་ཐག་མྱང་འདས་མངོན་དུ་བྱེད་པ་དང་། བར་སྲིད་གྲུབ་ནས་སྐྱེ་སྲིད་ཚོལ་བའི་སྣང་བ་མ་བྱུང་ཙམ་གྱི་ཚེ་མྱང་འདས་མངོན་དུ་བྱེད་པ་དང་། སྐྱེ་སྲིད་དུ་འགྲོ་བར་སེམས་པའི་ཚེ་མྱང་འདས་མངོན་དུ་བྱེད་པ་སྟེ། མྱུར་བར་འདའ་བ་དང་། མྱུར་བ་མ་ཡིན་པར་འདའ་བ་དང་། རིང་མོ་ཞིག་ནས་འདའ་བ་དང་གསུམ་ཡོད་དོ། །

ཁ་ཅིག གཟུགས་སུ་ཉེར་འགྲོའི་ཕྱིར་མི་འོང་གང་ཞིག གཟུགས་ཀྱི་སྐྱེ་སྲིད་ཀྱི་རྟེན་ལ་མྱང་འདས་མངོན་དུ་བྱེད་པ་དེ། གཟུགས་སུ་ཉེར་འགྲོའི་ཕྱིར་མི་འོང་སྐྱེས་འདའ་བའི་མཚན་ཉིད་ཟེར་བ་མི་འཐད་དེ། འོག་མིན་གྱི་སྐྱེ་སྲིད་ཀྱི་རྟེན་ལ་མྱང་འདས་མངོན་དུ་བྱེད་པའི་གཟུགས་སུ་ཉེར་འགྲོའི་

是故，彼先證有餘涅槃，因彼補特伽羅於自相續之煩惱障與往昔業煩惱牽引之自蘊二者，有難易斷〔之差別〕故。理應如是，因行色界不還生般，於斷自相續之煩惱與往昔業煩惱牽引之自蘊二者有難易斷〔之差別〕故。若不周遍，生般之蘊理應較行色界不還中般之蘊細微，因前之不周遍故。

有云：「行色界不還中般於中陰所依初證之涅槃，是有餘涅槃。」有云：「彼是無餘涅槃。」二者皆不應理，因無彼故。理應如是，因無彼所證之涅槃故，因若是涅槃須非彼所證故。

復次，理應無彼，因無彼所證之佛故，因與彼同一相續之佛聖者，非彼所證之佛故，因彼於未來將證彼故。

行色界不還中般可分為：形成色界中有即般涅槃、形成中有在未產生尋找生有景象之際般涅槃、思往趣生有之際般涅槃，乃是速般、非速般、經久般三者。

有云：「是行色界不還，且於色界生有所依證涅槃，是行色界不還生般之性相。」不應理，因有於色究竟天生有所依證涅槃之行色不還上流故。

ཕྱིར་མི་འོང་གོང་འཕོ་བ་ཡོད་པའི་ཕྱིར།

ཁ་ཅིག དེ་གང་ཞིག གཟུགས་སུ་སྐྱེ་སྲིད་གཅིག་ལོན་ བླངས་ནས། གཟུགས་ཀྱི་སྐྱེ་སྲིད་ཀྱི་རྗེན་ལ་མྱང་འདས་མངོན་དུ་བྱེད་པ་དེ། གཟུགས་སུ་ཉེར་འགྲོའི་ཕྱིར་མི་འོང་སྐྱེས་འདའ་བའི་མཚན་ཉིད་ཟེར་བ་མི་འཐད་དེ། ཚངས་རིས་ཀྱི་སྐྱེ་སྲིད་ཀྱི་རྗེན་ལ་མྱང་འདས་མངོན་དུ་བྱེད་པའི་གཟུགས་སུ་ཉེར་འགྲོའི་ཕྱིར་མི་འོང་གོང་འཕོ་བ་ཡོད་པའི་ཕྱིར། དེར་ཐལ། མཛོད་འགྲེལ་ལས། གོང་དུ་འཕོ་བ་དེ་དག་བར་སྐབས་སུ་ཡང་ཡོངས་སུ་མྱ་ངན་ལས་འདའ་རུང་བར་ལྟོས། །ཞེས་གསུངས་པའི་ཕྱིར།

སྔ་མ་དེ་ལ་སྐྱོན་འཕེན་པ་ཁ་ཅིག དེ་མི་འཐད་དེ། ཚངས་རིས་ཀྱི་སྔོན་དུས་ཀྱི་སྲིད་པའི་རྗེན་ལ་མྱང་འདས་མངོན་དུ་བྱེད་པའི་གཟུགས་སུ་ཉེར་འགྲོའི་ཕྱིར་མི་འོང་སྐྱེས་འདའ་བ་ཡོད་པའི་ཕྱིར། དེར་ཐལ། དེ་འདྲ་བའི་གཟུགས་སུ་ཉེར་འགྲོའི་ཕྱིར་མི་འོང་གོང་འཕོ་བ་ཡོད་པའི་ཕྱིར་ན། མ་ཁྱབ། འོ་ན། གཟུགས་ཀྱི་བར་སྲིད་ཀྱི་རྗེན་ལ་མྱང་འདས་མངོན་དུ་བྱེད་པའི་དེ་འདྲའི་སྐྱེས་འདའ་བ་ཡོད་པར་ཐལ། དེའི་བར་སྲིད་ཀྱི་རྗེན་ལ་མྱང་འདས་མངོན་དུ་བྱེད་པའི་དེ་འདྲའི་གོང་འཕོ་བ་ཡོད་པའི་ཕྱིར། ཁྱབ་པ་ཁས། འདོད་མི་ནུས་ཏེ། གཟུགས་ཀྱི་སྐྱེ་སྲིད་དུ་སྐྱེ་བའི་ཀུན་སྦྱོར་སྤངས་པའི་གཟུགས་སུ་ཉེར་འགྲོའི་ཕྱིར་མི་འོང་སྐྱེས་འདའ་བ་མེད་པའི་ཕྱིར།

རང་ལུགས་ནི། གཟུགས་སུ་ཉེར་འགྲོའི་ཕྱིར་མི་འོང་གང་ཞིག གཟུགས་སུ་སྐྱེ་སྲིད་གཅིག་ལོན་ བླངས་ནས་གཟུགས་ཀྱི་སྐྱེ་སྲིད་ཀྱི་རྗེན་ལ་མྱང་འདས་མངོན་དུ་བྱེད་པའི་རིགས་ཅན་དེ། དེའི་མཚན་ཉིད་ཡིན། དེ་ལ་དབྱེ་ན། གཟུགས་སུ་ཉེར་འགྲོའི་ཕྱིར་མི་འོང་སྐྱེས་ཙམ་ནས་འདའ་བ། འདུ་བྱེད་དང་བཅས་ཏེ་འདའ་བ། འདུ་བྱེད་མེད་པར་འདའ་བ་དང་གསུམ་ཡོད། དེ་གསུམ་གྱི་ཁྱད་པར་ཡོད་དེ། གཟུགས་སུ་ཉེར་འགྲོའི་ཕྱིར་མི་འོང་སྐྱེས་འདའ་བ་ཡིན་པ་གཞིར་བྱས་ལ། གཟུགས་ཀྱི་སྐྱེ་སྲིད་གྲུབ་ཙམ་ནས་མྱང་འདས་མངོན་དུ་བྱེད་པའི་རིགས་ཅན་དེ། དང་པོ་དང་། དེ་གཞིར་བྱས་ལ། འབད་རྩོལ་ཆེན་པོས་ལམ་མངོན་དུ་བྱས་ནས་མྱང་འདས་མངོན་དུ་བྱེད་པའི་རིགས་ཅན་དེ། གཉིས་པ་དང་། དེ་གཞིར་བྱས་ལ། གཟུགས་ཀྱི་སྐྱེ་སྲིད་གྲུབ་ཙམ་ནས་མྱང་འདས་མངོན་དུ་མི་བྱེད་ཅིང་།

◆現觀辨析（上）

有云：「是彼，且於色界唯受取一生有後，於色界生有所依證涅槃，是行色界不還生般之性相。」不應理，因有於梵眾天生有所依證涅槃之行色不還上流故。理應如是，因《俱舍論自釋》云：「當知彼等上流中期亦可般涅槃。」故。

於前者，有指出過失云：「不應理，因有於梵眾天本有所依證涅槃之行色界不還生般故。理應如是，因有如此之行色界不還上流故。」不周遍。那麼，理應有於色界中有所依證涅槃之如此生般，因有於彼之中有所依證涅槃之如此上流故。承許周遍。不能許，因無斷生於色界生有結之行色界不還生般故。

自宗：「是行色界不還，且於色界唯受取一次生有後，於色界生有所依證涅槃之品類」，是彼之性相。彼可分：行色界不還生即般、有行般、無行般三種。有彼三者之差異，因安立「是行色界不還生般，形成色界生有之際即般涅槃之品類」，乃初者之性相；「是行色界不還生般，以大精勤力證道而證涅槃之品類」，即次者之性相；「是行色界不還生般，形成生有之際不立即般涅槃，無大精勤力證道而證涅槃之品類」，是第三之性相故。依此可遮「若是色界生有須是一短剎那」之說，因後二者於色界生有所依證涅槃故。

འབད་རྩོལ་ཆེན་པོ་མེད་པར་ལམ་མངོན་དུ་བྱས་ནས་མྱང་འདས་མངོན་དུ་བྱེད་པའི་རིགས་ཅན་དེ། གསུམ་པའི་མཚན་ཉིད་དུ་འཇོག་པའི་ཕྱིར། འདི་ལ་བརྟེན་ནས་གཟུགས་ཀྱི་སྐྱེ་སྲིད་ཡིན་ན། ཡུན་ཐུང་དུའི་སྐད་ཅིག་མ་གཅིག་ཡིན་དགོས་ཟེར་བ་ཁེགས་ཏེ། ཕྱི་མ་གཉིས་གཟུགས་ཀྱི་སྐྱེ་སྲིད་ཀྱི་རྟེན་ལ་མྱང་འདས་མངོན་དུ་བྱེད་པའི་ཕྱིར།

ཁ་ཅིག གཟུགས་ཀྱི་སྐྱེ་སྲིད་དང་སྔོན་དུས་ཀྱི་སྲིད་པ་མི་འགལ་ཟེར་བ་མི་འཐད་དེ། མཛོད་ལས། སྐྱེ་བའི་སྐད་ཅིག་ཕན་ཆད་དོ། །ཞེས་སོགས་འབྱུང་བའི་ཕྱིར།

ཁོན་རེ། གཟུགས་སུ་ཉེར་འགྲོའི་ཕྱིར་མི་འོང་སྐྱེས་འདའ་བ་ཡིན་ན། གཟུགས་སུ་སྐྱེ་སྲིད་གཅིག་ཁོན་ལེན་པས་ཁྱབ་པར་ཐལ། སྐྱེས་འདའ་བའི་མཚན་ཉིད་དེ་འཐད་པའི་ཕྱིར། འདོད་ན། གཟུགས་ཀྱི་སྐྱེ་སྲིད་གཉིས་ཕན་ཆད་ལེན་པའི་སྐྱེས་འདའ་བ་མེད་པར་ཐལ། འདོད་པའི་ཕྱིར། ཟེར་ན། ཐལ་འགྱུར་དང་པོ་ལ་མ་ཁྱབ་སྟེ། མཚན་ཉིད་ཀྱི་མཐར་རིགས་ཅན་སྨོས་པ་ལ་དོན་ཡོད་པའི་ཕྱིར།

ཁ་ཅིག གཟུགས་སུ་ཉེར་འགྲོའི་ཕྱིར་མི་འོང་སྐྱེས་འདའ་བ་ཡིན་ན། བསམ་གཏན་གྱི་སྤེལ་སྒོམ་ལྷ་མ་ཐོབ་པས་ཁྱབ་ཟེར་བ་མི་འཐད་དེ། ཚངས་ཆེན་མ་གཏོགས་པའི་གཟུགས་ཁམས་གནས་རིགས་བཅུ་དྲུག་གི་སྐྱེ་སྲིད་ཀྱི་རྟེན་ལ་མྱང་འདས་མངོན་དུ་བྱེད་པའི་གཟུགས་སུ་ཉེར་འགྲོའི་ཕྱིར་མི་འོང་སྐྱེས་འདའ་བ་ཡོད་པའི་ཕྱིར།

ཁོན་རེ། གནས་འོག་མ་རྣམས་བོར་ནས་འོག་མིན་གྱི་སྐྱེ་སྲིད་ཀྱི་རྟེན་ལ་མྱང་འདས་མངོན་དུ་བྱེད་པའི་གཟུགས་སུ་ཉེར་འགྲོའི་ཕྱིར་མི་འོང་སྐྱེས་འདའ་བ་ཡོད་པར་ཐལ། འོག་མིན་གྱི་རྟེན་ལ་མྱང་འདས་མངོན་དུ་བྱེད་པའི་དེ་འདྲ་ཡོད་པའི་ཕྱིར་དང་། གཟུགས་ཀྱི་སྐྱེ་སྲིད་ལན་གཉིས་ཕན་ཆད་ལེན་པའི་སྐྱེས་འདའ་བ་མེད་པའི་ཕྱིར། ཕྱི་མ་མ་གྲུབ་ན། དེ་འདྲའི་སྐྱེ་སྲིད་གསུམ་ལེན་པའི་དེ་ཡོད་པར་ཐལ། མ་གྲུབ་པ་དེའི་ཕྱིར། འདོད་ན། དེའི་སྐྱེ་སྲིད་ལན་བཞི་ནས་བཅུ་དྲུག་གི་བར་ལེན་པའང་ཡོད་པར་ཐལ་ལོ་ཞེ་ན། སྔར་བཞིན་དཔྱད་པར་བྱའོ། །

ཁ་ཅིག གཟུགས་སུ་ཉེར་འགྲོའི་ཕྱིར་མི་འོང་གང་ཞིག འོག་མིན་དང་སྲིད་རྩེ་གང་རུང་གི་རྟེན་

有云：「色界生有與本有二者不相違。」不應理，因《俱舍論》云：「居生剎那後……[117]」等故。

有云：「若是行色界不還生般，理應周遍於色界唯受取一生有，因生般之性相應理故。若許，理應無受取二色界生有以上之生般，因許故。」於第一應成不周遍，因性相最後言「品類」有意義故。

有云：「若是行色界不還生般周遍不證得五雜修靜慮。」不應理，因有於除大梵天外之色界十六天處之生有所依，證涅槃之行色界不還生般故。

有云：「理應有捨諸下處，而於色究竟天生有所依證涅槃之行色界不還生般，因有於色究竟天所依證涅槃之彼，以及無受取二次以上色界生有之生般故。若後者不成，理應有受取如此三生有之彼，因前之不成故。若許，應成亦有受取四次至十六彼之生有。」如上觀擇。

有云：「是行色界不還，且於色究竟天與有頂隨一所依證涅槃，

ལ་སྤྱང་འདས་མངོན་དུ་བྱེད་པ་དེ། གཟུགས་སུ་ཉེར་འགྲོའི་ཕྱིར་མི་འོང་གོང་འཕོ་བའི་མཚན་ཉིད་ཟེར་བ་མི་འཐད་དེ། གཟུགས་སུ་ཉེར་འགྲོའི་ཕྱིར་མི་འོང་གནས་ཐམས་ཅད་དུ་འཆི་འཕོ་བ་ཡོད་པའི་ཕྱིར་ཏེ། གོང་དུ་དྲངས་པའི་མཛོད་འགྲེལ་གྱི་ལུང་དོན་གྲུབ་པའི་ཕྱིར། ཀྱི་ནོམ་སྣང་བའི་སྔོན་དུས་ཀྱི་སྲིད་པའི་རྟེན་ལ་སྤྱང་འདས་མངོན་དུ་བྱེད་པའི་

གཞན་ཡང་། མཚན་ཉིད་དེ་མི་འཐད་པར་ཐལ། འོག་མིན་གྱི་རྟེན་ལ་སྤྱང་འདས་མངོན་དུ་བྱེད་པའི་གཟུགས་སུ་ཉེར་འགྲོའི་ཕྱིར་མི་འོང་བར་འདའ་བ་ཡོད། སྐྱེ་འདའ་བ་ཡང་ཡོད་པའི་ཕྱིར། རྟགས་གཉིས་ཀ་དེར་ཐལ། བསམ་གཏན་གྱི་སྤེལ་སྒོམ་ལྡ་ཐོབ་པའི་གཟུགས་སུ་ཉེར་འགྲོའི་ཕྱིར་མི་འོང་བར་འདའ་བ་དང་། སྐྱེས་འདའ་བ་གཉིས་ཀ་ཡོད་པའི་ཕྱིར།

ཁ་ཅིག སྔ་མའི་མཚན་ཉིད་དེ་མི་འཐད་པར་ཐལ། གཟུགས་སུ་ཉེར་འགྲོའི་ཕྱིར་མི་འོང་ཡིན་ན། འོག་མིན་གྱི་རྟེན་ལ་སྤྱང་འདས་མངོན་དུ་བྱེད་པས་ཁྱབ་པའི་ཕྱིར། དེར་ཐལ། དེ་ཡིན་ན་འོག་མིན་གྱི་རྟེན་ལ་ཆོས་སྐུ་མངོན་དུ་བྱེད་པས་ཁྱབ་པའི་ཕྱིར་ཏེ། སེམས་ཅན་ཡིན་ན། དེའི་རྟེན་ལ་ཆོས་སྐུ་མངོན་དུ་བྱེད་པས་ཁྱབ་པའི་ཕྱིར་ཟེར་བ་ནི། ཚིག་ཙམ་ལ་བརྟེན་པ་ཡིན་ཏེ། སྐབས་འདིའི་སྤྱང་འདས་མངོན་དུ་བྱེད་པའི་གནས་ཀྱི་འོག་མིན་དེ། གཟུགས་ཁམས་གནས་རིགས་བཅུ་དྲུག་གི་ནང་ཚན་གྱི་འོག་མིན་ལ་བྱེད། གང་གི་རྟེན་ལ་ཆོས་སྐུ་མངོན་དུ་བྱེད་པའི་འོག་མིན་ནི་གཟུགས་ཁམས་གནས་རིགས་བཅོ་བརྒྱད་པ་ལ་བྱེད་པའི་ཕྱིར།

རང་ལུགས་ནི། གཟུགས་སུ་ཉེར་འགྲོའི་ཕྱིར་མི་འོང་གང་ཞིག འོག་མིན་དང་སྲིད་རྩེ་གང་རུང་གི་རྟེན་ལ་སྤྱང་འདས་མངོན་དུ་བྱེད་པའི་རིགས་ཅན་དེ། གཟུགས་སུ་ཉེར་འགྲོའི་ཕྱིར་མི་འོང་གོང་འཕོ་བའི་མཚན་ཉིད་ཡིན། དེ་ལ་དབྱེ་ན་གཉིས་ཡོད།

ཁ་ཅིག གཟུགས་སུ་ཉེར་འགྲོའི་ཕྱིར་མི་འོང་གོང་འཕོ་བ་གང་ཞིག འོག་མིན་གྱི་རྟེན་ལ་སྤྱང་འདས་མངོན་དུ་བྱེད་པ་དེ། འོག་མིན་མཐར་ཐུག་འགྲོའི་གཟུགས་སུ་ཉེར་འགྲོའི་ཕྱིར་མི་འོང་གོང་འཕོ་བའི་མཚན་ཉིད་ཟེར་བ་མི་འཐད་དེ། སྤར་ནཱཡད་པས་རྟོགས་ནུས་པའི་ཕྱིར། དེ་བཞིན་དུ་དེ་གང་

是行色界不還上流之性相。」不應理，因有於善現天之本有所依證涅槃之行色界不還遍歿故，因前引之《俱舍論自釋》文義成立故。

再者，彼性相理應不應理，因有於色究竟天所依證涅槃之行色界不還中般，亦有生般故。彼二因理應如是，因有證得五雜修靜慮之行色界不還中般與生般二者故。

有云：「前性相理應不應理，因若是行色界不還，周遍於色究竟天所依證涅槃故。理應如是，因若是彼，周遍於色究竟天所依證法身故，因若是有情，周遍於彼之所依證法身故。」此乃僅依字，因此時證得涅槃之色究竟天處，指色界十六天處中之色究竟天，證得法身之色究竟天之所依乃色界十八天處故。

自宗：「是行色界不還，且於色究竟天與有頂隨一所依證涅槃之品類」，乃行色界不還上流之性相，彼可分二。

有云：「是行色界不還上流，且於色究竟天所依證涅槃，乃行色究竟天究竟之行色界不還上流之性相。」不應理，因依上述可知故。如是，「是彼，且於有頂所依證涅槃，是行有頂究竟之行色界

ཞིག སྲིད་རྩེའི་རྟེན་ལ་སྒྲུང་འདས་མངོན་དུ་བྱེད་པ་དེ། སྲིད་རྩེའི་མཐར་ཐུག་འགྲོའི་གཟུགས་སུ་ཉེར་འགྲོའི་ཕྱིར་མི་འོང་གོང་འཕོ་བའི་མཚན་ཉིད་ཟེར་བ་ཡང་མི་འཐད་དེ། སྔར་བཀོད་པས་ཤེས་ནུས་པའི་ཕྱིར།

རང་ལུགས་ནི། དེ་གང་ཞིག འོག་མིན་གྱི་རྟེན་ལ་སྒྲུང་འདས་མངོན་དུ་བྱེད་པའི་རིགས་ཅན་དེ། སྔ་མའི་མཚན་ཉིད་དང་། དེ་གང་ཞིག སྲིད་རྩེའི་རྟེན་ལ་སྒྲུང་འདས་མངོན་དུ་བྱེད་པའི་རིགས་ཅན་དེ། ཕྱི་མའི་མཚན་ཉིད་ཡིན། འོག་མིན་མཐར་ཐུག་འགྲོའི་གཟུགས་སུ་ཉེར་འགྲོའི་ཕྱིར་མི་འོང་གོང་འཕོ་བ་ལ་དབྱེ་ན། གཟུགས་སུ་ཉེར་འགྲོའི་ཕྱིར་མི་འོང་འཕར་བ། ཕྱེད་འཕར་བ། གནས་ཐམས་ཅད་དུ་འཆི་འཕོ་བ་དང་གསུམ།

ཁ་ཅིག འོག་མིན་མཐར་ཐུག་འགྲོའི་གཟུགས་སུ་ཉེར་འགྲོའི་ཕྱིར་མི་འོང་གོང་འཕོ་བ་གང་ཞིག ཚངས་རིས་དང་འོག་མིན་དུ་སྐྱེ་སྲིད་བརྒྱུད་ནས་འོག་མིན་གྱི་རྟེན་ལ་སྒྲུང་འདས་མངོན་དུ་བྱེད་པ་དེ། འོག་མིན་མཐར་ཐུག་འགྲོའི་ཕྱིར་མི་འོང་འཕར་བའི་མཚན་ཉིད། དེ་གང་ཞིག ཚངས་རིས་དང་གནས་གཙང་འོག་མ་གསུམ་གང་རུང་དང་འོག་མིན་དུ་སྐྱེ་སྲིད་བརྒྱུད་ནས་འོག་མིན་གྱི་རྟེན་ལ་སྒྲུང་འདས་མངོན་དུ་བྱེད་པ་དེ། འོག་མིན་མཐར་ཐུག་འགྲོའི་ཕྱིར་མི་འོང་ཕྱེད་འཕར་གྱི་མཚན་ཉིད། དེ་གང་ཞིག ཚངས་ཆེན་མ་གཏོགས་པའི་གཟུགས་ཁམས་གནས་རིགས་བཅུ་དྲུག་ཏུ་སྐྱེ་སྲིད་བརྒྱུད་ནས་འོག་མིན་གྱི་རྟེན་ལ་སྒྲུང་འདས་མངོན་དུ་བྱེད་པ་དེ། གཟུགས་སུ་ཉེར་འགྲོའི་ཕྱིར་མི་འོང་གནས་ཐམས་ཅད་དུ་འཆི་འཕོ་བའི་མཚན་ཉིད་ཟེར་བ་མི་འཐད་དེ།

འོག་མིན་གྱི་རྟེན་ལ་སྒྲུང་འདས་མངོན་དུ་བྱེད་ངེས་ཀྱི་གཟུགས་སུ་ཉེར་འགྲོའི་ཕྱིར་མི་འོང་གནས་ཐམས་ཅད་དུ་འཆི་འཕོ་བ་དེ། གཟུགས་སུ་ཉེར་འགྲོའི་ཕྱིར་མི་འོང་འཕར་བ་དང་། ཕྱེད་འཕར་གང་རུང་དུ་ཐལ་བའི་སྐྱོན་འཇུག་པའི་ཕྱིར་དང་། དེ་གསུམ་རེ་རེ་ནས་ཡིན་ན། འོག་མིན་གྱི་རྟེན་ལ་སྒྲུང་འདས་མངོན་དུ་བྱེད་པས་མ་ཁྱབ་པའི་ཕྱིར། ཕྱི་མ་དེར་ཐལ། ཚངས་རིས་ཀྱི་རྟེན་ལ་སྒྲུང་འདས་མངོན་དུ་བྱེད་པའི་གཟུགས་སུ་ཉེར་འགྲོའི་ཕྱིར་མི་འོང་འཕར་བ་ཡོད། དེ་དང་གནས་གཙང་འོག་མ་

不還上流之性相。」亦不應理，因依上述可知故。

自宗：「是彼，且於色究竟天所依證涅槃之品類」，是前者之性相，與「是彼，且於有頂所依證涅槃之品類」，即後者之性相。行色究竟天究竟之行色界不還上流可分為：行色界不還全超、半超、遍歿三者。

有云：「是行色究竟天究竟之行色界不還上流，且經梵眾天與色究竟天之生有後，於色究竟天所依證涅槃，乃行色究竟天究竟之不還全超之性相；是彼，且經梵眾天、下三淨居天隨一與色究竟天之生有後，於色究竟天所依證涅槃，是行色究竟天究竟之不還半超之性相；是彼，且除大梵天，經色界十六天處之生有後，於色究竟天所依證涅槃，是行色界不還遍歿之性相。」

不應理，因犯決定於色究竟天所依證涅槃之行色界不還遍歿，應成行色界不還全超、半超隨一之過，以及若是彼三者一一，不周遍於色究竟天所依證涅槃故。後者理應如是，因有於梵眾天所依證涅槃之行色界不還全超，有於彼或「下三淨居天隨一」之所依證涅槃之行色界不還半超，有於梵輔天所依證涅槃之行色界不還遍歿

གསུམ་གང་རུང་གི་རྟེན་ཅི་རིགས་པར་མྱང་འདས་མངོན་དུ་བྱེད་པའི་གཟུགས་སུ་ཉེར་འགྲོའི་ཕྱིར་མི་འོང་བྱེད་འཕར་བ་ཡོད། ཚངས་པ་མདུན་ན་འདོན་གྱི་རྟེན་ལ་མྱང་འདས་མངོན་དུ་བྱེད་པའི་གཟུགས་སུ་ཉེར་འགྲོའི་ཕྱིར་མི་འོང་གནས་ཐམས་ཅད་དུ་འཆི་འཕོ་བ་ཡོད་པའི་ཕྱིར་ཏེ། གོང་དུ་དྲངས་པའི་མཛོད་འགྲེལ་གྱིས་གྲུབ་པའི་ཕྱིར།

ཁོ་ན་རེ། དེ་གསུམ་འོག་མིན་མཐར་ཐུག་འགྲོ་མ་ཡིན་པར་ཐལ་ལོ་ཞེ་ན། སྐྱོན་མེད་དེ། སྐྱེ་བ་ལེན་པའི་གནས་ཀྱི་ཕྱི་མཐའ་ངོས་བཟུང་བ་ཡིན་པའི་ཕྱིར་ཏེ། མཛོད་འགྲེལ་ལས། འོག་མིན་དང་སྲིད་པའི་རྩེ་མོའི་མཐར་ཐུག་པ་ཉིད་ནི་དེ་ཕན་ཆད་དུ་འགྲོ་བ་མེད་པའི་ཕྱིར་ཏེ། དཔེར་ན་རྒྱུན་དུ་ཞུགས་པའི་མཆོག་ཏུ་ཐོགས་ན་ལན་བདུན་པ་ཉིད་བཞིན་ནོ། །ཞེས་གསུངས་པའི་ཕྱིར། འདིས་རྒྱུན་ཞུགས་སྲིད་པ་ལན་བདུན་པ་བ་ཡིན་ན། འདོད་པར་རིགས་མཐུན་གྱི་སྐྱེ་སྲིད་ལན་བདུན་ལེན་པས་ཁྱབ་ཟེར་བའང་ཁེགས་ཏེ། རེ་ལྟར་ཐོགས་ན་སྲིད་པ་ལན་བདུན་པ་བ་དང་། མཆོག་ཏུ་ཐོགས་ན་སྲིད་པ་ལན་བདུན་པ་གཉིས་དོན་མི་གཅིག་པའི་ཕྱིར།

རང་ལུགས་ནི། འོག་མིན་མཐར་ཐུག་འགྲོའི་གཟུགས་སུ་ཉེར་འགྲོའི་ཕྱིར་མི་འོང་གོང་འཕོ་བ་གང་ཞིག ཚངས་རིས་དང་འོག་མིན་ཏེ་གཟུགས་སུ་སྐྱེ་སྲིད་གཉིས་ཁོན་བླངས་ནས་འོག་མིན་གྱི་རྟེན་ལ་མྱང་འདས་མངོན་དུ་བྱེད་པའི་རིགས་ཅན་དེ་གཟུགས་སུ་ཉེར་འགྲོའི་ཕྱིར་མི་འོང་འཕར་བའི་མཚན་ཉིད། དེ་གང་ཞིག ཚངས་རིས་དང་གནས་གཙང་འོག་མ་གསུམ་གང་རུང་དང་འོག་མིན་ཏེ། གཟུགས་སུ་སྐྱེ་སྲིད་གསུམ་ཁོན་བླངས་ནས་འོག་མིན་གྱི་རྟེན་ལ་མྱང་འདས་མངོན་དུ་བྱེད་པའི་རིགས་ཅན་དེ། གཟུགས་སུ་ཉེར་འགྲོའི་ཕྱིར་མི་འོང་བྱེད་འཕར་གྱི་མཚན་ཉིད། དེ་གང་ཞིག ཚངས་ཆེན་མ་གཏོགས་པའི་གཟུགས་ཁམས་གནས་རིགས་བཅུ་དྲུག་ཏུ་སྐྱེ་སྲིད་བརྒྱུད་ནས་འོག་མིན་གྱི་རྟེན་ལ་མྱང་འདས་མངོན་དུ་བྱེད་པའི་རིགས་ཅན་དེ། གཟུགས་སུ་ཉེར་འགྲོའི་ཕྱིར་མི་འོང་གནས་ཐམས་ཅད་དུ་འཆི་འཕོ་བའི་མཚན་ཉིད་ཡིན།

དེ་ལ་ཁ་ཅིག གཟུགས་སུ་ཉེར་འགྲོའི་ཕྱིར་མི་འོང་འཕར་བ་ཡིན་ན། ཚངས་རིས་དང་འོག་མིན་

故，因已由上引述之《俱舍論自釋》證成故。

有云：「彼三者應成非行色究竟天究竟故。」無過，因認定最後受生處故，因《俱舍論自釋》云：「而言此往色究竟天及有頂天為極處者。由此過彼無行處故。如預流者極七返生。[118]」故。由此亦遮除「若是預流決定七返周遍於欲界受取七次同類生有」，因極七返與極七返生二者不同義故。

自宗：「是行色究竟天究竟之不還上流，且於色界僅受取梵眾天與色究竟天二生有後，於色究竟天所依證涅槃之品類」，乃是行色界不還全超之性相。「是彼，且於梵眾天與下三淨居天隨一與色究竟天，共於色界唯受取三生有，繼而於色究竟天所依證涅槃之品類」，乃行色界不還半超之性相。「是彼，且經除大梵天外之色界十六天處之生有，繼而於色究竟天所依證涅槃之品類」，乃行色界不還遍歿之性相。

對此有云：「若是行色界不還全超，理應周遍於梵眾天與色究

ཏེ་གཟུགས་སུ་སྐྱེ་སྲིད་གཉིས་ཁོན་ལེན་པས་ཁྱབ་པར་ཐལ། དམ་བཅའ་འཐད་པའི་ཕྱིར་ཟེར་ན། མ་ཁྱབ་སྟེ། མཚན་ཉིད་ཀྱི་མཐའི་རིགས་ཅན་ཞེས་པ་གོང་མ་ཀུན་ལ་སྦྱར་རྒྱུ་ཡིན་པའི་ཕྱིར། དེས་མཚན་ཉིད་འོག་མ་གཉིས་ལ་ཡང་རིགས་འགྲེ།

ཁོན་རེ། གཟུགས་སུ་ཉེར་འགྲོའི་ཕྱིར་མི་འོང་འཕར་བ་སོགས་གསུམ་པོ་དེ་ཚངས་རིས་སུ་སྐྱེ་བ་ལེན་པ་མེད་པར་ཐལ། དེ་གསུམ་གྱིས་བསམ་གཏན་བཞི་པའི་དངོས་གཞིའི་སྙོམས་འཇུག་ཐོབ་པ་གང་ཞིག དེ་ལས་མ་ཉམས་པར་ཚངས་རིས་སུ་སྐྱེ་མི་སྲིད་པའི་ཕྱིར་དང་། དེ་ལས་ཉམས་པ་མི་སྲིད་པའི་ཕྱིར། དང་པོ་དེར་ཐལ། དེ་གསུམ་གྱིས་བསམ་གཏན་བཞི་པའི་དངོས་གཞི་ཟག་བཅས་ཟག་མེད་གཉིས་ཀ་ཐོབ་པའི་ཕྱིར། དེ་གསུམ་གྱིས་བསམ་གཏན་གྱི་སྤེལ་སྒོམ་ཐོབ་པའི་ཕྱིར་ཏེ། བསམ་གཏན་སྤེལ་ནས་འོག་མིན་འགྲོ། །ཞེས་གསུངས་པའི་ཕྱིར། རྟགས་གཉིས་པ་དེར་ཐལ། བསམ་གཏན་བཞི་པའི་དངོས་གཞིའི་སྙོམས་འཇུག་ཡིན་ན། བསམ་གཏན་དང་པོ་ལ་ཆགས་པ་དང་བྲལ་བས་ཁྱབ། དེ་ལ་ཆགས་པ་དང་བྲལ་བཞིན་པའི་ངང་ནས་དེར་སྐྱེ་བ་མེད་པའི་ཕྱིར། ཙ་རྟགས་གསུམ་པ་དེར་ཐལ། དེ་གསུམ་བསམ་གཏན་བཞི་པའི་དངོས་གཞི་ཟག་མེད་ལས་ཉམས་པ་མི་སྲིད་པའི་ཕྱིར། དེར་ཐལ། དེ་གསུམ་གྱི་རྒྱུད་ཀྱི་བསམ་གཏན་བཞི་པའི་དངོས་གཞི་ཟག་མེད་དེ་འཕགས་རྒྱུད་ཀྱི་མཁྱེན་པ་གང་ཞིག འཕགས་རྒྱུད་ཀྱི་མཁྱེན་པ་ལས་ཉམས་པ་མི་སྲིད་པའི་ཕྱིར་ཞེ་ན། འདིར་མ་ཁྱབ།

འོ་ན། དགྲ་བཅོམ་པ་ཉམས་པའི་ཆོས་ཅན་གྱི་རྒྱུད་ཀྱི་མཐོང་ཆོས་ལ་བདེར་གནས་ཀྱི་ཏིང་ངེ་འཛིན་ཆོས་ཅན། དེར་ཐལ། དེའི་ཕྱིར། འདོད་ན། དགྲ་བཅོམ་པ་ཉམས་པའི་ཆོས་ཅན་ཟླ་ཕྱད་པ་མི་འཐད་པར་ཐལ། འདོད་པ་གང་ཞིག དགྲ་བཅོམ་པའི་གོ་འཕང་ལས་ཉམས་པ་མི་སྲིད་པའི་ཕྱིར།

འོ་ན། སྤེལ་སྒོམ་གྱི་སྤེལ་གཞི་ཟག་མེད་དང་། སྤེལ་ཆོས་ཟག་བཅས་དེ་ཛི་ལྟ་བུ་ཞེ་ན།

ཁ་ཅིག སྔ་མ་ཟག་མེད་བདེན་པའི་རྣམ་པ་ཅན་དང་། ཕྱི་མ་ཞི་རགས་ཀྱི་རྣམ་པ་ཅན་གྱི་དངོས་གཞི་ལ་བྱེད་ཟེར། དངོས་འཛིན་ཕྱི་མ་མི་འཐད་པར་ཐལ། དེར་གྱུར་པའི་སྤེལ་ཆོས་ཟག་བཅས་དེ་འཕགས་རྒྱུད་ཀྱི་མཁྱེན་པ་ཡིན་པའི་ཕྱིར། མ་གྲུབ་ན། དེ་ཆོས་ཅན། དེར་ཐལ། སྐབས་འདིའི་

竟天，於色界唯受取二生有，因宗應理故。」不周遍，因性相最後之「品類」當加在上述全部故。以此類推於後述二者。

有云：「行色界不還全超等三者，理應不受生於梵眾天，因彼三者證第四根本靜慮等至，且未從彼退失不可能生於梵眾天，以及不可能從彼退失故。初者理應如是，因彼三者證得有漏、無漏第四根本靜慮二者故。因彼三者證雜修靜慮故，因云：『上流若雜修，能往色究竟。[119]』故。彼第二因理應如是，因若是第四根本靜慮等至，周遍於初靜慮離貪，處於於彼離貪之中，無生於彼故。第三根本因理應如是，因彼三者不可能從第四無漏根本靜慮退失故。理應如是，因彼三者相續之無漏第四根本靜慮是聖者相續之智，且不可能從聖者相續之智退失故。」今此不周遍。

那麼，退法阿羅漢相續之現法樂住定為有法，理應如是，因如是故。若許，宣說退法阿羅漢理應不應理，因承許，且不可能從阿羅漢果位退失故。

那麼，何謂雜修之無漏間雜事與有漏間雜法？

有云：「前者是無漏諦行相，後者乃粗靜行相之根本。」後者之認定理應不應理，因屬彼之有漏間雜法是聖者相續之智故。若不成，彼為有法，理應如是，因是此時之雜修靜慮等至故。

བསམ་གཏན་གྱི་སྤྱིལ་སྒོམ་གྱི་སྙོམས་འཇུག་ཡིན་པའི་ཕྱིར།

ཁོ་ན་རེ། དེ་མི་འཐད་པར་ཐལ། ཞི་རགས་ཀྱི་རྣམ་པ་ཅན་གྱི་དངོས་གཞི་རྒྱུད་ལྡན་གྱི་འཕགས་པ་ཡོད་པའི་ཕྱིར། དེར་ཐལ། སྙོམས་འཇུག་དགུ་པ་བ་རྒྱུད་ལྡན་གྱི་འཕགས་པ་ཡོད་པའི་ཕྱིར་ན། མ་ཁྱབ། དེར་ཐལ། རྒྱུ་སྙོམས་འཇུག་གི་བསམ་གཏན་རྒྱུད་ལྡན་གྱི་འཕགས་པ་ཡོད་པའི་ཕྱིར། དེར་ཐལ། རྒྱུ་སྙོམས་འཇུག་གི་བསམ་གཏན་གྱི་དབང་གིས་ཁམས་གོང་མར་སྐྱེ་བ་ལེན་པའི་ཐེག་དམན་འཕགས་པ་ཡོད་པའི་ཕྱིར། དེར་ཐལ། བྱང་སེམས་མཐོང་ལམ་པ་དེ་རྒྱུ་སྙོམས་འཇུག་གི་བསམ་གཏན་གྱི་དབང་གིས་ཁམས་གོང་མར་སྐྱེ་བ་མི་ལེན་པའི་ཚ་ནས་ཀྱང་། ཐེག་དམན་འཕགས་པ་ལས་ཁྱད་པར་འཕགས་པར་བཞག་པའི་ཕྱིར།

ཡང་དེ་ལ་ཁོ་ན་རེ། སྤྱིལ་སྒོམ་གྱི་སྤྱིལ་ཚོས་ཟག་བཅས་དེ་བདེན་པའི་རྣམ་པ་ཅན་དུ་ཐལ། དེ་ཡོད། དེ་ཞི་རགས་ཀྱི་རྣམ་པ་ཅན་ལ་བྱེད་མི་རིགས་པའི་ཕྱིར་ཟེར་ན། མ་ཁྱབ་སྟེ། རང་རྒྱུད་ལྡན་གྱི་འཕགས་པ་བསམ་གཏན་བཞི་པར་སྐྱེ་བ་ལེན་པའི་རྒྱུ་བྱེད་པའི་ཚ་ནས་ཟག་བཅས་སུ་འཇོག་པའི་ཕྱིར། སྨམ་སྟེ་དཔྱད་པར་བྱའོ། །

གཉིས་པ་གཟུགས་མེད་ཉེར་འགྲོའི་ཕྱིར་མི་འོང་བཤད་པ་ལ། ཁ་ཅིག འདོད་པའི་རྟེན་ཅན་གྱི་ཕྱིར་མི་འོང་གང་ཞིག གཟུགས་མེད་ཀྱི་རྟེན་ལ་མྱང་འདས་མངོན་དུ་བྱེད་པ་དེ། དེའི་མཚན་ཉིད་ཟེར་བ་མི་འཐད་དེ། གཟུགས་མེད་རིགས་བཞི་གང་རུང་གི་རྟེན་ལ་མྱང་འདས་མངོན་དུ་བྱེད་པའི་སྲིད་རྩེའི་མཐར་ཐུག་འགྲོའི་ཕྱིར་མི་འོང་གོང་འཕོ་བ་ཡོད་པའི་ཕྱིར།

ཁོ་ན་རེ། དེ་གཟུགས་མེད་ཉེར་འགྲོའི་ཕྱིར་མི་འོང་ཡིན་ནོ་ཞེ་ན། མི་འཐད་པར་ཐལ། གཞན་ནི་གཟུགས་མེད་འགྲོ་རྣམ་བཞི། །ཞེས་གཞན་སློས་པ་ལ་དོན་ཡོད་པའི་ཕྱིར།

རང་ལུགས་ནི། དེ་གང་ཞིག གཟུགས་སུ་སྐྱེ་བ་མ་བླངས་པར་གཟུགས་མེད་ཀྱི་རྟེན་ལ་མྱང་འདས་མངོན་དུ་བྱེད་པའི་རིགས་ཅན་དེ། དེའི་མཚན་ཉིད། དབྱེ་ན་གཟུགས་མེད་ཉེར་འགྲོའི་ཕྱིར་མི་འོང་སྐྱེས་འདའ་བ། འདུ་བྱེད་དང་བཅས་ཏེ་འདའ་བ། འདུ་བྱེད་མེད་པར་འདའ་བ་དང་གསུམ་མོ། །

有云：「彼理應不應理，因有相續中具有粗靜行相根本之聖者故。理應如是，因有相續中具有清淨等至之聖者故。」不周遍。理應如是，因有相續中具有因等至靜慮之聖者故。理應如是，因有由因等至靜慮之力受生於上界之小乘聖者故。理應如是，因見道菩薩彼亦由因等至靜慮之力不受生上界之分安立超勝小乘聖者故。

於此又有云：「雜修之有漏間雜法理應是具諦之行相，因彼存在，彼為粗靜行相不合理故。」不周遍，因以「作為具自相續之聖者受生於第四靜慮因」之分，安立為有漏故。當思惟觀察！

第二、講說行無色不還，有云：「是具欲界所依之不還，且於無色所依證涅槃，是彼之性相。」不應理，因有於四種無色所依隨一證涅槃之行有頂究竟不還上流故。

有云：「彼是行無色不還。」理應不應理，因「餘者行無色四相」之「餘」有意義故。

自宗：「是彼，且是不受生於色界，於無色所依證涅槃之品類」是彼之性相。分為：行無色不還生般、有行般、無行般三者。無行無色不還中般，因無無色中有故。

གཟུགས་མེད་ཉེར་འགྲོའི་ཕྱིར་མི་འོང་བར་འདའ་བ་མེད་དེ། གཟུགས་མེད་ཀྱི་བར་དོ་མེད་པའི་ཕྱིར།

གསུམ་པ་ནི། མཐོང་ལམ་ཐོབ་པའི་ཚེ་དེ་ལ་སྨྱུང་འདས་མངོན་དུ་བྱེད་པའི་ཐ་མའི་ཆ་མཐུན་ལྔ་སྤངས་པས་རབ་ཏུ་ཕྱེ་བའི་རིགས་སུ་གནས་པའི་དགེ་སྦྱོང་ཚུལ་གྱི་འབྲས་བུ་ལ་གནས་པའི་གང་ཟག་དེ། ཕྱིར་མི་འོང་མཐོང་ཆོས་ཞིའི་མཚན་ཉིད།

བཞི་པ་ནི། རྣམ་ཐར་བརྒྱད་ཐོབ་ལ་མ་ཉམས་པའི་ཐ་མའི་ཆ་མཐུན་ལྔ་སྤངས་པས་རབ་ཏུ་ཕྱེ་བའི་རིགས་སུ་གནས་པའི་དགེ་སྦྱོང་ཚུལ་གྱི་འབྲས་བུ་ལ་གནས་པའི་གང་ཟག་དེ། ཕྱིར་མི་འོང་ལུས་མངོན་བྱེད་ཀྱི་མཚན་ཉིད་ཡིན། དེ་ལ་དབྱེ་ན། འདོད་པའི་རྟེན་ལ་སྨྱུང་འདས་མངོན་དུ་བྱེད་པའི་ཕྱིར་མི་འོང་ལུས་མངོན་བྱེད་དང་། གཟུགས་ཀྱི་རྟེན་ལ་སྨྱུང་འདས་མངོན་དུ་བྱེད་པའི་ཕྱིར་མི་འོང་ལུས་མངོན་བྱེད་དང་། སྲིད་རྩེའི་རྟེན་ལ་སྨྱུང་འདས་མངོན་དུ་བྱེད་པའི་ཕྱིར་མི་འོང་ལུས་མངོན་བྱེད་དང་གསུམ་ཡོད།

第三，「安住於證見道當世證涅槃之唯斷五順下分結住類之沙門性果的補特伽羅」乃不還現法寂滅之性相。

第四，「安住於獲得八解脫不退失之唯斷五順下分結住類之沙門性果的補特伽羅」乃不還身證之性相。〔彼〕可分為：於欲界所依證涅槃之不還身證、於色界所依證涅槃之不還身證、於有頂所依證涅槃之不還身證三者。

དགྲ་བཅོམ་གྱི་སྐོར་བཤད་པ།

བཞི་པ་དགྲ་བཅོམ་གྱི་སྐོར་ལ། ཞུགས་པ་དང་། འབྲས་གནས་བཤད་པ་གཉིས།

དང་པོ་ལ་ཁ་ཅིག གོང་མའི་ཆ་མཐུན་ལྔ་སྤངས་པས་རབ་ཏུ་ཕྱེ་བའི་དགེ་སྦྱོར་ཚུལ་གྱི་འབྲས་བུ་ཐོབ་ཕྱིར་དུ་བརྩོན་བཞིན་པའི་གང་ཟག་དེ། དགྲ་བཅོམ་ཞུགས་པའི་མཚན་ཉིད་ཟེར་བ་མི་འཐད་དེ། དེ་ཐོབ་ཕྱིར་དུ་བརྩོན་བཞིན་པའི་ཉན་ཐོས་ཚོགས་ལམ་པ་ཡོད་པའི་ཕྱིར།

རང་ལུགས་ནི། ཞུགས་པ་བཞིའི་ནང་ཚན་གང་ཞིག འབྲས་བུ་བཞིའི་ནང་ནས་གཙོ་བོར་གོང་མའི་ཆ་མཐུན་ལྔ་སྤངས་པས་རབ་ཏུ་ཕྱེ་བའི་དགེ་སྦྱོར་ཚུལ་གྱི་འབྲས་བུ་ཐོབ་ཕྱིར་དུ་བརྩོན་བཞིན་པའི་གང་ཟག དགྲ་བཅོམ་ཞུགས་པའི་མཚན་ཉིད། དབྱེ་ན། སྤང་བྱ་ཅིག་ཆར་བའི་དགྲ་བཅོམ་ཞུགས་པ་དང་། སྤང་བྱ་རིམ་གྱིས་པའི་དགྲ་བཅོམ་ཞུགས་པ་གཉིས། དང་པོ་དང་སྤང་བྱ་ཅིག་ཆར་བའི་རྒྱུན་ཞུགས་འབྲས་གནས་ཁྱད་པར་ཅན་དོན་གཅིག གཉིས་པ་དང་ཕྱིར་མི་འོང་འབྲས་གནས་ཁྱད་པར་ཅན་དོན་གཅིག

གཉིས་པ་དགྲ་བཅོམ་འབྲས་གནས་བཤད་པ་ལ། ཁ་ཅིག གོང་མའི་ཆ་མཐུན་ལྔ་སྤངས་པས་རབ་ཏུ་ཕྱེ་བའི་རིགས་སུ་གནས་པའི་དགེ་སྦྱོར་ཚུལ་གྱི་འབྲས་བུ་ལ་གནས་པའི་གང་ཟག དགྲ་བཅོམ་འབྲས་གནས་ཀྱི་མཚན་ཉིད་ཟེར་བ་མི་འཐད་དེ། རིགས་གནས་སློབ་པ་ལ་དགོས་པ་ཙུང་ཟད་ཀྱང་མེད་པའི་ཕྱིར།

རང་ལུགས་ནི། རིགས་གནས་དོར་བའི་སྔ་མ་དེ་དགྲ་བཅོམ་འབྲས་གནས་ཀྱི་མཚན་ཉིད་དུ་འཇོག

ཁ་ཅིག དགྲ་བཅོམ་པའི་འབྲས་བུ་ལ་གནས་པའི་གང་ཟག་ཡིན་ན། དགྲ་བཅོམ་འབྲས་གནས་ཡིན་པས་ཁྱབ་ཟེར་བ་མི་འཐད་དེ། ཐེག་ཆེན་དགྲ་བཅོམ་དང་རང་རྒྱལ་དགྲ་བཅོམ་གང་རུང་ཡིན་

33 講說有關阿羅漢

第四、有關阿羅漢，有講說向與住果二者。

初者，有云：「為證唯斷五順上分結之沙門性果而正在精勤之補特伽羅，乃阿羅漢向之性相。」不應理，因有為證得彼而正在精勤之聲聞資糧道者故。

自宗：「是四向之一，且主要為證自四果中唯斷五順上分結之沙門性果而正在精勤之補特伽羅」，即阿羅漢向之性相。分為：頓斷阿羅漢向、漸斷阿羅漢向二者。初者與頓斷住預流果勝進者同義，次者與住不還果勝進者同義。

第二、講說住阿羅漢果，有云：「安住於唯斷五順上分結住類之沙門性果之補特伽羅，是住阿羅漢果之性相。」不應理，因言「住類」無些許意義故。

自宗：安立前者去除「住類」為住阿羅漢果之性相。

有云：「若是安住於阿羅漢果之補特伽羅，周遍是住阿羅漢果」。不應理，因若是大乘阿羅漢與獨覺阿羅漢任一，周遍安住於

ན། དགྲ་བཅོམ་པའི་འབྲས་བུ་ལ་གནས་པས་ཁྱབ། དགྲ་བཅོམ་འབྲས་གནས་ཡིན་ན། ཉན་ཐོས་དགྲ་བཅོམ་ཡིན་པས་ཁྱབ་པའི་ཕྱིར། དང་པོ་དེར་ཐལ། དེ་གང་རུང་ཡིན་ན། དགེ་སྦྱོང་ཚུལ་གྱི་འབྲས་བུ་ལ་གནས་པས་ཁྱབ་པའི་ཕྱིར། དེར་ཐལ། རྣམ་མཁྱེན་དང་རང་རྒྱལ་དགྲ་བཅོམ་གྱི་མཁྱེན་པ་གང་རུང་ཡིན་ན། དགེ་སྦྱོང་ཚུལ་གྱི་འབྲས་བུ་ཡིན་པས་ཁྱབ་པའི་ཕྱིར་ཏེ། རྒྱུན་མཐའི་བར་ཆད་མེད་ལམ་དང་རང་རྒྱལ་གྱི་སྒོམ་ལམ་རྡོ་རྗེ་ལྟ་བུའི་ཏིང་ངེ་འཛིན་གང་རུང་ཡིན་ན། དགེ་སྦྱོང་གི་ཚུལ་ཡིན་དགོས་པའི་ཕྱིར།

གཞན་ཡང་། སྔ་མ་དེ་མི་འཐད་པར་ཐལ། དགྲ་བཅོམ་འབྲས་གནས་ཡིན་ན། གཟུགས་ཕྱི་རོལ་དོན་དུ་འཛིན་པའི་རྟོག་པ་དང་བདེན་འཛིན་གང་ཡང་མ་སྤངས་དགོས་པའི་ཕྱིར་ཏེ། དེ་ཡིན་ན་ཉོན་སྒྲིབ་སྤངས་པས་རབ་ཏུ་ཕྱེ་བའི་གང་ཟག་ཡིན་དགོས་པའི་ཕྱིར་ཏེ། དེ་ཡིན་ན་གོང་མའི་ཚ་མཐུན་ལྟ་སྤངས་པས་རབ་ཏུ་ཕྱེ་བ་ཡིན་དགོས་པའི་ཕྱིར། དགྲ་བཅོམ་འབྲས་གནས་ལ་དབྱེ་ན། སྤང་བྱ་ཅིག་ཅར་བའི་དགྲ་བཅོམ་འབྲས་གནས་དང་། སྤང་བྱ་རིམ་གྱིས་པའི་དགྲ་བཅོམ་འབྲས་གནས་གཉིས་ཡོད་དོ། །དགེ་འདུན་ཉི་ཤུའི་དཀའ་བའི་གནས་ལ་རྟོགས་པ་དཔྱད་ཟིན་ཏོ། །

སྡུས་པ།

མང་ཐོས་དགེ་འདུན་འབུམ་ཐག་མདུན་ས་རུ། །འཕགས་པའི་དགེ་འདུན་ཉི་ཤུའི་མཐའ་དཔྱོད་འདི། ལེགས་པར་སྦྱོས་དང་བློ་གསལ་དགེ་འདུན་རྣམས། །མཁས་པའི་དགེ་འདུན་ཀུན་གྱིས་བརྟགས་སོ་ཀྱེ། །ཞེས་བྱ་བ་ནི་བར་སྐབས་ཀྱི་ཚིགས་སུ་བཅད་པའོ། །

阿羅漢果；若是住阿羅漢果，周遍是聲聞阿羅漢故。初者理應如是，因若是彼任一，周遍安住於沙門性果故。理應如是，因若是一切相智與獨覺阿羅漢之智任一，周遍是沙門性果故。因若是最後流無間道與獨覺修道之金剛喻定任一，須是沙門性故。

復次，前者理應不應理，因若是住阿羅漢果，須不斷執色為外境之分別與諦實執任一故，因若是彼，須是唯斷煩惱障之補特伽羅故，因若是彼，須是唯斷五順上分結故。住阿羅漢果有分：頓斷住阿羅漢果、漸斷住阿羅漢果二者。已於二十僧之難處斷疑。

中間頌曰：

十萬多聞僧眾前，辨析聖者二十僧，

善說明慧諸僧伽，一切善巧僧稱揚。

注釋

[1] 滇津顙摩《心要莊嚴疏》（第7頁）譯作：「是（廣中略）三佛母一切莊嚴。」

[2] 出自法稱論師造，僧成大師釋，法尊法師譯，《釋量論略解》卷2：「句遍計無事。」(CBETA 2023.Q4, B09, no. 43, p. 535b10)。

[3] 滇津顙摩《心要莊嚴疏》（第8頁）譯作：「因具『釋名』，所以是大論著——（般若）經之（注釋）。」

[4] 滇津顙摩《心要莊嚴疏》（第2頁）譯作：「憑藉世尊之神力至兜率天聽法。」

[5] 滇津顙摩《心要莊嚴疏》（第2頁）譯作：「通達能仁所有語密之具眼者。」

[6] 滇津顙摩《明義釋》（《心要莊嚴疏》第25頁）譯作：「三種一切智含攝八事，彼等亦是般若波羅蜜多。」

[7] 滇津顙摩《心要莊嚴疏》（第17頁）譯作：「前智產生後聖，能成辦寂滅等願望，是故應知佛母佛子即是能生與所生。」

[8] 出自月稱論師造頌，法尊法師譯講，《入中論講記》：「聲聞中佛能王生。」(CBETA 2023.Q4, B09, no. 45, p. 716b20)。

[9] 滇津顙摩《明義釋》（《心要莊嚴疏》第26頁）譯作：「完全了知一切事無生。」

[10] 參閱滇津顙摩《明義釋》（《心要莊嚴疏》第18頁）譯本：「聽聞彼之後，一時諸隨信行者對此毫無懷疑地立即生起信心。」

[11] 參閱滇津顙摩《明義釋》（《心要莊嚴疏》第19頁）譯本：「諸隨法行者亦以所謂『遠離一與異之自性故』等正量，對於『善知事、道、相無生，係偈頌義相之佛母』不見有所違害，而確認所謂『般若波羅蜜多是三種一切智之本體，具備三規，能成辦佛陀等，乃具必然性』，而對彼生起極大信心。」

[12] 出自月稱菩薩造，法尊法師譯，《入中論自釋》：「是故有說，經部所說勝義，即中觀師所許世俗，當知此說是未了知《中論》真義。」

[13] 出自龍樹菩薩造，仁光法師譯，《中觀寶鬘論》，參見http://e-dalailama.com/sutra/Precious_Garland.pdf。

[14] 或可參考宗喀巴大師造，法尊法師譯，《入中論善顯密意疏》卷4：「如經云：法生唯世俗，勝義無自性，於無性錯亂，說明真世俗。」(CBETA 2023.Q4, B09, no. 44, p. 644a16-17)。宗喀巴大師造，法尊法師譯，《入中論

善顯密意疏》卷6：「如楞伽經云：『諸法世俗生，勝義無自性，無性而迷亂，許為真世俗。』」(CBETA 2023.Q4, B09, no. 44, p. 654b20-21)。唐．實叉難陀譯，《大乘入楞伽經》卷7〈10偈頌品(六-七)〉：「有法是俗諦，無性第一義；迷惑於無性，是則為世俗。」(CBETA 2023.Q4, T16, no. 672, p. 632a29-b1)。

15 或可參考聖天菩薩造，玄奘法師、法尊法師譯，《四百論》：「說一法見者，即一切見者，以一法空性，即一切空性。」或宗喀巴大師造，法尊法師譯，《菩提道次第廣論》卷22：「《四百論》云：『說見一法者，即見一切者，以一法空性，即一切空性。』」（CBETA 2023.Q4, B10, no. 67, p. 764a21-22）。

16 出自法稱論師造，僧成大師釋，法尊法師譯，《釋量論略解》卷4：「離貪安住者，由悲或由業。」(CBETA 2023.Q4, B09, no. 43, p. 555b9)。

17 出自法稱論師造，僧成大師釋，法尊法師譯，《釋量論略解》卷4：「已越有愛者，非餘所能引。俱有已盡故。」(CBETA 2023.Q4, B09, no. 43, p. 555b10)。

18 出自龍樹菩薩造，後秦．鳩摩羅什譯，《中論》卷4〈25觀涅槃品〉：「涅槃名無為。」(CBETA 2023.Q4, T30, no. 1564, p. 35c1)。

19 或可參考後魏．勒那摩提譯，《究竟一乘寶性論》卷1〈5一切眾生有如來藏品〉：「法身及如來，聖諦與涅槃，功德不相離，如光不離日。」(CBETA 2023.Q4, T31, no. 1611, p. 814b19-20)。

20 引自宗喀巴大師造，法尊法師譯，《菩提道次第廣論》卷1：「此亦如云：『諸佛非以水洗罪，非以手除眾生苦，非移自證於餘者，示法性諦令解脫。』」(CBETA 2023.Q4, B10, no. 67, p. 629b11-12)。

21 出自世親菩薩造，唐．玄奘法師譯，《阿毘達磨俱舍論本頌》〈8分別定品〉：「佛正法有二，謂教證為體。」(CBETA 2023.Q4, T29, no. 1560, p. 324c22)。

22 出自唐．玄奘法師譯，《解深密經》卷2〈5無自性相品(二)〉：「勝義生！當知我依三種無自性性密意，說言一切諸法皆無自性，所謂相無自性性、生無自性性、勝義無自性性。」(CBETA 2023.Q4, T16, no. 676, p. 694a13-15)。

23 出自唐．義淨法師譯，《佛說大乘流轉諸有經》：「皆以別別名，詮彼種種法。」(CBETA 2023.Q4, T14, no. 577, p. 950b8)。

24 或可參考唐．玄奘法師譯，《解深密經》卷2〈5無自性相品(二)〉：「世尊！於今第三時中，普為發趣一切乘者」(CBETA 2023.Q4, T16, no. 676, p. 697b4-5)。

25 或可參考唐．玄奘法師譯，《解深密經》卷2〈5無自性相品(二)〉：「諸法遍計所執相。何以故？此由假名安立為相，非由自相安立為相，是故說名相無自性性。」(CBETA 2023.Q4, T16, no. 676, p. 694a16-18)。

26 或可參考宗喀巴大師造，法尊法師譯，《辨了不了義善說藏論》卷3：「經云：『若色尚且不可獲得，豈能獲得色之真如。』」(CBETA 2023.Q4, B10, no. 48, p. 32a17)。

27 引自宗喀巴大師造，法尊法師譯，《辨了不了義善說藏論》卷3：「如云：『有為不成故，無為如何成。』」(CBETA 2023.Q4, B10, no. 48, p. 32a17)。另外，或可參考龍樹菩薩造，後秦．鳩摩羅什譯，《中論》卷2〈7觀三相品〉：「有為法無故，何得有無為？」(CBETA 2023.Q4, T30, no. 1564, p. 12a14)。

28 或可參考唐．玄奘法師譯，《解深密經》卷2〈5無自性相品(二)〉：「此由依他緣力故有，非自然有，是故說名生無自性性。」(CBETA 2023.Q4, T16, no. 676, p. 694a19-20)。

29 出自法稱論師造，僧成大師釋，法尊法師譯，《釋量論略解》卷6：「是故彼二空，亦是彼實性。」(CBETA 2023.Q4, B09, no. 43, p. 576b16-17)。

30 出自法稱論師造，僧成大師釋，法尊法師譯，《釋量論略解》卷5：「所詮故非事。」(CBETA 2023.Q4, B09, no. 43, p. 562b17)。

31 或可參考宗喀巴大師造，法尊法師譯，《辨了不了義善說藏論》卷2：「小乘兩宗，若破色等分別所依名言處所為有自相，則不能知立彼等有。此非因明所說自相。」(CBETA 2023.Q4, B10, no. 48, p. 22a2-3)。

32 或可參考宗喀巴大師造，法尊法師譯，《辨了不了義善說藏論》卷2：「小乘兩宗雖作是說，若彼施設名言親境，於事自性是自相有，則應不待施設名言起名覺等，有上過失；然說色等分別所依名言處所，是自相有，無彼過失。然過相等。」(CBETA 2023.Q4, B10, no. 48, p. 21a19-20)。

33 出自唐．玄奘法師譯，《解深密經》卷2〈5無自性相品(二)〉：「勝義生！當知我依三種無自性性密意，說言一切諸法皆無自性，所謂相無自性性、生無自性性、勝義無自性性。」(CBETA 2023.Q4, T16, no. 676, p. 694a13-15)。

34 或可參考宗喀巴大師造，法尊法師譯，《辨了不了義善說藏論》卷3：「《中觀明論》云：『是故世尊解無生等，唯依勝義增上而說，及顯三種無性密意，明離二邊處中道故，安立唯是了義之經。』」(CBETA 2023.Q4, B10, no. 48, p. 38a8-9)。

35 或可參考唐．玄奘法師譯，《解深密經》卷2〈5無自性相品(二)〉：「世尊！在昔第二時中，惟為發趣修大乘者，依一切法皆無自性、無生、無

滅、本來寂靜、自性涅槃，以隱密相轉正法輪。雖更甚奇、甚為希有，而於彼時所轉法輪，亦是有上、有所容受，猶未了義，是諸諍論安足處所。」(CBETA 2023.Q4, T16, no. 676, p. 697a28-b4)。

36 出自唐・玄奘法師譯，《般若波羅蜜多心經》：「照見五蘊皆空。」(CBETA 2023.Q4, T08, no. 251, p. 848c6-7)。

37 引自宗喀巴大師造，法尊法師譯，《辨了不了義善說藏論》卷3：「《中觀光明論》云：『何等名為了義？謂有正量依於勝義增上而說，此義除此，餘人不能向餘引故。』」(CBETA 2023.Q4, B10, no. 48, p. 30a2-3)。

38 出自法稱論師造，僧成大師釋，法尊法師譯，《釋量論略解》卷6：「無明所染體，觀待如自緣，生識非真如，如有眩翳等。」(CBETA 2023.Q4, B09, no. 43, p. 577a3)。

39 引自宗喀巴大師造，法尊法師譯，《辨了不了義善說藏論》卷2：「如《二十論》云：『識從自種生，似境相而轉，為成內外處，故佛說為二。』」(CBETA 2023.Q4, B10, no. 48, p. 25a15-16)；或可參考世親菩薩造，唐・玄奘法師譯，《唯識二十論》：「識從自種生，似境相而轉，為成內外處，佛說彼為十。」(CBETA 2023.Q4, T31, no. 1590, p. 75b17-18)。

40 「是無知所起」，法尊法師譯為「是無知所惑」。可參考法稱論師造，僧成大師釋，法尊法師譯，《釋量論略解》卷8：「諸說所詮空，是無知所惑。」(CBETA 2023.Q4, B09, no. 43, p. 599b26-27)。

41 或可參考唐・玄奘法師譯，《解深密經》卷2〈5無自性相品(二)〉：「于今世尊所轉法輪無上無容，是真了義，非諸諍論安足處所。」(CBETA 2023.Q4, T16, no. 676, p. 697b8-9)。

42 出自唐・玄奘法師譯，《解深密經》卷2〈5無自性相品(二)〉：「於我甚深密意言說，如實解了，於如是法，深生信解，於如是義，以無倒慧，如實通達。依此通達善修習故，速疾能證最極究竟。」(CBETA 2023.Q4, T16, no. 676, p. 695b17-20)。

43 出自宗喀巴大師造，法尊法師譯，《辨了不了義善說藏論》卷3：「若作是思，諸瑜伽師所立三相，若非此經之義，豈許全非任何經義耶？《中觀明論》〔蓮華戒造〕云：『《解深密經》、《入楞伽經》、《厚嚴經》等，遮遣外境成立唯心，有時不破心自性者，是為隨順未能頓證一切諸法皆無自性，須漸導者意樂而說。』謂彼經中共有二機，為能頓證一切諸法皆無自性所化而說，及為前機，故須分別立彼經義。」(CBETA 2023.Q4, B10, no. 48, p. 39a17-19)。

44 或可參考唐・玄奘法師譯，《大般若波羅蜜多經》卷426〈25帝釋品〉：「色乃至識非深非妙。」(CBETA 2023.Q4, T07, no. 220, p. 139a20-21)。後

秦．鳩摩羅什譯，《摩訶般若波羅蜜經》卷7〈27問住品〉：「色非深非妙。」(CBETA 2023.Q4, T08, no. 223, p. 275c15)。

45 「性相祕密意」，或譯為「相節」。可參考無著菩薩造，唐．波羅頗蜜多羅譯，《大乘莊嚴經論》卷6〈13弘法品〉：「所謂令入節，相節對治節，及以祕密節，是名為四節。」(CBETA 2023.Q4, T31, no. 1604, p. 620b21-22)。

46 滇津顙摩《心要莊嚴疏》（第32頁）譯作：「此次第是針對主要所化而宣說之故。」

47 或可參考無著菩薩造，唐．玄奘法師譯，《大乘阿毘達磨集論》卷7〈3得品〉：「若得菩提時，頓斷煩惱障及所知障，頓成阿羅漢及如來。此諸菩薩雖未永斷一切煩惱，然此煩惱猶如呪藥所伏諸毒，不起一切煩惱過失。」(CBETA 2023.Q4, T31, no. 1605, p. 692c6-9)。

48 滇津顙摩《心要莊嚴疏》（第44頁）譯作：「因遍智之所見無有，而了知無一切。」

49 或可參考陳那菩薩造，北宋．施護等譯，《佛母般若波羅蜜多圓集要義論》：「般若等成就，無二智如來，彼中義相應，彼聲教道二。」(CBETA 2023.Q4, T25, no. 1518, p. 912c14-15)。

50 滇津顙摩《心要莊嚴疏》（第98頁）譯作：「大乘之入門是為了瞭解大乘發心。」

51 出自無著菩薩造，唐．波羅頗蜜多羅譯，《大乘莊嚴經論》卷2〈5發心品〉：「勇猛及方便，利益及出離，四大三功德，二義故心起。」(CBETA 2023.Q4, T31, no. 1604, p. 595b25-26)。

52 出自月稱論師造頌，法尊法師譯講，《入中論講記》：「從此由得彼心故，唯以菩薩名稱說。」(CBETA 2023.Q4, B09, no. 45, p. 718a14)。

53 引自宗喀巴大師造，法尊法師譯，《菩提道次第廣論》卷9：「其儀軌者，謂『諸佛正法眾中尊，乃至菩提我歸依，以我所修布施等，為利眾生願成佛。』每次三返。」(CBETA 2023.Q4, B10, no. 67, p. 688a21-22)。

54 滇津顙摩《心要莊嚴疏》（第93頁）譯作：「因此顯示：願菩提心始自資糧道，而承許證地後亦（具有）者，並無過失。因為證地後雖現證空性義，然而未以其直接攝持之發心分際，卻時常產生故。」

55 這兩句偈頌引自福稱尊者著，法音法師譯之《現觀莊嚴論釋——顯明佛母義之燈》。

56 或可參考無著菩薩造，唐．波羅頗蜜多羅譯，《大乘莊嚴經論》卷7〈15教授品〉：「自後蒙諸佛，法流而教授，增益寂靜智，進趣廣大乘。」

(CBETA 2023.Q4, T31, no. 1604, p. 624a3-4)。

57 滇津顙摩《心要莊嚴疏》（第108頁）譯作：「如是生起前面等等菩提心之菩薩。」

58 或可參考唐・玄奘法師譯，《大般若波羅蜜多經》卷425〈25帝釋品〉：「汝諸天等未發無上菩提心者今皆應發。」(CBETA 2023.Q4, T07, no. 220, p. 134b7-8)。

59 或可參考唐・玄奘法師譯，《大般若波羅蜜多經》卷402〈3觀照品〉：「舍利子！菩薩摩訶薩修行般若波羅蜜多時，應如是觀：『實有菩薩不見有菩薩。』」(CBETA 2023.Q4, T07, no. 220, p. 11b26-28)。

60 或可參考唐・玄奘法師譯，《大般若波羅蜜多經》卷402〈3觀照品〉：「舍利子！假使汝及大目犍連，滿贍部洲如稻、麻、竹、葦、甘蔗林等所有般若。」(CBETA 2023.Q4, T07, no. 220, p. 12a4-6)。

61 出自世親菩薩造，唐・玄奘法師譯，《阿毘達磨俱舍論本頌》〈6分別賢聖品〉：「彼覺破便無，慧析餘亦爾，如瓶水世俗，異此名勝義。」(CBETA 2023.Q4, T29, no. 1560, p. 320c10-11)。

62 出自法稱論師造，僧成大師釋，法尊法師譯，《釋量論略解》卷5：「勝義能作義，是此勝義有。餘為世俗有。說為自共相。」(CBETA 2023.Q4, B09, no. 43, p. 562a12)。

63 出自彌勒菩薩造，唐・玄奘法師譯，《辯中邊論頌》〈3辯真實品〉：「勝義諦亦三，謂義、得、正行。」(CBETA 2023.Q4, T31, no. 1601, p. 478c22)。

64 出自彌勒菩薩造，唐・玄奘法師譯，《辯中邊論頌》〈3辯真實品〉：「應知世俗諦，差別有三種，謂假、行、顯了，如次依本三。」(CBETA 2023.Q4, T31, no. 1601, p. 478c20-21)。

65 或可參考唐・玄奘法師譯，《大般若波羅蜜多經》卷403〈3觀照品〉：「舍利子！修行般若波羅蜜多菩薩摩訶薩，與色空相應故，應言與般若波羅蜜多相應。」(CBETA 2023.Q4, T07, no. 220, p. 13b25-27)。

66 或可參考唐・玄奘法師譯，《大般若波羅蜜多經》卷403〈3觀照品〉：「不見色若生法若滅法。」(CBETA 2023.Q4, T07, no. 220, p. 14a2-3)。

67 或可參考唐・玄奘法師譯，《大般若波羅蜜多經》卷403〈3觀照品〉：「舍利子！是諸法空相，不生不滅，不染不淨。」(CBETA 2023.Q4, T07, no. 220, p. 14a14-15)。

68 或可參考唐・玄奘法師譯，《大般若波羅蜜多經》卷403〈3觀照品〉：「不見布施波羅蜜多若相應若不相應。」(CBETA 2023.Q4, T07, no. 220, p. 14b1)。

69 出自無著菩薩造，唐・玄奘法師譯，《大乘阿毘達磨集論》卷3〈1諦品〉：「云何苦諦？謂有情生及生所依處。」(CBETA 2023.Q4, T31, no. 1605, p. 674a6-7)。

70 出自世親菩薩造，唐・玄奘法師譯，《阿毘達磨俱舍論本頌》〈2分別根品〉：「有情有記生。」(CBETA 2023.Q4, T29, no. 1560, p. 313b4)。

71 出自世親菩薩造，唐・玄奘法師譯，《阿毘達磨俱舍論本頌》〈2分別根品〉：「異熟無記法。」(CBETA 2023.Q4, T29, no. 1560, p. 313b4)。

72 出自世親菩薩造，唐・玄奘法師譯，《阿毘達磨俱舍論本頌》〈2分別根品〉：「異熟因不善，及善唯有漏。」(CBETA 2023.Q4, T29, no. 1560, p. 313a28)。

73 出自世親菩薩造，唐・玄奘法師譯，《阿毘達磨俱舍論本頌》〈5分別隨眠品〉：「上界皆無記。」(CBETA 2023.Q4, T29, no. 1560, p. 320a25)。

74 出自世親菩薩造，唐・玄奘法師譯，《阿毘達磨俱舍論本頌》〈2分別根品〉：「信及不放逸，輕安捨慚愧，二根及不害，勤唯遍善心。」(CBETA 2023.Q4, T29, no. 1560, p. 312b27-28)。

75 出自法稱論師造，僧成大師釋，法尊法師譯，《釋量論略解》卷4：「苦流轉諸蘊。」(CBETA 2023.Q4, B09, no. 43, p. 552b20)。

76 出自世親菩薩造，唐・玄奘法師譯，《阿毘達磨俱舍論本頌》〈4分別業品〉：「此中三唯道，七業亦道故。」(CBETA 2023.Q4, T29, no. 1560, p. 317c20)。

77 出自世親菩薩造，唐・玄奘法師譯，《阿毘達磨俱舍論本頌》〈4分別業品〉：「世別由業生，思及思所作，思即是意業，所作謂身語。」(CBETA 2023.Q4, T29, no. 1560, p. 316a8-9)。

78 或可參考唐・玄奘法師譯，《大般若波羅蜜多經》卷403〈3觀照品〉：「不觀一切智與色若合若散。何以故？尚不見色，況觀一切智與色若合若散！」(CBETA 2023.Q4, T07, no. 220, p. 14c23-25)。

79 或可參考唐・玄奘法師譯，《大般若波羅蜜多經》卷403〈3觀照品〉：「不著色有性，不著色無性。」(CBETA 2023.Q4, T07, no. 220, p. 15c9)。

80 或可參考後魏・勒那摩提譯，《究竟一乘寶性論》卷2〈4僧寶品〉：「可捨及虛妄，無物及怖畏，二種法及僧，非究竟歸依。」(CBETA 2023.Q4, T31, no. 1611, p. 826a24-25)。

81 或可參考唐・玄奘法師譯，《大般若波羅蜜多經》卷404〈3觀照品〉：「舍利子！有菩薩摩訶薩肉眼見百踰繕那。」(CBETA 2023.Q4, T07, no. 220, p. 21b15-16)。

82 或可參考唐．玄奘法師譯，《大般若波羅蜜多經》卷404〈3觀照品〉：「有菩薩摩訶薩肉眼見百踰繕那，有菩薩摩訶薩肉眼見二百踰繕那。」(CBETA 2023.Q4, T07, no. 220, p. 21b15-17)。

83 出自世親菩薩造，唐．玄奘法師譯，《阿毘達磨俱舍論》卷2〈1分別界品〉：「眼見色同分，非彼能依識，傳說不能觀，彼障諸色故。」(CBETA 2024.R1, T29, no. 1558, p. 10c6-7)。

84 出自法稱論師造，僧成大師釋，法尊法師譯，《釋量論略解》卷9：「如非能燒故，說名非是火。」(CBETA 2023.Q4, B09, no. 43, p. 616a24-25)。

85 滇津顙摩《心要莊嚴疏》（第128頁）譯作：「天眼，能見有無相隔之所有粗細色，乃是觀修所生之等引地所含攝之純淨有色；神通則是依據其增上緣——與二法相應之意識。」

86 或可參考龍樹菩薩造頌，分別明菩薩（又譯為清辯菩薩、清辨菩薩）釋論，唐．波羅頗蜜多羅譯，《般若燈論釋》卷4〈3 觀六根品〉：「又第一義中彼有分眼不能見色。何以故？以色根故，譬如耳等。」(CBETA 2023.Q4, T30, no. 1566, p. 66b7-9)。

87 滇津顙摩《心要莊嚴疏》（第128頁）譯作：「神境通、天耳通、他心通……」。

88 或可參考無著菩薩造，唐．玄奘法師譯，《大乘阿毘達磨集論》卷7〈3得品〉：「謂依止清淨四靜慮。若外道若聲聞若菩薩等，引發四無量五神通。」(CBETA 2023.Q4, T31, no. 1605, p. 692a2-4)。

89 出自無著菩薩造，唐．波羅頗蜜多羅譯，《大乘莊嚴經論》卷2〈8神通品〉：「第四極淨禪，無分別智攝，如所立方便，依此淨諸通。」(CBETA 2023.Q4, T31, no. 1604, p. 599b27-28)。

90 出自法稱論師造，僧成大師釋，法尊法師譯，《釋量論略解》卷4：「未斷俱生故。若斷豈有有？」(CBETA 2023.Q4, B09, no. 43, p. 555b26)。

91 出自月稱論師造頌，法尊法師譯講，《入中論講記》：「如第八聖此亦爾。」(CBETA 2023.Q4, B09, no. 45, p. 718b22)。

92 滇津顙摩《心要莊嚴疏》（第309頁）譯作：「復次，住於忍之際為向，住於智之際為住果之安立亦合理。」

93 出自世親菩薩造，唐．玄奘法師譯，《阿毘達磨俱舍論本頌》〈6分別賢聖品〉：「淨道沙門性，有為無為果。」(CBETA 2023.Q4, T29, no. 1560, p. 321c19)。

94 或可參考無著菩薩造，唐．玄奘法師譯，《大乘阿毘達磨集論》卷6〈3得品〉：「何等預流向補特伽羅？謂住順決擇分位，及住見道十五心剎那

位。」(CBETA 2023.Q4, T31, no. 1605, p. 689a21-22)。

95 出自世親菩薩造，唐．玄奘法師譯，《阿毘達磨俱舍論本頌》〈6分別賢聖品〉：「至第十六心，隨三向住果。」(CBETA 2023.Q4, T29, no. 1560, p. 321b10)。

96 出自世親菩薩造，唐．玄奘法師譯，《阿毘達磨俱舍論本頌》〈6分別賢聖品〉：「住果極七返。」(CBETA 2023.Q4, T29, no. 1560, p. 321b15)。

97 出自世親菩薩造，唐．玄奘法師譯，《阿毘達磨俱舍論》卷23〈6分別賢聖品〉：「餘位亦有極七返生，然非決定，是故不說。」(CBETA 2023.Q4, T29, no. 1558, p. 123c10-11)。

98 或可參考世親菩薩造，唐．玄奘法師譯，《阿毘達磨俱舍論》卷23〈6分別賢聖品〉：「若爾，何故契經中言無處無容見圓滿者更可有受第八有義？此契經意約一趣說，若如言執，中有應無。」(CBETA 2023.Q4, T29, no. 1558, p. 123b13-15)。

99 出自無著菩薩造，唐．玄奘法師譯，《大乘阿毘達磨集論》卷6〈3得品〉：「於人天生往來雜受。」(CBETA 2023.Q4, T31, no. 1605, p. 689b20-21)。

100 出自宗喀巴大師著《向、住諸大士之建立——明慧行梯》（ཞུགས་པ་དང་གནས་པའི་སྐྱེས་བུ་ཆེན་པོ་རྣམས་ཀྱི་རྣམ་པར་བཞག་པ་བློ་གསལ་བགྲོད་པའི་ཐེམ་སྐས་ཞེས་བྱ་བ་བཞུགས་སོ།།）。

101 出自世親菩薩造，唐．玄奘法師譯，《阿毘達磨俱舍論本頌》〈6分別賢聖品〉：「斷欲三四品。」(CBETA 2023.Q4, T29, no. 1560, p. 321b16)。

102 出自世親菩薩造，唐．玄奘法師譯，《阿毘達磨俱舍論本頌》〈6分別賢聖品〉：「三二生家家。」(CBETA 2023.Q4, T29, no. 1560, p. 321b16)。

103 或可參考世親菩薩造，唐．玄奘法師譯，《阿毘達磨俱舍論》卷24〈6分別賢聖品〉：「天家家，謂欲天趣生三二家而證圓寂，或一天處或二或三。」(CBETA 2023.Q4, T29, no. 1558, p. 124a5-6)。

104 或可參考世親菩薩造，唐．玄奘法師譯，《阿毘達磨俱舍論》卷24〈6分別賢聖品〉：「乃至未修後勝果道，仍不名曰家家一間。」(CBETA 2023.Q4, T29, no. 1558, p. 124a28-29)。

105 或可參考無著菩薩造，唐．玄奘法師譯，《大乘阿毘達磨集論》卷6〈3得品〉：「如是補特伽羅多於現法或臨終時善辨聖旨；設不能辨，由願力故，即以願力還生欲界，出無佛世成獨勝果。」(CBETA 2023.Q4, T31, no. 1605, p. 690a20-22)。

106 出自世親菩薩造，唐．玄奘法師譯，《阿毘達磨俱舍論本頌》〈3分別世界品〉：「非定無心二。」(CBETA 2023.Q4, T29, no. 1560, p. 314c7)。

[107] 或可參考無著菩薩造，唐．玄奘法師譯，《大乘阿毘達磨集論》卷6〈3得品〉：「出無佛世成獨勝果。」(CBETA 2023.Q4, T31, no. 1605, p. 690a22)。

[108] 出自世親菩薩造，唐．玄奘法師譯，《阿毘達磨俱舍論本頌》〈6分別賢聖品〉：「斷欲三四品。」(CBETA 2023.Q4, T29, no. 1560, p. 321b16)。

[109] 出自世親菩薩造，唐．玄奘法師譯，《阿毘達磨俱舍論本頌》〈6分別賢聖品〉：「斷七或八品，一生名一間，此即第三向。」(CBETA 2023.Q4, T29, no. 1560, p. 321b18-19)。

[110] 出自世親菩薩造，唐．玄奘法師譯，《阿毘達磨俱舍論》卷24〈6分別賢聖品〉：「何緣此無斷五品者？以斷第五必斷第六，非一品惑能障得果，猶如一間未越界故。」(CBETA 2023.Q4, T29, no. 1558, p. 124a2-4)。

[111] 出自世親菩薩造，唐．玄奘法師譯，《阿毘達磨俱舍論本頌》〈6分別賢聖品〉：「經欲界生聖，不往餘界生。」(CBETA 2023.Q4, T29, no. 1560, p. 321b28)。

[112] 或可參考世親菩薩造，唐．玄奘法師譯，《阿毘達磨俱舍論》卷24〈6分別賢聖品〉：「若於色界經生聖者，容有上生無色界義，如行色界極有頂者。」(CBETA 2023.Q4, T29, no. 1558, p. 125b22-23)。

[113] 出自世親菩薩造，唐．玄奘法師譯，《阿毘達磨俱舍論本頌》〈3分別世界品〉：「無對不可轉，食香非久住。」(CBETA 2023.Q4, T29, no. 1560, p. 314a8)。

[114] 出自無著菩薩造，唐．玄奘法師譯，《大乘阿毘達磨集論》卷3〈1諦品〉：「或時移轉。住中有中亦能集諸業。」(CBETA 2023.Q4, T31, no. 1605, pp. 675c29-676a1)。

[115] 出自世親菩薩造，唐．玄奘法師譯，《阿毘達磨俱舍論本頌》〈3分別世界品〉：「及五七經故。」(CBETA 2023.Q4, T29, no. 1560, p. 314a4)。

[116] 出自世親菩薩造，唐．玄奘法師譯，《阿毘達磨俱舍論本頌》〈3分別世界品〉：「非定無心二。」(CBETA 2023.Q4, T29, no. 1560, p. 314c7)。

[117] 出自世親菩薩造，唐．玄奘法師譯，《阿毘達磨俱舍論本頌》〈3分別世界品〉：「居生剎那後。」(CBETA 2023.Q4, T29, no. 1560, p. 314a6)。

[118] 出自世親菩薩造，唐．玄奘法師譯，《阿毘達磨俱舍論》卷24〈6分別賢聖品〉：「而言此往色究竟天及有頂天為極處者，由此過彼無行處故，如預流者極七返生。」(CBETA 2023.Q4, T29, no. 1558, p. 125a1-3)。

[119] 出自世親菩薩造，唐．玄奘法師譯，《阿毘達磨俱舍論本頌》〈6分別賢聖品〉：「上流若雜修，能往色究竟。」(CBETA 2023.Q4, T29, no. 1560, p. 321b21)。

མཚོན་བྱ།	མཚན་ཉིད།
སྐབས་དང་པོ།	
བཀའ་དང་བསྟན་བཅོས་སྐོར།	
བཀའ།	གདུལ་བྱའི་ཉོན་མོངས་སྤོང་དོན་དུ་སྟོན་པས་གསུངས་པའི་གསུང་རབ་མཐར་ཐུག
ནང་པ་སངས་རྒྱས་པའི་བསྟན་བཅོས་རྣམ་དག	མདོ་གང་ཡང་རུང་བའི་དགོངས་འགྲེལ་དུ་གདུལ་བྱས་བརྩམས་པའི་སེམས་ཅན་གྱི་ངག
མཆོད་བརྗོད་ཀྱི་སྐབས་འདིར་མཐའ་དཔྱད་པ་ལ་ས་བཅད་བཞིས་འཆད་ཚུལ།	
འདིར་བསྟན་མཆོད་བརྗོད་ཡུལ་དུ་གྱུར་པའི་ཡུམ།	རང་སྲས་འཕགས་པའི་བཞེད་དོན་ཕུན་ཚོགས་སྒྲུབ་བྱེད་ཀྱི་ལམ་ཞུགས་ཀྱི་མཁྱེན་པ།
སྐབས་འདིར་དངོས་སུ་བསྟན་པའི་མཆོད་བརྗོད་ཡུལ་དུ་གྱུར་པའི་ཡུམ།	རང་སྲས་འཕགས་པའི་བཞེད་དོན་ཕུན་ཚོགས་སྒྲུབ་བྱེད་ཀྱི་སྐབས་འདིར་དངོས་སུ་བསྟན་པའི་འཕགས་རྒྱུད་ཀྱི་མཁྱེན་པ།
མྱང་འདས།	
མྱང་འདས།	ཉོན་སྒྲིབ་སྤངས་པའི་སོ་སོར་བརྟགས་འགོག
དམན་པའི་ལྷག་བཅས་མྱང་འདས།	ཉོན་སྒྲིབ་ཟད་པར་སྤངས་ཤིང་། སྔ་མའི་ལས་ཉོན་གྱིས་འཕངས་པའི་སྡུག་བསྔལ་གྱི་ཕུང་པོའི་ལྷག་མ་དང་བཅས་པའི་དམན་པའི་རྒྱུད་ཀྱི་བྲལ་བ།
དམན་པའི་ལྷག་མེད་མྱང་འདས།	ཉོན་སྒྲིབ་ཟད་པར་སྤངས་ཤིང་། སྔ་མའི་ལས་ཉོན་གྱིས་འཕངས་པའི་སྡུག་བསྔལ་གྱི་ཕུང་པོ་དང་མ་བཅས་པའི་དམན་པའི་རྒྱུད་ཀྱི་བྲལ་བ།
ཆོས་འཁོར།	
ཆོས་འཁོར།	སངས་རྒྱས་ཀྱི་གསུངས་རབ་དང་ལམ་ཞུགས་ཀྱི་རྟོགས་པའི་ཡོན་ཏན་གང་རུང་གིས་བསྡུས་པའི་རྣམ་དཀར་གྱི་ཡོན་ཏན།
ལུང་གི་ཆོས་འཁོར།	སངས་རྒྱས་ཀྱི་གསུང་རབ་ཀྱིས་བསྡུས་པའི་རྣམ་དཀར་གྱི་ཡོན་ཏན།
རྟོགས་པའི་ཆོས་འཁོར།	ལམ་ཞུགས་ཀྱི་རྟོགས་པའི་ཡོན་ཏན་གྱིས་བསྡུས་པའི་རྣམ་དཀར་གྱི་ཡོན་ཏན།
སེམས་ཙམ་པའི་ལུགས་ཀྱི་དྲང་ངེས་འབྱེད་ཚུལ།	
གྲུབ་དོན་དང་པོའི་སྐབས་ནས་བསྟན་པའི་བཀའ་དང་པོ་བདེན་བཞིའི་ཆོས་འཁོར།	རང་གི་ཆེད་དུ་བྱ་བའི་གདུལ་བྱ་ཐེག་དམན་གྱི་རིགས་ཅན་གྱི་ཆེད་དུ་བདེན་བཞི་དངོས་བསྟན་བསྟན་བྱའི་གཙོ་བོར་བྱས་ནས་བསྟན་པའི་ཐེག་དམན་གྱི་མདོ།
གྲུབ་དོན་གཉིས་པའི་སྐབས་ནས་དངོས་སུ་བསྟན་པའི་བཀའ་བར་པ་མཚན་ཉིད་མེད་པའི་ཆོས་འཁོར།	རང་གི་ཆེད་དུ་བྱ་བའི་གདུལ་བྱ་སེམས་ཙམ་པ་དབང་རྣོན་རྗེས་སུ་བཟུང་བའི་ཆེད་དུ་སྨྲས་ཟིན་ལ་གཞན་དབང་དང་ཡོངས་གྲུབ་རང་གི་མཚན་ཉིད་ཀྱིས་མ་གྲུབ་པར་གསུངས་ཤིང་། འགྱུར་མེད་ཡོངས་གྲུབ་རྒྱས་པར་དངོས་བསྟན་བསྟན་བྱའི་གཙོ་བོར་བྱས་ནས་བསྟན་པའི་ཐེག་ཆེན་གྱི་མདོ།
གྲུབ་དོན་གསུམ་པའི་སྐབས་ནས་དངོས་སུ་བསྟན་པའི་བཀའ་ཐ་མ་ལེགས་པར་རྣམ་པར་ཕྱེ་བའི་ཆོས་འཁོར།	རང་གི་ཆེད་དུ་བྱ་བའི་གདུལ་བྱ་སེམས་ཙམ་པ་དབང་རྟུལ་རྗེས་སུ་བཟུང་བའི་ཆེད་དུ་གསུངས་ཤིང་། ཀུན་བརྟགས་རང་གི་མཚན་ཉིད་ཀྱིས་མ་གྲུབ་པ་དང་། གཞན་དབང་དང་ཡོངས་གྲུབ་རང་གི་མཚན་ཉིད་ཀྱིས་གྲུབ་པའི་ཁྱད་པར་གསལ་བར་ཕྱེ་ནས་སྨྲས་ཟིན་ལ་བསྟན་པའི་ཐེག་ཆེན་གྱི་མདོ།
ཀུན་བརྟགས།	རང་འཛིན་རྟོག་པས་བརྟགས་ཙམ།
གཞན་དབང་།	རང་གི་རྒྱུ་རྐྱེན་ལས་སྐྱེས་པ།
ཡོངས་གྲུབ།	རང་ཉིད་ལ་དམིགས་ཏེ་སྒོམ་པས་ཤེས་སྒྲིབ་ཟད་པར་འགྱུར་བའི་དམིགས་པ་མཐར་ཐུག
དབུ་མ་པའི་ལུགས་ཀྱི་དྲང་ངེས་འབྱེད་ཚུལ།	
དགོངས་འགྲེལ་ནས་བཤད་པའི་བཀའ་དང་པོ་བདེན་བཞིའི་ཆོས་འཁོར།	དགོངས་འགྲེལ་ལས་གསུངས་པའི་འཁོར་ལོ་གསུམ་པོ་གང་རུང་གང་ཞིག རང་གི་ཆེད་དུ་བྱ་བའི་གདུལ་བྱ་ཐེག་དམན་གྱི་རིགས་ཅན་གྱི་ཆེད་དུ་བདེན་བཞི་དངོས་སུ་སྟོན་པའི་ཐེག་དམན་གྱི་མདོ།

附錄：《現觀辨析》名相、性相表（上冊）

名相	性相	索引頁數
第一品		
	有關教言與論典	
教言	導師為斷所化之煩惱而宣說之究竟至言。	023
內道佛家清淨論	所化所撰解釋任何一經意趣之有情語。	023
	今此辨析禮讚文時，以四科判闡述之理	
此示禮讚文之禮讚境佛母	能成辦自子聖者圓滿心願之入道智。	051
此處直接顯示禮讚文之禮讚境佛母	能成辦自子聖者圓滿心願之此處直接顯示的聖者相續智。	051
	涅槃	
涅槃	斷煩惱障之擇滅。	087
小乘有餘涅槃	盡斷煩惱障，且具「前業煩惱所牽引苦餘蘊」之小乘相續之離法。	093
小乘無餘涅槃	盡斷煩惱障，且不具「前業煩惱所牽引苦蘊」之小乘相續之離法。	093
	法輪	
法輪	佛之至言與入道證德隨一所攝之白功德。	101
教法輪	佛之至言所攝之白功德。	101
證法輪	入道證德所攝之白功德。	101
	辨別唯識宗了不了義之理	
初所成義時所示之初教言四諦法輪	為自特意所化小乘種性，以四諦作直接顯示主要所詮而顯示之小乘經。	105
次所成義時直接顯示之中教言無相法輪	為攝受自特意所化利根唯識師，表面說依他起與圓成實非自性相成立，以不變圓成實作廣大直接顯示主要所詮而顯示之大乘經。	105
第三所成義時直接顯示之後教言善辨法輪	為攝受自特意所化鈍根唯識師而宣說，於表面明辨遍計所執非自性相成立，依他起與圓成實自性相成立之差別而顯示之大乘經。	105
遍計所執	唯執自分別所安立。	117
依他起	由自因緣而生起。	117
圓成實	緣自修習能盡所知障之究竟所緣。	117
	辨別中觀宗之了不了義之理	
《解深密經》所言之初教言四諦法輪	是《解深密經》所言之三轉法輪隨一，且為自特意所化小乘種性直接宣說四諦之小乘經。	157

མཚོན་བྱ།	མཚན་ཉིད།
དགོངས་འགྲེལ་ནས་བཤད་པའི་བཀའ་བར་པ་མཚན་ཉིད་མེད་པའི་ཆོས་འཁོར།	དགོངས་འགྲེལ་ནས་བཤད་པའི་འཁོར་ལོ་གསུམ་པོ་གང་རུང་གང་ཞིག རང་གི་ཆེད་དུ་བྱ་བའི་གདུལ་བྱ་དབུ་མ་པ་དབང་རྣོན་གྱི་ཆེད་དུ་སྟོང་ཉིད་ཕྲ་མོ་རྒྱས་པར་སྟོན་པའི་ཐེག་ཆེན་གྱི་མདོ།
དགོངས་འགྲེལ་ནས་བཤད་པའི་བཀའ་ཐ་མ་ལེགས་པར་རྣམ་པར་ཕྱེ་བའི་ཆོས་འཁོར།	དགོངས་འགྲེལ་ནས་གསུངས་པའི་འཁོར་ལོ་གསུམ་པོ་གང་རུང་གང་ཞིག་རང་གི་ཆེད་དུ་བྱ་བའི་གདུལ་བྱ་དབུ་མ་པ་དབང་རྟུལ་གྱི་ཆེད་དུ་ཀུན་བཏགས་དོན་དམ་པར་མཚན་ཉིད་ངོ་བོ་ཉིད་མེད་པ་དང་། གཞན་དབང་དོན་དམ་པར་སྐྱེ་བ་ངོ་བོ་ཉིད་མེད་པ་དང་། ཡོངས་གྲུབ་དོན་དམ་པར་ངོ་བོ་ཉིད་མེད་པ་གསུམ་གསལ་བར་སྟོན་པའི་ཐེག་ཆེན་གྱི་མདོ།
ཤེར་ཕྱིན་དངོས་བཏགས་འཇོག་ཚུལ།	
ཤེར་ཕྱིན།	ཁྱད་ཆོས་གསུམ་གྱིས་ཁྱད་པར་དུ་བྱས་པའི་མཐར་ཐུག་པའི་ཡེ་ཤེས།
འབྲས་བུའི་ཤེར་ཕྱིན།	ཁྱད་ཆོས་བཞིས་ཁྱད་པར་དུ་བྱས་པའི་མཐར་ཐུག་པའི་ཡེ་ཤེས།
གཞུང་ཤེར་ཕྱིན།	ཐེག་ཆེན་གྱི་ལམ་འབྲས་གང་རུང་བརྗོད་བྱའི་གཙོ་བོར་བྱེད་པའི་ཤེར་ཕྱིན་གྱི་རྒྱལ་བའི་གསུང་རབ།
ལམ་ཤེར་ཕྱིན།	དོན་གཉིས་ཕུན་ཚོགས་སྒྲུབ་བྱེད་ཀྱི་སེམས་དཔའི་རྣལ་འབྱོར།
ཐེག་པ་ཆེན་པོའི་ལམ་གྱི་འཇུག་སྒོ་སེམས་བསྐྱེད།	
ཐེག་ཆེན་སེམས་བསྐྱེད།	གཞན་དོན་དུ་རྫོགས་བྱང་ལ་དམིགས་ཤིང་རང་གི་གྲོགས་སུ་གྱུར་པའི་འདོད་པ་དང་མཚུངས་ལྡན་དུ་གྱུར་པའི་ཐེག་ཆེན་ལམ་གྱི་འཇུག་སྒོར་གྱུར་པའི་གཙོ་བོར་ཡིད་ཀྱི་རྣམ་རིག་ཁྱད་པར་ཅན།
དོན་དམ་སེམས་བསྐྱེད།	རྫོགས་པའི་བྱང་ཆུབ་ཀྱི་གནས་ལུགས་ལ་གཉིས་སྣང་ནུབ་ཅིང་ཐེག་ཆེན་གྱི་ཤེས་རབ་ཀྱི་རྟོགས་རིགས་སུ་གནས་པའི་ཐེག་ཆེན་འཕགས་པའི་གཙོ་བོ་ཡིད་ཀྱི་རྣམ་རིག
འཇུག་སེམས།	འཇུག་སྡོམ་གྱི་བསླབ་བྱ་བསྡུས་པའི་སྦྱིན་སོགས་པར་ཕྱིན་དྲུག་པོ་གང་རུང་གི་ཉམས་ལེན་གྱི་བྱ་བས་དངོས་སུ་ཟིན་པའི་སེམས་བསྐྱེད།
སྨོན་སེམས།	འཇུག་སྡོམ་གྱི་བསླབ་བྱ་བསྡུས་པའི་སྦྱིན་སོགས་པར་ཕྱིན་དྲུག་པོ་གང་རུང་གི་ཉམས་ལེན་གྱི་བྱ་བས་དངོས་སུ་མ་ཟིན་པའི་སེམས་བསྐྱེད།
སྒྲུབ་པ་ཉམས་སུ་ལེན་ཚུལ་སྟོན་པའི་གདམས་ངག	
ཐེག་ཆེན་གྱི་གདམས་ངག	ཐེག་ཆེན་སེམས་བསྐྱེད་ཀྱི་ཆེད་དུ་གཉེར་བྱ་ཐོབ་པའི་ཐབས་སྟོན་པའི་ཐེག་ཆེན་གྱི་ངག
ཐེག་ཆེན་གྱི་འདོམས་པའི་གདམས་ངག	ཐོབ་ཟིན་གྱི་ཡོན་ཏན་མི་ཉམས་པའི་ཕྱིར་དུ་འདོམས་པའི་ཐེག་ཆེན་གྱི་ངག
ཐེག་ཆེན་གྱི་རྗེས་བསྟན་གྱི་གདམས་ངག	ཡོན་ཏན་སྔར་མ་ཐོབ་པ་གསར་དུ་ཐོབ་པའི་ཕྱིར་དུ་འདོམས་པའི་ཐེག་ཆེན་གྱི་རྗོད་བྱེད་རྣམ་དག
སྒྲུབ་པའི་ངོ་བོ་བདེན་གཉིས།	
དོན་དམ་བདེན་པ།	རང་མངོན་སུམ་དུ་རྟོགས་པའི་མངོན་སུམ་ཚད་མས་གཉིས་སྣང་དང་བཅས་པའི་ཚུལ་གྱིས་རྟོགས་པར་བྱ་བ་མ་ཡིན་པར་ཇི་ལྟ་བ་རྟོགས་པའི་རྣམ་མཁྱེན་གྱིས་རྟོགས་པར་བྱ་བ།
ཀུན་རྫོབ་བདེན་པ།	རང་མངོན་སུམ་དུ་རྟོགས་པའི་མངོན་སུམ་གྱི་ཚད་མས་གཉིས་སྣང་དང་བཅས་པའི་ཚུལ་གྱིས་རྟོགས་པར་བྱ་བའི་རིགས་སུ་གནས་པ།
ཡང་དག་ཀུན་རྫོབ་བདེན་པ།	ཀུན་རྫོབ་བདེན་པ་གང་ཞིག རང་སྣང་ཡུལ་དུ་བྱེད་པའི་བློ་ལ་ཇི་ལྟར་སྣང་བ་སྣང་བ་ལྟར་གྲུབ་པའི་རིགས་སུ་གནས་པ།
ལོག་པའི་ཀུན་རྫོབ་བདེན་པ།	ཀུན་རྫོབ་བདེན་པ་གང་ཞིག རང་སྣང་ཡུལ་དུ་བྱེད་པའི་བློ་ལ་ཇི་ལྟར་སྣང་བ་སྣང་བ་ལྟར་མ་གྲུབ་པའི་རིགས་སུ་གནས་པ།
སྒྲུབ་པའི་དམིགས་པ་བདེན་བཞི།	
སྡུག་བསྔལ་བདེན་པ།	རང་རྒྱུ་ཀུན་འབྱུང་བདེན་པ་ལས་བྱུང་བའི་འཁོར་བས་བསྡུས་པ།
ཀུན་འབྱུང་བདེན་པ།	རང་འབྲས་སྡུག་བསྔལ་བདེན་པ་སྐྱེད་བྱེད་ཀྱི་འཁོར་བས་བསྡུས་པ།
འགོག་བདེན།	རང་ཐོབ་བྱེད་བར་ཆད་མེད་ལམ་གྱི་ངོ་སྐལ་གྱི་སྒྲིབ་པ་སྤངས་པའི་བྲལ་བ།

名相	性相	索引頁數
《解深密經》所言之中教言無相法輪	是《解深密經》所言之三轉法輪隨一，且為自特意所化利根中觀師廣說細分空性之大乘經。	157
《解深密經》所言之後教言善辨法輪	是《解深密經》所言之三轉法輪隨一，且為自特意所化鈍根中觀師清楚宣說遍計所執勝義相無自性性、依他起勝義生無自性性、圓成實勝義無自性性之大乘經。	157
真實與假名之般若波羅蜜多		
般若波羅蜜多	以三差別法作為差別之究竟本智。	211
果般若波羅蜜多	以四差別法作為差別之究竟本智。	211
文字般若波羅蜜多	以大乘道、果隨一作主要所詮之般若波羅蜜多之佛至言。	211
道般若波羅蜜多	成辦圓滿二利之菩薩瑜伽。	211
大乘道之入門發心		
大乘發心	為利他而緣圓滿菩提，且與自助伴欲相應之大乘道入門之殊勝主意了別。	221
勝義發心	對圓滿菩提之實相二現隱沒，且住大乘智慧證類之大乘聖者之主要意了別。	235
行心	被行心律儀學處所攝施等六波羅蜜多任一之修持動作直接攝持的發心。	251
願心	被行心律儀學處所攝施等六波羅蜜多任一之修持動作不直接攝持之發心。	251
開示修持正行方式之教授		
大乘教授	宣說獲得大乘發心刻意所求之方便之大乘語。	257
大乘之教誨教授	為令已得功德不衰退而教誨之大乘語。	257
大乘之隨示教授	為令新獲得先前未曾得之功德，而教誨之大乘清淨能詮。	257
正行體性二諦		
勝義諦	通達如所有性之一切相智非以具二現方式所通達，而以二現隱沒方式所通達。	271
世俗諦	通達盡所有性之一切相智以具二現方式所通達之住類。	271
正世俗諦	是世俗諦，且以自作顯現境之覺知中如何顯現，如所顯現般成立之住類。	281
倒世俗諦	是世俗諦，且以自作顯現境之覺知中如何顯現，如所顯現般不成立之住類。	281
正行所緣四諦		
苦諦	由自因集諦所生之輪迴所攝。	305
集諦	能生自果苦諦之輪迴所攝。	309
滅諦	斷能證自無間道應斷之障的離法。	309

མཚོན་བྱ།	མཚན་ཉིད།
ལམ་བདེན།	རང་གི་བྲལ་འབྲས་འགོག་བདེན་ཐོབ་བྱེད་ཀྱི་རིགས་སུ་གནས་པའི་འཕགས་པའི་མངོན་རྟོགས།
སྒྲུབ་པའི་རྟེན་སྐྱབས་གསུམ།	
སངས་རྒྱས་དཀོན་མཆོག	དོན་གཉིས་མཐར་ཕྱིན་པའི་སྐྱབས་གནས།
སངས་རྒྱས་དཀོན་མཆོག	འདུས་མ་བྱས་སོགས་ཡོན་ཏན་བརྒྱད་དང་ལྡན་པའི་སྐྱབས་གནས།
ཆོས་དཀོན་མཆོག	འགོག་ལམ་གང་རུང་གིས་བསྡུས་པའི་འཕགས་པའི་རྣམ་བྱང་བདེན་པ།
དགེ་འདུན་དཀོན་མཆོག	རིག་གྲོལ་གང་རུང་གི་ཡོན་ཏན་དང་ལྡན་པའི་འཕགས་པའི་གང་ཟག
དོན་དམ་པའི་སྐྱབས།	དངོས་པོའི་གནས་ཚོད་ལ་ལམ་གྱི་བགྲོད་པ་མཐར་ཕྱུག་པའི་སྐྱབས་གནས།
ཀུན་རྫོབ་པའི་སྐྱབས།	དངོས་པོའི་གནས་ཚོད་ལ་ལམ་གྱི་བགྲོད་པ་མཐར་མ་ཕྱུག་པའི་སྐྱབས་གནས།
སྒྲུབ་པ་ལ་རང་དབང་དུ་འཇུག་པའི་ཆེད་སྤྱན་ལྔ།	
ཤའི་སྤྱན།	སྤྱན་ལྔ་པོ་གང་རུང་ཡང་ཡིན། རང་ཡུལ་དུ་གྱུར་པའི་དཔག་ཚད་བརྒྱ་ནས་སྟོང་གསུམ་ཚུན་ཆད་ཀྱི་གཟུགས་ཅི་རིགས་པ་མཐོང་བ་ཡང་ཡིན་པའི་གཞི་མཐུན་པར་གྱུར་པའི་ཡིད་བློ།
ལྷའི་སྤྱན།	སྤྱན་ལྔ་པོ་གང་རུང་ཡང་ཡིན། རང་ཡུལ་དུ་གྱུར་པའི་སེམས་ཅན་འཆི་འཕོ་བ་དང་སྐྱེ་བ་ཅི་རིགས་པ་མཐོང་བ་ཡང་ཡིན་པའི་གཞི་མཐུན་པར་གྱུར་པའི་ཡིད་བློ།
ཤེས་རབ་ཀྱི་སྤྱན།	སྤྱན་ལྔ་པོ་གང་རུང་ཡང་ཡིན། རང་ཡུལ་དུ་གྱུར་པའི་བདག་མེད་རགས་པ་མངོན་སུམ་དུ་རྟོགས་པའམ་བདག་མེད་ཕྲ་མོ་མངོན་སུམ་དུ་རྟོགས་པ་གང་རུང་དུ་གྱུར་པའི་ཡིད་བློ།
ཆོས་ཀྱི་སྤྱན།	སྤྱན་ལྔ་པོ་གང་རུང་ཡང་ཡིན། རང་ཡུལ་དུ་གྱུར་པའི་འཕགས་པའི་གང་ཟག་གི་དབང་པོའི་རིམ་པ་མངོན་སུམ་དུ་རྟོགས་པ་ཡང་ཡིན་པའི་གཞི་མཐུན་པར་གྱུར་པའི་འཕགས་པའི་མཁྱེན་པ།
སངས་རྒྱས་ཀྱི་སྤྱན།	སྤྱན་ལྔ་པོ་གང་རུང་ཡང་ཡིན། ཆོས་ཐམས་ཅད་མངོན་སུམ་དུ་རྟོགས་པ་མཐར་ཕྱིན་པ་ཡང་ཡིན་པའི་གཞི་མཐུན་པར་གྱུར་པའི་ཡིད་ཤེས།
སྒྲུབ་པ་མྱུར་དུ་རྫོགས་པའི་ཐབས་མངོན་ཤེས།	
རྫུ་འཕྲུལ་གྱི་མངོན་ཤེས།	མངོན་ཤེས་དྲུག་གི་ནང་ཚན་གང་ཞིག ས་གཡོ་བ་སོགས་བྱེད་ནུས་པ།
ལྷའི་རྣ་བའི་མངོན་ཤེས།	མངོན་ཤེས་དྲུག་གི་ནང་ཚན་གང་ཞིག རང་གི་བདག་རྐྱེན་དུ་གྱུར་པའི་རྣ་བའི་དབང་པོ་ལ་བརྟེན་ནས་འཇིག་རྟེན་གྱི་ཁམས་ཀྱི་སྒྲ་ཕྲ་རགས་ཤེས་པ།
གཞན་སེམས་ཤེས་པའི་མངོན་ཤེས།	མངོན་ཤེས་དྲུག་གི་ནང་ཚན་གང་ཞིག རང་ཡུལ་དུ་གྱུར་པའི་གཞན་གྱི་སེམས་ལ་ཅི་མངོན་ཤེས་པ།
སྔོན་གྱི་གནས་རྗེས་སུ་དྲན་པའི་མངོན་ཤེས།	མངོན་ཤེས་དྲུག་གི་ནང་ཚན་གང་ཞིག རང་གི་ཚེ་རབས་སྔ་མ་རྗེས་སུ་དྲན་པ།
ལྷའི་མིག་གི་མངོན་ཤེས།	མངོན་ཤེས་དྲུག་གི་ནང་ཚན་གང་ཞིག རང་གི་བདག་རྐྱེན་དུ་གྱུར་པའི་མིག་དབང་ལ་བརྟེན་ནས་འཇིག་རྟེན་གྱི་ཁམས་ཀྱི་གཟུགས་ཕྲ་རགས་ཤེས་པ།
ཟག་ཟད་ཀྱི་མངོན་ཤེས།	མངོན་ཤེས་དྲུག་གི་ནང་ཚན་གང་ཞིག ཉོན་སྒྲིབ་སྤངས་པ།
རྒྱུན་ཞུགས་སྐོར་བཤད་པ།	
རྒྱུན་ཞུགས་ཞུགས་པ།	མཐོང་སྤངས་ཀུན་སྦྱོར་གསུམ་སྤངས་པས་རབ་ཏུ་ཕྱེ་བའི་རིགས་སུ་གནས་པའི་དགེ་སྦྱོང་ཚུལ་གྱི་འབྲས་བུ་ཐོབ་ཕྱིར་དུ་བརྩོན་བཞིན་པ་ཡང་ཡིན། ཞུགས་པ་པ་བཞིའི་ནང་ཚན་ཡང་ཡིན་པའི་གཞི་མཐུན་པར་གྱུར་པའི་གང་ཟག
རྒྱུན་ཞུགས་འབྲས་གནས།	མཐོང་སྤངས་ཀུན་སྦྱོར་གསུམ་སྤངས་པས་རབ་ཏུ་ཕྱེ་བའི་རིགས་སུ་གནས་པའི་དགེ་སྦྱོང་ཚུལ་གྱི་འབྲས་བུ་ལ་གནས་པའི་གང་ཟག
སྤངས་བྱ་རིམ་གྱིས་པའི་རྒྱུན་ཞུགས།	རྒྱུན་ཞུགས་འབྲས་གནས་གང་ཞིག འཇིག་རྟེན་པའི་སྒོམ་ལམ་གྱིས་རང་གི་ངོ་སྐལ་གྱི་སྤང་བྱར་གྱུར་པའི་འཇིག་རྟེན་པའི་སྒོམ་སྤངས་ལ་ཆགས་བྲལ་སྔོན་དུ་བྱས་ནས། འཇིག་རྟེན་ལས་འདས་པའི་ལམ་ལ་བརྟེན་ནས་ཁམས་གསུམ་གྱི་ཉོན་མོངས་སྤོང་བ།

名相	性相	索引頁數
道諦	能證自離繫果滅諦之住類之聖者現觀。	311
	正行所依三歸依	
佛寶 (1)	二利究竟之歸依處。	325
佛寶 (2)	具有無為等八功德之歸依處。	325
法寶	滅、道隨一所攝之聖者清淨諦。	325
僧寶	具有證知與解脫隨一功德之聖補特伽羅。	325
勝義歸依	實際上行道至究竟之歸依處。	325
世俗歸依	實際上行道未至究竟之歸依處。	325
	為了正行自在趣入——五眼	
肉眼	是五眼隨一，又是觀見自境一百踰繕那乃至三千世界內種種色之同位的意覺。	337
天眼	是五眼隨一，又是觀見自境有情之種種死歿與投生之同位的意覺。	337
慧眼	是五眼隨一，又是現前通達自境粗分無我或細分無我隨一之意覺。	337
法眼	是五眼隨一，又是現前通達自境聖者補特伽羅之根〔器〕層級之同位的聖者智。	337
佛眼	是五眼隨一，又是究竟現前通達一切法之同位之意知。	337
	迅速圓滿正行之方便——智證通	
神境智證通	是六智證通之一，且能作撼動大地等。	351
天耳智證通	是六智證通之一，且依自增上緣耳根，而了知世界粗細聲。	351
他心智證通	是六智證通之一，且了知所有屬自境之他心所呈現。	351
宿住隨念智證通	是六智證通之一，且憶念自前世。	351
天眼智證通	是六智證通之一，且依自增上緣眼根，而了知世界粗細色。	351
漏盡智證通	是六智證通之一，且斷煩惱障。	351
	講說有關預流	
預流向	既是為了證得唯斷見所斷三結住類之沙門性果而正精勤者，又是四向之一之同位的補特伽羅。	361
住預流果	安住於『唯斷見所斷三結住類之沙門性果』之補特伽羅。	367
漸斷預流	是住預流果，且先以世間修道於自所應斷之世間修所斷離貪，後依出世道正在斷除三界煩惱。	367

མཚོན་བྱ།	མཚན་ཉིད།
རྒྱུན་ཞུགས་སྲིད་པ་ལན་བདུན་པ་བ།	རྒྱུན་ཞུགས་ཀྱི་འབྲས་བུ་གསར་དུ་ཐོབ་པའི་རྒྱུན་ཞུགས་གང་ཞིག འདོད་པར་རིགས་མཐུན་གྱི་སྐྱེ་སྲིད་བདུན་ལེན་པའི་རིགས་ཅན།
ངེས་པའི་རྒྱུན་ཞུགས་སྲིད་པ་ལན་བདུན་པ་བ།	རྒྱུན་ཞུགས་སྲིད་པ་ལན་བདུན་པ་བ་གང་ཞིག སྔོན་སོ་སྐྱེའི་དུས་སུ་འཕགས་ལམ་ཐོབ་ནས་ཀྱང་འདོད་པར་རིགས་མཐུན་གྱི་ལྷའི་སྐྱེ་སྲིད་བདུན་དང་། མིའི་སྐྱེ་སྲིད་བདུན་ཏེ་སྐྱེ་སྲིད་བཅུ་བཞི་ལེན་པའི་ལས་བསགས་ཤིང་བསགས་པ་ལྟར་ལེན་པར་ངེས་པ།
མ་ངེས་པའི་རྒྱུན་ཞུགས་སྲིད་པ་ལན་བདུན་པ་བ།	རྒྱུན་ཞུགས་སྲིད་པ་ལན་བདུན་པ་བ་གང་ཞིག འདོད་པར་སྐྱེ་སྲིད་བཅུ་བཞི་ལེན་པར་མ་ངེས་པ།
མ་ངེས་པའི་རྒྱུན་ཞུགས་སྲིད་པ་ལན་བདུན་པ་བ།	རྒྱུན་ཞུགས་སྲིད་པ་ལན་བདུན་པ་བ་གང་ཞིག འདོད་པར་སྐྱེ་སྲིད་བཅུ་བཞི་ལེན་པར་མ་ངེས་པའི་རིགས་ཅན།
རྒྱུན་ཞུགས་རིགས་ནས་རིགས་སྐྱེ།	འཇིག་རྟེན་པའི་སྒོམ་སྤངས་སུ་གྱུར་པའི་འདོད་ཉོན་གསུམ་པ་སྤངས་པའི་རྒྱུན་ཞུགས་ཀྱི་འབྲས་བུ་གསར་དུ་ཐོབ་པའི་རྒྱུན་ཞུགས་འབྲས་གནས་ཁྱད་པར་ཅན་གང་ཞིག འདོད་པར་རིགས་མཐུན་གྱི་སྐྱེ་སྲིད་གཉིས་སམ་གསུམ་ལེན་ཞིང་། བཞི་མི་ལེན་པ།
སྤང་བྱ་རིམ་གྱིས་པའི་རྒྱུན་ཞུགས་འབྲས་གནས་ཁྱད་པར་ཅན།	སྤང་བྱ་རིམ་གྱིས་པའི་རྒྱུན་ཞུགས་གང་ཞིག རང་གི་གོང་མའི་འབྲས་བུ་ཐོབ་ཕྱིར་དུ་བརྩོན་བཞིན་པའི་བར་ཆད་མེད་ལམ་ལ་གནས་བཞིན་པ།
སྤང་བྱ་རིམ་གྱིས་པའི་རྒྱུན་ཞུགས་འབྲས་གནས་ཙམ་པོ་བ།	སྤང་བྱ་རིམ་གྱིས་པའི་རྒྱུན་ཞུགས་འབྲས་གནས་ཙམ་པོ་བ་དང་། ཁྱད་པར་ཅན་གང་རུང་གང་ཞིག རང་གི་གོང་མའི་འབྲས་བུ་ཐོབ་ཕྱིར་དུ་བརྩོན་བཞིན་པའི་བར་ཆད་མེད་ལམ་ལ་གནས་བཞིན་པ་མ་ཡིན་པའི་གང་ཟག
སྤང་བྱ་ཅིག་ཆར་བའི་རྒྱུན་ཞུགས།	རྒྱུན་ཞུགས་འབྲས་གནས་གང་ཞིག གོང་མའི་སྙོམས་འཇུག་གིས་འཇིག་རྟེན་པའི་སྒོམ་སྤངས་སུ་གྱུར་པའི་འདོད་ཉོན་ལ་ཆགས་བྲལ་སྔོན་དུ་མ་བཏང་བར། བསམ་གཏན་དང་པོའི་ཉེར་བསྡོགས་མི་ལྕོགས་མེད་ལ་བརྟེན་ནས་ཁམས་གསུམ་གྱི་སྒོམ་སྤངས་ཉོན་མོངས་གསུམ་གྱི་ས་བོན་ཅིག་ཆར་སྤོང་བ།
ཕྱིར་འོང་གི་སྐོར་བཤད་པ།	
ཕྱིར་འོང་ཞུགས་པ།	ཐ་མའི་ཆ་མཐུན་ལྔ་པལ་ཆེར་སྤངས་པས་རབ་ཏུ་ཕྱེ་བའི་རིགས་སུ་གནས་པའི་དགེ་སྦྱོང་ཚུལ་གྱི་འབྲས་བུ་ཐོབ་ཕྱིར་དུ་བརྩོན་བཞིན་པའི་གང་ཟག་ཀྱང་ཡིན། ཞུགས་པ་བཞིའི་ནང་ཚན་ཡང་ཡིན་པ།
འབྲས་བུ་རིམ་གྱིས་པའི་ཕྱིར་འོང་ཞུགས་པ།	གཙོ་བོར་ཕྱིར་འོང་གི་འབྲས་བུ་ཐོབ་ཕྱིར་དུ་བརྩོན་བཞིན་པའི་རྒྱུན་ཞུགས་སུ་དམིགས་པ།
ཕྱིར་འོང་འབྲས་གནས།	ཐ་མའི་ཆ་མཐུན་ལྔ་པར་ཆེར་སྤངས་པས་རབ་ཏུ་ཕྱེ་བའི་རིགས་སུ་གནས་པའི་དགེ་སྦྱོང་ཚུལ་གྱི་འབྲས་བུ་ལ་གནས་པའི་གང་ཟག
ཕྱིར་མི་འོང་གི་སྐོར་བཤད་པ།	
ཕྱིར་མི་འོང་ཞུགས་པ།	ཞུགས་པ་བཞིའི་ནང་ཚན་ཡང་ཡིན། གཙོ་བོར་ཕྱིར་མི་འོང་གི་འབྲས་བུ་ཐོབ་ཕྱིར་དུ་བརྩོན་བཞིན་པའི་གང་ཟག་ཀྱང་ཡིན་པ།
ཕྱིར་མི་འོང་འབྲས་གནས།	ཐ་མའི་ཆ་མཐུན་ལྔ་སྤངས་པས་རབ་ཏུ་ཕྱེ་བའི་རིགས་སུ་གནས་པའི་དགེ་སྦྱོང་ཚུལ་གྱི་འབྲས་བུ་ལ་གནས་པའི་གང་ཟག
འདོད་པར་ཚེ་ཡོངས་སུ་གྱུར་པའི་ཕྱིར་མི་འོང་།	འདོད་པར་འཕགས་ལམ་སྐྱེ་བ་བརྒྱུད་མར་བརྟེན་ནས་ཕྱིར་མི་འོང་ཐོབ་པའི་འདོད་པའི་རྟེན་ཅན་གྱི་ཐ་མའི་ཆ་མཐུན་ལྔ་སྤངས་པས་རབ་ཏུ་ཕྱེ་བའི་རིགས་སུ་གནས་པའི་དགེ་སྦྱོང་ཚུལ་གྱི་འབྲས་བུ་ལ་གནས་པའི་གང་ཟག
འདོད་པར་ཚེ་ཡོངས་སུ་མ་གྱུར་པའི་ཕྱིར་མི་འོང་།	མཐོང་ལམ་ཐོབ་པའི་ཚེ་དེ་ལ་ཕྱིར་མི་འོང་ཐོབ་པའི་ཐ་མའི་ཆ་མཐུན་ལྔ་སྤངས་པས་རབ་ཏུ་ཕྱེ་བའི་རིགས་སུ་གནས་པའི་དགེ་སྦྱོང་ཚུལ་གྱི་འབྲས་བུ་ལ་གནས་པའི་འདོད་པའི་རྟེན་ཅན་གྱི་གང་ཟག
གཟུགས་སུ་ཉེར་འགྲོའི་ཕྱིར་མི་འོང་།	འདོད་པའི་རྟེན་ཅན་གྱི་ཕྱིར་མི་འོང་གང་ཞིག གཟུགས་སུ་ཉིང་མཚམས་སྦྱོར་བ།
གཟུགས་སུ་ཉེར་འགྲོའི་ཕྱིར་མི་འོང་བར་འདའ་བ།	གཟུགས་སུ་ཉེར་འགྲོའི་ཕྱིར་མི་འོང་གང་ཞིག གཟུགས་ཀྱི་སྐྱེ་སྲིད་དུ་སྐྱེ་བའི་ཀུན་སྦྱོར་སྤངས། གཟུགས་སུ་མངོན་པར་འགྲུབ་པའི་ཀུན་སྦྱོར་མ་སྤངས་པས་གཟུགས་ཀྱི་བར་སྲིད་ཀྱི་རྟེན་ལ་མྱང་འདས་མངོན་དུ་བྱེད་པའི་རིགས་ཅན།
གཟུགས་སུ་ཉེར་འགྲོའི་ཕྱིར་མི་འོང་སྐྱེས་འདའ་བ།	གཟུགས་སུ་ཉེར་འགྲོའི་ཕྱིར་མི་འོང་གང་ཞིག གཟུགས་སུ་སྐྱེ་སྲིད་གཅིག་ཁོན་བླངས་ནས་གཟུགས་ཀྱི་སྐྱེ་སྲིད་ཀྱི་རྟེན་ལ་མྱང་འདས་མངོན་དུ་བྱེད་པའི་རིགས་ཅན།

名相	性相	索引頁數
預流七返	是新證預流果之預流，且於欲界受取七次同類生有之品類。	373
預流決定七返	是預流七返，且昔於異生時，累積得聖道後仍於欲界決定受取七次同類天之生有與七次同類人之生有，共十四生有之業，如其所累積而決定受取者。	373
預流不定七返 (1)	是預流七返，且於欲界不決定受取十四生有。	373
預流不定七返 (2)	是預流七返，且於欲界不決定受取十四生有之品類。	373
預流家家	是斷世間修所斷欲界煩惱第三品之新證預流果之住預流果勝進者，且於欲界受取二或三同類生有，不受取第四。	377
漸斷住預流果勝進者	是漸斷預流，且正安住於為證自上果而正在精勤之無間道。	377
漸斷住預流果但住者	是漸斷住預流果但住者與勝進者隨一，且非正安住於為證自上果而正在精勤之無間道之補特伽羅。	378
頓斷預流	是住預流果，且未先由上地等至於世間修所斷欲界煩惱離貪，依第一靜慮近分未至定，頓斷三界修所斷煩惱三者之種子。	381
講說有關一來		
一來向	是為了證得唯斷大多數五順下分結住類之沙門性果而正精勤之補特伽羅，又是四向之一。	393
次第證一來向	被緣為主要為證一來果而正在精勤之預流。	395
住一來果	住於唯斷大多數五順下分結住類之沙門性果之補特伽羅。	395
講說有關不還		
不還向	是四向之一，亦是主要為證得不還果而正在精勤之補特伽羅。	407
住不還果	住唯斷五順下分結住類之沙門性果之補特伽羅。	413
經欲界生之不還	於欲界依聖道歷經多生而證不還之具欲界所依，且安住於唯斷五順下分結住類之沙門性果之補特伽羅。	419
不經欲界生之不還	證得見道該世獲得不還果之唯斷五順下分結住類之沙門性果，住於其果之具欲界所依補特伽羅。	421
行色界不還	是具欲界所依之不還，且結生於色界。	423
行色界不還中般	是行色界不還，且斷投生色界生有之結，然未斷色界中有結，於色界之中有所依證涅槃之品類。	427
行色界不還生般	是行色界不還，且於色界唯受取一次生有後，於色界生有所依證涅槃之品類。	433

མཚོན་བྱ།	མཚན་ཉིད།
གཟུགས་སུ་ཉེར་འགྲོའི་ཕྱིར་མི་འོང་སྐྱེས་ཙམ་ནས་འདའ་བ།	གཟུགས་སུ་ཉེར་འགྲོའི་ཕྱིར་མི་འོང་སྐྱེས་འདའ་བ་ཡིན་པ་གཞིར་བྱས་ལ། གཟུགས་ཀྱི་སྐྱེ་སྲིད་གྲུབ་ཙམ་ནས་མྱང་འདས་མངོན་དུ་བྱེད་པའི་རིགས་ཅན།
གཟུགས་སུ་ཉེར་འགྲོའི་ཕྱིར་མི་འོང་འདུ་བྱེད་དང་བཅས་ཏེ་འདའ་བ།	གཟུགས་སུ་ཉེར་འགྲོའི་ཕྱིར་མི་འོང་སྐྱེས་འདའ་བ་ཡིན་པ་གཞིར་བྱས་ལ། འབད་རྩོལ་ཆེན་པོས་ལམ་མངོན་དུ་བྱས་ནས་མྱང་འདས་མངོན་དུ་བྱེད་པའི་རིགས་ཅན།
གཟུགས་སུ་ཉེར་འགྲོའི་ཕྱིར་མི་འོང་འདུ་བྱེད་མེད་པར་འདའ་བ།	གཟུགས་སུ་ཉེར་འགྲོའི་ཕྱིར་མི་འོང་སྐྱེས་འདའ་བ་ཡིན་པ་གཞིར་བྱས་ལ། གཟུགས་ཀྱི་སྐྱེ་སྲིད་གྲུབ་ཙམ་ནས་མྱང་འདས་མངོན་དུ་མི་བྱེད་ཅིང་། འབད་རྩོལ་ཆེན་པོ་མེད་པར་ལམ་མངོན་དུ་བྱས་ནས་མྱང་འདས་མངོན་དུ་བྱེད་པའི་རིགས་ཅན།
གཟུགས་སུ་ཉེར་འགྲོའི་ཕྱིར་མི་འོང་གོང་འཕོ་བ།	གཟུགས་སུ་ཉེར་འགྲོའི་ཕྱིར་མི་འོང་གང་ཞིག འོག་མིན་དང་སྲིད་རྩེ་གང་རུང་གི་རྟེན་ལ་མྱང་འདས་མངོན་དུ་བྱེད་པའི་རིགས་ཅན།
འོག་མིན་མཐར་ཐུག་འགྲོའི་གཟུགས་སུ་ཉེར་འགྲོའི་ཕྱིར་མི་འོང་གོང་འཕོ་བ།	གཟུགས་སུ་ཉེར་འགྲོའི་ཕྱིར་མི་འོང་གོང་འཕོ་བ་གང་ཞིག འོག་མིན་གྱི་རྟེན་ལ་མྱང་འདས་མངོན་དུ་བྱེད་པའི་རིགས་ཅན།
སྲིད་རྩེའི་མཐར་ཐུག་འགྲོའི་གཟུགས་སུ་ཉེར་འགྲོའི་ཕྱིར་མི་འོང་གོང་འཕོ་བ།	གཟུགས་སུ་ཉེར་འགྲོའི་ཕྱིར་མི་འོང་གོང་འཕོ་བ་གང་ཞིག སྲིད་རྩེའི་རྟེན་ལ་མྱང་འདས་མངོན་དུ་བྱེད་པའི་རིགས་ཅན།
གཟུགས་སུ་ཉེར་འགྲོའི་ཕྱིར་མི་འོང་འཕར་བ།	འོག་མིན་མཐར་ཐུག་འགྲོའི་གཟུགས་སུ་ཉེར་འགྲོའི་ཕྱིར་མི་འོང་གོང་འཕོ་བ་གང་ཞིག ཚངས་རིས་དང་འོག་མིན་ཏེ་གཟུགས་སུ་སྐྱེ་སྲིད་གཉིས་ཁོ་ན་བླངས་ནས་འོག་མིན་གྱི་རྟེན་ལ་མྱང་འདས་མངོན་དུ་བྱེད་པའི་རིགས་ཅན།
གཟུགས་སུ་ཉེར་འགྲོའི་ཕྱིར་མི་འོང་ཕྱེད་འཕར།	འོག་མིན་མཐར་ཐུག་འགྲོའི་གཟུགས་སུ་ཉེར་འགྲོའི་ཕྱིར་མི་འོང་གོང་འཕོ་བ་གང་ཞིག ཚངས་རིས་དང་གནས་གཙང་འོག་མ་གསུམ་གང་རུང་དང་འོག་མིན་ཏེ། གཟུགས་སུ་སྐྱེ་སྲིད་གསུམ་ཁོ་ན་བླངས་ནས་འོག་མིན་གྱི་རྟེན་ལ་མྱང་འདས་མངོན་དུ་བྱེད་པའི་རིགས་ཅན།
གཟུགས་སུ་ཉེར་འགྲོའི་ཕྱིར་མི་འོང་གནས་ཐམས་ཅད་དུ་འཆི་འཕོ་བ།	འོག་མིན་མཐར་ཐུག་འགྲོའི་གཟུགས་སུ་ཉེར་འགྲོའི་ཕྱིར་མི་འོང་གོང་འཕོ་བ་གང་ཞིག ཚངས་ཆེན་མ་གཏོགས་པའི་གཟུགས་ཁམས་གནས་རིགས་བཅུ་དྲུག་ཏུ་སྐྱེ་སྲིད་བརྒྱུད་ནས་འོག་མིན་གྱི་རྟེན་ལ་མྱང་འདས་མངོན་དུ་བྱེད་པའི་རིགས་ཅན།
གཟུགས་མེད་ཉེར་འགྲོའི་ཕྱིར་མི་འོང་།	འདོད་པའི་རྟེན་ཅན་གྱི་ཕྱིར་མི་འོང་གང་ཞིག གཟུགས་སུ་སྐྱེ་བ་མ་བླངས་པར་གཟུགས་མེད་ཀྱི་རྟེན་ལ་མྱང་འདས་མངོན་དུ་བྱེད་པའི་རིགས་ཅན།
ཕྱིར་མི་འོང་མཐོང་ཆོས་ཞི།	མཐོང་ལམ་ཐོབ་པའི་ཚེ་དེ་ལ་མྱང་འདས་མངོན་དུ་བྱེད་པའི་ཐ་མའི་ཆ་མཐུན་ལྔ་སྤངས་པས་རབ་ཏུ་ཕྱེ་བའི་རིགས་སུ་གནས་པའི་དགེ་སྦྱོང་ཚུལ་གྱི་འབྲས་བུ་ལ་གནས་པའི་གང་ཟག
ཕྱིར་མི་འོང་ལུས་མངོན་བྱེད།	རྣམ་ཐར་བརྒྱད་ཐོབ་ལ་མ་ཉམས་པའི་ཐ་མའི་ཆ་མཐུན་ལྔ་སྤངས་པས་རབ་ཏུ་ཕྱེ་བའི་རིགས་སུ་གནས་པའི་དགེ་སྦྱོང་ཚུལ་གྱི་འབྲས་བུ་ལ་གནས་པའི་གང་ཟག
དགྲ་བཅོམ་གྱི་སྐོར་བཤད་པ།	
དགྲ་བཅོམ་ཞུགས་པ།	ཞུགས་པ་བཞིའི་ནང་ཚན་གང་ཞིག འབྲས་བུ་བཞིའི་ནང་ནས་གཙོ་བོར་གོང་མའི་ཆ་མཐུན་ལྔ་སྤངས་པས་རབ་ཏུ་ཕྱེ་བའི་དགེ་སྦྱོང་ཚུལ་གྱི་འབྲས་བུ་ཐོབ་ཕྱིར་དུ་བརྩོན་བཞིན་པའི་གང་ཟག
དགྲ་བཅོམ་འབྲས་གནས།	གོང་མའི་ཆ་མཐུན་ལྔ་སྤངས་པས་རབ་ཏུ་ཕྱེ་བའི་དགེ་སྦྱོང་ཚུལ་གྱི་འབྲས་བུ་ལ་གནས་པའི་གང་ཟག

◆現觀辨析（上）

名相	性相	索引頁數
行色界不還生即般	是行色界不還生般，形成色界生有之際即般涅槃之品類。	433
行色界不還有行般	是行色界不還生般，以大精勤力證道而證涅槃之品類。	433
行色界不還無行般	是行色界不還生般，形成生有之際不立即般涅槃，無大精勤力證道而證涅槃之品類。	433
行色界不還上流	是行色界不還，且於色究竟天與有頂隨一所依證涅槃之品類。	437
行色究竟天究竟之行色界不還上流	是行色界不還上流，且於色究竟天所依證涅槃之品類。	439
行有頂究竟之行色界不還上流	是行色界不還上流，且於有頂所依證涅槃之品類。	439
行色界不還全超	是行色究竟天究竟之不還上流，且於色界僅受取梵眾天與色究竟天二生有後，於色究竟天所依證涅槃之品類。	441
行色界不還半超	是行色究竟天究竟之不還上流，且於梵眾天與下三淨居天隨一與色究竟天，共於色界唯受取三生有，繼而於色究竟天所依證涅槃之品類。	441
行色界不還遍歿	是行色究竟天究竟之不還上流，且經除大梵天外之色界十六天處之生有，繼而於色究竟天所依證涅槃之品類。	441
行無色不還	是具欲界所依之不還，且是不受生於色界，於無色所依證涅槃之品類。	445
不還現法寂滅	安住於證見道當世證涅槃之唯斷五順下分結住類之沙門性果的補特伽羅。	447
不還身證	安住於獲得八解脫不退失之唯斷五順下分結住類之沙門性果的補特伽羅。	447
講說有關阿羅漢		
阿羅漢向	是四向之一，且主要為證自四果中唯斷五順上分結之沙門性果而正在精勤之補特伽羅。	449
住阿羅漢果	安住於唯斷五順上分結之沙門性果之補特伽羅。	449

學習傳授佛陀經論典
研討力行佛陀正知見
建立傳承佛陀正教法
利益廣大群眾諸有情

班智達翻譯小組

班智達官網

班智達官方 Line

班智達 WhatsApp

地　　址：305-42
新竹縣新埔鎮義民路三段 622 巷 52 弄 5 號

網　　址：http://www.panditatranslation.org

E － mail：panditatranslation@gmail.com

台灣護持帳號：銀行代號 006　帳號：5230-899-010-314
合作金庫 開元分行 戶名：陳冠榮

澳洲護持帳號：Buddha Geluk Pandita Translation Group
Bank : ANZ
BSB : 013 366
Account no : 1971 99649

內頁小喇嘛插圖授權：陳冠榮

國家圖書館出版品預行編目（CIP）資料

現觀辨析 / 福稱著 ; 佛子、獅子吼譯. -- 初版. --
新北市 : 大千出版社, 2024.12
冊 ; 公分. -- (藏傳佛教 ; TV11302-TV11304)
ISBN 978-957-447-441-7(上冊 : 精裝). --
ISBN 978-957-447-442-4(中冊 : 精裝). --
ISBN 978-957-447-443-1(下冊 : 精裝). --
ISBN 978-957-447-444-8(全套 : 精裝)

1.CST: 現觀辨析 2.CST: 藏傳佛教 3.CST: 佛教修持

226.962 113017393

藏傳佛教 TV11302

現觀辨析（上）

作　　者：福稱
譯　　者：佛子、獅子吼

出 版 者：大千出版社
發 行 人：梁崇明
登 記 證：行政院新聞局局版台省業字第244號
P.O. BOX：中和郵政第2-193號信箱
發 行 處：23556新北市中和區板南路498號7樓之2
電　　話：02-2223-1391
傳　　真：02-2223-1077
劃撥帳號：18840432 大千出版社
網　　址：http://www.darchen.com.tw
E-Mail：darchentw@gmail.com
銀行匯款：銀行代號：006　帳號：3502-717-003191
合作金庫銀行北中和分行　帳戶：大千出版社
總經銷商：紅螞蟻圖書有限公司
地　　址：114台北市內湖區舊宗路二段121巷19號
電　　話：02-2795-3656
傳　　真：02-2795-4100
E-Mail：red0511@ms51.hinet.net
初　　版：西元2024年12月
流 通 費：新台幣720元
（郵購未滿1500元請自付郵資80元，採掛號寄書）
ISBN：978-957-447-441-7

◆藏傳佛教TV11303

現觀辨析 中

ཕར་ཕྱིན་མཐའ་དཔྱོད།

依理清晰闡述《心要莊嚴疏》義——再顯般若義之燈

རྣམ་བཤད་སྙིང་པོ་རྒྱན་གྱི་དོན་རིགས་ལམ་བཞིན་དུ་གསལ་བར་འཆད་པའི་ཡུམ་དོན་ཡང་གསལ་སྒྲོན་མེ་ཞེས་བྱ་བ་བཞུགས་སོ།།

福稱◆著
佛子、獅子吼◆譯

作者簡介

尊貴的福稱

福稱論師，第 15 世甘丹赤巴，為澤當附近朗巴蘭麗之子，生於第 8 勝生地狗年（西元 1478 年）。

16 歲，至色拉大乘林聽法時，依止全知頓羽班登為上師。之後，依止涅頓班糾珠等諸多善知識。

31 歲，進入上密院，依止大住持具法洛綏巴為上師。

34 歲，任上密院堪布之職。

36 歲，著《密集生起、圓滿導引文——奪智意》。

37 歲，任哲蚌洛色林住持一年多，其間撰寫《現觀總義》。之後，擔任甘丹東頂扎倉住持，同時管理兩個扎倉。

51 歲，著《中觀總義——顯明深義之燈》。

52 歲，就任甘丹赤巴之位並撰寫《噶登新舊法源——意之美莊嚴》。

53~57 歲，著有《戒律注疏——教理日光》、《中觀辨析——再顯深義明燈》、《釋量廣論要釋——善顯密意疏》。

58 歲，卸任甘丹赤巴，將法座交給加拉卻瓊加措。

61 歲，撰寫《新紅史》（或稱《歷史幻鑰》）。

66 歲，依哲蚌寺請求，擔任住持四年。

69 歲，應色拉寺希求，任其寺的住持；期間並著有《續部總相》與《集量論釋》。

77 歲，圓寂，遺體縮小至約一肘長。荼毗後留下的許多殊勝舍利，被供奉於哲蚌寺所蓋的銀塔中。

譯序

以辯經方式學習現觀的第一本教科書——現觀辨析

一、緣起

七、八年前，西藏的菩提上師曾鼓勵我說：「回台灣後，你應該成立一個翻譯小組。」之後，又常聽到觀世音尊者提及：「桑耶寺多年前設立了『譯師班智達洲』，專門翻譯佛法。」這是我成立「班智達翻譯小組」的緣起。

推廣佛法應以培育僧才為基礎，進而利益社會大眾。藏傳佛教格魯派僧伽教育，是擁有傳承與完整的五部大論之教育體系，其中的因明系統來自陳那、法稱論師。之後，西藏先賢祖師，將佛經內涵以活潑、深入的「辯經理路」方式，建立嚴整的思考模式，訓練日後廣大僧眾具備更敏銳、清晰、正確的思惟。

因此，我決定遵循藏傳僧伽教育的順序，先翻譯《攝類學》，其次《心類學》《因類學》，最後再將三大寺的五部大論教科書陸續譯出。這需要多年的努力與眾人的支持、合作，非我一人能獨立完成，故於二〇一一年，在北印度開辦翻譯培訓班，祈望能早日成就。

二、班智達翻譯小組五部大論教材翻譯計畫

書名	作者	冊數	出版
基礎教材			
（洛色林學院）攝類學 全稱：攝集攝類學諸涵義之學者喜宴善說	蔣貝赤理雲丹嘉措大師	一	2011 年、2013 年增訂版
心類學 全稱：建立大理路心類學必備集錦	洛桑嘉措院長	一	2012 年
（洛色林學院）建立心類學 全稱：建立心類學——所需總攝	蔣悲桑佩格西	一	2021 年
（洛色林學院）因類學 全稱：建立因類學顯映萬法之鏡	戒勝大格西	一	2013 年
般若方面的教科書及參考書			
八事七十義	福稱論師	一	預定 2024 年
現觀總義 全稱：般若波羅蜜多教授現觀莊嚴論俱釋心要莊嚴疏義善說——顯明般若義之燈	福稱論師	三	2022 年
現觀辨析 全稱：依理清晰闡述心要莊嚴疏義——再顯般若義之燈	福稱論師	三	2024 年
青蓮花鬘	福稱論師	一	預定 2025 年
開慧增喜心摩尼	堪蘇蓮花勝幢大師	三	預定 2026 年
末那識與阿賴耶識釋難論	宗喀巴大師	一	預定 2029 年
二十僧明慧梯	宗喀巴大師		預定 2029 年
量理方面的教科書及參考書			
釋量論明解脫道疏	賈曹傑大師	二	預定 2028 年
釋量論善顯密意疏	福稱論師	二	預定 2032 年
除意闇日光釋	堪蘇蓮花勝幢大師	一	預定 2033 年
中觀方面的教科書及參考書			
中觀總義 全稱：顯明入中論善顯密意疏之意趣——明深義之燈	福稱論師	一	預定 2025 年
中觀辨析	福稱論師	一	預定 2026 年
開啟深義眼之金匙	堪蘇蓮花勝幢大師	二	預定 2027 年
俱舍方面的教科書			
阿毘達磨俱舍莊嚴釋	欽文殊大師	三	預定 2030 年
阿毘達磨俱舍論之明解脫道疏	僧成大師	一	預定 2031 年

三、感謝與祝福

完全以分析、辯論方式呈現的《現觀辨析》為搭配《現觀總義》一起學習的最重要的課本，本書得以問世，承蒙許多人的協助與支持。首先，感謝學習現觀時的老師群：Gen Lobsang Gyaltso、Gen Dhamchoe Gyaltsen、Gen Gyaltso、Gen Konchok Wangdu，及 Geshe Lobsang Tenpa。感謝翻譯本書時請益的師長們：南印度甘丹寺夏則扎倉住持堪仁波切（Khenpo Junchup Sangye）、Geshe Ngawang Kalsang、南印度洛色林 Geshe Lobsang Tenpa、果芒學院老師 Geshe Lobsang Khechok、果芒學院老師 Geshe Lobsang Rinchen。

感謝哲蚌寺洛色林學院（Drepung Loseling Monastery）、洛色林圖書館（Drepung Loseling Library Society）、洛色林歷任住持及歷任管家（Changzoe Khang），其中要特別感謝洛色林圖書館館長 Geshe Khenrab Choegyal，從他以前擔任洛色林管家之時，至今一直以來，持續給予許多支持；感謝班智達翻譯小組印度負責人 Geshe Phegyal，及洛色林圖書館教科書翻譯部門等，協助藏文校對及審閱。

感謝達瓦慈仁格西開示列舉現觀中較重要的段落：〈第一品〉二十僧、自性種性、加行道、靜慮；〈第二品〉道相智的支分；〈第三品〉觀待世俗與勝義的有邊、寂邊；〈第四品〉行相、二十加行、性相名相、不退轉相；〈第五品〉十二緣起、滅盡定、超越等至；〈第八品〉四身、事業。

《現觀辨析》篇幅極多，全稿透過雲端譯經會審定，再整合各方讀者的建議後，最終定案。在此，深深致謝。本書的編輯群及譯經會暨護持群：圖滇給千格西、自來法師、性利法師、

性喜法師、性輔法師、性提法師、性如法師、蔣悲洛桑、徐經蘭、陳紹穎、蔡正松、蘇財元、姜森岳、黃清仁、陳嫻、王成富、廖孟鴻、蘇哲賢、蘇盟超、蔣宛真、李萍娟、古瑞玉、吳逸仙、許靜娜、Sara Huang、丁威志、葉修足、邱玉珠、伍光彥、Lobsang Gendun、林育樓、陳彩鳳、江昕蓁、宋淑瑜、蔡惠杏、滇津拉格、三寶弟子、白瑪德央、施惠娜、張淑媛、賴玥蓉、廖千瑩、廖苡辰、古容翠、汪秀華、妙佳、李若琦、洪敏哲、林麗珍、鄭詠心、仁增旺嫫、莊智年……等，透由眾人的努力，才終於得以完成。

由衷感謝上師觀世音尊者、劉文釧居士、劉金釵居士及殷琪居士、滇津羅桑蔣丘等大德的善款支持，讓此殊勝之翻譯事業順利開展並持續運作；衷心感謝允諾護持三年的會員群——智慧群、般若群、文殊群、語自在群、深見群、善慧群、妙音群、菩提心群、慈悲群、廣行群、道相智群、一切智群、漸次加行群、剎那加行群、果法身群、自性身群、報身群、智慧法身群、化身群、新新妙音群、新新文殊發心群、新新善慧群、智法身與成辦事業群、新道相智群、新漸次加行群、大乘教授群、大乘順決擇分群、大乘正行所依自性住種性群，以及台灣與世界各地不定期隨喜等大德的善款支持。

翻譯本書的功德，祈願諸位上師長久住世，功德主事事圓滿、順心，一切眾生早日脫離苦海，成就無上菩提。

本書若有任何錯誤，敬請十方大德海涵；若大眾對譯文有任何建議，請賜予您寶貴的意見，或寫信至 panditatranslation@gmail.com 留言，無盡感激！

目次

ཐེག་ཆེན་སྦྱོར་ལམ་བཤད་པ།

དམིགས་པ་དང་ནི་རྣམ་པ་དང་། །ཞེས་སོགས་ཀྱི་སྐབས་སུ། སྦྱོར་བ་དང་། མཐའ་དཔྱད་པའོ། །

དང་པོ་ནི། ཐེག་ཆེན་གྱི་སྦྱོར་ལམ་ཆོས་ཅན། ཐེག་དམན་གྱི་སྦྱོར་ལམ་ལས་ཁྱད་ཆོས་དྲུག་གི་སྒོ་ནས་ཁྱད་པར་འཕགས་ཏེ། དེ་ལས་དམིགས་པ། རྣམ་པ། རྒྱུ། ཡོངས་འཛིན། ལྡན་ཚུལ། དབྱེ་བ་སོགས་ཀྱི་སྒོ་ནས་ཁྱད་པར་དུ་འཕགས་པའི་ཕྱིར།

གྲུབ་པ་ལ་ཁོ་ན་རེ། དབྱེ་བའི་སྒོ་ནས་ཁྱད་པར་འཕགས་པ་མི་འཐད་པར་ཐལ། ཐེག་དམན་གྱི་སྦྱོར་ལམ་ལ་ཆུང་འབྲིང་ཆེན་པོའི་དབྱེ་བ་འཐད་པའི་ཕྱིར་ཞེས་ཟེར་ན། མ་ཁྱབ་སྟེ། དེ་འཐད་ཀྱང་ཐེག་དམན་གྱི་སྦྱོར་ལམ་ཆོས་མཆོག་ལ་ཆུང་འབྲིང་ཆེན་པོའི་དབྱེ་བ་མེད་པའི་ཕྱིར་ཏེ། ཐེག་དམན་གྱི་སྦྱོར་ལམ་བཟོད་ཆེན་དང་ཆོས་མཆོག་གཉིས་ཀ་དུས་མཐའི་སྐད་ཅིག་མར་བཤད་པའི་ཕྱིར།

གཉིས་པ་ལ་རྟེན་དང་། ངོ་བོ་གཉིས་ལས། དང་པོ་ལ་གཉིས་ཡོད་པའི་ལུས་རྟེན་ནི། གཞན་རྣམས་ཐེག་ཆེན་གྱི་མཐོང་ལམ་དང་འདྲ་བ་ལ། ཁྱད་པར་ནི་གཟུགས་ཁམས་ཀྱི་རྟེན་ལ་ཐེག་ཆེན་གྱི་སྦྱོར་ལམ་དངོས་སུ་གསར་དུ་སྐྱེ་བ་ཡོད་དེ། དེའི་རྟེན་ལ་ཐེག་ཆེན་གྱི་སྦྱོར་ལམ་དྲོད་རྩེ་གཉིས་དངོས་སུ་གསར་དུ་སྐྱེ་བ་ཡོད་པའི་ཕྱིར་ཏེ། རྣམ་བཤད་ལས། ཆོས་མཆོག་དངོས་སུ་སྐྱེ་བའི་རྟེན་མ་ཡིན་ཡང་། དྲོད་དང་རྩེ་མོ་གཟུགས་ཁམས་པ་འགའ་ཞིག་ལ་ཡང་སྐྱེ་བ་མངོན་ནོ། །ཞེས་གསུངས་པའི་ཕྱིར།

གཞན་ཡང་། དེ་ཡོད་པར་ཐལ། གཟུགས་ཁམས་ཀྱི་རྟེན་ཅན་གྱི་བྱང་སེམས་ཚོགས་ལམ་ཆེན་པོ་བ་ཡོད་པའི་ཕྱིར་ཏེ། དེ་འདྲ་བའི་བྱང་སེམས་ཚོགས་ལམ་པ་ཡོད་པའི་ཕྱིར། དེའི་རྟེན་ལ་ཐེག་ཆེན་གྱི་སྦྱོར་ལམ་བཟོད་པ་དང་ཆོས་མཆོག་དངོས་སུ་གསར་དུ་སྐྱེ་བ་མེད་དེ། དེའི་རྟེན་ཅན་གྱི་སྦྱོར་ལམ་ཆོས་མཆོག་ལ་གནས་པའི་སེམས་དཔའ་མེད་པའི་ཕྱིར་ཏེ། དེའི་རྟེན་ཅན་གྱི་སྦྱོར་ལམ་ཆོས་མཆོག་ཆེན་པོ་ལ་གནས་པའི་སེམས་དཔའ་མེད་པའི་ཕྱིར་ཏེ། དེའི་རྟེན་ལ་བྱང་སེམས་ཀྱི་མཐོང་ལམ་དངོས་

34 講說大乘加行道

「所緣及行相……」等時，有論式與辨析。

初者，大乘加行道為有法，以六差別法之門超勝小乘加行道，因以所緣、行相、因、攝持、具有、分類等門超勝彼故。

於此說有云：「由分類門超勝理應不應理，因小乘加行道下、中、上品之分類應理故。」不周遍，因彼雖應理，然於小乘加行道世第一法無下、中、上品之分類故，因宣說小乘加行道忍位上品與世第一法二者，是時邊際剎那故。

第二，有所依與體性二者。初者有二，身所依者，其餘與大乘見道相似，差別在於：有於色界所依直接新生起大乘加行道，因有於其所依直接新生起大乘加行道煖、頂二者故，因《心要莊嚴疏》：「（色界中，）雖無直接產生世第一法之所依，但於一些色界中亦有煖與頂位產生。」故。

又，理應有彼，因有具色界所依之上品資糧道菩薩故，因有如此之資糧道菩薩故。無於其所依直接新生起大乘加行道忍與世第一法，因無安住於具其所依之加行道世第一法之菩薩故，因無安住於具其所依之加行道上品世第一法之菩薩故，因無於其所依直接新生起菩薩見道故。

སུ་གསར་དུ་སྐྱེ་བ་མེད་པའི་ཕྱིར།

གཉིས་པ་སེམས་རྟེན་ནི། ཐེག་ཆེན་གྱི་སྦྱོར་ལམ་དངོས་སུ་གསར་དུ་སྐྱེ་བའི་སེམས་རྟེན་ཡིན་ན། བསམ་གཏན་གྱི་དངོས་གཞིའི་སྙོམས་འཇུག་ཡིན་དགོས་ཏེ། བྱང་སེམས་ཀྱི་ཚོགས་ལམ་ཆེན་པོ་ལ་གནས་པའི་སེམས་དཔའ་ཡིན་ན། བསམ་གཏན་གྱི་དངོས་གཞི་ཐོབ་པས་ཁྱབ་པ་གང་ཞིག ལམ་སླ་བ་དེ་ལྟ་བུ་ཐོབ་ནས། ལམ་དཀའ་བ་བསམ་གཏན་གྱི་ཉེར་བསྡོགས་ལ་བརྟེན་ནས་དེ་བསྐྱེད་པ་མི་འཐད་པའི་ཕྱིར། དང་པོ་དེར་ཐལ། དེ་ཡིན་ན་ཆོས་རྒྱུན་གྱི་ཏིང་ངེ་འཛིན་ཐོབ་པས་ཁྱབ་པའི་ཕྱིར།

གཉིས་པ་ངོ་བོ་ལ། ཁ་ཅིག ཐེག་ཆེན་གྱི་ཐར་པ་ཆ་མཐུན་རྫོགས་རྗེས་སུ་བྱུང་བའི་འཇིག་རྟེན་པའི་ལམ་དེ། ཐེག་ཆེན་གྱི་སྦྱོར་ལམ་གྱི་མཚན་ཉིད་ཟེར་ན། མི་འཐད་པར་ཐལ། ཉན་ཐོས་དགྲ་བཅོམ་པའི་རྟོགས་པ་སྔོན་དུ་སོང་བའི་ཐེག་ཆེན་གྱི་སྦྱོར་ལམ་དེ་འཇིག་རྟེན་པའི་ལམ་མ་ཡིན་པའི་ཕྱིར་ཏེ། དེ་འཇིག་རྟེན་ལས་འདས་པའི་ལམ་ཡིན་པའི་ཕྱིར་ཏེ། དེ་འཕགས་རྒྱུད་ཀྱི་མཁྱེན་པ་ཡིན་པའི་ཕྱིར།

གཞན་ཡང་། དེ་མི་འཐད་པར་ཐལ། ཐེག་ཆེན་གྱི་ཐར་པ་ཆ་མཐུན་གྱི་རྒྱུར་གྱུར་པའི་ཐེག་ཆེན་གྱི་སྦྱོར་ལམ་དེ། ཐེག་ཆེན་གྱི་ཐར་པ་ཆ་མཐུན་རྫོགས་རྗེས་སུ་མ་བྱུང་བའི་ཕྱིར་ཏེ། དེ་དེའི་རྒྱུ་ཡིན་པའི་ཕྱིར།

ཁ་ཅིག དམན་ལམ་སྔོན་མ་སོང་གི་སྟོང་ཉིད་རྟོགས་པའི་ཐེག་ཆེན་གྱི་སྦྱོར་ལམ་དེ་འཇིག་རྟེན་ལས་འདས་པའི་ལམ་ཡིན་ཟེར་བ་མི་འཐད་དེ། དེ་སོ་སོ་སྐྱེ་བོའི་ལམ་ཡིན་པ་གང་ཞིག སྐབས་འདིའི་འཇིག་རྟེན་དང་འཇིག་རྟེན་ལས་འདས་པའི་ལམ་དེ། སྐྱེ་འཕགས་ཀྱི་ལམ་ལ་བྱེད་རིགས་པའི་ཕྱིར་དང་། ཀུན་རྫོབ་དང་དོན་དམ་ཡུལ་དུ་བྱེད་པའི་ལམ་ལ་བྱེད་མི་རིགས་པའི་ཕྱིར། གསུམ་པ་དེར་ཐལ། བྱང་སེམས་མཐོང་ལམ་པའི་རྒྱུད་ཀྱི་ཀུན་རྫོབ་དངོས་ཡུལ་དུ་བྱེད་པའི་མཁྱེན་པ་འཇིག་རྟེན་པའི་ལམ་མ་ཡིན་པའི་ཕྱིར།

ཡང་ཁ་ཅིག སྒོམ་བྱུང་གཙོ་བོར་གྱུར་པའི་ཐེག་ཆེན་གྱི་དོན་མངོན་རྟོགས་དེ། ཐེག་ཆེན་གྱི་སྦྱོར་ལམ་གྱི་མཚན་ཉིད་ཟེར་ན། དེ་མི་འཐད་པར་ཐལ། མཆོད་བྱ་དེས་བསྡུས་པའི་ཐོས་བསམ་གྱི་ཤེས་རབ་ཡོད་པ་གང་ཞིག དེ་སྒོམ་བྱུང་གཙོ་བོར་གྱུར་པ་མ་ཡིན་པའི་ཕྱིར། གཉིས་པ་དེར་ཐལ། དེས་

第二、心所依，若是直接新生起大乘加行道之心所依，須是根本靜慮等至，因若是安住於菩薩上品資糧道之菩薩，周遍得根本靜慮，且獲得如此易道後，依難道靜慮近分而生起彼不應理故。初者理應如是，因若是彼，周遍獲得法流三摩地故。

第二、體性，有云：「大乘順解脫分圓滿後而生之世間道，是大乘加行道之性相。」理應不應理，因曾有聲聞阿羅漢證量之大乘加行道非世間道故，因彼是出世間道故，因彼是聖者相續之智故。

復次，彼理應不應理，因屬大乘順解脫分因之大乘加行道，不生於大乘順解脫分圓滿後故。因彼（屬大乘順解脫分因之大乘加行道）是彼之因故。

有云：「未曾入劣道之通達空性之大乘加行道是出世間道。」不應理，因彼是凡夫道，且此時之世間與出世間道作為凡、聖之道合理，以及作為以世俗與勝義為境之道不合理故。第三理應如是，因見道菩薩相續之以世俗作為直接境之智非世間道故。

又有云：「以修所成為主之大乘義現觀，是大乘加行道之性相。」彼理應不應理，因有彼名相所攝之聞思慧，且彼非以修所成為主故。第二理應如是，因彼所攝之三慧相違故。初者理應如是，

བསྡུས་པའི་ཤེས་རབ་གསུམ་འགལ་བའི་ཕྱིར། དང་པོ་དེར་ཐལ། བྱང་སེམས་ཀྱི་ཚོགས་ལམ་གྱིས་བསྡུས་པའི་སྒོམ་བྱུང་གི་ཤེས་རབ་ཡོད་པར་ཀུན་བཏུས་སོགས་ལས་བཤད་པའི་ཕྱིར།

ཁོན་རེ། བྱང་སེམས་ཀྱི་སྦྱོར་ལམ་གྱི་སྐབས་སུ་སྒོམ་བྱུང་གཙོ་བོར་གྱུར་པ་མ་ཡིན་པར་ཐལ་དེས་བསྡུས་པའི་ཐོས་བསམ་གྱི་ཤེས་རབ་སྒོམ་བྱུང་གཙོ་བོར་གྱུར་པ་མ་ཡིན་པའི་ཕྱིར་ཞེ་ན། མ་ཁྱབ་སྟེ། འོ་ན། ཐེག་ཆེན་གྱི་ཚོགས་ལམ་གྱི་སྐབས་སུ་ཐོས་བསམ་གཙོ་བོར་གྱུར་པ་མ་ཡིན་པར་ཐལ། དེས་བསྡུས་པའི་སྒོམ་བྱུང་གི་ཤེས་རབ་ཐོས་བསམ་གཙོ་བོར་གྱུར་པ་མ་ཡིན་པའི་ཕྱིར། ཁྱབ་པ་ཁས།

ཡང་ཁ་ཅིག རང་རྒྱུ་ཐེག་ཆེན་གྱི་ཐར་པ་ཆ་མཐུན་རྫོགས་རྗེས་སུ་བྱུང་བའི་ཐེག་ཆེན་གྱི་དོན་མངོན་རྟོགས་དེ། དེའི་མཚན་ཉིད་དུ་སྨྲ་བ་ལ་ཚིག་གི་ཟེར་མདའ་འཇུག་པས་དོར་ལ།

རང་གི་ལུགས་ནི། རང་གི་རྒྱུར་གྱུར་པའི་ཐེག་ཆེན་གྱི་ཐར་པ་ཆ་མཐུན་རྫོགས་རྗེས་སུ་བྱུང་བའི་ཐེག་ཆེན་གྱི་དོན་མངོན་རྟོགས་དེ། དེའི་མཚན་ཉིད་ཡིན། དེ་ལ་དབྱེ་ན། ཐེག་ཆེན་གྱི་སྦྱོར་ལམ་དྲོད། རྩེ་མོ། བཟོད་པ། ཆོས་མཆོག་དང་བཞི།

ཁ་ཅིག དེ་བཞི་རིམ་པ་བཞིན་དུ་གཟུང་བ་རང་བཞིན་མེད་པའི་དོན་ལ་གསལ་སྣང་དང་པོར་ཐོབ་པ་དང་། འཕེལ་བ་དང་། འཛིན་པ་རང་བཞིན་མེད་པའི་དོན་ལ་གསལ་སྣང་དང་པོར་ཐོབ་པ་དང་། འཕེལ་བའི་སྒོ་ནས་འཇོག་པ་མི་འཐད་དེ། ཐེག་ཆེན་གྱི་སྦྱོར་ལམ་ཡིན་ན། སྟོང་ཉིད་རྟོགས་པས་མ་ཁྱབ་པའི་ཕྱིར་ཏེ། བྱང་སེམས་སྦྱོར་ལམ་པའི་རྒྱུད་ཀྱི་སྙིང་རྗེ་ཆེན་པོ་དང་ཐེག་ཆེན་སེམས་བསྐྱེད་སོགས་ཀྱིས་སྟོང་ཉིད་མ་རྟོགས་པའི་ཕྱིར་ཏེ། དེ་དག་བདེན་འཛིན་དང་འཛིན་སྟངས་འགལ་བ་མ་ཡིན་པའི་ཕྱིར་ཏེ། རྣམ་འགྲེལ་ལས། བྱམས་སོགས་རྨོངས་དང་འགལ་མེད་ཕྱིར། །ཤིན་ཏུ་ཉེས་པ་ཚར་གཅོད་མིན། །ཞེས་གསུངས་པའི་ཕྱིར།

ཡང་དེ་ལ་དབྱེ་ན། ཐེག་ཆེན་གྱི་སྦྱོར་ལམ་ཆུང་ངུ། འབྲིང་། ཆེན་པོ་གསུམ་ཡོད། དེ་དག་གི་ཁྱད་པར་ལ། འགྲེལ་པར། ཆུང་ངུ་ལ་སོགས་པའི་རིམ་གྱིས་སྐྱེ་བས་སམ། བྱང་ཆུབ་སེམས་དཔའ་

因《集論》等宣說有菩薩資糧道所攝修所成慧故。

有云：「菩薩加行道時，理應非以修所成為主，因彼所攝聞思慧非以修所成為主故。」不周遍，那麼，於大乘資糧道時，理應非以聞思為主，因彼所攝之修所成慧非以聞思為主故。承許周遍。

又有云：「自因大乘順解脫分圓滿後而生之大乘義現觀，是彼之性相。」有字詞瑕疵故捨棄。

自宗：「自因之大乘順解脫分圓滿後而生之大乘義現觀」，是彼之性相，彼可分為：大乘加行道煖、頂、忍、世第一法四者。

有云：「彼四依序以最初獲得明現所取無自性義、增長、最初獲得明現能取無自性義、增長之門而安立。」不應理，因若是大乘加行道，不周遍通達空性故，因菩薩加行道者相續之大悲與大乘發心等未通達空性故，因彼等與實執執持方式不相違故，因《釋量論》云：「慈等愚無違，非極治罰過。[1]」故。

又彼可分為：下品、中品、上品大乘加行道三者。彼等之差別，《明義釋》：「以下品等之次第產生，或者是屬於菩薩之鈍根器等

དང་འབྲེལ་བའི་དབང་པོ་རྟུལ་པོ་ལ་སོགས་པ་གང་ཟག་གི་བྱེ་བྲག་གིས་ཆུང་ངུ་དང་འབྲིང་དང་ཆེན་པོ། ཞེས་གསུངས་པའི་ཕྱིར།

འདིའི་དོན་ལ། ཁ་ཅིག རྒྱུད་གཅིག་པའི་དབང་དུ་བྱས་ན། དང་པོར་སྐྱེས་པའི་སྦྱོར་ལམ་སྦྱོར་ལམ་ཆུང་ངུ། བར་དུ་སྐྱེས་པའི་སྦྱོར་ལམ་སྦྱོར་ལམ་འབྲིང་། ཐ་མར་སྐྱེས་པའི་སྦྱོར་ལམ་སྦྱོར་ལམ་ཆེན་པོར་འཇོག རྒྱུད་ཐ་དད་པའི་དབང་དུ་བྱས་ན། སེམས་དཔའ་དབང་རྟུལ་གྱི་རྒྱུད་ཀྱི་སྦྱོར་ལམ་སྦྱོར་ལམ་ཆུང་ངུ། དབང་འབྲིང་གི་རྒྱུད་ཀྱི་སྦྱོར་ལམ་སྦྱོར་ལམ་འབྲིང་། དབང་རྣོན་གྱི་རྒྱུད་ཀྱི་སྦྱོར་ལམ་སྦྱོར་ལམ་ཆེན་པོར་འཇོག་ལ། རྒྱུད་ཐ་དད་པའི་དབང་དུ་བྱས་པའི་སྦྱོར་ལམ་ཆུང་ངུ་ཡིན་ན། སྦྱོར་ལམ་ཆུང་ངུ་ཡིན་དགོས། དེ་བཞིན་དུ་རྒྱུད་ཐ་དད་པའི་དབང་དུ་བྱས་པའི་སྦྱོར་ལམ་འབྲིང་དང་ཆེན་པོ་གང་རུང་ཡིན་ན། གོ་རིམ་བཞིན་དུ་དེ་གཉིས་ཡིན་དགོས། དང་པོར་སྐྱེས་པའི་སྦྱོར་ལམ་ཆུང་ངུ་ཡིན་ན། སྦྱོར་ལམ་ཆུང་ངུ་ཡིན་མི་དགོས། དེ་བཞིན་དུ་འབྲིང་དང་ཆེན་པོ་ལ་རིགས་འགྲེ་ཟེར།

དེ་ལ་ཁ་ཅིག བྱང་སེམས་དབང་རྣོན་གྱི་རྒྱུད་ཀྱི་དང་པོར་སྐྱེས་པའི་སྦྱོར་ལམ་ཆོས་ཅན། ཁྱོད་སྦྱོར་ལམ་ཆེན་པོ་ཡིན་པར་ཐལ། ཁྱོད་བྱང་སེམས་དབང་རྣོན་གྱི་རྒྱུད་ཀྱི་སྦྱོར་ལམ་ཡིན་པའི་ཕྱིར། ཁྱབ་པ་ཁས། འདོད་ན། དེ་མ་ཡིན་པར་ཐལ། ཁྱོད་སྦྱོར་ལམ་ཆུང་ངུ་ཡིན་པའི་ཕྱིར། དེར་ཐལ། ཁྱོད་དང་པོར་སྐྱེས་པའི་སྦྱོར་ལམ་ཡིན་པའི་ཕྱིར། འཁོར་གསུམ་ཞེས་པ་ནི་ཁས་ལེན་མེད་པའི་འཁོར་གསུམ་ཡིན་ཏེ། རྒྱུད་གཅིག་པའི་དབང་དུ་བྱས་པའི་སྦྱོར་ལམ་ཆུང་ངུ་ཡིན་ན། སྦྱོར་ལམ་ཆུང་ངུ་ཡིན་མི་དགོས་པར་ཁས་བླངས་པས། དང་པོར་སྐྱེས་པའི་སྦྱོར་ལམ་ཡིན་ན། སྦྱོར་ལམ་ཆུང་ངུ་ཡིན་དགོས་པར་ཁས་བླངས་པ་མེད་པའི་ཕྱིར།

རང་ལུགས་ཀྱི་སྐྱོན་ནི། དག་ས་ལ་གནས་པའི་སེམས་དཔའི་རྒྱུད་ཀྱི་ཐེག་ཆེན་གྱི་སྒོམ་ལམ་ཡིན་ན་ཐེག་ཆེན་གྱི་སྒོམ་ལམ་ཆེན་པོ་ཡིན་པས་མ་ཁྱབ་པར་ཐལ། དེ་འདྲའི་སེམས་དཔའ་དབང་རྟུལ་གྱི་རྒྱུད་ཀྱི་ཐེག་ཆེན་གྱི་སྒོམ་ལམ་དེ་ཐེག་ཆེན་གྱི་སྒོམ་ལམ་ཆུང་ངུ་ཡིན་པའི་ཕྱིར། མ་གྲུབ་ན་སོང་། དེར་ཐལ། བྱང་སེམས་སྦྱོར་ལམ་པ་དབང་རྟུལ་གྱི་རྒྱུད་ཀྱི་ཐེག་ཆེན་གྱི་སྦྱོར་ལམ་དེ་ཐེག་ཆེན་གྱི་

之各別補特伽羅，形成下、中、上品。」

於此義，有云：「以一相續而言，安立最初生起之加行道為下品加行道，中間生起之加行道為中品加行道，最後生起之加行道為上品加行道。以異相續而言，安立鈍根菩薩相續之加行道為下品加行道，中根菩薩相續之加行道為中品加行道，利根菩薩相續之加行道為上品加行道。若是以異相續而言之下品加行道，須是下品加行道；如此，若是以異相續而言之中、上品加行道隨一，如其次第須是彼二故。若是最初生起之下品加行道，不須是下品加行道，如是類推於中、上品。」

於此，有云：「利根菩薩相續最初生起之加行道為有法，爾理應是上品加行道，因爾是利根菩薩相續之加行道故。承許周遍，若許，理應非彼，因爾是下品加行道故。理應如是，因爾是最初生起之加行道故。三輪！」是〔答者〕沒有主張的三輪，因承許：若是以一相續而言之下品加行道，不須是下品加行道，所以未承許：若是最初生起之加行道，須是下品加行道故。

自宗〔指出〕之破綻：若是住清淨地菩薩相續之大乘修道，理應不周遍是大乘上品修道，因如此鈍根菩薩相續之大乘修道是大乘下品修道故。若不成則成相違，理應如是，因鈍根加行道菩薩相續之大乘加行道是大乘下品加行道故，承許因，不能許，因若是自之

སྦྱོར་ལམ་ཆུང་ངུ་ཡིན་པའི་ཕྱིར། རྟགས་ཁས། འདོད་མི་ནུས་ཏེ། རང་གི་དངོས་གཉེན་དུ་གྱུར་པའི་དགྲ་སའི་ཡེ་ཤེས་ཀྱི་སྤང་བྱ་ཡིན་ན། ཐེག་ཆེན་གྱི་སྒོམ་སྤངས་ཆུང་ངུ་ཡིན་དགོས་པའི་ཕྱིར། དེ་ལ་ཁྱབ་པ་ཡོད་པར་ཐལ། སྤངས་གཉེན་གྱི་རྣམ་བཞག་འཆད་པ་ན། གོས་ལ་ཆགས་པའི་དྲི་མ་ཕྲ་མོ་སེལ་བ་ལ་བཙོ་བླག་མཁན་ཆེ་ཐང་དུ་འབད་པའི་དཔེ་གསུངས་པའི་ཕྱིར།

གཞན་ཡང་། དེ་ལྟ་བུའི་དཔེ་གསུངས་པ་མི་འཐད་པར་ཐལ། བདེན་འཛིན་ཆེན་པོ་ཡིན་ན། རང་གི་དངོས་གཉེན་དུ་གྱུར་པའི་ཐེག་ཆེན་གྱི་སྒོམ་ལམ་ཆེན་པོ་མེད་མི་དགོས་པའི་ཕྱིར། རྟགས་ཁས།

ཁོ་ན་རེ། ཐེག་ཆེན་གྱི་སྦྱོར་ལམ་དྲོད་ལ་གནས་པའི་སེམས་དཔའ་དབང་རྣོན་གྱི་རྒྱུད་ཀྱི་སྦྱོར་ལམ་ཆོས་ཅན། ཐེག་ཆེན་གྱི་སྦྱོར་ལམ་ཆེན་པོ་ཡིན་པར་ཐལ། བྱང་སེམས་དབང་རྣོན་གྱི་རྒྱུད་ཀྱི་སྦྱོར་ལམ་ལ་སྦྱོར་ལམ་ཆེན་པོར་བྱས་པའི་ཐེག་ཆེན་གྱི་སྦྱོར་ལམ་ཆེན་པོ་ཡིན་པའི་ཕྱིར་ན། མ་ཁྱབ། འོ་ན། དེ་ཆོས་ཅན། ཐེག་ཆེན་གྱི་སྦྱོར་ལམ་ཆུང་ངུ་ཡིན་པར་ཐལ། དང་པོར་སྐྱེས་པའི་ཐེག་ཆེན་གྱི་སྦྱོར་ལམ་ལ་སྦྱོར་ལམ་ཆུང་ངུར་བྱས་པའི་སྦྱོར་ལམ་ཆུང་ངུ་ཡིན་པའི་ཕྱིར། ཁྱབ་པ་ཁས་ཞིང་། རང་ལུགས་ཀྱང་ཕྱི་མ་འདི་དབང་བཙན་པར་བྱའོ། །

བློ་རིག་ལ་དཔྱད་ན། ཁ་ཅིག དམན་ལམ་སྔོན་མ་སོང་གི་ཆོས་ཉིད་ལ་རྩེ་གཅིག་ཏུ་མཉམ་པར་བཞག་པའི་བྱང་སེམས་ཀྱི་སྦྱོར་ལམ་དེ། ཆོས་ཉིད་ལ་རྗེས་དཔག་ཡིན་ཟེར་བ་མི་འཐད་དེ། དེ་བསམ་བྱུང་གི་རིག་པ་མ་ཡིན་པའི་ཕྱིར། དེར་ཐལ། དེ་སྒོམ་བྱུང་གི་རིག་པ་ཡིན་པའི་ཕྱིར་ཏེ། དེ་ཐེག་ཆེན་གྱི་སྦྱོར་ལམ་མཉམ་གཞག་ཡེ་ཤེས་ཡིན་པའི་ཕྱིར།

ཡང་ཁ་ཅིག དེ་ཆོས་ཉིད་ལ་མངོན་སུམ་ཡིན་ཟེར་བ་མི་འཐད་དེ། དེ་ལ་གནས་པའི་བྱང་སེམས་སྦྱོར་ལམ་པས་ཆོས་ཉིད་མངོན་སུམ་དུ་མ་རྟོགས་པའི་ཕྱིར་ཏེ། དེ་སོ་སྐྱེ་ཡིན་པའི་ཕྱིར།

གཞན་ཡང་། དེ་མི་འཐད་པར་ཐལ། དེ་ཆོས་ཉིད་ལ་རྟོག་པ་དཔྱད་ཤེས་ཡིན་པའི་ཕྱིར་ཏེ། དེ་རྟོག་པ་དཔྱད་ཤེས་ཡིན་པའི་ཕྱིར་ཏེ། དེ་རང་འདྲེན་བྱེད་ཀྱི་ཚད་མ་སྔ་མས་རྟོགས་ཟིན་རྟོགས་པའི་ཚད་མིན་གྱི་ཞེན་རིག་ཡིན་པའི་ཕྱིར།

ཁོ་ན་རེ། དེ་ལ་ཆོས་ཉིད་གསལ་བར་མི་སྣང་བར་ཐལ། དེ་ཆོས་ཉིད་ལ་རྟོག་པ་ཡིན་པའི་ཕྱིར།

正對治清淨地本智之所斷，須是大乘下品修所斷故。於此，理應有周遍，因於宣說建立所斷與對治時，說「去除沾染於衣上之細微污垢，浣衣者須大精勤」喻故。

復次，說如是喻理應不應理，因若是上品實執，不一定無屬自之正對治之大乘上品修道故。承許因。

有云:「安住於大乘加行道煖位利根菩薩相續之加行道為有法，理應是大乘加行道上品，因是利根菩薩相續之加行道中，作為上品加行道之大乘加行道上品故。」不周遍，那麼，彼為有法，理應是大乘加行道下品，因是最初生起之大乘加行道中，作為下品加行道之下品加行道故。承許周遍，自宗亦許後者較為有力。

若觀擇覺知，有云：「未曾入劣道之一心入定於法性之菩薩加行道，於法性是比度。」不應理，因彼非思所成之了知故。理應如是，因是修所成之了知故，因彼是大乘加行道根本智故。

又有云：「彼於法性是現前。」不應理，因安住於彼之加行道菩薩不現前通達法性故，因彼是異生故。

復次，彼理應不應理，因彼於法性是分別再決知故，因彼是分別再決知故，因彼是引自之前量已通達再通達的非量耽著知故。

有云：「於彼理應不清楚顯現法性，因彼於法性是分別故。有

ཁྱབ་སྟེ། རྣམ་འགྲེལ་ལས། རྣམ་པར་རྟོག་དང་རྗེས་འབྲེལ་བའི། །དོན་གསལ་སྣང་བ་ཅན་མ་ཡིན། ། ཞེས་གསུངས་པའི་ཕྱིར་ན། མ་ཁྱབ་སྟེ། ཆོས་ཉིད་ལ་རྟོག་པ་ཡིན་ན། དེ་ལ་ཆོས་ཉིད་དང་ཆོས་ཉིད་ཀྱི་དོན་སྤྱི་མ་འདྲེས་པར་གསལ་བར་མི་སྣང་བས་ཁྱབ་ཅེས་པའི་དོན་ཡིན་པའི་ཕྱིར།

ཁ་ཅིག སྦྱོར་ལམ་དེ་དཔྱད་ཤེས་མ་ཡིན་ཟེར་བ་མི་འཐད་དེ། དེ་ཚད་མིན་གྱི་བློ་གང་ཞིག སྣང་ལ་མ་ངེས། ལོག་ཤེས། ཐེ་ཚོམ། ཡིད་དཔྱོད་སོགས་གང་ཡང་མ་ཡིན་པའི་ཕྱིར། དང་པོ་དེར་ཐལ། དེ་ཚད་མ་མ་ཡིན་པའི་ཕྱིར་ཏེ། དེ་གསར་དུ་མི་སླུ་བའི་རིག་པ་མ་ཡིན་པའི་ཕྱིར། གཉིས་པ་དེར་ཐལ། དེ་མངོན་སུམ་མ་ཡིན་པའི་ཕྱིར། ཁྱབ་པར་ཐལ། མདོ་སྡེ་པའི་ལུགས་ལ་སྣང་ལ་མ་ངེས་ཡིན་ན། རྟོག་མེད་མ་འཁྲུལ་བའི་ཤེས་པ་ཡིན་དགོས་པའི་ཕྱིར། དེར་ཐལ། དེ་ཡིན་ན་རྟོག་མེད་ཀྱི་ཤེས་པ་ཡིན་དགོས་པ་གང་ཞིག རྟོག་མེད་འཁྲུལ་ཤེས་མ་ཡིན་དགོས་པའི་ཕྱིར། དང་པོ་དེར་ཐལ། དེ་ཡིན་ན་རྟོག་པ་མ་ཡིན་དགོས་པའི་ཕྱིར་ཏེ། རྟོག་པ་དོན་མཐུན་དང་། རྟོག་པ་ལོག་ཤེས་གང་ཡང་མ་ཡིན་དགོས་པའི་ཕྱིར། རྟགས་གཉིས་པ་དེར་ཐལ། དེ་ཡིན་ན། རྟོག་མེད་ལོག་ཤེས་མ་ཡིན་དགོས་པའི་ཕྱིར།

ཁ་ཅིག ཐལ་འགྱུར་བའི་ལུགས་ལ། དམན་ལམ་སྔོན་མ་སོང་གི་ཆོས་ཉིད་ལ་དོན་སྤྱིའི་ཚུལ་གྱིས་མཉམ་པར་བཞག་པའི་བྱང་སེམས་ཀྱི་སྦྱོར་ལམ་དེ་ཆོས་ཉིད་མངོན་སུམ་དུ་རྟོགས་པའི་བློ་ཡིན་ཏེ། དེ་ཆོས་ཉིད་མངོན་སུམ་གྱི་ཚད་མས་རྟོགས་པའི་བློ་ཡིན་པའི་ཕྱིར་ན། མ་ཁྱབ། རྟགས་དེར་ཐལ། དེའི་ལུགས་ལ་སྦྱོར་ལམ་དེ་ཆོས་ཉིད་རྟོགས་པའི་མངོན་སུམ་གྱི་ཚད་མ་ཡིན་པའི་ཕྱིར་ཏེ། དེ་མངོན་སུམ་གྱི་ཚད་མ་ཡིན་པའི་ཕྱིར་ཏེ། དེ་ཚད་མ་གང་ཞིག རྗེས་སུ་དཔག་པའི་ཚད་མ་མ་ཡིན་པའི་ཕྱིར། དང་པོ་དེར་ཐལ། དེ་མི་སླུ་བའི་ཤེས་པ་ཡིན་པའི་ཕྱིར་ཞེ་ན། མ་ཁྱབ་མཚམས་སུ་མ་ཁྱབ་པར་ཐལ། ལུགས་དེ་ལ་རྟོག་པ་དང་མངོན་སུམ་གྱི་ཚད་མ་མི་འགལ་བའི་ཕྱིར།

དེ་ལ་ཁ་ཅིག སྦྱོར་ལམ་དེས་ཆོས་ཉིད་དོན་སྤྱིའི་ཚུལ་དུ་རྟོགས་པ་ཡིན་ཡང་། དོན་སྤྱིའི་ཚུལ་གྱིས་མ་རྟོགས་ཞེས་སྨྲ་བ་ནི། མངོན་སུམ་གྱི་ཚད་མ་དང་རྟོག་པ་མི་འགལ་བའི་ཐུན་མོང་མ་ཡིན་པའི་གྲུབ་མཐའ་བརྗོད་པའོ། །

དམིགས་པ་མི་རྟག་ལ་སོགས་པ། །ཞེས་སོགས་ཚིགས་བཅད་ཕྱེད་དང་གཉིས་ལ། བདེན་བཞི་

周遍，因《釋量論》云：『分別相隨屬，並非明現義[2]。』故。」不周遍，因是「若於法性是分別，周遍於彼不混合法性與法性之義總而不清楚顯現」之義故。

有云：「彼加行道非再決知。」不應理，因彼是非量之覺知，且非顯而不定、顛倒知、懷疑、伺察知等任一故。初者理應如是，因彼非量故，因彼非新證不欺誑的了知故。第二理應如是，因彼非現前故，理應周遍，因於經部宗，若是顯而不定，須是無分別無錯亂之知覺故。理應如是，因若是彼，須是無分別知，且須不是無分別錯亂知故。初者理應如是，因若是彼，須不是分別故，因須不是「符義分別與分別顛倒知」任一故。第二因理應如是，因若是彼，須不是無分別顛倒知故。

有云：「於應成宗，未曾入劣道之以義總之理入定於法性之菩薩加行道，是現前通達法性之覺知，因彼是以現量通達法性之覺知故。」不周遍。彼因理應如是，因於彼宗，彼加行道是通達法性之現量故，因彼是現量故，因彼是量，且非比量故。初者理應如是，因彼是不欺誑知覺故。於不周遍處理應不周遍，因於彼宗，分別與現量不相違故。

於此，有云：「加行道雖是具備義總而通達法性，然不以義總之方式通達。」彼乃宣說「現量與分別不相違」之不共宗義。

「所緣無常等……」等一偈半，四諦為有法，是大乘加行道煖

ཆོས་ཅན། ཐེག་ཆེན་སྦྱོར་ལམ་དྲོད་ཀྱི་དམིགས་པ་ཡིན་ཏེ། དེས་སྒྲོ་འདོགས་བཅད་པར་བྱ་བའི་གཞི་ཡིན་པའི་ཕྱིར། ཐེག་ཆེན་སྦྱོར་ལམ་དྲོད་ཀྱི་རྣམ་པ་ཆོས་ཅན། དུ་མར་ཡོད་དེ། ཆུང་འབྲིང་ཆེན་པོ་གསུམ་དུ་ཡོད་པའི་ཕྱིར།

གཟུགས་སོགས་མི་གནས་དེ་དག་ནི། །ཞེས་སོགས་ལ། བདེན་བཞི་ཆོས་ཅན། ཐེག་ཆེན་སྦྱོར་ལམ་རྩེ་མོའི་དམིགས་པ་ཡིན་ཏེ། དེས་སྒྲོ་འདོགས་བཅད་པར་བྱ་བའི་གཞི་ཡིན་པའི་ཕྱིར། ཐེག་ཆེན་སྦྱོར་ལམ་རྩེ་མོའི་ཡེ་ཤེས་ཆོས་ཅན། དུ་མར་ཡོད་དེ། ཆུང་འབྲིང་ཆེན་པོ་གསུམ་དུ་ཡོད་པའི་ཕྱིར།

གཟུགས་སོགས་ངོ་བོ་ཉིད་མེད་ཉིད། །ཅེས་སོགས་ལ། བདེན་བཞི་ཆོས་ཅན། ཐེག་ཆེན་སྦྱོར་ལམ་བཟོད་པའི་དམིགས་པ་ཡིན་ཏེ། དེས་སྒྲོ་འདོགས་བཅད་པར་བྱ་བའི་གཞི་ཡིན་པའི་ཕྱིར།

དེ་ལ་ཁོ་ན་རེ། བདེན་བཞི་ཐེག་ཆེན་སྦྱོར་ལམ་བཟོད་པའི་དམིགས་ཡུལ་དུ་ཐལ། དེ་དེའི་དམིགས་པ་གང་ཞིག དེ་དེའི་ཡུལ་ཡིན་པའི་ཕྱིར། འདོད་ན། འགོག་བདེན་མ་གཏོགས་པའི་བདེན་པ་གསུམ་པོ་དེ་དེའི་དམིགས་ཡུལ་དུ་ཐལ། འདོད་པའི་ཕྱིར། འདོད་མི་ནུས་ཏེ། དེ་དེའི་སྣང་ཡུལ་མ་ཡིན་པ་གང་ཞིག ཞེན་ཡུལ་ཡང་མ་ཡིན་པའི་ཕྱིར། དང་པོ་དེར་ཐལ། དེ་སྣང་ཡུལ་དུ་བྱེད་པའི་རྟོག་པ་མེད་པའི་ཕྱིར་ཏེ། དེ་འདུས་བྱས་ཡིན་པའི་ཕྱིར། རྟགས་ཕྱི་མ་དེར་ཐལ། དེ་དེའི་གཞལ་བྱ་མ་ཡིན་པའི་ཕྱིར། དེར་ཐལ། ལམ་བདེན་དེའི་གཞལ་བྱ་མ་ཡིན་པའི་ཕྱིར། དེར་ཐལ། ས་གཉིས་པའི་ཡེ་ཤེས་བྱང་སེམས་ས་དང་པོ་བའི་གཞལ་བྱ་མ་ཡིན་པའི་ཕྱིར། དེར་ཐལ། ས་གཉིས་པའི་བར་ཆད་མེད་ལམ་གྱི་ངོ་སྐལ་གྱི་སྒྲིབ་པ་སྤངས་པའི་བྲལ་བ་དེ་དེའི་གཞལ་བྱ་མ་ཡིན་པའི་ཕྱིར། དེར་ཐལ། སློབ་ཟུར་རྣམ་དག་གི་ཆར་གྱུར་པའི་ངོ་བོ་ཉིད་སྐུ་བྱང་སེམས་ས་བཅུ་པ་བའི་གཞལ་བྱ་མ་ཡིན་པའི་ཕྱིར། དེར་ཐལ། བྱང་སེམས་ས་བཅུ་པ་བས་དེ་མངོན་སུམ་དུ་མ་རྟོགས་པའི་ཕྱིར་ན།

མ་ཁྱབ་སྟེ། དེས་དེ་དོན་སྤྱིའི་ཚུལ་གྱིས་རྟོགས་པའི་ཕྱིར། དེར་ཐལ། དེའི་རྒྱུད་ལ་དེ་འཛིན་བྱེད་ཀྱི་རྟོག་པ་ཡོད་པའི་ཕྱིར་ཏེ། དེའི་རྒྱུད་ལ་རྟོག་པ་ཡོད་པའི་ཕྱིར།

ཡང་ཁོ་ན་རེ། ཐེག་ཆེན་སྦྱོར་ལམ་གྱི་རྣམ་པ་ཡིན་ན། ཐེག་ཆེན་སྦྱོར་ལམ་ཡིན་པས་ཁྱབ་པར་ཐལ། དེའི་རྣམ་པ་ལ་ཆུང་འབྲིང་ཆེན་པོ་གསུམ་ཡོད་པའི་ཕྱིར། འདོད་ན། སྟོང་ཉིད་ཀྱི་རྣམ་པ་ཡིན་ན།

位之所緣，因是彼斷除增益之基故。大乘加行道煖位之行相為有法，有多〔種〕，因有下、中、上三者故。

「色等不安住……」等，四諦為有法，是大乘加行道頂位之所緣，因是彼斷除增益之基故。大乘加行道頂位之本智為有法，有多〔種〕，因有下、中、上三者故。

「色等無自性……」等，四諦為有法，是大乘加行道忍位之所緣，因是彼斷除增益之基故。

於此有云：「四諦理應是大乘加行道忍位之所緣境，因彼（四諦）是彼之所緣，且彼（四諦）是彼之境故。若許，除滅諦之外的三諦，理應是彼之所緣境，因許故。不能許，因彼（除滅諦之外的三諦）非彼之顯現境，且亦非耽著境故。初者理應如是，因無將彼作為顯現境之分別故，因彼是有為故。後因理應如是，因彼（除滅諦之外的三諦）非彼之所量故，理應如是，因道諦非彼之所量故，理應如是，因二地之本智非初地菩薩之所量故。理應如是，因二地無間道之斷除應斷障礙之離法，非彼之所量故。理應如是，因屬客塵清淨分之自性身，非十地菩薩之所量故。理應如是，因十地菩薩不現前通達彼故。」

不周遍，因彼以義總之理通達彼故。理應如是，因其相續有通達彼之分別故，因其相續有分別故。

又有云：「若是大乘加行道之行相，理應周遍是大乘加行道，因彼之行相有下、中、上三者故。若許，若是空性之行相，理應須

སྟོང་ཉིད་ཡིན་དགོས་པར་ཐལ། འདོད་པའི་ཕྱིར། འདོད་མི་ནུས་ཏེ། ཐེག་ཆེན་གྱི་མཐོང་ལམ་བར་ཆད་མེད་ལམ་སྟོང་ཉིད་ཀྱི་རྣམ་པ་ཡིན་པའི་ཕྱིར། མ་གྲུབ་ན། དེ་ཆོས་ཅན། དེར་ཐལ། དེའི་རྣམ་པར་ཤར་བའི་བློ་ཡིན་པའི་ཕྱིར་ན།

མ་ཁྱབ་སྟེ། འོ་ན། འདོད་པ་དང་། མི་འདོད་པ་མི་འགལ་བར་ཐལ། སྡུག་པ་དང་མི་སྡུག་པ་མི་འགལ་བའི་ཕྱིར་ཏེ། སྡུག་པའི་རྣམ་པ་དང་མི་སྡུག་པའི་རྣམ་པ་མི་འགལ་བའི་ཕྱིར། མ་གྲུབ་ན་སོང་། དེར་ཐལ། སྡུག་པའི་རྣམ་པ་ཤར་བའི་བློ་དང་མི་སྡུག་པའི་རྣམ་པ་ཤར་བའི་བློ་གཉིས་མི་འགལ་བ་གང་ཞིག སྡུག་པའི་རྣམ་པ་ཤར་བའི་བློ་ཡིན་ན། སྡུག་པའི་རྣམ་པ་ཡིན་དགོས། མི་སྡུག་པའི་རྣམ་པ་ཤར་བའི་བློ་ཡིན་ནའང་། དེ་དགོས་པའི་ཕྱིར། རྟགས་ཕྱི་མ་གཉིས་ཀ་ཁས། དང་པོ་དེར་ཐལ། ཀུན་མཁྱེན་ཡེ་ཤེས་དེ་གཉིས་ཀ་ཡིན་པའི་ཕྱིར།

ཁྱད་པར་གཞན་སྤོང་བ་དང་། ཞེས་པ་ནས། ལུགས་ལས་འབྱུང་བའི་ཕྱིར། ཞེས་པའི་བར་ལ། ཐེག་ཆེན་གྱི་སྦྱོར་ལམ་དྲོད་ཆུང་ངུའི་དམིགས་པ་མ་གཏོགས་པའི་དམིགས་རྣམ་ལྷག་མ་རྣམས་སྟོན་པའི་རྒྱུད་ཀྱི་གཞུང་ཚིག་ཆོས་ཅན། ཁྱོད་ཀྱི་བདེན་བཞི་ཆོས་ཅན་བརྗོད་པའི་སྒྲའི་སྒོ་ནས་མ་བསྟན་པས། ཁྱོད་ལ་བརྟེན་ནས་བདེན་བཞི་མ་རྟོགས་པའི་སྐྱོན་མེད་དེ། ཁྱོད་ཀྱིས་བདེན་བཞི་ཆོས་བརྗོད་ཀྱི་སྒྲའི་སྒོ་ནས་བསྟན་པ་གང་ཞིག གཞི་གཅིག་ལ་ལྟོས་པའི་ཆོས་དང་ཆོས་ཅན་བརྗོད་པའི་སྒྲ་གཉིས་དོན་གཅིག་ལ་འཇུག་པའི་ཕྱིར།

ཁ་ཅིག རང་གི་བརྗོད་བྱ་ཁྱད་པར་གཞན་སྤོང་གི་ཚུལ་གྱིས་གོ་བར་བྱེད་པའི་མཚན་བྱ་དེ། ཆོས་བརྗོད་ཀྱི་སྒྲའི་མཚན་ཉིད་དང་། རང་གི་བརྗོད་བྱ་ཁྱད་པར་གཞན་མི་སྤོང་གི་ཚུལ་གྱིས་གོ་བར་བྱེད་པའི་མཚན་བྱ་དེ། ཆོས་ཅན་བརྗོད་པའི་སྒྲའི་མཚན་ཉིད་ཟེར་བ་མི་འཐད་དེ། ཆོས་བརྗོད་ཀྱི་སྒྲ་དང་ཆོས་ཅན་བརྗོད་པའི་སྒྲ་གཉིས་མི་འགལ་བའི་ཕྱིར། དེར་ཐལ། གཟུགས་མི་རྟག་ཅེས་པའི་ངག་དེ་ཆོས་བརྗོད་ཀྱི་སྒྲ་གང་ཞིག ཆོས་ཅན་བརྗོད་པའི་སྒྲ་ཡིན་པའི་ཕྱིར། དང་པོ་དེར་ཐལ། དེ་མི་རྟག་པ་ལ་ལྟོས་ཏེ་ཆོས་བརྗོད་ཀྱི་སྒྲ་ཡིན་པའི་ཕྱིར་ཏེ། མི་རྟག་པ་གཟུགས་ཀྱི་ཁྱད་གཞི་ཁྱད་ཆོས་གཉིས་ཀྱི་ནང་ནས་ཁྱད་ཆོས་ལྟ་བུར་བློ་ཡུལ་དུ་གོ་བར་བྱེད་པའི་མཚན་བྱ་ཡིན་པའི་ཕྱིར། རྟགས་ཕྱི་མ་དེར་

是空性，因許故。不能許，因大乘見道無間道是空性之行相故。若不成，彼為有法，理應如是，因是顯現彼之行相之覺知故。」

不周遍，那麼，承許與不承許理應不相違，因淨與不淨不相違故，因淨行相與不淨行相不相違故。若不成則成相違，理應如是，因顯現淨行相之覺知與顯現不淨行相之覺知，二者不相違，且若是顯現淨行相之覺知，須是淨行相；若是顯現不淨行相之覺知，亦須是彼故。承許後二因，初者理應如是，因遍智本智是彼二者故。

「乃從宗規中說：」至「無絲毫意義上之差距」[3]之間：宣說除大乘加行道煖位下品所緣外之餘所緣行相之《現觀莊嚴論》文為有法，爾未以詮有法聲之門宣說四諦，故無依爾而不通達四諦之過失，因爾以詮法聲門宣說四諦，且觀待一基法之詮法與有法之聲二者同義故。

有云：「能以捨餘差別之理了知自所詮之所聞，乃詮法聲之性相；能以不捨餘差別之理了知自所詮之所聞，乃詮有法聲之性相。」不應理，因詮法聲與詮有法聲二者不相違故。理應如是，因「色無常」之語，是詮法聲且是詮有法聲故。初者理應如是，因彼觀待無常是詮法聲故，因是能於覺知境中，了知無常為色之差別事與差別法二者中差別法之所聞故。後因理應如是，因彼觀待色而言，是詮有法聲故。理應如是，因彼是能於覺知境中，了知色為無常之差別

ཐལ། དེ་གཟུགས་ལ་ལྟོས་ཏེ་ཆོས་ཅན་བརྗོད་པའི་སྒྲ་ཡིན་པའི་ཕྱིར། དེར་ཐལ། དེ་གཟུགས་མི་རྟག་པའི་ཁྱད་གཞི་ལྡ་བུར་བློ་ཡུལ་དུ་གོ་བར་བྱེད་པའི་མཉན་བྱ་ཡིན་པའི་ཕྱིར།

ཁ་ཅིག གཞི་གཅིག་ལ་ལྟོས་པའི་ཆོས་བརྗོད་ཀྱི་སྒྲ་དང་ཆོས་ཅན་བརྗོད་པའི་སྒྲ་གཉིས་འགལ་ཟེར་བ་མི་འཐད་དེ། བྱས་པ་བྱས་པ་ཞེས་པའི་ངག་དེ་བྱས་པ་ལ་ལྟོས་ཏེ་ཆོས་ཅན་བརྗོད་པའི་སྒྲ་ཡིན་པ་གང་ཞིག དེ་ལ་ལྟོས་ཏེ་ཆོས་བརྗོད་ཀྱི་སྒྲ་ཡང་ཡིན་པའི་ཕྱིར། དང་པོ་དེར་ཐལ། དེ་བྱས་པ་ཁྱད་གཞི་ལྡ་བུར་གོ་བར་བྱེད་པའི་མཉན་བྱ་ཡིན་པའི་ཕྱིར། དེར་ཐལ། བྱས་པ་དེ་བྱས་པ་བྱས་པར་སྒྲུབ་པའི་ཤེས་འདོད་ཆོས་ཅན་ཡིན་པའི་ཕྱིར། ཕྱི་མ་དེར་ཐལ། དེ་བྱས་པ་ཁྱད་ཆོས་ལྡ་བུར་གོ་བར་བྱེད་པའི་མཉན་བྱ་ཡིན་པའི་ཕྱིར། དེར་ཐལ། བྱས་པ་དེ་བྱས་པ་བྱས་པར་སྒྲུབ་པའི་བསྒྲུབ་བྱའི་ཆོས་ཡིན་པའི་ཕྱིར།

རང་ལུགས་ནི། སྤྱིར་ཆོས་བརྗོད་ཀྱི་སྒྲའི་མཚན་ཉིད་དང་། ཆོས་ཅན་བརྗོད་པའི་སྒྲའི་མཚན་ཉིད་ནི། ཆོས་བརྗོད་ཀྱི་མཉན་བྱ་དང་། ཆོས་ཅན་བརྗོད་པའི་མཉན་བྱ་གཉིས་སུ་སྦྱ་ལ། གཞི་ལ་བཀར་ན་དོན་དེ་ཁྱད་གཞི་ལྡ་བུར་གོ་བར་བྱེད་པའི་མཉན་བྱ་དེ། དོན་དེ་ལ་ལྟོས་པའི་ཆོས་ཅན་བརྗོད་པའི་སྒྲའི་མཚན་ཉིད། དོན་དེ་ཁྱད་ཆོས་ལྡ་བུར་གོ་བར་བྱེད་པའི་མཉན་བྱ་དེ། དོན་དེ་ལ་ལྟོས་པའི་ཆོས་བརྗོད་ཀྱི་སྒྲའི་མཚན་ཉིད་ཡིན་ནོ། །

དེ་ལ་ཁོ་ན་རེ། འགྲེལ་པ་དོན་གསལ་ཆོས་ཅན། གཟུགས་ལ་ལྟོས་ཏེ་ཆོས་ཅན་བརྗོད་པའི་སྒྲ་ཡིན་པར་ཐལ། དེ་ཁྱད་གཞི་ལྡ་བུར་སྟོན་པའི་མཉན་བྱ་ཡིན་པའི་ཕྱིར། དེར་ཐལ། དེ་བདེན་སྟོང་གི་ཁྱད་གཞི་ལྡ་བུར་སྟོན་པའི་མཉན་བྱ་ཡིན་པའི་ཕྱིར། འདོད་མི་ནུས་ཏེ། ཆོས་ཅན་བརྗོད་པའི་སྒྲ་མ་ཡིན་པའི་ཕྱིར། དེར་ཐལ། ཁྱོད་དངོས་མིང་དུ་འཇུག་པའི་གཞི་མེད་པའི་ཕྱིར་ན། མ་ཁྱབ་སྟེ། འོ་ན། དེ་ཆོས་ཅན། ཁྱོད་རང་གི་ཁྱད་གཞི་ལྡ་བུར་སྟོན་པའི་དོན་ཡོད་པའི་སྒྲ་མ་ཡིན་པར་ཐལ། རྟགས་དེའི་ཕྱིར། ཁྱབ་པ་ཁས། དེ་ཆོས་བརྗོད་ཀྱི་སྒྲའི་མཚན་ཉིད་ཀྱི་རྩོད་སྤོང་ལ་ཡང་རིགས་འགྲེ།

ཡང་ཁོ་ན་རེ། བྱས་པ་བྱས་པ་ཞེས་པའི་ངག་དེ་བྱས་པ་ལ་ལྟོས་ཏེ་ཁྱད་པར་གཞན་སྤོང་གི་སྒྲ་

事之所聞。

有云：「觀待一基法之詮法聲與詮有法聲二者相違。」不應理，因「所作性是所作性」之語，觀待所作性而言，是詮有法聲，且觀待彼而言，亦是詮法聲故。初者理應如是，因彼是能了知所作性為差別事之所聞故。理應如是，因所作性是成立所作性是所作性之欲知有法故。後者理應如是，因彼是能了知所作性為差別法之所聞故。理應如是，因所作性是成立「所作性是所作性」之所立法故。

自宗：一般而言，宣說詮法聲之性相與詮有法聲之性相，有「詮法之所聞」與「詮有法之所聞」二者。若結合事例，「能令了知彼義為差別事之所聞」，是觀待彼義之詮有法聲之性相。「能令了知彼義為差別法之所聞」，是觀待彼義之詮法聲之性相。

於此有云：「《明義釋》為有法，觀待色而言，理應是詮有法聲，因彼是顯示差別事之所聞故。理應如是，因彼是顯示諦實空之差別事之所聞故。不能許，因非詮有法聲故。理應如是，因無趣入爾之實名之基故。」不周遍，那麼，彼為有法，爾理應非顯示自之差別事之有義聲，因彼因故。承許周遍。亦類推於詮法聲之性相之斷諍。

又有云：「『所作性是所作性』之語，觀待所作性，理應是捨

ཡིན་པར་ཐལ། དེ་དེ་ལ་ལྟོས་ཏེ་ཆོས་བརྗོད་ཀྱི་སྒྲ་ཡིན་པའི་ཕྱིར། འདོད་ན། དེ་བྱས་པ་ལ་ལྟོས་ཏེ་ཁྱད་པར་གཞན་མི་སྟོང་གི་སྒྲ་ཡིན་པར་ཐལ། དེ་དེ་ལ་ལྟོས་ཏེ་ཆོས་ཅན་བརྗོད་པའི་སྒྲ་ཡིན་པའི་ཕྱིར། སྤྱི་ཕྱི་གཉིས་ཀ་ལ་ཁྱབ་པ་ཡོད་པར་ཐལ། འགྲེལ་པ་ལས་ཁྱད་པར་གཞན་སྟོང་བ་དང་མི་སྟོང་བ་མ་གཏོགས་པར་འདི་དག་ལ་དོན་གྱི་ཁྱད་པར་ནི་འགའ་ཡང་མེད་དོ། །ཞེས་གསུངས་པའི་ཕྱིར་ན། མ་ཁྱབ་སྟེ། གཟུགས་མི་རྟག་ཅེས་པའི་ངག་ལྟ་བུ། མི་རྟག་པ་ལ་ལྟོས་ཏེ་ཆོས་བརྗོད་ཀྱི་སྒྲ་ཡིན་ན། དེ་ལ་ལྟོས་ཏེ་ཁྱད་པར་གཞན་སྟོང་གི་སྒྲ་ཡིན་དགོས། དེ་གཟུགས་ལ་ལྟོས་ཏེ་ཆོས་ཅན་བརྗོད་པའི་སྒྲ་ཡིན་ན། དེ་ལ་ལྟོས་ཏེ་ཁྱད་པར་གཞན་མི་སྟོང་གི་སྒྲ་ཡིན་དགོས་པ་ལྟ་བུ་ལ་དགོངས་པའི་ཕྱིར།

◆現觀辨析（中）

餘差別之聲，因彼觀待彼（所作性）是詮法聲故。若許，彼觀待所作性而言，理應是不捨餘差別之聲，因彼觀待彼（所作性）而言，是詮有法之聲故。前後二者理應有周遍，因《明義釋》云：『除斷與不斷他差別之外，於此並無絲毫意義上之差距。』故。」不周遍，因慮及如「色無常」之語，觀待無常若是詮法聲，觀待彼必是捨餘差別之聲；彼觀待色若是詮有法聲，觀待彼必是不捨餘差別之聲故。

སྦྱོར་ལམ་གྱི་སྤང་བྱ་རྟོག་པ་བཤད་པ།

གཞི་དང་དེ་ཡི་གཉེན་པོ་ཡིས། །ཞེས་སོགས་ཀྱི་སྐབས་སུ། སྦྱོར་བ་དང་། མཐའ་དཔྱད་པའོ། །

དང་པོ་ནི། ཤེས་སྒྲིབ་གཟུང་རྟོག་ཆོས་ཅན། ཁྱོད་ལ་གཉིས་སུ་ཡོད་དེ། ཁྱོད་ལ་ཤེས་སྒྲིབ་ཀུན་ནས་ཉོན་མོངས་གཟུང་རྟོག་དང་། ཤེས་སྒྲིབ་རྣམ་བྱང་གཟུང་རྟོག་གཉིས་སུ་ཡོད་པའི་ཕྱིར། ཤེས་སྒྲིབ་ཀུན་ནས་ཉོན་མོངས་གཟུང་རྟོག་ཆོས་ཅན། ཁྱོད་ལ་དགུ་ཡོད་དེ། ཁྱོད་ལ་ཡུལ་གྱི་དབྱེ་བས་དགུ་ཡོད་པའི་ཕྱིར། ཤེས་སྒྲིབ་རྣམ་བྱང་གཟུང་རྟོག་ཆོས་ཅན། ཁྱོད་ལ་དགུ་ཡོད་དེ། ཁྱོད་ལ་ཡུལ་གྱི་དབྱེ་བས་དགུ་ཡོད་པའི་ཕྱིར།

རྫས་དང་བཏགས་པའི་རྟེན་ཅན་གྱིས། །ཞེས་སོགས་ལ། ཤེས་སྒྲིབ་འཛིན་རྟོག་ལ་གཉིས་སུ་ཡོད་དེ། ཤེས་སྒྲིབ་རྫས་འཛིན་རྟོག་པ་དང་། ཤེས་སྒྲིབ་བཏགས་འཛིན་རྟོག་པ་གཉིས་སུ་ཡོད་པའི་ཕྱིར། ཤེས་སྒྲིབ་རྫས་འཛིན་རྟོག་པ་ཆོས་ཅན། ཁྱོད་ལ་དགུ་ཡོད་དེ། ཁྱོད་ལ་ཡུལ་གྱི་དབྱེ་བས་དགུ་ཡོད་པའི་ཕྱིར། ཤེས་སྒྲིབ་བཏགས་འཛིན་རྟོག་པ་ཆོས་ཅན། ཁྱོད་ལ་དགུ་ཡོད་དེ། ཁྱོད་ལ་ཡུལ་གྱི་དབྱེ་བས་དགུ་ཡོད་པའི་ཕྱིར།

གཉིས་པ་མཐའ་དཔྱད་པ་ལ། ཁ་ཅིག ཤེས་སྒྲིབ་ཡིན་ན། ཤེས་སྒྲིབ་རྟོག་པ་ཡིན་པས་ཁྱབ་ཟེར་བ་མི་འཐད་དེ། བདེན་འཛིན་གྱི་བག་ཆགས་ཤེས་སྒྲིབ་ཡིན་པ་གང་ཞིག ཤེས་སྒྲིབ་རྟོག་པ་མ་ཡིན་པའི་ཕྱིར། དང་པོ་དེར་ཐལ། དེ་ཐར་པ་དང་། ཐམས་ཅད་མཁྱེན་པ་གཉིས་ཀྱི་ནང་ནས། ཐམས་ཅད་མཁྱེན་པ་ཐོབ་པ་ལ་བར་དུ་གཅོད་བྱེད་ཀྱི་སྒྲིབ་པ་ཡིན་པའི་ཕྱིར། ཕྱི་མ་དེར་ཐལ། དེ་ཤེས་པ་མ་ཡིན་པའི་ཕྱིར་ཏེ། དེ་བག་ཆགས་ཡིན་པའི་ཕྱིར།

ཡང་ཁ་ཅིག ཤེས་སྒྲིབ་རྟོག་པ་ཡིན་ན། བདེན་འཛིན་ཡིན་པས་ཁྱབ་ཟེར་བ་དང་། སྒྲིབ་པ་ཡིན་ན། ཤེས་སྒྲིབ་དང་ཉོན་སྒྲིབ་གང་རུང་ཡིན་པས་ཁྱབ་ཟེར་བ་ནང་འགལ་བས་མི་འཐད། གཟུགས་ཕྱི་རོལ་དོན་དུ་འཛིན་པའི་རྟོག་པ་དེ་ཤེས་སྒྲིབ་རྟོག་པ་ཡིན་པ་གང་ཞིག བདེན་འཛིན་མ་ཡིན་པའི་ཕྱིར། དང་པོ་དེར་ཐལ། དེ་སྒྲིབ་གཉིས་གང་རུང་གང་ཞིག ཉོན་སྒྲིབ་མ་ཡིན་པའི་ཕྱིར། དང་པོ་ཁས།

35 講說加行道之所斷分別

「由所依對治……」等時，有論式與辨析。

初者，所知障所取分別為有法，爾有二，因爾有所知障染污所取分別與所知障清淨所取分別二者故。所知障染污所取分別為有法，爾有九，因爾以境有九分類故。所知障清淨所取分別為有法，爾有九，因爾以境有九分類故。

「由實有假有……」等，所知障能取分別有二，因有所知障實有能取分別與所知障假有能取分別二者故。所知障實有能取分別為有法，爾有九，因爾以境之分類有九故。所知障假有能取分別為有法，爾有九，因爾以境之分類有九故。

第二，有云：「若是所知障，周遍是所知障分別。」不應理，因實執習氣是所知障，且非所知障分別故。初者理應如是，因彼是中斷（障礙）獲得解脫與一切相智二者中之一切相智之障故。後者理應如是，因彼非知覺故，因彼是習氣故。

又有云：「若是所知障分別，周遍是實執。」與「若是障，周遍是所知障與煩惱障任一。」自相矛盾，故不應理，因執色為外境之分別，是所知障分別，且非實執故。初者理應如是，因彼是二障隨一，且非煩惱障故。已許初者。

ཡང་ཁ་ཅིག འདིར་བསྟན་ཤེས་སྒྲིབ་རྟོག་པ་ཡིན་ན། དགག་རྟོག་ཡིན་པས་ཁྱབ་ཟེར་བ་མི་འཐད་དེ། སྐབས་འདི་དང་རྩེ་སྦྱོར་གྱི་སྐབས་གཉིས་ཀར་ཤེས་སྒྲིབ་རྟོག་པ་དང་སྒྲུབ་རྟོག་གི་གཞི་མཐུན་བསྟན་པའི་ཕྱིར། དེར་ཐལ། སྐབས་འདིར་ཀུན་ནས་ཉོན་མོངས་ལ་དམིགས་ནས་ལོངས་སྤྱོད་བྱར་བདེན་པར་ཞེན་པའི་ཞེན་རིག་དེ། ཤེས་སྒྲིབ་ཀུན་ནས་ཉོན་མོངས་གཟུང་རྟོག་ཏུ་བསྟན། རྩེ་སྦྱོར་གྱི་སྐབས་སུ་ཐེག་ཆེན་གྱི་ལམ་འབྲས་ལ་དམིགས་ནས་ལོངས་སྤྱོད་བྱར་བདེན་པར་ཞེན་པའི་ཞེན་རིག་དེ། ཤེས་སྒྲིབ་འཇུག་པ་གཟུང་རྟོག་ཏུ་བསྟན་པའི་ཕྱིར།

ཡང་ཁ་ཅིག འདིར་བསྟན་ཤེས་སྒྲིབ་རྟོག་པ་ཡིན་ན། སྒྲུབ་རྟོག་ཡིན་པས་ཁྱབ་ཟེར་བ་མི་འཐད་དེ། གཟུང་འཛིན་བདེན་སྟོང་བདེན་གྲུབ་ཏུ་འཛིན་པའི་བློ་དེ། འདིར་བསྟན་ཤེས་སྒྲིབ་རྟོག་པ་གང་ཞིག དགག་རྟོག་ཡིན་པའི་ཕྱིར། དང་པོ་གྲུབ་སྟེ། ཤེས་སྒྲིབ་གཟུང་འཛིན་གྱི་རྣམ་པར་རྟོག་པའི་གཙོ་བོ་ཀུན། སྐབས་འདི་དང་རྩེ་སྦྱོར་གྱི་སྐབས་གཉིས་ཀར་བསྟན་པའི་ཕྱིར། དེར་ཐལ། མངོན་རྟོགས་རྒྱན་གྱིས་དེ་རྣམས་བསྟན་པའི་ཕྱིར་ཏེ། མངོན་རྟོགས་རྒྱན་ལ་བརྟེན་ནས་དེ་རྣམས་ཀྱི་གཉེན་པོ་ཁོང་དུ་ཆུད་པར་ནུས་པའི་ཕྱིར། གཉིས་པ་གྲུབ་སྟེ། གཟུང་འཛིན་བདེན་སྟོང་ཡོད་པར་འཛིན་པའི་རྟོག་པ་དེ་དགག་རྟོག་ཡིན་པའི་ཕྱིར། དེར་ཐལ། གཟུང་འཛིན་བདེན་སྟོང་ཡོད་པ་དགག་པ་ཡིན་པའི་ཕྱིར། དེར་ཐལ། ཡོད་པའི་གཟུང་འཛིན་བདེན་སྟོང་དགག་པ་ཡིན་པའི་ཕྱིར།

དེ་ལ་ཁོན་རེ། འདིར་མ་ཁྱབ་སྟེ། འོ་ན། བུམ་པ་མ་ཡིན་པ་ལས་ལོག་པ་མི་རྟག་པ་དགག་པ་ཡིན་པར་ཐལ། མི་རྟག་པའི་བུམ་པ་མ་ཡིན་པ་ལས་ལོག་པ་དགག་པ་ཡིན་པའི་ཕྱིར། ཁྱབ་པ་ཁས། འདོད་ན། བྱས་པ་བུམ་པ་མ་ཡིན་པ་ལས་ལོག་པ་མི་རྟག་པར་སྒྲུབ་པའི་དགག་རྟགས་ཡིན་པར་ཐལ། འདོད་པའི་ཕྱིར། འདོད་ན། བྱས་པ་ཆོས་ཅན། ཁྱོད་ཀྱི་རྟགས་ཀྱིས་དེ་སྒྲུབ་ཀྱི་དངོས་ཀྱི་བསྒྲུབ་བྱའི་ཆོས་སུ་གཟུང་བྱ་ཡིན་ན། དགག་པ་ཡིན་པས་ཁྱབ་པར་ཐལ། ཁྱོད་དེ་སྒྲུབ་ཀྱི་དགག་རྟགས་ཡིན་པའི་ཕྱིར། འདོད་ན། མི་རྟག་པ་ཆོས་ཅན། དེར་ཐལ། དེའི་ཕྱིར་ཟེར་ན་དཔྱད་པར་བྱའོ། །

འོ་ན། ཊཱི་ཀར། གཟུང་བར་རྟོག་པ་དང་འཛིན་པར་རྟོག་པ་ཞེས་བཤད་པ་ནི། ཕྱོགས་ཙམ་མཚོན་པར་བྱེད་པ་ཡིན་གྱི། སྤང་བྱ་རྟོག་པ་ཐམས་ཅད་འཛིན་སྟངས་དེ་དང་འདྲ་བར་ཟད་པ་མ་ཡིན་

又有云：「若是此示所知障分別，周遍是遮遣分別。」不應理，因於此時與頂加行時二時，宣說所知障分別與成立分別之同位故。理應如是，因此時宣說緣染污，耽著其為諦實受用品之耽著知，是所知障染污所取分別；頂加行時宣說緣大乘道果，而耽著其為諦實受用之耽著知，是所知障轉趣所取分別故。

又有云：「若是此示所知障分別，周遍是成立分別。」不應理，因執能取所取諦實空為諦實成立之覺知，是此示所知障分別，且是遮遣分別故。初者成立，因一切主要的所知障所取分別與能取分別，於此時與頂加行時皆顯示故。理應如是，因《現觀莊嚴論》顯示彼等故，因依《現觀莊嚴論》而能了達彼等之對治故。第二成立，因執能取所取諦實空存在之分別，是遮遣分別故。理應如是，因能取所取諦實空存在，是遮遣法故。理應如是，因存在（有）之能取所取諦實空，是遮遣法故。

於此有云：「今此不周遍。那麼，非非瓶無常理應是遮遣法，因非非無常之瓶是遮遣法故。承許周遍，若許，所作性理應是成立非非瓶是無常之遮遣因，因許故。若許，所作性為有法，若是被執為以爾之因成立直接所立法者，理應周遍是遮遣法，因爾是成立彼之遮遣因故。若許，無常為有法，理應如是，因如是故。」當觀擇！

若爾，《心要莊嚴疏》：「言：『所取分別與能取分別』乃略作表徵，全部所斷分別並非皆與其執取法相同；因為耽著所遮——

ཏེ། ཉན་རང་གི་ལམ་འབྲས་ལྡོག་བྱར་བདེན་པར་ཞེན་པ་ཡང་། འདིར་བསྟན་པའི་སྤང་བྱ་རྟོག་པ་ཡིན་པའི་ཕྱིར་རོ། །ཞེས་དང་། དེས་ན་ལོངས་སྤྱད་བྱར་བདེན་པར་ཞེས་པ་དང་། ལོངས་སྤྱོད་བྱེད་དུ་བདེན་པར་ཞེན་པ་ནི། གཟུང་བར་རྟོག་པ་དང་འཛིན་པར་རྟོག་པའི་དོན་ནོ། །ཞེས་སོགས་ཀྱི་དོན་གང་ཡིན་ཞེ་ན།

རྣམ་བཤད་ཀྱི་དོན་ལ་ལོག་པར་རྟོག་པ་ཁ་ཅིག ཉན་རང་གི་ལམ་འབྲས་ལ་དམིགས་ནས་ཐེག་ཆེན་ལམ་གྱི་ལྡོག་བྱར་བདེན་པར་ཞེན་པའི་ཞེན་རིག་ཆོས་ཅན། ལོངས་སྤྱད་བྱར་བདེན་པར་ཞེན་པའི་ཞེན་རིག་ཡིན་པར་ཐལ། ཤེས་སྒྲིབ་གཟུང་རྟོག་ཡིན་པའི་ཕྱིར། འཁོར་གསུམ། རྟགས་ལུང་དང་པོའི་སྐབས་སུ་ཁས་བླངས། ཁྱབ་པ་ལུང་གཉིས་པའི་སྐབས་སུ་ཁས་བླངས་ཟེར་བ་མི་འཐད་དེ། ལུང་དང་པོའི་སྐབས་སུ་ཉན་རང་གི་ལམ་འབྲས་ལ་དམིགས་ནས་བྱང་སེམས་ལམ་གྱི་ལྡོག་བྱར་བདེན་པར་ཞེན་པའི་ཞེན་རིག་དེ། སྐབས་འདིར་བསྟན་གྱི་ཤེས་སྒྲིབ་རྟོག་པར་བསྟན་གྱི། ཤེས་སྒྲིབ་གཟུང་རྟོག་ཏུ་མ་བསྟན་པའི་ཕྱིར། དེར་ཐལ། ལུང་དང་པོས་སྐབས་འདིར་བསྟན་པའི་ཤེས་སྒྲིབ་གཟུང་རྟོག་ཡིན་ན། ལོངས་སྤྱོད་བྱར་བདེན་པར་ཞེན་པའི་ཞེན་རིག་ཡིན་པས་ཁྱབ་པར་བསྟན་པ་གང་ཞིག དེས་ཉན་རང་གི་ལམ་འབྲས་ལ་དམིགས་ནས་བྱང་སེམས་ལམ་གྱི་ལྡོག་བྱར་བདེན་པར་ཞེན་པའི་ཞེན་རིག ལོངས་སྤྱད་བྱར་བདེན་པར་ཞེན་པའི་ཞེན་རིག་མ་ཡིན་པའི་མཚན་གཞིར་བསྟན་པའི་ཕྱིར།

རང་ལུགས། རྣམ་བཤད་ཀྱི་དོན་འཆད་ཚུལ་ནི། འདིར་བསྟན་ཤེས་སྒྲིབ་རྟོག་པ་ཡིན་ན། ཤེས་སྒྲིབ་གཟུང་རྟོག་དང་ཤེས་སྒྲིབ་འཛིན་རྟོག་གང་རུང་ཡིན་པས་མ་ཁྱབ་སྟེ། ཉན་རང་གི་ལམ་འབྲས་ལ་དམིགས་ནས་བྱང་སེམས་ལམ་གྱི་ལྡོག་བྱར་བདེན་པར་ཞེན་པའི་ཞེན་རིག་དེ། འདིར་བསྟན་ཤེས་སྒྲིབ་རྟོག་པ་ཡིན་པའི་ཕྱིར། ཞེས་པ་ལུང་དང་པོའི་དོན་དང་། ལོངས་སྤྱད་བྱར་བདེན་པར་ཞེན་པའི་ཞེན་རིག་དེ། ཤེས་སྒྲིབ་གཟུང་རྟོག་གི་མཚན་ཉིད་དང་། ལོངས་སྤྱོད་བྱེད་དུ་བདེན་པར་ཞེན་པའི་ཞེན་རིག་དེ། ཤེས་སྒྲིབ་འཛིན་རྟོག་གི་མཚན་ཉིད་ཡིན་པ་ལུང་ཕྱི་མའི་དོན་ནོ། །

དེ་ལ་ཁོན་རེ། དེ་ལྟ་བུའི་རྟོག་པ་ཤེས་སྒྲིབ་གཟུང་རྟོག་ཡིན་པར་ཐལ། དེ་ཤེས་སྒྲིབ་ལྡོག་པ

聲聞之道果為真實，亦是此處宣說之所斷分別故。」與「所以，執著所受用為真實、以及執持能受用為真實，即是所取分別，與能取分別之意義。」等文義為何？

有對《心要莊嚴疏》顛倒分別者云：「緣聲緣道果，耽著其為諦實大乘道之所捨的耽著知為有法，理應是耽著其為諦實受用品之耽著知，因是所知障所取分別故。三輪！於第一段文時承許因，於第二段文時承許周遍。」不應理，因於第一段文時，緣聲緣道果耽著其為諦實菩薩道之所捨的耽著知，顯示為此時所示之所知障分別，不顯示為所知障所取分別故。理應如是，因第一段文顯示：若是此示所知障所取分別，周遍是耽著其為諦實受用品之耽著知，且彼顯示緣聲緣道果耽著其為諦實菩薩道所捨之耽著知，乃非耽著其為諦實受用品之耽著知之事相故。

自宗：宣說《心要莊嚴疏》義之理：若是此示所知障分別，不周遍是所知障所取分別與所知障能取分別任一，因緣聲緣道果耽著其為諦實菩薩道所捨之耽著知，是此示所知障分別故，如是為第一段文義。「耽著其為諦實受用品之耽著知」，是所知障所取分別之性相；「耽著其為諦實能受用品之耽著知」，是所知障能取分別之性相，乃第二段文義。

於此有云：「如此分別理應是所知障所取分別，因彼是所知障

གཟུང་རྟོག་ཡིན་པའི་ཕྱིར། དེར་ཐལ། དེ་འཇུག་པ་དང་ནི་ལྡོག་པ་ལ། །ཞེས་པའི་ནང་ཚན་གྱི་ལྡོག་པ་ཞེས་པའི་གཞུང་གི་སྐབས་ནས་བསྟན་པའི་ཤེས་སྒྲིབ་རྟོག་པ་ཡིན་པའི་ཕྱིར་ན། འདིར་མ་ཁྱབ། རྟགས་དེར་ཐལ། དེ་རྩེ་སྦྱོར་གྱི་སྐབས་སུ་བསྟན་པའི་ཤེས་སྒྲིབ་རྟོག་པ་ཡིན་པའི་ཕྱིར། དེར་ཐལ། དེ་སྐབས་འདིར་བསྟན་གྱི་ཤེས་སྒྲིབ་རྟོག་པ་ཡིན་པ་གང་ཞིག རྣམ་བཤད་ལས། དེ་ཡང་འདིར་བསྡུས་ནས་བསྟན་པ་ཙམ་ཡིན་ལ། རྩེ་སྦྱོར་གྱི་སྐབས་ནས་བསྟན་པ་དང་དོན་གཅིག་ཏུ་ངེས་པར་བྱའོ། །ཞེས་གསུངས་པའི་ཕྱིར་ཟེར་ན།

མ་ཁྱབ་མཚམས་སུ་མ་ཁྱབ་པར་ཐལ། ལྡོག་པ་ལ་ཞེས་པའི་སྐབས་ནས་བསྟན་པའི་ཤེས་སྒྲིབ་རྟོག་པ་ཡིན་ན། དེའི་སྐབས་ནས་དངོས་སུ་བསྟན་པའི་ཤེས་སྒྲིབ་རྟོག་པ་ཡིན་པས་མ་ཁྱབ་པའི་ཕྱིར། དེར་ཐལ། རྩེ་སྦྱོར་གྱི་སྐབས་ནས་བསྟན་པའི་ཤེས་སྒྲིབ་རྟོག་པ་ཡིན་ན། དེའི་སྐབས་ནས་དངོས་སུ་བསྟན་པའི་ཤེས་སྒྲིབ་རྟོག་པ་ཡིན་པས་མ་ཁྱབ་པའི་ཕྱིར།

ཡང་ཁོ་ན་རེ། དེ་ཤེས་སྒྲིབ་ལྡོག་པ་གཟུང་རྟོག་ཡིན་པར་ཐལ། ཤེས་སྒྲིབ་ལྡོག་པ་གཟུང་རྟོག་གི་མཚན་གཞི་ཡོད་པའི་ཕྱིར་ཟེར་ན། མ་ཁྱབ་སྟེ། བྱང་སེམས་ལམ་གྱི་ལྡོག་བྱར་གྱུར་པའི་ཉན་རང་གི་ལམ་འབྲས་ལ་དམིགས་ནས་ལོངས་སྤྱད་བྱར་བདེན་པར་ཞེན་པའི་ཞེན་རིག་དེ་ཤེས་སྒྲིབ་ལྡོག་པ་གཟུང་རྟོག་གི་མཚན་གཞི་ཡིན་པའི་ཕྱིར་ཏེ། དེའི་མཚན་གཞི་ཡོད་པའི་ཕྱིར། དེ་ལྟ་མ་ཡིན་ན། ཉན་རང་གི་ལམ་འབྲས་ལ་དམིགས་ནས་བྱང་སེམས་ལམ་གྱི་ལྡོག་བྱར་བདེན་པར་ཞེན་པའི་ཞེན་རིག་དེ། ལོངས་སྤྱད་བྱར་བདེན་པར་ཞེན་པའི་ཞེན་རིག་ཡིན་པར་ཐལ། དེ་ཤེས་སྒྲིབ་གཟུང་རྟོག་ཡིན་པའི་ཕྱིར། འདོད་ན། དེ་ཉན་རང་གི་ལམ་འབྲས་ལ་དམིགས་ནས་ལོངས་སྤྱོད་བྱར་བདེན་པར་ཞེན་པའི་ཞེན་རིག་ཡིན་པར་ཐལ། འདོད་པའི་ཕྱིར། འདོད་ན། དེ་དེ་ལ་དམིགས་ནས་གཟུང་བར་བདེན་པར་ཞེན་པའི་ཞེན་རིག་ཡིན་པར་ཐལ། འདོད་པའི་ཕྱིར། འདོད་ན། དེ་རྟོག་པ་སེལ་འཇུག་མ་ཡིན་པར་ཐལ། འདོད་པའི་ཕྱིར།

ཁོ་ན་རེ། དེ་ཆོས་ཅན། གཟུང་བར་བདེན་པར་ཞེན་པའི་ཞེན་རིག་ཡིན་པར་ཐལ། ཡུལ་དུ་བདེན་པར་ཞེན་པའི་ཞེན་རིག་ཡིན་པའི་ཕྱིར། དེར་ཐལ། ཉན་རང་གི་ལམ་འབྲས་ལ་དམིགས་ནས་

退還所取分別故。理應如是，因彼是『轉趣及退還』中『退還』之文時顯示之所知障分別故。」今此不周遍。彼因理應如是，因彼是頂加行時顯示之所知障分別故。理應如是，因彼是此示所知障分別，且《心要莊嚴疏》云：「此處只是略攝而解說，應知與頂加行階段所說同義理。」故。

於不周遍處理應不周遍，因若是「退還」時顯示之所知障分別，不周遍是彼時直接顯示之所知障分別故。理應如是，因若是頂加行時顯示之所知障分別，不周遍是彼時直接顯示之所知障分別故。

又有云：「彼理應是所知障退還所取分別，因有所知障退還所取分別之事相故。」不周遍，因緣屬菩薩道所捨之聲緣道果而耽著其為諦實受用品之耽著知，是所知障退還所取分別之事相故，因有彼之事相故。若非如是，緣聲緣道果耽著其為諦實菩薩道所捨之耽著知，理應是耽著其為諦實受用品之耽著知，因彼是所知障所取分別故。若許，彼理應是緣聲緣道果而耽著其為諦實受用品之耽著知，因許故。若許，彼理應是緣彼而耽著其為諦實所取之耽著知，因許故。若許，彼理應非遣入分別，因許故。

有云：「彼為有法，理應是耽著其為諦實所取之耽著知，因是耽著其為諦實境之耽著知故。理應如是，因是緣聲緣道果而耽著其

བྱང་སེམས་ལམ་གྱི་ལྡོག་བྱའི་ཡུལ་དུ་བདེན་པར་ཞེན་པའི་ཞེན་རིག་ཡིན་པའི་ཕྱིར། དེར་ཐལ། ཆོས་ཅན་དེ་ཡིན་པའི་ཕྱིར་ན། མ་ཁྱབ་སྟེ། འོ་ན། དེ་ཆོས་ཅན། ཉན་རང་གི་ལམ་འབྲས་ལ་དམིགས་ནས་བྱང་སེམས་ལམ་གྱི་ལྡོག་བྱའི་འཇུག་བྱར་བདེན་པར་ཞེན་པའི་ཞེན་རིག་ཡིན་པར་ཐལ། ཆོས་ཅན་དེའི་ཕྱིར། ཁྱབ་པ་ཁས།

གཞན་ཡང་། སྔར་དྲངས་པའི་རྣམ་བཤད་ཀྱི་ལུང་དོན་མ་གྲུབ་པར་ཐལ། དམ་བཅའ་དེའི་ཕྱིར།

ཁོ་ན་རེ། ཞེན་རིག་དེ་གཟུང་བ་ཙམ་དུ་རྟོག་པ་དང་། འཛིན་པ་ཙམ་དུ་རྟོག་པ་གང་རུང་མ་ཡིན་པ་གསུང་དེའི་དོན་ཡིན་ཟེར་བ་མི་འཐད་དེ། དེ་གཟུང་བ་ཙམ་དུ་རྟོག་པ་ཡིན་པའི་ཕྱིར་ཏེ། དེ་གཟུང་བ་ཙམ་དུ་བདེན་པར་ཞེན་པའི་བློ་ཡིན་པའི་ཕྱིར། མ་གྲུབ་ན་སོང་། དེར་ཐལ། དེ་ཉན་རང་གི་ལམ་འབྲས་ལ་དམིགས་ནས་བྱང་སེམས་ལམ་གྱི་ལྡོག་བྱའི་གཟུང་བ་ཙམ་དུ་བདེན་པར་ཞེན་པའི་བློ་ཡིན་པའི་ཕྱིར། དེར་ཐལ། དེ་དེའི་གཟུང་བ་ཙམ་དུ་ཞེན་པའི་བློ་གང་ཞིག དེའི་གཟུང་བ་ཙམ་དུ་བདེན་པར་ཞེན་པའི་བློ་ཡོད་པའི་ཕྱིར། རྟགས་དང་པོ་ཁས།

ཁོ་ན་རེ། ཉན་རང་གི་ལམ་འབྲས་ལ་དམིགས་ནས་བྱང་སེམས་ལམ་གྱི་ལྡོག་བྱའི་གཟུང་བར་བདེན་པར་ཞེན་པའི་ཞེན་རིག་དེ་ཤེས་སྒྲིབ་ལྡོག་པ་གཟུང་རྟོག་ཏུ་བྱེད་པ་རྣམ་བཤད་ཀྱི་དོན་ཡིན་ཟེར་བ་མི་འཐད་དེ། དེ་ལྟ་བུའི་ཞེན་རིག་དེ་ཉན་རང་གི་ལམ་འབྲས་ལ་དམིགས་ནས་གཟུང་བར་བདེན་པར་ཞེན་པའི་རྟོག་པ་མ་ཡིན་པའི་ཕྱིར། དེར་ཐལ། ཉན་རང་གི་ལམ་འབྲས་ལ་དམིགས་ནས་ལོངས་སྤྱོད་བྱེད་དུ་གཟུང་བར་བདེན་པར་ཞེན་པའི་ཞེན་རིག་དེ། དེ་མ་ཡིན་པའི་ཕྱིར། མ་གྲུབ་ན། ཞེན་རིག་དེ་ཉན་རང་གི་ལམ་འབྲས་ལ་དམིགས་ནས་ལོངས་སྤྱོད་བྱེད་དུ་བདེན་པར་ཞེན་པའི་ཞེན་རིག་ཡིན་པར་ཐལ། མ་གྲུབ་པ་གང་ཞིག་རྒྱུ་མཚན་མཚུངས་པའི་ཕྱིར།

འདོད་ན། དེ་ཆོས་ཅན། ཤེས་སྒྲིབ་འཛིན་རྟོག་ཡིན་པར་ཐལ། ལོངས་སྤྱོད་བྱེད་དུ་བདེན་པར་ཞེན་པའི་ཞེན་རིག་ཡིན་པའི་ཕྱིར། འདོད་མི་ནུས་ཏེ། ཤེས་སྒྲིབ་གཟུང་རྟོག་ཡིན་པའི་ཕྱིར། དེར་ཐལ། ལོངས་སྤྱད་བྱར་བདེན་པར་ཞེན་པའི་ཞེན་རིག་ཡིན་པའི་ཕྱིར། དེར་ཐལ། གཟུང་བར་བདེན་པར་ཞེན་པའི་ཞེན་རིག་ཡིན་པའི་ཕྱིར། རྟགས་ཁས། ལེགས་པར་སེམས་ཤིག

為諦實菩薩道所捨之境的耽著知故。理應如是，因是彼有法故。」不周遍，那麼，彼為有法，理應是緣聲緣道果而耽著其為諦實菩薩道所捨之所趣入的耽著知，因是彼有法故。承許周遍。

復次，前引之《心要莊嚴疏》之論義理應不成立，因彼宗故。

有云：「彼耽著知非僅分別為所取與僅分別為能取任一，為彼說之義。」不應理，因彼是僅分別為所取故。因彼是僅耽著其為諦實所取之覺知故。若不成則成相違，理應如是，因彼是緣聲緣道果而僅耽著其為諦實菩薩道所捨之所取的覺知故。理應如是，因彼是僅耽著彼之所取之覺知，且有僅耽著其為諦實彼之所取的覺知故。初因已許。

有云：「緣聲緣道果而耽著其為諦實菩薩道所捨之所趣入的耽著知，是所知障退還所取分別，乃《心要莊嚴疏》之義。」不應理，因如此耽著知非緣聲緣道果而耽著其為諦實所取之分別故。理應如是，因緣聲緣道果而耽著其為諦實所取能受用品之耽著知非彼故。若不成，彼耽著知理應是緣聲緣道果而耽著其為諦實能受用品之耽著知，因不成，且理由相同故。

若許，彼為有法，理應是所知障能取分別，因是耽著其為諦實能受用品之耽著知故。不能許，因是所知障所取分別故。理應如是，因是耽著其為諦實受用品之耽著知故。理應如是，因是耽著其為諦實所取之耽著知故。承許因。當善思！

ཁ་ཅིག རང་གི་དམིགས་ཡུལ་དུ་གྱུར་པའི་གཟུང་བ་ལ་དམིགས་ནས་བདེན་པར་ཞེན་པའི་ཞེན་རིག ཤེས་སྒྲིབ་གཟུང་རྟོག་གི་མཚན་ཉིད། རང་གི་དམིགས་ཡུལ་དུ་གྱུར་པའི་འཛིན་པ་ལ་དམིགས་ནས་བདེན་པར་ཞེན་པའི་ཞེན་རིག ཤེས་སྒྲིབ་འཛིན་རྟོག་གི་མཚན་ཉིད་ཟེར་བ་མི་འཐད་དེ། དེ་ལྟར་ན། ཤེས་སྒྲིབ་འཛིན་རྟོག་དང་གཟུང་རྟོག་མི་འགལ་དགོས་པའི་ཕྱིར་ཏེ། བུམ་འཛིན་རྟོག་པ་ལྟ་བུ་གཟུང་བ་དང་འཛིན་པ་གཉིས་ཀ་ཡིན་པའི་ཕྱིར།

རང་ལུགས་ཀྱི་མཚན་ཉིད་དེ་ལ། ཁ་ཅིག བུམ་འཛིན་རྟོག་པ་ལ་དམིགས་ནས་ལོངས་སྤྱོད་བྱ་སྤྱོད་བྱེད་གཉིས་ཀར་བདེན་པར་ཞེན་པའི་ཞེན་རིག་ཆོས་ཅན། མཚོན་བྱ་སྟ་མ་དེར་ཐལ། མཚན་ཉིད་དེའི་ཕྱིར། དེར་ཐལ། བུམ་འཛིན་རྟོག་པ་ལ་དམིགས་ནས་ལོངས་སྤྱོད་བྱར་བདེན་པར་ཞེན་པའི་ཞེན་རིག་ཡིན་པའི་ཕྱིར་ཏེ། ཆོས་ཅན་དེའི་ཕྱིར་ན་མ་ཁྱབ།

ཡང་དེ་ཆོས་ཅན། མཚོན་བྱ་ཕྱི་མ་དེར་ཐལ། མཚན་ཉིད་དེའི་ཕྱིར། དེར་ཐལ། བུམ་འཛིན་རྟོག་པ་ལ་དམིགས་ནས་ལོངས་སྤྱོད་བྱེད་དུ་བདེན་པར་ཞེན་པའི་ཞེན་རིག་ཡིན་པའི་ཕྱིར་ཏེ། ཆོས་ཅན་དེའི་ཕྱིར་ཟེར་ན། ཡང་མ་ཁྱབ། འོ་ན། བུམ་འཛིན་རྟོག་པ་ལ་དམིགས་ནས་རྟག་མི་རྟག་གཉིས་ཀར་བདེན་པར་ཞེན་པའི་ཞེན་རིག་དེ། བུམ་འཛིན་རྟོག་པ་ལ་དམིགས་ནས་མི་རྟག་པར་བདེན་པར་ཞེན་པའི་ཞེན་རིག་ཡིན་པར་ཐལ། དེ་དེ་ལ་དམིགས་ནས་རྟག་མི་རྟག་གཉིས་ཀར་བདེན་པར་ཞེན་པའི་ཞེན་རིག་ཡིན་པའི་ཕྱིར། ཁྱབ་པ་ཁས། འདོད་ན། དེ་ཆོས་ཅན། བདེན་འཛིན་ཡིན་པར་ཐལ། འདོད་པའི་ཕྱིར། འདོད་ན། བུམ་འཛིན་རྟོག་པ་རྟག་མི་རྟག་གཉིས་ཀར་བདེན་པར་མ་གྲུབ་པ་སྟོང་ཉིད་ཡིན་པར་ཐལ། དེ་རྟག་མི་རྟག་གཉིས་ཀར་བདེན་པར་ཞེན་པའི་ཞེན་རིག་བདེན་འཛིན་ཡིན་པའི་ཕྱིར། འདོད་མི་ནུས་ཏེ། སེམས་ཙམ་པས་དེ་རྟོགས་པའི་ཕྱིར་ཏེ། དེས་དེ་རྟག་མི་རྟག་གཉིས་ཀར་མ་གྲུབ་པར་རྟོགས་པའི་ཕྱིར།

གཞན་ཡང་། བུམ་འཛིན་རྟོག་པ་ལ་དམིགས་ནས་ལོངས་སྤྱོད་བྱ་སྤྱོད་བྱེད་གཉིས་ཀར་བདེན་པར་ཞེན་པའི་ཞེན་རིག་གི་ཞེན་ཡུལ་ཡིན་ན། བུམ་འཛིན་རྟོག་པ་ལ་དམིགས་ནས་ལོངས་སྤྱོད་བྱར་བདེན་པར་ཞེན་པའི་ཞེན་རིག་གི་ཞེན་ཡུལ་ཡིན་དགོས་པར་ཐལ། བུམ་འཛིན་རྟོག་པ་ལོངས་སྤྱོད་

有云：「緣屬自所緣境之所取而耽著為諦實之耽著知，乃所知障所取分別之性相；緣屬自所緣境之能取而耽著為諦實之耽著知，乃所知障能取分別之性相。」不應理，因若如是，所知障能取分別與所取分別須不相違故。因如執瓶分別，是所取與能取二者故。

於自宗性相，有云：「緣執瓶分別而耽著其為諦實受用品與能受用品二者之耽著知為有法，理應是前名相，因是彼性相故。理應如是，因是緣執瓶分別而耽著其為諦實受用品之耽著知故。因是彼有法故。」不周遍。

又「彼為有法，理應是後名相，因是彼性相故。理應如是，因是緣執瓶分別而耽著其為諦實能受用品之耽著知故。因是彼有法故。」亦不周遍。那麼，緣執瓶分別而耽著其為諦實常無常二者之耽著知，理應是緣執瓶分別而耽著其為諦實無常之耽著知，因彼是緣彼而耽著其為諦實常無常二者之耽著知故。承許周遍，若許，彼為有法，理應是實執，因許故。若許，執瓶分別常與無常二者非諦實成立理應是空性，因耽著執瓶分別常與無常二者諦實成立之耽著知是諦實執故。不能許，因唯識師通達彼故。因彼通達彼常無常二者不成立故。

復次，若是緣執瓶分別而耽著其為諦實所受用品與能受用品二者之耽著知的耽著境，理應必是緣執瓶分別而耽著其為諦實受用品之耽著知的耽著境，因執瓶分別為諦實受用品成立，是緣彼而耽著

བྱུར་བདེན་པར་གྲུབ་པ་དེ། དེ་ལ་དམིགས་ནས་ལོངས་སྤྱོད་བྱ་སྤྱོད་བྱེད་གཉིས་ཀར་བདེན་པར་ཞེན་པའི་ཞེན་རིག་གི་ཞེན་ཡུལ་ཡིན་པའི་ཕྱིར། དེར་ཐལ། ཞེན་རིག་དེ་རྟོག་པ་དེ་ལ་དམིགས་ནས་ལོངས་སྤྱོད་བྱུར་བདེན་པར་ཞེན་པའི་ཞེན་རིག་ཡིན་པའི་ཕྱིར། རྟགས་ཁས།

རྩ་བར་འདོད་ན། བུམ་འཛིན་རྟོག་པ་ལོངས་སྤྱོད་བྱེད་དུ་བདེན་པར་གྲུབ་པ་ཆོས་ཅན། དེར་ཐལ། དེའི་ཕྱིར། མ་གྲུབ་ན། དེར་ཐལ། ཞེན་རིག་དེ་རྟོག་པ་དེ་ལ་དམིགས་ནས་ལོངས་སྤྱོད་བྱེད་དུ་བདེན་པར་ཞེན་པའི་ཞེན་རིག་ཡིན་པའི་ཕྱིར། རྟགས་ཁས། འདོད་མི་རིགས་ཏེ། བུམ་འཛིན་རྟོག་པ་ལ་དམིགས་ནས་ལོངས་སྤྱོད་བྱེད་དུ་བདེན་པར་ཞེན་པའི་ཞེན་རིག་གི་ཞེན་ཡུལ་ཡིན་པའི་ཕྱིར། ཁྱབ་སྟེ། རྟོག་པ་རྣམས་སེལ་འཇུག་ཡིན་པའི་ཕྱིར།

ཁ་ཅིག བུམ་འཛིན་རྟོག་པ་མི་རྟག་པར་བདེན་པར་ཞེན་པའི་ཞེན་རིག་དེ། བུམ་འཛིན་རྟོག་པ་མི་རྟག་པར་ཞེན་པའི་རྟོག་པ་ཡིན་ཟེར་བ་མི་འཐད་དེ། བུམ་འཛིན་རྟོག་པ་མི་རྟག་པར་ཞེན་པའི་རྟོག་པ་ཡིན་ན། རྟོག་པ་དོན་མཐུན་ཡིན་དགོས་པའི་ཕྱིར་ཏེ། དེ་མི་རྟག་པར་འཛིན་པའི་རྟོག་པ་ཡིན་ན། རྟོག་པ་དོན་མཐུན་ཡིན་དགོས་པའི་ཕྱིར།

ཁོ་ན་རེ། བུམ་འཛིན་རྟོག་པ་མི་རྟག་པར་དམ་བཅས་པའི་དམ་བཅའ་ཡིན་ན། དམ་བཅའ་ཡང་དག་ཡིན་དགོས་པར་ཐལ། བུམ་འཛིན་རྟོག་པ་མི་རྟག་པར་འཛིན་པའི་རྟོག་པ་ཡིན་ན། རྟོག་པ་དོན་མཐུན་ཡིན་དགོས་པའི་ཕྱིར་ན། འདིར་མ་ཁྱབ། འདོད་ན། བུམ་འཛིན་རྟོག་པ་མི་རྟག་པར་ཚད་མས་མ་གྲུབ་པའི་གྲོལ་བས་བུམ་འཛིན་རྟོག་པ་མི་རྟག་པར་དམ་བཅས་པའི་དམ་བཅའ་ཆོས་ཅན། དེར་ཐལ། དེའི་ཕྱིར། འདོད་ན། རང་གི་ཞེན་དོན་རང་དམ་འཆའ་བ་པོའི་གང་ཟག་གིས་ཚད་མས་གྲུབ་པར་ཐལ། འདོད་པའི་ཕྱིར་ཟེར།

མ་ཁྱབ་མཚམས་སུ་དེར་ཐལ། བུམ་འཛིན་རྟོག་པ་མི་རྟག་པར་འཛིན་པའི་རྟོག་པ་དོན་མཐུན་ཡིན་ན། རང་རྒྱུད་ལྡན་གྱི་གང་ཟག་གིས་རང་གི་ཞེན་ཡུལ་རྟོགས་པས་ཁྱབ་པ་མེད་ན། དེ་མི་རྟག་པར་དམ་བཅས་པའི་དམ་བཅའ་ཡིན་ན། རང་གི་ཞེན་དོན་རང་དམ་འཆའ་བ་པོའི་གང་ཟག་གིས་རྟོགས་དགོས་པའི་ཁྱབ་པ་མེད་མི་དགོས་པའི་ཕྱིར། ཁྱབ་པ་ཁས། མ་གྲུབ་ན། དེར་ཐལ། དེའི་

其為諦實受用品能受用品二者之耽著知的耽著境故。理應如是，因彼耽著知是緣彼分別而耽著其為諦實受用品之耽著知故。承許因。

若許根本，執瓶分別為諦實能受用品成立為有法，理應如是，因如是故。若不成，理應如是，因彼耽著知乃緣彼分別而耽著其為諦實能受用品之耽著知故。承許因，不能許，因是緣執瓶分別而耽著其為諦實能受用品之耽著知的耽著境故。周遍，因諸分別是遣入故。

有云：「耽著執瓶分別為諦實無常之耽著知，是耽著執瓶分別為無常之分別。」不應理，因若是耽著執瓶分別為無常之分別，須是符義分別故。因若是執彼為無常之分別，須是符義分別故。

有云：「若是立執瓶分別為無常之宗，理應須是無誤宗，因若是執執瓶分別為無常之分別，須是符義分別故。」今此不周遍，若許，「未以量成立執瓶分別是無常之諍論者」所立執瓶分別為無常之宗為有法，理應如是，因如是故。若許，自之耽著義理應由主張自之補特伽羅以量成立，因許故。

於不周遍處，理應如是，因若無「若是執執瓶分別為無常之符義分別，相續具自補特伽羅周遍通達自之耽著境」之周遍，不須無「若是立彼為無常之宗，自之耽著義須由主張彼之補特伽羅所通達」之周遍故。承許周遍，若不成，理應如是，因如是故。若不成，

ཕྱིར། མ་གྲུབ་ན། སེམས་ཙམ་པའི་རྒྱུད་ཀྱི་ཀུན་བཏགས་བདེན་མེད་དུ་འཛིན་པའི་རྟོག་པ་ཆོས་ཅན། རང་གི་ཞེན་ཡུལ་རང་རྒྱུད་ལྡན་གྱི་གང་ཟག་གིས་རྟོགས་པར་ཐལ། ཀུན་བཏགས་བདེན་མེད་དུ་འཛིན་པའི་རྟོག་པ་དོན་མཐུན་ཡིན་པའི་ཕྱིར། ཁྱབ་པ་ཁས།

ཡང་ཁོན་རེ། གང་ཟག་གི་བདག་ལ་དམིགས་ནས་ཡོངས་སྤྱད་བྱར་བདེན་པར་ཞེན་པའི་ཞེན་རིག་ཆོས་ཅན། ཤེས་སྒྲིབ་གཟུང་རྟོག་ཡིན་པར་ཐལ། མཚན་ཉིད་དེའི་ཕྱིར། ཁྱབ་པ་ཁས། དེར་ཐལ། གང་ཟག་གི་བདག་ལ་དམིགས་ནས་ཡོངས་སྤྱད་བྱར་བདེན་པར་ཞེན་པའི་ཞེན་རིག་ཡིན་པའི་ཕྱིར་ཟེར་ན། མ་ཁྱབ་སྟེ། དེ་ལ་དམིགས་ནས་ཡོངས་སྤྱད་བྱར་བདེན་པར་ཞེན་པའི་ཞེན་རིག་དེ་བདེན་འཛིན་མ་ཡིན་པའི་ཕྱིར་ཏེ། གང་ཟག་གི་བདག་ཡོངས་སྤྱད་བྱ་མ་ཡིན་པའི་ཕྱིར་ཏེ། དེ་ཡུལ་མ་ཡིན་པའི་ཕྱིར།

ཡང་ཁོན་རེ། བུམ་པ་ལ་དམིགས་ནས་ཡོངས་སྤྱོད་བྱེད་དུ་བདེན་པར་ཞེན་པའི་ཞེན་རིག་ཆོས་ཅན། ཤེས་སྒྲིབ་འཛིན་རྟོག་ཡིན་པར་ཐལ། མཚན་ཉིད་དེའི་ཕྱིར། ཁྱབ་པ་ཁས། དེར་ཐལ། བུམ་པ་ལ་དམིགས་ནས་ཡོངས་སྤྱོད་བྱེད་དུ་བདེན་པར་ཞེན་པའི་ཞེན་རིག་ཡིན་པའི་ཕྱིར་ཟེར་ན། མ་ཁྱབ་སྟེ། དེ་ལ་དམིགས་ནས་ཡོངས་སྤྱོད་བྱེད་དུ་བདེན་པར་ཞེན་པའི་ཞེན་རིག་དེ་བདེན་འཛིན་མ་ཡིན་པའི་ཕྱིར། དེར་ཐལ། བུམ་པ་ཡོངས་སྤྱོད་བྱེད་མ་ཡིན་པའི་ཕྱིར་ཏེ། དེ་ཡུལ་ཅན་མ་ཡིན་པའི་ཕྱིར།

ཤེས་སྒྲིབ་གཟུང་རྟོག་ལ་དབྱེ་ན། ཤེས་སྒྲིབ་ཀུན་ནས་ཉོན་མོངས་གཟུང་རྟོག་དང་། ཤེས་སྒྲིབ་རྣམ་བྱང་གཟུང་རྟོག་གཉིས་ཡོད་པ་ལས།

ཁ་ཅིག རང་གི་དམིགས་ཡུལ་དུ་གྱུར་པའི་སྡུག་བསྔལ་བདེན་པ་ལ་དམིགས་ནས་ཡོངས་སྤྱད་བྱར་བདེན་པར་ཞེན་པའི་ཞེན་རིག་དེ། ཤེས་སྒྲིབ་ཀུན་ནས་ཉོན་མོངས་གཟུང་རྟོག་གི་མཚན་ཉིད་ཟེར་བ་མི་རིགས་ཏེ། སྡུག་བསྔལ་བདེན་པར་གྱུར་པའི་དད་པའི་དབང་པོ་ལ་དམིགས་ནས་ཡོངས་སྤྱད་བྱར་བདེན་པར་ཞེན་པའི་ཞེན་རིག་དེ། ཤེས་སྒྲིབ་ཀུན་ནས་ཉོན་མོངས་གཟུང་རྟོག་མ་ཡིན་པའི་ཕྱིར་ཏེ། སྡུག་བསྔལ་བདེན་པར་གྱུར་པའི་དད་པའི་དབང་པོ་དེ། ཀུན་ནས་ཉོན་མོངས་ཕྱོགས་ཀྱི་བདེན་པ་མ་ཡིན་པའི་ཕྱིར་ཏེ། དེ་རྣམ་བྱང་གི་དབང་པོ་ཡིན་པའི་ཕྱིར།

ཡང་ཁ་ཅིག ཉོན་མོངས་ལ་དམིགས་ནས་ཡོངས་སྤྱད་བྱར་བདེན་པར་ཞེན་པའི་ཞེན་རིག་དེ།

唯識師相續之執遍計無諦實之分別為有法，相續具自補特伽羅理應通達自之耽著境，因是執遍計無諦實之符義分別故。承許周遍。

又有云：「緣補特伽羅我而耽著其為諦實受用品之耽著知為有法，理應是所知障所取分別，因是彼性相故。承許周遍，理應如是，因是緣補特伽羅我而耽著其為諦實受用品之耽著知故。」不周遍，因緣彼而耽著其為諦實受用品之耽著知非實執故。因補特伽羅我非受用品故。因彼非境故。

又有云：「緣瓶而耽著其為諦實能受用品之耽著知為有法，理應是所知障能取分別，因是彼性相故。承許周遍，理應如是，因是緣瓶而耽著其為諦實能受用品之耽著知故。」不周遍，因緣彼而耽著其為諦實能受用品之耽著知非實執故。理應如是，因瓶非能受用品故。因彼非有境故。

所知障所取分別可分：所知障染污所取分別與所知障清淨所取分別二者。

有云：「緣屬自所緣境之苦諦而耽著其為諦實受用品之耽著知，是所知障染污所取分別之性相。」不合理，因緣屬苦諦之信根而耽著其為諦實受用品之耽著知，非所知障染污所取分別故。因屬苦諦之信根非染污品諦故。因彼是清淨根故。

又有云：「緣煩惱而耽著其為諦實受用品之耽著知，乃所知障

ཤེས་སྒྲིབ་ཀུན་ནས་ཉོན་མོངས་གཟུང་རྟོག་གི་མཚན་ཉིད་ཟེར་བ་མི་འཐད་དེ། ཀུན་ནས་ཉོན་མོངས་ཕྱོགས་ཀྱིས་བསྡུས་པའི་རྣམ་ཤེས་ཀྱི་ཕུང་པོ་ལ་དམིགས་ནས་ལོངས་སྤྱོད་བྱར་བདེན་པར་ཞེན་པའི་ཞེན་རིག་དེ། མཚོན་བྱ་དེ་ཡིན་པ་གང་ཞིག མཚན་ཉིད་དེ་མ་ཡིན་པའི་ཕྱིར། དང་པོ་དེར་ཐལ། དེ་ཡོད་པའི་ཕྱིར། ཕྱི་མ་དེར་ཐལ། ཀུན་ནས་ཉོན་མོངས་ཕྱོགས་ཀྱིས་བསྡུས་པའི་རྣམ་ཤེས་ཀྱི་ཕུང་པོ་ཉོན་མོངས་མ་ཡིན་པའི་ཕྱིར་ཏེ། ཉོན་མོངས་ཡིན་ན། སེམས་བྱུང་ཡིན་དགོས་པའི་ཕྱིར།

རང་ལུགས་ནི། རང་གི་དམིགས་ཡུལ་དུ་གྱུར་པའི་ཀུན་ནས་ཉོན་མོངས་ཕྱོགས་ཀྱི་བདེན་པ་ལ་དམིགས་ནས་ལོངས་སྤྱོད་བྱར་བདེན་པར་ཞེན་པའི་ཞེན་རིག་དེ། ཤེས་སྒྲིབ་ཀུན་ནས་ཉོན་མོངས་གཟུང་རྟོག་གི་མཚན་ཉིད། དེ་ལ་དབྱེ་ན། ཉོན་མོངས་ཅན་གྱི་མ་རིག་པ་ལ་དམིགས་ནས་ལོངས་སྤྱོད་བྱར་བདེན་པར་ཞེན་པའི་ཞེན་རིག་སོགས་དགུ་ཡོད། རང་གི་དམིགས་ཡུལ་དུ་གྱུར་པའི་རྣམ་བྱང་ཕྱོགས་ཀྱི་བདེན་པ་ལ་དམིགས་ནས་ལོངས་སྤྱོད་བྱར་བདེན་པར་ཞེན་པའི་ཞེན་རིག་དེ། ཤེས་སྒྲིབ་རྣམ་བྱང་གཟུང་རྟོག་གི་མཚན་ཉིད། དེ་ལ་དབྱེ་ན། རྣམ་བྱང་གི་ཕུང་པོ་ལ་དམིགས་ནས་ལོངས་སྤྱོད་བྱར་བདེན་པར་ཞེན་པའི་ཞེན་རིག་སོགས་དགུ་ཡོད།

ཁ་ཅིག འཕགས་པའི་ལུགས་ལ། ཤེས་སྒྲིབ་ཀུན་ནས་ཉོན་མོངས་གཟུང་རྟོག་ཡིན་ན། ཤེས་སྒྲིབ་རྣམ་བྱང་གཟུང་རྟོག་ཡིན་པས་ཁྱབ་སྟེ། ཉི་ཁྲི་སྣང་བ་ལས། གཟུང་བའི་རྣམ་པར་རྟོག་པ་དང་པོ་གང་ཡིན་པ་གཉིས་པའང་ཡིན་ནོ། །ཞེས་གསུངས་པའི་ཕྱིར། ཟེར་ན་མི་འཐད་དེ། འཕགས་པའི་ལུགས་ལ། ཤེས་སྒྲིབ་ཀུན་ནས་ཉོན་མོངས་གཟུང་རྟོག་དང་། ཤེས་སྒྲིབ་རྣམ་བྱང་གཟུང་རྟོག་གི་ཐ་སྙད་མི་འཐད་པའི་ཕྱིར།

ཁོ་ན་རེ། འཕགས་པའི་ལུགས་ལ། ཤེས་སྒྲིབ་གཟུང་རྟོག་དང་པོ་ཡིན་ན། ཤེས་སྒྲིབ་གཟུང་རྟོག་གཉིས་པ་ཡིན་པས་ཁྱབ་པ། ལུང་དེའི་དོན་ཡིན་ཞེ་ན། དེ་ཡང་མི་འཐད་པར་ཐལ། འཕགས་པའི་ལུགས་ལ། ཤེས་སྒྲིབ་གཟུང་རྟོག་དང་པོ་དང་། གཉིས་པ་འགལ་བའི་ཕྱིར། དེར་ཐལ། དེའི་ལུགས་ལ། ཤེས་སྒྲིབ་གཟུང་རྟོག་དང་པོ་ཡིན་ན། རང་གི་དམིགས་ཡུལ་དུ་གྱུར་པའི་ཀུན་ནས་ཉོན་

◆現觀辨析（中）

染污所取分別之性相。」不應理，因緣染污品所攝之識蘊而耽著其為諦實受用品之耽著知，是彼名相且非彼性相故。初者理應如是，因彼存在故。後者理應如是，因染污品所攝之識蘊非煩惱故。因若是煩惱，須是心所故。

自宗：「緣屬自所緣境之染污品諦而耽著其為諦實受用品之耽著知」是所知障染污所取分別之性相。彼可分為：緣染污無明而耽著其為諦實受用品之耽著知等九種。「緣屬自所緣境之清淨品諦而耽著其為諦實受用品之耽著知」乃所知障清淨所取分別之性相。彼可分為：緣清淨之蘊而耽著其為諦實受用品之耽著知等九種。

有云：「於聖者宗，若是所知障染污所取分別，周遍是所知障清淨所取分別，因《二萬頌光明釋》：『所有第一所取分別，亦是第二。』故。」不應理，因於聖者宗，所知障染污所取分別與所知障清淨所取分別之名言不應理故。

有云：「於聖者宗，若是所知障第一所取分別，周遍是所知障第二所取分別，是彼文之義。」彼亦理應不應理，因於聖者宗，所知障第一與第二所取分別相違故。理應如是，因於彼宗，若是所知障第一所取分別，周遍有屬自所緣境之染污品之法與清淨品之法二

མོངས་ཕྱོགས་ཀྱི་ཆོས་དང་། རྣམ་བྱང་ཕྱོགས་ཀྱི་ཆོས་གཉིས་ཀ་ཡོད་པས་ཁྱབ། ཤེས་སྒྲིབ་གཟུང་རྟོག་གཉིས་པ་ཡིན་ན། རང་གི་དམིགས་ཡུལ་དུ་གྱུར་པའི་ཀུན་ནས་ཉོན་མོངས་ཕྱོགས་ཀྱི་ཆོས་མེད་ཅིང་། རྣམ་བྱང་ཕྱོགས་ཀྱི་ཆོས་གཅིག་པུ་ཡོད་པས་ཁྱབ་པའི་ཕྱིར། དེར་ཐལ། ཉི་ཁྲི་སྣང་བ་ལས། གཟུང་བའི་རྣམ་པར་རྟོག་པ་དང་པོ་ནི། དངོས་པོ་ཐམས་ཅད་པ་ཁོ་ན་ཡིན་ལ། གཉིས་པ་ནི་རྣམ་པར་བྱང་བའི་དངོས་པོ་ཁོ་ན་ཡིན་ཏེ། འདི་ནི་གཟུང་བའི་རྣམ་པར་རྟོག་པ་འདི་དག་གི་ཁྱད་པར་རོ། །ཞེས་གསུངས་པའི་ཕྱིར།

འོ་ན། ཉི་སྣང་གི་ལུང་སྔ་མའི་དོན་གང་ཡིན་ཞེ་ན།

ཁ་ཤད་དུ་ཡོད་དེ། ཤེས་སྒྲིབ་གཟུང་རྟོག་དང་པོའི་དམིགས་ཡུལ་ལ་ཀུན་ནས་ཉོན་མོངས་ཕྱོགས་ཀྱི་ཆོས་དང་། རྣམ་བྱང་ཕྱོགས་ཀྱི་ཆོས་གཉིས་ཡོད་པའི་ནང་ནས། རྣམ་བྱང་ཕྱོགས་ཀྱི་ཆོས་ལ་དམིགས་ནས་ལོངས་སྤྱད་བྱར་བདེན་པར་ཞེན་པའི་ཞེན་རིག་དེ། ཤེས་སྒྲིབ་གཟུང་རྟོག་གཉིས་པ་ཡིན་ཞེས་པའི་དོན་ཡིན་པའི་ཕྱིར།

ཤེས་སྒྲིབ་འཛིན་རྟོག་ལ་དབྱེ་ན། ཤེས་སྒྲིབ་རྫས་འཛིན་རྟོག་པ་དང་། ཤེས་སྒྲིབ་བཏགས་འཛིན་རྟོག་པ་གཉིས་ཡོད་པ་ལས། རང་གི་དམིགས་ཡུལ་དུ་གྱུར་པའི་རྫས་འཛིན་ལ་དམིགས་ནས་ལོངས་སྤྱོད་བྱེད་དུ་བདེན་པར་ཞེན་པའི་ཞེན་རིག་དེ། ཤེས་སྒྲིབ་རྫས་འཛིན་རྟོག་པའི་མཚན་ཉིད། རང་གི་དམིགས་ཡུལ་དུ་གྱུར་པའི་བཏགས་འཛིན་ལ་དམིགས་ནས་ལོངས་སྤྱོད་བྱེད་དུ་བདེན་པར་ཞེན་པའི་ཞེན་རིག་དེ། ཤེས་སྒྲིབ་བཏགས་འཛིན་རྟོག་པའི་མཚན་ཉིད། ཤེས་སྒྲིབ་རྫས་འཛིན་རྟོག་པ་དང་། ཤེས་སྒྲིབ་བཏགས་འཛིན་རྟོག་པ་གཉིས་མི་འགལ་ཏེ། རྣམ་མཁྱེན་ལ་དམིགས་ནས་ལོངས་སྤྱོད་བྱེད་དུ་བདེན་པར་ཞེན་པའི་ཞེན་རིག་དེ། དེ་གཉིས་ཀ་ཡིན་པའི་ཕྱིར། དེར་ཐལ། རྣམ་མཁྱེན་རྫས་འཛིན་དང་། བཏགས་འཛིན་གཉིས་ཀ་ཡིན་པའི་ཕྱིར། དེར་ཐལ། དེ་གང་ཟག་དོན་བྱེད་ནུས་པར་འཛིན་པའི་འཛིན་པ་དང་། སྐྱེས་བུ་བདེན་སྟོང་སྒྱུ་མ་ལྟ་བུར་འཛིན་པའི་འཛིན་པ་གཉིས་ཀ་ཡིན་པའི་ཕྱིར། དེར་ཐལ། དེ་འཛིན་པ་ཡིན་པའི་ཕྱིར། དེར་ཐལ། དེ་ཡུལ་ཅན་ཡིན་པའི་ཕྱིར།

者；若是所知障第二所取分別，周遍無屬自所緣境之染污品之法，而單有清淨品之法故。理應如是，因《二萬頌光明釋》云：「第一所取分別唯是一切事物，第二唯是清淨事物，此即此等所取分別之差異。」故。

那麼，《二萬頌光明釋》前文之義為何？

有宣說，因「於所知障第一所取分別之所緣境，有染污品之法與清淨品之法，二者中之緣清淨品之法而耽著其為諦實受用品之耽著知，是所知障第二所取分別」是彼之義故。

所知障能取分別有：所知障實有能取分別與所知障假有能取分別二者。「緣屬自所緣境之實有能取而耽著其為諦實能受用品之耽著知」，乃所知障實有能取分別之性相。「緣屬自所緣境之假有能取而耽著其為諦實能受用品之耽著知」，乃所知障假有能取分別之性相。所知障實有能取分別與所知障假有能取分別二者不相違，因緣一切相智而耽著其為諦實能受用品之耽著知，是彼二者故。理應如是，因一切相智是實有能取與假有能取二者故。理應如是，因彼是執補特伽羅為具有作用者之能取與執士夫為諦實空如幻化之能取二者故。理應如是，因彼是能取故。理應如是，因彼是有境故。

ཁ་ཅིག རྫས་ཡོད་དང་། རྫས་འཛིན་གང་རུང་ལ་དམིགས་ནས་ལོངས་སྤྱོད་བྱེད་དུ་བདེན་པར་ཞེན་པའི་ཞེན་རིག ཤེས་སྒྲིབ་རྫས་འཛིན་རྟོག་པའི་མཚན་ཉིད། བཏགས་ཡོད་དང་། བཏགས་འཛིན་གང་རུང་ལ་དམིགས་ནས་ལོངས་སྤྱོད་བྱེད་དུ་བདེན་པར་ཞེན་པའི་ཞེན་རིག ཤེས་སྒྲིབ་བཏགས་འཛིན་རྟོག་པའི་མཚན་ཉིད་ཟེར་བ་མི་རིགས་ཏེ། རྫས་ཡོད་ལ་དམིགས་ནས་ལོངས་སྤྱོད་བྱེད་དུ་བདེན་པར་ཞེན་པའི་ཞེན་རིག ཤེས་སྒྲིབ་རྫས་འཛིན་རྟོག་པ་མ་ཡིན། བཏགས་ཡོད་ལ་དམིགས་ནས་དེ་ལྟར་བདེན་པར་ཞེན་པའི་ཞེན་རིག ཤེས་སྒྲིབ་བཏགས་འཛིན་རྟོག་པ་མ་ཡིན་པའི་ཕྱིར། རྟགས་གཉིས་ཀ་དེར་ཐལ། རྫས་ཡོད་ལོངས་སྤྱོད་པ་པོ་མ་ཡིན། བཏགས་ཡོད་ཀྱང་ལོངས་སྤྱོད་པ་པོ་མ་ཡིན་པའི་ཕྱིར། རྟགས་གཉིས་ཀ་དེར་ཐལ། རྫས་ཡོད་དང་། བཏགས་ཡོད་གཉིས་ཀ་ཡུལ་ཅན་མ་ཡིན་པའི་ཕྱིར།

ཁ་ཅིག སྐྱེས་བུ་བདེན་སྟོང་སྒྱུ་མ་ལྟ་བུ་ལ་དམིགས་ནས་ལོངས་སྤྱོད་བྱེད་དུ་བདེན་པར་ཞེན་པའི་ཞེན་རིག་དེ། ཤེས་སྒྲིབ་བཏགས་འཛིན་རྟོག་པ་ཡིན་ཟེར་བའང་མི་འཐད་དེ། སྐྱེས་བུ་བདེན་སྟོང་ལ་དམིགས་ནས་ལོངས་སྤྱོད་བྱེད་དུ་བདེན་པར་ཞེན་པའི་ཞེན་རིག་དེ། ཤེས་སྒྲིབ་བཏགས་འཛིན་རྟོག་པ་མ་ཡིན་པའི་ཕྱིར་ཏེ། སྐྱེས་བུ་བདེན་སྟོང་ལོངས་སྤྱོད་པ་པོ་མ་ཡིན་པའི་ཕྱིར། པར་ཕྱིན་ཤེས་སུ་རྟོག་པས་མ་བཙུག ཅེས་སྤྱི་རབས་པ་རྣམས་ལ་གྲགས་པ་ལྟར་དཀའ་བའི་གནས་སུ་བྱེད་ནའང་། ཁོ་བོས་རིགས་ལམ་ནས་དྲངས་ཏེ་གསལ་བར་བཤད་དོ། །

སེམས་མི་འགོང་པ་ཉིད་ལ་སོགས། །ཞེས་སོགས་ཀྱི་སྐབས་སུ། བྱང་སེམས་སྦྱོར་ལམ་པའི་རྒྱུད་ཀྱི་སྙིང་རྗེ་ཆེན་པོ་ཆོས་ཅན། བྱང་སེམས་སྦྱོར་ལམ་པའི་ནང་གི་ཡོངས་འཛིན་ཡིན་ཏེ། བྱང་སེམས་སྦྱོར་ལམ་པ་སྲིད་མཐའ་དང་ཞི་མཐའ་གང་དུ་ཡང་མི་ལྟུང་བར་བྱེད་པའི་བྱང་སེམས་སྦྱོར་ལམ་པའི་མངོན་རྟོགས་ཡིན་པའི་ཕྱིར།

བྱང་སེམས་སྦྱོར་ལམ་པའི་བདག་རྐྱེན་དུ་གྱུར་པའི་མཆོག་གི་སྤྲུལ་སྐུ་ཆོས་ཅན། བྱང་སེམས་སྦྱོར་ལམ་པའི་ཕྱིའི་ཡོངས་འཛིན་ཡིན་ཏེ། དེ་ལ་ཐབས་ཤེས་ཇོགས་པར་སྟོན་པའི་དེའི་བདག་རྐྱེན་དུ་གྱུར་པའི་དགེ་བའི་བཤེས་གཉེན་ཡིན་པའི་ཕྱིར། རྟགས་དེ། བྱང་སེམས་སྦྱོར་ལམ་པའི་ཕྱིའི་ཡོངས་འཛིན་གྱི་མཚན་ཉིད་ཡིན་བྱས་པ་ལ།

有云：「緣實有與實有能取任一而耽著其為諦實能受用品之耽著知，是所知障實有能取分別之性相；緣假有與假有能取任一而耽著其為諦實能受用品之耽著知，是所知障假有能取分別之性相。」不合理，因緣實有而耽著其為諦實能受用品之耽著知，非所知障實有能取分別；因緣假有而耽著其為諦實如是之耽著知，非所知障假有能取分別故。彼二因理應如是，因實有非受用者，假有亦非受用者故。彼二因理應如是，因實有與假有二者非有境故。

有云：「緣士夫諦實空如幻化而耽著其為諦實能受用品之耽著知，是所知障假有能取分別。」亦不應理，因緣士夫諦實空而耽著其為諦實能受用品之耽著知，非所知障假有能取分別故。因士夫諦實空非受用者故。如前期論師這樣口耳相傳：「〔加行道之〕四分別〔極難理解〕，致令不解現觀。」雖是難處，但我引述理路清晰闡述。

「心不驚怖等……」等時，加行道菩薩相續之大悲為有法，是加行道菩薩之內攝持，因是令加行道菩薩不墮有邊與寂邊任一之加行道菩薩之現觀故。

屬加行道菩薩增上緣之殊勝化身為有法，是加行道菩薩之外攝持，因是「於彼完整顯示方便智慧的屬彼之增上緣之善知識」故。彼因是加行道菩薩之外攝持之性相。

ཁ་ཅིག དེ་མི་འཐད་དེ། བྱང་སེམས་སྦྱོར་ལམ་པའི་ཕྱིའི་ཡོངས་འཛིན་དུ་གྱུར་པའི་སེམས་ཙམ་པ་ཡོད་པའི་ཕྱིར། དེར་ཐལ། དེའི་ཡོངས་འཛིན་དུ་གྱུར་པའི་སེམས་ཙམ་པ་ཡོད་པའི་ཕྱིར། དེར་ཐལ། དེའི་བླ་མར་གྱུར་པའི་སེམས་ཙམ་པ་ཡོད་པའི་ཕྱིར་ན། མ་ཁྱབ་སྟེ། བྱང་སེམས་སྦྱོར་ལམ་པའི་ནང་གི་བླ་མ་ཡིན་ན། བྱང་སེམས་སྦྱོར་ལམ་པའི་ནང་གི་ཡོངས་འཛིན་ཡིན་པས་མ་ཁྱབ། དེའི་ཕྱིའི་བླ་མ་ཡིན་ན། དེའི་ཕྱིའི་ཡོངས་འཛིན་ཡིན་པས་མ་ཁྱབ་པའི་ཕྱིར།

དང་པོ་དེར་ཐལ། དེའི་ནང་གི་བླ་མ་ཡོད་པ་གང་ཞིག དེ་ཡིན་ན་གང་ཟག་ཡིན་པས་ཁྱབ་པའི་ཕྱིར། དང་པོ་དེར་ཐལ། དེའི་ཕྱིའི་བླ་མ་ཡོད་པའི་ཕྱིར། རྩ་རྟགས་ཕྱི་མ་དེར་ཐལ། དེ་དང་དུས་མཉམ་དུ་གྱུར་པའི་དེའི་ཕྱིའི་བླ་མ་ཡོད་པའི་ཕྱིར། དེར་ཐལ། དེའི་ཕྱིའི་བླ་མ་ཡིན་ན། དེའི་རྒྱུ་ཡིན་པས་མ་ཁྱབ་པའི་ཕྱིར། མ་གྲུབ་ན། སྟོན་པ་ཤཱཀྱ་ཐུབ་པ་ཆོས་ཅན། རྒྱལ་པོ་ཟས་གཙང་གི་རྒྱུ་ཡིན་པར་ཐལ། དེའི་ཕྱིའི་བླ་མ་ཡིན་པའི་ཕྱིར། ཁྱབ་པ་ཁས།

ཡང་མཚན་ཉིད་དེ་ལ་ཁོ་ན་རེ། མཆོག་གི་སྤྲུལ་སྐུ་ཆོས་ཅན། མཚན་ཉིད་དེར་ཐལ། མཚོན་བྱ་དེའི་ཕྱིར། ཟེར་ན་རྟགས་མ་གྲུབ་སྟེ། དེ་དེའི་བདག་རྐྱེན་མ་ཡིན་པའི་ཕྱིར། དེར་ཐལ། དེ་དེའི་འབྲས་བུ་ཡིན་པའི་ཕྱིར། དེར་ཐལ། དེ་བྱང་ཆུབ་སེམས་དཔའི་འབྲས་བུ་ཡིན་པའི་ཕྱིར།

於此有云：「彼不應理，因有屬加行道菩薩之外攝持的唯識師故。理應如是，因有屬彼之攝持的唯識師故。理應如是，因有屬彼之上師的唯識師故。」不周遍，因若是加行道菩薩之內上師，不周遍是加行道菩薩之內攝持；若是彼之外上師，不周遍是彼之外攝持故。

初者理應如是，因有彼之內上師，且若是彼周遍是補特伽羅故。初者理應如是，因有彼之外上師故。後根本因理應如是，因有〔屬〕與彼同時的彼之外上師故。理應如是，因若是彼之外上師，不周遍是彼之因故。若不成，導師釋迦能仁為有法，理應是淨飯王之因，因是彼之外上師故。承許周遍。

於彼性相，又有云：「殊勝化身為有法，理應是彼性相，因是彼名相故。」因不成，因彼非彼（加行道菩薩）之增上緣故。理應如是，因彼是彼（加行道菩薩）之果故。理應如是，因彼是菩薩之果故。

ཐེག་ཆེན་སྒྲུབ་པའི་རྟེན་རང་བཞིན་གནས་རིགས་བཤད་པ།

རྟོགས་པ་ཡི་ནི་ཆོས་དྲུག་དང་། །ཞེས་སོགས་ཀྱི་སྐབས་སུ། སྦྱོར་བ་དང་། མཐའ་དཔྱད་པ་གཉིས།

དང་པོ་ནི། བྱང་སེམས་ཀྱི་སྒྲུབ་པ་བཅུ་གསུམ་གྱི་ཆོས་ཉིད་ཆོས་ཅན། ཐེག་ཆེན་སྒྲུབ་པའི་རྟེན་རང་བཞིན་གནས་རིགས་ཡིན་ཏེ། རང་གི་རྟེན་ཆོས་སུ་གྱུར་པའི་བྱང་སེམས་ཀྱི་ཤེས་པའི་ཆོས་ཉིད་གང་ཞིག ཐེག་ཆེན་སྒྲུབ་པའི་རྟེན་གཞི་བྱེད་པའི་ཕྱིར།

གཉིས་པ་མཐའ་དཔྱད་པ་ལ། སེམས་ཙམ་པའི་ལུགས་བཤད་པ་དང་། དབུ་མ་པའི་ལུགས་བཤད་པ་གཉིས།

དང་པོ་ལ་ཁ་ཅིག རང་བཞིན་གནས་རིགས་དང་རྒྱས་འགྱུར་གྱི་རིགས་མི་འགལ་ཏེ། སེམས་ཅན་གྱི་རྒྱུད་ཀྱི་ཟག་མེད་ཡེ་ཤེས་ཀྱི་ས་བོན་རང་བཞིན་གནས་རིགས་དང་། རྒྱས་འགྱུར་གྱི་རིགས་གཉིས་ཀ་ཡིན་པའི་ཕྱིར་ཟེར་ན། མི་འཐད་དེ། སེམས་ཅན་གྱི་རྒྱུད་ཀྱི་ཟག་མེད་ཡེ་ཤེས་ཀྱི་ས་བོན་ཐོས་པའི་རྐྱེན་གྱིས་གསོས་མ་བཏབ་པའི་ཚེ་རང་བཞིན་གནས་རིགས་དང་། དེས་གསོས་བཏབ་པའི་ཚེ་རྒྱས་འགྱུར་གྱི་རིགས་སུ་རྣམ་བཤད་ལས་གསུངས་པས། རིགས་གཉིས་པོ་འགལ་བ་ཁོ་ན་ཡིན་པའི་ཕྱིར།

དེ་ལ་ཁོ་ན་རེ། ཐེག་ཆེན་གྱི་ཚོགས་ལམ་ཡན་ཆད་དུ་རང་བཞིན་གནས་རིགས་མེད་པར་ཐལ། དམ་བཅའ་དེའི་ཕྱིར། འདོད་ན། ཐེག་ཆེན་སྒྲུབ་པའི་རྟེན་རང་བཞིན་གནས་རིགས་མེད་པར་ཐལ། འདོད་པའི་ཕྱིར། འདོད་ན། རང་རྒྱུད་པས་ཐེག་ཆེན་སྒྲུབ་པའི་རྟེན་རང་བཞིན་གནས་རིགས་ཁས་མི་ལེན་པར་ཐལ། སེམས་ཙམ་པས་དེ་ཁས་མི་ལེན་པའི་ཕྱིར་ཞེ་ན། མ་ཁྱབ།

འོ་ན། བྱང་སེམས་སྦྱོར་ལམ་པའི་རྒྱུད་ཀྱི་ཟག་མེད་ཡེ་ཤེས་ཀྱི་ས་བོན་ཐེག་ཆེན་སྒྲུབ་པའི་རྟེན་རང་བཞིན་གནས་རིགས་ཡིན་པར་ཐལ། དེ་ཡོད་པ་གང་ཞིག བྱང་སེམས་ཀྱི་སྦྱོར་ལམ་གྱི་ཆོས་ཉིད་དེ་དེ་མ་ཡིན་པའི་ཕྱིར། དང་པོ་ཁས་བླངས། ཕྱི་མ་དེར་ཐལ། རང་བཞིན་གནས་རིགས་ཡིན་ན།

36 講說大乘正行所依本性住種性

「通達有六法……」等時，有論式與辨析。

初者，菩薩十三正行之法性為有法，是大乘正行所依本性住種性，因是屬自能依法之菩薩知覺之法性，且作為大乘正行所依基故。

第二、辨析，有宣說唯識宗與宣說中觀宗二者。

初者，有云：「本性住種性與習所成種性不相違，因有情相續之無漏本智種子，是本性住種性與習所成種性二者故。」不應理，因《心要莊嚴疏》說有情相續之無漏本智種子，未經聽聞〔因〕緣滋潤時是本性住種性，經彼滋潤時是習所成種性，所以二種性唯是相違故。

於此有云：「大乘資糧道以上理應無本性住種性，因彼宗故。若許，理應無大乘正行所依本性住種性，因許故。若許，自續師理應不許大乘正行所依本性住種性，因唯識師不許彼故。」不周遍。

那麼，加行道菩薩相續之無漏本智種子，理應是大乘正行所依本性住種性，因彼存在且菩薩加行道之法性非彼故。承許初者。後者理應如是，因若是本性住種性，須是有為故。若許根本，彼理應

འདུས་བྱས་ཡིན་དགོས་པའི་ཕྱིར། རྩ་བར་འདོད་ན། དེས་ཐེག་ཆེན་སྒྲུབ་པའི་རྟེན་གཞི་བྱེད་པར་ཐལ། འདོད་པའི་ཕྱིར། འདོད་ན། བྱང་སེམས་ཀྱི་སྦྱོར་ལམ་དེས་ཐེག་ཆེན་སྒྲུབ་པའི་རྟེན་གཞི་བྱེད་པར་ཐལ། འདོད་པའི་ཕྱིར། འདོད་ན། བྱང་སེམས་ཀྱི་སྦྱོར་ལམ་དེས་ཁོ་རང་གི་རྟེན་གཞི་བྱེད་པར་ཐལ། འདོད་པའི་ཕྱིར། འདོད་ན། གོ་རྒྱུ་མེད་པར་ཟད་དོ། །

གཞན་ཡང་། རང་བཞིན་གནས་རིགས་དང་རྒྱས་འགྱུར་གྱི་རིགས་འགལ་བར་ཐལ། རྒྱས་འགྱུར་གྱི་རིགས་རང་བཞིན་གནས་རིགས་མ་ཡིན་པའི་ཕྱིར་ཏེ། ཉི་སྣང་ལས་འབྱུང་བའི། རྒྱས་འགྱུར་གྱི་རིགས་ཆོས་ཅན། རང་བཞིན་གནས་རིགས་ཡིན་པར་ཐལ། འཕགས་པའི་རྟོགས་པ་ཐོབ་པའི་རྒྱུ་བྱེད་པའི་ཕྱིར། ཞེས་པའི་ཐལ་འགྱུར་འདི་སེམས་ཙམ་པ་ལ་མི་འདོད་པའི་ཐལ་བ་འཕངས་པའི་ཐལ་འགྱུར་ཡིན་པའི་ཕྱིར།

དེ་ལ་ཁོ་ན་རེ། སྐྱོན་མེད་དེ། སེམས་ཙམ་པས་ལམ་ཞུགས་ཀྱི་གང་ཟག་གི་རྒྱུད་ཀྱི་རྒྱས་འགྱུར་གྱི་རིགས་རང་བཞིན་གནས་རིགས་སུ་ཁས་ལེན་ཀྱང་། དེས་རྒྱས་འགྱུར་གྱི་རིགས་ཡིན་ན། རང་བཞིན་གནས་རིགས་ཡིན་པས་ཁྱབ་པ་ཁས་མི་ལེན་པ་ཡིན་ནོ། ཞེ་ན། དེ་ཁྱབ་པར་ཐལ། རྒྱས་འགྱུར་གྱི་རིགས་རང་བཞིན་གནས་རིགས་ཡིན་པའི་ཕྱིར་ཏེ། ལམ་ཞུགས་ཀྱི་གང་ཟག་གི་རྒྱུད་ཀྱི་རྒྱས་འགྱུར་གྱི་རིགས་རང་བཞིན་གནས་རིགས་ཡིན་པའི་ཕྱིར། རྟགས་ཁས།

གཞན་ཡང་། རྩ་བའི་དེ་ཁྱབ་པར་ཐལ། སྤྱིར་རྒྱས་འགྱུར་གྱི་རིགས་དང་རང་བཞིན་གནས་རིགས་མི་འགལ་བ་གང་ཞིག བྱང་སེམས་ས་བཅུ་པ་བའི་རྒྱུད་ལ་རང་བཞིན་གནས་རིགས་ཡོད་པའི་ཕྱིར། རྟགས་ཕྱི་མ་ཁས། དེས་ན། སངས་རྒྱས་ཀྱི་སྐུར་འགྱུར་རུང་གི་རིགས་གང་ཞིག ཐོས་པའི་རྐྱེན་གྱིས་གསོས་མ་བཏབ་པ། རང་བཞིན་གནས་རིགས་ཀྱི་མཚན་ཉིད། དེ་གང་ཞིག ཐོས་སོགས་ཀྱི་རྐྱེན་གྱིས་གསོས་བཏབ་པ་རྒྱས་འགྱུར་གྱི་རིགས་ཀྱི་མཚན་ཉིད་ཡིན་ནོ། །

གཉིས་པ་དབུ་མ་པའི་ལུགས་བཤད་པ་ལ། ཁ་ཅིག དྲི་མ་དང་བཅས་པའི་སེམས་ཀྱི་ཆོས་ཉིད་རང་བཞིན་གནས་རིགས་ཀྱི་མཚན་ཉིད་ཟེར་བ་མི་འཐད་དེ། རྒྱུན་མཐའི་བར་ཆད་མེད་ལམ་གྱི་ཆོས་

作為大乘正行所依基，因許故。若許，菩薩加行道理應作為大乘正行所依基，因許故。若許，菩薩加行道理應作為自身之所依基，因許故。若許，則毫無理解可言。

復次，本性住種性與習所成種性理應相違，因習所成種性非本性住種性故。因《二萬頌光明釋》中「習所成種性為有法，理應是本性住種性，因作為獲得聖者證量之因故」之應成是提出唯識師不承許的過失的應成故。

於此有云：「無過，唯識師承許入道補特伽羅相續之習所成種性是本性住種性；然彼不承許若是習所成種性周遍是本性住種性。」彼理應周遍，因習所成種性是本性住種性故，因入道補特伽羅相續之習所成種性是本性住種性故。承許因。

復次，彼根本理應周遍，因一般而言，習所成種性與本性住種性不相違，且十地菩薩相續有本性住種性故。承許後因。是故，「是堪能成為佛身之種性，且未經聽聞之緣滋潤」，是本性住種性之性相。「是彼，且經聽聞等緣滋潤」，是習所成種性之性相。

第二、宣說中觀宗，有云：「有垢染心之法性，是本性住種性之性相。」不應理，因最後流無間道之法性非有垢染心之法性，

ཉིད་དྲི་མ་དང་བཅས་པའི་སེམས་ཀྱི་ཆོས་ཉིད་མ་ཡིན་པ་གང་ཞིག དེ་རང་བཞིན་གནས་རིགས་ཡིན་པའི་ཕྱིར། དང་པོ་དེར་ཐལ། བྱང་སེམས་རྒྱུན་མཐའ་བའི་རྒྱུད་ལ་དྲི་མ་མེད་པའི་ཕྱིར། དེར་ཐལ། དེའི་རྒྱུད་ལ་ཤེས་སྒྲིབ་མེད་པའི་ཕྱིར། དེར་ཐལ། དེའི་རྒྱུད་ལ་ཤེས་སྒྲིབ་ཀྱི་དངོས་གཉེན་སྐྱེས་པའི་ཕྱིར།

ཁོ་ན་རེ། རྒྱུན་མཐའི་བར་ཆད་མེད་ལམ་གྱི་ཆོས་ཉིད་དེ་རང་གི་རྟེན་ཆོས་སུ་གྱུར་པའི་དྲི་མ་དང་བཅས་པའི་ཤེས་པའི་ཆོས་ཉིད་ཡིན་པར་ཐལ། རྒྱུན་མཐའི་བར་ཆད་མེད་ལམ་དེ་དྲི་མ་དང་བཅས་པའི་ཕྱིར། དེར་ཐལ། དེ་གློ་བུར་གྱི་དྲི་མ་དང་མ་བྲལ་བའི་ཕྱིར། དེར་ཐལ། དེའི་ཆོས་ཉིད་གློ་བུར་དྲི་བྲལ་གྱི་ཆོས་ཉིད་མ་ཡིན་པའི་ཕྱིར་ཏེ། གློ་བུར་དྲི་བྲལ་གྱི་ཆོས་ཉིད་མངོན་དུ་གྱུར་པའི་གང་ཟག་ཡིན་ན། ཆོས་སྐུ་མངོན་དུ་གྱུར་པའི་གང་ཟག་ཡིན་དགོས་པར་རྣམ་བཤད་ལས་གསུངས་པའི་ཕྱིར་ན། མ་ཁྱབ། འོ་ན། རྒྱུན་མཐའི་བར་ཆད་མེད་ལམ་གྱི་ཆོས་ཉིད་དེ་ཁོ་རང་མ་ཡིན་པར་ཐལ། དེའི་ཆོས་ཉིད་མངོན་དུ་གྱུར་པའི་གང་ཟག་ཡིན་ན། ཆོས་སྐུ་མངོན་དུ་གྱུར་པའི་གང་ཟག་ཡིན་དགོས་པའི་ཕྱིར། ཁྱབ་པ་ཁས། དེར་ཐལ། ཆོས་ཉིད་མངོན་དུ་གྱུར་པའི་གང་ཟག་ཡིན་ན། ཆོས་སྐུ་མངོན་དུ་གྱུར་པའི་གང་ཟག་ཡིན་དགོས་པའི་ཕྱིར།

གཞན་ཡང་། རྒྱུན་མཐའི་བར་ཆད་མེད་ལམ་དེ་དྲི་མ་དང་བྲལ་བར་ཐལ། དེ་བདེན་འཛིན་དང་བྲལ་བའི་ཕྱིར། དེར་ཐལ། དེ་བདེན་འཛིན་གྱི་རྟོག་པ་དང་བྲལ་བའི་ཕྱིར་ཏེ། དེ་རྟོག་པ་དང་བྲལ་བའི་ཕྱིར་ཏེ། དེ་རྟོག་མེད་ཀྱི་ཤེས་པ་ཡིན་པའི་ཕྱིར།

གཞན་ཡང་། རྒྱུན་མཐའི་བར་ཆད་མེད་ལམ་ལ་གནས་པའི་སེམས་དཔའི་རྒྱུད་ལ་དྲི་མ་ཡོད་པར་ཐལ། དེའི་རྒྱུད་ལ་དྲི་མ་དང་བཅས་པའི་ཤེས་པ་ཡོད་པའི་ཕྱིར། དེར་ཐལ། དེའི་རྒྱུད་ལ་དྲི་མ་དང་བཅས་པའི་རྒྱུན་མཐའི་བར་ཆད་མེད་ལམ་ཡོད་པའི་ཕྱིར། མ་གྲུབ་ན་སོང་། དེར་ཐལ། དྲི་མ་དང་བཅས་པའི་རྒྱུན་མཐའི་བར་ཆད་མེད་ལམ་དེ། རྒྱུན་མཐའི་བར་ཆད་མེད་ལམ་ལ་གནས་པའི་སེམས་པའི་རྒྱུད་ཀྱི་ཤེས་པ་ཡིན་པའི་ཕྱིར། མ་གྲུབ་ན། དེ་ཆོས་ཅན། དེར་ཐལ། རྒྱུན་མཐའི་བར་ཆད་མེད་ལམ་ཡིན་པའི་ཕྱིར། རྟགས་ཁས།

且彼是本性住種性故。初者理應如是，因最後流菩薩之相續無垢染故。理應如是，因彼之相續無所知障故。理應如是，因彼之相續生起所知障之正對治故。

有云：「最後流無間道之法性，理應是屬自能依法有垢知覺之法性，因最後流無間道有垢染故。理應如是，因彼未離客塵垢染故。理應如是，因彼之法性非離客塵垢染之法性故。因《心要莊嚴疏》說若是現起離客塵垢染之法性的補特伽羅，須是現起法身之補特伽羅故。」不周遍，那麼，最後流無間道之法性理應非自身，因若是現起彼之法性的補特伽羅，須是現起法身之補特伽羅故。承許周遍。理應如是，因若是現起法性之補特伽羅，須是現起法身之補特特伽羅故。

復次，最後流無間道理應遠離垢染，因彼遠離實執故。理應如是，因彼遠離實執之分別故。因彼遠離分別故，因彼是無分別知故。

復次，住最後流無間道菩薩相續理應有垢染，因彼之相續有有垢染之知覺故。理應如是，因彼之相續有有垢染之最後流無間道故。若不成則成相違。理應如是，因有垢染之最後流無間道是住最後流無間道菩薩相續之知覺故。若不成。彼為有法，理應如是，因是最後流無間道故。承許因。

ཁོན་རེ། རྒྱུན་མཐའི་བར་ཆད་མེད་ལམ་གྱི་དུས་སུ་གློ་བུར་གྱི་དྲི་མ་དང་བྲལ་བའི་བྲལ་བ་ཐོབ་ཟིན་པར་ཐལ། དེ་གློ་བུར་གྱི་དྲི་མ་དང་བྲལ་བའི་ཕྱིར་ཟེར་ན། མ་ཁྱབ།

ཁ་ཅིག འདོད་དེ། བྱང་སེམས་རྒྱུན་མཐའ་བའི་འགོག་བདེན་དེ། གློ་བུར་གྱི་དྲི་མ་དང་བྲལ་བའི་བྲལ་བ་ཡིན་པའི་ཕྱིར། དེར་ཐལ། དེ་དང་བྲལ་བ་གང་ཞིག བྲལ་བ་ཡིན་པའི་ཕྱིར་ན་ཡང་། མ་ཁྱབ་སྟེ། གློ་བུར་གྱི་དྲི་མ་དང་བྲལ་བའི་བྲལ་བ་སངས་རྒྱས་ཀྱི་སའི་འགོག་བདེན་ཡིན་པའི་ཕྱིར།

ཁ་ཅིག དྲི་མ་མ་སྤྱངས་པའི་སེམས་ཀྱི་ཆོས་ཉིད། དེའི་མཚན་ཉིད་ཟེར་བ་མི་རིགས་ཏེ། བྱང་སེམས་ཀྱི་རྒྱུད་ཀྱི་ཚོར་བའི་ཆོས་ཉིད་མཚན་ཉིད་དེ་མ་ཡིན་པ་གང་ཞིག སོ་སྐྱེ་ལྷས་བྱིན་གྱི་རྒྱུད་ཀྱི་སེམས་ཀྱི་ཆོས་ཉིད་ཀྱང་མཚན་ཉིད་དེ་མ་ཡིན་པའི་ཕྱིར། དང་པོ་དེར་ཐལ། བྱང་སེམས་ཀྱི་རྒྱུད་ཀྱི་ཚོར་བ་སེམས་མ་ཡིན་པའི་ཕྱིར། ཕྱི་མ་དེར་ཐལ། སོ་སྐྱེ་ལྷས་བྱིན་གྱི་ཆོས་ཉིད་གང་ཟག་གི་ཆོས་ཉིད་མ་ཡིན་པའི་ཕྱིར་ཏེ། སངས་རྒྱས་འཕགས་པའི་ཆོས་ཉིད་དེ་དེ་མིན་པའི་ཕྱིར།

ཁ་ཅིག ཆོས་དབྱིངས་གང་ཞིག ཐེག་ཆེན་སྒྲུབ་པའི་རྟེན་གཞི་བྱེད་པ། ཐེག་ཆེན་སྒྲུབ་པའི་རྟེན་རང་བཞིན་གནས་རིགས་ཀྱི་མཚན་ཉིད་ཟེར་བ་མི་འཐད་དེ། སངས་རྒྱས་ཀྱི་སེམས་ཀྱི་ཆོས་ཉིད་དེས་ཐེག་ཆེན་སྒྲུབ་པའི་རྟེན་གཞི་བྱེད་པའི་ཕྱིར་ཏེ། དེ་ཐེག་ཆེན་སྒྲུབ་པའི་དམིགས་པ་ཡིན་པའི་ཕྱིར།

ཡང་ཁ་ཅིག བྱང་སེམས་ཀྱི་སེམས་ཀྱི་ཆོས་ཉིད་གང་ཞིག ཐེག་ཆེན་སྒྲུབ་པའི་རྟེན་གཞི་བྱེད་པ། ཐེག་ཆེན་སྒྲུབ་པའི་རྟེན་རང་བཞིན་གནས་རིགས་ཀྱི་མཚན་ཉིད་ཟེར་བའང་མི་འཐད་དེ། བྱང་སེམས་ཀྱི་རྒྱུད་ཀྱི་ཚོར་བའི་ཆོས་ཉིད་སོགས་ཀྱིས་མ་ངེས་པའི་ཕྱིར།

ཡང་ཁ་ཅིག རང་གི་རྟེན་ཆོས་སུ་གྱུར་པའི་དྲི་མ་མ་སྤྱངས་པའི་ཤེས་པའི་ཆོས་ཉིད་གང་ཞིག གནས་གྱུར་པ་ན་ངོ་བོ་ཉིད་སྐུ་འགྱུར་རུང་། རང་བཞིན་གནས་རིགས་ཀྱི་མཚན་ཉིད་ཟེར་བའང་མི་རིགས་ཏེ། བྱང་སེམས་རྒྱུན་མཐའ་བའི་རྒྱུད་ཀྱི་སེམས་ཀྱི་ཆོས་ཉིད་དེ་གནས་གྱུར་པ་ན་ངོ་བོ་ཉིད་སྐུར་འགྱུར་རུང་མ་ཡིན་པའི་ཕྱིར་ཏེ། དེ་གནས་གྱུར་པ་ན་ངོ་བོ་ཉིད་སྐུར་གྱུར་ཟིན་པའི་ཕྱིར།

རང་གི་ལུགས་ནི། རང་གི་རྟེན་ཆོས་སུ་གྱུར་པའི་དྲི་མ་མ་སྤྱངས་པའི་ཤེས་པའི་ཆོས་ཉིད་གང་

有云：「於最後流無間道時理應已得遠離客塵垢染之離法，因彼遠離客塵垢染故。」不周遍。

有云：「承許，因最後流菩薩之滅諦是遠離客塵垢染之離法故。理應如是，因遠離彼且是離法故。」亦不周遍，因遠離客塵垢染之離法是佛地之滅諦故。

有云：「未斷除垢染之心的法性，是彼之性相。」不合理，因菩薩相續之受的法性非彼性相，且異生天授相續之心的法性亦非彼性相故。初者理應如是，因菩薩相續之受非心故。後者理應如是，因異生天授之法性非補特伽羅之法性故。因佛聖者之法性非彼故。

有云：「是法界且作為大乘正行之所依基，乃大乘正行所依本性住種性之性相。」不應理，因佛心之法性作為大乘正行之所依基故。因彼是大乘正行之所緣故。

又有云：「是菩薩心之法性且作為大乘正行之所依基，乃大乘正行所依本性住種性之性相。」亦不應理，因菩薩相續之受的法性等不定故。

又有云：「是屬自能依法之未斷除垢染的知覺之法性，且轉依時堪能成為自性身，乃本性住種性之性相。」亦不合理，因最後流菩薩相續之心的法性非轉依時堪能成為自性身故。因轉依時已成為自性身故。

自宗：「是屬自能依法之未斷除垢染的知覺之法性，且堪能成

ཞིག ངོ་བོ་ཉིད་སྐུ་འགྱུར་རུང་དེ། རང་བཞིན་གནས་རིགས་ཀྱི་མཚན་ཉིད། རང་གི་རྟེན་ཆོས་སུ་གྱུར་པའི་བྱང་སེམས་ཀྱི་ཤེས་པའི་ཆོས་ཉིད་གང་ཞིག ཐེག་ཆེན་སྒྲུབ་པའི་རྟེན་གཞི་བྱེད་པ་དེ། ཐེག་ཆེན་སྒྲུབ་པའི་རྟེན་རང་བཞིན་གནས་རིགས་ཀྱི་མཚན་ཉིད། སངས་རྒྱས་ཀྱི་རིགས་གང་ཞིག འདུས་བྱས་ཀྱི་སངས་རྒྱས་ཀྱི་སྐུར་འགྱུར་རུང་དེ། རྒྱས་འགྱུར་གྱི་རིགས་ཀྱི་མཚན་ཉིད།

དེ་ལ་ཁོན་རེ། བདེན་འཛིན་གྱི་ཆོས་ཉིད་རང་བཞིན་གནས་རིགས་ཡིན་པར་ཐལ། དེ་མཚན་ཉིད་དེ་ཡིན་པའི་ཕྱིར། རྟགས་ཁྱབ་མ་དེར་ཐལ། དྲི་མ་དང་བཅས་པའི་སེམས་ཀྱི་ཆོས་ཉིད་དེ་དེ་ཡིན་པའི་ཕྱིར་ཟེར་ན། མ་ཁྱབ་སྟེ། འོ་ན། བདེན་འཛིན་ཡེ་ཤེས་ཆོས་སྐུར་འགྱུར་རུང་ཡིན་པར་ཐལ། དྲི་མ་དང་བཅས་པའི་སེམས་དེར་འགྱུར་རུང་ཡིན་པའི་ཕྱིར། ཁྱབ་པ་ཁས།

ཡང་ཁ་ཅིག བྱང་སེམས་ཚོགས་ལམ་པའི་རྒྱུད་ཀྱི་མིག་གི་རྣམ་ཤེས་ཀྱི་ཆོས་ཉིད་ཆོས་ཅན། རང་བཞིན་གནས་རིགས་ཡིན་པར་ཐལ། མཚན་ཉིད་དེའི་ཕྱིར། འདོད་ན། བྱང་སེམས་ཚོགས་ལམ་པའི་མིག་གི་རྣམ་ཤེས་དེ་རྒྱས་འགྱུར་གྱི་རིགས་ཡིན་པར་ཐལ། འདོད་པའི་ཕྱིར། འདོད་ན། དེ་ཡེ་ཤེས་ཆོས་སྐུར་འགྱུར་རུང་ཡིན་པར་ཐལ། འདོད་པའི་ཕྱིར། འདོད་ན། སངས་རྒྱས་འཕགས་པའི་མིག་ཤེས་ཡེ་ཤེས་ཆོས་སྐུ་ཡིན་པར་ཐལ། འདོད་པའི་ཕྱིར། འདོད་མི་རིགས་ཏེ། ཡེ་ཤེས་ཆོས་སྐུ་ཡིན་ན། ཡིད་ཤེས་ཡིན་དགོས་པའི་ཕྱིར། རྩ་རྟགས་ཁྱབ་མ་དེར་ཐལ། དེ་རང་བཞིན་རྣམ་དག་གི་ཆར་གྱུར་པའི་ངོ་བོ་ཉིད་སྐུར་འགྱུར་རུང་ཡིན་པའི་ཕྱིར། དེར་ཐལ། སངས་རྒྱས་འཕགས་པའི་མིག་ཤེས་ཀྱི་ཆོས་ཉིད་རང་བཞིན་རྣམ་དག་གི་ཆར་གྱུར་པའི་ངོ་བོ་ཉིད་སྐུ་ཡིན་པའི་ཕྱིར་ཏེ། དེ་ངོ་བོ་ཉིད་སྐུ་ཡིན་པའི་ཕྱིར། ཟེར་བ་དཔྱད་གཞིའོ། །

ཁ་ཅིག ཐེག་ཆེན་སྒྲུབ་པའི་རྟེན་རང་བཞིན་གནས་རིགས་ཡིན་ན། སྐབས་འདིར་དངོས་སུ་བསྟན་པའི་ཐེག་ཆེན་སྒྲུབ་པའི་རྟེན་རང་བཞིན་གནས་རིགས་ཡིན་པས་ཁྱབ་ཟེར་བ་མི་འཐད་དེ། བྱང་སེམས་ཀྱི་ཚོགས་ལམ་གྱི་ཆོས་ཉིད་དེ། སྐབས་འདིར་དངོས་སུ་མ་བསྟན་པའི་ཕྱིར། དེར་ཐལ། རྟོགས་པ་ཡི་ནི་ཆོས་དྲུག་དང་། །ཞེས་པའི་ཆོས་དྲུག་པོ་དེ། ཐེག་ཆེན་གྱི་སྦྱོར་ལམ་དྲོད་སོགས་བཞི། མཐོང་སྒོམ་གྱི་ལམ་སྟེ། དྲུག་ལ་བྱེད་པའི་ཕྱིར།

為自性身」，是本性住種性之性相。「是屬自之能依法菩薩知覺之法性，且作為大乘正行所依基」，是大乘正行所依本性住種性之性相。「是佛種性且堪能成為『有為佛身』」，是習所成種性之性相。

於此有云：「實執之法性理應是本性住種性，因彼是彼性相故。後因理應如是，因有垢染之心的法性是彼故。」不周遍。那麼，實執理應是堪能成為智慧法身，因有垢染之心是堪能成為彼故。承許周遍。

又有云：「資糧道菩薩相續之眼識的法性為有法，理應是本性住種性，因是彼性相故。若許，資糧道菩薩之眼識理應是習所成種性，因許故。若許，彼理應是堪能成為智慧法身，因許故。若許，佛聖者之眼知理應是智慧法身，因許故。不能許，因若是智慧法身，須是意知故。後根本因理應如是，因彼是堪能成為屬自性清淨分自性身故。理應如是，因佛聖者之眼知的法性是屬自性清淨分之自性身故。因彼是自性身故。」此乃可觀擇處。

有云：「若是大乘正行所依本性住種性，周遍是此時直接顯示之大乘正行所依本性住種性。」不應理，因此時未直接顯示菩薩資糧道之法性故。理應如是，因「通達有六法」之六法，乃大乘加行道煖等四、見道、修道六者故。

ཡང་ཁ་ཅིག ཐེག་ཆེན་སྒྲུབ་པའི་རྟེན་རང་བཞིན་གནས་རིགས་དང་། ཐེག་ཆེན་གྱི་རང་བཞིན་གནས་རིགས་དོན་གཅིག་ཟེར་བ་མི་འཐད་དེ། ཐེག་ཆེན་དུ་རིགས་སད་མ་ཐག་པའི་ལམ་མ་ཞུགས་ཀྱི་གང་ཟག་གི་རྒྱུད་ཀྱི་སེམས་ཀྱི་ཆོས་ཉིད་ཐེག་ཆེན་གྱི་རང་བཞིན་གནས་རིགས་ཡིན་པ་གང་ཞིག ཐེག་ཆེན་སྒྲུབ་པའི་རྟེན་རང་བཞིན་གནས་རིགས་མ་ཡིན་པའི་ཕྱིར། དང་པོ་དེར་ཐལ། དེའི་རྒྱུད་ལ་ཐེག་ཆེན་གྱི་རིགས་ཡོད་པའི་ཕྱིར། མ་གྲུབ་ན། གང་ཟག་དེ་ཆོས་ཅན། ཁྱོད་ཀྱི་རྒྱུད་ལ་དེ་ཡོད་པར་ཐལ། ཁྱོད་ཐེག་ཆེན་དུ་རིགས་སད་མ་ཐག་པའི་གང་ཟག་ཡིན་པའི་ཕྱིར།

རྩ་བའི་དམ་བཅའ་དེ་ལ། ཁ་ཅིག ཉན་ཐོས་ལམ་དུ་འཇུག་པར་ངེས་པའི་བྱང་སེམས་ཚོགས་ལམ་པའི་རྒྱུད་ཀྱི་རང་བཞིན་གནས་རིགས་ཆོས་ཅན། ཐེག་ཆེན་གྱི་རང་བཞིན་གནས་རིགས་ཡིན་པར་ཐལ། ཅིག་ཤོས་དེ་ཡིན་པའི་ཕྱིར། འདོད་ན། མ་ཡིན་པར་ཐལ། ཉན་ཐོས་ཀྱི་རིགས་ཡིན་པའི་ཕྱིར། དེར་ཐལ། བྱང་སེམས་དེའི་རྒྱུད་ལ་ཉན་ཐོས་ཀྱི་རིགས་ཡོད་པའི་ཕྱིར། མ་གྲུབ་ན། དེ་ཆོས་ཅན། ཁྱོད་ཀྱི་རྒྱུད་ལ་ཉན་ཐོས་ཀྱི་རིགས་ཡོད་པར་ཐལ། ཁྱོད་ཉན་ཐོས་ཀྱི་རིགས་ཅན་ཡིན་པའི་ཕྱིར་ན། མ་ཁྱབ།

འོ་ན། སྙིང་རྗེ་ཆེན་པོ་རང་རྒྱུད་ལ་མ་སྐྱེས་པའི་ཐེག་ཆེན་རིགས་ངེས་ཀྱི་གང་ཟག་ཆོས་ཅན། ཁྱོད་ཀྱི་རྒྱུད་ལ་ཐེག་ཆེན་གྱི་རིགས་ཡོད་པར་ཐལ། ཁྱོད་ཐེག་ཆེན་རིགས་ངེས་ཀྱི་གང་ཟག་ཡིན་པའི་ཕྱིར། ཁྱབ་པ་ཁས། འདོད་ན། ཐེག་ཆེན་དུ་རིགས་སད་པའི་གང་ཟག་ཏུ་ཐལ། འདོད་པའི་ཕྱིར། འདོད་ན། དེ་སྙིང་རྗེ་ཆེན་པོ་ཐོབ་མྱོང་གི་གང་ཟག་ཡིན་པར་ཐལ། འདོད་པའི་ཕྱིར། ཁྱབ་སྟེ། མདོ་སྡེའི་རྒྱན་ལས། སྦྱོར་བའི་སྔོན་དུ་སྙིང་རྗེ་དང་། །བཟོད་པ་དང་ནི་མོས་པ་དང་། །དགེ་ལ་ཡང་དག་སྤྱོད་པ་ནི། །རིགས་ཀྱི་རྟགས་སུ་ཤེས་པར་བྱ། ། ཞེས་གསུངས་པའི་ཕྱིར།

རོང་ཊཱིཀ་པ་ན་རེ། དྲི་བཅས་ཀྱི་སེམས་གསལ་རིག རང་བཞིན་གནས་རིགས་ཡིན་ཏེ། དེ་སངས་རྒྱས་ཀྱི་ཡེ་ཤེས་ཀྱི་ཉེར་ལེན་ཡིན་པའི་ཕྱིར་དང་། རྒྱུད་བླ་མའི་མདོར་བསྟན་དུ། ཐང་སྟོང་ཆེན་པོའི་ཀུན་མཁྱེན་སྤྱན་གྱིས་ནི། །རིགས་ཁམས་སྣང་རྩེ་དང་འདྲ་འདི་གཟིགས་ནས། །ཞེས་དང་། རྒྱས་བཤད་དུ། དེ་བཞིན་ལུས་ཅན་ལ་ཡོད་ཟག་པ་མེད་པའི་ཤེས་པ་སྣང་མའི་རྩེ་དང་འདྲ། །ཞེས་

又有云：「大乘正行所依本性住種性與大乘之本性住種性同義。」不應理，因大乘種性剛覺醒之未入道補特伽羅相續之心的法性，是大乘之本性住種性，且非大乘正行所依本性住種性故。初者理應如是，因彼之相續有大乘種性故。若不成，彼補特伽羅為有法，爾之相續理應有彼，因爾是大乘種性剛覺醒之補特伽羅故。

於根本宗，有云：「決定趣入聲聞道之資糧道菩薩相續之本性住種性為有法，理應是大乘之本性住種性，因另一者是彼故。若許，理應非〔彼〕，因是聲聞種性故。理應如是，因彼菩薩相續有聲聞種性故。若不成，彼為有法，爾之相續理應有聲聞種性，因爾是具聲聞種性故。」不周遍。

那麼，於自相續未生起大悲之大乘決定種性的補特伽羅為有法，爾之相續理應有大乘種性，因爾是大乘決定種性之補特伽羅故。承許周遍。若許，理應是大乘種性覺醒之補特伽羅，因許故。若許，彼理應是曾得大悲之補特伽羅，因許故。周遍，因《大乘莊嚴經論》云：「大悲及大信，大忍及大行，若有如此相，是名菩薩性。[4]」故。

榮澤巴云：「有垢之明而了知心是本性住種性，因彼是佛本智之近取因，以及《大乘寶性論》之總示中云：『大仙遍智眼，見此種界蜜。[5]』廣說中云：『無漏智如蜜，在眾生身中。[6]』故。唯識師所許之無漏本智之種子為有法，非本性住種性，因於一切有情無

གསུངས་པའི་ཕྱིར། སེམས་ཙམ་པས་འདོད་པའི་ཟག་མེད་ཡེ་ཤེས་ཀྱི་ས་བོན་ཆོས་ཅན། རང་བཞིན་གནས་རིགས་མ་ཡིན་ཏེ། སེམས་ཅན་ཐམས་ཅད་ལ་མེད་པའི་ཕྱིར་ཏེ། དེ་དང་མི་ལྡན་པའི་སེམས་ཅན་སྲིད་པའི་ཕྱིར། ཞེས་ཟེར།

དེ་མི་འཐད་པར་ཐལ། ལུགས་དེ་མདོ་དང་འགལ། རྒྱུད་བླ་མ་དང་འགལ། འགྲེལ་པ་གསུམ་དང་འགལ། ཁས་བླངས་ནང་འགལ་བའི་ཕྱིར། དང་པོ་དེར་ཐལ། ཕལ་ཆེན་ལས། ཀྱེ་རྒྱལ་བའི་སྲས་དག་བྱང་ཆུབ་སེམས་དཔའི་རིགས་ཞེས་བྱ་བ་ནི། ཆོས་ཀྱི་དབྱིངས་ལྟར་ལེན་པ་ནམ་མཁའ་ལྟར་ཡངས་པ། རང་བཞིན་གྱི་འོད་གསལ་བ་སྟེ། དེ་ལྟར་གནས་པའི་བྱང་ཆུབ་སེམས་དཔའ་ནི། འདས་པའི་སངས་རྒྱས་བཅོམ་ལྡན་འདས་རྣམས་ཀྱི་རིགས་སུ་སྐྱེས་པ་ཡིན། མ་འོངས་པའི་སངས་རྒྱས་བཅོམ་ལྡན་འདས་རྣམས་ཀྱི་རིགས་སུ་སྐྱེ་བ་ཡིན། ད་ལྟར་བྱུང་བའི་སངས་རྒྱས་བཅོམ་ལྡན་འདས་རྣམས་ཀྱི་རིགས་སུ་སྐྱེས་པ་ཡིན། ཞེས་རང་བཞིན་གནས་རིགས་ཡིན་ན། ཆོས་དབྱིངས་ཡིན་པར་ཁྱབ་པར་གསུངས་པའི་ཕྱིར།

གཉིས་པ་གྲུབ་སྟེ་རྒྱུད་བླ་མ་ལས། རིགས་འདི་གཉིས་ལས་སངས་རྒྱས་ཀྱི། །སྐུ་གསུམ་ཐོབ་པར་འདོད་པ་ཡིན། །དང་པོས་སྐུ་ནི་དང་པོ་སྟེ། །གཉིས་པ་ཡིས་ནི་ཕྱི་མ་གཉིས། །ཞེས་རང་བཞིན་གནས་རིགས་ཡིན་ན། ངོ་བོ་ཉིད་སྐུར་འགྱུར་རུང་ཡིན་པས་ཁྱབ་པར་གསུངས་པ་གང་ཞིག ཁྱོད་ཀྱི་འདོད་པ་དེ་ངོ་བོ་ཉིད་སྐུར་འགྱུར་རུང་མ་ཡིན་པའི་ཕྱིར། དེར་ཐལ། སངས་རྒྱས་ཀྱི་སེམས་གསལ་རིག་ངོ་བོ་ཉིད་སྐུ་མ་ཡིན་པའི་ཕྱིར།

རྟགས་གསུམ་པ་དེར་ཐལ། ཉི་སྣང་ལས། ཆོས་ཉིད་ཀྱི་རྣམ་གྲངས་ཡིན་པ་ལ་ནི་ཉེས་པ་འདི་མེད་དོ། །ཞེས་དང་། རྒྱན་སྣང་ལས། ཆོས་ཀྱི་དབྱིངས་རྒྱུའི་ངོ་བོར་རྣམ་པར་འཇོག་པའི་སྒོ་ནས་རིགས་ཉིད་དུ་ཐ་སྙད་འདོགས་སོ། །ཞེས་བྱ་བ་ནི་ལན་ཡིན་ནོ། །ཞེས་དང་། དོན་གསལ་ལས། ཆོས་ཀྱི་དབྱིངས་ཀྱི་ངོ་བོ་ཉིད་ཁོན་ལ་རིགས་ཞེས་བསྟན་ཏེ། ཞེས་རང་བཞིན་གནས་རིགས་ཡིན་ན། ཆོས་དབྱིངས་ཡིན་པས་ཁྱབ་པར་གསུངས་པ་གང་ཞིག ཆོས་དབྱིངས་དང་སེམས་འགལ་བའི་ཕྱིར། ཕྱི་མ་དེར་ཐལ། སྟོང་ཉིད་ཡིན་ན། མེད་དགག་ཡིན་དགོས་པའི་ཕྱིར། དེར་ཐལ། ཚིག་གསལ་ལས།

故。因可以有不具彼之有情故。」

彼理應不應理，因彼宗與經相違、與《大乘寶性論》相違、與三釋本相違、所許自相矛盾故。初者理應如是，因《華嚴經》云：「嗟，佛子！應知所謂菩薩種性是精進於法界，如虛空遍廣，自性光明，如是安住之菩薩，是已生為過去諸佛世尊之種性，將生為當來諸佛世尊之種性，生為現有諸佛世尊之種性。」說若是本性住種性，周遍是法界故。

第二者成立，因《大乘寶性論》云：「許由二種性，乃得三佛身，初身由初得，由二得後二。[7]」說若是本性住種性，周遍是堪成為自性身且汝所主張非堪成為自性身故。理應如是，因佛之明而了知心非自性身故。

第三因理應如是，因《二萬頌光明釋》云：「是法性之異名，則無此過失。」《莊嚴光明釋》云：「從法界趣入因之本性，假立名言為種性。乃答也。」《明義釋》云：「唯於法界自性，宣說為種姓。[8]」說若是本性住種性周遍是法界且法界與心相違故。後者理應如是，因若是空性須是無遮故。理應如是，因《明句疏》云：「因許說為無遮。」《般若燈論》云：「所謂『非所有』是無遮之

མེད་པར་དགག་པ་བརྗོད་པར་འདོད་པའི་ཕྱིར། ཞེས་དང་། ཤེས་རབ་སྒྲོན་མ་ལས། ཅི་ཡང་མ་ཡིན་པ་ཞེས་བྱ་བ་ནི་མེད་པར་དགག་པའི་ཐ་ཚིག་གོ །ཞེས་གསུངས་པའི་ཕྱིར།

རྩ་རྟགས་བཞི་པ་དེར་ཐལ། འཚང་མི་རྒྱ་བའི་སེམས་ཅན་མི་སྲིད་པར་ཁྱེད་རང་འདོད་པས། ཟག་མེད་ཡེ་ཤེས་ཀྱི་ས་བོན་དང་མི་ལྡན་པའི་སེམས་ཅན་སྲིད་པ་འགལ་འདུར་འགྱུར་བའི་ཕྱིར།

གཞན་ཡང་། རྒྱུན་མཐའི་བར་ཆད་མེད་ལམ་རང་བཞིན་གནས་རིགས་སུ་ཐལ། དེ་སངས་རྒྱས་ཀྱི་ཡེ་ཤེས་ཀྱི་ཉེར་ལེན་ཡིན་པའི་ཕྱིར། ཁྱབ་པ་ཁས། འདོད་མི་རིགས་ཏེ། དེ་སེམས་ཅན་ཐམས་ཅད་ལ་མེད་པའི་ཕྱིར་ཏེ། དེ་དང་མི་ལྡན་པའི་སེམས་ཅན་སྲིད་པའི་ཕྱིར། རིམ་པ་བཞིན་ཁས་བླངས།

གཞན་ཡང་རྒྱུན་མཐའི་བར་ཆད་མེད་ལམ་རང་བཞིན་གནས་རིགས་མ་ཡིན་པར་ཐལ། དེ་རྒྱས་འགྱུར་གྱི་རིགས་ཡིན་པའི་ཕྱིར་རོ། །

◆現觀辨析（中）

斷語。」故。

第四根本因理應如是，因汝許無不成佛之有情，而有不具無漏本智種子之有情則成相違故。

復次，最後流無間道理應是本性住種性，因彼是佛本智之近取因故。承許周遍。不能許，因彼於一切有情無故。因可以有不具彼之有情故。依次承許。

復次，最後流無間道理應非本性住種性，因彼是習所成種性故。

དེའི་འོག་ཏུ་དེ་དག་སྐྱེས་པའི་སྟོབས་ཀྱིས། ཞེས་སོགས་ཀྱི་སྐབས་སུ། སྤྱིར་བ་དང་། མཐའ་དཔྱད་པ་གཉིས།

དང་པོ་ནི། ཐེག་ཆེན་གྱི་མཐོང་ལམ་བར་ཆད་མེད་ལམ་སྐྱེ་བ་ལ་མངོན་དུ་ཕྱོགས་པ་དང་། མཐོང་སྤངས་རྟོག་པའི་ས་བོན་འགགས་པ་ལ་མངོན་དུ་ཕྱོགས་པ་དུས་མཉམ་སྟེ། ཐེག་ཆེན་གྱི་མཐོང་ལམ་བར་ཆད་མེད་ལམ་སྐྱེས་པ་དང་། མཐོང་སྤངས་རྟོག་པའི་ས་བོན་འགགས་པ་དུས་མཉམ་པའི་ཕྱིར།

དེ་ལ་ཁ་ཅིག ཐེག་ཆེན་གྱི་མཐོང་ལམ་བར་ཆད་མེད་ལམ་སྐྱེས་ན། མཐོང་སྤངས་རྟོག་པའི་ས་བོན་འགགས་པས་ཁྱབ་པར་ཐལ། དེ་སྐྱེས་པ་དང་མཐོང་སྤངས་རྟོག་པའི་ས་བོན་འགགས་པ་དུས་མཉམ་པའི་ཕྱིར་ཟེར་ན། མ་ཁྱབ། འོ་ན། བསལ་བ་དེར་ཐལ། བར་ཆད་མེད་ལམ་དེ་སྐྱེས་པའི་དུས་སུ་མཐོང་སྤངས་རྟོག་པའི་ས་བོན་འགགས་པའི་ཕྱིར། དེར་ཐལ། དེའི་དུས་སུ་མཐོང་སྤངས་རྟོག་པའི་ས་བོན་མེད་པའི་ཕྱིར།

གཞན་ཡང་། རྒྱན་པོ་སྦྱང་བ་དང་སྒོ་འཕར་བཅད་པ་ལྟར། དུས་མཉམ་དུ་གཉེན་པོ་དང་མི་མཐུན་པའི་ཕྱོགས་སྐྱེ་བ་དང་འགག་པ་དག་གོ །ཞེས་གསུངས་པ་མི་འཐད་པར་ཐལ། ཁྱོད་ཀྱི་ཁས་ལེན་དེའི་ཕྱིར།

ཁོ་ན་རེ། སྐྱོན་མེད་དེ། ལུང་དེའི་དོན་གང་ཟག་དེའི་རྒྱུད་ལ་ཐེག་ཆེན་གྱི་མཐོང་ལམ་བར་ཆད་མེད་ལམ་སྐྱེ་བ་ལ་མངོན་དུ་ཕྱོགས་པ་དང་། དེའི་ངོ་སྐལ་གྱི་སྤང་བྱར་གྱུར་པའི་སྒྲིབ་པ་འགག་པ་ལ་མངོན་དུ་ཕྱོགས་པ་དུས་མཉམ། གང་ཟག་དེའི་རྒྱུད་ལ་ཐེག་ཆེན་གྱི་མཐོང་ལམ་བར་ཆད་མེད་ལམ་སྐྱེས་པ་དང་། དེའི་ངོ་སྐལ་གྱི་སྤང་བྱར་གྱུར་པའི་སྒྲིབ་པ་འགགས་པ་དུས་མཉམ་ཞེས་པའི་དོན་ཡིན་ཞེས་ཟེར་བ་མི་འཐད་དེ།

གང་ཟག་དེའི་རྒྱུད་ལ་ཐེག་ཆེན་གྱི་མཐོང་ལམ་བར་ཆད་མེད་ལམ་སྐྱེས་ཟིན་ན། གང་ཟག་དེའི་

37 講說從種性所衍生之所斷對治

「其後，以產生彼等之力……」等時，有論式與辨析。

初者，將生起大乘見道無間道與將滅見所斷分別之種子同時，因生起大乘見道無間道與消滅見所斷分別之種子同時故。

於彼有云：「若生起大乘見道無間道，理應周遍滅見所斷分別之種子，因生起彼與消滅見所斷分別之種子同時故。」不周遍。那麼，彼遣法理應如是，因生起彼無間道時，消滅見所斷分別之種子故。理應如是，因彼時無見所斷分別之種子故。

復次，「猶如擯除小偷與關上門板，乃同時產生對治與破除異品。」所言理應不應理，因爾之承許故。

有云：「無過，因彼文義即：彼補特伽羅相續中，將生起大乘見道無間道與將消滅屬彼之應斷所斷的障同時；彼補特伽羅相續中，生起大乘見道無間道與消滅屬彼之應斷所斷的障同時故。」

不應理，因若彼補特伽羅相續已生起大乘見道無間道，則於彼

རྒྱུད་ལ་ཐེག་ཆེན་གྱི་མཐོང་ལམ་བར་ཆད་མེད་ལམ་སྐྱེ་བ་ལ་མངོན་དུ་ཕྱོགས་པ་མ་ཡིན་དགོས་པའི་ཕྱིར། དེར་ཐལ། ཐེག་ཆེན་མཐོང་ལམ་བར་ཆད་མེད་ལམ་ལ་གནས་པའི་སེམས་དཔའི་རྒྱུད་ལ་ཐེག་ཆེན་གྱི་མཐོང་ལམ་བར་ཆད་མེད་ལམ་སྐྱེ་བ་ལ་མངོན་དུ་ཕྱོགས་པ་མ་ཡིན་པའི་ཕྱིར། དེར་ཐལ། སངས་རྒྱས་འཕགས་པའི་ཐུགས་རྒྱུད་ལ་རྣམ་མཁྱེན་སྐྱེ་བ་ལ་མངོན་དུ་ཕྱོགས་པ་མ་ཡིན་པའི་ཕྱིར། དེར་ཐལ། དེའི་ཐུགས་རྒྱུད་ལ་ས་བཅུ་པའི་ཡེ་ཤེས་འགག་པ་ལ་མངོན་དུ་ཕྱོགས་པ་མ་ཡིན་པའི་ཕྱིར། དེར་ཐལ། དེའི་ཐུགས་རྒྱུད་ལ་ས་བཅུ་པའི་ཡེ་ཤེས་འགག་པ་མ་ཡིན་པའི་ཕྱིར་ཏེ། དེའི་ཐུགས་རྒྱུད་ལ་དེ་འཛིག་པ་མ་ཡིན་པའི་ཕྱིར།

ཁོ་ན་རེ། སངས་རྒྱས་འཕགས་པའི་ཐུགས་རྒྱུད་ལ་རྣམ་མཁྱེན་སྐྱེ་བ་ལ་མངོན་དུ་ཕྱོགས་པ་ཡིན་པར་ཐལ། དེའི་རྒྱུད་ལ་རྣམ་མཁྱེན་སྐྱེ་བཞིན་པ་ཡིན་པའི་ཕྱིར་ཏེ། དེའི་ཐུགས་རྒྱུད་ལ་རྣམ་མཁྱེན་སྐྱེ་བའི་ཕྱིར་ཏེ། དེའི་ཐུགས་རྒྱུད་ཀྱི་རྣམ་མཁྱེན་སྐྱེ་བའི་ཕྱིར་ཟེར། ཁ་ཅིག མ་ཁྱབ་སྟེ། དེའི་ཐུགས་རྒྱུད་ལ་སྒྲིབ་པ་མེད་པར་རྟོགས་པའི་ཚད་མ་སྐྱེ་བ་ཡོད་པར་ཐལ། དེའི་ཐུགས་རྒྱུད་ཀྱི་སྒྲིབ་པ་མེད་པར་རྟོགས་པའི་ཚད་མ་སྐྱེས་པའི་ཕྱིར། ཁྱབ་པ་ཁས་ཟེར་ན། མ་གྲུབ་སྟེ། དེའི་རྒྱུད་ཀྱི་སྒྲིབ་པ་ཆོས་ཅན། ཁྱོད་མེད་པར་རྟོགས་པའི་ཚད་མ་སྐྱེ་བ་ཡོད་པར་ཐལ། ཁྱོད་མེད་པའི་ཕྱིར་ན་ཆོས་ཅན་སྐྱོན་ཅན་ནོ། །

རང་ལུགས། དངོས་པོའི་དུས་སུ་དངོས་པོ་སྐྱེ་བར་ཐལ། དེའི་དུས་ཀྱི་དེ་སྐྱེ་བའི་ཕྱིར།

ཡང་ཁ་ཅིག ཐེག་ཆེན་གྱི་སྦྱོར་ལམ་ཆོས་མཆོག་ཆེན་པོ་ལ་གནས་པའི་སེམས་དཔའི་རྒྱུད་ལ་ཐེག་ཆེན་མཐོང་ལམ་བར་ཆད་མེད་ལམ་སྐྱེ་བ་ལ་མངོན་དུ་ཕྱོགས་པ་དང་། མཐོང་སྤང་རྟོག་པ་འགག་པ་ལ་མངོན་དུ་ཕྱོགས་པ་དུས་མཉམ་སྟེ། ཐེག་ཆེན་མཐོང་ལམ་བར་ཆད་མེད་ལམ་ལ་གནས་པའི་སེམས་དཔའི་རྒྱུད་ལ་བར་ཆད་མེད་ལམ་དེ་སྐྱེས་པ་དང་མཐོང་སྤང་རྟོག་པ་འགགས་པ་དུས་མཉམ་པའི་ཕྱིར། ཞེས་པའི་སྦྱོར་འགོད་བྱེད་པ་མི་འཐད་དེ། ཐེག་ཆེན་གྱི་སྦྱོར་ལམ་ཆོས་མཆོག་ཆེན་པོའི་སྐད་ཅིག་ཐ་མ་ལ་གནས་པའི་སེམས་དཔའི་རྒྱུད་ལ་མཐོང་སྤང་རྟོག་པ་མེད་པའི་ཕྱིར་དང་།

補特伽羅相續中，須非將生起大乘見道無間道故。理應如是，因於安住大乘見道無間道之菩薩相續，非將生起大乘見道無間道故。理應如是，因於佛聖者之心相續非將生起一切相智故。理應如是，因於彼之心相續，十地本智非將消滅故。理應如是，因於彼之心相續，十地本智非〔正〕滅故。因於彼之心相續，彼非壞滅故。

有云：「於佛聖者心續理應是將生起一切相智，因於彼之相續正在生起一切相智故，因於彼之心相續生起一切相智故，因彼之心相續之一切相智生起故。」有云：「不周遍，於彼之心續理應有生起通達障為不存在之量，因通達彼之心續之障為不存在之量已生起故。承許周遍。」不成，彼之相續之障為有法，理應有生起通達爾為不存在之量，因爾不存在故。〔答：〕瑕疵有法。

自宗：於事物之時事物理應生起，因彼時之彼生起故。

又有云：「於安住大乘加行道世第一法之菩薩相續，將生起大乘見道無間道與將滅見所斷分別同時，因於安住大乘見道無間道之菩薩相續，生起彼無間道與滅見所斷分別同時故。」如是安立論式不應理，因於安住於大乘加行道世第一法最後剎那之菩薩相續無見所斷分別故，以及「對治與斷除」中之「對治」是說加行道菩薩獲得功德的方式不應理故。

གཉེན་པོ་དང་ནི་སྤོང་བ་དང་། །ཞེས་པའི་ནང་ཚན་གྱི་གཉེན་པོ་ཞེས་པ་བྱང་སེམས་སྦྱོར་ལམ་པས་ཡོན་ཏན་འཐོབ་ཚུལ་འཆད་བྱེད་ཡིན་པ་མི་འཐད་པའི་ཕྱིར།

ཁོན་རེ། དེའི་རྒྱུད་ལ་མཐོང་སྤངས་རྟོག་པ་ཡོད་པར་ཐལ། དེའི་རྒྱུད་ལ་མཐོང་སྤངས་རྟོག་པའི་ས་བོན་ཡོད་པའི་ཕྱིར་ན། མ་ཁྱབ།

ཁ་ཅིག ཐེག་ཆེན་གྱི་མཐོང་ལམ་བར་ཆད་མེད་ལམ་སྐྱེ་བ་ལ་མངོན་དུ་ཕྱོགས་པ་དང་། མཐོང་སྤངས་རྟོག་པ་འགགས་པ་ལ་མངོན་དུ་ཕྱོགས་པ་དུས་མཉམ་ཟེར་བ་མི་འཐད་དེ། ཉེས་པ་སྔ་མ་དེ་ཉིད་དུ་འགྱུར་བའི་ཕྱིར།

གཉིས་པ་མཐའ་དཔྱད་པ་ལ། ཁ་ཅིག ཐེག་ཆེན་མཐོང་ལམ་བར་ཆད་མེད་ལམ་གྱི་དུས་སུ་མཐོང་སྤངས་རྟོག་པའི་ས་བོན་ཡོད་དེ། ཀུན་བཏུས་ལས། འདས་པ་ནི་འགགས་པའི་ཕྱིར་མ་ཡིན་ཞེས་གསུངས་པའི་ཕྱིར་ཟེར། འོ་ན། སྔོན་མེའི་དུས་སུ་སྔོན་མེས་བསལ་བྱར་གྱུར་པའི་མུན་པ་ཡོད་པར་ཐལ། དམ་བཅའ་དེའི་ཕྱིར། ཁྱབ་སྟེ། དེ་གཉིས་དཔེ་དོན་སྦྱོར་བའི་ཕྱིར། འདོད་མི་ནུས་ཏེ། མདོ་ལས། ཉི་མའི་དཀྱིལ་འཁོར་མངོན་པར་ཤར་བའི་ཚེ་མུན་པའི་གནས་མེད་ཅིང་མི་དམིགས་སོ་ཞེས་དང་། བསྐལ་པའི་མེ་འབར་བའི་ཚེ་འདུ་བྱེད་ཀྱི་མཚན་མ་ཐམས་ཅད་ཀྱི་གནས་མེད་ཅིང་མི་དམིགས་སོ་ཞེས་གསུངས་པའི་ཕྱིར།

ཁོན་རེ། ཐེག་ཆེན་གྱི་མཐོང་ལམ་བར་ཆད་མེད་ལམ་ཆོས་ཅན། ཁྱོད་ལ་གནས་པའི་སེམས་དཔའི་རྒྱུད་ལ་མཐོང་སྤངས་རྟོག་པའི་ས་བོན་ཡོད་པར་ཐལ། ཁྱོད་མཐོང་སྤངས་རྟོག་པའི་ས་བོན་གྱི་དངོས་གཉེན་ཡིན་པའི་ཕྱིར་ཟེར་ན། འོ་ན། དེ་ཆོས་ཅན། ཁྱོད་ལ་གནས་པའི་སེམས་དཔའི་རྒྱུད་ལ་མཐོང་སྤངས་རྟོག་པ་ཡོད་པར་ཐལ། ཁྱོད་མཐོང་སྤངས་རྟོག་པའི་དངོས་གཉེན་ཡིན་པའི་ཕྱིར། ཁྱབ་པ་ཁས།

ཡང་ཁོན་རེ། དེ་ཆོས་ཅན། ཁྱོད་ལ་གནས་པའི་སེམས་དཔའ་དེས་མཐོང་སྤངས་རྟོག་པའི་ས་བོན་སྤངས་པར་ཐལ། ཁྱོད་ལ་གནས་པའི་སེམས་དཔའ་ཡོད། དེའི་རྒྱུད་ལ་མཐོང་སྤངས་རྟོག་པའི་ས་བོན་མེད་པའི་ཕྱིར་ཟེར་ན། ཡང་སྔར་བཞིན་མཚུངས་པ་འགྲེའོ། །

有云：「彼之相續理應有見所斷分別，因彼之相續有見所斷分別之種子故。」不周遍。

有云：「將生起大乘見道無間道與將滅見所斷分別同時。」不應理，因將成前〔說〕過患故。

第二、辨析，有云：「於大乘見道無間道時有見所斷分別之種子，因《集論》云：『不從過去，已滅故。[9]』故。」那麼，於燈時理應有屬燈所消除的黑暗，因彼宗故。周遍，因彼二法喻結合故。不能許，因經云：「日輪升起時，無黑暗處，亦不可得。[10]」與「劫火燃燒時，無一切行之相處，亦不可得。[11]」故。

有云：「大乘見道無間道為有法，安住於爾之菩薩相續理應有見所斷分別之種子，因爾是見所斷分別之種子的正對治故。」那麼，彼為有法，安住於爾之菩薩相續理應有見所斷分別，因爾是見所斷分別之正對治故。承許周遍。

又有云：「彼為有法，安住於爾之菩薩理應斷見所斷分別之種子，因有安住於爾之菩薩，彼之相續無見所斷分別之種子故。」亦如前類推。

ཁོ་ན་རེ། ཐེག་ཆེན་གྱི་མཐོང་ལམ་བར་ཆད་མེད་ལམ་གྱི་དུས་ན་མཐོང་སྤང་རྟོག་པའི་ས་བོན་མེད་ཀྱང་། རྒྱུན་མཐའི་བར་ཆད་མེད་ལམ་གྱི་དུས་ན་གནས་ངན་ལེན་གྱི་དྲི་མ་ཕྲ་མོ་ཡོད་ཟེར་ན། དེ་མི་འཐད་པར་ཐལ། དེ་ལྟར་ན་སྤང་བྱ་སྐྱེ་འགྱུར་གྱིས་སྟོང་བ་དང་འགག་འགྱུར་གྱིས་སྟོང་བའི་གྲུབ་མཐའ་གཉིས་ཕྱོགས་གཅིག་ཏུ་བསྡུས་པ་ཡིན་པའི་ཕྱིར། དེར་ཐལ། བར་ཆད་མེད་ལམ་སྐྱེ་བཞིན་པས་རང་གི་དངོས་སྐལ་གྱི་སྤང་བྱ་འགག་བཞིན་པ་སྟོང་བའང་ཡོད། བར་ཆད་མེད་ལམ་འགག་བཞིན་པས་རང་དུས་ན་སྤང་བྱ་འགག་བཞིན་པ་སྟོང་བའང་ཡོད་པའི་ཕྱིར།

དང་པོ་དེར་ཐལ། ཐེག་ཆེན་གྱི་མཐོང་ལམ་བར་ཆད་མེད་ལམ་སྐྱེ་བཞིན་པ་དང་། དེའི་དངོས་སྐལ་གྱི་སྤང་བྱ་འགག་བཞིན་པ་དུས་མཉམ་པའི་ཕྱིར། རྟགས་གཉིས་པ་མ་གྲུབ་ན་སོང་། དེར་ཐལ། རྒྱུན་མཐའི་བར་ཆད་མེད་ལམ་འགག་བཞིན་པ་དང་། གནས་ངན་ལེན་གྱི་དྲི་མ་ཕྲ་མོ་འགག་བཞིན་པ་དུས་མཉམ་པའི་ཕྱིར། དེར་ཐལ། རྒྱུན་མཐའི་བར་ཆད་མེད་ལམ་འགག་བཞིན་པའི་དུས་ན་གནས་ངན་ལེན་གྱི་དྲི་མ་ཕྲ་མོ་འགག་བཞིན་པ་ཡིན་པའི་ཕྱིར། དེར་ཐལ། རྒྱུན་མཐའི་བར་ཆད་མེད་ལམ་འགག་བཞིན་པའི་དུས་ན་གནས་ངན་ལེན་གྱི་དྲི་མ་ཕྲ་མོ་ཡོད་པའི་ཕྱིར། དེར་ཐལ། རྩ་བའི་དམ་བཅའ་དེའི་ཕྱིར། རྟགས་ཁས།

གཞན་ཡང་། གནས་ངན་ལེན་གྱི་དྲི་མ་ཕྲ་མོའི་དངོས་གཉེན་ཡིན་ན། རང་དུས་ན་དེ་ཡོད་དགོས་པར་ཐལ། རྩ་བའི་དམ་བཅའ་དེའི་ཕྱིར། འདོད་ན། རྒྱུན་མཐའི་བར་ཆད་མེད་ལམ་ཆོས་ཅན། རང་དུས་ན་བདེན་འཛིན་མངོན་གྱུར་བ་ཡོད་པར་ཐལ། བདེན་འཛིན་མངོན་འགྱུར་བའི་དངོས་གཉེན་ཡིན་པའི་ཕྱིར། ཁྱབ་པ་ཁས། དེར་ཐལ། བདེན་འཛིན་གྱི་དངོས་གཉེན་ཡིན་པའི་ཕྱིར། རྩ་བར་འདོད་ན། དག་ས་ལ་གནས་པའི་སེམས་དཔའི་རྒྱུད་ལ་བདེན་འཛིན་མངོན་གྱུར་བ་ཡོད་པར་ཐལ་ལོ། །

ཡང་སྔར་བཤད་པ་དེ་ལ། ཁོ་ན་རེ། ཐེག་ཆེན་གྱི་མཐོང་ལམ་བར་ཆད་མེད་ལམ་སྐྱེ་བ་ལ་མངོན་དུ་ཕྱོགས་པ་དང་། མཐོང་སྤང་རྟོག་པའི་ས་བོན་འགག་པ་ལ་མངོན་དུ་ཕྱོགས་པ་དུས་མི་མཉམ་པར་ཐལ། རྣམ་བཤད་ལས། འོ་ན་ཅི་ཞེ་ན། སྤང་གཉེན་པོའི་ཕྱོགས་གོམས་པ་ལ་བརྟེན་ནས་གཉེན་པོ་དེ་སྐྱེ་བ་ལ་མངོན་དུ་ཕྱོགས་པ་དང་སྤང་བྱའི་ས་བོན་གྱི་རིགས་འདྲ་ཐ་མ་འགག་པ་ལ་མངོན་དུ་ཕྱོགས་

有云：「於大乘見道無間道時雖無見所斷分別之種子，然於最後流無間道時有細微粗重垢染。」彼理應不應理，因若如是，則把「以將生起而斷除所斷」與「以將滅而斷除所斷」之二宗義攝為一故。理應如是，因亦有由正在生起之無間道斷除正在滅之自應斷的所斷，亦有由正在滅之無間道於自時斷除正在滅的所斷故。

初者理應如是，因大乘見道無間道正在生起與彼之應斷的所斷正在滅同時故。第二因不成則相違。理應如是，因最後流無間道正在滅與細微粗重垢染正在滅同時故。理應如是，因於最後流無間道正在滅時，細微粗重垢染乃正在滅故。理應如是，因於最後流無間道正在滅時有細微粗重垢染故。理應如是，因彼根本宗故。承許因。

復次，若是細微粗重垢染之正對治，理應須於自時有彼，因彼根本宗故。若許，最後流無間道為有法，於自時理應有現行實執，因是現行實執之正對治故。承許周遍。理應如是，因是實執之正對治故。若許根本，於住清淨地之菩薩相續應成有現行實執。

於前說又有云：「大乘見道無間道將生起與見所斷分別之種子將滅理應不同時，因《心要莊嚴疏》云：『若問：「那為何？」（答曰：）依恃往昔串習對治品，於現前生起彼對治、以及現前滅除所斷種子之最後同類，為同時。』特別說『最後同類』有意義故。」

པ་དུས་མཉམ་ཞིང་། ཞེས་རིགས་འདྲ་ཐ་མ་ཞེས་ཁྱད་པར་སྨོས་པ་ལ་དོན་ཡོད་པའི་ཕྱིར་ཟེར་ན། མ་ཁྱབ་སྟེ། སྤྱང་བྱའི་ས་བོན་གྱི་རིགས་འདྲ་ཐ་མ་ཞེས་པ། སྐད་ཅིག་ཐ་མ་ལས་འོས་མེད་པའི་ཕྱིར།

ཡང་ཁོ་ན་རེ། ཐེག་ཆེན་གྱི་མཐོང་ལམ་བར་ཆད་མེད་ལམ་གྱིས་མཐོང་སྤྱང་ས་རྟོག་པ་སླར་མི་སྐྱེ་བའི་ཆོས་ཅན་དུ་བྱས་པར་ཐལ། ཐེག་ཆེན་གྱི་མཐོང་ལམ་བར་ཆད་མེད་ལམ་མཐོང་སྤྱང་ས་རྟོག་པའི་དངོས་གཉེན་གང་ཞིག རྣམ་བཤད་ལས། གཉེན་པོ་སྐྱེས་པ་དང་དེ་འགགས་པ་དུས་མཉམ་པའི་སྒོ་ནས་སྤྱང་བྱ་སྐྱེ་མི་རུང་བའི་ཆོས་ཅན་དུ་སོང་བ་གནོད་པ་བྱས་པའི་དོན་ཡིན་ནོ། །ཞེས་གསུངས་པའི་ཕྱིར། འདོད་ན། མཐོང་སྤྱང་ས་རྟོག་པ་དེ་རང་དུས་སུ་སླར་མི་སྐྱེ་བའི་ཆོས་ཅན་མ་ཡིན་པར་ཐལ། འདོད་པའི་ཕྱིར། འདོད་ན། དེ་སླར་མི་སྐྱེ་བའི་ཆོས་ཅན་མ་ཡིན་པར་ཐལ། འདོད་པའི་ཕྱིར། འདོད་ན། དེ་སླར་མི་སྐྱེ་བ་མ་ཡིན་པར་ཐལ། འདོད་པའི་ཕྱིར་ཟེར་ན། མ་ཁྱབ་སྟེ། སྐབས་འདིའི་སླར་མི་སྐྱེ་བའི་ཆོས་ཅན་དང་། སྐབས་གཞན་གྱི་སླར་མི་སྐྱེ་བ་དོན་མི་གཅིག་པའི་ཕྱིར། དེར་ཐལ། སྐབས་འདིའི་སླར་མི་སྐྱེ་བའི་ཆོས་ཅན་དུ་བྱས་པ་ཞེས་པ་གཉེན་པོའི་ནུས་པ་ལ་བཤད། སྐབས་གཞན་གྱི་སླར་མི་སྐྱེ་ཞེས་པ། འབྲས་བུ་རྒྱུ་དུས་སུ་གྲུབ་ཟིན་འདབ་ནས་མི་སྐྱེ་བ་ལ་བཤད་པའི་ཕྱིར།

不周遍，因「所斷種子之最後同類」唯最後剎那合宜故。

又有云：「大乘見道無間道理應使見所斷分別成為不復生起的有法，因大乘見道無間道是見所斷分別之正對治，且《心要莊嚴疏》云：『從產生對治與滅除彼乃同時方面，所斷成為無法生起之有法，即是令損壞之意。』故。若許，見所斷分別於自時理應非不再生起的有法，因許故。若許，彼理應非不再生起的有法，因許故。若許，彼理應非不再生起，因許故。」不周遍，因此時之不再生起的有法，與餘時之不再生起，不同義故。理應如是，因此時之「使成為不再生起之有法」是說對治之力，餘時之「不再生起」是說果於因時已成而不生起故。

གཞན་དོན་གོ་རིམ་གྱི་སྒྲུབ་པ་ལས་འཕྲོད་པའི་དྲང་ངེས་སྐོར།

དེའི་འོག་ཏུ་བསམ་པ་ཇི་ལྟ་བ་བཞིན་དུ། ཞེས་སོགས་ཀྱི་སྐབས་སུ། སྤྱིར་བ་དང་། མཐའ་དཔྱད་པའོ། །

དང་པོ་ནི། ས་བཅུ་པ་ལ་གནས་པའི་བྱང་སེམས་ཆོས་ཅན། གཞན་དོན་གོ་རིམས་སུ་བྱེད་པའི་སྒྲུབ་པ་ཐོབ་སྟེ། རྗེས་ཐོབ་ཏུ་དྲང་ངེས་ཀྱི་ཆོས་སྟོན་པའི་སྒོ་ནས་གཞན་དོན་བྱེད་ཚུལ་སངས་རྒྱས་དང་མཉམ་པ་རྗེས་མཐུན་པ་ཐོབ་པའི་སེམས་དཔའ་ཡིན་པའི་ཕྱིར།

མཐའ་དཔྱད་པ་ལ། སེམས་ཙམ་པའི་ལུགས་དང་། དབུ་མ་པའི་ལུགས་གཉིས།

དང་པོ་ནི། སྒྲ་ཇི་བཞིན་དུ་ཁས་བླང་དུ་རུང་བའི་མདོ། ངེས་དོན་གྱི་མདོའི་མཚན་ཉིད། སྒྲ་ཇི་བཞིན་དུ་ཁས་བླང་དུ་མི་རུང་བའི་མདོ། དྲང་དོན་གྱི་མདོའི་མཚན་ཉིད་ཡིན།

དེ་ལ་ཁོན་རེ། བཀའ་དང་པོ་བདེན་བཞིའི་ཆོས་འཁོར་ཆོས་ཅན། ངེས་དོན་གྱི་མདོ་ཡིན་པར་ཐལ། མཚན་ཉིད་དེའི་ཕྱིར། དེར་ཐལ། སྡུག་ཀུན་གྱི་བདེན་པ་དང་ལམ་བདེན་རང་གི་མཚན་ཉིད་ཀྱིས་གྲུབ་པར་སྨྲས་ཟིན་ལ་སྟོན་པའི་མདོ་ཡིན་པའི་ཕྱིར་ན། མ་ཁྱབ། ཁྱབ་པར་ཐལ། བདེན་པ་གསུམ་པོ་རང་གི་མཚན་ཉིད་ཀྱིས་གྲུབ་པར་སྨྲས་ཟིན་ལ་སྟོན་པའི་མདོ་དེ། ངེས་དོན་གྱི་མདོ་ཡིན་པའི་ཕྱིར་ན། འདིར་ཡང་མ་ཁྱབ། མ་གྲུབ་ན། བདེན་པ་གསུམ་ཆོས་ཅན། ཁྱོད་རང་གི་མཚན་ཉིད་ཀྱིས་གྲུབ་པར་སྨྲས་ཟིན་ལ་སྟོན་པའི་མདོ་སྒྲ་ཇི་བཞིན་པའི་མདོ་ཡིན་པར་ཐལ། ཁྱོད་རང་གི་མཚན་ཉིད་ཀྱིས་གྲུབ་པའི་ཕྱིར་ཟེར་ན།

འོ་ན། བཀའ་དང་པོ་བདེན་བཞིའི་ཆོས་འཁོར་ཆོས་ཅན། སྒྲ་ཇི་བཞིན་པ་མ་ཡིན་པའི་མདོ་ཡིན་པར་ཐལ། འགོག་བདེན་རང་གི་མཚན་ཉིད་ཀྱི་གྲུབ་པར་སྨྲས་ཟིན་ལ་སྟོན་པའི་མདོ་ཡིན་པའི་ཕྱིར། ཁྱབ་པ་ཡོད་པར་ཐལ། རྟགས་དེ་སྒྲ་ཇི་བཞིན་དུ་ཁས་བླང་དུ་མི་རུང་བའི་མདོ་ཡིན་པའི་ཕྱིར། མ་གྲུབ་ན། འགོག་བདེན་ཆོས་ཅན། ཁྱོད་རང་གི་མཚན་ཉིད་ཀྱིས་གྲུབ་པར་སྨྲས་ཟིན་ལ་སྟོན་པའི་མདོ། སྒྲ་

38 從利他次第之正行衍生出了不了義部份

「其後，依照思緒……」等時，有論式與辨析。

初者，安住十地之菩薩為有法，獲得次第利他正行，因是以於後得位宣說了不了義法之門行利他之方式獲得隨順「與佛同等」之菩薩故。

辨析有二：唯識宗與中觀宗。

初者，「可依文主張之經」乃了義經之性相。「不可依文主張之經」乃不了義經之性相。

於此有云：「初教言四諦法輪為有法，理應是了義經，因是彼性相故。理應如是，因是表面宣說苦、集諦與道諦自性相成立之經故。」不周遍。「理應周遍，因表面宣說三諦自性相成立之經是了義經故。」今此亦不周遍。「若不成，三諦為有法，表面宣說爾自性相成立之經理應是依文之經，因爾自性相成立故。」

那麼，初教言四諦法輪為有法，理應是非依文之經，因是表面宣說滅諦自性相成立之經故。理應有周遍，因彼因是不可依文主張之經故。若不成，滅諦為有法，表面宣說爾自性相成立之經，理應是非依文之經，因爾非自性相成立故。義理成立且詞句相同。若不

ཇི་བཞིན་པ་མ་ཡིན་པའི་མདོ་ཡིན་པར་ཐལ། ཁྱོད་རང་གི་མཚན་ཉིད་ཀྱིས་མ་གྲུབ་པའི་ཕྱིར། དོན་ལ་གྲུབ་ཅེང་ཚིག་མཚུངས་སོ། །མ་གྲུབ་ན། འགོག་བདེན་གཞན་དབང་དང་ཡོངས་གྲུབ་གང་རུང་ཡིན་པར་ཐལ། དེ་རང་གི་མཚན་ཉིད་ཀྱིས་གྲུབ་པའི་ཕྱིར། འདོད་ན། ངོ་བོ་ཉིད་སྐུ་དེར་ཐལ། འདོད་པའི་ཕྱིར། འདོད་ན། ངོ་བོ་ཉིད་སྐུ་ཡོངས་གྲུབ་ཡིན་པར་ཐལ། འདོད་པའི་ཕྱིར། འདོད་ན། སྒྲིབ་གཉིས་ཟད་པར་སྤངས་པའི་སྤངས་པ་ཡོངས་གྲུབ་ཏུ་ཐལ། འདོད་པའི་ཕྱིར། འདོད་ན། དེ་ཆོས་ཅན། ཁྱོད་མངོན་སུམ་དུ་རྟོགས་པའི་བྱང་འཕགས་ཡོད་པར་ཐལ། ཁྱོད་ཡོངས་གྲུབ་ཡིན་པའི་ཕྱིར།

ཁོ་ན་རེ། འགོག་བདེན་དོན་དམ་བདེན་པ་ཡིན་པར་ཐལ། དེ་ཡིན་པར་དབུ་སེམས་གཉིས་ཀས་ཞལ་གྱི་བཞེས་པར་སྟོང་ཐུན་ལས་གསུངས་པའི་ཕྱིར་ན། མ་ཁྱབ་སྟེ། སྟོང་ཐུན་གྱི་གསུངས་དེ་དྲང་དོན་དུ་འགྲེལ་པའི་ཕྱིར།

ཡང་ཁོ་ན་རེ། བཀའ་བར་པ་མཚན་ཉིད་མེད་པའི་ཆོས་འཁོར་ཆོས་ཅན། ངེས་དོན་གྱི་མདོར་ཐལ། མཚན་ཉིད་དེའི་ཕྱིར། དེར་ཐལ། ཀུན་བཏགས་རང་གི་མཚན་ཉིད་ཀྱིས་མ་གྲུབ་པར་སྒྲས་ཟིན་ལ་སྟོན་པའི་མདོ་ཡིན་པའི་ཕྱིར་ན། མ་ཁྱབ། ཁྱབ་པར་ཐལ། རྟགས་དེ་སྒྲ་ཇི་བཞིན་དུ་ཁས་བླང་དུ་རུང་བའི་མདོ་ཡིན་པའི་ཕྱིར་ན། ཡང་འདིར་མ་ཁྱབ། མ་གྲུབ་ན། ཀུན་བཏགས་ཆོས་ཅན། ཁྱོད་རང་གི་མཚན་ཉིད་ཀྱིས་མ་གྲུབ་པར་སྒྲས་ཟིན་ལ་སྟོན་པའི་མདོ་སྒྲ་ཇི་བཞིན་པའི་མདོ་ཡིན་པར་ཐལ། ཁྱོད་རང་གི་མཚན་ཉིད་ཀྱིས་མ་གྲུབ་པའི་ཕྱིར།

འོ་ན། བཀའ་བར་བ་མཚན་ཉིད་མེད་པའི་ཆོས་འཁོར་ཆོས་ཅན། སྒྲ་ཇི་བཞིན་དུ་ཁས་བླང་དུ་མི་རུང་བའི་མདོ་ཡིན་པར་ཐལ། གཞན་དབང་དང་ཡོངས་གྲུབ་རང་གི་མཚན་ཉིད་ཀྱིས་མ་གྲུབ་པར་སྒྲས་ཟིན་ལ་སྟོན་པའི་མདོ་ཡིན་པའི་ཕྱིར། ཁྱབ་པར་ཐལ། རྟགས་དེ་བསལ་བ་དེ་ཡིན་པའི་ཕྱིར། མ་གྲུབ་ན། གཞན་དབང་དང་ཡོངས་གྲུབ་གཉིས་ཆོས་ཅན། ཁྱོད་རང་གི་མཚན་ཉིད་ཀྱིས་མ་གྲུབ་པར་སྒྲས་ཟིན་ལ་སྟོན་པའི་མདོ། སྒྲ་ཇི་བཞིན་དུ་ཁས་བླང་དུ་མི་རུང་བའི་མདོ་ཡིན་པར་ཐལ། ཁྱོད་རང་གི་མཚན་ཉིད་ཀྱིས་གྲུབ་པའི་ཕྱིར། དོན་ལ་གྲུབ་ཅེང་ཚིག་མཚུངས་སོ། །

成，滅諦理應是依他起與圓成實任一，因彼自性相成立故。若許，自性身理應如是，因許故。若許，自性身理應是圓成實，因許故。若許，盡斷二障之斷德理應是圓成實，因許故。若許，彼為有法，理應有現前通達爾之菩薩聖者，因爾是圓成實故。

有云：「滅諦理應是勝義諦，因《精要千義》說中觀唯識二者親許是彼故。」不周遍，因《精要千義》之說應釋為不了義故。

又有云：「中教言無相法輪為有法，理應是了義經，因是彼性相故。理應如是，因是表面宣說遍計所執不以自性相成立之經故。」不周遍。理應周遍，因彼因是可依文主張之經故。又，今此不周遍。若不成，遍計所執為有法，表面宣說爾非自性相成立之經理應是依文經，因爾非自性相成立故。

那麼，中教言無相法輪為有法，理應是不可依文主張之經，因是表面宣說依他起與圓成實非自性相成立之經故。理應周遍，因彼因是彼遣法故。若不成，依他起與圓成實二者為有法，表面宣說爾非自性相成立之經，理應是不可依文主張之經，因爾自性相成立故。義理成立且詞句相同。

ཁ་ཅིག ངེས་དོན་གྱི་མདོ་ཞེས་པའི་ངེས་དོན་ཡིན་ན། ངེས་དོན་ཡིན་པས་ཁྱབ་སྟེ། དྲང་དོན་གྱི་མདོ་ཞེས་པའི་དྲང་དོན་ཡིན་ན། དྲང་དོན་ཡིན་པས་ཁྱབ་པའི་ཕྱིར་ཟེར་ན། མ་ཁྱབ། འོ་ན། འདུས་བྱས་མི་རྟག་པར་སྟོན་པའི་མདོ། ངེས་དོན་གྱི་མདོ་ཡིན་ཞེས་པའི་ངེས་དོན་ཡིན་ན། ངེས་དོན་ཡིན་དགོས་པར་ཐལ། ངེས་དོན་གྱི་མདོ་ཞེས་པའི་ངེས་དོན་ཡིན་ན། ངེས་དོན་ཡིན་དགོས་པའི་ཕྱིར། རྟགས་ཁས། འདོད་ན། འདུས་བྱས་མི་རྟག་པ་ངེས་དོན་ཡིན་པར་ཐལ། འདོད་པའི་ཕྱིར། འདོད་ན། དོན་དམ་བདེན་པར་ཐལ་ལོ། །

གཞན་ཡང་། ངེས་དོན་གྱི་མདོ་ཡིན་ན། དོན་དམ་བདེན་པ་དངོས་བསྟན་བསྟན་བྱའི་གཙོ་བོར་བྱེད་པས་ཁྱབ་པར་ཐལ། རྩ་བའི་དམ་བཅའ་དེའི་ཕྱིར། འདོད་ན་སླ།

གཞན་ཡང་། དྲང་དོན་གྱི་མདོ་ཞེས་པའི་དྲང་དོན་བདེན་པ་གཉིས་སུ་ཕྱེ་བའི་ཀུན་རྫོབ་བདེན་པ་ལ་བྱེད་རིགས་པར་ཐལ། དམ་བཅའ་དེའི་ཕྱིར། འདོད་ན། ཀུན་རྫོབ་བདེན་པ་དངོས་བསྟན་བསྟན་བྱའི་གཙོ་བོར་བྱེད་པའི་མདོ་ཡིན་ན། དྲང་དོན་གྱི་མདོ་ཡིན་དགོས་པར་ཐལ། འདོད་པའི་ཕྱིར། འདོད་ན་སླ།

རང་ལུགས་ནི། དེ་གཉིས་ཀྱི་ངོ་བོ་ཡོད་དེ། ངེས་དོན་གྱི་མདོ་ཞེས་པའི་ངེས་དོན་སྒྲ་ཇི་བཞིན་པ་ཁོན་དང་། དྲང་དོན་གྱི་མདོ་ཞེས་པའི་དྲང་དོན་སྒྲ་ཇི་བཞིན་པ་མ་ཡིན་པ་ཁོན་ལ་བྱེད་པའི་ཕྱིར།

གཉིས་པ་དབུ་མ་པའི་ལུགས་ནི། དྲང་དོན་གྱི་མདོའི་མཚན་ཉིད་ལ། ཁ་ཅིག སེམས་ཙམ་པས་འདོད་པ་ལྟར་འཇོག་པ་མི་འཐད་པར་ཐལ། སྒྲ་ཇི་བཞིན་དུ་ཁས་བླང་དུ་རུང་བའི་དྲང་དོན་གྱི་མདོ་ཡོད་པའི་ཕྱིར་ཏེ། འདུས་བྱས་མི་རྟག་པར་སྟོན་པའི་མདོ་དེ་དེ་ཡིན་པའི་ཕྱིར།

ཁ་ཅིག དོན་དམ་བདེན་པ་བསྟན་བྱའི་གཙོ་བོར་བྱས་ནས་སྟོན་པའི་མདོ། ངེས་དོན་གྱི་མདོའི་མཚན་ཉིད། ཀུན་རྫོབ་བདེན་པ་བསྟན་བྱའི་གཙོ་བོར་བྱས་ནས་སྟོན་པའི་མདོ། དྲང་དོན་གྱི་མདོའི་མཚན་ཉིད་ཟེར་བ་མི་འཐད་དེ། ཤེར་ཕྱིན་གྱི་མདོ་རྒྱས་འབྲིང་བསྡུས་གསུམ་ཀུན་རྫོབ་བདེན་པ་བསྟན་བྱའི་གཙོ་བོར་བྱས་ནས་སྟོན་པའི་མདོ་ཡིན་པའི་ཕྱིར་ཏེ། དེ་ལྷག་པ་ཤེས་རབ་ཀྱི་བསླབ་པ་བསྟན་བྱའི་

有云：「若是『了義經』所謂之了義，周遍是了義，因若是『不了義』所謂之不了義，周遍是不了義故。」不周遍，那麼，若是「顯示有為是無常之經是了義經」所謂之了義，理應須是了義，因若是「了義經」所謂之了義，須是了義故。承許因。若許，有為無常理應是了義，因許故。若許，應成勝義諦。

復次，若是了義經理應周遍將勝義諦作直接顯示主要所詮，因彼根本宗故。若許則易。

復次，「不了義經」所謂之不了義為二諦分類之世俗諦理應合理，因彼宗故。若許，若是將世俗諦作為直接顯示主要所詮之經，理應須是不了義經，因許故。若許則易。

自宗：有彼二之體性，因「『了義經』所謂之了義唯是依文〔主張〕」與「『不了義經』所謂之不了義唯非依文〔主張〕」故。

第二、中觀宗，於不了義經之性相，有云：「如唯識師所許般安立理應不應理，因有可依文主張之不了義經故。因宣說有為是無常之經是彼故。」

有云：「將勝義諦作為主要所詮而宣說之經，是了義經之性相。將世俗諦作為主要所詮而宣說之經，是不了義經之性相。」不應理，因廣中略三般若經是以世俗諦作為主要所詮而宣說之經故。因彼是以增上慧學作為主要所詮而宣說之經故。因彼是論藏故。

གཙོ་བོར་བྱས་ནས་སྟོན་པའི་མདོ་ཡིན་པའི་ཕྱིར་ཏེ། དེ་མངོན་པའི་སྡེ་སྣོད་ཡིན་པའི་ཕྱིར།

ཡང་ཁ་ཅིག དོན་དམ་བདེན་པ་དངོས་བསྟན་བསྟན་བྱའི་གཙོ་བོར་བྱས་ནས་སྟོན་པའི་མདོ། ངེས་དོན་གྱི་མདོའི་མཚན་ཉིད། ཀུན་རྫོབ་བདེན་པ་དངོས་བསྟན་བསྟན་བྱའི་གཙོ་བོར་བྱས་ནས་སྟོན་པའི་མདོ་དྲང་དོན་གྱི་མདོའི་མཚན་ཉིད་ཟེར་བ་མི་འཐད་དེ། གཟུགས་མེད་ཅེས་སོགས་ཀྱི་ཤེས་རབ་སྙིང་པོའི་མདོ་ཚིག་དེ་དོན་དམ་བདེན་པ་དངོས་བསྟན་བསྟན་བྱའི་གཙོ་བོར་བྱས་ནས་སྟོན་པའི་མདོ་ཡིན་ཀྱང་ངེས་དོན་གྱི་མདོ་མ་ཡིན་པའི་ཕྱིར་དང་། དགོངས་གཞི་བདེ་གཤེགས་སྙིང་པོ་ལ་དགོངས་ནས་ཀུན་གཞིའི་རྣམ་ཤེས་ཡོད་པར་སྟོན་པའི་མདོ་དེ་དྲང་དོན་གྱི་མདོ་ཡིན་ཞིང་། ཀུན་རྫོབ་བདེན་པ་དངོས་བསྟན་བསྟན་བྱའི་གཙོ་བོར་བྱས་ནས་སྟོན་པའི་མདོ་མ་ཡིན་པའི་ཕྱིར།

དང་པོ་དེར་ཐལ། དེ་གཟུགས་སྒྲ་བདེན་མེད་དངོས་བསྟན་བསྟན་བྱའི་གཙོ་བོར་བྱས་ནས་སྟོན་པའི་མདོ་ཡིན་པའི་ཕྱིར་དང་། གཟུགས་སྒྲ་རང་བཞིན་གྱིས་གྲུབ་པའི་ཕྱིར། དང་པོ་དེར་ཐལ། དེའི་དངོས་བསྟན་བསྟན་བྱའི་གཙོ་བོ་ཡོད་པའི་ཕྱིར། གཉིས་པ་དེར་ཐལ། དེ་སྒྲ་ཇི་བཞིན་པ་མ་ཡིན་པའི་ཕྱིར། རྩ་རྟགས་གཉིས་པ་དེར་ཐལ། དང་པོ་གང་ཞིག གཉིས་པ་ཡིན་པའི་ཕྱིར། དང་པོ་དེར་ཐལ། རྒྱུད་སྟུག་པོ་བཀོད་པ་ལས། ས་རྣམས་སྣ་ཚོགས་ཀུན་གཞི་སྟེ། ། བདེ་གཤེགས་སྙིང་པོ་དགེ་བའང་དེ། །སྙིང་པོ་དེ་ལ་ཀུན་གཞིའི་སྒྲས། །དེ་བཞིན་གཤེགས་རྣམས་སྟོན་པར་མཛད། །སྙིང་པོ་ཀུན་གཞིར་སྒྲགས་པ་ཡང་། །བློ་ཞན་རྣམས་ཀྱི་མི་ཤེས་སོ། །ཞེས་གསུངས་པའི་ཕྱིར།

ཕྱི་མ་དེར་ཐལ། བདེ་གཤེགས་སྙིང་པོ་མདོ་དེའི་དངོས་བསྟན་བསྟན་བྱའི་གཙོ་བོར་གྱུར་པའི་ཀུན་རྫོབ་བདེན་པ་མ་ཡིན། ཀུན་གཞིའི་རྣམ་ཤེས་དེ་ཡང་དེ་མ་ཡིན་པའི་ཕྱིར། དང་པོ་དེར་ཐལ། དེ་ཀུན་རྫོབ་བདེན་པ་མ་ཡིན་པའི་ཕྱིར་ཏེ། དེ་དོན་དམ་བདེན་པ་ཡིན་པའི་ཕྱིར་ཏེ། སེམས་ཅན་གྱི་སེམས་བདེན་སྟོང་བདེ་གཤེགས་སྙིང་པོ་ཡིན་པའི་ཕྱིར། གཉིས་པ་དེར་ཐལ། དེ་ཀུན་རྫོབ་བདེན་པ་མ་ཡིན་པའི་ཕྱིར་ཏེ། དེ་མེད་པའི་ཕྱིར་ཏེ། ཞི་འཚོ་དཔོན་སློབ་ཀུན་གཞི་མི་བཞེད་པའི་ཕྱིར་ཏེ། དྲང་ངེས་རྣམ་འབྱེད་ལས། རང་རིག་ཐ་སྙད་དུ་འདོག་ལ་ཀུན་གཞི་འདོག་མི་འདོག་གི་ཚུལ་གསལ་བར་མ་བྱུང་ཡང་། མི་བཞེད་པའི་ཕྱོགས་སུ་མངོན་ནོ། །ཞེས་གསུངས་པའི་ཕྱིར།

又有云：「以勝義諦作為直接顯示主要所詮而宣說之經，乃了義經之性相。以世俗諦作為直接顯示主要所詮而宣說之經，乃不了義經之性相。」不應理，因「無色……」等《般若心經》文是以勝義諦作為直接顯示主要所詮而宣說之經，然非了義經，以及慮及意趣處如來藏而宣說有阿賴耶識之經是不了義經，然非以世俗諦作為直接顯示主要所詮而宣說之經故。

初者理應如是，因彼是以色、聲無諦實作為直接顯示主要所詮而宣說之經，以及色、聲以自性成立故。初者理應如是，因有彼之直接顯示主要所詮故。第二理應如是，因彼非依文故。第二根本因理應如是，因是初者且是第二故。初者理應如是，因《大乘密嚴經》云：「地等阿賴耶，亦善如來藏，佛於如來藏，說名阿賴耶，劣慧者不知，藏名阿賴耶。[12]」故。

後者理應如是，因如來藏非屬於彼經之直接顯示主要所詮之世俗諦，阿賴耶識亦非彼故。初者理應如是，因彼非世俗諦故。因彼是勝義諦故。因有情之心諦實空是如來藏故。第二理應如是，因彼非世俗諦故。因彼不存在故。因靜命師徒不許阿賴耶故。因《辨了不了義善說藏論》云：「於名言中安立自證，雖未明說安不安立阿賴耶之理，然是不許之宗。[13]」故。

ཁོ་ན་རེ། གཟུགས་མེད་ཅེས་སོགས་ཀྱི་ཤེས་རབ་སྙིང་པོའི་མདོ་ཚིག་ཆོས་ཅན། དགག་བྱ་ལ་དོན་དམ་གྱི་ཁྱད་པར་དངོས་སུ་སྦྱར་བའི་མདོ་ཡིན་པར་ཐལ། གཟུགས་སོགས་བདེན་མེད་དུ་དངོས་བསྟན་བསྟན་བྱའི་གཙོ་བོར་བྱས་ནས་སྟོན་པའི་མདོ་ཡིན་པའི་ཕྱིར། རྟགས་ཁས། འདོད་ན། དེ་དགག་བྱ་ལ་དོན་དམ་གྱི་ཁྱད་པར་སྒྲས་ཟིན་ལ་སྦྱར་བའི་མདོ་ཡིན་པར་ཐལ། འདོད་པའི་ཕྱིར་ཟེར་ན། དཔྱད་གཞིའོ། །

ཡང་ཁོ་ན་རེ། དགོངས་གཞི་བདེ་གཤེགས་སྙིང་པོ་ལ་དགོངས་ནས་ཀུན་གཞི་ཡོད་པར་སྟོན་པའི་མདོའི་དངོས་བསྟན་བསྟན་བྱའི་གཙོ་བོར་གྱུར་པའི་ཀུན་རྫོབ་བདེན་པ་ཡོད་པར་ཐལ། ཀུན་གཞི་སྟོན་དགོས་ཀྱི་གདུལ་བྱའི་ངོར་ཀུན་གཞི་ཡོད་པ་དེ། དེ་ཡིན་པའི་ཕྱིར་ཟེར་ན་མ་ཁྱབ། འོ་ན། དེ་མེད་པར་ཐལ། ཀུན་རྫོབ་བདེན་པ་ཡིན་ན་དེ་མ་ཡིན་དགོས་པའི་ཕྱིར། དེར་ཐལ། ཀུན་རྫོབ་བདེན་པ་ཡིན་ན། དེ་མ་ཡིན་པས་ཁྱབ་པར་ཁས་བླངས་པ་ལ་གནོད་བྱེད་ཡང་དག་མེད་པའི་ཕྱིར།

ཁོ་ན་རེ། ཀུན་གཞི་སྟོན་དགོས་ཀྱི་གདུལ་བྱའི་ངོར་ཀུན་གཞིས་མ་ངེས་སོ་ཞེ་ན། འོ་ན། གཞི་གྲུབ་ན། ཀུན་གཞི་མ་ཡིན་དགོས་པར་ཐལ། དེ་ལྟར་དགོས་པའི་ཕྱིར། སོམས་ཤིག

རང་ལུགས་ནི། དོན་དམ་བདེན་པ་དངོས་བསྟན་བསྟན་བྱའི་གཙོ་བོར་བྱས་ནས་བསྟན་ཅིང་། སྒྲ་ཇི་བཞིན་དུ་ཁས་བླང་དུ་རུང་བའི་མདོ། ངེས་དོན་གྱི་མདོའི་མཚན་ཉིད། ཀུན་རྫོབ་བདེན་པ་དངོས་བསྟན་བསྟན་བྱའི་གཙོ་བོར་བྱས་ནས་བསྟན་པ་དང་། སྒྲ་ཇི་བཞིན་དུ་ཁས་བླང་དུ་མི་རུང་བ་གང་ཡང་རུང་བའི་མདོ། དྲང་དོན་གྱི་མདོའི་མཚན་ཉིད་ཡིན།

ཁ་ཅིག ངེས་དོན་གྱི་མདོ་ཞེས་པའི་ངེས་དོན་ཡིན་ན། ངེས་དོན་ཡིན་དགོས་ཟེར་བ་མི་འཐད་དེ། ངེས་དོན་གྱི་མདོ་ཞེས་པའི་ངེས་དོན་དེ་ལ་སྒྲ་ཇི་བཞིན་པ་དང་། དོན་དམ་བདེན་པ་གཉིས་ཀ་ཡོད་པའི་ཕྱིར་ཏེ། དབུ་མ་སྣང་བ་ལས། ངེས་པའི་དོན་ཀྱང་གང་ལ་བྱ་ཞེ་ན། ཚད་མ་དང་བཅས་པ་དང་དོན་དམ་པའི་དབང་དུ་མཛད་ནས་བཤད་པ་གང་ཡིན་པ་སྟེ། དེ་ནི་དེ་ལས་ལོགས་ཤིག་ཏུ་གཞན་གྱིས། གང་དུ་ཡང་དྲང་བར་མི་ནུས་པའི་ཕྱིར། ཞེས་གསུངས་པའི་ཕྱིར།

有云：「『無色……』等《般若心經》文為有法，理應是對所破直接加『勝義簡別』之經，因是以色等無諦實作為直接顯示主要所詮而宣說之經故。承許因。若許，彼理應是對於所破字面上加『勝義簡別』之經，因許故。」乃觀擇之點。

又有云：「理應有慮及意趣處如來藏而宣說有阿賴耶之經的直接顯示主要所詮之世俗諦，因對必須宣說阿賴耶之所化而言，有阿賴耶是彼故。」不周遍，那麼，理應無彼，因若是世俗諦須非彼故。理應如是，因「承許若是世俗諦，周遍非彼」無正違害故。

有云：「對必須宣說阿賴耶之所化而言，阿賴耶不定。」那麼，若〔是〕基成理應須非阿賴耶，因須如是故。當思！

自宗：「將勝義諦作為直接顯示主要所詮而宣說且可依文主張之經」，乃了義經之性相。「將世俗諦作為直接顯示主要所詮而宣說，與不可依文主張任一之經」，乃不了義經之性相。

有云：「若是『了義經』所謂之了義須是了義。」不應理，因「了義經」所謂之了義有依文與勝義諦二者故。因《中觀光明論》云：「何等名為了義？謂有正量依於勝義增上而說，此義除此，餘人不能向餘引故。[14]」故。

ཁོ་ན་རེ། དེ་ཁྱབ་པར་ཐལ། དེ་ཁྱབ་པར་རང་རྒྱུད་པས་བཞེད་པའི་ཕྱིར་ཏེ། ཐལ་འགྱུར་བས་དེ་ལྟར་བཞེད་པའི་ཕྱིར་ན། མ་ཁྱབ། འོ་ན། དོན་དམ་བདེན་པ་དངོས་བསྟན་བསྟན་བྱའི་གཙོ་བོར་བྱས་ནས་སྟོན་པའི་མདོ་ཡིན་ན། ངེས་དོན་གྱི་མདོ་ཡིན་པས་ཁྱབ་པར་རང་རྒྱུད་པས་བཞེད་པར་ཐལ། དེ་ལྟར་དུ་ཐལ་འགྱུར་བས་བཞེད་པའི་ཕྱིར། ཁྱབ་པ་ཁས། དྲང་དོན་གྱི་མདོ་ཞེས་པའི་དྲང་དོན་ཀྱང་ཀུན་རྫོབ་བདེན་པ་ཁོ་ན་ལ་མི་བྱེད་དེ། དྲང་དོན་གྱི་མདོ་ཡིན་ན། ཀུན་རྫོབ་བདེན་པ་དངོས་བསྟན་བསྟན་བྱའི་གཙོ་བོར་བྱེད་པས་མ་ཁྱབ་པར་བཤད་ཟིན་པའི་ཕྱིར།

དྲང་དོན་གྱི་མདོ་ལ་དབྱེ་ན། དགོངས་པ་ཅན་གྱི་མདོ་དང་། ལྡེམ་དགོངས་ཀྱི་མདོ་གཉིས་ཡོད། སྒྲ་ཇི་བཞིན་དུ་ཁས་བླང་དུ་མི་རུང་བའི་མདོ་གང་ཞིག དགོངས་གཞི་གཙོ་བོར་གྱུར་པ། དགོངས་པ་ཅན་གྱི་མདོའི་མཚན་ཉིད། དེ་གང་ཞིག དགོངས་པ་གཙོ་བོར་གྱུར་བ་དེ། ལྡེམ་དགོངས་ཀྱི་མདོའི་མཚན་ཉིད། མདོ་དེ་གཉིས་མི་འགལ་ཏེ། དགོངས་པ་ཅན་གྱི་མདོ་ཡིན་ན། གཉེན་པོ་ལ་ལྡེམས་དགོངས་ཡིན་དགོས་པའི་ཕྱིར། དེ་བཞིན་དུ་དགོངས་གཞི་གཙོ་བོར་གྱུར་པའི་མདོ་དང་། དགོངས་པ་གཙོ་བོར་གྱུར་པའི་མདོ་གཉིས་མི་འགལ་ཏེ། དོན་དམ་བདེན་པ་བསྟན་བྱའི་གཙོ་བོར་བྱས་ནས་སྟོན་པའི་མདོ་དང་། ཀུན་རྫོབ་བདེན་པ་བསྟན་བྱའི་གཙོ་བོར་བྱས་ནས་སྟོན་པའི་མདོ་གཉིས་མི་འགལ་བའི་ཕྱིར་རོ། །

有云：「彼理應周遍，因自續師承許彼是周遍故，因應成師如是承許故。」不周遍，那麼，自續師理應承許：若是將勝義諦作為直接顯示主要所詮而宣說之經周遍是了義經，因應成師如是承許故。承許周遍。「不了義經」所謂之不了義亦非唯世俗諦，因已說若是不了義經，不周遍將世俗諦作為直接顯示主要所詮故。

不了義經有意趣經與密意經二者。「是不可依文主張之經且以意趣處為主」，是意趣經之性相。「是彼且以意趣為主」，是密意經之性相。彼二經不相違，因若是意趣經於對治須是密意經故。如是，以意趣處為主之經與以意趣為主之經二者不相違，因將勝義諦作為主要所詮而宣說之經與將世俗諦作為主要所詮而宣說之經二者不相違故。

རིགས་ཀྱི་རྩོད་ལན།

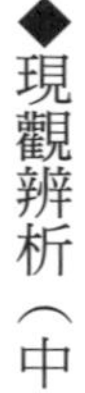

དེ་ལྟར་ཉན་ཐོས་ཀྱི་ཐེག་པ་ལ་སོགས་པ་ཞེས་སོགས་ཀྱི་སྐབས་སུ། སྤྱིར་བ་དང་། མཐའ་དཔྱད་པ་གཉིས།

དང་པོ་ནི། རྟོགས་པ་ཡི་ནི་ཆོས་དྲུག་དང་། །ཞེས་པའི་སྐབས་སུ། བྱང་སེམས་བཅུ་གསུམ་གྱི་སེམས་བདེན་སྟོང་ཐེག་ཆེན་སྒྲུབ་པའི་རྟེན་རང་བཞིན་གནས་རིགས་སུ་བསྟན་པ་ལ།

ཁོ་ན་རེ། རིགས་ཅན་གསུམ་ཀའི་གང་ཟག་ཐེག་པ་ཆེན་པོའི་ལམ་གྱི་སྐབས་ཀྱི་རིགས་ལ་གནས་པར་ཐལ། དམ་བཅའ་གང་ཞིག དེ་རིགས་ཅན་གསུམ་ཀའི་གང་ཟག་ལ་སྤྱིར་གནས་པའི་ཕྱིར། འདོད་ན། བྱང་ཆུབ་སེམས་དཔའ་ཁོན་ཐེག་པ་ཆེན་པོའི་ལམ་གྱི་སྐབས་ཀྱི་རིགས་ལ་གནས་པ་མ་ཡིན་པར་ཐལ། འདོད་པའི་ཕྱིར་ཞེ་ན།

ཐལ་འགྱུར་དང་པོ་ལ་མ་ཁྱབ་སྟེ། བྱང་སེམས་བཅུ་གསུམ་གྱི་རྒྱུད་ཀྱི་སེམས་བདེན་སྟོང་ཐེག་ཆེན་སྒྲུབ་པའི་རྟེན་རང་བཞིན་གནས་རིགས་དང་། རིགས་ཅན་གསུམ་ཀའི་གང་ཟག་ལ་སྤྱིར་གནས་ཀྱང་། ཉན་ཐོས་སློབ་པའི་སེམས་བདེན་སྟོང་ཉན་ཐོས་ཀྱི་སྒྲུབ་པའི་རྟེན་རང་བཞིན་གནས་རིགས་དང་། རང་རྒྱལ་སློབ་པའི་སེམས་བདེན་སྟོང་རང་རྒྱལ་གྱི་སྒྲུབ་པའི་རྟེན་རང་བཞིན་གནས་རིགས་དང་། ཐེག་ཆེན་སློབ་པའི་སེམས་བདེན་སྟོང་ཐེག་ཆེན་སྒྲུབ་པའི་རྟེན་རང་བཞིན་གནས་རིགས་སུ་འཐད་པའི་ཕྱིར། དེ་སྒྲུབ་པ་ནི། གསུམ་ཀ་གྲུབ་སྟེ། རིམ་པ་བཞིན། ཉན་ཐོས་སློབ་པའི་སེམས་ཀྱི་ཆོས་དབྱིངས་དང་ཉན་ཐོས་སྒྲུབ་པའི་རྟེན་གཞི་བྱེད། རང་རྒྱལ་སློབ་པའི་སེམས་ཀྱི་ཆོས་དབྱིངས་དང་རང་རྒྱལ་སྒྲུབ་པའི་རྟེན་གཞི་བྱེད། ཐེག་ཆེན་སློབ་པའི་སེམས་ཀྱི་ཆོས་དབྱིངས་དང་ཐེག་ཆེན་སྒྲུབ་པའི་རྟེན་གཞི་བྱེད་པའི་ཕྱིར།

གཉིས་པ་མཐའ་དཔྱད་པ་ནི། ཁ་ཅིག ཇི་ལྟར་ཉན་ཐོས་ཀྱི་ཐེག་པ་ལ་ཞེས་སོགས་ཀྱི་གཞུང་འདི་སྐོར་དབུ་མ་ཐལ་འགྱུར་བའི་གཞུང་ཡིན་ཟེར་ན། འོ་ན། སློབ་དཔོན་སེང་གེ་བཟང་པོ་དབུ་མ་ཐལ་འགྱུར་བ་ཡིན་པར་ཐལ། དམ་བཅའ་དེའི་ཕྱིར། འདོད་ན། ཞི་འཚོ་དཔོན་སློབ་ཀྱང་དེར་ཐལ།

39 種性之辯答

「如聲聞乘等……」等時，有論式與辨析。

初者，「通達有六法」時，顯示十三菩薩之心諦實空為大乘正行所依本性住種性。

有云：「三種性之補特伽羅理應安住於大乘道時之種性，因承許且彼通住於三種性補特伽羅故。若許，則理應非唯菩薩住於大乘道時之種性，因許故。」

初應成不周遍，因十三菩薩相續之心諦實空是大乘正行所依本性住種性，且通住於三種性補特伽羅；然有學聲聞之心諦實空是聲聞正行所依本性住種性，有學獨覺之心諦實空是獨覺正行所依本性住種性，有學大乘之心諦實空是大乘正行所依本性住種性應理故。為證成此，三者成立，因依次作為有學聲聞心之法界及聲聞正行之所依基、有學獨覺心之法界及獨覺正行之所依基、有學大乘心之法界及大乘正行之所依基故。

第二、辨析，有云：「『以猶如聲聞乘……』等文之相關典籍，是中觀應成派之典籍。」那麼，獅子賢阿闍黎理應是中觀應成師，因彼宗故。若許，靜命師徒理應亦如是，因許故。若許，則成無不

འདོད་པའི་ཕྱིར། འདོད་ན། ཕྱི་དོན་ཁས་མི་ལེན་པའི་དབུ་མ་རང་རྒྱུད་པ་མེད་པར་ཐལ་ལོ། །

གཞན་ཡང་། ཉན་རང་ལ་ཆོས་ཀྱི་བདག་མེད་རྟོགས་པ་ཡོད་པར་སྟོན་པའི་གཞུང་ཡིན་ན། དབུ་མ་ཐལ་འགྱུར་བའི་གཞུང་ཡིན་དགོས་པར་ཐལ། རྩ་བའི་དམ་བཅའ་དེའི་ཕྱིར། འདོད་ན། དེ་ལྟར་བཞེད་པའི་དབུ་མ་པ་ཡིན་ན། ཐལ་འགྱུར་བ་ཡིན་དགོས་པར་ཐལ། འདོད་པའི་ཕྱིར། འདོད་མི་རིགས་ཏེ། དེ་ལྟར་བཞེད་པའི་དབུ་མ་རང་རྒྱུད་པ་ཡོད་པའི་ཕྱིར་ཏེ། རྣམ་བཤད་ལས། ཉན་ཐོས་འཕགས་པས་ཀྱང་སྟོང་པ་ཉིད་ཀྱི་དོན་མངོན་སུམ་དུ་རྟོགས་པ་ཡོད་པར་བཞེད་པའི་དབུ་མ་རང་རྒྱུད་པ་ནི་ཤིན་ཏུ་མང་ངོ་། །ཞེས་གསུངས་པ་དང་། འཇུག་པའི་ཊཱི་ཀ་ཆེན་ལས་ཀྱང་དེ་དང་མཐུན་པར་གསུངས་པའི་ཕྱིར། རིགས་པས་ཀྱང་གྲུབ་སྟེ། སྟོང་ཉིད་རྟོགས་པའི་བྱང་སེམས་ཚོགས་ལམ་པ་ཐེག་དམན་ལམ་དུ་འཇུག་པ་ཡོད་པའི་ཕྱིར། འོན་ཀྱང་དང་པོ་ཉིད་ནས་ཉན་ཐོས་སུ་རིགས་ངེས་པའི་ཉན་ཐོས་ཡིན་ན། ཆོས་ཀྱི་བདག་མེད་མ་རྟོགས་པས་ཁྱབ་སྟེ། ཐེག་དམན་གྱི་སྡེ་སྣོད་ལས་ཆོས་ཀྱི་བདག་མེད་མ་བསྟན་པའི་ཕྱིར།

ཁོན་རེ། ཉན་ཐོས་རིགས་ངེས་ལ་ཆོས་ཀྱི་བདག་མེད་རྟོགས་པ་ཡོད་པར་ཐལ། གཟུངས་རྒྱལ་གྱི་མདོ་ལས་གསུངས་པའི་རིམ་པ་གཉིས་པའི་སྐབས་ནས་བསྟན་པའི་སྟོང་ཉིད་ཡིན་ན། ཆོས་ཀྱི་བདག་མེད་ཀྱི་དབང་དུ་བྱས་པའི་སྟོང་ཉིད་ཡིན་པས་ཁྱབ་པ་གང་ཞིག དེའི་སྐབས་ནས་བསྟན་པའི་སྟོང་ཉིད་རྟོགས་པའི་ཉན་ཐོས་རིགས་ངེས་ཡོད་པའི་ཕྱིར། དེར་ཐལ། རྣམ་བཤད་ལས། ཐེག་པ་དམན་པར་རིགས་ངེས་པ་ཡིན་ན་ཡང་རིམ་པ་དང་པོས་རྒྱུད་སྨིན་པར་བྱས་ནས་རིམ་པ་གཉིས་པས་སྒྲིད་པ་ལས་གྲོལ་བར་མཛད་དོ། ཞེས་གསུངས་པའི་ཕྱིར་ན། མ་ཁྱབ་སྟེ། འདིའི་ཐེག་པ་དམན་པར་རིགས་ངེས་པ་དེ་དང་པོ་ནས་རིགས་ངེས་པ་མ་ཡིན་གྱི། ཐེག་ཆེན་ལམ་ནས་ལོག་པའི་གནས་སྐབས་རིགས་ངེས་པ་ལ་བྱེད་པའི་ཕྱིར། གང་ལྟར་ཡང་དཔྱད་གཞིའོ། །

རྩ་བའི་ཁས་ལེན་དེ་ལ་གཞན་ཡང་། བསྟན་བཅོས་མངོན་རྟོགས་རྒྱན་དབུ་མ་ཐལ་འགྱུར་བའི་གཞུང་ཡིན་པར་ཐལ། རྩ་བའི་དམ་བཅའ་དེའི་ཕྱིར། འདོད་ན། རྒྱན་གྱི་སྐབས་འདིར་སྤྱིར་ཤེས་སྒྲིབ་གཟུང་འཛིན་གྱི་རྣམ་པར་རྟོག་པའི་རྣམ་གཞག་དང་། ཐེ་བྲག་ཏུ་ཤེས་སྒྲིབ་སྒོམ་སྤངས་བདེན་འཛིན་

十地的無間道，作所斷、對治的結合，理應不應理，因許故。若許，則所謂的「由所依對治……」等及「對治九地中……」等應成不應理。

有云：「廣中略三種教言，理應是自續師之經典，因《現觀莊嚴論》是自續師之論典故。若許，則導師釋迦能仁及至尊慈怙應成自續師。」是承許。

有云：「若是聖者，周遍曾現證空性。」此不應理，因彼是中觀應成派〔的主張〕，自續派不主張此故。因《心要莊嚴疏》云：「雖然不承認如同中觀應成派的主張：證悟聲聞見道，亦必定要現證空性。」故。

有云：「彼理應周遍，因《金剛經》云：『以諸賢聖補特伽羅皆是無為之所顯故。[15]』故。」不周遍，因是意指一般而言，三種聖者現證空性故。

ཐེག་ཆེན་སྒྲུབ་པའི་དམིགས་པ།

དམིགས་པ་ཆོས་རྣམས་ཐམས་ཅད་དེ། །ཞེས་སོགས་ཀྱི་སྐབས་སུ། སྤྱིར་བ་དང་། མཐའ་དཔྱད་པ་གཉིས།

དང་པོ་ནི། ཆོས་ཐམས་ཅད་ཆོས་ཅན། ཐེག་ཆེན་སྒྲུབ་པའི་དམིགས་པ་ཡིན་ཏེ། དེས་སྒྲོ་འདོགས་བཅད་པར་བྱ་བའི་གཞི་ཡིན་པའི་ཕྱིར།

གཉིས་པ་ནི། ཁ་ཅིག ལུང་དུ་བསྟན་པ་གང་ཞིག རང་འབྲས་རྣམ་སྨིན་བདེ་བ་འབྱིན་བྱེད། དགེ་བའི་མཚན་ཉིད། དེ་གང་ཞིག རང་འབྲས་རྣམ་སྨིན་སྡུག་བསྔལ་འབྱིན་བྱེད། མི་དགེ་བའི་མཚན་ཉིད། བླང་དོར་བཏང་སྙོམས་སུ་བཞག་པར་བྱ་བའི་ཆོས། ལུང་མ་བསྟན་གྱི་མཚན་ཉིད་ཅེས་ཟེར། དང་པོ་མི་འཐད་དེ། རྣམ་མཁྱེན་ལྟ་བུ་དགེ་བ་གང་ཞིག མཚན་ཉིད་དེ་མ་ཡིན་པའི་ཕྱིར། ཕྱི་མ་དེར་ཐལ། དེ་ཟག་མེད་ཡིན་པའི་ཕྱིར། ཁྱབ་སྟེ། རྣམ་སྨིན་གྱི་རྒྱུ་ཡིན་ན། མི་དགེ་བ་དང་དགེ་བ་ཟག་བཅས་གང་རུང་ཡིན་དགོས་པའི་ཕྱིར་ཏེ། མཛོད་ལས། རྣམ་སྨིན་རྒྱུ་ནི་མི་དགེ་དང་། །དགེ་བ་ཟག་བཅས་རྣམས་ཁོ་ན། །ཞེས་གསུངས་པའི་ཕྱིར།

གཉིས་པ་མི་འཐད་པར་ཐལ། ཞི་སྡང་དྲག་པོས་ཀུན་ནས་བསླངས་ཏེ། སྲོག་གཅོད་ཀྱི་ལས་བྱས་མ་ཐག་གཉེན་པོ་སྟོབས་བཞི་ཚང་བའི་སྒོ་ནས་དག་པར་ངེས་པའི་སྲོག་གཅོད་ཀྱི་ལས་དེ། མི་དགེ་བ་གང་ཞིག མཚན་ཉིད་དེ་མ་ཡིན་པའི་ཕྱིར། ཕྱི་མ་དེར་ཐལ། དེ་བྱས་ལ་མ་བསགས་པའི་ལས་ཡིན་པའི་ཕྱིར། མ་གྲུབ་ན། དེར་ཐལ། བྱས་ལ་མ་བསགས་པའི་ལས་ཡོད་པའི་ཕྱིར་ཏེ། མདོ་ལས། ལས་དེ་ལ། བྱས་ལ་བསགས་པའི་ལས། བྱས་ལ་མ་བསགས་པའི་ལས། མ་བྱས་ལ་བསགས་པའི་ལས། མ་བྱས་ལ་མ་བསགས་པའི་ལས་དང་བཞིར་བཤད་པའི་ཕྱིར།

གསུམ་པ་མི་འཐད་པར་ཐལ། འཛིག་ལྟ་དེ་ལུང་མ་བསྟན་གང་ཞིག མཚན་ཉིད་དེ་མ་ཡིན་པའི་ཕྱིར། དང་པོ་དེར་ཐལ། ཁམས་གོང་གི་སས་བསྡུས་ཀྱི་འཛིག་ལྟ་དེ་དེ་ཡིན། འདོད་པའི་སས་བསྡུས་ཀྱི་འཛིག་ལྟ་དེ་ཡང་དེ་ཡིན་པའི་ཕྱིར། གཉིས་ཀ་གྲུབ་སྟེ། མཛོད་ལས། གོང་མ་ཐམས་ཅད་ལུང་མ་

40 大乘正行之所緣

於「所緣一切法……」等之時，論式、辨析二者。

初者，一切法為有法，是大乘正行之所緣，因是彼所要斷除的增益之基礎故。

第二，有云：「是經中有記，且能引生自果安樂異熟，乃善之性相；是彼，且能引生自果痛苦異熟，乃不善之性相；置取捨為等捨之法，乃無記之性相。」初者不應理，例如一切相智是善，且非彼性相故。後者理應如是，因彼為無漏故。周遍，因若是異熟之因，須是有漏善及不善隨一故，因《俱舍論》云：「異熟因不善，及善唯有漏。[16]」故。

次者理應不應理，因以強烈瞋心為等起，造作殺生之後立即以具足四力對治門而必定清淨之殺業，是不善，且非彼性相故。後者理應如是，因彼為作而未集聚之業故。若不成，理應如是，因有作而未集聚之業故。因經說業有作而集聚之業，作而未集聚之業，未作而集聚之業，未作而未集聚之業四種故。

第三理應不合理，因薩迦耶見是無記，且非彼性相故。初者理應如是，因上界地攝之薩迦耶見是彼，欲〔界〕地攝之薩迦耶見亦是彼故。二者皆成立，因《俱舍論》云：「上界皆無記。[17]」「及

བསྟན། །ཞེས་དང་། འདོད་ན་འཇིག་ཚོགས་ལྟ་བ་དང་། །མཐར་འཛིན་ལྡན་ཅིག་མ་རིག་པ། །ལྡོག་མ་རྣམས་འདིར་མི་དགེ་བའོ། །ཞེས་གསུངས་པའི་ཕྱིར།

གཞན་ཡང་། འཇིག་ལྟ་ལུང་མ་བསྟན་ཡིན་པར་ཐལ། བདེན་འཛིན་ལུང་མ་བསྟན་གང་ཞིག མཚུངས་པའི་ཕྱིར། དང་པོ་དེར་ཐལ། དེ་དགེ་སོགས་གསུམ་པོ་གང་རུང་གང་ཞིག དགེ་བ་མ་ཡིན། མི་དགེ་བ་མ་ཡིན་པའི་ཕྱིར། རྟགས་ཕྱི་མ་གཉིས་ཀ་དེར་ཐལ། ཤེས་སྒྲིབ་ཡིན་པའི་ཕྱིར། རྟགས་དང་པོ་དེར་ཐལ། དེ་ཡོད་པའི་ཕྱིར། ཁྱབ་སྟེ། མི་རྟག་པ་ཡིན་ན། དེ་གསུམ་གང་རུང་ཡིན་དགོས། རྟག་པ་ཡིན་ན། དེ་གསུམ་གང་རུང་ཡིན་དགོས་པའི་ཕྱིར། ཕྱི་མ་དེར་ཐལ། རྟག་པ་ཡིན་ན། ལུང་མ་བསྟན་ཡིན་དགོས་པའི་ཕྱིར། མ་གྲུབ་ན་འབུད།

ཁོན་རེ། མི་དགེ་བ་ཡིན་ན། ཉོན་སྒྲིབ་ཡིན་དགོས་པར་ཐལ། ཤེས་སྒྲིབ་ཡིན་ན། མི་དགེ་བ་མ་ཡིན་དགོས་པའི་ཕྱིར། འདོད་ན། སྲོག་གཅོད་ཀྱི་ལས་ཆོས་ཅན། དེར་ཐལ། དེའི་ཕྱིར། འདོད་ན། ཉོན་མོངས་སུ་ཐལ། ཉོན་སྒྲིབ་གང་ཞིག ཤེས་པ་ཡིན་པའི་ཕྱིར་ན། མ་ཁྱབ། འདོད་མི་ནུས་ཏེ། ལས་ཡིན་པའི་ཕྱིར་ཞེ་ན། མ་ཁྱབ་མཚམས་སུ་མ་ཁྱབ་པར་ཐལ། ཉོན་མོངས་ཅན་གྱི་མ་རིག་པ་དང་མཚུངས་ལྡན་གྱི་གཙོ་བོ་སེམས་ཀྱིས་མ་ངེས་པའི་ཕྱིར།

ཡང་ཁ་ཅིག ལུང་དུ་བསྟན་པ་གང་ཞིག སྐྱེས་བུ་དམ་པས་བླང་བྱར་འོས་པ། དགེ་བའི་མཚན་ཉིད། དེ་གང་ཞིག དེས་དོར་བྱར་འོས་པ། མི་དགེ་བའི་མཚན་ཉིད་ཟེར། ཁ་ཅིག དེའི་དང་པོ་མི་འཐད་པར་ཐལ། ལས་འབྲས་བདེན་པར་འཛིན་པའི་དད་པ་དགེ་བ་གང་ཞིག མཚན་ཉིད་དེ་མ་ཡིན་པའི་ཕྱིར། ཟེར་བ་མི་རིགས་ཏེ། ཆོས་ཅན་དེ་མེད་པའི་ཕྱིར་ཏེ། ལས་འབྲས་ལ་ཡིད་ཆེས་པའི་དད་པ་དེ་མ་ཡིན་པའི་ཕྱིར་ཏེ། དེས་ལས་འབྲས་བདེན་གྲུབ་ཞེན་ཡུལ་དུ་མི་བྱེད་པའི་ཕྱིར།

ཡང་ཁ་ཅིག མཚན་ཉིད་དེ་གཉིས་མི་འཐད་པར་ཐལ། སྐྱེས་བུ་དམ་པས་བླང་བྱར་འོས་པ་དང་། དེས་དོར་བྱར་འོས་པ་གཉིས་མི་འགལ་བའི་ཕྱིར། དེར་ཐལ། འཁོར་བར་སྐྱེ་བ་དེ་དང་པོ་གང་ཞིག ཕྱི་མ་ཡིན་པའི་ཕྱིར། དང་པོ་དེར་ཐལ། དེ་བྱང་སེམས་འཕགས་པས་བླང་བྱར་འོས་པའི་ཕྱིར་ཏེ། བྱང་སེམས་འཕགས་པས་གཞན་དོན་དུ་འཁོར་བར་སྐྱེ་བ་ལེན་པའི་ཕྱིར་ན། མ་ཁྱབ་སྟེ། བྱང་སེམས་

欲身邊見，彼俱癡無記，此餘皆不善。[18]」故。

復次，薩迦耶見理應是無記，因實執為無記，且理應如是，因彼是善等三者隨一，且非善、非不善故。後者如是，因是所知障故。初因理應如是，因有彼故。周遍常，須是彼三者隨一，若是常，須是彼三者隨一故。後者因若是常，須是無記故。若不成，則棄捨〔周遍〕。

有云：「若是不善，理應是煩惱障，因若是所知障，故。若許，殺業為有法，理應如是，因如是故。若許，理應是煩因是煩惱障，且是知覺故。」不周遍，不能許，因是業故。於不周遍處理應不周遍，因與染污無明相應的心王不定故。

又有云：「是經中有記，且應是正士夫所取，乃善之性相；是彼，且應是彼所捨，乃不善之性相。」有云：「彼之初者理應不應理，因執業果為諦實之信，是善，且非彼性相故。」不合理，因無此有法故，因信許業果之信，非彼故，因彼不以業果諦實成立為耽著境故。

又有云：「此二性相理應不應理，因應是正士夫所取及應是彼所捨二者不相違故。理應如是，因投生於輪迴是初者，且是後者故。初者理應如是，因彼應是菩薩聖者所取故，因菩薩聖者為他義利而取生於輪迴故。」不周遍，因有說對於輪迴，菩薩聖者須較聲聞厭

ོས་ལས་འཁོར་བ་ལ་འབུམ་འགྱུར་གྱིས་སྐྱོ་དགོས་པར་གསུངས་པའི་ཕྱིར།

གས་ནི། ལུང་དུ་བསྟན་པ་གང་ཞིག བདེ་བ་སྐྱེད་བྱེད་ཀྱི་རིགས་སུ་གནས་པ། དགེ་
ཉིད། དེ་གང་ཞིག སྡུག་བསྔལ་སྐྱེད་བྱེད་ཀྱི་རིགས་སུ་གནས་པ། མི་དགེ་བའི་མཚན་
གེ་མི་དགེ་གང་རུང་དུ་མ་གྲུབ་པའི་ཆོས། ལུང་མ་བསྟན་གྱི་མཚན་ཉིད་ཡིན།

惡十萬倍故。

自宗：「是經中有記，且是能生安樂之住類」，乃善之性相。「是彼，且是能生痛苦之住類」，乃不善之性相。「不成立為善、不善任一之法」，乃無記之性相。

ཆེད་དུ་བྱ་བ་ཆེན་པོ་གསུམ།

སེམས་ཅན་ཀུན་མཆོག་ཉིད་སེམས་དང་། །ཞེས་སོགས་ཀྱི་སྐབས་སུ། སྤྱིར་བ་དང་། མཐའ་དཔྱད་པ་གཉིས།

དང་པོ་ནི། ཐེག་ཆེན་སྒྲུབ་པའི་ཆེད་དུ་བྱ་བ་ཆོས་ཅན། དུ་མར་ཡོད་དེ། སེམས་ཆེན་པོ། སྤོང་བ་ཆེན་པོ། རྟོགས་པ་ཆེན་པོ་རྣམས་སུ་ཡོད་པའི་ཕྱིར།

གཉིས་པ་ནི། ཁ་ཅིག བྱང་སེམས་གང་གིས་ཆེད་དུ་སྒྲུབ་པ་ལ་འཇུག་པའི་ཐོབ་བྱ་མཐར་ཐུག ཐེག་ཆེན་སྒྲུབ་པའི་ཆེད་དུ་བྱ་བའི་མཚན་ཉིད། ཁ་ཅིག མི་རིགས་ཏེ་བྱང་སེམས་དང་རྒྱུད་ཐ་དད་དུ་གྱུར་པའི་སངས་རྒྱས་འཕགས་པའི་ཐུགས་རྒྱུད་ཀྱི་རྣམ་མཁྱེན་དེ། མཚོན་བྱ་དེ་གང་ཞིག མཚན་ཉིད་དེ་མ་ཡིན་པའི་ཕྱིར། དང་པོ་གྲུབ་སྟེ། རྣམ་མཁྱེན་ཡིན་པའི་ཕྱིར། གཉིས་པ་གྲུབ་སྟེ། བྱང་སེམས་ཀྱི་ཐོབ་བྱ་མཐར་ཐུག་མ་ཡིན་པའི་ཕྱིར་ཏེ། ཆོས་ཅན་དེའི་ཕྱིར། ཟེར་བ་མི་རིགས་ཏེ། བྱང་སེམས་དང་རྒྱུད་ཐ་དད་པའི་སངས་འཕགས་མེད་པའི་ཕྱིར་ཏེ། སངས་རྒྱས་འཕགས་པ་ཡིན་ན་བྱང་སེམས་ཀྱི་རྟོགས་པ་སྔོན་སོང་ཡིན་དགོས་པའི་ཕྱིར་ཏེ། དེ་ཡིན་ན་ཐེག་ཆེན་གྱི་སློབ་ལམ་སྔོན་སོང་ཡིན་དགོས་པའི་ཕྱིར།

རང་ལུགས་ནི། སྔ་མ་ལྟར་རམ། གང་གི་ཆེད་དུ་སྒྲུབ་པ་ལ་འཇུག་པའི་ཐོབ་བྱ་མཐར་ཐུག་དེ། དེའི་མཚན་ཉིད་ཡིན། ཆེན་པོ་གསུམ་འགལ་བ་ཡིན་ཏེ། སེམས་ཆེན་པོ་ཡིན་ན་ཐབས་ཀྱི་རྟོགས་རིགས་སུ་གནས་པས་ཁྱབ། སྤོང་བ་ཆེན་པོ་ཡིན་ན། གློ་བུར་རྣམ་དག་གི་ཆར་གྱུར་པའི་ངོ་བོ་ཉིད་སྐུ་ཡིན་པས་ཁྱབ། རྟོགས་པ་ཆེན་པོ་ཡིན་ན། ཤེས་རབ་ཀྱི་རྟོགས་རིགས་སུ་གནས་པས་ཁྱབ་པའི་ཕྱིར།

ཁོ་ན་རེ། དེ་མི་འཐད་དེ། སྟོང་ཉིད་མངོན་སུམ་དུ་རྟོགས་པའི་ཆོས་སྐུས་བསྡུས་པའི་སེམས་དེ། སེམས་ཆེན་པོ་ཡིན་པའི་ཕྱིར་ཏེ། དེ་སེམས་ཡིན་པའི་ཕྱིར་ན། མ་ཁྱབ།

ཁོ་ན་རེ། སངས་རྒྱས་འཕགས་པའི་སྙིང་རྗེ་ཆེན་པོ་དེ་སེམས་ཆེན་པོ་ཡིན་པར་ཐལ། རྩ་བའི་

41 大乘所為

「勝諸有情心……」等之時，論式、辨析二者。

初者，大乘正行所為為有法，有諸多，因有諸心大、斷大、證大故。

第二，有云：「菩薩為何而趣入正行之究竟所得，乃大乘正行所為之性相。」有云：「不合理，因與菩薩相續為異的佛聖者之心續的一切相智，是彼名相，且非彼性相故。初者成立，因是一切相智故。次者成立，因非菩薩之究竟所得故，因是彼有法故。」不合理，因無與菩薩相續為異之佛聖者故，因若是佛聖者，須是菩薩證量先行故，因若是彼，須是大乘有學道先行故。

自宗：如前者，抑或「為何而趣入正行之究竟所得」，是彼之性相。三大是相違，因若是心大，周遍是住於方便證類，若是斷大，周遍是屬客塵清淨分之自性身，若是證大，周遍是住於智慧證類故。

有云：「此不應理，因現證空性之法身所攝之心，是心大故，因彼是心故。」不周遍。

有云：「佛聖者之大悲心理應是心大，因彼根本宗故，若許，

དམ་བཅའ་དེའི་ཕྱིར། འདོད་ན། དེ་སེམས་ཡིན་པར་ཐལ་ལོ་ཞེ་ན། མ་ཁྱབ་སྟེ། སྟོང་བ་ཆེན་པོ་ཡིན་ན། སྟོང་བ་ཡིན་པས་མ་ཁྱབ་པའི་ཕྱིར་ཏེ། བློ་བུར་རྣམ་དག་གི་ཆར་གྱུར་པའི་ངོ་བོ་ཉིད་ཀྱི་སྐུ་ཡིན་ན། སྟོང་བ་མ་ཡིན་དགོས་པའི་ཕྱིར། དེར་ཐལ། དེ་ཡིན་ན་སྣང་བྱ་སྟོང་བ་མ་ཡིན་དགོས་པའི་ཕྱིར།

彼則成是心。」不周遍，因若是斷大，不周遍是斷故，因若是屬客塵清淨分之自性身，須非斷故。理應如是，因若是彼，須非斷所斷故。

སྒྲུབ་པ་སྤྱིའི་རྣམ་གཞག

ཐམས་ཅད་མཁྱེན་པ་ཉིད་གསུམ་གྱི་ཡུལ་ལ། ཞེས་སོགས་ཀྱི་སྐབས་སུ། སྦྱོར་བ་དང་། མཐའ་དཔྱད་པ་གཉིས།

དང་པོ་ནི། ཐེག་ཆེན་སྒྲུབ་པ་ལ་སྟོན་ཚུལ་གྱི་སྒོ་ནས་གཉིས་སུ་ཡོད་དེ། མཁྱེན་པ་ཡུལ་གྱི་སྒྲུབ་པ་དང་སྦྱོར་བ་བྱེ་བྲག་གི་སྒྲུབ་པ་གཉིས་ཡོད་པའི་ཕྱིར།

གཉིས་པ་ལ་གཞན་ལུགས་དགག་པ། རང་ལུགས་བཞག་པ་གཉིས།

དང་པོ་ནི། ཁ་ཅིག ཐོས་བསམ་གཙོ་བོར་གྱུར་པའི་སྒྲུབ་པ་དེ། མཁྱེན་པ་ཡུལ་གྱི་སྒྲུབ་པའི་མཚན་ཉིད། སྒྲིན་སོགས་ལ་གཙོ་བོར་སྤྱོད་པའི་སྒྲུབ་པ་དེ། སྦྱོར་བ་བྱེ་བྲག་གི་སྒྲུབ་པའི་མཚན་ཉིད་ཡིན་ཞིང་། སྒྲུབ་པ་གཉིས་འགལ་ཞེས་ཟེར། འོ་ན། ཐོས་བསམ་གཙོ་བོར་གྱུར་པའི་དོན་དེ། སྦྱིན་སོགས་སྦྱོར་བས་ཉམས་སུ་མི་ལེན་པར་ཤེས་བྱ་གཏན་ལ་འབེབས་པའི་སྐབས་གཙོ་བོར་གྱུར་པ་ལ་བྱེད་དམ། གཏན་ལ་ཕབ་པའི་སྦྱིན་སོགས་ལ་བསམ་པས་ཡང་དང་ཡང་དུ་འདྲིས་པར་བྱེད་པའི་སྐབས་ལ་བྱེད།

དང་པོ་ལྟར་ན། མཁྱེན་པ་ཡུལ་གྱི་སྒྲུབ་པ་ཆོས་ཅན། ལམ་མ་ཞུགས་ཀྱི་གནས་སྐབས་ཀྱི་སྒྲུབ་པ་ཡིན་པར་ཐལ། སྦྱིན་སོགས་སྦྱོར་བས་ཉམས་སུ་མི་ལེན་པར་ཤེས་བྱ་གཏན་ལ་འབེབས་པའི་སྐབས་གཙོ་བོར་གྱུར་པའི་སྒྲུབ་པ་ཡིན་པའི་ཕྱིར། འདོད་མི་ནུས་ཏེ། ཐེག་ཆེན་གྱི་སྒྲུབ་པ་ཡིན་པའི་ཕྱིར། དེར་ཐལ། འགྲེལ་པར། དེའི་རང་གི་ངོ་བོ་གང་ཡིན་ཞེ་ན། ཐམས་ཅད་མཁྱེན་པ་ཉིད་གསུམ་གྱི། ཞེས་སོགས་གསུངས་པའི་ཕྱིར། གཉིས་པ་ལྟར་ན། དེ་ཆོས་ཅན། སྦྱིན་སོགས་ལ་གཙོ་བོར་སྤྱོད་པའི་སྒྲུབ་པ་ཡིན་པར་ཐལ། གཏན་ལ་ཕབ་པའི་སྦྱིན་སོགས་ལ་བསམ་པས་ཡང་དང་ཡང་དུ་འདྲིས་པར་བྱེད་པའི་སྐབས་ཀྱི་སྒྲུབ་པ་ཡིན་པའི་ཕྱིར། འདོད་ན་སོང་། དེ་ཆོས་ཅན། སྦྱོར་བ་བྱེ་བྲག་གི་སྒྲུབ་པ་ཡིན་པར་ཐལ། འདོད་པའི་ཕྱིར།

ཡང་ཁ་ཅིག མཁྱེན་གསུམ་ཉམས་ལེན་གྱི་སྦྱོར་བ་ལ། ལྟ་བ་ཉམས་ལེན་གྱི་སྦྱོར་བ་དང་། སྤྱོད་

42 建立總的正行

「三智行相之對境……」等之時，論式及辨析二者。

初者，大乘正行，以闡述之理門有二，因有智境正行與別加行正行二者故。

第二有二：破除他宗、安立自宗。

初者，有云：「以聞思為主之正行，是智境正行之性相。以行施等為主之正行，是別加行正行之性相。二種正行相違。」那麼，以聞思為主之義，是指不以加行修持施等，主要以決擇所知之時，或者是指以思惟於所決擇之施等數數串習之時。

若是初者，智境正行為有法，理應是未入道時之正行，因是不以加行修持施等，主要以決擇所知之時的正行故，不能許，因是大乘正行故。理應如是，因《明義釋》云：「其本體為何？（答曰：）三智行相……」等文故。若是次者，彼為有法，理應是以行施等為主要之正行，因是以思惟於所決擇之施等數數串習之時的正行故。若許則成相違。彼為有法，理應是別加行正行，因許故。

又有云：「修習三智之加行，〔分有〕修習見之加行及修習行

པ་ཉམས་ལེན་གྱི་སྦྱོར་བ་ཞེས་པའི་ཁྱད་པར་སྦྱོར་བ་མི་འཐད་དེ། དེ་གཉིས་ལ་ལྟ་སྒྲོད་གཙོ་བོར་གྱུར་མ་གྱུར་གྱི་ཤེས་བྱེད་མེད་པའི་ཕྱིར་དང་། སྦྱོར་བཞི་གང་རུང་མ་ཡིན་པའི་མཁྱེན་གསུམ་ཡུལ་དུ་བྱེད་པའི་སེམས་དཔའི་རྣལ་འབྱོར་མེད་པའི་ཕྱིར་དང་། མཁྱེན་གསུམ་ཉམས་ལེན་གྱི་སྦྱོར་བ་སྒྲོད་པ་ཉམས་ལེན་གྱི་སྦྱོར་བ་ཡིན་ཞེས་ཁས་བླངས་ན་ཡང་གནོད་བྱེད་བསྟན་རྒྱུ་མེད་པའི་ཕྱིར་དང་། རྒྱུན་གྱི་དོན་དྲུག་ཏུ་བསྡུས་པའི་སྐབས་སུ་ཡང་མཁྱེན་གསུམ་གྱི་ཉམས་ལེན་ལ་དྲུག་ཏུ་མི་འཐད་པའི་སྐྱོན་ཡོད་པའི་ཕྱིར།

རང་ལུགས་ནི། མཁྱེན་པ་ཡུལ་གྱི་སྒྲུབ་པ་དང་། སྦྱོར་བ་བྱེ་བྲག་གི་སྒྲུབ་པ་དོན་གཅིག་པ་ཡིན་ཏེ། སྒྲུབ་པ་བཞི་པོ་གང་རུང་ཡིན་ན། མཁྱེན་པ་ཡུལ་གྱི་སྒྲུབ་པ་ཡིན་དགོས། སྦྱོར་བ་བཞི་པོ་གང་རུང་ཡིན་ན། སྦྱོར་བ་བྱེ་བྲག་གི་སྒྲུབ་པ་ཡིན་དགོས། སྒྲུབ་པ་བཞི་པོ་གང་རུང་ཡིན་ན། སྦྱོར་བ་བཞི་པོ་གང་རུང་ཡིན་དགོས། དེ་ཡིན་ན་སྒྲུབ་པ་བཞི་པོ་གང་རུང་ཡིན་དགོས་པའི་ཕྱིར། མཁྱེན་གསུམ་གང་རུང་གི་རྣམ་པ་ཡུལ་དུ་བྱས་ནས་སྒོམ་པར་བྱེད་པའི་ཤེས་རབ་ཀྱིས་ཟིན་པའི་སེམས་དཔའི་རྣལ་འབྱོར་དེ། མཁྱེན་པ་ཡུལ་གྱི་སྒྲུབ་པའི་མཚན་ཉིད། ཕར་ཕྱིན་དྲུག་ལྡན་དུ་བསམ་པ་ཅི་རིགས་པས་ཟིན་པའི་སེམས་དཔའི་རྣལ་འབྱོར་དེ། སྦྱོར་བ་བྱེ་བྲག་གི་སྒྲུབ་པའི་མཚན་ཉིད།

ཁ་ཅིག ཟིན་བྱེད་ལ་མི་སྦྱོར་བར། མཁྱེན་གསུམ་གང་རུང་གི་རྣམ་པ་ཡུལ་དུ་བྱེད་པའི་སེམས་དཔའི་རྣལ་འབྱོར་ཞེས་སྦྱོར་བ་མི་འཐད་དེ། ཐེག་པ་ཆེན་པོའི་མཐོང་ལམ་བར་ཆད་མེད་ལམ་གྱིས་མ་ངེས་པའི་ཕྱིར།

之加行。」〔此〕差別結合不應理，因沒有此二者是否以見、行為主之理由，以及無有以非四加行隨一之三智為境之菩薩瑜伽，以及即使許修習三智之加行為修習行之加行，亦無有能違害〔之理由〕可宣示，以及將《現觀莊嚴論》之義攝為六之時，也有將三智之修習攝為六的不應理過失故。

自宗：智境正行及別加行正行是同義，因若是四正行隨一，須是智境正行；若是四加行隨一，須是別加行正行；若是四正行隨一，須是四加行隨一；若是彼，須是四正行隨一故。「以三智隨一之相為境而修之智所攝的菩薩瑜伽」，是智境正行之性相。「具六波羅蜜多之任一思惟所攝之菩薩瑜伽」，是別加行正行之性相。

有云：「不結合能攝持，而結合以三智隨一之相為境之菩薩瑜伽。」不應理，因大乘見道無間道不定故。

བསམ་པ་རྒྱ་ཆེ་བ་གོ་སྒྲུབ།

དེ་ལྟར་ཇི་ལྟ་བ་བཞིན་དུ་སྦྱོར་བ་དང་། ཞེས་སོགས་ལ། ཐེག་ཆེན་སྒྲུབ་པ་ལ་ངོ་བོ་འམ་མཚན་གཞིའི་སྒོ་ནས་བཞིར་ཡོད་དེ། གོ་སྒྲུབ། འཇུག་སྒྲུབ། ཚོགས་སྒྲུབ། ངེས་འབྱུང་སྒྲུབ་པ་རྣམས་སུ་ཡོད་པའི་ཕྱིར། གསེར་འཕྲེང་སོགས་སུ་གཞུང་འདི་སྒྲུབ་པ་བཞིའི་ས་མཚམས་སྟོན་པ་ལ་སྦྱོར་བར་མཛད་ཀྱང་། རྣམ་བཤད་ལས། མཚན་གཞི་དང་དབྱེ་བ་སྟོན་པ་ལ་སྦྱར་བ་ལྟར་ལེགས་ཏེ། ས་མཚམས་སྟོན་པ་ལ་གཙོ་བོར་སྦྱར་ན། ཐེག་ཆེན་གྱི་སྦྱོར་ལམ་ཡན་ཆད་ཀྱིས་བསྡུས་པའི་གོ་སྒྲུབ་མེད་དགོས་པའི་ཕྱིར།

དེ་དག་སོ་སོར་སྦྱིན་ལ་སོགས། །ཞེས་སོགས་ཀྱི་སྐབས་སུ། སྦྱོར་བ་དང་། མཐའ་དཔྱད་པ་གཉིས།

དང་པོ་ནི། གོ་སྒྲུབ་སུམ་ཅུ་རྩ་དྲུག་ཡོད་དེ། སྦྱིན་པའི་སྦྱིན་པའི་གོ་སྒྲུབ་ནས་ཤེས་རབ་ཀྱི་ཤེས་རབ་ཀྱི་གོ་སྒྲུབ་ཀྱི་བར་ཡོད་པའི་ཕྱིར།

གཉིས་པ་ནི། ཁ་ཅིག སྦྱིན་སོགས་ཕར་ཕྱིན་དྲུག་ལྡན་དུ་ཉམས་སུ་ལེན་པའི་བསམ་པའི་བརྩོན་འགྲུས་གཙོ་བོར་གྱུར་པའི་སེམས་དཔའི་རྣལ་འབྱོར་དེ། གོ་སྒྲུབ་ཀྱི་མཚན་ཉིད་ཟེར་བ་མི་འཐད་དེ། སྦྱིན་སོགས་ཕར་ཕྱིན་དྲུག་ལྡན་དུ་ཉམས་སུ་ལེན་པའི་སྦྱོར་བའི་བརྩོན་འགྲུས་གཙོ་བོར་གྱུར་པའི་སེམས་དཔའི་རྣལ་འབྱོར་ཡོད་པའི་ཕྱིར།

ཁ་ཅིག ཕར་ཕྱིན་རེ་རེའི་ནང་དུ་དྲུག་དྲུག་ཚང་བར་བསྡུས་ནས་ཉམས་སུ་ལེན་པའི་སེམས་དཔའི་རྣལ་འབྱོར་དེ། དེའི་མཚན་ཉིད་ཟེར་བ་མི་རིགས་ཏེ། ཐེག་ཆེན་མཐོང་ལམ་སྡུག་བསྔལ་ཆོས་བཟོད་ཀྱི་མ་ངེས་པའི་ཕྱིར།

རང་ལུགས་ནི། ཕར་ཕྱིན་རེ་རེའི་ནང་དུ་དྲུག་དྲུག་ཚང་བར་བསྡུས་ནས་ཉམས་སུ་ལེན་པའི་ཤེས་རབ་ཀྱིས་ཟིན་པའི་སེམས་དཔའི་རྣལ་འབྱོར། གོ་སྒྲུབ་ཀྱི་མཚན་ཉིད།

43 廣大意樂——擐甲正行

「如是，如同加行……」等文，大乘正行以體性、事相門有四：擐甲正行、趣入正行、資糧正行、決定出生正行。《金鬘疏善說》等雖將此文與揭示四正行之界限作結合，然《心要莊嚴疏》說與揭示事相及分類作結合為佳，因若主要與揭示界限作結合，須無大乘加行道以上所攝之擐甲正行故。

「由彼等別別……」等之時，論式及辨析二者。

初者，擐甲正行有三十六種，因有從布施之布施擐甲正行乃至智慧之智慧擐甲正行故。

第二，有云：「以修習具施等六波羅蜜多之意樂之精進為主的菩薩瑜伽，是擐甲正行的性相。」不應理，因有以修習具施等六波羅蜜多之加行之精進為主的菩薩瑜伽故。

有云：「各個波羅蜜多中圓具且含攝六六而修習之菩薩瑜伽，是彼之性相。」不合理，因大乘見道苦法忍不定故。

自宗：「各個波羅蜜多皆圓具且含攝六者而修習之智慧所攝之菩薩瑜伽」，是擐甲正行之性相。

སྤྱི་མ་ཁ་ཅིག སྦྱིན་པའི་གོ་སྐབས་སྦྱིན་པ་དང་། དེ་བཞིན་དུ། ཤེས་རབ་ཀྱི་གོ་སྐབས་ཤེས་རབ་ཏུ་སྨྲ་བ་མི་འཐད་དེ། སྦྱིན་པའི་ཚུལ་ཁྲིམས་སྦྱིན་པ་མ་ཡིན་པའི་ཕྱིར་དང་། ཤེས་རབ་ཀྱི་སྦྱིན་པ་ཤེས་རབ་མ་ཡིན་པའི་ཕྱིར། སྦྱིན་པ་དང་སྦྱིན་པའི་གོ་སྐབས་ལ་མུ་བཞི་ཡོད་དེ། ཉན་རང་གི་སྦྱིན་པ་སྦྱིན་པ་ཡིན་ཡང་སྦྱིན་པའི་གོ་སྐབས་མ་ཡིན་པའི་མུ། སྦྱིན་པའི་གོ་སྐབས་ཀྱི་ནང་ཚན་དུ་གྱུར་པའི་ཚུལ་ཁྲིམས་དང་བཟོད་པ་སོགས་སྦྱིན་པའི་གོ་སྐབས་ཡིན་ལ། སྦྱིན་པ་མ་ཡིན་པའི་མུ། སྦྱིན་པའི་གོ་སྐབས་ཀྱི་ནང་ཚན་དུ་གྱུར་པའི་སྦྱིན་པ་དེ་གཉིས་ཀ་ཡིན་པའི་མུ། བུམ་པ་ལྟ་བུ་དེ་གཉིས་མ་ཡིན་པའི་མུར་བྱེད་པའི་ཕྱིར།

ཁ་ཅིག གཏོང་བའི་སེམས་པ་ཆོས་བཞི་ལྡན་དེ། སྦྱིན་པའི་མཚན་ཉིད་དུ་བྱེད་པ་མི་འཐད་དེ། ཉན་རང་གི་སྦྱིན་པ་དང་ཕྱི་རོལ་པའི་སྦྱིན་པ་ཡོད་པའི་ཕྱིར།

ཡང་དེ། བྱང་སེམས་ཀྱི་སྦྱིན་པའི་མཚན་ཉིད་དུ་བྱེད་པ་ཡང་མི་འཐད་དེ། སྟོང་ཉིད་མ་རྟོགས་པའི་བྱང་སེམས་ཀྱི་སྦྱིན་པ་ཡོད་པའི་ཕྱིར།

ཡང་དེ། སྦྱིན་པའི་ཕར་ཕྱིན་གྱི་མཚན་ཉིད་དུ་བྱེད་པ་ཡང་མི་འཐད་དེ། སློབ་ལམ་ན་སྦྱིན་པའི་ཕར་ཕྱིན་མེད་པའི་ཕྱིར་ཏེ། དེ་ན་གཏོང་བའི་སེམས་པ་རབ་ཀྱི་མཐར་ཐུག་པ་མེད་པའི་ཕྱིར།

གཞན་ཡང་། སློབ་ལམ་ན་ཕར་ཕྱིན་དང་པོ་ལྔའི་ཉམས་ལེན་ཡོད་ན། དེ་ན་ཕར་ཕྱིན་དང་པོ་ལྔ་ཡོད་དགོས་པར་ཐལ། དེ་ན་ཕར་ཕྱིན་དང་པོ་ལྔ་ཡོད་པའི་ཕྱིར། རྟགས་ཁས། འདོད་ན། སློབ་ལམ་ན་ཤེས་རབ་ཀྱི་ཕར་ཕྱིན་ཡོད་པར་ཐལ། དེ་ན་དེའི་ཉམས་ལེན་ཡོད་པའི་ཕྱིར། ཁྱབ་པ་ཁས། དེ་བཞིན་དུ། སྤོང་བའི་སེམས་པ་ཆོས་བཞི་ལྡན་དང་། མི་འཁྲུགས་པའི་སེམས་པ་ཆོས་བཞི་ལྡན་དང་། སྤྲོ་བའི་སེམས་པ་ཆོས་བཞི་ལྡན་དང་། རྣམ་གཡེང་མེད་པའི་སེམས་པ་ཆོས་བཞི་ལྡན་རྣམས། རིམ་པ་བཞིན་དུ་ཚུལ་ཁྲིམས་ནས་བསམ་གཏན་གྱི་བར་མཚོན་བྱེད་དུ་བྱེད་པ་མི་འཐད་དེ། ཉེས་པ་སྔ་མ་དེ་ཉིད་དུ་འགྱུར་བའི་ཕྱིར།

རང་ལུགས་ནི། བྱང་སེམས་ཀྱི་གཏོང་བའི་སེམས་པ་དེ། བྱང་སེམས་ཀྱི་སྦྱིན་པའི་མཚན་ཉིད།

前有云：「布施擐甲正行為布施，同樣地，智慧擐甲正行為智慧。」不應理，因布施之持戒非布施，以及智慧之布施非智慧故。布施及布施之擐甲正行有四句：因聲、緣之布施為「是布施然非布施擐甲正行之句」；布施擐甲正行中的持戒及忍辱等為「是布施擐甲正行非布施之句」；布施擐甲正行中的布施為二者皆是之句；例如瓶子為非此二者之句故。

有云：「將具捨心四法作為布施之性相。」不應理，因有聲、緣之布施及外道之布施故。

復次，彼作為菩薩之布施性相亦不應理，因有未通達空性之菩薩的布施故。

復次，彼作為布施波羅蜜多之性相亦不應理，因有學道中並無布施之波羅蜜多故，因彼中無極致究竟之捨心故。

復次，若有學道有前五波羅蜜多的修習，彼中理應須有前五波羅蜜多，因彼中有前五波羅蜜多故。承許因。若許，有學道理應有智慧波羅蜜多，因彼中有彼之修習故。承許周遍。同樣地，具斷心四法、具不錯亂心四法、具喜心四法、具不散心四法等，依次作為持戒至禪定間的能表徵，不應理，因〔亦〕成上述過失故。

自宗：「菩薩之捨心」，是菩薩布施之性相，以下亦〔如是〕

དེས་འོག་མ་རྣམས་ལ་ཡང་རིགས་འགྲེའོ། །

ཁོ་ན་རེ། སངས་འཕགས་ཀྱི་གཏོང་བའི་སེམས་པ། དེའི་སྦྱིན་པའི་མཚན་ཉིད་དུ་ཐལ། དམ་བཅའ་དེའི་ཕྱིར། འདོད་ན། དེ་དེའི་སྦྱིན་པའི་ཕར་ཕྱིན་གྱི་མཚན་ཉིད་དུ་ཐལ་ལོ་ཞེ་ན། མ་ཁྱབ་སྟེ། སྦྱིན་པའི་ཕར་ཕྱིན་ཡིན་ན། སྦྱིན་པ་ཡིན་མི་དགོས་པའི་ཕྱིར་ཏེ། ཤེས་རབ་ཀྱི་ཕར་ཕྱིན་ཡིན་ན། ཤེས་རབ་ཡིན་མི་དགོས་པར་ཁྱད་ཟིན་པའི་ཕྱིར།

སྐབས་པ།

ཀྱི་གྲོགས་པོ་བློ་གསལ་མཛེས་མ་རྣམས། །ལེགས་ཁྱད་ཕྲེང་འདིས་མགུལ་བ་མཛེས་ཀྱིས་ལ། །
སྲིད་ལྡན་མཁས་པའི་ངོ་རང་ངོམས་ཤིག་དང་། །ཕ་རོལ་ཚགས་དང་ལྡན་ཅིག་འདར་བ་བསྐྱེན། །
ཞེས་བྱ་བ་ནི་བར་སྐབས་ཀྱི་ཉམས་དགའ་འོ། །

類推。

有云：「佛聖者之捨心，理應是彼之布施之性相，因彼宗故。若許，彼則成彼之布施波羅蜜多之性相。」不周遍，因若是布施波羅蜜多，不須是布施故。因先前已說若是智慧波羅蜜多，不須是智慧故。

頌曰：噫嘻！

睿智諸友依此善說鬘，如諸美女項間掛瓔珞；

多情智者舞場堪誇耀，並與彼方沉醉共歡舞！

如是於文間深感喜悅。

འཇུག་པ་རྒྱ་ཆེ་བའི་འཇུག་སྒྲུབ།

བསམ་གཏན་གཟུགས་མེད་སྦྱིན་སོགས་དང་། ཞེས་སོགས་ཀྱི་སྐབས་སུ། སྦྱོར་བ་དང་། མཐའ་དཔྱད་པའོ། །

དང་པོ་ནི། འཇུག་སྒྲུབ་ལ་དགུ་ཡོད་དེ། འཇུག་བྱ་བསམ་གཏན་གཟུགས་མེད་ལ་འཇུག་པའི་སྒྲུབ་པ་ནས། རྣམ་མཁྱེན་ལ་འཇུག་པའི་འཇུག་སྒྲུབ་ཀྱི་བར་དགུ་ཡོད་པའི་ཕྱིར།

གཉིས་པ་ནི། ཁ་ཅིག ཐེག་པ་ཆེན་པོའི་རྒྱུ་འབྲས་ཀྱི་ཆོས་ཅི་རིགས་པ་སྦྱོར་བའི་བརྩོན་འགྲུས་གཙོ་བོར་གྱུར་པའི་སྒོ་ནས་ཉམས་སུ་ལེན་པའི་སེམས་དཔའི་རྣལ་འབྱོར། འཇུག་སྒྲུབ་ཀྱི་མཚན་ཉིད་ཟེར་བ་མི་འཐད་དེ། ཐེག་པ་ཆེན་པོའི་ཚོགས་ལམ་དེ། མཚན་ཉིད་དེ་ཡིན་པའི་ཕྱིར་ཏེ། དེ་ཐེག་པ་ཆེན་པོའི་རྒྱུ་འབྲས་ཀྱི་ཆོས་ཅི་རིགས་པ་རྣམ་རྫོགས་སྦྱོར་བ་གཙོ་བོར་གྱུར་པའི་སྒོ་ནས་ཉམས་སུ་ལེན་པའི་སེམས་དཔའི་རྣལ་འབྱོར་ཡིན་པའི་ཕྱིར།

ཡང་ཁ་ཅིག སྟོང་ཉིད་ལ་དམིགས་པའི་སྒོམ་བྱུང་གི་ཤེས་རབ་གཙོ་བོར་གྱུར་པའི་སྒོ་ནས་ཐེག་པ་ཆེན་པོའི་རྒྱུ་འབྲས་ཀྱི་ཆོས་ཅི་རིགས་པ་ཉམས་སུ་ལེན་པའི་སེམས་དཔའི་རྣལ་འབྱོར། འཇུག་སྒྲུབ་ཀྱི་མཚན་ཉིད་ཟེར་བ་མི་རིགས་ཏེ། སྟོང་ཉིད་ལ་དམིགས་པའི་སྒོམ་བྱུང་གི་ཤེས་རབ་གཙོ་བོར་གྱུར་པའི་ཐེག་ཆེན་གྱི་ཚོགས་ལམ་ཡོད་པའི་ཕྱིར་ཏེ། སྟོང་ཉིད་མངོན་སུམ་དུ་རྟོགས་པའི་ཉན་ཐོས་དགྲ་བཅོམ་གྱི་རྟོགས་པ་སྔོན་སོང་གི་བྱང་སེམས་ཀྱི་ཚོགས་ལམ་ཡོད་པའི་ཕྱིར།

ཡང་ཁ་ཅིག ཐེག་པ་ཆེན་པོའི་རྒྱུ་འབྲས་ཀྱི་ཆོས་ཅི་རིགས་པ་རྩེ་སྦྱོར་གཙོ་བོར་གྱུར་པའི་སྒོ་ནས་ཉམས་སུ་ལེན་པའི་སེམས་དཔའི་རྣལ་འབྱོར། དེའི་མཚན་ཉིད་ཟེར་བ་མི་འཐད་དེ། ཐེག་ཆེན་གྱི་མཐོང་ལམ་སྡུག་བསྔལ་ཆོས་བཟོད་ཀྱིས་མ་ངེས་པའི་ཕྱིར།

རང་ལུགས་ནི། ཐེག་པ་ཆེན་པོའི་རྒྱུ་འབྲས་ཀྱི་ཆོས་ཅི་རིགས་པ་རྩེ་སྦྱོར་གཙོ་བོར་གྱུར་པའི་སྒོ་ནས་ཉམས་སུ་ལེན་པའི་ཤེས་རབ་ཀྱིས་ཟིན་པའི་སེམས་དཔའི་རྣལ་འབྱོར། འཇུག་སྒྲུབ་ཀྱི་མཚན་

44 廣大趣入之趣入正行

「靜慮無色定……」等文之時，論式及辨析。

初者，趣入正行有九種，因從趣入所趣入——靜慮、無色的正行，至趣入一切相智之趣入正行間，有九種故。

第二，有云：「以加行精進為主之門，修持大乘因果隨一法之菩薩瑜伽，是趣入正行之性相。」不應理，因大乘資糧道是此性相故。因彼是以圓滿加行為主之門，修持大乘因果隨一法之菩薩瑜伽故。

又有云：「以緣空性的修所成慧為主之門，修持大乘因果隨一法之菩薩瑜伽，是趣入正行之性相。」不合理，因有以緣空性之修所成慧為主之大乘資糧道故，因有現證空性之聲聞阿羅漢證量先行之菩薩資糧道故。

又有云：「以頂加行為主之門，修持大乘因果隨一之法的菩薩瑜伽，是彼之性相。」不應理，因大乘見道苦法忍不定故。

自宗：「以頂加行為主之門修持大乘因果隨一法之慧所攝之菩薩瑜伽」，是趣入正行之性相。九種所趣入中，有講說靜慮、講說

ཉིད་ཡིན། འཇུག་བྱ་དགུའི་ནང་ནས། བསམ་གཏན། གཟུགས་མེད། ཚད་མེད་བཞི་བཤད་པ་དང་གསུམ་ཡོད་པ་ལས། དང་པོ་ལ་གཉིས། བསམ་གཏན་གྱི་ཉེར་བསྡོགས་བཤད་པ་དང་། དངོས་གཞི་བཤད་པའོ། །

དང་པོ་ནི། ཁ་ཅིག བསམ་གཏན་དང་པོའི་དངོས་གཞིའི་སྙོམས་འཇུག་ཐོབ་བྱེད་ཀྱི་ཐབས་སུ་གྱུར་པའི་བསམ་གཏན་གྱི་སས་བསྡུས་ཀྱི་དགེ་བའི་རིག་པ། བསམ་གཏན་གྱི་ཉེར་བསྡོགས་ཀྱི་མཚན་ཉིད་ཟེར་བ་མི་འཐད་དེ། བསམ་གཏན་གཉིས་པའི་ཉེར་བསྡོགས་ཡོད་པའི་ཕྱིར།

ཁ་ཅིག རང་གི་ཐོབ་བྱར་གྱུར་པའི་བསམ་གཏན་གྱི་དངོས་གཞི་ཐོབ་བྱེད་ཀྱི་ཐབས་སུ་གྱུར་པའི་བསམ་གཏན་གྱི་སས་བསྡུས་ཀྱི་དགེ་བའི་རིག་པ། དེའི་མཚན་ཉིད་ཟེར་བ་མི་འཐད་དེ། བསམ་གཏན་གྱི་དངོས་གཞིའི་སྙོམས་འཇུག་ཏུ་གྱུར་པའི་རྒྱུན་མཐའི་བར་ཆད་མེད་ལམ་མཚན་ཉིད་དེ་ཡིན་པ་གང་ཞིག མཚོན་བྱ་དེ་མ་ཡིན་པའི་ཕྱིར། དང་པོ་དེར་ཐལ། དེ་དེར་གྱུར་པའི་རྣམ་མཁྱེན་སྐད་ཅིག་དང་པོ་ཐོབ་བྱེད་ཀྱི་ཐབས་སུ་གྱུར་པའི་བསམ་གཏན་གྱི་སས་བསྡུས་ཀྱི་དགེ་བའི་རིག་པ་ཡིན་པའི་ཕྱིར།

◆現觀辨析（中）

無色等至、講說四無量三者。初者有二：講說靜慮近分、講說根本靜慮。

初者，有云：「是能得根本初靜慮等至之方便的靜慮地攝之善了知，是靜慮近分之性相。」不應理，因有第二靜慮近分故。

有云：「能得屬自所得根本靜慮之方便的靜慮地攝之善了別，是彼之性相。」不應理，因屬根本靜慮等至之最後流無間道，是此性相，且非此名相故。初者理應如是，因彼是能得屬彼之一切相智第一剎那之方便的靜慮地攝之善了別故。

བསམ་གཏན་གྱི་ཉེར་བསྡོགས།

ཁ་ཅིག ཡན་ལག་གི་སྒོ་ནས་འོག་ས་ལས་འདའ་བར་བྱེད་པའི་དགེ་སེམས་རྩེ་གཅིག་པ་མཚུངས་ལྡན་དང་བཅས་པ་དེ། བསམ་གཏན་གྱི་ཉེར་བསྡོགས་ཀྱི་མཚན་ཉིད་ཟེར་བ་མི་འཐད་དེ། གཟུགས་མེད་བཞི་ཀའི་ཉེར་བསྡོགས། མཚན་ཉིད་དེ་ཡིན་པའི་ཕྱིར། དེར་ཐལ། གཟུགས་མེད་ནམ་མཁའི་ཉེར་བསྡོགས་ལྟ་བུ་ལ་རང་གི་འོག་ས་ལས་འདོད་ཆགས་དང་བྲལ་བྱེད་ཀྱི་གཉེན་པོའི་ཡན་ལག་ཡོད་པའི་ཕྱིར་ཏེ། དེ་ལ་མཚན་ཉིད་སོ་སོར་རིག་པ་ཡིད་བྱེད་སོགས་ཡིད་བྱེད་དྲུག་ཡོད་པའི་ཕྱིར།

གཞན་ཡང་། གཟུགས་མེད་ནམ་མཁའི་སྙོམས་འཇུག་ལ། འོག་སའི་སྤང་བྱ་སྤོང་ནུས་པ་དང་། འོག་སའི་ཉོན་མོངས་སྤངས་པའི་དགོས་པ་དང་། སེམས་དམིགས་པ་ལ་རྩེ་གཅིག་ཏུ་གཏོད་པའི་ཞི་གནས་སོགས་མེད་པར་ཐལ། དེ་ལ་གཉེན་པོའི་ཡན་ལག་དང་ཕན་ཡོན་གྱི་ཡན་ལག་དང་། གནས་ཀྱི་ཡན་ལག་སོགས་མེད་པའི་ཕྱིར།

འོ་ན། ཀུན་བཏུས་ལས། གཟུགས་མེད་པ་རྣམས་ལ་ཡན་ལག་རྣམ་པར་གཞག་པ་མེད་དེ། ཞི་གནས་སུ་རོ་གཅིག་པའི་ཕྱིར། ཞེས་གསུངས་པ་མི་འཐད་པར་ཐལ་ལོ་ཞེ་ན།

སྐྱོན་མེད་དེ། ལུང་དེའི་དོན་ནི། བསམ་གཏན་རྣམས་ལྟར། གཟུགས་མེད་ལ་རྟོག་དཔྱོད། ནང་རབ་ཏུ་དང་བ་དང་། དགའ་བདེ་སོགས་ཡན་ལག་གི་མིང་འདོགས་མི་འདྲ་བ་སོ་སོར་མ་བཞག་པའི་དབང་དུ་མཛད་པའི་ཕྱིར། དེ་བཞིན་དུ། ཞི་གནས་སུ་རོ་གཅིག་པའི་ཕྱིར། ཞེས་པ་ཡང་ཕལ་ཆེ་བའི་དབང་དུ་བྱས་ཀྱི། ངེས་པ་མ་ཡིན་ཏེ། དེའི་སྙོམས་འཇུག་གིས་བསྡུས་པའི་ལྷག་མཐོང་ཡོད་པའི་ཕྱིར་ཏེ། གཟུགས་མེད་བཞི་ཀ་ལ་ཡིད་བྱེད་བདུན་བདུན་ཡོད་པར་གསུངས་པའི་ཕྱིར།

ཁོ་ན་རེ། གཟུགས་མེད་ཀྱི་སྙོམས་འཇུག་གིས་བསྡུས་པའི་ཡིད་བྱེད་བདུན་ཡོད་པ་མི་འཐད་པར་ཐལ། དེས་བསྡུས་པའི་གཟུགས་མེད་ཀྱི་ཉེར་བསྡོགས་མེད་པའི་ཕྱིར་ན། མ་ཁྱབ་སྟེ། བསམ་གཏན་དང་གཟུགས་མེད་གང་རུང་གི་སྙོམས་འཇུག་ཡིན་ན། དེ་གཉིས་གང་རུང་གི་དངོས་གཞི་ཡིན་མི་དགོས་པའི་ཕྱིར་ཏེ། བསམ་གཏན་དང་གཟུགས་མེད་གང་རུང་ཡིན་ན། དེ་གཉིས་གང་རུང་གི་

45 靜慮之近分

有云：「以支分之門，從下地超越之專一善心及與其相應者，是靜慮近分之性相。」不應理，因四無色近分，皆是此性相故。理應如是，因如無色虛空近分，有能從自下地離貪的對治支故，因彼有了相作意等六種作意故。

復次，無色虛空等至，理應無有「能斷下地所斷」、「斷下地煩惱之目的」、「心專注於所緣之奢摩他」等，因彼無有對治支、利益支、及安住支等故。

那麼，《集論》所云：「諸無色中不立支分，以奢摩他一味性故。[19]」應成不應理。

無過，因彼論義乃於無色中，非如同諸靜慮各別安立尋、伺、內淨、喜樂等不同支之名而言故；同樣地，所謂「奢摩他一味性故」亦是以力量大而言，非是一定，因有彼之等至所攝之毘鉢舍那故，因說四無色皆有七作意故。

有云：「有無色等至所攝之七種作意理應不應理，因無有彼所攝之無色近分故。」因不成，因若是靜慮及無色隨一之等至，不須是彼二隨一之根本故。因若是靜慮、無色隨一，不須是彼二隨一之根本故。因若是靜慮近分，須是靜慮，若是無色近分，須是無色故。

དངོས་གཞི་ཡིན་མི་དགོས་པའི་ཕྱིར་ཏེ། བསམ་གཏན་གྱི་ཉེར་བསྡོགས་ཡིན་ན། བསམ་གཏན་ཡིན་དགོས། གཟུགས་མེད་ཀྱི་ཉེར་བསྡོགས་ཡིན་ན། གཟུགས་མེད་ཡིན་དགོས་པའི་ཕྱིར།

ཡང་ཁ་ཅིག བསམ་གཏན་གྱི་དངོས་གཞི་ཐོབ་ཕྱིར་དུ་བསམ་གཏན་གྱི་དམིགས་རྣམ་སྦྱོང་བའི་བསམ་གཏན་གྱི་སས་བསྡུས་ཀྱི་དགེ་བའི་རིག་པ་དེ། དེའི་ཉེར་བསྡོགས་ཀྱི་མཚན་ཉིད་ཟེར་བ་མི་འཐད་དེ། བསམ་གཏན་གྱི་ཉེར་བསྡོགས་ཡིན་ན། ཞི་རགས་ཀྱི་རྣམ་པ་ཅན་ཡིན་མི་དགོས་པའི་ཕྱིར་ཏེ། བསམ་གཏན་གྱི་ཉེར་བསྡོགས་སུ་གྱུར་པའི་ཉན་ཐོས་ཀྱི་མཐོང་ལམ་སྡུག་བསྔལ་ཆོས་བཟོད་ཡོད་པའི་ཕྱིར་ཏེ། བསམ་གཏན་དང་པོའི་ཉེར་བསྡོགས་ལ་བརྟེན་ནས་ཉན་ཐོས་ཀྱི་མཐོང་ལམ་བར་ཆད་མེད་ལམ་གསར་དུ་བསྐྱེད་པ་ཡོད་པའི་ཕྱིར་ཏེ། དེའི་ཉེར་བསྡོགས་ཟག་མེད་ཡོད་པའི་ཕྱིར་ཏེ། མཛོད་ལས། དང་པོ་འཕགས་པའང་ཁ་ཅིག་གསུམ། ། ཞེས་གསུངས་པའི་ཕྱིར།

ཡང་ཁ་ཅིག དེའི་རིགས་སུ་གནས་པ་ཞེས་ཞིབ་ཆ་སྟོན་པ་མི་འཐད་དེ། ཉེར་བསྡོགས་ཡིན་ན། འཇིག་རྟེན་པའི་ལམ་གྱི་རིགས་གནས་ཡིན་པས་མ་ཁྱབ་པའི་ཕྱིར་ཏེ། དེར་གྱུར་པའི་ཉན་ཐོས་ཀྱི་མཐོང་ལམ་བར་ཆད་མེད་ལམ་དེ་འདས་ལམ་གྱི་རིགས་སུ་གནས་པའི་ཕྱིར།

ཡང་ཁ་ཅིག ཉེར་བསྡོགས་གང་ཞིག བསམ་གཏན་གྱི་དངོས་གཞི་མ་ཐོབ་པའི་གང་ཟག་གི་རྒྱུད་ཀྱི་བསམ་གཏན་གྱི་སས་བསྡུས་ཀྱི་དགེ་བའི་རིག་པ་དེ། དེའི་མཚན་ཉིད་ཟེར་བ་མི་འཐད་དེ། བསམ་གཏན་གཉིས་པའི་ཉེར་བསྡོགས་ཐོབ་ན། བསམ་གཏན་དང་པོའི་དངོས་གཞི་ཐོབ་པས་ཁྱབ་པའི་ཕྱིར་ཏེ། བསམ་གཏན་གཉིས་པ་ཡན་ཆད་དུ་ཉེར་བསྡོགས་ཟག་མེད་མེད་པ་ལ་ཤེས་བྱེད་ཡོད་པའི་ཕྱིར།

རང་ལུགས་ནི། ཉེར་བསྡོགས་ཀྱིས་བསྡུས་ཤིང་། རང་གི་ཐོབ་བྱར་གྱུར་པའི་བསམ་གཏན་གྱི་དངོས་གཞིའི་སྙོམས་འཇུག་ཐོབ་བྱེད་དུ་གྱུར་པའི་བསམ་གཏན་གྱི་སས་བསྡུས་ཀྱི་དགེ་བའི་རིག་པ་དེ། བསམ་གཏན་གྱི་ཉེར་བསྡོགས་ཀྱི་མཚན་ཉིད། དེ་ལ་བཞི་ཡོད་པ་ལས། ཉེར་བསྡོགས་ཀྱིས་བསྡུས་ཤིང་། རང་གི་ཐོབ་བྱར་གྱུར་པའི་བསམ་གཏན་དང་པོའི་དངོས་གཞིའི་སྙོམས་འཇུག་ཐོབ་བྱེད

復次有云：「為獲根本靜慮，修靜慮所緣行相之靜慮地攝之善了別，為彼之近分性相。」不應理，因若是靜慮近分，不須是具靜、粗相故，因有屬靜慮近分之聲聞見道苦法忍故，因有依初靜慮近分而新修聲聞見道無間道故。因有彼之無漏近分故，因《俱舍論》云：「初亦聖或三。[20]」故。

復有云：「添加細節『彼之住類』。」不應理，因若是近分，不周遍是世間道之住類故，因屬彼之聲聞見道無間道乃出世間道之住類故。

復有云：「是近分，且未得根本靜慮之補特伽羅相續的靜慮地攝之善了別，是彼之性相。」不應理，因若得第二靜慮近分，周遍是獲得根本初靜慮故，因第二靜慮以上沒有無漏近分，有其理由故。

自宗：「近分所攝，且能得自所得根本靜慮等至之靜慮地攝之善了別」，乃靜慮近分之性相。彼有四，「近分所攝，且是能得自所得根本初靜慮等至之初靜慮地攝之善了別」，是初靜慮近分之性相。

དུ་གྱུར་པའི་བསམ་གཏན་དང་པོའི་སས་བསྡུས་ཀྱི་དགེ་བའི་རིགས་པ་དེ། བསམ་གཏན་དང་པོའི་ཉེར་བསྡོགས་ཀྱི་མཚན་ཉིད།

དབྱེ་བ་ལ། ཁ་ཅིག བསམ་གཏན་དང་པོའི་ཉེར་བསྡོགས་མཚན་ཉིད་སོ་སོར་རིག་པ་ཡིད་བྱེད། མོས་པ་ཡིད་བྱེད། རབ་ཏུ་དབེན་པ་ཡིད་བྱེད། དགའ་བ་སྡུད་པ་ཡིད་བྱེད། དཔྱོད་པ་ཡིད་བྱེད། སྦྱོར་བ་མཐའི་ཡིད་བྱེད་དང་དྲུག་ཏུ་གྲངས་ངེས་ཟེར། དེ་མི་འཐད་དེ། བསམ་གཏན་དང་པོའི་ཉེར་བསྡོགས་མཚན་ཉིད་སོ་སོར་རིག་པ་ཡིད་བྱེད་དེ། བསམ་གཏན་དང་པོའི་ཉེར་བསྡོགས་ཀྱི་ཐོག་མ་མ་ཡིན་པའི་ཕྱིར་ཏེ། ཞི་གནས་ཐོབ་མ་ཐག་པའི་གང་ཟག་གི་རྒྱུད་ཀྱི་ཤིན་སྦྱངས་ཀྱིས་ཟིན་པའི་མཉམ་འཛོག་གི་ཏིང་ངེ་འཛིན་ཏེ། དེའི་ཐོག་མ་ཡིན་པའི་ཕྱིར། དེ་བསམ་གཏན་དང་པོའི་ཉེར་བསྡོགས་ཡིད་ལ་བྱེད་པའི་ལས་དང་པོ་བ་ཡིན་པའི་ཕྱིར་ཏེ། བསམ་གཏན་དང་པོའི་ཉེར་བསྡོགས་ཡིད་ལ་བྱེད་པའི་ལས་དང་པོ་བ་ཡོད་པའི་ཕྱིར། དེར་ཐལ། བསམ་གཏན་དང་པོའི་ཉེར་བསྡོགས་ཉོན་མོངས་རྣམ་སྦྱོང་གི་ལས་དང་པོ་བ་ལས་ཕྱེ་བའི་ཉེར་བསྡོགས་དྲུག་ཐོབ་པ་ལ། བསམ་གཏན་དང་པོའི་ཉེར་བསྡོགས་ཡིད་ལ་བྱེད་པའི་ལས་དང་པོ་བ་སྔོན་དུ་འགྲོ་དགོས་པའི་ཕྱིར་ཏེ།

ཉན་ས་ལས། དེ་ལ་ཡིད་ལ་བྱེད་པའི་ལས་དང་པོ་བ་ནི། རྩེ་གཅིག་ཏུ་བྱ་བ་ཉིད་ལ་ཇི་སྲིད་དུ་ཡིད་ལ་བྱེད་པ་མ་ཐོབ་ཅིང་། སེམས་རྩེ་གཅིག་པ་ཉིད་ལ་མ་རེག་གི་བར་དུ་ལས་དང་པོ་བ་ཡིན་ནོ། །དེ་ལ་ཉོན་མོངས་རྣམ་པར་སྦྱོང་བའི་ལས་དང་པོ་བ་ནི། ཡིད་ལ་བྱེད་པ་ཐོབ་པ་ཉོན་མོངས་པ་རྣམས་ལས་སེམས་སྦྱོང་བར་འདོད་པའི་མཚན་ཉིད་སོ་སོར་རིག་པ་ཡིད་ལ་བྱེད་པ་གང་ཡིན་པ་ལས་བརྩམས་ཤིང་། ལེན་པ་ལ་གོམས་པ་གང་ཡིན་པ་སྟེ། ཞེས་གསུངས་པའི་ཕྱིར།

གཞན་ཡང་། རྩ་བའི་དམ་བཅའ་དེ་མི་འཐད་དེ། ལྷག་མཐོང་གིས་བསྡུས་པའི་བསམ་གཏན་དང་པོའི་ཉེར་བསྡོགས་ཐོབ་པ་ལ། ཞི་གནས་ཀྱིས་བསྡུས་པའི་བསམ་གཏན་དང་པོའི་ཉེར་བསྡོགས་ཐོབ་པ་སྔོན་དུ་འགྲོ་དགོས་པ་གང་ཞིག ཞི་གནས་ཀྱིས་བསྡུས་པའི་བསམ་གཏན་དང་པོའི་ཉེར་བསྡོགས་ཐོབ་པ་དང་། བསམ་གཏན་དང་པོའི་ཉེར་བསྡོགས་ཡིད་ལ་བྱེད་པའི་ལས་དང་པོ་བ་ཐོབ་པ་དུས་མཉམ་པའི་ཕྱིར། ཕྱི་མ་དེར་ཐལ། མདོ་སྡེ་རྒྱན་ལས། དེ་གོམས་པ་ལས་འདུ་མི་བྱེད། །དེ་ནས་

於分類，有云：「初靜慮近分，有了相作意、勝解作意、遠離作意、攝樂作意、觀察作意、加行究竟作意六種數量決定。」彼不應理，因初靜慮近分了相作意，不是初靜慮近分之初故。因剛證得奢摩他之補特伽羅相續中輕安所攝持之平等攝持定，為彼之初故。因彼是初靜慮近分作意初修業者故，因有初靜慮近分作意初修業者故，理應如是，因要獲得初靜慮近分淨煩惱相之初修業者所分出之六種近分，須先行初靜慮近分作意之初修業者故。

因〈聲聞地〉云：「云何於作意初修業者？謂初修業補特伽羅，安住一緣，勤修作意，乃至未得所修作意，未能觸證心一境性。云何淨煩惱初修業者？謂已證得所修作意，於諸煩惱欲淨其心，發起攝受正勤修習了相作意，名淨煩惱初修業者。[21]」故。

又，根本宗不應理，因獲得毘鉢舍那所攝之初靜慮近分，須先獲得奢摩他所攝之初靜慮近分，且獲得奢摩他所攝之初靜慮近分，與獲得初靜慮近分作意初修業〔二者〕同時故。後者理應如是，因《大乘莊嚴經論》云：「由熏修無勤、以此即獲得，身心大輕安，當名具作意。[22]」故。

དེ་ཡི་ལུས་དང་སེམས། །ཤིན་ཏུ་སྦྱངས་པ་ཆེ་ཐོབ་ནས། །ཡིད་ལ་བྱེད་དང་བཅས་ཞེས་བྱ། །ཞེས་གསུངས་པའི་ཕྱིར།

གཞན་ཡང་། བསམ་གཏན་དང་པོའི་ཉེར་བསྡོགས་མཚན་ཉིད་སོ་སོར་རིག་པ་ཡིད་བྱེད་དེ། བསམ་གཏན་དང་པོའི་ཉེར་བསྡོགས་མི་ལྕོགས་མེད་ཡིན་པ་དང་། དེ་ལ་དག་པ་བ་དང་། ཟག་མེད་གཉིས་སུ་དབྱེ་རིགས་པར་ཐལ། དེ་བསམ་གཏན་དང་པོའི་ཉེར་བསྡོགས་ཀྱི་ཐོག་མ་གང་ཞིག མཛོད་འགྲེལ་ལས། ཉེར་བསྡོགས་ཀྱི་དང་པོ་ནི་མི་ལྕོགས་པ་མེད་པ་སྟེ། དེ་ནི་དག་པ་བ་ཡང་ཡིན་ལ། ཟག་མེད་ཀྱང་ཡིན་ནོ། ཞེས་གསུངས་པའི་ཕྱིར། འདོད་མི་རིགས་ཏེ། བསམ་གཏན་དང་པོའི་ཉེར་བསྡོགས་མཚན་ཉིད་སོ་སོར་རིག་པ་ཡིད་བྱེད་སོགས་དྲུག་པོ་གང་རུང་ཡིན་ན། ཞི་རགས་ཀྱི་རྣམ་པ་ཅན་ཡིན་པས་ཁྱབ་པའི་ཕྱིར་དང་། བསམ་གཏན་དང་པོའི་ཉེར་བསྡོགས་མཚན་ཉིད་སོ་སོར་རིག་པ་ཡིད་བྱེད་ལ་བརྟེན་ནས་ཐེག་དམན་གྱི་འཕགས་ལམ་སྐྱེ་བ་མེད་པའི་ཕྱིར།

ཕྱི་མ་དེར་ཐལ། བསམ་གཏན་དང་པོའི་ཉེར་བསྡོགས་མཚན་ཉིད་སོ་སོར་རིག་པ་ཡིད་བྱེད་སོགས་དྲུག་པོ་གང་རུང་ཐོབ་ལ་མ་ཉམས་པའི་རྒྱུད་ཞུགས་སོགས་མེད་པའི་ཕྱིར། དེར་ཐལ། བསམ་གཏན་དང་པོའི་ཉེར་བསྡོགས་ཡིད་ལ་བྱེད་པའི་ལས་དང་པོ་བས་བསྡུས་པའི་ཞི་གནས་ཐོབ་མ་ཐག་ནས། བསམ་གཏན་དང་པོའི་དངོས་གཞི་དོན་དུ་གཉེར་བའི་རྒྱུད་ཞུགས་མེད་པའི་ཕྱིར། ཁྱབ་སྟེ། ཉན་ས་ལས། དེ་ལ་འདོད་པའི་འདོད་ཆགས་དང་བྲལ་བར་བྱ་བའི་ཕྱིར། རབ་ཏུ་བརྩོན་པའི་རྣལ་འབྱོར་པ་ནི་ཡིད་ལ་བྱེད་པ་རྣམ་པ་བདུན་གྱིས་འདོད་པའི་འདོད་ཆགས་དང་བྲལ་བ་རྗེས་སུ་འཐོབ་སྟེ། ཞེས་གསུངས་པའི་ཕྱིར། རྩ་རྟགས་དེར་ཐལ། བསམ་གཏན་གྱི་དངོས་གཞི་ཐོབ་པའི་རྒྱུད་ཞུགས་མེད་པའི་ཕྱིར།

ཁོ་ན་རེ། བསམ་གཏན་དང་པོའི་ཉེར་བསྡོགས་ཟག་མེད་ཡིན་ན། ཉེར་བསྡོགས་ཡིད་ལ་བྱེད་པའི་ལས་དང་པོ་བ་ཡིན་དགོས་པར་ཐལ། བསམ་གཏན་དང་པོའི་ཉེར་བསྡོགས་མཚན་ཉིད་སོ་སོར་རིག་པ་ཡིད་བྱེད་སོགས་དྲུག་པོ་གང་རུང་ཡིན་ན། ཞི་རགས་ཀྱི་རྣམ་པ་ཅན་ཡིན་དགོས་པའི་ཕྱིར། རྟགས་ཁས་ཞེ་ན། མཁས་པ་ཁ་ཅིག མ་ཁྱབ་སྟེ། བསམ་གཏན་དང་པོའི་ཉེར་བསྡོགས་མོས་པ་ཡིད་

復次，初靜慮近分了相作意，理應是初靜慮近分未至定，以及彼可分為淨、無漏二者，因彼為初靜慮近分之初，且《俱舍論自釋》云：「近分之初為未至定，彼亦是淨，亦是無漏。[23]」故。不能許。因若是初靜慮近分了相作意等六者隨一，周遍是具粗靜行相，以及依初靜慮近分了相作意而生小乘聖道不存在故。

後者理應如是，因獲得初靜慮近分了相作意等六者隨一而未退失之預流等不存在故。理應如是，因剛獲得初靜慮近分作意初修業所攝之奢摩他，而立即欲求根本初靜慮之預流不存在故。周遍，因〈聲聞地〉云：「為離欲界欲勤修觀行諸瑜伽師。由七作意方能獲得離欲界欲。[24]」故。根本因理應如是，因無得根本靜慮之預流故。

有云：「若是無漏初靜慮近分，理應須是近分作意初修業者，因若是初靜慮近分了相作意等六種隨一，須是具粗靜行相故。承許因。」有智者云：「不周遍，因有於初靜慮近分勝解作意之時，得止觀雙運三摩地後，由串習彼之續流而成就通達無我之初靜慮近分

བྱེད་ཀྱི་ཚེ། ཞི་ལྷག་ཟུང་འབྲེལ་གྱི་ཏིང་ངེ་འཛིན་ཐོབ་ནས་དེའི་རྒྱུན་གོམས་པས་བདག་མེད་རྟོགས་པའི་བསམ་གཏན་དང་པོའི་ཉེར་བསྡོགས་གྲུབ་པ་ཡོད་པའི་ཕྱིར་གསུངས། ཁོ་བོ་ནི་འདོད་ལན་ཐེབས་སམ་སྙམ་སྟེ། གོང་དུ་བསམ་གཏན་དང་པོའི་ཉེར་བསྡོགས་མཚན་ཉིད་སོ་སོར་རིག་པ་ཡིད་བྱེད་ལ་གནས་པའི་རྒྱུན་ཞུགས་མེད་པར་ཁས་བླངས་པ་དང་ཀྱང་སྒྲིག་དགོས་པའི་ཕྱིར། འོན་ཀྱང་ངེས་པ་མ་ཐོབ་པས་གང་བདེ་བྱའོ། །

ཁ་ཅིག བསམ་གཏན་དང་པོའི་ཉེར་བསྡོགས་ཡིན་ན། མཉམ་པར་མ་བཞག་པའི་སས་བསྡུས་ཡིན་པས་ཁྱབ་སྟེ། དེ་ལྟར་ཉན་ས་ལས་བཤད་པའི་ཕྱིར་ཟེར་ན། མ་ཁྱབ་སྟེ། ཉན་ས་ལས་གསུངས་པ་དེ་འགྱུར་མ་དག་པ་ཡིན་པའི་ཕྱིར་ཏེ། རྒྱལ་སྲས་མ་ལས། མཉམ་པར་གཞག་པའི་ས་པའི་ཡིད་ལ་བྱེད་པ་དག་གིས། ཞེས་གསུངས་པའི་ཕྱིར། དེ་ལྟ་མ་ཡིན་ན། བསམ་གཏན་ས་དྲུག་མ་ཚང་བར་ཐལ། བསམ་གཏན་དང་པོའི་ཉེར་བསྡོགས་ཡིན་ན། བསམ་གཏན་གྱི་སས་མ་བསྡུས་དགོས་པའི་ཕྱིར།

གཞན་ཡང་། རྩ་བའི་དམ་བཅའ་མི་འཐད་དེ། བསམ་གཏན་དང་པོའི་སྐྱེ་བ་འཕེན་བྱེད་ཀྱི་ལས་སུ་གྱུར་པའི་བསམ་གཏན་དང་པོའི་ཉེར་བསྡོགས་ཡོད་པ་གང་ཞིག དེ་མཉམ་པར་མ་གཞག་པའི་འདོད་པའི་སས་བསྡུས་སུ་མི་འཐད་པའི་ཕྱིར། ཕྱི་མ་དེར་ཐལ། ས་གཞན་གྱི་འདུ་བྱེད་ཀྱི་ལས་ཀྱིས་ས་གཞན་གྱི་ཕུང་པོ་འཕེན་མི་ནུས་པའི་ཕྱིར།

གཞན་ཡང་། ཉན་ཐོས་ཀྱི་མཐོང་ལམ་བར་ཆད་མེད་ལམ་གྱི་སེམས་རྟེན་དུ་གྱུར་པའི་འདོད་སེམས་ཡོད་པར་ཐལ། རྩ་བའི་དམ་བཅའ་དེའི་ཕྱིར། འདོད་ན། ཉན་ཐོས་ཀྱི་སྒོམ་ལམ་བར་ཆད་མེད་ལམ་དུ་གྱུར་པའི་སྲིད་རྩེའི་སེམས་ཡོད་པར་ཐལ། འདོད་པའི་ཕྱིར། འདོད་ན། འགྲེལ་ཆེན་ལས། གང་ཡང་། འདོད་པ་ཁམས་དང་སྲིད་རྩེ་ན། །བྱང་ཆུབ་ལམ་གྱི་ཡན་ལག་སྤངས། །ཞེས་བྱ་བ་ནི་ཐབས་ལ་མི་མཁས་པའི་ཕྱིར། ཉན་ཐོས་ཀྱི་དབང་དུ་བྱས་པ་ཡིན་ནོ། །ཞེས་གསུངས་པ་མི་འཐད་པར་ཐལ། འདོད་པའི་ཕྱིར།

故。」吾忖思答承許為正確，因須與前述「無住於初靜慮近分了相作意之預流」的承許相符故。然因未獲決定，故〔當視〕何者為佳。

有云：「若是初靜慮近分，周遍是未入定之地攝，因〈聲聞地〉如是說故。」不周遍，因〈聲聞地〉所說是翻譯錯誤[①]故。因《王子疏抄》云：「由諸三摩呬多地作意。」故。若非如是，理應不具靜慮六地，因若是初靜慮近分，須不是靜慮地攝故。

復次，根本宗不應理，因有屬能引生初靜慮之業的初靜慮近分，且彼是未入定之欲界地攝為不應理故。後者理應如是，因他地之行業無法引出他地之蘊體故。

復次，理應有是聲聞見道無間道心所依之欲界心，因彼根本宗故。若許，理應有聲聞修道無間道之有頂心，因許故。若許，《莊嚴光明釋》所云：「然言『欲界與有頂，斷菩提道分』此乃不善巧方便故，是就聲聞而說。」理應不應理，因許故。

① 此處指的是藏譯版《聲聞地》有翻譯錯誤，非漢譯版有誤。

གཞན་ཡང་། བསམ་གཏན་གྱི་ཉེར་བསྡོགས་རྣམས་བསམ་གཏན་གྱི་སྙོམས་འཇུག་མ་ཡིན་པར་ཐལ། རྒྱ་བའི་དམ་བཅའ་དེའི་ཕྱིར། འདོད་ན། དེ་གོང་སའི་སྙོམས་འཇུག་མ་ཡིན་པར་ཐལ། འདོད་པའི་ཕྱིར། འདོད་མི་ནུས་ཏེ། དེ་སྙོམས་འཇུག་གང་ཞིག འདོད་པའི་སས་བསྡུས་ཀྱི་སྙོམས་འཇུག་ཅེས་པའི་དོན་དང་ཐ་སྙད་གང་ཡང་མི་འཐད་པའི་ཕྱིར།

རིགས་པ་འདི་ལ་བརྟེན་ནས་བསམ་གཏན་དང་པོའི་སྙོམས་འཇུག་ཡིན་ན། རྟོག་དཔྱོད་གཉེན་པོའི་ཡན་ལག དགའ་བདེ་ཕན་ཡོན་གྱི་ཡན་ལག ཏིང་ངེ་འཛིན་གནས་ཀྱི་ཡན་ལག་ཏུ་ལྡན་པས་ཁྱབ་ཟེར་བ། མི་འཐད་དེ། བསམ་གཏན་དང་པོའི་ཉེར་བསྡོགས་ཡིད་ལ་བྱེད་པའི་ལས་དང་པོ་བ་དང་། མཚན་ཉིད་སོ་སོར་རིག་པ་ཡིད་བྱེད། མོས་པ་ཡིད་བྱེད་རྣམས་ལ་གཉེན་པོའི་ཡན་ལག་དང་། ཕན་ཡོན་གྱི་ཡན་ལག་གཉིས་ཀ་མ་ཚང་། རབ་ཏུ་དབེན་པ་ཡིད་བྱེད་སོགས་ལ་གཉེན་པོའི་ཡན་ལག་ཚང་ཡང་། ཕན་ཡོན་གྱི་ཡན་ལག་མ་ཚང་། བསམ་གཏན་གྱི་དངོས་གཞི་ལ་ཕན་ཡོན་གྱི་ཡན་ལག་ཚང་ཡང་། གཉེན་པོའི་ཡན་ལག་མ་ཚང་བའི་ཕྱིར།

རྟགས་དང་པོ་དེར་ཐལ། དེ་གསུམ་གྱི་སྐབས་སུ་རྟོག་དཔྱོད་ཡོད་ཀྱང་། དེས་འཇིག་རྟེན་པའི་སྒོམ་སྤངས་ཆེན་པོ་སྐོར་གསུམ་གང་གི་ཡང་གཉེན་པོ་བྱེད་མི་ནུས། དེ་མི་ནུས་པས་སྤང་བྱ་དེ་སྤངས་པའི་ཕན་ཡོན་འོང་དོན་མེད་པའི་ཕྱིར། རྟགས་གཉིས་པ་དེར་ཐལ། རབ་ཏུ་དབེན་པ་ཡིད་བྱེད་སོགས་ཀྱི་སྐབས་སུ་འཇིག་རྟེན་པའི་སྒོམ་སྤངས་འདོད་ཉོན་ཆེན་པོ་སྐོར་གསུམ་གྱི་གཉེན་པོ་བྱེད་པའི་ནུས་པ་ཐོག་མར་ཐོབ་ཀྱང་། སྤང་བྱ་དེ་སྤངས་པའི་དགའ་བདེས་མ་རེག་པའི་ཕྱིར། རྟགས་གསུམ་པ་དེར་ཐལ། བསམ་གཟུགས་གང་རུང་གི་དངོས་གཞིའི་སྙོམས་འཇུག་ཡིན་ན། རིམ་པ་བཞིན་འཇིག་རྟེན་པའི་སྒོམ་སྤངས་སུ་གྱུར་པའི་འདོད་ཉོན་དང་། འཇིག་རྟེན་པའི་སྒོམ་སྤངས་སུ་གྱུར་པའི་གཟུགས་ཀྱི་སས་བསྡུས་ཀྱི་ཉོན་མོངས་ལ་ཆགས་པ་དང་བྲལ་ཟིན་པས་ཁྱབ་པའི་ཕྱིར།

ཁོ་ན་རེ། རབ་ཏུ་དབེན་པ་ཡིད་བྱེད་ཀྱི་སྐབས་སུ་ཕན་ཡོན་དེ་དག་ཐོབ་པར་ཐལ། དེའི་སྐབས་སུ་འཇིག་རྟེན་པའི་སྒོམ་སྤངས་སུ་གྱུར་པའི་འདོད་ཉོན་ཆེན་པོའི་ཆེན་པོ་སྤངས་པ་ཡོད་པའི་ཕྱིར། དེར་ཐལ། རང་གི་ངོས་སྐལ་གྱི་སྤང་བྱར་གྱུར་པའི་འཇིག་རྟེན་པའི་སྒོམ་སྤངས་འདོད་ཉོན་འབྲིང་གི་

復次，諸靜慮近分，理應不是靜慮等至，因彼根本宗故。若許，彼理應不是上地等至，因許故。不能許，因彼是等至，且所謂欲地攝之等至之義及名言皆是不應理故。

有依此理而云：「若是初靜慮等至，周遍有伺察對治支、喜樂利益支、三摩地安住支。」不應理，因初靜慮近分作意初修業者及了相作意、勝解作意皆不具對治支及利益支二者；遠離作意等，雖具對治支，然不具利益支；根本靜慮雖具利益支，然不具對治支故。

初因理應如是，因彼三者之時，雖有伺察，然彼無能對治上三品世間修所斷任一，由於彼無能，所以無法有斷此所斷的利益故。第二因理應如是，因遠離作意等之時，雖初得對治上三品世間修所斷欲界煩惱之能力，然尚未獲得斷除彼所斷之喜樂故。第三因理應如是，因若是靜慮、無色任一之根本等至，依次周遍於「世間修所斷欲界煩惱、世間修所斷之色〔界〕地攝煩惱」已離貪故。

有云：「遠離作意之時，理應獲彼等利益，因於彼時，有斷除上上品世間修所斷欲界煩惱故。理應如是，因於「屬自應斷所斷之中品世間修所斷欲界煩惱」之正對治的初靜慮近分遠離作意之時，

དངོས་གཉེན་དུ་གྱུར་པའི་བསམ་གཏན་དང་པོའི་ཉེར་བསྡོགས་རབ་ཏུ་དབེན་པ་ཡིད་བྱེད་ཀྱི་སྐབས་སུ། འཇིག་རྟེན་པའི་སྒོམ་སྤངས་འདོད་ཉོན་ཆེན་པོའི་ཆེན་པོ་སྤངས་པའི་ཕྱིར། དེར་ཐལ། འཇིག་རྟེན་ལས་འདས་པའི་སྒོམ་སྤངས་ཉོན་མོངས་ཆེན་པོའི་འབྲིང་གི་དངོས་གཉེན་དུ་གྱུར་པའི་སྒོམ་ལམ་བར་ཆད་མེད་ལམ་གྱི་དུས་སུ། འཇིག་རྟེན་ལས་འདས་པའི་སྒོམ་སྤངས་ཉོན་མོངས་ཆེན་པོའི་ཆེན་པོ་སྤངས་པའི་ཕྱིར། དེ་བཞིན་དུ་དགའ་བ་བསྡུས་པ་ཡིད་བྱེད་དང་། སྦྱོར་བ་མཐའི་ཡིད་བྱེད་སོགས་ལ་ཡང་སྦྱོར་ཞེར་ན།

མ་ཁྱབ་སྟེ། འོ་ན། འཇིག་རྟེན་པའི་སྒོམ་ལམ་བར་ཆད་མེད་ལམ་བཞག་ཏུ་མེད་པར་ཐལ། བསམ་གཏན་དང་པོའི་ཉེར་བསྡོགས་རབ་ཏུ་དབེན་པ་ཡིད་བྱེད་ཡིན་ན། འཇིག་རྟེན་པའི་སྒོམ་ལམ་བར་ཆད་མེད་ལམ་ཡིན་པས་མ་ཁྱབ་པའི་ཕྱིར། མ་གྲུབ་ན་སོང་། དེར་ཐལ། འཇིག་རྟེན་པའི་སྒོམ་སྤངས་འདོད་ཉོན་ཆེན་པོའི་ཆེན་པོ་ལས་དངོས་སུ་གྲོལ་བའི་རྣམ་གྲོལ་ལམ་དུ་གྱུར་པའི་བསམ་གཏན་དང་པོའི་ཉེར་བསྡོགས་རབ་ཏུ་དབེན་པ་ཡིད་བྱེད་ཡོད་པའི་ཕྱིར་ཏེ། རང་གི་ངོས་སྐལ་གྱི་སྤང་བྱར་གྱུར་པའི་འཇིག་རྟེན་པའི་སྒོམ་སྤངས་འདོད་ཉོན་ཆེན་པོའི་ཆེན་པོའི་དངོས་གཉེན་དང་། རང་གི་ངོས་སྐལ་གྱི་སྤང་བྱར་གྱུར་པའི་འཇིག་རྟེན་པའི་སྒོམ་སྤངས་འདོད་ཉོན་ཆེན་པོའི་འབྲིང་གི་དངོས་གཉེན་གཉིས་ཀྱི་བར་དུ། རང་གི་ངོས་སྐལ་གྱི་སྤང་བྱར་གྱུར་པའི་འཇིག་རྟེན་པའི་སྒོམ་སྤངས་འདོད་ཉོན་ཆེན་པོའི་ཆེན་པོའི་དངོས་གཉེན་གྱིས་དངོས་སུ་དྲངས་པའི་རྣམ་གྲོལ་ལམ་གྱིས་ཆོད་པའི་ཕྱིར།

མ་གྲུབ་ན་སོང་། དེར་ཐལ། རང་གི་ངོས་སྐལ་གྱི་སྤང་བྱར་གྱུར་པའི་འཇིག་རྟེན་ལས་འདས་པའི་སྒོམ་སྤངས་ཉོན་མོངས་ཆེན་པོའི་ཆེན་པོའི་དངོས་གཉེན་དང་། རང་གི་ངོས་སྐལ་གྱི་སྤང་བྱར་གྱུར་པའི་འཇིག་རྟེན་ལས་འདས་པའི་སྒོམ་སྤངས་ཉོན་མོངས་ཆེན་པོའི་འབྲིང་གི་དངོས་གཉེན་གཉིས་ཀྱི་བར་དུ། རང་གི་ངོས་སྐལ་གྱི་སྤང་བྱར་གྱུར་པའི་འཇིག་རྟེན་ལས་འདས་པའི་སྒོམ་སྤངས་ཉོན་མོངས་ཆེན་པོའི་ཆེན་པོའི་དངོས་གཉེན་གྱིས་དངོས་སུ་དྲངས་པའི་རྣམ་གྲོལ་ལམ་གྱིས་ཆོད་པའི་ཕྱིར། ཁྱབ་པ་ཁས།

ཡང་ཁོ་ན་རེ། བསམ་གཏན་དང་པོའི་སྦྱོར་བ་མཐའི་འབྲས་བུ་ཡིད་བྱེད་ཀྱི་སྐབས་སུ། འཇིག་

已斷除上上品世間修所斷欲界煩惱故。理應如是，因於上中品出世間修所斷煩惱之正對治的修道無間道之時，已斷除上上品出世間修所斷煩惱故。同樣地，亦〔應與〕攝樂作意、加行究竟作意等相結合。」

不周遍，那麼，理應無法安立世間修道無間道，因若是初靜慮近分遠離作意，不周遍是世間修道無間道故。若不成，則成相違。理應如是，因有屬從上上品世間修所斷欲界煩惱直接解脫之解脫道的初靜慮近分遠離作意故。因屬自應斷所斷之上上品世間修所斷欲界煩惱的正對治，與屬自應斷所斷之上中品世間修所斷欲界煩惱的正對治二者之間，被屬自應斷所斷之上上品世間修所斷欲界煩惱的正對治所直接引生的解脫道所間隔故。

若不成，則成相違。理應如是，因屬自應斷所斷之上上品出世間修所斷煩惱的正對治，與屬自應斷所斷之上中品出世間修所斷煩惱的正對治二者之間，被屬自應斷所斷之上上品出世間修所斷煩惱的正對治所直接引生之解脫道所間隔故。承許周遍。

復有云：「初靜慮加行究竟果作意之時，上中九品世間修所斷

རྟེན་པའི་སྒོམ་སྤྱངས་འདོད་ཉོན་ཆེ་འབྲིང་དགུ་ཀ་ཅིག་ཅར་དུ་སྤྱངས་པ་འཐད་པར་ཐལ། ཁྱེད་འདོད་པའི་ཕྱིར་ཟེར་ན། འདོད་དམ་སྙམ་སྟེ། བློ་གྲོས་ཞིབ་པ་རྣམས་ཀྱིས་དཔྱད་པར་བྱའོ། །

ཡང་ཁོ་ན་རེ། འཇིག་རྟེན་པའི་སྒོམ་ལམ་བར་ཆད་མེད་ལམ་དང་། སྒོམ་ལམ་རྣམ་གྲོལ་ལམ་གྱི་ཐ་སྙད་བྱེད་པ་དེ་མི་འཐད་དེ། འཇིག་རྟེན་པའི་མཐོང་ལམ་བར་ཆད་མེད་ལམ་དང་། མཐོང་ལམ་རྣམ་གྲོལ་ལམ་གྱི་ཐ་སྙད་མི་འཐད་པའི་ཕྱིར་ན། མ་ཁྱབ་སྟེ། དེ་འདྲ་བ་ནི་འཇིག་རྟེན་པའི་ཁ་ངག་ལ་ཁྱི་དང་སྐྱས་ལ། སྤྱིན་ཁྱི་དང་སྤྱིན་སྐྱས་ཞེས་འབྱུང་བ་འདིར་འོངས་པ་ཡིན་པའི་ཕྱིར།

ཁ་ཅིག བསམ་གཏན་གསུམ་པ་མན་ཆད་ཀྱི་སྦྱོར་བ་མཐའི་འབྲས་བུ་ཡིད་བྱེད་ལ། བསམ་གཏན་གྱི་ཉེར་བསྡོགས་དང་། དངོས་གཞི་གཉིས་ཀ་ཡོད། བསམ་གཏན་གསུམ་པ་མན་ཆད་ཀྱི་དངོས་གཞི་དང་ཉེར་བསྡོགས་རྣམས་ཚོར་བ་རིགས་མི་གཅིག་པས། ཚོར་བའི་དབང་པོ་འགོ་དཀའ་བའི་ཕྱིར་ཏེ། དེ་མན་ཆད་ཀྱི་ཉེར་བསྡོགས་རྣམས་ཚོར་བ་བཏང་སྙོམས་ཀྱི་ས་པ་ཁོ་ནར་ངེས། དངོས་གཞི་རྣམས་ཚོར་བ་བདེ་བའི་ས་པ་ཁོ་ནར་ངེས་པའི་ཕྱིར། ཕྱི་མ་གྲུབ་སྟེ། བསམ་གཏན་དང་པོ་གཉིས་ཀྱི་དངོས་གཞི་ཚོར་བ་ཡིད་བདེའི་ས་པ་ཁོ་ནར་ངེས། གསུམ་པའི་དངོས་གཞི་ཚོར་བ་བདེ་བའི་ས་པ་ཁོ་ནར་ངེས་པའི་ཕྱིར། བསམ་གཏན་བཞི་པ་ཡན་ཆད་ཀྱི་སྦྱོར་བ་མཐའི་འབྲས་བུ་ཡིད་བྱེད་ཡིན་ན། རང་རང་གི་དངོས་གཞིའི་སྙོམས་འཇུག་ཡིན་པས་ཁྱབ་སྟེ། དེ་ཡན་ཆད་ཀྱི་ཉེར་བསྡོགས་དང་དངོས་གཞི་རྣམས་ཚོར་བ་རིགས་གཅིག་པས་ཚོར་བའི་དབང་པོ་འགོ་སླ་བའི་ཕྱིར་ཏེ། དེ་ཡན་ཆད་ཀྱི་ཉེར་བསྡོགས་དང་དངོས་གཞི་རྣམས་ཚོར་བ་བཏང་སྙོམས་ཀྱི་ས་པ་ཁོ་ནར་ངེས་པའི་ཕྱིར།

མདོར་ན་ཉན་ཐོས་དབང་རྟུལ་གྱི་རྒྱུད་ཀྱི་བསམ་གཏན་དང་པོའི་སྦྱོར་བ་མཐའི་འབྲས་བུ་ཡིད་བྱེད། བསམ་གཏན་དང་པོའི་ཉེར་བསྡོགས་དང་། ཉན་ཐོས་དབང་རྣོན་གྱི་རྒྱུད་ཀྱི་བསམ་གཏན་དང་པོའི་སྦྱོར་བ་མཐའི་འབྲས་བུ་ཡིད་བྱེད། བསམ་གཏན་དང་པོའི་དངོས་གཞིའི་སྙོམས་འཇུག་ཡིན་པ་སོགས་གོང་དུ་བཤད་པ་ཐམས་ཅད་འཐད་པ་ཡིན་ཏེ། མཛོད་ལས། ས་གསུམ་རྒྱལ་བ་བསམ་གཏན་ནས། ། ཉེར་བསྡོགས་ལས་མཐའི་རྣམ་གྲོལ་ལམ། །ཞེས་དང་། དེ་དག་ལ་ནི་ཉེར་བསྡོགས་བརྒྱད། །དག་པ་བདེ་མིན་སྡུག་བསྔལ་མིན། །ཞེས་གསུངས་པའི་ཕྱིར་ཟེར།

欲界煩惱皆已同時斷除，理應是合理，因汝承許之故。」忖思承許，諸細慧者當觀察。

又有云：「稱為世間修道無間道及修道解脫道之名言，為不應理，因世間見道無間道及見道解脫道之名言不應理故。」不周遍，因那樣〔即如同〕世間口語裡將狗及梯稱為柳狗及柳梯而起，此處〔所立之因亦是如此而〕來故。

有云：「第三靜慮以下之加行究竟果作意，皆有靜慮近分及根本定二者，因第三靜慮以下之諸根本定及近分，受不同類，所以受根難以轉移故，因其以下之諸近分，決定唯是捨受地，諸根本，決定唯是樂受地故。後者成立，因根本初、第二靜慮，決定唯是意喜受地，根本第三〔靜慮〕，決定唯是樂受地故。若是第四靜慮以上之加行究竟果作意，周遍是各自之根本等至，因彼以上之諸近分及根本，受為同類，所以受根易於轉移故。因彼以上之諸近分及根本，決定唯是捨受地故。

總之，鈍根聲聞相續之初靜慮加行究竟果作意是初靜慮近分，及利根聲聞相續之初靜慮加行究竟果作意是根本初靜慮等至等，以上所述皆是應理，因《俱舍論》云：『近分離下染，初三後解脫。[25]』『近分八捨淨。[26]』故。」

རང་ལུགས་ལ། མཛོད་ཀྱི་དགོངས་པ་དེ་ལྟར་ཡིན་ཡང་། མདོན་པ་གོང་མ་ལྟར་ན་མི་འཐད་དེ། བསམ་གཏན་དང་པོའི་ཉེར་བསྡོགས་ཀྱི་གནས་སྐབས་ཀྱི་ཚོར་བ་ཡིན་ན། ཚོར་བ་བཏང་སྙོམས་ཡིན་པས་མ་ཁྱབ་པའི་ཕྱིར་ཏེ། དེའི་གནས་སྐབས་ཀྱི་ཚོར་བ་ཡིད་བདེ་ཡོད་པའི་ཕྱིར་ཏེ། དེའི་གནས་སྐབས་ཀྱི་ཚོར་བ་དགའ་བ་ཡོད་པའི་ཕྱིར་ཏེ། བསམ་གཏན་དང་པོའི་ཉེར་བསྡོགས་དགའ་བ་སྐྱུད་པ་ཡིད་བྱེད་ཡོད་པའི་ཕྱིར།

གཞན་ཡང་། བསམ་གཏན་བཞི་པའི་སྦྱོར་བ་མཐའི་འབྲས་བུ་ཡིད་བྱེད་ཡིན་ན། བསམ་གཏན་བཞི་པའི་དངོས་གཞི་ཡིན་པས་ཁྱབ་ལ། བསམ་གཏན་དང་པོའི་སྦྱོར་བ་མཐའི་འབྲས་བུ་ཡིད་བྱེད་ཡིན་ན། བསམ་གཏན་དང་པོའི་དངོས་གཞི་ཡིན་པས་མ་ཁྱབ་པའི་ཁྱད་པར་མི་འཐད་པར་ཐལ། བསམ་གཏན་བཞི་པའི་ཉེར་བསྡོགས་སྦྱོར་བ་མཐའི་ཡིད་བྱེད་ཡིན་ན། རང་གི་དོས་སྐལ་གྱི་སྤང་བྱར་གྱུར་པའི་འཇིག་རྟེན་པའི་སྒོམ་སྤངས་བསམ་གཏན་གསུམ་པའི་ཉོན་མོངས་ཆུང་ངུའི་ཆུང་ངུའི་དངོས་གཉེན་དུ་གྱུར་པའི་བསམ་གཏན་བཞི་པའི་ཉེར་བསྡོགས་སྦྱོར་བ་མཐའི་ཡིད་བྱེད་ཡིན་དགོས་ན། བསམ་གཏན་དང་པོའི་ཉེར་བསྡོགས་སྦྱོར་བ་མཐའི་ཡིད་བྱེད་ཡིན་ན། རང་གི་དོས་སྐལ་གྱི་སྤང་བྱར་གྱུར་པའི་འཇིག་རྟེན་པའི་སྒོམ་སྤངས་འདོད་ཉོན་ཆུང་ངུའི་ཆུང་ངུའི་དངོས་གཉེན་དུ་གྱུར་པའི་བསམ་གཏན་དང་པོའི་ཉེར་བསྡོགས་སྦྱོར་བ་མཐའི་ཡིད་བྱེད་ཡིན་པས་ཁྱབ་པ་ཡོད་པའི་ཕྱིར།

མ་གྲུབ་ན་འབུད། མ་ཁྱབ་ན། རྟགས་དེར་ཐལ། དེའི་ཕྱིར་འདོད་ན། བསམ་གཏན་དང་པོའི་སྦྱོར་བ་མཐའི་འབྲས་བུ་ཡིད་བྱེད་ཡིན་ན། འཇིག་རྟེན་པའི་སྒོམ་སྤངས་འདོད་ཉོན་ཆུང་ངུའི་ཆུང་ངུ་ལ་ཆགས་པ་དང་བྲལ་ཟིན་པས་ཁྱབ་པར་ཐལ། འདོད་པའི་ཕྱིར། འདོད་ན། དེ་ཡིན་ན་བསམ་གཏན་དང་པོའི་དངོས་གཞི་ཡིན་པས་ཁྱབ་པར་ཐལ། འདོད་པའི་ཕྱིར།

ཡང་ཁོན་རེ། བསམ་གཏན་དང་པོའི་ཉེར་བསྡོགས་མཚན་ཉིད་སོ་སོར་རིག་པ་ཡིད་བྱེད་ཀྱི་སྐབས་སུ་ལྷག་མཐོང་དུ་གྱུར་པའི་ཉེར་བསྡོགས་ཐོབ་པར་ཐལ། བསམ་གཏན་དང་པོའི་ཉེར་བསྡོགས་ཡིད་ལ་བྱེད་པའི་ལས་དང་པོ་བའི་སྐབས་སུ་ཞི་གནས་སུ་གྱུར་པའི་ཉེར་བསྡོགས་ཐོབ་པའི་ཕྱིར་ན། འདིར་མ་ཁྱབ། འདོད་མི་རིགས་ཏེ། བསམ་གཏན་དང་པོའི་ཉེར་བསྡོགས་ཀྱིས་བསྡུས་པའི་ལྷག་

自宗：《俱舍論》之意趣雖是如此，若如上對法，則不應理，因若是初靜慮近分之時的受，不周遍是捨受故，因有於彼時之意喜受故，因有於彼時之喜受故，因有初靜慮近分攝樂作意故。

復次，若是第四靜慮加行究竟果作意，周遍是根本第四靜慮，若是初靜慮加行究竟果作意不周遍是根本初靜慮之差別，理應不應理，因若是第四靜慮近分加行究竟作意，須是自應斷之所斷下下品世間修所斷第三靜慮煩惱正對治的第四靜慮近分加行究竟作意，〔則〕若是初靜慮近分加行究竟作意，周遍是自應斷之所斷下下品世間修所斷欲界煩惱正對治的初靜慮近分加行究竟作意故。

若不成，則棄捨〔周遍〕。若不周遍，彼因理應如是，因如是故。若許，若是初靜慮加行究竟果作意，理應周遍於下下品世間修所斷欲界煩惱已離貪，因許故。若許，若是彼，理應周遍是根本初靜慮，因許故。

復有云：「於初靜慮近分了相作意之時，理應獲得屬毘鉢舍那之近分，因於初靜慮近分作意初修業者之時，已獲得屬奢摩他之近分故。」今此不周遍。「不能許，因獲得初靜慮近分所攝毘鉢舍那與獲得初靜慮近分勝解作意同時故。理應如是，因《心要莊嚴疏》

མཐོང་ཐོབ་པ་དང་། བསམ་གཏན་དང་པོའི་ཉེར་བསྡོགས་མོས་པ་ཡིད་བྱེད་ཐོབ་པ་དུས་མཉམ་པའི་ཕྱིར། དེར་ཐལ། རྣམ་བཤད་ལས། ལྷག་མཐོང་ཐོག་མར་ཐོབ་པ་ནི་མོས་པ་ལས་བྱུང་བའི་ཡིད་བྱེད་དེ་སྐྱོམ་བྱུང་ངོ་། །ཞེས་གསུངས་པའི་ཕྱིར། ཞེས་ཟེར་ན་མ་ཁྱབ་མཚམས་སུ་མ་ཁྱབ་སྟེ། བསམ་གཏན་དང་པོའི་ཉེར་བསྡོགས་མཚན་ཉིད་སོ་སོར་རིག་པ་ཡིད་བྱེད་ཀྱི་སྐབས་སུ། ལྷག་མཐོང་དངོས་མ་ཐོབ་ཀྱང་། དེ་ལྷག་མཐོང་དུ་བསྟུས་པའི་ཕྱིར། དེར་ཐལ། དེ་ལྷག་མཐོང་མཚན་ཉིད་པར་གྱུར་པའི་ཉེར་བསྡོགས་སྦྲུབ་བྱེད་ཡིན་པའི་ཕྱིར།

現觀辨析（中）

云：『首次獲得毘鉢舍那為「由信解而生」之作意修所得。』故。」

於不周遍處不周遍，因於初靜慮近分了相作意之時，雖未獲得正毘鉢舍那，然彼含攝於毘鉢舍那故。理應如是，因彼是真實毘鉢舍那近分能立故。

ཞི་ལྷག་གི་རྣམ་གཞག

འོ་ན། ཞི་ལྷག་གི་རྣམ་གཞག་ཇི་ལྟ་བུ་ཞེ་ན། ཁ་ཅིག རང་གི་དམིགས་པ་ལ་རྩེ་གཅིག་ཏུ་འཛོག་པའི་ཏིང་ངེ་འཛིན། ཞི་གནས་ཀྱི་མཚན་ཉིད་ཟེར་ན་མི་འཐད་དེ། རྒྱུན་དུ་འཛོག་པའི་ཏིང་ངེ་འཛིན་ཞི་གནས་མ་ཡིན་པའི་ཕྱིར་ཏེ། དེ་ཤིན་སྦྱངས་ཀྱི་མ་ཟིན་པའི་ཕྱིར། དེར་ཐལ། རྒྱུན་དུ་འཛོག་པ་སོགས་སེམས་གནས་ཐབས་ཀྱི་ཏིང་ངེ་འཛིན་བརྒྱད་པོ་གང་རུང་ཡིན་ན། ཤིན་སྦྱངས་ཀྱིས་མ་ཟིན་དགོས་པའི་ཕྱིར།

ཡང་ཁ་ཅིག རང་གི་དམིགས་པ་ལ་འབད་མེད་ལྷུན་གྲུབ་ཏུ་འཇུག་པའི་ཏིང་ངེ་འཛིན། དེའི་མཚན་ཉིད་ཟེར་ན་མི་འཐད་དེ། ཤིན་སྦྱངས་ཀྱིས་མ་ཟིན་པའི་མཉམ་འཇོག་གི་ཏིང་ངེ་འཛིན་དེ་ཞི་གནས་མ་ཡིན་པའི་ཕྱིར་ཏེ། དེ་ཤིན་སྦྱངས་ཀྱིས་མ་ཟིན་པའི་ཕྱིར། ཁྱབ་སྟེ། དགོངས་འགྲེལ་ལས། བཅོམ་ལྡན་འདས་བྱང་ཆུབ་སེམས་དཔའ་དེ་ཇི་སྲིད་དུ་སེམས་ལ་དམིགས་པའི་སེམས་ནང་དུ་ཡིད་ལ་བྱེད་པ་ན་ལུས་ཤིན་ཏུ་སྦྱངས་པ་དང་། སེམས་ཤིན་ཏུ་སྦྱངས་པ་མ་ཐོབ་པ་དེའི་བར་དུ་ཡིད་ལ་བྱེད་པ་དེ་ལ་ཅི་ཞེས་བགྱི། བྱམས་པ་ཞི་གནས་ནི་མ་ཡིན་གྱི། ཞི་གནས་ཀྱི་རྗེས་སུ་མཐུན་པའི་མོས་པ་དང་མཚུངས་པར་ལྡན་པ་ཡིན་པར་བརྗོད་པར་བྱའོ། ། ཞེས་གསུངས་པའི་ཕྱིར།

ཁ་ཅིག ལུས་སེམས་ཤིན་སྦྱངས་ཀྱི་བདེ་བས་ཟིན་པའི་སྒོམ་ནས་རང་གི་དམིགས་པ་ལ་འབད་མེད་ལྷུན་གྲུབ་ཏུ་འཇུག་པའི་ཏིང་ངེ་འཛིན་དེ། ཞི་གནས་ཀྱི་མཚན་ཉིད་ཟེར་བ་མི་འཐད་དེ། ནམ་མཁའ་མཐའ་ཡས་པའི་ལྷའི་རྒྱུད་ཀྱི་ཞི་གནས་དེ་ལུས་སེམས་ཤིན་སྦྱངས་ཀྱི་བདེ་བས་མ་ཟིན་པའི་ཕྱིར་ཏེ། གཟུགས་མེད་ཁམས་ན་ལུས་སེམས་ཤིན་སྦྱངས་མེད་པའི་ཕྱིར་ཏེ། ལུས་ཤིན་སྦྱངས་ཡིན་ན། རེག་བྱའི་སྐྱེ་མཆེད་ཡིན་དགོས་པའི་ཕྱིར་ཏེ། སློབ་དཔོན་བློ་བརྟན་གྱིས། ལུས་ཀྱི་རེག་བྱའི་ཁྱད་པར་དགའ་བས་ཟིན་ན། ལུས་ཤིན་ཏུ་སྦྱངས་པར་རིག་པར་བྱ་སྟེ། ཡིད་དགའ་ན་སེམས་ཤིན་ཏུ་སྦྱངས་པར་འགྱུར་རོ། །ཞེས་མདོ་ལས་འབྱུང་བའི་ཕྱིར་རོ། །ཞེས་གསུངས།

46 建立止觀

那麼，如何安立奢摩他、毘鉢舍那？有云：「於自所緣專一而住之三摩地，是奢摩他之性相。」彼不應理，因續住三摩地非奢摩他故，因彼不被輕安攝持故。理應如是，因若是續住等八種住心方便三摩地隨一，須不被輕安所攝持故。

又有云：「無勞任運趣入於自所緣之三摩地，是彼之性相。」彼不應理，因不被輕安攝持之平等攝持定，非奢摩他故，因彼不被輕安攝持故。周遍，因《解深密經》云：「『世尊！若諸菩薩緣心為境，內思惟心，乃至未得身心輕安，所有作意，當名何等？』佛告慈氏菩薩曰：『善男子！非奢摩他作意，是隨順奢摩他勝解相應作意。』[27]」故。

有云：「由身心輕安之樂攝持之門，無勤任運趣入於自所緣之三摩地，為奢摩他之性相。」彼不應理，因空無邊處天人相續的奢摩他不被身心輕安之樂攝持故。因於無色界無身心輕安故。因若是身輕安，須是觸處故。因安慧阿闍黎說：「歡喜攝持身內妙觸，應當了知是身輕安。契經中說：『意歡喜時心輕安』故。」②

② 此處藏文與廣論不同，可參考宗喀巴大師造，法尊法師譯，《菩提道次第廣論》卷16：「如安慧論師云：『歡喜攝持身內妙觸，應當了知是身輕安。契經中說，意歡喜時身輕安故。』」(CBETA 2024.R2, B10, no. 67, p. 728a13-14)。

གཞན་ཡང་། ལུས་ཤིན་སྦྱངས་ཡིན་ན། རིག་བྱའི་སྐྱེ་མཆེད་ཡིན་དགོས་པར་ཐལ། ལུས་ཡིན་ན། རིག་བྱའི་སྐྱེ་མཆེད་ཡིན་དགོས་པའི་ཕྱིར། དེར་ཐལ། སྐྱེས་བུ་ལྷ་སྦྱིན་གྱི་ལུས་ཡིན་ན། རིག་བྱའི་སྐྱེ་མཆེད་ཡིན་དགོས་པའི་ཕྱིར་ཏེ། དེ་ཡིན་ན་ལུས་ཤེས་ཀྱིས་གཞལ་དགོས་པའི་ཕྱིར།

ཡང་ཁ་ཅིག ཤིན་སྦྱངས་ཀྱི་བདེ་བས་ཟིན་པའི་སྒོ་ནས་རང་གི་དམིགས་པ་ལ་འབད་མེད་ལྷུན་གྲུབ་ཀྱི་འཇུག་པའི་ཏིང་ངེ་འཛིན། ཞི་གནས་ཀྱི་མཚན་ཉིད་ཟེར་བ་མི་འཐད་དེ། བསམ་གཏན་དང་པོའི་དངོས་གཞིའི་སྙོམས་འཇུག་ཁྱད་པར་ཅན་དུ་གྱུར་པའི་ཞི་གནས་དེ་ཤིན་སྦྱངས་ཀྱི་བདེ་བས་མ་ཟིན་པའི་ཕྱིར། དེར་ཐལ། བསམ་གཏན་དང་པོའི་དངོས་གཞིའི་སྙོམས་འཇུག་ཁྱད་པར་ཅན་ན་ཚོར་བ་བདེ་བ་མེད་པའི་ཕྱིར། དེའི་གནས་སྐབས་ཀྱི་ཚོར་བ་ཡིན་ན། ཚོར་བ་བཏང་སྙོམས་ཡིན་དགོས་པའི་ཕྱིར་ཏེ། མཛོད་ལས། རྟོག་མེད་བསམ་གཏན་ཁྱད་པར་ཅན། །རྣམ་གསུམ་བདེ་མིན་སྡུག་བསྔལ་མིན། །ཞེས་གསུངས་པའི་ཕྱིར།

ཡང་ཁ་ཅིག ཤིན་སྦྱངས་ཀྱིས་ཟིན་པའི་སྒོ་ནས་རང་གི་དམིགས་པ་ལ་འབད་མེད་ལྷུན་གྲུབ་ཏུ་འཇུག་པའི་སེམས་བྱུང་། ཞི་གནས་ཀྱི་མཚན་ཉིད་ཟེར་བ་མི་འཐད་དེ། ཞི་གནས་ཡིན་ན། ཏིང་ངེ་འཛིན་ཡིན་དགོས་པ་གང་ཞིག མཚན་ཉིད་དེ་ཡིན་ན། ཏིང་ངེ་འཛིན་ཡིན་མི་དགོས་པའི་ཕྱིར། དང་པོ་དེར་ཐལ། དཀོན་མཆོག་སྤྲིན་ལས། ཞི་གནས་ནི་སེམས་རྩེ་གཅིག་པའོ། །ལྷག་མཐོང་ནི་སོ་སོར་རྟོག་པའོ། ། ཞེས་གསུངས་པའི་ཕྱིར། རྟགས་ཕྱི་མ་དེར་ཐལ། ཤིན་སྦྱངས་ཀྱིས་ཟིན་པའི་སྒོ་ནས་རང་གི་དམིགས་པ་ལ་འབད་མེད་ལྷུན་གྲུབ་ཏུ་འཇུག་པའི་ཤེས་རབ་ཡོད་པའི་ཕྱིར། དེར་ཐལ། དེ་འདྲའི་བརྩོན་འགྲུས་ཡོད་པའི་ཕྱིར་ཏེ། དེ་ལྟ་བུའི་ཏིང་ངེ་འཛིན་འཁོར་དུ་ལྡན་པའི་གཙོ་བོ་སེམས་ཀྱི་འཁོར་དུ་བྱུང་བའི་བརྩོན་འགྲུས་ཡོད་པའི་ཕྱིར་ཏེ། དེ་འདྲའི་གཙོ་བོ་སེམས་དེ་དགེ་སེམས་ཡིན་པའི་ཕྱིར། ཁྱབ་སྟེ། མཛོད་ལས། དད་དང་བག་ཡོད་ཤིན་ཏུ་སྦྱངས། །བཏང་སྙོམས་ངོ་ཚ་ཤེས་ཁྲེལ་ཡོད། །རྩ་བ་གཉིས་རྣམ་མི་འཚེ་དང་། །བརྩོན་འགྲུས་རྟག་ཏུ་དགེ་ལ་འབྱུང་། །ཞེས་གསུངས་པའི་ཕྱིར།

ཁོ་ན་རེ། དགེ་སེམས་ཡིན་ན། རང་གི་འཁོར་དུ་ཤིན་སྦྱངས་འབྱུང་བས་ཁྱབ་པར་ཐལ། ལུང་དེའི་ཕྱིར། ཁྱབ་པ་ཁས། འདོད་ན། ཞི་གནས་མ་ཐོབ་པའི་གང་ཟག་གི་རྒྱུད་ཀྱི་མཉམ་འཇོག་གི་ཏིང་

復次，若是身輕安，理應須是觸處，因若是身，須是觸處故。理應如是，因若是天授士夫之身，須是觸處故，因若是彼，須是身知所了知故。

又有云：「由輕安之樂攝之門，無勤任運趣入自所緣之三摩地，為奢摩他之性相。」彼不應理，因殊勝根本初靜慮等至之奢摩他不被輕安樂所攝持故。理應如是，因殊勝根本初靜慮等至無樂受故。因若是彼時之受，須是捨受故，因《俱舍論》云：「中靜慮無尋，具三唯捨受。[28]」故。

又有云：「由輕安攝持之門，無勤任運趣入自所緣之心所，為奢摩他之性相。」彼不應理，因若是奢摩他，須是三摩地，且若是此性相，不須是三摩地故。初者理應如是，因《寶雲經》云：「奢摩他者，乃心一境性，毘鉢舍那者，是各別觀擇。[29]」故。後因理應如是，因有由輕安攝持之門，無勤任運趣入於自所緣之慧故。理應如是，因有如是之精進故，因有如是三摩地作為眷屬的心王之眷屬之精進故，因如是之心王是善心故。周遍，因《俱舍論》云：「信及不放逸，輕安捨慚愧，二根及不害，勤唯遍善心。[30]」故。

有云：「若是善心，理應周遍產生自眷屬輕安，因彼引文故。承許周遍。若許，未得奢摩他補特伽羅相續之具平等攝持定眷屬之

དེ་འཛིན་འཁོར་དུ་ལྡན་པའི་གཙོ་བོ་སེམས་ཆོས་ཅན། དེར་ཐལ། དེའི་ཕྱིར། འདོད་ན། དེའི་རྒྱུད་ཀྱི་མཉམ་འཇོག་གི་ཏིང་ངེ་འཛིན་དེ་ཤིན་སྦྱངས་ཀྱིས་ཟིན་པར་ཐལ། འདོད་པའི་ཕྱིར། འདོད་ན། ཤིན་སྦྱངས་ཀྱིས་ཟིན་པའི་མཉམ་འཇོག་གི་ཏིང་ངེ་འཛིན་ཡིན་ན། ཞི་གནས་ཡིན་པས་མ་ཁྱབ་པར་ཐལ། འདོད་པའི་ཕྱིར་ཟེར་ན། རྩ་བར་མ་ཁྱབ་སྙམ་སྟེ། དཔྱོད་དགོས་པར་འདུག་གོ།

ཁ་ཅིག རང་གི་དམིགས་པ་ལ་སོ་སོར་དཔྱོད་བྱེད་ཀྱི་ཤེས་རབ། ལྷག་མཐོང་གི་མཚན་ཉིད་ཟེར་ན་མི་འཐད་དེ། ཤིན་སྦྱངས་མ་ཐོབ་པའི་གང་ཟག་གི་རྒྱུད་ཀྱི་བདག་མེད་ལ་སོ་སོར་དཔྱོད་པའི་ཤེས་རབ་ལྷག་མཐོང་མ་ཡིན་པའི་ཕྱིར། དེར་ཐལ། དེ་ཤིན་སྦྱངས་ཀྱིས་མ་ཟིན་པའི་ཕྱིར། ཁྱབ་སྟེ། དགོངས་འགྲེལ་ལས། བཅོམ་ལྡན་འདས་ཇི་སྲིད་དུ་བྱང་ཆུབ་སེམས་དཔའ་དེའི་ལུས་དང་སེམས་ཤིན་ཏུ་སྦྱངས་པ་མ་ཐོབ་ཀྱི་བར་དུ་ཇི་ལྟར་ལེགས་པར་བསམས་པའི་ཆོས་དེ་དག་ལ་ཏིང་ངེ་འཛིན་གྱི་སྤྱོད་ཡུལ་གཟུགས་བརྙན་ནང་དུ་ཡིད་ལ་བྱེད་པ་དེ་ལ་ཅི་ཞེས་བགྱི། བྱམས་པ་ལྷག་མཐོང་ནི་མ་ཡིན་གྱི། ལྷག་མཐོང་གི་རྗེས་སུ་མཐུན་པའི་མོས་པ་དང་མཚུངས་པར་ལྡན་པ་ཡིན་པར་བརྗོད་པར་བྱའོ། །ཞེས་གསུངས་པའི་ཕྱིར།

ཡང་ཁ་ཅིག ལུས་སེམས་ཤིན་སྦྱངས་ཀྱི་བདེ་བས་ཟིན་པའི་སྒོ་ནས་རང་གི་དམིགས་པ་ལ་སོ་སོར་དཔྱོད་པར་བྱེད་པའི་ཤེས་རབ། དེའི་མཚན་ཉིད་ཟེར་བ་མི་འཐད་དེ། ནམ་མཁའ་མཐའ་ཡས་པའི་ལྷའི་རྒྱུད་ཀྱི་ལྷག་མཐོང་གིས་མ་ངེས་པའི་ཕྱིར།

ཁ་ཅིག ཤིན་སྦྱངས་ཀྱི་བདེ་བས་ཟིན་པའི་སྒོ་ནས་རང་གི་དམིགས་པ་ལ་སོ་སོར་དཔྱོད་པའི་ཤེས་རབ། དེའི་མཚན་ཉིད་ཟེར་བ་མི་འཐད་དེ། བསམ་གཏན་དང་པོའི་དངོས་གཞིའི་སྙོམས་འཇུག་ཁྱད་པར་ཅན་དུ་གྱུར་པའི་ལྷག་མཐོང་གིས་མ་ངེས་པའི་ཕྱིར།

ཁ་ཅིག ཞི་གནས་ཀྱི་ངང་ནས་རང་གི་དམིགས་པ་ལ་སོ་སོར་དཔྱོད་པའི་ཤེས་རབ། དེའི་མཚན་ཉིད་ཟེར་བ་མི་འཐད་དེ། ཞི་གནས་ཀྱི་ངང་ནས་དེ་ལྟར་དཔྱོད་པའི་ལྷག་མཐོང་རྗེས་མཐུན་པ་ཡོད་པའི་ཕྱིར།

ཁ་ཅིག ཞི་གནས་ཀྱི་ངང་ནས་རང་གི་དམིགས་པ་ལ་དཔྱད་པ་བྱས་སྟོབས་ཀྱིས་ལུས་སེམས་

心王為有法，理應如是，因如是故。若許，其相續之平等攝持定，理應被輕安攝持，因許故。若許，若是輕安所攝之平等攝持定，理應不周遍是奢摩他，因許故。」於根本忖思不周遍，須待觀察。

有云：「於自所緣各別觀擇之慧，為毘鉢舍那之性相。」彼不應理，因未得輕安之補特伽羅相續的各別觀擇無我之慧不是毘鉢舍那故。理應如是，因彼不被輕安所攝故。周遍，因《解深密經》云：「『世尊！若諸菩薩乃至未得身心輕安，於如所思所有諸法內三摩地所緣影像作意思惟，如是作意，當名何等？』『善男子！非毘鉢舍那作意，是隨順毘鉢舍那勝解相應作意。』[31]」

又有云：「由身、心輕安之樂攝之門，於自所緣作各別觀擇之慧，為彼之性相。」不應理，因空無邊處之天人相續的毘鉢舍那不定故。

有云：「由輕安之樂攝之門，於自所緣各別觀擇之慧，為彼之性相。」不應理，因殊勝根本初靜慮等至之毘鉢舍那不定故。

有云：「在奢摩他狀態中，於自所緣各自觀擇之慧，為彼之性相。」不應理，因在奢摩他狀態中，有如是觀擇之隨順毘鉢舍那故。

有云：「在奢摩他狀態中，以於自所緣作觀擇之力，能引生身

ཤིན་སྦྱངས་ཀྱི་བདེ་བ་འདྲེན་ནུས་ཀྱི་རང་གི་དམིགས་པ་ལ་སོ་སོར་དབྱོད་པའི་ཤེས་རབ། དེའི་མཚན་ཉིད་ཟེར་བའང་མི་འཐད་དེ། དེ་ལྟར་འདྲེན་ནུས་ཀྱི་ལྷག་མཐོང་རྗེས་མཐུན་པ་ཡོད་པའི་ཕྱིར།

རང་ལུགས་ནི། ཤིན་སྦྱངས་ཀྱིས་ཟིན་པའི་སྒོ་ནས་རང་གི་དམིགས་པ་ལ་འབད་མེད་ལྷུན་གྲུབ་ཏུ་འཇུག་པའི་ཏིང་ངེ་འཛིན། ཞི་གནས་ཀྱི་མཚན་ཉིད། ཅིའི་ཕྱིར་ཞི་གནས་ཞེས་བྱ་ཞེ་ན། སེམས་ཕྱི་རོལ་གྱི་ཡུལ་ལ་འཇུག་པ་དེ་ཞི་ནས། ནང་དུ་དམིགས་པ་ལ་གནས་པས་ན། དེ་སྐད་ཅེས་བྱའོ། །ཞི་གནས་ཀྱི་ངང་ནས་རང་གི་དམིགས་པ་ལ་དཔྱད་པ་བྱས་སྟོབས་ཀྱིས་དྲངས་པའི་ཤིན་སྦྱངས་ཀྱིས་ཟིན་པའི་སྒོ་ནས་རང་ཡུལ་ལ་སོ་སོར་དབྱོད་པར་བྱེད་པའི་ཤེས་རབ། ལྷག་མཐོང་གི་མཚན་ཉིད། ཅིའི་ཕྱིར་ལྷག་མཐོང་ཞེས་བྱ་ཞེ་ན། ལྷག་པ་སྟེ་ཁྱད་པར་དུ་མཐོང་བས་ན། དེ་སྐད་ཅེས་བྱའོ། དེ་ལྟར་གོང་དུ་བཤད་པ་ལ།

ཁོ་ན་རེ། ཞི་གནས་ཡིན་ན། འཇོག་བསྒོམ་ཡིན་པས་ཁྱབ་པ་དང་། ལྷག་མཐོང་ཡིན་ན། དཔྱད་བསྒོམ་ཡིན་པས་ཁྱབ་པ་ཁས་ལེན་རིགས་པར་ཐལ། ཞི་གནས་ཡིན་ན། ཏིང་ངེ་འཛིན་ཡིན་དགོས་པ་དང་། ལྷག་མཐོང་ཡིན་ན། ཤེས་རབ་ཡིན་དགོས་པར་ཁྱོད་རང་བཞེད་པའི་ཕྱིར། འདོད་ན། ཐེག་ཆེན་གྱི་མཐོང་ལམ་བར་ཆད་མེད་ལམ་དུ་གྱུར་པའི་དཔྱད་བསྒོམ་དང་། འཇོག་བསྒོམ་གཉིས་ཀ་ཡོད་པར་ཐལ། འདོད་པ་གང་ཞིག དེར་གྱུར་པའི་ཞི་ལྷག་གཉིས་ཀ་ཡོད་པའི་ཕྱིར། ཕྱི་མ་དེར་ཐལ། བར་ཆད་མེད་ལམ་དེར་གྱུར་པའི་ཏིང་ངེ་འཛིན་དང་ཤེས་རབ་གཉིས་ཀ་ཡོད་པའི་ཕྱིར་ཏེ། དེར་གྱུར་པའི་སེམས་སེམས་བྱུང་གཉིས་ཀ་ཡོད་པའི་ཕྱིར། རྩ་བར་འདོད་ན། དེར་གྱུར་པའི་དཔྱད་བསྒོམ་ཡོད་པར་ཐལ། འདོད་པའི་ཕྱིར། འདོད་ན། དེ་སྟོང་ཉིད་ལ་གཉིས་སྣང་ནུབ་པའི་བློ་མ་ཡིན་པར་ཐལ། འདོད་པའི་ཕྱིར་ན། མ་ཁྱབ་སྟེ། སོ་སོར་རྟོགས་པའི་ཤེས་རབ་ཀྱིས་དབྱོད་པའི་དཔྱད་བསྒོམ་གང་ཡིན་ལས་དང་པོ་བའི་སྐབས་སུ་རིགས་པས་དབྱོད་པ་ལྟ་བུ་མ་ཡིན་པའི་ཕྱིར།

心輕安之樂的於自所緣各別觀擇之慧，為彼之性相。」不應理，因有能引生彼之隨順毘鉢舍那故。

自宗：「由輕安攝持之門，無勤任運趣入於自所緣之三摩地」，為奢摩他之性相。何以名為奢摩他？心寂滅趣入於外境，內止住於所緣，故而稱之[3]。「在奢摩他狀態中，以觀擇自所緣力引生之輕安所攝持之門，於自境作各別觀擇之慧」，為毘鉢舍那之性相。何以名為毘鉢舍那？勝妙而觀故而稱之[4]。對於如是上述，

有云：「若是奢摩他，周遍是止修，若是毘鉢舍那，周遍是觀修，理應能承許，因汝許若是奢摩他，須是三摩地，若是毘鉢舍那，須是智慧故。若許，屬大乘見道無間道之觀修及止修理應二者皆有，因承許，且屬彼之奢摩他、毘鉢舍那二者皆有故。後者理應如是，因屬彼無間道之三摩地及智慧二者皆有故，因屬彼之心與心所二者皆有故。若許根本，理應有屬彼之觀修，因許故。若許，彼於空性理應不是二現隱沒之覺知，因許故。」不周遍，因非所有妙觀察慧所觀之觀修，皆如初修業者之時以正理觀察故。

---

③ 奢摩他為梵音譯，意為「寂止」。此段藏文在解釋為何稱為「寂止」，心趣入於外境名「寂」，內住於所緣故稱「止」。

④ 毘鉢舍那為梵音譯，意為「勝觀」。此段藏文在解釋為何稱為「勝觀」，勝妙而觀故而稱之。

ཁ་ཅིག སྟོང་ཉིད་ལ་དམིགས་པའི་ཞི་ལྷག་ཟུང་འབྲེལ་གྱི་ཏིང་ངེ་འཛིན་གྱི་དུས་སུ་སྟོང་ཉིད་ལ་དམིགས་པའི་ཞི་ལྷག་གཉིས་ཀ་ཡོད་ཟེར་བ་མི་འཐད་དེ། དེའི་དུས་སུ་སྟོང་ཉིད་ལ་དམིགས་པའི་ཞི་གནས་མེད་པའི་ཕྱིར། དེར་ཐལ། སྟོང་ཉིད་ལ་དམིགས་པའི་ཞི་གནས་འགགས་པ་དང་། ཏིང་ངེ་འཛིན་དེ་སྐྱེས་པ་དུས་མཉམ་པའི་ཕྱིར། དེར་ཐལ། སྟོང་ཉིད་ལ་དམིགས་པའི་ཞི་གནས་འགགས་པ་དང་། སྟོང་ཉིད་ལ་དམིགས་པའི་ལྷག་མཐོང་སྐྱེས་པ་དུས་མཉམ་པ་གང་ཞིག སྟོང་ཉིད་ལ་དམིགས་པའི་ཞི་ལྷག་ཟུང་འབྲེལ་གྱི་ཏིང་ངེ་འཛིན་སྐྱེས་པ་དང་། སྟོང་ཉིད་ལ་དམིགས་པའི་ལྷག་མཐོང་སྐྱེས་པ་དུས་མཉམ་པའི་ཕྱིར། དང་པོ་དེར་ཐལ། སྟོང་ཉིད་ལ་དམིགས་པའི་ཞི་གནས། སྟོང་ཉིད་ལ་དམིགས་པའི་ལྷག་མཐོང་གི་རྒྱུ་ཡིན་པའི་ཕྱིར། དེར་ཐལ། སྟོང་ཉིད་ལ་དམིགས་པའི་ཞི་གནས་གསར་དུ་གྲུབ་མ་ཐག་པའི་གང་ཟག་གི་རྒྱུད་ཀྱི་སྟོང་ཉིད་ལ་དམིགས་པའི་ཞི་གནས་དེ། སྟོང་ཉིད་ལ་དམིགས་པའི་ལྷག་མཐོང་གི་རྒྱུ་ཡིན་པའི་ཕྱིར་ཏེ། དེ་འདྲའི་གང་ཟག་དེས་སྟོང་ཉིད་ལ་དམིགས་པའི་ལྷག་མཐོང་གསར་དུ་སྒྲུབ་དགོས་ཡིན་པའི་ཕྱིར།

གཞན་ཡང་། སྟོང་ཉིད་ལ་དམིགས་པའི་ཞི་གནས། སྟོང་ཉིད་ལ་དམིགས་པའི་ལྷག་མཐོང་གི་རྒྱུ་ཡིན་པར་ཐལ། སྟོང་ཉིད་ལ་དམིགས་པའི་ལྷག་མཐོང་ཐོབ་པ་ལ། དེ་ལ་དམིགས་པའི་ཞི་གནས་ཐོབ་པ་སྔོན་དུ་འགྲོ་དགོས་པའི་ཕྱིར་ཏེ། སྤྱིར་ལྷག་མཐོང་ཐོབ་པ་ལ་ཞི་གནས་ཐོབ་པ་སྔོན་དུ་འགྲོ་དགོས་པའི་ཕྱིར་ཏེ། སྤྱོད་འཇུག་ལས། ཞི་གནས་རབ་ཏུ་ལྡན་པའི་ལྷག་མཐོང་གིས། །ཉོན་མོངས་རྣམ་པར་འཇོམས་པར་ཤེས་བྱ་སྟེ། །ཐོག་མར་ཞི་གནས་བཙལ་བྱ། ཞེས་གསུངས་པའི་ཕྱིར།

ཁོན་རེ། ཀུན་བཏུས་ལས། ལ་ལ་ནི་ལྷག་མཐོང་ཐོབ་པ་ཡིན་གྱི། ཞི་གནས་ནི་མ་ཐོབ་སྟེ། དེ་ལྷག་མཐོང་ལ་བརྟེན་ནས་ཞི་གནས་ལ་བརྩོན་པར་བྱེད་དོ། །ཞེས་གསུངས་པ་མི་འཐད་པར་ཐལ། དམ་བཅའ་དེའི་ཕྱིར་ཞེ་ན། མ་ཁྱབ་སྟེ། བསམ་གཏན་དང་པོའི་ཉེར་བསྡོགས་ཀྱིས་བསྡུས་པའི་ལྷག་མཐོང་ཐོབ་ནས། བསམ་གཏན་དང་པོའི་དངོས་གཞིས་བསྡུས་པའི་ཞི་གནས་མ་ཐོབ་པ་ཡོད་པ་ལ་དགོངས་པའི་ཕྱིར་ཏེ། དེ་ལྟར་དུ་སའི་དངོས་གཞི་ལས་ཆད་པའི་ཕྱིར། རྩ་རྟགས་གཉིས་པ་དེར་ཐལ། ལྷག་མཐོང་ཆེན་མོ་ལས། ཟུང་འབྲེལ་ལ་ནི་དེ་གཉིས་ངེས་པར་ཐོབ་དགོས་སོ། །དེས་ན་ལྷག་མཐོང་

有云：「緣空性之止觀雙運三摩地之時，理應有緣空性之止觀二者。」不應理，因彼時無緣空性之奢摩他故。理應如是，因緣空性之奢摩他滅與彼三摩地生起同時故。理應如是，因緣空性之奢摩他滅與緣空性之毘鉢舍那生起同時，且緣空性之止觀雙運三摩地生起與緣空性之毘鉢舍那生起同時故。初者理應如是，因緣空性之奢摩他，是緣空性之毘鉢舍那的因故。理應如是，因剛新成就緣空性奢摩他的補特伽羅相續之緣空性奢摩他，是緣空性毘鉢舍那之因故。因那樣的補特伽羅須新修緣空性毘鉢舍那故。

復次，緣空性奢摩他，理應是緣空性毘鉢舍那之因，因獲得緣空性毘鉢舍那，緣彼之奢摩他須先行故，因一般而言，獲得毘鉢舍那，奢摩他須先行故。因《入行論》云：「有止諸勝觀，能滅諸煩惱，知已先求止。[32]」故。

有云：「《集論》云：『或有一類已得毘鉢舍那非奢摩他，此類依毘鉢舍那進修奢摩他。[33]』理應不應理，因彼宗故。」不周遍，因意指得初靜慮近分攝持之毘鉢舍那後，有未得根本初靜慮攝之奢摩他故，因如是說源自〈本地分〉故。第二根本因理應如是，因大勝觀⑤云：「必須先得止、觀二法。此復初得毘鉢舍那即得雙

⑤ 大勝觀：即《菩提道次第廣論．毘鉢舍那》。

ཐོབ་པ་ནས་ཟུང་འབྲེལ་ཐོབ་པར་འགྱུར་བས། ཞེས་གསུངས་པའི་ཕྱིར།

ཡང་ཁོན་རེ། ཞི་གནས་ཀྱི་ཐོག་མ་ཡིན་ན། བསམ་གཏན་དང་པོའི་ཉེར་བསྡོགས་ཡིན་དགོས་པར་ཐལ། ཞི་གནས་ཐོབ་པ་དང་། བསམ་གཏན་དང་པོའི་ཉེར་བསྡོགས་ཐོབ་པ་དུས་མཉམ་པར་ཁྱེད་རང་འདོད་པའི་ཕྱིར། འདོད་ན། བསམ་གཏན་གཉིས་པའི་སས་བསྡུས་ཀྱི་ཞི་གནས་ཀྱི་ཐོག་མས་མ་ངེས་སོ་ཞེ་ན། རྟགས་མ་གྲུབ་ཀྱི་ལན་བྱེད་དོ། །

ཉེར་བསྡོགས་ཀྱིས་བསྡུས་ཤིང་རང་གི་ཐོབ་བྱར་གྱུར་པའི་བསམ་གཏན་གཉིས་པའི་དངོས་གཞིའི་སྙོམས་འཇུག་ཐོབ་བྱེད་དུ་གྱུར་པའི་བསམ་གཏན་གཉིས་པའི་སས་བསྡུས་ཀྱི་དགེ་བའི་རིག་པ་དེ། བསམ་གཏན་གཉིས་པའི་ཉེར་བསྡོགས་ཀྱི་མཚན་ཉིད། དེ་ལ་ཡང་། ཞི་གནས་འབའ་ཞིག་གིས་བསྡུས་པའི་བསམ་གཏན་གཉིས་པའི་ཉེར་བསྡོགས་ལས་དང་པོ་བ་དང་། ལྷག་མཐོང་གིས་བསྡུས་པའི་ཉོན་མོངས་རྣམ་སྦྱོང་གི་ཉེར་བསྡོགས་གཉིས་སུ་ཡོད་ཅིང་། ཕྱི་མ་ལ་ཡང་། བསམ་གཏན་གཉིས་པའི་ཉེར་བསྡོགས་མཚན་ཉིད་སོ་སོར་རིག་པ་ཡིད་བྱེད་སོགས་སྔར་བཞིན་ཡོད་པ་སྲིད་རྩེའི་བར་ལ་རིགས་འགྲེ་བར་བྱ་སྟེ། ཀུན་བཏུས་ལས། བསམ་གཏན་དང་པོ་ལ་ཇི་ལྟ་བར། འདུ་ཤེས་མེད་འདུ་ཤེས་མེད་མིན་སྐྱེ་མཆེད་ཀྱི་བར་ལ་ཡང་དེ་བཞིན་ནོ། །ཞེས་གསུངས་པའི་ཕྱིར།

ཁྱད་པར་ནི་སྤྱི་སྐད་ལ། ཁམས་གོང་མར་སེམས་པར་རྩོམ་པའི་ཚེ། སེམས་འཁོར་མེད་པར་ཏིང་ངེ་འཛིན་དུ་འགྲོ་བས་གོང་མའི་ས་ལ་བསམ་བྱུང་དང་། གཟུགས་མེད་ན་ཐོས་བྱུང་མེད་པར་མངོན་པ་ནས་བཤད་པས། དེ་ལྟར་ན། གཟུགས་མེད་ཀྱི་རྟེན་ལ་བསྒོམ་ན། ཡིད་བྱེད་དང་པོ་ལ་ཐོས་བསམ་གཉིས་ཀ་དང་། གཟུགས་ཀྱི་རྟེན་ལ་བསྒོམ་ན། བསམ་བྱུང་མེད། བསམ་གཏན་བཞི་པའི་ཉེར་བསྡོགས་ནས། སྲིད་རྩེའི་ཉེར་བསྡོགས་ཀྱི་བར་ལ། ཚོར་བ་དགའ་བདེ་མེད་པས། དགའ་བ་སྡུད་པ་ཡིད་བྱེད་ཀྱི་དོན། སྤོང་བ་ལ་ཡོན་ཏན་དུ་མཐོང་བ་ཙམ་ལ་བཤད་ཀྱང་། གཟུགས་ཁམས་ན་བསམ་བྱུང་ཡོད་པར་སེམས་ཏེ། དེ་ན་རྗེས་དཔག་ཡོད་པ་གང་ཞིག རྗེས་དཔག་ཡིན་ན། བསམ་བྱུང་ཡིན་དགོས་པའི་ཕྱིར།

運。[34]」故。

復有云：「若是最初之奢摩他，理應須是初靜慮近分，因汝許獲得奢摩他及獲得初靜慮近分同時故。若許，第二靜慮地攝之奢摩他之初不決定。」則答因不成。

「近分所攝，且能得自所得根本第二靜慮等至的第二靜慮地攝之善了別」，為第二靜慮近分之性相。又於彼，有僅奢摩他所攝持之第二靜慮近分初修業者及毘鉢舍那攝持之淨煩惱之近分。又後者，第二靜慮近分如同先前有了相作意等，乃至有頂皆類推，因《集論》云：「謂由七種作意證入初靜慮，如是乃至非想非非想處。[35]」故。

差別在於，一般共識中，上界開始思惟時，立即轉為三摩地，故上界地無思所成與無色無聞所成，乃阿毘達磨所說。若如是，則於無色所依修行時，第一作意無聞思二者；若在色界所依修行則無思所成，第四靜慮近分乃至有頂近分無喜樂受，故攝樂作意之義，僅指將斷視為功德，然忖思色界有思所成，因其有比度，且若是比度，須是思所成故。

བསམ་གཏན་གཉིས་པ་ཡན་ཆད་ན་ཉེར་བསྡོགས་ཟག་མེད་མེད་དེ། བསམ་གཏན་གཉིས་པ་ཡན་ཆད་ཀྱི་ཉེར་བསྡོགས་ལ་བརྟེན་ནས་འདས་ལམ་བསྐྱེད་པ་མེད་པའི་ཕྱིར་ཏེ། བསམ་གཏན་གཉིས་པའི་ཉེར་བསྡོགས་ཐོབ་ན། བསམ་གཏན་དང་པོའི་དངོས་གཞིའི་སྙོམས་འཇུག་ཐོབ་པས་ཁྱབ། ལམ་སླ་བ་བསམ་གཏན་དང་པོའི་དངོས་གཞི་ཐོབ་ནས། ལམ་དཀའ་བ་བསམ་གཏན་གྱི་ཉེར་བསྡོགས་ལ་བརྟེན་ནས་འདས་ལམ་བསྐྱེད་པ་ལ་དགོས་པ་མེད་པའི་ཕྱིར་དང་། བསམ་གཏན་གཉིས་པ་ཡན་ཆད་ན་ཉེར་བསྡོགས་མི་ལྕོགས་མེད་ཀྱང་མེད་པའི་ཕྱིར།

ཁོ་ན་རེ། བསམ་གཏན་གཉིས་པ་ཡན་ཆད་ཀྱི་ཉེར་བསྡོགས་ཡིན་ན། ཉེར་བསྡོགས་དག་པ་བ་ཡིན་དགོས་པར་ཐལ། དེ་ཡན་ཆད་དུ་ཉེར་བསྡོགས་ཟག་མེད་མེད་པའི་ཕྱིར། འདོད་ན། དེ་ཡིན་ན། ཞི་རགས་ཀྱི་རྣམ་པ་ཅན་གྱི་ཉེར་བསྡོགས་ཡིན་དགོས་པར་ཐལ། འདོད་པའི་ཕྱིར་ན། མ་ཁྱབ་སྟེ། བསམ་གཏན་གྱི་ཉེར་བསྡོགས་དག་པ་བ་ཡིན་ན། ཞི་རགས་ཀྱི་རྣམ་པ་ཅན་གྱི་ཉེར་བསྡོགས་ཡིན་པས་མ་ཁྱབ་པའི་ཕྱིར་ཏེ། ཞི་གནས་འབའ་ཞིག་གིས་བསྡུས་པའི་བསམ་གཏན་དང་པོའི་ཉེར་བསྡོགས་ཡིད་ལ་བྱེད་པའི་ལས་དང་པོ་བ་དེ། བསམ་གཏན་གྱི་ཉེར་བསྡོགས་དག་པ་བ་གང་ཞིག དེ་ཞི་རགས་ཀྱི་རྣམ་པ་ཅན་གྱི་ཉེར་བསྡོགས་མ་ཡིན་པའི་ཕྱིར། ཕྱི་མ་དེར་ཐལ། འདོད་པ་ལ་རགས་པ་དང་། བསམ་གཏན་དང་པོ་ལ་ཞི་བར་བལྟས་ནས་ཐོས་བསམ་གྱིས་དཔྱོད་པར་བྱེད་པའི་ཉེར་བསྡོགས་དེ། ལྷག་མཐོང་གིས་བསྡུས་པའི་བསམ་གཏན་གྱི་ཉེར་བསྡོགས་ཡིན་པའི་ཕྱིར། དང་པོ་དེར་ཐལ། དེ་ཉེར་བསྡོགས་མི་ལྕོགས་མེད་དག་པ་བ་ཡིན་པའི་ཕྱིར། དེར་ཐལ། དེ་ལ་བརྟེན་ནས་བདེན་བཞི་མངོན་སུམ་དུ་རྟོགས་པའི་ལྷག་མཐོང་གི་ཉེར་བསྡོགས་སྐྱེས་པའི་ཚེ། ཉེར་བསྡོགས་ཟག་མེད་ཡིན་ཀྱང་། ཞི་གནས་ཀྱིས་བསྡུས་པའི་ཡིད་ལ་བྱེད་པའི་ལས་དང་པོ་བར་མི་རུང་བའི་ཕྱིར།

ཁོ་ན་རེ། བསམ་གཏན་གཉིས་པ་ཡན་ཆད་ཀྱི་ཉེར་བསྡོགས་ཟག་མེད་ཡོད་པར་ཐལ། ཕྱིར་མི་འོང་གི་རྒྱུད་ཀྱི་བསམ་གཏན་གཉིས་པའི་ཉེར་བསྡོགས་དེ་ཟག་མེད་ཡིན་པའི་ཕྱིར། དེར་ཐལ། དེ་ལམ་བདེན་ཡིན་པའི་ཕྱིར་ན། མ་ཁྱབ་སྟེ། དེ་ནི་མཛོད་པའི་ལུགས་ཡིན་གྱི། རང་ལུགས་ལ་ཐེག་ཆེན་གྱི་མོས་པ་སྒོམ་ལམ་ཟག་བཅས་སུ་ཁས་ལེན་པའི་ཕྱིར།

第二靜慮以上沒有無漏近分，因無依第二靜慮以上之近分而生起出世間道故。因若得第二靜慮近分，周遍獲得根本初靜慮等至，已得「易道」根本初靜慮，再依「難道」靜慮近分生起出世間道無目的，以及第二靜慮以上亦無近分未至定故。

有云：「若是第二靜慮以上近分，理應須是清淨近分，因彼以上沒有無漏近分故。若許，若是彼，理應須是具粗靜相近分，因許故。」不周遍，因若是靜慮清淨近分，不周遍是具粗靜相近分故，因僅奢摩他所攝持之初靜慮近分作意之初修業者，是靜慮清淨近分，且彼非具粗靜相近分故。後者理應如是，因視欲界為粗與初靜慮為靜之後，以聞思作觀察之近分，是毘缽舍那攝持之靜慮近分故。初者理應如是，因彼是清淨近分未至定故。理應如是，因依彼而生起現證四諦之毘缽舍那近分時，雖是無漏近分，然不堪為奢摩他攝持之作意初修業者故。

有云：「理應有第二靜慮以上之無漏近分，因不還相續的第二靜慮近分為無漏故。理應如是，因彼是道諦故。」不周遍，因其為俱舍論宗，自宗承許大乘勝解修道為有漏故。

བསམ་གཏན་གཉིས་པའི་ཉེར་བསྡོགས་མཚན་ཉིད་སོ་སོར་རིག་པ་ཡིད་བྱེད་ཀྱིས་དབྱོད་ཚུལ་ཡོད་དེ། བསམ་གཏན་དང་པོ་ལ་རགས་པ་དང་། བསམ་གཏན་གཉིས་པ་ལ་ཞི་བར་བལྟས་ནས་ཐོས་བསམ་གྱིས་དབྱོད་པར་བྱེད་པ་ཡིན་པའི་ཕྱིར། བསམ་གཏན་གཉིས་པའི་ཉེར་བསྡོགས་མོས་པ་ཡིད་བྱེད་ཐོབ་པ་དང་། ལྷག་མཐོང་དུ་གྱུར་པའི་བསམ་གཏན་གཉིས་པའི་ཉེར་བསྡོགས་ཐོབ་པ་དུས་མཉམ་ཞིང་། རབ་ཏུ་དབེན་པ་ཡིད་བྱེད་ཀྱི་སྐབས་སུ་རང་གི་ངོས་སྐལ་གྱི་སྤང་བྱར་གྱུར་པའི་འཇིག་རྟེན་པའི་སྒོམ་སྤངས་བསམ་གཏན་དང་པོའི་སས་བསྡུས་ཀྱི་ཉོན་མོངས་ཆེན་པོ་སྐོར་གསུམ་གྱི་དངོས་གཉེན་ཐོབ་པ་སོགས་ཤེས་པར་བྱ་སྟེ། སྔར་བསམ་གཏན་དང་པོ་ལ་བཤད་པས་རྟོགས་ནུས་པའི་ཕྱིར། ཉེར་བསྡོགས་ཉོན་མོངས་ཅན་མེད་དེ། དེས་རང་གི་འོག་ས་ལས་འདོད་ཆགས་དང་བྲལ་བར་བྱེད་མི་ནུས་པའི་ཕྱིར།

有以第二靜慮近分了相作意觀察之理，因是視初靜慮為粗、第二靜慮為寂靜之後，以聞思作觀察故。應當了知獲得第二靜慮近分勝解作意，與獲得屬毘鉢舍那之第二靜慮近分同時，且於遠離作意之時，獲得自應斷之所斷——世間修所斷初靜慮地攝上三品煩惱之正對治等，因〔從〕先前講說初靜慮可理解故。無有具煩惱近分，因彼無法從自之下地離貪故。

བསམ་གཏན་དངོས་གཞི་བཤད་པ།

གཉིས་པ་བསམ་གཏན་གྱི་དངོས་གཞི་བཤད་པ་ལ། ཁ་ཅིག ཡན་ལག་གི་སྒྲོ་ནས་རང་གི་འོག་ས་ལས་འདའ་བར་བྱེད་པའི་བསམ་གཏན་གྱི་སས་བསྡུས་ཀྱི་དགེ་བའི་རིག་པ་དེ། བསམ་གཏན་གྱི་དངོས་གཞིའི་སྙོམས་འཇུག་གི་མཚན་ཉིད་ཟེར་བ་མི་འཐད་དེ། བསམ་གཏན་གྱི་དངོས་གཞིའི་སྙོམས་འཇུག་ཡིན་ན། ཡན་ལག་གི་སྒྲོ་ནས་རང་གི་འོག་ས་ལས་འདས་ཟིན་པས་ཁྱབ་པའི་ཕྱིར། དེ་ལ་ཁྱབ་སྟེ། འོག་ས་ལས་འདོད་ཆགས་དང་བྲལ་ཟིན་པ་དང་། བྲལ་བར་བྱེད་པ་གཉིས་འགལ་བའི་ཕྱིར། དེར་ཐལ། མཐོང་སྤྱངས་སྤྱངས་ཟིན་པ་དང་། དེ་སྤོང་བར་བྱེད་པའི་ལམ་གཉིས་འགལ་བའི་ཕྱིར་ཏེ། ཤེས་སྒྲིབ་སྒོམ་སྤྱངས་སྤྱངས་ཟིན་པ་དང་། དེ་སྤོང་བར་བྱེད་པའི་ལམ་གཉིས་འགལ་བའི་ཕྱིར། ཕྱི་མ་མ་གྲུབ་ན། སྒོམ་སྤྱངས་ཤེས་སྒྲིབ་སྤོང་བའི་རྣམ་མཁྱེན་ཡོད་པར་ཐལ་ལོ། །

གཞན་ཡང་། ཡན་ལག་གི་སྒྲོ་ནས་རང་གི་འོག་ས་ལ་འདོད་ཆགས་དང་བྲལ་བར་བྱེད་པའི་བསམ་གཏན་གྱི་དངོས་གཞི་མེད་པར་ཐལ། ཞི་རགས་ཀྱི་རྣམ་པ་ཅན་གྱི་བསམ་གཏན་གྱི་དངོས་གཞི་མེད་པའི་ཕྱིར་ཏེ། འོག་ས་ལ་རགས་པ་དང་། རང་ས་ལ་ཞི་བར་བལྟས་ནས་དཔྱོད་པར་བྱེད་པའི་བསམ་གཏན་གྱི་དངོས་གཞི་མེད་པའི་ཕྱིར་ཏེ། དེ་ལྟར་དཔྱོད་པ་ནི། ཉེར་བསྡོགས་མཚན་ཉིད་སོ་སོར་རིག་པ་ཡིད་བྱེད་སོགས་ཀྱི་སྐབས་ན་ཡོད་ཅིང་། དེ་ཡོད་ན་དངོས་གཞིའི་སྐབས་སུ་དེ་ལྟར་དཔྱོད་དོན་མེད་པའི་ཕྱིར། འོ་ན་རྣམ་བཤད་ལས། ཞི་རགས་ཀྱི་རྣམ་པ་ཅན་གྱི་བསམ་གཏན་གྱི་དངོས་གཞི་གསུངས་པ་མི་འཐད་པར་འགྱུར་རོ་ཞེ་ན། སྐྱོན་མེད་དེ། ཞི་རགས་ཀྱི་རྣམ་པ་ཅན་གྱི་བསམ་གཏན་གྱི་ཉེར་བསྡོགས་ལས་བྱུང་བས། རྒྱུ་མིང་འབྲས་ལ་བཏགས་པའི་ཕྱིར་དང་། ལྷག་མཐོང་ཆེན་མོར། ཞི་རགས་ཀྱི་རྣམ་པ་ཅན་གྱི་དངོས་གཞི་མེད་པར་གསལ་བར་གསུངས་པའི་ཕྱིར།

ཡང་ཁ་ཅིག ཡན་ལག་གི་སྒྲོ་ནས་རང་གི་འོག་ས་ལས་འདས་པའི་སེམས་རྩེ་གཅིག་པ་མཚུངས་ལྡན་དང་བཅས་པ་དེ། བསམ་གཏན་གྱི་དངོས་གཞིའི་སྙོམས་འཇུག་གི་མཚན་ཉིད་ཟེར་བ་མི་འཐད་དེ། མཆོད་བྱ་དེ་ཡིན་ན། དགེ་བ་ཡིན་དགོས། མཚན་ཉིད་དེ་དང་སྙོམས་འཇུག་ཉོན་མོངས་ཅན་

47 講說根本靜慮

第二、講說根本靜慮，有云：「以支分之門，能超越自之下地的靜慮地攝之善了別，乃根本靜慮等至之性相。」此不應理，因若是根本靜慮等至，周遍以支分門已從自之下地超越故。其為周遍，因從下地已遠離貪及能遠離貪二者相違故。理應如是，因已斷見所斷與能斷彼之道二者相違故。因已斷所知障修所斷與能斷彼之道二者相違故。若後者不成，則成有斷修所斷所知障之一切相智。

復次，理應無以支分門於自之下地能遠離貪之根本靜慮，因無具粗靜相之根本靜慮故。因無視下地為粗、自地為靜之後，作觀察的根本靜慮故。因如是觀察，雖於近分了相作意等時有，然若有彼，於根本時，如是觀察沒有意義故。那麼，《心要莊嚴疏》所謂具粗靜相之根本靜慮，則成不應理。無過，因從具粗靜相之靜慮近分所生，所以於果位安立因名，及大勝觀清楚提到無粗靜相之根本定故。

又有云：「以支分之門，具已從自下地超越之心一境性及與其相應者，乃根本靜慮等至之性相。」彼不應理，因若是彼名相，須是善，彼性相與煩惱等至有同位故。初者成立，因《俱舍論》云：

གྱི་གཞི་མཐུན་ཡོད་པའི་ཕྱིར། དང་པོ་གྲུབ་སྟེ། མཛོད་ལས། སྙོམས་འཇུག་དགེ་བ་རྩེ་གཅིག་པ། ། ཞེས་གསུངས་པའི་ཕྱིར།

རང་ལུགས་ནི། དམིགས་པ་དང་ཡན་ལག་གཉིས་ལས། ཡན་ལག་གི་སྒོ་ནས་རང་གི་འོག་ས་ལས་འདས་པའི་དགེ་བའི་རིག་པ། བསམ་གཏན་གྱི་དངོས་གཞིའི་སྙོམས་འཇུག་གི་མཚན་ཉིད། བསམ་གཏན་གྱི་དངོས་གཞིའི་སྙོམས་འཇུག་གང་ཞིག རང་འབྲས་སྡུག་བསྔལ་བདེན་པ་སྐྱེད་བྱེད་ཀྱི་འཁོར་བས་བསྡུས་པ། རྒྱུ་སྙོམས་འཇུག་གི་བསམ་གཏན་གྱི་དངོས་གཞིའི་མཚན་ཉིད། བསམ་གཏན་གྱི་དངོས་གཞིའི་སྙོམས་འཇུག་གང་ཞིག འདོད་པ་ལ་འདོད་ཆགས་དང་བྲལ་བས་རབ་ཏུ་ཕྱེ་བའི་རིགས་ཅན། བསམ་གཏན་དང་པོའི་དངོས་གཞིའི་སྙོམས་འཇུག་གི་མཚན་ཉིད།

དེ་ལ་དབྱེ་ན་གཉིས་ཡོད་པ་ལས། བསམ་གཏན་དང་པོའི་དངོས་གཞིའི་སྙོམས་འཇུག་གང་ཞིག ཚོར་བ་ཡིད་བདེའི་ས་པའི་རིགས་སུ་གནས་པ། བསམ་གཏན་དང་པོའི་དངོས་གཞིའི་སྙོམས་འཇུག་ཙམ་པོ་བའི་མཚན་ཉིད། དེ་གང་ཞིག ཚོར་བ་བཏང་སྙོམས་ཀྱི་ས་པའི་རིགས་སུ་གནས་པ། བསམ་གཏན་དང་པོའི་དངོས་གཞིའི་སྙོམས་འཇུག་ཁྱད་པར་ཅན་གྱི་མཚན་ཉིད། བསམ་གཏན་གཉིས་པ་ཡན་ཆད་ལ་དངོས་གཞིའི་སྙོམས་འཇུག་ཙམ་ཁྱད་གཉིས་ཀྱི་དབྱེ་བ་མེད་དེ། དེ་ཡན་ཆད་ལ་རང་ས་ལ་འདོད་ཆགས་དང་མ་བྲལ་བར་རང་སའི་ཡན་ལག་ཁ་ཅིག་ལ་འདོད་ཆགས་དང་བྲལ་བར་བྱེད་ནུས་པ་མེད་པའི་ཕྱིར། བསམ་གཏན་དང་པོའི་སྙོམས་འཇུག་ཡིན་ན། བསམ་གཏན་དང་པོའི་དངོས་གཞིའི་སྙོམས་འཇུག་ཡིན་པས་མ་ཁྱབ་སྟེ། བསམ་གཟུགས་སོ་སོའི་ཉེར་བསྡོགས་རྣམས། བསམ་གཟུགས་སོ་སོའི་སྙོམས་འཇུག་ཏུ་ཐ་སྙད་བཞག་པ་ལྟར་ཡིན་པའི་ཕྱིར།

བསམ་གཏན་དང་པོའི་ཡན་ལག་དེ་ལ་ལྔ་ཡོད་དེ། གཉེན་པོའི་ཡན་ལག་རྟོག་དཔྱོད་གཉིས། ཕན་ཡོན་གྱི་ཡན་ལག་དགའ་བདེ་གཉིས། གནས་ཀྱི་ཡན་ལག་ཏིང་ངེ་འཛིན་རྣམས་སུ་ཡོད་པའི་ཕྱིར། ལྔ་པོ་དེ་ཡང་གསུམ་དུ་འདུ་སྟེ། སྤང་བྱ་སྤོང་བར་བྱེད་པ་གཉེན་པོའི་ཡན་ལག སྤངས་པའི་ཕན་ཡོན་གྱི་ཡན་ལག དེ་གཉིས་གང་ལ་ལྡན་པ་གནས་ཀྱི་ཡན་ལག་རྣམས་སུ་འདུ་བའི་ཕྱིར། དེ་ཡང་བསམ་

「定謂善一境。[36]」故。

自宗：「所緣與支分二者中，以支分之門從自下地超越之善了別」，乃根本靜慮等至之性相。「是根本靜慮等至，且為能生自果苦諦之輪迴所攝」，乃因等至根本靜慮之性相。「是根本靜慮等至，且具唯是遠離欲界欲貪之種性」，乃根本初靜慮等至之性相。

彼分有二，「是根本初靜慮等至，且是意喜受之地之住類」，乃根本初靜慮等至但住者之性相。「是彼，且是捨受之地之住類」，乃根本初靜慮等至勝進者之性相。第二靜慮以上，無根本等至但住、勝進二者之區別，因彼以上無不離自地欲貪〔而〕遠離部份自地支分欲貪之能力故。凡是初靜慮等至，不周遍是根本初靜慮等至，因靜慮無色各自諸近分，如之前已說是靜慮無色各自等至故。

初靜慮支分有五，因有諸對治支──尋、伺二支，利益支──喜、樂二支，安住支──三摩地支故。此五又含攝為三，因含攝為斷除所斷──對治支、已斷之利益支、何處具此二支──安住支故。此復，毘婆沙師許初靜慮支的「尋」乃心於所緣粗略觀察，

གཏན་དང་པོའི་ཡན་ལག་ཏུ་གྱུར་པའི་རྟོག་པ་ནི། དམིགས་པ་ལ་སེམས་རྩེང་བར་དཔྱོད་པ་དང་། དཔྱོད་པ་ནི། ཞིབ་པར་དཔྱོད་པའི་སེམས་བྱུང་དུ་བྱེ་བྲག་སྨྲ་བས་འདོད་དེ། མཛོད་ལས། རྟོག་དང་དཔྱོད་པ་རྩིང་ཞིབ་ཉིད། །ཅེས་གསུངས་པའི་ཕྱིར།

བྱེ་སྨྲས་ཕན་ཡོན་གྱི་དགའ་བ་ཡིད་བདེ་དང་། བདེ་བ་ཤིན་སྦྱངས་ཀྱི་བདེ་བ་ལ་འཆད་དེ། ལུས་ཚོར་དབང་ཤེས་ཡིན་པས། བསམ་གཏན་གྱི་ཡན་ལག་ཏུ་མི་རུང་བའི་ཕྱིར་ཞེས་ཟེར། མདོ་སྡེ་པ་བདེ་བ་དབང་ཤེས་འཁོར་གྱི་བདེ་བ་ཁོན་ལ་འཆད།

མཁས་པ་ཁ་ཅིག འདི་ཉིད་རང་ལུགས་སུ་བྱེད་དོ། །ཟེར་བ་མི་འཐད་དེ། བསམ་གཏན་དང་པོའི་ཕན་ཡོན་གྱི་ཡན་ལག་དང་། དབང་ཤེས་ཀྱི་གཞི་མཐུན་མེད་པའི་ཕྱིར་ཏེ། བསམ་གཏན་དང་པོའི་དངོས་གཞིའི་སྙོམས་འཇུག་དང་། དབང་ཤེས་ཀྱི་གཞི་མཐུན་མེད་པའི་ཕྱིར།

གཞན་ཡང་། བསམ་གཏན་གཉིས་པ་ཡན་ཆད་ཀྱི་སས་བསྡུས་ཀྱི་དབང་ཤེས་ཡོད་པར་ཐལ། བསམ་གཏན་གཉིས་པ་དང་གསུམ་པའི་ཕན་ཡོན་གྱི་ཡན་ལག་ཏུ་གྱུར་པའི་དབང་ཤེས་ཡོད་པའི་ཕྱིར། མ་གྲུབ་ན་སོང་དེར་ཐལ། བསམ་གཏན་དང་པོ་ལ་དེ་ལྟར་ཡོད་པའི་ཕྱིར། འདོད་ན། བསམ་གཏན་གཉིས་པ་ཡན་ཆད་ཀྱི་སས་བསྡུས་ཀྱི་རྟོག་དཔྱོད་ཡོད་པར་ཐལ། འདོད་པའི་ཕྱིར། སྔ་ཕྱི་གཉིས་ཀ་ལ་འདོད་མི་ནུས་ཏེ། མཛོད་ལས། གཉིས་པ་སོགས་ན་ལུས་མིག་དང་། །རྣ་བའི་རྣམ་ཤེས་རྣམ་རིག་སློང་། །གང་ཡིན་དེ་ནི་དང་པོར་གཏོགས། ཞེས་གསུངས་པའི་ཕྱིར།

ཐེག་ཆེན་པ་རང་ལུགས་ནི། བསམ་གཏན་དང་པོའི་སས་བསྡུས་ཀྱི་ཡིད་ཤེས་འཁོར་གྱི་ཚོར་བ་སིམ་པར་སྨྲོང་བ་གཅིག་ཉིད། བསམ་གཏན་དང་པོའི་ཡན་ལག་ཏུ་གྱུར་པའི་དགའ་བདེ་གཉིས་ཀར་འཇོག་སྟེ། རང་དང་མཚུངས་ལྡན་གྱི་ཡིད་ཤེས་ལ་ཕན་འདོགས་པའི་ཆ་ནས། དགའ་བ་དང་། དབང་པོ་རྟེན་བཅས་ཀྱི་ལུས་ལ་ཕན་འདོགས་པའི་ཆ་ནས། བདེ་བར་འཇོག་པའི་ཕྱིར། དེས་བསམ་གཏན་གཉིས་པ་དང་གསུམ་པའི་ཕན་ཡོན་གྱི་ཡན་ལག་ལ་ཡང་རིགས་འགྲེ།

དེ་ལ་ཁོན་རེ། བསམ་གཏན་དང་པོའི་ཕན་ཡོན་གྱི་ཡན་ལག་དགའ་བདེ་གཉིས་ཡན་ལག་སོ་

「伺」乃詳細觀察之心所，因《俱舍論》云：「尋伺心麁細。[37]」故。

毘婆沙師云：「利益〔支〕之喜是意喜，樂是輕安之樂，因身受為根知，故不堪為靜慮支故。」經部師說：「樂唯是根知眷屬之樂。」

有智者云：「此作為自宗。」不應理，因無初靜慮之利益支及根知的同位故，因無根本初靜慮等至及根知的同位故。

又，理應有第二靜慮以上地攝之根知，因有是第二及第三靜慮之利益支的根知故。若不成則成相違。理應如是，因初靜慮有如是故。若許，理應有第二靜慮以上地攝之尋、伺，因許故。前後二者皆不能許，因《俱舍論》云：「生上三靜慮，起三識表心，皆初靜慮攝。[38]」故。

大乘自宗：安立「初靜慮地攝之意知眷屬的領納舒適之受」為初靜慮支之喜、樂二者，因以利於與自相應意知之分，安立喜，以利於具根所依之身之分，安立樂故。第二及第三〔靜慮〕之利益支亦是依此類推。

於彼，有云：「初靜慮之利益支喜、樂二者，理應不可計算為

སོར་བགྲང་མི་རིགས་པར་ཐལ། དེ་གཉིས་ཡིད་བདེ་ཁོ་ནར་མཚུངས་པའི་ཕྱིར་ཞེས་ཟེར་ན། མ་ཁྱབ་སྟེ། འོ་ན། བསམ་གཏན་བཞི་ཀའི་ཉེར་བསྡོགས་ཀྱི་ཡན་ལག་རྣམས། ཡན་ལག་སོ་སོར་བགྲང་མི་རིགས་པར་ཐལ། དེ་ཐམས་ཅད་ཉེར་བསྡོགས་གཅིག་པུར་མཚུངས་པའི་ཕྱིར། ཁྱབ་པ་ཁས།

ཁ་ཅིག བསམ་གཏན་དང་པོའི་དངོས་གཞིའི་སྙོམས་འཇུག་ཡིན་ན། དགའ་བདེ་ཕན་ཡོན་གྱི་ཡན་ལག་ཏུ་ལྡན་པས་ཁྱབ་ཟེར་བ་མི་འཐད་དེ། བསམ་གཏན་དང་པོའི་དངོས་གཞིའི་སྙོམས་འཇུག་ཁྱད་པར་ཅན་གྱིས་མ་ངེས་པའི་ཕྱིར།

གཞན་ཡང་། དེ་མི་འཐད་པར་ཐལ། བསམ་གཏན་དང་པོའི་ཡན་ལག་ཏུ་གྱུར་པའི་རྟོག་པ་དེ་དེ་ཡིན་པ་གང་ཞིག དགའ་བདེ་དང་མི་ལྡན་པའི་ཕྱིར། དང་པོ་གྲུབ་སྟེ། ཡན་ལག་བཞི་པའི་དཔྱད་གཞི་ནང་ཚན་གྱི་རྟ་བའི་ཚོགས་དེ་དམག་ཡིན་པའི་ཕྱིར། ཁྱབ་སྟེ། དེ་གཉིས་དཔེ་དོན་སྦྱོར་བའི་ཕྱིར། ཕྱི་མ་མ་གྲུབ་ན། དེ་ཡན་ལག་བཞི་ཀ་དང་ལྡན་པར་ཐལ་ལོ། །དེས་འོག་མ་རྣམས་ལ་ཡང་རིགས་འགྲེ།

ཡང་ཁ་ཅིག བསམ་གཏན་གྱི་དངོས་གཞིའི་སྙོམས་འཇུག་ཡིན་ན། འདོད་ཉོན་ལ་ཆགས་བྲལ་དང་། དེ་སྤངས་པས་ཁྱབ་ཟེར་བ་དང་། དེ་མངོན་གྱུར་བ་ལ་ཆགས་བྲལ་ཡིན་དགོས་ཟེར་བ་མི་འཐད་དེ། ཕྱི་རོལ་པའི་རྒྱུད་ཀྱི་བསམ་གཏན་གྱི་དངོས་གཞིའི་སྙོམས་འཇུག་གིས་མ་ངེས་པའི་ཕྱིར།

བསམ་གཏན་གྱི་དངོས་གཞིའི་སྙོམས་འཇུག་གང་ཞིག བསམ་གཏན་དང་པོ་ལ་འདོད་ཆགས་དང་བྲལ་བས་རབ་ཏུ་ཕྱེ་བའི་རིགས་སུ་གནས་པ། བསམ་གཏན་གཉིས་པའི་དངོས་གཞིའི་སྙོམས་འཇུག་གི་མཚན་ཉིད། དེས་བསམ་གཏན་གསུམ་པ་དང་བཞི་པ་ལ་ཡང་རིགས་འགྲེ། བསམ་གཏན་གཉིས་པའི་ཡན་ལག་ལ་ནང་རབ་ཏུ་དང་བ་དང་། དགའ་བདེ་སེམས་རྩེ་གཅིག་པ་སྟེ་བཞི་དང་། གསུམ་པའི་ཡན་ལག་ལ་དྲན་ཤེས་བཞིན། བཏང་སྙོམས་བདེ་བ་སེམས་རྩེ་གཅིག་པ་སྟེ་ལྔ་དང་། བཞི་པའི་ཡན་ལག་ལ་དྲན་པ་དང་། བཏང་སྙོམས་ཡང་དག ཚོར་བ་བཏང་སྙོམས། སེམས་རྩེ་གཅིག་པ་སྟེ་བཞི་ཡོད།

◆現觀辨析（中）

別別支，因彼二者皆相同唯是意喜故。」不周遍，那麼，四靜慮之諸三摩地支，理應不可計算為別別支，因彼所有皆同為一三摩地故。承許周遍。

有云：「若是根本初靜慮等至，周遍有喜、樂利益支。」不應理，因根本初靜慮等至勝進者不定故。

又，彼理應不應理，因初靜慮支之尋是彼，且不具喜、樂故。初者成立，因〔具〕四支隊伍[⑥]的軍隊裡的馬隊是軍隊故。周遍，因此二者喻義結合故。若後者不成，彼則成四支皆具。以下亦是以此類推。

又有云：「若是根本靜慮等至，周遍於欲界煩惱離貪及斷除。」及「須是於彼現行離貪。」不應理，因外道相續之根本靜慮等至不定故。

「是根本靜慮等至，且是唯於初靜慮離貪之住類」，乃根本第二靜慮等至之性相。亦以此類推於第三、第四靜慮。第二靜慮支有內淨、喜、樂、心一境性四者。第三〔靜慮〕支有念、正知，捨、樂、心一境性五者。第四〔靜慮〕支有念清淨、行捨清淨、捨受、心一境性四者。

⑥ 四支隊伍：騎象隊、騎馬隊、徒步隊、車馬隊。

དེའི་དང་པོ་བསམ་གཏན་གཉིས་པའི་ཡན་ལག་ཏུ་གྱུར་པའི་ནང་རབ་ཏུ་དང་བ་ཡོད་དེ། བསམ་གཏན་གཉིས་པའི་ཡན་ལག་ཏུ་གྱུར་པའི་དྲན་ཤེས་བཞིན་བཏང་སྙོམས་གསུམ་པོ་དེ་དེ་ཡིན་པའི་ཕྱིར། བསམ་གཏན་གསུམ་པའི་ཡན་ལག་ཏུ་གྱུར་པའི་བདེ་བ་ཡོད་དེ། དེའི་ཡན་ལག་ཏུ་གྱུར་པའི་དགའ་བས་དབེན་པའི་ཚོར་བ་སེམས་བདེའི་དབང་པོ་དེ་དེ་ཡིན་པའི་ཕྱིར། དེའི་ཡན་ལག་ཏུ་གྱུར་པའི་དྲན་སོགས་གསུམ་ཡོད་དེ། རིམ་པ་བཞིན་དགའ་བའི་ཀུན་དཀྲིས་ལྡོག་པའི་དམིགས་རྣམ་འཛིན་པ་དང་། དགའ་བའི་ཀུན་དཀྲིས་ལྡོག་པའི་དམིགས་རྣམ། འཛིན་མི་འཛིན་བྱ་ར་བྱེད་པ་དང་། རྟོག་དཔྱོད་དགའ་བའི་སྐྱོན་དང་བྲལ་བས། དེ་གསུམ་གྱིས་མི་མཉམ་པ་མེད་པ་གསུམ་ལ་འཇོག་པའི་ཕྱིར།

སྐྱེ་བ་གཞན་དུ་རྒྱུ་སྙོམས་འཇུག་གི་བསམ་གཏན་བསྒོམས་པའི་རྣམ་སྨིན་དང་། རྒྱུ་མཐུན་གྱི་འབྲས་བུ་གང་རུང་གིས་བསྡུས་པ་དེ། འབྲས་བུ་སྐྱེ་བའི་བསམ་གཏན་གྱི་མཚན་ཉིད། དཔེར་ན། ཚངས་རིས་ནས་འོག་མིན་གྱི་བར་གྱི་སེམས་ཅན་གྱི་རྒྱུད་ཀྱི་སྐྱེས་སྟོབས་ཀྱི་ཆོས་རྣམས་ལྟ་བུ། རྒྱུ་སྙོམས་འཇུག་གི་བསམ་གཏན་གྱི་དངོས་གཞི་ཡིན་ན། བསམ་གཏན་གྱི་དངོས་གཞིའི་སྙོམས་འཇུག་ཡིན་པས་ཁྱབ་ཀྱང་། བསམ་གཏན་གྱི་དངོས་གཞིའི་སྙོམས་འཇུག་ཡིན་ན། དེ་ཡིན་པས་མ་ཁྱབ་སྟེ། བྱང་འཕགས་ཀྱི་རྒྱུད་ཀྱི་བསམ་གཏན་གྱི་དངོས་གཞིའི་སྙོམས་འཇུག་དེ་དེ་མ་ཡིན་པའི་ཕྱིར། མ་གྲུབ་ན། དེ་ཆོས་ཅན། རང་རྒྱུད་ལྡན་གྱི་གང་ཟག་གཟུགས་ཁམས་སུ་ལས་ཉོན་གྱིས་སྐྱེ་བ་ལེན་པའི་རྒྱུ་བྱེད་པར་ཐལ། རྒྱུ་སྙོམས་འཇུག་གི་བསམ་གཏན་གྱི་དངོས་གཞི་ཡིན་པའི་ཕྱིར།

གཞན་ཡང་། རྩ་བའི་དེ་མ་ཁྱབ་པར་ཐལ། རྒྱུ་སྙོམས་འཇུག་གི་བསམ་གཏན་གྱི་དངོས་གཞི་ཡིན་ན། ཀུན་འབྱུང་བདེན་པ་ཡིན་པས་ཁྱབ་པའི་ཕྱིར་ཏེ། དེ་ཡིན་ན་རང་འབྲས་སྡུག་བསྔལ་བདེན་པ་སྐྱེད་བྱེད་ཀྱི་འཁོར་བས་བསྡུས་པ་ཡིན་དགོས་པའི་ཕྱིར།

ཁ་ཅིག རྒྱུ་སྙོམས་འཇུག་གི་བསམ་གཏན་དང་། འབྲས་བུ་སྐྱེ་བའི་བསམ་གཏན་འགལ་ཟེར་བ་མི་འཐད་དེ། བསྐལ་པ་འཇིག་ཁ་མའི་ཚེ་ཆོས་ཉིད་ཀྱི་སྟོབས་ཀྱིས་ཐོབ་པའི་འདོད་པའི་གང་ཟག་གི་རྒྱུད་ཀྱི་བསམ་གཏན་གྱི་དངོས་གཞིའི་སྙོམས་འཇུག་དེ་དེ་གཉིས་ཀ་ཡིན་པའི་ཕྱིར་དང་། ཚངས་རིས་ནས་འོག་མིན་གྱི་བར་གྱི་ལྷའི་རྒྱུད་ཀྱི་བསམ་གཏན་གྱི་དངོས་གཞིའི་སྙོམས་འཇུག་རྣམས་ཀྱང་

有彼之初者——第二靜慮支之內靜，因第二靜慮支之念、正知、捨三者是彼故。有第三靜慮支之樂，因彼支之遠離喜的樂受根是彼故。有彼支之念等三支，因依次安立「執持遮除喜纏之所緣、行相」、「審視是否具足執持遮除喜纏之所緣、行相」、「遠離尋、伺、喜之過，無彼三者導致的不平等」三支故。

「他世修因等至靜慮之異熟與等流果隨一所攝」，是果所生靜慮性相，如：自梵眾天乃至色究竟天有情相續中俱生所得諸法。若是因等至根本靜慮，雖周遍是根本靜慮等至，然若是根本靜慮等至，不周遍是彼，因菩薩聖者相續之根本靜慮等至非彼故。若不成，彼為有法，理應作為相續具自補特伽羅以業煩惱投生於色界之因。因是因等至根本靜慮故。

又，根本理應不周遍，因若是因等至根本靜慮，周遍是集諦故，因若是彼，須是能生自果苦諦之輪迴所攝故。

有云：「因等至靜慮與果所生靜慮相違。」不應理，因臨近壞劫時，以法性力獲得之欲界補特伽羅相續之根本靜慮等至是彼二者，以及自梵眾天至色究竟天中的天人相續的諸根本靜慮等至亦是此二者故。初因理應如是，因彼是因等至根本靜慮等至，且是果所

དེ་གཉིས་ཀ་ཡིན་པའི་ཕྱིར། རྟགས་དང་པོ་དེར་ཐལ། དེ་རྒྱུ་སྒོམས་འཇུག་གི་བསམ་གཏན་གྱི་དངོས་གཞིའི་སྙོམས་འཇུག་གང་ཞིག འབྲས་བུ་སྐྱེ་བའི་བསམ་གཏན་ཡིན་པའི་ཕྱིར། ཕྱི་མ་དེར་ཐལ། དེ་སྐྱེ་བ་གཞན་དུ་རྒྱུ་སྙོམས་འཇུག་གི་བསམ་གཏན་བསྒོམས་པའི་རྒྱུ་མཐུན་གྱི་འབྲས་བུ་ཡིན་པའི་ཕྱིར་ཏེ། དེས་སྐྱེ་བ་གཞན་དུ་དེ་བསྒོམ་མྱོང་བའི་ཕྱིར།

ཁ་ཅིག དེ་གཉིས་དོན་གཅིག་ཟེར་བའང་མི་འཐད་དེ། སྡུག་བསྔལ་བདེན་པར་གྱུར་པའི་གཟུགས་ཁམས་པའི་ལྷ་འབྲས་བུ་སྐྱེ་བའི་བསམ་གཏན་ཡིན་པ་གང་ཞིག རྒྱུ་སྙོམས་འཇུག་གི་བསམ་གཏན་མ་ཡིན་པའི་ཕྱིར། སྤྱིར་གཟུགས་ཁམས་པའི་ལྷ་ཡིན་ན། འབྲས་བུ་སྐྱེ་བའི་བསམ་གཏན་ཡིན་པས་མ་ཁྱབ་སྟེ། འབྲས་བུ་སྐྱེ་བའི་བསམ་གཏན་དུ་གྱུར་པའི་ལྷ་ཡིན་ན། ལས་ཉོན་གྱིས་འཕོར་བར་སྐྱེ་བ་ལེན་པས་ཁྱབ་པའི་ཕྱིར། བསམ་གཏན་གྱི་གཞལ་མེད་ཁང་རྣམས་འབྲས་བུ་སྐྱེ་བའི་བསམ་གཏན་དུ་མི་འཇོག་སྟེ། དེ་སྐྱེ་བ་གཞན་དུ་རྒྱུ་སྙོམས་འཇུག་གི་བསམ་གཏན་བསྒོམས་པའི་རྣམ་སྨིན་དང་རྒྱུ་མཐུན་གྱི་འབྲས་བུ་གང་ཡང་མ་ཡིན་པའི་ཕྱིར་ཏེ། དེ་དེ་ལྟར་སྒོམ་པའི་བདག་འབྲས་ཡིན་པའི་ཕྱིར། བསམ་གཏན་གྱི་གཞལ་མེད་ཁང་རྣམས་སྡུག་བསྔལ་བདེན་པར་ནི་འཇོག་དགོས་ཏེ། ཀུན་བཏུས་ལས། སྡུག་བསྔལ་གྱི་བདེན་པ་གང་ཞེ་ན། དེ་ནི་སེམས་ཅན་སྐྱེ་བ་དང་སྐྱེ་བའི་གནས་ཀྱིས་ཀྱང་རིག་པར་བྱའོ། །ཞེས་གསུངས་པའི་ཕྱིར།

◆現觀辨析（中）

生靜慮故。後者理應如是，因彼是他世修因等至靜慮之等流果故，因彼於他世曾修習彼故。

有云：「此二者同義。」亦不應理，因苦諦之色界天人是果所生靜慮，且不是因等至靜慮故。一般而言，若是色界天人，不周遍是果所生靜慮，因若是果所生靜慮之天人，周遍以業煩惱投生於輪迴故。靜慮之諸無量宮，不安立為果所生靜慮，因彼不是他世修因等至靜慮之異熟及等流果任一故，因彼是如是修習之增上果故。靜慮之諸無量宮須安立為苦諦，因《集論》云：「云何苦諦？謂有情生及生所依處。[39]」故。

གཟུགས་མེད་སྙོམས་འཇུག་བཤད་པ།

གཉིས་པ་གཟུགས་མེད་ཀྱི་སྙོམས་འཇུག་བཤད་པ་ལ། ཉེར་བསྡོགས་དང་། དངོས་གཞི་གཉིས་ལས། དང་པོ་ནི་སྔར་བཤད་པས་ཤེས་པར་ནུས་སོ། །

གཉིས་པ་ནི། དམིགས་པ་དང་ཡན་ལག་གཉིས་ལས། དམིགས་པའི་སྒོ་ནས་རང་གི་འོག་ས་ལས་འདས་པའི་གཟུགས་མེད་ཀྱི་སེམས་བསྡུས་ཀྱི་དགེ་བའི་རིག་པ། གཟུགས་མེད་ཀྱི་དངོས་གཞིའི་སྙོམས་འཇུག་གི་མཚན་ཉིད། གཟུགས་མེད་ཀྱི་དངོས་གཞིའི་སྙོམས་འཇུག་གང་ཞིག རང་འབྲས་སྡུག་བསྔལ་བདེན་པ་སྐྱེད་བྱེད་ཀྱི་འཁོར་བས་བསྡུས་པ་དེ། རྒྱུ་སྙོམས་འཇུག་གི་གཟུགས་མེད་ཀྱི་དངོས་གཞིའི་སྙོམས་འཇུག་གི་མཚན་ཉིད། དེ་ལ་བཞི་ཡོད་པ་ལས། གཟུགས་མེད་ཀྱི་དངོས་གཞིའི་སྙོམས་འཇུག་གང་ཞིག བསམ་གཏན་བཞི་པ་ལ་འདོད་ཆགས་དང་བྲལ་བས་རབ་ཏུ་ཕྱེ་བའི་རིགས་སུ་གནས་པ་དེ། ནམ་མཁའ་མཐའ་ཡས་ཀྱི་དངོས་གཞིའི་སྙོམས་འཇུག་གི་མཚན་ཉིད། དེས་འོག་མ་གསུམ་ལ་རིགས་འགྲེའོ། །སྐྱེ་བ་གཞན་དུ་རྒྱུ་སྙོམས་འཇུག་གི་གཟུགས་མེད་བསྒོམས་པའི་རྣམ་སྨིན་དང་རྒྱུ་མཐུན་གྱི་འབྲས་བུ་གང་རུང་གིས་བསྡུས་པ་དེ། འབྲས་བུ་སྐྱེ་བའི་གཟུགས་མེད་ཀྱི་མཚན་ཉིད།

48 講說無色等至

第二、講說無色等至，近分及根本二者。初者，先前已說故能了知。

次者，「所緣與支分二者，以所緣門逾越自下地之無色地攝之善了別」，是根本無色等至之性相。「是根本無色等至，且是能生自果苦諦之輪迴所攝」，是因等至根本無色等至之性相。彼有四，「是根本無色等至，且是唯於第四靜慮離貪之住類」，是根本空無邊等至之性相。以下三者，以此類推。「他世修因等至無色之異熟及等流果任一所攝」，是果所生無色之性相。

སྙོམས་འཇུག་ཉོན་མོངས་ཅན་དང་དག་པ་བའི་སྐོར།

བསམ་གཟུགས་བརྒྱད་ལ་དག་པ་བ་དང་། ཟག་མེད་གཉིས་གཉིས་ཡོད་ལ།

དེ་ཡང་བསམ་གཏན་གྱི་དངོས་གཞིའི་སྙོམས་འཇུག་གང་ཞིག རང་སའི་ཉོན་མོངས་པས་མ་བསྙད་པའི་འཇིག་རྟེན་པའི་དགེ་བས་བསྡུས་པ་དེ། བསམ་གཏན་གྱི་དངོས་གཞིའི་སྙོམས་འཇུག་དག་པ་བའི་མཚན་ཉིད། དེ་ལ་བཞི་ཡོད་པ་ལས།

བསམ་གཏན་དང་པོའི་དངོས་གཞིའི་སྙོམས་འཇུག་དག་པ་བ་ལ་དབྱེ་ན། བསམ་གཏན་དང་པོའི་དངོས་གཞིའི་སྙོམས་འཇུག་ཉམས་པ་ཆ་མཐུན། གནས་པ་ཆ་མཐུན། ཁྱད་པར་ཆ་མཐུན། ངེས་འབྱེད་ཆ་མཐུན་དང་བཞི། བསམ་གཏན་དང་པོའི་དངོས་གཞིའི་སྙོམས་འཇུག་དག་པ་བ་གང་ཞིག རང་གི་མཇུག་ཐོགས་སུ་རང་ས་དང་འོག་སའི་ཉོན་མོངས་སྐྱེ་བ་དང་རྗེས་སུ་མཐུན་པ་དེ། བསམ་གཏན་དང་པོའི་དངོས་གཞིའི་སྙོམས་འཇུག་ཉམས་པ་ཆ་མཐུན་གྱི་མཚན་ཉིད། དེ་གང་ཞིག རང་གི་མཇུག་ཐོགས་སུ་རང་དང་ས་གཅིག་པའི་སྙོམས་འཇུག་དག་པ་བ་གཞན་འདྲེན་པ། བསམ་གཏན་དང་པོའི་དངོས་གཞིའི་སྙོམས་འཇུག་གནས་པ་ཆ་མཐུན་གྱི་མཚན་ཉིད། དེ་གང་ཞིག རང་གི་མཇུག་ཐོགས་སུ་གོང་སའི་དག་པ་བ་གཞན་འདྲེན་པ་བསམ་གཏན་དང་པོའི་དངོས་གཞིའི་སྙོམས་འཇུག་ཁྱད་པར་ཆ་མཐུན་གྱི་མཚན་ཉིད། དེ་གང་ཞིག རང་གི་མཇུག་ཐོགས་སུ་འཇིག་རྟེན་ལས་འདས་པའི་ལམ་གཞན་འདྲེན་པ། བསམ་གཏན་དང་པོའི་དངོས་གཞིའི་སྙོམས་འཇུག་ངེས་འབྱེད་ཆ་མཐུན་གྱི་མཚན་ཉིད། དེས་འོག་མ་རྣམས་ལ་ཡང་ཤེས་པར་བྱ་ཞིང་།

ཁྱད་པར་ནི། སྲིད་རྩེའི་དངོས་གཞིའི་སྙོམས་འཇུག་ཁྱད་པར་ཆ་མཐུན་མེད་དེ། སྲིད་རྩེའི་གོང་ན་འཇིག་རྟེན་པའི་ས་གཞན་མེད་པའི་ཕྱིར། མངོན་པ་གོང་འོག་ལྟར་ན། སྲིད་རྩེའི་དངོས་གཞིའི་སྙོམས་འཇུག་ངེས་འབྱེད་ཆ་མཐུན་མེད་དེ། སྲིད་རྩེའི་དངོས་གཞིའི་སྙོམས་འཇུག་ཟག་མེད་མེད་པའི་ཕྱིར་ཏེ། དམིགས་རྣམ་མི་གསལ་བ། ཤིན་ཏུ་གསལ་བའི་འདས་ལམ་གྱི་སེམས་རྟེན་དུ་མི་རུང་

49 有關雜染及清淨等至

靜慮無色八者各有清淨、無漏二者。

此復，「是根本靜慮等至，且是未被自地煩惱所染之世間善所攝」，是根本靜慮清淨等至之性相，此有四。

根本初靜慮清淨等至分四：根本初靜慮等至順退分、順住分、順勝進分、順決擇分。「是根本初靜慮清淨等至，且是自隨後隨順生起自地及下地煩惱」，是根本初靜慮等至順退分之性相。「是彼，且於自隨後引出與自同地之餘清淨等至」，是根本初靜慮等至順住分之性相。「是彼，且於自隨後能引上地餘清淨等至」，是根本初靜慮等至順勝進分之性相。「是彼，且於自隨後引出餘出世間道」，是根本初靜慮等至順決擇分之性相。以下亦如是了知。

差別者，根本有頂等至無順勝進分，因有頂之上無其餘世間地故。若如上下部對法〔之說〕，根本有頂等至無順決擇分，因根本有頂等至無無漏故。因所緣行相不清晰者，不堪為極清晰出世間道之心所依故，因得根本有頂等至之聲聞聖者，依無所有心，而

བའི་ཕྱིར་ཏེ། སྲིད་རྩེའི་དངོས་གཞིའི་སྙོམས་འཇུག་ཐོབ་པའི་ཉན་ཐོས་འཕགས་པས། ཅི་ཡང་མེད་ཀྱི་སེམས་ལ་བརྟེན་ནས་རང་གི་ཐོབ་བྱར་གྱུར་པའི་འདས་ལམ་མངོན་དུ་བྱེད་པའི་ཕྱིར་ཏེ། མཛོད་ལས། སྲིད་རྩེའི་འཕགས་པས་ཅི་ཡང་མེད། །མངོན་སུམ་བྱས་ནས་ཟག་པ་ཟད། །ཅེས་དང་། ཀུན་བཏུས་སུའང་དེ་ལྟར་གསུངས་པའི་ཕྱིར།

འོ་ན། སྙོམས་འཇུག་ཉོན་མོངས་ཅན་དེ་ཇི་ལྟ་བུ་ཞེ་ན། དེ་ཡོད་དེ། བསམ་གཏན་གྱི་དངོས་གཞི་དག་པ་བའི་རིགས་རྒྱུན་དུ་གྱུར་པའི་ཉོན་མོངས་ཅན་གྱི་ཤེས་པ་དེ་དེ་ཡིན་པའི་ཕྱིར། སྙོམས་འཇུག་ཉོན་མོངས་ཅན་དེ། སྙོམས་འཇུག་དངོས་མ་ཡིན་ཏེ། ས་བོན་རྡུལ་པ་ས་བོན་མ་ཡིན་པ་གང་ཞིག དེ་གཉིས་དཔེ་དོན་སྦྱོར་བའི་ཕྱིར།

ཁ་ཅིག སྙོམས་འཇུག་ཉོན་མོངས་ཅན་དེ། ཉོན་མོངས་ཅན་གྱི་སྙོམས་འཇུག་ཡིན་ཟེར་བ་མི་འཐད་དེ། དེ་ལུང་མ་བསྟན་གྱི་སྙོམས་འཇུག་མ་ཡིན་པའི་ཕྱིར། ཁྱབ་སྟེ། སྙོམས་འཇུག་ཉོན་མོངས་ཅན་ཡིན་ན། སྙོམས་འཇུག་ལུང་མ་བསྟན་ཡིན་དགོས་པའི་ཕྱིར་ཏེ། ལུང་མ་བསྟན་གྱི་བསམ་གཏན་གྱི་དངོས་གཞིའི་སྙོམས་འཇུག་མེད་པའི་ཕྱིར་ཏེ། དེ་ཡིན་ན་དགེ་བ་ཡིན་དགོས་པའི་ཕྱིར།

འོ་ན། སྙོམས་འཇུག་ཟག་མེད་དེ་ཇི་ལྟ་བུ་ཞེ་ན། འཆད་པ་པོ་ཁ་ཅིག ཟག་མེད་ཀྱི་བསམ་གཟུགས་བརྒྱད་མི་འགལ་ཏེ། རྣམ་མཁྱེན་གཅིག་ཉིད་འདོད་ཉོན་སྤངས་པའི་ཆ་ནས། བསམ་གཏན་དང་པོའི་དངོས་གཞི། བསམ་གཏན་དང་པོའི་ཉོན་མོངས་སྤངས་པའི་ཆ་ནས། བསམ་གཏན་གཉིས་པའི་དངོས་གཞི་སོགས་སུ་འཇོག་ཅིང་། དེས་འོག་མ་རྣམས་ལའང་ཤེས་པར་བྱའོ། །ཞེས་གསུངས།

འོ་ན། ཉན་ཐོས་དགྲ་བཅོམ་པའི་མཁྱེན་པ་གཅིག་ཉིད་འདོད་ཉོན་སྤངས་པའི་ཆ་ནས། བསམ་གཏན་དང་པོ་དང་། བསམ་གཏན་དང་པོའི་ཉོན་མོངས་སྤངས་པའི་ཆ་ནས། བསམ་གཏན་གཉིས་པར་འཇོག་རིགས་པར་ཐལ། འདོད་པའི་ཕྱིར། འདོད་ན། ཉོན་སྒྲིབ་སྤངས་ཤིང་གང་ཟག་གི་བདག་མེད་མངོན་སུམ་དུ་རྟོགས་པའི་མཁྱེན་པ་ཡིན་ན། བསམ་གཟུགས་བརྒྱད་ཀ་ཡིན་དགོས་པར་ཐལ། འདོད་པའི་ཕྱིར། འདོད་ན། སྤང་བྱ་ཅིག་ཅར་བའི་དགྲ་བཅོམ་ཐོབ་མ་ཐག་པའི་རྣམ་གྲོལ་ལམ་ཆོས་ཅན། དེར་ཐལ། དེའི་ཕྱིར། འདོད་མི་རིགས་ཏེ། གང་ཟག་དེས་བསམ་གཏན་གྱི་དངོས་གཞི་མ་ཐོབ་

證自所證出世道故，因《俱舍論》云：「唯生有頂聖，起下盡餘惑。[40]」及《集論》亦如是說故。

那麼，雜染等至為何？有彼，因清淨根本定類續流之具煩惱知覺是彼故。雜染等至非真等至，因爛種非種子，且此二者喻義結合故。

有云：「雜染等至，是具煩惱之等至。」彼不應理，因彼非無記之等至故，周遍，因若是雜染等至，須是無記等至故，因無無記之根本靜慮等至故，因若是彼，須是善故。

然則，無漏等至為何？說者有云：「無漏之〔四〕靜慮、〔四〕無色，八者不相違，因一切相智，以斷除欲界煩惱之分，安立為根本初靜慮，以斷初靜慮煩惱之分，安立為根本第二靜慮等，以下亦當了知。」

那麼，聲聞阿羅漢智，理應可以以斷欲界煩惱之分，安立為初靜慮，以斷初靜慮煩惱之分，安立為第二靜慮，因許故。若許，若是斷除煩惱障，且現證補特伽羅無我之智，理應須是靜慮無色八者，因許故。若許，剛獲得頓斷所斷阿羅漢之解脫道為有法，理應如是，因如是故。不能許，因此補特伽羅未得根本靜慮故，因有未得根本靜慮之阿羅漢故，因《讚應讚》云：「若隨佛教行，雖未得

པའི་ཕྱིར་ཏེ། བསམ་གཏན་གྱི་དངོས་གཞི་མ་ཐོབ་པའི་དགྲ་བཅོམ་ཡོད་པའི་ཕྱིར་ཏེ། བསྡུགས་འོས་བསྡུགས་བསྔོད་ལས། ཁྱོད་ཀྱི་བསྟན་པའི་རྗེས་འགྲོ་བ། །བསམ་གཏན་དངོས་གཞི་མ་ཐོབ་ཀྱང་། །བདུད་ཀྱི་མིག་རས་བཙའ་བཞིན་དུ། །སྲིད་པ་དག་ནི་ལྡོག་པར་བྱེད། །ཅེས་གསུངས་པའི་ཕྱིར།

གཞན་ཡང་། བསམ་གཏན་གྱི་དངོས་གཞི་མ་ཐོབ་པའི་དགྲ་བཅོམ་ཡོད་པར་ཐལ། མངོན་ཤེས་མ་ཐོབ་པའི་དགྲ་བཅོམ་ཡོད་པའི་ཕྱིར་ཏེ། མངོན་པ་ནས། དགྲ་བཅོམ་ལ་རྒྱུན་ཅན་དང་། རྒྱུན་མེད་གཉིས་གསུངས་པའི་ཕྱིར།

གཞན་ཡང་། སྔང་བྱ་ཅིག་ཆར་བའི་དགྲ་བཅོམ་ཐོབ་མ་ཐག་པའི་གང་ཟག་གི་རྒྱུད་ཀྱི་བསམ་གཏན་གྱི་དངོས་གཞིའི་སྙོམས་འཇུག་དེ་ཟག་མེད་ཡིན་པར་ཐལ། དེ་ཡོད་པའི་ཕྱིར། རྟགས་ཁས། འདོད་ན། སྔང་བྱ་ཅིག་ཆར་བའི་རྒྱུན་ཞུགས་དེས་བསམ་གཏན་གྱི་དངོས་གཞིའི་སྙོམས་འཇུག་དག་པ་བ་ཐོབ་པར་ཐལ། འདོད་པ་གང་ཞིག བསམ་གཏན་གྱི་དངོས་གཞིའི་སྙོམས་འཇུག་ཟག་མེད་ཐོབ་པ་ལ། སྙོམས་འཇུག་དག་པ་བ་ཐོབ་པ་སྔོན་དུ་འགྲོ་དགོས་པའི་ཕྱིར།

ཁོན་རེ། དགྲ་བཅོམ་ཡིན་ན་བསམ་གཏན་གྱི་དངོས་གཞིའི་སྙོམས་འཇུག་ཐོབ་པས་ཁྱབ་པར་ཐལ། ཕྱིར་མི་འོང་ཡིན་ན། དེ་ཐོབ་པས་ཁྱབ་པའི་ཕྱིར། ཞེས་སྨྲ་བ་ནི་བཞད་གད་ཀྱི་གནས་ཏེ། དགྲ་བཅོམ་འབྲས་གནས་ཡིན་ན། ཕྱིར་མི་འོང་གི་རྟོགས་པ་སྔོན་སོང་ཡིན་མི་དགོས་པའི་ཕྱིར།

རང་ལུགས་ནི། བསམ་གཟུགས་ཀྱི་དངོས་གཞི་དག་པ་བ་ཐོབ་ན། དེའི་སྐབས་ཀྱི་ཞི་ལྷག་ཟུང་འབྲེལ་གྱི་རྣལ་འབྱོར་གྱིས་བདག་མེད་ཕྲ་རགས་སམ་མི་རྟག་སོགས་བཅུ་དྲུག་མངོན་སུམ་དུ་རྟོགས་པའི་ཚེ། དངོས་གཞི་ཟག་མེད་ཐོབ་པ་དང་། དེ་ལྟར་རྟོགས་པའི་བསམ་གཏན་གྱི་སས་བསྡུས་ཀྱི་དགེ་བའི་རིག་པ་དེ། བསམ་གཏན་གྱི་དངོས་གཞི་ཟག་མེད་དུ་འཇོག་སྟེ། གོང་དུ་བསམ་གཏན་གྱི་དངོས་གཞི་ངེས་འབྱེད་ཆ་མཐུན་གྱི་མཚན་ཉིད་བཤད་པ་ལས་རྟོགས་ནུས་པའི་ཕྱིར།

འོ་ན། བསམ་གཟུགས་ཀྱི་དངོས་གཞི་དག་པ་བ་དེ་རྣམས་རྟེན་གང་ལ་སྐྱེ་བ་ཡོད་ཅེ་ན། སྒྲ་མི་སྙན་པ་དང་དན་སོང་གི་རྟེན་ལ་སྙོམས་འཇུག་དེ་རྣམས་དངོས་སུ་གསར་དུ་སྐྱེ་བ་མེད་དེ། དེ་དག

本定，諸魔勤看守，而能斷三有。[41]」故。

又，理應有未得根本靜慮之阿羅漢，因有未得神通之阿羅漢故，因對法說阿羅漢有二：有莊嚴、無莊嚴故。

又，剛獲得頓斷所斷阿羅漢之補特伽羅相續的根本靜慮等至理應是無漏，因有彼故。承許因。若許，頓斷所斷預流，理應獲得根本靜慮清淨等至，因承許，且獲得無漏根本靜慮等至，須先行獲得清淨等至故。

有云：「若是阿羅漢，理應周遍獲得根本靜慮等至，因若是不還，周遍獲得彼故。」〔此說〕乃可笑之處，因若是住阿羅漢果，不須是先行不還證量故。

自宗：若得無色清淨根本靜慮，彼時之止觀雙運瑜伽，現證粗細無我或無常等十六〔行相〕之時，獲得無漏根本及如是通達之靜慮地攝之善了別，安立為無漏根本靜慮，因從先前所說根本靜慮順決擇分之性相而能證知故。

然則，諸無色清淨根本靜慮依何所依而有？聲不美洲（北俱盧洲）及惡道之所依，無直接新生彼等等至，因經論說彼等於世界快

འཇིག་རྟེན་འཇིག་ཁ་མའི་ཚེ་འདོད་པའི་མདོན་མཐོར་སྐྱེ་བ་བླངས་ནས། རྟེན་དེ་ལ་བསམ་གཏན་གྱི་དངོས་གཞི་སྒྲུབ་དགོས་པར་གསུངས་པའི་ཕྱིར། འོག་སའི་རྟེན་ལ་གོང་སའི་སྙོམས་འཇུག་གསར་དུ་སྐྱེ་བ་ཡོད་དེ། འདོད་པའི་རྟེན་ལ་བསམ་གཏན་དང་པོའི་དངོས་གཞིའི་སྙོམས་འཇུག་གསར་དུ་སྐྱེ་བ་ཡོད་པ་ནས། ཅི་ཡང་མེད་ཀྱི་རྟེན་ལ་སྲིད་རྩེའི་དངོས་གཞིའི་སྙོམས་འཇུག་གསར་དུ་སྐྱེ་བ་ཡོད་པའི་བར་ཡིན་པའི་ཕྱིར།

རང་སའི་རྟེན་ལ་རང་སའི་དངོས་གཞིའི་སྙོམས་འཇུག་གསར་དུ་སྐྱེ་བ་མེད་དེ། བསམ་གཏན་དང་པོའི་རྟེན་ལ་བསམ་གཏན་དང་པོའི་དངོས་གཞིའི་སྙོམས་འཇུག་གསར་དུ་སྐྱེ་བ་མེད་པའི་ཕྱིར་ཏེ། བསམ་གཏན་དང་པོའི་རྟེན་ལ་བསམ་གཏན་དང་པོའི་ཉེར་བསྡོགས་བསྒོམ་པ་མེད་པའི་ཕྱིར་ཏེ། བསམ་གཏན་དང་པོའི་ཉེར་བསྡོགས་བསྒོམ་པ་པོའི་གང་ཟག་ཡིན་ན། འདོད་པའི་རྟེན་ཅན་གྱི་གང་ཟག་ཡིན་དགོས་པའི་ཕྱིར། གོང་སའི་རྟེན་ལ་འོག་སའི་དངོས་གཞིའི་སྙོམས་འཇུག་གསར་དུ་སྐྱེ་བ་མེད་དེ། བསམ་གཏན་གཉིས་པའི་རྟེན་ལ་བསམ་གཏན་དང་པོའི་དངོས་གཞིའི་སྙོམས་འཇུག་གསར་དུ་སྐྱེ་བ་མེད་པའི་ཕྱིར། མ་གྲུབ་ན། བསམ་གཏན་གཉིས་པའི་ལྷ་བསམ་གཏན་གཉིས་པའི་དངོས་གཞིའི་སྙོམས་འཇུག་ལས་ཉམས་པའི་ཚེ། དེའི་རྒྱུད་ལ་བསམ་གཏན་དང་པོའི་དངོས་གཞིའི་སྙོམས་འཇུག་གསར་དུ་སྐྱེས་པར་ཐལ། མ་གྲུབ་པ་དེའི་ཕྱིར།

ཁ་ཅིག འདོད་དེ། དེ་དངོས་གཞིའི་སྙོམས་འཇུག་དེ་ལས་ཉམས་པའི་ཚེ། དེའི་རྒྱུད་ལ་བསམ་གཏན་དང་པོའི་དངོས་གཞིའི་སྙོམས་འཇུག་མངོན་དུ་གྱུར་པ་ཞིག་ཡོད་པའི་ཕྱིར་ཏེ། དེ་སྙོམས་འཇུག་དེ་ལས་ཉམས་ནས་བསམ་གཏན་དང་པོར་སྐྱེ་བ་ལེན་པ་ཞིག་ཡོད་པའི་ཕྱིར་ཏེ། དེ་སྙོམས་འཇུག་དེ་ལས་ཉམས་ནས་འདོད་པར་སྐྱེ་བ་ལེན་པ་ཞིག་ཡོད་པའི་ཕྱིར་ཞེས་ཟེར་ན། ཐལ་འགྱུར་དང་པོ་ལ་མ་ཁྱབ་སྟེ། བསམ་གཏན་གཉིས་པའི་ལྷ་བསམ་གཏན་གཉིས་པའི་དངོས་གཞིའི་སྙོམས་འཇུག་ལས་ཉམས་པའི་ཚེ། བསམ་གཏན་དང་པོའི་དངོས་གཞིའི་སྙོམས་འཇུག་ལས་ཉམས་མ་ཉམས་གཉིས་ཡོད་ལ། མ་ཉམས་པ་དེ་དེ་མངོན་དུ་གྱུར་ནས་བསམ་གཏན་དང་པོར་སྐྱེ་བ་སྲིད་པ་ཡིན་གྱི། དེ་ལྟར་ནའང་བསམ་གཏན་དང་པོའི་དངོས་གཞིའི་སྙོམས་འཇུག་རྒྱུད་ལ་གསར་དུ་སྐྱེ་བ་དང་གནད་མི་

壞滅之時，受取欲界增上生，須於彼依，修習根本靜慮故。於下地所依，有新生上地等至，因於欲界所依新生根本初靜慮等至，乃至於無所有所依新生根本有頂等至之間都有故。

自地所依沒有新生自地根本等至，因於初靜慮所依沒有新生根本初靜慮等至故，因初靜慮所依，無修初靜慮近分故，因若是修初靜慮近分之補特伽羅，須是具欲界所依之補特伽羅故。上界所依，沒有新生下地根本等至，因第二靜慮所依，沒有新生根本初靜慮等至故。若不成，第二靜慮之天〔人〕，從根本第二靜慮等至退失時，彼相續理應新生根本初靜慮等至，因前之不成故。

有云：「承許，因彼從彼根本等至退失時，於彼相續有根本初靜慮等至現行故，因彼從彼等至退失後，有受生初靜慮故，因彼從彼等至退失後，有受生欲界故。」初應成不周遍，因第二靜慮天〔人〕從根本第二靜慮等至退失時，有從根本初靜慮等至退不退失二種，不退失者，彼現行後可能生於初靜慮，雖如是，然與於相續中根本初靜慮等至新生，意思不同故。

གཅིག་པའི་ཕྱིར།

ཁ་ཅིག བསམ་གཏན་དང་པོའི་ལྷ་ལྟ་བུ། བསམ་གཏན་དང་པོའི་དངོས་གཞིའི་སྙོམས་འཇུག་ལས་ཉམས་པ་དང་། བསམ་གཏན་དང་པོ་ནས་ཤི་འཕོས་པ་དུས་མཉམ་ཟེར། མི་འཐད་དེ། དེའི་རྒྱུད་ལ་འདོད་ཉོན་མངོན་དུ་གྱུར་པ་དང་། དེ་འདོད་པར་སྐྱེ་བ་དུས་མི་མཉམ་པའི་ཕྱིར། དེར་ཐལ། འདོད་ཉོན་རང་རྒྱུད་ལ་མངོན་དུ་གྱུར་པའི་བསམ་གཏན་དང་པོའི་ལྷ་ཡོད་པའི་ཕྱིར། དེར་ཐལ། ཤི་འཕོས་མ་ཐག་འདོད་པར་སྐྱེ་བ་ལེན་པའི་བསམ་གཏན་དང་པོའི་ལྷ་ཡོད་པའི་ཕྱིར། སོམས་ཤིག

ཁོ་ན་རེ། གོང་མའི་རྟེན་ལ་འོག་མའི་སྙོམས་འཇུག་གསར་དུ་སྐྱེ་བ་ཡོད་པར་ཐལ། སྲིད་རྩེའི་རྟེན་ལ་ཅི་ཡང་མེད་ཀྱི་སྙོམས་འཇུག་གསར་དུ་སྐྱེ་བ་ཡོད་པའི་ཕྱིར། དེར་ཐལ། སྲིད་རྩེའི་རྟེན་ལ་གང་ཟག་གི་བདག་མེད་མངོན་སུམ་དུ་རྟོགས་པའི་ཅི་ཡང་མེད་ཀྱི་དངོས་གཞིའི་སྙོམས་འཇུག་གསར་དུ་སྐྱེ་བ་ཡོད་པའི་ཕྱིར་ན། འདིར་མ་ཁྱབ། དེར་ཐལ། སྲིད་རྩེའི་རྟེན་ཅན་གྱི་ཉན་ཐོས་འཕགས་པས་གང་ཟག་གི་བདག་མེད་མངོན་སུམ་དུ་རྟོགས་པའི་ཅི་ཡང་མེད་ཀྱི་སེམས་ལ་བརྟེན་ནས་མྱང་འདས་མངོན་དུ་བྱེད་པའི་ཕྱིར་ན།

མ་ཁྱབ་མཚམས་སུ། གང་ཟག་གི་བདག་མེད་མངོན་སུམ་དུ་རྟོགས་པའི་ཅི་ཡང་མེད་ཀྱི་སྙོམས་འཇུག་གསར་དུ་སྐྱེ་བའི་རྟེན་ཅན་ཡིན་ན། ཅི་ཡང་མེད་ཀྱི་སྙོམས་འཇུག་གསར་དུ་སྐྱེ་བའི་རྟེན་ཅན་ཡིན་དགོས་པར་ཐལ། ཁྱོད་ཀྱི་དེ་ལ་ཁྱབ་པ་ཡོད་པའི་ཕྱིར། འདོད་ན། སྟོང་ཉིད་མངོན་སུམ་དུ་རྟོགས་པའི་བསམ་གཏན་གྱི་དངོས་གཞིའི་སྙོམས་འཇུག་གསར་དུ་སྐྱེ་བའི་རྟེན་ཅན་ཡིན་ན། བསམ་གཏན་གྱི་དངོས་གཞིའི་སྙོམས་འཇུག་གསར་དུ་སྐྱེ་བའི་རྟེན་ཅན་ཡིན་དགོས་པར་ཐལ། འདོད་པའི་ཕྱིར། འདོད་ན། དམན་ལམ་སྔོན་དུ་མ་སོང་བའི་ཐེག་ཆེན་གྱི་སྦྱོར་ལམ་ཆོས་མཆོག་ཆེན་པོ་ལ་གནས་པའི་གང་ཟག་ཆོས་ཅན། དེར་ཐལ། དེའི་ཕྱིར། རྟགས་གྲུབ་སྟེ། སྟོང་ཉིད་མངོན་སུམ་དུ་རྟོགས་པའི་ཐེག་ཆེན་གྱི་མཐོང་ལམ་བར་ཆད་མེད་ལམ་དངོས་སུ་གསར་དུ་སྐྱེ་བའི་རྟེན་ཅན་གང་ཞིག ཐེག་ཆེན་གྱི་མཐོང་ལམ་བར་ཆད་མེད་ལམ་བསམ་གཏན་གྱི་དངོས་གཞིའི་སྙོམས་འཇུག་ཡིན་པའི་ཕྱིར།

有云：「例如初靜慮天〔人〕，從根本初靜慮等至退失與從初靜慮死亡同時。」不應理，因彼相續中欲界煩惱現行與彼出生於欲界不同時故。理應如是，因有欲界煩惱於自相續現行之初靜慮天〔人〕故，理應如是，因有剛死，立即受生於欲界之初靜慮之天〔人〕故，當思惟。

有云：「上地所依，理應有新生下地等至，因有頂所依，有新生無所有等至故，理應如是，因有頂所依，有新生現證補特伽羅無我之無所有根本等至故。」今此不周遍，理應如是，因具有頂所依之聲聞聖者，依著現證補特伽羅無我之無所有的心證得涅槃故。

於不周遍處，若是具新生「現證補特伽羅無我之無所有等至」之所依，理應須是具新生無所有等至之所依，因於汝之彼有周遍故。若許，若是具新生現證空性之根本靜慮等至之所依，理應須是具新生根本靜慮等至之所依，因許故。若許，未曾入劣道之住於大乘加行道世第一法之補特伽羅為有法，理應如是，因如是故。因成立，因是具直接新生現證空性之大乘見道無間道的所依，且大乘見道無間道是根本靜慮等至故。

ཚད་མེད་བཞི་བཤད་པ།

གསུམ་པ་ཚད་མེད་བཞི་བཤད་པ་ནི། སྐྱེ་བའི་རྒྱུའི་དབང་དུ་བྱས་ན། ཡིད་ཀྱི་རྣམ་ཤེས་ཀྱི་སྟེང་གི་ཚད་མེད་བཞི་བསྐྱེད་པའི་ནུས་པ་དེ། ཚད་མེད་བཞིའི་རྒྱུ་རྐྱེན། ཚད་མེད་བཞི་སྟོན་པའི་དགེ་བའི་བཤེས་གཉེན་དེ་ཚད་མེད་བཞིའི་བདག་རྐྱེན། ཚད་མེད་བཞིའི་སྔ་ལོགས་དེ་མ་ཐག་ཏུ་བྱུང་བའི་ཚད་མེད་བཞི་བསྐྱེད་ནུས་ཀྱི་རིག་པ་དེ། ཚད་མེད་བཞིའི་དེ་མ་ཐག་རྐྱེན་ཡིན།

ངོ་བོའི་དབང་དུ་བྱས་ན། བསམ་གཏན་གྱི་དངོས་གཞི་ལ་བརྟེན་ནས་སེམས་ཅན་རྣམས་བདེ་བ་དང་འཕྲད་འདོད་ཀྱི་རྣམ་པ་ཅན་གྱི་རིགས་སུ་གནས་པའི་ཏིང་ངེ་འཛིན་དང་ཤེས་རབ་གང་རུང་དེ། བྱམས་པ་ཚད་མེད་ཀྱི་མཚན་ཉིད། དེ་ལ་བརྟེན་ནས་སེམས་ཅན་རྣམས་སྡུག་བསྔལ་དང་བྲལ་འདོད་ཀྱི་རྣམ་པ་ཅན་གྱི་རིགས་སུ་གནས་པའི་ཏིང་ངེ་འཛིན་དང་ཤེས་རབ་གང་རུང་དེ། སྙིང་རྗེ་ཚད་མེད་ཀྱི་མཚན་ཉིད། དེ་ལ་བརྟེན་ནས་སེམས་ཅན་རྣམས་བདེ་བ་དང་མི་འབྲལ་བར་འདོད་པའི་རྣམ་པ་ཅན་གྱི་རིགས་སུ་གནས་པའི་ཏིང་ངེ་འཛིན་དང་ཤེས་རབ་གང་རུང་དེ། དགའ་བ་ཚད་མེད་ཀྱི་མཚན་ཉིད། དེ་ལ་བརྟེན་ནས་སེམས་ཅན་རྣམས་ལ་ཕན་པར་འདོད་པའི་རྣམ་པ་ཅན་གྱི་རིགས་སུ་གནས་པའི་ཏིང་ངེ་འཛིན་དང་ཤེས་རབ་གང་རུང་དེ། བཏང་སྙོམས་ཚད་མེད་ཀྱི་མཚན་ཉིད།

བྱམས་པ་ཚད་མེད་ལ་དབྱེ་ན། སེམས་ཅན་ཙམ་ལ་དམིགས་པའི་བྱམས་པ་ཚད་མེད། ཆོས་ལ་དམིགས་པའི་བྱམས་པ་ཚད་མེད། དམིགས་མེད་ལ་དམིགས་པའི་བྱམས་པ་ཚད་མེད་གསུམ་ཡོད། དེས་འོག་མ་རྣམས་ལ་ཡང་རིགས་འགྲེ། སྤྱིར་བྱམས་པ་ཡིན་ན། བདེ་བ་དང་འཕྲད་འདོད་ཀྱི་བྱམས་པ་ཡིན་པས་མ་ཁྱབ་སྟེ། བྱམས་པ་ལ། ཡིད་འོང་གི་བྱམས་པ་དང་། བདེ་བ་དང་འཕྲད་འདོད་ཀྱི་བྱམས་པ་གཉིས་ཡོད་པའི་ཕྱིར་ཏེ། རྒྱ་འབྲས་མན་ངག་བདུན་གྱི་ནང་ཚན་དུ་གྱུར་པའི་བྱམས་པ་དེ། ཡིད་འོང་གི་བྱམས་པ་ཡིན་པའི་ཕྱིར་ཏེ། དེ་ཡིད་འོང་གི་བྱམས་པ་དང་། བདེ་བ་དང་འཕྲད་འདོད་ཀྱི་བྱམས་པ་གང་རུང་གང་ཞིག ཕྱི་མ་མ་ཡིན་པའི་ཕྱིར། ཕྱི་མ་མ་གྲུབ་ན། བདེ་བ་དང་འཕྲད་འདོད་

50 講說四無量

第三、講說四無量，若以生起之因而言，意識上之生起四無量之能力，乃四無量之因緣，宣說四無量之善知識，即四無量之增上緣，四無量前，無間發起之能生四無量之了知，是四無量之等無間緣。

若以體性而言，「依根本靜慮，具欲諸有情值遇安樂之相住類之三摩地與智慧隨一」，是慈無量之性相。「依彼，具欲諸有情離苦之相住類之三摩地與智慧隨一」，是悲無量之性相。「依彼，具欲諸有情不離安樂之相住類之三摩地及智慧隨一」，是喜無量之性相。「依彼，具欲利益諸有情相住類之三摩地及智慧任一」，是捨無量之性相。

慈無量分三：唯緣有情之慈無量，緣法之慈無量，緣無緣之慈無量，以下亦是以此類推。一般而言，若是慈，不周遍是欲〔有情〕值遇安樂之慈，因慈有悅意慈及欲〔有情〕值遇安樂之慈二種故。因七因果教授裡的慈，是悅意慈故，因彼為悅意慈及欲〔有情〕值遇安樂之慈任一，又不是後者故。若後者不成，欲〔有情〕值遇安樂之慈，理應是欲〔有情〕離苦之悲的因，因前之不成故。若許，則與道次第所言相違。

ཀྱི་བྱམས་པ ། སྡུག་བསྔལ་དང་བྲལ་འདོད་ཀྱི་སྙིང་རྗེའི་རྒྱུ་ཡིན་པར་ཐལ། མ་གྲུབ་པ་དེའི་ཕྱིར། འདོད་ན། ལམ་རིམ་གྱི་གསུང་དང་འགལ།

བྱམས་པ་ཆེན་པོ་ཡིན་ན་བྱམས་པ་ཚད་མེད་ཡིན་པས་མ་ཁྱབ་སྟེ། དེ་གཉིས་ལ་མུ་བཞི་ཡོད་པའི་ཕྱིར། ངན་སོང་གི་རྟེན་ལ་ཚད་མེད་བཞི་དངོས་སུ་གསར་དུ་སྐྱེ་བ་མེད་དེ། དེའི་རྟེན་ལ་བསམ་གཏན་གྱི་དངོས་གཞིའི་སྙོམས་འཇུག་གསར་དུ་སྐྱེ་བ་མེད་པར་བཤད་ཟིན་པའི་ཕྱིར།

ཁོན་རེ། དེ་ཡོད་པར་ཐལ། ངན་སོང་གི་རྟེན་ལ་བྱམས་པ་ཆེན་པོ་དང་། སྙིང་རྗེ་ཆེན་པོ་གསར་དུ་སྐྱེ་བ་ཡོད་པའི་ཕྱིར་ན། མ་ཁྱབ་བོ། །

སྨྲས་པ།

ཁོ་བོས་ཤེས་ཤེས་འདི་ལྟའི་རིགས་ལམ་ཤེས། །གུས་པས་མཆོད་མཆོད་རྒྱལ་ཚབ་ཆོས་རྗེ་མཆོད། །
ལེགས་པར་འཇོམས་འཇོམས་ལོག་སྨྲའི་རྒོལ་བ་འཇོམས། །སྐབས་འདིར་ལྷང་ལྷང་ཐལ་སྐད་ལན་གསུམ་ལྷང་། །ཞེས་བྱ་བ་ནི་བར་སྐབས་ཀྱི་ཚིགས་སུ་བཅད་པའོ། །

若是大慈，不周遍是慈無量，因此二者有四句〔關係〕故。於惡道所依無直接新生四無量，因已說彼之所依無新生根本靜慮等至故。

有云：「理應有彼，因惡道所依有新生大慈大悲故。」不周遍。

頌曰：

在下求知所知此理路，衷誠供兮供予賈曹傑，

善能摧兮摧折邪說諍，此際朗宣三遍開辯聲！

如是而作段落間的偈贊。

ཚོགས་གཉིས་རྒྱ་ཆེ་བ་ཚོགས་སྒྲུབ་བཤད་པ།

བརྩེ་དང་སྦྱིན་ལ་སོགས་པ་དྲུག །ཅེས་སོགས་ཀྱི་སྐབས་སུ། སྦྱོར་བ་དང་། མཐའ་དཔྱད་པ་གཉིས།

དང་པོ་ནི། ཚོགས་སྒྲུབ་ལ་བཅུ་བདུན་ཡོད་དེ། སྙིང་རྗེ་ཆེན་པོའི་ཚོགས་སྒྲུབ་ནས་གཉེན་པོའི་ཚོགས་སྒྲུབ་ཀྱི་བར་ཡོད་པའི་ཕྱིར།

གཉིས་པ་ལ། ཁ་ཅིག རང་འབྲས་བྱང་ཆེན་འབྱིན་པའི་སེམས་དཔའི་རྣལ་འབྱོར། ཚོགས་སྒྲུབ་ཀྱི་མཚན་ཉིད་ཟེར་བ་མི་འཐད་དེ། ཐེག་ཆེན་ཚོགས་ལམ་མཚན་ཉིད་དེ་ཡིན་པའི་ཕྱིར།

ཁ་ཅིག རང་འབྲས་བྱང་ཆེན་དངོས་སུ་འབྱིན་པའི་སེམས་དཔའི་རྣལ་འབྱོར། དེའི་མཚན་ཉིད་ཟེར་བ་མི་འཐད་དེ། ཐེག་ཆེན་གྱི་སྦྱོར་ལམ་ཆོས་མཆོག་ཆེན་པོ་མཚན་ཉིད་དེ་མ་ཡིན་པའི་ཕྱིར། དེར་ཐལ། ཐེག་ཆེན་གྱི་མཐོང་ལམ་བྱང་ཆེན་མ་ཡིན་པའི་ཕྱིར།

གཞན་ཡང་། དེ་མི་འཐད་དེ། ཐེག་ཆེན་གྱི་མཐོང་ལམ་དང་། ཐེག་ཆེན་གྱི་སྦྱོར་ལམ་ཆོས་མཆོག་ཆེན་པོའི་དངོས་འབྲས་སུ་གྱུར་པའི་བྱང་ཆེན་གཉིས། ཐེག་ཆེན་གྱི་སྦྱོར་ལམ་ཆོས་མཆོག་ཆེན་པོ་ལས་དངོས་སུ་སྐྱེ་བར་མཚུངས་ན། དེ་གཉིས་ཅིག་ཅར་དུ་འབྱུང་དགོས་པའི་ཕྱིར་ཏེ། རྣམ་འགྲེལ་ལས། དངོས་པོ་དེ་ལས་སྐྱེ་བའི་བློའང་། །ཐམས་ཅད་ཅིག་ཅར་འབྱུང་བར་འགྱུར། །ཞེས་གསུངས་པའི་ཕྱིར།

ཡང་ཁ་ཅིག རང་འབྲས་གནས་སྐབས་ཀྱི་བྱང་ཆེན་དངོས་སུ་འབྱིན་པའམ། རང་འབྲས་མཐར་ཐུག་གི་བྱང་ཆེན་དངོས་སུ་འབྱིན་པ་གང་རུང་དུ་གྱུར་པའི་སེམས་དཔའི་རྣལ་འབྱོར། དེའི་མཚན་ཉིད་ཟེར་བ་མི་འཐད་དེ། ཐེག་ཆེན་སྦྱོར་ལམ་ཆོས་མཆོག་ཆེན་པོ་སྐད་ཅིག་དང་པོ་མཚན་ཉིད་དེ་མ་ཡིན་པའི་ཕྱིར་ཏེ། དེ་རང་འབྲས་གནས་སྐབས་ཀྱི་བྱང་ཆེན་དངོས་སུ་འབྱིན་བྱེད་མ་ཡིན་པའི་ཕྱིར་ཏེ། དེ་དང་དེའི་འབྲས་བུར་གྱུར་པའི་གནས་སྐབས་ཀྱི་བྱང་ཆེན་གཉིས་ཀྱི་བར་དུ། ཐེག་ཆེན་གྱི་སྦྱོར་ལམ་ཆོས་མཆོག་སྐད་ཅིག་གཉིས་པས་ཆོད་པའི་ཕྱིར།

51 講說廣大二資糧——資糧正行

「悲及施等六……」等之時，論式、辨析二者。

初者，資糧正行有十七，因有從大悲資糧正行乃至對治資糧正行故。

第二，有云：「能引自果大菩提之菩薩瑜伽，乃資糧正行之性相。」不應理，因大乘資糧道是此性相故。

有云：「能直接引生自果大菩提之菩薩瑜伽，是彼之性相。」不應理，因大乘加行道上品世第一法非此性相故。理應如是，因大乘見道不是大菩提故。

又，彼不應理，因屬大乘見道與大乘加行道上品世第一法之直接果的大菩提二者，若同是從大乘加行道上品世第一法直接出生，則彼二須同時產生故，因《釋量論》云：「彼事所生覺，一切應頓起。[42]」故。

又有云：「能直接引生自果暫時大菩提，或者，能直接引生自果究竟大菩提隨一之菩薩瑜伽，是彼之性相。」不應理，因大乘加行道上品世第一法第一剎那非此性相故，因彼非直接引生自果暫時大菩提故，因彼及屬其果之暫時大菩提二者之間，被大乘加行道世第一法第二剎那所間隔故。

རང་ལུགས། ཚོགས་གཉིས་རྒྱ་ཆེན་པོས་ཟིན་པའི་སྒོ་ནས་ཐེག་ཆེན་གྱི་སྦྱོར་ལམ་ཆོས་མཆོག་འབྲིང་མན་ཆད་ལས་ཁྱད་པར་དུ་འཕགས་ཤིང་། རང་འབྲས་བྱང་ཆེན་འབྱིན་པའི་སེམས་དཔའི་རྣལ་འབྱོར། ཚོགས་སྒྲུབ་ཀྱི་མཚན་ཉིད།

སྤྱིར་ཚོགས་ལ་བསོད་ནམས་ཀྱི་ཚོགས་དང་། ཡེ་ཤེས་ཀྱི་ཚོགས་གཉིས་སུ་ བཤད་པ་ལས། ཁ་ཅིག ཡེ་ཤེས་ཀྱི་ཚོགས་ཡིན་ན། བསོད་ནམས་ཀྱི་ཚོགས་ཡིན་པས་ཁྱབ་ཟེར་བ་མི་འཐད་དེ། ཐེག་ཆེན་གྱི་མཐོང་ལམ་བར་ཆད་མེད་ལམ་བསོད་ནམས་ཀྱི་ཚོགས་མ་ཡིན་པའི་ཕྱིར། དེར་ཐལ། དེ་གཙོ་བོར་གཟུགས་སྐུའི་ལག་རྗེས་འཛོག་བྱེད་ཀྱི་ཚོགས་མ་ཡིན་པའི་ཕྱིར། མ་གྲུབ་ན། ཐེག་ཆེན་གྱི་མཐོང་ལམ་རྗེས་ཐོབ་ཡེ་ཤེས་ཀྱི་ཉམས་ལེན་དོན་མེད་པར་ཐལ་ལོ། །

གཞན་ཡང་། ཚོགས་གཉིས་འགལ་བར་ཐལ། གཙོ་བོར་གཟུགས་སྐུའི་ལག་རྗེས་འཛོག་བྱེད་ཀྱི་ཚོགས་དང་། གཙོ་བོར་ཆོས་སྐུའི་ལག་རྗེས་འཛོག་བྱེད་ཀྱི་ཚོགས་གཉིས་འགལ་བའི་ཕྱིར། དེར་ཐལ། གཙོ་བོར་ཆོས་སྐུའི་ལག་རྗེས་འཛོག་བྱེད་ཀྱི་ཚོགས་ཡིན་ན། ཤེས་རབ་ཀྱི་རྟོགས་རིགས་སུ་གནས་པས་ཁྱབ། གཙོ་བོར་གཟུགས་སྐུའི་ལག་རྗེས་འཛོག་བྱེད་ཀྱི་ཚོགས་ཡིན་ན། ཐབས་ཀྱི་རྟོགས་རིགས་སུ་གནས་པས་ཁྱབ་པའི་ཕྱིར།

ཁོ་ན་རེ། དེ་གཉིས་མི་འགལ་བར་ཐལ། སངས་འཕགས་ཀྱི་ཕར་ཕྱིན་དང་པོ་ལྔ་དེ་གཉིས་ཀ་ཡིན་པའི་ཕྱིར། དེར་ཐལ། རྒྱན་ལས། ལྔ་ཆར་ཡང་ནི་ཡེ་ཤེས་ཚོགས། །ཞེས་གསུངས་པའི་ཕྱིར། ཟེར་བ་གང་བདེ་བྱའོ། །

ཁ་ཅིག ཐེག་དམན་ལ་བསོད་ནམས་དང་ཡེ་ཤེས་ཀྱི་ཚོགས་མེད་ཟེར་བ་མི་འཐད་དེ། རང་རྒྱལ་ལ་བསོད་ནམས་དང་ཡེ་ཤེས་ཀྱི་ཚོགས་བསོག་པ་ཡོད་པའི་ཕྱིར་ཏེ། མཛོད་འགྲེལ་ལས། རང་རྒྱལ་ཚོགས་ལམ་པས་བསྐལ་ཆེན་བརྒྱར་ཚོགས་བསོག་པར་གསུངས་པའི་ཕྱིར། འོ་ན། འཇུག་པའི་རང་འགྲེལ་ལས། ཐེག་དམན་ལ་བསོད་ནམས་དང་ཡེ་ཤེས་ཀྱི་ཚོགས་མེད་པར་བཤད་པ་དང་འགལ་ལོ། །ཞེ་ན། མི་འགལ་ཏེ། གཙོ་བོར་བྱང་ཆེན་སྒྲུབ་པའི་ཕྱིར་དུ་ཚོགས་གཉིས་བསོག་པ་མེད་པ་ལ་དགོངས་པའི་ཕྱིར།

自宗：「以廣大二資糧攝持之門，較大乘加行道世第一法中品以下殊勝，且能引生自果大菩提之菩薩瑜伽」，是資糧正行之性相。

一般而言，說資糧有福資糧及慧資糧二者，有云：「若是慧資糧，周遍是福資糧。」彼不應理，因大乘見道無間道非福資糧故。理應如是，因彼非主要能安立色身手跡之資糧故。若不成，大乘見道後得智的修持則成無義。

復次，二資糧理應相違，因主要能安立色身手跡的資糧，與主要能安立法身手跡的資糧二者相違故。理應如是，因若是主要能安立法身手跡的資糧，周遍住於智慧證類；若是主要能安立色身手跡的資糧，周遍住於方便證類故。

有云：「此二理應不相違，因佛聖者之前五波羅蜜多皆是此二者故，理應如是，因《大乘莊嚴經論》云：『五皆慧資糧。[43]』故。」當看何者為善。

有云：「小乘沒有福、慧資糧。」不應理，因獨覺有積福、慧資糧故。因《俱舍論釋》云：「資糧道獨覺須積百大劫資糧。[44]」故。「那麼，則與《入中論自釋》所說小乘無有福、慧資糧相違。」不相違，因慮及沒有主要為了成就大菩提而積二資糧故。

སྐབས་འདིར་སྙིང་རྗེ་གསུམ་བཤད་པ།

སྐབས་འདིར་སྙིང་རྗེ་ཆེན་པོ་ལ་གསུམ་ཡོད་པ་ལས། སེམས་ཅན་མི་རྟག་པར་རྟོགས་པའི་ཤེས་རབ་ཙམ་གྱིས་དངོས་སུ་ཟིན་པའི་སྙིང་རྗེ་ཆེན་པོ། ཆོས་ལ་དམིགས་པའི་སྙིང་རྗེ་ཆེན་པོའི་མཚན་ཉིད། སེམས་ཅན་བདེན་མེད་དུ་རྟོགས་པའི་ཤེས་རབ་ཀྱིས་དངོས་སུ་ཟིན་པའི་སྙིང་རྗེ་ཆེན་པོ། དམིགས་མེད་ཀྱི་སྙིང་རྗེ་ཆེན་པོའི་མཚན་ཉིད། དེ་གཉིས་གང་གིས་ཀྱང་མ་ཟིན་པའི་སྙིང་རྗེ་ཆེན་པོ། སེམས་ཅན་ཙམ་ལ་དམིགས་པའི་སྙིང་རྗེ་ཆེན་པོའི་མཚན་ཉིད་ཡིན།

སྙིང་རྗེ་ཆེན་པོ་དང་སྙིང་རྗེ་ཚད་མེད་ལ་མུ་བཞི་རྩི་བ་ནི། བསམ་གཏན་གྱི་དངོས་གཞིའི་སྙོམས་འཇུག་མ་ཐོབ་པའི་བྱང་སེམས་ཚོགས་ལམ་པའི་རྒྱུད་ཀྱི་སྙིང་རྗེ་ཆེན་པོ་ལྟ་བུ། སྔ་མ་ཡིན་ལ་ཕྱི་མ་མ་ཡིན་པའི་མུ། ཉན་ཐོས་འཕགས་པའི་རྒྱུད་ཀྱི་སྙིང་རྗེ་ཚད་མེད་ལྟ་བུ། ཕྱི་མ་ཡིན་ལ་སྔ་མ་མ་ཡིན་པའི་མུ། བྱང་འཕགས་ཀྱི་རྒྱུད་ཀྱི་སྙིང་རྗེ་ཆེན་པོ་ལྟ་བུ། གཉིས་ཀ་ཡིན་པའི་མུར་འགྱུར་རོ། །

ཁ་ཅིག སྙིང་རྗེ་གསུམ་གྱི་ངོ་བོ་ལ། མི་རྟག་པས་ཁྱད་པར་དུ་བྱས་པའི་སེམས་ཅན་ལ་དམིགས་པའི་སྙིང་རྗེ་ཆེན་པོ། ཆོས་ལ་དམིགས་པའི་སྙིང་རྗེ་ཆེན་པོའི་མཚན་ཉིད། བདེན་མེད་ཀྱིས་ཁྱད་པར་དུ་བྱས་པའི་སེམས་ཅན་ལ་དམིགས་པའི་སྙིང་རྗེ་ཆེན་པོ་དམིགས་མེད་ཀྱི་སྙིང་རྗེ་ཆེན་པོའི་མཚན་ཉིད། དེ་གཉིས་གང་ལ་ཡང་མ་དམིགས་པའི་སྙིང་རྗེ་ཆེན་པོ། སེམས་ཅན་ཙམ་ལ་དམིགས་པའི་སྙིང་རྗེ་ཆེན་པོའི་མཚན་ཉིད་ཟེར་བ་མི་འཐད་དེ། སྙིང་རྗེ་ཆེན་པོ་ཡིན་ན། མི་རྟག་པས་ཁྱད་པར་དུ་བྱས་པའི་སེམས་ཅན་ལ་དམིགས་པའི་སྙིང་རྗེ་ཆེན་པོ་ཡིན་པས་ཁྱབ། བདེན་མེད་ཀྱི་ཁྱད་པར་དུ་བྱས་པའི་སེམས་ཅན་ལ་དམིགས་པའི་སྙིང་རྗེ་ཡིན་པས་ཀྱང་ཁྱབ་པའི་ཕྱིར།

ཕྱི་མ་དེར་ཐལ། སྨྱུ་གུ་ལ་ཚད་མར་སོང་ན། བདེན་མེད་ཀྱིས་ཁྱད་པར་དུ་བྱས་པའི་སྨྱུ་གུ་ལ་ཚད་མར་སོང་དགོས་པའི་ཕྱིར་ཏེ། སྨྱུ་གུ་ལ་ཚད་མར་སོང་ན། བདེན་པར་མེད་པའི་སྨྱུ་གུ་ལ་ཚད་མར་སོང་དགོས་པའི་ཕྱིར། མ་གྲུབ་ན། དབུ་མ་པའི་ལུགས་ལ། དེ་ལྟར་དགོས་པར་ཐལ། དངོས་སྨྲ་བའི་ལུགས་ལ། སྨྱུ་གུ་ལ་ཚད་མར་སོང་ན་བདེན་པར་གྲུབ་པའི་སྨྱུ་གུ་ལ་ཚད་མར་སོང་དགོས་

52 講說此時三種悲

此處大悲有三，「僅被通達有情無常之慧所直接攝持之大悲」，是緣法大悲之性相。「被通達有情為無諦實之慧所直接攝持之大悲」，是無緣大悲之性相。「不被彼二任一所攝持之大悲」，是唯緣有情大悲之性相。

大悲與悲無量四句算法是：如未獲根本靜慮等至之資糧道菩薩相續之大悲，是前者而非後者之句；如聲聞聖者相續之悲無量，是後者而非前者之句；如菩薩聖者相續之大悲，是二者皆是之句。

有云：「三種悲之體性：緣以無常為差別之有情的大悲，乃緣法大悲之性相。緣以無諦實為差別之有情之大悲，乃無緣大悲之性相。不緣彼二任一之大悲，乃唯緣有情大悲之性相。」不應理，因若是大悲，周遍是緣以無常為差別之有情之大悲，亦周遍是緣以無諦實為差別之有情之大悲故。

後者理應如是，因若於苗芽是量，須於以無諦實為差別之苗芽是量故。因若於苗芽是量，須於無諦實之苗芽是量故。若不成，於中觀宗，理應須如是，因於說實事宗，若於苗芽是量，須於諦實成立之苗芽是量故。若不成，說實事師及中觀師二者，諍論苗芽諦

པའི་ཕྱིར། མ་གྲུབ་ན། དངོས་སྨྲ་བ་དང་དབུ་མ་པ་གཉིས། སྒྱུ་མ་བདེན་པར་གྲུབ་མ་གྲུབ་རྩོད་པའི་ཚེ། ཆོས་ཅན་ཚད་མས་གྲུབ་ཚུལ་མཐུན་སྣང་བ་ཞིག་ཡོད་པར་ཐལ། དེ་གཉིས་ཀྱི་ལུགས་ལ། བདེན་པར་གྲུབ་པའི་སྒྱུ་མ་ལ་ཡང་ཚད་མར་མ་སོང་། བདེན་པར་མ་གྲུབ་པའི་སྒྱུ་མ་ལ་ཡང་ཚད་མར་མ་སོང་བར་སྒྱུ་མ་ཙམ་ལ་ཚད་མར་སོང་བ་མཐུན་སྣང་བ་ཞིག་ཡོད་པའི་ཕྱིར། རྟགས་ཁས། འོ་ན། སེམས་ཅན་ལ་དམིགས་པའི་སྙིང་རྗེ་ཆེན་པོ། ས་ཐོབ་ནས་ཡོད་དམ་མེད་ཅེ་ན། དེ་ནི་ས་ཐོབ་ནས་སྔོན་སེམས་ཁས་ལེན་མི་ལེན་ལ་ཐུག་གོ །

ཁ་ཅིག འབྲས་བུའི་སར་ཡང་སེམས་ཅན་ཙམ་ལ་དམིགས་པའི་སྙིང་རྗེ་ཆེན་པོ་ཁས་ལེན་པར་སྣང་སྟེ། ཀྱི་ནའོ། །

◆現觀辨析（中）

實成不成立之時，理應有一共通量成有法之理，因彼二宗，於諦實成立之苗芽亦不是量，於非諦實成立之苗芽也非是量，唯於苗芽是量，有共許故。承許因。然則，登地後，有緣有情之大悲否？此依登地後許不許願心〔而有不同〕。

有云：「即使在果地，亦見許唯緣有情之大悲。」此為無意義之語。

གཟུངས་དང་ཡེ་ཤེས་ཀྱི་ཚོགས་བཤད་པ།

གཟུངས་ཀྱི་ཚོགས་སྒྲུབ་ལ་ཡང་བཞི་སྟེ། བཟོད་པའི་གཟུངས། གསང་སྔགས་ཀྱི་གཟུངས། ཚིག་གི་གཟུངས། དོན་གྱི་གཟུངས་རྣམས་སུ་ཡོད་པའི་ཕྱིར། དེ་བཞི་ཀ་ངན་འགྲོར་སྐྱེ་བ་འགོག་པའི་སོ་སོར་བརྟགས་མིན་གྱི་འགོག་པ་ཐོབ་པའི་དྲན་པ་དང་། ཤེས་རབ་གང་རུང་གིས་བསྡུས་པར་འདྲ་ཞིང་། ཁྱད་པར་ནི། དང་པོ་ཡི་གེའི་གནས་ལུགས་སྟོང་པ་ཉིད་ལ་མི་སྐྲག་པ་དང་། གཉིས་པ་སྔ་མའི་སྟོབས་ཀྱིས་གསང་སྔགས་རྩོམ་ནུས་པ་དང་། གསུམ་པ་གསུང་རབ་ཀྱི་ཚིག་བསྐལ་པའི་བར་དུ་འཛིན་ནུས་པ་དང་། བཞི་པ་གསུང་རབ་ཀྱི་དོན་བསྐལ་པའི་བར་དུ་འཛིན་ནུས་པའི་བྱེད་ལས་ཅན་ཡིན་ནོ།

སྐབས་འདིར་དངོས་སུ་བསྟན་པའི་གཟུངས་ཡིན་ན། བྱང་སེམས་ཀྱི་སྦྱོར་ལམ་ཆོས་མཆོག་འབྲིང་མན་ཆད་ཀྱིས་མ་བསྡུས་དགོས་ཏེ། དེ་ཡིན་ན་གཟུངས་ཀྱི་ཚོགས་སྒྲུབ་ཡིན་དགོས་པའི་ཕྱིར། སྐབས་འདིར་བསྟན་བྱའི་གཙོ་བོར་གྱུར་པའི་གཟུངས་ཡིན་ན། དེ་ཡིན་པས་མ་ཁྱབ་སྟེ། དེར་གྱུར་པའི་སྦྱོར་ལམ་བཟོད་པས་བསྡུས་པ་ཡོད་པའི་ཕྱིར། གཟུངས་ཡིན་ན། སྐབས་འདིའི་བསྟན་བྱའི་གཙོ་བོར་གྱུར་པའི་གཟུངས་ཡིན་པས་མ་ཁྱབ་སྟེ། རྣམ་སྨིན་གྱི་གཟུངས་ལ་སོགས་པ་ལམ་མ་ཞུགས་ན་ཡོད་པའི་ཕྱིར་ཏེ། རྒྱན་ལས། བློ་ལྡན་མ་ཞུགས་ཞུགས་པ་དང་། །ཞེས་གསུངས་པའི་ཕྱིར།

ནང་དང་ཕྱི་རོལ་རྣམས་དང་ནི། །ཞེས་སོགས་ཚིགས་བཅད་གསུམ་ལ། ཡུལ་སྟོང་པ་ཉིད་ཆོས་ཅན། དུ་མར་ཡོད་དེ། སྟོང་གཞི་ཆོས་ཅན་གྱི་སྒོ་ནས་ཕྱེ་བའི་ཉི་ཤུ་ཡོད་པའི་ཕྱིར། དེ་ལ་སྟོང་ཉིད་ཉི་ཤུ་པོ་མཐའ་དག་ཡིན་ཁྱབ་མཉམ་དུ་མི་བྱ་སྟེ། འདུས་བྱས་སྟོང་པ་ཉིད་དང་འདུས་མ་བྱས་སྟོང་པ་ཉིད་འགལ་བའི་ཕྱིར་དང་། ནང་སྟོང་པ་ཉིད་དང་ཕྱི་སྟོང་པ་ཉིད་ཀྱང་འགལ་བའི་ཕྱིར། ནང་ཕན་ཚུལ་དུ་འགལ་བར་ཡང་མི་བྱ་སྟེ། ནང་སྟོང་པ་ཉིད་ལ་སོགས་པ་འགའ་ཞིག་འདུས་བྱས་སྟོང་པ་ཉིད་དང་། སྟོང་པ་ཉིད་སྟོང་པ་ཉིད་དང་། ཆོས་ཐམས་ཅད་སྟོང་པ་ལ་སོགས་པ་འདུས་མ་བྱས་སྟོང་པ་ཉིད་ཡིན་པའི་ཕྱིར།

53 講說陀羅尼及智慧之資糧

陀羅尼資糧正行亦有四種：忍陀羅尼、密咒陀羅尼、字陀羅尼、義陀羅尼。此四者同樣被「獲得遮止投生惡道之非擇滅之念與慧」隨一所攝，差別是：初者，於字實相空性不畏懼；次者，以前力能造密咒；第三，於長劫中能持至言之詞；第四，於長劫中能持至言義理之作用者。

若是此處直接宣示之陀羅尼，須是不被菩薩加行道世第一法中品以下所攝，因若是彼，須是陀羅尼資糧正行故。若是此處主要所詮之陀羅尼，不周遍是彼，因有被屬彼加行道忍位所攝故。若是陀羅尼，不周遍是此處主要所示之陀羅尼，因異熟陀羅尼等於未入道有故，因《大乘莊嚴經論》云：「具慧入未入。」故。

「內以及外等……」三偈。境空為有法，有許多，因以空基有法之門而分有二十故。所有二十空性並非是等遍，因有為空及無為空相違與內空及外空亦相違故。內部彼此亦不相違，因內空等一些是有為空及空空，一切法空等是無為空故。

སེམས་ཅམ་པ་ལྟར་ན། འདུས་བྱས་སྟོང་པ་ཉིད་དང་འདུས་མ་བྱས་སྟོང་པ་ཉིད་ཀྱང་མི་འགལ་སྟེ། ནམ་མཁའི་སྟོང་ཉིད་དེ་དེ་གཉིས་ཀ་ཡིན་པའི་ཕྱིར།

དེ་ལ་ཡེ་ཤེས་ཀྱི་ཚོགས་ནི་ནང་དང་། ཞེས་སོགས་ལ། འདིར་བསྟན་ཡུལ་ཅན་ཡེ་ཤེས་ཉི་ཤུ་ཡོད་དེ། ནང་སྟོང་པ་ཉིད་རྟོགས་པའི་ཡུལ་ཅན་ཡེ་ཤེས་ནས། གཞན་གྱི་ངོ་བོ་སྟོང་པ་ཉིད་རྟོགས་པའི་ཡུལ་ཅན་ཡེ་ཤེས་བར་ཉི་ཤུ་ཡོད་པའི་ཕྱིར།

མཁས་པ་ཁ་ཅིག གཞུང་འདིས་ཡུལ་ཅན་ཡེ་ཤེས་ཉི་ཤུའི་ས་མཚམས་བསྟན་པ་ཡིན་ཏེ། འགྲེལ་ཆེན་ལས། སྟོང་པ་ཉིད་འདིར་གསུམ་ནི་མོས་པས་སྤྱོད་པའི་ས་ལའོ། །ཞེས་པ་ནས་སྟོང་པ་ཉིད་ཐ་མའི་སྐབས་སུ། འདི་ནི་སངས་རྒྱས་ཀྱི་སར་བསྡུས་སོ། །ཞེས་བཤད་པའི་ཕྱིར། ཞེ་ན། མི་འཐད་དེ། ཚོགས་ལམ་གྱིས་བསྡུས་པའི་སྟོང་པ་ཉིད་ཉི་ཤུ་དོན་སྤྱིའི་ཚུལ་གྱིས་རྟོགས་པའི་ཡེ་ཤེས་ཀྱི་ཚོགས་དང་། མཐོང་ལམ་གྱིས་བསྡུས་པའི་སྟོང་ཉིད་ཉི་ཤུ་མངོན་སུམ་དུ་རྟོགས་པའི་ཡེ་ཤེས་ཀྱི་ཚོགས་བཞག་ཏུ་ཡོད་པའི་ཕྱིར།

རང་ལུགས། གཞུང་འདི་ཡུལ་ཅན་ཡེ་ཤེས་ཀྱི་མཚན་གཞི་དང་། དབྱེ་བ་སྟོན་པ་ལ་སྦྱར་རོ། །

ཡུལ་ཅན་ཡེ་ཤེས་ཀྱི་དམིགས་པ་ལ་སེམས་ཅམ་པས། གཞན་དབང་གཟུང་འཛིན་རྫས་གཞན་གྱིས་སྟོང་པའི་སྟོང་ཉིད་བདེན་པར་གྲུབ་པ་དེ་དེ་ཡིན་ཟེར། དབུ་མ་པས་ཆོས་ཉིད་བདེན་སྟོང་དེ་དེ་ཡིན་གསུངས། ཕྱི་མའི་རྗེས་སུ་འབྲང་བ་ཡིན་ཏེ། གང་ཤེས་པ་ཡིན་ན། རང་གི་ཤེས་བྱ་ཡིན་ན། བདེན་སྟོང་ཡིན་པས་ཁྱབ། དཔེར་ན་རྨི་ལམ་དུ་རྟ་གླང་སྣང་བའི་ཤེས་པ་བཞིན། རྣམ་པར་མི་རྟོག་པའི་ཡེ་ཤེས་ཀྱང་ཤེས་པ་ཡིན་ནོ། །ཞེས་པའི་སྦྱོར་ངག་དེ་སྦྱོར་ངག་ཡང་དག་ཡིན་པའི་ཕྱིར།

ཁ་ཅིག འོ་ན། ཤེས་པ་དེ་རྣམ་པར་མི་རྟོག་པའི་ཡེ་ཤེས་རང་གི་ཤེས་བྱ་ཡིན་ན། བདེན་སྟོང་ཡིན་པས་ཁྱབ་པར་སྒྲུབ་པའི་རང་བཞིན་གྱི་རྟགས་ཡང་དག་ཏུ་སྐབས་འདིར་བཤད་པ་མི་འཐད་པར་ཐལ། དེ་དེ་སྒྲུབ་ཀྱི་དགག་རྟགས་ཡང་དག་ཡིན་པའི་ཕྱིར་ཟེར། དེ་ལ་ཁ་ཅིག སྐྱོན་མེད་དེ། ཤེས་པ་དེ་རྣམ་པར་མི་རྟོག་པའི་ཡེ་ཤེས་བདེན་པར་མེད་པའི་རང་ཡུལ་ལ་དམིགས་པར་སྒྲུབ་པའི་རང་བཞིན་

以唯識師而言，有為空與無為空亦不相違，因虛空之空性是彼二者故。

「其中，智慧資糧：內空⋯⋯」此處所示有境智有二十種：有從通達內空之有境智到通達他性空之有境智二十種。

有智者云：「此引文揭示，二十有境智之界限，因《莊嚴光明釋》云：『三空性乃勝解行地攝』乃至『最後空時，此即佛地攝。』故。」彼不應理，因可安立資糧道所攝以義總方式通達二十空之智慧資糧，與見道所攝現前通達二十空之智慧資糧故。

自宗：此引文結合揭示有境本智之事相及分類。

於有境本智所緣，唯識師認為「依他起能取所取異質空之空性諦實成立」是彼，中觀師主張「法性諦實空」是彼。要追隨後者，因「凡是知覺，若是自之所知，周遍是諦實空，如夢中顯現象馬之知覺，無分別本智亦是知覺。」此能立語是正能立語故。

有云：「然則，於此處講說彼知覺是成立『若是無分別本智，自之所知周遍是諦實空』之自性正因，理應不應理，因彼是成立彼之遮遣正因故。」於此有云：「無過！因慮及此知覺是成立無分別本智緣無諦實之自境的自性正因故。」不應理，因有逾越《莊嚴光

གྱི་རྟགས་ཡང་དག་ཡིན་པ་ལ་དགོངས་པའི་ཕྱིར། ཟེར་བ་མི་འཐད་དེ། འགྲེལ་ཆེན་དང་རྣམ་བཤད་ཀྱི་གསུང་གཉིས་ཀ་ལས་བརྒལ་བའི་སྐྱོན་ཡོད་པའི་ཕྱིར།

རང་ལུགས། ཐལ་འགྱུར་སྔ་མ་དེའི་སྐྱོན་མེད་དེ། དེ་དེ་སྒྲུབ་ཀྱི་རང་བཞིན་གྱི་རྟགས་ཡང་དག་མ་ཡིན་ཡང་། དེའི་རྟགས་ཀྱིས་དེ་སྒྲུབ་ཀྱི་རྟགས་ཆོས་ཀྱི་འབྲེལ་བ་དེ། རང་བཞིན་གྱི་རྟགས་ཡང་དག་གི་རྟགས་ཆོས་ཀྱི་འབྲེལ་བའི་ནང་དུ་འདུས་པ་ལ་དགོངས་པའི་ཕྱིར་ཏེ། རྣམ་འགྲེལ་ལས། འདི་ནི་རང་བཞིན་ནང་འདུས་ཕྱིར། །ཞེས་གསུངས་པའི་ཕྱིར།

明釋》及《心要莊嚴疏》二者所說之過故。

自宗：無前應成之過，因彼雖非成立彼之自性正因，然慮及以彼之因成立彼之因、法相屬，含攝於自性正因之因、法相屬內故。因《釋量論》云：「此自性中攝。[45]」故。

ས་བཅུའི་ཡོངས་སྦྱོངས་བཤད་པ།

ཡོངས་སུ་སྦྱོང་བ་རྣམ་བཅུ་ཡིས། །ཞེས་སོགས་ལ། ས་དང་པོའི་ཡོངས་སྦྱོངས་ཆོས་ཅན། དུ་མར་ཡོད་དེ། ས་དང་པོའི་ལྷག་བསམ་རྣམ་དག་སོགས་བཅུར་ཡོད་པའི་ཕྱིར།

ཁ་ཅིག ས་དང་པོའི་སྐྱོན་ཟད་ཅིང་ཡོན་ཏན་རྫོགས་པར་བྱེད་པའི་ས་དང་པོའི་མཐྱེན་པ་དེ། ས་དང་པོའི་ཡོངས་སྦྱོངས་ཀྱི་མཚན་ཉིད་ཟེར་བ་མི་འཐད་དེ། ས་དང་པོའི་ཡེ་ཤེས་སྐད་ཅིག་ཐ་མ་དེ་མཚན་ཉིད་དེ་མ་ཡིན་པའི་ཕྱིར་ཏེ། དེ་དེའི་སྐྱོན་ཟད་ཅིང་ཡོན་ཏན་རྫོགས་པའི་མཐྱེན་པ་ཡིན་པའི་ཕྱིར།

ཡང་ཁ་ཅིག ས་དང་པོའི་སྐྱོན་ཟད་ཅིང་ཡོན་ཏན་རྫོགས་པའི་ས་དང་པོའི་མཐྱེན་པ་དེ། དེའི་མཚན་ཉིད་ཟེར་བ་མི་འཐད་དེ། ཐེག་ཆེན་གྱི་མཐོང་ལམ་བར་ཆད་མེད་ལམ་དེ། ས་དང་པོའི་སྐྱོན་ཟད་པ་མ་ཡིན་པའི་ཕྱིར་ཏེ། དེས་ཐེག་ཆེན་གྱི་མཐོང་སྤང་ས་ཟད་པ་མ་ཡིན་པའི་ཕྱིར་ཏེ། དེས་ཐེག་ཆེན་གྱི་མཐོང་སྤང་ས་སྤངས་པ་མ་ཡིན་པའི་ཕྱིར།

ཁ་ཅིག མ་ཁྱབ་ཟེར་ན། འོ་ན། དེས་མཐོང་སྤང་ས་ཟད་པ་ཡིན་པར་ཐལ། དེའི་དུས་སུ་མཐོང་སྤང་ས་ཟད་པ་ཡིན་པའི་ཕྱིར་ཏེ། དེའི་དུས་སུ་མཐོང་སྤང་ས་དང་བྲལ་བའི་ཕྱིར་ཏེ། དེ་མཐོང་སྤང་ས་དང་བྲལ་བའི་བློ་ཡིན་པའི་ཕྱིར་ཏེ། དེ་མཐོང་སྤང་ས་དང་བྲལ་བའི་བློ་དང་། མཐོང་སྤང་ས་དང་བཅས་པའི་བློ་གང་རུང་གང་ཞིག ཕྱི་མ་མ་ཡིན་པའི་ཕྱིར། ཕྱི་མ་མ་གྲུབ་ན། ཐེག་ཆེན་གྱི་མཐོང་ལམ་བར་ཆད་མེད་ལམ་ལ་གནས་པའི་སེམས་དཔའི་རྒྱུད་ལ་མཐོང་སྤང་ས་དང་བཅས་པའི་བློ་ཡོད་པར་ཐལ་ལོ། །ཞེས་ཟེར་བ་དཔྱད་གཞིའོ། །

ཁ་ཅིག བྱང་སེམས་མཐོང་ལམ་པའི་རྒྱུད་ཀྱི་འགོག་བདེན། ས་དང་པོའི་ཡོངས་སྦྱོངས་ཡིན་ཟེར་བ་མི་འཐད་དེ། ས་དང་པོའི་ཡོངས་སྦྱོངས་ཡིན་ན་ས་དང་པོ་ཡིན་དགོས་པའི་ཕྱིར།

ཁོ་ན་རེ། དེ་ས་དང་པོའི་ཡོངས་སྦྱོངས་ཡིན་པར་ཐལ། དེ་ས་དང་པོའི་ཡོན་ཏན་ཡིན་པའི་ཕྱིར་ན། མ་ཁྱབ་སྟེ། དེ་ས་དང་པོ་བའི་མཐྱེན་པའི་ཡོན་ཏན་ཡིན་པར་ཐལ། དེ་ས་དང་པོའི་ཡོངས་སྦྱོངས་གང་ཞིག ས་དང་པོ་དང་བྱང་སེམས་ས་དང་པོ་བའི་མཐྱེན་པ་དོན་གཅིག་པའི་ཕྱིར།

54 講說十地之遍淨

「由十種修治……」等文，初地遍淨為有法，有許多，因有初地清淨增上意樂等十種故。

有云：「能完盡初地過且圓滿初地功德之初地智，為初地遍淨之性相。」不應理，因初地本智最後剎那非此性相故，因彼是完盡彼過且圓滿彼功德之智故。

又有云：「完盡初地過且圓滿初地功德之初地智，是彼之性相。」不應理，因大乘見道無間道，彼非完盡初地過故，因彼非完盡大乘見所斷故，因彼非已斷除大乘見所斷故。

有云：「不周遍。」那麼，彼理應已完盡見所斷，因於彼時見所斷已完盡故。因於彼時遠離見所斷故。因彼是遠離見所斷之覺知故。因彼是遠離見所斷之覺知及具見所斷之覺知隨一，且不是後者故。若後者不成，則成住於大乘見道無間道之菩薩相續中，有具見所斷之覺知！〔此是〕待觀察點。

有云：「見道菩薩相續的滅諦，是初地之遍淨。」不應理，因若是初地之遍淨，須是初地故。

有云：「彼理應為初地之遍淨，因彼是初地功德故。」不周遍，彼理應是初地之智功德，因彼是初地之遍淨，且初地與初地菩薩之智同義故。

རང་ལུགས། ས་དང་པོའི་སྒྲིབ་དང་བྲལ་ཞིང་ས་དང་པོའི་ཡོན་ཏན་རྟོགས་པའི་ས་དང་པོའི་མཁྱེན་པ་དེ། ས་དང་པོའི་ཡོངས་སྦྱོངས་ཀྱི་མཚན་ཉིད།

ཁ་ཅིག ས་དང་པོའི་ཡོངས་སྦྱོངས་ཡིན་ན། ས་དང་པོའི་ཡོན་ཏན་རྟོགས་པས་ཁྱབ་པར་འདོད་བཞིན་དུ། ས་དང་པོའི་ཡོངས་སྦྱོངས་རྟོགས་པ་དང་། ས་གཉིས་པར་འཕོས་པ་དུས་མཉམ་ཟེར་བ་ནི། རྒྱུ་འབྲས་ཀྱི་རྣམ་དབྱེ་ལ་མི་མཁས་ཤིང་འགལ་འདུ་ཡིན་ཏེ། འོ་ན། ས་དང་པོའི་ཡོན་ཏན་རང་རྒྱུད་ལ་རྟོགས་པར་སྐྱེས་པའི་ས་དང་པོ་བ་ཆོས་ཅན། ས་གཉིས་པའི་ཡེ་ཤེས་སྐད་ཅིག་དང་པོ་རང་རྒྱུད་ལ་སྐྱེས་པའི་གང་ཟག་ཡིན་པར་ཐལ། ས་དང་པོའི་ཡོངས་སྦྱོངས་རང་རྒྱུད་ལ་རྟོགས་པར་སྐྱེས་པའི་གང་ཟག་གང་ཞིག ས་དང་པོའི་ཡོངས་སྦྱོངས་རྟོགས་པ་དང་། ས་གཉིས་པའི་ཡེ་ཤེས་སྐད་ཅིག་དང་པོ་རང་རྒྱུད་ལ་སྐྱེས་པ་དུས་མཉམ་པའི་ཕྱིར། རྟགས་ཕྱི་མ་ཁས། དང་པོ་དེར་ཐལ། ས་དང་པོ་རང་རྒྱུད་ལ་རྟོགས་པར་སྐྱེས་པའི་གང་ཟག་ཡིན་པའི་ཕྱིར་ཏེ། ས་དང་པོ་རང་རྒྱུད་ལ་སྐྱེས་པའི་གང་ཟག་ཡིན་པའི་ཕྱིར།

གཞན་ཡང་། ས་དང་པོའི་ཡོངས་སྦྱོངས་ཐོབ་པའི་གང་ཟག་ཡིན་ན། ས་དང་པོའི་ཡོངས་སྦྱོངས་རྟོགས་པའི་གང་ཟག་ཡིན་དགོས་པར་ཐལ། ས་དང་པོའི་ཡོངས་སྦྱོངས་ཡིན་ན། ས་དང་པོའི་ཡོངས་སྦྱོངས་རྟོགས་པ་ཡིན་དགོས་པའི་ཕྱིར་ཏེ། དེ་ཡིན་ན་དེའི་ཡོན་ཏན་རྟོགས་པ་ཡིན་དགོས་པའི་ཕྱིར། རྟགས་ཁས། འདོད་ན་སོང་། ས་དང་པོའི་ཡོངས་སྦྱོངས་རྟོགས་པ་དང་། ས་གཉིས་པའི་ཡེ་ཤེས་སྐྱེས་པ་དུས་མི་མཉམ་པར་ཐལ་ལོ། །

བྱས་པ་ལ་ཁོན་རེ། ཐེག་ཆེན་མཐོང་ལམ་བར་ཆད་མེད་ལམ་ལ་གནས་པའི་སེམས་དཔས་མ་ངེས་སོ། །ཞེས་ཟེར་ན། འདོད་པ་ཡིན་ཏེ། ས་དང་པོ་རྟོགས་པར་ཐོབ་པའི་གང་ཟག་ཡིན་ན། ས་དང་པོ་མཐར་ཕྱིན་པའི་གང་ཟག་ཡིན་མི་དགོས་པའི་ཕྱིར། དེར་ཐལ། སྟོང་ཉིད་མངོན་སུམ་དུ་རྟོགས་པའི་ཡེ་ཤེས་རྟོགས་པར་ཐོབ་པའི་གང་ཟག་ཡིན་ན། དེ་མཐར་ཕྱིན་པའི་གང་ཟག་ཡིན་མི་དགོས་པའི་ཕྱིར།

དེར་ཐལ། གང་ཟག་གི་བདག་མེད་རྟོགས་པའི་ཡེ་ཤེས་རྟོགས་པར་ཐོབ་པའི་གང་ཟག་ཡིན་ན། གང་ཟག་གི་བདག་མེད་རྟོགས་པའི་ཡེ་ཤེས་མཐར་ཕྱིན་པའི་གང་ཟག་ཡིན་མི་དགོས་པའི་ཕྱིར། དེར་

自宗：「遠離初地過且圓滿初地功德之初地智」，是初地之遍淨的性相。

有人承許若是初地之遍淨周遍圓滿初地功德而云：「初地之遍淨圓滿與轉移到二地同時。」〔此是〕不善巧因果分類，且是矛盾，那麼，自相續中圓滿生起初地功德之初地者為有法，理應是於自相續中生起二地智第一剎那之補特伽羅，因是於自相續中圓滿生起初地之遍淨之補特伽羅，且初地之遍淨圓滿與自相續中生起二地智第一剎那同時故。承許後因。初者理應如是，因是於自相續中圓滿生起初地之補特伽羅故，因是於自相續中生起初地之補特伽羅故。

又，若是獲得初地之遍淨之補特伽羅，理應須是圓滿初地之遍淨之補特伽羅，因若是初地之遍淨，須是圓滿初地之遍淨故，因若是彼，彼之功德須是圓滿故。承許因，若許，則成相違，則成初地之遍淨圓滿與二地智生起不同時。

於此有云：「住於大乘見道無間道之菩薩不定。」是承許，因若是圓滿獲得初地之補特伽羅，不須是初地究竟之補特伽羅故。理應如是，因若是圓滿獲得現前通達空性之智的補特伽羅，不須是彼究竟之補特伽羅故。

理應如是，因若是圓滿獲得通達補特伽羅無我之智的補特伽羅，不須是通達補特伽羅無我之智究竟的補特伽羅故。理應如是，

ཐལ། གང་ཟག་གི་བདག་མེད་རྟོགས་པའི་རྟོགས་རིགས་ཟྟོགས་པའི་གང་ཟག་ཡིན་ན། གང་ཟག་གི་བདག་མེད་རྟོགས་པའི་རྟོགས་རིགས་མཐར་ཕྱིན་པའི་གང་ཟག་ཡིན་མི་དགོས་པའི་ཕྱིར། མ་གྲུབ་ན། རང་རྒྱལ་དགྲ་བཅོམ་ཆོས་ཅན། དེར་ཐལ། དེའི་ཕྱིར། མ་གྲུབ་ན། དེར་ཐལ། ཉན་རང་གི་སྤངས་རྟོགས་ཀྱི་རིགས་ཟྟོགས་པའི་གང་ཟག་ཡིན་པའི་ཕྱིར། འདོད་མི་ནུས་ཏེ། གང་ཟག་གི་བདག་མེད་རྟོགས་པ་རབ་ཀྱི་མཐར་ཕྱིན་པ་མ་ཡིན་པའི་ཕྱིར།

ཁོན་རེ། འགྲེལ་ཆེན་ལས། དེ་ལ་ས་གང་གི་ཡོངས་སུ་སྦྱོང་བར་འགྱུར་བ་མ་ཟྟོགས་པ་དེ་སྲིད་དུ་ས་དེ་ཡིན་ལ། ཡོངས་སུ་ཟྟོགས་ནས་ནི་ས་གཞན་ཡིན་པར་རིག་པར་བྱའོ། །ཞེས་གསུངས་པ་མི་འཐད་པར་ཐལ། ས་དང་པོའི་ཡོངས་སྦྱོངས་ཟྟོགས་པ་དང་ས་གཉིས་པའི་ཡེ་ཤེས་སྐད་ཅིག་དང་པོ་སྐྱེས་པ་དུས་མི་མཉམ་པའི་ཕྱིར་ན། མ་ཁྱབ་སྟེ། འདིའི་ཟྟོགས་མ་ཟྟོགས་ཞེས་པ། མཐར་ཕྱིན་མ་ཕྱིན་དང་། འགགས་མ་འགགས་ལ་ཚཱད་དུ་ཡོད་པའི་ཕྱིར།

འདི་ལ་བརྟེན་ནས་ས་བཅུ་ཀ་ལ། བར་ཆད་མེད་ལམ་དང་རྣམ་གྲོལ་ལམ་གང་རུང་མ་ཡིན་པའི་མཉམ་གཞག་ཡེ་ཤེས་རེ་རེ་ཁས་བླངས་དགོས་ཏེ། ས་དེའི་ཡོངས་སྦྱོངས་མ་འགགས་ཤིང་མཐར་མ་ཕྱིན་པ་དེ་སྲིད་དུ་ས་གཞན་དུ་མ་འཕོས་པ་དང་། ས་དེའི་ཡོངས་སྦྱོངས་མཐར་ཕྱིན་ཟིན་ཅིང་འགགས་པ་ན་ས་གཞན་དུ་འཕོས་པར་འཇོག ས་དེའི་ཡོངས་སྦྱོངས་མཐར་ཕྱིན་པ་ལ། ས་དེའི་རྗེས་ཐོབ་ཡེ་ཤེས་བསྐྱེད་དགོས་པ་གང་ཞིག ས་འོག་མ་འོག་མ་ནས། གོང་མ་གོང་མར་འགྲོ་བའི་ཚེ། མཉམ་གཞག་ནས་མཉམ་གཞག་ཏུ་འགྲོ་བའི་ཕྱིར། ཕྱི་མ་དེར་ཐལ། ཐེག་ཆེན་གྱི་སྦྱོར་ལམ་ཆོས་མཆོག་ཆེན་པོ་ནས། ས་དང་པོར་འགྲོ་བ་ནས་བཙམས་ཏེ། རྒྱུན་མཐའི་བར་ཆད་མེད་ལམ་ནས་རྣམ་མཁྱེན་སྐད་ཅིག་དང་པོར་འགྲོ་བའི་བར་དེ་ལྟར་ཡིན་པའི་ཕྱིར།

ཐལ་འགྱུར་བ་ལྟར་ན་ས་བ་ཅུའི་མཉམ་གཞག་ཡེ་ཤེས་ལ་ཆོས་ཉིད་མངོན་སུམ་དུ་མཐོང་བ་ལ་ཁྱད་པར་མེད་ཀྱང་། འགོག་བདེན་མཐོང་བ་ལ་ཁྱད་པར་ཡོད་དེ། ས་དང་པོའི་རྣམ་གྲོལ་ལམ་གྱིས་མཐོང་སྤངས་སྤངས་པའི་འགོག་བདེན་མངོན་སུམ་དུ་རྟོགས་ཀྱང་། ས་གཉིས་པའི་བར་ཆད་མེད་ལམ་གྱི་ངོས་སྐལ་གྱི་སྤངས་བྱ་སྒོམ་སྤངས་སྤངས་པའི་འགོག་བདེན་མངོན་སུམ་དུ་མ་རྟོགས་པ་ནས།

因若是圓滿通達補特伽羅無我證類之補特伽羅，不須是通達補特伽羅無我證類究竟的補特伽羅故。若不成，獨覺阿羅漢為有法，理應如是，因如是故。若不成，理應如是，因是聲、緣斷證類圓滿之補特伽羅故。不能許，因不是通達補特伽羅無我最究竟故。

有云：「《莊嚴光明釋》云：『當知乃至彼地之遍淨未圓滿，是彼地；圓滿後是他地。』理應不應理，因初地之遍淨圓滿與二地智第一剎那生起不同時故。」不周遍，因彼之所謂的圓不圓滿，有說為究不究竟及滅不滅故。

依此須承許十地均有非無間道與解脫道隨一之根本智，因乃至彼地之遍淨未滅且未究竟，不移至他地，以及安立若彼地之遍淨已究竟且滅，方移至他地。彼地之遍淨究竟須生起彼地之後得智，且從下下地移至上上時，乃從根本定趣入根本定故。後者理應如是，因自大乘加行道世第一法上品趣入初地開始，直至最後流無間道趣入一切相智第一剎那，皆如是故。

以應成師來看，十地根本智，於現見法性雖無差別，然於見滅諦有差別，因初地解脫道雖現證斷除見所斷之滅諦，然無法現證斷除二地無間道應斷所斷修所斷之滅諦，乃至十地本智無法現證客塵清淨分之自性身故。彼因理應如是，因滅諦是勝義諦故。有安立見

ས་བཅུ་པའི་ཡེ་ཤེས་ཀྱིས་གློ་བུར་རྣམ་དག་གི་ཆར་གྱུར་པའི་ངོ་བོ་ཉིད་སྐུ་མངོན་སུམ་དུ་མ་རྟོགས་པའི་བར་ཡིན་པའི་ཕྱིར། རྟགས་དེར་ཐལ། འགོག་བདེན་དོན་དམ་བདེན་པ་ཡིན་པའི་ཕྱིར། ཆོས་ཉིད་མཐོང་བ་ལ་ཁྱད་པར་མེད་ཚུལ་བཞག་ཏུ་ཡོད་དེ། ས་དང་པོའི་མཉམ་གཞག་ཡེ་ཤེས་ཀྱིས་ས་གཉིས་པའི་ཆོས་ཉིད་མངོན་སུམ་དུ་རྟོགས་པ་ནས། ས་བཅུ་པའི་མཉམ་གཞག་ཡེ་ཤེས་ཀྱིས་རང་བཞིན་རྣམ་དག་གི་ཆར་གྱུར་པའི་ངོ་བོ་ཉིད་སྐུ་མངོན་སུམ་དུ་རྟོགས་པའི་བར་ཡིན་པའི་ཕྱིར། རྟགས་གྲུབ་སྟེ། ཆོས་ཉིད་ཡིན་ན། ས་བཅུའི་མཉམ་གཞག་ཡེ་ཤེས་ཀྱི་མངོན་སུམ་གྱི་སྤྱོད་ཡུལ་ཡིན་དགོས་པའི་ཕྱིར།

རྣམ་བཤད་ལས་འདི་ལྟར་གསུངས་པ་བཞིན་དུ། ཁ་ཅིག ལུགས་འདི་ལ་ཡང་དོན་དམ་བདེན་པ་ཡིན་ན། ཆོས་ཉིད་ཡིན་པས་མ་ཁྱབ་པོ་ཞེས་སྨྲ་བ་ནི། རང་རྒྱུད་པའི་གྲུབ་མཐའ་རྙིང་པ་སླར་འོངས་པ་སྟེ། ལྐུག་མས་བློ་སྟོར་ཤུལ་དུ་འཁྲབ་པའོ། །

རང་རྒྱུད་པ་ལྟར་ན་ས་བཅུའི་མཉམ་གཞག་ཡེ་ཤེས་ལ་ཆོས་སྐུ་མཐོང་མ་མཐོང་གི་ཁྱད་པར་མེད་དེ། འགོག་བདེན་ཡིན་ན། ས་བཅུའི་མཉམ་གཞག་ཡེ་ཤེས་གང་གིས་གཞལ་བྱ་མ་ཡིན་དགོས་པའི་ཕྱིར། འོ་ན། ས་དང་པོས་བསྡུས་པའི་མཐོང་སྒོམ་གྱི་ལམ་གཉིས་ཀ་ཁས་ལེན་ནམ་ཞེ་ན། ཐལ་ཆེར་དེ་ཡོད་པ་ཡིན་ཏེ། འགྲེལ་ཆེན་ལས། བདེན་པ་རྣམས་ཀྱི་མངོན་པར་རྟོགས་པ་ནི་གཅིག་པའི་ཕྱིར་རོ། །དེ་བས་ན་ས་དང་པོའི་སྐད་ཅིག་མ་དང་པོ་ནི། མཐོང་བའི་ལམ་ཡིན་ནོ། །དེ་ལས་གཞན་པ་སྐད་ཅིག་གཉིས་པ་ལ་སོགས་པ་ཞེས་སོགས་གསུངས་པའི་ཕྱིར།

ཁ་ཅིག དེའི་སྐྱོན་མེད་དེ། ས་དང་པོའི་སྐད་ཅིག་མ་དང་པོ་ཞེས་པ་ས་དང་པོའི་ཡེ་ཤེས་ཉིད་དང་། སྐད་ཅིག་མ་གཉིས་པ་ཞེས་པ་ས་གཉིས་པ་སོགས་ལ་བཤད་པས་ཆོག་པའི་ཕྱིར། ཞེས་གསུངས།

རང་ལུགས་ནི། ཐུ་མ་ལྟར་བྱ་སྟེ། ཀུན་བཏུས་ལས། བྱང་ཆུབ་སེམས་དཔའ་རྣམས་ནི། ས་བཅུ་རྣམས་སུ་སྒོམ་པའི་ལམ་ལ་ཤེས་བྱའི་སྒྲིབ་པའི་གཉེན་པོར་ལམ་སྒོམ་གྱི། ཞེས་པ་དང་མཐུན་

法性無差別之理，因是從初地根本智現證二地法性乃至十地根本智現證自性清淨分之自性身故。因成立，因若是法性，須是十地根本智之現前行境故。

如《心要莊嚴疏》所說，有云：「在此宗，若是勝義諦，不周遍是法性。」〔此說〕是再次提出自續派宗義舊理，〔如〕聾啞女在原地跳舞。

以自續師來看，十地根本智沒有見不見法身之差別，因若是滅諦，須非十地根本智隨一之所量故。那麼，初地所攝之見修二道皆承許否？似乎有彼，因《莊嚴光明釋》云：「諸諦之現觀即一故，是故初地之第一剎那乃見道，除此，第二剎那等……」等文故。

有云：「無彼之過！因所謂初地第一剎那，可說是初地本智；所謂第二剎那，為二地等故。」

自宗：如前，因與《集論》所說：「諸菩薩，於十地時所修之道是修對治所知障之道。[46]」相符故。

པའི་ཕྱིར།

ཚོགས་བསོག་པའི་ས་མཚམས་ལ། ཁ་ཅིག ཐེག་ཆེན་གྱི་ཚོགས་སྦྱོར་གྱི་སྐབས་སུ་གྲངས་མེད་གཅིག མ་དག་ས་བདུན་གྱི་གནས་སྐབས་སུ་གྲངས་མེད་གཅིག་དག་པ་ས་གསུམ་གྱི་སྐབས་སུ་གྲངས་མེད་གཅིག ཚོགས་བསོག་ཟེར་བ་མི་འཐད་དེ། རྣམ་བཤད་ལས། ཐེག་ཆེན་གྱི་ཚོགས་སྦྱོར་ཞེས་པ་ཙམ་ལས་མ་བྱུང་ཡང་། འགྲེལ་ཆེན་ལས། ཐེག་ཆེན་གྱི་ཚོགས་སྦྱོར་དང་། ས་དང་པོའི་སྐབས་སུ་གྲངས་མེད་གཅིག མ་དག་ས་ལྷག་མ་དྲུག་གི་སྐབས་སུ་གྲངས་མེད་གཅིག་ཚོགས་བསོག་པར་གསུངས་པའི་ཕྱིར།

ས་དགུ་འདས་ནས་ཡེ་ཤེས་ནི། །ཞེས་སོགས་ལ་མདོ་ལས་འདའ་བྱ་ས་དགུའི་རྗེས་ཐོགས་དེ་མ་ཐག་ཏུ་གསུངས་པའི་བྱང་སེམས་ཀྱི་འབྲས་བུའི་ས་ཆོས་ཅན། ས་བཅུ་པའི་མཚན་ཉིད་ཡིན་ཏེ། དེའི་འཇོག་བྱེད་ཡིན་པའི་ཕྱིར།

ཁ་ཅིག འདའ་བྱ་ས་དགུའི་རྗེས་ཐོགས་དེ་མ་ཐག་ཏུ་བྱུང་བའི་བྱང་སེམས་ཀྱི་འབྲས་བུའི་ས་དེ། ས་བཅུ་པའི་མཚན་ཉིད་ཟེར་བ་མི་འཐད་དེ། འདའ་བྱ་ས་དགུའི་རྒྱུར་གྱུར་པའི་ས་བཅུ་པ་ཡོད་པའི་ཕྱིར།

ཁ་ཅིག ས་བཅུ་པའི་ཡོངས་སྦྱོངས་མེད་ཟེར་བ་མི་འཐད་དེ། ས་བཅུ་པའི་སྐྱོན་དང་བྲལ་ཞིང་ཡོན་ཏན་རྫོགས་པར་བྱེད་པའི་ཐབས་སུ་སྒོམ་པར་བྱེད་པའི་ས་བཅུ་པ་བའི་རྒྱུད་ཀྱི་ཡོན་ཏན་ཡོད་པའི་ཕྱིར་ཏེ། ས་བཅུ་པ་བའི་རྒྱུད་ཀྱི་ཤེས་སྒྲིབ་ཕྲ་མོ་ཡོད་པའི་ཕྱིར།

གཞན་ཡང་། དེ་ཡོད་པར་ཐལ། ས་བཅུ་པའི་ཡེ་ཤེས་ཡིན་ན། ས་བཅུ་པའི་ཡོངས་སྦྱོངས་ཡིན་དགོས་པའི་ཕྱིར། དེར་ཐལ། ས་དགུ་པའི་ཡེ་ཤེས་ཡིན་ན། ས་དགུ་པའི་ཡོངས་སྦྱོངས་ཡིན་དགོས་པའི་ཕྱིར།

དེ་ལ་ཁོ་ན་རེ། ས་བཅུ་པའི་ཡོངས་སྦྱོངས་སྟོན་བྱེད་ཀྱི་རྒྱན་གྱི་སྐབས་དང་པོའི་གཞུང་ཚིག་ཡོད་པར་ཐལ། ས་བཅུ་པའི་ཡོངས་སྦྱོངས་ཡོད་པའི་ཕྱིར། འདོད་ན། ས་དགུ་འདས་ནས། ཞེས་

積集資糧之界限，有云：「大乘資糧、加行道之時，集聚一無量劫資糧，不淨七地之時，集聚一無量劫資糧，三清淨地之時，集聚一無量劫資糧。」不應理，因《心要莊嚴疏》雖僅云：「大乘資糧、加行道。」此外並無提及其他，然《莊嚴光明釋》提到「大乘資糧道、加行道及初地之時一無量劫，不淨餘六地之時一無量劫集聚資糧」故。

「超過九地已……」等文。「經說所超九地之後立即說的菩薩果地」為有法，是十地性相，因是彼之能立故。

有云：「所超九地之後立即產生之菩薩果地，彼是十地性相。」不應理，因有是所超九地之因的十地故。

有云：「沒有十地之遍淨。」不應理，因有修習「能遠離十地過失，且能圓滿十地功德」之方便的十地者相續之功德故，因有十地者相續之細微所知障故。

又，理應有彼，因若是十地智須是十地之遍淨故。理應如是，因若是九地本智，須是九地之遍淨故。

於此有云：「理應有宣揚十地遍淨之《現觀莊嚴論》第一品之文，因有十地之遍淨故。若許，『超越九地……』等文理應開示此，

སོགས་ཀྱིས་དེ་བསྟན་པར་ཐལ། འདོད་པའི་ཕྱིར། འདོད་ན། དེས་ས་བཅུ་པ་ཡོངས་སྦྱོངས་ཀྱི་སྒོ་ནས་བསྟན་པར་ཐལ། འདོད་པའི་ཕྱིར་ན། མ་ཁྱབ། འདོད་མི་ནུས་ཏེ། དེས་ས་བཅུ་པ་མཚན་ཉིད་ཀྱི་སྒོ་ནས་བསྟན་པའི་ཕྱིར་ཞེ་ན། མ་ཁྱབ་མཚམས་སུ་མ་ཁྱབ་པར་ཐལ། སྤྱིར་ས་བཅུ་པའི་ཡོངས་སྦྱོངས་ཡོད་ཅིང་། དེ་ས་དགུ་འདས་ནས་ཡེ་ཤེས་ནི། །ཞེས་སོགས་ཀྱིས་བསྟན་ཀྱང་། གཞུང་དེས་ས་བཅུ་པ་འཆད་པའི་ཚེ་ཡོངས་སྦྱོངས་ཀྱི་སྒོ་ནས་མི་བཤད་པར་མཚན་ཉིད་ཀྱི་སྒོ་ནས་བཤད་པ་ལ་རྒྱུ་མཚན་དང་དགོས་པ་ཡོད་པའི་ཕྱིར་ཏེ། ས་བཅུ་པ་དེ་ལ་འདའ་བྱ་ས་དགུའི་ཡོན་ཏན་རྣམས་ཡར་འཕེལ་གྱི་ཚུལ་དུ་ལྡན་པར་རྟོགས་པ་དང་། ས་བཅུ་པའི་གོང་ན་བྱང་ཆུབ་སེམས་དཔའི་ས་གཞན་མེད་པར་རྟོགས་པའི་དགོས་པ་ཡོད་པའི་ཕྱིར།

འདའ་བྱ་ས་དགུ་ཡང་ཡོད་དེ། དམན་པ་ས་བརྒྱད་བྱང་ཆུབ་སེམས་དཔའི་ས་དགུ་ལ་ཐེག་ཆེན་གྱི་ས་ཞེས་གཅིག་ཏུ་བྱས་པ་རྣམས་ཡིན་པའི་ཕྱིར། དམན་པ་ས་བརྒྱད་ཡོད་དེ། རིགས་ཀྱི་ས། བརྒྱད་པའི་ས། མཐོང་བའི་ས། སྲབ་པའི་ས། འདོད་ཆགས་དང་བྲལ་བའི་ས། བྱས་པ་རྟོགས་པའི་ས། ཉན་ཐོས་ཀྱི་ས། རང་སངས་རྒྱས་ཀྱི་ས་རྣམས་ཡིན་པའི་ཕྱིར། དེ་རྣམས་ཀྱི་ངོས་འཛིན་ཡོད་དེ། ཞི་བ་བགྲོད་པ་གཅིག་པུ་པའི་ཉན་ཐོས་ཀྱི་སྦྱོར་ལམ་སོགས་བརྒྱད་པོ་དེ་ཡིན་པའི་ཕྱིར།

ཁ་ཅིག ཉན་ཐོས་ཀྱི་ས་ཡིན་ན། དམན་པ་ས་བརྒྱད་ཀྱི་ནང་ཚན་དུ་གྱུར་པའི་ཉན་ཐོས་ཀྱི་ས་ཡིན་པས་ཁྱབ་ཟེར་བ་མི་འཐད་དེ། དམན་པ་ས་བརྒྱད་ཀྱི་ནང་ཚན་དུ་གྱུར་པའི་ཉན་ཐོས་ཀྱི་ས་ཡིན་ན། ཕྱིར་འོང་ཞུགས་པ། ཕྱིར་མི་འོང་ཞུགས་པ། དགྲ་བཅོམ་ཞུགས་པ་གསུམ་གང་རུང་གི་མངོན་རྟོགས་ཡིན་དགོས་པའི་ཕྱིར། དེ་ལྟར་ན་འདའ་བྱ་ས་དགུ་འཆད་པའི་སྐབས་འདིར་ཞུགས་པ་ལྷག་མ་གསུམ་གྱི་མངོན་རྟོགས་ལ་ཉན་ཐོས་ཀྱི་ས་ཞེས་གཅིག་ཏུ་བསྡུས་ནས་འཆད་པའི་རྒྱུ་མཚན་ཡོད་དེ། སྐབས་འདིའི་འདའ་བྱའི་ས་དེ་ལ། ཐེག་པ་གསུམ་གྱི་ལམ་མི་འདྲ་བ་གསུམ་ཡོད་པ་ཤེས་པར་བྱ་བའི་ཆེད་དུ་དེ་ལྟར་བསྟན་པའི་ཕྱིར་ཏེ། འགྲེལ་པར། ཚུལ་གསུམ་རྣམ་པར་བཞག་པར་དགོངས་པས་བསྡུས་པ་ལྷག་མ་ཞུགས་པ་གསུམ་དང་། ཞེས་གསུངས་པའི་ཕྱིར།

འོ་ན། བྱང་ཆུབ་སེམས་དཔའ་འདའ་བྱ་ས་དགུ་ལས་འདའ་ཚུལ་དེ་ཇི་ལྟར་ཡིན་ཞེ་ན། དེ་ཡོད་

因許故，若許，彼理應以十地之遍淨之門開示，因許故。」不周遍。「不能許，因彼是以十地性相之門開示故。」不周遍處理應不周遍，因一般而言，有十地之遍淨，且「超越九地……」等文雖已開示，然彼引文講說十地之時，不以遍淨之門講說而以性相之門講說，有其理由及目的故，因令通達十地以增進方式擁有所超九地之諸功德與令通達十地之上無其他菩薩地之目的存在故。

亦有所超九地，因是小乘八地、菩薩九地攝為一「大乘地」故。有小乘八地，因是種性地、第八地、見地、薄地、離欲地、已辦地、聲聞地、獨覺地故。有彼等之認知，因一向趣寂聲聞之加行道等八者是彼故。

有云：「若是聲聞地，周遍是小乘八地中的聲聞地。」彼不應理，因若是小乘八地中的聲聞地，須是一來向、不還向、阿羅漢向三者隨一之現觀故。若如是，此處講說所超九地，有將餘三向之現觀含攝於一聲聞地而講說的理由，因為令了知此處之所超地有三乘不同之道而作如是講說故。因《明義釋》云：「欲安立三相故匯聚，為三餘向。」故。

那麼，菩薩從所超九地超越之理為何？有彼，因如《心要莊嚴

དེ། དམན་པའི་ས་ལ་ཤེས་མཐོང་གིས་བལྟས་ནས་འདའ་བ་དང་། ཐེག་ཆེན་གྱི་ས་ལ་གནས་ནས་འདའ་བར་རྣམ་བཤད་ལས་གསུངས་པ་ལྟར་ཡིན་པའི་ཕྱིར།

རྩོད་སྤྱོང་ཤིག་ལ། གང་གིས་སངས་རྒྱས་སར་གནས་པ། །ཞེས་པའི་སྐབས་ནས་བསྟན་པའི་སངས་རྒྱས་ཀྱི་ས་ཡིན་ན། སངས་རྒྱས་ཀྱི་ས་བདག་པ་པ་ཡིན་པས་ཁྱབ་ཀྱང་། དེའི་སྐབས་ནས་བསྟན་པའི་སངས་རྒྱས་ཀྱི་ས་བདག་པ་པ་མེད་དོ་ཞེས་དམ་འཆའ་སྟེ། སྔར་ཤེར་ཕྱིན་གྱི་སྐབས་སུ་བརྗོད་ཟིན་ཏོ། །

疏》所說般，小乘地以知見看而超越、於大乘地以安住而超越故。

有一提疑：若是「若智住佛地」之時所宣說之佛地，雖周遍是假立之佛地，然「無彼時所宣說之假立之佛地」的立宗。已於先前般若波羅蜜多之時說過。

གཉེན་པོའི་ཚོགས་སྒྲུབ་བཤད་པ།

མཐོང་དང་སྒོམ་པའི་ལམ་དག་ལ། །ཞེས་སོགས་ལ་གཉེན་པོའི་ཚོགས་སྒྲུབ་ཆོས་ཅན། དུ་མར་ཡོད་དེ། སྤང་བྱའི་སྒོ་ནས་བརྒྱད་ཡོད་པའི་ཕྱིར།

ཁ་ཅིག ཤེས་སྒྲིབ་རྟོག་པའི་དངོས་གཉེན་བྱེད་པའི་བྱང་འཕགས་ཀྱི་མཁྱེན་པ། གཉེན་པོའི་ཚོགས་སྒྲུབ་ཀྱི་མཚན་ཉིད་ཟེར་བ་མི་འཐད་དེ། ས་གཉིས་པའི་བར་ཆད་མེད་ལམ་གྱིས་མ་ངེས་པའི་ཕྱིར།

ཡང་ཁ་ཅིག ཤེས་སྒྲིབ་རྟོག་པའི་དངོས་གཉེན་གྱི་རིགས་སུ་གནས་པའི་བྱང་འཕགས་ཀྱི་མཁྱེན་པ་དེ། དེའི་མཚན་ཉིད་ཟེར་བ་མི་འཐད་དེ། གང་ཟག་གི་བདག་མེད་མངོན་སུམ་དུ་རྟོགས་པའི་བྱང་སེམས་ཀྱི་མཐོང་ལམ་གྱིས་མ་ངེས་པའི་ཕྱིར།

རང་ལུགས་ནི། ཤེས་སྒྲིབ་རྟོག་པའི་གཉེན་པོ་བྱེད་པའི་བྱང་འཕགས་ཀྱི་མཁྱེན་པ་དེ། གཉེན་པོའི་ཚོགས་སྒྲུབ་ཀྱི་མཚན་ཉིད། རང་གི་ངོས་སྐལ་གྱི་སྤང་བྱར་གྱུར་པའི་ཤེས་སྒྲིབ་རྟོག་པའི་དངོས་གཉེན་བྱེད་པའི་བྱང་འཕགས་ཀྱི་མཁྱེན་པ་དེ། སྐབས་འདིར་དངོས་སུ་བསྟན་པའི་གཉེན་པོའི་ཚོགས་སྒྲུབ་ཀྱི་མཚན་ཉིད། མཐོང་སྤངས་རྟོག་པའི་གཉེན་པོ་བྱེད་པའི་ཐེག་ཆེན་གྱི་བདེན་པ་མངོན་རྟོགས་དེ། མཐོང་སྤངས་གཉེན་པོའི་ཚོགས་སྒྲུབ་ཀྱི་མཚན་ཉིད། སྒོམ་སྤངས་རྟོག་པའི་གཉེན་པོ་བྱེད་པའི་ཐེག་ཆེན་གྱི་རྗེས་ལ་མངོན་རྟོགས་དེ། སྒོམ་སྤངས་གཉེན་པོའི་ཚོགས་སྒྲུབ་ཀྱི་མཚན་ཉིད་ཡིན།

ཁོ་ན་རེ། ཇི་སྐད་བཤད་པ་རྣམས་མི་འཐད་པར་ཐལ། ཐེག་ཆེན་གྱི་མཐོང་ལམ་རྣམ་གྲོལ་ལམ་དང་སྒོམ་ལམ་རྣམ་གྲོལ་ལམ་གྱིས་མ་ངེས་པའི་ཕྱིར་རོ་ཞེ་ན། སྐྱོན་མེད་དེ། དེ་གཉིས་རིམ་པ་བཞིན། མཐོང་སྤངས་རྟོག་པ་དང་། སྒོམ་སྤངས་རྟོག་པ་ཐག་སྲིང་བའི་གཉེན་པོ་ཡིན་པའི་ཕྱིར་ཏེ། ས་ལྔ་པའི་ཡེ་ཤེས་ལོག་ལྟ་ཐག་སྲིང་བའི་གཉེན་པོ་ཡིན་པའི་ཕྱིར། དེར་ཐལ། ས་ལྔ་པའི་ཡོངས་སྦྱོང་འཆད་པ་ན། ཕྱིན་ཅི་ལོག བློ་ངན་དང་ནི། ཞེས་དང་འགྲེལ་པར། ལོག་པར་ལྟ་བ་ལ་སོགས་པའི་བློ་གྲོས་ངན་པ་དང་། ཞེས་གསུངས་པའི་ཕྱིར།

55 講說對治資糧正行

「見修諸道中……」等文，對治資糧正行為有法，有許多，因以所斷之門有八故。

有云：「正對治所知障分別之菩薩聖者之智，是對治資糧正行之性相。」彼不應理，因二地無間道不定故。

又有云：「住正對治所知障分別之類的菩薩聖者之智，是彼之性相。」彼不應理，因現證補特伽羅無我之菩薩見道不定故。

自宗：「對治所知障分別之菩薩聖者之智」，是對治資糧正行之性相。「正對治自應斷所斷的所知障分別之菩薩聖者之智」，是此處直接宣說之對治資糧正行之性相。「對治見所斷分別之大乘諦現觀」，是對治見所斷資糧正行之性相。「對治修所斷分別之大乘隨現觀」，是對治修所斷資糧正行之性相。

有云：「如是諸說理應不合理，因大乘見道解脫道及修道解脫道不定故。」無過。因彼二依次是遠離見所斷分別及修所斷分別之對治故，因五地智是邪見之遠分對治故。理應如是，因講述五地遍淨時，說道：「顛倒，惡慧。[47]」及《明義釋》云：「邪見等惡慧。」故。

ངེས་འབྱུང་སྒྲུབ་པ་བཤད་པ།

ཆེད་དུ་བྱ་དང་མཉམ་ཉིད་དང་། །ཞེས་སོགས་ལ། ངེས་འབྱུང་སྒྲུབ་པ་ཆོས་ཅན། དུ་མར་ཡོད་དེ། ངེས་པར་འབྱུང་སའི་སྒོ་ནས་ཕྱེ་བའི་བརྒྱད་ཡོད་པའི་ཕྱིར། རྣམ་མཁྱེན་དུ་གདོན་མི་ཟ་བར་ངེས་པར་འབྱིན་པར་བྱེད་པའི་དག་སའི་ཡེ་ཤེས། ངེས་འབྱུང་སྒྲུབ་པའི་མཚན་ཉིད་ཡིན་བྱས་པ་ལ།

ཁ་ཅིག རྣམ་མཁྱེན་གྱི་འབྲས་བུར་གྱུར་པའི་ས་བརྒྱད་པའི་ཡེ་ཤེས་ཆོས་ཅན་དུ་བཟུང་ནས་འཕེན་པ་མི་འཐད་དེ། དེ་ལ་འདོད་ལན་དོན་མཐུན་ཐེབས་པའི་ཕྱིར་ཏེ། སངས་རྒྱས་འཕགས་པའི་འབྲས་བུར་གྱུར་པའི་བྱང་སེམས་ཀྱིས་སངས་རྒྱས་འཕགས་པའི་གོ་འཕང་ས་མངོན་དུ་བྱེད་པའི་ཕྱིར་རོ། །

འདིར་སྨྲས་པ།

བཀའ་ཡི་ཆོང་འགྲོན་ཤེས་ལྡན་གཞོན་ནུ་དག །བློ་བསྐྱེད་དབང་གི་ནོར་བུ་ལེན་འདོད་ན། །
དེད་དཔོན་མཁས་པའི་གསུང་བཞིན་སྨྱུར་སོང་ལ། །ལེགས་བཤད་བརྒྱལ་ལན་རྒྱ་མཚོའི་ཕ་མཐའ་བསྒྲོགས། །གང་དག་ཐག་རོག་དུག་ཆུའི་ཐིག་པ་ཡིས། །སྙིང་གི་རྫ་བུམ་གང་བར་བྱས་པ་དག །
ལེགས་བཤད་མཐོང་མ་ཐག་ཏུ་འགོག་གོ་ཞེས། །ཚིག་ངན་དུག་ཆུའི་ཟེལ་པ་འཐོར་བའང་སྲིད། །
ཞེས་བྱ་བ་ནི་བར་སྐབས་ཀྱི་ཉམས་དགའོ། །

སྐབས་དང་པོའི་བརྒྱལ་ལན་དཀའ་བའི་གནས་ལ་དཔྱད་པ་རགས་པ་ཙམ་ཞིག་ཐལ་ལོ། སརྦ་མངྒ་ལཾ། །

བླ་མ་དང་མགོན་པོ་རྗེ་བཙུན་འཇམ་དཔལ་དབྱངས་ལ་གུས་པས་ཕྱག་འཚལ་ལོ། །
གང་གི་བློ་གྲོས་སྒྲིབ་གཉིས་སྤྲིན་བྲལ་ཉི་ལྟར་རྣམ་དག་རབ་གསལ་བས། །

56 講說決定出生正行

「所為及平等……」等文，決定出生正行為有法，有許多，因有以出生地之門分出的八種故。「無疑決定出生一切相智之清淨地本智」，是決定出生正行之性相。

於此有云：「把屬一切相智果之八地本智作為有法而舉出。」不應理，因回答承許正好符合事實故。因屬佛聖者果之菩薩證佛聖者果位故。

頌曰：

教言商道具慧諸才俊，若欲採得啟迪心靈寶，
當依善巧商主言速行，可登善說答辯之彼岸。
亦有為彼嫉妬之毒水，佔滿心扉瓦瓶之人士，
乍見善說當下即叫囂：「破矣」而噴惡詞毒霧者。
如是於文間深感喜悅。

以上是第一品之答辯駁難點所作的粗略分析。

恭敬頂禮上師及至尊文殊怙主，
誰之智慧離二障雲猶如淨日極明朗，

ཇི་སྙེད་དོན་ཀུན་ཇི་བཞིན་གཟིགས་ཕྱིར་ཉིད་ཀྱི་ཐུགས་ཀར་གླེགས་བམ་འཛིན། །
གང་དག་སྲིད་པའི་བརྩོན་རར་མ་རིག་མུན་འཐོམ་སྡུག་བསྔལ་གྱིས་གཟིར་བའི། །
འགྲོ་ཚོགས་ཀུན་ལ་བུ་གཅིག་ལྟར་བརྩེ་ཡན་ལག་དྲུག་ཅུའི་དབྱངས་ལྡན་གསུང་། །
འབྲུག་ལྟར་ཆེར་སྒྲོགས་ཉོན་མོངས་གཉིད་སློང་ལས་ཀྱི་ལྕགས་སྒྲོགས་དགྲོལ་མཛད་ཅིང་། །
མ་རིག་མུན་སེལ་སྡུག་བསྔལ་མྱུ་གུ་ཇི་སྙེད་གཅོད་མཛད་རལ་གྲི་བསྣམས། །
གདོད་ནས་དག་ཅིང་ས་བཅུའི་མཐར་སོན་ཡོན་ཏན་ལུས་རྫོགས་རྒྱལ་སྲས་ཐུ་བོའི་སྐུ། །
བཅུ་ཐྲག་བཅུ་དང་བཅུ་གཉིས་རྒྱན་སྤྲས་བདག་བློའི་མུན་སེལ་འཇམ་པའི་དབྱངས་ལ་འདུད།
གཞོན་ནུའི་སྐུ་ལུས་འཆང་བ་པོ། །ཤེས་རབ་སྒྲོན་མེ་རབ་གསལ་ཅིང་། །
འཇིག་རྟེན་གསུམ་གྱི་མུན་སེལ་བ། །འཇམ་དཔལ་དབྱངས་ལ་ཕྱག་འཚལ་ལོ། །
བརྩེ་ལྡན་ཁྱོད་ཀྱིས་མཁྱེན་རབ་འོད་ཟེར་གྱིས། །བདག་བློའི་གཏི་མུག་མུན་པ་རབ་བསལ་ནས། །
བཀའ་དང་བསྟན་བཅོས་གཞུང་ལུགས་རྟོགས་པ་ཡི། །བློ་གྲོས་སྤོབས་པའི་སྣང་བ་བསྐྱལ་དུ་གསོལ། །

ཡུམ་དོན་ཡང་གསལ་སྒྲོན་མེ་ཞེས་བྱ་བ་ལས་སྐབས་དང་པོའི་མཐའ་དཔྱོད་མདོ་སྔགས་རབ་འབྱམས་སྨྲ་བ་པཎ་ཆེན་བསོད་ནམས་གྲགས་པས་སྦྱར་བའོ། །བཀྲ་ཤིས། །

所有諸義如實觀故胸中執持般若函，

諸有於此生死牢獄無明闇覆苦所逼，

眾生海中悲同一子具足六十韻音語，

如大雷震煩惱睡起業之鐵索為解脫，

無明闇除苦之苗芽盡皆為斷揮寶劍，

從本清淨究竟十地，功德身圓佛子最勝體，

百一十二相好莊嚴，除我心闇敬禮妙吉祥。

童子之身執持者，智慧之燈極光明，

除三世間之黑闇，敬禮文殊妙吉祥。

大悲尊以極遍智光明，盡除我心愚癡諸黑闇，

契經及論教典皆證得，願賜智慧辯才咸顯現。

再顯般若義之燈辨析第一品稱顯密格西班欽．福稱所著吉祥！

སྐབས་གཉིས་པ།

ཉམས་བཤད་སྙིང་པོ་རྒྱན་གྱི་དོན་རིགས་ལམ་བཞིན་དུ་གསལ་བར་
འཆད་པའི་ཡུམ་དོན་ཡང་གསལ་སྒྲོན་མེ་ཞེས་བྱ་བ་ལས་
སྐབས་གཉིས་པའི་མཐའ་དཔྱོད་བཞུགས་སོ། །

ལམ་ཤེས་བཤད་པའི་མཚམས་སྦྱར།

རྣམ་པ་ཐམས་ཅད་མཁྱེན་པ་ཉིད་རྟོགས་པ་ནི། ཞེས་སོགས་ཀྱི་སྐབས་སུ། སྦྱོར་བ་དང་། མཐའ་དཔྱད་པ་གཉིས།

དང་པོ་ནི། རྣམ་མཁྱེན་གྱི་རྗེས་སུ་ལམ་ཤེས་འཆད་པའི་རྒྱུ་མཚན་ཡོད་དེ། ལམ་གསུམ་གྱི་རིགས་རྫོགས་པར་སྒོམ་པའི་ལམ་ཤེས་མ་ཐོབ་པར་རྣམ་མཁྱེན་མི་ཐོབ་པའི་རྒྱུ་མཚན་གྱིས་དེ་ལྟར་བཤད་པའི་ཕྱིར།

རྣམ་མཁྱེན་གྱི་རྗེས་སུ་ལམ་ཤེས་འཆད་པ་ལ་ཆོས་ཅན། རྣམ་བཅད་ཀྱི་དགོས་པ་ཡོད་དེ། སྐྱབས་འགྲོ་དང་གནས་ལུགས་ཀྱི་དོན་རྟོགས་པ་ཙམ་གྱིས་རྣམ་མཁྱེན་ཐོབ་བམ་སྙམ་པའི་ལོག་རྟོག་དགག་པའི་ཆེད་ཡིན་པའི་ཕྱིར།

དེ་ཆོས་ཅན། ཡོངས་གཅོད་ཀྱི་དགོས་པ་ཡོད་དེ། རྣམ་མཁྱེན་ཐོབ་པར་འདོད་པས་ལམ་གསུམ་གྱི་རིགས་རྫོགས་པར་སྒོམ་དགོས་སོ་ཞེས་ཤེས་པའི་ཆེད་ཡིན་པའི་ཕྱིར།

གཉིས་པ་ལ། ཁ་ཅིག ལམ་གསུམ་བདེན་སྟོང་མངོན་སུམ་དུ་རྟོགས་པའི་ཡེ་ཤེས་ལམ་ཤེས་ཀྱི་མཚན་ཉིད་ཟེར་ན། བྱང་འཕགས་ཀྱི་རྒྱུད་ཀྱི་མི་རྟག་སོགས་བཅུ་དྲུག་མངོན་སུམ་དུ་རྟོགས་པའི་ཡེ་ཤེས་ཆོས་ཅན། མཚན་ཉིད་དེར་ཐལ། མཚོན་བྱ་དེའི་ཕྱིར། དེར་ཐལ། ཐབས་ཤེས་ཁྱད་པར་ཅན་གྱིས་ཟིན་པའི་ཐེག་ཆེན་འཕགས་པའི་མཁྱེན་པ་ཡིན་པའི་ཕྱིར། འདོད་ན། སློབ་ལམ་ན་བློ་གཅིག

第二品

依理清晰闡述《心要莊嚴疏》義——再顯般若義之燈・第二品辨析

57 講說道相智之承接文

「證悟一切相智……」等文時，論式、辨析二者。

初者，一切相智後，有講說道相智之理由：即未獲得圓滿修習三道種類之道相智，無法證得一切相智，故如是說。

一切相智後講說道相智為有法，有「外排」之目的，因為了遮思惟「僅皈依與通達實相義便能獲得一切相智嗎？」之顛倒分別故。

彼為有法，有「內納」之目的，因為令了知「欲獲得一切相智需圓滿修習三道種類」故。

第二，有云：「現證三種道諦實空之本智，是道相智之性相。」菩薩聖者相續之現證無常等十六本智為有法，理應是彼性相，因是彼名相故。理應如是，因是殊勝方便智慧所攝之大乘聖者之智故。若許，有學道中，理應有一覺知可同時現證二諦，因許故。若許，

གིས་བདེན་གཉིས་ཅིག་ཅར་དུ་མངོན་སུམ་དུ་རྟོགས་པ་ཡོད་པར་ཐལ། འདོད་པའི་ཕྱིར། འདོད་ན། སློབ་ལམ་ན་བདེན་གཉིས་ངོ་བོ་ཐ་དད་དུ་འཛིན་པའི་དྲི་མ་ཟད་པར་སྤངས་པ་ཡོད་པར་ཐལ་ལོ། །

གཞན་ཡང་། སློབ་ལམ་ན། མཉམ་གཞག་ཡེ་ཤེས་དང་རྗེས་ཐོབ་ཡེ་ཤེས་ཀྱི་གཞི་མཐུན་ཡོད་པར་ཐལ། རྩ་བར་འདོད་པ་གང་ཞིག དེ་རྗེས་ཐོབ་ཡེ་ཤེས་ཡིན་པའི་ཕྱིར། ཕྱི་མ་དེར་ཐལ། དེ་རང་གི་འཛིན་སྟངས་ཀྱི་ཡུལ་གྱི་གཙོ་བོ་ཀུན་རྫོབ་དངོས་ཡུལ་དུ་བྱེད་པའི་མཁྱེན་པ་ཡིན་པའི་ཕྱིར།

གཞན་ཡང་། བྱང་སེམས་མཐོང་ལམ་པའི་རྒྱུད་ཀྱི་སྙིང་རྗེ་ཆེན་པོ་ཆོས་ཅན། རྩ་བའི་མཚན་ཉིད་དེར་ཐལ། མཚོན་བྱ་དེའི་ཕྱིར། འདོད་ན། དེ་ལམ་གསུམ་བདེན་པར་འཛིན་པའི་བདེན་འཛིན་དང་འཛིན་སྟངས་དངོས་སུ་འགལ་བར་ཐལ། འདོད་པའི་ཕྱིར། འདོད་མི་རིགས་ཏེ། རྣམ་འགྲེལ་ལས། བྱམས་སོགས་རྨོངས་དང་འགལ་མེད་ཕྱིར། །ཞེས་གསུངས་པའི་ཕྱིར།

གཞན་ཡང་། དེ་འདྲའི་སྙིང་རྗེ་ལ་འཛིན་སྟངས་མི་མཐུན་པ་གཉིས་ཡོད་པར་ཐལ། དེ་སེམས་ཅན་སྡུག་བསྔལ་དང་བྲལ་འདོད་ཀྱི་རྣམ་པ་ཅན་གྱི་བློ་གང་ཞིག སེམས་ཅན་བདེན་སྟོང་གི་རྣམ་པ་ཅན་གྱི་བློ་ཡིན་པའི་ཕྱིར། རྟགས་ཕྱི་མ་ཁས། འདོད་མི་རིགས་ཏེ། སློབ་པའི་རྒྱུད་ཀྱི་སྙིང་རྗེ་ཡིན་པའི་ཕྱིར།

གཞན་ཡང་། རྩ་བའི་མཚན་ཉིད་དེ་མི་འཐད་པར་ཐལ། ལམ་ཤེས་དང་རྟོགས་པའི་གཞི་མཐུན་ཡོད་པའི་ཕྱིར་ཏེ། ཐེག་ཆེན་གྱི་སྒོམ་ལམ་དང་རྟོག་པའི་གཞི་མཐུན་ཡོད་པའི་ཕྱིར་ཏེ། ཐེག་ཆེན་གྱི་སྒོམ་ལམ་དང་ངེས་རྟོག་གི་གཞི་མཐུན་ཡོད་པའི་ཕྱིར་ཏེ། ཡང་དང་ཡང་དུ་སེམས་པ་དང་། །འཇལ་དང་ངེས་རྟོག་སྒོམ་པའི་ལམ། །ཞེས་གསུངས་པའི་ཕྱིར།

གཞན་ཡང་། རྩ་བའི་དམ་བཅའ་མི་འཐད་པར་ཐལ། བྱང་འཕགས་ཀྱི་མཁྱེན་པ་ཡིན་ན་རྣལ་འབྱོར་མངོན་སུམ་ཡིན་པས་མ་ཁྱབ་པའི་ཕྱིར། དེར་ཐལ། ཡེ་ཤེས་ཆོས་སྐུ་རྟོགས་པའི་བྱང་འཕགས་ཀྱི་མཁྱེན་པ་རྣལ་འབྱོར་མངོན་སུམ་མ་ཡིན་པའི་ཕྱིར་ཏེ། ཡེ་ཤེས་ཆོས་སྐུ་དེ་སངས་རྒྱས་ནང་པན་ཚུན་ཁོ་ནའི་མངོན་སུམ་གྱི་སྤྱོད་ཡུལ་ཡིན་པའི་ཕྱིར།

有學道中，則成有斷盡執二諦體異垢染。

又，有學道中，理應有根本智與後得智之同位，因許根本，且彼是後得智故。後者理應如是，因彼是以自之主要執式境世俗為直接境之智故。

又，見道菩薩相續之大悲為有法，理應是根本性相，因是彼名相故。若許，彼理應與執三種道為諦實之諦實執著執式正相違，因許故。不能許，因《釋量論》云：「慈等愚無違。[48]」故。

又，如此的悲，理應有二種不相順執式，因彼是具欲有情離苦之相的覺知，且是具有情諦實空之相的覺知故。承許後因，不能許，因是有學相續的悲故。

又，此根本性相理應不應理，因有道相智與分別之同位故，因有大乘修道與分別之同位故，因有大乘修道與決定分別⑦之同位故。因所謂：「有數思稱量，及觀察⑧修道。」故。

又，根本之立宗理應不合理，因若是菩薩聖者之智，不周遍是瑜伽現前故。理應如是，因通達智慧法身之菩薩聖者之智不是瑜伽現前故，因智慧法身僅是佛之間相互之現前行境故。

⑦ 決定分別：指對於自境產生定解的分別心。

⑧ 觀察裡面包含測量འཇལ་、決定分別ངེས་རྟོག。

ཁ་ཅིག རང་རྒྱུད་ལྡན་གྱི་གང་ཟག་དེའི་རྒྱུད་ཀྱི་སྟོང་ཉིད་མངོན་སུམ་དུ་རྟོགས་པའི་ཤེས་རབ་ཀྱིས་ཟིན་པའི་ཐེག་ཆེན་གྱི་གང་ཟག་གི་མངོན་རྟོགས་ལམ་ཤེས་ཀྱི་མཚན་ཉིད་ཟེར་བ་མི་འཐད་དེ། སྟོང་ཉིད་མངོན་སུམ་དུ་རྟོགས་པའི་ཉན་ཐོས་དགྲ་བཅོམ་པའི་རྟོགས་པ་སྔོན་དུ་སོང་བའི་བྱང་སེམས་ཀྱི་ཚོགས་ལམ་གྱིས་མ་ངེས་པའི་ཕྱིར།

ཡང་ཁ་ཅིག རང་རྒྱུད་ལྡན་གྱི་གང་ཟག་དེའི་རྒྱུད་ཀྱི་སྟོང་ཉིད་མངོན་སུམ་དུ་རྟོགས་པའི་ཤེས་རབ་ཀྱིས་ཟིན་པའི་ཐེག་ཆེན་འཕགས་པའི་མངོན་རྟོགས། ལམ་ཤེས་ཀྱི་མཚན་ཉིད་ཟེར་བ་མི་འཐད་དེ། ཐེག་ཆེན་གྱི་མཐོང་ལམ་རྗེས་ཐོབ་ཡེ་ཤེས་དེ། མཚན་ཉིད་དེ་མ་ཡིན་པ་གང་ཞིག མཚོན་བྱ་དེ་ཡིན་པའི་ཕྱིར། དང་པོ་དེར་ཐལ། ཐེག་ཆེན་གྱི་མཐོང་ལམ་རྗེས་ཐོབ་ཡེ་ཤེས་ལ་གནས་པའི་སེམས་དཔའི་རྒྱུད་ལ་སྟོང་ཉིད་མངོན་སུམ་དུ་རྟོགས་པའི་ཤེས་རབ་མེད་པའི་ཕྱིར་ཏེ། དེའི་རྒྱུད་ལ་སྟོང་ཉིད་ལ་མངོན་སུམ་དུ་མཉམ་པར་གཞག་པའི་མཉམ་གཞག་ཡེ་ཤེས་མེད་པའི་ཕྱིར།

དེར་ཐལ། གང་ཟག་དེ་ཆོས་ཉིད་ལ་མཉམ་པར་གཞག་པའི་མཉམ་གཞག་ཡེ་ཤེས་ལ་གནས་པའི་གང་ཟག་མ་ཡིན་པའི་ཕྱིར། མ་གྲུབ་ན། དེ་ཆོས་ཅན། དེར་ཐལ། ཆོས་ཉིད་ལ་མངོན་སུམ་དུ་མཉམ་པར་གཞག་པའི་མཉམ་གཞག་ལས་ལངས་པའི་རྗེས་ཐོབ་ལ་གནས་པའི་གང་ཟག་ཡིན་པའི་ཕྱིར། དེར་ཐལ། ཐེག་ཆེན་གྱི་མཐོང་ལམ་རྗེས་ཐོབ་ཡེ་ཤེས་ལ་གནས་པའི་སེམས་དཔའ་ཡིན་པ་གང་ཞིག ཐེག་ཆེན་གྱི་མཐོང་ལམ་རྗེས་ཐོབ་ཡེ་ཤེས་དེ་ཆོས་ཉིད་ལ་མངོན་སུམ་དུ་མཉམ་པར་གཞག་པའི་མཉམ་གཞག་ཡེ་ཤེས་ལས་ལངས་པའི་རྗེས་ཐོབ་ཡེ་ཤེས་ཡིན་པའི་ཕྱིར།

གཞན་ཡང་། སེམས་དཔའ་དེ་ཆོས་ཉིད་ལ་མངོན་སུམ་དུ་མཉམ་པར་གཞག་པའི་མཉམ་གཞག་ཡེ་ཤེས་ལ་གནས་པའི་གང་ཟག་མ་ཡིན་པར་ཐལ། དེའི་རྒྱུད་ལ་ཆོས་ཉིད་ལ་མངོན་སུམ་དུ་མཉམ་པར་གཞག་པའི་མཉམ་གཞག་ཡེ་ཤེས་འགགས་པའི་ཕྱིར། དེར་ཐལ། དེའི་རྒྱུད་ལ་ཐེག་ཆེན་གྱི་མཐོང་ལམ་རྗེས་ཐོབ་ཡེ་ཤེས་སྐྱེས་པ་གང་ཞིག ཆོས་ཉིད་ལ་མངོན་སུམ་དུ་མཉམ་པར་གཞག་པའི་ཐེག་ཆེན་གྱི་མཐོང་ལམ་མཉམ་གཞག་ཡེ་ཤེས་འགགས་པ་དང་། ཐེག་ཆེན་གྱི་མཐོང་ལམ་རྗེས་ཐོབ་ཡེ་ཤེས་སྐྱེས་པ་དུས་མཉམ་པའི་ཕྱིར། དེར་ཐལ། དེ་གཉིས་རྒྱུ་འབྲས་ཡིན་པའི་ཕྱིར།

有云：「相續具自補特伽羅相續的現證空性慧所攝之大乘補特伽羅現觀，是道相智之性相。」彼不應理，因現證空性之聲聞阿羅漢證量先行之菩薩的資糧道不定故。

又有云：「相續具自補特伽羅彼相續的現證空性慧所攝之大乘聖者現觀，是道相智之性相。」不應理，因大乘見道後得智不是此性相，且是此名相故。初者理應如是，因住於大乘見道後得智之菩薩相續中沒有現證空性慧故。因彼之相續中沒有現前入空性之根本智故。

理應如是，因彼補特伽羅不是住入法性之根本智之補特伽羅故。若不成，彼為有法，理應如是，因是住從現前入法性定而起之後得的補特伽羅故。理應如是，因是住大乘見道後得智之菩薩，且大乘見道後得智是從現前入法性之根本智而起之後得智故。

復次，此菩薩理應不是住現前入法性之根本智之補特伽羅，因彼之相續中，現前入法性之根本智滅故。理應是彼，因其相續中生起大乘見道後得智，且現前入法性之大乘見道根本智滅與大乘見道後得智生起同時故。理應如是，因彼二是因果故。

གཞན་ཡང་ཐེག་ཆེན་མཐོང་ལམ་རྗེས་ཐོབ་ཡེ་ཤེས་ལ་གནས་པའི་སེམས་དཔའི་རྒྱུད་ལ་སྟོང་ཉིད་མངོན་སུམ་དུ་རྟོགས་པའི་ཡེ་ཤེས་མེད་པར་ཐལ། དེའི་རྒྱུད་ཀྱི་སྟོང་ཉིད་མངོན་སུམ་དུ་རྟོགས་པའི་ཡེ་ཤེས་དེ། ཐེག་ཆེན་གྱི་མཐོང་ལམ་མ་ཡིན་པའི་ཕྱིར་ཏེ། དེ་ཐེག་ཆེན་གྱི་མཐོང་ལམ་མཉམ་གཞག་ཡེ་ཤེས་ཀྱང་མ་ཡིན། རྗེས་ཐོབ་ཡེ་ཤེས་ཀྱང་མ་ཡིན་པའི་ཕྱིར། དང་པོ་བསྒྲུབས་ཟིན། ཕྱི་མ་མ་གྲུབ་ན། དེ་རང་ཡུལ་ཀུན་རྫོབ་པའི་རྣམ་པ་ཅན་ཡིན་པར་ཐལ། མ་གྲུབ་པ་དེའི་ཕྱིར།

ཁོན་རེ། མི་རྟག་སོགས་བཅུ་དྲུག་མངོན་སུམ་དུ་རྟོགས་པའི་བྱང་འཕགས་ཀྱི་མཁྱེན་པ་དེ། ཐེག་ཆེན་སློབ་པ་འཕགས་པའི་ལམ་མ་ཡིན་པར་ཐལ། དེ་མཉམ་གཞག་ཡེ་ཤེས་ཀྱང་མ་ཡིན། རྗེས་ཐོབ་ཡེ་ཤེས་ཀྱང་མ་ཡིན་པའི་ཕྱིར། ཁྱབ་པ་ཁས་ཟེར་ན། ཕྱི་མ་མ་གྲུབ་སྟེ། དེ་རྗེས་ཐོབ་ཡེ་ཤེས་མ་ཡིན་ན། ཊཱི་ཀཱར་མཉམ་རྗེས་ངོ་བོ་གཅིག་ཏུ་ཡོད་པར་ཐལ་བ་འཐེན་མི་རིགས་པའི་ཕྱིར།

གཞན་ཡང་། ཐེག་ཆེན་གྱི་མཐོང་ལམ་ཡིན་ན། ཐེག་ཆེན་གྱི་མཐོང་ལམ་མཉམ་གཞག་ཡེ་ཤེས་དང་རྗེས་ཐོབ་ཡེ་ཤེས་གང་རུང་ཡིན་པས་ཁྱབ་པར་ཐལ། དེ་ཡིན་ན་སྟོང་ཉིད་ལ་མངོན་སུམ་དུ་མཉམ་པར་གཞག་པའི་སྐབས་དང་། དེ་ལས་ལངས་པའི་སྐབས་ཀྱི་ལམ་གང་རུང་ཡིན་དགོས་པའི་ཕྱིར།

རང་ལུགས་ནི། ཐབས་ཤེས་ཁྱད་པར་ཅན་གྱིས་ཟིན་པའི་ཐེག་ཆེན་འཕགས་པའི་མཁྱེན་པ། ལམ་ཤེས་ཀྱི་མཚན་ཉིད། དབྱེ་ན་གསུམ། ས་མཚམས་ཐེག་ཆེན་གྱི་མཐོང་ལམ་ནས་སངས་རྒྱས་ཀྱི་སའི་བར་དུ་ཡོད།

ཁ་ཅིག ལམ་ཤེས་སྐབས་གཉིས་པའི་བསྟན་བྱའི་གཙོ་བོར་གྱུར་པའི་ལམ་ཤེས་ཡིན་ཟེར་བ་མི་རིགས་ཏེ། སྐབས་གཉིས་པའི་བསྟན་བྱའི་གཙོ་བོར་གྱུར་པའི་ལམ་ཤེས་ཡིན་ན། རྒྱུ་ལམ་ཤེས་ཡིན་དགོས་པའི་ཕྱིར། དེར་ཐལ། དེ་རྒྱུ་ལམ་ཤེས་ཡིན་པའི་ཕྱིར། དེར་ཐལ། འགྲེལ་ཆེན་ལས། དེ་ཉིད་ལས་རྒྱུ་ཙམ་ཞིག་དྲངས་ནས་བྱང་ཆུབ་སེམས་དཔའ་རྣམས་ཀྱི་མཐོང་བ་ལ་སོགས་པའི་ལམ་གྱི་བདག་ཉིད་ཅན་ལམ་ཤེས་པ་ཉིད་དུ་ལོགས་ཤིག་ཏུ་བཞག་པ་ཡིན་ནོ། །ཞེས་གསུངས་པའི་ཕྱིར།

又，住大乘見道後得智之菩薩相續中，理應沒有以現前通達空性之慧，因其相續的現前通達空性之慧不是大乘見道故。因彼非大乘見道根本智亦非後得智故。初者已成立。若後者不成，彼理應是自境具世俗之相，因前之不成故。

有云：「現證無常等十六〔行相〕之菩薩聖者之智，理應不是大乘有學聖者之道，因彼非根本智，亦非後得智故。承許周遍。」後者不成，因若彼不是後得智，則《心要莊嚴疏》不能舉出有根本後得成同體之過失故。

又，若是大乘見道，理應周遍是大乘見道根本智及後得智隨一，因若是彼須是現前入定於空性之時的道與從彼而起之時的道隨一故。

自宗：「殊勝方便智慧所攝之大乘聖者智」，是道相智之性相。分有三種。界限從大乘見道乃至佛地皆有。

有云：「道相智是第二品主要所詮之道相智。」不合理，因若是第二品主要所詮之道相智，須是因道相智故。理應如是，因彼是因道相智故。理應如是，因《莊嚴光明釋》云：「乃從其中，僅取其『因』，而另安立具備諸菩薩見道等道之體性者——道相智。」故。

ཁོན་རེ། ལམ་ཤེས་ཆོས་ཅན། སྐབས་གཉིས་པའི་བསྟན་བྱའི་གཙོ་བོར་གྱུར་པའི་ལམ་ཤེས་ཡིན་པར་ཐལ། དེའི་བསྟན་བྱའི་གཙོ་བོ་གང་ཞིག ལམ་ཤེས་ཡིན་པའི་ཕྱིར་ན། མ་ཁྱབ་བོ། །

有云：「道相智為有法，理應是第二品之主要所詮之道相智，因是彼之主要所詮，且是道相智故。」不周遍。

ལྷ་རྣམས་རུང་བར་བྱ་བའི་ཕྱིར། ཞེས་སོགས་ཀྱི་སྐབས་སུ། སྤྱོར་བ་དང་། མཐའ་དཔྱད་པ་གཉིས།

དང་པོ་ནི། དེ་བཞིན་གཤེགས་པའི་རང་བཞིན་གྱི་འོད་ཀྱིས་ལམ་ཤེས་ཀྱི་མདོ་འཆད་པའི་འཁོར་དུ་གསར་དུ་ལྷགས་པའི་འདོད་གཟུགས་ཀྱི་ལྷ་རྣམས་ཀྱི་འོད་མོག་མོག་པོར་མཛད་པ་ལ་ཆོས་ཅན། དགོས་པ་ཡོད་དེ། ལམ་ཤེས་ཀྱི་མདོ་འཆད་པའི་འཁོར་དུ་གསར་དུ་ལྷགས་པའི་འདོད་གཟུགས་ཀྱི་ལྷ་རྣམས་ཀྱི་རྒྱུད་ལ་ལམ་ཤེས་དང་། ཐེག་ཆེན་སེམས་བསྐྱེད་སྔར་དུ་སྐྱེ་རུང་དུ་སྒྲུབ་པའི་ཆེད་ཡིན་པའི་ཕྱིར།

ལམ་ཤེས་དངོས་སུ་གསར་དུ་སྐྱེ་བའི་རྟེན་ཡོད་དེ། ལམ་ཤེས་དངོས་སུ་གསར་དུ་སྐྱེ་བའི་རྟེན་ཡིན་ན། ཐེག་ཆེན་དུ་སེམས་བསྐྱེད་པའི་གང་ཟག་ཡིན་དགོས་པའི་ཕྱིར། བྱང་ཆུབ་སེམས་དཔའ་ལས་གཞན་པའི་སེམས་ཅན་གྱི་རྒྱུད་ལ་ལམ་ཤེས་སྐྱེར་མི་རུང་བ་མ་ཡིན་ཏེ། སེམས་ཅན་ཐམས་ཅད་ལ་སངས་རྒྱས་ཀྱི་རིགས་ཀྱིས་ཁྱབ་པའི་ཕྱིར།

དམན་ལམ་སྔོན་དུ་མ་སོང་བའི་བྱང་སེམས་འཕགས་པ་ཆོས་ཅན། ཁྱོད་ཀྱི་རྒྱུད་ཀྱི་ལམ་ཤེས་དེ་ཉན་རང་གི་རྒྱུད་ཀྱི་ལམ་ལས་རང་བཞིན་ཁྱད་པར་དུ་འཕགས་པ་ཡིན་ཏེ། ཁྱོད་རང་རྒྱུད་ཀྱི་འདོད་སྲིད་ཀྱི་ཟག་པ་ཆེད་དུ་གཉེར་ནས་མི་སྤོང་བར་གཞན་དོན་སྒྲུབ་པའི་ཡན་ལག་ཏུ་བསྒྱུར་བར་བྱེད་པའི་རྒྱལ་སྲས་འཕགས་པ་ཡིན་པའི་ཕྱིར། དེ་ཆོས་ཅན། ཁྱོད་ཀྱི་རྒྱུད་ཀྱི་ལམ་ཤེས་དེ་ཉན་རང་གིས་རྒྱུད་ཀྱི་ལམ་ལས་བྱེད་ལས་ཁྱད་པར་འཕགས་པ་ཡིན་ཏེ། ཁྱོད་ཀྱི་རྒྱུད་ཀྱི་ལམ་ཤེས་དེ་སེམས་ཅན་འཁོར་དུ་མ་བསྡུས་པ་རྣམས་སྡུད། བསྡུས་པ་རྣམས་སྨིན། སྨིན་པ་རྣམས་གྲོལ་བར་བྱེད་པའི་བྱེད་ལས་དང་ལྡན་པའི་ཕྱིར།

གཉིས་པ་ལ། ཁ་ཅིག ལམ་ཤེས་རྫོགས་བྱེད་ཀྱི་ཆ་ཤས་སུ་གྱུར་པའི་སེམས་དཔའི་ཡོན་ཏན་དེ། ལམ་ཤེས་ཀྱི་ཡན་ལག་གི་མཚན་ཉིད་ཡིན་གསུངས་པ་མི་འཐད་དེ། སངས་རྒྱས་ཀྱི་ས་ན་ལམ་ཤེས

58 道相智之支分

「調伏諸天故……」等之時，論式與辨析二者。

初者，如來之自性光芒令講說道相智經之眷屬——新到來的欲、色界之天人眷屬的光芒黯淡為有法，有旨趣，因為了成就講說道相智經之眷屬——新到來之欲、色界諸天人的相續中，堪能快速生起道相智與大乘發心故。

有直接新生道相智之所依，因若是直接新生道相智之所依，須是於大乘發心之補特伽羅故。菩薩以外的有情相續中不是不堪生起道相智，因一切有情為佛種性所周遍故。

未曾入劣道之菩薩聖者為有法，爾相續之道相智，自性較聲緣相續之道更為殊勝，因爾是刻意不斷除自相續之欲漏、有漏，將〔其〕轉為成就利他支分之佛子聖者故。彼為有法，爾相續之道相智，作用較聲緣相續的道更為殊勝，因爾相續之道相智，具有將未攝受的有情攝受為眷屬，諸已攝受者，令成熟，諸成熟者，令解脫之作用故。

第二，有云：「能圓滿道相智之部分的菩薩功德，是道相智之支分之性相。」不應理，因佛地有道相智之支分，以及於大乘覺醒

ཀྱི་ཡན་ལག་ཡོད་པའི་ཕྱིར་དང་། ཐེག་ཆེན་དུ་རིགས་སད་པའང་ལམ་ཤེས་ཀྱི་ཡན་ལག་ཡིན་པའི་ཕྱིར། དང་པོ་གྲུབ་སྟེ། སངས་རྒྱས་ཀྱི་ས་ན་ལམ་ཤེས་ཀྱི་རྒྱུ་ངོ་བོ་འབྲས་བུ་གསུམ་གང་རུང་གིས་བསྡུས་པའི་ཡོན་ཏན་ཁྱད་པར་ཅན་ཡོད་པའི་ཕྱིར། གཉིས་པ་གྲུབ་སྟེ། ཁྱབ་པ་དང་ཞེས་པ་རྩ་འགྲེལ་གྱི་གཞུང་གི་བསྟན་བྱའི་གཙོ་བོར་གྱུར་པའི་ལམ་ཤེས་ཀྱི་ཡན་ལག་ཡོད་པའི་ཕྱིར།

གཞན་ཡང་། ཁྱབ་པ་དང་ཞེས་པ་རྩ་འགྲེལ་གྱི་གཞུང་འདི། བྱང་ཆུབ་སེམས་དཔའ་ལས་གཞན་པའི་སེམས་ཅན་གྱི་རྒྱུད་ལ་ལམ་ཤེས་སྐྱེ་རུང་བར་བསྟན་བྱའི་གཙོ་བོར་བྱས་ནས་སྟོན་པའི་གཞུང་མ་ཡིན་པར་ཐལ། འདི་བྱང་སེམས་ཀྱི་ཡོན་ཏན་བསྟན་བྱའི་གཙོ་བོར་བྱས་ནས་སྟོན་པའི་གཞུང་ཡིན་པའི་ཕྱིར། དེར་ཐལ། དེ་ལམ་ཤེས་རྫོགས་བྱེད་ཀྱི་ཆ་ཤས་སུ་གྱུར་པའི་སེམས་དཔའི་ཡོན་ཏན་བསྟན་བྱའི་གཙོ་བོར་བྱས་ནས་སྟོན་པའི་གཞུང་ཡིན་པའི་ཕྱིར། མ་གྲུབ་ན་སོང་། དེར་ཐལ། དེ་ལམ་ཤེས་ཀྱི་ཡན་ལག་བསྟན་བྱའི་གཙོ་བོར་བྱས་ནས་སྟོན་པའི་གཞུང་གང་ཞིག སྔར་གྱི་མཚན་ཉིད་དེ་འཐད་པའི་ཕྱིར། དང་པོ་དེར་ཐལ། ལྷ་རྣམས་རུང་བར་བྱ་བའི་ཕྱིར། །ཞེས་སོགས་རྩ་འགྲེལ་གྱིས་ལམ་ཤེས་ཀྱི་ཡན་ལག་ལྔ་བསྟན་བྱའི་གཙོ་བོར་བྱས་ཞེས་བསྟན་པའི་ཕྱིར།

གཞན་ཡང་། མདོ་ལས། ཁྱད་པར་དུ་འཕགས་པའི་ཆོས་རྣམས་ལས་ཀྱང་ཆེས་ཁྱད་པར་དུ་འཕགས་པའི་ཆོས་རྣམས་ཐོབ་པར་བྱའོ། །ཞེས་པའི་མདོ་འདི་ལམ་ཤེས་ཀྱི་ཡན་ལག་འཆད་བྱེད་ཀྱི་མདོར་བཤད་པ་མི་འཐད་པར་ཐལ། མདོ་འདིའི་བསྟན་བྱའི་གཙོ་བོར་གྱུར་པའི་ལམ་ཤེས་ཀྱི་ཡན་ལག་མེད་པའི་ཕྱིར། མ་གྲུབ་ན་སོང་། དེར་ཐལ། འདིས་ལམ་ཤེས་ཀྱི་མཐར་ཐུག་གི་འབྲས་བུ་བསྟན་བྱའི་གཙོ་བོར་བྱས་ནས་བསྟན་པ་གང་ཞིག ལམ་ཤེས་ཀྱི་མཐར་ཐུག་གི་འབྲས་བུ་དང་ལམ་ཤེས་ཀྱི་ཡན་ལག་གི་གཞི་མཐུན་མེད་པའི་ཕྱིར། ཕྱི་མ་ཁས།

གཞན་ཡང་། ལམ་ཤེས་ཀྱི་རྒྱུ་ངོ་བོ་འབྲས་བུ་གསུམ་པོ་གང་རུང་གིས་བསྡུས་པའི་ལམ་ཤེས་ཀྱི་ཡན་ལག་མི་འཐད་པར་ཐལ། ལམ་ཤེས་ཀྱི་ཡན་ལག་གི་ས་མཚམས་ལམ་མ་ཞུགས་ནས་སངས་རྒྱས་ཀྱི་སའི་བར་དུ་འཇོག་པ་མི་རིགས་པའི་ཕྱིར། འདོད་ན། མོག་མོག་པོར་བྱེད་ལ་སོགས་དང་། །ཞེས་སོགས་ཀྱི་གཞུང་གིས་ལམ་ཤེས་ཀྱི་རྒྱུ་ངོ་བོ་འབྲས་བུ་གསུམ་གང་རུང་གིས་བསྡུས་པའི་ལམ་

種性亦是道相智之支分故。初者成立，因於佛地有道相智之因、體性、果三者隨一所攝之殊勝功德故。第二成立，因有所謂「普遍」之根本頌、釋之引文主要所詮之道相智支分故。

又，所謂「普遍」之根本頌、釋之引文，理應不是以「除菩薩以外之有情的相續堪能生起道相智」作為主要所詮而宣說之文。因彼是以菩薩功德為主要所詮而宣說之引文故。理應如是，因彼是以圓滿道相智部分之菩薩功德為主要所詮而宣說之引文故。若不成則成相違。理應如是，因彼是以道相智之支分為主要所詮而宣說之引文，且先前之性相合理故。初者理應如是，因「調伏諸天故……」等根本頌、釋，以道相智五支分作為主要所詮而宣說故。

復次，經云：「當得諸超勝法中，更為超勝之法。」說此經是開示道相智之支分之經，理應不合理，因無此經的主要所詮之道相智之支分故。若不成則成相違。理應如是，因此是以道相智之究竟果位作為主要所詮而宣說，且無道相智之究竟果位與道相智之支分之同位故。承許後者。

又，道相智之因、體性、果三者隨一所攝之道相智支分理應不應理，因安立道相智支分之界限從未入道乃至佛地是不合理故。若許，「令其隱闇等……」等引文，《心要莊嚴疏》說是揭示道相智之因、體性、果三者隨一所攝之道相智支分，理應不應理，因

ཤེས་ཀྱི་ཡན་ལག་བསྟན་པར་རྣམ་བཤད་དུ་གསུངས་པ་མི་འཐད་པར་ཐལ། འདོད་པའི་ཕྱིར།

རང་ལུགས་ནི། ལམ་ཤེས་ཀྱི་རྒྱུ་ངོ་བོ་འབྲས་བུ་གསུམ་གང་རུང་གིས་བསྡུས་པའི་སྙིང་རྗེ་ཆེན་པོས་ཟིན་པའི་ཡོན་ཏན་ཁྱད་པར་ཅན་དེ། ལམ་ཤེས་ཀྱི་ཡན་ལག་གི་མཚན་ཉིད་ཡིན།

ཁོ་ན་རེ། དེ་མི་འཐད་པར་ཐལ། ལམ་ཤེས་ལམ་ཤེས་ཀྱི་ཡན་ལག་མ་ཡིན་པའི་ཕྱིར་ཟེར་ན། མ་གྲུབ་སྟེ། འཕགས་ལམ་འཕགས་ལམ་གྱི་ཡན་ལག་ཡིན་པའི་ཕྱིར།

ཡང་ཁོ་ན་རེ། མཚན་ཉིད་དེ་མི་འཐད་པར་ཐལ། ཐེག་པ་ཆེན་པོར་རིགས་སད་པ་དེ་ལམ་ཤེས་ཀྱི་ཡན་ལག་ཏུ་ཁས་བླངས་པ་དང་ཁས་བླངས་ནང་འགལ་བའི་ཕྱིར། དེར་ཐལ། སྙིང་རྗེ་ཆེན་པོ་བསྐྱེད་པ་ལ་ཐེག་ཆེན་དུ་རིགས་སད་པ་སྔོན་དུ་འགྲོ་དགོས་པའི་ཕྱིར། དེར་ཐལ། རྣམ་བཤད་ལས། གདུལ་བྱ་བཀྲི་བའི་རིམ་པ་ལྟར་ན་སྙིང་རྗེ་ཆེན་པོ་ལ་འཁྲིད་པའི་སྔ་རོལ་ནས་རིགས་ནས་འཁྲིད་དགོས་སོ། །ཞེས་གསུངས་པའི་ཕྱིར་ཟེར་ན། མ་ཁྱབ་སྟེ། དེའི་དོན་ནི། དེའི་སྔ་རོལ་ཏུ་རིགས་གང་དང་ལྡན་རྟོགས་པའི་ཐབས་ཤེས་བསྐྱེད་དགོས་པ་སོགས་ལ་དགོངས་པའི་ཕྱིར། དེ་ལྟར་མ་ཡིན་ན། སྦྱོར་བའི་སྔོན་དུ་སྙིང་རྗེ་དང་། །ཞེས་གསུངས་པ་མི་འཐད་པར་ཐལ། ཐེག་པ་ཆེན་པོར་རིགས་སད་པའི་གང་ཟག་ཡིན་ན། སྙིང་རྗེ་ཆེན་པོ་ཐོབ་པས་མ་ཁྱབ་པའི་ཕྱིར། རྟགས་ཁས།

ཡང་ཁ་ཅིག སངས་རྒྱས་ཀྱི་སར་ལམ་ཤེས་རྫོགས་བྱེད་ཀྱི་ཆ་ཤས་སུ་གྱུར་པའི་སེམས་དཔའི་ཡོན་ཏན་ཡོད་པར་ཐལ། དེར་ལམ་ཤེས་ཀྱི་ཡན་ལག་ཡོད་པའི་ཕྱིར་ཟེར་ན། མ་ཁྱབ་སྟེ། སངས་རྒྱས་ཀྱི་སར་འཕགས་ལམ་ཡན་ལག་དང་བྱང་ཆུབ་ཡན་ལག་ཡོད་པས་མ་ངེས་པའི་ཕྱིར།

ཐེག་པ་གསུམ་རྣམ་པར་གཞག་པ་ནི་དགོངས་པ་ཅན་གྱི། ཞེས་སོགས་ཀྱི་སྐབས་སུ། སྦྱོར་བ་དང་། མཐའ་དཔྱད་པ་གཉིས།

དང་པོ་ནི། ཉན་རང་དགྲ་བཅོམ་དང་། ཕྱི་རོལ་པ་རྣམས་ཀྱིས་སངས་རྒྱས་ཐོབ་པའི་ཕྱིར་དུ་ལམ་ཤེས་བསྒོམ་དགོས་ཏེ། ཉན་རང་དགྲ་བཅོམ་དང་ཕྱི་རོལ་པ་ལ་སོགས་པའི་སེམས་ཅན་ཐམས་ཅད་སངས་རྒྱ་བའི་ཕྱིར། སེམས་ཅན་ཡིན་ན་སངས་རྒྱ་བས་ཁྱབ་སྟེ། མཐར་ཐུག་ཐེག་པ་གསུམ་དུ

許故。

自宗：「道相智之因、體性、果三者隨一所攝之大悲攝持之殊勝功德」，是道相智之支分之性相。

有云：「彼理應不應理，因道相智不是道相智之支分故。」因不成，因聖道是聖道之支分故。

又有云：「此性相理應不應理，因承許於大乘覺醒種性是道相智之支分與〔自宗所〕承許是自相矛盾故。理應如是，因生起大悲須先行於大乘覺醒種性故。理應如是，因《心要莊嚴疏》云：『從引導所化之次第來看，引領至大悲心之前，應該先從種姓牽引。』故。」不周遍，因彼義是慮及彼之前須生起通達具何種性之方便等故。若不是如此，「大悲及大信[49]」所說理應不應理，因若是於大乘覺醒種性之補特伽羅，不周遍獲得大悲故。承許因。

又有云：「於佛地理應有能圓滿道相智之部分的菩薩功德，因於彼處有道相智支分故。」不周遍，因於佛地有聖道支分及菩提支分所以不定故。

「安立三乘乃具意趣……」等文時，論式與辨析二者。

初者，諸聲緣阿羅漢與外道為獲得佛果須修道相智，因聲緣阿羅漢與外道等一切有情都會成佛故。若是有情周遍會成佛，因所謂「揭示成立究竟三乘之經，彼是不了義、具意趣經，不是真實了義」

གྲུབ་པར་སྟོན་པའི་མདོ་དེ་དྲང་དོན་དགོངས་པ་ཅན་གྱི་མདོ་ཡིན་གྱི། ངེས་དོན་མཚན་ཉིད་པ་ནི་མ་ཡིན་ནོ་ཞེས་ཤིང་རྟ་ཆེན་པོ་ཀླུ་སྒྲུབ་དང་། ཐོགས་མེད་གཉིས་ཀྱི་ལུགས་ལས་འབྱུང་བའི་ཕྱིར། དེ་ཡང་ཀླུ་སྒྲུབ་དབུ་མ་པའི་སློལ་འབྱེད་དང་། ཐོགས་མེད་སེམས་ཙམ་པའི་སློལ་འབྱེད་ཡིན་པ་ལ་དགོངས་ཀྱི་ཐོགས་མེད་སེམས་ཙམ་པར་སྟོན་པ་མ་ཡིན་ཏེ། དེ་དབུ་མ་པ་ཡིན་པའི་ཕྱིར་ཏེ། བྱང་སེམས་འཕགས་པ་ཡིན་པའི་ཕྱིར།

是大車軌師龍樹及無著二宗所說故。此復，意指龍樹是中觀派之創軌師及無著是唯識派之創軌師，並非揭示無著是唯識師，因彼是中觀師故，因是菩薩聖者故。

མཐར་ཕྱིན་ཐེག་པ་གཅིག་ཏུ་སྒྲུབ་པ།

གཉིས་པ་ལ། མཐར་ཕྱིན་ཐེག་པ་གཅིག་ཏུ་སྒྲུབ་པ་དང་། གསུམ་དུ་འདོད་པའི་ལུགས་གཞན་འགོད་པ་དང་། འཁོར་བ་ལ་མཐའ་ཡོད་མེད་དཔྱད་པ་དང་། ཉན་རང་དགྲ་བཅོམ་ཐེག་ཆེན་གྱི་ལམ་གང་ནས་འཇུག་དཔྱད་པ་དང་བཞི།

དང་པོ་ནི་མཐར་ཕྱིན་ཐེག་པ་གཅིག་ཏུ་ལུང་གིས་གྲུབ་སྟེ། དམ་ཆོས་པད་དཀར་སོགས་ཚད་ལྡན་གྱི་ལུང་མཐའ་ཡས་པ་ལས་གྲུབ་པའི་ཕྱིར། རིགས་པས་གྲུབ་སྟེ། སེམས་ཅན་ཐམས་ཅད་ཀྱི་རྒྱུད་ཀྱི་བདེན་འཛིན་སེམས་དང་བྲལ་རུང་གི་གློ་བུར་བ་ཡིན་པའི་ཕྱིར་ཏེ། སེམས་ཅན་ཐམས་ཅད་ཀྱི་སེམས་བདེན་སྟོང་གང་ཞིག བདེན་སྟོང་ལ་ངོ་བོ་མི་འདྲ་བའི་དབྱེ་བ་མེད་པའི་ཕྱིར།

59 成立究竟一乘

第二有四：成立究竟一乘、安立承許三乘之他宗、探析輪迴有無邊、觀擇聲緣阿羅漢從何大乘道而入。

初者，以教典成立究竟一乘，因由《妙法蓮華經》等無量具量之經所成立故。以理成立，因一切有情相續之諦實執是堪與心遠離之客塵故。因一切有情的心諦實空，且於諦實空沒有體性不同之區別故。

གསུམ་དུ་འདོད་པའི་ལུགས་འགོད་པ།

གཉིས་པ་ནི། རྣམ་རིག་པ་ན་རེ། མཐར་ཐུག་ཐེག་པ་གསུམ་དུ་གྲུབ་སྟེ། སེམས་ཅན་གྱི་རྒྱུད་ཀྱི་ཐེག་པ་སོ་སོའི་ལམ་དུ་བགྲོར་རུང་བའི་ཟག་མེད་ཡེ་ཤེས་ཀྱི་ས་བོན་རྣམས་དོན་དམ་པར་རིགས་སོ་སོར་ངེས་པའི་ཕྱིར་ཏེ། གཞན་དབང་དང་ཡོངས་གྲུབ་དོན་དམ་པར་གྲུབ་པའི་ཕྱིར་ཞེས་ཟེར།

◆現觀辨析（中）

60 安立承許三乘之宗

第二，有唯識師云：「成立究竟三乘，因有情相續中堪能引導入各別乘之道之諸無漏本智種子，於勝義中種性別別決定故，因依他起及圓成實勝義成立故。」

འཁོར་བ་ལ་མཐའ་ཡོད་མེད་དཔྱད་པ།

གསུམ་པ་ལ་ཁ་ཅིག སེམས་ཅན་ཐམས་ཅད་སངས་རྒྱ་བར་ངེས་པ་ལྟ་ཞོག འཚང་རྒྱ་རུང་ཙམ་ཡང་མ་ཡིན་ཏེ། སངས་རྒྱས་ཀྱི་རྒྱུ་ཚོགས་གྲངས་ཚང་མ་ཡིན་པའི་ཕྱིར། མ་གྲུབ་ན། ལམ་ཞུགས་ཀྱི་གང་ཟག་ཏུ་ཐལ། སངས་རྒྱས་ཀྱི་རྒྱུ་ཚོགས་གྲངས་ཚང་གི་གང་ཟག་ཡིན་པའི་ཕྱིར། མཐར་ཐུག་ཐེག་པ་གཅིག་ཏུ་གསུངས་པས་མི་གནོད་དེ། ལམ་ཞུགས་ཀྱི་སེམས་ཅན་ཐམས་ཅད་སངས་རྒྱ་བ་ལ་དགོངས་པའི་ཕྱིར། ཞེས་གསུངས། འོ་ན་ཉན་ཐོས་འཕགས་པ་རྣམས་འཚང་རྒྱ་རུང་ཡིན་ནམ་མིན། དང་པོ་ལྟར་ན་ཉན་ཐོས་འཕགས་པ་རྣམས་ཆོས་ཅན། ཐེག་ཆེན་ལམ་ཞུགས་ཀྱི་གང་ཟག་ཡིན་པར་ཐལ། སངས་རྒྱས་ཀྱི་རྒྱུ་ཚོགས་གྲངས་ཚང་ཡིན་པའི་ཕྱིར། མ་གྲུབ་ན་སོང་། དེ་ཆོས་ཅན། སངས་རྒྱ་རུང་མ་ཡིན་པར་ཐལ། སངས་རྒྱས་ཀྱི་རྒྱུ་ཚོགས་གྲངས་ཚང་མ་ཡིན་པའི་ཕྱིར། འཁོར་གསུམ།

གཉིས་པ་ལྟར་ན་དེ་ཆོས་ཅན། སངས་རྒྱ་བ་མ་ཡིན་པར་ཐལ། སངས་རྒྱ་རུང་མ་ཡིན་པའི་ཕྱིར། འདོད་མི་ནུས་ཏེ། ལམ་ཞུགས་ཀྱི་སེམས་ཅན་ཐམས་ཅད་སངས་རྒྱ་བར་ཁས་བླངས་པའི་ཕྱིར།

ཁ་ཅིག སེམས་ཅན་ཐམས་ཅད་སངས་རྒྱས་པ་སྲིད་པར་ཐལ། སེམས་ཅན་ཐམས་ཅད་སངས་རྒྱ་བའི་ཕྱིར་ཞེས་ཟེར། དེ་ལ་ཁ་ཅིག དངོས་པོ་ཐམས་ཅད་ཞིག་པ་སྲིད་པར་ཐལ། དངོས་པོ་ཐམས་ཅད་འཇིག་པའི་ཕྱིར། འདོད་ན། དངོས་པོ་ཐམས་ཅད་མེད་པ་སྲིད་པར་ཐལ་ལོ། །ཞེ་ན་འདོད་དེ། དངོས་པོ་མེད་པ་སྲིད་པའི་ཕྱིར་ཏེ། དོན་བྱེད་ནུས་སྟོང་དངོས་མེད་ཀྱི་མཚན་ཉིད་ཡིན་པའི་ཕྱིར་ཏེ། རྣམ་འགྲེལ་ལས། དེ་ནི་དངོས་མེད་མཚན་ཉིད་ཡིན། །ཞེས་གསུངས་པའི་ཕྱིར།

ཁོ་ན་རེ། འདི་ཕྱུན་ཆད་དུ་དངོས་པོ་ཡོད་ལ་འདི་ཕན་ཆད་དུ་དངོས་པོ་མེད་པར་སྒྲུབ་ནུས་པར་ཐལ། དངོས་པོ་ཞིག་པའི་དུས་སྲིད་པའི་ཕྱིར་ཟེར་ན། འོ་ན། འདི་ཕྱུན་ཆད་དུ་སྔོན་པོ་ཡོད་ལ་འདི་ཕན་ཆད་དུ་སྔོན་པོ་མེད་པར་སྒྲུབ་ནུས་པར་ཐལ། སྔོན་པོ་ཞིག་པའི་དུས་སྲིད་པའི་ཕྱིར། ཁྱབ་པ་ཁས། མ་གྲུབ་ན། སྔོན་པོ་ཆོས་ཅན། ཁྱོད་རྟག་དངོས་སུ་ཐལ། ཁྱོད་རང་རྒྱུ་ལས་སྐྱེས་པ་གང་ཞིག ཁྱོད་ཞིག་

61 探析輪迴有無邊

第三，有云：「休言一切有情決定將成佛，連可成佛都不是，因成佛因緣非悉數齊備故。若不成，理應是入道之補特伽羅，因是成佛因緣悉數齊備之補特伽羅故。不被所謂『究竟一乘』所違害，因慮及一切入道有情都將成佛故。」那麼，諸聲聞聖者將來堪能成佛與否？若如初者，諸聲聞聖者為有法，理應是入大乘道之補特伽羅，因是成佛因緣悉數齊備故。若不成，則成相違，彼為有法，理應非堪能成佛，因成佛因緣未全數齊備故。三輪！

若是第二，彼為有法，理應非將成佛，因非堪能成佛故，不能許，因許一切入道之有情將成佛故。

有云：「理應可能有一切有情已成佛，因一切有情將成佛故。」於此，有云：「理應可能有一切事物已壞滅，因一切事物將壞滅故。若許，則成可能有一切事物全無！」承許，因無事是可能故。因空有作用者是無事之性相故。因《釋量論》云：「彼是無事相。[50]」故。

有云：「理應能成立此前有事物，此後無事物，因可能有事物壞滅之時故。」然則，理應可成立此前有藍色，此後無藍色，因可能有藍色壞滅之時故。承許周遍，若不成，藍色為有法，爾理應是常事，因爾由自因生，且不可能有爾壞滅之時故。又，事物為有法，

པའི་དུས་མི་སྲིད་པའི་ཕྱིར། དངོས་པོ་ཡང་ཆོས་ཅན། དེར་ཐལ། དེའི་ཕྱིར།

ཡང་ཁ་ཅིག སེམས་ཅན་ཐམས་ཅད་སངས་རྒྱས་པ་སྲིད་པར་ཐལ། སེམས་ཅན་ཐམས་ཅད་སངས་རྒྱ་བའི་ཕྱིར་ཞེས་ཟེར། དེ་ལ་ཁ་ཅིག སེམས་ཅན་ཐམས་ཅད་ཤི་ཟིན་པས་ཁྱབ་པར་ཐལ། སེམས་ཅན་ཐམས་ཅད་འཆི་བས་ཁྱབ་པའི་ཕྱིར། ཞེས་སྐྱོན་བརྗོད་པ་མི་འཐད་དེ། སེམས་ཅན་ཐམས་ཅད་སངས་རྒྱས་པ་སྲིད་ན་སེམས་ཅན་ཐམས་ཅད་སངས་རྒྱས་པ་ཡིན་མི་དགོས་པའི་ཕྱིར། མ་གྲུབ་ན། བྱང་སེམས་འཕགས་པ་སངས་རྒྱས་པ་ཡིན་པར་ཐལ། དེ་སངས་རྒྱས་པ་སྲིད་པའི་ཕྱིར།

རྫོང་ཏེ་ཀ་པ་ན་རེ། སེམས་ཅན་ཐམས་ཅད་འཚང་རྒྱ་ཡང་རྒྱ་ངེས་མ་ཡིན་ཟེར། འོ་ན། སེམས་ཅན་ཐམས་ཅད་སངས་རྒྱའོ་སྙམ་པའི་ངེས་ཤེས་དེ། རང་རྒྱུ་ཚད་མའི་སྟོབས་ཀྱིས་འོངས་སམ་མ་འོངས། དང་པོ་ལྟར་ན་སེམས་ཅན་ཐམས་ཅད་སངས་རྒྱ་ངེས་སུ་ཐལ། སེམས་ཅན་ཐམས་ཅད་སངས་རྒྱ་ངེས་སུ་ཚད་མས་གྲུབ་པའི་ཕྱིར། དེར་ཐལ། དམ་བཅའ་དེའི་ཕྱིར།

ཁོ་ན་རེ། ཐལ་འགྱུར་དང་པོ་ལ་མ་ཁྱབ་སྟེ། སེམས་ཅན་ཐམས་ཅད་སངས་རྒྱ་བར་ཚད་མའི་སྟོབས་ཀྱིས་ངེས་ཀྱང་། དོན་ལ་སངས་རྒྱ་བ་མ་ཡིན་པའི་ཕྱིར་ཞེ་ན། སེམས་ཅན་ཐམས་ཅད་སངས་རྒྱའོ་སྙམ་པའི་ངེས་ཤེས་དེ་ལོག་ཤེས་སུ་ཐལ། དེ་སེམས་ཅན་ཐམས་ཅད་སངས་རྒྱ་བར་ངེས་པའི་བློ་གང་ཞིག དོན་གྱི་གནས་ཚོད་ལ་སེམས་ཅན་ཐམས་ཅད་སངས་རྒྱ་བའི་ངེས་པ་མེད་པའི་ཕྱིར།

ཡང་ཁོ་ན་རེ། སེམས་ཅན་ཐམས་ཅད་སངས་རྒྱ་ངེས་མ་ཡིན་པར་ཐལ། སེམས་ཅད་ཐམས་ཅད་སངས་རྒྱ་བ་ལ་འགལ་རྐྱེན་གྱི་གེགས་སྲིད་པའི་ཕྱིར་ཞེས་ཟེར། འོ་ན་ཉན་རང་འཕགས་པ་སངས་རྒྱ་ངེས་མ་ཡིན་པ་ཐལ། དེ་སངས་རྒྱ་བ་ལ་འགལ་རྐྱེན་གྱི་གེགས་སྲིད་པའི་ཕྱིར། ཁྱབ་པ་ཁས། འདོད་ན། མཐར་ཐུག་ཐེག་པ་གཅིག་ཏུ་མ་གྲུབ་པར་ཐལ་ལོ། །

གཞན་ཡང་། བུམ་པ་ཡོད་ངེས་མ་ཡིན་པར་ཐལ། བུམ་པ་ཡོད་པ་ལ་འགལ་རྐྱེན་གྱི་གེགས་སྲིད་པའི་ཕྱིར་ཏེ། བུམ་པ་ཐོ་བས་བཅོམ་པ་སྲིད་པའི་ཕྱིར། སེམས་ཅན་ཐམས་ཅད་སངས་རྒྱའོ་སྙམ་པའི་ངེས་ཤེས་དེ་རང་རྒྱུ་ཚད་མའི་སྟོབས་ཀྱིས་མ་འོངས་སོ་ཞེ་ན། འོ་ན། སེམས་ཅན་ཐམས་ཅད་

理應如是，因如是故。

又有云：「一切有情理應可能成佛，因一切有情將成佛故。」於此，有指出過失：「一切有情理應周遍已死，因一切有情周遍將死故。」不應理，因若一切有情可能成佛，一切有情不須已成佛故。若不成，菩薩聖者理應已成佛，因彼可能成佛故。

榮澤巴云：「一切有情雖將成佛但並非一定將成佛。」然則，忖思一切有情將成佛之定解是否以自因——量之力而有？若是初者，一切有情理應一定將成佛，因一切有情一定將成佛是量所成故。理應如是，因彼宗故。

有云：「於初應成，不周遍，一切有情將成佛雖是量之力所決定，然實際上不是將成佛故。」忖思一切有情將成佛之定解理應是顛倒知，因彼是決定一切有情將成佛之覺知，且實際狀況一切有情沒有一定將成佛故。

又有云：「一切有情理應不是一定將成佛，因可能有障礙一切有情將成佛之違緣故。」那麼，聲緣聖者理應不是一定將成佛，因可能有障礙彼將成佛之違緣故。承許周遍，若許，則成究竟一乘不成立。

復次，〔有云：〕「瓶子理應不是決定有，因可能有障礙瓶子存在之違緣故，因瓶子可能被錘子破壞故。忖思一切有情將成佛之定解不是以自因——量之力而有。」那麼，理應不能立「一切有情

སངས་རྒྱུའི་ཞེས་དམ་བཅའ་མི་རིགས་པར་ཐལ། སེམས་ཅན་ཐམས་ཅད་སངས་རྒྱ་བར་ཚད་མས་མ་གྲུབ་པའི་ཕྱིར། རྟགས་ཁས། མ་ཁྱབ་ན། མི་སྣང་བ་མ་དམིགས་པའི་གཏན་ཚིགས་ཡང་དག་མི་སྲིད་པར་ཐལ། མ་ཁྱབ་པ་དེའི་ཕྱིར། འདོད་ན། གཏན་ཚིགས་ཡང་དག་མི་སྲིད་པར་ཐལ། འདོད་པའི་ཕྱིར། འདོད་ན། ཕྱོགས་གླུར་མེད་ངེས་སུ་ཐལ། འདོད་པའི་ཕྱིར།

གཞན་ཡང་། སེམས་ཅན་ཐམས་ཅད་སངས་རྒྱ་བར་ཡོད་ངེས་མ་ཡིན་པར་ཐལ། སེམས་ཅན་ཐམས་ཅད་སངས་རྒྱ་བར་ཚད་མས་མ་གྲུབ་པའི་ཕྱིར། ཁྱབ་སྟེ། ཚད་མས་དམིགས་པ་ཡོད་པའི་མཚན་ཉིད་ཡིན་པའི་ཕྱིར། འདོད་ན། སེམས་ཅན་ཐམས་ཅད་སངས་མི་རྒྱ་བར་ཐལ་ལོ། །

གཞན་ཡང་སེམས་ཅན་ཐམས་ཅད་སངས་རྒྱ་བར་ཐག་ཆོད་དམ། མི་རྒྱ་བར་ཐག་ཆོད་དམ། སངས་རྒྱ་མི་རྒྱ་གང་མིན་དུ་ཐག་ཆོད་བརྟག་གྲང་། དང་པོ་ལྟར་ན་སེམས་ཅན་ཐམས་ཅད་སངས་རྒྱ་བར་ངེས་པར་ཐལ། དམ་བཅའ་དེའི་ཕྱིར། གཉིས་པ་ལྟར་ན། སེམས་ཅན་ཐམས་ཅད་སངས་མི་རྒྱ་བར་ཐལ། དམ་བཅའ་དེའི་ཕྱིར། གསུམ་པ་ལྟར་ན། ཁྱེད་ཀྱིས་སེམས་ཅན་ཐམས་ཅད་སངས་རྒྱ་བར་ཐག་བཅད་པ་ལ་དགོས་པ་མེད་པར་ཐལ། དམ་བཅའ་དེའི་ཕྱིར། རྣམ་བཤད་ཀྱི་ཚིག་དོན་དཔྱིས་ཕྱིན་པར་བཤད་པ་ཡིན་ནོ། །

ཡང་ཁ་ཅིག འཁོར་བ་ཟད་པ་སྲིད་དེ། ལོངས་སྐུ་དེ་འཁོར་བ་ཟད་པ་ཡིན་པའི་ཕྱིར་ཞེས་ཟེར། དེ་ལ་ཁ་ཅིག འཁོར་བའི་ཐོག་མ་ཡོད་པར་ཐལ། འཁོར་བ་སྐད་ཅིག་དང་པོ་འཁོར་བའི་ཐོག་མ་ཡིན་པའི་ཕྱིར། ཁྱབ་པ་ཁས་ཞེས་ཟེར། ལུགས་ཕྱི་མ་ལ། འོ་ན་གཞི་གྲུབ་ན་འཁོར་བ་ཟད་པ་མ་ཡིན་དགོས་པར་ཐལ། འཁོར་བ་ཟད་པ་མི་སྲིད་པའི་ཕྱིར། རྟགས་དངོས། འདོད་ན། ལོངས་སྐུ་ཆོས་ཅན། དེར་ཐལ། དེའི་ཕྱིར།

གཞན་ཡང་། གཞི་གྲུབ་ན། འཁོར་བའི་ཐོག་མ་མ་ཡིན་དགོས་པར་ཐལ། འཁོར་བའི་ཐོག་མ་མི་སྲིད་པའི་ཕྱིར། འདོད་ན། འཁོར་བ་སྐད་ཅིག་དང་པོ་ཆོས་ཅན། དེར་ཐལ། དེའི་ཕྱིར། འཁོར་གསུམ།

ཁ་ཅིག འཁོར་བ་ལ་ཕྱི་མཐའ་མེད་ཅེས་ཟེར། དེ་ཡོད་པར་ཐལ། སེམས་ཅན་ཐམས་ཅད་

◆現觀辨析（中）

將成佛」之宗，因一切有情將成佛非量所成故。承許因。若不周遍，理應不可能有不現不可得正因，因前之不周遍故。若許，理應不可能有正因，因許故。若許，理應一定無隱敝分，因許故。

又，一切有情將成佛理應不是決定有，因一切有情將成佛非量所成故。周遍，因「量所緣及」是有之性相故。若許，一切有情則成將不會成佛。

復次，觀察一切有情確定將成佛？或是確定將不會成佛？或者確定將成佛、將不會成佛皆非？若是初者，一切有情理應一定將成佛，因彼宗故。若是第二，一切有情理應將不會成佛，因彼宗故。若是第三者，汝所確定一切有情將成佛理應沒有目的，因彼宗故。《心要莊嚴疏》之詞義已澈底說完。

又有云：「可能止盡輪迴，因報身止盡輪迴故。」於此有云：「理應有輪迴之初，因輪迴第一剎那是輪迴之初故，承許周遍。」對於後面一派，那麼，若是基成，理應須未止盡輪迴，因不可能止盡輪迴故。〔實際上已經〕直接〔承許〕因。若許，報身為有法，理應如是，因如是故。

復次，若是基成，理應須不是輪迴之初，因不可能有輪迴之初故。若許，輪迴第一剎那為有法，理應如是，因如是故。三輪！

有云：「輪迴沒有最後邊際。」理應有彼，因有一切有情成佛

སངས་རྒྱས་པའི་དུས་ཡོད་པའི་ཕྱིར། དེར་ཐལ། སེམས་ཅན་ཐམས་ཅད་སངས་རྒྱ་བ་གང་ཞིག བྱང་སེམས་འཕགས་པ་སངས་རྒྱས་པའི་དུས་ཡོད་པའི་ཕྱིར། ཕྱི་མ་དེར་ཐལ། སེམས་ཅན་གསར་དུ་སངས་རྒྱས་པ་ཡོད་པའི་ཕྱིར། དེར་ཐལ། བྱང་སེམས་རྒྱུན་མཐའ་བའི་རྒྱུད་ལ་རྣམ་མཁྱེན་གསར་དུ་བསྐྱེད་པ་ཡོད་པའི་ཕྱིར།

ཁོ་ན་རེ། སེམས་ཅན་ཐམས་ཅད་སངས་རྒྱས་པ་མེད་པར་ཐལ། སེམས་ཅན་ཐམས་ཅད་སངས་རྒྱས་པའི་དུས་ཀྱི་ལོངས་སྐུ་མེད་པའི་ཕྱིར། དེར་ཐལ། དེའི་དུས་ཀྱི་ལོངས་སྐུའི་གཟུགས་ཕྱུང་མངོན་སུམ་དུ་རྟོགས་པའི་བྱང་འཕགས་མེད་པའི་ཕྱིར། དེར་ཐལ། སེམས་ཅན་ཐམས་ཅད་སངས་རྒྱས་པའི་དུས་ཀྱི་བྱང་འཕགས་མེད་པའི་ཕྱིར། ཞེས་འགོག་ཅིང་། ཁོ་རང་གི་ལུགས་ལ། བྱང་སེམས་འཕགས་པ་སངས་རྒྱས་པ་ཡོད་ཅེས་གསུངས། འོ་ན། བྱང་འཕགས་སངས་རྒྱས་པ་མི་སྲིད་པར་ཐལ། བྱང་འཕགས་སངས་རྒྱས་པའི་དུས་ཀྱི་ལོངས་སྐུ་མི་སྲིད་པའི་ཕྱིར། དེར་ཐལ། དེའི་དུས་ཀྱི་ལོངས་སྐུའི་གཟུགས་ཕྱུང་མངོན་སུམ་དུ་རྟོགས་པའི་བྱང་འཕགས་མེད་པའི་ཕྱིར། རིམ་པ་བཞིན་ཁས།

རང་ལུགས་ལ། ཐལ་འགྱུར་གཉིས་པ་ལ་ཁྱབ་མེད་ཀྱི་ལན་བྱེད།

ཁ་ཅིག ཕྱི་མ་ལ་མ་ཁྱབ་བོ་ཞེ་ན། མི་འཐད་དེ། ལོངས་སྐུའི་གཟུགས་ཕྱུང་མངོན་སུམ་དུ་མཐོང་བའི་བྱང་སེམས་འཕགས་པ་སངས་རྒྱས་པའི་དུས་ཀྱི་དེ་མེད་པའི་ཕྱིར། ལན་མེད་དོ། །

གཞན་ཡང་། ཁོ་ན་རེ། སེམས་ཅན་ཐམས་ཅད་སངས་རྒྱས་པའི་དུས་སུ་སངས་མ་རྒྱས་པའི་སེམས་ཅན་མེད་པར་ཐལ། དེའི་དུས་སུ་སེམས་ཅན་ཐམས་ཅད་སངས་རྒྱས་པའི་ཕྱིར། ཁ་ཅིག འདིར་མ་ཁྱབ་ཟེར་བ་མི་འཐད་དེ། སེམས་ཅན་ཐམས་ཅད་སངས་རྒྱས་པའི་དུས་སུ་སངས་མ་རྒྱས་པའི་སེམས་ཅན་མེད་པའི་ཕྱིར། དེར་ཐལ། སེམས་ཅན་དང་སངས་མ་རྒྱས་པའི་སེམས་ཅན་ཡིན་ཁྱབ་མཉམ་ཡིན་པའི་ཕྱིར།

གཞན་ཡང་། སེམས་ཅན་སངས་རྒྱས་པའི་དུས་སུ་སངས་མ་རྒྱས་པའི་སེམས་ཅན་མེད་པར་

之時故。理應如是，因一切有情將成佛，且有菩薩聖者成佛之時故。後者理應如是，因有有情新成佛故。理應如是，因有於最後流菩薩相續中新生一切相智故。

有破斥云：「理應沒有一切有情成佛，因沒有一切有情成佛時的報身故。理應如是，因沒有現證彼時之報身色蘊的菩薩聖者故。理應如是，因沒有一切有情成佛時的菩薩聖者故。」於他宗，說：「有菩薩聖者成佛。」那麼，菩薩聖者理應不可能成佛，因不可能有菩薩聖者成佛之時的報身故。理應如是，因沒有現證彼時之報身色蘊之菩薩聖者故。依次承許。

自宗：於第二應成答不周遍。

有云：「後者不周遍。」彼不應理，因現前中見到報身色蘊之菩薩聖者於成佛時無彼故。無法回答。

又，有云：「一切有情成佛時理應沒有未成佛之有情，因彼時一切有情成佛故。」有云：「今此不周遍。」彼不應理，因一切有情成佛時，沒有未成佛之有情故。理應如是，因有情與未成佛之有情乃「是等遍」故。

又，有情成佛之時，理應沒有未成佛之有情，因未成佛之有情

ཐལ། སངས་མ་རྒྱས་པའི་སེམས་ཅན་སངས་རྒྱས་པའི་དུས་སུ་སངས་མ་རྒྱས་པའི་སེམས་ཅན་མེད་པའི་ཕྱིར། དེར་ཐལ། སེམས་ཅན་སངས་རྒྱས་པའི་དུས་སུ་སེམས་ཅན་མེད་པའི་ཕྱིར། སོམས་ཤིག

ཁ་ཅིག སེམས་ཅན་སངས་རྒྱས་པའི་དུས་སུ་སེམས་ཅན་སངས་རྒྱས་ཡིན་ཀྱང་། སངས་རྒྱས་འཕགས་པ་མ་ཡིན་ཏེ། དེའི་དུས་སུ་དེ་འཕགས་པ་མ་ཡིན་པའི་ཕྱིར། དེར་ཐལ། དེའི་དུས་སུ་དེ་འཕགས་པའི་གང་ཟག་མ་ཡིན་པའི་ཕྱིར། དེར་ཐལ། དེའི་དུས་སུ་དེ་གང་ཟག་མ་ཡིན་པའི་ཕྱིར་ན་མ་ཁྱབ་སྟེ། འོ་ན། སོ་སྐྱེ་སངས་རྒྱས་པའི་ཚེ་སོ་སྐྱེ་སངས་རྒྱས་མ་ཡིན་པར་ཐལ། སོ་སྐྱེ་འཕགས་པར་གྱུར་པའི་དུས་སུ་སོ་སྐྱེ་འཕགས་པ་མ་ཡིན་པའི་ཕྱིར། མ་གྲུབ་ན། དེར་ཐལ། སོ་སྐྱེ་འཕགས་པའི་གང་ཟག་ཏུ་གྱུར་པའི་དུས་སུ་སོ་སྐྱེ་འཕགས་པའི་གང་ཟག་མ་ཡིན་པའི་ཕྱིར། དེར་ཐལ། དེའི་དུས་སུ་དེ་གང་ཟག་མ་ཡིན་པའི་ཕྱིར། ཁྱབ་པ་ཁས། རྟགས་དེར་ཐལ། དེའི་དུས་སུ་སོ་སྐྱེ་མེད་པའི་ཕྱིར།

ཡང་ཁོན་རེ། སེམས་ཅན་རྒྱུན་ཆད་པའི་དུས་སྲིད་པར་ཐལ། སེམས་ཅན་སངས་རྒྱས་པའི་དུས་སྲིད་པའི་ཕྱིར་ན། མ་ཁྱབ་སྟེ། སངས་རྒྱས་ཀྱི་འཕྲིན་ལས་རྒྱུན་ཆད་པའི་དུས་མི་སྲིད་པའི་ཕྱིར་དང་། སེམས་ཅན་དང་རྒྱུད་གཅིག་པའི་སངས་རྒྱས་ཡོད་ཅིང་། དེ་སེམས་ཅན་གྱི་རྒྱུན་ཡིན་པའི་ཕྱིར།

ཡང་ཁ་ཅིག འཁོར་བའི་ཕྱི་མཐའ་མེད་དེ། འཁོར་བའི་ཟད་མཐའ་མེད་པའི་ཕྱིར། དེར་ཐལ། སེམས་ཅན་ལ་ཟད་མཐའ་མེད་པའི་ཕྱིར་ཏེ། བཟང་སྤྱོད་ལས། ནམ་མཁའི་མཐར་ཐུག་གྱུར་པ་ཇི་ཙམ་པ། །སེམས་ཅན་མ་ལུས་མཐའ་ཡང་དེ་བཞིན་ཏེ། །ཞེས་གསུངས་པའི་ཕྱིར་ན། ཐལ་འགྱུར་དང་པོ་ལ་མ་ཁྱབ་སྟེ། འཁོར་བའི་ཐོག་མའི་མཐའ་མེད་ཀྱང་ཐ་མའི་མཐའ་ཡོད་པར་ཁས་ལེན་རིགས་པའི་ཕྱིར་ཏེ། མདོ་ལས། ཐོག་མེད་གྱུར་ཀྱང་ཐ་མ་དང་ལྡན་པ། །ཞེས་གསུངས་པའི་ཕྱིར།

ཁོན་རེ། འཁོར་བའི་ཐ་མའི་མཐའ་མེད་པར་ཐལ། འཁོར་བ་དེ་ཐོག་མ་དང་ཐ་མ་མེད་པ་སྟོང་པ་ཉིད་ཀྱི་སྟོང་གཞི་ཆོས་ཅན་ཡིན་པའི་ཕྱིར་ཟེར། འོ་ན། དུས་གསུམ་མི་དམིགས་པར་ཐལ། དེ་མི་དམིགས་པ་སྟོང་པ་ཉིད་ཀྱི་སྟོང་གཞི་ཆོས་ཅན་ཡིན་པའི་ཕྱིར། ཁྱབ་པ་མཚུངས་སོ། །

成佛時，沒有未成佛之有情故。理應如是，因有情成佛之時沒有有情故。好好思惟！

有云：「有情成佛之時雖有情是佛，然非佛聖者，因於彼時彼（有情）非聖者故。理應如是，因於彼時，彼非聖者補特伽羅故。理應如是，因於彼時，彼非補特伽羅故。」不周遍，那麼，異生成佛之時異生理應不是佛，因異生成為聖者時，異生非聖者故。若不成，理應如是，因異生成為聖者補特伽羅之時，異生不是聖者補特伽羅故。理應如是，因於彼時彼（異生）非補特伽羅故。承許周遍。彼因理應如是，因於彼時無異生故。

又有云：「理應可能有有情續流間斷之時，因可能有有情成佛之時故。」不周遍，因不可能有佛事業間斷之時，以及有與有情同一相續之佛，且彼是有情之續流故。

又有云：「無輪迴最後邊際，因無輪迴之止盡邊際故。理應如是，因有情無止盡邊際故，因〈普賢行願品〉云：『猶如虛空無邊際，一切有情亦如是。』故。」於初應成不周遍，因雖無輪迴最初邊際，然可承許有最後邊際故。因經云：「雖為無始但有終。」故。

有云：「理應無輪迴最後邊際，因輪迴乃是無前後際空性（無際空）之空基有法故。」那麼，三時理應不可得，因彼是不可得空之空基有法故。同是周遍。

ཉན་རང་དགྲ་བཅོམ་ཐེག་ཆེན་གྱི་ལམ་གང་ནས་འཇུག་པ་དཔྱད་པ།

བཞི་པ་ནི། ཁ་ཅིག ཉན་རང་དགྲ་བཅོམ་ཐེག་ཆེན་ལམ་དུ་འཇུག་པའི་ཚེ་ས་བརྒྱད་པ་ནས་འཇུག་ཅེས་ཟེར། འོ་ན། མྱུར་དུ་བླ་མེད་རྫོགས་བྱང་ཐོབ་པར་འདོད་པས། དང་པོར་ཉན་ཐོས་ཀྱི་ལམ་དུ་འཇུག་རིགས་པར་ཐལ། བརྩོན་འགྲུས་ཤིན་ཏུ་འབར་བའི་ཉན་ཐོས་ཚོགས་ལམ་པས་ཚེ་གསུམ་ལ་ཉན་ཐོས་དགྲ་བཅོམ་ཐོབ་ནུས། ཐེག་ཆེན་གྱི་ཚོགས་སྦྱོར་དང་ས་དང་པོའི་སྐབས་སུ་བསྐལ་པ་གྲངས་མེད་གཅིག་ཏུ་ཚོགས་བསགས་དགོས། ཉན་རང་དགྲ་བཅོམ་ཐེག་ཆེན་ལམ་དུ་འཇུག་པའི་ཚེ་ས་བདུན་པ་མན་ཆད་རྒྱུད་ལ་སྐྱེད་མི་དགོས་པར། ས་བརྒྱད་པ་ནས་ཞུགས་པས་ཆོག་པའི་ཕྱིར། ཕྱི་མ་ཁས། དེས་ས་བདུན་པ་ནས་འཇུག་ཟེར་བ་དང་། ས་དང་པོ་ནས་འཇུག་ཟེར་བའང་འགོག་ནུས་སོ། །

རང་ལུགས་ལ། དེ་དག་ཐེག་ཆེན་ལམ་དུ་འཇུག་པའི་ཚེ་ངེས་པར་ཐེག་ཆེན་གྱི་ཚོགས་ལམ་ནས་འཇུག་སྟེ། རྣམ་མཁྱེན་ཡིན་ན་རང་གི་ཉེར་ལེན་དུ་གྱུར་པའི་ཐེག་ཆེན་གྱི་སྒོམ་ལམ་ལས་བྱུང་བས་ཁྱབ། དེ་ཡིན་ན་རང་གི་ཉེར་ལེན་དུ་གྱུར་པའི་ཐེག་ཆེན་གྱི་མཐོང་ལམ་ལས་བྱུང་བའི་ཁྱབ། དེ་ཡིན་ན་རང་གི་ཉེར་ལེན་དུ་གྱུར་པའི་ཐེག་ཆེན་གྱི་སྦྱོར་ལམ་ལས་བྱུང་བས་ཁྱབ། དེ་ཡིན་ན་རང་གི་ཉེར་ལེན་དུ་གྱུར་པའི་ཐེག་ཆེན་གྱི་ཚོགས་ལམ་ལས་བྱུང་བས་ཁྱབ་པའི་ཕྱིར།

གཞན་ཡང་། རྩ་བའི་དམ་བཅའ་གྲུབ་སྟེ། དེ་དག་ཐེག་ཆེན་ལམ་དུ་འཇུག་པ་ལ་ཐེག་པ་ཆེན་པོར་སེམས་བསྐྱེད་དགོས། ཐེག་པ་ཆེན་པོར་སེམས་བསྐྱེད་མ་ཐག་ཐེག་ཆེན་ཚོགས་ལམ་པར་འཇོག་པའི་ཕྱིར།

འོ་ན། དེ་ཐེག་ཆེན་ལམ་དུ་ཞུགས་པའི་ཐེག་ཆེན་ཚོགས་ལམ་པ་དེ། སོ་སྐྱེ་དང་འཕགས་པ་གང་ཡིན་ཞེ་ན།

ཁ་ཅིག སོ་སྐྱེ་ཡིན་ཏེ། ཐེག་ཆེན་སོ་སྐྱེ་ཡིན་པའི་ཕྱིར། ཟེར་བ་མི་འཐད་དེ། སོ་སྐྱེ་ཡིན་ན་

62 觀擇聲緣阿羅漢從何大乘道而入

第四，有云：「聲緣阿羅漢入大乘道時，自八地而入。」那麼，欲速證得無上圓滿菩提，故最初自聲聞道趣入理應合理，因非常精進之聲聞資糧道者，能於三世證得聲聞阿羅漢果位，於大乘資糧、加行道、初地之時，須積聚一無量劫資糧，聲緣阿羅漢入大乘道之時，相續中不需生起七地以下〔證量〕自八地趣入即可故。承許後者。由此亦能破斥說「彼自七地趣入」及說「自初地趣入」。

自宗：彼等趣入大乘道時，必定自大乘資糧道趣入，因若是一切相智周遍從自近取因的大乘修道而生，若是彼周遍從自近取因的大乘見道而生，若是彼周遍從自近取因的大乘加行道而生，若是彼周遍從自近取因的大乘資糧道而生故。

復次，根本宗成立，因彼等趣入大乘道須生起大乘發心，一生起大乘發心即安立為大乘資糧道者故。

那麼，彼趣入於大乘道之大乘資糧道者，是異生與聖者何者？

有云：「是異生，因是大乘異生故。」彼不應理，因若是異

འཕགས་ལམ་ཐོབ་མ་མྱོང་དགོས་པའི་ཕྱིར་ཏེ། ཀུན་བཏུས་ལས། སོ་སོ་སྐྱེ་བོ་གང་ཞེ་ན། འཕགས་པའི་ཆོས་མ་ཐོབ་པའོ་ཞེས་གསུངས་པའི་ཕྱིར་དང་། མཛོད་ལས་ཀྱང་། ལམ་མ་ཐོབ་པ་སོ་སོ་ཡི། །སྐྱེ་བོར་འདོད། ཅེས་གསུངས་པའི་ཕྱིར། མ་ཁྱབ་ན། འཕགས་པའི་གོ་འཕང་ལས་ཉམས་པ་ཡོད་པར་ཐལ། མ་ཁྱབ་པ་དེའི་ཕྱིར།

ཁ་ཅིག དེ་ཐེག་ཆེན་འཕགས་པ་ཡིན་ཏེ། ཐེག་པ་ཆེན་པོར་སེམས་བསྐྱེད་པའི་འཕགས་པ་ཡིན་པའི་ཕྱིར་ཟེར་ན། མི་འཐད་དེ། ཐེག་ཆེན་གྱི་མཐོང་ལམ་ཐོབ་མ་མྱོང་བའི་ཕྱིར།

གཞན་ཡང་མི་འཐད་པར་ཐལ། དེ་ཐེག་ཆེན་སོ་སྐྱེ་ཡིན་པའི་ཕྱིར་ཏེ། ཐེག་ཆེན་ཚོགས་ལམ་པ་ཡིན་པའི་ཕྱིར།

ཁོ་ན་རེ། ཐེག་དམན་ཚོགས་ལམ་པ་ཡིན་ན། ཐེག་དམན་སོ་སྐྱེ་ཡིན་དགོས་པར་ཐལ། ཐེག་ཆེན་ལ་དེ་ལྟར་དགོས་པའི་ཕྱིར། འདོད་ན། སྔར་བྱ་ཅིག་ཅར་བའི་རྒྱུན་ཞུགས་ཀྱི་རྟོགས་པ་སྔོན་དུ་སོང་བའི་རང་རྒྱལ་ཚོགས་ལམ་པ་ཆོས་ཅན། དེར་ཐལ། དེའི་ཕྱིར། དེར་ཐལ། རང་རྒྱལ་ཚོགས་ལམ་པ་ཡིན་པའི་ཕྱིར། འདོད་ན། ཐེག་དམན་གྱི་མཐོང་ལམ་ཐོབ་མ་མྱོང་བར་ཐལ་ལོ། །ཞེ་ན། རྩ་བར་མ་ཁྱབ་སྟེ། མི་མཚུངས་པའི་ཕྱིར་ཏེ། ཐེག་དམན་ལ་ཉན་རང་གི་ལམ་གཉིས་ཡོད། ཐེག་ཆེན་ལ་དེ་ལྟར་མེད་པའི་ཕྱིར།

ཁོ་ན་རེ། སྔར་བྱ་ཅིག་ཅར་བའི་རྒྱུན་ཞུགས་ཐེག་དམན་གྱི་ལམ་གོང་མ་མ་བགྲོད་པར། ཐེག་ཆེན་ལམ་དུ་ཞུགས་པའི། ཐེག་ཆེན་ཚོགས་ལམ་པ་ཡོད་པར་ཐལ། དེ་རང་རྒྱལ་ལམ་དུ་ཞུགས་པའི་རང་རྒྱལ་ཚོགས་ལམ་པ་ཡོད་པའི་ཕྱིར། ཟེར་ན་མི་མཚུངས་ཏེ། ཐེག་དམན་འཕགས་པ་ཡིན་ན། ཐེག་དམན་དགྲ་བཅོམ་གྱི་གོ་འཕང་མངོན་དུ་བྱེད་པས་ཁྱབ་པའི་ཕྱིར།

ཁོ་ན་རེ། ཡོངས་སུ་བསྒྱུར་བ་པོའི་ཉན་ཐོས་འཕགས་པ་མེད་པར་ཐལ་ལོ། །ཞེ་ན་སྐྱོན་མེད་དེ། ལྷག་མེད་མྱང་འདས་མངོན་དུ་མ་བྱས་པར། ཐེག་ཆེན་ལམ་དུ་འཇུག་པའི་ཐེག་དམན་འཕགས་པ་དེ་ཡོངས་སུ་བསྒྱུར་བ་པོའི་ཐེག་དམན་འཕགས་པ་ཡིན་པའི་ཕྱིར།

ཡང་ཁོ་ན་རེ། ཉན་ཐོས་དགྲ་བཅོམ་གྱི་རྟོགས་པ་སྔོན་དུ་སོང་བའི་རང་རྒྱལ་ཚོགས་ལམ་པ་

◆現觀辨析（中）

生須未曾得聖道故，因《集論》云：「何等異生性？謂於聖法不得。[51]」及《俱舍論》亦云：「許聖道非得，說名異生性。[52]」故。若不周遍，理應有從聖者果位退失，因前之不周遍故。

有云：「彼是大乘聖者，因是發大乘心之聖者故。」彼不應理，因未曾得大乘見道故。

又，理應不應理，因彼是大乘異生故，因彼是大乘資糧道者故。

有云：「若是小乘資糧道者，理應須是小乘異生，因於大乘須如是故。若許，頓斷所斷之預流證量先行之獨覺資糧道者為有法，理應如是，因如是故。理應如是，因是獨覺資糧道者故。若許，則成未曾得小乘見道。」於根本不周遍，因〔彼〕不相同故，因小乘有聲、緣二道，大乘無如是故。

有云：「理應有頓斷所斷之預流果未行小乘上道而趣入大乘道之大乘資糧道者，因有彼趣入獨覺道之獨覺資糧道者故。」不相同，因若是小乘聖者，周遍會現證小乘阿羅漢果位故。

有云：「則成沒有遍轉之聲聞聖者。」彼無過，因不現證無餘涅槃而趣入大乘道之小乘聖者，是遍轉之小乘聖者故。

又有云：「聲聞阿羅漢證量先行之獨覺資糧道者理應是小乘無

ཐེག་དམན་མི་སློབ་པ་དང་། ཐེག་དམན་ཚོགས་ལམ་པའི་གཞི་མཐུན་ཡིན་པར་ཐལ། སྔར་བྱི་ཅིག་ཅར་བའི་རྒྱུན་ཞུགས་ཀྱི་རྟོགས་པ་སྔོན་སོང་གི་རང་རྒྱལ་ཚོགས་ལམ་པ་ཐེག་དམན་འཕགས་པ་དང་། ཐེག་དམན་ཚོགས་ལམ་པའི་གཞི་མཐུན་ཡིན་པའི་ཕྱིར་ཟེར་ན། མི་མཚུངས་ཏེ། ཉན་ཐོས་དགྲ་བཅོམ་གྱི་གོ་འཕང་ཐོབ་ནས་ཐེག་ཆེན་ལམ་དུ་འཇུག་པ་ཡོད་ཀྱང་རང་རྒྱལ་ལམ་དུ་འཇུག་པ་མེད་པའི་ཕྱིར།

ཡང་ཁ་ཅིག ཉན་ཐོས་དགྲ་བཅོམ་གྱི་རྟོགས་པ་སྔོན་སོང་གི་བྱང་སེམས་ཚོགས་ལམ་པ་དེ་འཕགས་པ་ཕུང་གསུམ་པ་ཡིན་ཟེར་བ་མི་རིགས་ཏེ། དེ་དགྲ་བཅོམ་ཕུང་གསུམ་པ་མ་ཡིན་པའི་ཕྱིར་ཏེ། དེའི་རྟོགས་པ་སྔོན་སོང་གི་བྱང་སེམས་མཐོང་ལམ་པ་དེ་དགྲ་བཅོམ་ཕུང་གསུམ་པ་མ་ཡིན་པའི་ཕྱིར། མ་གྲུབ་ན། དེ་ཆོས་ཅན། འཕགས་པ་ཕུང་གསུམ་པ་ཡིན་པར་ཐལ། མ་གྲུབ་པ་དེའི་ཕྱིར། ཁྱབ་སྟེ། དགྲ་བཅོམ་ཡིན་ན་འཕགས་པ་ཡིན་དགོས་པའི་ཕྱིར། འདོད་མི་ནུས་ཏེ། ཐེག་ཆེན་འཕགས་པ་ཡིན་པའི་ཕྱིར།

ཁ་ཅིག དེ་ལྟ་བུའི་བྱང་སེམས་ཚོགས་ལམ་པ་དགྲ་བཅོམ་ཡིན་ཀྱང་མི་སློབ་པ་མ་ཡིན་ཟེར་ན། མི་འཐད་དེ། མཛོད་ལས། དེ་ཚེ་དེ་མི་སློབ་དགྲ་བཅོམ། །ཞེས་དོན་གཅིག་ཏུ་གསུངས་པའི་ཕྱིར།

བྱང་ཆུབ་ཏུ་སེམས་བསྐྱེད་པ་ནི། ཞེས་སོགས་ཀྱི་སྐབས་སུ། སྦྱོར་བ་དང་། མཐའ་དཔྱད་པ་གཉིས།

དང་པོ་ནི། རྩ་བའི་སྦྱོར་བ་བཞི་པ་འགོད། ཁོན་རེ། སྦྱོར་བ་དེ་མི་འཐད་པར་ཐལ། དམན་ལམ་སྔོན་མ་སོང་གི་བྱང་འཕགས་དེ། འདོད་པ་ལ་འདོད་ཆགས་དང་བྲལ་བའི་གང་ཟག་ཡིན་པའི་ཕྱིར་ཏེ། བསམ་གཏན་གྱི་དངོས་གཞི་ཐོབ་པའི་གང་ཟག་ཡིན་ན། འདོད་པ་ལ་འདོད་ཆགས་དང་བྲལ་བས་ཁྱབ་པའི་ཕྱིར་ཟེར་ན། རྟགས་མ་གྲུབ་སྟེ། བསམ་གཏན་གྱི་དངོས་གཞི་ཐོབ་པའི་ཕྱི་རོལ་པ་ཡོད་པ་གང་ཞིག འདོད་པ་ལ་འདོད་ཆགས་དང་བྲལ་བའི་ཕྱི་རོལ་པ་མེད་པའི་ཕྱིར། ཕྱི་མ་དེར་ཐལ། འཇིག་རྟེན་ལས་འདས་པའི་སྒོམ་སྤང་སུ་གྱུར་པའི་འདོད་ཉོན་ལ་ཆགས་པ་དང་བྲལ་བའི་ཕྱི་རོལ་པ་མེད་པའི་ཕྱིར་ཏེ། འཇིག་རྟེན་ལས་འདས་པའི་སྒོམ་ལམ་བར་ཆད་མེད་ལམ་ཐོབ་པའི་དེ་མེད་པའི་ཕྱིར།

學道者及小乘資糧道者之同位，因頓斷所斷預流果證量先行之獨覺資糧道者是小乘聖者及小乘資糧道者之同位故。」不相同，因得聲聞阿羅漢果位後雖有趣入大乘道，然無趣入獨覺道故。

又有云：「聲聞阿羅漢證量先行之資糧道菩薩，是第三類聖者。」不合理，因彼不是第三類阿羅漢故。因彼證量先行之見道位菩薩，不是第三類阿羅漢故。若不成，彼為有法，理應是第三類聖者，因前之不成故。周遍，因若是阿羅漢須是聖者故。不能許，因是大乘聖者故。

有云：「如是之資糧道菩薩是阿羅漢，然不是無學道者。」彼不應理，因與《俱舍論》所云：「成無學應果。[53]」說為同義故。

「發菩提心是……」等文之時，論式與辨析二者。

初者，安立第四個根本論式⑨。有云：「彼論式理應不應理，因未曾入劣道之菩薩聖者是於欲界離貪之補特伽羅故，因若是獲得根本靜慮之補特伽羅，周遍於欲界離貪故。」因不成，因有獲得根本靜慮之外道，且沒有於欲界離貪之外道故。後者理應如是，因沒有於出世間修所斷之欲界煩惱離貪之外道故，因沒有獲得出世間修道無間道之彼故。

⑨ 第四個根本論式：未曾入劣道之菩薩聖者為有法，爾相續之道相智，自性較聲緣相續之道更為殊勝，因爾是刻意不斷除自相續之欲漏、有漏，將〔其〕轉為成就利他支分之佛子聖者故。（參見「道相智之支分」單元之論式）

གཞན་དོན་སྒྲུབ་པའི་ཉོན་མོངས་ལ་དཔྱད་པ།

གཉིས་པ་ནི། ཁ་ཅིག སྐབས་འདིར་བསྟན་གྱི་ཉོན་མོངས་ཉོན་མོངས་མཚན་ཉིད་པ་ཡིན་ཏེ། དེ་བྱང་སེམས་འཕགས་པ་འཁོར་བར་སྐྱེ་བ་ལེན་པའི་རྒྱུར་དགོས་པའི་ཕྱིར། ཟེར་བ་མི་འཐད་དེ། བྱང་འཕགས་དེའི་དབང་གིས་འཁོར་བར་སྐྱེ་བ་ལེན་པ་མེད་པའི་ཕྱིར་ཏེ། དེ་སྙིང་རྗེ་དང་སྨོན་ལམ་གྱི་དབང་གིས་འཁོར་བར་སྐྱེ་བ་ལེན་པའི་ཕྱིར།

གཞན་ཡང་། དེ་མི་འཐད་པར་ཐལ། བྱང་སེམས་འཕགས་པ་ལས་ཉོན་གྱིས་འཁོར་བར་སྐྱེ་འཆི་སྤངས་པའི་གང་ཟག་ཡིན་པའི་ཕྱིར་ཏེ། རྒྱུད་བླ་མ་ལས། འཕགས་པས་ཏྲ་དང་ན་བ་དང་། །འཆི་བའི་སྡུག་བསྔལ་རྩད་ནས་སྤངས། །ལས་དང་ཉོན་མོངས་དབང་གིས་སྐྱེ། །དེ་ལ་དེ་མེད་ཕྱིར་དེ་མེད། །ཅེས་གསུངས་པའི་ཕྱིར།

ཁ་ཅིག བློ་གྲོས་རྒྱ་མཚོས་ཞུས་པའི་མདོ་ལས་གསུངས་པའི་བྱང་སེམས་འཕགས་པ་འཁོར་བར་སྐྱེ་བ་ལེན་པའི་རྒྱུ་བརྒྱད་པོ་དེ། སྐབས་འདིར་བསྟན་གྱི་ཉོན་མོངས་ཡིན་ཟེར་བ་མི་འཐད་དེ། བརྒྱད་པོ་དེ་ལམ་ཤེས་ཀྱི་ཐབས་ཀྱི་ཆ་ཡོངས་སུ་རྫོགས་པ་ཡིན་པས། དེ་བྱང་ཆུབ་སེམས་དཔས་ཆེད་དུ་གཉེར་ནས་སྤོང་དམ་སྤམ་པའི་དོགས་པ་སྐབས་འདིར་དཔྱད་མི་དགོས་པའི་ཕྱིར་དང་། སྐབས་འདིར་བསྟན་གྱི་ཉོན་མོངས་ཉོན་མོངས་བཏགས་པ་བ་མ་ཡིན་པའི་ཕྱིར། ཕྱི་མ་མ་གྲུབ་ན། ཉན་ཐོས་འཕགས་པའི་སྤང་བྱའི་གཙོ་བོར་གྱུར་པའི་ཉོན་མོངས་དེ་ཉོན་མོངས་བཏགས་པ་བ་ཡིན་པར་ཐལ། མ་གྲུབ་པ་དེའི་ཕྱིར། ཁྱབ་སྟེ། དམན་ལམ་སྔོན་དུ་མ་སོང་བའི་བྱང་སེམས་འཕགས་པས་རང་རྒྱུད་ཀྱི་འདོད་སྲིད་ཀྱི་ཟག་པ་ཆེད་དུ་གཉེར་ནས་མི་སྤོང་བར་བླ་མེད་བྱང་ཆུབ་སྒྲུབ་པའི་ཡན་ལག་ཏུ་བསྒྱུར་བར་བྱེད་པས། ཉན་ཐོས་ཀྱི་ལམ་ལས་རང་བཞིན་ཁྱད་ཞུགས་པར་སྐབས་འདིར་བསྟན་པའི་ཕྱིར།

ཁ་ཅིག མ་རིག་བག་ཆགས་ཀྱི་ས་སྐབས་འདིར་བསྟན་གྱི་ཉོན་མོངས་ཡིན་ཟེར་བ་མི་འཐད་དེ། དེ་སྤྱིར་ཉོན་མོངས་མ་ཡིན་པའི་ཕྱིར་དང་། བྱང་སེམས་འཕགས་པས་སྤང་བྱའི་གཙོ་བོར་བྱེད་པའི་ཕྱིར།

ཁ་ཅིག མ་རིག་བག་ཆགས་ཀྱི་ས་དང་ཟག་མེད་ཀྱི་ལས་ལ་བརྟེན་ནས་འཁོར་བར་སྐྱེ་བ་ལེན་

63 觀擇利他正行之煩惱

第二，有云：「此示煩惱是真實煩惱，因彼須是菩薩聖者受生輪迴之因故。」不應理，因菩薩聖者沒有因其力而受生輪迴故，因彼以悲心與願力受生於輪迴故。

又，彼理應不應理，因菩薩聖者是斷除由業煩惱而輪迴生死的補特伽羅故，因《寶性論》云：「老病死諸苦，聖人永滅盡，依業煩惱生，諸菩薩無彼。[54]」故。

有云：「《佛說海意菩薩所問淨印法門經》所說之菩薩聖者投生於輪迴之八因，乃此示煩惱。」不應理，因彼八因乃圓滿道相智之方便分，故「菩薩是否刻意斷除彼」之疑問於此無須探討，以及此示煩惱非假名之煩惱故。若後者不成，聲聞聖者主要所斷之煩惱，理應是假名之煩惱，因前之不成故。周遍，因未曾入劣道之菩薩聖者刻意不斷除自相續欲漏、有漏，令轉為成辦無上菩提支分，故於此宣說較聲聞道自性超勝故。

有云：「無明習氣地是此示煩惱。」不應理，因一般而言彼非煩惱，以及菩薩聖者視其為主要所斷故。

有云：「有依無明習氣地與無漏業受生於輪迴的菩薩聖者。」

པའི་བྱང་འཕགས་ཡོད་ཟེར་བ་མི་འཐད་དེ། དེའི་དབང་གིས་འཁོར་བར་སྐྱེ་བ་ལེན་པའི་བྱང་འཕགས་མེད་པའི་ཕྱིར་ཏེ། ཤེས་སྒྲིབ་ཀྱི་དབང་གིས་འཁོར་བར་སྐྱེ་བ་ལེན་པའི་བྱང་འཕགས་མེད་པའི་ཕྱིར་ཏེ། ཉོན་སྒྲིབ་ཀྱི་དབང་གིས་དེ་མེད་པ་གང་ཞིག   མཚུངས་པའི་ཕྱིར།

གཞན་ཡང་རྒྱ་བའི་དམ་བཅའ་དེ་མི་འཐད་པར་ཐལ། ཟག་མེད་ཀྱི་ལས་ཀྱི་དབང་གིས་དེ་ལྟར་ལེན་པའི་བྱང་འཕགས་མེད་པའི་ཕྱིར། དེར་ཐལ། ལས་དབང་གིས་དེ་ལྟར་ལེན་པའི་དེ་མེད་པའི་ཕྱིར།

གཞན་ཡང་། མ་རིག་བག་ཆགས་ཀྱི་ས་དང་ཟག་མེད་ཀྱི་ལས་ལ་བརྟེན་ནས་ཡིད་ལུས་ལེན་པའི་གང་ཟག་ཡིན་ན། དེ་ལ་བརྟེན་ནས་འཁོར་བར་སྐྱེ་བ་ལེན་པའི་གང་ཟག་ཡིན་དགོས་པར་ཐལ། དེ་ལ་བརྟེན་ནས་འཁོར་བར་སྐྱེ་བ་ལེན་པའི་བྱང་འཕགས་ཡོད་པའི་ཕྱིར། རྟགས་ཁས། འདོད་ན། དེ་ལྟར་ལེན་པའི་དགྲ་བཅོམ་པ་མེད་པར་ཐལ། འདོད་པའི་ཕྱིར། འདོད་མི་ནུས་ཏེ། རྣམ་བཤད་ལས། ས་བདུན་པ་མན་ཆད་པས་ཀྱང་འབད་པས་སྒྲུབ་ན་མ་རིག་བག་ཆགས་ཀྱི་ས་དང་ཟག་པ་མེད་པའི་ལས་ལ་བརྟེན་ནས་ཡིད་ཀྱི་རང་བཞིན་གྱི་ལུས་ལེན་ནུས་མོད་ཀྱི། ངམ་ངམ་ཤུགས་ཀྱི་གྲུབ་པ་ནི་ཉན་རང་དགྲ་བཅོམ་པ་དང་དབང་ཐོབ་པའི་བྱང་ཆུབ་སེམས་དཔའ་རྣམས་ལ་ཡིན་པར་ཤེས་པར་བྱའོ། །ཞེས་གསུངས་པའི་ཕྱིར།

ཁ་ཅིག འབད་པས་སྒྲུབ་ན་ཞེས་པའི་གསུང་གི་ནུས་པས། བྱང་སེམས་འཕགས་པ་ཡིན་ན། དེ་ལྟར་ལེན་ནུས་པས་མ་ཁྱབ་ཟེར་བ་མི་འཐད་དེ། ས་ཐོབ་ནས་ཡིད་ལུས་དེ་ལྟར་ལེན་ནུས་པར། མཁས་གྲུབ་ཐམས་ཅད་མཁྱེན་པས་གསལ་བར་བཤད་ཅིང་། དེ་ཉིད་རྗེ་ཉིད་ཀྱིའང་བཞེད་པ་ཡིན་པའི་ཕྱིར།

ཡང་ཁོན་རེ། ལས་ཉོན་གྱི་དབང་གིས་བྱུང་བའི་བྱང་འཕགས་ཀྱི་སྐྱེ་བ་མེད་པར་ཐལ། ལས་ཉོན་གྱི་དབང་གིས་འཁོར་བར་སྐྱེ་བ་ལེན་པའི་བྱང་འཕགས་མེད་པའི་ཕྱིར། འདོད་ན། དེ་ཡོད་པར་ཐལ། ལས་ཉོན་གྱི་དབང་གིས་བྱུང་བའི་བྱང་སེམས་སྦྱོར་ལམ་པའི་སྐྱེ་བ་ཡོད་པ་གང་ཞིག དེ་འདྲའི་བྱང་སེམས་སྦྱོར་ལམ་པས་ཚེ་དེ་ལ་བྱང་སེམས་ཀྱི་མཐོང་ལམ་ཐོབ་པ་ཡོད་པའི་ཕྱིར། ཁྱབ་སྟེ། དེ་ལྟ་བུའི་བྱང་སེམས་སྦྱོར་ལམ་པ་དང་། དེས་ཚེ་དེ་ལ་ཐེག་ཆེན་གྱི་མཐོང་ལམ་ཐོབ་པའི་བྱང་སེམས་

不應理，因沒有以彼之力受生於輪迴的菩薩聖者故，因沒有以所知障之力而受生於輪迴的菩薩聖者故，因沒有以煩惱障之力而受生於輪迴的菩薩聖者，且相同故。

又，彼根本宗理應不應理，因沒有以無漏業之力如此受生之菩薩聖者故。理應如是，因沒有以業力如是受生之彼故。

又，若是依無明習氣地及無漏業受取意生身之補特伽羅，理應須是依此受生於輪迴之補特伽羅，因有依彼受生於輪迴之菩薩聖者故。承許因。若許，理應沒有如是受生之阿羅漢，因許故。不能許，因《心要莊嚴疏》云：「第七地以下者若以勤奮成辦，依據無明習氣之地以及無漏業，雖能受取意自性身，但自然而然成就，應知是聲聞獨覺阿羅漢以及得自在之諸菩薩。」故。

有云：「以『若以勤奮成辦』所說之力，所以若是菩薩聖者，不周遍能如此受取。」不應理，因一切遍智克主傑清楚說明登地後能如是受取意生身，且宗大師亦許彼故。

又有云：「理應沒有以業煩惱力所生之菩薩聖者之生，因沒有以業煩惱受生於輪迴之菩薩聖者故。若許，理應有彼，因有以業煩惱力所生之加行道菩薩之生，且有如是之加行道菩薩於當世獲得菩薩之見道故。周遍，因如是之加行道菩薩與彼於當世獲得大乘見道之見道位菩薩二者，由一身所依含攝故。」於根本不周遍。那麼，

མཐོང་ལམ་པ་གཉིས་ལུས་རྟེན་གཅིག་གིས་བསྡུས་པའི་ཕྱིར་ཞེ་ན། ཅ་བར་མ་ཁྱབ་སྟེ། འོ་ན། ལས་ཉོན་གྱི་དབང་གིས་བྱུང་བའི་ཉན་ཐོས་སྲིད་པ་ཐ་མ་པ་མེད་པར་ཐལ། ལས་ཉོན་གྱི་དབང་གིས་འཁོར་བར་སྐྱེ་བ་ལེན་པའི་ཉན་ཐོས་སྲིད་པ་ཐ་མ་པ་མེད་པའི་ཕྱིར། ཁྱབ་པ་ཁས།

རང་ལུགས་ལ། འདོད་པའི་སས་བསྡུས་ཀྱི་འདོད་ཆགས་དང་གཟུགས་ཀྱི་སས་བསྡུས་ཀྱི་འདོད་ཆགས་གཉིས། དམན་ལམ་སྔོན་མ་སོང་གི་བྱང་སེམས་འཕགས་པས་ཆེད་དུ་གཉེར་ནས་མི་སྤོང་རྒྱུའི་ཉོན་མོངས་སམ། ཉོན་མོངས་པ་རྣམ་པ་ཐམས་ཅད་དུ་སྤངས་པ་མ་ཡིན་པ་ཞེས་པའི་ཉོན་མོངས་ཡིན་ཏེ། དེ་དག་བྱང་འཕགས་དེས་གཞན་དོན་སྒྲུབ་པའི་ཡན་ལག་ཏུ་བསྒྱུར་ནུས་པའི་ཕྱིར། འདོད་ཆགས་དེ་གཉིས་དང་མཚུངས་ལྡན་གྱི་མ་རིག་པ་དང་། ཉོན་མོངས་ཅན་གྱི་འཇིག་ལྟ་བྱང་འཕགས་ཀྱིས་ཆེད་དུ་གཉེར་ནས་མི་སྤོང་རྒྱུ་དང་། སྐབས་འདིར་བསྟན་གྱི་ཉོན་མོངས་མ་ཡིན་ཏེ། དེ་དག་བྱང་སེམས་འཕགས་པས་གཞན་དོན་སྒྲུབ་པའི་ཡན་ལག་ཏུ་བསྒྱུར་བར་མི་ནུས་པའི་ཕྱིར། སྔ་ཕྱི་གཉིས་ཀའི་ཁུངས་ཡོད་དེ། བག་ལ་ཉལ་ཀུན་འཛོམས་པ་དང་། །ཞེས་པའི་ཐད་ཀྱི་འགྲེལ་ཆེན་ལས། མ་རིག་པ་དང་ལྟ་བས་བསྡུས་པའི་བག་ལ་ཉལ་སྤོང་གི འདོད་པ་དང་སྲིད་པའི་ཟག་པ་ནི་མ་ཡིན་ཏེ། བསམ་བཞིན་དུ་སྲིད་པར་སྐྱེ་བ་ལེན་པའི་ཕྱིར་རོ། །ཞེས་གསུངས་པའི་ཕྱིར།

ཁ་ཅིག ལུང་འདིའི་དོན་བྱང་སེམས་འཕགས་པས་ཉོན་མོངས་ཅན་གྱི་མ་རིག་པ་དང་། འཇིག་ལྟ་སྤང་བྱའི་གཙོ་བོར་བྱས་ནས་སྤོང་ཞིང་། འདོད་སྲིད་ཀྱི་ཉོན་མོངས་སྤང་བྱའི་གཙོ་བོར་བྱས་ནས་མི་སྤོང་བ་ལ་འདོད་དོ་ཞེ་ན། མི་འཐད་དེ། བྱང་སེམས་འཕགས་པས་ཉོན་སྒྲིབ་སྤང་བྱའི་གཙོ་བོར་བྱས་ནས་མི་སྤོང་བའི་ཕྱིར།

ཁོ་ན་རེ། སྔ་མ་དེ་འཐད་པར་ཐལ། བྱང་འཕགས་ཀྱིས་དེ་གཉིས་ཆེད་དུ་གཉེར་ནས་སྤོང་བའི་ཕྱིར། དེར་ཐལ། དེ་གཉིས་བྱང་འཕགས་ཀྱིས་ཆེད་དུ་གཉེར་ནས་སྤོང་རྒྱུའི་ཉོན་མོངས་ཡིན་པའི་ཕྱིར། དེར་ཐལ། དེ་གཉིས་དེས་ཆེད་དུ་གཉེར་ནས་མི་སྤོང་རྒྱུའི་ཉོན་མོངས་མ་ཡིན་པའི་ཕྱིར་ཏེ། དེ་གཉིས་སྐབས་འདིར་བསྟན་གྱི་ཉོན་མོངས་མ་ཡིན་པའི་ཕྱིར་ཞེ་ན། ཅ་བར་མ་ཁྱབ་སྟེ། སྐབས་འདིའི་ཉོན་

理應無以業煩惱之力所生的最後有之聲聞，因無以業煩惱之力受生於輪迴的最後有之聲聞故，承許周遍。

自宗：欲界地攝貪及色界地攝貪二者，是所謂「未曾入劣道之菩薩聖者刻意不斷除」之煩惱或者所謂「非於一切相斷煩惱」之煩惱，因菩薩聖者可轉彼等為成就利他之支分故。與此二種貪相應之無明與染污的薩迦耶見，非是菩薩聖者刻意不斷除及此示之煩惱，因菩薩聖者無法轉彼等為成就利他之支分故。有前後二者之根據：因「摧伏諸隨眠」相對應的《莊嚴光明釋》云：「斷無明與見攝隨眠，並非欲漏、有漏，如其所欲受取有故。」故。

有云：「此引文之義乃承許菩薩聖者以染污無明及薩迦耶見為主要所斷而斷除，且不把欲、有之煩惱作為主要所斷而斷除。」彼不應理，因菩薩聖者不以煩惱障為主要所斷而斷除故。

有云：「前者理應合理，因菩薩聖者刻意斷除彼二者故。理應如是，因彼二者是菩薩聖者刻意斷除之煩惱故。理應如是，因彼二者非彼刻意不斷除之煩惱故，因彼二者非此示煩惱故。」於根本不周遍，因此時之「刻意斷除煩惱」之義乃指為利他於自相續無法容

ཉོན་མོངས་ཆེད་དུ་གཉེར་ནས་སྤྱོད་པའི་དོན། གཞན་དོན་དུ་ཉོན་མོངས་དེ་དག་རང་རྒྱུད་ལ་དང་དུ་མི་ལེན་པར་སྤྱོད་པ་ལ་བྱེད། ཉོན་མོངས་སྤང་བྱའི་གཙོ་བོར་བྱེད་པའི་དོན། ཉོན་མོངས་དེ་དག་རང་གི་ཐོབ་བྱར་གྱུར་པའི་བྱང་ཆུབ་ཐོབ་པའི་གེགས་ཀྱི་གཙོ་བོར་མཐོང་བའི་སྒོ་ནས་སྤྱོད་པ་ལ་བྱེད་པའི་ཕྱིར།

ཁ་ཅིག མ་རིག་པ་དང་ལྟ་བས་བསྡུས་པའི་བག་ལ་ཉལ་སྤྱོད་གི་ཞེས་པ། བདེན་འཛིན་གྱིས་བསྡུས་པའི་མ་རིག་པ་དང་། འཇིག་ལྟ་ལ་བྱེད་ཟེར་བ་ཤིན་ཏུ་མི་འཐད་དེ། ཉོན་སྒྲིབ་ཀྱིས་བསྡུས་པའི་དེ་ལ་བྱེད་པའི་ཕྱིར་ཏེ། རྣམ་བཤད་ལས། ཉོན་མོངས་ཅན་གྱི་མ་རིག་པ་དང་། ལོག་ལྟ་སོགས་གཞན་དོན་སྒྲུབ་པའི་ཡན་ལག་ཏུ་དགོས་པ་ཙུང་ཟད་ཀྱང་མེད། ཅེས་གསུངས་པའི་ཕྱིར། གཟིགས་ཤིག

གཞན་ཡང་ཉོན་མོངས་ཅན་གྱི་མ་རིག་པ་དང་། ཉོན་མོངས་ཅན་གྱི་འཇིག་ལྟ། དམན་ལམ་སྟོན་མ་སོང་གི་བྱང་འཕགས་ཀྱིས་གཞན་དོན་སྒྲུབ་པའི་ཡན་ལག་ཏུ་བསྒྱུར་མི་ནུས་པར་ཐལ། དེས་དེ་ལྟར་སྒྱུར་ནུས་པའི་ཤེས་བྱེད་བསྟན་རྒྱུ་མེད་པའི་ཕྱིར་དང་། ཉོན་མོངས་ཡིན་ན། དམན་ལམ་སྔོན་མ་སོང་གི་བྱང་འཕགས་ཀྱིས་གཞན་དོན་སྒྲུབ་པའི་ཡན་ལག་ཏུ་སྒྱུར་ནུས་པས་མ་ཁྱབ་པའི་ཕྱིར། འདོད་ན་སོང་། མ་རིག་པ་དང་ལྟ་བས་བསྡུས་པའི་བག་ལ་ཉལ་སྤྱོད་གི་ཞེས་པའི་བག་ལ་ཉལ་གཉིས་པོ་དེ་བདེན་འཛིན་ལ་བྱེད་མི་རིགས་པར་ཐལ། འདོད་པའི་ཕྱིར། བསལ་ཁྱབ་ཁས།

ལམ་ཤེས་ཉིད་ཀྱི་ཚུལ་ལ་ནི། །ཞེས་སོགས་ཀྱི་སྐབས་སུ། སྦྱོར་བ་དང་། མཐའ་དཔྱད་པ་གཉིས།

དང་པོ་ནི། བྱང་སེམས་འཕགས་པས་སེམས་བསྐྱེད་བསྔོ་བ་སྟོང་ཉིད་རྟོགས་པའི་ཤེས་རབ་གསུམ་གྱིས་ཟིན་པའི་སྒོ་ནས་མི་རྟག་སོགས་བཅུ་དྲུག་མངོན་སུམ་དུ་རྟོགས་པའི་ཡེ་ཤེས་སྒོམ་པ་ལ་ཆོས་ཅན། དགོས་པ་ཡོད་དེ། གདུལ་བྱ་ཉན་ཐོས་ཀྱི་རིགས་ཅན་རྗེས་སུ་བཟུང་བའི་ཆེད་ཡིན་པའི་ཕྱིར།

忍彼等煩惱而斷除，「作為主要所斷之煩惱」之義乃指以視彼等煩惱為獲得自所得菩提之主要障礙門而斷除故。

有云：「所謂『斷無明與見攝隨眠』是指諦實執所攝之無明及薩迦耶見。」極不應理，因是指煩惱障所攝之彼故。因《心要莊嚴疏》云：「具煩惱之無明、邪見等，於成辦利他之支分上無任何需要。」故。當好好閱讀！

又，染污薩迦耶見，未曾入劣道之菩薩聖者理應無法將染污無明與染污薩迦耶見轉為成辦利他之支分，因無可開示彼能如是轉之能立，及若是煩惱，不周遍能被未曾入劣道之菩薩聖者轉為成辦利他之支分故，若許，則成相違。所謂「斷無明與見攝之隨眠」的二隨眠，理應不可說是諦實執，因許故。承許遣法、周遍。

「道相智理中……[55]」等之時，論式與辨析二者。

初者，菩薩聖者以發心、迴向、通達空性慧三者所攝之門而修習現證無常等十六行相之本智為有法，有目的，因為攝受所化聲聞種性故。

ཉན་ཐོས་ཀྱི་ལམ་ཤེས་པའི་ལམ་ཤེས།

གཉིས་པ་ལ་ཁ་ཅིག ཉན་ཐོས་ཀྱི་ལམ་བདེན་སྟོང་དུ་མངོན་སུམ་དུ་རྟོགས་པའི་ཡེ་ཤེས། ཉན་ཐོས་ཀྱི་ལམ་ཤེས་པའི་ལམ་ཤེས་ཀྱི་མཚན་ཉིད་ཟེར་བ་མི་འཐད་དེ། ཉན་ཐོས་ཀྱི་ལམ་ཤེས་པའི་ལམ་ཤེས་ཡིན་ན། ཉན་ཐོས་ཀྱི་རྟོགས་རིགས་སུ་གནས་པས་ཁྱབ་པའི་ཕྱིར། དེར་ཐལ། གཟུགས་ནི་མི་རྟག་པ་ཉིད་དུ་ཡིད་ལ་བྱེད། ། ཞེས་སོགས་ཀྱི་མདོ་དེ། ཉན་ཐོས་ཀྱི་ལམ་ཤེས་པའི་ལམ་ཤེས་ཀྱི་འཛིན་སྟངས་འཆད་བྱེད་ཡིན་པའི་ཕྱིར། མ་ཁྱབ་ན། མི་རྟག་སོགས་བཅུ་དྲུག་མངོན་སུམ་དུ་རྟོགས་པའི་བྱང་སེམས་ཀྱི་མཐོང་ལམ་ཉན་ཐོས་ཀྱི་ལམ་ཤེས་པའི་ལམ་ཤེས་ཡིན་པར་ཐལ། མ་ཁྱབ་པ་དེའི་ཕྱིར། འདོད་ན་སོང་། དེ་ཆོས་ཅན། རྩ་བའི་མཚན་ཉིད་དེར་ཐལ། མཚོན་བྱ་དེའི་ཕྱིར། འདོད་ན། སློབ་ལམ་ན་མཉམ་རྗེས་ངོ་བོ་གཅིག་ཏུ་ཡོད་པར་ཐལ་ལོ། །

ཁོ་ན་རེ། དེ་ཡིན་པར་ཐལ། མདོ་ལས། དེ་མི་དམིགས་པའི་ཚུལ་གྱིས། ཞེས་དང་། རྩ་བར། རྣམ་པ་མི་དམིགས་སྒོ་ནས་ནི། །ཞེས་དང་། འགྲེལ་པར། ངོ་བོ་ཉིད་མི་དམིགས་པའི་སྒོ་ནས། ཞེས་གསུངས་པའི་ཕྱིར་ན། མ་ཁྱབ་སྟེ། ཟིན་བྱེད་ལ་དགོངས་པའི་ཕྱིར། དེ་ལྟ་མ་ཡིན་ན་ཡེ་ཤེས་དེ། སེམས་བསྐྱེད་དང་བསྔོ་བ་ཡང་ཡིན་པར་ཐལ། མདོ་ལས། རྣམ་པ་ཐམས་ཅད་མཁྱེན་པ་ཉིད་དང་ལྡན་པའི་སེམས་བསྐྱེད་པས། ཞེས་དང་། ཀོ་ཤི་ཀ་ཡོངས་སུ་བསྔོས་པའི་སེམས་གང་ཡིན་པ་དེ་ནི་སེམས་མ་ཡིན། ཞེས་གསུངས་པའི་ཕྱིར།

གཞན་ཡང་། རྩ་བའི་མཚན་ཉིད་དེ་མི་འཐད་པར་ཐལ། ཉན་ཐོས་ཀྱི་ལམ་ཤེས་པའི་ལམ་ཤེས་ཡིན་ན་རྣལ་འབྱོར་མངོན་སུམ་ཡིན་པས་མ་ཁྱབ་པའི་ཕྱིར། དེར་ཐལ། གང་ཟག་གི་བདག་མེད་དོན་སྤྱིའི་ཚུལ་གྱིས་རྟོགས་པའི་ཐེག་ཆེན་གྱི་སྒོམ་ལམ་ཡོད་པའི་ཕྱིར། དེར་ཐལ། གཟུང་འཛིན་རྫས་གཞན་གྱིས་སྟོང་པར་དོན་སྤྱིའི་ཚུལ་གྱིས་རྟོགས་པའི་ཐེག་ཆེན་གྱི་ཟག་བཅས་སྒོམ་ལམ་ཡོད་པའི་ཕྱིར་ཏེ། འགྲེལ་པར། དེ་དག་གི་ཤེས་བྱའི་སྒྲིབ་པའི་གཉེན་པོ་ཉིད་དུ་སྒོམ་པའི་ལམ་ཟག་པ་དང་བཅས་པ་དང་། ཟག་པ་མེད་པ་གཉིས་ཡིན་པས་ལམ་རྣམ་པ་གསུམ་མོ། །ཞེས་གསུངས་པའི་ཕྱིར།

◆現觀辨析（中）

64 了知聲聞道之道相智

第二，有云：「現證聲聞道諦實空之本智，是了知聲聞道道相智的性相。」彼不應理，因若是了知聲聞道道相智，周遍住聲聞證類故，理應如是，因「應作意色為無常……」等經文，說明了知聲聞道道相智之執持方式故。若不周遍，現證無常等十六行相之菩薩見道，理應是了知聲聞道道相智，因前之不周遍故。若許，則成相違。彼為有法，理應是根本性相，因是彼名相故。若許，有學道中則成根本智、後得智同體。

有云：「理應是彼，因經云『以無所得而為方便』及根本頌云『行相不可得』及《明義釋》云『從自性不可得方面』故。」不周遍，因慮及能攝持故。若非如是，彼本智理應亦是發心及迴向，因經云：「發一切相智相應之心。[56]」及「憍尸迦！所有迴向心，彼非心。[57]」故。

又，根本性相理應不應理，因若是了知聲聞道道相智不周遍是瑜伽現前故，理應如是，因有以義總方式通達補特伽羅無我之大乘修道故。理應如是，因有以義總方式通達能取所取異質空之大乘有漏修道故。因《明義釋》云：「彼等所知障之對治——有漏修道、與無漏，為二；故為三種道諦行相。」故。

ཁ་ཅིག ཁྱད་ཆོས་གསུམ་གྱིས་ཟིན་པའི་སྒོ་ནས་མི་རྟག་སོགས་བཅུ་དྲུག་མངོན་སུམ་དུ་རྟོགས་པའི་ཡེ་ཤེས་གང་ཞིག གདུལ་བྱ་ཉན་ཐོས་ཀྱི་རིགས་ཅན་རྗེས་སུ་བཟུང་བའི་ཕྱིར་དུ་ཤེས་པར་བྱ་བའི་མངོན་རྟོགས་ཉན་ཐོས་ཀྱི་ལམ་ཤེས་པའི་ལམ་ཤེས་ཀྱི་མཚན་ཉིད་ཟེར་བ་མི་འཐད་དེ། སྟོང་ཉིད་མངོན་སུམ་དུ་རྟོགས་པའི་ཉན་ཐོས་དགྲ་བཅོམ་གྱི་རྟོགས་པ་སྔོན་དུ་སོང་བའི་བྱང་སེམས་ཚོགས་ལམ་པའི་རྒྱུད་ཀྱི་མི་རྟག་སོགས་བཅུ་དྲུག་མངོན་སུམ་དུ་རྟོགས་པའི་ཡེ་ཤེས། ཉན་ཐོས་ཀྱི་ལམ་ཤེས་པའི་ལམ་ཤེས་སུ་ཐལ་བའི་སྐྱོན་ཡོད་པའི་ཕྱིར།

གཞན་ཡང་མཚན་ཉིད་དེ་མི་འཐད་དེ། གང་ཟག་གི་བདག་མེད་མངོན་སུམ་དུ་རྟོགས་པའི་བྱང་འཕགས་ཀྱི་མཁྱེན་པ་དེ། མི་རྟག་སོགས་བཅུ་དྲུག་མངོན་སུམ་དུ་རྟོགས་པའི་ཡེ་ཤེས་མ་ཡིན་པའི་ཕྱིར། དེར་ཐལ། གང་ཟག་གི་བདག་མེད་མངོན་སུམ་དུ་རྟོགས་པའི་ཉན་ཐོས་ཀྱི་མངོན་རྟོགས་དེ་མ་ཡིན་པའི་ཕྱིར། དེར་ཐལ། ཉན་ཐོས་ཀྱི་མཐོང་ལམ་བར་ཆད་མེད་ལམ་དེ་མ་ཡིན་པའི་ཕྱིར་ཏེ། དེའི་ཡུལ་དུ་གྱུར་པའི་དངོས་པོ་མེད་པའི་ཕྱིར་ཏེ། དེ་བར་ཆད་མེད་ལམ་ཡིན་པའི་ཕྱིར།

ཁ་ཅིག སེམས་བསྐྱེད་བསྒོ་བ་སྟོང་ཉིད་རྟོགས་པའི་ཤེས་རབ་གསུམ་གྱིས་ཟིན་པའི་སྒོ་ནས་གདུལ་བྱ་ཉན་ཐོས་ཀྱི་རིགས་ཅན་རྗེས་སུ་བཟུང་བའི་ཕྱིར་དུ་ཤེས་པར་བྱ་བའི་མངོན་རྟོགས་ཀྱི་རིགས་སུ་གནས་པའི་ཐེག་ཆེན་འཕགས་པའི་མཁྱེན་པ་དེ། དེའི་མཚན་ཉིད་ཟེར་བ་མི་འཐད་དེ། གང་ཟག་གི་བདག་འཛིན་སྤངས་པའི་སྤངས་པ་དོན་གཉེར་གྱི་ཐེག་ཆེན་གྱི་མཐོང་ལམ་དེ། མཚན་ཉིད་དེ་གང་ཞིག མཚོན་བྱ་དེ་མ་ཡིན་པའི་ཕྱིར། དང་པོ་དེར་ཐལ། གང་ཟག་གི་བདག་མེད་མངོན་སུམ་དུ་རྟོགས་པའི་ཐེག་ཆེན་གྱི་མཐོང་ལམ་མཚན་ཉིད་དེ་ཡིན་པའི་ཕྱིར། ཕྱི་མ་དེར་ཐལ། དེ་ཉན་ཐོས་ཀྱི་ཤེས་རབ་ཀྱི་རྟོགས་རིགས་སུ་མི་གནས་པའི་ཕྱིར་ཏེ། དེ་ཉན་ཐོས་ཀྱི་ཐབས་ཀྱི་རྟོགས་རིགས་སུ་གནས་པའི་ཕྱིར། དེར་ཐལ། གང་ཟག་གི་བདག་འཛིན་སྤངས་པའི་སྤངས་པ་དོན་གཉེར་གྱི་ཉན་ཐོས་ཀྱི་མཐོང་ལམ་དེ་ཉན་ཐོས་ཀྱི་ཐབས་ཡིན་པའི་ཕྱིར་ཏེ། ཉན་ཐོས་ཀྱི་སེམས་བསྐྱེད་དེ་ཉན་ཐོས་ཀྱི་ཐབས་ཡིན་པའི་ཕྱིར།

དེ་ལ་ཁ་ཅིག ཉན་ཐོས་ཀྱི་ཐབས་ཡིན་ན། ཉན་ཐོས་ཀྱི་ཤེས་རབ་མ་ཡིན་དགོས་པར་ཐལ། ཉན་

有云:「是以三差別法攝持之門而現證無常等十六行相之本智，且為攝受所化聲聞種性而了知之現觀，是了知聲聞道道相智之性相。」彼不應理，因有「現證空性之聲聞阿羅漢證量先行之資糧道菩薩相續中現證無常等十六行相本智」則成為了知聲聞道道相智之過故。

又，此性相不應理，因現證補特伽羅無我之菩薩聖者之智，非現證無常等十六行相之本智故。理應如是，因現證補特伽羅無我之聲聞現觀不是彼故。理應如是，因聲聞見道無間道非彼故，因無彼之境之事物故，因彼為無間道故。

有云：「以發心、迴向、通達空性之慧三者攝持之門，為攝受所化聲聞種性而了知之現觀住類的大乘聖者之智，是彼之性相。」彼不應理，因希求斷除補特伽羅我執之斷德的大乘見道，是彼性相，且非彼名相故。初者理應如是，因現證補特伽羅無我之大乘見道是彼性相故。後者理應如是，因彼不住聲聞智慧證類故，因彼是住聲聞方便證類故。理應如是，因希求斷除補特伽羅我執之斷德的聲聞見道，是聲聞之方便故，因聲聞的發心，是聲聞之方便故。

於彼有云：「若是聲聞之方便，理應須不是聲聞之智慧，因若

ཐོས་ཀྱི་ཐབས་ཀྱི་རྟོགས་རིགས་སུ་གནས་ན། དེའི་ཤེས་རབ་ཀྱི་རྟོགས་རིགས་སུ་མི་གནས་དགོས་པའི་ཕྱིར། རྟགས་ཁས། འདོད་ན། ཐེག་ཆེན་གྱི་ཐབས་ཡིན་ན། དེའི་ཤེས་རབ་མ་ཡིན་དགོས་པར་ཐལ། འདོད་པའི་ཕྱིར། འདོད་ན། ཐེག་ཆེན་སེམས་བསྐྱེད་ཀྱི་འཁོར་དུ་བྱུང་བའི་ཤེས་རབ་ཆོས་ཅན། དེར་ཐལ། དེའི་ཕྱིར་ཏེ། ཐེག་ཆེན་སེམས་བསྐྱེད་དང་མཚུངས་ལྡན་རྣམ་པ་ལྔ་མཚུངས་ཡིན་པའི་ཕྱིར་ན་མ་ཁྱབ།

རྩ་བར་འདོད་ན། དེ་ཆོས་ཅན། ཐེག་ཆེན་གྱི་ཤེས་རབ་ཡིན་པར་ཐལ། ཐེག་ཆེན་ཀུན་རྫོབ་སེམས་བསྐྱེད་ཀྱི་འཁོར་དུ་བྱུང་བའི་ཤེས་རབ་ཡིན་པའི་ཕྱིར། ཞེས་ཟེར། མ་ཁྱབ་མཚམས་སུ། སངས་རྒྱས་འཕགས་པའི་ཐུགས་རྒྱུད་ཀྱི་ཐེག་ཆེན་སེམས་བསྐྱེད་ཀྱི་འཁོར་དུ་བྱུང་བའི་ཤེས་རབ་ཆོས་ཅན། ཐེག་ཆེན་གྱི་ཐབས་སུ་ཐལ། སངས་རྒྱས་འཕགས་པའི་རྒྱུད་ཀྱི་ཐེག་ཆེན་ཀུན་རྫོབ་སེམས་བསྐྱེད་དང་མཚུངས་ལྡན་རྣམ་པ་ལྔ་མཚུངས་ཡིན་པའི་ཕྱིར། ཁྱབ་པ་ཁས། འདོད་ན། དེའི་རྒྱུད་ཀྱི་སྟོང་ཉིད་མངོན་སུམ་དུ་རྟོགས་པའི་ཤེས་རབ་ཐེག་ཆེན་གྱི་ཐབས་སུ་ཐལ། འདོད་པ་གང་ཞིག དེའི་རྒྱུད་ཀྱི་ཐེག་ཆེན་སེམས་བསྐྱེད་ཀྱི་འཁོར་དུ་བྱུང་བའི་ཤེས་རབ་དེ་སྟོང་ཉིད་མངོན་སུམ་དུ་རྟོགས་པའི་ཤེས་རབ་ཡིན་པའི་ཕྱིར། འདོད་ན། བྱང་འཕགས་ཀྱི་རྒྱུད་ཀྱི་སྟོང་ཉིད་མངོན་སུམ་དུ་རྟོགས་པའི་ཤེས་རབ་དེ་དེའི་ཐབས་ཡིན་པར་ཐལ། འདོད་པའི་ཕྱིར།

ཁ་ཅིག ཐལ་འགྱུར་གཉིས་པ་ལ་མ་ཁྱབ་མོ་ཞེ་ན། འོ་ན། སངས་རྒྱས་འཕགས་པའི་ཐུགས་རྒྱུད་ཀྱི་སྟོང་ཉིད་མངོན་སུམ་དུ་རྟོགས་པའི་ཐེག་ཆེན་སེམས་བསྐྱེད་ཀྱི་འཁོར་དུ་བྱུང་བའི་སྟོང་ཉིད་མངོན་སུམ་དུ་རྟོགས་པའི་ཤེས་རབ་དེ། ཐེག་ཆེན་གྱི་ཐབས་མ་ཡིན་པར་ཐལ། སངས་རྒྱས་འཕགས་པའི་ཐུགས་རྒྱུད་ཀྱི་སྟོང་ཉིད་མངོན་སུམ་དུ་རྟོགས་པའི་ཤེས་རབ་ཐེག་ཆེན་གྱི་ཐབས་མ་ཡིན་པའི་ཕྱིར། འདོད་ན། ཁས་བླངས།

གཞན་ཡང་། བྱང་སེམས་ཀྱི་ཐབས་དང་བྱང་སེམས་ཀྱི་ཤེས་རབ་འགལ་བར་ཐལ། བྱང་སེམས་ཀྱི་རྒྱུད་ཀྱི་ཐབས་དང་དེའི་རྒྱུད་ཀྱི་ཤེས་རབ་འགལ་བའི་ཕྱིར། དེར་ཐལ། བྱང་འཕགས་ཀྱི་རྒྱུད་ཀྱི་གཙོ་བོར་རང་དོན་ཆོས་སྐུ་ཐོབ་ཕྱིར་དུ་སྒོམ་པའི་ཤེས་རབ་དང་། དེའི་རྒྱུད་ཀྱི་གཙོ་བོར་གཞན་

是住聲聞之方便證類，須是不住彼之智慧證類故。承許因，若許，若是大乘方便，理應須不是彼之智慧，因許故。若許，大乘發心眷屬之慧為有法，理應如是，因如是故。因與大乘發心五相相應故。」不周遍。

若許根本，彼為有法，理應是大乘智慧，因彼是大乘世俗發心眷屬之慧故。於不周遍處，佛聖者心續之大乘發心眷屬之慧為有法，理應是大乘方便，因與佛聖者相續之大乘世俗發心五相相應故。承許周遍。若許，其相續之現證空性慧理應是大乘方便，因承許，且其相續之大乘發心眷屬之慧，是現證空性慧故。若許，菩薩聖者相續之現證空性慧，理應是彼之方便，因許故。

有云：「第二應成不周遍。」那麼，佛聖者心續之現證空性之大乘發心眷屬的現證空性慧，理應不是大乘方便，因佛聖者心續之現證空性慧，不是大乘方便故。若許，承許。

又，菩薩之方便及菩薩之慧理應相違，因菩薩相續之方便及其相續之慧相違故。理應如是，因菩薩聖者相續的主要為獲得自利法身而修之慧，及其相續的主要為獲得他利色身而修之修持相違故。

དོན་གཟུགས་སྐུ་ཐོབ་པའི་ཕྱིར་དུ་སྒོམ་པའི་ཉམས་ལེན་འགལ་བའི་ཕྱིར། དེར་ཐལ། སངས་རྒྱས་ཀྱི་སར་རང་དོན་ཆོས་སྐུ་དང་གཞན་དོན་གཟུགས་སྐུ་འགལ་བའི་ཕྱིར།

གཞན་ཡང་། བསལ་བ་དེར་ཐལ། དེ་གཉིས་ཀྱི་གཞི་མཐུན་མེད་པའི་ཕྱིར། མ་གྲུབ་ན། བྱང་སེམས་འཕགས་པའི་རྒྱུད་ཀྱི་ཐེག་ཆེན་སེམས་བསྐྱེད་ཀྱི་འཁོར་དུ་བྱུང་བའི་ཤེས་རབ་དེ། དེ་གཉིས་ཀྱི་གཞི་མཐུན་ཡིན་པར་ཐལ། མ་གྲུབ་པ་གང་ཞིག དེའི་འཁོར་དུ་བྱུང་བའི་ཤེས་རབ་དེ་ཐེག་ཆེན་གྱི་ཐབས་ཤེས་གཉིས་ཀ་ཡིན་པའི་ཕྱིར། རྟགས་སྔ་ཕྱི་གཉིས་ཀ་ཁས། འདོད་ན། དེའི་རྒྱུད་ཀྱི་ཐེག་ཆེན་སེམས་བསྐྱེད་ཀྱི་འཁོར་དུ་བྱུང་བའི་ཤེས་རབ་ཀྱང་ཡིན། སྟོང་ཉིད་མངོན་སུམ་དུ་རྟོགས་པའི་བློ་ཡང་ཡིན་པའི་གཞི་མཐུན་ཡོད་པར་ཐལ། འདོད་པའི་ཕྱིར། འདོད་མི་ནུས་ཏེ། དེའི་རྒྱུད་ཀྱི་ཐེག་ཆེན་སེམས་བསྐྱེད་ཀྱི་འཁོར་དུ་བྱུང་བའི་བློ་ཡིན་ན། མ་རྟོགས་པའི་བློ་ཡིན་དགོས་པའི་ཕྱིར་ཏེ། དེའི་རྒྱུད་ཀྱི་ཐེག་ཆེན་སེམས་བསྐྱེད་ཡིན་ན། མ་རྟོགས་པའི་བློ་ཡིན་དགོས་པའི་ཕྱིར།

རང་ལུགས་ནི། སེམས་བསྐྱེད་བསྒོ་བ་སྟོང་ཉིད་མངོན་སུམ་དུ་རྟོགས་པའི་ཤེས་རབ་གསུམ་གྱིས་ཟིན་པའི་སྒོ་ནས་གདུལ་བྱ་ཉན་ཐོས་ཀྱི་རིགས་ཅན་རྗེས་སུ་བཟུང་བའི་ཕྱིར་དུ་ཤེས་པར་བྱ་བའི་ཤེས་རབ་ཀྱི་རྟོགས་རིགས་སུ་གནས་པའི་ཐེག་ཆེན་འཕགས་པའི་མཁྱེན་པ། ཉན་ཐོས་ཀྱི་ལམ་ཤེས་པའི་ལམ་ཤེས་ཀྱི་མཚན་ཉིད་ཡིན།

ཁ་ཅིག ཉན་ཐོས་ཀྱི་ལམ་ཤེས་པའི་ལམ་ཤེས་དང་། རང་རྒྱལ་གྱི་ལམ་ཤེས་པའི་ལམ་ཤེས་མི་འགལ་ཏེ། བྱང་འཕགས་ཀྱི་རྒྱུད་ཀྱི་གང་ཟག་གི་བདག་མེད་མངོན་སུམ་དུ་རྟོགས་པའི་མཁྱེན་པ། རང་རྒྱལ་གྱི་ལམ་ཤེས་པའི་ལམ་ཤེས་གང་ཞིག ཉན་ཐོས་ཀྱི་ལམ་ཤེས་པའི་ལམ་ཤེས་ཀྱང་ཡིན་པའི་ཕྱིར། དང་པོ་དེར་ཐལ། དེ་རང་རྒྱལ་གྱི་རྟོགས་རིགས་སུ་གནས་པའི་ཕྱིར། དེར་ཐལ། གང་ཟག་གི་བདག་མེད་དེ་རང་རྒྱལ་སློབ་པ་འཕགས་པའི་བསྒོམ་བྱའི་གཙོ་བོ་ཡིན་པའི་ཕྱིར། དེར་ཐལ། གང་ཟག་གི་བདག་འཛིན་དེ། དེའི་སྤང་བྱའི་གཙོ་བོ་ཡིན་པའི་ཕྱིར། དེར་ཐལ། འཁོར་བའི་རྩ་བ་དེ་དེའི་སྤང་བྱའི་གཙོ་བོ་ཡིན་པའི་ཕྱིར་ཏེ། ཐར་པ་དེ་དེའི་ཐོབ་བྱའི་གཙོ་བོ་ཡིན་པའི་ཕྱིར་ན། མ་ཁྱབ། དེར་

◆現觀辨析（中）

理應如是，因於佛地，自利法身及他利色身相違故。

又，彼遣法理應如是，因無此二之同位故。若不成，菩薩聖者相續的大乘發心眷屬之慧，理應是此二之同位，因「不成」，且彼之眷屬之慧是大乘之方便智慧二者故。承許前後二因，若許，理應有既是彼之相續的大乘發心眷屬之慧又是現證空性覺知之同位，因許故。不能許，因若是彼之相續之大乘發心眷屬之覺知，須是未通達覺知故，因若是彼之相續之大乘發心，須是未通達覺知故。

自宗：「以發心、迴向、現證空性之慧三者所攝之門，住為攝受所化聲聞種性而所了知之智慧證類的大乘聖者之智」，是了知聲聞道道相智之性相。

有云：「了知聲聞道道相智及了知獨覺道道相智不相違，因菩薩聖者相續之現證補特伽羅無我智，是了知獨覺道道相智，且亦是了知聲聞道道相智故。初者理應如是，因彼住於獨覺證類故。理應如是，因補特伽羅無我是有學獨覺聖者之主要所修故。理應如是，因補特伽羅我執是彼之主要所斷故。理應如是，因輪迴根本是彼之主要所斷故。因解脫是彼之主要所得故。」不周遍。理應如是，因彼以解脫作為主要所得故。

ཐལ། ངེས་ཐར་པ་ཐོབ་བྱའི་གཙོ་བོ་བྱེད་པའི་ཕྱིར་ཞེ་ན།

འོ་ན་གང་ཟག་གི་བདག་འཛིན་དེ། རང་རྒྱལ་གྱི་ཐར་པ་ཐོབ་པ་ལ་བར་དུ་གཅོད་བྱེད་ཀྱི་སྒྲིབ་པའི་གཙོ་བོ་ཡིན་པར་ཐལ། རང་རྒྱལ་སློབ་པ་འཕགས་པས་དེ་སྤང་བྱའི་གཙོ་བོར་བྱས་ནས་སྤོང་བའི་ཕྱིར། འདོད་ན། དེ་གཟུང་འཛིན་རྫས་གཞན་དུ་འཛིན་པའི་འཛིན་པ་སྤངས་པའི་སྤངས་པ་ཐོབ་པ་ལ་གེགས་བྱེད་ཀྱི་སྒྲིབ་པའི་གཙོ་བོ་ཡིན་པར་ཐལ། འདོད་པའི་ཕྱིར། འདོད་ན། གང་ཟག་གི་བདག་འཛིན་སྤངས་པའི་གང་ཟག་ཡིན་ན། གཟུང་འཛིན་རྫས་གཞན་དུ་འཛིན་པའི་འཛིན་པ་སྤངས་པའི་གང་ཟག་ཡིན་དགོས་པར་ཐལ། འདོད་པའི་ཕྱིར། འདོད་ན། ཉན་ཐོས་དགྲ་བཅོམ་པས་མ་ངེས་སོ། །

ཁོན་རེ། རང་རྒྱལ་སློབ་པ་འཕགས་པ་ཆོས་ཅན། གང་ཟག་གི་བདག་འཛིན་དེ་ཁྱོད་ཀྱིས་རང་རྒྱལ་དགྲ་བཅོམ་གྱི་གོ་འཕང་ཐོབ་པ་ལ་བར་དུ་གཅོད་བྱེད་ཀྱི་སྒྲིབ་པའི་གཙོ་བོ་ཡིན་པར་ཐལ། ཁྱོད་ཀྱིས་རང་རྒྱལ་དགྲ་བཅོམ་གྱི་གོ་འཕང་ཐོབ་པ་ལ་གང་ཟག་གི་བདག་འཛིན་ངེས་པར་སྤངས་དགོས། ཁྱོད་ཀྱིས་གང་ཟག་གི་བདག་འཛིན་སྤངས་པའི་ཚེ་ཁྱོད་ཀྱིས་རང་རྒྱལ་དགྲ་བཅོམ་གྱི་གོ་འཕང་ཐོབ་པར་འཇོག་པའི་ཕྱིར་ཞེ་ན། མ་ཁྱབ་སྟེ། འོ་ན། དམན་ལམ་སྔོན་མ་སོང་གི་བྱང་འཕགས་ཆོས་ཅན། གང་ཟག་གི་བདག་འཛིན་དེ་ཁྱོད་ཀྱིས་ཐེག་ཆེན་དགྲ་བཅོམ་ཐོབ་པ་ལ་བར་དུ་གཅོད་བྱེད་ཀྱི་སྒྲིབ་པའི་གཙོ་བོ་ཡིན་པར་ཐལ། ཁྱོད་ཀྱིས་ཐེག་ཆེན་དགྲ་བཅོམ་གྱི་གོ་འཕང་ཐོབ་པ་ལ་གང་ཟག་གི་བདག་འཛིན་ངེས་པར་སྤངས་དགོས། ཁྱོད་ཀྱིས་གང་ཟག་གི་བདག་འཛིན་སྤངས་པའི་ཚེ་ཁྱོད་ཀྱིས་ཐེག་ཆེན་དགྲ་བཅོམ་གྱི་གོ་འཕང་ཐོབ་པར་འཇོག་པའི་ཕྱིར། ཁྱབ་པ་ཁས།

ཁ་ཅིག མི་རྟག་སོགས་བཅུ་དྲུག་གོམས་པ་ལྷུར་ལེན་གྱི་ཚུལ་གྱིས་སྒོམ་པའི་བྱང་སེམས་ཀྱི་མཐོང་ལམ་ཡོད་ཟེར་བ་མི་འཐད་དེ། དེ་བསྒོམ་བྱའི་གཙོ་བོར་བྱེད་པའི་བྱང་སེམས་ཀྱི་མཐོང་ལམ་མེད་པའི་ཕྱིར་ཏེ། ཉོན་སྒྲིབ་སྤང་བྱའི་གཙོ་བོར་བྱེད་པའི་བྱང་སེམས་འཕགས་པ་མེད་པའི་ཕྱིར།

ཁོན་རེ། དེ་གོམས་པ་ལྷུར་ལེན་གྱི་ཚུལ་གྱིས་སྒོམ་པའི་བྱང་སེམས་ཀྱི་མཐོང་ལམ་ཡོད་པར་ཐལ། རྣམ་བཤད་ལས། ལམ་འདི་ཡང་མཐོང་ལམ་གྱི་སྐབས་ཉིད་དུ་སྒོམ་པར་བྱེད་ཀྱི། སྒོམ་ལམ་གྱི་སྐབས་སུ་གོམས་པ་ལྷུར་ལེན་བྱེད་པ་ནི་མ་ཡིན་ནོ། །ཞེས་སྒོམ་ལམ་གྱི་སྐབས་སུ་གོམས་པ་ལྷུར་

那麼，補特伽羅我執，理應是能間斷獲得獨覺解脫之主要障礙，因有學獨覺聖者以彼為主要所斷而斷除故。若許，彼理應是能障礙獲得「斷除執能取所取異質之執之斷」的主要障礙，因許故。若許，若是斷除補特伽羅我執之補特伽羅，理應須是斷除執能取所取異質之執的補特伽羅，因許故。若許，聲聞阿羅漢不定。

有云：「有學獨覺聖者為有法，補特伽羅我執理應是能間斷爾獲得獨覺阿羅漢果位之主要障礙，因爾獲得獨覺阿羅漢果位必須斷除補特伽羅我執，當爾斷除補特伽羅我執之時，安立爾獲得獨覺阿羅漢果位故。」不周遍，那麼，未曾入劣道之菩薩聖者為有法，補特伽羅我執理應是能間斷爾獲得大乘阿羅漢之主要障礙，因爾要獲得大乘阿羅漢果位必須斷除補特伽羅我執，當爾斷除補特伽羅我執之時，安立爾獲得大乘阿羅漢果位故。承許周遍。

有云：「有以精勤串習之方式修習無常等十六行相之菩薩見道。」不應理，因無以彼為主要所修之菩薩見道故，因無以煩惱障為主要所斷之菩薩聖者故。

有云：「理應有以精勤串習之方式修習彼之菩薩見道，因《心要莊嚴疏》云：『此道亦於見道之際作觀修，並非於修道階段勤奮作串習。』直接宣說於修道時不作精勤串習，間接地宣說於見道時

ལེན་མི་བྱེད་པར་དངོས་སུ་བསྟན་པའི་ཤུགས་ལ། མཐོང་ལམ་གྱི་སྐབས་སུ་གོམས་པ་ལྟར་ལེན་བྱེད་པར་བསྟན་པའི་ཕྱིར་ཞེ་ན། དེ་འདྲའི་དངོས་བསྟན་ཤུགས་བསྟན་མི་འཐད་པར་ཐལ། དེ་ལྟར་ན་བྱང་སེམས་སྒོམ་ལམ་པས་ཉོན་སྒྲིབ་སྤང་བྱའི་གཙོ་བོར་མི་བྱེད་པར་དངོས་སུ་བསྟན་ན། བྱང་སེམས་མཐོང་ལམ་པས་ཉོན་སྒྲིབ་སྤང་བྱའི་གཙོ་བོར་བྱེད་པ་ཤུགས་ལ་བསྟན་དགོས་པས་ཏ་ཙང་ཐལ་བའི་ཕྱིར་རོ། །

འོ་ན། ཉན་ཐོས་ལམ་འདི་ཤེས་པར་བྱ། །ཞེས་པའི་ཤེས་བྱ་ཉན་ཐོས་ཀྱི་ལམ་དེ་གང་ཡིན་ཞེ་ན།

ཁ་ཅིག ཉན་ཐོས་རང་རྒྱུད་ཀྱིས་བསྡུས་པའི་ལམ་ལ་འདོད་པ་མི་འཐད་དེ། སྐབས་འདིའི་ཤེས་བྱ་ཉན་ཐོས་ཀྱི་ལམ་དེ་བྱང་ཆུབ་སེམས་དཔས་རྒྱུད་ལ་བསྐྱེད་ནས་ཤེས་དགོས་པའི་ཕྱིར། དེར་ཐལ། བྱང་འཕགས་ཀྱིས་ཉན་ཐོས་ཀྱི་ལམ་ཤེས་ཚུལ་མིག་གིས་གཟུགས་ལ་བལྟ་བ་ལྟར་བྱེད་མི་རིགས་པའི་ཕྱིར།

ཁ་ཅིག བྱང་སེམས་ཀྱི་རྒྱུད་ཀྱིས་བསྡུས་པའི་ལམ་ལ་འདོད་པ་ཡང་མི་རིགས་ཏེ། སྐབས་འདིའི་ཤེས་བྱ་ཉན་ཐོས་ཀྱི་ལམ་དེ་རྣམ་གཞག་གི་རྟེན་ཉན་ཐོས་ལ་བཞག་ཅིང་། ཉན་ཐོས་དང་བྱང་ཆུབ་སེམས་དཔའ་གཉིས་ཀའི་རྒྱུད་ལ་སྐྱེ་བ་ཞིག་དགོས་པའི་ཕྱིར།

རང་ལུགས། མི་རྟག་སོགས་བཅུ་དྲུག་རྟོགས་པའི་ཡེ་ཤེས་སམ་མཁྱེན་པ། འདིར་བསྟན་ཤེས་བྱ་ཉན་ཐོས་ཀྱི་ལམ་ཡིན་ཏེ། སྐབས་དང་པོར་ཉན་ཐོས་ཀྱི་ལམ་གང་ཡིན་པ་དང་། ཞེས་གསུངས་པ་དང་གནད་གཅིག་པའི་ཕྱིར་རོ། །

精勤串習故。」如此之直接宣說間接宣說理應不合理，因若如是，直接宣說修道位菩薩不以煩惱障為主要所斷，則須間接宣說見道位菩薩以煩惱障為主要所斷，實在太過故。

那麼，「當知聲聞道」的所知之聲聞道為何？

有云：「許是聲聞自相續所攝之道。」不應理，因此時之所知聲聞道須於菩薩相續中生起而了知故。理應如是，因菩薩聖者了知聲聞道之理不可如眼見色法般故。

有云：「許是菩薩相續所攝道。」亦不合理，因此時之所知聲聞道，其建立之所依安立為聲聞，且須生於聲聞及菩薩二者相續故。

自宗：通達無常等十六行相之本智或智，是此示所知聲聞道，因與第一品所謂「凡聲聞道」是同一扼要故。

དེའི་རྒྱུ་ངེས་འབྱེད་ཆ་མཐུན་བཤད་པ།

འཕགས་པ་ཉན་ཐོས་ལམ་ལ་ནི། །ཞེས་སོགས་ཀྱི་སྐབས་སུ། སྦྱོར་བ་དང་། མཐའ་དཔྱད་པ་གཉིས།

དང་པོ་ནི། ཉན་ཐོས་ཀྱི་ལམ་ཤེས་པའི་ལམ་ཤེས་ཀྱི་རྒྱུ་ངེས་འབྱེད་ཆ་མཐུན་ཆོས་ཅན། ཁྱོད་ལ་བཞི་ཡོད་དེ། ཁྱོད་ལ་ཉན་ཐོས་ཀྱི་ཤེས་རབ་ཀྱི་རྟོགས་རིགས་སུ་གནས་པའི་ཐེག་ཆེན་གྱི་སྦྱོར་ལམ་དྲོད་སོགས་བཞི་ཡོད་པའི་ཕྱིར།

གཉིས་པ་ལ་ཁ་ཅིག ཉན་ཐོས་ཀྱི་རྟོགས་རིགས་སུ་གནས་པའི་ཐེག་ཆེན་གྱི་མངོན་རྟོགས་དེ། ཉན་ཐོས་ཀྱི་ལམ་ཤེས་པའི་ལམ་ཤེས་ཀྱི་རྒྱུ་ངེས་འབྱེད་ཆ་མཐུན་གྱི་མཚན་ཉིད་ཟེར་བ་མི་འཐད་དེ། གང་ཟག་གི་བདག་འཛིན་སྤངས་པའི་སྤངས་པ་དོན་གཉེར་གྱི་ཐེག་ཆེན་གྱི་སྦྱོར་ལམ། མཚན་ཉིད་དེ་ཡིན་པ་གང་ཞིག མཚོན་བྱ་དེ་མ་ཡིན་པའི་ཕྱིར། ཕྱི་མ་དེར་ཐལ། དེ་ཉན་ཐོས་ཀྱི་ཤེས་རབ་ཀྱི་རྟོགས་རིགས་སུ་མི་གནས་པའི་ཕྱིར་ཏེ། དེ་ཉན་ཐོས་ཀྱི་ཐབས་ཀྱི་རྟོགས་རིགས་སུ་གནས་པའི་ཕྱིར།

དེ་ལ་ཁོ་ན་རེ། བྱང་སེམས་སྦྱོར་ལམ་པའི་རྒྱུད་ཀྱི་འཁོར་བ་མཐའ་དག་སྡུག་བསྔལ་གྱི་རང་བཞིན་དུ་སྒོམ་པའི་བློ་དེ། ཉན་ཐོས་ཀྱི་ཤེས་རབ་ཀྱི་རྟོགས་རིགས་སུ་མི་གནས་པར་ཐལ། དེ་དེའི་ཐབས་ཀྱི་རྟོགས་རིགས་སུ་གནས་པའི་ཕྱིར། ཁྱབ་པ་ཁས། རྟགས་དེར་ཐལ། དེའི་རྒྱུད་ཀྱི་ཐར་པ་དོན་གཉེར་གྱི་བློ་དེ་ཉན་ཐོས་ཀྱི་ཐབས་ཀྱི་རྟོགས་རིགས་སུ་གནས་པའི་ཕྱིར། འདོད་ན། དེ་ཉན་ཐོས་ཀྱི་ཤེས་རབ་ཀྱི་རྟོགས་རིགས་སུ་གནས་པར་ཐལ། དེའི་རྒྱུད་ཀྱི་འཁོར་བ་སྡུག་བསྔལ་གྱི་རང་བཞིན་དུ་རྟོགས་པའི་བློ་དེ། ཉན་ཐོས་ཀྱི་ཤེས་རབ་ཀྱི་རྟོགས་རིགས་སུ་གནས་པའི་ཕྱིར་ན། མ་ཁྱབ།

མ་གྲུབ་ན། དེར་ཐལ། དེའི་རྒྱུད་ཀྱི་སྡུག་བསྔལ་བདེན་པ་རྟོགས་པའི་བློ་དེ། དེའི་ཤེས་རབ་ཀྱི་རྟོགས་རིགས་སུ་གནས་པའི་ཕྱིར། དེར་ཐལ། དེའི་རྒྱུད་ཀྱི་བདེན་བཞི་མི་རྟག་སོགས་བཅུ་དྲུག་རྟོགས་པའི་བློ་དེ། དེའི་ཤེས་རབ་ཀྱི་རྟོགས་རིགས་སུ་གནས་པའི་ཕྱིར་ཞེ་ན། འོ་ན་བྱང་སེམས་སྦྱོར་ལམ་པའི་རྒྱུད་ཀྱི་ཐར་པ་དོན་གཉེར་གྱི་བློ་ཉན་ཐོས་ཀྱི་ཐབས་ཤེས་གཉིས་སུ་ཕྱེ་བའི་ཤེས་རབ་ཀྱི་

65 講說彼之因順決擇分

「聖聲聞道中……」等之時，論式與辨析二者。

初者，了知聲聞道道相智之因順決擇分為有法，爾有四種，因爾有住聲聞智慧證類之大乘加行道煖等四種故。

第二，有云：「住聲聞證類之大乘現觀是了知聲聞道道相智之因順決擇分的性相。」彼不應理，因希求斷除補特伽羅我執之斷的大乘加行道，是此性相，且非此名相故。後者理應如是，因彼不住聲聞之智慧證類故，因彼住聲聞之方便證類故。

於此有云：「加行道菩薩相續之修習所有輪迴皆是苦自性之覺知，理應不住聲聞之智慧證類，因彼住彼之方便證類故。承許周遍。彼因理應如是，因彼之相續之希求解脫之覺知住聲聞之方便證類故。若許，彼理應住聲聞之智慧證類，因彼之相續之通達輪迴是苦自性之覺知，住聲聞之智慧證類故。」不周遍。

若不成，理應如是，因彼之相續之通達苦諦之覺知，住彼之智慧證類故。理應如是，因彼之相續之通達四諦無常等十六行相之覺知住彼之智慧證類故。那麼，加行道菩薩相續之希求解脫之覺知，理應住從聲聞之方便智慧二者所分出之智慧證類，因彼之相續之通

རྟོགས་རིགས་སུ་གནས་པར་ཐལ། དེའི་རྒྱུད་ཀྱི་འཁོར་བ་མཐའ་དག་སྡུག་བསྔལ་གྱི་རང་བཞིན་དུ་རྟོགས་པའི་བློ་ཉན་ཐོས་ཀྱི་ཐབས་ཤེས་གཉིས་སུ་ཕྱེ་བའི་ཤེས་རབ་ཀྱི་རྟོགས་རིགས་སུ་གནས་པའི་ཕྱིར། ཁྱབ་པ་སོང་། དེར་ཐལ། དེའི་རྒྱུད་ཀྱི་སྡུག་བསྔལ་བདེན་པ་རྟོགས་པའི་བློ་དེ་དེར་གནས་པའི་ཕྱིར། དེར་ཐལ། དེའི་རྒྱུད་ཀྱི་བདེན་བཞི་མི་རྟག་སོགས་བཅུ་དྲུག་རྟོགས་པའི་བློ་དེ་དེར་གནས་པའི་ཕྱིར། ལན་མེད་དོ། །

ཁ་ཅིག སྟོང་ཉིད་དོན་སྤྱིའི་ཚུལ་གྱིས་རྟོགས་པའི་བྱང་སེམས་ཀྱི་སྦྱོར་ལམ་དེ་ཉན་ཐོས་ཀྱི་ལམ་ཤེས་པའི་ལམ་ཤེས་ཀྱི་རྒྱུ་ངེས་འབྱེད་ཆ་མཐུན་ཡིན་ཏེ། དེ་ཉན་ཐོས་ཀྱི་ལམ་ཤེས་པའི་ལམ་ཤེས་ཀྱི་རྒྱུ་གང་ཞིག ངེས་འབྱེད་ཆ་མཐུན་ཡིན་པའི་ཕྱིར། ཟེར་བ་མི་འཐད་དེ། ཉན་ཐོས་ཀྱི་ལམ་ཤེས་པའི་ལམ་ཤེས་ཀྱི་རྒྱུ་ངེས་འབྱེད་ཆ་མཐུན་ཡིན་ན། ཉན་ཐོས་ཀྱི་རྟོགས་རིགས་སུ་གནས་པས་ཁྱབ་པའི་ཕྱིར་དང་། རྣམ་མཁྱེན་ལྷ་བུ་རྒྱུ་ལམ་ཤེས་དང་ལམ་ཤེར་ཕྱིན་དུ་ཐལ་བའི་སྐྱོན་ཡང་ཡོད་པའི་ཕྱིར།

ཁོན་རེ། རྩ་བའི་དམ་བཅའ་དེ་འཐད་པར་ཐལ། དེ་འཕགས་པ་ཉན་ཐོས་ལམ་ལ་ནི། །ཞེས་སོགས་ཀྱི་སྐབས་ནས་བསྟན་པའི་ཐེག་ཆེན་གྱི་ངེས་འབྱེད་ཆ་མཐུན་ཡིན་པའི་ཕྱིར་ཟེར་ན། མ་ཁྱབ་སྟེ། གཞུང་དེས་ཉན་ཐོས་ཀྱི་ལམ་ཤེས་པའི་ལམ་ཤེས་ཀྱི་རྒྱུ་ངེས་འབྱེད་ཆ་མཐུན་དངོས་སུ་མ་བསྟན་པར་དོན་གྱིས་འཕངས་པའི་ཕྱིར། དེར་ཐལ། རྣམ་བཤད་ལས། འདིར་དངོས་སུ་བསྟན་པ་ནི། སྟོང་ཉིད་རྟོགས་པའི་སྦྱོར་ལམ་ཡིན་ལ། ཉན་ཐོས་ཀྱི་ལམ་ཤེས་པའི་རྒྱུ་ངེས་འབྱེད་ནི། གཞུང་འདིས་དོན་གྱིས་འཕངས་པ་རྣམ་པ་བཅུ་དྲུག་ལ་དམིགས་པའི་འཛིན་རྟེན་པའི་སྒོམ་བྱུང་ཡིན་ནོ། །ཞེས་གསུངས་པའི་ཕྱིར།

ཁོན་རེ། འོ་ན་སྐབས་འདིར་སྦྱོར་ལམ་བསྟན་པ་དང་སྐབས་དང་པོར་སྦྱོར་ལམ་བསྟན་པ་གཉིས་ཟློས་སྐྱོན་ཡོད་པར་ཐལ། འདི་དང་སྐབས་དང་པོ་གཉིས་ཀར་སྟོང་ཉིད་རྟོགས་པའི་བྱང་སེམས་ཀྱི་སྦྱོར་ལམ་དངོས་སུ་བསྟན་པའི་ཕྱིར་ན་མ་ཁྱབ་སྟེ། དགོས་པ་མི་འདྲ་བའི་ཕྱིར། དེར་ཐལ། སྐབས་དང་པོར་བསྟན་པ་ནི་ཉན་ཐོས་ཀྱི་སྦྱོར་ལམ་ལས་ཁྱད་ཞུགས་པར་ཤེས་པའི་ཆེད་དུ་ཡིན་ཅིང་འདིར་བསྟན་པ་ནི་སྟོང་ཉིད་རྟོགས་པའི་སྦྱོར་ལམ་གྱིས་ཟིན་པའི་སྒོ་ནས་མི་རྟག་སོགས་བཅུ་དྲུག་རྟོགས་པའི་སྦྱོར་

達所有輪迴皆是苦自性之覺知住從聲聞之方便智慧所分出的智慧證類故。實際上汝已承許周遍。理應如是，因彼之相續之通達苦諦之覺知住於彼故。理應如是，因彼之相續之通達四諦無常等十六行相之覺知住於彼故。無法回答。

有云：「以義總方式通達空性之菩薩加行道，是了知聲聞道道相智之因順決擇分，因彼是了知聲聞道道相智之因，且是順決擇分故。」不應理，因若是了知聲聞道道相智之因順決擇分，周遍住聲聞證類，以及亦有如一切相智是因道相智及道般若波羅蜜多之過故。

有云：「彼根本宗理應應理，因是『聖聲聞道中……』等之時所宣示的大乘順決擇分故。」不周遍，因此引文無直接宣示了知聲聞道道相智之因順決擇分，〔此〕由間接引出故。理應如是，因《心要莊嚴疏》云：「此處直接說明為證悟空性之加行道；知聲聞道之因——抉擇，於此論典乃間接影射，即是緣於十六行相之世間修所得。」故。

有云：「那麼，此處宣說加行道及在第一品宣說加行道二者理應有重複之過，因此處與第一品二者皆直接宣示通達空性之菩薩加行道故。」不周遍，因目的不同故。理應如是，因於第一品宣說乃為令了知較聲聞加行道殊勝，而此處所示乃為令了知須以通達空性之加行道所攝之門修習通達無常等十六行相之加行道故。若如是，

ལམ་སྒོམ་དགོས་པར་ཤེས་པའི་ཆེད་ཡིན་པའི་ཕྱིར། དེ་ལྟར་ན་གཞུང་འདིའི་དངོས་བསྟན་གྱི་སྦྱོར་ལམ་ཡིན་ན། ཐེག་ཆེན་གྱི་རྟོགས་རིགས་སུ་གནས་པས་ཁྱབ་ཀྱང་། གཞུང་འདིའི་བསྟན་བྱའི་གཙོ་བོར་གྱུར་པའི་བྱང་སེམས་ཀྱི་སྦྱོར་ལམ་ཡིན་ན། ཐེག་དམན་གྱི་རྟོགས་རིགས་སུ་གནས་པས་ཁྱབ་སྟེ། སྔར་བཤད་པས་རྟོགས་ནུས་པའི་ཕྱིར། མི་རྟག་སོགས་བཅུ་དྲུག་རྟོགས་པའི་ཉན་ཐོས་ཀྱི་སྦྱོར་ལམ་གཞུང་འདིས་ཤུགས་ལ་བསྟན་མ་བསྟན་ནི་དཔྱད་པར་བྱའོ། །

རང་ལུགས་ཀྱི་མཚན་ཉིད་ནི། ཉན་ཐོས་ཀྱི་ཤེས་རབ་ཀྱི་རྟོགས་རིགས་སུ་གནས་པའི་ཐེག་ཆེན་གྱི་དོན་མངོན་རྟོགས་ཞེས་སྨྲ་བར་བྱའོ། །

若是此文直接宣說之加行道，周遍住大乘證類，然若是此引文之主要所詮的菩薩加行道，周遍住小乘證類，因由先前所言可了知故。此引文是否間接宣說通達無常等十六行相之聲聞加行道當須察之。

自宗之性相：說為「住聲聞之智慧證類的大乘義現觀」。

རང་རྒྱལ་གྱི་ལམ་ཤེས་པའི་ལམ་ཤེས།

རང་བྱུང་བདག་ཉིད་རྟོགས་པའི་ཕྱིར། །ཞེས་སོགས་ཀྱི་སྐབས་སུ། སྤྱིར་བ་དང་། མཐའ་དཔྱོད་པ་གཉིས།

དང་པོ་ནི། རང་རྒྱལ་དགྲ་བཅོམ་པ་ཆོས་ཅན། ཉན་ཐོས་དགྲ་བཅོམ་པ་ལས་ལམ་བགྲོད་ཚུལ་གྱི་སྒོ་ནས་ཁྱད་པར་འཕགས་ཏེ། སྲིད་པ་ཐ་མ་པའི་ཚེ་སློབ་དཔོན་གཞན་གྱིས་གདམས་ངག་བསྟན་པ་ལ་མ་ལྟོས་པར་རང་རྒྱལ་གྱི་བྱང་ཆུབ་མངོན་དུ་བྱས་པའི་གང་ཟག་ཡིན་པའི་ཕྱིར། དེ་ཆོས་ཅན། ཉན་ཐོས་དགྲ་བཅོམ་ལས་ཆོས་སྟོན་ཚུལ་གྱི་སྒོ་ནས་ཁྱད་པར་འཕགས་ཏེ། རང་གི་གདུལ་བྱ་ལ་སྒྲ་མེད་ལུས་ཀྱི་རྣམ་འགྱུར་གྱི་སྒོ་ནས་ཆོས་སྟོན་པའི་དགྲ་བཅོམ་ཡིན་པའི་ཕྱིར།

ཁ་ཅིག རང་རྒྱལ་སྒོམ་ལམ་པ་ཆོས་ཅན། ཉན་ཐོས་ལས་ལམ་བགྲོད་ཚུལ་གྱི་སྒོ་ནས་ཁྱད་པར་འཕགས་ཏེ། ཁྱོད་ཀྱིས་སྲིད་པ་ཐ་མ་པའི་ཚེ་སློབ་དཔོན་གཞན་གྱིས་ཆོས་བསྟན་པ་ལ་མི་ལྟོས་པར་རང་གི་བྱང་ཆུབ་མངོན་དུ་བྱེད་ནུས། ཉན་ཐོས་ཀྱིས་དེ་ལྟར་མི་ནུས་པའི་ཕྱིར་ཟེར་ན། འོ་ན། གཟུགས་མེད་ཉེར་འགྲོའི་ཕྱིར་མི་འོང་ཆོས་ཅན། དེར་ཐལ། དེའི་ཕྱིར། དང་པོ་དེར་ཐལ། ཁྱོད་ཀྱིས་སྲིད་པ་ཐ་མ་པའི་ཚེ་སློབ་དཔོན་གཞན་གྱིས་ཆོས་བསྟན་པ་ལ་ལྟོས་ནས་བྱེད་པ་དང་། དེ་གཉིས་གང་རུང་གང་ཞིག དེ་ལྟར་ལྟོས་ནས་མངོན་དུ་བྱེད་པ་མ་ཡིན་པའི་ཕྱིར། ཕྱི་མ་མ་གྲུབ་ན། གཟུགས་མེད་ཁམས་ན་སྒྲ་ཡོད་པར་ཐལ། མ་གྲུབ་པ་དེའི་ཕྱིར། འདོད་ན། གཟུགས་མེད་ཁམས་ན་གཟུགས་ཡོད་པར་ཐལ་ལོ། །

ཡང་ཁ་ཅིག རང་རྒྱལ་དགྲ་བཅོམ་ཆོས་ཅན། ཉན་ཐོས་དགྲ་བཅོམ་ལས་ལམ་བགྲོད་ཚུལ་གྱི་སྒོ་ནས་ཁྱད་པར་འཕགས་ཏེ། ཁྱོད་ཀྱིས་སྲིད་པ་ཐ་མ་པའི་ཚེ་སློབ་དཔོན་གཞན་གྱིས་ཆོས་བསྟན་པ་ལ་མི་ལྟོས་པར་རང་གི་བྱང་ཆུབ་མངོན་དུ་བྱས། ཉན་ཐོས་དགྲ་བཅོམ་པས་དེ་ལྟར་མ་བྱས་པའི་ཕྱིར། ཟེར་བ་མི་འཐད་དེ། གཟུགས་མེད་ཉེར་འགྲོའི་ཕྱིར་མི་འོང་གི་རྟོགས་པ་སྔོན་དུ་སོང་བའི་ཉན་ཐོས་དགྲ་བཅོམ་གྱིས་མ་ངེས་པའི་ཕྱིར།

66 了知獨覺道之道相智

「自覺自證故……」等之時，論式、辨析二者。

初者，獨覺阿羅漢為有法，以行道方式之門超勝聲聞阿羅漢，因是於最後有時，不觀待餘阿闍黎宣示教誡，而現證獨覺菩提之補特伽羅故。彼為有法，以宣說法方式之門超勝聲聞阿羅漢，因是於自之所化以無聲身相之門教示法之阿羅漢故。

有云：「獨覺修道者為有法，以行道方式之門超勝聲聞，因爾於最後有時，不觀待餘阿闍黎宣說法能現證自之菩提，而聲聞無法如此故。」那麼，行無色不還為有法，理應如是，因如是故。初者理應如是，因爾於最後有時，觀待餘阿闍黎教示法與彼二者隨一，且非如是觀待而現證故。若後者不成，無色界理應有聲，因前之不成故。若許，無色界則成有色法。

又有云：「獨覺阿羅漢為有法，以行道方式之門超勝聲聞阿羅漢，因爾於最後有時不觀待餘阿闍黎宣說法現證自之菩提，聲聞阿羅漢不如是現證故。」不應理，因行無色不還證量先行之聲聞阿羅漢不定故。

རང་ལུགས་ཀྱི་སྦྱོར་བ་དེ་ལ། ཁ་ཅིག རང་རྒྱལ་དགྲ་བཅོམ་གྱིས་སྲིད་པ་ཐ་མ་པའི་ཚེ་རང་རྒྱལ་གྱི་བྱང་ཆུབ་མངོན་དུ་བྱས་པར་ཐལ། དེས་སྲིད་པ་ཐ་མ་པའི་ཚེ་སློབ་དཔོན་གཞན་གྱིས་ཆོས་བསྟན་པ་ལ་མི་ལྟོས་པར་རང་རྒྱལ་གྱི་བྱང་ཆུབ་མངོན་དུ་བྱས་པའི་ཕྱིར་ན་མ་ཁྱབ། འོ་ན། དེས་སྲིད་པ་ཐ་མ་པའི་ཚེ་རང་གི་བྱང་ཆུབ་མངོན་དུ་བྱས་པར་ཐལ། དེས་སྲིད་པ་ཐ་མ་པའི་ཚེ་སློབ་དཔོན་གཞན་གྱིས་ཆོས་བསྟན་པ་ལ་མི་ལྟོས་པར་རང་གི་བྱང་ཆུབ་མངོན་དུ་བྱས་པའི་ཕྱིར། ཁྱབ་པ་ཁས།

ཡང་ཁ་ཅིག རང་རྒྱལ་སྒོམ་ལམ་པ་ཆོས་ཅན། ཉན་ཐོས་ལས་ལམ་བགྲོད་ཚུལ་གྱི་སྒོ་ནས་ཁྱད་པར་འཕགས་ཏེ། སྲིད་པ་ཐ་མ་པའི་ཚེ་སློབ་དཔོན་གཞན་གྱིས་གདམས་ངག་བསྟན་པ་ལ་མི་ལྟོས་པར་རང་རྒྱལ་གྱི་བྱང་ཆུབ་མངོན་དུ་བྱེད་པའི་གང་ཟག་ཡིན་པའི་ཕྱིར་ཟེར་ན། རང་རྒྱལ་དགྲ་བཅོམ་གྱི་གོ་འཕང་མངོན་དུ་བྱེད་པའི་སྐྱང་བྱ་ཅིག་ཅར་བའི་རྒྱུན་ཞུགས་ཆོས་ཅན། དེར་ཐལ། དེའི་ཕྱིར། དེར་ཐལ། རང་རྒྱལ་གྱི་བྱང་ཆུབ་མངོན་དུ་བྱེད་པའི་གང་ཟག་ཡིན་པའི་ཕྱིར། འདོད་མི་ནུས་ཏེ། ཉན་ཐོས་ཡིན་པའི་ཕྱིར།

ཡང་ཁ་ཅིག རང་རྒྱལ་དགྲ་བཅོམ་ཆོས་ཅན། ཉན་ཐོས་ལས་ལམ་བགྲོད་ཚུལ་གྱི་སྒོ་ནས་ཁྱད་པར་འཕགས་ཏེ། སྲིད་པ་ཐ་མ་པའི་ཚེ་སློབ་དཔོན་གཞན་གྱིས་གདམས་ངག་བསྟན་པ་ལ་མི་ལྟོས་པར་འདོད་པའི་རྟེན་ལ་རང་གི་བྱང་ཆུབ་མངོན་དུ་བྱེད་པའི་གང་ཟག་ཡིན་པའི་ཕྱིར། ཞེས་ཟེར་བ་མི་འཐད་དེ། རང་རྒྱལ་དགྲ་བཅོམ་འདོད་པའི་རྟེན་ལ་རང་གི་བྱང་ཆུབ་མངོན་དུ་བྱེད་པའི་གང་ཟག་མ་ཡིན་པའི་ཕྱིར་ཏེ། དེ་རང་རྒྱལ་གྱི་བྱང་ཆུབ་མངོན་དུ་བྱེད་པའི་གང་ཟག་མ་ཡིན་པའི་ཕྱིར་ཏེ། དེ་རང་རྒྱལ་གྱི་བྱང་ཆུབ་མངོན་དུ་བྱས་ཟིན་པའི་གང་ཟག་ཡིན་པའི་ཕྱིར།

གཞན་ཡང་། དེ་ལྟར་འགོད་པ་མི་འཐད་པར་ཐལ། རང་རྒྱལ་དགྲ་བཅོམ་གྱི་གོ་འཕང་མངོན་དུ་བྱེད་པའི་སྐྱང་བྱ་ཅིག་ཅར་བའི་རྒྱུན་ཞུགས་དེ་སྲིད་པ་ཐ་མ་པའི་ཚེ་སློབ་དཔོན་གཞན་གྱིས་གདམས་ངག་བསྟན་པ་ལ་མི་ལྟོས་པར་འདོད་པའི་རྟེན་ལ་རང་གི་བྱང་ཆུབ་མངོན་དུ་བྱེད་པའི་གང་ཟག་ཡིན་པའི་ཕྱིར། དེར་ཐལ། དེ་ལྟར་མི་ལྟོས་པར་འདོད་པའི་རྟེན་ལ་རང་རྒྱལ་གྱི་བྱང་ཆུབ་མངོན་དུ་བྱེད་པའི་གང་ཟག་ཡིན་པ་གང་ཞིག རང་རྒྱལ་གྱི་བྱང་ཆུབ་དེ་རང་རྒྱལ་དགྲ་བཅོམ་གྱི་གོ་འཕང་མངོན་དུ་བྱེད་

於自宗之論式，有云：「獨覺阿羅漢於最後有時理應現證獨覺之菩提，因彼於最後有時，不觀待餘阿闍黎教示法現證獨覺菩提故。」不周遍。那麼，彼於最後有時，理應現證自之菩提，因彼於最後有時，不觀待餘阿闍黎教示法現證自之菩提故。承許周遍。

又有云：「獨覺修道者為有法，以行道方式之門超勝聲聞，因是於最後有時，不觀待餘阿闍黎宣說教誡而現證獨覺菩提之補特伽羅故。」現證獨覺阿羅漢果位之頓斷所斷預流為有法，理應如是，因如是故。理應如是，因是現證獨覺菩提之補特伽羅故。不能許，因是聲聞故。

又有云：「獨覺阿羅漢為有法，以行道方式之門超勝聲聞，因是於最後有時不觀待餘阿闍黎宣說教誡，以欲界所依現證自之菩提之補特伽羅故。」不應理，因獨覺阿羅漢非以欲界所依現證自之菩提之補特伽羅故，因彼非現證獨覺菩提之補特伽羅故，因彼是已現證獨覺菩提之補特伽羅故。

又，如是安立理應不應理，因現證獨覺阿羅漢果位之頓斷所斷之預流，是於最後有時不觀待餘阿闍黎宣說教誡以欲界所依現證自之菩提之補特伽羅故。理應如是，因乃不觀待如此，以欲界所依現證獨覺菩提之補特伽羅，且獨覺菩提是現證獨覺阿羅漢果位之頓斷所斷預流之菩提故。

པའི་སྣང་བྱ་ཅིག་ཅར་བའི་རྒྱུན་ཞུགས་ཀྱི་བྱང་ཆུབ་ཡིན་པའི་ཕྱིར།

དང་པོ་དེར་ཐལ། དེས་རང་རྒྱལ་གྱི་བྱང་ཆུབ་མངོན་དུ་བྱེད་པའི་ཕྱིར། ཕྱི་མ་དེར་ཐལ། རང་རྒྱལ་གྱི་བྱང་ཆུབ་དེ་རང་རྒྱལ་ཚོགས་ལམ་པའི་བྱང་ཆུབ་ཡིན་པ་གང་ཞིག རྒྱུ་མཚན་མཚུངས་པའི་ཕྱིར། དང་པོ་དེར་ཐལ། རང་རྒྱལ་ཚོགས་ལམ་པའི་བྱང་ཆུབ་ཡོད་པ་གང་ཞིག རང་རྒྱལ་གྱི་བྱང་ཆུབ་རང་རྒྱལ་ཚོགས་ལམ་པའི་ཐོབ་བྱའི་བྱང་ཆུབ་ཡིན་པའི་ཕྱིར། དང་པོ་མ་གྲུབ་ན། རང་རྒྱལ་ཚོགས་ལམ་པ་ཆོས་ཅན། རང་གི་བྱང་ཆུབ་ཡོད་པར་ཐལ། ཁྱོད་སྲིད་པ་ཐ་མ་པའི་ཚེ་སློབ་དཔོན་གཞན་གྱིས་གདམས་ངག་བསྟན་པ་ལ་མི་ལྟོས་པར་རང་གི་བྱང་ཆུབ་མངོན་དུ་བྱེད་པའི་རང་རྒྱལ་ཡིན་པའི་ཕྱིར། རྟགས་ཕྱི་མ་རྒྱུ་མཚན་མཚུངས་པ་དེར་ཐལ། རང་རྒྱལ་གྱི་བྱང་ཆུབ་རང་རྒྱལ་ཚོགས་ལམ་པའི་ཐོབ་བྱའི་བྱང་ཆུབ་ཡིན་པ་དང་། རང་རྒྱལ་དགྲ་བཅོམ་གྱི་གོ་འཕང་མངོན་དུ་བྱེད་པའི་སྣང་བྱ་ཅིག་ཅར་བའི་རྒྱུན་ཞུགས་ཀྱི་ཐོབ་བྱའི་བྱང་ཆུབ་ཡིན་པ་གཉིས་མཚུངས་པའི་ཕྱིར།

ཁ་ཅིག ཚེ་ཕྱི་མ་དེ་ཉིད་ལ་རང་རྒྱལ་དགྲ་བཅོམ་གྱི་འབྲས་བུ་མངོན་དུ་བྱེད་པར་ངེས་པའི་སྣང་བྱ་ཅིག་ཅར་བའི་རྒྱུན་ཞུགས་ཡོད་ཟེར་བ་མི་འཐད་དེ། དེ་འདྲའི་ཚོགས་སྤྱོད་ཀྱི་རང་རྒྱལ་ཚོགས་ལམ་པ་མེད་པའི་ཕྱིར། དེར་ཐལ། བསེ་རུ་ལྟ་བུའི་རང་རྒྱལ་ཚོགས་ལམ་པས་རང་རྒྱལ་དགྲ་བཅོམ་གྱི་གོ་འཕང་ཐོབ་པ་ལ་བསྐལ་ཆེན་བརྒྱར་ཚོགས་བསགས་དགོས་པར་གསུངས་ཤིང་། ཚོགས་སྤྱོད་ལ་ངེས་པ་མེད་པར་གསུངས་ཀྱང་། བསྐལ་ཆེན་གཅིག་མི་དགོས་པ་མི་སྲིད་པའི་ཕྱིར།

ཁ་ཅིག རང་བྱུང་བདག་ཉིད་རྟོགས་པའི་ཕྱིར། །ཞེས་སོགས་ཤློ་ཀ་གཅིག་པོ་འདི། རང་རྒྱལ་གྱི་ལམ་ཤེས་པའི་ལམ་ཤེས་འཆད་བྱེད་ཀྱི་གཞུང་ཡིན་ཟེར་བ་མི་འཐད་དེ། འདི་རང་རྒྱལ་རང་རྒྱུད་ཀྱིས་བསྡུས་པའི་ལམ་ཉན་ཐོས་ཀྱི་ལམ་ལས་ཁྱད་པར་འཕགས་ཚུལ་འཆད་བྱེད་ཀྱི་གཞུང་ཡིན་པའི་ཕྱིར།

ཁ་ཅིག བསེ་རུ་ལྟ་བུའི་ཡེ་ཤེས་ནི། །ཞེས་པའི་སྐབས་ནས་བསྟན་པའི་རང་རྒྱལ་གྱི་ལམ་ཡིན་ན། བསེ་རུ་ལྟ་བུའི་རང་རྒྱལ་གྱི་ལམ་ཡིན་པས་ཁྱབ་ཟེར་བ་མི་འཐད་དེ། གཞུང་འདིས་ཚོགས་སྤྱོད་ཀྱི་རང་རྒྱལ་གྱི་ལམ་ཡང་ཉན་ཐོས་ཀྱི་ལམ་ལས་ཁྱད་པར་འཕགས་པར་བསྟན་པའི་ཕྱིར་དང་། བསེ་

初者理應如是，因彼現證獨覺菩提故。後者理應如是，因獨覺菩提是獨覺資糧道者之菩提，且理由相同故。初者理應如是，因有獨覺資糧道者之菩提，且獨覺菩提是獨覺資糧道者所獲得之菩提故。若初者不成，獨覺資糧道者為有法，理應有自之菩提，因爾是於最後有時不觀待餘阿闍黎宣說教誡，現證自之菩提的獨覺故。後因理應原因相同，因獨覺菩提是獨覺資糧道者所獲得之菩提，及是現證獨覺阿羅漢果位之頓斷所斷預流所獲得之菩提，二者相同故。

有云：「有於後世必定現證獨覺阿羅漢果之頓斷所斷之預流。」彼不應理。因無如此之部行獨覺資糧道者故，理應如是，因有說麟喻獨覺資糧道者，要獲得獨覺阿羅漢果位須積百大劫資糧，雖說部行不定，然不可能不須一大劫故。

有云：「『自覺自證故⋯⋯』等此一偈，乃講述了知獨覺道道相智之引文。」不應理，因此是講述獨覺自相續所攝之道較聲聞道超勝之理的引文故。

有云：「若是『麟喻智甚深』之時所宣說之獨覺道，周遍是麟喻獨覺道。」不應理，因此引文亦宣說部行獨覺道較聲聞道超勝，以及亦有「所有如麟道」之時所宣說之部行獨覺道故。

ཏུ་ལྷ་བུའི་ལམ་གང་དང་། །ཞེས་པའི་སྐབས་ནས་བསྟན་པའི་ཚོགས་སྦྱོད་ཀྱི་རང་རྒྱལ་གྱི་ལམ་ཡང་ཡོད་པའི་ཕྱིར།

གཉིས་པ་མཐའ་དཔྱད་པ་ལ། ཁ་ཅིག རང་རྒྱལ་ཡིན་ན། དགེ་སློང་ཡིན་པས་ཁྱབ་ཟེར་བ་མི་འཐད་དེ། བར་དོའི་རྟེན་ཅན་གྱི་རང་རྒྱལ་ཡོད་པའི་ཕྱིར། ཡང་དེ་ཡིན་ན་འདོད་པའི་རྟེན་ཅན་ཡིན་པས་ཁྱབ་ཟེར་བའང་མི་འཐད་དེ། རང་རྒྱལ་ལྷག་མེད་པ་ཡོད་པའི་ཕྱིར།

ཁ་ཅིག ཉན་ཐོས་དགྲ་བཅོམ་རང་རྒྱལ་ལམ་དུ་འཇུག་པ་ཡོད་ཟེར་བ་མི་འཐད་དེ། ཉན་ཐོས་དགྲ་བཅོམ་ཡིན་ན་སྲིད་པ་ཐ་མ་པའི་ཚེ་སློབ་དཔོན་གཞན་གྱིས་གདམས་ངག་བསྟན་པ་ལ་མི་ལྟོས་པར་བྱང་ཆུབ་མངོན་དུ་མི་བྱེད་པས་ཁྱབ་པའི་ཕྱིར། དེར་ཐལ། དེ་ཡིན་ན་སྲིད་པ་ཐ་མ་པའི་ཚེ་སློབ་དཔོན་གཞན་གྱིས་གདམས་ངག་བསྟན་པ་ལ་ལྟོས་ནས་བྱང་ཆུབ་མངོན་དུ་བྱས་ཟིན་པས་ཁྱབ་པའི་ཕྱིར།

གཞན་ཡང་དམ་བཅའ་དེ་མི་འཐད་པར་ཐལ། ཉན་ཐོས་དགྲ་བཅོམ་གྱི་རྟོགས་པ་སྔོན་དུ་སོང་བའི་རང་རྒྱལ་ཚོགས་ལམ་པའི་རྒྱུད་ལ་ཐེག་དམན་གྱི་རིགས་མེད་པའི་ཕྱིར། ཁྱབ་སྟེ། རང་རྒྱལ་ཚོགས་ལམ་པ་ཡིན་ན་རང་རྒྱལ་གྱི་རིགས་དང་ལྡན་པས་ཁྱབ་པའི་ཕྱིར། རྩ་རྟགས་དེར་ཐལ། དེ་ཐེག་དམན་དགྲ་བཅོམ་ཡིན་པའི་ཕྱིར། རྟགས་ཁས།

གཞན་ཡང་། རྩ་ཤེ་ལས། ཉན་ཐོས་རྣམས་ཀྱང་ཟད་པ་ན། །ཞེས་གསུངས་པ་མི་འཐད་པར་ཐལ། ཉན་ཐོས་དགྲ་བཅོམ་ཚེ་དེ་ལ་རང་རྒྱལ་ལམ་དུ་འཇུག་པ་ཡོད་པའི་ཕྱིར། མ་གྲུབ་ན་སོང་། དེར་ཐལ། དེ་རང་རྒྱལ་ལམ་དུ་འཇུག་པ་ཡོད་པ་གང་ཞིག ཚེ་འཕོས་ནས་རང་རྒྱལ་ལམ་དུ་འཇུག་པ་མེད་པའི་ཕྱིར། ཕྱི་མ་དེར་ཐལ། ཉན་ཐོས་དགྲ་བཅོམ་འདོད་པར་ལས་ཉོན་གྱིས་སྐྱེ་བ་མེད་པའི་ཕྱིར།

དེ་ལ་ཁོ་ན་རེ། གཞུང་དེའི་བསྟན་དོན་མ་གྲུབ་པར་ཐལ། སྲང་བྱ་ཅིག་ཅར་བའི་རྒྱུན་ཞུགས་ཚེ་དེ་ལ་རང་རྒྱལ་ལམ་དུ་འཇུག་པ་ཡོད་པའི་ཕྱིར། དེར་ཐལ། དེ་རང་རྒྱལ་ལམ་དུ་འཇུག་པ་ཡོད་པ་གང་ཞིག ཚེ་འཕོས་ནས་རང་རྒྱལ་ལམ་དུ་འཇུག་པ་མེད་པའི་ཕྱིར་ཟེར་ན། རྟགས་ཕྱི་མ་མ་གྲུབ་སྟེ། ཀུན་བཏུས་ལས། སྨོན་ལམ་གྱི་དབང་གིས་འདོད་པའི་ཁམས་ཉིད་དུ་སྐྱེས་ཏེ། སངས་རྒྱས་འབྱུང་བ་མེད་པ་ན་རང་རྒྱལ་བར་འགྱུར་རོ། །ཞེས་གསུངས་པའི་ཕྱིར། དེ་ལྟར་ན། ལུང་འདིས་ཚེ་ཕྱི་མ་

第二、辨析，有云：「若是獨覺，周遍是比丘。」不應理，因有具中有所依之獨覺故。「又，若是彼，周遍是具欲界所依。」不應理，因有無餘獨覺故。

有云：「有聲聞阿羅漢趣入獨覺道。」不應理，因若是聲聞阿羅漢，周遍於最後有時不觀待餘阿闍黎宣說教誡則不現證菩提故。理應如是，因若是彼，周遍於最後有時已觀待餘阿闍黎宣說教誡而現證菩提故。

復次，此宗理應不應理，因聲聞阿羅漢證量先行之獨覺資糧道者相續中無小乘種性故。周遍，因若是獨覺資糧道者周遍具獨覺種性故。根本因理應如是，因彼是小乘阿羅漢故。承許因。

復次，《中論》所云：「若諸聲聞已滅盡。[58]」理應不應理，因有聲聞阿羅漢於彼世趣入獨覺道故。若不成則成相違。理應如是，因彼有趣入獨覺道且無死後趣入獨覺道故。後者理應如是，因聲聞阿羅漢無因業、煩惱而投生欲界故。

於此有云：「此引文之示義理應不成，因有頓斷所斷預流於彼世趣入獨覺道故。理應如是，因彼有趣入獨覺道且無死後趣入獨覺道故。」後因不成，因《集論》云：「即以願力，還生欲界，出無佛世，成為獨覺。[59]」故。若如是，若許此文宣說有於後世現證獨覺阿羅漢之頓斷所斷預流，乃將彼入於獨覺道及現證獨覺阿羅漢果

དེ་ཉིད་ལ་རང་རྒྱལ་དགྲ་བཅོམ་གྱི་གོ་འཕང་མངོན་དུ་བྱེད་པའི་སྤྱང་བྱ་ཅིག་ཅར་བའི་རྒྱུན་ཞུགས་ཡོད་པར་བསྟན་པར་འདོད་པ་ནི། དེ་རང་རྒྱལ་ལམ་དུ་ཞུགས་པ་དང་རང་རྒྱལ་དགྲ་བཅོམ་གྱི་གོ་འཕང་མངོན་དུ་བྱས་པ་གཉིས་ཚེ་གཅིག་ཏུ་འབྲེལ་པའོ། །

གཞན་ཡང་རྭ་བའི་ཁས་ལེན་དེ་མི་འཐད་པར་ཐལ། ཕྱིར་མི་འོང་རང་རྒྱལ་ལམ་དུ་འཇུག་པ་མེད་པའི་ཕྱིར། དེར་ཐལ། དེ་ཚེ་དེ་ལ་རང་རྒྱལ་ལམ་དུ་འཇུག་པ་མེད་པ་གང་ཞིག འདོད་པར་ལས་ཉོན་གྱིས་སྐྱེ་བ་ལེན་པའི་ཕྱིར་མི་འོང་མེད་པའི་ཕྱིར། དང་པོ་དེར་ཐལ། སྤྱང་བྱ་ཅིག་ཅར་བའི་རྒྱུན་ཞུགས་ཚེ་དེ་ལ་རང་རྒྱལ་ལམ་དུ་འཇུག་པ་མེད་པའི་ཕྱིར།

ཁོན་རེ། ཐེག་པ་གསུམ་རིམ་གྱིས་བགྲོད་པའི་གང་ཟག་མེད་པར་ཐལ། ལམ་ལྔ་གསུམ་བཅོ་ལྔ་རིམ་གྱིས་བགྲོད་པའི་གང་ཟག་མེད་པའི་ཕྱིར་ན། མ་ཁྱབ་བོ། །

གང་གང་དོན་ནི་གང་གང་ལ། །ཞེས་སོགས་ཀྱི་སྐབས་སུ། རང་རྒྱལ་དགྲ་བཅོམ་ཆོས་ཅན། སྒྲ་མེད་དུ་རང་གི་གདུལ་བྱ་ལ་ཆོས་སྟོན་པ་མི་འགལ་ཏེ། སྒྲ་མེད་དུ་རང་གི་གདུལ་བྱ་ལ་བདེན་བཞི་རྟོགས་པའི་རྟོགས་པ་བསྐྱེད་ནུས་པའི་གང་ཟག་ཡིན་པའི་ཕྱིར།

ཁོན་རེ། སྒྲ་མེད་དུ་ཆོས་སྟོན་པ་མི་འཐད་པར་ཐལ། ཆོས་སྟོན་ན་སྒྲ་ཡོད་དགོས་པའི་ཕྱིར་ཟེར་ན། འོ་ན། གཟུགས་མེད་ཁམས་མེད་པར་ཐལ། ཁམས་ཡིན་ན་གཟུགས་ཡོད་དགོས་པའི་ཕྱིར།

གཞན་ཡང་སྒྲ་མེད་དུ་ཆོས་སྟོན་པ་ཡོད་པར་ཐལ། རྭ་བར་གཞན་གྱིས་བསྟན་ཡང་མི་དགོས་ལ། ཞེས་ཡང་སྒྲ་སྨོས་པ་དང་། སྒྲ་མེད་ཀྱང་དེ་དེ་ལྟར་སྣང་། །ཞེས་དང་། འགྲེལ་པར། སྒྲ་མེད་པར་ཆོས་སྟོན་པ་ཞེས་བྱ་སྟེ། ཞེས་གསུངས་པའི་ཕྱིར།

ཁ་ཅིག སྒྲ་བཅས་ཀྱི་སྒོ་ནས་ཆོས་སྟོན་པའི་རང་རྒྱལ་མེད་ཟེར་བ་མི་འཐད་དེ། འདུལ་བ་ལུང་ལས་སྒྲ་བཅས་ཀྱི་སྒོ་ནས་ཆོས་སྟོན་པའི་རང་རྒྱལ་དངོས་སུ་གསུངས་པའི་ཕྱིར་དང་། སྒྲོན་གསལ་ལས། གཙོ་བོར་ལུས་ཀྱི་སྒོ་ནས་ཆོས་སྟོན། ཞེས་གཙོ་བོའི་སྒྲ་སྨོས་པ་ལ་དགོས་པ་ཡོད་པའི་ཕྱིར། གཙོ་བོར་ངག་གི་སྒོ་ནས་ཆོས་མི་སྟོན་པའི་རྒྱུ་མཚན་ཡོད་དེ། ཚིག་ཏུ་བརྗོད་ན་ཏིང་ངེ་འཛིན་ལས་ རྣམ་པར་གཡེང་བར་འགྱུར་བས་དེ་ལས་མ་གཡེངས་པའི་ཆེད་དུ་ཡིན་པའི་ཕྱིར། ལུས་ཀྱི་སྒོ་ནས་

位二者混為一世。

又，根本承許理應不應理，因無不還趣入獨覺道故。理應如是，因無彼於彼世趣入獨覺道且無因業煩惱受生於欲界之不還故。初者理應如是，因無頓斷所斷預流於彼世趣入獨覺道故。

有云：「理應無次第行三乘之補特伽羅，因無次第行三種五道〔共〕十五之補特伽羅故。」不周遍！

「若誰於何義……」等之時，獨覺阿羅漢為有法，於自所化以無聲示法不相違，因是以無聲能令自所化生起通達四諦證量之補特伽羅故。

有云：「以無聲示法理應不應理，因若示法須有聲故。」那麼，理應無無色界，因若是界須有色故。

又，理應有無聲示法，因根本頌云：「亦不依他教。」所說「亦」聲，及「無聲如是現。」及《明義釋》云：「故稱：『無聲而說法。』」故。

有云：「無以具聲之門示法之獨覺。」不應理，因毘奈耶直接開示以具聲之門示法之獨覺，以及《燈明論》云：「主要以身說法。」所說的「主要」是有目的故。有主要不以語之門示法之原因，因若說話會從三摩地中散亂，故為了不從彼中散亂故。以身之門示法主要不觀待等起，因若如是觀待，主要不以語之門示法之原因則成似

ཆོས་སྟོན་པ་གཙོ་བོར་ཀུན་སློང་ལ་མི་ལྟོས་ཏེ། དེ་ལྟར་ལྟོས་ན་གཙོ་བོར་ངག་གི་སྒོ་ནས་ཆོས་མི་སྟོན་པའི་རྒྱུ་མཚན་ལྟར་སྣང་དུ་འགྱུར་བའི་ཕྱིར།

གཟུང་དོན་རྟོག་པ་སྤོང་ཕྱིར་དང་། །ཞེས་སོགས་ཀྱི་སྐབས་སུ། གཞུང་དོན་དང་། མཐའ་དཔྱད་པ་གཉིས།

དང་པོ་ནི། ཁ་ཅིག བྱང་འཕགས་ཆོས་ཅན། ཁྱོད་ཀྱིས་རང་རྒྱལ་གྱི་ལམ་ཤེས་པའི་ཚུལ་ཡོད་དེ། སེམས་བསྐྱེད་བསྔོ་བ་སྟོང་ཉིད་རྟོགས་པའི་ཤེས་རབ་གསུམ་གྱིས་ཟིན་པའི་སྒོ་ནས་ཤེས་པར་བྱེད་པའི་ཕྱིར། བསེ་རུ་ལྟ་བུའི་རང་རྒྱལ་གྱི་སློབ་ལམ་ཆོས་ཅན། ཁྱད་ཆོས་གསུམ་དང་ལྡན་ཏེ། རང་ལམ་དུ་གཟུང་བ་ཕྱི་རོལ་དོན་དུ་འཛིན་པའི་རྟོག་པ་ཟད་པར་སྤོང་ནུས། རང་ལམ་དུ་ཤེས་པ་བདེན་པར་འཛིན་པའི་བདེན་འཛིན་ཟད་པར་སྤོང་མི་ནུས། རང་རྒྱལ་གྱི་རིགས་ལ་བརྟེན་པའི་ཁྱད་པར་གསུམ་དང་ལྡན་པའི་ཕྱིར་ཟེར།

འོ་ན་འདིར་བསྟན་ཤེས་བྱ་རང་རྒྱལ་གྱི་ལམ་དེ་རང་རྒྱལ་གྱི་ལམ་མཚན་ཉིད་པ་ལ་བྱེད་རིགས་པར་ཐལ། དེ་བསེ་རུ་ལྟ་བུའི་རང་རྒྱལ་གྱི་སློབ་ལམ་ལ་བྱེད་པའི་ཕྱིར། རྟགས་ཁས། འདོད་ན། གཟུང་འཛིན་རྫས་གཞན་གྱིས་སྟོང་པར་རྟོགས་པའི་ཡེ་ཤེས་དེ། འདིར་བསྟན་ཤེས་བྱ་རང་རྒྱལ་གྱི་ལམ་མ་ཡིན་པར་ཐལ། འདོད་པའི་ཕྱིར། འདོད་ན། རྣམ་བཤད་ལས། གཟུང་བ་བདེན་མེད་དུ་མངོན་སུམ་དུ་རྟོགས་པའི་ཡེ་ཤེས་དེ་ཉིད་ལ་རང་སངས་རྒྱས་ཀྱི་ལམ་ཞེས་བྱ་ལ། ཞེས་གསུངས་པ་མི་འཐད་པར་ཐལ། འདོད་པའི་ཕྱིར།

གཞན་ཡང་། གོང་དུ་འདོད་པ་དེ་མི་འཐད་པར་ཐལ། འདིར་བསྟན་ཤེས་བྱ་རང་རྒྱལ་གྱི་ལམ་བྱང་ཆུབ་སེམས་དཔའི་རྒྱུད་ལ་སྐྱེ་བ་ཅིག་ཡོད་པའི་ཕྱིར། དེར་ཐལ། རྣམ་བཤད་ལས། དེ་རང་སངས་རྒྱས་ཀྱི་རྒྱུད་ལ་ཡོད་པ་ན། དེའི་སྐྱེ་མཆེད་དྲུག་གི་ཆོས་ཉིད་ལ་བརྟེན་ལ། བྱང་ཆུབ་སེམས་དཔའི་རྒྱུད་ལ་ཡོད་པ་ནི་དེའི་རང་བཞིན་གནས་རིགས་ལ་བརྟེན་པའོ། །ཞེས་གསུངས་པའི་ཕྱིར།

གཞན་ཡང་། འདིར་བསྟན་ཤེས་བྱ་རང་རྒྱལ་གྱི་ལམ་དེ། རང་སངས་རྒྱས་དང་བྱང་ཆུབ་སེམས་དཔའ་གཉིས་ཀའི་རྒྱུད་ལ་སྐྱེ་བ་ཅིག་ཡིན་པར་ཐལ། རྣམ་བཤད་ལས། སྐབས་འདིར་མདོ་

因故。

「遠所取分別……」等之時，論義、辨析二者。

初者，有云：「菩薩聖者為有法，有爾了知獨覺道之理，因以發心、迴向、通達空性慧三者所攝之門了知故。麟喻獨覺修道為有法，具三差別法，因具有『於自道能斷盡執所取為外境之分別、於自道無法斷盡執知覺為諦實之實執、依於獨覺種性』之三種差別故。」

那麼，此示所知獨覺道，理應可指真正的獨覺道，因彼是指麟喻獨覺修道故。承許因。若許，通達能取所取異質空之本智理應不是此示所知獨覺道，因許故。若許，《心要莊嚴疏》所云：「現證所取無實之智，於彼稱為獨覺道。」理應不應理，因許故。

又，先前所許理應不應理，因此示所知獨覺道有生於菩薩相續中故。理應如是，因《心要莊嚴疏》云：「若其為獨覺心續所具備，則是依於彼之（第）六處法性；（若為）菩薩心續所具，則是依於彼之自性住佛性。」故。

又，此示所知獨覺道，理應是生於獨覺及菩薩二者相續中，因《心要莊嚴疏》云：「於此，經中指出：所說之三差別法生於小乘

ལས། བསྟན་པའི་ཁྱད་པར་གྱི་ཆོས་གསུམ་གྱིས་ནི། ཐེག་པ་དམན་པའི་གང་ཟག་རྒྱུད་ལ་བསྐྱེད་པར་བྱ་བ་དང་། བྱང་ཆུབ་སེམས་དཔའི་རྒྱུད་ལ་བསྐྱེད་པར་བྱ་བ་གཉིས་བསྟན་ཅིང་དེ་ལྟར་བསྟན་བཅོས་འདིར་ཡང་ཤེས་པར་བྱའོ། །ཞེས་གསུངས་པའི་ཕྱིར།

གཞན་ཡང་། བྱང་ཆུབ་སེམས་དཔས་རང་རྒྱལ་གྱི་ལམ་ཤེས་ཚུལ་མིག་གིས་གཟུགས་ལ་བལྟ་བ་ལྟར་བྱ་རིགས་པར་ཐལ། འདིར་བསྟན་ཤེས་བྱ་རང་རྒྱལ་གྱི་ལམ་དེ་རྣམ་གཞག་གི་རྟེན་རང་སངས་རྒྱས་ལ་རྣམ་པར་བཞག་པ་དང་། བྱང་ཆུབ་སེམས་དཔའི་རྒྱུད་ལ་སྐྱེ་བ་གཉིས་ཚོགས་མ་ཡིན་པའི་ཕྱིར། ཁྱབ་སྟེ། རྣམ་བཤད་ལས། རྟོགས་པ་འདིས་བསྡུས་པའི་གཞི་ཤེས་ཀྱང་རྣམ་གཞག་གི་རྟེན་རང་སངས་རྒྱས་ལ་རྣམ་པར་བཞག་ཀྱང་། བྱང་ཆུབ་སེམས་དཔའི་ཐུགས་རྒྱུད་ལ་ཡང་སྐྱེ་བས། རང་སངས་རྒྱས་ཀྱི་ལམ་ཤེས་པའི་ཚུལ་མིག་གིས་གཟུགས་ལ་བལྟ་བ་ལྟར་དུ་གོ་བར་མི་བྱའོ། །ཞེས་གསུངས་པའི་ཕྱིར།

ཁོ་ན་རེ། རྟོགས་པ་འདིས་བསྡུས་པའི་གཞི་ཤེས་ཞེས་པ། བྱང་འཕགས་ཀྱི་རྒྱུད་ཀྱི་གཟུང་འཛིན་རྫས་གཞན་གྱིས་སྟོང་པར་མངོན་སུམ་དུ་རྟོགས་པའི་གཞི་ཤེས་ལ་བྱེད་ཟེར་ན། འོ་ན་དེ་རྣམ་གཞག་གི་རྟེན་རང་སངས་རྒྱས་ལ་འཛོག་པར་ཐལ། དམ་བཅའ་དེའི་ཕྱིར། དེར་ཐལ། རྟོགས་པ་འདིས་བསྡུས་པའི་གཞི་ཤེས་ཞེས་པའི་གཞི་ཤེས་ཡིན་པའི་ཕྱིར། རྟགས་ཁས། འདོད་ན། དེ་གོམས་པ་ལྷུར་ལེན་གྱི་ཚུལ་གྱིས་སྒོམ་པའི་རང་སངས་རྒྱས་ཡོད་པར་ཐལ། འདོད་པའི་ཕྱིར། འདོད་མི་ནུས་ཏེ། ཐེག་ཆེན་གྱི་གཞི་ཤེས་ཡིན་པའི་ཕྱིར།

གཞན་ཡང་། ཡེ་ཤེས་དེ་རང་སངས་རྒྱས་ལ་སྐྱེ་བར་མ་ཟད་བྱང་ཆུབ་སེམས་དཔའ་ལ་ཡང་སྐྱེ་བ་ཅིག་ཡིན་པར་ཐལ། རྩ་བའི་དམ་བཅའ་འཐད་པ་གང་ཞིག བྱང་ཆུབ་སེམས་དཔའི་རྒྱུད་ལ་ཡང་སྐྱེ་བས། ཞེས་ཡང་སྒྲ་སྨོས་པ་ལ་དགོས་པ་ཡོད་པའི་ཕྱིར། གཞན་ཡང་སྐབས་དང་པོར་རང་སངས་རྒྱས་ཀྱི་ལམ་གང་ཡིན་པ་བསྐྱེད་པར་བྱ་ཞིང་ཤེས་པར་བྱ། ཞེས་གསུངས་པའི་ཤེས་བསྐྱེད་བྱ་རྒྱུའི་ལམ་དེ། རང་རྒྱལ་གྱི་ལམ་མཚན་ཉིད་པ་ཡིན་པར་ཐལ། རྩ་བའི་དམ་བཅའ་འཐད་པའི་ཕྱིར། འདོད་ན། དེ་འདྲའི་ལམ་ཆོས་ཅན། ཁྱོད་བྱང་ཆུབ་སེམས་དཔས་ཤེས་བསྐྱེད་བྱ་རྒྱུའི་ལམ་མ་ཡིན་པར་

補特伽羅之心續，以及生於菩薩之心續二者；於此論典亦應如是了知。」故。

又，菩薩了知獨覺道之理，理應可如以眼見色般理解，因此示所知獨覺道，彼非建立之所依安立於獨覺，及出生於菩薩相續二者合聚故。周遍，因《心要莊嚴疏》云：「此證知所攝之基智安立之所依，雖亦安立於獨覺，但亦生於菩薩心續；故了知獨覺道之法切莫以眼見色般理解。」故。

有云：「所謂『此證知所攝之基智』指菩薩相續中的現證能取所取異質空之基智。」那麼，理應可安立獨覺為彼建立之所依，因彼宗故。理應如是，因是所謂「此證知所攝之基智」之基智故。承許因。若許，理應有以勤奮串習方式修習彼之獨覺，因許故。不能許，因是大乘基智故。

又，此本智理應不僅生於獨覺，亦生於菩薩中，因根本宗應理且「但亦生於菩薩心續」所說的「亦」聲是有所為故。又，於第一品所說「凡獨覺道是應生且應知」之應知、生之道，理應是真正的獨覺道，因根本宗應理故。若許，如是道為有法，爾理應不是菩薩應知、生之道，因爾非於菩薩相續中應當生起故。理應如是，因是真正的獨覺道故。不能許，因是「凡獨覺道是應生且應知」所說之

ཐལ། ཁྱོད་བྱང་ཆུབ་སེམས་དཔས་རྒྱུད་ལ་བསྐྱེད་པར་བྱ་བ་མ་ཡིན་པའི་ཕྱིར། དེར་ཐལ། རང་རྒྱལ་གྱི་ལམ་མཚན་ཉིད་པ་ཡིན་པའི་ཕྱིར། འདོད་མི་རིགས་ཏེ། རང་སངས་རྒྱས་ཀྱི་ལམ་གང་ཡིན་པ་བསྐྱེད་པར་བྱ་ཞིང་ཤེས་པར་བྱ། ཞེས་གསུངས་པའི་ཤེས་བསྐྱེད་བྱ་རྒྱུའི་ལམ་ཡིན་པའི་ཕྱིར།

ཁ་ཅིག གཟུང་འཛིན་རྫས་གཞན་གྱིས་སྟོང་པར་མངོན་སུམ་དུ་རྟོགས་པའི་ཡེ་ཤེས་དེ། རང་སངས་རྒྱས་ཀྱི་ལམ་གང་ཡིན་པ་བསྐྱེད་པར་བྱ་ཞིང་ཤེས་པར་བྱ། ཞེས་གསུངས་པའི་ཤེས་བསྐྱེད་བྱ་རྒྱུའི་ལམ་ཡིན་ཟེར་བ་མི་འཐད་དེ། དེ་དེ་ལྟར་གསུངས་པའི་བྱང་སེམས་ཀྱི་རྒྱུད་ལ་བསྐྱེད་རྒྱུའི་ལམ་མ་ཡིན་པའི་ཕྱིར། མ་གྲུབ་ན། གཟུང་འཛིན་རྫས་གཞན་གྱིས་སྟོང་པར་མངོན་སུམ་དུ་རྟོགས་པའི་ཡེ་ཤེས་དེ། དམན་ལམ་སྔོན་མ་སོང་གི་བྱང་ཆུབ་སེམས་དཔའ་རྣམས་ཀྱིས་ལམ་དང་པོ་གསུམ་གྱི་སྐབས་སུ་རྒྱུད་ལ་བསྐྱེད་ནས་བསྒོམ་པར་བྱེད་པ་ཡིན་པར་ཐལ། མ་གྲུབ་པ་གང་ཞིག རྣམ་བཤད་ལས། བྱང་ཆུབ་སེམས་དཔའ་རྣམས་ཀྱིས་ཀྱང་གཟུང་འཛིན་རྫས་གཞན་གྱིས་སྟོང་པ་ལམ་དང་པོ་གསུམ་གྱི་སྐབས་སུ་སྒོམ་པར་བྱེད་ཅིང་། ཞེས་གསུངས་པའི་ཕྱིར།

དེ་ལ་ཁོན་རེ། གཟུང་འཛིན་རྫས་གཞན་གྱིས་སྟོང་པར་མངོན་སུམ་དུ་རྟོགས་པའི་ཡེ་ཤེས་དེ། འདིར་བསྟན་ཤེས་བྱ་རང་རྒྱལ་གྱི་ལམ་ཡིན་པར་ཐལ། རྣམ་བཤད་ལས། གཟུང་བ་བདེན་མེད་དུ་མངོན་སུམ་དུ་རྟོགས་པ། ཞེས་སྔར་བཞིན་གསུངས་པའི་ཕྱིར་ཞེ་ན། མ་ཁྱབ་སྟེ། བྱང་སེམས་མཐོང་ལམ་པའི་རྒྱུད་ཀྱི་འདིར་བསྟན་ཤེས་བྱ་རང་རྒྱལ་གྱི་ལམ་ལྟ་བུ་ལ་དགོངས་པའི་ཕྱིར།

དེ་ལ་ཁོན་རེ། ལམ་མ་ཞུགས་ན་གཟུང་འཛིན་རྫས་གཞན་གྱིས་སྟོང་པར་རྟོགས་པའི་ཡེ་ཤེས་མེད་པར་ཐལ། གཟུང་འཛིན་རྫས་གཞན་གྱིས་སྟོང་པར་རྟོགས་པའི་ཡེ་ཤེས་ལམ་ཡིན་པའི་ཕྱིར། དེར་ཐལ། དེ་འདིར་བསྟན་ཤེས་བྱ་རང་རྒྱལ་གྱི་ལམ་ཡིན་པའི་ཕྱིར། རྩ་བར་འདོད་ན། ལམ་མ་ཞུགས་ན། གཟུང་འཛིན་རྫས་གཞན་གྱིས་སྟོང་པར་རྟོགས་པའི་བློ་མེད་པར་ཐལ། འདོད་པའི་ཕྱིར། འདོད་ན། ལམ་མ་ཞུགས་ན་སྟོང་ཉིད་རྟོགས་པའི་བློ་མེད་པར་ཐལ། འདོད་པའི་ཕྱིར་ཟེར་ན། ཐལ་འགྱུར་དང་པོ་ལ་མ་ཁྱབ་སྟེ། དེ་རྟོགས་པའི་ཡེ་ཤེས་ཡིན་ན། དེ་རྟོགས་པའི་མཁྱེན་པ་ཡིན་དགོས་པའི་ཕྱིར། ཡང་ན་དེ་རྟོགས་པའི་མཁྱེན་པ་ཞེས་སྒྱུར་དགོས་སམ་དཔྱད་པར་བྱའོ། །

應知、生之道故。

有云：「現證能取所取異質空之本智，是『凡獨覺道是應生且應知』所說之應知、生之道。」不應理，因彼非如是所說之菩薩相續中所將生之道故。若不成，現證能取所取異質空之本智，理應是諸未曾入劣道之菩薩於前三道之時於相續中生起而作修習，因「不成」且《心要莊嚴疏》云：「諸菩薩亦對能取所取異體空於前三道分際作觀修……」故。

於此有云：「現證能取所取異質空之本智，理應是此示所知獨覺道，因如前《心要莊嚴疏》云：『現證所取無實。』故。」不周遍，因慮及如見道位菩薩相續的此示所知獨覺道故。

於此有云：「若未入道，理應無通達能取所取異質空之本智，因通達能取所取異質空之本智是道故。理應如是，因彼是此示所知獨覺道故。若許根本，若未入道，理應無通達能取所取異質空之覺知，因許故。若許，若未入道理應無通達空性之覺知，因許故。」初應成不周遍，因若是通達彼之本智，須是通達彼之智故。或者是否須結合所謂「通達彼之智」，當觀察之。

ཁ་ཅིག གཟུང་དོན་རྟོག་པ་སྤོང་ཕྱིར་དང་། །ཞེས་སོགས་ཀྱི་ལུང་དོན་ལ། རང་རྒྱལ་གྱི་ལམ་ཤེས་པའི་རྒྱུ་ལམ་ཤེས་དེ་གཟུགས་ཕྱི་རོལ་དོན་དུ་འཛིན་པའི་རྟོག་པ་སྤང་བྱའི་གཙོ་བོར་བྱས་ནས་སྤོང་བའི་རིགས་གནས། བདེན་འཛིན་སྤང་བྱའི་གཙོ་བོར་བྱས་ནས་མི་སྤོང་པའི་རིགས་གནས། རང་རྒྱལ་གྱི་རིགས་ལ་བརྟེན་པའི་བྱེད་པ་གསུམ་དང་ལྡན་ནོ། །ཞེས་ཟེར།

འོ་ན། གཞུང་འདིས་ཁྱད་པར་གསུམ་ལྡན་གྱི་ཤེས་བྱ་རང་རྒྱལ་གྱི་ལམ་ཤེས་པའི་ལམ་ཤེས་དེ། བསྟན་བྱའི་གཙོ་བོར་བྱས་ནས་མ་བསྟན་པར་ཐལ། གཞུང་འདིའི་སྐབས་ནས་བསྟན་པའི་ཁྱད་པར་གསུམ་ལྡན་གྱི་ཤེས་བྱ་རང་རྒྱལ་གྱི་ལམ་མེད་པའི་ཕྱིར། མ་གྲུབ་ན་སོང་། དེར་ཐལ། རང་རྒྱལ་རང་རྒྱུད་ཀྱིས་བསྡུས་པའི་ལམ་དེ་དེ་མ་ཡིན། གཟུང་འཛིན་རྫས་གཞན་གྱིས་སྟོང་པར་རྟོགས་པའི་ཡེ་ཤེས་ཀྱང་དེ་མིན། བྱང་འཕགས་ཀྱི་རྒྱུད་ཀྱི་གཟུང་འཛིན་རྫས་གཞན་གྱིས་སྟོང་པར་རྟོགས་པའི་ཡེ་ཤེས་ཀྱང་དེ་མ་ཡིན་པའི་ཕྱིར།

དང་པོ་དེར་ཐལ། སྤྱིར་གོང་དུ་བཀག་ཟིན་ཅིང་། ཁྱད་པར་ཁྱོད་ཀྱིས་རང་རྒྱལ་གྱི་ལམ་ཤེས་པའི་རྒྱུ་ལམ་ཤེས་ཁྱད་པར་གསུམ་ལྡན་དུ་བཤད་པ་དང་འགལ་བའི་ཕྱིར། གཉིས་པ་དེར་ཐལ། རྩ་བའི་དམ་བཅའ་གང་ཞིག གཟུང་འཛིན་རྫས་གཞན་གྱིས་སྟོང་པར་རྟོགས་པའི་ཡེ་ཤེས་དེ། རང་རྒྱལ་གྱི་ལམ་ཤེས་པའི་རྒྱུ་ལམ་ཤེས་མ་ཡིན་པའི་ཕྱིར། གསུམ་པ་མ་གྲུབ་ན། འོ་ན་འདིར་བསྟན་ཤེས་བྱ་རང་རྒྱལ་གྱི་ལམ་དང་། ཤེས་བྱེད་བྱང་ཆུབ་སེམས་དཔའི་ལམ་གཉིས་སོ་སོར་བཞག་ཏུ་མེད་པར་ཐལ། འདིར་བསྟན་ཤེས་བྱེད་བྱང་ཆུབ་སེམས་དཔའི་ལམ་མ་ཡིན་ཞིང༌། འདིར་བསྟན་ཤེས་བྱ་རང་རྒྱལ་གྱི་ལམ་ཡིན་པ་ཅིག་མེད་པའི་ཕྱིར། མ་གྲུབ་ན་སོང་།

འདིར་བསྟན་ཤེས་བྱེད་བྱང་ཆུབ་སེམས་དཔའི་ལམ་མ་ཡིན་ཞིང་། འདིར་བསྟན་ཁྱད་པར་གསུམ་ལྡན་གྱི་ཤེས་བྱ་རང་རྒྱལ་གྱི་ལམ་ཡིན་པ་ཅིག་མེད་པའི་ཕྱིར། དེར་ཐལ། བྱང་འཕགས་ཀྱི་རྒྱུད་ཀྱི་གཟུང་འཛིན་རྫས་གཞན་གྱི་སྟོང་པར་མངོན་སུམ་དུ་རྟོགས་པའི་ཡེ་ཤེས་དེ། འདིར་བསྟན་ཁྱད་པར་གསུམ་ལྡན་གྱི་ཤེས་བྱ་རང་རྒྱལ་གྱི་ལམ་མ་ཡིན་པ་གང་ཞིག དེ་ལས་དོན་གཞན་དུ་གྱུར་པ་འཛིན་རྒྱུ་མེད་པའི་ཕྱིར། རྟགས་དང་པོ་ཁས།

有云：「『遠所取分別……』等引文之義，了知獨覺道之因道相智，具有『住於以斷除執色為外境之分別為主要所斷之類、住於不以斷除諦實執為主要所斷之類、依於獨覺種性』三種作用。」

那麼，彼引文理應不以了知具三差別之所知獨覺道之道相智作為主要所詮而宣說，因彼引文時所宣說之具三差別之所知獨覺道無故。若不成則成相違，理應如是，因獨覺自相續所攝之道非彼、通達能取所取異質空之本智亦非彼、菩薩聖者相續之通達能取所取異質空之本智也非彼故。

初者理應如是，一般而言已於先前破斥，特別是與汝所說了知獨覺道之因道相智具三差別相違故。第二理應如是，因是根本宗，且通達能取所取異質空之本智不是了知獨覺道之因道相智故。第三若不成，那麼，理應無法各別安立此示所知獨覺道及能知菩薩道二者，因無一「非此示能知菩薩道且是此示所知獨覺道」故。若不成則成相違。

因無一「非此示能知菩薩道且是此示具三差別之所知獨覺道」故。理應如是，因菩薩聖者相續之現證能取所取異質空之本智，非此示具三差別之所知獨覺道，且除彼外無他義可執持故。承許初因。

གཞན་ཡང་། གཞུང་རྐང་པ་དང་པོ་གསུམ་ལས་ལོགས་སུ་བཞི་པ་སྨོས་པ་དོན་མེད་པར་ཐལ། རྐང་པ་དང་པོ་གསུམ་གྱིས་རང་རྒྱལ་གྱི་ལམ་ཤེས་པའི་ལམ་ཤེས་དངོས་བསྟན་བསྟན་བྱའི་གཙོ་བོར་བྱས་ནས་བསྟན་པའི་ཕྱིར། མ་གྲུབ་ན་སོང་། དེར་ཐལ། རྐང་པ་དང་པོ་གསུམ་གྱིས་རང་རྒྱལ་གྱི་ལམ་ཤེས་པའི་རྒྱུ་ལམ་ཤེས་དངོས་བསྟན་བསྟན་བྱའི་གཙོ་བོར་བྱས་ནས་བསྟན་པའི་ཕྱིར། མ་གྲུབ་ན་སོང་། དེར་ཐལ། དེས་དེ་དངོས་སུ་བསྟན་པའི་ཕྱིར། དེར་ཐལ། དེས་ཁྱད་པར་གསུམ་ལྡན་གྱི་ལམ་ཅིག་དངོས་སུ་བསྟན་པ་གང་ཞིག འདིར་བསྟན་ཁྱད་པར་གསུམ་ལྡན་གྱི་ལམ་དེ། རང་རྒྱལ་གྱི་ལམ་ཤེས་པའི་རྒྱུ་ལམ་ཤེས་ལ་བྱེད་པའི་ཕྱིར། རྟགས་ཕྱི་མ་ཁས།

ཡང་ཁོ་ན་རེ། གཞུང་འདིའི་སྐབས་ནས་དངོས་སུ་བསྟན་པའི་རང་རྒྱལ་གྱི་ལམ་དེ་རང་རྒྱལ་གྱི་ལམ་མཚན་ཉིད་པ་ལ་བྱེད་པར་ཐལ། དེ་ལྟར་དུ། རྣམ་བཤད་གསེར་འཕྲེང་གཉིས་ཀ་ལས་གསལ་བར་གསུངས་པའི་ཕྱིར་ཞེ་ན། རྟགས་མ་གྲུབ་སྟེ། གསེར་འཕྲེང་ལས་གསུངས་ཀྱང་དྲང་དོན་དུ་འགྲེལ་ཞིང་། རྣམ་བཤད་ལས། ཟུར་ཙམ་ཡང་གསུངས་པ་མེད་པའི་ཕྱིར།

ཁོ་ན་རེ། རྟགས་ཕྱི་མ་མ་གྲུབ་སྟེ། གོང་དུ་དྲངས་པའི་ཐེག་པ་དམན་པའི་གང་ཟག་གི་རྒྱུད་ལ་བསྐྱེད་པར་བྱ་བ་དང་། བྱང་ཆུབ་སེམས་དཔའི་རྒྱུད་ལ་བསྐྱེད་པར་བྱ་བ་གཉིས་ཀ་བསྟན་ཅིང་། ཞེས་གསུངས་པས། སྐབས་འདིར་རང་རྒྱལ་རང་རྒྱུད་ཀྱི་ལམ་དངོས་སུ་བསྟན་པ་དང་རང་རྒྱལ་གྱི་ལམ་ཤེས་པའི་རྒྱུ་ལམ་ཤེས་བསྟན་བྱའི་གཙོ་བོར་བྱས་ནས་བསྟན་པར་བཤད་པའི་ཕྱིར་ཞེ་ན། དེ་ལྟར་བསྟན་པ་རྣམ་བཤད་ཀྱི་དགོངས་པ་མ་ཡིན་པར་ཐལ། བྱང་ཆུབ་སེམས་དཔའི་རྒྱུད་ལ་བསྐྱེད་པར་བྱ་བ་དང་། རང་རྒྱལ་གྱི་རྒྱུད་ལ་བསྐྱེད་པར་བྱ་བ་གཉིས་ཚོགས་ཅིག་འདིར་བསྟན་ཤེས་བྱ་རང་རྒྱལ་གྱི་ལམ་ལ་དགོས་པ་རྣམ་བཤད་ཀྱི་དགོངས་པ་མཐར་ཐུག་ཡིན་པའི་ཕྱིར། ལེགས་པར་སོམས་ཤིག

རང་ལུགས་ཀྱི་གཞུང་དོན་ནི། བྱང་སེམས་འཕགས་པ་ཆོས་ཅན། ཁྱོད་ཀྱིས་རང་རྒྱལ་གྱི་ལམ་ཤེས་པར་བྱེད་ཚུལ་ཡོད་དེ། ཁྱོད་ཀྱིས་དེ་སེམས་བསྐྱེད་བསྔོ་བ་སྟོང་ཉིད་རྟོགས་པའི་ཤེས་རབ་གསུམ་གྱིས་ཟིན་པའི་སྒོ་ནས་ཤེས་པར་བྱེད་པའི་ཕྱིར། འདིར་བསྟན་ཤེས་བྱ་རང་རྒྱལ་གྱི་ལམ་ཆོས་ཅན། ཁྱད་པར་གསུམ་དང་ལྡན་ཏེ། རང་རྒྱལ་སློབ་པས་ཁྱོད་ཉམས་སུ་བླངས་པ་ལ་བརྟེན་ནས།

復次，引文除前三句外，另說第四句理應無意義，因前三句以了知獨覺道之道相智作為直接顯示主要所詮而宣說故。若不成則成相違，理應如是，因前三句以了知獨覺道之因道相智作為直接顯示主要所詮而宣說故。若不成則成相違，理應如是，因彼直接宣說彼故。理應如是，因彼直接宣說一具三差別之道，且此示具三差別之道，乃指了知獨覺道之因道相智故。承許後因。

復次有云：「此引文之時所直接宣說之獨覺道，理應是真實獨覺道，因於《心要莊嚴疏》及《金鬘疏善說》二者皆清楚如是開示故。」因不成，因《金鬘疏善說》雖有開示，然釋為不了義，且《心要莊嚴疏》絲毫未說故。

有云：「後因不成立，因先前所引『生於小乘補特伽羅之心續，以及生於菩薩心續二者。』所以說此處直接宣說獨覺自相續之道，以及以了知獨覺道之因道相智為主要所詮而宣說故。」如是宣說理應非《心要莊嚴疏》之意趣，因此示應知之獨覺道，必須是菩薩相續中出生，及獨覺相續中出生二者之聚合，乃《心要莊嚴疏》之究竟意趣故。當善思之。

自宗之引文之義乃菩薩聖者為有法，有爾了知獨覺道之方式，因爾以發心、迴向、通達空性慧三者所攝之門而了知彼故。此示所知獨覺道為有法，具三差別，因有學獨覺依修習爾，能一併斷除於自道執色為外境之分別及種子；彼雖修習爾，然於自道無法一併斷

རང་ལམ་དུ་གཟུགས་ཕྱི་རོལ་དོན་དུ་འཛིན་པའི་རྟོག་པ་ས་བོན་དང་བཅས་པ་སྤོང་ནུས། དེས་ཁྱོད་ཉམས་སུ་བླངས་ཀྱང་རང་ལམ་དུ་ཤེས་པ་བདེན་པར་འཛིན་པའི་བདེན་འཛིན་ས་བོན་དང་བཅས་པ་སྤོང་མི་ནུས། རང་གི་རྟེན་རིགས་ཀྱི་ཁྱད་པར་གསུམ་དང་ལྡན་པའི་ཕྱིར། རྟགས་ཕྱི་མ་གྲུབ་སྟེ། ཁྱོད་རང་སངས་རྒྱས་ཀྱི་རྒྱུད་ལ་ཡོད་པ་ན། དེའི་རྒྱུད་ཀྱི་སྐྱེ་མཆེད་དྲུག་གི་ཆོས་ཉིད་ལ་བརྟེན། བྱང་སེམས་ཀྱི་རྒྱུད་ལ་ཡོད་པ་ན། དེའི་རྒྱུད་ཀྱི་རང་བཞིན་གནས་རིགས་ལ་བརྟེན་པའི་ཕྱིར། སྐབས་འདིའི་རྟེན་ཆོས་ཉིད་ཁོ་ནར་ངེས་པ་མ་ཡིན་ཏེ། མདོ་ལས། གང་ཟག་དང་ཆོས་ཉིད་གཉིས་ཀ་གསུངས་པའི་ཕྱིར།

དེ་ལྟར་ན་ཁ་ཅིག འདིར་བསྟན་ཤེས་བྱ་རང་རྒྱལ་གྱི་ལམ་རང་རྒྱལ་གྱི་ལམ་མཚན་ཉིད་པ་ལ་བྱས་ནས། ཕ་རོལ་པོ་ལ་དགག་པ་རྒྱས་པར་བརྗོད་ཅིང་། ཁ་ཅིག བྱང་ཆུབ་སེམས་དཔའི་རྒྱུད་ཀྱི་ལམ་ཤེས་ལ་བྱས་ནས་ཕ་རོལ་པོ་ལ་དགག་པ་རྒྱས་པར་བརྗོད་པ་མ་གཏོགས། དབུ་མའི་ལམ་རྙེད་པ་མི་འདུག་ཀྱང་། ཁོ་བོས་གཟུང་འཛིན་རྫས་གཞན་གྱིས་སྟོང་པར་རྟོགས་པའི་ཡེ་ཤེས་སམ་མཁྱེན་པ་སྙི་ཙམ་པ་འདིར་བསྟན་ཤེས་བྱ་རང་རྒྱལ་གྱི་ལམ་དུ་བཞག་པས་ཕྱོགས་གཉིས་ཀའི་ཉེས་པ་ལས་གྲོལ་བར་འགྱུར་ཏེ། རྒྱལ་བ་སྲས་བཅས་མཉེས་པའི་མཆོད་པ་འབུལ་ལོ། །

གཉིས་པ་མཐའ་དཔྱད་པ་ལ། ཁ་ཅིག རང་སངས་རྒྱས་དང་སེམས་ཅན་པ་ལྟ་བ་མི་མཚུངས་ཏེ། སྟོང་ཉིད་རྟོགས་པའི་རང་སངས་རྒྱས་ཡོད། སྟོང་ཉིད་རྟོགས་པའི་སེམས་ཅན་པ་མེད་པའི་ཕྱིར། ཟེར་བ་མི་འཐད་དེ། སྟོང་ཉིད་རྟོགས་པའི་རང་སངས་རྒྱས་དང་སྟོང་ཉིད་མ་རྟོགས་པའི་སེམས་ཅན་པ་གཉིས་བསྒོམ་བྱའི་གཙོ་བོར་གྱུར་པའི་ལྟ་བ་མཚུངས་པའི་ཕྱིར། དེར་ཐལ། གཟུང་འཛིན་རྫས་གཞན་གྱིས་སྟོང་པར་རྟོགས་པའི་ལྟ་བ་དེ། དེ་གཉིས་ཀའི་བསྒོམ་བྱའི་གཙོ་བོར་གྱུར་པའི་ལྟ་བ་ཡིན་པའི་ཕྱིར། དེ་ལྟ་མ་ཡིན་ན་སྟོང་ཉིད་རྟོགས་པའི་ལྟ་བ་དེ་སྟོང་ཉིད་རྟོགས་པའི་རང་རྒྱལ་གྱི་བསྒོམ་བྱའི་གཙོ་བོར་གྱུར་པའི་ལྟ་བ་ཡིན་པར་ཐལ། ཁྱོད་ཀྱི་ཁས་ལེན་དེའི་ཕྱིར། འདོད་ན། ཤེས་སྒྲིབ་སྤྲ་མོ་སྤང་བྱའི་གཙོ་བོར་བྱས་ནས་སྤོང་བའི་རང་རྒྱལ་སློབ་པ་ཡོད་པར་ཐལ། འདོད་པའི་ཕྱིར།

ཡང་ཁ་ཅིག དེ་གཉིས་ལྟ་བ་མི་མཚུངས་ཏེ། རང་སངས་རྒྱས་ཀྱིས་གཟུང་བ་བདེན་མེད་དུ

除執知覺為諦實之實執及種子；自所依種性差別，具有三者故。後因成立，因爾若存在於獨覺之相續中，〔爾〕依於彼之相續之六處法性，若存在於菩薩相續，則依於彼之相續之本性住種性故。此處之所依非唯定是法性，因補特伽羅及法性二者經中皆說故。

若如是，有人認為此示所知獨覺道是指真實獨覺道，而廣大破斥對方，有人認為是指菩薩相續中的道相智而廣大破斥對方，然〔如此之認為〕未尋獲中道，吾人認為安立總的通達能取所取異質空之本智或智（道）為此示所知獨覺道，能從雙方面之過失中跳脫，〔以此為〕供養佛及佛子歡喜之供品。

第二、辨析，有云：「獨覺與唯識派見解不同，因有通達空性之獨覺，無通達空性之唯識師故。」彼不應理，因通達空性之獨覺與未通達空性之唯識師二者主要所修之見相同故。理應如是，通達能取所取異質空之見，是彼二者主要所修之見故。若非如是，通達空性之見，理應是通達空性之獨覺主要所修之見，因汝之承許故。若許，理應有以微細所知障為主要所斷而斷之有學獨覺，因許故。

又有云：「此二者見不同，因獨覺通達所取無諦實，不通達能

རྟོགས། འཛིན་པ་བདེན་མེད་དུ་མ་རྟོགས། སེམས་ཙམ་པས་དེ་གཉིས་ཀ་བདེན་མེད་དུ་རྟོགས་པའི་ཕྱིར། ཟེར་བ་མི་འཐད་དེ། ཆོས་ཅན་གཅིག་བདེན་མེད་དུ་རྟོགས་ནས་ཆོས་གཞན་བདེན་པར་གྲུབ་མ་གྲུབ་དཔྱོད་པ་ཞུགས་པ་ན་སྔར་གྱི་ཕྱོགས་ཁྱབ་ཚད་མས་གྲུབ་པའི་ཚུལ་དྲན་པར་བྱས་ནས་ངེས་པར་བདེན་མེད་དུ་རྟོགས་ནུས་པའི་ཕྱིར་ཏེ། འཕགས་པ་ལྷས། གང་གིས་དངོས་གཅིག་དེ་བཞིན་ཉིད་མཐོང་བ། །དེ་ཡིས་དངོས་ཀུན་དེ་བཞིན་ཉིད་དུ་མཐོང་། །ཞེས་གསུངས་པའི་ཕྱིར། དེ་ལྟར་མ་ཡིན་ན། སློབ་ལམ་ན་ཆོས་ཅན་མཐའ་དག་བདེན་མེད་དུ་རྟོགས་པ་མི་སྲིད་པར་ཐལ། ཕྱི་རོལ་གྱི་ཆོས་ཅན་གཟུགས་བརྙན་ལྟ་བུ་བདེན་མེད་དུ་རྟོགས་ཀྱང་། སླར་ཡང་དེའི་ངོ་བོར་སྨྱུ་གུ་བདེན་མེད་དུ་སྒྲུབ་པའི་རྟགས་འགོད་དགོས་པའི་ཕྱིར། རྟགས་ཁས།

རྣམ་བཤད་དུ་འདི་ལྟར་འབྱུང་བའི་གནད་མ་རྟོགས་པ། ཁ་ཅིག ཆོས་ཅན་གཟུགས་ལྟ་བུ་བདེན་མེད་དུ་རྟོགས་པའི་གང་ཟག་ཡིན་ན། སྨྱུ་གུ་བདེན་མེད་དུ་རྟོགས་པའི་གང་ཟག་ཡིན་པས་ཁྱབ་ཟེར་བ་དང་། ཁ་ཅིག གང་རྟེན་འབྲེལ་ཡིན་ན། བདེན་པར་མེད་པས་ཁྱབ་དཔེར་ན་གཟུགས་བརྙན་བཞིན། སྨྱུ་གུ་ཡང་རྟེན་འབྲེལ་ཡིན་ནོ་ཞེས་པའི་སྒྲུབ་ངག་འགོད་པ་སྐབས་སུ་བབ་པའི་ཕྱི་རྒོལ་ཡང་དག་གིས་གཟུགས་བརྙན་བདེན་མེད་དུ་རྟོགས་ཟེར་བ། གཉིས་ཀ་རྣམ་པར་འཁྲུམས་པ་ཡིན་ནོ། །ཞེས་ཤེས་པར་བྱའོ། །

སྐབས་འདིར་རྣམ་བཤད་ལས། རང་སངས་རྒྱས་ཉན་ཐོས་ཀྱི་སྤྱི་སྤྱོད་ལ་དམིགས་པ་ཡིན་ཡང་དབང་པོའི་ཁྱད་པར་གྱིས་ཆོས་ཀྱི་བདག་མེད་རྟོགས་པའོ། །ཞེས་པའི་དོན་གང་ཞེ་ན།

བཤད་དུ་ཡོད་དེ། རང་རྒྱལ་སློབ་པ་རྣམས་ཉན་ཐོས་ཀྱི་སྤྱི་སྤྱོད་ལ་ཐོས་བསམ་བྱས་ནས་དེའི་དོན་ཉམས་སུ་ལེན་པ་ཡིན་ཀྱང་། ཉན་ཐོས་ལས་དབང་པོ་རྣོ་བས་ཆོས་ཀྱི་བདག་མེད་རགས་པ་རྟོགས་ཞེས་པའི་དོན་ཡིན་པའི་ཕྱིར། གསུང་འདིའི་ནུས་པས་གཟུང་འཛིན་རྫས་གཞན་གྱིས་སྟོང་པ་བསྟན་བྱའི་གཙོ་བོར་བྱས་ནས་སྟོན་པའི་ཐེག་དམན་གྱི་མདོ་མེད་པར་གྲུབ་སྟེ། དེ་ཡོད་ན་ཉན་ཐོས་ཀྱི་སྤྱི་སྤྱོད་ལས་ལོགས་སུ་རང་རྒྱལ་གྱི་སྤྱི་སྤྱོད་ཅིག་ཡོད་དགོས། དེ་ཡོད་ན་རང་རྒྱལ་སློབ་པས་ཉན་ཐོས་ཀྱི་སྤྱི་སྤྱོད་ལ་དམིགས་དོན་མེད་པའི་ཕྱིར།

取無諦實，唯識師通達此二無諦實故。」不應理，因通達一有法無諦實後，觀察餘法諦實與否，〔只需〕憶念先前量所成之宗法周遍之理，必能通達無諦實故。因聖天〔菩薩〕云：「任於一法得見真實〔義〕，由彼即見一切法真實。[60]」故。若非如是，於有學道中理應不可能通達一切有法無諦實，因雖通達外在有法例如影像無諦實，然須再次立成立彼之體性苗芽無諦實之因故。承許因。

未通達《心要莊嚴疏》所說此般扼要者，有云：「若是通達例如有法——色，為無諦實之補特伽羅，周遍是通達苗芽無諦實之補特伽羅。」有云：「立所謂『若是緣起，周遍無諦實，例如影像，苗芽亦是緣起』之能立語之時的正敵者通達影像無諦實。」當了知〔此〕二說皆是胡說八道！

此處《心要莊嚴疏》云：「獨覺雖緣於聲聞藏，但因根器之差別，而證悟法無我。」之義為何？

有宣說，因是指諸有學獨覺聞思聲聞藏後，雖修習其義，然較聲聞根利，因此通達粗分法無我之義故。由此說之力成立沒有以教示能取所取異質空為主要所詮之小乘經，因若有彼，則於聲聞藏外需有獨覺藏，若有彼，則有學獨覺無緣聲聞藏之必要故。

ཁ་ཅིག རང་རྒྱལ་གྱི་ལམ་བདེན་མེད་དུ་མངོན་སུམ་དུ་རྟོགས་པའི་ཡེ་ཤེས་རང་རྒྱལ་གྱི་ལམ་ཤེས་པའི་ལམ་ཤེས་ཀྱི་མཚན་ཉིད་ཟེར་བ་མི་འཐད་དེ། སྔར་ཉན་ཐོས་ཀྱི་སྐབས་སུ་བཤད་པའི་རིགས་པས་འགོག་ནུས་པའི་ཕྱིར།

ཁ་ཅིག རང་རྒྱལ་གྱི་རྟོགས་རིགས་སུ་གནས་པའི་ཐེག་ཆེན་འཕགས་པའི་མཁྱེན་པ། རང་རྒྱལ་གྱི་ལམ་ཤེས་པའི་ལམ་ཤེས་ཀྱི་མཚན་ཉིད་ཟེར་བ་མི་འཐད་དེ། གཟུགས་ཕྱི་རོལ་དོན་དུ་འཛིན་པའི་རྟོག་པ་སྤངས་པའི་སྤངས་པ་དོན་གཉེར་གྱི་ཐེག་ཆེན་མཐོང་ལམ་གྱིས་མ་ངེས་པའི་ཕྱིར།

རང་ལུགས་ནི། ཁྱད་ཆོས་གསུམ་གྱིས་ཟིན་པའི་སྒོ་ནས་གདུལ་བྱ་རང་རྒྱལ་གྱི་རིགས་ཅན་རྗེས་སུ་བཟུང་བའི་ཕྱིར་དུ་ཤེས་པར་བྱ་བའི་ཤེས་རབ་ཀྱི་རྟོགས་རིགས་སུ་གནས་པའི་ཐེག་ཆེན་འཕགས་པའི་མཁྱེན་པ། རང་རྒྱལ་གྱི་ལམ་ཤེས་པའི་ལམ་ཤེས་ཀྱི་མཚན་ཉིད་ཡིན་ནོ། །

བཏགས་པའི་ཆོས་ཉིད་མི་འགལ་བར། །ཞེས་སོགས་ཀྱི་སྐབས་སུ། རང་རྒྱལ་གྱི་ལམ་ཤེས་པའི་ལམ་ཤེས་ཀྱི་རྒྱུ་ངེས་འབྱེད་ཆ་མཐུན་ཆོས་ཅན། ཁྱོད་ལ་བཞིར་ཡོད་དེ། ཁྱོད་ལ་རང་རྒྱལ་གྱི་ཤེས་རབ་ཀྱི་རྟོགས་རིགས་སུ་གནས་པའི་ཐེག་ཆེན་གྱི་སྦྱོར་ལམ་དྲོད་སོགས་བཞི་ཡོད་པའི་ཕྱིར།

ཁོ་ན་རེ། གཞུང་འདིའི་དངོས་བསྟན་གྱི་སྦྱོར་ལམ་ལ་ཐེག་ཆེན་གྱི་རྟོགས་རིགས་སུ་གནས་པས་མ་ཁྱབ་སྟེ། རྣམ་བཤད་ལས། རྩ་བའི་འབྲུ་སྣོན་དུ་གཟུང་འཛིན་རྫས་གཞན་གྱིས་སྟོང་པར་རྟོགས་པའི་སྦྱོར་ལམ་བཞིར་བཤད་པའི་ཕྱིར་ཞེ་ན། མ་ཁྱབ་སྟེ། འགྲེལ་པར་སྟོང་ཉིད་རྟོགས་པའི་སྦྱོར་ལམ་བཞི་ལ་བཤད་པ་དང་མཐུན་པའི་འབྲུ་སྣོན་མཛད་པའི་ཕྱིར་དང་། རྣམ་བཤད་ལས། རྩ་བའི་དངོས་བསྟན་གཟུང་འཛིན་རྫས་གཞན་གྱིས་སྟོང་པར་རྟོགས་པའི་སྦྱོར་ལམ་བཞི་ལ་བཤད་དྲང་ཙམ་སྣང་ཡང་། འགྲེལ་པར། ཉན་ཐོས་ཀྱི་ལམ་ཤེས་པའི་ལམ་ཤེས་ཀྱི་རྒྱུ་ངེས་འབྱེད་ཆ་མཐུན་དང་འདྲ་བར་མཛད་ཅེས་འབྱུང་བའི་ཕྱིར། དེ་ལྟར་ན་གཞུང་འདིའི་ཤུགས་བསྟན་རང་རྒྱལ་གྱི་ལམ་ཤེས་པའི་ལམ་ཤེས་ཀྱི་རྒྱུ་ངེས་འབྱེད་ཆ་མཐུན་དེ་ཉིད། དངོས་བསྟན་སྟོང་ཉིད་རྟོགས་པའི་སྦྱོར་ལམ་གྱིས་ཟིན་པའི་སྒོ་ནས་ཉམས་སུ་ལེན་དགོས་པ་ཡིན་ཏེ། སྔར་ཉན་ཐོས་ཀྱི་སྐབས་སུ་བཤད་པ་དང་འདྲ་བའི་ཕྱིར་རོ། །

有云：「現證獨覺道無諦實之本智，乃了知獨覺道道相智之性相。」不應理，因以先前於聲聞之時所說之正理能破斥故。

有云：「住獨覺證類之大乘聖者之智，乃了知獨覺道道相智之性相。」不應理，因希求斷除執色為外境之分別之斷的大乘見道不定故。

自宗：「以三差別所攝之門，住為攝受所化獨覺種性而所知之智慧證類之大乘聖者之智」，乃了知獨覺道道相智之性相。

「開闡假法性，無違……」等之時，了知獨覺道道相智之因順決擇分為有法，爾有四，因爾有住獨覺智慧證類之大乘加行道煖等四者故。

有云：「此引文之直接宣說的加行道不周遍住大乘證類，因《心要莊嚴疏》將〔現觀〕根本頌添加字詞，而講述通達能取所取異質空之加行道四者故。」不周遍，因〔其〕為與《明義釋》講述通達空性之四加行道相順而添加字詞，以及《心要莊嚴疏》提及[61]：可將根本頌之直接所示說為通達能取所取異質空之四加行道，然《明義釋》則與了知聲聞道道相智之因順決擇分相似而解釋故。如是，此引文之間接宣說——了知獨覺道道相智之因順決擇分，即須以直接宣說——通達空性加行道所攝之門而修習，因與先前於聲聞之時所說相似故。

བདེན་དང་བདེན་ལ་བཟློད་པ་དང་། །ཞེས་སོགས་ཀྱི་སྐབས་སུ། སྦྱོར་བ་དང་། མཐའ་དཔྱད་པ་གཉིས།

དང་པོ་ནི། དམན་ལམ་སྔོན་མ་སོང་གི་ཐེག་ཆེན་གྱི་མཐོང་ལམ་ཤེས་བཟློད་སྐད་ཅིག་མ་བཅུ་དྲུག་ཆོས་ཅན། ལམ་ཤེས་ཀྱི་སྐབས་འདིར་དངོས་སུ་བསྟན་པའི་ཐེག་ཆེན་གྱི་མཐོང་ལམ་ཡིན་ཏེ། ལམ་ཤེས་ཀྱི་སྐབས་འདིར་དངོས་སུ་བསྟན་པའི་ཐེག་ཆེན་གྱི་བདེན་པ་མངོན་རྟོགས་ཡིན་པའི་ཕྱིར།

「由諦與諦上，忍智……」等文之時，論式、辨析二者。

初者，未曾入劣道之大乘見道忍智十六剎那為有法，乃此道相智之時直接宣說之大乘見道，因乃此道相智之時直接宣說之大乘諦現觀故。

མཐོང་ལམ་སྐྱེ་བའི་རྟེན་བཤད་པ།

གཉིས་པ་ལ་གཉིས། མཐོང་ལམ་སྐྱེ་བའི་རྟེན་དང་། བརྟེན་པ་མཐོང་ལམ་བཤད་པའོ། །དང་པོ་ལ་ལུས་རྟེན་དང་། སེམས་རྟེན་གཉིས།

དང་པོ་ནི། རོང་ཊཱིཀ་པ་ན་རེ། མཐོང་ལམ་སྐྱེ་བའི་ལུས་རྟེན་ཡོད་དེ། རང་སྟོབས་ཀྱི་དབང་དུ་བྱས་ན། གླིང་གསུམ་གྱི་མི་དང་འདོད་ལྷའི་རྟེན་ལ་དངོས་སུ་གསར་དུ་སྐྱེ། གཞན་སྟོབས་ཀྱི་དབང་དུ་བྱས་ན། ངན་སོང་བ་དང་ཁམས་གོང་གི་རྟེན་ལ་དངོས་སུ་གསར་དུ་སྐྱེ་བ་ཡོད་པའི་ཕྱིར། ཕྱི་མ་གྲུབ་སྟེ། ཟ་མ་ཏོག་བཀོད་པའི་མདོར། འཕགས་པ་འཇིག་རྟེན་དབང་ཕྱུག་གིས། ཡུལ་ཨ་ར་ཏྣ་སེར་ཡི་དྭགས་མང་པོ་བདེན་པ་མཐོང་བ་ལ་བཀོད་པར་གསུངས་པ་དང་། ལྷའི་བུ་རབ་གནས་ཀྱིས་ཞུས་པའི་མདོར། འདོད་གཟུགས་ཀྱི་ལྷའི་བུ་བྱེ་བ་ཁྲག་ཁྲིག་ཆོས་རྣམས་ལ་ཆོས་ཀྱི་མིག་རྡུལ་མེད་ཅིང་དྲི་མ་དང་བྲལ་བ་རྣམ་པར་དག་པ་སྐྱེས་སོ། །ཞེས་གསུངས་པ་ལྟར་ཡིན་པའི་ཕྱིར། ཞེས་ཟེར་བ་མི་འཐད་དེ།

བསྡུ་བ་ལས། གཟུགས་ཀྱི་ཁམས་དང་། གཟུགས་མེད་པའི་ཁམས་གོང་མར་སྐྱེས་པས་ཀྱང་དང་པོར་བདེན་པ་རྣམས་མངོན་པར་མི་རྟོགས་ཏེ། ཞེས་དང་། མཛོད་ལས། གོང་ན་མཐོང་ལམ་མེད། །མི་སྐྱེ། ཞེས་གསུངས་པའི་ཕྱིར་དང་། ཐེག་ཆེན་གྱི་སྦྱོར་ལམ་ཆོས་མཆོག་ཆེན་པོ་ལ་གནས་པའི་ངན་སོང་བ་མེད་པའི་ཕྱིར། ཕྱི་མ་དེར་ཐལ། སྦྱོར་ལམ་བཟོད་པ་ལ་གནས་པའི་གང་ཟག་ཡིན་ན། ལས་ཉོན་གྱིས་ངན་འགྲོར་སྐྱེ་བ་མི་ལེན་པས་ཁྱབ་པའི་ཕྱིར་ཏེ། མཛོད་ལས། བཟོད་ཐོབ་ངན་སོང་ཡོངས་མི་ལྟུང་། །ཞེས་གསུངས་པའི་ཕྱིར་དང་། འགྲེལ་པ་འདིར་ཡང་། ངན་འགྲོ་མེད་པས་ཆོས་ཆེན་པོ་ལ་བཟོད་པའི་ཕྱིར་བཟོད་པར་གྱུར་བ། ཞེས་གསུངས་པའི་ཕྱིར།

ཁོ་ན་རེ། ཁམས་གོང་གི་རྟེན་ལ་ཐེག་ཆེན་གྱི་མཐོང་ལམ་དངོས་སུ་སྐྱེ་བ་ཡོད་པར་ཐལ། དེའི་རྟེན་ལ་ལམ་ཤེས་དངོས་སུ་གསར་དུ་སྐྱེ་བ་ཡོད་པའི་ཕྱིར། དེར་ཐལ། ལམ་ཤེས་ཀྱི་མདོ་འཆད་པའི་འཁོར་དུ་གསར་དུ་ལྷགས་པའི་འདོད་གཟུགས་ཀྱི་ལྷ་རྣམས་ཀྱི་རྒྱུད་ལ་ལམ་ཤེས་དངོས་སུ་གསར་དུ

67 講說生起見道之所依

第二有二：講說生起見道之所依、能依見道。初者有身所依、心所依二者。

初者，榮澤巴云：「有生起見道之身所依，因若以自力而言，三洲之人及欲天之所依有直接新生；若以他力而言，惡趣及上界所依有直接新生故。後者成立，因如《佛說大乘莊嚴寶王經》云：『聖世間自在於瓦拉納西處安置許多餓鬼至見諦。』及《聖善住意天子所問經》：『俱胝那由他欲界色界天子，於諸法生起無塵且離垢之清淨法眼。』所說故。」

彼不應理，因〈攝分〉云：「非生上地或色界或無色界能初入聖諦現觀。[62]」與《俱舍論》云：「由上無見道」、「無厭」[63]，以及無住於大乘加行道上品世第一法之惡趣者故。後者理應如是，因若是住加行道忍位之補特伽羅，周遍不以業煩惱受生惡趣故，因《俱舍論》云：「忍不墮惡趣。[64]」及《明義釋》此處亦云：「如是，無惡趣，因對大法能忍故，是為忍位。」故。

有云：「上界所依理應有直接新生大乘見道，因彼之所依有直接新生道相智故。理應如是，因為令宣說道相智經〔之時〕周圍新聚集之欲界色界之諸天相續中，成辦堪能直接新生道相智，以如來

སྐྱེ་རུང་དུ་སྒྲུབ་པའི་ཕྱིར་དུ་དེ་བཞིན་གཤེགས་པའི་རང་བཞིན་གྱི་འོད་ཀྱིས་འདོད་གཟུགས་ཀྱི་ལྷ་རྣམས་ཀྱི་འོད་མོག་མོག་པོར་མཛད་པའི་ཕྱིར་ཏེ། ལྷ་རྣམས་ཀྱི་རྒྱུད་ལ་ལམ་ཤེས་སྐྱེ་རུང་དུ་སྒྲུབ་པའི་ཆེད་དུ་དེ་ལྟར་མཛད་པའི་ཕྱིར་ན།

མ་ཁྱབ་སྟེ། ལྷ་དེ་རྣམས་ཀྱི་རྒྱུད་ལ་ལམ་ཤེས་བརྒྱུད་ནས་སྐྱེ་རུང་དུ་སྒྲུབ་པའི་ཆེད་དུ་དེ་ལྟར་མཛད་པའི་ཕྱིར། དེ་ལྟ་མ་ཡིན་ན། ལམ་ཤེས་ཀྱི་མདོ་འཆད་པའི་འཁོར་དུ་གསར་དུ་ལྷགས་པའི་འཁོར་གྱི་ལྷ་ཡིན་ན། ལམ་ཤེས་དངོས་སུ་གསར་དུ་སྐྱེ་བའི་རྟེན་ཡིན་དགོས་པར་ཐལ། དམ་བཅའ་དེའི་ཕྱིར། འདོད་ན། དེ་ཡིན་ན་ཐེག་ཆེན་སེམས་བསྐྱེད་རྒྱུད་ལྡན་གྱི་གང་ཟག་ཡིན་དགོས་པར་ཐལ། འདོད་པའི་ཕྱིར། འདོད་ན། མདོ་ལས། ལྷའི་བུ་གང་དག་གིས་བླ་ན་མེད་པ་ཡང་དག་པར་རྫོགས་པའི་བྱང་ཆུབ་ཏུ་སེམས་མ་བསྐྱེད་པ་དེ་དག་གིས་ཀྱང་བླ་ན་མེད་པ་ཡང་དག་པར་རྫོགས་པའི་བྱང་ཆུབ་ཏུ་སེམས་བསྐྱེད་པར་བྱའོ། །ཞེས་གསུངས་པ་མི་འཐད་པར་ཐལ་ལོ། །

རང་ལུགས། ལམ་ཤེས་དངོས་སུ་གསར་དུ་སྐྱེ་བའི་ལུས་རྟེན་ཡོད་དེ། ལམ་རིམ་ལས། སྔོན་མིའི་རྟེན་ལ་ལམ་ལ་སྦྱངས་པའི་བག་ཆགས་མཐུག་པོའི་འདོད་ལྷ་ཁ་ཅིག དང་པོར་བདེན་པ་མཐོང་བའི་རྟེན་དུ་རུང་ཡང་། ཁམས་གོང་གི་རྟེན་ལ་དང་པོར་འཕགས་ལམ་ཐོབ་པ་མེད་ཅིང་། ཞེས་པ་དང་། རྣམ་བཤད་ལས། མི་དང་འདོད་ལྷའི་རྟེན་ལ་སྐྱེ་ཡི། གོང་མའི་རྟེན་ལ་མ་ཡིན་ཏེ། ཞེས་གསུངས་པ་ལྟར་ཡིན་པའི་ཕྱིར།

གཉིས་པ་སེམས་རྟེན་ལ། སྦྱོར་མཐོང་ལམ་ཙམ་དངོས་སུ་གསར་དུ་སྐྱེ་བའི་སེམས་རྟེན་དུ་གྱུར་པའི་བསམ་གཏན་ས་དྲུག་ཡོད་ཀྱང་། ཐེག་ཆེན་གྱི་མཐོང་ལམ་དངོས་སུ་གསར་དུ་སྐྱེ་བའི་སེམས་རྟེན་ཡིན་ན། བསམ་གཏན་གྱི་དངོས་གཞིའི་སྙོམས་འཇུག་ཡིན་དགོས་ཏེ། དེ་དངོས་སུ་གསར་དུ་སྐྱེ་བའི་སེམས་རྟེན་དུ་གྱུར་པའི་བསམ་གཏན་གྱི་ཉེར་བསྡོགས་མེད། དེར་གྱུར་པའི་གཟུགས་མེད་ཀྱི་སྙོམས་འཇུག་ཀྱང་མེད་པའི་ཕྱིར། དང་པོ་དེར་ཐལ། དེ་དངོས་སུ་གསར་དུ་སྐྱེ་བའི་ལུས་རྟེན་ཅན་ཡིན་ན། བསམ་གཏན་གྱི་དངོས་གཞི་ཐོབ་པས་ཁྱབ་པ་གང་ཞིག ལམ་སྔ་བ་བསམ་གཏན་གྱི་དངོས་གཞི་ཐོབ་

自性光，令欲界色界諸天之光闇淡故，因為了成辦諸天相續中堪能出生道相智而如是作故。」

不周遍，因為了成辦彼諸天相續中堪能間接生起道相智而如此作故。若非如是，若是宣說道相智經周圍新聚集之眷屬天，理應須是直接新生道相智之所依，因彼宗故。若許，若是彼理應須是相續中有大乘發心之補特伽羅，因許故。若許，經云：「未發無上正等菩提心之天子，彼等亦當發起無上正等菩提心……[65]」則成不應理。

自宗：有直接新生道相智之身所依，因如道次第云：「有欲天，昔人世時，由其修道習氣深厚，堪為新證見諦之身，然上界身，則定無新得聖道者。[66]」及《心要莊嚴疏》云：「人，以及生於欲界天之所依。無上界所依。」所說故。

第二、心所依，一般而言，唯直接新生見道之心所依雖有靜慮六地，然若是直接新生大乘見道之心所依，須是根本靜慮等至，因無屬直接新生彼之心所依之靜慮近分，亦無屬彼之無色等至故。初者理應如是，因若是具直接新生彼之身所依，且獲得「易道」根本靜慮已，無依「難道」靜慮近分而生彼的必要故。初者理應如是，因若是彼，周遍獲得法流三摩地，且若獲彼周遍獲得根本靜慮故。

ནས། ལམ་དཀའ་བ་བསམ་གཏན་གྱི་ཉེར་བསྡོགས་ལ་བརྟེན་ནས་དེ་བསྐྱེད་པ་ལ་དགོས་པ་མེད་པའི་ཕྱིར། དང་པོ་དེར་ཐལ། དེ་ཡིན་ན། ཆོས་རྒྱུན་གྱི་ཏིང་ངེ་འཛིན་ཐོབ་པས་ཁྱབ་པ་གང་ཞིག དེ་ཐོབ་ན་བསམ་གཏན་གྱི་དངོས་གཞི་ཐོབ་པས་ཁྱབ་པའི་ཕྱིར།

ཁོ་ན་རེ། ཐེག་ཆེན་གྱི་མཐོང་ལམ་དངོས་སུ་གསར་དུ་སྐྱེ་བའི་སེམས་རྟེན་དུ་གྱུར་པའི་འདོད་སེམས་དང་སྲིད་རྩེའི་སེམས་མེད་པར་ཐལ། དམ་བཅའ་དེ་འཐད་པའི་ཕྱིར། འདོད་ན། དེ་ཡོད་པར་ཐལ། ཐེག་ཆེན་གྱི་སྒོམ་ལམ་དངོས་སུ་གསར་དུ་སྐྱེ་བའི་སེམས་རྟེན་དུ་གྱུར་པའི་འདོད་སེམས་དང་། སྲིད་རྩེའི་སེམས་ཡོད་པར་འགྲེལ་ཆེན་ལས་གསུངས་པའི་ཕྱིར་ཞེ་ན། མ་ཁྱབ་སྟེ། འགྲེལ་ཆེན་ལས། སྒོམ་ལམ་ལ་དེ་ལྟར་གསུངས་པས། མཐོང་ལམ་ལ་མཚོན་མི་ནུས་པར་རྣམ་བཤད་ལས་གསུངས་པའི་ཕྱིར།

ཡང་ཁོ་ན་རེ། མདོ་སྡེ་ས་བཅུ་པར། བསམ་གཏན་གྱི་དངོས་གཞི་བྱང་སེམས་རྣམས་ཀྱིས་ས་གསུམ་པའི་སྐབས་སུ་ཐོབ་པར་བཤད་པ་མི་འཐད་པར་ཐལ། ཐེག་ཆེན་གྱི་ཚོགས་ལམ་ཆེན་པོ་ཐོབ་པའི་བྱང་སེམས་ཡིན་ན། བསམ་གཏན་གྱི་དངོས་གཞི་ཐོབ་པས་ཁྱབ་པའི་ཕྱིར། རྟགས་ཁས། ཞེ་ན་མ་ཁྱབ་སྟེ། ས་བཅུ་པར། དེ་ལྟར་གསུངས་པ་དེ་མཉམ་གཞག་ཐུན་མོང་མ་ཡིན་པའི་སྟོབས་ཀྱིས་ཐོབ་པའི་བསམ་གཏན་གྱི་དངོས་གཞི་ས་གསུམ་པའི་སྐབས་སུ་ཐོབ་པ་ལ་དགོངས་པའི་ཕྱིར།

有云:「理應無直接新生大乘見道之心所依的欲界心及有頂心，因彼宗應理故。若許，理應有彼，因《莊嚴光明釋》說有直接新生大乘修道之心所依的欲界心及有頂心故。」不周遍，因《心要莊嚴疏》說《莊嚴光明釋》雖如是講述修道，然無法表示見道〔亦如是〕故。

又有云:「於《十地經》提到諸菩薩於三地時獲得根本靜慮理應不應理，因若是獲得大乘資糧道上品之菩薩周遍獲得根本靜慮故。承許因。」不周遍，因《十地經》如此開示，乃慮及於三地時獲得以不共根本定之力所獲之根本靜慮故。

མཐོང་ལམ་གྱི་ངོ་བོ་བཤད་པ།

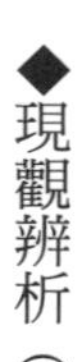

གཉིས་པ་ལ་གསུམ། མཐོང་ལམ་གྱི་ངོ་བོ། དབྱེ་བ། མཐའ་དཔྱད་པའོ། །

དང་པོ་ལ་ཁ་ཅིག སྲིད་ཞི་གཉིས་ཀའི་མཐའ་འགོག་བྱེད་ཀྱི་ཐེག་ཆེན་གྱི་བདེན་པ་མངོན་རྟོགས། ཐེག་ཆེན་གྱི་མཐོང་ལམ་གྱི་མཚན་ཉིད་ཟེར་བ་མི་འཐད་དེ། བྱང་སེམས་མཐོང་ལམ་པའི་རྒྱུད་ཀྱི་སྙིང་རྗེ་ཆེན་པོ་དེ། ཐེག་ཆེན་གྱི་མཐོང་ལམ་གང་ཞིག མཚན་ཉིད་དེ་མ་ཡིན་པའི་ཕྱིར། ཕྱི་མ་དེར་ཐལ། དེ་དོན་དམ་ལ་ལྟོས་པའི་སྲིད་ཞི་གཉིས་ཀའི་མཐའ་འགོག་བྱེད་ཀྱི་བདེན་པ་མངོན་རྟོགས་ཀྱང་མ་ཡིན། ཀུན་རྫོབ་ལ་ལྟོས་པའི་ཡང་དེ་ལྟར་མ་ཡིན་པའི་ཕྱིར། དང་པོ་དེར་ཐལ། དེས་སྲིད་ཞི་བདེན་སྟོང་དུ་མ་རྟོགས་པའི་ཕྱིར། གཉིས་པ་དེར་ཐལ། དེ་ཀུན་རྫོབ་ལ་ལྟོས་པའི་སྲིད་མཐའ་འགོག་བྱེད་མ་ཡིན་པའི་ཕྱིར།

ཁ་ཅིག སྦྱོར་ལམ་ཆོས་མཆོག་གི་མཇུག་ཐོགས་དེ་མ་ཐག་ཏུ་བདེན་བཞིའི་རྣམ་པ་བཅུ་དྲུག་ལ་དམིགས་ནས་སྟོང་ཉིད་སྤྲོས་བྲལ་མངོན་སུམ་གྱིས་གསར་དུ་རྟོགས་པའི་ཏིང་ངེ་འཛིན་ཤེས་རབ་མཚུངས་ལྡན་དང་བཅས་པ་གང་ཞིག སྦྱིན་སོགས་སྤྱོད་པའི་རིགས་མཐའ་དག་གིས་ཟིན་པ་དེ། དེའི་མཚན་ཉིད་ཟེར་བ་མི་འཐད་དེ། འདའ་བྱའི་ཐེག་ཆེན་གྱི་མཐོང་ལམ་གྱི་སྟོང་ཉིད་སྤྲོས་བྲལ་མངོན་སུམ་གྱིས་གསར་དུ་མ་རྟོགས་པའི་ཕྱིར།

ཡང་དེ་ཐེག་ཆེན་ཐུན་མོང་མ་ཡིན་པའི་མཐོང་ལམ་གྱི་མཚན་ཉིད་ཟེར་བ་མི་འཐད་དེ། བྱང་སེམས་མཐོང་ལམ་པའི་རྒྱུད་ཀྱི་སྙིང་རྗེ་ཆེན་པོ་དེ་ཐེག་ཆེན་ཐུན་མོང་མ་ཡིན་པའི་མཐོང་ལམ་ཡིན་པའི་ཕྱིར་ཏེ། དེ་ཐེག་ཆེན་གྱི་རྟོགས་རིགས་སུ་གནས་པའི་ཐེག་ཆེན་གྱི་མཐོང་ལམ་ཡིན་པའི་ཕྱིར། ཡང་དེ་སྟོང་ཉིད་ལ་མངོན་སུམ་དུ་མཉམ་པར་གཞག་པའི་ཐེག་ཆེན་གྱི་མཐོང་ལམ་གྱི་མཚན་ཉིད་ཟེར་བ་མི་འཐད་དེ། ཐེག་ཆེན་གྱི་མཐོང་ལམ་མཉམ་གཞག་ཡེ་ཤེས་སུ་གྱུར་པའི་ཏིང་ངེ་འཛིན་གྱིས་མ་ངེས་པའི་ཕྱིར་ཏེ། དེ་དང་མཚུངས་ལྡན་གྱི་ཏིང་ངེ་འཛིན་མེད་པའི་ཕྱིར་ཏེ། ཁོ་རང་ཏིང་ངེ་འཛིན་ཡིན་པའི་ཕྱིར།

68 講說見道之體性

第二，有三：見道體性、分類、辨析。

初者，有云：「能斷有寂二邊之大乘諦現觀，乃大乘見道之性相。」彼不應理，因見道菩薩相續之大悲，是大乘見道，且非此性相故。後者理應如是，因彼非能斷觀待勝義之有寂二邊之諦現觀，亦非〔能斷〕觀待世俗之如此故。初者理應如是，因彼不通達有寂諦實空故。次者理應如是，因彼非能斷觀待世俗之有邊故。

有云：「是加行道世第一法之後立即緣著四諦十六行相，以現前新通達空性離戲論之定慧及與其相應者，且由一切施等行之類所攝持，是彼之性相。」彼不應理，因所超越之大乘見道沒有以現前新通達空性離戲論故。

又言彼是大乘不共見道之性相，不應理，因見道菩薩相續之大悲乃大乘不共見道故，因彼乃住大乘證類之大乘見道故。又說彼為現前入空性定之大乘見道之性相，此不應理，因大乘見道根本智之三摩地不定故。因無與彼相應之三摩地故，因彼即三摩地故。

ཁ་ཅིག སྟོང་ཉིད་མངོན་སུམ་དུ་རྟོགས་པའི་ཐེག་ཆེན་གྱི་བདེན་པ་མངོན་རྟོགས་དེ། སྐབས་འདིར་དངོས་སུ་བསྟན་པའི་ཐེག་ཆེན་གྱི་མཐོང་ལམ་གྱི་མཚན་ཉིད་ཟེར། མི་འཐད་དེ། ཉན་ཐོས་དགྲ་བཅོམ་གྱི་རྟོགས་པ་སྔོན་སོང་གི་ཆོས་ཉིད་ལ་མངོན་སུམ་དུ་མཉམ་པར་གཞག་པའི་ཐེག་ཆེན་གྱི་མཐོང་ལམ་མཉམ་གཞག་ཡེ་ཤེས་དེ། སྐབས་འདིར་དངོས་སུ་བསྟན་པའི་ཐེག་ཆེན་གྱི་མཐོང་ལམ་མ་ཡིན་པའི་ཕྱིར། དེར་ཐལ། དེ་དམན་ལམ་སྔོན་མ་སོང་གི་ཐེག་ཆེན་གྱི་མཐོང་ལམ་མ་ཡིན་པ་གང་ཞིག སྐབས་འདིར་དངོས་སུ་བསྟན་པའི་ཐེག་ཆེན་གྱི་མཐོང་ལམ་དེ་ལ། དམན་ལམ་སྔོན་མ་སོང་གི་ཐེག་ཆེན་གྱི་མཐོང་ལམ་དུ་ངེས་པའི་ཕྱིར། དང་པོ་དེར་ཐལ། ཆོས་ཅན་དེ་ཡིན་པའི་ཕྱིར།

ཁ་ཅིག ཐེག་ཆེན་གྱི་སྦྱོར་ལམ་རྫོགས་རྗེས་སུ་བྱུང་ཞིང་། ཐེག་ཆེན་གྱི་སྒོམ་ལམ་མ་སྐྱེས་གོང་གི་མཁྱེན་པ་དེ། དེའི་མཚན་ཉིད་ཟེར་བ་མི་འཐད་དེ། ཐེག་ཆེན་གྱི་སྦྱོར་ལམ་གྱི་རྒྱུར་གྱུར་པའི་ཐེག་ཆེན་གྱི་མཐོང་ལམ་ཡོད་ཅིང་། ཐེག་ཆེན་གྱི་སྒོམ་ལམ་གྱི་འབྲས་བུར་གྱུར་པའི་ཐེག་ཆེན་གྱི་མཐོང་ལམ་ཡོད་པའི་ཕྱིར།

ཁ་ཅིག ཐེག་ཆེན་གྱི་མཐོང་ལམ་ཤེས་བཟོད་སྐད་ཅིག་མ་བཅུ་དྲུག་གང་རུང་གིས་བསྡུས་པའི་བདེན་པ་མངོན་རྟོགས་དེ། སྐབས་འདིར་དངོས་སུ་བསྟན་པའི་ཐེག་ཆེན་གྱི་མཐོང་ལམ་གྱི་མཚན་ཉིད་ཟེར་བ་མི་འཐད་དེ། སྐབས་འདིར་དངོས་སུ་བསྟན་པའི་ཐེག་ཆེན་གྱི་མཐོང་ལམ་ཡིན་ན། དམན་ལམ་སྔོན་མ་སོང་གི་ཐེག་ཆེན་གྱི་མཐོང་ལམ་ཤེས་བཟོད་སྐད་ཅིག་མ་བཅུ་དྲུག་གང་རུང་ཡིན་དགོས་པའི་ཕྱིར།

རང་ལུགས་ལ། སྤྱིར་ཐེག་ཆེན་གྱི་བདེན་པ་མངོན་རྟོགས་ཐེག་ཆེན་གྱི་མཐོང་ལམ་གྱི་མཚན་ཉིད། སྐབས་འདིར་དངོས་སུ་བསྟན་པའི་ཐེག་ཆེན་གྱི་བདེན་པ་མངོན་རྟོགས། སྐབས་འདིར་དངོས་སུ་བསྟན་པའི་ཐེག་ཆེན་གྱི་མཐོང་ལམ་གྱི་མཚན་ཉིད་ཡིན་ནོ། །

有云：「現證空性之大乘諦現觀，即此處直接宣說之大乘見道之性相。」不應理，因聲聞阿羅漢證量先行之以現前入法性定之大乘見道根本智，非於此直接宣示之大乘見道故。理應如是，因彼非未曾入劣道之大乘見道，且此處所直接宣說之大乘見道，決定是未曾入劣道之大乘見道故。初者理應如是，因是彼有法故。

有云：「大乘加行道圓滿後產生，且大乘修道未生前之智，為彼之性相。」不應理，因有屬大乘加行道之因的大乘見道，且有屬大乘修道之果的大乘見道故。

有云：「大乘見道忍智十六剎那隨一所攝之諦現觀，乃此時直接宣說之大乘見道之性相。」不應理，因若是此時直接宣說之大乘見道，須是未曾入劣道之大乘見道忍智十六剎那隨一故。

自宗：一般而言，「大乘諦現觀」，是大乘見道之性相。「此時直接宣說之大乘諦現觀」，是此時直接宣說之大乘見道之性相。

མཐོང་ལམ་གྱི་དབྱེ་བ་བཤད་པ།

གཉིས་པ་དབྱེ་བ་ལ། ཐེག་ཆེན་གྱི་མཐོང་ལམ་མཉམ་གཞག་ཡེ་ཤེས་དང་། རྗེས་ཐོབ་ཡེ་ཤེས་གཉིས།

ཁ་ཅིག ཐེག་ཆེན་གྱི་མཐོང་ལམ་མཉམ་གཞག་ཡེ་ཤེས་ཡིན་ན། ཆོས་ཉིད་ལ་མངོན་སུམ་དུ་མཉམ་པར་གཞག་པའི་མཉམ་གཞག་ཡེ་ཤེས་ཡིན་མི་དགོས་ཏེ། བྱང་སེམས་མཐོང་ལམ་པའི་རྒྱུད་ཀྱི་གང་ཟག་གི་བདག་མེད་ལ་རྩེ་གཅིག་ཏུ་མཉམ་པར་བཞག་པའི་མཉམ་གཞག་ཡེ་ཤེས་དེ། ཐེག་ཆེན་གྱི་མཐོང་ལམ་མཉམ་གཞག་ཡེ་ཤེས་ཡིན་པའི་ཕྱིར་ཟེར་ན། མ་གྲུབ་སྟེ། དེ་རྗེས་ཐོབ་ཡེ་ཤེས་ཡིན་པའི་ཕྱིར། ཁྱབ་སྟེ། སློབ་ལམ་ན་མཉམ་རྗེས་ངོ་བོ་གཅིག་ཏུ་མེད་པའི་ཕྱིར། གོང་གི་རྟགས་མ་གྲུབ་ན། དེ་ཆོས་ཅན། དེར་ཐལ། ཀུན་རྟོག་དངོས་ཀྱི་འཛིན་སྟངས་ཀྱི་ཡུལ་དུ་བྱེད་པའི་ཐེག་ཆེན་གྱི་མཐོང་ལམ་ཡིན་པའི་ཕྱིར།

ཁོན་རེ། གང་ཟག་གི་བདག་མེད་ལ་རྩེ་གཅིག་ཏུ་མཉམ་པར་གཞག་པའི་ཉན་ཐོས་ཀྱི་མཐོང་ལམ་མཉམ་གཞག་ཡེ་ཤེས་དེ་ཉན་ཐོས་ཀྱི་མཉམ་གཞག་ཡེ་ཤེས་མ་ཡིན་པར་རྗེས་ཐོབ་ཡེ་ཤེས་སུ་བྱེད་རིགས་པར་ཐལ། དམ་བཅའ་སྤྱི་མ་དེའི་ཕྱིར་ཞེ་ན། མ་ཁྱབ་སྟེ། དེ་གཉིས་མི་མཚུངས་པའི་ཕྱིར།

འོ་ན་གང་ཟག་གི་བདག་མེད་ལ་རྩེ་གཅིག་ཏུ་མཉམ་པར་གཞག་པའི་ཉན་ཐོས་ཀྱི་མཐོང་ལམ་བར་ཆད་མེད་ལམ་དང་། རྣམ་གྲོལ་ལམ་མེད་པར་ཐལ། དེ་འདྲའི་ཐེག་ཆེན་གྱི་དེ་གཉིས་མེད་པའི་ཕྱིར། ཁྱབ་པ་ཁས།

ཁོན་རེ། དེ་འདྲའི་ཐེག་ཆེན་གྱི་བར་ཆད་མེད་ལམ་ཡོད་པར་ཐལ། གང་ཟག་གི་བདག་འཛིན་གྱི་དངོས་གཉེན་དུ་གྱུར་པའི་ཐེག་ཆེན་གྱི་བར་ཆད་མེད་ལམ་ཡོད་པའི་ཕྱིར་ན། མ་ཁྱབ། རྟགས་དེར་ཐལ། དམན་ལམ་སྔོན་མ་སོང་གི་རྒྱུན་མཐའི་བར་ཆད་མེད་ལམ་དེ་དེའི་དངོས་གཉེན་ཡིན་པའི་ཕྱིར་ཏེ། དམན་ལམ་སྔོན་མ་སོང་གི་བྱང་ཆུབ་སེམས་དཔས་གང་ཟག་གི་བདག་འཛིན་དང་། ཆོས་ཀྱི་

69 講說見道之分類

第二、分類，有大乘見道根本智及後得智二者。

有云:「若是大乘見道根本智，不須是現前入法性定之根本智，因見道菩薩相續之一心入定於補特伽羅無我之根本智，乃大乘見道根本智故。」因不成，因彼是後得智故。周遍，因於有學道無根本後得同體故。若上述因不成，彼為有法，理應如是，因是以世俗為直接執式境的大乘見道故。

有云：「一心入定於補特伽羅無我之聲聞見道根本智，理應不是聲聞根本智，而可作為後得智，因前宗故。」不周遍，因此二不相同故。那麼，理應無一心入定於補特伽羅無我之聲聞見道無間道及解脫道，因沒有如此的大乘彼二者故。承許周遍。

有云：「理應有如此的大乘無間道，因有屬補特伽羅我執之正對治之大乘無間道故。」

不周遍。彼因理應如是，因未曾入劣道之最後流無間道是彼之正對治故，因未曾入劣道之菩薩同時斷補特伽羅我執及法我執二者故。於不周遍處理應不周遍，因若是於空性二現隱沒之有學之智，雖須不是具世俗之二現，然與一有學無間道直接斷除二我執無違

བདག་འཛིན་གཉིས་ཅིག་ཅར་དུ་སྤོང་བའི་ཕྱིར་ཟེར་ན། མ་ཁྱབ་མཚམས་སུ་མ་ཁྱབ་པར་ཐལ། སྟོང་ཉིད་ལ་གཉིས་སྣང་ནུབ་པའི་སློབ་པའི་མཁྱེན་པ་ཡིན་ན། ཀུན་རྫོབ་པའི་གཉིས་སྣང་ཅན་མ་ཡིན་དགོས་ཀྱང་བདག་འཛིན་གཉིས་སློབ་པའི་བར་ཆད་མེད་ལམ་གཅིག་གིས་དངོས་སུ་སྤོང་བ་ལ་འགལ་བ་མེད་པའི་ཕྱིར།

ཡང་ཁོན་རེ། བྱང་འཕགས་ཀྱི་རྒྱུད་ཀྱི་ཆོས་ཉིད་ལ་མཉམ་པར་གཞག་པའི་མཉམ་གཞག་ཡེ་ཤེས་ཡིན་ན། ཆོས་ཉིད་ལ་མངོན་སུམ་དུ་མཉམ་པར་གཞག་པའི་མཉམ་གཞག་ཡེ་ཤེས་ཡིན་དགོས་པར་ཐལ། བྱང་སེམས་ཀྱི་མཐོང་ལམ་རྗེས་ཐོབ་ཡེ་ཤེས་ཀྱི་སྐབས་སུ་ཆོས་ཉིད་ལ་མཉམ་པར་གཞག་པའི་མཉམ་གཞག་ཡེ་ཤེས་མེད་པའི་ཕྱིར་ཏེ། དེའི་སྐབས་སུ་མཐོང་ལམ་མཉམ་གཞག་ཡེ་ཤེས་མེད་པའི་ཕྱིར། རྟགས་ཁས། རྩ་བར་འདོད་ན། བྱང་སེམས་ཀྱི་རྒྱུད་ཀྱི་ཆོས་ཉིད་ལ་མཉམ་པར་གཞག་པའི་མཉམ་གཞག་ཡེ་ཤེས་ཡིན་ན། དེ་ལ་མངོན་སུམ་དུ་མཉམ་པར་གཞག་པའི་མཉམ་གཞག་ཡེ་ཤེས་ཡིན་དགོས་པར་ཐལ། འདོད་པའི་ཕྱིར། འདོད་ན། ཆོས་ཉིད་ལ་རྩེ་གཅིག་ཏུ་མཉམ་པར་གཞག་པའི་དམན་ལམ་སྔོན་མ་སོང་གི་ཐེག་ཆེན་གྱི་སྦྱོར་ལམ་མཉམ་གཞག་ཡེ་ཤེས་ཆོས་ཅན། དེར་ཐལ། དེའི་ཕྱིར། རྟགས་དེར་ཐལ། དེ་ཡོད་པའི་ཕྱིར་ཟེར།

ཁ་ཅིག དེ་མི་མཚུངས་ཏེ། བྱང་སེམས་འཕགས་པ་ཡིན་ན། སྟོང་ཉིད་མངོན་སུམ་དུ་རྟོགས་བཞིན་པ་དང་། རྟོགས་ཟིན་གང་རུང་ཡིན་དགོས། དམན་ལམ་སྔོན་མ་སོང་གི་བྱང་སེམས་སོ་སྐྱེ་ཡིན་ན། དེ་གཉིས་གང་ཡང་མ་ཡིན་དགོས་པའི་ཕྱིར། གཞན་ཡང་། དེ་གཉིས་མི་མཚུངས་པར་ཐལ། བྱ་རྫོགས་ཀྱི་སྐད་ཅིག་མའི་ཐུང་མཐའ་གཅིག་ལ། ཆོས་ཉིད་ལ་སྙོམས་པར་འཇུག་ལྡང་གཉིས་ཀ་ནུས་པའི་བྱང་སེམས་སོ་སྐྱེ་ཡོད། དེ་འདྲའི་བྱང་སེམས་ས་དྲུག་པ་བ་མན་ཆད་མེད་པར་བཤད་པ་དང་གནད་གཅིག་པའི་ཕྱིར། ཞེས་ཟེར་བས་ཐུར་སྐབས་དང་པོར་བཤད་པ་དང་གང་བདེ་བྱའོ། །

ཁ་ཅིག ཐེག་ཆེན་གྱི་མཐོང་ལམ་ལ་མཉམ་གཞག་ཡེ་ཤེས་དང་རྗེས་ཐོབ་ཡེ་ཤེས་གཉིས་སུ་མ་ངེས་ཏེ། ཐེག་ཆེན་གྱི་མཐོང་ལམ་བར་ཆད་མེད་ལམ་ལ་གནས་པའི་སེམས་དཔའི་རྒྱུད་ཀྱི་ཀུན་རྫོབ་སེམས་བསྐྱེད་དང་དེའི་རྒྱུད་ཀྱི་མི་རྟག་སོགས་བཅུ་དྲུག་མངོན་སུམ་དུ་རྟོགས་པའི་ཡེ་ཤེས་དེ། ཐེག་

故。

又有云：「若是菩薩聖者相續之入定於法性之根本智，理應須是現前入定於法性之根本智，因於菩薩見道後得智之時，無入定於法性之根本智故，因於彼時無見道根本智故。承許因。若許根本，則若是菩薩相續之入定於法性之根本智，理應須是現前入定於彼之根本智，因許故。若許，專一入定於法性之未曾入劣道之大乘加行道根本智為有法，理應如是，因如是故。彼因理應如是，因有彼故。」

有云：「彼不相同，因若是菩薩聖者，須是正現證空性及曾證隨一，而若是未曾入劣道之異生菩薩，須不是彼二隨一故。復次，彼二理應不相同，因有於一最短成事剎那，能入、出定於法性二者之異生菩薩，與說無如此的六地菩薩以下為同一扼要故。」與第一品所說看何者為善也。

有云：「大乘見道不決定為根本智及後得智二者，因住大乘見道無間道菩薩相續之世俗發心及彼相續之現證無常等十六行相之本智，是大乘見道，且非根本、後得隨一故。」不應理，因彼與「無

ཆེན་གྱི་མཐོང་ལམ་གང་ཞིག མཉམ་རྗེས་གང་ཡང་མ་ཡིན་པའི་ཕྱིར། ཞེས་སྨྲ་བ་མི་འཐད་དེ། དེ་ནི་ལྟ་བ་མེད་པ་དེ་མཐོང་བ་མ་ཡིན་པར་ཐལ། དེ་ལྟར་ན་བདག་གི་ལྟ་བ་འདིས་མི་མཐོང་བར་བྱས་པའི་ཕྱིར། ཞེས་སྨྲས་པ་དང་ཁྱད་པར་མེད་པའི་ཕྱིར། དེ་ལྟ་མ་ཡིན་ན། དེ་དག་ཆོས་ཅན། མཉམ་རྗེས་གང་རུང་ཡིན་པར་ཐལ། མཉམ་གཞག་གི་གནས་སྐབས་ཀྱི་ཡེ་ཤེས་དང་། རྗེས་ཐོབ་ཀྱི་གནས་སྐབས་ཀྱི་ཡེ་ཤེས་གང་རུང་ཡིན་པའི་ཕྱིར། རྟགས་ཁས།

གཞན་ཡང་། དེ་གཉིས་ཐེག་ཆེན་གྱི་མཐོང་ལམ་མཉམ་གཞག་ཡེ་ཤེས་དང་། རྗེས་ཐོབ་ཡེ་ཤེས་གང་རུང་ཡིན་པར་ཐལ། རང་གི་དམིགས་ཡུལ་ཀུན་རྫོབ་བདེན་པ་དངོས་ཡུལ་དུ་བྱེད་པ་དང་། དོན་དམ་བདེན་པ་དངོས་ཡུལ་དུ་བྱེད་པ་གང་རུང་གི་ཐེག་ཆེན་གྱི་མཐོང་ལམ་ཡིན་པའི་ཕྱིར། རྟགས་ཁས།

ཁ་ཅིག དེ་དག་ཐེག་ཆེན་གྱི་མཐོང་ལམ་རྗེས་ཐོབ་ཡེ་ཤེས་ཡིན་ཟེར་བ་མི་འཐད་དེ། ཐེག་ཆེན་གྱི་མཐོང་ལམ་བར་ཆད་མེད་ལམ་ལ་གནས་པའི་སེམས་དཔའ་དེ། མཐོང་ལམ་རྗེས་ཐོབ་ཡེ་ཤེས་ལ་གནས་པའི་སེམས་དཔའ་མ་ཡིན་པའི་ཕྱིར་ཏེ། དེ་ཐེག་ཆེན་གྱི་མཐོང་ལམ་མཉམ་གཞག་ཡེ་ཤེས་ལ་གནས་པའི་སེམས་དཔའ་ཡིན་པའི་ཕྱིར།

དེས་ན། ཆོས་ཉིད་ལ་གཉིས་སྣང་ནུབ་པའི་ཐེག་ཆེན་གྱི་བདེན་པ་མངོན་རྟོགས། ཐེག་ཆེན་གྱི་མཐོང་ལམ་མཉམ་གཞག་ཡེ་ཤེས་ཀྱི་མཚན་ཉིད། དེ་ལ་དབྱེ་ན། ཐེག་ཆེན་གྱི་མཐོང་ལམ་བར་ཆད་མེད་ལམ་དང་། ཐེག་ཆེན་གྱི་མཐོང་ལམ་རྣམ་གྲོལ་ལམ་གཉིས། སྟོང་ཉིད་ལ་གཉིས་སྣང་ནུབ་པའི་ཐེག་ཆེན་གྱི་བདེན་པ་མངོན་རྟོགས་གང་ཞིག མཐོང་སྤང་བདེན་འཛིན་གྱི་དངོས་གཉེན་བྱེད་པ་དེ། ཐེག་ཆེན་གྱི་མཐོང་ལམ་བར་ཆད་མེད་ལམ་གྱི་མཚན་ཉིད་ཡིན་ནོ། །

ཁོན་རེ། དེ་མི་འཐད་པར་ཐལ། མཐོང་སྤངས་བདེན་འཛིན་གྱི་རྒྱུར་གྱུར་པའི་ཐེག་ཆེན་གྱི་མཐོང་ལམ་བར་ཆད་མེད་ལམ་དེ། མཐོང་སྤངས་བདེན་འཛིན་གྱི་དངོས་གཉེན་མ་ཡིན་པའི་ཕྱིར་ཏེ། དེ་ལ་དངོས་སུ་ཕན་འདོགས་བྱེད་ཡིན་པའི་ཕྱིར་ཟེར་ན། འོ་ན། ཐེག་ཆེན་གྱི་མཐོང་ལམ་རྣམ་གྲོལ་ལམ་ཡིན་ན། མཐོང་སྤངས་བདེན་འཛིན་ལས་གྲོལ་བས་མ་ཁྱབ་པར་ཐལ། ཐེག་ཆེན་གྱི་མཐོང་ལམ་

頸癭理應不是美麗，因若如是，吾之頸癭為不莊嚴故」所說無差別故。若非如是，彼等為有法，理應是根本、後得隨一，因是根本之時的本智及後得位之時的本智隨一故。承許因。

又，彼二理應是大乘見道根本智及後得智隨一，因是以自所緣境世俗諦為直接境及以自所緣境勝義諦為直接境隨一之大乘見道故。承許因。

有云：「彼等是大乘見道後得智。」不應理，因住大乘見道無間道之菩薩，不是住見道後得智之菩薩故，因彼乃住大乘見道根本智之菩薩故。

總之，「於法性二現隱沒之大乘諦現觀」，是大乘見道根本智之性相。彼分為大乘見道無間道及大乘見道解脫道二者。「是於空性二現隱沒之大乘諦現觀，且作為見所斷諦實執之正對治」，是大乘見道無間道之性相。

有云：「彼理應不應理，因屬見所斷諦實執之因的大乘見道無間道，非見所斷諦實執之正對治故，因是直接能利益彼故。」那麼，若是大乘見道解脫道，理應不周遍從見所斷諦實執解脫，因若是大乘見道無間道，不須是見所斷諦實執之正對治故。承許因。不能許，

བར་ཆད་མེད་ལམ་ཡིན་ན། མཐོང་སྤངས་བདེན་འཛིན་གྱི་དངོས་གཉེན་ཡིན་མི་དགོས་པའི་ཕྱིར། རྟགས་ཁས། འདོད་མི་ནུས་ཏེ། ཐེག་ཆེན་གྱི་མཐོང་ལམ་རྣམ་གྲོལ་ལམ་ལ་གནས་པའི་སེམས་དཔའི་རྒྱུད་ཀྱི་འགོག་བདེན་ཡིན་ན། མཐོང་སྤངས་བདེན་འཛིན་སྤངས་པའི་འགོག་བདེན་ཡིན་དགོས་པའི་ཕྱིར་ཏེ། གློ་བུར་རྣམ་དག་གི་ཆར་གྱུར་པའི་ངོ་བོ་ཉིད་སྐུ་ཡིན་ན། ཤེས་སྒྲིབ་སྤངས་པའི་སྤངས་པ་ཡིན་དགོས་པའི་ཕྱིར།

རང་ལུགས། སྟོང་ཉིད་ལ་གཉིས་སྣང་ནུབ་པའི་ཐེག་ཆེན་གྱི་བདེན་པ་མངོན་རྟོགས་གང་ཞིག མཐོང་སྤངས་བདེན་འཛིན་ལས་གྲོལ་བ། ཐེག་ཆེན་གྱི་མཐོང་ལམ་རྣམ་གྲོལ་ལམ་གྱི་མཚན་ཉིད།

ཁ་ཅིག དེ་གང་ཞིག མཐོང་སྤངས་བདེན་འཛིན་ལས་དངོས་སུ་གྲོལ་བ། ཐེག་ཆེན་གྱི་མཐོང་ལམ་རྣམ་གྲོལ་ལམ་གྱི་མཚན་ཉིད་ཟེར་བ་མི་འཐད་པར་ཐལ། ཐེག་ཆེན་གྱི་མཐོང་ལམ་རྣམ་གྲོལ་ལམ་སྐད་ཅིག་གཉིས་པ་དེ། མཐོང་སྤངས་བདེན་འཛིན་ལས་དངོས་སུ་གྲོལ་བ་མ་ཡིན་པའི་ཕྱིར། རྟགས་གྲུབ་སྟེ། ཐེག་ཆེན་གྱི་མཐོང་ལམ་བར་ཆད་མེད་ལམ་གྱི་དངོས་འབྲས་སུ་གྱུར་པའི་ཐེག་ཆེན་གྱི་མཐོང་ལམ་རྣམ་གྲོལ་ལམ་སྐད་ཅིག་གཉིས་པ་མེད་པའི་ཕྱིར་ཏེ། དེ་ཡོད་ན་དེའི་དངོས་འབྲས་སུ་གྱུར་པའི་ཐེག་ཆེན་གྱི་མཐོང་ལམ་རྣམ་གྲོལ་ལམ་སྐད་ཅིག་སྔ་ཕྱི་དུས་མཉམ་པར་འབྱེད་དགོས་པའི་ཕྱིར།

ཁ་ཅིག དེ་གཉིས་གང་རུང་མ་ཡིན་པའི་ཐེག་ཆེན་གྱི་མཐོང་ལམ་མཉམ་གཞག་ཡེ་ཤེས་བཞག་ཏུ་ཡོད་དེ། ཐེག་ཆེན་གྱི་མཐོང་ལམ་རྗེས་ཐོབ་ཡེ་ཤེས་ཀྱི་རྗེས་སུ་སྟོང་ཉིད་ལ་རྩེ་གཅིག་ཏུ་མཉམ་པར་གཞག་པའི་ཐེག་ཆེན་གྱི་མཐོང་ལམ་མཉམ་གཞག་ཡེ་ཤེས་ཞིག་ཡོད་པའི་ཕྱིར་ཏེ། ས་དང་པོའི་བར་ཆད་མེད་ལམ་དང་། རྣམ་གྲོལ་ལམ་གཉིས་ལས་ལངས་པའི་རྗེས་ཐོབ་ཡེ་ཤེས་ཀྱི་རྗེས་སུ་སྟོང་ཉིད་ལ་རྩེ་གཅིག་ཏུ་མཉམ་པར་བཞག་པའི་ས་དང་པོའི་མཉམ་གཞག་ཡེ་ཤེས་ཞིག་ཡོད་པའི་ཕྱིར་ཟེར་ན། མ་ཁྱབ་སྟེ། ས་དང་པོ་ནས་གཉིས་པར་འཕོ་བའི་ཚེ་མཉམ་གཞག་ནས་མཉམ་གཞག་ཏུ་འཕོ་ཡང་ཐེག་པ་ཆེན་པོའི་མཐོང་ལམ་ནས་ཐེག་ཆེན་སྒོམ་ལམ་དུ་འཕོ་བའི་ཚེ་རྗེས་ཐོབ་ནས་མཉམ་གཞག་ཏུ་འཕོ་བའི་ཕྱིར། དེར་ཐལ། ས་དང་པོས་བསྡུས་པའི་ཐེག་ཆེན་གྱི་སྒོམ་ལམ་ཡོད་པའི་ཕྱིར་ཏེ། འགྲེལ་ཆེན་

因若是住大乘見道解脫道之菩薩相續的滅諦，須是已斷見所斷諦實執之滅諦故，因若是屬客塵清淨分之自性身，須是已斷所知障之斷故。

自宗：「是於空性二現隱沒之大乘諦現觀，且從見所斷諦實執解脫」，是大乘見道解脫道之性相。

有云：「是彼，且從見所斷諦實執直接解脫，是大乘見道解脫道之性相。」理應不應理，因大乘見道解脫道第二剎那，非從見所斷諦實執直接解脫故。因成立，因無屬大乘見道無間道之直接果的大乘見道解脫道第二剎那故，因若有彼，屬彼之直接果的大乘見道解脫道前後剎那須同時故。

有云：「可安立非彼二隨一之大乘見道根本智，因有一大乘見道後得智之後，於空性一心入定之大乘見道根本智故，因有自初地之無間道及解脫道二者起之後得智之後，於空性一心入定之初地根本智故。」不周遍，因自初地轉移至二地時，雖從根本定轉移至根本定，然自大乘見道轉移至大乘修道時，從後得轉移至根本故。理應如是，因有初地所攝之大乘修道故，因《莊嚴光明釋》云：「諸諦之現觀即一故，是故初地之第一剎那乃見道，除此，第二剎那等乃至由名如金剛之無間道。」故。

ལས་བདེན་པ་རྣམས་ཀྱི་མངོན་པར་རྟོགས་པ་ནི་གཅིག་པའི་ཕྱིར། དེ་བས་ན་ས་དང་པོའི་སྐད་ཅིག་མ་དང་པོ་ནི། མཐོང་བའི་ལམ་ཡིན་ནོ། དེ་ལས་གཞན་པ་སྐད་ཅིག་མ་གཉིས་པ་ལ་སོགས་པ་ནས་རྡོ་རྗེ་ལྟ་བུར་བརྗོད་པ། ཞེས་གསུངས་པའི་ཕྱིར།

ཁ་ཅིག ཐེག་ཆེན་གྱི་མཐོང་ལམ་རྗེས་ཐོབ་ཡེ་ཤེས་ཀྱིས་བསྡུས་པའི་མངོན་སུམ་མེད་ཟེར་བ་མི་འཐད་དེ། གང་ཟག་གི་བདག་མེད་མངོན་སུམ་དུ་རྟོགས་པའི་ཐེག་ཆེན་གྱི་མཐོང་ལམ་རྗེས་ཐོབ་ཡེ་ཤེས་ཡོད་པའི་ཕྱིར་དང་། གཟུགས་སྒྱུ་མ་ལྟ་བུར་གསལ་བར་སྣང་བའི་ཐེག་ཆེན་མཐོང་ལམ་རྗེས་ཐོབ་ཡེ་ཤེས་ཡོད་པའི་ཕྱིར།

རོང་ཊཻ་ཀ་པ་ན་རེ། ཐེག་ཆེན་གྱི་མཐོང་ལམ་རྗེས་ཐོབ་ཡེ་ཤེས་མེད་ཟེར་བ་མི་འཐད་དེ། རྗེས་ཐོབ་ལུས་ངག་གི་ཐ་སྙད་ཁྱད་པར་ཅན་དང་ལྡན་པའི་བྱང་སེམས་མཐོང་ལམ་པ་ཡོད་པའི་ཕྱིར་ཏེ། ཕྱིར་མི་ལྡོག་པའི་རྟགས་ཐོབ་པའི་བྱང་སེམས་མཐོང་ལམ་པ་ཡོད་པའི་ཕྱིར།

有云：「無大乘見道後得智所攝之現前。」彼不應理，因有現證補特伽羅無我之大乘見道後得智，以及有清楚顯現色法如幻之大乘見道後得智故。

榮澤巴云：「無大乘見道後得智。」不應理，因有具後得位殊勝身語名言之見道位菩薩故，因有獲得不退轉相之見道位菩薩故。

མཐོང་ལམ་གྱི་མཐའ་དཔྱད་པ།

གསུམ་པ་མཐའ་དཔྱད་པ་ལ། ཤེས་བཟོད་སྐད་ཅིག་མ་བཅུ་དྲུག་གི་སྐྱེ་ཚུལ་ལ་དཔྱད་པ་དང་། འདའ་བྱེད་ཀྱི་མཐོང་ལམ་དང་འདའ་བྱའི་མཐོང་ལམ་སྐྱེ་ཚུལ་གྱི་རིམ་པ་ལ་དཔྱད་པ། བྱེ་བྲག་ཏུ་ཐེག་ཆེན་མཐོང་ལམ་བར་ཆད་མེད་ལམ་ལ་གནས་པའི་སེམས་དཔའི་རྒྱུད་ལ་ཀུན་རྫོབ་སེམས་བསྐྱེད་ཡོད་མེད་ལ་དཔྱད་པ་དང་གསུམ་མོ།

དང་པོ་ལ། ཁ་ཅིག ཐེག་ཆེན་གྱི་མཐོང་ལམ་ཤེས་བཟོད་སྐད་ཅིག་མ་བཅུ་དྲུག་ཅིག་ཅར་དུ་སྐྱེ་བ་ཡིན་ཏེ། འགྲེལ་ཆེན་ལས། དགོངས་པ་འདི་ཉིད་ཀྱིས་ན་རིགས་པའི་སྟོབས་ཀྱིས། མཐོང་བའི་ལམ་གྱི་མངོན་པར་རྟོགས་པ་སྐད་ཅིག་མ་གཅིག་ཡིན་ཡང་མངོན་པར་རྟོགས་པ་སྐད་ཅིག་མ་བཅུ་དྲུག་ཉིད་དུ་བཤད་པ་ཡིན་ནོ། །ཞེས་གསུངས་པའི་ཕྱིར་ཟེར་ན། མི་འཐད་དེ། ཐེག་ཆེན་གྱི་མཐོང་ལམ་བཟོད་པ་བརྒྱད་དང་། ཤེས་པ་བརྒྱད་ཅིག་ཅར་དུ་མི་སྐྱེ་བའི་ཕྱིར་ཏེ། ཐེག་ཆེན་གྱི་མཐོང་ལམ་བར་ཆད་མེད་ལམ་དང་རྣམ་གྲོལ་ལམ་གཉིས་ཅིག་ཅར་དུ་མི་སྐྱེ་བའི་ཕྱིར། འགྲེལ་ཆེན་གྱི་གསུང་དང་མི་འགལ་ཏེ། དེ་ནི་ཆོས་ཉིད་ལ་རྩེ་གཅིག་ཏུ་མཉམ་པར་གཞག་པའི་མཉམ་གཞག་ཐུན་གཅིག་ཡིན་ཞེས་པའི་དོན་ཡིན་པའི་ཕྱིར།

གཞན་ཡང་། དེ་བཅུ་དྲུག་ཅིག་ཅར་དུ་མི་སྐྱེ་བར་ཐལ། དེ་བཅུ་དྲུག་རིམ་ཅན་དུ་སྐྱེ་བའི་ཕྱིར་ཏེ། ཐེག་ཆེན་གྱི་མཐོང་ལམ་བཟོད་པ་བརྒྱད་དང་། ཤེས་པ་བརྒྱད་རིམ་ཅན་དུ་སྐྱེ་བའི་ཕྱིར་ཏེ། བཟོད་པ་བརྒྱད་དེ་ཤེས་པ་བརྒྱད་ཀྱི་རྒྱུ་ཡིན་པའི་ཕྱིར་ཏེ། ཐེག་ཆེན་གྱི་མཐོང་ལམ་བར་ཆད་མེད་ལམ་ཐེག་ཆེན་གྱི་མཐོང་ལམ་རྣམ་གྲོལ་ལམ་གྱི་རྒྱུ་ཡིན་པའི་ཕྱིར།

གཞན་ཡང་། ཐེག་ཆེན་གྱི་མཐོང་ལམ་ཤེས་བཟོད་སྐད་ཅིག་མ་བཅུ་དྲུག་ཅིག་ཅར་དུ་མི་སྐྱེ་སྟེ། ཐེག་ཆེན་གྱི་མཐོང་ལམ་སྡུག་བསྔལ་ཆོས་བཟོད་དང་ཆོས་ཤེས་གཉིས་ཅིག་ཅར་དུ་མི་སྐྱེ་བའི་ཕྱིར།

ཁ་ཅིག དེ་བཅུ་དྲུག་རིམ་ཅན་དུ་མི་སྐྱེ་སྟེ། བཟོད་པ་བརྒྱད་རིམ་ཅན་དུ་མི་སྐྱེ། ཤེས་པ་བརྒྱད་ཀྱང་རིམ་ཅན་དུ་མི་སྐྱེ་བའི་ཕྱིར་ཞེས་ཟེར། འོ་ན་དེ་བཅུ་དྲུག་རྫས་གཅིག་མ་ཡིན་པར་ཐལ། སྡུག་

70 見道之辨析

第三、辨析有三：觀察忍智十六剎那出生之理、觀察能越見道及所越見道出生之理的次第、特別觀察住大乘見道無間道之菩薩相續中有無世俗發心。

初者，有云：「大乘見道忍智十六剎那同時生起，因《莊嚴光明釋》云：『以此意趣，故以正理勢力，雖見道現觀一剎那，然宣說為現觀十六剎那。』故。」不應理，因大乘見道八忍及八智不同時出生故，因大乘見道無間道與解脫道二者不同時出生故。然與《莊嚴光明釋》所說不相違，因彼乃「是一座一心入定於法性之根本定」之義故。

復次，彼十六理應不同時生起，因彼十六次第生起故，因大乘見道八忍與八智次第出生故，因八忍是八智之因故，因大乘見道無間道是大乘見道解脫道之因故。

復次，大乘見道忍智十六剎那不同時生起，因大乘見道苦法忍與法智二者不同時出生故。

有云：「彼十六不次第生起，因八忍不次第生起八智亦不次第生起故。」那麼，彼十六理應非同質，因苦法忍及法智非同質故。

བསྡུལ་ཆོས་བཟོད་དང་ཆོས་ཤེས་རྣམ་གཅིག་མ་ཡིན་པའི་ཕྱིར། འདོད་ན་སོང་། དེ་བཅུ་དྲུག་རྣམ་ཐ་དད་མ་ཡིན་པར་ཐལ། བཟོད་པ་བརྒྱད་རྣམ་ཐ་དད་མ་ཡིན། ཤེས་པ་བརྒྱད་ཀྱང་རྣམ་ཐ་དད་མ་ཡིན་པའི་ཕྱིར། ཁྱབ་པ་ཁས། འདོད་ན། དེ་བཅུ་དྲུག་རྣམ་སུ་མ་གྲུབ་པར་ཐལ། དེ་བཅུ་དྲུག་རྣམ་གཅིག་དང་རྣམ་ཐ་དད་གང་རུང་མ་ཡིན་པའི་ཕྱིར།

གཞན་ཡང་། དེ་བཅུ་དྲུག་དོན་བྱེད་ནུས་པ་མ་ཡིན་པར་ཐལ། རིམ་ཅན་དུ་དོན་བྱེད་ནུས་པ་དང་ཅིག་ཅར་དུ་དོན་བྱེད་ནུས་པ་གང་རུང་མ་ཡིན་པའི་ཕྱིར། རྟགས་ཁས།

ཁ་ཅིག ཐེག་ཆེན་གྱི་མཐོང་ལམ་སྡུག་བསྔལ་ཆོས་བཟོད་དེས། བདེན་བཞིའི་ཆོས་ཉིད་མངོན་སུམ་དུ་རྟོགས་པའི་ཆ་ནས། དེ་ཐེག་ཆེན་གྱི་མཐོང་ལམ་ཆོས་བཟོད་བཞིར་བཞག དེས་ཆོས་བཟོད་བཞིའི་ཆོས་ཉིད་མངོན་སུམ་དུ་རྟོགས་པའི་ཆ་ནས། དེ་རྗེས་བཟོད་བཞིར་བཞག དེ་བཞིན་དུ་ཤེས་པ་བརྒྱད་ལའང་རིགས་འགྲེ་ཟེར། འོ་ན། བདེན་བཞིའི་ཆོས་ཉིད་མངོན་སུམ་དུ་རྟོགས་པའི་ཡེ་ཤེས་ཡིན་ན། ཐེག་ཆེན་གྱི་མཐོང་ལམ་ཆོས་བཟོད་བཞི་ག་ཡིན་དགོས་པར་ཐལ། དམ་བཅའ་དེའི་ཕྱིར།

རང་ལུགས་ལ། ཐེག་ཆེན་གྱི་མཐོང་ལམ་སྡུག་བསྔལ་ཆོས་བཟོད་དེས། བདེན་བཞིའི་ཆོས་ཉིད་མངོན་སུམ་དུ་རྟོགས་ཤིང་། མཐོང་སྤང་བདེན་འཛིན་གྱི་དངོས་གཉེན་བྱེད་པའི་ཆ་ནས། ཆོས་བཟོད་བཞིར་བཞག དེས་ཆོས་བཟོད་བཞིའི་ཆོས་ཉིད་མངོན་སུམ་དུ་རྟོགས་ཤིང་། མཐོང་སྤང་བདེན་འཛིན་གྱི་དངོས་གཉེན་བྱེད་པའི་ཆ་ནས། རྗེས་བཟོད་བཞིར་བཞག ཐེག་ཆེན་མཐོང་ལམ་སྡུག་བསྔལ་ཆོས་ཤེས་དེས། བདེན་བཞིའི་ཆོས་ཉིད་མངོན་སུམ་དུ་རྟོགས་ཤིང་། མཐོང་སྤང་བདེན་འཛིན་ལས་དངོས་སུ་གྲོལ་བའི་ལམ་ཡིན་པའི་ཆ་ནས། ཆོས་ཤེས་བཞིར་བཞག དེས་ཆོས་ཤེས་བཞིའི་ཆོས་ཉིད་མངོན་སུམ་དུ་རྟོགས་ཤིང་། མཐོང་སྤང་བདེན་འཛིན་ལས་དངོས་སུ་གྲོལ་བའི་ལམ་ཡིན་པའི་ཆ་ནས། རྗེས་ཤེས་བཞིར་བཞག་པ་ཡིན་ནོ། །

ཁོ་ན་རེ། དེ་མི་འཐད་པར་ཐལ། ཐེག་ཆེན་གྱི་མཐོང་ལམ་སྡུག་བསྔལ་ཆོས་བཟོད་དེས། ཆོས་བཟོད་བཞི་མངོན་སུམ་དུ་རྟོགས་ཤིང་། རང་གི་ངོ་སྐལ་གྱི་སྤང་བྱ་མཐོང་སྤངས་བདེན་འཛིན་དངོས་

若許則成相違。彼十六理應非異質，因八忍非異質，八智亦非異質故。承許周遍。若許，彼十六理應質不成立，因彼十六非同質及異質隨一故。

復次，彼十六理應不是具有作用者，因非次第具有作用者與同時具有作用者隨一故。承許因。

有云：「以大乘見道苦法忍現證四諦法性之分而安立彼為大乘見道四法忍，以彼現證四法忍之法性之分而安立彼為四類忍，同樣地，八智亦是如此類推。」那麼，若是現證四諦法性之本智理應須是大乘見道法忍四者，因彼宗故。

自宗：以大乘見道苦法忍現證四諦法性且作為見所斷諦實執之正對治之分，安立四法忍；以彼現證四法忍法性且作為見所斷諦實執之正對治之分，安立四類忍。以大乘見道苦法智現證四諦法性且是從見所斷諦實執直接解脫之道之分，安立四法智；以彼現證四法智法性且是從見所斷諦實執直接解脫之道之分，安立四類智。

有云：「彼理應不應理，因以大乘見道苦法忍現證四法忍，且是直接斷除自所應斷見所斷諦實執之道之分安立四類忍故，因《心

སུ་སྦྱོང་བའི་ལམ་ཡིན་པའི་ཆ་ནས། དེ་རྗེས་བཟོད་བཞིར་བཞག་པ་ཡིན་པའི་ཕྱིར་ཏེ། རྣམ་བཤད་ལས། བདེན་བཞིའི་ཆོས་ཉིད་ཀྱི་ཡུལ་ཅན་ལྡོག་པས་ཕྱེ་བ་བཞི་རྟོགས་པའི་ཆ་ནས་རྗེས་བཟོད་བཞི་སྟེ། ཞེས་གསུངས་པའི་ཕྱིར་ན། མ་ཁྱབ་སྟེ། ཐེག་ཆེན་གྱི་མཐོང་ལམ་སྡུག་བསྔལ་ཆོས་བཟོད་དེས། བདེན་བཞིའི་ཆོས་ཉིད་རྟོགས་པའི་སྒོ་ནས་དེའི་ཡུལ་ཅན་རྟོགས་པར་བཏགས་ནས་འཇོག་པའི་ཕྱིར་ཏེ། རྣམ་བཤད་ལས། བདེན་བཞིའི་ཆོས་ཉིད་རྟོགས་པ་ལ་ལྟོས་ནས་དེའི་ཡུལ་ཅན་རྟོགས་པར་འཇོག་པ་ཡིན་ནོ། །ཞེས་གསུངས་པའི་ཕྱིར།

ཡང་ཁོན་རེ། ཐེག་ཆེན་གྱི་མཐོང་ལམ་སྡུག་བསྔལ་ཆོས་བཟོད་ཀྱིས་ཁོ་རང་རྟོགས་པར་ཐལ། འགྲེལ་ཆེན་ལས། ཆོས་ཤེས་པའི་བཟོད་པ་དང་། ཆོས་ཤེས་པས་ནི་གཟུང་བ་རྟོགས་ལ། རྗེས་སུ་ཤེས་པའི་བཟོད་པ་དང་། རྗེས་སུ་ཤེས་པས་ནི་འཛིན་པ་རྟོགས་སོ། །ཞེས་གསུངས་པའི་ཕྱིར་ན་ཡང་། མ་ཁྱབ་སྟེ། ལུང་དོན་སྔར་བཞིན་ཡིན་པའི་ཕྱིར།

ཡང་ཁོན་རེ། ཐེག་ཆེན་གྱི་མཐོང་ལམ་སྡུག་བསྔལ་ཆོས་ཤེས་ཀྱིས་ཁོ་རང་རྟོགས་པར་ཐལ། དེས་བྱང་ཆུབ་སེམས་དཔའི་ལམ་རྟོགས་པའི་ཕྱིར། དེར་ཐལ། དེས་བྱང་ཆུབ་སེམས་དཔའི་ལམ་ཤེས་པའི་ཕྱིར། དེར་ཐལ། དེ་བྱང་ཆུབ་སེམས་དཔའི་ལམ་ཤེས་པའི་ལམ་ཤེས་ལམ་ཤེས་ཡིན་པའི་ཕྱིར་ན། མ་ཁྱབ་སྟེ། འོ་ན། བྱང་ཆུབ་སེམས་དཔའི་ལམ་ཤེས་པ་དང་། ལམ་ཤེས་ཀྱི་གཞི་མཐུན་ཡིན་ན། བྱང་ཆུབ་སེམས་དཔའི་ལམ་ཤེས་པའི་ལམ་ཤེས་ཡིན་དགོས་པར་ཐལ། ཚུར་ལ་དེ་ལྟར་དགོས་པའི་ཕྱིར། རྟགས་ཁས། འདོད་མི་ནུས་ཏེ། གང་ཟག་གི་བདག་མེད་མངོན་སུམ་དུ་རྟོགས་པའི་རྣམ་མཁྱེན་གྱིས་མ་ངེས་པའི་ཕྱིར།

གཞན་ཡང་། ལམ་ཤེས་ཡིན་ན། ལམ་ཤེས་པས་མ་ཁྱབ་པར་ཐལ། གཞི་ཤེས་ཡིན་ན་གཞི་ཤེས་པས་མ་ཁྱབ་པའི་ཕྱིར་ཏེ། ཉན་ཐོས་ཀྱི་མཐོང་ལམ་བར་ཆད་མེད་ལམ་གྱིས་གཞི་མ་ཤེས་པའི་ཕྱིར་ཏེ། དེས་ཤེས་བྱ་མ་རྟོགས་པའི་ཕྱིར།

གཞན་ཡང་སློབ་ལམ་ན་བློ་གཅིག་གིས་བདེན་གཉིས་དུས་ཅིག་ཅར་དུ་མངོན་སུམ་དུ་རྟོགས་པ་ཡོད་པར་ཐལ། ཐེག་ཆེན་གྱི་མཐོང་ལམ་སྡུག་བསྔལ་ཆོས་བཟོད་དེས། ཁོ་རང་དང་ཁོ་རང་གི་ཆོས་

要莊嚴疏》云：『以通達由返體所分四種四諦法性之有境之分而為四類忍。[67]』故。」不周遍，因以大乘見道苦法忍證悟四諦法性之門，而假立〔其〕通達彼之有境而安立故，因《心要莊嚴疏》云：「觀待證悟四諦法性，而安立證悟其有境。[68]」故。

又有云：「大乘見道苦法忍理應通達他自己，因《莊嚴光明釋》云：『法忍及法智乃通達所取，類忍及類智乃通達能取。』故。」雖如是說，然不周遍，因引文之義如前故。

又有云：「大乘見道苦法智理應通達他自己，因彼通達菩薩道故。理應如是，因彼了知菩薩道故，理應如是，因彼是了知菩薩道之道相智故。」不周遍。那麼，若是了知菩薩道與道相智之同位，理應須是了知菩薩道之道相智，因反之須如是故。承許因，不能許，因現前通達補特伽羅無我之一切相智不定故。

又，若是道相智，理應不周遍了知道，因若是基智不周遍了知基故，因聲聞見道無間道不了知基故，因彼未通達所知故。

又，於有學道理應有一覺知同時現前通達二諦，因大乘見道苦法忍同時現前通達他自己與他自己的法性故，因彼皆現前通達此二

ཉིད་གཉིས་དུས་ཅིག་ཅར་དུ་མངོན་སུམ་དུ་རྟོགས་པའི་ཕྱིར་ཏེ། དེས་དེ་གཉིས་ཀ་མངོན་སུམ་དུ་རྟོགས་པ་གང་ཞིག སྔ་ཕྱི་རིམ་ཅན་དུ་མ་རྟོགས་པའི་ཕྱིར། དང་པོ་དེར་ཐལ། དེས་ཤེས་རང་མངོན་སུམ་དུ་རྟོགས་པ་གང་ཞིག ཤེས་རང་གི་ཆོས་ཉིད་མངོན་སུམ་དུ་རྟོགས་པའི་ཕྱིར། དང་པོ་དེར་ཐལ། དེས་ཤེས་རང་རྟོགས་པ་གང་ཞིག དེས་ཤེས་རང་དོན་སྤྱིའི་ཚུལ་གྱིས་མ་རྟོགས་པའི་ཕྱིར། དང་པོ་ཁས།

གཞན་ཡང་། ཐེག་ཆེན་གྱི་མཐོང་ལམ་མཉམ་གཞག་གི་གནས་སྐབས་སུ་གཉིས་སྣང་ནུབ་པའི་མཁྱེན་པ་མེད་པར་ཐལ། ཐེག་ཆེན་གྱི་མཐོང་ལམ་སྡུག་བསྔལ་ཆོས་བཟོད་དེ། གཉིས་སྣང་ནུབ་པའི་མཁྱེན་པ་མ་ཡིན་པའི་ཕྱིར། དེར་ཐལ། དེས་ཤེས་རང་དངོས་སུ་རྟོགས་པའི་ཕྱིར་ཏེ། དེས་ཤེས་རང་རྟོགས་པ་གང་ཞིག དེས་ཤེས་རང་ཤུགས་ལ་མ་རྟོགས་པའི་ཕྱིར། དང་པོ་ཁས། ཕྱི་མ་མ་གྲུབ་ན། དེས་ཤེས་རང་གི་ཆོས་ཉིད་དངོས་སུ་རྟོགས་པའི་ཤུགས་ལ་ཤེས་རང་རྟོགས་པར་ཐལ། མ་གྲུབ་པ་དེའི་ཕྱིར། འདོད་ན་སྨྱུ་གུ་བདེན་མེད་དུ་རྟོགས་པའི་བྱང་འཕགས་ཀྱི་རྒྱུད་ཀྱི་རྗེས་དཔག་དེས། སྨྱུ་གུ་བདེན་མེད་དུ་དངོས་སུ་རྟོགས་པའི་ཤུགས་ལ་ཤེས་རང་རྟོགས་པར་ཐལ། འདོད་པའི་ཕྱིར། འདོད་ན། སྨྱུ་གུ་བདེན་མེད་ཅེས་བརྗོད་པའི་སྒྲས། སྨྱུ་གུ་བདེན་མེད་དུ་རྟོགས་པའི་རྗེས་དཔག་ཤུགས་ལ་འཕེན་པར་ཐལ། འདོད་པའི་ཕྱིར། འདོད་ན། སྨྱུ་གུ་བདེན་མེད་ཆོས་ཅན། མ་ཡིན་དགག་ཡིན་པར་ཐལ། རང་ཞེས་བརྗོད་པའི་སྒྲས་རང་གི་དགག་བྱ་བཀག་ཤུལ་དུ་ཆོས་གཞན་སྒྲུབ་པ་འཕེན་པའི་ཕྱིར། རྟགས་ཁས།

གཞན་ཡང་། ཐེག་ཆེན་གྱི་མཐོང་ལམ་སྡུག་བསྔལ་ཆོས་བཟོད་དེ། ཤེས་རང་གི་འཛིན་སྟངས་ཀྱི་ཡུལ་ཡིན་པར་ཐལ། དེ་ཤེས་རང་གི་འཇུག་ཡུལ་ཡིན་པའི་ཕྱིར་ཏེ། དེ་ཤེས་རང་གི་གཞལ་བྱ་ཡིན་པའི་ཕྱིར། རྩ་བར་འདོད་ན། དེ་ཆོས་ཅན། ཐ་སྙད་དཔྱོད་བྱེད་ཀྱི་ཚད་མར་ཐལ། རང་གི་འཛིན་སྟངས་ཀྱི་ཡུལ་དུ་གྱུར་པའི་ཀུན་རྫོབ་བདེན་པ་ལ་ཚད་མ་ཡིན་པའི་ཕྱིར། འདོད་ན། ཐ་སྙད་དཔྱོད་བྱེད་ཀྱི་ཚད་མ་ཡིན་ན། དོན་དམ་དཔྱོད་བྱེད་ཀྱི་ཚད་མ་ཡིན་དགོས་པར་ཐལ་ལོ། །

ཡང་ཁོན་རེ། སློབ་ལམ་ན་བདེན་གཉིས་དུས་ཅིག་ཅར་དུ་མངོན་སུམ་དུ་རྟོགས་པའི་བློ་ཡོད་པར་ཐལ། དེ་ལྟར་མངོན་སུམ་དུ་རྟོགས་པའི་གང་ཟག་ཡོད་པའི་ཕྱིར་ན་མ་ཁྱབ། རྟགས་དེར་ཐལ། ཐེག་ཆེན་གྱི་མཐོང་ལམ་སྡུག་བསྔལ་ཆོས་བཟོད་ལ་གནས་པའི་སེམས་དཔའ་དེ་དེ་ཡིན་པའི་ཕྱིར། དེར་

者且非前後次第通達故。初者理應如是，因彼現證他自己且現前通達他自己之法性故。初者理應如是，因彼通達他自己，且彼非以義總方式通達他自己故。承許初者。

復次，大乘見道根本定時理應無二現隱沒之智，因大乘見道苦法忍非二現隱沒之智故。理應如是，因彼直接通達他自己故，因彼通達他自己，且彼不間接通達他自己故。承許初者，若後者不成，彼直接通達他自己之法性理應間接通達他自己，因前之不成故。若許，通達苗芽無諦實之菩薩聖者相續之比度，直接通達苗芽無諦實理應間接通達他自己，因許故。若許，說苗芽無諦實之聲，理應間接引出通達苗芽無諦實之比度，因許故。若許，苗芽無諦實為有法，理應是非遮，因說自之聲遮自所斷時，引出餘成立法故。承許因。

復次，大乘見道苦法忍理應是他自己之執式境，因彼是他自己之趣入境故，因彼為他自己之所量故。若承許根本，彼為有法，理應是能觀察名言之量，因於屬自之執式境之世俗諦是量故。若許，則成若是能觀察名言之量，須是能觀察勝義之量。

又有云：「於有學道理應有同時現前通達二諦之覺知，因有如是現前通達之補特伽羅故。」不周遍。「彼因理應如是，因住大乘見道苦法忍之菩薩是彼故。理應如是，因彼之相續之見道苦法忍通

ཐལ། དེའི་རྒྱུད་ཀྱི་མཐོང་ལམ་སྡུག་བསྔལ་ཆོས་བཟོད་ཀྱིས་སྟོང་ཉིད་རྟོགས་པ་དང་དེའི་རྒྱུད་ཀྱི་མཐོང་ལམ་དེ་སྐྱོང་བྱེད་ཀྱི་རང་རིག་གིས་མཐོང་ལམ་དེ་མངོན་སུམ་དུ་རྟོགས་པ་དུས་མཉམ་དུ་ཡོད་པའི་ཕྱིར་ཞེས་ཟེར།

ཁོ་ན་རེ། ཉན་ཐོས་ཀྱི་མཐོང་ལམ་བཟོད་པ་བརྒྱད་དོན་གཅིག་ཅིང་ཅིག་ཅར་དུ་སྐྱེ་བ་དང་། ཤེས་པ་བརྒྱད་དོན་གཅིག་ཅིང་ཅིག་ཅར་དུ་སྐྱེ་བར་ཐལ། ཐེག་ཆེན་ལ་དེའི་ཕྱིར། རྟགས་ཁས། འདོད་མི་ནུས་ཏེ། ཀུན་བཏུས་ལས། རྒྱུན་དུ་ཞུགས་པའི་འབྲས་བུ་ལ་ཞུགས་པ་གང་ཞེ་ན། གང་ངེས་པར་འབྱེད་པའི་ཆ་དང་མཐུན་པ་སྔོན་གཅིག་པ་ནས་བཟུང་སྟེ་མཐོང་བའི་ལམ་གྱི་སེམས་ཀྱི་སྐད་ཅིག་མ་བཅོ་ལྔ་ལ་གནས་པའི་གང་ཟག་གོ །ཞེས་པ་སྨྲ་ཧི་བཞིན་དུ་ཁས་བླངས་དུ་རུང་བའི་ཕྱིར་ཞེ་ན། མ་གྲུབ་སྟེ། སྐབས་དང་པོར་བརྗོད་ཟིན་པའི་ཕྱིར།

གཞན་ཡང་། ཐེག་ཆེན་དུ་མ་ཟད་ཉན་ཐོས་ཀྱི་མཐོང་ལམ་སྐྱེ་ཚུལ་དེ་ལྟར་འཐད་པར་ཐལ། ཉན་ཐོས་ཀྱི་མཐོང་ལམ་སྡུག་བསྔལ་ཆོས་བཟོད་དེས་ཁམས་གསུམ་ཀའི་མཐོང་སྤང་ཉོན་མོངས་ཀྱི་དངོས་གཉེན་བྱེད་པའི་ཕྱིར།

達空性，及彼之相續之能領納彼見道的自證分現前通達彼見道同時存在故。」

有云：「聲聞見道八忍理應同義且同時生起，及聲聞見道八智理應同義且同時生起，因於大乘〔是〕彼故。承許因。不能許，因《集論》所云：『何等為預流向？謂從住順決擇分一座者，乃至住見道十五心剎那位之補特伽羅。[69]』可如文承許故。」不成，因於第一品已講述故。

又，不僅於大乘，聲聞見道出生之理理應如是乃應理，因聲聞見道苦法忍作為三界之見所斷煩惱之正對治故。

འདའ་བྱ་འདའ་བྱེད་ཀྱི་མཐོང་ལམ་སྐྱེ་ཚུལ་དཔྱད་པ།

གཉིས་པ་འདའ་བྱེད་ཀྱི་མཐོང་ལམ་དང་། འདའ་བྱའི་མཐོང་ལམ་གྱི་སྐྱེ་ཚུལ་ལ་དཔྱད་ན། ཁ་ཅིག མཐོང་ལམ་དེ་གཉིས་ཅིག་ཅར་དུ་སྐྱེ་སྟེ། ཐེག་ཆེན་གྱི་མཐོང་ལམ་སྡུག་བསྔལ་ཆོས་བཟོད་དང་། མི་རྟག་སོགས་བཅུ་དྲུག་མངོན་སུམ་དུ་རྟོགས་པའི་ཐེག་ཆེན་གྱི་མཐོང་ལམ་གཉིས་ཅིག་ཅར་དུ་སྐྱེ་བའི་ཕྱིར། ཐེག་ཆེན་གྱི་མཐོང་ལམ་སྡུག་བསྔལ་ཆོས་བཟོད་ལ་གནས་པའི་སེམས་དཔའི་རྒྱུད་ལ་མི་རྟག་སོགས་བཅུ་དྲུག་མངོན་སུམ་དུ་རྟོགས་པའི་ཐེག་ཆེན་གྱི་མཐོང་ལམ་ཡོད་པའི་ཕྱིར། དེ་གཉིས་མངོན་གྱུར་དུ་རིམ་ཅན་དུ་སྐྱེ་སྟེ། དང་པོར་ཐེག་ཆེན་གྱི་མཐོང་ལམ་སྡུག་བསྔལ་ཆོས་བཟོད་དང་། དེ་རྗེས་མི་རྟག་སོགས་བཅུ་དྲུག་མངོན་སུམ་དུ་རྟོགས་པའི་ཐེག་ཆེན་གྱི་མཐོང་ལམ་མངོན་གྱུར་དུ་སྐྱེ་བའི་ཕྱིར་ཟེར།

འོ་ན་མཐོང་ལམ་དེ་གཉིས་མངོན་འགྱུར་དུ་ཅིག་ཅར་དུ་ཡོད་པར་ཐལ། དེ་གཉིས་མངོན་གྱུར་དུ་ཅིག་ཅར་དུ་སྐྱེ་བའི་ཕྱིར་ཏེ། དེ་གཉིས་མངོན་གྱུར་དུ་ཅིག་ཅར་དུ་སྐྱེ་བའི་རྒྱུ་ཡོད་པའི་ཕྱིར། དེར་ཐལ། དེ་གཉིས་དངོས་སུ་ཅིག་ཅར་དུ་སྐྱེ་བའི་རྒྱུ་ཡོད་པའི་ཕྱིར། མ་གྲུབ་ན་སོང་། དེར་ཐལ། ཐེག་པ་ཆེན་པོའི་སྦྱོར་ལམ་ཆོས་མཆོག་ཆེན་པོའི་ཡེ་ཤེས་དེ་དེ་ཡིན་པའི་ཕྱིར། དེར་ཐལ། དེ་དེ་གཉིས་ཀའི་དངོས་རྒྱུ་ཡིན་པའི་ཕྱིར། དེར་ཐལ། དེ་འདའ་བྱའི་ཐེག་ཆེན་གྱི་མཐོང་ལམ་གྱི་དངོས་རྒྱུ་གང་ཞིག དེ་གཉིས་ཀའི་དངོས་རྒྱུ་ཡོད་པའི་ཕྱིར། དང་པོ་སོང་། དེར་ཐལ། དེ་འདའ་བྱེད་ཀྱི་ཐེག་ཆེན་གྱི་མཐོང་ལམ་གྱི་དངོས་རྒྱུ་གང་ཞིག མཐོང་ལམ་དེ་གཉིས་ཅིག་ཅར་སྐྱེ་བའི་ཕྱིར། ཕྱི་མ་ཁས་བླངས། རྩ་རྟགས་གཉིས་པ་དེར་ཐལ། དེ་གཉིས་ཅིག་ཅར་དུ་སྐྱེ་བའི་ཕྱིར།

གཞན་ཡང་། དེ་གཉིས་ཅིག་ཅར་དུ་མི་སྐྱེ་བར་ཐལ། འདའ་བྱེད་ཀྱི་ཐེག་ཆེན་གྱི་མཐོང་ལམ་གྱི་རྗེས་སུ་འདའ་བྱའི་ཐེག་ཆེན་གྱི་མཐོང་ལམ་སྐྱེ་བའི་ཕྱིར། དེར་ཐལ། དེའི་རྗེས་སུ་དེ་མངོན་གྱུར་དུ་སྐྱེ་བའི་ཕྱིར། རྟགས་ཁས།

གཞན་ཡང་། མཐོང་ལམ་དེ་གཉིས་རིམ་ཅན་དུ་སྐྱེ་ན། དེ་གཉིས་རིམ་ཅན་དུ་སྐྱེ་ཚུལ་ཐུག་མེད་

71 觀察所越、能越之見道出生之理

第二、觀察能越見道及所越見道出生之理，有云：「此二見道同時生起，因大乘見道苦法忍及現證無常等十六行相之大乘見道二者同時生起故。因住大乘見道苦法忍之菩薩相續中有現證無常等十六行相之大乘見道故。此二者是次第現行而生，因首先大乘見道苦法忍，其後現證無常等十六行相之大乘見道現行而生故。」

那麼，此二見道理應同時現行而有，因此二同時現行而生故，因有此二同時現行而生之因故。理應如是，因有此二者同時直接出生之因故。若不成則成相違，理應如是，因大乘加行道上品世第一法之本智是彼故。理應如是，因彼為此二者之直接因故。理應如是，因彼是所越大乘見道之直接因且有此二者之直接因故。實際上已承許初因。理應如是，因彼是能越大乘見道之直接因，且此二見道同時生起故。承許後者。第二根本因理應如是，因此二者同時生起故。

又，此二者理應不同時出生，因能越大乘見道之後所越大乘見道出生故。理應如是，因彼之後彼現行而生故。承許因。

又，若此二見道次第出生，則理應此二次第出生之理周遍是無

ཡིན་པས་ཁྱབ་པར་ཐལ། དེ་གཉིས་རིམ་ཅན་དུ་མི་སྐྱེ་བའི་ཕྱིར། འདོད་མི་ནུས་ཏེ། རྣམ་བཤད་ལས། དེ་གཉིས་རིམ་ཅན་དུ་སྐྱེ་ཡང་སྐྱེ་ཚུལ་ཐུག་མེད་དུ་ཐལ་བའི་སྐྱོན་མེད་པའི་ལན་མཛད་པའི་ཕྱིར་ཏེ། རྣམ་བཤད་ལས། དེ་ལས་ལྡོག་སྟེ་སྐྱེ་ན་ནི། འདའ་བྱེད་ཀྱི་མཐོང་ལམ་སྐྱེས་ཟིན་པའི་རྗེས་སུ་ཡང་གང་ཟག་གི་བདག་མེད་གསར་རྟོགས་ཀྱི་མཐོང་ལམ་རྗེས་སུ་སྐྱེ་དགོས་པས་ཐུག་པ་མེད་པར་འགྱུར་རོ་ཞེ་ན། སྐྱོན་མེད་དེ། འདའ་བྱེད་ཀྱི་མཐོང་ལམ་དེ་གཉིས་ཀྱིས་རྣམ་པ་བཅུ་དྲུག་སྤྲོས་བྲལ་དུ་མངོན་སུམ་གྱིས་རྟོགས་ཀྱང་། རྣམ་པ་བཅུ་དྲུག་བཤད་པ་ནི་མ་ཡིན་ནོ། །དེ་ཉིད་ཀྱིས་སྒྲིབ་པ་གཉིས་ཀུན་བཏགས་ཀྱི་ས་བོན་ཟད་པར་བཅོམ་ནས་དེའི་རྗེས་སུ་རྣམ་པ་བཅུ་དྲུག་མངོན་སུམ་གྱིས་རྟོགས་པའི་འདའ་བར་བྱ་བའི་མཐོང་ལམ་མངོན་གྱུར་དུ་སྐྱེ་བ་ཡིན་ནོ། །ཞེས་གསུངས་པའི་ཕྱིར།

གཞན་ཡང་། ཐེག་ཆེན་གྱི་མཐོང་ལམ་སྡུག་བསྔལ་ཆོས་བཟོད་ལ་གནས་པའི་སེམས་དཔའི་རྒྱུད་ལ་མི་རྟག་སོགས་བཅུ་དྲུག་མངོན་སུམ་དུ་རྟོགས་པའི་མཁྱེན་པ་མེད་པར་ཐལ། ཐེག་ཆེན་གྱི་མཐོང་ལམ་སྡུག་བསྔལ་ཆོས་བཟོད་དེ་ཉིད་ཀྱིས་མི་རྟག་སོགས་བཅུ་དྲུག་མ་རྟོགས་པའི་ཕྱིར། འདོད་ན། འགལ་ལོ། །

ཁོན་རེ། སེམས་དཔའ་དེའི་རྒྱུད་ལ་དེ་འདྲའི་མཁྱེན་པ་ཡོད་པར་ཐལ། དེའི་རྒྱུད་ལ་ཀུན་རྫོབ་དངོས་ཡུལ་དུ་བྱེད་པའི་མཁྱེན་པ་ཡོད་པའི་ཕྱིར། དེར་ཐལ། དེའི་རྒྱུད་ལ་ཐེག་ཆེན་གྱི་མཐོང་ལམ་སྡུག་བསྔལ་ཆོས་བཟོད་སྤྱོང་བྱེད་ཀྱི་རང་རིག་ཡོད་པའི་ཕྱིར་ན། མ་ཁྱབ་སྟེ། རང་རིག་ཡིན་ན། མཁྱེན་པ་མ་ཡིན་དགོས་པར་བཤད་ཟིན་པའི་ཕྱིར།

གསུམ་པ་བྱེ་བྲག་ཏུ་ཐེག་ཆེན་མཐོང་ལམ་བར་ཆད་མེད་ལམ་པའི་རྒྱུད་ལ་ཀུན་རྫོབ་སེམས་བསྐྱེད་ཡོད་མེད་དཔྱད་པ་ལ། ཁ་ཅིག་ན་རེ། ཐེག་ཆེན་གྱི་མཐོང་ལམ་བར་ཆད་མེད་ལམ་ལ་གནས་པའི་སེམས་དཔའི་རྒྱུད་ལ་ཀུན་རྫོབ་སེམས་བསྐྱེད་ཡོད་དེ། དེ་བྱང་ཆུབ་སེམས་དཔར་འཇོག་བྱེད་ཡོད་པའི་ཕྱིར་དང་། ཐེག་ཆེན་གྱི་མཐོང་ལམ་བར་ཆད་མེད་ལམ་དེ། སེམས་བསྐྱེད་ཀྱི་རྗེས་ཟིན་པའི་ཕྱིར་དང་། བར་ཆད་མེད་ལམ་པ་དེས་ཉན་རང་དགྲ་བཅོམ་སེམས་བསྐྱེད་ཀྱི་སྒོ་ནས་ཟིལ་གྱིས་གནོན་པའི་ཕྱིར་ན། མ་ཁྱབ་སྟེ། སེམས་དཔའ་དེའི་རྒྱུད་ལ་ཀུན་རྫོབ་སེམས་བསྐྱེད་མ་ཉམས་པའམ།

止盡，因此二者非次第出生故。不能許，因《心要莊嚴疏》答此二雖次第出生然無出生之理無止盡之過故，因《心要莊嚴疏》云：「『若相反於彼而生，則能超之見道生起後，亦必須隨後生出新證補特伽羅無我之見道，變成無邊際之故。』無過。彼能超之見道雖現起[⑩]十六行相遠離戲論，但並非證悟十六行相。彼完全斷盡二障遍計執之種子，其後現證十六行相之所超見道乃現前生起。」故。

又，住大乘見道苦法忍之菩薩相續中理應無現證無常等十六行相之智，因大乘見道苦法忍不通達無常等十六行相故。若許，則相違矣。

有云：「彼菩薩相續中理應有如此之智，因彼之相續中有以世俗為直接境之智故。理應如是，因於彼之相續中有能領納大乘見道苦法忍之自證分故。」不周遍，因已說過若是自證分，須不是智故。

第三、特別觀察大乘見道無間道者之相續中有無世俗發心，有云：「住大乘見道無間道菩薩相續中有世俗發心，因彼有是菩薩之能建立，及大乘見道無間道為發心攝持，及無間道者以發心之門勝伏聲緣阿羅漢故。」不周遍，因彼菩薩相續中世俗發心以不退失或獲得自主之理而存在，而以此門建立是菩薩，所以餘道為其所攝持

⑩ 此處「現起」同「現證」。

དབང་འབྱོར་བའི་ཚུལ་གྱིས་ཡོད་པས། དེའི་སྒོ་ནས་བྱང་ཆུབ་སེམས་དཔར་འཇོག་པས་ལམ་གཞན་དེའི་རྟེན་ཟིན་པ་དང་། དེའི་སྒོ་ནས་ཉན་རང་དགྲ་བཅོམ་ཟིལ་གྱིས་གནོན་པའི་ཕྱིར།

ཁ་ཅིག འདི་ལྟར་མི་འཆད་པར་བྱང་སེམས་ཀྱི་མཐོང་ལམ་བར་ཆད་མེད་ལམ་དེ། བྱང་སེམས་སྦྱོར་ལམ་པའི་རྒྱུད་ཀྱི་ཐབས་ཁྱད་པར་ཅན་གྱིས་ཟིན་པར་སྨྲ་བ་མི་འཐད་དེ། རྣམ་མཁྱེན་སྐད་ཅིག་དང་པོ་བྱང་སེམས་རྒྱུན་མཐའ་བའི་རྒྱུད་ཀྱི་སེམས་བསྐྱེད་ཀྱིས་མ་ཟིན་པའི་ཕྱིར།

ཡང་ཁོན་རེ། དེའི་རྒྱུད་ལ་སེམས་བསྐྱེད་ཡོད་པར་ཐལ། དེ་སེམས་བསྐྱེད་རྒྱུད་ལྡན་ཡིན་པའི་ཕྱིར་ཏེ། དེ་ལ་མི་བསྟུགས་པ་བརྗོད་པས་ནག་ཆོས་འབྱུང་བ་གང་ཞིག དེ་འབྱུང་བའི་ཡུལ་ལ་དཔྱ་སེམས་བསྐྱེད་དང་ལྡན་དགོས་པ་ལམ་རིམ་སོགས་ལས་གསུངས་པའི་ཕྱིར་ན་ཡང་། མ་ཁྱབ་སྟེ། མ་ཉམས་པར་ཡོད་པ་ལ་དགོངས་པའི་ཕྱིར། དེར་ཐལ། དེའི་རྒྱུད་ལ་ཀུན་རྫོབ་སེམས་བསྐྱེད་མ་ཉམས་པར་ཡོད་ཅིང་། སེམས་ཅན་གྱི་དོན་དུ་སངས་རྒྱས་ཐོབ་པར་བྱའོ་སྙམ་པའི་བློ་མེད་པ་འཐད་པའི་ཕྱིར་ཏེ། རྣམ་བཤད་ལས། སྟོང་པ་ཉིད་ལ་མཉམ་པར་བཞག་བཞིན་པའི་དུས་ན། གང་ཟག་དེའི་རྒྱུད་ལ་ཐེག་ཆེན་སེམས་བསྐྱེད་ཀྱང་ཡོད་མོད་ཀྱི། སེམས་ཅན་གྱི་དོན་དུ་སངས་རྒྱས་ཐོབ་པར་བྱའོ་སྙམ་པའི་བློ་མངོན་གྱུར་དུ་ག་ལ་དགོས། དེ་བཞིན་དུ་ཡོན་ཏན་གཞན་རྣམས་ལ་ཡང་ཤེས་པར་བྱའོ། །ཞེས་གསུངས་པའི་ཕྱིར།

དེ་ལ་ཁ་ཅིག ཐེག་ཆེན་མཐོང་ལམ་སྡུག་བསྔལ་ཆོས་བཟོད་ཀྱི་སྐབས་སུ་ཐེག་ཆེན་སེམས་བསྐྱེད་མེད་པ་ལ་དགོངས་ནས། དེའི་རྒྱུད་ལ་སེམས་ཅན་གྱི་དོན་དུ་སངས་རྒྱས་ཐོབ་པར་བྱའོ་སྙམ་པའི་བློ་མེད་པར་གསུངས་པ་ཡིན་ནོ་ཟེར་ན། ཁས་བླངས་ནང་འགལ་བ་ཡིན་ཏེ། ཇི་ལྟར་ན། དེའི་དུས་སུ་ཐེག་ཆེན་སེམས་བསྐྱེད་ཡོད་པར་ཐལ། བར་ཆད་མེད་ལམ་པ་དེ་བར་ཆད་མེད་ལམ་དེའི་དུས་སུ་ཀུན་རྫོབ་སེམས་བསྐྱེད་རྒྱུད་ལྡན་གྱི་གང་ཟག་ཡིན་པའི་ཕྱིར། མ་གྲུབ་ན། དེ་ཆོས་ཅན། དེར་ཐལ། དེའི་དུས་སུ་བྱང་ཆུབ་སེམས་དཔའ་ཡིན་པའི་ཕྱིར། རྟགས་ཁྱབ་གཉིས་ཀ་ཁས།

གཞན་ཡང་། དེའི་དུས་སུ་སེམས་བསྐྱེད་ཡོད་པར་ཐལ། སེམས་དཔའ་དེའི་རྒྱུད་ལ་དེ་གཉིས་དུས་མཉམ་དུ་ཡོད་པའི་ཕྱིར། དེར་ཐལ། དེའི་རྒྱུད་ལ་དེ་གཉིས་ཅིག་ཅར་དུ་ཡོད་པའི་ཕྱིར་ཏེ། དེའི་

及以此門勝伏聲緣阿羅漢故。

有不如是說，而云：「菩薩見道無間道是被加行道菩薩相續之殊勝方便所攝持。」不應理，因一切相智第一剎那不被最後流菩薩相續之發心所攝持故。

又有云：「彼之相續中理應有發心，因彼是相續具發心故，因道次第等開示於彼不稱揚會產生黑法，且彼所生之境中，須現在有發心故。」不周遍，因慮及不退失而存在故。理應如是，因彼之相續中世俗發心未退失而存在，且無忖思為有情義利獲得佛果之覺知為應理故，因《心要莊嚴疏》云：「正當平等住於空性之際，於彼補特伽羅之心續雖亦具大乘發心，然心想：『為眾生願成佛』之念頭焉需現起？如是，於其他諸功德，亦應了知。」故。

於彼有云：「慮及大乘見道苦法忍之時無大乘發心，而說彼之相續中無忖思為有情義利而要成佛之覺知。」〔所作的〕承許是自相矛盾，若如是，於彼之時理應有大乘發心，因彼無間道者於彼無間道之時是相續具世俗發心之補特伽羅故。若不成，彼為有法，理應如是，因於彼之時是菩薩故。因、周遍二者皆承許。

又，於彼之時理應有發心，因彼菩薩之相續中此二同時存在故。理應如是，因彼之相續中此二同時存在故，因彼之相續中之能

རྒྱུད་ལ་འདའ་བྱེད་ཀྱི་ཐེག་ཆེན་གྱི་མཐོང་ལམ་དང་། འདའ་བྱའི་ཐེག་ཆེན་གྱི་མཐོང་ལམ་ཅིག་ཅར་དུ་ཡོད་པའི་ཕྱིར་ཏེ། དེའི་རྒྱུད་ལ་དེ་གཉིས་ཅིག་ཅར་དུ་སྐྱེས་པ་ཁས་བླངས་པའི་ཕྱིར། རྟགས་ཁས།

གཞན་ཡང་། ཐེག་ཆེན་གྱི་མཐོང་ལམ་མཉམ་གཞག་ཡེ་ཤེས་ལ་གནས་པའི་སེམས་དཔའི་རྒྱུད་ལ་ཀུན་རྫོབ་སེམས་བསྐྱེད་མ་ཉམས་པར་ཡོད་ཅིང་མེད་པའི་ཁྱད་པར་འཐད་པར་ཐལ། དེའི་རྒྱུད་ལ་ཚད་མེད་བཞི་ཡོད་ཚུལ་དེ་འཐད་པའི་ཕྱིར་ཏེ། རྣམ་བཤད་ལས། ཀུན་འབྱུང་རྗེས་ཤེས་ཀྱི་ཚེ་ཡང་བྱམས་སོགས་ཚད་མེད་བཞི་མངོན་གྱུར་དུ་བསྒོམ་པ་མེད་ཀྱང་། གང་ཟག་དེའི་རྒྱུད་ལ་སྔར་བསྒོམས་ཤིང་། ཕྱིས་ཀྱང་བསྒོམ་པར་འགྱུར་པའི་ཡོན་ཏན་མ་ཉམས་པར་ཡོད་པས་འགོག་པར་ལྟུང་བ་སོགས་ཀྱི་ཉེས་པ་ཡང་མེད་དོ། །ཞེས་གསུངས་པའི་ཕྱིར།

ཁོན་རེ། ཐེག་ཆེན་གྱི་མཐོང་ལམ་བར་ཆད་མེད་ལམ་ལ་གནས་པའི་སེམས་དཔའི་རྒྱུད་ལ་ཀུན་རྫོབ་སེམས་བསྐྱེད་ཡོད་ཅིང་། མངོན་གྱུར་དུ་མེད་པ་རྣམ་བཤད་ཀྱི་དགོངས་པ་ཡིན་ནོ། །ཞེ་ན། དེའི་རྒྱུད་ལ་དེ་མངོན་གྱུར་དུ་ཡོད་པར་ཐལ། དེའི་རྒྱུད་ཀྱི་དེ་མངོན་གྱུར་དུ་ཡོད་པའི་ཕྱིར། དེར་ཐལ། དེའི་རྒྱུད་ཀྱི་དེ་མངོན་གྱུར་བ་ཡོད་པའི་ཕྱིར། དེར་ཐལ། དེའི་རྒྱུད་ཀྱི་དེ་དང་མངོན་གྱུར་བའི་ཚོགས་དོན་ཡོད་པའི་ཕྱིར། དེར་ཐལ། དེའི་རྒྱུད་ཀྱི་དེ་དང་མངོན་གྱུར་པའི་གཞི་མཐུན་ཡོད་པའི་ཕྱིར། དེར་ཐལ། དེའི་རྒྱུད་ཀྱི་སེམས་བསྐྱེད་དེ་མངོན་གྱུར་བ་ཡིན་པའི་ཕྱིར། མ་གྲུབ་ན། དེ་ཆོས་ཅན། དེར་ཐལ། མངོན་གྱུར་ཡིན་པའི་ཕྱིར་ཏེ། འདོད་པ་གང་ཞིག ལྐོག་གྱུར་ཁོན་མ་ཡིན་པའི་ཕྱིར། དང་པོ་ཁས།

གཞན་ཡང་། དེའི་རྒྱུད་ལ་དེ་མངོན་གྱུར་དུ་ཡོད་པར་ཐལ། དེའི་རྒྱུད་ཀྱི་དེ་མངོན་གྱུར་དུ་ཡོད་པའི་ཕྱིར་ཏེ། དེའི་རྒྱུད་ཀྱི་དེ་མངོན་གྱུར་དུ་སྐྱེས་པའི་ཕྱིར་ཏེ། དེ་དངོས་སུ་སྐྱེས་པའི་ཕྱིར་ཏེ། དེ་རང་གི་རྒྱུ་ལས་དངོས་སུ་སྐྱེས་པའི་ཕྱིར་ཏེ། དེ་འདུས་བྱས་ཡིན་པའི་ཕྱིར། རྟགས་ཁས།

གཞན་ཡང་། དེའི་རྒྱུད་ཀྱི་དེ་མངོན་གྱུར་དུ་ཡོད་པར་ཐལ། དེའི་རྒྱུད་ཀྱི་དེ་དངོས་སུ་ཡོད་པའི་ཕྱིར། མ་གྲུབ་ན། དེ་ཆོས་ཅན། དེར་ཐལ། དངོས་སུ་ཀུན་མཁྱེན་ཡེ་ཤེས་ཀྱིས་དམིགས་པའི་ཕྱིར། དེར་ཐལ། དེའི་དངོས་ཀྱི་གཞལ་བྱ་ཡིན་པའི་ཕྱིར་ཏེ། དེའི་གཞལ་བྱ་གང་ཞིག ཤུགས་གཞལ་འོང་དོན་མེད་པའི་ཕྱིར། ལན་མེད་དོ། །

越大乘見道及所越大乘見道同時存在故，因承許彼之相續中此二同時出生故。承許因。

又，住大乘見道根本智之菩薩相續中世俗發心未退失而存在且無之差別理應合理，因彼之相續中四無量存在方式合理故，因《心要莊嚴疏》云：「於集類智之際雖不現前觀修慈等四無量，但於彼補特伽羅之心續中，且往昔曾觀修、以後亦將觀修之功德不衰退而存在，故並無墮落於寂滅等之過患。[70]」故。

有云：「住大乘見道無間道之菩薩相續中有世俗發心，然無現行，是《心要莊嚴疏》之意趣。」彼之相續中彼理應現行而存在，因彼之相續之彼現行而存在故。理應如是，因彼之相續之彼有現行故。理應如是，因有彼之相續之彼與現行的聚義故。理應如是，因有彼之相續之彼與現行的同位故。理應如是，因彼之相續之發心是現行故。若不成，彼為有法，理應如是，因是現前分故，因承許，且非僅是隱敝分故。承許初者。

又，彼之相續中彼理應現行而存在，因彼之相續的彼現行而存在故，因彼之相續的彼現行而出生故，因彼直接出生故，因彼由自因直接出生故，因彼乃有為故。承許因。

又，彼之相續之彼理應現行而存在，因彼之相續之彼直接存在故。若不成，彼為有法，理應如是，因遍智本智直接緣及故。理應如是，因是彼之直接所量故，因是彼之所量且沒理由是間接所量故。無法回答。

གཞན་ཡང་། དེ་ཆོས་ཅན། མངོན་གྱུར་དུ་ཡོད་པར་ཐལ། བློ་མངོན་གྱུར་བ་ཡིན་པའི་ཕྱིར། དེར་ཐལ། དམིགས་རྣམ་འཛིན་པའི་བློ་ཡིན་པའི་ཕྱིར།

གཞན་ཡང་། སེམས་དཔའ་དེའི་རྒྱུད་ལ་ཐེག་ཆེན་སེམས་བསྐྱེད་མངོན་གྱུར་དུ་ཡོད་པར་ཐལ། དེའི་རྒྱུད་ཀྱི་དེ་སྐྱོང་བྱེད་ཀྱི་རང་རིག་དེས་དེ་མངོན་གྱུར་དུ་རྟོགས་པའི་ཕྱིར་ཏེ། རང་རིག་དེས་རང་གི་གཞལ་བྱ་མངོན་དུ་གྱུར་པའི་ཚུལ་གྱིས་རྟོགས་པར་ཁས་བླངས་པ་དང་འགལ་བའི་ཕྱིར།

གཞན་ཡང་། དམན་ལམ་སྔོན་མ་སོང་གི་བྱང་སེམས་ཀྱི་སྦྱོར་ལམ་ཆོས་མཆོག་ཆེན་པོ་ལ་གནས་པའི་སེམས་དཔའ་ཆོས་ཅན། ཁྱོད་སྟོང་ཉིད་མངོན་སུམ་དུ་རྟོགས་པའི་གང་ཟག་ཏུ་གྱུར་པ་དང་། ཁྱོད་སངས་རྒྱས་འཕགས་པར་གྱུར་པ་དུས་མཉམ་པར་ཐལ། ཁྱོད་ཀྱི་རྒྱུད་ཀྱི་ཡིད་ཀྱི་རྣམ་པར་ཤེས་པ་སྟོང་ཉིད་ལ་གཉིས་སྣང་ནུབ་པ་དང་། ཁྱོད་སངས་རྒྱས་འཕགས་པར་གྱུར་པ་དུས་མཉམ་པའི་ཕྱིར། མ་གྲུབ་ན་སོང་། འོ་ན་དེས་ཐེག་ཆེན་མཐོང་ལམ་སྡུག་བསྔལ་ཆོས་བཟོད་ཐོབ་པའི་ཚེ། དེའི་རྒྱུད་ཀྱི་ཡིད་ཀྱི་རྣམ་ཤེས་སྟོང་ཉིད་ལ་གཉིས་སྣང་ནུབ་པ་ཡིན་པར་ཐལ། མ་གྲུབ་པ་དེའི་ཕྱིར། འདོད་ན། མཐོང་ལམ་དེ་ལ་གནས་པའི་སེམས་དཔའ་དེའི་རྒྱུད་ཀྱི་ཡིད་ཀྱི་རྣམ་ཤེས་སྟོང་ཉིད་ལ་གཉིས་སྣང་ནུབ་པར་ཐལ། འདོད་པའི་ཕྱིར། འདོད་ན། དེའི་རྒྱུད་ཀྱི་ཡིད་ཀྱི་རྣམ་ཤེས་ཡིན་ན། སྟོང་ཉིད་ལ་གཉིས་སྣང་ནུབ་པས་ཁྱབ་པར་ཐལ། འདོད་པའི་ཕྱིར། འདོད་ན་སོང་། དེའི་རྒྱུད་ཀྱི་ཐེག་ཆེན་སེམས་བསྐྱེད་མེད་པར་ཐལ། འདོད་པའི་ཕྱིར། འདོད་ན། ཁས་བླངས།

ཐལ་འགྱུར་དང་པོ་ལ་མ་ཁྱབ་པོ་ཞེ་ན། འོ་ན། དམན་ལམ་སྔོན་མ་སོང་གི་བྱང་སེམས་སྦྱོར་ལམ་ཆོས་མཆོག་ཆེན་པོ་བའི་རྒྱུད་ཀྱི་ཡིད་ཀྱི་རྣམ་ཤེས་དེ། ཤེས་སྒྲིབ་ལས་དངོས་སུ་གྲོལ་བའི་རྣམ་གྲོལ་ལམ་དུ་འགྱུར་བ་ཞིག་མེད་པར་ཐལ། དེ་ཤེས་སྒྲིབ་ཀྱི་དངོས་གཉེན་དུ་འགྱུར་བ་ཞིག་མེད་པའི་ཕྱིར། མ་གྲུབ་ན་སོང་། དེར་ཐལ། དེ་རྒྱུན་མཐའི་བར་ཆད་མེད་ལམ་དུ་འགྱུར་བ་ཞིག་མེད་པའི་ཕྱིར། རྟགས་ཁས། རྩ་བར་འདོད་ན། དེ་རྣམ་མཁྱེན་སྐད་ཅིག་དང་པོར་འགྱུར་བ་ཞིག་མེད་པར་ཐལ་ལོ། །

དེ་ལ་ཁོ་ན་རེ། བྱང་སེམས་ཀྱི་ལམ་ཤེས་པའི་ལམ་ཤེས་ཀྱི་རྒྱུ་ངེས་འབྱེད་ཆ་མཐུན་གྱིས་དངོས་ཀྱི་ཉེར་ལེན་བྱས་པ་ལས་བྱུང་བའི་བྱང་སེམས་ཀྱི་ལམ་ཤེས་པའི་ལམ་ཤེས་མེད་པར་ཐལ།

又，彼為有法，理應現行而存在，因是覺知現行故。理應如是，因是執所緣行相之覺知故。

又，彼菩薩相續中大乘發心理應現行而存在，因彼之相續的領納彼之自證分通達彼為現行故，因與承許自證分於自所量以現行方式通達相違故。

復次，住未曾入劣道之菩薩加行道上品世第一法之菩薩為有法，爾成為現證空性之補特伽羅及爾成為佛聖者理應同時，因爾之相續的意識於空性二現隱沒及爾成為佛聖者同時故。若不成則成相違。那麼，彼獲大乘見道苦法忍時，彼之相續之意識於空性理應是二現隱沒，因前之不成故。若許，住彼見道之菩薩相續之意識於空性理應二現隱沒，因許故。若許，若是彼之相續之意識，理應周遍於空性是二現隱沒，因許故。若許，則成相違。彼之相續理應無大乘發心，因許故。若許，承許。

於初應成不周遍。那麼，理應無一未曾入劣道之菩薩加行道上品世第一法相續之意識成為直接從所知障解脫的解脫道，因無一成為所知障之正對治故。若不成則成相違。理應如是，因彼無一成為最後流之無間道故。承許因。若許根本，則彼無一成為一切相智第一剎那。

於此有云：「理應無由了知菩薩道道相智之因順決擇分為直接近取因而產生的了知菩薩道道相智，因無由了知聲聞道道相智之因

ཉན་ཐོས་ཀྱི་ལམ་ཤེས་པའི་ལམ་ཤེས་ཀྱི་རྒྱུ་ངེས་འབྱེད་ཆ་མཐུན་གྱིས་དངོས་ཀྱི་ཉེར་ལེན་བྱས་པ་ལས་བྱུང་བའི་ཉན་ཐོས་ཀྱི་ལམ་ཤེས་པའི་ལམ་ཤེས་མེད་པའི་ཕྱིར་ན། མ་ཁྱབ་སྟེ། འོ་ན། ངེས་འབྱེད་ཆ་མཐུན་དེས་དངོས་ཀྱི་ཉེར་ལེན་བྱས་པ་ལས་བྱུང་བའི་བྱང་སེམས་ཀྱི་ལམ་ཤེས་པའི་ལམ་ཤེས་མངོན་གྱུར་དུ་དངོས་སུ་སྐྱེས་པ་མེད་པར་ཐལ། ཅིག་ཤོས་ལ་དེ་ལྟར་མེད་པའི་ཕྱིར། མཚུངས་སོ། །

གཞན་ཡང་། གང་ཟག་གཅིག་གི་རྒྱུད་ལ་ཡིད་ཀྱི་རྣམ་ཤེས་རྫས་ཐ་དད་པ་གཉིས་ཅིག་ཅར་དུ་སྐྱེ་བ་ཡོད་པར་ཐལ། སེམས་དཔའ་དེའི་རྒྱུད་ལ་སྟོང་ཉིད་མངོན་སུམ་དུ་རྟོགས་པའི་ཡིད་ཀྱི་རྣམ་ཤེས་དང་། ཀུན་རྫོབ་སེམས་བསྐྱེད་རྫས་ཐ་དད་པ་གཉིས་ཅིག་ཅར་དུ་སྐྱེ་བ་ཡོད་པའི་ཕྱིར། རྟགས་ཁས། འདོད་ན། མདོ་ལས། སེམས་ཅན་རྣམས་ཀྱི་རྣམ་པར་ཤེས་པ་ནི་རྒྱུད་རེ་རེ་བ་ཁོ་ནའོ། །ཞེས་གསུངས་པ་མི་འཐད་པར་ཐལ། འདོད་པའི་ཕྱིར།

ཁ་ཅིག གང་ཟག་གཅིག་གི་རྒྱུད་ལ་ཡིད་ཀྱི་ཤེས་པ་རྫས་ཐ་དད་པ་དུམ་ཅིག་ཅར་དུ་སྐྱེ་བ་མེད་ཟེར་བ་མི་འཐད་དེ། གང་ཟག་གཅིག་གི་རྒྱུད་ལ་འཇུག་ཤེས་དྲུག་སྐྱོང་བྱེད་ཀྱི་རང་རིག་རྫས་ཐ་དད་པ་དྲུག་ཅིག་ཅར་དུ་སྐྱེ་བ་ཡོད་པ་གང་ཞིག རང་རིག་ཡིན་ན། ཡིད་ཤེས་ཡིན་དགོས་པའི་ཕྱིར། དང་པོ་དེར་ཐལ། གང་ཟག་གཅིག་གི་རྒྱུད་ལ་འཇུག་ཤེས་དྲུག་ཅིག་ཅར་དུ་སྐྱེ་བ་ཡོད་པའི་ཕྱིར། དེར་ཐལ། རྣམ་འགྲེལ་ལས། དེ་ཕྱིར་བློ་ནི་ཅིག་ཅར་འགྱུར། །ཞེས་གསུངས་པའི་ཕྱིར།

དེ་ལྟར་ན། ཐེག་ཆེན་གྱི་མཐོང་ལམ་བར་ཆད་མེད་ལམ་ལ་གནས་པའི་སེམས་དཔའི་རྒྱུད་ལ་ཐེག་ཆེན་སེམས་བསྐྱེད་མ་ཉམས་པར་ཡོད་པ། རྣམ་བཤད་ལས། ཀུན་འབྱུང་རྗེས་ཤེས་ལ་གནས་པའི་སེམས་དཔའི་རྒྱུད་ལ་བྱམས་སོགས་ཚད་མེད་བཞི་མ་ཉམས་པར་ཡོད་པར་སྨྲས་ཟིན་ལ་གསུངས་པས་གྲུབ། དེའི་འོག་ཏུ་གང་ཟག་དེའི་རྒྱུད་ལ་ཐེག་ཆེན་སེམས་བསྐྱེད་ཀྱང་ཡོད་མོད་ཀྱི་ཞེས་གསུངས་པ་ལ། གོང་གི་མ་ཉམས་པར་ཡོད་ཅེས་པ་སྦྱར་བ་དང་། སེམས་ཅན་གྱི་དོན་དུ་སངས་རྒྱས་ཐོབ་པར་བྱའོ་སྙམ་པའི་བློ་མངོན་གྱུར་དུ་ག་ལ་དགོས་ཞེས་པས་དེའི་རྒྱུད་ལ་ཐེག་ཆེན་སེམས་བསྐྱེད་མེད་པར་གསུངས་པ་ཡིན་ནོ། །

順決擇分為直接近取因所生之了知聲聞道道相智故。」不周遍，那麼，理應無以彼順決擇分為直接近取因所生之了知菩薩道道相智現行直接生起，因於另一者無如是故。相同矣。

復次，一補特伽羅相續中理應有同時出生兩個異質意識，因彼菩薩相續中有現前通達空性之意識及世俗發心，兩個異質同時出生故。承許因。若許，經云：「諸有情之識唯各個相續。」理應不應理，因許故。

有云：「一補特伽羅相續中無許多異質之意知同時出生。」不應理，因一補特伽羅相續中有能領納六轉識之六個異質自證分同時出生，且若是自證分須是意知故。初者理應如是，因一補特伽羅相續中有同時出生六轉識故。理應如是，因《釋量論》云：「故覺應頓轉。[71]」故。

若如是，住大乘見道無間道之菩薩相續中，大乘發心不退失而存在，以《心要莊嚴疏》所說「住集類智之菩薩相續中慈等四無量不退失而存在」之字面來成立，其下提到「於彼補特伽羅之心續雖亦具大乘發心」與上述「不退失而存在」作結合，及「然心想：『為眾生願成佛』之念頭焉需現起？」乃講述彼之相續中無大乘發心。

མངོན་གྱུར་དུ་ཞེས་པ་ཚིག་ཟུར་ཙམ་མ་གཏོགས་དེའི་རྒྱུད་ལ་སེམས་ཅན་ཐམས་ཅད་ཀྱི་དོན་དུ་སངས་རྒྱས་ཐོབ་པར་བྱའོ་སྙམ་པའི་བློ་མེད་པར་བསྟན་པ་ཡིན་ཏེ། བློ་ཡིན་ན་བློ་མངོན་གྱུར་བ་ཡིན་དགོས་པ་ལ་དགོངས་ནས་དེ་ལྟར་གསུངས་པའི་ཕྱིར། དེ་ལྟར་མ་ཡིན་ན། གང་ཟག་དེའི་རྒྱུད་ལ་ཐེག་པ་ཆེན་པོའི་སེམས་བསྐྱེད་ཀྱང་ཡོད་མོད་ཀྱི། མངོན་གྱུར་དུ་ག་ལ་དགོས་ཞེས་གསུངས་པས་ཆོག་པ་ལ་བློ་མངོན་གྱུར་དུ་ག་ལ་དགོས་ཞེས་ཚིག་ཟུར་ཕྱིན་པར་གསུངས་པའི་ཕྱིར། དགོངས་པ་འདི་ལྟར་མ་བླངས་པར། ཐེག་ཆེན་མཐོང་ལམ་བར་ཆད་མེད་ལམ་པའི་རྒྱུད་ལ་ཐེག་ཆེན་སེམས་བསྐྱེད་ཡོད་པ། རྣམ་བཤད་ཀྱི་དགོངས་པར་བྱེད་པ་ནི་རང་གི་འདོད་པས་སྦྱར་བ་ཡིན་ནོ། །ཞེས་ཤེས་པར་བྱའོ། །

སྨྲས་པ།

རྣམ་བཤད་དགོངས་པ་མཛེས་མའི་ལུས། །བཀྲལ་ལན་མེ་ལོང་ནང་གསལ་བ། །
རིགས་ལམ་འཇམ་དཀར་གཡོ་བ་འདི། །དཔྱོད་ལྡན་མིག་གི་ལྟད་མོ་མཛོད། །
ཅེས་བྱ་བ་ནི་བར་སྐབས་ཀྱི་ཉམས་དགའོ། །

所謂「現起」僅為虛詞，〔實際上〕宣說彼之相續中無念想「為眾生願成佛」之覺知，因慮及若是覺知須是覺知現行而如是說故。因若非如是，可以說「於彼補特伽羅之心續雖亦具大乘發心，焉需現起？」然言詞卻明確地說「念頭焉需現起」故。不取如是意趣，而以「大乘見道無間道者相續中有大乘發心」作為《心要莊嚴疏》意趣，乃隨自所欲而作解釋。

頌曰：

莊嚴疏意趣飾身，答辯鏡中明顯現，

此正理笑顏不定，智者眼之文藝庫。

如是文間歡喜悅！

སྒོམ་ལམ་གྱི་བྱེད་པ།

ཀུན་ནས་ཞི་དང་ཐམས་ཅད་ལ། །ཞེས་སོགས་ཀྱི་སྐབས་སུ། སྦྱོར་བ་དང་། མཐའ་དཔྱད་པ་གཉིས།

དང་པོ་ནི། ཐེག་ཆེན་སྒོམ་ལམ་གྱི་བྱེད་པ་ཆོས་ཅན། ཁྱོད་ལ་རྣམ་པ་དུ་མར་ཡོད་དེ། ཁྱོད་ལ་སྐྱེས་བུ་བྱེད་པའི་འབྲས་བུས་བསྡུས་པའི་ཡོན་ཏན་བཞི། རྒྱུ་མཐུན་གྱི་འབྲས་བུས་བསྡུས་པའི་ཡོན་ཏན་གཅིག བདག་འབྲས་ཀྱིས་བསྡུས་པའི་ཡོན་ཏན་གཅིག་རྣམས་སུ་ཡོད་པའི་ཕྱིར།

ཁ་ཅིག དེ་ཆོས་ཅན། ཁྱོད་ལ་རྣམ་པ་དུ་མར་ཡོད་དེ། བྱེད་པའི་འབྲས་བུས་བསྡུས་པ་བཞི། བདག་འབྲས་ཀྱིས་བསྡུས་པ་གཅིག རྣམ་སྨིན་འབྲས་ཀྱིས་བསྡུས་པ་གཅིག་དང་དྲུག་ཡོད་པའི་ཕྱིར། ཞེས་འགོད་པ་མི་རིགས་ཏེ། རྣམ་སྨིན་འབྲས་ཀྱི་དོད་དུ་རྒྱུ་མཐུན་འབྲས་འབྱུང་བ་རྣམ་བཤད་ཀྱི་དགོངས་པ་ཡིན་པའི་ཕྱིར།

གཉིས་པ་ལ། ཁ་ཅིག ཐེག་ཆེན་སྒོམ་ལམ་བསྒོམས་སྟོབས་ཀྱིས་ཐོབ་པའི་ཡོན་ཏན་དེ། ཐེག་ཆེན་སྒོམ་ལམ་གྱི་བྱེད་པའི་མཚན་ཉིད་ཡིན་ཟེར་བ་མི་འཐད་དེ། ལམ་མ་ཞུགས་ན་ཐེག་ཆེན་སྒོམ་ལམ་བསྒོམས་སྟོབས་ཀྱིས་ཐོབ་པའི་ཕན་ཡོན་ཡོད་པའི་ཕྱིར། དེར་ཐལ། དེ་ན་ཐེག་ཆེན་སྒོམ་ལམ་བསྒོམ་པ་ཡོད་པ་གང་ཞིག དེ་ཡོད་ན་དེ་བསྒོམ་པའི་ཕན་ཡོན་ཡོད་དགོས་པའི་ཕྱིར། དང་པོ་དེར་ཐལ། ཐེག་ཆེན་གྱི་སྒོམ་ལམ་བསྒོམ་པའི་གང་ཟག་ཡིན་ན། དེ་རང་རྒྱུད་ལ་བསྐྱེད་ནས་བསྒོམ་པ་ཡིན་མི་དགོས་པའི་ཕྱིར་ཏེ། རྣམ་མཁྱེན་བསྒོམ་པའི་གང་ཟག་ཡིན་ན། དེ་རང་རྒྱུད་ལ་བསྐྱེད་ནས་བསྒོམ་པའི་གང་ཟག་ཡིན་མི་དགོས་པའི་ཕྱིར་ཏེ། མཁྱེན་གསུམ་བསྒོམ་པའི་བྱང་སེམས་ཡོད་པའི་ཕྱིར།

ཁོ་ན་རེ། ལམ་མ་ཞུགས་ན་ཐེག་ཆེན་གྱི་སྦྱོར་བ་བསྒོམས་སྟོབས་ཀྱིས་ཐོབ་པའི་ཡོན་ཏན་ཡོད་པར་ཐལ། དེ་ན་ཐེག་ཆེན་བསྒོམ་ལམ་བསྒོམས་སྟོབས་ཀྱིས་ཐོབ་པའི་ཡོན་ཏན་ཡོད་པའི་ཕྱིར། འདོད་ན། དེ་ན་ཐེག་ཆེན་སྦྱོར་བའི་ཡོན་ཏན་ཡོད་པར་ཐལ། འདོད་པའི་ཕྱིར་ན་མ་ཁྱབ་སྟེ། འོ་ན། ལམ་མ་ཞུགས་ན་རྣམ་མཁྱེན་སྦྱོར་བའི་ཡོན་ཏན་ཡོད་པར་ཐལ། དེ་ན་རྣམ་མཁྱེན་སྦྱོར་བ་བསྒོམས་

72 修道之作用

「遍息敬一切……」等文之時，論式、辨析二者。

初者，大乘修道作用為有法，爾有許多種類，因爾有士用果所攝四功德、等流果所攝一功德、增上果所攝一功德故。

有安立云：「彼為有法，爾有許多種類，因士用果所攝有四、增上果所攝一、異熟果所攝一，〔共〕有六種故。」不合理，因以產生等流果代替異熟果，乃《心要莊嚴疏》之意趣故。

第二，有云：「由修大乘修道之力所得功德，是大乘修道作用之性相。」不應理，因未入道有由修大乘修道之力所得利益故。理應如是，因於彼有修大乘修道，且若有彼，須有修彼之利益故。初者理應如是，因若是修大乘修道之補特伽羅，彼不須於自相續出生而修故，因若是修一切相智之補特伽羅，不須是彼於自相續出生而修之補特伽羅故，因有修三智之菩薩故。

有云：「於未入道理應有由修大乘加行之力所得功德，因於彼有由修大乘修道之力所得功德故。若許，於彼理應有大乘加行功德，因許故。」不周遍，那麼，於未入道理應有一切相智加行之功德，因於彼有由修一切相智加行之力所得功德故。承許周遍。若不

སྟོབས་ཀྱིས་ཐོབ་པའི་ཡོན་ཏན་ཡོད་པའི་ཕྱིར། ཁྱབ་པ་ཁས། མ་གྲུབ་ན། དེར་ཐལ། དེ་ན་རྣམ་མཁྱེན་བསྒོམས་སྟོབས་ཀྱིས་ཐོབ་པའི་ཡོན་ཏན་ཡོད་པའི་ཕྱིར་ཏེ། དེ་ན་རྣམ་མཁྱེན་བསྒོམ་པ་ཡོད་པ་གང་ཞིག དེ་ཡོད་ན། དེ་བསྒོམས་པའི་ཡོན་ཏན་ཡོད་དགོས་པའི་ཕྱིར། དང་པོ་དེར་ཐལ། དེ་ན་དཀོན་མཆོག་གསུམ་བསྒོམ་པ་ཡོད་པའི་ཕྱིར།

ཁ་ཅིག ཐེག་ཆེན་སྒོམ་ལམ་ཐོབ་མྱོང་གི་གང་ཟག་གི་རྒྱུད་ཀྱི་ཐེག་ཆེན་སྒོམ་ལམ་བསྒོམས་སྟོབས་ཀྱིས་ཐོབ་པའི་རྣམ་དཀར་གྱི་ཡོན་ཏན་དེ་དེའི་བྱེད་པའི་མཚན་ཉིད་ཟེར་བ་མི་འཐད་དེ། ཐེག་ཆེན་སྒོམ་ལམ་གྱི་བྱེད་པ་ཡིན་ན། རྣམ་དཀར་གྱི་ཡོན་ཏན་ཡིན་པས་མ་ཁྱབ་པའི་ཕྱིར། དེར་ཐལ། ཐེག་ཆེན་གྱི་སྒོམ་ལམ་གྱི་བྱེད་པར་གྱུར་པའི་ལུང་མ་བསྟན་ཡོད་པའི་ཕྱིར། དེར་ཐལ། ལོངས་སྐུའི་སེན་མོ་ཟངས་མདོག་ལྟ་བུ་ལུང་མ་བསྟན་ཡིན་པའི་ཕྱིར་ཏེ། དེ་རྣམ་སྨིན་འབྲས་ཡིན་པའི་ཕྱིར།

ཡང་ཁ་ཅིག ཐེག་ཆེན་སྒོམ་ལམ་ཐོབ་མྱོང་གི་གང་ཟག་གི་རྒྱུད་ཀྱི་ཐེག་ཆེན་སྒོམ་ལམ་བསྒོམས་སྟོབས་ཀྱིས་ཐོབ་པའི་སེམས་དཔའི་ཡོན་ཏན་དེ། དེའི་བྱེད་པའི་མཚན་ཉིད་ཟེར་བ་མི་འཐད་དེ། རྣམ་མཁྱེན་ཡིན་ན། ཐེག་ཆེན་སྒོམ་ལམ་གྱི་བྱེད་པ་ཡིན་དགོས་པའི་ཕྱིར།

རང་ལུགས་ནི། ཐེག་ཆེན་སྒོམ་ལམ་ཐོབ་མྱོང་གི་གང་ཟག་གི་རྒྱུད་ཀྱི་ཐེག་ཆེན་སྒོམ་ལམ་བསྒོམས་སྟོབས་ཀྱིས་ཐོབ་པའི་ཡོན་ཏན་དེ། ཐེག་ཆེན་སྒོམ་ལམ་གྱི་བྱེད་པའི་མཚན་ཉིད། དབྱེ་ན་དྲུག ས་མཚམས་ས་དང་པོ་ནས། སངས་རྒྱས་ཀྱི་སའི་བར་དུ་ཡོད།

དེ་ལ་ཁོ་ན་རེ། ཐེག་ཆེན་སྒོམ་ལམ་བསྒོམས་སྟོབས་ཀྱིས་ཐོབ་པའི་ཡོན་ཏན་ཡིན་ན། ཐེག་ཆེན་སྒོམ་ལམ་ཐོབ་མྱོང་གི་གང་ཟག་གི་རྒྱུད་ཀྱི་ཐེག་ཆེན་སྒོམ་ལམ་བསྒོམས་སྟོབས་ཀྱིས་ཐོབ་པའི་ཡོན་ཏན་ཡིན་དགོས་པར་ཐལ། ཐེག་ཆེན་སྒོམ་ལམ་ཡིན་ན། ཐེག་ཆེན་སྒོམ་ལམ་ཐོབ་མྱོང་གི་གང་ཟག་གི་རྒྱུད་ཀྱི་ཐེག་ཆེན་སྒོམ་ལམ་ཡིན་དགོས་པའི་ཕྱིར། ཟེར་ན་མ་ཁྱབ་སྟེ། འོ་ན། རྣམ་མཁྱེན་བསྒོམ་པའི་ཉམས་ལེན་ཡིན་ན། སངས་འཕགས་ཀྱི་རྒྱུད་ཀྱི་རྣམ་མཁྱེན་བསྒོམ་པའི་ཉམས་ལེན་ཡིན་དགོས་པར་ཐལ། རྣམ་མཁྱེན་ཡིན་ན། སངས་རྒྱས་འཕགས་པའི་རྒྱུད་ཀྱི་རྣམ་མཁྱེན་ཡིན་དགོས་པའི་

成，理應如是，因於彼有由修一切相智之力所得功德故，因於彼有修一切相智，且若有彼，須有修彼之功德故。初者理應如是，因於彼有修三寶故。

有云：「曾獲大乘修道之補特伽羅相續的由修大乘修道之力所得善功德，是彼之作用之性相。」不應理，因若是大乘修道作用，不周遍是善功德故。理應如是，因有屬大乘修道作用之無記故。理應如是，因報身之紅銅色指甲是無記故，因彼為異熟果故。

又有云：「曾獲大乘修道補特伽羅相續之由修大乘修道力所得之菩薩功德，是彼之作用之性相。」不應理，因若是一切相智，須是大乘修道之作用故。

自宗：「曾獲大乘修道補特伽羅相續之由修大乘修道力所得功德」，是大乘修道作用之性相。分六種。界限：從初地，乃至佛地皆有。

於彼有云：「若是由修大乘修道之力所得功德，理應須是曾獲大乘修道之補特伽羅相續的由修大乘修道之力所得功德，因若是大乘修道，須是曾獲大乘修道補特伽羅相續的大乘修道故。」不周遍，那麼，若是修一切相智之修持，理應須是佛聖者相續之修習一切相智之修持，因若是一切相智，須是佛聖者相續之一切相智故。承許周遍。不能許，因菩薩聖者相續之修習一切相智之修持，非佛聖者

ཕྱིར། ཁྱབ་པ་ཁས། འདོད་མི་ནུས་ཏེ། བྱང་འཕགས་ཀྱི་རྒྱུད་ཀྱི་རྣམ་མཁྱེན་བསྒོམ་པའི་ཉམས་ལེན་དེ། སངས་རྒྱས་འཕགས་པའི་རྒྱུད་ཀྱི་རྣམ་མཁྱེན་བསྒོམ་པའི་ཉམས་ལེན་མ་ཡིན་པའི་ཕྱིར་ཏེ། དེ་སངས་རྒྱས་འཕགས་པའི་རྒྱུད་ཀྱི་ཉམས་ལེན་མ་ཡིན་པའི་ཕྱིར།

ཁོ་ན་རེ། བྱང་འཕགས་ཀྱི་རྒྱུད་ཀྱི་ཚད་མ་དེ། སངས་རྒྱས་འཕགས་པའི་ཐུགས་རྒྱུད་ཀྱི་རྣམ་མཁྱེན་རྟོགས་པའི་ཚད་མ་མ་ཡིན་པར་ཐལ། དེ་སངས་རྒྱས་འཕགས་པའི་རྒྱུད་ཀྱི་ཚད་མ་མ་ཡིན་པའི་ཕྱིར། ཁྱབ་པ་ཁས། འདོད་ན། དེ་ཡིན་པར་ཐལ། སངས་རྒྱས་འཕགས་པའི་རྒྱུད་ཀྱི་རྣམ་མཁྱེན། བྱང་སེམས་འཕགས་པའི་ཚད་མའི་གཞལ་བྱ་ཡིན་པའི་ཕྱིར་ན་མ་ཁྱབ་ཅེང་། ཚིག་གི་ཟེར་མདའ་འཕའ་ཞིག་ཡིན་པས་སྙིང་པོ་མེད་དོ། །

相續之修習一切相智之修持故。因彼非佛聖者相續之修持故。

有云：「菩薩聖者相續之量，理應不是佛聖者心續之通達一切相智之量，因彼非佛聖者相續之量故。承許周遍。若許，理應是彼，因佛聖者相續之一切相智，是菩薩聖者之量的所量故。」不周遍，且僅是一詞之利箭然無任何意義矣。

ཐེག་ཆེན་སྒོམ་ལམ་བཤད་པ།

བྱེད་པའི་འོག་ཏུ་སྒོམ་པའི་ལམ་སྟེ། ཞེས་སོགས་ཀྱི་སྐབས་སུ་སྦྱོར་བ་དང་། མཐའ་དཔྱད་པའོ། །

དང་པོ་ནི། ཐེག་ཆེན་སྒོམ་ལམ་གྱི་བྱེད་པའི་འོག་ཏུ་ཐེག་ཆེན་སྒོམ་ལམ་འཆད་པའི་རྒྱུ་མཚན་ཡོད་དེ། ཐེག་ཆེན་སྒོམ་ལམ་སྟོན་པའི་གཞུང་ལས། ཐེག་ཆེན་སྒོམ་ལམ་གྱི་བྱེད་པ་སྟོན་པའི་གཞུང་ཚུང་བའི་རྒྱུ་མཚན་གྱིས། ཐེག་ཆེན་སྒོམ་ལམ་གྱི་བྱེད་པ་སྔར་བཤད་ནས། དེའི་རྗེས་སུ་ཐེག་ཆེན་སྒོམ་ལམ་བཤད་པའི་ཕྱིར། ཐེག་ཆེན་སྒོམ་ལམ་ལ་གཉིས་ཡོད་དེ། དེ་ལ་ཐེག་ཆེན་གྱི་ཟག་བཅས་སྒོམ་ལམ་དང་། དེའི་ཟག་མེད་སྒོམ་ལམ་གཉིས་ཡོད་པའི་ཕྱིར།

གཉིས་པ་ལ་གཉིས། ཐེག་ཆེན་སྒོམ་ལམ་གྱི་རྟེན་བཤད་པ་དང་། བརྟེན་པ་ཐེག་ཆེན་གྱི་སྒོམ་ལམ་བཤད་པའོ། །

དང་པོ་ལ་ཁ་ཅིག ཁམས་གོང་གི་རྟེན་ལ་ཐེག་ཆེན་སྒོམ་ལམ་དངོས་སུ་གསར་དུ་སྐྱེ་བ་ཡོད་ཟེར་བ་མི་འཐད་དེ། ཁམས་གོང་གི་རྟེན་ཅན་གྱི་བྱང་སེམས་མཐོང་ལམ་པ་མེད་པར་བཤད་པས་གནོད་པའི་ཕྱིར།

ཁ་ཅིག ཐེག་ཆེན་གྱི་སྒོམ་ལམ་དངོས་སུ་གསར་དུ་སྐྱེ་བའི་སེམས་རྟེན་དེ་ལ་ཟག་མེད་ས་དགུར་གྲངས་ངེས་ཟེར་བ་མི་འཐད་དེ། དེ་དངོས་སུ་གསར་དུ་སྐྱེ་བའི་འདོད་སེམས་དང་། སྲིད་རྩེའི་སེམས་ཡོད་པ་གང་ཞིག དེ་གཉིས་ཟག་མེད་ས་དགུ་གང་གི་ཡང་ཁོངས་སུ་མ་གཏོགས་པའི་ཕྱིར། ཕྱི་མ་དེར་ཐལ། ཟག་མེད་ས་དགུ་ཞེས་པ། བསམ་གཏན་དང་པོའི་ཉེར་བསྡོགས་མི་ལྕོགས་མེད། དེའི་དངོས་གཞིའི་སྙོམས་འཇུག་ཙམ་པོ་བ་དང་ཁྱད་པར་ཅན་གཉིས། དངོས་གཞི་ཕྱི་མ་གསུམ། གཟུགས་མེད་ཀྱི་དངོས་གཞི་དང་པོ་གསུམ་གྱིས་བསྡུས་པའི་ཟག་མེད་རྣམས་ལ་བཤད་པའི་ཕྱིར།

ཁོ་ན་རེ། འོ་ན། མཛོད་ལས། འདོད་པ་ཁམས་དང་སྲིད་རྩེ་ན། །བྱང་ཆུབ་ལམ་གྱིས་ཡན་ལག་སྤྱངས། །ཞེས་གསུངས་པ་མི་འཐད་པར་ཐལ། དམ་བཅའ་འཐད་པའི་ཕྱིར་ན། མ་ཁྱབ་སྟེ། དེ་

73 講說大乘修道

「作用之後為修道……」等文之時，論式、辨析。

初者，大乘修道作用之後，有講述大乘修道之理由，因教示大乘修道作用之文較教示大乘修道之文少的原因，而先說大乘修道作用，彼後講述大乘修道故。大乘修道有二，因有大乘有漏修道與彼之無漏修道二者故。

第二有二：講說大乘修道所依、講說能依大乘修道。

初者，有云：「於上界所依，有直接新生大乘修道。」不應理，因由講說無具上界所依之見道位菩薩所違害故。

有云：「直接新生大乘修道之心所依，定數為無漏九地。」不應理，因有直接新生彼之欲界心及有頂心，且此二不屬無漏九地任一地故。後者理應如是，因所謂「無漏九地」，說是初靜慮近分未至定、彼之根本等至但住者及勝進者二、後三根本、前三根本無色所攝之無漏故。

有云：「那麼，《俱舍論》所云：『於欲界有頂，除覺及道支。[72]』理應不應理，因宗應理故。」不周遍，因《莊嚴光明釋》

ནི་འདོད་སེམས་དང་། སྲིད་རྩེའི་སེམས་ལ་བརྟེན་ནས་ཉན་ཐོས་ཀྱི་སྒོམ་ལམ་དངོས་སུ་གསར་དུ་སྐྱེ་བ་མེད་པ་ལ་དགོངས་པས་འགལ་བ་མེད་པར་འགྲེལ་ཆེན་ལས་བཤད་པའི་ཕྱིར།

གཉིས་པ་བརྟེན་པ་ཐེག་ཆེན་གྱི་སྒོམ་ལམ་བཤད་པ་ལ། མཚན་ཉིད་དང་། དབྱེ་བ་གཉིས།

དང་པོ་ལ་ཁ་ཅིག བདག་མེད་མངོན་སུམ་དུ་རྟོགས་ཟིན་གོམས་པར་བྱེད་པའི་ཏིང་ངེ་འཛིན་ཤེས་རབ་མཚུངས་ལྡན་དང་བཅས་པ། ཐེག་ཆེན་སྒོམ་ལམ་གྱི་མཚན་ཉིད་ཟེར་བ་མི་འཐད་དེ། ཐེག་ཆེན་གྱི་སྒོམ་ལམ་ཡིན་ན། མངོན་སུམ་ཡིན་པས་མ་ཁྱབ་པའི་ཕྱིར། དེར་ཐལ། བྱང་སེམས་སྒོམ་ལམ་པའི་རྒྱུད་ཀྱི་ཀུན་རྫོབ་སེམས་བསྐྱེད་ཐེག་ཆེན་སྒོམ་ལམ་ཡིན་པའི་ཕྱིར་དང་། ཡེ་ཤེས་ཆོས་སྐུ་རྟོགས་པའི་བྱང་སེམས་ཀྱི་སྒོམ་ལམ་མངོན་སུམ་མ་ཡིན་པའི་ཕྱིར། ཕྱི་མ་དེར་ཐལ། ཡེ་ཤེས་ཆོས་སྐུ་སངས་རྒྱས་ནང་པན་ཚུན་ཕན་འདའི་མངོན་སུམ་གྱི་སྤྱོད་ཡུལ་དུ་སྐབས་བརྒྱད་པའི་འགྲེལ་པར་གསུངས་པའི་ཕྱིར།

ཁ་ཅིག ཡེ་ཤེས་ཆོས་སྐུ་དེ་སངས་རྒྱས་ནང་པན་ཚུན་ཕན་འདའི་མངོན་སུམ་གྱི་ཡུལ་ཡིན་ཟེར་བ་མི་འཐད་དེ། དེ་ཡེ་ཤེས་ཆོས་སྐུ་མི་རྟག་པར་མངོན་སུམ་དུ་རྟོགས་པའི་བྱང་འཕགས་ཀྱི་མངོན་སུམ་གྱི་ཡུལ་ཡིན་པའི་ཕྱིར། དེར་ཐལ། དེ་འདྲའི་མངོན་སུམ། ཡེ་ཤེས་ཆོས་སྐུ་ལ་མངོན་སུམ་ཡིན་པའི་ཕྱིར། མ་གྲུབ་ན་དེ་ཆོས་ཅན། དེར་ཐལ། ཁྱོད་ཡེ་ཤེས་ཆོས་སྐུ་མི་རྟག་པ་ལ་སྣང་བས་འཇུག་པའི་མངོན་སུམ་གང་ཞིག ཡེ་ཤེས་ཆོས་སྐུ་དང་། ཡེ་ཤེས་ཆོས་སྐུ་མི་རྟག་པ་གཉིས་ཡུལ་དུས་རང་བཞིན་གང་ལ་ལྟོས་ཀྱང་གྲུབ་བདེ་རྫས་གཅིག་ཡིན་པའི་ཕྱིར།

ཁོ་ན་རེ། ཡེ་ཤེས་ཆོས་སྐུ་མི་རྟག་པར་མངོན་སུམ་དུ་རྟོགས་པའི་བྱང་འཕགས་ཀྱི་མངོན་སུམ་དེ། ཡེ་ཤེས་ཆོས་སྐུ་ལ་སྣང་ལ་མ་ངེས་པ་ཡིན་པར་ཐལ། དེ་ཡེ་ཤེས་ཆོས་སྐུ་ལ་ཚད་མིན་གྱི་བློ་གང་ཞིག དེ་ལ་དཔྱད་ཤེས་དང་། ལོག་ཤེས་དང་། ཡིད་དཔྱོད་དང་། ཐེ་ཚོམ་གྱི་བློ་གང་རུང་མ་ཡིན་པའི་ཕྱིར། དང་པོ་དེར་ཐལ། དེ་དེ་ལ་ཤེས་པ་གང་ཞིག དེ་དེ་ལ་ཚད་མ་མ་ཡིན་པའི་ཕྱིར། ཕྱི་མ་མ་གྲུབ་ན། ཡེ་ཤེས་ཆོས་སྐུ་སངས་རྒྱས་ནང་པན་ཚུན་ཕན་འདའི་མངོན་སུམ་གྱི་སྤྱོད་ཡུལ་ཡིན་པ་དང་འགལ་ལོ། །རྩ་བར་འདོད་ན། དེ་སྣང་ལ་མ་ངེས་ཡིན་པར་ཐལ། འདོད་པའི་ཕྱིར་ན། མ་ཁྱབ་སྟེ། ཞིབ་པར་

講述此乃慮及無依欲界心及有頂心直接新生聲聞修道，所以無相違故。

第二、講說能依大乘修道：性相及分類二者。

初者，有云：「與串習已現證無我之定慧及與其相應者，是大乘修道之性相。」不應理，因若是大乘修道不周遍是現前故。理應如是，因修道菩薩相續之世俗發心是大乘修道，以及通達智慧法身之菩薩修道非現前故。後者理應如是，因《明義釋》於第八品講說智慧法身僅是佛彼此間之現前行境故。

有云：「彼智慧法身僅是佛彼此間之現前之境。」不應理，因彼是現證智慧法身為無常之菩薩聖者之現前之境故。理應如是，因如此之現前，於智慧法身是現前故。若不成，彼為有法，理應如是，因爾於智慧法身無常為成入之現前，且智慧法身與智慧法身無常二者從任何處、時、自性來看是成住同質故。

有云：「現證智慧法身為無常之菩薩聖者之現前，於智慧法身理應是顯而不定，因彼於智慧法身為非量的覺知，且於彼非再決知、顛倒知、伺察知、懷疑的覺知隨一故。初者理應如是，因彼於彼是知覺，且彼於彼不是量故。若後者不成，則與智慧法身僅是佛彼此間之現前行境相違矣。若許根本，彼理應是顯而不定，因許故。」不周遍，細節可從他處了知。

གཞན་ལས་ཤེས་པར་འགྱུར་རོ། །

རང་ལུགས་ནི། ཐེག་ཆེན་གྱི་རྗེས་ལ་མངོན་རྟོགས། ཐེག་ཆེན་གྱི་སྦྱོར་ལམ་གྱི་མཚན་ཉིད།

自宗：「大乘之隨現觀」，是大乘修道之性相。

ཟག་བཅས་སྒོམ་ལམ་བཤད་པ།

གཉིས་པ་དེ་ལ་དབྱེ་ན། ཐེག་ཆེན་གྱི་ཟག་བཅས་སྒོམ་ལམ་དང་། དེའི་ཟག་མེད་སྒོམ་ལམ་གཉིས།

ཁ་ཅིག ཐེག་ཆེན་གྱི་སྒོམ་ལམ་གང་ཞིག མཉམ་གཞག་ཡེ་ཤེས་ཀྱི་ངོ་བོར་གྱུར་པ། ཐེག་ཆེན་གྱི་ཟག་མེད་སྒོམ་ལམ་གྱི་མཚན་ཉིད། དེ་གང་ཞིག རྗེས་ཐོབ་ཡེ་ཤེས་ཀྱི་ངོ་བོར་གྱུར་པ། ཐེག་ཆེན་གྱི་ཟག་བཅས་སྒོམ་ལམ་གྱི་མཚན་ཉིད་ཡིན་ཟེར། དང་པོ་མི་འཐད་པར་ཐལ། གཟུགས་བདེན་སྟོང་སྒྱུ་མ་ལྟ་བུར་གསལ་བར་སྣང་བའི་ས་གཉིས་པའི་ཡེ་ཤེས་དེ། ཐེག་ཆེན་གྱི་ཟག་མེད་སྒོམ་ལམ་གང་ཞིག མཉམ་གཞག་ཡེ་ཤེས་མ་ཡིན་པའི་ཕྱིར། དང་པོ་དེར་ཐལ། དེ་སྔ་དོན་འདྲེས་རུང་དུ་འཛིན་པའི་ཞེན་རིག་དང་བྲལ་བའི་ཐེག་ཆེན་གྱི་རྗེས་ལ་མངོན་རྟོགས་ཡིན་པའི་ཕྱིར། ཁྱབ་སྟེ། སྒྲ་དོན་འདྲེས་རུང་དུ་འཛིན་པའི་ཞེན་རིག་དང་བཅས་པའི་ཐེག་ཆེན་གྱི་རྗེས་ལ་མངོན་རྟོགས་ཡིན་ན། ཐེག་ཆེན་གྱི་ཟག་བཅས་སྒོམ་ལམ་ཡིན་དགོས་པའི་ཕྱིར་ཏེ། ཚིག་གསལ་ལས། ཟག་པ་དང་བཅས་པ་དང་། ཟག་པ་མེད་པའི་བྱེ་བྲག་ནི་རྣམ་པར་རྟོག་པ་བཅས་པ་དང་། དེ་དང་བྲལ་བ་གཙོ་བོར་གྱུར་པའོ། ། ཞེས་གསུངས་པའི་ཕྱིར། རྩ་བར་འདོད་མི་ནུས་ཏེ། ཆོས་ཅན་དེ་ཡིན་པའི་ཕྱིར། མཚན་ཉིད་གཉིས་པ་མི་འཐད་པར་ཐལ། སྔ་མ་དེ་རྗེས་ཐོབ་ཡེ་ཤེས་ཡིན་པ་གང་ཞིག ཐེག་ཆེན་གྱི་ཟག་བཅས་སྒོམ་ལམ་མ་ཡིན་པའི་ཕྱིར།

རང་ལུགས། སྒྲ་དོན་འདྲེས་རུང་དུ་འཛིན་པའི་ཞེན་རིག་དང་བཅས་པའི་ཐེག་ཆེན་གྱི་རྗེས་ལ་མངོན་རྟོགས་དེ། ཐེག་ཆེན་གྱི་ཟག་བཅས་སྒོམ་ལམ་གྱི་མཚན་ཉིད། སྒྲ་དོན་འདྲེས་རུང་དུ་འཛིན་པའི་ཞེན་རིག་དང་བྲལ་བའི་ཐེག་ཆེན་གྱི་རྗེས་ལ་མངོན་རྟོགས་དེ། ཐེག་ཆེན་གྱི་ཟག་མེད་སྒོམ་ལམ་གྱི་མཚན་ཉིད་ཡིན་ནོ། །སྤྱིར་ཟག་བཅས་སྒོམ་ལམ་དང་། ཟག་མེད་སྒོམ་ལམ་གང་རུང་ཡིན་ན། ཐེག་ཆེན་གྱི་དེ་གཉིས་གང་རུང་ཡིན་པས་མ་ཁྱབ་སྟེ། ཐེག་དམན་གྱི་དེ་གཉིས་ཀ་ཡོད་པའི་ཕྱིར་ཏེ། སྒྲ་དོན་

74 講說有漏修道

第二，於彼分二：大乘有漏修道與彼之無漏修道。

有云：「是大乘修道且屬根本智體性，是大乘無漏修道之性相。是彼且屬後得智體性，是大乘有漏修道之性相。」初者理應不應理，因清楚顯現色法諦實空如幻之二地本智，是大乘無漏修道且非根本智故。初者理應如是，因彼是遠離執持聲、義堪為混合的耽著知之大乘隨現觀故。周遍，因若是具執持聲、義堪為混合的耽著知之大乘隨現觀，須是大乘有漏修道故。因《明句疏》云：「有漏、無漏之別，具分別與離分別是主要。」故。不能承許根本，因是彼有法故。第二性相理應不應理，因前者是後得智且非大乘有漏修道故。

自宗：「具執持聲、義堪為混合的耽著知之大乘隨現觀」，是大乘有漏修道之性相。「遠離執持聲、義堪為混合的耽著知之大乘隨現觀」，是大乘無漏修道之性相。一般來說，若是有漏修道與無漏修道隨一，不周遍是大乘之此二隨一，因有小乘之彼二故，因有具執持聲、義堪為混合的耽著知之小乘隨現觀，及遠離彼之小乘隨

འདྲེས་རུང་དུ་འཛིན་པའི་ཞེན་རིག་དང་བཅས་པའི་ཐེག་དམན་གྱི་རྗེས་ལ་མངོན་རྟོགས་དང་། དེ་དང་བྲལ་བའི་ཐེག་དམན་གྱི་རྗེས་ལ་མངོན་རྟོགས་གཉིས་ཀ་ཡོད་པའི་ཕྱིར།

དེ་ལ་ཁོ་ན་རེ། ས་གཉིས་པའི་ཡེ་ཤེས་ཆོས་ཅན། ཐེག་ཆེན་གྱི་ཟག་བཅས་སྒོམ་ལམ་ཡིན་པར་ཐལ། མཚན་ཉིད་དེའི་ཕྱིར་ཏེ། རྟོག་པ་དང་བཅས་པའི་ཐེག་ཆེན་གྱི་རྗེས་ལ་མངོན་རྟོགས་ཡིན་པའི་ཕྱིར། དེར་ཐལ། བདེན་འཛིན་དང་བཅས་པའི་ཐེག་ཆེན་གྱི་རྗེས་ལ་མངོན་རྟོགས་ཡིན་པའི་ཕྱིར། དེར་ཐལ། བྱང་སེམས་ས་གཉིས་པ་བ་དེ་བདེན་འཛིན་དང་བཅས་པའི་གང་ཟག་ཡིན་པའི་ཕྱིར་ན། འདིར་མ་ཁྱབ།

རྩ་བར་འདོད་མི་ནུས་ཏེ། ས་གཉིས་པའི་བར་ཆད་མེད་ལམ་དེ་ཁྱོད་ཡིན་པའི་ཕྱིར་ཟེར་ན། སྤྱིར་ན་རྫས་སྤྱི་མ་ཡིན་པས་སྙིང་པོ་མེད་ལ། འོན་ཀྱང་མ་ཁྱབ་མཚམས་སུ། བྱང་སེམས་ས་གཉིས་པ་བའི་རྒྱུད་ཀྱི་དབང་ཤེས་དེ། རྟོག་པ་དང་བཅས་པ་ཡིན་པར་ཐལ། བྱང་སེམས་ས་གཉིས་པ་དེ་རྟོག་པ་དང་བཅས་པའི་གང་ཟག་ཡིན་པའི་ཕྱིར། ཁྱབ་པ་ཁས། རྟགས་དེར་ཐལ། བྱང་སེམས་ས་བརྒྱད་པ་བའི་རྒྱུད་ལ་ཡེ་ཤེས་ཆོས་སྐུ་འཛལ་བའི་རྟོག་པ་ཡོད་པའི་ཕྱིར་ཏེ། རྣམ་བཤད་ལས། ས་བརྒྱད་པ་ཡན་ཆད་ན། སྒྲ་དོན་འདྲེས་རུང་དུ་འཛིན་པའི་རྟོག་པ་མེད་ན་གློག་ཕྱུར་གྱི་དོན་ཅུང་ཟད་ཀྱང་ཡུལ་དུ་བྱེད་མི་དགོས་པར་འགྱུར་རོ། །ཞེས་གསུངས་པའི་ཕྱིར།

ཁ་ཅིག ཐལ་འགྱུར་དང་པོ་ལ། དེ་ཆོས་ཅན། རྟོག་པ་དང་བཅས་པར་ཐལ། བདེན་འཛིན་དང་བཅས་པའི་ཕྱིར་ན། མ་ཁྱབ་སྟེ། ས་གཉིས་པའི་བར་ཆད་མེད་ལམ་དེ་བདེན་འཛིན་དང་བཅས་པ་ཡིན་པའི་ཕྱིར། དེར་ཐལ། དེ་བདེན་འཛིན་དང་བྲལ་བ་མ་ཡིན་པའི་ཕྱིར། དེར་ཐལ། དེ་གློ་བུར་གྱི་དྲི་མ་དང་བྲལ་བ་མ་ཡིན་པའི་ཕྱིར་ཏེ། རྒྱུད་བླ་མར། སླུ་བའི་ཆོས་ཅན་ཕྱིར། ཞེས་པའི་ལུང་དོན་གྲུབ་པའི་ཕྱིར་ན་མ་ཁྱབ་སྟེ། འོ་ན། ས་གཉིས་པའི་བར་ཆད་མེད་ལམ་དེ་གང་ཟག་གི་བདག་འཛིན་དང་བཅས་པར་ཐལ། དེ་ཆོས་ཀྱི་བདག་འཛིན་དང་བཅས་པ་གང་ཞིག མཚུངས་པའི་ཕྱིར། དང་པོ་ཁས། འདོད་ན། དེ་ཉོན་མོངས་དང་བཅས་པར་ཐལ། འདོད་པའི་ཕྱིར། འདོད་ན། དེ་ཉོན་མོངས་པའི་ཟག་པ་དང་བཅས་པར་ཐལ། འདོད་པའི་ཕྱིར། འདོད་ན། དེ་ཉོན་མོངས་པའི་ཟག་པ་དང་བཅས་པའི་ཐེག་ཆེན་

現觀二者故。

於彼有云：「二地本智為有法，理應是大乘有漏修道，因是彼性相故，因是具分別之大乘隨現觀故，理應如是，因是具諦實執之大乘隨現觀故。理應如是，因二地菩薩是具諦實執之補特伽羅故。」今此不周遍。

無法承許根本，因二地無間道是爾故。總之是質總有法，故無意義。然於不周遍處，二地菩薩相續之根知，理應是具分別，因二地菩薩是具分別之補特伽羅故。承許周遍。彼因理應如是，因八地菩薩相續中有通達智慧法身之分別故，因《心要莊嚴疏》云：「八地以上若無執取聲、義堪為混合之分別，則變成隱蔽分之義絲毫不須作為境。[73]」故。

有云：「於初應成，彼為有法，理應具分別，因具諦實執故。」不周遍，因二地無間道是具諦實執故。理應如是，因彼非遠離諦實執故。理應如是，因彼非遠離客塵垢染故，因由《大乘寶性論》云：「虛妄。[74]」之文義成立故。不周遍，那麼，二地無間道理應具補特伽羅我執，因彼具法我執且相同故。承許初者，若許，彼理應具煩惱，因許故。若許，彼理應具煩惱漏，因許故。若許，彼理應是具煩惱漏之大乘修道，因許故。若許，彼為有法，理應是有漏修道，因是具煩惱漏之大乘修道故。

ཀྱི་སྒོམ་ལམ་དུ་ཐལ། འདོད་པའི་ཕྱིར། འདོད་ན། དེ་ཆོས་ཅན། ཟག་བཅས་སྒོམ་ལམ་དུ་ཐལ། ཉོན་མོངས་པའི་ཟག་པ་དང་བཅས་པའི་ཐེག་ཆེན་གྱི་སྒོམ་ལམ་ཡིན་པའི་ཕྱིར།

གཞན་ཡང་། ས་གཉིས་པའི་བར་ཆད་མེད་ལམ་ལ་གནས་པའི་སེམས་དཔའ་ཆོས་ཅན། ཁྱོད་ཀྱི་རྒྱུད་ལ་བདེན་འཛིན་དང་བཅས་པའི་བར་ཆད་མེད་ལམ་ཡོད་པར་ཐལ། ཁྱོད་ཀྱི་རྒྱུད་ཀྱི་ས་གཉིས་པའི་བར་ཆད་མེད་ལམ་དེ་བདེན་འཛིན་དང་བཅས་པའི་ཕྱིར། འདོད་ན། ཁྱོད་ཀྱི་རྒྱུད་ལ་བདེན་འཛིན་ཡོད་པར་ཐལ། ཁྱོད་ཀྱི་རྒྱུད་ལ་བདེན་འཛིན་དང་བཅས་པའི་ལམ་ཡོད་པའི་ཕྱིར།

ཁ་ཅིག ཐེག་ཆེན་གྱི་ཟག་བཅས་སྒོམ་ལམ་ཟག་བཅས་མ་ཡིན་ཟེར་བ་མི་འཐད་དེ། དེ་སྒྲ་དོན་འདྲེས་རུང་དུ་འཛིན་པའི་ཞེན་རིག་དང་བཅས་པའི་ཕྱིར་དང་། ཟག་བཅས་ཡིན་ན་སྤང་བྱས་བསྡུས་པའི་ཟག་བཅས་ཡིན་པས་མ་ཁྱབ་པའི་ཕྱིར་ཏེ། རྣམ་བཤད་ལས། འདི་དག་ཟག་བཅས་སུ་བཞག་པ་ནི། སྒྲ་དོན་འདྲེས་རུང་དུ་འཛིན་པའི་རྟོག་པ་དང་བཅས་པ་ལ། ཟག་བཅས་སུ་བཞག་པ་ཡིན་གྱི། སྤང་བྱས་བསྡུས་པའི་ཟག་བཅས་ནི་མ་ཡིན་ཏེ། ཞེས་གསུངས་པའི་ཕྱིར།

ཁོན་རེ། ཟག་བཅས་ཡིན་ན། སྤང་བྱ་ཡིན་པས་ཁྱབ་པར་ཐལ། ཀུན་བཏུས་ལས། ཟག་བཅས་ལ་སྤང་བྱས་ཁྱབ་པར་བཤད་པའི་ཕྱིར་ཟེར་ན། མ་ཁྱབ་སྟེ། ཀུན་བཏུས་ལས་བཤད་པ་དེ་ཉོན་མོངས་པའི་ཟག་བཅས་ལ་དགོངས་པའི་ཕྱིར་ཏེ། རྣམ་བཤད་ལས། མངོན་པ་ཀུན་ལས་བཏུས་སུ་ཟག་བཅས་ལ་སྤང་བྱས་ཁྱབ་པར་བཤད་པ་ཞེས་བྱེད་དུ་བྱེད་པ་ནི་འབྲེལ་བ་མེད་དེ། དེ་ནི་ཉོན་མོངས་པའི་ཟག་བཅས་ཡིན་པས་སོ། །ཞེས་གསུངས་པའི་ཕྱིར།

ཁ་ཅིག རྣམ་བཤད་ལས་འདི་ལྟར་གསུངས་བཞིན་དུ། ས་གཉིས་པའི་བར་ཆད་མེད་ལམ་དེ། ཉོན་མོངས་པའི་ཟག་བཅས་སུ་སྨྲ་བ་ནི། བདག་ཉིད་ཀྱིས་བདག་ཉིད་ལ་ཅོ་འདྲི་བར་ཟད་དོ། །

ཡང་ཁོན་རེ། ཟག་བཅས་ཡིན་ན་རྟོག་བཅས་ཡིན་དགོས་པར་ཐལ། རྟོག་བཅས་ཡིན་ན། ཟག་བཅས་ཡིན་དགོས་པའི་ཕྱིར། འདོད་ན། འདོད་ཆགས་འཁོར་དུ་ལྡན་པའི་མིག་གི་རྣམ་པར་ཤེས་པ་ཟག་བཅས་མ་ཡིན་པར་ཐལ། འདོད་པའི་ཕྱིར། འདོད་ན། དེ་ཉོན་མོངས་པ་དང་བཅས་པ་མ་ཡིན་པར་ཐལ། འདོད་པའི་ཕྱིར། འདོད་ན། དེ་འདོད་ཆགས་དང་བཅས་པ་མ་ཡིན་པར་ཐལ། འདོད་པའི་

◆現觀辨析（中）

復次，住二地無間道之菩薩為有法，爾之相續中理應有具諦實執之無間道，因爾之相續之二地無間道具諦實執故。若許，爾之相續中理應有諦實執，因爾之相續中有具諦實執之道故。

有云：「大乘有漏修道非有漏。」不應理，因彼具執持聲、義堪為混合的耽著知，以及若是有漏不周遍是所斷所攝之有漏故。因《心要莊嚴疏》云：「此等安立為有漏，即於具有『執取聲義可混合之分別』而安立為有漏；並非所斷所含攝之有漏。」故。

有云：「若是有漏，理應周遍是所斷，因《集論》所說有漏皆是所斷故。」不周遍，因《集論》所說乃慮及煩惱之有漏故，因《心要莊嚴疏》云：「將《大乘阿毘達磨集論》所言有漏皆是所斷當作能立，並無關聯；因為其乃煩惱之有漏故。」故。

有云：「《心要莊嚴疏》如是所說，同樣地，二地無間道，說為煩惱之有漏，乃完全是自己輕視自己。」

又有云：「若是有漏理應須是具分別，因若是具分別須是有漏故。若許，具貪眷屬之眼識理應不是有漏，因許故。若許，彼理應不是具煩惱，因許故。若許，彼理應不是具貪，因許故。不能許，因有彼故，因《集論》云：『又貪，於欲界在六識身。[75]』故。」

ཕྱིར། འདོད་མི་ནུས་ཏེ། དེ་ཡོད་པའི་ཕྱིར་ཏེ། ཀུན་བཏུས་ལས། འདོད་ཆགས་ནི་འདོད་པའི་ཁམས་ན་རྣམ་པར་ཤེས་པའི་ཚོགས་དྲུག་དང་ལྡན་པ་ཡིན་པར་རིག་པར་བྱའོ། །ཞེས་གསུངས་པའི་ཕྱིར་ཟེར་ན། ཀུན་བཏུས་ཀྱི་ལུང་འདི་སྔྲ་ཇི་བཞིན་པར་ཁས་བླངས་དུ་མི་རུང་བར་སེམས་ཏེ། མིག་གི་རྣམ་པར་ཤེས་པའི་འཁོར་དུ་བྱུང་བའི་སེམས་བྱུང་ཡིན་ན། དབང་ཤེས་ཡིན་པས་ཁྱབ་པའི་ཕྱིར་སྙམ་སྟེ་དཔྱད་པར་བྱའོ། །

忖思《集論》之引文不可依文承許，因忖思若是眼識眷屬之心所，周遍是根知故，當觀察！

མོས་པ་སྒྲོམ་ལམ།

མོས་པ་རང་གི་དོན་དང་ནི། །ཞེས་སོགས་ཀྱི་སྐབས་སུ། སྤྱིར་བ་དང་། མཐའ་དཔྱད་པ་གཉིས།

དང་པོ་ནི། མོས་པ་སྒྲོམ་ལམ་ཆོས་ཅན། ཁྱོད་ལ་རྣམ་པ་དུ་མར་ཡོད་དེ། ཁྱོད་ལ་རང་དོན་མོས་པ་སྒྲོམ་ལམ། གཉིས་དོན་མོས་པ་སྒྲོམ་ལམ། གཞན་དོན་མོས་པ་སྒྲོམ་ལམ་གསུམ་དུ་ཡོད་པའི་ཕྱིར། གསུམ་པོ་དེ་ཡང་ཆོས་ཅན། དུ་མར་ཡོད་དེ། ཆུང་ངུའི་ཆུང་ངུ་ལ་སོགས་པ་ཉེར་བདུན་ཡོད་པའི་ཕྱིར།

གཉིས་པ་ལ་ཁ་ཅིག ཡུམ་དོན་གསུམ་གྱི་འབྱུང་གནས་སུ་ཡིད་ཆེས་པའི་ཟག་པ་དང་བཅས་པའི་ཐེག་ཆེན་གྱི་རྗེས་ལ་མངོན་རྟོགས། མོས་པ་སྒྲོམ་ལམ་གྱི་མཚན་ཉིད་དང་། རང་དོན་མོས་པ་སྒྲོམ་ལམ་དང་། གཞན་དོན་མོས་པ་སྒྲོམ་ལམ་འགལ་ཟེར་བ་གཉིས་ཚོགས་མི་འཐད་དེ།

མོས་པ་སྒྲོམ་ལམ་དེ། རང་དོན་མོས་པ་སྒྲོམ་ལམ་དང་། གཞན་དོན་མོས་པ་སྒྲོམ་ལམ་གཉིས་གར་ཁས་ལེན་དགོས་པའི་ཕྱིར་ཏེ། དེ་ཡུམ་རང་དོན་གྱི་འབྱུང་གནས་སུ་ཡིད་ཆེས་པའི་ཟག་པ་དང་བཅས་པའི་ཐེག་ཆེན་གྱི་རྗེས་ལ་མངོན་རྟོགས་དང་། ཡུམ་གཞན་དོན་གྱི་འབྱུང་གནས་སུ་ཡིད་ཆེས་པའི་ཟག་པ་དང་བཅས་པའི་ཐེག་ཆེན་གྱི་རྗེས་ལ་མངོན་རྟོགས་གཉིས་གར་ཁས་ལེན་དགོས་པ་གང་ཞིག མཚན་ཉིད་དེ་འཐད་པའི་ཕྱིར། དང་པོ་དེར་ཐལ། དེ་ཡུམ་དོན་གསུམ་གྱི་འབྱུང་གནས་སུ་ཡིད་ཆེས་བའི་ཟག་པ་དང་བཅས་པའི་ཐེག་ཆེན་གྱི་རྗེས་ལ་མངོན་རྟོགས་ཡིན་པའི་ཕྱིར།

གཞན་ཡང་། རང་དོན་མོས་པ་སྒྲོམ་ལམ་དང་། གཞན་དོན་མོས་པ་སྒྲོམ་ལམ་མི་འགལ་བར་ཐལ། མོས་པ་སྒྲོམ་ལམ་ཡིན་ན་མོས་པ་སྒྲོམ་ལམ་གསུམ་ཀ་ཡིན་དགོས་པའི་ཕྱིར། དེར་ཐལ། དེ་ཡིན་ན། ཡུམ་རང་དོན་གྱི་འབྱུང་གནས་སུ་ཡིད་ཆེས་པའི་ཐེག་ཆེན་གྱི་རྗེས་ལ་མངོན་རྟོགས་དང་། ཡུམ་གཞན་དོན་གྱི་དེ་དང་། ཡུམ་དོན་གཉིས་ཀའི་འབྱུང་གནས་སུ་ཡིད་ཆེས་པའི་ཐེག་ཆེན་གྱི་རྗེས་ལ་མངོན་རྟོགས་གསུམ་ཀ་ཡིན་དགོས་པའི་ཕྱིར།

ཁོ་ན་རེ། རང་དོན་མོས་པ་སྒྲོམ་ལམ་དང་། གཞན་དོན་མོས་པ་སྒྲོམ་ལམ་འགལ་བར་ཐལ། ཡུམ་གཙོ་བོར་རང་དོན་གྱི་འབྱུང་གནས་སུ་ཡིད་ཆེས་པའི་ཐེག་ཆེན་གྱི་རྗེས་ལ་མངོན་རྟོགས་དང་།

75 勝解修道

「勝解謂自利……」等之時，論式與辨析二者。

初者，勝解修道為有法，爾有多種，因爾有自利勝解修道、二利勝解修道與他利勝解修道三種故。此復三者為有法，有許多，因有下下品等二十七種故。

第二，有云：「相信佛母為三利來源之有漏的大乘隨現觀，是勝解修道之性相。自利勝解修道與他利勝解修道相違。」

〔此〕二聚不應理，因須承許勝解修道是自利勝解修道及他利勝解修道二者故。因須承許彼是相信佛母為自利來源之有漏的大乘隨現觀，及相信佛母為他利來源之有漏的大乘隨現觀二者，且彼性相應理故。初者理應如是，因彼是相信佛母為三利來源之有漏的大乘隨現觀故。

復次，自利勝解修道及他利勝解修道理應不相違，因若是勝解修道須是勝解修道三者故。理應如是，因若是彼，須是相信佛母為自利來源之大乘隨現觀、相信佛母為他利之彼、相信佛母為二利來源之大乘隨現觀三者故。

有云：「自利勝解修道與他利勝解修道理應相違，因相信佛母主要是自利來源之大乘隨現觀，與相信佛母主要是他利來源之大乘

ཡུམ་གཙོ་བོར་གཞན་དོན་གྱི་འབྱུང་གནས་སུ་ཡིད་ཆེས་པའི་ཐེག་ཆེན་གྱི་རྗེས་ལ་མངོན་རྟོགས་འགལ་བའི་ཕྱིར་ན། མ་གྲུབ་སྟེ། རང་དོན་གཙོ་བོར་དོན་དུ་གཉེར་བའི་བྱང་སེམས་སྒོམ་ལམ་པ་དང་། གཞན་དོན་གཙོ་བོར་དོན་དུ་གཉེར་བའི་བྱང་སེམས་སྒོམ་ལམ་པ་གཉིས་མི་འགལ་བའི་ཕྱིར། དེར་ཐལ། རང་དོན་ཆོས་སྐུ་གཙོ་བོར་དོན་དུ་གཉེར་བའི་བྱང་སེམས་སྒོམ་ལམ་པ་དང་གཞན་དོན་གཟུགས་སྐུ་གཙོ་བོར་དོན་དུ་གཉེར་བའི་བྱང་སེམས་སྒོམ་ལམ་པ་གཉིས་མི་འགལ་བའི་ཕྱིར། དེར་ཐལ། རང་དོན་ཆོས་སྐུ་གཙོ་བོར་དོན་དུ་གཉེར་བའི་བྱང་སེམས་སྒོམ་ལམ་པ་ཡོད་པའི་ཕྱིར།

ཡང་ཁོན་རེ། རང་དོན་མོས་པ་སྒོམ་ལམ་དང་། གཞན་དོན་མོས་པ་སྒོམ་ལམ་གཉིས་འགལ་བར་ཐལ། ཡུམ་རང་དོན་དང་གཞན་དོན་གཉིས་ཀྱི་ནང་ནས་གཙོ་བོར་རང་དོན་གྱི་འབྱུང་གནས་སུ་ཡིད་ཆེས་པའི་ཐེག་ཆེན་གྱི་རྗེས་ལ་མངོན་རྟོགས་དང་། ཡུམ་དེ་གཉིས་ཀྱི་ནང་ནས་གཙོ་བོར་གཞན་དོན་གྱི་འབྱུང་གནས་སུ་ཡིད་ཆེས་པའི་ཐེག་ཆེན་གྱི་རྗེས་ལ་མངོན་རྟོགས་གཉིས་འགལ་བའི་ཕྱིར་ཟེར་ན། གནོད་བྱེད་ཡང་དག་མ་ཡིན་ཏེ། ཡུམ་རང་དོན་གཞན་དོན་གཉིས་ཀྱི་ནང་ནས་གཙོ་བོར་རང་དོན་གྱི་འབྱུང་གནས་སུ་ཡིད་ཆེས་པའི་ཟག་པ་དང་བཅས་པའི་ཐེག་ཆེན་གྱི་རྗེས་ལ་མངོན་རྟོགས་མེད་པའི་ཕྱིར་ཏེ། རང་དོན་གཞན་དོན་གཉིས་ཀྱི་ནང་ནས་གཙོ་བོར་རང་དོན་དོན་དུ་གཉེར་བའི་བྱང་སེམས་སྒོམ་ལམ་པ་མེད་པའི་ཕྱིར། དེར་ཐལ། རང་དོན་ཆོས་སྐུ་དང་། གཞན་དོན་གཟུགས་སྐུ་གཉིས་ཀྱི་ནང་ནས་གཙོ་བོར་རང་དོན་ཆོས་སྐུ་དོན་དུ་གཉེར་བའི་བྱང་སེམས་སྒོམ་ལམ་པ་མེད་པའི་ཕྱིར། དེར་ཐལ། ཐེག་ཆེན་སེམས་བསྐྱེད་རྒྱུད་ལྡན་གྱི་བྱང་སེམས་སྒོམ་ལམ་པ་ཡིན་ན། དེ་གཉིས་ཀྱི་ནང་ནས་གཙོ་བོར་གཞན་དོན་གཟུགས་སྐུ་དོན་དུ་གཉེར་བས་ཁྱབ་པའི་ཕྱིར།

དེར་ཐལ། རྗེའི་གསུང་རབ་ལས། ཐེག་ཆེན་པ་རྣམས་ཀྱི་དོན་དུ་གཉེར་བྱའི་གཙོ་བོ་ནི་བླ་ན་མེད་པའི་བྱང་ཆུབ་དང་། གཞན་དོན་གཉིས་ཀྱི་ནང་ནས་གཙོ་བོར་གཞན་དོན་ཡིན་ལ། བྱང་ཆུབ་མ་ཡིན་ཏེ། བྱང་ཆུབ་ནི་དེའི་ཡན་ལག་ཙམ་དུ་དོན་དུ་གཉེར་བའི་ཕྱིར། དཔེར་ན་སྐོམས་པས་གདུངས་པའི་གང་ཟག་བཏུང་བ་དོན་དུ་གཉེར་བའི་ཡན་ལག་ཏུ་སྣོད་དོན་དུ་གཉེར་བ་བཞིན་ནོ། བྱང་ཆུབ་ལ་ཡང་གཉིས་ལས། གཟུགས་སྐུ་དོན་དུ་གཉེར་བྱའི་གཙོ་བོ་ཡིན་གྱི་ཆོས་སྐུ་མ་ཡིན་ཏེ། གཟུགས་སྐུས་

隨現觀相違故。」因不成，因主要希求自利之修道菩薩，與主要希求他利之修道菩薩二者不相違故。理應如是，因主要希求自利法身之修道菩薩，與主要希求他利色身之修道菩薩二者不相違故。理應如是，因有主要希求自利法身之修道菩薩故。

又有云：「自利勝解修道及他利勝解修道二者理應相違，因相信佛母於自利、他利二者中主要是自利來源之大乘隨現觀，與相信佛母於此二者中主要是他利來源之大乘隨現觀二者相違故。」非正能違害[⑪]，因無相信佛母於自利與他利二者中主要是自利來源之有漏的大乘隨現觀故，因無於自利、他利二者中主要希求自利之修道菩薩故。理應如是，因無於自利法身與他利色身二者中主要希求自利法身之修道菩薩故。理應如是，因若是相續具大乘發心之修道菩薩，周遍是於此二者中主要希求他利色身故。

理應如是，因宗大師至言裡提到：「諸大乘行者之主要所希求，乃無上菩提與他利二者中主要是他利，不是菩提，因菩提僅是彼之支分而希求故。如因渴受苦之補特伽羅希求飲水之支分——希求容器。菩提亦有二種，色身為主要所希求，不是法身，因色身於所化

⑪ 正能違害：指提出他宗過失的正確觀點。

གདུལ་བྱ་ལ་དངོས་སུ་སྣང་ནས་ཆོས་བསྟན་པར་མཛད། ཆོས་སྐུས་དེ་ལྟར་མི་མཛད་པའི་ཕྱིར། ཞེས་གསུངས་པའི་ཕྱིར། རྗེ་བཙུན་ཅོང་ཁ་པ་ཆེན་པོའི་གསུང་འདི་ལྟར་ཡོད་བཞིན་དུ། ཐེག་ཆེན་སེམས་བསྐྱེད་ཡིན་ན། རང་གི་དམིགས་ཡུལ་དུ་གྱུར་པའི་གཞན་དོན་གཟུགས་སྐུ་ཡོད་པས་མ་ཁྱབ་པར་སྨྲ་བ་སོགས་ནི། མི་འཐད་པར་ཤེས་པར་བྱའོ། །

མོས་པ་གསུམ་གྱི་ས་མཚམས་ལ། རོང་ཊཱི་ཀ་པ་ན་རེ། རང་དོན་མོས་པ་སྒོམ་ལམ། མ་དག་ས་བདུན་གྱི་རྗེས་ཐོབ་ཀྱིས་བསྡུས་པ་དང་། གཉིས་དོན་མོས་པ་སྒོམ་ལམ་ས་བརྒྱད་པ་དང་ས་དགུ་པའི་རྗེས་ཐོབ་ཀྱིས་བསྡུས་པ་དང་། གཞན་དོན་མོས་པ་སྒོམ་ལམ་ས་བཅུ་པའི་རྗེས་ཐོབ་ཀྱིས་བསྡུས་ཟེར་བ་མི་འཐད་དེ། ས་བཅུ་པས་བསྡུས་པའི་རང་དོན་མོས་པ་སྒོམ་ལམ་ཡོད་པ་གང་ཞིག ས་གཉིས་པས་བསྡུས་པའི་གཞན་དོན་མོས་པ་སྒོམ་ལམ་ཀྱང་ཡོད་པའི་ཕྱིར།

དང་པོ་དེར་ཐལ། རང་དོན་མོས་པ་སྒོམ་ལམ་ཆེན་པོའི་ཆེན་པོ་ཡོད་པ་གང་ཞིག རང་དོན་མོས་པ་སྒོམ་ལམ་ཆེན་པོའི་ཆེན་པོ་ཡིན་ན། ས་བཅུ་པའི་ཡེ་ཤེས་ཡིན་དགོས་པའི་ཕྱིར། ཕྱི་མ་དེར་ཐལ། དེ་ཡིན་ན། ཐེག་ཆེན་གྱི་སྒོམ་ལམ་ཆེན་པོའི་ཆེན་པོ་ཡིན་དགོས། དེ་ཡིན་ན། ས་བཅུ་པའི་ཡེ་ཤེས་ཡིན་དགོས་པའི་ཕྱིར། རྩ་རྟགས་ཕྱི་མ་དེར་ཐལ། གཞན་དོན་མོས་པ་སྒོམ་ལམ་ཆུང་ངུའི་ཆུང་ངུ་ཡོད་པ་གང་ཞིག དེ་ཡིན་ན། ས་གཉིས་པ་མན་ཆད་ཀྱི་ཡེ་ཤེས་ཡིན་དགོས་པའི་ཕྱིར། ཕྱི་མ་དེར་ཐལ། དེ་ཡིན་ན། ཐེག་ཆེན་སྒོམ་ལམ་ཆུང་ངུའི་ཆུང་ངུ་ཡིན་དགོས། དེ་ཡིན་ན། ས་གཉིས་པ་མན་ཆད་ཀྱི་ཡེ་ཤེས་ཡིན་དགོས་པའི་ཕྱིར།

རང་ལུགས་ཀྱི་མཚན་ཉིད་ནི། ཡུམ་དོན་གསུམ་གྱི་འབྱུང་གནས་སུ་ཡིད་ཆེས་པའི་ཟག་པ་དང་བཅས་པའི་ཐེག་ཆེན་གྱི་རྗེས་ལ་མངོན་རྟོགས་ཞེས་གོང་དུ་ཕ་རོལ་པོས་སྨྲས་པ་ལྟར་ཁས་བླང་ངོ། །

直接顯現而宣說法，法身無如是行故。」故。至尊宗喀巴大師已有如是說，當知「講說若是大乘發心，不周遍有屬自所緣境之他利色身等」，為不應理。

三勝解之界限，榮澤巴云：「自利勝解修道為不淨七地之後得所攝、二利勝解修道為八地及九地後得位所攝、他利勝解修道為十地後得位所攝。」不應理，因有十地所攝之自利勝解修道，且亦有二地所攝之他利勝解修道故。

初者理應如是，因有上上品自利勝解修道，且若是上上品自利勝解修道，須是十地本智故。後者理應如是，因若是彼，須是上上品大乘修道，若是彼，須是十地本智故。後根本因理應如是，因有下下品他利勝解修道，且若是彼，須是二地以下本智故。後者理應如是，因若是彼須是下下品大乘修道，若是彼，須是二地以下本智故。

自宗之性相：如上面對方所言承許為「相信佛母為三利來源之有漏的大乘隨現觀」。

བསྟོད་བཀུར་བསྔགས་པའི་སྒོམ་ལམ།

ཤེས་རབ་ཕ་རོལ་ཕྱིན་པ་ལ། །ཞེས་སོགས་ལ། སངས་རྒྱས་བྱང་སེམས་གོང་མ་རྣམས་ཆོས་ཅན། མོས་པ་གསུམ་སྒོམ་པའི་བྱང་སེམས་ལ་བསྟོད་བཀུར་བསྔགས་པ་མཛད་པ་ཡིན་ཏེ། དེ་ལ་དགུ་ཚན་གསུམ་གྱི་སྒོ་ནས་བསྟོད་བཀུར་བསྔགས་པ་མཛད་པའི་ཕྱིར།

ཁ་ཅིག མོས་པ་སྒོམ་ལམ་བསྒོམས་སྟོབས་ཀྱིས་ཐོབ་པའི་ཡོན་ཏན་མོས་པ་སྒོམ་ལམ་གྱི་ཕན་ཡོན་གྱི་མཚན་ཉིད་ཟེར་བ་མི་འཐད་དེ། མཚན་ཉིད་དེ་རྒྱུད་ལྡན་གྱི་ལམ་མ་ཞུགས་ཀྱི་གང་ཟག་ཡོད་པའི་ཕྱིར། དེར་ཐལ། མོས་པ་སྒོམ་ལམ་བསྒོམས་པའི་ལམ་མ་ཞུགས་ཀྱི་གང་ཟག་ཡོད་པའི་ཕྱིར། རྟགས་སྔར་བསྒྲུབས་ཟིན།

རང་ལུགས། མོས་པ་སྒོམ་ལམ་ཐོབ་སྒྲོང་གི་གང་ཟག་གི་རྒྱུད་ཀྱི་མོས་པ་སྒོམ་ལམ་བསྒོམས་སྟོབས་ཀྱིས་ཐོབ་པའི་ཡོན་ཏན་དེ། མོས་པ་སྒོམ་ལམ་གྱི་ཕན་ཡོན་གྱི་མཚན་ཉིད་ཡིན་ནོ། །

76 讚美、承事、稱揚之修道

「般若波羅蜜……」等文，諸上位佛菩薩為有法，於修習三勝解之菩薩作讚美、承事、稱揚，因於彼以三組九聚之門作讚美、承事、稱揚故。

有云：「以修習勝解修道之力所獲功德，是勝解修道之利益的性相。」不應理，因有相續具此性相之未入道的補特伽羅故。理應如是，因有修勝解修道之未入道的補特伽羅故。前已成立因。

自宗：「曾獲勝解修道之補特伽羅相續的以修勝解修道之力所獲功德」，是勝解修道利益之性相。

བསྔོ་བ་སྒོམ་ལམ།

ཡོངས་སུ་བསྔོ་བ་ཁྱད་པར་ཅན། །ཞེས་སོགས་ཀྱི་སྐབས་སུ་སྦྱོར་བ་དང་། མཐའ་དཔྱད་པ་གཉིས།

དང་པོ་ནི། ས་གཉིས་པ་བ་བའི་རྒྱུད་ཀྱི་བསྔོ་བ་ཆོས་ཅན། ཉན་རང་གི་བསྔོ་བ་ལས་ཁྱད་པར་འཕགས་ཏེ། རང་གཞན་གྱི་དགེ་རྩ་རྫོགས་བྱང་གི་ཡན་ལག་ཏུ་བསྒྱུར་བར་བྱེད་པའི་བསྔོ་བ་ཡིན་པའི་ཕྱིར།

ཁ་ཅིག གཞུང་འདིས་བསྔོ་བ་སྒོམ་ལམ་གྱི་བྱེད་པ་བསྟན་བྱའི་གཙོ་བོར་བྱས་ནས་བསྟན་པར་ཐལ། སྦྱོར་བ་དེ་འཐད་པའི་ཕྱིར། འདོད་ན། དེས་བསྔོ་བ་སྒོམ་ལམ་གྱི་མཚན་ཉིད་དང་དབྱེ་བ་བསྟན་བྱའི་གཙོ་བོར་བྱས་ནས་མ་བསྟན་པར་ཐལ། འདོད་པའི་ཕྱིར་ན། མ་ཁྱབ་སྟེ། སྦྱིན་པ་ཤེས་རབ་བར་དག་དང་། །ཞེས་སོགས་ཀྱིས་མཐར་གྱིས་སྦྱོར་བའི་མཚན་ཉིད་དང་། དབྱེ་བ་གཉིས་ཀ་བསྟན་བྱའི་གཙོ་བོར་བྱས་ནས་བསྟན་པ་ལྟ་བུ་ཡིན་པའི་ཕྱིར།

གཉིས་པ་ལ་ཁ་ཅིག རང་གི་དགེ་རྩ་རྫོགས་བྱང་གི་ཡན་ལག་ཏུ་བསྒྱུར་བར་བྱེད་པའི་བསྔོ་བ་སྒོམ་ལམ་དང་། གཞན་གྱི་དགེ་རྩ་རྫོགས་བྱང་གི་ཡན་ལག་ཏུ་བསྒྱུར་བར་བྱེད་པའི་བསྔོ་བ་སྒོམ་ལམ་འགལ་ཟེར་བ་མི་འཐད་དེ། བསྔོ་བ་སྒོམ་ལམ་ཡིན་ན། དེ་གཉིས་ཀ་ཡིན་དགོས་པའི་ཕྱིར།

རང་ལུགས་ནི། རང་གཞན་གྱི་དགེ་རྩ་རྫོགས་བྱང་གི་ཡན་ལག་ཏུ་བསྒྱུར་བར་བྱེད་པའི་ཟག་པ་དང་བཅས་པའི་ཐེག་ཆེན་གྱི་རྗེས་ལ་མངོན་རྟོགས་དེ། བསྔོ་བ་སྒོམ་ལམ་གྱི་མཚན་ཉིད་ཡིན་ནོ། །

77 迴向修道

「殊勝遍迴向……」等文之時，論式、辨析二者。

初者，二地行者相續之迴向為有法，較聲緣之迴向殊勝，因是將自他善根轉成圓滿菩提之支分的迴向故。

有云：「此引文理應以迴向修道之作用為主要所詮而宣說，因彼論式應理故。若許，彼理應不以迴向修道之性相及分類為主要所詮而宣說，因許故。」不周遍，因如「布施至般若……」等文以漸次加行性相及分類二者為主要所詮而宣說故。

第二，有云：「將自善根轉成圓滿菩提支分之迴向修道與將他之善根轉成圓滿菩提支分之迴向修道相違。」不應理，因若是迴向修道，須是此二者故。

自宗：「將自他善根轉成圓滿菩提支分之有漏的大乘隨現觀」，乃迴向修道之性相。

ཇེས་སུ་ཡི་རང་བའི་སྒོམ་ལམ།

ཐབས་དང་མི་དམིགས་པ་དག་གིས། །ཞེས་སོགས་ཀྱི་སྐབས་སུ། སྦྱོར་བ་དང་། མཐའ་དཔྱོད་པ་གཉིས།

དང་པོ་ནི། ས་གཉིས་པ་བའི་རྒྱུད་ཀྱི་རང་གཞན་གྱི་དགེ་རྩ་ལ་དགའ་བ་སྒོམ་པའི་ཡིད་བདེ་ཆོས་ཅན། ཇེས་སུ་ཡི་རང་སྒོམ་ལམ་ཡིན་ཏེ། རང་གཞན་གྱི་དགེ་རྩ་ལ་དགའ་བ་སྒོམ་པའི་ཐབ་པ་དང་བཅས་པའི་ཐེག་ཆེན་གྱི་ཇེས་ལ་མངོན་རྟོགས་ཡིན་པའི་ཕྱིར།

གཉིས་པ་ལ། ཁ་ཅིག རང་གི་དགེ་རྩ་ལ་དགའ་བ་སྒོམ་པའི་ཇེས་སུ་ཡི་རང་སྒོམ་ལམ་དང་། གཞན་གྱི་དགེ་རྩ་ལ་དགའ་བ་སྒོམ་པའི་ཇེས་སུ་ཡི་རང་སྒོམ་ལམ་གཉིས་འགལ་ཟེར་བ་མི་འཐད་དེ། ཇེས་སུ་ཡི་རང་སྒོམ་ལམ་ཡིན་ན། དེ་གཉིས་ཀ་ཡིན་དགོས་པའི་ཕྱིར།

དེས་ན། རང་གཞན་གྱི་དགེ་རྩ་ལ་དགའ་བ་སྒོམ་པའི་ཐབ་པ་དང་བཅས་པའི་ཐེག་ཆེན་གྱི་ཇེས་ལ་མངོན་རྟོགས་དེ། ཇེས་སུ་ཡི་རང་སྒོམ་ལམ་གྱི་མཚན་ཉིད། བྱང་སེམས་སྒོམ་ལམ་པའི་རྒྱུད་ཀྱི་མོས་པ་དང་། བསྔོ་བ་དང་། ཇེས་སུ་ཡི་རང་གསུམ་པོ་གང་རུང་ཡིན་ན། མོས་པ་སྒོམ་ལམ་དང་། བསྔོ་བ་སྒོམ་ལམ་དང་། ཇེས་སུ་ཡི་རང་སྒོམ་ལམ་གསུམ་པོ་གང་རུང་ཡིན་པས་ཁྱབ་ཀྱང་། སྒོམ་ལམ་གསུམ་པོ་གང་རུང་ཡིན་ན། ཚུར་ལ་མ་ཁྱབ་སྟེ། བྱང་སེམས་སྒོམ་ལམ་པའི་རྒྱུད་ཀྱི་མོས་བསྔོ་ཇེས་སུ་ཡི་རང་གསུམ་པོ་གང་རུང་ཡིན་ན། སེམས་བྱུང་ཡིན་དགོས། སྒོམ་ལམ་གསུམ་པོ་གང་རུང་གིས་བསྡུས་པའི་སེམས་སེམས་བྱུང་གཉིས་ཀ་ཡོད་པའི་ཕྱིར།

འོ་ན། སྒོམ་ལམ་གསུམ་པོ་འགལ་ལམ་ཞེ་ན།

ཁ་ཅིག མི་འགལ་ཏེ། ཐབ་བཅས་སྒོམ་ལམ་གཅིག་ཉིད་ཡུམ་དོན་གསུམ་གྱི་འབྱུང་གནས་སུ་ཡིད་ཆེས་པར་བྱེད་པའི་ཆ་ནས་མོས་པ་སྒོམ་ལམ་དང་། རང་གཞན་གྱི་དགེ་རྩ་རྫོགས་བྱང་གི་ཡན་ལག་ཏུ་བསྒྱུར་བར་བྱེད་པའི་ཆ་ནས་བསྔོ་བ་སྒོམ་ལམ་དང་། རང་གཞན་གྱི་དགེ་རྩ་ལ་དགའ་བ་སྒོམ་

78 隨喜修道

「由方便無得……」等文之時，論式、辨析二者。

初者，二地行者相續之於自他善根修歡喜之意喜為有法，為隨喜修道，因是於自他善根修歡喜之有漏大乘隨現觀故。

第二，有云：「於自善根修歡喜之隨喜修道，與於他善根修歡喜之隨喜修道二者相違。」不應理，因若是隨喜修道須是此二者故。

是故，「於自他善根修歡喜之有漏的大乘隨現觀」，是隨喜修道之性相。若是修道菩薩相續之勝解、迴向與隨喜三者任一，雖周遍是勝解修道、迴向修道、隨喜修道三者隨一，然若是修道三者隨一不周遍是彼三者任一，因若是修道菩薩相續之勝解、迴向、隨喜三者任一須是心所，有修道三者隨一所攝之心、心所二者故。

那麼，修道三者相違否？

有云：「不相違，因單一有漏修道，以相信佛母為三利來源之分安立為勝解修道、以轉變自他善根成為圓滿菩提支分之分安立為迴向修道、以於自他善根修歡喜之分安立為隨喜修道故。」

པའི་ཚ་ནས་ཇེས་སུ་ཡི་རང་སྒོམ་ལམ་དུ་བཞག་པའི་ཕྱིར། ཞེས་གསུངས།

ཁ་ཅིག དེ་གསུམ་འགལ་ཏེ། དེ་གསུམ་གྱི་བྱེད་ལས་འགལ་བའི་ཕྱིར་དང་། བྱང་སེམས་སྒོམ་ལམ་པའི་རྒྱུད་ཀྱི་མོས་བསྔོ་རྗེས་སུ་ཡི་རང་གསུམ་འགལ་བའི་ཕྱིར། ཞེས་གསུངས་ཏེ། གང་བདེ་བྱའོ། །མོས་བསྔོ་རྗེས་སུ་ཡི་རང་གསུམ་གང་རུང་གིས་བསྡུས་པའི་ཐེག་དམན་གྱི་མཐོང་ལམ་དང་སྒོམ་ལམ་ཡོད་ཀྱང་ཐེག་དམན་གྱི་མོས་པ་སྒོམ་ལམ་སོགས་གསུམ་ཡོད་མི་དགོས་ཏེ། སྔར་མཚན་ཉིད་བཤད་པས་རྟོགས་ནུས་པའི་ཕྱིར།

ཁོ་ན་རེ། ཐེག་དམན་གྱི་བསྔོ་བ་སྒོམ་ལམ་ཡོད་པར་ཐལ། ཉན་ཐོས་སྒོམ་ལམ་པའི་རྒྱུད་ཀྱི་བསྔོ་བ་དེ། ཐེག་དམན་གྱི་བསྔོ་བ་སྒོམ་ལམ་ཡིན་པའི་ཕྱིར། དེར་ཐལ། དེ་ཐེག་དམན་གྱི་བསྔོ་བ་གང་ཞིག སྒོམ་ལམ་ཡིན་པའི་ཕྱིར་ན། མ་ཁྱབ་སྟེ། ཐེག་དམན་ལ་བསྔོ་བ་སྒོམ་ལམ་གྱི་ཐ་སྙད་གང་ནས་ཀྱང་བཤད་པ་མེད་པའི་ཕྱིར། དེས་སྒོམ་ལམ་གཞན་གཉིས་ལའང་རིགས་འགྲེའོ། །

現觀辨析（中）

有云：「此三者相違，因此三者之作用相違，以及菩薩修道者相續之勝解、迴向、隨喜三者相違故。」〔當視〕何者為善！雖有勝解、迴向、隨喜三者隨一所攝之小乘見道及修道，然不須有小乘勝解修道等三者，因由先前所說性相能了知故。

有云：「理應有小乘迴向修道，因聲聞修道者相續之迴向是小乘迴向修道故。理應如是，因彼是小乘之迴向且是修道故。」不周遍，因任於何處皆未於小乘提及迴向修道之名言故。餘二修道亦以此類推。

སྦྱོར་བ་སྒོམ་ལམ་དང་རྣམ་དག་སྒོམ་ལམ་བཤད་པ།

ཟག་པ་དང་བཅས་པའི་འོག་ཏུ་ཟག་པ་མེད་པའི་སྒོམ་པའི་ལམ་སྐྱེ་དེ་ཡང་རྣམ་པ་གཉིས་སོ། །ཞེས་པའི་སྐབས་སུ། སྤྱིར་བ་དང་། མཐའ་དཔྱད་པ་གཉིས།

དང་པོ་ནི། ཐེག་ཆེན་གྱི་ཟག་མེད་སྒོམ་ལམ་ལ་གཉིས་ཡོད་དེ། དེ་ལ་སྦྱོར་བ་སྒོམ་ལམ་དང་། རྣམ་དག་སྒོམ་ལམ་གཉིས་ཡོད་པའི་ཕྱིར།

གཉིས་པ་ལ་ཁ་ཅིག ཐེག་ཆེན་གྱི་ཟག་མེད་སྒོམ་ལམ་གང་ཞིག ཐེག་ཆེན་གྱི་བར་ཆད་མེད་ལམ་གྱི་ངོ་བོར་གྱུར་པ། སྦྱོར་བ་སྒོམ་ལམ་གྱི་མཚན་ཉིད། དེ་གང་ཞིག ཐེག་ཆེན་གྱི་རྣམ་གྲོལ་ལམ་གྱི་ངོ་བོར་གྱུར་པ། རྣམ་དག་སྒོམ་ལམ་གྱི་མཚན་ཉིད་ཟེར་བ་མི་འཐད་དེ། གང་ཟག་གི་བདག་མེད་མངོན་སུམ་དུ་རྟོགས་པའི་བྱང་སེམས་ཀྱི་སྒོམ་ལམ་དེ། སྦྱོར་བ་སྒོམ་ལམ་དང་། རྣམ་དག་སྒོམ་ལམ་གཉིས་ཀ་ཡིན་པ་གང་ཞིག ཐེག་ཆེན་གྱི་བར་ཆད་མེད་ལམ་དང་། རྣམ་གྲོལ་ལམ་གང་ཡང་མ་ཡིན་པའི་ཕྱིར། དང་པོ་དེར་ཐལ། རང་གི་ཐོབ་བྱར་གྱུར་པའི་རྟོགས་པ་དང་སྤང་བ་མཐར་ཐུག་གཉིས་ཀའི་ལག་རྗེས་འཛོག་བྱེད་ཀྱི་ཐེག་ཆེན་གྱི་ཟག་མེད་སྒོམ་ལམ་ཡིན་པའི་ཕྱིར། གཉིས་པ་དེར་ཐལ། དེ་རང་གི་འཇུག་ཡུལ་ཀུན་རྫོབ་བདེན་པ་དངོས་སུ་རྟོགས་པའི་བློ་ཡིན་པའི་ཕྱིར།

ཁ་ཅིག ཐེག་ཆེན་གྱི་ཟག་མེད་སྒོམ་ལམ་གང་ཞིག རྟོགས་པ་མཐར་ཐུག་གི་ལག་རྗེས་འཛོག་བྱེད་ཀྱི་རིགས་སུ་གནས་པ། སྦྱོར་བ་སྒོམ་ལམ་གྱི་མཚན་ཉིད། དེ་གང་ཞིག སྤངས་པ་མཐར་ཐུག་གི་ལག་རྗེས་འཛོག་བྱེད་ཀྱི་རིགས་སུ་གནས་པ། རྣམ་དག་སྒོམ་ལམ་གྱི་མཚན་ཉིད་ཟེར་བ་མི་འཐད་དེ། གང་ཟག་གི་བདག་མེད་མངོན་སུམ་དུ་རྟོགས་པའི་བྱང་སེམས་ཀྱི་སྒོམ་ལམ་དེ། རྟོགས་པ་དང་སྤངས་པ་མཐར་ཐུག་གང་གི་ཡང་ལག་རྗེས་འཛོག་བྱེད་ཀྱི་རིགས་སུ་མི་གནས་པའི་ཕྱིར་ཏེ། དེ་ཐེག་ཆེན་གྱི་རྟོགས་རིགས་སུ་མི་གནས་པའི་ཕྱིར།

ཁ་ཅིག སྦྱོར་བ་སྒོམ་ལམ་དང་། རྣམ་དག་སྒོམ་ལམ་གཉིས་འགལ་ཏེ། གཙོ་བོར་སྤངས་པ་མཐར་ཐུག་གི་ལག་རྗེས་འཛོག་བྱེད་དང་། གཙོ་བོར་རྟོགས་པ་མཐར་ཐུག་གི་ལག་རྗེས་འཛོག་བྱེད

◆現觀辨析（中）

79 講說正行修道及清淨修道

「有漏之後為無漏修道，其又有二種。」之時，論式、辨析二者。

初者，大乘無漏修道有二，因有正行修道及清淨修道二者故。

第二，有云：「是大乘無漏修道，且是大乘無間道之體性，乃正行修道之性相。是彼，且是大乘解脫道之體性，乃清淨修道之性相。」不應理，因現證補特伽羅無我之菩薩修道，是正行修道與清淨修道二者，且非大乘無間道與解脫道任一故。初者理應如是，因是留下屬自所得之究竟斷、證二者之手跡的大乘無漏修道故。次者理應如是，因彼是直接通達自之趣入境世俗諦之覺知故。

有云：「是大乘無漏修道，且住留下究竟證德之手跡之類，乃正行修道之性相。是彼，且住留下究竟斷德之手跡之類，乃清淨修道之性相。」不應理，因現證補特伽羅無我之菩薩修道，不住留下究竟證、斷任一手跡之類故，因彼不住大乘證類故。

有云：「正行修道與清淨修道二者相違，因主要留下究竟斷德之手跡及主要留下究竟證德之手跡二者相違故。」因不成，因若是

གཉིས་འགལ་བའི་ཕྱིར། ཟེར་ན། རྟགས་མ་གྲུབ་སྟེ། ཐེག་ཆེན་གྱི་སྒོམ་ལམ་མཉམ་གཞག་ཡེ་ཤེས་ཡིན་ན། དེ་གཉིས་ཀ་ཡིན་དགོས་པའི་ཕྱིར།

ཡང་ཁོན་རེ། སྒོམ་ལམ་དེ་གཉིས་འགལ་ཏེ། སྦྱངས་རྟོགས་གཉིས་ཀྱི་ནང་ནས། གཙོ་བོར་རྟོགས་པ་མཐར་ཐུག་གི་ལག་རྗེས་འཇོག་བྱེད་དང་། དེ་གཉིས་ཀྱི་ནང་ནས། གཙོ་བོར་སྦྱངས་པ་མཐར་ཐུག་གི་ལག་རྗེས་འཇོག་བྱེད་འགལ་བའི་ཕྱིར་ཟེར་ན། རྟགས་མ་གྲུབ་སྟེ། ལག་རྗེས་འཇོག་བྱེད་དེ་གཉིས་མེད་པའི་ཕྱིར་ཏེ། བྱས་མི་རྟག་གཉིས་ཀྱི་ནང་ནས་བྱས་པ་དང་། དེ་གཉིས་ཀྱི་ནང་ནས་མི་རྟག་པ་གཉིས་ཀ་གཞི་མ་གྲུབ་པའི་ཕྱིར་ཏེ། དེ་གཉིས་ཀྱི་ནང་ནས་བྱས་པ་གཞི་གྲུབ་ན། མི་རྟག་པ་གཞི་མ་གྲུབ་དགོས། ཅིག་ཤོས་ལ་ཡང་དེ་ལྟར་དགོས་པའི་ཕྱིར།

ཡང་ཁ་ཅིག སྒྲུབ་པ་སྒོམ་ལམ་དང་། རྣམ་དག་སྒོམ་ལམ་གང་རུང་ཡིན་ན། མཉམ་གཞག་ཡེ་ཤེས་ཡིན་པས་ཁྱབ་ཟེར་བ་མི་འཐད་དེ། གཟུགས་བདེན་སྟོང་སྒྱུ་མ་ལྟ་བུར་གསལ་བར་སྣང་བའི་ཐེག་ཆེན་གྱི་སྒོམ་ལམ་རྗེས་ཐོབ་ཡེ་ཤེས་དང་གང་ཟག་གི་བདག་མེད་མངོན་སུམ་དུ་རྟོགས་པའི་ཐེག་ཆེན་གྱི་སྒོམ་ལམ་རྗེས་ཐོབ་ཡེ་ཤེས་གཉིས་སྒོམ་ལམ་དེ་གཉིས་ཀ་ཡིན་པར་ནུཤད་ཟིན་པའི་ཕྱིར།

རང་ལུགས། ཐེག་ཆེན་གྱི་ཟག་མེད་སྒོམ་ལམ་གང་ཞིག རྟོགས་པ་མཐར་ཐུག་གི་ལག་རྗེས་འཇོག་བྱེད། སྒྲུབ་པ་སྒོམ་ལམ་གྱི་མཚན་ཉིད། དེ་གང་ཞིག སྦྱངས་པ་མཐར་ཐུག་གི་ལག་རྗེས་འཇོག་བྱེད། རྣམ་དག་སྒོམ་ལམ་གྱི་མཚན་ཉིད། སྒོམ་ལམ་དེ་གཉིས་དོན་གཅིག་ཅིང་ས་མཚམས་ཀྱང་ས་དང་པོ་ནས་ཡོད་དོ། །

དེ་ཡི་ངོ་བོ་ཉིད་མཆོག་ཉིད། །ཅེས་པར། སྒྲུབ་པ་སྒོམ་ལམ་ཆོས་ཅན། ཁྱད་ཆོས་ལྔ་དང་ལྡན་ཏེ། ངོ་བོ། འབྲས་བུ། བྱེད་ལས་ཀྱི་ཁྱད་པར་གསུམ་དང་། གནས་སྐབས་ཀྱི་ཡོན་ཏན་དང་འབྲེལ་བའི་ཁྱད་པར། མཐར་ཐུག་གི་ཡོན་ཏན་དང་འབྲེལ་བའི་ཁྱད་པར་རྣམས་དང་ལྡན་པའི་ཕྱིར།

འབྲས་བུ་དག་པ་གཟུགས་ལ་སོགས་ཞེས་པར། རོང་ཊཱིཀ་པ་ན་རེ། འབྲས་བུ་རྣམ་གྲོལ་ལམ་ཆོས་ཅན། ཁྱོད་རང་རྒྱུ་བར་ཆད་མེད་ལམ་གྱི་བསལ་བྱའི་དྲི་མས་དག་པ་ན། ཁྱོད་ཀྱི་ཡུལ་གཟུགས

大乘修道根本智，須是彼二者故。

又有云：「此二修道相違，因斷、證二者之中主要留下究竟證德之手跡，與此二者之中主要留下究竟斷德之手跡相違故。」因不成，因無留下此二者之手跡故，因所作、無常二者中所作性與此二者中無常二者皆非基成故，因此二者中若所作性基成，無常須非基成，另一者亦須如此故。

又有云：「若是正行修道與清淨修道任一，周遍是根本智。」不應理，因先前已說「清楚顯現色諦實空如幻之大乘修道後得智」與「現證補特伽羅無我之大乘修道後得智」二者是此二修道故。

自宗：「是大乘無漏修道，且留下究竟證德之手跡」，即正行修道之性相。「是彼，且留下究竟斷德之手跡」，即清淨修道之性相。此二修道同義且界限亦從初地有。

所謂「此自性殊勝」，正行修道為有法，具五差別法，因有體性、果、作用之三差別、與暫時功德有關之差別、與究竟功德有關之差別等故。

「果法清淨性」，榮澤巴云：「果解脫道為有法，若爾淨除自因無間道之所消除之垢染，爾之境——色等亦是淨除自因無間道之

སོགས་ཀྱང་རང་རྒྱ་བར་ཆད་མེད་ལམ་གྱི་བསལ་བྱའི་དྲི་མས་དག་པ་ཡིན་ཏེ། ཁྱོད་རང་རྒྱ་བར་ཆད་མེད་ལམ་གྱི་བསལ་བྱའི་དྲི་མས་དག་པའི་དག་པ་དང་། ཁྱོད་ཀྱི་ཡུལ་གཟུགས་སོགས་དེས་དག་པའི་དག་པ་གཉིས་རང་མཚན་ལ་རྫས་ཐ་དད་མ་ཡིན་ཞིང་། སྤྱི་མཚན་ལ་ལྡོག་པ་སོ་སོར་དབྱེད་རྒྱུ་མེད་པའི་ཕྱིར། ཟེར་བ་མི་འཐད་དེ། རྣམ་མཁྱེན་རྒྱུན་མཐའི་བར་ཆད་མེད་ལམ་གྱི་བསལ་བྱའི་དྲི་མས་དག་པ་ན། ཡུལ་གཟུགས་སོགས་དེས་དག་པ་མི་འཐད་པའི་ཕྱིར་ཏེ། རྣམ་མཁྱེན་དེས་དག་པ་ན། སེམས་ཅན་ཐམས་ཅད་དེས་དག་པ་མི་འཐད་པའི་ཕྱིར། མ་གྲུབ་ན། སེམས་ཅན་ཐམས་ཅད་འབད་མེད་དུ་གྲོལ་བར་ཐལ་ལོ། །

གཞན་ཡང་། ས་བརྒྱད་པའི་རྣམ་གྲོལ་ལམ་གྱིས་བདེན་འཛིན་ཆུང་ངུའི་ཆེན་པོ་སྤངས་པ་ན། གཟུགས་ནས་རྣམ་མཁྱེན་གྱི་བར་གྱི་ཆོས་ཐམས་ཅད་ཀྱིས་དེ་སྤངས་པར་ཐལ། དམ་བཅའ་དེའི་ཕྱིར། འདོད་ན། སྐྱེས་བུ་གཅིག་སངས་རྒྱས་པ་ན། སྐྱེས་བུ་ཕྱི་མ་རྣམས་ལམ་སྒོམ་པའི་འབད་པ་ལ་མི་ལྟོས་པར་སངས་རྒྱས་ཟིན་པར་ཐལ། འདོད་པའི་ཕྱིར། ཁྱབ་སྟེ། རྣམ་བཤད་ལས། དོན་ནི་རྣལ་འབྱོར་པ་རང་ཉིད་ཀྱིས་དྲི་མ་མཐའ་དག་ཟད་པ་ན། དེའི་ཡུལ་མཐའ་དག་དྲི་མ་མཐའ་དག་གིས་དབེན་པར་སྟོན་པ་མ་ཡིན་ཏེ། དེ་ལྟ་ན་སྐྱེས་བུ་གཅིག་སངས་རྒྱས་པ་ན་ཕྱི་མས་ལམ་སྒོམ་པའི་འབད་པ་ལ་མི་ལྟོས་པར་ཐལ་བར་འགྱུར་རོ། ཞེས་གསུངས་པའི་ཕྱིར།

རང་ལུགས། ས་བརྒྱད་པའི་རྣམ་གྲོལ་ལམ་བདེན་འཛིན་ཆུང་ངུའི་ཆེན་པོས་དག་པ་ན། གཟུགས་སོགས་ཀྱང་ས་བརྒྱད་པའི་རྣམ་གྲོལ་ལམ་ལ་གནས་པའི་སེམས་དཔའི་རྒྱུད་ཀྱི་བདེན་འཛིན་ཆུང་ངུའི་ཆེན་པོས་དག་པ་ཡིན་ཏེ། ས་བརྒྱད་པའི་རྣམ་གྲོལ་ལམ་བདེན་འཛིན་ཆུང་ངུའི་ཆེན་པོས་དག་པ་དང་། གཟུགས་སོགས་ཀྱང་རྣམ་གྲོལ་ལམ་ལ་གནས་པའི་སེམས་དཔའ་དེའི་རྒྱུད་ཀྱི་བདེན་འཛིན་ཆུང་ངུའི་ཆེན་པོས་དག་པའི་དག་པ་གཉིས། དག་བྱ་གཅིག་གིས་དབེན་པའི་དག་པར་མཚུངས་པའི་ཕྱིར། ཞེས་པ་གཞུང་དོན་ཡིན་པའི་ཕྱིར་ཏེ། རྣམ་བཤད་ལས། འོ་ན་ཅི་ཞེ་ན་གང་ཟག་དེ་ཉིད་དྲི་མས་དབེན་པ་ན། དེའི་རྒྱུད་ཀྱི་སྣང་བྱ་དེ་ཉིད་ཀྱིས་དེའི་ཡུལ་གཟུགས་ལ་སོགས་པ་ཡང་དབེན་

所消除的垢染，因『爾淨除自因無間道之所消除的垢染之淨』與『爾之境——色等淨除彼之淨』二者，於自相非質異，且於共相無各別觀察之返體故。」不應理，因若一切相智淨除最後流無間道之所消除的垢染，則〔彼之〕境——色等淨除彼，不應理故，因若一切相智淨除，則一切有情〔皆〕淨除彼，不合理故。若不成，則成一切有情無勤解脫矣。

復次，若八地解脫道斷除下上品諦實執，從色法至一切相智中的所有法理應斷除彼，因彼宗故。若許，若一士夫成佛，則後面諸士夫不觀待勤奮修習道理應已成佛，因許故。周遍，因《心要莊嚴疏》云：「意思並不是說瑜伽者自己若染污完全斷盡，彼之所有對境皆遠離一切染污；若如是，則一士夫成佛時，變成以後眾人無需依賴觀修道之努力。」故。

自宗：若八地解脫道淨除下上品諦實執，則色等亦是淨除住八地解脫道之菩薩相續的下上品諦實執，因八地解脫道淨除下上品諦實執之淨，與色等亦淨除住解脫道之彼菩薩相續的下上品諦實執之淨二者，同為遠離一所淨之淨故，是引文義故。因《心要莊嚴疏》云：「彼補特伽羅若遠離染污，其境——色等亦遠離其心續之彼所斷；故彼瑜伽者緣於色等時，出現不同於往昔之表象，如同證悟緣起諦實空之補特伽羅乃出現緣起如幻。[76]」故。

པས། རྣལ་འབྱོར་པ་དེ་ཉིད་ཀྱིས་གཟུགས་ལ་སོགས་པ་དམིགས་པའི་ཚེ། སྔར་ལས་མི་འདྲ་བའི་སྣང་བ་འཆར་བ་ཡིན་ཏེ། རྟེན་འབྲེལ་བདེན་སྟོང་དུ་རྟོགས་པའི་གང་ཟག་ལ་རྟེན་འབྲེལ་སྒྱུ་མར་འཆར་བ་བཞིན་ནོ། །ཞེས་གསུངས་པའི་ཕྱིར།

ཁོ་ན་རེ། གཞུང་འདིས། རྣམ་དག་སྒོམ་ལམ་གྱི་ཡུལ་གློ་བུར་རྣམ་དག་དངོས་བསྟན་བསྟན་བྱའི་གཙོ་བོར་བྱེད་པར་ཐལ། དམ་བཅའ་དེའི་ཕྱིར། འདོད་ན། འདིའི་ཌཱིཀ་བྱ་ཙ་བའི་མདོས། དེ་ལྟར་བྱེད་པར་ཐལ། འདོད་པའི་ཕྱིར་ན་མ་ཁྱབ་སྟེ། མདོ་ལས། རང་བཞིན་རྣམ་དག་དངོས་སུ་བསྟན་ནས་གློ་བུར་རྣམ་དག་ཤུགས་ལ་བསྟན་པས། ཤུགས་བསྟན་དེ་ཉིད་བསྟན་བཅོས་སུ་དངོས་སུ་ཌཱིཀ་པའི་ཕྱིར།

ཉོན་མོངས་ཤེས་བྱ་ལམ་གསུམ་གྱི། །ཞེས་སོགས་ཀྱི་སྐབས་སུ་སྦྱོར་བ་དང་། མཐའ་དཔྱད་པ་གཉིས།

དང་པོ་ནི། ཉན་ཐོས་དགྲ་བཅོམ་པའི་རྒྱུད་ཀྱི་འགོག་བདེན་ཆོས་ཅན། ཉན་ཐོས་ཀྱི་རྣམ་དག་ཡིན་ཏེ། ཉོན་སྒྲིབ་སྤངས་པའི་ཉན་ཐོས་ཀྱི་རྒྱུད་ཀྱི་བྲལ་བ་ཡིན་པའི་ཕྱིར།

རང་རྒྱལ་དགྲ་བཅོམ་པའི་རྒྱུད་ཀྱི་འགོག་བདེན་ཆོས་ཅན། རང་རྒྱལ་གྱི་རྣམ་དག་ཡིན་ཏེ། གཟུང་འཛིན་རྫས་ཐ་དད་དུ་འཛིན་པའི་འཛིན་པ་སྤངས་པའི་རང་རྒྱལ་གྱི་རྒྱུད་ཀྱི་བྲལ་བ་ཡིན་པའི་ཕྱིར།

བྱང་སེམས་ས་གཉིས་པ་བའི་རྒྱུད་ཀྱི་འགོག་བདེན་ཆོས་ཅན། བྱང་སེམས་ཀྱི་རྣམ་དག་ཡིན་ཏེ། རང་ཐོབ་བྱེད་ཀྱི་ཐབས་སུ་གྱུར་པའི་བར་ཆད་མེད་ལམ་གྱི་ངོ་སྐལ་གྱི་སྒྲིབ་པ་སྤངས་པའི་བྱང་སེམས་ཀྱི་རྒྱུད་ཀྱི་བྲལ་བ་ཡིན་པའི་ཕྱིར།

སངས་རྒྱས་འཕགས་པའི་ཐུགས་རྒྱུད་ཀྱི་འགོག་བདེན་ཆོས་ཅན། རྣམ་དག་ཤིན་ཏུ་བ་ཡིན་ཏེ། སྒྲིབ་གཉིས་བག་ཆགས་དང་བཅས་པ་སྤངས་པའི་བྲལ་བ་ཡིན་པའི་ཕྱིར།

གཉིས་པ་ལ། ཁ་ཅིག སྔ་མ་གཉིས་ཀྱི་རྟགས་དེ་གཉིས། བསལ་བ་དེ་གཉིས་ཀྱི་མཚན་ཉིད་ཡིན་ཟེར་བ་མི་འཐད་དེ། ཉན་ཐོས་ཀྱི་མཐོང་ལམ་རྣམ་གྲོལ་ལམ་ལ་གནས་པའི་གང་ཟག་གི་རྒྱུད་ཀྱི་གང་

有云：「此引文理應是將清淨修道之境——客塵清淨作為直接顯示之主要所示，因彼宗故。若許，此之所詮釋根本經理應如是作，因許故。」不周遍，因經直接顯示自性清淨，間接顯示客塵清淨，故此間接顯示於論典是直接講述故。

「惑所知三道……」等之時，論式與辨析二者。

初者，聲聞阿羅漢相續之滅諦為有法，是聲聞清淨，因是斷除煩惱障之聲聞相續之離法故。

獨覺阿羅漢相續之滅諦為有法，是獨覺清淨，因是斷除執能取所取異質之執著的獨覺相續之離法故。

二地菩薩相續之滅諦為有法，是菩薩清淨，因是斷除「屬能得自之方便的無間道之應斷障」之菩薩相續的離法故。

佛聖者心續之滅諦為有法，是最極清淨，因是斷除二障及其習氣之離法故。

第二，有云：「前二者之彼二因，為彼二遣法之性相。」不應理，因住聲聞見道解脫道補特伽羅相續之斷除見所斷補特伽羅我執

ཟག་གི་བདག་འཛིན་མཐོང་སྤྱངས་སྤྱངས་པའི་འགོག་བདེན་ཉན་ཐོས་ཀྱི་རྣམ་དག་དང་། རང་རྒྱལ་གྱི་མཐོང་ལམ་རྣམ་གྲོལ་ལམ་ལ་གནས་པའི་གང་ཟག་གི་རྒྱུད་ཀྱི་གཟུང་འཛིན་རྫས་གཞན་དུ་འཛིན་པའི་འཛིན་པ་ཀུན་བཏགས་སྤྱངས་པའི་འགོག་བདེན། རང་རྒྱལ་གྱི་རྣམ་དག་ཏུ་བྱེད་དགོས་པའི་ཕྱིར།

གཞན་ཡང་། བྱང་སེམས་ཀྱི་རྣམ་དག་མེད་པར་ཐལ། ཐེག་ཆེན་གྱི་རྣམ་དག་ཡིན་ན། ཐེག་ཆེན་གྱི་མྱང་འདས་ཡིན་དགོས་པའི་ཕྱིར། མ་གྲུབ་ན་སོང་། དེར་ཐལ། ཐེག་དམན་གྱི་རྣམ་དག་ཡིན་ན། ཐེག་དམན་གྱི་མྱང་འདས་ཡིན་དགོས་པའི་ཕྱིར། དེར་ཐལ། ཉན་ཐོས་དང་རང་རྒྱལ་སོ་སོ་ལ་དེ་ལྟར་དགོས་པའི་ཕྱིར། དེར་ཐལ། དེ་སོ་སོའི་རྣམ་དག་གི་མཚན་ཉིད་དེ་འཐད་པའི་ཕྱིར། རྟགས་ཁས།

ཁ་ཅིག ལམ་གསུམ་གྱི་སྒྲིབ་པ་ཅི་རིགས་སྤྱངས་པའི་བྱང་སེམས་ཀྱི་བྲལ་བ། བྱང་སེམས་ཀྱི་རྣམ་དག་གི་མཚན་ཉིད་ཟེར་བ་མི་འཐད་དེ། བྱང་འཕགས་ཀྱི་རྒྱུད་ཀྱི་འགོག་བདེན་གྱིས་དེ་མ་སྤྱངས་པའི་ཕྱིར་ཏེ། བྱང་འཕགས་ཀྱིས་དེ་མ་སྤྱངས་པའི་ཕྱིར་ཏེ། དེས་ཤེས་སྒྲིབ་མ་སྤྱངས་པའི་ཕྱིར།

ཁ་ཅིག ཉན་ཐོས་ཀྱི་རང་བཞིན་གནས་རིགས་ཉན་ཐོས་ཀྱི་རྣམ་དག་དང་། དེ་ལྟར་དུ་རང་རྒྱལ་དང་བྱང་སེམས་ལ་ཡང་རིགས་འགྲེ། ཟེར་བ་མི་འཐད་དེ། ཉན་ཐོས་སོགས་ཀྱི་རང་བཞིན་རྣམ་དག་ཡིན་ན། རྣམ་དག་ཡིན་པས་མ་ཁྱབ་པའི་ཕྱིར་ཏེ། རང་བཞིན་གྱི་མྱང་འདས་ཡིན་ན། མྱང་འདས་ཡིན་མི་དགོས་པའི་ཕྱིར།

གཞན་ཡང་། དམ་བཅའ་དེ་མི་འཐད་པར་ཐལ། རང་བཞིན་རྣམ་དག་གི་ཆར་གྱུར་པའི་ངོ་བོ་ཉིད་སྐུ། རྣམ་དག་ཤིན་ཏུ་བ་མ་ཡིན་པའི་ཕྱིར་ཏེ། རྣམ་དག་ཤིན་ཏུ་བ་ཡིན་ན། གློ་བུར་རྣམ་དག་གི་ཆར་གྱུར་པའི་ངོ་བོ་ཉིད་སྐུ་ཡིན་དགོས་པའི་ཕྱིར།

རང་ལུགས་ནི། རང་ཐོབ་བྱེད་ཀྱི་ཐབས་སུ་གྱུར་བའི་བར་ཆད་མེད་ལམ་གྱི་ངོ་སྐལ་གྱི་སྒྲིབ་པ་སྤྱངས་པའི་ཉན་ཐོས་ཀྱི་བྲལ་བ་དེ། ཉན་ཐོས་ཀྱི་རྣམ་དག་གི་མཚན་ཉིད། ཉན་ཐོས་ཀྱི་རྣམ་དག་དང་། ཉན་ཐོས་ཀྱི་འགོག་བདེན་གཉིས་དོན་གཅིག རང་ཐོབ་བྱེད་ཀྱི་ཐབས་སུ་གྱུར་པའི་བར་ཆད་མེད་ལམ་གྱི་ངོ་སྐལ་གྱི་སྒྲིབ་པ་སྤྱངས་པའི་རང་རྒྱལ་གྱི་བྲལ་བ་དེ། རང་རྒྱལ་གྱི་རྣམ་དག་གི་མཚན་ཉིད།

之滅諦須是聲聞清淨，及住獨覺見道解脫道之補特伽羅相續的斷除執能取所取異質的執著分別[⑫]之滅諦須是獨覺清淨故。

復次，理應沒有菩薩清淨，因若是大乘清淨，須是大乘涅槃故。若不成則成相違。理應如是，因若是小乘清淨，須是小乘涅槃故。理應如是，因聲聞與獨覺各自須如是故。理應如是，因彼各自清淨之性相應理故。承許因。

有云：「隨宜斷除三道之障的菩薩離法，是菩薩清淨之性相。」不應理，因菩薩聖者相續之滅諦沒有斷除彼故，因菩薩聖者沒有斷除彼故，因彼沒有斷除所知障故。

有云：「聲聞之本性住種性是聲聞清淨及如是獨覺與菩薩亦類推！」不應理，因若是聲聞等之自性清淨，不周遍是清淨故，因若是自性之涅槃，不須是涅槃故。

復次，彼宗理應不應理，因屬自性清淨之分的自性身非最極清淨故，因若是最極清淨，須是屬客塵清淨之分的自性身故。

自宗：「斷除屬能得自之方便的無間道應斷障之聲聞離法」，是聲聞清淨之性相。聲聞清淨與聲聞滅諦二者同義。「斷除屬能得自之方便的無間道應斷障之獨覺離法」，是獨覺清淨之性相。獨覺

⑫ 此處的分別，是指分別與俱生之分別，而非分別心。

རང་རྒྱལ་གྱི་རྣམ་དག་དང་། རང་རྒྱལ་གྱི་འགོག་བདེན་གཉིས་དོན་གཅིག རང་ཐོབ་བྱེད་ཀྱི་ཐབས་སུ་གྱུར་པའི་བར་ཆད་མེད་ལམ་གྱི་དོ་སྣལ་གྱི་སྒྲིབ་པ་སྤངས་པའི་བྱང་སེམས་ཀྱི་བྲལ་བ་དེ། བྱང་སེམས་ཀྱི་རྣམ་དག་གི་མཚན་ཉིད། དེ་དང་བྱང་སེམས་ཀྱི་འགོག་བདེན་དོན་གཅིག སྒྲིབ་གཉིས་བག་ཆགས་དང་བཅས་པ་སྤངས་པའི་བྲལ་བ་དེ། རྣམ་དག་ཤིན་ཏུ་བའི་མཚན་ཉིད། དེ་དང་སངས་རྒྱས་ཀྱི་རྣམ་དག་དོན་གཅིག་པ་ཡིན་ནོ། །

ས་དགུ་ལ་ནི་ཆེན་པོ་ཡི། །ཞེས་པ་ལ། སངས་རྒྱས་ཀྱི་རྣམ་དག་རྣམ་དག་ཤིན་ཏུ་བ་དང་། ཉན་རང་གི་རྣམ་དག་རྣམ་དག་ཤིན་ཏུ་བ་མ་ཡིན་པའི་ཁྱད་པར་འཐད་དེ། ཐེག་ཆེན་གྱི་སྒོམ་ལམ་བར་ཆད་མེད་ལམ་ཆུང་ངུའི་ཆུང་ངུ་སོགས། རིམ་པ་བཞིན་དུ་རང་གི་དོ་སྣལ་གྱི་སྤང་བྱར་གྱུར་པའི་ཤེས་སྒྲིབ་སྒོམ་སྤངས་ཆེན་པོའི་ཆེན་པོ་སོགས་དགུའི་དངོས་གཉེན་ཡིན་ཞིང་། ཉན་རང་གི་སྒོམ་ལམ་བར་ཆད་མེད་ལམ་ཆུང་ངུའི་ཆུང་ངུ་སོགས་གང་རུང་དེ་ལྟར་མ་ཡིན་པའི་ཕྱིར།

ཁ་ཅིག ས་གཉིས་པའི་བར་ཆད་མེད་ལམ་བདེན་འཛིན་ཆེན་པོའི་ཆེན་པོའི་དངོས་གཉེན་ཡིན་པ་ནས། ས་བཅུ་པའི་བར་ཆད་མེད་ལམ་བདེན་འཛིན་ཆུང་ངུའི་ཆུང་ངུའི་དངོས་གཉེན་བར་ཆད་མེད་ལམ་ཡིན་ཟེར་བ་མི་འཐད་དེ། རང་གི་དོ་སྣལ་གྱི་སྤང་བྱར་གྱུར་པའི་བདེན་འཛིན་ཆེན་པོའི་ཆེན་པོའི་དངོས་གཉེན་ཡིན་ན། བདེན་འཛིན་ཆེན་པོའི་ཆེན་པོའི་དངོས་གཉེན་ཡིན་མི་དགོས་པའི་ཕྱིར་དང་། རང་གི་དོ་སྣལ་གྱི་སྤང་བྱར་གྱུར་པའི་བདེན་འཛིན་ཆུང་ངུའི་ཆུང་ངུའི་དངོས་གཉེན་ཡིན་ན། དེའི་དངོས་གཉེན་ཡིན་མི་དགོས་པའི་ཕྱིར། དང་པོ་དེར་ཐལ། ས་དང་པོའི་སྒོམ་ལམ་བར་ཆད་མེད་ལམ་གྱིས་མ་ངེས་པའི་ཕྱིར་ཏེ། བར་ཆད་མེད་ལམ་དེའི་དོ་སྣལ་གྱི་སྤང་བྱ་ཡོད་པའི་ཕྱིར་དང་། ས་གཉིས་པའི་བར་ཆད་མེད་ལམ་གྱིས་བདེན་འཛིན་ཆེན་པོའི་ཆེན་པོ་མ་སྤངས་པའི་ཕྱིར། རྩ་རྟགས་གཉིས་པ་དེར་ཐལ། ས་བཅུ་ཐོབ་མ་ཐག་པའི་བར་ཆད་མེད་ལམ་གྱིས་མ་ངེས་པའི་ཕྱིར་དང་། བར་ཆད་མེད་ལམ་དེའི་དོ་སྣལ་གྱི་སྤང་བྱ་ཡོད་པའི་ཕྱིར་དང་། རྒྱུན་མཐའི་བར་ཆད་མེད་ལམ་གྱིས་བདེན་འཛིན་ཆུང་ངུའི་ཆུང་ངུ་མ་སྤངས་པའི་ཕྱིར།

གཞན་ཡང་། ས་བཅུ་པའི་རྣམ་གྲོལ་ལམ་དེ་བདེན་འཛིན་ཆུང་ངུའི་ཆུང་ངུ་སྤངས་པའི་ཡེ་ཤེས་

清淨與獨覺滅諦二者同義。「斷除屬能得自之方便的無間道應斷障之菩薩離法」，是菩薩清淨之性相，彼與菩薩之滅諦同義。「斷除二障及習氣之離法」，是最極清淨之性相。彼與佛清淨同義也。

所謂「對治九地中」，佛清淨是最極清淨，及聲緣清淨非最極清淨之差別應理，因大乘修道無間道下下品等，依次為自之應斷所斷所知障上上品修所斷等九品之正對治，且聲緣修道無間道下下品等隨一非如是故。

有云：「二地無間道為諦實執上上品正對治，至第十地無間道為諦實執下下品之正對治之無間道。」不應理，因若是自之應斷所斷諦實執上上品之正對治，不須是諦實執上上品之正對治，以及若是自之應斷所斷諦實執下下品之正對治，不須是彼之正對治故。初者理應如是，因初地修道無間道不定故，因有彼無間道之應斷所斷，以及二地無間道未斷除諦實執上上品故。第二根本因理應如是，因剛獲得十地之無間道不定，及有彼無間道之應斷所斷，以及最後流之無間道不斷除諦實執下下品故。

復次，第十地解脫道理應是斷除諦實執下下品之本智，因第十

ཡིན་པར་ཐལ། ས་བཅུ་པའི་བར་ཆད་མེད་ལམ་དེ་དེའི་དངོས་གཉེན་ཡིན་པའི་ཕྱིར། རྟགས་ཁས། འདོད་ན། དེ་བདེན་འཛིན་གྱི་ས་བོན་སྤངས་པའི་ཡེ་ཤེས་ཡིན་པར་ཐལ། འདོད་པའི་ཕྱིར། འདོད་ན། དེ་ཤེས་སྒྲིབ་སྤངས་པའི་ཡེ་ཤེས་ཡིན་པར་ཐལ་ལོ། །

སྨྲས་པ།

ངོ་མཚར་རྣལ་དཔྱོད་སྤྲིན་ཆེན་འཁྲིགས་པ་ལས། །ཐལ་སྐད་དབྱར་སྐྱེས་ཟ་ཆེན་སྒྲ་བསྒྲགས་ཏེ། །ཐལ་འགྱུར་གནམ་ལྕགས་འབར་བའི་མདའ་སོང་གིས། །ཕས་རྒོལ་ རྐང་གཅིག་མཐའ་དག་འབྲོས་པར་རྫོས། །ཞེས་བྱ་བ་ནི་བར་སྐབས་ཀྱི་ཉམས་དགོད། །

སྐབས་གཉིས་པའི་དཀའ་གནས་ལ་དཔྱོད་པའི་གཏམ་རགས་པ་ཙམ་ཞིག་ཐལ་ལོ། །

地無間道是彼之正對治故。承許因。若許，彼理應是斷除諦實執種子之本智，因許故。若許，彼則成斷除所知障之本智。

頌云：

希有智慧密雲佈，開辯雷聲鼓聲朗，
持掌應成熾隕鐵，盡驅論敵鷗鷺眾。
如是於文間深覺喜悅。

以上僅就第二品中的難點所作粗略分析，請詳察之。

སྐབས་གསུམ་པ།

རྣམ་བཤད་སྙིང་པོ་རྒྱན་གྱི་དོན་རིགས་ལམ་བཞིན་དུ་གསལ་བར་འཆད་པའི་
ཡུམ་དོན་ཡང་གསལ་སྒྲོན་མེ་ཞེས་བྱ་བ་ལས་སྐབས་གསུམ་པའི་
མཐའ་དཔྱོད་བཞུགས་སོ། །

གཞི་ཤེས་ཀྱི་མཚམས་སྦྱར།

༄ གཞི་ཐམས་ཅད་ཡོངས་སུ་ཤེས་པ་མེད་པར་ལམ་ལེགས་པར་ཡོངས་སུ་ཤེས་པ་མེད་པས་ཐམས་ཅད་ཤེས་པ་ཉིད། ཅེས་པའི་སྐབས་སུ། སྦྱོར་བ་འགོད་པ་དང་། མཐའ་དཔྱད་པ་གཉིས།

དང་པོ་ནི། རྗེ་བཙུན་གྱིས་སྐབས་གཉིས་པར་རྒྱུ་ལམ་ཤེས་བསྟན་པའི་རྗེས་སུ་སྐབས་གསུམ་པ་འདིར་གཞི་ཤེས་སྟོན་པའི་རྒྱུ་མཚན་ཡོད་དེ། ཐེག་པ་གསུམ་གྱི་ལམ་ཤེས་པའི་ལམ་ཤེས་སྐྱེ་བ་ལ། རང་གི་རྒྱུར་གྱུར་པའི་མི་རྟག་སོགས་ཀྱི་རྣམ་པ་ཅན་གྱི་གཞི་ཤེས་ཀྱི་ཉམས་ལེན་སྔོན་དུ་འགྲོ་དགོས་པའི་རྒྱུ་མཚན་གྱིས་དེ་ལྟར་བསྟན་པའི་ཕྱིར། དེ་སྔོན་དུ་འགྲོ་དགོས་པ་ཡང་ཡིན་ཏེ། སྐྱེས་བུ་འབྲིང་དང་ཐུན་མོང་བའི་ལམ་རིམ་གྱིས་བསྡུས་པའི་མི་རྟག་སོགས་རྟོགས་པའི་བློ་མ་ཐོབ་པར་སྐྱེས་བུ་ཆེན་པོའི་ལམ་རིམ་གྱིས་བསྡུས་པའི་ལམ་ཤེས་མི་ཐོབ་པའི་ཕྱིར།

གཉིས་པ་ལ་ཁ་ཅིག མི་མཐུན་ཕྱོགས་ཀྱི་གཞི་ཤེས་སྐབས་གསུམ་པའི་བསྟན་བྱའི་གཙོ་བོར་གྱུར་པའི་གཞི་ཤེས་ཡིན་ཟེར་བ་མི་འཐད་དེ། རྒྱན་གྱི་ཆེད་དུ་བྱ་བའི་གདུལ་བྱས་དེ་ཉམས་སུ་མི་ལེན་པའི་ཕྱིར་ཏེ། དེ་གདུལ་བྱ་ཐེག་དམན་གྱི་རིགས་ཅན་མ་ཡིན་པའི་ཕྱིར།

ཁ་ཅིག གཞི་བདེན་སྟོང་དུ་མངོན་སུམ་དུ་རྟོགས་པའི་ཡེ་ཤེས་ལ་གཉེན་པོ་གཞི་ཤེས་སུ་ཐ་སྙད་བྱས་པ་དེ། དེའི་བསྟན་བྱའི་གཙོ་བོར་གྱུར་པའི་གཞི་ཤེས་ཡིན་ཟེར་བ་མི་རིགས་ཏེ། དེའི་ཐ་སྙད་འཕགས་སེང་གང་གིས་ཀྱང་མ་མཛད་པའི་ཕྱིར་དང་། མི་མཐུན་གཞི་ཤེས་ཞེས་པའི་ཐ་སྙད་མི་འཐད་

第三品

依理清晰闡述《心要莊嚴疏》義——再顯般若義之燈・第三品辨析

80 基智之承接文

「不完善了知一切事物[13]，則不圓滿了知道」之時，安立論式、辨析二者。

初者，有尊者開示第二品因道相智之後，於此第三品教示基智之理由，因由於「生起了知三乘之道的道相智，須先行具屬自因之無常等行相的基智之修習」的理由，而如是宣說故。彼亦是須先行，因未得共中士道次所攝之通達無常等之覺知，則不得上士夫道次第所攝之道相智故。

第二，有云：「所治品基智是屬第三品之主要所示之基智。」不應理，因《現觀莊嚴論》之特意所化不修習彼故，因彼非小乘種性所化故。

有云：「於現前通達基法諦實空本智，取名為對治基智，為彼之主要所詮的基智。」不合理，因聖、獅〔二師〕皆未安立彼名言，

⑬「一切事物」或可譯為「一切基」。

པའི་ཕྱིར།

ཁ་ཅིག གཞི་ཤེས་དེ་དེའི་བསྟན་བྱའི་གཙོ་བོར་གྱུར་པའི་གཞི་ཤེས་ཡིན་ཟེར་བ་མི་འཐད་དེ། དེའི་བསྟན་བྱའི་གཙོ་བོར་གྱུར་པའི་གཞི་ཤེས་ཡིན་ན། གཉེན་པོ་ཕྱོགས་ཀྱི་གཞི་ཤེས་ཡིན་དགོས་པའི་ཕྱིར། དེར་ཐལ། དེ་གཉེན་པོ་ཕྱོགས་ཀྱི་གཞི་ཤེས་ཡིན་པའི་ཕྱིར་ཏེ། དེ་རྒྱུན་གྱི་ཆེད་དུ་བྱ་བའི་གདུལ་བྱས་ཉམས་སུ་ལེན་པའི་གཞི་ཤེས་ཡིན་པའི་ཕྱིར།

གཞན་ཡང་། ལམ་ཤེས་སྐབས་གཉིས་པའི་བསྟན་བྱའི་གཙོ་བོར་གྱུར་པའི་ལམ་ཤེས་ཡིན་པར་ཐལ། དམ་བཅའ་དེའི་ཕྱིར། འདོད་ན། བཀག་ཟིན་ཏོ། །

ཁོན་རེ། གཞི་ཤེས་དེ་དེ་ཡིན་པར་ཐལ། དེ་དེའི་བསྟན་བྱའི་གཙོ་བོ་གང་ཞིག གཞི་ཤེས་ཡིན་པའི་ཕྱིར་ན། མ་ཁྱབ་བོ། །

ཁ་ཅིག མི་རྟག་སོགས་བཅུ་དྲུག་མངོན་སུམ་དུ་རྟོགས་པའི་ཡེ་ཤེས་དེ་དེ་ཡིན་ཟེར་བ་མི་འཐད་དེ། དེ་གཉེན་པོ་ཕྱོགས་ཀྱི་གཞི་ཤེས་མ་ཡིན་པའི་ཕྱིར་ཏེ། དེ་ཉམས་སུ་ལེན་པའི་ཐེག་དམན་འཕགས་པ་ཡོད་པའི་ཕྱིར།

ཁ་ཅིག བྱང་འཕགས་ཀྱི་རྒྱུད་ཀྱི་མི་རྟག་སོགས་བཅུ་དྲུག་མངོན་སུམ་དུ་རྟོགས་པའི་ཡེ་ཤེས་དེ། དེའི་བསྟན་བྱའི་གཙོ་བོར་གྱུར་པའི་གཞི་ཤེས་ཡིན་ཟེར་བ་མི་འཐད་དེ། དེ་རྒྱུད་ལྡན་གྱི་གང་ཟག་ཡིན་ན། དེའི་བསྟན་བྱའི་གཙོ་བོར་གྱུར་པའི་གཞི་ཤེས་རྒྱུད་ལྡན་གྱི་གང་ཟག་ཡིན་པས་མ་ཁྱབ་པའི་ཕྱིར། མ་གྲུབ་ན། བྱང་སེམས་སྒོམ་ལམ་པ་ཆོས་ཅན། དེར་ཐལ། དེའི་ཕྱིར། འདོད་ན། དེའི་རྒྱུད་ཀྱི་དེ་དེ་ཡིན་པར་ཐལ། འདོད་པའི་ཕྱིར། འདོད་ན། དེའི་རྒྱུད་ཀྱི་གཞི་ཤེས་སྐབས་གསུམ་པ་འདིར་དངོས་སུ་བསྟན་པར་ཐལ། འདོད་པའི་ཕྱིར། འདོད་ན། སྒོམ་པའི་ལམ་ནི་མ་བསྟན་ཏོ། །ཞེས་གསུངས་པ་མི་འཐད་པར་ཐལ་ལོ། །

ཁ་ཅིག བྱང་སེམས་མཐོང་ལམ་པའི་རྒྱུད་ཀྱི་མི་རྟག་སོགས་བཅུ་དྲུག་མངོན་སུམ་དུ་རྟོགས་པའི་ཡེ་ཤེས་དེ། དེ་ཡིན་ཟེར་བ་མི་འཐད་དེ། དེ་རྒྱུད་ལྡན་གྱི་གང་ཟག་ཡིན་ན་དེའི་བསྟན་བྱའི་གཙོ་བོར་གྱུར་པའི་གཞི་ཤེས་རྒྱུད་ལྡན་གྱི་གང་ཟག་ཡིན་མི་དགོས་པའི་ཕྱིར། མ་གྲུབ་ན། ཉན་ཐོས་དགྲ་བཅོམ་

及所謂所治品基智之名言不應理故。

有云：「彼基智為屬彼之主要所示之基智。」不應理，因若是屬彼之主要所示之基智，須是能治品基智故。理應如是，因彼是能治品基智故，因彼是《現觀莊嚴論》之特意所化所修習之基智故。

復次，道相智理應是屬第二品之主要所示的道相智，因彼宗故。若許，已破斥矣！

有云：「彼基智理應是彼，因彼是彼之主要所示，且是基智故。」不周遍。

有云：「現證無常等十六行相之本智是彼。」不應理，因彼非能治品基智故，因有修習彼之小乘聖者故。

有云：「菩薩聖者相續之現證無常等十六行相之本智，是屬彼之主要所示之基智。」不應理，因若是相續具彼之補特伽羅，不周遍是相續具屬彼之主要所示之基智的補特伽羅故。若不成，修道菩薩為有法，理應如是，因如是故。若許，其相續之彼（現證無常等十六行相之本智）理應是彼，因許故。若許，彼之相續之基智理應於第三品此處直接宣說，因許故。若許，所謂「故不宣說修道」則成不應理。

有云：「見道位菩薩相續之現前通達無常等十六行相之本智是彼。」不應理，因若是相續具彼之補特伽羅，不須是相續具彼之主要所詮之基智的補特伽羅故。若不成，曾有聲聞阿羅漢證量之見道

ཀྱི་རྟོགས་པ་སྔོན་དུ་སོང་བའི་བྱང་སེམས་མཐོང་ལམ་པ་ཆོས་ཅན། དེར་ཐལ། དེའི་ཕྱིར། སྒྲུབ་བྱེད་སྔར་བཞིན་ནོ། །

རང་ལུགས། གཟུགས་ནི་མི་རྟག་པ་ཉིད་དུ་ཡིད་ལ་བྱའོ། །ཞེས་པའི་མདོའི་བསྟན་དོན་དུ་གྱུར་པའི་མི་རྟག་སོགས་བཅུ་དྲུག་མངོན་སུམ་དུ་རྟོགས་པའི་དམན་ལམ་སྔོན་མ་སོང་གི་བྱང་སེམས་མཐོང་ལམ་པའི་མཁྱེན་པ་དེ་དེ་ཡིན་ཏེ། འགྲེལ་ཆེན་ལས། དེ་བས་ན་མི་རྟག་པ་ལ་སོགས་པའི་རྣམ་པས་འཕགས་པ་རྣམས་ཀྱི་གཞི་མ་ལུས་པ་ཡོངས་སུ་ཤེས་པ་ཡིན་པའི་དོན་དུ་ཐམས་ཅད་ཤེས་པ་ཉིད་ལོགས་ཤིག་ཏུ་བཤད་པར་གཟུང་ངོ་། །ཞེས་གསུངས་པའི་ཕྱིར།

ཁ་ཅིག རང་རྒྱུད་ལྡན་གྱི་གང་ཟག་དེའི་རྒྱུད་ཀྱི་གང་ཟག་གི་བདག་མེད་མངོན་སུམ་དུ་རྟོགས་པའི་ཤེས་རབ་ཀྱིས་ཟིན་པའི་ཡེ་ཤེས་གང་ཞིག ཉན་ཐོས་ཀྱི་རྟོགས་རིགས་སུ་གནས་པ། གཞི་ཤེས་ཀྱི་མཚན་ཉིད་ཟེར་བ་མི་འཐད་དེ། རང་རྒྱལ་གྱི་མཐོང་ལམ་སྡུག་བསྔལ་ལ་ཆོས་བཟོད་གཞི་ཤེས་གང་ཞིག ཉན་ཐོས་ཀྱི་རྟོགས་རིགས་སུ་མི་གནས་པའི་ཕྱིར། ཕྱི་མ་དེར་ཐལ། རང་རྒྱལ་གྱི་བར་ཆད་མེད་ལམ་ཡིན་པའི་ཕྱིར།

ཁ་ཅིག སྤངས་རྟོགས་ཉེ་ཚེ་བའི་རིགས་སུ་གནས་པའི་འཕགས་རྒྱུད་ཀྱི་མཁྱེན་པ། གཞི་ཤེས་ཀྱི་མཚན་ཉིད་ཟེར་བ་མི་རིགས་ཏེ། དེ་མེད་པའི་ཕྱིར་ཏེ། སྤངས་པ་ཉེ་ཚེ་བའི་རིགས་སུ་གནས་པའི་འཕགས་རྒྱུད་ཀྱི་མཁྱེན་པ་མེད་པའི་ཕྱིར་ཏེ། ཉོན་སྒྲིབ་ཟད་པར་སྤངས་པའི་སྤངས་པ་དེ་སྤངས་པ་ཉེ་ཚེ་བ་མ་ཡིན་པའི་ཕྱིར་ཏེ། ཉན་ཐོས་དགྲ་བཅོམ་དགྲ་བཅོམ་ཉེ་ཚེ་བ་མ་ཡིན་པའི་ཕྱིར།

ཁ་ཅིག ཐེག་དམན་གྱི་རྟོགས་རིགས་སུ་གནས་པའི་ཐེག་ཆེན་འཕགས་པའི་མཁྱེན་པ་དང་། ཐེག་དམན་འཕགས་པའི་མཁྱེན་པ་གང་རུང་། གཞི་ཤེས་ཀྱི་མཚན་ཉིད་ཟེར་བ་མི་འཐད་དེ། ཐེག་དམན་འཕགས་པའི་རྒྱུད་ཀྱི་སྟོང་ཉིད་མངོན་སུམ་དུ་རྟོགས་པའི་ཤེས་རབ་གཞི་ཤེས་མ་ཡིན་པའི་ཕྱིར། མ་གྲུབ་ན། དེ་མི་མཐུན་ཕྱོགས་ཀྱི་གཞི་ཤེས་ཡིན་པར་ཐལ། དེ་གཞི་ཤེས་གང་ཞིག ཐེག་དམན་འཕགས་པའི་མཁྱེན་པ་ཡིན་པའི་ཕྱིར། འདོད་ན། བདེན་འཛིན་གྱིས་བཅིངས་པའི་རིགས་སུ་གནས་

菩薩為有法，理應如是，因如是故。能立如前。

自宗：宣說「應作意色為無常」之經，所示義之現證無常等十六行相的未曾入劣道見道位菩薩之智是彼，因《莊嚴光明釋》云：「是故，諸所牽引無常等行相，乃為了知無餘基法而另說一切智，應〔如是〕解。」故。

有云：「是相續具自之補特伽羅相續的現前通達補特伽羅無我慧攝持之本智，且住聲聞證類，乃基智之性相。」不應理，因獨覺見道苦法忍為基智，且不住聲聞證類故。後者理應如是，因是獨覺無間道故。

有云：「住片面斷證之類的聖者相續之智，乃基智之性相。」不應理，因無彼故。因無住片面斷之類的聖者相續之智故，因斷盡煩惱障之斷非片面斷故，因聲聞阿羅漢非片面〔斷之〕阿羅漢故。

有云：「住小乘證類之大乘聖者智及小乘聖者智任一，乃基智之性相。」不應理，因小乘聖者相續之現證空性慧非基智故。若不成，彼理應是所治品基智，因彼是基智且是小乘聖者智故。若許，理應住諦實執所繫之類，因許故，不能許，因是現證空性之覺知故。

པར་ཐལ། འདོད་པའི་ཕྱིར། འདོད་མི་ནུས་ཏེ། སྟོང་ཉིད་མངོན་སུམ་དུ་རྟོགས་པའི་བློ་ཡིན་པའི་ཕྱིར།

གཞན་ཡང་། དེ་ཆོས་ཅན། ཐེག་དམན་གྱི་རྟོགས་རིགས་སུ་གནས་པར་ཐལ། གཞི་ཤེས་ཡིན་པའི་ཕྱིར། རྟགས་དངོས། འདོད་མི་ནུས་ཏེ། སྟོང་ཉིད་རྟོགས་པའི་རྟོགས་རིགས་སུ་གནས་པའི་ཕྱིར། ཁྱབ་སྟེ། སྟོང་ཉིད་བསྒོམ་བྱའི་གཙོ་བོར་བྱེད་པའི་ཐེག་དམན་འཕགས་པ་མེད་པའི་ཕྱིར།

ཁོ་ན་རེ། རྟོགས་རིགས་གསུམ་ཀ་ཚང་བའི་ཉན་ཐོས་ཀྱི་མཐོང་ལམ་ཡོད་པར་ཐལ། དམ་བཅའ་གང་ཞིག གཟུང་འཛིན་རྫས་གཞན་གྱིས་སྟོང་པར་མངོན་སུམ་དུ་རྟོགས་པའི་ཉན་ཐོས་ཀྱི་མཐོང་ལམ་རང་རྒྱལ་གྱི་རྟོགས་རིགས་སུ་གནས་པ་ཡང་རིགས་འགྲེ་བའི་ཕྱིར། འདོད་ན། ཐེག་ཆེན་གྱི་སྦྱོར་ལམ་རྟོགས་རིགས་གསུམ་ཚང་བའི་ཐེག་ཆེན་གྱི་མཐོང་ལམ་གྱི་རྒྱུ་བྱེད་པས། ཐེག་དམན་གྱི་སྦྱོར་ལམ་ལས་ཁྱད་པར་འཕགས་པར་གསུངས་པ་མི་འཐད་པར་ཐལ། འདོད་པའི་ཕྱིར་ན་མ་ཁྱབ་སྟེ། ཐེག་ཆེན་གྱི་མཐོང་ལམ་དང་ཐེག་དམན་གྱི་མཐོང་ལམ་གཉིས་རྟོགས་རིགས་གསུམ་ཚང་བར་འདྲ་ཡང་། ཚང་ཚུལ་མི་འདྲ་བའི་ཕྱིར་ཏེ། བྱང་ཆུབ་སེམས་དཔས་གདུལ་བྱ་རིགས་ཅན་གསུམ་ཀ་རྗེས་སུ་གཟུང་བའི་ཕྱིར་དུ་རྟོགས་རིགས་གསུམ་བསྐྱེད། ཐེག་དམན་ལ་དེ་མེད་པའི་ཕྱིར།

གཞན་ཡང་ཐེག་དམན་འཕགས་པའི་སྙིང་རྗེ་ཚད་མེད་ཀྱང་ཐེག་དམན་གྱི་རྟོགས་རིགས་སུ་གནས་པར་ཐལ། དེ་གཞི་ཤེས་ཡིན་པའི་ཕྱིར་ཏེ། ཐེག་དམན་འཕགས་པའི་མཁྱེན་པ་ཡིན་པའི་ཕྱིར། ཁྱབ་པ་ཁས། འདོད་ན། རང་རྒྱལ་གྱི་རྟོགས་པ་ཡིན་ན་དེའི་རྟོགས་རིགས་སུ་གནས་པས་ཁྱབ་པར་ཐལ། ཉན་ཐོས་ལ་དེ་ལྟར་དགོས་པའི་ཕྱིར་ཏེ། དམ་བཅའ་འཐད་པའི་ཕྱིར། འདོད་ན། གང་ཟག་གི་བདག་མེད་མངོན་སུམ་དུ་རྟོགས་པའི་རང་རྒྱལ་གྱི་མཐོང་ལམ་ཆོས་ཅན། དེར་ཐལ། དེའི་ཕྱིར། འདོད་མི་ནུས་ཏེ། ཉན་ཐོས་ཀྱི་རྟོགས་རིགས་སུ་གནས་པའི་ཕྱིར།

ཁོ་ན་རེ། ཉན་ཐོས་ཀྱི་ཐབས་ཀྱི་རྟོགས་རིགས་སུ་གནས་པ་མེད་པར་ཐལ། ཉན་ཐོས་ཀྱི་རྒྱུད་ཀྱི་སྙིང་རྗེ་ཚད་མེད་དེ། དེའི་ཐབས་ཀྱི་རྟོགས་རིགས་སུ་མི་གནས་པའི་ཕྱིར་ཟེར་ན། མ་ཁྱབ་སྟེ། ཉན་ཐོས་འཕགས་པའི་རྒྱུད་ཀྱི་ཐར་པ་དོན་གཉེར་གྱི་བློ་དེ། དེའི་ཐབས་ཀྱི་རྟོགས་རིགས་སུ་གནས་པའི་ཕྱིར།

復次，彼為有法，理應住小乘證類，因是基智故。〔實際上已〕直接〔承許〕因。不能許，因住通達空性證類故。周遍，因無以空性為主要所修之小乘聖者故。

有云：「理應有齊備三證類之聲聞見道，因承許，且現證能取所取異質空之聲聞見道住獨覺證類亦類推故。若許，大乘加行道作為齊備三證類之大乘見道之因，故說較小乘加行道殊勝理應不應理，因許故。」不周遍，因大乘見道與小乘見道二者雖同樣是齊備三證類，然齊備之理不同故，因菩薩為隨攝三種性所化而生起三證類，而小乘無彼故。

復次，小乘聖者之悲無量，理應亦住小乘證類，因彼是基智故，因是小乘聖者之智故。承許周遍。若許，若是獨覺證量，理應周遍住彼之證類，因聲聞須如是故，因宗應理故。若許，現前通達補特伽羅無我之獨覺見道為有法，理應如是，因是彼故。不能許，因住聲聞證類故。

有云：「理應沒有住聲聞之方便證類，因聲聞相續之悲無量不住彼之方便之證類故。」不周遍，因聲聞聖者相續之希求解脫之覺知，住彼之方便證類故。

གཞན་ཡང་། བྱང་འཕགས་ཀྱི་རྒྱུད་ལ་གཉེན་པོ་ཕྱོགས་ཀྱི་གཞི་ཤེས་ཀྱིས་བསྡུས་པའི་སྙིང་རྗེ་ཡོད་པར་ཐལ། ཉན་ཐོས་འཕགས་པའི་རྒྱུད་ལ་མི་མཐུན་ཕྱོགས་ཀྱི་གཞི་ཤེས་ཀྱིས་བསྡུས་པའི་སྙིང་རྗེ་ཡོད་པའི་ཕྱིར། རྟགས་ཁས།

རང་ལུགས། ཐེག་དམན་གྱི་རྟོགས་རིགས་སུ་གནས་པའི་འཕགས་རྒྱུད་ཀྱི་མཁྱེན་པ། གཞི་ཤེས་ཀྱི་མཚན་ཉིད་ཡིན་ནོ། །

復次，菩薩聖者相續中理應有能治品基智所攝之悲，因聲聞聖者相續中有所治品基智所攝之悲故。承許因。

自宗：「住小乘證類之聖者相續之智」，乃基智之性相。

ཚུ་རོལ་ཕ་རོལ་མཐའ་ལ་མིན། །ཞེས་སོགས་ཀྱི་སྐབས་སུ། སྤྱོར་བ་འགོད་པ་དང་། མཐའ་དཔྱད་པ་གཉིས།

དང་པོ་ནི། ཁ་ཅིག ཁྱད་པར་གསུམ་ལྡན་གྱི་གཞི་ཤེས་པའི་ཤེར་ཕྱིན་ཆོས་ཅན། སངས་རྒྱས་བྱང་སེམས་ལ་ཉེ་བ་དང་། ཉན་རང་ལ་རིང་བ་ཡིན་ཏེ། དུས་གསུམ་བདེན་སྟོང་དུ་མངོན་སུམ་དུ་རྟོགས་པ་མཐར་ཐུག་པའི་ཡེ་ཤེས་ཡིན་པའི་ཕྱིར། ཞེས་འགོད་པར་བྱེད། འོ་ན། ཤེས་རབ་ཕ་རོལ་ཕྱིན་པར་འདོད། །ཅེས་པས་གཞི་ཤེས་པའི་ཤེར་ཕྱིན་ཉན་རང་ལ་རིང་བར་དངོས་སུ་བསྟན་པར་ཐལ། དངོས་བསྟན་གྱི་སྦྱོར་བ་དེ་འཐད་པའི་ཕྱིར། འདོད་ན། རྣམ་བཤད་ལས། ཤུགས་ལ་རྒྱུ་མཚན་དེ་མེད་པས་ཉན་རང་ལ་རིང་བར་བསྟན་ཏོ། །ཞེས་གསུངས་པ་མི་འཐད་པར་ཐལ། འདོད་པའི་ཕྱིར།

གཞན་ཡང་། སྐབས་འདིར་ཤེར་ཕྱིན་ལམ་ཤེར་ཕྱིན་ལ་རྣམ་བཤད་དུ་གསུངས་པ་མི་འཐད་པར་ཐལ། དེ་འབྲས་བུ་ཤེར་ཕྱིན་ལ་བྱེད་པའི་ཕྱིར། རྟགས་ཁས།

གཞན་ཡང་། དབུ་མ་ཐལ་འགྱུར་བས། སྦྱོར་བ་དེའི་ཁྱབ་པ་ཁས་མི་ལེན་པར་ཐལ། སྦྱོར་བ་དེ་འཐད་པ་གང་ཞིག དེས་གཞུང་གི་སྦྱོར་བའི་ཁྱབ་པ་ལ་རྩོད་པའི་ཕྱིར། དེར་ཐལ། དེ་ལ་རྩོད་པ་པོའི་གང་ཟག་ཅིག་ཡོད་པར་འགྲེལ་པ་ལས་གསུངས་པ་གང་ཞིག ནང་པ་གཞན་རྣམས་དེར་རྩོད་པ་པོར་མི་འཐད་པའི་ཕྱིར། རྩ་བར་འདོད་ན། དེས་རྣམ་མཁྱེན་ཡིན་ན། བྱང་སེམས་འཕགས་པ་ལ་ཉེ་བ་དང་། ཉན་རང་ལ་རིང་བས་ཁྱབ་པ་ཁས་མི་ལེན་པར་ཐལ། འདོད་པའི་ཕྱིར།

གཞན་ཡང་། གཞུང་འདི་གཞི་ཤེས་འཆད་བྱེད་ཀྱི་གཞུང་མ་ཡིན་པར་ཐལ། གཞུང་འདིའི་དངོས་བསྟན་བསྟན་བྱའི་གཙོ་བོར་གྱུར་པའི་ཐེག་ཆེན་འཕགས་པའི་མཁྱེན་པ་ཡིན་ན། གཞི་ཤེས་ཡིན་པས་མ་ཁྱབ་པའི་ཕྱིར། མ་གྲུབ་ན་སོང་། དེར་ཐལ། དུས་གསུམ་བདེན་སྟོང་དུ་མངོན་སུམ་དུ་རྟོགས་པའི་ཤེར་ཕྱིན་དེ། གཞུང་འདིའི་དངོས་བསྟན་བསྟན་བྱའི་གཙོ་བོར་གྱུར་བའི་ཐེག་ཆེན་འཕགས་པའི་མཁྱེན་པ་ཡིན་པའི་ཕྱིར་ཏེ། སྦྱོར་བ་དེ་འཐད་པའི་ཕྱིར།

81 智不住有邊之道相智與悲不住寂邊之道相智

「非此岸彼岸……」等之時，安立論式及辨析二者。

初者，有安立：「具三差別之基智的般若波羅蜜多為有法，近於佛菩薩及遠於聲、緣，因是現證三世諦實空之究竟本智故。」那麼，「故名般若度」理應直接揭示了知基之般若波羅蜜多遠於聲緣，因直接揭示之論式應理故。若許，《心要莊嚴疏》所云：「間接說明：無彼原因，故聲聞獨覺遠（於佛菩薩）。」理應不應理，因許故。

又，此處，《心要莊嚴疏》說般若波羅蜜多是道般若波羅蜜多理應不應理，因彼是果般若波羅蜜多故。承許因。

又，中觀應成師理應不承許此論式之周遍，因此論式應理，且彼評論於文之論式的周遍故。理應如是，因《明義釋》說有一於彼作評論者之補特伽羅，且諸餘內道徒於彼為作評論者不應理故。若許根本，彼理應不承許若是一切相智周遍近於菩薩聖者及遠於聲緣，因許故。

復次，此引文理應非講說基智之引文，因若是此引文之直接顯示主要所詮的大乘聖者智，不周遍是基智故。若不成則成相違。理應如是，因現證三世諦實空之般若波羅蜜多，是此引文直接顯示主要所詮之大乘聖者智故。因彼論式應理故。

རང་ལུགས། ཁྱད་པར་གསུམ་ལྡན་གྱི་གཞི་ཤེས་པའི་ལམ་ཤེར་ཕྱིན་ཆོས་ཅན། སངས་རྒྱས་བྱང་སེམས་ལ་ཉེ་བ་ཡིན་ཏེ། དུས་གསུམ་བདེན་སྟོང་དུ་རྟོགས་པའི་ཡེ་ཤེས་ཀྱིས་ཟིན་པའི་འཕགས་པའི་མངོན་རྟོགས་ཡིན་པའི་ཕྱིར།

དེ་ཆོས་ཅན། ཁྱད་པར་གསུམ་དང་ལྡན་ཏེ། སྲིད་མཐའ་ལ་མི་གནས། ཞི་མཐའ་ལ་མི་གནས། སྲིད་ཞི་གཉིས་ཀྱི་བར་ན་དོན་དམ་པར་མི་གནས་པའི་ཡེ་ཤེས་ཡིན་པའི་ཕྱིར། སྲིད་མཐའ་ལ་མི་གནས་ཏེ། སྲིད་མཐའ་འགོག་བྱེད་ཀྱི་ཡེ་ཤེས་ཡིན་པའི་ཕྱིར། ཞི་མཐའ་ལ་མི་གནས་ཏེ། ཞི་མཐའ་འགོག་བྱེད་ཀྱི་ཡེ་ཤེས་ཡིན་པའི་ཕྱིར། དེ་གཉིས་ཀྱི་བར་ན་དོན་དམ་པར་མི་གནས་ཏེ། དེ་གཉིས་བདེན་སྟོང་དུ་རྟོགས་པའི་ཡེ་ཤེས་ཀྱིས་ཟིན་པའི་འཕགས་པའི་མངོན་རྟོགས་ཡིན་པའི་ཕྱིར།

དེ་ལ་ཁོ་ན་རེ། སྦྱོར་བ་སྔ་མ་དེའི་ཁྱབ་པ་ཚད་མས་གྲུབ་པར་ཐལ། དེ་དོན་སྦྱོར་རྣམ་དག་ཡིན་པའི་ཕྱིར། འདོད་ན། སྟོང་ཉིད་མངོན་སུམ་དུ་རྟོགས་པའི་ཐེག་དམན་འཕགས་པའི་མཁྱེན་པ་ཆོས་ཅན། དེར་ཐལ། དེའི་ཕྱིར། རྟགས་དེར་ཐལ། དེ་ཡོད་པའི་ཕྱིར། དེར་ཐལ། རིགས་ཀྱི་སྐབས་སུ་ཐེག་དམན་འཕགས་པ་ལ་ཆོས་ཀྱི་བདག་མེད་རྟོགས་པ་ཡོད་པར་བཤད་པའི་ཕྱིར། རྩ་བར་འདོད་ན། དེ་ཉན་རང་ལ་རིང་བར་ཐལ། འདོད་པའི་ཕྱིར། དེས་ན་བྱང་འཕགས་ཀྱི་མཁྱེན་པ་ཆོས་ཅན། སྲིད་ཞི་བར་གསུམ་གྱི་མཐའ་ལ་མི་གནས་ཏེ། སྲིད་ཞི་བདེན་སྟོང་དུ་རྟོགས་པའི་སྒོ་ནས་འབྲས་ཡུམ་ལ་ཉེ་བའི་ཐེག་ཆེན་འཕགས་པའི་མཁྱེན་པ་ཡིན་པའི་ཕྱིར། ཞེས་འགོད་པར་བྱེད་ཟེར་རོ། །

ཇི་སྐད་བཤད་པའི་སྐྱོན་དུ་མི་འགྱུར་བར་ཐལ། སྤྱིར་སྦྱོར་བ་དེའི་ཁྱབ་པ་སྒྲུབ་མི་ནུས་ཀྱང་། སྦྱོར་བ་དེ། དུས་རྣམས་མཉམ་པ་ཉིད་ཤེས་ཕྱིར། །ཞེས་སོགས་ཀྱི་དངོས་བསྟན་གྱི་སྦྱོར་བར་རིགས་པའི་ཕྱིར། དེ་རིགས་པར་ཐལ། གཞུང་འདིའི་དངོས་བསྟན་ལ་སྦྱོར་བ་དེའི་ཁྱབ་པ་ཚད་མས་གྲུབ་པའི་ཕྱིར། དེར་ཐལ། གཞུང་འདིའི་སྐབས་ནས་དངོས་སུ་བསྟན་པའི་དུས་གསུམ་བདེན་སྟོང་དུ་མངོན་སུམ་དུ་རྟོགས་པའི་ཡེ་ཤེས་ཡིན་ན། དེའི་སྐབས་ནས་དངོས་སུ་བསྟན་པའི་སངས་རྒྱས་བྱང་སེམས་ལ་ཉེ་བ་དང་། ཉན་རང་ལ་རིང་བས་ཁྱབ་པའི་ཕྱིར། དེར་ཐལ། གཞུང་འདིའི་སྐབས་ནས་བསྟན་པའི་ཉན་རང་གིས་སྟོང་ཉིད་མ་རྟོགས་པའི་ཕྱིར། ཁྱོད་ཀྱིས་བཀོད་པའི་སྦྱོར་བ་དེ་གཞུང་དེའི་

自宗：具三差別之了知基的道般若波羅蜜多為有法，乃近於佛菩薩，因是通達三世諦實空本智所攝之聖者現觀故。

彼為有法，具三差別，因是不住有邊、不住寂邊、於有寂二者之間勝義不住之本智。不住有邊，因是能遮有邊之本智故。不住寂邊，因是能遮寂邊之本智故。於彼二者之間勝義不住。因是通達此二諦實空本智所攝之聖者現觀故。

於此有安立：「前論式之周遍理應量所成立，因彼為清淨義論式故。若許，現證空性之小乘聖者智為有法，理應如是，因如是故，彼因理應如是，因有彼故。理應如是，因於種性之時提到小乘聖者有通達法無我故。若承許根本，彼理應遠於聲緣，因許故。是故〔當〕安立『菩薩聖者智為有法，不住有、寂、中間三者之邊，因是以通達有寂諦實空之門，近於果佛母之大乘聖者智故』。」

理應不會成為如是所說之過失，因一般而言，此論式之周遍雖無法成立，然此論式是「知三世平等……」等直接宣說之論式合理故。彼理應合理，因於此引文之直接宣說，此論式之周遍量所成立故。理應如是，因若是此引文時所直接宣說之現證三世諦實空之本智，周遍是彼時所直接宣說的近於佛菩薩及遠於聲緣故。理應如是，因此引文之時所揭示之聲緣未通達空性故。汝所安立之論式理應不是彼引文之清淨義論式，因與「知三世平等」安立因及「故名

དོན་སྦྱོར་རྣམ་དག་ཏུ་མི་འཐད་པར་ཐལ། དུས་རྣམས་མཉམ་པ་ཉིད་ཤེས་ཕྱིར། ཞེས་པས་རྟགས་དང་། ཤེས་རབ་ཕ་རོལ་ཕྱིན་པར་འདོད། །ཅེས་པས་དམ་བཅའ་བཀོད་པ་དང་འགལ་བའི་ཕྱིར་དང་། འདིའི་ཤེར་ཕྱིན་གཞི་ཤེས་པའི་ལམ་ཤེར་ཕྱིན་ལ་གསུངས་པས་གནོད་པའི་ཕྱིར།

གཞན་ཡང་། དབུ་མ་ཐལ་འགྱུར་བས་སྦྱོར་བ་དེའི་ཁྱབ་པ་ཁས་མི་ལེན་པར་ཐལ། དེས་གཞུང་གི་སྦྱོར་བའི་ཁྱབ་པ་ལ་རྩོད་པ་གང་ཞིག ཁྱོད་ཀྱི་སྦྱོར་བ་འཐད་པའི་ཕྱིར། འདོད་མི་ནུས་ཏེ། དེས་འབྲས་ཡུམ་ལ་ཉེ་བའི་ཐེག་ཆེན་འཕགས་པའི་མཁྱེན་པ་ཡིན་ན། སངས་རྒྱས་བྱང་སེམས་ལ་ཉེ་ཞིང་ཉན་རང་ལ་རིང་བས་ཁྱབ་པ་ཞལ་གྱིས་བཞེས་པའི་ཕྱིར།

ཡང་ན། ཁྱད་པར་གསུམ་ལྡན་གྱི་གཞི་ཤེས་པའི་ལམ་ཤེར་ཕྱིན་ཆོས་ཅན། སངས་རྒྱས་བྱང་སེམས་ལ་ཉེ་བ་ཡིན་ཏེ། སྐབས་འདིར་དངོས་སུ་བསྟན་པའི་དུས་གསུམ་བདེན་སྟོང་དུ་རྟོགས་པའི་ཡེ་ཤེས་ཀྱིས་ཟིན་པའི་འཕགས་པའི་མངོན་རྟོགས་ཡིན་པའི་ཕྱིར། ཤུགས་བསྟན་གྱི། དེ་ཆོས་ཅན། སྐབས་འདིར་དངོས་སུ་བསྟན་པའི་ཉན་རང་ལ་རིང་བ་ཡིན་ཏེ། རྟགས་དེའི་ཕྱིར། ཞེས་དངོས་ཤུགས་ཀྱི་སྦྱོར་བ་བཀོད་ན། ཚིག་སྐྱོན་མེད་པར་མངོན་ཏེ། ཐལ་འགྱུར་བས་ཀྱང་གཞུང་གི་བསྟན་ཚུལ་ལ་རྩོད་པའི་ཕྱིར་རོ། །

གཉིས་པ་མཐའ་དཔྱད་པ་ལ། ཁ་ཅིག ཤེས་པས་སྲིད་ལ་མི་གནས་ཤིང་། །སྙིང་རྗེས་ཞི་ལ་མི་གནས་དང་། །ཞེས་པས་གཞི་ཤེས་སོ་སོ་བ་གཉིས་བསྟན་པར་བསམ་སྟེ། གང་ཟག་གི་བདག་མེད་མངོན་སུམ་དུ་རྟོགས་པའི་ཐེག་ཆེན་གྱི་མཐོང་ལམ་ཤེས་པས་སྲིད་ལ་མི་གནས་པའི་གཞི་ཤེས་དང་། བྱང་སེམས་མཐོང་ལམ་པའི་རྒྱུད་ཀྱི་སྙིང་རྗེ་ཆེན་པོ་སྙིང་རྗེས་ཞི་ལ་མི་གནས་པའི་གཞི་ཤེས་ཡིན་ཟེར་བ་མི་འཐད་དེ། སྔ་མ་དེ་མི་རིགས་པ་གང་ཞིག ཕྱི་མ་ཐེག་དམན་གྱི་རྟོགས་རིགས་སུ་མི་གནས་པས་གཞི་ཤེས་ཀྱི་དོན་མེད་པའི་ཕྱིར། དང་པོ་དེར་ཐལ། ཤེས་པས་སྲིད་ལ་མི་གནས་པའི་གཞི་ཤེས་ཡིན་ན། འཁོར་བའི་སྐྱོན་རྟོགས་པས་ཁྱབ་པ་གང་ཞིག གང་ཟག་གི་བདག་མེད་མངོན་སུམ་དུ་རྟོགས་པའི་བྱང་སེམས་ཀྱི་མཐོང་ལམ་གྱིས་དེ་རྟོགས་པ་མི་འཐད་པའི་ཕྱིར། དང་པོ་དེར་ཐལ། རྣམ་བཤད་ལས། སློབ་དཔོན་དང་འཕགས་པ་གཉིས་ཀས་ཤེས་རབ་ཀྱིས་འཁོར་བའི་སྐྱོན་མཐོང་བར་གསུངས་

般若度」安立宗相違，以及被「此之般若波羅蜜多是了知基之道般若波羅蜜多」說法所違害故。

又，中觀應成師理應不承許此論式之周遍，因彼於論典論式的周遍作諍辯，且汝之論式應理故。不能許，因彼親口認許若是近於果佛母之大乘聖者智，周遍近於佛菩薩且遠於聲緣故。

或者，具三差別之了知基的道般若波羅蜜多為有法，是近於佛菩薩，因是此時所直接宣說的通達三世諦實空之本智所攝的聖者現觀故。間接揭示的彼為有法，遠於此處所直接宣說之聲緣，因彼因故。若〔如是〕安立直接、間接之論式，明顯無言詞之過，因應成師亦於引文明示之理諍辯故。

第二，有忖思：「『智不住諸有，悲不滯涅槃。』揭示別別二基智。」而云：「現證補特伽羅無我之大乘見道是智不住有之基智，見道位菩薩相續之大悲是悲不住寂之基智。」不應理，因前者不合理，且後者不住小乘證類因此無基智之義故。初者理應如是，因若是智不住有之基智，周遍通達輪迴過患，且現前通達補特伽羅無我之菩薩見道通達彼，不應理故。初者理應如是，因《心要莊嚴疏》云：「因為尊者與聖解脫軍尊者二人皆言：以般若觀見輪迴之過患故，以及輪迴過患以勝義衡量之覺察力[14]並不得故。」故。

⑭ 覺察力（རིགས་ཤེས།）：或譯為理智。

པའི་ཕྱིར་དང་། འཁོར་བའི་སྐྱོན་དོན་དམ་འཇལ་བའི་རིགས་ཤེས་ཀྱིས་མི་རྙེད་པའི་ཕྱིར་རོ། །ཞེས་གསུངས་པའི་ཕྱིར།

གཞན་ཡང་། དམ་བཅའ་དེ་མི་འཐད་པར་ཐལ། ཚིག་རྐང་ལྔ་མས་མི་རྟག་སོགས་བཅུ་དྲུག་མངོན་སུམ་དུ་རྟོགས་པའི་བྱང་སེམས་ཀྱི་མཐོང་ལམ་ཤེས་པས་སྲིད་ལ་མི་གནས་པའི་ལམ་ཤེས་དང་། རྐང་པ་ཕྱི་མས་བྱང་སེམས་མཐོང་ལམ་པའི་རྒྱུད་ཀྱི་སྙིང་རྗེ་ཆེན་པོ། སྙིང་རྗེས་ཞི་ལ་མི་གནས་པའི་ལམ་ཤེས་སུ་བསྟན་པའི་ཕྱིར།

ཁ་ཅིག ཐེག་དམན་གྱི་རྟོགས་རིགས་སུ་གནས་པའི་ཐེག་ཆེན་འཕགས་པའི་མཁྱེན་པ། ཤེས་པས་སྲིད་ལ་མི་གནས་པའི་ལམ་ཤེས་ཀྱི་མཚན་ཉིད་ཟེར་བ་མི་འཐད་པར་ཐལ། གཟུགས་ཕྱི་རོལ་དོན་གྱིས་སྟོང་པར་རྟོགས་པའི་ཐེག་ཆེན་གྱི་སྒོམ་ལམ་མཚན་ཉིད་དེ་ཡིན་པ་གང་ཞིག མཚོན་བྱ་དེ་མ་ཡིན་པའི་ཕྱིར། ཕྱི་མ་དེར་ཐལ། དེ་ཉན་ཐོས་ཀྱི་རྟོགས་རིགས་སུ་མི་གནས་པའི་ཕྱིར།

ཡང་ཁ་ཅིག ཉན་ཐོས་ཀྱི་རྟོགས་རིགས་སུ་གནས་པའི་ཐེག་ཆེན་འཕགས་པའི་མཁྱེན་པ། དེའི་མཚན་ཉིད་ཟེར་བ་མི་འཐད་དེ། གང་ཟག་གི་བདག་འཛིན་སྤངས་པའི་སྤངས་པ་དོན་དུ་གཉེར་བའི་ཐེག་ཆེན་གྱི་སྒོམ་ལམ། མཚན་ཉིད་དེ་གང་ཞིག མཚོན་བྱ་དེ་མ་ཡིན་པའི་ཕྱིར། དང་པོ་དེར་ཐལ། དེ་ཉན་ཐོས་ཀྱི་ཐབས་ཀྱི་རྟོགས་རིགས་སུ་གནས་པའི་ཐེག་ཆེན་འཕགས་པའི་མཁྱེན་པ་ཡིན་པའི་ཕྱིར། ཕྱི་མ་དེར་ཐལ། དེ་ཉན་ཐོས་ཀྱི་ཤེས་རབ་ཀྱི་རྟོགས་རིགས་སུ་མི་གནས་པའི་ཕྱིར།

ཁ་ཅིག ཐེག་ཆེན་གྱི་རྟོགས་རིགས་སུ་གནས་པའི་ཐེག་ཆེན་འཕགས་པའི་མཁྱེན་པ། སྙིང་རྗེས་ཞི་ལ་མི་གནས་པའི་ལམ་ཤེས་ཀྱི་མཚན་ཉིད་ཟེར་བ་མི་འཐད་དེ། ཐེག་ཆེན་གྱི་མཐོང་ལམ་བར་ཆད་མེད་ལམ་སྙིང་རྗེས་ཞི་ལ་མི་གནས་པའི་ལམ་ཤེས་མ་ཡིན་པའི་ཕྱིར།

ཁ་ཅིག སྲིད་མཐའ་ལ་མི་གནས་པའི་ལམ་ཤེས་ཡིན་ན། ཤེས་པས་སྲིད་ལ་མི་གནས་པའི་ལམ་ཤེས་ཡིན་པས་ཁྱབ། ཞི་མཐའ་ལ་མི་གནས་པའི་ལམ་ཤེས་ཡིན་ན། སྙིང་རྗེས་ཞི་ལ་མི་གནས་པའི་ལམ་ཤེས་ཡིན་པས་ཁྱབ་ཟེར་བ་མི་འཐད་དེ། ཐེག་ཆེན་གྱི་མཐོང་ལམ་སྡུག་བསྔལ་ཆོས་བཟོད། སྲིད་ཞི་གཉིས་ཀའི་མཐའ་འགོག་བྱེད་ཀྱི་ཡེ་ཤེས་ཡིན་པ་གང་ཞིག དེ་ཤེས་པས་སྲིད་ལ་མི་གནས་

又，彼宗理應不應理，因首句揭示現前通達無常等十六行相之菩薩見道為智不住有之道相智，及次句揭示見道位菩薩相續中的大悲為悲不住寂之道相智故。

有云：「住小乘證類之大乘聖者智，乃智不住有之道相智之性相。」理應不應理，因通達色外境空之大乘修道是此性相，且非此名相故。後者理應如是，因彼不住聲聞證類故。

又有云：「住聲聞證類之大乘聖者智，乃彼之性相。」不應理，因希求斷除補特伽羅我執之斷德的大乘修道，是彼性相，且非彼名相故。初者理應如是，因彼是住聲聞之方便證類的大乘聖者智故。後者理應如是，因彼不住聲聞之智慧證類故。

有云：「住大乘證類之大乘聖者智，乃悲不住寂之道相智的性相。」彼不應理，因大乘見道無間道非悲不住寂之道相智故。

有云：「若是不住有邊之道相智，周遍是智不住有之道相智；若是不住寂邊之道相智，周遍是悲不住寂之道相智。」不應理，因大乘見道苦法忍，是能斷有寂二邊之本智，且彼非智不住有之道相智，亦非悲不住寂之道相智故。後二者理應如是，因若是智不住有

པའི་ལམ་ཤེས་མ་ཡིན། སྙིང་རྗེས་ཞི་ལ་མི་གནས་པའི་ལམ་ཤེས་ཀྱང་མ་ཡིན་པའི་ཕྱིར། ཕྱི་མ་གཉིས་དེར་ཐལ། ཤེས་པས་སྲིད་ལ་མི་གནས་པའི་ལམ་ཤེས་ཞེས་པའི་ཤེས་པ་ཡིན་ན་དོན་དམ་དཔྱོད་བྱེད་ཀྱི་བློ་མ་ཡིན་དགོས། སྙིང་རྗེས་ཞི་ལ་མི་གནས་པའི་ལམ་ཤེས་ཞེས་པས་སྙིང་རྗེ་ཡིན་ན། ཐབས་ཁྱད་པར་ཅན་ཡིན་དགོས་པའི་ཕྱིར།

རང་ལུགས་ནི། ཀུན་རྫོབ་ལ་ལྟོས་ཏེ་སྲིད་མཐའ་འགོག་བྱེད་ཀྱི་རིགས་སུ་གནས་པའི་ཐེག་ཆེན་འཕགས་པའི་མཁྱེན་པ། ཤེས་པས་སྲིད་མཐའ་ལ་མི་གནས་པའི་ལམ་ཤེས་ཀྱི་མཚན་ཉིད། ཀུན་རྫོབ་ལ་ལྟོས་ཏེ་ཞི་མཐའ་འགོག་བྱེད་ཀྱི་རིགས་སུ་གནས་པའི་ཐེག་ཆེན་འཕགས་པའི་མཁྱེན་པ། སྙིང་རྗེས་ཞི་ལ་མི་གནས་པའི་ལམ་ཤེས་ཀྱི་མཚན་ཉིད།

ཁོ་ན་རེ། སྔ་མ་མི་འཐད་པར་ཐལ། ཐེག་ཆེན་གྱི་མཐོང་ལམ་བར་ཆད་མེད་ལམ་ཤེས་པས་སྲིད་མཐའ་ལ་མི་གནས་པའི་ལམ་ཤེས་ཡིན་པའི་ཕྱིར། དེར་ཐལ། ཤེས་རབ་ཀྱིས་དེ་ལ་མི་གནས་པའི་ལམ་ཤེས་ཡིན་པའི་ཕྱིར། དེར་ཐལ། ཤེས་རབ་ཀྱི་སྟོབས་ཀྱིས་དེ་ལ་མི་གནས་པའི་ལམ་ཤེས་ཡིན་པའི་ཕྱིར། དེར་ཐལ། ཤེས་རབ་བདེན་འཛིན་མཐོང་སྤངས་ཀྱི་དངོས་གཉེན་གྱི་སྟོབས་ཀྱིས་དེ་ལ་མི་གནས་པའི་ལམ་ཤེས་ཡིན་པའི་ཕྱིར་ན། མ་ཁྱབ་སྟེ། བྱང་སེམས་ས་དང་པོ་བས་ཉན་རང་དགྲ་བཅོམ་བློ་ཀུན་རྫོབ་སེམས་བསྐྱེད་ཀྱི་སྟོབས་ཀྱིས་ཟིལ་གྱིས་གནོན་ནུས་ན། དེས་དེ་བློའི་སྟོབས་ཀྱིས་ཟིལ་གྱིས་གནོན་ནུས་པས་མ་ཁྱབ་པའི་ཕྱིར།

ཡང་ཁོ་ན་རེ། གཉིས་པ་མི་འཐད་པར་ཐལ། སངས་རྒྱས་འཕགས་པའི་ཐུགས་རྒྱུད་ཀྱི་ཀུན་རྫོབ་སེམས་བསྐྱེད་དེ། སྙིང་རྗེས་ཞི་ལ་མི་གནས་པའི་ལམ་ཤེས་མ་ཡིན་པའི་ཕྱིར། མ་གྲུབ་ན། དེ་ཆོས་ཅན། སྙིང་རྗེས་ཞི་ལ་མི་གནས་དང་། །ཞེས་པའི་སྐབས་བསྟན་པའི་སྙིང་རྗེ་ཡིན་པར་ཐལ། མ་གྲུབ་པ་དེའི་ཕྱིར། འདོད་ན་སྙིང་རྗེ་ཡིན་པར་ཐལ་ལོ། །ཞེ་ན་མ་ཁྱབ་སྟེ། དེ་དག་གི་ཡང་དག་པའི་མཐའ་ཞེས་པའི་སྐབས་བསྟན་པའི་ཡང་དག་མཐའ་ཡིན་ན། ཡང་དག་མཐའ་ཡིན་པས་མ་ཁྱབ་པའི་ཕྱིར།

之道相智所說之「智」，須不是能觀察勝義之覺知；若是悲不住寂之道相智所說之「悲」，須是殊勝方便故。

自宗：「觀待世俗，住能斷有邊之類的大乘聖者智」，是智不住有邊之道相智性相，「觀待世俗，住能斷寂邊之類的大乘聖者智」，是悲不住寂之道相智性相。

有云：「前者理應不應理，因大乘見道無間道是智不住有邊之道相智故。理應如是，因是以智而不住於彼之道相智故。理應如是，因是以智慧之力而不住於彼之道相智故。理應如是，因是以智慧——見所斷諦實執之正對治力而不住於彼之道相智故。」不周遍，因初地菩薩若能以覺知——世俗發心之力勝伏聲緣阿羅漢，不周遍彼能以覺知之力勝伏彼故。

又有云：「第二理應不應理，因佛聖者心續之世俗發心，不是悲不住寂之道相智故。若不成，彼為有法，理應是『悲不滯涅槃』之聲所揭示之悲，因前之不成故。若是，則成是悲矣。」不周遍，因若是「彼等之真實際」之聲所揭示之真實際，不周遍是真實際故。

ཁ་ཅིག སྐབས་འདིར་བསྟན་གྱི་སྲིད་མཐའ་ཡིན་ན། འཁོར་བ་ཡིན་དགོས་ཏེ། སྲིད་མཐའ་ཡིན་ན་འཁོར་བ་ཡིན་དགོས་པའི་ཕྱིར། སྐབས་འདིར་བསྟན་གྱི་ཞི་མཐའ་ཡིན་ན། ཞི་མཐའ་ཡིན་དགོས་ཏེ། སྐབས་འདིར་བསྟན་གྱི་ཞི་མཐའ་ཡིན་ན། མྱང་འདས་ཡིན་དགོས་པའི་ཕྱིར་ཟེར། འོ་ན་སྐབས་འདིར་བསྟན་གྱི་སྲིད་མཐའ་ལ་གནས་ན་འཁོར་བ་ལ་གནས་དགོས་པར་ཐལ། དམ་བཅའ་སྤྱི་མ་འཐད་པའི་ཕྱིར། འདོད་ན། ལྷག་མེད་མྱང་འདས་ལ་གནས་པའི་ཉན་ཐོས་དགྲ་བཅོམ་ཆོས་ཅན། དེར་ཐལ། དེའི་ཕྱིར། དེར་ཐལ། འདིར་བསྟན་བྱང་སེམས་ལམ་ལ་ལྟོས་པའི་སྲིད་མཐའ་ལ་གནས་པའི་ཕྱིར། དེར་ཐལ། སྲིད་པར་སྐྱེ་བ་ལ་མཐའ་གཅིག་ཏུ་དོར་བྱར་ཞེན་པའི་ཆ་ལ་གནས་པའི་ཕྱིར། ཁྱབ་སྟེ། འགྲེལ་པར། དངོས་པོར་དམིགས་པ་ཉིད་ཀྱིས་འཁོར་བ་ལ་གནས་པ་ཡིན་པར་ཤེས་པར་བྱའོ། །ཞེས་གསུངས་པའི་ཕྱིར།

གཞན་ཡང་། སྐབས་འདིར་བསྟན་གྱི་ཞི་མཐའ་ལ་གནས་ན། མྱང་འདས་ལ་གནས་དགོས་པར་ཐལ། རྩ་བའི་དམ་བཅའ་གཉིས་པ་དེ་འཐད་པའི་ཕྱིར། འདོད་ན། ཉན་ཐོས་མཐོང་ལམ་པ་ཆོས་ཅན། དེར་ཐལ། དེའི་ཕྱིར། དེར་ཐལ། འདིར་བསྟན་བྱང་སེམས་ལམ་ལ་ལྟོས་པའི་ཞི་མཐའ་ལ་གནས་པའི་ཕྱིར། དེར་ཐལ། སྲིད་པར་སྐྱེ་བ་ཆད་ཙམ་གྱིས་ཐོབ་པའི་མྱང་འདས་ལ་མཐའ་གཅིག་ཏུ་བླང་བྱར་ཞེན་པའི་ཆ་ལ་གནས་པའི་ཕྱིར། ཁྱབ་སྟེ། དངོས་པོ་མེད་པར་དམིགས་པ་ཉིད་ཀྱིས་མྱ་ངན་ལས་འདས་པ་ལ་གནས་པ་ཡིན་པར་ཤེས་པར་བྱའོ། །ཞེས་གསུངས་པའི་ཕྱིར།

ཁོ་ན་རེ། བྱང་སེམས་སྦྱོར་ལམ་པ་ཆོས་ཅན། བྱང་སེམས་ལམ་ལ་ལྟོས་པའི་སྲིད་མཐའ་ལ་གནས་པར་ཐལ། སྲིད་པར་སྐྱེ་བ་ལ་མཐའ་གཅིག་ཏུ་དོར་བྱར་ཞེན་པའི་ཆ་ལ་གནས་པའི་ཕྱིར་ཏེ། དེ་ཉན་ཐོས་ལས་འབུམ་འགྱུར་གྱིས་འཁོར་བ་ལ་སྐྱོ་བར་བྱེད་དགོས་པའི་ཕྱིར་ན། མ་ཁྱབ་སྟེ། སྲིད་པར་སྐྱེ་བ་ལ་དོར་བྱར་ཞེན་ན། དེ་ལ་མཐའ་གཅིག་ཏུ་དོར་བྱར་ཞེན་པས་མ་ཁྱབ་པའི་ཕྱིར་ཏེ། མཐའ་གཅིག་ཏུ་ཞེས་པའི་ཚིག་གི་ནུས་པས་གཞན་དོན་དུ་གྱུར་ཀྱང་འཁོར་བར་སྐྱེ་བ་དོན་དུ་མི་གཉེར་དགོས་པའི་ཕྱིར། སེམས་ཤིག

ཡང་ཁོ་ན་རེ། སྐབས་འདིར་བསྟན་གྱི་སྲིད་མཐའ་ཡིན་ན། སྲིད་མཐའ་ཡིན་དགོས་པར་ཐལ།

有云：「若是此示之有邊，須是輪迴，因若是有邊須是輪迴故。若是此示之寂邊，須是寂邊，因若是此示之寂邊，須是涅槃故。」那麼，若住此示之有邊理應須是住於輪迴，因前宗應理故。若許，住無餘涅槃之聲聞阿羅漢為有法，理應如是，因如是故。理應如是，因住此示觀待菩薩道之有邊故。理應如是，因住耽著出生於「有」絕對是所捨之分故。周遍，因《明義釋》云：「應知彼以緣事物而住輪迴。[77]」故。

又，若住此示之寂邊，理應須是住涅槃，因第二根本宗應理故。若許，見道聲聞為有法，理應如是，因如是故。理應如是，因住於此示觀待菩薩道之寂邊故。理應如是，因住耽著唯斷生於「有」所得之涅槃絕對是所取之分故。周遍，因說「應知彼以緣無事而住涅槃。[78]」故。

有云：「菩薩加行道者為有法，理應住於觀待於菩薩道之有邊，因住於耽著生於『有』絕對是所捨之分故，因彼較聲聞須於輪迴產生十萬倍厭離故。」不周遍，因若耽著投生於「有」為所捨，不周遍耽著彼絕對是所捨故，因所謂「絕對」之詞的能力，雖轉為他利亦須不希求投生於輪迴故。當好好思惟。

又有云：「若是此示之有邊，理應須是有邊，因若是此示之觀

སྐབས་འདིར་བསྟན་གྱི་ཀུན་རྫོབ་ལ་ལྟོས་པའི་སྲིད་མཐའ་ཡིན་ན། སྲིད་མཐའ་ཡིན་དགོས་པའི་ཕྱིར། ཡང་སྐབས་འདིར་བསྟན་གྱི་ཞི་མཐའ་ཡིན་ན། ཞི་མཐའ་ཡིན་དགོས་པར་ཐལ། སྐབས་འདིར་བསྟན་གྱི་ཀུན་རྫོབ་ལ་ལྟོས་པའི་ཞི་མཐའ་ཡིན་ན། ཞི་མཐའ་ཡིན་དགོས་པའི་ཕྱིར་ན། སྔ་ཕྱི་གཉིས་ཀ་ལ་མ་ཁྱབ་སྟེ། འདིར་བསྟན་སྲིད་མཐའ་ཡིན་ན། འདིར་བསྟན་ཀུན་རྫོབ་ལ་ལྟོས་པའི་སྲིད་མཐའ་ཡིན་མི་དགོས་པའི་ཕྱིར་དང་། འདིར་བསྟན་ཞི་མཐའ་ཡིན་ན། འདིར་བསྟན་ཀུན་རྫོབ་ལ་ལྟོས་པའི་ཞི་མཐའ་ཡིན་མི་དགོས་པའི་ཕྱིར།

དང་པོ་དེར་ཐལ། སྲིད་པར་སྐྱེ་བ་ལ་མཐའ་གཅིག་ཏུ་དོར་བྱར་ཞེན་པའི་ཆ་འདིར་བསྟན་སྲིད་མཐའ་གང་ཞིག འདིར་བསྟན་ཀུན་རྫོབ་ལ་ལྟོས་པའི་སྲིད་མཐའ་མ་ཡིན་པའི་ཕྱིར་ཏེ། དེ་ལ་གནས་པའི་གང་ཟག་ཡིན་ན། གཅིག་ཤོས་ལ་གནས་པའི་གང་ཟག་ཡིན་པས་མ་ཁྱབ་པའི་ཕྱིར་ཏེ། ཉན་ཐོས་ལྷག་མེད་པ་དེ་ལ་མི་གནས་པའི་ཕྱིར་ཏེ། དེ་ལས་དང་ཉོན་མོངས་པའི་དབང་གིས་ཡུན་རིང་པོར་ཉིང་མཚམས་སྦྱོར་བའི་ཆ་ལ་མི་གནས་པའི་ཕྱིར། ཁྱབ་སྟེ། དེ་འདིར་བསྟན་ཀུན་རྫོབ་ལ་ལྟོས་པའི་སྲིད་མཐའ་ཡིན་པའི་ཕྱིར། འགྲེལ་པར་ཤེས་རབ་ཀྱིས་ཚུ་རོལ་གྱི་མཐའ་འཁོར་བ་རྟག་པའི་མཚན་ཉིད། ཅེས་གསུངས་པའི་ཕྱིར།

རྩ་རྟགས་གཉིས་པ་དེར་ཐལ། སྲིད་པར་སྐྱེ་བ་ཆད་ཙམ་གྱིས་ཐོབ་པའི་མྱང་འདས་ལ་མཐའ་གཅིག་ཏུ་བླང་བྱར་ཞེན་པའི་ཆ་འདིར་བསྟན་ཞི་མཐའ་གང་ཞིག འདིར་བསྟན་ཀུན་རྫོབ་ལ་ལྟོས་པའི་ཞི་མཐའ་མ་ཡིན་པའི་ཕྱིར་ཏེ། དེ་ལ་གནས་པའི་གང་ཟག་ཡིན་ན། ཅིག་ཤོས་ལ་གནས་པའི་གང་ཟག་ཡིན་པས་མ་ཁྱབ་པའི་ཕྱིར་ཏེ། ཉན་ཐོས་མཐོང་ལམ་པ་ཅིག་ཤོས་ལ་མི་གནས་པའི་ཕྱིར་ཏེ། དེ་སྲིད་པར་སྐྱེ་བ་ཆད་ཙམ་གྱིས་ཐོབ་པའི་མྱང་འདས་ལ་མི་གནས་པའི་ཕྱིར། ཁྱབ་སྟེ། དེ་འདིར་བསྟན་ཀུན་རྫོབ་ལ་ལྟོས་པའི་ཞི་མཐའ་ཡིན་པའི་ཕྱིར་ཏེ། འགྲེལ་པར། སྙིང་རྗེས་པ་རོལ་གྱི་མཐའ་མྱ་ངན་ལས་འདས་པ་ཆད་པའི་མཚན་ཉིད། ཅེས་གསུངས་པའི་ཕྱིར།

གཞན་ཡང་། རྩ་བའི་དམ་བཅའ་མི་རིགས་པར་ཐལ། འདིར་བསྟན་བྱང་སེམས་ལམ་ལ་ལྟོས་པའི་སྲིད་མཐའ་ཡིན་ན། འདིར་བསྟན་སྲིད་མཐའ་ཡིན་དགོས། འདིར་བསྟན་བྱང་སེམས་ལམ་ལ་

待世俗之有邊，須是有邊故。又若是此示之寂邊，理應須是寂邊，因若是此示之觀待世俗之寂邊，須是寂邊故。」前後二者皆不周遍，因若是此示有邊，不須是此示觀待世俗之有邊，以及若是此示寂邊，不須是此示觀待世俗之寂邊故。

初者理應如是，因耽著生於「有」絕對是所捨之分是此示有邊，且非此示觀待世俗之有邊故。因若是住於彼之補特伽羅，不周遍是住於此示觀待世俗之有邊之補特伽羅故，因無餘聲聞不住於彼故，因彼不住以業與煩惱之力而長時結生之分故。周遍，因彼是此示觀待世俗之有邊故。因《明義釋》云：「以慧之此岸邊——輪迴常性。[79]」故。

第二根本因理應如是，因耽著唯斷生於「有」所得之涅槃絕對是所取之分，是此示寂邊，且非此示觀待世俗之寂邊故，因若是住於彼之補特伽羅，不周遍是住於此示觀待世俗之寂邊之補特伽羅故，因見道聲聞不住於此示觀待世俗之寂邊故，因彼不住於唯斷生於「有」所得之涅槃故。周遍，因彼是此示觀待世俗之寂邊故，因《明義釋》云：「以悲之彼岸邊——斷滅涅槃性。[80]」故。

又，根本宗理應不合理，因若是此示觀待菩薩道之有邊，須是此示有邊，若是此示觀待菩薩道之寂邊，須是此示寂邊故。周遍，

ལྟོས་པའི་ཞི་མཐའ་ཡིན་ན། འདིར་བསྟན་ཞི་མཐའ་ཡིན་དགོས་པའི་ཕྱིར། ཁྱབ་སྟེ། འདིར་བསྟན་བྱང་སེམས་ལམ་ལ་ལྟོས་པའི་སྲིད་མཐའ་ཡིན་ན། སྤྱིར་སྲིད་མཐའ་མ་ཡིན་དགོས། འདིར་བསྟན་བྱང་སེམས་ལམ་ལ་ལྟོས་པའི་ཞི་མཐའ་ཡིན་ན། སྤྱིར་ཞི་མཐའ་མ་ཡིན་དགོས་པའི་ཕྱིར།

དང་པོ་དེར་ཐལ། སྲིད་པར་སྐྱེ་བ་ལ་མཐའ་གཅིག་ཏུ་དོར་བྱར་ཞེན་པའི་ཆ། འདིར་བསྟན་བྱང་སེམས་ལམ་ལ་ལྟོས་པའི་སྲིད་མཐའ་གང་ཞིག སྤྱིར་སྲིད་མཐའ་མ་ཡིན་པའི་ཕྱིར། ཕྱི་མ་དེར་ཐལ། དེ་ལ་གནས་ན་སྲིད་མཐའ་ལ་གནས་པས་མ་ཁྱབ་པའི་ཕྱིར་ཏེ། ཉན་ཐོས་ལྷག་མེད་བས་མ་ངེས་པའི་ཕྱིར། རྩ་རྟགས་གཉིས་པ་དེར་ཐལ། སྲིད་པར་སྐྱེ་བ་ཆད་ཙམ་གྱིས་ཐོབ་པའི་མྱང་འདས་ལ་མཐའ་གཅིག་ཏུ་བླང་བྱར་ཞེན་པའི་ཆ། འདིར་བསྟན་བྱང་སེམས་ལམ་ལ་ལྟོས་པའི་ཞི་མཐའ་ཡིན་པ་གང་ཞིག སྤྱིར་ཞི་མཐའ་མ་ཡིན་པའི་ཕྱིར། ཕྱི་མ་དེར་ཐལ། དེ་ལ་གནས་ན་ཞི་མཐའ་ལ་གནས་པས་མ་ཁྱབ་པའི་ཕྱིར་ཏེ། ཉན་ཐོས་སློབ་པ་མཐའ་དག་གིས་མ་ངེས་པའི་ཕྱིར།

ཁ་ཅིག ལས་ཉོན་གྱིས་འཕངས་པའི་འཁོར་བ་འདིར་བསྟན་ཀུན་རྫོབ་ལ་ལྟོས་པའི་སྲིད་མཐར་འདོད་པ་དང་། དགྲ་བཅོམ་པ་ཡིན་ན་འདིར་བསྟན་ཀུན་རྫོབ་ལ་ལྟོས་པའི་སྲིད་མཐའ་ལ་མི་གནས་པས་ཁྱབ་ཟེར་བ་ནང་འགལ་ཏེ། ལྷག་བཅས་མྱང་འདས་ལ་གནས་པའི་ཉན་ཐོས་དགྲ་བཅོམ་འདིར་བསྟན་ཀུན་རྫོབ་ལ་ལྟོས་པའི་སྲིད་མཐའ་ལ་གནས་པར་ཁས་བླངས་པའི་ཕྱིར། རྟགས་ཁས།

ཁ་ཅིག འཁོར་བ་བདེན་གྲུབ་འདིར་བསྟན་དོན་དམ་ལ་ལྟོས་པའི་སྲིད་མཐའ་དང་། མྱང་འདས་བདེན་གྲུབ་འདིར་བསྟན་དོན་དམ་ལ་ལྟོས་པའི་ཞི་མཐའ་ཡིན་ཟེར་བ་མི་འཐད་དེ། འདིར་བསྟན་དོན་དམ་ལ་ལྟོས་པའི་སྲིད་ཞིའི་མཐའ་གང་རུང་ཡིན་ན། བདེན་གྲུབ་མ་ཡིན་དགོས་པའི་ཕྱིར་དང་། བརྟག་པ་མཐའ་བཟུང་གི་སྒོ་ནས་ངོས་འཛིན་པ་འཐད་པའི་ཕྱིར།

ཁ་ཅིག ཐེག་དམན་དགྲ་བཅོམ་ཡིན་ན། འདིར་བསྟན་ཀུན་རྫོབ་ལ་ལྟོས་པའི་ཞི་མཐའ་ལ་གནས་པས་ཁྱབ་ཟེར་བ་མི་རིགས་ཏེ། རང་རྒྱལ་དགྲ་བཅོམ་འདིར་བསྟན་ཀུན་རྫོབ་ལ་ལྟོས་པའི་ཞི་མཐའ་ལ་མི་གནས་པའི་ཕྱིར། དེར་ཐལ། དེ་སྲིད་པར་སྐྱེ་བ་ཆད་ཙམ་གྱིས་ཐོབ་པའི་མྱང་འདས་ལ་མི་གནས་པའི་ཕྱིར། དེར་ཐལ། ཉོན་སྒྲིབ་སྤངས་པ་ཙམ་གྱིས་རབ་ཏུ་ཕྱེ་བའི་མྱང་འདས་ལ་མི་གནས་

因若是此示觀待菩薩道之有邊，一般而言，須不是有邊；若是此示觀待菩薩道之寂邊，一般而言，須不是寂邊故。

初者理應如是，因耽著生於「有」絕對是所捨之分，是此示觀待菩薩道之有邊，且一般而言非有邊故。後者理應如是，因若住於彼，不周遍住於有邊故，因無餘聲聞不定故。第二根本因理應如是，因耽著唯斷投生於「有」所得之涅槃是絕對所取之分，是此示觀待菩薩道之寂邊，且一般而言非寂邊故。後者理應如是，因若住於彼不周遍住於寂邊故，因所有有學聲聞不定故。

有承許：「業煩惱所牽引之輪迴是此示觀待世俗之有邊。」及〔承許〕「若是阿羅漢周遍不住於此示觀待世俗之有邊。」自相矛盾，因承許住有餘涅槃之聲聞阿羅漢住於此示觀待世俗有邊故。承許因。

有云：「輪迴諦實成立是此示觀待勝義之有邊，及涅槃諦實成立是此示觀待勝義之寂邊。」不應理，因若是此示觀待勝義之有寂之邊隨一，須不是諦實成立，及若就假設之門辨別應理故。

有云：「若是小乘阿羅漢，周遍住於此示觀待世俗之寂邊。」不合理，因獨覺阿羅漢不住於此示觀待世俗之寂邊故。理應如是，因彼不住於唯斷生於「有」所得之涅槃故。理應如是，因不住於唯斷煩惱障而立之涅槃故。理應如是，因彼之相續之涅槃非彼故。理

པའི་ཕྱིར། དེར་ཐལ། དེའི་རྒྱུད་ཀྱི་མྱང་འདས་དེ་དེ་མ་ཡིན་པའི་ཕྱིར། དེར་ཐལ། དེའི་མྱང་འདས་དེ་གཟུང་འཛིན་རྫས་གཞན་དུ་འཛིན་པའི་ས་བོན་སྤངས་པའི་མྱང་འདས་ཡིན་པའི་ཕྱིར།

གཞན་ཡང་། རང་རྒྱལ་དགྲ་བཅོམ་དེ་དེ་མ་ཡིན་པར་ཐལ། འདིར་བསྟན་ཀུན་རྫོབ་ལ་ལྟོས་པའི་ཞི་མཐའ་ལ་གནས་པའི་དགྲ་བཅོམ་ཡིན་ན། ཉན་ཐོས་དགྲ་བཅོམ་ཡིན་དགོས་པའི་ཕྱིར་དང་། ཚད་པའི་མྱང་འདས་རྒྱུད་ལྡན་གྱི་རང་རྒྱལ་དགྲ་བཅོམ་མེད་པའི་ཕྱིར།

ཁོན་རེ། ཚད་པའི་མྱང་འདས་རྒྱུད་ལྡན་གྱི་དེ་ཡོད་པར་ཐལ། སྙིང་རྗེ་དང་སྨོན་ལམ་གྱི་དབང་གིས་སྐྱེ་བ་ཆད་པས་ཐོབ་པའི་མྱང་འདས་རྒྱུད་ལྡན་གྱི་དེ་ཡོད་པ་གང་ཞིག འདིར་བསྟན་ཀུན་རྫོབ་ལ་ལྟོས་པའི་ཚད་མཐའ་དེ་ལ་སྲིད་པར་སྐྱེ་བ་ཆད་ཙམ་གྱིས་ཐོབ་པའི་མྱང་འདས་དང་། སྙིང་རྗེ་དང་སྨོན་ལམ་གྱི་དབང་གིས་སྐྱེ་བ་ཆད་པས་ཐོབ་པའི་མྱང་འདས་གཉིས་ཡོད་པའི་ཕྱིར་ཏེ། རྣམ་བཤད་ལས། ཚད་མཐའ་ཡང་། ལས་ཉོན་གྱི་དབང་གིས་སྐྱེ་བ་ཆད་པར་མ་ཟད། སྙིང་རྗེ་དང་སྨོན་ལམ་གྱི་དབང་གིས་སྐྱེ་བ་ཆད་པས་ཐོབ་པའི་མྱང་འདས་སོ། །ཞེས་གསུངས་པའི་ཕྱིར་ཟེར་ན། དཔྱད་པར་བྱའོ། །

གཞན་ཡང་། རང་རྒྱལ་དགྲ་བཅོམ་པའི་རྒྱུད་ལ་ཚད་པའི་མྱང་འདས་ཡོད་པར་ཐལ། དེ་ཚད་པའི་མྱང་འདས་ལ་མཐའ་གཅིག་ཏུ་བླང་བྱར་ཞེན་པའི་ཆ་ལ་གནས་པའི་ཕྱིར། དེར་ཐལ། དེ་འདིར་བསྟན་བྱང་སེམས་ལམ་ལ་ལྟོས་པའི་ཞི་མཐའ་ལ་གནས་པ་གང་ཞིག ཚད་པའི་མྱང་འདས་ལ་མཐའ་གཅིག་ཏུ་བླང་བྱར་ཞེན་པའི་ཆ་དེ། འདིར་བསྟན་བྱང་སེམས་ལམ་ལ་ལྟོས་པའི་ཞི་མཐའ་ཡིན་པའི་ཕྱིར། དང་པོ་དེར་ཐལ། དེ་འདིར་བསྟན་བྱང་སེམས་ལམ་ལ་ལྟོས་པའི་མི་མཐུན་ཕྱོགས་ལ་གནས་པའི་ཕྱིར། གཉིས་པ་དེར་ཐལ། ཚད་པའི་མྱང་འདས་དེ་འདིར་བསྟན་ཀུན་རྫོབ་ལ་ལྟོས་པའི་ཞི་མཐའ་ཡིན་པའི་ཕྱིར་ཟེར་བའང་དཔྱད་གཞིའོ། །

ཁ་ཅིག ཐེག་དམན་སློབ་པ་ཡིན་ན་འདིར་བསྟན་ཀུན་རྫོབ་ལ་ལྟོས་པའི་སྲིད་མཐའ་ལ་གནས་པས་ཁྱབ་ཟེར་བ་མི་འཐད་དེ། ཐེག་དམན་སྲིད་པ་ཐ་མ་པ་ཡིན་ན་འདིར་བསྟན་ཀུན་རྫོབ་ལ་ལྟོས་པའི་སྲིད་མཐའ་ལ་མི་གནས་དགོས་པའི་ཕྱིར་ཏེ། དེ་ཡིན་ན་ལས་ཉོན་གྱིས་འཁོར་བར་སྐྱེ་བ་མི་ལེན་དགོས་པའི་ཕྱིར།

應如是，因彼之涅槃乃斷除執能取所取異質之種子的涅槃故。

又，獨覺阿羅漢理應不是彼，因若是住於此示觀待世俗之寂邊的阿羅漢，須是聲聞阿羅漢，及無相續具斷涅槃之獨覺阿羅漢故。

有云：「理應有相續具斷涅槃之彼，因有相續具斷以悲心及願力生〔於有〕所得之涅槃之彼，且此示觀待世俗之斷邊，有僅斷投生於『有』所得之涅槃，及斷以悲心與願力投生〔於有〕所得之涅槃二者故，因《心要莊嚴疏》云：『斷邊，不僅斷除因惑業出生，並且斷絕由於悲心與願力受生，而獲得之涅槃。』故。」當觀察。

又雖〔有〕云：「獨覺阿羅漢相續中理應有斷涅槃，因彼住於耽著斷涅槃絕對為所取之分故。理應如是，因彼住於此示觀待菩薩道之寂邊，且耽著斷涅槃絕對是所取之分，乃此示觀待菩薩道之寂邊故。初者理應如是，因彼住於此示觀待菩薩道之異品故。次者理應如是，因斷涅槃是此示觀待世俗之寂邊故。」亦為待觀察之點。

有云：「若是小乘有學道者，周遍住於此示觀待世俗之有邊。」不應理，因若是小乘最後有者，須不住於此示觀待世俗之有邊故，因若是彼，須不是由業煩惱投生於輪迴故。

འབྲས་ཡུམ་ལ་རིང་བའི་གཞི་ཤེས་དང་འབྲས་ཡུམ་ལ་ཉེ་བའི་གཞི་ཤེས།

དེ་ནི་མཚན་མར་དམིགས་སྒོ་ནས། །ཞེས་སོགས་ཀྱི་སྐབས་སུ། སྦྱོར་བ་དང་། མཐའ་དཔྱད་པ་གཉིས།

དང་པོ་ནི། སྟོང་ཉིད་རྟོགས་མ་སྦྱོང་བའི་ཉན་ཐོས་མཐོང་ལམ་པའི་རྒྱུད་ཀྱི་མི་རྟག་སོགས་བཅུ་དྲུག་མངོན་སུམ་དུ་རྟོགས་པའི་ཡེ་ཤེས་ཆོས་ཅན། འབྲས་ཡུམ་ལ་རིང་བའི་གཞི་ཤེས་ཡིན་ཏེ། གཞི་ཤེས་གང་ཞིག སྙིང་རྗེ་ཆེན་པོ་དང་བྲལ་ཞིང་བདེན་འཛིན་གྱིས་བཅིངས་པའི་ཕྱིར།

མི་རྟག་སོགས་བཅུ་དྲུག་མངོན་སུམ་དུ་རྟོགས་པའི་བྱང་སེམས་ཀྱི་མཐོང་ལམ་ཆོས་ཅན། འབྲས་ཡུམ་ལ་ཉེ་བའི་གཞི་ཤེས་ཡིན་ཏེ། གཞི་ཤེས་གང་ཞིག སྙིང་རྗེ་ཆེན་པོ་དང་སྟོང་ཉིད་རྟོགས་པའི་ཤེས་རབ་ཀྱིས་ཟིན་པའི་ཐེག་ཆེན་འཕགས་པའི་མཁྱེན་པ་ཡིན་པའི་ཕྱིར།

གཉིས་པ་ལ་ཁ་ཅིག བདེན་འཛིན་གྱིས་བཅིངས་པའི་ཐེག་དམན་འཕགས་པའི་མཁྱེན་པ་དེ། འབྲས་ཡུམ་ལ་རིང་བའི་གཞི་ཤེས་ཀྱི་མཚན་ཉིད། ས་མཚམས་ཐེག་དམན་འཕགས་པ་མཐའ་དག་གི་རྒྱུད་ལ་ཡོད། གཞི་ཤེས་གང་ཞིག ཐབས་ཤེས་ཁྱད་པར་ཅན་གྱིས་ཟིན་པ་དེ། འབྲས་ཡུམ་ལ་ཉེ་བའི་གཞི་ཤེས་ཀྱི་མཚན་ཉིད། ས་མཚམས་ས་དང་པོ་ནས་སངས་རྒྱས་ཀྱི་སའི་བར་ན་ཡོད་ཅིང་། ཐེག་དམན་འཕགས་པའི་མཁྱེན་པ་ཡིན་ན། གཞི་ཤེས་ཡིན་པས་ཁྱབ་ཟེར། འོ་ན། སྟོང་ཉིད་མངོན་སུམ་དུ་རྟོགས་པའི་ཉན་ཐོས་ཀྱི་མཐོང་ལམ་ཆོས་ཅན། གཞི་ཤེས་ཡིན་པར་ཐལ། ཐེག་དམན་འཕགས་པའི་མཁྱེན་པ་ཡིན་པའི་ཕྱིར། ཁྱབ་པ་ཁས། འདོད་ན། དེ་ཆོས་ཅན། འབྲས་ཡུམ་ལ་རིང་བའི་གཞི་ཤེས་ཡིན་པར་ཐལ། འདོད་པ་གང་ཞིག ཐེག་དམན་འཕགས་པའི་མཁྱེན་པ་ཡིན་པའི་ཕྱིར། འདོད་ན། བདེན་འཛིན་གྱིས་བཅིངས་པར་ཐལ། འདོད་པའི་ཕྱིར། ཁྱབ་རྟགས་ཁས། འདོད་མི་ནུས་ཏེ། ཆོས་ཅན་དེ་ཡིན་པའི་ཕྱིར།

གཞན་ཡང་། མཚན་ཉིད་དང་པོ་མི་འཐད་པར་ཐལ། སྟོང་ཉིད་རྟོགས་སྦྱོང་གི་ཉན་ཐོས་འཕགས་པའི་རྒྱུད་ཀྱི་མི་རྟག་སོགས་བཅུ་དྲུག་མངོན་སུམ་དུ་རྟོགས་པའི་མཁྱེན་པ། འབྲས་ཡུམ་ལ་རིང་

82 遠於果佛母之基智與近於果佛母之基智

「彼由緣相門……」等之時，論式及辨析二者。

初者，未曾通達空性之聲聞見道者相續之現前通達無常等十六行相的本智為有法，乃遠於果佛母之基智，因是基智且遠離大悲，並被諦實執所繫故。

現前通達無常等十六行相之菩薩見道為有法，是近於果佛母之基智，因是基智，且是大悲及通達空性慧所攝之大乘聖者之智故。

第二，有云：「諦實執所繫之小乘聖者之智，是遠於果佛母之基智性相。界限，於所有小乘聖者相續中皆有。是基智，且被殊勝方便智慧所攝，是近於果佛母之基智性相。界限，從初地乃至佛地都有，且若是小乘聖者之智，周遍是基智。」那麼，現前通達空性之聲聞見道為有法，理應是基智，因是小乘聖者之智故，承許周遍，若許，彼為有法，理應是遠於果佛母之基智，因承許，且是小乘聖者之智故。若許，理應被諦實執所繫縛，因許故。承許周遍、因。不能許，因是彼有法故。

又，初性相理應不應理，因曾通達空性之聲聞聖者相續之現證無常等十六行相智，是遠於果佛母之基智，且非諦實執所繫縛故。

པའི་གཞི་ཤེས་གང་ཞིག བདེན་འཛིན་གྱིས་བཅིངས་པ་མ་ཡིན་པའི་ཕྱིར། དང་པོ་དེར་ཐལ། དེ་ཐེག་དམན་གྱི་གཞི་ཤེས་ཡིན་པའི་ཕྱིར། གཉིས་པ་དེར་ཐལ། སྟོང་ཉིད་རྟོགས་པའི་ཤེས་རབ་ཀྱིས་ཟིན་པའི་གཞི་ཤེས་ཡིན་པའི་ཕྱིར། ས་མཚམས་གཉིས་པ་ཡང་མི་རིགས་པར་ཐལ། ཉན་ཐོས་དགྲ་བཅོམ་གྱི་རྟོགས་པ་སྔོན་སོང་གི་བྱང་སེམས་ཚོགས་ལམ་པའི་རྒྱུད་ཀྱི་མི་རྟག་སོགས་བཅུ་དྲུག་མངོན་སུམ་དུ་རྟོགས་པའི་ཡེ་ཤེས་དེ། འབྲས་ཡུམ་ལ་ཉེ་བའི་གཞི་ཤེས་ཡིན་པའི་ཕྱིར་ཏེ། དེ་གཞི་ཤེས་གང་ཞིག ཐབས་ཁྱད་པར་ཅན་གྱིས་ཟིན་པའི་ཕྱིར།

ཁ་ཅིག འབྲས་ཡུམ་ལ་ཉེ་བའི་གཞི་ཤེས་ཡིན་ན། ཐེག་ཆེན་གྱི་གང་ཟག་གི་རྒྱུད་ཀྱི་གཞི་ཤེས་ཡིན་དགོས་ཟེར། ཁ་ཅིག དེ་མི་འཐད་དེ། ཉན་ཐོས་དགྲ་བཅོམ་གྱི་རྟོགས་པ་སྔོན་སོང་གི་ཐེག་ཆེན་ལམ་དུ་འཇུག་ཁ་མའི་གང་ཟག་གི་རྒྱུད་ཀྱི་གཞི་ཤེས་འབྲས་ཡུམ་ལ་ཉེ་བའི་གཞི་ཤེས་ཡིན་པའི་ཕྱིར་ཏེ། སྙིང་རྗེ་ཆེན་པོས་ཟིན་པའི་གཞི་ཤེས་ཡིན་པའི་ཕྱིར་ཟེར་ཏེ། དཔྱད་གཞིའོ། །

རང་ལུགས། སྟོང་ཉིད་རྟོགས་པའི་ཤེས་རབ་ཀྱིས་མ་ཟིན་ཅིང་། ཐེག་ཆེན་གྱི་རྟོགས་རིགས་སུ་མི་གནས་པའི་ཐེག་དམན་འཕགས་པའི་མཁྱེན་པ། འབྲས་ཡུམ་ལ་རིང་བའི་གཞི་ཤེས་ཀྱི་མཚན་ཉིད། གཞི་ཤེས་གང་ཞིག ཐབས་ཁྱད་པར་ཅན་གྱིས་ཟིན་པ། འབྲས་ཡུམ་ལ་ཉེ་བའི་གཞི་ཤེས་ཀྱི་མཚན་ཉིད། སྐབས་འདིར་དངོས་སུ་བསྟན་པའི་འབྲས་ཡུམ་ལ་རིང་བའི་གཞི་ཤེས་སམ་མི་མཐུན་ཕྱོགས་ཀྱི་གཞི་ཤེས་ཡིན་ན། བདེན་འཛིན་གྱིས་བཅིངས་པས་ཁྱབ་ཀྱང་། སྤྱིར་མི་མཐུན་ཕྱོགས་ཀྱི་གཞི་ཤེས་ཡིན་ན། བདེན་འཛིན་གྱིས་བཅིངས་པས་མ་ཁྱབ་སྟེ། བདེན་འཛིན་གྱིས་བཅིངས་པའི་གཞི་ཤེས་ཡིན་ན། རང་རྒྱུད་ལྡན་གྱི་གང་ཟག་གིས་སྟོང་ཉིད་ཐོས་བསམ་གྱིས་ཀྱང་རྟོགས་མ་མྱོང་བས་ཁྱབ་པའི་ཕྱིར། དེར་ཐལ། རྣམ་བཤད་ལས། བདེན་འཛིན་གྱིས་བཅིངས་པའི་དོན་ཡང་གཞི་དང་ལམ་ལ་བདེན་པར་གྲུབ་མ་གྲུབ་བརྟགས་པ་ན། བདེན་པར་ཞེན་པ་ལས་མི་འདའ་བའི་དོན་ཏེ། སྔར་ཆོས་ཀྱི་གནས་ལུགས་ཐོས་བསམ་གྱིས་ཀྱང་གཏན་ལ་མ་ཕབ་པའི་དབང་དུ་བྱས་པའོ། །ཞེས་གསུངས་པའི་ཕྱིར།

ཁ་ཅིག ཉན་ཐོས་འཕགས་པའི་མཉམ་བཞག་ཡེ་ཤེས་བདེན་འཛིན་ཡིན་ཟེར་བ་མི་འཐད་དེ།

初者理應如是，因彼是小乘之基智故。次者理應如是，因是通達空性慧所攝之基智故。第二界限亦理應不合理，因曾有聲聞阿羅漢證量之資糧道菩薩相續的現前通達無常等十六行相之本智，乃近於果佛母之基智故，因彼為基智，且被殊勝方便所攝故。

有云：「若是近於果佛母之基智，須是大乘補特伽羅相續之基智。」有云：「彼不應理，因曾有聲聞阿羅漢證量之即將趣入大乘道之補特伽羅相續的基智，是近於果佛母之基智故，因是大悲所攝基智故。」此乃尚待觀察之處。

自宗：「不被通達空性慧所攝，且不住大乘證類之小乘聖者之智」，是遠於果佛母之基智的性相。「是基智，且被殊勝方便所攝」，是近於果佛母之基智的性相。若是此處直接揭示之遠於果佛母之基智或所治品基智，雖周遍為諦實執所繫縛；然一般而言，若是所治品基智，不周遍為諦實執所繫縛，因若是諦實執所繫縛之基智，相續具自之補特伽羅周遍亦不曾以聞思通達空性故。理應如是，因《心要莊嚴疏》云：「被實執所繫縛，指於審察根、道是否為諦實之時，未從耽著諦實超越之意；因往昔亦未以聞思決擇法之實相故。[81]」故。

有云：「聲聞聖者之根本智是諦實執。」不應理，因彼能斷除

དེས་ཉོན་སྒྲིབ་སྤོང་ནུས་པའི་ཕྱིར། མ་གྲུབ་ན། དེར་ཐལ། སློབ་པའི་ཐེག་པས་ཆགས་ལ་སོགས། ། སྤོང་བར་འགྱུར་བ་མིན་ཞེས་འདོན། །ཞེས་ལམ་དེས། ཉོན་སྒྲིབ་སྤོང་བར་མི་འདོད་པའི་གང་ཟག་བྱང་སེམས་ཀྱི་སྤྱོམ་ལྡན་ཡིན་ན། རྒ་ལྡང་འབྱུང་བར་གསུངས་པའི་ཕྱིར། འོ་ན། ལྷག་མེད་པའི་ཉན་ཐོས་དགྲ་བཅོམ་གྱི་རྟོགས་པ་སྔོན་སོང་གི་བྱང་སེམས་ཚོགས་ལམ་པ་དང་། དང་པོ་ཉིད་ནས་ཐེག་ཆེན་དུ་རིགས་ངེས་པའི་བྱང་སེམས་ཚོགས་ལམ་པ་གཉིས། སངས་རྒྱས་ཐོབ་པ་གང་མྱུར་ཞེ་ན། ཕྱི་མ་མྱུར་བ་ཡིན་ཏེ། སྔ་མ་སྔོན་གོམས་པའི་ཤུགས་ཀྱིས་ཁྲབ་པ་འདུ་བྱེད་ཀྱི་སྡུག་བསྔལ་ཉེ་བར་ཞི་བའི་ཉེར་ཞི་ལ་ཡང་དང་ཡང་དུ་སྙོམས་པར་འཇུག་པའི་ཕྱིར།

◆現觀辨析（中）

煩惱障故。若不成，理應如是，因「執謂有學乘，不能斷貪等[82]」謂若是具菩薩戒之補特伽羅不承許「彼道斷除煩惱障」，則會產生根本墮故。那麼，曾有無餘聲聞阿羅漢之證量的資糧道菩薩及最初即是大乘決定種性之菩薩資糧道者二者，何者快速成佛？是後者快速，因前者以先前串習之力於盡滅遍行苦之寂滅數數入定故。

མི་མཐུན་ཕྱོགས་ཀྱི་གཞི་ཤེས་དང་གཉེན་པོ་ཕྱོགས་ཀྱི་གཞི་ཤེས།

གཟུགས་སོགས་ཕུང་པོ་སྟོང་ཉིད་དང་། །ཞེས་པ་ནས། དེ་ནི་ཆགས་པའི་མཐའ་འགོག་པས། །ཞེས་པའི་བར་ལ། སྟོང་ཉིད་རྟོགས་པའི་ཤེས་རབ་ཀྱིས་མ་ཟིན་པའི་ཉན་ཐོས་ཀྱི་མཐོང་ལམ་ཆོས་ཅན། མི་མཐུན་ཕྱོགས་ཀྱི་གཞི་ཤེས་ཡིན་ཏེ། སྙིང་རྗེ་ཆེན་པོ་དང་བྲལ་ཞིང་། བདེན་འཛིན་གྱིས་བཅིངས་པའི་ཐེག་ཆེན་གྱི་རྟོགས་རིགས་སུ་མི་གནས་པའི་ཐེག་དམན་འཕགས་པའི་མཁྱེན་པ་ཡིན་པའི་ཕྱིར།

མི་རྟག་སོགས་བཅུ་དྲུག་མངོན་སུམ་དུ་རྟོགས་པའི་བྱང་སེམས་ཀྱི་མཐོང་ལམ་ཆོས་ཅན། གཉེན་པོ་ཕྱོགས་ཀྱི་གཞི་ཤེས་ཡིན་ཏེ། ཐབས་ཤེས་ཁྱད་པར་ཅན་གྱིས་ཟིན་པའི་ཐེག་དམན་གྱི་རྟོགས་རིགས་སུ་གནས་པའི་ཐེག་ཆེན་འཕགས་པའི་མཁྱེན་པ་ཡིན་པའི་ཕྱིར།

ཕྱི་མའི་རྟགས་དེ། སྐབས་འདིར་དངོས་སུ་བསྟན་པའི་མི་མཐུན་ཕྱོགས་ཀྱི་གཞི་ཤེས་ཀྱི་མཚན་ཉིད། བདེན་འཛིན་གྱིས་བཅིངས་པའི་རིགས་སུ་གནས་པའི་ཐེག་ཆེན་གྱི་རྟོགས་རིགས་སུ་མི་གནས་པའི་ཐེག་དམན་འཕགས་པའི་མཁྱེན་པ། སྤྱིར་མི་མཐུན་ཕྱོགས་ཀྱི་གཞི་ཤེས་ཀྱི་མཚན་ཉིད། སྤྱིར་མི་མཐུན་ཕྱོགས་ཀྱི་གཞི་ཤེས་དང་། འབྲས་ཡུམ་ལ་རིང་བའི་གཞི་ཤེས་དོན་གཅིག ས་མཚམས་ཐེག་དམན་གྱི་མཐོང་ལམ་ནས། མི་སློབ་ལམ་གྱི་བར་དུ་ཡོད། ཐབས་ཁྱད་པར་ཅན་གྱིས་ཟིན་ཅིང་ཐེག་དམན་གྱི་རྟོགས་རིགས་སུ་གནས་པའི་འཕགས་རྒྱུད་ཀྱི་མཁྱེན་པ། གཉེན་པོ་ཕྱོགས་ཀྱི་གཞི་ཤེས་ཀྱི་མཚན་ཉིད། གཉེན་པོ་ཕྱོགས་ཀྱི་གཞི་ཤེས་དང་། འབྲས་ཡུམ་ལ་ཉེ་བའི་གཞི་ཤེས་དོན་གཅིག ས་མཚམས་སྙིང་རྗེ་ཆེན་པོ་རྒྱུད་ལ་སྐྱེ་བ་ནས། སངས་རྒྱས་ཀྱི་སའི་བར་དུ་ཡོད་དོ། །

83 所治品之基智與能治品之基智

從「色蘊等空性」乃至「此滅貪著邊」，不被通達空性慧攝持之聲聞見道為有法，乃所治品基智，因是「與大悲遠離且被諦實執所繫縛」之不住大乘證類的小乘聖者之智故。

現前通達無常等十六行相之菩薩見道為有法，乃能治品基智，因是殊勝方便智慧所攝之住小乘證類的大乘聖者之智故。

前者之因，乃此處所直接揭示之所治品基智之性相。「住於諦實執所繫縛類之不住大乘證類的小乘聖者之智」，一般而言乃所治品基智之性相。一般而言，所治品基智及遠於果佛母之基智同義。界限，自小乘見道乃至無學道皆有。「為殊勝方便所攝且住小乘證類之聖者相續之智」，乃能治品基智性相。能治品基智及近於果佛母之基智同義。界限，從相續中生起大悲乃至佛地皆有。

གཞི་ཤེས་ཀྱི་སྦྱོར་བ།

གཟུགས་སོགས་དེ་མི་རྟག་སོགས་དང་། །ཞེས་སོགས་ཀྱི་སྐབས་སུ། སྦྱོར་བ་དང་། མཐའ་དཔྱད་པའོ། །

དང་པོ་ནི། གཞི་ཤེས་ཀྱི་སྐབས་སུ་བསྟན་པའི་བྱང་སེམས་ཀྱི་སྦྱོར་བ་ཆོས་ཅན། རྣམ་པ་དུ་མར་ཡོད་དེ། ཡུལ་གྱི་སྒོ་ནས་བྱེ་བ་བཞི། ངོ་བོ་ཉིད་ཀྱི་སྒོ་ནས་གསུམ། བྱེད་པའི་སྒོ་ནས་གཉིས། དཔེའི་སྒོ་ནས་བྱེ་བ་གཅིག་རྣམས་སུ་ཡོད་པའི་ཕྱིར།

གཉིས་པ་ལ་ཁ་ཅིག གཞི་ཀུན་རྫོབ་པའི་སྟོང་ལུགས་ཀྱི་ངོ་བོ་དང་ཁྱད་པར་ལ་ཕྱིན་ཅི་ལོག་ཏུ་ཞེན་པ་དང་། དོན་དམ་པའི་སྟོང་ལུགས་ལ་ཕྱིན་ཅི་ལོག་ཏུ་ཞེན་པའི་གཉེན་པོར་བསྒོམ་པ་གང་རུང་གི་སེམས་དཔའི་རྣལ་འབྱོར། སེམས་དཔའི་གཞི་ཤེས་སྦྱོར་བའི་མཚན་ཉིད་ཟེར་བ་མི་འཐད་དེ། རྒྱུན་མཐའི་བར་ཆད་མེད་ལམ་དེ་མཚན་ཉིད་དེ་ཡིན་པ་གང་ཞིག མཚོན་བྱ་དེ་མ་ཡིན་པའི་ཕྱིར། དང་པོ་དེར་ཐལ། དེ་དོན་དམ་པའི་སྟོང་ལུགས་ལ་ཕྱིན་ཅི་ལོག་ཏུ་ཞེན་པའི་གཉེན་པོར་སྒོམ་པའི་ཕྱིར་ཏེ། དེ་བདེན་འཛིན་གྱི་གཉེན་པོར་སྒོམ་པའི་ཕྱིར་ཏེ། ཆོས་ཅན་དེ་ཡིན་པའི་ཕྱིར། ཕྱི་མ་དེར་ཐལ། དེ་ཐེག་དམན་གྱི་རྟོགས་རིགས་སུ་མི་གནས་པའི་ཕྱིར།

ཡང་ཁ་ཅིག གཞི་ཀུན་རྫོབ་པའི་སྟོང་ལུགས་ལ་ཕྱིན་ཅི་ལོག་ཏུ་ཞེན་པ་དང་། དོན་དམ་པའི་སྟོང་ལུགས་ལ་ཕྱིན་ཅི་ལོག་ཏུ་ཞེན་པ་གང་རུང་གི་གཉེན་པོར་སྒོམ་པའི་སེམས་དཔའི་རྣལ་འབྱོར་དེ། སྐབས་འདིར་དངོས་སུ་བསྟན་པའི་སེམས་དཔའི་གཞི་ཤེས་སྦྱོར་བའི་མཚན་ཉིད་ཟེར་བ་མི་རིགས་ཏེ། ཐེག་ཆེན་གྱི་མཐོང་ལམ་བར་ཆད་མེད་ལམ་མཚོན་བྱ་དེ་མ་ཡིན་པའི་ཕྱིར། དེར་ཐལ། དེ་སེམས་དཔའི་གཞི་ཤེས་སྦྱོར་བ་མ་ཡིན་པའི་ཕྱིར། དེར་ཐལ། དེ་ཐེག་དམན་གྱི་རྟོགས་རིགས་སུ་མི་གནས་པའི་ཕྱིར།

ཁོ་ན་རེ། དེ་སྐབས་འདིར་དངོས་སུ་བསྟན་པའི་སེམས་དཔའི་གཞི་ཤེས་སྦྱོར་བ་ཡིན་ན། དེ་སེམས་དཔའི་གཞི་ཤེས་སྦྱོར་བ་ཡིན་པས་མ་ཁྱབ་སྟེ། སྤྱོད་པའི་འདུ་ཤེས་མི་མཐུན་ཕྱོགས། །ཞེས་

84 基智之加行

「色等無常等……」等之時，論式及辨析。

初者，基智之時所示之菩薩加行為有法，有許多行相，因有以境門所分四種，以體性門所分三種，以作用門所分二種，以喻門所分一種故。

第二，有云：「修習於基法世俗實相之體性與差別顛倒耽著之對治，與修習於勝義實相顛倒耽著之對治隨一的菩薩瑜伽，是菩薩之基智加行之性相。」不應理，因最後流無間道是彼性相，且非彼名相故。初者理應如是，因彼修習於勝義實相顛倒耽著之對治故，因彼修習諦實執之對治故，因是彼有法故。後者理應如是，因彼不住小乘證類故。

又有云：「修習於基法世俗實相顛倒耽著，與於勝義實相顛倒耽著隨一之對治的菩薩瑜伽，乃此時所直接揭示之菩薩的基智加行之性相。」不應理，因大乘見道無間道非此名相故。理應如是，因彼非菩薩基智加行故。理應如是，因彼不住小乘證類故。

有云：「若彼是此時所直接揭示之菩薩基智加行，不周遍彼是菩薩基智加行，因若是從『行想所治品』之時直接揭示之所治品不

པའི་སྐབས་ནས་དངོས་སུ་བསྟན་པའི་མི་མཐུན་ཕྱོགས་ཡིན་ན། མི་མཐུན་ཕྱོགས་ཡིན་པས་མ་ཁྱབ་པའི་ཕྱིར། ཟེར་ན་མ་ཁྱབ། མ་གྲུབ་ན། སྟོང་ཉིད་རྟོགས་མ་སྒྱུར་བའི་ཉན་ཐོས་ཀྱི་མཐོང་ལམ་ཆོས་ཅན། དེར་ཐལ། དེའི་ཕྱིར། འདོད་ན། མ་ཡིན་པར་ཐལ། གཉེན་པོ་ཕྱོགས་ཡིན་པའི་ཕྱིར། དེར་ཐལ། གཉེན་པོ་ཡིན་པའི་ཕྱིར་ཟེར། འོ་ན། ཐེག་ཆེན་གྱི་མཐོང་ལམ་བར་ཆད་མེད་ལམ་ཆོས་ཅན། སྐབས་འདིར་དངོས་སུ་བསྟན་པའི་ཐེག་དམན་གྱི་རྟོགས་རིགས་སུ་གནས་པའི་ལམ་ཡིན་པར་ཐལ། སྐབས་འདིར་དངོས་སུ་བསྟན་པའི་སེམས་དཔའི་གཞི་ཤེས་སྦྱོར་བ་ཡིན་པའི་ཕྱིར། ཁྱབ་པར་ཐལ། སྦྱོར་སེམས་དཔའི་གཞི་ཤེས་སྦྱོར་བ་ཡིན་ན། ཐེག་དམན་གྱི་རྟོགས་རིགས་སུ་གནས་པས་ཁྱབ་པའི་ཕྱིར།

གཞན་ཡང་། སྡུག་བསྔལ་ལ་སོགས་བདེན་པ་ལ། །ཞེས་མཐོང་ལམ་སྟོན་བྱེད་ཀྱི་གཞུང་འོག་སུ་སྨོས་པ་དོན་མེད་པར་ཐལ། གཟུགས་སོགས་དེ་མི་རྟག་སོགས་དང་། ཞེས་པའི་སྐབས་ནས་དངོས་སུ་བསྟན་པའི་ཐེག་ཆེན་གྱི་མཐོང་ལམ་ཡོད་པའི་ཕྱིར། མ་གྲུབ་ན་སོང་། དེར་ཐལ། ཐེག་ཆེན་མཐོང་ལམ་བར་ཆད་མེད་ལམ་དེ་དེ་ཡིན་པའི་ཕྱིར་ཏེ། དེ་དེའི་སྐབས་ནས་དངོས་སུ་བསྟན་པའི་ལམ་ཡིན་པའི་ཕྱིར་ཏེ། དམ་བཅའ་དེའི་ཕྱིར། རྟགས་ཁས།

གཞན་ཡང་། སྡུག་བསྔལ་ལ་སོགས་བདེན་པ་ལ། །ཞེས་པའི་སྐབས་ནས་དངོས་སུ་བསྟན་པའི་སེམས་དཔའི་གཞི་ཤེས་སྦྱོར་བ་ཡོད་པར་ཐལ། རྩ་བའི་དམ་བཅའ་དེའི་ཕྱིར། འདོད་ན། ཐེག་ཆེན་མཐོང་ལམ་ཤེས་བཟོད་སྐད་ཅིག་མ་བཅུ་དྲུག་པོ་སེམས་དཔའི་གཞི་ཤེས་སྦྱོར་བ་ཡིན་པར་ཐལ། འདོད་པའི་ཕྱིར།

རང་ལུགས་ནི། གཞི་ཀུན་རྫོབ་པའི་སྤྱོད་ལུགས་ཀྱི་ངོ་བོ་དང་ཁྱད་པར་ལ་ཕྱིན་ཅི་ལོག་ཏུ་ཞེན་པ་དང་། དོན་དམ་པའི་སྤྱོད་ལུགས་ལ་ཕྱིན་ཅི་ལོག་ཏུ་ཞེན་པ་གང་རུང་གི་གཉེན་པོར་སྒོམ་པའི་སེམས་དཔའི་རྣལ་འབྱོར་དེ། གཞི་ཤེས་ཀྱི་སྐབས་སུ་བསྟན་པའི་བྱང་སེམས་ཀྱི་སྦྱོར་བའི་མཚན་ཉིད། ས་མཚམས་ཐེག་ཆེན་གྱི་ཚོགས་ལམ་ནས། ས་བཅུ་རྒྱུན་མཐའི་བར་ན་ཡོད། གཞུང་འདིའི་སྐབས་ནས

周遍是所治品故。」不周遍，若不成，未曾通達空性之聲聞見道為有法，理應如是，因如是故。若許，理應非如是，因是能治品故。理應如是，因是能治故。」那麼，大乘見道無間道為有法，理應是此時直接顯示之住小乘證類之道，因是此時直接顯示之菩薩基智加行故。理應周遍，因以一般而言若是菩薩基智加行周遍住小乘證類故。

又，另外講說能揭示見道之引文「苦等諸聖諦」理應無意義，因有「色等無常等」之時直接顯示之大乘見道故，若不成則成相違。理應如是，因大乘見道無間道是彼故，因彼為彼時直接顯示之道故，因彼宗故。承許因。

又，理應有從「苦等諸聖諦」之時直接顯示之菩薩基智加行，因彼根本宗故。若許，大乘見道忍智十六剎那理應皆是菩薩基智加行，因許故。

自宗：「修習『於基法世俗實相之體性與差別顛倒耽著，與於勝義實相顛倒耽著隨一』之對治的菩薩瑜伽」，是基智時所示之菩薩加行之性相。界限，從大乘資糧道乃至十地最後流皆有。若是此引文之時直接顯示之菩薩加行，周遍住大乘證類，因除如以義總方

དངོས་སུ་བསྟན་པའི་བྱང་སེམས་ཀྱི་སྦྱོར་བ་ཡིན་ན། ཐེག་ཆེན་གྱི་རྟོགས་རིགས་སུ་གནས་པས་ཁྱབ་སྟེ། སྟོང་ཉིད་དོན་སྤྱིའི་ཚུལ་གྱིས་རྟོགས་པའི་བྱང་སེམས་ཀྱི་སྦྱོར་ལམ་ལྟ་བུ་ལས་གཞན་དུ་མི་འཐད་པའི་ཕྱིར།

གཞུང་འདིའི་བསྟན་བྱའི་གཙོ་བོར་གྱུར་པའི་བྱང་སེམས་ཀྱི་སྦྱོར་བ་ཡིན་ན། ཐེག་དམན་གྱི་རྟོགས་རིགས་སུ་གནས་པས་ཁྱབ་སྟེ། མི་རྟག་སོགས་བཅུ་དྲུག་དོན་སྤྱིའི་ཚུལ་གྱིས་རྟོགས་པའི་བྱང་སེམས་ཀྱི་སྦྱོར་ལམ་ལས་གཞན་དུ་མེད་པའི་ཕྱིར། གཞུང་འདིའི་བསྟན་བྱའི་གཙོ་བོར་གྱུར་པའི་བྱང་སེམས་ཀྱི་སྦྱོར་བ་ཡིན་ན། གཞུང་འདིའི་ཤུགས་བསྟན་གྱི་སྦྱོར་བ་ཡིན་དགོས་ཀྱང་། གཞུང་འདིའི་ཤུགས་བསྟན་གྱིས་སྦྱོར་བ་ཡིན་ན། གཞུང་འདིའི་བསྟན་བྱའི་གཙོ་བོར་གྱུར་པའི་སྦྱོར་བ་ཡིན་མི་དགོས་ཏེ། གཞུང་འདིས་ཤུགས་ལ་བསྟན་པའི་ཉན་ཐོས་ཀྱི་སྦྱོར་བ་ཡོད་པའི་ཕྱིར།

དེ་ལ་ཁོ་ན་རེ། བྱང་སེམས་མཐོང་ལམ་པའི་རྒྱུད་ཀྱི་སྙིང་རྗེ་ཆེན་པོ་ཆོས་ཅན། གོང་གི་མཚན་ཉིད་དེར་ཐལ། མཚོན་བྱ་དེའི་ཕྱིར། འདོད་ན། ཁྱོད་ཀྱི་གཞལ་བྱར་གྱུར་པའི་བདེན་གཉིས་གང་རུང་ཡོད་པར་ཐལ། འདོད་པའི་ཕྱིར་ན། མ་ཁྱབ།

ཁ་ཅིག འདོད་པ་ཡིན་ཏེ། སེམས་ཅན་དེའི་གཞལ་བྱ་ཡིན་པའི་ཕྱིར་ཟེར་བ་མི་འཐད་དེ། དེས་སེམས་ཅན་དམིགས་ཡུལ་དུ་བྱེད་ཀྱང་གཞལ་བྱར་བྱེད་པ་མི་འཐད་པའི་ཕྱིར། དེར་ཐལ། དེའི་གཞལ་བྱ་མེད་པའི་ཕྱིར་ཏེ། དེ་མ་རྟོགས་པའི་བློ་ཡིན་པའི་ཕྱིར། མ་གྲུབ་ན། དེ་ཆོས་ཅན། དེར་ཐལ། སློབ་པའི་རྒྱུད་ཀྱི་སྙིང་རྗེ་ཡིན་པའི་ཕྱིར། སློབ་པའི་སེམས་བསྐྱེད་ཀྱང་དེ་དང་འདྲའོ། །

དེ་མ་རྫོགས་དང་རབ་རྫོགས་དང་། །ཞེས་གསུངས་པའི་ཡོན་ཏན་གྱི་རྟེན་དུ་རྫོགས་མ་རྫོགས་ཡོད་དེ། གཞན་དབང་བདེན་མེད་དུ་རྟོགས་པའི་བློ་ལྟ་བུ་ཡོན་ཏན་གྱི་རྟེན་དུ་རྫོགས་པ་དང་། གཞན་དབང་བདེན་པར་ཞེན་པའི་བློ་ལྟ་བུ་ཡོན་ཏན་གྱི་རྟེན་དུ་མ་རྫོགས་པ་ཞེས་བརྗོད་པའི་ཕྱིར་ཏེ། སྔ་མ་ལ་བརྟེན་ནས་ཡོན་ཏན་གོང་ནས་གོང་དུ་འཕེལ་བར་འགྱུར་ཞིང་། ཕྱི་མས་ཡོན་ཏན་སྐྱེ་བའི་གེགས་བྱེད་པའི་ཕྱིར།

སྐབས་འདིར་ཀུན་བཏགས་གཞན་དབང་ཡོངས་གྲུབ་གསུམ་གྱི་རྣམ་བཞག་འབྱེད་ན། གཞན་

◆現觀辨析（中）

式通達空性之菩薩加行道以外餘不應理故。

若是此引文之主要所示之菩薩加行，周遍住小乘證類，因以義總方式通達無常等十六行相之菩薩加行道外無其他故。若是此引文之主要所示的菩薩加行，須是此引文之順帶顯示之加行，然若是此引文之順帶顯示之加行，不須是此引文之主要所詮的加行，因有此引文順帶顯示之聲聞加行故。

於彼有云：「菩薩見道者相續之大悲為有法，理應是上述之性相，因是彼名相故。若許，理應有爾之所量的二諦任一，因許故。」不周遍。

有云：「是承許，因有情是彼之所量故。」不應理，因彼雖以有情為所緣境然作為所量不應理故。理應如是，因無彼之所量故，因彼是未通達之覺知故。若不成，彼為有法，理應如是，因是有學道相續之悲故。有學道之發心亦與彼相同矣。

有「未圓滿圓滿」所說之功德所依圓不圓滿，因如通達依他起無諦實之覺知說是功德所依圓滿，與如耽著依他起為諦實之覺知說是功德所依不圓滿故。因依著前者，令功德增上，後者能障功德生起故。

此時若區分遍計所執、依他起、圓成實三者之建立，承許「依

དབང་དང་ཡོངས་གྲུབ་ཀྱི་མཚན་ཉིད་སེམས་ཙམ་པ་དང་འདྲ་ལ། ཀུན་བཏགས་ཀྱི་མཚན་ཉིད་སེམས་ཙམ་པ་བཞིན་དུ། རང་འཛིན་རྟོག་པས་བཏགས་ཙམ་དུ་འདོད་པ་མི་འཐད་དེ། ལུགས་འདི་ལ་རྟོག་པས་བཏགས་ཙམ་གཞི་མ་གྲུབ་པའི་ཕྱིར། དེར་ཐལ། གཞི་གྲུབ་ན། རང་གི་མཚན་ཉིད་ཀྱིས་གྲུབ་པས་ཁྱབ་པའི་ཕྱིར།

ཁ་ཅིག འདུས་མ་བྱས་དང་ཀུན་རྫོབ་བདེན་པའི་གཞི་མཐུན། རྣམ་གྲངས་པའི་ཀུན་བཏགས་ཀྱི་མཚན་ཉིད་ཟེར་བ་མི་འཐད་དེ། བུམ་པའི་དོན་སྤྱི་ཀུན་བཏགས་སུ་ཚད་མས་གྲུབ་པའི་གང་ཟག་ཡིན་ན། དེ་མཚན་ཉིད་དེར་ཚད་མས་གྲུབ་པའི་གང་ཟག་ཡིན་པས་མ་ཁྱབ་པའི་ཕྱིར། དེར་ཐལ། མདོ་སྡེ་པས་བུམ་པའི་དོན་སྤྱི་ཀུན་བཏགས་སུ་ཚད་མས་གྲུབ་པ་གང་ཞིག དེས་བུམ་པའི་དོན་སྤྱི་མཚན་ཉིད་དེར་ཚད་མས་མ་གྲུབ་པའི་ཕྱིར། དང་པོ་དེར་ཐལ། དེས་བུམ་པའི་དོན་སྤྱི་རྟོག་པའི་སྣང་ཡུལ་དུ་ཚད་མས་གྲུབ་པའི་ཕྱིར། ཕྱི་མ་དེར་ཐལ། དེས་བུམ་པའི་དོན་སྤྱི་ཀུན་རྫོབ་བདེན་པར་ཚད་མས་མ་གྲུབ་པའི་ཕྱིར། དེར་ཐལ། བུམ་པའི་དོན་སྤྱི་ཀུན་རྫོབ་བདེན་པར་ཚད་མས་གྲུབ་པའི་གང་ཟག་ཡིན་ན། བུམ་པའི་དོན་སྤྱི་བདེན་མེད་དུ་ཚད་མས་གྲུབ་ཟིན་པའི་གང་ཟག་ཡིན་དགོས་པའི་ཕྱིར།

རང་ལུགས་ནི། ཡོངས་གྲུབ་མ་ཡིན་པ་དང་དངོས་པོར་མེད་པའི་གཞི་མཐུན་པར་ཚད་མས་དམིགས་པ་དེ། ཀུན་བཏགས་ཀྱི་མཚན་ཉིད་ཡིན་ནོ། །

他起與圓成實之性相與唯識師相同，遍計所執性相如唯識師，唯執自分別安立」不應理，因於此宗「唯分別安立」非基成故。理應如是，因若是基成，周遍自性相成立故。

有云：「無為與世俗諦之同位，是異門之遍計所執之性相。」不應理，因若是以量成立瓶之義總為遍計所執之補特伽羅，不周遍是以量成立彼為彼性相的補特伽羅故。理應如是，因經部師以量成立瓶之義總為遍計所執，且彼未以量成立瓶之義總為彼性相故。初者理應如是，因彼以量成立瓶之義總為分別之顯現境故。後者理應如是，因彼未以量成立瓶之義總為世俗諦故。理應如是，因若是以量成立瓶之義總為世俗諦之補特伽羅，須是已經以量成立瓶之義總為諦實無之補特伽羅故。

自宗:「量所緣及非圓成實與無事之同位」,乃遍計所執之性相。

བྱང་སེམས་ཀྱི་སྦྱོར་བའི་མཉམ་ཉིད།

གཟུགས་ལ་སོགས་ལ་རློམ་མེད་པ། །ཞེས་སོགས་ཀྱི་སྐབས་སུ། སྦྱོར་བ་ནི། གཞི་ཤེས་ཀྱི་སྐབས་སུ་བསྟན་པའི་བྱང་སེམས་ཀྱི་མཉམ་ཉིད་སྦྱོར་བ་ལ་བཞི་ཡོད་དེ། གཟུགས་བདེན་མེད་དུ་རྟོགས་པའི་བྱང་སེམས་ཀྱི་སྦྱོར་བའི་མཉམ་ཉིད་སོགས་བཞི་ཡོད་པའི་ཕྱིར།

མཐའ་དཔྱད་པ་ལ་ཁ་ཅིག གཞིའི་དབྱེ་བ་དང་། མཚན་མཚོན་དང་། ཡུལ་ཡུལ་ཅན་ལ་བདེན་ཞེན་འགོག་པའི་སེམས་དཔའི་རྣལ་འབྱོར། གཞི་ཤེས་སྦྱོར་བའི་མཉམ་ཉིད་ཀྱི་མཚན་ཉིད་ཡིན་ཟེར་བ་མི་འཐད་དེ། ཉན་ཐོས་ཀྱི་གཞི་ཤེས་སྦྱོར་བའི་མཉམ་ཉིད་ཡོད་པའི་ཕྱིར། དེར་ཐལ། ཉན་ཐོས་ཀྱི་གཞི་ཤེས་སྦྱོར་བའི་འཛིན་སྟངས་ཡོད་པའི་ཕྱིར་ཏེ། དེའི་གཞི་ཤེས་སྦྱོར་བ་ཡོད་པ་གང་ཞིག དེ་ཡིན་ན་དེའི་འཛིན་སྟངས་ཡིན་དགོས་པའི་ཕྱིར།

ཁ་ཅིག མཚན་ཉིད་དེ། སེམས་དཔའི་རྒྱུད་ཀྱི་གཞི་ཤེས་སྦྱོར་བའི་མཉམ་ཉིད་ཀྱི་མཚན་ཉིད་ཟེར་བའང་མི་འཐད་དེ། ཐེག་ཆེན་མཐོང་ལམ་སྡུག་བསྔལ་ཆོས་བཟོད་ཀྱིས་མ་ངེས་པའི་ཕྱིར།

རང་ལུགས་ནི། གཞིའི་དབྱེ་བ་དང་། མཚན་མཚོན་དང་། ཡུལ་ཡུལ་ཅན་ལ་བདེན་ཞེན་འགོག་པའི་ཤེས་རབ་ཀྱིས་ཟིན་པའི་སེམས་དཔའི་རྣལ་འབྱོར། གཞི་ཤེས་ཀྱི་སྐབས་སུ་བསྟན་པའི་བྱང་སེམས་ཀྱི་སྦྱོར་བའི་མཉམ་ཉིད་ཀྱི་མཚན་ཉིད། དབྱེ་ན་བཞི། ས་མཚམས་སྔ་མ་བཞིན་ནོ། །

85 菩薩加行之平等

「不執著色等……」等之時。論式，於基智之時宣說的菩薩平等加行有四，因有通達色無諦實之菩薩加行之平等等四種故。

辨析，有云：「能斷於『基之分類、性相名相、境有境』諦實耽著之菩薩瑜伽，乃基智加行平等之性相。」不應理，因有聲聞之基智加行平等故。理應如是，因有聲聞之基智加行之執式故，因有彼之基智加行，且若是彼須是彼之執式故。

有云：「彼性相是菩薩相續之基智加行平等之性相。」亦不應理，因大乘見道苦法忍不定故。

自宗：「能斷於『基之分類、性相名相、境有境』諦實耽著之慧所攝的菩薩瑜伽」，乃基智時所示的菩薩加行平等之性相。分四，界限如前。

ཐེག་དམན་གྱི་རྟོགས་རིགས་སུ་གནས་པའི་མཐོང་ལམ།

སྡུག་བསྔལ་ལ་སོགས་བདེན་པ་ལ། །ཞེས་སོགས་ཀྱི་སྐབས་སུ། སྦྱོར་བ་དང་། མཐའ་དཔྱད་པའོ། །

དང་པོ་ནི། སྐབས་འདིར་དངོས་སུ་བསྟན་པའི་ཐེག་ཆེན་གྱི་མཐོང་ལམ་ཆོས་ཅན། ཁྱོད་ལ་དབྱེ་ན་དུ་མར་ཡོད་དེ། ཁྱོད་ལ་བར་ཆད་མེད་ལམ་གྱིས་བསྡུས་པའི་ཐེག་ཆེན་གྱི་མཐོང་ལམ་བཟོད་པ་བརྒྱད། རྣམ་གྲོལ་ལམ་གྱིས་བསྡུས་པའི་ཐེག་ཆེན་གྱི་མཐོང་ལམ་ཤེས་པ་བརྒྱད་དང་བཅུ་དྲུག་ཡོད་པའི་ཕྱིར།

གཉིས་པ་ནི། ཁ་ཅིག སྤྲོས་བྲལ་མངོན་སུམ་དུ་རྟོགས་པའི་ཐེག་ཆེན་གྱི་བདེན་པ་མངོན་རྟོགས་དེ། སྐབས་འདིར་དངོས་སུ་བསྟན་པའི་ཐེག་ཆེན་གྱི་མཐོང་ལམ་གྱི་མཚན་ཉིད་ཟེར་བ་མི་འཐད་དེ། ཉན་ཐོས་དགྲ་བཅོམ་གྱི་རྟོགས་པ་སྔོན་དུ་སོང་བའི་ཐེག་ཆེན་མཐོང་ལམ་སྡུག་བསྔལ་ཆོས་བཟོད་ཀྱིས་མ་ངེས་པའི་ཕྱིར། དེར་ཐལ། སྐབས་འདིར་དངོས་སུ་བསྟན་པའི་ཐེག་ཆེན་གྱི་མཐོང་ལམ་ཡིན་ན། དམན་ལམ་སྔོན་དུ་མ་སོང་བའི་ཐེག་ཆེན་གྱི་མཐོང་ལམ་ཡིན་དགོས་པའི་ཕྱིར། དེར་ཐལ། བདེན་དང་བདེན་ལ་བཟོད་པ་དང་། །ཞེས་པའི་སྐབས་ནས་དངོས་སུ་བསྟན་པའི་ཐེག་ཆེན་གྱི་མཐོང་ལམ་ཡིན་ན། དེ་ཡིན་དགོས་པའི་ཕྱིར།

ཁ་ཅིག མཚན་ཉིད་དེ་མི་འཐད་དེ། ཐེག་ཆེན་གྱི་མཐོང་ལམ་རྣམ་གྲོལ་ལམ་ལས་ལངས་པའི་རྗེས་ཐོབ་ཀྱི་རྗེས་སུ་སྟོང་ཉིད་ལ་རྩེ་གཅིག་ཏུ་མཉམ་པར་གཞག་པའི་ཐེག་ཆེན་གྱི་མཐོང་ལམ་མཉམ་གཞག་ཡེ་ཤེས་ཀྱིས་མ་ངེས་པའི་ཕྱིར། ཟེར་བ་མི་འཐད་དེ། དེ་འདྲའི་མཉམ་གཞག་ཡེ་ཤེས་མེད་པར་སྐབས་གཉིས་པར་བསྟན་ཟིན་པའི་ཕྱིར།

རང་ལུགས། སྐབས་འདིར་དངོས་སུ་བསྟན་པའི་ཐེག་ཆེན་གྱི་བདེན་པ་མངོན་རྟོགས་དེ། སྐབས་འདིར་དངོས་སུ་བསྟན་པའི་ཐེག་ཆེན་གྱི་མཐོང་ལམ་གྱི་མཚན་ཉིད། དབྱེ་ན་བཅུ་དྲུག སྐབས་

86 住小乘證類之見道

「苦等諸聖諦……」等之時，論式與辨析。

初者，此時直接顯示之大乘見道為有法，爾有分許多，因爾有無間道所攝之大乘見道八忍與解脫道所攝之大乘見道八智，共十六故。

第二，有云：「現前通達離戲論之大乘諦現觀，是此時直接顯示之大乘見道的性相。」不應理，因曾有聲聞阿羅漢證量之大乘見道苦法忍不定故。理應如是，因若是此時直接顯示之大乘見道，須是未曾入劣道之大乘見道故。理應如是，因若是從「由諦與諦上」之時直接顯示之大乘見道，須是彼故。

有云：「彼性相理應不應理，因從大乘見道解脫道而起之後得之後，一心入於空性定的大乘見道根本智不定故。」不應理，因於第二品已揭示無如是之根本智故。

自宗：「此時直接顯示之大乘諦現觀」，乃此時直接顯示之大乘見道的性相。分十六。若是此時直接顯示之大乘見道，雖周遍住

འདིར་དངོས་སུ་བསྟན་པའི་ཐེག་ཆེན་གྱི་མཐོང་ལམ་ཡིན་ན། ཐེག་ཆེན་གྱི་རྟོགས་རིགས་སུ་གནས་པས་ཁྱབ་ཀྱང་། གཞུང་འདིའི་བསྟན་བྱའི་གཙོ་བོར་གྱུར་པའི་ཐེག་ཆེན་གྱི་མཐོང་ལམ་ཡིན་ན། ཐེག་དམན་གྱི་རྟོགས་རིགས་སུ་གནས་པས་ཁྱབ་སྟེ། མི་རྟག་སོགས་བཅུ་དྲུག་མངོན་སུམ་དུ་རྟོགས་པའི་ཐེག་ཆེན་གྱི་མཐོང་ལམ་ལས་གཞན་དུ་མི་འཐད་པའི་ཕྱིར། གཞུང་འདིའི་བསྟན་བྱའི་གཙོ་བོར་གྱུར་པའི་ཐེག་ཆེན་གྱི་མཐོང་ལམ་ཡིན་ན། གཞུང་འདིའི་ཤུགས་བསྟན་གྱི་མཐོང་ལམ་ཡིན་དགོས་ཀྱང་། གཞུང་འདིའི་ཤུགས་བསྟན་གྱི་མཐོང་ལམ་ཡིན་ན། གཞུང་འདིའི་བསྟན་བྱའི་གཙོ་བོར་གྱུར་པའི་མཐོང་ལམ་ཡིན་མི་དགོས་ཏེ། གཞུང་འདིས་ཤུགས་ལ་བསྟན་པའི་ཉན་ཐོས་ཀྱི་མཐོང་ལམ་ཡོད་པའི་ཕྱིར།

ཉན་ཐོས་ཀྱི་ལམ་ནི་བྱང་ཆུབ་སེམས་དཔས་ཡོངས་སུ་ཤེས་པར་བྱ་བ་ཡིན་གྱི། ཞེས་སོགས་ཀྱི་སྐབས་སུ། སྤྱིར་བ་དང་། མཐའ་དཔྱད་པའོ། །

དང་པོ་ནི། གཟུགས་རྟག་མ་ཡིན་མི་རྟག་མིན། །ཞེས་སོགས་མཐོང་ལམ་རྒྱས་བཤད་ཀྱི་མཇུག་ཐོགས་དེ་མ་ཐག་ཏུ་མི་རྟག་སོགས་བཅུ་དྲུག་གོམས་པ་ལ་ལྷུར་ལེན་གྱི་ཚུལ་གྱིས་སྒོམ་པའི་ཐེག་ཆེན་གྱི་སྒོམ་ལམ་མི་སྟོན་པའི་རྒྱུ་མཚན་ཡོད་དེ། བྱང་སེམས་འཕགས་པས་མི་རྟག་སོགས་བཅུ་དྲུག་བསྒོམ་བྱའི་གཙོ་བོར་བྱས་ནས་མི་བསྒོམ་པས་དེ་ལྟར་མ་བསྟན་པའི་ཕྱིར།

ཁ་ཅིག མི་རྟག་སོགས་བཅུ་དྲུག་གོམས་པ་ལ་ལྷུར་ལེན་གྱི་ཚུལ་གྱིས་སྒོམ་པའི་ཐེག་ཆེན་གྱི་སྒོམ་ལམ་སྐབས་འདིར་མི་སྟོན་རྒྱུའི་སྒོམ་ལམ་གྱི་དོན་དུ་བྱེད་པ་མི་འཐད་དེ། དེ་མེད་པའི་ཕྱིར། དེར་ཐལ། མི་རྟག་སོགས་བཅུ་དྲུག་བསྒོམ་བྱའི་གཙོ་བོར་བྱས་ནས་སྒོམ་པའི་ཐེག་ཆེན་གྱི་སྒོམ་ལམ་མེད་པའི་ཕྱིར། དེར་ཐལ། གང་ཟག་གི་བདག་མེད་བསྒོམ་བྱའི་གཙོ་བོར་བྱས་ནས་སྒོམ་པའི་དེ་མེད་པའི་ཕྱིར། དེར་ཐལ། དེ་ལྟར་བྱེད་པའི་བྱང་སེམས་སྒོམ་ལམ་པ་མེད་པའི་ཕྱིར་ཏེ། རང་ཉིད་གཅིག་པུ་ཞི་བདེའི་དོན་དུ་གཉེར་བའི་བྱང་སེམས་སྒོམ་ལམ་པ་མེད་པའི་ཕྱིར།

ཁ་ཅིག དེ་ལྟ་བུའི་བྱང་སེམས་སྒོམ་ལམ་པ་མེད་ཀྱང་། དེ་འདྲའི་བྱང་སེམས་མཐོང་ལམ་པ་ཡོད་པ་རྣམ་བཤད་ཀྱི་དགོངས་པ་ཡིན་ཏེ། ཕྱི་མ་མཐོང་ལམ་ལ་དམིགས་ཀྱིས་བཀར་བའོ། །ཞེས་

大乘證類，然若是此引文之主要所示之大乘見道，周遍住小乘證類，因除現證無常等十六行相之大乘見道以外，餘不應理故。若是此引文之主要所示的大乘見道，雖須是此引文之順帶顯示的見道，然若是此引文之順帶顯示之見道，不須是此引文之主要所示的見道，因有此引文順帶顯示之聲聞見道故。

「聲聞道為菩薩所要完善了知……」等之時，論式與辨析。

初者，有「色非常無常……」等廣說見道之後，不立即宣說「以精勤串習方式修習無常等十六行相之大乘修道」之理由，因菩薩聖者不以修習無常等十六行相為主要所修故不如是宣說故。

有云：「以精勤串習的方式修習無常等十六行相之大乘修道，是此時不揭示之修道之義。」不應理，因無彼故。理應如是，因沒有以無常等十六行相為主要所修而修習之大乘修道故。理應如是，因沒有以補特伽羅無我為主要所修而修習之彼故。理應如是，因無如是行之修道菩薩故，因無希求獨自寂靜安樂之修道菩薩故。

有云：「雖無如是之修道菩薩，然有如是之見道菩薩是《心要莊嚴疏》之意趣，因云『後者針對見道』故。」不應理，因沒有以

གསུངས་པའི་ཕྱིར། ཞེས་ཟེར་བ་མི་འཐད་དེ། གང་ཟག་གི་བདག་འཛིན་སྤང་བྱའི་གཙོ་བོར་བྱས་ནས་སྤོང་བའི་བྱང་སེམས་མཐོང་ལམ་པ་མེད་པའི་ཕྱིར། དེར་ཐལ། རང་ཉིད་གཅིག་པུ་ཞི་བདེའི་དོན་དུ་གཉེར་བའི་བྱང་སེམས་མཐོང་ལམ་པ་མེད་པའི་ཕྱིར་རོ། །དེར་ཐལ། ཐེག་ཆེན་སེམས་བསྐྱེད་ལས་ཉམས་པའི་བྱང་སེམས་མཐོང་ལམ་པ་མེད་པའི་ཕྱིར།

ཁ་ཅིག མི་རྟག་སོགས་བཅུ་དྲུག་གོམས་པ་ལྷུར་ལེན་གྱི་ཚུལ་གྱིས་སྒོམ་པའི་བྱང་སེམས་མཐོང་སྒོམ་པ་མེད་ཀྱང་། ཚོགས་སྦྱོར་བ་ཡོད་དེ། དེ་འབད་རྩོལ་ཆེན་པོས་སྒོམ་པའི་བྱང་སེམས་ཚོགས་སྦྱོར་བ་ཡོད་པའི་ཕྱིར། ཟེར་ན་མ་གྲུབ་སྟེ། ཉོན་སྒྲིབ་འབད་རྩོལ་ཆེན་པོས་སྤོང་བའི་བྱང་སེམས་མེད་པའི་ཕྱིར་ཏེ། ཐར་པ་དང་ཐམས་ཅད་མཁྱེན་པ་གཉིས་ཀྱི་ནང་ནས་ཐར་པ་འབད་རྩོལ་ཆེན་པོས་དོན་དུ་གཉེར་བའི་བྱང་སེམས་མེད་པའི་ཕྱིར།

ཁ་ཅིག སྐབས་འདིར་མི་སློབ་རྒྱུའི་སྒོམ་ལམ་མེད་དེ། མི་རྟག་སོགས་བཅུ་དྲུག་གོམས་པ་ལྷུར་ལེན་གྱི་ཚུལ་གྱིས་སྒོམ་པའི་བྱང་སེམས་ཀྱི་སྒོམ་ལམ་མེད་པའི་ཕྱིར་ཟེར། མི་འཐད་དེ། མི་རྟག་སོགས་བཅུ་དྲུག་མངོན་སུམ་དུ་རྟོགས་པའི་ཐེག་ཆེན་གྱི་སྒོམ་ལམ་དེ། སྐབས་འདིར་མི་སློབ་རྒྱུའི་སྒོམ་ལམ་ཡིན་པའི་ཕྱིར། དེར་ཐལ། མི་རྟག་སོགས་བཅུ་དྲུག་མངོན་སུམ་དུ་རྟོགས་པའི་བྱང་སེམས་ཀྱི་མཐོང་ལམ་དེ་སྐབས་འདིར་བསྟན་པའི་མཐོང་ལམ་ཡིན་པའི་ཕྱིར།

ཁོ་ན་རེ། དེ་སྐབས་འདིར་མི་སློབ་རྒྱུའི་སྒོམ་ལམ་མ་ཡིན་པར་ཐལ། དེ་ཚུ་རོལ་པ་རོལ་མཐའ་ལ་མེད། །ཞེས་པའི་སྐབས་ནས་དངོས་སུ་བསྟན་པའི་ཤེས་པས་སྲིད་ལ་མི་གནས་པའི་ལམ་ཤེས་ཡིན་པའི་ཕྱིར། ཟེར་ན་མ་གྲུབ་སྟེ། གཞུང་འདིའི་སྐབས་ནས་དངོས་སུ་བསྟན་པའི་ཤེས་པས་སྲིད་ལ་མི་གནས་པའི་ལམ་ཤེས་ཡིན་ན། བྱང་སེམས་ཀྱི་མཐོང་ལམ་ཡིན་པས་ཁྱབ་པར་བཤད་ཟིན་པའི་ཕྱིར།

གཞན་ཡང་། དེ་སྐབས་འདིར་མི་སློབ་རྒྱུའི་སྒོམ་ལམ་ཡིན་པར་ཐལ། དེ་སྐབས་འདིར་དངོས་སུ་མི་སློབ་རྒྱུའི་སྒོམ་ལམ་ཡིན་པའི་ཕྱིར། དེར་ཐལ། དེ་གཟུགས་རྟག་མ་ཡིན་མི་རྟག་མིན། །ཞེས་སོགས་མཐོང་ལམ་རྒྱས་བཤད་ཀྱི་མཇུག་ཐོགས་དེ་མ་ཐག་ཏུ་དངོས་སུ་མ་བསྟན་པ་གང་ཞིག དེ་བྱང་ཆུབ་སེམས་དཔས་ཤེས་མཐོང་གིས་བལྟས་ནས་འདའ་བར་བྱ་བའི་མངོན་རྟོགས་ཡིན་པ་དང་།

補特伽羅我執為主要所斷而斷之見道菩薩故。理應如是，因無希求獨自寂靜安樂之見道菩薩故。理應如是，因無從大乘發心退失之見道菩薩故。

有云：「雖無以精勤串習方式修習無常等十六行相之見道、修道菩薩，然有資糧道、加行道者，因有以大精勤修習彼之資糧道、加行道菩薩故。」不成，因無以大精勤斷除煩惱障之菩薩故，因解脫與一切相智二者中無以大精勤希求解脫之菩薩故。

有云：「無此時不揭示之修道，因無以精勤串習方式修習無常等十六行相之菩薩修道故。」不應理，因現前通達無常等十六行相之大乘修道，是此時不揭示之修道故。理應如是，因現前通達無常等十六行相之菩薩見道，彼是此時顯示之見道故。

有云：「彼理應非此時不揭示之修道，因彼是『非此岸彼岸』之時直接揭示的智不住有之道相智故。」不成，因已說過若是此文之時直接揭示的智不住有之道相智，周遍是菩薩見道故。

又，彼理應是此時不揭示之修道，因彼是此時不直接揭示之修道故。理應如是，因彼於「色非常無常……」等，廣說見道之後未立即直接揭示，且彼是菩薩以了知、觀見而逾越之現觀及非所證之現觀故。

མངོན་དུ་བྱ་བའི་མངོན་རྟོགས་མ་ཡིན་པའི་ཕྱིར།

ཁ་ཅིག སྐབས་འདིར་དངོས་སུ་མ་བསྟན་པའི་སྒོམ་ལམ་ཡིན་ན། སྐབས་འདིར་དངོས་སུ་མི་སྟོན་རྒྱུའི་སྒོམ་ལམ་ཡིན་པས་ཁྱབ་ཟེར་བ་མི་འཐད་དེ། ཉན་ཐོས་རང་རྒྱུད་ཀྱིས་བསྡུས་པའི་སྒོམ་ལམ་སྐབས་འདིར་མི་སྟོན་རྒྱུའི་སྒོམ་ལམ་མ་ཡིན། སྟོང་ཉིད་མངོན་སུམ་དུ་རྟོགས་པའི་བྱང་སེམས་ཀྱི་སྒོམ་ལམ་ཡང་དེ་མ་ཡིན་པའི་ཕྱིར། དང་པོ་དེར་ཐལ། དེ་བྱང་ཆུབ་སེམས་དཔས་མངོན་སུམ་དུ་ཞེས་པར་བྱ་བའི་མངོན་རྟོགས་མ་ཡིན་པའི་ཕྱིར། ཕྱི་མ་དེར་ཐལ། དེ་བྱང་ཆུབ་སེམས་དཔས་མངོན་དུ་བྱ་བའི་མངོན་རྟོགས་ཡིན་པའི་ཕྱིར།

ཡོན་རེ། སྟོང་ཉིད་མངོན་སུམ་དུ་རྟོགས་པའི་བྱང་སེམས་ཀྱི་སྒོམ་ལམ་དེ་སྐབས་འདིར་སྟོན་རྒྱུའི་སྒོམ་ལམ་དུ་ཐལ། དེ་སྐབས་འདིར་སྟོན་རྒྱུའི་སྒོམ་ལམ་དང་མི་སྟོན་རྒྱུའི་སྒོམ་ལམ་གང་རུང་གང་ཞིག དེ་སྐབས་འདིར་མི་སྟོན་རྒྱུའི་སྒོམ་ལམ་མ་ཡིན་པའི་ཕྱིར། དང་པོ་དེར་ཐལ། དེ་གཞི་ཤེས་ཀྱི་སྐབས་འདིར་བསྟན་པའི་སྒོམ་ལམ་དང་མ་བསྟན་པའི་སྒོམ་ལམ་གང་རུང་ཡིན་པའི་ཕྱིར་ན། འདིར་མ་ཁྱབ། དེར་ཐལ། དེ་གཞི་ཤེས་ཀྱི་སྐབས་འདིར་ཤུགས་ལ་བསྟན་པའི་སྒོམ་ལམ་ཡིན་པའི་ཕྱིར། དེར་ཐལ། སྐབས་གསུམ་པར་ཐེག་ཆེན་གྱི་སྦྱོར་མཐོང་སྒོམ་གསུམ་ཀ་བསྟན་པའི་ཕྱིར། དེར་ཐལ། སྐབས་དང་པོ་དྲུག་ཏུ་སྦྱོར་མཐོང་སྒོམ་གསུམ་བསྟན་པར་རྣམ་བཤད་ལས་གསུངས་པའི་ཕྱིར། ཞེ་ན། མ་ཁྱབ་མཚམས་སུ་མ་ཁྱབ་པར་ཐལ། སྐབས་འདིར་མི་སྟོན་རྒྱུའི་སྒོམ་ལམ་གྱི་ཟླས་དྲངས་པའི་སྐབས་འདིར་སྟོན་རྒྱུའི་སྒོམ་ལམ་ཡིན་ན། མཐོང་ལམ་རྒྱས་བཤད་ཀྱི་གཞུང་ཟློགས་རྗེས་སུ་རང་ཉིད་སྟོན་བྱེད་ཀྱི་སྐབས་གསུམ་པའི་གཞུང་ཞིག་ཡོད་དགོས་པའི་ཕྱིར། དོན་ལ་སེམས་ཤིག །

སྨྲས་པ།

རིགས་ལམ་ཕྲ་མོའི་ལྡེ་མིག་གིས། །རྒྱལ་ཚབ་རྣམ་བཤད་མཛོད་ཀྱི་སྒོ། །
ལེགས་པར་ཕྱེ་བས་གདུལ་བྱའི་ཚོགས། །སྔར་བས་བློ་བསྐྱེད་ནོར་བུ་ལོངས། །
ཞེས་བྱ་བ་ནི་བར་སྐབས་ཀྱི་ཚིགས་སུ་བཅད་པའོ། །

有云：「若是此時未直接揭示之修道，周遍是此時不直接揭示的修道。」不應理，因聲聞自相續所攝的修道不是此時不揭示的修道，現證空性之菩薩修道亦非彼故。初者理應如是，因彼非菩薩現前所了知之現觀故。後者理應如是，因彼是菩薩所證得之現觀故。

有云：「現證空性之菩薩修道，彼理應是此時揭示之修道，因彼是此時揭示之修道與不揭示之修道隨一，且彼不是此時不揭示之修道故。初者理應如是，因彼是基智之此時所揭示的修道與未揭示之修道隨一故。」今此不周遍。「理應如是，因彼是基智之此時順帶揭示之修道故。理應如是，因於第三品揭示大乘加行、見、修〔道〕三者故。理應如是，因從《心要莊嚴疏》講說第一至第六品揭示加行、見、修〔道〕三者故。」於不周遍處，理應不周遍，因若是此時不揭示之修道的反面所引申之此時揭示之修道，須於廣說見道之文結束後，有能揭示自己的第三品文故。當善思惟其義。

頌曰：

今以精微理論之鑰匙，將彼賈曹解說庫藏門，

善加開啟而令化機眾，速疾享用啟迪心慧寶！

如是綴以文間偈頌。

སྐབས་གསུམ་པའི་དཀའ་གནད་ལ་དཔྱད་པའི་གཏམ་གསར་བུ་ཐལ་ལོ། །

སྡུས་པ།

མཐར་འཛིན་ནད་ཀུན་སེལ་བའི་སྨན་གཅིག་པུ། །ཟབ་མོ་རྟེན་འབྲེལ་མཐའ་དང་བྲལ་བའི་དོན། །
འཕགས་མཆོག་ཀླུ་སྒྲུབ་ཡབ་སྲས་དགོངས་པ་དག །ཇི་བཞིན་ཁོང་དུ་ཆུད་པར་བྱིན་གྱིས་རློབས། །
དགེ་འདིས་མཚོན་ནས་དུས་གསུམ་དང་འབྲེལ་བའི། །བདག་གཞན་དགེ་བའི་རྩ་བ་ཇི་སྙེད་པ། །
དེ་དག་ཐམས་ཅད་སྐྱེ་ཞིང་སྐྱེ་བ་རུ། །བྱང་ཆུབ་མཆོག་གི་རྗེས་སུ་མི་མཐུན་པའི། །
ཞེས་ཀྱི་ཁེ་འདོད་པ་དང་གྲགས་པ་དང་། །འཁོར་དང་ལོངས་སྤྱོད་རྙེད་དང་བཀུར་བསྟིའི་རྒྱུར། །
སྐད་ཅིག་ཙམ་ཡང་ནམ་ཡང་མི་སྨིན་པར། །བླ་མེད་བྱང་ཆུབ་ཐོབ་པའི་རྒྱུར་གྱུར་ཅིག །

མདོ་སྔགས་རབ་འབྱམས་པ་པཎ་ཆེན་བསོད་ནམས་གྲགས་པས་མཛད་པའི་སྐབས་གཉིས་པ་དང་གསུམ་པའི་མཐའ་དཔྱོད་དོ། །བཀྲ་ཤིས། སརྦ་མངྒ་ལམ།། །།

以上是對第三品中的難點所作之創見。

結頌：

普除邊執眾病唯一藥，甚深緣起遠離諸邊義，
如其聖尊龍樹父子意，能作如實了達祈加持，
此善所表三時相關者，自他一切善根盡所有，
彼等願於生生世世中，於彼殊勝菩提不順者，
諸凡貪利以及求名聞，及或眷屬受用承侍因，
縱僅剎那永莫令成熟！願唯轉成無上菩提因！

顯密冉絳巴（博學碩德）——班欽·福稱所造第二品及第三品辨析。吉祥！薩哇芒嘎朗（一切吉祥）！

注釋

[1] 出自法稱論師造，僧成大師釋，法尊法師譯，《釋量論略解》卷4：「慈等愚無違，非極治罰過。」(CBETA 2023.Q4, B09, no. 43, p. 556b19)。

[2] 「並非明現義」，法尊法師譯為「義不明了現」。可參考法稱論師造，僧成大師釋，法尊法師譯，《釋量論略解》卷6：「分別相隨屬，義不明了現。」(CBETA 2023.Q4, B09, no. 43, p. 580b12)。

[3] 滇津顙摩《心要莊嚴疏》（第174頁）譯作：「乃從所謂：『除斷與不斷他差別之外，於此並無絲毫意義上之差距』理論所生之故。」

[4] 出自無著菩薩造，唐．波羅頗蜜多羅譯，《大乘莊嚴經論》卷1〈4種性品〉：「大悲及大信，大忍及大行，若有如此相，是名菩薩性。」(CBETA 2023.Q4, T31, no. 1604, p. 594c8-9)。

[5] 或可參考後魏．勒那摩提譯，《究竟一乘寶性論》卷1〈6無量煩惱所纏品〉：「如來亦如是，以一切智眼，見諸煩惱蜂，圍遶佛性蜜。」(CBETA 2023.Q4, , p. 814c23-24)。

[6] 出自後魏．勒那摩提譯，《究竟一乘寶性論》卷1〈6無量煩惱所纏品〉：「無漏智如蜜，在眾生身中。」(CBETA 2023.Q4, T31, no. 1611, p. 815a2)。

[7] 或可參考後魏．勒那摩提譯，《究竟一乘寶性論》卷4〈6無量煩惱所纏品〉：「依二種佛性，得出三種身。依初譬喻故，知有初法身，依第二譬喻，知有二佛身。」(CBETA 2023.Q4, T31, no. 1611, p. 839a4-6)。

[8] 滇津顙摩《心要莊嚴疏》（第203頁）譯作：「法界自性，宣說為種姓。」

[9] 出自無著菩薩造，唐．玄奘法師譯，《大乘阿毘達磨集論》卷4〈1諦品〉：「不從過去，已滅故。」(CBETA 2023.Q4, T31, no. 1605, p. 678c23)。

[10] 或可參考唐．玄奘法師譯，《大般若波羅蜜多經》卷411〈11譬喻品〉：「如日出時闇冥句義實無所有，菩薩句義亦復如是實無所有。」(CBETA 2023.Q4, T07, no. 220, p. 59a6-8)。

[11] 或可參考唐．玄奘法師譯，《大般若波羅蜜多經》卷411〈11譬喻品〉：「如劫盡時諸行句義實無所有，菩薩句義亦復如是實無所有。」(CBETA 2023.Q4, T07, no. 220, p. 59a8-9)。

[12] 引自宗喀巴大師造，法尊法師譯，《辨了不了義善說藏論》卷5：「如《厚嚴經》云：『地等阿賴耶，亦善如來藏，佛於如來藏，說名阿賴耶，劣慧者不知，藏名阿賴耶。』」(CBETA 2023.Q4, B10, no. 48, p. 62a14)。或可參考唐．不空法師譯，《大乘密嚴經》卷3〈8阿賴耶即密嚴品(下)〉：

「如來清淨藏，亦名無垢智，常住無終始，離四句言說。佛說如來藏，以為阿賴耶，惡慧不能知，藏即賴耶識。」(CBETA 2023.Q4, T16, no. 682, p. 776a11-14)。

13 出自宗喀巴大師造，法尊法師譯，《辨了不了義善說藏論》卷3：「於名言中安立自證，雖未明說安不安立阿賴耶之理，然是不許之宗。」(CBETA 2023.Q4, B10, no. 48, p. 38a4-5)。

14 引自宗喀巴大師造，法尊法師譯，《辨了不了義善說藏論》卷3：「《中觀光明論》云：『何等名為了義？謂有正量依於勝義增上而說，此義除此，餘人不能向餘引故。』」(CBETA 2023.Q4, B10, no. 48, p. 30a2-3)。

15 出自唐．玄奘法師譯，《能斷金剛般若波羅蜜多經》：「以諸賢聖補特伽羅皆是無為之所顯故。」(CBETA 2023.Q4, K05, no. 16, p. 1002b15-16)。

16 出自世親菩薩造，唐．玄奘法師譯，《阿毘達磨俱舍論本頌》〈2分別根品〉：「異熟因不善，及善唯有漏。」(CBETA 2023.Q4, T29, no. 1560, p. 313a28)。

17 出自世親菩薩造，唐．玄奘法師譯，《阿毘達磨俱舍論本頌》〈5分別隨眠品〉：「上界皆無記。」(CBETA 2023.Q4, T29, no. 1560, p. 320a25)。

18 出自世親菩薩造，唐．玄奘法師譯，《阿毘達磨俱舍論本頌》〈5分別隨眠品〉：「及欲身邊見，彼俱癡無記，此餘皆不善。」(CBETA 2023.Q4, T29, no. 1560, p. 319b17-18)。

19 出自無著菩薩造，唐．玄奘法師譯，《大乘阿毘達磨集論》卷5〈1諦品〉：「諸無色中不立支分，以奢摩他一味性故。」(CBETA 2023.Q4, T31, no. 1605, p. 683b22-23)。

20 出自世親菩薩造，唐．玄奘法師譯，《阿毘達磨俱舍論本頌》〈8分別定品〉：「初亦聖或三。」(CBETA 2023.Q4, T29, no. 1560, p. 324b18)。

21 出自彌勒菩薩造，唐．玄奘法師譯，《瑜伽師地論》卷28：「云何於作意初修業者？謂初修業補特伽羅，安住一緣，勤修作意，乃至未得所修作意，未能觸證心一境性。云何淨煩惱初修業者？謂已證得所修作意，於諸煩惱欲淨其心，發起攝受正勤修習了相作意，名淨煩惱初修業者。」(CBETA 2023.Q4, T30, no. 1579, p. 439b5-10)。

22 或可參考無著菩薩造，唐．波羅頗蜜多羅譯，《大乘莊嚴經論》卷7〈15教授品〉：「下倚修令進，為進習本定，淨禪為通故，當成勝軟心。」(CBETA 2023.Q4, T31, no. 1604, p. 624c4-5)。宗喀巴大師造，法尊法師譯，《菩提道次第廣論》卷16：「《莊嚴經論》云：『由習無作行，次獲得圓滿，身心妙輕安，名為有作意。』」(CBETA 2023.Q4, B10, no. 67, p. 727b1)。

23 或可參考世親菩薩造，唐．玄奘法師譯，《阿毘達磨俱舍論》卷28〈8分別定品〉：「此八近分皆淨定攝，唯初近分亦通無漏。」(CBETA 2023.Q4, T29, no. 1558, p. 149b18-19)。

24 出自彌勒菩薩造，唐．玄奘法師譯，《瑜伽師地論》卷33：「為離欲界欲，勤修觀行諸瑜伽師，由七作意方能獲得離欲界欲。」(CBETA 2023.Q4, T30, no. 1579, p. 465b27-29)。

25 出自世親菩薩造，唐．玄奘法師譯，《阿毘達磨俱舍論本頌》〈6分別賢聖品〉：「近分離下染，初三後解脫。」(CBETA 2023.Q4, T29, no. 1560, p. 321c13)。

26 出自世親菩薩造，唐．玄奘法師譯，《阿毘達磨俱舍論本頌》〈8分別定品〉：「近分八捨淨。」(CBETA 2023.Q4, T29, no. 1560, p. 324b18)。

27 出自唐．玄奘法師譯，《解深密經》卷3〈6分別瑜伽品(三)〉：「『世尊！若諸菩薩緣心為境，內思惟心，乃至未得身心輕安，所有作意，當名何等？』佛告慈氏菩薩曰：『善男子！非奢摩他作意，是隨順奢摩他勝解相應作意。』」(CBETA 2023.Q4, T16, no. 676, p. 698a14-18)。

28 出自世親菩薩造，唐．玄奘法師譯，《阿毘達磨俱舍論本頌》〈8分別定品〉：「中靜慮無尋，具三唯捨受。」(CBETA 2023.Q4, T29, no. 1560, p. 324b19)。

29 或可參考梁．曼陀羅仙共僧伽婆羅譯，《大乘寶雲經》卷5〈5安樂行品(五)〉：「毘鉢舍那者如實法觀、奢摩他者一心寂默。」(CBETA 2023.Q4, T16, no. 659, p. 270a21-22)。

30 出自世親菩薩造，唐．玄奘法師譯，《阿毘達磨俱舍論本頌》〈2分別根品〉：「信及不放逸，輕安捨慚愧，二根及不害，勤唯遍善心。」(CBETA 2023.Q4, T29, no. 1560, p. 312b27-28)。

31 出自唐．玄奘法師譯，《解深密經》卷3〈6分別瑜伽品(三)〉：「『世尊！若諸菩薩乃至未得身心輕安，於如所思所有諸法內三摩地所緣影像作意思惟，如是作意，當名何等？』『善男子！非毘鉢舍那作意，是隨順毘鉢舍那勝解相應作意。』」(CBETA 2023.Q4, T16, no. 676, p. 698a18-22)。

32 出自寂天菩薩造，如石法師譯，《入菩薩行論》〈第八品〉：「有止諸勝觀，能滅諸煩惱，知已先求止。」

33 出自無著菩薩造，唐．玄奘法師譯，《大乘阿毘達磨集論》卷5〈1諦品〉：「或有一類已得毘鉢舍那非奢摩他，此類依毘鉢舍那進修奢摩他。」(CBETA 2023.Q4, T31, no. 1605, p. 685b13-14)。

34 出自宗喀巴大師造，法尊法師譯，《菩提道次第廣論》卷24：「必須先得止、觀二法。此復初得毘鉢舍那即得雙運。」(CBETA 2023.Q4, B10, no. 67,

p. 773b20-21)。

35 出自無著菩薩造，唐．玄奘法師譯，《大乘阿毘達磨集論》卷5〈1諦品〉：「謂由七種作意證入初靜慮，如是乃至非想非非想處。」(CBETA 2023.Q4, T31, no. 1605, p. 683b23-24)。

36 出自世親菩薩造，唐．玄奘法師譯，《阿毘達磨俱舍論本頌》〈8分別定品〉：「定謂善一境。」(CBETA 2023.Q4, T29, no. 1560, p. 324a5)。

37 出自世親菩薩造，唐．玄奘法師譯，《阿毘達磨俱舍論本頌》〈2分別根品〉：「尋伺心麁細。」(CBETA 2023.Q4, T29, no. 1560, p. 312c14)。

38 出自世親菩薩造，唐．玄奘法師譯，《阿毘達磨俱舍論本頌》〈8分別定品〉：「生上三靜慮，起三識表心，皆初靜慮攝。」(CBETA 2023.Q4, T29, no. 1560, p. 324a28-29)。

39 出自無著菩薩造，唐．玄奘法師譯，《大乘阿毘達磨集論》卷3〈1諦品〉：「云何苦諦？謂有情生及生所依處。」(CBETA 2023.Q4, T31, no. 1605, p. 674a6-7)。

40 出自世親菩薩造，唐．玄奘法師譯，《阿毘達磨俱舍論本頌》〈8分別定品〉：「唯生有頂聖，起下盡餘惑。」(CBETA 2023.Q4, T29, no. 1560, p. 324b14)。

41 引自宗喀巴大師造，法尊法師譯，《菩提道次第廣論》卷16：「如《讚應讚論》中讚置答云：『未入佛正法，癡盲諸眾生，乃至上有頂，仍苦感三有。若隨佛教行，雖未得本定，諸魔勤看守，而能斷三有。』」(CBETA 2023.Q4, B10, no. 67, p. 730b2-3)。

42 出自法稱論師造，僧成大師釋，法尊法師譯，《釋量論略解》卷6：「彼事所生覺，一切應頓起。」(CBETA 2023.Q4, B09, no. 43, p. 578a26)。

43 或可參考無著菩薩造，唐．波羅頗蜜多羅譯，《大乘莊嚴經論》卷10〈之一〉：「五亦成智聚。」(CBETA 2023.Q4, T31, no. 1604, p. 642c12)。

44 或可參考世親菩薩造，唐．玄奘法師譯，《阿毘達磨俱舍論》卷12〈3分別世品〉：「獨覺中麟角喻者，要百大劫修菩提資糧。」(CBETA 2023.Q4, T29, no. 1558, p. 64b7-8)。

45 出自法稱論師造，僧成大師釋，法尊法師譯，《釋量論略解》卷9：「此自性中攝。」(CBETA 2023.Q4, B09, no. 43, p. 616b18)。

46 或可參考無著菩薩造，唐．玄奘法師譯，《大乘阿毘達磨集論》卷7〈3得品〉：「又諸菩薩已得諦現觀，於十地修道位唯修所知障對治道。」(CBETA 2023.Q4, T31, no. 1605, p. 692c5-6)。

47 出自彌勒菩薩造《現觀莊嚴論》「憍慢與顛倒。惡慧忍煩惱。」

注釋

48 出自法稱論師造，僧成大師釋，法尊法師譯，《釋量論略解》卷4：「慈等愚無違。」(CBETA 2023.Q4, B09, no. 43, p. 556b19)。

49 出自無著菩薩造，唐・波羅頗蜜多羅譯，《大乘莊嚴經論》卷1〈4種性品〉：「大悲及大信。」(CBETA 2023.Q4, T31, no. 1604, p. 594c8)。

50 出自法稱論師造，僧成大師釋，法尊法師譯，《釋量論略解》卷5：「彼是無事相。」(CBETA 2023.Q4, B09, no. 43, p. 565b8)。

51 出自無著菩薩造，唐・玄奘法師譯，《大乘阿毘達磨集論》卷1〈1三法品〉：「何等異生性？謂於聖法不得。」(CBETA 2023.Q4, T31, no. 1605, p. 665c21-22)。

52 出自世親菩薩造，唐・玄奘法師譯，《阿毘達磨俱舍論本頌》〈2分別根品〉：「許聖道非得，說名異生性。」(CBETA 2023.Q4, T29, no. 1560, p. 312c28-29)。

53 出自世親菩薩造，唐・玄奘法師譯，《阿毘達磨俱舍論本頌》〈6分別賢聖品〉：「成無學應果。」(CBETA 2023.Q4, T29, no. 1560, p. 321c8)。

54 出自後魏・勒那摩提譯，《究竟一乘寶性論》卷3〈5一切眾生有如來藏品〉：「老病死諸苦，聖人永滅盡，依業煩惱生，諸菩薩無彼。」(CBETA 2023.Q4, T31, no. 1611, p. 833c2-3)。

55 出自彌勒菩薩造《現觀莊嚴論》頌，法尊法師譯釋，《現觀莊嚴論略釋》卷2：「道相智理中。」(CBETA 2023.Q4, B09, no. 31, p. 34a12)。滇津顙摩將此句《現觀莊嚴論》根本頌譯作：「道智之方法。」（參《心要莊嚴疏》第287頁）

56 或可參考唐・玄奘法師譯，《大般若波羅蜜多經》卷425〈25帝釋品〉：「憍尸迦！若菩薩摩訶薩發一切智智相應之心。」(CBETA 2023.Q4, T07, no. 220, p. 134b15-16)。

57 或可參考唐・玄奘法師譯，《大般若波羅蜜多經》卷425〈25帝釋品〉：「憍尸迦！諸菩薩摩訶薩迴向心則非心。」(CBETA 2023.Q4, T07, no. 220, p. 135a17-18)。

58 出自龍樹菩薩造，葉少勇依梵文翻譯之《中觀根本慧論》。

59 或可參考無著菩薩造，唐・玄奘法師譯，《大乘阿毘達磨集論》卷6〈3得品〉：「即以願力還生欲界，出無佛世成獨勝果。」(CBETA 2023.Q4, T31, no. 1605, p. 690a21-22)。

60 或可參考聖天菩薩造，玄奘法師、法尊法師譯，《四百論》：「說一法見者，即一切見者，以一法空性，即一切空性。」或參考宗喀巴大師造，法尊法師譯，《菩提道次第廣論》卷22：「《四百論》云：『說見一法者，

即見一切者，以一法空性，即一切空性。』」（CBETA 2023.Q4, B10, no. 67, p. 764a21-22）。

61 可參閱滇津顙摩《心要莊嚴疏》（第304頁）譯本：「將本頌之明文記載，說成是直接指出證悟能取所取異體空之四加行道，是還可以；於如是講解中，釋文則以相同於前面加行道之說明方式而著述。」

62 出自彌勒菩薩造，唐．玄奘法師譯，《瑜伽師地論》卷69：「非生上地或色界或無色界能初入聖諦現觀。」(CBETA 2023.Q4, T30, no. 1579, p. 682c1-2)。

63 出自世親菩薩造，唐．玄奘法師譯，《阿毘達磨俱舍論本頌》〈6分別賢聖品〉：「由上無見道，無聞無緣下，無厭及經故。」(CBETA 2023.Q4, T29, no. 1560, pp. 321c29-322a1)。

64 出自世親菩薩造，唐．玄奘法師譯，《阿毘達磨俱舍論本頌》〈6分別賢聖品〉：「忍不墮惡趣。」(CBETA 2023.Q4, T29, no. 1560, p. 321a22)。

65 或可參考唐．玄奘法師譯，《大般若波羅蜜多經》卷425〈25帝釋品〉：「汝諸天等未發無上菩提心者今皆應發。」(CBETA 2023.Q4, T07, no. 220, p. 134b7-8)。

66 出自宗喀巴大師造，法尊法師譯，《菩提道次第廣論》卷2：「有欲天，昔人世時，由其修道習氣深厚，堪為新證見諦之身，然上界身，則定無新得聖道者。」(CBETA 2023.Q4, B10, no. 67, p. 639a14-15)。

67 滇津顙摩《心要莊嚴疏》（第308頁）譯作：「四諦法性之有境以反體分為四，從證知部分為四類忍。」

68 滇津顙摩《心要莊嚴疏》（第308頁）譯作：「觀待證悟四諦法性，而趣入證悟其有境。」

69 或可參考無著菩薩造，唐．玄奘法師譯，《大乘阿毘達磨集論》卷6〈3得品〉：「何等預流向補特伽羅？謂住順決擇分位，及住見道十五心剎那位。」(CBETA 2023.Q4, T31, no. 1605, p. 689a21-22)。

70 滇津顙摩《心要莊嚴疏》（第309頁）譯作：「於集類智之際雖不現前觀修慈等四無量，但於彼補特伽羅之心續中，且有往昔曾觀修、以後亦將觀修之不衰退功德，故並無墮落於寂滅等之過患。」

71 出自法稱論師造，僧成大師釋，法尊法師譯，《釋量論略解》卷5：「故覺應頓轉。」(CBETA 2023.Q4, B09, no. 43, p. 571a17)。

72 出自世親菩薩造，唐．玄奘法師譯，《阿毘達磨俱舍論本頌》〈6分別賢聖品〉：「於欲界有頂，除覺及道支。」(CBETA 2023.Q4, T29, no. 1560, p. 322b10)。

[73] 滇津顙摩《心要莊嚴疏》（第322頁）譯作：「第八地以上若無執取聲義可混合之分別，則變成隱蔽分之義絲毫不應作用於境。」

[74] 出自後魏．勒那摩提譯，《究竟一乘寶性論》卷2〈4僧寶品〉：「可捨及虛妄。」(CBETA 2023.Q4, T31, no. 1611, p. 826a24)。

[75] 出自無著菩薩造，唐．玄奘法師譯，《大乘阿毘達磨集論》卷4〈1諦品〉：「何故諸煩惱皆與捨相應？以一切煩惱墮中庸位方息沒故。又貪，於欲界在六識身。如貪，瞋、無明亦爾。」(CBETA 2023.Q4, T31, no. 1605, p. 678b25-28)。

[76] 滇津顙摩《心要莊嚴疏》（第334頁）譯作：「彼補特伽羅若遠離染污，其心續之彼所斷——其境，色等亦遠離；故彼瑜伽者緣於色等時，出現不同於往昔之表象，如同證悟緣起諦實空之補特伽羅乃出現緣起如幻。」

[77] 滇津顙摩《明義釋》（《心要莊嚴疏》第345頁）譯作：「應知以觀緣實有法、非實有法，而住於輪迴與涅槃。」

[78] 參上注。

[79] 滇津顙摩《心要莊嚴疏》（第343頁）譯作：「以智慧對於此岸之輪迴邊，以悲心對於彼岸之涅槃邊，依次地不住於常、斷相，以及彼等中間，故不住有寂。」

[80] 參上注。

[81] 滇津顙摩《心要莊嚴疏》（第351頁）譯作：「被實執所繫縛，指於審察根道是否為諦實之時，未從耽著諦實超越之意；因為往昔雖聞思法之空性，卻未抉擇之故。」

[82] 引自宗喀巴大師造，法尊法師譯，《菩薩戒品釋》卷3：「《集菩薩學論》攝諸根本罪，頌云：『執謂有學乘，不能斷貪等。』」(CBETA 2023.Q4, B08, no. 29, p. 744a3)。

名相	性相	索引頁數
不了義經（中觀宗）	將世俗諦作為直接顯示主要所詮而宣說，與不可依文主張任一之經。	541
意趣經	是不可依文主張之經且以意趣處為主。	543
密意經	是不可依文主張之經且以意趣為主。	543
	大乘正行之所緣	
善	是經中有記，且是能生安樂之住類。	555
不善	是經中有記，且是能生痛苦之住類。	555
無記	不成立為善、不善任一之法。	555
	大乘所為	
大乘正行所為 (1)	菩薩為何而趣入正行之究竟所得。	557
大乘正行所為 (2)	為何而趣入正行之究竟所得。	557
	建立總的正行	
智境正行	以三智隨一之相為境而修之智所攝的菩薩瑜伽。	563
別加行正行	具六波羅蜜多之任一思惟所攝之菩薩瑜伽。	563
	廣大意樂——擐甲正行	
擐甲正行	各個波羅蜜多皆圓具且含攝六者而修習之智慧所攝之菩薩瑜伽。	565
菩薩布施	菩薩之捨心。	567
菩薩持戒	菩薩之斷心。	567
菩薩忍辱	菩薩之不錯亂心。	567
菩薩精進	菩薩之喜心。	567
菩薩禪定	菩薩之不散心。	567
	廣大趣入之趣入正行	
趣入正行	以頂加行為主之門修持大乘因果隨一法之慧所攝之菩薩瑜伽。	571
	靜慮之近分	
靜慮近分	近分所攝，且能得自所得根本靜慮等至之靜慮地攝之善了別。	577
初靜慮近分	近分所攝，且是能得自所得根本初靜慮等至之初靜慮地攝之善了別。	577
	建立止觀	
奢摩他	由輕安攝持之門，無勤任運趣入於自所緣之三摩地。	601
毘鉢舍那	在奢摩他狀態中，以觀擇自所緣力引生之輕安所攝持之門，於自境作各別觀擇之慧。	601

མཚོན་བྱ།	མཚན་ཉིད།
བསམ་གཏན་གཉིས་པའི་ཉེར་བསྡོགས།	ཉེར་བསྡོགས་ཀྱིས་བསྡུས་ཤིང་རང་གི་ཐོབ་བྱར་གྱུར་པའི་བསམ་གཏན་གཉིས་པའི་དངོས་གཞིའི་སྙོམས་འཇུག་ཐོབ་བྱེད་དུ་གྱུར་པའི་བསམ་གཏན་གཉིས་པའི་སས་བསྡུས་ཀྱི་དགེ་བའི་རིག་པ།
བསམ་གཏན་དངོས་གཞི་བཤད་པ།	
བསམ་གཏན་གྱི་དངོས་གཞིའི་སྙོམས་འཇུག	དམིགས་པ་དང་ཡན་ལག་གཉིས་ལས། ཡན་ལག་གི་སྒོ་ནས་རང་གི་འོག་ས་ལས་འདས་པའི་དགེ་བའི་རིག་པ།
རྒྱུ་སྙོམས་འཇུག་གི་བསམ་གཏན་གྱི་དངོས་གཞི།	བསམ་གཏན་གྱི་དངོས་གཞིའི་སྙོམས་འཇུག་གང་ཞིག རང་འབྲས་སྡུག་བསྔལ་བདེན་པ་སྐྱེད་བྱེད་ཀྱི་འཁོར་བས་བསྡུས་པ
བསམ་གཏན་དང་པོའི་དངོས་གཞིའི་སྙོམས་འཇུག	བསམ་གཏན་གྱི་དངོས་གཞིའི་སྙོམས་འཇུག་གང་ཞིག འདོད་པ་ལ་འདོད་ཆགས་དང་བྲལ་བས་རབ་ཏུ་ཕྱེ་བའི་རིགས་ཅན།
བསམ་གཏན་དང་པོའི་དངོས་གཞིའི་སྙོམས་འཇུག་ཙམ་པོ་བ།	བསམ་གཏན་དང་པོའི་དངོས་གཞིའི་སྙོམས་འཇུག་གང་ཞིག ཚོར་བ་ཡིད་བདེའི་ས་པའི་རིགས་སུ་གནས་པ།
བསམ་གཏན་དང་པོའི་དངོས་གཞིའི་སྙོམས་འཇུག་ཁྱད་པར་ཅན།	བསམ་གཏན་དང་པོའི་དངོས་གཞིའི་སྙོམས་འཇུག་གང་ཞིག ཚོར་བ་བཏང་སྙོམས་ཀྱི་ས་པའི་རིགས་སུ་གནས་པ།
བསམ་གཏན་གཉིས་པའི་དངོས་གཞིའི་སྙོམས་འཇུག	བསམ་གཏན་གྱི་དངོས་གཞིའི་སྙོམས་འཇུག་གང་ཞིག བསམ་གཏན་དང་པོ་ལ་འདོད་ཆགས་དང་བྲལ་བས་རབ་ཏུ་ཕྱེ་བའི་རིགས་སུ་གནས་པ།
བསམ་གཏན་གསུམ་པའི་དངོས་གཞིའི་སྙོམས་འཇུག	བསམ་གཏན་གྱི་དངོས་གཞིའི་སྙོམས་འཇུག་གང་ཞིག བསམ་གཏན་གཉིས་པ་ལ་འདོད་ཆགས་དང་བྲལ་བས་རབ་ཏུ་ཕྱེ་བའི་རིགས་སུ་གནས་པ།
བསམ་གཏན་བཞི་པའི་དངོས་གཞིའི་སྙོམས་འཇུག	བསམ་གཏན་གྱི་དངོས་གཞིའི་སྙོམས་འཇུག་གང་ཞིག བསམ་གཏན་གསུམ་པ་ལ་འདོད་ཆགས་དང་བྲལ་བས་རབ་ཏུ་ཕྱེ་བའི་རིགས་སུ་གནས་པ།
འབྲས་བུ་སྐྱེ་བའི་བསམ་གཏན།	སྐྱེ་བ་གཞན་དུ་རྒྱུ་སྙོམས་འཇུག་གི་བསམ་གཏན་བསྒོམས་པའི་རྣམ་སྨིན་དང་། རྒྱུ་མཐུན་གྱི་འབྲས་བུ་གང་རུང་གིས་བསྡུས་པ།
གཟུགས་མེད་སྙོམས་འཇུག་བཤད་པ།	
གཟུགས་མེད་ཀྱི་དངོས་གཞིའི་སྙོམས་འཇུག	དམིགས་པ་དང་ཡན་ལག་གཉིས་ལས། དམིགས་པའི་སྒོ་ནས་རང་གི་འོག་ས་ལས་འདས་པའི་གཟུགས་མེད་ཀྱི་སས་བསྡུས་ཀྱི་དགེ་བའི་རིག་པ།
རྒྱུ་སྙོམས་འཇུག་གི་གཟུགས་མེད་ཀྱི་དངོས་གཞིའི་སྙོམས་འཇུག	གཟུགས་མེད་ཀྱི་དངོས་གཞིའི་སྙོམས་འཇུག་གང་ཞིག རང་འབྲས་སྡུག་བསྔལ་བདེན་པ་སྐྱེད་བྱེད་ཀྱི་འཁོར་བས་བསྡུས་པ།
ནམ་མཁའ་མཐའ་ཡས་ཀྱི་དངོས་གཞིའི་སྙོམས་འཇུག	གཟུགས་མེད་ཀྱི་དངོས་གཞིའི་སྙོམས་འཇུག་གང་ཞིག བསམ་གཏན་བཞི་པ་ལ་འདོད་ཆགས་དང་བྲལ་བས་རབ་ཏུ་ཕྱེ་བའི་རིགས་སུ་གནས་པ།
རྣམ་ཤེས་མཐའ་ཡས་ཀྱི་དངོས་གཞིའི་སྙོམས་འཇུག	གཟུགས་མེད་ཀྱི་དངོས་གཞིའི་སྙོམས་འཇུག་གང་ཞིག ནམ་མཁའ་མཐའ་ཡས་ལ་འདོད་ཆགས་དང་བྲལ་བས་རབ་ཏུ་ཕྱེ་བའི་རིགས་སུ་གནས་པ།
ཅི་ཡང་མེད་ཀྱི་དངོས་གཞིའི་སྙོམས་འཇུག	གཟུགས་མེད་ཀྱི་དངོས་གཞིའི་སྙོམས་འཇུག་གང་ཞིག རྣམ་ཤེས་མཐའ་ཡས་ལ་འདོད་ཆགས་དང་བྲལ་བས་རབ་ཏུ་ཕྱེ་བའི་རིགས་སུ་གནས་པ།
སྲིད་རྩེའི་དངོས་གཞིའི་སྙོམས་འཇུག	གཟུགས་མེད་ཀྱི་དངོས་གཞིའི་སྙོམས་འཇུག་གང་ཞིག ཅི་ཡང་མེད་ལ་འདོད་ཆགས་དང་བྲལ་བས་རབ་ཏུ་ཕྱེ་བའི་རིགས་སུ་གནས་པ།
འབྲས་བུ་སྐྱེ་བའི་གཟུགས་མེད།	སྐྱེ་བ་གཞན་དུ་རྒྱུ་སྙོམས་འཇུག་གི་གཟུགས་མེད་བསྒོམས་པའི་རྣམ་སྨིན་དང་རྒྱུ་མཐུན་གྱི་འབྲས་བུ་གང་རུང་གིས་བསྡུས་པ།
སྙོམས་འཇུག་ཉོན་མོངས་ཅན་དང་དག་པ་བའི་སྐོར།	
བསམ་གཏན་གྱི་དངོས་གཞིའི་སྙོམས་འཇུག་དག་པ་བ།	བསམ་གཏན་གྱི་དངོས་གཞིའི་སྙོམས་འཇུག་གང་ཞིག རང་སའི་ཉོན་མོངས་པས་མ་བསྒྲད་པའི་འཇིག་རྟེན་པའི་དགེ་བས་བསྡུས་པ

◆現觀辨析（中）

名相	性相	索引頁數
第二靜慮近分	近分所攝，且能得自所得根本第二靜慮等至的第二靜慮地攝之善了別。	605
	講說根本靜慮	
根本靜慮等至	所緣與支分二者中，以支分之門從自下地超越之善了別。	613
因等至根本靜慮	是根本靜慮等至，且為能生自果苦諦之輪迴所攝。	613
根本初靜慮等至	是根本靜慮等至，且具唯是遠離欲界欲貪之種性。	613
根本初靜慮等至但住者	是根本初靜慮等至，且是意喜受之地之住類。	613
根本初靜慮等至勝進者	是根本初靜慮等至，且是捨受之地之住類。	613
根本第二靜慮等至	是根本靜慮等至，且是唯於初靜慮離貪之住類。	617
根本第三靜慮等至	是根本靜慮等至，且是唯於第二靜慮離貪之住類。	617
根本第四靜慮等至	是根本靜慮等至，且是唯於第三靜慮離貪之住類。	617
果所生靜慮	他世修因等至靜慮之異熟與等流果隨一所攝。	619
	講說無色等至	
根本無色等至	所緣與支分二者，以所緣門逾越自下地之無色地攝之善了別。	623
因等至根本無色等至	是根本無色等至，且是能生自果苦諦之輪迴所攝。	623
根本空無邊等至	是根本無色等至，且是唯於第四靜慮離貪之住類。	623
根本識無邊等至	是根本無色等至，且是唯於第一無色離貪之住類。	623
根本無所有等至	是根本無色等至，且是唯於第二無色離貪之住類。	623
根本非想非非想等至	是根本無色等至，且是唯於第三無色離貪之住類。	623
果所生無色	他世修因等至無色之異熟及等流果任一所攝。	623
	雜染及清淨等至部份	
根本靜慮清淨等至	是根本靜慮等至，且是未被自地煩惱所染之世間善所攝。	625

མཚོན་བྱ།	མཚན་ཉིད།
བསམ་གཏན་དང་པོའི་དངོས་གཞིའི་སྙོམས་འཇུག་ཉམས་པ་ཆ་མཐུན།	བསམ་གཏན་དང་པོའི་དངོས་གཞིའི་སྙོམས་འཇུག་དག་པ་བ་གང་ཞིག རང་གི་མཇུག་ཐོགས་སུ་རང་ས་དང་འོག་མའི་ཉོན་མོངས་སྐྱེ་བ་དང་རྗེས་སུ་མཐུན་པ།
བསམ་གཏན་དང་པོའི་དངོས་གཞིའི་སྙོམས་འཇུག་གནས་པ་ཆ་མཐུན།	བསམ་གཏན་དང་པོའི་དངོས་གཞིའི་སྙོམས་འཇུག་དག་པ་བ་གང་ཞིག རང་གི་མཇུག་ཐོགས་སུ་རང་དང་ས་གཅིག་པའི་སྙོམས་འཇུག་དག་པ་བ་གཞན་འདྲེན་པ།
བསམ་གཏན་དང་པོའི་དངོས་གཞིའི་སྙོམས་འཇུག་ཁྱད་པར་ཆ་མཐུན།	བསམ་གཏན་དང་པོའི་དངོས་གཞིའི་སྙོམས་འཇུག་དག་པ་བ་གང་ཞིག རང་གི་མཇུག་ཐོགས་སུ་གོང་མའི་དག་པ་བ་གཞན་འདྲེན་པ།
བསམ་གཏན་དང་པོའི་དངོས་གཞིའི་སྙོམས་འཇུག་ངེས་འབྱེད་ཆ་མཐུན།	བསམ་གཏན་དང་པོའི་དངོས་གཞིའི་སྙོམས་འཇུག་དག་པ་བ་གང་ཞིག རང་གི་མཇུག་ཐོགས་སུ་འཇིག་རྟེན་ལས་འདས་པའི་ལམ་གཞན་འདྲེན་པ།
ཚད་མེད་བཞི་བཤད་པ།	
བྱམས་པ་ཚད་མེད།	བསམ་གཏན་གྱི་དངོས་གཞི་ལ་བརྟེན་ནས་སེམས་ཅན་རྣམས་བདེ་བ་དང་འཕྲད་འདོད་ཀྱི་རྣམ་པ་ཅན་གྱི་རིགས་སུ་གནས་པའི་ཏིང་ངེ་འཛིན་དང་ཤེས་རབ་གང་རུང་།
སྙིང་རྗེ་ཚད་མེད།	བསམ་གཏན་གྱི་དངོས་གཞི་ལ་བརྟེན་ནས་སེམས་ཅན་རྣམས་སྡུག་བསྔལ་དང་བྲལ་འདོད་ཀྱི་རྣམ་པ་ཅན་གྱི་རིགས་སུ་གནས་པའི་ཏིང་ངེ་འཛིན་དང་ཤེས་རབ་གང་རུང་།
དགའ་བ་ཚད་མེད།	བསམ་གཏན་གྱི་དངོས་གཞི་ལ་བརྟེན་ནས་སེམས་ཅན་རྣམས་བདེ་བ་དང་མི་འབྲལ་བར་འདོད་པའི་རྣམ་པ་ཅན་གྱི་རིགས་སུ་གནས་པའི་ཏིང་ངེ་འཛིན་དང་ཤེས་རབ་གང་རུང་།
བཏང་སྙོམས་ཚད་མེད།	བསམ་གཏན་གྱི་དངོས་གཞི་ལ་བརྟེན་ནས་སེམས་ཅན་རྣམས་ལ་ཕན་པར་འདོད་པའི་རྣམ་པ་ཅན་གྱི་རིགས་སུ་གནས་པའི་ཏིང་ངེ་འཛིན་དང་ཤེས་རབ་གང་རུང་།
ཚོགས་གཉིས་རྒྱ་ཆེ་བ་ཚོགས་སྒྲུབ་བཤད་པ།	
ཚོགས་སྒྲུབ།	ཚོགས་གཉིས་རྒྱ་ཆེན་པོས་ཟིན་པའི་སྒོ་ནས་ཐེག་ཆེན་གྱི་སྦྱོར་ལམ་ཆོས་མཆོག་འབྲིང་མན་ཆད་ལས་ཁྱད་པར་དུ་འཕགས་ཤིང་། རང་འབྲས་བྱང་ཆེན་འབྱིན་པའི་སེམས་དཔའི་རྣལ་འབྱོར།
སྐབས་འདིར་སྙིང་རྗེ་གསུམ་བཤད་པ།	
ཆོས་ལ་དམིགས་པའི་སྙིང་རྗེ་ཆེན་པོ།	སེམས་ཅན་མི་རྟག་པར་རྟོགས་པའི་ཤེས་རབ་ཙམ་གྱིས་དངོས་སུ་ཟིན་པའི་སྙིང་རྗེ་ཆེན་པོ།
དམིགས་མེད་ཀྱི་སྙིང་རྗེ་ཆེན་པོ།	སེམས་ཅན་བདེན་མེད་དུ་རྟོགས་པའི་ཤེས་རབ་ཀྱིས་དངོས་སུ་ཟིན་པའི་སྙིང་རྗེ་ཆེན་པོ།
སེམས་ཅན་ཙམ་ལ་དམིགས་པའི་སྙིང་རྗེ་ཆེན་པོ།	ཆོས་ལ་དམིགས་པའི་སྙིང་རྗེ་ཆེན་པོ་དང་དམིགས་མེད་ཀྱི་སྙིང་རྗེ་ཆེན་པོ་གཉིས་པོ་གང་གིས་ཀྱང་མ་ཟིན་པའི་སྙིང་རྗེ་ཆེན་པོ།
ས་བཅུའི་ཡོངས་སྦྱོང་བཤད་པ།	
ས་དང་པོའི་ཡོངས་སྦྱོང་།	ས་དང་པོའི་སྐྱོན་དང་བྲལ་ཞིང་ས་དང་པོའི་ཡོན་ཏན་རྫོགས་པའི་ས་དང་པོའི་མཁྱེན་པ།
ས་བཅུ་པ།	མདོ་ལས་འདའ་བྱ་ས་དགུའི་རྗེས་ཐོགས་དེ་མ་ཐག་ཏུ་གསུངས་པའི་བྱང་སེམས་ཀྱི་འབྲས་བུའི་ས།
གཉེན་པོའི་ཚོགས་སྒྲུབ་བཤད་པ།	
གཉེན་པོའི་ཚོགས་སྒྲུབ།	ཤེས་སྒྲིབ་རྟོག་པའི་གཉེན་པོ་བྱེད་པའི་བྱང་འཕགས་ཀྱི་མཁྱེན་པ།
སྐབས་འདིར་དངོས་སུ་བསྟན་པའི་གཉེན་པོའི་ཚོགས་སྒྲུབ།	རང་གི་དོན་སྐལ་གྱི་སྤང་བྱར་གྱུར་པའི་ཤེས་སྒྲིབ་རྟོག་པའི་དངོས་གཉེན་བྱེད་པའི་བྱང་འཕགས་ཀྱི་མཁྱེན་པ།
མཐོང་སྤངས་གཉེན་པོའི་ཚོགས་སྒྲུབ།	མཐོང་སྤངས་རྟོག་པའི་གཉེན་པོ་བྱེད་པའི་ཐེག་ཆེན་གྱི་བདེན་པ་མངོན་རྟོགས།
སྒོམ་སྤངས་གཉེན་པོའི་ཚོགས་སྒྲུབ།	སྒོམ་སྤངས་རྟོག་པའི་གཉེན་པོ་བྱེད་པའི་ཐེག་ཆེན་གྱི་རྗེས་ལ་མངོན་རྟོགས།
ངེས་འབྱུང་སྒྲུབ་པ་བཤད་པ།	
ངེས་འབྱུང་སྒྲུབ་པ།	རྣམ་མཁྱེན་དུ་གདོན་མི་ཟ་བར་ངེས་པར་འབྱིན་པར་བྱེད་པའི་དག་པའི་ཡེ་ཤེས།

名相	性相	索引頁數
根本初靜慮等至順退分	是根本初靜慮清淨等至，且是自隨後隨順生起自地及下地煩惱。	625
根本初靜慮等至順住分	是根本初靜慮等至淨定，且於自隨後引出與自同地之餘清淨等至。	625
根本初靜慮等至順勝進分	是根本初靜慮清淨等至，且於自隨後能引上地餘清淨等至。	625
根本初靜慮等至順決擇分	是根本初靜慮清淨等至，且於自隨後引出餘出世間道。	625
講說四無量		
慈無量	依根本靜慮，具欲諸有情值遇安樂之相住類之三摩地與智慧隨一。	635
悲無量	依根本靜慮，具欲諸有情離苦之相住類之三摩地與智慧隨一。	635
喜無量	依根本靜慮，具欲諸有情不離安樂之相住類之三摩地及智慧隨一。	635
捨無量	依根本靜慮，具欲利益諸有情相住類之三摩地及智慧任一。	635
講說廣大二資糧——資糧正行		
資糧正行	以廣大二資糧攝持之門，較大乘加行道世第一法中品以下殊勝，且能引生自果大菩提之菩薩瑜伽。	641
講說此時三種悲		
緣法大悲	僅被通達有情無常之慧所直接攝持之大悲。	643
無緣大悲	被通達有情為無諦實之慧所直接攝持之大悲。	643
唯緣有情大悲	不被緣法大悲與無緣大悲二者任一所攝持之大悲。	643
講說十地之遍淨		
初地之遍淨	遠離初地過且圓滿初地功德之初地智。	655
十地	經說所超九地之後立即說的菩薩果地。	661
講說對治資糧正行		
對治資糧正行	對治所知障分別之菩薩聖者之智。	667
此處直接宣說之對治資糧正行	正對治自應斷所斷的所知障分別之菩薩聖者之智。	667
對治見所斷資糧正行	對治見所斷分別之大乘諦現觀。	667
對治修所斷資糧正行	對治修所斷分別之大乘隨現觀。	667
講說決定出生正行		
決定出生正行	無疑決定出生一切相智之清淨地本智。	669

མཚོན་བྱ།	མཚན་ཉིད།
སྐབས་གཉིས་པ།	
ལམ་ཤེས་བཤད་པའི་མཚམས་སྦྱར།	
ལམ་ཤེས།	ཐབས་ཤེས་ཁྱད་པར་ཅན་གྱིས་ཟིན་པའི་ཐེག་ཆེན་འཕགས་པའི་མཁྱེན་པ།
ལམ་ཤེས་ཀྱི་ཡན་ལག	
ལམ་ཤེས་ཀྱི་ཡན་ལག	ལམ་ཤེས་ཀྱི་རྒྱུ་ངོ་བོ་འབྲས་བུ་གསུམ་གང་རུང་གིས་བསྡུས་པའི་སྙིང་རྗེ་ཆེན་པོས་ཟིན་པའི་ཡོན་ཏན་ཁྱད་པར་ཅན
ཉན་ཐོས་ཀྱི་ལམ་ཤེས་པའི་ལམ་ཤེས།	
ཉན་ཐོས་ཀྱི་ལམ་ཤེས་པའི་ལམ་ཤེས།	སེམས་བསྐྱེད་བསྔོ་བ་སྟོང་ཉིད་མངོན་སུམ་དུ་རྟོགས་པའི་ཤེས་རབ་གསུམ་གྱིས་ཟིན་པའི་སྒྲོ་ནས་གདུལ་བྱ་ཉན་ཐོས་ཀྱི་རིགས་ཅན་རྗེས་སུ་བཟུང་བའི་ཕྱིར་དུ་ཤེས་པར་བྱ་བའི་ཤེས་རབ་ཀྱི་རྟོགས་རིགས་སུ་གནས་པའི་ཐེག་ཆེན་འཕགས་པའི་མཁྱེན་པ།
དེའི་རྒྱུ་དེས་འབྱེད་ཆ་མཐུན་བཤད་པ།	
ཉན་ཐོས་ཀྱི་ལམ་ཤེས་པའི་ལམ་ཤེས་ཀྱི་རྒྱུ་ངེས་འབྱེད་ཆ་མཐུན།	ཉན་ཐོས་ཀྱི་ཤེས་རབ་ཀྱི་རྟོགས་རིགས་སུ་གནས་པའི་ཐེག་ཆེན་གྱི་དོན་མངོན་རྟོགས།
རང་རྒྱལ་གྱི་ལམ་ཤེས་པའི་ལམ་ཤེས།	
རང་རྒྱལ་གྱི་ལམ་ཤེས་པའི་ལམ་ཤེས།	ཁྱད་ཆོས་གསུམ་གྱིས་ཟིན་པའི་སྒྲོ་ནས་གདུལ་བྱ་རང་རྒྱལ་གྱི་རིགས་ཅན་རྗེས་སུ་བཟུང་བའི་ཕྱིར་དུ་ཤེས་པར་བྱ་བའི་ཤེས་རབ་ཀྱི་རྟོགས་རིགས་སུ་གནས་པའི་ཐེག་ཆེན་འཕགས་པའི་མཁྱེན་པ།
མཐོང་ལམ་གྱི་ངོ་བོ་བཤད་པ།	
ཐེག་ཆེན་གྱི་མཐོང་ལམ།	ཐེག་ཆེན་གྱི་བདེན་པ་མངོན་རྟོགས།
སྐབས་འདིར་དངོས་སུ་བསྟན་པའི་ཐེག་ཆེན་གྱི་མཐོང་ལམ།	སྐབས་འདིར་དངོས་སུ་བསྟན་པའི་ཐེག་ཆེན་གྱི་བདེན་པ་མངོན་རྟོགས།
མཐོང་ལམ་གྱི་དབྱེ་བ་བཤད་པ།	
ཐེག་ཆེན་གྱི་མཐོང་ལམ་མཉམ་གཞག་ཡེ་ཤེས།	ཆོས་ཉིད་ལ་གཉིས་སྣང་ནུབ་པའི་ཐེག་ཆེན་གྱི་བདེན་པ་མངོན་རྟོགས།
ཐེག་ཆེན་གྱི་མཐོང་ལམ་བར་ཆད་མེད་ལམ།	སྟོང་ཉིད་ལ་གཉིས་སྣང་ནུབ་པའི་ཐེག་ཆེན་གྱི་བདེན་པ་མངོན་རྟོགས་གང་ཞིག མཐོང་སྤངས་བདེན་འཛིན་གྱི་དངོས་གཉེན་བྱེད་པ།
ཐེག་ཆེན་གྱི་མཐོང་ལམ་རྣམ་གྲོལ་ལམ།	སྟོང་ཉིད་ལ་གཉིས་སྣང་ནུབ་པའི་ཐེག་ཆེན་གྱི་བདེན་པ་མངོན་རྟོགས་གང་ཞིག མཐོང་སྤངས་བདེན་འཛིན་ལས་གྲོལ་བ།
སྒོམ་ལམ་གྱི་བྱེད་པ།	
ཐེག་ཆེན་སྒོམ་ལམ་གྱི་བྱེད་པ།	ཐེག་ཆེན་སྒོམ་ལམ་ཐོབ་སྙིང་གི་གང་ཟག་གི་རྒྱུད་ཀྱི་ཐེག་ཆེན་སྒོམ་ལམ་བསྒོམས་སྟོབས་ཀྱིས་ཐོབ་པའི་ཡོན་ཏན།
ཐེག་ཆེན་སྒོམ་ལམ་བཤད་པ།	
ཐེག་ཆེན་གྱི་སྒོམ་ལམ།	ཐེག་ཆེན་གྱི་རྗེས་ལ་མངོན་རྟོགས།
ཟག་བཅས་སྒོམ་ལམ་བཤད་པ།	
ཐེག་ཆེན་གྱི་ཟག་བཅས་སྒོམ་ལམ།	སྨྲ་དོན་འདྲེས་རུང་དུ་འཛིན་པའི་ཞེན་རིག་དང་བཅས་པའི་ཐེག་ཆེན་གྱི་རྗེས་ལ་མངོན་རྟོགས།
ཐེག་ཆེན་གྱི་ཟག་མེད་སྒོམ་ལམ།	སྨྲ་དོན་འདྲེས་རུང་དུ་འཛིན་པའི་ཞེན་རིག་དང་བྲལ་བའི་ཐེག་ཆེན་གྱི་རྗེས་ལ་མངོན་རྟོགས།
མོས་པ་སྒོམ་ལམ།	

名相	性相	索引頁數
第二品		
講說道相智之承接文		
道相智	殊勝方便智慧所攝之大乘聖者智。	679
道相智之支分		
道相智之支分	道相智之因、體性、果三者隨一所攝之大悲攝持之殊勝功德。	687
了知聲聞道之道相智		
了知聲聞道道相智	以發心、迴向、現證空性之慧三者所攝之門，住為攝受所化聲聞種性而所了知之智慧證類的大乘聖者之智。	725
講說彼之因順決擇分		
了知聲聞道道相智之因順決擇分	住聲聞之智慧證類的大乘義現觀。	735
了知獨覺道之道相智		
了知獨覺道道相智	以三差別所攝之門，住為攝受所化獨覺種性而所知之智慧證類之大乘聖者之智。	761
講說見道之體性		
大乘見道	大乘諦現觀。	773
此時直接宣說之大乘見道	此時直接宣說之大乘諦現觀。	773
講說見道之分類		
大乘見道根本智	於法性二現隱沒之大乘諦現觀。	779
大乘見道無間道	是於空性二現隱沒之大乘諦現觀，且作為見所斷諦實執之正對治。	779
大乘見道解脫道	是於空性二現隱沒之大乘諦現觀，且從見所斷諦實執解脫。	781
修道之作用		
大乘修道作用	曾獲大乘修道補特伽羅相續之由修大乘修道力所得功德。	811
講說大乘修道		
大乘修道	大乘之隨現觀。	819
講說有漏修道		
大乘有漏修道	具執持聲、義堪為混合的耽著知之大乘隨現觀。	821
大乘無漏修道	遠離執持聲、義堪為混合的耽著知之大乘隨現觀。	821
勝解修道		

མཚོན་བྱ།	མཚན་ཉིད།
མོས་པ་སྒོམ་ལམ།	ཡུམ་དོན་གསུམ་གྱི་འབྱུང་གནས་སུ་ཡིད་ཆེས་པའི་ཟག་པ་དང་བཅས་པའི་ཐེག་ཆེན་གྱི་རྗེས་ལ་མངོན་རྟོགས།
བསྟོད་བཀུར་བསྔགས་པའི་སྒོམ་ལམ།	
མོས་པ་སྒོམ་ལམ་གྱི་ཕན་ཡོན།	མོས་པ་སྒོམ་ལམ་ཐོབ་མྱོང་གི་གང་ཟག་གི་རྒྱུད་ཀྱི་མོས་པ་སྒོམ་ལམ་བསྒོམས་སྟོབས་ཀྱིས་ཐོབ་པའི་ཡོན་ཏན།
བསྔོ་བ་སྒོམ་ལམ།	
བསྔོ་བ་སྒོམ་ལམ།	རང་གཞན་གྱི་དགེ་རྩ་རྫོགས་བྱང་གི་ཡན་ལག་ཏུ་བསྒྱུར་བར་བྱེད་པའི་ཟག་པ་དང་བཅས་པའི་ཐེག་ཆེན་གྱི་རྗེས་ལ་མངོན་རྟོགས།
རྗེས་སུ་ཡི་རང་བའི་སྒོམ་ལམ།	
རྗེས་སུ་ཡི་རང་སྒོམ་ལམ།	རང་གཞན་གྱི་དགེ་རྩ་ལ་དགའ་བ་སྒོམ་པའི་ཟག་པ་དང་བཅས་པའི་ཐེག་ཆེན་གྱི་རྗེས་ལ་མངོན་རྟོགས།
སྒྲུབ་པ་སྒོམ་ལམ་དང་རྣམ་དག་སྒོམ་བཤད་པ།	
སྒྲུབ་པ་སྒོམ་ལམ།	ཐེག་ཆེན་གྱི་ཟག་མེད་སྒོམ་ལམ་གང་ཞིག རྟོགས་པ་མཐར་ཕྱུག་གི་ལག་རྗེས་འཛོག་བྱེད།
རྣམ་དག་སྒོམ་ལམ།	ཐེག་ཆེན་གྱི་ཟག་མེད་སྒོམ་ལམ་གང་ཞིག སྤངས་པ་མཐར་ཕྱུག་གི་ལག་རྗེས་འཛོག་བྱེད།
ཉན་ཐོས་ཀྱི་རྣམ་དག	རང་ཐོབ་བྱེད་ཀྱི་ཐབས་སུ་གྱུར་པའི་བར་ཆད་མེད་ལམ་གྱི་ངོ་སྐལ་གྱི་སྒྲིབ་པ་སྤངས་པའི་ཉན་ཐོས་ཀྱི་བྲལ་བ།
རང་རྒྱལ་གྱི་རྣམ་དག	རང་ཐོབ་བྱེད་ཀྱི་ཐབས་སུ་གྱུར་པའི་བར་ཆད་མེད་ལམ་གྱི་ངོ་སྐལ་གྱི་སྒྲིབ་པ་སྤངས་པའི་རང་རྒྱལ་གྱི་བྲལ་བ།
བྱང་སེམས་ཀྱི་རྣམ་དག	རང་ཐོབ་བྱེད་ཀྱི་ཐབས་སུ་གྱུར་པའི་བར་ཆད་མེད་ལམ་གྱི་ངོ་སྐལ་གྱི་སྒྲིབ་པ་སྤངས་པའི་བྱང་སེམས་ཀྱི་བྲལ་བ།
རྣམ་དག་ཤིན་ཏུ་བ།	སྒྲིབ་གཉིས་བག་ཆགས་དང་བཅས་པ་སྤངས་པའི་བྲལ་བ།
སྐབས་གསུམ་པ།	
གཞི་ཤེས་ཀྱི་མཚམས་སྦྱར།	
གཞི་ཤེས།	ཐེག་དམན་གྱི་རྟོགས་རིགས་སུ་གནས་པའི་འཕགས་རྒྱུད་ཀྱི་མཁྱེན་པ།
ཤེས་པའི་སྲིད་ལ་མི་གནས་པའི་ལམ་ཤེས་དང་སྙིང་རྗེ་ཞི་ལ་མི་གནས་པའི་ལམ་ཤེས།	
ཤེས་པས་སྲིད་མཐའ་ལ་མི་གནས་པའི་ལམ་ཤེས།	ཀུན་རྫོབ་ལ་ལྟོས་ཏེ་སྲིད་མཐའ་འགོག་བྱེད་ཀྱི་རིགས་སུ་གནས་པའི་ཐེག་ཆེན་འཕགས་པའི་མཁྱེན་པ།
སྙིང་རྗེས་ཞི་ལ་མི་གནས་པའི་ལམ་ཤེས།	ཀུན་རྫོབ་ལ་ལྟོས་ཏེ་ཞི་མཐའ་འགོག་བྱེད་ཀྱི་རིགས་སུ་གནས་པའི་ཐེག་ཆེན་འཕགས་པའི་མཁྱེན་པ།
འབྲས་ཡུམ་ལ་རིང་བའི་གཞི་ཤེས་དང་འབྲས་ཡུམ་ལ་ཉེ་བའི་གཞི་ཤེས།	
འབྲས་ཡུམ་ལ་རིང་བའི་གཞི་ཤེས།	སྟོང་ཉིད་རྟོགས་པའི་ཤེས་རབ་ཀྱིས་མ་ཟིན་ཅིང་། ཐེག་ཆེན་གྱི་རྟོགས་རིགས་སུ་མི་གནས་པའི་ཐེག་དམན་འཕགས་པའི་མཁྱེན་པ།
འབྲས་ཡུམ་ལ་ཉེ་བའི་གཞི་ཤེས།	གཞི་ཤེས་གང་ཞིག ཐབས་ཁྱད་པར་ཅན་གྱིས་ཟིན་པ།
མི་མཐུན་ཕྱོགས་ཀྱི་གཞི་ཤེས་དང་གཉེན་པོ་ཕྱོགས་ཀྱི་གཞི་ཤེས།	
སྐབས་འདིར་དངོས་སུ་བསྟན་པའི་མི་མཐུན་ཕྱོགས་ཀྱི་གཞི་ཤེས།	སྙིང་རྗེ་ཆེན་པོ་དང་བྲལ་ཞིང་། བདེན་འཛིན་གྱིས་བཅིངས་པའི་ཐེག་ཆེན་གྱི་རྟོགས་རིགས་སུ་མི་གནས་པའི་ཐེག་དམན་འཕགས་པའི་མཁྱེན་པ།
མི་མཐུན་ཕྱོགས་ཀྱི་གཞི་ཤེས།	བདེན་འཛིན་གྱིས་བཅིངས་པའི་རིགས་སུ་གནས་པའི་ཐེག་ཆེན་གྱི་རྟོགས་རིགས་སུ་མི་གནས་པའི་ཐེག་དམན་འཕགས་པའི་མཁྱེན་པ།
གཉེན་པོ་ཕྱོགས་ཀྱི་གཞི་ཤེས།	ཐབས་ཁྱད་པར་ཅན་གྱིས་ཟིན་ཅིང་ཐེག་དམན་གྱི་རྟོགས་རིགས་སུ་གནས་པའི་འཕགས་རྒྱུད་ཀྱི་མཁྱེན་པ།
གཞི་ཤེས་ཀྱི་སྦྱོར་བ།	

名相	性相	索引頁數
勝解修道	相信佛母為三利來源之有漏的大乘隨現觀。	833
	讚美、承事、稱揚之修道	
勝解修道利益	曾獲勝解修道之補特伽羅相續的以修勝解修道之力所獲功德。	835
	迴向修道	
迴向修道	將自他善根轉成圓滿菩提支分之有漏的大乘隨現觀。	837
	隨喜修道	
隨喜修道	於自他善根修歡喜之有漏的大乘隨現觀。	839
	講說正行修道及清淨修道	
正行修道	是大乘無漏修道，且留下究竟證德之手跡。	845
清淨修道	是大乘無漏修道，且留下究竟斷德之手跡。	845
聲聞清淨	斷除屬能得自之方便的無間道應斷障之聲聞離法。	851
獨覺清淨	斷除屬能得自之方便的無間道應斷障之獨覺離法。	851
菩薩清淨	斷除屬能得自之方便的無間道應斷障之菩薩離法。	853
最極清淨	斷除二障及習氣之離法。	853
第三品		
	基智之承接文	
基智	住小乘證類之聖者相續之智。	865
	智不住有邊之道相智與悲不住寂邊之道相智	
智不住有邊之道相智	觀待世俗，住能斷有邊之類的大乘聖者智。	875
悲不住寂之道相智	觀待世俗，住能斷寂邊之類的大乘聖者智。	875
	遠於果佛母之基智與近於果佛母之基智	
遠於果佛母之基智	不被通達空性慧所攝，且不住大乘證類之小乘聖者之智。	887
近於果佛母之基智	是基智，且被殊勝方便所攝。	887
	所治品之基智與能治品之基智	
此處所直接揭示之所治品基智	「與大悲遠離且被諦實執所繫縛」之不住大乘證類的小乘聖者之智。	891
所治品基智	住於諦實執所繫縛類之不住大乘證類的小乘聖者之智。	891
能治品基智	為殊勝方便所攝且住小乘證類之聖者相續之智。	891
	基智之加行	

མཚོན་བྱ།	མཚན་ཉིད།
གཞི་ཤེས་ཀྱི་སྐབས་སུ་བསྟན་པའི་བྱང་སེམས་ཀྱི་སྦྱོར་བའི་མཉམ་ཉིད།	གཞི་ཀུན་རྫོབ་པའི་སྤྱོད་ཡུལ་ཀྱི་ངོ་བོ་དང་ཁྱད་པར་ལ་ཕྱིན་ཅི་ལོག་ཏུ་ཞེན་པ་དང་། དོན་དམ་པའི་སྤྱོད་ཡུལ་ལ་ཕྱིན་ཅི་ལོག་ཏུ་ཞེན་པ་གང་རུང་གི་གཉེན་པོར་སྒོམ་པའི་སེམས་དཔའི་རྣལ་འབྱོར།
ཀུན་བཏགས།	ཡོངས་གྲུབ་མ་ཡིན་པ་དང་དངོས་པོར་མེད་པའི་གཞི་མཐུན་པར་ཚད་མས་དམིགས་པ།
བྱང་སེམས་ཀྱི་སྦྱོར་བའི་མཉམ་ཉིད།	
གཞི་ཤེས་ཀྱི་སྐབས་སུ་བསྟན་པའི་བྱང་སེམས་ཀྱི་སྦྱོར་བའི་མཉམ་ཉིད།	གཞིའི་དབྱེ་བ་དང་། མཚན་མཚོན་དང་། ཡུལ་ཡུལ་ཅན་ལ་བདེན་ཞེན་འགོག་པའི་ཤེས་རབ་ཀྱིས་ཟིན་པའི་སེམས་དཔའི་རྣལ་འབྱོར།
ཐེག་དམན་གྱི་རྟོགས་རིགས་སུ་གནས་པའི་མཐོང་ལམ།	
སྐབས་འདིར་དངོས་སུ་བསྟན་པའི་ཐེག་ཆེན་གྱི་མཐོང་ལམ།	སྐབས་འདིར་དངོས་སུ་བསྟན་པའི་ཐེག་ཆེན་གྱི་བདེན་པ་མངོན་རྟོགས།

◆現觀辨析（中）

名相	性相	索引頁數
基智時所示之菩薩加行	修習「於基法世俗實相之體性與差別顛倒耽著，與於勝義實相顛倒耽著隨一」之對治的菩薩瑜伽。	895
遍計所執	量所緣及非圓成實與無事之同位。	899
	菩薩加行之平等	
基智時所示的菩薩加行平等	能斷於「基之分類、性相名相、境有境」諦實耽著之慧所攝的菩薩瑜伽。	901
	住小乘證類之見道	
此時直接顯示之大乘見道	此時直接顯示之大乘諦現觀。	903

學習傳授佛陀經論典
研討力行佛陀正知見
建立傳承佛陀正教法
利益廣大群眾諸有情

班智達翻譯小組

班智達官網

班智達官方 Line

班智達 WhatsApp

地　　址：305-42
新竹縣新埔鎮義民路三段 622 巷 52 弄 5 號

網　　址：http://www.panditatranslation.org

E － mail：panditatranslation@gmail.com

台灣護持帳號：銀行代號 006　帳號：5230-899-010-314
合作金庫 開元分行 戶名：陳冠榮

澳洲護持帳號：Buddha Geluk Pandita Translation Group
Bank : ANZ
BSB : 013 366
Account no : 1971 99649

內頁小喇嘛插圖授權：陳冠榮

國家圖書館出版品預行編目（CIP）資料

現觀辨析 / 福稱著 ; 佛子、獅子吼譯. -- 初版. --
新北市 : 大千出版社, 2024.12
冊 ;　公分. -- (藏傳佛教 ; TV11302-TV11304)
ISBN 978-957-447-441-7(上冊 : 精裝). --
ISBN 978-957-447-442-4(中冊 : 精裝). --
ISBN 978-957-447-443-1(下冊 : 精裝). --
ISBN 978-957-447-444-8(全套 : 精裝)

1.CST: 現觀辨析 2.CST: 藏傳佛教 3.CST: 佛教修持

226.962　　113017393

藏傳佛教　TV11303

現觀辨析（中）

作　　者：福稱
譯　　者：佛子、獅子吼

出 版 者：大千出版社
發 行 人：梁崇明
登 記 證：行政院新聞局局版台省業字第244號
P.O. BOX：中和郵政第2-193號信箱
發 行 處：23556新北市中和區板南路498號7樓之2
電　　話：02-2223-1391
傳　　真：02-2223-1077
劃撥帳號：18840432 大千出版社
網　　址：http://www.darchen.com.tw
E-Mail：darchentw@gmail.com
銀行匯款：銀行代號：006　帳號：3502-717-003191
　　　　　合作金庫銀行北中和分行　帳戶：大千出版社
總經銷商：紅螞蟻圖書有限公司
地　　址：114台北市內湖區舊宗路二段121巷19號
電　　話：02-2795-3656
傳　　真：02-2795-4100
E-Mail：red0511@ms51.hinet.net
初　　版：西元2024年12月
流 通 費：新台幣720元
（郵購未滿1500元請自付郵資80元，採掛號寄書）
ISBN：978-957-447-442-4

◆藏傳佛教TV11304

現觀辨析 (下)

ཕར་ཕྱིན་མཐའ་དཔྱོད།

依理清晰闡述《心要莊嚴疏》義——再顯般若義之燈

རྣམ་བཤད་སྙིང་པོ་རྒྱན་གྱི་དོན་རིགས་ལམ་བཞིན་དུ་གསལ་བར་འཆད་པའི་ཡུམ་དོན་ཡང་གསལ་སྒྲོན་མེ་ཞེས་བྱ་བ་བཞུགས་སོ།།

福稱◆著
佛子、獅子吼◆譯

作者簡介

尊貴的 福稱

福稱論師，第 15 世甘丹赤巴，為澤當附近朗巴蘭麗之子，

生於第 8 勝生地狗年（西元 1478 年）。

16 歲，至色拉大乘林聽法時，依止全知頓羽班登為上師。之後，依止涅頓班糾珠等諸多善知識。

31 歲，進入上密院，依止大住持具法洛綏巴為上師。

34 歲，任上密院堪布之職。

36 歲，著《密集生起、圓滿導引文——奪智意》。

37 歲，任哲蚌洛色林住持一年多，其間撰寫《現觀總義》。之後，擔任甘丹東頂扎倉住持，同時管理兩個扎倉。

51 歲，著《中觀總義——顯明深義之燈》。

52 歲，就任甘丹赤巴之位並撰寫《噶登新舊法源——意之美莊嚴》。

53~57 歲，著有《戒律注疏——教理日光》、《中觀辨析——再顯深義明燈》、《釋量廣論要釋——善顯密意疏》。

58 歲，卸任甘丹赤巴，將法座交給加拉卻瓊加措。

61 歲，撰寫《新紅史》（或稱《歷史幻鑰》）。

66 歲，依哲蚌寺請求，擔任住持四年。

69 歲，應色拉寺希求，任其寺的住持；期間並著有《續部總相》與《集量論釋》。

77 歲，圓寂，遺體縮小至約一肘長。荼毗後留下的許多殊勝舍利，被供奉於哲蚌寺所蓋的銀塔中。

譯序

以辯經方式學習現觀的第一本教科書——現觀辨析

一、緣起

七、八年前，西藏的菩提上師曾鼓勵我說：「回台灣後，你應該成立一個翻譯小組。」之後，又常聽到觀世音尊者提及：「桑耶寺多年前設立了『譯師班智達洲』，專門翻譯佛法。」這是我成立「班智達翻譯小組」的緣起。

推廣佛法應以培育僧才為基礎，進而利益社會大眾。藏傳佛教格魯派僧伽教育，是擁有傳承與完整的五部大論之教育體系，其中的因明系統來自陳那、法稱論師。之後，西藏先賢祖師，將佛經內涵以活潑、深入的「辯經理路」方式，建立嚴整的思考模式，訓練日後廣大僧眾具備更敏銳、清晰、正確的思惟。

因此，我決定遵循藏傳僧伽教育的順序，先翻譯《攝類學》，其次《心類學》《因類學》，最後再將三大寺的五部大論教科書陸續譯出。這需要多年的努力與眾人的支持、合作，非我一人能獨立完成，故於二〇一一年，在北印度開辦翻譯培訓班，祈望能早日成就。

二、班智達翻譯小組五部大論教材翻譯計畫

書名	作者	冊數	出版
基礎教材			
（洛色林學院）攝類學 全稱：攝集攝類學諸涵義之學者喜宴善說	蔣貝赤理雲丹嘉措大師	一	2011 年、2013 年增訂版
心類學 全稱：建立大理路心類學必備集錦	洛桑嘉措院長	一	2012 年
（洛色林學院）建立心類學 全稱：建立心類學——所需總攝	蔣悲桑佩格西	一	2021 年
（洛色林學院）因類學 全稱：建立因類學顯映萬法之鏡	戒勝大格西	一	2013 年
般若方面的教科書及參考書			
八事七十義	福稱論師	一	預定 2024 年
現觀總義 全稱：般若波羅蜜多教授現觀莊嚴論俱釋心要莊嚴疏義善說——顯明般若義之燈	福稱論師	三	2022 年
現觀辨析 全稱：依理清晰闡述心要莊嚴疏義——再顯般若義之燈	福稱論師	三	2024 年
青蓮花鬘	福稱論師	一	預定 2025 年
開慧增喜心摩尼	堪蘇蓮花勝幢大師	三	預定 2026 年
末那識與阿賴耶識釋難論	宗喀巴大師	一	預定 2029 年
二十僧明慧梯	宗喀巴大師		預定 2029 年
量理方面的教科書及參考書			
釋量論明解脫道疏	賈曹傑大師	二	預定 2028 年
釋量論善顯密意疏	福稱論師	二	預定 2032 年
除意闇日光釋	堪蘇蓮花勝幢大師	一	預定 2033 年
中觀方面的教科書及參考書			
中觀總義 全稱：顯明入中論善顯密意疏之意趣——明深義之燈	福稱論師	一	預定 2025 年
中觀辨析	福稱論師	一	預定 2026 年
開啟深義眼之金匙	堪蘇蓮花勝幢大師	二	預定 2027 年
俱舍方面的教科書			
阿毘達磨俱舍莊嚴釋	欽文殊大師	三	預定 2030 年
阿毘達磨俱舍論之明解脫道疏	僧成大師	一	預定 2031 年

三、感謝與祝福

完全以分析、辯論方式呈現的《現觀辨析》為搭配《現觀總義》一起學習的最重要的課本，本書得以問世，承蒙許多人的協助與支持。首先，感謝學習現觀時的老師群：Gen Lobsang Gyaltso、Gen Dhamchoe Gyaltsen、Gen Gyaltso、Gen Konchok Wangdu，及 Geshe Lobsang Tenpa。感謝翻譯本書時請益的師長們：南印度甘丹寺夏則扎倉住持堪仁波切（Khenpo Junchup Sangye）、Geshe Ngawang Kalsang、南印度洛色林 Geshe Lobsang Tenpa、果芒學院老師 Geshe Lobsang Khechok、果芒學院老師 Geshe Lobsang Rinchen。

感謝哲蚌寺洛色林學院（Drepung Loseling Monastery）、洛色林圖書館（Drepung Loseling Library Society）、洛色林歷任住持及歷任管家（Changzoe Khang），其中要特別感謝洛色林圖書館館長 Geshe Khenrab Choegyal，從他以前擔任洛色林管家之時，至今一直以來，持續給予許多支持；感謝班智達翻譯小組印度負責人 Geshe Phegyal，及洛色林圖書館教科書翻譯部門等，協助藏文校對及審閱。

感謝達瓦慈仁格西開示列舉現觀中較重要的段落：〈第一品〉二十僧、自性種性、加行道、靜慮；〈第二品〉道相智的支分；〈第三品〉觀待世俗與勝義的有邊、寂邊；〈第四品〉行相、二十加行、性相名相、不退轉相；〈第五品〉十二緣起、滅盡定、超越等至；〈第八品〉四身、事業。

《現觀辨析》篇幅極多，全稿透過雲端譯經會審定，再整合各方讀者的建議後，最終定案。在此，深深致謝。本書的編輯群及譯經會暨護持群：圖滇給千格西、自來法師、性利法師、

性喜法師、性輔法師、性提法師、性如法師、蔣悲洛桑、徐經蘭、陳紹穎、蔡正松、蘇財元、姜森岳、黃清仁、陳嫻、王成富、廖孟鴻、蘇哲賢、蘇盟超、蔣宛真、李萍娟、古瑞玉、吳逸仙、許靜娜、Sara Huang、丁威志、葉修足、邱玉珠、伍光彥、Lobsang Gendun、林育樓、陳彩鳳、江昕蓁、宋淑瑜、蔡惠杏、滇津拉格、三寶弟子、白瑪德央、施惠娜、張淑媛、賴玥蓉、廖千瑩、廖苡辰、古容翠、汪秀華、妙佳、李若琦、洪敏哲、林麗珍、鄭詠心、仁增旺嫫、莊智年……等，透由眾人的努力，才終於得以完成。

由衷感謝上師觀世音尊者、劉文釧居士、劉金釵居士及殷琪居士、滇津羅桑蔣丘等大德的善款支持，讓此殊勝之翻譯事業順利開展並持續運作；衷心感謝允諾護持三年的會員群——智慧群、般若群、文殊群、語自在群、深見群、善慧群、妙音群、菩提心群、慈悲群、廣行群、道相智群、一切智群、漸次加行群、剎那加行群、果法身群、自性身群、報身群、智慧法身群、化身群、新新妙音群、新新文殊發心群、新新善慧群、智法身與成辦事業群、新道相智群、新漸次加行群、大乘教授群、大乘順決擇分群、大乘正行所依自性住種性群，以及台灣與世界各地不定期隨喜等大德的善款支持。

翻譯本書的功德，祈願諸位上師長久住世，功德主事事圓滿、順心，一切眾生早日脫離苦海，成就無上菩提。

本書若有任何錯誤，敬請十方大德海涵；若大眾對譯文有任何建議，請賜予您寶貴的意見，或寫信至 panditatranslation@gmail.com 留言，無盡感激！

目次

མཛད་བྱང་། 跋文 1362

注釋

附錄：《現觀辨析》名相、性相表（下冊）

སྐབས་བཞི་པ།

རྣམ་བཤད་སྙིང་པོ་རྒྱན་གྱི་དོན་རིགས་ལམ་བཞིན་དུ་གསལ་བར་
འཆད་པའི་ཡུམ་དོན་ཡང་གསལ་སྒྲོན་མེ་ཞེས་བྱ་བ་ལས་
སྐབས་བཞི་པའི་མཐའ་དཔྱོད་བཞུགས་སོ། །

རྣམ་རྫོགས་སྦྱོར་བ་སྤྱིར་བཤད།

༄༅། །ཐམས་ཅད་མཁྱེན་པ་ཉིད་གསུམ་ཡོངས་སུ་ཤེས་པ་ནི་དབང་དུ་བྱ་བའི་ཕྱིར་ཞེས་སོགས་ཀྱི་སྐབས་སུ་སྦྱོར་བ་དང་། མཐའ་དཔྱད་པ་གཉིས།

དང་པོ་ནི། སྐབས་དང་པོ་གསུམ་དུ་མཁྱེན་གསུམ་བསྟན་པ་དང་། སྐབས་འདིར་མཁྱེན་གསུམ་བསྟན་པ་ལ་ཟློས་སྐྱོན་མེད་དེ། སྐབས་དང་པོ་གསུམ་དུ་མཁྱེན་གསུམ་གྱི་རྣམ་པ་སོ་སོར་བསྟན། སྐབས་འདིར་མཁྱེན་གསུམ་གྱི་རྣམ་པ་བསྡུས་ནས་བསྟན་པའི་ཕྱིར། དེ་ལྟར་བསྡུས་ནས་སྟོན་པའི་རྒྱུ་མཚན་ཡོད་དེ། རྣམ་རྫོགས་སྦྱོར་བས་མཁྱེན་གསུམ་གྱི་རྣམ་པ་བསྡུས་ནས་སྒོམ་མོ། །ཞེས་ཤེས་པའི་ཆེད་དུ་ཡིན་པའི་ཕྱིར། བྱང་སེམས་ཚོགས་ལམ་པས་མཁྱེན་གསུམ་གྱི་རྣམ་པ་བསྡུས་ནས་སྒོམ་པ་ལ་ཆོས་ཅན། དགོས་པ་ཡོད་དེ། མཁྱེན་གསུམ་གྱི་རྣམ་པ་ལ་དབང་ཐོབ་པའི་ཆེད་དུ་ཡིན་པའི་ཕྱིར།

གཉིས་པ་ལ་ཁ་ཅིག རྣམ་རྫོགས་སྦྱོར་བ་སྐབས་བཞི་པའི་བསྟན་བྱའི་གཙོ་བོར་གྱུར་པའི་རྣམ་རྫོགས་སྦྱོར་བ་ཡིན། ཟེར་བ་མི་འཐད་དེ། དེ་རྒྱུད་ལྡན་གྱི་གང་ཟག་ཡིན་ན། དེའི་བསྟན་བྱའི་གཙོ་བོར་གྱུར་པའི་དེ་རྒྱུད་ལྡན་གྱི་གང་ཟག་ཡིན་མི་དགོས་པའི་ཕྱིར། དེར་ཐལ། རྣམ་རྫོགས་སྦྱོར་བ་ཡིན་ན། དེའི་བསྟན་བྱའི་གཙོ་བོར་གྱུར་པའི་རྣམ་རྫོགས་སྦྱོར་བ་ཡིན་མི་དགོས་པའི་ཕྱིར། དེར་ཐལ། སྟོང་ཉིད་མ་རྟོགས་པའི་བྱང་སེམས་ཚོགས་ལམ་པའི་རྒྱུད་ཀྱི་ལམ་དེ་ཕྱི་མ་དེ་མ་ཡིན་པའི་ཕྱིར། དེར་ཐལ། དེ་མཚན་མེད་རབ་ཏུ་སྦྱིན་ལ་སོགས་ཞེས་པའི་བསྟན་བྱའི་གཙོ་བོར་གྱུར་པའི་རྣམ་རྫོགས་སྦྱོར་བ་མ་

第四品

依理清晰闡述《心要莊嚴疏》義——再顯般若義之燈·第四品辨析

87 總說圓滿加行

「完全了知三種一切智，乃為得自在故……」等文之時論式與辨析二者。

初者，初三品顯示三智及於此顯示三智無重複之過失，因初三品個別顯示三智行相，於此攝三智行相而顯示故。有如是攝而揭示之理由，因為了了知「圓滿加行攝三智行相而修」故。菩薩資糧道者攝三智行相而修為有法，有〔其〕旨趣，因為了於三智行相得自在故。

第二，有云：「圓滿加行是第四品主要所示之圓滿加行。」不應理，因若是相續具彼的補特伽羅不須是相續具第四品主要所示之彼的補特伽羅故。理應如是，因若是圓滿加行，不須是彼之主要所示之圓滿加行故。理應如是，因未通達空性之菩薩資糧道者相續之道，非彼後者故。理應如是，因彼非「無相善施等」之主要所詮的圓滿加行故。理應如是，因若是此文之主要所示的大乘資糧道，須

ཡིན་པའི་ཕྱིར། དེར་ཐལ། གཞུང་དེའི་བསྟན་བྱའི་གཙོ་བོར་གྱུར་པའི་ཐེག་ཆེན་གྱི་ཚོགས་ལམ་ཡིན་ན་བསྐལ་པ་གྲངས་མེད་གསུམ་ནས་ཚོགས་བསགས་པའི་མགོ་རྩོམ་པའི་ལམ་གྱི་ཐོག་མ་ཡིན་དགོས་པའི་ཕྱིར།

ཁ་ཅིག མཁྱེན་གསུམ་གྱི་རྣམ་པ་ལ་དབང་ཐོབ་པའི་ཕྱིར་དུ་མཁྱེན་གསུམ་གྱི་རྣམ་པ་བསྡུས་ནས་སྒོམ་པའི་སེམས་དཔའི་རྣལ་འབྱོར་དེ། རྣམ་རྫོགས་སྦྱོར་བའི་མཚན་ཉིད། ཟེར་བ་མི་འཐད་དེ། རྣམ་རྫོགས་སྦྱོར་བ་ཡིན་ན། མཁྱེན་གསུམ་གྱི་རྣམ་པ་ལ་དབང་མ་ཐོབ་པས་མ་ཁྱབ་པ་གང་ཞིག མཁྱེན་གསུམ་གྱི་རྣམ་པ་སྒོམ་པས་ཀྱང་མ་ཁྱབ་པའི་ཕྱིར། དང་པོ་དེར་ཐལ། རྩེ་སྦྱོར་ཡིན་ན་མཁྱེན་གསུམ་གྱི་རྣམ་པ་ལ་དབང་ཐོབ་པས་ཁྱབ་པའི་ཕྱིར་དང་། རྩེ་སྦྱོར་ཡིན་ན་རྣམ་རྫོགས་སྦྱོར་བ་ཡིན་དགོས་པའི་ཕྱིར། རྩ་རྟགས་གཉིས་པ་དེར་ཐལ། ཐེག་ཆེན་གྱི་མཐོང་ལམ་སྡུག་བསྔལ་ཆོས་བཟོད་ཀྱིས་མཁྱེན་གསུམ་གྱི་རྣམ་པ་མི་སྒོམ་པའི་ཕྱིར། དེར་ཐལ། དེས་དེ་ཡུལ་དུ་མི་བྱེད་པའི་ཕྱིར། དེར་ཐལ། དེ་ལ་སྣང་བའི་ཀུན་རྫོབ་མེད་པའི་ཕྱིར། དེར་ཐལ། དེ་གཉིས་སྣང་མེད་པའི་ཤེས་པ་གང་ཞིག འདིའི་གཉིས་སྣང་དེ་ཀུན་རྫོབ་ཀྱི་སྣང་བ་ལ་བྱེད་རིགས་པའི་ཕྱིར། ཕྱི་མ་གྲུབ་སྟེ། རང་རིག་གཉིས་སྣང་བཅས་ཤུབ་དཔྱོད་པའི་གཉིས་སྣང་དེ་ཤེས་པ་ལས་གཞན་པའི་ཡུལ་གྱི་སྣང་བ་ལ་བྱེད་རིགས་པའི་ཕྱིར།

རང་ལུགས། མཁྱེན་གསུམ་གྱི་རྣམ་པ་སྒོམ་པའི་ཤེས་རབ་ཀྱིས་ཟིན་པའི་སེམས་དཔའི་རྣལ་འབྱོར། རྣམ་རྫོགས་སྦྱོར་བའི་མཚན་ཉིད། དབྱེ་ན། བརྒྱ་བདུན་ཅུ་རྩ་གསུམ། ས་མཚམས་ཐེག་ཆེན་གྱི་ཚོགས་ལམ་ནས་རྒྱུན་མཐའི་བར་དུ་ཡོད།

མཁྱེན་གསུམ་བསྡུས་སྒོམ་གྱི་དོན་ལ། ཁ་ཅིག རྣམ་པ་བརྒྱ་བདུན་ཅུ་རྩ་གསུམ་བདེན་སྟོང་སྤྲོས་བྲལ་དུ་ཞི་ལྷག་ཟུང་འབྲེལ་གྱི་སྦྱོར་བས་རྣམ་ཐར་སྒོ་གསུམ་དུ་བསྡུས་ནས་སྒོམ་པ་མཁྱེན་གསུམ་བསྡུས་སྒོམ་གྱི་དོན་ཡིན་གསུངས། དེ་ཁོ་ནར་ངེས་པ་མི་འཐད་དེ། ཉེར་ལེན་གྱི་ཕུང་པོ་མི་རྟག་པ་དང་སྡུག་བསྔལ་བ་སོགས་རྣམ་རྫོགས་སྦྱོར་བས་སྒོམ་དགོས་པའི་ཕྱིར། འགྲེལ་པར། རྟག་པ་ལ་སོགས་

是開始積集三大阿僧祇劫資糧之道之開端故。

有云：「為了於三智行相得自在故，攝三智行相而修之菩薩瑜伽，乃圓滿加行之性相。」不應理，因若是圓滿加行，不周遍於三智行相未得自在，且亦不周遍修三智行相故。初者理應如是，因若是頂加行，周遍於三智行相獲得自在，以及若是頂加行須是圓滿加行故。第二根本因理應如是，因大乘見道苦法忍不修三智行相故。理應如是，因彼不以彼（三智行相）為境故。理應如是，因無於彼顯現之世俗故。理應如是，因彼是無二現之知覺，且此之二現可為世俗顯現故。後者成立，因觀察自證二現俱沒之二現，可為知覺以外餘境的顯現故。

自宗：「修習三智行相之智慧所攝的菩薩瑜伽」，乃圓滿加行的性相。分一百七十三。界限，從大乘資糧道乃至最後流〔皆〕有。

於三智攝修之義，有云：「以止觀雙運之加行，將一百七十三行相諦實空離戲論，攝為三解脫門而修，乃三智攝修之義。」僅〔如是〕決定彼，不應理，因圓滿加行須修近取蘊無常與苦等故。因《明義釋》云：「執常等異品之對治自然本性，乃將觀緣無常等智之諸

པར་འཛིན་པ་མི་མཐུན་པའི་ཕྱོགས་ཀྱི་གཉེན་པོའི་ཆོས་ཉིད་ཀྱི་ངོ་བོ་ཉིད་མི་རྟག་པ་ལ་སོགས་པ་ལ་དམིགས་པའི་ཡེ་ཤེས་ཀྱི་བྱེ་བྲག་རྣམས་རྣམ་པ་ཉིད་དུ་རྣམ་པར་བཞག་པ་ནི་མཚན་ཉིད་དོ། །ཞེས་གསུངས་པའི་ཕྱིར།

གཞན་ཡང་ཐེག་ཆེན་རིགས་ངེས་ཀྱི་ཚོགས་ལམ་གྱི་སྐབས་སུ། མཁྱེན་གསུམ་བསྡུས་སྒོམ་མེད་པར་ཐལ། དམ་བཅའ་གང་ཞིག དེའི་སྐབས་སུ་སྟོང་ཉིད་ལ་དམིགས་པའི་ཞི་ལྷག་ཟུང་འབྲེལ་གྱི་རྣལ་འབྱོར་མ་ཐོབ་པའི་ཕྱིར། དེར་ཐལ། དེ་འདྲ་བའི་བྱང་སེམས་ཚོགས་ལམ་པས་སྟོང་ཉིད་ལ་དམིགས་པའི་ལྷག་མཐོང་ཐོབ་པ་དང་། དེ་ཐེག་ཆེན་གྱི་སྦྱོར་ལམ་དྲོད་དུ་འཕོས་པ་དུས་མཉམ་པའི་ཕྱིར།

རང་ལུགས་ནི། མཁྱེན་གསུམ་གྱི་རྣམ་པ་བསྡུས་ནས་སྒོམ་པའི་དོན་ཡོད་དེ། མཁྱེན་གསུམ་གྱི་རྣམ་པ་བརྒྱ་བདུན་ཅུ་ཙ་གསུམ་རྣམ་རྫོགས་སྦྱོར་བའི་འཛིན་སྟངས་ཀྱི་ཡུལ་དུ་བསྡུས་ནས་ཉམས་སུ་ལེན་པ་དེ། མཁྱེན་གསུམ་བསྡུས་སྒོམ་གྱི་དོན་ཡིན་པའི་ཕྱིར།

དེ་ལ་ཁ་ཅིག མཁྱེན་གསུམ་གྱི་རྣམ་པ་ཐམས་ཅད་ཞི་ལྷག་ཟུང་འབྲེལ་གྱི་སྦྱོར་བས་རྣལ་འབྱོར་པའི་ཉམས་ལེན་དུ་བསྡུས་པ་དེ་མཁྱེན་གསུམ་བསྡུས་སྒོམ་གྱི་དོན་ཡིན་པར་ཐལ། དམ་བཅའ་དེའི་ཕྱིར་ཟེར་ན། མ་ཁྱབ། འདོད་ན། བྱང་སེམས་ཡིན་ན་ཞི་ལྷག་ཟུང་འབྲེལ་གྱི་རྣལ་འབྱོར་ཐོབ་པས་ཁྱབ་པར་ཐལ། འདོད་པའི་ཕྱིར། འདོད་ན། དེ་ཡིན་ན་བསམ་གཏན་གྱི་ཉེར་བསྡོགས་ཐོབ་པས་ཁྱབ་པར་ཐལ། འདོད་པའི་ཕྱིར། འདོད་ན། འདོད་སེམས་ལ་བརྟེན་ནས་སེམས་བསྐྱེད་དང་པོར་ཐོབ་པ་མེད་པར་ཐལ། འདོད་པའི་ཕྱིར་ཞེ་ན། མ་ཁྱབ་མཚམས་སུ་མ་ཁྱབ་སྟེ། ལམ་རིམ་ལས། མི་རྟག་པ་དང་འཁོར་བའི་ཉེས་དམིགས་དང་བྱང་ཆུབ་ཀྱི་སེམས་སྦྱོང་བ་ལ་ཡིད་འགྱུར་བའི་སྨོང་བ་སྐྱེ་བ་ཡང་ཞི་གནས་ལ་རག་ལས་པ་ཏ་ཅང་ཐལ་ཆེས་བར་འགྱུར་ཏེ། ཞེས་བྱང་ཆུབ་ཀྱི་སེམས་ལ་ཡིད་འགྱུར་བའི་སྨོང་བ་སྐྱེ་བ་ཞི་གནས་ཐོབ་པ་ལ་མི་ལྟོས་པར་གསུངས་པའི་ཕྱིར།

ཁོན་རེ། སྐྱོན་མེད་དེ། བྱང་སེམས་ཀྱི་སྦྱོར་བ་ཐོབ་པ་ལ། ཞི་ལྷག་ཟུང་འབྲེལ་གྱི་ཏིང་ངེ་འཛིན་

差別當成行相，即為性相。」故。

又，於大乘決定種性的資糧道之時，理應無三智之攝修，因〔如是立〕宗，且於彼時未獲得緣空之止觀雙運瑜伽故。理應如是，因如是的菩薩資糧道者獲得緣空勝觀與彼轉移到大乘加行道煖位同時故。

自宗：有攝三智行相而修之義，因將三智一百七十三行相攝為圓滿加行之執式境而修持，是三智攝修之義故。

於彼有云：「將三智一切行相，以止觀雙運之加行匯集於瑜伽行者之修持，理應是三智攝修之義，因彼宗故。」不周遍。若許，若是菩薩理應周遍獲得止觀雙運之瑜伽，因許故。若許，若是彼，理應周遍獲得靜慮近分，因許故。若許，理應無依欲界心最初獲得發心，因許故。於不周遍處理應不周遍，因道次第云：「則修無常、生死過患、菩提心等，引生強力之感覺，皆須依止。太為過失。[1]」〔此〕開示於菩提心產生意轉覺受不觀待獲得奢摩他故。

有云：「無過，因慮及獲得菩薩之加行，須獲得止觀雙運之三

ཐོབ་དགོས་པ་ལ་དགོངས་པའི་ཕྱིར་ཟེར་བ། མི་འཐད་དེ། བྱང་སེམས་ཡིན་ན་བྱང་སེམས་ཀྱི་སྦྱོར་བ་ཐོབ་དགོས་པའི་ཕྱིར། དེར་ཐལ། དེ་ཡིན་ན་བྱང་སེམས་ཀྱི་རྣམ་རྫོགས་སྦྱོར་བ་ཐོབ་པས་ཁྱབ་པའི་ཕྱིར་དང་། བྱང་སེམས་ཀྱི་སྦྱོར་བ་ཐོབ་ན་བྱང་སེམས་ཀྱི་སྦྱོར་ལམ་ཐོབ་པས་མ་ཁྱབ་པའི་ཕྱིར། ཕྱི་མ་མ་གྲུབ་ན། ཞི་ལྷག་ཟུང་འབྲེལ་གྱི་སེམས་དཔའི་རྣལ་འབྱོར་ཐོབ་ན་བྱང་སེམས་ཀྱི་སྦྱོར་ལམ་ཐོབ་པས་ཁྱབ་པར་ཐལ། མ་གྲུབ་པ་དེའི་ཕྱིར། འདོད་ན་སླའོ། །

摩地故。」不應理，因若是菩薩，須獲得菩薩加行故。理應如是，因若是彼，周遍獲得菩薩之圓滿加行，以及若獲得菩薩加行，不周遍獲得菩薩之加行道故。若後者不成，獲得止觀雙運的菩薩瑜伽，理應周遍獲得菩薩之加行道，因前之不成故。若許〔則〕易。

མཁྱེན་གསུམ་གྱི་རྣམ་པ་སྤྱིར་བཤད་པ།

གཞི་ཤེས་པ་ཡི་བྱེ་བྲག་རྣམས། །ཞེས་སོགས་ཀྱི་སྐབས་སུ། སྤྱིར་བ་དང་། མཐའ་དཔྱད་པའོ། །

དང་པོ་ནི། མཁྱེན་གསུམ་གང་རུང་གི་རྣམ་པ་ལེགས་པར་ཤར་ནས་སྒོམ་པར་བྱེད་པའི་ཤེས་རབ་ཀྱིས་ཟིན་པའི་སེམས་དཔའི་རྣལ་འབྱོར་ཆོས་ཅན། སེམས་དཔའི་རྒྱུད་ཀྱི་སྒོམ་བྱེད་གཉེན་པོའི་མཚན་ཉིད་ཡིན་ཏེ། དེའི་འཛོག་བྱེད་ཡིན་པའི་ཕྱིར། འདིར་བསྟན་སྒོམ་བྱེད་གཉེན་པོའི་རྣམ་པ་ལ་གསུམ་ཡོད་དེ། བསྒོམ་བྱ་ལ་གཞི་ཤེས་ཀྱི་རྣམ་པ། ལམ་ཤེས་ཀྱི་རྣམ་པ། རྣམ་མཁྱེན་གྱི་རྣམ་པ་རྣམས་སུ་ཡོད་པའི་ཕྱིར།

ཁོ་ན་རེ། སྐབས་འདིར་སྒོམ་བྱེད་གཉེན་པོའི་རྣམ་པ་ལ་མཚན་ཉིད་འཛོག་རིགས་པར་ཐལ། དམ་བཅའ་དེའི་ཕྱིར། འདོད་ན། རྣམ་པ་ཞེས་བྱ་མཚན་ཉིད་དེ། ཞེས་མཚན་ཉིད་དུ་བཤད་པ་མི་འཐད་པར་ཐལ། འདོད་པའི་ཕྱིར། ཟེར་ན། མ་ཁྱབ། འདོད་ན། རྣམ་བཤད་ལས། རྣམ་པའི་མཚན་ཉིད་དུ་འཆད་པ་ནི། སྐབས་འདིར་རྣམ་པའི་དབྱེ་བ་རྒྱས་པར་བཤད་པ་འདིས་ཅི་བྱེད་མ་ཤེས་པས་གཞུང་གི་དོན་ལོག་པར་འཆད་པ་ཡིན་ནོ། །ཞེས་དང་། གཉེན་པོའི་མཚན་ཉིད་ཀྱི་ཡན་ལག་ཤེས་པའི་རྣམ་པ་དེ་དག་ཀྱང་། ཞེས་གསུངས་པ་མི་འཐད་པར་ཐལ་ལོ། །ཞེ་ན་མ་ཁྱབ་མཚམས་སུ་མ་ཁྱབ་སྟེ། སྐབས་འདིར་གཞི་ཤེས་ཀྱི་རྣམ་པའི་མཚན་ཉིད་འཛོག་རིགས། ལམ་ཤེས་ཀྱི་རྣམ་པའི་མཚན་ཉིད་འཛོག་རིགས། རྣམ་མཁྱེན་གྱི་རྣམ་པའི་མཚན་ཉིད་འཛོག་རིགས་པའི་ཕྱིར། དེར་ཐལ། མེད་པའི་རྣམ་པ་ནས་བཟུང་སྟེ། ཞེས་སོགས་ཀྱི་སྐབས་སུ། གཞི་ཤེས་ཀྱི་རྣམ་པའི་མཚན་ཉིད་འཛོག་རིགས། རྒྱུ་དང་ལམ་དང་སྡུག་བསྔལ་དང་། ཞེས་སོགས་ཀྱི་སྐབས་སུ་ལམ་ཤེས་ཀྱི་རྣམ་པའི་མཚན་ཉིད་འཛོག་རིགས། དྲན་པ་ཉེར་བཞག་ནས་བཟུང་སྟེ། ཞེས་སོགས་ཀྱི་སྐབས་སུ། །རྣམ་མཁྱེན་གྱི་རྣམ་པའི་མཚན་ཉིད་འཛོག་རིགས་པའི་ཕྱིར། ཁྱབ་སྟེ། གཞུང་སྔ་ཕྱི་རྣམས་མདོར་བསྟན་རྒྱས་བཤད་དུ་སྦྱོར

88 總說三智行相

「一切智差別……」等之時，論式與辨析。

初者，「善顯三智隨一行相而後修習之智慧所攝持之菩薩瑜伽」為有法，是菩薩相續中能修對治之性相，因是彼之能安立故。此示能修對治之行相有三，因所修有基智行相、道相智行相、一切相智行相故。

有云：「此處理應可以安立能修對治之行相的性相，因彼宗故。若許，所謂『行相為能相』說為性相理應不應理，因許故。」不周遍。「若許，《心要莊嚴疏》所說：『因此，（將差別）說為行相之性相，乃不知為何於此處廣說行相之分類。所以是錯誤解釋論典之意。[2]』與『對治性相之支分——彼等心智行相。』應成不應理！」於不周遍處不周遍，因此處可安立基智行相之性相，可安立道相智行相之性相，可安立一切相智行相之性相故。理應如是，因於「始從無邊相……」等時，可安立基智行相之性相；於「於因道及苦……」等時，可安立道相智行相之性相；於「始從四念住……」等時，可安立一切相智行相之性相故。周遍，因前後文可結合〔為〕略示廣說故。

བའི་ཕྱིར།

ཁ་ཅིག རྣམ་བཤད་ལས་དེ་ལྟར་གསུངས་པའི་དོན་རྣམ་པ་ཙམ་གྱི་མཚན་ཉིད་བསྟན་ན། གཞི་གཉེན་རྣམ་པ་གསུམ་ཀ་མི་སྟོན་པར་འགྱུར་བ་ལ་དགོངས་སོ་ཟེར་བ་མི་འཐད་དེ། དེ་ཙམ་ནུས་པ་མི་ཆེ་བའི་ཕྱིར།

རང་ལུགས་ནི། སྐབས་འདིར་གཉེན་པོའི་མཚན་ཉིད་བསྟན་པ་པོར་ཏེ། རྣམ་པའི་མཚན་ཉིད་འབད་དེ་འཛོག་པ་མི་འཐད་དེ། འདིར་བསྟན་ཤེས་རྣམ་ཅིག འདིར་བསྟན་གཉེན་པོའི་མཚན་ཉིད་དུ་སྟོན་པའི་ཕྱིར་དང་སྐབས་འདིར་རྣམ་པའི་དབྱེ་བ་བཤད་པ་རང་གི་མི་མཐུན་ཕྱོགས་ལ་གནོད་པའི་གཉེན་པོའི་མཚན་ཉིད་ཤེས་པའི་ཆེད་དུ་ཡིན་པའི་ཕྱིར། ཞེས་པའོ། །

ཁ་ཅིག རྣམ་པ་ལ་དོན་རྣམ་དང་ཤེས་རྣམ་གཉིས་སུ་ཕྱེ་ནས་དོན་རྣམ་བསྒོམ་བྱ་ཡིན་ཤེས་རྣམ་བསྒོམ་བྱ་མིན་ཟེར་བ་དང་། ཡང་ཁ་ཅིག ཤེས་རྣམ་བསྒོམ་བྱ་ཡིན་དོན་རྣམ་བསྒོམ་བྱ་མིན་ཟེར་བ་གཉིས་ཀ་མི་འཐད་དེ། ཉེར་ལེན་གྱི་ཕུང་པོ་མི་རྟག་པར་རྟོགས་པའི་ཡེ་ཤེས་བསྒོམ་བྱར་འདོད་པ་དེས་ཕུང་པོ་མི་རྟག་པ་བསྒོམ་བྱར་ཁས་ལེན་དགོས། ཕུང་པོ་མི་རྟག་པ་བསྒོམ་བྱར་འདོད་པ་དེས་ཀྱང་ཕུང་པོ་མི་རྟག་པར་རྟོགས་པའི་ཡེ་ཤེས་བསྒོམ་བྱར་འདོད་དགོས་པའི་ཕྱིར།

རྗེ་བཙུན་རེ་མདའ་བ་ན་རེ། རྣམ་པ་ཡིན་ན་ཤེས་རྣམ་ཡིན་དགོས། དོན་རྣམ་ཞེས་བྱ་བ་ནི་མི་རིགས་ཤིང་གཞུང་ལུགས་ཆེན་པོ་རྣམས་སུ་ཐ་སྙད་ཀྱང་མི་འབྱུང་ཞེས་གསུངས། དེ་འགོག་པ་ལ་རོང་ཊཻ་ཀ་པ་ན་རེ། དེ་མི་འཐད་དེ། རྣམ་འགྲེལ་ལས། ཡུལ་རྣམ་ཅན་ནི་ཐ་དད་པས། བློ་ཡི་རྟོག་པ་ཐ་དད་ཕྱིར། ཞེས་དོན་གྱི་རྣམ་པ་བསྟན་པའི་ཕྱིར་དང་། མདོ་ལས། རྣམ་པ་གང་དག་དང་། རྟགས་གང་དག་ཞེས་པའི་རྣམ་པའི་སྒྲས་ཕྱི་རོལ་གྱི་དོན་ཀྱང་བཟུང་བའི་ཕྱིར། འོན་ཀྱང་འདིར་བསྟན་པ་ནི་ཤེས་རྣམ་ཁོ་ན་སྟེ། མི་མཐུན་ཕྱོགས་ཀྱི་གཉེན་པོར་གསུངས་པའི་ཕྱིར་དང་། མདོ་ལས། མ་མཆིས་པའི་ཕ་རོལ་ཏུ་ཕྱིན་པ་དང་མི་གཡོ་བའི་ཕ་རོལ་ཏུ་ཕྱིན་པའི་སྒྲས་གསུངས་པ་དང་། བསྟན་བཅོས་ལས་ཀྱང་མདོར་བསྟན་དུ་ཡེ་ཤེས་ཀྱི་བྱེ་བྲག་ཏུ་གསུངས་ཤིང་། རྒྱལ་ཚབ་ཀྱིས་ཀྱང་དེ་ཉིད་རྒྱས་པར

有云：「《心要莊嚴疏》如是開示之義是慮及若顯示僅行相之性相，則成不揭示基治相三者。」不應理，因僅此無大作用故。

自宗：此處不揭示對治之性相而試圖安立行相之性相，不應理，因〔《心要莊嚴疏》之意為〕此示知相一者，揭示為此示對治性相，及此處講說行相分類是為了知違害自之異品的對治性相故。

有云：「行相有分義相與知相二者，義相為所修，知相非所修。」又有云：「知相是所修，義相非所修。」二者皆不應理，因承許通達近取蘊為無常之本智為所修，故須承許蘊體無常為所修，承許蘊體無常為所修，故亦須承許通達蘊體無常之本智為所修故。

至尊仁達瓦云：「若是相須是知相，所謂『義相』不合理，且大典籍中亦無〔其〕名言故。」榮澤巴破此說：「不應理，因《釋量論》所說『由有境各異，覺證各異故[3]』顯示義相，以及經所云『任何相，任何因』的『相』之聲亦應指外境故。然於此所示，僅是知相，因說是異品對治，以及經〔對此用〕『不具波羅蜜多』與『無動轉波羅蜜多』之聲，與論亦於略文中已說『本智之別』，且廣文中亦廣說此故。」

སྟོན་པའི་ཕྱིར་ཞེས་ཟེར།

ལུགས་སྔ་མ་མི་འཐད་དེ། མེད་པའི་རྣམ་པ་ནས་བཟུང་སྟེ། ཞེས་ཉེར་ལེན་གྱི་ཕུང་པོ་མི་རྟག་པ་སོགས་རྣམ་པར་གསུངས་པའི་ཕྱིར། ལུགས་གཉིས་པ་མི་འཐད་དེ། ཕྱི་རོལ་གྱི་དོན་མེད་པའི་ཕྱིར་དང་། སྐབས་འདིར་དོན་རྣམ་བརྒྱ་བདུན་ཅུ་རྩ་གསུམ་གསུངས་པའི་ཕྱིར། ཕྱི་མ་དེར་ཐལ། བསྟན་བཅོས་མངོན་རྟོགས་རྒྱན་གྱིས་དེ་ལྟར་བསྟན་པའི་ཕྱིར། དེར་ཐལ། དོན་རྣམ་བརྒྱ་བདུན་ཅུ་རྩ་གསུམ་གྱི་རྣམ་བཞག་འཐད་པའི་ཕྱིར། དེ་ལྟར་དངོས་བསྟན་ལ་སྐབས་འདིར་གཉེན་ཕྱོགས་ཤེས་རྣམ་གྱི་མཚན་ཉིད་དུ་བཞག་པར་འོས་ཀྱང་། རྣམ་པ་ཞེས་བྱ། ཞེས་པའི་རྣམ་པ་མཚོན་བྱར་འབྲེལ་དགོས་ཡོད་པས་སྔར་བཤད་པ་ལྟར་སྒོམ་བྱེད་གཉེན་པོའི་མཚན་ཉིད་སྟོན་པ་ལ་སྦྱོར་རོ། །

མེད་པའི་རྣམ་པ་ནས་བཟུང་སྟེ། ཞེས་སོགས་ལ་གཉིས་ལས། དང་པོ་ནི་ཤེར་ཕྱིན་འདི་ནི་མ་མཆིས་པའི་ཕ་རོལ་ཏུ་ཕྱིན་པའོ། །ཞེས་པ་ནས། ཤེར་ཕྱིན་འདི་ནི་མི་གཡོ་བའི་ཕ་རོལ་ཏུ་ཕྱིན་པའོ། ། ཞེས་པའི་བར་གྱི་མདོ་ཚིག་ཆོས་ཅན། གཞི་ཤེས་ཀྱི་རྣམ་པ་ཉེར་བདུན་བསྟན་པ་ཡིན་ཏེ། བདེན་པ་དང་པོ་གསུམ་ལ་བརྟེན་པའི་གཞི་ཤེས་ཀྱི་རྣམ་པ་བཅུ་གཉིས། ལམ་བདེན་ལ་བརྟེན་པའི་གཞི་ཤེས་ཀྱི་རྣམ་པ་བཅོ་ལྔ་བསྟན་པའི་ཕྱིར།

གཉིས་པ་ལ། ཁ་ཅིག སྐབས་འདིར་གཉེན་པོའི་མཚན་ཉིད་སྟོན་པ་བོར་ནས་གཞི་ཤེས་ཀྱི་རྣམ་པའི་མཚན་ཉིད་འབད་དེ་འཇོག་པ་མི་འཐད་དེ། རྣམ་པ་སྦྱོར་བར་བཅས་རྣམས་དང་། ཞེས་པའི་རྣམ་པ་མཚོན་བྱར་བྱེད་མི་རིགས་པའི་ཕྱིར་དང་། རྣམ་པའི་དབྱེ་བ་བཤད་པའི་དགོས་པ་གཏོར་བའི་ཕྱིར།

ཁ་ཅིག གཞི་ཤེས་ཀྱི་རྣམ་པ་ཡིན་ན་གཞི་ཤེས་ཡིན་པས་མ་ཁྱབ་སྟེ། དེའི་རྣམ་པ་ཤར་བའི་བློ་ཡིན་ན། དེའི་རྣམ་པ་ཡིན་དགོས་པའི་ཕྱིར་དང་། དེའི་དོན་རྣམ་ཡིན་ན་དེའི་རྣམ་པ་ཡིན་དགོས་པའི་ཕྱིར་ཟེར་བ། མི་འཐད་དེ། དེའི་རྣམ་པ་ཡིན་ན་དེའི་འཛིན་སྟངས་ཡིན་དགོས་པའི་ཕྱིར།

གཞན་ཡང་། དེ་མི་འཐད་དེ། ཤེས་པའི་དོན་རྣམ་ཡིན་ན་ཤེས་པའི་རྣམ་པ་ཡིན་པས་མ་ཁྱབ་པའི་ཕྱིར་དང་། སངས་རྒྱས་འཕགས་པའི་རྒྱུད་ཀྱི་གཞི་ཤེས་ཀྱི་རྣམ་པ་ཤར་བའི་བློ་ཡིན་ན་གཞི་

前宗不應理，因「始從無邊相」文述說近取蘊無常等為行相故。次宗不應理，因無外境，及於此闡述一百七十三義相故。後者理應如是，因《現觀莊嚴論》如是顯示故。理應如是，因建立一百七十三義相應理故。如是於直接顯示，雖可安立為「此處對治方——知相」之性相，然所謂「行相」之「行相」有誤認為名相之疑，因此如前所說結合揭示能修對治之性相。

「始從無邊相……」等有二。初者，從「此般若波羅蜜多，為不具波羅蜜多」乃至「無動轉波羅蜜多」之間的經文為有法，是闡述基智之二十七行相，因闡述依於初三諦之十二基智行相，依於道諦之十五基智行相故。

次者，有云：「此處不揭示對治之性相而試圖安立基智之行相的性相。」不應理，因所謂「行相諸加行」之「行相」指名相不合理，及散失講說行相分類的旨趣故。

有云：「若是基智行相，不周遍是基智，因若是現起彼之行相的覺知，須是彼之行相，及若是彼之義相，須是彼之行相故。」不應理，因若是彼之行相，須是彼之執式故。

復次，不應理，因若是知覺之義相，不周遍是知覺之行相，及若是現起佛聖者相續之基智行相的覺知，不周遍是基智行相故。初

ཤེས་ཀྱི་རྣམ་པ་ཡིན་པས་མ་ཁྱབ་པའི་ཕྱིར། དང་པོ་དེར་ཐལ། ཤེས་པའི་རྣམ་པ་ཡིན་ན་ཤེས་རྣམ་ཡིན་དགོས་པའི་ཕྱིར། དེར་ཐལ། དོན་གྱི་རྣམ་པ་ཡིན་ན། དོན་རྣམ་ཡིན་དགོས་པའི་ཕྱིར། རྩ་རྟགས་གཉིས་པ་དེར་ཐལ། སངས་རྒྱས་འཕགས་པའི་རྒྱུད་ཀྱི་གཞི་ཤེས་ཀྱི་རྣམ་པ་ཤར་བའི་རྗེས་དཔག་དེ། དེའི་རྣམ་པ་མ་ཡིན་པའི་ཕྱིར། དེར་ཐལ། དེ་ཐུན་མོང་བའི་རྣམ་མཁྱེན་གྱི་རྣམ་པ་མ་ཡིན་པའི་ཕྱིར། དེར་ཐལ། དེ་དེའི་འཛིན་སྟངས་མ་ཡིན་པའི་ཕྱིར། ཁྱབ་སྟེ། ཐུན་མོང་བའི་རྣམ་མཁྱེན་གྱི་རྣམ་པ་ཡིན་ན། དེའི་འཛིན་སྟངས་ཡིན་དགོས་པའི་ཕྱིར། དེར་ཐལ། གཞི་གྲུབ་ན་དེའི་རྣམ་པ་ཡིན་པས་མ་ཁྱབ་པའི་ཕྱིར།

གཞན་ཡང་ཡུལ་ཡིད་དུ་འོང་མི་འོང་གི་རྣམ་པ་གཉིས་མི་འགལ་བར་ཐལ། ཁྱོད་ཀྱི་ཁས་ལེན་དེའི་ཕྱིར། འདོད་ན། མཛེས་མི་མཛེས་གཉིས་མི་འགལ་བར་ཐལ་ལོ། །

ཁ་ཅིག གཉེན་པོ་ཡིན་ན། སྐབས་བཞི་པ་འདིར་དངོས་སུ་བསྟན་པའི་གཉེན་པོ་ཡིན་པས་ཁྱབ་ཟེར་བ་མི་འཐད་དེ། ལམ་མ་ཞུགས་ན་གཉེན་པོ་ཡོད་པའི་ཕྱིར། ཡང་སྐབས་འདིར་དངོས་སུ་བསྟན་པའི་གཉེན་པོ་ཡིན་ན། སྐབས་འདིར་བསྟན་བྱའི་གཙོ་བོར་བྱས་ནས་བསྟན་པའི་གཉེན་པོ་ཡིན་པས་ཁྱབ་ཟེར་བ། མི་འཐད་དེ། སྐབས་འདིར་བསྟན་བྱའི་གཙོ་བོར་བྱས་ནས་བསྟན་པའི་གཉེན་པོ་ཡིན་ན། རྒྱན་གྱི་ཆེད་དུ་བྱ་བའི་གདུལ་བྱའི་རྒྱུད་ལ་འབྱུང་བས་ཁྱབ་པའི་ཕྱིར་དང་། སྐབས་འདིར་དངོས་བསྟན་ཙམ་ལ་ཐེག་དམན་གྱི་གཞི་ཤེས་ཡོད་པའི་ཕྱིར།

ཁ་ཅིག རང་རྒྱུད་ལྡན་གྱི་གང་ཟག་གི་རྒྱུད་ཀྱི་བདག་མེད་མངོན་སུམ་དུ་རྟོགས་པའི་ཤེས་རབ་ཀྱིས་ཟིན་པའི་འཕགས་རྒྱུད་ཀྱི་མཁྱེན་པ་གང་ཞིག དམན་པའི་རྟོགས་རིགས་སུ་གནས་པ་དེ། གཞི་ཤེས་ཀྱི་དམིགས་པའི་ཆོས་ལ་ལོག་ཕྱོགས་སུ་སྒྲོ་འདོགས་པའི་སྒྲོ་འདོགས་ཀྱི་གཉེན་པོའི་མཚན་ཉིད་ཟེར་བ། མི་འཐད་དེ། རང་རྒྱལ་གྱི་མཐོང་ལམ་བར་ཆད་མེད་ལམ་དེ་མཚན་ཉིད་ཀྱི་ཟུར་དང་པོ་དེ་མ་ཡིན་པའི་ཕྱིར། དེར་ཐལ། དེ་རྒྱུད་ལྡན་གྱི་གང་ཟག་གི་རྒྱུད་ལ་གང་ཟག་གི་བདག་མེད་མངོན་སུམ་དུ་རྟོགས་པའི་ཡེ་ཤེས་མེད་པའི་ཕྱིར། དེར་ཐལ། དེ་གཟུང་འཛིན་གཉིས་སྟོང་རྟོགས་པའི་བར་ཆད་མེད་ལམ་ཡིན་པའི་ཕྱིར།

者理應如是，因若是知覺之行相，須是知相故。理應如是，因若是義之行相，須是義相故。第二根本因理應如是，因現起佛聖者相續之基智行相之比度，非彼之行相故。理應如是，因彼非共一切相智行相故。理應如是，因彼非彼之執式故。周遍，因若是共一切相智行相，須是彼之執式故。理應如是，因若是基成，不周遍是彼之行相故。

復次，悅不悅意境之行相二者理應不相違，因汝之承許故。若許，莊嚴不莊嚴二者則成不相違。

有云：「若是對治，周遍是第四品此處所直接顯示之對治。」不應理，因未入道時有對治故。又若是此處直接顯示之對治，周遍是作為此處主要所示而顯示的對治。不應理，因若是作為此處主要所示而顯示之對治，周遍於《現觀莊嚴論》之特意所化相續中生起，及於此〔若〕僅就直接顯示〔的部份而言〕，有〔顯示〕小乘基智故。

有云：「是相續具自之補特伽羅相續的現證無我慧所攝之聖者相續的智，且住小乘證類，是將基智所緣之法增益為逆方之增益的對治之性相。」不應理，因獨覺的見道無間道非彼性相的初項故。理應如是，因相續具彼之補特伽羅相續中，沒有現證補特伽羅無我之本智故。理應如是，因彼是通達能取所取二空之無間道故。

གཞན་ཡང་དེ་མི་འཐད་དེ། ཁྱོད་ཀྱི་སྟོང་ཉིད་རྟོགས་པའི་ཉན་ཐོས་ཀྱི་མཐོང་ལམ་གཞི་ཤེས་སུ་ཁས་བླངས་པ་དང་ནང་འགལ་བའི་ཕྱིར། དེར་ཐལ། སྟོང་ཉིད་རྟོགས་པའི་ཉན་ཐོས་ཀྱི་མཐོང་ལམ་དེ་ཐེག་དམན་གྱི་རྟོགས་རིགས་སུ་མི་གནས་པའི་ཕྱིར། དེར་ཐལ། དེ་ཐེག་ཆེན་གྱི་རྟོགས་རིགས་སུ་གནས་པའི་ཕྱིར།

ཁོན་རེ། མཐོང་ལམ་དེ་ཐེག་དམན་གྱི་རྟོགས་རིགས་སུ་གནས་པར་ཐལ། སྟོང་ཉིད་རྟོགས་པའི་ཉན་ཐོས་ཀྱི་སྒོམ་ལམ་དེ་ཐེག་དམན་གྱི་རྟོགས་རིགས་སུ་གནས་པའི་ཕྱིར། དེར་ཐལ། དེ་རྟོགས་པའི་ཉན་ཐོས་སྒོམ་ལམ་པས་གཙོ་བོར་སྟོང་ཉིད་སྒོམ་པའི་ཕྱིར། དེར་ཐལ། དེ་རང་དོན་དུ་གཙོ་བོར་སྟོང་ཉིད་སྒོམ་པའི་ཕྱིར། དེར་ཐལ། དེས་གཙོ་བོར་རང་དོན་དུ་སྟོང་ཉིད་སྒོམ་པའི་ཕྱིར་ཟེར་ན། མ་ཁྱབ་སྟེ། སྟོང་ཉིད་སྒོམ་པའི་ཐེག་དམན་གྱི་གང་ཟག་ཡིན་ན། དེ་བསྒོམ་བྱའི་གཙོ་བོར་བྱས་ནས་སྒོམ་པའི་ཐེག་དམན་གྱི་གང་ཟག་ཡིན་མི་དགོས་པའི་ཕྱིར། དེར་ཐལ། སྟོང་ཉིད་བསྒོམ་བྱའི་གཙོ་བོར་བྱེད་པའི་ཐེག་དམན་གྱི་གང་ཟག་མེད་པའི་ཕྱིར།

ཁོན་རེ། བྱང་སེམས་སྒོམ་ལམ་པས་གདུལ་བྱ་ཐེག་དམན་གྱི་རིགས་ཅན་རྗེས་སུ་བཟུང་བའི་ཆེད་དུ་སྟོང་ཉིད་གཙོ་བོར་སྒོམ་པའི་ཕྱིར། དེར་ཐལ། དེས་གདུལ་བྱ་རིགས་ཅན་གསུམ་ཀ་རྗེས་སུ་བཟུང་བའི་ཆེད་དུ་དེ་གཙོ་བོར་སྒོམ་པའི་ཕྱིར་ཟེར་ན། མ་ཁྱབ་སྟེ། འོ་ན་བྱང་སེམས་སྒོམ་ལམ་པས་ཉོན་སྒྲིབ་གཙོ་བོར་སྤོང་བར་ཐལ། དེས་སྒྲིབ་པ་གཉིས་ཀ་གཙོ་བོར་སྤོང་བའི་ཕྱིར། ཁྱབ་པ་ཁས། མ་གྲུབ་ན། དེར་ཐལ། དེས་སྒྲིབ་པ་གཉིས་སྤངས་པའི་སྤངས་པ་གཙོ་བོར་དོན་དུ་གཉེར་བའི་ཕྱིར། དེར་ཐལ། དེས་ངོ་བོ་ཉིད་སྐུ་གཙོ་བོར་དོན་དུ་གཉེར་བའི་ཕྱིར།

རང་ལུགས། གཞི་ཤེས་ཀྱི་རྣམ་པ་ལེགས་པར་ཤར་བའི་སྒོ་ནས་སྒོམ་པར་བྱེད་པའི་ཤེས་རབ་ཀྱིས་ཟིན་པའི་སེམས་དཔའི་རྣལ་འབྱོར་དེ། བྱང་ཆུབ་སེམས་དཔའི་རྒྱུད་ཀྱི་གཞི་ཤེས་ཀྱི་དམིགས་པའི་ཆོས་ལ་ལོག་ཕྱོགས་སུ་སྒྲོ་འདོགས་པའི་སྒྲོ་འདོགས་ཀྱི་གཉེན་པོའི་མཚན་ཉིད་ཡིན་ནོ། །

又彼不應理，因與汝之承許「通達空性的聲聞見道為基智」自相矛盾故。理應如是，因通達空性之聲聞見道，不住小乘證類故。理應如是，因彼住大乘證類故。

有云：「彼見道理應住小乘證類，因通達空性之聲聞修道，彼住小乘證類故。理應如是，因通達彼之聲聞修道行者，主要修習空性故。理應如是，因彼為自利，主要修習空性故。理應如是，因彼主要為自利修習空性故。」不周遍，因若是修習空性之小乘補特伽羅，不須是以彼為主要所修而修之小乘補特伽羅故。理應如是，因沒有以空性為主要所修之小乘補特伽羅故。

有云：「菩薩修道行者為隨攝所化——小乘種性而主要修習空性故。理應如是，因彼為隨攝三種所化種性而主要修習彼故。」不周遍，那麼，菩薩修道行者理應主要斷除煩惱障，因彼主要斷除二障故。承許周遍。若不成，理應如是，因彼主要希求斷除二障之斷德故。理應如是，因彼主要希求自性身故。

自宗：「以善顯基智行相之門修習之慧所攝的菩薩瑜伽」，乃菩薩相續之「將基智的所緣法增益為逆方之增益的對治」的性相。

ཉོན་མོངས་པ་དང་ཤེས་བྱའི་སྒྲིབ་པའི། ཞེས་སོགས་ཀྱི་སྐབས་སུ། སྤྱིར་བ་དང་། མཐའ་དཔྱད་པ་གཉིས།

དང་པོ་ནི། གཞི་ཤེས་ཀྱི་ལམ་བདེན་གྱི་རྣམ་པ་ལ་གསུམ་ཡོད་དེ། ཉོན་སྒྲིབ་ཀྱི་གཉེན་པོའི་རིགས་སུ་གནས་པའི་མཐོང་ལམ་ཟག་མེད་གཅིག གཟུགས་ཕྱི་རོལ་དོན་དུ་འཛིན་པའི་རྟོག་པའི་གཉེན་པོའི་རིགས་སུ་གནས་པའི་སྒོམ་ལམ་ཟག་བཅས་གཅིག གཟུགས་ཕྱི་རོལ་དོན་དུ་འཛིན་པའི་རྟོག་པའི་གཉེན་པོའི་རིགས་སུ་གནས་པའི་མཐོང་ལམ་ཟག་མེད་གཅིག་རྣམས་སུ་ཡོད་པའི་ཕྱིར། སྐབས་འདིར་གཟུགས་ཕྱི་རོལ་དོན་དུ་འཛིན་པའི་རྟོག་པའི་གཉེན་པོ་སྟོན་པ་སྐབས་སུ་མ་བབས་པའི་སྐྱོན་མེད་དེ། གཞི་ཤེས་ཀྱིས་རང་རྒྱལ་འཕགས་པའི་མངོན་རྟོགས་བསྡུས་པ་གང་ཞིག རང་རྒྱལ་སློབ་པ་འཕགས་པ་རྣམས་ཀྱིས་གཟུགས་ཕྱི་རོལ་དོན་དུ་འཛིན་པའི་རྟོག་པ་སྤང་བྱའི་གཙོ་བོར་བྱེད་པའི་ཕྱིར།

ཁ་ཅིག གཞི་ཤེས་ཀྱི་ལམ་བདེན་གྱི་རྣམ་པ་ལ་གསུམ་ཡོད་དེ། ཉོན་སྒྲིབ་ཀྱི་གཉེན་པོའི་རིགས་སུ་གནས་པའི་མཐོང་ལམ་ཟག་མེད་དང་། གཟུང་བ་ཆོས་ཀྱི་བདག་འཛིན་གྱི་གཉེན་པོའི་རིགས་སུ་གནས་པའི་སྒོམ་ལམ་ཟག་བཅས་དང་། གཟུང་བ་ཆོས་ཀྱི་བདག་འཛིན་གྱི་གཉེན་པོའི་རིགས་སུ་གནས་པའི་མཐོང་ལམ་ཟག་མེད་གཅིག་རྣམས་སུ་ཡོད་པའི་ཕྱིར། ཞེས་འགོད་པ་མི་འཐད་དེ། གཟུགས་ཕྱི་རོལ་དོན་དུ་འཛིན་པའི་རྟོག་པ་དེ་གཟུང་བ་ཆོས་ཀྱི་བདག་འཛིན་མ་ཡིན་པའི་ཕྱིར། དེར་ཐལ། དེ་ཆོས་ཀྱི་བདག་འཛིན་མ་ཡིན་པའི་ཕྱིར། ཁྱབ་སྟེ། འཛིན་པ་ཆོས་ཀྱི་བདག་འཛིན་ཡིན་ན། ཆོས་ཀྱི་བདག་འཛིན་ཡིན་དགོས་པའི་ཕྱིར། རྩ་རྟགས་དེར་ཐལ། རང་རྒྱལ་སློབ་པ་འཕགས་པས་ཆོས་ཀྱི་བདག་འཛིན་སྤང་བྱའི་གཙོ་བོར་མི་བྱེད་པའི་ཕྱིར། རང་རྒྱལ་དགྲ་བཅོམ་པས་ཆོས་ཀྱི་བདག་འཛིན་ཟད་པར་མ་སྤངས་པའི་ཕྱིར།

ཡང་ཁ་ཅིག གཞི་ཤེས་ཀྱི་ལམ་བདེན་གྱི་རྣམ་པ་ལ་གསུམ་ཡོད་དེ། ཉོན་སྒྲིབ་ཀྱི་དངོས་གཉེན་

89 別說道諦之行相及從彼引申二障建立

「煩惱與所知障之……」等之時，論式與辨析二者。

初者，基智之道諦行相有三，因有一煩惱障對治住類之無漏見道、一執色為外境之分別對治住類之有漏修道、一執色為外境之分別對治住類之無漏見道故。於此揭示執色為外境之分別對治，無不合時宜之過，因基智含攝獨覺聖者之現觀，且諸有學獨覺聖者以執色為外境之分別為主要所斷故。

有云：「基智之道諦行相有三，因有煩惱障之對治住類的無漏見道、所取法我執之對治住類的有漏修道，及所取法我執之對治住類的無漏見道故。」不應理，因執色為外境之分別，非所取法我執故。理應如是，因彼非法我執故。周遍，因若是能取法我執，須是法我執故。根本因理應如是，因有學獨覺聖者不以法我執為主要所斷故，因獨覺阿羅漢未斷盡法我執故。

又有安立：「基智之道諦行相有三，因有一屬煩惱障的正對治

དུ་གྱུར་པའི་མཐོང་ལམ་ཟག་མེད་གཅིག གཟུགས་ཕྱི་རོལ་དོན་དུ་འཛིན་པའི་རྟོག་པའི་དངོས་གཉེན་དུ་གྱུར་པའི་སྒོམ་ལམ་ཟག་བཅས་གཅིག གཟུགས་ཕྱི་རོལ་དོན་དུ་འཛིན་པའི་རྟོག་པའི་དངོས་གཉེན་དུ་གྱུར་པའི་མཐོང་ལམ་ཟག་མེད་གཅིག་རྣམས་སུ་ཡོད་པའི་ཕྱིར། ཞེས་འགོད་པ་མི་འཐད་དེ། རྟགས་དེ་རྣམས་མེད་པའི་ཕྱིར། དེར་ཐལ། ཉོན་སྒྲིབ་ཀྱི་དངོས་གཉེན་ཡིན་ན། སྒོམ་ལམ་བར་ཆད་མེད་ལམ་ཡིན་པས་ཁྱབ་པའི་ཕྱིར། དེར་ཐལ། གཟུགས་ཕྱི་རོལ་དོན་དུ་འཛིན་པའི་རྟོག་པའི་དངོས་གཉེན་ཡིན་ན། སྒོམ་ལམ་ཟག་མེད་ཡིན་པས་ཁྱབ་པའི་ཕྱིར། ཕྱི་མ་དེར་ཐལ། དེ་ཡིན་ན་སྒོམ་ལམ་བར་ཆད་མེད་ལམ་ཡིན་པས་ཁྱབ་པའི་ཕྱིར།

གཞན་ཡང་སྦྱོར་བ་དེ་མི་འཐད་པར་ཐལ། ཉོན་སྒྲིབ་ཀྱི་དངོས་གཉེན་དུ་གྱུར་པའི་འཕགས་ལམ་ཡིན་ན། གཞི་ཤེས་ཡིན་པས་མ་ཁྱབ། གཟུགས་ཕྱི་རོལ་དོན་དུ་འཛིན་པའི་རྟོག་པའི་དངོས་གཉེན་དུ་གྱུར་པའི་འཕགས་ལམ་ཡིན་ནའང་གཞི་ཤེས་ཡིན་པས་མ་ཁྱབ་པའི་ཕྱིར། རྟགས་དེར་ཐལ། དམན་ལམ་སྔོན་མ་སོང་གི་རྒྱུན་མཐའི་བར་ཆད་མེད་ལམ་དེ་ཉོན་སྒྲིབ་དང་། གཟུགས་ཕྱི་རོལ་དོན་དུ་འཛིན་པའི་རྟོག་པའི་དངོས་གཉེན་ཡིན་པའི་ཕྱིར། དེར་ཐལ། དམན་ལམ་སྔོན་མ་སོང་གི་བྱང་སེམས་རྒྱུན་མཐའ་བས་སྒྲིབ་གཉིས་ཅིག་ཅར་དུ་སྤོང་བའི་ཕྱིར་ཏེ། ཀུན་བཏུས་ལས་དེ་ལྟར་གསུངས་པའི་ཕྱིར།

ཁོ་ན་རེ། དེ་གང་ཟག་གི་བདག་འཛིན་གྱི་དངོས་གཉེན་ཡིན་པར་ཐལ། དེ་ཉོན་སྒྲིབ་ཀྱི་དངོས་གཉེན་ཡིན་པའི་ཕྱིར། འདོད་ན། དེ་གང་ཟག་གི་བདག་མེད་རྟོགས་པའི་བློ་ཡིན་པར་ཐལ། འདོད་པའི་ཕྱིར་ཟེར་ན། མ་ཁྱབ། ཁྱབ་སྟེ། བདེན་འཛིན་གྱི་དངོས་གཉེན་ཡིན་ན། ཆོས་ཀྱི་བདག་མེད་རྟོགས་པས་ཁྱབ་པའི་ཕྱིར་ཞེ་ན། ཡང་མ་ཁྱབ་སྟེ། རིགས་པ་མི་མཚུངས་པའི་ཕྱིར།

གཞན་ཡང་རྣམ་བཤད་ལས། སྣང་བྱའི་ས་བོན་ལ་དངོས་སུ་གནོད་བྱེད་ཀྱི་གཉེན་པོ་སྟོང་ཉིད་རྟོགས་པའི་ཤེས་རབ་ཡིན་ཀྱང་། མཁྱེན་གསུམ་གྱི་རྣམ་པ་ལ་ཕྱིན་ཅི་ལོག་ཏུ་ཞུགས་པའི་སྒྲོ་འདོགས་ཇི་སྙེད་པ་དེ་སྙེད་ཀྱི་གཉེན་པོར། དེའི་དམིགས་རྣམ་གྱི་ལོག་ཕྱོགས་འཛིན་པའི་རྣམ་པ་མཐའ་དག་ཞི་ལྷག་ཟུང་འབྲེལ་གྱི་སྒོ་ནས་སྒོམ་པར་བྱ་བ་ཡིན་ནོ། །ཞེས་གསུངས་པ་མི་འཐད་པར་ཐལ།

之無漏見道、一屬執色為外境之分別的正對治之有漏修道、一屬執色為外境之分別的正對治之無漏見道故。」不應理，因無彼諸因故。理應如是，因若是煩惱障之正對治，周遍是修道無間道故。理應如是，因若是執色為外境之分別的正對治，周遍是無漏修道故。後者理應如是，因若是彼，周遍是修道無間道故。

又彼論式理應不應理，因若是煩惱障的正對治之聖道，不周遍是基智，若是屬執色為外境之分別的正對治之聖道，亦不周遍是基智故。彼因理應如是，因未曾入劣道之最後流無間道，是煩惱障及執色為外境之分別的正對治故。理應如是，因未曾入劣道之最後流菩薩二障同時斷故，因《集論》如是開示故。

有云：「彼理應是補特伽羅我執之正對治，因彼是煩惱障之正對治故。若許，彼理應是通達補特伽羅無我之覺知，因許故。」不周遍。周遍，因若是諦實執之正對治，周遍通達法無我故。也不周遍，因理路不相同故。

復次，《心要莊嚴疏》所說：「於所斷種子直接能違害之對治雖是證達空性之智，但於三智行相顛倒趣入之所有增益之所有對治，皆是執持與彼所緣行相相反之所有行相，應以止觀雙運之門而修。[4]」理應不應理，因未曾入劣道之最後流無間道，非俱生煩惱

དམན་ལམ་སྤྱོད་མ་སོང་གི་རྒྱུན་མཐའི་བར་ཆད་མེད་ལམ་དེ། ཉོན་སྒྲིབ་ལྷན་སྐྱེས་ཀྱི་དངོས་གཉེན་མ་ཡིན་པའི་ཕྱིར།

གཉིས་པ་མཐའ་དཔྱད་པ་ལ། ཁ་ཅིག གཞུང་དང་པོའི་སྐབས་ནས་བསྟན་པའི་ལམ་ཡིན་ན། མཐོང་ལམ་ཟག་མེད་ཡིན་པས་ཁྱབ། གཞུང་བར་པའི་སྐབས་ནས་བསྟན་པའི་ལམ་ཡིན་ན། སྒོམ་ལམ་ཟག་བཅས་ཡིན་པས་ཁྱབ། གཞུང་གསུམ་པའི་སྐབས་ནས་བསྟན་པའི་ལམ་ཡིན་ན། མཐོང་ལམ་ཟག་མེད་ཡིན་པས་ཁྱབ་ཟེར་བ། མི་རིགས་ཏེ། གང་ཟག་གི་བདག་མེད་དོན་སྤྱིའི་ཚུལ་གྱིས་རྟོགས་པའི་མཐོང་ལམ་གཞུང་དང་པོའི་སྐབས་ནས་བསྟན་པའི་ལམ་དང་། གཟུགས་ཕྱི་རོལ་དོན་གྱིས་སྟོང་པར་མངོན་སུམ་དུ་རྟོགས་པའི་སྒོམ་ལམ་གཞུང་བར་པའི་སྐབས་ནས་བསྟན་པའི་ལམ་དང་། གཟུགས་ཕྱི་རོལ་དོན་གྱིས་སྟོང་པར་དོན་སྤྱིའི་ཚུལ་གྱིས་རྟོགས་པའི་མཐོང་ལམ་གཞུང་ཐ་མའི་སྐབས་ནས་བསྟན་པའི་ལམ་ཡིན་པའི་ཕྱིར།

སྒྲིབ་པ་གཉིས་ཀྱི་མཚན་ཉིད་ལ། ཁ་ཅིག སྒྲིབ་པ་གང་ཞིག ཐར་པ་ཐོབ་པ་ལ་བར་དུ་གཅོད་བྱེད། ཉོན་སྒྲིབ་ཀྱི་མཚན་ཉིད། དེ་གང་ཞིག ཐམས་ཅད་མཁྱེན་པ་ཐོབ་པ་ལ་བར་དུ་གཅོད་བྱེད། ཤེས་སྒྲིབ་ཀྱི་མཚན་ཉིད་ཟེར་བ། མི་འཐད་དེ། གང་ཟག་གི་བདག་འཛིན་ཐམས་ཅད་མཁྱེན་པ་ཐོབ་པ་ལ་བར་དུ་གཅོད་བྱེད་གང་ཞིག བདེན་འཛིན་ཐར་པ་ཐོབ་པ་ལ་བར་དུ་གཅོད་བྱེད་ཡིན་པའི་ཕྱིར། དང་པོ་དེར་ཐལ། དམན་ལམ་སྔོན་མ་སོང་གི་བྱང་ཆུབ་སེམས་དཔས་ཐམས་ཅད་མཁྱེན་པ་ཐོབ་པ་ལ་ཉོན་སྒྲིབ་ངེས་པར་སྤོང་དགོས་པའི་ཕྱིར། ཕྱི་མ་དེར་ཐལ། བྱང་སེམས་ངེས་ཐར་པ་ཐོབ་པ་ལ་བདག་འཛིན་ངེས་པར་སྤོང་དགོས་པའི་ཕྱིར།

ཁོན་རེ། བདེན་འཛིན་ཆོས་ཅན། ཐར་པ་ཐོབ་པ་ལ་བར་དུ་གཅོད་བྱེད་ཀྱི་སྒྲིབ་པ་སྤངས་པའི་གང་ཟག་ཡིན་ན། ཁྱོད་སྤངས་པའི་གང་ཟག་ཡིན་དགོས་པར་ཐལ། ཁྱོད་དེ་བར་དུ་གཅོད་བྱེད་ཀྱི་སྒྲིབ་པ་ཡིན་པའི་ཕྱིར། འདོད་ན། ཉན་ཐོས་དགྲ་བཅོམ་ཆོས་ཅན། དེར་ཐལ། དེའི་ཕྱིར། དེར་ཐལ། ཐར་པ་ཐོབ་པའི་གང་ཟག་ཡིན་པའི་ཕྱིར་ཟེར་ན། མ་ཁྱབ། འོ་ན། ཤེས་སྒྲིབ་དེ་བྱང་སེམས་སྒོམ་ལམ་པས་བྱང་སེམས་ཀྱི་མཐོང་ལམ་ཐོབ་པ་ལ་བར་དུ་གཅོད་བྱེད་ཡིན་པར་ཐལ། དེ་བྱང་སེམས་ངེས་ཐེག་ཆེན་

障之正對治故。

第二、辨析，有云：「若是初文之時所顯之道，周遍是無漏見道，若是中間文之時所顯之道，周遍是有漏修道，若是第三文之時所顯之道，周遍是無漏見道。」不合理，因以義總方式通達補特伽羅無我之見道是初文時所顯之道，及現證色外境空之修道是中文時所顯之道，及以義總方式通達色外境空之見道，是末文之時所顯之道故。

於二障之性相，有云：「是障，且能障礙獲得解脫，是煩惱障之性相；是彼，且能障礙獲得一切相智，是所知障之性相。」不應理，因補特伽羅我執是能障礙獲得一切相智，且諦實執是能障礙獲得解脫故。初者理應如是，因未曾入劣道之菩薩要獲得一切相智定須斷除煩惱障故。後者理應如是，因彼菩薩獲得解脫定須斷除諦實執故。

有云：「諦實執為有法，若是斷除能障礙獲得解脫之障的補特伽羅，理應須是斷除爾之補特伽羅，因爾是能障礙彼之障故。若許，聲聞阿羅漢為有法，理應如是，因如是故。理應如是，因是獲得解脫之補特伽羅故。」不周遍。那麼，所知障理應是能障礙菩薩加行道者獲得菩薩見道，因彼是能障礙彼菩薩獲得大乘無學道，且彼菩

ཀྱི་མི་སློབ་ལམ་ཐོབ་པ་ལ་བར་དུ་གཅོད་བྱེད་གང་ཞིག བྱང་སེམས་དེས་ལམ་དེ་ཐོབ་པ་ལ་ཐེག་ཆེན་ཀྱི་མཐོང་ལམ་དང་སྒོམ་ལམ་གཉིས་ངེས་པར་ཐོབ་དགོས་པའི་ཕྱིར། འདོད་ན་སོང་། དེ་ཆོས་ཅན། ཐེག་ཆེན་གྱི་མཐོང་ལམ་དང་། སྒོམ་ལམ་ཐོབ་པ་ལ་བར་དུ་གཅོད་བྱེད་ཀྱི་སྒྲིབ་པ་སྤངས་པའི་གང་ཟག་ཡིན་ན། ཁྱོད་སྤངས་པའི་གང་ཟག་ཡིན་དགོས་པར་ཐལ། ཁྱོད་དེ་ཐོབ་པ་ལ་བར་དུ་གཅོད་བྱེད་ཡིན་པའི་ཕྱིར། འདོད་ན། བྱང་སེམས་ས་བཅུ་པ་བ་ཆོས་ཅན། དེར་ཐལ། དེའི་ཕྱིར། དེར་ཐལ། དེ་ཐེག་ཆེན་གྱི་སྒོམ་ལམ་ཐོབ་པའི་གང་ཟག་ཡིན་པའི་ཕྱིར། ཁྱབ་པ་ཁས།

གཞན་ཡང་བྱང་སེམས་ས་གཉིས་པ་བའི་རྒྱུད་ཀྱི་ས་གཉིས་པའི་ཡེ་ཤེས་དེ་ས་གཉིས་པ་ཐོབ་པ་ལ་བར་དུ་གཅོད་བྱེད་ཀྱི་སྒྲིབ་པ་དངོས་སུ་སྤངས་པའི་ཡེ་ཤེས་ཡིན་པར་ཐལ། དེ་སྒྲིབ་པ་དེ་དངོས་སུ་སྤངས་པའི་གང་ཟག་ཡིན་པའི་ཕྱིར། རྟགས་ཁས། འདོད་ན། ཡེ་ཤེས་དེ་དེ་ལས་དངོས་སུ་གྲོལ་བའི་རྣམ་གྲོལ་ལམ་ཡིན་པར་ཐལ། འདོད་པའི་ཕྱིར། འདོད་ན། ས་གཉིས་པ་མན་ཆད་དུ་སྒྲིབ་པ་དེའི་དངོས་གཉེན་བར་ཆད་མེད་ལམ་ཡོད་པར་ཐལ། འདོད་པའི་ཕྱིར། འདོད་མི་རིགས་ཏེ། དེ་འདྲ་བའི་ས་དང་པོའི་བར་ཆད་མེད་ལམ་མེད། ས་གཉིས་པའི་བར་ཆད་མེད་ལམ་ཀྱང་མེད་པའི་ཕྱིར། མ་གྲུབ་ན་སྨོས། །

ཁོ་ན་རེ། སྒྲིབ་པ་དེའི་དངོས་གཉེན་བར་ཆད་མེད་ལམ་དང་དེ་ལས་དངོས་སུ་གྲོལ་བའི་རྣམ་གྲོལ་ལམ་མེད་པར་ཐལ། ས་གཉིས་པ་མན་ཆད་དུ་དེ་གཉིས་མེད་པའི་ཕྱིར་ཞེ་ན། མ་ཁྱབ་སྟེ། རྒྱུན་མཐའི་བར་ཆད་མེད་ལམ་དེ་དེའི་དངོས་གཉེན་དང་། རྣམ་མཁྱེན་སྐད་ཅིག་དང་པོ་དེ་ལས་དངོས་སུ་གྲོལ་བའི་རྣམ་གྲོལ་ལམ་ཡིན་པའི་ཕྱིར། སྙམ་སྙེ་དཔྱད་པར་བྱའོ། །

རང་ལུགས་ནི། སྒྲིབ་གཉིས་གང་རུང་གང་ཞིག གཙོ་བོར་ཐར་པ་ཐོབ་པ་ལ་བར་དུ་གཅོད་བྱེད་དེ། ཉོན་སྒྲིབ་ཀྱི་མཚན་ཉིད། དེ་གང་ཞིག གཙོ་བོར་ཐམས་ཅད་མཁྱེན་པ་ཐོབ་པ་ལ་བར་དུ་གཅོད་བྱེད་དེ། ཤེས་སྒྲིབ་ཀྱི་མཚན་ཉིད།

བྱས་པ་ལ་ཁོ་ན་རེ། མཚན་ཉིད་དང་པོ་མི་འཐད་དེ། བྱང་སེམས་འཕགས་པས་གཞན་དོན་

薩欲獲彼道，定需獲得大乘見道及修道二者故。若許，則成相違。彼為有法，若是斷除能障礙獲得大乘見道及修道之障的補特伽羅，理應須是斷除爾之補特伽羅，因爾為能障礙獲得彼故。若許，十地菩薩為有法，理應如是，因如是故。理應如是，因彼是獲得大乘修道之補特伽羅故。承許周遍。

復次，二地菩薩相續之二地本智，彼理應是直接斷除能障礙獲得二地之障的本智，因彼是直接斷除彼障之補特伽羅故。承許因。若許，彼本智理應是從彼直接解脫之解脫道，因許故。若許，二地以下理應有彼障之正對治無間道，因許故。不能許，因無如是之初地無間道，亦無如是二地之無間道故。若不成則易。

有云：「理應沒有彼障之正對治無間道及從彼直接解脫之解脫道，因二地以下無彼二者故。」不周遍，因忖思最後流無間道是彼之正對治，及一切相智第一剎那是從彼直接解脫之解脫道故。當觀察之。

自宗：「是二障隨一，且主要能障礙獲得解脫」，乃煩惱障之性相。「是彼，且主要能障礙獲得一切相智」，乃所知障之性相。

於此有云：「初者性相不應理，因屬菩薩聖者成辦他利之助伴

སྒྲུབ་པའི་གྲོགས་སུ་གྱུར་པའི་ཉོན་མོངས་དེ། གཙོ་བོར་ཐར་པ་ཐོབ་པ་ལ་བར་དུ་གཅོད་བྱེད་མ་ཡིན་པའི་ཕྱིར། དེར་ཐལ། དེ་རང་རྒྱུད་ལྡན་གྱི་གང་ཟག་གི་ཐར་པ་ཐོབ་པ་ལ་གེགས་བྱེད་མ་ཡིན་པའི་ཕྱིར་ན། མ་ཁྱབ་སྟེ། འདོད་པའི་སས་བསྡུས་ཀྱི་འདོད་ཆགས་དང་། གཟུགས་ཀྱི་སས་བསྡུས་ཀྱི་འདོད་ཆགས་གཉིས་ལྷ་བུ་རང་རྒྱུད་ལྡན་གྱི་བྱང་འཕགས་ཀྱིས་ཐར་པ་ཐོབ་པ་ལ་གེགས་མི་བྱེད་ཀྱང་། སྤྱིར་ཐར་པ་ཐོབ་པ་ལ་གེགས་བྱེད་པར་ཁས་ལེན་དགོས་པའི་ཕྱིར།

ཡང་མཚན་ཉིད་གཉིས་པ་མི་འཐད་དེ། གཟུགས་ཕྱི་རོལ་དོན་དུ་འཛིན་པའི་རྟོག་པ་ཤེས་སྒྲིབ་ཡིན་པ་གང་ཞིག མཚན་ཉིད་ཀྱི་ཟུར་ཕྱི་མ་དེ་མ་ཡིན་པའི་ཕྱིར། དང་པོ་དེར་ཐལ། དེ་ཤེས་སྒྲིབ་རགས་པ་ཡིན་པའི་ཕྱིར་ན། མ་ཁྱབ། འོ་ན་དེ་ཆོས་ཅན། ཆོས་ཀྱི་བདག་འཛིན་ཡིན་པར་ཐལ། ཆོས་ཀྱི་བདག་འཛིན་རགས་པ་ཡིན་པའི་ཕྱིར། ཁྱབ་པ་ཁས། འདོད་ན། ཁྱོད་ཀྱི་ཞེན་ཡུལ་བཀག་པ་ཆོས་བདག་བཀག་པའི་སྟོང་ཉིད་ཡིན་པར་ཐལ། འདོད་པའི་ཕྱིར། འདོད་ན། གཟུགས་ཕྱི་རོལ་དོན་གྱིས་སྟོང་པ་ཆོས་བདག་བཀག་པའི་སྟོང་ཉིད་ཡིན་པར་ཐལ། འདོད་པའི་ཕྱིར། འདོད་ན། དེ་གནས་ལུགས་མཐར་ཐུག་ཡིན་པར་ཐལ་ལོ། །

ཁོན་རེ། དབུས་མཐའ་ལས། ཉོན་མོངས་པ་ཡི་སྒྲིབ་པ་དང་། །ཤེས་བྱའི་སྒྲིབ་པ་གཉིས་སུ་བསྟན། དེ་ནི་སྒྲིབ་པ་ཐམས་ཅད་དེ། །དེ་ཟད་ན་ནི་གྲོལ་བར་འགྱུར། །ཞེས་གསུངས་པ་མི་འཐད་པར་ཐལ། སྒྲིབ་པ་ཡིན་ན་ཉོན་སྒྲིབ་དང་ཤེས་སྒྲིབ་གང་རུང་ཡིན་པས་མ་ཁྱབ་པའི་ཕྱིར་ཞེ་ན། མ་ཁྱབ་སྟེ། སྒྲིབ་པ་ཡིན་ན་སྒྲིབ་གཉིས་གང་རུང་གིས་བསྡུས་དགོས་པ་ལ་དགོངས་པའི་ཕྱིར།

ཁ་ཅིག དེ་ཡིན་ན་སྒྲིབ་གཉིས་གང་རུང་གིས་བསྡུས་མི་དགོས་ཏེ། སྙོམས་འཇུག་གི་སྒྲིབ་པ་སྒྲིབ་པ་གང་ཞིག དེ་གཉིས་གང་རུང་གིས་མ་བསྡུས་པའི་ཕྱིར། དང་པོ་དེར་ཐལ། དེ་ཡོད་པའི་ཕྱིར་ན། མ་ཁྱབ་སྟེ། དམན་པའི་སྒྲིབ་པ་སྒྲིབ་པ་མ་ཡིན་པའི་ཕྱིར། དེར་ཐལ། ཉན་ཐོས་ཀྱི་རྒྱུད་ཀྱི་རང་ཉིད་འབའ་ཞིག་གི་ཆེད་དུ་ཐར་པ་དོན་གཉེར་གྱི་བློ་སྒྲིབ་པ་མ་ཡིན་པའི་ཕྱིར་ཏེ། དེ་ཐར་ལམ་ཡིན་པའི་ཕྱིར།

གཞན་ཡང་། གཟུགས་ཕྱི་རོལ་དོན་གྱིས་སྟོང་པར་མངོན་སུམ་དུ་རྟོགས་པའི་ཡེ་ཤེས་དེ། ཤེས་

的煩惱，不是主要能障礙獲得解脫故。理應如是，因彼非能礙相續具自之補特伽羅獲得解脫故。」不周遍，因如欲界地攝之貪及色界地攝之貪二者，雖不作為障礙相續具自之菩薩聖者獲得解脫，然須承許總的來說是能礙獲得解脫故。

又，次者性相不應理，因執色為外境之分別是所知障，且非彼性相之後項故。初者理應如是，因彼是粗分所知障故。不周遍。那麼，彼為有法，理應是法我執，因是粗分法我執故。承許周遍，若許，遮斷爾之耽著境，理應是遮斷法我之空性，因許故。若許，色外境空理應是遮斷法我之空性，因許故。若許，彼則成究竟實相。

有云：「《辨中邊論》所說：『已說諸煩惱，及諸所知障，許此二盡故，一切障解脫。[5]』理應不應理，因若是障，不周遍是煩惱障及所知障隨一故。」不周遍，因慮及若是障，須是二障隨一所攝故。

有云：「若是彼，不須是二障隨一所攝，因等至障是障，且非彼二隨一所攝故。初者理應如是，因有彼故。」不周遍，因劣障非障故。理應如是，因聲聞相續之僅為自己希求解脫之覺知非障故，因彼是解脫道故。

復次，現證色外境空之本智，理應是所知障之對治住類，因執

སྒྲིབ་ཀྱི་གཉེན་པོའི་རིགས་སུ་གནས་པར་ཐལ། གཟུགས་ཕྱི་རོལ་དོན་དུ་འཛིན་པའི་རྟོག་པ་ཤེས་སྒྲིབ་ཡིན་པའི་ཕྱིར། འདོད་ན། དེ་ཐེག་ཆེན་གྱི་རྟོགས་རིགས་སུ་གནས་པར་ཐལ། འདོད་པའི་ཕྱིར། ཁྱབ་སྟེ། ཤེས་སྒྲིབ་ཀྱི་དངོས་གཉེན་ཡིན་ན་ཐེག་ཆེན་གྱི་རྟོགས་པ་ཡིན་དགོས་པའི་ཕྱིར།

གཞན་ཡང་། རང་རྒྱལ་སློབ་པ་འཕགས་པས་སྟོང་ཉིད་བསྒོམ་བྱའི་གཙོ་བོར་བྱེད་པར་ཐལ། དེས་ཤེས་སྒྲིབ་སྤང་བྱའི་གཙོ་བོར་བྱེད་པའི་ཕྱིར། མ་གྲུབ་ན། དེ་ཆོས་ཅན། དེར་ཐལ། རང་རྒྱལ་གྱི་སྤང་བྱར་གྱུར་པའི་ཤེས་སྒྲིབ་སྤང་བྱའི་གཙོ་བོར་བྱེད་པའི་ཕྱིར། མ་ཁྱབ་ན། རང་རྒྱལ་དགྲ་བཅོམ་པས་རང་རྒྱལ་སློབ་པའི་སྤང་བྱར་གྱུར་པའི་ཤེས་སྒྲིབ་སྤངས་པར་ཐལ། མ་ཁྱབ་པ་དེའི་ཕྱིར། འདོད་ན། དེས་དེས་སྤང་དགོས་ཀྱི་ཤེས་སྒྲིབ་སྤངས་པར་ཐལ། འདོད་པའི་ཕྱིར། འདོད་ན། དེས་ཤེས་སྒྲིབ་སྤངས་པར་ཐལ། འདོད་པ་གང་ཞིག ཤེས་སྒྲིབ་དེ་དེས་སྤང་དགོས་ཀྱི་ཤེས་སྒྲིབ་ཡིན་པའི་ཕྱིར། རྩ་རྟགས་དེར་ཐལ། དེ་རང་གི་སྤང་བྱའི་གཙོ་བོར་གྱུར་པའི་ཤེས་སྒྲིབ་སྤང་བྱའི་གཙོ་བོར་བྱེད་པའི་ཕྱིར། མ་གྲུབ་ན་སོང་། དེར་ཐལ། སློབ་པ་གང་ཞིག རང་གི་སྤང་བྱའི་གཙོ་བོར་གྱུར་པའི་ཤེས་སྒྲིབ་ཡོད་པའི་ཕྱིར། དེར་ཐལ། གཟུགས་ཕྱི་རོལ་དོན་དུ་འཛིན་པའི་རྟོག་པ་དེ་དེ་ཡིན་པའི་ཕྱིར། རྟགས་དངོས།

ཡང་ཁོན་རེ། གཟུགས་ཕྱི་རོལ་དོན་དུ་འཛིན་པའི་རྟོག་པ་ཆོས་ཅན། ཉོན་སྒྲིབ་ཡིན་པར་ཐལ། སྒྲིབ་གཉིས་གང་རུང་གིས་བསྡུས་པ་གང་ཞིག གཙོ་བོར་ཐར་པ་ཐོབ་པ་ལ་བར་དུ་གཅོད་བྱེད་ཡིན་པའི་ཕྱིར། ཕྱི་མ་དེར་ཐལ། གཙོ་བོར་རང་རྒྱལ་གྱི་ཐར་པ་ཐོབ་པ་ལ་བར་དུ་གཅོད་བྱེད་ཡིན་པའི་ཕྱིར་ན། མ་ཁྱབ་སྟེ། གཙོ་བོར་ཐེག་ཆེན་གྱི་ཐར་པ་ཐོབ་པ་ལ་བར་དུ་གཅོད་བྱེད་ཡིན་ན། གཙོ་བོར་ཐར་པ་ཐོབ་པ་ལ་བར་དུ་གཅོད་བྱེད་ཡིན་པས་མ་ཁྱབ་པའི་ཕྱིར་ཏེ། བདེན་འཛིན་གྱིས་མ་ངེས་པའི་ཕྱིར།

གཞན་ཡང་། ཐར་པ་ཐོབ་པའི་གང་ཟག་ཡིན་ན། གཟུགས་ཕྱི་རོལ་དོན་དུ་འཛིན་པའི་རྟོག་པ་སྤངས་དགོས་པར་ཐལ། རྟོག་པ་དེ་དེ་ཐོབ་པ་ལ་གཙོ་བོར་བར་དུ་གཅོད་བྱེད་ཡིན་པའི་ཕྱིར། རྟགས་ཁས། འདོད་མི་ནུས་ཏེ། ཉན་ཐོས་དགྲ་བཅོམ་གྱིས་མ་ངེས་པའི་ཕྱིར།

ཁོན་རེ། རྟོག་པ་དེ་གཙོ་བོར་ཐར་པ་ཐོབ་པ་ལ་བར་དུ་གཅོད་བྱེད་ཡིན་པར་ཐལ། དེ་ཐར་པ་ཐོབ་པ་ལ་བར་དུ་གཅོད་བྱེད་ཡིན་པའི་ཕྱིར་ན། མ་ཁྱབ།

色為外境之分別是所知障故。若許，彼理應住大乘證類，因許故。周遍，因若是所知障之正對治，須是大乘證量故。

復次，有學獨覺聖者理應以空性為主要所修，因彼以所知障作為主要所斷故。若不成，彼為有法，理應如是，因以屬獨覺所斷之所知障作為主要所斷故。若不周遍，獨覺阿羅漢理應斷屬有學獨覺之所斷所知障，因前之不周遍故。若許，彼理應斷除彼須斷之所知障，因許故。若許，彼理應斷所知障，因承許，且所知障是彼須斷之所知障故。根本因理應如是，因彼以屬自之主要所斷的所知障作為主要所斷故。若不成則成相違。理應如是，因是有學，且有屬自之主要所斷的所知障故。理應如是，因執色為外境之分別是彼故。直接承許因。

又有云：「執色為外境之分別為有法，理應是煩惱障，因是二障隨一所攝，且主要能障礙獲得解脫故。後者理應如是，因是主要能障礙獲得獨覺之解脫故。」不周遍，因若是主要能障礙獲得大乘解脫，不周遍是主要能障礙獲得解脫故，因諦實執不定故。

復次，若是獲得解脫之補特伽羅，理應須斷執色為外境之分別，因此分別主要是能障礙獲得彼故。承許因。不能許，因聲聞阿羅漢不定故。

有云：「彼分別理應是主要能障礙獲得解脫，因彼是能障礙獲得解脫故。」不周遍。

གཞན་ཡང་གཟུགས་ཕྱི་རོལ་དོན་དུ་འཛིན་པའི་རྟོག་པ་ཆོས་ཅན། ཐམས་ཅད་མཁྱེན་པ་ཐོབ་པ་ལ་གཙོ་བོར་བར་དུ་གཅོད་བྱེད་དང་། དེ་ཐོབ་པ་ལ་གཙོ་བོར་བར་དུ་གཅོད་བྱེད་ཀྱི་སྒྲིབ་པའི་རིགས་གནས་གང་རུང་ཡིན་པར་ཐལ། ཤེས་སྒྲིབ་ཡིན་པའི་ཕྱིར། འདོད་མི་ནུས་ཏེ། དེ་ཐོབ་པ་ལ་གཙོ་བོར་བར་དུ་གཅོད་བྱེད་མ་ཡིན། དེའི་སྒྲིབ་པའི་རིགས་གནས་ཀྱང་མ་ཡིན་པའི་ཕྱིར། དང་པོ་དེར་ཐལ། རང་རྒྱལ་དགྲ་བཅོམ་ཐམས་ཅད་མཁྱེན་པ་མ་ཡིན་པའི་ཕྱིར། གཉིས་པ་དེར་ཐལ། གཟུགས་ཕྱི་རོལ་དོན་གྱིས་སྟོང་པར་རྟོགས་པའི་ཡེ་ཤེས་དེ་གཙོ་བོར་ཐམས་ཅད་མཁྱེན་པར་བགྲོད་པའི་ལམ་གྱི་རིགས་གནས་མ་ཡིན་པའི་ཕྱིར། དེར་ཐལ། དེར་བགྲོད་པའི་རྟོགས་པའི་རིགས་གནས་མ་ཡིན་པའི་ཕྱིར་ཏེ། དེ་ཐེག་ཆེན་གྱི་རྟོགས་རིགས་སུ་མི་གནས་པའི་ཕྱིར། དབུ་མ་ཐལ་འགྱུར་བ་ལྟར་ན་སྒྲིབ་པ་གཉིས་ཀྱི་འཇོག་ཚུལ་སྔར་བཤད་པ་དང་མི་འདྲ་སྟེ། ཆོས་ཀྱི་བདག་འཛིན་བདག་འཛིན་མཚན་ཉིད་པ་དང་ཉོན་སྒྲིབ་ཏུ་བཞེད་ཅིང་། ཤེས་པ་དང་ཤེས་སྒྲིབ་ཀྱི་གཞི་མཐུན་མེད་པར་བཞེད་པའི་ཕྱིར། གཉིས་པ་དེར་ཐལ། ཉོན་མོངས་ཅན་མ་ཡིན་པའི་མ་རིག་པ་ཤེས་པར་མི་བཞེད་པའི་ཕྱིར། དེར་ཐལ། བདེན་འཛིན་གྱི་བག་ཆགས་དེ་ཉོན་མོངས་ཅན་མ་ཡིན་པའི་མ་རིག་པར་བཞེད་པའི་ཕྱིར། དེ་ལྟར་རྗེ་ཉིད་ཀྱིས་གསུངས་པའི་ཕྱིར།

又，執色為外境之分別為有法，理應是主要能障礙獲得一切相智與主要能障礙獲得彼之障礙住類隨一，因是所知障故。不能許，因非主要能障礙獲得彼、亦非彼之障礙住類故。初者理應如是，因獨覺阿羅漢非一切相智故。第二理應如是，因通達色外境空之本智，非主要趣向一切相智道之住類故。理應如是，因非住趣向彼之證類故，因彼不住大乘證類故。若以中觀應成師來看，二障安立之理與前說不同，因許法我執為真正我執及煩惱障，且許知覺與所知障無同位故。第二理應如是，因不許非染污無明為知覺故。理應如是，因許諦實執之習氣為非染污無明故，因如是之說法乃尊者本身所開示故。

ལམ་ཤེས་ཀྱི་རྣམ་པ།

རྒྱུ་དང་ལམ་དང་སྡུག་བསྔལ་དང་། ཞེས་སོགས་ལ་སྦྱོར་བ་དང་། མཐའ་དཔྱད་པ་གཉིས།

དང་པོ་ནི་ལམ་ཤེས་ཀྱི་རྣམ་པ་ལ་སོ་དྲུག་ཡོད་དེ། ཀུན་འབྱུང་བདེན་པ་ལ་བརྟེན་པའི་ལམ་ཤེས་ཀྱི་རྣམ་པ་བརྒྱད། ལམ་བདེན་ལ་བརྟེན་པའི་ལམ་ཤེས་ཀྱི་རྣམ་པ་བདུན། སྡུག་བདེན་ལ་བརྟེན་པའི་ལམ་ཤེས་ཀྱི་རྣམ་པ་ལྔ། འགོག་བདེན་ལ་བརྟེན་པའི་ལམ་ཤེས་ཀྱི་རྣམ་པ་བཅུ་དྲུག་རྣམས་སུ་ཡོད་པའི་ཕྱིར།

གཉིས་པ་ལ། ཁ་ཅིག སྐབས་འདིར་གཉེན་པོའི་མཚན་ཉིད་འཛོག་པ་བོར་ནས་ལམ་ཤེས་ཀྱི་རྣམ་པའི་མཚན་ཉིད་འབད་དེ་འཛོག་པ་མི་འཐད་དེ། རྣམ་པ་སྦྱོར་བར་བཅས་རྣམས་དང་། ཞེས་པའི་རྣམ་པ་མཚོན་བྱར་བྱེད་མི་རིགས་པའི་ཕྱིར། དེར་ཐལ། རྣམ་པ་ཞེས་བྱ་མཚན་ཉིད་ཅེས་གསུངས་པའི་ཕྱིར།

དེས་ན་ལམ་ཤེས་ཀྱི་རྣམ་པ་ལེགས་པར་ཤར་ནས་སྒོམ་པར་བྱེད་པའི་ཤེས་རབ་ཀྱིས་ཟིན་པའི་སེམས་དཔའི་རྣལ་འབྱོར། སེམས་དཔའི་རྒྱུད་ཀྱི་ལམ་ཤེས་ཀྱི་དམིགས་པའི་ཆོས་ལ་ལོག་ཕྱོགས་སུ་སྒྲོ་འདོགས་པའི་སྒྲོ་འདོགས་ཀྱི་གཉེན་པོའི་མཚན་ཉིད་དུ་འཛོག

ཁ་ཅིག ལམ་ཤེས་ཡིན་ན་སྐབས་འདིར་དངོས་སུ་བསྟན་པའི་ལམ་ཤེས་ཡིན་པས་ཁྱབ་ཟེར་བ། མི་རིགས་ཏེ། སྐབས་འདིར་དངོས་སུ་བསྟན་པའི་ལམ་ཤེས་ཡིན་ན། རྒྱུ་ལམ་ཤེས་ཡིན་དགོས་པའི་ཕྱིར། འགྲེལ་པར། ལམ་ཤེས་པ་ཉིད་ནི་བྱང་ཆུབ་སེམས་དཔའ་རྣམས་ཀྱི་ཉོན་མོངས་པ་ཤིན་ཏུ་མ་སྤངས་པའི་ཕྱིར་ཟག་པ་དང་བཅས་པ་ཁོ་ན་ཡིན་ནོ། །ཞེས་གསུངས་པའི་ཕྱིར།

ཁ་ཅིག རྒྱུ་ལམ་ཤེས་ཡིན་ན། སྐབས་འདིར་དངོས་སུ་བསྟན་པའི་ལམ་ཤེས་ཡིན་པས་ཁྱབ་ཟེར་བ་ཡང་མི་རིགས་ཏེ། སྐབས་འདིར་དངོས་སུ་བསྟན་པའི་ལམ་ཤེས་ཡིན་ན། དང་པོ་ཉིད་ནས་ཐེག་ཆེན་རིགས་ངེས་ཀྱི་བྱང་ཆུབ་སེམས་དཔའི་རྒྱུད་ཀྱི་ལམ་ཤེས་ཡིན་དགོས་པའི་ཕྱིར།

90 道相智之行相

「於因道及苦……」等，論式與辨析二者。

初者，道相智之行相有三十六，因依於集諦之道相智行相有八、依於道諦之道相智行相有七、依於苦諦之道相智行相有五、依於滅諦之道相智行相有十六故。

第二，有云：「於此不去安立對治之性相，而試圖安立道相智之行相的性相。」不應理，因所謂「行相諸加行」之「行相」指名相不合理故。理應如是，因說「行相為能相」故。

是故，「以善顯道相智之行相作修習之慧所攝的菩薩瑜伽」，乃菩薩相續之「將道相智之所緣法增益為逆方之增益的對治」之性相。

有云：「若是道相智，周遍是此處直接顯示之道相智。」不合理，因若是此處直接顯示之道相智，須是因道相智故。因《明義釋》云：「道智之行相，諸菩薩絕不斷煩惱，故唯是有漏。」故。

有云：「若是因道相智，周遍是此處直接顯示之道相智。」亦不合理，因若是此處直接顯示之道相智，須是最初即是大乘決定種性之菩薩相續的道相智故。

ཁོ་ན་རེ། མེད་པའི་རྣམ་པ་ནས་བཟུང་སྟེ་ཞེས་པའི་སྐབས་ནས་དངོས་སུ་བསྟན་པའི་གཞི་ཤེས་ཡིན་ན། ཉན་ཐོས་ཀྱི་གཞི་ཤེས་ཡིན་དགོས་པར་ཐལ། དམ་བཅའ་དེའི་ཕྱིར་ན། མི་མཚུངས་ཏེ། ཐེག་དམན་གྱི་གཞི་ཤེས་ཡིན་ན། གཞུང་དེའི་སྐབས་ནས་དངོས་སུ་བསྟན་པའི་གཞི་ཤེས་ཡིན་དགོས་པའི་ཕྱིར།

ཁ་ཅིག ལམ་ཤེས་ཀྱི་རྣམ་པ་ཡིན་ན། ལམ་ཤེས་ཡིན་པས་མ་ཁྱབ་སྟེ། ལམ་ཤེས་འཛིན་པའི་རྟོག་པ་དེ་ལམ་ཤེས་ཀྱི་རྣམ་པ་ཡིན་པའི་ཕྱིར། མ་གྲུབ་ན། དེ་ཆོས་ཅན། དེར་ཐལ། དེའི་རྣམ་པར་སྐྱེས་པའི་ཕྱིར་ཏེ། དེའི་རྣམ་པ་ཤར་བའི་བློ་ཡིན་པའི་ཕྱིར་ན། མ་ཁྱབ། འོ་ན། རྣམ་མཁྱེན་ཆོས་ཅན། སྡུག་བདེན་གྱི་རྣམ་པ་ཡིན་པར་ཐལ། དེའི་རྣམ་པར་སྐྱེས་པའི་ཕྱིར། དེར་ཐལ། དེའི་རྣམ་པ་ཤར་བའི་བློ་ཡིན་པའི་ཕྱིར། ཁྱབ་པ་ཁས། འདོད་ན། དེ་སྡུག་བདེན་གྱི་སྟེང་གི་རྣམ་པ་ཡིན་པར་ཐལ། འདོད་པའི་ཕྱིར། འདོད་ན། དེའི་སྟེང་གི་རྣམ་པ་མཐའ་དག་མངོན་སུམ་དུ་རྟོགས་པའི་བྱང་འཕགས་མེད་པར་ཐལ། འདོད་པའི་ཕྱིར།

གཞན་ཡང་། དེ་ཀུན་འབྱུང་བདེན་པའི་སྟེང་གི་རྣམ་པ་ཡིན་པར་ཐལ། དམ་བཅའ་དེའི་ཕྱིར། འདོད་ན། དེའི་སྟེང་གི་རྣམ་པ་བཞི་པོ་གང་རུང་ཡིན་པར་ཐལ་លོ། །

ཁ་ཅིག སྡུག་བདེན་གྱི་སྟེང་གི་རྣམ་པ་ཡིན་ན། སྡུག་བདེན་གྱི་རྣམ་པ་ཡིན་པས་ཁྱབ་ཟེར་བ། མི་འཐད་དེ། དེའི་སྟེང་གི་བདག་མེད་དེ་དེའི་རྣམ་པ་མ་ཡིན་ཀྱང་། དེའི་སྟེང་གི་རྣམ་པ་ཡིན་པའི་ཕྱིར། དང་པོ་གྲུབ་སྟེ། དེའི་རྣམ་པ་ཡིན་ན། དེ་ཡིན་དགོས་པའི་ཕྱིར། དེར་ཐལ། ལམ་བདེན་གྱི་རྣམ་པ་ཡིན་ན། ལམ་བདེན་ཡིན་དགོས་པའི་ཕྱིར། སྔོ་འཛིན་དབང་མངོན་གྱི་རྣམ་པ་ཡིན་ན། དེ་ཡིན་དགོས་པའི་ཕྱིར། དེར་ཐལ། དེའི་རྣམ་པ་ཡིན་ན། དེའི་གཟུང་རྣམ་ཡིན་དགོས་པའི་ཕྱིར། དེར་ཐལ། དེའི་འཛིན་རྣམ་ཡིན་ན། དེའི་རྣམ་པ་མ་ཡིན་དགོས་པའི་ཕྱིར། དེ་ཡིན་ན་དེའི་འཛིན་སྣང་ས་ཀྱི་རྣམ་པ་མ་ཡིན་དགོས་པའི་ཕྱིར། རྟགས་འཕྱུད་དོ། །

有云：「若是所謂『始從無邊相』之時所直接顯示之基智，理應須是聲聞之基智，因彼宗故。」不相同，因若是小乘之基智，須是彼文之時所直接顯示之基智故。

有云：「若是道相智行相，不周遍是道相智，因執道相智之分別是道相智行相故。若不成，彼為有法，理應如是，因生為彼之行相故，因是現出彼之行相的覺知故。」不周遍，那麼，一切相智為有法，理應是苦諦之行相，因生為彼之行相故。理應如是，因是現起彼之行相的覺知故。承許周遍，若許，彼理應是苦諦上之行相，因許故。若許，理應無現證彼之上的一切行相之菩薩聖者，因許故。

又，彼理應是集諦之上的行相，因彼宗故。若許，則成是彼之上的四種行相隨一。

有云：「若是苦諦上之行相，周遍是苦諦行相。」不應理，因彼之上的無我雖非彼之行相，然是彼之上的行相故。初者成立，因若是彼之行相，須是彼故。理應如是，因若是道諦行相，須是道諦故。因若是執青根現前之行相，須是彼故。理應如是，因若是彼之行相，須是彼之所取相故。理應如是，因若是彼之能取相，須不是彼之行相故。因若是彼，須不是彼之執式之行相故。則成捨棄〔前所許〕因。

རྣམ་མཁྱེན་གྱི་རྣམ་པ་སྤྱིར་བཤད་པ།

དྲན་པ་ཉེར་བཞག་ནས་བཟུང་སྟེ། ཞེས་སོགས་ལ། སྤྱིར་བ་དང་། མཐའ་དཔྱད་པ་གཉིས།

དང་པོ་ནི། རྣམ་མཁྱེན་གྱི་རྣམ་པ་ལ་བརྒྱ་དང་བཅུ་ཡོད་དེ། ཉན་ཐོས་ལ་ཡོད་པ་དང་རྗེས་སུ་མཐུན་པའི་གཞི་ཤེས་ཀྱི་རྣམ་མཁྱེན་གྱི་རྣམ་པ་སུམ་ཅུ་རྩ་བདུན་བྱང་སེམས་ལ་ཡོད་པ་དང་རྗེས་སུ་མཐུན་པའི་ལམ་ཤེས་ཀྱི་རྣམ་མཁྱེན་གྱི་རྣམ་པ་སུམ་ཅུ་རྩ་བཞི། ཐུན་མོང་མ་ཡིན་པའི་རྣམ་མཁྱེན་གྱི་རྣམ་པ་སུམ་ཅུ་རྩ་དགུ་རྣམས་སུ་ཡོད་པའི་ཕྱིར།

གཉིས་པ་ལ། ཁ་ཅིག སྐབས་འདིར་གཉེན་པོའི་མཚན་ཉིད་སྟོན་པ་བོར་ནས་རྣམ་མཁྱེན་གྱི་རྣམ་པའི་མཚན་ཉིད་འབད་དེ་འཇོག་པ་མི་འཐད་དེ། རྣམ་པ་སྦྱོར་བར་བཅས་རྣམ་དང་། ཞེས་པའི་རྣམ་པ་མཚོན་བྱར་བྱེད་མི་རིགས་པའི་ཕྱིར།

དེས་ན་རྣམ་མཁྱེན་གྱི་རྣམ་པ་ལེགས་པར་ཤར་ནས་སྒོམ་པར་བྱེད་པའི་ཤེས་རབ་ཀྱིས་ཟིན་པའི་སེམས་དཔའི་རྣལ་འབྱོར། སེམས་དཔའི་རྒྱུད་ཀྱི་རྣམ་མཁྱེན་གྱི་དམིགས་པའི་ཆོས་ལ་ལོག་ཕྱོགས་སུ་སྒྲོ་འདོགས་པའི་སྒྲོ་འདོགས་ཀྱི་གཉེན་པོའི་མཚན་ཉིད། རྣམ་མཁྱེན་གྱི་རྣམ་པ་ཡིན་ན་རྣམ་མཁྱེན་ཡིན་དགོས་པ་དང་། རྣམ་མཁྱེན་ཡིན་ན་དབང་ཤེས་དང་། རང་རིག་སོགས་མ་ཡིན་དགོས་པ་སྤང་བཤད་པ་ལྟར་རོ། །

91 總說一切相智之行相

「始從四念住……」等，論式與辨析二者。

初者，一切相智之行相有一百一十，因隨順於聲聞有之基智之一切相智行相有三十七、隨順於菩薩有之道相智之一切相智行相有三十四、不共之一切相智行相有三十九故。

第二，有云：「此處捨去揭示對治性相，試圖安立一切相智行相之性相。」不應理，因「行相諸加行」所說之「行相」作為名相不合理故。

是故，「以善顯一切相智行相作修習之慧所攝的菩薩瑜伽」，乃菩薩相續之「將一切相智之所緣法增益為逆方之增益的對治」之性相。若是一切相智行相須是一切相智，及若是一切相智須非根知與自證分等，皆如前所說。

དྲན་པ་ཉེར་གཞག

དེ་ལ་ཐམས་ཅད་ཤེས་པ་ཉིད། ཅེས་སོགས་ཀྱི་སྐབས་སུ་སྦྱོར་བ་དང་། མཐའ་དཔྱད་པ་གཉིས།

དང་པོ་ནི། དྲན་པ་ཉེར་གཞག་བཞི་ཡོད་དེ། ལུས་དྲན་པ་ཉེར་གཞག ཚོར་བ་དྲན་པ་ཉེར་གཞག སེམས་དྲན་པ་ཉེར་གཞག ཆོས་དྲན་པ་ཉེར་གཞག་རྣམས་ཡོད་པའི་ཕྱིར།

གཉིས་པ་ལ། ཁ་ཅིག བདེན་བཞིའི་སླང་དོར་ཤེས་པའི་ལམ་ཞུགས་ཀྱི་མཁྱེན་པ་དེ། དྲན་པ་ཉེར་གཞག་གི་མཚན་ཉིད་ཟེར་བ། མི་འཐད་དེ། སེམས་བདག་མེད་པར་མངོན་སུམ་དུ་རྟོགས་པའི་ཉན་ཐོས་ཀྱི་མཐོང་ལམ། དྲན་པ་ཉེར་གཞག་གང་ཞིག བདེན་བཞི་སླང་དོར་ཤེས་པའི་བློ་མ་ཡིན་པའི་ཕྱིར། དང་པོ་དེར་ཐལ། དེ་སེམས་དྲན་པ་ཉེར་གཞག་ཡིན་པའི་ཕྱིར། གཉིས་པ་དེར་ཐལ། དེ་སྒྲུབ་པའི་རྣམ་པ་ཅན་གྱི་བློ་མ་ཡིན་པའི་ཕྱིར།

ཁ་ཅིག དམིགས་པ་ལུས་ཚོར་སེམས་ཆོས་བཞི་ལ་དམིགས་ནས་རྣམ་པ་རང་སྤྱིའི་མཚན་ཉིད་གཉིས་གཉིས་ཀྱི་སྒོ་ནས་བརྟགས་ཏེ་སྒོམ་པར་བྱེད་པའི་ཏིང་ངེ་འཛིན་ཤེས་རབ་མཚུངས་ལྡན་དང་བཅས་པ། དྲན་པ་ཉེར་གཞག་གི་མཚན་ཉིད་ཟེར་བ། མི་འཐད་དེ། དྲན་པ་ཉེར་གཞག་རྒྱུད་ལྡན་གྱི་ལམ་མ་ཞུགས་ཀྱི་གང་ཟག་མེད། མཚན་ཉིད་དེ་རྒྱུད་ལྡན་གྱི་ལམ་མ་ཞུགས་ཀྱི་གང་ཟག་ཡོད་པའི་ཕྱིར། ཕྱི་མ་དེར་ཐལ། དྲན་པ་ཉེར་གཞག་རྗེས་མཐུན་པ་རྒྱུད་ལྡན་གྱི་ལམ་མ་ཞུགས་ཀྱི་གང་ཟག་ཡོད་པའི་ཕྱིར།

གཞན་ཡང་། མཚན་ཉིད་དེ་མི་འཐད་དེ། དྲན་པ་ཉེར་གཞག་འཁོར་དུ་ལྡན་པའི་གཙོ་སེམས་དེ། མཚན་ཉིད་དེ་གང་ཞིག དྲན་པ་ཉེར་གཞག་མ་ཡིན་པའི་ཕྱིར། དང་པོ་དེར་ཐལ། དྲན་པ་ཉེར་གཞག་དེ་དེ་ཡིན་པ་གང་ཞིག དེ་གཉིས་མཚུངས་ལྡན་རྣམ་པ་ལྔ་མཚུངས་ཡིན་པའི་ཕྱིར། ཕྱི་མ་དེར་ཐལ། དེ་སེམས་བྱུང་མ་ཡིན་པའི་ཕྱིར།

གཞན་ཡང་། མཚན་ཉིད་དེ་མི་འཐད་དེ། དྲན་པ་ཉེར་གཞག་ཏུ་གྱུར་པའི་ཤེས་རབ་དེ་མཚན་ཉིད་དེ་མ་ཡིན་པའི་ཕྱིར། མ་གྲུབ་ན། དེ་ཆོས་ཅན། དེར་ཐལ། ཁྱོད་དང་མཚུངས་ལྡན་གྱི་ཤེས་རབ་མེད་པའི་ཕྱིར་ཏེ། ཁྱོད་ཤེས་རབ་ཡིན་པའི་ཕྱིར།

92 念住

「其中，於一切智……」等之時，論式與辨析二者。

初者，念住有四，因有身念住、受念住、心念住、法念住故。

第二，有云：「了知四諦取捨之入道智，乃念住之性相。」不應理，因現證心無我之聲聞見道，是念住，且非了知四諦取捨之覺知故。初者理應如是，因彼是心念住故。第二理應如是，因彼非具成立行相之覺知故。

有云：「緣所緣——身、受、心、法四者後，以行相——自、共二相之門觀察、修習之定慧及與其相應者，乃念住之性相。」不應理，因無相續具念住之未入道的補特伽羅、有相續具彼性相之未入道的補特伽羅故。後者理應如是，因有相續具隨順念住之未入道的補特伽羅故。

又，彼性相不應理，因具念住眷屬之心王，是彼性相，且非念住故。初者理應如是，因念住是彼，且此二者是五相相應故。後者理應如是，因彼非心所故。

又，彼性相不應理，因屬念住之慧非彼性相故。若不成，彼為有法，理應如是，因無與爾相應之慧故，因爾是慧故。

གཞན་ཡང་། མཚན་ཉིད་དེ་མི་འཐད་དེ། ལུས་རྐྱང་པ་ལ་དམིགས་པའི་དྲན་པ་ཉེར་གཞག་ཡོད་པའི་ཕྱིར་དང་། གཟུགས་མེད་ཁམས་ན་ལུས་ལ་དམིགས་པའི་དྲན་པ་ཉེར་གཞག་མེད་པའི་ཕྱིར། དང་པོ་དེར་ཐལ། ལུས་བདག་མེད་པར་མངོན་སུམ་དུ་རྟོགས་པའི་ཉན་ཐོས་ཀྱི་མཐོང་ལམ་དེ་དེ་ཡིན་པའི་ཕྱིར། ཕྱི་མ་དེར་ཐལ། གཟུགས་མེད་ཁམས་ན་ལུས་མེད་པའི་ཕྱིར།

ཡང་ཁ་ཅིག ལུས་ཚོར་སེམས་ཆོས་བཞི་གང་རུང་ལ་དམིགས་ནས། རང་སྤྱིའི་མཚན་ཉིད་གཉིས་གཉིས་ཀྱི་སྒོ་ནས་བརྟགས་ཏེ་སྒོམ་པར་བྱེད་པའི་སེམས་བྱུང་དུ་གྱུར་པའི་ལམ་ཞུགས་ཀྱི་མཁྱེན་པ་དེ། དྲན་པ་ཉེར་གཞག་གི་མཚན་ཉིད་ཟེར་བ། མི་འཐད་དེ། དྲན་པ་ཉེར་གཞག་དང་མཚུངས་ལྡན་གྱི་ཚོར་བ་དྲན་པ་ཉེར་གཞག་ཏུ་ཐལ་བའི་སྐྱོན་ཡོད་པའི་ཕྱིར།

རང་ལུགས། རང་གི་དམིགས་ཡུལ་དུ་གྱུར་པའི་ལུས་ཚོར་སེམས་ཆོས་བཞི་པོ་གང་རུང་ལ་དམིགས་ནས་རང་སྤྱིའི་མཚན་ཉིད་གཉིས་གཉིས་ཀྱི་སྒོ་ནས་བརྟགས་ཏེ་དཔྱོད་པར་བྱེད་པའི་དྲན་པ་དང་ཤེས་རབ་གང་རུང་གིས་བསྡུས་པའི་ལམ་ཞུགས་ཀྱི་མཁྱེན་པ། དྲན་པ་ཉེར་གཞག་གི་མཚན་ཉིད། དབྱེ་ན་བཞི། ས་མཚམས་ཚོགས་ལམ་ཆུང་ངུ་ནས་སངས་རྒྱས་ཀྱི་སའི་བར་དུ་ཡོད།

ཁ་ཅིག མཚན་ཉིད་དེ་མི་འཐད་དེ། དྲན་པ་ཉེར་གཞག་དེ་དྲན་པ་དང་ཤེས་རབ་ཀྱི་ཉམས་ལེན་གཙོ་ཆེ་བ་ཡིན་གྱི། དེ་དང་མཚུངས་ལྡན་གྱི་སེམས་སེམས་བྱུང་རྣམས་ཀྱང་དེ་ཡིན་པའི་ཕྱིར། མཛོད་ལས། གཙོ་བོ་སྨོས་པ་དེ་དག་ནི། །སྦྱོར་བྱུང་ཡོན་ཏན་ཀུན་ཀྱང་ཡིན། །ཞེས་གསུངས་པའི་ཕྱིར་ཞེ་ན། མ་ཁྱབ་སྟེ། དེ་དང་མཚུངས་ལྡན་གྱི་སེམས་སེམས་བྱུང་གི་ཉམས་ལེན་རྣམས་དེའི་ཉམས་ལེན་དུ་འདུ་བ་ལ་དགོངས་པའི་ཕྱིར། དེ་ལྟ་མ་ཡིན་ན། དྲན་པ་ཉེར་གཞག་དང་མཚུངས་ལྡན་གྱི་སེམས་སེམས་བྱུང་མེད་པར་ཐལ། དེ་སེམས་སེམས་བྱུང་གང་རུང་མ་ཡིན་པའི་ཕྱིར། མ་གྲུབ་ན་སོང་། དེར་ཐལ། དེར་གྱུར་པའི་དེ་གཉིས་ཀ་ཡོད་པའི་ཕྱིར། ཐལ་འགྱུར་སྔ་མ་ལ་མ་ཁྱབ་ན། རྗེས་དཔག་དང་མཚུངས་ལྡན་གྱི་སེམས་སེམས་བྱུང་ཡོད་པར་ཐལ། མ་ཁྱབ་པ་དེའི་ཕྱིར། འདོད་ན་སྔོ། །

又，彼性相不應理，因有單獨緣身之念住，及無色界無緣身之念住故。初者理應如是，因現證身無我之聲聞見道是彼故。後者理應如是，因無色界無身故。

又有云：「緣身、受、心、法四者隨一，以自、共二相之門觀察、修習之屬心所的入道智，乃念住之性相。」不應理，因有與念住相應之受則成為念住之過故。

自宗：「緣屬自之所緣境的身、受、心、法四者隨一，以自、共二相之門觀察、決擇之念與慧隨一所攝之入道智」，乃念住之性相。分四。界限，自下品資糧道乃至佛地之間〔皆〕有。

有云：「彼性相不應理，因念住雖主要是念與慧的修持，然諸與彼相應之心心所亦是彼故。因《俱舍論》云：『實諸加行善[①]。[6]』故。」不周遍，因慮及諸與彼相應之心心所的修習，含攝於彼之修習故。若非如是，理應沒有與念住相應之心心所，因彼非心心所任一故。若不成則成相違，理應如是，因有屬彼之彼二者（心心所）故。若前應成不周遍，理應有與比度相應之心心所，因前之不周遍故。若許，則易。

① 實諸加行善：此是就玄奘大師所譯《俱舍論》相對應段落的譯文，若藏文直翻則是「諸所言說主要者，加行德皆亦為彼」。

ཡང་དག་སྤོང་བ་བཞི།

དེའི་འོག་ཏུ་ཞུགས་པ་ལ། ཞེས་པར་གཉིས་ལས། དང་པོ་ནི། ཡང་དག་སྤོང་བ་ལ་བཞི་ཡོད་དེ། མི་དགེ་བ་མ་སྐྱེས་པ་རྣམས་མི་སྐྱེད་པར་བྱེད་པའི་ཡང་དག་སྤོང་བ། སྐྱེས་པ་རྣམས་སྤོང་བར་བྱེད་པའི་ཡང་དག་སྤོང་བ། དགེ་བ་མ་སྐྱེས་པ་རྣམས་སྐྱེད་པར་བྱེད་པའི་ཡང་དག་སྤོང་བ། སྐྱེས་པ་རྣམས་སྤེལ་བར་བྱེད་པའི་ཡང་དག་སྤོང་བ་རྣམས་སུ་ཡོད་པའི་ཕྱིར།

གཉིས་པ་ལ་ཁ་ཅིག སྤང་གཉེན་ལ་བླང་དོར་བྱེད་པར་སྦྱོ་བའི་བརྩོན་འགྲུས། ཡང་དག་སྤོང་བའི་མཚན་ཉིད་ཟེར་བ། མི་རིགས་ཏེ་ཡང་དག་སྤོང་བ་ཡིན་ན་ལམ་ཞུགས་ཀྱི་མཁྱེན་པ་ཡིན་དགོས་པ་གང་ཞིག མཚན་ཉིད་དེ་རྒྱུད་ལྡན་གྱི་ལམ་མ་ཞུགས་ཀྱི་གང་ཟག་ཡོད་པའི་ཕྱིར། ཕྱི་མ་དེར་ཐལ། ཡང་དག་སྤོང་བ་རྗེས་མཐུན་པ་རྒྱུད་ལྡན་གྱི་ལམ་མ་ཞུགས་ཀྱི་གང་ཟག་ཡོད་པའི་ཕྱིར།

ཡང་ཁ་ཅིག སྤང་གཉེན་ལ་བླང་དོར་བྱེད་པར་སྦྱོ་བའི་ལམ་ཞུགས་ཀྱི་མཁྱེན་པ། དེའི་མཚན་ཉིད་ཟེར་བ། མི་རིགས་ཏེ། ཡང་དག་སྤོང་བ་འཁོར་དུ་ལྡན་པའི་གཙོ་སེམས་ཀྱིས་མ་ངེས་པའི་ཕྱིར། སེམས་བྱུང་ཞེས་པ་བསྣན་ནས་འཇོག་པ་ཡང་མི་རིགས་ཏེ། དེ་དང་མཚུངས་ལྡན་གྱི་ཚོར་བས་མ་ངེས་པའི་ཕྱིར།

རང་ལུགས། སྤང་གཉེན་ལ་བླང་དོར་བྱེད་པར་སྦྱོ་བའི་བརྩོན་འགྲུས་སུ་གྱུར་པའི་ལམ་ཞུགས་ཀྱི་མཁྱེན་པ། ཡང་དག་སྤོང་བའི་མཚན་ཉིད། དབྱེ་ན་བཞི། ས་མཚམས་ཚོགས་ལམ་ཆུང་ངུ་ནས་སངས་རྒྱས་ཀྱི་སའི་བར་དུ་ཡོད།

93 四正斷

所謂「於其後趣入為」有二。初者，有四正斷，因有諸未生不善令不生之正斷、斷諸已生之正斷、諸未生善令生起之正斷、諸已生令增之正斷故。

第二，有云：「歡喜取捨所斷、對治之精進，乃正斷之性相。」不合理，因若是正斷須是入道智，且有相續具此性相之未入道的補特伽羅故。後者理應如是，因有相續具隨順正斷之未入道的補特伽羅故。

又有云：「歡喜取捨所斷、對治之入道智，是彼之性相。」不合理，因具正斷眷屬之心王不定故。添加所謂「心所」而安立亦不合理，因與彼相應之受不定故。

自宗：「屬歡喜取捨所斷、對治之精進的入道智」，乃正斷之性相。分四。界限，從下品資糧道乃至佛地之間〔皆〕有。

རྟ་འཕྲུལ་གྱི་རྐང་པ་བཞི།

བརྩོན་འགྲུས་དང་ལྡན་པ་ནི། ཞེས་པར། གཉིས་ལས། དང་པོ་ནི། རྫུ་འཕྲུལ་གྱི་རྐང་པ་ལ་བཞི་ཡོད་དེ། འདུན་པའི་རྫུ་འཕྲུལ་གྱི་རྐང་པ། བརྩོན་འགྲུས་ཀྱི་རྫུ་འཕྲུལ་གྱི་རྐང་པ། སེམས་པའི་རྫུ་འཕྲུལ་གྱི་རྐང་པ། དཔྱོད་པའི་རྫུ་འཕྲུལ་གྱི་རྐང་པ་རྣམས་སུ་ཡོད་པའི་ཕྱིར།

གཉིས་པ་ལ། ཁ་ཅིག ཉེས་པ་ལྔའི་གཉེན་པོར་སྤོང་བའི་འདུ་བྱེད་བརྒྱད་དང་ལྡན་པའི་ཏིང་ངེ་འཛིན་རྫུ་འཕྲུལ་གྱི་རྐང་པའི་མཚན་ཉིད་ཟེར་བ། མི་རིགས་ཏེ། དེ་ཡིན་ན་ལམ་ཞུགས་ཀྱི་མཁྱེན་པ་ཡིན་དགོས། མཚན་ཉིད་དེ་རྒྱུད་ལྡན་གྱི་ལམ་མ་ཞུགས་ཀྱི་གང་ཟག་ཡོད་པའི་ཕྱིར། ཕྱི་མ་དེར་ཐལ། རྫུ་འཕྲུལ་གྱི་རྐང་པ་རྗེས་མཐུན་པ་རྒྱུད་ལྡན་གྱི་དེ་ཡོད་པའི་ཕྱིར།

ཡང་ཁ་ཅིག ཉེས་པ་ལྔའི་གཉེན་པོར་སྤོང་བའི་འདུ་བྱེད་བརྒྱད་དང་ལྡན་པའི་ལམ་ཞུགས་ཀྱི་མཁྱེན་པ། དེའི་མཚན་ཉིད་དང་། སེམས་བྱུང་ཞེས་པ་བསྣན་ནས་འཇོག་པ་གཉིས་ཀ་མི་འཐད་དེ། སྔ་མ་རྫུ་འཕྲུལ་གྱི་རྐང་པ་འཁོར་དུ་ལྡན་པའི་གཙོ་སེམས་དང་། ཕྱི་མ་ལ་རྫུ་འཕྲུལ་གྱི་རྐང་པ་དང་མཚུངས་ལྡན་གྱི་ཚོར་བས་མ་ངེས་པའི་ཕྱིར།

རང་ལུགས། ཉེས་པ་ལྔའི་གཉེན་པོར་སྤོང་བའི་འདུ་བྱེད་བརྒྱད་དང་ལྡན་པའི་ཏིང་ངེ་འཛིན་དུ་གྱུར་པའི་ལམ་ཞུགས་ཀྱི་མཁྱེན་པ། རྫུ་འཕྲུལ་གྱི་རྐང་པའི་མཚན་ཉིད། དབྱེ་ན་བཞི། ས་མཚམས་སྔར་བཞིན་ནོ། །

94 四神足

所謂「具精進」有二。初者，神足有四，因有欲神足、勤神足、心神足、觀神足故。

第二，有云：「具對治五過患之八斷行的三摩地，是神足之性相。」不合理，因若是彼，須是入道之智，有相續具彼性相之未入道的補特伽羅故。後者理應如是，因有相續具隨順神足之彼故。

又有云：「具對治五過患之八斷行之入道智，乃彼之性相。」添加所謂「心所」而安立，二者皆不應理，因前者具神足眷屬之心王及後者與神足相應之受不定故。

自宗：「屬於具對治五過患之八斷行三摩地之入道智」，乃神足之性相。分四，界限如前。

རྣམ་བྱང་གི་དབང་པོ།

སེམས་ཡོངས་སུ་སྦྱོང་བ་བྱས་པ་ལ། ཞེས་པར་གཉིས་ལས། དང་པོ་ནི། བྱང་ཕྱོགས་སོ་བདུན་གྱི་ནང་ཚན་དུ་གྱུར་པའི་རྣམ་བྱང་གི་དབང་པོ་ལ་ལྔ་ཡོད་དེ། དེའི་ནང་ཚན་དུ་གྱུར་པའི་དད་པ། བརྩོན་འགྲུས། དྲན་པ། ཏིང་ངེ་འཛིན། ཤེས་རབ་ཀྱི་དབང་པོ་རྣམས་སུ་ཡོད་པའི་ཕྱིར།

གཉིས་པ་ལ། ཁ་ཅིག རང་འབྲས་འཕགས་ལམ་བསྐྱེད་པ་ལ་རང་དབང་དུ་གྱུར་པའི་ལམ་ཞུགས་ཀྱི་མཁྱེན་པ། བྱང་ཕྱོགས་སོ་བདུན་གྱི་ནང་ཚན་དུ་གྱུར་པའི་རྣམ་བྱང་གི་དབང་པོའི་མཚན་ཉིད་ཟེར་བ། མི་འཐད་དེ། གཙོ་སེམས་ཀྱིས་བསྡུས་པའི་ཉན་ཐོས་ཀྱི་སྦྱོར་ལམ་མཚན་ཉིད་དེ་གང་ཞིག མཚོན་བྱ་དེ་མ་ཡིན་པའི་ཕྱིར། དང་པོ་དེར་ཐལ། རང་འབྲས་འཕགས་ལམ་རང་སྟོབས་ཀྱིས་བསྐྱེད་པའི་ལམ་ཞུགས་ཀྱི་མཁྱེན་པ་ཡིན་པའི་ཕྱིར་ཏེ། དེས་ཉན་ཐོས་ཀྱི་མཐོང་ལམ་རང་སྟོབས་ཀྱིས་བསྐྱེད་པའི་ཕྱིར། རྩ་རྟགས་གཉིས་པ་དེར་ཐལ། དེའི་ནང་ཚན་དུ་གྱུར་པའི་རྣམ་བྱང་གི་དབང་པོ་ཡིན་ན། སེམས་བྱུང་ཡིན་དགོས་པའི་ཕྱིར་ཏེ། དད་པའི་དབང་པོ་ཡིན་ན། སེམས་བྱུང་ཡིན་དགོས་པ་གང་ཞིག གཞན་བཞི་ལའང་དེ་ལྟར་དགོས་པའི་ཕྱིར། དང་པོ་དེར་ཐལ། དེ་ཡིན་ན་དད་པ་ཡིན་དགོས་པའི་ཕྱིར། ཁ་ཅིག སེམས་བྱུང་བསྟན་ནས་འཇོག་པ་ཡང་མི་འཐད་དེ། དད་སོགས་དབང་པོ་ལྔ་པོ་གང་རུང་མ་ཡིན་པའི་ཉན་ཐོས་ཀྱི་སྦྱོར་ལམ་གྱིས་བསྡུས་པའི་སེམས་བྱུང་དུ་མ་ཡོད་པའི་ཕྱིར།

གཞན་ཡང་། མཚན་ཉིད་དེ་མི་འཐད་དེ། ཉན་ཐོས་མཐོང་ལམ་པའི་ཡོངས་འཛིན་དུ་གྱུར་པའི་དམན་ལམ་སློན་མ་སོང་གི་བྱང་སེམས་ཚོགས་ལམ་པའི་མཁྱེན་པ་དེ། མཚན་ཉིད་དེ་ཡིན་པ་གང་ཞིག མཚོན་བྱ་དེ་མ་ཡིན་པའི་ཕྱིར། དང་པོ་དེར་ཐལ། དེ་འདྲའི་བྱང་སེམས་ཚོགས་ལམ་པས་ཉན་ཐོས་མཐོང་ལམ་པ་རང་དབང་དུ་བསྐྱེད་པའི་ཕྱིར། དེར་ཐལ། དེ་དེའི་བདག་རྐྱེན་ཡིན་པའི་ཕྱིར་ཏེ། དེ་དེའི་ཡོངས་འཛིན་ཡིན་པའི་ཕྱིར། རྩ་རྟགས་གཉིས་པ་དེར་ཐལ། དམན་ལམ་སློན་མ་སོང་གི་བྱང་སེམས་ཀྱི་ཚོགས་ལམ་ཡིན་པའི་ཕྱིར།

ཁ་ཅིག རྣམ་བྱང་གི་དབང་པོ་ཡིན་ན། བྱང་ཕྱོགས་སོ་བདུན་གྱི་ནང་ཚན་དུ་གྱུར་པའི་རྣམ་བྱང་

95 清淨根

所謂「心完全作淨治」有二。初者，屬三十七菩提分中之清淨根有五，因有屬彼中之信、精進、念、定、慧根故。

第二，有云：「屬能自在生起自果聖道的入道智，乃三十七菩提分中之清淨根的性相。」不應理，因心王所攝之聲聞加行道是彼性相，且非彼名相故。初者理應如是，因是以自力出生自果聖道之入道智故。因彼以自力出生聲聞見道故。第二根本因理應如是，因若是彼之中的清淨根，須是心所故，因若是信根，須是心所，且其他四者亦須如是故。初者理應如是，因若是彼，須是信故。有添加心所而安立，亦不應理，因有許多非信等五根隨一之聲聞加行道所攝之心所故。

又，彼性相不應理，因屬聲聞見道者攝持之未曾入劣道菩薩資糧道者之智，是彼性相，且非彼名相故。初者理應如是，因如是之菩薩資糧道者自在生起聲聞見道者故。理應如是，因彼是彼（聲聞道者）之增上緣故，因彼是彼之攝持故。第二根本因理應如是，因是未曾入劣道之菩薩之資糧道故。

有云：「若是清淨根，周遍是屬三十七菩提分中之清淨根。」

གི་དབང་པོ་ཡིན་པས་ཁྱབ་ཟེར་ན། མི་འཐད་དེ། རྣམ་བྱང་གི་དབང་པོ་རྒྱུད་ལྡན་གྱི་ལམ་མ་ཞུགས་ཀྱི་གང་ཟག་ཡོད་པའི་ཕྱིར།

རང་ལུགས། སྦྱོར་ལམ་དྲོད་ཡན་ཆད་ཐོབ་པའི་སྒོ་ནས་རང་འབྲས་འཕགས་ལམ་བསྐྱེད་པ་ལ་རང་དབང་དུ་གྱུར་པའི་དད་སོགས་དབང་པོ་ལྔ་པོ་གང་རུང་དུ་གྱུར་པའི་མཐྱེན་པ། བྱང་ཕྱོགས་སོ་བདུན་གྱི་ནང་ཚན་དུ་གྱུར་པའི་རྣམ་བྱང་གི་དབང་པོའི་མཚན་ཉིད། དབྱེ་ན་ལྔ། ས་མཚམས་ཚོགས་ལམ་ཆུང་ངུ་ནས་སངས་རྒྱས་ཀྱི་སའི་བར་དུ་ཡོད།

不應理，因有相續具清淨根之未入道的補特伽羅故。

自宗：「屬以獲得加行道煖位以上之門自在生起自果聖道的信等五根隨一之智」，乃屬三十七菩提分中之清淨根之性相。分五。界限，從下品資糧道乃至佛地之間〔皆〕有。

རྣམ་བྱང་གི་སྐོར་བས།

རྡོ་བ་ལ་སོགས་པ་ཐོབ་པ་ལ་ཞེས་པར། གཉིས་ལས། དང་པོ་ནི། བྱང་ཕྱོགས་སོ་བདུན་གྱི་ནང་ཚན་དུ་གྱུར་པའི་རྣམ་བྱང་གི་སྐོབས་ལ་ལྔ་ཡོད་དེ། དེའི་ནང་ཚན་དུ་གྱུར་པའི་དད་པ་བརྩོན་འགྲུས་དྲན་པ་ཏིང་ངེ་འཛིན་ཤེས་རབ་རྣམས་སུ་ཡོད་པའི་ཕྱིར།

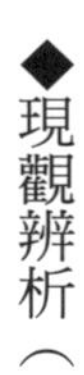

གཉིས་པ་ལ། ཁ་ཅིག རང་གི་མི་མཐུན་ཕྱོགས་ཀྱིས་བརྫི་བར་མི་ནུས་པའི་མཁྱེན་པ། རྣམ་བྱང་གི་སྐོབས་ཀྱི་མཚན་ཉིད་ཟེར་བ། མི་འཐད་དེ། རྣམ་བྱང་གི་སྐོབས་རྒྱུད་ལྡན་གྱི་ལམ་མ་ཞུགས་ཀྱི་གང་ཟག་ཡོད་པའི་ཕྱིར། དེར་ཐལ། བརྩོན་འགྲུས་ཀྱི་སྐོབས་རྒྱུད་ལྡན་གྱི་ལམ་མ་ཞུགས་ཀྱི་གང་ཟག་ཡོད་པའི་ཕྱིར། དེར་ཐལ། སྐོབས་དྲུག་རྒྱུད་ལྡན་གྱི་ལམ་མ་ཞུགས་ཀྱི་གང་ཟག་ཡོད་པའི་ཕྱིར་ཏེ། ཞི་གནས་རྒྱུད་ལྡན་གྱི་དེ་ཡོད་པའི་ཕྱིར།

ཡང་ཁ་ཅིག སྔ་མ་བྱང་ཕྱོགས་སོ་བདུན་གྱི་ནང་ཚན་དུ་གྱུར་པའི་རྣམ་བྱང་གི་སྐོབས་ཀྱི་མཚན་ཉིད་ཟེར་བ། མི་འཐད་དེ། མཚན་ཉིད་དེར་གྱུར་པའི་གཙོ་སེམས་ཡོད། མཚོན་བྱ་དེ་ཡིན་ན་སེམས་བྱུང་ཡིན་དགོས་པའི་ཕྱིར། དེར་ཐལ། དད་པའི་སྐོབས་སོགས་ལྔ་པོ་གང་རུང་ཡིན་ན། སེམས་བྱུང་ཡིན་པས་ཁྱབ་པའི་ཕྱིར། དེར་ཐལ། སྐོབས་ལྔ་པོ་གང་རུང་ཡིན་ན། དབང་པོ་ལྔ་པོ་གང་རུང་ཡིན་དགོས་པའི་ཕྱིར།

རང་ལུགས་ནི། སྦྱོར་ལམ་བཟོད་པ་ཡན་ཆད་ཐོབ་པའི་སྐྱོན་ནས་རང་གི་མི་མཐུན་ཕྱོགས་ཀྱིས་བརྫི་བར་མི་ནུས་པའི་དད་སོགས་དབང་པོ་ལྔ་པོ་གང་རུང་དུ་དམིགས་པའི་མཁྱེན་པ། བྱང་ཕྱོགས་སོ་བདུན་གྱི་ནང་ཚན་དུ་གྱུར་པའི་རྣམ་བྱང་གི་སྐོབས་ཀྱི་མཚན་ཉིད། དབྱེ་ན་ལྔ། ས་མཚམས་ཚོགས་ལམ་ཆུང་ངུ་ནས་སངས་རྒྱས་ཀྱི་སའི་བར་དུ་ཡོད།

96 清淨力

「獲得煖等[7]」有二。初者，屬三十七菩提分中之清淨力有五，因有屬彼中之信、精進、念、定、慧故。

第二，有云：「自之異品所無法屈伏之智，是清淨力之性相。」不應理，因有相續具清淨力之未入道的補特伽羅故。理應如是，因有相續具精進力之未入道的補特伽羅故。理應如是，因有相續具六力之未入道的補特伽羅故，因有相續具止之彼故。

又有云：「前者是屬三十七菩提分中之清淨力之性相。」不應理，因有屬彼性相之心王，若是彼名相須是心所故。理應如是，因若是信力等五者隨一，周遍是心所故。理應如是，因若是五力隨一，須是五根隨一故。

自宗：「以獲得加行道忍位以上之門，緣自之異品無法屈伏之信等五根隨一之智」，乃屬三十七菩提分中之清淨力的性相。分五，界限，自下品資糧道乃至佛地之間〔皆〕有。

བྱང་ཆུབ་ཡན་ལག

དྲོ་བ་ལ་སོགས་པ་བཞི་རྟོག་པ་ལ། ཞེས་སོགས་ལ་གཉིས་ལས། དང་པོ་ནི། བྱང་ཆུབ་ཡན་ལག་ལ་བདུན་ཡོད་དེ། དྲན་པ་ཡང་དག་བྱང་ཆུབ་ཀྱི་ཡན་ལག ཆོས་རབ་ཏུ་རྣམ་འབྱེད། བརྩོན་འགྲུས། དགའ་བ། ཤིན་སྦྱངས། ཏིང་ངེ་འཛིན། བཏང་སྙོམས་ཡང་དག་བྱང་ཆུབ་ཀྱི་ཡན་ལག་རྣམས་སུ་ཡོད་པའི་ཕྱིར།

གཉིས་པ་ལ། ཁ་ཅིག བདེན་བཞིའི་གནས་ལུགས་མངོན་སུམ་དུ་རྟོགས་པའི་མཁྱེན་པ། བྱང་ཆུབ་ཡན་ལག་གི་མཚན་ཉིད། ཟེར་བ། མི་འཐད་དེ། ཉན་ཐོས་ཀྱི་མཐོང་ལམ་སྡུག་བསྔལ་ཆོས་བཟོད་ཀྱིས་མ་ངེས་པའི་ཕྱིར། དེར་ཐལ། ཉན་ཐོས་ཀྱི་མཐོང་ལམ་བར་ཆད་མེད་ལམ་ཡིན་ན། སྟོང་ཉིད་མངོན་སུམ་དུ་མ་རྟོགས་པས་ཁྱབ་ཅིང་། དེ་ཡིན་ན། བྱང་ཆུབ་ཡན་ལག་ཡིན་དགོས་པའི་ཕྱིར།

གཞན་ཡང་། དེ་མི་འཐད་དེ། འཕགས་རྒྱུད་ཀྱི་མཁྱེན་པ་ཡིན་ན། བྱང་ཆུབ་ཡན་ལག་ཡིན་པས་ཁྱབ། འཕགས་པ་ཡིན་ན་སྟོང་ཉིད་རྟོགས་པས་མ་ཁྱབ་པའི་ཕྱིར།

ཁོ་ན་རེ། འཕགས་རྒྱུད་ཀྱི་མཁྱེན་པ་ཡིན་ན། བྱང་ཆུབ་ཡན་ལག་ཡིན་པས་མ་ཁྱབ་པར་ཐལ། དེ་ཡིན་ན་བྱང་ཆུབ་ཡན་ལག་བདུན་པོ་གང་རུང་ཡིན་པས་མ་ཁྱབ་པའི་ཕྱིར། དེ་བདུན་པོ་གང་རུང་ཡིན་ན། དྲན་པ་དང་ཆོས་རབ་ཏུ་རྣམ་འབྱེད་སོགས་བདུན་པོ་གང་རུང་ཡིན་པས་ཁྱབ་པའི་ཕྱིར། དད་པའི་དབང་པོ་སོགས་ལྔ་པོ་གང་རུང་ཡིན་ན། དད་སོགས་ལྔ་པོ་གང་རུང་ཡིན་པས་ཁྱབ་པའི་ཕྱིར་ཟེར་ན། མ་ཁྱབ་བོ། །

ཡང་ཁོ་ན་རེ། བྱང་ཆུབ་ཡན་ལག་ཡིན་ན། འཕགས་རྒྱུད་ཀྱི་མཁྱེན་པ་ཡིན་མི་དགོས་པར་ཐལ། ལམ་མ་ཞུགས་ན་བྱང་ཆུབ་ཡན་ལག་ཡོད་པའི་ཕྱིར། ལམ་མ་ཞུགས་ན་ལམ་ཤེས་ཀྱི་ཡན་ལག་ཡོད་པའི་ཕྱིར་ཟེར་ན། མ་ཁྱབ་སྟེ། མདོ་བསྟན་བཅོས་ལས། ལམ་ཤེས་ཀྱི་ཡན་ལག་འཆད་པའི་ཚེ་ལམ་ཤེས་ཀྱི་རྒྱུའི་སྐོར་ནས་བཤད་པ་ཡོད། བྱང་ཆུབ་ཡན་ལག་འཆད་པའི་ཚེ་དེ་ལྟར་བཤད་པ་མེད་པའི་ཕྱིར།

97 等覺支

「證得煖等四位……」等有二。初者，菩提支有七，因有正念菩提支、擇法、精進、喜、輕安、定、行捨清淨菩提支等故。

第二，有云：「現證四諦實相之智，乃菩提支的性相。」不應理，因聲聞見道苦法忍不定故。理應如是，因若是聲聞見道無間道，周遍不現證空性，且若是彼，須是菩提支故。

又，彼不應理，因若是聖者相續之智，周遍是菩提支，若是聖者不周遍通達空性故。

有云：「若是聖者相續之智，理應不周遍是菩提支，因若是彼不周遍是七菩提支隨一故。因若是彼七者隨一，周遍是念與擇法等七者隨一故。因若是信根等五者隨一，周遍是信等五者隨一故。」不周遍。

又有云：「若是菩提支，理應不須是聖者相續之智，因未入道有菩提支故。因未入道有道相智之支分故。」不周遍，因經論中講說道相智之支分時，有以道相智之因之門講說，講說菩提支之時無如是講說故。

རང་ལུགས། རང་འབྲས་བྱང་ཆུབ་ཀྱི་རྒྱུར་གྱུར་པའི་འཕགས་རྒྱུད་ཀྱི་མཁྱེན་པ། བྱང་ཆུབ་ཡན་ལག་གི་མཚན་ཉིད། དབྱེ་ན་བདུན། ས་མཚམས་ཚོགས་ལམ་ཆུང་ངུ་ནས་སངས་རྒྱས་ཀྱི་སའི་བར་དུ་ཡོད།

ཁོ་ན་རེ། ས་མཚམས་མི་འཐད་དེ། དེའི་མ་མཐའི་ས་མཚམས་མཐོང་ལམ་ནས་འཛིན་རིགས་པའི་ཕྱིར་ཞེ་ན། སྐྱོན་མེད་དེ། དམན་ལམ་སྔོན་སོང་གི་དབང་དུ་བྱས་ན་ཚོགས་ལམ་ཆུང་ངུ་ནས་བཞག་ཚོག་པའི་ཕྱིར།

自宗：「屬自果菩提之因的聖者相續之智」，乃等覺支之性相。分七。界限，從下品資糧道乃至佛地之間〔皆〕有。

有云：「界限不應理，因彼之最下界限可持為自見道起故。」無過，因若以曾入劣道而言，可自下品資糧道安立故。

འཕགས་ལམ་ཡན་ལག་བརྒྱད།

བདེན་པ་མཐོང་བ་ཡོངས་སུ་ཤེས་པ། ཞེས་སོགས་ལ། གཉིས་ལས། དང་པོ་ནི། འཕགས་ལམ་ཡན་ལག་བརྒྱད་ཡོད་དེ། ཡང་དག་པའི་ལྟ་བ་འཕགས་ལམ་ཡན་ལག ཡང་དག་པའི་རྟོག་པ། ཡང་དག་པའི་ངག ལས་ཀྱི་མཐའ། འཚོ་བ། ཡང་དག་པའི་རྩོལ་བ། དྲན་པ། ཡང་དག་པའི་ཏིང་ངེ་འཛིན་འཕགས་ལམ་ཡན་ལག་རྣམས་སུ་ཡོད་པའི་ཕྱིར།

གཉིས་པ་ལ། བདེན་བཞིའི་གནས་ལུགས་མངོན་སུམ་དུ་རྟོགས་པའི་འཇིག་རྟེན་ལས་འདས་པའི་ལམ། འཕགས་ལམ་ཡན་ལག་གི་མཚན་ཉིད་ཟེར་བ། མི་འཐད་དེ། ཉན་ཐོས་ཀྱི་མཐོང་ལམ་སྡུག་བསྔལ་ཆོས་བཟོད་ཀྱིས་མ་ངེས་པའི་ཕྱིར་ཏེ། འཕགས་རྒྱུད་ཀྱི་མཁྱེན་པ་ཡིན་ན་འཕགས་ལམ་ཡན་ལག་ཡིན་དགོས་པའི་ཕྱིར།

ཁོན་རེ། རྣམ་མཁྱེན་གྱི་རྣམ་པ་ཡིན་ན། ཉན་ཐོས་ལ་ཡོད་པ་དང་རྗེས་སུ་མཐུན་པའི་གཞི་ཤེས་ཀྱི་རྣམ་པ་ཡིན་དགོས་པར་ཐལ། འཕགས་རྒྱུད་ཀྱི་མཁྱེན་པ་ཡིན་ན། འཕགས་ལམ་ཡན་ལག་ཡིན་དགོས་པའི་ཕྱིར་ན། མ་ཁྱབ་བོ། །

རང་ལུགས་ནི། རང་འབྲས་འཕགས་ལམ་གྱི་རྒྱུར་གྱུར་པའི་འཕགས་རྒྱུད་ཀྱི་མཁྱེན་པ་འཕགས་ལམ་ཡན་ལག་གི་མཚན་ཉིད། དབྱེ་ན་བརྒྱད། ས་མཚམས་སྔར་བཞིན་ནོ། །

◆現觀辨析（下）

98 八聖道支

「圓滿了知現見真諦……」等分二。初者，聖道支有八，因有正見聖道支、正思惟、正語、正業、正命、正精進、正念、正定聖道支故。

第二，「現證四諦實相之出世間道，乃聖道支之性相。」不應理，因聲聞見道苦法忍不定故。因若是聖者相續之智須是聖道支故。

有云：「若是一切相智之行相，理應須是隨順於聲聞有之基智行相，因若是聖者相續之智，須是聖道支故。」不周遍。

自宗：「屬自果聖道之因的聖者相續之智」，乃聖道支之性相。分八。界限如前。

འགོག་སྙོམས་སྐྱེ་བའི་རྟེན་དང་། བརྟེན་པ་འགོག་སྙོམས་བཤད་པ།

འཇིག་རྟེན་ལས་འདས་པའི་ལམ་ལ། །ཞེས་སོགས་ཀྱི་སྐབས་སུ་གཉིས་ལས། དང་པོ་ནི། འཇིག་རྟེན་ལས་འདས་པའི་ལམ་ལ་སྦྱར་བརྗོད་རིགས་ཀྱི་སྒོ་ནས་དབྱེ་ན། དགུ་ཡོད་དེ། འཇིག་རྟེན་ལས་འདས་པའི་ལམ་དུ་གྱུར་པའི་བསམ་གཏན་བཞི། དེར་གྱུར་པའི་གཟུགས་མེད་ཀྱི་སྙོམས་འཇུག་བཞི། འདས་ལམ་གྱི་སྟོབས་ཀྱིས་ཐོབ་པའི་འགོག་པའི་སྙོམས་འཇུག་རྣམས་སུ་ཡོད་པའི་ཕྱིར།

ཁ་ཅིག འཇིག་རྟེན་ལས་འདས་པའི་ལམ་ལ་དགུ་ཡོད་དེ། བསམ་གཏན་བཞི། གཟུགས་མེད་བཞི། འགོག་སྙོམས་རྣམས་སུ་ཡོད་པའི་ཕྱིར་ཟེར་བ། མི་འཐད་དེ། བསམ་གཏན་བཞི། གཟུགས་མེད་བཞི་འདས་ལམ་མ་ཡིན། འགོག་སྙོམས་ཀྱང་འདས་ལས་མ་ཡིན་པའི་ཕྱིར། དང་པོ་དེར་ཐལ། དེ་བརྒྱད་རྒྱུད་ལྡན་གྱི་ཕྱི་རོལ་པ་ཡོད་པའི་ཕྱིར། ཕྱི་མ་དེར་ཐལ། འགོག་སྙོམས་ཤེས་པ་མ་ཡིན་པའི་ཕྱིར་དང་། དེ་ལས་ཉམས་པའི་གང་ཟག་ཀྱང་ཡོད་པའི་ཕྱིར། གཉིས་པ་དེར་ཐལ། མིའི་རྟེན་ཅན་གྱི་ཕྱིར་མི་འོང་ལུས་མངོན་བྱེད། ལས་ཉོན་གྱི་དབང་གིས་གཟུགས་ཁམས་སུ་སྐྱེ་བ་ལེན་པ་ཡོད་པའི་ཕྱིར།

ཁ་ཅིག འཇིག་རྟེན་ལས་འདས་པའི་ལམ་ལ་སྦྱར་བརྗོད་རིགས་ཀྱི་སྒོ་ནས་དབྱེ་ན་དགུ་ཡོད་དེ། འཇིག་རྟེན་ལས་འདས་པའི་ལམ་གྱི་ངོ་བོར་གྱུར་པའི་བསམ་གཏན་བཞི། དེའི་ངོ་བོར་གྱུར་པའི་གཟུགས་མེད་བཞི་འགོག་སྙོམས་རྣམས་སུ་ཡོད་པའི་ཕྱིར་ཟེར་ན། མི་འཐད་དེ། འཇིག་རྟེན་ལས་འདས་པའི་ལམ་གྱི་ངོ་བོ་ཡིན་ན། འཇིག་རྟེན་ལས་འདས་པའི་ལམ་ཡིན་པས་མ་ཁྱབ་པའི་ཕྱིར། འཇིག་རྟེན་ལས་འདས་པའི་ལམ་གྱི་ཚོས་ཉིད་ཀྱིས་མ་ངེས་པའི་ཕྱིར།

གཉིས་པ་ལ། འགོག་སྙོམས་སྐྱེ་བའི་རྟེན་དང་། བརྟེན་པ་འགོག་སྙོམས་བཤད་པ་གཉིས། དང་པོ་ལ། ལུས་རྟེན་དང་། སེམས་རྟེན་གཉིས།

དང་པོ་ནི། ཁ་ཅིག འགོག་སྙོམས་དངོས་སུ་གསར་དུ་སྐྱེ་བའི་ལུས་རྟེན་ཅན་གྱི་གང་ཟག་ཡིན་ན་མི་ཡིན་པས་ཁྱབ་སྟེ། མཛོད་ལས། འགོག་པ་དང་པོ་མིའི་ནང་དུ། །ཞེས་དང་། ཀུན་བཏུས་ལས།

99 講說生起滅盡定之所依及能依滅盡定

「出世道……」等之時有二。初者，出世間道堪以聲詮之門分有九，因有出世間道之四靜慮、屬彼之四無色等至、以出世間道之力獲得之滅盡定故。

有云：「出世間道有九，因有四靜慮、四無色、滅盡定故。」不應理，因四靜慮、四無色非出世間道，滅盡定亦非出世間道故。初者理應如是，因有相續具彼八者之外道故。後者理應如是，因滅盡定非知覺，及亦有從彼退失之補特伽羅故。第二理應如是，因具人所依之不還身證有以業煩惱之力投生色界故。

有云：「出世間道，堪以聲詮之門分有九，因有屬出世間道體性之四靜慮、屬彼體性之四無色、滅盡定故。」不應理，因若是出世間道體性，不周遍是出世間道故，因出世間道之法性不定故。

第二有二：講說生起滅盡定之所依及能依滅盡定。初者有二：身所依及心所依。

初者，有云：「若是具直接新生滅盡定之身所依的補特伽羅，周遍是人，因《俱舍論》云：『滅定初人中。[8]』及《集論》云：

འགོག་པའི་སྙོམས་པར་འཇུག་པ་ནི་འཇིག་རྟེན་ལས་འདས་པ་སྟེ། མི་རྣམས་ཀྱི་ནང་དུ་མངོན་པར་སྒྲུབ་བོ། །ཞེས་གསུངས་པའི་ཕྱིར་ཞེ་ན། འོ་ན། འདོད་ལྷའི་རྟེན་ཅན་གྱི་ཕྱིར་མི་འོང་ལུས་མངོན་བྱེད་དེ། མིའི་རྟེན་ལ་འགོག་སྙོམས་ཐོབ་པ་སྔོན་སོང་ཡིན་པར་ཐལ། དེ་ཡོད། འདོད་ལྷའི་རྟེན་ལ་འགོག་སྙོམས་དངོས་སུ་གསར་དུ་སྐྱེ་བ་མེད་པའི་ཕྱིར། དང་པོ་དེར་ཐལ། རྒྱལ་པོའི་སྲས་ལས། འགོག་སྙོམས་ལ་གནས་པའི་ལུས་རྟེན་ལ་གླིང་གསུམ་གྱི་མི་དང་འདོད་ལྷ་རིགས་དྲུག་གཟུགས་ཁམས་གནས་རིགས་བཅུ་དྲུག་གི་ལྷ་སྟེ་ཉེར་ལྔ་བཤད་པའི་ཕྱིར། གཉིས་པ་དེར་ཐལ། རྩ་བའི་དམ་བཅའ་དེའི་ཕྱིར། རྩ་བར་འདོད་ན། འདོད་པར་ལས་ཉོན་གྱིས་སྐྱེ་བ་ལེན་པའི་ཕྱིར་མི་འོང་ཡོད་པར་ཐལ། འདོད་པའི་ཕྱིར།

ཁ་ཅིག སྐྱོན་མེད་དེ། ལུང་གཉིས་ཀྱི་དོན་གཟུགས་ཀྱི་རྟེན་ཅན་གྱི་ཕྱིར་མི་འོང་ལུས་མངོན་བྱེད་ཡིན་ན། མིའི་རྟེན་ལ་འགོག་སྙོམས་ཐོབ་པ་སྔོན་སོང་ཡིན་དགོས་པ་ལ་དགོངས་པའི་ཕྱིར་ཟེར་བ། མི་རིགས་ཏེ། འདོད་ལྷའི་རྟེན་ཅན་གྱི་ཕྱིར་མི་འོང་ལུས་མངོན་བྱེད་ཀྱི་རྟོགས་པ་སྔོན་སོང་གི་གཟུགས་ཀྱི་རྟེན་ཅན་གྱི་ཕྱིར་མི་འོང་ལུས་མངོན་བྱེད་ཡོད་པའི་ཕྱིར།

རང་ལུགས། ལུང་དེ་གཉིས་ཀྱི་དོན་བཤད་དུ་ཡོད་དེ། གཟུགས་ཀྱི་རྟེན་ཅན་གྱི་ཕྱིར་མི་འོང་ལུས་མངོན་བྱེད་ཕལ་ཆེ་བ་མིའི་རྟེན་ལ་འགོག་སྙོམས་ཐོབ་པ་སྔོན་སོང་གི་དབང་དུ་བྱས་པའི་ཕྱིར།

སྐྱེས་ཟིན་གནས་པའི་རྟེན་ལ། ཁ་ཅིག འདོད་གཟུགས་གཉིས་ན་ཡོད་ཀྱི་གཟུགས་མེད་ཁམས་སུ་འགོག་སྙོམས་ལ་སྙོམས་པར་འཇུག་པ་མེད་དེ། མཛོད་ལས། གཉིས་ཀ་འདོད་དང་གཟུགས་རྟེན་ཅན། །ཞེས་དང་། ཀུན་བཏུས་ལས་མི་རྣམས་ཀྱི་ནང་དུ་མངོན་པར་སྒྲུབ་ནས་མི་རྣམས་ཀྱི་ནང་དུ་འམ། གཟུགས་ཀྱི་ཁམས་སུ་མངོན་དུ་བྱེད་དོ། །གཟུགས་མེད་པའི་ཁམས་རྣམས་སུ་ནི་འདི་མངོན་དུ་འགྱུར་བ་མེད་དེ། ཞི་བའི་རྣམ་པར་ཐར་པའི་རྣམ་པར་སྨིན་པས་གནས་པ་རྣམས་ནི་དེ་ལ་འབད་པའི་རྩོམ་པ་མེད་པའི་ཕྱིར། ཞེས་གསུངས་པའི་ཕྱིར་ཞེ་ན། མི་འཐད་དེ། གཟུགས་མེད་ཀྱི་རྟེན་ཅན་གྱི་ཕྱིར་མི་འོང་ལུས་མངོན་བྱེད་དང་། གཉིས་ཀའི་ཚ་ལས་རྣམ་པར་གྲོལ་བའི་ཉན་ཐོས་དགྲ་བཅོམ་ཡོད།

『滅定亦是出世間攝，由聖道後所證得故。要於人趣方能引發。[9]』故。」那麼，具欲天所依之不還身證，理應是以人所依先行獲得滅盡定，因有彼，無以欲天所依直接新生滅盡定故。初者理應如是，因《王子疏抄》提及：安住滅盡定之身所依有三洲之人、六欲天、色界十六天，共二十五。第二理應如是，因根本宗故。若許根本，理應有以業煩惱投生於欲界之不還，因許故。

有云：「無過，因〔此〕二文之義慮及若是具色界所依不還身證，須是以人所依先行獲得滅盡定故。」不合理，因有具以欲天所依不還身證證量先行之色界所依不還身證故。

自宗：有講說此二文之義：因以「大部分具色界所依不還身證以人所依先行獲得滅盡定」而言故。

於已生而安住之所依，有云：「於欲、色界二者有，於無色界沒有入滅盡定，因《俱舍論》云：『二定依欲色。[10]』及《集論》云：『於諸人趣中現前成辦，後於諸人趣或色界中現前，生無色界不現起，因住寂靜解脫異熟者無於彼精勤故。[11]』故。」彼不應理，因有具無色〔界〕所依不還身證及俱分解脫之聲聞阿羅漢，若是不還身證，周遍獲得八解脫定，若是俱分解脫之聲聞阿羅漢亦是周遍獲得八解脫定故。第二理應如是，因《俱舍論》云：「得滅定不還，

ཕྱིར་མི་འོང་ལུས་མངོན་བྱེད་ཡིན་ན། རྣམ་ཐར་བརྒྱད་ཐོབ་པས་ཁྱབ། གཉིས་ཀའི་ཆ་ལས་རྣམ་པར་གྲོལ་བའི་ཉན་ཐོས་དགྲ་བཅོམ་ཡིན་ན་ཡང་རྣམ་ཐར་བརྒྱད་ཐོབ་པས་ཁྱབ་པའི་ཕྱིར། གཉིས་པ་དེར་ཐལ། མཛོད་ལས། འགོག་པ་ཐོབ་པའི་ཕྱིར་མི་འོང་། །ལུས་ཀྱི་མངོན་སུམ་བྱེད་པར་འདོད། །ཅེས་དང་། ཀུན་བཏུས་ལས། ལུས་ཀྱི་མངོན་སུམ་དུ་བྱེད་པ་གང་ཞེ་ན། གང་སློབ་པ་རྣམ་པར་ཐར་པ་བརྒྱད་ལ་བསམ་གཏན་པའི་གང་ཟག་གོ། ཞེས་གསུངས་པའི་ཕྱིར། གཉིས་པ་དེར་ཐལ། མཛོད་ལས། འགོག་ཐོབ་གཉིས་ཀ་ལས་རྣམ་གྲོལ། །ཞེས་དང་། ཀུན་བཏུས་ལས། གཉིས་ཀའི་ཆ་ལས་རྣམ་པར་གྲོལ་བ་གང་ཞེ་ན། གང་ཟག་པ་ཟད་པ་རྣམ་པར་ཐར་པ་བརྒྱད་ལ་བསམ་གཏན་པའི་གང་ཟག་གོ །ཞེས་གསུངས་པའི་ཕྱིར།

རང་ལུགས། མངོན་པ་གོང་འོག་གི་ལུང་སྟ་མ་གཉིས་ཀྱི་དོན་ཁྱད་དུ་ཡོད་དེ། ཚོར་འདུ་རགས་པས་སྐྱོ་ནས་དེ་ཞི་བའི་དོན་དུ་འགོག་སྙོམས་ལ་སྙོམས་པར་འཇུག་པ་གཟུགས་མེད་ཁམས་ན་མེད་པ་ལ་དགོངས་པའི་ཕྱིར།

གཉིས་པ་སེམས་རྟེན་ལ། ཁ་ཅིག འགོག་སྙོམས་སྐྱེད་བྱེད་ཀྱི་སྲིད་རྩེའི་དངོས་གཞི་སྙོམས་འཇུག་དེ། དེའི་སེམས་རྟེན་ཡིན་ཟེར་བ། མི་འཐད་དེ། དེའི་སེམས་རྟེན་དུ་གྱུར་པའི་ཁམས་གསུམ་གྱི་སེམས་གང་ཡང་མེད་པའི་ཕྱིར། དེར་ཐལ། དེ་ཤེས་པ་མ་ཡིན་པའི་ཕྱིར། མ་ཁྱབ་ན། སངས་རྒྱས་འཕགས་པའི་སེམས་རྟེན་ཡོད་པར་ཐལ། མ་ཁྱབ་པ་དེའི་ཕྱིར། འདོད་ན། མ་ཁྱད་དོ། །

རང་ལུགས། ཁམས་གསུམ་གྱི་སེམས་ཀྱི་ནང་ནས་སྲིད་རྩེའི་སེམས་ཀྱིས་འགོག་སྙོམས་འདྲེན་པ་ཡོད་པ་ལ་དགོངས་ནས་སེམས་རྟེན་དུ་བཤད་པ་ཡིན་ཏེ། མཛོད་ལས། འགོག་པའི་སྙོམས་པར་འཇུག་པའོ། །ཞི་བ་ཞི་བའི་མཇུག་ཐོགས་སུ། །ཞེས་དང་། ཀུན་བཏུས་ལས། སྲིད་པའི་རྩེ་མོ་ལས་གྱེན་དུ་བསྐྱོད་པ། །ཞེས་གསུངས་པའི་ཕྱིར། དེ་ཡང་ཐོག་མར་འགོག་སྙོམས་ལ་སྙོམས་པར་འཇུག་པའི་དབང་དུ་བྱས་ཀྱི། རྣམ་པ་ཐམས་ཅད་དུ་ངེས་པ་མ་ཡིན་ཏེ། བྱང་སེམས་འཕགས་པས་

轉名為身證。[12]」及《集論》云：「何等身證補特伽羅？謂諸有學已具證得八解脫定。[13]」故。第二理應如是，因《俱舍論》云：「俱由得滅定。[14]」及《集論》云：「何等俱分解脫補特伽羅？謂已盡諸漏及具證得八解脫定。[15]」故。

自宗：有講說前上下二對法論文之義，因慮及〔由〕厭離粗分受想，為息滅彼而入滅盡定，於無色界無故。

第二、心所依，有云：「能生滅盡定之有頂根本等至，是彼之心所依。」不應理，因沒有任何屬彼之心所依的三界心故。理應如是，因彼非知覺故。若不周遍，理應有佛聖者之心所依，因前之不周遍故。若許，〔佛聖者之心所依在任何經典都〕沒有開示。

自宗：慮及三界之心中，有有頂心引生滅盡定而講說心所依，因《俱舍論》云：「滅受想解脫，微微無間生。[16]」《集論》云：「超過有頂。[17]」故。彼亦以最初入滅盡定而言，不是一切相中都一定，因菩薩聖者有剛從初靜慮起，中間不經由餘等至間隔而無間入滅盡定故。理應如是，因菩薩聖者有於上行初靜慮間雜滅定而入定之超

བསམ་གཏན་དང་པོ་ལས་ལངས་མ་ཐག་ཏུ། སྙོམས་འཇུག་གཞན་བར་དུ་མ་ཆུད་པར་འགོག་པ་ལ་སྙོམས་པར་འཇུག་པ་ཡོད་པའི་ཕྱིར། དེར་ཐལ། བྱང་འཕགས་ཀྱིས་ཡར་སོང་བསམ་གཏན་དང་པོ་ལ་འགོག་པ་སྤྱིལ་ནས་སྙོམས་པར་འཇུག་པའི་ཐོད་རྒལ་གྱི་ཏིང་ངེ་འཛིན་ཡོད་པའི་ཕྱིར།

གཞན་ཡང་འགོག་པ་ལས་ལྡང་བའི་ལྡང་སེམས་ངེས་པར་སྲིད་རྩེའི་སེམས་ལ་བྱེད་དགོས་པར་ཐལ། རྩ་བའི་དམ་བཅའ་དེའི་ཕྱིར། འདོད་ན། བྱང་འཕགས་ཀྱིས་འགོག་སྙོམས་ལས་ལྡང་བའི་ཚེ། སྲིད་རྩེའི་སེམས་མངོན་དུ་མ་བྱས་པར་འགོག་སྙོམས་ལས་ལྡང་མི་ནུས་པར་ཐལ། འདོད་པའི་ཕྱིར། འདོད་ན། བྱང་འཕགས་ཀྱིས་ཡར་སོང་བསམ་གཟུགས་བརྒྱད་ལ་འགོག་པ་སྤྱིལ་བའི་ཚེ། སྤྱིལ་གཞི་བརྒྱད་དང་སྤྱིལ་ཆོས་འགོག་པའི་བར་དུ་སྲིད་རྩེའི་སེམས་རེ་རེ་ངེས་པར་མངོན་དུ་བྱེད་དགོས་པར་ཐལ། འདོད་པའི་ཕྱིར། འདོད་མི་ནུས་ཏེ། ཡར་སོང་ལ་འགོག་པ་སྤྱིལ་བའི་ཐོད་རྒལ་ལ་གནས་བཅུ་དྲུག་ཏུ་ངེས་པའི་ཕྱིར།

གཞན་ཡང་། འདོད་སེམས་ལ་བརྟེན་ནས་འགོག་པ་ལ་སྙོམས་པར་འཇུག་ནུས་པ་མེད་པར་ཐལ། རྩ་བའི་ཁས་ལེན་དེའི་ཕྱིར། འདོད་མི་ནུས་ཏེ། མར་འོང་སྙོམས་འཇུག་དགུ་ལ་འདོད་སེམས་སྤྱིལ་བའི་ཐོད་རྒལ་གྱི་ཏིང་ངེ་འཛིན་ཡོད་པའི་ཕྱིར།

གཉིས་པ་བརྟེན་པ་འགོག་སྙོམས་ཆ་ཤས་པ་ལ། དགག་གཞི་ཡིད་ཀྱི་རྣམ་ཤེས་ཀྱི་སྟེང་དུ་དགག་བྱ་ཚོགས་དྲུག་རགས་པ་འཁོར་བཅས་བཀག་པའི་ལྡན་མིན་འདུ་བྱེད་དེ། འགོག་སྙོམས་ཀྱི་མཚན་ཉིད་ཟེར། ཁ་ཅིག དེ་མི་རིགས་ཏེ། གཟུགས་ཁམས་པའི་གང་ཟག་གི་རྒྱུད་ཀྱི་འགོག་སྙོམས་དེ་འགོག་སྙོམས་གང་ཞིག མཚན་ཉིད་དེ་མ་ཡིན་པའི་ཕྱིར། ཕྱི་མ་གྲུབ་སྟེ། གཟུགས་ཁམས་པའི་གང་ཟག་གི་རྒྱུད་ལ་རྣམ་ཤེས་ཚོགས་དྲུག་མེད་པའི་ཕྱིར། དེར་ཐལ། དེའི་རྒྱུད་ལ་སྣའི་རྣམ་ཤེས་དང་ལྕེའི་རྣམ་ཤེས་མེད་པའི་ཕྱིར། དེར་ཐལ། གཟུགས་ཀྱི་སས་བསྡུས་ཀྱི་དྲི་རོ་མེད་པའི་ཕྱིར་ཟེར། འོ་ན། སངས་འཕགས་དེ་ཡིད་ཀྱི་རྣམ་ཤེས་ཀྱི་སྟེང་དུ་སྒྲིབ་གཉིས་བཀག་པའི་གང་ཟག་མ་ཡིན་པར་ཐལ། དེའི་ཐུགས་རྒྱུད་ལ་སྒྲིབ་གཉིས་མེད་པའི་ཕྱིར། ཁྱབ་པ་ཁས།

越三摩地故。

復次，自滅定起之起心，理應必須是有頂心，因根本宗故。若許，菩薩聖者從滅盡定起時，有頂心不現起理應無法從滅盡定起，因許故。若許，菩薩聖者於上行靜慮無色八者間雜滅定之時，於八間雜事與八間雜法滅定之間，個別理應須現起有頂心，因許故。不能許，因上行間雜滅定之超越，決定〔有〕十六處故。

復次，依欲心理應無法入滅定，因根本承許故。不能許，因有於下行九等至間雜欲心之超越三摩地故。

第二、講說能依滅盡定，〔有云：〕「於滅盡事——意識之上，遮除所滅盡——粗分六聚〔識〕[②]與眷屬之不相應行，乃滅盡定之性相。」有云：「彼不合理，因色界補特伽羅相續之滅盡定，是滅盡定，且非彼性相故。後者成立，因色界補特伽羅相續中無六聚識故。理應如是，因彼之相續中無鼻識及舌識故。理應如是，因沒有色〔界〕地攝之氣味、滋味故。」那麼，佛聖者，彼理應不是於意識之上遮斷二障之補特伽羅，因彼之心續中無二障故。承許周遍。

② 六聚識：指眼識、耳識、鼻識、舌識、身識、意識六者。

ཁོ་ན་རེ། དེའི་རྒྱུད་ལ་སྣའི་རྣམ་ཤེས་དང་ལྕེའི་རྣམ་ཤེས་ཡོད་པར་ཐལ། དེའི་རྒྱུད་ལ་སྣའི་དབང་པོ་དང་། ལྕེའི་དབང་པོ་ཡོད་པའི་ཕྱིར་ཟེར་ན། མ་ཁྱབ། རྟགས་དེར་ཐལ། མཛོད་ལས། གཟུགས་ཀྱི་ཁམས་ན་བཅུ་བཞིའོ། །དྲི་དང་རོ་དང་སྣ་དང་ནི། །ལྕེ་ཡིན་རྣམ་ཤེས་ཁམས་མ་གཏོགས། །ཞེས་གསུངས་པའི་ཕྱིར།

རང་ལུགས་ཀྱི་སྐྱོན་ནི། རྩ་བའི་མཚན་ཉིད་དེ་མི་འཐད་དེ། འགོག་སྙོམས་དེ་དེ་མ་ཡིན་པའི་ཕྱིར། དེར་ཐལ། འདུ་ཤེས་མེད་པའི་སྙོམས་འཇུག་དེ་དེ་མ་ཡིན་པ་གང་ཞིག རྒྱུ་མཚན་མཚུངས་པའི་ཕྱིར། དང་པོ་མ་གྲུབ་ན། དེ་ཆོས་ཅན། འགོག་སྙོམས་ཡིན་པར་ཐལ། མཚན་ཉིད་དེའི་ཕྱིར། ཁྱབ་པ་ཁས། འདོད་ན། རང་ཐོབ་བྱེད་ཀྱི་འདས་ལམ་གྱི་སྟོབས་ཀྱིས་ཐོབ་པར་ཐལ། འདོད་པའི་ཕྱིར།

གཞན་ཡང་། རྩ་བའི་དེ་མི་འཐད་དེ། སངས་རྒྱས་འཕགས་པའི་ཐུགས་རྒྱུད་ཀྱི་འགོག་སྙོམས་མཚན་ཉིད་དེ་མ་ཡིན་པའི་ཕྱིར། དེའི་ཐུགས་རྒྱུད་ལ་ཚོགས་དྲུག་རགས་པ་ཡོད་པའི་ཕྱིར། དེའི་ཐུགས་རྒྱུད་ལ་ཚོགས་དྲུག་མངོན་གྱུར་བ་ཡོད་པའི་ཕྱིར། དེའི་ཐུགས་རྒྱུད་ལ་ཚོགས་དྲུག་ཡོད་པའི་ཕྱིར།

ཁོ་ན་རེ། དེའི་ཐུགས་རྒྱུད་ཀྱི་ཡིད་ཀྱི་རྣམ་ཤེས་ཡིན་ན་ཡིད་ཀྱི་རྣམ་ཤེས་རགས་པ་ཡིན་དགོས་པར་ཐལ། དེའི་ཐུགས་རྒྱུད་ལ་དེ་རགས་པ་ཡོད་པའི་ཕྱིར། འདོད་ན། དེའི་ཐུགས་རྒྱུད་ལ་ཡིད་ཀྱི་རྣམ་ཤེས་ཕྲ་མོ་མེད་པར་ཐལ། འདོད་པའི་ཕྱིར་ན། མ་ཁྱབ་སྟེ། དེའི་ཐུགས་རྒྱུད་ཀྱི་ཡིད་ཀྱི་རྣམ་ཤེས་ཕྲ་རགས་གཉིས་དོན་གཅིག་པའི་ཕྱིར། དེའི་ཐུགས་རྒྱུད་ཀྱི་ཀུན་རྫོབ་གཟུགས་སྒྲ་སོགས་དངོས་ཡུལ་དུ་བྱེད་པའི་ཡིད་ཀྱི་རྣམ་ཤེས་དང་། དེའི་ཐུགས་རྒྱུད་ཀྱི་དོན་དམ་དངོས་ཡུལ་དུ་བྱེད་པའི་ཡིད་ཀྱི་རྣམ་ཤེས་རྣམས་དོན་གཅིག་པའི་ཕྱིར། ཁྱབ་སྟེ། བྱང་འཕགས་ཀྱི་རྒྱུད་ཀྱི་དོན་དམ་དངོས་ཡུལ་དུ་བྱེད་པའི་ཡིད་ཀྱི་རྣམ་ཤེས་དང་། ཀུན་རྫོབ་དངོས་ཡུལ་དུ་བྱེད་པའི་ཡིད་ཀྱི་རྣམ་ཤེས་འགལ་ན། དེའི་རྒྱུད་ཀྱི་ཡིད་ཀྱི་རྣམ་ཤེས་ཕྲ་རགས་གཉིས་འགལ་བས་ཁྱབ་པའི་ཕྱིར།

ཁོ་ན་རེ། སངས་འཕགས་ཀྱི་ཐུགས་རྒྱུད་ལ་མ་ཞི་བའི་རྣམ་ཤེས་ཡོད་པར་ཐལ། དེའི་ཐུགས་

有云：「彼之相續中理應有鼻識與舌識，因彼之相續中有鼻根及舌根故。」不周遍。彼因理應如是，因《俱舍論》云：「色界繫十四，除香味二識。[18]」故。

自宗〔指出〕之過失：根本性相不應理，因滅盡定非彼故。理應如是，因無想等至非彼，且原因相同故。若初者不成，彼為有法，理應是滅盡定，因彼性相故。承許周遍。若許，理應是以能得自之出世間道之力獲得，因許故。

復次，根本之彼〔性相〕理應不應理，因佛聖者心續之滅盡定非此性相故，因彼之心續中有粗分六聚〔識〕故，因彼之心續中有六聚〔識〕現行故，因彼相續中有六聚〔識〕故。

有云：「若是彼之心續之意識，理應須是粗分意識，因彼之心續中有粗分彼故。若許，彼之心續中理應沒有細分意識，因許故。」不周遍，因彼之心續之粗、細分意識二者同義故，因彼心續之以世俗色聲等為直接境的意識與彼心續之以勝義為直接境之意識同義故。周遍，因菩薩聖者相續之以勝義為直接境之意識與以世俗為直接境之意識若相違，周遍彼之相續之粗、細分意識二者相違故。

有云：「於佛聖者心續中理應有不寂靜識，因彼心續中有粗分

རྒྱུད་ལ་ཚོགས་དྲུག་རགས་པ་ཡོད་པའི་ཕྱིར་ན། མ་ཁྱབ། འདོད་ན། དེའི་ཐུགས་རྒྱུད་ལ་སྐྱོན་དང་བཅས་པའི་རྣམ་ཤེས་ཡོད་པར་ཐལ་ལོ། །ཞེ་ན། ལོ་ན། མཐོང་ལམ་བར་ཆད་མེད་ལམ་ལ་གནས་པའི་སེམས་དཔའི་རྒྱུད་ལ་མ་ཞི་བའི་ཤེས་པ་ཡོད་པར་ཐལ། དེའི་རྒྱུད་ལ་ཡིད་ཤེས་རགས་པ་ཡོད་པའི་ཕྱིར། ཁྱབ་པ་ཁས། མ་གྲུབ་ན། དེར་ཐལ། དེའི་རྒྱུད་ཀྱི་མཐོང་ལམ་བར་ཆད་མེད་ལམ་ཉམས་སུ་མྱོང་བའི་རང་རིག་དེ་དེ་ཡིན་པའི་ཕྱིར། དེར་ཐལ། དེ་ཡིད་ཤེས་གང་ཞིག དེ་ཡིད་ཤེས་ཕྲ་མོ་མ་ཡིན་པའི་ཕྱིར། དང་པོ་དེར་ཐལ། རང་རིག་ཡིན་པའི་ཕྱིར། གཉིས་པ་མ་གྲུབ་ན། དོན་དམ་བདེན་པ་ལ་གཉིས་སྣང་ནུབ་པར་ཐལ་ལོ། །

ཁ་ཅིག འདས་ལམ་གྱི་སྟོབས་ཀྱིས་ཐོབ་པའི་ཡིད་ཀྱི་རྣམ་ཤེས་ཀྱི་སྟེང་དུ་ཚོར་འདུ་རགས་པ་བཀག་པའི་ལྡན་མིན་འདུ་བྱེད། འགོག་སྙོམས་ཀྱི་མཚན་ཉིད་ཟེར་བ། མི་རིགས་ཏེ། འགོག་པ་ལ་རྩེ་གཅིག་ཏུ་མཉམ་པར་གཞག་པའི་ཉན་ཐོས་ཡོད་པ་གང་ཞིག དེ་མཚན་ཉིད་དེ་ཡིན་པའི་ཕྱིར། དེར་ཐལ། འགོག་པ་ལ་སྙོམས་པར་འཇུག་པའི་སྟོབས་ཀྱིས་ཡིད་ཀྱི་རྣམ་ཤེས་ཀྱི་སྟེང་དུ། ཚོར་འདུ་རགས་པ་བཀག་པའི་ལྡན་མིན་འདུ་བྱེད་ཡིན་པའི་ཕྱིར་ཏེ། དེ་ཡོད་པའི་ཕྱིར།

ཡང་ཁ་ཅིག འདས་ལམ་གྱི་སྟོབས་ཀྱིས་ཐོབ་པའི་ཡིད་ཀྱི་རྣམ་ཤེས་ཀྱི་སྟེང་དུ་ཚོར་འདུ་རགས་པ་བཀག་པའི་རབ་ཏུ་ཕྱེ་བའི་ལྡན་མིན་འདུ་བྱེད་ཀྱིས་བསྡུས་པའི་འཕགས་རྒྱུད་ཀྱི་ཡོན་ཏན། དེའི་མཚན་ཉིད་ཟེར་བ། མི་རིགས་ཏེ། སངས་འཕགས་ཀྱི་ཐུགས་རྒྱུད་ཀྱི་འགོག་སྙོམས་ཀྱིས་མ་ངེས་པའི་ཕྱིར། སྔར་བཞིན་སྦྱོར།

ཡང་ཁ་ཅིག དགག་གཞི་ཀུན་གཞིའི་སྟེང་དུ་དགག་བྱ་རྣམ་ཤེས་ཚོགས་བདུན་བཀག་པའི་ལྡན་མིན་འདུ་བྱེད་དེའི་མཚན་ཉིད་ཟེར་བ། མི་འཐད་དེ། སློབ་དཔོན་གྱི་འགྲེལ་ཆེན་དུ། ལང་གཤེགས་ཀྱི་ལུང་། རྣམ་པར་ཤེས་པ་བརྒྱད་ཉིད་དང་། ཞེས་པ་ཙམ་མ་གཏོགས། ཀུན་གཞི་ཉོན་ཡིད་ཀྱི་ཆ་ཤད་པ་ཟུར་ཙམ་ཡང་མེད་པའི་ཕྱིར། ཀུན་གཞི་དང་ཉོན་ཡིད་བཞེད་པ་རྣམས་ཀྱི་ལྟར་ནའང་། ཀུན་གཞིའི་རྣམ་ཤེས་ཡིན་ན་ཡིད་ཀྱི་རྣམ་ཤེས་ཡིན་པས་ཁྱབ་སྟེ། དེ་ཡིན་ན་རང་གི་ཐུན་མོང་མ་ཡིན་པའི་བདག་རྐྱེན་དུ་གྱུར་པའི་ཡིད་དབང་ལས་བྱུང་བས་ཁྱབ་པའི་ཕྱིར་ཏེ། ཡིད་ཡིན་ན་ཡིད་དབང་ཡིན་པས་

六識故。」不周遍。若許，彼之心續中則成有具過之識也。那麼，住於見道無間道之菩薩相續中，理應有不寂靜知，因彼之相續中有粗分意知故。承許周遍。若不成，理應如是，因彼相續中領納見道無間道之自證分是彼故。理應如是，因彼是意知，且彼非細分意知故。初者理應如是，因是自證分故。若第二不成立，則成於勝義諦二現隱沒。

有云：「以出世間道力所獲得之遮斷意識上粗分受想之不相應行，乃滅盡定之性相。」不合理，因有一心入定於滅定之聲聞，且彼是此性相故。理應如是，因是以入定於滅定之力，遮斷意識上的粗分受想之不相應行故，因有彼故。

又有云：「以出世間道力所獲得之唯遮斷意識上粗分受想之不相應行所攝之聖者相續功德，是彼之性相。」不合理，因佛聖者心續之滅盡定不定故。如前成立。

又有云：「遮處——阿賴耶之上遮斷所遮——七識身之不相應行是彼之性相。」不應理，因於阿闍黎之《莊嚴光明釋》開示：《入楞伽經》之文中，除了提到「以八種識性」外，絲毫未宣說阿賴耶、染污意故。以諸承許阿賴耶與染污意者來看，若是阿賴耶識周遍是意識，因若是彼，周遍由自不共增上緣意根所生故，因若是意周遍是意根故。

ཁྱབ་པའི་ཕྱིར།

ཡང་ཁ་ཅིག ཡིད་ཀྱི་རྣམ་ཤེས་ཀྱི་སྟེང་དུ། ཚོར་འདུ་རགས་པ་འགོག་བྱེད་ཀྱི་རིགས་སུ་གནས་པའི་ལྡན་མིན་འདུ་བྱེད་ཀྱིས་བསྡུས་པའི་འཕགས་པའི་ཡོན་ཏན། དེའི་མཚན་ཉིད་ཡིན་གསུངས། འོ་ན། ཡིད་ཀྱི་རྣམ་ཤེས་ཀྱི་སྟེང་དུ་ཚོར་འདུ་རགས་པ་འགོག་བྱེད་ཀྱི་རིགས་སུ་གནས་པའི་གང་ཟག་མེད་པར་ཐལ། འགོག་སྙོམས་ལ་སྙོམས་པར་འཇུག་པའི་ཉན་ཐོས་དེ་དེ་མ་ཡིན་པའི་ཕྱིར། མ་གྲུབ་ན་སོང་། འདོད་ན། དེ་ཡིད་ཀྱི་རྣམ་ཤེས་ཀྱི་སྟེང་དུ་ཚོར་འདུ་རགས་པ་འགོག་བྱེད་ཀྱི་རིགས་སུ་གནས་པའི་ལྡན་མིན་འདུ་བྱེད་ཀྱིས་བསྡུས་པའི་འཕགས་པ་ཡིན་པར་ཐལ། མ་གྲུབ་པ་དེའི་ཕྱིར། འདོད་ན། དེ་འདྲའི་འཕགས་པ་ཡོད་པར་ཐལ། འདོད་པའི་ཕྱིར། འདོད་ན། འཕགས་པ་དེའི་སྟེང་གི་མི་རྟག་པ་ཆོས་ཅན། འགོག་སྙོམས་ཡིན་པར་ཐལ། མཚན་ཉིད་དེའི་ཕྱིར། མ་གྲུབ་ན། དེ་འདྲའི་འཕགས་པ་ཆོས་ཅན། ཁྱོད་ཀྱི་སྟེང་གི་མི་རྟག་པ་ཁྱོད་ཀྱི་ཡོན་ཏན་ཡིན་པར་ཐལ། ཁྱོད་འདུས་བྱས་ཡིན་པའི་ཕྱིར།

རང་ལུགས། རང་ཐོབ་བྱེད་ཀྱི་ཐབས་སུ་གྱུར་པའི་འདས་ལམ་གྱི་སྟོབས་ཀྱིས་ཐོབ་པའི་མཐར་གནས་སྙོམས་འཇུག་དགུའི་ནང་ཚན་ཡང་ཡིན། ཡིད་ཀྱི་རྣམ་ཤེས་ཀྱི་སྟེང་དུ་ཚོར་འདུ་རགས་པ་འགོག་བྱེད་ཀྱི་རིགས་སུ་གནས་པའི་ལྡན་མིན་འདུ་བྱེད་ཀྱང་ཡིན་པའི་གཞི་མཐུན་དུ་གྱུར་པའི་འཕགས་པའི་ཡོན་ཏན། འགོག་སྙོམས་ཀྱི་མཚན་ཉིད་ཡིན་བྱས་པ་ལ།

ཁོ་ན་རེ། འགོག་སྙོམས་ཆོས་ཅན། ལྡན་མིན་འདུ་བྱེད་མ་ཡིན་པར་ཐལ། ཤེས་པ་ཡིན་པའི་ཕྱིར། དེར་ཐལ། སྙོམས་འཇུག་ཡིན་པའི་ཕྱིར། དེར་ཐལ། འགོག་སྙོམས་ཡིན་པའི་ཕྱིར་ཟེར་ན། མ་ཁྱབ། དེར་ཐལ། སྙོམས་འཇུག་བཏགས་པ་བ་ཡིན་པའི་ཕྱིར།

གཞན་ཡང་། ཤེས་པ་དང་ལྡན་མིན་འདུ་བྱེད་འགལ་བར་འདོད་པ་མི་འཐད་དེ། སེམས་སེམས་བྱུང་གང་རུང་མ་ཡིན་པའི་ལྡན་མིན་འདུ་བྱེད་ཡོད་པའི་ཕྱིར། དེར་ཐལ། དེ་ཡིན་ན་འདུ་བྱེད་ཀྱི་ཕུང་པོ་ཡིན་དགོས། དེ་ཡིན་ན་མཚུངས་ལྡན་འདུ་བྱེད་ཀྱི་ཕུང་པོ་མ་ཡིན་དགོས་པའི་ཕྱིར། དང་པོ་དེར་ཐལ། དེ་ཡིན་ན་ཕུང་པོ་ལྔ་པོ་གང་རུང་ཡིན་དགོས། ཕུང་པོ་གཞན་བཞི་གང་རུང་མ་ཡིན་

又有云：「意識上能遮斷粗分受想住類之不相應行所攝之聖者功德，乃彼之性相。」那麼，理應沒有能遮斷意識之上粗分受想之住類的補特伽羅，因入滅盡定之聲聞非彼故。若不成，則成相違。若許，彼理應是能遮斷意識上粗分受想住類之不相應行所攝之聖者，因前之不成故。若許，理應有如此之聖者，因許故。若許，彼聖者之上的無常為有法，理應是滅盡定，因是彼性相故。若不成，如此之聖者為有法，爾之上的無常理應是爾之功德，因爾是有為法故。

自宗：「既是由屬能得自之方便的出世間道力所獲得之九次第等至其中之一，也是能遮斷意識上粗分受想住類之不相應行的同位之聖者功德」，為滅盡定之性相。

於此有云：「滅盡定為有法，理應不是不相應行，因是知覺故。理應如是，因是等至故。理應如是，因是滅盡定故。」不周遍，理應如是，因是假立之等至故。

復次，承許知覺與不相應行相違不應理，因有非心心所隨一之不相應行故。理應如是，因若是彼須是行蘊，若是彼，須不是相應行蘊故。初者理應如是，因若是彼須是五蘊隨一，須不是其他四蘊隨一故。初者理應如是，因若是有為法須是彼故。理應如是，因《俱

དགོས་པའི་ཕྱིར། དང་པོ་དེར་ཐལ། འདུས་བྱས་ཡིན་ན་དེ་ཡིན་དགོས་པའི་ཕྱིར། དེར་ཐལ། མཛོད་ལས། འདུས་བྱས་ཆོས་རྣམས་དེ་དག་ཀྱང་། །གཟུགས་ལ་སོགས་པའི་ཕུང་པོ་ལྔ། །ཞེས་གསུངས་པའི་ཕྱིར།

ཡང་ཁོ་ན་རེ། སངས་རྒྱས་འཕགས་པའི་ཐུགས་རྒྱུད་ཀྱི་འགོག་སྙོམས་ཆོས་ཅན། ལྡན་མིན་འདུ་བྱེད་མ་ཡིན་པར་ཐལ། འཇིག་རྟེན་ལས་འདས་པའི་ལམ་ཡིན་པའི་ཕྱིར། དེར་ཐལ། ཡེ་ཤེས་ཆོས་སྐུ་ཡིན་པའི་ཕྱིར། དེར་ཐལ། སྙོམས་འཇུག་དགུ་ཡི་བདག་ཉིད་དང་། །ཆོས་ཀྱི་སྐུ་ཞེས་བརྗོད་པ་ཡིན། །ཞེས་གསུངས་པའི་ཕྱིར་ཟེར་ན། མ་ཁྱབ་སྟེ། དེའི་ཐུགས་རྒྱུད་ཀྱི་འགོག་སྙོམས་ལ་སྙོམས་པར་འཇུག་པའི་ཡེ་ཤེས་ལ་དགོངས་པའི་ཕྱིར།

གཞན་ཡང་། སྒྲུབ་བྱེད་སྔ་མ་དེ་མི་འཐད་དེ། ཡེ་ཤེས་ཆོས་སྐུ་ལྡན་མིན་འདུ་བྱེད་ཡིན་པའི་ཕྱིར། དེར་ཐལ། སེམས་སེམས་བྱུང་གང་ཡང་མ་ཡིན་པའི་ཤེས་པ་ཡིན་པའི་ཕྱིར།

ཡང་ཁོ་ན་རེ། འགོག་སྙོམས་ཤེས་པ་ཡིན་པར་ཐལ། འགོག་པའི་རྣམ་ཐར་ཤེས་པ་ཡིན་པ་གང་ཞིག དེ་གཉིས་དོན་གཅིག་པའི་ཕྱིར་ཟེར་ན། རྟགས་ཕྱི་མ་མ་གྲུབ་སྟེ། རྣམ་བཤད་ལས་རྣམ་པར་ཐར་པ་བརྒྱད་ནི་བྱང་ཆུབ་སེམས་དཔའ་འཕགས་པ་རྣམས་ཀྱིས་འདས་ལམ་གྱི་ངོ་བོར་བསྐྱེད་ནུས་པ་དང་། འགོག་སྙོམས་འདས་ལམ་གྱི་སྟོབས་ཀྱིས་ཐོབ་པས་འཇིག་རྟེན་ལས་འདས་པའི་ལམ་དུ་བཤད་པའོ། །ཞེས་གསུངས་པའི་ཕྱིར།

གཞན་ཡང་། འགོག་སྙོམས་ལྡན་མིན་འདུ་བྱེད་ཡིན་པར་ཐལ། རྣམ་བཤད་ལས། འདིར་ནི་སློབ་དཔོན་དང་འཕགས་པ་གཉིས་ཀས་ཚོགས་དྲུག་འཁོར་བཅས་རགས་པ་བཀག་པའི་ལྡན་མིན་འདུ་བྱེད་ཀྱི་ཁྱད་པར་ལ་བཞེད་པར་ཤིན་ཏུ་གསལ་ཞེས་གསུངས་པའི་ཕྱིར།

ཡང་ཁོ་ན་རེ། བྱང་སེམས་སྒོམ་ལམ་པའི་རྒྱུད་ཀྱི་འགོག་སྙོམས་དེ་ཤེས་པ་ཡིན་པར་ཐལ། དེ་སྒོམ་ལམ་རྩེ་སྦྱོར་ཡིན་པའི་ཕྱིར་ཏེ། འགྲེལ་པར། དེ་ལྟར་གཅིག་ལ་སོགས་པ་པ་བོར་ནས། ཞེས་གསུངས་པའི་ཕྱིར་ཟེར་ན། མ་ཁྱབ་སྟེ། འོ་ན། དེའི་རྒྱུད་ཀྱི་འགོག་སྙོམས་དེར་ཐལ། འགྲེལ་པར་དེ་ལྟར་གསུངས་པའི་ཕྱིར། ཁྱབ་པ་ཁས། འདོད་མི་ནུས་ཏེ། དེའི་མིག་ཤེས་སོགས་དེ་མ་ཡིན་པའི་ཕྱིར།

舍論》云：「又諸有為法，謂色等五蘊。[19]」故。

又有云：「佛聖者相續之滅盡定為有法，理應不是不相應行，因是出世間道故。理應如是，因是智慧法身故。理應如是，因『九次第等至』『說名為法身』故。」不周遍，因慮及入彼心續之滅盡定的本智故。

又，前者能立不應理，因智慧法身是不相應行故。理應如是，因是非心心所隨一之知覺故。

又有云：「滅盡定理應是知覺，因滅盡解脫是知覺，且彼二是同義故。」後因不成立，因《心要莊嚴疏》云：「八解脫能生出諸菩薩聖者出世道之自性；滅盡定則以出世道之力證得，故安置於出世道中。」故。

又，滅盡定理應是不相應行，因《心要莊嚴疏》云：「對此，獅子賢尊者與聖解脫軍二者顯然是主張破除粗分六聚與同類屬不相應行之差別。」故。

又有云：「菩薩修道位者相續之滅盡定理應是知覺，因彼是修道頂加行故，因《明義釋》云：『如是，拋捨一等等之後。』故。」不周遍，那麼，彼之相續之滅盡定理應如是，因《明義釋》如此開示故。承許周遍。不能許，因彼之眼知等非彼故。

དབུ་མ་ཐལ་འགྱུར་བ་རྣམས་ཀྱིས་ནི་ཆོས་ཉིད་ལ་མངོན་སུམ་དུ་མཉམ་པར་གཞག་པའི་མཉམ་གཞག་ཡེ་ཤེས་ཤིག་གི་སྟེང་ནས་འགོག་སྙོམས་འཇོག་པར་མཛད་པ་ཡིན་ཏེ། འཇུག་པར། ཤེས་རབ་གནས་པས་འགོག་པ་ཐོབ་པར་འགྱུར། །ཞེས་དང་། རིང་དུ་སོང་འདིར་འདི་ནི་སྐད་ཅིག་དང་། །སྐད་ཅིག་ལ་ནི་འགོག་པར་འཇུག་འགྱུར་ཞིང་། །ཞེས་པས་འགོག་པ་ཆོས་ཉིད་མངོན་སུམ་དུ་རྟོགས་པའི་ཡེ་ཤེས་ཁྱད་པར་བ་ཞིག་ལ་འགོག་སྙོམས་སུ་བསྟན་པའི་ཕྱིར། སྟོང་ཉིད་མངོན་སུམ་དུ་རྟོགས་པའི་ཡེ་ཤེས་ཡིན་ན། འགོག་སྙོམས་ཡིན་པས་ཁྱབ་པར་ནི་མི་བཞེད་དེ། འགོག་སྙོམས་ཐོབ་པའི་གང་ཟག་ཡིན་ན། སྲིད་རྩེའི་དངོས་གཞི་ཐོབ་དགོས་པའི་ཕྱིར།

ཁ་ཅིག ལུགས་འདི་ལ། འགོག་སྙོམས་ཡིན་ན། ཆོས་ཉིད་ལ་མཉམ་པར་གཞག་པའི་མཉམ་གཞག་ཡེ་ཤེས་ཡིན་པས་ཁྱབ་ཟེར་བ། མི་འཐད་དེ། ལུགས་འདི་ལ་བྱང་སེམས་སྒོམ་ལམ་པས་རྗེས་ཐོབ་ཏུ་མཐར་གནས་སྙོམས་འཇུག་དགུ་ལ་འདོད་སེམས་སྤྱིལ་ནས་སྙོམས་པར་འཇུག་པའི་ཐོད་རྒལ་གྱི་ཏིང་ངེ་འཛིན་བཞག་དགོས་པ་གང་ཞིག བྱང་སེམས་སྒོམ་ལམ་པས་རྗེས་ཐོབ་ཏུ་ཆོས་ཉིད་ལ་མངོན་སུམ་དུ་མཉམ་པར་མི་འཇོག་པའི་ཕྱིར། དེས་ན་ཐུན་མོང་བའི་འགོག་སྙོམས་ཤིག་ཀྱང་ཡོད་དེ། གོང་གི་རིགས་ལམ་ལས་གྲུབ་པའི་ཕྱིར། ཞིབ་མོར་སེམས་ཤིག

དུས་ཇི་ཙམ་དུ་སྙོམས་པར་འཇུག་པ་ཡང་རང་རྒྱུད་པ་ལྟར་ན་བྱང་ཆུབ་སེམས་དཔའ་ཞག་བདུན་ཙམ་འགོག་སྙོམས་ལ་སྙོམས་པར་འཇུག་པ་ངེས་པ་ལ་འགལ་བ་ཆེར་མེད་ཀྱང་། ཐལ་འགྱུར་བ་ལྟར་ན་མི་མཚུངས་པར་སེམས་ཏེ། བྱང་འཕགས་ཀྱི་མཉམ་གཞག་གི་ཡུན་ཚད་ཞག་བདུན་དུ་མི་འཐད་པའི་ཕྱིར།

སྐབས་པ།

མང་ཐོས་ལུང་དང་ལྡན་པ་དཀོན། །ལུང་དོན་རིགས་པས་འབྱེད་པ་དཀོན། །
ཇི་བཞིན་གོ་བའི་གདུལ་བྱ་དཀོན། །དོན་གཉེར་ཞུགས་པའང་དེ་བས་དཀོན། །
ཞེས་བྱ་བ་ནི་བར་སྐབས་ཀྱི་ཚིགས་བཅད་དོ། །

諸中觀應成師乃以現前入定於法性之根本智一者之上安立滅盡定，因《入中論》云：「由住般若得滅定。[20]」及云：「此遠行地於滅定，剎那剎那能起入。[21]」顯示一現證滅——法性之殊勝本智為滅盡定故。不主張若是現前通達空性之本智，周遍是滅盡定，因若是獲得滅盡定之補特伽羅，須獲得根本有頂故。

有云：「於此宗，若是滅盡定，周遍是入法性定之根本智。」不應理，因於此宗須安立菩薩修道位者，於後得以欲心間雜九次第定而入定之超越三摩地，且菩薩修道位者於後得不以現前入法性定故。是故，亦有一種共的滅盡定，因由以上之理路成立故。仔細思之。

又入定時刻幾許，以自續師來看，菩薩入滅盡定決定唯七日，〔此〕雖無大相違，然以應成師來看忖思不相同，因菩薩聖者入定之期限為七日，不應理故。

中間頌曰：

多聞具有正教稀，教義以理分辨稀，

如實了知所化稀，希求趣入更為稀。

ཐུན་མོང་མ་ཡིན་པའི་རྣམ་མཁྱེན་གྱི་རྣམ་པ།

རྣམ་པ་ཐམས་ཅད་མཁྱེན་པ་ཉིད་ཀྱི་རྣམ་པ་ནི། ཞེས་སོགས་ལ་གཉིས་ལས། དང་པོ་ནི། སངས་རྒྱས་ཀྱི་སའི་སྟོབས་སོགས་སུམ་ཅུ་རྩ་དགུ་ཆོས་ཅན། ཐུན་མོང་མ་ཡིན་པའི་རྣམ་མཁྱེན་གྱི་རྣམ་པ་ཡིན་ཏེ། ཤིན་ཏུ་ཕུལ་དུ་བྱུང་བ་མཐར་ཐུག་པའི་མཁྱེན་པ་ཡིན་པའི་ཕྱིར།

གཉིས་པ་ལ། ཁ་ཅིག རྣམ་མཁྱེན་གྱི་རྣམ་པ་ཡིན་པ་གང་ཞིག རང་གི་རིགས་འདྲ་མཚན་ཉིད་པ་འཕགས་པ་འོག་མའི་རྒྱུད་ལ་ཡོད་པ། ཐུན་མོང་བའི་རྣམ་མཁྱེན་གྱི་རྣམ་པའི་མཚན་ཉིད། དེ་གང་ཞིག རང་གི་རིགས་འདྲ་མཚན་ཉིད་པ་འཕགས་པ་འོག་མའི་རྒྱུད་ལ་མེད་པ། ཐུན་མོང་མ་ཡིན་པའི་རྣམ་མཁྱེན་གྱི་རྣམ་པའི་མཚན་ཉིད་ཟེར་བ། མི་འཐད་དེ། སྟོབས་བཅུ་ཐུན་མོང་མ་ཡིན་པའི་རྣམ་མཁྱེན་གྱི་རྣམ་པ་གང་ཞིག དེའི་རིགས་འདྲ་མཚན་ཉིད་པ་འཕགས་པ་འོག་མའི་རྒྱུད་ལ་ཡོད་པའི་ཕྱིར། དེའི་ཉམས་ལེན་མཚན་ཉིད་པ་བྱང་སེམས་རྒྱུན་མཐའ་བའི་རྒྱུད་ལ་ཡོད་པའི་ཕྱིར།

ཁ་ཅིག ཐུན་མོང་པའི་རྣམ་མཁྱེན་གྱི་རྣམ་པ་མེད་ཟེར་བ། མི་འཐད་དེ། ཐུན་མོང་བའི་ཡོན་ཏན་ཡོད་པའི་ཕྱིར། སློབ་མ་ཐུན་མོང་ཆོས་རྣམས་དང་། ཞེས་གསུངས་པའི་ཕྱིར།

ཁོ་ན་རེ། གང་ཟག་གི་བདག་མེད་མངོན་སུམ་དུ་རྟོགས་པའི་རྣམ་མཁྱེན་དེ་ཉན་ཐོས་དང་ཐུན་མོང་བའི་རྣམ་མཁྱེན་གྱི་རྣམ་པ་ཡིན་པར་ཐལ། དེ་ཐུན་མོང་བའི་རྣམ་མཁྱེན་གྱི་རྣམ་པ་ཡིན་པའི་ཕྱིར་ཟེར་ན། མ་ཁྱབ།

ཡང་ཁོ་ན་རེ། ཐུན་མོང་བའི་ངོ་བོ་ཉིད་སྐུ་ཡོད་པར་ཐལ། ཐུན་མོང་བའི་རྣམ་མཁྱེན་ཡོད་པའི་ཕྱིར་ཟེར་ན། མ་ཁྱབ་སྟེ། ཐུན་མོང་དང་ཐུན་མོང་མ་ཡིན་པའི་ངོ་བོ་ཉིད་སྐུའི་ཐ་སྙད་མི་རུང་བའི་ཕྱིར།

ཡང་ཁ་ཅིག རྣམ་མཁྱེན་གྱི་རྣམ་པ་གང་ཞིག རང་གི་སྡེ་ཚན་མཚན་ཉིད་པ་འཕགས་པ་འོག་མའི་རྒྱུད་ལ་ཡོད་པ་དང་མེད་པའི་སྒོ་ནས་དེ་གཉིས་ཀྱི་འཇོག་བྱེད་དུ་སྨྲས་པ་མི་འཐད་དེ། དེ་བཞིན་ཉིད་རྟོགས་པའི་རྣམ་མཁྱེན་དེ་ཐུན་མོང་མ་ཡིན་པའི་རྣམ་མཁྱེན་གྱི་རྣམ་པ་གང་ཞིག དེའི་སྡེ་ཚན་

100 不共一切相智行相

「一切相智之行相……」等有二。初者，佛地之力等三十九為有法，乃不共一切相智行相，因是極為殊勝究竟之智故。

第二，有云：「是一切相智行相，且自之真實同類存在於下位聖者之相續，乃共一切相智行相之性相。是彼，且自之真實同類不存在於下位聖者之相續，乃不共一切相智行相之性相。」不應理，因十力是不共一切相智行相，且彼之真正同類存在於下位聖者之相續故。因彼之真正的修習存在於最後流菩薩相續故。

有云：「沒有共一切相智行相。」不應理，因有共功德故。因「若共弟子法」故。

有云：「現證補特伽羅無我之一切相智，彼理應是共聲聞之一切相智行相，因彼是共之一切相智行相故。」不周遍。

又有云：「理應有共之自性身，因有共之一切相智故。」不周遍。因不堪有共與不共之自性身的名言故。

又有云：「是一切相智行相，且自真實群組以下位聖者相續中有及無之門，為彼二之能安立。」不應理，因通達真如之一切相智是不共一切相智行相，且彼之真實群組於下位聖者相續中有故。因

མཚན་ཉིད་པ་འཕགས་པ་འོག་མའི་རྒྱུད་ལ་ཡོད་པའི་ཕྱིར་ཏེ། དེ་བཞིན་ཉིད་རྟོགས་པའི་བྱང་འཕགས་ཀྱི་མཁྱེན་པ་ཡོད་པའི་ཕྱིར།

ཁོ་ན་རེ། སྐྱོན་མེད་དེ། གློ་བུར་དྲི་བྲལ་གྱི་དེ་བཞིན་ཉིད་མངོན་སུམ་དུ་རྟོགས་པའི་རྣམ་མཁྱེན་དེ། ཐུན་མོང་མ་ཡིན་པའི་རྣམ་མཁྱེན་གྱི་རྣམ་པ་ཡིན་ཀྱང་དེ་བཞིན་ཉིད་ཙམ་མངོན་སུམ་དུ་རྟོགས་པའི་རྣམ་མཁྱེན་དེ་དེ་མ་ཡིན་པའི་ཕྱིར་ཟེར་ན་ཡང་། མཚན་ཉིད་དང་འགལ་ཏེ། དེའི་སྣེ་ཚན་མཚན་ཉིད་པ་འཕགས་པ་འོག་མའི་རྒྱུད་ལ་ཡོད་པའི་ཕྱིར། གློ་བུར་དྲི་བྲལ་གྱི་ཆོས་ཉིད་མངོན་སུམ་དུ་རྟོགས་པའི་བྱང་འཕགས་ཀྱི་མཁྱེན་པ་ཡོད་པའི་ཕྱིར། རྒྱུན་མཐའི་ཡེ་ཤེས་དེ་དེ་ཡིན་པའི་ཕྱིར་ཏེ། རྒྱུན་མཐའི་བར་ཆད་མེད་ལམ་གྱི་ཆོས་ཉིད་དེ་གློ་བུར་དྲི་བྲལ་གྱི་ཆོས་ཉིད་ཡིན་པའི་ཕྱིར་ཏེ། རྒྱུན་མཐའི་བར་ཆད་མེད་ལམ་དེ་གློ་བུར་གྱི་དྲི་མ་དང་བྲལ་བའི་ཕྱིར། སྒྲུབ་བྱེད་སྔར་བཤད་ཟིན་ཏོ། །

ཁ་ཅིག ཐུན་མོང་བའི་རྣམ་མཁྱེན་གྱི་རྣམ་པ་དང་ཐུན་མོང་མ་ཡིན་པའི་རྣམ་མཁྱེན་གྱི་རྣམ་པ་འགལ་ཟེར་བ་དང་། རྣམ་མཁྱེན་གྱི་དོན་རྣམ་ཡིན་ན་རྣམ་མཁྱེན་གྱི་རྣམ་པ་ཡིན་པས་ཁྱབ་ཟེར་བ་ནང་འགལ་ཏེ། འོ་ན། ཐུན་མོང་བའི་རྣམ་མཁྱེན་གྱི་དོན་རྣམ་ཡིན་ན་དེའི་རྣམ་པ་ཡིན་པས་ཁྱབ་པ་དང་། ཐུན་མོང་མ་ཡིན་པའི་རྣམ་མཁྱེན་གྱི་དོན་རྣམ་ཡིན་ན་དེའི་རྣམ་པ་ཡིན་པས་ཁྱབ་པར་ཐལ། རྣམ་མཁྱེན་གྱི་དོན་རྣམ་ཡིན་ན་དེའི་རྣམ་པ་ཡིན་དགོས་པའི་ཕྱིར། འདོད་ན། ཐུན་མོང་བ་དང་ཐུན་མོང་མ་ཡིན་པའི་རྣམ་མཁྱེན་གྱི་རྣམ་པ་མི་འགལ་བར་ཐལ། གཞི་གྲུབ་ན་དེ་གཉིས་ཀ་ཡིན་དགོས་པའི་ཕྱིར། མ་གྲུབ་ན་སོང་། དེར་ཐལ། གཞི་གྲུབ་ན་ཐུན་མོང་བའི་རྣམ་མཁྱེན་གྱི་དོན་རྣམ་དང་། ཐུན་མོང་མ་ཡིན་པའི་རྣམ་མཁྱེན་གྱི་དོན་རྣམ་གཉིས་ཀ་ཡིན་དགོས་པ་གང་ཞིག རྩ་བར་འདོད་པ་དེའི་ཕྱིར། དང་པོ་དེར་ཐལ། གཞི་གྲུབ་ན་ཐུན་མོང་བའི་རྣམ་མཁྱེན་གྱི་གཞལ་བྱ་དང་། ཐུན་མོང་མ་ཡིན་པའི་རྣམ་མཁྱེན་གྱི་གཞལ་བྱ་གཉིས་ཀ་ཡིན་དགོས་པའི་ཕྱིར།

གཞན་ཡང་། རྣམ་མཁྱེན་གྱི་དོན་རྣམ་ཡིན་ན་རྣམ་མཁྱེན་གྱི་རྣམ་པ་ཡིན་མི་དགོས་པར་ཐལ། རྣམ་མཁྱེན་གྱི་རྣམ་པ་ཡིན་ན་རྣམ་མཁྱེན་ཡིན་དགོས་པའི་ཕྱིར། དེར་ཐལ། ཐུན་མོང་མ་ཡིན་པའི་རྣམ་མཁྱེན་གྱི་རྣམ་པ་ཡིན་ན་ཐུན་མོང་མ་ཡིན་པའི་རྣམ་མཁྱེན་ཡིན་དགོས་པའི་ཕྱིར་དང་། རྣམ་

有通達真如之菩薩聖者之智故。

雖有云：「無過，因現證遠離客塵之真如的一切相智，彼雖是不共一切相智行相，然僅現證真如之一切相智非彼故。」然與性相相違，因彼之真實群組於下位聖者相續中有故。因有現證遠離客塵之法性的菩薩聖者之智故。因最後流本智是彼故，因最後流無間道之法性是遠離客塵之法性故，因最後流無間道遠離客塵故。能立先前已說過。

有云：「共一切相智行相與不共一切相智行相相違。」及「若是一切相智之義相，周遍是一切相智行相。」自相矛盾。那麼，若是共一切相智之義相，理應周遍是彼之行相及若是不共一切相智之義相，理應周遍是彼之行相，因若是一切相智之義相，須是彼之行相故。若許，共與不共之一切相智行相理應不相違。因若基成須是彼二者故。若不成則成相違。理應如是，因若基成，須是共之一切相智之義相及不共一切相智之義相二者，且承許根本故。初者理應如是，因若基成，須是共之一切相智之所量及不共一切相智之所量二者故。

復次，若是一切相智之義相，理應不須是一切相智行相，因若是一切相智行相須是一切相智故。理應如是，因若是不共之一切相智行相，須是不共一切相智，及若是一切相智之能取相須不是一切

མཁྱེན་གྱི་འཛིན་རྣམ་ཡིན་ན་རྣམ་མཁྱེན་གྱི་རྣམ་པ་མ་ཡིན་དགོས་པའི་ཕྱིར། ཕྱི་མ་དེར་ཐལ། རྣམ་མཁྱེན་སྒྲོང་བྱེད་ཀྱི་རང་རིག་དེ། རྣམ་མཁྱེན་གྱི་རྣམ་པ་མ་ཡིན་པའི་ཕྱིར། དེར་ཐལ། གཞན་རིག་གི་གཟུང་རྣམ་དུ་གྱུར་པའི་ཤེས་པ་སྒྲོང་བྱེད་ཀྱི་རང་རིག་དེ། ཤེས་པ་དེའི་རྣམ་པ་མ་ཡིན་པའི་ཕྱིར། མ་གྲུབ་ན། དེ་ཆོས་ཅན། གཞན་རིག་གི་གཟུང་རྣམ་ཡིན་པར་ཐལ། དེར་གྱུར་པའི་ཤེས་པའི་རྣམ་པ་ཡིན་པའི་ཕྱིར།

རང་ལུགས། རྣམ་མཁྱེན་གྱི་རྣམ་པ་གང་ཞིག རང་གི་སྟེ་ཚན་མཚན་ཉིད་པ་འཕགས་པ་འོག་མའི་རྒྱུད་ལ་ཡོད་པའི་རིགས་སུ་གནས་པ་དེ། ཐུན་མོང་བའི་རྣམ་མཁྱེན་གྱི་རྣམ་པའི་མཚན་ཉིད། དེ་གང་ཞིག མེད་པའི་རིགས་སུ་གནས་པ་དེ། ཐུན་མོང་མ་ཡིན་པའི་རྣམ་མཁྱེན་གྱི་རྣམ་པའི་མཚན་ཉིད། དེ་གཉིས་ཀྱི་མཚན་གཞི་ཡོད་དེ། སངས་རྒྱས་ཀྱི་སའི་བྱང་ཕྱོགས་སོ་བདུན་དང་རྣམ་ཐར་སྒོ་གསུམ་གྱི་སྟོང་ཉིད་རྟོགས་པའི་ཡེ་ཤེས་སོགས་བདུན་ཅུ་རྩ་གཅིག་ཐུན་མོང་བའི་རྣམ་མཁྱེན་གྱི་རྣམ་པ་དང་། སྟོབས་བཅུ་མི་འཇིགས་པ་བཞི་སོ་སོ་ཡང་དག་པར་རིག་པ་བཞི་སངས་རྒྱས་ཀྱི་ཆོས་མ་འདྲེས་པ་བཅོ་བརྒྱད། དེ་བཞིན་ཉིད་ཀྱི་རྣམ་པ་ཞེས་བསྟན་པའི་ཡེ་ཤེས་མཐར་ཐུག རང་བྱུང་གི་རྣམ་པ་སངས་རྒྱས་ཉིད་ཀྱི་རྣམ་པ་སྟེ་སུམ་ཅུ་རྩ་དགུ་ཐུན་མོང་མ་ཡིན་པའི་རྣམ་མཁྱེན་གྱི་རྣམ་པ་ཡིན་པའི་ཕྱིར། འདི་རྣམས་ཀྱི་རྣམ་གཞག་ནི་སྤྱི་དོན་དུ་ཞིབ་ཆེན་པ་ལས་ཤེས་པར་བྱའོ། །

相智行相故。後者理應如是，因領納一切相智之自證分，不是一切相智行相故。理應如是，因領納他證之所取相之知覺的自證分，非彼知覺之行相故。若不成，彼為有法，理應是他證之所取相，因是屬彼之知覺行相故。

自宗：「是一切相智行相，且自之真實群組於下位聖者相續中有之住類」，乃共一切相智行相之性相。「是彼，且〔彼於彼中〕無之住類」，乃不共之一切相智行相之性相。有此二之事相，因通達佛地之三十七菩提分及三解脫門之空性之本智等七十一，乃共一切相智行相；十力、四無所畏、四無礙解、佛之十八不共法、說「真如之行相」之究竟本智、自然之行相、佛本身之行相共三十九，乃不共一切相智行相故。此等建立於總義中已講說，當從中了知。

འདས་པ་དང་མ་འོངས་པ་དང་ད་ལྟར་བྱུང་བ་ལ། ཞེས་སོགས་ཀྱི་སྐབས་སུ། སྤྱིར་བ་དང་། མཐའ་དཔྱད་པའོ། །

དང་པོ་ནི། ཡེ་ཤེས་མ་འདྲེས་པ་གསུམ་ཡོད་དེ། འདས་མ་འོངས་ད་ལྟར་བ་ལ་ཆགས་ཐོགས་སྤངས་པའི་ཡེ་ཤེས་གསུམ་ཡོད་པའི་ཕྱིར།

གཉིས་པ་ལ། ཁ་ཅིག སྐྱེས་ལ་འགགས་པ། འདས་པའི་མཚན་ཉིད། དཔེར་ན། མང་པོས་བཀུར་བའི་རྒྱལ་པོ་ལྟ་བུ། སྐྱེས་ལ་མ་འགག་པ། ད་ལྟར་བའི་མཚན་ཉིད། དཔེར་ན། ད་ལྟར་བའི་མི་ལྟ་བུ། སྐྱེ་བའི་རྒྱུ་ཡོད་ཀྱང་མ་སྐྱེས་པ། མ་འོངས་པའི་མཚན་ཉིད། དཔེར་ན། དུང་འཁོར་ལོས་སྒྱུར་བའི་རྒྱལ་པོ་ལྟ་བུ་སྟེ། སློབ་དཔོན་ལྷ་དབང་བློས། དཔེར་ན་རྒྱལ་པོ་ཆེན་པོ་མང་པོས་བཀུར་བ་བྱུང་བར་གྱུར་པ་དང་། རྒྱལ་པོ་དུང་འཁོར་ལོས་སྒྱུར་བ་འབྱུང་བར་འགྱུར་རོ། །ཞེས་བྱ་བ་ལྟ་བུའོ། ། ཞེས་གསུངས། ཞེས་ཟེར་བ། མི་འཐད་དེ། འདས་པ་ཡིན་ན་མ་སྐྱེས་པ་ཡིན་དགོས་པའི་ཕྱིར་དང་། རང་ཉིད་མ་འོངས་པ་ཡིན་ན་རང་ཉིད་སྐྱེ་བའི་རྒྱུ་མེད་དགོས་པའི་ཕྱིར། རྟགས་གཉིས་ཀ་དེར་ཐལ། འདས་མ་འོངས་དངོས་པོར་མེད་པའི་ཕྱིར་ཏེ། རྣམ་འགྲེལ་ལས། མེད་པ་ཡིན་ཞེས་བྱ་བ་ནི། །དངོས་པོ་མིན་ཞེས་བྱ་བའང་ཡིན། །ཞེས་གསུངས་པའི་ཕྱིར། དེ་ལ་བརྟེན་ནས་འདས་པའི་དངོས་པོ་ཡོད་པ་དང་། མ་འོངས་པའི་དངོས་པོ་ཡོད་པའང་ཁེགས་སོ། །

ཁ་ཅིག ནས་ཀྱི་ས་བོན་དེ་ནས་ཀྱི་མྱུ་གུའི་དུས་སུ་འདས། དེའི་དུས་སུ་འདས་པ་མ་ཡིན་ཟེར་བ། མི་འཐད་དེ། འོ་ན། དེ་ཆོས་ཅན། དེའི་དུས་སུ་མ་འདས་པར་ཐལ། དེའི་དུས་སུ་མ་འདས་པར་ཀུན་མཁྱེན་ཡེ་ཤེས་ཀྱིས་གཞལ་བའི་ཕྱིར་ཏེ། དེའི་དུས་སུ་མ་འདས་པ་ཡིན་པའི་ཕྱིར། མ་གྲུབ་ན་སོང་། དེར་ཐལ། དེའི་དུས་སུ་འདས་པ་ཡིན་པ་དང་མ་འདས་པ་ཡིན་པ་གང་རུང་གང་ཞིག དེའི་དུས་སུ་འདས་པ་མ་ཡིན་པའི་ཕྱིར། རྟགས་ཕྱི་མ་དངོས། དང་པོ་དེར་ཐལ། དེའི་དུས་སུ་འདས་པ་ཡིན་པ་དང་དེའི་དུས་སུ་མ་འདས་པ་ཡིན་པ་དངོས་འགལ་ཡིན་པའི་ཕྱིར་ཏེ། དེའི་དུས་སུ་འདས་པ་

101 從「不共法」群組所引申三時建立

「於過去、未來、現在……」等之時，論式與辨析。

初者，本智不共有三，因有於過去、未來、現在斷除著、礙之本智三者故。

第二，有云：「已生而滅，乃過去之性相，例如：眾敬王，已生而未滅，乃現在之性相，例如：現在之人。雖有生因然未生，乃未來之性相，例如：螺轉輪王，如天王慧阿闍黎說：『如已出現的眾敬王，與將出現的螺轉輪大王。』」不應理，因若是過去須是不生，及若本身是未來須沒有生本身之因故。彼二因理應如是，因過去、未來是無事故，因《釋量論》云：「說言是無者，亦是非有事。[22]」故。依彼亦遮除有過去之事物與有未來之事物。

有云：「麥種於麥苗芽之時過去，於彼時不是過去。」不應理，那麼，彼為有法，於彼之時理應未過去，因於彼之時未過去為遍智本智所量故，因於彼之時是未過去故。若不成則成相違。理應如是，因於彼時是過去與是未過去隨一，且於彼時不是過去故。〔直接〕承許後因。初者理應如是，因於彼時是過去與於彼時是未過去乃直接相違故，因於彼時過去與於彼時未過去乃直接相違故。無法回

དང་དེའི་དུས་སུ་མ་འདས་པ་དངོས་འགལ་ཡིན་པའི་ཕྱིར། ལན་མེད་དོ། །

གཞན་ཡང་སྨྱུ་གུའི་དུས་སུ་མ་འདས་པ་ཆོས་ཅན། ཁྱོད་ཡིན་ན་སྨྱུ་གུའི་དུས་སུ་མ་འདས་དགོས་པར་ཐལ། ཁྱོད་སྨྱུ་གུའི་དུས་སུ་མ་འདས་པ་དང་གཅིག་ཡིན་པའི་ཕྱིར། དེ་ལ་ཁོ་ན་རེ། ནས་ཀྱི་ས་བོན་ཆོས་ཅན། ནས་སྨྱུག་གི་དུས་སུ་དུས་གསུམ་གང་རུང་དུ་ཐལ། དེའི་དུས་སུ་འདས་པ་ཡིན་པའི་ཕྱིར། འདོད་ན། དེའི་དུས་སུ་ཡོད་པར་ཐལ། འདོད་པའི་ཕྱིར་ཟེར་ན། མ་ཁྱབ་སྟེ། དེའི་དུས་སུ་ཡོད་པའི་དངོས་པོ་ཡིན་ན། དེའི་དུས་སུ་ད་ལྟར་བ་ཡིན་དགོས་པའི་ཕྱིར།

ཡང་ཁ་ཅིག རང་ཉིད་དུས་གང་དུ་འཇོག་པ་དངོས་པོ་གང་གི་དུས་ལ་ལྟོས་ནས་བཞག་དགོས་པའི་ལྟོས་སར་གྱུར་པའི་དངོས་པོ་དེའི་རང་དུས་ལས་ཐལ་ཟིན་པ་དེ། འདས་པའི་མཚན་ཉིད། རང་ཉིད་དུས་གང་དུ་འཇོག་པ་དངོས་པོ་གང་གི་རང་དུས་ལ་ལྟོས་ནས་བཞག་དགོས་པའི་ལྟོས་སར་གྱུར་པའི་དངོས་པོ་དེའི་རང་དུས་སུ་མ་སླེབ་པའི་ཆ་དེ། མ་འོངས་པའི་མཚན་ཉིད། སྐྱེས་ལ་མ་འགགས་པ་ཡང་ཡིན་རང་ཉིད་ཀྱི་དོན་སྤྱི་འཆར་བ་འདས་མ་འོངས་གང་རུང་གི་དོན་སྤྱི་འཆར་བ་ལ་མི་ལྟོས་པ་ཡང་ཡིན་པའི་གཞི་མཐུན་དུ་དམིགས་པ་དེ། ད་ལྟར་བའི་མཚན་ཉིད། ཅེས་ཟེར།

འོ་ན། བུམ་པའི་ཞིག་པ་ཆོས་ཅན། མཚན་ཉིད་དེར་ཐལ། འདས་པ་ཡིན་པའི་ཕྱིར། འདོད་ན། དེ་བུམ་པའི་དུས་ལས་ཐལ་ཟིན་པར་ཐལ། འདོད་པའི་ཕྱིར། འདོད་ན། དེ་བུམ་པའི་དུས་སུ་ཐལ་ཟིན་པར་ཐལ། འདོད་པའི་ཕྱིར། འདོད་མི་རིགས་ཏེ། བུམ་པའི་དུས་སུ་མ་སླེབ་པའི་ཕྱིར། ཐལ་འགྱུར་སྔ་མ་ལ་མ་ཁྱབ་བོ། །ཞེ་ན། སྐྱེས་བུ་ལྷས་བྱིན་གྱིས་བསྐྱེད་པའི་བུ། སྐྱེས་བུ་ལྷས་བྱིན་གྱི་དུས་ལས་ཐལ་ཟིན་ཀྱང་། སྐྱེས་བུ་ལྷས་བྱིན་གྱི་དུས་སུ་ཐལ་མ་ཟིན་པའི་ཁྱད་པར་འཐད་པར་ཐལ། མ་ཁྱབ་པ་དེའི་ཕྱིར། འདོད་ན། དེ་ཆོས་ཅན། སྐྱེས་བུ་ལྷས་བྱིན་གྱི་དུས་ལས་འགགས་ཟིན་པར་ཐལ། དེའི་དུས་ལས་ཐལ་ཟིན་པའི་ཕྱིར། འདོད་མི་ནུས་ཏེ། སྐྱེས་བུ་ལྷས་བྱིན་གྱི་དུས་ལ་སྐྱེས་ཟིན་པའི་ཕྱིར་ཏེ། དེའི་དུས་ལས་སྐྱེས་པའི་ཕྱིར། དེའི་ད་ལྟར་བའི་དུས་ལས་སྐྱེས་པའི་ཕྱིར་ཏེ། དེའི་ད་ལྟར་བ་ལས་སྐྱེས་པའི་ཕྱིར། དེ་ལས་སྐྱེས་པ་གང་ཞིག དེ་དང་དེའི་ད་ལྟར་བ་གྲུབ་བདེ་རྫས་གཅིག་ཡིན་པའི་ཕྱིར།

ཁོ་ན་རེ། སྐྱེས་བུ་ལྷས་བྱིན་ཞིག་པ་དེ། དེའི་དུས་ལས་ཐལ་ཟིན་པར་ཐལ། སྐྱེས་བུ་ལྷས་བྱིན་

答。

又，於苗芽之時未過去為有法，若是爾理應須是於苗芽之時未過去，因爾與於苗芽之時未過去為一故。於彼有云：「麥種為有法，於麥苗芽之時，理應是三時隨一，因於彼之時乃過去故。若許，於彼之時理應有，因許故。」不周遍，因若是於彼之時有的事物，於彼之時須是現在故。

又有云：「從『安立本身為何時所須觀待於何事物之時而安立之觀待處所屬的事物之自時』已過去，乃過去之性相。於『安立本身為何時所須觀待於何事物之時而安立之觀待處所屬的事物之自時』未到之分，乃未來之性相。亦是已生未滅，也是顯現本身之義總不觀待過去、未來隨一之義總顯現的同位，乃現在之性相。」

那麼，瓶子之壞滅為有法，理應是彼性相，因是過去故。若許，彼從瓶子之時理應已過去，因許故。若許，彼理應於瓶子之時已過去，因許故。不能許，因於瓶子之時未到故。前應成不周遍。士夫天授所生子，雖從士夫天授之時已過去，然於士夫天授之時未過去的差別理應應理，因前之不周遍故。若許，彼為有法，理應從士夫天授之時已滅，因從彼之時已過去故。不能許，因於士夫天授之時已生故，因從彼之時已生故。因從彼之現在時已生故，因從彼之現在已生故。因從彼已生，且彼與彼之現在是成住同質故。

有云：「士夫天授壞滅理應從彼之時已過去，因年老的士夫天

ལང་ཚོ་རྒས་པ་དེ། དེའི་ལང་ཚོ་དར་ལ་བབ་པ་ལས་ཐལ་ཟིན་པའི་ཕྱིར་ཏེ། དེ་དེའི་ལང་ཚོ་དར་བབ་ལས་ཡོལ་ཟིན་པའི་ཕྱིར་ཏེ། དེ་ལྟར་དུ་འཇིག་རྟེན་ན་གྲགས་པའི་ཕྱིར་ཟེར་ན། མ་ཁྱབ་སྟེ། སྐྱེས་བུ་ལྐུས་ཅིན་ལང་ཚོ་རྒས་པ་དེ། དེའི་ལང་ཚོ་དར་བབ་ལས་སྐྱེས་ཟིན་པའི་ཕྱིར། སྒྲུབ་བྱེད་སྔར་བཞིན་ནོ། །

རང་ལུགས། སྤྱིར་ཞིག་ཟིན་པ། འདས་པའི་མཚན་ཉིད། དཔེར་ན། བུམ་པའི་འབྲས་བུའི་དུས་སུ་བུམ་པ་མི་སྡོད་པ་ལྟ་བུ། རང་རྒྱུ་ལས་གྲུབ་པ། ད་ལྟར་བའི་མཚན་ཉིད། དཔེར་ན། བུམ་པ་ལྟ་བུ། འདས་མ་འོངས་ད་ལྟར་གསུམ་གང་རུང་གང་ཞིག མ་སྐྱེས་པ་དང་མ་ཞིག་པའི་གཞི་མཐུན་དེ། མ་འོངས་པའི་མཚན་ཉིད། དཔེར་ན། བུམ་པའི་རྒྱུའི་དུས་སུ་བུམ་པ་མ་སྐྱེས་པ་ལྟ་བུ།

གཞི་ལ་སྦྱར་ན། དུས་དེར་ཞིག་ཟིན་པ། དུས་དེར་འདས་པའི་མཚན་ཉིད། དུས་དེར་སྐྱེས་པ་དང་དུས་དེར་མ་འགགས་པའི་གཞི་མཐུན་པ། དུས་དེར་ད་ལྟར་བའི་མཚན་ཉིད། དུས་དེར་འདས་མ་འོངས་ད་ལྟར་གསུམ་གང་རུང་གང་ཞིག དུས་དེར་མ་སྐྱེས་པ་དང་དུས་དེར་མ་འགགས་པའི་གཞི་མཐུན་པ་དེ། དུས་དེར་མ་འོངས་པའི་མཚན་ཉིད། བུམ་པའི་འདས་པ་བུམ་པའི་འདས་པ་ཡིན་ཀྱང་། བུམ་པ་ལ་ལྟོས་ཏེ་འདས་པ་མ་ཡིན་ཏེ། བུམ་པ་ལ་ལྟོས་ཏེ་མ་འོངས་པ་ཡིན་པའི་ཕྱིར། བུམ་པའི་མ་འོངས་པ་བུམ་པའི་མ་འོངས་པ་ཡིན་ཀྱང་། བུམ་པ་ལ་ལྟོས་ཏེ་མ་འོངས་པ་མ་ཡིན་པའི་ཕྱིར་ཏེ། བུམ་པ་ལ་ལྟོས་དེ་འདས་པ་ཡིན་པའི་ཕྱིར། རྟགས་སྔ་ཕྱི་གཉིས་ཀ་གྲུབ་སྟེ། བུམ་པའི་འདས་པ། བུམ་པའི་སྔར་མ་གྲུབ་པར་བུམ་པའི་རྗེས་སུ་གྲུབ། བུམ་པའི་མ་འོངས་པ། བུམ་པའི་དུས་ཕྱིས་མ་གྲུབ་པར་བུམ་པའི་སྔར་གྲུབ་པའི་ཁྱད་པར་འཐད་པའི་ཕྱིར། དེར་ཐལ། བུམ་པའི་འབྲས་བུ། བུམ་པའི་སྔར་མ་གྲུབ་པར་བུམ་པའི་རྗེས་སུ་གྲུབ། བུམ་པའི་རྒྱུ། བུམ་པའི་ཕྱིས་མ་གྲུབ་པར་བུམ་པའི་སྔར་གྲུབ་པའི་ཁྱད་པར་འཐད་པའི་ཕྱིར། ཐལ་འགྱུར་བ་ལྟར་ན། བུམ་པའི་འདས་པ་བུམ་པའི་འབྲས་བུ་དང་། བུམ་པའི་མ་འོངས་པ་བུམ་པའི་རྒྱུར་བཞེད་པས། གནད་འདི་རྟོགས་པར་སླ་སྟེ། བློ་གྲོས་རྩེང་བའི་རིགས་ལ་བསྐལ་དོན་ནོ། །

授，從彼之壯年已過去故，因彼從彼之壯年已邁過故，因如是乃世間所共許故。」不周遍，因年老的士夫天授從彼之壯年已生故。能立如前。

自宗：一般而言，「已壞滅」，乃過去之性相。例如：瓶子之果時瓶子不住。「從自因所成」，乃現在之性相。例如：寶瓶。「是過去、未來、現在三者隨一，且未生與未滅之同位」，乃未來之性相。例如：於瓶子之因時瓶子未生。

若與事例結合，「於彼時已滅」，乃於彼時過去之性相。「於彼時已生與於彼時未滅之同位」，乃於彼時現在之性相。「是於彼時過去、未來、現在三者隨一，且於彼時未生與於彼時未滅之同位」，乃於彼時未來之性相。瓶子之過去雖是瓶子之過去，然觀待瓶子非過去，因觀待瓶子是未來故。瓶子之未來雖是瓶子之未來，然觀待瓶子非未來，因觀待瓶子是過去故。前後因二者成立，因瓶子之過去，於瓶子之前不成立，而於瓶子之後成立；瓶子之未來，於瓶子之後不成立，而於瓶子之前成立之差別合理故。理應如是，因瓶子之果，於瓶子之前不成立，而於瓶子之後成立；瓶子之因，於瓶子之後不成立，而於瓶子之前成立之差別應理故。若以應成師來看，主張瓶子之過去為瓶子之果，與瓶子之未來為瓶子之因，此扼要易了知，然〔此〕於粗慧類為隱敝事。

ཁ་ཅིག བུམ་པའི་འབྲས་བུ། བུམ་པ་འགགས་པའི་རྗེས་སུ་སྐྱེས་ཟེར་བ། མི་འཐད་དེ། དེ་བུམ་པ་འགགས་པའི་རྗེས་སུ་འགགས་པའི་ཕྱིར། དེར་ཐལ། དེ་བུམ་པ་འགགས་པའི་དུས་དེར་སྐྱེས་པའི་ཕྱིར་ཏེ། བུམ་པ་འགགས་པ་དང་དེ་སྐྱེས་པ་དུས་མཉམ་པའི་ཕྱིར་ཏེ། དེ་གཉིས་དངོས་རྒྱུ་དངོས་འབྲས་ཡིན་པའི་ཕྱིར། དེ་བཞིན་དུ། ཁ་ཅིག བུམ་པའི་རྒྱུ། བུམ་པ་མ་སྐྱེ་བའི་སྔོན་རོལ་དུ་སྐྱེས་ཟེར་བ། མི་འཐད་དེ། དེ་བུམ་པ་སྐྱེ་བའི་དུས་སུ་སྐྱེས་པའི་ཕྱིར། དེར་ཐལ། དེ་བུམ་པ་སྐྱེ་བཞིན་པའི་དུས་སུ་སྐྱེས་པའི་ཕྱིར་ཏེ། བུམ་པའི་རྒྱུ་དང་བུམ་པ་སྐྱེ་བཞིན་པ་དུས་མཉམ་པའི་ཕྱིར། བུམ་པའི་རྒྱུ་དུས་སུ་བུམ་པ་སྐྱེ་བཞིན་པ་ཡིན་པའི་ཕྱིར། བུམ་པ་རང་དུས་སུ་འགག་བཞིན་པ་ཡིན་པའི་ཕྱིར་ཏེ། འཇུག་པ་ལས། གལ་ཏེ་སྐྱེ་བཞིན་པ་ནི་སྐྱེ་ལ་ཕྱོགས་པས་ཡོད་མིན་ཞིང་། འགག་བཞིན་པ་ནི་ཡོད་ཀྱང་འཇིག་ལ་ཕྱོགས་པར་འདོད་གྱུར་པ། ཞེས་གསུངས་པའི་ཕྱིར།

དེ་ལ་ཁོ་ན་རེ། སྐྱེ་བཞིན་པ་ཆོས་ཅན། སྐྱེ་བཞིན་པའི་དུས་སུ་མེད་པར་ཐལ། སྐྱེ་བཞིན་པའི་དུས་སུ་སྐྱེ་བཞིན་པ་ཡིན་པའི་ཕྱིར། མ་གྲུབ་ན། དེ་ཆོས་ཅན། རང་དུས་སུ་སྐྱེ་བཞིན་པ་ཡིན་པར་ཐལ། སྐྱེ་བཞིན་པ་ཡིན་པའི་ཕྱིར་ཞེ་ན། མ་ཁྱབ།

ཁ་ཅིག སྐྱེ་བཞིན་པ་མེད་དེ། དངོས་པོ་ཡིན་ན་འགག་བཞིན་པ་ཡིན་དགོས་པའི་ཕྱིར་ཟེར་བ། མི་འཐད་དེ། འོ་ན། སྐྱེ་བ་མེད་པར་ཐལ། དངོས་པོ་ཡིན་ན་སྐྱེས་ཟིན་པས་ཁྱབ་པའི་ཕྱིར། འདོད་ན། སྐྱེ་ཀ་ན་འཆི་མེད་པར་ཐལ་ལོ། །

དེ་ལ་ཐམས་ཅད་ཤེས་པ་ཉིད་ཀྱི་རྣམ་པ་ནི་ཉན་ཐོས་དང་བྱང་ཆུབ་སེམས་དཔའི་བྱེ་བྲག་གི ཞེས་སོགས་ལ། གཉིས་ལས། དང་པོ་ནི། ཉན་ཐོས་འཕགས་པའི་རྒྱུད་ཀྱི་གཞི་ཤེས་ཀྱི་རྣམ་པ་ཉེར་བདུན་ལ་ཉོན་མོངས་པའི་ཟག་པ་མེད་པ་ཞེས་བརྗོད་པའི་རྒྱུ་མཚན་ཡོད་དེ། ཉན་ཐོས་སློབ་པ་འཕགས་པས་ཉོན་སྒྲིབ་སྤང་བྱའི་གཙོ་བོར་བྱས་ནས་སྤོང་བའི་རྒྱུ་མཚན་གྱིས་དེ་ལྟར་བརྗོད་པའི་ཕྱིར།

བྱང་སེམས་འཕགས་པའི་རྒྱུད་ཀྱི་གཞི་ཤེས་ཀྱི་རྣམ་པ་ཉེར་བདུན་ལ་ཉོན་མོངས་པའི་ཟག་བཅས་ཞེས་བཏགས་ནས་འཇོག་པའི་རྒྱུ་མཚན་ཡོད་དེ། བྱང་སེམས་འཕགས་པས་ཉོན་སྒྲིབ་སྤང་བྱའི་གཙོ་བོར་བྱས་ནས་མི་སྤོང་བའི་རྒྱུ་མཚན་གྱིས་དེ་ལྟར་བརྗོད་པའི་ཕྱིར།

◆現觀辨析（下）

有云：「瓶子之果，生於瓶子滅後。」不應理，因彼滅於瓶子滅之後故。理應如是，因彼於瓶子滅之時生故，因瓶子滅與彼生同時故。因彼二者乃直接因、直接果故。同樣的，有云：「瓶子之因，於瓶子未生之前已生。」不應理，因彼於瓶子生時已生故。理應如是，因彼於瓶子正在生時已生故。因瓶子之因與瓶子正在生同時故。因於瓶子之因時瓶子乃正在生故。因瓶子於自時乃正在滅故，因《入中論》云：「正生趣生故非有，正滅謂有趣於滅。[23]」故。

於彼有云：「正在生為有法，於正在生之時理應沒有，因於正在生時是正在生故。若不成，彼為有法，於自時理應正在生，因是正在生故。」不周遍。

有云：「沒有正在生，因若是事物，須是正在滅故。」不應理，那麼，理應沒有生，因若是事物周遍已生故。若許，則應成沒有生、老、病、死。

從「其中，一切智之行相，聲聞與菩薩之支分……」等，有二，初者，有將「聲聞聖者相續之基智行相二十七」說為無煩惱漏之理由，因有學道聲聞聖者將煩惱障作為主要所斷而斷的緣故而如此講說故。

有將「菩薩聖者相續之基智行相二十七」取為有煩惱漏而安立之理由，因菩薩聖者不將煩惱障作為主要所斷而斷的緣故而如此講說故。

བྱང་སེམས་ཀྱི་ལམ་ཤེས་ཀྱི་རྣམ་པ་སོ་དྲུག་ཟག་བཅས་སུ་བཏགས་ནས་འཇོག་པའི་རྒྱུ་མཚན་ཡོད་དེ། བྱང་སེམས་འཕགས་པས་ཉོན་སྒྲིབ་སྤང་བྱའི་གཙོ་བོར་བྱས་ནས་མི་སྤོང་བར་གཞན་དོན་སྒྲུབ་པའི་ཡན་ལག་ཏུ་སྒྱུར་བར་བྱེད་པའི་རྒྱུ་མཚན་གྱིས་དེ་ལྟར་བརྗོད་པའི་ཕྱིར། རྣམ་མཁྱེན་གྱི་རྣམ་པ་བརྒྱ་དང་བཅུ་ནི་ཟག་མེད་ཁོན་ཡིན་ཏེ། སྒྲིབ་གཉིས་བག་ཆགས་དང་བཅས་པ་སྤངས་པའི་རྣམ་པ་ཡིན་པའི་ཕྱིར།

གཉིས་པ་ལ། ཁ་ཅིག ཉན་ཐོས་ཀྱི་གཞི་ཤེས་ཡིན་ན་ཉོན་མོངས་པའི་ཟག་མེད་ཡིན་པས་ཁྱབ་ཅིང་། བྱང་སེམས་འཕགས་པའི་རྒྱུད་ཀྱི་གཞི་ཤེས་ཡིན་ན། ཉོན་མོངས་པའི་ཟག་བཅས་ཡིན་པས་ཁྱབ་པ་གཞུང་དོན་དུ་སྨྲ་བ་མི་འཐད་དེ། གང་ཟག་གི་བདག་མེད་མངོན་སུམ་དུ་རྟོགས་པའི་བྱང་སེམས་ཀྱི་མཐོང་ལམ་ཉོན་མོངས་པའི་ཟག་བཅས་མ་ཡིན་པའི་ཕྱིར་ཏེ། ཉོན་མོངས་པའི་ཟག་བཅས་ཡིན་ན་སྤང་བྱ་ཡིན་པས་ཁྱབ་པར་སྐབས་གཉིས་པའི་རྣམ་བཤད་ལས་གསུངས་པའི་ཕྱིར།

ཁ་ཅིག རང་རྒྱལ་སློབ་པ་འཕགས་པས་ཀྱང་ཉོན་སྒྲིབ་སྤང་བྱའི་གཙོ་བོར་བྱས་ནས་སྤོང་སྟེ། འདིའི་སྐབས་ཀྱི་རྣམ་བཤད་ལས། ཉན་ཐོས་དང་རང་སངས་རྒྱས་རྣམས་ནི་ཉོན་མོངས་སྤང་བྱའི་གཙོ་བོར་བྱས་ནས་སྤོང་བས་དེའི་རྒྱུད་ཀྱི་གཞི་ཤེས་ལ་ཟག་མེད་ཅེས་བྱའོ། །ཞེས་དང་། ཉན་ཐོས་དང་རང་སངས་རྒྱས་རྣམས་ཀྱི་རྒྱུད་ལ་ཡོད་པ་ནི་ཉོན་སྒྲིབ་ཆེད་དུ་གཉེར་ནས་སྤོང་བ་ལ་བསམ་ནས་ཉོན་མོངས་པའི་ཟག་པ་མེད་པ་དང་། ཞེས་གསུངས་པའི་ཕྱིར་ཞེས་ཟེར་བ། མི་འཐད་དེ། རང་རྒྱལ་སློབ་པ་འཕགས་པས་གང་ཟག་གི་བདག་འཛིན་སྤང་བྱའི་གཙོ་བོར་བྱས་ནས་མི་སྤོང་བའི་ཕྱིར། དེར་ཐལ། དེས་གང་ཟག་གི་བདག་མེད་བསྒོམ་བྱའི་གཙོ་བོར་བྱས་ནས་མི་སྒོམ་པའི་ཕྱིར། མ་གྲུབ་ན། རང་སངས་རྒྱས་དང་སེམས་ཙམ་པ་གཉིས་བསྒོམ་བྱ་གཙོ་བོའི་ལྟ་བ་ལ་ཁྱད་པར་ཡོད་པར་ཐལ། མ་གྲུབ་པ་གང་ཞིག སེམས་ཙམ་པས་དེ་བསྒོམ་བྱའི་གཙོ་བོར་མི་བྱེད་པའི་ཕྱིར།

གཞན་ཡང་། ཉན་རང་གཉིས་ལྟ་བ་མཚུངས་པར་ཐལ། དེ་གཉིས་ཀས་གང་ཟག་གི་བདག་མེད་བསྒོམ་བྱའི་གཙོ་བོར་བྱེད་པར་མཚུངས་པའི་ཕྱིར། འདོད་ན། སེམས་ཙམ་པ་དང་ཉན་ཐོས་ལྟ་བ་མཚུངས་པར་ཐལ། འདོད་པ་གང་ཞིག སེམས་ཙམ་པ་དང་རང་སངས་རྒྱས་ལྟ་བ་མཚུངས་པའི་ཕྱིར།

有將「菩薩道相智行相三十六」取為有漏而安立之理由，因菩薩聖者不將煩惱障作為主要所斷而斷，而轉成成辦利他之支分的緣故而如此講說故。一切相智行相一百一十唯是無漏，因是斷除二障及習氣之行相故。

第二，有云：「若是聲聞之基智，周遍是無煩惱漏，且若是菩薩聖者相續之基智，周遍是有煩惱漏，乃文義。」不應理，因現前通達補特伽羅無我之菩薩見道，不是有煩惱漏故，因第二品之《心要莊嚴疏》開示若是有煩惱漏周遍是所斷故。

有云：「有學獨覺聖者亦以煩惱障為主要所斷而斷，因於此時之《心要莊嚴疏》云：『諸聲聞獨覺將煩惱當作所斷之首要而斷除，故言其心續之基智為無漏。』及『存於諸聲聞獨覺之心續，慮及針對煩惱障而對治，乃無煩惱漏。[24]』故。」不應理，因有學獨覺聖者不以補特伽羅我執為主要所斷而斷故。理應如是，因彼不以補特伽羅無我為主要所修而修故。若不成，獨覺與唯識師二者主要所修之見解，理應有差別，因「不成」，且唯識師不以其為主要所修故。

復次，聲緣二者見解理應相同，因彼二者同以補特伽羅無我為主要所修故。若許，唯識師與聲聞理應見解相同，因許，且唯識師與獨覺見解相同故。

གཞན་ཡང་། རང་རྒྱལ་སློབ་པ་ཆོས་ཅན། གང་ཟག་གི་བདག་འཛིན་སྤྱངས་པའི་སྤྱངས་པ་དོན་དུ་གཉེར་བྱའི་གཙོ་བོར་བྱེད་པའི་གང་ཟག་ཏུ་ཐལ། གང་ཟག་གི་བདག་འཛིན་སྤང་བྱའི་གཙོ་བོར་བྱེད་པའི་གང་ཟག་ཡིན་པའི་ཕྱིར། འདོད་མི་ནུས་ཏེ། སྤྱངས་པ་དེ་ལས་ལྷག་པའི་གཟུགས་ཕྱི་རོལ་དོན་དུ་འཛིན་པའི་རྟོག་པ་སྤྱངས་པའི་སྤྱངས་པ་གཙོ་བོར་དོན་དུ་གཉེར་བའི་གང་ཟག་ཡིན་པའི་ཕྱིར། ཁྱབ་སྟེ། གཟུགས་ཕྱི་རོལ་དོན་དུ་འཛིན་པའི་རྟོག་པ་སྤྱངས་པའི་སྤྱངས་པ་ལས་ལྷག་པའི་བདེན་འཛིན་སྤྱངས་པའི་སྤྱངས་པ་དོན་དུ་གཉེར་བའི་གང་ཟག་ཡིན་ན། གཟུགས་ཕྱི་རོལ་དོན་དུ་འཛིན་པའི་རྟོག་པ་སྤྱངས་པའི་སྤྱངས་པ་དོན་དུ་གཉེར་བྱའི་གཙོ་བོར་མི་བྱེད་པས་ཁྱབ་པའི་ཕྱིར། འོ་ན། གོང་དུ་དྲངས་པའི་རྣམ་བཤད་ཀྱི་དོན་ཇི་ལྟར་ཡིན་ཞེ་ན། ཉན་རང་གཉིས་བདེན་འཛིན་ལས་རགས་པའི་སྒྲིབ་པ་ཞིག་སྤང་བྱའི་གཙོ་བོར་བྱེད་པ་ལ་དགོངས་པ་ཞིག་ཡིན་ནམ་སྙེ་དཔྱད་པར་བྱའོ། །

又，有學獨覺為有法，理應是以斷除補特伽羅我執之斷德為主要所求之補特伽羅，因是以補特伽羅我執為主要所斷之補特伽羅故。不能許，因是將較彼斷德殊勝之斷「執色為外境的分別」之斷德作為主要希求的補特伽羅故。周遍，因若是希求較「斷執色為外境之分別之斷德」更為殊勝的「斷諦實執之斷德」的補特伽羅，周遍不以斷執色為外境之分別的斷德為主要希求故。那麼，上述所引《心要莊嚴疏》之義為何？是否慮及聲緣皆以一較諦實執粗分之障為主要所斷，當察之。

ཡུམ་མཉན་པའི་སྣོད།

སངས་རྒྱས་རྣམས་ལ་ལྷག་པར་བྱས། །ཞེས་སོགས་ལ་གཉིས་ལས། དང་པོ་ནི། བྱང་སེམས་ཚོགས་ལམ་པ་ཆོས་ཅན། ཡུམ་མཉན་པའི་སྣོད་ཡིན་ཏེ། ཐེག་ཆེན་གྱི་དགེ་བའི་བཤེས་གཉེན་གྱི་མགོན་དང་བཅས་ཤིང་། སྔོན་སངས་རྒྱས་རྣམས་ལ་ལྷག་པར་བྱ་བ་བྱས་པ་སོགས་ཕྱི་ནང་གི་རྐྱེན་གཉིས་དང་ལྡན་པའི་སེམས་དཔའ་ཡིན་པའི་ཕྱིར།

གཉིས་པ་ལ། ཁོ་ན་རེ། བྱང་སེམས་ཚོགས་ལམ་པ་ཡིན་ན། ཡུམ་མཉན་པའི་སྣོད་ཡིན་དགོས་པར་ཐལ། སྦྱོར་བ་དེ་འཐད་པའི་ཕྱིར། འདོད་ན། དེ་ཡིན་ན་ཡུམ་མཉན་པའི་སྣོད་རུང་གི་གང་ཟག་ཡིན་དགོས་པར་ཐལ། འདོད་པའི་ཕྱིར། འདོད་མི་ནུས་ཏེ། སེམས་ཙམ་པར་གྱུར་པའི་བྱང་སེམས་ཚོགས་ལམ་པ་ཡུམ་མཉན་པའི་སྣོད་རུང་མ་ཡིན་པའི་ཕྱིར་ཏེ། ཆོས་ཀྱི་བདག་མེད་ཟབ་མོ་བསྟན་པའི་སྣོད་རུང་མ་ཡིན་པའི་ཕྱིར། དེ་སེམས་ཙམ་པ་ཡིན་པའི་ཕྱིར་ཞེ་ན། ཐལ་འགྱུར་གཉིས་པ་ལ་མ་ཁྱབ་སྟེ། ཡུམ་མཉན་པའི་སྣོད་ཡིན་ན། ཡུམ་མཉན་པའི་སྣོད་རུང་ཡིན་པས་མ་ཁྱབ་པའི་ཕྱིར། ཡུམ་མཉན་པའི་གདུལ་བྱ་ཡིན་ན་ཡུམ་མཉན་དུ་རུང་བའི་གདུལ་བྱ་ཡིན་པས་མ་ཁྱབ་པའི་ཕྱིར། དེ་ཡིན་ན་ཡུམ་མཉན་པར་འོས་པའི་གདུལ་བྱ་ཡིན་པས་མ་ཁྱབ་པའི་ཕྱིར་ཏེ། ཡུམ་མཉན་པའི་གདུལ་བྱར་གྱུར་པའི་ཉན་ཐོས་ཡོད། དེས་ཡུམ་མཉན་པར་མི་འོས་པའི་ཕྱིར། ཕྱི་མ་དེར་ཐལ། ཐེག་དམན་གྱི་གང་ཟག་ཡིན་པའི་ཕྱིར། དང་པོ་དེར་ཐལ། ཡུམ་མཉན་པའི་ཉན་ཐོས་ཡོད་པའི་ཕྱིར། ཉན་ཐོས་རྣམས་རང་གི་སྟོན་པ་ལས་ཐེག་ཆེན་གྱི་ཆོས་ཐོས་ནས་གཞན་ལ་སྒྲོགས་པར་བྱེད་པ་ཙམ་ཡིན་པས་ཐོས་སྒྲོགས་སུ་བཤད་པའི་ཕྱིར་ཏེ། དམ་ཆོས་པད་དཀར་ལས། མགོན་པོ་དེ་རིང་བདག་ཅག་ཉན་ཐོས་གྱུར། །བྱང་ཆུབ་དམ་པ་ཡང་དག་བསྒྲགས་པར་བགྱི། །བྱང་ཆུབ་པ་ཡི་སྒྲ་ཡང་རབ་ཏུ་བརྗོད། །དེ་བས་བདག་ཅག་ཉན་ཐོས་མི་བཟད་འདྲ། །ཞེས་གསུངས་པའི་ཕྱིར། ཡང་ན་རྩ་བའི་ཐལ་འགྱུར་དང་པོ་ལ་མ་ཁྱབ། ཅེས་སྤྱི་སྐད་དང་བསྟུན་ཀྱང་རུང་།

ཁ་ཅིག སྦྱོར་བ་སྒོམ་པའི་ཕྱི་ནང་གི་རྐྱེན་གཉིས་དང་ལྡན་པའི་སེམས་དཔའ་དེ། སྦྱོར་བ་སྒོམ་

102 聽聞佛母之器

從「昔承事諸佛……」等有二。初者，菩薩資糧道者為有法，是聽聞佛母之器，因是具有「具大乘善知識之依怙且於諸先佛承事等」內外二緣之菩薩故。

第二，有云：「若是菩薩資糧道者，理應須是聽聞佛母之器，因彼論式合理故。若許，若是彼，理應須是堪能聽聞佛母之器的補特伽羅，因許故。不能許，因屬唯識師之菩薩資糧道者，非堪能聽聞佛母之器故，因不是堪能顯示細分法無我之器故，因彼是唯識師故。」第二應成不周遍，因若是聽聞佛母之器，不周遍是堪能聽聞佛母之器故。因若是聽聞佛母之所化，不周遍是堪能聽聞佛母之所化故。因若是彼，不周遍是適合聽聞佛母之所化故，因有屬聽聞佛母之所化的聲聞，彼不適合聽聞佛母故。後者理應如是，因是小乘之補特伽羅故。初者理應如是，因有聽聞佛母之聲聞故。因聲聞等從自之導師聞大乘法後，僅對他者宣說之故而說為「聞說」故，因《妙法蓮華經》云：「我等今者成聲聞，聞佛演說勝菩提，復為他說菩提聲，是故我等同聲聞。[25]」故。又或可順應一般共識的「於第一根本應成〔論式〕不周遍」。

有云：「具修習加行之內外二緣之菩薩，是修習加行之所依補

པའི་རྟེན་གྱི་གང་ཟག་གི་མཚན་ཉིད་ཟེར་ན། མི་འཐད་དེ། ཉན་ཐོས་ཚོགས་ལམ་པ་སྦྱོར་བ་སྒོམ་པའི་རྟེན་གྱི་གང་ཟག་ཡིན་པའི་ཕྱིར། དེར་ཐལ། དེ་ཉན་ཐོས་ཀྱི་སྦྱོར་བ་སྒོམ་པ་པོའི་རྟེན་གྱི་གང་ཟག་ཡིན་པའི་ཕྱིར། དེ་ཡོད་པའི་ཕྱིར།

ཡང་ཁ་ཅིག སྔ་མ་དེ་བྱང་སེམས་ཀྱི་སྦྱོར་བ་སྒོམ་པ་པོའི་རྟེན་གྱི་གང་ཟག་གི་མཚན་ཉིད་ཟེར་བའང་། མི་འཐད་དེ། ལམ་མ་ཞུགས་ན་བྱང་སེམས་ཀྱི་སྦྱོར་བ་སྒོམ་པ་པོའི་རྟེན་གྱི་གང་ཟག་ཡོད་པའི་ཕྱིར། དེར་ཐལ། ལམ་མ་ཞུགས་ན་རྣམ་རྫོགས་སྦྱོར་བ་སྒོམ་པ་པོའི་རྟེན་གྱི་གང་ཟག་ཡོད་པའི་ཕྱིར། ལམ་མ་ཞུགས་ན་མཁྱེན་གསུམ་གྱི་རྣམ་པ་སྒོམ་པ་ཡོད་པའི་ཕྱིར། ལམ་མ་ཞུགས་ན་རྣམ་མཁྱེན་སྒོམ་པ་ཡོད་པའི་ཕྱིར་ཏེ། དེ་ན་རྣམ་མཁྱེན་སློབ་ལམ་གྱི་ཡུལ་དུ་བྱས་ནས་སྒོམ་པ་ཡོད་པའི་ཕྱིར།

རང་ལུགས། སྔ་མ་དེ། སྐབས་འདིར་དངོས་སུ་བསྟན་པའི་སྦྱོར་བ་སྒོམ་པ་པོའི་རྟེན་གྱི་གང་ཟག་གི་མཚན་ཉིད་ཡིན། བྱས་པ་ལ་ཁོན་རེ། སྐབས་འདིར་དངོས་སུ་བསྟན་པའི་སྦྱོར་བ་སྒོམ་པ་པོའི་ལམ་མ་ཞུགས་ཀྱི་གང་ཟག་ཆོས་ཅན་དུ་འཛིན་པ་ནི། བུ་ཡུལ་ན་མེད་པའི་མིང་ལྷ་གྲགས་སུ་བཏགས་པ་ལྟར་རོ། །

特伽羅的性相。」不應理，因聲聞資糧道者，是修習加行之所依補特伽羅故。理應如是，因彼是修習聲聞加行者之所依補特伽羅故。因有彼故。

又有云：「前者為修習菩薩加行者之所依補特伽羅的性相。」不應理，因於未入道有修習菩薩加行者之所依補特伽羅故。理應如是，因於未入道有修習圓滿加行者之所依補特伽羅故。因於未入道有修習三智之行相故。因於未入道有修習一切相智故，因於彼有以一切相智為祈願之境而修故。

自宗：前者，為此時直接顯示之修習加行者之所依補特伽羅的性相。於此有人將此時直接顯示之修習加行者的未入道補特伽羅持為有法，乃如〔此處〕無子卻取達察〔為子〕名。

བྱང་སེམས་ཀྱི་སྦྱོར་བ་ཉི་ཤུ།

གཟུགས་ལ་སོགས་ལ་མི་གནས་ཕྱིར། །ཞེས་སོགས་ལ་གཉིས་ལས། དང་པོ་ནི། བྱང་སེམས་ཀྱི་སྦྱོར་བ་ལ་ཉི་ཤུ་ཡོད་དེ། དེའི་ངོ་བོའི་སྒོ་ནས་དབྱེ་བའི་རང་བཞིན་གྱི་སྦྱོར་བ་ལྔ། གནས་སྐབས་ཀྱི་སྦྱོར་བ་བཅོ་ལྔ་རྣམས་སུ་ཡོད་པའི་ཕྱིར། དང་པོ་གྲུབ་སྟེ། མི་གནས་པའི་སྦྱོར་བ། གནས་པ་བཀག་པའི་སྦྱོར་བ། ཟབ་པའི་སྦྱོར་བ། གཏིང་དཔག་དཀའ་བའི་སྦྱོར་བ། ཚད་མེད་པའི་སྦྱོར་བ་རྣམས་སུ་ཡོད་པའི་ཕྱིར། གཉིས་པ་གྲུབ་སྟེ། རྟེན་གྱི་གང་ཟག་གི་སྒོ་ནས་ཕྱེ་བ་བརྒྱད། སྦྱོར་བ་རྫོགས་པའི་ཐབས་ཀྱི་སྒོ་ནས་ཕྱེ་བ་བཞི། འབྲས་བུ་དང་དུས་ཀྱི་སྒོ་ནས་ཕྱེ་བ་གསུམ་ཡོད་པའི་ཕྱིར། དང་པོ་གྲུབ་སྟེ། ཚོགས་ཆེན་ཡུན་རིང་རྟོགས་དཀའི་སྦྱོར་བ། ལུང་བསྟན་ཐོབ་པའི་སྦྱོར་བ། ཕྱིར་མི་ལྡོག་པའི་སྦྱོར་བ། ངེས་པར་འབྱུང་བའི་སྦྱོར་བ། བར་ཆད་མེད་པའི་སྦྱོར་བ། བྱང་ཆུབ་ལ་ཉེ་བའི་སྦྱོར་བ། མྱུར་བའི་སྦྱོར་བ། གཞན་དོན་གྱི་སྦྱོར་བ་རྣམས་སུ་ཡོད་པའི་ཕྱིར། གཉིས་པ་གྲུབ་སྟེ། འཕེལ་འགྲིབ་མེད་པའི་སྦྱོར་བ། ཆོས་དང་ཆོས་མིན་སོགས་མི་མཐོང་བའི་སྦྱོར་བ། གཟུགས་སོགས་བསམ་མི་ཁྱབ་པ་མི་མཐོང་བའི་སྦྱོར་བ། རྣམ་པར་མི་རྟོག་པའི་སྦྱོར་བ་རྣམས་སུ་ཡོད་པའི་ཕྱིར། གསུམ་པ་གྲུབ་སྟེ། འབྲས་བུ་རིན་ཆེན་སྦྱིན་བྱེད་ཀྱི་སྦྱོར་བ། རྣམ་པར་དག་པའི་སྦྱོར་བ། ས་མཚམས་དང་བཅས་པའི་སྦྱོར་བ་རྣམས་སུ་ཡོད་པའི་ཕྱིར།

གཉིས་པ་ལ། ཁ་ཅིག སྟོང་ཉིད་རྟོགས་པའི་ཞི་ལྷག་ཟུང་འབྲེལ་གྱི་སེམས་དཔའི་རྣལ་འབྱོར། སེམས་དཔའི་སྦྱོར་བའི་མཚན་ཉིད་ཟེར་བ། མི་འཐད་དེ། སྟོང་ཉིད་མ་རྟོགས་པའི་བྱང་སེམས་ཚོགས་ལམ་པའི་མཁྱེན་པ་དེ། མཚན་ཉིད་དེ་མ་ཡིན་པའི་ཕྱིར།

ཡང་སྨྲ་མ་དེ་འདིར་བསྟན་སེམས་དཔའི་སྦྱོར་བའི་མཚན་ཉིད་ཟེར་བའང་། མི་འཐད་དེ། ཡུལ་སྟོང་པ་ཉིད་ལ་སྒྲུབ་པ་མངོན་གྱུར་བ་དང་བཅས་པའི་བྱང་སེམས་ཚོགས་ལམ་པའི་མཁྱེན་པ། མཆོས་ཅན། བྱ་དེ་གང་ཞིག མཚན་ཉིད་དེ་མ་ཡིན་པའི་ཕྱིར། དང་པོ་དེར་ཐལ། ཚོགས་ཆེན་ཡུན་རིང་རྟོགས་པའི་ཕྱིར། ཞེས་པའི་སྐབས་ནས་བསྟན་པའི་སེམས་དཔའི་སྦྱོར་བ་ཡིན་པའི་ཕྱིར། དེར་ཐལ། ཚོགས་

103 菩薩之二十加行

從「不住色等故……」等，有二。初者，菩薩之加行有二十，因有以彼之體性之門分五自性加行、十五時位加行故。初者成立，因有不住加行、遮處加行、甚深加行、難測度加行、無量加行故。第二成立，因有以所依補特伽羅之門分八、以圓滿加行方便之門分四、以果與時之門分三故。初者成立，因有劬勞長久難證之加行、得授記之加行、不退轉加行、出離加行、無間加行、近菩提加行、速疾加行、利他加行故。第二成立，因有無增減加行、不見法非法等加行、不見色等不思議加行、不分別加行故。第三成立，因有能與寶果加行、清淨加行、結界加行故。

第二，有云：「通達空性之止觀雙運之菩薩瑜伽，乃菩薩加行之性相。」不應理，因未通達空性之菩薩資糧道者之智非此性相故。

又「前者是此示菩薩加行之性相。」亦不應理，因於境——空性具畏懼現行之菩薩資糧道之智，是彼名相，且非彼性相故。初者理應如是，因是「劬勞久證故」之時顯示的菩薩加行故。理應如是，因有劬勞久證之加行故。第二根本因理應如是，因是未得通達空性

ཆེན་ཡུན་རིང་རྟོགས་པའི་སྦྱོར་བ་ཡོད་པའི་ཕྱིར། རྩ་རྟགས་གཉིས་པ་དེར་ཐལ། སྟོང་ཉིད་རྟོགས་པའི་ལྷག་མཐོང་མ་ཐོབ་པའི་སེམས་དཔའི་སྦྱོར་བ་ཡིན་པའི་ཕྱིར།

ཁ་ཅིག ཚོགས་ཆེན་ཡུན་རིང་རྟོགས་པའི་སྦྱོར་བ་ཡིན་ན། སྟོང་ཉིད་མ་རྟོགས་པས་ཁྱབ་སྟེ། དེ་ཡིན་ན་སྟོང་ཉིད་ལ་སྐྲག་པ་དང་བཅས་པས་ཁྱབ་པའི་ཕྱིར་ཟེར་བ། མི་འཐད་དེ། ཚོགས་ཆེན་ཡུན་རིང་རྟོགས་དཀའི་སྦྱོར་བ་ཡིན་ན། སྟོང་ཉིད་རྟོགས་སྒོང་བའི་ལམ་ཞུགས་ཀྱི་མཁྱེན་པ་ཡིན་དགོས་པའི་ཕྱིར། དེར་ཐལ། ཚོགས་ཆེན་ཡུན་རིང་རྟོགས་པའི་ཕྱིར། ཞེས་པའི་གཞུང་གི་བསྟན་བྱའི་གཙོ་བོར་གྱུར་པའི་སྦྱོར་བ་ཡིན་ན་དེ་ཡིན་དགོས་པའི་ཕྱིར། དེར་ཐལ། སྐབས་བཞི་པའི་བསྟན་བྱའི་གཙོ་བོར་གྱུར་པའི་རྣམ་རྫོགས་སྦྱོར་བ་ཡིན་ན་དེ་ཡིན་དགོས་པའི་ཕྱིར། དེར་ཐལ། མཚན་མེད་རབ་ཏུ་སྦྱིན་ལ་སོགས། །ཞེས་པའི་གཞུང་གི་བསྟན་བྱའི་གཙོ་བོར་གྱུར་པའི་བྱང་སེམས་ཀྱི་ཚོགས་ལམ་ཡིན་ན་དེ་ཡིན་དགོས་པའི་ཕྱིར། རྟགས་བསྒྲུབས་ཟིན།

གཞན་ཡང་། སྟོང་ཉིད་ལ་སྐྲག་པའི་སེམས་དཔའི་སྦྱོར་བ་ཡིན་ན། སྟོང་ཉིད་མ་རྟོགས་པའི་སྒོ་ནས་དེ་ལ་སྐྲག་པས་ཁྱབ་པར་ཐལ། དམ་བཅའ་དེའི་ཕྱིར། འདོད་མི་ནུས་ཏེ། སྟོང་ཉིད་ལ་སྒོམ་བྱུང་གི་གསལ་སྣང་མ་ཐོབ་པའི་སྒོ་ནས་སྟོང་ཉིད་ལ་སྐྲག་པས་ཚོགས་ཆེན་ཡུན་རིང་རྟོགས་དཀའི་སྦྱོར་བར་འཇོག་པར་རྣམ་བཤད་ལས་གསུངས་པའི་ཕྱིར།

ཡང་ཁ་ཅིག སྤྱི་མ་དེ་འདིར་བསྟན་གཙོ་བོའི་སེམས་དཔའི་སྦྱོར་བའི་མཚན་ཉིད་ཟེར་བ། མི་འཐད་དེ། བྱང་སེམས་མཐོང་ལམ་པའི་རྒྱུད་ཀྱི་སྙིང་རྗེ་ཆེན་པོ། མཚོན་བྱ་དེ་ཡིན་པའི་ཕྱིར། དེར་ཐལ། འདིར་བསྟན་བྱང་ཆུབ་ལ་ཉེ་བའི་སེམས་དཔའི་སྦྱོར་བ་ཡིན་པའི་ཕྱིར། ས་དང་པོའི་ཡེ་ཤེས་ཡིན་པའི་ཕྱིར།

ཡང་ཁ་ཅིག སྟོང་ཉིད་རྟོགས་པའི་ཞི་ལྷག་ཟུང་འབྲེལ་གྱིས་ཟིན་པའི་སེམས་དཔའི་རྣལ་འབྱོར། འདིར་བསྟན་སེམས་དཔའི་གཙོ་བོའི་སྦྱོར་བའི་མཚན་ཉིད་ཟེར་བ། མི་འཐད་དེ། སྟོང་ཉིད་མངོན་སུམ་དུ་རྟོགས་སྒོང་གི་བྱང་སེམས་ཚོགས་ལམ་པའི་རྒྱུད་ཀྱི་ཀུན་རྫོབ་སེམས་བསྐྱེད། མཚན་ཉིད་དེ་གང་ཞིག མཚོན་བྱ་དེ་མ་ཡིན་པའི་ཕྱིར། དང་པོ་དེར་ཐལ། སྟོང་ཉིད་མངོན་སུམ་དུ་རྟོགས་སྒོང་གི

之勝觀的菩薩加行故。

有云：「若是劬勞久證之加行，周遍未通達空性，因若是彼，周遍於空性具畏懼故。」不應理，因若是劬勞長久難證之加行，須是曾通達空性之入道之智故。理應如是，因若是所謂「劬勞久證故」之文的主要所示加行，須是彼故。理應如是，因若是第四品之主要所示的圓滿加行，須是彼故。理應如是，因若是所謂「無相善施等」之文的主要所示菩薩資糧道，須是彼故。因已證成。

又，若是於空性畏懼之菩薩加行，理應周遍以未通達空性之門而畏懼彼，因彼宗故。不能許，因《心要莊嚴疏》開示由未得空性修所成明現之門而畏懼空性，安立為劬勞長久難證加行故。

又有云：「前者是此處主要所示之菩薩加行之性相。」不應理，因菩薩見道者相續之大悲，是彼名相故。理應如是，因是此示近菩提之菩薩加行故，因是初地之本智故。

又有云：「通達空性之止觀雙運所攝之菩薩瑜伽，乃此示菩薩之主要加行的性相。」不應理，因曾現前通達空性之菩薩資糧道者相續之世俗發心，是彼性相，且非彼名相故。初者理應如是，因是曾現前通達空性之菩薩之智故。第二理應如是，因非於此直接顯示

བྱང་སེམས་ཀྱི་མཁྱེན་པ་ཡིན་པའི་ཕྱིར། གཉིས་པ་དེར་ཐལ། འདིར་དངོས་སུ་བསྟན་པའི་སེམས་དཔའི་སྦྱོར་བ་མ་ཡིན་པའི་ཕྱིར། མ་གྲུབ་ན། ཚོགས་ཆེན་ཡུན་རིང་རྟོགས་དཀའ་བའི་སྦྱོར་བ་ཡིན་པར་ཐལ། མ་གྲུབ་པ་གང་ཞིག བྱང་སེམས་ཀྱི་ཚོགས་ལམ་ཡིན་པའི་ཕྱིར། འདོད་མི་ནུས་ཏེ། ཆོས་ཅན་དེའི་ཕྱིར།

གཞན་ཡང་། མཚན་ཉིད་དེ་མི་འཐད་དེ། སྐབས་འདིར་དངོས་སུ་བསྟན་པའི་སེམས་དཔའི་གཙོ་བོའི་སྦྱོར་བ་ཡིན་ན་དམན་ལམ་སྔོན་སོང་མ་ཡིན་དགོས་པའི་ཕྱིར།

རང་ལུགས་ནི། ཡུལ་ཡུལ་ཅན་གཞི་ལམ་རྣམ་གསུམ་བདེན་སྟོང་སྤྲོས་བྲལ་དུ་སྒོམ་པའི་ཞི་ལྷག་ཟུང་འབྲེལ་ཐོབ་པའི་སྐབས་འདིར་དངོས་སུ་བསྟན་པའི་སེམས་དཔའི་རྣལ་འབྱོར། སྐབས་འདིར་དངོས་སུ་བསྟན་པའི་གཙོ་བོའི་སྦྱོར་བའི་མཚན་ཉིད། དབྱེ་ན་བཅུ་དགུ། ས་མཚམས་ཐེག་ཆེན་གྱི་སྦྱོར་ལམ་དྲོད་ནས་ས་བཅུ་རྒྱུན་མཐའི་བར་དུ་ཡོད། སྟོང་ཉིད་རྟོགས་པའི་ཤེས་རབ་ཀྱིས་ཟིན་པའི་སྐབས་འདིར་དངོས་སུ་བསྟན་པའི་སེམས་དཔའི་རྣལ་འབྱོར། སྐབས་འདིར་དངོས་སུ་བསྟན་པའི་སེམས་དཔའི་སྦྱོར་བའི་མཚན་ཉིད། དབྱེ་ན་ཉི་ཤུ། ས་མཚམས་ཐེག་ཆེན་གྱི་ཚོགས་ལམ་ནས་ཡོད།

ཁ་ཅིག ཐེག་ཆེན་རིགས་ངེས་ཀྱི་ཚོགས་ལམ་ཐོབ་མ་ཐག་པའི་བྱང་སེམས་དབང་རྟུལ་གྱི་རྒྱུད་ལ་ཚོགས་ཆེན་ཡུན་རིང་རྟོགས་དཀའི་སྦྱོར་བ་ཡོད་པར་བཞེད་པས་དཔྱད་པར་བྱའོ། །

ཡང་ཁ་ཅིག སྐབས་འདིར་དངོས་སུ་བསྟན་པའི་གཙོ་བོའི་སྦྱོར་བ་དང་། སྐབས་འདིར་དངོས་བསྟན་བསྟན་བྱའི་གཙོ་བོར་གྱུར་པའི་སྦྱོར་བ་དོན་གཅིག་ཟེར་བ། མི་འཐད་དེ། སྐབས་འདིར་དངོས་བསྟན་བསྟན་བྱའི་གཙོ་བོར་བྱས་ནས་བསྟན་པའི་ཚོགས་ཆེན་ཡུན་རིང་རྟོགས་དཀའི་སྦྱོར་བ་ཡོད་པའི་ཕྱིར། དེར་ཐལ། ཚོགས་ཆེན་ཡུན་རིང་རྟོགས་པའི་ཕྱིར། ཞེས་པའི་གཞུང་གི་དངོས་བསྟན་བསྟན་བྱའི་གཙོ་བོར་གྱུར་པའི་ཚོགས་ཆེན་ཡུན་རིང་རྟོགས་དཀའི་སྦྱོར་བ་ཡོད་པའི་ཕྱིར། གཞུང་དེའི་དངོས་བསྟན་བསྟན་བྱའི་གཙོ་བོ་ཡོད་པའི་ཕྱིར།

之菩薩加行故。若不成，理應是劬勞長久難證之加行，因「不成」，且是菩薩資糧道故。不能許，因彼有法故。

又，彼性相不應理，因若是此處直接顯示之菩薩的主要加行須不是曾入劣道故。

自宗：「獲得修習境、有境、基道相三者諦實空離戲論之止觀雙運之此處所直接顯示的菩薩瑜伽」，乃此處直接顯示之主要加行的性相。分十九。界限，從大乘加行道煖位乃至十地最後流之間〔皆〕有。「通達空性之慧所攝的此處直接顯示之菩薩瑜伽」，乃此處直接顯示之菩薩加行的性相。分二十。界限，從大乘資糧道有。

有主張：「剛得大乘決定種性之資糧道之鈍根菩薩相續中，有劬勞長久難證之加行。」因此當觀察。

又有云：「此處直接顯示之主要加行與屬此處直接顯示主要所示之加行同義。」不應理，因有作為此處直接顯示主要所示而顯示的劬勞長久難證之加行故。理應如是，因有屬「劬勞久證故」之文所直接顯示主要所示的劬勞長久難證之加行故。因有此文之直接顯示主要所示故。

སྦྱོར་བ་ཉི་ཤུ་པོའི་ས་མཚམས་ཡོད་དེ། ཚོགས་ཆེན་ཡུན་རིང་ཚོགས་ལམ་ནས་ཐོབ། ལུང་བསྟན་དང་། ཕྱིར་མི་ལྡོག་པའི་དང་། ངེས་འབྱུང་དང་། བར་ཆད་མེད་པའི་སྦྱོར་བ་དང་བཞི་ནི། རིམ་པ་བཞིན་ཐེག་ཆེན་གྱི་སྦྱོར་ལམ་དྲོད་རྩེ་མོ་བཟོད་པ་ཆོས་མཆོག་ནས་ཐོབ། བྱང་ཆུབ་ལ་ཉེ་བའི་སྦྱོར་བ་མཐོང་ལམ་ནས་དང་། བྱང་ཆུབ་ལ་མྱུར་བ་ནི་ས་གཉིས་པ་ནས་དང་། གཞན་དོན་གྱི་སྦྱོར་བ་ནས་རྣམ་པར་མི་རྟོག་པའི་སྦྱོར་བའི་བར་ལྔ་ནི་ས་བརྒྱད་པར་དང་། འབྲས་བུ་རིན་ཆེན་སྦྱིན་བྱེད་ས་དགུ་པར་དང་། རྣམ་པར་དག་པའི་སྦྱོར་བ་ས་བཅུ་པར་དང་། ས་མཚམས་ཀྱི་སྦྱོར་བ་ཚོགས་ལམ་ནས། རྒྱུན་མཐའི་བར་དུ་འཇོག་པའི་ཕྱིར་རོ། །

現觀辨析（下）

有二十加行之界限，因劬勞長久〔加行〕自資糧道獲得。授記、不退轉、出離、無間加行四者，依次自大乘加行道煖、頂、忍、世第一法獲得。近菩提之加行從見道、速疾菩提從二地、從利他之加行乃至不分別加行中五者於八地、能與寶果於九地、清淨之加行於十地、結界之加行從資糧道乃至最後流之間安立故。

སྦྱོར་བའི་ཡོན་ཏན།

བདུད་ཀྱི་མ་ཐུ་བཅོམ་ལ་སོགས་པ། །ཞེས་པར་གཉིས་ལས། དང་པོ་ནི། འདིར་བསྟན་སྦྱོར་བའི་ཡོན་ཏན་བཅུ་བཞི་ཡོད་དེ། རྣམ་རྫོགས་སྦྱོར་བ་ཐོབ་མྱོང་གི་གང་ཟག་གི་རྒྱུད་ཀྱི་རྣམ་རྫོགས་སྦྱོར་བ་སྒོམ་སྟོབས་ཀྱིས་ཐོབ་པའི་བདུད་ཀྱི་མ་ཐུ་བཅོམ་པ་སོགས་བཅུ་བཞི་ཡོད་པའི་ཕྱིར།

གཉིས་པ་ལ། ཁ་ཅིག རྣམ་རྫོགས་སྦྱོར་བ་སྒོམ་སྟོབས་ཀྱིས་ཐོབ་པའི་ཕན་ཡོན། སྦྱོར་བའི་ཡོན་ཏན་གྱི་མཚན་ཉིད་ཟེར་བ། མི་འཐད་དེ། མཚན་ཉིད་དེ་རྒྱུད་ལ་ལྡན་པའི་ལམ་མ་ཞུགས་ཀྱི་གང་ཟག་ཡོད་པའི་ཕྱིར་ཏེ། སྦྱོར་བ་སྒོམ་པའི་ལམ་མ་ཞུགས་ཀྱི་གང་ཟག་ཡོད་པའི་ཕྱིར།

གཞན་ཡང་། མཚན་ཉིད་དེ་མི་འཐད་དེ། ཐེག་དམན་གྱི་སྦྱོར་བའི་ཡོན་ཏན་ཡོད་པའི་ཕྱིར།

རང་ལུགས། རྣམ་རྫོགས་སྦྱོར་བ་ཐོབ་མྱོང་གི་གང་ཟག་གི་རྒྱུད་ཀྱི་རྣམ་རྫོགས་སྦྱོར་བ་སྒོམ་སྟོབས་ཀྱིས་ཐོབ་པའི་ཕན་ཡོན། འདིར་བསྟན་རྣམ་རྫོགས་སྦྱོར་བའི་ཡོན་ཏན་གྱི་མཚན་ཉིད། དབྱེ་ན་བཅུ་བཞི། ས་མཚམས་ཐེག་ཆེན་གྱི་ཚོགས་ལམ་ནས་སངས་རྒྱས་ཀྱི་སའི་བར་དུ་ཡོད།

དེ་ལ་ཁོ་ན་རེ། ཉེས་པ་སྔ་མ་ཁྱེད་རང་ལའང་འདྲུག་སྟེ། མཚན་ཉིད་དེ་རྒྱུད་ལ་ལྡན་པའི་ལམ་མ་ཞུགས་ཀྱི་གང་ཟག་ཡོད་པའི་ཕྱིར་ཏེ། དེའི་རྒྱུད་ཀྱི་དེ་ཡོད་པའི་ཕྱིར། རྣམ་རྫོགས་སྦྱོར་བ་སྒོམ་པའི་དེ་ཡོད་པའི་ཕྱིར། རྣམ་རྫོགས་སྦྱོར་བ་དང་། རྣམ་རྫོགས་སྦྱོར་བ་ཐོབ་མྱོང་གི་རྒྱུད་ཀྱི་སྦྱོར་བ་དོན་གཅིག་པའི་ཕྱིར་ཟེར་ན། མ་ཁྱབ་སྟེ། རྣམ་མཁྱེན་དང་སངས་འཕགས་ཀྱི་རྒྱུད་ཀྱི་རྣམ་མཁྱེན་དོན་གཅིག་ཀྱང་། རྣམ་མཁྱེན་ཉམས་སུ་ལེན་པའི་ལམ་ཡིན་ན། དེའི་རྒྱུད་ཀྱི་དེ་ཉམས་སུ་ལེན་པའི་ལམ་ཡིན་མི་དགོས་པར་ཆཕད་ཟིན་པའི་ཕྱིར།

ཡང་ཁོ་ན་རེ། རྣམ་མཁྱེན་ཆོས་ཅན། མཚོན་བྱ་དེར་ཐལ། མཚན་ཉིད་དེའི་ཕྱིར། འདོད་ན། ཐེག་ཆེན་གྱི་སྦྱོར་བའི་ཡོན་ཏན་ཡིན་པར་ཐལ། འདོད་པའི་ཕྱིར། འདོད་ན། སེམས་དཔའི་ཡོན་ཏན་ཡིན་པར་ཐལ་ལོ། །ཞེ་ན། མ་ཁྱབ་སྟེ། དེ་ཐེག་ཆེན་གྱི་སྦྱོར་བའི་ཡོན་ཏན་ཡིན་པའི་ཕྱིར་ཏེ། སངས་

104 加行功德

從所謂「摧伏魔力等」〔有〕二。初者，此示加行功德有十四，因曾得圓滿加行補特伽羅相續之以修圓滿加行力獲得摧伏魔力等有十四故。

第二，有云：「以修圓滿加行之力獲得之利益，乃加行功德之性相。」不應理，因有相續中具此性相之未入道補特伽羅故，因有修習加行之未入道補特伽羅故。

又，此性相不應理，因有小乘之加行功德故。

自宗：「曾得圓滿加行之補特伽羅相續之以修圓滿加行力獲得之利益」，乃此示圓滿加行功德之性相。分十四。界限，自大乘資糧道乃至佛地之間〔皆〕有。

於此有云：「汝亦為前過失所趣入，因有相續中具此性相的未入道補特伽羅故，因有彼之相續之彼故。因有修習圓滿加行之彼故。因圓滿加行與曾得圓滿加行之相續的加行同義故。」不周遍，因已說過雖一切相智與佛聖者相續之一切相智同義，然若是修持一切相智之道，不須是彼之相續之修持彼的道故。

又有云：「一切相智為有法，理應是彼名相，因是彼性相故。若許，理應是大乘加行功德，因許故。若許，則成是菩薩功德。」不周遍，因彼乃大乘加行功德故，因佛地中有大乘加行之利益故。

རྒྱས་ཀྱི་ས་ན་ཐེག་ཆེན་གྱི་སྦྱོར་བའི་ཕན་ཡོན་ཡོད་པའི་ཕྱིར། སངས་རྒྱས་ཀྱི་ས་ན་མོས་པ་སྒོམ་ལམ་གྱི་ཕན་ཡོན་ཡོད་པའི་ཕྱིར།

ཡང་ཁོ་ན་རེ། ཐེག་དམན་གྱི་སྦྱོར་བཞི་གང་རུང་ཡོད་པར་ཐལ། དེའི་སྦྱོར་བ་ཡོད་པའི་ཕྱིར་ན། མ་ཁྱབ་སྟེ། འོ་ན། དེའི་སྒྲུབ་པ་བཞི་གང་རུང་ཡོད་པར་ཐལ། དེའི་སྒྲུབ་པ་ཡོད་པའི་ཕྱིར། ཁྱབ་པ་ཁས། དེར་ཐལ། ཐེག་དམན་གྱི་སྒྲུབ་པའི་རྟེན་རང་བཞིན་གནས་རིགས་ཡོད་པའི་ཕྱིར།

ཁ་ཅིག འདིར་བསྟན་ཡོན་ཏན་བཅུ་བཞི་ཚན་པ་གཉིས་པོ་དེ་དོན་གཅིག་ལ་ལྡོག་པ་ཐ་དད་དུ་ཕྱེ་བ་ཙམ་ཡིན་ཟེར་བ། མི་འཐད་དེ། དཔྱ་སྦྱོར་བ་སྒོམ་པ་ལ་སངས་རྒྱས་ཀྱི་བྱིན་གྱིས་རླབས་པའི་སེམས་དཔའ་ཡིན་ན་བདུད་ཀྱི་མཐུ་བཅོམ་པས་མ་ཁྱབ་པའི་ཕྱིར། དེར་ཐལ། ཐེག་ཆེན་རིགས་ངེས་ཀྱི་ཐེག་ཆེན་གྱི་གང་ཟག་ཡིན་ན། དེ་བཅོམ་པས་མ་ཁྱབ་པའི་ཕྱིར།

རང་ལུགས། ཚན་པ་གཉིས་པོ་དེའི་ཁྱད་པར་ཡོད་དེ། སྔ་མ་བཅུ་བཞི་ནི་མ་འོངས་པ་ན་ཐོབ་པའི་ཡོན་ཏན་དང་། ཕྱི་མ་བཅུ་བཞི་ད་ལྟ་ཐོབ་པའི་ཡོན་ཏན་གྱི་དབང་དུ་བྱས་པའི་ཕྱིར།

因佛地中有勝解修道之利益故。

又有云：「理應有小乘四加行隨一，因有彼之加行故。」不周遍。那麼，理應有彼之四正行隨一，因有彼之正行故。承許周遍。理應如是，因有小乘正行之所依本性住種性故。

有云：「此示二組十四功德是同義而唯以返體異所開分。」不應理，因現在修習加行，若是佛所加持〔力〕之菩薩，不周遍摧伏魔力故。理應如是，因若是大乘決定種性之大乘補特伽羅，不周遍摧伏彼故。

自宗：有彼二組之差別，因前十四者以未來獲得之功德，及後十四者以現在獲得之功德而言故。

མཚན་མཚོན།

གང་གི་མཚོན་དེ་མཚན་ཉིད་དུ། །ཞེས་སོགས་ལ་གཉིས་ལས། དང་པོ་ནི། འདིར་བསྟན་སྦྱོར་བའི་མཚན་ཉིད་ཀྱི་སྐབས་བརྗོད་རིགས་ལ་བཞི་ཡོད་དེ། ཤེས་མཚན། ཁྱད་མཚན། བྱེད་མཚན། ངོ་བོ་ཉིད་མཚན་རྣམས་སུ་ཡོད་པའི་ཕྱིར། འོ་ན། རྣམ་གསུམ་ཞེས་པ་མི་འཐད་པར་ཐལ། རྣམ་པ་བཞིར་འཆད་པའི་ཕྱིར་ཞེ་ན། མ་ཁྱབ་སྟེ། རྩ་བར་དེ་ཙམ་ལས་མ་གསུངས་ཀྱང་། འགྲེལ་པར། མཚན་ཉིད་ལ་རྣམ་པ་བཞིར་ཤེས་པར་བྱའོ། །ཞེས་གསུངས་པའི་ཕྱིར།

ཁ་ཅིག ཐེག་ཆེན་སྒྲུབ་པའི་མཚན་ཉིད་ཆོས་ཅན། ཁྱོད་ལ་བཞི་ཡོད་དེ། ཁྱོད་ལ་ཤེས་མཚན་ཁྱད་མཚན་བྱེད་མཚན་ངོ་བོ་ཉིད་མཚན་རྣམས་སུ་ཡོད་པའི་ཕྱིར། ཞེས་འགོད་པ་མི་འཐད་དེ། དེ་བཞི་རེ་རེ་ནས་ཐེག་ཆེན་སྒྲུབ་པའི་མཚན་ཉིད་མ་ཡིན་པའི་ཕྱིར། དེ་བཞི་གང་རུང་ཡིན་ན་མཚན་ཉིད་ཡིན་པས་མ་ཁྱབ་པའི་ཕྱིར།

གཉིས་པ་ལ། ཁ་ཅིག སྙིང་རྗེ་ཆེན་པོ་དང་སྟོང་ཉིད་རྟོགས་པའི་ཤེས་རབ་སོགས་ཐབས་ཤེས་ཀྱི་རིགས་རྫོགས་པས་ཟིན་པའི་སེམས་དཔའི་རྣལ་འབྱོར། ལམ་ཤེར་ཕྱིན་གྱི་མཚན་ཉིད་ཟེར་བ། མི་རིགས་ཏེ། སྟོང་ཉིད་རྟོགས་མ་མྱོང་བའི་བྱང་སེམས་ཚོགས་ལམ་པའི་རྒྱུད་ཀྱི་ཀུན་རྫོབ་སེམས་བསྐྱེད་ལམ་ཤེར་ཕྱིན་གྱི་རྣལ་འབྱོར་ཡིན་པའི་ཕྱིར་ཏེ། དེ་ཡོད་པའི་ཕྱིར། དང་པོ་ནས་ཐེག་ཆེན་དུ་རིགས་ངེས་པའི་ཐེག་ཆེན་གྱི་རིགས་ཅན་དབང་རྟུལ་དེ། དང་པོར་བྱང་ཆུབ་ཏུ་སེམས་བསྐྱེད། དེའི་རྗེས་སུ་སྟོང་ཉིད་རྟོགས་པའི་ལྟ་བ་ཚོལ་དགོས་པའི་ཕྱིར་ཏེ། དབུ་མ་རྒྱན་ལས། ཡང་དག་དད་པའི་རྗེས་འབྲང་བ། །རྫོགས་པའི་བྱང་ཆུབ་སེམས་བསྐྱེད་ནས། །ཐུབ་པའི་བརྟུལ་ཞུགས་བླང་བྱས་ཏེ། །དེ་ནི་ཡང་དག་ཤེས་ཚོལ་བརྩོན། ། ཞེས་གསུངས་པའི་ཕྱིར།

ཡང་ཁ་ཅིག འབྲས་བུ་ཤེར་ཕྱིན་ཐོབ་བྱེད་ཀྱི་ཐབས་སུ་གྱུར་པའི་སེམས་དཔའི་རྣལ་འབྱོར། ལམ་ཤེར་ཕྱིན་གྱི་རྣལ་འབྱོར་གྱི་མཚན་ཉིད་ཟེར་བ། མི་འཐད་དེ། ལམ་ཤེར་ཕྱིན་གྱི་རྣལ་འབྱོར་ཡིན་ན་ཐབས་ཡིན་པས་མ་ཁྱབ་པའི་ཕྱིར། དེར་ཐལ། དེར་གྱུར་པའི་ཤེས་རབ་ཡོད་པ་གང་ཞིག

105 性相名相

從「由何相當知……」等有二。初者，此示加行之性相的堪以聲詮有四，因有智相、勝相、作用相、自性相故。「那麼，所謂『三相』理應不應理，因講說四相故。」不周遍，因雖根本（文）僅說彼，然《明義釋》云：「彼為性相，應知有四種。」故。

有安立云：「大乘加行之性相為有法，爾有四，因爾有智相、勝相、作用相、自性相故。」不應理，因此四者每一個皆非大乘加行之性相故。因若是此四者隨一，不周遍是性相故。

第二，有云：「大悲及通達空性慧等圓滿方便智慧之類所攝之菩薩瑜伽，乃道般若波羅蜜多之性相。」不合理，因未曾通達空性之菩薩資糧道者相續之世俗發心，乃道般若波羅蜜多之瑜伽故，因有彼故。因最初決定種性為大乘之鈍根大乘種性，首先發菩提心，其後須尋求通達空性之見故，因《中觀莊嚴論》云：「淨信隨行者，發起菩提心，取能仁禁行，彼勤尋正慧。[26]」故。

又有云：「屬能得果般若波羅蜜多之方便的菩薩瑜伽，乃道般若波羅蜜多之瑜伽的性相。」不應理，因若是道般若波羅蜜多之瑜伽，不周遍是方便故。理應如是，因有屬彼之智慧，且方便智慧二

ཐབས་ཤེས་གཉིས་འགལ་བའི་ཕྱིར།

ཁོ་ན་རེ། དེ་གཉིས་མི་འགལ་བར་ཐལ། སྨིན་པའི་ཤེས་རབ་དེ་དེ་གཉིས་ཀ་ཡིན་པའི་ཕྱིར་ཏེ། དེ་ཐབས་གང་ཞིག ཤེས་རབ་ཡིན་པའི་ཕྱིར་ཟེར། རྟགས་དང་པོ་སྒྲུབ་དགོས་སོ། །

མཚན་ཉིད་དེ་ལ་མཁས་པ་ཁ་ཅིག ཉན་ཐོས་ཀྱི་ལམ་དུ་འཇུག་པར་ངེས་པའི་བྱང་སེམས་ཚོགས་ལམ་པའི་མཁྱེན་པ་ཆོས་ཅན། མཚན་ཉིད་དེར་ཐལ། མཚོན་བྱ་དེའི་ཕྱིར། འདོད་མི་ནུས་ཏེ། གནས་སྐབས་རྫོགས་བྱང་ལས་ལྡོག་པར་ངེས་པའི་བྱང་སེམས་ཀྱི་མཁྱེན་པ་ཡིན་པའི་ཕྱིར་ཟེར་བ། མི་འཐད་དེ། དེ་འདྲའི་བྱང་སེམས་ཚོགས་ལམ་པའི་རྒྱུད་ལ་འབྲས་བུ་ཤེར་ཕྱིན་ཐོབ་བྱེད་ཀྱི་ཐབས་ཡོད་པའི་ཕྱིར་ཏེ། དེའི་རྒྱུད་ལ་གཞན་དོན་དུ་འབྲས་བུ་ཤེར་ཕྱིན་དོན་དུ་གཉེར་བའི་བསམ་པ་ཁྱད་པར་ཅན་ཡོད་པའི་ཕྱིར།

རང་ལུགས་ནི། རང་གི་ཐོབ་བྱར་གྱུར་པའི་འབྲས་བུ་ཤེར་ཕྱིན་ཐོབ་བྱེད་དུ་གྱུར་པའི་སེམས་དཔའི་རྣལ་འབྱོར། ལམ་ཤེར་ཕྱིན་གྱི་རྣལ་འབྱོར་གྱི་མཚན་ཉིད།

མཚོན་ཚུལ་ལ་ལོ་ཙྪ་བ་ཆེན་པོས་ནི། བྱང་སེམས་ཀྱི་སྦྱོར་བ་ཉི་ཤུ་མཚན་གཞི་ཡིན། དེ་ནི། གཟུགས་ལ་སོགས་ལ་མི་གནས་ཕྱིར། །ཞེས་པས་བསྟན། ཆོས་སྐུའི་རྒྱུ་ཐུན་མོང་མ་ཡིན་པའི་སྦྱོར་བ་མཚོན་བྱ་ཡིན། དེ་ནི། ཉོན་མོངས་རྟགས་དང་མཚན་མ་དང་། །ཞེས་པས་བསྟན། དོན་གཉིས་ཕུན་ཚོགས་སྒྲུབ་བྱེད་ཀྱི་སེམས་དཔའི་རྣལ་འབྱོར་མཚན་ཉིད་ཡིན། དེ་ནི། བསམ་མི་ཁྱབ་སོགས་ཁྱད་པར་གྱིས་ཞེས་པ་དང་། ཕན་དང་བདེ་དང་སྐྱོབ་པ་དང་། །ཞེས་སོགས་ཀྱིས་བསྟན། མཚན་མཚོན་གཞི་གསུམ་དང་། མཚན་ཉིད་མཚན་གཞིའི་སྟེང་དུ་ངེས་བྱེད་ཀྱི་བློ་ནི། མཚོན་པ་ཞེས་བྱ་ལ། དེ་ནི། དེ་བཞིན་གཤེགས་པ་འབྱུང་བ་དང་། །ཞེས་སོགས་དང་། སྟོང་ཉིད་མཚན་མ་མེད་བཅས་དང་། །ཞེས་སོགས་དང་། དེ་ནི་ཉིད་ཀྱི་ཆོས་བསྟེན་ནས། །ཞེས་སོགས་ཀྱིས་བསྟན། དེས་ན། བྱང་སེམས་ཀྱི་སྦྱོར་བ་ཉི་ཤུ་མཚན་གཞི། ཆོས་སྐུའི་རྒྱུ་ཐུན་མོང་མ་ཡིན་པའི་སྦྱོར་བར་མཚོན། དོན་གཉིས་ཕུན་ཚོགས་སྒྲུབ་བྱེད་ཀྱི་སེམས་དཔའི་རྣལ་འབྱོར་ཡིན་པ་ཞེས་མཚོན་པར་བྱ་

者相違故。

有云：「此二理應不相違，因布施之智慧是彼二者故，因彼是方便，且是智慧故。」須證成初因。

於此性相，智者有云：「決定趣入聲聞道之菩薩資糧道者之智為有法，理應是彼性相，因是彼名相故。不能許，因是決定暫時從圓滿菩提退轉之菩薩之智故。」不應理，因如是之菩薩資糧道者相續中，有能得果般若波羅蜜多之方便故，因彼相續中，有為利他希求果般若波羅蜜多之殊勝意樂故。

自宗：「能得自之所得果般若波羅蜜多之菩薩瑜伽」，乃道般若波羅蜜多瑜伽之性相。

於表徵方式，大譯師云：「二十菩薩加行乃事相，此由『不住色等故』所顯示；法身不共因之加行即名相，彼由『離煩惱狀貌』所顯示；能成辦圓滿二利之菩薩瑜伽是性相，彼由『由難思等別』與『作利樂濟拔……』等所顯示；性相、名相、事相三者與於事相上決定性相之覺知名表徵，彼由『知如來出現……』等與『空性及無相……』等與『依真如法住……』等所顯示。是故，『二十菩薩加行為事相，表徵為法身不共因加行，是能成辦圓滿二利之菩薩瑜伽』如此表徵。」

བ་ཡིན་ནོ། །ཞེས་གསུངས།

དེའི་འགོག་ཚུལ་རྣམ་བཤད་ལས་གསུངས་པའི་དོན་བསྡུས་ན། ཤེས་བྱ་ཆོས་ཅན། ཉོན་མོངས་རྟགས་དང་མཚན་མ་དང་། །ཞེས་སོགས་ཀྱིས། མཚོན་བྱ་ཡོན་བསྟན་ནས་མཚན་ཉིད་མ་བསྟན་པ་མི་འཐད་དེ། དེས་མཚན་གཞི་དང་མཚོན་བྱ་གཉིས་ཀ་བསྟན་པའི་ཕྱིར། འགྲེལ་པར། དེ་ལྟར་ན་ངོ་བོ་ཉིད་བཅུ་དྲུག་གིས་ཇི་ལྟ་བ་བཞིན་དུ་ཐམས་ཅད་མཁྱེན་པ་ཉིད་གསུམ་གྱི་སྦྱོར་བ་དག་མཚན་ཉིད་དང་ལྡན་པ་བཞིན་དུ་མཚོན་པས། དེ་ལྟར་ན་བཞི་པ་ངོ་བོ་ཉིད་ཀྱི་མཚན་ཉིད་དུ་བཞེད་དོ། །ཞེས་གསུངས་པའི་ཕྱིར། ཡང་དེ་བཞིན་གཤེགས་པ་འབྱུང་བ་དང་། ཞེས་སོགས་ཀྱིས། མཚོན་བྱ་ཡོན་བསྟན་ནས་མཚན་ཉིད་མ་བསྟན་པ་མི་འཐད་པར་ཐལ། དེ་བཞིན་གཤེགས་པ་འབྱུང་བ་དང་། །ཞེས་སོགས་ཀྱིས་སེམས་དཔའི་གཞི་ཤེས་སྦྱོར་བའི་མཚན་ཉིད་བསྟན། སྟོང་ཉིད་མཚན་མ་མེད་བཅས་དང་། །ཞེས་སོགས་ཀྱིས་ལམ་ཤེས་སྦྱོར་བའི་མཚན་ཉིད་བསྟན། དེ་ནི་ཉིད་ཀྱི་ཆོས་བསྟེན་ནས། །ཞེས་སོགས་ཀྱིས་རྣམ་མཁྱེན་སྦྱོར་བའི་མཚན་ཉིད་བསྟན་པའི་ཕྱིར།

དང་པོ་དེར་ཐལ། འགྲེལ་པར། ཤེས་པའི་རྣམ་པའི་བྱེ་བྲག་བཅུ་དྲུག་གིས་ཚུལ་བཞིན་དུ་ཐམས་ཅད་ཤེས་པ་ཉིད་ཀྱི་སྦྱོར་བ་རྣམས་ཇི་ལྟ་བ་བཞིན་མཚོན་པས་ན། ཤེས་པའི་མཚན་ཉིད་ཐམས་ཅད་ཤེས་པ་ཉིད་ཀྱིས་བསྡུས་པ་ཡིན་ནོ། །ཞེས་གསུངས་པའི་ཕྱིར། གཉིས་པ་དེར་ཐལ། ཤེས་པའི་རྣམ་པའི་ཁྱད་པར་བཅུ་དྲུག་གིས་ཇི་ལྟ་བ་བཞིན་དུ་ལམ་ཤེས་པ་ཉིད་ཀྱི་སྦྱོར་བ་དག་མཚོན་པས་ཤེས་པའི་མཚན་ཉིད་ལམ་ཤེས་པ་ཉིད་ཀྱིས་བསྡུས་པ་ཡིན་ནོ། །ཞེས་གསུངས་པའི་ཕྱིར། གསུམ་པ་དེར་ཐལ། ཤེས་པའི་རྣམ་པའི་བྱེ་བྲག་བཅུ་དྲུག་གིས་ཇི་ལྟ་བ་བཞིན་དུ་རྣམ་པ་ཐམས་ཅད་མཁྱེན་པ་ཉིད་ཀྱི་སྦྱོར་བ་དག་མཚོན་པས་ན་ཤེས་པའི་མཚན་ཉིད་རྣམ་པ་ཐམས་ཅད་མཁྱེན་པ་ཉིད་ཀྱིས་བསྡུས་པ་ཡིན་ནོ། །ཞེས་གསུངས་པའི་ཕྱིར།

ཡང་ཁ་ཅིག མཁྱེན་གསུམ་གྱི་སྦྱོར་བ་མཚན་གཞི། སངས་རྒྱས་སྐྱེད་བྱེད་ཡིན་པར་མཚོན། སངས་རྒྱས་ཀྱི་ཐུགས་རྒྱུད་ཀྱི་མཁྱེན་གསུམ་སྐྱེད་བྱེད་ཡིན་པ། ཞེས་པ་སྐབས་འདིའི་མཚོན་ཚུལ་དུ་སྨྲ་བ་མི་འཐད་དེ། དེ་འདྲ་འཕགས་སེང་གཉིས་ཀའི་འགྲེལ་པའི་ཚིག་དོན་ལ་མི་གསལ་བའི་ཕྱིར་དང་།

彼之破斥之理，若集攝《心要莊嚴疏》所說之義，所知為有法，「離煩惱狀貌……」等僅顯示名相不顯示性相，不應理，因彼顯示事相與名相二者故。因《明義釋》云：「如是，十六自性如實標顯三智之諸加行具性相般；故承許第四為自性之性相。」故。又「知如來出現……」等，僅顯示名相不顯示性相理應不應理，因「知如來出現……」等顯示菩薩基智加行性相，「空性及無相……」等顯示道相智加行之性相，「依真如法住……」等顯示一切相智加行之性相故。

初者理應如是，因《明義釋》云：「知相十六類別如理、如實表徵諸一切智加行，故智相乃一切智所攝。[27]」故。第二理應如是，因〔明義釋〕云：「知相十六差別如是表徵道相智加行，故智相乃道相智所攝。[28]」故。第三理應如是，因〔明義釋〕云：「知相十六類別如是表徵諸一切相智加行，故智相乃一切相智所攝。[29]」故。

又有說云：「三智之加行為事相，表徵為能生佛，是能生佛心相續中三智。為此處表徵之理。」不應理，因如是於聖、獅二者之釋的文、義中未顯明，及不可能有以量了知三智之加行後，無法確

མཁྱེན་གསུམ་གྱི་སྦྱོར་བ་ཚད་མས་ཤེས་ནས་དེ་རྣམ་མཁྱེན་གྱི་རྒྱུར་ཐག་མ་ཆོད་པའི་གང་ཟག་མི་སྲིད་པའི་ཕྱིར། །

རང་ལུགས་ལ། མཚན་གཞི་དང་། མཚོན་བྱ་དང་། མཚན་ཉིད་དང་། ཇི་ལྟར་མཚོན་པའི་ཚུལ་དང་། ས་མཚམས་དང་ལྔ་ལས། དང་པོ་ནི། ཉོན་མོངས་རྟགས་སོགས་ཀྱིས་དབེན་པའི་སེམས་དཔའི་རྣལ་འབྱོར་བཅུ་དྲུག་པོ་ཡིན། དེ་ནི་ཉོན་མོངས་རྟགས་དང་མཚན་མ་དང་། ཞེས་སོགས་ཀྱིས་བསྟན།

གཉིས་པ་ལ། སྤྱིའི་དབང་དུ་བྱས་ན། ལམ་ཤེར་ཕྱིན་གྱི་རྣལ་འབྱོར་དང་། བྱེ་བྲག་གི་དབང་དུ་བྱས་ན། སེམས་དཔའི་གཞི་ཤེས་སྦྱོར་བ། ལམ་ཤེས་སྦྱོར་བ། རྣམ་མཁྱེན་སྦྱོར་བ། ཉན་རང་གི་སྦྱོར་བ་ལས་ཁྱད་པར་དུ་འཕགས་པའི་སྦྱོར་བ། གཞན་དོན་སྒྲུབ་པའི་བྱེད་ལས་དང་ལྡན་པའི་སྦྱོར་བ་རྣམས་སོ། །

གསུམ་པ་ལ། སྤྱིའི་དབང་དུ་བྱས་ན། རང་གི་ཐོབ་བྱར་གྱུར་པའི་འབྲས་བུ་ཤེར་ཕྱིན་ཐོབ་བྱེད་དུ་གྱུར་པའི་སེམས་དཔའི་རྣལ་འབྱོར་དང་། བྱེ་བྲག་གི་དབང་དུ་བྱས་ན། དེ་བཞིན་གཤེགས་པ་འབྱུང་བ་ཤེས་པ་སོགས་གཞི་ཤེས་ཀྱི་དམིགས་པ་གང་ཡང་རུང་བ་ལ་དམིགས་པ་ཡང་ཡིན། ཐེག་དམན་གྱི་རྟོགས་རིགས་སུ་གནས་པ་ཡང་ཡིན་པའི་གཞི་མ་ཐུན་པར་གྱུར་པའི་སེམས་དཔའི་རྣལ་འབྱོར་དང་། སྟོང་ཉིད་མཚན་མེད་སོགས་ལམ་ཤེས་ཀྱི་དམིགས་པ་གང་ཡང་རུང་བ་ལ་དམིགས་པའི་སེམས་དཔའི་རྣལ་འབྱོར་དང་། དེ་བཞིན་གཤེགས་པ་ཉིད་ཀྱི་མཐོང་ཆོས་ལ་བདེ་བར་གནས་པ་སོགས་རྣམ་མཁྱེན་གྱི་དམིགས་པ་གང་ཡང་རུང་བ་ལ་དམིགས་པའི་སེམས་དཔའི་རྣལ་འབྱོར་དང་། བསམ་མི་ཁྱབ་སོགས་ཀྱི་ཁྱད་པར་དུ་བྱས་པའི་སེམས་དཔའི་རྣལ་འབྱོར་དང་། ཕན་བདེ་སྒྲུབ་སོགས་ཀྱི་བྱེད་ལས་ཁྱད་པར་ཅན་དང་ལྡན་པའི་སེམས་དཔའི་རྣལ་འབྱོར་རྣམས་སོ། །

བཞི་པ་ལ། སྤྱིའི་དབང་དུ་བྱས་ན་ཉོན་མོངས་རྟགས་སོགས་ཀྱིས་དབེན་པའི་སེམས་དཔའི་རྣལ་འབྱོར་བཅུ་དྲུག་མཚན་གཞི། ལམ་ཤེར་ཕྱིན་གྱི་རྣལ་འབྱོར་དུ་མཚོན། རང་གི་ཐོབ་བྱར་གྱུར་པའི་

定彼是一切相智之因的補特伽羅故。

自宗：事相、名相、性相、如何表徵之理、界限五者。初者乃離煩惱狀貌等十六菩薩瑜伽。彼由「離煩惱狀貌……」等所顯示。

第二，以總的而言，道般若波羅蜜多之瑜伽；以別的而言，菩薩之基智加行、道相智加行、一切相智加行、超勝聲緣加行之加行、具成辦利他作用之加行。

第三，以總的而言，能得自之所得果般若波羅蜜多之菩薩瑜伽；以別的而言，既是緣知如來出現等基智之隨一所緣，也是住小乘證類之同位的菩薩瑜伽、緣空性及無相等道相智之隨一所緣之菩薩瑜伽、緣如來現法樂住等一切相智之隨一所緣的菩薩瑜伽、不思議等差別之菩薩瑜伽、具有利樂濟拔等殊勝作用之菩薩瑜伽。

第四，若以總的而言，離煩惱狀貌等十六菩薩瑜伽為事相，表徵為道般若波羅蜜多之瑜伽，是能得自之所得果般若波羅蜜多之菩

འབྲས་བུ་ཤེར་ཕྱིན་ཐོབ་བྱེད་དུ་གྱུར་པའི་སེམས་དཔའི་རྣལ་འབྱོར་ཡིན་པ་ཞེས་སོ། །

བྱེ་བྲག་གི་དབང་དུ་བྱས་ན། ཉོན་མོངས་རྟགས་དང་མཚན་མ་དང་། །ཞེས་སོགས་ཀྱི་སྐབས་ནས་དངོས་སུ་བསྟན་པའི་སེམས་དཔའི་རྣལ་འབྱོར་དང་པོ་བཞི་མཚན་གཞི། སེམས་དཔའི་གཞི་ཤེས་སྦྱོར་བར་མཚོན། དེ་བཞིན་གཤེགས་པ་འབྱུང་བ་ཤེས་པ་སོགས་གཞི་ཤེས་ཀྱི་དམིགས་པ་གང་ཡང་རུང་བ་ལ་དམིགས་པ་ཡང་ཡིན། ཐེག་དམན་གྱི་རྟོགས་རིགས་སུ་གནས་པ་ཡང་ཡིན་པའི་གཞི་མཐུན་དུ་གྱུར་པའི་སེམས་དཔའི་རྣལ་འབྱོར་ཡང་ཡིན་པ་ཞེས་སོ། །

དཀའ་དང་ངེས་པ་དང་། ཞེས་སོགས་ཀྱི་སྐབས་ནས་དངོས་སུ་བསྟན་པའི་གཞན་དོན་གྱི་གོ་ཆ་བྱ་དཀའ་བ་སོགས་སྒྲུབ་པའི་སེམས་དཔའི་རྣལ་འབྱོར་ལྔ་མཚན་གཞི། ལམ་ཤེས་སྦྱོར་བར་མཚོན། སྟོང་ཉིད་མཚན་མེད་སོགས་ལམ་ཤེས་ཀྱི་དམིགས་པ་གང་ཡང་རུང་བ་ལ་དམིགས་པའི་སེམས་དཔའི་རྣལ་འབྱོར་ཡིན་པ་ཞེས་སོ། །

མི་མཐུན་ཕྱོགས་པ་མེད་དང་དེ། །ཞེས་སོགས་ཀྱི་སྐབས་ནས་དངོས་སུ་བསྟན་པའི་གཞི་ལམ་གྱིས་བསྡུས་པའི་ཁྱད་པར་སོགས་སེམས་དཔའི་རྣལ་འབྱོར་བདུན་མཚན་གཞི། རྣམ་མཁྱེན་སྦྱོར་བར་མཚོན། དེ་བཞིན་གཤེགས་པ་ཉིད་ཀྱི་མཐོང་ཆོས་ལ་བདེ་བར་གནས་པ་སོགས་རྣམ་མཁྱེན་གྱི་དམིགས་པ་གང་ཡང་རུང་བ་ལ་དམིགས་པའི་སེམས་དཔའི་རྣལ་འབྱོར་ཡིན་པ་ཞེས་སོ། །

སེམས་དཔའི་ལམ་ཤེས་སྦྱོར་བའི་ངོ་བོ་ཉིད་ལྔ་དང་། རྣམ་མཁྱེན་སྦྱོར་བའི་ངོ་བོ་ཉིད་བདུན་མཚན་གཞི། ཉན་རང་གི་སྦྱོར་བ་ལས་ཁྱད་པར་དུ་འཕགས་པའི་སྦྱོར་བར་མཚོན། བསམ་མི་ཁྱབ་སོགས་ཀྱི་ཁྱད་པར་དུ་བྱས་པའི་སེམས་དཔའི་རྣལ་འབྱོར་ཡིན་པ་ཞེས་སོ། །

ཉོན་མོངས་རྟགས་སོགས་ཀྱིས་དབེན་པའི་སེམས་དཔའི་རྣལ་འབྱོར་བཅུ་དྲུག་མཚན་གཞི། གཞན་དོན་སྒྲུབ་པའི་བྱེད་ལས་ཁྱད་པར་ཅན་དང་ལྡན་པའི་སྦྱོར་བར་མཚོན། ཕན་བདེ་སྐྱོབ་སོགས་ཀྱི་བྱེད་ལས་ཁྱད་པར་ཅན་དང་ལྡན་པའི་སེམས་དཔའི་རྣལ་འབྱོར་ཡིན་པ་ཞེས་སོ། །

ས་མཚམས་ནི། ཐེག་ཆེན་གྱི་ཚོགས་ལམ་ནས་རྒྱུན་མཐའི་བར་དུ་ཡོད་པ་ཡིན་གྱི་སངས་རྒྱས་ཀྱི་སར་བཞག་པ་མི་འཐད་དེ། སངས་རྒྱས་ཀྱི་སར་ཐེག་ཆེན་གྱི་སྦྱོར་བ་མེད་པའི་ཕྱིར།

薩瑜伽。

若以別的而言，「離煩惱狀貌……」等時直接顯示之初四菩薩瑜伽為事相，表徵為菩薩基智加行，既是緣知如來出現等基智之任一所緣，也是住小乘證類之同位的菩薩瑜伽。

「難性與決定……」等之時直接顯示之成辦難行利他擐甲等五菩薩瑜伽為事相，表徵為道相智加行，乃緣「空性及無相等道相智之隨一所緣」的菩薩瑜伽。

「不順無障礙……」等之時直接顯示之基、道所攝之差別等七菩薩瑜伽為事相，表徵為一切相智加行，乃緣「如來現法樂住等一切相智之隨一所緣」的菩薩瑜伽。

五種菩薩道相智加行自性與七種一切相智加行自性為事相，表徵為超勝聲緣加行之加行，乃不思議等之差別的菩薩瑜伽。

離煩惱狀貌等十六菩薩瑜伽為事相，表徵為具成辦利他殊勝作用之加行，是具利樂濟拔等殊勝作用之菩薩瑜伽。

界限，乃從大乘資糧道乃至最後流〔皆〕有，於佛地安立不應理，因於佛地沒有大乘加行故。

ཁ་ཅིག དེ་མི་འཐད་དེ། རྣམ་མཁྱེན་རྣམ་མཁྱེན་གྱི་ཤེས་མཚན་ཡིན་པའི་ཕྱིར་ཏེ། རྣམ་མཁྱེན་རྣམ་མཁྱེན་གྱི་ཤེས་རྣམ་ཡིན་པའི་ཕྱིར། དེས་ན་རྣམ་བཤད་ལས། ཤེས་མཚན་སོགས་སངས་རྒྱས་ཀྱི་སར་མེད་པར་གསུངས་པའི་དགོངས་པ་སྐབས་འདིར་དངོས་སུ་བསྟན་པའི་ཤེས་མཚན་སོགས་ལ་དགོངས་ཟེར་བ་གང་བདེ་དཔྱད་པར་བྱའོ། །

ཁ་ཅིག དེ་བཞིན་གཤེགས་པ་འབྱུང་བ་ཤེས་པ་སོགས་གཞི་ཤེས་ཀྱི་རྣམ་པ་གང་ཡང་རུང་བ་ལ་དམིགས་པའི་སེམས་དཔའི་རྣལ་འབྱོར་སེམས་དཔའི་གཞི་ཤེས་སྦྱོར་བའི་མཚན་ཉིད་ཟེར་བ། མི་འཐད་དེ། དེ་བཞིན་གཤེགས་པ་འབྱུང་བ་ཤེས་པ་སོགས་གཞི་ཤེས་ཀྱི་རྣམ་པ་མ་ཡིན་པའི་ཕྱིར། དེར་ཐལ། གཞི་ཤེས་ཀྱི་རྣམ་པ་ཡིན་ན་གཞི་ཤེས་ཀྱི་འཛིན་སྟངས་ཡིན་དགོས་པའི་ཕྱིར།

གཞན་ཡང་། མཚན་ཉིད་དེ་མི་འཐད་དེ། དེ་བཞིན་གཤེགས་པ་འབྱུང་བ་ཤེས་པ་སོགས་གཞི་ཤེས་ཀྱི་རྣམ་པ་གང་ཡང་རུང་བ་བདེན་སྟོང་དུ་མངོན་སུམ་དུ་རྟོགས་པའི་སེམས་དཔའི་རྣལ་འབྱོར་དེ། སེམས་དཔའི་གཞི་ཤེས་སྦྱོར་བ་མ་ཡིན་པ་གང་ཞིག མཚན་ཉིད་དེ་ཡིན་པའི་ཕྱིར། དང་པོ་དེར་ཐལ། དེ་ཐེག་དམན་གྱི་རྟོགས་རིགས་སུ་མི་གནས་པའི་ཕྱིར། ཕྱི་མ་དེར་ཐལ། དེ་བཞིན་གཤེགས་པ་འབྱུང་བར་ཤེས་པ་སོགས་གཞི་ཤེས་ཀྱི་རྣམ་པ་གང་ཡང་རུང་བ་བདེན་མེད་དུ་རྟོགས་པའི་བློ་དང་བདེན་གྲུབ་ཏུ་འཛིན་པའི་བདེན་འཛིན་གཉིས་དམིགས་པ་གཅིག་ལ་དམིགས་ནས་འཛིན་སྟངས་དངོས་འགལ་ཡིན་པའི་ཕྱིར། དེར་ཐལ། དེ་བཞིན་གཤེགས་པ་འབྱུང་བ་ཤེས་པ་སོགས་གཞི་ཤེས་ཀྱི་རྣམ་པ་ཡོད་པ་གང་ཞིག བུམ་པ་བདེན་པར་འཛིན་པའི་བློ་དང་བུམ་པ་བདེན་མེད་དུ་རྟོགས་པའི་བློ་གཉིས་དེ་ལྟར་ཡིན་པའི་ཕྱིར། རྟགས་དང་པོ་དངོས།

ཡང་ཁ་ཅིག དེ་བཞིན་གཤེགས་པ་འབྱུང་བ་ཤེས་པ་སོགས་ཡུལ་བཅུ་དྲུག་གང་རུང་གི་རྣམ་པ་ཅན་གྱི་སེམས་དཔའི་རྣལ་འབྱོར་དེ། སེམས་དཔའི་རྒྱུད་ཀྱི་གཞི་ཤེས་སྦྱོར་བའི་མཚན་ཉིད་ཟེར་བ། མི་འཐད་དེ། གཉིས་སྟོང་དོན་སྤྱིའི་ཚུལ་གྱིས་རྟོགས་པའི་ཐེག་ཆེན་གྱི་སྦྱོར་ལམ་དེ། མཚོན་བྱ་དེ་གང་ཞིག མཚན་ཉིད་དེ་མ་ཡིན་པའི་ཕྱིར། ཕྱི་མ་དེར་ཐལ། དེ་ལ་དེ་བཞིན་གཤེགས་པ་འབྱུང་བ་སོགས་ཡུལ་བཅུ་དྲུག་པོ་གང་རུང་གི་རྣམ་པ་མ་ཤར་བའི་ཕྱིར།

有云：「彼不應理，因一切相智是一切相智之智相故，因一切相智是一切相智之知相故。」是故，《心要莊嚴疏》所說佛地無智相等之意趣乃慮及此處直接顯示之智相等。當觀何者為善！

有云：「緣『知如來出現等基智之隨一行相』的菩薩瑜伽，乃菩薩之基智加行的性相。」不應理，因知如來出現等非基智行相故。理應如是，因若是基智行相須是基智之執式故。

又，此性相理應不應理，因現前通達知如來出現等基智隨一行相諦實空之菩薩瑜伽，非菩薩基智加行，且是彼性相故。初者理應如是，因彼不住小乘證類故。後者理應如是，因通達了知如來出現等基智之隨一行相無諦實之覺知，與執為諦實成立之實執二者，乃緣於一所緣，而執式直接相違故。理應如是，因有知如來出現等基智行相，且執瓶子為諦實之覺知，與通達瓶子為無諦實之覺知二者乃如此故。〔實際上已〕直接〔承許〕初因。

又有云：「具知如來出現等十六境隨一行相之菩薩瑜伽，乃菩薩相續之基智加行的性相。」不應理，因以義總方式通達二空之大乘加行道，乃彼名相，且非彼性相故。後者理應如是，因於彼未顯現知如來出現等十六境隨一行相故。

དེ་སྐབས་འདིར་དངོས་སུ་བསྟན་པའི་སེམས་དཔའི་རྒྱུད་ཀྱི་གཞི་ཤེས་སྦྱོར་བའི་མཚན་ཉིད་ཟེར་བ་འདང་། མི་འཐད་དེ། སྐབས་འདིར་དངོས་སུ་བསྟན་པའི་སེམས་དཔའི་གཞི་ཤེས་སྦྱོར་བ་ཡིན་ན་དམན་ལམ་སྔོན་མ་སོང་ཡིན་དགོས་པའི་ཕྱིར།

雖〔有人〕云：「彼是此處直接顯示菩薩相續之基智加行之性相。」然彼亦不應理，因若是此處直接顯示之菩薩基智加行，須是未曾入劣道故。

དེ་བཞིན་གཤེགས་པ་འབྱུང་བ་ཤེས་པ་སོགས་ཞེས་སོགས་སྨྲ་སྨོས་པའི་དོན་ཡང་ཡོད་དེ། ཤེས་པ་དེ། གཡོ་བ་ལ་སོགས་ཞེས་བྱ་དང་། ཞེས་པའི་སྐབས་སུ། ལུང་མ་བསྟན་གྱི་ལྟ་བའི་ཞེན་ཡུལ་མེད་པར་རྟོགས་པའི་ཐེག་ཆེན་གྱི་མཐོང་ལམ་སེམས་དཔའི་གཞི་ཤེས་སྦྱོར་བར་མཚོན་ཚུལ་བསྟན་པའི་ཕྱིར།

སྐབས་འདིར་མཐའ་དཔྱད་པ་ལ། ཁ་ཅིག བདག་དང་འཇིག་རྟེན་རྟག་པར་ལྟ་བ། མི་རྟག་པར་ལྟ་བ། གཉིས་ཀར་ལྟ་བ། གཉིས་ཀ་མ་ཡིན་པར་ལྟ་བ་བཞི་སྔོན་གྱི་མཐའ་ལ་བརྟེན་པའི་ལུང་མ་བསྟན་གྱི་ལྟ་བ་ཡིན། བདག་དང་འཇིག་རྟེན་མཐའ་དང་ལྡན་པ་དང་། མཐའ་དང་མི་ལྡན་པ་དང་། གཉིས་ཀ་དང་། གཉིས་ཀ་མ་ཡིན་པར་ལྟ་བ་རྣམས་ཕྱི་མའི་མཐའ་ལ་བརྟེན་པའི་ལུང་མ་བསྟན་གྱི་ལྟ་བ་ཡིན། གྲོལ་བའི་བདག་གྲོངས་པན་ཆད་འབྱུང་བ་དང་། མི་འབྱུང་བ་དང་། གཉིས་ཀ་དང་། གཉིས་ཀ་མ་ཡིན་པར་ལྟ་བ་རྣམས་མྱང་འདས་ཀྱི་མཐའ་ལ་བརྟེན་པའི་ལུང་མ་བསྟན་གྱི་ལྟ་བ་ཡིན། ལུས་སྲོག་རྫས་གཅིག་ཏུ་ལྟ་བ་དང་རྫས་ཐ་དད་དུ་ལྟ་བ་གཉིས་ལུས་སྲོག་ལ་བརྟེན་པའི་ལྟ་བ་ཡིན་ཞེས་ཟེར་ན། བདག་དང་འཇིག་རྟེན་མི་རྟག་པར་ལྟ་བའི་ལྟ་བ་ཆོས་ཅན། ཁྱོད་ལུང་མ་བསྟན་གྱི་ལྟ་བ་མ་ཡིན་པར་ཐལ། ཁྱོད་ལྟ་བ་རྣམ་དག་ཡིན་པའི་ཕྱིར། དེར་ཐལ། བདག་དང་འཇིག་རྟེན་མི་རྟག་པ་ཡིན་པའི་ཕྱིར། དེ་བཞིན་དུ་བདག་དང་འཇིག་རྟེན། རྟག་མི་རྟག་གཉིས་ཀ་མ་ཡིན་པར་ལྟ་བའི་ལྟ་བ་ཆོས་ཅན། དེ་མ་ཡིན་པར་ཐལ། ལྟ་བ་རྣམ་དག་ཡིན་པའི་ཕྱིར་ཏེ། བདག་དང་འཇིག་རྟེན་རྟག་མི་རྟག་གཉིས་ཀ་མ་ཡིན་པའི་ཕྱིར།

གཞན་ཡང་། བདག་དང་འཇིག་རྟེན་མཐའ་དང་ལྡན་པར་ལྟ་བའི་ལྟ་བ་ལུང་མ་བསྟན་གྱི་ལྟ་བ་མ་ཡིན་པར་ཐལ། དེ་ལྟ་བ་རྣམ་དག་ཡིན་པའི་ཕྱིར་ཏེ། བདག་དང་འཇིག་རྟེན་མཐའ་དང་ལྡན་པའི་ཕྱིར། དེར་ཐལ། བདག་དང་འཇིག་རྟེན་མཐའ་དང་མི་ལྡན་པ་མ་ཡིན་པའི་ཕྱིར། མ་གྲུབ་ན། བདག་དང་འཇིག་རྟེན་མཐའ་དང་མི་ལྡན་པར་ལྟ་བའི་ལྟ་བ་དེ་ལྟ་བ་རྣམ་དག་ཡིན་པར་ཐལ། མ་གྲུབ་པ་དེའི་

106 由基智加行之智相衍生——無記見

亦有「知曉如來出現等……」等聲所說義，因於「了知心出等」之時，顯示通達無無記見之耽著境的大乘見道表徵是菩薩基智加行之理故。

於此處辨析，有云：「觀我與世間是常、是無常、是二者、非二者〔共〕四者，為依前邊之無記見。執我與世間是具邊、是不具邊、是二者、非二者，為依後邊之無記見。執解脫的我——死後出生、不出生、是二者、非二者，為依涅槃邊之無記見。觀身命為同質及異質二者，為依身命之見。」觀我與世間為無常之見為有法，爾理應不是無記見，因爾是清淨見故。理應如是，因我與世間是無常故。同樣的，執我與世間非常、無常二者之見為有法，理應不是彼，因是清淨見故，因我與世間非常、無常二者故。

又，觀我與世間具邊之見，理應不是無記見，因彼是清淨見故，因我與世間具邊故。理應如是，因我與世間非不具邊故。若不成，觀我與世間不具邊之見，理應是清淨見，因前之不成故。若許，彼則成非無記見。

ཕྱིར། འདོད་ན། དེ་ལུང་མ་བསྟན་གྱི་ལྟ་བ་མ་ཡིན་པར་ཐལ་ལོ། །

ཁོ་ན་རེ། གང་ཟག་གི་བདག་དང་འཇིག་རྟེན་རྟག་པར་ལྟ་བ་སོགས་བཞི་སྐབས་འདིར་ལུང་མ་བསྟན་གྱི་ལྟ་བར་བྱེད་དོ། །ཞེ་ན། འོ་ན། ཕྱི་རོལ་པས་གང་ཟག་གི་བདག་ལ་བསམ་ནས། བདག་དང་འཇིག་རྟེན་རྟག་གམ་མི་རྟག་ཅེས་མ་དྲིས་པར། གང་ཟག་གི་བདག་དང་འཇིག་རྟེན་རྟག་གམ་མི་རྟག་ཅེས་དྲིས་པར་ཐལ། དམ་བཅའ་དེའི་ཕྱིར། འདོད་ན། གྲངས་ཅན་གྱི་ཞེ་འདོད་ལ་མིག་སོགས་བདག་རྟག་པའི་དོན་བྱེད་པར་སྒྲུབ་འདོད་ནས། ངག་ཏུ་མིག་སོགས་ཆོས་ཅན། གཞན་དོན་བྱེད་དེ། འདུས་བསགས་ཡིན་པའི་ཕྱིར། ཞེས་མ་བཀོད་པར་མིག་སོགས་ཆོས་ཅན། བདག་དོན་བྱེད་དེ། འདུས་བསགས་ཡིན་པའི་ཕྱིར། ཞེས་བཀོད་པར་ཐལ། འདོད་པའི་ཕྱིར།

ཡང་ཁ་ཅིག བདག་དང་འཇིག་རྟེན་མི་རྟག་པར་བདེན་པར་ལྟ་བ་སོགས་བཞི་པོ་དེ་འདིར་བསྟན་ལུང་མ་བསྟན་གྱི་ལྟ་བ་ཡིན་ཟེར་བ། མི་འཐད་དེ། བདག་དང་འཇིག་རྟེན་མི་རྟག་པར་བདེན་པར་ལྟ་བའི་ལྟ་བ་དེ་དེ་མ་ཡིན་པའི་ཕྱིར། དེར་ཐལ། བདག་དང་འཇིག་རྟེན་མི་རྟག་པར་བདེན་པར་མེད་པར་རྟོགས་པའི་བྱང་སེམས་ཀྱི་མཐོང་ལམ་དེ། སེམས་དཔའི་གཞི་ཤེས་སྦྱོར་བ་མ་ཡིན་པའི་ཕྱིར། དེར་ཐལ། དེ་ཐེག་ཆེན་གྱི་རྟོགས་རིགས་སུ་གནས་པའི་ཕྱིར། དེར་ཐལ། བདག་དང་འཇིག་རྟེན་མི་རྟག་པར་བདེན་པར་མེད་པ་སྟོང་ཉིད་ཕྲ་མོ་ཡིན་པའི་ཕྱིར་ཏེ། བདག་དང་འཇིག་རྟེན་ཐ་སྙད་དུ་མི་རྟག་པ་ཡིན་པའི་ཕྱིར།

གཞན་ཡང་། རྒྱང་འཕེན་གྱིས་གྲོལ་བའི་བདག་ཁས་ལེན་པར་ཐལ། མྱང་འདས་ལ་བརྟེན་པའི་ལུང་མ་བསྟན་གྱི་ལྟ་བའི་མཚན་ཉིད་དེ་འཐད་པའི་ཕྱིར། འདོད་ན། དེས་ཐར་པ་ཐོབ་པའི་གང་ཟག་ཁས་ལེན་པར་ཐལ། འདོད་པའི་ཕྱིར། འདོད་མི་ནུས་ཏེ། དེ་སྐྱེ་བ་སྔ་ཕྱི་མེད་པར་བདེན་ཞེན་གྱིས་འདོད་པའི་རྐྱོལ་བ་ཡིན་པའི་ཕྱིར།

གཞན་ཡང་། ལུས་སྲོག་ལ་བརྟེན་པའི་ལྟ་བའི་མཚན་གཞི་དེ་མི་འཐད་པར་ཐལ། སྐྱེས་བུའི་ལུས་སྲོག་རྫས་ཐ་དད་དུ་ལྟ་བའི་ལྟ་བ་དེ་ལྟ་བ་རྣམ་དག་ཡིན་པའི་ཕྱིར། སྐྱེས་བུའི་ལུས་སེམས་རྫས་ཐ་དད་དུ་ལྟ་བའི་ལྟ་བ་དེ་ཡིན་པའི་ཕྱིར། སྐྱེས་བུའི་ལུས་སེམས་རྫས་ཐ་དད་ཡིན་པའི་ཕྱིར་ཏེ། དེ་རྫས་

有云：「觀補特伽羅我與世間為常等四者，作為此處無記見。」那麼，外道忖思補特伽羅我，理應不問我與世間〔為〕常、無常，而是問補特伽羅我與世間〔為〕常、無常，因彼宗故。若許。數論派意圖成立眼等行常我之義，理應不說：「眼等為有法，行他義利，因是集聚故。」而說：「眼等為有法，行我義利，因是集聚故。」因許故。

又有云：「觀我與世間是無常為諦實等四者，彼是此示無記見。」不應理，因觀我與世間是無常為諦實之見，彼非彼故。理應如是，因通達我與世間是無常為無諦實之菩薩見道，彼非菩薩之基智加行故。理應如是，因彼住大乘證類故。理應如是，因我與世間是無常為無諦實乃細分空性故，因我與世間於名言是無常故。

又，順世派理應承許解脫之我，因依於涅槃之無記見的性相合理故。若許，彼理應承許獲得解脫之補特伽羅，因許故。不能許，因彼是以諦實耽著承許無前後世之諍論者故。

又，依於身命之見的事相，彼不應理，因觀士夫之身命異質之見乃清淨見故。因觀士夫之身心異質之見是彼故。因士夫之身心為異質故，因彼質成，且非同質故。若後者不成，若此世士夫之身壞

གྲུབ་གང་ཞིག རྫས་གཅིག་མ་ཡིན་པའི་ཕྱིར། ཕྱི་མ་མ་གྲུབ་ན། ཚེ་འདིའི་སྐྱེས་བུའི་ལུས་ཞིག་པ་ན་སེམས་ཀྱང་ཞིག་པར་ཐལ། མ་གྲུབ་པ་དེའི་ཕྱིར། འདོད་ན། སྐྱེ་བ་ཕྱི་མ་མེད་པར་ཐལ་ལོ། །

དེ་ལ་ཁོ་ན་རེ། སྐྱེས་བུའི་ལུས་སེམས་རྫས་གཅིག་ཏུ་ཐལ། སྐྱེས་བུའི་ལུས་སེམས་ངོ་བོ་གཅིག་ཡིན་པའི་ཕྱིར་ཏེ། སྐྱེས་བུའི་ལུས་སྐྱེས་བུའི་སེམས་ཀྱི་བདག་ཉིད་ཡིན་པའི་ཕྱིར་ཏེ། སྐྱེས་བུའི་ལུས། སེམས་ཀྱི་བདག་ཉིད་ཡིན་པའི་ཕྱིར་ན། མ་ཁྱབ། དེར་ཐལ། དེ་ཤེས་པའི་བདག་ཉིད་ཡིན་པའི་ཕྱིར། དེར་ཐལ། དེ་ཡོད། དེ་ཕྱི་དོན་མ་ཡིན་པའི་ཕྱིར་ཞེ་ན། མ་ཁྱབ་མཚམས་སུ་མ་ཁྱབ་པར་ཐལ། སྐྱེས་བུའི་ལུས་སེམས་རྫས་ཐ་དད་དུ་ཆགས་པའི་སེམས་ནི། སྐྱེས་བུའི་ལུས་གཟུང་བའི་སྐྱེས་བུའི་སེམས་ལ་བྱེད། སྐྱེས་བུའི་ལུས། སེམས་ཀྱི་བདག་ཉིད་དུ་ཆགས་པའི་སེམས་ནི་དེ་སྣང་མཁན་གྱི་སེམས་ལ་བྱེད་པའི་ཕྱིར།

རང་ལུགས་ནི། དེ་རྣམས་ཀྱི་མཚན་གཞི་ཡོད་དེ། རྟག་པའི་གང་ཟག་གི་བདག་དང་། འཇིག་རྟེན་རང་རྒྱ་ཐུབ་པའི་རྫས་ཡོད་དུ་ལྟ་བ། མི་རྟག་པའི་གང་ཟག་གི་བདག་དང་འཇིག་རྟེན་དེར་ལྟ་བ། རྟག་མི་རྟག་གཉིས་ཀའི་དེ་གཉིས་དེར་ལྟ་བ། དེ་གཉིས་ཀ་མ་ཡིན་པའི་དེ་གཉིས་དེར་ལྟ་བ་བཞི་སྔོན་གྱི་མཐའ་ལ་བརྟེན་པ་དང་། མཐའ་དང་ལྡན་པའི་དེ་གཉིས་དེར་ལྟ་བ། མཐའ་དང་མི་ལྡན་པའི་དེ་གཉིས་དེར་ལྟ་བ། གཉིས་ཀ་ཡིན་པའི་དེ་གཉིས་དེར་ལྟ་བ། གཉིས་ཀ་མ་ཡིན་པའི་དེ་གཉིས་དེར་ལྟ་བ་བཞི་ཕྱི་མའི་མཐའ་ལ་བརྟེན་པ་དང་། གྲོངས་པན་ཆད་འབྱུང་བའི་རྫས་ཡོད་ཀྱི་དེ་བཞིན་གཤེགས་པ་དེར་ལྟ་བ་དང་། མི་འབྱུང་བའི་དེ་དེར་ལྟ་བ། གཉིས་ཀ་ཡིན་པའི་དེ་དེར་ལྟ་བ། གཉིས་ཀ་མ་ཡིན་པའི་དེ་དེར་ལྟ་བ་བཞི་མྱང་འདས་ཀྱི་མཐའ་ལ་བརྟེན་པ་དང་། ལུས་དང་གང་ཟག་གི་བདག་གི་མིང་གི་རྣམ་གྲངས་སུ་གྱུར་པའི་སྲོག་གཉིས་རྫས་གཅིག་ཏུ་ལྟ་བ། དེ་གཉིས་རྫས་ཐ་དད་དུ་ལྟ་བ་གཉིས་ལུས་སྲོག་ལ་བརྟེན་པའི་ལྟ་བར་འདོག་པའི་ཕྱིར།

དེ་ལ་ཁོ་ན་རེ། རྟག་པའི་གང་ཟག་གི་བདག་དང་འཇིག་རྟེན་རང་རྒྱ་ཐུབ་པའི་རྫས་ཡོད་དུ་ལྟ་བའི་ལྟ་བ་ཆོས་ཅན། གང་ཟག་གི་བདག་འཛིན་ཡིན་པར་ཐལ། འདིར་བསྟན་ལུང་མ་བསྟན་གྱི་

滅，心亦應壞滅，因前之不成故。若許，則成無後世矣！

於彼有云：「士夫之身心理應同質，因士夫之身心乃同體故，因士夫之身乃士夫之心的體性故，因士夫之身，乃心之體性故。」不周遍。理應如是，因彼乃知覺之體性故。理應如是，因有彼，彼非外境故。不周遍處理應不周遍，因說士夫身心異質之心乃執持士夫身的士夫之心；說士夫之身，為心的體性的心乃是顯現彼者之心故。

自宗：有彼等之事相，因安立觀常之補特伽羅我與世間為能獨立之實有、觀無常之補特伽羅我與世間為彼、觀常無常二者之彼二（補特伽羅我與世間）為彼、觀非彼二者之彼二為彼，四者〔為〕依前邊；觀具邊之彼二為彼、觀不具邊之彼二為彼、觀是二者之彼二為彼、觀非二者之彼二為彼，四者〔為〕依後邊；觀死後出生之實有如來為彼、觀不出生之彼為彼、觀是二者之彼為彼、觀非二者之彼為彼，四者〔為〕依涅槃邊；觀身與屬補特伽羅我異名之命二者同質、觀彼二者為異質二者〔為〕依身命之見故。

於彼有云：「觀常補特伽羅我與世間為能獨立之實有之見為有法，理應是補特伽羅我執，因是此示無記見故。若許，理應有爾之

ལྟ་བ་ཡིན་པའི་ཕྱིར། འདོད་ན། ཁྱོད་ཀྱི་དམིགས་ཡུལ་དུ་གྱུར་པའི་གང་ཟག་ཡོད་པར་ཐལ། འདོད་པའི་ཕྱིར། འདོད་ན། རྟག་པའི་གང་ཟག་དེ་དེའི་དམིགས་ཡུལ་དུ་གྱུར་པའི་གང་ཟག་ཡིན་པར་ཐལ། བདག་མེད་ཡིན་ན་དེའི་དམིགས་ཡུལ་དུ་གྱུར་པའི་གང་ཟག་མ་ཡིན་དགོས་པའི་ཕྱིར་ཞེ་ན། མ་གྲུབ་སྟེ། སྤྱིར་གང་ཟག་ལ་དམིགས་པ་ཁས་བླངས་པས་ཚོག་པའི་ཕྱིར་སྙམ་དུ་སེམས་ཏེ། དཔྱད་དགོས་པར་སྣང་ངོ་། །

ཁ་ཅིག སྟོང་ཉིད་མཚན་མེད་སོགས་ཡུལ་བཅུ་དྲུག་གང་རུང་གི་རྣམ་པ་ཅན་གྱི་སེམས་དཔའི་རྣལ་འབྱོར། ལམ་ཤེས་ཀྱི་སྦྱོར་བའི་མཚན་ཉིད་ཟེར་བ། མི་རིགས་ཏེ། བྱང་སེམས་ཚོགས་ལམ་པའི་རྒྱུད་ཀྱི་ཀུན་རྫོབ་སེམས་བསྐྱེད་དེ་ལམ་ཤེས་སྦྱོར་བ་གང་ཞིག མཚན་ཉིད་དེ་མ་ཡིན་པའི་ཕྱིར། དང་པོ་དེར་ཐལ། བྱང་སེམས་ཀྱི་མཁྱེན་པ་ཡིན་པའི་ཕྱིར། གཉིས་པ་དེར་ཐལ། སྟོང་ཉིད་ཀྱི་རྣམ་པ་ཅན་མ་ཡིན་པའི་ཕྱིར།

ཡང་ཁ་ཅིག སྟོང་ཉིད་མཚན་མེད་སོགས་ལམ་ཤེས་ཀྱི་རྣམ་པ་གང་ཡང་རུང་བ་ལ་དམིགས་པའི་སེམས་དཔའི་རྣལ་འབྱོར། ལམ་ཤེས་སྦྱོར་བའི་མཚན་ཉིད་ཟེར་བ། མི་འཐད་དེ། སྟོང་ཉིད་མཚན་མེད་སོགས་ལམ་ཤེས་ཀྱི་རྣམ་པ་མ་ཡིན་པའི་ཕྱིར། དེར་ཐལ། ལམ་ཤེས་ཀྱི་རྣམ་པ་ཡིན་ན་ལམ་ཤེས་ཀྱི་འཛིན་སྟངས་ཡིན་དགོས་པའི་ཕྱིར།

ཁ་ཅིག དེ་བཞིན་གཤེགས་པ་ཉིད་ཀྱི་མཐོང་ཆོས་ལ་བདེ་བར་གནས་པ་སོགས་རྣམ་མཁྱེན་གྱི་རྣམ་པ་གང་ཡང་རུང་བ་ཡུལ་དུ་བྱེད་པའི་སེམས་དཔའི་རྣལ་འབྱོར། རྣམ་མཁྱེན་སྦྱོར་བའི་མཚན་ཉིད་ཟེར་བ། མི་རིགས་ཏེ། ཐེག་ཆེན་གྱི་མཐོང་ལམ་སྡུག་བསྔལ་ཆོས་བཟོད་རྣམ་མཁྱེན་སྦྱོར་བ་ཡིན་པའི་ཕྱིར།

ཡང་ཁ་ཅིག དེ་བཞིན་གཤེགས་པ་ཉིད་ཀྱི་མཐོང་ཆོས་ལ་བདེ་བར་གནས་པ་སོགས་རྣམ་མཁྱེན་གྱི་རྣམ་པ་གང་ཡང་རུང་བ་ལ་དམིགས་པའི་སེམས་དཔའི་རྣལ་འབྱོར། རྣམ་མཁྱེན་སྦྱོར་བའི་མཚན་ཉིད་ཟེར་བ། མི་རིགས་ཏེ། དེ་བཞིན་གཤེགས་པ་ཉིད་ཀྱི་མཐོང་ཆོས་ལ་བདེར་གནས་སོགས་རྣམ་མཁྱེན་གྱི་རྣམ་པ་མ་ཡིན་པའི་ཕྱིར་ཏེ། རྣམ་མཁྱེན་གྱི་རྣམ་པ་ཡིན་ན་རྣམ་མཁྱེན་གྱི་འཛིན་སྟངས་ཡིན་

所緣境之補特伽羅，因許故。若許，常補特伽羅理應是彼之所緣境之補特伽羅，因若是無我須不是彼之所緣境的補特伽羅故。」因不成，忖思可承許緣於總的補特伽羅，然須觀察也！

有云：「具空性無相等十六境隨一行相之菩薩瑜伽，乃道相智加行之性相。」不合理，因菩薩資糧道者相續之世俗發心，是道相智加行且非彼性相故。初者理應如是，因是菩薩之智故。第二理應如是，因非具空性之行相故。

又有云：「緣空性無相等道相智隨一行相之菩薩瑜伽，乃道相智加行之性相。」不應理，因空性無相等非道相智之行相故，理應如是，因若是道相智之行相，須是道相智之執式故。

有云：「以如來現法樂住等一切相智隨一之行相為境之菩薩瑜伽，乃一切相智加行之性相。」不合理，因大乘見道苦法忍乃一切相智加行故。

又有云：「緣如來現法樂住等一切相智隨一行相之菩薩瑜伽，乃一切相智加行之性相。」不合理，因如來現法樂住等，非一切相智行相故，因若是一切相智行相，須是一切相智之執式故。

དགོས་པའི་ཕྱིར།

ཁ་ཅིག བདེན་བཞིའི་ཆོས་ཉིད་བསམ་གྱིས་མི་ཁྱབ་པ་རྟོགས་པ་སོགས་ཁྱད་ཆོས་བཅུ་དྲུག་གི་ཁྱད་པར་དུ་བྱས་པའི་སེམས་དཔའི་རྣལ་འབྱོར། ཉན་རང་གི་སྦྱོར་བ་ལས་ཁྱད་པར་དུ་འཕགས་པའི་སྦྱོར་བའི་མཚན་ཉིད་ཟེར་བ། མི་རིགས་ཏེ། བྱང་སེམས་མཐོང་ལམ་པའི་རྒྱུད་ཀྱི་ཀུན་རྫོབ་སེམས་བསྐྱེད། མཚན་ཉིད་དེ་མ་ཡིན་པའི་ཕྱིར་ཏེ། དེས་སྟོང་ཉིད་མ་རྟོགས་པའི་ཕྱིར།

ཁ་ཅིག བསམ་མི་ཁྱབ་སོགས་ཁྱད་པར་གྱིས། །ཞེས་པའི་གཞུང་གིས་དངོས་བསྟན་གྱི་སྦྱོར་བར། ཉོན་མོངས་རྟགས་སོགས་ཀྱིས་དབེན་པའི་སེམས་དཔའི་རྣལ་འབྱོར་བཅུ་དྲུག་མཚན་གཞི། ཉན་རང་གི་སྦྱོར་བ་ལས་ཁྱད་པར་དུ་འཕགས་པའི་སྦྱོར་བར་མཚོན། བསམ་མི་ཁྱབ་སོགས་ཀྱི་ཁྱད་པར་དུ་བྱས་པའི་སེམས་དཔའི་རྣལ་འབྱོར་ཡིན་པ་ཞེས་འགོད་པ་མི་འཐད་དེ། གཞུང་འདིས་ཉོན་མོངས་རྟགས་སོགས་ཀྱིས་དབེན་པའི་སེམས་དཔའི་རྣལ་འབྱོར་བཅུ་དྲུག་ཉན་རང་གི་སྦྱོར་བ་ལས་ཁྱད་པར་དུ་འཕགས་པར་དངོས་སུ་མ་བསྟན་པའི་ཕྱིར། མ་གྲུབ་ན། ཐེག་དམན་གྱི་གཞི་ཤེས་མེད་པར་ཐལ། སྐབས་འདིར་སེམས་དཔའི་གཞི་ཤེས་སྦྱོར་བ་ཉན་རང་གི་སྦྱོར་བ་ལས་ཁྱད་པར་འཕགས་པར་དངོས་སུ་སྟོན་རིགས་པའི་ཕྱིར།

ཡོན་རེ། སྐབས་འདིར་དེ་ལྟར་དངོས་སུ་སྟོན་རིགས་པར་ཐལ། བྱང་སེམས་ཀྱི་གཞི་ཤེས་ཉན་རང་གི་སྦྱོར་བ་ལས་ཁྱད་པར་འཕགས་པའི་ཕྱིར་ཟེར་བ། མི་འཐད་དེ། དེ་ལ་རྣམ་བཤད་ཀྱིས་མ་ཁྱབ་པའི་ལན་མཛད་པའི་ཕྱིར།

གཞན་ཡང་། སྐབས་འདིར་དེ་ལྟར་དངོས་སུ་སྟོན་མི་རིགས་པར་ཐལ། སྐབས་འདིར་མཚན་གཞི་ཐེག་ཆེན་གྱི་མཐོང་ལམ་ཤེས་བཟོད་སྐད་ཅིག་མ་བཅུ་དྲུག་གི་སྟེང་དུ་ཁྱད་མཚན་དངོས་སུ་བསྟན་པ་གང་ཞིག ཐེག་ཆེན་གྱི་མཐོང་ལམ་ཤེས་བཟོད་སྐད་ཅིག་མ་བཅུ་དྲུག་གི་ནང་ཚན་དུ་གྱུར་པའི་ཐེག་ཆེན་གྱི་གཞི་ཤེས་སྦྱོར་བ་མེད་པའི་ཕྱིར།

ཁ་ཅིག ཕན་བདེ་སྐྱོབ་སོགས་བྱེད་པ་བཅུ་གཅིག་གང་རུང་གི་རྣམ་པ་ཅན་གྱི་སེམས་དཔའི་རྣལ་འབྱོར། གཞན་དོན་སྒྲུབ་པའི་བྱེད་ལས་ཁྱད་པར་ཅན་དང་ལྡན་པའི་སྦྱོར་བའི་མཚན་ཉིད་ཟེར་

有云：「以『通達四諦法性不思議等十六種特色』作為差別的菩薩瑜伽，乃超勝聲緣加行之加行性相。」不合理，因菩薩見道者相續之世俗發心，非彼性相故，因彼不通達空性故。

有安立云：「『由難思等別』之文所直接顯示之加行，離煩惱狀貌之十六菩薩瑜伽為事相，表徵為超勝聲緣加行之加行，是不思議等作為差別之菩薩瑜伽。」不應理，因此文不直接顯示離煩惱狀貌等十六種菩薩瑜伽超勝聲緣加行故。若不成，理應沒有小乘之基智，因此處可直接宣說菩薩基智加行超勝聲緣之加行故。

有云：「此處理應可以如是直接宣說，因菩薩基智超勝聲緣加行故。」不應理，因於彼，《心要莊嚴疏》答不周遍故。

又，此處如是直接宣說理應不合理，因此處於事相——大乘見道忍智十六剎那之上，直接顯示勝相，且無屬大乘見道忍智十六剎那內的大乘基智加行故。

有云：「具十一種利樂濟拔等作用隨一之行相的菩薩瑜伽，乃具殊勝成辦利他作用加行的性相。」不合理，因二地無間道非此性

བ། མི་རིགས་ཏེ། ས་གཉིས་པའི་བར་ཆད་མེད་ལམ། མཚན་ཉིད་དེ་མ་ཡིན་པའི་ཕྱིར། དེར་ཐལ། དེ་ཀུན་རྫོབ་པའི་རྣམ་པ་ཅན་གྱི་བློ་མ་ཡིན་པའི་ཕྱིར། དེར་ཐལ། ཆོས་ཉིད་ལ་གཉིས་སྣང་ནུབ་པའི་སློབ་པའི་མཁྱེན་པ་ཡིན་པའི་ཕྱིར།

དེ་ལ་ཁོ་ན་རེ། བྱང་སེམས་རྒྱུན་མཐའ་བ་ཆོས་ཅན། ཀུན་རྫོབ་པའི་རྣམ་པ་ཅན་གྱི་གང་ཟག་མ་ཡིན་པར་ཐལ། ཆོས་ཉིད་ལ་གཉིས་སྣང་ནུབ་པའི་སློབ་པ་ཡིན་པའི་ཕྱིར་ན། མི་མཚུངས་སོ། །

ཁ་ཅིག ཉོན་མོངས་རྟགས་སོགས་ཀྱིས་དབེན་པའི་སེམས་དཔའི་རྣལ་འབྱོར། སེམས་དཔའི་ངོ་བོ་ཉིད་ཀྱི་སྦྱོར་བའི་མཚན་ཉིད་ཟེར། དེ་ལ་ཁ་ཅིག བདག་འཛིན་དང་བཅས་པའི་ཐེག་ཆེན་གྱི་སྒོམ་ལམ་ཆོས་ཅན། མཚན་ཉིད་དེར་ཐལ། མཚོན་བྱ་དེའི་ཕྱིར། དེར་ཐལ། བྱང་སེམས་ཀྱི་མཁྱེན་པ་ཡིན་པའི་ཕྱིར་ན། མ་གྲུབ་སྟེ། དེ་འདྲ་མེད་པའི་ཕྱིར། དེར་ཐལ། ཉོན་མོངས་དང་བཅས་པའི་ཐེག་ཆེན་གྱི་སྒོམ་ལམ་མེད་པའི་ཕྱིར། དེར་ཐལ། ཉོན་མོངས་པའི་ཟག་པ་དང་བཅས་པའི་ཐེག་ཆེན་གྱི་སྒོམ་ལམ་མེད་པའི་ཕྱིར་ཏེ། ཉོན་མོངས་པའི་ཟག་བཅས་ལ་སྤྱང་བྱས་ཁྱབ་པར་རྣམ་བཤད་ལས་གསུངས་པའི་ཕྱིར།

ཁ་ཅིག ཉོན་མོངས་རྟགས་སོགས་ཀྱིས་དབེན་པའི་སེམས་དཔའི་རྣལ་འབྱོར་ཡིན་ན་ཉོན་མོངས་ཀྱིས་དབེན་པས་མ་ཁྱབ། ཅེས་ལན་འདེབས་པ་ནི་སྔ་མ་ལས་ཀྱང་ཅུང་ཟད་མི་ལེགས་སོ། །

སྨྲས་པ།

མཚན་མཚོན་གནས་ལ་མ་དཔྱད་པའི། །འཆད་པོ་མཚན་མཚོན་སྨྲ་རྣམས་ལ། །
ཉན་པོ་ཕལ་ཆེར་ཞེན་དུ་གུས། །ཉན་པོའི་དག་སྣང་ངོ་མཚར་ཆེ། །
ཞེས་པ་ནི་བར་སྐབས་ཀྱི་ཉམས་དགོད། །

相故。理應如是，因彼非具世俗行相之覺知故。理應如是，因是於法性二現隱沒之有學者之智故。

於彼有云：「最後流菩薩為有法，理應不是具世俗行相的補特伽羅，因是於法性二現隱沒之有學者故。」不同也。

有云：「離煩惱狀貌等之菩薩瑜伽，乃菩薩自性加行性相。」於彼有云：「具我執之大乘修道為有法，理應是彼性相，因是彼名相故。理應如是，因是菩薩之智故。」因不成，因無如此故。理應如是，因無具煩惱之大乘修道故。理應如是，因無具煩惱漏的大乘修道故，因《心要莊嚴疏》說具煩惱漏被所斷所周遍故。

有答云：「若是離煩惱狀貌之菩薩瑜伽不周遍離煩惱。」乃較前者更不善也。

文間歡愉頌曰：

於未觀察名相性相處，講說者話性相名相等，

聽聞者大多極為尊敬，然聞者之淨相極稀有。

ཐེག་ཆེན་གྱི་ཐར་པ་ཆ་མཐུན་དང་རྒྱན་གྱི་ཆེད་དུ་བྱ་བའི་གདུལ་བྱའི་ངོས་འཛིན།

མཚན་མེད་རབ་ཏུ་སྦྱིན་ལ་སོགས། །ཞེས་སོགས་ཀྱི་སྐབས་སུ་གཉིས་ལས། དང་པོ་ནི། སྐབས་འདིར་དངོས་སུ་བསྟན་པའི་ནམ་མཁྱེན་རང་རྒྱུད་ལ་སྒྲུབ་པར་མཁས་པའི་སེམས་དཔའི་རྒྱུད་ཀྱི་ཆོས་མངོན་རྟོགས་ཆོས་ཅན། སྐབས་འདིར་དངོས་སུ་བསྟན་པའི་ཐེག་ཆེན་གྱི་ཐར་པ་ཆ་མཐུན་གྱི་མཚན་ཉིད་ཡིན་ཏེ། དེའི་འཇོག་བྱེད་ཡིན་པའི་ཕྱིར།

གཉིས་པ་ལ། ཁ་ཅིག སྦྱིན་སོགས་རང་རྒྱུད་ལ་སྒྲུབ་པར་མཁས་པའི་སེམས་དཔའི་རྒྱུད་ཀྱི་ཆོས་མངོན་རྟོགས། ཐེག་ཆེན་གྱི་ཐར་པ་ཆ་མཐུན་གྱི་མཚན་ཉིད་ཟེར། དེ་ལ་ཁ་ཅིག མི་རིགས་ཏེ། ཉན་ཐོས་ཀྱི་ཚོགས་ལམ་དུ་འཇུག་པར་ངེས་པའི་བྱང་སེམས་ཚོགས་ལམ་པའི་མཁྱེན་པ་དེ། མཚན་ཉིད་དེ་མ་ཡིན་པའི་ཕྱིར། དེར་ཐལ། དེ་འདྲའི་བྱང་སེམས་ཚོགས་ལམ་པ་སྦྱིན་སོགས་རང་རྒྱུད་ལ་སྒྲུབ་པར་མཁས་པ་མ་ཡིན་པའི་ཕྱིར། དེར་ཐལ། དེ་ནམ་མཁྱེན་རང་རྒྱུད་ལ་སྒྲུབ་པར་མཁས་པ་མ་ཡིན་པའི་ཕྱིར། ཞེས་གསུངས། འོ་ན། དེའི་རྒྱུད་ལ་ནམ་མཁྱེན་སྒྲུབ་པའི་ཐབས་ཤེས་ཁྱད་པར་ཅན་གྱི་ཉམས་ལེན་མེད་པར་ཐལ། དེ་ནམ་མཁྱེན་རང་རྒྱུད་ལ་སྒྲུབ་པར་མཁས་པ་མ་ཡིན་པའི་ཕྱིར། འདོད་མི་ནུས་ཏེ། དེའི་རྒྱུད་ལ་སྟོང་ཉིད་རྟོགས་པའི་ཤེས་རབ་དང་བྱང་ཆུབ་ཀྱི་སེམས་གཉིས་ཀ་ཡོད་པའི་ཕྱིར། དེར་ཐལ། དེས་སྟོང་ཉིད་རྟོགས་པའི་ཕྱིར་ཏེ། སྟོང་ཉིད་རྟོགས་པའི་དེ་འདྲའི་བྱང་སེམས་ཚོགས་ལམ་པ་ཡོད་པའི་ཕྱིར། དེར་ཐལ། ཐེག་དམན་གྱི་གང་ཟག་ལ་སྟོང་ཉིད་རྟོགས་པ་ཡོད་པ་ལ་ཤེས་བྱེད་རྣམ་དག་ཡོད་པའི་ཕྱིར།

ཁ་ཅིག ནམ་མཁྱེན་རང་རྒྱུད་ལ་སྒྲུབ་པར་མཁས་པའི་སེམས་དཔའི་རྒྱུད་ཀྱི་ཆོས་མངོན་རྟོགས་དེ། སྐབས་འདིར་དངོས་སུ་བསྟན་པའི་ཐེག་ཆེན་གྱི་ཐར་པ་ཆ་མཐུན་གྱི་མཚན་ཉིད་ཟེར་བ། མི་འཐད་དེ། ཉན་ཐོས་དགྲ་བཅོམ་པའི་རྟོགས་པ་སྔོན་དུ་སོང་བའི་བྱང་སེམས་ཚོགས་ལམ་པའི་རྒྱུད་ཀྱི་ནམ་མཁྱེན་རང་རྒྱུད་ལ་སྒྲུབ་པར་མཁས་པའི་ཡེ་ཤེས་དེ། མཚོན་བྱ་དེ་མ་ཡིན་པའི་ཕྱིར། དེར་ཐལ། སྐབས་འདིར་དངོས་སུ་བསྟན་པའི་ཐེག་ཆེན་གྱི་ཐར་པ་ཆ་མཐུན་ཡིན་ན། དང་པོ་ཉིད་ནས་ཐེག་ཆེན་

107 大乘順解脫分與《現觀莊嚴論》特意所化之認知

「無相善施等……」等之時有二。初者，此處直接顯示之善巧於自相續成辦一切相智之菩薩相續的法現觀為有法，乃此處直接顯示之大乘順解脫分的性相，因是彼之能安立故。

第二，有云：「善巧於自相續成辦施等之菩薩相續的法現觀，乃大乘順解脫分之性相。」於彼有云：「不合理，因決定趣入聲聞資糧道之菩薩資糧道者之智，非彼性相故。理應如是，因如是菩薩資糧道者非善巧於自相續中成辦施等故。理應如是，因彼非善巧於自相續中成辦一切相智故。」那麼，於彼之相續中理應無成辦一切相智之殊勝方便智慧的修持，因彼非善巧於自相續成辦一切相智故。不能許，因於彼之相續中通達空性之智慧與菩提心二者皆有故。理應如是，因彼通達空性故，因有通達空性之如是菩薩資糧道者故。理應如是，因有小乘補特伽羅有通達空性之清淨能證故。

有云：「善巧於自相續中成辦一切相智之菩薩相續的法現觀，乃此處直接顯示之大乘順解脫分的性相。」不應理，因聲聞阿羅漢證量先行之菩薩資糧道者相續的善巧於自相續成辦一切相智之本智，非彼名相故。理應如是，因若是此時直接顯示之大乘順解脫分，須是最初即決定是大乘種性之菩薩現觀故。

ཏུ་རིགས་ངེས་པའི་བྱང་སེམས་ཀྱི་མངོན་རྟོགས་ཡིན་དགོས་པའི་ཕྱིར།

ཁོ་ན་རེ། སྐྱོན་མེད་དེ། དམན་ལམ་སྔོན་སོང་གི་བྱང་སེམས་ཚོགས་ལམ་པ་ཡིན་ན་རྣམ་མཁྱེན་རང་རྒྱུད་ལ་སྐྱབ་པར་མཁས་པ་མ་ཡིན་དགོས་པའི་ཕྱིར་ཏེ། དེ་ཡིན་ན་ཐེག་ཆེན་རིགས་ངེས་ཀྱི་བྱང་སེམས་ཚོགས་ལམ་པ་ལས་ལམ་གོང་མར་བགྲོད་པ་ལ་རྟོགས་པ་བྱུལ་བས་ཁྱབ་པའི་ཕྱིར། རྒྱན་ལས། དེ་ཉིད་ཡང་དང་ཡང་དུ་ནི། །རང་སེམས་ཀུན་ཏུ་འཇུག་ལྡན་པས། །སྔ་དན་འདས་ལ་མངོན་དགའི་ཕྱིར། །རྟོགས་པ་བྱུལ་བ་ཡིན་པར་འདོད། །ཅེས་གསུངས་པའི་ཕྱིར་ཟེར། འོ་ན། ཉན་ཐོས་དགྲ་བཅོམ་གྱི་རྟོགས་པ་སྔོན་དུ་སོང་བའི་བྱང་སེམས་མཐོང་ལམ་པ་ཡིན་ན། རྣམ་མཁྱེན་རང་རྒྱུད་ལ་སྐྱབ་པར་མཁས་པ་མ་ཡིན་དགོས་པར་ཐལ། དེ་ཡིན་ན། ཐེག་ཆེན་རིགས་ངེས་ཀྱི་བྱང་སེམས་མཐོང་ལམ་པ་ལས་ལམ་གོང་མར་བགྲོད་པ་ལ་རྟོགས་པ་བྱུལ་བས་ཁྱབ་པའི་ཕྱིར། ཁྱབ་པ་ཁས། འདོད་ན། ཏ་ཙང་ཐལ་ལོ། །

གཞན་ཡང་། བྱང་སེམས་དབང་རྟུལ་གྱི་རྒྱུད་ཀྱི་ཐེག་ཆེན་གྱི་ཚོགས་ལམ་ཆོས་ཅན། སྐབས་འདིར་དངོས་སུ་བསྟན་པའི་ཐེག་ཆེན་གྱི་ཐར་པ་ཆ་མཐུན་ཡིན་པར་ཐལ། རྣམ་མཁྱེན་རང་རྒྱུད་ལ་སྐྱབ་པར་མཁས་པའི་སེམས་དཔའི་རྒྱུད་ཀྱི་ཆོས་མངོན་རྟོགས་ཡིན་པའི་ཕྱིར། དེར་ཐལ། དེ་འདྲའི་བྱང་སེམས་ཚོགས་ལམ་པ་རྣམ་མཁྱེན་རང་རྒྱུད་ལ་སྐྱབ་པར་མཁས་པའི་བྱང་སེམས་ཚོགས་ལམ་པ་ཡིན་པའི་ཕྱིར། དེར་ཐལ། རྣམ་མཁྱེན་རང་རྒྱུད་ལ་སྐྱབ་པར་མཁས་པའི་བྱང་སེམས་ཚོགས་ལམ་པ་དབང་རྟུལ་ཡོད་པའི་ཕྱིར། དེར་ཐལ། རྣམ་མཁྱེན་རང་རྒྱུད་ལ་སྐྱབ་པར་མཁས་པའི་བྱང་སེམས་མཐོང་ལམ་པ་དབང་རྟུལ་ཡོད་པའི་ཕྱིར་ཏེ། དེ་འདྲའི་བྱང་སེམས་སྒོམ་ལམ་པ་དབང་རྟུལ་ཡོད་པའི་ཕྱིར་ཏེ། དེ་འདྲའི་བྱང་སེམས་ས་བཅུ་པ་བ་དབང་རྟུལ་ཡོད་པའི་ཕྱིར་ཏེ། སྤྱིར་བྱང་སེམས་ས་བཅུ་པ་བ་དབང་རྟུལ་ཅིག་ཡོད། བྱང་སེམས་ས་བཅུ་པ་བ་ཡིན་ན། རྣམ་མཁྱེན་རང་རྒྱུད་ལ་སྐྱབ་པར་མཁས་པའི་གང་ཟག་ཡིན་པས་ཁྱབ་པའི་ཕྱིར། སོམས་ཤིག

རྩ་བར་འདོད་ན། བྱང་སེམས་དབང་རྣོན་གྱི་མངོན་རྟོགས་སུ་ཐལ། འདོད་པའི་ཕྱིར། ཁྱབ་སྟེ། གཞུང་འདིའི་སྐབས་ནས་དངོས་སུ་བསྟན་པའི་ཐེག་ཆེན་གྱི་ཐར་པ་ཆ་མཐུན་ལ་གནས་པའི་གང་

有云：「無過，因若是曾入劣道之菩薩資糧道者，須非善巧於自相續中成辦一切相智故，因若是彼，於趨入上道證量，周遍較大乘決定種性之菩薩資糧道者緩慢故。因《大乘莊嚴經論》云：『彼二者數數，自心具出離，由樂涅槃故，許證得遲緩。[30]』故。」那麼，若是聲聞阿羅漢證量先行之菩薩見道者，理應須不是善巧於自相續中成辦一切相智，因若是彼，於趨入上道證量周遍較大乘決定種性之菩薩見道者緩慢故。承許周遍。若許，太過矣！

又，鈍根菩薩相續之大乘資糧道為有法，理應是此時直接顯示之大乘順解脫分，因是善巧於自相續中成辦一切相智之菩薩相續之法現觀故。理應如是，因如是之菩薩資糧道者乃善巧於自相續成辦一切相智之菩薩資糧道者故。理應如是，因有善巧於自相續成辦一切相智之鈍根菩薩資糧道者故。理應如是，因有善巧於自相續成辦一切相智之鈍根菩薩見道者故，因有如是鈍根菩薩修道者故，因有如是鈍根十地菩薩故，因一般而言，有一鈍根十地菩薩，若是十地菩薩，周遍是善巧於自相續成辦一切相智之補特伽羅故。當思之！

若許根本，理應是利根菩薩之現觀，因許故。周遍，因若是住於此文之時所直接顯示之大乘順解脫分的補特伽羅，周遍於發菩提

ཟག་ཡིན་ན། བྱང་ཆུབ་ཏུ་སེམས་བསྐྱེད་པའི་སྨོན་རོལ་དུ་སྟོང་ཉིད་ཀྱི་ལྟ་བ་རྙེད་པས་ཁྱབ་པའི་ཕྱིར་ཏེ། མཚན་མེད་རབ་ཏུ་སྦྱིན་ལ་སོགས། །ཞེས་པའི་མཚན་མེད་སྟོང་པ་ཉིད་ལ་བྱེད་རིགས་པའི་ཕྱིར་དང་། ཐར་པའི་ཆ་དང་མཐུན་པར་འདོད། །ཅེས་པའི་ཐར་པ་ཆ་མཐུན་དེ་བསྐལ་པ་གྲངས་མེད་གསུམ་ནས་སངས་རྒྱ་བའི་མགོ་རྩོམ་པའི་ལམ་གྱི་ཐོག་མ་ལ་བྱེད་རིགས་པའི་ཕྱིར།

སངས་རྒྱས་སོགས་དམིགས་དད་པ་དང་། །ཞེས་སོགས་ལ། རྒྱུན་གྱི་ཆེད་དུ་བྱ་བའི་གདུལ་བྱ་བྱང་སེམས་ཚོགས་ལམ་པ་ཆོས་ཅན། ཡོན་ཏན་ཁྱད་པར་ཅན་དང་ལྡན་ཏེ། དད་སོགས་ཡུལ་ལྔ་ལ་མཁས་པའི་སེམས་དཔའ་ཡིན་པའི་ཕྱིར། དེ་ཆོས་ཅན། ཁྱོད་ལ་གཉིས་སུ་ཡོད་དེ། ཁྱོད་ལ་དབང་པོའི་སྒོ་ནས་དབྱེ་བས་གཉིས་སུ་ཡོད་པའི་ཕྱིར།

ཁ་ཅིག ཐེག་ཆེན་རིགས་ངེས་ཀྱི་གང་ཟག་ཡིན་ན། རྒྱུན་གྱི་ཆེད་དུ་བྱ་བའི་གདུལ་བྱ་ཡིན་པས་ཁྱབ་ཟེར་བ། མི་འཐད་དེ། རྗེ་བཙུན་བྱམས་མགོན་ལྟ་བུས་མ་ངེས་པའི་ཕྱིར་དང་། ཐེག་ཆེན་རིགས་ངེས་ཀྱི་གདུལ་བྱ་དབང་རྟུལ་ཡོད་པའི་ཕྱིར། ཐེག་ཆེན་རིགས་ངེས་ཀྱི་བྱང་སེམས་ཚོགས་ལམ་པ་ཡིན་ན་དེ་ཡིན་པས་ཁྱབ་ཟེར་བ། མི་རིགས་ཏེ། སྟོན་པ་ཤཱཀྱ་ཐུབ་པ་དང་རྒྱུད་གཅིག་ཏུ་གྱུར་བའི་བྱང་སེམས་ཚོགས་ལམ་པས་མ་ངེས་པའི་ཕྱིར།

ཁ་ཅིག རྒྱུན་གྱི་ཆེད་དུ་བྱ་བའི་གདུལ་བྱ་ཡིན་ན་ལམ་ཞུགས་ཀྱི་གང་ཟག་ཡིན་པས་ཁྱབ་ཟེར་བ། མི་རིགས་ཏེ། ལམ་དུ་མ་ཞུགས་པའི་རྒྱུན་གྱི་ཆེད་དུ་བྱ་བའི་གདུལ་བྱ་ཡོད་པའི་ཕྱིར་ཏེ། རྒྱུན་གྱི་ཆེད་དུ་བྱ་བའི་གདུལ་བྱ་བྱང་སེམས་ཚོགས་ལམ་པར་འགྱུར་ཁ་མའི་ཐེག་ཆེན་རིགས་ངེས་ཀྱི་གང་ཟག་དེ་དེའི་ཆེད་དུ་བྱ་བའི་གདུལ་བྱ་ཡིན་པའི་ཕྱིར།

ཁོན་རེ། དེ་ཁྱབ་པར་ཐལ། དགོས་འབྲེལ་གྱི་འགྲེལ་པར། བྱང་ཆུབ་སེམས་དཔའ་རང་དང་གཞན་གྱི་དོན་ཕུན་སུམ་ཚོགས་པ་སྒྲུབ་པ་ཅི་ལ་ཡང་མ་རག་པར། ཆས་པ་དག་ཁོནས། ཞེས་གསུངས་པའི་ཕྱིར་ན། མ་ཁྱབ་སྟེ། དེའི་ཆེད་དུ་བྱ་བའི་གདུལ་བྱར་གྱུར་པའི་བྱང་སེམས་ངོས་བཟུང་བ་ཡིན་པའི་ཕྱིར།

ཡང་ཁོན་རེ། དེ་ཁྱབ་པར་ཐལ། རྫོགས་པའི་བྱང་ཆུབ་རྟོན་པོ་ཡིས། །ཞེས་པའི་སྐབས་ནས་

心之前尋獲空性見故。因所謂「無相善施等」之無相可為空性，及「謂順解脫分」所言之順解脫分，可以是以三大阿僧祇劫開始成佛之道的起始故。

於「緣佛等淨信……」等，《現觀莊嚴論》之特意所化菩薩資糧道者為有法，具殊勝功德，因是善巧信等五境之菩薩故。彼為有法，爾有二，因爾以根之門分有二故。

有云：「若是大乘決定種性之補特伽羅，周遍是《現觀莊嚴論》之特意所化。」不應理，因如至尊慈怙不定，以及有大乘決定種性之鈍根所化故。「若是大乘決定種性之菩薩資糧道者，周遍是彼。」不合理，因與導師釋迦能仁同一相續之菩薩資糧道者不定故。

有云：「若是《現觀莊嚴論》之特意所化，周遍是入道補特伽羅。」不合理，因有未入道之《現觀莊嚴論》之特意所化故，因《現觀莊嚴論》特意所化即將轉變成菩薩資糧道者之大乘決定種性之補特伽羅，乃彼之特意所化故。

有云：「彼理應周遍，因旨趣相屬〔文〕之釋云：『只有菩薩——圓滿成辦自他利、誰也不依賴地行進者能體驗。』故。」不周遍，因是認知「彼之特意所化之菩薩」故。

又有云：「彼理應周遍，因若是『利易證菩提』之時直接顯示

དངོས་སུ་བསྟན་པའི་རྒྱན་གྱི་ཆེད་དུ་བྱ་བའི་གདུལ་བྱ་ཡིན་ན། ཐེག་ཆེན་གྱི་ལམ་ཞུགས་ཡིན་དགོས་པའི་ཕྱིར་ན། མ་ཁྱབ་སྟེ། འོ་ན། རྒྱན་གྱི་གདུལ་བྱ་ཡིན་ན་ལམ་ཞུགས་ཡིན་དགོས་པར་ཐལ། གཞུང་དེའི་སྐབས་ནས་དངོས་སུ་བསྟན་པའི་རྒྱན་གྱི་གདུལ་བྱ་ཡིན་ན་ལམ་ཞུགས་ཡིན་དགོས་པའི་ཕྱིར། ཁྱབ་པ་ཁས།

རང་རེས་རྒྱན་གྱི་ཆེད་དུ་བྱ་བའི་གདུལ་བྱ་ཡིན་ན་སོ་སྐྱེ་ཡིན་པས་ཁྱབ་བྱས་པ་ལ། ཁོ་ན་རེ། དེ་མ་ཁྱབ་སྟེ། དེར་གྱུར་པའི་ཐེག་ཆེན་འཕགས་པ་ཡོད་པའི་ཕྱིར་ཏེ། འཕགས་པ་ཐོགས་མེད་དེ་དེ་ཡིན་པའི་ཕྱིར། རྒྱན་དེ་འཕགས་པ་ཐོགས་མེད་ཀྱི་ཆེད་དུ་བརྩམས་པའི་བསྟན་བཅོས་ཡིན་པའི་ཕྱིར་ཏེ། འགྲེལ་ཆེན་ལས། དེ་ནས་དེའི་དོན་དུ་བཅོམ་ལྡན་འདས་འཕགས་པ་བྱམས་པ་མཉེས་པར་བྱས་ནས། ཞེས་གསུངས་པའི་ཕྱིར་ན། མ་ཁྱབ་སྟེ། འཕགས་པ་ཐོགས་མེད་ལ་རྒྱན་དངོས་སུ་གསུངས་པ་ལ་དགོངས་པའི་ཕྱིར།

ཡང་ཁོ་ན་རེ། དེ་ཡོད་པར་ཐལ། ཤེར་ཕྱིན་གྱི་མདོའི་ཆེད་དུ་བྱ་བའི་གདུལ་བྱར་གྱུར་པའི་འཕགས་པ་ཡོད་པའི་ཕྱིར་ཏེ། དེ་ལ་ཐོས་བསམ་བྱེད་པའི་བྱང་འཕགས་ཡོད་པའི་ཕྱིར་ན། མ་ཁྱབ་སྟེ། དེ་ལ་ཐོས་བསམ་བྱེད་པའི་བྱང་སེམས་ཡིན་ན། དེའི་ཆེད་དུ་བྱ་བའི་གདུལ་བྱ་ཡིན་པས་མ་ཁྱབ་པའི་ཕྱིར།

སྔ་མ་དེ་ལ་ཁ་ཅིག འཕགས་པ་ཐོགས་མེད་དེ་དེའི་ཆེད་དུ་བྱ་བའི་གདུལ་བྱ་མ་ཡིན་པར་ཐལ། དེ་དེའི་ཆེད་དུ་བྱ་བའི་གདུལ་བྱ་དབང་རྣོན་ཆོས་ཀྱི་རྗེས་འབྲང་ཡང་མ་ཡིན། དབང་རྟུལ་དད་པའི་རྗེས་འབྲང་ཡང་མ་ཡིན་པའི་ཕྱིར། རྟགས་གཉིས་ཀ་དེར་ཐལ། དེ་ཐེག་ཆེན་གྱི་མཐོང་ལམ་རྗེས་ཤེས་ཐོབ་པའི་གང་ཟག་ཡིན་པའི་ཕྱིར། ཁྱབ་སྟེ། ཉན་ཐོས་ཀྱི་མཐོང་ལམ་རྗེས་ཤེས་ལ་གནས་པའི་གང་ཟག་ཡིན་ན། དབང་རྣོན་ཆོས་ཀྱི་རྗེས་འབྲང་དང་དབང་རྟུལ་དད་པའི་རྗེས་འབྲང་གང་རུང་མ་ཡིན་དགོས་པའི་ཕྱིར་ཏེ། མཛོད་ལས། དེ་ཚེ་དབང་པོ་རྣོ་རྟུལ་དག །དད་པས་མོས་དང་མཐོང་བས་ཐོབ། །ཅེས་གསུངས་པའི་ཕྱིར་ན། དེ་གཉིས་མི་འདྲ་སྟེ། བྱང་སེམས་སྒོམ་ལམ་པ་དབང་རྣོན་ཆོས་ཀྱི་རྗེས་འབྲང་དང་དབང་རྟུལ་དད་པའི་རྗེས་འབྲང་གཉིས་ཀ་ཡོད་པའི་ཕྱིར། དེར་ཐལ། བྱང་སེམས་སྒོམ་ལམ་པ་

之《現觀莊嚴論》特意所化，須是入大乘道故。」不周遍，那麼，若是《現觀莊嚴論》所化，理應須是入道，因若是此文之時所直接顯示之《現觀莊嚴論》所化，須是入道故。承許周遍。

於吾等〔主張〕若是《現觀莊嚴論》之特意所化周遍是異生，於此有云：「彼不周遍，因有屬彼之大乘聖者故，因無著聖者是彼故。因《現觀莊嚴論》是為了無著聖者著作之論典故，因《莊嚴光明釋》云：『其後，為彼，世尊慈氏歡喜後。』故。」不周遍，因慮及對無著聖者直接開示《現觀莊嚴論》故。

又有云：「理應有彼，因有般若經之特意所化的聖者故，因有於彼作聞思之菩薩聖者故。」不周遍，因若是於彼作聞思之菩薩，不周遍是彼之特意所化故。

於前者有云：「無著聖者理應不是彼之特意所化，因彼非彼之利根隨法行特意所化，亦非彼之鈍根隨信行特意所化故。彼二因理應如是，因彼是獲得大乘見道類智之補特伽羅故。周遍，因若是住聲聞見道類智之補特伽羅，須不是利根隨法行與鈍根隨信行任一故。因《俱舍論》云：『名信解見至，亦由鈍利別。[31]』故。」彼二者不同，因菩薩修道者有利根隨法行與鈍根隨信行二者故。理應如是，因菩薩修道者有利、鈍二根故。因八地菩薩有鈍根故。

དབང་པོ་རྣོ་རྟུལ་གཉིས་ཀ་ཡོད་པའི་ཕྱིར། བྱང་སེམས་ས་བརྒྱད་པ་བ་དབང་རྟུལ་ཡོད་པའི་ཕྱིར།

གཞན་ཡང་། རྒྱན་གྱི་ཚེད་དུ་བྱ་བའི་གདུལ་བྱར་གྱུར་པའི་བྱང་སེམས་ས་བཅུ་པ་བ་ཡོད་པར་ཐལ། ཤེར་ཕྱིན་གྱི་མདོའི་ཚེད་དུ་བྱ་བའི་གདུལ་བྱར་གྱུར་པའི་དེ་ཡོད་པའི་ཕྱིར། དེ་ལ་ཐོས་བསམ་བྱེད་པའི་དེ་ཡོད་པའི་ཕྱིར། ཁྱབ་པ་ཁས། དེར་ཐལ། མང་ཐོས་ལ་བརྟོན་པའི་ས་བཅུ་པ་བ་ཡོད་པའི་ཕྱིར། རྩ་བར་འདོད་ན། དེའི་ཚེད་དུ་བྱ་བའི་གདུལ་བྱར་གྱུར་པའི་བྱང་སེམས་རྒྱུན་མཐའ་བ་ཡོད་པར་ཐལ། འདོད་པ་གང་ཞིག རྒྱན་གྱི་ཚེད་དུ་བྱ་བའི་གདུལ་བྱ་ཡིན་ན་བསྟན་བཅོས་རྒྱན་ཉན་བཞིན་པ་ཡིན་པས་མ་ཁྱབ་པའི་ཕྱིར། འདོད་ན། རྣམ་མཁྱེན་སྐད་ཅིག་དང་པོ་རྒྱུད་ལ་སྐྱེས་པའི་རྒྱན་གྱི་ཚེད་དུ་བྱ་བའི་གདུལ་བྱ་ཡོད་པར་ཐལ། འདོད་པའི་ཕྱིར། འདོད་ན། དེ་ཆོས་ཅན། རང་ཉིད་སངས་རྒྱས་ཐོབ་ཕྱིར་དུ་སློབ་ལམ་གོང་མ་བགྲོད་དགོས་ཀྱི་གང་ཟག་ཏུ་ཐལ། ཁྱོད་ཀྱི་ཚེད་དུ་བསྟན་བཅོས་མངོན་རྟོགས་རྒྱན་བརྩམས་པ་ལ་དགོས་པ་ཡོད་པའི་ཕྱིར། ཁྱོད་དེའི་ཚེད་དུ་བྱ་བའི་གདུལ་བྱ་ཡིན་པའི་ཕྱིར། རྟགས་ཁས། དེའི་ཚེད་དུ་བྱ་བའི་གདུལ་བྱའི་གཙོ་བོ་བྱང་སེམས་སྦྱོར་ལམ་པ་ཡོད་མེད་ཀྱང་དཔྱོད་པར་མཛོད་ཅིག

ཡང་རྒྱན་གྱི་ཚེད་དུ་བྱ་བའི་གདུལ་བྱ་བྱང་སེམས་ཚོགས་ལམ་པ་ཡིན་ན། དད་སོགས་ཡུལ་ལྔ་ལ་མཁས་པས་ཁྱབ་བྱས་པ་ལ།

ཁོ་ན་རེ། མི་འཐད་དེ། རྒྱན་གྱི་ཚེད་དུ་བྱ་བའི་གདུལ་བྱ་བྱང་སེམས་ཚོགས་ལམ་ཆུང་ངུ་ལ་གནས་པའི་སེམས་དཔའ་དབང་རྟུལ་དེ། དད་སོགས་ཡུལ་ལྔ་ལ་མཁས་པ་མ་ཡིན་པའི་ཕྱིར་ཏེ། དེས་སྟོང་ཉིད་མ་རྟོགས་པའི་ཕྱིར། མ་གྲུབ་ན། དེ་བྱང་ཆུབ་ཏུ་སེམས་བསྐྱེད་པའི་སྔོན་རོལ་ཏུ་སྟོང་ཉིད་ཀྱི་ལྟ་བ་རྙེད་པའི་གང་ཟག་ཏུ་ཐལ། མ་གྲུབ་པ་དེའི་ཕྱིར། འདོད་མི་ནུས་ཏེ། ཡང་དག་དད་པའི་རྗེས་འབྲང་བ། །ཞེས་སོགས་གསུངས་པའི་ཕྱིར་ན། མ་ཁྱབ་སྟེ། དེ་ཐེག་ཆེན་རིགས་ངེས་ཀྱི་བྱང་སེམས་དབང་རྟུལ་ལ་དགོངས་པ་གང་ཞིག རྒྱན་གྱི་ཚེད་དུ་བྱ་བའི་གདུལ་བྱ་བྱང་སེམས་དབང་རྟུལ་ཀྱང་སྤྱིར་ཐེག་ཆེན་རིགས་ངེས་ཀྱི་བྱང་སེམས་དབང་རྣོན་ཡིན་པའི་ཕྱིར། དེར་ཐལ། མཚན་མེད་རབ་ཏུ་ཕྱིན་ལ་སོགས། །ཞེས་པའི་གཙོ་བོའི་གདུལ་བྱ་བྱང་སེམས་དབང་རྟུལ་དེ་དེ་ཡིན་པའི་ཕྱིར། ལན་མེད་དོ། །

又，理應有屬《現觀莊嚴論》之特意所化的十地菩薩，因有屬般若經之特意所化之彼故。因有於彼作聞思之彼故。承許周遍。理應如是，因有勤於多聞之十地行者故。若許根本，理應有屬彼之特意所化之最後流菩薩，因承許，且若是《現觀莊嚴論》之特意所化，不周遍正在聽聞《現觀莊嚴論》故。若許，理應有相續中出生一切相智第一剎那的《現觀莊嚴論》特意所化，因許故。若許，彼為有法，理應是為了自己獲佛〔位〕而須趨向上有學道之補特伽羅，因為了爾而著作《現觀莊嚴論》有旨趣故。因爾是彼之特意所化故。承許因。有無彼之主要特意所化菩薩加行道者，亦當觀察也。

又，若是《現觀莊嚴論》之特意所化菩薩資糧道者，周遍善巧於信等五境。

於此有云：「不應理，因住於菩薩下品資糧道之《現觀莊嚴論》之特意所化鈍根菩薩，彼非善巧於信等五境故，因彼未通達空性故。若不成，彼理應是菩提發心之前尋獲空性見之補特伽羅，因前之不成故。不能許，因說『諸隨信行者……』等故。」不周遍，因彼慮及大乘決定種性之鈍根菩薩，且《現觀莊嚴論》之特意所化鈍根菩薩，一般而言，亦是大乘決定種性之利根菩薩故。理應如是，因「無相善施等」之主要所化鈍根菩薩是彼故。無法回答！

གཞན་ཡང་། སངས་རྒྱས་སོགས་དམིགས་དད་པ་དང་། །ཞེས་གསུངས་པ་མི་འཐད་པར་ཐལ། དམ་བཅའ་གང་ཞིག དེའི་ཆེད་དུ་བྱ་བའི་གདུལ་བྱ་བྱང་སེམས་ཚོགས་ལམ་པ་དབང་པོ་རྣོ་རྟུལ་གཉིས་ཀ་ལ་དགོངས་པའི་ཕྱིར།

ཁ་ཅིག རྣོན་པོ་ཡིས། །རྟོགས་སླ་རྟུལ་པོས་རྟོགས་དཀར་བཞེད། །ཅེས་པའི་དོན་ལ་བསམ་ནས། རྒྱན་གྱི་ཆེད་དུ་བྱ་བའི་གདུལ་བྱ་བྱང་སེམས་ཚོགས་ལམ་པ་དབང་པོ་རྣོ་རྟུལ་གཉིས་རྫོགས་བྱང་ཐོབ་སླ་བར་མཚུངས་པ་མ་ཡིན་ཏེ། དེ་གཉིས་ལ་དེ་ཐོབ་དཀའ་སླའི་ཁྱད་པར་ཡོད་པའི་ཕྱིར་ཟེར། འོ་ན། དག་པ་ས་གསུམ་ལ་གནས་པའི་སེམས་དཔའ་རྣམས་རྫོགས་བྱང་ཐོབ་སླ་བར་མཚུངས་པ་མ་ཡིན་པར་ཐལ། དེ་གསུམ་ལ་རྫོགས་བྱང་ཐོབ་དཀའ་སླའི་ཁྱད་པར་ཡོད་པའི་ཕྱིར། ཁྱབ་པ་ཁས། དེར་ཐལ། ས་བཅུ་པ་བ་དེ་སྔ་མ་གཉིས་ལས་དེ་ཐོབ་སླ་བའི་ཕྱིར། འདོད་མི་ནུས་ཏེ། ས་བརྒྱད་པ་བས་རྫོགས་བྱང་ཐོབ་སླ། ས་དགུ་པ་བས་རྫོགས་བྱང་ཐོབ་སླ། ས་བཅུ་པ་བས་དེ་བས་ཀྱང་ཐོབ་སླ་བའི་ཕྱིར།

གཞན་ཡང་། རྒྱན་གྱི་ཆེད་དུ་བྱ་བའི་གདུལ་བྱ་དབང་རྣོན་ལ་ལྟོས་ཏེ་རྫོགས་བྱང་ཐོབ་དཀའ་ན་རྫོགས་བྱང་ཐོབ་དཀའ་བས་ཁྱབ་པར་ཐལ། རྒྱན་གྱི་ཆེད་དུ་བྱ་བའི་གདུལ་བྱ་བྱང་སེམས་ཚོགས་ལམ་པ་དབང་རྟུལ་དེ་རྫོགས་བྱང་ཐོབ་དཀའི་གང་ཟག་ཡིན་པའི་ཕྱིར། འདོད་ན། བྱང་སེམས་མཐོང་ལམ་པ་ལ་ལྟོས་ཏེ་རྫོགས་བྱང་ཐོབ་དཀའ་ན་རྫོགས་བྱང་ཐོབ་དཀའ་བས་ཁྱབ་པར་ཐལ། འདོད་པའི་ཕྱིར། འདོད་ན། རྒྱན་གྱི་ཆེད་དུ་བྱ་བའི་གདུལ་བྱ་བྱང་སེམས་ཚོགས་ལམ་པ་དབང་རྟུལ་ལ་ལྟོས་ནས་རྫོགས་བྱང་ཐོབ་སླ་ན་རྫོགས་བྱང་ཐོབ་སླ་བས་ཁྱབ་པར་ཐལ། འདོད་པའི་ཕྱིར། འདོད་ན་སོང་། འདོད་ན། རྒྱན་གྱི་གདུལ་བྱ་བྱང་སེམས་ཚོགས་ལམ་པ་དབང་རྣོན་ཆོས་ཅན། རྫོགས་བྱང་ཐོབ་དཀའ་བར་ཐལ། བྱང་སེམས་མཐོང་ལམ་པ་ལ་ལྟོས་ཏེ་རྫོགས་བྱང་ཐོབ་དཀའ་བའི་ཕྱིར། ཁྱབ་པ་ཁས། དེར་ཐལ། ཚོགས་ལམ་པ་ཡིན་པའི་ཕྱིར། འདོད་ན། ཐོབ་མི་དཀའ་བར་ཐལ། ཐོབ་སླ་བའི་ཕྱིར། དེར་ཐལ། རྒྱན་གྱི་ཆེད་དུ་བྱ་བའི་གདུལ་བྱ་དབང་རྟུལ་ལ་ལྟོས་ཏེ་རྫོགས་བྱང་ཐོབ་སླ་བའི་ཕྱིར། འཁོར་གསུམ།

又，「緣佛等淨信」所說理應不應理，因如是立宗，且慮及彼之特意所化利、鈍根資糧道菩薩二者故。

有忖思「利易證菩提，許鈍根難證」之義後而云：「《現觀莊嚴論》之特意所化利、鈍根資糧道菩薩二者，於易得圓滿菩提非相等，因彼二者有獲彼之難易差別故。」那麼，住三淨地之諸菩薩於易得圓滿菩提理應非相等，因此三者獲得圓滿菩提有難易之差別故。承許周遍，理應如是，因十地者較前二者易得彼故。不能許，因八地者易得圓滿菩提、九地者易得圓滿菩提、十地者更易獲得故。

又，若是觀待《現觀莊嚴論》之利根特意所化難得圓滿菩提，理應周遍難得圓滿菩提，因《現觀莊嚴論》之特意所化鈍根資糧道菩薩，彼是難得圓滿菩提之補特伽羅故。若許，若是觀待菩薩見道者難得圓滿菩提，理應周遍難得圓滿菩提，因許故。若許，若是觀待《現觀莊嚴論》之特意所化鈍根資糧道菩薩易得圓滿菩提，理應周遍易得圓滿菩提，因許故。若許則成相違。若許，《現觀莊嚴論》之所化利根資糧道菩薩為有法，理應難得圓滿菩提，因觀待菩薩見道者難得圓滿菩提故。承許周遍，理應如是，因是資糧道者故。若許，理應不難獲得，因易得故。理應如是，因觀待《現觀莊嚴論》之鈍根特意所化，易得圓滿菩提故。三輪！

ཐེག་ཆེན་གྱི་སྦྱོར་ལམ།

སྡོ་བ་རྣམས་ཀྱི་དམིགས་པ་འདིར། །ཞེས་སོགས་ལ། འདིར་བསྟན་ཐེག་ཆེན་གྱི་སྦྱོར་ལམ་ཆོས་ཅན། ཁྱོད་ལ་རྣམ་པ་དུ་མར་ཡོད་དེ། ཁྱོད་ལ་ཐབས་ཤེས་གཙོ་བོར་གྱུར་པའི་ཐེག་ཆེན་གྱི་སྦྱོར་ལམ་དྲོད་སོགས་བཞི་ཡོད་པའི་ཕྱིར། དེ་ཆོས་ཅན། སེམས་ཅན་ཐམས་ཅད་ལ་དམིགས་པ་ཡིན་ཏེ། སེམས་མཉམ་པར་ལྟ་བ་སོགས་བཅུའི་སྒོ་ནས་སེམས་ཅན་ཐམས་ཅད་ལ་དམིགས་པའི་ཕྱིར།

ཁ་ཅིག གཙོ་བོར་ཐབས་ཀྱི་ཁྱད་པར་དུ་བྱས་པའི་སེམས་དཔའི་དོན་མངོན་རྟོགས། ཐེག་ཆེན་ངེས་འབྱེད་ཆ་མཐུན་གྱི་མཚན་ཉིད་ཟེར་བ། མི་འཐད་དེ། ཆོས་ཉིད་ལ་རྩེ་གཅིག་ཏུ་མཉམ་པར་གཞག་པའི་ཐེག་ཆེན་གྱི་སྦྱོར་ལམ་གཙོ་བོར་ཐབས་ཀྱི་ཆས་ཁྱད་པར་དུ་བྱས་པ་མ་ཡིན་པའི་ཕྱིར། དེར་ཐལ། དེ་གཙོ་བོར་ཤེས་རབ་ཀྱི་ཁྱད་པར་དུ་བྱས་པ་ཡིན་པའི་ཕྱིར།

ཁ་ཅིག སྐབས་འདིར་འདི་བཞིན་སྨྲ་བ་དང་། སྦྱོར་ལམ་དེ་ཐབས་ཤེས་གཉིས་ཀ་ཡིན་པར་སྨྲ་བ་ལྟ་བུ། ནང་འགལ་ཏེ། དེ་ཐབས་ཤེས་གཉིས་ཀ་ཡིན་ན་དེ་ཐབས་ཤེས་གཉིས་ཀའི་ཆས་ཁྱད་པར་དུ་བྱས་དགོས་པའི་ཕྱིར། ཡང་ཁ་ཅིག གཙོ་བོར་ཐབས་ཀྱི་ཆས་ཁྱད་པར་དུ་བྱས་པའི་སེམས་དཔའི་དོན་མངོན་རྟོགས། གཞུང་འདིའི་བསྟན་བྱའི་གཙོ་བོར་གྱུར་པའི་ཐེག་ཆེན་སྦྱོར་ལམ་གྱི་མཚན་ཉིད་ཟེར་བ། མི་འཐད་དེ། ཉན་ཐོས་དགྲ་བཅོམ་གྱི་རྟོགས་པ་སྔོན་དུ་སོང་བའི་བྱང་སེམས་སྦྱོར་ལམ་པའི་རྒྱུད་ཀྱི་ཀུན་རྫོབ་སེམས་བསྐྱེད། གཞུང་འདིའི་བསྟན་བྱའི་གཙོ་བོར་གྱུར་པའི་ཐེག་ཆེན་གྱི་སྦྱོར་ལམ་མ་ཡིན་པའི་ཕྱིར། དེ་སྐབས་བཞི་པའི་བསྟན་བྱའི་གཙོ་བོར་གྱུར་པའི་ཐེག་ཆེན་གྱི་སྦྱོར་ལམ་མ་ཡིན་པའི་ཕྱིར་ཏེ། དེ་རྒྱན་གྱི་བསྟན་བྱའི་གཙོ་བོར་གྱུར་པའི་སྦྱོར་ལམ་མ་ཡིན་པའི་ཕྱིར་ཏེ། བསྟན་བཅོས་རྒྱན་དེ་རང་གི་ཆེད་དུ་བྱ་བའི་གདུལ་བྱ་ཐེག་ཆེན་རིགས་ངེས་ལ་གཙོ་བོར་དགོངས་ནས་གསུངས་པའི་ཕྱིར།

རང་ལུགས། གཙོ་བོར་ཐབས་ཀྱི་ཆས་ཁྱད་པར་དུ་བྱས་པའི་སྐབས་འདིར་དངོས་སུ་བསྟན་

108 大乘加行道

「此煖等所緣……」等，此示大乘加行道為有法，爾有多相，因爾有屬以方便智慧為主之大乘加行道煖等四故。彼為有法，乃緣一切有情，因以「心平等觀」等十之門緣一切有情故。

有云：「主要以方便作差別之菩薩的義現觀，是大乘順決擇分之性相。」不應理，因專注於法性而入定之大乘加行道，不是主要以「方便之分」作為差別故。理應如是，因彼是主要以智慧作差別故。

有云：「例如此處按照此說及說加行道是方便智慧二者，自相矛盾，因彼若是方便智慧二者，彼須是以方便智慧二者之分作為差別故。」又有云：「主要以方便分作為差別之菩薩的義現觀，是此文主要所示之大乘加行道之性相。」不應理，因聲聞阿羅漢證量先行之菩薩加行道者相續之世俗發心，不是此文之主要所示之大乘加行道故。因彼不是第四品之主要所示的大乘加行道故，因彼不是《現觀莊嚴論》之主要所示之加行道故，因《現觀莊嚴論》主要慮及自之特意所化——大乘決定種性而說故。

自宗：「主要以方便分作為差別之此處直接顯示之大乘義現

པའི་ཐེག་ཆེན་གྱི་དོན་མངོན་རྟོགས། སྐབས་འདིར་དངོས་སུ་བསྟན་པའི་ཐེག་ཆེན་ངེས་འབྱེད་ཆ་མཐུན་གྱི་མཚན་ཉིད་ཡིན་ནོ། །

觀」，乃此處直接顯示之大乘順決擇分之性相。

མངོན་རྟོགས་དྲུག་གི་གོ་རིམ་ལ་ལོག་རྟོག་དགག་ཚུལ།

རྣམ་པ་དང་ལམ་དང་གཞི་ཐམས་ཅད་རྣམ་པར་སྒོམ་པའི། ཞེས་སོགས་ལ་གཉིས་ལས། དང་པོ་ནི། སྐབས་དང་པོར་སྦྱོར་མཐོང་སྒོམ་གསུམ་བསྟན་པ་ཆོས་ཅན། རྣམ་བཅད་ཡོངས་གཅོད་ཀྱི་དགོས་པ་ཡོད་དེ། རྣམ་བཅད་ལ་རྣམ་མཁྱེན་ཚོགས་སྦྱོར་གྱི་སྐབས་འབའ་ཞིག་ཏུ་སྒོམ་གྱི། དེ་ལས་གཞན་དུ་མི་སྒོམ་སྙམ་པའི་ལོག་རྟོག་བཀག་ནས། ཡོངས་གཅོད་ལ་རྣམ་མཁྱེན་སྦྱོར་མཐོང་སྒོམ་གསུམ་ཀའི་གནས་སྐབས་སུ་སྒོམ་དགོས་སོ། །ཞེས་ཤེས་པའི་ཆེད་དུ་ཡིན་པའི་ཕྱིར།

སྐབས་གཉིས་པར་སྦྱོར་མཐོང་སྒོམ་གསུམ་བསྟན་པ་ཆོས་ཅན། རྣམ་བཅད་ཡོངས་གཅོད་ཀྱི་དགོས་པ་ཡོད་དེ། རྣམ་བཅད་ལ་ལམ་ཤེས་ས་དང་པོ་ནས་དྲུག་པའི་བར་འབའ་ཞིག་ཏུ་སྒོམ་གྱི་དེ་ལས་གཞན་དུ་མི་སྒོམ་སྙམ་པའི་ལོག་རྟོག་བཀག་ནས། ཡོངས་གཅོད་ལ་ལམ་ཤེས་སྦྱོར་མཐོང་སྒོམ་གསུམ་ཀའི་གནས་སྐབས་སུ་སྒོམ་དགོས་སོ། །ཞེས་ཤེས་པའི་ཆེད་དུ་ཡིན་པའི་ཕྱིར།

སྐབས་གསུམ་པར་སྦྱོར་མཐོང་སྒོམ་གསུམ་བསྟན་པ་ཆོས་ཅན། རྣམ་བཅད་ཡོངས་གཅོད་ཀྱི་དགོས་པ་ཡོད་དེ། རྣམ་བཅད་ལ་གཞི་ཤེས་ས་བདུན་པ་འབའ་ཞིག་ཏུ་སྒོམ་གྱི་དེ་ལས་གཞན་དུ་མི་སྒོམ་སྙམ་པའི་ལོག་རྟོག་བཀག་ནས་ཡོངས་གཅོད་ལ་གཞི་ཤེས་སྦྱོར་མཐོང་སྒོམ་གསུམ་ཀའི་གནས་སྐབས་སུ་སྒོམ་དགོས་སོ། །ཞེས་ཤེས་པའི་ཆེད་དུ་ཡིན་པའི་ཕྱིར།

སྐབས་བཞི་པར་སྦྱོར་མཐོང་སྒོམ་གསུམ་བསྟན་པ་ཆོས་ཅན། རྣམ་བཅད་ཡོངས་གཅོད་ཀྱི་དགོས་པ་ཡོད་དེ། རྣམ་བཅད་ལ་རྣམ་རྫོགས་སྦྱོར་བ་ས་བརྒྱད་པ་འབའ་ཞིག་ཏུ་སྒོམ་གྱི་དེ་ལས་གཞན་དུ་མི་སྒོམ་སྙམ་པའི་ལོག་རྟོག་བཀག་ནས། ཡོངས་གཅོད་ལ་རྣམ་རྫོགས་སྦྱོར་བ་སྦྱོར་མཐོང་སྒོམ་གསུམ་ཀའི་གནས་སྐབས་སུ་སྒོམ་དགོས་སོ། །ཞེས་ཤེས་པའི་ཆེད་དུ་ཡིན་པའི་ཕྱིར།

སྐབས་ལྔ་པར་སྦྱོར་མཐོང་སྒོམ་གསུམ་བསྟན་པ་ཆོས་ཅན། རྣམ་བཅད་ཡོངས་གཅོད་ཀྱི་དགོས་པ་ཡོད་དེ། རྣམ་བཅད་ལ་རྩེ་སྦྱོར་ས་དགུ་པ་དང་བཅུ་པའི་དཀྱིལ་སྟོད་འབའ་ཞིག་ཏུ་སྒོམ་མོ་སྙམ་པའི་ལོག་རྟོག་བཀག་ནས། ཡོངས་གཅོད་ལ་རྩེ་སྦྱོར་སྦྱོར་མཐོང་སྒོམ་གསུམ་ཀའི་གནས་སྐབས་སུ་སྒོམ

109 破除六現觀次第顛倒分別之理

「觀修行相、道、一切事……」等〔有〕二。初者，於第一品顯示加行、見、修三者為有法，有外排、內納之旨趣，因是為了知於外排——破除忖思一切相智僅於資糧、加行之時修習，除彼外於其他不修習之顛倒分別；於內納——於加行、見、修三者之時皆須修習一切相智之故。

於第二品顯示加行、見、修三者為有法，有外排內納之旨趣，因為了知於外排——為破除忖思僅於初地乃至六地修習道相智，除彼外於其他不修習之顛倒分別；於內納——於加行、見、修三者之時皆須修習道相智故。

於第三品顯示加行、見、修三者為有法，有外排內納之旨趣，因為了知於外排——破除忖思基智僅於七地修習，除彼外於其他不修習之顛倒分別；於內納——於加行、見、修三者之時皆須修習基智故。

於第四品顯示加行、見、修三者為有法，有外排內納之旨趣，因為了知於外排——破除忖思僅於八地修習圓滿加行，除此外於其他不修習之顛倒分別；於內納——於加行、見、修三者之時皆須修習圓滿加行故。

於第五品顯示加行、見、修三者為有法，有外排內納之旨趣，因為了知於外排——破除忖思僅於九地、十地中段前期修習頂加行之顛倒分別；於內納——於加行、見、修三者之時須修頂加行故。

དགོས་སོ། །ཞེས་ཤེས་པའི་ཆེད་དུ་ཡིན་པའི་ཕྱིར།

སྐབས་དྲུག་པར་སྦྱོར་མཐོང་སྒོམ་གསུམ་བསྟན་པ་ཆོས་ཅན། རྣམ་བཅད་ཡོངས་གཅོད་ཀྱི་དགོས་པ་ཡོད་དེ། རྣམ་བཅད་ལ་མཐར་གྱིས་སྦྱོར་བ་ས་བཅུ་པའི་དཀྱིལ་སླད་འབའ་ཞིག་ཏུ་སྒོམ་གྱི་དེ་ལས་གཞན་དུ་མི་སྒོམ་སྙམ་པའི་ལོག་རྟོག་བཀག་ནས། ཡོངས་གཅོད་ལ་མཐར་གྱིས་སྦྱོར་བ་སྦྱོར་མཐོང་སྒོམ་གསུམ་ཀའི་གནས་སྐབས་སུ་སྒོམ་དགོས་སོ། །ཞེས་ཤེས་པའི་ཆེད་དུ་ཡིན་པའི་ཕྱིར།

དེ་ལ་ཁོ་ན་རེ། སྐབས་གསུམ་པར་ཐེག་ཆེན་གྱི་སྒོམ་ལམ་བསྟན་པར་ཐལ། སྦྱོར་བ་དེའི་ཕྱིར། འདོད་མི་ནུས་ཏེ། སྒོམ་པའི་ལམ་ནི་མ་བསྟན་ཏོ། །ཞེས་གསུངས་པའི་ཕྱིར་ཟེར་ན། མ་ཁྱབ་སྟེ། སྐབས་གསུམ་པར་གཞི་ཤེས་ཀྱིས་བསྡུས་པའི་མཐོང་ལམ་བཤད་པའི་དེ་མ་ཐག་ཏུ་སྒོམ་ལམ་སྟོན་པའི་རྒྱུན་གྱི་གཞུང་ཚིག་མི་འབྱུང་བའི་དོན་ཡིན་གྱི་སྐབས་གསུམ་པར་ཐེག་ཆེན་གྱི་སྒོམ་ལམ་མ་བསྟན་པའི་དོན་མ་ཡིན་པའི་ཕྱིར། དེར་ཐལ། སྐབས་གསུམ་པར་གཞི་ཤེས་ཀྱིས་བསྡུས་པའི་ཐེག་ཆེན་གྱི་མཐོང་ལམ་དངོས་སུ་བསྟན་པའི་ཤུགས་ལ་ཐེག་ཆེན་གྱི་སྒོམ་ལམ་བསྟན་པའི་ཕྱིར་ཏེ། རྣམ་བཤད་ལས། གཞི་ཤེས་ཀྱི་སྐབས་སུ་དོན་གྱི་འཕངས་པའི་སྒོམ་ལམ་མོ། །ཞེས་གསུངས་པའི་ཕྱིར།

ཁ་ཅིག སྐབས་གསུམ་པར་ཐེག་ཆེན་གྱི་སྒོམ་ལམ་ཤུགས་བསྟན་དུ་བྱེད་པ་མི་འཐད་དེ། གཟུགས་རྟག་མ་ཡིན་མི་རྟག་མིན། །ཞེས་སོགས་ཀྱིས་སྟོང་ཉིད་དོན་སྤྱིའི་ཚུལ་གྱིས་རྟོགས་པའི་བྱང་སེམས་ཀྱི་སྦྱོར་བ་དངོས་སུ་བསྟན་པའི་ཕྱིར་ཟེར། ཡང་ཁོ་ན་རེ། སྦྱོར་བ་དེ་མི་འཐད་པར་ཐལ། སྐབས་དྲུག་པར་སྦྱོར་མཐོང་སྒོམ་གསུམ་མ་བསྟན་པའི་ཕྱིར་ཟེར་ན། རྟགས་མ་གྲུབ་སྟེ། སྦྱིན་པ་ཤེས་རབ་བར་དག་དང་། །ཞེས་པའི་གཞུང་གི་རྣམ་བཤད་བྱ་རྩ་བའི་མདོར་བྱུང་བའི་སངས་རྒྱས་རྗེས་དྲན་སྟོན་པའི་ཡུམ་བར་མའི་མདོ་ཚིག་དེས་སྦྱོར་མཐོང་སྒོམ་གསུམ་བསྟན་པའི་ཕྱིར། དེར་ཐལ། དེའི་རྣམ་བཤད་བྱ་རྩ་བར་བྱུང་བའི་དྲན་པ་ཉེ་བར་གཞག་པ་སོགས་སྡེ་ཚན་གསུམ་སྟོན་པའི་ཡུམ་བར་མའི་མདོ་ཚིག་དེས་སྦྱོར་མཐོང་སྒོམ་གསུམ་བསྟན་པའི་ཕྱིར་ཏེ། འགྲེལ་པར། ངེས་པར་འབྱེད་པའི་ཆ་དང་མཐུན་པ་དང་མཐོང་བ་དང་སྒོམ་པའི་ལམ་བརྗོད་པར་བྱེད་པ་དྲན་པ་ཉེར་གཞག་ལ་སོགས་པ་དང་། བྱང་ཆུབ་ཡན་ལག་གི་རྣམ་པ་དང་། འཕགས་པའི་ལམ་ཡན་ལག་བརྒྱད་པ་སྟེ། ཞེས་གསུངས་པའི་ཕྱིར།

於第六品顯示加行、見、修三者為有法，有外排內納之旨趣，因為了知於外排——破除忖思僅於十地中段後期修漸次加行，除此外於其他不修習之顛倒分別；於內納——於加行、見、修三者須修習漸次加行故。

於彼有云：「於第三品理應顯示大乘修道，因彼論式故。不能許，因〔《明義釋》云：〕『故不宣說修道。』故。」不周遍，因是「於第三品講說基智所攝之見道無間宣說修道之《現觀莊嚴論》之文詞沒有出現」的意思，並非是「於第三品沒有顯示大乘修道」的意思故。理應如是，因於第三品直接顯示基智所攝之大乘見道〔後〕順便顯示大乘修道故，因《心要莊嚴疏》云：「於基智分際，則間接引射修道。」故。

有云：「於第三品順帶顯示大乘修道不應理，因『色非常無常……』等文直接顯示以義總方式通達空性之菩薩加行故。」又有云：「彼論式理應不應理，因於第六品不顯示加行、見、修三者故。」因不成，因屬「布施至般若」之文所詮根本經之宣說隨念佛之中佛母之經文，顯示加行、見、修三者故。理應如是，因屬彼所詮根本之宣說念住等三組之中佛母之經文，顯示加行、見、修三者故，因《明義釋》提及說為順決擇分、見道、修道；念住等、菩提分之行相、八聖道分故[32]。

གཉིས་པ་ལ། ཁ་ཅིག སྐབས་དང་པོ་གསུམ་དུ་སྦྱོར་མཐོང་སྒོམ་གསུམ་བསྟན་པ་དང་། སྦྱོར་བ་དང་པོ་གསུམ་དུ་སྦྱོར་མཐོང་སྒོམ་གསུམ་བསྟན་པ་ལ་ཟློས་པའི་སྐྱོན་མེད་དེ། སྐབས་དང་པོ་གསུམ་དུ་བསྟན་པའི་སྦྱོར་མཐོང་སྒོམ་གསུམ་སྦྱོར་མཐོང་སྒོམ་གསུམ་མཚན་ཉིད་པ་ཡིན། སྦྱོར་བ་དང་པོ་གསུམ་དུ་བསྟན་པའི་སྦྱོར་མཐོང་སྒོམ་གསུམ་སྦྱོར་མཐོང་སྒོམ་གསུམ་བཏགས་པ་བ་ཡིན་པའི་ཕྱིར། ཕྱི་མ་གྲུབ་སྟེ། རྣམ་རྫོགས་སྦྱོར་བའི་སྐབས་ནས་བསྟན་པའི་སྦྱོར་མཐོང་སྒོམ་གསུམ་རིམ་པ་བཞིན། ས་བརྒྱད་པའི་ཡེ་ཤེས་ཆུང་འབྲིང་ཆེན་པོ་གསུམ་ཡིན། རྩེ་སྦྱོར་གྱི་སྐབས་ནས་བསྟན་པའི་སྦྱོར་མཐོང་སྒོམ་གསུམ་རིམ་པ་བཞིན། ས་དགུ་པའི་ཡེ་ཤེས་ཆུང་འབྲིང་ཆེན་པོ་གསུམ་ཡིན། མཐར་གྱིས་སྦྱོར་བའི་སྐབས་ནས་བསྟན་པའི་སྦྱོར་མཐོང་སྒོམ་གསུམ་རིམ་པ་བཞིན། ས་བཅུ་པའི་ཡེ་ཤེས་ཆུང་འབྲིང་ཆེན་པོ་གསུམ་ཡིན་པའི་ཕྱིར། རྣམ་པ་དང་ལམ་དང་ཞེས་སོགས་ཀྱི་གཞུང་འདི་ཟློས་སྐྱོང་འབའ་ཞིག་ལ་སྦྱོར་བར་བྱེད་དོ། །

འོ་ན། གཟུགས་ལ་སོགས་ལ་ལྡོག་སོགས་རྟགས་ཞེས་སོགས་ཀྱི་གཞུང་། སྦྱོར་ལམ་པ་ཕྱིར་མི་ལྡོག་པའི་རྟགས་འཆད་བྱེད་མ་ཡིན་པར་སྒོམ་ལམ་པ་ཕྱིར་མི་ལྡོག་པའི་རྟགས་འཆད་བྱེད་དུ་ཐལ། རྣམ་རྫོགས་སྦྱོར་བའི་སྐབས་ནས་བསྟན་པའི་ཐེག་ཆེན་གྱི་སྦྱོར་ལམ་སྒོམ་ལམ་ཡིན་པའི་ཕྱིར། མ་གྲུབ་ན་སོང་། དེར་ཐལ། དེ་ས་བརྒྱད་པའི་ཡེ་ཤེས་ཆུང་དུ་ཡིན་པའི་ཕྱིར། རྟགས་ཁས།

གཞན་ཡང་། མཐོང་བའི་ལམ་ལ་བཟོད་པ་དང་། །ཞེས་སོགས་མཐོང་ལམ་པ་ཕྱིར་མི་ལྡོག་པའི་རྟགས་འཆད་བྱེད་མ་ཡིན་པར། སྒོམ་ལམ་པ་ཕྱིར་མི་ལྡོག་པའི་རྟགས་འཆད་བྱེད་དུ་ཐལ། རྣམ་རྫོགས་སྦྱོར་བའི་སྐབས་ནས་བསྟན་པའི་མཐོང་ལམ་ཐེག་ཆེན་གྱི་སྒོམ་ལམ་ཡིན་པའི་ཕྱིར། མ་གྲུབ་ན་སོང་། དེར་ཐལ། དེ་ས་བརྒྱད་པའི་ཡེ་ཤེས་འབྲིང་ཡིན་པའི་ཕྱིར།

གཞན་ཡང་། དེ་ནི་རྒྱུན་ཆགས་ཡིན་པའི་ཕྱིར། ཞེས་སོགས་ཀྱི་གཞུང་འདིས་ས་བརྒྱད་པའི་ཡེ་ཤེས་ལ། ཐེག་ཆེན་གྱི་སྒོམ་ལམ་ཆུང་དུ་སོགས་དགུར་གྲངས་ངེས་པར་བསྟན་པར་ཐལ། དེས་ཐེག་ཆེན་གྱི་སྒོམ་ལམ་ལ་ཐེག་ཆེན་གྱི་སྒོམ་ལམ་ཆུང་ངུའི་ཆུང་ངུ་སོགས་དགུར་གྲངས་ངེས་པར་བསྟན་པ་གང་ཞིག རྣམ་རྫོགས་སྦྱོར་བའི་སྐབས་ནས་བསྟན་པའི་སྒོམ་ལམ་ས་བརྒྱད་པའི་ཡེ་ཤེས་ཡིན་པའི་

第二，有云：「於初三品顯示加行、見、修三者及於初三加行顯示加行、見、修三者無重複之過，因於初三品顯示加行、見、修三者乃真正的加行、見、修三者，而於初三加行顯示之加行、見、修三者乃假立之加行、見、修三者故。後者成立，因圓滿加行之時顯示之加行、見、修三者，依次是八地本智下、中、上三品；頂加行之時顯示之加行、見、修三者，依次是九地本智下、中、上三品；漸次加行之時顯示之加行、見、修三者，依次是十地本智下、中、上三品故。此『觀修行相、道……』等一文唯與斷重複〔之過〕結合。」

那麼，「由說於色等……」等文，理應不是能講說加行道者不退轉相，而是能講說修道者之不退轉相，因圓滿加行之時顯示之大乘加行道是修道故。若不成則成相違。理應如是，因彼是八地本智下品故。承許因。

復次，「見道中忍智……」等理應不是能講說見道者不退轉相，〔而是〕能講說修道者不退轉相，因圓滿加行之時顯示之見道乃大乘修道故。若不成則成相違。理應如是，因彼乃八地本智中品故。

復次，「此常相續故……」等此文理應顯示於八地本智定數為大乘修道下品等九，因彼顯示於大乘修道定數為大乘修道下下品等九，且圓滿加行之時顯示之修道乃八地本智故。直接〔承許〕後者。初者成立，因「經說無數等……」等，乃於大乘修道之數量決定斷

ཕྱིར། ཕྱི་མ་དངོས། དང་པོ་གྲུབ་སྟེ། གྲངས་མེད་ལ་སོགས་བསྟན་པ་རྣམས། །ཞེས་སོགས་ཐེག་ཆེན་སློབ་ལམ་གྱི་གྲངས་ངེས་ལ་རྩོད་སྤོང་གི་གཞུང་ཡིན་པའི་ཕྱིར།

གཞན་ཡང་། རྡོ་བ་རྣམས་ཀྱི་དམིགས་པ་འདིར། །ཞེས་སོགས་ཀྱིས་བསྟན་པའི་སྦྱོར་ལམ་སྦྱོར་ལམ་མཚན་ཉིད་པ་ཡིན་པར་ཐལ། མཚན་མེད་རབ་ཏུ་སྦྱིན་ལ་སོགས། །ཞེས་སོགས་ཀྱི་སྐབས་ནས་བསྟན་པའི་ཚོགས་ལམ་ཚོགས་ལམ་མཚན་ཉིད་པ་ཡིན་པའི་ཕྱིར། འདོད་ན་དངོས།

གཞན་ཡང་། འགྲེལ་ཆེན་ལས། སློབ་པ་ཕྱིར་མི་ལྡོག་པའི་དགེ་འདུན་ནཱཡད་ཟེན་ཏོ། །ད་ནི་མི་སློབ་པའི་དགེ་འདུན་གྱི་མཚན་ཉིད་བསྟན་པར་བྱའོ། །ཞེས་གསུངས་པའི་སློབ་མི་སློབ་གཉིས་ཀ་བྱང་སེམས་ས་བརྒྱད་པ་བ་ལ་བྱེད་རིགས་པར་ཐལ། རྩ་བའི་དམ་བཅའ་དེའི་ཕྱིར། འདོད་ན། ས་བརྒྱད་པ་བ་ལ་འབད་རྩོལ་རགས་པ་དང་བཅས་མ་བཅས་ཀྱི་སྒོ་ནས་སློབ་མི་སློབ་གཉིས་ཀ་ཡོད་པར་ཐལ། འདོད་པའི་ཕྱིར།

དེ་ལ་ཁོན་རེ། སོ་སྐྱེའི་རྒྱུད་ལ་སྐྱིབ་པའི་ས་བོན་སྤོང་པའི་དངོས་གཉེན་དང་། མཁྱེན་གསུམ་གྱི་ཆོས་ཡོངས་སུ་རྫོགས་པ་ཡོད་པར་ཐལ། བག་ལ་ཉལ་ཀུན་འཛོམས་པ་དང་། །ཞེས་སོགས་དང་། ཀུན་མཁྱེན་ཉིད་གསུམ་ཆོས་རྣམས་ཀྱི། །ཞེས་སོགས་ཀྱི་སྐབས་ནས་བསྟན་པའི་སྦྱོར་ལམ་སྦྱོར་ལམ་ཡིན་པའི་ཕྱིར་ཟེར། འོ་ན། སོ་སྐྱེའི་གནས་སྐབས་ན་སྒོ་གསུམ་དག་པ་དང་། ཞིང་དག་པ་དང་། དཔའ་བར་འགྲོ་བའི་ཏིང་ངེ་འཛིན་དང་། སངས་རྒྱས་ཀྱིས་མངོན་སུམ་དུ་ལུང་སྟོན་པ་དང་། བདེན་འཛིན་རློམ་པ་ཟད་པ་དང་། རྣམ་པར་མི་རྟོག་པའི་ཏིང་ངེ་འཛིན་ཡོད་པར་ཐལ། དག་དང་དེ་དག་མཚན་མ་མེད། །ཅེས་དང་། ཏིང་འཛིན་དེ་ཡི་བྱེད་པ་ཉིད། །ལུང་སྟོན་པ་དང་རློམ་པ་ཟད། །གསུམ་པོ་ཕན་ཚུན་ངོ་བོ་གཅིག །ཏིང་འཛིན་རྣམ་པར་མི་རྟོག་པ། །ཞེས་སོགས་ཀྱི་སྐབས་ནས་བསྟན་པའི་སྦྱོར་ལམ་སྦྱོར་ལམ་ཡིན་པའི་ཕྱིར། ཁྱབ་པ་ཁས། དེར་ཐལ། སྐབས་དང་པོ་གསུམ་གྱི་སྐབས་ནས་བསྟན་པའི་སྦྱོར་ལམ་སྦྱོར་ལམ་ཡིན་པའི་ཕྱིར།

ཡང་ཁོན་རེ། སྦྱིན་པ་ལ་སོགས་རེ་རེས་ནི། །ཞེས་སོགས་ཀྱི་སྐབས་ནས་བསྟན་པའི་མཐོང་ལམ་རྩེ་སྦྱོར་མཐོང་ལམ་མ་ཡིན་པར་ཐལ། དེ་ས་བཅུ་པའི་ཡེ་ཤེས་ཡིན་པའི་ཕྱིར། དེར་ཐལ། གཞུང་

諍之文故。

復次，「此煖等所緣……」等所顯示之加行道，理應是真正的加行道，因「無相善施等……」等時顯示之資糧道乃真正資糧道故。若許，直接〔承許因〕。

又，大疏云：「已宣說不退轉僧，今當明無學道僧性相。」所說之有學無學二者理應皆是八地菩薩，因根本宗故。若許，於八地者理應以具不具粗分勤勉之門而有有學無學二者，因許故。

於彼有云：「異生相續中理應有斷除障礙種子之正對治及所有三智之法，因『摧伏諸隨眠……』等，以及『由三智諸法……』等之時顯示之加行道乃加行道故。」那麼，於異生時理應有三門清淨、剎土清淨、健行三摩地、佛現前授記、盡諦實慢執、無分別三摩地，因「清淨及無相」、「正定定作用，授記盡執著，三互為一性，正定不分別……」等之時所顯示之加行道乃加行道故。承許周遍，理應如是，因初三品時顯示之加行道乃加行道故。

又有云：「『施等一一中……』等之時顯示的見道頂加行理應不是見道，因彼乃十地本智故。理應如是，因此文之時的《莊嚴光

དེའི་སྐབས་ཀྱི་འགྲེལ་ཆེན་ལས། རྣམ་པ་དེ་ལྟ་བུའི་རྣམ་པར་རྟོག་པ་རྣམས་ནི་སྤོན་ཉིད་སྤངས་པར་གྱུར་པས་ཇི་ལྟར་རབ་ཀྱི་མཐར་ཐུག་པའི་གནས་སྐབས་འདི་ལ་སྤོང་བར་བསྟན་ཅེ་ན། དེ་ནི་ཉེས་པ་མེད་དེ། གང་གི་ཕྱིར་དགོངས་པ་ངེས་པར་འགྲེལ་བའི་མདོར། ཞེས་སོགས་གསུངས་པའི་རབ་ཀྱི་མཐར་ཐུག་པ་ས་བཅུ་པའི་ཡེ་ཤེས་ལ་སྦྱིད་རིགས་པའི་ཕྱིར། དེར་ཐལ། དེའི་སྐབས་ནས་བསྟན་པའི་རབ་ཀྱི་མཐར་ཐུག་པའི་ཡེ་ཤེས་ཤིག་ཡོད་པ་གང་ཞིག འབྲས་བུའི་ས་ལ་སྦྱིད་མི་རིགས་པའི་ཕྱིར་ཞེ་ན། སྐྱོན་མེད་དེ། རབ་ཀྱི་མཐར་ཕྱིན་པ་ཞེས་པ་རྩེ་སྦྱོར་ལ་བཤད་པས་ཚོག་པའི་ཕྱིར།

ཡང་ཁོན་རེ། སྦྱོར་བ་དང་པོ་གསུམ་གྱི་སྐབས་ནས་བསྟན་པའི་སྦྱོར་ལམ་སྦྱོར་ལམ་མ་ཡིན་པར་ཐལ། དེའི་སྐབས་ནས་བསྟན་པའི་སྦྱོར་ལམ་ཟག་མེད་ཀྱི་ཡེ་ཤེས་ཡིན་པའི་ཕྱིར། དེར་ཐལ། འགྲེལ་པ་འདིར། ཡེ་ཤེས་ཟག་པ་མེད་པ་ཆུང་ངུ་དང་འབྲིང་དང་ཆེན་པོ་རྣམས། ཞེས་གསུངས་པའི་ཕྱིར་ཞེ་ན། མ་ཁྱབ་སྟེ། དེ་འཛིན་སྟངས་ལ་ཉོན་མོངས་ཀྱི་ཟག་པ་མེད་པའི་དོན་དུ་འཆད་པའི་ཕྱིར།

ཡང་ཁོན་རེ། སྦྱོར་བ་དང་པོ་གསུམ་གྱི་སྐབས་ནས་བསྟན་པའི་སྦྱོར་ལམ་དག་སའི་ཡེ་ཤེས་སུ་ཐལ། དེ་ཁྱད་པར་གྱི་ལམ་ཡིན་པའི་ཕྱིར། དེར་ཐལ། འདིར་རྣམ་པ་ཐམས་ཅད་དུ་ཁྱད་པར་གྱི་ལམ་གྱིས་བསྡུས་པ། ཞེས་གསུངས་པའི་ཕྱིར་ན། མ་ཁྱབ་སྟེ། ཉན་རང་གི་ལམ་ལས་ཁྱད་པར་འཕགས་པས། ཁྱད་པར་གྱི་ལམ་ཞེས་བཏགས་ནས་བཤད་པའི་ཕྱིར།

ཡང་ཁོན་རེ། ངེས་པར་འབྱེད་པའི་ཆ་ལ་སོགས་པའི་ཐ་སྙད་དུ་གསུངས་པར་ཤེས་པར་བྱའོ། །ཞེས་པའི་སྐབས་ནས་བསྟན་པའི་ངེས་འབྱེད་ཆ་མཐུན་ཡིན་ན། ངེས་འབྱེད་ཆ་མཐུན་ཡིན་དགོས་པར་ཐལ། རྣམ་རྟོགས་སྦྱོར་བའི་སྐབས་ནས་བསྟན་པའི་སྦྱོར་ལམ་སྦྱོར་ལམ་ཡིན་པའི་ཕྱིར། འདོད་ན། ཐ་སྙད་དུ་ཞེས་གསུངས་པ་མི་འཐད་པར་ཐལ། འདོད་པའི་ཕྱིར་ན། མ་ཁྱབ་སྟེ། འོ་ན། ཐ་སྙད་ཙམ་གསུངས་པ་མི་འཐད་པར་ཐལ། རིགས་ཉིད་དུ་ཐ་སྙད་འདོགས་སོ། །ཞེས་པའི་སྐབས་ནས་བསྟན་པའི་ཐེག་ཆེན་སྒྲུབ་པའི་རྟེན་རང་བཞིན་གནས་རིགས་ཡིན་ན། ཐེག་ཆེན་སྒྲུབ་པའི་རྟེན་རང་བཞིན་གནས་རིགས་ཡིན་དགོས་པའི་ཕྱིར།

明釋》云：『如是行相之分別昔已斷故，何以言於最極究竟時斷？彼無過。因《解深密經》曰……』等所言最極究竟，可以是十地本智故。理應如是，因有一彼時所顯示之最極究竟本智，且不可以是果地故。」無過，因所謂「最極究竟」可說為頂加行故。

又有云：「初三加行之時顯示的加行道理應不是加行道，因彼時所顯示之加行道乃無漏本智故，理應如是，因《明義釋》此處云：『上、中、下無漏慧依次生起。[33]』故。」不周遍，因彼於執式說為無煩惱漏之義故。

又有云：「初三加行時所顯示之加行道，理應是淨地本智，因彼乃殊勝道故，理應如是，因『於所有行相殊勝道所攝』故。」不周遍，因超勝聲緣道，而說取名為殊勝道故。

又有云：「若是『而說抉擇分等名言』之時所示之順決擇分，理應須是順決擇分，因圓滿加行之時所示之加行道是加行道故。若許，說『名言』理應不應理，因許故。」不周遍，那麼，說「名言」理應不應理，因若是「假立名言為種姓」時顯示之大乘正行所依本性住種性，須是大乘正行所依本性住種性故。

རང་ལུགས་ལ་འང་། གཞུང་འདི་ཟློས་སྤྱོད་ལ་འང་སྦྱར་དགོས་པས། དེའི་ཚུལ་ཇི་ལྟར་ཡིན་ཞེ་ན། དེའི་སྦྱོར་ཚུལ་ཡོད་དེ། སྐབས་དང་པོ་གསུམ་དུ་སྦྱོར་མཐོང་སྒོམ་གསུམ་བསྟན་པ་ཉམས་སུ་བླང་བྱའི་དབང་དུ་བྱས། སྦྱོར་བ་དང་པོ་གསུམ་གྱི་སྐབས་སུ་སྦྱོར་མཐོང་སྒོམ་གསུམ་བསྟན་པ་ཉམས་སུ་ལེན་བྱེད་ཀྱི་དབང་དུ་བྱས་པའི་ཕྱིར་ན། ཟློས་པའི་སྐྱོན་མེད་ཅེས་སྦྱོར་འོས་པའི་ཕྱིར་ཏེ། རྣམ་བཤད་ལས། གཞུང་འདིས་ལམ་གསུམ་གྱི་ཟློས་སྤྱོད་ལ་ཅུང་ཟད་སྦྱར་དུ་ཡོད་ཀྱང་། ། ཞེས་གསུངས་པའི་ཕྱིར། དེ་ལྟར་གཞུང་འདི་ཟློས་སྤྱོད་འབའ་ཞིག་ལ་མི་སྦྱོར་བར་མངོན་པར་རྟོགས་པ་དང་པོ་དྲུག་གི་གོ་རིམ་ལ་ལོག་པར་རྟོག་པ་དགག་པའི་ཆེད་དུ་གསུངས་པས་གཞུང་འདི་ལ་ལམ་གསུམ་བཏགས་མཚན་གྱི་གཞུང་དང་ཟློས་སྤྱོད་གི་གཞུང་ཞེས་མིང་འདོགས་པ་མི་འཐད་ཅིང་། ཡང་ལམ་རྒྱུད་པ་བའི་ལུགས་བཀག་ནས། ལམ་ཁྲུག་པ་བའི་ལུགས་གཞུང་བཙུགས་ནས་སྒྲུབ་པས་ལམ་རྒྱུད་ཁྲུག་གི་གཞུང་ཞེས་འདོད་པའང་ཆེས་མི་འཐད་པར་ཤེས་པར་བྱ་ལ། རྣམ་བཤད་ཀྱི་དགོངས་པ་མངོན་པར་རྟོགས་པ་དྲུག་གི་གོ་རིམ་ལ་ལོག་རྟོག་འགོག་པའི་གཞུང་ཞེས་སྨྲ་བར་བྱའོ། །

自宗亦〔主張〕此文亦須結合破斥重複，因此彼之理為何？有彼之結合之理，〔若說〕因於初三品顯示加行、見、修三者，是以所修持而言，於初三加行之時顯示加行、見、修三者，以能修持而言故，〔則〕可以結合所謂「無重複之過」，因《心要莊嚴疏》云：「將此釋文當成僅破斥重複。」故。如是，此文不純粹結合破斥重複，為了破斥前六現觀次第之顛倒分別，因此，於此文取名為「三道假實有文」與「破斥重複之文」不應理，且又破斥單道宗而樹立並證成迴轉道宗，稱為「單迴道之文」亦當了知極不應理，當說《心要莊嚴疏》之意趣〔是〕破斥六現觀次第之顛倒分別之文。

ངེས་འབྱེད་ཡན་ལག་ནས་བཟུང་སྟེ། །ཞེས་སོགས་ལ། སྦྱོར་བ་དང་། མཐའ་དཔྱད་པ་གཉིས། དང་པོ་ནི། ཕྱིར་མི་ལྡོག་པའི་རྟགས་ཐོབ་པའི་བྱང་སེམས་དེ་ལ་གསུམ་དུ་ཡོད་དེ། ཕྱིར་མི་ལྡོག་པའི་རྟགས་ཐོབ་པའི་བྱང་སེམས་སྦྱོར་ལམ་པ་དབང་རྟོན། བྱང་སེམས་མཐོང་ལམ་པ་དབང་འབྲིང་། དག་ས་ལ་གནས་པའི་སེམས་དཔའ་དབང་རྟུལ་རྣམས་སུ་ཡོད་པའི་ཕྱིར།

གཉིས་པ་ལ། ཁ་ཅིག གཟུགས་སོགས་ལ་བདེན་ཞེན་མངོན་གྱུར་བ་ལྡོག་པ་སོགས་རྟགས་བཞི་བཅུ་པོ་གང་རུང་ཐོབ་པའི་སེམས་དཔའ། བླ་མེད་རྫོགས་བྱང་ལས་ཕྱིར་མི་ལྡོག་པའི་དགེ་འདུན་གྱི་མཚན་ཉིད་ཟེར་བ་མི་འཐད་དེ། དང་པོ་ཉིད་ནས་ཐེག་ཆེན་དུ་རིགས་ངེས་པའི་བྱང་སེམས་ཚོགས་ལམ་པ། མཚོན་བྱ་དེ་གང་ཞིག མཚན་ཉིད་དེ་མ་ཡིན་པའི་ཕྱིར། དང་པོ་དེར་ཐལ། ཆོས་ཅན་དེའི་ཕྱིར། ཕྱི་མ་དེར་ཐལ། ཕྱིར་མི་ལྡོག་པའི་རྟགས་མ་ཐོབ་པའི་ཕྱིར། དེར་ཐལ། ཕྱིར་མི་ལྡོག་པའི་རྟགས་ཐོབ་པ་ལ། ཐེག་ཆེན་གྱི་སྦྱོར་ལམ་དྲོད་ཐོབ་དགོས་པའི་ཕྱིར་ཏེ། ངེས་འབྱེད་ཡན་ལག་ནས་བཟུང་སྟེ། །ཞེས་གསུངས་པའི་ཕྱིར།

གཞན་ཡང་། མཚན་ཉིད་དེ་མི་འཐད་པར་ཐལ། སངས་རྒྱས་འཕགས་པ། མཚོན་བྱ་དེ་གང་ཞིག མཚན་ཉིད་དེ་མ་ཡིན་པའི་ཕྱིར། དང་པོ་དེར་ཐལ། ཐེག་ཆེན་མི་སློབ་པའི་དགེ་འདུན་དཀོན་མཆོག་ཡིན་པའི་ཕྱིར། ཕྱི་མ་དེར་ཐལ། བྱང་སེམས་མ་ཡིན་པའི་ཕྱིར།

ཡང་སྔ་མ་དེ། སློབ་པ་ཕྱིར་མི་ལྡོག་པའི་དགེ་འདུན་གྱི་མཚན་ཉིད་ཟེར་བ། མི་འཐད་དེ། དང་པོ་ཉིད་ནས་ཐེག་པ་ཆེན་པོར་རིགས་ངེས་པའི་བྱང་སེམས་ཚོགས་ལམ་པས་མ་ངེས་པའི་ཕྱིར་དང་། ཉན་ཐོས་དགྲ་བཅོམ་གྱི་རྟོགས་པ་སྔོན་དུ་སོང་བའི་བྱང་སེམས་ས་བརྒྱད་པ་བས་ཀྱང་མ་ངེས་པའི་ཕྱིར། ཕྱི་མ་དེར་ཐལ། མི་སློབ་པའི་དགེ་འདུན་ཡིན་པའི་ཕྱིར། ཉོན་སྒྲིབ་སྤངས་པའི་གང་ཟག་ཡིན་པའི་ཕྱིར་ཏེ། དགྲ་བཅོམ་པ་ཡིན་པའི་ཕྱིར།

ཁོ་ན་རེ། དེ་ཆོས་ཅན། སློབ་པ་ཡིན་པར་ཐལ། ཐེག་ཆེན་སློབ་པ་ཡིན་པའི་ཕྱིར་ཟེར། འོ་ན།

110 講說不退轉相

「從順抉擇分……」等，論式與辨析二者。初者，得不退轉相之菩薩有三，因有得不退轉相之利根菩薩加行道者、中根菩薩見道者、鈍根住淨地菩薩故。

第二，有云：「得『於色等遮除諦實耽著現行等四十相隨一』之菩薩，乃從圓滿菩提不退轉僧之性相。」不應理，因從一開始即大乘決定種性之菩薩資糧道者，乃彼之名相，且非彼性相故。初者理應如是，因是彼有法故。後者理應如是，因未得不退轉相故。理應如是，因得不退轉相，須得大乘加行道煖〔位〕故，因說「從順抉擇分……」等故。

又，彼性相理應不應理，因佛聖者是彼名相，且非彼性相故。初者理應如是，因是大乘無學之僧寶故。後者理應如是，因非菩薩故。

又，彼前者，乃有學不退轉僧之性相。不應理，因從一開始即是大乘決定種性之菩薩資糧道者不定，以及聲聞阿羅漢證量先行之八地菩薩亦不定故。後者理應如是，因是無學僧故，因是斷煩惱障之補特伽羅故，因是阿羅漢故。

有云：「彼為有法，理應是有學，因是大乘有學故。」那麼，

དེ་ཆོས་ཅན། དགྲ་མ་བཅོམ་པའི་གང་ཟག་ཏུ་ཐལ། ཐེག་ཆེན་གྱི་དགྲ་མ་བཅོམ་པའི་གང་ཟག་ཡིན་པའི་ཕྱིར། ཁྱབ་པ་ཁས།

ཡང་ཁ་ཅིག གཟུགས་སོགས་ལ་བདེན་ཞེན་མངོན་གྱུར་བ་ལྡོག་པ་སོགས་རྟགས་ཞེ་བཞི་པོ་གང་རུང་རྒྱུད་ལ་ཐོབ་པའི་རྗེས་ཐོབ་ཏུ་ལུས་ངག་གི་ཐ་སྙད་ཁྱད་པར་ཅན་ཐོབ་པའི་སེམས་དཔའ་དེ། ཕྱིར་མི་ལྡོག་པའི་རྟགས་ཐོབ་པའི་བྱང་སེམས་ཀྱི་དགེ་འདུན་གྱི་མཚན་ཉིད་ཟེར་ན། མི་འཐད་དེ། ཕྱིར་མི་ལྡོག་པའི་རྟགས་ཐོབ་པའི་བྱང་སེམས་སྦྱོར་ལམ་པའི་རྟོགས་པ་སྔོན་དུ་སོང་བའི་སྡུག་བསྔལ་ཆོས་བཟོད་ལ་གནས་པའི་སེམས་དཔའ་དེ། མཚོན་བྱ་དེ་གང་ཞིག མཚན་ཉིད་དེ་མ་ཡིན་པའི་ཕྱིར།

དེ་བཞིན་དུ་ཁ་ཅིག བྱང་སེམས་སྦྱོར་ལམ་པ་དབང་རྣོན་ཡིན་ན་སྦྱོར་ལམ་པ་ཕྱིར་མི་ལྡོག་པའི་རྟགས་ཐོབ་པས་ཁྱབ། མཐོང་ལམ་པ་དབང་འབྲིང་ཡིན་ན་མཐོང་ལམ་པ་ཕྱིར་མི་ལྡོག་པའི་རྟགས་ཐོབ་པས་ཁྱབ་ཟེར་ན། མི་འཐད་དེ། སྔ་མ་ལ་ཐེག་ཆེན་གྱི་སྦྱོར་ལམ་དྲོད་ཀྱི་ཡེ་ཤེས་སྐད་ཅིག་དང་པོ་ལ་གནས་པའི་བྱང་སེམས་དབང་རྣོན་གྱིས་མ་ངེས། གཉིས་པ་ལ། ཐེག་ཆེན་གྱི་མཐོང་ལམ་པ་སྡུག་བསྔལ་ཆོས་བཟོད་ལ་གནས་པའི་སེམས་དཔའ་དབང་འབྲིང་གིས་མ་ངེས་པའི་ཕྱིར། དང་པོ་དེར་ཐལ། སྦྱོར་ལམ་པ་ཕྱིར་མི་ལྡོག་པའི་རྟགས་ཐོབ་པའི་གང་ཟག་ཡིན་ན། བྱང་སེམས་སྦྱོར་ལམ་པའི་རྒྱུད་ཀྱི་རྗེས་ཐོབ་ཏུ་ལུས་ངག་གི་ཐ་སྙད་ཁྱད་པར་ཅན་ཐོབ་པས་ཁྱབ་པའི་ཕྱིར། གཉིས་པ་དེར་ཐལ། མཐོང་ལམ་པ་ཕྱིར་མི་ལྡོག་པའི་རྟགས་ཐོབ་པའི་གང་ཟག་ཡིན་ན། བྱང་སེམས་མཐོང་ལམ་པའི་རྒྱུད་ཀྱི་རྗེས་ཐོབ་ཏུ་ལུས་ངག་གི་ཐ་སྙད་ཁྱད་པར་ཅན་ཐོབ་པས་ཁྱབ་པའི་ཕྱིར། དེས་མཚོན་ནས་ཕྱིར་མི་ལྡོག་པའི་རྟགས་ཐོབ་པའི་བྱང་སེམས་མཐོང་ལམ་པ་ཡིན་ན། མཐོང་ལམ་པ་ཕྱིར་མི་ལྡོག་པའི་རྟགས་ཐོབ་པས་ཀྱང་མ་ཁྱབ་སྟེ། ཕྱིར་མི་ལྡོག་པའི་རྟགས་ཐོབ་པའི་བྱང་སེམས་སྦྱོར་ལམ་པའི་རྟོགས་པ་སྔོན་དུ་སོང་བའི་ཐེག་ཆེན་གྱི་མཐོང་ལམ་སྡུག་བསྔལ་ཆོས་བཟོད་ལ་གནས་པའི་སེམས་དཔས་མ་ངེས་པའི་ཕྱིར།

ཁ་ཅིག ཕྱིར་མི་ལྡོག་པའི་རྟགས་ཐོབ་པའི་བྱང་སེམས་ཚོགས་ལམ་པ་ཡོད་ཟེར་ན། མི་འཐད་དེ། འགྲེལ་ཆེན་ལས། རང་གི་རྟོགས་པ་དང་འཚམ་པར་གཞན་ཡིད་ཆེས་པར་བྱེད་པའི་ཡོན་ཏན་གྱི་རྣམ་

彼為有法，理應是未滅敵之補特伽羅，因是大乘之未滅敵之補特伽羅故。承許周遍。

又有云：「於相續中得『於色等遮除諦實耽著現行等四十四相隨一』，並於後得〔位〕獲殊勝身語名言之菩薩，乃得不退轉相之菩薩僧之性相。」不應理，因住得不退轉相之菩薩加行道證量先行的苦法忍之菩薩，是彼名相，且非彼性相故。

同樣的，有云：「若是利根加行道菩薩，周遍得加行道者不退轉相，若是中根見道者，周遍得見道者不退轉相。」不應理，因於前者，住大乘加行道煖〔位〕本智第一剎那之利根菩薩不定，於次者，住大乘見道者苦法忍之中根菩薩不定故。初者理應如是，因若是得加行道者不退轉相之補特伽羅，周遍於菩薩加行道者相續之後得〔位〕獲得殊勝身語名言故。第二理應如是，因若是得見道者不退轉相之補特伽羅，周遍於見道菩薩相續之後得〔位〕獲得殊勝身語名言故。由彼表徵，若是得不退轉相之見道菩薩，亦不周遍得見道者不退轉相，因住得不退轉相加行道菩薩證量先行之大乘見道苦法忍之菩薩不定故。

有云：「有得不退轉相之資糧道菩薩。」不應理，因大疏云：「然於此無令彼方相信與自證量匹配之功德之行相。」及《心要莊嚴疏》

པ་འདི་ལ་མེད་དེ། ཞེས་དང་། རྣམ་བཤད་ལས། ཕྱིར་མི་ལྡོག་པའི་རྟགས་དང་ལྡན་པར་མི་བཞག་ལ། ཞེས་གསུངས་པའི་ཕྱིར། དང་པོ་ཉིད་ནས་ཐེག་པ་ཆེན་པོར་རིགས་ངེས་པ་མ་ཡིན་ཡང་རྫོགས་བྱང་ལས་ཕྱིར་མི་ལྡོག་པའི་བྱང་སེམས་སྦྱོར་ལམ་པ་ཡོད་དེ། འགྲེལ་ཆེན་ལས། ལ་ལ་རིགས་མ་ངེས་པ་ཡིན་ཡང་དབང་པོ་རྣོ་བས། ངེས་པར་འབྱེད་པའི་ཆ་དང་མཐུན་པའི་གནས་སྐབས་སུ་ཡང་ཐབས་ཀྱི་ཁྱད་པར་བསམ་གྱིས་མི་ཁྱབ་པས་ཕྱིར་མི་ལྡོག་པ་ཉིད་དུ་ངེས་པ་ཡིན་ནོ། །ཞེས་གསུངས་པའི་ཕྱིར།

དེ་ལ་ཁོ་ན་རེ། དང་པོ་ཉིད་ནས་ཐེག་ཆེན་དུ་རིགས་མ་ངེས་པའི་བྱང་སེམས་སྦྱོར་ལམ་པ་དབང་རྣོན་ཡོད་པར་ཐལ། ལ་ལ་རིགས་མ་ངེས་པ་ཡིན་ཡང་། ཞེས་པའི་དོན་སྡར་བཤད་པ་ཡིན་པ་གང་ཞིག དབང་པོ་རྣོ་བས་ཞེས་འབྱུང་བའི་ཕྱིར། འདོད་ན། དམན་ལམ་སྔོན་སོང་གི་བྱང་སེམས་སྦྱོར་ལམ་པ་དབང་རྣོན་ཡོད་པར་ཐལ། འདོད་པའི་ཕྱིར་ན། ཐལ་འགྱུར་དང་པོ་ལ་མ་ཁྱབ་སྟེ། ལུང་དེའི་དོན་གང་ཟག་ལ་ལ་ཐེག་པ་ཆེན་པོར་རིགས་མ་ངེས་པ་ཡིན་ཡང་། སྤྱིར་བྱང་སེམས་རང་བཞིན་གྱིས་དབང་པོ་རྣོ་བས་ཞེས་བཤད་དུ་ཡོད་པའི་ཕྱིར།

ཡང་ཁོ་ན་རེ། ཕྱིར་མི་ལྡོག་པ་ཉིད་དུ་ཞེས་པ། ཕྱིར་མི་ལྡོག་པའི་རྟགས་ཐོབ་པ་ལ་འཆད་རིགས་པར་ཐལ། ངེས་པར་འབྱེད་པའི་ཆ་དང་མཐུན་པའི་སྐབས་སུ། ཞེས་སྦྱོར་ལམ་དང་སྦྱོར་བར་མཛད་ཀྱི་ཚོགས་ལམ་དང་སྦྱོར་བར་མ་མཛད་པའི་ཕྱིར་ཞེ་ན། སྐྱོན་མེད་དེ། ངེས་པར་འབྱེད་པའི་ཆ་དང་མཐུན་པར་ཞེས་ངེས་འབྱེད་ཆ་མཐུན་ལ་སྦྱོར་བ་མཚོན་པ་ཙམ་ཡིན་པའི་ཕྱིར།

ཡང་ཁ་ཅིག བྱང་སེམས་སྦྱོར་ལམ་པ་དབང་འབྲིང་དང་དབང་རྟུལ་གྱིས་ཕྱིར་མི་ལྡོག་པའི་རྟགས་མ་ཐོབ་ཅིང་། བྱང་སེམས་མཐོང་ལམ་པ་དབང་རྟུལ་གྱིས་ཕྱིར་མི་ལྡོག་པའི་རྟགས་མ་ཐོབ་ཀྱང་། བྱང་སེམས་སྒོམ་ལམ་པ་ཡིན་ན། ཕྱིར་མི་ལྡོག་པའི་རྟགས་ཐོབ་པས་ཁྱབ་སྟེ། འགྲེལ་ཆེན་ལས་ས་བརྒྱད་པ་ནི་ཐམས་ཅད་ཕྱིར་མི་ལྡོག་པར་ངེས་པ་ཉིད་དུ་བཞག་པ་ཡིན་པའི་ཕྱིར། ཉེས་པ་མེད་དེ། ཞེས་པ་དང་། རྣམ་བཤད་ལས། དབང་པོ་ཇི་ལྟར་རྟུལ་ཡང་ས་བརྒྱད་པ་ནས་ཐོབ་པར་རྣམ་པར་བཞག་གོ །ཞེས་གསུངས་པའི་ཕྱིར་ཞེ་ན། སྐྱོན་མེད་དེ། ས་བརྒྱད་པ་ནས་ཞེས་ངེས་བཟུང་དུ་སྨོས་

云：「不安立為具不退轉之相。」故。雖非最初即大乘決定種性，然有從圓滿菩提不退轉之菩薩加行道者，因《莊嚴光明釋》云：「若干雖是未決定種性，然利根故，亦於順決擇分時，以殊勝方便不可思議，決定得不退轉。」故。

於彼有云：「理應有最初即大乘未決定種性之利根菩薩加行道者，因『若干雖是未決定種性』之義於前已說，且有說『利根』故。若許，理應有劣道先行之利根菩薩加行道者，因許故。」於第一應成不周遍，因彼文之義，有說若干補特伽羅雖是大乘未決定種性，然一般而言菩薩自性利根故。

又有云：「所謂『不退轉』理應可講說得不退轉相，因所謂『於順決擇分時』，與加行道作結合，而不與資糧道作結合故。」無過，因「於順決擇分」，〔與〕順決擇分結合僅是表徵故。

又有云：「雖中根與鈍根菩薩加行道者，沒有得不退轉相，且鈍根菩薩見道者，沒有得不退轉相，然若是菩薩修道者，周遍得不退轉相，因《莊嚴光明釋》云：『於八地，乃安立一切決定不退轉故，無過。』及《心要莊嚴疏》云：『根器再如何鈍亦自第八地而獲得。』故。」無過，因「自第八地」〔是〕說結論，所以間接引出住不淨六地之鈍根菩薩沒有得不退轉相故。

པས་མ་དག་ས་དྲུག་ལ་གནས་པའི་སེམས་དཔའ་དབང་རྟུལ་གྱིས་ཕྱིར་མི་ལྡོག་པའི་རྟགས་མ་ཐོབ་པར་དོན་གྱིས་འཕངས་པའི་ཕྱིར།

དེ་ལ་ཁོ་ན་རེ། ས་གཉིས་པ་ལ་གནས་པའི་བྱང་སེམས་དབང་རྟུལ་གྱིས་བྱང་སེམས་མཐོང་ལམ་པ་དབང་འབྲིང་གིས་ཐོབ་པའི་ཡོན་ཏན་ཐམས་ཅད་ཐོབ་མ་མྱོང་བར་ཐལ། བྱང་སེམས་མཐོང་ལམ་པ་དབང་འབྲིང་གིས། ཕྱིར་མི་ལྡོག་པའི་རྟགས་ཐོབ། དེ་འདྲའི་བྱང་སེམས་དབང་རྟུལ་གྱིས། ཕྱིར་མི་ལྡོག་པའི་རྟགས་ཐོབ་མ་མྱོང་བའི་ཕྱིར། འདོད་ན། སངས་རྒྱས་འཕགས་པས་བྱང་སེམས་རྒྱུན་མཐའ་བས་ཐོབ་པའི་ཡོན་ཏན་ཐམས་ཅད་ཐོབ་མ་མྱོང་བར་ཐལ། འདོད་པའི་ཕྱིར་ན། མ་ཁྱབ་སྟེ། འོ་ན་བསལ་བ་དེར་ཐལ། བྱང་སེམས་མཐོང་ལམ་པ་དབང་རྟུལ་གྱིས། བྱང་སེམས་སྒོམ་ལམ་པ་དབང་རྣོན་གྱིས་ཐོབ་པའི་ཡོན་ཏན་ཐམས་ཅད་ཐོབ་མ་མྱོང་བའི་ཕྱིར། ཁྱབ་པ་ཁས། རྟགས་དེར་ཐལ། བྱང་སེམས་སྒོམ་ལམ་པ་དབང་རྣོན་གྱིས་ཕྱིར་མི་ལྡོག་པའི་རྟགས་ཐོབ། བྱང་སེམས་མཐོང་ལམ་པ་དབང་རྟུལ་གྱིས་ཕྱིར་མི་ལྡོག་པའི་རྟགས་ཐོབ་མ་མྱོང་བའི་ཕྱིར།

ཡང་ཁ་ཅིག ཐབས་ཤེས་ཀྱི་རྟོགས་པ་བརྟན་པོ་ཐོབ་ན། སྦྱོར་བའི་སྐབས་ནས་ཕྱིར་མི་ལྡོག་པའི་རྟགས་ཐོབ་པས་ཁྱབ་། རང་ཉིད་འབའ་ཞིག་གི་ཆེད་དུ་ཐར་པ་དོན་གཉེར་གྱི་བློ་མངོན་གྱུར་དུ་སྐྱེ་བ་མི་སྲིད་པའི་སེམས་དཔའ་ཡིན་ན་བསམ་པའི་སྐབས་ནས་ཕྱིར་མི་ལྡོག་པའི་རྟགས་ཐོབ་པས་ཁྱབ་ཞེས་ཟེར། འོ་ན། ཐེག་ཆེན་གྱི་སྦྱོར་ལམ་བཟོད་པ་ལ་གནས་པའི་སེམས་དཔའ་དབང་རྟུལ་ཆོས་ཅན། སྦྱོར་བའི་སྐབས་ནས་ཕྱིར་མི་ལྡོག་པའི་རྟགས་ཐོབ་པར་ཐལ། རྟགས་དེའི་ཕྱིར། དེར་ཐལ། ཐེག་ཆེན་གྱི་སྦྱོར་ལམ་བཟོད་པ་ཐོབ་པའི་ཕྱིར། འདོད་མི་རིགས་ཏེ། ཕྱིར་མི་ལྡོག་པའི་རྟགས་མ་ཐོབ་པའི་ཕྱིར། བྱང་སེམས་སྦྱོར་ལམ་པ་དབང་རྟུལ་ཡིན་པའི་ཕྱིར། ཡང་དེ་ཆོས་ཅན། བསམ་པའི་སྐབས་ནས་ཕྱིར་མི་ལྡོག་པའི་རྟགས་ཐོབ་པར་ཐལ། རྟགས་དེའི་ཕྱིར། དེར་ཐལ། རང་ཉིད་འབའ་ཞིག་གི་ཆེད་དུ་ཐར་པ་དོན་གཉེར་གྱི་བསམ་པ་མངོན་གྱུར་བ་རྒྱུད་ལྡན་གྱི་བྱང་ཆུབ་སེམས་དཔའ་མེད་པའི་ཕྱིར། དེར་ཐལ། ཐེག་དམན་གྱི་བསམ་པ་མངོན་གྱུར་བ་རྒྱུད་ལྡན་གྱི་བྱང་སེམས་མེད་པའི་ཕྱིར། རྩ་བར་འདོད་ན། དེ་མི་འཐད་དེ། དེ་ཕྱིར་མི་ལྡོག་པའི་རྟགས་མ་ཐོབ་པའི་ཕྱིར།

於彼有云：「住於二地之鈍根菩薩理應不曾得中根菩薩見道者所得一切功德，因中根菩薩見道者，得不退轉相，而如是之鈍根菩薩，未曾得不退轉相故。若許，佛聖者理應未曾得最後流菩薩所得一切功德，因許故。」不周遍，那麼，彼遣法理應如是，因鈍根菩薩見道者，未曾得利根菩薩加行道者所得一切功德故。承許周遍。彼因理應如是，因利根菩薩加行道者得不退轉相，鈍根菩薩見道者未曾得不退轉相故。

又有云：「若得堅固方便智慧之證量，周遍以加行之門得不退轉相。若是不可能生起唯為己希求解脫之覺知現行之菩薩，周遍以意樂之門得不退轉相。」那麼，住大乘加行道忍位之鈍根菩薩為有法，理應以加行之門得不退轉相，因彼因故。理應如是，因得大乘加行道忍位故。不能許，因未得不退轉相故。因是鈍根菩薩加行道者故。又彼為有法，理應以意樂之門得不退轉相，因彼因故。理應如是，因無相續具唯為己希求解脫之意樂現行之菩薩故。理應如是，因沒有相續具小乘意樂現行之菩薩故。若許根本，彼不應理，因彼未得不退轉相故。

དེ་ལ་ཁོ་ན་རེ། དེ་ཆོས་ཅན། རང་ཉིད་འབའ་ཞིག་གི་ཆེད་དུ་ཐར་པ་དོན་གཉེར་གྱི་བསམ་པ་མངོན་གྱུར་བ་སྐྱེ་བའི་གོ་སྐབས་བཙོམ་པར་ཐལ། དེའི་རྒྱུད་ལ་དེ་སྐྱེ་མི་སྲིད་པའི་སེམས་དཔའ་ཡིན་པའི་ཕྱིར། འདོད་ན། དེ་བསམ་པའི་སྒོ་ནས་ཕྱིར་མི་ལྡོག་པའི་རྟགས་ཐོབ་པར་ཐལ། འདོད་པའི་ཕྱིར། དེ་ལ་ཁ་ཅིག རྒྱུན་མཐའི་བར་ཆད་མེད་ལམ་རྒྱུད་ལ་སྐྱེ་ཁ་མའི་བྱང་སེམས་ས་བཅུ་པ་བ་ཆོས་ཅན། གནས་ངན་ལེན་གྱི་དྲི་མ་ཕྲ་ཞིང་ཕྲ་བ་སྐྱེ་བའི་གོ་སྐབས་བཙོམ་པར་ཐལ། དེའི་རྒྱུད་ལ་དེ་སྐྱེ་མི་སྲིད་པའི་སེམས་དཔའ་ཡིན་པའི་ཕྱིར་ཟེར་བ། མི་མཚུངས་པ་འདྲ་སྟེ། སེམས་དཔའ་སྔ་མ་དེའི་རྒྱུད་ལ་རང་ཉིད་འབའ་ཞིག་གི་ཆེད་དུ་ཐར་པ་དོན་གཉེར་གྱི་བསམ་པ་མངོན་དུ་གྱུར་པའི་གཉེན་པོ་ཐེག་ཆེན་སེམས་བསྐྱེད་ཁྱད་པར་ཅན་མངོན་དུ་གྱུར། སེམས་དཔའ་ཕྱི་མ་དེའི་རྒྱུད་ལ་གནས་ངན་ལེན་གྱི་དྲི་མ་ཕྲ་ཞིང་ཕྲ་བའི་དངོས་གཉེན་རྒྱུན་མཐའི་བར་ཆད་མེད་ལམ་མངོན་དུ་མ་གྱུར་པའི་ཕྱིར།

གཞན་ཡང་། རྩ་བའི་དམ་བཅའ་དེ་ལ་ས་བདུན་པ་མན་ཆད་དུ་རང་ཉིད་འབའ་ཞིག་གི་ཆེད་དུ་ཐར་པ་དོན་གཉེར་གྱི་བསམ་པ་མངོན་གྱུར་སྐྱེ་བའི་གོ་སྐབས་བཙོམ་པ་མེད་པར་ཐལ། བྱང་སེམས་ས་བདུན་པ་བ་ཡིན་ན། དེ་བཙོམ་པས་མ་ཁྱབ་པའི་ཕྱིར། མ་གྲུབ་ན། བྱང་སེམས་ས་བདུན་པ་བ་དབང་རྣུལ་ཆོས་ཅན། དེར་ཐལ། དེའི་ཕྱིར། འདོད་ན། དེ་བསམ་པའི་སྒོ་ནས་ཕྱིར་མི་ལྡོག་པའི་རྟགས་ཐོབ་པར་ཐལ། འདོད་པའི་ཕྱིར། ཁྱབ་པ་ཁས།

རོང་ཊེ་ཀ་པ་ན་རེ། ཇི་སྲིད་ས་བརྒྱད་མ་ཐོབ་པ། དེ་སྲིད་ཐེག་པ་དམན་པས་འཇིགས། ཞེས་པ་ལ་བརྟེན་ནས་ཐལ་འགྱུར་འདིའི་རྩོད་ལན་མཛད་མོད། རང་གི་ལུགས། ཇི་ལྟར་འཐད་པར་དཔྱོད་པར་མཛོད་ཅིག ཅེས་སྨན་བསྐུལ་ལོ། །

དེས་ན། གཟུགས་སོགས་ལ་བདེན་ཞེན་མངོན་གྱུར་བ་ལྡོག་པ་སོགས་རྟགས་ཞེ་བཞི་པོ་གང་རུང་ཐོབ་པའི་སེམས་དཔའ་དེ། ཕྱིར་མི་ལྡོག་པའི་རྟགས་ཐོབ་པའི་བྱང་སེམས་ཀྱི་དགེ་འདུན་གྱི་མཚན་ཉིད། དབྱེ་ན་གསུམ། ས་མཚམས་ཐེག་ཆེན་གྱི་སྦྱོར་ལམ་དྲོད་ནས་རྒྱུན་མཐའི་བར་དུ་ཡོད།

གཟུགས་ལ་སོགས་ལ་ལྡོག་སོགས་རྟགས། །ཞེས་སོགས་ཀྱི་སྐབས་སུ། ཐེག་ཆེན་གྱི་སྦྱོར་

於彼有云：「彼為有法，理應毀滅唯為己希求解脫之意樂現行生起之機會，因是於彼之相續中不可能生起彼之菩薩故。若許，彼理應以意樂之門得不退轉相，因許故。」於彼有云：「相續中即將生起最後流無間道之十地菩薩為有法，理應毀滅極細粗重垢染生起之機會，因是於彼之相續中不可能生起彼之菩薩故。」似乎不相同，因前菩薩相續中，唯為己希求解脫之意樂現行之對治——殊勝大乘發心現行；菩薩後者相續中，極細粗重垢染之正對治——最後流無間道沒有現行故。

復次，於彼根本宗，七地以下理應沒有毀滅唯為己希求解脫之意樂現行生起之機會，因若是七地菩薩，不周遍毀滅彼故。若不成，七地鈍根菩薩為有法，理應如是，因如是故。若許，彼理應以意樂之門得不退轉相，因許故。承許周遍。

雖榮澤巴說：「依『乃至未得第八，永遠畏懼劣乘』而作此應成之答辯詞。」自宗勸告當觀察何為應理。

是故，「得遮除於色等諦實耽著現行等四十四相隨一之菩薩」，乃得不退轉相之菩薩僧之性相。分三。界限，自大乘加行道煖位乃至最後流之間〔皆〕有。

「由說於色等……」等之時，住大乘加行道煖位之利根菩薩為

ལམ་ཐོབ་ལ་གནས་པའི་སེམས་དཔའ་དབང་རྣོན་ཆོས་ཅན། རྟོགས་པའི་བྱང་ཆུབ་ལས་ཕྱིར་མི་ལྡོག་པ་ཡིན་ཏེ། གཟུགས་སོགས་ལ་བདེན་ཞེན་མངོན་གྱུར་བ་ལྡོག་པ་སོགས་རྟགས་ཉི་ཤུ་པོ་གང་རུང་ཐོབ་པའི་སེམས་དཔའ་ཡིན་པའི་ཕྱིར།

མཐོང་བའི་ལམ་ལ་བཟོད་པ་དང་། །ཞེས་པར། བྱང་སེམས་མཐོང་ལམ་པ་དབང་འབྲིང་ཆོས་ཅན། བླ་མེད་རྫོགས་བྱང་ལས་ཕྱིར་མི་ལྡོག་པ་ཡིན་ཏེ། མཉམ་གཞག་ཤེས་བཟོད་སྐད་ཅིག་མ་བཅུ་དྲུག་གིས་དྲངས་པའི་རྗེས་ཐོབ་ཏུ་ལུས་ངག་གི་ཐ་སྙད་ཁྱད་པར་ཅན་ཐོབ་པའི་སེམས་དཔའ་ཡིན་པའི་ཕྱིར།

སྐབས་འདིར་སྒྲུས་ཟིན་ལ་བསྟན་པའི་ཤེས་བཟོད་སྐད་ཅིག་མ་བཅུ་དྲུག་ནི། མཉམ་གཞག་དངོས་གནས་པར་མི་བྱ་སྟེ། དེས་དྲངས་པའི་རྗེས་ཐོབ་ཏུ་ལུས་ངག་གི་ཐ་སྙད་བཅུ་དྲུག་ལ་དེའི་མིང་གིས་བཏགས་ནས་བསྟན་པའི་ཕྱིར། རོང་ཊཱི་ཀ་པས། ཐེག་ཆེན་གྱི་མཐོང་ལམ་རྗེས་ཐོབ་ཡེ་ཤེས་མེད་པར་སྨྲ་བཞིན་དུ་སྐབས་འདིའི་གཞུང་དོན་འཆད་པ་ནི། འགལ་འདུར་མཁྱེན་པར་མཛོད་ཅིག

◆現觀辨析（下）

有法，乃從圓滿菩提不退轉，因是得遮除於色等諦實耽著現行等二十相隨一之菩薩故。

於「見道中忍智」，中根見道菩薩為有法，乃自無上圓滿菩提不退轉，因是得根本忍智十六剎那所引出後得之殊勝身語名言之菩薩故。

此處於字面顯示之忍智十六剎那，不作真正的根本定，因於彼所引出後得之十六身語名言，安立彼名而顯示故。榮澤巴一邊說無大乘見道後得本智，一邊說此處文義，當知是矛盾。

དེ་ལས་འཕྲོས་ཏེ་དབང་པོ་ཉེར་གཉིས།

རྩ་བར་གཡུལ་འགྱེད་སེར་སྣ་ལ་སོགས་ལ། །ཞེས་དང་། འགྲེལ་པར་གཟུང་བ་དང་འཛིན་པ་དག་སྤང་བར་བྱ་བ་ཉིད་ཀྱི། ཞེས་སོགས་ལ། གཉིས་ལས། དང་པོ་ནི། བྱང་སེམས་མཐོང་ལམ་པ་དབང་འབྲིང་ཆོས་ཅན། བླ་མེད་རྫོགས་བྱང་ལས་ཕྱིར་མི་ལྡོག་པ་ཡིན་ཏེ། དབང་ཡུལ་བདེན་པར་འཛིན་པའི་བདེན་འཛིན་དང་། དབང་ཡུལ་བདེན་མེད་དུ་རྟོགས་པའི་ཤེས་རབ་གཉིས་སྤང་གཉེན་དུ་བདེན་གྲུབ་བཀག་པ་མངོན་སུམ་དུ་རྟོགས་པའི་ཐེག་ཆེན་གྱི་མཐོང་ལམ་མཉམ་གཞག་ཡེ་ཤེས་ཀྱིས་དྲངས་པའི་རྗེས་ཐོབ་ཏུ་ལུས་ངག་གི་ཐ་སྙད་ཁྱད་པར་ཅན་དང་ལྡན་པའི་སེམས་དཔའ་ཡིན་པའི་ཕྱིར།

གཉིས་པ་ལ་གཉིས། དབང་པོའི་ངོ་བོ་དང་། ཁམས་གང་དུ་ཡོད་ཚུལ་ལོ། །དང་པོ་ལ་གསུམ། སོ་སོའི་ངོ་བོ། གྲངས་ངེས་པའི་རྒྱུ་མཚན། ཐ་མ་གསུམ་གྱི་ས་མཚམས་སོ། །

དང་པོ་ནི་དབང་པོ་ལ་ཉི་ཤུ་རྩ་གཉིས་ཡོད་དེ། མིག་རྣ་བ་སྣ་ལྕེ་ལུས་ཡིད། ཕོ་དབང་མོ་དབང་སྲོག་དབང་། ཚོར་བ་བདེ་དབང་ཡིད་བདེ་ཡིད་མི་བདེ་སྡུག་བསྔལ་བཏང་སྙོམས་ཀྱི་དབང་པོ། དད་པ་བརྩོན་འགྲུས་དྲན་པ་ཏིང་ངེ་འཛིན་ཤེས་རབ་ཀྱི་དབང་པོ། མི་ཤེས་པ་ཀུན་ཤེས་པའི་དབང་པོ། ཀུན་ཤེས་པའི་དབང་པོ། ཀུན་ཤེས་ལྡན་པའི་དབང་པོ་རྣམས་སུ་ཡོད་པའི་ཕྱིར།

གཉིས་པ་ནི། དབང་པོ་ལ་ཉི་ཤུ་རྩ་གཉིས་སུ་གྲངས་ངེས་ཏེ། འཁོར་བར་འཇུག་པའི་རྟེན་གྱི་དབང་དུ་བྱས་ནས་མིག་སོགས་དབང་པོ་དྲུག འཁོར་བར་གསར་དུ་སྐྱེ་བའི་དབང་དུ་བྱས་ནས་ཕོ་མོའི་དབང་པོ་གཉིས། འཁོར་བར་གནས་པའི་དབང་དུ་བྱས་ནས་སྲོག་དབང་། བདེ་སྡུག་ལ་ལོངས་སྤྱོད་པའི་དབང་དུ་བྱས་ནས་ཚོར་བ་བདེ་དབང་སོགས་ལྔ། རྣམ་བྱང་དུ་འཇུག་པའི་རྟེན་གྱི་དབང་དུ་བྱས་ནས་དད་སོགས་དབང་པོ་ལྔ། རྣམ་བྱང་དུ་གསར་དུ་སྐྱེ་བའི་དབང་དུ་བྱས་ནས་མི་ཤེས་པ་ཀུན་ཤེས་པའི་དབང་པོ། རྣམ་བྱང་དུ་གནས་པའི་དབང་དུ་བྱས་ནས་ཀུན་ཤེས་པའི་དབང་པོ། རྣམ་བྱང་གི་ཆོས་ལ་ལོངས་སྤྱོད་པའི་དབང་དུ་བྱས་ནས་ཀུན་ཤེས་ལྡན་པའི་དབང་པོ་བཞག་པའི་ཕྱིར།

現觀辨析（下）

111 由彼引申二十二根

根本〔文〕：「戰事慳吝等……」及《明義釋》云：「滅除二能取與所取……」等，有二。初者，中根見道菩薩為有法，乃從無上圓滿菩提不退轉，因是於現前通達遮止「『執持根境諦實之實執』與『通達根境無諦實之智慧』二者為所斷、對治」諦實成立之大乘見道根本智，所引生之後得〔位〕具殊勝身語名言之菩薩故。

第二，有二：根之體性、於何界有之理。初者，有三：各別之體性、數量決定之理由、後三者之界限。

初者，根有二十二：有眼、耳、鼻、舌、身、意、男根、女根、命根、樂根、喜根、憂根、苦根、捨根、信根、精進根、念根、定根、慧根、未知當知根、已知根、具知根故。

第二，根定數為二十二，因以入輪迴之所依而言，安立眼等六根；以新生輪迴而言，安立男、女二根；以住輪迴而言，安立命根；以受用樂苦而言，安立樂等五根；以入清淨所依而言，安立信等五根；以新生清淨而言，安立未知當知根；以住清淨而言，安立已知根；以受用清淨法而言，安立具知根故。

དེ་ཡང་སོ་སོར་བཤད་ན། མིག་སོགས་དབང་པོ་དྲུག ཕོ་མོའི་དབང་པོ་གཉིས། སྲོག་དབང་། ཚོར་བ་ལྔ། དད་པ་སོགས་ལྔ། ཐ་མ་གསུམ་བཤད་པ་དང་དྲུག དང་པོ་ནི་རིམ་པ་བཞིན། རང་འབྲས་མིག་ཤེས་ཀྱི་ཐུན་མོང་མ་ཡིན་པའི་བདག་རྐྱེན་བྱེད་པའི་རིགས་སུ་གནས་པའི་ནང་གི་གཟུགས་ཅན་དང་བ། མིག་གི་དབང་པོའི་མཚན་ཉིད། དབྱེ་ན། རྟེན་བཅས་ཀྱི་མིག་དབང་དང་། རྟེན་མཚུངས་ཀྱི་མིག་དབང་གཉིས། དང་པོ་ནི། གཉིད་སད་པའི་གནས་སྐབས་ཀྱི་མིག་དབང་ལྟ་བུ། གཉིས་པ་ནི། གཉིད་ལོག་པའི་གནས་སྐབས་ཀྱི་མིག་དབང་ལྟ་བུ། མིག་མིག་དབང་མིག་གི་ཁམས་མིག་གི་སྐྱེ་མཆེད་རྣམས་དོན་གཅིག

ཁོ་ན་རེ། དེ་མི་འཐད་པར་ཐལ། ཀུན་བཏུས་ལས། མིག་དང་མིག་གི་ཁམས་ལ་མུ་བཞི་གསུངས་པའི་ཕྱིར་ཞེ་ན། མ་ཁྱབ་སྟེ། དེ་ལྟར་གསུངས་པའི་དགོངས་པ་ངག་ལས་ཤེས་དགོས་པའི་ཕྱིར། དེ་ལྟར་མ་ཡིན་ན། གཞི་གྲུབ་ན་ཁམས་བཅོ་བརྒྱད་པོ་གང་རུང་ཡིན་པས་མ་ཁྱབ་པར་ཐལ། མིག་ཡིན་ན་ཁམས་བཅོ་བརྒྱད་པོ་གང་རུང་ཡིན་པས་མ་ཁྱབ་པའི་ཕྱིར། དེར་ཐལ། མིག་ཡིན་ན་རྟེན་དབང་པོའི་ཁམས་དྲུག་གང་རུང་ཡིན་མི་དགོས་པའི་ཕྱིར། དེར་ཐལ། མིག་ཡིན་ན། མིག་གི་ཁམས་ཡིན་མི་དགོས་པའི་ཕྱིར། རྟགས་ཁས།

གཞན་ཡང་། མིག་ཡིན་ན་མིག་གི་ཁམས་ཡིན་དགོས་པར་ཐལ། མིག་ཡིན་ན་མིག་གི་སྐྱེ་མཆེད་ཡིན་དགོས་པའི་ཕྱིར། དེར་ཐལ། མིག་ཡིན་ན་ནང་གི་སྐྱེ་མཆེད་དྲུག་གང་རུང་ཡིན་དགོས་པའི་ཕྱིར་ཏེ། དེ་ཡིན་ན་སྐྱེ་མཆེད་བཅུ་གཉིས་པོ་གང་རུང་ཡིན་དགོས་པ་གང་ཞིག ཕྱིའི་སྐྱེ་མཆེད་དྲུག་པོ་གང་རུང་མ་ཡིན་དགོས་པའི་ཕྱིར། ཁོ་ན་རེ། ཆོས་ཡིན་ན་ཆོས་ཀྱི་སྐྱེ་མཆེད་ཡིན་དགོས་པར་ཐལ། མིག་ཡིན་ན་མིག་གི་སྐྱེ་མཆེད་ཡིན་དགོས་པའི་ཕྱིར། འདོད་ན། སྔོན་པོ་ཆོས་ཅན། དེར་ཐལ། དེའི་ཕྱིར། འདོད་མི་ནུས་ཏེ། གཟུགས་ཀྱི་སྐྱེ་མཆེད་ཡིན་པའི་ཕྱིར་ན། ཐལ་འགྱུར་དང་པོ་ལ་མ་ཁྱབ་སྟེ། ཡང་གཟུགས་ཡིན་ན་གཟུགས་ཀྱི་སྐྱེ་མཆེད་ཡིན་དགོས་པར་ཐལ། མིག་ཡིན་ན་མིག་གི་སྐྱེ་མཆེད་ཡིན་དགོས་པའི་ཕྱིར། འདོད་ན། སྒྲ་ཆོས་ཅན། དེར་ཐལ། དེའི་ཕྱིར། འདོད་མི་ནུས་ཏེ། སྒྲའི་སྐྱེ་མཆེད་ཡིན་པའི་ཕྱིར་ནའང་། ཐལ་འགྱུར་དང་པོ་ལ་མ་ཁྱབ། བྱེ་བྲག་སྨྲ་བས་མིག་གིས་

又若各別講說彼，講說眼等六根、男女二根、命根、五受、信等五，最後三〔共〕六。初者依次如「作為自果眼知之不共增上緣住類之清淨內有色」，乃眼根之性相。分具依眼根、同依眼根二者。初者，如睡醒時之眼根。第二，如睡著時之眼根，眼、眼根、眼界、眼處同義。

有云：「彼理應不應理，因《集論》講說眼與眼界〔有〕四句故。」不周遍，因如是講述之意趣，須從口訣中了知故。若非如此，若是基成，理應不周遍是十八界隨一，因若是眼，不周遍是十八界隨一故。理應如是，因若是眼，不須是所依根之六界隨一故。理應如是，因若是眼，不須是眼界故。承許因。

又，若是眼，理應須是眼界，因若是眼，須是眼處故。理應如是，因若是眼，須是內六處隨一故，因若是彼，須是十二處隨一，且須不是外六處隨一故。有云：「若是法，理應須是法處，因若是眼，理應須是眼處故。若許，青色為有法，理應如是，因如是故。不能許，因是色處故。」於第一應成不周遍。又，「若是色法，理應須是色處，因若是眼，須是眼處故。若許，聲為有法，理應如是，因如是故。不能許，因是聲處故。」於初應成亦是不周遍。毘婆沙師承許眼見色，因《俱舍論》云：「或二眼俱時，見色分明故。[34]」故。不承許眼知見色，因彼云：「傳說不能觀，被障諸色故。[35]」故。

གཟུགས་མཐོང་བར་འདོད་དེ། མཛོད་ལས། མིག་ནི་གཉིས་ཀ་དག་གིས་ཀྱང་། །མཐོང་སྟེ་གསལ་བར་མཐོང་ཕྱིར་རོ། །ཞེས་གསུངས་པའི་ཕྱིར། མིག་ཤེས་ཀྱི་གཟུགས་མཐོང་བར་མི་འདོད་དེ། དེ་ཉིད་ལས། གང་ཕྱིར་བར་དུ་ཆོད་པ་ཡིས། །གཟུགས་ནི་མཐོང་བར་མིན་ཕྱིར་ལོ། །ཞེས་གསུངས་པའི་ཕྱིར། མདོ་སྡེ་པ་ཡན་ཆད་དེ་ལས་ལྡོག་སྟེ་སྨྲ་སྟེ། སྐབས་དང་པོར་བཤད་ཟིན་ཏོ། ། དེས་ལུས་ཀྱི་དབང་པོའི་བར་ལ་རིགས་འགྲེ།

རང་འབྲས་ཡིད་ཀྱི་རྣམ་པར་ཤེས་པའི་ཐུན་མོང་མ་ཡིན་པའི་རྟེན་བྱེད་པའི་གཙོ་བོའི་རྣམ་རིག ཡིད་དབང་གི་མཚན་ཉིད། དབྱེ་ན། རྣམ་ཤེས་ཚོགས་དྲུག་ཡོད། ཡིད་ཡིད་དབང་རྣམ་པར་ཤེས་པ་གཙོ་སེམས་ཡིད་ཀྱི་ཁམས་ཡིད་ཀྱི་སྐྱེ་མཆེད་རྣམས་དོན་གཅིག

དེ་ལ་ཁོ་ན་རེ། མིག་གི་རྣམ་པར་ཤེས་པ་ཆོས་ཅན། ཡིད་ཡིན་པར་ཐལ། རྣམ་ཤེས་ཡིན་པའི་ཕྱིར། འདོད་ན། ཡིད་དང་རྣམ་པར་ཤེས་པའི་གཞི་མཐུན་ཡིན་པར་ཐལ། འདོད་པའི་ཕྱིར། འདོད་ན། ཡིད་ཤེས་ཡིན་པར་ཐལ། འདོད་པའི་ཕྱིར་ན། མ་ཁྱབ་སྟེ། འོ་ན་ཡིད་ཀྱི་རྣམ་ཤེས་ཆོས་ཅན། དབང་ཤེས་སུ་ཐལ། དབང་པོ་དང་ཤེས་པའི་གཞི་མཐུན་ཡིན་པའི་ཕྱིར། ཁྱབ་པ་ཁས།

ཡང་ཁོ་ན་རེ། ཡིད་ཀྱི་རྣམ་པར་ཤེས་པ་སྐད་ཅིག་དང་པོ་ཆོས་ཅན། རང་འབྲས་ཡིད་ཀྱི་རྣམ་ཤེས་ཀྱི་ཐུན་མོང་མ་ཡིན་པའི་རྟེན་བྱེད་པའི་གཙོ་བོ་རྣམ་རིག་ཡིན་པར་ཐལ། ཡིད་དབང་ཡིན་པའི་ཕྱིར། ཁྱབ་པ་ཁས། འདོད་ན། དེ་ཡིད་ཀྱི་རྣམ་ཤེས་སྐད་ཅིག་གཉིས་པའི་ཐུན་མོང་མ་ཡིན་པའི་བདག་རྐྱེན་དུ་ཐལ། འདོད་པའི་ཕྱིར། འདོད་ན། མིག་གི་རྣམ་པར་ཤེས་པ་སྐད་ཅིག་དང་པོ་མིག་གི་རྣམ་པར་ཤེས་པ་སྐད་ཅིག་གཉིས་པའི་ཐུན་མོང་མ་ཡིན་པའི་བདག་རྐྱེན་དུ་ཐལ། འདོད་པའི་ཕྱིར་ན། འདིར་མ་ཁྱབ། འདོད་ན། མིག་གི་རྣམ་ཤེས་སྐད་ཅིག་གཉིས་པ་ཆོས་ཅན། ཡིད་ཤེས་ཡིན་པར་ཐལ། རང་གི་ཐུན་མོང་མ་ཡིན་པའི་བདག་རྐྱེན་དུ་གྱུར་པའི་ཡིད་དབང་ལས་བྱུང་བའི་ཤེས་པ་ཡིན་པའི་ཕྱིར། དེར་ཐལ། མིག་གི་རྣམ་པར་ཤེས་པ་སྐད་ཅིག་དང་པོ་དེ་སྐད་ཅིག་གཉིས་པའི་ཐུན་མོང་མ་ཡིན་པའི་བདག་རྐྱེན་ཡིན་པ་གང་ཞིག དེ་ཡིད་དབང་ཡིན་པའི་ཕྱིར། དང་པོ་དངོས། ཕྱི་མ་དེར་ཐལ།

經部師以上，〔與〕彼相反而說，已於第一品講述矣！乃至身根以此類推。

「作為自果意識不共所依之主要了別」，乃意根之性相。分有六識身。意、意根、識、心王、意界、意處同義。

於彼有云：「眼識為有法，理應是意，因是識故。若許，理應是意與識之同位。因許故。若許，理應是意知，因許故。」不周遍，那麼，意識為有法，理應是根知，因是根與知覺之同位故。承許周遍。

又有云：「意識第一剎那為有法，理應是作為自果意識之不共所依之主要了別，因是意根故。承許周遍。若許，彼理應是意識第二剎那之不共增上緣，因許故。若許，眼識第一剎那理應是眼識第二剎那之不共增上緣，因許故。」今此不周遍。若許，眼識第二剎那為有法，理應是意知，因是由自不共增上緣之意根所生之知覺故。理應如是，因眼識第一剎那是第二剎那不共增上緣，且彼是意根故。直接〔承許〕初者。「後者理應如是，因是識故。」於不周遍處理應不周遍，因若是意識須沒有自不共增上緣之有色根；若是眼識周遍從自不共增上緣有色眼根出生故。後者理應如是，因正理

རྣམ་ཤེས་ཡིན་པའི་ཕྱིར་ཞེ་ན། མ་ཁྱབ་མཚམས་སྦྱར་མ་ཁྱབ་པར་ཐལ། ཡིད་ཀྱི་རྣམ་པར་ཤེས་པ་ཡིན་ན་རང་གི་ཐུན་མོང་མ་ཡིན་པའི་བདག་རྐྱེན་དུ་གྱུར་པའི་དབང་པོ་གཟུགས་ཅན་པ་མེད་དགོས། མིག་གི་རྣམ་ཤེས་ཡིན་ན། རང་གི་ཐུན་མོང་མ་ཡིན་པའི་བདག་རྐྱེན་དུ་གྱུར་པའི་མིག་དབང་གཟུགས་ཅན་པ་ལས་བྱུང་བས་ཁྱབ་པའི་ཕྱིར། ཕྱི་མ་དེར་ཐལ། རིགས་གཞུང་ལས། ཐུན་མོང་མ་ཡིན་རྒྱུ་ཡི་ཕྱིར། །དེ་ཡི་ཐ་སྙད་དབང་པོས་བྱས། །ཞེས་གསུངས་པའི་ཕྱིར།

གཉིས་པ་ནི། རང་རྒྱུད་ལྡན་གྱི་གང་ཟག་གཙོ་བོར་ཕོར་མཚོན་པར་བྱེད་པའི་མཚོན་བྱེད་ཐུན་མོང་མ་ཡིན་པའི་དབང་པོ། ཕོ་དབང་གི་མཚན་ཉིད། རང་རྒྱུད་ལྡན་གྱི་གང་ཟག་གཙོ་བོར་མོར་མཚོན་པར་བྱེད་པའི་མཚོན་བྱེད་ཐུན་མོང་མ་ཡིན་པའི་དབང་པོ། མོ་དབང་གི་མཚན་ཉིད། ཕོ་དང་ཕོ་དབང་འགལ་ཞིང་། མོ་དང་མོ་དབང་འགལ་བ་ཡིན་ཏེ། ཕོ་མོ་གང་རུང་ཡིན་ན། གང་ཟག་ཡིན་པས་ཁྱབ། ཕོའི་དབང་པོ་དང་མོའི་དབང་པོ་གང་རུང་ཡིན་ན་ལུས་དབང་ཡིན་པས་ཁྱབ་པའི་ཕྱིར། ཕྱི་མ་དེར་ཐལ། མཛོད་ལས། ལུས་ལས་ཕོ་དབང་མོ་དབང་དག །ཞེས་གསུངས་པའི་ཕྱིར། ཕོའི་དབང་པོ་དང་ཕོའི་མཚན་མ་འགལ་ཞིང་། མོའི་དབང་པོ་དང་མོའི་མཚན་མ་འགལ་བ་ཡིན་ཏེ། ཕོའི་མཚན་མ་ཕོའི་དབང་རྟེན་དང་། མོའི་མཚན་མ་མོའི་དབང་རྟེན་ཡིན་པ་གང་ཞིག དབང་པོ་སོ་སོ་དང་དབང་རྟེན་སོ་སོ་འགལ་བའི་ཕྱིར། ཕྱི་མ་དེར་ཐལ། མིག་དབང་དང་མིག་གི་དབང་རྟེན་ཁོག་པ་འགལ་བའི་ཕྱིར། དེར་ཐལ། མིག་དབང་ནང་གི་གཟུགས་ཅན་དང་བར་དམིགས་ཤིང་། དབང་རྟེན་ཁོག་པ་ཐ་མལ་བའི་མིག་ཤེས་ཀྱིས་བཟུང་བར་འགྱུར་བའི་ཕྱིར།

གསུམ་པ་ནི། ཚོར་དང་རྣམ་ཤེས་གང་རུང་གི་རྟེན་དུ་གྱུར་པའི་ཚེ་དེ། སྲོག་གི་དབང་པོའི་མཚན་ཉིད་ཡིན་ཏེ། མཛོད་ལས། སྲོག་ནི་ཚེ་ཡིན་དྲོད་དང་ནི། །རྣམ་ཤེས་རྟེན་གང་ཡིན་པའོ། །ཞེས་དང་། ཀུན་བཏུས་ལས། སྲོག་གི་དབང་པོ་གང་ཞེ་ན། དྲོད་དང་རྣམ་ཤེས་ཀྱི་རྟེན་དུ་གྱུར་པའི་ཚེ་གང་ཡིན་པ་སྲོག་ཅེས་གདགས་སོ། །ཞེས་གསུངས་པའི་ཕྱིར།

ཁ་ཅིག སྲོག་དབང་ཡིན་ན་དྲོད་ཀྱི་རྟེན་བྱེད་པས་ཁྱབ་ཟེར་བ། མི་འཐད་དེ། གཟུགས་མེད་

典籍云：「是不共因故，彼名由根說。[36]」故。

第二，「主要表徵相續具自之補特伽羅是男之能表徵不共根」，是男根之性相。「主要表徵相續具自之補特伽羅是女之能表徵不共根」，是女根之性相。男與男根相違，且女與女根相違，因若是男、女隨一周遍是補特伽羅，若是男根與女根隨一，周遍是身根故。後者理應如是，因《俱舍論》云：「從身立二根。」故。男根與男生殖器相違，且女根與女生殖器相違，因男生殖器是男根依、女生殖器是女根依，且別別根與別別根依相違故。後者理應如是，因眼根與眼根依體腔相違故。理應如是，因眼根被緣為清淨內有色，且根依體腔被凡夫眼知取故。

第三，「煖及識隨一之所依之壽」，乃命根之性相，因《俱舍論》云：「命根體即壽，能持煖及識。[37]」及《集論》云：「何謂命根？煖與識之所依之壽謂命。」故。

有云：「若是命根，周遍作為煖依。」不應理，因無色界之命

ཁམས་པའི་སྒྲོག་གིས་མ་ངེས་པའི་ཕྱིར། གཟུགས་མེད་ཁམས་ན་རྡོད་མེད་པའི་ཕྱིར།

ཁོ་ན་རེ། ཚེ་སྒྲོག་ཏུ་བྱེད་པ་མི་འཐད་པར་ཐལ། དབུགས་ཀྱི་རྒྱུ་བ་སྲོག་ཡིན་པའི་ཕྱིར་ཏེ། བསྡུ་བ་ལས། དེ་ལ་སྲོག་ཅེས་བྱ་བ་ནི་དབུགས་ཀྱི་རྒྱུ་བ་སྟེ། དེ་ཆད་ན་འོ། །ཞེས་གསུངས་པའི་ཕྱིར་ཞེ་ན། མ་ཁྱབ་སྟེ། དབུགས་ཀྱི་རྒྱུ་བ་གནས་ན་སྲོག་གི་ཚེ་གནས་པ་ལ་དགོངས་པའི་ཕྱིར། རྣམ་འགྲེལ་ལས། གནས་པའི་འཛིན་བྱེད་གཞན་དག་ཀྱང་། །གང་ཕྱིར་རྒྱུ་ནི་ཡིན་པར་འདོད། །ཅེས་པ་དང་རིགས་པ་མཚུངས་པའི་ཕྱིར།

གཞན་ཡང་། དབུགས་ཀྱི་རྒྱུ་བ་ཡིན་ན་སྲོག་དབང་ཡིན་མི་དགོས་པར་ཐལ། དབུགས་ཀྱི་རྒྱུ་བ་ཡིན་ན་སྒྲ་ཡིན་དགོས། སྲོག་དབང་ཡིན་ན་ལྡན་མིན་འདུ་བྱེད་ཡིན་དགོས་པའི་ཕྱིར།

བཞི་པ་ནི། ལུས་ཚོར་སིམ་པར་སྐྱོང་བའི་དབང་པོ། ཚོར་བ་བདེ་དབང་གི་མཚན་ཉིད། ཚོར་བ་བདེ་དབང་ཡིན་ན་ཚོར་བ་བདེ་བ་ཡིན་པས་ཁྱབ་ཀྱང་། ཚོར་བ་བདེ་བ་ཡིན་ན་དེ་ཡིན་པས་མ་ཁྱབ་སྟེ། ཚོར་བ་བདེ་དབང་ཡིན་ན་ལུས་ཚོར་ཡིན་པས་ཁྱབ། ཚོར་བ་བདེ་བ་ལ་དེས་མ་ཁྱབ་པའི་ཕྱིར། རང་དང་མཚུངས་ལྡན་གྱི་ཡིད་ཤེས་འཁོར་བཅས་སིམ་པར་སྐྱོང་བའི་ཚོར་བ་དེ། ཡིད་བདེའི་དབང་པོའི་མཚན་ཉིད། རང་དང་མཚུངས་ལྡན་གྱི་ཡིད་ཤེས་འཁོར་བཅས་གདུང་བར་སྐྱོང་བའི་དབང་པོ་དེ། ཡིད་མི་བདེའི་དབང་པོའི་མཚན་ཉིད། ལུས་ཚོར་གདུང་བར་སྐྱོང་བའི་དབང་པོ། སྡུག་བསྔལ་གྱི་དབང་པོའི་མཚན་ཉིད། སིམ་གདུང་གང་ཡང་མ་ཡིན་པར་བར་མར་སྐྱོང་བའི་ཚོར་བ་དེ། ཚོར་བ་བཏང་སྙོམས་ཀྱི་མཚན་ཉིད།

ཁོ་ན་རེ། ཐེག་ཆེན་མཐོང་ལམ་བར་ཆད་མེད་ལམ་དུ་གྱུར་པའི་གཙོ་བོའི་སེམས་ཀྱི་འཁོར་དུ་བྱུང་བའི་ཚོར་བ་མེད་པར་ཐལ། དེ་འདྲའི་ཚོར་བ་བདེ་བ་མེད་སྡུག་བསྔལ་མེད་བཏང་སྙོམས་མེད་པའི་ཕྱིར། དང་པོ་མ་གྲུབ་ན། དེའི་འཁོར་དུ་བྱུང་བའི་ཚོར་བ་ཆོས་ཅན། སིམ་པར་སྐྱོང་བའི་ཚོར་བ་ཡིན་པར་ཐལ། ཚོར་བ་བདེ་བ་ཡིན་པའི་ཕྱིར། ཁྱབ་པ་ཁས། འདོད་ན། ཀུན་རྫོབ་དངོས་ཡུལ་དུ་བྱེད་པར་ཐལ། འདོད་པའི་ཕྱིར། འདོད་མི་ནུས་ཏེ། ཐེག་ཆེན་གྱི་མཐོང་ལམ་བར་ཆད་མེད་ལམ་ཡིན་པའི་ཕྱིར།

不定故，因無色界無煖故。

有云：「壽作為命，理應不應理，因氣息流動是命故，因〈攝分〉云：「於彼稱為命，乃氣息之流動，若斷彼矣。」故。不周遍，因慮及若氣息流動安住，則是命之壽安住故。因與《釋量論》云：「餘安住能引，亦許是因故。[38]」理路相同故。

又，若是氣息流動，理應不須是命根，因若是氣息流動，須是聲；若是命根，須是不相應行故。

第四，「身受領納舒適之根」，是樂根之性相。若是樂根，雖周遍是樂受，然若是樂受，不周遍是彼，因若是樂根，周遍是身受，樂受不為彼所周遍故。「與自相應之意知及其眷屬領納舒適之受」，是喜根之性相，「與自相應之意知及其眷屬領納憂惱之根」，是憂根之性相。「身受領納憂惱之根」，是苦根之性相。「領納非憂惱與舒適隨一的中性之受」，是捨受之性相。

有云：「理應沒有大乘見道無間道之心王的眷屬之受，因沒有如是之樂受、苦受、捨受故。若初者不成，彼之眷屬的受為有法，理應是領納舒適之受，因是樂受故。承許周遍。若許，理應以世俗為直接境，因許故。不能許，因是大乘見道無間道故。理應如是，因是彼有法故。若許根本，如是心王為有法，理應有爾之眷屬的受，

དེར་ཐལ། ཆོས་ཅན་དེའི་ཕྱིར། རྩ་བར་འདོད་ན། དེ་འདྲའི་གཙོ་སེམས་ཆོས་ཅན། ཁྱོད་ཀྱི་འཁོར་དུ་བྱུང་བའི་ཚོར་བ་ཡོད་པར་ཐལ། ཁྱོད་གཙོ་སེམས་གང་ཞིག ཚོར་བ་འདུ་ཤེས་སེམས་པ་རེག་པ་ཡིད་ལ་བྱེད་པ་ལྔ་སེམས་བྱུང་ཀུན་འགྲོ་ཡིན་པའི་ཕྱིར་ཞེ་ན། ཐལ་འགྱུར་དང་པོ་ལ་མ་ཁྱབ་སྟེ། འོ་ན། ཐེག་ཆེན་གྱི་མཐོང་ལམ་བར་ཆད་མེད་ལམ་དུ་གྱུར་པའི་གཙོ་སེམས་ཀྱི་འཁོར་དུ་བྱུང་བའི་ཚོར་བ་མེད་པར་ཐལ། དེ་འདྲའི་སིམ་པར་སྐྱོང་བའི་ཚོར་བ་ཡང་མེད། གདུང་བར་སྐྱོང་བའི་ཚོར་བ་ཡང་མེད། སིམ་གདུང་བར་མར་སྐྱོང་བའི་ཚོར་བ་ཡང་མེད་པའི་ཕྱིར། ཁྱབ་པ་ཁས།

ལྔ་པ་ནི། གཙོ་བོར་རང་སྟོབས་ཀྱིས་རང་ཡུལ་བདེན་བཞིའི་གནས་ལུགས་ལ་ཡིད་ཆེས་པའི་སེམས་བྱུང་། དད་པའི་དབང་པོའི་མཚན་ཉིད། གཙོ་བོར་རང་སྟོབས་ཀྱིས་རང་ཡུལ་བདེན་བཞིའི་གནས་ལུགས་ལ་སྤྲོ་བའི་སེམས་བྱུང་། བརྩོན་འགྲུས་ཀྱི་དབང་པོའི་མཚན་ཉིད། གཙོ་བོར་རང་སྟོབས་ཀྱིས་བདེན་བཞིའི་གནས་ལུགས་ཀྱི་དམིགས་རྣམ་མི་བརྗེད་པའི་སེམས་བྱུང་། དྲན་པའི་དབང་པོའི་མཚན་ཉིད། གཙོ་བོར་རང་སྟོབས་ཀྱིས་བདེན་བཞིའི་གནས་ལུགས་ལ་རྩེ་གཅིག་པའི་སེམས་བྱུང་། ཏིང་ངེ་འཛིན་གྱི་དབང་པོའི་མཚན་ཉིད། གཙོ་བོར་རང་སྟོབས་ཀྱིས་བདེན་བཞིའི་གནས་ལུགས་རབ་ཏུ་རྣམ་འབྱེད་ཀྱི་སེམས་བྱུང་། ཤེས་རབ་ཀྱི་དབང་པོའི་མཚན་ཉིད། ཚིག་སྐྱོན་གཅོད་ན། དེ་རྣམས་ཀྱི་མཐར་མཁྱེན་པ་སྦྱར་ཏེ། བྱང་ཕྱོགས་སོ་བདུན་གྱི་ནང་ཚན་དུ་གྱུར་པའི་དབང་པོ་ལྔའི་འཇོག་བྱེད་དུ་སྦྱོར། །

དྲུག་པ་ནི། ཐེག་པ་རང་ལུགས་ཀྱི་མཐོང་སྤང་སྤོང་བ་ལ་བདག་པོར་གྱུར་པའི་དད་སོགས་ཆོས་ལྔ་གང་རུང་གིས་བསྡུས་པའི་དབང་པོའི་ཡེ་ཤེས། མི་ཤེས་པ་ཀུན་ཤེས་པར་བྱེད་པའི་དབང་པོའི་མཚན་ཉིད། ཐེག་པ་རང་ལུགས་ཀྱི་སྒོམ་སྤང་སྤོང་བ་ལ་བདག་པོར་གྱུར་པའི་དད་སོགས་ཆོས་ལྔ་གང་རུང་གིས་བསྡུས་པའི་ཟག་མེད་ཀྱི་དབང་པོའི་ཡེ་ཤེས། ཀུན་ཤེས་པའི་དབང་པོའི་མཚན་ཉིད། འདིར་བསྟན་མི་སློབ་པའི་རྟོགས་པ་ཐོབ་ཅིང་། རང་གི་དབང་བྱ་ལ་ལྷག་པར་དབང་བྱེད་པའི་དད་སོགས་ཆོས་ལྔ་གང་རུང་གིས་བསྡུས་པའི་ཟག་མེད་ཀྱི་དབང་པོའི་ཡེ་ཤེས། ཀུན་ཤེས་ལྡན་པའི་དབང་པོའི་

因爾是心王，且受、想、思、觸、作意五者是遍行心所故。」於「初應成」不周遍。那麼，理應沒有大乘見道無間道之心王之眷屬的受，因既無如是領納舒適之受，也無領納憂惱之受，亦無領納舒適憂惱中間之受故。承許周遍。

第五，「主要以自力相信自境四諦實相之心所」，是信根之性相。「主要以自力歡喜自境四諦實相之心所」，是精進根之性相。「主要以自力不忘失四諦實相之所緣行相的心所」，是念根之性相。「主要以自力專於四諦實相之心所」，是定根之性相。「主要以自力揀擇四諦實相之心所」，是慧根之性相。若斷詞過，彼等之末〔與〕「智」結合，說為三十七菩提分中之五根的能安立。

第六，「屬斷除〔各〕乘自宗見所斷之所有者的信等五法隨一所攝根之本智」，乃未知當知根之性相。「屬斷除〔各〕乘自宗修所斷之所有者的信等五法隨一所攝無漏根之本智」，乃已知根之性相。「得此示無學證量，且於自所自主特別能自主之信等五法隨一所攝之無漏根之本智」，乃具知根之性相。

མཚན་ཉིད།

གསུམ་པ། ཐ་མ་གསུམ་གྱི་ས་མཚམས་ཡོད་དེ། མདོན་པ་གོང་འོག་ལྟར་ན། དང་པོ། མཐོང་ལམ་ནས་དང་། གཉིས་པ། སྒོམ་ལམ་ནས་དང་། གསུམ་པ། མི་སློབ་ལམ་ནས་འཇོག ཉི་ཁྲི་ཊཱི་ཀ་འགྲེལ་ལྟར་ན། དང་པོ། རྒྱུན་ཞུགས་དང་བྱང་སེམས་ཀྱི་མོས་སྤྱོད་ཀྱི་ས་ཐོབ་པ་ནས་དང་། གཉིས་པ། རྒྱུན་ཞུགས་ཕྱིར་འོང་ཕྱིར་མི་འོང་བྱང་སེམས་ཀྱི་ས་དང་པོ་ནས་དགུ་པའི་བར་དང་། གསུམ་པ། བྱང་ཆུབ་སེམས་དཔའི་ས་བཅུ་པ་དང་། འབྲས་བུའི་སར་འཇོག་པར་གསུངས་པའི་ཕྱིར། མདོན་པ་གོང་འོག་ནང་གསེས་ཀྱི་ཁྱད་པར་ལ་དབང་པོ་གཉིས་པ། མཐོང་ལམ་རྗེས་ཤེས་ནས་འཇོག་པར་ཀུན་བཏུས་ལས་བཤད།

གཉིས་པ་ཁམས་གང་དུ་ཡོད་ཚུལ་བཤད་དུ་ཡོད་དེ། འདོད་ཁམས་ན་ཀུན་ནས་ཉོན་མོངས་ཕྱོགས་ཀྱི་དབང་པོ་བཅུ་བཞི། གཟུགས་ཁམས་ན་ཕོ་མོའི་དབང་པོ་དང་སྡུག་བསྔལ་གྱི་དབང་པོ་ཡིད་མི་བདེའི་དབང་པོ་མ་གཏོགས། ཀུན་ནས་ཉོན་མོངས་ཕྱོགས་ཀྱི་དབང་པོ་བཅུ་དང་། གཟུགས་མེད་ཁམས་ན་གཟུགས་ཅན་གྱི་དབང་པོ་དང་བདེ་བ་དང་ཡིད་བདེའི་དབང་པོ་མ་གཏོགས། སྲོག་ཡིད་བཏང་སྙོམས་ཀྱི་དབང་པོ་གསུམ་ཡོད་པའི་ཕྱིར་ཏེ། མཛོད་ལས། དྲི་མེད་མ་གཏོགས་འདོད་པར་གཏོགས། །ཕོ་མོའི་དབང་དང་སྡུག་བསྔལ་དག མ་གཏོགས་གཟུགས་གཏོགས་གཟུགས་ཅན་དང་། །བདེ་བའང་མ་གཏོགས་གཟུགས་མེད་གཏོགས། །ཞེས་གསུངས་པའི་ཕྱིར།

སྨྲས་པ།

ཆོས་ལ་དབང་བའི་འཆད་པོ་ཞིག །ཀུན་བྱང་དབང་པོ་འདི་ལྟར་འཆད། །
གདུལ་བྱ་དབང་རྣོན་ཚུར་ཤོག་ལ། །ཡིད་ཀྱི་དབང་པོ་སྨྲིམ་སྐྱེ་ཉོན། །
ཞེས་བྱ་བ་ནི་བར་སྐབས་ཀྱི་ཚིགས་སུ་བཅད་པའོ། །

第三，有後三者之界限，因若以上下對法而言，第一，自見道；第二，自修道；第三，自無學道安立。若以二萬頌之根本及釋而言，第一，自得預流與菩薩勝解行地；第二，〔於〕預流、一來、不還〔皆有〕，自初地菩薩乃至九地之間〔皆有〕；第三，十地菩薩及果地安立故。於上下對法裡之差別，《集論》講說第二根自見道類智安立。

第二，有講說於何界有之理，因於欲界，有十四染污品根；於色界，除男、女根、苦根、憂根外，有十染污品根；於無色界，除有色根、樂、喜根外，有命、意、捨根三者故。因《俱舍論》云：「欲色無色界，如次除後三，兼女男憂苦，并除色喜樂。[39]」故。

文間偈頌，頌曰：

於法自在講說者，如是講述染淨根，

利根所化當過來，意根集中注意聽。

སྲིད་ཞི་མཉམ་ཉིད་ཀྱི་སྦྱོར་བ།

སྐྱེ་བ་དང་ནི་འགག་པ་དང་། །དེ་བཞིན་ཉིད་དང་ཤེས་བྱ་དང་། །ཞེས་སོགས་ལ་བྱང་སེམས་ས་བརྒྱད་པ་བ་ཆོས་ཅན། ཟླ་མེད་རྫོགས་བྱང་ལས་ཕྱིར་མི་ལྡོག་པ་ཡིན་ཏེ། ཟབ་མོ་རྣམ་པ་བརྒྱད་ཐུགས་སུ་ཆུད་པས་དྲངས་པའི་རྗེས་ཐོབ་ཏུ་ལུས་ངག་གི་ཐ་སྙད་ཁྱད་པར་ཅན་དང་ལྡན་པའི་སེམས་དཔའ་ཡིན་པའི་ཕྱིར།

ཁོ་ན་རེ། དེ་རྗེས་ཐོབ་ཡེ་ཤེས་ལ་གནས་པའི་སེམས་དཔའ་ཡིན་པར་ཐལ། དེ་རྗེས་ཐོབ་ཡེ་ཤེས་ཐོབ་པའི་སེམས་དཔའ་ཡིན་པའི་ཕྱིར། རྟགས་ཁས་ཟེར་ན། མ་ཁྱབ། འདོད་ན། དེ་བྱང་སེམས་སྒོམ་ལམ་རྗེས་ཐོབ་པ་ཡིན་པར་ཐལ། འདོད་པའི་ཕྱིར་ན། འོ་ན། བྱང་སེམས་ས་བརྒྱད་པ་བ་དེ། ས་བརྒྱད་པའི་མཉམ་གཞག་ལ་གནས་པའི་སེམས་དཔའ་ཡིན་པར་ཐལ། དེ་དེ་ཐོབ་པའི་སེམས་དཔའ་ཡིན་པའི་ཕྱིར། ཁྱབ་པ་ཁས། འདོད་ན། དེ་བྱང་སེམས་སྒོམ་ལམ་མཉམ་གཞག་པ་ཡིན་པར་ཐལ། འདོད་པའི་ཕྱིར།

ཆོས་རྣམས་རྨི་ལམ་འདྲ་བའི་ཕྱིར། །སྲིད་དང་ཞི་བར་མི་རྟོག་པ། །ཞེས་སོགས་ལ། གཉིས་ལས། དང་པོ་ནི། ས་བརྒྱད་པའི་མཉམ་གཞག་ཡེ་ཤེས་ཆོས་ཅན། སྲིད་ཞི་མཉམ་ཉིད་ཀྱི་སྦྱོར་བ་ཡིན་ཏེ། སྲིད་ཞི་བདེན་སྟོང་དུ་མངོན་སུམ་དུ་རྟོགས་པའི་སྒོ་ནས་རྗེས་ཐོབ་ཀྱི་གནས་སྐབས་སུ་ཡང་བདེན་འཛིན་མངོན་གྱུར་དུ་སྐྱེ་བའི་གོ་སྐབས་ཟད་པར་བཅོམ་པའི་དག་སའི་ཡེ་ཤེས་གང་ཞིག གཙོ་བོར་ཡེ་ཤེས་ཆོས་སྐུའི་ལག་རྗེས་འཛོག་བྱེད་ཡིན་པའི་ཕྱིར།

སྲིད་ཞི་ཆོས་ཅན། བདེན་པར་མེད་དེ། རྟེན་འབྲེལ་ཡིན་པའི་ཕྱིར། དཔེར་ན། རྨི་ལམ་བཞིན།

ལས་འབྲས་ཆོས་ཅན། མེད་པར་ཐལ། བདེན་པར་མེད་པའི་ཕྱིར། ཞེས་པའི་དངོས་སྨྲ་བའི་སུན་འབྱིན་དེ་དབུ་མ་པ་ལ་གནོད་བྱེད་ཡང་དག་ཏུ་མི་འགྱུར་ཏེ། ཀླན་ཀ་དེའི་ལན་མདོ་ལས་བཤད་པ་ལྟར་སྟོན་ནུས་པའི་ཕྱིར།

གཉིས་པ་ལ། ཁོ་ན་རེ། སྲིད་ཞི་བདེན་སྟོང་དུ་མངོན་སུམ་དུ་རྟོགས་པའི་དག་སའི་ཡེ་ཤེས།

112 有寂平等加行

「生滅與真如，所知及能知……」等，八地菩薩為有法，乃從無上圓滿菩提不退轉，因是於了解甚深八相所引之後得具殊勝身語名言之菩薩故。

有云：「彼理應是住後得智之菩薩，因彼是得後得智之菩薩故。承許因。」不周遍。「若許，彼理應是修道菩薩後得〔位〕者，因許故。」那麼，彼八地菩薩理應是住八地根本定之菩薩，因彼乃獲彼之菩薩故。承許周遍。若許，彼理應是菩薩修道根本定者，因許故。

「諸法同夢故，不分別有靜……」等有二，初者，八地根本智為有法，乃有寂平等加行，因是由現前通達有寂諦實空之門，於後得〔位〕時亦滅盡生起實執現行之機會之淨地本智，且主要是留下智慧法身手跡故。

有寂為有法，無諦實，因是緣起故。例如：夢。

「業果為有法，理應不存在，因無諦實故。」之說實事師之破斥，於中觀師無法成為正能違害，因彼辯難之回答，如經所說能斷除故。

於第二，有云：「現前通達有寂諦實空之淨地本智，乃有寂平

སྲིད་ཞི་མཉམ་ཉིད་ཀྱི་སྦྱོར་བའི་མཚན་ཉིད་ཟེར་བ། མི་འཐད་དེ། སྲིད་ཞི་བདེན་སྟོང་དུ་དོན་སྤྱིའི་ཚུལ་གྱིས་རྟོགས་པའི་ས་བརྒྱད་པའི་ཡེ་ཤེས་དེ། སྲིད་ཞི་མཉམ་ཉིད་ཀྱི་སྦྱོར་བ་ཡིན་པའི་ཕྱིར། མ་གྲུབ་ན། དེ་ཆོས་ཅན། དེར་ཐལ། གཙོ་བོར་ཡེ་ཤེས་ཆོས་སྐུའི་ལག་རྗེས་འཛོག་བྱེད་ཀྱི་རིགས་སུ་གནས་པའི་དག་སའི་ཡེ་ཤེས་ཡིན་པའི་ཕྱིར། དེར་ཐལ། ཤེས་རབ་ཀྱི་རྟོགས་རིགས་སུ་གནས་པའི་དག་སའི་ཡེ་ཤེས་ཡིན་པའི་ཕྱིར།

ཁ་ཅིག སྲིད་ཞི་བདེན་སྟོང་དུ་རྟོགས་པའི་དག་སའི་ཡེ་ཤེས། དེའི་མཚན་ཉིད་ཟེར་བ། མི་འཐད་དེ། གང་ཟག་གི་བདག་མེད་མངོན་སུམ་དུ་རྟོགས་པའི་ས་བརྒྱད་པའི་ཡེ་ཤེས། སྲིད་ཞི་མཉམ་ཉིད་ཀྱི་སྦྱོར་བ་ཡིན་པའི་ཕྱིར། སྒྲུབ་བྱེད་སྔར་བཞིན།

ཁ་ཅིག དག་སའི་ཡེ་ཤེས་ཡིན་ན། སྲིད་ཞི་མཉམ་ཉིད་ཀྱི་སྦྱོར་བ་ཡིན་པས་ཁྱབ་ཟེར་བ། མི་འཐད་དེ། བྱང་སེམས་ས་བརྒྱད་པ་བའི་རྒྱུད་ཀྱི་ཀུན་རྫོབ་སེམས་བསྐྱེད་ལྟ་བུ། སྲིད་ཞི་མཉམ་ཉིད་ཀྱི་སྦྱོར་བ་མ་ཡིན་པའི་ཕྱིར། མ་གྲུབ་ན། དེ་ཆོས་ཅན། གཙོ་བོར་ཡེ་ཤེས་ཆོས་སྐུའི་ལག་རྗེས་འཛོག་བྱེད་ཀྱི་རིགས་སུ་གནས་པར་ཐལ། མ་གྲུབ་པ་དེའི་ཕྱིར། ཁྱབ་སྟེ། སྲིད་ཞི་མཉམ་ཉིད་ཀྱི་སྦྱོར་བ་དེ། གཙོ་བོར་ཡེ་ཤེས་ཆོས་སྐུའི་ལག་རྗེས་འཛོག་བྱེད་ཀྱི་རིགས་སུ་གནས་པ་ཡིན་པའི་ཕྱིར། དེར་ཐལ། སྲིད་ཞི་བདེན་སྟོང་དུ་མཉམ་པ་ཉིད་དུ་རྟོགས་པའི་དག་སའི་ཡེ་ཤེས་དེ་ཡིན་པའི་ཕྱིར།

རང་ལུགས་ནི། རྗེས་ཐོབ་ཀྱི་གནས་སྐབས་སུ་ཡང་བདག་འཛིན་མངོན་གྱུར་དུ་སྐྱེ་བའི་གོ་སྐབས་ཟད་པར་བཅོམ་པའི་དག་སའི་ཡེ་ཤེས་གང་ཞིག གཙོ་བོར་ཡེ་ཤེས་ཆོས་སྐུའི་ལག་རྗེས་འཛོག་བྱེད་ཀྱི་རིགས་སུ་གནས་པ། སྲིད་ཞི་མཉམ་ཉིད་ཀྱི་སྦྱོར་བའི་མཚན་ཉིད།

等加行之性相。」不應理，因以義總方式通達有寂諦實空之八地本智，是有寂平等加行故。若不成，彼為有法，理應如是，因是主要留下智慧法身手跡住類之淨地本智故。理應如是，因是住智慧證類之淨地本智故。

有云：「通達有寂諦實空之淨地本智，乃彼之性相。」不應理，因現前通達補特伽羅無我之八地本智，是有寂平等加行故。能立如前。

有云：「若是淨地本智，周遍是有寂平等加行。」不應理，因如八地菩薩相續之世俗發心，不是有寂平等加行故。若不成，彼為有法，理應是主要留下智慧法身手跡之住類，因前之不成故。周遍，因有寂平等加行是主要留下智慧法身手跡之住類故。理應如是，因通達有寂諦實空平等之淨地本智是彼故。

自宗：「是於後得時亦滅盡生起我執現行機會之淨地本智，且主要留下智慧法身手跡之住類」，乃有寂平等加行之性相。

ཞིང་དག་སྦྱོར་བ།

སེམས་ཅན་འཇིག་རྟེན་དེ་བཞིན་དུ། །སྣོད་ཀྱི་འཇིག་རྟེན་མ་དག་པ། །ཞེས་སོགས་ལ་གཉིས་ལས། དང་པོ་ནི། ཞིང་དག་སྦྱོར་བ་ལ་གཉིས་སུ་ཡོད་དེ། སྣོད་ཀྱི་ཞིང་དག་སྦྱོར་བ་དང་། །བཅུད་ཀྱི་ཞིང་དག་སྦྱོར་བ་གཉིས་ཡོད་པའི་ཕྱིར།

གཉིས་པ་ལ་ཁ་ཅིག རང་གང་དུ་སངས་རྒྱ་འགྱུར་གྱི་ཞིང་ཁྱད་པར་ཅན་འགྲུབ་པའི་དགེ་རྩ་ནུས་པ་མཐུ་ཅན་དུ་སོང་བའི་དག་སའི་ཡེ་ཤེས། ཞིང་དག་སྦྱོར་བའི་མཚན་ཉིད་ཟེར་བ། མི་འཐད་དེ། ས་བརྒྱད་པའི་མཉམ་གཞག་ཡེ་ཤེས་མཚན་ཉིད་དེ་ཡིན་པ་གང་ཞིག མཚོན་བྱ་དེ་མ་ཡིན་པའི་ཕྱིར། དང་པོ་དེར་ཐལ། དག་སའི་ཡེ་ཤེས་ཡིན་པའི་ཕྱིར། ཕྱི་མ་མ་གྲུབ་ན། དེ་ཆོས་ཅན། གཙོ་བོར་ལོངས་སྐུའི་ལག་རྗེས་འཇོག་བྱེད་ཀྱི་རིགས་སུ་གནས་པར་ཐལ། མ་གྲུབ་པ་དེའི་ཕྱིར། ཁྱབ་སྟེ། ཞིང་དག་སྦྱོར་བ་དེ་ཀ་གཙོ་བོར་ལོངས་སྐུའི་ལག་རྗེས་འཇོག་བྱེད་ཀྱི་རིགས་སུ་གནས་པའི་ཕྱིར། དེར་ཐལ། རྣམ་བཤད་ལས། ལོངས་སྐུའི་རྒྱུ་ཞིང་དག་པའི་སྦྱོར་བ་ཞེས་གསུངས་པ་ལ་དགོས་པ་ཡོད་པའི་ཕྱིར།

གཞན་ཡང་མདོ་སྡེ་ས་བཅུ་པ་ལས། སངས་རྒྱས་ཀྱི་ཞིང་ཁྱད་པར་ཅན་གྱི་རྒྱུར་བསོད་ནམས་ཀྱི་ཚོགས་བསོག་པའི་ཕྱིར་དུ་ས་བརྒྱད་པའི་མཉམ་གཞག་ལ་གནས་པ་ལས་སློང་བར་གསུངས་པ་མི་འཐད་པར་ཐལ། ས་བརྒྱད་པའི་བར་ཆད་མེད་ལམ་ལ་གནས་པའི་སེམས་དཔའི་རྒྱུད་ལ་ཞིང་དག་སྦྱོར་བ་ཡོད་པའི་ཕྱིར། མ་གྲུབ་ན་སོང་། དེར་ཐལ། མཚན་ཉིད་དེ་འཐད་པའི་ཕྱིར།

ཡང་ཁ་ཅིག རང་གི་འབྲས་བུར་གྱུར་པའི་ལོངས་སྐུའི་ལག་རྗེས་འཇོག་བྱེད་དུ་གྱུར་པའི་ཡེ་ཤེས། དེའི་མཚན་ཉིད་ཟེར་བའང་། མི་འཐད་དེ། སྐྱོན་སྔ་མ་དང་བཅས་པའི་ཕྱིར།

རང་ལུགས། རང་གང་དུ་སངས་རྒྱ་འགྱུར་གྱི་ཞིང་ཁྱད་པར་ཅན་འགྲུབ་པའི་དགེ་རྩ་ནུས་པ་མཐུ་ཅན་དུ་སོང་བའི་དག་སའི་ཡེ་ཤེས་གང་ཞིག གཙོ་བོར་ལོངས་སྐུའི་ལག་རྗེས་འཇོག་བྱེད་ཀྱི་རིགས་སུ་གནས་པ་དེ། ཞིང་དག་སྦྱོར་བའི་མཚན་ཉིད་ཡིན་ནོ། །

113 嚴淨佛土加行

「如有情世間，器世未清淨……」等有二。初者，嚴淨佛土加行有二，因有器之嚴淨佛土加行與情之嚴淨佛土加行故。

第二，有云：「成為成辦自己將於何處成佛之殊勝剎土之善根具勢力之能力的淨地本智，乃嚴淨佛土加行之性相。」不應理，因八地根本智是彼性相，且非彼名相故。初者理應如是，因是淨地本智故。若後者不成，彼為有法，理應是主要留下報身手跡住類，因前之不成故。周遍，因嚴淨佛土加行，正是主要留下報身手跡住類故。理應如是，因《心要莊嚴疏》云：「報身因——清淨佛土加行。」有旨趣故。

又《十地經》所開示「是為了殊勝佛土之因而積聚福德資糧，令其從安住於八地根本智中起」亦不應理，因住八地無間道之菩薩相續中有嚴淨佛土加行故。若不成則成相違。理應如是，因彼性相應理故。

又雖有云：「留下屬自果之報身手跡之本智，乃彼之性相。」亦不應理，因具前者過失故。

自宗：「是成為成辦自己將於何處成佛之殊勝剎土之善根具勢力之能力的淨地本智，且是主要留下報身手跡之住類」，是嚴淨佛土加行之性相。

ཐབས་མཁས་སྦྱོར་བ།

ཡུལ་དང་སྦྱོར་བ་ཅན་འདི་ནི། །ཞེས་སོགས་ཀྱི་སྐབས་སུ་གཉིས་ལས། དང་པོ་ནི། ཐབས་མཁས་སྦྱོར་བ་ལ་བཅུ་ཡོད་དེ། བདུད་བཞི་ལས་འདས་པའི་ཐབས་མཁས་སྦྱོར་བ་ནས། ཚད་མེད་པའི་ཐབས་མཁས་སྦྱོར་བའི་བར་ཡོད་པའི་ཕྱིར།

གཉིས་པ་ལ། ཁ་ཅིག འཕགས་ཆོལ་རྒྱས་པ་ཞི་བའི་སྔོ་ནས་འཕྲིན་ལས་ལྷུན་གྲུབ་ཀྱིས་གྲུབ་པའི་རྣལ་འབྱོར། ཐབས་མཁས་སྦྱོར་བའི་མཚན་ཉིད་ཟེར་བ་མི་འཐད་དེ། ས་བརྒྱད་པའི་མཉམ་གཞག་ཡེ་ཤེས་མཚན་ཉིད་དེ་གང་ཞིག མཚོན་བྱ་དེ་མ་ཡིན་པའི་ཕྱིར། དང་པོ་དེར་ཐལ། དག་སའི་ཡེ་ཤེས་ཡིན་པའི་ཕྱིར། ཕྱི་མ་མ་གྲུབ་ན། དེ་ཆོས་ཅན། གཙོ་བོར་སྤྲུལ་སྐུའི་ལག་རྗེས་འཇོག་བྱེད་ཀྱི་རིགས་སུ་གནས་པར་ཐལ། མ་གྲུབ་པ་དེའི་ཕྱིར། ཁྱབ་སྟེ། ཐབས་མཁས་སྦྱོར་བ་དེ་ཀ་གཙོ་བོར་སྤྲུལ་སྐུའི་ལག་རྗེས་འཇོག་བྱེད་ཀྱི་རིགས་སུ་གནས་པའི་ཕྱིར། དེར་ཐལ། རྣམ་བཤད་ལས། སྤྲུལ་སྐུའི་རྒྱུ་ཐབས་མཁས་སྦྱོར་བ་ཞེས་གསུངས་པ་ལ་དགོས་པ་ཡོད་པའི་ཕྱིར།

རང་ལུགས། འཕགས་ཆོལ་རྒྱས་པ་ཞི་བའི་སྔོ་ནས་འཕྲིན་ལས་ལྷུན་གྱིས་གྲུབ་པར་འཇོག་པའི་དག་སའི་ཡེ་ཤེས་གང་ཞིག གཙོ་བོར་སྤྲུལ་སྐུའི་ལག་རྗེས་འཇོག་བྱེད་ཀྱི་རིགས་སུ་གནས་པ་དེ། ཐབས་མཁས་སྦྱོར་བའི་མཚན་ཉིད་ཡིན།

ཁོ་ན་རེ། ཞིང་དག་སྦྱོར་བ་དང་ཐབས་མཁས་སྦྱོར་བ་འགལ་བར་ཐལ། དེ་གཉིས་གང་རུང་དང་སྲིད་ཞི་མཉམ་ཉིད་ཀྱི་སྦྱོར་བ་འགལ་བའི་ཕྱིར་ཟེར་ན། མ་ཁྱབ་སྟེ། གཙོ་བོར་སྤྲུལ་སྐུའི་ལག་རྗེས་འཇོག་བྱེད་ཀྱི་རིགས་སུ་གནས་པའི་དག་སའི་ཡེ་ཤེས་དང་། གཙོ་བོར་ལོངས་སྐུའི་ལག་རྗེས་འཇོག་བྱེད་ཀྱི་རིགས་སུ་གནས་པའི་དག་སའི་ཡེ་ཤེས་མི་འགལ་བའི་ཕྱིར། དེར་ཐལ། གཙོ་བོར་ལོངས་སྐུའི་ལག་རྗེས་འཇོག་བྱེད་ཀྱི་རིགས་སུ་གནས་པའི་དག་སའི་ཡེ་ཤེས་ཡིན་ན། གཙོ་བོར་ལོངས་སྐུས་སྤྲུལ་པའི་སྤྲུལ་སྐུའི་ལག་རྗེས་འཇོག་བྱེད་ཡིན་དགོས། གཙོ་བོར་ལོངས་སྐུས་སྤྲུལ་པའི་སྤྲུལ་

114 善巧方便加行

「境及此加行……」等之時有二。初者，善巧方便加行有十，因從超越四魔之善巧方便加行乃至無量之善巧方便加行之間皆有故。

第二，有云：「以息滅粗分勤勉之門任運成辦事業之瑜伽，乃善巧方便加行之性相。」不應理，因八地根本智是彼性相，且非彼名相故。初者理應如是，因是淨地本智故。若後者不成，彼為有法，理應是主要留下化身手跡住類，因前之不成故。周遍，因善巧方便加行即是主要留下化身手跡住類故。理應如是，因《心要莊嚴疏》云：「化身因——善巧方便加行。」有旨趣故。

自宗：「是以息滅粗分勤勉之門安立任運成辦事業之淨地本智，且是主要留下化身手跡住類」，是善巧方便加行之性相。

有云：「嚴淨佛土加行與善巧方便加行理應相違，因彼二者隨一與有寂平等加行相違故。」不周遍，因主要留下化身手跡住類的淨地本智，與主要留下報身手跡住類的淨地本智不相違故。理應如是，因若是主要留下報身手跡住類的淨地本智，須是主要留下報身所化現之化身手跡；若是主要留下報身所化現之化身手跡之淨地本智，周遍是主要留下報身手跡故。後者理應如是，因若是主要能生

སྐུའི་ལག་རྗེས་འཛོག་བྱེད་ཀྱི་དག་སའི་ཡེ་ཤེས་ཡིན་ན། གཙོ་བོར་ལོངས་སྐུའི་ལག་རྗེས་འཛོག་བྱེད་ཡིན་པས་ཁྱབ་པའི་ཕྱིར། ཕྱི་མ་དེར་ཐལ། གཙོ་བོར་རང་འབྲས་ས་བཅུ་པ་སྐྱེད་བྱེད་ཀྱི་ས་བརྒྱད་པའི་ཡེ་ཤེས་ཡིན་ན། གཙོ་བོར་རང་འབྲས་ས་དགུ་པ་སྐྱེད་བྱེད་ཡིན་དགོས་པའི་ཕྱིར།

ཁ་ཅིག དག་སའི་ཡེ་ཤེས་ཡིན་ན། སྦྱོར་བ་གསུམ་ཀ་ཡིན་དགོས་པར་འདོད་བཞིན་དུ། ལོངས་སྐུའི་ལག་རྗེས་འཛོག་བྱེད་ཀྱི་རིགས་སུ་གནས་པའི་དག་སའི་ཡེ་ཤེས་ཞིང་དག་སྦྱོར་བའི་མཚན་ཉིད་དུ་སྨྲ་བ་ནི། ནང་འགལ་བས་ངོར་བར་བྱོས་ཤིག

◆現觀辨析（下）

自果十地之八地本智，須是主要能生自果九地故。

有人一邊承許「若是淨地本智，須是三加行。」又說「留下報身手跡之住類的淨地本智是嚴淨佛土加行之性相。」〔二者〕相互矛盾，故當捨之。

བདུད་བཞི་བཅོམ་ཚུལ།

བར་ཆད་ཀྱི་ཆོས་ལས་ཡང་དག་པར་རྒྱལ་བས། ལྷ་ལ་སོགས་པའི་བདུད་ལས་འདས་པ་དང་། ། ཞེས་སོགས་ཀྱི་སྐབས་སུ། སྤྱིར་བ་དང་། མཐའ་དཔྱད་པའོ། །

དང་པོ་ནི། བསོད་ནམས་ཀྱི་ཚོགས་ཀྱིས་བསྡུས་པའི་ས་བཅུའི་ཡེ་ཤེས་ཆོས་ཅན། ཐབས་མཁས་སྦྱོར་བ་ཡིན་ཏེ། བདུད་བཞི་མངོན་གྱུར་བ་དང་བྲལ་བའི་དག་སའི་ཡེ་ཤེས་གང་ཞིག གཙོ་བོར་གཟུགས་སྐུའི་ལག་རྗེས་འཛོག་བྱེད་ཀྱི་རིགས་སུ་གནས་པའི་ཕྱིར། དང་པོ་གྲུབ་སྟེ། བདུད་ཀྱི་བར་ཆད་བྱ་བར་ནུས་པ་སོགས་བར་ཆད་ཀྱི་ཆོས་ལས་རྣལ་འབྱོར་གྱི་སྟོབས་ཀྱིས་ཡང་དག་པར་རྒྱལ་བའི་དག་སའི་ཡེ་ཤེས་ཡིན་པའི་ཕྱིར།

གཉིས་པ་ལ་ཁ་ཅིག རང་རྒྱུ་ལས་ཉོན་གྱི་སྟོབས་ཀྱིས་བྱུང་བའི་ཟག་བཅས་ཀྱི་ཕུང་པོ་གང་ཞིག གཙོ་བོར་དམན་པའི་ལྷག་མེད་མྱང་འདས་ཐོབ་པ་ལ་བར་དུ་གཅོད་བྱེད་ཀྱི་སྒྲིབ་པའི་རིགས་སུ་གནས་པ་དེ། ཕུང་པོའི་བདུད་ཀྱི་མཚན་ཉིད། སེམས་རྒྱུད་རབ་ཏུ་མ་ཞི་བར་བྱེད་པའི་སེམས་བྱུང་གང་ཞིག གཙོ་བོར་དམན་པའི་ལྷག་བཅས་མྱང་འདས་ཐོབ་པ་ལ་བར་དུ་གཅོད་བྱེད་ཀྱི་སྒྲིབ་པའི་རིགས་སུ་གནས་པ་དེ། ཉོན་མོངས་པའི་བདུད་ཀྱི་མཚན་ཉིད། སྲོག་གི་དབང་པོ་རང་དབང་མེད་པར་འགག་པའི་ཆ་གང་ཞིག གཙོ་བོར་གཉིས་ཀའི་ཆ་ལས་རྣམ་པར་གྲོལ་བའི་དགྲ་བཅོམ་ཐོབ་པ་ལ་བར་དུ་གཅོད་བྱེད་ཀྱི་སྒྲིབ་པའི་རིགས་སུ་གནས་པ་དེ། འཆི་བདག་བདུད་ཀྱི་མཚན་ཉིད། བདུད་བཞིའི་ནང་ཚན་གང་ཞིག བདུད་གཞན་གསུམ་ལས་འདའ་བ་ལ་བར་དུ་གཅོད་བྱེད་ཀྱི་འདོད་ལྷར་གཏོགས་པ། ལྷའི་བུའི་བདུད་ཀྱི་མཚན་ཉིད་ཟེར།

མཚན་ཉིད་དང་པོ་མི་འཐད་པར་ཐལ། མ་རིག་བག་ཆགས་ཀྱི་ས་དང་། ཟག་པ་མེད་པའི་ལས་ལ་བརྟེན་ནས་བྱུང་བའི་ཡིད་ལུས་དེ། ཕུང་པོའི་བདུད་ཡིན་པ་གང་ཞིག རང་རྒྱུ་ལས་ཉོན་གྱི་དབང་གིས་བྱུང་བའི་ཟག་བཅས་ཀྱི་ཕུང་པོ་མ་ཡིན་པའི་ཕྱིར། དང་པོ་དེར་ཐལ། དེ་ཕུང་པོའི་བདུད་ཕྲ་མོ་ཡིན་པའི་ཕྱིར། དེར་ཐལ། ཕུང་པོའི་བདུད་ཕྲ་མོ་ཡོད་པའི་ཕྱིར། དེར་ཐལ། ཕུང་པོའི་བདུད་

115 摧滅四魔之理

「從障礙之法如實超越，故超越天等魔……」等之時，論式與辨析。

初者，福德資糧所攝之十地本智為有法，乃善巧方便加行，因是遠離四魔現行之淨地本智，且主要留下色身手跡住類故。初者成立，因是以瑜伽力從魔障能力等障礙法如實超越之淨地本智故。

第二，有云：「是自因業煩惱之力所生的有漏蘊，且是主要障礙得小乘無餘涅槃之障礙住類，乃蘊魔之性相。是令心續極不寂靜之心所，且主要能障礙得小乘有餘涅槃之障礙住類，乃煩惱魔之性相。是命根不自主停止之分，且是主要能障礙得俱解脫之阿羅漢之障礙住類，乃死魔之性相。是四魔其中〔之一〕，且屬於能障礙超越餘三魔之欲天，乃天魔之性相。」

第一性相理應不應理，因依無明習氣地及無漏業所生之意生身，是蘊魔，且非由自因業煩惱之力所生之有漏蘊故。初者理應如是，因彼是細分蘊魔故。理應如是，因有細分蘊魔故。理應如是，因有粗分蘊魔，且若是蘊魔不周遍是粗分蘊魔故。後者理應如是，

རགས་པ་ཡོད་པ་གང་ཞིག ཕུང་པོའི་བདུད་ཡིན་ན་ཕུང་པོའི་བདུད་རགས་པ་ཡིན་པས་མ་ཁྱབ་པའི་ཕྱིར། ཕྱི་མ་དེར་ཐལ། ཕུང་པོའི་བདུད་རགས་པ་ལས་འདས་ན་ཕུང་པོའི་བདུད་ལས་འདས་པས་མ་ཁྱབ་པའི་ཕྱིར། དེར་ཐལ། ས་བརྒྱད་པ་ཐོབ་ནས་ཕུང་པོའི་བདུད་རགས་པ་ལས་འདས་པ་གང་ཞིག ཕུང་པོའི་བདུད་ལས་མ་འདས་པའི་ཕྱིར།

དང་པོ་དེར་ཐལ། དེ་ཐོབ་ནས་ལྷའི་བུའི་བདུད་མ་གཏོགས་པར་བདུད་གཞན་གསུམ་རགས་པ་ལས་འདས་པའི་མ་མཐའི་ས་མཚམས་འཛོག་པའི་ཕྱིར་ཏེ། རྣམ་བཤད་ལས། ས་བརྒྱད་པ་ཐོབ་ནས་བདུད་གཞན་གསུམ་རགས་པ་ལས་འདའ་ལ་ཞེས་གསུངས་པའི་ཕྱིར། རྟགས་ཕྱི་མ་མ་གྲུབ་ན། དེ་ཐོབ་ནས་བདུད་བཞི་ཀ་ལས་འདའ་བར་ཐལ། མ་གྲུབ་པ་གང་ཞིག རྒྱུ་མཚན་མཚུངས་པའི་ཕྱིར། འདོད་ན། བྱང་སེམས་ས་བཅུ་པ་བ་དེ་བདུད་བཞི་མ་ལུས་པར་བཅོམ་པའི་གང་ཟག་ཡིན་པར་ཐལ། འདོད་པའི་ཕྱིར། འདོད་ན། དེ་ཆོས་སྐུའི་ཡོན་ཏན་ཐོབ་པའི་གང་ཟག་ཏུ་ཐལ། འདོད་པའི་ཕྱིར། ཁྱབ་སྟེ། རྒྱུད་བླ་མར། འཆི་མེད་ཞི་བའི་གནས་ཐོབ་ལ། །འཆི་བདུད་རྒྱུ་བ་མེད་པའི་ཕྱིར། །ཞེས་གསུངས་པའི་ཕྱིར། རྩ་རྟགས་ཕྱི་མ་དེར་ཐལ། ཆོས་ཅན་དེའི་ཕྱིར།

ཡང་མཚན་ཉིད་གཉིས་པ་མི་འཐད་པར་ཐལ། ཉོན་མོངས་པའི་ས་བོན་དེ་ཉོན་མོངས་པའི་བདུད་གང་ཞིག སེམས་རྒྱུད་རབ་ཏུ་མ་ཞི་བར་བྱེད་པའི་སེམས་བྱུང་མ་ཡིན་པའི་ཕྱིར། དང་པོ་དེར་ཐལ། ཉོན་མོངས་པའི་བདུད་རགས་པ་ཡིན་པའི་ཕྱིར། གཉིས་པ་དེར་ཐལ། ཤེས་པ་མ་ཡིན་པའི་ཕྱིར། དེར་ཐལ། དེ་བློ་མངོན་གྱུར་བ་མ་ཡིན་པའི་ཕྱིར། གཞན་ཡང་། མཚན་ཉིད་གཉིས་པ་མི་འཐད་པར་ཐལ། མ་རིག་བག་ཆགས་ཀྱི་ས་དེ་ཉོན་མོངས་པའི་བདུད་གང་ཞིག སེམས་རྒྱུད་རབ་ཏུ་མ་ཞི་བར་བྱེད་པའི་སེམས་བྱུང་མ་ཡིན་པའི་ཕྱིར། དང་པོ་དེར་ཐལ། དེ་ཉོན་མོངས་པའི་བདུད་ཕྲ་མོ་ཡིན་པའི་ཕྱིར་ཏེ། ཉོན་མོངས་པའི་བདུད་ཕྲ་མོ་ཞིག་ཡོད་པའི་ཕྱིར། ཉོན་མོངས་པའི་བདུད་རགས་པའི་ཐ་སྙད་གསུངས་པ་གང་ཞིག དེ་ཡོད་ན་དེའི་འགལ་ཟླ་ཉོན་མོངས་པའི་བདུད་ཕྲ་མོ་ཡོད་དགོས་པའི་ཕྱིར། དང་པོ་དེར་ཐལ། ས་བརྒྱད་པ་ཐོབ་ནས་ཉོན་མོངས་པའི་བདུད་རགས་པ་ལས་འདས་པར་གསུངས་པའི་ཕྱིར།

因若超越粗分蘊魔，不周遍超越蘊魔故。理應如是，因得八地後，超越粗分蘊魔，且未超越蘊魔故。

初者理應如是，因從得彼後，除天魔之外，安立為超越餘粗分三〔魔〕之最低界限故，因《心要莊嚴疏》云：「證第八地後超越其餘粗分三魔。」故。若後因不成，從得彼後，理應從四魔超越，因不成，且理由相同故。若許，十地菩薩理應是完全摧滅四魔之補特伽羅，因許故。若許，彼理應是得法身功德之補特伽羅，因許故。周遍，因《大乘寶性論》云：「無死寂靜處，無與於死魔。[40]」故。後根本因理應如是，因是彼有法故。

又第二性相理應不應理，因煩惱種子為煩惱魔，且不是令心續極不寂靜之心所故。初者理應如是，因是粗分煩惱魔故。第二理應如是，因不是知覺故。理應如是，因彼不是覺知現行故。又，第二性相理應不應裡，因無明習氣地是煩惱魔，且不是令心相續極不寂靜之心所故。初者理應如是，因彼是細分煩惱魔故，因有一細分煩惱魔故。因提到粗分煩惱魔之名言，且若有彼，須有彼之相違伴細分煩惱魔故。初者理應如是，因開示得八地後，超越粗分煩惱魔故。

གཞན་ཡང་། ཉོན་མོངས་པའི་བདུད་དང་ཕུང་པོའི་བདུད་འགལ་བར་ཐལ། བདུད་གཉིས་ཀྱི་མཚན་ཉིད་འཐད་པ་གང་ཞིག གཙོ་བོར་དམན་པའི་ལྷག་བཅས་མྱང་འདས་ཐོབ་པ་ལ་བར་དུ་གཅོད་བྱེད་ཀྱི་སྒྲིབ་པའི་རིགས་སུ་གནས་པ་དང་། གཙོ་བོར་དམན་པའི་ལྷག་མེད་མྱང་འདས་ཐོབ་པ་ལ་བར་དུ་གཅོད་བྱེད་ཀྱི་སྒྲིབ་པའི་རིགས་སུ་གནས་པ་གཉིས་འགལ་བའི་ཕྱིར། ཕྱི་མ་མ་གྲུབ་ན། ཉོན་སྒྲིབ་དེ་དེ་གཉིས་ཀྱི་གཞི་མཐུན་དུ་ཐལ། མ་གྲུབ་པ་གང་ཞིག ཟག་བཅས་ཉེར་ལེན་གྱི་ཕུང་པོ་དེ་དེ་མ་ཡིན་པའི་ཕྱིར། འདོད་མི་རིགས་ཏེ། དེ་གཙོ་བོར་དམན་པའི་ལྷག་མེད་མྱང་འདས་ཐོབ་པ་ལ་བར་དུ་གཅོད་བྱེད་ཀྱི་སྒྲིབ་པའི་རིགས་གནས་མ་ཡིན་པའི་ཕྱིར། དེར་ཐལ། དེ་གཙོ་བོར་དེ་ལ་བར་དུ་གཅོད་བྱེད་ཀྱི་སྒྲིབ་པ་མ་ཡིན་པའི་ཕྱིར། མ་གྲུབ་ན། ཉོན་སྒྲིབ་སྤངས་པའི་དམན་པའི་གང་ཟག་ཡིན་ན་དམན་པའི་ལྷག་མེད་མྱང་འདས་ཐོབ་པས་ཁྱབ་པར་ཐལ། མ་གྲུབ་པ་དེའི་ཕྱིར། འདོད་ན་སླ།

རྩ་བར་འདོད་མི་ནུས་ཏེ། སོ་སྐྱེའི་རྒྱུད་ཀྱི་ཉོན་མོངས་རྣམས་ཕུང་པོའི་བདུད་ཡིན་པའི་ཕྱིར། དེར་ཐལ། དེ་ཉེར་ལེན་གྱི་ཕུང་པོ་ཡིན་པའི་ཕྱིར། ཁྱབ་སྟེ། ཉན་ས་ལས། དེ་ལ་ཕུང་པོའི་བདུད་ནི་ཉེ་བར་ལེན་པའི་ཕུང་པོ་ལྔའོ། །ཞེས་གསུངས་པའི་ཕྱིར། རྟགས་དེར་ཐལ། ཆོས་ཅན་དེའི་ཕྱིར། ཡང་མཚན་ཉིད་གསུམ་པ་མི་འཐད་པར་ཐལ། བསམ་གྱིས་མི་ཁྱབ་པའི་འཆི་འཕོ་དེ། འཆི་བདག་གི་བདུད་གང་ཞིག སྲོག་གི་དབང་པོ་རང་དབང་མེད་པར་འགག་པའི་ཆ་མ་ཡིན་པའི་ཕྱིར། དང་པོ་དེར་ཐལ། དེ་འཆི་བདག་གི་བདུད་ཕྲ་མོ་ཡིན་པའི་ཕྱིར། དེར་ཐལ། འཆི་བདག་གི་བདུད་ཕྲ་མོ་ཞིག་ཡོད་པའི་ཕྱིར། སྒྲུབ་བྱེད་སྔར་བཞིན། རྟགས་ཕྱི་མ་དེར་ཐལ། ས་བརྒྱད་པ་བ་ལ་བསམ་གྱིས་མི་ཁྱབ་པའི་འཆི་འཕོ་ཡོད་པ་གང་ཞིག དེ་ལ་སྲོག་གི་དབང་པོ་རང་དབང་མེད་པར་འགག་པའི་ཆ་མེད་པའི་ཕྱིར། རྟགས་ཕྱི་མ་དེར་ཐལ། ལས་ཉོན་གྱི་དབང་གིས་སྲོག་དབང་འགག་པའི་ས་བརྒྱད་པ་བ་མེད་པའི་ཕྱིར།

གཞན་ཡང་། མཚན་ཉིད་གསུམ་པ་མི་འཐད་པར་ཐལ། བསམ་གྱིས་མི་ཁྱབ་པའི་འཆི་འཕོ་དེ་གཉིས་ཀའི་ཆ་ལས་རྣམ་པར་གྲོལ་བའི་དགྲ་བཅོམ་ཐོབ་པ་ལ་བར་དུ་གཅོད་བྱེད་ཀྱི་སྒྲིབ་པའི་རིགས་སུ་གནས་པ་མ་ཡིན་པའི་ཕྱིར། དེར་ཐལ། དེ་གཙོ་བོར་ཆོས་སྐུ་ཐོབ་པ་ལ་བར་དུ་གཅོད་བྱེད་ཀྱི་སྒྲིབ་པའི་

又，煩惱魔與蘊魔理應相違，因二魔之性相合理，且主要能障礙得小乘有餘涅槃之障礙住類與主要能障礙得小乘無餘涅槃之障礙住類二者相違故。若後者不成，煩惱障理應是此二者之同位，因不成，且有漏近取蘊不是彼故。不能許，因彼不是主要能障礙得小乘無餘涅槃之障礙住類故。理應如是，因彼不是主要能障礙彼之障故。若不成，若是斷煩惱障之小乘補特伽羅，理應周遍得小乘無餘涅槃，因前之不成故，若許則易。

不能許根本，因異生相續之煩惱是蘊魔故。理應如是，因彼是近取蘊故。周遍，因〈聲聞地〉云：「蘊魔者，謂五取蘊。[41]」故。彼因理應如是，因是彼有法故。又第三性相理應不應理，因不思議死歿是死魔，且不是命根不自主停止之分故。初者理應如是，因彼是細分死魔故。理應如是，因有一細分死魔故。能立如前。後因理應如是，因於八地者有不可思議死歿，且於彼沒有命根不自主停止之分故。後因理應如是，因沒有以業煩惱之力而命根停止之八地故。

又，第三性相理應不應理，因彼不可思議死歿非能障礙得俱解脫之阿羅漢之障礙住類故。理應如是，因彼〔是〕主要能障礙得法身之障礙住類故。理應如是，因講說摧滅彼為法身功德故。

རིགས་སུ་གནས་པའི་ཕྱིར། དེར་ཐལ། དེ་བཅོམ་པ་ཆོས་སྐུའི་ཡོན་ཏན་དུ་བཤད་པའི་ཕྱིར།

ཡང་མཚན་ཉིད་བཞི་པ་མི་འཐད་པར་ཐལ། བདུད་གཞན་གསུམ་ལས་འདའ་བ་ལ་བར་དུ་གཅོད་པའི་ཆ་དེ། ལྷའི་བུའི་བདུད་གང་ཞིག འདོད་ལྟར་གཏོགས་པ་མ་ཡིན་པའི་ཕྱིར། དང་པོ་དེར་ཐལ། དེ་ལྷའི་བུའི་བདུད་ཕྲ་མོ་ཡིན་པའི་ཕྱིར། དེར་ཐལ། དེ་ཡོད་པའི་ཕྱིར་ཏེ། བདུད་གཞན་གསུམ་ལ་ཕྲ་རགས་གཉིས་གཉིས་ཡོད་པ་རྣམ་བཤད་ལས་གསུངས་པ་གང་ཞིག དེས་ལྷའི་བུའི་བདུད་ལའང་དེ་ལྟར་ཡོད་པ་གོ་དགོས་པའི་ཕྱིར།

དེ་ལ་ཁོན་རེ། ལྷའི་བུའི་བདུད་ལ་ཕྲ་རགས་མི་འཐད་པར་ཐལ། དེ་འཐད་པར་རྣམ་བཤད་ལས་དངོས་སུ་མ་གསུངས་པའི་ཕྱིར་ན། མ་ཁྱབ་སྟེ། འཐད་པར་དངོས་སུ་མ་གསུངས་ཀྱང་མི་འཐད་པར་མ་བསྟན་པའི་ཕྱིར།

རང་ལུགས་ནི། བདུད་བཞིའི་ནང་ཚན་གང་ཞིག རང་རྒྱུ་ལས་ཉོན་གྱི་དབང་གིས་བྱུང་བའི་ཟག་བཅས་ཀྱི་ཕུང་པོ་དང་། མ་རིག་བག་ཆགས་ཀྱི་ས་དང་། ཟག་མེད་ཀྱི་ལས་ལ་བརྟེན་དགོས་པ་གང་རུང་དེ། ཕུང་པོའི་བདུད་ཀྱི་མཚན་ཉིད། དེ་ལ་དབྱེ་ན། ཕུང་པོའི་བདུད་རགས་པ་དང་ཕུང་པོའི་བདུད་ཕྲ་མོ་གཉིས། དང་པོ་ནི། ཉེར་ལེན་གྱི་ཕུང་པོ་ལྔ་ལྟ་བུ། གཉིས་པ་ནི། མ་རིག་བག་ཆགས་ཀྱི་ས་དང་། ཟག་པ་མེད་པའི་ལས་ལ་བརྟེན་ནས་བྱུང་བའི་ཡིད་ལུས་ལྟ་བུའོ། །བདུད་བཞིའི་ནང་ཚན་གང་ཞིག གཙོ་བོར་ཐར་པ་ཐོབ་པ་ལ་བར་དུ་གཅོད་བྱེད་ཀྱི་སྒྲིབ་པའི་རིགས་སུ་གནས་པ་དང་། གཙོ་བོར་ཐམས་ཅད་མཁྱེན་པ་ཐོབ་པ་ལ་བར་དུ་གཅོད་བྱེད་ཀྱི་སྒྲིབ་པའི་རིགས་སུ་གནས་པ་གང་རུང་དེ། ཉོན་མོངས་པའི་བདུད་ཀྱི་མཚན་ཉིད། དེ་ལ་དབྱེ་ན། ཉོན་མོངས་པའི་བདུད་རགས་པ་དང་། ཉོན་མོངས་པའི་བདུད་ཕྲ་མོ་གཉིས། དང་པོ་ནི། རྩ་ཉོན་དྲུག ཉེ་ཉོན་ཉི་ཤུ། དེ་དག་གི་ས་བོན་ལྟ་བུ། གཉིས་པ་ནི། མ་རིག་བག་ཆགས་ཀྱི་ས་དང་། བདེན་འཛིན་ལྟ་བུའོ། །

བདུད་བཞིའི་ནང་ཚན་གང་ཞིག སྲོག་གི་དབང་པོ་རང་དབང་མེད་པར་འགག་པའི་ཆའི་རིགས་སུ་གནས་པ་དེ། འཆི་བདག་གི་བདུད་ཀྱི་མཚན་ཉིད། དེ་ལ་དབྱེ་ན། འཆི་བདག་གི་བདུད་རགས་པ་

又第四性相理應不應理，因阻礙超越餘三魔之分是天魔，且不是屬於欲天故。初者理應如是，因彼是細分天魔故。理應如是，因有彼故。因《心要莊嚴疏》講說餘三魔各有粗細二者，且由彼須了解天魔亦如是有故。

於彼有云：「天魔〔有〕粗細分理應不應理，因《心要莊嚴疏》未直接開示彼合理故。」不周遍，因雖未直接開示為合理，然亦未開示為不合理故。

自宗：「是四魔其中〔之一〕，且是『由自因業煩惱力所生之有漏蘊』與『須依無明習氣地及無漏業』隨一」，乃蘊魔之性相。於彼分粗分蘊魔及細分蘊魔二者，初者，如五近取蘊，第二，如依無明習氣地及無漏業所生之意生身。「是四魔其中〔之一〕，且是主要能中斷得解脫之障礙住類及主要能中斷得一切相智之障礙住類隨一」，乃煩惱魔之性相。於彼分粗分煩惱魔及細分煩惱魔二者。初者，如六根本煩惱、二十隨煩惱、彼等之種子。第二，如無明習氣地及實執。

「是四魔其中〔之一〕，且是命根不自主停止之分之住類」，乃死魔之性相。於彼分粗分死魔與細分死魔二者。初者，如以業煩

དང་། འཆི་བདག་གི་བདུད་ཕྲ་མོ་གཉིས། དང་པོ་ནི། ལས་ཉོན་གྱི་དབང་གིས་སྲོག་དབང་རང་དབང་མེད་པར་འགག་པའི་ཆ་ལྟ་བུ། གཉིས་པ་ནི། བསམ་གྱིས་མི་ཁྱབ་པའི་འཆི་འཕོ་ལྟ་བུའོ། བདུད་བཞིའི་ནང་ཚན་གང་ཞིག བདུད་གཞན་གསུམ་ལས་འདའ་བ་ལ་བར་དུ་གཅོད་པའི་རིགས་སུ་གནས་པ། ལྷའི་བུའི་བདུད་ཀྱི་མཚན་ཉིད། དེ་ལ་དབྱེ་ན། ལྷའི་བུའི་བདུད་རགས་པ་དང་། ལྷའི་བུའི་བདུད་ཕྲ་མོ་གཉིས། དང་པོ་ནི། གཞན་འཕྲུལ་དབང་བྱེད་ཀྱི་བདག་པོ་དགའ་རབ་དབང་ཕྱུག་ལྟ་བུ། གཉིས་པ་ནི། བདུད་གཞན་གསུམ་ལས་འདའ་བ་ལ་བར་དུ་གཅོད་པའི་ཆ་ལྟ་བུ།

ཁ་ཅིག རྩ་ཉོན་དྲུག་དང་ཉེ་ཉོན་ཉི་ཤུ་ཉོན་མོངས་པའི་བདུད་རགས་པ་དང་། ཉོན་མོངས་པའི་ས་བོན་ཉོན་མོངས་པའི་བདུད་ཕྲ་མོ་ཞེས་ཟེར། འོ་ན། ཉོན་མོངས་ཀྱི་ས་བོན་ཆོས་ཅན། ཁྱོད་སྤྱངས་པའི་གང་ཟག་ཡིན་ན། ཉོན་མོངས་པའི་བདུད་ཕྲ་མོ་བཅོམ་པའི་གང་ཟག་ཡིན་དགོས་པར་ཐལ། ཁྱོད་དེ་ཡིན་པའི་ཕྱིར། རྟགས་ཁས། འདོད་ན། རྩ་ཉོན་དྲུག་དང་ཉེ་ཉོན་ཉི་ཤུ་ཆོས་ཅན། ཉོན་མོངས་པའི་བདུད་རགས་པ་སྤྱངས་པའི་གང་ཟག་ཡིན་ན་ཁྱོད་སྤྱངས་པའི་གང་ཟག་ཡིན་དགོས་པར་ཐལ། ཁྱོད་དེ་ཡིན་པའི་ཕྱིར། འདོད་ན་མ་སོང་། ཤེས་བྱ་ཆོས་ཅན། ཉོན་མོངས་པའི་བདུད་ལ་ཕྲ་རགས་གཉིས་སུ་ཕྱེ་བ་མི་འཐད་པར་ཐལ། ཉོན་མོངས་པའི་བདུད་རགས་པ་སྤྱངས་པའི་གང་ཟག་ཡིན་ན། ཉོན་མོངས་པའི་བདུད་ཕྲ་མོ་སྤྱངས་པའི་གང་ཟག་ཡིན་དགོས་པའི་ཕྱིར། མ་གྲུབ་ན་སོང་། ཉོན་མོངས་པའི་བདུད་རགས་པ་སྤྱངས་ཤིང་། ཉོན་མོངས་པའི་བདུད་ཕྲ་མོ་མ་སྤྱངས་པའི་གང་ཟག་ཆོས་ཅན། རྩ་ཉོན་དྲུག་ཉེ་ཉོན་ཉི་ཤུ་སྤྱངས་པའི་གང་ཟག་ཏུ་ཐལ། ཉོན་མོངས་པའི་བདུད་རགས་པ་སྤྱངས་པའི་གང་ཟག་ཡིན་པའི་ཕྱིར། རྟགས་ཁྱབ་ཁས། འདོད་ན། དེ་ཆོས་ཅན། ཉོན་མོངས་སྤྱངས་པའི་གང་ཟག་ཏུ་ཐལ། འདོད་པའི་ཕྱིར། འདོད་ན། དགྲ་བཅོམ་དུ་ཐལ། འདོད་པའི་ཕྱིར། འདོད་ན། ཉོན་མོངས་ཀྱི་ས་བོན་སྤྱངས་པའི་གང་ཟག་ཏུ་ཐལ། འདོད་པའི་ཕྱིར། འདོད་ན། དེ་ཆོས་ཅན། ཉོན་མོངས་པའི་བདུད་ཕྲ་མོ་སྤྱངས་པའི་གང་ཟག་ཏུ་ཐལ། འདོད་པའི་ཕྱིར། འཁོར་གསུམ།

ཡང་ཁ་ཅིག བདུད་གཞན་གསུམ་ལས་འདའ་བ་ལ་བར་དུ་གཅོད་བྱེད་དེ། ལྷའི་བུའི་བདུད་ཡིན་ཟེར། འོ་ན། དེ་ཆོས་ཅན། ཁྱོད་ཡིན་ན། ལྷའི་བུའི་བདུད་ཡིན་དགོས་པར་ཐལ། ཁྱོད་དེ་ཡིན་པའི་

惱之力，令命根不自主停止之分。第二，如不可思議死歿。「是四魔其中〔之一〕，且是能中斷超越餘三魔之住類」，乃天魔之性相。於彼分粗分天魔及細分天魔二者。初者，如他化自在天主極喜自在王。第二，如障礙超越餘三魔之分。

有云：「六根本煩惱與二十隨煩惱〔為〕粗分煩惱魔，煩惱種子〔為〕細分煩惱魔。」那麼，煩惱種子為有法，若是斷爾之補特伽羅，理應須是摧滅細分煩惱魔之補特伽羅，因爾乃彼故。承許因。若許，六根本煩惱與二十隨煩惱為有法，若是斷粗分煩惱魔之補特伽羅，理應須是斷爾之補特伽羅，因爾乃彼故。若許則成相違。所知為有法，煩惱魔分粗細理應不應理，因若是斷粗分煩惱魔之補特伽羅，須是斷細分煩惱魔之補特伽羅故。若不成則成相違。斷粗分煩惱魔且未斷細分煩惱魔之補特伽羅為有法，理應是斷六根本煩惱、二十隨煩惱之補特伽羅，因是斷粗分煩惱魔之補特伽羅故。承許因、周遍。若許，彼為有法，理應是斷煩惱之補特伽羅，因許故。若許，理應是阿羅漢，因許故。若許，理應是斷煩惱種子之補特伽羅，因許故。若許，彼為有法，理應是斷細分煩惱魔之補特伽羅，因許故。三輪！

又有云：「能障礙超越餘三魔，乃天魔。」那麼，彼為有法，若是爾，理應須是天魔，因爾乃彼故。若許，實執為有法，理應如

ཕྱིར། འདོད་ན། བདེན་འཛིན་ཆོས་ཅན། དེར་ཐལ། དེའི་ཕྱིར།

བདུད་བཞི་བཅོམ་པའི་ས་མཚམས་ལ། ཐེག་དམན་གྱི་དབང་དུ་བྱས་པ་དང་། ཐེག་ཆེན་གྱི་དབང་དུ་བྱས་པ་གཉིས་ལས། དང་པོ་ནི། ཁ་ཅིག ཐེག་དམན་གྱི་མཐོང་ལམ་ཐོབ་ནས་ལྷའི་བུའི་བདུད་བཅོམ་སྟེ། སྐྱབས་གནས་ལ་ཐེ་ཚོམ་ཟ་བའི་ཐེ་ཚོམ་གྱི་དངོས་གཉེན་ཐོབ་པའི་ཕྱིར་དང་། དགྲ་བཅོམ་པ་ཐོབ་ནས་ཉོན་མོངས་པའི་བདུད་བཅོམ་སྟེ། ཉོན་སྒྲིབ་མ་ལུས་པར་སྤངས་པའི་ཕྱིར་ཟེར་བ། མི་རིགས་ཏེ། ཉན་ཐོས་མཐོང་ལམ་པས་ལྷའི་བུའི་བདུད་མ་བཅོམ་པའི་ཕྱིར་དང་། ཉན་ཐོས་དགྲ་བཅོམ་པས་ཉོན་མོངས་པའི་བདུད་མ་བཅོམ་པའི་ཕྱིར། དང་པོ་དེར་ཐལ། ལྷའི་བུའི་བདུད་ཕྲ་མོ་མ་བཅོམ་པའི་ཕྱིར། དེར་ཐལ། དེས་བདུད་གཞན་གསུམ་ལས་འདའ་བ་ལ་བར་དུ་གཅོད་པའི་ཆ་མ་བཅོམ་པའི་ཕྱིར། གཉིས་པ་དེར་ཐལ། དེས་ཉོན་མོངས་པའི་བདུད་ཕྲ་མོ་མ་བཅོམ་པའི་ཕྱིར།

རང་ལུགས་ནི། ཐེག་དམན་གྱི་མཐོང་ལམ་ཐོབ་ནས་ལྷའི་བུའི་བདུད་རགས་པ་བཅོམ་སྟེ། ཞེས་པ་དང་། དམན་པའི་དགྲ་བཅོམ་ཐོབ་ནས་ཉོན་མོངས་པའི་བདུད་རགས་པ་བཅོམ་སྟེ། ཞེས་སྦྱར་བར་བྱ་ལ། གཉིས་ཀའི་ཆ་ལས་རྣམ་པར་གྲོལ་བའི་དགྲ་བཅོམ་ཐོབ་ནས་འཆི་བདག་གི་བདུད་རགས་པ་བཅོམ་སྟེ། ཚེའི་འདུ་བྱེད་བྱིན་གྱིས་བརླབས་པ་སོགས་ལ་དབང་ཐོབ་པའི་ཕྱིར། ལྷག་མེད་མྱང་འདས་ཐོབ་ནས་ཕུང་པོའི་བདུད་རགས་པ་བཅོམ་སྟེ། ལས་ཉོན་གྱི་དབང་གིས་བྱུང་བའི་ཟག་བཅས་ཀྱི་ཕུང་པོ་མ་ལུས་པར་སྤངས་པའི་ཕྱིར།

གཉིས་པ་ཐེག་ཆེན་གྱི་དབང་དུ་བྱས་ན། ཕྱིར་མི་ལྡོག་པའི་རྟགས་ཐོབ་ནས་ལྷའི་བུའི་བདུད་རགས་པ་བཅོམ་སྟེ། སྟོང་ཉིད་ལ་དམིགས་པའི་སྒོམ་བྱུང་གཙོ་བོར་གྱུར་པའི་སྟོབས་ཀྱིས་དཀོན་མཆོག་གསུམ་ལ་ཤེས་ནས་དད་པ་ཐོབ་པའི་ཕྱིར། ས་བརྒྱད་པ་ཐོབ་ནས་ཉོན་མོངས་པའི་བདུད་རགས་པ་ཕལ་ཆེར་བཅོམ་སྟེ། ཉོན་སྒྲིབ་ཕལ་ཆེར་སྤངས་པའི་ཕྱིར། དེ་ཐོབ་ནས་ཕུང་པོའི་བདུད་རགས་པ་བཅོམ་སྟེ། ལས་ཉོན་གྱི་དབང་གིས་བྱུང་བའི་ཟག་བཅས་ཀྱི་ཕུང་པོ་བཅོམ་པའི་ཕྱིར། དེ་ཐོབ་ནས་འཆི་བདག་གི་བདུད་རགས་པ་བཅོམ་སྟེ། ལས་ཉོན་གྱི་དབང་གིས་སྲོག་གི་དབང་པོ་རང་

是，因如是故。

摧滅四魔之界限，〔有〕以小乘而言及以大乘而言二者。初者，有云：「得小乘見道後摧滅天魔，因得於救怙處起疑的正對治故。得阿羅漢後摧滅煩惱魔，因完全斷除煩惱障故。」不合理，因見道聲聞未摧滅天魔，以及聲聞阿羅漢未摧滅煩惱魔故。初者理應如是，因未摧滅細分天魔故。理應如是，因彼未摧滅能障礙超越餘三魔之分故。第二理應如是，因彼未摧滅細分煩惱魔故。

自宗：與「得小乘見道後摧滅粗分天魔」及「得小乘阿羅漢後摧滅粗分煩惱魔」相結合。得俱解脫之阿羅漢後，摧滅粗分死魔，因得自在加持壽元等故。得無餘涅槃後摧滅粗分蘊魔，因完全斷除以業煩惱力所生之有漏蘊故。

第二，以大乘而言，得不退轉相後，摧滅粗分天魔，因主要以緣空性之修所成之力，得了知三寶而生〔之〕信故。得八地後，摧滅大部份粗分煩惱魔，因斷除大部份煩惱障故。得彼後，摧滅粗分蘊魔，因摧滅由業煩惱力所生之有漏蘊故。得彼後，摧滅粗分死魔，因摧滅由業煩惱之力令命根不自主停止之分故。

དབང་མེད་པར་འགག་པའི་ཆ་བཅོམ་པའི་ཕྱིར།

ཁ་ཅིག ས་བརྒྱད་པ་ཐོབ་ནས་ཕུང་པོའི་བདུད་བཅོམ་སྟེ། འབད་རྩོལ་རགས་པ་ལ་ལྟོས་པའི་མ་རིག་བག་ཆགས་ཀྱི་ས་དང་ཟག་མེད་ཀྱི་ལས་ལ་བརྟེན་ནས་བྱུང་བའི་ཡིད་ལུས་དེ་སྤངས་པའི་ཕྱིར། དེས་དེ་ཐོབ་ནས་འཆི་བདག་གི་བདུད་རྣམས་བཅོམ་སྟེ། འབད་རྩོལ་རགས་པ་ལ་ལྟོས་པའི་བསམ་གྱིས་མི་ཁྱབ་པའི་འཆི་འཕོ་སྤངས་པའི་ཕྱིར་ཟེར། ཨོ་ན། བྱང་སེམས་ས་བརྒྱད་པ་བས་ས་བདུན་པ་བའི་རྒྱུད་ཀྱི་མ་རིག་བག་ཆགས་ཀྱི་ས་དང་། ཟག་པ་མེད་པའི་ལས་ལ་བརྟེན་ནས་བྱུང་བའི་ཡིད་ལུས་སྤངས་པར་ཐལ། དེས་འབད་རྩོལ་རགས་པ་ལ་ལྟོས་པའི་མ་རིག་བག་ཆགས་ཀྱི་ས་དང་ཟག་མེད་ཀྱི་ལས་ལ་བརྟེན་ནས་བྱུང་བའི་ཡིད་ལུས་སྤངས་པའི་ཕྱིར། འདོད་ན། དེས་དེའི་རྒྱུད་ཀྱི་མ་རིག་བག་ཆགས་ཀྱི་ས་སྤངས་པར་ཐལ། འདོད་པའི་ཕྱིར། འདོད་ན། དེ་བྱང་སེམས་ས་བདུན་པ་བས་སྤང་དགོས་ཀྱི་མ་རིག་བག་ཆགས་ཀྱི་ས་སྤངས་པའི་གང་ཟག་ཏུ་ཐལ། འདོད་པའི་ཕྱིར།

གཞན་ཡང་། བྱང་སེམས་ས་བརྒྱད་པ་བ་དེ། ས་བདུན་པ་བ་ལ་ཡོད་པའི་བསམ་གྱིས་མི་ཁྱབ་པའི་འཆི་འཕོ་སྤངས་པའི་གང་ཟག་ཏུ་ཐལ། དེ་འབད་རྩོལ་རགས་པ་ལ་ལྟོས་པའི་བསམ་གྱིས་མི་ཁྱབ་པའི་འཆི་འཕོ་སྤངས་པའི་གང་ཟག་ཡིན་པའི་ཕྱིར། འདོད་ན། དེ་བྱང་སེམས་ས་བདུན་པ་ལ་ཡོད་པའི་འཆི་བདག་གི་བདུད་ཕྲ་མོ་སྤངས་པའི་གང་ཟག་ཏུ་ཐལ། འདོད་པའི་ཕྱིར། ཨོ་ན། བྱང་སེམས་ས་བདུན་པ་བ་དེས་འཆི་བདག་གི་བདུད་ཕྲ་མོ་སྤངས་པ་དང་སངས་རྒྱས་པ་དུས་མི་མཉམ་པར་ཐལ། དེས་རང་ལ་ཡོད་པའི་འཆི་བདག་གི་བདུད་ཕྲ་མོ་སྤངས་པ་དང་སངས་རྒྱས་པ་དུས་མི་མཉམ་པའི་ཕྱིར། དེར་ཐལ། དེས་ས་བརྒྱད་པ་ཐོབ་པའི་ཚེ། རང་ལ་ཡོད་པའི་འཆི་བདག་གི་བདུད་ཕྲ་མོ་བཅོམ་པའི་ཕྱིར། དེར་ཐལ། དེས་ས་བརྒྱད་པ་ཐོབ་པའི་ཚེ། བྱང་སེམས་ས་བརྒྱད་པ་བ་དེ། དེ་ལ་ཡོད་པའི་འཆི་བདག་གི་བདུད་ཕྲ་མོ་བཅོམ་པའི་གང་ཟག་ཡིན་པའི་ཕྱིར། ལན་མེད་དོ། །དེ་ལྟར་ན་ལྷའི་བུའི་བདུད་རགས་པ། ཕྱིར་མི་ལྡོག་པའི་རྟགས་ཐོབ་པ་ནས་བཅོམ་པ་དང་། བདུད་གཞན་གསུམ་རགས་པ་ས་བརྒྱད་པ་ཐོབ་པ་ནས་བཅོམ་ཞིང་། བདུད་བཞི་ཕྲ་མོ་བཅོམ་པ་སངས་རྒྱས་པ་ནས་ཡིན་ཏེ། རྣམ་བཤད་ལས། ཐེག་པ་ཆེན་པོའི་ཕྱིར་མི་ལྡོག་པའི་རྟགས་ཐོབ་ནས་ལྷའི་བུའི་བདུད་ལས་འདས་ཞིང་།

有云：「得八地後，摧滅蘊魔，因斷除依觀待粗分勤勉之無明習氣地與無漏業所生之意生身故。彼得彼後，摧滅死魔，因斷除觀待粗分勤勉之不可思議死歿故。」那麼，八地菩薩理應斷除依著七地者相續之無明習氣地及無漏業所生之意生身，因彼斷除依觀待粗分勤勉之無明習氣地及無漏業所生之意生身故。若許，彼理應斷除彼之相續之無明習氣地，因許故。若許，彼理應是斷除七地菩薩所須斷之無明習氣地之補特伽羅，因許故。

又，八地菩薩理應是斷於七地者有的不可思議死歿之補特伽羅，因彼是斷除觀待粗分勤勉之不可思議死歿之補特伽羅故。若許，彼理應是斷除於七地菩薩有的細分死魔之補特伽羅，因許故。那麼，彼七地菩薩斷細分死魔與成佛理應不同時，因彼斷除於己有之細分死魔與成佛不同時故。理應如是，因彼得八地時，摧滅自己有的細分死魔故。理應如是，因彼得八地之時，八地菩薩是摧滅於彼有之細分死魔之補特伽羅故。無法回答！若如是，粗分天魔，〔於〕得不退轉相後摧滅，得八地後摧滅餘粗分三魔，且成佛後是摧滅細分四魔，因《心要莊嚴疏》云：「獲得大乘的不退轉相後超越天子魔，證第八地後超越其餘粗分三魔，四魔完全滅除乃於成佛時。[42]」故。

ས་བརྒྱད་པ་ཐོབ་ནས། བདུད་གཞན་གསུམ་རགས་པ་ལས་འདའ་ལ། བདུད་བཞི་མ་ལུས་བཅོམ་པ་ནི། སངས་རྒྱས་པ་ནའོ། །ཞེས་གསུངས་པའི་ཕྱིར།

སྨྲས་པ།

རྣམ་རྗོགས་སྦྱོར་བའི་ནོར་བུ་ལ། །རིགས་ལམ་ཕྲ་མོའི་ཕྲ་བཀོད་པ། །
བློ་གསལ་ཀླུ་དབང་སྐྱེ་བོར་ཐོགས། །བློ་བསྐྱེད་དངོས་གྲུབ་འབྱུང་དེ་ཀྱེ། །
ཞེས་པ་ནི་བར་སྐབས་ཀྱི་ཚིགས་སུ་བཅད་པའོ། །

ཤེས་རབ་ཀྱི་ཕ་རོལ་ཏུ་ཕྱིན་པའི་མན་ངག་གི་བསྟན་བཅོས་མངོན་པར་རྟོགས་པའི་རྒྱན་འགྲེལ་པ་དང་བཅས་པའི་རྣམ་བཤད་སྙིང་པོ་རྒྱན་གྱི་དོན་ལེགས་པར་བཤད་པ་ཡུམ་དོན་ཡང་གསལ་སྒྲོན་མེ་ཞེས་བྱ་བ་ལས་སྐབས་བཞི་པའི་མཐའ་དཔྱོད་རྗོགས་སོ། །བཀྲ་ཤིས། ། ། །སརྦ་མངྒ་ལཾ། །

中間頌曰：

於圓滿加行珍寶，飾以正理莊嚴物，

安於明知龍王頂，內心增長悉地生。

善說《般若波羅蜜多教授現觀莊嚴論》《明義釋》《心要莊嚴疏》——再顯般若義之燈·第四品辨析圓滿。吉祥！薩哇芒嘎朗（一切吉祥）！

སྐབས་ལྔ་པ།

རྣམ་བཤད་སྙིང་པོ་རྒྱན་གྱི་དོན་རིགས་ལམ་བཞིན་གསལ་བར་
འཆད་པའི་ཡུམ་དོན་ཡང་གསལ་སྒྲོན་མེ་ཞེས་བྱ་བ་ལས་
སྐབས་ལྔ་པའི་མཐའ་དཔྱོད་བཞུགས་སོ། །

རྩེ་མོའི་སྦྱོར་བ་སྤྱིར་བཤད་པ།

༄༅། །རྣམ་པ་ཐམས་ཅད་མངོན་པར་རྫོགས་པར་རྟོགས་པ་ཐོབ་པ་ལ། རབ་ཀྱི་མཐར་ཕྱིན་པའི་རྟོགས་པ་འབྱུང་བས་གོ་སླ་བར་བྱ་བའི་ཕྱིར་རྟགས་ལ་སོགས་པ་བསྟད་པ་སྔོན་དུ་འགྲོ་བའི་རྩེ་མོའི་མངོན་པར་རྟོགས་པ། ཞེས་པའི་སྐབས་སུ། གཉིས་ལས། དང་པོ་ནི། རྣམ་རྫོགས་སྦྱོར་བའི་རྗེས་སུ་རྩེ་སྦྱོར་འཆད་པའི་རྒྱུ་མཚན་ཡོད་དེ། མཁྱེན་གསུམ་གྱི་རྣམ་པ་ལ་དབང་མ་ཐོབ་པའི་ཚོགས་ལམ་དུ་ཐོས་བསམ་གྱིས་སྒྲོ་འདོགས་བཅད་ནས། མཁྱེན་གསུམ་གྱི་རྣམ་པ་ལ་དབང་ཐོབ་པའི་རྩེ་སྦྱོར་འབྱུང་བའི་རྒྱུ་མཚན་གྱིས་དེ་ལྟར་བཤད་པའི་ཕྱིར།

རྟགས་སོགས་ཀྱི་སྒོ་ནས་རྩེ་སྦྱོར་བསྟན་པ་ཆོས་ཅན། དགོས་པ་ཡོད་དེ། གོ་སླ་བར་བྱ་བའི་ཆེད་དུ་ཡིན་པའི་ཕྱིར།

ཁོན་རེ། རྣམ་རྫོགས་སྦྱོར་བ་རྩེ་སྦྱོར་གྱི་རྒྱུ་ཡིན་པར་ཐལ། སྦྱོར་བ་དེ་འཐད་པའི་ཕྱིར་ཞེ་ན། འདོད་པ་ཡིན་ཏེ། རྣམ་བཤད་ལས། སྦྱོར་བ་དང་པོ་གཉིས་སྐྱེ་རིམ་དང་། ཕྱི་མ་གཉིས་ཀྱང་སྐྱེ་བའི་རིམ་པ་ཡིན་ནོ། །ཞེས་གསུངས་པའི་ཕྱིར།

ཁོན་རེ། འོ་ན། རྣམ་རྫོགས་སྦྱོར་བ་དང་། མཐར་གྱིས་སྦྱོར་བ་ཡང་རྒྱུ་འབྲས་ཡིན་པར་ཐལ། རྣམ་བཤད་ལས། སྦྱོར་བ་དང་པོ་དང་གསུམ་པ་ཡང་སྐྱེ་བའི་རིམ་པ་དང་ཞེས་གསུངས་པའི་ཕྱིར་ན། མ་ཁྱབ། འདོད་མི་ནུས་ཏེ། བྱང་སེམས་ཀྱི་ཚོགས་ལམ་ཆུང་དུ་དེ་རྣམ་རྫོགས་སྦྱོར་བ་དང་མཐར་

第五品

依理清晰闡述《心要莊嚴疏》義——再顯般若義之燈，第五品辨析

116 總說頂加行

「於證獲圓滿現觀一切行相上，產生最究竟之證悟。故為了容易了解，先講解相等之頂現觀。」之時，有二。初者，圓滿加行之後有講說頂加行之理由，因於三智行相未得自主之資糧道，以聞思斷除增益之後，產生於三智行相得自在之頂加行之理由而如是講說故。

以相等之門顯示頂加行為有法，有旨趣，因為令易了知故。

有云：「圓滿加行理應是頂加行之因，因彼論式應理故。」承許，因《心要莊嚴疏》云：「前二加行是產生之次第，後二者亦為產生之次第。」故。

有云：「那麼，圓滿加行與漸次加行亦理應是因果，因《心要莊嚴疏》云：『第一與第三加行亦是產生之次第。』故。」不周遍。不能許，因下品資糧道菩薩是圓滿加行與漸次加行二者故。於不周

གྱིས་སྦྱོར་བ་གཉིས་ཀ་ཡིན་པའི་ཕྱིར་ཞེ་ན། མ་ཁྱབ་མཚམས་སུ་མ་ཁྱབ་སྟེ། རྣམ་རྫོགས་སྦྱོར་བ་དང་སྐབས་དྲུག་པའི་བསྟན་བྱའི་གཙོ་བོར་གྱུར་པའི་མཐར་གྱིས་སྦྱོར་བ་རྒྱུ་འབྲས་ཡིན་པ་ལ་དགོངས་པའི་ཕྱིར།

གཉིས་པ་ལ། ཁ་ཅིག རང་གི་ལམ་འོག་མ་ལས་མཁྱེན་གསུམ་བསྡུས་སྒོམ་རབ་ཏུ་གྱུར་པའི་སེམས་དཔའི་རྣལ་འབྱོར། རྩེ་སྦྱོར་གྱི་མཚན་ཉིད་ཟེར་བ། མི་འཐད་དེ། མཚན་ཉིད་དེར་གྱུར་པའི་བྱང་སེམས་ཀྱི་ཚོགས་ལམ་ཡོད་པའི་ཕྱིར། མཁྱེན་གསུམ་བསྡུས་སྒོམ་གྱི་ཐེག་ཆེན་གྱི་ཚོགས་ལམ་འབྲིང་མན་ཆད་ལས་རབ་ཏུ་གྱུར་པའི་ཐེག་ཆེན་གྱི་ཚོགས་ལམ་ཆེན་པོ་ཡོད་པའི་ཕྱིར་ཏེ། ཐེག་ཆེན་གྱི་ཚོགས་ལམ་ཆེན་པོ་ལས་རབ་ཏུ་གྱུར་པའི་ཐེག་ཆེན་གྱི་སྦྱོར་ལམ་དྲོད་ཡོད་པ་གང་ཞིག མཚུངས་པའི་ཕྱིར།

ཁ་ཅིག མཁྱེན་གསུམ་བསྡུས་སྒོམ་ཐེག་ཆེན་གྱི་ཚོགས་ལམ་ལས་རབ་ཏུ་གྱུར་པའི་སེམས་དཔའི་རྣལ་འབྱོར། རྩེ་སྦྱོར་གྱི་མཚན་ཉིད་ཟེར་བ་མི་འཐད་དེ། ཐེག་ཆེན་གྱི་མཐོང་ལམ་སྡུག་བསྔལ་ཆོས་བཟོད་དེ། མཚན་ཉིད་དེ་མ་ཡིན་པའི་ཕྱིར། དེས་མཁྱེན་གསུམ་མི་སྒོམ་པའི་ཕྱིར། དེས་དེ་ཡུལ་དུ་མི་བྱེད་པའི་ཕྱིར།

རང་ལུགས། མཁྱེན་གསུམ་བསྡུས་སྒོམ་ཐེག་ཆེན་གྱི་ཚོགས་ལམ་ལས་རབ་ཏུ་གྱུར་པའི་ཤེས་རབ་ཀྱིས་ཟིན་པའི་སེམས་དཔའི་རྣལ་འབྱོར། རྩེ་སྦྱོར་གྱི་མཚན་ཉིད། དབྱེ་ན། སྦྱོར་ལམ་རྩེ་སྦྱོར། མཐོང་ལམ་རྩེ་སྦྱོར། སྒོམ་ལམ་རྩེ་སྦྱོར། བར་ཆད་མེད་པའི་རྩེ་སྦྱོར་དང་བཞི། ས་མཚམས་ཐེག་ཆེན་གྱི་སྦྱོར་ལམ་དྲོད་ནས་རྒྱུན་མཐའི་བར་དུ་ཡོད་དོ། །

遍處不周遍，因慮及圓滿加行與第六品主要所示之漸次加行是因果故。

第二，有云：「三智攝修較自之下道殊勝之菩薩瑜伽，乃頂加行之性相。」不應理，因有屬彼性相之菩薩資糧道故。因有較三智攝修之大乘中品資糧道以下殊勝之大乘上品資糧道故，因有較大乘上品資糧道殊勝之大乘加行道煖位，且相同故。

有云：「超勝大乘資糧道之三智攝修之菩薩瑜伽，乃頂加行之性相。」不應理，因大乘見道苦法忍，非彼性相故，因彼不修三智故，因彼不以彼為境故。

自宗：「超勝大乘資糧道之三智攝修智慧所攝持之菩薩瑜伽」，乃頂加行之性相。分加行道頂加行、見道頂加行、修道頂加行、無間頂加行四者。界限，從大乘加行道煖位乃至最後流之間〔皆〕有。

སྦྱོར་ལམ་རྩེ་སྦྱོར།

རྫི་ལམ་ན་ཡང་ཆོས་རྣམས་ཀུན། །རྨི་ལམ་ལྟ་བུར་ལྟ་ལ་སོགས། །ཞེས་སོགས་ལ། སྦྱོར་བ་དང་། མཐའ་དཔྱད་པ་གཉིས།

དང་པོ་ནི། དམན་ལམ་སྔོན་མ་སོང་གི་ཐེག་ཆེན་གྱི་སྦྱོར་ལམ་དྲོད་ཀྱི་ཡེ་ཤེས་ཆོས་ཅན། དྲོད་ཀྱི་རྩེ་སྦྱོར་ཡིན་ཏེ། མདོ་ལས་རྟགས་བཅུ་གཉིས་ཀྱིས་མཚོན་ནས་བསྟན་པའི་ཐེག་ཆེན་གྱི་ངེས་འབྱེད་ཆ་མཐུན་དང་པོ་ཡིན་པའི་ཕྱིར།

གཉིས་པ་ལ་ཁ་ཅིག རྟགས་བཅུ་གཉིས་དང་ལྡན་པའི་ཐེག་ཆེན་གྱི་ངེས་འབྱེད་ཆ་མཐུན་དང་པོ་དེ། དྲོད་ཀྱི་རྩེ་སྦྱོར་གྱི་མཚན་ཉིད་ཟེར་བ་མི་འཐད་དེ། རྟགས་བཅུ་གཉིས་ཐོབ་པའི་བྱང་སེམས་ཡིན་ན་སྦྱོར་ལམ་རྗེས་ཐོབ་ཡེ་ཤེས་ཐོབ་དགོས་པའི་ཕྱིར།

ཁ་ཅིག་ན་རེ། མཚན་ཉིད་དེ་མི་འཐད་པར་ཐལ། བསམ་གཏན་དང་པོའི་རྟེན་ཅན་གྱི་བྱང་སེམས་ཀྱི་སྦྱོར་ལམ་དྲོད་ཡེ་ཤེས་ལ་གནས་པའི་བྱང་སེམས་དེས་རྟགས་བཅུ་གཉིས་མ་ཐོབ་པའི་ཕྱིར། དེ་ལ་རྨི་ལམ་མེད་པའི་ཕྱིར། དེ་ལ་གཉིད་མེད་པའི་ཕྱིར། བསམ་གཏན་དང་པོའི་སས་བསྡུས་ཀྱི་གཉིད་མེད་པའི་ཕྱིར་ཏེ། མཛོད་ལས། དེ་ལས་འགྱོད་གཉིད་མི་དགེ་རྣམས། །བསམ་གཏན་དང་པོ་དག་ན་མེད། །ཞེས་གསུངས་པའི་ཕྱིར་ན། མ་ཁྱབ་སྟེ། དེའི་སས་བསྡུས་ཀྱི་ཡུལ་ལ་རང་དབང་མེད་པར་འཇུག་པའི་ཉོན་མོངས་ཅན་གྱི་གཉིད་མེད་པ་ལ་དགོངས་པའི་ཕྱིར། དེ་ལྟར་མ་ཡིན་ན་ས་བཅུ་པ་ལ་གནས་པའི་བྱང་སེམས་ལ་རྨི་ལམ་གྱི་ལྟས་ཤར་པ་མི་འཐད་པར་ཐལ། ཁས་ལེན་དེའི་ཕྱིར།

རང་ལུགས། མདོ་ལས་རྟགས་བཅུ་གཉིས་གང་རུང་གིས་མཚོན་ནས་བསྟན་པའི་ཐེག་ཆེན་གྱི་ངེས་འབྱེད་ཆ་མཐུན་དང་པོ་དེ། དྲོད་ཀྱི་རྩེ་སྦྱོར་གྱི་མཚན་ཉིད། དྲོད་ཀྱི་རྩེ་སྦྱོར། རྟགས་ཀྱི་རྩེ་སྦྱོར། ཐེག་ཆེན་གྱི་སྦྱོར་ལམ་དྲོད་རྣམས་དོན་གཅིག

འཛམ་བུའི་གླིང་གི་སྐྱེ་བོ་སྟེད། །སངས་རྒྱས་མཆོད་པའི་དགེ་ལ་སོགས། ། རྣམ་མང་དུ་ནི་

117 加行道頂加行

「夢亦於諸法，觀知如夢等……」等，論式與辨析二者。

初者，未曾入劣道之大乘加行道煖位本智為有法，是煖頂加行，因是以經中十二相所表徵而顯示之大乘第一順決擇分故。

第二，有云：「具十二相之大乘第一順決擇分，乃煖頂加行之性相。」不應理，因若是得十二相之菩薩須得加行道後得本智故。

有云：「彼性相理應不應理，因住具初靜慮所依之菩薩加行道煖位本智之菩薩未得十二相故。因彼無夢故。因彼無睡眠故。因無初靜慮地所攝之睡眠故。因《俱舍論》云：「初定除不善，及惡作睡眠。[43]」不周遍，因慮及於彼地攝之境沒有不自主趣入具煩惱的睡眠故。若非如是，於住十地之菩薩講說夢兆理應不應理，因前之承許故。

自宗：「以經中十二相隨一所表徵而顯示之第一大乘順決擇分」，乃煖頂加行之性相。煖頂加行、相頂加行、大乘加行道煖位同義。

「盡贍部有情，供佛善根等，眾多善為喻，說十六增長。」「以

དཔེར་མཛད་ནས། །རྣམ་འཕེལ་བཅུ་དྲུག་བདག་ཉིད་དོ། །ཞེས་པར། མདོ་ལས་རྣམ་འཕེལ་བཅུ་དྲུག་གང་དྲུང་གིས་མཚོན་ནས་བསྟན་པའི་ཐེག་ཆེན་གྱི་ངེས་འབྱེད་ཆ་མཐུན་གཉིས་པ་ཆོས་ཅན། རྩེ་མོའི་རྩེ་སྦྱོར་གྱི་མཚན་ཉིད་ཡིན་ཏེ། དེའི་འཇོག་བྱེད་ཡིན་པའི་ཕྱིར། རྩེ་མོའི་རྩེ་སྦྱོར། རྣམ་འཕེལ་གྱི་རྩེ་སྦྱོར། ཐེག་ཆེན་གྱི་སྦྱོར་ལམ་རྩེ་མོ་རྣམས་དོན་གཅིག

ཀུན་མཁྱེན་ཉིད་གསུམ་ཆོས་རྣམས་ཀྱི། །ཡོངས་སུ་རྫོགས་པ་བླ་མེད་པ། །སེམས་ཅན་དོན་ཡོངས་མི་གཏོང་བ། །བརྟན་པ་ཞེས་ནི་མངོན་པར་བརྗོད། །ཅེས་པར། མདོ་ལས་ཐབས་ཤེས་ཀྱི་རྟོགས་པ་བརྟན་པོ་གཉིས་ཀྱིས་མཚོན་ནས་བསྟན་པའི་ཐེག་ཆེན་གྱི་ངེས་འབྱེད་ཆ་མཐུན་གསུམ་པ་ཆོས་ཅན། བཟོད་པའི་རྩེ་སྦྱོར་གྱི་མཚན་ཉིད་ཡིན་ཏེ། དེའི་འཇོག་བྱེད་ཡིན་པའི་ཕྱིར། བཟོད་པའི་རྩེ་སྦྱོར་བརྟན་པའི་རྩེ་སྦྱོར་ཐེག་ཆེན་གྱི་སྦྱོར་ལམ་བཟོད་པ་རྣམས་དོན་གཅིག

གླིང་བཞི་པ་དང་སྟོང་དག་དང་། །སྟོང་གཉིས་གསུམ་དག་དཔེར་མཛད་ནས། །བསོད་ནམས་མང་པོ་ཉིད་ཀྱིས་ནི། །ཏིང་འཛིན་ཡོངས་སུ་བསྒྲགས་པ་ཡིན། །ཞེས་པར། མདོ་ལས་སེམས་ཀུན་ཏུ་གནས་པས་མཚོན་ནས་བསྟན་པའི་ཐེག་ཆེན་གྱི་ངེས་འབྱེད་ཆ་མཐུན་བཞི་པ་ཆོས་ཅན། ཆོས་མཆོག་གི་རྩེ་སྦྱོར་གྱི་མཚན་ཉིད་ཡིན་ཏེ། དེའི་འཇོག་བྱེད་ཡིན་པའི་ཕྱིར། ཆོས་མཆོག་གི་རྩེ་སྦྱོར། སེམས་ཀུན་ཏུ་གནས་པའི་རྩེ་སྦྱོར། ཐེག་ཆེན་གྱི་སྦྱོར་ལམ་ཆོས་མཆོག་རྣམས་དོན་གཅིག

經中十六增長隨一所表徵而顯示之第二大乘順決擇分」為有法，是頂頂加行之性相，因乃彼之能立故。頂頂加行、增長頂加行、大乘加行道頂位同義。

「由三智諸法，圓滿最無上，不捨利有情，說名為堅穩。」「以經中堅穩之方便智慧二證量所表徵而顯示之第三大乘順決擇分」為有法，乃忍頂加行之性相，因乃彼之能立故。忍頂加行、堅穩頂加行、大乘加行道忍位同義。

「四洲及小千，中大千為喻，以無量福德，宣說三摩地。」「以經中心遍住所表徵而顯示之第四大乘順決擇分」為有法，乃世第一法頂加行之性相，因乃彼之能立故。世第一法頂加行、心遍住頂加行、大乘加行道世第一法同義。

མཐོང་སྤྱངས་རྟོག་པ།

འཇུག་པ་དང་ནི་ལྡོག་པ་ལ། །ཞེས་སོགས་ལ། གཉིས་ལས། དང་པོ་ནི། མཐོང་སྤངས་སུ་གྱུར་པའི་ཤེས་སྒྲིབ་རྟོག་པ་ཆོས་ཅན། གཉིས་སུ་ཡོད་དེ། མཐོང་སྤངས་སུ་གྱུར་པའི་ཤེས་སྒྲིབ་འཇུག་པ་གཟུང་རྟོག་དང་། ལྡོག་པ་གཟུང་རྟོག་གཉིས་སུ་ཡོད་པའི་ཕྱིར། དེ་གཉིས་ཆོས་ཅན། ཁྱོད་ལ་དགུ་དགུར་ཡོད་དེ། ཁྱོད་ལ་ཡུལ་གྱི་སྒོ་ནས་དབྱེ་བས་དགུ་དགུར་ཡོད་པའི་ཕྱིར།

གཉིས་པ་ནི། རང་གི་དམིགས་ཡུལ་དུ་གྱུར་པའི་བྱང་སེམས་ཀྱི་འཇུག་བྱའི་ཆོས་ལ་དམིགས་ནས་ལོངས་སྤྱོད་བྱར་བདེན་པར་ཞེན་པའི་བདེན་འཛིན་ཀུན་བཏགས་དེ། ཤེས་སྒྲིབ་མཐོང་སྤངས་འཇུག་པ་གཟུང་རྟོག་གི་མཚན་ཉིད། རང་གི་དམིགས་ཡུལ་དུ་གྱུར་པའི་བྱང་སེམས་ལམ་གྱི་ལྡོག་བྱའི་ཆོས་ལ་དམིགས་ནས་ལོངས་སྤྱོད་བྱར་བདེན་པར་ཞེན་པའི་བདེན་འཛིན་ཀུན་བཏགས་དེ། ཤེས་སྒྲིབ་མཐོང་སྤངས་ལྡོག་པ་གཟུང་རྟོག་གི་མཚན་ཉིད་ཡིན་ལ། ཉན་རང་གི་ལམ་འབྲས་ལ་དམིགས་ནས་བྱང་སེམས་ལམ་གྱི་ལྡོག་བྱར་བདེན་པར་ཞེན་པའི་ཞེན་རིག ཤེས་སྒྲིབ་ལྡོག་པ་གཟུང་རྟོག་གི་མཚན་ཉིད་ཡིན་པ་འགོག་ཚུལ་རྣམས་ནི། སྐབས་དང་པོར་བཤད་པ་ལྟར་རོ། །

སོ་སོའི་སྐྱེ་བོ་འཕགས་དབྱེ་བས། །སེམས་ཅན་རྫས་དང་བཏགས་ཡོད་པར། །ཞེས་སོགས་ལ། གཉིས་ལས། དང་པོ་ནི། མཐོང་སྤངས་སུ་གྱུར་པའི་ཤེས་སྒྲིབ་འཛིན་རྟོག་ཆོས་ཅན། ཁྱོད་ལ་གཉིས་ཡོད་དེ། ཁྱོད་ལ་མཐོང་སྤངས་སུ་གྱུར་པའི་ཤེས་སྒྲིབ་རྫས་འཛིན་རྟོག་པ་དང་། མཐོང་སྤངས་སུ་གྱུར་པའི་ཤེས་སྒྲིབ་བཏགས་འཛིན་རྟོག་པ་གཉིས་ཡོད་པའི་ཕྱིར། དེ་གཉིས་ཆོས་ཅན། སོ་སོར་དགུ་དགུར་ཡོད་དེ། ཡུལ་གྱི་སྒོ་ནས་དབྱེ་བས་དགུ་དགུར་ཡོད་པའི་ཕྱིར།

གཉིས་པ་མཐའ་དཔྱད་པ་ནི། སྐབས་དང་པོར་བཤད་པ་ལ་དཔགས་ཏེ་ཤེས་པར་བྱ་བ་ཁོ་ན་ཡིན་ནོ། །

118 見所斷分別

「轉趣及退還……」等有二。初者，屬見所斷之所知障分別為有法，有二，因屬見所斷之所知障有轉趣[③]所取分別、退還[④]所取分別二者故。此二為有法，爾各有九，因爾以境之門各分有九故。

第二，「緣屬自所緣境菩薩之所轉趣法，耽著其為諦實受用品之分別實執」，乃所知障見斷轉趣所取分別之性相。「緣屬自所緣境菩薩道之所退還法，耽著其為諦實受用品之分別實執」，乃所知障見斷退還所取分別之性相。破斥「緣聲緣之道果而耽著其為諦實菩薩道之所退還的耽著知為所知障退還所取分別之性相」之理，如於第一品所講說。

「由異生聖別，分有情實假……」等有二。初者，屬見所斷所知障能取分別為有法，爾有二，因爾有屬見所斷所知障實有能取分別與屬見所斷所知障假有能取分別二者故。此二為有法，各分為九，因以境之門各分有九故。

第二，辨析，唯從第一品所說推測而了知矣。

③ 這裡的「轉趣」是指取捨的「取」。
④ 這裡的「退還」是指取捨的「捨」。

བྱང་ཆུབ་ཆེན་པོ།

དྲི་མ་ཟད་དང་མི་སྐྱེ་བའི། །ཡེ་ཤེས་བྱང་ཆུབ་ཅེས་བརྗོད་དེ། །ཞེས་སོགས་ལ། གཉིས་ལས། དང་པོ་ནི། རྣམ་མཁྱེན་ཆོས་ཅན། བྱང་ཆུབ་ཆེན་པོ་ཡིན་ཏེ། ཟད་མི་སྐྱེ་ཤེས་པའི་ཡེ་ཤེས་མཐར་ཐུག་ཡིན་པའི་ཕྱིར།

གཉིས་པ་མཐའ་དཔྱད་པ་ནི། སྔ་མའི་རྟགས་དེ། བྱང་ཆེན་གྱི་མཚན་ཉིད། བྱས་པ་ལ་ཁོ་ན་རེ། ངོ་བོ་ཉིད་སྐུ་དང་ལོངས་སྐུ་དང་སྤྲུལ་སྐུ་གསུམ་ཆོས་ཅན། མཚན་ཉིད་དེར་ཐལ། མཚོན་བྱ་དེའི་ཕྱིར་ན། མ་གྲུབ་སྟེ། བྱང་ཆུབ་ཆེན་པོ་ཡིན་ན་ཤེས་པ་ཡིན་དགོས་པའི་ཕྱིར་ཏེ། ཡེ་ཤེས་བྱང་ཆུབ་ཅེས་བརྗོད་དེ། །ཞེས་པ་དང་། མཛོད་ལས། ཟད་དང་མི་སྐྱེ་ཤེས་པ་ནི། །ཞེས་གསུངས་པའི་ཕྱིར།

གཞན་ཡང་། དེ་མི་འཐད་པར་ཐལ། ཉན་ཐོས་དགྲ་བཅོམ་ཉན་ཐོས་ཀྱི་བྱང་ཆུབ་དང་། རང་རྒྱལ་དགྲ་བཅོམ་རང་རྒྱལ་གྱི་བྱང་ཆུབ་གང་ཡང་མ་ཡིན་པའི་ཕྱིར།

ཁོ་ན་རེ། རྒྱུད་བླ་མར། བཟོ་དང་སྐྱེ་བ་བྱང་ཆུབ་ཆེ། །ཞེས་གསུངས་པ་མི་འཐད་པར་ཐལ། ལོངས་སྐུ་སོགས་བྱང་ཆུབ་ཆེན་པོ་མ་ཡིན་པའི་ཕྱིར་ན། མ་ཁྱབ་སྟེ། ལོངས་སྐུ་སོགས་ཀྱིས་བླ་མེད་བྱང་ཆུབ་བསྟེན་པ་ལ་དགོངས་པའི་ཕྱིར།

གཞན་ཡང་། བྱང་སེམས་མཐོང་ལམ་པ་གནས་སྐབས་ཀྱི་བྱང་ཆེན་ཡིན་པར་ཐལ། ལོངས་སྤྱོད་ཀྱི་སྐུ་མཐར་ཐུག་གི་བྱང་ཆེན་ཡིན་པའི་ཕྱིར། འདོད་མི་ནུས་ཏེ། དེ་བྱང་སེམས་ཀྱི་མཐོང་ལམ་མ་ཡིན་པའི་ཕྱིར།

ཁོ་ན་རེ། གནས་སྐབས་ཀྱི་བྱང་ཆེན་མེད་པར་ཐལ། སློབ་ལམ་ན་བྱང་ཆེན་མེད་པའི་ཕྱིར། ཟེར་ན་མ་ཁྱབ། འོ་ན། ལམ་ཤེར་ཕྱིན་མེད་པར་ཐལ། སློབ་ལམ་ན་ཤེར་ཕྱིན་མེད་པའི་ཕྱིར། ཁྱབ་པ་ཁས།

གཞན་ཡང་། གནས་སྐབས་ཀྱི་བྱང་ཆེན་ཡོད་པར་ཐལ། རྣམ་བཤད་ལས། གནས་སྐབས་ཀྱི་

119 大菩提

「垢盡無生智，說為大菩提……」等有二。初者，一切相智為有法，是大菩提，因是究竟盡無生智故。

第二、辨析，前之因〔是〕大菩提之性相。於此有云：「自性身、報身、化身三者為有法，理應是彼性相，因是彼名相故。」不成立，因若是大菩提，須是知覺故，因「說為大菩提」及《俱舍論》云：「覺謂盡無生。[44]」故。

又，彼理應不應理，因聲聞阿羅漢不是聲聞菩提，獨覺阿羅漢不是獨覺菩提故。

有云：「《大乘寶性論》云：『技藝受生大菩提。』理應不應理，因報身等不是大菩提故。」不周遍，因慮及報身等尋獲無上菩提故。

又，見道菩薩理應是暫時大菩提，因報、化身乃究竟大菩提故。不能許，因彼不是菩薩見道故。

有云：「理應沒有暫時大菩提，因有學道沒有大菩提故。」不周遍，那麼，理應沒有道般若波羅蜜多，因有學道沒有般若波羅蜜多故。承許周遍。

又，理應有暫時大菩提，因《心要莊嚴疏》直接開示暫時大菩

བྱང་ཆེན་དངོས་སུ་གསུངས་པའི་ཕྱིར།

གཞན་གྱི་ཆོས་རྣམས་ཀྱང་ཡོད་ལ། །ཞེས་བྱ་ལ་ཡང་སྟོན་པ་ཡི། །སྒྲིབ་བ་ཟད་པར་བརྗོད་པ་གང་། །དེ་ལ་ཁོ་བོས་མཚར་དུ་བརྩེས། །ཞེས་པར། སྒྲིབ་པ་བདེན་གྲུབ་དང་སྟོན་པ་སངས་རྒྱས་ཀྱི་སྒྲིབ་པ་སྤོང་བར་དམ་བཅས་པའི་དམ་བཅའ་ཆོས་ཅན། དམ་བཅའ་ཡང་དག་མ་ཡིན་ཏེ། ཁས་བླངས་ནང་འགལ་བའི་དམ་བཅའ་ཡིན་པའི་ཕྱིར།

◆現觀辨析（下）

提故。

「若有餘實法，而於所知上，說能盡諸障，吾以彼為奇。」立「障為諦實成立」與「導師佛斷障」之宗為有法，不是正確宗，因所承許是相互相違之宗故。

དེ་ལ་སྐྱེ་བ་དང་འཇིག་པས་སྟོང་པའི་ཕྱིར། བདག་མེད་དོ་སྙམ་དུ་བསྒོམ་པས། ཞེས་སོགས་ལ། གཉིས་ལས། དང་པོ་ནི། བྱང་སེམས་ཚོགས་ལམ་པས་གང་ཟག་གི་བདག་མེད་རྟོགས་ནས་སྒོམ་པ་ལ་ཆོས་ཅན། དགོས་པ་ཡོད་དེ། གང་ཟག་གི་བདག་འཛིན་དཔལ་གཞོམ་པ་དང་། ཉན་ཐོས་ཀྱི་རིགས་ཅན་རྗེས་སུ་བཟུང་བའི་ཆེད་དུ་ཡིན་པའི་ཕྱིར།

གཉིས་པ་ལ་ཁ་ཅིག ཉན་ཐོས་ཀྱི་རྟོགས་རིགས་སུ་གནས་པའི་ལམ་ཞུགས་ཀྱི་མཁྱེན་པ་དེ། གང་ཟག་གི་བདག་མེད་རྟོགས་པའི་རྣལ་འབྱོར་གྱི་སའི་མཚན་ཉིད་ཟེར་བ་མི་རིགས་ཏེ། ཉན་ཐོས་ཚོགས་ལམ་པའི་སེམས་བསྐྱེད་ལྟ་བུ། མཚན་ཉིད་དེ་གང་ཞིག མཚོན་བྱ་དེ་མ་ཡིན་པའི་ཕྱིར། དང་པོ་དེར་ཐལ། དེ་དེའི་ཐབས་ཀྱི་རྟོགས་རིགས་སུ་གནས་པའི་ལམ་ཞུགས་ཀྱི་མཁྱེན་པ་ཡིན་པའི་ཕྱིར་ཏེ། དེ་ཡོད་པའི་ཕྱིར། ལུང་ལས་ཁ་ཅིག་ཉན་ཐོས་ཀྱི་བྱང་ཆུབ་ཏུ་སེམས་བསྐྱེད་དོ། །ཞེས་གསུངས་པའི་ཕྱིར།

ཁོ་ན་རེ། ཉན་ཐོས་ཀྱི་སྙིང་རྗེ་དེ་ཉན་ཐོས་ཀྱི་རྟོགས་རིགས་སུ་གནས་པར་ཐལ། དེའི་སེམས་བསྐྱེད་ཉན་ཐོས་ཀྱི་རྟོགས་རིགས་སུ་གནས་པའི་ཕྱིར་ན། མ་ཁྱབ། ཉན་ཐོས་ཀྱི་སྙིང་རྗེ་སེམས་ཅན་སྡུག་བསྔལ་དང་བྲལ་འདོད་ཀྱི་རྣམ་པ་ཅན་ཡིན། དེའི་སེམས་བསྐྱེད་ཉན་ཐོས་ཀྱི་བྱང་ཆུབ་ལ་དམིགས་ཤིང་དོན་དུ་གཉེར་བའི་བློ་ཡིན་པའི་ཕྱིར།

ཁ་ཅིག གང་ཟག་གི་བདག་མེད་རྟོགས་པའི་ཡེ་ཤེས་དེ། གང་ཟག་གི་བདག་མེད་རྟོགས་པའི་རྣལ་འབྱོར་གྱི་སའི་མཚན་ཉིད་ཟེར་བ་མི་རིགས་ཏེ། སངས་འཕགས་ཀྱི་ཐུགས་རྒྱུད་ཀྱི་སྙིང་རྗེ་དེ་མཚོན་བྱ་དེ་མ་ཡིན་པའི་ཕྱིར། དེར་ཐལ། དེ་ཐེག་དམན་གྱི་རྟོགས་རིགས་སུ་མི་གནས་པའི་ཕྱིར། ཁྱབ་སྟེ། རྣལ་འབྱོར་གྱི་ས་དང་པོ་ཡིན་ན་ཉན་ཐོས་ཀྱི་རྟོགས་རིགས་སུ་གནས་དགོས་པའི་ཕྱིར།

ཁ་ཅིག ཉན་ཐོས་ཀྱི་ཤེས་རབ་ཀྱི་རྟོགས་རིགས་སུ་གནས་པའི་ལམ་ཞུགས་ཀྱི་མཁྱེན་པ་དེ། དེའི་མཚན་ཉིད་ཟེར་བའང་མི་འཐད་དེ། གཟུགས་མི་རྟག་པར་རྟོགས་པའི་ཉན་ཐོས་ཀྱི་མཐོང་ལམ་

120 瑜伽三地及由彼所引申之俱緣決定

「其中，無生滅之故。觀修思惟：『無我』……」等，有二。初者，資糧道菩薩通達而修習補特伽羅無我為有法，有旨趣，因為了消滅補特伽羅我執能力及攝受聲聞種性故。

第二，有云：「住聲聞證類之入道之智，乃通達補特伽羅無我之瑜伽地的性相。」不合理，因如聲聞資糧道者之發心，是彼性相，且非彼名相故。初者理應如是，因彼是住彼之方便證類之入道智故，因有彼故。因教言云：「有些於聲聞菩提發心。」故。

有云：「聲聞之悲理應是住聲聞證類，因彼之發心住聲聞證類故。」不周遍，因聲聞之悲乃具欲有情離苦之行相，彼之發心乃緣聲聞之菩提且希求〔彼〕之覺知故。

有云：「通達補特伽羅無我之本智，是通達補特伽羅無我之瑜伽地之性相。」不合理，因佛聖者心續之悲非彼名相故。理應如是，因彼不住小乘證類故。周遍，因若是第一瑜伽地，須住聲聞證類故。

有云：「住聲聞智慧證類之入道之智，為彼之性相。」不應理，因通達色無常之聲聞見道不定故。

ཀྱིས་མ་ངེས་པའི་ཕྱིར།

རང་ལུགས་ནི། ཉན་ཐོས་ཀྱི་ཤེས་རབ་ཀྱི་རྟོགས་རིགས་སུ་གནས་པའི་གང་ཟག་གི་བདག་མེད་རྟོགས་པའི་ལམ་ཞུགས་ཀྱི་མཁྱེན་པ། འདིར་བསྟན་རྣལ་འབྱོར་གྱི་ས་དང་པོའི་མཚན་ཉིད།

སྔོན་པོ་དང་དེའི་བློ་དག་ལྷན་ཅིག་དམིགས་པ་ངེས་པའི་ཕྱིར། འདི་ནི་སེམས་ཙམ་པོ་ན་ཡིན་གྱི། ཞེས་སོགས་ལ། སྦྱོར་བ་དང་། མཐའ་དཔྱད་པ་གཉིས། དང་པོ་ནི། བྱང་སེམས་ཚོགས་ལམ་པས་གཟུགས་ཕྱི་རོལ་དོན་གྱིས་སྟོང་པར་རྟོགས་ནས་སྒོམ་པ་ལ་ཆོས་ཅན། དགོས་པ་ཡོད་དེ། གདུལ་བྱ་རང་རྒྱལ་གྱི་རིགས་ཅན་རྗེས་སུ་བཟུང་བ་དང་བཟུང་བ་ཕྱི་རོལ་དོན་དུ་འཛིན་པའི་རྟོག་པ་དཔལ་གཞོམ་པའི་དོན་དུ་ཡིན་པའི་ཕྱིར། སྔོན་པོ་དང་སྔོན་སྣང་དབང་ཤེས་ཆོས་ཅན། རྫས་གཞན་མ་ཡིན་ཏེ། ལྷན་ཅིག་དམིགས་ངེས་ཡིན་པའི་ཕྱིར།

གཉིས་པ་ལ་ཁ་ཅིག རང་རྒྱལ་གྱི་རྟོགས་རིགས་སུ་གནས་པའི་ལམ་ཞུགས་ཀྱི་མཁྱེན་པ། གཉིས་སྟོང་རྟོགས་པའི་རྣལ་འབྱོར་གྱི་སའི་མཚན་ཉིད་ཟེར་བ་མི་འཐད་དེ། རང་རྒྱལ་གྱི་སེམས་བསྐྱེད་ལྟ་བུ་མཚན་ཉིད་དེ་གང་ཞིག མཚོན་བྱ་དེ་མ་ཡིན་པའི་ཕྱིར། དང་པོ་དེར་ཐལ། དེ་དེའི་ཐབས་ཀྱི་རྟོགས་རིགས་སུ་གནས་པའི་ཕྱིར། དེ་ཡོད་པའི་ཕྱིར་ཏེ། ལུང་ལས། ཁ་ཅིག་རང་རྒྱལ་གྱི་བྱང་ཆུབ་ཏུ་སེམས་བསྐྱེད་དོ། །ཞེས་གསུངས་པའི་ཕྱིར།

ཁོ་ན་རེ། རང་རྒྱལ་གྱི་སྙིང་རྗེ་དེ་དེའི་རྟོགས་རིགས་སུ་གནས་པར་ཐལ། དེའི་སེམས་བསྐྱེད་དེའི་རྟོགས་རིགས་སུ་གནས་པའི་ཕྱིར། ཞེ་ན་མ་ཁྱབ་པའི་ཚུལ་སྔར་བཞིན་ནོ། །

ཁ་ཅིག གཟུགས་ཕྱི་རོལ་དོན་གྱིས་སྟོང་པར་རྟོགས་པའི་ཡེ་ཤེས་གཉིས་སྟོང་རྟོགས་པའི་རྣལ་འབྱོར་གྱི་སའི་མཚན་ཉིད་ཟེར་བ་མི་རིགས་ཏེ། སངས་རྒྱས་འཕགས་པའི་ཐུགས་རྒྱུད་ཀྱི་སྙིང་རྗེ་ཆེན་པོ་དེ་མཚན་ཉིད་དེ་གང་ཞིག་མཚོན་བྱ་དེ་མ་ཡིན་པའི་ཕྱིར། དེར་ཐལ། དེ་ཐེག་དམན་གྱི་རྟོགས་རིགས་སུ་མི་གནས་པའི་ཕྱིར། ཁྱབ་སྟེ། རྣལ་འབྱོར་གྱི་ས་གཉིས་པ་ཡིན་ན། རང་རྒྱལ་གྱི་རྟོགས་རིགས་སུ་གནས་པས་ཁྱབ་པའི་ཕྱིར།

自宗：「住聲聞智慧證類之通達補特伽羅無我之入道智」，乃此示第一瑜伽地之性相。

「青色與彼心二者必俱時緣故。作意所謂：『此不過是唯識……』」等，有論式與辨析二者。初者，菩薩資糧道者通達而修習色外境空為有法，有旨趣，因為了攝受所化獨覺種性以及消滅執所取為外境之分別的能力故。青與顯青根知為有法，不是異質，因是俱緣決定故。

第二，有云：「住獨覺證類之入道之智，乃通達二空之瑜伽地之性相。」不應理，因如獨覺發心是彼性相，且非彼名相故。初者理應如是，因彼是住彼之方便證類故。因有彼故，因教言云：「有些於獨覺菩提發心。」故。

有云：「獨覺之悲理應住彼之證類，因彼之發心住彼之證類故。」不周遍之理如前。

有云：「通達色外境空之本智，乃通達二空之瑜伽地之性相。」不合理，因佛聖者心續之大悲，是彼性相，且非彼名相故。理應如是，因彼不住小乘證類故。周遍，因若是第二瑜伽地，周遍住獨覺之證類故。

རང་ལུགས། རང་རྒྱལ་གྱི་ཤེས་རབ་ཀྱི་རྟོགས་རིགས་སུ་གནས་པའི་གཉིས་སྟོང་རྟོགས་པའི་ལམ་ཞུགས་ཀྱི་མཁྱེན་པ། འདིར་བསྟན་རྣལ་འབྱོར་གྱི་ས་གཉིས་པའི་མཚན་ཉིད།

ཁ་ཅིག ཆོས་དེ་དང་ཕན་ཚུན་ཐ་དད་གང་ཞིག ཁྱོད་དམིགས་བྱེད་ཀྱི་ཚད་མ་ཡིན་ན། ཆོས་དེ་དམིགས་བྱེད་ཀྱི་ཚད་མ་ཡིན་པས་ཁྱབ། ཆོས་དེ་དམིགས་བྱེད་ཀྱི་ཚད་མ་ཡིན་ནའང་ཁྱོད་དམིགས་བྱེད་ཀྱི་ཚད་མ་ཡིན་པས་ཁྱབ་པ་དེ། ཆོས་དེ་དང་ལྷན་ཅིག་དམིགས་ངེས་ཀྱི་མཚན་ཉིད་ཟེར་བ་མི་འཐད་དེ། གཟུགས་དང་གཟུགས་འཛིན་ཚད་མ་ལྷན་ཅིག་དམིགས་ངེས་ཡིན་པ་གང་ཞིག གཟུགས་དམིགས་བྱེད་ཀྱི་ཚད་མ་ཡིན་ན། གཟུགས་འཛིན་ཚད་མ་དམིགས་བྱེད་ཀྱི་ཚད་མ་ཡིན་པས་མ་ཁྱབ་པའི་ཕྱིར། དེར་ཐལ། ཉན་ཐོས་ཚོགས་ལམ་པའི་རྒྱུད་ཀྱི་གཟུགས་འཛིན་མིག་ཤེས་ཀྱིས་མ་ངེས་པའི་ཕྱིར། དེར་ཐལ། སོ་སྐྱེའི་མིག་ཤེས་ཀྱིས་ཁོ་རང་མ་རྟོགས་པའི་ཕྱིར། རྣམ་འགྲེལ་ལས། གཅིག་གིས་གཉིས་ཤེས་མ་ཡིན་ཏེ། །དབང་པོའི་སེམས་ནི་ངེས་ཕྱིར་རོ། །ཞེས་གསུངས་པའི་ཕྱིར།

ཡང་ཁ་ཅིག སྔོན་པོ་དང་སྔོན་སྣང་དབང་ཤེས་ཕན་ཚུན་ཐ་དད། ངོ་བོ་གཅིག་ཏུ་གནས་པ་དེ། དེ་གཉིས་ལྷན་ཅིག་དམིགས་ངེས་ཡིན་པའི་མཚན་ཉིད་ཟེར་བ། མི་འཐད་དེ། ལྷན་ཅིག་དམིགས་ངེས་ཀྱི་རྟགས་ཀྱིས་སྔོན་པོ་དང་སྔོན་སྣང་དབང་ཤེས་རྫས་གཞན་མ་ཡིན་པར་སྒྲུབ་པ་སྐབས་སུ་བབ་པའི་ཕྱི་རྒོལ་རྣམ་དག་དེས། དེ་གཉིས་ངོ་བོ་གཅིག་ཏུ་མ་རྟོགས་པའི་ཕྱིར། དེར་ཐལ། དེ་དེ་གཉིས་ངོ་བོ་གཅིག་ཡིན་མིན་ཐེ་ཚོམ་ཟ་བའི་གང་ཟག་ཡིན་པའི་ཕྱིར། དེ་དེ་གཉིས་རྫས་གཅིག་ཡིན་མིན་ཐེ་ཚོམ་ཟ་བའི་གང་ཟག་ཡིན་པའི་ཕྱིར། ཆོས་ཅན་དེ་ཡིན་པའི་ཕྱིར།

ཁ་ཅིག སྔོན་པོ་དང་སྔོར་འཛིན་གྱི་བློ་ལྷན་ཅིག་དམིགས་ངེས་ཡིན་ཟེར་བ་མི་འཐད་ཅེང་། སྔོན་པོ་དང་སྔོ་འཛིན་ཡིད་མངོན་ལྷན་ཅིག་དམིགས་ངེས་ཡིན་ཟེར་བའང་མི་འཐད་དེ། སྔོན་པོ་སྔོ་འཛིན་ཡིད་མངོན་གྱི་རྒྱུ་ཡིན་པའི་ཕྱིར། དེར་ཐལ། སྔོ་འཛིན་དབང་མངོན་སྔོ་འཛིན་ཡིད་མངོན་གྱི་རྒྱུ་ཡིན་པ་གང་ཞིག སྔོན་པོ་དང་སྔོ་འཛིན་དབང་མངོན་གཉིས་ལྷན་ཅིག་དམིགས་ངེས་ཡིན་པའི་ཕྱིར།

ཁ་ཅིག སྔོན་པོ་དང་སྔོ་འཛིན་མངོན་སུམ་ལྷན་ཅིག་དམིགས་ངེས་མ་ཡིན་ཟེར་བ་མི་འཐད་དེ། སྔོན་པོ་དང་དེ་འཛིན་དབང་མངོན་ལྷན་ཅིག་དམིགས་ངེས་ཡིན་པའི་ཕྱིར།

自宗：「住獨覺智慧證類之通達二空之入道智」，乃此示第二瑜伽地之性相。

有云：「與彼法相互為異，且若是能緣爾之量，周遍是能緣彼法之量；若是能緣彼法之量，亦周遍是能緣爾之量，乃與彼法俱緣決定之性相。」不應理，因色與執色量是俱緣決定，且若是能緣色之量，不周遍是能緣執色量之量故。理應如是，因聲聞資糧道者相續之執色眼知不定故。理應如是，因異生眼知不通達他自己故。因《釋量論》云：「非由一知二，根心決定故。[45]」故。

又有云：「青色與顯青根知相互為異、同體而住，是彼二俱緣決定之性相。」不應理，因以俱緣決定之因成立青色與顯青根知非異質之時的正敵論者未通達彼二為同體故。理應如是，因彼乃對於彼二是否為同體起疑之補特伽羅故。因彼乃於彼二是否為同質起疑之補特伽羅故。因是彼有法故。

有云：「青色與執青覺知是俱緣決定。」不應理，且「青色與執青意現前是俱緣決定。」亦不應理，因青色乃執青意現前之因故。理應如是，因執青根現前是執青意現前之因，且青色與執青根現前二者是俱緣決定故。

有云：「青色與執青現前非俱緣決定。」不應理，因青色與執彼根現前是俱緣決定故。

ཁོ་ན་རེ། འོ་ན། སྔོ་འཛིན་མངོན་སུམ་དེ་སྔོ་འཛིན་ཡིད་མངོན་གྱི་རྒྱུ་ཡིན་པར་ཐལ། སྔོན་པོ་དེའི་རྒྱུ་གང་ཞིག སྔོན་པོ་དང་དེ་འཛིན་མངོན་སུམ་ལྷན་ཅིག་དམིགས་ངེས་ཡིན་པའི་ཕྱིར། རྟགས་ཁས། འདོད་མི་ནུས་ཏེ། སྔོ་འཛིན་ཡིད་མངོན་སྔོ་འཛིན་མངོན་སུམ་གྱི་བྱེ་བྲག་ཡིན་པའི་ཕྱིར་ཏེ། སྔོ་འཛིན་དབང་མངོན་དེའི་བྱེ་བྲག་ཡིན་པའི་ཕྱིར་ན། མ་ཁྱབ།

ཡང་ཁོ་ན་རེ། སྔོ་འཛིན་ཡིད་མངོན་གྱི་དུས་སུ་སྔོ་འཛིན་མངོན་སུམ་མེད་པར་ཐལ། སྔོ་འཛིན་མངོན་སུམ་དེ་སྔོ་འཛིན་ཡིད་མངོན་གྱི་རྒྱུ་ཡིན་པའི་ཕྱིར། འདོད་ན། དེ་ཆོས་ཅན། ཁྱོད་ཀྱི་དུས་སུ་དེ་ཡོད་པར་ཐལ། ཁྱོད་ཀྱི་དུས་སུ་སྔོ་འཛིན་ཡིད་མངོན་ཡོད་པའི་ཕྱིར་ནའང་། མ་ཁྱབ།

ཡང་ཁོ་ན་རེ། སྔོན་པོ་འཛིན་པའི་རྣལ་འབྱོར་མངོན་སུམ་དེ་སྔོན་པོ་དང་ལྷན་ཅིག་དམིགས་ངེས་ཡིན་པར་ཐལ། སྔོན་པོ་དང་དེ་འཛིན་མངོན་སུམ་ལྷན་ཅིག་དམིགས་ངེས་ཡིན་པའི་ཕྱིར་ན། མ་ཁྱབ། འདོད་ན། དེ་ཆོས་ཅན། ཁྱོད་སྣང་ཡུལ་དུ་བྱེད་པའི་སོ་སྐྱེའི་མངོན་སུམ་ཡོད་པར་ཐལ། རྟགས་དེའི་ཕྱིར་ཟེར་ནའང་། མ་ཁྱབ་སྟེ། འོ་ན། གཟུགས་འཛིན་པའི་སངས་འཕགས་ཀྱི་མིག་ཤེས་ཆོས་ཅན། དེར་ཐལ། དེའི་ཕྱིར།

རང་ལུགས། སྔོན་པོ་དང་སྔོར་སྣང་དབང་ཤེས་གཉིས་ཕན་ཚུན་ཐ་དད་འབྲལ་མི་རུང་དུ་ལྷན་ཅིག་གནས་པ་དེ། དེ་གཉིས་ལྷན་ཅིག་དམིགས་ངེས་ཡིན་པའི་མཚན་ཉིད་ཡིན་ཏེ། རྣམ་འགྲེལ་ལས། ངེས་པར་བློ་དང་ལྷན་ཅིག་ཏུ། །ཅིག་ཅར་དུ་ནི་མྱོང་འགྱུར་བའི། །ཡུལ་ནི་དེ་ལས་གཞན་ཉིད་དུ། །རྣམ་གང་གིས་ནི་འགྲུབ་པར་འགྱུར། །ཅེས་པ་དང་། རྣམ་ངེས་ལས། ལྷན་ཅིག་དམིགས་པ་ངེས་པའི་ཕྱིར། །སྔོ་དང་དེ་བློ་གཞན་མ་ཡིན། །ཞེས་དང་། སློབ་དཔོན་ཆོས་མཆོག་གིས། ལྷན་ཅིག་པ་ནི་དུས་གཅིག་པའོ། །དམིགས་པ་ནི་རྟོགས་པའོ། །ངེས་པ་ནི་ཁྱབ་པའོ། །ཞེས་གསུངས་པའི་ཕྱིར།

དེ་ཡང་རྟེན་ཅིང་འབྲེལ་བར་འབྱུང་བ་ཡིན་པའི་ཕྱིར་སྒྱུ་མ་བཞིན་དུ་ངོ་བོ་ཉིད་མེད་པ་སྟེ་ཞེས་སོགས་ལ། བྱང་སེམས་མཐོང་ལམ་པས་ཆོས་ཉིད་བདེན་སྟོང་དུ་རྟོགས་ནས་བསྒོམ་པ་ལ་ཆོས་ཅན། དགོས་པ་ཡོད་དེ། ཐེག་ཆེན་གྱི་རིགས་ཅན་རྗེས་སུ་བཟུང་བ་དང་། ཤེས་སྒྲིབ་སྤྲང་བའི་རྣམ་གྲོལ་

有云：「那麼，執青現前理應是執青意現前之因，因青色乃彼之因，且青色與執彼現前乃俱緣決定故。承許因。不能許，因執青意現前乃執青現前之別故，因執青根現前乃彼之別故。」不周遍。

又雖有云：「於執青意現前之時理應沒有執青現前，因執青現前乃執青意現前之因故。若許，彼為有法，於爾之時理應有彼，因於爾之時有執青意現前故。」亦不周遍。

又有云：「執青瑜伽現前與青色理應是俱緣決定，因青色與執彼現前乃俱緣決定故。」不周遍。若許，彼為有法，理應有以爾為顯現境之異生之現前，因彼因故。亦不周遍，那麼，執色之佛聖者眼知為有法，理應如是，因如是故。

自宗：「青色與顯青根知二者相互為異、不堪分離而同時安住」，乃彼二是俱緣決定之性相，因《釋量論》云：「定與覺俱時，所頓領受境，除彼而為餘，由何相成立？[46]」《定量論》云：「俱緣決定故，青彼覺非異。」以及法上阿闍黎言「俱乃同時，緣即通達，決定是周遍」故。

「又，因為是緣起之故；如幻化般無自性……」等，菩薩見道者通達而修習法性諦實空為有法，有旨趣，因有為攝受大乘種性與為得斷除所知障之解脫道之旨趣故。

ལམ་ཐོབ་པའི་དགོས་པ་ཡོད་པའི་ཕྱིར།

ཁ་ཅིག ཐེག་ཆེན་གྱི་རྟོགས་རིགས་སུ་གནས་པའི་ལམ་ཞུགས་ཀྱི་མཁྱེན་པ་དེ། བདག་མེད་རྟོགས་པའི་རྣལ་འབྱོར་གྱི་སའི་མཚན་ཉིད་ཐེར་བ་མི་འཐད་དེ། བྱང་སེམས་མཐོང་ལམ་པའི་རྒྱུད་ཀྱི་ཀུན་རྫོབ་སེམས་བསྐྱེད་ལྟ་བུ་མཚན་ཉིད་དེ་གང་ཞིག མཚོན་བྱ་དེ་མ་ཡིན་པའི་ཕྱིར། ཕྱི་མ་དེར་ཐལ། ཐེག་ཆེན་གྱི་ཤེས་རབ་ཀྱི་རྟོགས་རིགས་སུ་མི་གནས་པའི་ཕྱིར་ཏེ། དེའི་ཐབས་ཀྱི་རྟོགས་རིགས་སུ་གནས་པའི་ཕྱིར།

ཁ་ཅིག བདག་མེད་རྟོགས་པའི་ལམ་ཞུགས་ཀྱི་མཁྱེན་པ་དེ། འདིར་བསྟན་རྣལ་འབྱོར་གྱི་ས་གསུམ་པའི་མཚན་ཉིད་ཐེར་བ་མི་འཐད་དེ། སངས་འཕགས་ཀྱི་རྒྱུད་ཀྱི་ཀུན་རྫོབ་སེམས་བསྐྱེད་མཚོན་བྱ་དེ་མ་ཡིན་པའི་ཕྱིར། དེ་ཐེག་ཆེན་གྱི་ཤེས་རབ་ཀྱི་རྟོགས་རིགས་སུ་མི་གནས་པའི་ཕྱིར།

ཁ་ཅིག ཐེག་ཆེན་གྱི་ཤེས་རབ་ཀྱི་རྟོགས་རིགས་སུ་གནས་པའི་ལམ་ཞུགས་ཀྱི་མཁྱེན་པ་དེ། དེའི་མཚན་ཉིད་ཐེར་བའང་མི་རིགས་ཏེ། གང་ཟག་ཐ་སྙད་དུ་ཡོད་པར་རྟོགས་པའི་བྱང་སེམས་ཀྱི་མཐོང་ལམ་མཚན་ཉིད་དེ་ཡིན་པ་གང་ཞིག མཚོན་བྱ་དེ་མ་ཡིན་པའི་ཕྱིར། དང་པོ་དེར་ཐལ། དེ་ཐེག་ཆེན་གྱི་ཀུན་རྫོབ་ཤེས་པའི་ཤེས་རབ་ཀྱི་རྟོགས་རིགས་སུ་གནས་པའི་ཕྱིར།

རང་ལུགས། ཐེག་ཆེན་གྱི་ཤེས་རབ་ཀྱི་རྟོགས་རིགས་སུ་གནས་པའི་བདེན་མེད་རྟོགས་པའི་ལམ་ཞུགས་ཀྱི་མཁྱེན་པ་དེ། འདིར་བསྟན་རྣལ་འབྱོར་གྱི་ས་གསུམ་པའི་མཚན་ཉིད།

ཁ་ཅིག གང་ཟག་གི་བདག་མེད་རྟོགས་པའི་རྣལ་འབྱོར་གྱི་ས། གཟུང་མེད་རྟོགས་པའི་རྣལ་འབྱོར་གྱི་ས། འཛིན་མེད་རྟོགས་པའི་རྣལ་འབྱོར་གྱི་ས། ཆོས་ཐམས་ཅད་བདེན་སྟོང་དུ་རྟོགས་པའི་རྣལ་འབྱོར་གྱི་ས། ཞེས་བཞིའི་ཐ་སྙད་བྱེད་པ་མི་འཐད་པར་ཐལ། གཟུང་མེད་རྟོགས་པའི་རྣལ་འབྱོར་གྱི་ས་ལས་ལོགས་སུ་འཛིན་མེད་རྟོགས་པའི་རྣལ་འབྱོར་གྱི་ས་འཇོག་མི་དགོས་པའི་ཕྱིར། དེར་ཐལ། གཟུགས་གཟུགས་འཛིན་དབང་ཤེས་དང་རྫས་གཞན་ཁེགས་པའི་གང་ཟག་ཡིན་ན་གཟུགས་འཛིན་དབང་ཤེས་གཟུགས་དང་རྫས་གཞན་ཁེགས་པའི་གང་ཟག་ཡིན་དགོས་པའི་ཕྱིར། རྣམ་འགྲེལ་ལས།

有云：「住大乘證類之入道之智，彼是通達無我之瑜伽地之性相。」不應理，因如菩薩見道者相續之世俗發心是彼性相，且非彼名相故。後者理應如是，因不住大乘智慧證類故，因住彼之方便證類故。

有云：「通達無我之入道之智，彼是此示第三瑜伽地之性相。」不應理，因佛聖者相續之世俗發心非彼名相故。因彼不住大乘智慧證類故。

有云：「住大乘智慧證類之入道之智，乃彼之性相。」亦不合理，因通達補特伽羅名言有之菩薩見道是彼性相，且非彼名相故。初者理應如是，因彼住大乘之了知世俗之智慧證類故。

自宗：「住大乘智慧證類之通達諦實空之入道智」，乃此示第三瑜伽地之性相。

有安立「通達補特伽羅無我之瑜伽地、通達無所取之瑜伽地、通達無能取之瑜伽地、通達一切法諦實空之瑜伽地」之四個名言理應不應理，因不須在通達無所取之瑜伽地之外，另安立通達無能取之瑜伽地故。理應如是，因若是遮除色與執色根知異質之補特伽羅，須是遮除執色根知與色異質之補特伽羅故。因《釋量論》云：『彼所諍同故。[47]』故。」

དེར་ཡང་རྟོད་པ་མཚུངས་ཕྱིར་དང་། །ཞེས་གསུངས་པའི་ཕྱིར།

ཁོ་ན་རེ། འགྲེལ་པར། གཟུང་བ་མེད་ན་འཛིན་པ་མེད་དོ་སྙམ་དུ་བསྒོམ་པས། ཞེས་གསུངས་པ་མི་འཐད་པར་ཐལ། དམ་བཅའ་གང་ཞིག ཕྱི་རོལ་གྱི་དོན་དུ་མངོན་པར་ཞེན་པ་སྤྲངས་ཏེ་ཞེས་པས། ཆོས་ཀྱི་བདག་འཛིན་རགས་པ་སྤྲངས་ཚུལ་དངོས་སུ་འཆད་པའི་ཕྱིར་ན་མ་ཁྱབ་སྟེ། གཟུང་བ་མེད་ན་ཞེས་སོགས་ཀྱི་གཞུང་གིས་རྗེས་ཐོབ་ཏུ་དེ་ལྟར་ཉམས་སུ་ལེན་པའི་ཚུལ་བསྟན་པའི་ཕྱིར།

ཁ་ཅིག སློབ་དཔོན་གྱི་ལུགས་ལ་ སྦྱོར་སྣང་དབང་ཤེས་མ་འཁྲུལ་པའི་ཤེས་པར་འདོད་པ་འདིའི་སྐབས་ཀྱི་རྣམ་བཤད་ལས་ལེགས་པར་བཀག་སྟེ། དེ་ཉིད་ལས། མཉམ་གཞག་ཏུ་གཟུང་འཛིན་རྫས་ཐ་དད་ཀྱིས་སྟོང་པར་མངོན་སུམ་གྱིས་རྟོགས་པ་ན། རྗེས་ཐོབ་ཏུ་སྦྱོར་སྣང་དབང་པོའི་ཤེས་པ་ལ་སོགས་པ་གཞན་ཡང་འཁྲུལ་བར་འཛིན་པ་ཉོག ཅེས་གསུངས་པའི་ཕྱིར།

འདི་ལ་བསལ་བྱ་ཅི་ཡང་མེད། །བཞག་པར་བྱ་བ་ཅུང་ཟད་མེད། །ཡང་དག་ཉིད་ལ་ཡང་དག་ལྟ། །ཡང་དག་མཐོང་ནས་རྣམ་པར་གྲོལ། །ཞེས་པར། རྒྱུད་བླ་མ་ལྟར་ན། རང་བཞིན་གནས་རིགས་ལ་བདག་འཛིན་གཉིས་ཀྱི་ཞེན་ཡུལ་སྔར་ཡོད་གསར་དུ་བསལ་བར་བྱ་བ་ཅི་ཡང་མེད་དེ། དེ་ལ་བདག་འཛིན་གཉིས་ཀྱི་ཞེན་ཡུལ་ཡོད་མ་མྱོང་བའི་ཕྱིར།

རང་བཞིན་གནས་རིགས་ལ་བདག་མེད་གཉིས་སྔར་མེད་གསར་དུ་བཞག་པར་བྱ་བ་ཅུང་ཟད་ཀྱང་མེད་དེ། དང་པོ་ནས་བདག་མེད་གཉིས་ཀྱི་རང་བཞིན་ཡིན་པའི་ཕྱིར།

བྱང་འཕགས་ཀྱི་རྒྱུད་ཀྱི་སྟོང་ཉིད་མངོན་སུམ་དུ་རྟོགས་པའི་ཤེས་རབ་ཆོས་ཅན། ཡང་དག་པའི་ལྟ་བ་ཡིན་ཏེ། སྟོང་ཉིད་མངོན་སུམ་དུ་རྟོགས་པའི་ལྟ་བ་ཡིན་པའི་ཕྱིར།

སྙིང་རྗེ་དང་བྱང་ཆུབ་ཀྱི་སེམས་སོགས་ཀྱིས་ཟིན་པའི་སྒོ་ནས་སྟོང་ཉིད་མངོན་སུམ་དུ་རྟོགས་པའི་ལྟ་བ་བསྒོམ་པ་ལ་ཆོས་ཅན། དགོས་པ་ཡོད་དེ། སངས་རྒྱས་ཀྱི་གོ་འཕང་ཐོབ་པའི་ཆེད་དུ་ཡིན་པའི་ཕྱིར།

ཁོ་ན་རེ། སངས་འཕགས་ཀྱི་མིག་གི་རྣམ་པར་ཤེས་པའི་འཁོར་དུ་བྱུང་བའི་ཤེས་རབ་ཆོས་ཅན། དེར་ཐལ། དེའི་ཕྱིར། དེར་ཐལ། དེ་མངོན་སུམ་དུ་རྟོགས་པའི་ཤེས་རབ་ཡིན་པའི་ཕྱིར་ན། མ་

有云：「《明義釋》云：『作是思而修習：「若無所取，則無能取。[48]」』理應不應理，因如是立宗，且『而斷除執著外境義』直接講說斷除粗分法我執之理。」不周遍，因「若無所取……」等文顯示於後得〔位〕時如何修習之理故。

有人講說阿闍黎宗承許顯青根知是不錯亂知，此時之《心要莊嚴疏》善為遮除，因《心要莊嚴疏》云：「於平等住若現證能取所取異質空，則於後得位亦摒除錯亂執持顯青根知等。[49]」故。

「此中無所遣，亦無少可立，於正性正觀，正見而解脫。」若以《大乘寶性論》而言，於本性住種性，沒有任何曾有、新所遣之二我執之耽著境，因於彼未曾有二我執之耽著境故。

於本性住種性，亦沒有任何二無我是未曾有而新安立，因自一開始乃二無我之自性故。

菩薩聖者相續之現前通達空性之智慧為有法，是正見，因是現前通達空性之見故。

以悲心與菩提心等攝持之門修習現前通達空性之見為有法，有旨趣，因為得佛果位故。

有云：「佛聖者眼識之眷屬之慧為有法，理應如是，因如是故。理應如是，因乃現前通達彼之慧故。」不周遍，那麼，彼理應是正

ཁྱབ་སྟེ། འོ་ན། དེ་ཡང་དག་པའི་ལྟ་བ་ཡིན་པར་ཐལ། ཡང་དག་པའི་ཤེས་རབ་ཡིན་པའི་ཕྱིར། ཁྱབ་བསལ་ཁས། དེར་ཐལ། ཤེས་རབ་ཡང་དག་པ་ཡིན་པའི་ཕྱིར་ཏེ། ཤེས་རབ་ཁྱད་པར་ཅན་ཡིན་པའི་ཕྱིར་ཏེ། སྒྲིབ་གཉིས་སྤྱངས་པའི་ཤེས་རབ་ཡིན་པའི་ཕྱིར།

གཞན་ཡང་། སྟོང་ཉིད་མངོན་སུམ་དུ་རྟོགས་པའི་ཤེས་རབ་ཡིན་ན། དེ་རྟོགས་པའི་ལྟ་བ་ཡིན་མི་དགོས་པར་ཐལ། དེ་འདྲའི་ཤེས་རབ་ཏུ་གྱུར་པའི་དབང་ཤེས་ཡོད། དེ་རྟོགས་པའི་ལྟ་བ་ཡིན་ན་ཡིད་ཤེས་ཡིན་དགོས་པའི་ཕྱིར།

ཁ་ཅིག དྲི་མ་བསལ་དུ་མེད་པ་དང་། གཉེན་པོ་བསྐྱེད་དུ་མེད་པ་གཞུང་གི་དོན་དུ་བྱེད་པ་མི་འཐད་དེ། ཤེས་སྒྲིབ་སྤང་བྱ་དང་། དེའི་དངོས་གཉེན་རྒྱུད་ལ་བསྐྱེད་བྱ་ཡིན་པའི་ཕྱིར།

ཁ་ཅིག བདག་མེད་གཉིས་གཞི་དབུ་མ། དེ་གཉིས་རྟོགས་པའི་ལམ་ལམ་དབུ་མ། དེས་ཐོབ་པའི་རྣམ་གྲོལ་ལམ་འབྲས་བུ་དབུ་མ་ཡིན་ཟེར་བ་མི་འཐད་དེ། གང་ཟག་གི་བདག་མེད་དེ་དེ་མ་ཡིན་པའི་ཕྱིར། དེ་དོན་དམ་བདེན་པ་མ་ཡིན་པའི་ཕྱིར།

見，因是正慧故。承許周遍、遣法。理應如是，因是正確的慧故，因是殊勝慧故，因是斷二障之慧故。

又，若是現前通達空性之慧，理應不須是通達彼之見，因有屬如是之慧的根知，而若是通達彼之見須是意知故。

有云：「沒有垢染可遣除及沒有對治可生起，為文之義。」不應理，因所知障是所斷及彼之正對治是相續中的所生故。

有云：「二無我是基中觀、通達彼二之道是道中觀、彼所得之解脫道是果中觀。」不應理，因補特伽羅無我非彼故。因彼非勝義諦故。

མཐོང་ལམ་རྩེ་སྦྱོར་ལས་འཕྲོས་ཏེ་རྟེན་འབྲེལ་སྤྱི་དང་བྱེ་བྲག་གི་རྣམ་གཞག

སྦྱིན་པ་ལ་སོགས་རེ་རེར་ནི། །དེ་དག་ཕན་ཚུན་བསྡུས་པ་གང་། །སྐད་ཅིག་གཅིག་པའི་བཟོད་པ་ཡིས། །བསྡུས་པ་དེ་འདིར་མཐོང་བའི་ལམ། །ཞེས་པར། ཐེག་ཆེན་གྱི་མཐོང་ལམ་བཟོད་པ་བརྒྱད་ཆོས་ཅན། མཐོང་ལམ་རྩེ་སྦྱོར་ཡིན་ཏེ། མཐོང་སྤང་རྟོག་པའི་ས་བོན་དངོས་སུ་འཇོམས་བྱེད་ཀྱི་ཐེག་ཆེན་གྱི་བདེན་པ་མངོན་རྟོགས་ཡིན་པའི་ཕྱིར། མཐོང་སྤང་རྟོག་པའི་གཉེན་པོའི་རིགས་སུ་གནས་པའི་ཐེག་ཆེན་གྱི་བདེན་པ་མངོན་རྟོགས། མཐོང་ལམ་རྩེ་སྦྱོར་གྱི་མཚན་ཉིད་ཡིན།

དེ་ནས་སེང་གེ་རྣམ་བསྒྱིངས་པའི། །ཞེས་སོགས་ལ་སྦྱོར་བ་དང་། མཐའ་དཔྱད་པ་གཉིས།

དང་པོ་ནི། མཐོང་ལམ་རྩེ་སྦྱོར་ལ་གནས་པའི་སེམས་དཔའ་ཆོས་ཅན། སྤངས་པ་ལ་དབང་བྱེད་པའི་བྱེད་ལས་ཁྱད་པར་ཅན་དང་ལྡན་ཏེ། མཉམ་གཞག་ཏུ་སེང་གེ་རྣམ་པར་བསྒྱིངས་པའི་ཏིང་ངེ་འཛིན་ལ་མཉམ་པར་བཞག་ནས་རྗེས་ཐོབ་ཏུ་རྟེན་འབྲེལ་ལུགས་མཐུན་དང་ལུགས་མི་མཐུན་ལ་དཔྱོད་པར་བྱེད་པའི་བདེན་པ་མངོན་རྟོགས་ལ་གནས་པའི་སེམས་དཔའ་ཡིན་པའི་ཕྱིར།

གཉིས་པ་ལ་གཉིས། རྟེན་འབྲེལ་སྤྱིའི་རྣམ་གཞག་དང་། གནས་སྐབས་ཀྱི་རྟེན་འབྲེལ་བྱེ་བྲག་ཏུ་བཤད་པའོ། །

དང་པོ་ནི། སེམས་ཙམ་པས་རྟེན་འབྲེལ་གྱི་སྒྲ་དོན་པའི་དབང་དུ་བྱས་ནས། རང་གི་རྒྱུ་རྐྱེན་ལས་སྐྱེས་པ་རྟེན་འབྲེལ་གྱི་མཚན་ཉིད་དུ་བྱེད། དབུ་མ་པས་སྒྲ་ཡང་པའི་དབང་དུ་བྱས་ནས། ལྟོས་ནས་གྲུབ་པ། རྟེན་ཅིང་འབྲེལ་བར་འབྱུང་བའི་མཚན་ཉིད། དེ་ལ་དབྱེ་ན། འདུས་བྱས་ཀྱི་རྟེན་འབྲེལ་དང་འདུས་མ་བྱས་ཀྱི་རྟེན་འབྲེལ་གཉིས་ཡོད་པ་ཡིན་ཏེ། གཞི་གྲུབ་ན་རྟེན་ཅིང་འབྲེལ་འབྱུང་ཡིན་དགོས་པར་རྗེ་ཞེ་ལས་གསུངས་པའི་ཕྱིར།

ཁ་ཅིག འདུས་མ་བྱས་ཀྱི་རྟེན་འབྲེལ་ཡོད་ཀྱང་། འདུས་མ་བྱས་ཀྱི་རྟེན་ཅིང་འབྲེལ་བར་འབྱུང་

121 見道頂加行所引申緣起總與別之建立

「施等一一中，彼等互攝入，一剎那忍攝，是此中見道。」大乘見道八忍為有法，乃見道頂加行，因是能直接摧滅見所斷分別種子之大乘諦現觀故。「見所斷分別之對治住類之大乘諦現觀」，乃見道頂加行之性相。

「次由入獅子……」等有論式與辨析二者。

初者，住見道頂加行之菩薩為有法，於斷德具殊勝自在作用，因是於根本定中入獅子奮迅三摩地定後，於後得〔位〕住觀察緣起順次與逆次之諦現觀之菩薩故。

第二有二：總說緣起建立、別說暫時緣起。

初者，唯識師以緣起之狹義而言，將「由自因緣生」作為緣起之性相。中觀師以廣義而言，將「觀待成立」作為觀待、相屬而起之性相。彼有分為有為緣起與無為緣起二者，因《中論》開示若基成須是觀待相屬而起故。

有云：「雖有無為之緣起，然無無為之觀待相屬而起，因若是

བ་མེད་དེ། རྟེན་ཅིང་འབྲེལ་བར་འབྱུང་བ་ཡིན་ན་འདུས་བྱས་ཡིན་དགོས་པའི་ཕྱིར། དེ་ཡིན་ན་འབྱུང་བ་ཡིན་དགོས་པའི་ཕྱིར་ཞེ་ན། མ་གྲུབ་སྟེ། སྐབས་འདིའི་འབྱུང་བ་དང་གྲུབ་པ་སྐད་དོད་ཐུན་མོང་བ་ཡོད་པའི་ཕྱིར།

ཡང་ཁོ་ན་རེ། རྟེན་ཅིང་འབྲེལ་བར་འབྱུང་བ་ཡིན་ན་འདུས་བྱས་ཡིན་དགོས་པར་ཐལ། རྩ་ཤེའི་མཆོད་བརྗོད་ཀྱི་སྐབས་ནས་དངོས་སུ་བསྟན་པའི་རྟེན་འབྲེལ་ཡིན་ན་དེ་ཡིན་དགོས་པའི་ཕྱིར། དེར་ཐལ། གང་གིས་རྟེན་ཅིང་འབྲེལ་པར་འབྱུང་། །ཞེས་པའི་སྐབས་ནས་དངོས་སུ་བསྟན་པའི་རྟེན་འབྲེལ་ཡིན་ན། འདུས་བྱས་ཡིན་དགོས་པའི་ཕྱིར་ན། མ་ཁྱབ་སྟེ། རྩ་ཤེའི་མཆོད་བརྗོད་ཀྱི་སྐབས་ནས་དངོས་སུ་བསྟན་པའི་རྟེན་འབྲེལ་ཡིན་ན། གང་གིས་རྟེན་ཅིང་འབྲེལ་པར་འབྱུང་ཞེས་པའི་སྐབས་ནས་དངོས་སུ་བསྟན་པའི་རྟེན་འབྲེལ་ཡིན་མི་དགོས་པའི་ཕྱིར། དེར་ཐལ། མཆོད་བརྗོད་ཀྱིས་ཁྱད་གཞིར་བསྟན་པའི་རྟེན་འབྲེལ་ཡིན་ན། དེས་ཁྱད་ཆོས་སུ་བསྟན་པའི་རྟེན་འབྲེལ་ཡིན་མི་དགོས་པའི་ཕྱིར།

གཉིས་པ་ལ་གཉིས། ཀུན་ནས་ཉོན་མོངས་ཀྱི་རྟེན་འབྲེལ་བཤད་པ་དང་། རྣམ་བྱང་གི་རྟེན་འབྲེལ་བཤད་པ་གཉིས་ལས། ཕྱི་མ་སྤྱི་དོན་དུ་བཤད་པ་ལྟར་རོ། ། དང་པོ་ལ་བཞི། དབྱེ་བ། རྒྱུན་དུ་འགྱུར་ཚུལ། ཚེ་དུ་ལ་རྫོགས་པ། ས་མཚུངས་པའི་རྣམ་བཞག་དང་བཞི།

དང་པོ་ལ། བཅུ་གཉིས་སུ་ཡོད་དེ། ཡན་ལག་བཅུ་གཉིས་ཀྱི་ཐོག་མའི་མ་རིག་པ་ནས། རྒ་ཤིའི་བར་དུ་ཡོད་པའི་ཕྱིར།

ཁ་ཅིག མ་རིག་པ་ཡན་ལག་བཅུ་གཉིས་ཀྱི་ནང་ཚན་དུ་གྱུར་པའི་མ་རིག་པ་ཡིན་ཟེར་བ་མི་འཐད་དེ། དེ་ཉོན་མོངས་ཅན་གྱི་མ་རིག་པ་མ་ཡིན་པའི་ཕྱིར་ཏེ། ཉོན་མོངས་ཅན་མ་ཡིན་པའི་མ་རིག་པ་ཡོད་པའི་ཕྱིར། ཉན་ཐོས་དགྲ་བཅོམ་པས་མ་རིག་པ་མ་སྤངས་པའི་ཕྱིར་ཏེ། དེས་མི་ཤེས་པ་མ་སྤངས་པའི་ཕྱིར། དེས་ཤེས་སྒྲིབ་མ་སྤངས་པའི་ཕྱིར།

ཡང་ཁ་ཅིག ཉོན་མོངས་ཅན་གྱི་མ་རིག་པ་དེ་ཡན་ལག་བཅུ་གཉིས་ཀྱི་ཐོག་མའི་མ་རིག་པ་ཡིན་ཟེར། འོ་ན། དེ་ཆོས་ཅན། ཁྱོད་རྒྱུད་ལྡན་གྱི་འཕགས་པ་མེད་པར་ཐལ། རྟགས་དེའི་ཕྱིར། འདོད་མི་ནུས་ཏེ། འདོད་ཆགས་རྒྱུད་ལྡན་གྱི་འཕགས་པ་ཡོད་པའི་ཕྱིར། ཁྱབ་སྟེ། འདོད་ཆགས་ཡིན་ན་རང་

觀待相屬而起，須是有為故。因若是彼須是『起』故。」不成立，因此時之「起」與「成立」有共同對字故。

又有云：「若是觀待相屬而起，理應須是有為，因若是從《中論》禮讚〔文〕之時直接顯示之緣起，須是彼故。理應如是，因若是由『能說是因緣』之時所直接顯示之緣起，須是有為故。」不周遍，因若是《中論》禮讚〔文〕之時直接顯示之緣起，不須是「能說是因緣」之時直接顯示之緣起故。理應如是，因若是禮讚〔文〕所顯示為差別事之緣起，不須是彼所顯示為差別法之緣起故。

第二有二：講說染污緣起、講說清淨緣起。後者如總義所說。初者有四：分類、成緣之理、幾世圓滿、地相同之建立。

初者，有十二，因有從十二支開頭的無明，乃至老死之間故。

有云：「無明是屬十二支中之無明。」不應理，因彼不是染污無明故，因有非染污無明故。因聲聞阿羅漢未斷無明故，因彼未斷無知故。因彼未斷所知障故。

又有云：「染污無明是十二支開頭之無明。」那麼，彼為有法，理應沒有相續具爾之聖者，因彼因故。不能許，因有相續具貪之聖者故。周遍，因若是貪，須有與自相應之無明故。理應如是，因若

དང་མཚུངས་ལྡན་གྱི་མ་རིག་པ་ཡོད་དགོས་པའི་ཕྱིར། དེར་ཐལ། ཉོན་མོངས་ཅན་གྱི་སེམས་ཡིན་ན་རང་དང་མཚུངས་ལྡན་གྱི་མ་རིག་པ་ཡོད་པས་ཁྱབ་པའི་ཕྱིར་ཏེ། ཀུན་བཏུས་ལས། མ་རིག་པ་ནི་ཉོན་མོངས་པ་ཐམས་ཅད་དང་མཚུངས་པར་ལྡན་པ་ཅན་ཡིན་པས། ཞེས་དང་། མཛོད་ལས། རྨོངས་དང་བག་མེད་ལེ་ལོ་དང་། །མ་དད་པ་དང་རྨུགས་དང་རྒོད། །ཉོན་མོངས་ཅན་ལ་རྟག་ཏུ་འབྱུང་། །ཞེས་གསུངས་པའི་ཕྱིར།

གཞན་ཡང་། ཉོན་མོངས་ཅན་གྱི་མ་རིག་པ་རྒྱུད་ལྡན་གྱི་འཕགས་པ་ཡོད་པར་ཐལ། འཇིག་ལྟ་ལྷན་སྐྱེས་རྒྱུད་ལྡན་གྱི་འཕགས་པ་ཡོད་པའི་ཕྱིར་ཏེ། རྣམ་འགྲེལ་ལས། ངའོ་སྙམ་པའི་བློ་གང་དེ། །སེམས་ཅན་ལ་ལྟ་ལྷན་ཅིག་སྐྱེས། །ཞེས་གསུངས་པའི་ཕྱིར།

ཡང་ཁ་ཅིག གང་ཟག་གི་བདག་འཛིན་ཡན་ལག་བཅུ་གཉིས་ཀྱི་ཐོག་མའི་མ་རིག་པ་ཡིན་ཟེར་བ་མི་འཐད་དེ། དེ་མ་རིག་པ་མ་ཡིན་པའི་ཕྱིར། དེར་གྱུར་པའི་གཙོ་སེམས་ཡོད་པའི་ཕྱིར་ཏེ། གང་ཟག་གི་བདག་ཞེན་ཡུལ་དུ་བྱེད་པའི་གཙོ་སེམས་ཡོད་པའི་ཕྱིར།

ཡང་ཁ་ཅིག གང་ཟག་གི་བདག་འཛིན་དུ་གྱུར་པའི་མ་རིག་པ་དེ་དེ་ཡིན་ཟེར་བ་མི་འཐད་དེ། དེ་རྒྱུད་ལྡན་གྱི་འཕགས་པ་ཡོད། ཐོག་མའི་མ་རིག་པ་རྒྱུད་ལྡན་གྱི་འཕགས་པ་མེད་པའི་ཕྱིར། ཕྱི་མ་དེར་ཐལ། ཡང་སྲིད་ཕྱི་མར་འཕེན་བྱེད་ཀྱི་ལས་གསར་དུ་བསོག་པའི་འཕགས་པ་མེད་པའི་ཕྱིར། དེར་ཐལ། རྟེན་འབྲེལ་མདོ་འགྲེལ་ལས། བདེན་པ་མཐོང་ལ་འཕེན་པ་མེད། །སྲིད་དང་བྲལ་ལ་ཡང་སྲིད་མེད། ཅེས་གསུངས་པའི་ཕྱིར།

ཁ་ཅིག ཡན་ལག་བཅུ་གཉིས་ཀྱི་ནང་ཚན་དུ་གྱུར་པའི་མ་རིག་པ་ལ་ལས་འབྲས་ལ་རྨོངས་པའི་མ་རིག་པ་ཡོད་ཟེར་བ་མི་འཐད་དེ། དེ་ཡིན་ན་དེ་ཁོ་ན་ཉིད་ལ་རྨོངས་པའི་མ་རིག་པ་ཡིན་དགོས་པའི་ཕྱིར། ལས་རྒྱུ་འབྲས་ལ་རྨོངས་པའི་ཉོན་མོངས་ཅན་གྱི་མ་རིག་པས། བསོད་ནམས་མ་ཡིན་པའི་ལས་ཀྱི་དུས་ཀྱི་ཀུན་སློང་བྱེད་པ་སྲིད་དེ་བསོད་ནམས་མ་ཡིན་པའི་ལས་ཡིན་ན་རང་དང་མཚུངས་ལྡན་གྱི་མ་རིག་པ་ཡོད་དགོས་པའི་ཕྱིར་ཏེ། ཉོན་མོངས་ཅན་གྱི་སེམས་ཡིན་ན་རང་གི་གྲོགས་སུ་གྱུར་པའི་ཉོན་མོངས་ཅན་གྱི་མ་རིག་པ་དང་མཚུངས་ལྡན་ཡིན་དགོས་པའི་ཕྱིར། མཛོད་ལས། དེ་ལྟར་

是具染污之心周遍有與自相應之無明故，因《集論》云：「無明乃具與一切煩惱相應。[50]」及《俱舍論》云：「癡逸怠不信，惛掉恒唯染。[51]」故。

又，理應有相續具染污無明之聖者，因有相續具俱生薩迦耶見之聖者故。因《釋量論》云：「所有念我覺，俱生有情見。[52]」故。

又有云：「補特伽羅我執乃十二支之最初無明。」不應理，因彼非無明故。因有屬彼之心王故，因有以補特伽羅我為耽著境之心王故。

又有云：「屬補特伽羅我執之無明是彼。」不應理，因有相續具彼之聖者，〔而〕沒有相續具最初無明之聖者故。後者理應如是，因沒有新積聚能引後有之業之聖者故。理應如是，因《緣起經釋》云：「見諦無能引，離愛無後有。」故。

有云：「屬十二支中的無明，有業果愚之無明。」不應理，因若是彼，須是真實義愚無明故。業因果愚之染污無明，有作為非福業之時等起，因若是非福業須有與自相應之無明故，因若是染污之心，須是與屬自助伴之染污無明相應故。因《俱舍論》如是開示故。業因果愚之染污無明不可能作為非福業之因等起，因若是因等起之無明，須是真實義愚無明故。真實義愚之染污無明，有作為自果福

གསུངས་པའི་ཕྱིར། ལས་རྒྱུ་འབྲས་ལ་རྨོངས་པའི་ཉོན་མོངས་ཅན་གྱི་མ་རིག་པས་བསོད་ནམས་མ་ཡིན་པའི་ལས་ཀྱི་རྒྱུའི་ཀུན་སློང་བྱེད་པ་མི་སྲིད་དེ། རྒྱུའི་ཀུན་སློང་གི་མ་རིག་པ་ཡིན་ན། དེ་ཁོ་ན་ཉིད་ལ་རྨོངས་པའི་མ་རིག་པ་ཡིན་དགོས་པའི་ཕྱིར། དེ་ཁོ་ན་ཉིད་ལ་རྨོངས་པའི་ཉོན་མོངས་ཅན་གྱི་མ་རིག་པས། རང་འབྲས་བསོད་ནམས་དང་། མི་གཡོ་བའི་ལས་ཀྱི་རྒྱུའི་ཀུན་སློང་བྱེད་པ་སྲིད་དེ། འཁོར་བས་བསྡུས་པའི་ལས་ཡིན་ན་རང་རྒྱུ་ཉོན་མོངས་ཅན་གྱི་མ་རིག་པས་ཀུན་ནས་བསླངས་པའི་ལས་ཡིན་དགོས་པའི་ཕྱིར། དེས་དེའི་དུས་ཀྱི་ཀུན་སློང་བྱེད་པ་མི་སྲིད་དེ། བསོད་ནམས་ཀྱི་ལས་ཡིན་ན་རང་གི་གྲོགས་སུ་གྱུར་པའི་ཉོན་མོངས་ཅན་གྱི་མ་རིག་པ་དང་མཚུངས་ལྡན་མ་ཡིན་དགོས། མི་གཡོ་བའི་ལས་ཡིན་ནའང་དེ་མ་ཡིན་དགོས་པའི་ཕྱིར་ཏེ། རང་གི་གྲོགས་སུ་གྱུར་པའི་མ་རིག་པ་དང་མཚུངས་ལྡན་གྱི་ཤེས་པ་ཡིན་ན་དགེ་བ་མ་ཡིན་དགོས་པའི་ཕྱིར།

རང་ལུགས། རྟེན་འབྲེལ་ཡན་ལག་བཅུ་གཉིས་ཀྱི་ནང་ཚན་དུ་གྱུར་པའི་རང་འབྲས་ཡང་སྲིད་ཕྱི་མ་འཕེན་བྱེད་ལས་ཀུན་ནས་སློང་བྱེད་ཀྱི་མི་ཤེས་པ་དེ། རྟེན་འབྲེལ་ཡན་ལག་བཅུ་གཉིས་ཀྱི་ནང་ཚན་དུ་གྱུར་པའི་མ་རིག་པའི་མཚན་ཉིད། དེ་དང་ཡན་ལག་བཅུ་གཉིས་ཀྱི་ཐོག་མའི་མ་རིག་པ་དང་། འཁོར་བའི་རྩ་བར་གྱུར་པའི་མ་རིག་པ་རྣམས་དོན་གཅིག

འོ་ན། དེ་མཐོང་སྤངས་དང་སྒོམ་སྤངས་གང་ཡིན་ཞེ་ན།

དོན་གསང་མཁན་པོ་ན་རེ། དེ་མཐོང་སྤངས་ཡིན་ཏེ། དེ་ཡང་སྲིད་འཕེན་བྱེད་གང་ཞིག འཕགས་རྒྱུད་ལ་ཡང་སྲིད་འཕེན་བྱེད་ཀྱི་ཉོན་མོངས་པ་མེད་པར་རྟེན་འབྲེལ་མདོ་འགྲེལ་ལས་གསུངས་པའི་ཕྱིར་ཞེས་ཟེར། དེ་ལ་གསེར་འཕྲེང་དུ་མི་འཐད་དེ། མཐོང་སྤངས་ཡིན་ན་གྲུབ་མཐས་བློ་མ་བསྒྱུར་བའི་གང་ཟག་གི་རྒྱུད་ལ་མེད་དགོས། བྱ་རི་དྭགས་སོགས་མ་རིག་པའི་དབང་གིས་ལས་གསར་དུ་བསོག རྟེན་འབྲེལ་ཡན་ལག་བཅུ་གཉིས་ཀྱི་ནང་ཚན་གྱུར་པའི་མ་རིག་པ་ཉེས་པ་རྣམས་ཀྱི་རྩ་བ་ཡིན་པའི་ཕྱིར། དེ་ཡང་ཐོགས་མེད་སྐུ་མཆེད་ཀྱིས་ཉོན་ཡིད་འཁོར་གྱི་མ་རིག་པ་ཉིད་ལ་བཞེད་པའི་ཕྱིར། དེས་ན་སྒོམ་སྤངས་སུ་རིགས་སོ་ཞེས་གསུངས།

業、不動業之因等起，因若是輪迴所攝之業，須是由自因染污無明所等起之業故。彼不可能作為彼之時等起，因若是福業，須不是與屬自助伴之染污無明相應，若是不動業亦須不是彼故，因若是與屬自助伴無明相應之知覺，須不是善故。

自宗：「屬十二支緣起中之能等起『能引自果後世業』的無知」，乃屬十二支緣起中之無明之性相。彼與十二支之首無明、屬輪迴根本之無明同義。

那麼，彼是見所斷及修所斷何者？

敦桑堪布云：「彼乃見所斷，因彼乃後有能引，且《緣起經釋》講說聖者相續中沒有能引後有之煩惱故。」於彼，《金鬘疏善說》中為不應理，因若是見所斷，於未以宗義轉變覺知之補特伽羅相續中須是無，飛禽走獸等以無明之力造新業，屬十二支緣起之無明乃諸過之根本故。彼亦是無著兄弟所許染污意眷屬之無明故。〔《金鬘疏善說》云：〕「是故〔屬〕修所斷，合理。」

ལུགས་དང་པོ་མི་འཐད་དེ། ཉན་ཐོས་ཀྱི་མཐོང་ལམ་རྣམ་གྲོལ་ལམ་ལ་གནས་པའི་གང་ཟག་གིས་མཐོང་སྤྱངས་ཉོན་མོངས་སྤྱངས་པ་གང་ཞིག ཡན་ལག་བཅུ་གཉིས་ཀྱི་ཐོག་མའི་མ་རིག་པ་མ་སྤྱངས་པའི་ཕྱིར། ཕྱི་མ་དེར་ཐལ། དེས་ཉོན་མོངས་ཅན་གྱི་མ་རིག་པ་རྫོགས་པར་མ་སྤྱངས་པའི་ཕྱིར། རྣལ་འབྱོར་སྤྱོད་པའི་ས་ལས། རྒྱུན་དུ་ཞུགས་པས་ཡན་ལག་དུ་ཞིག་སྤྱངས་ཞེ་ན། ཐམས་ཅད་ཀྱི་ཕྱོགས་གཅིག་སྟེ། གང་ཡང་རུང་བ་རིལ་གྱིས་སྤྱངས་པ་ནི་མ་ཡིན་ནོ། །ཞེས་གསུངས་པའི་ཕྱིར།

ལུགས་གཉིས་པ་མཐོང་སྤྱངས་ཡིན་ན་གྲུབ་མཐས་བློ་མ་བསྒྱུར་བའི་གང་ཟག་གི་རྒྱུད་ལ་མེད་དགོས་པའང་མི་འཐད་དེ། ངན་སོང་བའི་ཕུང་ཁམས་སྐྱེ་མཆེད་མཐོང་སྤྱངས་ཡིན་པའི་ཕྱིར་ཏེ། ཀུན་བཏུས་ལས་ངན་སོང་བའི་ཕུང་པོ་དང་ཁམས་དང་སྐྱེ་མཆེད་རྣམས་ནི་མཐོང་བས་སྤང་བར་བྱ་བར་ལྟ་བར་བྱའོ། །ཞེས་གསུངས་པའི་ཕྱིར།

ཡང་ན་གསེར་འཕྲེང་གི་དགོངས་པ་འདི་ལྟར་བྱ་སྟེ། མཐོང་སྤྱངས་བདག་འཛིན་ཡིན་ན་གྲུབ་མཐས་བློ་མ་བསྒྱུར་བའི་གང་ཟག་གི་རྒྱུད་ལ་མེད་དགོས་ཞེས་པའི་དོན་ཡིན་པའི་ཕྱིར་ཏེ། ཡན་ལག་བཅུ་གཉིས་ཀྱི་ཐོག་མའི་མ་རིག་པ་མཐོང་སྤྱངས་ཡིན་པ་འགོག་པའི་སྐབས་ཡིན་པའི་ཕྱིར། འདི་ཉིད་ལེགས་པར་སེམས་ཏེ། ཡན་ལག་བཅུ་གཉིས་ཀྱི་ཐོག་མའི་མ་རིག་པ་ཡིན་ན་སྒོམ་སྤྱངས་ཡིན་དགོས་པའི་ཕྱིར། དེར་ཐལ། དེ་ཡིན་ན་རང་རྒྱུད་ལྡན་གྱི་གྲུབ་མཐས་བློ་མ་བསྒྱུར་བའི་གང་ཟག་ཡོད་དགོས་པའི་ཕྱིར། རྟགས་འབྱུང་།

གཞན་ཡང་། ཉན་ཐོས་ཚོགས་ལམ་པའི་རྒྱུད་ཀྱི་ཡན་ལག་བཅུ་གཉིས་ཀྱི་ཐོག་མའི་མ་རིག་པ་མཐོང་སྤྱངས་ཏེ། ཉན་ཐོས་ཚོགས་ལམ་པའི་འཁོར་བའི་རྩ་བ་ཡིན་པར་ཐལ། དེ་ཡོད་པའི་ཕྱིར། རྟགས་ཁས། འདོད་ན། ཉན་ཐོས་ཚོགས་ལམ་པ་ཆོས་ཅན། ཁྱོད་ཀྱི་རྒྱུད་ཀྱི་དེ་ཁྱོད་འཁོར་བ་ལས་ཐར་པ་ལ་གཙོ་བོར་བར་དུ་གཅོད་བྱེད་ཀྱི་སྒྲིབ་པ་ཡིན་པར་ཐལ། དེ་ཁྱོད་ཀྱི་འཁོར་བའི་རྩ་བ་ཡིན་པའི་ཕྱིར། འདོད་ན། དེ་ཆོས་ཅན། ཁྱོད་ཀྱིས་དེ་སྤྱངས་པའི་ཚེ་ཁྱོད་འཁོར་བ་ལས་ཐར་ཟིན་པར་ཐལ། འདོད་པའི་ཕྱིར། འདོད་ན། ཁྱོད་ཀྱི་ཉན་ཐོས་ཀྱི་མཐོང་ལམ་རྣམ་གྲོལ་ལམ་ཐོབ་པའི་ཚེ་ཁྱོད་ཀྱིས་ཐར་པ་ཐོབ་ཟིན་པར་ཐལ། འདོད་པ་གང་ཞིག དེའི་ཚེ་ཁྱོད་ཀྱིས་རང་རྒྱུད་ཀྱི་དེ་སྤྱངས་ཟིན་པའི་ཕྱིར།

初宗不應理，因住聲聞見道解脫道之補特伽羅，斷除見所斷煩惱，且未斷十二支之首無明故。後者理應如是，因彼未完全斷除染污無明故。因《瑜伽師地論》云：「問預流果當言幾支已斷耶？答全部之一分，並未全斷任一者。[53]」故。

第二宗，若是見所斷，於未以宗義轉變覺知之補特伽羅相續中須無，亦不應理，因惡趣之蘊、界、處乃見所斷故，因《集論》云：「一切惡趣等蘊界處，是見所斷義。[54]」故。

或者，《金鬘疏善說》意趣是如此，因是「若是見所斷我執，於未以宗義轉變覺知之補特伽羅相續中須無」之義故，因是破斥「十二支之首無明是見所斷」之時故。善思此者，因若是十二支之首無明，須是修所斷故。理應如是，因若是彼，於相續具自之未以宗義轉變覺知之補特伽羅須有故。捨棄因。

又，聲聞資糧道者相續之十二支之首無明見所斷，理應是聲聞資糧道者之輪迴根本，因有彼故。承許因。若許，聲聞資糧道者為有法，爾相續之彼，理應是主要能障礙爾從輪迴中解脫之障礙，因彼乃爾之輪迴根本故。若許，彼為有法，爾斷除彼之時，爾理應已從輪迴解脫，因許故。若許，爾得聲聞見道解脫道之時，爾理應已得解脫，因承許，且彼之時，爾已斷自相續之彼故。若許，彼為有法，爾得彼之時，爾理應得涅槃，因許故。若許，住聲聞見道解脫

འདོད་ན། དེ་ཆོས་ཅན། ཁྱོད་ཀྱིས་དེ་ཐོབ་པའི་ཚེ་ཁྱོད་ཀྱིས་སྲུང་འདས་ཐོབ་པར་ཐལ། འདོད་པའི་ཕྱིར། འདོད་ན། ཉན་ཐོས་ཀྱི་མཐོང་ལམ་རྣམ་གྲོལ་ལམ་ལ་གནས་པའི་གང་ཟག་དེ་དགྲ་བཅོམ་ཡིན་པར་ཐལ་ལོ། །

གཞན་ཡང་། ཕྱི་རོལ་པའི་རྒྱུད་ཀྱི་ཡན་ལག་བཅུ་གཉིས་ཀྱི་ཐོག་མའི་མ་རིག་པ་སྒོམ་སྤངས་དེ། དེ་འཁོར་བར་འཁོར་བའི་རྒྱུའི་གཙོ་བོ་མ་ཡིན་པར་ཐལ། དེའི་རྒྱུད་ཀྱི་མཐོང་སྤངས་དེ། དེ་འཁོར་བར་འཁོར་བའི། རྒྱུའི་གཙོ་བོ་ཡིན་པའི་ཕྱིར། དེར་ཐལ། དེ་ཡོད་པའི་ཕྱིར། རྟགས་ཁས། སྤྱར་དྲངས་པའི་ལུང་དང་མི་འགལ་ཏེ། དེ་ནི་ཉོན་མོངས་ཅན་གྱི་མ་རིག་པ་སོགས་རེ་རེ་ལ་མཐོང་སྤངས་དང་སྒོམ་སྤངས་ཀྱི་ཆ་གཉིས་གཉིས་ཡོད་པའི་མཐོང་སྤངས་ཀྱི་ཆ་རྣམས། རྒྱུན་ཞུགས་འབྲས་གནས་ཀྱིས་སྤངས་ཞེས་པའི་དོན་ཡིན་པའི་ཕྱིར། དེ་ལས་ལོགས་སུ་ཡན་ལག་བཅུ་གཉིས་ཀྱི་ནང་ཚན་ཅེས་སྦྱོར་བ་ནི། གཞུང་ཆེན་པོ་ལ་དེང་སང་གི་བར་གྱི་ཞིབ་ཆ་སྟོན་པར་ཤེས་པར་བྱའོ། །

འོན་ཀྱང་། གསེར་འཕྲེང་ལས་ཉོན་ཡིད་གསུངས་པ་ནི་སྐབས་འདིར་ཁས་མི་བླངས་ཏེ། རྗེ་ཉིད་ཀྱི་བཞེད་པ་མ་ཡིན་པའི་ཕྱིར་ཏེ། དྲང་ངེས་རྣམ་འབྱེད་ལས། ཞི་འཚོ་དཔོན་སློབ་ཀུན་གཞི་དང་ཉོན་ཡིད་མི་བཞེད་པར་གསལ་བར་གསུངས་པ་གང་ཞིག དེས་འཕགས་སེང་གཉིས་ཀྱང་མཚོན་ནུས་པའི་ཕྱིར།

ཁོན་རེ། མ་རིག་པའི་རྟེན་འབྲེལ་ལ་ཕུང་པོ་ལྔ་ཀ་ཡོད་དེ། མཛོད་ལས། མ་རིག་ཉོན་མོངས་སྔོན་གནས་སྐབས། །ཞེས་དང་། གཙོ་བོའི་ཕྱིར་ན་ཡན་ལག་བསྒྲགས། །ཞེས་གསུངས་པའི་ཕྱིར་ན། མ་ཁྱབ་སྟེ། དེ་ནི་བྱེ་བྲག་སྨྲ་བའི་རང་སྐད་ཡིན་པའི་ཕྱིར།

རང་ལུགས། ཐོག་མའི་མ་རིག་པ་ཡིན་ན་འདུ་བྱེད་ཀྱི་ཕུང་པོ་ཡིན་པས་ཁྱབ་སྟེ། དེ་ཡིན་ན་མཚུངས་ལྡན་འདུ་བྱེད་ཀྱི་ཕུང་པོ་ཡིན་དགོས་པའི་ཕྱིར།

ཁ་ཅིག རྟེན་འབྲེལ་ཡན་ལག་བཅུ་གཉིས་པོ་གང་རུང་ཡིན་ན་ཉོན་མོངས་ཡིན་པས་ཁྱབ་ཟེར་བ་མི་རིགས་ཏེ། ལས་དང་ཉོན་མོངས་འགལ་བའི་ཕྱིར་དང་། རྟེན་འབྲེལ་སྙིང་པོ་ལས། དང་པོ་བརྒྱད་པ་

道之補特伽羅，彼則成是阿羅漢矣！

又，外道相續之十二支之首無明修所斷，理應不是彼流轉於輪迴之主因，因彼之相續之見所斷，乃彼流轉於輪迴之主因故。理應如是，因有彼故。承許因。與先前所引之教言不相違，因彼乃「染污無明等各皆有見所斷及修所斷之分二者〔中〕之見所斷之分，〔由〕預流住果斷除」之義故。除彼外，結合所謂「十二支中」乃近代〔智者〕於大論所詳細添加，當了知。

然《金鬘疏善說》所言染污意，此處不承許，因非尊者之承許故，因《辨了不了義善說藏論》明白講說靜命師徒不承許阿賴耶與染污意，且由彼亦能表徵聖、獅二者故。

有說：「無明之緣起五蘊皆有，因《俱舍論》云：『宿惑位無明。[55]』『從勝立支名。[56]』故。」不周遍，因彼乃毘婆沙師之自語故。

自宗：若是首無明，周遍是行蘊，因若是彼須是相應行蘊故。

有云：「若是十二支緣起隨一，周遍是煩惱。」不合理，因業與煩惱相違，及《中觀緣起心要論》云：「初八九煩惱，二及十是

དགུ་ཉོན་མོངས། །གཉིས་པ་བཅུ་པ་ལས་ཡིན་ཏེ། །ཞེས་གསུངས་པའི་ཕྱིར།

རྟེན་འབྲེལ་ཚར་གཅིག་ཏུ་གཏོགས་པའི་གསུམ་པ་རྣམ་ཤེས་ཀྱི་རྟེན་འབྲེལ་དངོས་ཀྱི་རྐྱེན་བྱེད་པའི་རིགས་སུ་གནས་པའི་ཡང་སྲིད་འཕེན་བྱེད་ཀྱི་ལས་སུ་དམིགས་པ། ཡན་ལག་བཅུ་གཉིས་ཀྱི་ནང་ཚན་དུ་གྱུར་པའི་འདུ་བྱེད་ཀྱི་རྟེན་འབྲེལ་གྱི་མཚན་ཉིད།

ཁ་ཅིག དེར་གྱུར་པའི་མཐོང་ཆོས་ལ་མྱོང་གྱུར་གྱི་ལས་ཡོད་ཟེར་བ་མི་འཐད་དེ། ཡན་ལག་བཅུ་གཉིས་ཚེ་གཅིག་ལ་རྫོགས་པ་མི་སྲིད་པའི་ཕྱིར་དང་། དེ་ཡིན་ན་སྐྱེས་ནས་མྱོང་འགྱུར་གྱི་ལས་དང་། ལན་གྲངས་གཞན་ལ་མྱོང་འགྱུར་གྱི་ལས་གང་རུང་ཡིན་དགོས་པའི་ཕྱིར། ཁ་ཅིག ལས་དང་གཟུགས་ཅན་གྱི་གཞི་མཐུན་ཡོད་པར་འདོད་པ་མི་འཐད་དེ། དེ་ནི་ཐལ་འགྱུར་བ་དང་བྱེ་བྲག་སྨྲ་བའི་གྲུབ་མཐའ་ཡིན་པའི་ཕྱིར།

རྟེན་འབྲེལ་ཚར་གཅིག་ཏུ་གཏོགས་པའི་ལས་ནུས་པ་མ་ཐུ་ཅན་དུ་མ་གྱུར་པའི་གནས་སྐབས་ཀྱི་གཙོ་བོ་ཡིད་ཀྱི་རྣམ་རིག་གང་ཞིག རྣམ་སྨིན་བསྐྱེད་མ་ཟིན་པའི་འཕེན་བྱེད་ཀྱི་ལས་ཀྱི་བག་ཆགས་བསྔོ་གཞི་དེ། ཡན་ལག་བཅུ་གཉིས་ཀྱི་ནང་ཚན་དུ་གྱུར་པའི་གསུམ་པ་རྣམ་ཤེས་ཀྱི་མཚན་ཉིད། དེའི་ནང་ཚན་དུ་གྱུར་པའི་རྣམ་ཤེས་ཡིན་ན། དེ་གསུམ་པ་ཡིན་མི་དགོས་ཏེ། དེའི་ནང་ཚན་དུ་གྱུར་པའི་རྣམ་ཤེས་ལ་རྒྱུ་དུས་དང་འབྲས་དུས་ཀྱི་རྣམ་ཤེས་གཉིས་ཡོད་པའི་ཕྱིར།

ཁ་ཅིག་དེའི་རྣམ་ཤེས་ལ་རང་རིག་ཡོད་པར་འདོད་པ་མི་འཐད་དེ། རང་རིག་ཡིན་ན་རྣམ་ཤེས་མ་ཡིན་དགོས་པའི་ཕྱིར་ཏེ། དེ་ཡིན་ན་སེམས་མ་ཡིན་དགོས་པའི་ཕྱིར། ཐེག་ཆེན་གྱི་མཐོང་ལམ་བར་ཆད་མེད་ལམ་མྱོང་བྱེད་དེ་སེམས་མ་ཡིན་པའི་ཕྱིར། དེ་ཡིད་ཀྱི་རྣམ་ཤེས་མ་ཡིན་པའི་ཕྱིར་ཏེ། དེས་སྟོང་ཉིད་མ་རྟོགས་པའི་ཕྱིར།

རྟེན་འབྲེལ་ཚར་གཅིག་ཏུ་གཏོགས་པའི་ལྔ་པ་སྐྱེ་མཆེད་ཀྱི་སྔོན་རོལ་དུ་བྱུང་བའི་སྐྱེ་སྲིད་ཀྱིས་

業。[57]」故。

「『作為屬一輪緣起之第三識緣起的直接緣』住類的能引後有之業」，乃屬十二支中之行緣起的性相。

有云：「有屬彼之現法受業。」不應理，因十二支不可能於一世圓滿，以及若是彼須是順生受業及順後受業隨一故。有承許：「有業與有色之同位。」不應理，因彼乃應成師及毘婆沙師之宗義故。

「是屬一輪緣起的未成為具勢力之能力業之時的主要意了別，且是未生異熟之能引業的習氣薰習基」，乃屬十二支中之第三識的性相。若是屬彼中的識，不須是彼第三者，因屬彼中的識有因位與果位識二者故。

有承許：「彼之識有自證分。」不應理，因若是自證分，須不是識故，因若是彼，須不是心故，因能領納大乘見道無間道不是心故。因彼不是意識故，因彼未通達空性故。

「屬一輪緣起，於第五『處』之前所生之生有所攝之異熟蘊」，

བསྡུས་པའི་རྣམ་སྨིན་གྱི་ཕུང་པོར་དམིགས་པ་དེ། ཡན་ལག་བཞི་པ་མིང་གཟུགས་ཅི་རིགས་པའི་རྟེན་འབྲེལ་གྱི་མཚན་ཉིད།

ཁ་ཅིག དེའི་ནང་ཚན་གྱི་མིང་གཟུགས་ཀྱི་རྟེན་འབྲེལ་གྱི་མཚན་ཉིད་ཟེར་བ་མི་རིགས་ཏེ། དེའི་ནང་ཚན་གྱི་མིང་གཟུགས་གཉིས་ཀ་ཡིན་པ་མེད་པའི་ཕྱིར། དེར་ཐལ། དེའི་ནང་ཚན་དུ་གྱུར་པའི་གཟུགས་ཡིན་ན་གཟུགས་ཕུང་ཡིན་དགོས། དེའི་ནང་ཚན་དུ་གྱུར་པའི་མིང་ཡིན་ན་ཕུང་པོ་གཞན་བཞི་གང་རུང་ཡིན་དགོས་པའི་ཕྱིར། རྟགས་གཉིས་ཀ་དེར་ཐལ། ཡན་ལག་བཅུ་གཉིས་ཀྱི་ནང་ཚན་དུ་གྱུར་པའི་རྣམ་ཤེས་མངལ་དུ་ཉིང་མཚམས་སྦྱོར་བའི་སྐད་ཅིག་གཉིས་པ་ནས་བཟུང་སྟེ། སྐྱེ་མཆེད་དྲུག་རྫོགས་པར་མ་དོད་པའི་བར་གྱི་ནུར་ནུར་པོ་སོགས་ལྟ། དེའི་ནང་ཚན་དུ་གྱུར་པའི་མིང་གཟུགས་གཉིས་སུ་ཕྱེ་བའི་གཟུགས་དང་། དེའི་གནས་སྐབས་ཀྱི་ཚོར་བ་འདུ་ཤེས་འདུ་བྱེད་རྣམ་པར་ཤེས་པ་དང་བཞི། དེའི་ནང་ཚན་དུ་གྱུར་པའི་མིང་གཟུགས་གཉིས་སུ་ཕྱེ་བའི་མིང་ཡིན་པའི་ཕྱིར།

རྟེན་འབྲེལ་ཡན་ལག་བཅུ་གཉིས་ཀྱི་ལྔས་ཕྱེ་བའི་ལྔ་པ་གང་ཞིག རྟེན་འབྲེལ་ཚར་གཅིག་པའི་སྔོན་དུས་ཀྱི་སྲིད་པའི་གནས་སྐབས་ཀྱི་རྣམ་སྨིན་གྱི་ཕུང་པོར་དམིགས་པ་དེ། ཡན་ལག་ལྔ་པ་སྐྱེ་མཆེད་ཀྱི་རྟེན་འབྲེལ་གྱི་མཚན་ཉིད། དབྱེ་ན། མིག་ནས་ཡིད་ཀྱི་སྐྱེ་མཆེད་ཀྱི་བར་དྲུག་ཡོད། རྟེན་འབྲེལ་བཅུ་གཉིས་ཀྱི་ཡན་ལག་དྲུག་པ་གང་ཞིག ཡུལ་དབང་རྣམ་ཤེས་གསུམ་འདུས་ནས་ཡུལ་གྱི་འགྱུར་བ་སྤྱོད་པར་བྱེད་པའི་སེམས་བྱུང་། ཡན་ལག་དྲུག་པ་རེག་པའི་རྟེན་འབྲེལ་གྱི་མཚན་ཉིད། དཔེར་ན། མིག་གི་འདུས་ཏེ་རེག་པ་ནས་ཡིད་ཀྱི་འདུས་ཏེ་རེག་པའི་བར་དྲུག་ཡོད། མིག་གི་འདུས་ཏེ་རེག་པ་དང་མིག་ཤེས་སུ་གྱུར་པའི་རེག་པ་དོན་གཅིག དེས་འོག་མ་རྣམས་ལའང་རིགས་འགྲེ། རྟེན་འབྲེལ་བཅུ་གཉིས་ཀྱི་ཡན་ལག་བདུན་པ་གང་ཞིག སེམས་མྱོང་བའི་རྣམ་པ་ཅན་དུ་བྱེད་པའི་སེམས་བྱུང་དེ། བདུན་པ་ཚོར་བའི་རྟེན་འབྲེལ་གྱི་མཚན་ཉིད། དབྱེ་ན། མིག་གི་འདུས་ཏེ་རེག་པ་ལས་བྱུང་བའི་ཚོར་བ་ནས་ཡིད་ཀྱི་འདུས་ཏེ་རེག་པ་ལས་བྱུང་བའི་ཚོར་བའི་བར་དྲུག་ཡོད། མིག་གི་འདུས་ཏེ་རེག་པ་ལས་བྱུང་བའི་ཚོར་བ་དང་མིག་ཤེས་སུ་གྱུར་པའི་ཚོར་བ་དོན་གཅིག

為第四支名色隨一緣起的性相。

有云：「彼之中的名色緣起的性相。」不合理，因沒有皆是彼之中的名色二者故。理應如是，因若是屬彼中的「色」，須是色蘊；若是屬彼中的「名」，須是餘四蘊隨一故。彼二因皆理應如是，因屬十二支之中的識結生於胎的第二剎那起，乃至六處未圓滿顯現的羯羅藍位等五，乃彼之中的名色二者所分之「色」；彼時之受、想、行、識四者，乃彼之中的名色二者所分之「名」故。

「是十二支緣起之助伴所分之第五，且屬一輪緣起之本有之時的異熟蘊」，乃第五支處緣起的性相。分有：從眼乃至意處之間六者。「是十二緣起之第六支，且境、根、識三者集聚後能受用境變異之心所」，乃第六支觸緣起的性相。如從眼觸乃至意觸之間六者。眼觸與屬眼知之觸同義，由彼亦類推諸後者。「是十二緣起之第七支，且作為具領納心行相的心所」，乃第七受緣起之性相。分有：從眼觸所生之受乃至從意觸所生之受六者。從眼觸所生之受與屬眼知之受同義。

ཁ་ཅིག མིག་ཤེས་སུ་གྱུར་པའི་རེག་པ་དང་ཚོར་བ་མེད་དོ་ཞེ་ན། མི་འཐད་པར་ཐལ། མིག་གི་རྣམ་པར་ཤེས་པའི་འཁོར་དུ་བྱུང་བའི་ཚོར་བ་དང་རེག་པ་སོགས་ཡོད་པའི་ཕྱིར་ཏེ། ཚོར་བ་དང་རེག་པ་སོགས་སེམས་བྱུང་ཀུན་འགྲོ་ཡིན་པའི་ཕྱིར།

རྟེན་འབྲེལ་བཅུ་གཉིས་ཀྱི་ཡན་ལག་བརྒྱད་པ་གང་ཞིག རྟེན་འབྲེལ་ཚར་གཅིག་ཏུ་གཏོགས་པའི་ལས་ནུས་པ་མཐུ་ཅན་དུ་འགྱུར་བའི་འདོད་ཆགས་སུ་དམིགས་པ་དེ། ཡན་ལག་བརྒྱད་པ་སྲེད་པའི་རྟེན་འབྲེལ་གྱི་མཚན་ཉིད། དབྱེ་ན། འདོད་སྲེད་འཇིག་སྲེད་སྲིད་སྲེད་དང་གསུམ་ཡོད། རྟེན་འབྲེལ་ཡན་ལག་བཅུ་གཉིས་ཀྱི་ཡན་ལག་དགུ་པ་གང་ཞིག རང་གི་དམིགས་ཡུལ་དུ་གྱུར་པའི་ལོངས་སྤྱོད་ལ་ལྷག་པར་ཆགས་པའི་འདོད་ཆགས་དེ། ཡན་ལག་དགུ་པ་ལེན་པའི་རྟེན་འབྲེལ་གྱི་མཚན་ཉིད། དེ་ལ་དབྱེ་ན། འདོད་པ་ཉེར་ལེན། ལྟ་བ་ཉེར་ལེན། ཚུལ་ཁྲིམས་བརྟུལ་ཞུགས་མཆོག་འཛིན་ཉེར་ལེན། བདག་ཏུ་སྨྲ་བ་ཉེར་ལེན་དང་བཞི་ཡོད།

ཁ་ཅིག ཡན་ལག་བཅུ་གཉིས་ཀྱི་ནང་ཚན་དུ་གྱུར་པའི་སྲེད་ལེན་གཉིས་མི་འགལ་ཏེ། དེ་གཉིས་ཀ་སྲེད་པར་མཚུངས་པའི་ཕྱིར་ཞེ་ན། མ་ཁྱབ་སྟེ། སྲེད་པར་མཚུངས་ཀྱང་སྲེད་པ་ཤས་ཆེར་མ་འཕེལ་བ་དང་། འཕེལ་བའི་གནས་སྐབས་སོ་སོར་ངེས་པའི་ཕྱིར།

རྟེན་འབྲེལ་ཡན་ལག་བཅུ་གཉིས་ཀྱི་ཡན་ལག་བཅུ་པ་གང་ཞིག ལས་ཀྱི་སྲིད་པས་བསྡུས་པ་དེ། ཡན་ལག་བཅུ་པ་སྲིད་པའི་རྟེན་འབྲེལ་གྱི་མཚན་ཉིད། རྟེན་འབྲེལ་ཡན་ལག་བཅུ་གཉིས་ཀྱི་ཡན་ལག་བཅུ་གཅིག་པ་གང་ཞིག རྟེན་འབྲེལ་ཚར་གཅིག་པོ་དེའི་སྐྱེ་བའི་སྲིད་པས་བསྡུས་པ་དེ། ཡན་ལག་བཅུ་གཅིག་པ་སྐྱེ་བའི་རྟེན་འབྲེལ་གྱི་མཚན་ཉིད། དབྱེ་ན། དེའི་ནང་ཚན་དུ་གྱུར་པའི་མངལ་སྐྱེས། རྫུས་སྐྱེས། སྒོང་སྐྱེས། དྲོད་གཤེར་སྐྱེས་དང་བཞི་ཡོད། ཚར་གཅིག་གི་རྟེན་འབྲེལ་བཅུ་གཉིས་པ་གང་ཞིག ཚར་གཅིག་པོ་དེའི་སྐྱེ་བ་ནས་བཟུང་སྟེ་ན་ཚོད་གཞན་དུ་འགྱུར་བ་དང་། ཕུང་པོའི་རིགས་མཐུན་འདོར་བ་གང་རུང་གིས་བསྡུས་པ་དེ། ཡན་ལག་བཅུ་གཉིས་པ་རྒ་ཤི་ཅི་རིགས་པའི་རྟེན་

有云：「沒有屬眼知之觸與受。」理應不應理，因有眼識眷屬之受與觸等故，因受與觸等是遍行心所故。

「是十二緣起第八支，且屬一輪緣起之屬具勢力之能力業的貪」，乃第八支愛緣起之性相。分有：欲愛、壞愛、有愛三者。「是十二支緣起之第九支，且於自所緣境之受用特別貪著之貪」，乃第九支取緣起之性相。彼分有：欲取、見取、戒禁取、我語取四種。

有云：「十二支之中的愛、取二支不相違，因此二支同為愛故。」不周遍，因雖同是愛，然愛不強烈增長與增長之時各各決定故。

「是十二緣起支之第十支，且由業有所攝」，乃第十支有緣起之性相。「是十二緣起支之第十一支，且由一輪緣起之生有所攝」，乃第十一支生緣起之性相。分有：彼其中之胎生、化生、卵生、濕生四者。「是一輪緣起之第十二，且從一輪〔緣起〕之『生』開始到年紀轉變及捨同類蘊隨一所攝」，乃第十二支老死隨一緣起之性相。若斷詞過，當個別安立。

འབྲེལ་གྱི་མཚན་ཉིད། ཚིག་སྐྱོན་གཅོད་ན་སོ་སོར་འཇོག་པར་བྱའོ། །

ཞར་བྱུང་སྲིད་པ་བཞིའི་དོགས་པ་དཔྱད་ན། ཁ་ཅིག སྐྱེ་སྲིད་དང་སྔོན་དུས་ཀྱི་སྲིད་པ་མི་འགལ་ཟེར་བ་མི་འཐད་དེ། སྐྱེ་སྲིད་སྐད་ཅིག་གཉིས་པ་ནས་བཟུང་སྟེ། སྔོན་དུས་ཀྱི་སྲིད་པར་འཇོག་དགོས་པའི་ཕྱིར་ཏེ། མཛོད་ལས། དེ་ནི་འཆི་བའི་སྔོན་རོལ་ཏེ། །སྐྱེ་བའི་སྐད་ཅིག་ཕན་ཆད་དོ། །ཞེས་གསུངས་པའི་ཕྱིར།

ཁོ་ན་རེ། དེ་མི་འཐད་པར་ཐལ། རྣམ་ཤེས་མངལ་དུ་ཉིང་མཚམས་སྦྱར་མ་ཐག་པའི་སྐད་ཅིག་གཉིས་པ་ནས་སྔོན་དུས་ཀྱི་སྲིད་པར་འཇོག་པའི་ཕྱིར་ཏེ། སྐྱེ་སྲིད་སྐད་ཅིག་གཉིས་པ་ནས་དེར་འཇོག་པའི་ཕྱིར་ན་མ་ཁྱབ་སྟེ། རྣམ་ཤེས་མངལ་དུ་ཉིང་མཚམས་སྦྱར་མ་ཐག་པའི་སྐད་ཅིག་གཉིས་པ་དེ་སྐྱེ་སྲིད་དུ་བྱེད་དགོས་པའི་ཕྱིར་ཏེ། སྐྱེ་སྲིད་ཀྱི་རྟེན་ལ་མྱང་འདས་མངོན་དུ་བྱེད་པའི་ཁམས་གསུམ་ཀའི་རྟེན་ཅན་གྱི་སྐྱེས་འདའ་བ་གསུངས་པས་དེ་ལེགས་པར་རྟོགས་ནུས་པའི་ཕྱིར་རོ། །

འཆི་སྲིད་ལ་ནི་ཡུན་ཐུང་དུའི་སྐད་ཅིག་མར་བྱ་སྟེ། དེ་དུས་མཐའི་སྐད་ཅིག་མར་ལུང་ལས་བཤད་པའི་ཕྱིར། སྐྱེ་སྲིད་ཡིན་ན་ཉོན་མོངས་ཅན་ཡིན་པས་ཁྱབ་སྟེ། མཛོད་ལས། སྐྱེ་བའི་སྲིད་པ་ཉོན་མོངས་ཅན། །ཞེས་གསུངས་པའི་ཕྱིར། འགྲོ་བ་རིགས་དྲུག་གང་དང་གང་གི་བར་སྲིད་ཡིན་ན། གང་དུ་སྐྱེ་འགྱུར་གྱི་སྔོན་དུས་ཀྱི་སྲིད་པའི་བྱད་གཟུགས་ཅན་ཡིན་པས་ཁྱབ་སྟེ། སྲིད་པ་གཉིས་པོ་དེ་འཕེན་བྱེད་ཀྱི་ལས་གཅིག་གིས་འཕེན་པའི་ཕྱིར་ཏེ། མཛོད་ལས། དེ་ནི་འཕེན་པ་གཅིག་པའི་ཕྱིར། །སྔོན་དུས་སྲིད་འབྱུང་ཤ་ཚུགས་ཅན། །ཞེས་དང་། ཀུན་བཏུས་ལས། གང་དུ་སྐྱེ་བར་འགྱུར་བ་དེའི་བྱད་གཟུགས་སོ། །ཞེས་གསུངས་པའི་ཕྱིར།

ཁ་ཅིག འགྲོ་བ་དེའི་བར་སྲིད་དུ་སྐྱེ་བ་གྲུབ་ན་འགྲོ་བ་གཞན་གྱི་སྐྱེ་སྲིད་དུ་སྐྱེ་བ་མི་ལེན་པས་ཁྱབ་སྟེ། མཛོད་ལས། མི་ལྡོག་དེ་ནི་དྲི་ཟའོ། །ཞེས་གསུངས་པའི་ཕྱིར་ན། མ་ཁྱབ་སྟེ། མཛོད་ལས། དེ་ལྟར་བཤད་ཀྱང་ཀུན་བཏུས་ལས། ཅི་སྟེ་ན་ལྡོག་གོ །དེ་ན་གནས་པ་ཡང་ལས་བསྒོག་གོ །ཞེས་གསུངས་པའི་ཕྱིར།

ཁ་ཅིག མཛོད་པའི་ལུགས་ལ་འགྲོ་བ་དེའི་བར་སྲིད་གྲུབ་ན་འགྲོ་བ་དེའི་སྐྱེ་སྲིད་དུ་སྐྱེ་བ་ལེན་

順帶觀察「四有」之疑，有云：「生有與本有不相違。」不應理，因須安立自「生有」第二剎那開始，為本有故，因《俱舍論》云：「本有謂死前，居生剎那後。[58]」故。

有云：「彼理應不應理，因從識於胎結生無間之第二剎那，須安立為本有故，因從生有第二剎那安立於彼故。」不周遍，因從識於胎結生無間之第二剎那須作為生有故，因講說「於生有所依證得涅槃之具三界所依之生般」，故能善通達彼故。

死有乃短時之剎那，因教言說彼是時邊際剎那故。若是生有，周遍是染污，因《俱舍論》云：「生有唯染污。[59]」故。若是六道諸處之中有，周遍是具將生於何處之本有的形體，因彼「二有」由一能引業所引故，因《俱舍論》云：「此一業引故，如當本有形。[60]」及《集論》云：「又中有形似當生處。[61]」故。

有云：「若形成投生於彼趣中有，周遍不取生於餘趣生有，因《俱舍論》云：『不可轉，食香。[62]』故。」不周遍，因雖《俱舍論》如是講說，然《集論》云：「或時移轉，住中有中亦能集諸業。[63]」故。

有云：「於俱舍論宗，若形成彼趣眾生之中有，周遍投生彼趣

པས་ཁྱབ་ཟེར་ན། ཕྱིར་མི་འོང་བར་འདའ་བས་མ་ངེས་ཏེ། མཛོད་ལས། མགུར་ནས་གསུངས་ཕྱིར་ཡོད་དྲི་ཟ། །ལྷར་གསུངས་འགྲོ་མདོ་ལས་ཀྱང་གྲུབ། །ཞེས་གསུངས་པའི་ཕྱིར།

ཡན་ལག་བཅུ་གཉིས་པོ་དེ་བསྡུ་ན་བཞིར་འདུ་བ་ཡིན་ཏེ། འཕེན་བྱེད་ཀྱི་ཡན་ལག་དང་། འཕངས་པའི་ཡན་ལག་དང་། འགྲུབ་བྱེད་ཀྱི་ཡན་ལག་དང་། གྲུབ་པའི་ཡན་ལག་དང་བཞིར་འདུས་པའི་ཕྱིར། དེ་རྣམས་ཀྱི་དོན་འཛིན་ཡོད་དེ། ཡན་ལག་བཅུ་གཉིས་ཀྱི་ནང་ཚན་དུ་གྱུར་པའི་མ་རིག་པ་འདུ་བྱེད་རྒྱུ་དུས་ཀྱི་རྣམ་ཤེས་གསུམ་དང་པོས་བསྡུས། དེའི་ནང་ཚན་དུ་གྱུར་པའི་འབྲས་དུས་ཀྱི་རྣམ་ཤེས་ནས་ཚོར་བའི་བར་ལྔ་གཉིས་པས་བསྡུས། དེའི་ནང་ཚན་དུ་གྱུར་པའི་སྲེད་ལེན་སྲིད་པ་གསུམ་གསུམ་པས་བསྡུས། དེའི་ནང་ཚན་དུ་གྱུར་པའི་སྐྱེ་བ་དང་རྒ་ཤི་གཉིས་བཞི་པས་བསྡུས་པའི་ཕྱིར།

ཁ་ཅིག རྟེན་འབྲེལ་ཡན་ལག་བཅུ་གཉིས་ཀྱི་ནང་ཚན་དུ་གྱུར་པའི་གྲུབ་པའི་ཡན་ལག་དང་ཉེས་དམིགས་ཀྱི་ཡན་ལག་གཉིས་འགལ་ཟེར་བ་མི་འཐད་དེ། དེའི་ནང་ཚན་དུ་གྱུར་པའི་རྒ་ཤི་དེ་དེ་གཉིས་ཀ་ཡིན་པའི་ཕྱིར། དེར་ཐལ། རྟེན་འབྲེལ་མདོ་འགྲེལ་ལས། གྲུབ་པ་སྐྱེ་ཡིན་དེ་ལས་ཡང་། །རྒ་སོགས་ཉེས་དམིགས་གང་གི་ཕྱིར། ཞེས་གསུངས་པའི་ཕྱིར། ཡང་དེའི་ནང་ཚན་དུ་གྱུར་པའི་འཕེན་བྱེད་ཀྱི་ཡན་ལག་དང་འགྲུབ་བྱེད་ཀྱི་ཡན་ལག་གཉིས་འགལ་ཟེར་བ་མི་འཐད་དེ། དེའི་ནང་ཚན་དུ་གྱུར་པའི་སྲེད་པ་དེ་དེ་གཉིས་ཀ་ཡིན་པའི་ཕྱིར། དེར་ཐལ། རྣམ་འགྲེལ་ལས། མི་ཤེས་སྲིད་པའི་རྒྱུ་ཡིན་ཡང་། །མ་བརྗོད་སྲེད་པ་ཉིད་བཤད་པ། །རྒྱུན་ནི་འཕེན་པར་བྱེད་ཕྱིར་དང་། དེ་མ་ཐག་ཕྱིར་ལས་ཀྱང་མིན། །ཞེས་གསུངས་པའི་ཕྱིར།

ཡང་། དེའི་ནང་ཚན་དུ་གྱུར་པའི་རྣམ་ཤེས་དང་དེའི་ནང་ཚན་དུ་གྱུར་པའི་སྐྱེ་བ་འགལ་ཟེར་བ་མི་འཐད་དེ། དེའི་ནང་ཚན་དུ་གྱུར་པའི་འབྲས་དུས་ཀྱི་རྣམ་ཤེས་དེ། དེའི་ནང་ཚན་དུ་གྱུར་པའི་སྐྱེ་བ་ཡིན་པའི་ཕྱིར། དེར་ཐལ། མཛོད་ལས། ཉིང་མཚམས་སྦྱོར་བ་སྐྱེ་བ་ཡིན། །ཞེས་གསུངས་པའི་ཕྱིར།

གཞན་ཡང་། དེའི་ནང་ཚན་དུ་གྱུར་པའི་འཕེན་བྱེད་ཀྱི་ཡན་ལག་དང་དེའི་ནང་ཚན་དུ་གྱུར་པའི་འགྲུབ་བྱེད་ཀྱི་ཡན་ལག་མི་འགལ་བར་ཐལ། དེའི་ནང་ཚན་དུ་གྱུར་པའི་གྲུབ་པའི་ཡན་ལག་དང་

眾生之生有。」不還中般不決定，因《俱舍論》云：「說有健達縛，及五七經故。[64]」故。

若歸攝十二支，是略攝為四，因略攝於能引支、所引支、能成支、所成支四者故。有彼等之辨認，因屬十二支中的無明、行、因位識三者由初者所攝；從屬彼中的果位識乃至受五者，由次者所攝；屬彼中的愛、取、有三者，由第三所攝；屬彼中的生與老死二者，由第四所攝故。

有云：「屬十二支緣起中的所成支與過患支二者相違。」不應理，因屬彼中的老死是彼二者故，理應如是，因《緣起經釋》云：「所生彼亦生，老等諸患故。」故。又有云：「屬彼中的能引支與能成支二者相違。」不應理，因屬彼中的愛乃彼二者故，理應如是，因《釋量論》云：「不知是有因，未說唯說愛，能引相續故，無間故非業。[65]」故。

又云：「屬彼中的識與屬彼中的生相違。」不應理，因屬彼中的果位識，乃屬彼中的生故。理應如是，因《俱舍論》云：「結當有名生。[66]」故。

復次，屬彼中的能引支與屬彼中的能成支理應不相違，因屬彼中的所成支與所引支二者同義故。理應如是，因若是屬彼中的所引

འཕངས་པའི་ཡན་ལག་གཉིས་དོན་གཅིག་པའི་ཕྱིར། དེར་ཐལ། དེའི་ནང་ཚན་དུ་གྱུར་པའི་འཕངས་པའི་ཡན་ལག་ཡིན་ན་རང་འགྲུབ་བྱེད་ཀྱི་སྲེད་ལེན་སྲིད་པ་གསུམ་གྱིས་གྲུབ་པའི་ཡན་ལག་ཡིན་དགོས། དེའི་ནང་ཚན་དུ་གྱུར་པའི་གྲུབ་པའི་ཡན་ལག་ཡིན་ན་རང་འཕེན་བྱེད་ཀྱི་མ་རིག་པ་འདུ་བྱེད་རྣམ་ཤེས་གསུམ་གྱིས་འཕངས་དགོས་པའི་ཕྱིར།

དེ་ལ་ཁོ་ན་རེ། དེའི་ནང་ཚན་དུ་གྱུར་པའི་སྲེད་པ་དེ་དེའི་ནང་ཚན་དུ་གྱུར་པའི་ཚོར་བ་ལས་མ་བྱུང་བར་ཐལ། དེའི་ཚོར་བ་དེའི་སྲེད་པ་ལས་བྱུང་བའི་ཕྱིར་ཏེ། དེ་དེའི་ནང་ཚན་དུ་གྱུར་པའི་གྲུབ་པའི་ཡན་ལག་ཡིན་པའི་ཕྱིར། རྟགས་ཁས། འདོད་ན། མདོ་ལས། ཚོར་བའི་རྐྱེན་གྱིས་སྲེད་པ་ཞེས་གསུངས་པ་མི་འཐད་པར་ཐལ། འདོད་པའི་ཕྱིར་ཞེ་ན། མ་ཁྱབ་སྟེ། དེ་ནི་རྟེན་འབྲེལ་ཚར་གཞན་གྱི་ཚོར་བ་ལས་དེའི་འབྲས་བུར་གྱུར་པའི་རྟེན་འབྲེལ་ཚར་གཞན་གྱི་སྲེད་པ་སྐྱེ་བ་ལ་དགོངས་པའི་ཕྱིར་ཏེ། ལམ་རིམ་ཆེན་མོ་ལས། དེས་ན་འགྲུབ་བྱེད་ཀྱི་སྲེད་པ་དང་དེ་བསྐྱེད་པའི་ཚོར་བ་གཉིས་ནི་རྟེན་འབྲེལ་ཚར་མི་གཅིག་པས་སྲེད་པ་བསྐྱེད་པའི་ཚོར་བ་ནི་རྟེན་འབྲེལ་ཚར་གཞན་ཞིག་གི་འབྲས་བུའི་སྐབས་ཡིན་ནོ། །ཞེས་གསུངས་པའི་ཕྱིར། དེའི་དོན་ཡང་དེའི་ནང་ཚན་དུ་གྱུར་པའི་ཚོར་བས་རང་འབྲས་དེའི་ནང་ཚན་དུ་གྱུར་པའི་སྲེད་པ་བསྐྱེད་པའི་རྒྱུ་འབྲས་ཀྱི་རིམ་པ་ཡོད་ཅེས་པའི་དོན་ཡིན་གྱི། རྟེན་འབྲེལ་ཚར་གཞན་ལ་ཚོར་བས་འགྲུབ་བྱེད་ཀྱི་རྒྱུ་བྱས་པའི་གྲུབ་པའི་ཡན་ལག་སྲེད་པ་ཡོད་པར་སྟོན་པ་མ་ཡིན་ཏེ། དེ་འདྲ་ལུང་རིགས་གཉིས་ཀའི་སྒོ་ནས་མི་འཐད་པའི་ཕྱིར།

ཁ་ཅིག ཡན་ལག་བཅུ་གཉིས་ཀྱི་ནང་ཚན་དུ་གྱུར་པའི་རྣམ་ཤེས། ལས་ཡིན་ཟེར་བ་མི་འཐད་དེ། དེ་ལས་དང་ཉོན་མོངས་གཉིས་སུ་ཕྱེ་བའི་ཉོན་མོངས་ཅན་གྱི་སེམས་ཡིན་པའི་ཕྱིར། དེར་ཐལ། དེ་ཉོན་མོངས་གསུམ་དུ་ཕྱེ་བའི་གཞིའི་ཀུན་ནས་ཉོན་མོངས་པར་འདུ་བའི་ཕྱིར། དེར་ཐལ། རྟེན་འབྲེལ་སྙིང་པོ་ལས། དང་པོ་བརྒྱད་པ་དགུ་ཉོན་མོངས། །གཉིས་པ་བཅུ་པ་ལས་ཡིན་ཏེ། །ལྷག་མ་བདུན་ནི་སྡུག་བསྔལ་ཡིན། །ཞེས་གསུངས་པའི་ཕྱིར།

ཁོ་ན་རེ། དེ་ལས་ཡིན་པར་ཐལ། དེ་ལས་ཀྱི་ཀུན་ནས་ཉོན་མོངས་པར་འདུ་བའི་ཕྱིར་ཏེ། ཀུན་བཏུས་ལས། འདུ་བྱེད་གང་ཡིན་པ་དང་། རྣམ་པར་ཤེས་པ་གང་ཡིན་པ་དང་། སྲིད་པ་གང་ཡིན་

支，須是由能成自之愛、取、有三者所成支，若是屬彼中的所成支，須是由能引自之無明、行、識三者所引故。

於彼有云：「屬彼中的愛理應不由彼之中的『受』所生，因彼之受從彼之愛所生故，因彼乃屬彼中的所成支故。承許因。若許，經云：『受緣愛。[67]』理應不應理，因許故。」不周遍，因慮及彼乃從他輪緣起之受生出屬彼之果之他輪緣起之愛故，因《菩提道次第廣論》云：「是故能生之愛與發愛之受，二者非是一重緣起。發愛之受，乃是餘重緣起果位。[68]」故。又彼之義乃「有屬彼中的受生出自果屬彼中的愛之因果次第」之義，非揭示有餘輪緣起受作為能成之因的所成支——愛，因如是〔說法〕以教言理路之門皆不應理故。

有云：「屬十二支中的識是業。」不應理，因彼乃業與煩惱二者分出之染污心故。理應如是，因彼含攝於三雜染中之事雜染故。理應如是，因《中觀緣起心要論》云：「初八九煩惱，二及十是業，餘七皆是苦。[69]」故。

有云：「彼理應是業，因彼含攝於業雜染故，因《集論》云：『若行，若識，若有，是業雜染所攝。[70]』故。」不周遍，因慮及

པ་འདི་ནི་ལས་ཀྱི་ཀུན་ནས་ཉོན་མོངས་པར་བསྟུའོ། །ཞེས་གསུངས་པའི་ཕྱིར་ཞེ་ན། མ་ཁྱབ་སྟེ། རྒྱུ་དུས་ཀྱི་རྣམ་ཤེས་ཀྱིས་ལས་ཀྱི་བག་ཆགས་བཟུང་བ་ལ་དགོངས་ནས་དེ་ལྟར་གསུངས་པའི་ཕྱིར།

གཉིས་པ་རྐྱེན་དུ་འགྱུར་ཚུལ་ནི། ཡན་ལག་བཅུ་གཉིས་སྔ་མ་རྣམས་ཀྱིས་ཕྱི་མ་ལ་རྐྱེན་བཞི་ཀ་ཚང་བར་བྱེད་པ་ཡོད་དེ། དེའི་ནང་ཚན་དུ་གྱུར་པའི་མ་རིག་པས་དེའི་ནང་ཚན་དུ་གྱུར་པའི་འདུ་བྱེད་ལྟ་བུ་ལ་རྐྱེན་བཞི་ཀ་བྱེད་པ་ཡོད་པའི་ཕྱིར། ཡན་ལག་བཅུ་གཉིས་པོ་ཐམས་ཅད་ལ་མ་ངེས་ཏེ། དེའི་ནང་ཚན་དུ་གྱུར་པའི་རྣམ་ཤེས་ལྟ་བུས་དེའི་ནང་ཚན་དུ་གྱུར་པའི་མིག་གི་སྐྱེ་མཆེད་སོགས་གཟུགས་ཅན་རྣམས་དང་། མིང་གཟུགས་གཉིས་སུ་ཕྱེ་བའི་གཟུགས་ལྟ་བུའི་བདག་རྐྱེན་གཅིག་པུ་མ་གཏོགས་རྐྱེན་གཞན་གསུམ་མི་བྱེད། དེའི་ནང་ཚན་དུ་གྱུར་པའི་གཟུགས་ཀྱི་རྟེན་འབྲེལ་གྱིས་རིག་པའི་རྟེན་འབྲེལ་ལ་དམིགས་རྐྱེན་བདག་རྐྱེན་གཉིས་མ་གཏོགས་རྐྱེན་གཞན་གཉིས་མི་བྱེད། གཟུགས་ཀྱི་རྟེན་འབྲེལ་གྱིས་གཟུགས་ཅན་ལ་རྒྱུ་རྐྱེན་བདག་རྐྱེན་གཉིས་མ་གཏོགས་རྐྱེན་གཞན་གཉིས་མི་བྱེད་པའི་ཕྱིར། རྟགས་རྣམས་དེར་ཐལ། གཟུགས་ཡིན་ན་རང་གི་དམིགས་རྐྱེན་དུ་གྱུར་པའི་ཆོས་མེད་དགོས། གཟུགས་ཅན་མཐའ་དག་ལ་དེ་མ་ཐག་རྐྱེན་མི་འཐད་པའི་ཕྱིར།

གཞན་ཡང་། རིག་པའི་རྟེན་འབྲེལ་ནང་པན་ཚུན་མ་གཏོགས་ཡན་ལག་བཅུ་གཉིས་སྔ་མ་རྣམས་ཀྱིས་ཕྱི་མ་རྣམས་ལ་རྐྱེན་བཞི་ཆར་བྱེད་པ་དེ་མི་འཐད་པར་ཐལ། ཀུན་བཏུས་ལས། དེ་ཡང་ཅི་རིགས་སུ་སྦྱོར་ཞེས་ཅི་རིགས་སྨོས་པ་ལ་དགོས་པ་ཡོད་པའི་ཕྱིར།

གསུམ་པ། ཚེ་དུ་ལ་རྫོགས་དཔྱད་པ་ནི། སྔ་མ་ཁ་ཅིག རྟེན་འབྲེལ་ཡན་ལག་བཅུ་གཉིས་སྐྱུར་ན་ཚེ་གཅིག་ལ་རྫོགས་པ་སྲིད་ཟེར་ན། དེ་མི་འཐད་པར་ཐལ། དེའི་ནང་ཚན་དུ་གྱུར་པའི་འཕེན་བྱེད་ཀྱི་ཡན་ལག་དང་། དེའི་ནང་ཚན་དུ་གྱུར་པའི་འཕངས་པའི་ཡན་ལག་གཉིས་ཚེ་གཅིག་ལ་རྫོགས་པ་མི་སྲིད་པའི་ཕྱིར་དང་། དེའི་ནང་ཚན་དུ་གྱུར་པའི་འགྲུབ་བྱེད་ཀྱི་ཡན་ལག་དང་། དེའི་ནང་ཚན་དུ་གྱུར་པའི་གྲུབ་པའི་ཡན་ལག་གཉིས། འཕེན་བྱེད་ཀྱི་ཡན་ལག་གྲུབ་པའི་ཚེ་དེ་ལ་རྫོགས་པ་མི་སྲིད་པའི་ཕྱིར།

ཁོན་རེ། དེ་སྲིད་པར་ཐལ། ནམ་མཁའ་མཐའ་ཡས་ནས་རྣམ་ཤེས་མཐའ་ཡས་སུ་སྐྱེས། དེ་

因位識執持業習氣而如是宣說故。

第二、成緣之理，十二支有諸前者圓滿作為後者的四緣，因如彼中之無明有作為彼中之行的四緣故。非所有十二支皆決定，因如彼中的識除了僅作為如彼中的眼處等諸有色及名色二者所分之色的增上緣之外，不作為餘三緣；彼中的色法緣起除了作為了知緣起之所緣緣、增上緣二者之外，不作為餘二緣；色法緣起除了作為有色之因緣、增上緣二者之外，不作為餘二緣故。彼諸因理應如是，因若是色法，須沒有屬自之所緣緣的法，一切有色不應為等無間緣故。

又，除了知緣起內相互以外，十二支諸前者作為諸後者的四緣理應不應理，因《集論》云：「隨其所應。[71]」所說之「隨」有旨趣故。

第三、幾世圓滿，前有云：「緣起十二支若快速可能一世圓滿。」理應不應理，因屬彼中的能引支及屬彼中的所引支二者不可能一世圓滿，以及屬彼中的能成支與屬彼中的所成支二者，不可能於能引支成辦之彼世圓滿故。

有云：「彼理應有可能，因自空無邊處天生於識無邊處天，而

ནས་ཅི་ཡང་མེད་དུ་སྐྱེས་པའི་ཚེ། རྣམ་ཤེས་མཐའ་ཡས་ཀྱི་རྟེན་ལ་རྒྱུའི་རྟེན་འབྲེལ་དྲུག་དང་། འབྲས་བུའི་རྟེན་འབྲེལ་དྲུག་རྫོགས་པ་སྲིད་པའི་ཕྱིར། དེར་ཐལ། དེའི་ཚེ་ནམ་མཁའ་མཐའ་ཡས་ནས་རྣམ་ཤེས་མཐའ་ཡས་སུ་སྐྱེས་པའི་འབྲས་བུའི་རྟེན་འབྲེལ་དྲུག་རྣམ་ཤེས་མཐའ་ཡས་ཀྱི་རྟེན་ལ་རྫོགས་པ་དང་། རྣམ་ཤེས་མཐའ་ཡས་ནས་ཅི་ཡང་མེད་དུ་སྐྱེས་པའི་རྒྱུ་དུས་ཀྱི་རྟེན་འབྲེལ་དྲུག རྣམ་ཤེས་མཐའ་ཡས་ཀྱི་རྟེན་ལ་རྫོགས་དགོས་པའི་ཕྱིར་ན། སྐྱོན་མེད་དེ། དེ་ནི་རྟེན་འབྲེལ་ཚར་མི་གཅིག་པའི་རྫོགས་ཚུལ་ཡིན་པའི་ཕྱིར།

ཡང་ཁ་ཅིག རྟེན་འབྲེལ་ཡན་ལག་བཅུ་གཉིས་པོ། ཚེ་གསུམ་ཁོན་ལ་རྫོགས་པ་ཡིན་ཏེ། ཚེ་དང་པོ་ལ་མ་རིག་པ་འདུ་བྱེད་རྣམ་ཤེས་གསུམ་དང་། གཉིས་པ་ལ་སྲེད་ལེན་སྲིད་པ་གསུམ་རྫོགས། གསུམ་པ་ལ་མིང་གཟུགས་སོགས་ངེས་པར་རྫོགས་དགོས་པའི་ཕྱིར་ཞེས་ཟེར། འོ་ན་དེའི་ནང་ཚན་དུ་གྱུར་པའི་འདུ་བྱེད་ཡིན་ན་ལན་གྲངས་གཞན་ལ་སྨྱོང་འགྱུར་གྱི་ལས་ཡིན་དགོས་པར་ཐལ། དམ་བཅའ་དེའི་ཕྱིར། འདོད་མི་ནུས་ཏེ། དེའི་ནང་ཚན་དུ་གྱུར་པའི་སྐྱེས་ནས་སྨྱོང་འགྱུར་གྱི་ལས་ཡོད་པའི་ཕྱིར།

ཁོན་རེ། དམ་བཅའ་དེ་འཐད་པར་ཐལ། མཛོད་ལས། སྔོན་དང་ཕྱི་མཐར་གཉིས་གཉིས་དང་། །བར་དུ་བརྒྱད་ཡོངས་རྫོགས་ལྡན་ལ། །ཞེས་གསུངས་པའི་ཕྱིར་ཞེ་ན། མ་ཁྱབ་སྟེ། ཡན་ལག་བཅུ་གཉིས་ཚེ་གསུམ་ལ་རྫོགས་པ་ཞིག་ཡོད་པ་ལ་དགོངས་པའི་ཕྱིར།

ཁ་ཅིག མཛོད་པའི་ལུགས་ལ་ཚེ་གསུམ་ལ་རྫོགས་པའི་ངེས་གཟུང་བྱེད་དོ་ཞེ་ན། མི་འཐད་པར་ཐལ། དེའི་ལུགས་ལ་ཡན་ལག་བཅུ་གཉིས་ཀྱི་ནང་ཚན་དུ་གྱུར་པའི་འདུ་བྱེད་ཡིན་ན་ལན་གྲངས་གཞན་ལ་སྨྱོང་འགྱུར་གྱི་ལས་ཡིན་མི་དགོས་པའི་ཕྱིར། དེར་ཐལ། དེའི་ལུགས་ལ་དེའི་ནང་ཚན་དུ་གྱུར་པའི་སྐྱེས་ནས་སྨྱོང་འགྱུར་གྱི་ལས་ཡོད་པའི་ཕྱིར།

ཡང་ཁ་ཅིག རྟེན་འབྲེལ་ཡན་ལག་བཅུ་གཉིས་ཚེ་གཉིས་ལ་ངེས་པར་རྫོགས་ཏེ། རྒྱུའི་རྟེན་འབྲེལ་དྲུག་ཚེ་དང་པོ་ལ་ངེས་པར་རྫོགས། འབྲས་བུའི་རྟེན་འབྲེལ་དྲུག་ཚེ་གཉིས་པ་ལ་ངེས་པར་རྫོགས་པའི་ཕྱིར་ཞེས་ཟེར། འོ་ན། ཚེ་དང་པོ་ལ་འཕེན་བྱེད་ཀྱི་ཡན་ལག་གསུམ་གྲུབ་ནས་ཚེ་གཉིས

後生於無所有處天之時，於識無邊處天之所依，六因緣起與六果緣起可能圓滿故。理應如是，因彼時，自空無邊處天生於識無邊處天之六果緣起於識無邊處天所依圓滿，自識無邊處天生於無所有處天之六因位緣起，須於識無邊處天之所依圓滿故。」無過，因彼乃不同一輪緣起之圓滿之理故。

又有云：「十二緣起支全部乃僅於三世圓滿，因須於第一世無明、行、識三圓滿，於第二世愛、取、有三圓滿，於第三世名色等必圓滿故。」那麼，若是彼中之行，理應須是順後受業，因彼宗故。不能許，因有彼中之順生受業故。

有云：「彼宗理應應理，因《俱舍論》云：『前後際各二，中八據圓滿。[72]』故。」不周遍，因慮及有一〔種〕十二支於三世圓滿故。

有云：「於俱舍論宗執為一定是三世圓滿。」不應理，因於彼宗，若是屬十二支中的行，不須是順後受業故。理應如是，因於彼宗，有屬彼中的順生受業故。

又有云：「十二支緣起必定於二世圓滿，因六因緣起必須於第一世圓滿、六果緣起必須於第二世圓滿故。」那麼，理應不可能於第一世成辦三能引支後，於第二世成辦三能成支，因彼宗故。若許，

པ་ལ་འགྲུབ་བྱེད་ཀྱི་ཡན་ལག་གསུམ་གྲུབ་པ་མི་སྲིད་པར་ཐལ། དམ་བཅའ་དེའི་ཕྱིར། འདོད་ན། དེའི་ནང་ཚན་དུ་གྱུར་པའི་འདུ་བྱེད་ཡིན་ན་སྐྱེས་ནས་སྒོང་གྱུར་གྱི་ལས་ཡིན་དགོས་པར་ཐལ། འདོད་པའི་ཕྱིར། འདོད་མི་ནུས་ཏེ། ལན་གྲངས་གཞན་ལ་སྒོང་གྱུར་གྱི་ལས་ཡོད་པའི་ཕྱིར།

ཡང་ཁ་ཅིག ཡན་ལག་བཅུ་གཉིས་བུལ་ན་ཚེ་བཞི་ཕན་ཆད་ལ་རྫོགས་པ་ཡོད་དེ། མིའི་རྟེན་ལ་བསམ་གཏན་དང་པོར་སྐྱེ་བའི་ལས་བསགས། ལས་གཞན་གྱི་དབང་གིས་ངན་སོང་གསུམ་དུ་རིམ་གྱིས་སྐྱེས། དེའི་རྗེས་བསམ་གཏན་དང་པོར་སྐྱེ་བ་ལེན་པ་ཡོད་པ་གང་ཞིག དེ་ལྟར་སྐྱེ་བ་ལེན་པའི་ཚ་རྐྱེན་དུ་གྱུར་པའི་གསུམ་པ་རྣམ་ཤེས་ཀྱི་རྟེན་འབྲེལ་ངན་སོང་གི་རྟེན་ལ་ཡོད་པའི་ཕྱིར་ཞེས་ཟེར། དེ་མི་འཐད་པར་ཐལ། མིའི་རྟེན་ལ་བསམ་གཏན་དང་པོར་སྐྱེ་བའི་ལས་བསོག་པའི་ཚེ། མ་རིག་པའི་སློབས་ཀྱིས་རྣམ་ཤེས་ལ། ལས་ངེས་པར་བསོག་དགོས་པའི་ཕྱིར།

གཞན་ཡང་དེ་མི་འཐད་པར་ཐལ། རྟེན་འབྲེལ་ཚར་གཞན་ལ་འཕེན་བྱེད་ཀྱི་ཡན་ལག་དང་། འཕངས་པའི་འབྲས་བུའི་བར་དུ་ཚེ་དུ་མས་ཆོད་པ་སྲིད་ཀྱང་། རྟེན་འབྲེལ་ཚར་གཅིག་ལ་དེ་མི་སྲིད་པའི་ཕྱིར། ཀུན་བཏུས་རྣམ་བཤད་ལས། འཕེན་བྱེད་ཀྱི་རྒྱུ་དང་འཕངས་པའི་འབྲས་བུའི་བར་དུ་ཚེ་རབས་གྲངས་ལས་འདས་པས་ཆོད་ཀྱང་། རྟེན་འབྲེལ་གཞན་གྱི་ཚར་ཡིན་གྱི་དེའི་ཚར་མ་ཡིན་ནོ། །ཞེས་གསུངས་པའི་ཕྱིར།

ཁོན་རེ། ཡན་ལག་བཅུ་གཉིས་བུལ་ན་ཚེ་བཞི་ཕན་ཆད་ལ་རྫོགས་པ་སྲིད་པར་ཐལ། ཡན་ལག་བཅུ་གཉིས་ཀྱི་ནང་ཚན་དུ་གྱུར་པའི་འགྲུབ་བྱེད་ཀྱི་ཡན་ལག་དང་། གྲུབ་པའི་ཡན་ལག་གི་བར་དུ་ཚེ་གཞན་གྱིས་ཆོད་པ་སྲིད་པའི་ཕྱིར། དེར་ཐལ། མི་འགའ་ཞིག་གིས་འདོད་ལྷར་སྐྱེ་བའི་ལས་མ་རིག་པའི་སྟོབས་ཀྱིས་རྣམ་ཤེས་ལ་བསགས་པ་དེ་འཆི་ཀ་ཙམ་ལ་སྲེད་ལེན་གྱི་གསོས་འདེབས་མ་ནུས་པར་དུད་འགྲོར་སྐྱེས་ནས། རྟེན་དེ་ལ་སྲེད་ལེན་གྱིས་འདོད་ལྷར་སྐྱེ་བའི་ལས་གསོས་བཏབ་སྟེ། སྲིད་པ་ནུས་པ་མཐུ་ཅན་དུ་བྱས་ནས་འདོད་ལྷའི་བར་སྲིད་དུ་སྐྱེ་བ་བླངས། དེའི་རྗེས་འདོད་ལྷའི་སྐྱེ་སྲིད་དུ་སྐྱེ་བ་མི་ལེན་པར་ངན་སོང་དུ་སྐྱེ་བ་ཤིག་ཡོད་པའི་ཕྱིར་ཏེ། ཀུན་བཏུས་ལས། ཅི་སྟེ་ན་ལྡོག་གོ ཞེས་གསུངས་པའི་ཕྱིར་ཞེ་ན།

◆現觀辨析（下）

若是屬彼中的行，理應須是順生受業，因許故。不能許，因有順後受業故。

又有云：「十二支若緩，有四世以上圓滿，因有於人所依積聚生於初靜慮之業，以餘業之力次第生於三惡道後投生於初靜慮，且於惡道所依有屬彼投生於天之條件之第三識緣起故。」理應不應理，因於人所依，積聚生於初靜慮之業時，必須以無明之力於識積聚業故。

又理應不應理，因於他輪緣起，能引支與所引之果間，雖可能隔多世，然於一輪緣起不可能故。因《集論釋》云：「能引因與所引果間雖隔無量世，然為餘輪緣起，非彼輪。」故。

有云：「十二支若緩理應有四世以上圓滿，因屬十二支中的能成支與所成支間，可能隔他世故。理應如是，因有些人以無明之力於識積聚生於欲天之業，彼於臨死前，無法以愛取滋潤，而生於畜生後，於彼所依，以愛取滋潤生欲天之業，令『有』〔之〕能力具勢力後，受生欲天中有，之後有不取生於欲天生有，而生於惡道故，因《集論》云：『或時移轉。』故。」

སྐྱོན་མེད་དེ། མི་ནས་འདོད་ལྷར་སྐྱེ་བའི་རྟེན་འབྲེལ་ཚང་གཅིག་པོ་དེའི་འགྲུབ་བྱེད་ཀྱི་ཡན་ལག་སྲེད་ལེན་སྲིད་པ་གསུམ་ལས་གྲུབ་པའི་ཡན་ལག་འདོད་ལྷའི་མིང་གཟུགས་སོགས་འབྱུང་བ་ཡོད་ན་སྐྱོན་དེར་འགྱུར་ཡང་དེ་མི་འབྱུང་བའི་ཕྱིར། ཕྱི་མ་དེར་ཐལ། དེ་འབྱུང་ན། འདོད་ལྷའི་བར་སྲིད་ནས་ལོག་ནས་ངན་སོང་དུ་སྐྱེ་བ་མི་འཐད་དགོས་པའི་ཕྱིར། དེ་ལྟ་མ་ཡིན་ན་འདོད་ལྷར་སྐྱེ་བའི་ཡན་ལག་བཅུ་གཉིས་ཀྱི་ནང་ཚན་དུ་གྱུར་པའི་སྲེད་པ་ཡིན་ན། རང་འབྲས་འདོད་ལྷའི་འབྲས་དུས་ཀྱི་རྟེན་འབྲེལ་དྲུག་འགྲུབ་བྱེད་ཀྱི་རྒྱུ་ཡིན་པས་ཁྱབ་པར་ཐལ། དམ་བཅའ་དེའི་ཕྱིར། འདོད་ན། འདོད་ལྷའི་བར་སྲིད་ཡིན་ན། རང་གི་དེ་མ་ཐག་ཏུ་རང་འབྲས་འདོད་ལྷའི་སྐྱེ་སྲིད་བསྐྱེད་ངེས་ཡིན་པས་ཁྱབ་པར་ཐལ། འདོད་པའི་ཕྱིར། འདོད་ན། འདོད་ལྷའི་བར་སྲིད་ནས་ལོག་སྟེ། ངན་སོང་དུ་སྐྱེ་བ་མེད་པར་ཐལ། འདོད་པའི་ཕྱིར། འདོད་ན། ཅི་སྟེ་ན་ཕྱོག་གོ་ཞེས་གསུངས་པ་མི་འཐད་པར་ཐལ། འདོད་པའི་ཕྱིར། རིམ་པ་བཞིན་ཁས་བླངས།

དེ་ལ་ཁ་ཅིག་ན་རེ། འདོད་ལྷའི་སྐྱེ་སྲིད་དུ་སྐྱེ་བའི་རྒྱུ་ཚོགས་གྲངས་ཚང་གྲུབ་ནས། དེར་མི་སྐྱེ་བར་ངན་སོང་དུ་སྐྱེ་བ་ཅིག་ཡོད་པར་ཐལ། འདོད་ལྷའི་བར་སྲིད་གྲུབ་ནས་དེའི་སྐྱེ་སྲིད་དུ་མི་སྐྱེ་བར་ངན་སོང་དུ་སྐྱེ་བ་ཞིག་ཡོད་པའི་ཕྱིར། འདོད་ན། རྣམ་འགྲེལ་ལས། མ་ཚང་མེད་རྒྱུ་དེ་ལ་ནི། །འབྲས་བུ་གང་གིས་ཟློག་པར་བྱེད། །ཅེས་གསུངས་པ་མི་འཐད་པར་ཐལ། འདོད་པའི་ཕྱིར་ན། མ་ཁྱབ་སྟེ། འདོད་ལྷའི་སྐྱེ་སྲིད་དུ་སྐྱེ་བའི་དངོས་རྒྱུ་གྲངས་ཚང་བའི་ནུས་པ་ཐོགས་མེད་གྲུབ་ན་དེའི་སྐྱེ་སྲིད་དུ་ངེས་པར་སྐྱེ་ཞེས་པའི་དོན་ཡིན་པའི་ཕྱིར།

དེ་ལ་ཁོ་ན་རེ། འདོད་པའི་སྐྱེ་སྲིད་ཀྱི་དངོས་རྒྱུ་དེའི་སྐྱེ་སྲིད་ཀྱི་རྒྱུ་མ་ཡིན་པར་ཐལ། དེའི་སྐྱེ་སྲིད་དུ་སྐྱེ་བའི་རྒྱུ་ཚོགས་གྲངས་ཚང་རྒྱུད་ལ་ལྡན་ན། དེའི་དངོས་རྒྱུ་གྲངས་ཚང་རྒྱུད་ལ་ལྡན་པས་མ་ཁྱབ་པའི་ཕྱིར་ན། མ་ཁྱབ་སྟེ། བྱང་སེམས་ས་དང་པོ་བའི་རྒྱུད་ལ་རྣམ་མཁྱེན་གྱི་རྒྱུ་ཚོགས་གྲངས་ཚང་བ་ཡོད་པའི་ཕྱིར། དེར་ཐལ། དེའི་རྒྱུད་ལ་རྣམ་མཁྱེན་གྱི་རྒྱུ་ཐབས་ཤེས་རྫོགས་པར་ཡོད་པའི་ཕྱིར།

གཞན་ཡང་མི་ནས་འདོད་ལྷར་སྐྱེ་བ་ལེན་པའི་ཀུན་ནས་ཉོན་མོངས་ཕྱོགས་ཀྱི་རྟེན་འབྲེལ་ལ་

無過，因若有從人生於欲天之一輪緣起，從彼之能成支「愛、取、有」三者產生的所成支「欲天名、色」等，則會形成彼過，然彼不出生故。後者理應如是，因若彼出生，從欲天中有返而後生於惡道須不應理故。若非如是，若是生於欲天之十二支中的愛，理應周遍是自果欲天之六果位緣起之能成因，因彼宗故。若許，若是欲天中有，理應周遍是於自之無間決定生於「自果欲天之生有」，因許故。若許，理應沒有從欲天中有返而生於惡道，因許故。若許，所謂「或時移轉」理應不應理，因許故。依序承許。

於彼有云：「理應有一齊備生於欲天生有之因聚已，不生於彼而生於惡道，因有一欲天中有形成後，不生於彼之生有而生於惡道故。若許，《釋量論》所云：『其因無所缺，何能遮其果？[73]』理應不應理，因許故。」不周遍，因〔其〕乃「若齊備生於欲天之生有之直接因的能力無礙形成，一定生於彼生有」之義故。

於彼有云：「欲界生有之直接因，理應不是彼之生有之因，因若相續中具齊備生於彼之生有之因聚，不周遍相續中具齊備彼之直接因故。」不周遍，因於初地菩薩相續中有齊備一切相智之因聚故。理應如是，因彼之相續中有一切相智之因——方便智慧圓滿故。

又，從人投生於欲天之染污品緣起理應數量不決定為十二支，

ཡན་ལག་བཅུ་གཉིས་སུ་གྲངས་མ་ངེས་པར་ཐལ། མི་ནས་འདོད་ལྷར་སྐྱེ་བ་ལེན་པའི་ཡན་ལག་བཅུ་གཉིས་ཀྱི་ནང་ཚན་དུ་གྱུར་པའི་འགྲུབ་བྱེད་ཀྱི་ཡན་ལག་དང་གྲུབ་པའི་ཡན་ལག་གི་བར་དུ་ཚེ་གཞན་གྱིས་ཆོད་པ་སྲིད་པའི་ཕྱིར། དེ་ལ་ཁྱབ་པ་ཡོད་པར་ཐལ། ཀུན་བཏུས་རྣམ་བཤད་ལས། འགྲུབ་བྱེད་ཀྱི་རྒྱུ་དང་གྲུབ་པའི་འབྲས་བུའི་བར་དུ་ཚེ་གཞན་གྱིས་ཆོད་པ་མི་སྲིད་དེ། གཞན་དུ་ན་ཡན་ལག་བཅུ་གཉིས་སུ་མ་ངེས་པར་ཐལ་བའི་ཕྱིར་རོ། །ཞེས་གསུངས་པའི་ཕྱིར།

རང་ལུགས་ནི། ཡན་ལག་བཅུ་གཉིས་མྱུར་ན་ཚེ་གཉིས་ལ་རྫོགས་པ་སྲིད་དེ། མི་འགའ་ཞིག་འདོད་ལྷར་སྐྱེ་བའི་ལས་མ་རིག་པའི་སྟོབས་ཀྱིས་རྣམ་ཤེས་ལ་བསགས་ནས་འཆི་ཀ་ཚུན་སྲེད་ལེན་གྱིས་གསོས་བཏབ་སྟེ། སྲིད་པ་ནུས་པ་མཐུ་ཅན་དུ་བྱས་ནས་ཚེ་དེ་ལ་རྒྱུའི་རྟེན་འབྲེལ་དྲུག་དང་ཕྱི་མ་ལ་འབྲས་དུས་ཀྱི་རྣམ་ཤེས་སོགས་བདུན་འགྲུབ་པ་སྲིད་པའི་ཕྱིར་ཏེ། འདོད་ལྷའི་སྐྱེ་བ་འཕེན་བྱེད་ཀྱི་སྐྱེ་ནས་མྱོང་འགྱུར་གྱི་ལས་ཡོད་པའི་ཕྱིར། ཡན་ལག་བཅུ་གཉིས་ཇི་ལྟར་བུལ་ཡང་ཚེ་གསུམ་ལ་ངེས་པར་རྫོགས་པ་ཡིན་ཏེ། མི་འགའ་ཞིག་འདོད་ལྷར་སྐྱེ་བའི་ལས་མ་རིག་པའི་སྟོབས་ཀྱིས་རྣམ་ཤེས་ལ་བསགས་པ་སྟེ། འཆི་ཀ་ཚུན་ལ་སྲེད་ལེན་གྱིས་གསོས་འདེབས་མ་ནུས་པར་དུད་འགྲོར་སྐྱེ་ནས་རྟེན་དེ་ལ་སྲེད་ལེན་གྱིས་འདོད་ལྷར་སྐྱེ་བའི་ལས་གསོས་བཏབ་སྟེ། སྲིད་པ་ནུས་མཐུ་ཅན་དུ་བྱས་ནས་འདོད་ལྷར་སྐྱེ་བ་ཡོད་པའི་ཕྱིར་ཏེ། འདོད་ལྷའི་སྐྱེ་བ་འཕེན་བྱེད་ཀྱི་ལན་གྲངས་གཞན་ལ་མྱོང་འགྱུར་གྱི་ལས་ཡོད་པའི་ཕྱིར། མྱུར་བུལ་གྱི་རྫོགས་ཚུལ་གཉིས་པོ་དེ་རྒྱལ་ཚབ་རྗེའི་དགོངས་པ་ཡིན་ཏེ། ཀུན་བཏུས་རྣམ་བཤད་ལས། ཡན་ལག་བཅུ་གཉིས་པོ་འདི་དག་སྐྱེས་ནས་མྱོང་འགྱུར་གྱི་ལས་བསགས་པ་ཡིན་ན། ཚེ་གཉིས་ལ་རྫོགས་ཤིང་། དེ་མིན་ན་ཚེ་གསུམ་ལ་རྫོགས་དགོས་སོ་ཞེས་གསུངས་པའི་ཕྱིར།

ཁོན་རེ། མི་འགའ་ཞིག་འདོད་ལྷར་སྐྱེ་བའི་ལས་མ་རིག་པའི་སྟོབས་ཀྱིས་རྣམ་ཤེས་ལ་བསགས་ནས་འཆི་ཁ་ཚུན་ལ་སྲེད་ལེན་གྱིས་གསོས་བཏབ་ནས། སྲིད་པ་ནུས་པ་མཐུ་ཅན་དུ་བྱས་པའི་ཚེ། ཚེ་དེ་ལ་རྒྱུའི་རྟེན་འབྲེལ་དྲུག་རྫོགས་པར་ཐལ། དེའི་ཚེ་ཚེ་དེ་ལ་རྒྱུའི་རྟེན་འབྲེལ་དྲུག་གྲུབ་

因屬從人投生於欲天之十二支中的能成支與所成支之間，可能間隔餘世故。於彼理應有周遍，因《集論釋》云：「能成因與所成果之間，絕無餘世間隔，因若非如是則成非決定為十二支故。」故。

自宗：十二支若速疾，可能於二世圓滿，因可能有些人以無明之力於識積集投生於欲天之業，未死前以愛取滋潤，令「有」具有力能力後，於彼世成辦六因緣起，及於後世成辦七果位識等故，因有能引投生於欲天之順生受業故。十二支如何遲緩，也必於三世圓滿，因有些人，以無明之力於識積集生於欲天之業，於未死前，愛取無法滋潤，而生於畜生後，於彼所依，以愛取滋潤生於欲天之業，令「有」具有力能力後，投生於欲天故，因有能引投生於欲天之順後受業故。疾緩之圓滿之理二者，乃賈曹傑〔大師〕之意趣，因《集論釋》云：「彼等十二支，若造順生受業，乃於二世圓滿；若非，須於三世圓滿。」故。

有云：「有些人以無明之力於識積集投生欲天之業後，於未死前以愛取滋潤，令『有』具有力能力之時，理應於彼世圓滿六因緣起，因彼時於彼世中成就六因緣起故。若許，彼時理應沒有從『人』

པའི་ཕྱིར། འདོད་ན། དེའི་ཚེ་མི་ནས་འདོད་ལྷའི་ཕུང་པོ་འགྲུབ་བྱེད་ཀྱི་རྒྱུ་སྲིད་ལེན་སྲིད་པ་གསུམ་མེད་པར་ཐལ། འདོད་པའི་ཕྱིར་ན་མ་ཁྱབ། འདོད་ན། དེའི་ཚེ་ཕུང་པོ་འགྲུབ་བྱེད་ཀྱི་རྒྱུ་སྲིད་པ་མེད་པར་ཐལ། འདོད་པའི་ཕྱིར། འདོད་མི་ནུས་ཏེ། དེའི་ཚེ་འདོད་ལྷའི་བར་སྲིད་ཀྱི་གནས་སྐབས་ན་འདོད་ལྷའི་ཕུང་པོ་འགྲུབ་བྱེད་ཀྱི་རྒྱུ་སྲིད་པ་ཡོད་པའི་ཕྱིར། དེར་ཐལ། དེའི་ཚེ་མི་ནས་འདོད་ལྷའི་སྐྱེ་སྲིད་དུ་སྐྱེ་བ་བླངས་པའི་འབྲས་དུས་ཀྱི་རྣམ་ཤེས་དེ་རང་གི་རྒྱུར་གྱུར་པའི་ཡན་ལག་བཅུ་གཉིས་ཀྱི་ནང་ཚན་དུ་གྱུར་པའི་སྲིད་པ་ལས་དངོས་སུ་བྱུང་བའི་ཕྱིར། དེར་ཐལ། དེའི་དངོས་རྒྱུར་གྱུར་པའི་རྒྱུའི་རྟེན་འབྲེལ་ཡོད་པའི་ཕྱིར་ཞེ་ན། མ་ཁྱབ་མཚམས་སུ་མ་ཁྱབ་པར་ཐལ། སྐྱེ་བ་གཅིག་ཐོགས་ཀྱི་བྱང་སེམས་ཀྱི་རྒྱུད་ལ་རྣམ་མཁྱེན་འདྲེན་བྱེད་ཀྱི་ཐེག་པ་ཆེན་པོའི་སློབ་ལམ་རྫོགས་པར་གྲུབ་ཀྱང་། ས་བཅུ་སྲིད་པ་ཐ་མ་པའི་རྒྱུད་ལ་རྣམ་མཁྱེན་འདྲེན་བྱེད་ཀྱི་ཐེག་ཆེན་གྱི་སློབ་ལམ་ཡོད་པ་མི་འགལ་བའི་ཕྱིར།

བཞི་པ་ས་མཚུངས་པའི་རྣམ་གཞག་ལ་གཞན་ལུགས་དགག་པ། རང་ལུགས་བཞག་པ། རྩོད་པ་སྤོང་བའོ། །

དང་པོ་ནི། ཁ་ཅིག སྲིད་རྩེར་སྐྱེ་བའི་རྒྱུའི་ཀུན་སློང་གི་མ་རིག་པ་ཡིན་ན། ཅི་ཡང་མེད་ཀྱི་སར་གཏོགས་ཡིན་པས་མ་ཁྱབ་སྟེ། མ་རིག་པ་དེ་ལ་འདོད་པ་ནས་ཅི་ཡང་མེད་ཀྱི་བར་ས་བརྒྱད་ཀྱིས་བསྡུས་པ་ཡོད་པའི་ཕྱིར་ཏེ། དེ་བརྒྱད་ཀའི་རྟེན་ལ་སྲིད་རྩེར་སྐྱེ་བའི་ལས་གསར་དུ་བསོག་པ་ཡོད་པའི་ཕྱིར། ཁྱབ་སྟེ། ཡན་ལག་བཅུ་གཉིས་ཀྱི་ཐོག་མའི་མ་རིག་པ་ཡིན་ན་ལས་གསར་དུ་གང་དུ་བསོག་པའི་བསོག་སར་གཏོགས་དགོས་པའི་ཕྱིར་ཞེས་ཟེར། འོ་ན་འདོད་པ་ནས་སྲིད་རྩེར་སྐྱེ་བའི་ལས་གསར་དུ་བསོག་བཞིན་པའི་འདོད་པའི་རྟེན་ཅན་གྱི་གང་ཟག་དེའི་རྒྱུད་ལ་ཅི་ཡང་མེད་ཀྱི་སེམས་མེད་པར་ཐལ། དེའི་རྒྱུད་ལ་ཅི་ཡང་མེད་ཀྱི་སས་བསྡུས་ཀྱི་མ་རིག་པ་མེད་པའི་ཕྱིར། དེར་ཐལ། དེའི་རྒྱུད་ལ་ཅི་ཡང་མེད་ཀྱི་སས་བསྡུས་ཀྱི་སྲིད་རྩེའི་རྣམ་སྨིན་གྱི་ཕུང་པོ་ལ་འཕེན་བྱེད་ཀྱི་ལས་ཀུན་ནས་སློང་བྱེད་ཀྱི་མ་རིག་པ་མེད་པའི་ཕྱིར། དེར་ཐལ། དེའི་རྒྱུད་ཀྱི་སྲིད་རྩེའི་རྣམ་སྨིན་གྱི་ཕུང་པོ་འཕེན་བྱེད་ཀྱི་ལས་ཀུན་ནས་སློང་བྱེད་ཀྱི་མ་རིག་པ་འདོད་པའི་སས་བསྡུས་ཡིན་པའི་ཕྱིར། རྟགས་ཁས།

能成『欲天蘊體』之三因——愛、取、有，因許故。」不周遍，若許，彼時理應沒有能成蘊體之因——「有」因許故。不能許，因彼時，於欲天中有之時，有能成欲天蘊體之因——「有」故。理應如是，因彼時，自人投生於「欲天之生有」之果位識，從屬自之因的十二支中的「有」所直接生故。理應如是，因有屬彼之直接因的因緣起故。於不周遍處理應不周遍，因一生所繫之菩薩相續中，雖已圓滿成就能引生一切相智之大乘有學道，然與十地最後有相續中，有能引生一切相智之大乘有學道不相違故。

第四、地相同之建立：破他宗、立自宗、斷諍。

初者，有云：「若是生於有頂之因等起無明，不周遍是屬無所有處地，因於彼無明有自欲界乃至無所有處之間八地所攝故，因於彼八者之所依，有新造生於有頂之業故。周遍，因若是十二支之最初無明須屬於何處積聚新業之積聚地故。」那麼，正在新積聚從欲界生於有頂之業的具欲界所依之補特伽羅，彼之相續中理應沒有無所有處之心，因於彼之相續中沒有無所有處地攝之無明故。理應如是，因彼相續中沒有能引發「無所有處地攝之有頂的異熟蘊之能引業」的無明故。理應如是，因彼之相續中能引發「有頂異熟蘊之能引業」的無明乃欲地攝故。承許因。

ཙ་བར་འདོད་ན། དེ་འདྲའི་འདོད་པའི་རྟེན་ཅན་གྱི་གང་ཟག་ཡིན་ན་རང་རྒྱུད་ལ་ཅི་ཡང་མེད་ཀྱི་སེམས་མེད་དགོས་པར་ཐལ། འདོད་པའི་ཕྱིར། འདོད་ན། དེ་ཡིན་ན་རང་རྒྱུད་ལ་རྒྱུ་སྙོམས་འཇུག་གི་སྲིད་རྩེའི་སེམས་མེད་དགོས་པར་ཐལ། འདོད་པའི་ཕྱིར། འདོད་ན། སྲིད་རྩེར་སྐྱེ་ཁམས་འདོད་པའི་རྟེན་ཅན་གྱི་གང་ཟག་དེས་རྒྱུ་སྙོམས་འཇུག་གི་སྲིད་རྩེའི་སེམས་མ་ཐོབ་པར་ཐལ། འདོད་པའི་ཕྱིར། འདོད་ན། བསམ་གཏན་དང་པོར་སྐྱེ་ཁམས་འདོད་པའི་རྟེན་ཅན་གྱི་གང་ཟག་དེས་རྒྱུ་སྙོམས་འཇུག་གི་བསམ་གཏན་གྱི་དངོས་གཞི་མ་ཐོབ་པར་ཐལ། འདོད་པའི་ཕྱིར། འདོད་ན། འབྲས་བུ་སྐྱེ་བའི་བསམ་གཏན་གྲུབ་པ་ལ་རྒྱུ་སྙོམས་འཇུག་གི་བསམ་གཏན་གྲུབ་པ་སྔོན་དུ་འགྲོ་མི་དགོས་པར་ཐལ། འདོད་པའི་ཕྱིར།

ཡང་ཁ་ཅིག འདོད་པ་ནས་བསམ་གཏན་དང་པོར་སྐྱེ་བ་ལེན་པའི་ཚེ། ཡན་ལག་བཅུ་གཉིས་ཀྱི་ནང་ཚན་དུ་གྱུར་པའི་མ་རིག་པ་དང་རྣམ་ཤེས་གཉིས་འདོད་པའི་སར་གཏོགས་པ་དང་། གཞན་བཅུ་བསམ་གཏན་དང་པོའི་སར་གཏོགས་པ་ཡིན་ཞེས་ཟེར། དེ་མི་འཐད་པར་ཐལ། འདོད་པ་ནས་བསམ་གཏན་དང་པོར་སྐྱེ་བ་ལེན་པའི་ཚེ་ཡན་ལག་བཅུ་གཉིས་ཀྱི་ནང་ཚན་དུ་གྱུར་པའི་འདུ་བྱེད་བསམ་གཏན་དང་པོའི་སར་གཏོགས་པ་གང་ཞིག ས་གཞན་གྱི་རྣམ་ཤེས་ས་གཞན་གྱི་ལས་ཀྱི་བག་ཆགས་བསྒོ་བའི་གཞིར་མི་རུང་བ་མངོན་པ་བ་སྤྱི་སྐད་ཡིན་པའི་ཕྱིར། དེར་ཐལ། ས་གཞན་གྱི་ལས་ཀྱིས་ས་གཞན་གྱི་ཕུང་པོ་མི་འཕེན་པ་མངོན་པ་སྤྱི་སྐད་ཡིན་པའི་ཕྱིར། དེར་ཐལ། ཡན་ལག་བཅུ་གཉིས་ཀྱི་ནང་ཚན་དུ་གྱུར་པའི་འདུ་བྱེད་གང་ཡིན། གང་དུ་སྐྱེ་བའི་སྐྱེ་སར་གཏོགས་པས་ཁྱབ་པའི་ཕྱིར། མ་གྲུབ་ན། འདོད་པ་ནས་བསམ་གཏན་དང་པོར་སྐྱེ་བའི་ཚེ། ཡན་ལག་བཅུ་གཉིས་ཀྱི་ནང་ཚན་དུ་གྱུར་པའི་འདུ་བྱེད་བསམ་གཏན་དང་པོའི་སར་གཏོགས་སུ་ཁས་ལེན་པ་ཉམས་སོ། །

ཁོ་ན་རེ། ས་གཞན་གྱི་ལས་ཀྱིས་ས་གཞན་གྱི་ཕུང་པོ་འཕེན་པ་ཡོད་པར་ཐལ། འདོད་པ་ནས་བསམ་གཏན་དང་པོར་སྐྱེ་བ་ལེན་པའི་རྒྱུའི་ཀུན་སློང་གི་མ་རིག་པ་འཁོར་དུ་ལྡན་པའི་གཙོ་སེམས་ཀྱི་འཁོར་དུ་བྱུང་བའི་སེམས་བྱུང་སེམས་པ་དེ་འདོད་པའི་སས་བསྡུས་ཀྱི་ལས་གང་ཞིག དེས་བསམ་གཏན་དང་པོའི་སས་བསྡུས་ཀྱི་རྣམ་སྨིན་གྱི་ཕུང་པོ་འཕེན་པའི་ཕྱིར། དང་པོ་དེར་ཐལ། དེ་ལས་གང་

若許根本，若是如此之具欲界所依的補特伽羅，於自相續中理應須沒有無所有處心，因許故。若許，若是彼，於自相續中理應須沒有因等至的有頂心，因許故。若許，將生於有頂之具欲界所依的補特伽羅，彼理應未得因等至之有頂心，因許故。若許，即將生於初靜慮之具欲界所依的補特伽羅，彼理應未得因等至之根本靜慮，因許故。若許，成就生果靜慮，理應不須先行成就因等至的靜慮，因許故。

又有云：「從欲界生於初靜慮之時，屬十二支中的無明與識二者屬於欲地；餘十乃屬初靜慮地。」理應不應理，因從欲界生於初靜慮之時，屬十二支中的行屬初靜慮地，且餘地識不堪為餘地業習氣熏習之基乃對法論師共識故。理應如是，因餘地業無法引餘地蘊乃對法共識故。理應如是，因任何屬十二支中的行，周遍屬生於何處之生地故。若不成，則捨棄承許從欲界生於初靜慮之時，屬十二支中的行屬初靜慮地矣。

有云：「理應有以餘地業引餘地蘊，因具從欲界生於初靜慮之因等起無明眷屬之心王眷屬——思心所，彼為欲地攝之業，且彼引初靜慮地攝之異熟蘊故。初者理應如是，因彼是業，且是欲地攝故。初者理應如是，因有彼故。理應如是，因若是心王，周遍有自之眷

ཞིག འདོད་པའི་སས་བསྡུས་ཡིན་པའི་ཕྱིར། དང་པོ་དེར་ཐལ། དེ་ཡོད་པའི་ཕྱིར། དེར་ཐལ། གཙོ་སེམས་ཡིན་ན་རང་གི་འཁོར་དུ་བྱུང་བའི་སེམས་བྱུང་སེམས་པ་ཡོད་པས་ཁྱབ་པའི་ཕྱིར། དེར་ཐལ། ཚོར་བ་སེམས་པ་འདུ་ཤེས་རེག་པ་ཡིད་ལ་བྱེད་པ་ལྔ་པོ་སེམས་བྱུང་ཀུན་འགྲོ་ཡིན་པའི་ཕྱིར། རྟགས་གཉིས་པ་དེ་འདོད་པའི་སས་བསྡུས་པར་ཐལ། དེ་འཁོར་དུ་ལྡན་པའི་གཙོ་སེམས་འདོད་པའི་སས་བསྡུས་གང་ཞིག དེ་གཉིས་མཚུངས་ལྡན་ཡིན་པའི་ཕྱིར། དང་པོ་དེར་ཐལ། དེ་འདྲའི་རྒྱུའི་ཀུན་སློང་གི་མ་རིག་པ་འདོད་པའི་སས་བསྡུས་གང་ཞིག དེ་གཉིས་ཀྱང་མཚུངས་ལྡན་ཡིན་པའི་ཕྱིར་ཞེ་ན། སྐྱོན་མེད་དེ། ས་གཞན་གྱི་ལས་ཀྱིས་ས་གཞན་གྱི་ཕུང་པོ་མི་འཕེན་ཞེས་པ་འདོད་པའི་སས་བསྡུས་ཀྱི་ཡན་ལག་བཅུ་གཉིས་ཀྱི་ནང་ཚན་དུ་གྱུར་པའི་འདུ་བྱེད་ཀྱི་ལས་ལྟ་བུས། བསམ་གཏན་དང་པོའི་རྣམ་སྨིན་གྱི་ཕུང་པོ་མི་འཕེན་ཞེས་པའི་དོན་ཡིན་པའི་ཕྱིར། ཚིག་འབའ་ཞིག་ལ་མ་བརྟེན་པར་དོན་གྱི་སྙིང་པོའང་འཚོལ་ཞིག

ཡང་ཁ་ཅིག བསམ་གཏན་དང་པོ་ནས་འདོད་པར་སྐྱེ་བ་ལེན་པའི་རྒྱུའི་ཀུན་སློང་གི་མ་རིག་པ་དང་། འགྲུབ་བྱེད་སྲིད་ལེན་བསམ་གཏན་དང་པོའི་སར་གཏོགས་ཀྱི་འདོད་པའི་སར་མ་གཏོགས་ཏེ། བསམ་གཏན་དང་པོའི་རྟེན་ལ་འདོད་པའི་སས་བསྡུས་ཀྱི་ཉོན་མོངས་མངོན་དུ་འགྱུར་བ་མེད་པའི་ཕྱིར། དེར་ཐལ། བསམ་གཏན་དང་པོའི་ལྷ་རྣམས་འདོད་པའི་སས་བསྡུས་ཀྱི་ཉོན་མོངས་མངོན་གྱུར་བ་ལ་ཆགས་པ་དང་བྲལ་ཟིན་པ་ཡིན་པའི་ཕྱིར། དེར་ཐལ། དེ་རྣམས་བསམ་གཏན་དང་པོའི་དངོས་གཞི་ཐོབ་ཟིན་ཡིན་པའི་ཕྱིར། ཞེ་ན།

མ་ཁྱབ་སྟེ། དེའི་རྒྱུད་ཀྱི་བསམ་གཏན་དང་པོའི་དངོས་གཞིའི་སྙོམས་འཇུག་དེ། འདོད་པའི་སས་བསྡུས་ཀྱི་ཉོན་མོངས་མངོན་གྱུར་བ་ལ་ཆགས་པ་དང་བྲལ་ཟིན་མ་ཡིན་པའི་ཕྱིར། དེར་ཐལ། དེ་འདོད་པའི་སས་བསྡུས་ཀྱི་གང་ཟག་གི་བདག་འཛིན་མངོན་གྱུར་བ་ལ་ཆགས་པ་དང་བྲལ་ཟིན་མ་ཡིན་པ་གང་ཞིག དེའི་སས་བསྡུས་ཀྱི་གང་ཟག་གི་བདག་འཛིན་མངོན་གྱུར་བ་དེ། དེའི་སས་བསྡུས་ཀྱི་ཉོན་མོངས་མངོན་གྱུར་བ་ཡིན་པའི་ཕྱིར། དང་པོ་དེར་ཐལ། དེའི་སས་བསྡུས་ཀྱི་གང་ཟག་གི་བདག་འཛིན་ལ་ཆགས་པ་དང་བྲལ་ཟིན་མ་ཡིན་པ་གང་ཞིག དེའི་སས་བསྡུས་ཀྱི་གང་ཟག་གི་བདག་འཛིན་

屬之思心所故。理應如是，因受、思、想、觸、作意五者乃遍行心所故。第二因理應是欲地攝，因具彼眷屬之心王乃欲地攝，且彼二是相應故。初者理應如是，因如是因等起無明乃欲地攝，且彼二亦是相應故。」無過，因所謂「餘地業不引餘地蘊」，乃「如欲地攝之屬十二支中的行業，不引初靜慮異熟蘊」之義故。不要只依著字，當尋求意思之心要！

又有云：「自初靜慮受生於欲界之因等起『無明』，與能成〔支〕『愛、取』，屬初靜慮地，而不屬欲地，因於初靜慮所依沒有欲地攝之煩惱現行故。理應如是，因初靜慮之諸天人，乃於欲地攝之煩惱現行已離貪故。理應如是，因彼等已得根本初靜慮故。」

不周遍，因彼之相續的根本初靜慮等至，於欲地攝之煩惱現行非已離貪故。理應如是，因彼於欲地攝之補特伽羅我執現行非已離貪，且彼地攝的補特伽羅我執現行，乃彼地攝之煩惱現行故。初者理應如是，因於彼地攝之補特伽羅我執非已離貪，且彼地攝之補特伽羅我執，乃補特伽羅我執現行故。後者理應如是，因彼乃覺知現行故。理應如是，因彼乃知覺故。理應如是，因彼非補特伽羅我執

དེ། གང་ཟག་གི་བདག་འཛིན་མངོན་གྱུར་བ་ཡིན་པའི་ཕྱིར། ཕྱི་མ་དེར་ཐལ། དེ་བློ་མངོན་གྱུར་བ་ཡིན་པའི་ཕྱིར། དེར་ཐལ། དེ་ཤེས་པ་ཡིན་པའི་ཕྱིར། དེར་ཐལ། དེ་གང་ཟག་གི་བདག་འཛིན་གྱི་ས་བོན་མ་ཡིན་པའི་ཕྱིར། དེར་ཐལ། དེར་གྱུར་པའི་ཉོན་མོངས་ཅན་གྱི་མ་རིག་པ་ཡོད་པའི་ཕྱིར།

རྩ་རྟགས་དང་པོ་དེར་ཐལ། དེ་འཇིག་རྟེན་པའི་སྒོམ་ལམ་གང་ཞིག འདོད་པའི་སས་བསྡུས་ཀྱི་གང་ཟག་གི་བདག་འཛིན་འཇིག་རྟེན་པའི་སྒོམ་སྤངས་མ་ཡིན་པའི་ཕྱིར། ཕྱི་མ་དེར་ཐལ། དེ་རང་དངོས་སུ་སྤོང་བྱེད་ཀྱི་འཇིག་རྟེན་ལས་འདས་པའི་སྒོམ་ལམ་བར་ཆད་མེད་ལམ་གྱི་སྤང་བྱ་ཡིན་པའི་ཕྱིར། དེར་ཐལ། དེ་སྤངས་པའི་གང་ཟག་ཡིན་ན། དགྲ་བཅོམ་པ་ཡིན་དགོས་པའི་ཕྱིར། དེར་ཐལ། ཅི་ཡང་མེད་ཀྱི་སས་བསྡུས་ཀྱི་ཉོན་སྒྲིབ་སྤངས་པའི་གང་ཟག་ཡིན་ན་དགྲ་བཅོམ་པ་ཡིན་དགོས་པའི་ཕྱིར། དེར་ཐལ། རྟེན་འབྲེལ་ཡན་ལག་བཅུ་གཉིས་ཀྱི་ཐོག་མའི་མ་རིག་པ་སྤངས་པའི་གང་ཟག་ཡིན་ན། དགྲ་བཅོམ་ཡིན་དགོས་པ་གང་ཞིག སྲིད་རྩེའི་སས་བསྡུས་ཀྱི་རྟེན་འབྲེལ་ཡན་ལག་བཅུ་གཉིས་ཀྱི་ཐོག་མའི་མ་རིག་པ་མེད་པའི་ཕྱིར། དང་པོ་འབུད། གཉིས་པ་དེར་ཐལ། སྲིད་རྩེའི་རྟེན་ལ་ས་གོང་འོག་གང་དུ་སྐྱེ་བའི་ལས་གསར་བསོག་མེད་པ། མངོན་པ་བ་སྤྱི་སྐད་ཡིན་པའི་ཕྱིར།

ཁ་ཅིག བསམ་གཏན་དང་པོ་ནས་འདོད་པར་སྐྱེ་བ་ལེན་པའི་རྒྱུའི་ཀུན་སློང་གི་མ་རིག་པ་དང་།སྲིད་ལེན་རང་རྒྱུད་ལ་མངོན་དུ་གྱུར་པའི་བསམ་གཏན་དང་པོའི་ལྷ་དེ་བསམ་གཏན་དང་པོའི་དངོས་གཞིའི་སྙོམས་འཇུག་ལས་ཉམས་པའི་ལྷ་ཡིན་པའི་སྒོ་ནས་ཕ་རོལ་གྱི་རྩོད་སྤོང་བྱེད་དོ་ཞེས་ཟེར། དེ་མི་འཐད་པར་ཐལ། བསམ་གཏན་དང་པོའི་ལྷའི་རྒྱུད་ལ་འདོད་པའི་སས་བསྡུས་ཀྱི་གང་ཟག་གི་བདག་འཛིན་དང་། བསམ་གཏན་དང་པོའི་དངོས་གཞིའི་སྙོམས་འཇུག་གཉིས་ཀ་ཡོད་པ་ལ་འགལ་བ་མེད་པའི་ཕྱིར། དེར་ཐལ། དེའི་རྒྱུད་ལ་འདོད་པའི་སས་བསྡུས་ཀྱི་འཇིག་རྟེན་ལས་འདས་པའི་སྒོམ་ལམ་བར་ཆད་མེད་ལམ་གྱི་སྤང་བྱ་དང་། འཇིག་རྟེན་པའི་སྒོམ་ལམ་བར་ཆད་མེད་ལམ་གཉིས་ཀ་ཡོད་པ་ལ་འགལ་བ་མེད་པའི་ཕྱིར།

ཁོན་རེ། བསམ་གཏན་དང་པོའི་དངོས་གཞིའི་སྙོམས་འཇུག་དེ་འདོད་པའི་སས་བསྡུས་ཀྱི་ཉོན་མོངས་ལ་ཆགས་བྲལ་ཡིན་ཀྱང་། དེ་སྤངས་པ་མ་ཡིན་པས་སྐྱོན་མེད་དོ་ཞེ་ན། འོ་ན་ཀུན་གཞི་ཉོན་

種子故。理應如是，因有屬彼之染污無明故。

第一根本因理應如是，因彼乃世間修道，且欲地攝之補特伽羅我執非世間修所斷故。後者理應如是，因彼乃「直接能斷自」之出世間修道無間道之所斷故。理應如是，因若是斷彼之補特伽羅，須是阿羅漢故。理應如是，因若是斷除無所有處地攝之煩惱障的補特伽羅，須是阿羅漢故。理應如是，因若是斷除十二緣起之最初無明之補特伽羅，須是阿羅漢，且無有頂地攝之十二緣起的最初無明故。初者已清楚。第二理應如是，因於有頂所依，沒有新積聚生於上下何地之業乃對法論師共識故。

有云：「以『於自相續中現行從初靜慮受生欲界之因等起無明與愛取之初靜慮天人，彼乃從根本初靜慮等至退失之天人』之門斷對方之諍。」理應不應理，因於初靜慮天人相續中，有欲地攝之補特伽羅我執與根本初靜慮等至二者，無相違故。理應如是，因彼之相續中，有欲地攝之出世間修道無間道之所斷與世間修道無間道二者，無相違故。

有云：「根本初靜慮等至，雖於欲地攝煩惱離貪，然未斷彼故無過。」那麼，於承許阿賴耶、染污意之宗，如是理應亦應理，因

ཡིད་ཁམས་ལེན་པའི་ལུགས་ལ་ཡང་དེ་ལྟར་འཐད་པར་ཐལ། དམ་བཅའ་དེའི་ཕྱིར། འདོད་མི་ནུས་ཏེ། བསམ་གཏན་དང་པོའི་དངོས་གཞི་སྙོམས་འཇུག་འདོད་པའི་སེམས་བསྐྱེས་ཀྱི་ཉོན་ཡིད་ལ་ཆགས་བྲལ་མ་ཡིན་པའི་ཕྱིར། དེར་ཐལ། ཉོན་ཡིད་དེ་ཐེག་དམན་གྱི་དབང་དུ་བྱས་ན་དགྲ་བཅོམ་པ་གཉིས་དང་། འགོག་པ་ལ་སྙོམས་པར་འཇུག་པ་དང་། འདས་ལམ་ལ་བརྟེན་པའི་བར་ཆད་མེད་ལམ་སྐྱེས་པའི་དུས་མ་གཏོགས་པ་རྣམས་སུ་འཇུག་ཅིང་། ཐེག་ཆེན་གྱི་དབང་དུ་བྱས་ནའང་ས་དག་ས་བདུན་མན་ཆད་དང་། རང་རྟེན་གང་དུ་གཏོགས་པའི་གནས་ཐམས་ཅད་དུ་འཇུག་པའི་ཕྱིར། དེར་ཐལ། ཀུན་བཏུས་ལས། དེ་ཡང་ལམ་མངོན་དུ་གྱུར་པ་དང་། འགོག་པའི་སྙོམས་པར་འཇུག་པ་དང་། མི་སློབ་པའི་ས་མ་གཏོགས་པར་དགེ་བ་དང་མི་དགེ་བ་དང་། ལུང་དུ་མ་བསྟན་པ་ཐམས་ཅད་དུ་འགྲོ་བ་དང་། ཞེས་དང་། སུམ་ཅུ་པ་ལས། གང་དུ་སྐྱེས་པ་དེ་ཡི་འོ། །ཞེས་གསུངས་པའི་ཕྱིར།

གཞན་ཡང་། བསམ་གཏན་དང་པོ་ནས་འདོད་པར་སྐྱེ་བ་ལེན་པའི་རྒྱུའི་ཀུན་སློང་གི་མ་རིག་པ་བསམ་གཏན་དང་པོའི་སར་གཏོགས་པ་དེ་མི་འཐད་པར་ཐལ། བསམ་གཏན་དང་པོའི་རྟེན་ལ་འདོད་པར་སྐྱེ་བའི་ལས་གསར་དུ་བསོག་པ་མེད་པའི་ཕྱིར། དེར་ཐལ། གོང་སའི་རྟེན་ལ་འོག་སའི་ལས་གསར་དུ་གསོག་པ་མེད་པ་མངོན་པ་བ་སྤྱི་སྐད་ཡིན་པའི་ཕྱིར།

ཁོན་རེ། དེ་མི་འཐད་པར་ཐལ། ཀུན་བཏུས་ལས། དེ་ན་གནས་པ་ཡང་ལས་བསོག་གོ་ཞེས་གསུངས་པའིཕྱིར་ཞེ་ན། མ་ཁྱབ་སྟེ། གོང་སའི་བར་སྲིད་ཀྱི་རྟེན་ལ་འོག་སའི་ལས་གསོས་འདེབས་པ་ཡོད་པ་ལ་དགོངས་པའི་ཕྱིར།

གཞན་ཡང་། བསམ་གཏན་དང་པོ་ནས་འདོད་པར་སྐྱེ་བའི་རྒྱུའི་ཀུན་སློང་གི་མ་རིག་པ་འདོད་པའི་སེམས་བསྐྱེས་ཡིན་པར་ཐལ། བསམ་གཏན་དང་པོ་ནས་བསམ་གཏན་དང་པོར་སྐྱེ་བའི་རྒྱུའི་ཀུན་སློང་གི་མ་རིག་པ་འདོད་པའི་སེམས་བསྐྱེས་ཡིན་པའི་ཕྱིར། དེར་ཐལ། དེ་འདོད་པའི་སེམས་བསྐྱེས་དང་བསམ་གཏན་དང་པོའི་སེམས་བསྐྱེས་གང་རུང་གང་ཞིག བསམ་གཏན་དང་པོའི་སེམས་བསྐྱེས་མ་ཡིན་པའི་ཕྱིར། ཕྱི་མ་དེར་ཐལ། བསམ་གཏན་དང་པོའི་རྟེན་ལ་བསམ་གཏན་དང་པོར་སྐྱེ་བའི་ལས་གསར་དུ་བསོག་པ་མེད་པའི་ཕྱིར། དེར་ཐལ། བསམ་གཏན་དང་པོའི་རྟེན་ལ་བསམ་གཏན་དང་པོའི་ཉེར་

彼宗故。不能許，因根本初靜慮等至於欲地攝染污意非離貪故。理應如是，因染污意，就小乘而言，除了「二阿羅漢、入滅定、依於出世間道之無間道出生時」趣入，且就大乘而言，亦是於不淨七地以下及自所依屬何之一切處趣入故。理應如是，因《集論》云：「此復，除道現行與入滅盡定，以及無學地，遍行一切善、不善與無記。[74]」及《唯識三十論頌》云：「隨所生所繫。[75]」故。

又，從初靜慮受生於欲界之因等起無明，屬初靜慮地，彼理應不應理，因於初靜慮所依，沒有新造生欲界之業故。理應如是，因於上地所依，沒有新造下地之業乃對法論師之共識故。

有云：「彼理應不應理，因《集論》云：『住中有中亦能集諸業。[76]』故。」不周遍，因慮及於上地中有所依，有滋潤下地業故。

又，自初靜慮受生欲界之因等起無明，理應是欲地攝，因自初靜慮生於初靜慮之因等起無明，乃欲地攝故。理應如是，因彼是欲地攝及初靜慮地攝隨一，且非初靜慮地攝故。後者理應如是，因於初靜慮所依，沒有新積聚生於初靜慮之業故。理應如是，因於初靜慮所依，沒有修習初靜慮近分故，因初靜慮諸天人乃已得彼之根本故。

བསྒོགས་སྒོམ་པ་མེད་པའི་ཕྱིར། བསམ་གཏན་དང་པོའི་ལྷ་རྣམས་དེའི་དངོས་གཞི་ཐོབ་ཟིན་ཡིན་པའི་ཕྱིར།

ཁ་ཅིག བསམ་གཏན་དང་པོའི་དངོས་གཞི་ལས་ཉམས་པའི་བསམ་གཏན་དང་པོའི་ལྷ་མེད་དོ་ཞེས་ཟེར་བ་མི་འཐད་དེ། བསམ་གཏན་དང་པོའི་ལྷ་བསམ་གཏན་དང་པོའི་དངོས་གཞི་ལས་མ་ཉམས་པར་འདོད་པར་སྐྱེ་བ་མེད་པའི་ཕྱིར། དེར་ཐལ། བསམ་གཏན་དང་པོའི་ལྷའི་རྒྱུད་ལ་འཇིག་རྟེན་པའི་སྒོམ་སྤྱངས་སུ་གྱུར་པའི་འདོད་ཉོན་མངོན་དུ་མ་གྱུར་པར་འདོད་པར་སྐྱེ་བ་མེད་པའི་ཕྱིར། དེས་མཚོན་ནས་བསམ་གཏན་གྱི་དངོས་གཞི་སྙོམས་འཇུག་རྒྱུད་ལྡན་གྱི་འདོད་པའི་གང་ཟག་བསམ་གཏན་དང་པོར་སྐྱེ་བའི་རྒྱུའི་ཀུན་སློང་གི་མ་རིག་པ་ཡང་འདོད་པའི་སས་བསྡུས་པར་ངེས་ཏེ། མ་རིག་པ་དེ་འཇིག་རྟེན་ལས་འདས་པའི་སྒོམ་སྤྱངས་ཡིན་པའི་ཕྱིར། དེང་སང་ལུང་འཆོས་པ་ཕལ་ཆེ་བ་དག་འཇིག་རྟེན་པའི་སྒོམ་སྤྱངས་སུ་གྱུར་པའི་འདོད་ཉོན་དང་། སྤྱིར་འདོད་ཉོན་གཉིས་ཀྱི་ཁྱད་པར་མི་འབྱེད་ཅིང་། ལ་ལ་འདོད་ཉོན་མངོན་གྱུར་བ་ཞེས་སྨོན་ནས་ཁྱད་པར་འབྱེད་པ་སྐད་བྱེད་པ་གཉིས་ཀ་རིགས་ལམ་མ་ཡིན་ནོ། །ཞེས་ཁོ་བོས་སྐབས་འདིར་སྨྲས་ཤིང་། གོང་དུ་བརྗོད་པ་རྣམས་ལ་ལེགས་པར་གཟིགས་ཤིག་ཅེས་སྣན་བསྐུལ་བར་བྱའོ། །

གཉིས་པ་རང་ལུགས་བཞག་པ་ནི། དོན་གསང་ལས། སྐྱེ་བའི་ས་པ་གང་ཡིན་པ་མངོན་པར་འགྲུབ་པར་བྱེད་པའི་ཉོན་མོངས་པ་ཡང་ངེས་པར་དེའི་ས་པའོ། །ཞེས་གསུངས་པའི་དགོངས་པ་ལྟར་སོ་སོར་ཕྱེ་ན། འདོད་པ་ནས་འདོད་པར་སྐྱེ་བའི་ཚེ་ཡན་ལག་བཅུ་གཉིས་པོ་ཐམས་ཅད་ས་མཚུངས་ཏེ། དེའི་ཚེ་ཐམས་ཅད་འདོད་པའི་སས་བསྡུས་ཡིན་པའི་ཕྱིར། འདོད་པ་ནས་བསམ་གཏན་དང་པོར་སྐྱེ་བའི་ཚེ་ཡན་ལག་བཅུ་གཉིས་པོ་ས་མི་མཚུངས་ཏེ། དེའི་ཚེ་རྒྱུའི་ཀུན་སློང་གི་མ་རིག་པ་འདོད་པའི་སས་བསྡུས་ཡིན། འདུ་བྱེད་སོགས་བཅུ་གཅིག་བསམ་གཏན་དང་པོའི་སས་བསྡུས་ཡིན་པའི་ཕྱིར། དང་པོ་དེར་ཐལ། དེ་འདོད་པའི་སས་བསྡུས་དང་བསམ་གཏན་དང་པོའི་སས་བསྡུས་གང་རུང་གང་ཞིག །བསམ་གཏན་དང་པོའི་སས་བསྡུས་མ་ཡིན་པའི་ཕྱིར། ཕྱི་མ་དེར་ཐལ། འཇིག་རྟེན་པའི་སྒོམ་སྤྱངས་སུ་གྱུར་པའི་འདོད་ཉོན་ལ་ཆགས་པ་དང་མ་བྲལ་བའི་གང་ཟག་གི་རྒྱུད་ལ་བསམ་གཏན་དང་པོའི་ཉོན་མོངས་མངོན་དུ་འགྱུར་བ་མེད་པའི་ཕྱིར།

有云：「無退失根本初靜慮之初靜慮之天人。」不應理，因沒有初靜慮天人未退失根本初靜慮而生欲界故。理應如是，因於初靜慮天人相續中沒有不現行世間修所斷欲界煩惱而生欲界故。由彼表徵，相續具根本靜慮等至之欲界補特伽羅，生初靜慮之因等起無明亦定由欲地攝，因彼無明是出世間修所斷故。近來大部份未了解教言者不區分「屬世間修所斷欲界煩惱」及「一般欲界煩惱」二者之差別，且有些人添加所謂「欲界煩惱現行」而作區別，我在此聲明此二者皆非正理，且呼籲當善閱諸前說。

第二、立自宗如《敦桑論》云：「凡生地繫，能生煩惱亦定是其地繫。」之意趣，若各自講說，自欲界生於欲界之時，所有十二支同地，因彼時一切乃欲地攝故。自欲界生初靜慮之時，十二支非同地，因彼時因等起無明乃欲地攝，行等十一乃初靜慮地攝故。初者理應如是，因彼乃欲地攝及初靜慮地攝隨一，且非初靜慮地攝故。後者理應如是，因於世間修所斷欲界煩惱未離貪之補特伽羅相續中，沒有初靜慮煩惱現行故。

ཙ་རྟགས་གཉིས་པ་དེར་ཐལ། དེའི་ཚེ་མིང་གཟུགས་ནས་ཚོར་བའི་བར་བཞི་དང་། སྐྱེ་བ་དང་རྒ་ཤི་གཉིས་བསམ་གཏན་དང་པོའི་སར་གཏོགས་ཡིན་པ་ལ་དོགས་པ་མེད་པ་གང་ཞིག དེའི་ཚེ་འདུ་བྱེད་དང་རྣམ་ཤེས་དང་སྲིད་ལེན་སྲིད་པ་གསུམ་ཀྱང་བསམ་གཏན་དང་པོའི་སས་བསྡུས་ཡིན་པའི་ཕྱིར། རྟགས་གཉིས་པ་དེའི་ཚེ་འདུ་བྱེད་བསམ་གཏན་དང་པོའི་སས་བསྡུས་ཡིན། རྣམ་ཤེས་དེ་ཡིན། སྲིད་ལེན་གཉིས་ཀྱང་དེ་ཡིན། སྲིད་པའང་དེ་ཡིན་པའི་ཕྱིར། དང་པོ་དེར་ཐལ། ས་གཞན་གྱི་འདུ་བྱེད་ཀྱི་ལས་ཀྱིས་ས་གཞན་གྱི་ཕུང་པོ་འཕེན་མི་ནུས་པའི་ཕྱིར། གཉིས་པ་དེར་ཐལ། ས་གཞན་གྱི་རྣམ་ཤེས་ས་གཞན་གྱི་ལས་ཀྱི་བག་ཆགས་བསྔོ་བའི་གཞིར་མི་རུང་བའི་ཕྱིར། གསུམ་པ་དེར་ཐལ། ས་གཞན་གྱི་སྲེད་ལེན་གྱིས་ས་གཞན་གྱི་ལས་གསོས་འདེབས་པ་མེད་པའི་ཕྱིར། བཞི་པ་དེར་ཐལ། སྲིད་པ་སྔར་གྱི་ལས་ནུས་པ་མཐུ་ཅན་དུ་སོང་བའི་སྐབས་ལ་འཇོག་པའི་ཕྱིར།

འདོད་པ་ནས་བསམ་གཏན་གཉིས་པར་སྐྱེ་བའི་ཚེ་ཡན་ལག་བཅུ་གཉིས་ས་མི་མཚུངས་ཏེ། དེའི་ཚེ་རྒྱུའི་ཀུན་སློང་གི་མ་རིག་པ་བསམ་གཏན་དང་པོའི་སས་བསྡུས་ཡིན། འདུ་བྱེད་སོགས་བཅུ་གཅིག་བསམ་གཏན་གཉིས་པའི་སས་བསྡུས་ཡིན་པའི་ཕྱིར། དང་པོ་དེར་ཐལ། དེ་བསམ་གཏན་དང་པོའི་སས་བསྡུས་དང་གཉིས་པའི་སས་བསྡུས་གང་རུང་གང་ཞིག བསམ་གཏན་གཉིས་པའི་སས་བསྡུས་མ་ཡིན་པའི་ཕྱིར། ཕྱི་མ་དེར་ཐལ། འཇིག་རྟེན་པའི་སྒོམ་སྤྱངས་སུ་གྱུར་པའི་བསམ་གཏན་དང་པོའི་ཉོན་མོངས་ལ་ཆགས་པ་དང་མ་བྲལ་བའི་གང་ཟག་གི་རྒྱུད་ལ། བསམ་གཏན་གཉིས་པའི་ཉོན་མོངས་མངོན་གྱུར་བ་རྒྱུད་ལ་སྐྱེ་བ་མེད་པའི་ཕྱིར།

ཙ་རྟགས་གཉིས་པ་དེར་ཐལ། དེའི་ཚེ་མིང་གཟུགས་ནས་ཚོར་བའི་བར་བཞི་དང་། སྐྱེ་བ་དང་རྒ་ཤི་གཉིས་བསམ་གཏན་གཉིས་པའི་སར་གཏོགས་ཡིན་པ་ལ་དོགས་པ་མེད་པ་གང་ཞིག འདུ་བྱེད་སོགས་ལྔ་ཡང་བསམ་གཏན་གཉིས་པའི་སར་གཏོགས་ཡིན་པའི་ཕྱིར། ཕྱི་མ་དེར་ཐལ། ས་གཞན་གྱི་འདུ་བྱེད་ཀྱི་ལས་ཀྱིས་ས་གཞན་གྱི་ཕུང་པོ་འཕེན་མི་ནུས། ས་གཞན་གྱི་རྣམ་ཤེས་ས་གཞན་གྱི་ལས་ཀྱི་བག་ཆགས་བསྔོ་བའི་གཞིར་མི་རུང་། ས་གཞན་གྱི་སྲེད་ལེན་གྱིས་ས་གཞན་གྱི་ལས་གསོས་འདེབས་པ་མེད། སྲིད་པ་སྔར་གྱི་ལས་ནུས་པ་མཐུ་ཅན་དུ་གྱུར་པའི་གནས་སྐབས་ལ་འཇོག་པའི་ཕྱིར།

第二根本因理應如是，因彼時自名色乃至受之間四者及生、老死二者無疑屬初靜慮地攝，且彼時，行、識及愛、取、有三者亦是初靜慮地攝故。第二因，彼時行是初靜慮地攝，識是彼，愛取二者亦是彼，有亦是彼故。初者理應如是，因餘地之行業，無法引餘地之蘊故。第二理應如是，因餘地之識，不堪為餘地之業習氣熏習之基故。第三理應如是，因餘地之愛取沒有滋潤餘地之業故。第四理應如是，因於前業成為具有力能力之時安立「有」故。

自欲界生第二靜慮之時，十二支不同地，因彼時因等起無明乃初靜慮地攝，行等十一乃第二靜慮地攝故。初者理應如是，因彼是初靜慮地攝與二地攝隨一，且非第二靜慮地攝故。後者理應如是，因於屬世間修所斷之初靜慮煩惱未離貪之補特伽羅相續中，第二靜慮之現行煩惱沒有於相續中生起故。

第二根本因理應如是，因彼時於自名色乃至受之間四者，與生、老死二無疑乃屬第二靜慮地攝，且行等五亦是屬第二靜慮地故。後者理應如是，因餘地之行業無法引餘地之蘊，餘地之識不堪為餘地業習氣熏習之基，餘地之愛取沒有滋潤餘地之業，於前業具有力能力之時安立「有」故。

བསམ་གཏན་དང་པོ་ནས་བསམ་གཏན་དང་པོར་སྐྱེ་བའི་ཚེ་ཡན་ལག་བཅུ་གཉིས་པོ་ཐམས་ཅད་ས་མི་མཚུངས་ཏེ། དེའི་ཚེ་རྒྱུའི་ཀུན་སློང་གི་མ་རིག་པ་འདོད་པའི་སས་བསྡུས་ཡིན། འདུ་བྱེད་སོགས་བཅུ་གཅིག་བསམ་གཏན་དང་པོའི་སས་བསྡུས་ཡིན་པའི་ཕྱིར། དང་པོ་དེར་ཐལ། དེ་འདོད་པའི་སས་བསྡུས་དང་བསམ་གཏན་དང་པོའི་སས་བསྡུས་གང་རུང་གང་ཞིག བསམ་གཏན་དང་པོའི་སས་བསྡུས་མ་ཡིན་པའི་ཕྱིར། ཕྱི་མ་དེར་ཐལ། བསམ་གཏན་དང་པོའི་རྟེན་ལ་བསམ་གཏན་དང་པོར་སྐྱེ་བའི་ལས་གསར་དུ་བསོགས་པ་མེད་པའི་ཕྱིར། དེར་ཐལ། བསམ་གཏན་དང་པོར་སྐྱེ་བའི་ལས་གསར་དུ་བསོག་བཞིན་པའི་གང་ཟག་ཡིན་ན་འཇིག་རྟེན་པའི་སྒོམ་སྤངས་སུ་གྱུར་པའི་འདོད་ཉོན་ལ་ཆགས་བྲལ་མ་ཡིན་དགོས་པའི་ཕྱིར།

དེ་བཞིན་དུ་འདོད་པ་ནས་བསམ་གཏན་གསུམ་པར་སྐྱེ་བའི་ཚེ། རྒྱུའི་ཀུན་སློང་གི་མ་རིག་པ་བསམ་གཏན་གཉིས་པའི་སས་བསྡུས་དང་། འདུ་བྱེད་སོགས་བཅུ་གཅིག་བསམ་གཏན་གསུམ་པའི་སས་བསྡུས་ཡིན་པ་ནས། འདོད་པ་ནས་སྲིད་རྩེར་སྐྱེ་བའི་ཚེ་རྒྱུའི་ཀུན་སློང་གི་མ་རིག་པ་ཅི་ཡང་མེད་ཀྱི་སར་གཏོགས་དང་། འདུ་བྱེད་སོགས་བཅུ་གཅིག་སྲིད་རྩེའི་སར་གཏོགས་ཡིན་པར་རིགས་འགྲེ་སྦྱོ་ཤེས་པར་བྱའོ། །

སྲིད་རྩེ་ནས་འདོད་པར་སྐྱེ་བའི་ཚེ་ཡན་ལག་བཅུ་གཉིས་ས་མཚུངས་ཏེ། དེའི་ཚེ་ཐམས་ཅད་འདོད་པའི་སས་བསྡུས་ཡིན་པའི་ཕྱིར། དེར་ཐལ། དེའི་ཚེ་རྒྱུའི་ཀུན་སློང་གི་མ་རིག་པ་འདོད་པའི་སས་བསྡུས་གང་ཞིག དེ་ཡིན་ན་གཞན་རྣམས་དེ་ལྟར་ཡིན་དགོས་པའི་ཕྱིར། དང་པོ་དེར་ཐལ། དེ་འདོད་པའི་སས་བསྡུས་དང་སྲིད་རྩེའི་སས་བསྡུས་གང་རུང་གང་ཞིག སྲིད་རྩེའི་སས་བསྡུས་མ་ཡིན་པའི་ཕྱིར། ཕྱི་མ་དེར་ཐལ། སྲིད་རྩེའི་རྟེན་ལ་འདོད་པར་སྐྱེ་བའི་ལས་གསར་དུ་བསོག་པ་མེད་པའི་ཕྱིར། སྲིད་རྩེ་ནས་བསམ་གཏན་དང་པོར་སྐྱེ་བའི་ཚེ་ཡན་ལག་བཅུ་གཉིས་པོ་ཐམས་ཅད་ས་མི་མཚུངས་ཏེ། དེའི་ཚེ་རྒྱུའི་ཀུན་སློང་གི་མ་རིག་པ་འདོད་པའི་སས་བསྡུས་ཡིན། འདུ་བྱེད་སོགས་བཅུ་གཅིག་བསམ་གཏན་དང་པོའི་སས་བསྡུས་ཡིན་པའི་ཕྱིར།

སྲིད་རྩེ་ནས་སྲིད་རྩེར་སྐྱེ་བའི་ཚེ། ཡན་ལག་བཅུ་གཉིས་ས་མི་མཚུངས་ཏེ། དེའི་ཚེ་རྒྱུའི་ཀུན་

從初靜慮生於初靜慮之時，所有十二支不同地，因彼時因等起無明乃欲地攝，行等十一乃初靜慮地攝故。初者理應如是，因彼乃欲地攝與初靜慮地攝隨一，且非初靜慮地攝故。後者理應如是，因於初靜慮所依，沒有新積聚生於初靜慮之業故。理應如是，因若是正在新積聚生於初靜慮之業的補特伽羅，須不是於世間修所斷欲界煩惱離貪故。

同樣地，當推知：從欲界生於第三靜慮之時，因等起無明乃第二靜慮地攝與行等十一第三靜慮地攝，乃至從欲界生於有頂之時，因等起之無明屬無所有處與行等十一乃屬有頂地。

從有頂生欲界時，十二支同地，因彼時一切乃欲地攝故。理應如是，因彼時，因等起無明欲地攝，且若是彼，餘等須如是故。初者理應如是，因彼是欲地攝與有頂地攝隨一，且非有頂地攝故。後者理應如是，因於有頂所依，沒有新積聚投生欲界之業故。自有頂生於初靜慮之時，所有十二支不同地，因彼時，因等起無明乃欲地攝，行等十一乃初靜慮地攝故。自有頂生有頂時，十二支不同地，因彼時，因等起無明乃無所有處地攝，行等十一乃有頂地攝故。

有安立自有頂生於有頂之時，因等起無明等十二支，因有些人

སྣང་གི་མ་རིག་པ་ཅི་ཡང་མེད་ཀྱི་སས་བསྡུས་ཡིན། འདུ་བྱེད་སོགས་བཅུ་གཅིག་སྲིད་རྩེའི་སས་བསྡུས་ཡིན་པའི་ཕྱིར། སྲིད་རྩེ་ནས་སྲིད་རྩེར་སྐྱེ་བའི་ཚེ་རྒྱུའི་ཀུན་སློང་གི་མ་རིག་པ་སོགས་ཡན་ལག་བཅུ་གཉིས་བཞག་ཏུ་ཡོད་དེ། མི་འགའ་ཞིག་སྲིད་རྩེར་སྐྱེ་བའི་ལས་ཅི་ཡང་མེད་ཀྱི་སས་བསྡུས་པའི་མ་རིག་པའི་སྟོབས་ཀྱིས་རྣམ་ཤེས་ལ་སྨྱུ་ཕྱི་གཉིས་བསགས། ལས་སྨྱུ་མ་འཆི་ཀ་ཚུན་ལ་སྲེད་ལེན་སྲིད་པ་གསུམ་གྱིས་གསོས་བཏབ་སྟེ། སྲིད་རྩེར་སྐྱེས་པའི་རྟེན་ལ། སྨྱུར་སྲིད་རྩེར་སྐྱེ་བའི་ལས་གཉིས་པ་དེ། སྲེད་ལེན་སྲིད་པ་གསུམ་གྱིས་གསོས་བཏབ་སྟེ་སླར་ཡང་སྲིད་རྩེར་སྐྱེ་བ་ཡོད་པའི་ཕྱིར། འདི་གནད་ཆེ་བས། གལ་པོ་ཆེར་ཟུངས་ཤིག

གསུམ་པ་རྩོད་པ་སྤོང་བ་ནི། ཁོན་རེ། ཡན་ལག་བཅུ་གཉིས་ཀྱི་ནང་ཚན་དུ་གྱུར་པའི་མ་རིག་པ་དང་། སྲིད་རྩེའི་སས་བསྡུས་ཀྱི་གཞི་མཐུན་མེད་པར་ཐལ། སྲིད་རྩེར་སྐྱེ་བའི་རྒྱུའི་ཀུན་སློང་གི་མ་རིག་པ་ཡིན་ན། ཅི་ཡང་མེད་ཀྱི་སར་གཏོགས་ཡིན་དགོས་པའི་ཕྱིར། འདོད་ན། སྲིད་རྩེའི་སས་བསྡུས་ཀྱི་ཉོན་མོངས་ཅན་གྱི་མ་རིག་པ་མེད་པར་ཐལ། འདོད་པའི་ཕྱིར་ཞེ་ན། མ་ཁྱབ་སྟེ། ཉོན་མོངས་ཅན་གྱི་མ་རིག་པ་ཡིན་ན་ཡན་ལག་བཅུ་གཉིས་ཀྱི་ནང་ཚན་དུ་གྱུར་པའི་མ་རིག་པ་ཡིན་མི་དགོས་པར་ཞལ་བཞེས་པའི་ཕྱིར།

ཡང་ཁོན་རེ། ཅི་ཡང་མེད་མན་ཆད་ཀྱི་སས་བསྡུས་པའི་ཉོན་མོངས་སྤངས་པའི་གང་ཟག་ཡིན་ན། རྟེན་འབྲེལ་ཡན་ལག་བཅུ་གཉིས་ཀྱི་ནང་ཚན་དུ་གྱུར་པའི་མ་རིག་པ་སྤངས་པའི་གང་ཟག་ཡིན་དགོས་པར་ཐལ། སྲིད་རྩེའི་སས་བསྡུས་ཀྱི་དེ་འདྲའི་མ་རིག་པ་མེད་པའི་ཕྱིར་ཞེ་ན། འདོད་པ་ཁོན་འོ། །ཞེས་སྨྲར་མང་དུ་དཔྱད་ཞིན་ཏོ། །

སྨྲས་པ།

རིགས་ལམ་ཤེས་པའི་རྟེན་འབྲེལ་གྱིས། །འདི་སྐད་སྨྲ་བ་རྟེན་འབྲེལ་ཡིན། །
རྟེན་འབྲེལ་འགྲིག་པའི་བློ་གསལ་ལ། །བློ་བསྐྱེད་འབྱུང་བ་རྟེན་འབྲེལ་ཡིན། །
ཞེས་བྱ་བ་ནི་བར་སྐབས་ཀྱི་ཉམས་དགའོ། །

以屬無所有處地攝之無明之力，於識積聚生於有頂之前後二業，於前業，未死前以愛取有滋潤，於生有頂所依，先前的第二生於有頂之業，有以「愛取有」滋潤，再次生於有頂故。此極關鍵，當執為重要。

第三、斷諍，有云：「理應沒有屬十二支中的無明與有頂地攝的同位，因若是生有頂之因等起無明，須是屬無所有處地故。若許，理應無有頂地攝之染污無明，因許故。」不周遍，因已講說若是染污無明，不須是屬十二支中的無明故。

又有云：「若是斷無所有處以下地攝之煩惱的補特伽羅，理應須是斷屬十二支緣起的無明之補特伽羅，因無有頂地攝之如是之無明故。」唯是承許，前已多次觀察故。

文間歡愉而頌曰：

以緣起了知理路，此語所言乃緣起，

於緣起聚合明知，產生明慧乃緣起。

ཐོད་རྒལ་གྱི་ཏིང་ངེ་འཛིན།

འགོག་དང་བཅས་པའི་སྙོམས་འཇུག་དགུར། །ཞེས་སོགས་ལ། གཞུང་དོན་དང་། མཐའ་དཔྱོད་པ་གཉིས།

དང་པོ་ནི། གཞུང་གིས་བསྟན་ཚུལ་ཡོད་དེ། འགོག་དང་ཞེས་སོགས་རྐང་པ་དང་པོ་གཉིས་ཀྱིས་ཐོད་རྒལ་གྱི་རིང་སྦྱོར་སེང་གེ་རྣམ་བསྒྱིངས་དང་། འདོད་པར་ཞེས་སོགས་རྐང་པ་གཉིས་ཀྱིས་མར་འོངས་ལ་འདོད་སེམས་སྤྱིལ་བ་དངོས་སུ་བསྟན་ནས་ཐོད་རྒལ་གྱི་ཏིང་ངེ་འཛིན་གྱི་སྐབས་བསྟན་པའི་ཉེ་སྦྱོར་དང་། ཡར་སོང་ཐོད་རྒལ་གཉིས་གོ་སླ་བ་ལ་དགོངས་ནས་དོན་གྱིས་འཕངས་ཤིང་། ཐོད་རྒལ་དུ་ནི་སྙོམས་འཇུག་པ། །ཞེས་དང་། འགོག་པའི་བར་དུ་མི་འདྲར་འགྲོ། །ཞེས་པ་སྔ་མ་རྣམས་ཀྱི་དོན་བསྡུས་པ་ཡིན་པའི་ཕྱིར།

ངག་དོན་ནི། བྱང་སེམས་སྒོམ་ལམ་པའི་རྒྱུད་ཀྱི་ཐོད་རྒལ་གྱི་དངོས་གཞི་སྙོམས་འཇུག་ཆོས་ཅན། སྒོམ་ལམ་རྩེ་སྦྱོར་ཡིན་ཏེ། སྒོམ་སྤངས་རྟོག་པའི་གཉེན་པོའི་རིགས་སུ་གནས་པའི་ཐེག་ཆེན་གྱི་རྗེས་ལ་མངོན་རྟོགས་ཡིན་པའི་ཕྱིར།

ཁོ་ན་རེ། འདོད་པར་ཞེས་སོགས་རྐང་པ་གཉིས་ཀྱིས་མར་འོངས་ལ་འདོད་སེམས་སྤྱིལ་བ་དངོས་སུ་བསྟན་པ་དེ། མི་འཐད་པར་ཐལ། དེས་མཚམས་འཛིན་གྱི་འདོད་སེམས་དེ་དངོས་སུ་བསྟན་པའི་ཕྱིར། དེར་ཐལ། དེ་བསྟན་པ་ཉེ་སྣང་དང་གསེར་ཕྲེང་གི་དགོངས་པ་ཡིན་པའི་ཕྱིར། ཞེ་ན་མ་ཁྱབ་སྟེ། དེ་ཡིན་ཀྱང་སློབ་དཔོན་གྱི་འགྲེལ་པ་དང་། རྣམ་བཤད་ཀྱི་དགོངས་པ་སྔ་མ་ལྟར་ཡིན་པའི་ཕྱིར།

གཉིས་པ་ལ་བཞི། རྟེན་གྱི་གང་ཟག་གང་གིས་དགོས་པ་ཅིའི་ཕྱིར་དུ་སྙོམས་པར་འཇུག་པ་དང་། དེའི་ཕྱིར་དུ་སྙོམས་པར་འཇུག་ཚུལ། དེ་ལྟར་ཞུགས་པའི་ཐོད་རྒལ་གྱི་ངོ་བོ། དེ་དག་ལ་རྩོད་པ་སྤོང་བ་རྣམས་སོ། །

དང་པོ་ལ་ཁ་ཅིག བྱང་སེམས་ས་བརྒྱད་པ་ནས་ཏིང་ངེ་འཛིན་གྱི་རྩལ་སྦྱངས་པའི་ཕྱིར་དུ་ཐོད་རྒལ་ལ་སྙོམས་པར་འཇུག་པ་མ་མཐའི་ས་མཚམས་ཡིན་ཏེ། དཀོན་མཆོག་སྤྲིན་ལས། བསྐལ་པ་

122 超越三摩地

「滅盡等九定……」等，文義、辨析二者。

初者，有文所顯示之理，因「滅盡……」等初、二句，直接顯示超越遠加行獅子奮迅；「後以欲界……」等二句直接顯示於下行間雜欲界心；慮及以超越三摩地之聲顯示之「近加行」與「上行超越」二者易了解而間接引出，「超越入諸定」及「至滅定不同」乃含攝諸前之義故。

語義，修道菩薩相續之超越根本等至為有法，乃修道頂加行，因是修所斷分別之對治住類的大乘隨現觀故。

有云：「『後以欲界……』等二句直接顯示於下行間雜欲界心，理應不應理，因彼直接顯示界限欲界心故。理應如是，因顯示彼乃《二萬頌光明釋》與《金鬘疏善說》之意趣故。」不周遍，因雖是彼，然阿闍黎釋論與《心要莊嚴疏》之意趣乃如前者故。

第二有四：何所依之補特伽羅因何旨趣而入定、為彼旨趣入定之理、如是入定之超越之體性、於彼等斷諍。

於初者，有云：「從八地菩薩為練習三摩地之技藝而入超越定是最低界限，因《寶雲經》云：『由二無數劫（二大阿僧祇劫）將

གྲངས་མེད་པ་གཉིས་ཀྱིས་ངེས་པར་འབྱུང་བའི་བྱང་ཆུབ་སེམས་དཔའ་རྣམས་ཐོད་རྒལ་དུ་སྙོམས་པར་འཇུག་གོ །ཞེས་གསུངས་ཟེར་ན། མི་རིགས་ཏེ། ས་བརྒྱད་པ་ཐོབ་ནས་བསྐལ་པ་གྲངས་མེད་པ་གཉིས་ཀྱིས་ངེས་པར་འབྱུང་བར་བྱར་མེད་པའི་ཕྱིར་དང་། ངེས་པར་འབྱུང་བ་ཞེས་གསུངས་ཀྱི་བྱུང་བ་ཞེས་མ་གསུངས་པའི་ཕྱིར། དེས་ན་ལུང་གི་དགོས་བསྟན་ས་གཉིས་པ་ནས་ཏིང་ངེ་འཛིན་གྱི་རྩལ་སྦྱངས་པའི་ཕྱིར་དུ་སྙོམས་པར་འཇུག་པ་ཡིན་ཏེ། ས་གཉིས་པ་ཐོབ་ནས་བསྐལ་པ་གྲངས་མེད་པ་གཉིས་ངེས་པར་འབྱུང་བར་བྱ་བ་ཡིན་པའི་ཕྱིར་ཏེ། ཐེག་ཆེན་གྱི་ཚོགས་སྦྱོར་དང་ས་དང་པོའི་སྐབས་སུ་བསྐལ་པ་གྲངས་མེད་དང་པོའི་ཚོགས་རྫོགས་པ་བརྒྱད་སྟོང་འགྲེལ་ཆེན་ལས་གསུངས་པའི་ཕྱིར།

ཞིབ་མོར་ཕྱེ་ན་ས་དང་པོ་ནས་ཀྱང་སྙོམས་པར་འཇུག་པ་ཡོད་དེ། ས་དང་པོས་བསྡུས་པའི་ཐོད་རྒལ་གྱི་དངོས་གཞི་སྙོམས་འཇུག་ཡོད་པའི་ཕྱིར། དེས་བསྡུས་པའི་སྒོམ་ལམ་ཡོད་པ་ཀུན་བཏུས་དང་། རྒྱན་སྣང་ལས་གསལ་བར་བཤད་པའི་ཕྱིར། དེ་ཡང་སྒོམ་ལམ་རྗེས་ཐོབ་ལ་གནས་པའི་སེམས་དཔའ་རྣམས་ཀྱིས་སྙོམས་པར་འཇུག་པ་ཡིན་གྱི་སྒོམ་ལམ་མཉམ་གཞག་ལ་གནས་པའི་སེམས་དཔའ་རྣམས་ཀྱིས་སྙོམས་པར་མི་འཇུག་སྟེ། ཆོས་ཉིད་ལ་མངོན་སུམ་དུ་མཉམ་པར་གཞག་བཞིན་པའི་ངང་ནས་གཞན་དོན་དུ་ཏིང་ངེ་འཛིན་གྱི་རྩལ་སྦྱོང་ནུས་པའི་སློབ་པ་མེད་པའི་ཕྱིར། དེར་ཐལ། སློབ་ལམ་ན་མཉམ་རྗེས་ངོ་བོ་གཅིག་ཏུ་མེད་པའི་ཕྱིར།

གཉིས་པ་དེའི་ཕྱིར་དུ་སྙོམས་པར་འཇུག་ཚུལ་ཡོད་དེ། སྦྱོར་བ་ལ་སྙོམས་པར་འཇུག་ཚུལ་དང་། དངོས་གཞི་ལ་སྙོམས་པར་འཇུག་ཚུལ་གཉིས་ཡོད་པའི་ཕྱིར། དང་པོ་གྲུབ་སྟེ། སྔོན་དུ་ཐོད་རྒལ་གྱི་རིང་སྦྱོར་སེང་གེ་རྣམ་བསྒྲིངས་ཕྱུགས་གཅིག་དང་། དེ་རྗེས་བར་དུ་གང་ཡང་མ་སྐྱེལ་བའི་མཐར་གནས་སྙོམས་འཇུག་དགུ་ལ་སྙོམས་པར་འཇུག་པའི་ཉེ་སྦྱོར་ལ་སྙོམས་པར་འཇུག་པའི་ཕྱིར། གཉིས་པ་གྲུབ་སྟེ། ཡར་སོང་གི་དངོས་གཞི་ལ་སྙོམས་པར་འཇུག་ཚུལ་དང་། དེ་རྗེས་མར་འོང་གི་དངོས་གཞི་ལ་སྙོམས་པར་འཇུག་ཚུལ་དང་། དེ་གཉིས་ཀྱི་མཚམས་ལ་སྙོམས་པར་འཇུག་ཚུལ་དང་གསུམ་ཡོད་པའི་ཕྱིར། དང་པོ་གྲུབ་སྟེ། ཡར་སོང་བསམ་གཟུགས་བརྒྱད་ལ་འགོག་པ་སྐྱེལ་ནས་སྙོམས་པར་འཇུག་པའི་ཕྱིར། གཉིས་པ་གྲུབ་སྟེ། མར་འོང་མཐར་གནས་སྙོམས་འཇུག་དགུ་ལ་

出離之菩薩眾入超越定』故。」不合理，因得八地後無有由二大阿僧祇劫出離，以及說「將出離」而非說「已出離」故。是故經之直接顯示乃從二地為練習三摩地技藝而入定，因自得二地後，是將由二大阿僧祇劫而出離故，因從《莊嚴光明釋》講說於大乘資糧、加行道及初地之時，圓滿第一大阿僧祇劫之資糧故。

若細分，亦有自初地起入定，因有初地所攝之超越根本等至故。因從《集論》及《莊嚴光明釋》清楚講說有彼所攝之修道故。復次，是住於修道後得〔位〕之菩薩入定，而非諸住修道根本定中之菩薩入定，因沒有正以現前入於法性定中，能為利他而練習三摩地技藝之有學故。理應如是，因於有學道，根本後得非同體故。

第二、有為彼旨趣入定之理，因有入定於加行之理，入定於根本之理二者故。初者成立，因先入一組超越遠加行——獅子奮迅，之後入定於「中間皆不間雜之九次第等至之近加行」故。第二成立，因有入定於上行根本之理、爾後入定於下行根本之理、入定於彼二之界限之理三者故。初者成立，因於上行靜慮無色八者間雜滅定而入定故。次者成立，因於下行九次第等至間雜欲界心而入定故。第三成立，於上行下行二者之界限有頂心小移後，現起欲心故。

འདོད་སེམས་སྤྱོལ་ནས་སྙོམས་པར་འཇུག་པའི་ཕྱིར། གསུམ་པ་གྲུབ་སྟེ། ཡར་སོང་མར་འོང་གཉིས་ཀྱི་མཚམས་སུ་སྲིད་རྩེའི་སེམས་ལ་ཉུང་ཙམ་བྱས་ཏེ། འདོད་སེམས་མངོན་དུ་བྱེད་པའི་ཕྱིར།

འོ་ན། ཡར་སོང་ལ་འགོག་པ་དང་མར་འོང་ལ་འདོད་སེམས་སྤྱོལ་བར་གསུངས་པ་དེ་ཁོ་ནར་ངེས་སམ་ཞེ་ན།

མ་ངེས་ཏེ། དེ་ལྟར་གསུངས་པ་མཚོན་པ་ཙམ་ཡིན་པས། ཡར་སོང་ལ་འདོད་སེམས་དང་མར་འོང་ལ་འགོག་པ་སྤྱོལ་བའི་ཐོད་རྒལ་ཡོད་པའི་ཕྱིར། དེར་ཐལ། བྱང་སེམས་སྒོམ་ལམ་པ་ཐོད་རྒལ་གྱི་ཏིང་ངེ་འཛིན་ལ་དབང་ཐོབ་པ་རྣམས་ཀྱིས། འགོག་སྙོམས་དང་འདོད་སེམས་གཉིས་སྤྱོལ་ཆོས་སུ་གང་བྱེད་ལ་དགའ་མགུར་ཞུགས་པས་ཆོག་པའི་ཕྱིར།

ཁ་ཅིག ཡར་སོང་ལ་འགོག་པ་སྤྱོལ་བའི་ཐོད་རྒལ་གྱི་ཏིང་ངེ་འཛིན་ལ་སྙོམས་པར་འཇུག་ནུས་པའི་བྱང་སེམས་ཡིན་ན། ཡར་སོང་ལ་འདོད་སེམས་སྤྱོལ་བའི་ཐོད་རྒལ་གྱི་ཏིང་ངེ་འཛིན་ལ་སྙོམས་པར་འཇུག་ནུས་པས་ཁྱབ་ཟེར་བ། མི་འཐད་དེ། བྱང་སེམས་སྒོམ་ལམ་པའི་ཐོད་རྒལ་གྱི་ཏིང་ངེ་འཛིན་ལ་དང་པོར་སྙོམས་པར་འཇུག་པའི་ཚེ། ཡར་སོང་ལ་འདོད་སེམས་དང་མར་འོང་ལ་འགོག་པ་སྤྱོལ་མི་ནུས་པའི་ཕྱིར། དེར་ཐལ། དེའི་ཚེ་ཐོད་རྒལ་གྱི་ཏིང་ངེ་འཛིན་ལ་དབང་མ་ཐོབ་པའི་ཕྱིར། དེ་བཞིན་དུ་མར་འོང་ལ་འདོད་སེམས་སྤྱོལ་བའི་ཐོད་རྒལ་གྱི་ཏིང་ངེ་འཛིན་ལ་སྙོམས་པར་འཇུག་ནུས་པའི་བྱང་སེམས་ཡིན་ན། མར་འོང་ལ་འགོག་པ་སྤྱོལ་བའི་ཐོད་རྒལ་གྱི་ཏིང་ངེ་འཛིན་ལ་སྙོམས་པར་འཇུག་ནུས་པས་ཀྱང་མ་ཁྱབ་སྟེ། རྟགས་སྔར་ལྟར་ཡིན་པའི་ཕྱིར།

འོ་ན། འགོག་སྙོམས་དང་འདོད་སེམས་གཉིས་སྤྱོལ་ཆོས་སུ་གསུངས་པའི་རྒྱུ་མཚན་གང་ཡིན་ཞེ་ན། དེའི་རྒྱུ་མཚན་ཡོད་དེ། ཤིན་ཏུ་ཞི་བ་མཐར་ཐུག་པ་འགོག་སྙོམས་དང་། ཤིན་ཏུ་མ་ཞི་བའི་མཐར་ཐུག་པ་འདོད་སེམས་སྤྱོལ་ཆོས་སུ་བྱས་ནས་སྤྱོལ་ནུས་ན་སྤྱོལ་ཆོས་གཞན་ལ་སྤྱོལ་བར་འདོད་ན་ཡང་། སྤྱོལ་སླ་བ་ལ་དགོངས་པ་ཡིན་པའི་ཕྱིར།

འདི་ལ་དཔྱད་ནས་ཁ་ཅིག བསམ་གཟུགས་བརྒྱད་ལ་བྱམས་སོགས་ཚད་མེད་བཞི་སོགས་སྤྱོལ་བའི་ཐོད་རྒལ་གྱི་དངོས་གཞི་ཡོད་ཅེས་ཟེར་བ། མི་འཐད་དེ། དེ་ལྟར་ན་ཡོན་ཏན་གྱི་རིགས་

那麼，所謂「於上行間雜滅定及於下行間雜欲心」，決定唯是彼否？

不決定，因如是講說乃僅表徵，所以有於上行間雜欲心及於下行間雜滅定之超越故。理應如是，因諸修道菩薩於超越三摩地得自在者，可隨喜好以滅盡定與欲界心二者隨一為間雜法故。

有云：「若是能入定於上行間雜滅定之超越三摩地之菩薩，周遍能入定於上行間雜欲界心之超越三摩地。」不應理，因修道菩薩初次入定於超越三摩地時，於上行無法間雜欲心及於下行無法間雜滅定故。理應如是，因彼時於超越三摩地未得自在故。同樣的，若是能入定於下行間雜欲界心之超越三摩地之菩薩，亦不周遍能入定於下行間雜滅定之超越三摩地，因乃如前因故。

那麼，講說滅盡定與欲心為間雜法之原因為何？有其原因，因雖承許若能以「極寂滅究竟之滅盡定與極不寂滅究竟之欲界心」作為間雜法而間雜，則能間雜餘法，然是慮及易於間雜故。

由此推測，有云：「有於靜慮無色八者間雜慈等四無量等之超越之根本。」不應理，因若如是，須有能間雜所有功德之類的超越

མཐའ་དག་སྤྱོལ་བའི་ཐོད་རྒལ་གྱི་དངོས་གཞི་ཡོད་དགོས་པས་ཐུག་མེད་དུ་འགྱུར་བའི་ཕྱིར། གཞན་ཡང་དེ་མི་འཐད་པར་ཐལ། བྱང་སེམས་སྒོམ་ལམ་པས་ཡར་སོང་ལ་འདོད་སེམས་དང་མར་འོང་ལ་འགོག་པ་སྤྱོལ་བའི་ཐོད་རྒལ་གྱི་ཏིང་ངེ་འཛིན་ལ་དབང་ཐོབ་པའི་ཚེ། གཞན་དོན་དུ་ཏིང་ངེ་འཛིན་ལ་རྩལ་སྦྱངས་པར་འཛོག་ཅིང་། དེ་ནས་བྱམས་སོགས་ཚད་མེད་བཞི་སོགས་ལ་སྤྱོལ་བའི་ཐོད་རྒལ་གྱི་ཏིང་ངེ་འཛིན་ལ་སྙོམས་པར་འཇུག་པ་ལ་དགོས་པ་མེད་པའི་ཕྱིར། དེས་ན་བྱམས་སོགས་ཚད་མེད་བཞི་སྤྱོལ་ཆོས་སུ་བྱེད་ནུས་ཀྱང་། མི་བྱེད་པའི་ཁྱད་པར་ཤེས་པར་བྱའོ། །

འོ་ན། སྲིད་རྩེའི་ནུད་ཆུང་བྱས་པའི་དགོས་པ་དང་། མཚམས་འཛིན་གྱི་འདོད་སེམས་མངོན་དུ་བྱས་པའི་དགོས་པ་གང་ཡིན་ཞེ་ན། དེ་ལ་སྔ་མ་ཁ་ཅིག འགོག་པ་ལས་འགོག་པར་ལྡང་མི་ནུས་པར་སྲིད་རྩེ་ལ་ནུད་ཆུང་བྱས་པ་ཡིན་ནོ། །ཞེས་གསུངས། འོ་ན། སྲིད་རྩེའི་ནུད་ཆུང་བྱས་པའི་ཚེ། མཚམས་འཛིན་གྱི་འདོད་སེམས་མངོན་དུ་བྱེད་པ་མི་འཐད་པར་ཐལ། རྣམ་བཅའ་དེའི་ཕྱིར། འདོད་ན། ཁྲི་བརྒྱད་སྟོང་པ་ལས་སྲིད་རྩེའི་ནུད་ཆུང་དང་མཚམས་འཛིན་གྱི་འདོད་སེམས་གཉིས་བཤད་པ་དེ་མི་འཐད་པར་ཐལ། འདོད་པའི་ཕྱིར།

གཞན་ཡང་། སྲིད་རྩེའི་ནུད་ཆུང་མ་བྱས་པའི་ཚེ་འགོག་པ་ལས་འགོག་པར་ལྡང་བ་ཡིན་པར་ཐལ། རྩ་བའི་རྣམ་བཅའ་དེའི་ཕྱིར། འདོད་མི་ནུས་ཏེ། འགོག་པ་སྤྱོལ་གཞིར་བྱས་པའི་ཚེ། འགོག་པ་སྤྱོལ་ཆོས་སུ་བྱས་པའི་ཐོད་རྒལ་གྱི་སྙོམས་འཇུག་མི་སྲིད་པའི་ཕྱིར།

ཡང་མཁས་པ་ཁ་ཅིག འགོག་པ་ལས་ལྡང་བའི་ལྡང་སེམས་ཞེས་པའི་ཕྱིར་དུ་སྲིད་རྩེའི་ནུད་ཆུང་བྱས་པ་ཡིན་ཏེ། སློབ་པའི་རྒྱུད་ཀྱི་འགོག་པ་ལས་ལྡང་བའི་ལྡང་སེམས་ཡིན་ན། སྲིད་རྩེའི་སེམས་ཡིན་དགོས་པའི་ཕྱིར་ཏེ། དེའི་རྒྱུད་ཀྱི་འགོག་པ་ལ་སྙོམས་པར་འཇུག་པའི་འཇུག་སེམས་ཡིན་ན། སྲིད་རྩེའི་སེམས་ཡིན་དགོས་པའི་ཕྱིར། ཞེས་གསུངས། འོ་ན། ཡར་སོང་བསམ་གཟུགས་བརྒྱད་ལ་འགོག་པ་སྤྱོལ་བའི་ཐོད་རྒལ་གྱི་སྙོམས་འཇུག་མེད་པར་ཐལ། བསམ་གཏན་དང་པོའི་སྙོམས་འཇུག་ལས་ལངས་མ་ཐག་འགོག་པ་ལ་སྙོམས་པར་འཇུག འགོག་པའི་སྙོམས་འཇུག་ལས་ལངས་མ་ཐག་བསམ་གཏན་གཉིས་པ་ལ་སྙོམས་པར་འཇུག་པའི་ཐོད་རྒལ་གྱི་སྙོམས་འཇུག

之根本，則成無窮故。又彼理應不應理，因修道菩薩於上行間雜欲界心及於下行間雜滅定之超越三摩地得自在時，安立為利他練習三摩地技藝，且其後入定於間雜慈等四無量等之超越三摩地沒有旨趣故。是故當知慈等四無量雖能作間雜法，然不作〔間雜法〕之差別。

那麼，有頂之小移的旨趣及界限之欲界心現起之旨趣為何？於彼，前人有云：「不能從滅定起滅定而有頂小移。」那麼，有頂小移時，現起界限欲心理應不應理，因彼宗故。若許，《般若一萬八千頌》講說有頂小移與界限欲心二者理應不應理，因許故。

又，未有頂小移時，理應是從滅定起滅定，因根本宗故。不能許，因以滅定為間雜事時，不可能是以滅定為間雜法之超越等至故。

又有學者云：「為了知從滅定起之起心，而有頂小移，因若是有學相續之從滅定起之起心，須是有頂心故，因若是其相續之入滅定之入定心，須是有頂心故。」那麼，理應沒有於上行靜慮、無色八者間雜滅定之超越等至，因沒有從初靜慮等至起無間入滅定，從滅盡定起無間入定於第二靜慮之超越等至故。若不成則成相違。理應如是，因彼時從滅盡定起無間之根本第二靜慮之心，不是從滅定起〔之〕心故。理應如是，因修道菩薩入定於如是之超越三摩地時，

མེད་པའི་ཕྱིར། མ་གྲུབ་ན་སོང་། དེར་ཐལ། དེའི་ཚེ་འགོག་པའི་སྙོམས་འཇུག་ལས་ལངས་མ་ཐག་པའི་བསམ་གཏན་གཉིས་པའི་དངོས་གཞིའི་སེམས་དེ། འགོག་པ་ལས་ལྡང་སེམས་མ་ཡིན་པའི་ཕྱིར། དེར་ཐལ། བྱང་སེམས་སྒོམ་ལམ་པས་དེ་ལྟ་བུའི་ཐོད་རྒལ་གྱི་ཏིང་ངེ་འཛིན་ལ་སྙོམས་པར་འཇུག་པའི་ཚེ། འགོག་པ་ལས་ལངས་མ་ཐག་པའི་བསམ་གཏན་གཉིས་པའི་དངོས་གཞིའི་སེམས་དེ། འགོག་པ་ལས་ལྡང་བའི་ལྡང་སེམས་མ་ཡིན་པའི་ཕྱིར། མ་གྲུབ་ན་སོང་། དེ་ཆོས་ཅན། སྲིད་རྩེའི་སེམས་ཡིན་པར་ཐལ། སློབ་པའི་རྒྱུད་ཀྱི་འགོག་པ་ལས་ལྡང་བའི་ལྡང་སེམས་ཡིན་པའི་ཕྱིར། ཁྱབ་པ་ཁས།

གཞན་ཡང་། སྲིད་རྩེའི་ཉུད་ཚུང་མ་བྱས་པར་མཚམས་འཛིན་གྱི་འདོད་སེམས་མངོན་དུ་བྱེད་པའི་བྱང་སེམས་སྒོམ་ལམ་པའི་རྒྱུད་ལ་འགོག་པ་ལས་ལྡང་བའི་ལྡང་སེམས་མེད་པར་ཐལ། དེའི་རྒྱུད་ལ་འགོག་པ་ལས་ལྡང་བའི་སྲིད་རྩེའི་སེམས་མེད་པ་གང་ཞིག སློབ་པའི་རྒྱུད་ཀྱི་འགོག་པ་ལས་ལྡང་བའི་ལྡང་སེམས་ཡིན་ན། སྲིད་རྩེའི་སེམས་ཡིན་དགོས་པའི་ཕྱིར། ཕྱི་མ་ཁས། དང་པོ་མ་གྲུབ་ན། དེར་ཐལ། ཆོས་ཅན་དེའི་ཕྱིར། རྩ་བར་འདོད་ན། དེ་འདྲའི་བྱང་སེམས་སྒོམ་ལམ་པ་ཡར་སོང་བསམ་གཟུགས་བརྒྱད་ལ་འགོག་པ་སྤེལ་བའི་སྤེལ་ཆོས་འགོག་པ་ལ་སྙོམས་པར་འཇུག་པ་ལས་ལྡང་མི་སྲིད་པར་ཐལ། འདོད་པའི་ཕྱིར།

གཞན་ཡང་། དེའི་རྒྱུད་ལ་འགོག་པ་ལས་ལྡང་བའི་ལྡང་སེམས་ཡོད་པར་ཐལ། དེས་འགོག་པ་ལ་སྙོམས་པར་འཇུག་པ་ལས་ལངས་ནས། འདོད་སེམས་མངོན་དུ་བྱས་པའི་ཚེ། མཚམས་འཛིན་གྱི་འདོད་སེམས་དེ་འགོག་པ་ལས་ལྡང་བའི་ལྡང་སེམས་ཡིན་པའི་ཕྱིར། དེར་ཐལ། སྲིད་རྩེའི་ཉུད་ཚུང་བྱས་པའི་བྱང་སེམས་སྒོམ་ལམ་པས་འགོག་པའི་སྙོམས་པར་འཇུག་པ་ལས་ལངས་ནས། སྲིད་རྩེའི་སེམས་ལ་སྙོམས་པར་འཇུག་པའི་ཚེ། སྲིད་རྩེའི་སེམས་དེ་འགོག་པ་ལས་ལྡང་བའི་ལྡང་སེམས་ཡིན་པ་གང་ཞིག རྒྱུ་མཚན་མཚུངས་པའི་ཕྱིར།

རང་ལུགས་སྐབས་འདིར་སྲིད་རྩེའི་ཉུད་ཚུང་བྱས་པ་ལ་དགོས་པ་ཡོད་དེ། བྱང་སེམས་སྒོམ་ལམ་པས་དང་པོར་ཐོད་རྒལ་གྱི་ཏིང་ངེ་འཛིན་ལ་སྙོམས་པར་འཇུག་པའི་ཚེ། སྲིད་རྩེའི་ཉུད་ཚུང་མ་

從滅定起無間之根本第二靜慮之心，不是從滅定起之起心故。若不成，則成相違。彼為有法，理應是有頂心，因是有學相續之自滅定起之起心故。承許周遍。

又，不有頂小移而現起界限之欲界心之修道菩薩相續中，理應沒有從滅定起之起心，因彼之相續中沒有自滅定起之有頂心，且若是有學相續中自滅定起之起心，須是有頂心故。承許後者。初者若不成，理應如是，因是彼有法故。若許根本，如是之修道菩薩理應不可能從入定於「上行靜慮、無色八者間雜滅盡定之間雜法——滅定」起，因許故。

又，彼之相續中理應有從滅定起之起心，因彼從入定於滅定起後，欲心現起時，界限欲心是從滅定起之起心故。理應如是，因有頂小移之修道菩薩，從滅盡定起後，於有頂心入定時，有頂心是從滅定起之起心，且原因相同故。

自宗：此處有有頂小移的旨趣，因慮及修道菩薩最初入超越三摩地時，不有頂小移，無法現起欲界心故。彼乃無法〔現起欲心〕，

བྱས་པར་འདོད་སེམས་མངོན་དུ་བྱེད་མི་ནུས་པ་ལ་དགོངས་པའི་ཕྱིར། དེ་མི་ནུས་པ་ཡིན་ཏེ། དེའི་ཚེ་ཐོད་རྒལ་གྱི་ཏིང་ངེ་འཛིན་ལ་དབང་མ་ཐོབ་པ་གང་ཞིག འགོག་སྙོམས་ཞི་བ་མཐར་ཐུག་དང་འདོད་སེམས་མ་ཞི་བ་མཐར་ཐུག་ཡིན་པའི་ཕྱིར།

གཞན་ཡང་། སྲིད་རྩེའི་ཉུད་ཆུང་བྱས་པ་ལ་དགོས་པ་ཡོད་དེ། སྲིད་རྩེའི་ཉུད་ཆུང་མ་བྱས་པར་འདོད་སེམས་མངོན་དུ་བྱེད་མི་ནུས་པའི་བྱང་སེམས་སློབ་ལམ་པ་ཡོད་པའི་ཕྱིར། དེར་ཐལ། མཚམས་འཛིན་གྱི་འདོད་སེམས་མངོན་དུ་བྱེད་པ་ལ་སྲིད་རྩེའི་ཉུད་ཆུང་བྱས་པ་ལ་ལྟོས་དགོས་པའི་བྱང་སེམས་སློབ་ལམ་པ་ཡོད་པའི་ཕྱིར། དེར་ཐལ། དེ་མེད་ན་ཁྲི་བརྒྱད་སྟོང་པར་སྲིད་རྩེའི་ཉུད་ཆུང་བཤད་པ་དོན་མེད་དུ་འགྱུར་བའི་ཕྱིར། ཞ་མའི་ལུགས་ཀྱིས་བྱང་སེམས་སློབ་ལམ་པས་ཐོད་རྒལ་གྱི་ཏིང་ངེ་འཛིན་ལ་དབང་ཐོབ་པའི་ཚེ། སྲིད་རྩེའི་ཉུད་ཆུང་མ་བྱས་ཀྱང་། མཚམས་འཛིན་གྱི་འདོད་སེམས་མངོན་དུ་བྱེད་ནུས་པ་ཡིན་ཏེ། དེ་མི་ནུས་ན། སྟོང་ཕྲག་བརྒྱ་པ་སོགས་ལས་སྲིད་རྩེའི་ཉུད་ཆུང་མ་བཤད་པས། ཐོད་རྒལ་གྱི་གྲངས་མ་ཚང་བར་ཐལ་བ་ལ་སོགས་པའི་སྐྱོན་ཡོད་པའི་ཕྱིར། ཡང་ན་བྱང་སེམས་སློབ་ལམ་པ་དབང་རྣོན་གྱིས་སྲིད་རྩེའི་ཉུད་ཆུང་མ་བྱས་ཀྱང་། མཚམས་འཛིན་གྱི་འདོད་སེམས་མངོན་དུ་བྱེད་ནུས་པ་དང་། དབང་རྟུལ་གྱིས་སྲིད་རྩེའི་ཉུད་ཆུང་མ་བྱས་པར་མཚམས་འཛིན་གྱི་འདོད་སེམས་མངོན་དུ་བྱེད་མི་ནུས་པ་ལ་དགོངས་ཞེས་སྨྲ་ན་འང་མི་འཚམས་པ་མེད་དོ། །

མཚམས་འཛིན་གྱི་འདོད་སེམས་མངོན་དུ་བྱས་པ་ལ་དགོས་པ་ཡོད་དེ། ཡར་སོང་དང་མར་འོང་གཉིས་ཀྱི་མཚམས་གཟུང་ནས། མར་འོང་ལ་འདོད་སེམས་སྐྱེལ་བའི་ཆེད་དུ་ཡིན་པའི་ཕྱིར།

གསུམ་པ། དེར་ཞུགས་པའི་ཐོད་རྒལ་གྱི་ངོ་བོ་བཤད་པ་ལ། ཐོད་རྒལ་གྱི་སྦྱོར་བ་དང་། དངོས་གཞི་གཉིས་ལས། དང་པོ་ལ་ཁ་ཅིག ཐོད་རྒལ་གྱི་དངོས་གཞི་མངོན་དུ་བྱེད་པའི་ཆེད་དུ་མཐར་གནས་སྙོམས་འཇུག་དགུ་ལ་ལུགས་མཐུན་དང་ལུགས་མི་མཐུན་དུ་སྙོམས་པར་འཇུག་པའི་སྙོམས་འཇུག་དེ། ཐོད་རྒལ་གྱི་སྦྱོར་བ་སེང྄་ཧེ་རྣམ་བསྒྲིངས་ཀྱི་མཚན་ཉིད་ཟེར་བ་མི་འཐད་དེ། མཐར་གནས་སྙོམས་འཇུག་དགུ་ལ་ལུགས་མཐུན་དུ་སྙོམས་པར་འཇུག་པའི་སྙོམས་འཇུག་ཡིན་ན། དེ་ལ་ལུགས་མི་

因彼時於超越三摩地未得自在，且滅盡定是究竟寂滅，及欲界心是究竟不寂滅故。

又，有有頂小移之旨趣，因有未有頂小移則無法現起欲界心之修道菩薩故。理應如是，因有現起界限欲心須觀待有頂小移之修道菩薩故。理應如是，因若無彼，《般若一萬八千頌》講說有頂小移則成無意義故。以前力，修道菩薩於超越三摩地得自在時，雖未有頂小移，仍然能現起界限欲心，因若彼不能，《般若十萬頌》等未講說有頂小移，則成有未齊備超越之數量等之過故。抑或結合慮及「雖利根修道位菩薩未有頂小移，然能現起界限欲心」，與「鈍根未有頂小移，界限之欲界心無法現行」，也無不宜之處。

現起界限欲心有旨趣，因持上行及下行二者之界限後，乃為了於下行間雜欲心故。

第三、講說所入定之超越之體性有二：超越加行及超越根本。於初者，有云：「為了現起超越根本，而順次及逆次入定於九次第等至之等至，乃超越加行獅子奮迅之性相。」不應理，因若是順次入定於九次第等至之等至，須不是逆次入定於彼之等至故。

མཐུན་དུ་སྙོམས་པར་འཇུག་པའི་སྙོམས་འཇུག་མ་ཡིན་དགོས་པའི་ཕྱིར།

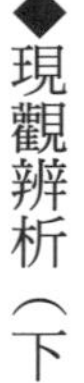

རང་ལུགས་ནི། ཐོད་རྒལ་གྱི་དངོས་གཞི་མངོན་དུ་བྱེད་པའི་ཆེད་དུ་མཐར་གནས་སྙོམས་འཇུག་དགུ་པོ་གང་རུང་ལ་སྙོམས་པར་འཇུག་པའི་སྙོམས་འཇུག་དེ། ཐོད་རྒལ་གྱི་སྦྱོར་བའི་སྙོམས་འཇུག་གི་མཚན་ཉིད། དེ་ལ་དབྱེ་ན། ཐོད་རྒལ་གྱི་རིང་སྦྱོར་སེང་གེ་རྣམ་བསྒྲིངས་དང་། དེ་རྫོགས་རྗེས་སུ་བར་དུ་གང་ཡང་མ་སྐྱེལ་བའི་མཐར་གནས་སྙོམས་འཇུག་དགུ་ལ་ལུགས་མཐུན་དུ་སྙོམས་པར་འཇུག་པའི་སྙོམས་འཇུག་གཉིས། དང་པོ་ལ་དབྱེ་ན། ཡར་སོང་ཐོད་རྒལ་གྱི་སྦྱོར་བ་སེང་གེ་རྣམ་བསྒྲིངས་དང་། མར་འོང་ཐོད་རྒལ་གྱི་སྦྱོར་བ་སེང་གེ་རྣམ་བསྒྲིངས་གཉིས། ཐོད་རྒལ་གྱི་སྦྱོར་བ་སེང་གེ་རྣམ་བསྒྲིངས་ལ་གནས་བཅུ་བདུན་ཡོད་དེ། ཡར་སོང་ལ་མཐར་གནས་སྙོམས་འཇུག་དགུ། མར་འོང་ལ་བསམ་གཏན་བཞི་དང་གཟུགས་མེད་བཞི་ཡོད་པའི་ཕྱིར། དེ་རྫོགས་རྗེས་ཀྱི་བར་དུ་གང་ཡང་མ་སྐྱེལ་བའི་མཐར་གནས་སྙོམས་འཇུག་དགུ་ལ་ལུགས་མཐུན་དུ་སྙོམས་པར་འཇུག་པའི་སྙོམས་འཇུག་དེ་ལ་གནས་དགུ་ཡོད་དེ། མཐར་གནས་སྙོམས་འཇུག་དགུ་ཡོད་པའི་ཕྱིར།

ཁ་ཅིག ཐོད་རྒལ་གྱི་སྦྱོར་བ་སེང་གེ་རྣམ་བསྒྲིངས་རྫོགས་རྗེས་ཀྱི་བར་དུ་གང་ཡང་མ་སྐྱེལ་བའི་མཐར་གནས་སྙོམས་འཇུག་དགུ་ལ་ལུགས་མཐུན་དུ་སྙོམས་པར་འཇུག་པའི་སྙོམས་འཇུག་དེ། ཐོད་རྒལ་གྱི་དངོས་གཞི་སྙོམས་འཇུག་ཡིན་ཏེ། མདོ་ལས། རབ་འབྱོར་བྱང་ཆུབ་སེམས་དཔའ་སེམས་དཔའ་ཆེན་པོའི་ཏིང་ངེ་འཛིན་གྱི་ཐོད་རྒལ་དེ་གང་ཞེ་ན། ཞེས་དྲིས་པའི་ལན་དུ་འདིའི་མདོ་གསུངས་པའི་ཕྱིར། ཞེ་ན་མ་ཁྱབ་སྟེ། ཐོད་རྒལ་གྱི་དངོས་གཞིའི་མིང་གིས་བཏགས་པ་ཡིན་པའི་ཕྱིར། དེ་ལྟར་མ་ཡིན་ན། དེ་ཆོས་ཅན། སྐྱེལ་གཞི་དང་སྐྱེལ་ཆོས་མི་འདྲ་བ་སྐྱེལ་ནས་སྙོམས་པར་འཇུག་པའི་སྙོམས་འཇུག་ཏུ་ཐལ། ཐོད་རྒལ་གྱི་དངོས་གཞིའི་སྙོམས་འཇུག་ཡིན་པའི་ཕྱིར། དེ་ལ་ཁྱབ་པ་ཡོད་པར་ཐལ། རྩ་བར། འགོག་པའི་བར་དུ་མི་འདྲར་འགྲོ། །ཞེས་པ་དང་། འགྲེལ་པར། དེ་ལྟར་གཅིག་ལ་སོགས་པ་བོར་ནས་འགོག་པའི་སྙོམས་པར་འཇུག་པ་ལ་ཐུག་པའི་བར་དུ་མི་འདྲའི་སྒོ་ནས་འགྲོ་བས་ན་མི་འདྲ་བར་འགྲོ་བ་ཐོད་རྒལ་གྱི་སྙོམས་པར་འཇུག་པ། ཞེས་གསུངས་པའི་ཕྱིར།

自宗：「為現起超越根本，入九次第等至隨一之等至」，乃超越加行等至之性相。於彼分，超越遠加行獅子奮迅及彼圓滿後，以順次入定於中間不間雜任何〔間雜法〕之九次第等至之等至二者。初者分上行超越加行獅子奮迅、下行超越加行獅子奮迅二者。超越加行獅子奮迅有十七處，因有上行九次第等至，下行四靜慮及四無色故。彼圓滿後，順次入定於中間不間雜任何〔間雜法〕之九次第等至之等至，有九處，因有九次第等至故。

有云：「超越加行獅子奮迅圓滿之後，中間不間雜任何〔間雜法〕以順次入定於九次第等至之等至，乃超越根本等至，因經云：『善現！大菩薩摩訶薩之三摩地之超越為何？』〔其〕所問之答於此經講說故。」不周遍，因是以超越根本之名安立故。若非如是，彼為有法，理應是入定於間雜不同之間雜事與間雜法之等至，因是超越根本故。於彼理應有周遍，因根本頌云：「至滅定不同。」及《明義釋》云：「如是，拋捨一等等之後，直至滅盡定為止，從不同方面而行。故於不同行進——超越等至。」故。

གཞན་ཡང་། དེ་ཐོད་རྒལ་གྱི་དངོས་གཞིའི་སྙོམས་འཇུག་མ་ཡིན་པར་ཐལ། དེ་མཐར་གནས་སྙོམས་འཇུག་དགུ་ལ་མཐར་ཆགས་སུ་སྙོམས་པར་འཇུག་པའི་སྙོམས་འཇུག་གང་ཞིག ཐོད་རྒལ་གྱི་དངོས་གཞིའི་ཏིང་ངེ་འཛིན་ཡིན་ན་རིམ་པ་འཆོལ་བའི་ཏིང་ངེ་འཛིན་ཡིན་དགོས་པའི་ཕྱིར། ཕྱི་མ་དེར་ཐལ། འཇུག་པའི་ཊཱིཀྐཱ་ལས། ཐོད་རྒལ་ཞེས་པ་ལ་ནི་བརྡའ་སྐྲིང་པ་ལས། སྤྲུལ་ཞི་ཞེས་འབྱུང་བས་རིམ་པ་འཆོལ་བ་ལ་ཟེར་ཞིང་། ཞེས་གསུངས་པའི་ཕྱིར།

གཞན་ཡང་། དེ་ཐོད་རྒལ་གྱི་དངོས་གཞི་མ་ཡིན་པར་ཐལ། དེ་ཐོད་རྒལ་གྱི་དངོས་གཞིའི་དཀྱུས་ས་བསྟན་པ་ཙམ་ཡིན་པའི་ཕྱིར་དང་། སྤེལ་གཞི་དང་སྤེལ་ཆོས་མི་འདྲ་བར་སྤེལ་ནས་སྙོམས་པར་འཇུག་པ་མ་ཡིན་པའི་ཕྱིར། རྟགས་གཉིས་ཀ་དེར་ཐལ། རྣམ་བཤད་ལས། གང་ཡང་བར་དུ་མ་བཅུག་པའི་ཡར་སོང་ནི་དཀྱུས་ས་བསྟན་པ་ཙམ་ཡིན་པས་ཐོད་རྒལ་གྱི་དངོས་གཞིའི་སྙོམས་འཇུག་མ་ཡིན་ཏེ། སྤེལ་གཞི་སྤེལ་ཆོས་མི་འདྲ་བ་སྤེལ་ནས་འགྲོ་བ་ཐོད་རྒལ་དུ་གསུངས་པའི་ཕྱིར། ཞེས་འབྱུང་བའི་ཕྱིར།

གཉིས་པ་ཐོད་རྒལ་གྱི་དངོས་གཞི་བཤད་པ་ལ། སྤེལ་གཞི་དང་། སྤེལ་ཆོས་དང་། ཇི་ལྟར་སྤེལ་བའི་ཚུལ་དང་གསུམ་ལས། དང་པོ། ཐོད་རྒལ་གྱི་སྤེལ་གཞི་ལ་དགུ་ཡོད་དེ། མཐར་གནས་སྙོམས་འཇུག་དགུ་ཡོད་པའི་ཕྱིར། གཉིས་པ་ཐོད་རྒལ་གྱི་སྤེལ་ཆོས་ལ་གཉིས་ཡོད་དེ། འགོག་སྙོམས་དང་འདོད་སེམས་གཉིས་ཡོད་པའི་ཕྱིར། གསུམ་པ་ལ་མཚན་ཉིད། དབྱེ་བ་གཉིས་ལས།

དང་པོ་ལ་ཁ་ཅིག སྤེལ་གཞི་དང་སྤེལ་ཆོས་མི་འདྲ་བ་སྤེལ་ནས་སྙོམས་པར་འཇུག་པའི་སྙོམས་འཇུག་དེ། ཐོད་རྒལ་གྱི་དངོས་གཞིའི་སྙོམས་འཇུག་གི་མཚན་ཉིད་ཟེར་བ་མི་འཐད་དེ། བསམ་གཏན་གྱི་སྤེལ་སྒོམ་ཡོད་པའི་ཕྱིར།

ཡང་ཁ་ཅིག མཐར་གནས་སྙོམས་འཇུག་དགུ་པོ་གང་རུང་ལ་འགོག་སྙོམས་དང་འདོད་སེམས་གང་རུང་སྤེལ་ནས་སྙོམས་པར་འཇུག་པའི་སྙོམས་འཇུག་དེ། ཐོད་རྒལ་གྱི་དངོས་གཞིའི་མཚན་ཉིད་ཟེར་བ་མི་འཐད་དེ། ཡར་སོང་བསམ་གཟུགས་བརྒྱད་ལ་འགོག་པ་རྒྱང་པ་སྤེལ་བའི་ཐོད་རྒལ་གྱི་དངོས་གཞི་མཚན་ཉིད་དེ་མ་ཡིན་པའི་ཕྱིར། དེར་ཐལ། འགོག་སྙོམས་དང་འདོད་སེམས་གང་རུང་

又，彼理應不是超越根本等至，因彼是依次入定於九次第等至之等至，且若是超越根本等持，須是次第錯亂之三摩地故。後者理應如是，因《入中論善顯密意疏》云：「『超越』於古文中亦云『凌亂』，指次第錯亂。[77]」故。

又，彼理應不是超越根本，因彼僅是宣說超越根本之路徑，及不是間雜不同之間雜事與間雜法而入等至故。彼二因理應如是，因《心要莊嚴疏》云：「中間任何皆不入之上行，僅是指示路徑，並非超越之根本，因間雜不同的間雜事、間雜法而行，方說為超越故。[78]」故。

第二、講說超越根本：間雜事、間雜法、如何間雜之理三者。初者，超越之間雜事有九，因有九次第等至故。第二，超越之間雜法有二，因有滅盡定與欲心二者故。第三有二：性相和分類。

初者，有云：「間雜不同之間雜事與間雜法而入定之等至，乃超越根本等至之性相。」不應理，因有靜慮間雜修故。

又有云：「於九次第等至隨一間雜滅盡定及欲心隨一而入定之等至，乃超越根本之性相。」不應理，因於上行靜慮無色八者僅間雜滅定之超越根本，不是彼性相故。理應如是，因滅盡定與欲心隨一非彼根本之間雜法故。若不成，彼隨一為有法，理應是滅盡定，

དངོས་གཞི་དེའི་སྐྱེལ་ཆོས་མ་ཡིན་པའི་ཕྱིར། མ་གྲུབ་ན། དེ་གང་རུང་ཆོས་ཅན། འགོག་སྙོམས་སུ་ཐལ། ཡར་སོང་བསམ་གཟུགས་བརྒྱད་ལ་འགོག་སྙོམས་ཁོན་སྐྱེལ་བའི་ཐོད་རྒལ་གྱི་དངོས་གཞིའི་སྐྱེལ་ཆོས་ཡིན་པའི་ཕྱིར། རྟགས་ཁས།

གཞན་ཡང་། དེའི་མཚན་ཉིད་དེ་མི་འཐད་པར་ཐལ། མར་འོང་མཐར་གནས་སྙོམས་འཇུག་དགུ་ལ་འདོད་སེམས་རྒྱང་བ་སྐྱེལ་བའི་ཐོད་རྒལ་གྱི་དངོས་གཞིའི་སྙོམས་འཇུག་གིས་མ་ངེས་པའི་ཕྱིར། སྒྲུབ་བྱེད་སྔར་བཞིན།

རང་ལུགས། མཐར་གནས་སྙོམས་འཇུག་དགུ་པོ་གང་རུང་ལ་འགོག་སྙོམས་སྐྱེལ་བའམ། འདོད་སེམས་སྐྱེལ་བ་གང་རུང་དུ་གྱུར་པའི་སྙོམས་འཇུག་དེ། ཐོད་རྒལ་གྱི་དངོས་གཞིའི་སྙོམས་འཇུག་གི་མཚན་ཉིད།

གཉིས་པ་དབྱེ་བ་ལ། ཡར་སོང་ཐོད་རྒལ་གྱི་དངོས་གཞིའི་སྙོམས་འཇུག་དང་། མར་འོང་ཐོད་རྒལ་གྱི་དངོས་གཞིའི་སྙོམས་འཇུག་གཉིས།

དང་པོ་ལ་ཁ་ཅིག མཐར་གནས་སྙོམས་འཇུག་དགུ་པོ་གང་རུང་ལ་འགོག་སྙོམས་དང་འདོད་སེམས་གང་རུང་སྐྱེལ་ནས་སྙོམས་པར་འཇུག་པའི་སྙོམས་འཇུག་དེ། ཡར་སོང་ཐོད་རྒལ་གྱི་དངོས་གཞི་སྙོམས་འཇུག་གི་མཚན་ཉིད་ཟེར་བ་མི་འཐད་དེ། ཡར་སོང་བསམ་གཟུགས་ལ་འགོག་པ་རྒྱང་བ་སྐྱེལ་བའི་ཐོད་རྒལ་གྱི་དངོས་གཞི་སྙོམས་འཇུག་གིས་མ་ངེས་པའི་ཕྱིར།

ཁ་ཅིག མཐར་གནས་སྙོམས་འཇུག་དགུ་པོ་གང་རུང་ལ་འགོག་སྙོམས་སྐྱེལ་ནས་ལུགས་མཐུན་དུ་སྙོམས་པར་འཇུག་པའི་སྙོམས་འཇུག་དེ། ཡར་སོང་ཐོད་རྒལ་གྱི་དངོས་གཞིའི་སྙོམས་འཇུག་གི་མཚན་ཉིད་ཟེར་བ་མི་འཐད་དེ། མཐར་གནས་སྙོམས་འཇུག་དགུ་པོ་གང་རུང་ལ་འདོད་སེམས་སྐྱེལ་བའི་ཡར་སོང་ཐོད་རྒལ་གྱི་དངོས་གཞིའི་སྙོམས་འཇུག་ཡོད་པའི་ཕྱིར།

རང་ལུགས། མཐར་གནས་སྙོམས་འཇུག་དགུ་པོ་གང་རུང་ལ་འགོག་སྙོམས་སྐྱེལ་བའམ།

因是於上行靜慮無色八者僅間雜滅盡定之超越根本之間雜法故。承許因。

又，彼之性相理應不應理，因於下行九次第等至僅間雜欲界心之超越根本等至不定故。能立如前。

自宗：「於九次第等至隨一間雜滅盡定或間雜欲心隨一之等至」，乃超越根本等至之性相。

第二，分類：上行超越根本等至及下行超越根本等至二者。

於初者，有云：「於九次第等至隨一間雜滅盡定與欲心隨一而入定之等至，乃上行超越根本等至的性相。」不應理，因於上行靜慮無色僅間雜滅定之超越根本等至不定故。

有云：「於九次第等至隨一間雜滅盡定而順次入定之等至，乃上行超越根本等至之性相。」不應理，因有於九次第定隨一，間雜欲心之上行超越根本之等至故。

自宗：「於九次第等至隨一間雜滅盡定或間雜欲界心隨一而順

འདོད་སེམས་སྤྱོལ་བ་གང་རུང་བྱས་ནས་ལུགས་མཐུན་དུ་སྙོམས་པར་འཇུག་པའི་སྙོམས་འཇུག་དེ། ཡར་སོང་ཐོད་རྒལ་གྱི་དངོས་གཞིའི་སྙོམས་འཇུག་གི་མཚན་ཉིད། དེ་ལ་དབྱེ་ན། འགོག་སྙོམས་སྤྱོལ་བའི་ཡར་སོང་ཐོད་རྒལ་གྱི་དངོས་གཞིའི་སྙོམས་འཇུག་དང་། འདོད་སེམས་སྤྱོལ་བའི་ཡར་སོང་ཐོད་རྒལ་གྱི་དངོས་གཞིའི་སྙོམས་འཇུག་གཉིས་ཡོད།

གཉིས་པ་མར་འོང་ཐོད་རྒལ་གྱི་དངོས་གཞིའི་སྙོམས་འཇུག་ལ་ཁ་ཅིག མཐར་གནས་སྙོམས་འཇུག་དགུ་པོ་གང་རུང་ལ་འདོད་སེམས་དང་འགོག་སྙོམས་གང་རུང་སྤྱོལ་ནས་ལུགས་མི་མཐུན་དུ་སྙོམས་པར་འཇུག་པའི་སྙོམས་འཇུག མར་འོང་ཐོད་རྒལ་གྱི་དངོས་གཞིའི་སྙོམས་འཇུག་གི་མཚན་ཉིད་ཟེར་བ་མི་འཐད་དེ། མར་འོང་མཐར་གནས་སྙོམས་འཇུག་དགུ་ལ་འདོད་སེམས་རྒྱང་པ་སྤྱོལ་བའི་ཐོད་རྒལ་གྱི་དངོས་གཞིའི་སྙོམས་འཇུག་གིས་མ་ངེས་པ་སྔར་བཞིན་ཡིན་པའི་ཕྱིར།

ཁ་ཅིག མཐར་གནས་སྙོམས་འཇུག་དགུ་པོ་གང་རུང་ལ་འདོད་སེམས་སྤྱོལ་ནས་ལུགས་མི་མཐུན་དུ་སྙོམས་པར་འཇུག་པའི་སྙོམས་འཇུག་དེ། མར་འོང་ཐོད་རྒལ་གྱི་དངོས་གཞིའི་སྙོམས་འཇུག་གི་མཚན་ཉིད་ཟེར་བ་མི་འཐད་དེ། མར་འོང་མཐར་གནས་སྙོམས་འཇུག་དགུ་ལ་འགོག་པ་སྤྱོལ་བའི་ཐོད་རྒལ་གྱི་དངོས་བཞིའི་སྙོམས་འཇུག་ཡོད་པའི་ཕྱིར།

རང་ལུགས། མཐར་གནས་སྙོམས་འཇུག་དགུ་པོ་གང་རུང་ལ་འདོད་སེམས་སྤྱོལ་བའམ། འགོག་སྙོམས་སྤྱོལ་བ་གང་རུང་བྱས་ནས་ལུགས་མི་མཐུན་དུ་སྙོམས་པར་འཇུག་པའི་སྙོམས་འཇུག་དེ། མར་འོང་ཐོད་རྒལ་གྱི་དངོས་གཞིའི་སྙོམས་འཇུག་གི་མཚན་ཉིད། དབྱེ་ན། འདོད་སེམས་སྤྱོལ་བའི་མར་འོང་ཐོད་རྒལ་གྱི་དངོས་གཞིའི་སྙོམས་འཇུག་དང་། འགོག་སྙོམས་སྤྱོལ་བའི་མར་འོང་ཐོད་རྒལ་གྱི་དངོས་གཞིའི་སྙོམས་འཇུག་གཉིས་ཡོད། དེ་ཡང་། ཡར་སོང་ཐོད་རྒལ་གྱི་གནས་ལ་སོ་བཞི་ཡོད་དེ། འགོག་སྙོམས་སྤྱོལ་བའི་ཡར་སོང་ཐོད་རྒལ་གྱི་གནས་ལ་བསམ་གཏན་བཞི་གཟུགས་མེད་བཞི་འགོག་སྙོམས་བརྒྱད། འདོད་སེམས་སྤྱོལ་བའི་ཡར་སོང་ཐོད་རྒལ་གྱི་གནས་ལ་མཐར་གནས་སྙོམས་འཇུག་དགུ། འདོད་སེམས་དགུ་རྣམས་སུ་ཡོད་པའི་ཕྱིར། མར་འོང་ཐོད་རྒལ་གྱི་གནས

次入定之等至」，乃上行超越根本等至之性相。於彼分有間雜滅盡定之上行超越根本等至，及間雜欲心之上行超越根本等至二者。

於第二下行超越根本等至，有云：「於九次第等至隨一間雜欲心及滅盡定隨一以逆次入定之等至，乃下行超越根本等至之性相。」不應理，因於下行九次第等至僅間雜欲界心之超越根本等至不定乃如前故。

有云：「於九次第等至隨一間雜欲界心而逆次入定之等至，乃下行超越根本等至之性相。」不應理，因有於下行九次第等至間雜滅定之超越根本等至故。

自宗：「於九次第等至隨一間雜欲界心，或間雜滅盡定隨一而逆次入定之等至」，乃下行超越根本等至之性相。分有：間雜欲心之下行超越根本等至，及間雜滅盡定之下行超越根本等至二者。此復，上行超越之處有三十四，因間雜滅盡定之上行超越之處有四靜慮、四無色、八滅盡定，間雜欲心之上行超越處有九次第等至、九欲界心故。下行超越處亦有三十四，因間雜欲界心之下行超越之處有九次第等至、九欲界心；間雜滅盡定之下行超越處有四靜慮、四無色、八滅盡定故。此諸說法，雖於《心要莊嚴疏》等其他父子之

ལའང་སོ་བཞི་ཡོད་དེ། འདོད་སེམས་སྤྱིལ་བའི་མར་འོང་ཐོད་རྒལ་གྱི་གནས་ལ་མཐར་གནས་སྙོམས་འཇུག་དགུ་འདོད་སེམས་དགུ། འགོག་སྙོམས་སྤྱིལ་བའི་མར་འོང་ཐོད་རྒལ་གྱི་གནས་ལ་བསམ་གཏན་བཞི། གཟུགས་མེད་བཞི། འགོག་སྙོམས་བརྒྱད་རྣམས་སུ་ཡོད་པའི་ཕྱིར། བཤད་ཚུལ་འདི་རྣམས་རྣམ་བཤད་སོགས་ཡབ་སྲས་ཀྱི་གསུང་རབ་གཞན་ལས་མི་གསལ་ཀྱང་། ལེགས་པར་བཤད་པ་གསེར་གྱི་འཕྲེང་བའི་དགོངས་པ་ཡིན་ཏེ། དེ་ཉིད་ལས། འོ་ན། ཡར་ལ་འགོག་པ་དང་། མར་ལ་འདོད་སེམས་སྤྱིལ་བ་ཅི་ཡིན་ཞེ་ན། དབང་ཐོབ་པ་རྣམས་ཀྱིས་དགའ་མགུར་ཞུགས་པས་ཆོག་པའི་ཕྱིར། འདི་ནི་མཚོན་པ་ཙམ་དུ་ཟད་དོ་ཞེས་འབྱུང་བའི་ཕྱིར།

◆現觀辨析（下）

ཁ་ཅིག སྲིད་རྩེའི་ཉུད་ཚུང་ཡར་སོང་ཐོད་རྒལ་གྱི་གནས་ཡིན་ཏེ། དེའི་རྗེས་ཐོགས་དེ་མ་ཐག་ཏུ་བྱུང་བའི་འདོད་སེམས་ཡར་སོང་ཐོད་རྒལ་དང་། མར་འོང་ཐོད་རྒལ་གཉིས་ཀྱི་མཚམས་འཛིན་དེ་ཡིན་པའི་ཕྱིར། ཁྱབ་སྟེ། དེ་ཡིན་ན་མཚམས་འཛིན་གྱི་འདོད་སེམས་ཀྱི་རྗེས་ཐོགས་དེ་མ་ཐག་ཏུ་བྱུང་བའི་འགོག་སྙོམས་མར་འོང་ཐོད་རྒལ་གྱི་གནས་ཡིན་དགོས་པའི་ཕྱིར། ཞེས་ཟེར་ན། དེ་མི་འཐད་དེ། སྲིད་རྩེའི་ཉུད་ཚུང་དེ། ཡར་སོང་ཐོད་རྒལ་གྱི་སྤྱིལ་གཞི་དང་སྤྱིལ་ཆོས་གང་ཡང་མ་ཡིན་པའི་ཕྱིར། མ་ཁྱབ་ན། སྲིད་རྩེའི་ཉུད་ཚུང་དེ། ཡར་སོང་ཐོད་རྒལ་གྱི་སྤྱིལ་གཞི་དང་སྤྱིལ་ཆོས་གང་རུང་དུ་ཐལ། དེའི་རྗེས་ཐོགས་དེ་མ་ཐག་ཏུ་བྱུང་བའི་འདོད་སེམས་ཡར་སོང་ཐོད་རྒལ་དང་། མར་འོང་ཐོད་རྒལ་གཉིས་ཀྱི་མཚམས་འཛིན་དེ་ཡིན་པའི་ཕྱིར། ཁྱབ་སྟེ། དེ་ཡིན་ན་མཚམས་འཛིན་གྱི་འདོད་སེམས་ཀྱི་རྗེས་ཐོགས་དེ་མ་ཐག་ཏུ་བྱུང་བའི་འགོག་སྙོམས་དེ། མར་འོང་ཐོད་རྒལ་གྱི་སྤྱིལ་གཞི་དང་སྤྱིལ་ཆོས་གང་རུང་ཡིན་དགོས་པའི་ཕྱིར། འཁོར་གསུམ།

ཁ་ཅིག ཐོད་རྒལ་གྱི་སྦྱོར་བ་སེང་གེ་རྣམ་བསྒྲིངས་རྫོགས་རྗེས་ཀྱི་བར་དུ་གང་ཡང་མ་སྤྱིལ་བའི་མཐར་གནས་སྙོམས་འཇུག་དགུ་ལ་ལུགས་མཐུན་དུ་སྙོམས་པར་འཇུག་པའི་སྙོམས་འཇུག་ཐོད་རྒལ་གྱི་སྙོམས་འཇུག་ཆུང་ངུ་དང་། ཡར་སོང་ཐོད་རྒལ་གྱི་དངོས་གཞིའི་སྙོམས་འཇུག་ཐོད་རྒལ་གྱི་དངོས་གཞིའི་སྙོམས་འཇུག་འབྲིང་དང་། མར་འོང་ཐོད་རྒལ་གྱི་དངོས་གཞིའི་སྙོམས་འཇུག་ཐོད་རྒལ་གྱི་དངོས་གཞིའི་སྙོམས་འཇུག་ཆེན་པོར་བྱེད་ཟེར་བ་མི་འཐད་དེ། དེ་འདྲའི་ཐ་སྙད་རྒྱ་འགྲེལ་རྣམ་དག་

至言中未明說，然是《金鬘疏善說》之意趣，因彼云：「然則，為何於上行間雜滅定，及於下行間雜欲心？諸得自在者可歡喜入故。此僅是表徵。」故。

有云：「有頂小移乃上行超越處，因彼之後得無間產生之欲界心乃上行超越、下行超越二者之界限故。周遍，因若是彼，界限欲界心之後得無間產生之滅盡定，須是下行超越處故。」不應理，因有頂小移，不是上行超越之間雜事及間雜法隨一故。若不周遍，有頂小移，理應是上行超越之間雜事及間雜法隨一，因彼之後得無間產生之欲界心，乃是上行超越及下行超越二者之界限故。周遍，因若是彼，界限欲界心之後得無間產生之滅盡定，須是下行超越之間雜事及間雜法隨一故。三輪！

有云：「超越加行獅子奮迅結束後，於中間無所間雜之九次第等至以順次入定之等至，作為下品超越等至，以及上行超越根本等至為中品超越根本等至、下行超越根本等至為上品超越根本等至。」不應理，因如是名言，於任何一本清淨印度注釋皆未提到故。

གང་ནས་ཀྱང་མ་བཤད་པའི་ཕྱིར།

བཞི་པ་དེ་དག་ལ་རྩོད་པ་སྤོང་བ་ནི། ཁོ་ན་རེ། ཁྱོད་ཀྱིས་ཇི་སྐད་བཤད་པའི་ཐོད་རྒལ་གྱི་རྣམ་གཞག་དེ་མི་འཐད་དེ། མཛོད་ལས། ས་བརྒྱད་རྣམ་གཉིས་འབྲེལ་བ་དང་། །གཅིག་རྒལ་སོང་ཞིང་འོང་ནས་ནི། །རིས་མི་མཐུན་པ་གསུམ་པར་འགྲོ། ། ཐོད་རྒལ་གྱི་ནི་སྦྱོམས་འཇུག་ཡིན། །ཞེས་གསུངས་པ་དང་འགལ་བའི་ཕྱིར་ཞེ་ན། འགལ་ཡང་སྐྱོན་མེད་དེ། དེ་གཉིས་ཐོད་རྒལ་གྱི་མིང་འདྲ་བ་ཙམ་མ་གཏོགས་དོན་མི་གཅིག་པའི་ཕྱིར། མཛོད་ལས། བཤད་པ་དེ་གདུལ་བྱ་ཐེག་དམན་གྱི་རིགས་ཅན་རྗེས་སུ་བཟུང་བའི་ཆེད་དུ་ཡིན་ཞིང་། འདིར་བཤད་པ་ནི་གདུལ་བྱ་ཐེག་ཆེན་གྱི་རིགས་ཅན་རྗེས་སུ་བཟུང་བའི་ཆེད་དུ་ཡིན་པའི་ཕྱིར། དཔེར་ན་བྱ་རོག་དང་ཨུག་ཕྲུག་གཉིས་སྐད་དོད་ཀྱི་སྟེང་ནས་མིང་འདྲ་ཡང་དོན་མི་གཅིག་པ་བཞིན་ནོ། །

སྨྲས་པ།

གངས་ཅན་རྒན་པོའི་འདོད་པས་སྤྲུར་བའི་ལུགས་ངན་སྐམས་ལས་ལྷག་པར་ཐོད་རྒལ་རིགས་ལམ་སྨྲ་བའི་དམ་པའི་རྗེས་ཞུགས་བརྩོན་པའི་ཚུལ་བརྟན་རྣམ་དཔྱོད་འཛིན་མའི་ཁྱོན་ལས་འཁྲུངས་པའི་ཐོད་རྒལ་བརྒལ་ལན་གྱུར་གྱུམ་མཆོག་འདི་བཀའ་དྲིན་མཉམ་མེད་བླ་མ་ལྷ་གཅིག་ཡོངས་འཛིན་དགྱེས་པའི་མཆོད་པར་འབུལ། ཞེས་སྨྲོ། །

第四、於彼等斷諍，有云：「汝所說之超越建立不應理，因與《俱舍論》所說：『二類定順逆，均間次及超，至間超為成，三洲利無學。[79]』相違故。」雖相違然無過，因彼二僅超越之名相似以外，義不同故。因《俱舍論》所說乃為攝受小乘種性所化，且此處所說是為攝受大乘種性所化故。如同烏鴉與乳麋的對字上雖名字相似，然義不同。

頌曰：

雪域長者主張之惡宗，超越旱地所說之正理，

以精進水滋潤之慧地，所生超越答辯藏紅花，

上供無比恩德之上師，本尊一體永津令歡喜。

སྒོམ་སྤངས་རྟོག་པ།

མདོར་བསྡུས་རྒྱས་དང་སངས་རྒྱས་ཀྱིས། །ཞེས་སོགས་ལ། ཐེག་ཆེན་གྱི་སྒོམ་སྤངས་འཇུག་པ་གཟུང་རྟོག་ཆོས་ཅན། དགུ་ཡོད་དེ། ཁྱོད་ལ་ཡུལ་གྱི་སྒོ་ནས་དབྱེ་བས་དགུ་ཡོད་པའི་ཕྱིར། རང་གི་དམིགས་ཡུལ་དུ་གྱུར་པའི་བྱང་སེམས་ལམ་གྱི་འཇུག་བྱའི་ཆོས་ལ་དམིགས་ནས་ལོངས་སྤྱོད་བྱར་བདེན་པར་ཞེན་པའི་བདེན་འཛིན་ལྷན་སྐྱེས་དེ། འདིར་བསྟན་སྒོམ་སྤངས་འཇུག་པ་གཟུང་རྟོག་གི་མཚན་ཉིད།

གཉིས་པ་སེམས་དང་སེམས་བྱུང་རྣམས། །ཞེས་སོགས་ལ། ཐེག་ཆེན་གྱི་སྒོམ་སྤངས་ལྡོག་པ་གཟུང་རྟོག་ཆོས་ཅན། ཁྱོད་ལ་དགུ་ཡོད་དེ། ཁྱོད་ལ་ཡུལ་གྱི་སྒོ་ནས་དབྱེ་བས་དགུ་ཡོད་པའི་ཕྱིར། རང་གི་དམིགས་ཡུལ་དུ་གྱུར་པའི་བྱང་སེམས་ལམ་གྱི་ལྡོག་བྱའི་ཆོས་ལ་དམིགས་ནས་ལོངས་སྤྱོད་བྱར་བདེན་པར་ཞེན་པའི་བདེན་འཛིན་ལྷན་སྐྱེས་དེ། འདིར་བསྟན་སྒོམ་སྤངས་ལྡོག་པ་གཟུང་རྟོག་གི་མཚན་ཉིད། སྐབས་འདིར་སྒོམ་ལམ་རྩེ་སྦྱོར་གྱི་སྦྱོར་བ་ཉེར་བསྒོམས་དང་། འཇུག་པ་བར་ཆད་མེད་ལམ་གྱི་ཁྱད་པར་གང་ཡིན་ཞེ་ན། དེ་གཉིས་སྤང་བྱའི་མིང་འདོགས་སོ་སོར་བྱེད་པའི་རྒྱུ་མཚན་གྱིས་ཐ་དད་ལྟ་བུར་བཤད་པ་ཙམ་མ་གཏོགས། དངོས་པོ་ལ་དོན་གཅིག་པ་ཡིན་ཏེ། ཐེག་ཆེན་གྱི་སྒོམ་ལམ་བར་ཆད་མེད་ལམ་གཅིག་ཉིད་རང་གི་ངོས་སྐལ་གྱི་སྤང་བྱར་གྱུར་པའི་སྒོམ་སྤངས་རྟོག་པ་མངོན་གྱུར་བ་འཇོམས་པའི་ཆ་ནས་སྦྱོར་བ་ཉེར་བསྒོམས་དང་། དེའི་ས་བོན་འཇོམས་པའི་ཆ་ནས་འཇུག་པ་བར་ཆད་མེད་ལམ་དུ་འཇོག་པའི་ཕྱིར་ཏེ། རྣམ་བཤད་ལས། སྦྱོར་བ་ཉེར་བསྒོམས་ཀྱི་སྐབས་སུ་དེའི་སྤང་བྱ་ཡིན་ཏེ། དེའི་གཞོམ་བྱ་ཡིན་པའི་ཕྱིར། ཞེས་དང་། འཇུག་པ་བར་ཆད་མེད་ལམ་གྱི་སྐབས་སུ་དེའི་སྤང་བྱ་ཡིན་ཏེ། དེས་རང་གི་ས་བོན་དངོས་སུ་འཇོམས་པའི་ཕྱིར། ཞེས་འགོད་པར་མཛད་པའི་ཕྱིར་རོ། །

དེ་ལ་ཁོ་ན་རེ། མཐོང་ལམ་རྩེ་སྦྱོར་གྱི་སྦྱོར་བ་ཉེར་བསྒོམས་དང་། འཇུག་པ་བར་ཆད་མེད་ལམ་

123 修所斷分別

「略標及廣釋……」等，大乘修所斷轉趣所取分別為有法，有九，因爾以境之門區分有九故。「緣屬自所緣境之菩薩道的轉趣法，耽著其為諦實受用品之俱生實執」，乃此示修所斷轉趣所取分別之性相。

「次許心心所……」等，大乘修所斷退還所取分別為有法，爾有九，因爾以境之門區分有九故。「緣屬自所緣境之菩薩道的退還法，執其為諦實受用品之俱生實執」，乃此示修所斷退還所取分別之性相。此處修道頂加行之加行近分與轉趣無間道之差別為何？由於此二以所斷各別命名的緣故，看似為「異」，實乃同義，因一大乘修道無間道本身，以「摧毀屬自應斷之所斷的修所斷——分別現行」之分，安立加行近分；以摧毀彼種子之分，安立為轉趣無間道故，因《心要莊嚴疏》：「於加行近分時是彼之所斷，因是彼之所滅故。[80]」及「於趣入無間道時是彼之所斷，因彼直接滅自之種子故。[81]」如是安立故。

於彼有云：「見道頂加行之加行近分與轉趣無間道理應同義，

དོན་གཅིག་པར་ཐལ། དམ་བཅའ་དེའི་ཕྱིར། འདོད་ན། ཐེག་ཆེན་གྱི་སྦྱོར་ལམ་དྲོད་སོགས་བཞི་ཆོས་ཅན། མཐོང་ལམ་རྩེ་སྦྱོར་གྱི་འཇུག་པ་བར་ཆད་མེད་ལམ་དུ་ཐལ། དེའི་སྦྱོར་བ་ཉེར་བསྡོགས་ཀྱི་ལམ་ཡིན་པའི་ཕྱིར། ཞེ་ན་མ་གྲུབ་སྟེ། ཐེག་ཆེན་གྱི་མཐོང་ལམ་སྒོམ་ལམ་རྩེ་སྦྱོར་གྱི་སྦྱོར་བ་ཉེར་བསྡོགས་ཀྱི་ལམ་མ་ཡིན་པའི་ཕྱིར། མ་གྲུབ་ན། གཉིས་པ་སེམས་དང་སེམས་བྱུང་རྣམས། །ཞེས་སོགས་ཀྱིས་བསྟན་བྱའི་གཙོ་བོར་གྱུར་པའི་མཐོང་ལམ་རྩེ་སྦྱོར་ཡོད་པར་ཐལ། ཐེག་ཆེན་གྱི་མཐོང་ལམ་དེ་སྒོམ་ལམ་རྩེ་སྦྱོར་གྱི་སྦྱོར་བ་ཉེར་བསྡོགས་ཀྱི་ལམ་གང་ཞིག གཞུང་འདིའི་བསྟན་བྱའི་གཙོ་བོར་གྱུར་པའི་སྒོམ་ལམ་རྩེ་སྦྱོར་གྱི་སྦྱོར་བ་ཉེར་བསྡོགས་ཀྱི་ལམ་ཡོད་པའི་ཕྱིར།

གཞན་ཡང་། སྒོམ་ལམ་རྩེ་སྦྱོར་གྱི་སྦྱོར་བ་ཉེར་བསྡོགས་ཀྱི་ལམ་དང་འཇུག་པ་བར་ཆད་མེད་ལམ་གཉིས་འགལ་བར་ཐལ། དེ་གཉིས་དོན་མི་གཅིག་པའི་ཕྱིར། འདོད་ན། སྒོམ་ལམ་རྩེ་སྦྱོར་གྱི་སྦྱོར་བ་ཉེར་བསྡོགས་ཀྱི་ལམ་དང་སྒོམ་ལམ་རྩེ་སྦྱོར་འགལ་བར་ཐལ། འདོད་པའི་ཕྱིར། འདོད་ན། རྒྱུན་མཐའི་སྦྱོར་བའི་ལམ་དང་རྒྱུན་མཐའི་ཡེ་ཤེས་འགལ་བར་ཐལ། འདོད་པའི་ཕྱིར། འདོད་ན། བྱ་རྫོགས་ཀྱི་སྐད་ཅིག་མའི་ཐུང་མཐའ་གཅིག་ལ་མཁྱེན་གསུམ་གྱི་རྣམ་པ་བརྒྱ་བདུན་ཅུ་རྩ་གསུམ་གོ་རིམ་མ་འཆོལ་བར་དངོས་ཡུལ་དུ་བྱེད་ནུས་པའི་ས་བཅུ་པའི་ཡེ་ཤེས་དེ་རྒྱུན་མཐའི་སྦྱོར་བའི་ལམ་མ་ཡིན་པར་ཐལ། འདོད་པའི་ཕྱིར། འདོད་མི་ནུས་ཏེ། རྣམ་བཤད་ལས། ཇི་ལྟར་སྐྱེས་བུའི་བློ་ཆུན་རྒྱུད་ཅེས་པའི་དཔེ་དོན་སྦྱོར་ཚུལ་ལྟར་ན་ཟག་མེད་ཀྱི་ཆོས་གཅིག་མངོན་དུ་གྱུར་པ་ན་ལྷག་མ་རྣམས་ལ་སྒྲིམ་མི་དགོས་པར་སྐྱུས་གཅིག་ལ་གོ་རིམ་མ་འཆོལ་བར་མངོན་དུ་གྱུར་པ་དེ། རྒྱུན་མཐའི་སྦྱོར་བའི་ལམ་གྱི་ཚད་ཡིན་པར་གོ་ནུས་པའི་ཕྱིར།

ཁོ་ན་རེ། དེ་འདྲའི་ས་བཅུ་པའི་ཡེ་ཤེས་རྒྱུན་མཐའི་ཡེ་ཤེས་མ་ཡིན་ནོ། །ཞེ་ན། འོ་ན། དེ་རྒྱུན་མཐའི་སྔ་ལོགས་ན་ཡོད་པར་ཐལ། དམ་བཅའ་དེའི་ཕྱིར། འདོད་ན། དེ་མཐར་གྱིས་སྦྱོར་བ་ཡིན་པར་ཐལ། འདོད་པའི་ཕྱིར། འདོད་ན། མཁྱེན་གསུམ་གྱི་རྣམ་པ་ལ་བརྟན་པ་ཐོབ་པའི་མཐར་གྱིས་སྦྱོར་བ་ཡོད་པར་ཐལ་ལོ། །

གཞན་ཡང་། རྒྱུན་མཐའི་སྦྱོར་བའི་ལམ་ཡིན་ན་རྒྱུན་མཐའི་ཡེ་ཤེས་ཡིན་པས་མ་ཁྱབ་པར་

因彼宗故。若許，大乘加行道煖等四為有法，理應是見道頂加行之轉趣無間道，因是彼之加行近分之道故。」因不成，因大乘見道不是修道頂加行之加行近分之道故。若不成，理應有屬「次許心心所……」等主要所示之見道頂加行，因大乘見道，是修道頂加行之加行近分之道，且有屬此文主要所示修道頂加行之加行近分之道故。

復次，修道頂加行之加行近分之道，與轉趣無間道二者理應相違，因彼二不同義故。若許，修道頂加行之加行近分之道與修道頂加行理應相違，因許故。若許，最後流之加行之道與最後流本智理應相違，因許故。若許，於一最短成事剎那，能次第無誤將三智一百七十三行相作為直接境之十地本智，理應不是最後流加行之道，因許故。不能許，因以《心要莊嚴疏》所說「猶如諸士夫，動一處水輪」之喻意結合之理而言，能知若一無漏法現起，餘等無須策勵，能連續地次第不錯亂現起，為最後流加行之道的量故。

有云：「如是之十地本智非最後流本智。」那麼，彼理應於最後流之前有，因彼宗故。若許，彼理應是漸次加行，因許故。若許，則成有三智行相得穩固之漸次加行。

復次，若是最後流加行之道，理應不周遍是最後流本智，因若

ཐལ། སྒོམ་ལམ་རྩེ་སྦྱོར་གྱི་སྦྱོར་བ་ཉེར་བསྡོགས་ཀྱི་ལམ་ཡིན་ན་སྒོམ་ལམ་རྩེ་སྦྱོར་ཡིན་པས་མ་ཁྱབ་པའི་ཕྱིར།

སེམས་ཅན་བཏགས་པའི་སྤྱོད་ཡུལ་དང་། །ཞེས་སོགས་ལ། ཐེག་ཆེན་གྱི་སྒོམ་སྤངས་རྫས་འཛིན་རྟོག་པ་ཆོས་ཅན། ཁྱོད་ལ་དགུ་ཡོད་དེ། ཁྱོད་ལ་ཡུལ་གྱི་སྒོ་ནས་དབྱེ་བས་དགུ་ཡོད་པའི་ཕྱིར། རང་གི་དམིགས་ཡུལ་དུ་གྱུར་པའི་རྫས་འཛིན་ལ་དམིགས་ནས་ལོངས་སྤྱོད་བྱེད་དུ་བདེན་པར་ཞེན་པའི་བདེན་འཛིན་ལྷན་སྐྱེས་དེ། འདིར་བསྟན་སྒོམ་སྤངས་རྫས་འཛིན་རྟོག་པའི་མཚན་ཉིད།

སེམས་ཅན་བཏགས་དང་དེ་རྒྱུ་ཡི། །ཞེས་སོགས་མདོར་བསྟན་རྒྱས་བཤད་ལ། ཐེག་ཆེན་གྱི་སྒོམ་སྤངས་བཏགས་འཛིན་རྟོག་པ་ཆོས་ཅན། ཁྱོད་ལ་དགུ་ཡོད་དེ། ཁྱོད་ལ་ཡུལ་གྱི་དབྱེ་བས་དགུ་ཡོད་པའི་ཕྱིར། རང་གི་དམིགས་ཡུལ་དུ་གྱུར་པའི་བཏགས་འཛིན་ལ་དམིགས་ནས་ལོངས་སྤྱོད་བྱེད་དུ་བདེན་པར་ཞེན་པའི་བདེན་འཛིན་ལྷན་སྐྱེས་དེ། འདིར་བསྟན་སྒོམ་སྤངས་བཏགས་འཛིན་རྟོག་པའི་མཚན་ཉིད། དེས་ན་སྐབས་འདིར་སྒོམ་སྤངས་རྟོག་པ་སྟོན་པའི་གཞུང་རྣམས་ཀྱི་དངོས་བསྟན་ལ་སྒོམ་ལམ་རྩེ་སྦྱོར་གྱི་སྤང་བྱ་བསྟན་ཀྱང་། བསྟན་བྱའི་གཙོ་བོར་མི་བྱེད་དེ། སྒོམ་སྤངས་རྟོག་པའི་གཉེན་པོའི་རིགས་སུ་གནས་པའི་ཐེག་ཆེན་གྱི་རྗེས་ལ་མངོན་རྟོགས། ཐེག་ཆེན་གྱི་སྒོམ་ལམ་རྩེ་སྦྱོར་གྱི་མཚན་ཉིད་དུ་བསྟན་བྱའི་གཙོ་བོར་བྱེད་པའི་ཕྱིར། དེར་ཐལ། འགོག་དང་བཅས་པའི་སྙོམས་འཇུག་དགུར། །ཞེས་པས། དེ་བསྟན་བྱའི་གཙོ་བོར་བྱེད་པ་གང་ཞིག དེ་རྣམས་མདོར་བསྟན་རྒྱས་བཤད་ཡིན་པའི་ཕྱིར།

གཞན་ཡང་། མདོར་བསྡུས་རྒྱས་དང་སངས་རྒྱས་ཀྱིས། ཞེས་སོགས་ཀྱིས་སྒོམ་ལམ་རྩེ་སྦྱོར་བསྟན་བྱའི་གཙོ་བོར་བྱེད་པར་ཐལ། འགྲེལ་ཆེན་ལས། དེ་ལྟར་སྒོམ་པའི་ལམ་བརྗོད་ནས་དེས་སྤང་བར་བྱ་བའི་མི་མཐུན་ཕྱོགས་གཟུང་བར་བྱ་བ་དང་འཛིན་པའི་རྣམ་པར་རྟོག་པ་བཞིའི་གཉེན་པོར་བརྗོད་པའི་སྒོ་ནས་བརྗོད་པར་བྱ་བ་ཡིན་པས་དེས་ན། ཞེས་གསུངས་པའི་ཕྱིར།

ཡམས་ནད་འདི་རྣམས་ཟད་ནས་ནི། །ཞེས་སོགས་ཀྱི་སྐབས་སུ། རྒྱུན་མཐའི་བར་ཆད་མེད་

是修道頂加行之加行近分道，不周遍是修道頂加行故。

「施設有情境……」等大乘修所斷實有能取分別為有法，爾有九，因爾以境之門區別有分九故。「緣屬自所緣境之實有能取，耽著其為諦實能受者之俱生諦實執」，乃此示修所斷實有能取分別之性相。

「設有情及因……」等略示廣說，大乘修所斷假有能取分別為有法，爾有九，因爾以境之區別有九故。「緣屬自所緣境之假有能取，耽著其為諦實能受者之俱生諦實執」，乃此示修所斷假有能取分別之性相。是故，於此處宣說修所斷分別之文的直接顯示，雖顯示修道頂加行之所斷，然不作主要所示，因以「修所斷分別之對治住類之大乘隨現觀」是大乘修道頂加行之性相為主要所示故。理應如是，因「滅盡等九定」彼作主要所示，且彼等乃略示廣說故。

復次「略標及廣釋……」等理應以修道頂加行為主要所示，因《莊嚴光明釋》云：「如是，說過修道之後，彼以詮說對治所斷異品——所取與能取分別四者之門而講說的緣故。」故。

「如諸病痊愈……」等之時，住於最後流無間道菩薩為有法，

ལམ་ལ་གནས་པའི་སེམས་དཔའ་ཆོས་ཅན། རང་རྒྱུད་ལ་ཐེག་པ་གསུམ་གྱི་སྤྱངས་རྟོགས་ཀྱི་རིགས་ཀྱི་ཡོན་ཏན་ཐམས་ཅད་འདུ་བ་ཡིན་ཏེ། དེ་ལྟར་འདུ་བའི་མཐུན་རྐྱེན་ཚང་ཞིང་འགལ་རྐྱེན་དང་བྲལ་བའི་སེམས་དཔའ་ཡིན་པའི་ཕྱིར། འགལ་རྐྱེན་དང་བྲལ་བ་ནི། དཔེར་ན། ནད་པ་རིམས་ནད་བྱང་ནས་ཡུན་རིང་དུ་ལོན་པ་ན་དགའ་བས་དབུགས་ཕྱིན་པ་ཐོབ་པ་བཞིན་ནོ། །མཐུན་རྐྱེན་ཚང་བ་ནི། དཔེར་ན་རྒྱ་མཚོ་ཆེན་པོ་ལ་ཆུ་བོ་ཆེན་པོ་བཞི་དང་གིས་འདུ་བ་བཞིན་ནོ། །རྒྱུ་མཚན་དེའི་ཕྱིར་ན་རྒྱུན་མཐའི་བར་ཆད་མེད་ལམ་ལ་གནས་པའི་སེམས་དཔའི་རྒྱུད་ལ་གནས་ངན་ལེན་གྱི་དྲི་མ་ཕྲ་ཞིང་ཕྲ་བ་ཡོད་པ་མ་ཡིན་ནོ། །

ཁ་ཅིག ས་བརྒྱད་པ་ལ་གནས་པའི་སེམས་དཔའི་རྒྱུད་ལ་བདེན་འཛིན་ཡོད་དེ། ས་དགུ་པའི་བར་ཆད་མེད་ལམ་དེ་རང་གི་དོ་སྐལ་གྱི་སྤང་བྱར་གྱུར་པའི་བདེན་འཛིན་གྱི་དངོས་གཉེན་ཡིན་པའི་ཕྱིར་ཞེས་ཟེར། འོ་ན། ས་བརྒྱད་པ་ལ་གནས་པའི་སེམས་དཔའི་རྒྱུད་ལ་བདེན་འཛིན་མངོན་གྱུར་བ་ཡོད་པར་ཐལ། ས་དགུ་པའི་བར་ཆད་མེད་ལམ་དེ། རང་གི་དོ་སྐལ་གྱི་སྤང་བྱར་གྱུར་པའི་བདེན་འཛིན་མངོན་གྱུར་བའི་དངོས་གཉེན་ཡིན་པའི་ཕྱིར། འཁོར་གསུམ།

གཞན་ཡང་། ས་བརྒྱད་པ་ལ་གནས་པའི་སེམས་དཔའི་རྒྱུད་ལ་ཤེས་སྒྲིབ་མངོན་གྱུར་བ་ཡོད་པར་ཐལ། ས་དགུ་པའི་བར་ཆད་མེད་ལམ་དེ་རང་གི་དོ་སྐལ་གྱི་སྤང་བྱར་གྱུར་པའི་ཤེས་སྒྲིབ་མངོན་གྱུར་བའི་དངོས་གཉེན་ཡིན་པའི་ཕྱིར། འདོད་མི་རིགས་ཏེ། རྣམ་བཤད་ལས། ས་བརྒྱད་པ་ཡན་ཆད་དུ་ཤེས་སྒྲིབ་མངོན་གྱུར་བ་མི་འབྱུང་ཡང་། དེ་ལྟར་བཤད་པ་ལ་འགལ་བ་མེད་དོ། །ཞེས་གསུངས་པའི་ཕྱིར།

དེ་ལ་ཁོན་རེ། བདེན་འཛིན་དང་བདེན་འཛིན་གྱི་བག་ཆགས་ལ་སྤོང་དཀའ་སླའི་ཁྱད་པར་མེད་པར་ཐལ། བདེན་འཛིན་ཟད་པར་སྤངས་པའི་གང་ཟག་ཡིན་ན་བདེན་འཛིན་གྱི་བག་ཆགས་བཅོམ་པའི་གང་ཟག་ཡིན་དགོས་པའི་ཕྱིར།

གཞན་ཡང་། བདེན་འཛིན་མངོན་གྱུར་བ་དང་བདེན་འཛིན་གྱི་ས་བོན་ལ་སྤོང་དཀའ་སླའི་ཁྱད་པར་མེད་པར་ཐལ། བདེན་འཛིན་མངོན་གྱུར་བ་ཟད་པར་སྤངས་པའི་གང་ཟག་ཡིན་ན། བདེན་འཛིན་གྱི་ས་བོན་ཟད་པར་སྤངས་པས་ཁྱབ་པའི་ཕྱིར་ན་སྔ་ཕྱི་གཉིས་ཀ་ལ་འདོད་པ་ཡིན་ནོ། །

於自相續中攝集所有三乘斷證類之功德，因是如是攝集之順緣具足且與違緣遠離之菩薩故。與違緣遠離，如傳染病痊癒後，時間一長，獲得歡喜，因此脫離痛苦般。具足順緣，如四河流自然滙集於大海般。由此緣故，住最後流無間道之菩薩相續中非有極細粗重垢染。

有云：「住八地之菩薩相續中有諦實執，因九地無間道，乃自應斷所斷之實執的正對治故。」那麼，住八地之菩薩相續中，理應有實執現行，因九地無間道，乃屬自應斷所斷的實執現行之正對治故。三輪！

復次，住八地之菩薩相續中，理應有所知障現行，因九地無間道，乃屬自應斷所斷之所知障現行之正對治故。不能許，因《心要莊嚴疏》云：「八地以上雖不生所知障現起，但如是說明並不相違。」故。

於彼有云：「實執與實執習氣，理應沒有難、易斷之別，因若是盡斷實執之補特伽羅，須是滅除實執習氣之補特伽羅故。

又，實執現行與實執種子，理應沒有難、易斷之別，因若是盡斷實執現行之補特伽羅，周遍盡斷實執種子故。」前後二者乃皆承許。

བར་ཆད་མེད་པའི་རྩེ་སྦྱོར།

སྟོང་གསུམ་སྐྱེ་བོ་ཉན་ཐོས་དང་། ཞེས་སོགས་ཀྱི་སྐབས་སུ་སྦྱོར་བ་དང་། མཐའ་དཔྱད་པ་གཉིས། དང་པོ་ནི། རྒྱུན་མཐའི་བར་ཆད་མེད་ལམ་ཆོས་ཅན། བར་ཆད་མེད་པའི་རྩེ་སྦྱོར་ཡིན་ཏེ། མཁྱེན་གསུམ་བསྡུས་སྒོམ་ཐེག་ཆེན་གྱི་ཚོགས་ལམ་ལས་རབ་ཏུ་གྱུར་པའི་ཤེས་རབ་ཀྱི་ཟིན་པའི་སེམས་དཔའི་རྣལ་འབྱོར་གང་ཞིག ཤེས་སྒྲིབ་ཀྱི་དངོས་གཉེན་བྱེད་པའི་ཕྱིར། མདོ་ལས་བར་ཆད་མེད་པའི་རྩེ་སྦྱོར་བསྟན་པ་ཡིན་ཏེ། དེ་བསོད་ནམས་མང་པོ་ཉིད་ཀྱིས་མཚོན་ནས་བསྟན་པའི་ཕྱིར། དེ་ལྟར་སྟོན་པའི་རྒྱུ་མཚན་ཡོད་དེ། དེའི་འབྲས་བུ་རྣམ་མཁྱེན་དེ་བསོད་ནམས་ཆེས་མང་བའི་རྒྱུ་མཚན་གྱིས་དེ་ལྟར་བསྟན་པའི་ཕྱིར།

གཉིས་པ་ལ་ཁ་ཅིག མཁྱེན་གསུམ་བསྡུས་སྒོམ་རབ་ཏུ་གྱུར་པའི་སེམས་དཔའི་རྣམ་འབྱོར་གང་ཞིག རང་འབྲས་རྣམ་མཁྱེན་དངོས་སུ་བསྐྱེད་པར་བྱེད་པ་དེ། བར་ཆད་མེད་པའི་རྩེ་སྦྱོར་གྱི་མཚན་ཉིད། ཟེར་བ་མི་འཐད་དེ། རྒྱུན་མཐའི་བར་ཆད་མེད་ལམ་དེ་མཚན་ཉིད་ཀྱི་ཟུར་དང་པོ་མ་ཡིན་པའི་ཕྱིར། དེར་ཐལ། དེས་མཁྱེན་གསུམ་གྱི་རྣམ་པ་མི་སྒོམ་པའི་ཕྱིར། དེར་ཐལ། དེ་སྟོང་ཉིད་ལ་གཉིས་སྣང་ནུབ་པའི་ཡེ་ཤེས་ཡིན་པའི་ཕྱིར།

ཁ་ཅིག དེས་གཞི་ཤེས་ཀྱི་རྣམ་པ་མི་སྒོམ་ཀྱང་། ལམ་ཤེས་ཀྱི་རྣམ་པ་སྒོམ་སྟེ། དེས་རྒྱུན་མཐའི་བར་ཆད་མེད་ལམ་རྟོགས་པའི་ཕྱིར། མ་གྲུབ་ན། རྒྱུན་མཐའི་བར་ཆད་མེད་ལམ་ཆོས་ཅན། ཁྱོད་སངས་རྒྱས་ནང་ཕན་ཚུན་ཁོ་ནའི་མཁྱེན་པའི་མངོན་སུམ་གྱི་རྟོགས་བྱ་ཡིན་པར་ཐལ། ཁྱོད་ལམ་གང་ཞིག ཁྱོད་མངོན་སུམ་དུ་རྟོགས་པའི་སློབ་པའི་མཁྱེན་པ་མེད་པའི་ཕྱིར། རྟགས་ཕྱི་མ་མ་གྲུབ་ན། རྒྱུན་མཐའི་བར་ཆད་མེད་ལམ་དེས་ཁོ་རང་རྟོགས་པར་ཐལ། མ་གྲུབ་པ་དེའི་ཕྱིར། རྩ་བར་འདོད་ན། རྒྱུན་མཐའི་བར་ཆད་མེད་ལམ་དེ་སངས་རྒྱས་ནང་ཕན་ཚུན་ཁོ་ནའི་མངོན་སུམ་གྱི་སྤྱོད་ཡུལ་དུ་ཐལ་ལོ། །ཞེ་ན་མ་ཁྱབ་སྟེ། རྒྱུན་མཐའི་བར་ཆད་མེད་ལམ་ཉམས་སུ་མྱོང་བའི་རང་རིག་དེས་རྒྱུན་མཐའི་བར་ཆད་མེད་ལམ་མངོན་སུམ་དུ་རྟོགས་པ་གང་ཞིག དེ་མཁྱེན་པ་མ་ཡིན་པའི་ཕྱིར་ཏེ། རང་རིག

124 無間頂加行

「安立三千生……」等之時，論式及辨析二者。初者，最後流無間道為有法，乃無間頂加行，因是超勝大乘資糧道之三智攝修智慧所攝持之菩薩瑜伽，且作為所知障之正對治故。經中顯示無間頂加行，因彼以眾多福表徵而顯示故。有如是宣說之原因，因彼果——一切相智〔具〕極大福的緣故而如是顯示故。

第二，有云：「是殊勝三智攝修之菩薩瑜伽，且能直接出生自果一切相智，乃無間頂加行之性相。」不應理，因最後流無間道非彼性相之第一部份故。理應如是，因彼不修三智行相故。理應如是，因彼乃於空性二現隱沒之本智故。

有云：「彼雖不修基智行相，然修道相智行相，因彼通達最後流無間道故。若不成，最後流無間道為有法，爾理應是唯佛相互了知之現前所通達，因爾是道，且沒有現前通達爾之有學智故。若後因不成，最後流無間道理應通達他自己，因前之不成故。若許根本，最後流無間道則成唯佛相互之現前行境。」不周遍，因領納最後流無間道之自證分現證最後流無間道，且彼非智故，因是自證分故。可觀察於中觀應成派，最後流無間道是否是唯佛相互之現前行境。

ཡིན་པའི་ཕྱིར། དབུ་མ་ཐལ་འགྱུར་བའི་ལུགས་ལ་རྒྱུན་མཐའི་བར་ཆད་མེད་ལམ་སངས་རྒྱས་ནང་པན་ཚུན་ཕོ་ནའི་མངོན་སུམ་གྱི་སྤྱོད་ཡུལ་ཡིན་མིན་དཔྱད་པར་འོས་སོ། །

ཁ་ཅིག མཁྱེན་གསུམ་བསྡུས་སྒོམ་རབ་ཏུ་གྱུར་པའི་ཤེས་རབ་ཀྱིས་ཟིན་པའི་སེམས་དཔའི་རྣལ་འབྱོར་གང་ཞིག རྣམ་མཁྱེན་དངོས་སུ་སྐྱེད་བྱེད། བར་ཆད་མེད་པའི་རྩེ་སྦྱོར་གྱི་མཚན་ཉིད། ཟེར་བ་མི་འཐད་དེ། རྣམ་མཁྱེན་གྱི་འབྲས་བུར་འགྱུར་བའི་རྒྱུན་མཐའི་བར་ཆད་མེད་ལམ་ཡོད་པའི་ཕྱིར།

ཡང་ཁ་ཅིག མཁྱེན་གསུམ་བསྡུས་སྒོམ་རབ་ཏུ་གྱུར་པའི་ཤེས་རབ་ཀྱིས་ཟིན་པའི་སེམས་དཔའི་རྣལ་འབྱོར་གང་ཞིག རང་འབྲས་རྣམ་མཁྱེན་སྐྱེད་བྱེད། བར་ཆད་མེད་པའི་རྩེ་སྦྱོར་གྱི་མཚན་ཉིད། ཟེར་བ་མི་འཐད་དེ། ཐེག་ཆེན་གྱི་སྦྱོར་ལམ་མཚན་ཉིད་དེ་ཡིན་པའི་ཕྱིར། དེར་ཐལ། དེ་རྩེ་སྦྱོར་གང་ཞིག རང་འབྲས་རྣམ་མཁྱེན་སྐྱེད་བྱེད་ཡིན་པའི་ཕྱིར། ཕྱི་མ་དེར་ཐལ། དེའི་འབྲས་བུར་གྱུར་པའི་རྣམ་མཁྱེན་ཡོད་པའི་ཕྱིར།

ཡང་ཁ་ཅིག མཁྱེན་གསུམ་བསྡུས་སྒོམ་རབ་ཏུ་གྱུར་པའི་ཤེས་རབ་ཀྱིས་ཟིན་པའི་སེམས་དཔའི་རྣལ་འབྱོར་གང་ཞིག ཤེས་སྒྲིབ་ཀྱི་དངོས་གཉེན་བྱེད་པ། བར་ཆད་མེད་པའི་རྩེ་སྦྱོར་གྱི་མཚན་ཉིད། ཟེར་བ་དང་། བྱང་སེམས་རྒྱུན་མཐའ་བའི་རྒྱུད་ལ་ཀུན་རྫོབ་སེམས་བསྐྱེད་ཡོད་ཟེར་བ་ནང་འགལ་ཏེ། འོ་ན། དེའི་རྒྱུད་ཀྱི་ཀུན་རྫོབ་སེམས་བསྐྱེད་ཆོས་ཅན། མཚན་ཉིད་ཟུར་ཕྱི་མ་དེར་ཐལ། མཚོན་བྱ་དེའི་ཕྱིར། དེར་ཐལ། རྒྱུན་མཐའི་བར་ཆད་མེད་ལམ་ལ་གནས་པའི་སེམས་དཔའི་རྒྱུད་ཀྱི་མཁྱེན་པ་ཡིན་པའི་ཕྱིར། མ་གྲུབ་ན། དང་པོ་དེར་ཐལ། དེ་ཡོད་པའི་ཕྱིར། རྟགས་ཁས། རྩ་བར་འདོད་ན། སྟོང་ཉིད་མངོན་སུམ་རྟོགས་པར་ཐལ་ལོ། །

ཁ་ཅིག བར་ཆད་མེད་པའི་རྩེ་སྦྱོར་ལ་གནས་པའི་སེམས་དཔའི་རྒྱུད་ཀྱི་མཁྱེན་པ་ཡིན་ན་བར་ཆད་མེད་པའི་རྩེ་སྦྱོར་ཡིན་པས་ཁྱབ་ཟེར་བ་དང་། རྒྱུན་མཐའ་བར་ཆད་མེད་ལམ་ལ་གནས་པའི་སེམས་དཔའི་རྒྱུད་ལ་ཀུན་རྫོབ་སེམས་བསྐྱེད་ཡོད་ཟེར་བ་ནང་འགལ་ཏེ། འོ་ན། རྒྱུན་མཐའི་བར་ཆད་མེད་ལམ་ལ་གནས་པའི་སེམས་དཔའི་རྒྱུད་ཀྱི་ཀུན་རྫོབ་སེམས་བསྐྱེད་ཆོས་ཅན། བར་ཆད་མེད་པའི་

有云：「是殊勝三智攝修之慧所攝之菩薩瑜伽，且直接能生一切相智，乃無間頂加行之性相。」不應理，因有屬是一切相智之果的最後流無間道故。

又有云：「是殊勝三智攝修之慧所攝之菩薩瑜伽，且能生自果一切相智，乃無間頂加行性相。」不應理，因大乘加行道是彼性相故。理應如是，因彼是頂加行，且是能生自果一切相智故。後者理應如是，因有屬彼果之一切相智故。

又有云：「是殊勝三智攝修之慧所攝之菩薩瑜伽，且作為所知障之正對治，乃無間頂加行之性相。」及說：「最後流菩薩相續有世俗發心。」自相矛盾，那麼，彼之相續之世俗發心為有法，理應是性相之後項，因是彼名相故。理應如是，因是住最後流無間道之菩薩相續之智故。若不成，初者理應如是，因有彼故。承許因。若許根本，則成現證空性。

有云：「若是住無間頂加行之菩薩相續之智，周遍是無間頂加行。」及說：「住最後流無間道之菩薩相續中，有世俗發心。」自相矛盾，那麼，住最後流無間道之菩薩相續之世俗發心為有法，理應是無間頂加行，因是住無間頂加行的菩薩相續之智故。承許因。

རྩེ་སྦྱོར་ཡིན་པར་ཐལ། བར་ཆད་མེད་པའི་རྩེ་སྦྱོར་ལ་གནས་པའི་སེམས་དཔའི་རྒྱུད་ཀྱི་མཁྱེན་པ་ཡིན་པའི་ཕྱིར། རྟགས་ཁས། འདོད་ན། རྒྱུན་མཐའི་བར་ཆད་མེད་ལམ་དུ་ཐལ། འདོད་པའི་ཕྱིར། མ་ཁྱབ་ནའང་འགལ་ཏེ། འོ་ན། བར་ཆད་མེད་པའི་རྩེ་སྦྱོར་ལ་གནས་པའི་སེམས་དཔའི་རྒྱུད་ཀྱི་མཁྱེན་པ་ཡིན་ན་བར་ཆད་མེད་པའི་རྩེ་སྦྱོར་ཡིན་པས་མ་ཁྱབ་པར་ཐལ། རྒྱུན་མཐའི་བར་ཆད་མེད་ལམ་ལ་གནས་པའི་སེམས་དཔའི་རྒྱུད་ཀྱི་མཁྱེན་པ་ཡིན་ན་རྒྱུན་མཐའི་བར་ཆད་མེད་ལམ་ཡིན་པས་མ་ཁྱབ་པའི་ཕྱིར། མ་གྲུབ་ན། དེའི་རྒྱུད་ཀྱི་ཀུན་རྫོབ་སེམས་བསྐྱེད་ཆོས་ཅན། དེར་ཐལ། དེའི་ཕྱིར། འཁོར་གསུམ།

གཞན་ཡང་བར་ཆད་མེད་པའི་རྩེ་སྦྱོར་ཡིན་ན་རྒྱུན་མཐའི་བར་ཆད་མེད་ལམ་ཡིན་དགོས་པར་ཐལ། རྒྱུན་མཐའི་ཡེ་ཤེས་ཡིན་ན་བར་ཆད་མེད་པའི་རྩེ་སྦྱོར་ཡིན་པས་མ་ཁྱབ་པའི་ཕྱིར། དེར་ཐལ། གནས་ངན་ལེན་གྱི་དྲི་མ་ཕྲ་ཞིང་ཕྲ་བ་རྒྱུད་ལྡན་གྱི་བྱང་སེམས་རྒྱུན་མཐའི་བ་ཡོད་པ་གང་ཞིག བར་ཆད་མེད་པའི་རྩེ་སྦྱོར་ལ་གནས་པའི་སེམས་དཔའི་རྒྱུད་ལ་དེ་མེད་པའི་ཕྱིར། དང་པོ་དེར་ཐལ། རྒྱུན་མཐའི་ཡེ་ཤེས་སྐྱེས་པ་དང་། གནས་ངན་ལེན་གྱི་དྲི་མ་ཕྲ་ཞིང་ཕྲ་བ་འགགས་པ་དུས་མི་མཉམ་པའི་ཕྱིར། དེར་ཐལ། རྒྱུན་མཐའི་སྦྱོར་བའི་ལམ་ཡོད་པའི་ཕྱིར། རྩ་རྟགས་གཉིས་པ་དེར་ཐལ། བར་ཆད་མེད་པའི་རྩེ་སྦྱོར་གྱི་དུས་ན། གནས་ངན་ལེན་གྱི་དྲི་མ་ཕྲ་ཞིང་ཕྲ་བ་མེད་པའི་ཕྱིར། དེར་ཐལ། དེའི་དུས་ན་ཤེས་སྒྲིབ་སྒོམ་སྤངས་རྟོག་པའི་ས་བོན་མེད་པའི་ཕྱིར། དེར་ཐལ། རྣམ་བཤད་ལས། བར་ཆད་མེད་པའི་རྩེ་སྦྱོར་གྱི་དུས་ན་ས་བོན་ཙམ་ཟད་ཀྱང་མེད་པས་ཁྱད་པར་ཤིན་ཏུ་ཆེའོ། །ཞེས་གསུངས་པའི་ཕྱིར།

གཞན་ཡང་། རྒྱུན་མཐའི་ཡེ་ཤེས་ཡིན་ན་བར་ཆད་མེད་པའི་རྩེ་སྦྱོར་ཡིན་པས་མ་ཁྱབ་པར་ཐལ། བར་ཆད་མེད་པའི་རྩེ་སྦྱོར་ཡིན་ན། བར་ཆད་མེད་ལམ་ཡིན་དགོས་པའི་ཕྱིར། དེར་ཐལ། དེ་ཡིན་ན། རྒྱུན་མཐའི་བར་ཆད་མེད་ལམ་ཡིན་དགོས་པའི་ཕྱིར་ཏེ། དེ་ཡིན་ན། བར་ཆད་མེད་པའི་སེམས་དཔའི་རྣལ་འབྱོར་ཡིན་དགོས་པའི་ཕྱིར་ཏེ། རྩེ་སྦྱོར་ཡིན་ན། སེམས་དཔའི་རྣལ་འབྱོར་ཡིན་དགོས་པའི་ཕྱིར།

若許，理應是最後流無間道，因許故。若不周遍，亦相違，那麼，若是住無間頂加行之菩薩相續之智，理應不周遍是無間頂加行，因若是住最後流無間道之菩薩相續之智，不周遍是最後流無間道故。若不成，彼之相續之世俗發心為有法，理應如是，因如是故。三輪！

復次，若是無間頂加行，理應須是最後流無間道，因若是最後流本智，不周遍是無間頂加行故。理應如是，因有相續具極細粗重垢染之最後流菩薩，且住無間頂加行之菩薩相續中無彼故。初者理應如是，因最後流本智生起與極細粗重垢染滅盡，不同時故。理應如是，因有最後流加行之道故。第二根本因理應如是，因於無間頂加行之時，沒有極細粗重垢染故。理應如是，因彼時沒有所知障修所斷分別種子故。理應如是，因《心要莊嚴疏》云：「無間道頂加行之際則絲毫無〔分別〕種子，故差異極大。」故。

又，若是最後流本智，理應不周遍是無間頂加行，因若是無間頂加行，須是無間道故。理應如是，因若是彼，須是最後流無間道故，因若是彼，須是無間之菩薩瑜伽故。因若是頂加行，須是菩薩瑜伽故。

རང་ལུགས། མཁྱེན་གསུམ་བསྡུས་སྒོམ་ཐེག་ཆེན་གྱི་ཚོགས་ལམ་ལས་རབ་ཏུ་གྱུར་པའི་ཤེས་རབ་ཀྱིས་ཟིན་པའི་སེམས་དཔའི་རྣལ་འབྱོར་གང་ཞིག་ཤེས་སྒྲིབ་ཀྱི་དངོས་གཉེན་བྱེད་པ་དེ། བར་ཆད་མེད་པའི་རྩེ་སྦྱོར་གྱི་མཚན་ཉིད་ཡིན་ནོ། །

འདི་ཡི་དམིགས་པ་དངོས་མེད་དེ། ཞེས་སོགས་ལ། བར་ཆད་མེད་པའི་རྩེ་སྦྱོར་ཆོས་ཅན། ཁྱོད་ཀྱི་དམིགས་པ་ཡོད་དེ། ཆོས་ཐམས་ཅད་བདེན་པས་སྟོང་པ་དེ་ཁྱོད་ཀྱི་དམིགས་པ་ཡིན་པའི་ཕྱིར། ཁྱོད་ཀྱི་བདག་རྐྱེན་ཡོད་དེ། རྒྱུན་མཐའི་སྦྱོར་བའི་ལམ་གྱིས་བསྡུས་པའི་དྲན་པ་ཞེས་བརྗོད་པའི་ཐེག་ཆེན་སེམས་བསྐྱེད་དེ། ཁྱོད་ཀྱི་བདག་རྐྱེན་ཡིན་པའི་ཕྱིར། ཁྱོད་ཀྱི་རྣམ་པ་ཡོད་དེ། ཆོས་ཐམས་ཅད་བདེན་པར་གྲུབ་པའི་སྤྲོས་པ་ཞི་བདེ་ཁྱོད་ཀྱི་དོན་གྱི་རྣམ་པ་ཡིན་པའི་ཕྱིར། ཁྱོད་ཀྱི་དམིགས་རྣམ་ཟབ་པ་ཡིན་ཏེ། ཁྱོད་ཀྱི་དམིགས་རྣམ་ཟབ་པའི་རྒྱུ་མཚན་གྱིས་བདེན་གཉིས་འགལ་བར་སྨྲ་བ་རྣམས་ཀྱིས་རྟོགས་བར་བྱེད་པའི་ཕྱིར།

自宗：「是超勝大乘資糧道之三智攝修智慧所攝持之菩薩瑜伽，且作為所知障之正對治」，乃無間頂加行之性相。

「無性為所緣……」等，無間頂加行為有法，有爾之所緣，因一切法諦實空乃爾之所緣故。有爾之增上緣，因所謂「最後流加行之道所攝之念」之大乘發心，乃爾之增上緣故。有爾之行相，因一切法諦實成立之戲論寂靜乃爾之義相故。爾之所緣行相是甚深，因以爾之所緣行相甚深之原因，而令諸說二諦相違者作辯難故。

གསལ་བྱ་ལོག་རྟོག

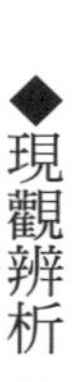

དམིགས་པ་འཐད་དང་དེ་ཡི་ནི། །ཞེས་སོགས་ཀྱི་སྐབས་སུ། འདིར་བསྟན་བསལ་བྱ་ལོག་རྟོག་ཆོས་ཅན། ཁྱོད་ལ་བཅུ་དྲུག་ཡོད་དེ། ཁྱོད་ལ་ཡུལ་གྱི་སྒོ་ནས་དབྱེ་བས་བཅུ་དྲུག་ཡོད་པའི་ཕྱིར།

ཁ་ཅིག བདེན་གཉིས་འགལ་བར་འཛིན་པའི་བློ་མངོན་གྱུར་དང་དེའི་ས་བོན་གང་རུང་། འདིར་བསྟན་བསལ་བྱ་ལོག་རྟོག་གི་མཚན་ཉིད། ཟེར་བ་མི་འཐད་དེ། བདེན་གཉིས་འགལ་བར་འཛིན་པའི་བློ་བསལ་བྱ་ལོག་རྟོག་མ་ཡིན་པའི་ཕྱིར། དེ་ལོག་ཤེས་མ་ཡིནཔའི་ཕྱིར།

ཁ་ཅིག འདིར་བསྟན་བདེན་གཉིས་ངོ་བོ་གཅིག་ལ་གཞི་མཐུན་དུ་འདུར་མི་རུང་བར་འཛིན་པའི་བློ་མངོན་གྱུར་བ་དང་དེའི་ས་བོན་གང་རུང་དེ། འདིར་བསྟན་བསལ་བྱ་ལོག་སྒྲུབ་ཀྱི་མཚན་ཉིད། ཟེར་བ་མི་འཐད་དེ། འདིར་བསྟན་བདེན་གཉིས་ངོ་བོ་གཅིག་ལ་གཞི་མཐུན་དུ་འདུར་མི་རུང་བར་འཛིན་པའི་བློ་མངོན་གྱུར་བ་དང་། དེའི་ས་བོན་གཉིས་ཀ་ཆོས་ཅན་དུ་འཛིན་པས་མ་ངེས་པའི་ཕྱིར།

ཁ་ཅིག བདེན་གཉིས་ངོ་བོ་གཅིག་ལ་འདུར་མི་རུང་བར་འཛིན་པའི་བློ་མངོན་གྱུར་བ་དང་དེའི་ས་བོན་ཅི་རིགས་ཀྱིས་བསྡུས་པ། འདིར་བསྟན་བསལ་བྱ་ལོག་སྒྲུབ་ཀྱི་མཚན་ཉིད་དུ་འཇོག་བཞིན་དུ། འདིར་བསྟན་བསལ་བྱ་ལོག་རྟོག་ལ་ལོག་ཤེས་ཀྱིས་ཁྱབ་ཟེར་བ་ནང་འགལ་ཏེ། འོ་ན། མཚན་ཉིད་དེ་ཆོས་ཅན། དེར་ཐལ། དེའི་ཕྱིར། དེར་ཐལ། འདིར་བསྟན་བསལ་བྱ་ལོག་སྒྲུབ་ཡིན་པའི་ཕྱིར། དེར་ཐལ། དེའི་མཚན་ཉིད་འཐད་པའི་ཕྱིར། རྩ་བར་འདོད་ན་སླ།

རང་ལུགས་ནི། འདིར་བསྟན་བདེན་གཉིས་ངོ་བོ་གཅིག་ལ་གཞི་མཐུན་འདུར་མི་རུང་བར་འཛིན་པའི་བློ་མངོན་གྱུར་བ་དང་། དེའི་ས་བོན་གང་རུང་གིས་བསྡུས་པ་དེ། འདིར་བསྟན་བསལ་བྱ་ལོག་སྒྲུབ་ཀྱི་མཚན་ཉིད། དབྱེ་ན་བཅུ་དྲུག དེ་ཡང་དམིགས་པ་འཐད་དང་དེ་ཡི་ནི། །ཞེས་སོགས་ཀྱི་བསལ་བྱ་ལོག་རྟོག་བཅུ་དྲུག་དངོས་སུ་བསྟན་ནས། དེས་ཀུན་ནས་བསླང་བའི་ཀླན་ཀའམ་སུན་འབྱིན་ལྟར་སྣང་བཅུ་དྲུག་དོན་གྱིས་འཆད་པ་ཡིན་ཏེ། དེ་མི་འཆད་ན་སྐབས་འདིར་བར་ཆད་མེད་

125 所遣顛倒分別

「於所緣證成……」等之時，此示所遣顛倒分別為有法，爾有十六，因爾以境之門區分有十六故。

有云：「執二諦相違之現行覺知及彼之種子隨一，乃此示所遣顛倒分別之性相。」不應理，因執二諦相違之覺知非所遣顛倒分別故，因彼非顛倒知故。

有云：「此示執二諦同體而不堪攝為同位之現行覺知與彼之種子隨一，乃此示所遣邪行之性相。」不應理，因此示執取二諦同體而不堪攝為同位之現行覺知及彼之種子二者皆持為有法不定故。

有安立「如執取於二諦同體，不容攝之現行覺知及其種子隨一所攝，為此示所遣邪行之性相」，又說：「此示所遣顛倒分別，是顛倒知所周遍。」自相矛盾，那麼，彼性相為有法，理應如是，因如是故。理應如是，因是此示所遣邪行故。理應如是，因彼之性相應理故。若許根本，易！

自宗：「此示執取二諦同體而不堪攝為同位之現行覺知，及彼之種子隨一所攝」，乃此示所遣邪行之性相。分十六，彼復「於所緣證成……」等乃直接顯示十六所遣顛倒分別後，間接講說彼所引起的十六興辯或似能破，因若未講說彼，此處於顯示無間頂加行之所緣行相深奧，須不顯示相繼產生興辯之諍辯之理故。於直接顯示

པའི་རྩེ་སྦྱོར་གྱི་དམིགས་རྣམ་ཟབ་པར་བསྟན་པ་ལ་ཀླན་ཀའི་གྲོལ་བ་བརྒྱུད་མར་འབྱུང་ཚུལ་མ་བསྟན་དགོས་པའི་ཕྱིར། དངོས་བསྟན་ལ་དེ་ལྟར་ཡིན་ཀྱང་བསྟན་བྱའི་གཙོ་བོར་མི་བྱེད་དེ། བར་ཆད་མེད་པའི་རྩེ་སྦྱོར་བསྟན་བྱའི་གཙོ་བོར་བྱས་ནས་སྟོན་པའི་ཕྱིར། དེར་ཐལ། སྟོང་གསུམ་སྐྱེ་བོ་ཉན་ཐོས་དང་། །ཞེས་སོགས་ཀྱིས་དེ་བསྟན་པ་གང་ཞིག དེ་རྣམས་མདོར་བསྟན་རྒྱས་བཤད་ཡིན་པའི་ཕྱིར།

དེ་བས་ན་ཀུན་རྫོབ་དང་དོན་དམ་པའི་སྒོ་ཅན་གྱི་ཀླན་ཀ ཞེས་སོགས་ཀྱི་སྐབས་སུ། བྱང་ཆུབ་སེམས་དཔའ་ཆོས་ཅན། བདེན་གཉིས་ཀྱི་རྣམ་དབྱེ་ལ་མཁས་པ་སྔོན་དུ་བཏང་ནས། བར་ཆད་མེད་པའི་རྩེ་སྦྱོར་བསྐྱེད་པར་བྱ་བ་ཡིན་ཏེ། བསལ་བྱ་ལོག་རྟོག་བཅུ་དྲུག་བསལ་བའི་སྒོ་ནས་བར་ཆད་མེད་པའི་རྩེ་སྦྱོར་བསྐྱེད་པར་བྱ་བའི་རྒྱལ་སྲས་ཡིན་པའི་ཕྱིར།

དེ་ཆོས་ཅན། བདེན་གཉིས་ཀྱི་རྣམ་དབྱེ་ལ་མཁས་པར་བྱེད་དགོས་ཏེ། ཀུན་རྫོབ་སྒོ་ཅན་གྱི་ཀླན་ཀ་ལ་དོན་དམ་གྱི་སྒོ་ནས་ལན་གདབ་དགོས། དོན་དམ་སྒོ་ཅན་གྱི་ཀླན་ཀ་ལ་ཀུན་རྫོབ་ཀྱི་སྒོ་ནས་ལན་གདབ་དགོས་པའི་ཕྱིར།

དབུ་མ་པའི་ཀུན་རྫོབ་ཀྱི་ཁས་བླངས་རྟགས་སུ་བཀོད་ནས་དོན་དམ་སུན་འབྱིན་པར་བྱེད་པའི་སུན་འབྱིན་དེ། སྐབས་འདིར་ཀུན་རྫོབ་སྒོ་ཅན་གྱི་ཀླན་ཀའི་མཚན་ཉིད། དཔེར་ན། བར་ཆད་མེད་པའི་རྩེ་སྦྱོར་དང་རྣམ་མཁྱེན་གྱི་དམིགས་པ་ཆོས་ཅན། བདེན་གྲུབ་ཏུ་ཐལ། ཡོད་པའི་ཕྱིར། ཞེས་པའི་ཐལ་འགྱུར་ལྟ་བུ། དབུ་མ་པའི་དོན་དམ་གྱི་ཁས་བླངས་རྟགས་སུ་བཀོད་ནས་ཀུན་རྫོབ་སུན་འབྱིན་པར་བྱེད་པའི་སུན་འབྱིན་དེ། འདིར་བསྟན་དོན་དམ་སྒོ་ཅན་གྱི་ཀླན་ཀའི་མཚན་ཉིད། དཔེར་ན། བར་ཆད་མེད་པའི་རྩེ་སྦྱོར་དང་། རྣམ་མཁྱེན་གྱི་དམིགས་པ་ཆོས་ཅན། མེད་པར་ཐལ། བདེན་པར་མེད་པའི་ཕྱིར། ཞེས་པའི་ཐལ་འགྱུར་ལྟ་བུའོ། །

སྐབས་ལྔ་པའི་བཤད་པ་ལན་རིགས་ལམ་བཞིན་དུ་བཤད་པ་འགག་ཐལ་ལོ། །

◆現觀辨析（下）

雖如是，然不作主要所示，因以無間頂加行為主要所示而宣說故。理應如是，因「安立三千生……」等顯示彼，且彼等乃略示、廣說故。

「因此，於具世俗與勝義門之過失上……」等之時，菩薩為有法，先善巧於二諦之區分後，乃生起無間頂加行，因是以遣除十六所遣顛倒分別之門生起無間頂加行之佛子故。

彼為有法，須善巧二諦之區分，因於具世俗門之興辯，須以勝義門回答；於具勝義門之興辯，須以世俗門回答故。

「將中觀師之世俗承許立為因而破除勝義之能破」，乃此處具世俗門之興辯之性相。例如「無間頂加行與一切相智之所緣為有法，理應是諦實成立，因有故。」之應成。「將中觀師之勝義承許立為因而破除世俗之能破」，乃此示具勝義門之興辯之性相。例如「無間頂加行及一切相智之所緣為有法，理應沒有，因是無諦實故。」之應成。

已依理路稍作解釋第五品答辯。

སྐབས་དྲུག་པ།

རྣམ་བཤད་སྙིང་པོ་རྒྱན་གྱི་དོན་རིགས་ལམ་བཞིན་གསལ་བར་
འཆད་པའི་ཡུམ་དོན་ཡང་གསལ་སྒྲོན་མེ་ཞེས་བྱ་བ་ལས་
སྐབས་དྲུག་པའི་མཐའ་དཔྱོད་བཞུགས་སོ། །

མཐར་གྱི་སྦྱོར་བ་བཤད་པ།

༄༅། །རྩེ་མོའི་མངོན་པར་རྟོགས་པ་ཐོབ་པ་སོ་སོ་བ་དང་བསྡུས་པ་ཉིད་དུ། ཞེས་སོགས་ཀྱི་སྐབས་སུ། མཚམས་སྦྱོར་ལ། རྩེ་སྦྱོར་གྱི་རྗེས་སུ་མཐར་གྱིས་སྦྱོར་བ་འཆད་པའི་རྒྱུ་མཚན་ཡོད་དེ། རྩེ་སྦྱོར་ཐོབ་པའི་བྱང་སེམས་སྦྱོར་ལམ་པས། མཁྱེན་གསུམ་གྱི་རྣམ་པ་རིམ་གྱིས་སྒོམ་པའི་རྒྱུ་མཚན་གྱིས་དེ་ལྟར་བཤད་པའི་ཕྱིར།

བྱང་སེམས་སྦྱོར་ལམ་པས་མཁྱེན་གསུམ་གྱི་རྣམ་པ་སྒོམ་པ་ལ་ཆོས་ཅན། དགོས་པ་ཡོད་དེ། མཁྱེན་གསུམ་གྱི་རྣམ་པ་ལ་བརྟན་པ་ཐོབ་པའི་ཆེད་དུ་ཡིན་པའི་ཕྱིར།

ཁ་ཅིག མཐར་གྱིས་སྦྱོར་བ་སྐབས་དྲུག་པའི་བསྟན་བྱའི་གཙོ་བོར་གྱུར་པའི་མཐར་གྱིས་སྦྱོར་བར་འཆད་པ་མི་འཐད་དེ། དེའི་བསྟན་བྱའི་གཙོ་བོར་གྱུར་པའི་མཐར་གྱིས་སྦྱོར་བ་ཡིན་ན། ཐེག་ཆེན་རིགས་ངེས་ཀྱི་བྱང་ཆུབ་སེམས་དཔའི་མངོན་རྟོགས་ཡིན་དགོས་པའི་ཕྱིར། རྟགས་འབྱུད།

གཞན་ཡང་། དེ་ཆོས་ཅན། ཁྱོད་རྒྱུད་ལྡན་གྱི་གང་ཟག་ཡིན་ན་སྐབས་དྲུག་པའི་བསྟན་བྱའི་གཙོ་བོར་གྱུར་པའི་མཐར་གྱིས་སྦྱོར་བ་རྒྱུད་ལྡན་གྱི་གང་ཟག་ཡིན་དགོས་པར་ཐལ། ཁྱོད་དེ་ཡིན་པའི་ཕྱིར། འདོད་ན། དམན་ལམ་སྔོན་སོང་གི་བྱང་སེམས་ཚོགས་ལམ་པ་ཆོས་ཅན། དེར་ཐལ། དེའི་ཕྱིར།

གཞན་ཡང་། རྣམ་བཤད་ལས། སྦྱོར་བ་དང་པོ་དང་གསུམ་པ་ཡང་སྐྱེ་བའི་རིམ་པ་དང་། ཞེས་

第六品

依理清晰闡述《心要莊嚴疏》義——再顯般若義之燈·第六品辨析。

126 講說漸次加行

「獲得頂現觀，對各別與含攝……」等之時，承接，有於頂加行之後講說漸次加行之理由，因得頂加行之加行道菩薩，依次修習三智行相的緣故而如是講說故。

加行道菩薩修習三智行相為有法，有旨趣，因乃為於三智行相得堅穩故。

有云：「漸次加行乃第六品主要所示之漸次加行。」不應理，因若是彼之主要所示之漸次加行，須是大乘決定種性之菩薩之現觀故。捨棄〔前所許〕因。

復次，彼為有法，若是相續具爾之補特伽羅，理應須是相續具屬第六品主要所示之漸次加行之補特伽羅，因爾是彼故。若許，劣道先行之資糧道菩薩為有法，理應如是，因如是故。

復次，《心要莊嚴疏》所云：「第一與第三加行亦是產生之次

གསུངས་པ་མི་འཐད་པར་ཐལ། སྐབས་བཞི་པའི་བསྟན་བྱའི་གཙོ་བོར་གྱུར་པའི་རྣམ་རྫོགས་སྦྱོར་བ་དང་། སྐབས་དྲུག་པའི་བསྟན་བྱའི་གཙོ་བོར་གྱུར་པའི་མཐར་གྱིས་སྦྱོར་བ་རིམ་ཅན་དུ་མི་སྐྱེ་བའི་ཕྱིར། དེར་ཐལ། སྐབས་བཞི་པའི་བསྟན་བྱའི་གཙོ་བོར་གྱུར་པའི་རྣམ་རྫོགས་སྦྱོར་བ་རང་རྒྱུད་ལ་ཐོབ་པའི་གང་ཟག་ཡིན་ན། སྐབས་དྲུག་པའི་བསྟན་བྱའི་གཙོ་བོར་གྱུར་པའི་མཐར་གྱིས་སྦྱོར་བ་རང་རྒྱུད་ལ་ཐོབ་པའི་གང་ཟག་ཡིན་དགོས་པའི་ཕྱིར། དེར་ཐལ། ཁྱོད་ཀྱི་རྩ་བའི་ཁས་ལེན་དེའི་ཕྱིར།

ཡང་ཁ་ཅིག ཐེག་ཆེན་རིགས་ངེས་ཀྱི་བྱང་ཆུབ་སེམས་དཔའི་རྒྱུད་ཀྱི་མཐར་གྱིས་སྦྱོར་བ་དེ། སྐབས་དྲུག་པའི་བསྟན་བྱའི་གཙོ་བོར་གྱུར་པའི་མཐར་གྱིས་སྦྱོར་བ་ཡིན་ཟེར་བའང་མི་འཐད་དེ། དེ་རྒྱུད་ལྡན་གྱི་གང་ཟག་ཡིན་ན། སྐབས་དྲུག་པའི་བསྟན་བྱའི་གཙོ་བོར་གྱུར་པའི་མཐར་གྱིས་སྦྱོར་བ་རྒྱུད་ལྡན་གྱི་གང་ཟག་ཡིན་པས་མ་ཁྱབ་པའི་ཕྱིར། མ་གྲུབ་ན། སྐབས་བཞི་པའི་བསྟན་བྱའི་གཙོ་བོར་གྱུར་པའི་རྣམ་རྫོགས་སྦྱོར་བ་རྒྱུད་ལ་སྐྱེས། སྐབས་དྲུག་པའི་བསྟན་བྱའི་གཙོ་བོར་གྱུར་པའི་མཐར་གྱིས་སྦྱོར་བ་རང་རྒྱུད་ལ་མ་སྐྱེས་པའི་ཐེག་ཆེན་རིགས་ངེས་ཀྱི་གང་ཟག་ཆོས་ཅན། དེར་ཐལ། དེའི་ཕྱིར།

ཡང་ཁ་ཅིག ཐེག་ཆེན་རིགས་ངེས་ཀྱི་བྱང་སེམས་སྦྱོར་ལམ་པའི་རྒྱུད་ཀྱི་མཐར་གྱི་སྦྱོར་བ་དེ། སྐབས་འདིར་བསྟན་བྱའི་གཙོ་བོར་གྱུར་པའི་མཐར་གྱིས་སྦྱོར་བ་ཡིན། ཟེར་བ་མི་འཐད་དེ། དེ་རྒྱུད་ལྡན་གྱི་གང་ཟག་ཡིན་ན། དེའི་བསྟན་བྱའི་གཙོ་བོར་གྱུར་པའི་མཐར་གྱིས་སྦྱོར་བ་རྒྱུད་ལྡན་གྱི་གང་ཟག་ཡིན་པས་མ་ཁྱབ་པའི་ཕྱིར། མ་གྲུབ་ན། ཐེག་ཆེན་གྱི་སྦྱོར་ལམ་ཐོབ་མ་ཐག་པའི་བྱང་སེམས་དབང་རྣོན་ཆོས་ཅན། དེར་ཐལ། དེའི་ཕྱིར། འདོད་ན། རྩེ་སྦྱོར་ཐོབ་པ་སྔོན་དུ་སོང་བར་ཐལ། འདོད་པའི་ཕྱིར། ཁྱབ་སྟེ། འགྲེལ་པར། རྩེ་མོའི་མངོན་པར་རྟོགས་པ་ཐོབ་པ་སོ་སོ་བ་དང་བསྡུས་པ་ཉིད་དུ་རྟོགས་པའི་དོན་རྣམས་གོ་རིམ་བཞིན་དུ་ཟླུགས་ནས་བརྟན་པོར་བྱ་བའི་ཕྱིར་རྣམ་པར་སྒོམ་པར་བྱེད་པས་མཐར་གྱིས་པའི་མངོན་པར་རྟོགས་པ། ཞེས་གསུངས་པའི་ཕྱིར།

རང་ལུགས། དང་པོ་ཉིད་ནས་ཐེག་ཆེན་དུ་རིགས་ངེས་པའི་བྱང་སེམས་ཀྱི་སྦྱོར་ལམ་དྲོད་འབྱིང་

第。」理應不應理，因屬第四品主要所示之圓滿加行及屬第六品主要所示之漸次加行非次第生起故。理應如是，因若是自相續中獲得屬第四品主要所示之圓滿加行之補特伽羅，須是於自相續中獲得屬第六品主要所示之漸次加行之補特伽羅故。理應如是，因汝之根本承許故。

又有云：「大乘決定種性菩薩相續之漸次加行，乃屬第六品主要所示之漸次加行。」亦不應理，因若是相續具彼之補特伽羅，不周遍是相續具屬第六品主要所示之漸次加行之補特伽羅故。若不成，於相續中已生屬第四品主要所示之圓滿加行，而自相續中未生屬第六品主要所示之漸次加行之大乘決定種性補特伽羅為有法，理應如是，因如是故。

又有云：「大乘決定種性加行道菩薩相續之漸次加行，乃此時主要所示之漸次加行。」不應理，因若是相續具彼之補特伽羅，不周遍是相續具彼之主要所示之漸次加行的補特伽羅故。若不成，得大乘加行道無間之利根菩薩為有法，理應如是，因如是故。若許，理應是先行得頂加行，因許故。周遍，因《明義釋》云：「獲得頂現觀，對各別與含攝，所理解諸義理依次更進一步為堅穩之故而善加作觀修，故（說明）漸次現觀。」故。

自宗：自一開始決定大乘種性之菩薩加行道煖位中品，乃至十

ནས་ས་བཅུ་རྒྱུན་མཐའི་སྔ་ལོགས་བར་གྱི་མཁྱེན་པ་རྣམས་སྐབས་དྲུག་པའི་བསྟན་བྱའི་གཙོ་བོར་གྱུར་པའི་མཐར་གྱིས་སྦྱོར་བ་ཡིན་ནོ། །

སྦྱིན་པ་ཤེས་རབ་བར་དག་དང་། །ཞེས་སོགས་ཀྱི་སྐབས་སུ། སྦྱོར་བ་དང་། མཐའ་དཔྱད་པ་གཉིས། དང་པོ་ནི། སྦྱིན་སོགས་ཆོས་བཅུ་གསུམ་གྱིས་ཟིན་པའི་ཐེག་ཆེན་གྱི་སྦྱོར་བ་ཆོས་ཅན། མཐར་གྱིས་སྦྱོར་བ་ཡིན་ཏེ། མཁྱེན་གསུམ་གྱི་རྣམ་པ་ལ་བརྟན་པ་ཐོབ་དོན་དུ་རིམ་གྱིས་སྒོམ་པའི་ཤེས་རབ་ཀྱིས་ཟིན་པའི་སེམས་དཔའི་རྣལ་འབྱོར་ཡིན་པའི་ཕྱིར།

གཉིས་པ་ལ། ཁ་ཅིག སྦྱིན་སོགས་ཆོས་བཅུ་གསུམ་ལ་རིམ་གྱིས་སློབ་པའི་སེམས་དཔའི་རྣལ་འབྱོར། མཐར་གྱིས་སྦྱོར་བའི་མཚན་ཉིད། ཟེར་བ་མི་འཐད་དེ། སྦྱིན་སོགས་ཆོས་བཅུ་གསུམ་ལ་རིམ་གྱིས་སློབ་པ་དེ་མཐར་གྱིས་སྦྱོར་བའི་སྒོམ་ཚུལ་མ་ཡིན་པའི་ཕྱིར། དེར་ཐལ། མཐར་གྱིས་སྦྱོར་བས་མཁྱེན་གསུམ་གྱི་རྣམ་པ་ལ་བརྟན་པ་ཐོབ་དོན་དུ་མཁྱེན་གསུམ་གྱི་རྣམ་པ་ལ་རིམ་གྱིས་སློབ་པ་དེ་མཐར་གྱིས་སྦྱོར་བའི་སྒོམ་ཚུལ་ཡིན་པའི་ཕྱིར་ཏེ། མཚན་ཉིད་དེ་ཡི་སྦྱོར་བ་དང་། །དེ་རབ་དེ་ཡི་གོ་རིམ་དང་། ཞེས་སོགས་ཀྱི་རྒྱ་འགྲེལ་ལས་གསལ་བར་གསུངས་པའི་ཕྱིར།

ཡང་ཁ་ཅིག མཁྱེན་གསུམ་གྱི་རྣམ་པ་ལ་བརྟན་པ་ཐོབ་དོན་དུ་སོ་སོ་བ་དང་བསྡུས་པ་ཉིད་དུ་རྟོགས་པའི་དོན་རྣམས་གོ་རིམ་བཞིན་དུ་བླུགས་ནས་སྒོམ་པའི་སེམས་དཔའི་རྣལ་འབྱོར། མཐར་གྱིས་སྦྱོར་བའི་མཚན་ཉིད། ས་མཚམས་ཐེག་ཆེན་གྱི་སྦྱོར་ལམ་དྲོད་ནས་ས་བཅུ་རྒྱུན་མཐའི་སྔ་ལོགས་བར་འཇོག་ཟེར་བ་ནང་འགལ་ཏེ། ཐེག་ཆེན་གྱི་ཚོགས་ལམ་ཆོས་ཅན། མཁྱེན་གསུམ་གྱི་རྣམ་པ་ལ་བརྟན་པ་ཐོབ་དོན་དུ་སོ་སོ་བ་དང་བསྡུས་པ་ཉིད་དུ་རྟོགས་པའི་དོན་རྣམས་གོ་རིམ་བཞིན་དུ་བླུགས་ནས་སྒོམ་པའི་སེམས་དཔའི་རྣལ་འབྱོར་ཡིན་པར་ཐལ། མཁྱེན་གསུམ་གྱི་རྣམ་པ་རིམ་གྱིས་སྒོམ་པའི་སེམས་དཔའི་རྣལ་འབྱོར་ཡིན་པའི་ཕྱིར། འདོད་ན་སོང་། འདོད་ན། དེ་མཐར་གྱིས་སྦྱོར་བ་ཡིན་པར་ཐལ། འདོད་པའི་ཕྱིར། རྟགས་ཁྱབ་ཁས། འདོད་ན་དངོས། འདོད་ན། མཐར་གྱིས་སྦྱོར་བའི་མ་མཐའི་ས་མཚམས་ཐེག་ཆེན་གྱི་སྦྱོར་ལམ་དྲོད་ནས་འཇོག་པ་མི་འཐད་པར་ཐལ། འདོད་པའི་ཕྱིར།

ཡང་ཁ་ཅིག མཁྱེན་གསུམ་གྱི་རྣམ་པ་རིམ་གྱིས་སྒོམ་པའི་སེམས་དཔའི་རྣལ་འབྱོར། མཐར་

地最後流前之諸智，乃屬第六品主要所示之漸次加行。

「布施至般若……」等之時，論式與辨析二者。初者，施等十三法所攝之大乘加行為有法，乃漸次加行，因是於三智行相為得堅穩，次第修習之慧所攝之菩薩瑜伽故。

第二，有云：「於施等十三法依次學習之菩薩瑜伽，乃漸次加行之性相。」不應理，因於施等十三法依次學習，彼非漸次加行修習之理故。理應如是，因漸次加行於三智行相為得堅穩，於三智行相次第學習，乃漸次加行修習之理故，因「相及彼加行，彼極彼漸次……」等根本釋文中清楚講說故。

又有云：「於三智行相為得穩固，通達各別及含攝之義等，依次專注而修習之菩薩瑜伽，乃漸次加行之性相。界限，自大乘加行道煖位乃至十地最後流之前安立。」乃自相矛盾，大乘資糧道為有法，理應是為於三智行相得穩固，通達各個及含攝之義，依次專注而修習之菩薩瑜伽，因是次第修習三智行相之菩薩瑜伽故。若許則成相違。若許，彼理應是漸次加行，因許故。承許因、周遍。若許則直接〔承許〕。若許，漸次加行最低界限，自大乘加行道煖位安立，理應不應理，因許故。

又有云：「次第修習三智行相之菩薩瑜伽，乃漸次加行之性

གྱིས་སྦྱོར་བའི་མཚན་ཉིད། ཟེར་བ་མི་འཐད་དེ། བྱ་རྫོགས་ཀྱི་སྐད་ཅིག་མའི་ཐུང་མཐའ་གཅིག་ལ་མཁྱེན་གསུམ་གྱི་རྣམ་པ་བརྒྱ་བདུན་ཅུ་རྩ་གསུམ་རིམ་གྱིས་དངོས་ཡུལ་དུ་བྱེད་པའི་སེམས་དཔའི་རྣལ་འབྱོར་མཚན་ཉིད་དེ་གང་ཞིག མཚོན་བྱ་དེ་མ་ཡིན་པའི་ཕྱིར། དང་པོ་དེར་ཐལ། ཆོས་ཅན་དེའི་ཕྱིར། གཉིས་པ་དེར་ཐལ། མཁྱེན་གསུམ་གྱི་རྣམ་པ་ལ་བརྟན་པ་ཐོབ་པའི་སེམས་དཔའི་རྣལ་འབྱོར་ཡིན་པའི་ཕྱིར། དེར་ཐལ། ཆོས་ཅན་དེའི་ཕྱིར།

ཡང་ཁ་ཅིག མཁྱེན་གསུམ་གྱི་རྣམ་པ་ལ་བརྟན་པ་ཐོབ་དོན་དུ་མཁྱེན་གསུམ་གྱི་རྣམ་པ་རིམ་གྱིས་སྒོམ་པའི་སེམས་དཔའི་རྣལ་འབྱོར། མཐར་གྱིས་སྦྱོར་བའི་མཚན་ཉིད། ཟེར་བ་མི་འཐད་དེ། ཐེག་ཆེན་གྱི་མཐོང་ལམ་སྡུག་བསྔལ་ཆོས་བཟོད། མཚོན་བྱ་དེ་གང་ཞིག མཚན་ཉིད་དེ་མ་ཡིན་པའི་ཕྱིར། ཕྱི་མ་དེར་ཐལ། མཁྱེན་གསུམ་གྱི་རྣམ་པ་དངོས་ཡུལ་དུ་བྱེད་པའི་སེམས་དཔའི་རྣལ་འབྱོར་མ་ཡིན་པའི་ཕྱིར།

རང་ལུགས། མཁྱེན་གསུམ་གྱི་རྣམ་པ་ལ་བརྟན་པ་ཐོབ་དོན་དུ་མཁྱེན་གསུམ་གྱི་རྣམ་པ་རིམ་གྱིས་སྒོམ་པའི་ཤེས་རབ་ཀྱིས་ཟིན་པའི་སེམས་དཔའི་རྣལ་འབྱོར། མཐར་གྱིས་སྦྱོར་བའི་མཚན་ཉིད། དབྱེ་ན། ཕར་ཕྱིན་དྲུག་གི་མཐར་གྱིས་སྦྱོར། རྗེས་དྲན་དྲུག་གི་མཐར་གྱིས་སྦྱོར། དངོས་མེད་ངོ་བོ་ཉིད་ཀྱི་མཐར་གྱིས་སྦྱོར་དང་བཅུ་གསུམ་ཡོད། མཐར་གྱིས་སྦྱོར་བ་སྤྱིའི་ས་མཚམས་ཐེག་ཆེན་གྱི་ཚོགས་ལམ་ཆུང་ངུ་ནས་ས་བཅུ་རྒྱུན་མཐའི་སྔ་ལོགས་བར་དུ་ཡོད། སྐབས་དྲུག་པའི་བསྟན་བྱའི་གཙོ་བོར་གྱུར་པའི་མཐར་གྱིས་སྦྱོར་བའི་མ་མཐའི་ས་མཚམས་ཐེག་ཆེན་གྱི་སྦྱོར་ལམ་དྲོད་འབྱིང་ནས་ཡོད་དོ། །

སྐབས་དྲུག་པ་ལས་བརྩམས་པའི་ཐལ་བའི་ཕྲེང་བ་འགག་སོང་ངོ་། །

相。」不應理，因於一最短成事刹那，次第以三智一百七十三行相為直接境之菩薩瑜伽是彼性相，且非彼名相故。初者理應如是，因是彼有法故。第二理應如是，因是於三智行相得穩固之菩薩瑜伽故。理應如是，因是彼有法故。

又有云：「於三智行相為得穩固，次第修習三智行相之菩薩瑜伽，乃漸次加行之性相。」不應理，因大乘見道苦法忍是彼名相，且非彼性相故。後者理應如是，因不是以三智行相為直接境之菩薩瑜伽故。

自宗：「於三智行相為得穩固，次第修習三智行相之慧所攝菩薩瑜伽」，乃漸次加行之性相，分有十三：六波羅蜜多之漸次加行、六隨念之漸次加行、無性自性之漸次加行。漸次加行之總界限，自大乘下品資糧道乃至十地最後流之前皆有。屬第六品主要所示之漸次加行之最低界限自大乘加行道煖位中品有。

〔講述了〕些許從第六品所著之應成鬘。

སྐབས་བདུན་པ།

རྣམ་བཤད་སྙིང་པོ་རྒྱན་གྱི་དོན་རིགས་ལམ་བཞིན་གསལ་བར་
འཆད་པའི་ཡུམ་དོན་ཡང་གསལ་སྒྲོན་མེ་ཞེས་བྱ་བ་ལས་
སྐབས་བདུན་པའི་མཐའ་དཔྱོད་བཞུགས་སོ། །

སྐད་ཅིག་སྦྱོར་བ།

༄༅། །མཐར་གྱིས་པའི་མངོན་པར་རྟོགས་པ། ཞེས་སོགས་ཀྱི་སྐབས་སུ། མཐར་གྱིས་སྦྱོར་བའི་རྗེས་སུ་སྐད་ཅིག་སྦྱོར་འཆད་པའི་རྒྱུ་མཚན་ཡོད་དེ། མཐར་གྱིས་སྦྱོར་ལས་སྐད་ཅིག་སྦྱོར་བ་འབྱུང་བའི་རྒྱུ་མཚན་གྱིས་དེ་ལྟར་བཤད་པའི་ཕྱིར།

མཐར་གྱིས་སྦྱོར་བ་ལས་སྐད་ཅིག་སྦྱོར་འབྱུང་སྟེ། མཁྱེན་གསུམ་གྱི་རྣམ་པ་ལ་བརྟན་པ་ཐོབ་ཕྱིར་དུ་མཁྱེན་གསུམ་གྱི་རྣམ་པ་རིམ་གྱིས་བསྒོམ་པའི་སེམས་དཔའི་རྣལ་འབྱོར་ལས་མཁྱེན་གསུམ་གྱི་རྣམ་པ་ལ་བརྟན་པ་ཐོབ་པའི་སེམས་དཔའི་རྣལ་འབྱོར་འབྱུང་བའི་ཕྱིར་ཏེ། བྱ་རྫོགས་ཀྱི་སྐད་ཅིག་མའི་ཐུང་མཐའ་གཅིག་ལ་མཁྱེན་གསུམ་གྱི་རྣམ་པ་བརྒྱ་བདུན་བཅུ་རྩ་གསུམ་དངོས་ཡུལ་དུ་བྱེད་པའི་གོ་རིམ་ངེས་ཅན་དུ་བསྒོམ་པའི་ནུས་པ་ཐོབ་ཕྱིར་དུ་མཁྱེན་གསུམ་གྱི་རྣམ་པ་རིམ་གྱིས་བསྒོམ་པའི་སེམས་དཔའི་རྣལ་འབྱོར་ལས་བྱ་རྫོགས་ཀྱི་སྐད་ཅིག་མའི་ཐུང་མཐའ་གཅིག་ལ་མཁྱེན་གསུམ་གྱི་རྣམ་པ་བརྒྱ་བདུན་ཅུ་རྩ་གསུམ་དངོས་ཡུལ་དུ་བྱེད་པའི་སེམས་དཔའི་རྣལ་འབྱོར་འབྱུང་བའི་ཕྱིར།

བྱང་སེམས་རྒྱུན་མཐའ་བས་དེ་ལྟར་བསྒོམ་ནུས་པའི་རྒྱུ་མཚན་ཡོད་དེ། དེས་བསྐལ་པ་གྲངས་མེད་པ་གསུམ་དུ་མཁྱེན་གསུམ་གྱི་རྣམ་པ་རིམ་གྱིས་གོམས་པར་བྱས་ཟིན་པའི་ཕྱིར།

སྐད་ཅིག་སྦྱོར་བ་བཞི་ཡོད་དེ། རྣམ་པར་སྨིན་པ་མ་ཡིན་པའི་སྐད་ཅིག་སྦྱོར། རྣམ་པར་སྨིན་པའི་སྐད་ཅིག་སྦྱོར། མཚན་ཉིད་མེད་པའི་སྐད་ཅིག་སྦྱོར། གཉིས་སུ་མེད་པའི་སྐད་ཅིག་སྦྱོར་བ་རྣམས་སུ་

第七品

依理清晰闡述《心要莊嚴疏》義——再顯般若義之燈·第七品辨析

127 剎那加行

「善加觀修漸次現觀……」等之時，有於漸次加行之後，講說剎那加行之理由，因從漸次加行出生剎那加行的緣故而如是講說故。

從漸次加行出生剎那加行，因於三智行相得穩固之菩薩瑜伽，乃從為於三智行相得穩固而次第修習三智行相之菩薩瑜伽而生起故。因為得具次第決定修習於一最短成事剎那，以三智一百七十三行相為直接境之能力，而次第修習三智行相之菩薩瑜伽，從而生起於一最短成事剎那以三智一百七十三行相為直接境之菩薩瑜伽故。

有最後流菩薩能如是修習之理由，因彼於三無數劫，已次第串習三智行相故。

剎那加行有四，因有非異熟剎那加行、異熟剎那加行、無相剎那加行、無二剎那加行故。

ཡོད་པའི་ཕྱིར།

སྨིན་པ་ལ་སོགས་རེ་རེས་ཀྱང་། །ཞེས་སོགས་ལ། རྒྱུན་མཐའི་བར་ཆད་མེད་ལམ་ཆོས་ཅན། རྣམ་པར་སྨིན་པ་མ་ཡིན་པའི་སྐད་ཅིག་སྦྱོར་ཡིན་ཏེ། བྱ་རྫོགས་ཀྱི་སྐད་ཅིག་མའི་ཐུང་མཐའ་གཅིག་ལ་ཟག་མེད་རྣམ་པར་སྨིན་པ་མ་ཡིན་པའི་ཆོས་གཅིག་མངོན་དུ་བྱས་པ་ན་དེ་དང་རིགས་མཐུན་པའི་ཆོས་ཐམས་ཅད་མངོན་དུ་བྱེད་པའི་ནུས་པ་ཐོབ་པའི་སྒོ་ནས་ཞེས་སྦྱིབ་ཀྱི་དངོས་གཉེན་དུ་གྱུར་པའི་སེམས་དཔའི་རྣལ་འབྱོར་ཡིན་པའི་ཕྱིར།

གང་ཚེ་ཆོས་དཀར་ཐམས་ཅད་ཀྱིས། །ཞེས་སོགས་ལ། རྒྱུན་མཐའི་བར་ཆད་མེད་ལམ་ཆོས་ཅན། རྣམ་པར་སྨིན་པའི་སྐད་ཅིག་སྦྱོར་ཡིན་ཏེ། བྱ་རྫོགས་ཀྱི་སྐད་ཅིག་མའི་ཐུང་མཐའ་གཅིག་ལ་ཟག་མེད་རྣམ་པར་སྨིན་པའི་ཆོས་གཅིག་མངོན་དུ་བྱས་པ་ན་དེ་དང་རིགས་མཐུན་པའི་ཆོས་ཐམས་ཅད་མངོན་དུ་བྱེད་པའི་ནུས་པ་ཐོབ་པའི་སྒོ་ནས་ཞེས་སྦྱིབ་ཀྱི་དངོས་གཉེན་དུ་གྱུར་པའི་སེམས་དཔའི་རྣལ་འབྱོར་ཡིན་པའི་ཕྱིར།

སྦྱིན་པ་ལ་སོགས་སྤྱོད་པ་ཡིས། །ཞེས་སོགས་ལ། རྒྱུན་མཐའི་བར་ཆད་མེད་ལམ་ཆོས་ཅན། མཚན་ཉིད་མེད་པའི་སྐད་ཅིག་སྦྱོར་ཡིན་ཏེ། སྟོང་ཉིད་མངོན་སུམ་དུ་རྟོགས་པའི་སྒོ་ནས་ཞེས་སྦྱིབ་ཀྱི་དངོས་གཉེན་བྱེད་པའི་སེམས་དཔའི་རྣལ་འབྱོར་ཡིན་པའི་ཕྱིར།

རྨི་ལམ་དང་ནི་དེ་མཐོང་ཉིད། །ཅེས་སོགས་ལ། རྒྱུན་མཐའི་བར་ཆད་མེད་ལམ་ཆོས་ཅན། གཉིས་སུ་མེད་པའི་སྐད་ཅིག་སྦྱོར་ཡིན་ཏེ། གཟུང་འཛིན་རྫས་གཞན་གྱིས་སྟོང་པར་མངོན་སུམ་དུ་རྟོགས་པའི་ནུས་པ་ཐོབ་པའི་སྒོ་ནས་ཞེས་སྦྱིབ་ཀྱི་དངོས་གཉེན་དུ་གྱུར་པའི་སེམས་དཔའི་རྣལ་འབྱོར་ཡིན་པའི་ཕྱིར།

ཁ་ཅིག མཁྱེན་གསུམ་གྱི་རྣམ་པ་བརྒྱ་བདུན་ཅུ་ཙ་གསུམ་ཅིག་ཅར་དུ་སྒོམ་པའི་སེམས་དཔའི་རྣལ་འབྱོར། སྐད་ཅིག་སྦྱོར་གྱི་མཚན་ཉིད་ཟེར་ན་མི་འཐད་དེ། རྒྱུན་མཐའི་བར་ཆད་མེད་ལམ་གྱིས་མ་ངེས་པའི་ཕྱིར།

ཡང་ཁ་ཅིག མཐར་གྱིས་སྦྱོར་བའི་སྟོབས་ལས་བྱུང་བའི་སེམས་དཔའི་རྣལ་འབྱོར་མཐར་ཐུག་

「施等一一中……」等，最後流無間道為有法，乃非異熟剎那加行，因是於一最短成事剎那中，以「若現起一無漏非異熟法，能得現起所有與彼同類之法的能力」之門，轉為所知障之正對治之菩薩瑜伽故。

「若時起異熟……」等，最後流無間道為有法，乃異熟剎那加行，因是於一最短成事剎那，以「若現起一無漏異熟法，能得現起所有與彼同類之法的能力」之門，轉為所知障之正對治之菩薩瑜伽故。

「由布施等行……」等，最後流無間道為有法，乃無相剎那加行，因是以現證空性門作為所知障正對治之菩薩瑜伽故。

「如夢與能見……」等，最後流無間道為有法，乃無二剎那加行，因是以得現證能取所取異質空能力之門，作為所知障之正對治之菩薩瑜伽故。

有云：「同時修習三智一百七十三行相之菩薩瑜伽，乃剎那加行之性相。」不應理，因最後流無間道不定故。

又有云：「由漸次加行之力所生之究竟菩薩瑜伽，是剎那加行

དེ་སྐད་ཅིག་སྦྱོར་གྱི་མཚན་ཉིད། ཟེར་བ་མི་འཐད་དེ། མཐར་གྱིས་སྦྱོར་བའི་རྒྱུར་གྱུར་པའི་སྐད་ཅིག་སྦྱོར་ཡོད་པའི་ཕྱིར་དང་། རྒྱུན་མཐའི་སྦྱོར་བའི་ལམ་སེམས་དཔའི་རྣལ་འབྱོར་མཐར་ཐུག་མ་ཡིན་པའི་ཕྱིར། ཕྱི་མ་མ་གྲུབ་ན། དེ་ཆོས་ཅན། ཤེས་སྒྲིབ་ཀྱི་དངོས་གཉེན་བྱེད་པ་ཡིན་པར་ཐལ། མ་གྲུབ་པ་དེའི་ཕྱིར།

གཞན་ཡང་། དེ་ཆོས་ཅན། ཁྱོད་ལས་མཆོག་ཏུ་གྱུར་པའི་སེམས་དཔའི་རྣལ་འབྱོར་མེད་པར་ཐལ། ཁྱོད་སེམས་དཔའི་རྣལ་འབྱོར་མཐར་ཐུག་ཡིན་པའི་ཕྱིར། འདོད་མི་ནུས་ཏེ། རྒྱུན་མཐའི་བར་ཆད་མེད་ལམ་དེ་ཁྱོད་ལས་མཆོག་ཏུ་གྱུར་པའི་སེམས་དཔའི་རྣལ་འབྱོར་ཡིན་པའི་ཕྱིར།

ཁོན་རེ། སེམས་དཔའི་རྣལ་འབྱོར་མཐར་ཐུག་སྐད་ཅིག་དང་པོ་ཆོས་ཅན། ཁྱོད་ལས་ལྷག་པའི་སེམས་དཔའི་རྣལ་འབྱོར་མེད་པར་ཐལ། ཁྱོད་སེམས་དཔའི་རྣལ་འབྱོར་མཐར་ཐུག་ཡིན་པའི་ཕྱིར། འདོད་ན་དེ་ཡོད་པར་ཐལ། སེམས་དཔའི་རྣལ་འབྱོར་མཐར་ཐུག་སྐད་ཅིག་གཉིས་པ་དེ་ཁྱོད་ལས་མཆོག་ཏུ་གྱུར་པའི་སེམས་དཔའི་རྣལ་འབྱོར་ཡིན་པའི་ཕྱིར་ན། མ་གྲུབ་སྟེ། རྣམ་མཁྱེན་སྐད་ཅིག་གཉིས་པ་དེ་རྣམ་མཁྱེན་སྐད་ཅིག་དང་པོ་ལས་མཆོག་ཏུ་གྱུར་པའི་ཆོས་སྐུ་མ་ཡིན་པའི་ཕྱིར། དེར་ཐལ། རྣམ་མཁྱེན་སྐད་ཅིག་གཉིས་པ་ལ་གནས་པའི་སངས་རྒྱས་འཕགས་པ་དེ་རྣམ་མཁྱེན་སྐད་ཅིག་དང་པོ་ལ་གནས་པའི་སངས་རྒྱས་འཕགས་པ་ལས་མཆོག་ཏུ་གྱུར་པའི་དེ་མ་ཡིན་པའི་ཕྱིར་ཏེ། མཛོད་ལས། སངས་རྒྱས་ཐམས་ཅད་ཚོགས་དང་ནི། །ཆོས་སྐུ་འགྲོ་བའི་དོན་སྤྱོད་པ། །མཉམ་པ་ཉིད་དེ་ཞེས་གསུངས་པའི་ཕྱིར།

འོ་ན། རྣམ་བཤད་ལས། སྐད་ཅིག་སྦྱོར་སེམས་དཔའི་རྣལ་འབྱོར་མཐར་ཐུག་ཏུ་གསུངས་པ་ཇི་ལྟར་ཡིན་ཞེ་ན། དེའི་སྐྱོན་མེད་དེ། སེམས་དཔའི་རྣལ་འབྱོར་མཐར་ཐུག་ཡིན་ན། སྐད་ཅིག་སྦྱོར་ཡིན་དགོས་པ་ལ་དགོངས་པའི་ཕྱིར།

ཡང་ཁ་ཅིག མཁྱེན་གསུམ་གྱི་རྣམ་པ་ཐམས་ཅད་དུས་སྐད་ཅིག་མ་གཅིག་ལ་སྒོམ་པར་ནུས་པའི་སློབ་ལམ། སྐད་ཅིག་སྦྱོར་གྱི་མཚན་ཉིད་ཟེར་བ་མི་འཐད་དེ། སྐད་ཅིག་སྦྱོར་ཡིན་ན་སློབ་ལམ་ཡིན་པས་མ་ཁྱབ་པའི་ཕྱིར། དེར་ཐལ། ཉན་ཐོས་དགྲ་བཅོམ་པའི་རྟོགས་པ་སྔོན་སོང་གི་བྱང་སེམས་

之性相。」不應理，因有屬漸次加行之因的剎那加行，以及最後流加行之道非究竟菩薩瑜伽故。若後者不成，彼為有法，理應作為所知障之正對治，因前之不成故。

復次，彼為有法，理應沒有較爾殊勝之菩薩瑜伽，因爾乃究竟之菩薩瑜伽故。不能許，因最後流無間道是較爾殊勝之菩薩瑜伽故。

有云：「究竟菩薩瑜伽第一剎那為有法，理應沒有較爾超勝之菩薩瑜伽，因爾乃究竟菩薩瑜伽故。若許，理應有彼，因究竟菩薩瑜伽第二剎那乃較爾殊勝之菩薩瑜伽故。」不成，因一切相智第二剎那非較一切相智第一剎那殊勝之法身故。理應如是，因住一切相智第二剎那之佛聖者，非較住一切相智第一剎那之佛聖者殊勝之彼故，因《俱舍論》云：「由資糧法身，利他佛相似。[82]」故。

那麼，為何《心要莊嚴疏》開示剎那加行為究竟菩薩瑜伽？無彼過，因慮及若是究竟菩薩瑜伽，須是剎那加行故。

又有云：「於一剎那時中能修習所有三智行相之有學道，乃剎那加行之性相。」不應理，因若是剎那加行，不周遍是有學道故。理應如是，因有聲聞阿羅漢證量先行之最後流菩薩之智故。

རྒྱུན་མཐའི་མཁྱེན་པ་ཡོད་པའི་ཕྱིར།

རང་ལུགས་ནི། བྱ་རྫོགས་ཀྱི་སྐད་ཅིག་མའི་ཐུང་མཐའ་གཅིག་ལ་མཁྱེན་གསུམ་གྱི་རྣམ་པ་བརྒྱ་བདུན་ཅུ་རྩ་གསུམ་དངོས་ཡུལ་དུ་བྱེད་པའི་ནུས་པ་ཐོབ་པའི་སེམས་དཔའི་རྣལ་འབྱོར་དེ་སྐད་ཅིག་སྦྱོར་གྱི་མཚན་ཉིད། དེ་ལ་དབྱེ་ན། རྣམ་པར་སྨིན་པ་མ་ཡིན་པའི་སྐད་ཅིག་སྦྱོར། །རྣམ་པར་སྨིན་པའི་སྐད་ཅིག་སྦྱོར། །མཚན་ཉིད་མེད་པའི་སྐད་ཅིག་སྦྱོར། གཉིས་སུ་མེད་པའི་སྐད་ཅིག་སྦྱོར་དང་བཞི། བྱ་རྫོགས་ཀྱི་སྐད་ཅིག་མའི་ཐུང་མཐའ་གཅིག་ལ། ཟག་མེད་རྣམ་པར་སྨིན་པ་མ་ཡིན་པའི་ཆོས་གཅིག་མངོན་དུ་གྱུར་པ་ན། དེ་དང་རིགས་མཐུན་པའི་ཆོས་ཐམས་ཅད་མངོན་དུ་བྱེད་པའི་ནུས་པ་ཐོབ་པའི་སྒོ་ནས་ཤེས་སྒྲིབ་ཀྱི་དངོས་གཉེན་དུ་གྱུར་པའི་སེམས་དཔའི་རྣལ་འབྱོར། ཟག་མེད་རྣམ་པར་སྨིན་པ་མ་ཡིན་པའི་སྐད་ཅིག་སྦྱོར་གྱི་མཚན་ཉིད། བྱ་རྫོགས་ཀྱི་སྐད་ཅིག་མའི་ཐུང་མཐའ་གཅིག་ལ་ཟག་མེད་རྣམ་པར་སྨིན་པའི་ཆོས་གཅིག་མངོན་དུ་གྱུར་པ་ན་དེ་དང་རིགས་མཐུན་པའི་ཆོས་ཐམས་ཅད་མངོན་དུ་བྱེད་པའི་ནུས་པ་ཐོབ་པའི་སྒོ་ནས་ཤེས་སྒྲིབ་ཀྱི་དངོས་གཉེན་དུ་གྱུར་པའི་སེམས་དཔའི་རྣལ་འབྱོར་དེ། རྣམ་པར་སྨིན་པའི་སྐད་ཅིག་སྦྱོར་གྱི་མཚན་ཉིད། སྟོང་ཉིད་མངོན་སུམ་དུ་རྟོགས་པའི་སྒོ་ནས་ཤེས་སྒྲིབ་ཀྱི་དངོས་གཉེན་དུ་གྱུར་པའི་སེམས་དཔའི་རྣལ་འབྱོར་དེ། མཚན་ཉིད་མེད་པའི་སྐད་ཅིག་སྦྱོར་གྱི་མཚན་ཉིད། གཟུང་འཛིན་རྫས་གཞན་གྱི་སྟོང་པར་མངོན་སུམ་དུ་རྟོགས་པའི་ནུས་པ་ཐོབ་པའི་སྒོ་ནས་ཤེས་སྒྲིབ་ཀྱི་དངོས་གཉེན་དུ་གྱུར་པའི་སེམས་དཔའི་རྣལ་འབྱོར་དེ། གཉིས་སུ་མེད་པའི་སྐད་ཅིག་མའི་སྦྱོར་བའི་མཚན་ཉིད།

ཁ་ཅིག སྐད་ཅིག་སྦྱོར་བ་ཡིན་ན། སྐད་ཅིག་སྦྱོར་བ་བཞི་པོ་གང་རུང་ཡིན་པས་ཁྱབ། ཟེར་བ་མི་འཐད་དེ། རྒྱུན་མཐའི་སྦྱོར་བའི་ལམ་དེ་སྐད་ཅིག་སྦྱོར་བ་ཡིན་པ་གང་ཞིག སྐད་ཅིག་སྦྱོར་བ་བཞི་པོ་གང་རུང་མ་ཡིན་པའི་ཕྱིར། དང་པོ་དེར་ཐལ། ཐབས་མཁས་ཀྱི་སྦྱོར་བ་དེ་སྐད་ཅིག་སྦྱོར་གྱི་དངོས་རྒྱུ་ཡིན་པའི་ཕྱིར། གཉིས་པ་དེར་ཐལ། སྐད་ཅིག་སྦྱོར་བ་བཞི་པོ་གང་རུང་ཡིན་ན། རྒྱུན་མཐའི་བར་ཆད་མེད་ལམ་ཡིན་དགོས་པའི་ཕྱིར། དེ་ལ་བརྟེན་ནས་གཉིས་སུ་མེད་པའི་སྐད་ཅིག་སྦྱོར་གྱིས་

自宗：「獲得能於一最短成事剎那，以三智一百七十三行相為直接境之能力的菩薩瑜伽」，為剎那加行之性相。於彼分四：非異熟剎那加行、異熟剎那加行、無相剎那加行、無二剎那加行。「於一最短成事剎那，以『獲得若現起一無漏非異熟法，能現起所有與彼同類之法的能力』之門，轉為所知障之正對治之菩薩瑜伽」，乃無漏非異熟剎那加行之性相。「於一最短成事剎那，以『獲得若現起一無漏異熟法，能現起所有與彼同類之法的能力』之門，轉為所知障之正對治之菩薩瑜伽」，乃異熟剎那加行之性相。「以現證空性之門，轉為所知障之正對治之菩薩瑜伽」，乃無相剎那加行之性相。「以『獲得現證能取所取異質空之能力』之門，轉為所知障之正對治之菩薩瑜伽」，乃無二剎那加行之性相。

有云：「若是剎那加行，周遍是剎那加行四者隨一。」不應理，因最後流之加行之道乃剎那加行，且非剎那加行四者隨一故。初者理應如是，因善巧方便加行乃剎那加行之直接因故。第二理應如是，因若是剎那加行四者隨一，須是最後流無間道故。依彼亦可遮除所謂「無二剎那加行現證能取所取異質空」，因於有學道，沒

གཟུང་འཛིན་རྫས་གཞན་གྱིས་སྟོང་པར་མངོན་སུམ་དུ་རྟོགས་ཟེར་བའང་ཁེགས་ཏེ། སློབ་ལམ་ན་བློ་གཅིག་གིས་བདེན་གཉིས་དུས་ཅིག་ཅར་དུ་མངོན་སུམ་དུ་རྟོགས་པ་མེད་པའི་ཕྱིར། དེ་ལྟར་འདོད་བཞིན་དུ་རྒྱུན་མཐའི་བར་ཆད་མེད་ལམ་ལ་གནས་པའི་སེམས་དཔའི་རྒྱུད་ལ་གཟུང་འཛིན་རྫས་གཞན་གྱིས་སྟོང་པར་མངོན་སུམ་དུ་རྟོགས་པའི་ཡེ་ཤེས་ཡོད་པར་འདོད་པ་ནང་འགལ་ཏེ། དེ་ཡོད་ན། དེ་སྐད་ཅིག་སྦྱོར་བ་ཡིན་དགོས་པའི་ཕྱིར་ཏེ། དེ་ཡིན་ན། དེ་གཉིས་སུ་མེད་པའི་སྐད་ཅིག་སྦྱོར་ཡིན་དགོས་པའི་ཕྱིར།

རང་གི་ལུགས་ནི། སྐད་ཅིག་སྦྱོར་བཞི་པོ་དེ་བོ་གཅིག་ལ་ལྡོག་པས་ཕྱེ་བ་ཡིན་ཏེ། ཡོན་ཏན་གྱི་རིགས་མངོན་དུ་བྱེད་ཚུལ་གྱི་ཆ་ནས་དང་པོ་གཉིས་དང་། ཡུལ་མངོན་སུམ་དུ་རྟོགས་ཚུལ་གྱི་སྒོ་ནས་ཕྱི་མ་གཉིས་བཞག་པའི་ཕྱིར། འགྲེལ་པར། དེ་ཡང་མཚན་ཉིད་ཀྱི་རྣམ་པ་བཞི་ཡིན་པས། ཞེས་གསུངས་པའི་ཕྱིར།

སྐབས་བདུན་པའི་མཐའ་ལེགས་པར་དཔྱད་ཟིན་ཏོ། །བཀྲ་ཤིས། །

有一覺知同時現證二諦故。於如是承許之下，承許住最後流無間道之菩薩相續中，有現證能取所取異質空之本智乃自相矛盾，因若有彼，彼須是剎那加行故，因若是彼，彼須是無二剎那加行故。

自宗：四剎那加行為同體，以返體而分類，因以現起種種功德方式之分，安立前二者，以現證境方式之門，安立後二者故。因《明義釋》云：「又，性相上有四種。」故。

已善辨析第七品矣。吉祥。

སྐབས་བརྒྱད་པ།

རྣམ་བཤད་སྙིང་པོ་རྒྱན་གྱི་དོན་རིགས་ལམ་བཞིན་གསལ་བར་
འཆད་པའི་ཡུམ་དོན་ཡང་གསལ་སྒྲོན་མེ་ཞེས་བྱ་བ་ལས་
སྐབས་བརྒྱད་པའི་མཐའ་དཔྱོད་བཞུགས་སོ། །

སྐུ་བཞི་སྦྱོར་བཤད་པ།

༄༅། །སྐད་ཅིག་མ་གཅིག་པའི་མངོན་པར་རྫོགས་པའི་བྱང་ཆུབ་པ་རྣམ་པར་བསྒོམ་པའི་སྐད་ཅིག་མ་གཉིས་པ་ལ་ཆོས་ཀྱི་སྐུར་མངོན་པར་རྫོགས་པར་བྱང་ཆུབ་པ་ཡིན་ཏེ། དེ་ཡང་ངོ་བོ་ཉིད་སྐུ་ལ་སོགས་པའི་དབྱེ་བས་རྣམ་པ་བཞི་ཡིན་པས། ཞེས་པའི་སྐབས་སུ། སྦྱོར་བ་འགོད་པ་དང་། མཐའ་དཔྱད་པ་གཉིས།

དང་པོ་ནི། སྐད་ཅིག་སྦྱོར་བ་བཤད་པའི་རྗེས་སུ་འབྲས་བུ་ཆོས་སྐུ་འཆད་པའི་རྒྱུ་མཚན་ཡོད་དེ། དངོས་པོ་བརྒྱད་ཀྱི་ནང་ནས་འབྲས་བུ་ཆོས་སྐུ་བཤད་བྱར་ལུས་པའི་ཕྱིར་དང་། ཆོས་སྐུ་དེ་སྐད་ཅིག་སྦྱོར་བ་བསྒོམ་སྟོབས་ཀྱིས་ཐོབ་པའི་རྒྱུ་མཚན་གྱིས་དེ་ལྟར་བཤད་པའི་ཕྱིར།

ཆོས་སྐུ་ལ་བཞི་ཡོད་དེ། ངོ་བོ་ཉིད་སྐུ། ཡེ་ཤེས་ཆོས་སྐུ། ལོངས་སྐུ། སྤྲུལ་སྐུ་རྣམས་སུ་ཡོད་པའི་ཕྱིར།

གཉིས་པ་ལ་ཁ་ཅིག སྦྱོར་བཞི་བསྒོམ་སྟོབས་ཀྱིས་ཐོབ་པའི་འབྲས་བུ་མཐར་ཐུག ཆོས་སྐུའི་མཚན་ཉིད་ཟེར་བ་མི་འཐད་དེ། སྦྱོར་བཞི་བསྒོམ་པའི་སྔ་རོལ་གྱི་དུས་སུ་ཆོས་སྐུ་ཡོད་པའི་ཕྱིར།

རང་ལུགས། རང་ཐོབ་བྱེད་ཀྱི་ཐབས་སུ་གྱུར་པའི་སྦྱོར་བཞི་སྒོམ་སྟོབས་ཀྱིས་ཐོབ་པའི་འབྲས་བུ་མཐར་ཐུག འབྲས་བུ་ཆོས་སྐུའི་མཚན་ཉིད།

第八品

依理清晰闡述《心要莊嚴疏》義——再顯般若義之燈・第八品辨析

128 總說四身

「於一剎那修圓滿通達〔之剎那加行〕，於其第二剎那證得法身。此即自性身等四分類。[83]」之時，安立論式及辨析二者。

初者，有於講說剎那加行之後，講說果法身的原因，因八事之中遺留果法身詮說，以及法身是以修習剎那加行之力而得的緣故，所以如是講說故。

法身有四，因有自性身、智慧法身、報身、化身故。

第二，有云：「以修習四加行之力所得之究竟果，乃法身之性相。」不應理，因於修習四加行之前的時候有法身故。

自宗：「以修習屬能得自之方便的四加行之力所得之究竟果」，乃果法身之性相。

དེ་གྲུབ་པའི་དུས་མཚམས་ལ་ཁ་ཅིག རྒྱུན་མཐའི་བར་ཆད་མེད་ལམ་གྱིས་ཆོས་ཉིད་ལ་མཉམ་པར་གཞག་བཞིན་པའི་དང་ནས་ཞེས་བྱ་ཇི་སྙེད་པ་མངོན་སུམ་དུ་གཟིགས་མ་ཐག་པའི་ཚེ། རྣམ་མཁྱེན་སྐད་ཅིག་དང་པོ་གྲུབ། དེའི་རྗེས་སུ་ལོངས་སྐུ་དང་དེ་དང་དངོས་རྒྱུ་ཚོགས་པ་གཅིག་ལ་རག་ལས་ཀྱི་འབྲེལ་བ་གྲུབ་པའི་སྤྲུལ་སྐུ་གྲུབ་པ་ཡིན་ཞེས་ཟེར། འོ་ན། རྒྱུན་མཐའི་བར་ཆད་མེད་ལམ་དེ་རྣམ་མཁྱེན་སྐད་ཅིག་དང་པོའི་དངོས་ཀྱི་ཉེར་ལེན་མ་ཡིན་པར་ཐལ། རྒྱུན་མཐའི་བར་ཆད་མེད་ལམ་ལ་གནས་པའི་སེམས་དཔའི་མཚན་དཔེས་སྤྲས་པའི་སྐུ་དེ། རང་འབྲས་ལོངས་སྐུའི་མཚན་དཔེའི་དངོས་རྒྱུ་མ་ཡིན་པའི་ཕྱིར། མ་གྲུབ་ན་སོང་། དེར་ཐལ། དེ་གཉིས་ཀྱི་བར་དུ་རྣམ་མཁྱེན་སྐད་ཅིག་དང་པོའི་ཆོད་པའི་ཕྱིར། དེར་ཐལ། བྱང་སེམས་རྒྱུན་མཐའི་བར་ཆད་མེད་ལམ་པས་རྣམ་མཁྱེན་སྐད་ཅིག་དང་པོ་ཐོབ་པའི་ཚེ། དེའི་མཚན་དཔེས་སྤྲས་པའི་སྐུ་ལོངས་སྐུའི་མཚན་དཔེས་སྤྲས་པའི་སྐུར་མ་སོང་བའི་ཕྱིར། དེར་ཐལ། རྩ་བའི་དམ་བཅའ་དེའི་ཕྱིར།

གཞནཡང་། རྣམ་མཁྱེན་སྐད་ཅིག་དང་པོ་ལ་གནས་པའི་ལོངས་སྐུ་མེད་པར་ཐལ། དམ་བཅའ་དེའི་ཕྱིར། འདོད་ན། དེ་ལ་གནས་པའི་སངས་རྒྱས་འཕགས་པ་མེད་པར་ཐལ། དེ་ལ་གནས་པའི་གཟུགས་སྐུ་མེད་པའི་ཕྱིར། དེར་ཐལ། དེ་ལ་གནས་པའི་ལོངས་སྐུ་མེད་པ་གང་ཞིག སྤྲུལ་སྐུ་ཡང་མེད་པའི་ཕྱིར། རྟགས་ཁས། རྩ་བར་འདོད་ན། རྣམ་མཁྱེན་སྐད་ཅིག་དང་པོ་རྒྱུད་ལྡན་གྱི་གང་ཟག་མེད་པར་ཐལ། འདོད་པའི་ཕྱིར།

ཁ་ཅིག རྣམ་མཁྱེན་སྐད་ཅིག་དང་པོ་ལ་གནས་པའི་ལོངས་སྐུ་ཡོད་ཀྱང་། དེ་ལ་གནས་པའི་སྤྲུལ་སྐུ་མེད་དེ། སྤྲུལ་སྐུ་ཡིན་ན་རང་སྤྲུལ་པ་པོ་ལོངས་སྐུས་སྤྲུལ་དགོས་པའི་ཕྱིར། དེར་ཐལ། མཆོག་གི་སྤྲུལ་སྐུ་ཡིན་ན་རང་སྤྲུལ་པ་པོ་ལོངས་སྐུས་སྤྲུལ་དགོས་པའི་ཕྱིར་ན་མ་ཁྱབ། འོ་ན། རྣམ་བཤད་ལས། ལོངས་སྐུས་བདག་རྐྱེན་བྱས་ནས་མཛད་པ་བཅུ་གཉིས་ཀྱི་སྒོ་ནས་གདུལ་བྱ་རྗེས་སུ་འཛིན་པའི་མཆོག་གི་སྤྲུལ་པའི་སྐུ་དེའི་ཚེ་ཚོགས་པ་གཅིག་ཏུ་མེད་ཀྱང་། སངས་རྒྱས་ཀྱི་སྤྲུལ་པའི་སྐུའི་བྱེ་བྲག་འགའ་ཞིག་ལོངས་སྤྱོད་རྫོགས་པའི་སྐུ་དང་དངོས་རྒྱུ་ཚོགས་པ་ཚར་གཅིག་ལ་རག་ལས་ཀྱི་འབྲེལ་བ་གྲུབ་པའི་ཚུལ་དུ་ཐོབ་པ་ཤེས་པར་བྱའོ། །ཞེས་གསུངས་པ་མི་འཐད་པར་ཐལ།

於成就彼之時間界限，有云：「最後流無間道正在入定於法性之中，現前觀見所知——盡所有性之當下，成就一切相智第一剎那，彼之後成就報身，以及成就『依賴與彼同一聚集直接因之相屬所成就』的化身。」那麼，最後流無間道，理應不是一切相智第一剎那之直接近取因，因住最後流無間道菩薩之相好所莊嚴之身，非自果報身之相好的直接因故。若不成則成相違。理應如是，因此二者之間由一切相智第一剎那所間隔故。理應如是，因最後流無間道菩薩得一切相智第一剎那時，彼之相好所莊嚴之身未成為是報身之相好所莊嚴之身故。理應如是，因彼根本宗故。

復次，理應沒有住於一切相智第一剎那之報身，因彼宗故。若許，理應沒有住於彼之佛聖者，因沒有住於彼之色身故。理應如是，因沒有住於彼之報身，且亦沒有化身故。承許因。若許根本，理應沒有相續具一切相智第一剎那之補特伽羅，因許故。

有云：「雖有住於一切相智第一剎那之報身，然無住彼之化身，因若是化身，須是由化主報身所化故。理應如是，因若是殊勝化身，自須是由化主報身所化故。」不周遍。那麼，《心要莊嚴疏》所云：「以報身為增上緣，而有從十二事蹟上攝受所化之殊勝化身；彼時，雖非同一聚類，但應知佛陀之一些部分化身，乃依靠與圓滿報身一直接因聚之關係而成辦之方式獲得。」理應不應理，因最初成就報身時，依賴與彼同一聚集直接因之化身成就不定故。若不成則成相

ཡོངས་སྐུ་ཐོག་མར་གྲུབ་པའི་ཚེ་དེ་དང་དངོས་རྒྱུ་ཚོགས་པ་གཅིག་ལ་རག་ལས་ཀྱི་སྤྲུལ་སྐུ་གྲུབ་པར་མ་ངེས་པའི་ཕྱིར། མ་གྲུབ་ན་སོང་། དེར་ཐལ། རྣམ་མཁྱེན་སྐད་ཅིག་དང་པོ་ལ་གནས་པའི་ལོངས་སྐུ་མེད་པའི་ཁྱད་པར་འཐད་པའི་ཕྱིར།

ཁོ་ན་རེ། རྣམ་མཁྱེན་སྐད་ཅིག་དང་པོ་ལ་གནས་པའི་མཆོག་གི་སྤྲུལ་སྐུ་ཡོད་པར་ཐལ། དེ་ལ་གནས་པའི་སྤྲུལ་སྐུ་ཡོད་པའི་ཕྱིར། ཟེར་ན་མ་ཁྱབ།

ཁ་ཅིག འདོད་པ་ཡིན་ཏེ། མཆོག་གི་སྤྲུལ་སྐུའི་རྒྱུད་ཀྱི་རྣམ་མཁྱེན་སྐད་ཅིག་དང་པོ་དེ། རྣམ་མཁྱེན་སྐད་ཅིག་དང་པོ་ཡིན་པའི་ཕྱིར། དེར་ཐལ། དེའི་རྒྱུད་ཀྱི་རྣམ་མཁྱེན་སྐད་ཅིག་དང་པོ་ཡོད་པའི་ཕྱིར་ན། མ་ཁྱབ་ཅིང་། དེའི་རྒྱུད་ལ་རྣམ་མཁྱེན་སྐད་ཅིག་དང་པོ་ཡོད་པའི་ཕྱིར་ན། རྟགས་མ་གྲུབ་ཀྱི་ལན་བྱེད་དོ། །

ཁ་ཅིག རྣམ་མཁྱེན་སྐད་ཅིག་དང་པོ་ལ་གནས་པའི་སྤྲུལ་སྐུ་ཡོད་པའི་སྒྲུབ་བྱེད་འདི་ལྟར་སྨྲ་སྟེ། དེ་ཡོད་པར་ཐལ། རྣམ་མཁྱེན་སྐད་ཅིག་དང་པོ་ལ་གནས་པའི་སངས་རྒྱས་འཕགས་པ་དང་། སྤྲུལ་སྐུའི་གཞི་མཐུན་ཡོད་པའི་ཕྱིར། དེར་ཐལ། དེ་ལ་གནས་པའི་སངས་རྒྱས་འཕགས་པའི་ཆེད་དུ་བྱ་བའི་གདུལ་བྱར་གྱུར་པའི་ཐེག་ཆེན་གྱི་རིགས་ཅན་ཡོད་པའི་ཕྱིར། དེར་ཐལ། དེ་ལ་གནས་པའི་སངས་རྒྱས་འཕགས་པས་གདུལ་བྱ་རིགས་ཅན་གསུམ་ལ་ཆོས་འཁོར་བསྐོར་བ་ཡོད་པའི་ཕྱིར། དེར་ཐལ། རྣམ་མཁྱེན་སྐད་ཅིག་དང་པོ་དེ་རང་གི་སྲས་སུ་གྱུར་པའི་སངས་རྒྱས་འཕགས་པས་གདུལ་བྱ་རིགས་ཅན་གསུམ་ལ་ཆོས་འཁོར་བསྐོར་བའི་བདག་རྐྱེན་བྱེད་པའི་ཕྱིར་ན། འདིར་མ་ཁྱབ།

འོ་ན། རྣམ་མཁྱེན་སྐད་ཅིག་དང་པོ་ལ་གནས་པའི་སངས་རྒྱས་འཕགས་པ་དེ། འོག་མིན་སྟུག་པོ་བཀོད་པའི་རྟེན་ཅན་ཡིན་པར་ཐལ། བྱང་སེམས་རྒྱུན་མཐའ་བ་དེ་འོག་མིན་སྟུག་པོ་བཀོད་པའི་རྟེན་ཅན་ཡིན་པའི་ཕྱིར། དེར་ཐལ། དེ་འོག་མིན་གྱི་རྟེན་ཅན་གང་ཞིག་གཟུགས་སུ་ཉེར་འགྲོའི་ཕྱིར་མི་འོང་གནས་ཐམས་ཅད་དུ་འཆི་འཕོ་བ་སྐྱེ་བ་ལེན་པའི་འོག་མིན་གྱི་རྟེན་ཅན་མ་ཡིན་པའི་ཕྱིར། འདོད་ན་སོང་། འདོད་ན། འོག་མིན་སྟུག་པོ་བཀོད་པའི་རྟེན་ཅན་གྱི་ཉན་ཐོས་ཀྱི་རིགས་ཅན་དང་རང་རྒྱལ་གྱི་རིགས་ཅན་ཡོད་པར་ཐལ། འདོད་པ་གང་ཞིག དེ་ལ་གནས་པའི་སངས་རྒྱས་འཕགས་

違。理應如是，因沒有住一切相智第一剎那之報身的差別合理故。

有云：「理應有住一切相智第一剎那之殊勝化身，因有住彼之化身故。」不周遍。

有云：「是承許，因殊勝化身相續之一切相智第一剎那，乃一切相智第一剎那故。理應如是，因有彼之相續之一切相智第一剎那故。」不周遍，且「因於彼之相續中有一切相智第一剎那故。」以因不成作答。

有如是講說「有住一切相智第一剎那之化身」之能立：「理應有彼，因有住一切相智第一剎那之佛聖者及化身之同位故。理應如是，因有住彼之佛聖者特意所化之大乘種性故。理應如是，因有住彼之佛聖者於所化三種性轉法輪故。理應如是，因一切相智第一剎那作為屬自之子的佛聖者於所化三種性轉法輪之增上緣故。」今此不周遍。

那麼，住一切相智第一剎那之佛聖者，理應是具密嚴剎土之所依，因最後流菩薩是具密嚴剎土之所依故。理應如是，因彼具色究竟天之所依，且非具「於一切處死歿之行色界不還」所投生之色究竟天之所依故。若許則成相違。若許，理應有具密嚴剎土所依之聲聞種性及獨覺種性，因承許，且住彼之佛聖者於三種性所化轉法輪故。承許二因。無法回答。

པས་གདུལ་བྱ་རིགས་ཅན་གསུམ་ལ་ཆོས་འཁོར་བསྐོར་བའི་ཕྱིར། རྟགས་གཉིས་ཀ་ཁས། ལན་མེད་དོ། །

གཞན་ཡང་། རྣམ་མཁྱེན་སྐད་ཅིག་དང་པོའི་འབྲས་བུར་གྱུར་པའི་སངས་རྒྱས་འཕགས་པ་ཡིན་ན་རྣམ་མཁྱེན་སྐད་ཅིག་དང་པོ་ལ་གནས་པའི་སངས་རྒྱས་འཕགས་པ་ཡིན་དགོས་པར་ཐལ། རྣམ་མཁྱེན་སྐད་ཅིག་དང་པོ་དེས་རང་གི་སྲས་སུ་གྱུར་པའི་སངས་རྒྱས་འཕགས་པས་གདུལ་བྱ་རིགས་ཅན་གསུམ་ལ་ཆོས་འཁོར་བསྐོར་བའི་བདག་རྐྱེན་བྱེད་ན། རྣམ་མཁྱེན་སྐད་ཅིག་དང་པོ་ལ་གནས་པའི་སངས་རྒྱས་འཕགས་པས་གདུལ་བྱ་རིགས་ཅན་གསུམ་ལ་ཆོས་འཁོར་བསྐོར་བ་ཡོད་དགོས་པའི་ཕྱིར། རྟགས་ཁས། འདོད་མི་ནུས་ཏེ། རྣམ་མཁྱེན་སྐད་ཅིག་གཉིས་པ་ལ་གནས་པའི་སངས་རྒྱས་འཕགས་པས་མ་ངེས་པའི་ཕྱིར།

ཡང་ཁོན་རེ། རྣམ་མཁྱེན་སྐད་ཅིག་དང་པོ་ལ་གནས་པའི་སྤྲུལ་སྐུ་མེད་པར་ཐལ། དེ་ལ་གནས་པའི་སངས་རྒྱས་འཕགས་པ་ལོངས་སྐུ་ཡིན་པའི་ཕྱིར། དེར་ཐལ། དེས་ལོངས་སྐུ་མངོན་དུ་བྱས་པའི་ཚེན་ལོངས་སྐུ་ཡིན་པ་གང་ཞིག དེས་ལོངས་སྐུ་མངོན་དུ་བྱས་པའི་ཕྱིར། ཕྱི་མ་དེར་ཐལ། དེས་སྐུ་བཞི་མངོན་དུ་བྱས་པའི་ཕྱིར། དེར་ཐལ། བྱང་སེམས་རྒྱུན་མཐའ་བས་སྐུ་བཞི་ཅིག་ཅར་དུ་མངོན་དུ་བྱེད་པའི་ཕྱིར། རྟགས་དང་པོ་དེར་ཐལ། དེས་ལོངས་སྐུ་མངོན་དུ་བྱས་པའི་ཚེ་ལོངས་སྐུ་མངོན་དུ་བྱས་པའི་ཕྱིར་ན་མ་ཁྱབ། འོ་ན། ལོངས་སྐུ་མངོན་དུ་བྱས་ན་ལོངས་སྐུ་ཡིན་དགོས་པར་ཐལ། ཁྱོད་ཀྱི་དེ་ལ་ཁྱབ་པ་ཡོད་པའི་ཕྱིར། འདོད་ན། མཆོག་གི་སྤྲུལ་སྐུ་ཆོས་ཅན། དེར་ཐལ། དེའི་ཕྱིར།

ཁ་ཅིག བྱང་སེམས་རྒྱུན་མཐའ་བ་དེས་རྣམ་མཁྱེན་སྐད་ཅིག་དང་པོ་མངོན་དུ་བྱས་པའི་ཚེ་དེས་ལོངས་སྐུ་མངོན་དུ་བྱེད་ཅེས་སྨྲ་བ་མི་འཐད་དེ། ལོངས་སྐུས་ལོངས་སྐུ་མངོན་དུ་མི་བྱེད་པའི་ཕྱིར། མ་གྲུབ་ན། ལོངས་སྐུ་སངས་རྒྱ་བར་ཐལ་ལོ། །འདིས་མཚོན་ནས་བྱང་སེམས་རྒྱུན་མཐའ་བ་དེས་རང་གི་སྐད་ཅིག་གཉིས་པར་ཆོས་སྐུ་མངོན་དུ་བྱེད་ཟེར་བའང་མི་འཐད་པར་ཞེས་པར་བྱའོ། །

རང་ལུགས་ནི། རྒྱུན་མཐའི་བར་ཆད་མེད་ལམ་གྱིས་དེ་བཞིན་ཉིད་ལ་མངོན་སུམ་དུ་མཉམ་

復次，若是屬一切相智第一剎那果之佛聖者，理應須是住一切相智第一剎那之佛聖者，因若一切相智第一剎那，作為屬自子之佛聖者於三種性轉法輪之增上緣，則須有住一切相智第一剎那之佛聖者為所化三種性轉法輪故。承許因。不能許，因住一切相智第二剎那之佛聖者不定故。

又有云：「理應沒有住一切相智第一剎那之化身，因住彼之佛聖者乃報身故。理應如是，因彼證報身之時是報身，且彼證報身故。後者理應如是，因彼證四身故。理應如是，因最後流菩薩同時證四身故。初因理應如是，因彼證報身時證報身故。」不周遍。那麼，若證報身，理應須是報身，因於汝之彼〔因〕有周遍故。若許，殊勝化身為有法，理應如是，因如是故。

有云：「彼最後流菩薩證一切相智第一剎那時彼證報身。」不應理，因報身不證報身故。若不成，則報身應成將成佛矣。由此表徵，講說最後流菩薩於自之第二剎那證法身，當知亦不應理。

自宗：最後流無間道現前入定於真如之時，所知——盡所有性

པར་བཞག་པ་ན། ཤེས་བྱ་ཇི་སྙེད་པའི་རྣམ་པ་ཙམ་ཟད་ཀྱང་མི་འཆར་ཏེ། དེའི་ཚེ་བདེན་གཉིས་ངོ་བོ་ཐ་དད་དུ་འཛིན་པའི་དྲི་མ་ཟད་པར་མ་སྤངས་པའི་ཕྱིར། ཁྱབ་སྟེ། རྣམ་བཤད་ལས། ས་བཅུ་རྒྱུན་གྱི་ཐ་མའི་བར་ཆད་མེད་ལམ་དེ་ཉིད། དེ་བཞིན་ཉིད་ལ་ཆུ་ལ་ཆུ་བཞག་ཏུ་མཉམ་པར་གཞག་བཞིན་པ་ན། བར་ཆད་མེད་ལམ་གྱི་དུས་དེའི་ཚེ་མཉམ་གཞག་དེའི་གཟིགས་ངོར་ཤེས་བྱ་ཇི་སྙེད་པའི་རྣམ་པ་ཙམ་ཟད་ཀྱང་མི་འཆར་ཏེ། བདེན་གཉིས་ངོ་བོ་ཐ་དད་དུ་འཛིན་པའི་དྲི་མ་ཟད་པར་མ་སྤངས་པའི་ཕྱིར། ཞེས་གསུངས་པའི་ཕྱིར།

བར་ཆད་མེད་ལམ་དེ་ཆོས་ཉིད་ལ་མངོན་སུམ་དུ་མཉམ་པར་བཞག་པའི་སྐད་ཅིག་གཉིས་པ་ལ་ཤེས་བྱ་ཇི་སྙེད་པ་ཐམས་ཅད་ལག་མཐིལ་དུ་སྐྱུ་རུ་ར་བཞག་པ་ལྟར་མངོན་སུམ་དུ་གཟིགས་པའི་རྣམ་གྲོལ་ལམ་སྐྱེས་པའི་ཚེ། འབྲས་བུ་ཆོས་སྐུ་མངོན་དུ་བྱས་པར་འཇོག་སྟེ། རྣམ་བཤད་ལས། དེ་ནས་སྐད་ཅིག་གཉིས་པ་ལ་རྣམ་གྲོལ་ལམ་སྐྱེས་པའི་ཚེ། ཤེས་བྱ་ཇི་ལྟ་བ་ལ་གཉིས་སྣང་ནུབ་ནས་ཆུ་ལ་ཆུ་བཞག་ཏུ་སོང་བ་དེའི་གཟིགས་པའི་ངོར། ཤེས་བྱ་ཇི་སྙེད་པ་ཐམས་ཅད་ལག་མཐིལ་དུ་སྐྱུ་རུ་ར་བཞག་པ་ལྟར་མངོན་སུམ་དུ་གཟིགས་པ་དེའི་ཚེ། ཤེས་སྒྲིབ་ཟད་པར་སྤངས་པ་དང་། ཡང་དག་པའི་མཐའ་མངོན་དུ་བྱས་པ་དང་། ཆོས་ཀྱི་སྐུ་མངོན་དུ་བྱས་པ་དང་། ཆོས་ཐམས་ཅད་རྣམ་པ་ཐམས་ཅད་དུ་མངོན་པར་རྫོགས་པར་བྱང་ཆུབ་པ་ཞེས་བྱའོ། །ཞེས་གསུངས་པའི་ཕྱིར།

ཁ་ཅིག གསུང་འདི་རྣམས་ལ་དཔགས་ནས་ཇི་ལྟ་བ་མཁྱེན་པའི་རྣམ་མཁྱེན་གྱིས་ཇི་ལྟ་བ་གཟིགས་པའི་གཟིགས་ངོར་ཇི་སྙེད་པ་གཟིགས་པ་དང་། ཇི་སྙེད་པ་མཁྱེན་པའི་རྣམ་མཁྱེན་གྱིས་ཇི་སྙེད་པ་གཟིགས་པའི་གཟིགས་ངོར་ཇི་ལྟ་བ་གཟིགས་ཞེས་ཟེར་བ་མི་འཐད་དེ། ཇི་ལྟ་བ་མཁྱེན་པའི་རྣམ་མཁྱེན་ཇི་ལྟ་བ་ལ་ལྟོས་ཏེ། ཇི་སྙེད་པ་འཇལ་བྱེད་ཀྱི་ཚད་མར་མ་སོང་། ཇི་སྙེད་པ་མཁྱེན་པའི་རྣམ་མཁྱེན་ཇི་སྙེད་པ་ལ་ལྟོས་ཏེ། ཇི་ལྟ་བ་འཇལ་བྱེད་ཀྱི་ཚད་མར་མ་སོང་བའི་ཕྱིར།

གཞན་ཡང་། དམ་བཅའ་དེ་མི་འཐད་དེ། ཇི་ལྟ་བ་མཁྱེན་པའི་རྣམ་མཁྱེན་གྱིས་ཕུང་སོགས་ཀྱི་ཆོས་ཉིད་གཟིགས་པའི་གཟིགས་ངོར་ཕུང་སོགས་མ་གཟིགས་པའི་ཕྱིར། དེར་ཐལ། དེས་དེ་གཟིགས་པའི་གཟིགས་ངོར་ཕུང་སོགས་མ་གྲུབ་པའི་ཕྱིར། དེས་དེ་གཟིགས་པའི་གཟིགས་ངོར་ཕུང་སོགས་མ་

之行相絲毫不顯現，因彼時執取二諦異體之垢染未斷盡故。周遍，因《心要莊嚴疏》云：「第十地最後分際彼無間道（猶如）將水注入水於真如平等住時，無間道之彼時於平等住之見，所知——盡所有之行相絲毫不現，因為執著二諦本質為相異之染污未斷盡故。」故。

彼無間道以現前入定於法性之第二剎那，所知——一切盡所有性如安置於掌中之菴摩羅果般現見之解脫道生起時，安立證果法身，因《心要莊嚴疏》云：「復次，於第二剎那產生解脫道時，所知——如所有二顯消失，如水入水般；於其所見，所知——盡所有全部如同橄欖子置於掌中般現見。彼時，即是所謂：『所知障完全斷盡，現見真實邊、現證法身、以及於一切法一切行相成正等覺。』」故。

有云：「由此諸說推測『了知如所有性之一切相智於見如所有性之見分前，見盡所有性，以及了知盡所有性之一切相智於見盡所有性之見分前，見如所有性』。」不應理，因了知如所有性之一切相智，觀待如所有性不能成為能通達盡所有性之量，了知盡所有性之一切相智，觀待盡所有性不能成為能通達如所有性之量故。

復次，彼宗不應理，因了知如所有性之一切相智，於見蘊等法性之見分前未見蘊等故。理應如是，因彼於見彼之見分前蘊等不成立故。因彼於見彼之見分前，蘊等不成立，乃蘊等之真實，〔此〕

གྲུབ་པ་ཕྱུང་སོགས་ཀྱི་དེ་ཁོན་ཉིད་ཡིན་པ། འཇུག་པའི་རྣམ་བཤད་ལས་གསུངས་པའི་ཕྱིར།

ཁོན་རེ། ཛེ་ལྷ་བ་མཁྱེན་པའི་རྣམ་མཁྱེན་ཀྱིས་ཛེ་ལྷ་བ་གཟིགས་པའི་གཟིགས་ངོར་ཛེ་སྟེད་པ་གཟིགས་པར་ཐལ། རྣམ་མཁྱེན་གྱིས་ཛེ་སྟེད་པ་གཟིགས་པའི་གཟིགས་ངོར་ཛེ་ལྷ་བ་གཟིགས་པའི་ཕྱིར། དེར་ཐལ། རྣམ་མཁྱེན་གྱིས་ཛེ་ལྷ་བ་དང་ཛེ་སྟེད་པ་གཉིས་ཀ་གཟིགས་པའི་གཟིགས་ངོར་ཛེ་ལྷ་བ་གཟིགས་པའི་ཕྱིར། དེར་ཐལ། དེས་དེ་གཉིས་ཀ་གཟིགས་པའི་གཟིགས་ངོར་དེ་གཉིས་ཀ་གཟིགས་པའི་ཕྱིར་ན་མ་ཁྱབ་སྟེ། འོ་ན། རྣམ་མཁྱེན་དེ་ཛེ་ལྷ་བ་དང་ཛེ་སྟེད་པ་གཉིས་ཀ་ལ་ལྟོས་ནས་ཛེ་ལྷ་བ་འཛལ་བྱེད་ཀྱི་ཚད་མར་སོང་བར་ཐལ། དེས་དེ་ལ་ལྟོས་ནས་དེ་གཉིས་ཀ་འཛལ་བྱེད་ཀྱི་ཚད་མར་སོང་བའི་ཕྱིར། འཁོར་གསུམ།

ཡང་ཁ་ཅིག རྣམ་མཁྱེན་སྐད་ཅིག་དང་པོས་ཆོས་ཉིད་ལ་མཉམ་པར་གཞག་བཞིན་པའི་ངང་ནས་ཆོས་ཅན་ཀུན་རྫོབ་པ་གཟིགས་ཀྱང་། དེས་ཆོས་ཉིད་གཟིགས་པའི་ངང་ནས་ཆོས་ཅན་ཀུན་རྫོབ་པ་མ་གཟིགས་ཏེ། དེས་ཛེ་ལྷ་བ་གཟིགས་པའི་གཟིགས་ངོར་ཛེ་སྟེད་པ་མ་གཟིགས་པའི་ཕྱིར། ཟེར་བ་མི་འཐད་དེ། རྣམ་མཁྱེན་གྱིས་ཛེ་ལྷ་བ་གཟིགས་བཞིན་པའི་ངང་ནས་ཛེ་སྟེད་པ་གཟིགས་པའི་ཕྱིར། དེར་ཐལ། དེས་ཛེ་ལྷ་བ་དང་ཛེ་སྟེད་པ་གཉིས་ཀ་ཅིག་ཅར་དུ་དངོས་སུ་གཟིགས་པའི་ཕྱིར། ཁྱབ་སྟེ། དེས་དེ་གཉིས་ཀ་ཅིག་ཅར་དུ་མངོན་སུམ་དུ་རྟོགས་ན། དེས་ཛེ་ལྷ་བ་རྟོགས་བཞིན་པའི་ངང་ནས་ཛེ་སྟེད་པ་རྟོགས་པས་ཁྱབ་པའི་ཕྱིར།

འབྲས་བུ་ཆོས་སྐུ་དེ་ལ་སྤྱིར་དབྱེ་ན། རང་དོན་ཆོས་སྐུ་དང་། གཞན་དོན་གཟུགས་སྐུ་གཉིས་ཡོད་པ་ལས། གཙོ་བོར་རང་ཐོབ་བྱེད་ཀྱི་ཐབས་སུ་གྱུར་པའི་ཡེ་ཤེས་ཀྱི་ཚོགས་སྐྱིམ་སྟོབས་ཀྱིས་ཐོབ་པའི་ཐོབ་བྱ་མཐར་ཐུག་ཏུ་གྱུར་པའི་རང་དོན་དེ། རང་དོན་ཆོས་སྐུའི་མཚན་ཉིད། གཙོ་བོར་རང་ཐོབ་བྱེད་ཀྱི་ཐབས་སུ་གྱུར་པའི་བསོད་ནམས་ཀྱི་ཚོགས་སྐྱིམ་སྟོབས་ཀྱིས་ཐོབ་པའི་ཐོབ་བྱ་མཐར་ཐུག་ཏུ་གྱུར་པའི་གང་ཟག་དེ། གཞན་དོན་གཟུགས་སྐུའི་མཚན་ཉིད་ཡིན་ནོ། །

由《入中論善顯密意疏》講說故。

有說：「了知如所有性之一切相智，於見如所有性之見分前，理應見盡所有性，因一切相智於見盡所有性之見分前，見如所有性故。理應如是，因一切相智於見如所有性及盡所有性二者之見分前，見如所有性故。理應如是，因彼於見彼二之見分前，見彼二故。」不周遍。那麼，彼一切相智理應觀待如所有性及盡所有性二者，而成為能通達如所有性之量，因彼觀待彼而成為能通達彼二之量故。三輪！

又有云：「一切相智第一剎那，正在入於法性定當中，雖見有法——世俗分，然彼於見法性中，未見有法——世俗分，因彼於見如所有性之見分前未見盡所有性故。」不應理，因一切相智正在見如所有性之狀態中見盡所有性故。理應如是，因彼同時直接見如所有性及盡所有性二者故。周遍，因彼若同時現證彼二者，彼正在通達如所有性之中，周遍通達盡所有性故。

於果法身一般而言分：自利法身、他利色身二者。「主要以能得自之方便的慧資糧修習力獲得之究竟所得之自利」，乃自利法身之性相。「主要以能得自之方便的福資糧修習力獲得之究竟所得之補特伽羅」，乃他利色身之性相。

ངོ་བོ་ཉིད་སྐུ།

ཐུབ་པའི་ངོ་བོ་ཉིད་སྐུ་ནི། །ཞེས་སོགས་ཀྱི་སྐབས་སུ། སྤྱིར་བ་དང་མཐའ་དཔྱད་པ་གཉིས། དང་པོ་ནི། ངོ་བོ་ཉིད་སྐུ་ཆོས་ཅན། ཁྱད་པར་གསུམ་དང་ལྡན་ཏེ། ལྡན་པའི་ཁྱད་པར། སྤངས་པའི་ཁྱད་པར། ངོ་བོའི་ཁྱད་པར་གསུམ་དང་ལྡན་པའི་ཕྱིར། དང་པོ་གྲུབ་སྟེ། སངས་རྒྱས་ཀྱི་སའི་ཟག་མེད་ཡེ་ཤེས་སྡེ་ཚན་ཉེར་གཅིག་དང་ལྡན་པའི་ཕྱིར། གཉིས་པ་གྲུབ་སྟེ། སྒྲིབ་གཉིས་བག་ཆགས་དང་བཅས་པ་སྤངས་པའི་ཕྱིར། གསུམ་པ་གྲུབ་སྟེ། སངས་རྒྱས་ཀྱི་སའི་ཟག་མེད་ཡེ་ཤེས་སྡེ་ཚན་ཉེར་གཅིག་གི་རང་བཞིན་ནི་ངོ་བོ་ཡིན་པའི་ཕྱིར།

གཉིས་པ་ལ། ཁ་ཅིག དག་པ་གཉིས་ལྡན་གྱི་ཆོས་དབྱིངས་མཐར་ཐུག ངོ་བོ་ཉིད་སྐུའི་མཚན་ཉིད་ཟེར་བ་མི་འཐད་དེ། གློ་བུར་རྣམ་དག་གི་ཆར་གྱུར་པའི་ངོ་བོ་ཉིད་སྐུ་ཡིན་ན། ཆོས་དབྱིངས་མཐར་ཐུག་མ་ཡིན་དགོས་པའི་ཕྱིར་ཏེ། དེ་ཡིན་ན་ཆོས་དབྱིངས་མ་ཡིན་དགོས་པའི་ཕྱིར་ཏེ། དེ་ཡིན་ན་དོན་དམ་བདེན་པ་མ་ཡིན་དགོས་པའི་ཕྱིར།

ཁོན་རེ། ངོ་བོ་ཉིད་སྐུ་ཡིན་ན་ཆོས་ཉིད་ཡིན་པས་ཁྱབ་པར་ཐལ། དེ་ཡིན་ན་མཐར་ཐུག་དཔྱོད་པའི་རིགས་ཤེས་ཚད་མ་རང་ཉིད་ལ་ལྟོས་ཏེ། མཐར་ཐུག་དཔྱོད་པའི་རིགས་ཤེས་ཚད་མར་སོང་དགོས་པའི་ཕྱིར། དེར་ཐལ། བདེན་གཉིས་ལས། རིགས་པའི་རྗེས་འབྲང་ངོ་བོའི་ཕྱིར། ཞེས་གསུངས་པའི་ཕྱིར་ཞེ་ན། མ་ཁྱབ་སྟེ། རང་བཞིན་རྣམ་དག་གི་ཆར་གྱུར་པའི་ངོ་བོ་ཉིད་སྐུ་ལ་དགོངས་པའི་ཕྱིར།

ཡང་ཁ་ཅིག དག་པ་གཉིས་ལྡན་གྱི་འགོག་བདེན་མཐར་ཐུག ངོ་བོ་ཉིད་སྐུའི་མཚན་ཉིད་ཟེར་བ་མི་འཐད་དེ། རང་བཞིན་རྣམ་དག་གི་ཆར་གྱུར་པའི་ངོ་བོ་ཉིད་སྐུ་འགོག་བདེན་མཐར་ཐུག་མ་ཡིན་པའི་ཕྱིར་ཏེ། དེ་དོན་དམ་བདེན་པ་ཡིན་པའི་ཕྱིར།

ཁོན་རེ། སངས་རྒྱས་ཀྱི་སེམས་ཀྱི་ཆོས་ཉིད་ངོ་བོ་ཉིད་སྐུ་ཡིན་པར་ཐལ། ཁྱོད་ཀྱི་ཁས་ལེན་དེའི་ཕྱིར། འདོད་ན། སངས་རྒྱས་ཀྱི་སེམས་བདེན་སྟོང་ངོ་བོ་ཉིད་སྐུ་ཡིན་པར་ཐལ། འདོད་པའི་ཕྱིར།

129 自性身

「能仁自性身……」等之時，論式及辨析二者。初者，自性身為有法，具三差別，因有具有之差別、斷德之差別、自性之差別三者故。初者成立，因具佛地二十一聚無漏智故。次者成立，因斷二障及其習氣故。第三成立，因佛地二十一聚無漏智之自性乃體性故。

第二，有云：「具二清淨之究竟法界，乃自性身之性相。」不應理，因若是客塵清淨分之自性身，須不是究竟法界故，因若是彼，須不是法界故，因若是彼須不是勝義諦故。

有云：「若是自性身，理應周遍是法性，因若是彼，觀察究竟之理智量，觀待自須是觀察究竟理智量故。理應如是，因《二諦論》云：『隨行正理體性。』故。」不周遍，因慮及自性清淨分之自性身故。

又有云：「具二清淨之究竟滅諦，乃自性身之性相。」不應理，因自性清淨分之自性身不是究竟滅諦故，因彼是勝義諦故。

有云：「佛之心的法性理應是自性身，因汝之承許故。若許，佛之心諦實空理應是自性身，因許故。若許，彼為有法，理應唯佛

འདོད་ན། དེ་ཆོས་ཅན། སངས་རྒྱས་ཁོང་གི་ཐུགས་རྒྱུད་ལ་ཡོད་པར་ཐལ། ངོ་བོ་ཉིད་སྐུ་ཡིན་པའི་ཕྱིར། ཁྱབ་སྟེ། རྒྱུད་བླ་མ་ལས། འབའ་ཞིག་བག་ཆགས་བཅས་སྤངས་ཕྱིར། །ཞེས་གསུངས་པའི་ཕྱིར་ཞེ་ན། མ་ཁྱབ་སྟེ། གློ་བུར་རྣམ་དག་གི་ཆར་གྱུར་པའི་ངོ་བོ་ཉིད་སྐུ་ལ་དགོངས་པའི་ཕྱིར།

ཡང་དེ་ཆོས་ཅན། སངས་རྒྱས་རང་པན་ཚུན་ཁོང་གི་མངོན་སུམ་གྱི་སྤྱོད་ཡུལ་ཡིན་པར་ཐལ། ངོ་བོ་ཉིད་སྐུ་ཡིན་པའི་ཕྱིར། ཁྱབ་སྟེ། འབའ་ཞིག་བག་ཆགས་བཅས་སྤངས་ཕྱིར། ཞེས་གསུངས་པའི་ཕྱིར་ནའང་མ་ཁྱབ་སྟེ། སྔ་མ་བཞིན་དུ་གློ་བུར་རྣམ་དག་གི་ཆར་གྱུར་པའི་ངོ་བོ་ཉིད་སྐུ་ལ་དགོངས་པའི་ཕྱིར།

འདི་ཤེས་ན། ཁ་ཅིག དབུ་མ་ཐལ་འགྱུར་བའི་ལུགས་ལ། དོན་དམ་བདེན་པ་ཡིན་ན་ཆོས་ཉིད་ཡིན་པས་ཁྱབ་ཟེར་བའི་ལོག་རྟོག་ལྡོག་པར་འགྱུར་ཏེ། གློ་བུར་རྣམ་དག་གི་ཆར་གྱུར་པའི་ངོ་བོ་ཉིད་སྐུ་ཆོས་ཉིད་ཡིན་ན། སངས་རྒྱས་རང་པན་ཚུན་ཁོང་གི་མངོན་སུམ་གྱི་སྤྱོད་ཡུལ་ཡིན་པ་འགལ་བའི་ཕྱིར། དེར་ཐལ། དེའི་ལུགས་ལ་སངས་རྒྱས་ཀྱི་སེམས་ཀྱི་ཆོས་ཉིད་མངོན་སུམ་དུ་རྟོགས་པའི་བྱང་འཕགས་ཡོད་པའི་ཕྱིར།

ཡང་ཁ་ཅིག དབྱིངས་རང་བཞིན་གྱི་རྣམ་པར་དག་པ་ལ་སྣང་བྱ་གློ་བུར་གྱི་དྲི་མ་མཐའ་དག་དང་བྲལ་བའི་འདུས་མ་བྱས་ཀྱི་སྐུ་དེ། ངོ་བོ་ཉིད་སྐུའི་མཚན་ཉིད་ཟེར་བ་མི་འཐད་དེ། འདུས་མ་བྱས་ཀྱི་སྐུ་ཡིན་ན་ངོ་བོ་ཉིད་སྐུ་ཡིན་པས་མ་ཁྱབ་པའི་ཕྱིར་ཏེ། ཆོས་སྐུ་སྤྱི་ཙམ་པ་ཡོད་པའི་ཕྱིར།

རང་ལུགས་ནི། དག་པ་གཉིས་ལྡན་གྱི་ཆོས་ཉིད་ཀྱི་སྐུ། ངོ་བོ་ཉིད་སྐུའི་མཚན་ཉིད། དེ་ལ་དབྱེ་ན། རང་བཞིན་རྣམ་དག་གི་ཆར་གྱུར་པའི་ངོ་བོ་ཉིད་སྐུ་དང་། གློ་བུར་རྣམ་དག་གི་ཆར་གྱུར་པའི་ངོ་བོ་ཉིད་སྐུ་གཉིས་ཡོད།

ཁོན་རེ། མཚན་ཉིད་དེ་མི་འཐད་དེ། ངོ་བོ་ཉིད་སྐུ་ཡིན་ན་ཆོས་ཉིད་ཡིན་པས་མ་ཁྱབ་པའི་ཕྱིར་ཞེ་ན། མ་ཁྱབ་སྟེ། ཆོས་ཉིད་ཀྱི་སྐུ་ཡིན་ན་ཆོས་ཉིད་ཡིན་པས་མ་ཁྱབ་པའི་ཕྱིར། དེར་ཐལ། གཟུགས་ཀྱི་སྐུ་ཡིན་ན་གཟུགས་ཡིན་པས་མ་ཁྱབ་པའི་ཕྱིར།

心續中有，因是自性身故。周遍，因《大乘寶性論》云：『不共離習氣。[84]』故。」不周遍，因慮及客塵清淨分之自性身故。

又彼為有法，理應是唯佛之間相互之現前行境，因是自性身故。周遍，因雖說「不共離習氣」然亦不周遍，因如前者，慮及客塵清淨分之自性身故。

若了知此，有云：「於中觀應成派，若是勝義諦周遍是法性。」能遮除如是顛倒分別，因若客塵清淨分之自性身是法性，〔與〕是唯佛之間相互之現前行境相違故。理應如是，因於彼之宗，有現證佛之心的法性之菩薩聖者故。

又有云：「於界自性清淨遠離所斷——所有客塵垢染——之無為身，是自性身之性相。」不應理，因若是無為身，不周遍是自性身故，因有總的法身故。

自宗：「具二清淨之法性身」，乃自性身之性相。於彼分有：自性清淨分之自性身及客塵清淨分之自性身二者。

有云：「彼性相不應理，因若是自性身，不周遍是法性故。」不周遍，因若是法性身，不周遍是法性故。理應如是，因若是色之身，不周遍是色故。

གཞན་ཡང་། ཆོས་ཉིད་ཀྱི་སྐུ་ཡིན་ན་ཆོས་ཉིད་ཡིན་པས་མ་ཁྱབ་པར་ཐལ། ཆོས་ཉིད་ཀྱི་སྐུ་ཞེས་བརྗོད་པའི་ཆོས་ཉིད་དེ་ཆོས་ཉིད་རྐྱང་པ་ལ་མི་བྱེད་པའི་ཕྱིར། དེར་ཐལ། དེ་རྒྱུ་རྐྱེན་གྱིས་མ་བཅོས་པ་ལ་བྱེད་པའི་ཕྱིར་ཏེ། ངོ་བོ་ཉིད་ཀྱི་སྐུ། ཞེས་པའི་ངོ་བོ་ཉིད་དེ་རྒྱུ་རྐྱེན་གྱིས་མ་བཅོས་པ་ལ་བྱེད་པའི་ཕྱིར་ཏེ། ཉི་སྣང་ལས་བཅོས་མ་མ་ཡིན་པའི་དོན་གྱིས་ན་སངས་རྒྱས་བཅོམ་ལྡན་འདས་ཀྱི་ངོ་བོ་ཉིད་སྐུ་ཡིན་པར་ཤེས་པར་བྱའོ། ། ཞེས་གསུངས་པའི་ཕྱིར།

གཞན་ཡང་། ངོ་བོ་ཉིད་སྐུ་ཡིན་ན་ཆོས་ཉིད་ཀྱི་སྐུ་ཡིན་དགོས་པར་ཐལ། འཕགས་པའི་ལུགས་ལ་དེ་ལྟར་དགོས་པ་གང་ཞིག སློབ་དཔོན་གྱི་ལུགས་ལའང་དེས་མཚོན་པའི་ཕྱིར། དང་པོ་དེར་ཐལ། འཕགས་པའི་ལུགས་ལ། ཆོས་ཀྱི་སྐུ་ཞེས་བརྗོད་པ་ཡིན། ཞེས་པའི་སྐབས་ནས་དངོས་སུ་བསྟན་པའི་ཆོས་སྐུ་ཡིན་ན། ཆོས་ཉིད་ཀྱི་སྐུ་ཡིན་པས་ཁྱབ་པའི་ཕྱིར། དེར་ཐལ། ཉི་སྣང་ལས། རྐྱེན་ཕྱིས་པས་ཆོས་ཉིད་ཀྱི་སྐུ་ལ་ཆོས་ཀྱི་སྐུ་ཞེས་བྱའོ། །ཞེས་གསུངས་པའི་ཕྱིར།

སྐུ་ལྷག་མ་གསུམ་པོ་དོན་དམ་པར་ཆོས་ཉིད་ཀྱི་ངོ་བོ། ཞེས་སོགས་ལ། གཞུང་འདི་གང་ལས་འཕྲོས་ན། དེ་ཡང་ངོ་བོ་ཉིད་ཀྱི་སྐུ་ལ་སོགས་པའི་དབྱེ་བས་རྣམ་པ་བཞི་ཡིས། ཞེས་སོགས་ཀྱི་སྐབས་སུ་ཆོས་སྐུ་ལ། ངོ་བོ་ཉིད་སྐུ་ཡེ་ཤེས་ཆོས་སྐུ་ལོངས་སྐུ་སྤྲུལ་སྐུ་བཞིར་གྲངས་ངེས་ཞེས་བསྟན་པ་ལས་འཕྲོས།

ཚུལ་ཇི་ལྟར་འཕྲོས་ན། ཁོན་རེ། ཆོས་ཅན་གྱི་སྐུ་གསུམ་ཆོས་ཉིད་ཀྱི་སྐུ་དང་ངོ་བོ་ཐ་དད་ཡིན་ནམ་མིན། དང་པོ་ལྟར་ན་ཆོས་ཅན་དང་ཆོས་ཉིད་ངོ་བོ་ཐ་དད་དུ་ཐལ། དམ་བཅའ་དེའི་ཕྱིར། གཉིས་པ་ལྟར་ན། ཆོས་ཅན་གྱི་སྐུ་གསུམ་ཐ་དད་དུ་བཞག་པ་ལ་རྒྱུ་མཚན་དང་དགོས་པ་མེད་པར་ཐལ། དམ་བཅའ་དེའི་ཕྱིར། ཞེ་ན། ཆོས་ཅན་གྱི་སྐུ་གསུམ་ཆོས་ཅན། ཁྱོད་རྣམས་ཆོས་ཉིད་ཀྱི་སྐུ་དང་ངོ་བོ་ཐ་དད་མིན་ཀྱང་། སྤྱིར་ཐ་དད་དུ་འཇོག་པའི་རྒྱུ་མཚན་ཡོད་དེ། གདུལ་བྱའི་མོས་པའི་དབང་གིས་ཁྱོད་རྣམས་ཐ་དད་དུ་བཞག་པའི་ཕྱིར།

ཆོས་ཅན་གྱི་སྐུ་གསུམ་ཐ་དད་དུ་བཞག་པ་ལ་ཆོས་ཅན། དགོས་པ་ཡོད་དེ། ཡེ་ཤེས་ཆོས་སྐུ་སངས་རྒྱས་ནང་པན་ཚུན་ཁོན་འི་མངོན་སུམ་གྱི་སྤྱོད་ཡུལ་དང་། ལོངས་སྐུའི་གཟུགས་ཕུང་སར་

又，若是法性身，理應不周遍是法性，因所謂「法性身」之法性，彼不是單指法性故。理應如是，因彼指非由因緣造作故。因所謂自性身之自性，指非由因緣造作故，因《二萬頌光明釋》云：「因非造作，當知是世尊之自性身。」故。

又，若是自性身，理應須是法性身，因於聖者宗須如是，且阿闍黎宗亦是彼所表徵故。初者理應如是，因於聖者宗，若是所謂「說名為法身」之時直接顯示之法身，周遍是法性身故。理應如是，因《二萬頌光明釋》云：「取出介系詞而稱呼『法性身』為『法身』。」故。

「餘三身勝義法性性……[85]」等，此文從何衍生？從「此即自性身等四分類……」等之時於法身，顯示定數為自性身、智慧法身、報身、化身四所衍生。

如何衍生之理，有云：「有法三身與法性身是否體異？若是初者，有法與法性理應體異，因彼宗故。若是第二，安立有法三身為異，理應無理由及旨趣，因彼宗故。」有法三身為有法，爾等與法性身雖非體異，然一般而言有安立為異之理由，因以所化勝解而言安立爾等為異故。

安立有法三身為異為有法，有旨趣，因乃為顯示智慧法身是唯佛之間相互之現前行境；報身色蘊是住地以上菩薩之現前行境；殊

གནས་ཀྱི་བྱང་སེམས་ཡན་ཆད་ཀྱི་མངོན་སུམ་གྱི་སྤྱོད་ཡུལ་དང་། མཆོག་གི་སྤྲུལ་སྐུའི་གཟུགས་ཕུང་སོ་སོ་སྐྱེ་བོ་ལས་དག་ཡན་ཆད་ཀྱི་མངོན་སུམ་གྱི་སྤྱོད་ཡུལ་དུ་བསྟན་པའི་ཆེད་ཡིན་པའི་ཕྱིར། ཆོས་ཅན་གྱི་སྐུ་གསུམ་ཆོས་ཉིད་སྐུ་དང་ངོ་བོ་ཐ་དད་མིན་པར་སྟོན་པའི་ལུང་ཡོད་དེ། ཤེར་ཕྱིན་ཆེན་པོའི་ལུང་ལས། སྟོང་ཉིད་ཅེས་བྱ་ཤེས་པ་ལས། །གཞན་ནི་འགའ་ཡང་ཡོད་མ་ཡིན། །གང་ཕྱིར་དབེན་པ་དབེན་གྱུར་ལས། །ཐ་མི་དད་པ་ཉིད་དུ་འདོད། ། ཅེས་གསུངས་པའི་ཕྱིར།

ཁོན་རེ། ཡེ་ཤེས་ཆོས་སྐུ་སངས་རྒྱས་ནང་པན་ཚུན་ཁོནའི་མངོན་སུམ་གྱི་ཡུལ་ཡིན་པར་ཐལ། དེ་སངས་རྒྱས་ནང་པན་ཚུན་ཁོནའི་མངོན་སུམ་གྱི་སྤྱོད་ཡུལ་ཡིན་པའི་ཕྱིར་ན་མ་ཁྱབ། འདོད་ན། ཡེ་ཤེས་ཆོས་སྐུ་ཆོས་ཅན། དེ་མ་ཡིན་པར་ཐལ། ཡེ་ཤེས་ཆོས་སྐུ་མི་རྟག་པར་མངོན་སུམ་དུ་རྟོགས་པའི་བྱང་འཕགས་ཀྱི་མངོན་སུམ་གྱི་ཡུལ་ཡིན་པའི་ཕྱིར། མ་གྲུབ་ན། དེར་ཐལ། ཡེ་ཤེས་ཆོས་སྐུ་མི་རྟག་པར་མངོན་སུམ་དུ་རྟོགས་པའི་བྱང་འཕགས་ཀྱི་མངོན་སུམ་དེ་ཡེ་ཤེས་ཆོས་སྐུ་ལ་མངོན་སུམ་ཡིན་པའི་ཕྱིར། དེར་ཐལ། དེ་ཡེ་ཤེས་ཆོས་སྐུ་མི་རྟག་པ་ལ་མངོན་སུམ་གང་ཞིག ཡེ་ཤེས་ཆོས་སྐུ་དང་ཡེ་ཤེས་ཆོས་སྐུ་མི་རྟག་པ་གཉིས་ཡུལ་དུས་རང་བཞིན་གང་ལ་ལྟོས་ཏེ། གྲུབ་བདེ་རྫས་གཅིག་ཡིན་པའི་ཕྱིར་ཟེར་ན། རྩ་བའི་མ་ཁྱབ་མཚམས་སུ་མ་ཁྱབ་སྟེ། སངས་རྒྱས་འཕགས་པ་ལས་གཞན་པའི་གང་ཟག་གི་མངོན་སུམ་གྱི་ཡུལ་ཡིན་ན། དེའི་མངོན་སུམ་གྱི་སྤྱོད་ཡུལ་ཡིན་པས་མ་ཁྱབ་པའི་ཕྱིར་ཏེ། དེའི་མངོན་སུམ་གྱི་སྤྱོད་ཡུལ་ཡིན་ན། དེའི་མངོན་སུམ་གྱི་སྒྲོ་འདོགས་གཅོད་པའི་ཡུལ་ཡིན་དགོས་པའི་ཕྱིར།

ཡང་ཁོན་རེ། ཡེ་ཤེས་ཆོས་སྐུ་སངས་རྒྱས་ནང་པན་ཚུན་ཁོནའི་མངོན་སུམ་གྱི་སྤྱོད་ཡུལ་མ་ཡིན་པར་ཐལ། ཡེ་ཤེས་ཆོས་སྐུ་ཡུལ་དུ་བྱེད་པའི་བྱང་འཕགས་ཀྱི་མངོན་སུམ་གྱིས་ཡེ་ཤེས་ཆོས་སྐུ་རྟོགས་པའི་ཕྱིར། དེར་ཐལ། དེ་ཡེ་ཤེས་ཆོས་སྐུ་ལ་ཚད་མ་ཡིན་པའི་ཕྱིར། དེར་ཐལ། དེ་རང་གི་གཞལ་བྱ་ལ་ཚད་མ་ཡིན་པའི་ཕྱིར། ཟེར་ན། མ་ཁྱབ་པའི་ཚུལ་རིགས་འགྲེ་སྐྱེ་ཤེས་པར་བྱའོ། །

ཁ་ཅིག སྐུ་ལྷག་མ་གསུམ་པོ་དོན་དམ་པར་ཆོས་ཉིད་ཀྱི་ངོ་བོ་ཞེས་པའི་ཚིག་ལ་བརྟེན་ནས། ངོ་བོ་ཉིད་ཀྱི་སྐུ་དེ་ཆོས་ཅན་གྱི་སྐུ་ལྷག་མ་གསུམ་གྱི་ཆོས་ཉིད་ཀྱི་སྐུ་ཡིན་ཟེར་བ་མི་འཐད་དེ། ལོངས་

勝化身色蘊乃淨業以上異生之現前行境故。有宣說有法三身與法性身非體異之教言，因大車軌教言云：「所謂之空性，除知外非有，總之離所離，承許非體異。」故。

有云：「智慧法身理應是唯佛之間相互之現前境，因彼是唯佛之間相互之現前行境故。」不周遍。若許，智慧法身為有法，理應不是彼，因是現證智慧法身為無常之菩薩聖者之現前境故。若不成，理應如是，因現證智慧法身為無常之菩薩聖者之現前，於智慧法身是現前故。理應如是，因彼於智慧法身無常是現前，且智慧法身與智慧法身無常二者，觀待任何時、處、自性，皆是成住同質故。於根本不周遍處不周遍，因若是佛聖者以外其他補特伽羅之現前境，不周遍是彼之現前行境故，因若是彼之現前行境，須是彼之現前所斷除增益之境故。

又有云：「智慧法身理應不是唯佛之間相互現前行境，因以智慧法身為境之菩薩聖者之現前，通達智慧法身故。理應如是，因彼於智慧法身是量故。理應如是，因彼於自之所量是量故。」當了知類推不周遍之理。

有云：「依所說『餘三身勝義法性性』之詞，〔了知〕自性身是其餘三有法之身之法性身。」不應理，因沒有報身之法性身、沒

སྐུའི་ཆོས་ཉིད་ཀྱི་སྐུ་མེད། སྤྲུལ་སྐུའི་ཆོས་ཉིད་ཀྱི་སྐུ་མེད། ཡེ་ཤེས་ཆོས་སྐུའི་ཆོས་ཉིད་ཀྱི་སྐུ་ཡང་མེད་པའི་ཕྱིར། དང་པོ་དེར་ཐལ། ལོངས་སྐུའི་ངོ་བོ་ཉིད་ཀྱི་སྐུ་ཆོས་ཉིད་མ་ཡིན་པའི་ཕྱིར། གཞན་གཉིས་ལའང་རིགས་འགྲེ།

ཁོ་ན་རེ། ལོངས་སྐུའི་ཆོས་ཉིད་ལོངས་སྐུའི་ཆོས་ཉིད་ཀྱི་སྐུ་ཡིན་པར་ཐལ། དེ་ལོངས་སྐུའི་ཆོས་ཉིད་གང་ཞིག སྐུ་ཡིན་པའི་ཕྱིར། ཞེས་སྨྲ་བ་ནི་ཅོལ་ཆུང་གི་གཏམ་མོ། །

有化身之法性身，也沒有智慧法身之法性身故。初者理應如是，因報身之自性身不是法性故。餘二亦類推。

有云：「報身之法性理應是報身之法性身，因彼是報身之法性，且是身故。」乃無主見之語矣。

ཡེ་ཤེས་ཆོས་སྐུ་དང༌། དེ་ལས་འཕྲོས་པའི་འཕགས་སེང་གི་རྩོད་པ།

བྱང་ཆུབ་ཕྱོགས་མཐུན་ཚད་མེད་དང་། །ཞེས་པ་ནས། ཆོས་ཀྱི་སྐུ་ཞེས་བརྗོད་པ་ཡིན། ཞེས་པའི་བར་ལ། སངས་རྒྱས་ཀྱི་སའི་ཟག་མེད་ཡེ་ཤེས་སྤྱི་ཚན་ཉེར་གཅིག་ཆོས་ཅན། ཡེ་ཤེས་ཆོས་སྐུ་ཡིན་ཏེ། ཇི་ལྟ་བ་དང་ཇི་སྙེད་པ་ལ་ལྟོས་ནས་གཟིགས་པ་མཐར་ཐུག་པའི་ཡེ་ཤེས་ཡིན་པའི་ཕྱིར། ཇི་ལྟ་བ་དང་ཇི་སྙེད་པ་ལ་ལྟོས་ནས་གཟིགས་པ་མཐར་ཐུག་པའི་ཡེ་ཤེས་དེ། ཡེ་ཤེས་ཆོས་སྐུའི་མཚན་ཉིད་དང་། དབྱེ་ན། ཇི་ལྟ་བ་རྟོགས་པའི་ཡེ་ཤེས་ཆོས་སྐུ། ཇི་སྙེད་པ་རྟོགས་པའི་ཡེ་ཤེས་ཆོས་སྐུ་གཉིས་ཡོད། ཡང་དེས་བསྡུས་པའི་མེ་ལོང་ལྟ་བུའི་ཡེ་ཤེས། མཉམ་ཉིད་ཡེ་ཤེས། སོ་སོར་རྟོགས་པའི་ཡེ་ཤེས། བྱ་གྲུབ་ཡེ་ཤེས། ཆོས་དབྱིངས་ཡེ་ཤེས་དང་ལྔ་ཡོད། སངས་རྒྱས་འཕགས་པའི་རྒྱུད་ཀྱི་དབང་ཤེས་དང་རང་རིག་རྣམས་ཡེ་ཤེས་ཆོས་སྐུར་སྦྱར་བ་དོར་བར་བྱའོ། །

སྐབས་འདིར་གཞུང་དོན་ལ་དོགས་པ་ཅུང་ཟད་དཔྱད་ན། འཕགས་པས་འཆད་ཚུལ་དང་། སློབ་དཔོན་གྱིས་འཆད་ཚུལ། སློབ་དཔོན་གྱིས་འཕགས་པ་ལ་དགག་བཞག་ཇི་ལྟར་མཛད་པའི་ཚུལ་དང་གསུམ། དང་པོ་ཡོད་དེ། ཐུབ་པའི་ངོ་བོ་ཉིད་སྐུ་ནི། །ཞེས་སོགས་ཀྱིས་ངོ་བོ་ཉིད་སྐུ་མདོར་བསྟན། བྱང་ཆུབ་ཕྱོགས་མཐུན་ཚད་མེད་དང་། ཞེས་སོགས་ཀྱིས་རྒྱས་པར་འཆད། མཚན་ནི་སུམ་ཅུ་རྩ་གཉིས་དང་། །ཞེས་སོགས་ཀྱིས་ལོངས་སྐུ་མདོར་བསྟན། ཕྱག་ཞབས་འཁོར་ལོའི་མཚན་དང་། ཞེས་སོགས་ཀྱིས་ལོངས་སྐུ་རྒྱས་པར་བཤད། གང་གིས་སྲིད་པ་ཇི་སྲིད་བར། །ཞེས་སོགས་ཀྱིས་སྤྲུལ་སྐུ་མདོར་བསྟན། འགྲོ་རྣམས་ཞི་བའི་ལས་དང་ནི། ། ཞེས་སོགས་ཀྱིས་སྤྲུལ་སྐུ་རྒྱས་པར་འཆད་པའི་ཕྱིར།

དེ་ལ་ཁོན་རེ། ཆོས་ཀྱི་སྐུ་ཞེས་བརྗོད་པ་ཡིན། ཞེས་འབྱུང་མི་རིགས་པར། ཆོས་ཉིད་སྐུ་ཞེས་བརྗོད་པ་ཡིན། ཞེས་འབྱུང་རིགས་པར་ཐལ། བྱང་ཆུབ་ཕྱོགས་མཐུན་ཚད་མེད་དང་། །ཞེས་པ་ནས་ཆོས་ཀྱི་སྐུ་ཞེས་བརྗོད་པ་ཡིན། ཞེས་པའི་བར་གྱིས་ངོ་བོ་ཉིད་སྐུ་བསྟན་བྱའི་གཙོ་བོར་བྱས་ནས

130 智慧法身及由彼衍生聖、獅之諍論

從「順菩提分法」乃至「說名為法身」，佛地二十一聚無漏智為有法，是智慧法身，因是觀待如所有性與盡所有性而究竟觀見之本智故。「觀待如所有性及盡所有性而究竟觀見之本智」，乃智慧法身之性相。分有：通達如所有性之智慧法身、通達盡所有性之智慧法身二者。又彼所攝之大圓鏡智、平等性智、妙觀察智、成所作智、法界體性智五者。所謂「佛聖者相續之根知及自證分是智慧法身」當棄捨。

此時於文義疑問略作觀察：聖者講說之理、阿闍黎講說之理、阿闍黎於聖者如何作破立之理三者。有初者，因「能仁自性身……」等略示自性身；「順菩提分法……」等廣說；「許三十二相……」等略示報身；「手足輪相具……」等廣說報身；「若乃至三有……」等略示化身；「諸趣寂滅業……」等廣說化身故。

於彼有云：「『說名為法身』不合理，理應可說『說名為法性身』，因從『順菩提分法』乃至『說名為法身』以自性身為主要所詮而顯示故。」不周遍，因雖欲說「法性身」，然以聲韻學而言說

བསྟན་པའི་ཕྱིར་ཞེ་ན། མ་ཁྱབ་སྟེ། ཆོས་ཉིད་ཀྱི་སྐུ་ཞེས་བརྗོད་རྒྱུ་ཡིན་ཡང་། སྟེབས་སྦྱོར་གྱི་དབང་གིས་ཆོས་ཀྱི་སྐུ་ཞེས་བརྗོད་པའི་ཕྱིར། དེ་ལྟ་མ་ཡིན་ན་སྐབས་བརྒྱད་པའི་བསྟན་བྱའི་གཙོ་བོར་གྱུར་པའི་ངོ་བོ་ཉིད་སྐུ་མེད་པར་ཐལ། བྱང་ཆུབ་ཕྱོགས་མཐུན་ཚད་མེད་དང་། །ཞེས་སོགས་ཀྱི་གཞུང་གི་ངོ་བོ་ཉིད་སྐུ་བསྟན་བྱའི་གཙོ་བོར་བྱས་ནས་མ་བསྟན། དེ་མ་བསྟན་ན། ཐུབ་པའི་ངོ་བོ་ཉིད་སྐུ་ནི། །ཞེས་སོགས་ཀྱི་དེ་མ་བསྟན་དགོས། དེ་གཉིས་གང་གིས་ཀྱང་ངོ་བོ་ཉིད་སྐུ་མ་བསྟན་ན། སྐབས་བརྒྱད་པར་ངོ་བོ་ཉིད་སྐུ་མ་བསྟན་དགོས་པའི་ཕྱིར། རྟགས་བར་པ། དེར་ཐལ། གཞུང་སྔ་ཕྱི་གཉིས་པོ་མདོར་བསྟན་རྒྱས་བཤད་ཡིན་པའི་ཕྱིར།

གཞན་ཡང་། ཆོས་ཀྱི་སྐུ་ཞེས་བརྗོད་པ་ཡིན། ཞེས་པའི་གཞུང་གི་བསྟན་བྱའི་གཙོ་བོར་གྱུར་པའི་ཆོས་སྐུ་དེ། སངས་རྒྱས་ཀྱི་སའི་ཟག་མེད་ཡེ་ཤེས་སྡེ་ཚན་ཉེར་གཅིག་བསགས་པ་ཡིན་པར་ཐལ། དེས་ངོ་བོ་ཉིད་སྐུ་མ་བསྟན་པའི་ཕྱིར། འདོད་ན། དེ་འདུས་བྱས་ཡིན་པར་ཐལ། འདོད་པའི་ཕྱིར། འདོད་ན། ཐུབ་པའི་ངོ་བོ་ཉིད་སྐུ་ནི།། ཞེས་པའི་གཞུང་གི་བསྟན་བྱའི་གཙོ་བོར་གྱུར་པའི་ངོ་བོ་ཉིད་སྐུ་འདུས་བྱས་སུ་ཐལ། འདོད་པ་གང་ཞིག གཞུང་སྔ་ཕྱི་གཉིས་མདོར་བསྟན་རྒྱས་བཤད་ཡིན་པའི་ཕྱིར། དེ་ཉིད་འཕགས་པའི་བཞེད་པ་ཡིན་པ་ནི། འགྲེལ་པར། གཞན་དག་ནི། ཞེས་པ་ནས། བྱང་ཆུབ་ཕྱོགས་མཐུན་ཚད་མེད་དང་། །ཞེས་པ་ལ་སོགས་པའི་ཚིག་ལེའུར་བྱས་པ་ལ་འཇུག་པར་བྱེད་དོ། །ཞེས་པའི་བར་གྱིས་འཆད།

གཉིས་པ་སློབ་དཔོན་གྱི་འཆད་ཚུལ་ནི། ཐུབ་པའི་ངོ་བོ་ཉིད་སྐུ་ཞེས་སོགས་ཤློ་ཀ་གཅིག་གིས་ངོ་བོ་ཉིད་སྐུ་དང་། བྱང་ཆུབ་ཕྱོགས་མཐུན་ཚད་མེད་དང་། །ཞེས་པ་ནས། རྟག་པ་ཞེས་ཀྱང་བརྗོད་པ་ཡིན། །ཞེས་པའི་བར་གྱིས་ཡེ་ཤེས་ཆོས་སྐུ་འཆད་ལ། ལོངས་སྐུ་འཆད་ཚུལ་འཕགས་པ་དང་འདྲ་བར་བཞེད་ཅིང་། གང་གིས་སྲིད་པ་ཇི་སྲིད་བར། །ཞེས་སོགས་ཤློ་ཀ་གཅིག་གིས་སྤྲུལ་སྐུ་དང་། དེ་བཞིན་འཁོར་བ་ཇི་སྲིད་འདིའི། །ཞེས་སོགས་ཀྱིས་ཡེ་ཤེས་ཆོས་སྐུའི་འཕྲིན་ལས་འཆད་དོ། །

གསུམ་པ་སློབ་དཔོན་གྱིས་འཕགས་པ་ལ་དགག་པ་མཛད་ཚུལ་ནི། གཞན་དག་ན་རེ། དེ་དག་གི་ལྟར་ན་རྣལ་འབྱོར་པའི་ཀུན་རྫོབ་ཏུ་དོན་ཁྱད་པར་ཅན་སྣང་བ་སྐྱེ་བའི་སྒོ་ནས་གནས་ཡོངས་སུ་

「法身」故。若非如是，理應沒有第八品之主要所詮之自性身，因「順菩提分法……」等文不以自性身為主要所詮而顯示，若不顯示彼，則「能仁自性身……」等須不顯示彼，若彼二皆不顯示自性身，於第八品須不顯示自性身故。中間因，理應如是，因前後二文乃略示廣說故。

又，屬「說名為法身」之文主要所詮之法身，理應是佛地二十一聚無漏本智積法，因彼不顯示自性身故。若許，彼理應是有為法，因許故。若許，「能仁自性身」之文的主要所示自性身理應是有為法，因承許，且前後二文乃略示廣說故。彼即聖者所許，《明義釋》云：「他人」乃至「『順菩提分法……』等偈頌。[86]」講說。

第二阿闍黎講說之理，「能仁自性身……」等一偈講說自性身；自「順菩提分法」乃至「亦可說為常」講說智慧法身。講說報身之理，與聖者承許相同，且「若乃至三有……」等一偈講說化身；「如是盡生死……」等講說智慧法身事業。

第三阿闍黎於聖者作破斥之理，〔明義釋云：〕「其他有言：『若如彼等而言，從瑜伽者之世俗殊勝事業所產生之表象上，以完

གྱུར་པས་གྱུར་པ། ཆོས་སྟོན་པ་ལ་སོགས་པའི་དོན་གྱི་བྱ་བ་མཛད་པ་གཉིས་སུ་མེད་པའི་སེམས་དང་སེམས་ལས་བྱུང་བ་གདོན་མི་ཟ་བར་ཁས་བླངས་དགོས་པ་རྣམས་ཇི་ལྟར་བསྡུ་ཞེས་ཟེར་རོ། །ཞེས་སློབ་དཔོན་རང་གི་བཞེད་པ་གསུངས། དོན་ནི། སངས་རྒྱས་ཀྱི་སའི་ཟག་མེད་ཡེ་ཤེས་སྡེ་ཚན་ཉེར་གཅིག་ཆོས་ཅན། སངས་རྒྱས་ཀྱི་སྐུ་མ་ཡིན་པར་ཐལ། ངོ་བོ་ཉིད་སྐུ། ལོངས་སྐུ། སྤྲུལ་སྐུ་གསུམ་པོ་གང་རུང་མ་ཡིན་པ་གང་ཞིག དེ་ལས་ལོགས་སུ་གྱུར་པའི་སྐུའི་རྣམ་གཞག་མི་རུང་བའི་ཕྱིར་ཏེ། ཡེ་ཤེས་ཆོས་སྐུའི་རྣམ་གཞག་བྱར་མི་རུང་བའི་ཕྱིར་ཏེ། བྱང་ཆུབ་ཕྱོགས་མཐུན་ཚད་མེད་དང་། །ཞེས་སོགས་ཀྱིས་ཡེ་ཤེས་ཆོས་སྐུ་མ་བསྟན་པའི་ཕྱིར། རྟགས་ཁས། ཐལ་འགྱུར་འདི་ལ་འཕགས་པ་རྗེས་འབྲང་དང་བཅས་པས་འདོད་ལན་འདེབས་ཀྱང་འདོད་ལན་མི་ཐེབས་པས་གནོད་བྱེད་དུ་འགྲོའོ། །

དེ་ལ་འཕགས་པ་ན་རེ། སངས་རྒྱས་ཀྱི་སའི་ཟག་མེད་ཡེ་ཤེས་སྡེ་ཚན་ཉེར་གཅིག་ངོ་བོ་ཉིད་སྐུ་ལས་ལོགས་སུ་བསྟན་པ་མི་འཐད་པར་ཐལ། དེ་ངོ་བོ་ཉིད་སྐུས་ཆོས་ཉིད་ཀྱི་ཆོས་ཅན་གྱི་ཚུལ་དུ་བསྡུས་པའི་ཕྱིར། ཞེས་ཟེར། འོ་ན། ལོངས་སྤྲུལ་གཉིས་ངོ་བོ་ཉིད་སྐུ་ལས་ལོགས་སུ་བསྟན་པ་མི་འཐད་པར་ཐལ། དེ་གཉིས་ཀྱང་ངོ་བོ་ཉིད་སྐུས་ཆོས་ཉིད་ཀྱི་ཆོས་ཅན་གྱི་ཚུལ་དུ་བསྡུས་པའི་ཕྱིར། འཁོར་གསུམ།

དེ་ལ་འཕགས་པ་ན་རེ། སངས་རྒྱས་ཀྱི་སྐུ་ལ་ངོ་བོ་ཉིད་སྐུ་ལོངས་སྐུ་སྤྲུལ་སྐུ་གསུམ་དུ་གྲངས་ངེས་པར་ཐལ། ཐུབ་པའི་གསུང་རབ་དང་རྒྱུད་བླ་སོགས་ལས་དེ་ལྟར་བཤད་པའི་ཕྱིར། ཞེས་གསུངས། འོ་ན། ཡེ་ཤེས་ཆོས་སྐུ་ཡང་སྐུའི་དབྱེ་བ་གཞན་དུ་གཞག་རིགས་པར་ཐལ། ཚད་མར་གྱུར་པའི་གསུང་རབ་དགོངས་འགྲེལ་དང་བཅས་པ་ཁ་ཅིག་ལས་སྐུ་བཞིར་ཡང་གསུངས་པའི་ཕྱིར། མཚུངས་སོ། །

ཡང་འཕགས་པ་ན་རེ། སྐབས་བརྒྱད་པར་བསྟན་པའི་ཆོས་སྐུ་ལ་གསུམ་ཁོ་ནར་ངེས་ཏེ། ལུས་རྣམ་གཞག་ཏུ་ངོ་བོ་ཉིད་ཅེས་པའི་སྒྲའི་འཇུག་ཟློགས་སུ་ཆོས་ཀྱི་སྐུ་ཞེས་བྱ་བའི་སྒྲ་མི་འབྱུང་བའི་ཕྱིར་ཏེ། ངོ་བོ་ཉིད་ལོངས་རྫོགས་བཅས་དང་། །ཞེས་པའི་སྒྲ་འབྱུང་བའི་ཕྱིར། ཞེས་པའི་འདོད་པ་བརྗོད་པ་ནི། འགྲེལ་པར། ཁ་ཅིག་ན་རེ། ངོ་བོ་ཉིད་ལོངས་རྫོགས་བཅས་དང་། །དེ་བཞིན་གཞན་པ་སྤྲུལ་པ་ནི། །

全轉變處而改變，示現宣說教法等之利益行為，無二之心與心所。彼等無疑必須承認；如何含攝？』」講說阿闍黎自之承許。〔其〕義，佛地二十一聚無漏智為有法，理應不是佛身，因非自性身、報身、化身三者隨一，且除此之外的身建立不合適故，因不適合作智慧法身之建立故。因「順菩提分法……」等未顯示智慧法身故。承許因。於此應成〔論式〕，聖者及其追隨者雖答承許，然答承許不正確，〔此應成〕成為能違害。

於彼聖者有云：「於自性身以外顯示佛地二十一聚無漏智，理應不應理，因彼被自性身以法性之有法之理含攝故。」那麼，於自性身以外顯示報化二〔身〕理應不應理，因彼二亦是自性身以法性之有法之理含攝故。三輪！

於彼聖者有云：「佛身理應是自性身、報身、化身三者數量決定，因能仁至言與《大乘寶性論》等如是開示故。」那麼，智慧法身亦理應可作其他身之分類，因有若干具量之至言及釋論亦講說四身故。相同。

又聖者云：「於第八品顯示之法身，決定唯是三，因於正文說『自性』之聲尾，不產生所謂『法身』之聲故，因產生『自性圓滿報』之聲故。」講說〔彼〕之承許，《明義釋》云：「有云：『頌曰：「自性圓滿報，如是餘化身，法身並事業，四相正宣說。」緊接「自

ཆོས་སྐུ་མཛད་པ་དང་བཅས་པ། །རྣམ་པ་བཞིར་ནི་ཡང་དག་བརྗོད། །ཅེས་བྱ་བའི་ཚིག་ལེའུར་བྱས་པ་ལས། ངོ་བོ་ཉིད་ཅེས་བྱ་བའི་སྒྲའི་འཇུག་ཐོགས་སུ་ཆོས་ཀྱི་སྐུ་ཞེས་བྱ་བའི་སྒྲ་མི་འབྱུང་བས། སྐུ་ནི་གསུམ་པོ་ནའོ། །ཞེས་ཟེར་རོ། །ཞེས་འབྱུང་།

འཕགས་པས་བརྗོད་པའི་སྐྱོན་མི་འཇུག་སྟེ། ངོ་བོ་ཉིད་ལོངས་རྫོགས་བཅས་དང་། ཞེས་འབྱུང་ཡང་། ཆོས་སྐུ་མཛད་པ་དང་བཅས་པ། ཞེས་མཛད་པ་འཕྲིན་ལས་དང་ཡེ་ཤེས་ཆོས་སྐུ་ལྷན་ཅིག་ཏུ་སྦྲར་ནས་བསྟན་པའི་ཕྱིར།

དེ་ལྟར་བསྟན་པ་ཆོས་ཅན། དགོས་པ་ཡོད་དེ། སངས་རྒྱས་ཀྱི་འཕྲིན་ལས་ཐམས་ཅད་ཡེ་ཤེས་ཆོས་སྐུའི་འཕྲིན་ལས་སུ་རྟོགས་པའི་ཆེད་ཡིན་པའི་ཕྱིར།

འོ་ན། ཡེ་ཤེས་མཛད་པ་དང་བཅས་པ། ཞེས་སྨོས་རིགས་ཀྱི། ཆོས་སྐུ་མཛད་པ་དང་བཅས་པ། ཞེས་སྨོས་མི་རིགས་སོ། །ཞེ་ན། སྐྱོན་མེད་དེ། ཆོས་སྐུ་མཛད་པ་དང་བཅས་པ། ཞེས་སྨོས་པ་རྒྱན་གྱི་ཚིགས་བཅད་སྦྱོར་སྟབས་ཀྱི་དགོས་པ་ཡོད་པའི་ཕྱིར། དེར་ཐལ། དེ་ལྟར་སྨོས་པས་སྐབས་བརྒྱད་པ་དང་བསྟན་བཤད་སྦྱོར་བའི་ཚིག་དང་། ཡེ་ཤེས་ཆོས་སྐུའི་བསྟན་བྱའི་གཙོ་བོར་བྱས་པ་གཉིས་ཀ་འགྲུབ། ཡེ་ཤེས་མཛད་པ་དང་བཅས་པ། ཞེས་སྨོས་ན་དེ་ལྟར་མི་འགྲུབ་པའི་ཕྱིར། དང་པོ་དེར་ཐལ། ཆོས་སྐུ་མཛད་པ་དང་བཅས་པ། ཞེས་པའི་ཆོས་སྐུའི་སྒྲས་ཡེ་ཤེས་ཆོས་སྐུར་མ་ཟད། སྐུ་བཞིའི་དབྱེ་གཞིར་གྱུར་པའི་ཆོས་སྐུ་དང་། དངོས་པོ་བརྒྱད་ཀྱི་ནང་ཚན་དུ་གྱུར་པའི་ཆོས་སྐུ་ཡང་བསྟན་པའི་ཕྱིར། རྟགས་གཉིས་པ་དེར་ཐལ། ཡེ་ཤེས་མཛད་པ་དང་བཅས་པ། །ཞེས་སྨོས་ན། ཡེ་ཤེས་ཆོས་སྐུ་ཁོན་བསྟན་པར་སོང་བ་གང་ཞིག དེ་སོང་ན་སྐབས་བརྒྱད་པ་དང་བསྟན་བཤད་སྦྱོར་བའི་ཚིག་ཏུ་མི་འགྱུར་བའི་ཕྱིར། དེ་མི་འགྱུར་བར་ཐལ། ཡེ་ཤེས་ཆོས་སྐུ་ལ་སྐུ་གསུམ་དང་བཞི་སོགས་སུ་དབྱེར་མི་རིགས་པའི་ཕྱིར།

དེ་ལྟར་ཡང་། འགྲེལ་པར། གཞན་དག་ན་རེ། དགོས་པ་ཉེ་བར་བསྟན་པའི་ཤུགས་ཀྱིས་ཚིག་ལེའུར་བྱས་པ་སྦྱར་བའི་ངོར་ཡེ་ཤེས་ཁོན་དང་མཛད་པར་སྦྱར་བའི་ཕྱིར་དེ་སྐད་དུ་གསུངས་པ་ཡིན་ཏེ། དེའི་ཕྱིར་ཕྱོགས་གཞན་ནས་སྐུ་བཞིར་གསུངས་པ་ཐམས་ཅད་མི་འགལ་བར་འགྱུར་ཞེས་

性」之字詞後，並未出現「法身」之字眼，故唯有三身。』[87]」

聖者所說之過不成，因雖出現「自性圓滿報」然「法身並事業」把事業與智慧法身同時結合而顯示故。

如是顯示為有法，有旨趣，因是為了通達佛一切事業為智慧法身之事業故。

「那麼，可以說『本智並事業』，不可說『法身並事業』。」無過，因說「法身並事業」有易與《現觀莊嚴論》偈頌結合之旨趣故。理應如是，因如是講說，與第八品結合廣說略示之文詞，以及以智慧法身為主要所示二者皆成立，說「本智並事業」無法如是成立故。初者理應如是，因說「法身並事業」之法身之聲不僅顯示是法身，亦顯示四身分類源之法身及八事中之法身故。第二因理應如是，因若說「本智並事業」，則成唯顯示智慧法身，且若如彼，則不成是與第八品結合廣說略示之文詞故。彼理應不成立，因智慧法身分為三及四等身不合理故。

彼如是又《明義釋》云：「餘有云：『述說之目的、間接就撰寫偈頌而言，〔與〕為令僅智慧與事業結合而如是說，是故，與他方宣說四身皆不相違。』[88]」此為阿闍黎自宗所說。

ཟེར་རོ། །ཞེས་སློབ་དཔོན་རང་ལུགས་གསུངས།

ཁ་ཅིག་ན་རེ། སློབ་དཔོན་གྱི་ལུགས་ལ་ཡེ་ཤེས་ཆོས་སྐུ་དེ་ངོ་བོ་ཉིད་སྐུ་ནས་བགྲངས་པའི་སྐུ་བཞི་པ་ཡིན་ཏེ། ལུས་རྣམ་གཞག་གི་ཆོས་སྐུ་མཛད་པ་དང་བཅས་པ་ཞེས་ཆོས་སྐུའི་སྐབས་ཡེ་ཤེས་ཆོས་སྐུ་བསྟན་པའི་ཕྱིར་དང་། རྣམ་བཤད་ལས། ཟག་པ་མེད་པའི་ཡེ་ཤེས་སྡེ་ཚན་ཉི་ཤུ་རྩ་གཅིག་གིས་བསྡུས་པའི་ཡེ་ཤེས་ཆོས་སྐུ་ནི། སྔགས་ཀྱི་ཕྱོགས་ནས་ཀྱང་སྐུ་བཞི་པར་གསུངས་ལ། རྒྱལ་བའི་སྲས་པོ་སེང་གེ་བཟང་པོས་ཀྱང་སྐུ་བཞི་པར་མཛད་པ་ནི། དབྱེ་བསྡུ་ཙམ་ཡིན་གྱི་སྐུ་གསུམ་དུ་མ་འདུས་པར་བཞེད་པ་ནི་མ་ཡིན་ནོ། །ཞེས་གསུངས་པའི་ཕྱིར་ན། མ་ཁྱབ་སྟེ། ལུས་རྣམ་གཞག་ཏུ་དེ་ལྟར་གསུངས་པ་ནི་དགོས་པའི་དབང་གིས་མཛད་པ་འཕྲིན་ལས་དང་ལྷན་ཅིག་སྦྱོར་བའི་ཆེད་ཡིན་པའི་ཕྱིར། རྣམ་བཤད་ལས་གསུངས་པ་ནི་ངོ་བོ་ཉིད་སྐུ་ལོངས་སྐུ་སྤྲུལ་སྐུ་གསུམ་པོ་གང་རུང་མ་ཡིན་པའི་ཆོས་སྐུ་ཡིན་པ་ལ་དགོངས་པའི་ཕྱིར།

གཞན་ཡང་། ཁྱོད་ཀྱི་ལུགས་དེ་མི་འཐད་དེ། ཡེ་ཤེས་ཆོས་སྐུ་ངོ་བོ་ཉིད་སྐུ་ནས་གྲངས་པའི་སྐུ་གཉིས་པ་ཡིན་པའི་ཕྱིར། དེར་ཐལ། འགྲེལ་པར། དེ་ལྟར་སྐུ་དང་པོ་བསྟན་ནས་གཉིས་པ་ཆོས་ཀྱི་སྐུ་སྒྲིབ་པ་མེད་པའི་ཡེ་ཤེས་ཀྱི་བདག་ཉིད། ཟག་པ་མེད་པའི་དྲན་པ་ཉེར་བཞག་ལ་སོགས་པའི་ངོ་བོ། ཞེས་གསུངས་པའི་ཕྱིར། འོ་ན། འགྲེལ་པ་ཆེ་ཆུང་གཉིས་སུ་ཕྱོགས་གཞན་ནས་སྐུ་བཞིར་གསུངས་པ་ཐམས་ཅད་འགལ་མེད་དུ་གསུངས་པས། སྔགས་བླ་མེད་ནས་གསུངས་པའི་ལམ་གྱི་རྣམ་གཞག་ནི་སྐབས་འདིར་ཁས་བླང་བར་འོས་པ་ཡིན་ནམ། ཞེ་ན། དེ་ནི་མ་ཡིན་ཏེ། ཕར་ཕྱིན་ཐེག་པའི་ལམ་གྱི་བསྐལ་པ་གྲངས་མེད་གསུམ་གྱི་བར་དུ་བགྲོད་པའི་བྱང་སེམས་ས་བཅུ་པ་བ་སངས་རྒྱས་པ་ལ་སྔགས་ཀྱི་ལམ་གྱི་སྟོན་པ་འདེབས་དགོས་པ་སྐབས་འདིར་ཁས་མི་བླང་བར་ཕྱོགས་གཞན་སྔགས་ལུགས་ལས་ཤེས་པར་བྱ་དགོས་པར་གསུངས་པའི་ཕྱིར་ཏེ། རྣམ་བཤད་ལས། ཕར་ཕྱིན་ཐེག་པའི་ལམ་གྱི་བསྐལ་པ་གྲངས་མེད་གསུམ་གྱི་བར་དུ་བགྲོད་ནས། དེའི་རྗེས་སུ་སྔགས་ཀྱི་ལམ་གྱི་སྟོན་པ་བཏབ་ནས་གཟུགས་སྐུ་འགྲུབ་པའི་ཚུལ་ནི་གཞན་དུ་ཤེས་པར་བྱའོ། །ཞེས་གསུངས་པའི་ཕྱིར།

འོ་ན། འཕགས་སེང་གཉིས་སྐུའི་གྲངས་ངེས་དང་། བསྟན་ཚུལ་གཉིས་གང་ལ་རྩོད་པ་ཡིན་ཞེ

有云：「於阿闍黎宗，智慧法身乃從自性身算起之第四身，因正文說『法身並事業』之法身之聲，顯示智慧法身，以及《心要莊嚴疏》云：『為二十一類無漏智所攝之智慧法身，於密續方面亦說是第四身；獅子賢佛子亦作第四身，只不過是分合，並非承許不能匯聚為三身。』故。」不周遍，因於正文如是講說乃以需要而言，為了同時與事業結合故。因《心要莊嚴疏》所開示是慮及〔其〕為非自性身、報身、化身三者隨一之法身故。

又，汝宗不應理，因智慧法身是從自性身算起第二身故。理應如是，因《明義釋》云：「如是說明第一身之後，〔要說明〕第二身法身——無戲論之智慧本體，無漏之念住等本質。[89]」故。那麼，於大小二釋講說從他方（密乘）所有開示為四身，（在此宗）說是無違，因此自無上咒〔乘〕所說道之建立，此時可否承許？彼並非如此，因說以波羅蜜多乘道而行三大阿僧祇劫之十地菩薩，成佛須添加密乘道，這在此時是不承許，須從他處密宗了知故。因《心要莊嚴疏》云：「以波羅蜜多乘道行三大阿僧祇劫，於其之後加入密咒道而成辦色身之理，應於他處了知。[90]」故。

那麼，聖、獅二者，於身之定數與顯示之理二者何者作諍辯？

ན། གཉིས་ཀ་ལ་རྩོད་པ་ཡིན་ཏེ། གྲངས་ངེས་ལ་རྩོད་པ་གང་ཞིག བསྟན་ཚུལ་ལ་རྩོད་པའི་ཕྱིར། དང་པོ་དེར་ཐལ། འཕགས་པས་ཆོས་སྐུ་ལ་ངོ་བོ་ཉིད་སྐུ་ལོངས་སྐུ་སྤྲུལ་སྐུ་གསུམ་ཁོནར་གྲངས་ངེས་པར་བཞེད། སློབ་དཔོན་གྱིས་དེའི་སྟེང་དུ་ཡེ་ཤེས་ཆོས་སྐུ་བསྣན་ནས་བཞིར་གྲངས་ངེས་པར་བཞེད་པའི་ཕྱིར། དང་པོ་དེར་ཐལ། འཕགས་པ་རྗེས་འབྲང་དང་བཅས་པས། ཡེ་ཤེས་ཆོས་སྐུ་མི་བཞེད་པའི་ཕྱིར་ཏེ། དེ་རྗེས་འབྲང་དང་བཅས་པས་ཡེ་ཤེས་ཆོས་སྐུའི་ཐ་སྙད་མི་བཞེད་པའི་ཕྱིར། དེར་ཐལ། དེ་རྗེས་འབྲང་དང་བཅས་པའི་གཞུང་གང་ལས་ཀྱང་ཡེ་ཤེས་ཆོས་སྐུ་ཞེས་པའི་མིང་འདོགས་གསལ་བར་མི་འབྱུང་བའི་ཕྱིར། མ་གྲུབ་ན། སྟོན་ཅིག

གཞན་ཡང་། དེའི་ལུགས་ལ་ཡེ་ཤེས་ཆོས་སྐུ་མི་བཞེད་པར་ཐལ། དེའི་ལུགས་ལ་ཡུམ་རྒྱས་འབྲིང་བསྡུས་གསུམ་གྱི་བསྟན་དོན་དུ་གྱུར་པའི་ཡེ་ཤེས་ཆོས་སྐུ་མི་བཞེད་པའི་ཕྱིར། དེར་ཐལ། དེའི་ལུགས་ལ་མངོན་རྟོགས་རྒྱན་གྱི་བསྟན་དོན་དུ་གྱུར་པའི་ཡེ་ཤེས་ཆོས་སྐུ་མི་བཞེད་པའི་ཕྱིར་ཏེ། དེའི་ལུགས་ལ་རྒྱན་གྱི་སྐབས་བརྒྱད་པའི་བསྟན་དོན་དུ་གྱུར་པའི་ཡེ་ཤེས་ཆོས་སྐུ་མི་བཞེད་པའི་ཕྱིར་ཏེ། དེའི་ལུགས་ལ། བྱང་ཆུབ་ཕྱོགས་མཐུན་ཚད་མེད་དང་། ཞེས་པ་ནས། ཆོས་ཀྱི་སྐུ་ཞེས་བརྗོད་པ་ཡིན། །ཞེས་པའི་བར་གྱི་གཞུང་གི་བསྟན་དོན་དུ་གྱུར་པའི་ཡེ་ཤེས་ཆོས་སྐུ་མི་བཞེད་པའི་ཕྱིར་ཏེ། དེའི་ལུགས་ལ་གཞུང་དེ་རྣམས་ངོ་བོ་ཉིད་སྐུ་རྒྱས་བཤད་ཀྱི་གཞུང་ཡིན་པའི་ཕྱིར།

ཁོན་རེ། འཕགས་པས་ཆོས་སྐུ་ལ་གསུམ་ཁོནར་གྲངས་ངེས་པའི་གྲངས་ངེས་མི་བཞེད་པར་ཐལ། དེས་ཆོས་སྐུ་ལ་རང་དོན་ཆོས་སྐུ་དང་གཞན་དོན་གཟུགས་སྐུ་གཉིས་སུ་གྲངས་ངེས་པའི་གྲངས་ངེས་བཞེད་པའི་ཕྱིར་ན། མ་ཁྱབ་སྟེ། དེས་གཉིས་ཀྱིས་གྲངས་ངེས་བཞེད་པ་དང་། གསུམ་གྱིས་གྲངས་ངེས་བཞེད་པ་གནད་གཅིག་པའི་ཕྱིར། དེར་ཐལ། གཞན་དོན་གཟུགས་སྐུ་ལ་ལོངས་སྤྲུལ་གཉིས་སུ་ཕྱེ་བ་ཡིན་པའི་ཕྱིར།

སློབ་དཔོན་གྱི་ལུགས་ལ་ཡང་སངས་རྒྱས་ཀྱི་སྐུ་ཐམས་ཅད་ཆོས་སྐུ་ལོངས་སྐུ་སྤྲུལ་སྐུ་གསུམ་དུ་འདུ་བར་བཞེད་དེ། འགྲེལ་ཆེན་གྱི་མཇུག་ཏུ་དགེ་བ་བསྔོ་བ་ན། རྣམ་པ་ཀུན་གྱི་མཆོག་དང་ལྡན་པའི་སྐུ་ནི་གསུམ་པོ་ངེས་པར་ཐོབ་པར་ཤོག ཅེས་གསུངས་པའི་ཕྱིར། སློབ་དཔོན་གྱི་ལུགས་ལ་

乃於二者皆諍辯，因於定數諍辯，且於顯示之理諍辯故。初者理應如是，因聖者承許法身唯自性身、報身、化身定數為三，而阿闍黎承許於彼上添加智慧法身定數為四故。初者理應如是，因聖者及其追隨者不承許智慧法身故，因彼及其追隨者不承許智慧法身之名言故。理應如是，因從彼及其追隨者之任何文句，皆未清楚提到智慧法身之名故。若不成，請指出！

又，於彼宗理應不承許智慧法身，因於彼宗不承許屬廣、中、略三佛母顯示義之智慧法身故。理應如是，因於彼宗，不承許屬《現觀莊嚴論》顯示義之智慧法身故，因於彼宗，不承許屬《現觀莊嚴論》第八品顯示義之智慧法身故，因於彼宗，不承許自「順菩提分法」乃至「說名為法身」之文顯示義之智慧法身故，因於彼宗，彼等文乃廣說自性身之文故。

有云：「聖者理應不承許法身定數唯三，因彼承許法身〔有〕自利法身及他利色身定數為二故。」不周遍，因彼承許〔分為〕二之定數及承許〔分為〕三之定數是同一扼要故。理應如是，因他利色身乃分報、化二者故。

阿闍黎宗，亦承許所有佛身攝入法身、報身、化身三者，因於《莊嚴光明釋》末尾的善迴向講說「願決定獲得遍勝之身三者」故。於阿闍黎宗，雖不如聖者那樣承許佛身唯自性身、報身、化身定數

འཕགས་པ་ལྟར་སངས་རྒྱས་ཀྱི་སྐུ་ལ་ངོ་བོ་ཉིད་སྐུ་ལོངས་སྐུ་སྤྲུལ་སྐུ་གསུམ་ཁོ་ནར་གྲངས་ངེས་པ་མི་བཞེད་ཀྱང་། སངས་རྒྱས་ཀྱི་སྐུ་ལ་དེ་གསུམ་དུ་གྲངས་ངེས་པར་བཞེད་པར་མངོན་ཏེ། སློབ་དཔོན་གྱི་ལུགས་ལ་སངས་རྒྱས་ཀྱི་སྐུ་ཐམས་ཅད་སྐུ་གསུམ་པོ་དེར་འདུས་པ་ཡིན་པའི་ཕྱིར་ཏེ། རྣམ་བཤད་ལས། རྒྱལ་བའི་སྲས་པོ་སེང་གེ་བཟང་པོས་ཀྱང་སྐུ་བཞི་པར་མཛད་པ་ནི་དབྱེ་བསྡུ་ཙམ་ཡིན་གྱི། སྐུ་གསུམ་དུ་མ་འདུས་པར་བཞེད་པ་ནི་མ་ཡིན་ནོ། །ཞེས་གོང་དུ་དྲངས་པ་ལྟར་ཡིན་པའི་ཕྱིར།

གཞན་ཡང་། དེའི་ལུགས་ལ་སངས་རྒྱས་ཀྱི་སྐུ་ཐམས་ཅད་སྐུ་གསུམ་པོ་དེར་འདུ་བར་ཐལ། ཡེ་ཤེས་ཆོས་སྐུ་དེར་འདུས་པའི་ཕྱིར། དེར་ཐལ། ཡེ་ཤེས་ཆོས་སྐུ་ངོ་བོ་ཉིད་སྐུས་བསྡུས་པ་ཡིན་པའི་ཕྱིར། དེར་ཐལ། དེ་ངོ་བོ་ཉིད་སྐུས་ཆོས་ཉིད་ཀྱི་ཆོས་ཅན་བསྡུས་པའི་ཚུལ་གྱིས་བསྡུས་པའི་ཕྱིར།

ཁོ་ན་རེ། སངས་རྒྱས་ཀྱི་སྐུ་ཐམས་ཅད་སྐུ་གསུམ་པོ་དེར་འདུས་ཀྱང་། སངས་རྒྱས་ཀྱི་སྐུ་ལ་དེ་གསུམ་དུ་གྲངས་མ་ངེས་སོ། །ཞེ་ན། དེ་མི་འཐད་དེ། ཚད་མ་ཐམས་ཅད་མངོན་སུམ་གྱི་ཚད་མ་དང་རྗེས་སུ་དཔག་པའི་ཚད་མ་གཉིས་སུ་འདུས་ན། ཚད་མ་ལ་མངོན་སུམ་གྱི་ཚད་མ་དང་རྗེས་སུ་དཔག་པའི་ཚད་མ་གཉིས་སུ་གྲངས་ངེས་པས་ཁྱབ་པའི་ཕྱིར།

ཁོ་ན་རེ། སངས་རྒྱས་ཀྱི་སྐུ་ཡིན་ན་ངོ་བོ་ཉིད་སྐུ་ལོངས་སྐུ་སྤྲུལ་སྐུ་གསུམ་པོ་གང་རུང་ཡིན་དགོས་པར་ཐལ། དེ་ལ་དེ་གསུམ་དུ་གྲངས་ངེས་པའི་ཕྱིར་ཞེ་ན་མ་ཁྱབ། འོ་ན། སངས་རྒྱས་ཀྱི་སྐུ་ཡིན་ན་ངོ་བོ་ཉིད་སྐུ་ཡེ་ཤེས་ཆོས་སྐུ་ལོངས་སྐུ་སྤྲུལ་སྐུ་བཞི་པོ་གང་རུང་ཡིན་དགོས་པར་ཐལ། དེ་ལ་དེ་བཞིར་གྲངས་ངེས་པའི་ཕྱིར། ཁྱབ་པ་ཁས། འདོད་ན། ལོངས་སྐུའི་སེན་མོ་ཟངས་མདོག་ཆོས་ཅན། དེར་ཐལ། དེའི་ཕྱིར། དེར་ཐལ། ཆོས་སྐུ་ཡིན་པའི་ཕྱིར་ཏེ། སངས་རྒྱས་ཡིན་པའི་ཕྱིར། རྩ་བར་འདོད་ན། དེ་ཆོས་ཅན། ལོངས་སྐུ་ཡིན་པར་ཐལ། འདོད་པ་གང་ཞིག གཞན་གསུམ་གང་ཡང་མ་ཡིན་པའི་ཕྱིར། འདོད་ན། རང་གི་རྟེན་དུ་གྱུར་པའི་གཟུགས་ཕུང་ལ་མཚན་བཟང་པོ་སུམ་ཅུ་རྩ་གཉིས་དང་། དཔེ་བྱད་བཟང་པོ་བརྒྱད་ཅུས་སྤྲས་པར་ཐལ། འདོད་པའི་ཕྱིར།

གཞན་ཡང་། ཡེ་ཤེས་ཆོས་སྐུ་སྐུ་གསུམ་ལས་ལོགས་སུ་བཞག་པ་དེ་མི་འཐད་པར་ཐལ། དེ་སྐུ་གསུམ་པོ་དེས་བསྡུས་པའི་ཕྱིར་ཟེར་ན། མ་ཁྱབ་སྟེ། ཡེ་ཤེས་ཆོས་སྐུ་སྐུ་གསུམ་ལས་ལོགས་སུ་

為三，然明顯承許佛身定數為彼三，因於阿闍黎宗，所有佛身攝入彼三身故，因如前所引《心要莊嚴疏》云：「獅子賢佛子亦作第四身，只不過是分合，並非承許不能匯聚為三身。」故。

又，於彼宗所有佛身理應攝入彼三身，因智慧法身攝入彼故。理應如是，因智慧法身乃自性身所含攝故。理應如是，因彼被自性身以法性之有法含攝之理攝入故。

有云：「雖所有佛身攝入彼三身，然佛身非定數為彼三。」彼不應理，因一切量若含攝於現量及比量，量周遍定數為現量與比量二者故。

有云：「若是佛身，理應須是自性身、報身、化身三者隨一，因彼定數為彼三故。」不周遍。那麼，若是佛身理應須是自性身、智慧法身、報身、化身四者隨一，因彼定數為彼四故。承許周遍。若許，報身銅色指甲為有法，理應如是，因如是故。理應如是，因是法身故，因是佛故。若許根本，彼為有法，理應是報身，因承許，且不是餘三任一故。若許，自所依之色蘊理應有三十二相以及八十隨好莊嚴，因許故。

又，三身之外，另安立智慧法身理應不應理，因彼被三身所含攝故。不周遍，因三身之外另安立智慧法身有殊勝的旨趣故。理應

བཞག་པ་ལ་དགོས་པ་ལྷག་པོ་ཡོད་པའི་ཕྱིར། དེར་ཐལ། རྣམ་བཤད་ལས། དེས་ན་ཡེ་ཤེས་ཆོས་སྐུ་དགོས་པ་ལྷག་དང་བཅས་པ་གཟིགས་ནས་སྐུ་ལོགས་པར་རྣམ་གཞག་མཛད་དོ། །ཞེས་གསུངས་པའི་ཕྱིར།

ཡང་ཁོན་རེ། འཕགས་སེང་གཉིས་སྐུའི་གྲངས་ངེས་ལ་མི་རྩོད་པར་ཐལ། དེ་གཉིས་ཀས་སངས་རྒྱས་ཀྱི་སྐུ་ལ་ངོ་བོ་ཉིད་སྐུ་ལོངས་སྐུ་སྤྲུལ་སྐུ་གསུམ་དུ་གྲངས་ངེས་པར་བཞེད་པའི་ཕྱིར་ཞེ་ན། མ་ཁྱབ་སྟེ། འཕགས་པས་དེ་གསུམ་ཁོ་ནར་གྲངས་ངེས་པར་བཞེད། སློབ་དཔོན་གྱིས་དེ་ཁོ་ནར་གྲངས་མ་ངེས་པར་ཡེ་ཤེས་ཆོས་སྐུ་སོགས་བཞིར་ཡང་གྲངས་ངེས་པར་བཞེད་པའི་ཕྱིར།

ཡང་ཁོན་རེ། འཕགས་པའི་ལུགས་ལ་སྐུ་གསུམ་པོ་དེ་ཁོ་ནར་གྲངས་ངེས་པ་མི་བཞེད་པར་ཐལ། དེའི་ལུགས་ལ་སྐུ་གསུམ་པོ་དེ་གང་རུང་མ་ཡིན་པའི་སངས་རྒྱས་ཀྱི་སྐུ་ལོགས་པ་ཞིག་ཡོད་པའི་ཕྱིར། དེར་ཐལ། དེའི་ལུགས་ལ་རྣམ་མཁྱེན་དེ་ཡང་དེ་ཡིན། ལོངས་སྐུའི་སེན་མོ་ཟངས་མདོག་དེ་ཡང་དེ་ཡིན་པའི་ཕྱིར། རྟགས་གཉིས་ཀ་དེར་ཐལ། དེའི་ལུགས་ལ་དེ་གཉིས་སངས་རྒྱས་ཀྱི་སྐུ་ཡིན་པའི་ཕྱིར་ཏེ། དེའི་ལུགས་ལ་དེ་གཉིས་ཆོས་སྐུ་ཡིན་པའི་ཕྱིར་ཏེ། དེའི་ལུགས་ལ་དེ་གཉིས་སངས་རྒྱས་ཡིན་པའི་ཕྱིར། ཞེས་པ་ནི། འཕགས་སེང་གཉིས་ཀྱི་ལུགས་འདྲེས་པའི་རིགས་པ་སྟེ། འཕགས་པའི་ལུགས་ལ་སངས་རྒྱས་ཡིན་ན་ཆོས་སྐུ་ཡིན་པས་མ་ཁྱབ་པའི་ཕྱིར།

ཡང་ཁོན་རེ། འཕགས་པས་ཡེ་ཤེས་ཆོས་སྐུ་བཞེད་པར་ཐལ། རྣམ་མཁྱེན་དེ་འཕགས་པས་ཡེ་ཤེས་ཆོས་སྐུར་བཞེད་པའི་ཕྱིར། དེར་ཐལ། རྣམ་མཁྱེན་དེ་འཕགས་པས་བཞེད་པའི་ཡེ་ཤེས་ཆོས་སྐུ་ཡིན་པའི་ཕྱིར་ན་མ་ཁྱབ། འོ་ན། སྡུ་གུ་དེ་སེམས་ཙམ་པས་བདེན་སྟོང་དུ་འདོད་པར་ཐལ། སྡུ་གུ་སེམས་ཙམ་པས་འདོད་པའི་བདེན་སྟོང་ཡིན་པའི་ཕྱིར། ཁྱབ་པ་ཁས། རྟགས་དེར་ཐལ། དེ་སེམས་ཙམ་པས་འདོད་པའི་གཞན་དབང་གང་ཞིག དེ་སེམས་ཙམ་པས་འདོད་པའི་བདེན་གྲུབ་མ་ཡིན་པའི་ཕྱིར། ཕྱི་མ་དེར་ཐལ། སེམས་ཙམ་པས་འདོད་པའི་བདེན་གྲུབ་མེད་པའི་ཕྱིར། དེར་ཐལ། སེམས་ཙམ་པས་འདོད་པ་ལྟར་གྱི་བདེན་གྲུབ་མེད་པའི་ཕྱིར།

ཙ་རྟགས་གཉིས་པ། འཕགས་སེང་གཉིས་སྐུའི་བསྟན་ཚུལ་ལ་རྩོད་པ་མ་གྲུབ་ན། དེ་རྩོད་པར་

如是，因《心要莊嚴疏》云：「因此，觀見智慧法身具殊勝旨趣後，而另外安立身。[91]」故。

又有云：「聖、獅二者理應不於身定數諍辯，因彼二者皆承許佛身定數為自性身、報身、化身三者故。」不周遍，因聖者承許唯定數為彼三，阿闍黎承許非唯定數為彼，亦承許定數為智慧法身等四故。

又有云：「於聖者宗，理應不承許唯定數為彼三身，因於彼宗，有一非彼三身隨一之另一佛身故。理應如是，因於彼宗一切相智亦是彼，報身之赤銅指甲亦是彼故。彼二因理應如是，因於彼宗，彼二乃佛身故，因於彼宗，彼二乃法身故，因於彼宗，彼二乃佛故。」〔彼〕乃混合聖、獅二者之宗的理路，因於聖者宗，若是佛不周遍是法身故。

又有云：「聖者理應承許智慧法身，因聖者承許一切相智為智慧法身故。理應如是，因一切相智乃聖者所許之智慧法身故。」不周遍。那麼，唯識師理應承許苗芽為諦實空，因苗芽乃唯識師所許之諦實空故，承許周遍，彼因理應如是，因彼乃唯識師所許之依他起，且彼非唯識師承許之諦實成立故。後者理應如是，因沒有唯識師所許之諦實成立故。理應如是，因沒有如唯識師所許之諦實成立故。

第二根本因，若「聖、獅二者於身之顯示之理諍辯」不成，理

ཐལ། འཕགས་པའི་ལུགས་ལ། བྱང་ཆུབ་ཕྱོགས་མཐུན་ཚད་མེད་དང་། །ཞེས་སོགས་ཀྱིས་ངོ་བོ་ཉིད་སྐུ་བསྟན། སློབ་དཔོན་གྱི་ལུགས་ལ་གཞུང་འདིས་ཡེ་ཤེས་ཆོས་སྐུ་བསྟན་པའི་ཕྱིར། དང་པོ་དེར་ཐལ། འཕགས་པའི་ལུགས་ལ། བྱང་ཆུབ་ཕྱོགས་མཐུན་ཚད་མེད་དང་། །ཞེས་པ་ནས། ཆོས་ཀྱི་སྐུ་ཞེས་བརྗོད་པ་ཡིན།། ཞེས་པའི་བར་གྱི་གཞུང་གིས་དངོས་སུ་བསྟན་པའི་སངས་རྒྱས་དང་། གཞུང་འདིའི་བསྟན་བྱའི་གཙོ་བོར་གྱུར་པའི་སངས་རྒྱས་ཡིན་ན། ངོ་བོ་ཉིད་སྐུ་ཡིན་པས་ཁྱབ་པའི་ཕྱིར། རྟགས་འབུད་བྱས་པ་ལ།

ཁོ་ན་རེ། སངས་རྒྱས་ཀྱི་སའི་ཟག་མེད་ཡེ་ཤེས་སྟེ་ཚན་ཉེར་གཅིག་ཆོས་ཅན། འཕགས་པའི་ལུགས་ལ་ངོ་བོ་ཉིད་སྐུ་ཡིན་པར་ཐལ། དེའི་ལུགས་ལ་བྱང་ཆུབ་ཕྱོགས་མཐུན་ཚད་མེད་དང་། ཞེས་པ་ནས་ཆོས་ཀྱི་སྐུ་ཞེས་བརྗོད་པ་ཡིན། ཞེས་པའི་བར་གྱིས་དངོས་སུ་བསྟན་པའི་སངས་རྒྱས་དང་། གཞུང་འདིའི་བསྟན་བྱའི་གཙོ་བོར་གྱུར་པའི་སངས་རྒྱས་གཉིས་ཀ་ཡིན་པའི་ཕྱིར། དེར་ཐལ། གཞུང་འདིའི་སྐབས་ནས་དངོས་སུ་བསྟན་པའི་སངས་རྒྱས་གང་ཞིག གཞུང་འདིའི་བསྟན་བྱའི་གཙོ་བོར་གྱུར་པའི་སངས་རྒྱས་ཡིན་པའི་ཕྱིར། དང་པོ་དེར་ཐལ། དེའི་ལུགས་ལ་བྱང་ཆུབ་ཕྱོགས་མཐུན་ཚད་མེད་དང་། ཞེས་པ་ནས། རྣམ་པ་ཐམས་ཅད་མཁྱེན་ཉིད་དང་། །ཞེས་པའི་བར་གྱིས་དངོས་སུ་བསྟན་པའི་སངས་རྒྱས་ཡིན་པའི་ཕྱིར་ཟེར་ན། མ་ཁྱབ།

འོ་ན། གཞན་དབང་ཆོས་ཅན། གང་གིས་རྟེན་ཅིང་འབྲེལ་བར་འབྱུང་། །འགག་པ་མེད་པ་སྐྱེ་མེད་པ། ཞེས་པའི་སྐབས་ནས་དངོས་སུ་བསྟན་པའི་རྟེན་འབྲེལ་དུ་ཐལ། གང་གིས་རྟེན་ཅིང་འབྲེལ་བར་འབྱུང་། །ཞེས་པའི་སྐབས་ནས་དངོས་སུ་བསྟན་པའི་རྟེན་འབྲེལ་ཡིན་པའི་ཕྱིར། ཁྱབ་པ་ཁས། རྩ་རྟགས་ཕྱི་མ། གཞུང་འདིའི་བསྟན་བྱའི་གཙོ་བོར་གྱུར་པའི་སངས་རྒྱས་ཡིན་པ་དེར་ཐལ། དེའི་ལུགས་ལ་བྱང་ཆུབ་ཕྱོགས་མཐུན་ཚད་མེད་དང་། ཞེས་པ་ནས། རྣམ་པ་ཐམས་ཅད་མཁྱེན་ཉིད་དང་། ཞེས་པའི་བར་གྱི་བསྟན་བྱའི་གཙོ་བོར་གྱུར་པའི་སངས་རྒྱས་ཡིན་པའི་ཕྱིར། མ་གྲུབ་ན། དེར་ཐལ། འཕགས་པའི་ལུགས་ལ་གཞུང་འདིའི་བསྟན་བྱའི་གཙོ་བོར་གྱུར་པའི་སངས་རྒྱས་ཡོད་པ་གང་ཞིག དེའི་ལུགས་ལ་གཞུང་འདིའི་བསྟན་བྱའི་གཙོ་བོར་གྱུར་པའི་ངོ་བོ་ཉིད་སྐུ་མེད་པའི་ཕྱིར། ཕྱི་མ་མ་གྲུབ་

應諍辯彼，因於聖者宗，「順菩提分法……」等顯示自性身；於阿闍黎宗此文顯示智慧法身故。初者理應如是，因於聖者宗，若是自「順菩提分法」乃至「說名為法身」之文所直接顯示之佛，以及屬此文之主要所示之佛，周遍是自性身故。已破除因。

於此有云：「佛地之二十一聚無漏智為有法，於聖者宗理應是自性身，因於彼宗是從『順菩提分法』乃至『說名為法身』直接顯示之佛，以及屬此文主要所示之佛二者故。理應如是，因是此文之時直接顯示之佛，且是屬此文主要所示之佛故。初者理應如是，因是於彼宗，自『順菩提分法』乃至『及一切相智』直接顯示之佛故。」不周遍。

那麼，依他起為有法，理應是「佛說緣起法，不生亦不滅」之時直接顯示之緣起，因是「佛說緣起法」之時直接顯示之緣起故。承許周遍。後根本因，是屬此文之主要所示的佛理應如是，因於彼宗，是屬自「順菩提分法」乃至「及一切相智」之主要所示之佛故。若不成，理應如是，因於聖者宗，有屬此文之主要所示之佛，且於彼宗，沒有屬此文之主要所示之自性身故。若後者不成，於彼宗理應不需說「說名為法身」之後句，因前之不成故。初根本因理應如是，因於彼宗，有屬自「順菩提分法」乃至「說名為法身」之主要

ན། དེའི་ལུགས་ལ་ཆོས་ཀྱི་སྐུ་ཞེས་བརྗོད་པ་ཡིན། ཞེས་རྐང་པ་ཕྱི་མ་སློས་མི་དགོས་པར་ཐལ། མ་གྲུབ་པ་དེའི་ཕྱིར། རྩ་རྟགས་དང་པོ་དེར་ཐལ། དེའི་ལུགས་ལ་བྱང་ཆུབ་ཕྱོགས་མཐུན་ཚད་མེད་དང་། ཞེས་པ་ནས། ཆོས་ཀྱི་སྐུ་ཞེས་བརྗོད་པ་ཡིན། །ཞེས་པའི་བར་གྱི་བསྟན་བྱའི་གཙོ་བོར་གྱུར་པའི་སངས་རྒྱས་ཡོད་པའི་ཕྱིར་ན་མ་ཁྱབ།

འོ་ན། གང་གིས་རྟེན་ཅིང་འབྲེལ་བར་འབྱུང་། །ཞེས་པའི་རྐང་པ་གཅིག་པོ་འདིའི་བསྟན་བྱའི་གཙོ་བོར་གྱུར་པའི་རྟེན་འབྲེལ་ཡོད་པར་ཐལ། གང་གིས་རྟེན་ཅིང་འབྲེལ་བར་འབྱུང་། །འགག་པ་མེད་པ་སྐྱེ་མེད་པ། །ཞེས་པའི་གཞུང་གི་བསྟན་བྱའི་གཙོ་བོར་གྱུར་པའི་རྟེན་འབྲེལ་ཡོད་པའི་ཕྱིར། ཁྱབ་པ་ཁས། འདོད་མི་ནུས་ཏེ། གཞུང་དེས་འདུས་བྱས་ཀྱི་རྟེན་འབྲེལ་གྱི་སྟོང་ཉིད་ཀྱི་སྟོང་གཞི་ཆོས་ཅན་ངོས་བཟུང་བའི་ཕྱིར་དུ་འདུས་བྱས་ཀྱི་རྟེན་འབྲེལ་ཞར་བྱུང་ཙམ་དུ་བསྟན་པའི་ཕྱིར།

གཞན་ཡང་། འཕགས་པའི་ལུགས་ལ་བྱང་ཆུབ་ཕྱོགས་མཐུན་ཚད་མེད་དང་། ཞེས་པ་ནས། ཆོས་ཀྱི་སྐུ་ཞེས་བརྗོད་པ་ཡིན། །ཞེས་པའི་བར་གྱིས་སངས་རྒྱས་ཀྱི་སའི་ཟག་མེད་ཡེ་ཤེས་སྡེ་ཚན་ཉེར་གཅིག་བསྟན་བྱའི་གཙོ་བོར་བྱས་ནས་མ་བསྟན་པར་ཐལ། འཕགས་པའི་ལུགས་ལ་གཞུང་དེས་ཆོས་ཉིད་ཀྱི་སྐུའི་ཆོས་ཅན་ཤེས་པའི་ཕྱིར་དུ་སངས་རྒྱས་ཀྱི་སའི་ཟག་མེད་ཡེ་ཤེས་སྡེ་ཚན་ཉེར་གཅིག་ཞར་བྱུང་གི་ཚུལ་དུ་དངོས་སུ་བསྟན་པའི་ཕྱིར།

གཞན་ཡང་། འཕགས་པའི་ལུགས་ལ་བྱང་ཆུབ་ཕྱོགས་མཐུན་ཚད་མེད་དང་། ཞེས་པ་ནས། ཆོས་ཀྱི་སྐུ་ཞེས་བརྗོད་པ་ཡིན། །ཞེས་པའི་བར་གྱི་གཞུང་གིས་ཡེ་ཤེས་ཆོས་སྐུ་བསྟན་པར་ཐལ། དེའི་བར་གྱི་གཞུང་གིས་སངས་རྒྱས་ཀྱི་སའི་ཟག་མེད་ཡེ་ཤེས་སྡེ་ཚན་ཉེར་གཅིག་བསྟན་པ་གང་ཞིག དེའི་ལུགས་ལ་སངས་རྒྱས་ཀྱི་སའི་ཟག་མེད་ཡེ་ཤེས་སྡེ་ཚན་ཉེར་གཅིག་ཡེ་ཤེས་ཆོས་སྐུ་ཡིན་པའི་ཕྱིར། རྟགས་ཕྱི་མ་ཁས། དང་པོ་དེར་ཐལ། དེའི་ལུགས་ལ། གཞུང་འདིས་སངས་རྒྱས་ཀྱི་སའི་ཟག་མེད་ཡེ་ཤེས་སྡེ་ཚན་ཉེར་གཅིག་ངོ་བོ་ཉིད་སྐུའི་ཆོས་ཅན་དུ་བསྟན་པའི་ཕྱིར། རྩ་བར་འདོད་ན། དེའི་ལུགས་ལ། ཆོས་ཀྱི་སྐུ་ཞེས་བརྗོད་པ་ཡིན། ཞེས་པའི་ཆོས་སྐུ་ཡེ་ཤེས་ཆོས་སྐུ་ལ་བྱེད་རིགས་པར་ཐལ། འདོད་པའི་ཕྱིར། འདོད་མི་ནུས་ཏེ། འཕགས་པའི་ལུགས་ལ་ཆོས་ཀྱི་སྐུ་ཞེས་བརྗོད་པ་ཡིན།

所示之佛故。不周遍。

那麼，理應有屬「佛說緣起法」此一句之主要所示之緣起，因有屬「佛說緣起法，不生亦不滅」之文主要所示的緣起故。承許周遍。不能許，因彼文為令認知有為法緣起之空性的空基有法，而僅順便顯示有為法緣起故。

又，於聖者宗，自「順菩提分法」乃至「說名為法身」理應未以佛地二十一聚無漏智為主要所示而顯示，因於聖者宗，彼文為了知法性身之有法，而順帶直接顯示佛地二十一聚無漏智故。

又，於聖者宗，自「順菩提分法」乃至「說名為法身」之文理應顯示智慧法身，因彼之間的文乃顯示佛地二十一聚無漏智，且於彼宗，佛地二十一聚無漏智乃智慧法身故。承許後因。初者理應如是，因於彼宗，此文將佛地二十一聚無漏智，顯示為自性身之有法故。若許根本，於彼宗，「說名為法身」之法身理應可以是智慧法身，因許故。不能許，因於聖者宗「說名為法身」之法身可以是法性身故。理應如是，因《二萬頌光明釋》云：「取出介系詞而稱呼『法性身』為『法身』。」故。

ཞེས་པའི་ཆོས་ཀྱི་སྐུ་དེ་ཆོས་ཉིད་ཀྱི་སྐུ་ལ་བྱེད་རིགས་པའི་ཕྱིར། དེར་ཐལ། ཉི་སྣང་ལས། རྒྱན་ཕྱིས་པས་ཆོས་ཉིད་ཀྱི་སྐུ་ལ་ཆོས་ཀྱི་སྐུ་ཞེས་བྱའོ། ། ཞེས་གསུངས་པའི་ཕྱིར།

ཡང་ཁ་ཅིག སློབ་དཔོན་གྱི་ལུགས་ལ་ཆོས་སྐུ་མཛད་པ་དང་བཅས་པ། ཞེས་པའི་སྐབས་ནས་དངོས་སུ་བསྟན་པའི་ཆོས་སྐུ་ཡིན་ན། ཆོས་ཀྱི་སྐུ་ཞེས་བརྗོད་པ་ཡིན་ཞེས་པའི་གཞུང་གི་སྐབས་ནས་དངོས་སུ་བསྟན་པའི་ཆོས་སྐུ་ཡིན་དགོས་ཏེ། དེའི་ལུགས་ལ། དེ་བཞིན་གཤེགས་པ་སྤྲུལ་པ་ནི། །ཞེས་པའི་སྐབས་ནས་དངོས་སུ་བསྟན་པའི་སྤྲུལ་སྐུ་ཡིན་ན། གང་གིས་སྲིད་པ་ཇི་སྲིད་པར། །ཞེས་པའི་སྐབས་ནས་དངོས་སུ་བསྟན་པའི་སྤྲུལ་སྐུ་ཡིན་དགོས་པ་གང་ཞིག རྒྱུ་མཚན་མཚུངས་པའི་ཕྱིར། ཕྱི་མ་དེར་ཐལ། སློབ་དཔོན་གྱི་ལུགས་ལ། དེ་བཞིན་གཤེགས་པ་སྤྲུལ་པ་ནི། །ཞེས་པ་དང་། གང་གིས་སྲིད་པ་ཇི་སྲིད་པར། །ཞེས་སོགས་ལུས་རྣམ་གཞག་དང་ཡན་ལག་རྒྱས་བཤད་དུ་སྦྱོར་རིགས་པ་དེ་བཞིན་དུ། ཆོས་སྐུ་མཛད་པ་དང་བཅས་པ། ཞེས་པའི་གཞུང་དང་། ཆོས་ཀྱི་སྐུ་ཞེས་བརྗོད་པ་ཡིན། ཞེས་པའི་གཞུང་གཉིས། ལུས་རྣམ་གཞག་དང་ཡན་ལག་རྒྱས་བཤད་དུ་སྦྱོར་རིགས་པའི་ཕྱིར་ཞེ་ན།

མ་ཁྱབ་སྟེ། དེ་བཞིན་གཤེགས་པ་སྤྲུལ་པ་ནི། ཞེས་པའི་གཞུང་གི་སྐབས་ནས་དངོས་སུ་བསྟན་པའི་སངས་རྒྱས་ཀྱི་སྐུ་ཡིན་ན། སྤྲུལ་སྐུ་ཡིན་པས་ཁྱབ་ཀྱང་། ཆོས་སྐུ་མཛད་པ་དང་བཅས་པ། ཞེས་པའི་གཞུང་གི་སྐབས་ནས་དངོས་སུ་བསྟན་པའི་སངས་རྒྱས་ཀྱི་སྐུ་ཡིན་ན་ཡེ་ཤེས་ཆོས་སྐུ་ཡིན་པས་མ་ཁྱབ་པའི་ཕྱིར། དེར་ཐལ། རྒྱན་གྱི་ཆེད་དུ་བྱ་བའི་གདུལ་བྱའི་ཐོབ་བྱར་གྱུར་པའི་ཆོས་སྐུ་དེ། གཞུང་འདིའི་སྐབས་ནས་དངོས་སུ་བསྟན་པའི་ཆོས་སྐུ་ཡིན་པ་གང་ཞིག ཡེ་ཤེས་ཆོས་སྐུ་མ་ཡིན་པའི་ཕྱིར། དང་པོ་མ་གྲུབ་ན། དེ་ཆོས་ཅན། དེར་ཐལ། རྒྱན་གྱི་སྐབས་བརྒྱད་པ་ནས་དངོས་སུ་བཤད་པའི་སྐུ་བཞིའི་དབྱེ་གཞིར་གྱུར་པའི་སྐུ་ཡིན་པའི་ཕྱིར། དེ་ལ་ཁྱབ་པ་ཡོད་པར་ཐལ། ཆོས་སྐུ་མཛད་པ་དང་བཅས་པ། ཞེས་པའི་གཞུང་འདི་སྐབས་བརྒྱད་པ་དང་བསྟན་བཤད་སྦྱོར་བའི་ཚིག་ཡིན་པའི་ཕྱིར།

ཁ་ཅིག སྐབས་དང་པོའི་བསྟན་བྱའི་གཙོ་བོར་གྱུར་པའི་ཡེ་ཤེས་ཆོས་སྐུ་མེད་དེ། སྐབས་དང་པོས་ཡེ་ཤེས་ཆོས་སྐུ་བསྟན་བྱའི་གཙོ་བོར་བྱས་ནས་མ་བསྟན་པའི་ཕྱིར། ཞེས་ཟེར། དེའི་བསྟན་བྱའི་

又有云：「於阿闍黎宗，若是『法身並事業』之時直接顯示之法身，須是『說名為法身』之文時直接顯示之法身，因於彼宗，若是『如是餘化身』之時直接顯示之化身，須是『若乃至三有』之時直接顯示之化身，且理由相同故。後者理應如是，因於阿闍黎宗，『如是餘化身』及『若乃至三有……』等可結合為正文及支分廣說。同樣的，『法身並事業』之文以及『說名為法身』之文二者可結合為正文及支分廣說故。」

不周遍，因若是「如是餘化身」之文時直接顯示之佛身，雖周遍是化身，然若是「法身並事業」之文時直接顯示之佛身，不周遍是智慧法身故。理應如是，因《現觀莊嚴論》之特意所化之所得的法身，乃此文之時直接顯示之法身，且非智慧法身故。若初者不成，彼為有法，理應如是，因是《現觀莊嚴論》第八品直接講說之屬四身分類源之身故。於彼理應有周遍，因「法身並事業」此文乃與第八品結合略示廣說之詞故。

有云：「沒有屬第一品之主要所示之智慧法身，因第一品未以智慧法身為主要所示而顯示故。」理應有彼之主要所示之智慧法

གཙོ་བོར་གྱུར་པའི་ཡེ་ཤེས་ཆོས་སྐུ་ཡོད་པར་ཐལ། རྒྱན་གྱི་ཆེད་དུ་བྱ་བའི་གདུལ་བྱའི་རྒྱུད་ལ་འབྱུང་འགྱུར་གྱི་རྣམ་མཁྱེན་དེ་དེ་ཡིན་པའི་ཕྱིར། མ་གྲུབ་ན། དེ་ཆོས་ཅན། དེར་ཐལ། དེའི་བསྟན་བྱའི་གཙོ་བོར་གྱུར་པའི་སེམས་བསྐྱེད་ལ་སོགས་པ་ཆོས་བཅུ་མངོན་སུམ་དུ་རྟོགས་པ་མཐར་ཐུག་པའི་ཡེ་ཤེས་ཆོས་སྐུ་ཡིན་པའི་ཕྱིར། མ་གྲུབ་ན། དེར་ཐལ། དེའི་བསྟན་བྱའི་གཙོ་བོར་གྱུར་པའི་སེམས་བསྐྱེད་ལ་སོགས་པའི་ཆོས་བཅུ་མངོན་སུམ་དུ་རྟོགས་པ་མཐར་ཐུག་པའི་ཡེ་ཤེས་ཆོས་སྐུ་ཡོད་པའི་ཕྱིར། དེར་ཐལ། སྤྱིར་དེ་ཡོད་པ་གང་ཞིག སྐབས་བརྒྱད་པའི་བསྟན་བྱའི་གཙོ་བོར་གྱུར་པའི་དེ་མེད་པའི་ཕྱིར། ཕྱི་མ་མ་གྲུབ་ན་སོང་། དེར་ཐལ། སྐབས་བརྒྱད་པའི་བསྟན་བྱའི་གཙོ་བོར་གྱུར་པའི་ཆོས་བཅུ་མངོན་སུམ་དུ་རྟོགས་པ་མཐར་ཐུག་པའི་ཡེ་ཤེས་མེད་པའི་ཕྱིར། དེར་ཐལ། སྐབས་བརྒྱད་པས་དེ་བསྟན་བྱའི་གཙོ་བོར་བྱས་ནས་མ་བསྟན་པའི་ཕྱིར། ཁྱབ་པ་ཙ་རྟགས་ལ་འགྲེ། རྟགས་དེར་ཐལ། དེ་སེམས་བསྐྱེད་ལ་སོགས་པའི་ཆོས་བཅུ་མངོན་སུམ་དུ་རྟོགས་པའི་ཡེ་ཤེས་བསྟན་བྱའི་གཙོ་བོར་བྱས་ནས་མ་བསྟན་པའི་ཕྱིར། དེར་ཐལ། སྐབས་དང་པོས་མཁྱེན་གསུམ་གྱི་རྣམ་པ་སྒོམ་སྟོབས་ཀྱིས་ཐོབ་པའི་མཐར་ཐུག་པའི་ཡེ་ཤེས་བསྟན་བྱའི་གཙོ་བོར་བྱས་ནས་མ་བསྟན་པའི་ཕྱིར་ཏེ། དེས་ཡེ་ཤེས་ཆོས་སྐུ་བསྟན་བྱའི་གཙོ་བོར་བྱས་ནས་མ་བསྟན་པའི་ཕྱིར།

ཁ་ཅིག ཉི་སྣང་ལས་དེ་ལ་ཆོས་ཀྱི་སྐུ་ཞེས་བརྗོད་པ་ནི་སྔོན་གྱི་གནས་སྐབས་ཀྱི་རྗེས་སུ་འབྲང་ནས་ཉེ་བར་བཏགས་པ་ཡིན་པར་རིག་པར་བྱའོ། །ཞེས་གསུངས་པ་འདིས་སངས་རྒྱས་སའི་ཟག་མེད་ཡེ་ཤེས་སྡེ་ཚན་ཉེར་གཅིག་སངས་རྒྱས་ཀྱི་སྐུ་བཏགས་པ་བར་བསྟན་པ་ཡིན། ཞེས་ཟེར། འོ་ན། འཕགས་པའི་ལུགས་ལ་སངས་རྒྱས་ཀྱི་སའི་ཟག་མེད་ཡེ་ཤེས་སྡེ་ཚན་ཉེར་གཅིག་སངས་རྒྱས་ཀྱི་སྐུར་སྟོན་པའི་མདོ་བསྟན་བཅོས་ཀྱི་གཞུང་ཚིག་ཡོད་པར་ཐལ། དམ་བཅའ་དེའི་ཕྱིར།

ཀོན་རེ། འདོད་དེ། ཤེར་ཕྱིན་འབུམ་པ་ལས། ཆོས་ཀྱི་སྐུ་དང་གཟུགས་ཀྱི་སྐུ་དང་ཡེ་ཤེས་ཀྱི་སྐུ་མཐོང་བར་འཚལ་ཞིང་ཤེས་པར་འཚལ་བས། ཤེས་རབ་ཀྱི་ཕ་རོལ་ཏུ་ཕྱིན་པ་དེ་མཉན་པར་བྱ། ཞེས་པའི་ལུང་དོན་འཕགས་པས་ཞལ་གྱིས་བཞེས་པའི་ཕྱིར་ཞེ་ན། མ་ཁྱབ་སྟེ། འཕགས་པས་མདོ་དེས་སྐུ་གསུམ་ལས་ལོགས་པའི་ཡེ་ཤེས་ཆོས་སྐུ་བསྟན་པར་མི་བཞེད་པའི་ཕྱིར། ཡེ་ཤེས་ཀྱི་སྐུ་ཞེས་

身，因《現觀莊嚴論》之特意所化相續中，未來生起之一切相智乃彼故。若不成，彼為有法，理應如是，因是究竟現證彼之主要所示的發心等十法之智慧法身故。若不成，理應如是，因有究竟現證彼之主要所示發心等十法之智慧法身故。理應如是，因一般而言有彼，且沒有第八品之主要所示之彼故。後者若不成則成相違。理應如是，因沒有究竟現證第八品之主要所示十法之本智故。理應如是，因第八品未以彼為主要所示而顯示故。周遍類推於根本因。彼因理應如是，因彼未以現證發心等十法之本智為主要所示而顯示故。理應如是，因第一品未以「以修三智行相之力所獲得的究竟本智」為主要所示而示故，因彼未以智慧法身為主要所示而示故。

有云：「《二萬頌光明釋》云：『稱彼為「身」，當知依隨往昔時位而取名。』此乃顯示佛地二十一聚無漏智為假立之佛身。」那麼，於聖者宗，理應有開示佛地二十一聚無漏智乃佛身之經論之文詞，因彼宗故。

有云：「承許彼，因《般若十萬頌》云：『欲見且欲了知法身、色身及智慧法身，故當聽聞般若波羅蜜多。』之教義，乃聖者親口承許故。」不周遍，因聖者不承許彼經顯示三身之外之智慧法身故。因說「智慧身」乃慮及總的法身，或者，慮及佛地二十一聚無漏智，

པ་ཆོས་སྐུ་སྤྱི་ལ་དགོངས་པའམ། ཡང་ན་སངས་རྒྱས་ཀྱི་སའི་ཟག་མེད་ཡེ་ཤེས་སྡེ་ཚན་ཉེར་གཅིག་དེ་ཡེ་ཤེས་བསགས་པ་ཡིན་པ་ལ་དགོངས་པའི་ཕྱིར།

གཞན་ཡང་། ཁྱོད་ཀྱིས་བཤད་པ་དེ་འགྲེལ་ཚིག་དེའི་དོན་མ་ཡིན་པར་ཐལ། འགྲེལ་ཚིག་དེའི་དོན་སངས་རྒྱས་ཀྱི་སའི་ཟག་མེད་ཡེ་ཤེས་སྡེ་ཚན་ཉེར་གཅིག་ངོ་བོ་ཐ་དད་མ་ཡིན་ཀྱང་། སྐུ་དེ་བསགས་པའམ་ཐ་དད་པ་ལྟ་བུར་བསྟན་པ་ནི། སྔོན་སློབ་ལམ་གྱི་རྒྱུའི་གནས་སྐབས་ཀྱི་རྗེས་སུ་འབྲང་བ་ཡིན། ཞེས་པའི་དོན་ཡིན་པའི་ཕྱིར། དེར་ཐལ། ཐུབ་པ་དགོངས་རྒྱན་ལས། དེ་རྣམས་ཀྱི་མཚན་ཉིད་ཐ་དད་པ་ནི་དེ་རྣམས་ཀྱི་རྒྱུའི་གནས་སྐབས་ཀྱི་རྗེས་སུ་འབྲངས་པས་ཀུན་རྫོབ་པའོ། །ཞེས་གསུངས་པའི་ཕྱིར།

ཡང་ན། ཉི་སྣང་དང་རྣམ་འགྲེལ་གཉིས་ཀར་སྐུ་ཞེས་བརྗོད་པ་ངོ་བོ་ཉིད་སྐུ་ལ་བྱས་ནས། སྐུ་འམ་བསགས་པར་བསྟན་པ་ནི། དེ་ཐོབ་བྱེད་སློབ་ལམ་གྱི་རྗེས་སུ་འབྲངས་ཞེས་པ་སྟེ། ཐག་ཆོད་མི་ཐུ་བར་དཔྱོད་དགོས་པར་འདུག་གོ།

སྨྲས་པ།

ཀུན་མཁྱེན་རྒྱལ་ཚབ་ཆོས་རྗེ་གསོན། །ཉིད་ཀྱི་བཀའ་སྩོལ་རྣམ་བཤད་འདི། །
ཀུན་གྱི་ཐུན་མོང་ཡིན་བསམས་ན། །དགོངས་པ་འཆད་ཚེ་ཁོ་བོ་ཅམ། །
དེ་ཡི་ཕྱིར་ན་དངོས་ཅག་ལ། །རྒྱུན་དུ་ཐུགས་རྗེའི་སྤྱན་གྱིས་གཟིགས། །
ཡིད་ནི་ཆོས་ལ་ཕྱོགས་པ་དང་། །འཆད་རྩོད་རྩོམ་པའི་དངོས་གྲུབ་སྩོལ། །
དེ་ཡི་བཀའ་དྲིན་ཁུར་ཐབས་སུ། །ཁྱོད་ཀྱི་ལུགས་བཟང་ནོར་བུ་མཆོག །
རྣམ་དཔྱོད་རྒྱལ་མཚན་རྩེར་བཀོད་ནས། །བློ་གསལ་ཀུན་གྱི་འདོད་དགུར་བྱ། །
དེ་ལྟ་མོད་ཀྱི་སྙིགས་དུས་འདིར། །འཁོར་ངན་ལོག་སྨྲ་འབྱུང་ལ་ཉེ། །
ལོག་སྨྲ་བཟློད་པའི་གོ་ཆ་ཞིག །ཅིས་ཀྱང་བདག་ལ་བཀའ་དྲིན་ཞུ། །
ཡང་ན་འགྲོ་ཀུན་དངོས་ཅག་གི །ཕ་མ་ཡིན་པར་ཐག་ཆོད་ན། །

乃本智積法故。

又，汝所說理應不是彼釋詞之義，因彼釋詞之義為：「佛地二十一聚無漏智雖不是體異，然顯示彼身如積法或異，乃隨順先前有學道之因時位。」之義故。理應如是，因《牟尼密意莊嚴疏》云：「彼等之異性相，乃依隨因時位，故是世俗。」故。

又，《二萬頌光明釋》及《二萬頌釋》二者說「身」作為自性身，顯示為身或者積法，乃隨順能得彼之有學道，勿太早下定論，尚須觀察。

文間愉悅頌曰：

遍智賈曹法王聽，汝之賜教莊嚴疏，

慮及念一切之共，講說意趣時唯我，

彼故懇請於我等，恆以慈悲之眼視，

請賜令意趨入法，及講辯著作悉地，

報彼之恩惠方便。汝之善宗殊勝寶，

置於慧幢之頂端，一切明智所欲求，

如是然於此濁世，惡眷邪行現起危，

安忍邪行之鎧甲，敬請務必恩賜我，

又眾有情為我等，父母若能起決定。

སྣང་ཙམ་ལོག་སྒྲུབ་བཟློད་པར་སླ། །དམ་པའི་དོན་དུ་ལོག་སྒྲུབ་མེད། །
ཨེ་མ་སངས་རྒྱས་བསྟན་པ་ནི། །བདག་གི་མགོན་དང་སྐྱབས་ཡིན་ཕྱིར། །
བརྒྱལ་ཞིང་བརྟགས་པ་འདི་དག་ཀྱང་། །བསྟན་ལ་ཕན་པར་བསམས་ནས་བགྱིས། །
ཞེས་བྱ་བ་ནི་བར་སྐབས་ཀྱི་ཉམས་དགོད། །

唯現邪行則易忍，無有勝義之邪行，

稀奇佛陀之教法，乃吾之怙及護故，

此等答辯及觀察，亦忖思利教而作。

ཟད་པར།

རྩ་བར། ཟད་པར་བཅུ་ཡི་བདག་ཉིད་དང་། །ཞེས་པ་དང་། འགྲེལ་པར། ས་དང་ཆུ་དང་མེ་དང་རླུང་དང་། ཞེས་སོགས་ཀྱི་སྐབས་སུ། སྨོར་བ་དང་། མཐའ་དཔྱད་པ་གཉིས། དང་པོ་ནི། སངས་རྒྱས་འཕགས་པའི་ཐུགས་རྒྱུད་ཀྱི་ཟད་པར་གྱི་ཏིང་ངེ་འཛིན་བཅུ་ཆོས་ཅན། ཡེ་ཤེས་ཆོས་སྐུ་ཡིན་ཏེ། ཇི་ལྟ་བ་དང་ཇི་སྙེད་པ་ལ་ལྟོས་ནས་གཟིགས་པ་མཐར་ཐུག་པའི་ཡེ་ཤེས་ཡིན་པའི་ཕྱིར།

གཉིས་པ་ལ། ཁ་ཅིག བསམ་གཏན་གྱི་དངོས་གཞི་ལ་བརྟེན་ནས་སྔོ་སེར་སོགས་ཡུལ་བཅུ་པོ་གང་རུང་གིས་ཁྱབ་པར་སྤྲུལ་ནུས་པའི་ཏིང་ངེ་འཛིན་ཤེས་རབ་མཚུངས་ལྡན་དང་བཅས་པ། ཟད་པར་གྱི་ཏིང་ངེ་འཛིན་གྱི་མཚན་ཉིད། ཟེར་བ་མི་འཐད་དེ། གཟུགས་མེད་ཀྱི་དངོས་གཞི་ལ་བརྟེན་པའི་ཟད་པར་གྱི་ཏིང་ངེ་འཛིན་ཡོད་པའི་ཕྱིར་ཏེ། མཛོད་ལས། གཉིས་ནི་གཟུགས་མེད་དག །ཞེས་གསུངས་པའི་ཕྱིར།

ཡང་ཁ་ཅིག བསམ་གཏན་གྱི་དངོས་གཞི་དང་གཟུགས་མེད་ཀྱི་དངོས་གཞི་གང་རུང་ལ་བརྟེན་ནས་སྔོ་སེར་སོགས་ཡུལ་བཅུ་པོ་གང་རུང་གིས་ཁྱབ་པར་སྤྲུལ་ནུས་པའི་ཏིང་ངེ་འཛིན་ཤེས་རབ་མཚུངས་ལྡན་དང་བཅས་པ། དེའི་མཚན་ཉིད་ཟེར་བ་མི་འཐད་དེ། ཟད་པར་གྱི་ཏིང་ངེ་འཛིན་དང་མཚུངས་ལྡན་གྱི་རྣམ་པར་ཤེས་པ་མཚན་ཉིད་དེ་ཡིན་པ་གང་ཞིག མཚོན་བྱ་དེ་མ་ཡིན་པའི་ཕྱིར། དང་པོ་དེར་ཐལ། དེ་ཡོད་པའི་ཕྱིར། གཉིས་པ་དེར་ཐལ། སེམས་བྱུང་མ་ཡིན་པའི་ཕྱིར། ཁྱབ་སྟེ། ཆོས་རྒྱུན་གྱི་ཏིང་ངེ་འཛིན་ཡིན་ན་སེམས་བྱུང་ཡིན་པས་ཁྱབ། རྫུ་འཕྲུལ་གྱི་རྐང་པའི་ཏིང་ངེ་འཛིན་སོགས་ལའང་སེམས་བྱུང་གིས་ཁྱབ་པའི་ཕྱིར།

མཚན་ཉིད་དེ་ལ་ཁ་ཅིག ཀེང་རུས་གསལ་བར་སྣང་བའི་ཟད་པར་གྱི་ཏིང་ངེ་འཛིན་ཆོས་ཅན། མཚན་ཉིད་དེར་ཐལ། མཚོན་བྱ་དེའི་ཕྱིར། འདོད་མི་ནུས་ཏེ། ཆོས་ཅན་དེའི་ཕྱིར། ཞེས་ཟེར། འོ་ན། ཀེང་རུས་གསལ་བར་སྣང་ཞིང་ཀེང་རུས་དཀར་པོས་ཁྱབ་པར་སྤྲུལ་ནུས་པའི་ཟད་པར་གྱི་ཏིང་ངེ་འཛིན་ཆོས་ཅན། དེར་ཐལ། དེའི་ཕྱིར། མ་གྲུབ་ན། དེར་ཐལ། དེ་ཡོད་པའི་ཕྱིར། མཛོད་ལས།

131 遍處

於根本頌：「十遍處自體」及《明義釋》云：「地、水、火、風……」等之時，論式、辨析二者。初者，佛聖者心續之十遍處三摩地為有法，乃智慧法身，因是觀待如所有性及盡所有性而究竟觀見之本智故。

第二，有云：「依根本靜慮能變化青黃等十隨一境周遍〔一切處〕之定慧及與其相應者，乃遍處三摩地之性相。」不應理，因有依根本無色之遍處三摩地故，因《俱舍論》云：「後二淨無色。[92]」故。

又有云：「依根本靜慮及根本無色隨一，能變化青黃等十隨一境周遍〔一切處〕之定慧及與其相應者，乃彼之性相。」不應理，因與遍處三摩地相應之識，乃彼性相，且非彼名相故。初者理應如是，因有彼故。第二理應如是，因不是心所故。周遍，因若是法流三摩地周遍是心所，神足三摩地等亦周遍是心所故。

於彼性相，有云：「清楚顯現骷髏之遍處三摩地為有法，理應是彼性相，因是彼名相故。不能許，因是彼有法故。」那麼，能變化清楚顯現骷髏且白骷髏周遍〔一切處〕之遍處三摩地為有法，理應如是，因如是故。若不成，理應如是，因有彼故。因《俱舍論》

ཀེང་རུས་ཚགས་བཅས་ཐམས་ཅད་ལ། །རུས་པ་རྒྱ་མཚོའི་བར་དག་ཏུ། །སྤྲོ་ཞིང་སྤྱད་པས་ལས་དང་པོ། །ཞེས་གསུངས་པའི་ཕྱིར། རྩ་བར་འདོད་མི་རིགས་ཏེ། དེ་རང་ཡུལ་དུ་གྱུར་པའི་དཀར་པོས་ཁྱབ་པར་སྤྱོལ་ནུས་པའི་ཏིང་ངེ་འཛིན་ཡིན་པའི་ཕྱིར།

ཁ་ཅིག སློབ་པའི་རྒྱུད་ཀྱི་ཟད་པར་གྱི་ཏིང་ངེ་འཛིན་ཡིན་ན་ལོག་ཤེས་ཡིན་པས་ཁྱབ་ཟེར་བ་མི་འཐད་དེ། བྱང་འཕགས་ཀྱི་རྒྱུད་ཀྱི་ཟད་པར་གྱི་ཏིང་ངེ་འཛིན་ལོག་ཤེས་མ་ཡིན་པའི་ཕྱིར། དེར་ཐལ། དེ་ལམ་ཤེས་ཡིན་པའི་ཕྱིར། དེར་ཐལ། སངས་རྒྱས་འཕགས་པའི་ཐུགས་རྒྱུད་ཀྱི་དེ་ཡེ་ཤེས་ཆོས་སྐུ་ཡིན་པའི་ཕྱིར་ཏེ། ཟད་པར་བཅུ་ཡི་བདག་ཉིད་དང་། །ཞེས་གསུངས་པའི་ཕྱིར།

ཁོ་ན་རེ། བྱང་སེམས་འཕགས་པས་སེམས་རྟེན་བསམ་གཏན་གྱི་དངོས་གཞི་ལ་བརྟེན་ནས་རང་གི་དམིགས་ཡུལ་དུ་གྱུར་པའི་ས་ཁམས་ཆུར་བསྒྱུར་བ་དེའི་ཚེ། རང་གི་དམིགས་ཡུལ་དུ་གྱུར་པའི་ས་ཁམས་ཆུར་སོང་བར་ཐལ། བྱང་སེམས་འཕགས་པས་རྒྱུད་ཀྱི་ཟད་པར་གྱི་ཏིང་ངེ་འཛིན་ལོག་ཤེས་མ་ཡིན་པའི་ཕྱིར་ཞེ་ན། འདོད་དེ། ཕྱིར་ས་ཁམས་ཆུ་ཁམས་སུ་མི་འགྱུར་ཡང་། བྱང་སེམས་ཀྱི་ཏིང་ངེ་འཛིན་གྱི་སྟོབས་ལས་དེ་ལྟར་འགྱུར་བ་མི་འགལ་བའི་ཕྱིར། དེར་ཐལ། ཆུ་ཀླུང་བདུད་རྩི་རྣག་ཁྲག་སོགས་སུ་མི་འགྱུར་ཡང་། སེམས་ཅན་གྱི་ལས་ཀྱི་སྟོབས་ཀྱིས་དེ་ལྟར་འགྱུར་བ་མི་འགལ་བའི་ཕྱིར། དེར་ཐལ། ལྷ་མི་ཡི་དྭགས་གསུམ་གྱིས་བརྟན་ཞིང་གཤེར་བ་ཐོར་བ་གང་ལ་ཅིག་ཅར་བལྟས་པའི་ཚེ། ཡི་དྭགས་ཀྱི་ལས་ངན་པའི་སྟོབས་ཀྱིས་བརྟན་ཞིང་གཤེར་བ་ཐོར་པ་གང་གི་སྟེང་ན་གསར་དུ་གྲུབ་པའི་རྣག་ཁྲག་དང་། ལྷའི་ལས་བཟང་པོའི་སྟོབས་ཀྱིས་དེའི་སྟེང་ན་གསར་དུ་གྲུབ་པའི་བདུད་རྩི་གཉིས་ཀ་ཡོད་པའི་ཕྱིར།

ཡང་སློབ་པའི་རྒྱུད་ཀྱི་ཟད་པར་གྱི་ཏིང་ངེ་འཛིན་ཡིན་ན། འཕྲུལ་ཤེས་ཡིན་པས་ཁྱབ་བྱས་པ་ལ། ཁ་ཅིག མི་འཐད་དེ། སློབ་པའི་རྒྱུད་ཀྱི་ཟད་པར་སྔོན་པོའི་ཏིང་ངེ་འཛིན་ཡིན་ན། འཕྲུལ་ཤེས་ཡིན་པས་མ་ཁྱབ་པའི་ཕྱིར་ཏེ། དེ་ཡིན་ན་སྔོན་པོ་ཕྱི་རོལ་དོན་དུ་སྣང་བས་མ་ཁྱབ་པའི་ཕྱིར། དེར་ཐལ། རང་རྒྱལ་དགྲ་བཅོམ་གྱི་རྟོགས་པ་སྔོན་སོང་གི་བྱང་འཕགས་ཀྱི་རྒྱུད་ཀྱི་ཟད་པར་སྔོན་པོའི་ཏིང་ངེ་འཛིན་ལ་སྔོན་པོ་ཕྱི་རོལ་དོན་དུ་མི་སྣང་བའི་ཕྱིར། མ་གྲུབ་ན། དེར་ཐལ། དེས་སྔོན་པོ་ཕྱི་རོལ་དོན་དུ

云：「為通治四貪，且辯觀骨鎖，廣至海復略，名初習業位。[93]」故。不能許根本，因彼乃能變化屬自境白色周遍〔一切處〕之三摩地故。

有云：「若是有學相續之遍處三摩地，周遍是顛倒知。」不應理，因菩薩聖者相續之遍處三摩地非顛倒知故。理應如是，因彼是道相智故。理應如是，因佛聖者心續之彼乃智慧法身故。因云：「十遍處自體。」故。

有云：「菩薩聖者依心所依——根本靜慮，持屬自所緣境之地界轉變為水之時，屬自之所緣境之地界，理應成為水，因菩薩聖者相續之遍處三摩地不是顛倒知故。」承許彼，因一般而言，地界雖不轉為水界，然菩薩以三摩地力如是轉變不相違故。理應如是，因瀑流雖未轉變成甘露、膿血，然由有情業力而如是轉變不相違故。理應如是，因天、人、餓鬼三者同時見一滿碗濕潤〔液體〕之時，餓鬼以惡業之力，於滿碗濕潤之上新形成之膿血，及天以善業之力，於彼之上新形成之甘露二者皆有故。

又，若是有學相續之遍處三摩地，周遍是錯亂知，於此有云：「不應理，因若是有學相續之青遍處三摩地，不周遍是錯亂知故。因若是彼，不周遍顯現青為外境故。理應如是，因獨覺阿羅漢證量先行之菩薩聖者相續之青遍處三摩地未顯示青為外境故。若不成，理應如是，因彼斷除執青為外境之分別故。」不周遍，因獨覺阿羅

འཛིན་པའི་རྟོག་པ་སྤངས་པའི་ཕྱིར། ཟེར་ན། མ་ཁྱབ་སྟེ། རང་རྒྱལ་དགྲ་བཅོམ་གྱི་རྟོག་པ་སྤོང་སོང་གི་བྱང་འཕགས་དེ་མི་སློབ་པ་ཡིན་པའི་ཕྱིར་ཏེ། དེ་དགྲ་བཅོམ་ཡིན་པའི་ཕྱིར།

རང་ལུགས། རང་གི་སེམས་རྟེན་དུ་གྱུར་པའི་བསམ་གཏན་གྱི་དངོས་གཞི་དང་གཟུགས་མེད་ཀྱི་དངོས་གཞི་གང་རུང་ལ་བརྟེན་ནས་རང་གི་དམིགས་ཡུལ་དུ་གྱུར་པའི་སྡོ་སེར་སོགས་ཡུལ་བཅུ་པོ་གང་རུང་གིས་ཁྱབ་པར་སྤྲུལ་ནུས་པའི་ཏིང་ངེ་འཛིན་དུ་དམིགས་པ་དེ། ཕྱིར་ཟད་པར་གྱི་ཏིང་ངེ་འཛིན་གྱི་མཚན་ཉིད། སྐབས་འདིར་དངོས་སུ་བསྟན་པའི་རང་གི་སེམས་རྟེན་དུ་གྱུར་པའི་ཁམས་གོང་མའི་དངོས་གཞི་ལ་བརྟེན་ནས་སྡོ་སེར་སོགས་ཡུལ་བཅུ་པོ་གང་རུང་གིས་ཁྱབ་པར་སྤྲུལ་ནུས་པའི་ཏིང་ངེ་འཛིན་དུ་དམིགས་པ་དེ། སྐབས་འདིར་དངོས་སུ་བསྟན་པའི་ཟད་པར་གྱི་ཏིང་ངེ་འཛིན་གྱི་མཚན་ཉིད། ཕྱིར་ཟད་པར་གྱི་ཏིང་ངེ་འཛིན་ལ་དབྱེ་ན། ས་ལ་སོགས་པ་འབྱུང་བ་བཞི། སྔོན་པོ་ལ་སོགས་འབྱུང་འགྱུར་བཞི། ནམ་མཁའ་དང་རྣམ་ཤེས་ལ་དམིགས་པའི་ཟད་པར་ཏེ་བཅུ་ཡོད།

ཁ་ཅིག སངས་རྒྱས་འཕགས་པའི་ཐུགས་རྒྱུད་ཀྱི་ཟད་པར་གྱི་ཏིང་ངེ་འཛིན་ཡིན་ན། སྐབས་འདིར་དངོས་སུ་བསྟན་པའི་ཟད་པར་གྱི་ཏིང་ངེ་འཛིན་ཡིན་པས་ཁྱབ་ཟེར་བ་མི་འཐད་དེ། ཡེ་ཤེས་ཆོས་སྐུ་ཡིན་ན་སྐབས་བརྒྱད་པ་འདིར་དངོས་སུ་བསྟན་པའི་ཡེ་ཤེས་ཆོས་སྐུ་ཡིན་པས་མ་ཁྱབ་པའི་ཕྱིར། དེར་ཐལ། ཉན་ཐོས་ཀྱི་མི་སློབ་ལམ་སྔོན་དུ་སོང་བའི་ཡེ་ཤེས་ཆོས་སྐུས་མ་ངེས་པའི་ཕྱིར།

འོ་ན། ཟད་པར་དེ་སྐྱེ་མཆེད་གང་དང་གང་ལ་འཛོག་པ་ཡིན་ཞེ་ན། གཟུགས་ཀྱི་སྐྱེ་མཆེད་ལ་འཛོག་པ་ཡིན་ཏེ། སྔོན་པོ་སོགས་བཞི་ལ་ཟད་པར་འཛོག་པ་གང་ཞིག སྔོན་པོ་སོགས་ཁ་དོག་བཞི་པོ་གང་རུང་ཡིན་ན་གཟུགས་ཀྱི་སྐྱེ་མཆེད་ཡིན་དགོས་པའི་ཕྱིར། རེག་བྱའི་སྐྱེ་མཆེད་ལ་འཛོག་པ་ཡིན་ཏེ། ས་སོགས་འབྱུང་བ་བཞི་ལ་འཛོག་པ་གང་ཞིག དེ་བཞི་གང་རུང་ཡིན་ན། རེག་བྱའི་སྐྱེ་མཆེད་ཡིན་དགོས་པའི་ཕྱིར། ཆོས་ཀྱི་སྐྱེ་མཆེད་ལ་འཛོག་པ་ཡིན་ཏེ། ནམ་མཁའ་ལ་འཛོག་པ་གང་ཞིག འདུས་མ་བྱས་ཀྱི་ནམ་མཁའ་དང་། བུ་ག་ནམ་མཁའ་གང་རུང་ཡིན་ནའང་ཆོས་ཀྱི་སྐྱེ་མཆེད་ཡིན་དགོས་པའི་ཕྱིར། ཡིད་ཀྱི་སྐྱེ་མཆེད་ལ་འཛོག་སྟེ། རྣམ་ཤེས་ལ་འཛོག་པ་གང་ཞིག རྣམ་ཤེས་

◆現觀辨析（下）

漢證量先行之菩薩聖者乃無學者故。因彼乃阿羅漢故。

自宗：「是依『屬自之心所依之根本靜慮與根本無色』隨一，能變化屬自所緣境之青黃等十隨一境周遍〔一切處〕之三摩地」，乃一般的遍處三摩地之性相。「是此時直接顯示之依屬自心所依之上界之根本，能變化青黃等十隨一境周遍〔一切處〕之三摩地」，乃此時直接顯示之遍處三摩地之性相。一般的遍處三摩地分有：緣地等四大種、青等四大種所生、虛空以及識之遍處三摩地，共十者。

有云：「若是佛聖者心續之遍處三摩地，周遍乃此時直接顯示之遍處三摩地。」不應理，因若是智慧法身，不周遍是於此第八品直接顯示之智慧法身故。理應如是，因聲聞無學道先行之智慧法身不定故。

那麼，遍處於何處安立？乃安立於色處，因於青等四安立遍處，且若是青等四顏色隨一須是色處故。乃安立於觸處，因安立於地等四大種，且若是彼四隨一須是觸處故。乃安立於法處，因安立於虛空，且若是無為虛空以及竅隙虛空隨一，亦須是法處故。乃安立於意處，因安立於識，且識與意處同義故。

དང་ཡིད་ཀྱི་སྐྱེ་མཆེད་དོན་གཅིག་པའི་ཕྱིར།

སྒྲའི་སྐྱེ་མཆེད་ལ་ཟད་པར་མི་འཇོག་པའི་རྒྱུ་མཚན་ཡོད་དེ། སྒྲའི་ཟད་པར་ཡོད་ན་སྒྲའི་རིགས་འདྲ་ཀུན་ལ་ཁྱབ་པར་སྤྲོ་བ་ཡོད་དགོས་པ་གང་ཞིག སྒྲ་ལ་རིགས་འདྲའི་རྒྱུན་མེད་པའི་ཕྱིར། དྲི་རོ་གཉིས་ལ་ཟད་པར་མི་འཇོག་པའི་རྒྱུ་མཚན་ཡོད་དེ། དྲིའི་ཟད་པར་དང་རོའི་ཟད་པར་ཡོད་ན། གཟུགས་ཁམས་པའི་གཟུགས་ལའང་དྲི་རོ་གཉིས་ཀྱི་རིགས་འདྲས་ཁྱབ་པར་སྤྲོ་བའི་ཟད་པར་ཡོད་དགོས་པ་གང་ཞིག གཟུགས་ཁམས་པའི་གཟུགས་ལ་དྲི་རོའི་རིགས་མེད་པའི་ཕྱིར། དང་པོ་དེར་ཐལ། ཟད་པར་བཞག་པའི་དགོས་པ་ཁམས་གོང་འོག་གིས་བསྡུས་པའི་རང་རང་གི་རིགས་འདྲ་ཀུན་ལ་ཁྱབ་པར་སྤྲོ་ཞིང་བསྡུད་པའི་ཆེད་དུ་ཡིན་པའི་ཕྱིར། གཉིས་པ་དེར་ཐལ། མཛོད་ལས། གཟུགས་ཀྱི་ཁམས་ན་བཅུ་བཞིའོ། །དྲི་དང་རོ་དང་སྣ་དང་ནི། །ལྕེའི་རྣམ་ཤེས་ཁམས་མ་གཏོགས། །ཞེས་གསུངས་པའི་ཕྱིར།

མིག་སོགས་སྐྱེ་མཆེད་ལྔ་ལ་ཟད་པར་མི་འཇོག་པའི་རྒྱུ་མཚན་ཡོད་དེ། མིག་གི་ཟད་པར་སོགས་ལྔ་ཡོད་ན་སྣོད་ཀྱི་འཇིག་རྟེན་ལ་མིག་སོགས་དབང་པོ་ལྔ་རང་རང་གི་རིགས་འདྲ་ཀུན་ལ་ཁྱབ་པར་སྤྲོ་བའི་ཟད་པར་ཡོད་དགོས་པ་གང་ཞིག དེ་མེད་པའི་ཕྱིར། དང་པོ་དེར་ཐལ། ཟད་པར་བཞག་པའི་དགོས་པ་ཁམས་གོང་འོག་གི་སྣོད་ཀྱི་འཇིག་རྟེན་གྱིས་བསྡུས་པའི་རང་རང་གི་རིགས་འདྲ་ཀུན་ལ་ཁྱབ་པར་སྤྲོ་ཞིང་བསྡུད་པའི་ཆེད་དུ་ཡིན་པའི་ཕྱིར། གཉིས་པ་དེར་ཐལ། སྣོད་ཀྱི་འཇིག་རྟེན་ལ་མིག་སོགས་དབང་པོ་ལྔའི་རིགས་འདྲ་མེད་པའི་ཕྱིར་རོ། །

有於聲處不安立遍處之理由，因若有聲遍處，須有變現聲同類周遍一切〔處〕，且聲無同類流故。有於氣味、味道二者不安立遍處之理由，因若有氣味之遍處及味道之遍處，於色界之色亦須有變現氣味、味道二者同類所周遍之遍處，且色界之色無氣味、味道之類故。初者理應如是，因安立遍處之旨趣：乃為變現、收攝上下界所攝之各自的同類周遍一切故。第二理應如是，因《俱舍論》云：「色界繫十四，除香味二識。[94]」故。

有於眼等五處不安立遍處的理由，因若有眼等五遍處，於器世間須有變現眼等五根各自之同類周遍於一切之遍處，且彼無故。初者理應如是，因安立遍處之旨趣，乃為了變現、收攝上下界器世間所攝之各自同類周遍於一切故。第二理應如是，因於器世間沒有眼等五根之同類故。

ཟིལ་གནོན།

རྩ་བར། ཟིལ་གྱིས་གནོན་པའི་སྐྱེ་མཆེད་ནི། ཞེས་དང་། འགྲེལ་པར། ནང་གཟུགས་ཅན་དང་གཟུགས་མེད་པར་འདུ་ཤེས་པ་དག་གིས། །ཞེས་སོགས་ལ། སངས་རྒྱས་འཕགས་པའི་ཐུགས་རྒྱུད་ཀྱི་ཟིལ་གནོན་གྱི་སྐྱེ་མཆེད་བརྒྱད་ཆོས་ཅན། ཡེ་ཤེས་ཆོས་སྐུ་ཡིན་ཏེ། ཇི་ལྟ་བ་དང་ཇི་སྙེད་པ་ལ་ལྷོས་ནས་གཟིགས་པ་མཐར་ཐུག་པའི་ཡེ་ཤེས་ཡིན་པའི་ཕྱིར། རང་གི་སེམས་རྟེན་དུ་གྱུར་པའི་བསམ་གཏན་གྱི་དངོས་གཞི་ལ་བརྟེན་ནས་དམིགས་པ་ཟིལ་གྱིས་གནོན་པ་ལ་དབང་འབྱོར་པའི་ཏིང་ངེ་འཛིན་དུ་དམིགས་པ་དེ། ཟིལ་གནོན་གྱི་ཏིང་ངེ་འཛིན་གྱི་མཚན་ཉིད། དེ་ལ་དབྱེ་ན། དབྱེབས་ཟིལ་གནོན་བཞི་དང་། ཁ་དོག་ཟིལ་གནོན་བཞི་སྟེ་བརྒྱད། དབྱེབས་ཟིལ་གནོན་བཞི་ཡོད་དེ། ནང་གཟུགས་སུ་འདུ་ཤེས་པས་ཕྱི་རོལ་གྱི་གཟུགས་ཆུང་ངུ་ལ་ལྟ་བའི་ཟིལ་གྱིས་གནོན་པའི་སྐྱེ་མཆེད། དེར་འདུ་ཤེས་པས་ཕྱི་རོལ་གྱི་གཟུགས་ཆེན་པོ་ལ་ལྟ་བའི་ཟིལ་གྱིས་གནོན་པའི་སྐྱེ་མཆེད། ནང་གཟུགས་མེད་པར་འདུ་ཤེས་པས་ཕྱི་རོལ་གྱི་གཟུགས་ཆུང་ངུ་ལ་ལྟ་བའི་ཟིལ་གྱིས་གནོན་པའི་སྐྱེ་མཆེད། དེར་འདུ་ཤེས་པས་ཕྱི་རོལ་གྱི་གཟུགས་ཆེན་པོ་ལ་ལྟ་བའི་ཟིལ་གྱིས་གནོན་པའི་སྐྱེ་མཆེད་དང་བཞིར་ཡོད་པའི་ཕྱིར།

གཉིས་པ་ཁ་དོག་ཟིལ་གནོན་བཞི་ཡོད་དེ། སྔོན་པོ་ཟིལ་གྱིས་གནོན་པའི་སྐྱེ་མཆེད། སེར་པོ་དང་། དམར་པོ་དང་། དཀར་པོ་ཟིལ་གྱིས་གནོན་པའི་སྐྱེ་མཆེད་དང་བཞིར་ཡོད་པའི་ཕྱིར། གོ་སླ་བར་བརྗོད་ན། དབྱེབས་ཟིལ་གནོན་ལ་བཞི་ཡོད་དེ། གཟུགས་ཆུང་བ་ཟིལ་གྱིས་གནོན་པའི་ཟིལ་གནོན་གཉིས། གཟུགས་ཆེ་བ་ཟིལ་གྱིས་གནོན་པའི་ཟིལ་གནོན་གཉིས་ཏེ་བཞིར་ཡོད་པའི་ཕྱིར། རང་གི་སེམས་རྟེན་བསམ་གཏན་གྱི་དངོས་གཞི་ལ་བརྟེན་ནས་རྣལ་འབྱོར་པ་རང་ཉིད་ལ་གཟུགས་ཅན་གྱི་འདུ་ཤེས་བཞག་པ་དང་། གཟུགས་མེད་ཀྱི་འདུ་ཤེས་བཞག་པ་གང་རུང་བྱས་ཏེ། ཕྱི་རོལ་གྱི་གཟུགས་ཆུང་ངུ་ལ་དམིགས་ནས་ཇི་ལྟར་འདོད་འདོད་དུ་དབང་འབྱོར་པའི་ཏིང་ངེ་འཛིན་དུ་དམིགས་པ་དེ། གཟུགས་ཆུང་ངུ་ཟིལ་གྱིས་གནོན་པའི་ཟིལ་གནོན་གྱི་ཏིང་ངེ་འཛིན་གྱི་མཚན་ཉིད། དབྱེ་

132 勝處

根本〔文〕云：「最為殊勝處。」以及《明義釋》云：「內以色、無色想……」等，佛聖者心續之八勝處為有法，乃智慧法身，因是觀待如所有性及盡所有性而究竟觀見之本智故。「是依屬自之心所依之根本靜慮，自在勝伏所緣之三摩地」，乃勝處三摩地之性相。於彼分：四形狀勝處、四顏色勝處，共八者。有四形狀勝處，因有於內作色想，觀小外色之勝處、作如是想，觀大外色之勝處、於內作無色想，觀小外色之勝處、作如是想，觀大外色之勝處四者故。

第二，有四顏色勝處，因有青勝處、黃、紅、白勝處四者故。若說的易懂些，形狀勝處有四，因有二勝伏小色之勝處、二勝伏大色之勝處，共四者故。「是依自之心所依根本靜慮，瑜伽者於自作有色想，以及作無色想隨一，緣小外色隨所欲自在之三摩地」，乃勝伏小色之勝處三摩地之性相，分有二。「餘與前者相同，是緣大外色隨所欲自在之三摩地」，乃勝伏大色之勝處三摩地之性相，彼亦有二。「是依自之心所依根本靜慮，瑜伽行者於已作無色想，緣青外色，現顏色更青等隨所欲自在之三摩地」，乃勝伏青之三摩地

ན། གཉིས་ཡོད། གཞན་སྔ་མ་དང་འདྲ་བ་ལ་ཕྱི་རོལ་གྱི་གཟུགས་ཆེན་པོ་ལ་དམིགས་ནས་ཇི་ལྟར་འདོད་འདོད་དུ་དབང་འགྱུར་བའི་ཏིང་ངེ་འཛིན་དུ་དམིགས་པ་དེ། གཟུགས་ཆེན་པོ་ཟིལ་གྱིས་གནོན་པའི་ཟིལ་གནོན་གྱི་ཏིང་ངེ་འཛིན་གྱི་མཚན་ཉིད། དེ་ལའང་གཉིས་སུ་ཡོད། རང་གི་སེམས་རྟེན་བསམ་གཏན་གྱི་དངོས་གཞི་ལ་བརྟེན་ནས་རྣལ་འབྱོར་པ་རང་ཉིད་ལ་གཟུགས་མེད་པའི་འདུ་ཤེས་བཞག་སྟེ་ཕྱི་རོལ་གྱི་གཟུགས་སྔོན་པོ་ལ་དམིགས་ནས་དེ་བས་ཀྱང་ཁ་དོག་སྔོ་བར་ལྟ་བ་སོགས་ཇི་ལྟར་འདོད་འདོད་དུ་དབང་འགྱུར་བའི་ཏིང་ངེ་འཛིན་དུ་དམིགས་པ་དེ། སྔོན་པོ་ཟིལ་གྱིས་གནོན་པའི་ཏིང་ངེ་འཛིན་གྱི་མཚན་ཉིད། དེས་འོག་མ་རྣམས་ལ་རིགས་འགྲེ།

འོ་ན། མདོ་ལས། དཔེར་ན་ཟར་མའི་མེ་ཏོག་གམ། ཡུལ་ཝཱ་ར་ཎ་སཱིའི་རས་ཕུན་སུམ་ཚོགས་པ་སྔོན་པོ་ཁ་དོག་སྔོན་པོ་སྔོན་པོ་ལྟ་བུར་སྣང་བ་འོད་སྔོན་པོ་འབྱུང་བ་བཞིན་དུ། ནང་གཟུགས་མེད་པར་འདུ་ཤེས་པས་ཕྱི་རོལ་གྱི་གཟུགས་སྔོན་པོ་ཁ་དོག་སྔོན་པོ་སྔོན་པོ་ལྟ་བུར་སྣང་བ་འོད་སྔོན་པོ་འབྱུང་བ་རྣམས་ལ་བལྟ་ཞིང་། གཟུགས་དེ་དག་ཟིལ་གྱིས་གནོན་ནས་ཤེས། ཟིལ་གྱིས་གནོན་ནས་མཐོང་སྟེ། དེ་ལྟར་འདུ་ཤེས་པ་ནི་ཟིལ་གྱིས་གནོན་པའི་སྐྱེ་མཆེད་ལྔ་པའོ། །ཞེས་པ་དང་། དེ་བཞིན་དུ། སེར་པོ་ལ་དོང་ཀའི་མེ་ཏོག་དང་། དམར་པོ་ལ་བན་དྷུ་ཛཱི་བ་ཀའི་མེ་ཏོག་དང་། དཀར་པོ་ལ་སྐར་མ་པ་བ་སངས་སྦྱར་ནས་གསུངས་པའི་དོན་གང་ཡིན་ཞེ་ན། དེའི་དོན་ཡོད་དེ། སྔོན་པོ་ཞེས་པ་སྤྱིར་བཤད་པའམ། མདོར་བསྟན་པ་དང་། ཁ་དོག་སྔོན་པོ་ཞེས་པ་ཚོན་གྱིས་ཁམ་སྒྱུར་བའི་ལྷན་སྐྱེས་ཀྱི་སྔོན་པོ་དང་སྔོན་པོ་ལྟ་བུར་སྣང་བ་ནི་ཚོན་གྱིས་ཁ་སྒྱུར་བའི་སྦྱར་བྱུང་གི་སྔོན་པོ་དང་འོད་སྔོན་པོ་བྱུང་བ་ནི་དེ་གཉིས་ཀ་ལ་འོད་གསལ་པོ་ཡོད་པ་བསྟན་ཞིང་། ཚོན་གྱིས་ཁམ་བསྒྱུར་བའི་ལྷན་སྐྱེས་ཀྱི་སྔོན་པོ་དཔེར་ན་ཟར་མའི་མེ་ཏོག་ལྟ་བུ་དང་། ཚོན་གྱིས་ཁ་བསྒྱུར་བའི་སྦྱར་བྱུང་གི་སྔོན་པོ་ནི། དཔེར་ན་ཡུལ་ཝཱ་ར་ཎ་སཱིའི་རས་ཁ་དོག་སྔོན་པོ་ལྟ་བུ་ཡིན། ཞེས་པའི་དོན་ཡིན་པའི་ཕྱིར། སེར་པོ་སོགས་ལའང་དེས་རིགས་འགྲེ།

དེ་ཡང་སྤྱིར་ཟིལ་གནོན་ལ་ཆེ་བས་ཆུང་བ་ཟིལ་གྱིས་གནོན་པ་དང་། སྟོབས་དང་ལྡན་པས་སྟོབས་ཆུང་བ་ཟིལ་གྱིས་གནོན་པ་དང་། སྔར་སྣང་བ་མི་སྣང་བར་བྱས་ནས་ཟིལ་གྱིས་གནོན་པ་དང་།

性相。由彼類推以下。

那麼，經云：「例如胡麻花，或是瓦拉納西完善之青棉絲品，青色、如青色般顯現、青光放光般，以內無色想觀青外色、青色、如青色般顯現、青光放光等，並且勝伏彼等色而了知，勝伏而見，如是之想為第五勝處。」以及「如是將黃布配合上豬牙皂花，赤配合上瓦督脊芭尬花，白配合於金星。」所說之義為何？有彼之義，因「青」為總說或略示，以及「青色」指顏色未轉變之俱生青、「如青色般顯現」乃顏色已轉變之和合青、「青光放光」乃顯示彼二者皆具光亮，而且顏色未轉變之俱生青，例如胡麻花；顏色轉變之和合青，乃如瓦拉納西之青色布乃〔彼〕之義故。黃等亦是由彼類推。

此復，一般而言，勝伏有以大勝伏小、具勢力者勝伏勢微者、令之前所顯現消失而勝伏、如斷煩惱乃破壞而勝伏、如主人掌控僕

ཉོན་མོངས་སྤོང་བ་ལྟ་བུ་སྲུན་འབྱིན་པས་ཟིལ་གྱིས་གནོན་པ་དང་། རྗེ་བོས་བྲན་ལ་དབང་བྱེད་པ་ལྟ་བུ་དབང་བྱེད་པས་ཟིལ་གྱིས་གནོན་པ་དང་ལྔ་ཡོད་པ་ལས། འདིར་ནི་གསུམ་པ་སྔར་སྣང་བ་མི་སྣང་བར་བྱས་ནས་ཟིལ་གྱིས་གནོན་པ་དང་། ལྔ་པ་དབང་བྱེད་པས་ཟིལ་གྱིས་གནོན་ཚུལ་དུ་ཤེས་པར་བྱ་ཞིང་། དེ་གཉིས་ཀྱང་ཟིལ་གནོན་བརྒྱད་ཀ་ལ་སྦྱར་ཆོག་གམ་བརྟག ཚད་མེད་བཞི་དང་མངོན་ཤེས་དང་པོ་ལྔ་རྒྱུད་ལྡན་གྱི་ཕྱི་རོལ་པ་ཡོད་ཀྱང་། རྣམ་ཐར་ཟད་པར་ཟིལ་གནོན་གསུམ་ནི། ནང་པ་སངས་རྒྱས་པ་ཁོ་ནའི་ཁྱད་ཆོས་སུ་ཤེས་པར་བྱའོ། །

ཉན་ཐོས་ཉོན་མོངས་མེད་པའི་ལྟ། །ཞེས་སོགས་ལ། སངས་རྒྱས་འཕགས་པའི་རྒྱུད་ཀྱི་ཉོན་མོངས་མེད་པའི་ཏིང་ངེ་འཛིན་ཆོས་ཅན། ཁྱོད་ཉན་རང་གི་ཉོན་མོངས་མེད་པའི་ཏིང་ངེ་འཛིན་ལས་ཁྱད་པར་དུ་འཕགས་ཏེ། ཉན་རང་གི་ཉོན་མོངས་མེད་པའི་ཏིང་ངེ་འཛིན་གྱིས་ཉན་རང་ལ་ལྟ་བའི་མིའི་ཉོན་མོངས་ཀྱི་དམིགས་རྐྱེན་མི་བྱེད་པ་ཙམ་དུ་ཟད་ཅིང་། ཁྱོད་ཀྱིས་རང་རྒྱུད་ལྡན་གྱི་དེ་བཞིན་གཤེགས་པ་ལ་དམིགས་པའི་མིའི་ཉོན་མོངས་རྣམས་རྩ་བ་ནས་རྒྱུན་གཅོད་པར་མཛད་པའི་ཕྱིར།

དེ་ལ་ཁ་ཅིག འོ་ན། དེ་བཞིན་གཤེགས་པ་ལ་དམིགས་ནས་གདུལ་བྱ་གཞན་རྒྱུད་ལ་ཉོན་མོངས་མངོན་གྱུར་བ་སྐྱེ་བ་ཞིག་མེད་པར་ཐལ། སྦྱོར་བ་དེ་གཞུང་དེའི་དོན་སྦྱོར་རྣམ་དག་ཡིན་པའི་ཕྱིར། འདོད་ན། དེ་ལ་དམིགས་ནས་གདུལ་བྱ་གཞན་རྒྱུད་ལ་ཁོང་ཁྲོ་སྐྱེས་པ་ཞིག་མེད་པར་ཐལ། འདོད་པའི་ཕྱིར། འདོད་ན། དེ་བཞིན་གཤེགས་པའི་སྐུ་ལ་ངན་སེམས་ཀྱི་ཁྲག་ཕྱུང་ནས་མཚམས་མེད་ཀྱི་ལས་བྱས་པ་མེད་པར་ཐལ། འདོད་པའི་ཕྱིར། ཞེ་ན། སྐྱོན་མེད་དེ། དེ་བཞིན་གཤེགས་པས་གདུལ་བྱ་གཞན་རང་ཉིད་ལ་དམིགས་པའི་ཉོན་མོངས་སྐྱེ་བ་འགོག་པར་བཞེད་ནས་ཉོན་མོངས་མེད་པའི་ཏིང་ངེ་འཛིན་ལ་སྙོམས་པར་འཇུག་པའི་ཚེ། དེ་བཞིན་གཤེགས་པ་ལ་དམིགས་ནས་གདུལ་བྱ་གཞན་རྒྱུད་ལ་ཉོན་མོངས་མངོན་གྱུར་བ་སྐྱེ་བ་ཞིག་མེད་པའི་ཕྱིར་ཏེ། རྣམ་བཤད་ལས། དེ་བཞིན་གཤེགས་པ་ནི་བཞེད་པ་ཙམ་ལ་རག་ལས་པའོ། །ཞེས་གསུངས་པའི་ཕྱིར།

ཁ་ཅིག དགྲ་བཅོམ་པ་ཡིན་ན། ཉོན་མོངས་མེད་པའི་ཏིང་ངེ་འཛིན་རྒྱུད་ལྡན་ཡིན་པས་ཁྱབ་ཟེར་བ་མི་འཐད་དེ། ཉོན་མོངས་མེད་པའི་ཏིང་ངེ་འཛིན་དེ་རང་གི་སེམས་རྟེན་བསམ་གཏན་གྱི་

人是掌控勝伏五種。於此當了知為第三令之前所顯現消失而勝伏、第五掌控勝伏，而且觀察彼二者是否也皆可結合八種勝伏。雖有相續具四無量與前五神通之外道，然當知解脫、遍處、勝處三者，乃唯內道佛教徒之特色。

「聲聞無諍定……」等，佛聖者相續之無煩惱三摩地為有法，爾較聲緣之無煩惱三摩地殊勝，因聲緣之無煩惱三摩地，唯不作「見聲緣之人」的煩惱之所緣緣，且爾令緣「相續具自之如來」之人的煩惱等從根本斷除續流故。

於彼有云：「那麼，於他所化相續中，理應沒有一緣於如來而生起現行煩惱，因彼論式乃彼文之清淨義論式故。若許，於他所化相續中，理應沒有一緣彼而生起瞋！因許故。若許，理應沒有以惡心使如來身出血所造之無間業，因許故。」無過，因如來欲遮斷餘所化緣於己之煩惱生起而入無煩惱三摩地時，於他所化相續中沒有一緣如來而生起現行煩惱故，因《心要莊嚴疏》云：「而如來唯依據所欲。」故。

有云：「若是阿羅漢，周遍須是相續具無煩惱三摩地。」不應理，因無煩惱三摩地須依自之心所依根本靜慮而生故。因《俱舍論》

དངོས་གཞི་ལ་བརྟེན་ནས་བསྐྱེད་དགོས་པའི་ཕྱིར། མཛོད་ལས། ཉོན་མོངས་མེད་པ་ཀུན་རྫོབ་ཤེས། །བསམ་གཏན་མཐའ་ན་ཞེས་གསུངས་པའི་ཕྱིར།

སངས་རྒྱས་སྨོན་ནས་མཁྱེན་པ་ནི། །ཞེས་སོགས་ལ། སངས་རྒྱས་འཕགས་པའི་ཐུགས་རྒྱུད་ཀྱི་སྨོན་ནས་མཁྱེན་པའི་ཏིང་ངེ་འཛིན་ཆོས་ཅན། ཉན་ཐོས་ཀྱི་སྨོན་ནས་མཁྱེན་པའི་ཏིང་ངེ་འཛིན་ལས་ཁྱད་པར་དུ་འཕགས་ཏེ། འབད་མེད་ལྷུན་གྱིས་གྲུབ་པར་འཇུག་པ་དང་། ཕྱིན་ཅི་མ་ལོག་པ་དང་། ཤེས་བྱ་ཐམས་ཅད་ལ་ཁྱབ་པ་དང་། རྒྱུན་མི་འཆད་པ་དང་། ཐེ་ཚོམ་ཐམས་ཅད་གཅོད་པར་མཛད་པ་སྟེ། ཁྱད་ཆོས་ལྔའི་སྒོ་ནས་ཁྱད་པར་དུ་འཕགས་པའི་ཕྱིར།

云：「無諍世俗智，後靜慮。[95]」故。

「佛所有願智……」等，佛聖者相續之願知三摩地為有法，較聲聞之願知三摩地殊勝，因趣入無勞任運成辦、非顛倒、周遍於一切所知、續流不斷、斷所有疑，以五特色門殊勝故。

ལོངས་སྐུ།

མཚན་ནི་སུམ་ཅུ་རྩ་གཉིས་དང་། །ཞེས་སོགས་ལ། སྦྱོར་བ་དང་། མཐའ་དཔྱད་པ་གཉིས། དང་པོ་ནི། ངེས་པ་ལྔ་ལྡན་གྱི་གཟུགས་སྐུ་ཆོས་ཅན། ལོངས་སྐུའི་མཚན་ཉིད་ཡིན་ཏེ། དེའི་འཇོག་བྱེད་ཡིན་པའི་ཕྱིར།

གཉིས་པ་ནི། འོ་ན་ལོངས་སྐུ་བཞུགས་པའི་གནས་དེ་གང་ཡིན་ཞེ་ན། ཁ་ཅིག གཟུགས་ཁམས་གནས་རིགས་བཅུ་བདུན་གྱི་ནང་ཚན་དུ་གྱུར་པའི་འོག་མིན་ཡིན་ཟེར་བ་མི་འཐད་དེ། དེ་འཁོར་བའི་གནས་མཚན་ཉིད་པ་ཡིན་པའི་ཕྱིར། དེར་ཐལ། གནས་དེར་ལས་ཉོན་གྱི་དབང་གིས་སྐྱེ་བ་ལེན་པའི་གང་ཟག་ཡོད་པའི་ཕྱིར། དེར་ཐལ། དེར་ལས་ཉོན་གྱིས་སྐྱེ་བ་ལེན་པའི་འོག་མིན་མཐར་ཐུག་འགྲོའི་གཟུགས་སུ་ཉེར་འགྲོའི་ཕྱིར་མི་འོང་ཡོད་པའི་ཕྱིར།

གཞན་ཡང་། ལུང་ལས། གཙང་མའི་གནས་དག་སྤངས་ནས་ནི། །འོག་མིན་གནས་ནི་ཉམས་དགའ་བར། །ཡང་དག་རྫོགས་སངས་དེར་སངས་རྒྱས། །སྤྲུལ་པ་པོ་གཅིག་འདིར་འཚང་རྒྱ། །ཞེས་གསུངས་པ་མི་འཐད་པར་ཐལ། ལོངས་སྐུ་བཞུགས་པའི་འོག་མིན་དེ་གནས་གཙང་ལྔའི་ནང་ཚན་དུ་གྱུར་པའི་འོག་མིན་ཡིན་པའི་ཕྱིར། རྟགས་ཁས། རྩོད་ཊཱི་ཀ་པས། ལུང་འདི་ལང་ཀཱ་ཤེགས་ཀྱི་ལུང་དུ་བྱེད་པ་མི་འཐད་དེ། ལང་ཀཱ་ཤེགས་ན་འདི་མེད་པར་མངོན་སུམ་གྱིས་གྲུབ་པའི་ཕྱིར།

ཁ་ཅིག ལོངས་སྐུ་བཞུགས་པའི་གནས་ཡིན་ན་འོག་མིན་ཡིན་པས་མ་ཁྱབ་ཟེར་བ་མི་འཐད་དེ། བྱང་སེམས་རྒྱུན་མཐའ་བ་ཡིན་ན་འོག་མིན་གྱི་ལྷའི་རྟེན་ཅན་ཡིན་དགོས་པའི་ཕྱིར། དེར་ཐལ། དེ་ཡིན་ན་འོག་མིན་སྟུག་པོ་བཀོད་པའི་ལྷའི་རྟེན་ཅན་ཡིན་དགོས་པའི་ཕྱིར། དེར་ཐལ། བདག་ཅག་གི་སྟོན་པ་དང་རྒྱུད་གཅིག་ཏུ་གྱུར་པའི་བྱང་སེམས་རྒྱུན་མཐའ་བ་འོག་མིན་སྟུག་པོ་བཀོད་པའི་རྟེན་ཅན་ཡིན་པའི་ཕྱིར། དེར་ཐལ། ངག་དབང་གྲགས་པས། དཔལ་ལྡན་སྟུག་པོ་བཀོད་པར་དོན་དམ་ཐུགས་སུ་ཆུད་གྱུར་ཅིང་། །འཛམ་གླིང་སྐྱེ་བོའི་དོན་མཛད་ངོར་ནི་དམ་པ་ཏོག་དཀར་གྱུར། ཞེས་

133 報身

「許三十二相……」等，有論式、辨析二者。初者，具五決定之色身為有法，乃報身之性相，因乃彼之能安立故。

第二，那麼，報身安住處所為何？有云：「色界十七處中之色究竟天。」不應理，因彼乃真實輪迴處所故。理應如是，因有以業煩惱之力而投生彼處所之補特伽羅故。理應如是，因有以業煩惱投生彼處所之行色究竟天究竟之行色界不還故。

又，教典云：「正覺捨淨居，悅意色究竟，於彼成覺者，化者此成佛。」理應不應理，因報身所住之色究竟天，乃五淨居天中之色究竟天故。承許因。榮澤巴將此文作為《入楞伽經》之文，不應理，因以現前成立《入楞伽經》無此故。

有云：「若是報身安住處所，不周遍是色究竟天。」不應理，因若是最後流菩薩，須是具色究竟天之天所依故。理應如是，因若是彼，須是具密嚴剎土之天所依故。理應如是，因與吾等導師同一相續之最後流菩薩乃具密嚴剎土之所依故。理應如是，因阿旺扎巴說：「於彼吉祥密嚴證勝義，為利贍部有情現白幢。」是故，超越淨居天之色究竟天之第二色究竟天，稱密嚴之色界第十八處天，乃

གསུངས། དེས་ན་གནས་གཙང་གི་འོག་མིན་ལས་འདས་པའི་འོག་མིན་གཉིས་པ་སྟུག་པོ་བཀོད་པར་གྲགས་པའི་གཟུགས་ཁམས་གནས་རིགས་བཅོ་བརྒྱད་པ་དེ་ལོངས་སྐུ་བཞུགས་པའི་གནས་ཡིན་ཏེ། ལང་གཤེགས་ལས། འདོད་པ་ཁམས་དང་གཟུགས་མེད་དུ། །སངས་རྒྱས་རྣམ་པར་འཚང་མི་རྒྱ། །གཟུགས་ཀྱི་ཁམས་ཀྱི་འོག་མིན་དུ། འདོད་ཆགས་བྲལ་ཁྱོད་མཐོང་འཚང་རྒྱ། །ཞེས་གསུངས་པའི་ཕྱིར།

ཁོ་ན་རེ། རྗེ་བཙུན་བྱམས་མགོན་གྱིས་ཆོས་སྐུ་བརྙེས་པར་ཐལ། དེས་འོག་མིན་དུ་ཆོས་སྐུ་བརྙེས་པའི་རྗེས་སུ་སྟོན་པས་རྒྱལ་ཚབ་ཏུ་དབང་བསྐུར་བའི་ཕྱིར། དེར་ཐལ། ལྷའི་བུ་དམ་པ་དོག་དཀར་པོ་འོག་མིན་དུ་ཆོས་སྐུ་བརྙེས་པའི་རྗེས་སུ་སངས་རྒྱས་འོད་བསྲུངས་ཀྱིས་རྒྱལ་ཚབ་ཏུ་དབང་བསྐུར་བའི་ཕྱིར་ཞེ་ན། མ་ཁྱབ། འོ་ན། བྱམས་མགོན་འོག་མིན་དུ་ཆོས་སྐུ་བརྙེས་ནས་དེའི་རྗེས་སུ་རྒྱལ་ཚབ་ཏུ་དབང་བསྐུར་བའི་ཚད་ལྡན་གྱི་ལུང་གསལ་བར་ཡོད་པར་ཐལ། ལྷའི་བུ་དམ་པ་དོག་དཀར་ལ་དེ་ལྟར་སྟོན་པའི་ཚད་ལྡན་གྱི་ལུང་ཡོད་པའི་ཕྱིར། འདོད་ན། སྟོན་ཅིག

རང་ལུགས་ཀྱི་མཚན་ཉིད་དེ་ལ། ཁ་ཅིག གཞན་དོན་གཟུགས་སྐུ་ཆོས་ཅན། ལོངས་སྐུར་ཐལ། ངེས་པ་ལྔ་ལྡན་གྱི་གཟུགས་སྐུ་ཡིན་པའི་ཕྱིར། དེར་ཐལ། ཁྱོད་ངེས་པ་ལྔ་ཡོན་ཏན་དུ་ལྡན་པའི་གཟུགས་སྐུ་ཡིན་པའི་ཕྱིར་ཏེ། ཁྱོད་ངེས་པ་ལྔ་ཡོན་ཏན་དུ་ལྡན་པ་གང་ཞིག གཟུགས་སྐུ་ཡིན་པའི་ཕྱིར། དང་པོ་དེར་ཐལ། ངེས་པ་ལྔ་པོ་དེ་ཁྱོད་ཀྱི་ཡོན་ཏན་ཡིན་པའི་ཕྱིར་ན། མ་ཁྱབ་ཅིང་། ཆོས་ཅན་རྟགས་སྒྲུབ་མ་ཡང་ཡིན་ཏེ། འོ་ན། ཐེག་ཆེན་འཕགས་པ་ཆོས་ཅན། སངས་རྒྱས་འཕགས་པར་ཐལ། རྣམ་མཁྱེན་དང་ལྡན་པའི་ཐེག་ཆེན་འཕགས་པ་ཡིན་པའི་ཕྱིར་ཏེ། རྣམ་མཁྱེན་ཡོན་ཏན་དུ་ལྡན་པའི་ཐེག་ཆེན་འཕགས་པ་ཡིན་པའི་ཕྱིར། དེར་ཐལ། རྣམ་མཁྱེན་ཡོན་ཏན་དུ་ལྡན་པ་གང་ཞིག ཐེག་ཆེན་འཕགས་པ་ཡིན་པའི་ཕྱིར། དང་པོ་དེར་ཐལ། རྣམ་མཁྱེན་དེ་ཁྱོད་ཀྱི་ཡོན་ཏན་ཡིན་པའི་ཕྱིར། རིམ་བཞིན་ཁས་བླངས་སོ། །

གཞན་ཡང་། ལམ་ཞུགས་ཀྱི་གང་ཟག་ཆོས་ཅན། ཐེག་ཆེན་ལམ་ཞུགས་ཀྱི་གང་ཟག་ཏུ་ཐལ། ཐེག་ཆེན་སེམས་བསྐྱེད་དང་ལྡན་པའི་ལམ་ཞུགས་ཀྱི་གང་ཟག་ཡིན་པའི་ཕྱིར། དེར་ཐལ། ཐེག་ཆེན་

報身安住處所，因《入楞伽經》云：「欲界及無色，不於彼成佛；色界究竟天，離欲得菩提。[96]」故。

有云：「至尊慈氏怙主理應獲法身，因彼於色究竟天獲法身之後，導師授以補處之權故。理應如是，因天子白幢於色究竟天獲法身後，迦葉佛授以補處之權故。」不周遍，那麼，理應有慈氏怙主於色究竟天獲法身，於彼之後授以補處之權的清晰具量之文，因有開示天子白幢如是之具量之文故。若許，請展示！

於自宗之性相，有云：「他利色身為有法，理應是報身，因是具五決定之色身故。理應如是，因爾乃具五決定功德之色身故，因爾乃具足五決定功德，且是色身故，初者理應如是，因五決定乃爾之功德故。」不周遍，且亦是質總有法故。那麼，大乘聖者為有法，理應是佛聖者，因是具一切相智之大乘聖者故，因是具一切相智功德之大乘聖者故。理應如是，因具一切相智功德，且是大乘聖者故。初者理應如是，因一切相智是爾之功德故。依次第承許。

又，入道之補特伽羅為有法，理應是大乘入道之補特伽羅，因是具大乘發心之入道之補特伽羅故。理應如是，因是具大乘發心，

སེམས་བསྐྱེད་དང་ལྡན་པ་གང་ཞིག ལམ་ཞུགས་ཀྱི་གང་ཟག་ཡིན་པའི་ཕྱིར། དང་པོ་དེར་ཐལ། ཐེག་ཆེན་སེམས་བསྐྱེད་དེ་ཁྱོད་ཀྱི་ཡོན་ཏན་ཡིན་པའི་ཕྱིར། ཁྱབ་པ་དང་ཆོས་ཅན་གཉིས་ཀ་ཁས་སོ། །

ཡང་མཚན་ཉིད་དེ་ལ་ཁོན་རེ། ལོངས་སྐུའི་ཡིད་ཀྱི་རྣམ་ཤེས་ཆོས་ཅན། ངེས་པ་ལྔ་ལྡན་གྱི་གཟུགས་སྐུར་ཐལ། ལོངས་སྐུ་ཡིན་པའི་ཕྱིར། འདོད་ན། འཁོར་ངེས་པ་བྱང་སེམས་འཕགས་པ་ཁོ་ནའི་འཁོར་གྱིས་བསྐོར་བར་ཐལ། འདོད་པའི་ཕྱིར་ན། འདིར་མ་ཁྱབ། འདོད་ན། རང་ཉིད་མངོན་སུམ་དུ་རྟོགས་པའི་བྱང་སེམས་འཕགས་པ་ཡོད་པར་ཐལ། འདོད་པའི་ཕྱིར། འདོད་མི་ནུས་ཏེ། སངས་རྒྱས་ནང་པན་ཚུན་ཁོ་ནའི་མངོན་སུམ་གྱི་སྤྱོད་ཡུལ་ཡིན་པའི་ཕྱིར་ཏེ། ཡེ་ཤེས་ཆོས་སྐུ་ཡིན་པའི་ཕྱིར་ཞེས་ཟེར།

འོ་ན། ངེས་པ་ལྔ་ལྡན་གྱི་གཟུགས་སྐུའི་ཡིད་ཀྱི་རྣམ་པར་ཤེས་པ་དེ། ངེས་པ་ལྔ་ལྡན་གྱི་གཟུགས་སྐུ་ཡིན་པར་ཐལ། ལོངས་སྐུའི་ཡིད་ཀྱི་རྣམ་པར་ཤེས་པ་ལོངས་སྐུ་ཡིན་པའི་ཕྱིར། རྟགས་ཁས། འདོད་ན་སོང་། དེ་ཆོས་ཅན། རང་ཉིད་མངོན་སུམ་དུ་རྟོགས་པའི་བྱང་འཕགས་ཡོད་པར་ཐལ། འཁོར་ངེས་པ་བྱང་སེམས་འཕགས་པ་ཁོ་ནའི་འཁོར་གྱིས་བསྐོར་བའི་ཕྱིར། མ་གྲུབ་ན་སོང་། དེར་ཐལ། ངེས་པ་ལྔ་ལྡན་གྱི་གཟུགས་སྐུ་ཡིན་པའི་ཕྱིར། འཁོར་གསུམ།

ཡང་ཁོན་རེ། ངེས་པ་ལྔ་ལྡན་གྱི་ལོངས་སྐུ་མེད་པར་ཐལ། འཁོར་ངེས་པ་བྱང་སེམས་འཕགས་པ་ཁོ་ནའི་འཁོར་གྱིས་བསྐོར་བའི་ལོངས་སྐུའི་ཡིད་ཀྱི་རྣམ་ཤེས་མེད་པའི་ཕྱིར་ན། འདིར་མ་ཁྱབ། མ་གྲུབ་ན། འཁོར་ངེས་པ་བྱང་སེམས་འཕགས་པ་ཁོ་ནའི་འཁོར་གྱིས་བསྐོར་བའི་ལོངས་སྐུའི་ཡིད་ཀྱི་རྣམ་པར་ཤེས་པ་དེ། འཁོར་ངེས་པ་བྱང་སེམས་འཕགས་པ་ཁོ་ནའི་འཁོར་གྱིས་བསྐོར་བའི་ལོངས་སྐུ་ཡིན་པར་ཐལ། མ་གྲུབ་པ་གང་ཞིག་ལོངས་སྐུའི་ཡིད་ཀྱི་རྣམ་པར་ཤེས་པ་ལོངས་སྐུ་ཡིན་པའི་ཕྱིར། ཞེ་ན་མ་ཁྱབ་མཚམས་སུ། ངེས་པ་ལྔ་ལྡན་གྱི་ཡེ་ཤེས་ཆོས་སྐུ་མེད་པར་ཐལ། འཁོར་ངེས་པ་བྱང་སེམས་འཕགས་པ་ཁོ་ནའི་འཁོར་གྱིས་བསྐོར་བའི་ཡེ་ཤེས་ཆོས་སྐུ་མེད་པའི་ཕྱིར། ཁྱབ་པ་ཁས། འདོད་ན། ངེས་པ་ལྔ་ཚང་བའི་ཡེ་ཤེས་ཆོས་སྐུ་མེད་པར་ཐལ། འདོད་པའི་ཕྱིར། འདོད་མི་ནུས་ཏེ། ལོངས་སྐུའི་ཡིད་ཀྱི་རྣམ་པར་ཤེས་པའི་སྟེང་དུ་ངེས་པ་ལྔ་ཚང་བའི་ཕྱིར། དེར་ཐལ། དེའི་སྟེང་དུ

且是入道之補特伽羅故。初者理應如是，因大乘發心是爾之功德故。周遍以及有法二者皆承許。

又於彼性相，有云：「報身之意識為有法，理應是具五決定之色身，因是報身故。若許，理應眷屬決定——唯菩薩聖者眷屬所圍繞，因許故。」今此不周遍。若許，理應有現證自己之菩薩聖者，因許故。不能許，因是唯佛之間相互之現前行境故，因是智慧法身故。那麼，具五決定之色身的意識，理應是具足五決定之色身，因報身之意識乃報身故。承許因。若許則成相違。

彼為有法，理應有現證自己之菩薩聖者，因眷屬決定——唯菩薩聖者眷屬所圍繞故。若不成則成相違。理應如是，因是具五決定之色身故。三輪！

又有云：「理應沒有具五決定之報身，因沒有眷屬決定——唯菩薩聖者眷屬所圍繞之報身之意識故。」今此不周遍。若不成，眷屬決定——唯菩薩聖者眷屬所圍繞之報身之意識，理應是眷屬決定——唯菩薩聖者眷屬所圍繞之報身，因『不成』，且報身之意識乃報身故。於不周遍處，理應沒有具五決定之智慧法身，因沒有眷屬決定——唯菩薩聖者眷屬所圍繞之智慧法身故。承許周遍，若許，理應沒有齊備五決定之智慧法身，因許故。不能許，因報身之意識之上齊備五決定故。理應如是，因於彼之上聚集五決定故。理應如是，因報身之意識的所依報身之色蘊，是處決定——唯住色究

ངེས་པ་ལྔ་ཚོགས་པའི་ཕྱིར། དེར་ཐལ། ལོངས་སྐུའི་ཡིད་ཀྱི་རྣམ་པར་ཤེས་པ་དེའི་རྟེན་ལོངས་སྐུའི་གཟུགས་ཕུང་དེ་གནས་ངེས་པ་འོག་མིན་ཁོ་ནར་བཞུགས་པ་དང་། སྐུ་ངེས་པ་མཚན་དཔེས་སྤྲས་པ་དང་། དུས་ངེས་པ་འཁོར་བ་མ་སྟོངས་བར་དུ་བཞུགས་པ། །འཁོར་ངེས་པ་བྱང་སེམས་འཕགས་པ་ཁོ་ནའི་འཁོར་གྱིས་བསྐོར་ཞིང་། ཡིད་ཀྱི་རྣམ་ཤེས་དེའི་རྟེན་ལོངས་སྐུའི་གསུང་གིས་ཆོས་ངེས་པ་ཐེག་ཆེན་གྱི་ཆོས་ཁོ་ན་གསུངས་པ་ཡིན་པའི་ཕྱིར།

དེ་ལྟ་མ་ཡིན་ན་ལོངས་སྐུ་ཆོས་ཅན། ལོངས་སྐུའི་གཟུགས་ཕུང་ཡིན་པར་ཐལ། ལོངས་སྐུའི་ཕུང་པོ་ལྔ་ཚང་བའི་ལོངས་སྐུ་ཡིན་པའི་ཕྱིར། མ་ཁྱབ་ན་སོང་། ཁྱབ་སྟེ། ངེས་པ་ལྔ་ཚང་བའི་ལོངས་སྐུ་ཡིན་ན། འཁོར་ངེས་པ་བྱང་སེམས་འཕགས་པ་ཁོ་ནའི་འཁོར་གྱི་བསྐོར་བས་ཁྱབ་པའི་ཕྱིར། རྟགས་ཁས།

ཡང་ཁོ་ན་རེ། མཆོག་གི་སྤྲུལ་སྐུའི་ཡིད་ཀྱི་རྣམ་པར་ཤེས་པ་མཆོག་གི་སྤྲུལ་སྐུ་ཡིན་པར་ཐལ། ལོངས་སྐུའི་ཡིད་ཀྱི་རྣམ་པར་ཤེས་པ་ལོངས་སྐུ་ཡིན་པའི་ཕྱིར། རྟགས་ཁས། འདོད་ན། དེ་ཆོས་ཅན། སོ་སོ་སྐྱེ་བོ་ལས་དག་ཡན་ཆད་ཀྱི་མངོན་སུམ་གྱི་སྤྱོད་ཡུལ་དུ་ཐལ། འདོད་པའི་ཕྱིར། ཞེ་ན་མ་ཁྱབ། ཁྱབ་སྟེ། འགྲེལ་པར། ཉན་ཐོས་ལ་སོགས་པའི་སྤྱོད་ཡུལ་དུ་རྣམ་པར་བཞག་པ་ཡིན་ནོ། །ཞེས་བསྟན་པའི་ཕྱིར། ཞེས་འབྱུང་བའི་ཕྱིར། ཞེ་ན་ཡང་མ་ཁྱབ་སྟེ། མཆོག་གི་སྤྲུལ་སྐུའི་གཟུགས་ཕུང་ཉན་ཐོས་ལ་སོགས་པའི་སྤྱོད་ཡུལ་ཡིན་པ་ལ་དགོངས་པའི་ཕྱིར།

ཡང་ཁོ་ན་རེ། ལོངས་སྐུ་གང་ཟག་མ་ཡིན་པར་ཐལ། དེ་བཏགས་ཡོད་མ་ཡིན་པའི་ཕྱིར་ཏེ། དེ་རྫས་ཡོད་ཡིན་པའི་ཕྱིར་ཏེ། ལོངས་སྐུའི་ཡིད་ཀྱི་རྣམ་ཤེས་ལོངས་སྐུ་གང་ཞིག དེ་རྫས་ཡོད་ཡིན་པའི་ཕྱིར་ཞེ་ན། མ་ཁྱབ་སྟེ། ལོངས་སྐུའི་རང་ལྡོག་བཏགས་ཡོད་ཡིན་ཀྱང་། དེའི་གཞི་ལྡོག་ཏུ་རྫས་ཡོད་འོང་བ་མི་འགལ་བའི་ཕྱིར།

ཡང་ཁ་ཅིག ལོངས་སྐུའི་ཡིད་ཀྱི་རྣམ་པར་ཤེས་པ་ལོངས་སྐུ་མ་ཡིན་ཞིང་། ལོངས་སྐུའི་བདག་གམ་གང་ཟག་ཡིན་པའི་ཕྱིར་ཟེར། འོ་ན། ཁྱོད་གང་ཟག་ཡིན་ན་ཁྱོད་ཀྱི་ཡིད་ཀྱི་རྣམ་པར་ཤེས་པ་ཁྱོད་མ་ཡིན་དགོས་པ་དང་། ཁྱོད་གང་ཟག་ཡིན་ན་ཁྱོད་ཀྱི་ཡིད་ཀྱི་རྣམ་པར་ཤེས་པ་ཁྱོད་ཀྱི་བདག་ཡིན་

竟天，是身決定——相好莊嚴，是時決定——安住乃至輪迴未盡，是眷屬決定——唯菩薩聖者眷屬所圍繞；意識之所依報身之語，是法決定——唯說大乘法故。

若非如是，報身為有法，理應是報身之色蘊，因乃齊備報身五蘊之報身故。若不周遍則成相違。周遍，因若是齊備五決定之報身，周遍眷屬決定——唯菩薩聖者眷屬所圍繞故。承許因。

又有云：「殊勝化身之意識，理應是勝化身，因報身之意識乃報身故。承許因。若許，彼為有法，理應是業淨異生以上之現前行境，因許故。」不周遍。周遍，因《明義釋》有云：「『聲聞等之所行境』之故。」故。亦不周遍，因慮及殊勝化身之色蘊乃聲聞等之行境故。

又有云：「報身理應不是補特伽羅，因彼非假有故，因彼乃實有故，因報身之意識乃報身，且彼乃實有故。」不周遍，因報身之自返體雖是假有，然於彼之基返體中有實有不相違故。

又有云：「報身之意識不是報身，而是報身之我或補特伽羅故。」那麼，若爾是補特伽羅，爾之意識須不是爾，以及若爾是補特伽羅，爾之意識須是爾之我的差別理應應理，因彼宗故。若許，

དགོས་པའི་ཁྱད་པར་འཐད་པར་ཐལ། དམ་བཅའ་དེའི་ཕྱིར། འདོད་ན། གང་ཟག་གི་བདག་ཡོད་པར་ཐལ། གང་ཟག་གི་ཡིད་ཀྱི་རྣམ་པར་ཤེས་པ་གང་ཟག་གི་བདག་ཡིན་པའི་ཕྱིར། མ་གྲུབ་ན། གང་ཟག་ཆོས་ཅན། ཁྱོད་ཀྱི་ཡིད་ཀྱི་རྣམ་པར་ཤེས་པ་ཁྱོད་ཀྱི་བདག་ཡིན་པར་ཐལ། ཁྱོད་གང་ཟག་ཡིན་པའི་ཕྱིར། འཁོར་གསུམ།

གཞན་ཡང་ལོངས་སྐུའི་ཡིད་ཀྱི་རྣམ་པར་ཤེས་པ་ལོངས་སྐུ་ཡིན་པར་ཐལ། སྐྱེས་བུ་ལྷས་བྱིན་ཀྱི་ཡིད་ཀྱི་རྣམ་པར་ཤེས་པ་སྐྱེས་བུ་ལྷས་བྱིན་ཡིན་པའི་ཕྱིར། དེར་ཐལ། ཀུན་གཞི་མེད་པ་གང་ཞིག སྐྱེས་བུ་ལྷས་བྱིན་ཐ་སྙད་བཏགས་པའི་བཏགས་དོན་བཙལ་བའི་ཚེ་རྙེད་པའི་ཕྱིར།

གཞན་ཡང་། ལོངས་སྐུའི་ཡིད་ཀྱི་རྣམ་པར་ཤེས་པ་ལོངས་སྐུ་ཡིན་པར་ཐལ། སྤྱིར་ཡིད་ཀྱི་རྣམ་པར་ཤེས་པ་བདག་ཡིན་པའི་ཕྱིར། དེར་ཐལ། མདོ་ལས། བདག་ཉིད་བདག་གི་མགོན་ཡིན་གྱི། །གཞན་ནི་སུ་ཞིག་མགོན་དུ་འགྱུར། །བདག་ཉིད་ལེགས་པར་ཐུལ་བས་ནི། །མཁས་པས་མཐོ་རིས་ཐོབ་པར་འགྱུར། །ཞེས་དང་། སེམས་དུལ་བ་ནི་ལེགས་པ་སྟེ། །སེམས་དུལ་བས་ནི་བདེ་བ་འདྲེན། །ཞེས་དང་། རྟོག་གེ་འབར་བ་ལས། ཁོ་བོ་ཅག་ཀྱང་རྣམ་པར་ཤེས་པ་ལ་བདག་གི་སྒྲ་དངོས་སུ་འདོགས་ཏེ། འདི་ལྟར་རྣམ་པར་ཤེས་པ་ཡང་སྲིད་པ་ལེན་པའི་ཕྱིར། བདག་ཡིན་ནོ། །ཞེས་ལུས་དང་དབང་པོའི་ཚོགས་དག་ལ་ཉེ་བར་འདོགས་པའི་ཕྱིར། ཞེས་གསུངས་པའི་ཕྱིར།

ཁོ་ན་རེ། སློབ་དཔོན་ལེགས་ལྡན་འབྱེད་ཀྱི་དེ་ལྟར་བཞེད་ཀྱང་འཕགས་སེང་གི་ལུགས་ལ་དེ་ལྟར་མི་བཞེད་དོ། །ཞེ་ན། འོ་ན། སློབ་དཔོན་ལེགས་ལྡན་འབྱེད་ཀྱི་ལུགས་ལ་ལོངས་སྐུའི་ཡིད་ཀྱི་རྣམ་པར་ཤེས་པ་མངོན་སུམ་དུ་རྟོགས་པའི་བྱང་འཕགས་ཡོད་པར་ཐལ། དེའི་ལུགས་ལ་དེའི་ཡིད་ཀྱི་རྣམ་པར་ཤེས་པ་ལོངས་སྐུ་ཡིན་པའི་ཕྱིར། མ་ཁྱབ་ན། ཁྱབ་སྟེ། འཕགས་སེང་གི་ལུགས་ལ་དེ་དགོས་པའི་ཕྱིར། རྟགས་ཁས།

ཡང་དེ་ལ་ཁོ་ན་རེ། ཐེག་ཆེན་གྱི་མཐོང་ལམ་བར་ཆད་མེད་ལམ་ལ་གནས་པའི་སེམས་དཔའི་ཡིད་ཀྱི་རྣམ་པར་ཤེས་པ་མཐོང་ལམ་བར་ཆད་མེད་ལམ་ལ་གནས་པའི་སེམས་དཔའ་ཡིན་པར་ཐལ། ལོངས་སྐུ་ལ་དེའི་ཕྱིར། འདོད་ན། དེ་ལ་གནས་པའི་སེམས་དཔའི་ཡིད་ཀྱི་རྣམ་ཤེས་དེས། ཐེག་

理應有補特伽羅之我，因補特伽羅之意識乃補特伽羅之我故。若不成，補特伽羅為有法，爾之意識理應是爾之我，因爾是補特伽羅故。三輪！

又，報身之意識理應是報身，因士夫天授之意識是士夫天授故。理應如是，因沒有阿賴耶，且於尋找安立士夫天授名言之安立義時尋獲故。

又，報身之意識理應是報身，因一般而言，意識乃我故。理應如是，因經云：「我自為依怙，更有誰為依，由善調伏我，智者得生天。[97]」及「應善調伏心，心調能引樂。[98]」及《分別熾然論》云：「我等於〔名言中〕亦於識上直接安立我名，復以識能取後有，故識是我。如是於身與根之聚合體安立故。[99]」故。

有云：「清辨阿闍黎雖如是承許，然聖、獅宗不如是承許。」那麼，於清辨阿闍黎宗，理應有現證報身之意識之菩薩聖者，因於彼宗，彼之意識乃報身故。若不周遍，周遍，因於聖、獅之宗須如是故。承許因。

又於彼有云：「住大乘見道無間道之菩薩的意識，理應是住大乘見道無間道之菩薩，因於報身如是故。若許，住彼之菩薩之意識理應通達大乘見道無間道，因承許，且住見道無間道之菩薩通達彼

ཆེན་གྱི་མཐོང་ལམ་བར་ཆད་མེད་ལམ་རྟོགས་པར་ཐལ། འདོད་པ་གང་ཞིག མཐོང་ལམ་བར་ཆད་མེད་ལམ་ལ་གནས་པའི་སེམས་དཔས་དེ་རྟོགས་པའི་ཕྱིར་ཞེ་ན། མ་ཁྱབ་སྟེ། སྔར་བཤད་པ་ལྟར་རང་ལྡོག་དང་གཞི་ལྡོག་གི་ཁྱད་པར་ཡོད་པའི་ཕྱིར།

གཞན་ཡང་། ཀུན་གཞི་ཁས་ལེན་པའི་ལུགས་ལ། བར་ཆད་མེད་ལམ་པ་དེའི་རྒྱུད་ཀྱི་ཀུན་གཞིའི་རྣམ་ཤེས་ཀྱིས་དོན་དམ་བདེན་པ་རྟོགས་པར་ཐལ། དེའི་ལུགས་ལ་བར་ཆད་མེད་ལམ་པ་དེའི་ཀུན་གཞི་རྣམ་ཤེས་དེ། གང་ཟག་དེ་ཡིན་པ་གང་ཞིག གང་ཟག་དེས་དེ་རྟོགས་པའི་ཕྱིར། ཁྱབ་པ་ཁས།

ཡང་དེ་ཆོས་ཅན། ཁྱོད་ཡིན་ན་སྟོང་ཉིད་མངོན་སུམ་དུ་རྟོགས་པས་ཁྱབ་པར་ཐལ། ཁྱོད་མཐོང་ལམ་བར་ཆད་མེད་ལམ་ལ་གནས་པའི་སེམས་དཔའ་ཡིན་པའི་ཕྱིར། ཞེ་ན་འདོད་དེ། དེ་ཐེག་ཆེན་གྱི་མཐོང་ལམ་བར་ཆད་མེད་ལམ་ཡིན་པའི་ཕྱིར།

ཁ་ཅིག མཐོང་ལམ་བར་ཆད་མེད་ལམ་ལ་གནས་པའི་སེམས་དཔའི་ཡིད་ཀྱི་རྣམ་ཤེས་མཐོང་ལམ་བར་ཆད་མེད་ལམ་ལ་གནས་པའི་སེམས་དཔར་འདོད་བཞིན་དུ་སེམས་དཔའ་དེའི་རྒྱུད་ལ་ཀུན་རྫོབ་སེམས་བསྐྱེད་ཡོད་པར་སྨྲ་བ་ནི་ཐལ་འགྱུར་སྨྲ་མ་དེའི་ལན་གདབ་པར་དཀའ།

ཡང་ཁ་ཅིག ལོངས་སྐུའི་ཡིད་ཀྱི་རྣམ་པར་ཤེས་པའི་རྒྱུན་ལོངས་སྐུ་ཡིན་ཟེར་བ། མི་འཐད་དེ། བྱང་སེམས་རྒྱུན་མཐའི་རྒྱུད་ལ་དེ་ཡོད་པའི་ཕྱིར། དེར་ཐལ། བྱང་སེམས་རྒྱུན་མཐའི་རྒྱུད་ལ་ལོངས་སྐུའི་ཡིད་ཀྱི་རྣམ་པར་ཤེས་པའི་ཉེར་ལེན་ཡོད་པའི་ཕྱིར། དེར་ཐལ། ལོངས་སྐུའི་ཡིད་ཀྱི་རྣམ་པར་ཤེས་པ་སྐད་ཅིག་དང་པོ་དེ། རང་གི་དངོས་ཀྱི་ཉེར་ལེན་དུ་གྱུར་པའི་རྒྱུན་མཐའི་བར་ཆད་མེད་ལམ་ལས་བྱུང་བའི་ཕྱིར། མ་གྲུབ་ན། དེ་ཆོས་ཅན། དེར་ཐལ། རྣམ་མཁྱེན་སྐད་ཅིག་དང་པོ་ཡིན་པའི་ཕྱིར།

ཡང་ཁ་ཅིག ལོངས་སྐུའི་ཕུང་པོ་ལྔ་ཚོགས་པ་ལ་བརྟེན་ནས་བཏགས་པའི་ང་ལོངས་སྐུ་ཡིན་ཟེར། འོ་ན། ལོངས་སྐུ་དེ་གང་ཡིན་ཞེས་དྲིས་པའི་ཚེ། དཔྱད་ནས་དེའི་མཚན་གཞི་འཛིན་པ་མི་འཐད་པར་ཐལ། ལོངས་སྐུའི་ཕུང་པོ་ལྔ་ཚོགས་པ་ལ་བརྟེན་ནས་བཏགས་པའི་ང་ཁོན་དེའི་མཚན་གཞི་གང་

故。」不周遍，因如前所說有自返體及基返體之差別故。

又，於承許阿賴耶宗，彼無間道者相續之阿賴耶識，理應通達勝義諦，因於彼宗，彼無間道者之阿賴耶識乃彼補特伽羅，且彼補特伽羅通達彼故。承許周遍。

又，彼為有法，若是爾，理應周遍現證空性，因爾乃住見道無間道之菩薩故。承許，因彼乃大乘見道無間道故。

有一邊承許「住見道無間道之菩薩的意識，乃住見道無間道之菩薩」又說「彼菩薩相續中有世俗發心」者，難以回答前應成。

又有云：「報身之意識續流是報身。」不應理，因最後流菩薩相續有彼故。理應如是，因最後流菩薩相續中，有報身之意識的近取因故。理應如是，因報身之意識第一剎那，乃從屬自之直接近取因之最後流無間道所生故。若不成，彼為有法，理應如是，因是一切相智第一剎那故。

又有云：「依報身之五蘊聚合而施設之我是報身。」那麼，問「報身為何」之時，觀察後，執持彼之事相理應不應理，因依報身五蘊聚合而施設之唯我，是彼之事相，且觀察後若認知彼之事相，

ཞིག དཔྱད་ནས་དེའི་མཚན་གཞི་ངོས་བཟུང་ན་ཐུག་མེད་དུ་འགྱུར་བའི་ཕྱིར། རྟགས་དང་པོ་ཁས། འདོད་ན། ལོངས་སྐུ་ཐ་སྙད་བཏགས་པའི་བཏགས་དོན་བཙལ་བའི་ཚེ་མི་རྙེད་པར་ཐལ། འདོད་པའི་ཕྱིར།

則成無盡故。承許初因。若許，尋找施設報身名言之施設義時理應未尋獲，因許故。

སྤྲུལ་སྐུ།

གང་གིས་སྲིད་པ་ཇི་སྲིད་པར། ཞེས་པར། ངེས་པ་ལྔ་དང་མི་ལྡན་པའི་གཟུགས་སྐུ་ཆོས་ཅན། སྤྲུལ་སྐུའི་མཚན་ཉིད་ཡིན་ཏེ། དེའི་འཇོག་བྱེད་ཡིན་པའི་ཕྱིར། འདི་ལ་དབྱེ་ན། བཟོ་བོ་སྤྲུལ་སྐུ། སྐྱེ་བ་སྤྲུལ་སྐུ། མཆོག་གི་སྤྲུལ་སྐུ་གསུམ་ཡོད་པའི་ཕྱིར། དེ་རྣམས་ཀྱི་མཚན་གཞི་ཡོད་དེ། རིམ་པ་བཞིན་སྟོན་པས་བཟོ་བོ་བི་ཤྭ་ཀརྨར་སྤྲུལ་པ་ལྟ་བུ་དང་པོ་དང་། སྟོན་པས་རི་དྭགས་རུ་རུར་སྤྲུལ་པ་ལྟ་བུ་གཉིས་པ་དང་། བདག་ཅག་གི་སྟོན་པ་ལྟ་བུ་གསུམ་པ་ཡིན་ནོ། །

མཆོག་གི་སྤྲུལ་སྐུས་འཛམ་བུ་གླིང་དུ་མཛད་པ་བཅུ་གཉིས་ཀྱི་ཚུལ་སྟོན་པ་ཡིན་ལ། མཛད་པ་བཅུ་གཉིས་ཡང་ཡོད་དེ། དང་པོ་དགའ་ལྡན་ནས་འཕོ་བ་དང་། གཉིས་པ་ཡུམ་གྱི་ལྷུམས་སུ་འཇུག་པ་དང་། གསུམ་པ་ཡུམ་ལས་བལྟམས་པ་དང་། བཞི་པ་བཟོའི་གནས་ལ་མཁས་པ་དང་། ལྔ་པ་བཙུན་མོའི་འཁོར་གྱིས་རོལ་པ་དང་། དྲུག་པ་ཁྱིམ་ནས་ངེས་པར་འབྱུང་བ་དང་། བདུན་པ་དཀའ་བ་ལོ་དྲུག་ཏུ་སྤྱད་པ་དང་། བརྒྱད་པ་བྱང་ཆུབ་ཀྱི་ཤིང་དྲུང་དུ་གཤེགས་པ་དང་། དགུ་པ་བདུད་ཀྱི་སྡེ་འཇོམས་པ་དང་། བཅུ་པ་མངོན་པར་བྱང་ཆུབ་པ་དང་། བཅུ་གཅིག་པ་ཆོས་ཀྱི་འཁོར་ལོ་བསྐོར་བ་དང་། བཅུ་གཉིས་པ་མྱ་ངན་ལས་འདས་པ་རྣམས་ཡིན་པའི་ཕྱིར།

134 化身

「若乃至三有」，未具五決定之色身為有法，乃化身之性相，因乃彼之能安立故。於此分有：巧化身、生化身、殊勝化身三者故。有彼等之事相，依次如導師化現之工巧毘首羯摩天——初者；如導師化現動物斑鹿——第二；如吾等導師乃第三。

殊勝化身乃於贍部洲示現十二行誼，亦有十二行誼，因有初者，兜率降世；次者，入住母胎；第三，自母誕生；第四，善巧工藝；第五，受用妃眷；第六，從家出離；第七，六年苦行；第八，趨菩提樹；第九，摧滅魔軍；第十，現證菩提；第十一，轉妙法輪；第十二，入住涅槃等故。

འཕྲིན་ལས།

དེ་བཞིན་འཁོར་བ་ཇི་སྲིད་འདིའི། །ཞེས་སོགས་ལ། ཡེ་ཤེས་ཆོས་སྐུ་ཆོས་ཅན། ཁྱོད་རྒྱུན་མི་ཆད་པ་བཞིན་དུ་ཁྱོད་ཀྱི་འཕྲིན་ལས་རྒྱུན་མི་ཆད་པ་ཡིན་ཏེ། ཁྱོད་ཀྱི་འཕྲིན་ལས་འཁོར་བ་ཇི་སྲིད་མ་སྟོངས་བར་དུ་སེམས་ཅན་གྱི་དོན་དུ་བཞུགས་པའི་ཕྱིར། ལོངས་སྤྱོད་འཆད་བྱེད་ཀྱི་གཞུང་གིས་བར་དུ་ཆོད་པས་བྱང་ཆུབ་ཕྱོགས་མཐུན་ཚད་མེད་དང་། ཞེས་པའི་རྒྱས་བཤད་དུ་མ་འབྲེལ་ལོ། །ཞེ་ན། དེའི་སྐྱོན་མེད་དེ། གང་ཞིག་གང་དང་འབྲེལ་པ་དེ། །རིང་ན་འདུག་ཀྱང་དེ་དང་དེར། །ཞེས་བཤད་པ་ལྟར་ཡིན་པའི་ཕྱིར།

རང་རྒྱུ་ཡེ་ཤེས་ཆོས་སྐུ་ལས་བྱུང་བའི་རྣམ་དཀར་གྱི་ཡོན་ཏན། ཡེ་ཤེས་ཆོས་སྐུའི་འཕྲིན་ལས་ཀྱི་མཚན་ཉིད། དབྱེ་ན་ཉེར་བདུན། ས་མཚམས་ལམ་མ་ཞུགས་ནས་སངས་རྒྱས་ཀྱི་སའི་བར་དུ་ཡོད། འཕགས་པ་ལྟར་ན་སྤྲུལ་སྐུ་ཆོས་ཅན། ཁྱོད་རྒྱུན་མི་ཆད་པ་བཞིན་དུ་ཁྱོད་ཀྱི་འཕྲིན་ལས་རྒྱུན་མི་ཆད་པ་ཡིན་ཏེ། ཁྱོད་ཀྱི་འཕྲིན་ལས་འཁོར་བ་ཇི་སྲིད་མ་སྟོངས་བར་སེམས་ཅན་གྱི་དོན་དུ་བཞུགས་པའི་ཕྱིར། རང་རྒྱུ་སྤྲུལ་སྐུ་ལས་བྱུང་བའི་རྣམ་དཀར་གྱི་ཡོན་ཏན་སྤྲུལ་སྐུའི་འཕྲིན་ལས་ཀྱི་མཚན་ཉིད། དབྱེ་བ་དང་ས་མཚམས་སྔར་བཞིན་དུ་ཐུན་སུམ་ཚོགས་པའོ། །

135 事業

「如是盡生死……」等智慧法身為有法，如爾續流不間斷般，爾之事業乃續流不間斷，因爾之事業，乃至輪迴未空為有情安住故。「講說報、化之文所間隔，與所謂『順菩提分法』之廣說沒有關聯。」無彼之過，因如「任與何關聯，雖遠彼與彼」所說故。

「由自因智慧法身所生之潔白功德」，乃智慧法身事業之性相。分二十七。界限，自未入道乃至佛地〔皆〕有。以聖者而言，化身為有法，如爾續流不間斷般，爾之事業乃續流不間斷，因爾之事業乃至輪迴未空為有情安住故。「由自因化身所生潔白功德」，乃化身事業之性相。分類及界限如前圓滿。

མཛད་བྱང་།

མཛད་བྱང་དང་སྨར་སྨོན།

འདིར་སྨྲས་པ།

རྣམ་དཔྱོད་ཡར་ངོའི་ཟླ་ལྟར་འཕེལ་བ་ཡི། །སྐལ་བཟང་རྣམས་ལ་མདོ་རྒྱན་ལེགས་སྦྱར་བའི། །
ཡུམ་དོན་གསལ་བའི་སྒྲོན་མེ་སྤར་ན་ཡང་། །བློ་གྲོས་གཞོན་ནུའི་ཚོགས་ཀྱིས་ལྕིག་པར་དཀའ། །
དེ་ཉིད་ཕྱིར་ན་ལུང་རིགས་བུད་ཤིང་ལས། །བཀྲལ་ལན་ཡང་གསལ་མེ་ཆེན་འདི་སྤར་གྱིས། །
བློ་གསལ་ཆགས་ལྡན་མཐའ་དག་འདིར་ཤོག་ལ། ཡུམ་དོན་མཛེས་མའི་ལུས་ལ་ལྟོས་ཤིག་གྱི། །
འཆད་པ་ལེགས་བཤད་འབྲུག་སྒྲ་བསྒྲགས་ཚེ་ཚིག་དོན་གློག་འཕྲེང་ཡིད་འོང་གཡོ་བ་ཆོས་ཀྱི་སྤྲིན་
ལྡན་ཐོགས་མེད་སྐྱ་མཆེད་རྗེས་སུ་འཇུག །
རྩོད་པ་རིགས་པའི་ང་རོ་བསྒྲགས་ཚེ་ཕས་རྒོལ་གཉིས་འཐུང་མཐའ་དག་འཇོམས་པ་སྨྲ་བའི་སེང་གེ་
ཕྱོགས་གླང་ཆོས་གྲགས་བརྒྱུད་པ་འཛིན། །
རྩོམ་པ་སྙན་ངག་རྒྱ་མཚོར་འཇུག་ཚེ་ཚིག་དོན་ནོར་བུའི་རྒྱན་གྱིས་མཁས་པ་གླུ་དབང་དཔའ་བོ་ཙནྡྲ
སྲས་པོ་ལྟར། །
དེང་སང་འདི་ན་ལེགས་པར་བརྟགས་ཚེ་རྒྱལ་བའི་བསྟན་པ་ཡོངས་རྫོགས་སྨྲ་ལ་རྩེ་ཐང་པཎ་ཆེན་ཁོ་བོ་
ཉིད་ཅེས་མཐོན་པར་སྒྲོགས། །
མདོ་རྒྱན་དཀའ་བའི་གནས་ལ་དཔྱད་པ་ཡིས། །རྣམ་དཀར་ལེགས་པའི་དགེ་ཚོགས་ཅི་མཆིས་པ། །
འདི་ལས་རྒྱལ་བའི་བསྟན་པ་སྤྱི་དང་ནི། །ཁྱད་པར་དགེ་ལྡན་བཀའ་བརྒྱུད་འབར་གྱུར་ཅིག། །

ཅེས་རྣམ་བཤད་སྙིང་པོ་རྒྱན་གྱི་དོན་རིགས་ལམ་བཞིན་དུ་འཆད་པའི་ཡུམ་དོན་ཡང་གསལ་སྒྲོན་མེ་ཞེས་བྱ་བ་འདི་ནི། སྙིགས་དུས་ཀྱི་རྒྱལ་བའི་དབང་པོ་རྗེ་བཙུན་ཙོང་ཁ་པ་ཡབ་སྲས་གཉིས་

跋文

跋文及出版願文

結頌：

觀慧新月善緣眾，於其雖燃經莊嚴，
佛母義理之明炬，稚慧眾心難瞭解，
故從教理柴薪中，答辯再顯燃烈火，
具貪明慧速前來，善觀佛母妙義身！
發出講解善說雷鳴時，能隨詞義電鬘悅意舞——
具法眼者無著兄弟入。
發出辯論理路獅吼時，持掌盡摧論敵大象者——
言獅陳那、法稱之傳承。
趣入著述妙韻大海時，恰似詞義妙寶所莊嚴——
智者龍樹、馬鳴與月官。
當下於此善加觀察時，唱言「講說整體佛教者——
頂尖厥為在下號班欽」。
詳察經莊嚴難點，所積善咨盡所有，
惟願總體佛聖教，特願甘丹教長盛！

此依理清晰闡述《心要莊嚴疏》義——再顯般若義之燈，乃對濁世勝者之王至尊宗喀巴大師父子二者的論著長期研讀，且在經師

ཀྱི་གཞུང་ལ་རིང་དུ་འདྲིས་པར་བྱས་ཤིང༌། ཡོངས་འཛིན་དམ་པ་དོན་ཡོད་དཔལ་ལྡན་པའི་ཞལ་སྔ་ནས་ལོ་བཅུ་གཉིས་ཀྱི་བར་དུ་གུས་པས་བསྟེན་ནས་རིགས་ལམ་ལ་སྦྱངས་པ་དང༌། བྱམས་མགོན་གཉིས་པ་དཔལ་ལྡན་བློ་གྲོས་དང༌། མཁྱེན་རབ་ཀྱི་དབང་ཕྱུག་ལེགས་པ་ཆོས་འབྱོར་སོགས་ཀྱི་ལེགས་བཤད་ལ་བརྟེན་ནས། མདོ་སྔགས་རབ་འབྱམས་པ་བསོད་ནམས་གྲགས་པའི་དཔལ་རྣམ་དཔྱོད་མཆོག་གི་སྡེས་དཔལ་ལྡན་འབྲས་སྤུངས་སུ་སྦྱོར་བའི་ཡི་གེ་པ་ནི་མང་དུ་ཐོས་པའི་བཙུན་པ་དབང་ཕྱུག་བཟང་པོའོ། །འདིས་ཀྱང་རྒྱལ་བའི་བསྟན་པ་སྒོ་ཐམས་ཅད་ནས་ཕྱོགས་ཐམས་ཅད་དུ་དར་ཞིང་རྒྱས་ལ་ཡུན་རིང་དུ་གནས་པར་གྱུར་ཅིག། ||

སྭ་སྟི།

བདེ་འབྱུང་བདེ་སོགས་བདག་པོ་གདོང་བཞི་སོགས། །སྲིད་ན་སྲིད་གསུམ་གནོན་པར་སྙེམས་པའི་ལྷ། །
གང་དག་གང་གི་ཞབས་རྡུལ་ཉེར་མཆོད་པ། །ལྷ་ཡི་ལྷ་མཆོག་ཤཱཀྱ་སེངྒེར་བསྟགས། །
ཤེས་དང་ཤེས་བྱའི་དེ་ཉིད་གཟིགས་པའི་བློས། །མ་རྣམས་མ་ལུས་སྒྲོལ་བའི་སྟོབས་བཅུའི་རྩལ། །
མི་ཕམ་མི་ཤེས་མུན་སེལ་ཆོས་ཀྱི་རྗེས། །རྒྱལ་དང་རྒྱལ་བའི་ལམ་བཟང་རྒྱན་གྱིས་ཕྱེས། །
མཁྱེན་བརྩེ་ཐོགས་མེད་སྲེད་མེད་བུ་ཡི་སྟོབས། །དབྱིག་མཆོག་སྟོང་གི་ཤིང་རྟས་ཕྱེ་བའི་སྲོལ། །
བདེ་གཤེགས་ལམ་པོ་ཆེ་དེར་བགྲང་ཡས་ཀྱི། །དོན་མ་ཐུན་བགྲོད་པའི་ངོ་མཚར་ཅི་ཡང་འཛིན། །
དུས་ཀྱི་མཐའ་འདིར་སེང་བཟང་སེངྒེའི་སྒྲ། །སླར་ཡང་སྒྲོག་འདི་སྐལ་བཟང་བསོད་ནམས་ཞེས། །
གྲགས་པ་ཡིད་འོངས་ལྷ་ཡི་སིལ་སྙན་འབུམ། །ཕྱོགས་ཀྱི་མཛེས་མས་སྲིད་པ་གསུམ་ན་འཁྲོལ། །
མཐའ་བྲལ་རྣམ་དཔྱོད་འོད་སྟོང་འབར་བའི་གཟིས། །རྒྱལ་ཡུམ་སྦས་དོན་རྒྱ་ཆེན་གླིང་བཞིའི་ཁྱོན། །
ཡང་དག་ཀུན་གསལ་ནམ་མཁའི་སྒྲོན་མེ་ཡི། །སྣང་བས་འཛིག་རྟེན་མུན་པ་རིང་དུ་བསྲོས། །
ལེགས་བཤད་ལེགས་བཤད་ཕྱེ་བ་ཟིལ་གནོན་པ། །གང་ལ་གང་འདོད་འདོད་རྒྱུར་འཛོ་བའི་ཁར། །
ས་འདིར་ས་གསུམ་དགེ་མཚན་འདུ་བའི་ཕྱིར། །སྐལ་བཟང་སྐལ་བས་བསྒྲུབ་པའི་ལེགས་བྱས་མཐུས། །
ཐུབ་གསུང་ལང་ཚོའི་ཆ་ཤས་ཡོངས་རྫོགས་པའི། །བློ་བཟང་རིང་ལུགས་ཟླ་བ་གཞོན་ནུའི་དཔལ། །

敦月巴燈座前恭敬依止了十二年以研習理路後，在第二慈尊巴登洛珠、勝慧自在．列巴群覺等的善說論著基礎上，由博通顯密者且具備殊勝多種智慧之福稱論師撰寫於吉祥哲蚌大寺。筆受者乃多聞大德旺秋桑波。此善亦願佛教能從一切途徑，於一切方所得以弘揚並久住！

跋文：娑諦！

大自在及帝釋梵天等，凌駕三有世間驕慢神，
皆於何者足塵下禮供，天中勝天釋迦獅前贊！
照見能知所知真性慧，能度無餘眾母十力猛，
除無知闇法王彌勒尊，開啟佛與成佛妙道眼！
遍入天力悲智無著尊，千乘牛王所辟俱胝轍，
如來康莊道中無量義，隨順能趨稀前盡掌持！
末世賢獅所發獅吼聲，復再震響善緣名福德，
悅意稱揚十萬美天女，手持鐃鈸響徹於三有！
千道離邊聰慧光華燦，廣袤佛母隱義涵四洲，
盡皆顯揚天空炬火耀，照徹世間遠驅諸幽暗。
善說光華映蔽億善說，任誰所願皆能予滿足，
為將三界瑞兆集此地，隨緣安置善緣力成辦。
佛語韶齡支分圓滿者，善慧教規初月之吉祥，

འཛམ་འོད་མེ་ཏོག་དཀར་པོའི་དགའ་ཚར་གྱིས། །ཁམས་གསུམ་དགེ་བའི་ཀུ་མུད་བཞད་གྱུར་ཅིག །
ཐུབ་བསྟན་ནོར་བུའི་མཛོད་འཛིན་གླུ་དབང་རྣམས། །མདོ་རྒྱུད་རྒྱ་མཚོར་རྩེན་པའི་འཕྲིན་ལས་ཀྱི། །
གདེངས་ཀ་ནམ་མཁའི་བླ་བྲེར་གཡོ་བཞིན་དུ། །ཕན་བདེའི་གྲུ་ཆར་རྟག་ཏུ་འབེབས་གྱུར་ཅིག །
ཆོས་སྤྱོད་བཅུ་ཡི་གཡུ་རལ་འབུམ་གསིལ་ཅིང་། །རིག་དང་གྲོལ་བའི་རྩལ་རྫོགས་གདོང་ལྔའི་ཁྱུ། །
འཇིགས་བྲལ་འཆད་རྩོད་རྩོམ་པའི་ང་རོ་ཡིས། །ཐེག་གསུམ་གངས་ཀྱི་རི་བོ་བརྗིད་གྱུར་ཅིག །
རྒྱུ་སྦྱོར་འབྲེལ་ཐོགས་ཚེ་བསོད་བློ་གྲོས་དང་། །ཆོས་འབྱོར་ཡལ་ག་རབ་རྒྱས་ཡོངས་འདུའི་ལྗོན། །
མི་འགྱུར་བླ་མེད་དགེ་ལེགས་རིན་ཆེན་འབྲས། །དཔག་ཡས་ཀུན་དགའི་ཉེར་འཚོར་དུད་གྱུར་ཅིག །
ལྷག་པར་དུས་གསུམ་རྒྱལ་བའི་བགྲོད་གཅིག་ལམ། །བྱང་ཆུབ་ཆོས་ཕྱོགས་ཡོངས་དག་སྣང་བའི་
གཏེར། །ཉི་མ་བྱེ་བའི་དཀྱིལ་འཁོར་ཡོངས་རྫོགས་པའི། །ཡེ་ཤེས་སྙིང་གི་སྙིང་པོར་སྨྱུར་འཆར་
ཤོག །

ཅེས་པ་འདི་ཡང་མཁས་མང་བྱེ་བའི་འབྱུང་གནས་དཔལ་ལྡན་འབྲས་སྤུངས་བློ་གསལ་གླིང་གི་ཡིག་ཆ། གངས་ཅན་མཁས་གྲུབ་ཀུན་གྱི་གཙུག་རྒྱན་མདོ་སྔགས་རབ་འབྱམས་པ་པཎ་ཆེན་བསོད་ནམས་གྲགས་པའི་དཔལ་རྣམ་དཔྱོད་མཆོག་གི་སྤྲེས་མཛད་པའི་ཕར་ཕྱིན་མཐའ་དཔྱོད་ཡུམ་དོན་ཡང་གསལ་སྒྲོན་མེ་འདི་ཉིད་ཀྱི་པར་ཞིང་རྙིང་པ་བགྲེས་ཟད་སྐབས། སླར་ཡང་རབ་བྱུང་བཅུ་དྲུག་པའི་ས་གླང་ལོར་དད་གཏོང་ལྷག་བསམ་ནོར་གྱི་ཕྱུག་པ་ཏེ་ཧོར་ས་འདུ་ཚང་ནས་རྒྱུ་སྦྱོར་པར་དུ་བསྐྲུན་པའི་དགེ་བསྔོའི་སྨོན་ཚིག་འདི་ལྟ་བུ་ཞིག་དགོས་ཞེས་ཡོན་བདག་སྐྱོ་རྣམས་ནས་རྟེན་བཅས་བསྐུལ་མ་མཛད་པ་བཞིན། སྐྱ་བཅར་མཚན་ཞབས་དར་རྟན་དགའ་ལྡན་ཁྲི་བྱང་སྤྲུལ་མིང་པ་བློ་བཟང་ཡེ་ཤེས་བསྟན་འཛིན་རྒྱ་མཚོས་སྨོན་པའི་མཚམས་སྦྱོར་དང་བཅས་སྦྱར་བ་དགེ་ལེགས་སུ་གྱུར་ཅིག།

煥發紛揚潔白妙花雨，三界淨善睡蓮願怒放！
持掌佛教寶藏諸龍王，經續海中遨遊事業冠，
猶如垂天飄舞之華蓋，利樂甘霖恆時願降注！
十法行之綠鬃皆抖擻，知覺開解力足怒獅群，
所發離畏講辯著吼聲，願令三乘威鎮雪山峰！
供施結緣壽福與聰慧，法財悉聚樹王枝葉茂，
無上不壞樂善珍寶果，無量喜樂資用願堆垂！
尤願三世佛履唯一途。菩提分法普淨所顯藏，
俱胝圓滿日輪所凝聚，智慧心中心要速顯現！

此復，千萬多智者生源吉祥哲蚌洛色林的教科書。茲因雪域一切睿智成就者的頂嚴、博通顯密者且具有殊勝多種智慧班欽．福稱論師所造此《現觀莊嚴論》辨析——再顯般若義之燈的舊雕版已毀，遂於第十六勝生繞迴土牛年，在信施、善心富足的哲霍爾．薩杠倉的資助下重版付梓。眾施主攜財禮囑余作後跋願詞，遂由侍讀達爾汗——僭名甘丹赤江化身者洛桑耶協滇增嘉措撰此跋文及連接偈頌。願成樂善！

注釋

1 出自宗喀巴大師造，法尊法師譯，《菩提道次第廣論》卷14：「則修無常、生死過患、菩提心等引生強力之感覺，皆須依止，太為過失。」(CBETA 2023.Q4, B10, no. 67, p. 717b4-5)。

2 滇津顙摩《心要莊嚴疏》（第381頁）譯作：「因此，（將差別）說為行相之性相，乃絲毫不知此處是廣說行相之分類。所以是錯誤解釋論典之意。」

3 出自法稱論師造，僧成大師釋，法尊法師譯，《釋量論略解》卷3：「由有境各異，覺證各異故。」(CBETA 2023.Q4, B09, no. 43, p. 542b12-13)。

4 滇津顙摩《心要莊嚴疏》（第382頁）譯作：「於所斷種子直接能損之對治，雖然是現證空性之智；但於三智行相顛倒錯誤之所有增益之如許對治——執持相對於彼所緣行相之所有行相，應以止觀雙運觀修。」

5 出自彌勒菩薩造，唐．玄奘法師譯，《辯中邊論頌》〈2辯障品〉：「已說諸煩惱，及諸所知障，許此二盡故，一切障解脫。」(CBETA 2023.Q4, T31, no. 1601, p. 478b28-29)。

6 出自世親菩薩造，唐．玄奘法師譯，《阿毘達磨俱舍論本頌》〈6分別賢聖品〉：「實諸加行善。」(CBETA 2023.Q4, T29, no. 1560, p. 322b2)。

7 滇津顙摩《心要莊嚴疏》（第401頁）譯作：「獲得信等」。

8 出自世親菩薩造，唐．玄奘法師譯，《阿毘達磨俱舍論本頌》〈2分別根品〉：「滅定初人中。」(CBETA 2023.Q4, T29, no. 1560, p. 313a8)。

9 出自無著菩薩造，唐．玄奘法師譯，《大乘阿毘達磨集論》卷5〈1諦品〉：「滅定亦是出世間攝，由聖道後所證得故。要於人趣方能引發。」(CBETA 2023.Q4, T31, no. 1605, p. 683c19-20)。

10 出自世親菩薩造，唐．玄奘法師譯，《阿毘達磨俱舍論本頌》〈2分別根品〉：「二定依欲色。」(CBETA 2023.Q4, T29, no. 1560, p. 313a8)。

11 或可參考無著菩薩造，唐．玄奘法師譯，《大乘阿毘達磨集論》卷5〈1諦品〉：「要於人趣方能引發，或於人趣或於色界能現在前，生無色界多不現起，由住寂靜解脫異熟者於此滅定多不發起，勤方便故。」(CBETA 2023.Q4, T31, no. 1605, p. 683c20-23)。

12 出自世親菩薩造，唐．玄奘法師譯，《阿毘達磨俱舍論本頌》〈6分別賢聖品〉：「得滅定不還，轉名為身證。」(CBETA 2023.Q4, T29, no. 1560, p. 321c4)。

13 出自無著菩薩造，唐・玄奘法師譯，《大乘阿毘達磨集論》卷6〈3得品〉：「何等身證補特伽羅？謂諸有學已具證得八解脫定。」(CBETA 2023.Q4, T31, no. 1605, p. 689a16-18)。

14 出自世親菩薩造，唐・玄奘法師譯，《阿毘達磨俱舍論本頌》〈6分別賢聖品〉：「俱由得滅定。」(CBETA 2023.Q4, T29, no. 1560, p. 322a19)。

15 出自無著菩薩造，唐・玄奘法師譯，《大乘阿毘達磨集論》卷6〈3得品〉：「何等俱分解脫補特伽羅？謂已盡諸漏及具證得八解脫定。」(CBETA 2023.Q4, T31, no. 1605, p. 689a19-20)。

16 出自世親菩薩造，唐・玄奘法師譯，《阿毘達磨俱舍論本頌》〈8分別定品〉：「滅受想解脫，微微無間生。」(CBETA 2023.Q4, T29, no. 1560, p. 324c10)。

17 出自無著菩薩造，唐・玄奘法師譯，《大乘阿毘達磨集論》卷1〈1三法品〉：「超過有頂。」(CBETA 2023.Q4, T31, no. 1605, p. 666b7)。

18 出自世親菩薩造，唐・玄奘法師譯，《阿毘達磨俱舍論本頌》〈1分別界品〉：「色界繫十四，除香味二識。」(CBETA 2023.Q4, T29, no. 1560, p. 311b27-28)。

19 出自世親菩薩造，唐・玄奘法師譯，《阿毘達磨俱舍論本頌》〈1分別界品〉：「又諸有為法，謂色等五蘊。」(CBETA 2023.Q4, T29, no. 1560, p. 311a10)。

20 出自月稱論師造頌，法尊法師譯講，《入中論講記》：「由住般若得滅定。」(CBETA 2023.Q4, B09, no. 45, p. 724b16)。

21 出自月稱論師造頌，法尊法師譯講，《入中論講記》：「此遠行地於滅定，剎那剎那能起入。」(CBETA 2023.Q4, B09, no. 45, p. 748a17)。

22 出自法稱論師造，僧成大師釋，法尊法師譯，《釋量論略解》卷2：「說言是無者，亦是非有事。」(CBETA 2023.Q4, B09, no. 43, p. 538a9)。

23 出自月稱論師造頌，法尊法師譯講，《入中論講記》：「正生趣生故非有，正滅謂有趣於滅。」(CBETA 2023.Q4, B09, no. 45, p. 727b2)。

24 滇津顙摩《心要莊嚴疏》（第413頁）譯作：「存於諸聲聞獨覺之心續乃針對煩惱障而對治，思惟斷除後便無煩惱漏。」

25 引自宗喀巴大師造，法尊法師譯，《入中論善顯密意疏》卷1：「如法華經云：『我等今者成聲聞，聞佛演說勝菩提，復為他說菩提聲，是故我等同聲聞。』」(CBETA 2023.Q4, B09, no. 44, p. 622b16-18)。

26 或可參考宗喀巴大師造，法尊法師譯，《入中論善顯密意疏》卷1：「如中觀莊嚴論云：『諸隨信行者，發大菩提心，受能仁禁戒，次勤求真智。』」

(CBETA 2023.Q4, B09, no. 44, p. 625b20-22)。

27 滇津顙摩《心要莊嚴疏》（第444頁）譯作：「此些智相之十六類別，如理將一切智之諸加行如實標顯，故（如是）智相為一切智所攝。」

28 滇津顙摩《心要莊嚴疏》（第445頁）譯作：「此些心智行相之十六特色，如實標顯道智之諸加行；故智相為道智所含攝。」

29 滇津顙摩《心要莊嚴疏》（第448頁）譯作：「此等十六類之智相，如實標顯一切相智之諸加行，故智相為一切相智所含攝。」

30 或可參考無著菩薩造，唐．波羅頗蜜多羅譯，《大乘莊嚴經論》卷5〈之二〉：「由二樂涅槃，數數自厭故，二俱說鈍道，久久得菩提。」(CBETA 2023.Q4, T31, no. 1604, p. 615c21-22)。

31 出自世親菩薩造，唐．玄奘法師譯，《阿毘達磨俱舍論本頌》〈6分別賢聖品〉：「名信解見至，亦由鈍利別。」(CBETA 2023.Q4, T29, no. 1560, p. 321b11)。

32 或可參考滇津顙摩所譯之《明義釋》：「念住等、菩提分之行相、八聖道分，是為於勝義無念之性相之隨念佛三種類；依次地說為順抉擇分、見道、修道。」

33 滇津顙摩《心要莊嚴疏》（第477頁）譯作：「無漏小、中、大依次生起。」

34 出自世親菩薩造，唐．玄奘法師譯，《阿毘達磨俱舍論本頌》〈1分別界品〉：「或二眼俱時，見色分明故。」(CBETA 2023.Q4, T29, no. 1560, p. 311c22)。

35 出自世親菩薩造，唐．玄奘法師譯，《阿毘達磨俱舍論本頌》〈1分別界品〉：「傳說不能觀，被障諸色故。」(CBETA 2023.Q4, T29, no. 1560, p. 311c21)。

36 出自陳那菩薩著，法尊法師譯編，《集量論略解》卷1：「是不共因故，彼名由根說。」(CBETA 2023.Q4, B09, no. 40, p. 343a10)

37 出自世親菩薩造，唐．玄奘法師譯，《阿毘達磨俱舍論本頌》〈2分別根品〉：「命根體即壽，能持煖及識。」(CBETA 2023.Q4, T29, no. 1560, p. 313a9)。

38 出自法稱論師造，僧成大師釋，法尊法師譯，《釋量論略解》卷3：「餘安住能引，亦許是因故。」(CBETA 2023.Q4, B09, no. 43, p. 546b3)。

39 出自《阿毘達磨俱舍論》卷3〈2分別根品〉：「欲色無色界，如次除後三，兼女男憂苦，并除色喜樂。」(CBETA 2023.Q4, T29, no. 1558, p. 16b23-24)。或可參考《阿毘達磨俱舍論本頌》〈2分別根品〉：「欲色無色繫，如

次除後三，兼女男憂苦，并餘色喜樂。」(CBETA 2024.R1, T29, no. 1560, p. 312b1-2)。

40 出自談錫永之《寶性論梵本新譯》（台北市：全佛出版社，2006年）第144頁。

41 出自彌勒菩薩造，唐・玄奘法師譯，《瑜伽師地論》卷29：「蘊魔者，謂五取蘊。」(CBETA 2023.Q4, T30, no. 1579, p. 447c18)。

42 滇津顙摩《心要莊嚴疏》（第526頁）譯作：「大乘者獲不退轉相後超越天子魔，證第八地後超越其餘粗分三魔，四魔完全滅除乃於成佛時。」

43 出自世親菩薩造，唐・玄奘法師譯，《阿毘達磨俱舍論本頌》〈2分別根品〉：「初定除不善，及惡作睡眠。」(CBETA 2023.Q4, T29, no. 1560, p. 312c10)。

44 出自世親菩薩造，唐・玄奘法師譯，《阿毘達磨俱舍論本頌》〈6分別賢聖品〉：「覺謂盡無生。」(CBETA 2023.Q4, T29, no. 1560, p. 322a27)。

45 出自法稱論師造，僧成大師釋，法尊法師譯，《釋量論略解》卷6：「非由一知二，根心決定故。」(CBETA 2023.Q4, B09, no. 43, p. 579a17)。

46 出自法稱論師造，僧成大師釋，法尊法師譯，《釋量論略解》卷7：「定與覺俱時，所頓領受境，除彼而為餘，由何相成立？」(CBETA 2023.Q4, B09, no. 43, p. 587b11)。

47 出自法稱論師造，僧成大師釋，法尊法師譯，《釋量論略解》卷6：「彼所諍同故。」(CBETA 2023.Q4, B09, no. 43, p. 583b20)。

48 滇津顙摩《明義釋》（《心要莊嚴疏》第569頁）譯作：「確立思慮：『若無所取，則無能取。』」

49 滇津顙摩《心要莊嚴疏》（第566頁）譯作：「於平等住若現證能所取異體空，於後得位則摒除執著示青根識等依他不錯亂。」

50 或可參考無著菩薩造，唐・玄奘法師譯，《大乘阿毘達磨集論》卷4〈1諦品〉：「相應無明，一切煩惱相應故。」(CBETA 2023.Q4, T31, no. 1605, p. 678b23)。

51 出自世親菩薩造，唐・玄奘法師譯，《阿毘達磨俱舍論本頌》〈2分別根品〉：「癡逸怠不信，惛掉恒唯染。」(CBETA 2023.Q4, T29, no. 1560, p. 312b29)。

52 出自法稱論師造，僧成大師釋，法尊法師譯，《釋量論略解》卷4：「所有念我覺，俱生有情見。」(CBETA 2023.Q4, B09, no. 43, p. 555b27)。

53 或可參考彌勒菩薩造，唐・玄奘法師譯，《瑜伽師地論》卷10：「問：預流果當言幾支已斷耶？答：一切一分，無全斷者。」(CBETA 2023.Q4, T30,

no. 1579, p. 327b24-25)。

[54] 出自無著菩薩造，唐．玄奘法師譯，《大乘阿毘達磨集論》卷2〈1三法品〉：「一切惡趣等蘊界處，是見所斷義。」(CBETA 2023.Q4, T31, no. 1605, p. 670c2)。

[55] 出自世親菩薩造，唐．玄奘法師譯，《阿毘達磨俱舍論本頌》〈3分別世界品〉：「宿惑位無明。」(CBETA 2023.Q4, T29, no. 1560, p. 314a21)。

[56] 出自世親菩薩造，唐．玄奘法師譯，《阿毘達磨俱舍論本頌》〈3分別世界品〉：「從勝立支名。」(CBETA 2023.Q4, T29, no. 1560, p. 314a29)。

[57] 出自龍樹菩薩造，《因緣心論頌》：「初八九煩惱，二及十是業。」(CBETA 2023.Q4, ZW03, no. 26, p. 216a8)。

[58] 出自世親菩薩造，唐．玄奘法師譯，《阿毘達磨俱舍論本頌》〈3分別世界品〉：「本有謂死前，居生剎那後。」(CBETA 2023.Q4, T29, no. 1560, p. 314a6)。

[59] 出自世親菩薩造，唐．玄奘法師譯，《阿毘達磨俱舍論本頌》〈3分別世界品〉：「生有唯染污。」(CBETA 2023.Q4, T29, no. 1560, p. 314b26)。

[60] 出自世親菩薩造，唐．玄奘法師譯，《阿毘達磨俱舍論本頌》〈3分別世界品〉：「此一業引故，如當本有形。」(CBETA 2023.Q4, T29, no. 1560, p. 314a5)。

[61] 出自無著菩薩造，唐．玄奘法師譯，《大乘阿毘達磨集論》卷3〈1諦品〉：「又中有形似當生處。」(CBETA 2023.Q4, T31, no. 1605, p. 676a2-3)。

[62] 出自世親菩薩造，唐．玄奘法師譯，《阿毘達磨俱舍論本頌》〈3分別世界品〉：「無對不可轉，食香非久住。」(CBETA 2023.Q4, T29, no. 1560, p. 314a8)。

[63] 出自無著菩薩造，唐．玄奘法師譯，《大乘阿毘達磨集論》卷3〈1諦品〉：「或時移轉。住中有中亦能集諸業。」(CBETA 2023.Q4, T31, no. 1605, pp. 675c29-676a1)。

[64] 出自世親菩薩造，唐．玄奘法師譯，《阿毘達磨俱舍論本頌》〈3分別世界品〉：「說有健達縛，及五七經故。」(CBETA 2023.Q4, T29, no. 1560, p. 314a4)。

[65] 出自法稱論師造，僧成大師釋，法尊法師譯，《釋量論略解》卷4：「不知是有因，未說唯說愛，能引相續故，無間故非業。」(CBETA 2023.Q4, B09, no. 43, p. 555a30-b1)。

[66] 出自世親菩薩造，唐．玄奘法師譯，《阿毘達磨俱舍論本頌》〈3分別世界品〉：「結當有名生。」(CBETA 2023.Q4, T29, no. 1560, p. 314a28)。

67 出自《佛說大乘稻芉經》：「受緣愛。」(CBETA 2023.Q4, T16, no. 712, p. 825a23-24)。

68 出自宗喀巴大師造，法尊法師譯，《菩提道次第廣論》卷7：「是故能生之愛與發愛之受，二者非是一重緣起。發愛之受，乃是餘重緣起果位。」(CBETA 2023.Q4, B10, no. 67, p. 673b16)。

69 出自龍樹菩薩造，《因緣心論頌》：「初八九煩惱，二及十是業，餘七皆[3]是苦。」(CBETA 2023.Q4, ZW03, no. 26, p. 216a8-9)[3]「皆」，乙本作「習」。

70 出自無著菩薩造，唐．玄奘法師譯，《大乘阿毘達磨集論》卷2〈1三法品〉：「若行，若識，若有，是業雜染所攝。」(CBETA 2023.Q4, T31, no. 1605, p. 671a18)。

71 出自無著菩薩造，唐．玄奘法師譯，《大乘阿毘達磨集論》卷2〈1三法品〉：「隨其所應。」(CBETA 2023.Q4, T31, no. 1605, p. 670c29)。

72 出自世親菩薩造，唐．玄奘法師譯，《阿毘達磨俱舍論本頌》〈3分別世界品〉：「前後際各二，中八據圓滿。」(CBETA 2023.Q4, T29, no. 1560, p. 314a20)。

73 出自法稱論師造，僧成大師釋，法尊法師譯，《釋量論略解》卷4：「其因無所缺，何能遮其果？」(CBETA 2023.Q4, B09, no. 43, p. 557a28-29)。

74 或可參考無著菩薩造，唐．玄奘法師譯，《大乘阿毘達磨集論》卷1〈1三法品〉：「此意遍行一切善不善無記位，唯除聖道現前，若處滅盡定及在無學地。」(CBETA 2023.Q4, T31, no. 1605, p. 666a7-9)。

75 出自世親菩薩造，唐．玄奘法師譯，《唯識三十論頌》：「隨所生所繫。」(CBETA 2023.Q4, T31, no. 1586, p. 60b14)。

76 出自無著菩薩造，唐．玄奘法師譯，《大乘阿毘達磨集論》卷3〈1諦品〉：「住中有中亦能集諸業。」(CBETA 2023.Q4, T31, no. 1605, p. 676a1)。

77 或可參考宗喀巴大師造，法尊法師譯，《入中論善顯密意疏》卷2：「超越古譯次第錯亂。」(CBETA 2023.Q4, B09, no. 44, p. 628b21)。

78 滇津顙摩《心要莊嚴疏》（第580頁）譯作：「中間任何皆不入之直上往，僅是指示路徑，並非超越之根本，乃相異於間雜根本。輪番而行，方說為超越之故。」

79 出自世親菩薩造，唐．玄奘法師譯，《阿毘達磨俱舍論本頌》〈8分別定品〉：「二類定順逆，均間次及超，至間超為成，三洲利無學。」(CBETA 2023.Q4, T29, no. 1560, p. 324b11-12)。

80 滇津顙摩《心要莊嚴疏》（第586頁）譯作：「加行未至定之所斷；因為是

彼直接所要斷除故。」

81 滇津顙摩《心要莊嚴疏》（第547頁）譯作：「趣入無間道分際所要斷除；因為壞滅汝之種子故。」

82 出自世親菩薩造，唐．玄奘法師譯，《阿毘達磨俱舍論本頌》〈7分別智品〉：「由資糧法身，利他佛相似。」(CBETA 2023.Q4, T29, no. 1560, p. 323b17)。

83 滇津顙摩《明義釋》（《心要莊嚴疏》第623頁）譯作：「善加觀修一剎那成正等覺之第二剎那，為法身成正等覺。復次，以自性身等分類為四種。」

84 出自談錫永之《寶性論梵本新譯》（台北市：全佛出版社，2006年）。

85 滇津顙摩《明義釋》（《心要莊嚴疏》第629頁）譯作：「其餘三身於勝義上為法性自性。」

86 滇津顙摩《明義釋》（《心要莊嚴疏》第642頁）譯作：「『隨順菩提分，無量……』等偈頌。」

87 滇津顙摩《明義釋》（《心要莊嚴疏》第644頁）譯作：「一些人言：『頌曰：「自性圓報身，如是餘化身，法身事業等，四相如實說。」於「自性」之字詞後，並未立即出現「法身」之字眼，故唯有三身。』」

88 滇津顙摩《明義釋》（《心要莊嚴疏》第645頁）譯作：「他人主張：『目的：藉由就近宣說之影射而配合本頌上，唯智慧與事業配合之故，而如是言說。因此另一方面，不相違所有說四身。』」

89 滇津顙摩《明義釋》（《心要莊嚴疏》第630頁）譯作：「如是說明第一身後，為第二身智慧法身——無戲論之智慧本體，無漏之念住等本質。」

90 滇津顙摩《心要莊嚴疏》（第625頁）譯作：「波羅蜜多乘道經過三大阿僧祇劫，於其之後設立密咒道之根器，然後證成色身，應知為其他。」

91 滇津顙摩《心要莊嚴疏》（第626頁）譯作：「因此，觀見智慧法身具殊勝需要性之後，而安立諸身。」

92 出自世親菩薩造，唐．玄奘法師譯，《阿毘達磨俱舍論本頌》〈8分別定品〉：「後二淨無色。」(CBETA 2023.Q4, T29, no. 1560, p. 324c17)。

93 出自世親菩薩造，唐．玄奘法師譯，《阿毘達磨俱舍論本頌》〈6分別賢聖品〉：「為通治四貪，且辯觀骨瑣，廣至海復略，名初習業位。」(CBETA 2023.Q4, T29, no. 1560, p. 320c22-23)。或可參考世親菩薩造，陳．真諦法師譯，《阿毘達磨俱舍釋論》卷16〈6分別聖道果人品〉：「骨觀通欲治。」「骨量遍至海，增減名初發。」(CBETA 2023.Q4, T29, no. 1559, p. 269c25、p. 270a2)。

94 出自世親菩薩造，唐．玄奘法師譯，《阿毘達磨俱舍論本頌》〈1分別界品〉：「色界繫十四，除香味二識。」(CBETA 2023.Q4, T29, no. 1560, p. 311b27-28)。或可參考世親菩薩造，陳．真諦法師譯，《阿毘達磨俱舍釋論》卷1〈1分別界品〉：「色界十四。」「除香味及鼻舌識故。」(CBETA 2023.Q4, T29, no. 1559, p. 167c1、167c2)。

95 出自世親菩薩造，唐．玄奘法師譯，《阿毘達磨俱舍論本頌》〈7分別智品〉：「無諍世俗智，後靜慮不動。」(CBETA 2023.Q4, T29, no. 1560, p. 323b21)。

96 出自唐．實叉難陀譯，《大乘入楞伽經》卷7〈10 偈頌品(六-七)〉：「欲界及無色，不於彼成佛；色界究竟天，離欲得菩提。」(CBETA 2023.Q4, T16, no. 672, p. 638a20-21)。

97 引自宗喀巴大師造，法尊法師譯，《入中論善顯密意疏》卷11：「如契經云：『我自為依怙，更有誰為依，由善調伏我，智者得生天。』」(CBETA 2023.Q4, B09, no. 44, p. 688b11-12)。

98 引自宗喀巴大師造，法尊法師譯，《入中論善顯密意疏》卷11：「如契經云：『應善調伏心，心調能引樂。』」(CBETA 2023.Q4, B09, no. 44, p. 688b13)。

99 或可參考宗喀巴大師造，法尊法師譯，《入中論善顯密意疏》卷11：「分別熾然論云：『我等於名言中亦於識上安立我名。由識能取後有，故識是我。』」(CBETA 2023.Q4, B09, no. 44, p. 688b15)。

མཚོན་བྱ།	མཚན་ཉིད།
སྐབས་བཞི་པ།	
རྣམ་རྫོགས་སྦྱོར་བ་སྤྱིར་བཤད།	
རྣམ་རྫོགས་སྦྱོར་བ།	མཁྱེན་གསུམ་གྱི་རྣམ་པ་སྒོམ་པའི་ཤེས་རབ་ཀྱིས་ཟིན་པའི་སེམས་དཔའི་རྣལ་འབྱོར།
མཁྱེན་གསུམ་གྱི་རྣམ་པ་སྤྱིར་བཤད་པ།	
སེམས་དཔའི་རྒྱུད་ཀྱི་སྒོམ་བྱེད་གཉེན་པོ།	མཁྱེན་གསུམ་གང་རུང་གི་རྣམ་པ་ལེགས་པར་ཤར་ནས་སྒོམ་པར་བྱེད་པའི་ཤེས་རབ་ཀྱིས་ཟིན་པའི་སེམས་དཔའི་རྣལ་འབྱོར།
བྱང་ཆུབ་སེམས་དཔའི་རྒྱུད་ཀྱི་གཞི་ཤེས་ཀྱི་དམིགས་པའི་ཆོས་ལ་ལོག་ཕྱོགས་སུ་སྒྲོ་འདོགས་པའི་སྒྲོ་འདོགས་ཀྱི་གཉེན་པོ།	གཞི་ཤེས་ཀྱི་རྣམ་པ་ལེགས་པར་ཤར་བའི་སྒོ་ནས་སྒོམ་པར་བྱེད་པའི་ཤེས་རབ་ཀྱིས་ཟིན་པའི་སེམས་དཔའི་རྣལ་འབྱོར།
ལམ་བདེན་གྱི་རྣམ་པ་བྱེ་བྲག་ཏུ་བཤད་པ་དང་དེ་ལས་འཕྲོས་ཏེ་སྒྲིབ་གཉིས་ཀྱི་རྣམ་གཞག	
ཉོན་སྒྲིབ།	སྒྲིབ་གཉིས་གང་རུང་གང་ཞིག གཙོ་བོར་ཐར་པ་ཐོབ་པ་ལ་བར་དུ་གཅོད་བྱེད།
ཤེས་སྒྲིབ།	སྒྲིབ་གཉིས་གང་རུང་གང་ཞིག གཙོ་བོར་ཐམས་ཅད་མཁྱེན་པ་ཐོབ་པ་ལ་བར་དུ་གཅོད་བྱེད།
ལམ་ཤེས་ཀྱི་རྣམ་པ།	
སེམས་དཔའི་རྒྱུད་ཀྱི་ལམ་ཤེས་ཀྱི་དམིགས་པའི་ཆོས་ལ་ལོག་ཕྱོགས་སུ་སྒྲོ་འདོགས་པའི་སྒྲོ་འདོགས་ཀྱི་གཉེན་པོ།	ལམ་ཤེས་ཀྱི་རྣམ་པ་ལེགས་པར་ཤར་ནས་སྒོམ་པར་བྱེད་པའི་ཤེས་རབ་ཀྱིས་ཟིན་པའི་སེམས་དཔའི་རྣལ་འབྱོར།
རྣམ་མཁྱེན་གྱི་རྣམ་པ་སྤྱིར་བཤད་པ།	
སེམས་དཔའི་རྒྱུད་ཀྱི་རྣམ་མཁྱེན་གྱི་དམིགས་པའི་ཆོས་ལ་ལོག་ཕྱོགས་སུ་སྒྲོ་འདོགས་པའི་སྒྲོ་འདོགས་ཀྱི་གཉེན་པོ།	རྣམ་མཁྱེན་གྱི་རྣམ་པ་ལེགས་པར་ཤར་ནས་སྒོམ་པར་བྱེད་པའི་ཤེས་རབ་ཀྱིས་ཟིན་པའི་སེམས་དཔའི་རྣལ་འབྱོར།
དྲན་པ་ཉེར་གཞག	
དྲན་པ་ཉེར་གཞག	རང་གི་དམིགས་ཡུལ་དུ་གྱུར་པའི་ལུས་ཚོར་སེམས་ཆོས་བཞི་པོ་གང་རུང་ལ་དམིགས་ནས་རང་སྤྱིའི་མཚན་ཉིད་གཉིས་གཉིས་ཀྱི་སྒོ་ནས་བརྟགས་ཏེ་དཔྱོད་པར་བྱེད་པའི་དྲན་པ་དང་ཤེས་རབ་གང་རུང་གིས་བསྡུས་པའི་ལམ་ཞུགས་ཀྱི་མཁྱེན་པ།
ཡང་དག་སྤོང་བ་བཞི།	
ཡང་དག་སྤོང་བ།	སྤང་གཉེན་ལ་བླང་དོར་བྱེད་པར་སྤྲོ་བའི་བརྩོན་འགྲུས་སུ་གྱུར་པའི་ལམ་ཞུགས་ཀྱི་མཁྱེན་པ།
རྫུ་འཕྲུལ་གྱི་རྐང་པ་བཞི།	
རྫུ་འཕྲུལ་གྱི་རྐང་པ།	ཉེས་པ་ལྔའི་གཉེན་པོར་སྤོང་བའི་འདུ་བྱེད་བརྒྱད་དང་ལྡན་པའི་ཏིང་ངེ་འཛིན་དུ་གྱུར་པའི་ལམ་ཞུགས་ཀྱི་མཁྱེན་པ།
རྣམ་བྱང་གི་དབང་པོ།	
བྱང་ཕྱོགས་སོ་བདུན་གྱི་ནང་ཚན་དུ་གྱུར་པའི་རྣམ་བྱང་གི་དབང་པོ།	སྦྱོར་ལམ་དྲོད་ཡན་ཆད་ཐོབ་པའི་སྒོ་ནས་རང་འབྲས་འཕགས་ལམ་བསྐྱེད་པ་ལ་རང་དབང་དུ་གྱུར་པའི་དད་སོགས་དབང་པོ་ལྔ་པོ་གང་རུང་དུ་གྱུར་པའི་མཁྱེན་པ།
རྣམ་བྱང་གི་སྟོབས།	
བྱང་ཕྱོགས་སོ་བདུན་གྱི་ནང་ཚན་དུ་གྱུར་པའི་རྣམ་བྱང་གི་སྟོབས།	སྦྱོར་ལམ་བཟོད་པ་ཡན་ཆད་ཐོབ་པའི་སྒོ་ནས་རང་གི་མི་མཐུན་ཕྱོགས་ཀྱིས་བཟི་བར་མི་ནུས་པའི་དད་སོགས་དབང་པོ་ལྔ་པོ་གང་རུང་དུ་དམིགས་པའི་མཁྱེན་པ།
བྱང་ཆུབ་ཡན་ལག	

附錄：《現觀辨析》名相、性相表（下冊）

名相	性相	索引頁數
第四品		
	總說圓滿加行	
圓滿加行	修習三智行相之智慧所攝的菩薩瑜伽。	923
	總說三智行相	
菩薩相續中能修對治	善顯三智隨一行相而後修習之智慧所攝持之菩薩瑜伽。	929
菩薩相續之「將基智的所緣法增益為逆方之增益的對治」	以善顯基智行相之門修習之慧所攝的菩薩瑜伽。	937
	別說道諦之行相及從彼引申二障建立	
煩惱障	是二障隨一，且主要能障礙獲得解脫。	945
所知障	是二障隨一，且主要能障礙獲得一切相智。	945
	道相智之行相	
菩薩相續之「將道相智之所緣法增益為逆方之增益的對治」	以善顯道相智之行相作修習之慧所攝的菩薩瑜伽。	953
	總說一切相智之行相	
菩薩相續之「將一切相智之所緣法增益為逆方之增益的對治」	以善顯一切相智行相作修習之慧所攝的菩薩瑜伽。	957
	念住	
念住	緣屬自之所緣境的身、受、心、法四者隨一，以自、共二相之門觀察、決擇之念與慧隨一所攝之入道智。	961
	四正斷	
正斷	屬歡喜取捨所斷、對治之精進的入道智。	963
	四神足	
神足	屬於具對治五過患之八斷行三摩地之入道智。	965
	清淨根	
屬三十七菩提分中之清淨根	屬以獲得加行道煖位以上之門自在生起自果聖道的信等五根隨一之智。	969
	清淨力	
屬三十七菩提分中之清淨力	以獲得加行道忍位以上之門，緣自之異品無法屈伏之信等五根隨一之智。	971
	等覺支	

མཚོན་བྱ།	མཚན་ཉིད།
བྱང་ཆུབ་ཡན་ལག	རང་འབྲས་བྱང་ཆུབ་ཀྱི་རྒྱུར་གྱུར་པའི་འཕགས་རྒྱུད་ཀྱི་མཁྱེན་པ།
འཕགས་ལམ་ཡན་ལག་བརྒྱད།	
འཕགས་ལམ་ཡན་ལག	རང་འབྲས་འཕགས་ལམ་གྱི་རྒྱུར་གྱུར་པའི་འཕགས་རྒྱུད་ཀྱི་མཁྱེན་པ།
འགོག་སྙོམས་སྐྱེ་བའི་རྟེན་དང༌། བརྟེན་པ་འགོག་སྙོམས་བཤད་པ།	
འགོག་སྙོམས།	རང་ཐོབ་བྱེད་ཀྱི་ཐབས་སུ་གྱུར་པའི་འདས་ལམ་གྱི་སྟོབས་ཀྱིས་ཐོབ་པའི་མཐར་གནས་སྙོམས་འཇུག་དགུའི་ནང་ཚན་ཡང་ཡིན། ཡིད་ཀྱི་རྣམ་ཤེས་ཀྱི་སྟེང་དུ་ཚོར་འདུ་རགས་པ་འགོག་བྱེད་ཀྱི་རིགས་སུ་གནས་པའི་ལྡན་མིན་འདུ་བྱེད་ཀྱང་ཡིན་པའི་གཞི་མཐུན་དུ་གྱུར་པའི་འཕགས་པའི་ཡོན་ཏན།
ཐུན་མོང་མ་ཡིན་པའི་རྣམ་མཁྱེན་གྱི་རྣམ་པ།	
ཐུན་མོང་བའི་རྣམ་མཁྱེན་གྱི་རྣམ་པ།	རྣམ་མཁྱེན་གྱི་རྣམ་པ་གང་ཞིག རང་གི་སྤྱི་ཚན་མཚན་ཉིད་པ་འཕགས་པ་འོག་མའི་རྒྱུད་ལ་ཡོད་པའི་རིགས་སུ་གནས་པ།
ཐུན་མོང་མ་ཡིན་པའི་རྣམ་མཁྱེན་གྱི་རྣམ་པ།	རྣམ་མཁྱེན་གྱི་རྣམ་པ་གང་ཞིག རང་གི་སྤྱི་ཚན་མཚན་ཉིད་པ་འཕགས་པ་འོག་མའི་རྒྱུད་ལ་མེད་པའི་རིགས་སུ་གནས་པ།
མ་འདྲེས་པའི་སྤྱི་ཚན་ལས་འཕྲོས་ཏེ་དུས་གསུམ་གྱི་རྣམ་གཞག	
འདས་པ།	ཞིག་ཟིན་པ།
ད་ལྟར་བ།	རང་རྒྱུ་ལས་གྲུབ་པ།
མ་འོངས་པ།	འདས་མ་འོངས་ད་ལྟར་གསུམ་གང་རུང་གང་ཞིག མ་སྐྱེས་པ་དང་མ་ཞིག་པའི་གཞི་མཐུན།
དུས་དེར་འདས་པ།	དུས་དེར་ཞིག་ཟིན་པ།
དུས་དེར་ད་ལྟར་བ།	དུས་དེར་སྐྱེས་པ་དང་དུས་དེར་མ་འགགས་པའི་གཞི་མཐུན་པ།
དུས་དེར་མ་འོངས་པ།	དུས་དེར་འདས་མ་འོངས་ད་ལྟར་གསུམ་གང་རུང་གང་ཞིག དུས་དེར་མ་སྐྱེས་པ་དང་དུས་དེར་མ་འགགས་པའི་གཞི་མཐུན་པ།
ཡུམ་མཉན་པའི་སྣོད།	
སྐབས་འདིར་དངོས་སུ་བསྟན་པའི་སྦྱོར་བ་སྒོམ་པ་པོའི་རྟེན་གྱི་གང་ཟག	སྦྱོར་བ་སྒོམ་པའི་ཕྱི་ནང་གི་རྐྱེན་གཉིས་དང་ལྡན་པའི་སེམས་དཔའ།
བྱང་སེམས་ཀྱི་སྦྱོར་བ་ཉི་ཤུ།	
སྐབས་འདིར་དངོས་སུ་བསྟན་པའི་གཙོ་བོའི་སྦྱོར་བ།	ཡུལ་ཡུལ་ཅན་གཞི་ལམ་རྣམ་གསུམ་བདེན་སྟོང་སྤྲོས་བྲལ་དུ་སྒོམ་པའི་ཞི་ལྷག་ཟུང་འབྲེལ་ཐོབ་པའི་སྐབས་འདིར་དངོས་སུ་བསྟན་པའི་སེམས་དཔའི་རྣལ་འབྱོར།
སྐབས་འདིར་དངོས་སུ་བསྟན་པའི་སེམས་དཔའི་སྦྱོར་བ།	སྟོང་ཉིད་རྟོགས་པའི་ཤེས་རབ་ཀྱིས་ཟིན་པའི་སྐབས་འདིར་དངོས་སུ་བསྟན་པའི་སེམས་དཔའི་རྣལ་འབྱོར།
སྦྱོར་བའི་ཡོན་ཏན།	
འདིར་བསྟན་རྣམ་རྫོགས་སྦྱོར་བའི་ཡོན་ཏན།	རྣམ་རྫོགས་སྦྱོར་བ་ཐོབ་མྱོང་གི་གང་ཟག་གི་རྒྱུད་ཀྱི་རྣམ་རྫོགས་སྦྱོར་བ་སྒོམ་སྟོབས་ཀྱིས་ཐོབ་པའི་ཕན་ཡོན།
མཚན་མཚོན།	
ལམ་ཤེར་ཕྱིན་གྱི་རྣལ་འབྱོར།	རང་གི་ཐོབ་བྱར་གྱུར་པའི་འབྲས་བུ་ཤེར་ཕྱིན་ཐོབ་བྱེད་དུ་གྱུར་པའི་སེམས་དཔའི་རྣལ་འབྱོར།
ཐེག་ཆེན་གྱི་ཐར་པ་ཆ་མཐུན་དང་རྒྱུན་གྱི་ཆེད་དུ་བྱ་བའི་གདུལ་བྱའི་ངོས་འཛིན།	

名相	性相	索引頁數
等覺支	屬自果菩提之因的聖者相續之智。	975
八聖道支		
聖道支	屬自果聖道之因的聖者相續之智。	977
講說生起滅盡定之所依及能依滅盡定		
滅盡定	既是由屬能得自之方便的出世間道力所獲得之九次第等至其中之一，也是能遮斷意識上粗分受想住類之不相應行的同位之聖者功德。	991
不共一切相智行相		
共一切相智行相	是一切相智行相，且自之真實群組於下位聖者相續中有之住類。	1001
不共之一切相智行相	是一切相智行相，且自之真實群組於下位聖者相續中無之住類。	1001
從「不共法」群組所引申三時建立		
過去	已壞滅。	1007
現在	從自因所成。	1007
未來	是過去、未來、現在三者隨一，且未生與未滅之同位。	1007
於彼時過去	於彼時已滅。	1007
於彼時現在	於彼時已生與於彼時未滅之同位。	1007
於彼時未來	是於彼時過去、未來、現在三者隨一，且於彼時未生與於彼時未滅之同位。	1007
聽聞佛母之器		
此時直接顯示之修習加行者之所依補特伽羅	具修習加行之內外二緣之菩薩。	1017
菩薩之二十加行		
此處直接顯示之主要加行	獲得修習境、有境、基道相三者諦實空離戲論之止觀雙運之此處所直接顯示的菩薩瑜伽。	1023
此處直接顯示之菩薩加行	通達空性之慧所攝的此處直接顯示之菩薩瑜伽。	1023
加行功德		
此示圓滿加行功德	曾得圓滿加行之補特伽羅相續之以修圓滿加行力獲得之利益。	1027
性相名相		
道般若波羅蜜多瑜伽	能得自之所得果般若波羅蜜多之菩薩瑜伽。	1033
大乘順解脫分與《現觀莊嚴論》特意所化之認知		

མཚོན་བྱ།	མཚན་ཉིད།
སྐབས་འདིར་དངོས་སུ་བསྟན་པའི་ཐེག་ཆེན་ངེས་འབྱེད་ཆ་མཐུན།	སྙིང་རྗེ་ཆེན་པོ་དང་བྲལ་ཞིང་། བདེན་འཛིན་གྱིས་བཅིངས་པའི་ཐེག་ཆེན་གྱི་རྟོགས་རིགས་སུ་མི་གནས་པའི་ཐེག་དམན་འཕགས་པའི་མཁྱེན་པ།
ཐེག་ཆེན་གྱི་སྦྱོར་ལམ།	
སྐབས་འདིར་དངོས་སུ་བསྟན་པའི་ཐེག་ཆེན་ངེས་འབྱེད་ཆ་མཐུན།	གཙོ་བོར་ཐབས་ཀྱི་ཆས་ཁྱད་པར་དུ་བྱས་པའི་སྐབས་འདིར་དངོས་སུ་བསྟན་པའི་ཐེག་ཆེན་གྱི་དོན་མངོན་རྟོགས།
ཕྱིར་མི་ལྡོག་པའི་རྟགས་བཤད་པ།	
ཕྱིར་མི་ལྡོག་པའི་རྟགས་ཐོབ་པའི་བྱང་སེམས་ཀྱི་དགེ་འདུན།	གཟུགས་སོགས་ལ་བདེན་ཞེན་མངོན་གྱུར་བ་ལྡོག་པ་སོགས་རྟགས་ཞེ་བཞི་པོ་གང་རུང་ཐོབ་པའི་སེམས་དཔའ།
དེ་ལས་འཕྲོས་ཏེ་དབང་པོ་ཉེར་གཉིས།	
མིག་གི་དབང་པོ།	རང་འབྲས་མིག་ཤེས་ཀྱི་ཐུན་མོང་མ་ཡིན་པའི་བདག་རྐྱེན་བྱེད་པའི་རིགས་སུ་གནས་པའི་ནང་གི་གཟུགས་ཅན་དང་བ།
ཡིད་དབང་།	རང་འབྲས་ཡིད་ཀྱི་རྣམ་པར་ཤེས་པའི་ཐུན་མོང་མ་ཡིན་པའི་རྟེན་བྱེད་པའི་གཙོ་བོའི་རྣམ་རིག
ཕོ་དབང་།	རང་རྒྱུད་ལྡན་གྱི་གང་ཟག་གཙོ་བོར་ཕོར་མཚོན་པར་བྱེད་པའི་མཚོན་བྱེད་ཐུན་མོང་མ་ཡིན་པའི་དབང་པོ།
མོ་དབང་།	རང་རྒྱུད་ལྡན་གྱི་གང་ཟག་གཙོ་བོར་མོར་མཚོན་པར་བྱེད་པའི་མཚོན་བྱེད་ཐུན་མོང་མ་ཡིན་པའི་དབང་པོ།
སྲོག་གི་དབང་པོ།	དྲོད་དང་རྣམ་ཤེས་གང་རུང་གི་རྟེན་དུ་གྱུར་པའི་ཚེ།
ཚོར་བ་བདེ་དབང་།	ལུས་ཚོར་སིམ་པར་མྱོང་བའི་དབང་པོ།
ཡིད་བདེའི་དབང་པོ།	རང་དང་མཚུངས་ལྡན་གྱི་ཡིད་ཤེས་འཁོར་བཅས་སིམ་པར་མྱོང་བའི་ཚོར་བ།
ཡིད་མི་བདེའི་དབང་པོ།	རང་དང་མཚུངས་ལྡན་གྱི་ཡིད་ཤེས་འཁོར་བཅས་གདུང་བར་མྱོང་བའི་དབང་པོ།
སྡུག་བསྔལ་གྱི་དབང་པོ།	ལུས་ཚོར་གདུང་བར་མྱོང་བའི་དབང་པོ།
ཚོར་བ་བཏང་སྙོམས།	སིམ་གདུང་གང་ཡང་མ་ཡིན་པར་བར་མར་མྱོང་བའི་ཚོར་བ།
དད་པའི་དབང་པོ།	གཙོ་བོར་རང་སྟོབས་ཀྱིས་རང་ཡུལ་བདེན་བཞིའི་གནས་ལུགས་ལ་ཡིད་ཆེས་པའི་སེམས་བྱུང་།
བརྩོན་འགྲུས་ཀྱི་དབང་པོ།	གཙོ་བོར་རང་སྟོབས་ཀྱིས་རང་ཡུལ་བདེན་བཞིའི་གནས་ལུགས་ལ་སྤྲོ་བའི་སེམས་བྱུང་།
དྲན་པའི་དབང་པོ།	གཙོ་བོར་རང་སྟོབས་ཀྱིས་བདེན་བཞིའི་གནས་ལུགས་ཀྱི་དམིགས་རྣམ་མི་བརྗེད་པའི་སེམས་བྱུང་།
ཏིང་ངེ་འཛིན་གྱི་དབང་པོ།	གཙོ་བོར་རང་སྟོབས་ཀྱིས་བདེན་བཞིའི་གནས་ལུགས་ལ་རྩེ་གཅིག་པའི་སེམས་བྱུང་།
ཤེས་རབ་ཀྱི་དབང་པོ།	གཙོ་བོར་རང་སྟོབས་ཀྱིས་བདེན་བཞིའི་གནས་ལུགས་རབ་ཏུ་རྣམ་འབྱེད་ཀྱི་སེམས་བྱུང་།
མི་ཤེས་པ་ཀུན་ཤེས་པར་བྱེད་པའི་དབང་པོ།	ཐེག་པ་རང་ལུགས་ཀྱི་མཐོང་སྣང་སྒོང་བ་ལ་བདག་པོར་གྱུར་པའི་དད་སོགས་ཆོས་ལྔ་གང་རུང་གིས་བསྡུས་པའི་དབང་པོའི་ཡེ་ཤེས།
ཀུན་ཤེས་པའི་དབང་པོ།	ཐེག་པ་རང་ལུགས་ཀྱི་སྒོམ་སྣང་སྒོང་བ་ལ་བདག་པོར་གྱུར་པའི་དད་སོགས་ཆོས་ལྔ་གང་རུང་གིས་བསྡུས་པའི་ཟག་མེད་ཀྱི་དབང་པོའི་ཡེ་ཤེས།
ཀུན་ཤེས་ལྡན་པའི་དབང་པོ།	འདིར་བསྟན་མི་སློབ་པའི་རྟོགས་པ་ཐོབ་ཅིང་། རང་གི་དབང་བྱ་ལ་ལྷག་པར་དབང་བྱེད་པའི་དད་སོགས་ཆོས་ལྔ་གང་རུང་གིས་བསྡུས་པའི་ཟག་མེད་ཀྱི་དབང་པོའི་ཡེ་ཤེས།
སྲིད་ཞི་མཉམ་ཉིད་ཀྱི་སྦྱོར་བ།	
སྲིད་ཞི་མཉམ་ཉིད་ཀྱི་སྦྱོར་བ།	རྗེས་ཐོབ་ཀྱི་གནས་སྐབས་སུ་ཡང་བདག་འཛིན་མངོན་གྱུར་དུ་སྐྱེ་བའི་གོ་སྐབས་ཟད་པར་བཅོམ་པའི་དག་སའི་ཡེ་ཤེས་གང་ཞིག གཙོ་བོར་ཡེ་ཤེས་ཆོས་སྐུའི་ལག་རྗེས་འཇོག་བྱེད་ཀྱི་རིགས་སུ་གནས་པ།
ཞིང་དག་སྦྱོར་བ།	

名相	性相	索引頁數
此處直接顯示之大乘順解脫分	此處直接顯示之善巧於自相續成辦一切相智之菩薩相續的法現觀。	1057
	大乘加行道	
此處直接顯示之大乘順決擇分	主要以方便分作為差別之此處直接顯示之大乘義現觀。	1069
	講說不退轉相	
得不退轉相之菩薩僧	得遮除於色等諦實耽著現行等四十四相隨一之菩薩。	1093
	由彼引申二十二根	
眼根	作為自果眼知之不共增上緣住類之清淨內有色。	1099
意根	作為自果意識不共所依之主要了別。	1101
男根	主要表徵相續具自之補特伽羅是男之能表徵不共根。	1103
女根	主要表徵相續具自之補特伽羅是女之能表徵不共根。	1103
命根	煖及識隨一之所依之壽。	1103
樂根	身受領納舒適之根。	1105
喜根	與自相應之意知及其眷屬領納舒適之受。	1105
憂根	與自相應之意知及其眷屬領納憂惱之根。	1105
苦根	身受領納憂惱之根。	1105
捨受	領納非憂惱與舒適隨一的中性之受。	1105
信根	主要以自力相信自境四諦實相之心所。	1107
精進根	主要以自力歡喜自境四諦實相之心所。	1107
念根	主要以自力不忘失四諦實相之所緣行相的心所。	1107
定根	主要以自力專於四諦實相之心所。	1107
慧根	主要以自力揀擇四諦實相之心所。	1107
未知當知根	屬斷除〔各〕乘自宗見所斷之所有者的信等五法隨一所攝根之本智。	1107
已知根	屬斷除〔各〕乘自宗修所斷之所有者的信等五法隨一所攝無漏根之本智。	1107
具知根	得此示無學證量，且於自所自主特別能自主之信等五法隨一所攝之無漏根之本智。	1107
	有寂平等加行	
有寂平等加行	是於後得時亦滅盡生起我執現行機會之淨地本智，且主要留下智慧法身手跡之住類。	1113
	嚴淨佛土加行	

མཚོན་བྱ།	མཚན་ཉིད།
ཞིང་དག་སྦྱོར་བ།	རང་གང་དུ་སངས་རྒྱ་འགྱུར་གྱི་ཞིང་ཁྱད་པར་ཅན་འགྲུབ་པའི་དགེ་རྩ་ནུས་པ་མཐུ་ཅན་དུ་སོང་བའི་དག་སའི་ཡེ་ཤེས་གང་ཞིག གཙོ་བོར་ལོངས་སྐུའི་ལག་རྗེས་འཛོག་བྱེད་ཀྱི་རིགས་སུ་གནས་པ།
ཐབས་མཁས་སྦྱོར་བ།	
ཐབས་མཁས་སྦྱོར་བ།	འབད་རྩོལ་རགས་པ་ཞི་བའི་སྒོ་ནས་འཕྲིན་ལས་ལྷུན་གྱིས་གྲུབ་པར་འཛོག་པའི་དག་སའི་ཡེ་ཤེས་གང་ཞིག གཙོ་བོར་སྤྲུལ་སྐུའི་ལག་རྗེས་འཛོག་བྱེད་ཀྱི་རིགས་སུ་གནས་པ།
བདུད་བཞི་བཅོམ་ཚུལ།	
ཕུང་པོའི་བདུད།	བདུད་བཞིའི་ནང་ཚན་གང་ཞིག རང་རྒྱུ་ལས་ཉོན་གྱི་དབང་གིས་བྱུང་བའི་ཟག་བཅས་ཀྱི་ཕུང་པོ་དང་། མ་རིག་བག་ཆགས་ཀྱི་ས་དང་། ཟག་མེད་ཀྱི་ལས་ལ་བརྟེན་དགོས་པ་གང་རུང་།
ཉོན་མོངས་པའི་བདུད།	བདུད་བཞིའི་ནང་ཚན་གང་ཞིག གཙོ་བོར་ཐར་པ་ཐོབ་པ་ལ་བར་དུ་གཅོད་བྱེད་ཀྱི་སྒྲིབ་པའི་རིགས་སུ་གནས་པ་དང་། གཙོ་བོར་ཐམས་ཅད་མཁྱེན་པ་ཐོབ་པ་ལ་བར་དུ་གཅོད་བྱེད་ཀྱི་སྒྲིབ་པའི་རིགས་སུ་གནས་པ་གང་རུང་།
འཆི་བདག་གི་བདུད།	བདུད་བཞིའི་ནང་ཚན་གང་ཞིག སྲོག་གི་དབང་པོ་རང་དབང་མེད་པར་འགག་པའི་ཆའི་རིགས་སུ་གནས་པ།
ལྷའི་བུའི་བདུད།	བདུད་བཞིའི་ནང་ཚན་གང་ཞིག བདུད་གཞན་གསུམ་ལས་འདའ་བ་ལ་བར་དུ་གཅོད་པའི་རིགས་སུ་གནས་པ།
སྐབས་ལྔ་པ།	
རྩེ་མོའི་སྦྱོར་བ་སྤྱིར་བཤད་པ།	
རྩེ་སྦྱོར།	མཁྱེན་གསུམ་བསྡུས་སྒོམ་ཐེག་ཆེན་གྱི་ཚོགས་ལམ་ལས་རབ་ཏུ་གྱུར་པའི་ཤེས་རབ་ཀྱིས་ཟིན་པའི་སེམས་དཔའི་རྣལ་འབྱོར།
སྦྱོར་ལམ་རྩེ་སྦྱོར།	
དྲོད་ཀྱི་རྩེ་སྦྱོར།	མདོ་ལས་རྟགས་བཅུ་གཉིས་གང་རུང་གིས་མཚོན་ནས་བསྟན་པའི་ཐེག་ཆེན་གྱི་ངེས་འབྱེད་ཆ་མཐུན་དང་པོ།
རྩེ་མོའི་རྩེ་སྦྱོར།	མདོ་ལས་རྣམ་འཕེལ་བཅུ་དྲུག་གང་རུང་གིས་མཚོན་ནས་བསྟན་པའི་ཐེག་ཆེན་གྱི་ངེས་འབྱེད་ཆ་མཐུན་གཉིས་པ།
བཟོད་པའི་རྩེ་སྦྱོར།	མདོ་ལས་ཐབས་ཤེས་ཀྱི་རྟོགས་པ་བརྟན་པོ་གཉིས་ཀྱིས་མཚོན་ནས་བསྟན་པའི་ཐེག་ཆེན་གྱི་ངེས་འབྱེད་ཆ་མཐུན་གསུམ་པ།
ཆོས་མཆོག་གི་རྩེ་སྦྱོར།	མདོ་ལས་སེམས་ཀུན་ཏུ་གནས་པས་མཚོན་ནས་བསྟན་པའི་ཐེག་ཆེན་གྱི་ངེས་འབྱེད་ཆ་མཐུན་བཞི་པ།
མཐོང་སྤངས་རྟོག་པ།	
ཤེས་སྒྲིབ་མཐོང་སྤངས་འཇུག་པ་གཟུང་རྟོག	རང་གི་དམིགས་ཡུལ་དུ་གྱུར་པའི་བྱང་སེམས་ཀྱི་འཇུག་བྱའི་ཆོས་ལ་དམིགས་ནས་ལོངས་སྤྱོད་བྱར་བདེན་པར་ཞེན་པའི་བདེན་འཛིན་ཀུན་བཏགས།
ཤེས་སྒྲིབ་མཐོང་སྤངས་ལྡོག་པ་གཟུང་རྟོག	རང་གི་དམིགས་ཡུལ་དུ་གྱུར་པའི་བྱང་སེམས་ལམ་གྱི་ལྡོག་བྱའི་ཆོས་ལ་དམིགས་ནས་ལོངས་སྤྱོད་བྱར་བདེན་པར་ཞེན་པའི་བདེན་འཛིན་ཀུན་བཏགས།
བྱང་ཆུབ་ཆེན་པོ།	
བྱང་ཆེན།	ཟད་མི་སྐྱེ་ཤེས་པའི་ཡེ་ཤེས་མཐར་ཐུག
རྣལ་འབྱོར་གྱི་ས་གསུམ་དང་དེ་ལས་འཕྲོས་པ་ལྷན་ཅིག་དམིགས་ངེས།	
འདིར་བསྟན་རྣལ་འབྱོར་གྱི་ས་དང་པོ།	ཉན་ཐོས་ཀྱི་ཤེས་རབ་ཀྱི་རྟོགས་རིགས་སུ་གནས་པའི་གང་ཟག་གི་བདག་མེད་རྟོགས་པའི་ལམ་ཞུགས་ཀྱི་མཁྱེན་པ།
འདིར་བསྟན་རྣལ་འབྱོར་གྱི་ས་གཉིས་པ།	རང་རྒྱལ་གྱི་ཤེས་རབ་ཀྱི་རྟོགས་རིགས་སུ་གནས་པའི་གཉིས་སྟོང་རྟོགས་པའི་ལམ་ཞུགས་ཀྱི་མཁྱེན་པ།
དེ་གཉིས་ལྷན་ཅིག་དམིགས་ངེས།	སྔོན་པོ་དང་སྔོར་སྣང་དབང་ཤེས་གཉིས་ཕན་ཚུན་ཐ་དད་འབྲལ་མི་རུང་དུ་ལྷན་ཅིག་གནས་པ།
འདིར་བསྟན་རྣལ་འབྱོར་གྱི་ས་གསུམ་པ།	ཐེག་ཆེན་གྱི་ཤེས་རབ་ཀྱི་རྟོགས་རིགས་སུ་གནས་པའི་བདེན་མེད་རྟོགས་པའི་ལམ་ཞུགས་ཀྱི་མཁྱེན་པ།

名相	性相	索引頁數
嚴淨佛土加行	是成為成辦自己將於何處成佛之殊勝剎土之善根具勢力之能力的淨地本智，且是主要留下報身手跡之住類。	1115
善巧方便加行		
善巧方便加行	是以息滅粗分勤勉之門安立任運成辦事業之淨地本智，且是主要留下化身手跡住類。	1117
摧滅四魔之理		
蘊魔	是四魔其中〔之一〕，且是『由自因業煩惱力所生之有漏蘊』與『須依無明習氣地及無漏業』隨一。	1127
煩惱魔	是四魔其中〔之一〕，且是主要能中斷得解脫之障礙住類及主要能中斷得一切相智之障礙住類隨一。	1127
死魔	是四魔其中〔之一〕，且是命根不自主停止之分之住類。	1127
天魔	是四魔其中〔之一〕，且是能中斷超越餘三魔之住類。	1129
第五品		
總說頂加行		
頂加行	超勝大乘資糧道之三智攝修智慧所攝持之菩薩瑜伽。	1139
加行道頂加行		
煖頂加行	以經中十二相隨一所表徵而顯示之第一大乘順決擇分。	1141
頂頂加行	以經中十六增長隨一所表徵而顯示之第二大乘順決擇分。	1143
忍頂加行	以經中堅穩之方便智慧二證量所表徵而顯示之第三大乘順決擇分。	1143
世第一法頂加行	以經中心遍住所表徵而顯示之第四大乘順決擇分。	1143
見所斷分別		
所知障見斷轉趣所取分別	緣屬自所緣境菩薩之所轉趣法，耽著其為諦實受用品之分別實執。	1145
所知障見斷退還所取分別	緣屬自所緣境菩薩道之所退還法，耽著其為諦實受用品之分別實執。	1145
大菩提		
大菩提	究竟盡無生智。	1147
瑜伽三地及由彼所引申之俱緣決定		
此示第一瑜伽地	住聲聞智慧證類之通達補特伽羅無我之入道智。	1153
此示第二瑜伽地	住獨覺智慧證類之通達二空之入道智。	1155
彼二是俱緣決定	青色與顯青根知二者相互為異、不堪分離而同時安住。	1157
此示第三瑜伽地	住大乘智慧證類之通達諦實空之入道智。	1159

མཚོན་བྱ།	མཚན་ཉིད།
མཐོང་ལམ་རྩེ་སྦྱོར་ལས་འཕྲོས་ཏེ་རྟེན་འབྲེལ་སྤྱི་དང་བྱེ་བྲག་གི་རྣམ་གཞག	
མཐོང་ལམ་རྩེ་སྦྱོར།	མཐོང་སྤང་རྟོག་པའི་གཉེན་པོའི་རིགས་སུ་གནས་པའི་ཐེག་ཆེན་གྱི་བདེན་པ་མངོན་རྟོགས།
རྟེན་འབྲེལ།	རང་གི་རྒྱུ་རྐྱེན་ལས་སྐྱེས་པ།
རྟེན་ཅིང་འབྲེལ་བར་འབྱུང་བ།	ལྟོས་ནས་གྲུབ་པ།
རྟེན་འབྲེལ་ཡན་ལག་བཅུ་གཉིས་ཀྱི་ནང་ཚན་དུ་གྱུར་པའི་མ་རིག་པ།	རྟེན་འབྲེལ་ཡན་ལག་བཅུ་གཉིས་ཀྱི་ནང་ཚན་དུ་གྱུར་པའི་རང་འབྲས་ཡང་སྲིད་ཕྱི་མ་འཕེན་བྱེད་ལས་ཀུན་ནས་སློང་བྱེད་ཀྱི་མི་ཤེས་པ།
ཡན་ལག་བཅུ་གཉིས་ཀྱི་ནང་ཚན་དུ་གྱུར་པའི་འདུ་བྱེད་ཀྱི་རྟེན་འབྲེལ།	རྟེན་འབྲེལ་ཚར་གཅིག་ཏུ་གཏོགས་པའི་གསུམ་པ་རྣམ་ཤེས་ཀྱི་རྟེན་འབྲེལ་དངོས་ཀྱི་རྐྱེན་བྱེད་པའི་རིགས་སུ་གནས་པའི་ཡང་སྲིད་འཕེན་བྱེད་ཀྱི་ལས་སུ་དམིགས་པ།
ཡན་ལག་བཅུ་གཉིས་ཀྱི་ནང་ཚན་དུ་གྱུར་པའི་གསུམ་པ་རྣམ་ཤེས།	རྟེན་འབྲེལ་ཚར་གཅིག་ཏུ་གཏོགས་པའི་ལས་ནུས་པ་མ་ཐུ་ཅན་དུ་མ་གྱུར་པའི་གནས་སྐབས་ཀྱི་གཙོ་བོ་ཡིད་ཀྱི་རྣམ་རིག་གང་ཞིག རྣམ་སྨིན་བསྐྱེད་མ་ཟིན་པའི་འཕེན་བྱེད་ཀྱི་ལས་ཀྱི་བག་ཆགས་བསྔོ་གཞི།
ཡན་ལག་བཞི་པ་མིང་གཟུགས་ཅི་རིགས་པའི་རྟེན་འབྲེལ།	རྟེན་འབྲེལ་ཚར་གཅིག་ཏུ་གཏོགས་པའི་ལྟ་པ་སྐྱེ་མཆེད་ཀྱི་སྔོན་རོལ་དུ་བྱུང་བའི་སྐྱེ་སྲིད་ཀྱིས་བསྡུས་པའི་རྣམ་སྨིན་གྱི་ཕུང་པོར་དམིགས་པ།
ཡན་ལག་ལྔ་པ་སྐྱེ་མཆེད་ཀྱི་རྟེན་འབྲེལ།	རྟེན་འབྲེལ་ཡན་ལག་བཅུ་གཉིས་ཀྱི་ལྔས་ཕྱེ་བའི་ལྔ་པ་གང་ཞིག རྟེན་འབྲེལ་ཚར་གཅིག་པའི་སྔོན་དུས་ཀྱི་སྲིད་པའི་གནས་སྐབས་ཀྱི་རྣམ་སྨིན་གྱི་ཕུང་པོར་དམིགས་པ།
ཡན་ལག་དྲུག་པ་རེག་པའི་རྟེན་འབྲེལ།	རྟེན་འབྲེལ་བཅུ་གཉིས་ཀྱི་ཡན་ལག་དྲུག་པ་གང་ཞིག ཡུལ་དབང་རྣམ་ཤེས་གསུམ་འདུས་ནས་ཡུལ་གྱི་འགྱུར་བ་སྤྱོད་པར་བྱེད་པའི་སེམས་བྱུང་།
བདུན་པ་ཚོར་བའི་རྟེན་འབྲེལ།	རྟེན་འབྲེལ་བཅུ་གཉིས་ཀྱི་ཡན་ལག་བདུན་པ་གང་ཞིག སེམས་སྦྱོང་བའི་རྣམ་པ་ཅན་དུ་བྱེད་པའི་སེམས་བྱུང་།
ཡན་ལག་བརྒྱད་པ་སྲེད་པའི་རྟེན་འབྲེལ།	རྟེན་འབྲེལ་བཅུ་གཉིས་ཀྱི་ཡན་ལག་བརྒྱད་པ་གང་ཞིག རྟེན་འབྲེལ་ཚར་གཅིག་ཏུ་གཏོགས་པའི་ལས་ནུས་པ་མ་ཐུ་ཅན་དུ་འགྱུར་བའི་འདོད་ཆགས་སུ་དམིགས་པ།
ཡན་ལག་དགུ་པ་ལེན་པའི་རྟེན་འབྲེལ།	རྟེན་འབྲེལ་ཡན་ལག་བཅུ་གཉིས་ཀྱི་ཡན་ལག་དགུ་པ་གང་ཞིག རང་གི་དམིགས་ཡུལ་དུ་གྱུར་པའི་ལོངས་སྤྱོད་ལ་ལྷག་པར་ཆགས་པའི་འདོད་ཆགས།
ཡན་ལག་བཅུ་པ་སྲིད་པའི་རྟེན་འབྲེལ།	རྟེན་འབྲེལ་ཡན་ལག་བཅུ་གཉིས་ཀྱི་ཡན་ལག་བཅུ་པ་གང་ཞིག ལས་ཀྱི་སྲིད་པས་བསྡུས་པ།
ཡན་ལག་བཅུ་གཅིག་པ་སྐྱེ་བའི་རྟེན་འབྲེལ།	རྟེན་འབྲེལ་ཡན་ལག་བཅུ་གཉིས་ཀྱི་ཡན་ལག་བཅུ་གཅིག་པ་གང་ཞིག རྟེན་འབྲེལ་ཚར་གཅིག་པོ་དེའི་སྐྱེ་བའི་སྲིད་པས་བསྡུས་པ།
ཡན་ལག་བཅུ་གཉིས་པ་རྒ་ཤི་ཅི་རིགས་པའི་རྟེན་འབྲེལ།	ཚར་གཅིག་གི་རྟེན་འབྲེལ་བཅུ་གཉིས་པ་གང་ཞིག ཚར་གཅིག་པོ་དེའི་སྐྱེ་བ་ནས་བཟུང་སྔ་ན་ཚོད་གཞན་དུ་འགྱུར་བ་དང་། ཕུང་པོའི་རིགས་མཐུན་འདོར་བ་གང་རུང་གིས་བསྡུས་པ།
ཐོད་རྒལ་གྱི་ཏིང་ངེ་འཛིན།	
ཐོད་རྒལ་གྱི་སྦྱོར་བའི་སྙོམས་འཇུག	ཐོད་རྒལ་གྱི་དངོས་གཞི་མངོན་དུ་བྱེད་པའི་ཆེད་དུ་མཐར་གནས་སྙོམས་འཇུག་དགུ་པོ་གང་རུང་ལ་སྙོམས་པར་འཇུག་པའི་སྙོམས་འཇུག
ཐོད་རྒལ་གྱི་དངོས་གཞིའི་སྙོམས་འཇུག	མཐར་གནས་སྙོམས་འཇུག་དགུ་པོ་གང་རུང་ལ་འགོག་སྙོམས་སྲེལ་བའམ། འདོད་སེམས་སྲེལ་བ་གང་རུང་དུ་གྱུར་པའི་སྙོམས་འཇུག
ཡར་སོང་ཐོད་རྒལ་གྱི་དངོས་གཞིའི་སྙོམས་འཇུག	མཐར་གནས་སྙོམས་འཇུག་དགུ་པོ་གང་རུང་ལ་འགོག་སྙོམས་སྲེལ་བའམ། འདོད་སེམས་སྲེལ་བ་གང་རུང་བྱས་ནས་ལུགས་མཐུན་དུ་སྙོམས་པར་འཇུག་པའི་སྙོམས་འཇུག
མར་འོང་ཐོད་རྒལ་གྱི་དངོས་གཞིའི་སྙོམས་འཇུག	མཐར་གནས་སྙོམས་འཇུག་དགུ་པོ་གང་རུང་ལ་འདོད་སེམས་སྲེལ་བའམ། འགོག་སྙོམས་སྲེལ་བ་གང་རུང་བྱས་ནས་ལུགས་མི་མཐུན་དུ་སྙོམས་པར་འཇུག་པའི་སྙོམས་འཇུག
མཐར་ཕྱིན་པའི་སྦྱོར་བ་ལྟར།	

名相	性相	索引頁數
見道頂加行所引申緣起總與別之建立		
見道頂加行	見所斷分別之對治住類之大乘諦現觀。	1165
緣起（唯識）	由自因緣生。	1165
觀待、相屬而生（中觀）	觀待成立。	1165
屬十二支緣起中之無明	屬十二支緣起中之能等起『能引自果後世業』的無知。	1171
屬十二支中之行緣起	「作為屬一輪緣起之第三識緣起的直接緣」住類的能引後有之業。	1177
屬十二支中之第三識	是屬一輪緣起的未成為具勢力之能力業之時的主要意了別，且是未生異熟之能引業的習氣薰習基。	1177
第四支名色隨一緣起	屬一輪緣起，於第五『處』之前所生之生有所攝之異熟蘊。	1177
第五支處緣起	是十二支緣起之助伴所分之第五，且屬一輪緣起之本有之時的異熟蘊。	1179
第六支觸緣起	是十二緣起之第六支，且境、根、識三者集聚後能受用境變異之心所。	1179
第七受緣起	是十二緣起之第七支，且作為具領納心行相的心所。	1179
第八支愛緣起	是十二緣起第八支，且屬一輪緣起之屬具勢力之能力業的貪。	1181
第九支取緣起	是十二支緣起之第九支，且於自所緣境之受用特別貪著之貪。	1181
第十支有緣起	是十二緣起支之第十支，且由業有所攝。	1181
第十一支生緣起	是十二緣起支之第十一支，且由一輪緣起之生有所攝。	1181
第十二支老死隨一緣起	是一輪緣起之第十二，且從一輪〔緣起〕之『生』開始到年紀轉變及捨同類蘊隨一所攝。	1181
超越三摩地		
超越加行等至	為現起超越根本，入九次第等至隨一之等至。	1229
超越根本等至	於九次第等至隨一間雜滅盡定或間雜欲心隨一之等至。	1233
上行超越根本等至	於九次第等至隨一間雜滅盡定或間雜欲界心隨一而順次入定之等至。	1235
下行超越根本等至	於九次第等至隨一間雜欲界心，或間雜滅盡定隨一而逆次入定之等至。	1235
修所斷分別		

མཚོན་བྱ།	མཚན་ཉིད།
འདིར་བསྟན་སྒོམ་སྤྲངས་འཇུག་པ་གཟུང་རྟོག	རང་གི་དམིགས་ཡུལ་དུ་གྱུར་པའི་བྱང་སེམས་ལམ་གྱི་འཇུག་བྱའི་ཆོས་ལ་དམིགས་ནས་ཡོངས་སྤྱད་བྱར་བདེན་པར་ཞེན་པའི་བདེན་འཛིན་ལྷན་སྐྱེས།
འདིར་བསྟན་སྒོམ་སྤྲངས་ལྡོག་པ་གཟུང་རྟོག	རང་གི་དམིགས་ཡུལ་དུ་གྱུར་པའི་བྱང་སེམས་ལམ་གྱི་ལྡོག་བྱའི་ཆོས་ལ་དམིགས་ནས་ཡོངས་སྤྱད་བྱར་བདེན་པར་ཞེན་པའི་བདེན་འཛིན་ལྷན་སྐྱེས།
འདིར་བསྟན་སྒོམ་སྤྲངས་རྫས་འཛིན་རྟོག་པ།	རང་གི་དམིགས་ཡུལ་དུ་གྱུར་པའི་རྫས་འཛིན་ལ་དམིགས་ནས་ཡོངས་སྤྱོད་བྱེད་དུ་བདེན་པར་ཞེན་པའི་བདེན་འཛིན་ལྷན་སྐྱེས།
འདིར་བསྟན་སྒོམ་སྤྲངས་བཏགས་འཛིན་རྟོག་པ།	རང་གི་དམིགས་ཡུལ་དུ་གྱུར་པའི་བཏགས་འཛིན་ལ་དམིགས་ནས་ཡོངས་སྤྱོད་བྱེད་དུ་བདེན་པར་ཞེན་པའི་བདེན་འཛིན་ལྷན་སྐྱེས།
ཐེག་ཆེན་གྱི་སྒོམ་ལམ་རྩེ་སྦྱོར།	སྒོམ་སྤྲངས་རྟོག་པའི་གཉེན་པོའི་རིགས་སུ་གནས་པའི་ཐེག་ཆེན་གྱི་རྗེས་ལ་མངོན་རྟོགས།
བར་ཆད་མེད་པའི་རྩེ་སྦྱོར།	
བར་ཆད་མེད་པའི་རྩེ་སྦྱོར།	མཁྱེན་གསུམ་བསྡུས་སྒོམ་ཐེག་ཆེན་གྱི་ཚོགས་ལམ་ལས་རབ་ཏུ་གྱུར་པའི་ཤེས་རབ་ཀྱིས་ཟིན་པའི་སེམས་དཔའི་རྣལ་འབྱོར་གང་ཞིག་ཤེས་སྒྲིབ་ཀྱི་དངོས་གཉེན་བྱེད་པ།
གསལ་བྱ་ལོག་རྟོག	
འདིར་བསྟན་བསལ་བྱ་ལོག་སྒྲུབ།	འདིར་བསྟན་བདེན་གཉིས་ངོ་བོ་གཅིག་ལ་གཞི་མཐུན་འདུར་མི་རུང་བར་འཛིན་པའི་བློ་མངོན་གྱུར་བ་དང་། དེའི་ས་བོན་གང་རུང་གིས་བསྡུས་པ།
སྐབས་འདིར་ཀུན་རྫོབ་སྒོ་ཅན་གྱི་ཟླན་ཀ།	དབུ་མ་པའི་ཀུན་རྫོབ་ཀྱི་ཁས་བླངས་རྟགས་སུ་བཀོད་ནས་དོན་དམ་སུན་འབྱིན་པར་བྱེད་པའི་སུན་འབྱིན།
འདིར་བསྟན་དོན་དམ་སྒོ་ཅན་གྱི་ཟླན་ཀ།	དབུ་མ་པའི་དོན་དམ་གྱི་ཁས་བླངས་རྟགས་སུ་བཀོད་ནས་ཀུན་རྫོབ་སུན་འབྱིན་པར་བྱེད་པའི་སུན་འབྱིན།
སྐབས་དྲུག་པ།	
མཐར་གྱི་སྦྱོར་བ་བཤད་པ།	
མཐར་གྱིས་སྦྱོར་བ།	མཁྱེན་གསུམ་གྱི་རྣམ་པ་ལ་བརྟན་པ་ཐོབ་དོན་དུ་མཁྱེན་གསུམ་གྱི་རྣམ་པ་རིམ་གྱིས་སྒོམ་པའི་ཤེས་རབ་ཀྱིས་ཟིན་པའི་སེམས་དཔའི་རྣལ་འབྱོར།
སྐབས་བདུན་པ།	
སྐད་ཅིག་སྦྱོར་བ།	
སྐད་ཅིག་སྦྱོར།	བྱ་རྫོགས་ཀྱི་སྐད་ཅིག་མའི་ཐུང་མཐའ་གཅིག་ལ་མཁྱེན་གསུམ་གྱི་རྣམ་པ་བརྒྱ་བདུན་ཅུ་རྩ་གསུམ་དངོས་ཡུལ་དུ་བྱེད་པའི་ནུས་པ་ཐོབ་པའི་སེམས་དཔའི་རྣལ་འབྱོར།
ཟག་མེད་རྣམ་པར་སྨིན་པ་མ་ཡིན་པའི་སྐད་ཅིག་སྦྱོར།	བྱ་རྫོགས་ཀྱི་སྐད་ཅིག་མའི་ཐུང་མཐའ་གཅིག་ལ། ཟག་མེད་རྣམ་པར་སྨིན་པ་མ་ཡིན་པའི་ཆོས་གཅིག་མངོན་དུ་བྱས་པ་ན། དེ་དང་རིགས་མཐུན་པའི་ཆོས་ཐམས་ཅད་མངོན་དུ་བྱེད་པའི་ནུས་པ་ཐོབ་པའི་སྒོ་ནས་ཤེས་སྒྲིབ་ཀྱི་དངོས་གཉེན་དུ་གྱུར་པའི་སེམས་དཔའི་རྣལ་འབྱོར།
རྣམ་པར་སྨིན་པའི་སྐད་ཅིག་སྦྱོར།	བྱ་རྫོགས་ཀྱི་སྐད་ཅིག་མའི་ཐུང་མཐའ་གཅིག་ལ་ཟག་མེད་རྣམ་པར་སྨིན་པའི་ཆོས་གཅིག་མངོན་དུ་བྱས་པ་ན་དེ་དང་རིགས་མཐུན་པའི་ཆོས་ཐམས་ཅད་མངོན་དུ་བྱེད་པའི་ནུས་པ་ཐོབ་པའི་སྒོ་ནས་ཤེས་སྒྲིབ་ཀྱི་དངོས་གཉེན་དུ་གྱུར་པའི་སེམས་དཔའི་རྣལ་འབྱོར།
མཚན་ཉིད་མེད་པའི་སྐད་ཅིག་སྦྱོར།	སྟོང་ཉིད་མངོན་སུམ་དུ་རྟོགས་པའི་སྒོ་ནས་ཤེས་སྒྲིབ་ཀྱི་དངོས་གཉེན་དུ་གྱུར་པའི་སེམས་དཔའི་རྣལ་འབྱོར།
གཉིས་སུ་མེད་པའི་སྐད་ཅིག་མའི་སྦྱོར་བ།	གཟུང་འཛིན་རྫས་གཞན་གྱི་སྟོང་པར་མངོན་སུམ་དུ་རྟོགས་པའི་ནུས་པ་ཐོབ་པའི་སྒོ་ནས་ཤེས་སྒྲིབ་ཀྱི་དངོས་གཉེན་དུ་གྱུར་པའི་སེམས་དཔའི་རྣལ་འབྱོར།
སྐབས་བརྒྱད་པ།	
སྐུ་བཞི་སྐྱིར་བཤད་པ།	

◆現觀辨析（下）

名相	性相	索引頁數
此示修所斷轉趣所取分別	緣屬自所緣境之菩薩道的轉趣法，耽著其為諦實受用品之俱生實執。	1241
此示修所斷退還所取分別	緣屬自所緣境之菩薩道的退還法，執其為諦實受用品之俱生實執。	1241
此示修所斷實有能取分別	緣屬自所緣境之實有能取，耽著其為諦實能受者之俱生諦實執。	1245
此示修所斷假有能取分別	緣屬自所緣境之假有能取，耽著其為諦實能受者之俱生諦實執。	1245
大乘修道頂加行	修所斷分別之對治住類之大乘隨現觀。	1245
無間頂加行		
無間頂加行	是超勝大乘資糧道之三智攝修智慧所攝持之菩薩瑜伽，且作為所知障之正對治。	1255
所遣顛倒分別		
此示所遣邪行	此示執取二諦同體而不堪攝為同位之現行覺知，及彼之種子隨一所攝。	1257
此處具世俗門之興辯	將中觀師之世俗承許立為因而破除勝義之能破。	1259
此示具勝義門之興辯	將中觀師之勝義承許立為因而破除世俗之能破。	1259
第六品		
講說漸次加行		
漸次加行	於三智行相為得穩固，次第修習三智行相之慧所攝菩薩瑜伽。	1267
第七品		
剎那加行		
剎那加行	獲得能於一最短成事剎那，以三智一百七十三行相為直接境之能力的菩薩瑜伽。	1275
無漏非異熟剎那加行	於一最短成事剎那，以「獲得若現起一無漏非異熟法，能現起所有與彼同類之法的能力」之門，轉為所知障之正對治之菩薩瑜伽。	1275
異熟剎那加行	於一最短成事剎那，以「獲得若現起一無漏異熟法，能現起所有與彼同類之法的能力」之門，轉為所知障之正對治之菩薩瑜伽。	1275
無相剎那加行	以現證空性之門，轉為所知障之正對治之菩薩瑜伽。	1275
無二剎那加行	以「獲得現證能取所取異質空之能力」之門，轉為所知障之正對治之菩薩瑜伽。	1275
第八品		
總說四身		

མཚོན་བྱ།	མཚན་ཉིད།
འབྲས་བུ་ཆོས་སྐུ།	རང་ཐོབ་བྱེད་ཀྱི་ཐབས་སུ་གྱུར་པའི་སྦྱོར་བཞི་སྒོམ་སྟོབས་ཀྱིས་ཐོབ་པའི་འབྲས་བུ་མཐར་ཐུག
རང་དོན་ཆོས་སྐུ།	གཙོ་བོར་རང་ཐོབ་བྱེད་ཀྱི་ཐབས་སུ་གྱུར་པའི་ཡེ་ཤེས་ཀྱི་ཚོགས་སྒོམ་སྟོབས་ཀྱིས་ཐོབ་པའི་ཐོབ་བྱ་མཐར་ཐུག་ཏུ་གྱུར་པའི་རང་དོན།
གཞན་དོན་གཟུགས་སྐུ།	གཙོ་བོར་རང་ཐོབ་བྱེད་ཀྱི་ཐབས་སུ་གྱུར་པའི་བསོད་ནམས་ཀྱི་ཚོགས་སྒོམ་སྟོབས་ཀྱིས་ཐོབ་པའི་ཐོབ་བྱ་མཐར་ཐུག་ཏུ་གྱུར་པའི་གང་ཟག
ངོ་བོ་ཉིད་སྐུ།	
ངོ་བོ་ཉིད་སྐུ།	དག་པ་གཉིས་ལྡན་གྱི་ཆོས་ཉིད་ཀྱི་སྐུ།
ཡེ་ཤེས་ཆོས་སྐུ་དང་། དེ་ལས་འཕྲོས་པའི་འཕགས་སེང་གི་རྩོད་པ།	
ཡེ་ཤེས་ཆོས་སྐུ།	ཇི་ལྟ་བ་དང་ཇི་སྙེད་པ་ལ་ལྟོས་ནས་གཟིགས་པ་མཐར་ཐུག་པའི་ཡེ་ཤེས།
ཟད་པར།	
ཟད་པར་གྱི་ཏིང་ངེ་འཛིན།	རང་གི་སེམས་རྟེན་དུ་གྱུར་པའི་བསམ་གཏན་གྱི་དངོས་གཞི་དང་གཟུགས་མེད་ཀྱི་དངོས་གཞི་གང་རུང་ལ་བརྟེན་ནས་རང་གི་དམིགས་ཡུལ་དུ་གྱུར་པའི་སྔོ་སེར་སོགས་ཡུལ་བཅུ་པོ་གང་རུང་གིས་ཁྱབ་པར་སྒྲུབ་ནུས་པའི་ཏིང་ངེ་འཛིན་དུ་དམིགས་པ།
སྐབས་འདིར་དངོས་སུ་བསྟན་པའི་ཟད་པར་གྱི་ཏིང་ངེ་འཛིན།	སྐབས་འདིར་དངོས་སུ་བསྟན་པའི་རང་གི་སེམས་རྟེན་དུ་གྱུར་པའི་ཁམས་གོང་མའི་དངོས་གཞི་ལ་བརྟེན་ནས་སྔོ་སེར་སོགས་ཡུལ་བཅུ་པོ་གང་རུང་གིས་ཁྱབ་པར་སྒྲུབ་ནུས་པའི་ཏིང་ངེ་འཛིན་དུ་དམིགས་པ།
ཟིལ་གནོན།	
ཟིལ་གནོན་གྱི་ཏིང་ངེ་འཛིན།	རང་གི་སེམས་རྟེན་དུ་གྱུར་པའི་བསམ་གཏན་གྱི་དངོས་གཞི་ལ་བརྟེན་ནས་དམིགས་པ་ཟིལ་གྱིས་གནོན་པ་ལ་དབང་འགྱུར་པའི་ཏིང་ངེ་འཛིན་དུ་དམིགས་པ།
གཟུགས་ཆུང་ངུ་ཟིལ་གྱིས་གནོན་པའི་ཟིལ་གནོན་གྱི་ཏིང་ངེ་འཛིན།	རང་གི་སེམས་རྟེན་བསམ་གཏན་གྱི་དངོས་གཞི་ལ་བརྟེན་ནས་རྣལ་འབྱོར་པ་རང་ཉིད་ལ་གཟུགས་ཅན་གྱི་འདུ་ཤེས་བཞག་པ་དང་། གཟུགས་མེད་ཀྱི་འདུ་ཤེས་བཞག་པ་གང་རུང་བྱས་ཏེ། ཕྱི་རོལ་གྱི་གཟུགས་ཆུང་ངུ་ལ་དམིགས་ནས་ཇི་ལྟར་འདོད་འདོད་དུ་དབང་འགྱུར་པའི་ཏིང་ངེ་འཛིན་དུ་དམིགས་པ།
གཟུགས་ཆེན་པོ་ཟིལ་གྱིས་གནོན་པའི་ཟིལ་གནོན་གྱི་ཏིང་ངེ་འཛིན།	རང་གི་སེམས་རྟེན་བསམ་གཏན་གྱི་དངོས་གཞི་ལ་བརྟེན་ནས་རྣལ་འབྱོར་པ་རང་ཉིད་ལ་གཟུགས་ཅན་གྱི་འདུ་ཤེས་བཞག་པ་དང་། གཟུགས་མེད་ཀྱི་འདུ་ཤེས་བཞག་པ་གང་རུང་བྱས་ཏེ། ཕྱི་རོལ་གྱི་གཟུགས་ཆེན་པོ་ལ་དམིགས་ནས་ཇི་ལྟར་འདོད་འདོད་དུ་དབང་འགྱུར་པའི་ཏིང་ངེ་འཛིན་དུ་དམིགས་པ།
སྔོན་པོ་ཟིལ་གྱིས་གནོན་པའི་ཏིང་ངེ་འཛིན།	རང་གི་སེམས་རྟེན་བསམ་གཏན་གྱི་དངོས་གཞི་ལ་བརྟེན་ནས་རྣལ་འབྱོར་པ་རང་ཉིད་ལ་གཟུགས་མེད་པའི་འདུ་ཤེས་བཞག་སྟེ་ཕྱི་རོལ་གྱི་གཟུགས་སྔོན་པོ་ལ་དམིགས་ནས་དེ་བས་ཀྱང་ཁ་དོག་སྔོ་བར་ལྟ་བ་སོགས་ཇི་ལྟར་འདོད་འདོད་དུ་དབང་འགྱུར་པའི་ཏིང་ངེ་འཛིན་དུ་དམིགས་པ།
སེར་པོ་ཟིལ་གྱིས་གནོན་པའི་ཏིང་ངེ་འཛིན།	རང་གི་སེམས་རྟེན་བསམ་གཏན་གྱི་དངོས་གཞི་ལ་བརྟེན་ནས་རྣལ་འབྱོར་པ་རང་ཉིད་ལ་གཟུགས་མེད་པའི་འདུ་ཤེས་བཞག་སྟེ་ཕྱི་རོལ་གྱི་གཟུགས་སེར་པོ་ལ་དམིགས་ནས་དེ་བས་ཀྱང་ཁ་དོག་སེར་བོར་ལྟ་བ་སོགས་ཇི་ལྟར་འདོད་འདོད་དུ་དབང་འགྱུར་པའི་ཏིང་ངེ་འཛིན་དུ་དམིགས་པ།
དམར་པོ་ཟིལ་གྱིས་གནོན་པའི་ཏིང་ངེ་འཛིན།	རང་གི་སེམས་རྟེན་བསམ་གཏན་གྱི་དངོས་གཞི་ལ་བརྟེན་ནས་རྣལ་འབྱོར་པ་རང་ཉིད་ལ་གཟུགས་མེད་པའི་འདུ་ཤེས་བཞག་སྟེ་ཕྱི་རོལ་གྱི་གཟུགས་དམར་པོ་ལ་དམིགས་ནས་དེ་བས་ཀྱང་ཁ་དོག་དམར་བོར་ལྟ་བ་སོགས་ཇི་ལྟར་འདོད་འདོད་དུ་དབང་འགྱུར་པའི་ཏིང་ངེ་འཛིན་དུ་དམིགས་པ།
དཀར་པོ་ཟིལ་གྱིས་གནོན་པའི་ཏིང་ངེ་འཛིན།	རང་གི་སེམས་རྟེན་བསམ་གཏན་གྱི་དངོས་གཞི་ལ་བརྟེན་ནས་རྣལ་འབྱོར་པ་རང་ཉིད་ལ་གཟུགས་མེད་པའི་འདུ་ཤེས་བཞག་སྟེ་ཕྱི་རོལ་གྱི་གཟུགས་དཀར་པོ་ལ་དམིགས་ནས་དེ་བས་ཀྱང་ཁ་དོག་དཀར་བོར་ལྟ་བ་སོགས་ཇི་ལྟར་འདོད་འདོད་དུ་དབང་འགྱུར་པའི་ཏིང་ངེ་འཛིན་དུ་དམིགས་པ།
ལོངས་སྐུ།	
ལོངས་སྐུ།	ངེས་པ་ལྔ་ལྡན་གྱི་གཟུགས་སྐུ།

名相	性相	索引頁數
果法身	以修習屬能得自之方便的四加行之力所得之究竟果。	1279
自利法身	主要以能得自之方便的慧資糧修習力獲得之究竟所得之自利。	1289
他利色身	主要以能得自之方便的福資糧修習力獲得之究竟所得之補特伽羅。	1289
	自性身	
自性身	具二清淨之法性身。	1293
	智慧法身及由彼衍生聖、獅之諍論	
智慧法身	觀待如所有性及盡所有性而究竟觀見之本智。	1301
	遍處	
遍處三摩地	是依「屬自之心所依之根本靜慮與根本無色」隨一，能變化屬自所緣境之青黃等十隨一境周遍〔一切處〕之三摩地。	1333
此時直接顯示之遍處三摩地	是此時直接顯示之依屬自心所依之上界之根本，能變化青黃等十隨一境周遍〔一切處〕之三摩地。	1333
	勝處	
勝處三摩地	是依屬自之心所依之根本靜慮，自在勝伏所緣之三摩地。	1337
勝伏小色之勝處三摩地	是依自之心所依根本靜慮，瑜伽者於自作有色想，以及作無色想隨一，緣小外色隨所欲自在之三摩地。	1337
勝伏大色之勝處三摩地	是依自之心所依根本靜慮，瑜伽者於自作有色想，以及作無色想隨一，緣大外色隨所欲自在之三摩地。	1337
勝伏青之三摩地	是依自之心所依根本靜慮，瑜伽行者於已作無色想，緣青外色，現顏色更青等隨所欲自在之三摩地。	1337
勝伏黃之三摩地	是依自之心所依根本靜慮，瑜伽行者於已作無色想，緣黃外色，現顏色更黃等隨所欲自在之三摩地。	1337
勝伏紅之三摩地	是依自之心所依根本靜慮，瑜伽行者於已作無色想，緣紅外色，現顏色更紅等隨所欲自在之三摩地。	1337
勝伏白之三摩地	是依自之心所依根本靜慮，瑜伽行者於已作無色想，緣白外色，現顏色更白等隨所欲自在之三摩地。	1337
	報身	
報身	具五決定之色身。	1345

མཚོན་བྱ།	མཚན་ཉིད།
སྤྲུལ་སྐུ།	
སྤྲུལ་སྐུ།	ངེས་པ་ལྔ་དང་མི་ལྡན་པའི་གཟུགས་སྐུ།
འཕྲིན་ལས།	
ཡེ་ཤེས་ཆོས་སྐུའི་འཕྲིན་ལས།	རང་རྒྱུ་ཡེ་ཤེས་ཆོས་སྐུ་ལས་བྱུང་བའི་རྣམ་དཀར་གྱི་ཡོན་ཏན།
སྤྲུལ་སྐུའི་འཕྲིན་ལས།	རང་རྒྱུ་སྤྲུལ་སྐུ་ལས་བྱུང་བའི་རྣམ་དཀར་གྱི་ཡོན་ཏན།

名相	性相	索引頁數
化身		
化身	未具五決定之色身。	1359
事業		
智慧法身事業	由自因智慧法身所生之潔白功德。	1361
化身事業	由自因化身所生潔白功德。	1361

學習傳授佛陀經論典
研討力行佛陀正知見
建立傳承佛陀正教法
利益廣大群眾諸有情

班智達翻譯小組

班智達官網

班智達官方 Line

班智達 WhatsApp

地　　址：305-42
新竹縣新埔鎮義民路三段 622 巷 52 弄 5 號

網　　址：http://www.panditatranslation.org

E － mail：panditatranslation@gmail.com

台灣護持帳號：銀行代號 006　帳號：5230-899-010-314
合作金庫 開元分行 戶名：陳冠榮

澳洲護持帳號：Buddha Geluk Pandita Translation Group
Bank : ANZ
BSB : 013 366
Account no : 1971 99649

內頁小喇嘛插圖授權：陳冠榮

國家圖書館出版品預行編目（CIP）資料

現觀辨析 / 福稱著 ; 佛子、獅子吼譯. -- 初版. --
新北市 : 大千出版社, 2024.12
冊 ; 公分. -- (藏傳佛教 ; TV11302-
TV11304)
ISBN 978-957-447-441-7(上冊 : 精裝). --
ISBN 978-957-447-442-4(中冊 : 精裝). --
ISBN 978-957-447-443-1(下冊 : 精裝). --
ISBN 978-957-447-444-8(全套 : 精裝)

1.CST: 現觀辨析 2.CST: 藏傳佛教 3.CST: 佛
教修持

226.962 113017393

藏傳佛教 TV11304

現觀辨析（下）

作　　者：福稱
譯　　者：佛子、獅子吼

出 版 者：大千出版社
發 行 人：梁崇明
登 記 證：行政院新聞局局版台省業字第244號
P.O. BOX：中和郵政第2-193號信箱
發 行 處：23556新北市中和區板南路498號7樓之2
電　　話：02-2223-1391
傳　　真：02-2223-1077
劃撥帳號：18840432 大千出版社
網　　址：http://www.darchen.com.tw
E-Mail：darchentw@gmail.com
銀行匯款：銀行代號：006　帳號：3502-717-003191
合作金庫銀行北中和分行　帳戶：大千出版社
總經銷商：紅螞蟻圖書有限公司
地　　址：114台北市內湖區舊宗路二段121巷19號
電　　話：02-2795-3656
傳　　真：02-2795-4100
E-Mail：red0511@ms51.hinet.net
初　　版：西元2024年12月
流 通 費：新台幣720元
（郵購未滿1500元請自付郵資80元，採掛號寄書）
ISBN：978-957-447-443-1